租 稅 法 上 更 正 請 求

개정판

조세법상
경정청구

윤병각

박영사

개정판 머리말

헌법재판소는 2004. 12. 16. 경정청구기간을 1년으로 정한 국세기본법의 해당 조항은 위헌이 아니라는 결정(2003헌바78)을 하였고, 대법원은 2005. 2. 25. 개별세법상의 경정규정은 내부적 사무처리절차를 정한 것으로서 개별세법상의 경정규정에서 다른 경정청구권을 인정할 수 없다는 취지의 판결(2004두12469)을 선고하였습니다. 대법원 재판연구관으로 재임하던 때부터 경정청구제도를 나름대로 천착해 온 저자로서는 적지 않은 충격을 받았으며 그것이 졸고 집필의 직접적 동기가 되었습니다.

저자는 경정청구기간 5년의 경정청구권이 개별세법상의 경정규정에서 발생하는 것임을 규명하기 위하여 2012. 가을부터 저술 작업을 시작하였습니다. 그런데 다행스럽게도 2014. 12. 23. 경정청구기간을 5년으로 연장하는 내용의 국세기본법 개정안이 통과되었습니다. 이러한 경정청구기간의 확대 및 2010. 12. 27. 국세기본법 제45조의2 제1항 후단의 신설 등 두 차례의 입법조치는 우리 경정법 역사상 길이 기억될 일대 사건이라고 생각합니다.

대법원은 2010년대의 10여 년 동안 조세경정법 분야에서 중요한 판결을 거듭 선고하였습니다. 외국의 다양한 사업조직이 거둔 국내자산 투자수익에 대한 과세와 관련하여 국세기본법 제14조 소정의 실질과세원칙의 적용 및 외국의 사업조직 내지 투과과세단체에 대한 과세상의 취급에 관한 판결, 통상의 경정청구나 사정변경에 기한 경정청구의 요건 및 범위에 관한 판결, 세무조사의 개념이나 개시요건, 중복세무조사 금지의 원칙에 관한 판결 등 의미 있는 판결을 잇달아 선고하였습니다. 가히 대법원이 과세요건법과 조세경정법의 기초이론에 관한 판례법을 확립한 시기라고 말하여도 과언이 아닐 것입니다.

2015년도에 초판이 출간되었으나 당시 연구의 부족으로 국세기본법의 입법 내용이나 대법원 판결의 흐름을 충분히 담아내지 못하였습니다. 개정판에서는 이를 보다 충실하게 반영하려고 노력하였고 세액확정절차상 납세자를 국가와 대등한 당사자로 보아 공평하고 공정한 경정법체계를 세워보려고 하였습니다.

기판력 부분을 추가하고 기판력과 기속력을 구별하여 동일처분의 반복금지효를 기판력의 중심적 내용으로 삼았습니다. 경정거부처분 취소소송 등의 경우 소송물의 범위는 넓게 보되 기판력의 범위는 좁게 보아야 함을 전제로, 판단된 범위에 한하여 기판력이 발생한다는 결론에 이르렀습니다. 그리고 실체법상의 효력인 적극적 처분의무, 원상회복의무 및 부정합처분의 취소의무 등을 기속력의 내용으로 편입하였습니다.

권리구제절차의 진행 중 증액경정이 되는 경우에 절차대상이 자동교체됨을 전제로 파생적으로 발생하는 문제점을 검토하였습니다. 취소소송의 배타성과 경정청구의 배타성 등 절차적 배타성에 대하여 권리구제수단의 다양화라는 측면에서 부정적인 견해를 밝혔고, 제1차적 부과처분에 있어서 불가쟁력 강도의 다양화와 예외적인 경우 불가쟁력의 돌파를 인정함으로써 부득이한 경우에는 조세채무자를 구제하여야 한다는 의견을 제시하였습니다.

경정법체계 기초이론의 정립을 위하여 세액확정절차, 결손금확정절차, 환급세액확정절차, 가산세확정절차, 제2차 납세의무 확정절차, 과다환급금확정절차 등 새로운 개념을 도입하면서 그 내용을 일별하였으며, 제2차 납세의무 확정절차에서의 제2차 납세의무는 세액확정절차와는 달리 부종성이론 및 직권취소이론에 따라 경정되어야 함을 설명하였습니다.

세무조사에 관하여는 포괄성 및 종국성을 전제로 하면서 세무조사의 개념, 세무조사사전통지, 세무조사결과통지, 중복세무조사의 금지에 중점을 두었습니다. 조사공무원이 세무조사과정에서 포괄적으로 조사할 기회를 가진 이상 일단 세액확정에 필요하고도 중요한 정보를 알고 있다고 추정해야 하므로, 한 번 세무조사를 거치면 원칙적으로 중복세무조사가 금지되고 이에 위반하면 증액경정에 나아갈 수 없음을 강조하였습니다.

통상의 경정청구의 경우 국세기본법 제45조의2 제1항 후단의 신설로 인하여 최초신고세액분과 증액경정분이 분할되는 점에 관한 법리를 나름대로 정리하였습니다. 사정변경에 기한 경정청구에 관하여는 분석적 접근을 통하여 체계적인 권리구제수단이 될 수 있도록 입론하려고 노력하였습니다. 경정사유 해당 여부를 판단함에 있어서 유추를 허용하되 그 한계가 있어야 함을 인식하고 그 한계선 설정에 유의하였습니다. 모순된 세액확정에 기한 경정청구가 '판결 등에 따른 경정'과 함께 미국의 기간제한 경감규정에서 유래한 것임을 유념하여 미국의 경감규정을 비교적 상세하게 소개하면서 그 상호관계에 대하여 설명하였습니다.

그 밖에 경정법체계를 이해함에 있어 불가결한 독일 조세기본법상의 경정제도, 일본의 경정청구제도에 관하여 적절한 곳에서 설명하면서 경정법이 나아가야 할 방향을 모색하여 보았습니다. 초판에 포함되었던 지방세 및 관세에 관한 부문은 지면관계상 제외하였습니다.

본문에 인용된 외국의 관련 법조문이나 판례는 대부분 저자가 직접 번역한 것이기 때문에 잘못된 부분이 있을 것으로 염려되는 터이므로, 연구 목적 이외에 조세 실무상으로 이용할 목적이라면 원문이나 다른 번역본을 참조하여 주시기 바랍니다.

경정법체계를 어떠한 방법으로 어떻게 세워야 할 것인지가 저자의 오랜 숙제였고 앞으로도 크나큰 과제입니다. 역부족임을 통감하면서 미완의 졸고를 감히 내놓게 되었습니다. 독자 여러분께 그 이해를 구하거니와 독자 여러분의 따가운 질책과 비판을 기다리겠습니다. 납세자가 국가와 대등한 당사자로서 공평하고 공정하게(fair and just) 세액확정절차에 참여할 수 있는 그날이 오기를 고대하면서 모든 납세자에게 이 책을 바칩니다. 바쁘신 중에도 성심을 다하여 교정 작업을 도와 준 한경수 변호사님께 깊이 감사드립니다. 출간을 맡아준 박영사 조성호 이사님과 편집을 위하여 여러모로 애써준 편집팀 장유나 과장님과 여러 직원들에게 심심한 사의를 표합니다.

2021. 11.

저자 올림

머리말

이 책은 조세법상 경정청구는 물론 경정제도 전반에 관한 것을 담고 있습니다.

저는 대법원 재판연구관으로 재직할 당시 경정제도에 대한 관심을 가지기 시작하였습니다. 법원을 떠난 후 대학교에서 조세법 강의를 하는 과정에서 우리나라의 경정제도와 외국의 경정제도를 비교할 기회를 갖게 되었고, 조세심판원 심판관(비상임)으로 사건을 다루면서 이 분야에 대한 실무상 문제점들을 접하게 되었습니다.

경정제도 전반에 나타나는 여러 문제점들에 대한 그동안의 연구결과를 다른 나라의 경정제도와 비교하면서 정리한다는 것도 의미가 있다고 생각되어 이 책을 쓰게 되었습니다.

먼저 조문의 문언에 충실한 해석을 하고자 노력하였습니다. 중요한 조문은 적절한 곳에 그대로 실었습니다. 그동안 이 분야에 대하여 나온 대법원 판례들을 가급적 빠뜨림 없이 적시하였고 중요한 판례는 전문을 그대로 인용하였습니다.

실체적 진실주의와 법적 안정성이라는 법이념이 세액확정절차나 경정절차의 어떠한 장면에서 서로 충돌하고 또 어떻게 조화를 이루어야 하는가의 관점에서 경정제도가 나아갈 방향을 모색해 보았습니다.

경정청구의 유형을 세분화하고 체계화하면서 각 유형의 요건과 관계를 설명하였습니다. 경정청구를 유형화함에 있어 실체적 진실주의의 관점에서 법의 흠결이 있는 경우 그 보충을 위하여 유추를 제한적으로 허용하여야 한다는 견해를 제시하였습니다.

경정청구에 필연적으로 뒤따르는 부과제척기간에 대하여도 실체적 진실주의와 법적 안정성의 조화라는 관점에서 해석론 내지 입법론으로 완화된 특례제척기간이 필요하다는 설명을 곁들였습니다.

외국의 경정청구에 관한 입법례를 필요한 곳에서 인용함과 아울러 우리나라 경정청구제도의 미비점이나 보완하여야 할 점을 지적하였습니다.

그러나 이 책에는 미흡한 부분이나 빠진 부분이 있고 연구의 부족으로 핵심에 접근하지 못한 부분도 있을 것입니다. 많은 비판이 있기를 바랍니다. 이 책의 발간으로 경정제도에 대한 논의나 토론이 활발하게 전개되어 납세자의 권리구제가 보다 더 완벽하게 이루어지도록 제도를 개선하는 계기가 되기를 바랍니다.

　이 책의 출간을 맡아주신 박영사 안종만 회장님과 조성호 이사님께 감사드리고 편집을 위하여 애써준 문선미 대리에게도 감사드립니다.

2015. 11.

저자 올림

차 례

제1장 총 론

제2장　개별세법상의 각 경정규정에 기한 경정청구권

제3장　조세채무자에게 불리한 증액경정

제4장　국세기본법 제45조의2에 기한 경정청구

제5장 개별세법상의 경정청구

제1장

총 론

총론은 조세법상 경정제도 내지 경정법리를 이해하는데 필요한 기초적 부분을 담고 있다. 경정제도는 법치주의와 밀접하게 관련되어 있다. 먼저 법치주의를 설명하고 다음 조세실체법적 측면(세액확정절차)과 조세소송법적 측면(항고소송중심주의, 부과처분 내지 경정거부처분 취소소송)으로 나누어 '實體的 眞實主義'와 '法的 安定性'이라는 두 법이념이 경정제도를 통하여 어느 면에서 상호 충돌하고 어떻게 조화를 이루어야 하는지 살피면서 경정제도의 현주소 및

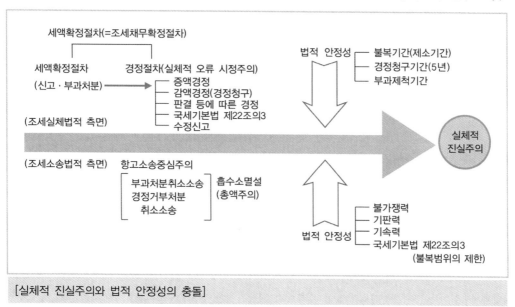

[실체적 진실주의와 법적 안정성의 충돌]

방향을 17개 절로 나누어 설명한다. 경정법체계의 구축, 한마디로 말하면 경정법리를 탐색하면서 更正範圍를 정하는 것이 본 저술의 주된 목적이다. 이하 개략적으로 본다.

제척기간처럼 법적 안정성이 강조되어 실체적 진실주의가 희생되는 경우도 있지만 실체적 진실주의와 법적 안정성이 조화를 이루도록 제도를 만들고 운용하여야 한다. 이러한 조화는 조세실체법과 조세소송법의 양 측면에서 함께 이루어져야 한다.

(1) 세액확정절차의 구조적 불균형

신고납세방식의 조세에 있어 1차적으로 조세채무자의 과세표준신고에 의하여 세액 등이 확정되나 2차적으로 과세관청의 부과처분(결정, 경정)이라는 법형식이 개입되어 세액이 확정된다. 이러한 '稅額確定節次의 法的構造'에 비추어 볼 때 납세자나 과세관청은 대등한 관계에서 협동하여 실체적 진실주의를 실현하여야 한다. 세액시정을 위하여 각자가 가지는 권한 내지 권리나 그 행사기간 등은 대칭적 균형을 취하여야 한다(납세자와 과세관청의 대등성).

세액확정절차에 있어 잘못된 것은 바르게 고쳐져야 한다. 납세자는 법률에 기하여 납부하여야 할 적정세액만을 납부할 의무가 있다. 이를 위하여 경정청구제도 및 이와 연결되는 조세쟁송이라는 제1차적 권리구제수단이 물샐틈없이 완벽하게 준비되어야 한다. 제1차적 권리구제수단의 확충이야말로 법치국가 실현의 중요한 담보수단이다. 납세자의 납세윤리뿐만 아니라 법치국가로서의 조세국가가 가져야 할 과세윤리도 함께 강조되어야 한다.

세액확정절차에는 실정법상 除斥期間, 不服期間(제소기간), 更正請求期間 등 3개의 경직된 기간제한이 있다. 제척기간 외에 그보다 짧은 불복기간이나 경정청구기간이라는 제한의 추가적 설정은 조세채무자에게만 불리한 불균형을 초래하였다. 조세채무자의 신고내용에 오류·탈루가 있는 경우 과세관청은 제척기간 내에서 횟수에 관계없이 거듭 증액경정을 할 수 있음을 상기하면 알 수 있다. 이를 세액확정절차의 '構造的 不均衡'이라 부른다. 이러한 불균형을 완화시키기 위하여 우리는 모든 면에서 노력을 기울여야 한다.

2014. 12. 23. 개정된 국세기본법 제45조의2 제1항 전단에서 통상의 경정청구기간을 통상의 제척기간 5년과 일치시킴으로써 불균형은 크게 해소되었다. 2010. 12. 27. 개정된 제45조의2 제1항 후단은 과세표준신고가 전제된 '[신고 + 증액경정]의 사안'에서 최초신고세액분과 증액경정분으로 나누어 규율하여 경정청구의 범위를 확대함으로써 불균형의 해소에 기여했다.

(2) 조세사안의 분류

분석적 도구개념으로 사용하기 위하여 조세사안을 우선 두 그룹으로 나눈다. 먼저 과세표준신고를 한 바 있어 경정청구가 가능한 '[신고 + 증액경정]의 사안'이다. 위 제1항 후단이 적용되는 사안이다. 다음 과세표준신고가 전제되지 아니한 제1차적 부과처분(신고납세방식이든 부과과세방식이든 과세표준신고가 없는 상태에서 과세관청이 맨처음으로 하는 부과처분) 및 당초부터 과세표준신고의무가 없는 종합부동산세 부과처분이 개입된 사안이다. 이를 '[제1차적 부과처분 등]의 사안'이라 부른다. 경정청구 가능 여부, 불가쟁력 및 기판력의 발생범위 등을 이해하는데 유용한 도구개념이다. 그밖에 '[신고]의 사안', '[신고 + 수정신고]의 사안', '[제1차적 부과처분 + 증액경정]의 사안'이 있다. 사안의 유형은 5가지가 된다.

(3) '[제1차적 부과처분 등]의 사안'과 불가쟁력

우선 '[제1차적 부과처분 등]의 사안'에 있어 不可爭力이 발생하면 무효가 아닌 한 원칙적으로 구제수단이 없다는 점에서 구조적 불균형이 그대로 유지되고 있다. 즉 신고납세방식이든, 부과과세방식이든 과세표준신고를 하지 않아 과세관청으로부터 제1차적 부과처분을 받게 되면, 과세표준신고를 한 사람과는 달리, 이를 시정할 수 있는 권리구제수단이 엄격히 제한된다는 점이다. 짧은 불복기간 내에 항고쟁송으로 다투거나 불복기간이 지난 후라면 처분이 당연무효라고 다투는 길밖에 없다. 조세채무자가 여유롭게 접근할 수 있는 통상의 경정청구는 불가능하다. 불가쟁력 때문이다. 권리구제수단의 태양을 결정하는 갈림길에서 과세표준신고 유무나 제1차적 부과처분 해당 여부가 결정적 요소로 작용한다.

조세채무자에게만 불리하게 작용하는 不可爭力은 어느 범위까지 인정하여야 하는지, 예외적 상황에서 그 효력을 배제할 수 있는지 등 불가쟁력의 本質, 發生範圍 및 强度에 관한 근본적 재검토가 필요하다. '[제1차적 부과처분 등]의 사안'에서 불가쟁력은 해당 처분 전부에서 효력이 발생하여 전혀 다툴 수 없다는 점에서 포괄성을 가진다(불가쟁력의 포괄성). 반대로 '[신고 + 증액경정]의 사안'에서 경정거부처분의 불가쟁력은 흡수소멸설을 전제할 때 쟁점이 된 구체적 경정거부사유에 한하여 발생한다는 점에서 개별성을 가진다(불가쟁력의 개별성).

한편 처분의 종류나 발생하는 장면에 따라 불가쟁력의 강도는 다양화되어야 한다. 때로는 효력의 돌파를 인정해야 한다. 불복기간은 만고불변의 진리를 선포하는 시간의 구획선이 아니라 평화의 선이다. 무효·취소의 구별기준에 관한 중대명백설이 대법원의 견해로서 흠이 명백하지 않아 취소사유에 불과한 사안이더라도, 불가쟁력을 조세채무자에게 전부 감수하게 하는 것이 현저히 부당하여 정의공평의 원칙에 반하는 등 예외적 상황이라면 무효로 인정하는 등 그 돌파를 인정하여 부당이득반환청구를 인정하거나 경정청구를 인정할 수 있다. 일반 행정처분과는 달리 이해관계를 가지는 제3자가 존재하지 않거나 처분의 존재를 신뢰하는 제3자를 보호할 필요가 없는 부과처분에서는 중대설을 받아들여야 한다. 중대명백설로 납세자의 희생 위에서 국가만을 두텁게 보호할 이유를 찾을 수 없다. 국가재정의 안정적 확보는 근거가 될 수 없다. 중대명백설을 확인한 대법원 2018. 7. 19. 선고 2017다242409 전원합의체 판결의 소수의견 및 종합부동산세에 있어 불가쟁력이 발생하였음에도 경정청구를 우회적으로 인정한 대법원 2018. 6. 15. 선고 2017두73068 판결에 주목한다.

법치국가의 실현을 위한 제2차적 권리구제수단 겸 최후의 구제수단인 국가배상청구소송이 인정되어야 한다(法治國家的 國家責任論).

(4) 절차적 배타성 인정 여부

실효적·물샐틈없는 권리구제(제1차적 권리구제수단의 확충)를 위하여 무명항고소송(의무화소송)을 인정함은 물론 당사자소송도 활용되어야 한다(당사자소송 활용론). 이러한 현실에서 소송 유형까지 간섭하고 제한하는 更正請求의 排他性 理論은 가볍게 받아들일 수 없다. 취소소송의 배타성(행정처분의 공정력)은 상대적 의미를 가진다. 절차적 배타성을 인정하여 납세자의 권리구제를 어렵게 할 수 없다. 예외적인 경우 항고소송과 당사자소송 등 소송 유형 간의 융통을 인정하고, 권리구제상 메리트가 있다면 항고소송과 당사자소송 간의 경계를 허물어 소송 유형의 선택(항고소송과 당사자소송의 병용론)을 인정해야 한다. 확인소송을 인정하는 등 소송 유형도 다양화되어야 한다.

(5) 취소소송의 소송물

취소소송(부과처분 취소소송 및 경정거부처분 취소소송)은 二重構造(위법판단 + 시정조치)로 되어 있고, 그 본질은 채무부존재확인소송이다. 이러한 소송의 소송물은 대법원 판례를 통하여 總額主義 및 吸收消滅說로 귀결되었다. 당분간 변경가능성도 거의 없다. 총액주의는 독일 및 일본의 최고법원의 판례이다. 대법원이 채무부존재확인소송으로 이해하면서 총액주의로 일관하는 것은 정당하다. 결론적으로 소송물은 총액주의 아래에서 처분의 동일성(과세단위) 및 흡수소멸설에 기하여 정하여진다.

(6) '[신고 + 증액경정]의 법리'

흡수소멸설의 약점을 수정·보완하기 위하여, 입법자는 2010. 12. 27. 개정된 국세기본법 [제45조의2 제1항 後段]을 통하여, '[申告 + 增額更正]의 事案'에서 최초신고세액분과 증액경정분으로 나누어 규율하고 있다. 賦課處分의 分割을 인정한다.

이는 경정청구를 보장하기 위한 것으로, 그 범위 내에서, 분할된다. 경정거부처분 취소소송과 부과처분(증액경정) 취소소송 중 어느 하나를 선택할 수 있다. 최초신고세액분은 경정거부처분 취소소송으로, 증액경정분은 증액경정 취소소송으로 나누어 다투게 할 수는 없다. 부과처분 취소소송을 선택한 경우에도 당초 신고내용의 오류도 함께 주장할 수 있다. 최초신고세액분은 경정청구기간 5년 이내에서 언제든지 경정청구가 가능하다. 기판력도 최초신고세액분이든 증액경정분이든 '판단된 범위' 내에서 발생한다. 부과처분의 분할 내지 분해를 통하여 경정청구를 할 수 있는 범위가 넓어진만큼 그 범위 내에서 국세기본법 제22조의3의 적용은 줄어들거나 배제된다. [부과처분의 분할, 쟁송형태, 기판력의 발생범위, 국세기본법 제22조의3의 적용범위] 등에 관한 이러한 네 가지 요점 내지 규율내용을 '[申告 + 增額更正]의 法理'라 부른다.

먼저 환급세액확정절차가 문제되는 부가가치세에 관하여 본다. 예를 들어 (一)500만 원의 환급세액을 신고했는데 과세관청이 매입세액 전부에 대하여 공제를 부인한 후 (＋)200만 원의 납부세액이 있다면서 200만 원의 부과처분을 한 경우에도 위 법리가 적용된다. 다음 상증세의 '결정청구'에 관하여 본다. 예를 들어 1,000만 원의 신고 후 500만 원이 증액되어 세액 1,500만원의 결정이 고지되면, 그 부과처분은 위 후단에 기하여 [신고 1,000만 원 + 결정으로 증가된 세액 500만 원]으로 분해되고, 그 구조 위에서 위 법리가 적용된다(대법원 2014. 6. 26. 선고 2012두12822 판결). 2019. 12. 31. 신설된 '기한 후 신고'의 결정청구도 같다. 기한 후 신고에 대하여 결정이 고지되면, 그 부과처분은 [기한 후 신고 + 결정으로 증가된 세액]으로 분해되고, 그 구조 위에서 위 법리가 적용된다.

위 後段이 경정법체계 및 조세소송법 이론에 미치는 영향은 지대하다. 가히 혁명적이다. 후단의 정확한 이해 없이는 경정법체계에 제대로 접근할 수 없다. 일반 행정소송과의 결별을 요구하는 핵심조항이다. 소송물, 총액주의 및 흡수소멸설, 기판력의 객관적 범위, 불가쟁력의 발생범위 등 조세소송법 이론에 광범위하고 복합적인 영향을 미친다. 세액확정절차에 관한 조세실체법 조항은 조항대로, 조세소송법 이론은 이론대로 별개로 분리하여 존재하는 것으로 논해선 안 된다. 조세실체법 조항내용을 떠나서는 조세소송법 이론을 제대로 정립할 수 없다.

한편 이와 같이 부과처분의 분할 내지 분해를 통하여 경정청구의 가능범위를 확대함으로써 그 구조적 불균형을 완화시키려고 하는 입법자의 결단을 읽을 수 있다. 경정법체계 내에서는 부과과세방식인 상증세가 마치 신고납세방식으로 전환된 것과 같다.

흡수소멸설은 국세기본법 제45조의2 제1항 후단에 의하여 약점이 수정·보완되고, 제22조의3에 의하여도 또 다른 약점이 수정·보완된다. 흡수소멸설은 판례상 확고한 지위를 점하고 있다. 다만 경정거부처분 취소소송이 제기된 후 증액경정처분이 이루어진 경우 경정거부처분은 그 후의 증액경정처분에 흡수·소멸되지 않음이 대법원의 견해이다(흡수소멸설의 예외).

(7) 기판력과 기속력

조세판결의 旣判力 내지 조세심판원 등이 하는 裁決의 存續力이 발생하는 범위(객관적 범위)를 넓게 아니면 좁게 보아야 하는지, 기판력 내지 존속력과 행정소송법 제30조 및 국세기본법 제80조의 기속력을 구별하여야 하는지 및 상호관계를 어떻게 설정하여야 하는지 등 여러 의문도 경정규정과 관련하여 검토되어야 한다. 한편으로 조세실체법상 증액경정이나 경정청구를 허용하면서 다른 한편에서 불가쟁력이나 재결의 존속력과 기속력, 판결의 기판력과 기속력 등으로 제한할 수는 없기 때문이다. 충돌접점의 조화로운 해결을 위한 기준설정을 위하여 기판력 내지 존속력의 범위는 좁게 볼 수밖에 없다.

판결의 旣判力(재결의 존속력), 羈束力, 부과처분의 不可爭力 등 3개 힘의 구별기준 및 역학관계는 경정법체계의 구축, 조세소송법의 발전을 위하여 더 연구되어야 한다. 경정범위를 정함에 있어 앞서 본 불가쟁력이 무엇보다도 위력적임을 인정해야 한다.

'同一處分의 反復禁止效'는 기판력에서 발생한다. 기판력과 기속력의 관계는 재구성되어

야 하고 조세소송법 및 조세실체법에서의 역할분담도 재조정되어야 한다. 취소소송의 2중구조
를 앞서 본 바와 같이 이해한다면 '위법판단' 부분에서 기판력이, '시정조치' 부분에서 기속력
(적극적 처분의무, 원상회복의무, 부정합처분의 취소의무)이 발생한다고 볼 수 있다.

　　旣判力이 발생하는 객관적 범위는 '[신고 + 증액경정]의 사안'과 '[제1차적 부과처분 등]
의 사안'으로 나누어 2원적으로 파악되어야 한다(二元的 接近論). 불가쟁력 때문이다.

　　먼저 '[신고 + 증액경정]의 사안'에 있어, 경정거부처분 취소소송(선택가능한 부과처분 취
소소송 포함)의 기판력은 소송물 중 '判斷된 範圍' 내에서만 발생한다고 보아야 한다. 확정판결
의 판단내용에 해당 증액경정이나 경정청구의 구체적 규율내용이 포함되어 있지 아니한 이상,
기판력은 이후 이루어지는 증액경정이나 경정청구 또는 '판결 등에 따른 경정'에 영향을 미치
지 않는다. 분쟁의 일회적 해결만을 강조하는 [소송물 = 판결주문 = 기판력의 객관적 범위]
라는 定式은 부정된다. 분쟁의 일회적 해결은 이상에 불과할 뿐 실무상 받아들일 수 없다. 이
러한 정식의 수용은 경정제도를 질식시키거나 기능부전의 위험에 빠뜨리게 할 뿐이다. 한판주
의는 원칙적으로 수용될 수 없다. 소송물은 판결주문에서 표현되고 기판력은 소송물 전부에서
발생한다는 견해도 마찬가지다. 기판력은 소송물 중 판단대상이 된 부분에 한하여 발생한다.
판단대상 내지 판단된 범위를 구체적으로 밝히기 위하여는 주문만으로는 부족하다. 이를 뒷받
침하고 보충하는 판결이유의 구체적 내용까지 살펴야 한다.

　　다음 '[제1차적 부과처분 등]의 사안'에 있어, 부과처분 취소소송의 기판력은 판단된 범위
가 아니라 소송물 전체에서 발생한다. [소송물 = 판결주문 = 기판력의 객관적 범위]라는 定
式이 원칙적으로 성립한다. 불가쟁력의 발생범위가 포괄적이듯이 기판력의 발생범위도 포괄적
인 것으로 볼 수밖에 없다. 한판주의이다. 부과처분에 대하여 통상의 경정청구를 인정하지 않
는 것과 맥락을 같이 한다. 다만 국가만이 증액경정을 할 수 있어 그 범위 내에서 예외이다.
만약 불가쟁력이 발생한 부과처분에 대하여 통상의 경정청구를 일부 허용하는 입법을 한다면
불가쟁력 및 기판력의 발생범위도 수정되어야 한다.

　(8) 절차대상의 자동교체

　　전심절차나 소송절차의 진행 중 증액경정이 있는 경우 節次對象은 自動交替된다. 당초처
분을 다투는 적법한 전심절차 진행 중 증액경정처분이 이루어지면 당초처분은 증액경정처분에
흡수되어 독립적인 존재가치를 상실하므로, 납세자는 증액경정처분에 맞추어 청구취지나 이유
를 변경하여 절차를 진행한 다음 재결의 통지일부터 90일 이내에 증액경정처분의 취소소송을
제기하여야 한다. 설령 납세자가 전심절차에서 이를 간과한 채 청구취지나 이유를 변경하지
않았다 하더라도 증액경정처분에 대한 별도의 전심절차를 거칠 필요 없이 재결의 통지일부터
90일 이내에 제1심 법원에 증액경정처분의 취소소송을 제기할 수 있다(대법원 2013. 2. 14. 선
고 2011두25005 판결). 제1심 법원의 소송계속 중 증액경정이 있고 이를 간과한 채 판결이 선

고되었다 하더라도 항소로 적법하게 항소심으로 이심되고 항소심에서 청구취지 변경의 신청을 할 수 있다.

여기서 경정범위를 정하는 중요한 요소로 사안의 유형, 기간제한(불복기간, 경정청구기간, 제척기간), 힘(기판력, 기속력, 불가쟁력, 구성요건적 효력) 등 3가지가 있음을 알 수 있다. 각 요소는 상호 대응을 허용하는 한 그 범위 내에서 관계적으로 상호작용을 한다. 그러나 3가지 외에 가장 중요한 요소는 세액확정절차 내지 경정절차에 관한 규정이다.

(9) 광의의 세액확정절차

조세법률관계를 확정하는 廣義의 稅額確定節次에는 국세기본법상의 관련규정(§22①, §45①, §45의2①, §51①)을 종합하면 협의의 세액확정절차, 결손금확정절차, 환급세액확정절차 등 3가지가 있다. 이러한 확정절차를 씨줄로 삼아 更正節次[5대 구성요소: 신고, 수정신고, 증액경정, 경정청구, 제척기간]라는 날줄을 엮으면 更正法體系가 이루어진다. 날줄인 경정절차에 관한 규정이 튼튼하면 경정법체계도 그만큼 튼튼해진다. 결손금 감액경정을 행정처분으로 본 대법원 2020. 7. 9. 선고 2017두63788 판결은 결손금확정절차의 존재를 확인하고 있다.

협의의 세액확정절차 및 환급세액확정절차에 위 '[申告 + 增額更正]의 法理'가 적용되듯이, 결손금확정절차에도 위 법리가 적용된다.

(10) 경정법체계의 핵심규정

경정절차 내지 경정법체계의 核心規定을 본다. 경정청구에 관한 국세기본법 제45조의2와 특례경정규정인 제26조의2 제6항(종전 제2항)을 들 수 있다. 두 규정이 적극적 경정규정이라면 소극적 경정규정으로 제22조의3을 들 수 있다. 제22조의 3의 기능을 제대로 이해하여야 한다. 제26조의2 제6항은 특례경정 내지 '판결 등에 따른 경정'에 관한 것임을 받아들여야 하고, 제22조의3이 소극적 경정규정이라 하더라도 흡수소멸설의 약점을 수정·보완하기 위하여 조세소송법상의 불복범위를 제한하는 기능을 하고 있음을 인정해야 한다. 따라서 핵심규정은 3개 조문이다(§45의2, §26의2⑥, §22의3). 입법론상 한 곳으로 모아 체계화함이 필요하다. 제26조의2 제6항의 해석을 둘러싸고 견해대립이 존재하여 혼란스럽다. 한편 제26조의2 제6항에는 '판결 등에 따른 경정'(제1호, 제1의2호, 제3호, 제4호) 외에 사정변경에 기한 증액경정(제5호) 등 성질을 달리하는 유형이 담겨 있다. 이형물의 집합체로 보인다. 핵심조항으로 하나를 추가한다면 통상의 제척기간에 관한 규정(§26의2 ①~⑤)을 들 수 있다.

(11) 제2차 납세의무 확정절차

그밖에 조세법률관계의 확정절차로 제2차 납세의무 확정절차, 과다환급금확정절차, 근로장려금확정절차 등이 있다. 각 절차에는 고유한 개성과 특질을 가지고 있다.

그중 '제2차 납세의무 확정절차'를 본다. 제2차 납세의무(보증인의 납세의무도 같다)의 경정을 위하여 국세기본법은 주된 납세의무에 적용되는 경정규정과 같은 규범을 갖추고 있지 않다. 주된 납세의무에 관한 경정 및 경정청구에 관한 규정의 유추 여부가 문제되나 제2차 납세의무의 확정에 부과처분이라는 법형식이 반드시 개입하고 있는 점에 비추어 부정되어야 한다. 그렇다고 하여 주된 납세의무의 확정에 관여한 부과처분이 취소되거나 혹은 신고로 확정된 주된 납세의무가 경정청구로 감액경정되는 경우, 자동적으로 확정된 제2차 납세의무도 당연무효로 취급되거나 당연히 취소되거나 감액된다고 할 수 없다. 사정변경에 기한 경정청구는 허용될 수 없다. 그렇다면 직권취소라는 행정법 이론상의 법리를 빌려 '불가쟁력을 가진 부과처분'의 경정을 허용하여야 한다. 주된 납세의무와 제2차 납세의무는 전혀 다른 경정법체계를 갖고 있다. '2원적 경정법체계'(경정법체계의 2원성)를 가진 셈이다. 물론 조세법상 부과처분이 아닌 일반 행정처분의 경정에도 직권취소의 이론이 적용되어야 한다. 조세법 전반의 경정법체계까지 염두에 두고 앞으로 경정법을 정비하여야 한다.

  (12) 경정청구의 유형

  주된 납세의무자에 대한 경정법체계의 핵심적 요소인 更正請求의 類型을 본다. 통상의 경정청구(결정청구), 후발적 경정청구(사정변경에 기한 경정청구 및 모순된 세액확정에 기한 경정청구), 원천징수에 대한 경정청구가 있다. 신고에 실체적 오류가 있는 경우 통상의 경정청구가 인정된다. 경정청구기간은 당초 1년에서 2년, 2년에서 3년, 3년에서 5년으로 순차 개정되었다. 어떤 행위나 거래 등의 조세적 효과가 소급하여 소멸하는 사건이 발생한 경우 사정변경에 기한 경정청구를 할 수 있다. 인적귀속의 충돌, 기간귀속의 충돌, 세목의 충돌 등이 있는 경우 모순된 세액확정에 기한 경정청구를 할 수 있다. 입법연혁적으로 '판결 등에 따른 경정'과 '모순된 세액확정에 기한 경정청구'는 미국의 '기간제한 경감규정'에서 유래한다. 위치하는 조문이 다르지만 정의공평의 원칙에 터잡은 것으로 그 상관관계 내지 상호 긴밀성을 이해하여야 한다.

  국세기본법상의 원천징수에 대한 경정청구는 원천납세의무자와 원천징수의무자 모두에게 경정청구권을 인정한다. 두 경정청구권의 경합 문제나 환급청구권의 귀속 문제 등 어려움이 발생한다. 한편 론스타 판결(대법원 2012. 1. 27. 선고 2010두5950 판결)의 선고 직전 입법자는 2011. 12. 31. 소득세법 제156조의6와 법인세법 제98조의6을 신설(2012. 7. 1. 시행)하여 '국외투자기구', '실질귀속자'라는 신개념을 도입하면서 국외투자기구로부터 소득을 지급받는 실질귀속자인 비거주자나 외국법인에게 경정청구권을 인정했다. 투자자와 국외투자기구(미국의 LP 등) 중 누구를 납세의무자로 보아야 하는지에 관한 발상의 전환을 요구하는 획기적인 입법조치였다(2014. 1. 1. 소득세법 제156조의2와 법인세법 제98조의4가 같은 취지로 개정됨). 당시 국세기본법상의 경정청구권과 개별세법상의 위 경정청구권은 병존하였다고 본다. 나아가 입법자는 2018. 12. 24. '국외투자기구에 대한 실질귀속자 특례'라는 제목 아래 소득세법 제119조의2와 법인세법 제93조의2를 신설하여 '實質歸屬者'의 개념을 체계적으로 정의하고 있다(2020. 1. 1.부터 시행). 이러한 입법으로 론스타 판결이 초래한 혼동을 어느 정도 극복할 수 있게 되었다. 한편 2019. 12. 31. 국세기본법 제45조의2 제4항을 개정하여 비거주자나 외국법인은 국세기본법상의 경정청구권을 행사할 수 없고 개별세법상의 그것만을 행사할 수 있도록 하였다.

농어촌특별세와 같은 부가세의 세액확정절차에는 '본세 세액확정절차'와 '부가세 세액확정절차'라는 2개의 절차가 존재하고, 이는 독립적·단계적으로 이루어진다(단계적 세액확정절차). 본세와 부가세의 관계에서 段階的 稅額確定節次가 적용되는 경우, 본세에 관한 선행처분이 취소되거나 경정청구로 감액경정된 경우에 부가세는 어떻게 시정되는지에 관한 논의도 시작되어야 한다. 본세와 가산세도 마찬가지이다.

源泉徵收義務確定節次의 인정 여부다. 이러한 확정절차의 인정은 자동확정의 법리에 반한다. 원천징수의무자는 원천징수의무를 신고할 수 없다. 수정신고도 할 수 없다. 과세관청은 불이행의 경우 징수처분을 할 수 있고 이를 증액할 수 있다. 이는 확정절차의 인정 여부와 직접적 관련이 없다. 원천징수의무를 과대하게 이행한 경우 부당이득의 법리가 적용된다. 이에 대하여 경정청구권을 인정한다 하여 부당이득반환청구가 배제되는 것도 아니다. 국세기본법 시행령에서의 '원천징수의무자에게 부과하는 국세'에 대한 제척기간의 정함은 입법적 오류로 보인다. 원천징수의무자에 대한 납세고지를 징수처분이 아닌 부과처분으로 볼 수 없다. 원천징수의무확정절차는 부인되어야 한다.

예외적인 경우 불가쟁력의 돌파를 인정하여 경정청구를 인정하여야 하듯이, 달리 정규의 권리구제수단이 없다 하더라도, 신고나 부과처분으로 확정된 세액이 과세형평에 반하고 특정인(또는 특정그룹)의 납세자만으로 하여금 과세형평에 반하는 세액확정을 전부 감수하게 하는 것이 현저히 부당하여 정의공평에 반하는 경우 예외적으로 경정청구(과세형평에 기한 경정청구)를 인정해야 한다(대법원 2016. 12. 29. 선고 2010두3138 판결 참조). 조세경정법 영역에 한하여 正義公平의 原則에 기초한 법의 발견 내지 창조의 길이 열려 있다. 세법해석의 기준으로 '과세형평'을 강조하고 있는 국세기본법 제18조 제1항에 기하여 또는 이를 원용함이 없이도 정의공평의 원칙에 기하여 경정청구를 인정할 수 있다.

형식적 과세요건의 충족에 의한 세금의 징수가 구체적 사안에서 정의공평의 원칙에 반하는 경우, 곧바로 부당이득반환청구청구권을 인정하여야 한다(일본 최고재판소 1974. 3. 8. 판결). 반대로 부가가치세가 조세포탈에 노출되기 쉬운 세제로서 매입세액 공제·환급제도를 악용하는 등 정의공평에 반하는 경우라면 매입세액의 공제 내지 경정청구가 거부될 수 있다(대법원 2011. 1. 20. 선고 2009두13474 전원합의체 판결, 소위 금지금 사건).

다른 한편, 입법자는 2020. 12. 22. 신설한 국세기본법 제52조 제3항에서, 정규의 권리구제절차를 위한 기간(불복기간 및 경정청구기간)이 지났음에도, [고충민원의 방식에 의한 경정청구]가 가능함을 전제로, 고충민원을 수용하여 세액을 환급하는 경우 환급가산금을 지급하지 않는다고 정하고 있다. 그 경정청구의 근거조항은 없다. 어떠한 민원을 들어 줄 것인지 법률의 유보 아래 구체적 기준을 준비해 두어야 한다. 이러한 민원처리가 실체적 진실주의 아래 사법부의 통제없이 이루어진다면 이는 법치주의의 자기부정이다. 고충민원에 의한 과세관청의 환급·경정조치는 과세형평에 반하는 세액확정을 전부 감수하게 하는 것이 현저히 부당하여 정의공평의 원칙에 반하는 경우에 한하여 예외적으로 인정되어야 한다.

그 밖에 경정법체계에는 기타 3원칙이 있다. 즉 [쟁송절차에서 직권취소 후 재처분 제한의 원칙(판례가 확립한 원칙)], [중복세무조사 금지의 원칙에 기한 증액경정의 제한], [신의성실의 원칙에 기한 증액경정·감액경정의 제한] 등이 있다.

후발적 경정청구의 사유는 類推解釋을 제한적으로 허용하여야 한다. 경정사유는 과세요건과 구별되어야 한다. 과세요건은 '가능한 문언의 의미'에 따라 해석되어야 하나 조세경정법의 영역에서는 달리 보아야 한다. 경정법 아래에서의 제도적 장치는 자체 완결적이어야 한다. 완결성을 갖추지 않았다면 법치국가의 실현을 사명으로 하는 법관은 직업윤리상 그 흠결을 메워야 한다. 시정되어야 할 오류에 해당됨에도 구체적 경정사유에 딱 들어맞지 아니한 경우에 오류의 성질이나 유형에 비추어 나열된 사유와 유사하고 경정의 필요성이 절실하면 유추를 허용해야 한다. 다만 그 해석의 한계가 문제될 따름이다.

(13) 세무조사

稅務調査는 조세채무자가 조세법령을 자발적으로 준수하였는지 여부를 검증하기 위하여 이루어지는 '부과처분을 위한 실지조사'를 말한다. 관계법령 등을 종합하면 세무조사란 ① 특정한 과세단위(세목 및 과세연도)의 과세표준과 세액을 결정·경정하기 위한 것으로, ② 공간적으로 납세자 등이 근무하는 사무실·사업장·공장 또는 거주하는 주소지 등에서, ③ 납세자 등을 직접 접촉하면서, ④ 시간적으로 연속성을 가지는 일정한 시일에 걸쳐, ⑤ 조사대상자에게 포괄적으로 질문조사권을 행사하거나 장부·서류·물건 등을 검사·조사하는 활동이다.

세무조사는 원칙적으로 '세무조사의 단위'인 과세단위를 기준으로 포괄적·종국적으로 이루어진다(세무조사는 '한 번으로'). 세무조사를 거치면 포괄적 조사권한을 가진 조사공무원은 원칙적으로 세액확정에 필요한 사실을 전부 알고 있다고 추정하여야 한다. 한편 조사대상자는 조사행위를 소극적으로 수인하는 데 그치는 것이 아니라 적극적인 협력의무를 지고 있다. 협력의무를 게을리하면 할수록 중복세무조사에 노출될 위험성은 그만큼 높아진다. 세무조사는 包括性을 가진다는 점에서 '개별적 조사'와 구별된다. 그 구별은 구체적 사안에 따라 개별적으로 판단되어야 한다. 세무조사가 이루어지면 원칙적으로 중복세무조사가 금지된다. 중복세무조사 금지에 위반하면 증액경정에 나아갈 수 없고, 만약 증액경정에 나아간다면 그 부과처분은 위법하여 취소되어야 한다(대법원 2017. 12. 13. 선고 2016두55421 판결). 세무조사의 포괄성·종국성을 확보하려는 대법원의 의지의 표현이다. 세액확정절차의 구조적 불균형은 위 금지 원칙이 적용되는 범위 내에서 완화된다. 위 원칙에는 10가지 예외사유가 있다(법률 6가지, 시행령 4가지). 조세탈루의 혐의나 조세범칙행위의 혐의를 인정할 만한 명백한 자료가 있는 경우가 대표적인 사유이다. 협력의무를 게을리 하면 그만큼 혐의가 짙어진다.

(14) 제척기간

세액의 결정·경정은 除斥期間 내에서 행사되어야 한다(국세기본법 제26조의2). 제척기간에는 통상의 제척기간(제1항부터 제5항까지)과 특례제척기간(제6항)이 있다. 특례제척기간은 제4장 제5절의 특례경정(판결 등에 따른 경정)에서 따로 설명한다.

통상의 제척기간은 상증세를 제외한 국세는 [5년, 7년, 10년]이나 역외거래의 경우에는 [7년, 10년, 15년]이다. 상증세는 [10년, 15년, 완성유예 1년]이다. 개별세법상의 계산서, 세금계산서 발급상의 가산세는 10년이다. 상호합의절차가 진행 중일 경우 특별한 정함이 있다. 제척기간 종료 후의 과세기간에서 이월결손금을 공제할 때 결손금 발생연도의 법인세 등의 제척기간은 이월결손금을 공제한 과세기간의 법정신고기한으로부터 1년으로 한다.

제척기간에는 소멸시효와 달리 정지제도가 없다고 설명되나, 소멸시효의 정지와 유사한 기능을 하는 규정이 있다. 특례제척기간이나 변칙상속에 관한 제26조의2 제5항 등이 그렇다. 제척기간의 완성유예를 허용하여야 한다. 제척기간 5년의 종료 직전에 경정청구가 있고 거부처분에 대하여 구제절차가 개시된 경우, 절차진행 중임에도 제척기간이 종료된다 할 수 없다. 구제절차가 종료되어 완결될 때까지 그 완성이 유예된다고 봄이 옳다. 제척기간의 적용에 있어 특정한 과세기간의 거래 중 부정행위가 개입된 부분과 그렇지 아니한 부분으로 분할하여 판단해야 하는지 여부이다(제척기간의 분할). 분할을 긍정한다. 역외거래에도 같다.

(15) 국세환급금

國稅還給金에 관하여 본다. 구제절차의 궁극적 목적은 잘못 낸 세금을 되돌려받기 위한 것으로, 환급청구권 행사에 의하여 최종적으로 달성된다. 과납금, 즉 경정으로 발생하는 환급청구권 및 취소(직권취소 및 쟁송취소)를 통하여 발생하는 환급청구권, 오납금에서 발생하는 환급청구권, 환급세액에서 발생하는 환급청구권 등 세 가지가 있다. 이를 환급청구권의 발생구조 또는 환급절차의 법적 구조라고 할 수 있다. 성질에 따라 분류하면, ① 부당이득반환청구의 성질을 가지는 것 ② 이런 성질을 가지지 않는 '부가가치세 환급세액 지급청구권'(대법원 2013. 3. 21. 선고 2011다95564 판결 참조) 등이 있다.

환급세액을 정하고 있는 개별세법상의 각 규정 및 국세기본법 제45조 제1항 제2호, 제45조의2 제1항 제2호, 제51조 제1항과 시행령 제32조 제4호를 종합하면, 還給稅額이란 소득세법, 법인세법, 부가가치세법, 개별소비세법 또는 주세법 등 각 개별세법에 따라 과세표준을 신고함에 있어 과세표준신고서에 (−)세액으로 표시된 환급에 상응하는 세액이고, 환급세액은 개별세법의 정함에 의하여 課稅標準申告로 確定되며, 환급세액의 존부 및 수액에 관한 의견대립이 있는 경우 경정절차 등 '還給稅額確定節次'를 거쳐야 한다.

환급세액의 지급할 때 환급가산금도 지급해야 한다. 납부의 기초가 된 신고 또는 부과를 경정하거나 취소함에 따라 발생하는 환급가산금의 기산일은 국세납부일이다. 다만 국세기본법 제45조의2에 기한 경정청구에 따라 환급하는 경우 기산일은 경정청구일이었으나 20201. 2. 17. 시행령의 개정으로 당초의 국세 납부일로 환원되었다.

국가가 실체적 오류로 조세채무자 등에게 법률상 원인 없이 과다환급한 경우 국가는 반환청구권을 가지는데 이를 역환급청구권이라 할 수 있고, 국세기본법 제51조 제9항은 그 청구권의 실현을 위하여 국세징수법상의 고지처분을 할 수 있다고 규정하고 있다. 이를 過多還給金確定節次라고 부른다. 고지처분이 불복기간의 도과로 확정된 후 실체적 내용에 오류가 있음이 발견된 경우 직권취소의 법리에 따라 이를 경정하여야 한다(2원적 경정체계).

(16) 기타 및 도표

이하 제3절부터 제6절까지 조세소송법, 제8절부터 제15절까지 조세실체법 측면에서 설명한다.[1] 다만 국세기본법 제22조의3은 양 측면을 모두 포함하고 있어 제7절에 위치시켰다.

증액경정	수정신고(제45조)	
	통상의 증액경정(개별세법상의 경정규정)	
	사정변경에 기한 증액경정	세액의 계산근거 등이 판결 등에 의하여 변동된 경우 (제26조의2 제6항 제5호)
		소득금액변동통지 후 추가신고·자진납부 등 4가지 사유에 기한 신고의무(소득세법 시행령 제134조 제1항 내지 제4항)
	확정판결 후 탈루소득에 대한 증액경정(기판력 비저촉설)	
	원천징수(자동확정방식): 추가징수(징수분의 증액경정, 흡수소멸설 적용)	
감액경정 (경정청구)	통상의 경정청구(제45조의2 제1항: 후단의 '[申告 + 增額更正]의 법리')	
	사정변경에 기한 경정청구(제45조의2 제2항)	
	모순된 세액확정에 기한 경정청구(제45조의2 제2항)	
	원천징수(자동확정방식): 원천징수의무자의 환급청구(부당이득반환청구) 원천징수의무자와 원천납세의무자의 각 원천징수에 대한 경정청구(제45조의2 제5항) 원천징수의무자의 경정청구와 부당이득반환청구는 선택적이다(私見).	
	* 과세형평에 기한 경정청구(제18조 제1항, 대법원 2016. 12. 29. 선고 2010두3138 판결 참조) * 불가쟁력을 조세채무자에게 전부 감수하게 하는 것이 현저히 부당하여 정의공평의 원	

---

1) 이 책에서 '조세실체법'이라는 용어는 조세소송법에 대비되는 의미로 사용되는데, 강학상의 조세실체법(과세요건법)과 조세절차법(조세경정법 + 조세징수법)을 포함한다(제1장 제3절 1. 참조).

	칙에 반하는 경우 이를 돌파시켜 인정하는 경정청구(私見) * 고충민원의 방식에 의한 경정청구(제52조 제3항, 2020. 12. 22. 신설)
비독립적 · 소극적 경정조항	제22조의3(흡수소멸설의 수정 · 보완, 조세소송법상 불복범위의 제한)
판결 등에 따른 경정 (선행절차 +후행절차)	심판 등에 따른 경정(제26조의2 제6항 제1호, 제1의2호)
	행정판결에 따른 경정(제26조의2 제6항 제1호, 제1의2호)
	제45조의2 제1항 및 제2항에 기한 경정청구에 따른 경정 (제26조의2 제6항 제3호, 제4호)
	판결 등에 따른 경정청구(대교사건, 私見)
기타	쟁송절차에서의 직권취소 후 재처분 제한의 원칙(판례)
	중복세무조사 금지의 원칙에 의한 증액경정의 제한
	신의성실의 원칙에 기한 증액경정·감액경정의 제한

* 조문은 국세기본법의 그것임

[경정법체계(증액경정, 감액경정 등)]

제1절

조세란 무엇인가?

1. 조세와 생활관계

(1) 미국 홈즈 판사는 세금을 문명을 위하여 지급하는 대가(taxes are the price we pay for the civilization)라고 하였고, 벤저민 프랭클린은 세상에서 확실한 것은 죽음과 세금밖에 없다고 하였다. 인간이 국가를 만들어 살아가는 한 태어나서 죽을 때까지 한시라도 세금을 떠나서 살아갈 수 없다는 말이다.

1776년 영국정부가 식민지였던 미국에 대하여 세금을 부과함으로써 미국인의 분노를 야기하여 독립혁명을 촉발하였고, 그로부터 2세기가 지난 후 레이건 미국 대통령은 소득세의 과감한 축소를 공약으로 내세워 대통령에 당선된 후 재임기간 8년 동안 소득세 최고세율을 70%에서 28%로 낮추었다. 한편, 1992년 미국 대통령 선거에서 조지 부시 대통령이 빌 클린턴 후보에게 패배한 것은 1988년 대통령 선거에서 "절대 새로운 세금은 없습니다."라는 공약을 어긴 것 때문이라고 한다. 이와 같이 세금에 대한 정책은 정치권력을 잡기 위한 수단으로 이용되기도 한다. 증세를 시도한 정권은 다음 선거에서 이길 수 없다고들 말하여진다. 증세없는 복지를 주장하며 정권을 잡은 후 소비세 인상을 시도한 일본의 민주당 정권이 2012년 정권을 넘겨준 것도 그 예일 것이다.

1920년대 미국의 암흑가 보스로 악명이 높았던 알 카포네는 많은 범죄를 저질렀음에도 한 번도 기소되지 않았지만 결국 탈세로 감옥에 갔다. 조세포탈죄는 감옥에 보내기 위한 최후의 수단이 되기도 한다.

(2) 우리나라도 종합부동산세의 위헌 여부[1]를 둘러싸고 계층 간의 갈등을 경험하였다. 앞으로 복지국가를 지향함에 있어 급증하는 재정수요를 충족시키기 위하여 많은 세금을 거두어야 하는데, 그 과정에서 갈등이 예상된다. '증세 없는 복지'가 가능한지 논쟁을 벌였다. 증세를 한다면 여러 세목 중 어느 부분에서 할 것인지, 부가가치세의 세율을 올려야 하는 것인지 논의의 장이 펼쳐지기도 했다. 현재 주택가격의 안정화를 도모하기 위하여 양도소득세 및 종합

---

1) 이창희, 세법강의, 19판(2021), 19면에서, "마그나카르타·권리장전·미국독립·불란서혁명 따위는 모두 세금 문제에서 비롯되었다." 이어 20면에서, "2004. 11. 18. 현재 … 헌법심판 가운데 약 17%가 조세사건이었다." 라고 적고 있다.

부동산세에 대하여 중과세가 시행되고 있다.

(3) 한편, 우리 정부와 론스타 간 ISD(투자자·국가 간 소송, Invester‒State Dispute) 중재판정을 위한 심리절차가 2015. 5. 15. 미국 워싱턴 소재 세계은행 산하 국제투자분쟁해결센터에서 비공개로 시작되었다. 론스타가 우리나라에 낸 세금 8,500억 원의 반환문제도 쟁점 중의 하나이다. 론스타는 한국·벨기에 조세협정(이중과세방지협정) 및 투자보장협정을 들면서 벨기에 자회사는 명목회사(페이퍼컴퍼니)가 아니고 설령 명목회사라도 조세협약 등의 적용을 받는 것이라고 주장한다는 것이다. 중재인 중 한 사람인 비더 변호사가 2020. 3. 현재 지병을 이유로 사임함에 따라 중재판정부 결원이 보충될 때까지 중재절차는 정지되어 있다.

2. 법치국가로서의 조세국가

가. 조세국가와 법치주의

우리는 왜 세금을 국가에 납부하여야 하는가? "국가 없이는 조세 없다."라고는 말할 수 있으나 반드시 "조세 없이는 국가 없다."라고는 말할 수 없다. 이념형으로서의 사회주의국가에는 조세가 존재하지 않을 수 있기 때문이다. 그러나 근대 이후 '자유주의국가'에 있어서 조세는 국가의 재정적 수입원으로서 중요성이 더하여 왔다. 즉 국가 재정적 수입의 대부분은 사유재산제도 및 계약자유의 원칙에 기초한 사경제적 활동의 성과에 터잡아 조세라는 이름으로 조달되어 왔다. 그리하여 오늘날 "조세 없이는 국가 없다."라고 말해도 지나침이 없다. 이렇게 국가의 운영자금이 조세에 의하여 조달되는 국가를 '조세국가'라 부른다.

한편, 조세국가 아래에서 국가의 課稅權(賦課權)은 사유재산제도 및 이에 터잡은 사인의 자유로운 경제적 활동을 전제로 하나 동시에 사인의 재산 및 자유를 필연적으로 제한하거나 제약한다. 따라서 '자유시장경제질서'에 기초한 '자유주의국가'는 국가의 과세권과 사인의 재산 및 자유의 제한 내지 제약의 조정을 위하여 의회제정법에 과세권을 엄격히 기속시키는 '법치주의'(법치국가, 조세법률주의)를 확립함으로써 실현되고, 이를 통하여 조세국가가 국가로서의 합법적 정통성을 가지게 된다.

나. 법치국가로서의 조세국가

(1) 조세국가라고 하여 법치주의를 떠날 수 없고 법치주의의 틀 안에서 조세국가를 실현해야 한다. 이를 '법치국가로서의 조세국가'(Steuerstaat als Rechtsstaat)라고 한다.

'국가재정의 안정적 확보(조세수입의 확보)'만을 위하여 법치주의를 희생하거나 세액확정절차에 있어 국가와 대등한 당사자인 납세자를 차별해서는 안 된다. 납세자가 국가재정의 안정적 확보만을 위하여 세금을 거둔다는 법감정을 가지면서 법치국가 아닌 조세국가로 여긴다면 그는 국가를 속이거나 탈세를 하는 것도 큰 범행이 아닌 사소한 것으로 여길지도 모른다.

세금은 빼거나 보탬 없이 오로지 법률의 잣대로 성립한 세액 그대로 올바르게 거두어야 하고, 이렇게 거둔 세금은 낭비 없이 제대로 사용되어야 한다.

국가는 국민으로부터 법령에 규정된 세액을 초과하는 범위의 세금을 거둘 권한은 없다.

잘못된 것은 바르게 고쳐지지 않으면 안 된다. 잘못 확정된 세금은 경정되어야 한다.

잘못 낸 세금은 지체없이 되돌려주어야 한다. 국가가 잘못 낸 세금이 있음을 우연히 알게 되었다면 돌려달라는 요구를 받기 전에 납세자에게 환급해주는 배려를 하여야 한다. 이러한 배려 위에서 납세자는 국가를 신뢰하게 된다.

이러한 배려의무 이전에 국가도 지켜야 할 과세상의 윤리가 있다. 우리는 흔히 '납세자의 납세윤리'(Moral der Steuerzahler)만을 강조하나 '국가의 과세윤리'(Besteuerungsmoral)도 함께 강조되어야 한다. 조세정의의 실현은 납세자의 납세윤리와 국가의 과세윤리에 달려있다.

'조세법률관계의 조속한 안정'이라는 이름 아래 납세자가 가지는 경정청구를 제한함으로 써 국가재정의 안정적 확보를 도모해서는 안 된다. 오히려 경정청구를 폭넓게 보장하는 등 경 정법체계(경정청구의 유형 및 제척기간)를 완결적으로 정비하는 한편, 거둔 세금이 낭비 없이 제 대로 사용되는지를 통제함이 급선무이다.

(2) 헌법재판소 2000. 2. 24. 선고 97헌마13, 245 결정의 다수의견(상세한 것은 제1장 제2 절 7. 가. 참조).

『 … 그러나 경정청구제도가 시행되기 전에 상속세의 과세표준 및 세액을 신고·납부하였거나 과세표준 및 세액의 결정을 받았다 하더라도 후발적으로 과세표준 및 세액의 산정기초에 변동이 발 생한 경우에 그에 따른 경정청구를 구할 권리가 없다고 단정할 수 없다. … 요컨대, 현행 국세기본 법상의 경정청구제도가 시행되기 전에 과세표준신고서를 제출한 자 또는 과세표준 및 세액의 결정 을 받은 자라도 일정한 후발적 사유가 발생하여 기존의 신고·납부나 세액결정을 그대로 유지하여 서는 현저히 조세정의에 반하는 것으로 인정될 때에는 상당한 기간 내에 결정 또는 경정을 청구할 수 있는 조리상의 권리를 가진다.』

위 사안2)에서 경정청구제도가 설정되어 있지 않았다는 이유로 납세자의 권리구제는 결과

---

2) 사안내용은 다음과 같다. 문 모는 사망 1년 전인 1987. 4. 10. 토지를 X₁에게 금 199,000,000원에 양도하고, 이어 X₁은 이를 X₂에게 양도하였다. 위 문 모가 1987. 4. 15. 사망하자 과세관청은 1988. 5. 2. 위 양도대금 을 과세가액에 포함하여 상속인들에게 상속세를 부과했다. 이후 X₂가 토지 상의 건축주를 상대로 건물철거소 송을 제기했으나 그 토지가 1958.경 해면 아래 포락되어 소유권을 상실했다는 이유로 패소확정되었다. X₂가 X₁을 대위하여 손해배상청구권을 피보전권리로 삼아 상속인들 재산을 가압류하자, 상속인들은 1996. 6. 8. X₂ 에게 손해배상금을 지급한 다음, 1996. 8. 13. 과세관청에게 위 양도대금 상당액을 과세표준액에서 공제하여

적으로 거부되었다. 이는 납세자로 하여금 부당한 조세의 수납상태(해당 세금을 정부가 부당하게 보유하는 것)를 그대로 감수하라고 강요하는 것으로 '정의공평의 원칙'에 반한다. 이러한 세금을 정부가 보유하는 것 자체가 정당화될 수 없다. 비록 그 보유가 상속세 부과처분에 기한 것이고 불복기간이 지났다 하더라도 부과처분의 효력(불가쟁력)을 납세자에게 주장할 수 없다고 새겨야 한다. 징수를 하기 전이라면 이를 징수할 수도 없고 이미 징수했다면 법률상 원인을 결한 이득에 해당되어 납세자에게 반환함이 옳다.[3] 헌법재판소 결정의 소수의견이 그러한 견해를 표시하였다. 포괄적이고도 물샐틈없는 권리구제를 위하여 이러한 해석은 불가피하다[제1장 제7절 9. 다. (2), Bull v. United States 판결 참조].

(3) 대법원 2018. 7. 19. 선고 2017다242409 전원합의체 판결 중 소수의견

'법치국가로서의 조세국가'가 가져야 할 본래의 모습 내지 국가의 존립 목적을 설득력 있게 설명하고 있다. 불가쟁력의 효력을 조세채무자에게 전부 감수하게 하는 것이 현저히 부당한 경우 국가로서는 제1차적 권리구제수단을 확충해 주어 법치국가 내지 실질적 법치주의를 실현하여야 함을 강조하고 있다.

『국가는 국민의 권리와 재산을 지킨다는 본연의 존립 목적에 반하여 납세의무자의 구제수단을 제한하여서는 안 된다.

과세관청이 어느 법률관계나 사실관계에 대하여 법령의 규정을 적용할 수 있다는 해석론에 기초하여 과세처분을 하였으나, 그 해석론이 잘못되었다는 법리가 뒤늦게나마 분명하게 밝혀져 과세처분에 정당성이 없다는 사정이 확인되었으면, 국가는 충분한 구제수단을 부여하여 이를 바로잡을 필요가 있을 뿐 아니라 바로잡는 것이 마땅하다. 국가가 그러한 구제수단을 마련하지 않거나 구제수단을 제한한 채 납부된 세액의 반환을 거부하고 그 이익을 스스로 향유한다면, 국민의 권리와 재산을 지킨다는 본연의 존립 목적에 반하는 것이다.

조세법률관계는 법령의 내용이 대단히 복잡하고 수시로 변동되기 때문에 법률전문가조차 그 내용을 정확히 알기가 쉽지 않은 경우가 많다. 과세관청이 위법한 과세처분을 한 경우 납세의무자가 과세처분의 기초가 된 해석론이 잘못되었다는 사정을 단기간 내에 알아채지 못하여 취소소송을 구하는 행정심판이나 행정소송을 제기하지 않고 불복기간을 놓치는 경우가 있을 수 있다. 그러한 경우 납세의무자가 쟁송을 통하여 과세처분의 당연무효를 인정받는 방법 이외에 납부한 세금을 돌려받을 다른 수단이 없는데도, 과세관청의 잘못된 해석론에 기초한 과세처분에 대한 항고소송의 불복기간이 도과하였다는 이유만으로 그에 따른 결과를 스스로 시정하지 않고 납세의무자에게 불이익을 감수하라고 하는 것은 납세의무자의 권익구제 등 측면에서 매우 부당하다. 이는 과세관청이 제척기간 내에 언제든지 조세를 다시 부과할 수 있고, 여기에 행정상 제재인 가산세도 동반될 수 있

상속세를 감액하여 줄 것을 청구했다. 과세관청은 1994. 12. 31. 이전에 개시된 과세기간에 대하여는 신설된 국세기본법 제45조의2 제2항을 적용할 수 없다는 이유로 경정청구를 거부했다.

3) 일본 최고재판소 1974. 3. 8. 판결(민집 28권 2호 186면) [이 책 제1장 제5절 2. 마. (4)] 참조.

다는 점과 비교하여 보더라도 더욱 그러하다.』

(4) 조세쟁송 등 제1차적 권리구제수단의 확충이야말로 법치국가의 실현을 위한 중요한 담보수단이다. 제1차적 권리구제수단의 확충만으로 권리구제가 불완전한 경우라면 법치국가의 실현을 위한 최후의 수단으로서 제2차적 권리구제수단인 국가배상청구소송이 인정되어야 한다 (법치국가적 국가책임론). 이러한 배상책임의 인정이야말로 국민의 권리와 재산을 지킨다는 국가 본연의 존립 목적을 담보하는 최후의 보루이다.

고정자산세의 과납금 상당액에 관하여 손해배상책임을 인정한 일본 최고재판소 2010. 6. 3. 판결(냉동창고사건)을 살펴본다.

『국가배상법 제1조 제1항 아래에서 … 지방공공단체의 공권력을 행사하는 공무원이 국민에 대하여 부담하는 직무상의 법적 의무에 위배하여 해당 국민에게 손해를 가한 때에는 해당 지방공공단체가 이를 배상할 책임을 진다. … 지방세법은 고정자산평가심의위원회에게 심사를 신청할 수 있는 사항에 관하여 불복하는 고정자산세 등의 납세자는 같은 위원회에 대한 심사의 신청 및 그 결정에 대한 취소소송에 의하여만 다툴 수 있다는 취지를 규정하고 있으나 그 규정은 고정자산과세대장에 등록된 가격 자체의 수정을 구하는 절차에 관한 것으로서(제435조 제1항 참조), 해당 가격의 결정이 공무원의 직무상 법적 의무에 위배하여 행하여진 경우에 있어 국가배상책임을 부정하는 근거로 되는 것은 아니다.

원심은 국가배상법에 기한 고정자산세 등의 과납금 상당액의 손해배상청구를 허용하는 것은 과세처분의 공정력을 실질적으로 부정하는 것이 되어 타당하지 않다고 하나, 행정처분이 위법하다는 이유로 국가배상청구를 하는 것에 관하여는 미리 해당 행정처분에 관하여 취소 또는 무효확인의 판결을 받지 않으면 안 되는 것은 아니다(최고재판소 1961. 4. 21. 제2소법정 판결 참조). 이는 해당 행정처분이 금전납부를 직접 목적으로 하고 그 위법을 이유로 하는 국가배상청구를 인용한다면 결과적으로 해당 행정처분을 취소한 경우와 같은 경제적 효과를 얻는 것과 같은 경우라 하더라도 다르지 않다고 할 것이다.

그리고 달리 위법한 고정자산의 가격의 결정 등에 의하여 손해를 입은 납세자가 국가배상청구를 행하는 것을 부정하는 근거가 되는 규정 등을 발견하기 어렵다.

따라서 설령 고정자산 가격의 결정 및 이에 기초한 고정자산세 등의 부과결정에 무효사유가 인정되지 않는 경우라고 하더라도 공무원이 납세자에 대한 직무상의 법적 의무에 위배하여 해당 고정자산의 가격 내지 고정자산세 등의 세액을 과대하게 결정한 때에는 이로 인하여 손해를 입은 납세자는 지방세법 제432조 제1항 본문에 기한 심사신청 및 같은 법 제434조 제1항에 기한 취소소송 등의 절차를 거침이 없이 국가배상청구를 행할 수 있다고 해석하여야 할 것이다.』

금전급부에 관계되는 행정처분에 관하여도 이와 같은 손해배상을 인정하는 것이 취소소송의 배타성(행정처분의 공정력)에 반하는 것이 아닌가 하는 의문 및 일본 지방세법이 정하고 있는 쟁송절차를 잠탈하는 것이 아닌가 하는 의문 등이 있으나, 위 판결은 위와 같은 논리로 이를 극복하고 있다.

3. 헌법 규정

(1) 헌법 제10조[4]는 "모든 국민은 인간으로서의 존엄과 가치를 가지며, 행복을 추구할 권리를 가진다. 국가는 개인이 가지는 불가침의 기본적 인권을 확인하고 이를 보장할 의무를 진다."라고 정하고 있다.

(2) 헌법 제59조에서 "조세의 종목과 세율은 법률로 정한다.", 제23조 제1항[5]에서 "모든 국민의 재산권은 보장된다. 그 내용과 한계는 법률로 정한다.", 제2항에서 "재산권의 행사는 공공복리에 적합하도록 하여야 한다.", 제3항에서 "공공필요에 의한 재산권의 수용·사용 또는 제한 및 그에 대한 보상은 법률로써 하되, 정당한 보상을 지급하여야 한다.", 제38조에서 "모든 국민은 법률이 정하는 바에 의하여 납세의 의무를 진다."고 규정하고 있다. 헌법 제10조를 염두에 두면서 제23조 제1항과 제38조의 관계를 음미하여야 할 것이다.

(3) 나아가 헌법 제34조 제1항에서 "모든 국민은 인간다운 생활을 할 권리를 가진다.[6]", 제2항에서 "국가는 사회보장, 사회복지의 증진에 노력할 의무를 진다.", 헌법 제119조 제1항[7]

---

4) 헌법재판소 1999. 5. 27. 선고 97헌바66 등 결정 참조.

5) 헌법재판소 1997. 12. 24. 선고 96헌가19 결정 등에서 "헌법 제23조 제1항에 보장하고 있는 사유재산권은 사유재산에 관한 임의적인 이용, 수익, 처분권을 본질로 하기 때문에 사유재산권의 처분금지를 내용으로 하는 입법조치는 원칙으로 재산권에 관한 입법형성권의 한계를 일탈하는 것이고, 조세의 부과·징수는 국민의 납세의무에 기초하는 것으로서 원칙으로 재산권의 침해가 되지 않지만 그로 인하여 납세의무자의 사유재산에 관한 이용, 수익, 처분권이 중대한 제한을 받게 되는 경우에는 그것도 재산권의 침해가 될 수 있다."는 취지로 판시하고 있다. 나아가 헌법재판소 2008. 11. 13. 선고 2006헌바112 결정 등에 의하면, 종합부동산세법이 규정한 조세의 부담은 재산권의 본질적 내용인 사적 유용성과 원칙적인 처분권한을 여전히 부동산 소유자에게 남겨 놓는 한도 내에서 재산권의 제한이고, 가격대비 부담률에 비추어 보면, 매년 종합부동산세가 부과된다고 하더라도 상당히 짧은 기간 내에 사실상 부동산가액 전부를 조세명목으로 무상으로 몰수하는 결과를 가져오게 되는 것이라고 보기 어렵다는 취지로 판시하고 있다. 재산권의 본질적 내용을 규명함에 있어, '사적 유용성' 및 '원칙적인 처분권한'이라는 개념을 사용하고 있는바, 가격대비 부담률에 비추어 상당히 짧은 기간 내에 무상몰수에 해당되는지 여부가 본질적 내용의 침해여부를 판단하는 잣대가 될 것이다.

6) 헌법재판소 2008. 11. 13. 선고 2006헌바112 결정 등에서 "헌법 제34조 제1항이 보장하는 인간다운 생활을 할 권리는 사회적 기본권의 일종으로 인간의 존엄에 상응하는 최소한의 물질적인 생활의 유지에 필요한 급부를 요구할 수 있는 권리이고(헌재 2004. 10. 28. 2002헌마328, 판례집 16−2하, 195, 204), 이는 국가가 국민에게 인간다운 생활을 할 수 있도록 하는 최소한의 조건을 마련하여 주어야 한다는 사회국가적 원리를 반영한 것으로서, 이러한 헌법원리에 비추어 조세는 원칙적으로 납세자가 인간다운 생활을 할 수 있는 최소한의 조건을 침해하지 아니하는 한도 내에서 부과되어야 할 것이다(헌재 2006. 11. 30. 2006헌마489, 공보 122, 1419, 1424−1425)."라고 판시하고 있다.

7) 헌법재판소 1999. 5. 27. 선고 97헌바66 결정에서 "헌법 제119조 제1항은 우리나라 경제질서가 개인과 기업

에서 "대한민국의 경제질서는 개인과 기업의 경제상의 자유와 창의를 존중함을 기본으로 한다.", 제2항에서 "국가는 균형 있는 국민경제의 성장 및 안정과 적정한 소득의 분배를 유지하고, 시장의 지배와 경제력의 남용을 방지하며, 경제주체 간의 조화를 통한 경제의 민주화를 위하여 경제에 관한 규제와 조정을 할 수 있다.", 헌법 제17조에서 "모든 국민은 사생활의 비밀과 자유를 침해받지 아니한다."라고 각 정하고 있다.

여기서 자유와 창의를 존중하면서 소득의 재분배를 통한 복지국가의 실현에 필요한 재정수요를 충족시키기 위한 조세부담을 구성원인 국민에게 어떻게 공평하게 배분하여야 하는지를 입법자는 항상 염두에 두어야 한다.

(4) 조세와 계약의 자유

헌법 제10조의 '행복을 추구할 권리'에서 '일반적 행동자유권'이 나오고 그 행동자유권에서 계약의 자유가 파생된다. 이러한 계약자유의 원칙은 절대적인 것이 아니라 약자보호, 독점방지, 실질적 평등, 경제정의 등의 관점에서 법률상 제한될 수 있고 국가의 과세권과 관련하여서도 적지 않은 제약을 받지 않을 수 없다. 국가는 조세법률주의 기타 헌법적 한계를 준수하는 한 재정수입, 사회적·경제적 규제와 조정을 위하여 사적 자치에 개입하거나 사법상 법률행위의 내용 및 효력에 간섭할 수 있고, 그러한 介入과 干涉의 수단 및 정도의 선택은 일차적으로 입법자의 정책판단·형성에 맡겨져 있다.[8]

조세채무가 성립한 이후 과세요건을 실현한 사실상의 생활관계나 사건 경과는 원칙적으로 소급적으로 변경할 수 없다. 그러나 예외가 인정되어야 한다. 대표적 유형의 하나가 사정변경에 기한 경정청구이다.

4. 재정수요의 충족을 위한 조세의 개념

(1) 조세란 무엇인가? 국세기본법 및 개별세법, 지방세기본법 및 지방세법에 이에 대한 정의규정은 없다. 다만 국세기본법 제2조 제2호에서 "세법이란 국세의 종목과 세율을 정하고 있는 법률과 국세징수법, 조세특례제한법, 국제조세조정에 관한 법률, 조세범 처벌법 및 조세범 처벌절차법을 말한다."고 정의하고, 지방세기본법 제2조 제1항 제3호에서 "지방세란 특별시세, 광역시세, 도세 또는 시·군세, 구세(지방자치단체인 구의 구세를 말한다. 이하 같다)를 말한

의 경제상의 자유, 사유재산제도 및 사적 자치에 기초한 자유시장경제질서를 기본으로 하고 있음을 선언하고 있다."라고 판시하고, 헌법재판소 2001. 6. 28. 선고 2001헌마132 결정에서, "우리 헌법의 경제질서는 사유재산제를 바탕으로 하고 자유경쟁을 존중하는 자유시장경제질서를 기본으로 하면서도, 이에 수반되는 갖가지 모순을 제거하고 사회복지·사회정의를 실현하기 위하여 국가적 규제와 조정을 용인하는 사회적 시장경제질서로서의 성격을 띠고 있다."라고 판시하고 있다.

8) 헌법재판소 1999. 5. 27. 선고 97헌바66 결정의 관계 부분을 인용·정리하였다.

다."고 정의하고 있어, 형식적으로는 국가 또는 지방자치단체가 관계법령에 의하여 세금의 형식으로 징수하는 금전이라고 말할 수 있다.

(2) 헌법학자 및 조세법학자는 ① 국가 또는 지방자치단체가, ② 국민에 대한 각종의 공공서비스를 제공하기 위한 자금을 조달할 목적으로, ③ 특별급부에 대한 반대급부 없이, ④ 법률에 규정된 과세요건에 해당하는 모든 자에 대하여, ⑤ 일반적 기준에 의하여 부과하는, ⑥ 금전급부라고 한다. 목적의 공익성에서 형사상이나 행정상의 제재인 벌금·과료·교통범칙금 등과, 수단의 강제성에서 국가의 재산수입이나 사업수입 등 경제활동에 기한 수입 등과, 비보상성에서 각종의 수수료나 사용료 등과, 각 구별된다고 한다.

5. 실질적 조세와 유추

(1) 헌법재판소는 조세를 '국가 또는 지방자치단체가 재정수요를 충족시키거나 경제적, 사회적 특수정책의 실현을 위하여 국민 또는 주민에 대하여 아무런 특별한 반대급부 없이 강제적으로 부과징수하는 과징금'이라고 정의하였다(헌재 1990. 9. 3. 선고 89헌가95 결정). 헌법적 차원에서 조세가 무엇인가를 논할 필요성은 헌법재판소가 위헌 여부를 검토할 때 등장하는 것으로서, 헌법재판소는 실질이 세금이라면 세금에 관한 헌법 원리로, 그것이 벌 내지 제재라면 벌(제재)에 관한 헌법 원리로 심사하여야 하기 때문이다.

(2) 헌법재판소 2001. 4. 26. 선고 99헌바39 결정

『강학상으로는, 개발부담금은 특정한 공익사업을 위한 경비충당을 목적으로 하지 않는다는 의미에서 원래 의미의 부담금이라고 보기는 어렵다고 하거나, 재정수입을 목적으로 하는 것이 아니므로, 이를 조세의 일종이라고 할 수도 없으며, 투기방지를 위한 법령상의 부작위 의무의 이행을 확보하기 위한 것으로 새로운 형태의 의무이행확보수단의 성질을 가진다고 한다. 그러나 비록 그 명칭이 '부담금'이고, 국세기본법에서 나열하고 있는 '국세'의 종류에도 빠져 있다고 하더라도, '국가가 재정수요를 충족시키기 위하여 반대급부 없이 법률에 규정된 요건에 해당하는 모든 자에 대하여 일반적 기준에 의하여 부과하는 금전급부'라는 조세로서의 특징을 지니고 있다는 점에서(법 제5조 내지 제21조 참조) 실질적인 조세로 보아야 할 것이므로, 개발부담금에도 세법의 기본원리 및 이론이 유추적용된다.』

(3) 이와 같이 헌법재판소는 개발부담금을 실질적 조세로 보았고 조세법상 경정규정이 개발부담금에도 유추적용될 수 있는 터전을 마련하고 있다. 대법원도 택지초과소유부담금과 관련한 압류해제 및 환급가산금에 관하여 국세기본법의 유추를 긍정하였다(대법원 2001. 6. 12. 선고 2000다18547 판결, 2002. 8. 23. 선고 2001두2959 판결).

(4) 대법원은 조세소송법적 규율인 흡수소멸설이 조세소송뿐만 아니라 일반 금전급부(개발부담금)에 관한 행정처분의 증액경정의 경우에도 적용될 수 있다고 판시하였다(대법원 1993. 9. 28. 선고 93누8337 판결 참조).

6. 국세의 세목

가. 국세의 세목

(1) 세목

① 소득세 ② 법인세 ③ 상속세와 증여세 ④ 종합부동산세

⑤ 부가가치세 ⑥ 개별소비세 ⑦ 교통·에너지·환경세 ⑧ 주세(酒稅)

⑨ 인지세(印紙稅) ⑩ 증권거래세

⑪ 교육세 ⑫ 농어촌특별세

(2) 종합부동산세

종합부동산세는 부동산의 보유 사실 그 자체에 담세력을 인정하고 그 가액을 과세표준으로 삼아 과세하는 것이다(보유세). 일부 수익세적 성격이 있다 하더라도 미실현이득에 대한 과세의 문제가 전면적으로 드러난다고 보기 어렵고, 그 부과로 인하여 원본인 부동산 가액의 일부가 잠식되는 경우가 있다 하더라도 그 사유만으로 곧바로 위헌이라고 할 수 없다(헌법재판소 2008. 11. 13. 선고 2006헌바112 결정).

(3) 부가가치세

부가가치세는 실질적인 소득이 아닌 거래의 외형에 대하여 부과하는 거래세(去來稅)로서, 부가가치세법상 납세의무자에 해당하는지 여부 역시 원칙적으로 그 거래에서 발생한 이익이나 비용의 귀속이 아니라 재화 또는 용역의 공급이라는 거래행위를 기준으로 판단하여야 하고, 세금계산서 발급·교부 등을 필수적으로 수반하는 다단계 거래세인 부가가치세의 특성을 고려할 때 신탁재산 처분에 따른 공급의 주체 및 납세의무자를 수탁자로 보아야 신탁과 관련한 부가가치세법상 거래당사자를 쉽게 인식할 수 있고 과세의 계기나 공급가액의 산정 등에서도 혼란을 방지할 수 있다는 취지의 대법원 2017. 5. 18. 선고 2012두22485 전원합의체 판결을 본다.

『 … 부가가치세는 실질적인 소득이 아닌 거래의 외형에 대하여 부과하는 거래세의 형태를 띠고 있으므로, 부가가치세법상 납세의무자에 해당하는지 여부 역시 원칙적으로 그 거래에서 발생한 이익이나 비용의 귀속이 아니라 재화 또는 용역의 공급이라는 거래행위를 기준으로 판단하여야 한다. 그리고 부가가치세의 과세원인이 되는 재화의 공급으로서의 인도 또는 양도는 재화를 사용·소

비할 수 있도록 소유권을 이전하는 행위를 전제로 하므로, 재화를 공급하는 자는 위탁매매나 대리와 같이 부가가치세법에서 별도의 규정을 두고 있지 않는 한 계약상 또는 법률상의 원인에 의하여 그 재화를 사용·소비할 수 있는 권한을 이전하는 행위를 한 자를 의미한다고 보아야 한다.

… 신탁법상의 신탁은 위탁자가 수탁자에게 특정한 재산권을 이전하거나 기타의 처분을 하여 수탁자로 하여금 신탁 목적을 위하여 그 재산권을 관리·처분하게 하는 것이다. 이는 위탁자가 금전채권을 담보하기 위하여 금전채권자를 우선수익자로, 위탁자를 수익자로 하여 위탁자 소유의 부동산을 신탁법에 따라 수탁자에게 이전하면서 채무불이행 시에는 신탁부동산을 처분하여 우선수익자의 채권 변제 등에 충당하고 나머지를 위탁자에게 반환하기로 하는 내용의 담보신탁을 체결한 경우에도 마찬가지이다.

따라서 수탁자가 위탁자로부터 이전받은 신탁재산을 관리·처분하면서 재화를 공급하는 경우 수탁자 자신이 신탁재산에 대한 권리와 의무의 귀속주체로서 계약당사자가 되어 신탁업무를 처리한 것이므로, 이때의 부가가치세 납세의무자는 재화의 공급이라는 거래행위를 통하여 그 재화를 사용·소비할 수 있는 권한을 거래상대방에게 이전한 수탁자로 보아야 하고, 그 신탁재산의 관리·처분 등으로 발생한 이익과 비용이 거래상대방과 직접적인 법률관계를 형성한 바 없는 위탁자나 수익자에게 최종적으로 귀속된다는 사정만으로 달리 볼 것은 아니다. 그리고 세금계산서 발급·교부 등을 필수적으로 수반하는 다단계 거래세인 부가가치세의 특성을 고려할 때, 위와 같이 신탁재산 처분에 따른 공급의 주체 및 납세의무자를 수탁자로 보아야 신탁과 관련한 부가가치세법상 거래당사자를 쉽게 인식할 수 있고, 과세의 계기나 공급가액의 산정 등에서도 혼란을 방지할 수 있다.』

위 판결 후 입법자는 2017. 12. 19. 부가가치세법 제10조 제8항을 신설하여, 부가가치세 납세의무자는 원칙적으로 위탁자이나 담보목적신탁의 신탁재산을 처분하는 경우 수탁자라고 규정하고 있다. 그러나 2020. 12. 22. 개정되어 2022. 1. 1.부터 시행될 신 부가가치세법 제3조 제2항 및 제3항에서 부가가치세 납세의무자를 달리 정하고 있음에 유의하여야 한다.

나. 본세와 가산세

(1) 가산세란 '세법에서 규정하는 의무의 성실한 이행을 확보하기 위하여 세법에 따라 산출한 세액에 가산하여 징수하는 금액'을 말한다(국세기본법 제2조 제4호).

종래 국세기본법 제2조 제5호에서 규정한 가산금에 관한 규율은 2018. 12. 31. 폐지(2020. 1. 1. 시행)되었고 대신 국세기본법 제47조의4 및 제47조의5(납부지연가산세, 2020. 1. 1. 시행)에서 이에 대한 규율을 하고 있다.[9] 가산세는 본세와 사이에 독립성을 가진다(국세기본법 제47조 제1항

---

9) 일본에서는 '연체세' 및 '이자세'로 규율하고 있다. 일본 국세통칙법은 부대세로 ① 연체세, ② 이자세, ③ 과소신고가산세, ④ 무신고가산세, ⑤ 원천징수 부납부가산세, ⑥ 중가산세(위 가산세 3개에 대한) 등 6 종류를 두고 있다. 가산세(중가산세 포함)는 법정신고기한이 경과한 때에 성립하고 세무서장의 부과결정에 의하여 세액이 확정되는 부과과세방식의 세목인 반면, 연체세 및 이자세에 대하여는 납세의무의 성립에 관한 규정이 없으나 납세의무의 성립과 동시에 특별한 절차 없이 납부하여야 할 세액이 확정되는 자동확정방식이 채용되고

및 제2항).

　(2) 가산세(제1장 제9절 11. 참조)는 국세기본법상의 가산세와 개별세법상의 가산세로 나눌 수 있다. 국세기본법상의 가산세에는 부정행위라는 수단의 개입 여부에 따라 일반가산세와 중가산세로 나눌 수 있다.

　일반가산세에는 ① 무신고가산세(국세기본법 제47조의2), ② 과소신고·초과환급신고가산세(제47조의3), ③ 납부지연가산세(제47조의4), ④ 원천징수 등 납부지연가산세(제47조의5) 등 4가지가 있다.

　중가산세에는 ① 무신고가산세(국세기본법 제47조의2)를 중과하는 무신고중가산세, ② 과소신고·초과환급신고가산세(제47조의3)를 중과하는 과소신고·초과환급신고중가산세가 있다.

　가산세는 부대세에 속한다.

다. 본세와 부가세(농어촌특별세, 교육세)

　본세의 세액 등을 과세표준으로 하여 다른 세목의 조세가 성립하는 경우 본세에 부가되는 다른 세목의 조세를 附加稅라 한다. 농어촌특별세 및 교육세(금융·보험업자의 수입금액에 부과되는 교육세 제외) 등이 여기에 해당한다.

라. 관세와 관련된 내국세

　조세법상 경정체계는 국세의 경정체계, 지방세의 경정체계, 관세의 경정체계로 나눌 수 있고, 각 경정체계는 칸막이가 설치되어 있다는 점에서 독립적이다.

　수입물품에 대하여 세관장이 부과·징수하는 내국세목으로는 부가가치세, 지방소비세, 담배소비세, 지방교육세, 개별소비세, 주세, 교육세, 교통·에너지·환경세 및 농어촌특별세 등이 있다. 이러한 내국세에 관한 부과·징수·환급에 대하여는 각 그 해당 세법과 관세법이 충돌하는 경우에는 관세법이 우선하여 적용된다(관세법 제4조 제1항).

　한편 재화의 수입에 대한 부가가치세의 과세표준은 그 재화에 대한 관세의 과세가격과 관세, 개별소비세, 주세, 교육세, 농어촌특별세 및 교통·에너지·환경세를 합한 금액으로 한다(신 부가가치세법 제29조 제2항).

　예를 들어 자동차를 수입하는 경우를 본다. 과세가격에 따른 관세, 개별소비세(과세표준은 관세의 과세가격과 관세를 합한 금액), 교육세(과세표준은 개별소비세액) 등이 부과되고, 위 과세가격에 관세, 개별소비세, 교육세 등을 합한 전액을 과세표준으로 한 부가가치세(지방소비세 포함)가 부과된다.

　있다. 즉 연체세 및 이자세는 당해 기한 후에는 매일 발생하고 매일 확정되는 셈이다.

여기서 관세의 과세가격이 사후적으로 감액되는 등 사정변경이 발생한 경우 위에서 본 각 내국세는 어떻게 시정되고 환급되는지가 문제된다. 먼저 관세에 관한 선행처분 내지 세액확정이 취소됨으로써 후행처분 내지 세액확정은 그 전제요건을 결하여 당연히 무효로 귀착되므로 당연히 환급된다는 견해가 있을 수 있다. 다음 기속력에 기한 '부정합처분의 취소의무' 이론 [제1장 제6절의2 2. 마. (3) 참조]이 있다. 마지막으로 '단계적 세액확정절차'의 이론이 있다[제4장 제3절 7. 다. (2), 제4장 제1절 9. 참조]. 과세실무상 어떻게 처리되는지 알 수 없으나 이에 대비한 규정을 마련해야 할 것이다.

제
1
장

제2절

조세와 법치주의

1. 법치주의에 관한 헌법 규정

헌법은 인간의 존엄과 가치, 자유와 평등, 정의 등 기본적 가치질서를 확립하기 위하여 법치주의제도(기본권 보장, 3권 분립상의 견제와 균형, 입법작용의 헌법구속과 헌법재판소의 위헌심사제도, 행정권에 의한 포괄적 위임입법금지, 독립한 법원에 의한 권리구제 등)를 담고 있다. 형식적 법치주의에서 법적 안정성, 신뢰보호의 원칙 및 거기서 파생하는 법령 소급적용의 금지, 독립한 법원에 의한 실효적, 포괄적, 물샐틈없는 권리구제 등의 원칙이 도출되고, 실질적 법치주의에는 인간의 존엄과 가치, 자유와 평등, 정의 등 기본적 가치질서를 확립하기 위한 내용을 담아야 할 것이다.

독일 기본법 제20조 제3항에 의하면 모든 집행기관(행정권) 및 법원은 '법률과 법(Gesetz und Recht)'에 구속된다고 정하고 있다. 우리 헌법에 이러한 규정이 없다 하더라도 행정청과 법원은 모두 '법률과 법'에 구속되어야 한다. 따라서 세금을 거두는 과세관청과 조세사건을 담당하는 법원도 법률과 법에 구속되어야 한다.[1] 여기서 과세권이 '법률과 법'에 구속되어야 함은 과세권자인 과세관청에게 뒤에서 보는 적법적 정의 내지 실체적 진실주의를 실현할 것을 명령하는 것임을 의미한다.[2]

---

1) 정종섭, 헌법학원론, 제8판(2013), 162면 이하에서, "법치주의 원리는 기본권의 보장, 즉 권리장전이 헌법에 수용되면서 성격에 변화를 가져오게 되었다. 법치주의는 본래 형식의 문제에 해당하는 것이어서 국가작용의 합법성(Legality) 확보만으로 충분하였으나(형식적 법치주의), 헌법에 기본권이라는 가치체계가 수용되면서 구체적인 가치와 내용도 포섭하게 되어 국가작용의 합법성 확보 이외에, 정당성(Legitimacy)의 확보도 요청하게 되었다(실질적 법치주의). 법치주의의 이러한 발달을 두고 형식적 법치주의에서 실질적 법치주의로 발달하였다고 한다. 이렇게 볼 때, 법치주의는 ⅰ) 기본권의 보장(기본권 보장에 복무한다는 의미), ⅱ) 국가권력의 분립, ⅲ) 법의 형식성, ⅳ) 국가작용의 법에의 기속, ⅴ) 법적 안정성, ⅵ) 법의 실효성, ⅶ) 사법적 권리구제를 그 기본적 요소로 한다."라고 적고 있다.

2) Pahlke/Koenig, AO, 2.Auflage, 1378면에서, "모든 고권적 행위에는 기본법 제20조 제3항이 정하는 법률과 법의 구속성 원칙에 의하여 실체적 진실주의를 실현할 의무가 있다(Hoheitiiches Handeln ist durch die Bindung an Gesetze und Recht(Art. 20 Ⅲ GG) der Rechtsrichtigkeit verpflichtet)."라고 적고 있다.

2. 형식적 법치주의와 실질적 법치주의

조세입법, 조세행정 및 사법(司法) 모두에 적용되는 법치주의는 형식적 법치주의와 실질적 법치주의로 나눌 수 있다.[3]

가. 형식적 법치주의[4]

(1) 법률적합성의 원칙 = 합법성의 원칙(Legalitätsprinzip)

조세법의 영역에서 형식적 법치주의가 어떻게 실현되고 구체화되어야 하는가에 관한 시점에서 본다. 형식적 법치주의는 국민에게 법적 안정성을 보장하는데 그 목적이 있다. 그 목적달성을 위하여는 조세의 부과에 있어 '법률적합성의 원칙'(der Grundsatz der Gesetzmäßigkeit der Besteuerung)이 우선적으로 실현되어야 한다. 법적 안정성은 조세법령 명확성의 원칙과 조세법령 불소급의 원칙을 통하여 구체화된다.

법률적합성의 원칙 내지 합법성의 원칙은 법률의 유보(Vorbehalt des Gesetzes, 과세요건법정주의) 및 과세요건 적합성(Tatbestandsmäßigkeit der Besteuerung), 법률의 우위(Vorrang des Gesetzes)의 두 종류로 나누어진다. 위임입법을 하는 경우 권력분립의 원칙상 포괄적으로 이루어질 수 없다(포괄적 위임입법의 금지).

형식적 법치주는 실체적 진실주의와 법적 안정성 사이에서 조정을 이루도록 하여야 한다. 행정관청의 행위에 대한 신뢰도 보호되어야 한다. 신뢰보호를 통한 법적 안정성의 확보이다. 확약(Zusagen)도 과세관청을 구속한다.

(2) 물샐틈없는 권리구제

형식적 법치주의는 법률적합성의 원칙 이외에 납세자에 대한 물샐틈없는 권리구제(lück-enloser Rechtsschutz)의 확보를 구현하여야 한다.

나. 실질적 법치주의[5]

(1) 조세법상 실질적 법치주의의 관점에서 보면 조세입법은 그 목적이나 내용이 인간의

---

3) 일본학자 谷口勢津夫, 세법기본강의, 제6판(2018), 10면 이하에서, "세법의 영역에도, 형식적 법치주의 및 실질적 법치주의의 구별에 대응하여, 형식적 조세법률주의와 실질적 조세법률주의가 도출된다.", "조세법률주의는 조세의 분야에 있어서 법치주의의 발로이다."라고 하면서, 실질적 조세법률주의 내용으로, 조세평등주의, 세법에 있어서 재산권 보장, 세법에 있어서 생존권 보장, 세법에 있어서 적정절차보장(절차적 보장원칙)을 들고, 형식적 조세법률주의의 조세입법에 대한 통제로, 과세요건법정주의, 과세요건명확주의, 조세법률 불소급의 원칙을 들며, 형식적 조세법률주의의 세무행정에 대한 통제로, 합법성원칙, 세법의 해석, 과세요건사실의 인정, 조세회피, 합법성원칙의 예외의 항목으로 나누어 각 설명하고 있다. 위 학자는 조세법률주의를 실질적 조세법률주의와 형식적 조세법률주의로 나눈 다음 그 내용을 세분화함으로써 체계적 구체화를 시도하였다.

4) Tipke/Lang, Steuerrecht(제23판), 제3장 90문단 이하 참조.

5) Tipke/Lang, 전게서, 제3장 93문단 이하 참조.

존엄과 가치, 자유와 평등 등 헌법상 기본권의 가치질서(die Wertordnung der Grundrechte, grundrechtliche Wertordnung)를 보장하여야 한다. 이를 집행하는 조세행정은 이러한 입법에 구속되어 기본권의 가치질서를 실현하여야 한다. 사법은 조세법령을 구체적 사안에 적용함에 있어 기본권의 가치질서 등 헌법이념과 제원칙에 합치되도록 해석함으로써 조세행정을 적극적으로 통제하여야 한다.

　　(2) 실질적 법치주의의 중요한 내용의 하나인 조세정의(Steuergerechtigkeit)는 기본권의 가치질서에 의하여 그 존재 및 내용의 정당함이 논증된다. 조세부과에 있어 가장 중요한 것은 조세정의의 실현이다.

　　독일에서는 조세정의론 외에 '조세의 정당화'(Steuerfertigung, Fertigung von Steuern) 이론이 제기되어 논쟁 중이다. 즉 조세의 정당화 이론을 둘러싸고 다원적 조세체계에 있어 '어떻게 과세'('wie' Besteuerung)되어야 하는지 등 과세방법론에 대한 논쟁이 있고, 개별적 과세형태, 세목의 정당화, 과세기초의 정의로운 형성, 조세부담의 헌법상 한계 등을 둘러싼 논쟁 등이 거기에 포함된다. 후자의 논쟁은 국가의 재정지출과 관련된다. 재정수요의 크기는 조세법의 정함이 아니라 국가의 과업수행에 필요한 재정지출에 의하여 결정된다. 이러한 재정수요를 충족시키기 위하여 가혹한 세금을 부담시키는 상황 아래에서 조세저항 또는 조세회피를 기도하는 국민이나 조세불쾌감을 가진 국민에게 조세정의를 관철하는 것이야말로 그만큼 어렵다. 여기에 조세의 정당화를 근본에서 부정하는 세금낭비(Steuerverschwendung)가 수반되면 세금에 대한 국민의 분노는 더욱 크다. 조세정의를 세우기 위한 전제로 세금부과에 대한 정당성을 확보하여야 한다는 의미이다. 조세침해에 대한 헌법상 한계도 검토되고 논의되어야 한다.

　　조세는 기본권의 가치질서의 의미에서 정의롭게 형성되어 부과되었을 때 비로소 정당화된다. 즉 법률적합성의 원칙 내지 합법성의 원칙을 보장하는 기능을 수행하는 형식적 법치주의만으로는 정의로운 조세를 보증할 수 없다. 이를 위하여 기본권의 가치질서의 내용을 탐구하여야 하고 그 내용이 입법이나 집행과정에 반영되었을 때 비로소 정당화된다. 앞서 본 조세법상의 법률유보에는 형식적 법치주의의 법적 안정성과 실질적 법치주의의 조세정의라는 2가지 성분을 모두 가지고 있기 때문이다.

　　조세정의에 있어 중요한 것은 과세의 평등(die Gleichmäßigkeit der Besteuerung)이다. 이는 조세정의에 접근할 수 있는 핵심적 열쇠로서 조세입법뿐만 아니라 조세법령의 적용에도 타당하다(Rechtsanwendungsgleichheit). 이에 관하여는 국세기본법 제18조 제1항(과세형평에 기한 세법의 적용)에 근거하여 경정청구 거부처분을 위법하다고 판단하여 결과적으로 '과세형평에 기한 경정청구'를 인정한 대법원 2016. 12. 29. 선고 2010두3138 판결이 적극적으로 음미되어야 한다[제1장 제11절 5. 다. (5) 참조]. 나아가 어떠한 경우 어느 범위에서 조세특례제한법상의 불평등한 취급을 할 수 있는지 여부 및 이러한 불평등한 취급을 정당화 할 수 있는 근거 등 연구되어야 할 분야가 많은 논제 중의 하나이다. 조세정의와 조세법의 헌법적합성과의 관계성도 논의되어야 한다. 헌법재판소에서 헌법에 위반된다고 판단하였을 때 그 위반이 곧바로 조세법 상의 부정의를 의미하는지 여부에 관한 것이다.

세액확정절차에 있어, 납세자와 과세관청 사이의 구조적 불균형 내지 부과처분의 효력인 불가쟁력의 존재모습 및 타당영역, 효력의 강도에 관하여도 조세정의의 관점에서 재검토되어야 한다.

다만 여기서는 거대한 의제로서의 조세정의가 아니라 조세경정법에서 필요한 좁은 의미의 '적정'에만 초점을 맞추어 설명한다.

(3) 조세법상의 適正

적정이라는 말은 과세표준신고를 함에 있어 신고의 적정, 세무조사에 있어 조사의 적정, 부과처분의 적정, 과세의 적정, 징세권 실현의 적정, 적법절차에 있어 절차의 적정 등으로 다양하게 사용되고 있다. 국세기본법 제81조의4 제1항은 "적정하고 공평한 과세를 실현하기 위하여 필요한 최소한의 범위에서 세무조사를 하여야 하며"라고, 세무사법 제1조는 "이 법은 … 납세의무의 적정한 이행을 도모함을 목적으로 한다."라고 각 정하고 있다.

여기서 適正이란 과세요건법상의 適法的 正義를 가르킨다. 세액확정에 있어 실체적 진실에 부합하는 세액을 실현(세액은 조세법에 따라 올바르게 산정되어야 한다)하는 것6)을 의미한다.

실체적 진실주의는 앞서 본 바와 같이 국가의 과세권이 '법률과 법'에 구속되어야 한다는 원칙(법률적합성의 원칙 내지 합법성의 원칙)에서 도출된다.

한편 1988년 제정된 미국의 '납세자 권리선언' 제5항(적정한 세액만의 납부)에서 "당신은 법률에 기하여 납부하여야 할, 그것보다 많아도 안 되고 적어도 안 되는, 적정한 세액만을 납부할 의무가 있다(You are responsible for paying only the correct amount of tax due under the law – no more, no less)."라고 적고 있다. 선언적 의미에 불과하더라도 적정 내지 적법적 정의를 강조하고 있다.

독일 조세기본법 제85조(과세원칙)는 과세관청이 준수하여야 하는 적정과세의 원칙을 기술하면서 "과세관청은 법률의 잣대에 따라 조세를 평등하게 확정하고 징수해야 한다. 특히 과세관청은 조세가 감액되거나 부당히 징수되거나 또는 환급이 부당하게 이루어지거나 거부되는 일이 없도록 해야 한다."라고 정하고 있다.

---

6) 이시윤, 민사소송법, 제3판, 23면에서, 민사소송의 이상으로 적정, 공평, 신속, 경제를 들면서, '適正'에 관하여 "올바르고 잘못이 없는 진실발견의 재판은 소송의 가장 중요한 요청이다. 법관은 올바르게 사실을 확정하고 이 확정한 사실에 법을 올바로 적용하여 재판을 통해 사회정의를 구현하여야 한다. 이는 법원의 의무인 것이므로 당사자로서는 권리로서 요구할 수 있다고 하겠다."라고 적고 있다.

(4) 헌법상의 적법절차

헌법은 법률에 의하여 행사되는 모든 공권력(국가작용)에게 그 절차의 적정을 명하고 있다. 헌법재판소 1992. 12. 24. 선고 92헌가8 결정 중 관련 부분을 본다.[7]

『현행 헌법 제12조 제1항 후문과 제3항은 위에서 본 바와 같이 적법절차의 원칙을 헌법상 명문규정으로 두고 있는데 이는 개정 전의 헌법 제11조 제1항의 "누구든지 법률에 의하지 아니하고는 체포·구금·압수·수색·처벌·보안처분 또는 강제노역을 당하지 아니한다."라는 규정을 1987. 10. 29. 제9차 개정한 현행헌법에서 처음으로 영미법계의 국가에서 국민의 인권을 보장하기 위한 기본원리의 하나로 발달되어 온 적법절차의 원칙을 도입하여 헌법에 명문화한 것이며, 이 적법절차의 원칙은 역사적으로 볼 때 영국의 마그나 카르타(대헌장) 제39조, 1335년의 에드워드 3세 제정법률, 1628년 권리청원 제4조를 거쳐 1791년 미국 수정헌법 제5조 제3문과 1868년 미국 수정헌법 제14조에 명문화되어 미국헌법의 기본원리의 하나로 자리잡고 모든 국가작용을 지배하는 일반원리로 해석·적용되는 중요한 원칙으로서, 오늘날에는 독일 등 대륙법계의 국가에서도 이에 상응하여 일반적인 법치국가원리 또는 기본권 제한의 법률유보원리로 정립되게 되었다.

우리 현행 헌법에서는 제12조 제1항의 처벌, 보안처분, 강제노역 등 및 제12조 제3항의 영장주의와 관련하여 각각 적법절차의 원칙을 규정하고 있지만 이는 그 대상을 한정적으로 열거하고 있는 것이 아니라 그 적용대상을 예시한 것에 불과하다고 해석하는 것이 우리의 통설적 견해이다. 다만 현행 헌법상 규정된 적법절차의 원칙을 어떻게 해석할 것인가에 대하여 표현의 차이는 있지만 대체적으로 적법절차의 원칙이 독자적인 헌법원리의 하나로 수용되고 있으며 이는 형식적인 절차뿐만 아니라 실체적 법률내용이 합리성과 정당성을 갖춘 것이어야 한다는 실질적 의미로 확대 해석하고 있으며, 우리 헌법재판소의 판례에서도 이 적법절차의 원칙은 법률의 위헌여부에 관한 심사기준으로서 그 적용대상을 형사소송절차에 국한하지 않고 모든 국가작용 특히 입법작용 전반에 대하여 문제된 법률의 실체적 내용이 합리성과 정당성을 갖추고 있는지 여부를 판단하는 기준으로 적용되고 있음을 보여주고 있다(당 헌법재판소 1989. 9. 8. 선고, 88헌가6 결정; 1990. 11. 19. 선고, 90헌가48 결정 등 참조). 현행 헌법상 적법절차의 원칙을 위와 같이 법률이 정한 절차와 그 실체적인 내용이 합리성과 정당성을 갖춘 적정한 것이어야 한다는 것으로 이해한다면, 그 법률이 기본권의 제한입법에 해당하는 한 헌법 제37조 제2항의 일반적 법률유보조항의 해석상 요구되는 기본권제한 법률의 정당성 요건과 개념상 중복되는 것으로 볼 수도 있을 것이나, 현행 헌법이 명문화하고 있는 적법절차의 원칙은 단순히 입법권의 유보제한이라는 한정적인 의미에 그치는 것이 아니라 모든 국가작용을 지배하는 독자적인 헌법의 기본원리로서 해석되어야 할 원칙이라는 점에서 입법권의 유보적 한계를 선언하는 과잉입법금지의 원칙과는 구별된다고 할 것이다. 따라서 적법절차의 원칙은 헌

7) 대법원 2012. 10. 18. 선고 2010두12347 판결(제1장 제9절 11. 가. 참조) 및 2013. 1. 16. 선고 2011두30687 판결 등에서 헌법상의 적법절차에 대하여 판시하고 있다. 나아가 대법원 2014. 6. 26. 선고 2012두911 판결에서는 "헌법 제12조 제1항에서 규정하고 있는 적법절차의 원칙은 형사소송절차에 국한되지 아니하고 모든 국가작용 전반에 대하여 적용된다."라고 판시하고 있다.

법조항에 규정된 형사절차상의 제한된 범위내에서만 적용되는 것이 아니라 국가작용으로서 기본권 제한과 관련되든 관련되지 않든 모든 입법작용 및 행정작용에도 광범위하게 적용된다고 해석하여야 할 것이고, 나아가 형사소송절차와 관련시켜 적용함에 있어서는 형벌권의 실행절차인 형사소송의 전반을 규율하는 기본원리로 이해하여야 하는 것이다.』

(5) 따라서 절차에 관하여 정하고 있는 법률조항의 실체적 내용이 합리성과 정당성을 갖추지 못하면 헌법상의 적법절차 원리에 위반된다. 절차보장의 원칙은 과세권 행사에도 적용되므로 이를 '세법에 있어 (적정)절차보장의 원칙'이라 부를 수 있다.

(6) 세법에 있어 절차보장의 원칙

절차보장의 원칙을 실현하려면 절차법상 조세채무자와 과세관청의 관계를 합리성과 정당성을 확보하여야 한다는 의미의 대칭적 권리의무관계로 구성함이 무엇보다 중요하다.[8) '대칭적 권리의무관계'라 함은 조세채무자 또는 과세관청이 상대방에 대하여 가지는 절차법상의 권리의무가 상호 대등하고 공평(fair and just)하여야 함을 의미한다(납세자와 과세관청의 대등성 및 상호 체크 구조).

나아가 세무조사절차에서의 절차보장의 원칙이다. 조사절차에 관한 법령 자체가 합리성과 정당성을 우선 확보하여야 한다. 물론 세무조사는 국가의 과세권을 실현하기 위한 행정조사의 일종으로서 과세자료의 수집 또는 신고의 적정성(정확성) 검증 등을 위하여 필요불가결하며 종국적으로 조세의 탈루를 막고 납세자의 성실한 신고를 담보하는 중요한 기능을 수행하는 것이나 세무공무원의 세무조사권의 행사에서도 적법절차의 원칙은 마땅히 준수되어야 한다.

다. 조세법률주의와의 관계

일반적으로 논하여지는 조세법률주의[9)10)11)의 내용, 즉 과세요건법정주의, 과세요건명확주의, 조세법령 불소급의 원칙, 합법성의 원칙, 절차보장의 원칙 등은 모두 '법치주의'에 포섭

---

8) 谷口勢津夫, 전게서, 24면 참조.

9) 이창희, 전게서, 21면에서, "조세법률주의라는 말 자체는 사실 일본 사람들이 만들어낸 것이다. … 오늘날에 와서는 여러 일본학자들이 조세법률주의라는 개념을 과세요건법정주의, 과세요건명확주의, 합법성의 원칙, 절차보장 등으로 이루어진 법적 개념으로 쓰고 있다. 사실은 조세법률주의라는 말에 이런 내용을 처음으로 담은 것은 동경대의 세법교수였던 金子 宏이다."라고 적고 있다.

10) 이태로·한만수, 조세법강의, 신정9판(2013년판), 21면 이하에서, "우리는 조세법률주의 생성의 역사적 체험이 없을 뿐만 아니라, 재정의 급속한 팽창으로 인하여 조세수입의 증대가 필연적으로 요청됨에 비하여 민주적 조세행정의 경험이 얕은 점을 감안하면, 조세법률주의는 국민을 과세권의 자의적 발동으로부터 보호하기 위한 대원칙으로서 특유의 의의와 사명을 지니고 있다 할 것이다."라고 하면서, 그 내용으로서 과세요건법정주의, 과세요건명확주의, 과세불소급의 원칙, 엄격해석의 원칙을 들고 있다.

11) 일본학자 金子 宏, 조세법, 제23판, 78면에서, "조세법률주의의 내용으로서 과세요건법정주의, 과세요건명확주의, 합법성의 원칙 및 절차보장의 원칙의 4가지를 들 수 있다."라고 적고 있다.

될 수 있다. 이는 조세법률주의가 오늘날 그 사명을 다하였다는 취지가 아니라 법치주의 관점
에서 반성적으로 재조명하여 조세법률주의 내용을 내실화하자는 것이다.

헌법재판소 1992. 2. 25. 선고 90헌가69 결정

『조세행정에 있어서의 법치주의의 적용은 조세징수로부터 국민의 재산권을 보호하고 법적 생
활의 안전을 도모하려는 데 그 목적이 있는 것으로서, 과세요건법정주의와 과세요건명확주의를 그
핵심적 내용으로 하는 것이지만 오늘날의 법치주의는 국민의 권리의무에 관한 사항은 법률로써 정
해야 한다는 형식적 법치주의에 그치는 것이 아니라 그 법률의 목적과 내용 또한 기본권보장의 헌
법이념에 부합되어야 한다는 실질적 법치주의를 의미하며, 헌법 제38조, 제59조가 선언하는 조세법
률주의도 이러한 실질적 법치주의를 뜻하는 것이므로 비록 과세요건이 법률로 명확히 정해진 것일
지라도 그것만으로는 충분한 것이 아니고 조세법의 목적이나 내용이 기본권보장의 헌법이념과 이를
뒷받침하는 헌법상의 제원칙에 합치되지 아니하면 아니된다.』

헌법재판소 및 대법원은 실질적 조세법률주의라는 용어를 사용하면서 이를 실질적 법치주
의와 동일시하고 있는 것으로 보인다(형식적 조세법률주의/형식적 법치주의, 실질적 조세법률주의/실
질적 법치주의).

3. 실체적 진실주의

가. 과세요건법을 지배하는 기본원칙

(1) 대법원이나 헌법재판소 및 세법학자들은 과세요건에 부합하는 세액을 '정당한 세액',
'객관적 세액', '진실한 세액', '진정한 세액' 등으로 부른다. 이는 규범적으로 '성립한 세액'을
의미한다. 국세기본법 제22조 제2항 소정의 세법이 정하는 바와 맞는 세액 또는 제45조의2 제
1항 소정의 '세법에 따라 신고하여야 할 세액'12)도 '성립한 세액'을 말한다.

(2) 조세법령에서 정하는 과세요건을 충족한 바에 따라 과세되어야 한다는 점을 출발점으
로 삼아야 한다는 원칙을 實體的 眞實主義(materielle Rechtsrichtigkeit)13)라 부른다. 즉 확정된

---

12) '세법에 따라 신고하여야 할 세액'이 법률용어이나, 이 책에서는 '성립한 세액'이라고 부른다.

13) 일본학자 碓井光明은, 1978. 11. 1. 쥬리스트 잡지에 실린 논문 「경정청구에 관한 약간의 고찰」에서, '실체
    적 진실주의'라는 용어를 일본에서 처음으로 사용하였다. 나아가 그는 「조세법에 있어 실체적 진실주의 우선
    의 동향」이라는 논문[납세자보호와 법의 지배(山田二郎 선생 희수기념), 2007년], 19면 이하에서, "조세법에
    있어 조세법률이 정하는 요건을 충족한 바에 따라서 과세되어야 하고, 과세요건사실이 진실하게 존재하는가
    여부를 그 출발점으로 삼아야 한다. 필자는 이것을 실체적 진실주의라고 불러왔다. 과세요건법을 지배하는
    원칙이다."라고 적고 있다.

세액은 성립한 세액과 일치하여야 한다는 것이다. 이는 법률적합성의 원칙 내지 합법성의 원칙(Legalitätsprinzip)[14][15]에서 도출되며 '適法的 正義'[16][17]로서 과세요건법을 지배하는 기본원칙이다.

다시 말하면 실체적 진실주의는 조세법률에 기한 '올바른(=正, rechtsrichtig) 과세'를 전제로 과세요건을 충족함에 의하여 성립한 세액 그대로 확정되어야 함을 의미한다. 확정된 세액이 성립한 세액과 불일치할 경우 실체적 오류가 있다고 보아 조세채무자에게 유리하든 불리하든 모두 경정되어야 한다.

나. 租稅正義(Steuergerechtigkeit)

(1) 정의의 개념은 다의적이고 다층적이며 축차적이다. 조세정의도 마찬가지다. 조세정의는 과세에 있어서의 자유, 평등과 공평 등 다양한 헌법상의 기본적 가치질서(기본권의 가치질서)를 통하여 확증된다. 조세정의를 논할 때 먼저 비교적 넓은 의미의 것으로 조세국가의 건설

---

14) 대법원 2004. 5. 14. 선고 2003두3468 판결 및 2006. 1. 26. 선고 2005두6300 판결 등에서, "조세법률주의에 의하여 합법성이 강하게 작용하는 조세실체법에 대한 신의성실의 원칙 적용은 합법성을 희생하여서라도 구체적 신뢰보호의 필요성이 인정되는 경우에 한하여 허용된다."고 판시하였는데, 비록 신의성실의 원칙의 적용 여부에 대한 판시라고 하더라도, '합법성'과 '신뢰보호'와의 관계를 설시하고 있는 점이 주목된다.

15) 金子 宏, 전게서, 87면에서, "조세법은 강행법이므로, 과세요건이 충족되는 한, 과세행정청에게 조세감면의 자유가 없고, 조세를 징수하지 아니할 자유도 없으며, 법률에서 정하고 있는 그대로의 세액을 징수하지 아니하면 안 된다. 이를 합법성의 원칙이라 부른다. 이 원칙은 조세법률주의의 절차법적 측면이고, 우리나라에 있어 일관하여 판례법상 승인되어 왔다. 그 근거는, 이렇게 해석하지 아니하면 조세법의 집행에 있어 부정이 개재될 우려가 있을 뿐더러 납세자에 따라서 그 취급을 달리하여 세부담의 공평을 유지할 수 없게 되기 때문이다."라고 적고 있다. 谷口勢津夫, 전게서, 34면에서, 형식적 조세법률주의 —세무행정에 대한 통제— 의 내용으로 합법성의 원칙을 설명하면서, "법률에 의하지 아니하는 과세의 금지(형식적 조세법률주의)는, 세법의 해석적용, 말하자면 세무행정에 의한 해석적용의 장면에서는, 합법성의 원칙 내지 세무행정의 합법률성의 원칙이라고 불리어질 수 있다. 납세의무는 과세요건의 충족에 의하여 법률상 당연히 성립하기 때문에, 과세관청은, 그 성립한 납세의무의 내용을 조세법령에 따라 확정하고, 그 확정한 세액을 조세법령에 따라 징수하지 아니하면 안 된다는 의미의 요청이 합법성의 원칙이다. 그것은 과세의 장면에 있어 법률유보의 원칙 및 법률우선의 원칙이 나타난 것으로서, 조세정의(적법적 정의)의 요청이다."라고 적고 있다.

16) 소순무, 조세소송, 개정9판(2018), 4면에서, "국가 또는 지방자치단체는 조세의 부과와 징수절차에 있어 적법성을 준수하여야 하고, 위법한 과세사실이 발견되면 스스로 이를 시정할 의무가 있다.", 133면에서 "과세관청은 과세요건이 충족된 경우 빠짐없이 과세하여야 할뿐더러 만일 잘못된 징수나 납부가 있다면 납세자에게 이를 돌려줄 의무가 있는 것이고, 이는 굳이 명문규정이 없다고 하더라도 조세법률관계의 본질이나 조리에서도 도출된다고 할 것이다.", 이어 116면에서, "과세관청이 당해 처분의 부당·위법사실을 알게 된 경우에도 이를 시정하지 아니하면 헌법상의 재산권 보장의 이념에 부합하지 아니할뿐더러 조세채무가 없는 자가 조세를 부담하게 되어 조세정의에도 어긋나는 결과가 된다. 이러한 경우 과세관청의 직권시정조치가 필수적인 것이다."라고 적고 있다.

17) Klein, AO Kommentar, 14.Auflage, 1233면에서, 'StGerechtigkeit(materielle Richtigkeit der Besteuerung)'라고 적고 있다. 즉 실체적 진실주의를 조세정의라고 한다.

및 헌법적 결단에 참여한 구성원에게 할당된 권리와 의무가 공정한 것인가의 '공정으로서의 정의'가 문제된다. 이는 입법영역에서의 정의 내지 공평, 공정 등 헌법상의 가치질서에 관한 거대담론이어서 논의에서 일단 제외한다.

여기서는 조세국가의 유지에 필요한 비용의 할당을 정하고 있는 개별세법이 '공정으로서의 정의'를 충족하고 있음을 전제로, 구성원에게 구체적으로 할당된 몫이 법이 예정한 의미대로 확정되어 제대로 거두어지고 있는지를 따지는 의미의 '適法的 正義'만을 주로 논한다. 즉 세액확정절차에 있어 법집행상 또는 법해석상의 정의만을 설명한다. 이러한 차원의 정의는 민법 등 사법 및 민사소송법을 통하여 또는 형법 및 형사소송법을 통하여 실현하려고 하는 적법적 정의와 동일한 평면의 것이다. 모든 법률학의 영역에서 공통된 법이념으로 적법적 정의와 법적 안정성을 요구한다. 그런 의미에서 세법의 학문적 방법론도 다른 학문의 그것과 동일하다고 할 것이다.

먼저 세액확정절차에 있어 중요한 '實體的 正義'는 앞에서 본 적법적 정의인 실체적 진실주의의 실현이다. 과세관청은 모름지기 법령의 잣대에 따라 성립한 세액 그대로 세금을 확정하고 징수하여야 한다. 부당하게 그 이상이나 이하로 확정되거나 징수되지 않도록 보장하여야 할 의무가 있다.

실체적 진실주의 실현을 위하여 또는 경정 가능 여부 및 경정범위에 관한 다툼을 예상하고 이에 대비하기 위하여는 조세실체법 못지 않게 조세소송법도 정비되어야 한다. 조세소송법의 정비없이는 제대로 된 실체적 정의가 실현될 수 없다. 행정소송법에 의존하는 조세소송만으로는 여러 면에서 부족하다. 행정소송법으로부터 독립한 조세소송법의 입법정비가 필요하다. 이러한 입법정비가 당장 어려운 현재 조세소송의 여러 논점 중 특히 행정행위의 무효와 취소의 구별에 관한 중대설, 소송물에 관한 총액주의, 기판력과 기속력의 구별, 기판력이 발생하는 범위, 기판력의 범위와 경정범위에 관한 경계선의 설정 등 기초이론 분야에서 일반 행정법 내지 행정소송법적 사고로부터의 독립적 사고가 필요하다.

과세요건을 수정·보완하는 국세기본법 제14조 소정의 실질과세의 원칙도 조세의 부담을 회피할 목적으로 과세요건사실에 관하여 실질과 괴리되는 비합리적인 형식이나 외관을 취하는 경우 그 형식이나 외관에 불구하고 실질에 따라 담세력이 있는 곳에 과세함으로써 부당한 조세회피행위를 규제하고 과세의 형평을 제고하여 조세정의를 실현하고자 하는 데 주된 목적이 있다(대법원 2012. 1. 19. 선고 2008두8499 판결 참조). 조세회피의 방지에 봉사하는 '실질과세의 원칙'은 개별세법상의 '부당행위계산부인의 법리'와 함께 과세형평의 제고에 본래적 의미가 있지만, 세액확정절차에 있어 조세회피를 방지하기 위하여 거래를 재구성함으로써 실체적 진실주의 나아가 적법적 정의를 실현하는 점에서도 또 다른 실천적 의미를 가짐을 간과할 수 없다.

(2) 세액확정절차에 있어 실체적 정의와 짝하는 '節次的 正義'는 조세채무자와 국가 사이

의 확정절차상 관계를 대칭적 권리의무관계(fairness and balance)로 구성하도록 요청한다. 조세법률관계상 절차적 정의를 실현하기 위하여는 세액확정절차상 국가나 조세채무자는 대등한 당사자로 공평(fair and just)하게 취급되어야 한다. 어느 한 당사자에게만 유리하게 하기 위하여 다른 당사자에게 절차적 제한을 가해서는 안 된다. 세액확정절차에 있어 조세채무자에게 불리한 증액요소와 유리한 감액요소가 함께 있을 경우, 증액요소는 제척기간 내라면 언제든지 횟수에 관계없이 증액경정을 반복할 수 있는데 반하여 감액요소는 조세채무자로 하여금 제척기간보다 짧은 기간 내에서 경정청구를 할 수 있도록 구제수단을 제한하는 것은 실체적 정의는 물론 절차적 정의에도 반한다.

경정제도에 있어 '모순된 세액확정에 기한 경정청구'나 '판결 등에 따른 경정'도 조세채무자와 국가 모두를 대칭적으로 공평하게 취급하기 위하여 미국의 '기간제한의 경감규정'을 참작하여 도입된 제도이다. 이를 해석함에 있어서도 정의공평의 원칙에 터잡아야 한다. 국세기본법 제22조의3도 정의공평의 원칙에 터잡은 것이다.

(3) 조세법의 적용 내지 해석상 등장하는 '正義公平의 原則'을 관철하는 방법의 하나로 신의성실의 원칙이나 권리남용금지의 원칙 등에 의지할 수도 있다. 여기서의 정의는 앞서 본 적법적 정의와는 또 다른 차원의 것이다.

정규의 구제절차를 위한 불복기간이나 경정청구기간이 도과하였거나 달리 정규의 권리구제수단이 없다 하더라도, 신고나 부과처분으로 확정된 세액이 과세형평에 반하고 특정인 또는 특정그룹의 조세채무자로 하여금 이러한 과세형평에 반하는 세액확정을 전부 감수하게 하는 것이 현저히 부당하여 정의공평에 반하는 경우에는 예외적으로 경정청구를 인정해야 한다.

부산광역시 강서구가 행정자치부장관의 '지방세 감면조례 표준안'에 따르지 아니함으로써, 위 강서구에 부동산을 보유한 조세채무자가 감면대상이 아님을 전제로 종합부동산세를 신고하였다가 그 세액확정이 조세평등주의에 반한다는 이유로 경정청구를 하였으나 거부된 처분에 대하여, 대법원은 국세기본법 제1조, 제3조 제1항, 제18조 제1항 등에 근거하여 과세의 형평을 강조하면서 이 사건 처분은 국세기본법 제18조 제1항에 위반하여 과세대상인 부동산의 소재지에 따라 감면 여부를 달리한 경우에 해당하여 위법하다고 판단하였다[대법원 2016. 12. 29. 선고 2010두3138 판결, 제1장 제11절 5. 다. (5) 참조]. 대법원은 국세기본법 제18조 제1항에 기하여 '과세형평에 기한 경정청구'를 긍정하였는바, 여기서 제18조 제1항이 말하는 세법의 해석 내지 적용에 있어 '과세형평'이 무엇을 뜻하고 이를 어떻게 적용할 것인지 및 그밖에 조세법률관계에 어떠한 영향을 미칠 것인지 등에 관하여 많은 연구과제를 던지고 있다.

부가가치세제 자체가 조세포탈에 노출되기 쉬운 세제로서 매입세액의 공제·환급제도를 악용하는 등 정의공평의 원칙에 반하는 경우 신의성실의 원칙 내지 권리남용금지의 원칙 아래 매입세액의 공제가 부인되거나 경정청구가 거부될 수 있다(대법원 2011. 1. 20. 2009두13474 판결 참조). 즉 부가가치세제의 질서를 근본에서 흔드는 소위 회전거래의 경우 정의공평의 원칙에 기하여 부가가치세를 횡령하거나 횡령하려고 하는 악의적 사업자(missing trader, 폭탄업체)가 거래고리의 중간에 존재함을 알거나 알 수 있었던 경우(고의 또는 중과실이 있는 경우) 매입세액의 공제를 부인하여야 한다(제3장 제2절 2. 나. 참조).

무효·취소의 구별기준인 중대명백설에 관한 것이다. 중대명백설이 대법원의 견해로서 흠이 명백하지 않아 취소사유에 불과하더라도, 불가쟁력을 조세채무자에게 전부 감수하게 하는 것이 현저히 부당하여 정의공평의 원칙에 반하는 등 예외적 상황이라면 그 돌파를 인정하여 부당이득반환청구를 인정하거나 경정청구를 인정할 수 길을 열어 두어야 한다. 나아가 이해관계를 가지는 제3자가 존재하지 않는 부과처분에 있어 중대명백설이 아닌 중대설(명백성 보충요건설)을 받아들여야 한다. 이러한 경우에까지 중대명백설로 국가를 두텁게 보호할 이유가 어디에 있는지, 하자가 중대함에도 명백하지 않다는 주관적 요소에 따라 조세채무자로 하여금 실체적 진실의 발견을 포기하도록 강요하는 것이야말로 정의공평의 원칙에 반하는 것이 아닌지 등의 관점에서 중대명백설의 입장은 재고되어야 한다. 제1차적 부과처분을 상정할 때 불가쟁력의 효력이 포괄적이고 너무 강력하여 경정청구 자체가 봉쇄되고 있기 때문이다. 대법원 2009. 2. 12. 선고 2008두11716 판결에서 중대명백설이 아닌 중대설을 취한 적이 있었다(제1장 제10절 6. 가. ⑬ 판결 참조).

(4) 고충민원의 방식에 의한 경정청구

입법자는 2020. 12. 22. 국세기본법 제52조 제3항을 신설하여 정규의 구제절차를 위한 기간(불복기간 및 경정청구기간)이 도과하였음에도, 고충민원에 기하여 처분의 취소, 변경 또는 감액경정을 하는 경우 환급가산금을 지급하지 않는다는 취지로 정하고 있다.

여기서 '고충민원'이라 함은 경정청구기간 내에 경정청구를 하지 아니하였거나 불복기간 내에 심판청구나 조세소송을 하지 아니하여 정규의 권리구제절차를 위한 기간을 도과시켰음에도 과세관청에 직권으로 국세기본법 또는 세법에 따른 처분의 취소, 변경이나 그 밖의 필요한 처분을 해 줄 것을 요청하는 민원을 가르킨다(국세기본법 시행령 제43조의3 제3항). 이를 [고충민원의 방식에 의한 경정청구]라 부른다. 이러한 입법에 이르게 된 상황 등에 비추어 볼 때 경정 내지 환급을 위한 고충민원이 상당히 존재하는 것으로 보이고, 그중 적지 아니한 민원이 수용되어 환급이 이루어지는 것으로 추측된다.

고충민원을 받아들여 과세관청이 직권으로 세액을 경정하여 환급할 수 있는 근거 내지 [고충민원의 방식에 의한 경정청구]의 근거가 문제된다. 국세기본법 제52조 제3항 자체가 간접적인 근거조항이 되는 셈이나 직접적 근거조항이라 할 수 없다. 입법자는 국세기본법 내에 이러한 경정청구를 할 수 있는 근거조항을 경정조항의 하나로 존치시켜야 한다. 이러한 기준이 없는 상태에서 과세관청에게 자유재량으로 이러한 고충민원을 처리하도록 방임할 수 없다.

민원의 내용이나 태양이 다양한데 누구의 민원은 들어주고 누구의 민원은 들어주지 않을 것인지에 대하여 법률의 유보 아래 구체적 기준을 두어야 한다. 과세관청의 내부사무처리준칙으로 이를 정하게 할 수 없다. 이러한 민원처리가 조세정의나 실체적 진실주의 이름 아래 사법부의 통제없이 이루어진다면 이는 법치주의의 자기부정이다. 법령에서 구체적 기준을 정하고 있지 아니한 이상 이러한 과세관청의 경정조치는 기속행위로서, 과세형평에 반하는 세액확정을 전부 감수하게 하는 것이 현저히 부당하여 '정의공평의 원칙'에 반하는 경우에 한하여 예외적으로 인정되어야 한다.

다. 법적 안정성(Rechtssicherheit)[18]과의 충돌

(1) 법적 안정성은 법적 평화라고도 한다. 법적 안정성은 실체적 진실주의와 짝하여 法理念의 두 구성요소를 이룬다. 실체적 진실주의와 법적 안정성은 헌법상 원칙으로서 동등한 가치로 존중되어야 한다. 두 법이념은 필연적으로 가치충돌이 일어나 상호 제약하기도 하고 모순관계에 빠지기도 한다.[19]

칼 라렌츠는 '정당한 법의 원리'라는 저서에서 다음과 같이 기술하고 있다[20].

『법적 평화와 정의라는 법이념의 두 주구성요소는 상호 간에 변증법적 관계에 있다. 즉 한편으로 양자는 서로를 상호 제약한다. … 그러나 다른 한편 양 요소는 부분적으로 모순관계에 빠질 수도 있다. 실정법이 '정당한' 판결을 획득할 찬스가 불확실하다고 보고 법적 안정성을 위하여 부당한 판결을 할 가능성도 감수하는 경우 — 예를 들어 소멸시효나 판결의 기판력에 있어서와 같이 — 가 그러하다. … 소송에 있어서의 확고한 증거법칙은 법관의 판결발견을 용이하게 하나 이는 빈번히 정의를 희생하게 한다. … 정의를 실현하는 것은 멀리 떨어져 있어서 도달하기 어려운 목표이다. 온갖 노력에도 불구하고 그 실현이 의심스러울 때 법은 보다 쉽게 성취될 수 있는 것 즉 법적 평화의 유지로써 만족한다.』

---

18) 정종섭, 전게서, 177면 이하에서, '법적 안정성(Rechtssicherheit)'을 다음과 같이 설명한다. "법치주의는 법적 안정성을 그 한 요소로 한다. 현대 법치국가에서 법적 안정성은 정의, 목적적합성과 함께 법의 최고이념 중의 하나로서 객관적인 법이념에 속한다. 법적 안정성은 법의 확실성과 법적 효과에 대한 예견·예측가능성과 계산가능성, 법적 평화, 한번 형성되어 통용되고 있는 질서의 안정성, 한번 만들어진 규정을 사회현실에 관철하는 법적인 힘 등이 포함되어 있다. … 법에 의하여 공동체와 삶의 질서에 안정성을 확보하는 것은 객관적인 법을 통하여 미래를 예측할 수 있어야 하고(예측가능성의 보장), 국가에 대한 국민의 신뢰가 형성된 경우에는 그 신뢰가 존중되고 보호되어야 하며(신뢰의 보호), 이미 완성된 법적 관계가 사후에 전복되지 말아야 한다는 것(소급적용의 금지)을 통하여 실현된다."
19) Tipke/Lang, 전게서, 제21장 381문단에서, 조세기본법상의 경정체계를 설명하면서 '법적 안정성(신뢰보호)과 실체적 진실주의(materielle Rechtsrichtigkeit) 원칙의 충돌(Prinzipienwiderspruch)'이라는 표현을 사용하고 있다.
20) 칼 라렌츠 저(양창수 역), 전게서, 33면 참조.

이러한 법이념의 충돌은 조세법 분야뿐만 아니라 다른 법 영역에서도 일어난다. 다만 세액확정절차에서 현저하다. 법적 안정성을 위한 조세법상의 제도적 장치로는 제척기간, 제소기간, 경정청구기간 등 3가지의 기간제한이 있다.

(2) 세액확정절차에서 일어나는 실체적 진실주의와 법적 안정성 사이의 가치충돌은 상호 조화를 이루어야 한다. 통상 실체적 진실주의가 법적 안정성보다 우위에 있으나 때로는 법적 안정성이 실체적 진실주의보다 우위에 있을 수 있다. 실체적 진실주의가 우위에 있어야 할 곳에 법적 안정성을 우위에 두거나 법적 안정성을 우위에 두어야 할 곳에 실체적 진실주의를 우위에 두어서는 안 된다. 입법자나 조세법을 해석·적용하는 실무자는 실체적 진실주의를 어떠한 경우 어디까지 양보하여야 할 것인지 항상 고민하여야 한다.[21]

라. 국가재정의 안정적 확보

(1) 세액확정절차에 있어 '국가재정의 안정적 확보' 내지 세수확보는 실체적 진실주의 및 법적 안정성과 동등한 헌법적 가치라 할 수 없다. 물론 법이념도 아니다.

조세국가에 있어 국가재정의 안정적 확보라는 국가재정상의 요청이 중요한 공익이라 하더라도 조세국가는 법치국가의 틀 안에서 이루어져야 한다. 이러한 공익은 최고의 법이념인 실체적 진실주의 및 법적 안정성과 같은 헌법적 가치를 가질 수 없으므로 법이념을 제한하는 요소로 작동해서는 안 된다. 국가재정의 안정적 확보는 조세의 궁극적 목적 또는 조세입법의 일반적 동기에 불과한 것으로 개별적인 제도나 개별규정의 입법목적과는 구별되어야 한다.[22]

(2) 대법원 판결이나 헌법재판소 결정 가운데 '조세법률관계의 조속한 안정'이라는 말이 사용되곤 한다. '조세법률관계의 조속한 안정'이란 국가재정의 안정적 확보 내지 세수확보와 같은 말이다.[23] 그 언어적 용례를 본다.

---

21) Pahlke/Koenig, 전게서, 1379면에서, "모든 고권적 행위에는 법률과 법의 구속성에 의하여 실체적 진실주의(Rechtsrichtigkeit)를 실현하도록 의무지우고 있다. 입법자의 객관적 의사를 완전하게 실현하는 것이야말로 추구되어야 할 이상이다. 이러한 목적은 실체법의 복잡성 및 입법의사를 찾아내는 데의 어려움 등으로 개개의 사건을 처리함에 있어 행정활동의 오류가능성은 항상 있기 마련이어서 완전하게 실현하기는 어렵다. 실체적 진실주의를 위하여 고권적 조치를 언제든지 변경할 수 있다고 하는 것은 법적 안정성의 원칙과 충돌한다. … 입법자가 준수하여야 하는 위 두 가지의 헌법상 원칙의 형량은 부과처분 등의 경정에 관한 조세기본법 제172조 이하에서 표현되어 있다."고 적고 있다.

22) 谷口勢津夫, 전게서, 17면 참조.

23) 品川芳宣, 국세통칙법의 이론과 실무, 66면에서, '조세법률관계의 조기안정화(조세수입의 확보)'라고 표현하고 있다. 한편 ① 일본 최고재판소 1964. 10. 22. 판결의 주된 근거가 '조세채무의 조속한 확정을 통한 국가재정상의 요청'에 있고(제1장 제11절 3. 마. 및 같은 절 8. 참조), ② 1970년 일본 국세통칙법상 경정청구기간을 종전 2월에서 1년으로 연장하는 개정을 하였는데, 1968. 7. 세제조사회의 '세제간소화에 관한 제3차 답신'에서 '조세법률관계의 조기안정'이 강조되었다. 국가재정상의 요청 또는 조세수입의 확보라는 말을 세련되게 표현하기 위하여 '조세법률관계의 조기안정'이라는 말을 사용하였다(용어는 '세무행정의 원활한 운영' →

(3) 헌법재판소 2004. 12. 16. 선고 2003헌바78 결정 및 2016. 10. 27. 선고 2015헌바19
5, 2016헌바257 결정에서, 통상의 제척기간 5년을 두고 있음에도 제척기간보다 짧은 경정청구
기간(1년 또는 3년)을 둔 법률의 위헌 여부를 논함에 있어 '조세법률관계의 조속한 안정'이라는
잣대를 사용하였다. 그 비판은 뒤에서 본다.

한편 대법원 판결을 본다.

① 대법원 2013. 12. 12. 선고 2013두7667 판결

> 『구 국세기본법(2007. 12. 31. 법률 제8830호로 개정되기 전의 것, 이하 같다) 제26조의2 제1항
> 은 원칙적으로 국세의 부과제척기간을 5년으로 규정하고 있으나(제3호), '납세자가 사기 기타 부정
> 한 행위로써 국세를 포탈하거나 환급·공제받는 경우'에는 그 부과제척기간을 당해 국세를 부과할
> 수 있는 날부터 10년으로 연장하고 있다(제1호). 위 조항의 입법 취지는 조세법률관계의 신속한 확
> 정을 위하여 원칙적으로 국세 부과권의 제척기간을 5년으로 하면서도 국세에 관한 과세요건사실의
> 발견을 곤란하게 하거나 허위의 사실을 작출하는 등의 부정한 행위가 있는 경우에 과세관청으로서
> 는 탈루신고임을 발견하기가 쉽지 아니하여 부과권의 행사를 기대하기가 어려우므로 당해 국세에
> 대한 부과제척기간을 10년으로 연장하는 데에 있다. 따라서 구 국세기본법 제26조의2 제1항 제1호
> 소정의 '사기 기타 부정한 행위'라 함은 조세의 부과와 징수를 불가능하게 하거나 현저히 곤란하게
> 하는 위계 기타 부정한 적극적인 행위를 말하고, 다른 어떤 행위를 수반함이 없이 단순히 세법상의
> 신고를 하지 아니하거나 허위의 신고를 함에 그치는 것은 여기에 해당하지 않는다고 할 것이다.』

위 판례는 제척기간을 설명하기 위하여 '조세법률관계의 신속한 확정'이란 말을 사용하였
다. '조세법률관계의 신속한 확정'이란 '법적 안정성'을 가리키는 것으로 보이고 결국 실체적
진실주의와 법적 안정성이 대립함을 인정하고 있는 셈이다.[24]

'국가재정상의 요청(조세채무의 조속한 확정)' → '조세법률관계의 조기안정'의 순으로 변천되었다). 나아가
일본 모리오카지방재판소 1993. 3. 26. 판결에서, "법인세 등 국세 세원의 확정에 관하여 신고납세방식을 채
용함과 동시에 납세신고서 기재사항의 과오시정에 관한 특별규정(수정신고, 경정청구)을 둔 취지는, 국세의
과세표준 등의 결정에 관하여 가장 그간의 사정을 잘 아는 납세의무자 자신의 신고에 기초한 것으로 하고,
그 과오시정은 법률에 특히 정한 경우에 한함을 원칙으로 하는 것이 조세채무를 가급적 신속하게 확정시켜
국가재정상의 요청에 부응함과 동시에 납세의무자에 대하여도 과대한 불이익을 강요하는 우려가 없다는 것을
인정한다는 바에 있다."라고 판시함으로써 당시의 경정청구기간 1년의 설정은 국가재정상의 요청에 따른 것
임을 밝히고 있다(일본에서 이러한 경정청구기간 1년은 위헌 시비에 대한 판단을 받음이 없이 무려 40년 이
상 유지되었던 셈이다). 일본에서의 이러한 흐름이나 사고방식(경정청구기간 1년을 설정함으로써 비로소 '납
세자의 권리구제'와 '국가재정의 안정적 확보' 사이에 상호 균형이 잡혔다는 사고방식)이 우리나라에도 깊은
영향을 미쳐 대법원 판결이나 헌법재판소 결정에서도 '조세법률관계의 조기안정'이 법률의 해석이나 위헌 여
부를 판단하는데 잣대로 사용되곤 하였다.

24) 제척기간은 '법적 안정성'으로 설명되어야 한다. 일본 국세통칙법상의 제척기간에 관한 규정(제70조)이 감액
경정에도 적용되는지 여부에 대하여, 교토지방재판소 1976. 9. 10. 판결을 본다. "조세법률관계의 조기안정
과 세부담의 적정공평을 어떻게 조화할 것인지가 문제이나 국세통칙법 제70조 제2항 제1호는 이러한 두 요

② 대법원 2014. 6. 26. 선고 2012두12822 판결(제4장 제2절 1. 다. (4) 참조)

『그런데 과세표준신고서를 법정신고기한 내에 제출한 납세의무자에게 결정이나 경정으로 인한 처분을 불복대상으로 삼아 하나의 불복절차에서 다툴 수 있도록 한 것은 소송경제나 납세자의 권익보호를 위한 것이지 납세자의 경정청구권을 제한하려는 것은 아니고, 당초의 신고 등에 관한 경정청구기간이 남아 있는 도중에 과세관청의 결정이나 경정이 있다고 하여 납세자가 당초의 신고 등에 관하여 가지는 별개의 불복수단인 경정청구권 행사가 제한된다고 보는 것도 불합리하며 조세법률관계의 조속한 안정을 도모하고자 하는 개정 전 규정의 입법목적은 새로이 증가된 과세표준과 세액에 관한 경정청구권의 행사만을 제한하는 것으로 충분히 달성할 수 있다.』

위 판결은 2010. 12. 27. 개정되기 전의 구 국세기본법 제45조의2 제1항을 '개정 전 규정'이라고 하면서 그 규정의 입법목적이 '조세법률관계의 조속한 안정'에 있다고 판시하고 있다.

(4) 결론적으로, 첫째, 조세법률관계의 조속한 안정이란 개념은 조세채무자에게 일방적으로 불리한 세액확정절차의 '구조적 불균형'을 합리화하기 위하여 사용되었다. 조세법률관계의 조속한 안정이라는 이름 아래 이러한 불균형을 합리화할 수 없다. 둘째, 조세경정법에서는 실체적 진실주의와 법적 안정성만을 법이념으로 받아들여야 한다. '국가재정의 안정적 확보' 또는 '세수확보', '조세법률관계의 조속한 안정' 등이라는 개념은 법령의 해석이나 위헌 여부를 판단함에 있어 결코 법적인 잣대가 될 수 없다. 2014. 12. 23. 국세기본법의 개정으로 통상의 경정청구기간과 통상의 제척기간을 5년으로 일치시킨 현재에 있어, 통상의 경정청구나 후발적 경정청구의 요건을 해석함에 있어 '조세법률관계의 조속한 안정'이라는 이름 아래 역으로 이를 제한하는 해석을 시도할 여지가 있다. 경계하여야 한다.

4. 실체적 진실주의와 조세채무관계설의 결합

가. 조세채무관계설의 실정법화

청을 조정할 목적으로, 납세자가 과대한 과세처분을 받았다 하더라도 그것을 다투지 아니한 채 어느 정도의 기간이 지난 경우 이러한 납세자의 태도에 비추어, 세부담의 적정공평을 도모하는 것보다 오히려 조세법률관계의 조기안정을 도모하는 요청을 우선시키고, 위와 같이 다툼이 없는 채로 어느 정도 영속한 사실상태를 확정적인 것으로까지 고양시켜 과세처분의 안정을 도모하며, 과세관청에게 자료의 보존기간이 통상 5년인 점도 고려한다면, 감액의 재경정에 관하여는 법정신고기한으로부터 5년의 제척기간이 적용되는 것으로 해석함이 상당하다."라고 판시하였다. 제척기간을 설명함에 있어 '세부담의 적정(공평)성'과 '조세법률관계의 조기안정' 이라는 두 요청을 대비시키면서, 통상의 제척기간 5년이 경과하면 세부담의 적정성보다 조세법률관계의 조기안정이 우선되어야 한다는 것이다. 여기서 조세법률관계의 조기안정이란 법적 안정성을 가르킨다.

(1) 대륙법계에 있어 제2차 세계대전 전에는 조세법률관계를 권력관계로서 파악하는 '조세권력관계설'의 입장에 서 있었기에 세법학은 행정법학의 일부에 그쳤다. 그 후 '조세채무관계설'을 이론적 기초로 하여 과세요건법을 체계화하고 법치주의(조세법률주의)를 철저화하는 과정에서 행정행위를 중심으로 하는 행정법학의 이론체계와는 구별되는 것으로 정립되었다.

(2) 조세채무관계설은 조세법률관계를 공법상의 채권채무관계로 성격지움으로써 그 중심을 이루는 납세의무를 과세요건의 충족에 의하여 법률상 당연히 성립하는 일종의 '법정채무'로 파악하는 견해이다.

(3) 국세기본법은 이에 기초하여 조세채무의 성립을 전제하면서 그 확정방법을 법정하고 있다(국세기본법 제21조, 제22조). 조세채무관계설은 학설 수준의 것이 아니라 실정법화한 이론으로 조세법학의 중심적 연구대상이 되었다. 총론에서의 논점 대부분은 조세법률관계에 관한 것이라고 하여도 과언이 아니다.

조세채무관계 내지 조세법률관계는 통상 평면적으로 전개되지만 때론 입체적으로 전개되기도 한다. 제2차 납세의무자와 주된 납세의무자가 국가에 대하여 가지는 각 법률관계도 염두에 두어야 하고, 과다환급금확정절차(국세기본법 제51조 제9항)에 있어 본래적 법률관계와 파생적 법률관계가 시계열적으로 반복하여 전개될 수 있다. 오늘날 원천징수에 있어 원천납세의무자와 원천징수의무자, 국가 등 3자 간에 이루어지는 법률관계는 더 없이 복잡하고 미묘하게 전개되고 있다. 그밖에 다종다양한 조세법률관계가 전개된다. 이러한 조세법률관계에 있어 중요한 것은 예외적으로 권력적 요소가 가미되어 있다 하더라도 그런 예외적 규율이 필요불가결한 경우가 아니라면 양 당사자는 대칭적으로 균형있게 취급되어야 한다는 점이다. 조세법률관계에서 납세자의 납세윤리만 강조될 것이 아니라 법치국가로서의 조세국가가 가져야 할 과세윤리도 함께 강조되어야 한다.

(4) 조세법률관계에 있어 절차적 당사자로서 '납세자와 과세관청의 대등성'을 강조하는 일본 학자의 견해를 인용한다.[25)]

『법인식론의 레벨에서 조세법률관계의 성질 자체에 착안한다면 조세실체법관계와 조세절차법관계는 각 성질을 달리하는 것으로 볼 여지도 있다. 즉 조세실체법관계에는 조세채무관계설이 타당하고, 조세절차법관계에는 조세권력관계설이 타당하다. 그러나 법실천론의 레벨에서는 일찍이 헨셀(Albert Hensel)이 주장한 바와 같이 조세법률관계의 전체를 조세채무관계설에 의하여 일원적으로

---

25) 北野弘久, 세법학 원론(제7판), 48면 참조. 그는 전통적인 행정법학으로부터 구별되는 독립법학으로서의 세법학을 주창하면서 법인식론(존재론, 권력관계)이 아닌 법실천론(채권채무관계)의 입장에서 기초적 법이론인 조세법률관계를 일원적으로 파악한 대표적인 학자로서 '조세절차법의 실체법적 구성'이라는 사고를 세법학의 기본으로 삼았다. 여기서 조세실체법이라 함은 과세요건법 등을 가르키고 조세절차법이라 함은 세액의 확정 및 징수에 관한 절차를 가르킨다.

설명하는 것도 가능하다. 즉 조세법률관계의 중심은 조세실체법관계이고 조세절차법관계는 조세실체법관계의 종된 지위에 있다. 조세절차법관계는 조세실체법관계를 구체화하는 수단이다. 이러한 조세법률관계의 중심인 조세실체법관계의 특성(조세채무관계설)에 의하여 조세법률관계 전체의 기본적 성질을 포착하고자 하는 것이다. 이러한 사고는 법실천론의 레벨에서 조세법률관계에 있어 과세관청과 납세자의 대등성을 법이론화 하고자 하는 것에 있다고 말할 수 있다. 누차 설명하지만 조세법률관계는 조세실체법관계를 중심으로 파악하는 것이다. 조세절차법은 조세실체법에 의하여 규정되고 있다. 조세절차법은 납세자에 관한 권리규범(납세의무를 명시하는 규범)을 구체화하는 절차적 수단으로서 위치지울 수 있다. 이러한 사고는 필자가 구상하는 세법학(법실천론)의 기본적 방법에도 적합하다. 제1장에서 지적한 법실천론으로서의 세법학 특성의 한 요소인 '조세절차법의 실체법적 구성'도 위 사고를 표현한 것이다. 이 점에 관하여 언급하고 싶다. 즉 이 책에서 지적하는 바와 같이 제2차 납세의무 제도를 주된 납세의무에 대한 징세절차법적 시각에서 포착할 것이 아니라 제2차 납세의무자 자신의 실체법상의 지위를 중심으로 재구성한다. 또한 소득세의 원천징수제도를 과세청 측의 징세절차법적 시각에서 포착할 것이 아니라 본래의 납세의무자인 샐러리맨의 실체법상의 지위를 중심으로 재구성한다. 이러한 재구성의 노력은 법해석론, 입법론 쌍방의 법실천론에서 행한다.』

우리나라는 일본의 흐름과는 달리, 제2차 납세의무를 주된 납세의무에 대한 징세절차법적 시각에서 포착하는 것이 아니라 제2차 납세의무자 자신의 실체법상의 지위를 중심으로 구성하고 있다. 그리하여 제2차 납세의무자에 대한 납부고지를 부과처분으로 본다(제1장 제11절 8. 참조). 나아가 원천징수제도에 있어 순수하게 징세절차법적 시각에서 포착하는 것이 아니라 적극적으로 경정청구를 인정하는 등으로 원천납세의무자의 실체법상의 지위를 인정하는 방향으로 나아가고 있다.

나. 실체적 진실주의와 조세채무관계설의 결합

(1) 조세채무의 성립에 있어 과세관청의 재량적 판단의 배제

조세채무는 과세요건의 충족에 의하여 법률상 당연히 성립하는 법정채무인 이상 이러한 영역에 있어서는 실체적 진실주의만 작동하는 것이지 과세관청의 형성적 · 재량적 판단의 여지는 법이론상 완전히 배제된다. 과세요건 중 불확정개념의 해석은 법률문제로서 전면적으로 법원의 심사대상이 되고 거기에 과세관청의 요건재량의 여지는 인정되지 않는다.

(2) 세액확정절차와 기속행위

개별세법은 일정한 경우 과세관청으로 하여금 세액확정절차에 개재(관여)할 수 있게 하는 확정권(경정권)을 부여하고 있는데 이는 확정의무(경정의무)로 이어진다. 즉 과세관청이 확정권(경정권)을 행사함에 있어서는 자유재량(효과재량 내지 행위재량)[26]이 배제되고 확정권 행사로 하는 부과처분(당초의 부과처분은 물론 직권에 의한 증액경정 및 감액경정을 포함하며, 경정청구에 기한 감액경정도 포함한다)은 오로지 기속행위로 귀착되어야 한다. 세액확정에 실체적 오류가 있으면 과세관청은 오류를 시정할 의무가 있고 오류의 시정에 어떠한 자유재량을 가질 수 없다. 이는 실체적 진실주의의 실현 내지 합법성원칙의 당연한 요청이다.[27]

(3) 부과처분 취소소송 등과 총액주의

실체적 진실주의의 실현을 위하여는 과세요건의 충족에 의하여 성립한 조세채무의 내용을 법률이 정하는 방법에 따라 확정하여야 한다. 이 경우 사실인정은 조세실체법상의 과세요건에 해당하는 사실의 전부를 대상으로 하여야 한다.

사실인정에 있어서 이러한 요청은 취소소송의 장면에서 심리대상 및 심판범위(소송물)에 관한 '총액주의'의 사고와 맥락을 같이 한다(제1장 제6절 1. 다. 참조). 나아가 총액주의 하에서는 취소소송의 본질을 채무부존재확인소송으로 볼 수밖에 없는데 그런 의미에서 총액주의는 조세채무관계설과 친화성을 가진다.

5. 실체적 진실주의와 법적 안정성의 관계

가. 충돌과 조화

총론 첫머리 도표에서 보는 바와 같이 조세법은 민법 및 민사소송법 등의 사법체계와는 달리 실체법상의 권리와 소송법상의 권리가 밀접하게 관련되어 있다.

실체적 진실주의는 조세실체법적 측면에서의 광의의 세액확정절차(제1장 제9절, 세액확정절차 전론 참조)와 조세소송법적 측면에서의 항고소송중심주의(흡수소멸설, 총액주의)가 상호 작용을 하면서 실현된다. 그 과정에서 법적 안정성이 조세실체법적 측면(제척기간, 경정청구기간)과 조세소송법적 측면(불복기간, 국세기본법 제22조의3의 불복범위의 제한)에서 작용함으로써 실체적

---

26) 이창희, 전게서, 249면에서, "항고쟁송이나 경정청구기간이 지났다고 해서 반드시 끝은 아니다. 이미 불가쟁력이 생겨 법률상 권리는 없지만 직권경정이 가능할 수도 있다."라고 적고 있고, 다만 그 직권경정이 의무사항인지, 나아가 직권경정을 함에 있어 과세관청의 자유재량을 인정할 것인지에 대하여는 언급을 하고 있지 않다. 다만 그 주 148)에서, "소득세법 제80조 제4항 등 직권경정 조항은 법적 불복절차의 근거는 아니다."라고 적고 있다.

27) 谷口勢津夫, 전게서, 34면에서, "조세법률주의는 성립한 납세의무의 실현(확정 및 이행)의 단계에 있어서는 합법성의 원칙의 요청으로서, 과세관청의 효과재량 내지 행위재량을 배제하고 있다. 따라서 과세처분은 마땅히 기속행위(요건재량도, 효과재량도 없는 행정행위)로서, 납세신고와 동일하게 의무적 행위이다. 예를 들어 경정청구에 관한 경정청구기간이 경과한 후에 있어서도, 감액경정을 할 것인지 여부는 과세관청의 재량에 속한다는 견해(도쿄고등재판소 1991. 1. 24. 판결. 쥬리스트 제352호 28면 및 제353호 16면)는 합법성의 원칙에 반한다 할 것이나, 2011년도 세제 개정에서 경정청구 가능기간을 감액경정에 관한 통상의 기한과 일치시킨 결과 현재로서는 위 견해의 타당근거를 잃게 되었다."고 적고 있다.

진실주의의 실현이 제한될 수 있다.

나. 각 국의 입법례

실체적 진실주의와 법적 안정성의 충돌이 자주 일어나는 분야는 세액확정절차 중 경정절차에 관한 부문이다. 이를 어떻게 조화시켜 경정의 범위를 정할 것인지, 폭넓게 허용할 것인지 아니면 좁게 제한할 것인지, 국가와 조세채무자를 어떻게 공평하게 취급할 것인지 등에 관하여는 나라마다 상이하다(경정문화의 상이). 세액확정절차에 있어 신고납세방식을 원칙으로 하는지(미국, 일본), 부과과세방식을 원칙으로 하는지(독일) 및 행정소송제도를 두고 있는지 등도 경정절차에 영향을 미친다.

6. 우리나라 경정제도의 현주소

가. 통상의 경정청구기간 3년에서 5년으로

(1) 개정 전(경정청구기간 3년에 대한 반성적 고찰)

구분		국세기본법	관세법	지방세기본법
조세채무자의	세액증액 (수정신고)	5년	5년	5년
	세액감액 (경정청구)	3년	3년	3년
과세관청의	직권 세액증액	5년	5년	5년
	직권 세액감액	5년	5년	5년
제척기간		5년	5년	5년

* 관세법의 경정청구기간 및 제척기간은 각 2년이었으나 2013. 8. 13. 개정되었다.
* 과세관청의 '직권 세액감액'에 관하여는 견해 차이가 있을 수 있다.
* 제척기간은 '통상의 제척기간'을 말한다.

[당시 경정청구기간 등 각종 기간의 비교]

위 표에서 보는 바와 같이 통상의 경정청구기간은 3년이고 그 기간이 도과하면 경정청구를 할 수 없다는 것이 통설 및 판례로서 그 범위 내에서는 실체적 진실주의가 법적 안정성(엄격히는 국가재정의 안정적 확보)에 그 우위를 양보하고 있었다.

그러나 국세기본법 및 지방세기본법과 관세법상 경정청구기간을 3년으로 제한한 것이 실체적 진실주의와 법적 안정성의 조화라는 이름 아래 법치주의를 구현한 것인지는 의문이었다. 오히려 이러한 입법 및 법해석이 "세액확정절차에 있어 국가나 조세채무자는 대등한 당사자로서 공평하게 취급되어야 한다."는 절차보장의 원칙에 반함은 앞서 본 바와 같다.[28][29]

그리하여 국민권익위원회[30]는 2009. 10. 통상의 경정청구기간을 현행 3년에서 5년으로 연장하는 방안을 추진하면서 경정청구기간 3년이 짧아 과오납한 세금의 반환 기회가 제한된다는 이유로 기획재정부에 2010. 10.까지 제도 개선안을 마련할 것을 권고하였고, 후발적 사유에 기한 경정청구기간 2월도 1년으로 연장할 것을 권고하였다.[31] 경정청구기간에 대한 납세자의 고충 내지 민원이 국민권익위원회에 얼마나 많이 제기되었는지 저간의 사정을 짐작할 수 있다.

한편, 당시 언론보도에서 연말정산 대상 소득에 대하여 조세채무자가 '경정청구기간 3년'에 '고충민원 신청기간 2년'을 더해 5년 이내에 환급을 받을 수 있다고 하였는데, 만약 이것이 사실이라면 '고충과 민원', '탄원'의 이름으로 경정청구기간이 사실상 5년으로 연장하여 운영하

---

28) 고은영, 「조세법상 경정청구제도에 관한 연구」(중앙대학교, 2008년, 박사학위논문), 3면에서 "과세관청의 오류·탈루된 세액에 대한 부과권은 제척기간 내에서는 언제든지 횟수에 제한 없이 경정·결정할 수 있다. 이에 비하여 과다신고에 대한 납세의무자의 경정청구기간은 법정신고기한으로부터 3년 내(후발적 사유의 경우는 사유 발생을 안 날부터 2월 내)로 한정되어 있다. 조세법률관계의 안정성 측면에서 경정청구기한의 제한을 두어야 한다는 점에 공감한다 하더라도 조세법률관계를 채무관계설로 보아 과세관청과 납세의무자의 동등한 권리보호가 보장되어야 하는 면에서 과세관청의 부과권의 제척기간에 비하여 현저히 형평성을 잃고 있다.", 190면에서 "조세제도는 조세를 부담하는 납세의무자 사이에도 공평하게 적용되어야 하지만, 납세자와 과세관청 사이에도 공평하여야 한다. 당초 신고한 과세표준 및 세액의 감액경정에 있어서 납세의무자가 경정청구를 할 때는 3년 이내에 하여야 하고 국가가 직접 감액경정할 때는 5년 이내에 할 수 있다는 것으로 이는 납세자의 입장에서는 불공평하다고 하지 않을 수 없다. 따라서 부과제척기간 및 경정청구기간은 서로 대등한 정도로 되어야 할 것이다. 또 기간과세하는 소득세 및 법인세의 경우는 납세의무자가 당초 신고 후 통상 2년이나 3년이 지난 후에야 세무조사 등의 검증을 받게 되므로 당초 신고내용의 오류 및 탈루사항을 발견하게 되는 때도 그 이상의 기간이 소요된다."라고 각 적고 있다.

29) 소순무, 전게서, 662면에서, 입법론이라는 제목 아래 신고납세방식의 조세나 부과과세방식의 조세나 양자 사이에 그 구제방법에 차이를 두어야 할 특별한 이유는 없고, 오히려 양자 사이에 구제방식을 동일하게 마련함으로써 조세소송을 단일화하고 납세자에 대한 구제절차의 편의성을 보장하여야 할 것이라면서, 독일 조세기본법 제218조 제1항이 조세신고(Steueranmeldung)를 조세결정(Steuerbescheid)과 동일하게 보는 것으로 규정하고 있는 것은 타당한 입법조치라는 취지로 적고 있다. 그러나 독일 조세기본법 제218조 제1항은 조세결정 등이 조세법률관계에서 발생하는 조세청구권 등의 실현(징수)의 기초상황이 된다고 하면서 조세신고도 조세결정과 동일하다고 정하고 있어, 단지 조세신고(신고납세방식에 있어 신고)도 조세결정(부과처분)과 같이 집행권원 등이 된다는 것을 나타낼 뿐, 그 경정절차 등 구제방법이 동일하다는 의미가 아니다. 오히려 그 구제방법 즉 각 경정청구에 대하여는 전혀 상이하게 규율되고 있다(조세신고에 대하여는 언제든지 경정청구를 허용하고 있다).

30) 국민권익위원회, 2009. 10. 29. 보도자료 '과오납 세금반환, 경정청구기간 5년으로' 참조.

31) 부패방지 및 국민권익위원회의 설치와 운영에 관한 법률 제47조에 의하면, 국민권익위원회는 고충민원을 처리하는 과정에서 법령 그 밖의 제도나 정책 등의 개선이 필요하다고 인정되는 경우에는 관계 행정기관의 장에게 이에 대한 합리적인 개선을 권고하거나 의견을 표명할 수 있다는 취지로 규정되어 있다.

고 있었음을 엿볼 수 있다(제4장 제6절 8. 가. 해당 주 참조).

결론적으로 절차보장의 원칙 및 실체적 진실주의를 구현하기 위하여 국세기본법 및 지방
세기본법, 관세법상 통상의 경정청구기간을 통상의 제척기간에 맞추어 5년으로 연장하는 입법
조치가 절실하게 필요하였고, 경정청구제도에 대한 패러다임의 변화가 요구되는 시점이었다.

(2) 2014. 12. 23. 개정(통상의 경정청구기간 5년, 통상의 제척기간과 일치시킴)

구분		국세기본법	관세법	지방세기본법
조세채무자의	세액증액 (수정신고)	5년	5년	5년
	세액감액 (경정청구)	5년	5년	5년[32]
과세관청의	직권 세액증액	5년	5년	5년
	직권 세액감액	5년	5년	5년
제척기간		5년	5년	5년

기획재정부는 위와 같이 국민권익위원회로부터 경정청구기간의 연장에 대한 입법적 권고
를 받았음에도 즉시 개정안을 내지 않았다. 그러다가 2014. 12. 23. 국세기본법 제45조의2 제
1항 소정의 통상의 경정청구기간을 3년에서 5년으로 개정(법률 제12848호, 2015. 1. 1.부터 시행)
하여 경정청구기간과 제척기간을 일치시켰다. 경정청구제도가 도입된 1994. 12. 22. 이후 20
년 만에 이루어진 것으로 조세경정법의 역사에 획을 긋는 발본적 개혁이다.

(3) 비대칭적 관계에서 대칭적 관계로

이러한 개혁은 조세채무자를 위한 국가(과세관청)의 은혜적 조치가 아니라 실질적 법치주
의와 절차보장의 원칙을 실현하기 위하여 하루빨리 달성하여야 할 목표였다. 만시지탄이지만
조세법률관계를 비대칭적 관계에서 대칭적 관계로 전환시킨 획기적 조치이다. 이로써 선진국
의 경정문화와 어깨를 나란히 할 수 있게 되었다.

나. 기타

(1) 제척기간

통상의 제척기간이 도과하면 경정은 원칙적으로 불가능하다. 법적 안정성을 위하여 실체
적 진실주의를 포기한다는 것이다. 그러나 후발적 사유에 기한 경정청구는 제척기간이 도과한
후라도 허용되므로 그 범위 내에서는 실체적 진실주의가 우위에 있다.

---

32) 지방세기본법 제51조 제1항이 2015. 5. 18. 개정되어 경정청구기간이 5년으로 연장되었다.

(2) 불복기간(제소기간, 불가쟁력)

행정소송제도를 가진 우리나라는 소송의 절차대상으로 행정처분이라는 개념을 전제하고 있다. 제1차적 부과처분은 불복기간 내에 다투지 아니하면 불가쟁력이 발생하고 불가쟁력이 발생하면 조세채무자는 원칙적으로 더 이상 세액을 다툴 수 없다. 반면 국가로서는 증액경정을 반복할 수 있어 실체적 진실주의를 끝까지 실현할 수 있다. 조세채무자 입장에서 불가쟁력의 발생으로 다툴 수 없는 범위 내에서는 법적 안정성에 그 우위를 양보하고 있는 셈이다.

(3) 흡수소멸설

대법원은 오래전부터 신고납세방식의 조세에 있어 신고나 부과과세방식의 조세에 있어 당초 부과처분이 있은 후 증액경정처분이 있는 경우, 당초신고나 부과처분으로 인하여 확정된 세액은 증액경정처분에 흡수됨으로써 독립된 존재가치를 잃게 되고, 원칙적으로 당초신고나 부과처분에 대한 불복기간 경과 여부 등에 관계없이 증액경정처분이 항고소송의 심판대상이 되므로(흡수소멸설), 조세채무자는 항고소송에서 당초신고나 부과처분에 대한 위법사유도 함께 주장할 수 있다고 해석하였다.

이러한 입장은 경정청구제도가 신설된 이후에도 그대로 유지되었고, 조세실체법적 측면에서 경정청구제도가 신설되었다 하여 조세소송법적 측면에서의 증액경정처분에 대한 심리대상 및 심판범위를 제한할 수 없다는 취지이다. 따라서 당초신고나 결정으로 확정된 세액에 대하여 증액경정처분을 하면 소송물 및 심판범위를 정하는 흡수소멸설에 의하여 실체적 진실주의는 끝까지 추구되고, 결과적으로 법적 안정성은 그 범위 내에서 포기되는 셈이 된다. 이러한 약점은 아래에서 보는 바와 같이 국세기본법 제22조의3에 의하며 수정·보완되었다.

한편, 흡수소멸설의 또 다른 의미의 약점을 보완하기 위하여 2010. 12. 27. 국세기본법 제45조의2 제1항을 개정(증액경정이 있는 경우 최초신고세액분과 증액경정분으로 분할)함으로써 흡수소멸설의 일부 수정이 불가피하게 되었다(제4장 제2절 1. 라. 참조, 대법원 2014. 6. 26. 선고 2012두12822 판결 참조).

(4) 국세기본법 제22조의3

흡수소멸설에 기하여, 불복기간 경과로 불가쟁력이 발생하였음에도 과세관청의 증액경정을 기화로 아무런 제한 없이 모든 위법사유를 들어 이를 다툴 수 있게 한 결과, 일부 납세자가 고의로 적은 금액의 경정사유를 제공하여 증액경정처분을 받아 불복청구하는 경우까지 발생하는 부작용이 있었고 그 반작용으로 국세기본법 제22조의3(종전 제22조의2)이 신설되었다고 한다.

그러나 대법원은 2009. 5. 14. 선고 2006두17390 판결에서 "국세기본법 제22조의2 제1항의 주된 입법취지는 증액경정처분이 있더라도 불복기간의 경과 등으로 확정된 당초신고 또는 결정에서의 세액만큼은 그 불복을 제한하려는 데 있다."고 하면서 종전의 흡수소멸설을 유지하되 다만 '확정된 세액을 초과하지 아니하는 부분의 취소는 허용되지 아니한다는 원칙'을 확인하고 있다. 종래 대법원이 추구하였던 실체적 진실주의는 법적 안정성을 위하여 일부 양보한 모습이다.

한편, 2010. 12. 27. 국세기본법 제45조의2 제1항의 개정(증액경정이 있는 경우 최초신고세액분과 증액경정분으로 분할) 및 2014. 12. 23. 국세기본법 제45조의2 제1항의 개정(경정청구기간이 3년에서 5년으로 연장) 등으로 그 적용범위는 줄어들게 되었다.

7. 헌법재판소 결정

가. 헌법재판소 2000. 2. 24. 선고 97헌마13, 245(병합) 결정[33]의 다수의견[34][58]

『국민의 신청에 대한 행정청의 거부행위가 헌법소원심판의 대상인 공권력의 행사가 되기 위해서는 국민이 행정청에 대하여 신청에 따른 행위를 해 줄 것을 요구할 수 있는 권리가 있어야 한다.

국세기본법 제45조의2는 경정청구제도를 두고 있는데, 경정청구제도는 통상적 경정청구제도와 후발적 사유에 의한 경정청구제도로 구분된다. …. 이러한 경정청구제도는 객관적으로 존재하는 진실한 세액을 초과하여 착오 등으로 과다신고·납부한 경우에 이를 시정하거나, 일정한 후발적 사유의 발생으로 말미암아 과세표준 및 세액 등의 산정기초에 변동이 생긴 경우에 납세자의 이익을 위하여 그러한 사정을 반영하여 시정케 하는 법적 장치이다.

그런데 이 경정청구제도는 국세기본법이 1994. 12. 22. 법률 제4810호로 개정되면서 신설된 것으로서 그 시행일인 1995. 1. 1. 이후 최초로 개시되는 과세기간분부터 적용되고(부칙 제5조), 그 개정 전의 구 국세기본법 제45조는 후발적 사유에 의한 경정청구제도 없이, 증액수정 및 감액수정을 포괄하는 수정신고제도만을 두고 있었다. 따라서 경정청구제도가 시행되기 전에 과세표준신고서

---

33) 위 헌법소원은 인용정족수 미달로 각하되었다.
34) 재판관 김용준, 이재화, 정경식, 신창언, 하경철의 다수의견만 인용한다.
35) 재판관 김문희, 고중석은, "국세기본법 제45조의2 제2항에서 납세의무자에게 후발적 사유에 의한 경정청구권을 명문으로 인정하기 전에도 국내외 세법학계 사이에 많은 논의가 있었으나, 다수의견과 같은 견해를 취하는 학자는 없었고, 모두 일치하여 경감되어야 할 세액 상당을 부당이득으로 보아 납세의무자에게 국가나 지방자치단체에 대하여 부당이득반환청구권 소송을 제기할 수 있다고 하고 있었다. 따라서 통설적 견해를 취한다면 조리상의 경정청구권을 인정하지 아니하더라도 기존의 민법상 부당이득제도에 의하여 그 권리구제가 가능하므로, 굳이 조리상의 경정청구권을 인정할 아무런 필요성이나 이유가 없다."는 이유로, 재판관 이영모, 한대현은, "대법원은, 판례를 통하여 … 오납액과 초과납부액 및 환급세액은 모두 조세채무가 처음부터 존재하지 않거나 보유하는 부당이득에 해당한다고 해석하고 있었다(대법원 전원합의체 1989. 6. 15. 선고 88누6436 판결). 이러한 견해는, 조세확정처분은 제3자에 미치는 영향이나 신뢰보호의 필요성이 적고 조세실체법상의 이유 없는 이득을 국가가 보유하는 것은 정의·공평의 이념에도 부합하지 아니하므로, 납세자로서는 국가를 상대로 부당이득반환청구소송에 의한 권리구제를 받도록 한 것이다."는 이유로, 헌법소원에 대한 각하의견을 제시하였다.

를 제출한 자 또는 과세표준 및 세액의 결정을 받은 자는 후발적 사유가 발생하였더라도 현행 국세기본법 제45조의2에 근거하여 경정청구를 할 수는 없다.

그러나 경정청구제도가 시행되기 전에 상속세의 과세표준 및 세액을 신고·납부하였거나 과세표준 및 세액의 결정을 받았다 하더라도 후발적으로 과세표준 및 세액의 산정기초에 변동이 발생한 경우에 그에 따른 경정청구를 구할 권리가 없다고 단정할 수 없다.

무릇 조세라 함은 국가의 일반적 과제수행에 필요한 재정수요를 국민 각자의 경제적 능력에 따라 반대급부 없이 염출하는 것이어서 국민의 재산권 등 경제적 이해관계와 밀접한 관계에 놓여 있다. 그리하여 헌법 제38조는 "모든 국민은 법률이 정하는 바에 의하여 납세의 의무를 진다"고 규정하고, 헌법 제59조는 "조세의 종목과 세율은 법률로 정한다"고 규정, 조세법률주의를 천명하여 조세징수로부터 국민의 재산권을 보호하고 법적 생활의 안전을 도모하고 있다. 조세법률주의는 과세요건법정주의와 과세요건명확주의를 그 핵심적 내용으로 하는 것이지만, 오늘날의 법치주의는 실질적 법치주의를 의미하므로 헌법상의 조세법률주의도 과세요건이 형식적 의미의 법률로 명확히 정해질 것을 요구할 뿐 아니라 나아가 조세법의 목적이나 내용이 기본권보장의 헌법이념과 이를 뒷받침하는 헌법상의 여러 원칙에 합치될 것을 요구한다(헌재 1997. 10. 30. 96헌바14, 판례집 9-2, 454, 462; 1994. 6. 30. 93헌바9, 판례집 6-1, 631, 639).

이러한 실질적 조세법률주의의 정신에 비추어 볼 때, 조세법규에서 정한 과세요건이 충족됨으로써 일단 조세채무가 성립·확정되어 납세자가 세액을 납부하였다 하더라도 후발적 사유의 발생으로 과세의 기초가 해소되거나 감축되었다면 결과적으로 조세채무의 전부 또는 일부가 실체적으로 존재하지 않은 것으로 되고 이미 납부된 세액은 아무런 근거 없는 것이 되므로 국가는 그러한 납부세액을 납세자에게 반환할 의무가 있다고 보아야 하고, 이에 대응하여 납세자로서는 그 납부세액의 반환을 청구할 권리가 있다고 하여야 한다. 이를 부인한다면 실체적으로 존재하지도 않는 납세의무를 국민에게 부담시키는 결과가 되고, 이는 결국 아무런 근거 없이 국민의 재산을 빼앗는 것이 되어 조세법률주의 및 재산권을 보장하고 있는 헌법규정에 위배되기 때문이다.

이러한 경정청구권은 납세자주권의 관점에서도 이를 인정하지 않을 수 없다. 조세채권자인 국가 또는 지방자치단체는 조세채무자의 신고내용에 오류·탈루가 있는 등의 경우 부과권의 제척기간 내에서 횟수의 제한 없이 경정할 수 있는 바, 이에 대응하여 조세채무자에게도 결과적으로 잘못된 조세법률관계로 인한 재산적 손실을 회복할 수 있는 길이 열려 있어야 한다. 납세자로서는 국가 또는 지방자치단체의 직권경정에 대하여 불복함으로써 소극적으로 대응할 수 있는 길이 있다고 하지만, 그것만으로 충분하다고 할 수 없으며 납세자에게도 적극적으로 정당한 세액의 결정 또는 경정을 구할 기회를 부여하는 것이 공평하다. 조세의 본질상 조세법률관계에서 국가가 어느 정도 우월적 지위에 서는 것 자체를 부정할 수는 없다 하더라도 조세채권자와 조세채무자간의 법적 지위에 현저한 불균형이 존재하는 것은 국민주권의 원리와 조세법률주의, 민주적 과세제도의 요청상 지양되지 않으면 아니된다.

그리고 후발적 사유의 발생에 기초한 납세자의 이러한 경정청구권은 법률상 명문의 규정이 있는지의 여부에 따라 좌우되는 것이 아니라, 조세법률주의 및 재산권을 보장하고 있는 헌법의 정신에 비추어 볼 때 조리상 당연히 인정되는 것이다. 국세기본법이 수정신고제도만을 두고 있다가 제

45조의2를 신설하여 후발적 사유에 의한 경정제도를 신설한 것은 위와 같은 조리상의 법리를 확인한 것이라 할 것이다. 국세기본법상의 후발적 사유에 의한 경정청구제도는 납세자에게 경정청구권을 창설적으로 부여하는 것이 아니라 조리상 당연히 인정되는 권리에 관하여 그 요건과 내용, 절차 등을 보다 분명히 규정함으로써 경정청구권의 행사를 용이하게 보장하기 위한 것으로 보아야 한다. 이 경정청구제도는 과세관청이 납세자에게 임의로 베풀어도 좋고 베풀지 않아도 좋은 시혜적 제도가 아닌 것이다.

　　요컨대, 현행 국세기본법상의 경정청구제도가 시행되기 전에 과세표준신고서를 제출한 자 또는 과세표준 및 세액의 결정을 받은 자라도 일정한 후발적 사유가 발생하여 기존의 신고·납부나 세액결정을 그대로 유지하여서는 현저히 조세정의에 반하는 것으로 인정될 때에는 상당한 기간 내에 결정 또는 경정을 청구할 수 있는 조리상의 권리를 가진다.』

위 다수의견은 경정청구제도를 이해함에 있어 많은 시사점을 던지고 있다.

첫째, 법률흠결이 있는 경우 그 보충을 위하여 조리상의 경정청구권을 인정하고 있다. 즉 현저히 조세정의에 반하는 경우로서 권리구제의 필요성이 있으면 조리상의 경정청구권에 의하여 그 흠결은 보충되어야 한다는 것이다.[36]

둘째, 그 근거로 실체적으로 존재하지 않는 납세의무를 국민에게 부담시킨다면 근거 없이 국민의 재산을 빼앗는 것이 되어 조세법률주의 및 재산권을 보장하고 있는 헌법규정에 위배된다는 것이다.

셋째, 국가 또는 지방자치단체는 납세자의 신고내용에 오류·탈루가 있는 경우 제척기간 내에서 횟수에 관계없이 경정할 수 있는데 이에 대응하여 결과적으로 잘못된 조세법률관계로 인한 재산적 손실을 입은 납세자에게도 적극적으로 정당한 세액의 결정 또는 경정을 구할 기회를 부여하는 것이 절차적으로 공평하다는 것이다.

넷째, 경정청구제도는 과세관청이 납세자에게 임의로 베풀어도 좋고 베풀지 않아도 좋은 시혜적 제도가 아니라는 것이다. 경정청구제도는 실질적 법치주의 내지 실체적 진실주의상 반드시 존치되어야 하고 법률흠결이 있는 경우 유추에 의하여 보충되어야 함을 선언하고 있다.

나. 헌법재판소 2004. 12. 16. 선고 2003헌바78 결정

---

36) Tipke/Lang, Steuerrecht(18판), 74면에서, "사건에 의하면 법률흠결의 보충금지 내지 유추금지는 있을 수 없다. 왜냐하면 법적 안정성이라는 형식적 법치주의는 실질적 법치국가성에 양보되어야 하기 때문이다."라고 적고, 이어서 76면에서, "입법자는 입법형성권을 행사함에 있어 주로 정의의 고려(Gerechtigkeitserwägung)에 의하여 지배되어야 한다. 법률은 항상 정의의 편에 자리 잡아야 한다. … 입법자는 그에 의하여 형성된 정의가 법률문언에 표현되도록 조치할 임무를 가지는데 이에 실패한 경우, 법적용자가 입법자를 도와야 한다. 법률흠결의 보충금지 내지 유추금지는 합법성원칙의 실질적 법치주의적 내용과 양립할 수 없다."라고 적고 있다.

『(2) 재판청구권의 침해 여부

㈎ 경정청구기간 설정에 관한 입법형성권과 그 한계

과세표준신고란 객관적으로 존재하는 납세의무의 크기를 납세의무자가 스스로 확인·산정하여 과세관청에게 알리는 행위이므로 납세의무자가 착오 등으로 인하여 객관적으로 존재하고 있는 진실한 세액보다 과다하게 신고한 경우에는 진실한 세액으로 바로잡을 수 있는 절차가 마련되어 있지 않으면 안 된다. 다만 과세표준신고에 있어서의 오류 등의 시정을 무기한으로 허용하게 되면 조세법률관계가 극히 불안정한 상태에 있게 되어 원활한 조세행정의 수행을 어렵게 하므로 그 시정기간을 제한할 필요가 있다 할 것인바, 이와 같은 경정청구권의 행사기간을 정하는 것은 조세행정의 원활한 운영과 조세법률관계의 조속한 안정 등과 같은 공익상의 필요37)와 납세의무자의 권익보호라는 서로 상충하는 이익을 어떻게 조화시킬 것인가의 문제로서, 조세법률관계의 성질 및 조세법의 체계, 기간 내 권리행사의 가능성, 과세관청에 의한 자기시정의 개연성 등을 종합적으로 고려하여 입법자가 그 입법형성재량에 기초한 정책적 판단에 따라 결정할 문제이고, 그것이 입법부에 주어진 합리적인 재량의 한계를 일탈하지 아니하는 한 위헌이라고 판단할 것은 아니다.

㈏ 입법자의 재량범위 일탈 여부

이 사건 법률조항이 경정청구기간을 법정신고기한 경과 후 1년 이내로 제한한 것은 조세행정의 원활한 운영과 조세법률관계의 조속한 안정을 도모하기 위한 것이다. 일반적으로 경정청구기간을 장기로 인정하게 되면, 그 동안의 국가재정은 항상 불안정한 상태에 놓이게 되므로 그 기간을 일정하게 제한하는 것은 불가피하고, 또한 경정청구기간을 장기로 정하는 것은 실질적으로 신고기한의 연장을 인정하는 것이 되어 법정신고기한을 정한 취지를 무색하게 하여 법률관계의 불안정을 초래하는 등의 부적절한 측면이 있다.

우리의 조세법구조는 조세채권자의 조세채무에 대한 결정권에 대응하여 조세채무자에게는 과세표준 및 세액의 신고에 의한 조세채무의 확정권을 부여하는 신고납세제도를 그 기본적 골격으로 하고 있다. 이는 과세물건의 파악은 누구보다도 납세의무자가 정확히 알고 있다는 전제 아래 그에게 일차적으로 그 측정작업을 맡기는 제도로서 신고납세제도의 실효성을 확보하기 위해서는 납세의무자의 정확한 신고가 필수적이다. 물론 법문상 경정청구제도를 신고납세에 한정한다는 제한을 두지 않고 있으므로 부과과세방식의 조세에 대하여도 경정청구제도를 위한 참고자료에 불과하여 신고납세방식의 조세의 경우 납세의무자의 신고가 조세채무확정의 효과가 있는 것과 차이가 있기는 하지만, 누락·오류 등이 객관적으로 발견되지 않는 한, 납세의무자의 신고를 존중하여 결정함이 원칙이므로 부과과세방식의 조세에 있어서도 납세의무자의 정확한 신고는 매우 중요하다 할 것이다.

이와 같이 신고납세방식의 조세이든 부과과세방식의 조세이든 납세의무자의 성실하고 정확한 신고가 적정한 과세권 행사의 기초가 된다는 점을 감안할 때, 경정청구기간을 일정하게 제한하는 것은 납세의무자에 대하여 그 기한 내에 자신의 과세표준 및 세액에 대한 계산을 충분히 검토하도록 하여 기한 내 신고의 적정화를 기함과 함께 조세법률관계의 조기안정, 세무행정의 능률적 운용

---

37) 일본 최고재판소 1964. 10. 22. 판결(제1장 제11절 3. 마. 참조)에 의하면 신고납세제도를 채용하면서 확정신고서 기재상의 과오 시정방법에 대하여 특별규정을 둔 취지는 조세채무의 조속한 확정을 통한 국가재정상의 요청에 있다고 한다.

등 제반요청을 만족시키기 위하여 권리로서 경정을 청구할 수 있는 기한을 정하는 한편, 당해 기간 내에 청구가 없는 경우에도 관할 세무서장은 직권조사에 의하여 신고한 세액이 과다하다고 인정하는 때에는 적극적으로 감액경정을 함으로써 납세자의 정당한 권리는 보호될 수 있다고 본 취지를 반영한 것이다.

나아가 일반적으로 납세의무자는 당초 본인이 신고한 과세표준이나 세액이 과다하다는 사실을 다음의 신고기가 도래하는 시점인 6개월 내지 1년 이내에는 그 오류를 발견할 수 있다고 할 것이므로 1년 이하를 과세단위로 하여 세액을 산출하는 대부분의 신고납세방식 세목에서 1년의 기간은 납세자로 하여금 자신이 신고한 것에 대해 재고를 할 수 있는 충분한 기간이 될 수 있다 할 것이다.

이상과 같은 사정들을 감안할 때, 경정청구기간을 법정신고기한으로부터 1년으로 정한 것이 납세의무자의 권리구제를 위한 재판청구권행사를 불가능하게 하거나 현저히 곤란하게 할 정도로 짧은 것이라고 볼 수 없다.

따라서 이 사건 법률조항이 경정청구기간을 법정신고기한으로부터 1년으로 정한 것은 입법부에 주어진 합리적인 재량의 범위 내의 것으로서 납세의무자의 재판청구권을 침해하는 것이라고 볼 수 없다.

(3) 평등원칙위반 주장 등에 대한 판단

(개) 청구인들은 경정청구기간을 국세부과권의 제척기간보다 단기로 정한 것은 납세의무자를 조세채권자에 비하여 불합리하게 차별하는 것으로서 평등의 원칙에 위반된다고 주장한다.

헌법상 평등의 원칙은 일반적으로 입법자에게 본질적으로 같은 것을 자의적으로 다르게, 본질적으로 다른 것을 자의적으로 같게 취급하는 것을 금하고 있는 것으로 해석되고, 평등원칙 위반여부를 심사함에 있어 엄격한 심사척도에 의할 것인지, 완화된 심사척도에 의할 것인지는 입법자에게 허용되는 입법형성권의 정도에 따라서 달라지는데, 특별한 사정이 없는 한, 법률의 평등원칙 위반여부는 입법자의 자의성이 있는지의 여부만을 심사하게 된다.

자의금지원칙의 위반에 대한 심사요건은 ① 본질적으로 동일한 것을 다르게 취급하고 있는가 하는 차별취급의 여부와 ② 이러한 차별취급이 자의적인가의 여부라고 할 수 있다. ①의 기준과 관련하여 두 개의 비교집단이 본질적으로 동일한지의 여부에 관한 판단은 일반적으로 관련 헌법규정 및 당해 법규정의 의미와 목적에 달려 있다. 그리고 ②의 기준과 관련하여 차별취급의 자의성은 합리적인 이유가 결여된 것을 의미한다.

그런데 이 사건의 경우 납세의무자의 경정청구권은 과세표준 및 세액의 감소나 결손금액 또는 환급세액의 증가를 목적으로 하는 것인 반면, 과세관청의 경정결정은 과세표준 및 세액의 증가뿐 아니라 감소를 통하여 적정한 조세의 부과를 목적으로 하는 것으로서 양자는 그 취지 및 기능 등 여러 가지 측면에서 본질적으로 상이한 제도로 봄이 상당하므로 경정청구권을 가지는 납세의무자와 국세부과권을 가지는 조세채권자를 '본질적으로 동일한 두 개의 비교집단'이라고 보기 어렵고, 따라서 이 사건 법률조항이 평등원칙을 위반하여 청구인들의 기본권을 침해하였다고 볼 수 없다.

(내) 청구인은 법인세법 제66조와 소득세법 제80조의 규정내용에 비추어 볼 때, 이 사건 법률조항은 과세표준과 세액을 신고하지 않은 불성실납세의무자의 경정청구권을 우대하는 결과를 초래하여 평등원칙에 위반된다고 주장하나, 법인세법 제66조와 소득세법 제80조는 국세부과권의 제척기간

내에 과세권자가 할 수 있는 과세표준과 세액의 결정 및 경정에 관한 규정으로서 납세의무자가 과세표준과 세액을 신고하지 아니한 경우의 결정·경정뿐만 아니라, 납세의무자가 과세표준과 세액을 신고한 경우의 경정도 함께 규정하고 있으며, 경정청구권을 행사할 수 있는 자는 과세표준신고서를 법정신고기한 내에 제출한 자에 한정되고 법정신고기한 내에 신고하지 아니한 자는 경정청구를 할 수 없음이 이 사건 법률조항의 법문상 명백하므로, 이 사건 법률조항이 과세표준과 세액을 신고한 납세의무자를 신고하지 아니한 납세의무자에 비하여 차별한다고 볼 수 없다.

㈐ 청구인들은 이 사건 법률조항이 납세의무자의 경정청구권 행사기간을 국세부과권의 제척기간에 비하여 지극히 단축시킨 것은 청구인들의 재산권을 침해하는 것으로서 위헌이라고 주장한다.

일반적으로 조세와 재산권의 관계에 있어서 조세의 부과징수는 국민의 납세의무에 기초하는 것으로서 원칙적으로 재산권의 침해가 되지 않는다고 하더라도 그로 인하여 납세의무자의 사유재산에 관한 이용, 수익, 처분권이 중대한 제한을 받게 되는 경우에는 재산권의 침해가 될 수 있다. 그러나 경정청구기간을 국세부과권의 제척기간보다 단기로 정하였다는 이유만으로 재산권침해가 생기는 것은 아니며, 위에서 살펴본 바와 같이 이 사건 법률조항이 경정청구권의 행사기간을 제한한 데 대하여 합리적 이유가 있는 이상 경정청구기간을 법정신고기한 경과 후 1년 이내로 제한하였다고 하여 청구인의 사유재산에 관한 이용·수익처분권이 중대한 제한을 받게 되는 것이 아니므로 재산권의 침해가 되지 않는다고 할 것이다.』

다. 2003헌바78 결정에 대한 비판

(1) 재판청구권의 침해 여부에 관한 판단부분

첫째, 경정청구권의 행사기간(경정청구기간)에 관한 위헌 여부를 심사함에 있어, '납세자의 재판청구권(권리구제)'과 '공익상의 필요'(조세법률관계의 조속한 안정 또는 조세행정의 원활한 운영) 사이에서 입법상의 비례의 원칙을 적용하고 있다는 점이다.[38]

그러나 이러한 공익상의 필요는 재판청구권(권리구제)과의 사이에서 결코 심사기준이 될 수 없다. 조세정의(실체적 진실주의)와 법적 안정성이라는 두 법 이념만이 그 심사기준이 되어야 하고, 그 사이에 균형을 잡음에 있어 입법자가 가지는 입법형성의 재량은 거의 없다. 실체적

---

38) 일본은 1970년 국세통칙법상 경정청구기간을 종전 2월에서 1년으로 연장하는 개정을 하였는데 1968. 7. 세제조사회의 '세제간소화에 관한 제3차 답신'을 인용한다. "현행제도에 있어 경정청구기한을 정하고 있는 것은 기한내 신고의 적정화, 법률관계의 조기안정, 세무행정의 효율적 운용 등의 제반요청을 만족시키기 위하여 원칙으로서 경정청구가 가능한 기한을 정하는 한편, 당해 기한 내에 청구가 없는 경우에도 세무서장은 직권조사에 의하여 신고한 세액이 과다하다고 인정하는 때에는 적극적으로 감액경정을 함으로써 납세자의 정당한 권리는 보호될 수 있다는 취지에서 출발한 것이다. 따라서 그 기한을 안이하게 연장하는 것은 반드시 적당하다고 할 수 없으나 현행 2개월의 기한은 너무 짧다는 주장에도 일리가 있음은 물론 납세자가 스스로 오류를 발견함에는 통상 다음의 신고기한이 도래하기까지라는 사정을 참작한다면 이 청구기한을 다음과 같이 개정함이 적당하다. 경정청구기한은 원칙으로 신고기한으로부터 1년으로 한다."

진실주의가 법적 안정성을 위하여 어디까지 희생하여야 하는지가 유일한 잣대가 되어야 한다.

여기서 조세수입의 확보를 위하여 실체적 진실을 희생할 수 있는가의 물음으로 바꾼다면 그 대답은 명료하다. 국가는 재정적 위기가 있다 하여 조세수입을 확보한다는 명목만으로 실체적 진실에 눈감을 수 없다. 조세수입의 확보 내지 조세법률관계의 조속한 안정이라는 말은 조세채무자에게 일방적으로 불리한 세액확정절차의 구조적 불균형을 합리화하기 위하여 전후 일본에서 사용되기 시작하였다. 그러나 조세수입의 확보라는 이름으로 세액확정절차의 '구조적 불균형'을 합리화할 수 없다. 독일이나 미국은 조세경정법을 운용함에 있어 '조세법률관계의 조속한 안정'이라는 개념을 알지 못한다.

당초 납세의무자의 권리구제를 위하여 도입된 경정청구제도가 얄궂게도 경정청구기간의 제한을 통하여 납세의무자의 권리행사를 제한·억제하는 제도로 전락하고 말았다고 탄식만 할 일도 아니었다. 하루빨리 통상의 경정청구기간을 통상의 제척기간과 일치시키는 것이야말로 법치주의가 요청하는 궁극적 목표였다. 이후 국세기본법의 개정으로 통상의 경정청구기간이 5년으로 연장된 현실을 직시할 때 실체적 진실주의는 제척기간에 의하여만 제한될 수 있을 뿐이고 제척기간보다 더 짧은 기간으로 제한할 수 없음을 확인하고 있다.

한편 납세자의 재판청구권과 조세법률관계의 조속한 안정 사이에서의 균형만을 강조하는 종전의 시각에 입각한다면, 역으로 통상의 경정청구기간과 통상의 제척기간을 5년으로 일치시킨 현행 법령이 오히려 기존의 균형을 파괴한 것이고, 따라서 경정청구를 제한하는 방향으로 해석하여야 한다는 주장도 나올 법도 하다.39) 이러한 주장은 결코 옳지 않다.

다만 통상의 경정청구기간이 5년으로 개정된 이 시점에서 위 결정에 대한 시비가 왜 필요한 것인지 의문이 들 수도 있다. 그러나 '조세법률관계의 조속한 안정'이 앞으로 경정청구의 범위를 제한하는 방향으로 영향을 미칠 수도 있으므로, 경정청구제도를 바라보는 시각을 교정하기 위하여, 위 결정에 대한 비판이 필요하다.

조세법률관계의 조속한 안정이라는 공익상의 필요로 경정청구의 범위를 제한하여서는 안 된다. 각 경정청구의 요건을 엄격하게 해석하여 경정청구의 범위를 제한하는 방향으로 경정제도를 운용하여서는 안 된다. 오히려 실체적 진실주의를 위하여 경정청구의 범위를 넓게 인정

---

39) 일본 品川芳宣, 국세통칙법의 이론과 실무, 66면에서, '조세법률관계의 조기안정화(조세수입의 확보)'라고 명명함으로써 조세법률관계의 조기안정을 조세수입의 확보와 동일한 개념으로 보고 있다. 나아가 66면에서, 경정청구의 창설시(경정청구기간이 1월 또는 2월이었을 당시)에는 경정청구의 기한이 엄격히 제한되고 있어 조세법률관계의 조기안정화(조세수입의 확보)가 우선시 되었다고 말할 수 있다는 취지로, 69면에서, 1970년 국세통칙법상 경정청구기간을 종전 2월에서 1년으로 연장하는 개정을 하였는데 그것은 경정청구에 있어 납세자의 권리구제와 조세법률관계의 조기안정화(조세수입의 확보) 사이에 밸런스를 취한 것으로 평가되고 그 상태가 40여년간 지속되었다는 취지로, 75면에서, 2011. 12. 국세통칙법상 개정으로 통상의 경정청구기간을 법정신고기한으로부터 5년 이내로 대폭 연장하고 경정청구사유도 대폭 확충함으로써 납세자의 권리구제와 조세법률관계의 조기안정의 밸런스를 크게 깨뜨렸다는 취지로, 각 적고 있다.

하는 방향으로 운용하여야 하고, 나아가 이에 맞추어 통상의 제척기간도 유연하게 해석하여야 한다.

둘째, '조세법률관계의 조속한 안정'[40]이란 국가재정의 안정적 확보(조세수입의 확보)의 다른 말에 지나지 않는다. 조세수입을 확보하기 위하여 경정청구기간을 제한할 수 있다는 것은 조세국가를 위하여 법치주의를 포기한다는 말이다. 그러나 국가재정의 안정적 확보를 위하여 실체적 진실주의를 희생할 수 없고 법치주의를 포기할 수 없다. 조세국가는 법치국가의 틀 안에서 실현되어야 하기 때문이다(법치국가로서의 조세국가). 국가재정의 안정적 확보는 조세국가에 있어 조세의 궁극적 목적 또는 조세입법의 일반적 동기에 불과한 것으로 신고납세제도의 오류시정절차에 있어 시간적 제약을 가할 이유가 될 수 없다[제1장 제10절 1. 다. (3) 참조]. 나아가 국가 또는 지방자치단체가 조세채무자의 신고내용에 오류·탈루가 있는 경우 제척기간 내에서 횟수의 제한없이 거듭하여 증액경정할 수 있는 이상 애초 조세법률관계의 조속한 안정이란 기대할 수 없다.

셋째, "일반적으로 납세의무자는 당초 본인이 신고한 과세표준이나 세액이 과다하다는 사실을 다음의 신고기간이 도래하는 시점인 6월 내지 1년 이내에는 그 오류를 발견할 수 있다고 할 것이므로 1년 이하를 과세단위로 하여 세액을 산출하는 대부분의 신고납세방식 세목에서 1년의 기간은 납세자로 하여금 자신이 신고한 것에 대해 재고를 할 수 있는 충분한 기간이 될 수 있다."라고 본 점에 대하여도 동의할 수 없다.[41]

오늘날 조세법률관계는 대량적, 주기적으로 반복하여 발생하고 조세법령 또한 전문적·기술적이고 복잡할 뿐더러 매년 개정되는 경향에 비추어, 이를 정확히 이해하기 위해서는 상당한 법적·회계학적 지식을 필요로 한다. 조세법률관계에 적용되는 법령의 내용은 대단히 복잡하고 수시로 변동하기 때문에 법률전문가조차 그 내용을 정확히 알기가 쉽지 않은 경우가 많

---

40) 제1장 제11절 8. 참고(일본 최고재판소 1964. 10. 22. 판결의 배경 등)에서 보는 바와 같이, 판결의 주된 근거는 '조세채무의 조속한 확정'을 통한 '국가재정상의 요청'을 들고 있다. 碓政光明, 전게논문 "경정청구에 관한 약간의 고찰"에서, 위 판결로 "당초 납세의무자의 권리보호를 위하여 도입된 경정청구제도가 얄궂게도 경정청구기간의 제한을 통하여 납세의무자의 권리행사를 제한하는 제도로 전락되었다."고 한다. 나아가 碓政光明, 전게논문 "조세법에 있어 실체적 진실주의 우선의 동향", 45면에서, "조세법률관계의 조기안정에 얼마만큼의 가치를 인정할 것인가 하는 조세법에 있어 근본문제와 관계된다. 조세법률관계의 조기안정을 중시하는 종래의 사고방법에 대하여, 실체적 진실주의를 어느 정도까지 희생하는 것이 타당한가 하는 관점에서의 근본적 재검토가 이루어져야 할지도 모른다. 이 문제를 해석론으로 해결하기에는 한계가 있으므로 최후적으로 입법론적으로 언급하면서 본 원고를 마치고 싶다."라고 적고 있다.

41) 谷口勢津夫, 전게서, 138면에서, 일본 국세통칙법 제23조 제1항의 경정청구기간 1년의 입법적 배경을 설명하면서, "경정청구에 관계되는 청구가능기간을 너무 길게 설정하는 것은 바람직하지 않을 뿐더러, 그 청구가능기간이 실질적으로는 법정신고기한의 연장의 효과를 가지기 때문에 이에 대하여 일정한 제한을 가할 필요가 있고, 납세자가 납세신고의 과오를 알아차리는 것은 통상 다음 신고기가 도래하기까지라는 사정 등이 감안되어, 경정청구는 법정신고기한으로부터 1년에 한하여 인정되는 것으로 되어 있다."라고 적고 있다.

다(대법원 2018. 7. 19. 선고 2017다242409 전원합의체 판결의 소수의견 참조). 조세채무자가 적어도 1년 이내에 신고상의 오류를 발견할 수 있다고 볼 자료나 경험칙은 존재하지 않는다. 일본 세제조사회의 견해를 그대로 수용한 것으로 '성급한 일반화의 오류'를 범하고 있다.

넷째, 경정청구를 일정한 기간내로 제한하는 것은, 당해 기간 내에 청구가 없는 경우에도 관할 세무서장은 직권조사에 의하여 신고한 세액이 과다하다고 인정하는 때에는 적극적으로 감액경정을 함으로써 납세자의 정당한 권리는 보호될 수 있다는 취지를 반영한 데 있다는 것이다. 이도 일본 세제조사회의 견해를 수용한 것이다. 일본의 과거 실무에서는 경정청구기간 1년을 운영함에 있어 경정청구기간 1년이 경과한 후 과다납부하였음을 발견하면 이 경우 세무서장에게는 법정신고기한으로부터 5년간은 감액경정을 할 수 있는 권한이 부여되어 있으므로 납세자나 그 대리인인 세무사는 '歎願'이라는 법 이외의 방법으로 세무서장에 대하여 감액경정을 구하여 왔다. 탄원은 세무서장에 대하여 법적 구속력을 가질 수 없기 때문에 세무서장의 자유재량에 의존하지 않을 수 없었고 이에 대한 비판도 많았다. 그러나 우리나라에서 법령을 해석하고 적용함에 있어 당해 기간 내에 청구가 없는 경우에도 관할 세무서장은 직권조사에 의하여 신고한 세액이 과다하다고 인정하는 때에는 적극적으로 감액경정을 함으로써 납세자의 정당한 권리는 보호될 수 있다는 판시취지는 현실을 무시한 것으로 받아들일 수 없는 견해이다.

다섯째, 신고납세방식의 조세에 있어 경정청구기간을 제척기간보다 짧게 정하는 것은 뒤에서 보는 바와 같이 신고납세제도의 본질에도 반한다(제1장 제10절 참조).

(2) 평등원칙 위반 주장 등에 관한 판단부분

국가 또는 지방자치단체는 조세채무자의 신고내용에 오류·탈루가 있는 경우 제척기간 내에서 횟수의 제한없이 거듭 경정할 수 있는바, 이에 대응하여 결과적으로 잘못된 조세법률관계로 인한 재산적 손실을 입은 조세채무자에게도 적극적으로 정당한 세액의 결정 또는 경정을 구할 기회를 부여하는 것이 절차적으로 공평하다 할 것으로(헌법재판소 2000. 2. 24. 선고 97헌마 13, 245 결정 참조), 경정청구기간을 제척기간보다 단기로 정함으로써 초래된 세액확정절차의 '구조적 불균형'은 조세채무자를 조세채권자에 비하여 불합리하게 차별한 결과로서 평등의 원칙에 반한다고 봄이 설득력이 있다.

세액확정절차에 있어 조세채무자나 조세채권자는 대등한 당사자로서 공평(fair and just)하게 취급되어야 한다. 조세채권자와 조세채무자를 '본질적으로 동일한 두 개의 비교집단'으로 보기 어렵다 하더라도 구체적 조세사건의 세액을 확정함에 있어 양 당사자에게는 실체적 진실에 접근할 수 있는 대등한 수단이 제공되어야 한다. 특히 '납세의무자의 경정청구권'과 '과세관청의 경정결정'을 대립적인 것으로 보아 양자는 그 취지 및 기능 등 여러 가지 측면에서 본질적으로 상이한 제도라고 본 점은 수긍하기 어렵다.

조세부담은 조세법령에 따라 납세자에게 골고루 공정하게 배분되어야 하는데 납세자는 혹시 다른 사람이 부담하여야 할 세금을 자신이 부담하는 것이 아닌가 하는 의구심을 가질 수 있다. 이러한 의구심을 없애주는 것이 조세부담의 공정한 배분을 담당하는 국가의 역할이다. 잘못 낸 세금은 되돌려주어야 한다. 돌려달라는 요구를 받기 전에 국가 스스로 잘못 낸 세금이 있는지 여부를 알아내어 자발적으로 돌려주는 배려를 하여야 한다. 잘못 낸 세금을 돌려주지 않기 위하여 경정청구기간을 제척기간보다 더 짧게 규정함으로써 이러한 의구심을 더하였다. 조세채무자는 그 동안 이 점을 납득하지 못한 채 많은 민원을 제기하곤 하였다.

라. 헌법재판소 2016. 10. 27. 선고 2015헌바195, 2016헌바251 결정

『4. 판 단

가. 경정청구제도의 의의 및 연혁(생략)

나. 이 사건 법률조항의 위헌 여부

(1) 쟁점의 정리

(가) 납세의무자는 과다신고된 과세표준 및 세액에 대하여 경정청구를 하고 과세관청이 경정청구에 대한 거부통지를 하거나 아무런 통지를 하지 아니한 경우에 비로소 그 거부처분 또는 부작위를 다투는 행정소송을 제기할 수 있을 뿐, 과다신고된 과세표준 및 세액에 대해 과세관청을 상대로 직접 그 정정을 구하는 행정소송을 제기할 수 없다. 따라서 경정청구제도는 납세의무자가 과다신고된 과세표준 및 세액의 감액 자체를 주장할 수 있는 사실상 유일한 권리구제수단이고, 납세의무자가 경정청구기간 내에 경정청구를 하지 아니한 경우에는 행정소송에 의한 구제의 길마저 차단된다는 점에서 경정청구기간을 단기간으로 제한하는 것은 납세의무자의 권리구제를 위한 법원에의 접근권, 즉 재판청구권을 제한한다(헌재 2004. 12. 16. 2003헌바78; 헌재 2009. 5. 28. 2006헌바104 참조).

(나) 경정청구기간을 제한하게 되면 경정청구기간이 도과한 이후에는 과다신고·납부된 세액을 다툴 수 있는 기회를 가지지 못하게 되어, 납세의무자가 실제로 납부하여야 하는 세액보다 많은 금액의 세액에 대한 납부의무를 부담하게 될 가능성이 있으므로 재산권이 제한된다고 볼 여지도 있다. 그러나 이는 과다신고·납부된 세액을 다툴 수 있는 절차가 제한됨으로 인해 발생한 결과이고, 청구인들 역시 총체적 재산상태의 감소라는 실질보다는 과다신고된 내용을 다툴 수 있는 기회의 제한, 즉 절차적 권리 제한의 위헌성을 주로 주장하고 있다. 따라서 경정청구기간의 제한 및 이로 인한 행정쟁송을 통한 권리구제가능성의 차단을 재판청구권의 문제로 포섭하여 그 침해 여부에 대하여 판단하는 이상, 재산권 침해 여부에 대해서는 별도로 판단하지 아니한다.

(다) 이외에도 청구인들은 납세의무자가 법정신고기한까지 과세표준신고서를 제출한 경우 국세부과의 제척기간이 5년(국세기본법 제26조의2 제1항 제3호)이고, 국세징수의 소멸시효 기간이 5억원 이상의 국세의 경우에는 10년, 5억 원 미만의 국세의 경우에는 5년인데(국세기본법 제27조 제1항 제1호, 제2호), 이 사건 법률조항이 납세의무자의 경정청구기간을 3년으로 정하고 있는 것은 평

등원칙에 위배된다고 주장한다.

　　납세의무자의 경정청구권은 과세표준 및 세액의 감소나 결손금액 또는 환급세액의 증가를 목적으로 하는 것인 반면, 과세관청의 경정결정은 과세표준 및 세액의 증가 뿐 아니라 감소를 통하여 적정한 조세의 부과를 목적으로 하는 것이다. 따라서 양자는 그 취지 및 기능 등 여러 가지 측면에서 본질적으로 상이한 제도로 봄이 상당하다(헌재 2004. 12. 26. 2003헌바78 참조). 또한, 국세징수권은 확정된 납세의무에 대하여 국가가 납세고지와 독촉, 체납처분 등에 의하여 그 이행을 청구하고 강제할 수 있는 권리로서, 조세의 확정절차에서 인정되는 납세의무자의 경정청구와는 구분된다.

　　이처럼 과세관청의 경정결정이나 국세징수권이 납세의무자의 경정청구와 본질적으로 구별되는 이상, 납세의무자와 과세관청은 이 사건 법률조항이 평등원칙에 위배되는지 여부를 판단함에 있어 비교집단이 된다고 볼 수 없으므로, 평등원칙 위배는 문제되지 아니한다.

　　(2) 재판청구권 침해 여부

　　(가) 심사기준

　　경정청구권의 행사기간을 정하는 것은 조세행정의 원활한 운영과 조세법률관계의 조속한 안정 등과 같은 공익상의 필요와 납세의무자의 권익보호라는 상충하는 이익을 어떻게 조화시킬 것인가의 문제로서, 조세법률관계의 성질 및 조세법의 체계, 기간 내 권리행사의 가능성, 과세관청에 의한 자기시정의 개연성 등을 종합적으로 고려하여 입법자가 그 입법형성재량에 기초한 정책적 판단에 따라 결정할 문제이고, 그것이 입법부에 주어진 합리적인 재량의 한계를 일탈하지 아니한 한 위헌이라고 판단할 것은 아니다(헌재 2004. 12. 26. 2003헌바78 참조). 다만, 경정청구제도는 과세관청의 경정권한에 대응하여 납세의무자에게 부여된 필수적이고 본질적인 권리구제수단이므로 법에 이를 규정함에 있어서 납세의무자의 권리가 충분히 보장되도록 하여야 하며, 경정청구의 기간이 지나치게 단기간이어서 그 권리행사를 현저히 곤란하게 하거나 사실상 불가능하게 한다면 그것은 재판청구권의 본질을 침해하는 것이므로 허용될 수 없다.

　　(나) 판단

　　1) 우리의 조세법구조는 조세채권자의 조세채무에 대한 결정권에 대응하여 조세채무자에게는 과세표준 및 세액의 신고에 의한 조세채무의 확정권을 부여하는 신고납세제도를 그 기본적 골격으로 하고 있다. 이는 과세물건의 파악은 누구보다도 납세의무자가 정확히 알고 있다는 전제 아래 그에게 일차적으로 그 측정작업을 맡기는 제도로서 신고납세제도의 실효성확보를 위해서는 납세의무자의 정확한 신고가 필수적이다. 부과과세방식의 조세의 경우에는 납세의무자의 신고가 과세관청의 부과처분을 위한 참고자료에 불과하다는 점에서 신고납세방식의 조세와 차이가 있지만, 누락·오류 등이 객관적으로 발견되지 않는 한, 납세의무자의 신고를 존중하여 결정함이 원칙이므로 부과과세방식의 조세에 있어서도 납세의무자의 정확한 신고는 조세법률관계의 조기 안정, 세무행정의 능률적 운용에 매우 중요하다.

　　이처럼 신고납세방식의 조세와 부과과세방식의 조세 모두에 있어 납세의무자의 성실하고 정확한 신고가 적정한 과세권행사의 기초가 된다는 점을 고려하면, 경정청구기간을 일정하게 제한하는 것은 납세의무자가 그 기한 내에 자신의 과세표준 및 세액에 대한 계산을 충분히 검토하도록 하여 기한 내 신고의 적정을 기함과 동시에, 조세법률관계의 조기안정, 세무행정의 능률적 운용 등 제반 요청을 만족시키기 위한 기한을 정하는 의미를 가지고 있다(헌재 2004. 12. 16. 2003헌바78 참조).

그런데 신고 후의 경정청구를 장기로 정하게 되면 실질적으로 신고기한의 연장을 인정하는 것이 되어 법정신고기한을 정한 취지가 무색하게 될 우려가 있고, 납세의무자에게 신고기한 내에 자신의 과세표준 및 세액에 대한 계산을 충분히 검토하여 기한 내에 최대한 적정한 신고를 하고자 하는 유인을 떨어뜨려 조세법률관계의 조기 안정 및 세무행정의 능률적 운용을 도모하기도 어렵다. 또한, 경정청구를 무한정 인정하게 되면 국가재정이 항상 불안정한 상태에 놓이게 되고 조세채권·채무관계가 불안정하게 되어 과세의 공평을 도모할 수 없게 되므로, 국가재정의 안정 및 조세법률관계의 조속한 확정을 위해서도 경정청구기간을 제한하는 것이 불가피하다.

2) 경정청구기간을 제한하는 이러한 취지에 비추어 볼 때, 법정신고기한 경과 후 3년이라는 기간이 납세의무자의 경정청구를 현저히 곤란하게 할 정도로 짧다고 보이지 아니한다. 특히 통상적 경정청구는 과세표준신고서를 작성할 당시에 원시적으로 존재하고 있었던 사유에 대한 경정을 청구하는 것인데, 3년이라는 기간은 납세의무자 스스로 원시적으로 존재하였던 사유를 발견하는 데에 결코 짧은 기간이 아니다. 경정청구가 납세의무자에게 유리한 변경을 도모하고자 하는 것이어서 납세의무자가 보다 적극적으로 자료를 수집하고 과세표준 및 세액이 정확하게 계산되었는지 여부를 검토할 것이라는 점에 비추어 보면 더욱 그러하다. 또한, 국세기본법은 후발적 사유에 의하여 과세표준 및 세액 등의 계산의 기초에 변동이 생긴 경우에 그 사유가 발생한 것을 안 날부터 3개월 이내에 경정을 청구할 수 있도록 하는 후발적 경정청구제도를 별도로 마련함으로써(국세기본법 제45조의2 제2항) 납세의무자의 경정청구권을 실질적으로 보장하고 있으므로, 이 사건 법률조항이 경정청구기간을 3년으로 제한한다고 하여도 이로 인해 납세의무자의 권리를 구제함에 있어 공백이 발생한다고 보기도 어렵다.

3) 납세의무자는 과세요건의 사실관계를 파악하고 과세자료를 지득하는 것이 용이하므로 당초 신고한 과세표준이나 세액이 과다하다거나 환급세액이 과소하다는 사실을 쉽게 알 수 있고 이를 이유로 경정청구권도 바로 행사할 수 있는 반면에, 과세관청은 세무조사 등을 하지 않고서는 납세의무자가 신고한 과세표준이나 세액의 당부를 알기 어려우므로 신고된 과세표준 및 세액에 오류나 탈루가 있다 하더라도 이를 신속히 경정하기 어렵다. 또한, 납세의무자의 경정청구기간이 도과한 이후에라도 관할 세무서장은 직권조사에 의하여 신고한 세액이 과다하다고 인정하는 때에는 적극적으로 감액결정을 함으로써 납세의무자의 권리를 보호할 수 있으므로(헌재 2004. 12. 16. 2003헌바78 참조), 국세부과의 제척기간을 이 사건 법률조항이 정하고 있는 경정청구기간보다 긴 5년으로 정하고 있는 것이 반드시 납세의무자에게 불리한 것도 아니다. 따라서 경정청구기간을 국세부과의 제척기간인 5년보다 단기로 정하고 있다는 것만으로 이 사건 법률조항이 입법재량을 일탈한 것이라고 볼 수는 없다.

4) 납세의무자 사이의 공평성을 확보하고 조세행정의 안정성을 도모하기 위해서는 과세관청의 일의적인 집행 및 조세법률관계의 조속한 확정이 매우 중요한데, 조세채무의 확정에 있어 당사자의 귀책사유의 유무나 주관적 사유의 발생 등을 하나하나 고려하여 이에 대하여 예외를 마련하게 되면 신속하고 일의적으로 조세법률관계를 확정시키기가 어려워진다. 따라서 이 사건 법률조항이 경정청구기간을 법정신고기한이 지난 후 3년 이내로 일률적으로 제한하고, 과세표준신고서에 기재된 과세

표준이나 세액에 오류가 발생하게 된 데 당사자의 귀책사유가 없는 경우 등에 대한 일체의 예외를 마련하지 않고 있는 것은 조세행정의 원활한 운영과 조세법률관계의 조속한 안정이라는 취지를 달성하기 위한 것으로, 여기에도 합리적 이유가 있다.

　　5) 이처럼 이 사건 법률조항이 경정청구의 기간을 제한하고 있는 것은 납세의무자의 권리를 보호하면서도 조세행정을 원활하게 운영하고 조세법률관계를 조속히 안정하기 위한 것이고, 법정신고기한 내 3년이라는 기간이 납세의무자의 경정청구권을 형해화할 정도로 단기라고 보이지도 않는 이상, 이 사건 법률조항은 입법자의 합리적인 재량 범위 내에 있는 것으로, 납세의무자인 청구인들의 재판청구권을 침해하지 아니한다.』

8. 참고(일본 국세통칙법 제23조 제1항의 개정)

(1) 일본은 국세통칙법 제정 이후 1970년 개정을 통하여 통상의 경정청구기간을 1년으로 연장하였다.[42] 여기에 '경정청구의 배타성 이론'에 기하여 경정청구기간이 도과하면 그것이 곧바로 증액경정의 취소소송에도 영향을 미쳐, '신고로 인하여 확정된 세액을 초과하지 아니하는 부분의 취소는 허용되지 아니한다는 원칙'이 판례상 확립되었던 것으로 보인다[제1장 제11절 7. 나. (3) 참조]. 법령이나 판례·실무관행상 '실체적 진실주의'나 '납세자의 권리구제'보다 오히려 '국가재정의 안정적 확보'(조세수입의 확보)에 중점을 두었다.

(2) 2011. 12. 2. 개정된 국세통칙법 제23조 제1항 소정의 통상의 경정청구에 있어 경정청구기간을 종전 1년에서 5년으로 늘리는 개정[43][44]을 하였다. 과세관청의 증액결정의 기간제한이 3−7년임에 반하여, 조세채무자의 경정청구기간이 1년이라는 것은 조세채무자 입장에서 도저히 납득할 수 없다는 점에서 이를 조속히 개정할 필요성이 있었다. 한편 법 소정의 절차가 아닌, 즉 비공식적으로 과세관청에 대하여 세액의 감액을 구하는 '탄원'이라는 실무관행[45]

---

42) 1970년 개정 전의 상황에 대하여는 제1장 제11절 9. 참조.

43) 碓政光明, 전게논문 「조세법에 있어 실체적 진실주의의 우선의 동향」, 45면에서, "최근 경정청구기간을 감액경정의 제척기간과 일치시켜야 한다는 주장이 강력하게 주장되고 있다. 필자도 이러한 개정론에 기본적으로 찬성한다."고 하면서 주 33)에서 "일본 세리사회 연합회가 제출한 2001년부터 2005년까지의 세제개정에 관한 건의서에는 통상의 경정청구기간을 5년, 후발적 사정에 기한 경정청구는 적어도 1년으로 늘려야 한다는 내용이 들어 있다."고 적고 있다.

44) 金子 宏, 전게서, 66면에서, 2009. 12. 22. 「2010년도 세제개정대강 − 납세자주권의 확립을 위하여」라는 개정대강이 각의에서 결정되어 공표되었는데 기본방침으로, '공평·투명·납득'을 들고 있다고 한다. 그중 '납득'에서 경정청구기간의 개정이, '투명'에서 '세무조사제도'에 대한 대폭적 개정이 이루어졌다.

45) 碓政光明, 전게논문 「조세법에 있어 실체적 진실주의 우선의 동향」, 29면에서, "진작부터 일부 학설은 경정청구기간 경과 후에는 납세자는 법적 권리로서가 아니라 사실상 탄원에 의한 직권시정을 긍정하고 있는 바이다."라고 한 다음, 그 일부 학설로 北野弘久 및 田中治의 각 저서를 들면서, "모두 법적합성의 원칙에서 과세청은 납세자의 탄원이 없다 하더라도 과대신고 등을 발견하였다면 직권으로 감액경정을 하여야 한다고 한다."라고 적고 있다.

을 통하여 구제가 이루어지고 있었던 터라, 그 관행을 해소하기 위하여, 경정청구기간을 1년에서 5년으로 연장하는 개정을 하였다. 아울러 과세관청의 증액경정을 위한 기간(제척기간)도 종래 3년(법인세 5년)에서 5년으로 연장하였다. 그리하여 조세채무자에 의한 수정신고기간, 경정청구기간, 과세관청에 의한 증액경정 및 감액경정의 기간이 원칙적으로 각 5년으로 통일되었다. 지방세도 동일한 개정이 있었다.46) 당시 일본 민주당 정권이 조세법률관계의 조속한 안정보다도 납세자의 권리구제를 중시한 것이라고 그 입법적 배경을 설명하기도 한다.47)

한편 위와 같은 경정청구기간의 연장이 있었음에도 아울러 경정청구서와 기본적으로 동일한 양식의 서면에 의한 '更正의 申出'이라는 공식적인 제도가 함께 도입되었다고 한다.48)

(3) 2011. 12. 2. 개정된 국세통칙법 제23조 제1항49)

『납세신고서를 제출한 자는, 다음 각 호의 어느 하나에 해당하는 경우, 해당 국세의 법정신고기한으로부터 5년(제2호의 경우 법인세의 경우에는 9년50)) 이내에 한하여, 세무서장에게, 그 신고된 과세표준 등 또는 세액 등(해당 과세표준 등 또는 세액 등에 관하여 제24조 또는 제26조의 규정에 의한 경정이 있는 경우, 해당 경정 후의 과세표준 등 또는 세액 등)에 관한 경정청구를 할 수 있다.

1. 해당 신고서에 기재된 과세표준 등 또는 세액 등의 계산이 국세에 관한 법률의 규정에 따르지 아니하였거나 또는 해당 계산에 잘못이 있음에 의하여, 해당 신고서의 제출에 의하여 납부하여야 할 세액(해당 세액에 관하여 경정이 있었던 경우 해당 경정 후의 세액)이 과대한 때

2. 제1호에 규정하는 이유에 의하여, 해당 신고서에 기재된 순손실 등의 금액(해당 금액에 관하여 경정이 있었던 경우 해당 경정 후의 금액)이 과소한 때, 또는 해당 신고서(해당 신고서에 관하여 경정이 있었던 경우 경정통지서)에 순손실 등의 금액이 기재되어 있지 아니한 때

3. 제1호에 규정하는 이유에 의하여, 해당 신고서에 기재된 환부금액에 상당하는 세액(해당 세액에 관하여 경정이 있었던 경우 해당 경정 후의 세액)이 과소한 때, 또는 해당 신고서(해당 신고서에 관하여 경정이 있었던 경우 경정통지서)에 환부금액에 상당하는 세액이 기재되어 있지 아니한 때』

---

46) 金子 宏, 전게서, 945면에서, "합법성원칙에서 볼 때, 조세행정청은 부과권의 제척기간 내에서 신고 등에 관계되는 세액이 진실한 세액을 초과하고 있음을 발견한 경우 감액경정을 하여야 하는 것이다. 그런 의미에서도 경정청구기간을 제척기간과 일치시킨 것은 수미일관한 입법조치이다."라고 적고 있다.

47) 品川芳宣, 전게서, 70면 참조.

48) 谷口勢津夫, 전게서, 137면 참조.

49) 2011. 12. 2. 이후에 법정신고기한이 도래하는 국세에 관하여 시행되고, 같은 날 전에 법정신고기한이 도래한 국세는 종전의 규정에 의한다.

50) 2015년 개정으로 9년에서 10년으로 연장되었다(2017. 4. 1. 시행).

제3절

행정소송제도

1. 권리구제의 실효성과 소송 유형의 다양화

(1) 조세법상 관련 규정을 '조세실체법적 규정'과 '조세소송법적 규정'으로 나눌 수 있다. 조세실체법적 규정은 국세기본법 및 개별세법 등에서 과세요건과 세액확정절차 등 각종 절차에 관한 것을, 조세소송법적 규정은 조세소송에 적용될 행정소송법 및 소송에 관한 판례상의 규율 등에 관한 것을 각 가리킨다.

한편 위에서 본 광의의 조세실체법은 과세요건법과 조세절차법으로 나눌 수 있다. 여기서 과세요건법을 협의의 조세실체법이라고 한다면 광의의 조세실체법에는 협의의 조세실체법과 조세절차법으로 나눌 수 있다. 조세절차법에는 세액을 확정하는 절차에 관한 것과 확정된 세액을 징수하는 절차에 관한 것을 포함한다.

협의의 조세실체법과 조세절차법과의 관계를 보면 조세실체법상의 규범을 구체화하여 세액을 확정하고 징수하는 조세절차법이야말로 조세실체법상의 권리규범을 구체화하는 수단에 불과하다는 시각에서 출발되어야 할 것이다.

(2) 항고소송중심주의와 의무화소송의 역할

조세소송도 항고소송중심주의 내지 취소소송중심주의를 취하고 있다. 실효적, 포괄적, 물샐틈없는 권리구제를 실현하기 위하여 의무화소송(Verpflichtungsklage)을 도입하여야 한다. 의무화소송은 도입하여도 좋고 도입하지 않아도 좋은 그런 소송 유형은 아니다. 다양한 소송 유형의 도입이 절실하다.

법치주의의 요청상 의무화소송을 무명항고소송의 하나로 인정해야 한다. 대법원이 이를 인정하더라도 3권 분립의 원칙에 반한다 할 수 없다. 행정부의 전문성을 침해하는 것도 아니다. 이를 인정하더라도 행정부의 전문성은 존중되어야 하고 이를 운용함에 있어 전문성 존중의 취지를 충분히 살릴 수 있다. 물론 조세소송보다 일반 행정소송에서 그 필요성이 절실하다.

행정상의 분쟁은 행정처분 후 판결절차만으로 해결되는 것은 아니다. 오히려 [행정과정(처분 등) → 사법과정(판결절차) → 행정과정(판결 후 절차)]이라는 순환과정을 거치는 경우도 많다. 이러한 순환과정을 통하여 실효적인 권리구제를 도모함은 물론 행정부의 전문성도 함께 살릴 수 있다. 순환과정을 전제로 하는 의무화소송의 도입이야말로 법원과 행정부로 하여금 고유의 역할분담을 가능케 한다.

제2차 세계대전 후 독일이 분할 점령 시에 의무화소송을 도입했고 연방행정소송법이 1960. 시행된 후 판례를 통하여 이론적 발전을 거듭하였다. 일본도 2004. 의무화소송을 도입했다.

(3) 당사자소송의 활용론(소송 유형의 다양화)

실효적 권리구제를 위하여 실질적 당사자소송(급부소송인 부당이득반환청구소송 또는 확인소송의 하나인 조세채무부존재확인소송)은 제한된 범위 내에서 활성화 되어야 한다(당사자소송의 적용 확대론, 당사자소송의 활용론).[1]

확인소송은 판례상 인정된 예가 거의 없으나[2] 확인의 이익 등을 완화하는 해석을 함으로써 이를 활용하여야 한다. 필요한 경우 예외적으로 취소소송에 실질적 당사자소송을 병합하여 제기할 수 있도록 하여야 한다.

항고소송과 당사자소송 간 소송 유형의 융통을 인정해야 한다(소송 유형 간의 융통). 다양한 소송 유형을 활성화한 다음 납세자에게 실효적인 소송 유형을 선택하도록 해야 한다.

어떠한 소송 유형이 실효적인가? 실효성 여부는 분쟁해결에 필요한 기간의 장단(조세심판 전치주의 필요 여부)과 소요비용의 다과(변호사 선임비용, 인지비용) 등을 고려하면서 판단기관의 전문성도 참작하여야 한다. 부과처분 취소소송 및 경정거부처분 취소소송이 당사자소송보다 더 실효적이라고 단정할 수 없다. 당사자소송이나 민사소송이 더 실효적일 수도 있다. 때론 납세자에게 선택할 수 있는 기회를 제공하여야 한다. 발상의 전환이 필요하다.

2. 행정소송법 개관 및 입법적 동향

가. 행정소송법 개관

행정소송법은 행정소송절차를 통하여 행정청의 위법한 처분 그 밖에 공권력의 행사, 불행사 등으로 인한 국민의 권리 또는 이익의 침해를 구제하고, 공법상의 권리관계 또는 법적용에 관한 다툼을 적정하게 해결함을 목적으로 한다(제1조).

처분 등이라 함은 행정청이 행하는 구체적 사실에 관한 법집행으로서 공권력의 행사 또는

---

1) 일본학자 占部裕典, 조세법과 행정법의 교착, 제11장(조세소송에 있어 당사자소송의 활용가능성), 524면 참조.
2) 조세소송실무, 서울행정법원(2016년), 6면에서, "조세와 관련된 당사자소송으로 인정된 예는 조세채무부존재확인소송, 부가가치세 환급세액 지급청구소송 등 일부에 국한되고 실무상 그 예가 드물다. 신고납세방식의 조세에서 신고를 하였으나 신고가 무효인 경우로서 아직 세금을 납부하지 않은 경우, 반환하여야 할 부가가치세 환급세액 자체는 다툼이 없으나 과세관청이 다른 사유를 들어 그 반환을 거부하는 경우 정도가 그 실익이 있을 것이다."라고 적으면서, 주 11)에서 대법원 2000. 9. 8. 선고 99두2765 판결, 대법원 2003. 10. 23. 선고 2002두5115 판결을 들고 있다.

그 거부와 그 밖에 이에 준하는 행정작용 및 행정심판에 대한 재결을 말한다(제2조 제1항).

소송의 종류로, 행정청의 처분 등을 원인으로 하는 법률관계에 관한 소송(항고소송), 그 밖에 공법상의 법률관계에 관한 소송으로서 그 법률관계의 한 쪽 당사자를 피고로 하는 소송(당사자소송) 등이 있다(제3조 제2호).

항고소송에는 취소소송, 무효등확인소송, 부작위위법확인소송 등이 있다(제4조).

(1) 부과처분 취소소송 및 경정거부처분 취소소송

위법한 부과처분 또는 징수처분의 취소나 변경을 구하는 소송으로서 처분청을 피고로 하여 제기되며 조세소송의 대부분이 이에 해당한다. 절차대상인 처분에 따라 부과처분 취소소송, 경정거부처분 취소소송, 압류처분 취소소송, 공매처분 취소소송 등이 있다.

부과처분 취소소송은 부과처분이 위법하다고 하여 처분의 취소를 구하는 것이다. 경정거부처분 취소소송은 경정청구의 거부처분에 대한 취소소송이다.

(2) 무효등확인소송 등

처분의 효력 유무 또는 존재 여부의 확인을 구하는 소송으로 부과처분 무효확인소송, 부과처분 부존재확인소송 등이 이에 속한다. 무효등확인소송은 취소소송과 달리 제소기간의 제한이나 심판전치주의가 적용되지 않는다. 대법원 2008. 3. 20. 선고 2007두6342 전원합의체 판결에 따라 이미 세금을 납부한 경우에도 무효확인소송을 활용할 수 있게 되었다. 따라서 전심절차를 거치지 않았거나 제소기간의 도과로 취소소송을 제기할 수 없게 된 경우, 부과처분이 무효에 해당하는 때에는 부당이득반환청구소송보다 무효확인소송을 제기하는 것이 절차적인 면에서 유용할 때도 있다.[3]

(3) 부작위위법확인소송

과세관청의 부작위가 위법하다는 확인을 구하는 소송이다. 위법한 부작위가 되기 위해서는 국민이 과세관청에 대하여 신청에 따른 행정행위를 해 줄 것을 요구할 수 있는 법규상 또는 조리상의 권리가 있어야 한다.[4]

판례는 납세자의 환급신청에 대하여 환급결정을 하지 않는 부작위에 대하여 위법확인을 구하는 소송에서, 국세기본법 제51조에 따른 국세환급 결정은 항고소송의 대상이 되는 행정처분이 아니므로 위 부작위위법확인소송은 국세환급금 결정이 행정처분임을 전제로 그 결정을 하지 않고 있는 부작위의 위법 확인을 구하는 것이어서 부적법하다고 판시하고 있다(대법원 1989. 7. 11. 선고 87누415 판결 참조).

(4) 실질적 당사자소송

당사자소송에는 실질적 당사자소송과 형식적 당사자소송이 있다. 실질적 당사자소송은 행

---

3) 조세소송실무, 서울행정법원(2016), 5면 참조.
4) 대법원 2003. 10. 23. 선고 2002두12489 판결, 대법원 2006. 4. 15. 선고 2004두11626 판결 등 참조.

정청의 처분 등을 원인으로 하는 법률관계에 관한 소송 및 기타 공법상 법률관계에 관한 소송을 말한다.

처분 등을 원인으로 하는 법률관계에 관한 소송이라 함은 부과처분의 무효 등을 전제로 납부한 세금의 반환을 구하는 오납금반환청구소송(부당이득반환청구소송)이 대표적인 예이다. 기타 공법상의 법률관계에 관한 소송이라 함은 조세채무자가 국가를 상대로 제기하는 조세채무부존재확인소송 및 국가가 조세채무 소멸시효의 진행을 중단시키기 위하여 조세채무자를 상대로 제기하는 조세채무존재확인소송 등이 있을 수 있다.

대법원 2020. 3. 2. 선고 2017두41771 판결

『1. 구 국세기본법(2013. 1. 1. 법률 제11604호로 개정되기 전의 것, 이하 같다) 제27조 제2항은 국세징수권의 소멸시효에 관하여 국세기본법 또는 세법에 특별한 규정이 있는 것을 제외하고는 민법에 따른다고 규정하고 있고, 제28조 제1항은 납세고지(제1호), 독촉 또는 납부최고(제2호), 교부청구(제3호), 압류(제4호)를 국세징수권의 소멸시효 중단사유로 규정하고 있다.

위 납세고지, 독촉 또는 납부최고, 교부청구, 압류는 국세징수를 위해 국세징수법에 규정된 특유한 절차들로서 국세기본법이 규정한 특별한 국세징수권 소멸시효 중단사유이기는 하다. 그러나 구 국세기본법은 민법에 따른 국세징수권 소멸시효 중단사유의 준용을 배제한다는 규정을 두지 않고 있고, 조세채권도 민사상 채권과 비교하여 볼 때 그 성질상 민법에 정한 소멸시효 중단사유를 적용할 수 있는 경우라면 그 준용을 배제할 이유도 없다. 따라서 구 국세기본법 제28조 제1항 각호의 소멸시효 중단사유를 제한적·열거적 규정으로 보아 구 국세기본법 제28조 제1항 각호가 규정한 사유들만이 국세징수권의 소멸시효 중단사유가 된다고 볼 수는 없다. 이와 같은 관련 규정의 체계와 문언 내용 등에 비추어, 민법 제168조 제1호가 소멸시효의 중단사유로 규정하고 있는 '청구'도 그것이 허용될 수 있는 경우라면 구 국세기본법 제27조 제2항에 따라 국세징수권의 소멸시효 중단사유가 될 수 있다고 봄이 타당하다.

한편 조세는 국가존립의 기초인 재정의 근간으로서, 세법은 공권력 행사의 주체인 과세관청에 부과권이나 우선권 및 자력집행권 등 세액의 납부와 징수를 위한 상당한 권한을 부여하여 그 공익성과 공공성을 담보하고 있다. 따라서 조세채권자는 세법이 부여한 부과권 및 자력집행권 등에 기하여 조세채권을 실현할 수 있어 특별한 사정이 없는 한 납세자를 상대로 소를 제기할 이익을 인정하기 어렵다.

다만 납세의무자가 무자력이거나 소재불명이어서 체납처분 등의 자력집행권을 행사할 수 없는 등 구 국세기본법 제28조 제1항이 규정한 사유들에 의해서는 조세채권의 소멸시효 중단이 불가능하고 조세채권자가 조세채권의 징수를 위하여 가능한 모든 조치를 충실히 취하여 왔음에도 조세채권이 실현되지 않은 채 소멸시효기간의 경과가 임박하는 등의 특별한 사정이 있는 경우에는, 그 시효중단을 위한 재판상 청구는 예외적으로 소의 이익이 있다고 봄이 타당하다.

그리고 국가 등 과세주체가 당해 확정된 조세채권의 소멸시효 중단을 위하여 납세의무자를 상대로 제기한 조세채권존재확인의 소는 공법상 당사자소송에 해당한다.

2. 원심은 적법하게 채택한 증거에 의하여, 다음과 같은 사실을 인정하였다.

가. 용인세무서장은 2011. 3. 2. 피고에게 법인세 22,338,248,920원(2006년 귀속 13,643,072,950원 + 2007년 귀속 8,695,175,970원)을 납부기한을 2011. 3. 31.로 지정하여 부과·고지하였다.

나. 그런데 피고는 주사무소가 일본국 카나가와현에 있는 외국법인으로 국내에 아무런 재산을 보유하고 있지 않았다.

다. 용인세무서장은 2011. 4. 8. 피고에게 위 법인세와 가산금(이하 '이 사건 조세채권'이라 한다)에 대한 독촉장을 발송하여 그 독촉장이 2011. 4. 11. 피고에게 도달하였다.

라. 중부지방국세청장은 2014. 6.경 국제조세조정에 관한 법률 제30조 및 다자간 조세행정공조협약 제11조에 따라 국세청장을 통하여 일본국에 이 사건 조세채권에 대한 징수위탁을 요청하였으나, 위 협약 발효 전의 과세기간에 부과된 조세에 관하여 일본국과 상호합의가 이루어지지 않아 징수절차가 진행되지 않았다.

마. 그 후 중부지방국세청 소속 국세조사관이 2014. 12.경 일본국 소재 피고의 사업장을 직접 방문하여 피고에게 납부최고기한을 2014. 12. 31.로 지정한 납부최고서를 교부하고자 하였으나 피고가 그 수령을 거부하였고, 중부지방국세청장은 2014. 12. 24. 국제등기우편으로 위 납부최고서를 피고에게 발송하였다.

바. 이후 원고는 2015. 5. 26. 이 사건 조세채권의 존재확인을 구하는 이 사건 소를 제기하였다.

3. 이러한 사실관계를 앞서 본 법리에 비추어 보면, 외국법인인 피고에게 국내사업장이 없어 과세관청이 구 법인세법(2007. 12. 31. 법률 제8831호로 개정되기 전의 것) 제97조 제1항, 제60조 제1항에 따라 국내원천소득에 관한 법인세 신고·납부의무가 있는 피고에 대하여 법인세를 부과·고지하였는데, 피고의 재산이 외국에는 있으나 국내에는 없어 압류 등 조치를 취하지 못하였고, 징수위탁을 위한 상호합의 등의 노력을 기울였음에도 그 법인세와 가산금을 징수하지 못하고 소멸시효 완성이 임박하였으므로, 그 소멸시효 중단을 위한 이 사건 소는 예외적으로 소의 이익이 있다고 봄이 타당하다.

원심의 이유 설시에 일부 부적절한 점은 있으나, 이 사건 소의 확인의 이익을 인정한 원심의 결론은 정당하다. 거기에 상고이유 주장과 같이 국세징수권의 소멸시효 중단에 관한 법리 등을 오해한 잘못이 없다.』

(5) 행정소송과 민사소송의 관할위반 등

행정법원이 설치된 지역에서 행정사건을 일반 지방법원에 제소한 경우 행정소송으로서의 소송요건을 결하였음이 명백한 경우를 제외하고는 부적법한 소라고 하여 각하할 것이 아니라 관할 행정법원으로 이송하여야 한다(2008. 7. 24. 선고 2007다25261 판결).

한편 행정법원은 행정사건과 병합하여 '관련 민사사건'을 처리할 수 있으므로(행정소송법 제10조 제2항, 제38조, 제44조 제2항), 관련 민사사건의 경우 행정사건과 병합하여 행정법원에 제기할 수 있다. 관련 민사사건이란 해당 처분 등과 관련되는 손해배상·부당이득반환·원상회복 등 청구소송을 말한다. 예를 들어 부과처분의 취소를 구하는 소송에서 해당 처분의 취소를 선결문제로 하는 부당이득반환청구를 병합하여 제기할 수 있다. 이러한 청구가 인용되기 위해 소송절차에서 판결에 의해 해당 부과처분이 취소되면 충분하고 처분의 취소가 확정되어야 하는 것은 아니다. 관련 민사사건의 병합은 본래의 항고소송이 적법할 것을 요건으로 하는 것이어서 항고소송이 부적법하면 병합된 관련 민사청구도 소송요건을 흠결한 부적법한 것으로 각하하여야 한다(대법원 2011. 9. 29. 선고 2009두10963 판결).

나. 취소소송의 기능

취소소송의 기능을 평면적으로 나열하면 다음과 같다.

[위법성 확정기능(위법성 판단) + (계쟁 행정처분의 취소, 소극적 형성기능) + 적극적 시정조치기능(구제기능, 위법성 시정기능)]

계쟁 행정처분의 취소를 소극적 형성기능에 비추어 뒤로 잠시 물리면, [위법판단+ 시정조치]의 이중구조가 전면에 나타난다.

이를 경정거부처분 취소소송에 대응시켜 맞추어 표현하면, [경정거부처분의 위법성 확정기능(세액의 확정) + 경정거부처분의 위법성 시정기능(행정소송법 제30조 제2항의 판결의 취지에 따른 '다시 이전의 신청에 대한 처분'을 해야 하는 행정청의 위법성 시정의무)]이 된다.

이러한 취소소송의 이중구조에서 법원과 행정청의 역할분담을 엿볼 수 있고, 여기서 기판력과 기속력의 본질 및 그 역할분담도 이끌어 낼 수 있다.

다. 법원의 사안규명의무와 그 경감

법치주의가 요청하는 실효적, 포괄적, 물샐틈없는 권리구제를 실현하기 위하여, 법원의 사안규명의무가 어디까지 있고, 어떠한 경우 그 의무가 경감되는지가 문제된다.

행정소송법 제26조에서 "법원은 필요하다고 인정할 때에는 직권으로 증거조사를 할 수 있고, 당사자가 주장하지 아니한 사실에 대하여도 판단할 수 있다."라고 정하고 있다. 이에 관하여 행정소송절차에서 직권탐지주의를 채택한 것은 아니고, 변론주의를 근간으로 하면서 행정소송의 특수성에 비추어 필요한 경우에 한해 직권으로 증거조사를 하거나 당사자가 주장하지 않은 사실에 관해 판단할 수 있다는 취지라고 설명되고 있다.[5]

조세소송에 있어 변론주의 아래에서 당사자의 주장·입증에 기하여 소송을 심리하고 실체법상 위법이 발견되는 경우 정당한 세액을 계산하여 그 부분을 초과하는 부분을 취소하는 본안판결을 함이 원칙이다. 그럼에도 법원이 사안규명이 더 필요하다고 판단될 경우 스스로 심리를 계속하지 아니한 채 중도에 과세관청으로 하여금 사안규명을 더 하도록 하기 위하여 당

---

5) 독일 조세소송법 제76조 제1항 제1문은 당사자의 협력의무를 전제로 직권탐지주의(Das Gericht erforscht den Sachverhalt von Amts wegen)를 채택하고 있다.

해 처분을 취소하는 판결을 하는 것이 가능한지가 문제된다.

법원은 일정한 경우 예외적으로 전부취소를 함이 불가피하다면서, "법원에 제출한 모든 자료에 의하여도 정당한 세액이 산출되지 않는 경우라면, 법원은 과세관청이 아니므로 부득이 과세처분 전부를 취소할 수밖에 없고, 그 경우 법원이 직권에 의하여 적극적으로 합리적이고 타당성 있는 산정방법을 찾아내어 정당한 부과세액을 계산할 의무까지 지는 것은 아니다. 따라서 이와 같은 경우는 전부 취소 주문이 불가피하다. 예를 들자면 ① 건물 중 일부가 종합토지세 면제대상이고, 일부가 과세대상인 경우 기록에 의하여도 면제대상 건물면적이 특정되지 않는 경우, ② 과세관청이 상속재산의 가액평가를 그르쳤고, 기록에도 상속재산에 대한 적법한 가액평가의 자료가 없는 경우, ③ 납세의무자의 소득이 이자소득이라고 하여 과세된 경우에 그것이 이자소득이 아니라 과세표준이 다른 사업소득이라 하여 당해 과세처분이 위법한 것으로 판단된 경우 등은 처분 전부를 취소하여야 하는 경우로 볼 수 있다."라는 견해가 있다.[6]

결론적으로, 법원이 심리를 계속하던 중 사안규명이 더 필요한 경우, 즉 사안규명의 방법 및 범위에 비추어 볼 때 사안규명을 위한 조사가 더 필요하고, 중도에서의 취소가 관계인의 이익을 고려하더라도 유용하다면, 그 범위 내에서, 해당 처분을 중도에서 취소하는 종국판결을 하도록 허용함과 동시에 과세관청으로 하여금 다시 사안을 규명하여 세액을 계산하도록 하여야 할 것이다. 이를 법원에 대한 사안규명의무(본안판결의무)의 경감이라 할 수 있다.

이러한 본안종국판결 없는 중도취소판결의 전제조건에 관한 해석론은 뒤에서 보는 독일 조세소송법 제100조 제3항을 참작한 것이다. 사법작용이 자신의 고유한 임무를 수행하여 이를 완수하지 아니한 채 행정작용의 힘을 일부 빌려 분쟁을 해결하려는 것으로 외견상 보이나, 행정과정, 사법과정, 행정과정이라는 순환과정을 통하여 행정부의 전문성을 살려 절차진행을 가속화함으로써 실효적인 권리구제에 기여하기 위한 것으로 봄이 더 설득력이 있다.

가능한 예는 다음과 같다.

첫째, 복잡하고 전문적·기술적 성격을 갖는 조세법률관계의 특수성에 비추어 사안규명이 더 필요한 경우 심리 및 판단의무를 경감시켜 법원으로 하여금 일부 하자를 이유로 해당 부과처분 전부를 중도에서 취소하는 경우이다. 위에서 본 3가지 예도 여기에 해당한다.

둘째, 절차적 위법 내지 하자(납세고지의 하자 등)를 가진 부과처분에 대하여 실체적 위법 여부에 대한 심리나 판단에 나아감이 없이 바로 해당 부과처분을 취소하는 경우이다. 사안규명을 위한 것이 아니라 판단의 순서상 절차적 위법이 존재하면 우선 그 위법을 제거하기 위하여 해당 부과처분 전부를 중도에서 취소하는 경우이다.

셋째, 추계조사결정과 장부조사결정(실지조사결정) 사이에서 법원이 그 요건의 충족 여부에

---

6) 서울행정법원, 조세소송실무(2016), 164면 이하 참조.

관하여 과세관청과의 사이에 견해를 달리하면서 당초의 처분이 위법하다고 판단하여 해당 부과처분 전부를 중도에서 취소하는 경우이다.

이상의 경우 해당 부과처분의 중도 취소 및 이후의 재처분 과정에서 통상의 제척기간이 도과하였다 하더라도 국세기본법 제26조의2 제6항(종전 제2항) 제1호에 터잡아 과세관청은 판결확정일부터 1년 이내에 '판결 등에 따른 경정'을 할 수 있다(제1장 제6절의2 5. 다. 및 제4장 제6절 참조).

라. 의무화소송의 도입을 위한 입법적 동향

(1) 행정소송법은 1951년 제정된 이후 30여년이 지난 1984년 전면개정되었다. 대법원은 2002년 행정소송법 개정위원회를 구성하여 2006. 6. 9. 의무화소송 등의 도입을 위한 행정소송법 개정안을 제출하였으나 통과되지 않았다. 법무부가 2007. 11. 행정소송법 전부 개정안을 국회에 제출했으나 국회에서의 심의는 전무하였고 제17대 국회 임기만료로 폐기되었다. 제18대 국회 때에도 국회의원 대표발의로 2011. 6. 23. 개정안을 제출하였으나 국회 임기만료로 폐기되었다.

법무부는 2011. 11. 15. 행정소송법 개정위원회를 발족하여 전부 개정안을 마련하였고, 그 후 2013. 3. 입법예고하여 2014. 6. 법제처 심사를 거친 후 차관회의와 국무회의를 거치기만 하면 국회에 제출할 수 있는 상태에 이르렀으나 이것도 제19대 국회 임기만료로 폐기되었다.

제20대 국회에서도 행정소송법 개정안을 발의하였으나 국회 임기만료로 폐기되었다.

(2) 대법원이 2002년 행정소송법 개정위원회를 구성하여 행정소송법 개정을 위한 노력을 한 이래 오늘에 이르기까지 입법부나 행정부가 의무화소송의 도입에 관하여 어떠한 태도를 취하고 있는지 넉넉하게 짐작하고도 남음이 있다. 대법원은 법치주의의 요청상 의무화소송을 무명항고소송의 하나로 보아 적극적으로 이를 인정하여야 할 것이다.

3. 의무화소송에 관한 입법례

가. 독일

(1) 조세소송의 유형

독일 연방조세소송법(FGO, 1966. 1. 1.부터 시행, 이하 조세소송법이라 한다) 제40조 제1항에서 형성소송인 취소소송(행정행위의 폐지 내지 변경을 구하는 소송)과 급부소송인 이행소송(거부된 특정 행정행위의 발령을 구하는 소송인 거부처분에 대한 의무화소송과 부작위에 대하여 행정행위의 발령을 구하는 의무화소송 및 기타 다른 급부를 구하는 이행소송)을 정하고 있다. 제41조 제1항에서 확인소송(법률관계의 존부 또는 행정행위의 무효확인을 구하는 소송)을 정하면서, 제2항에서 형성소송 또는 급부소송을 제기할 수 있는 경우 확인소송을 제기할 수 없다는 취지로 정하고 있다.

(2) 판결의 유형(조세소송법 제100조 및 제101조)

조세소송법 제100조(취소소송에서의 판결)

『(1) ¹계쟁 행정행위가 위법하고 원고에게 이로 인하여 권리의 침해가 있는 경우(in seinen Rechten verletzt ist), 법원은 그 행정행위 및 전심결정을 취소한다; 과세관청은 취소판결이 기초로 한 법적 판단에 구속되고(gebunden), 취소판결의 사실적 판단에 있어서는 새로이 알게 된 사실 및 증거가 다른 판단을 정당화하지 않는 범위 내에서 그 사실적 판단에 구속된다. ²그 행정행위가 이미 집행되었다면 법원은 원고의 청구에 따라 과세관청은 그 집행을 소급하여 원상회복하여야 함을 선고할 수 있다. ³이러한 판결선고를 하기 위하여는 과세관청이 가능한 상태에 있어야 하고 그 문제가 판결하기에 이를 정도로 성숙되어 있어야 한다. ⁴행정행위가 그 전에 철회되거나 기타의 방법으로 해결되어 소멸되었더라도 법원은 원고의 청구가 있는 경우 원고가 그 확인에 정당한 이익이 있다면 그 행정행위가 위법하였음을 확인하는 판결을 선고할 수 있다.

(2) ¹원고가 소송으로 특정금액을 확정하거나 또는 그와 관련된 확인을 하는 행정행위의 변경을 구한 경우 법원은 그 금액을 바꾸거나 그와 다른 확인을 할 수 있다. ²확정되어야 하거나 확인되어야 하는 수액의 조사에 있어 중대한 비용이나 시간(Aufwand)이 소요되는 경우 법원은 과세관청이 판결에 기하여 금액을 계산할 수 있겠금 부정하게 고려되었거나 고려되지 아니한 사실상 또는 법률상의 사정을 언명(Angabe)함으로써 행정행위의 변경을 할 수 있다. ³과세관청은 그 새로운 계산결과를 관계인에게 지체없이 형식에 관계없이 알려주어야 한다; 판결의 기판력에 따라 행정행위는 변경된 내용으로 새로이 고지되어야 한다.

(3) ¹법원은 더 깊은 사안규명(Sachaufklärung)이 필요하다고 판단될 경우, 사안규명의 방법 및 범위에 비추어 볼 때 필요한 것으로 요구되는 조사(Ermittlungen)가 상당하고 그 취소가 관계인의 이익을 고려하더라도 유용하다(sachdienlich)면 그 범위 내에서, 본안 자체에 대하여 판결에 나아감이 없이 행정행위 및 전심결정을 취소할 수 있다. ²납세의무자가 과세표준 신고를 하지 아니함에 따라 과세기초가 추계로 산정된 경우에는 제1문은 적용되지 아니한다. ³법원은 신청이 있는 경우 새로운 행정행위가 발령될 때까지 임시적 규율 즉 담보를 제공하게 하거나 혹은 전부분이나 일부분을 그대로 유지하게 하는 것 또는 급부가 당장 반환되지 않도록 정하도록 한다. ⁴이 결정은 언제든지 변경 또는 취소될 수 있다. ⁵제1문에 따른 취소재판은 과세관청의 서류가 법원에 도달한 날부터 6월 이내에 행사되어야 한다.

(4) 행정행위의 취소와 더불어 급부를 요구하는 소송이 병합되었다면 그 급부에 대한 판단도 동일한 절차를 밟는 것이 허용된다.』

조세소송법 제101조(의무화소송에서의 판결)

『¹행정행위의 거부 또는 부작위가 위법하고 원고에게 이로 인하여 권리의 침해가 있는 경우 법원은 그 사안이 판결하기에 이를 정도로 성숙되면(spruchreif) 소구된 특정 행정행위를 발급하여 줄 것을 과세관청에게 의무지우는 판결을 할 수 있다. ²그렇지 않은 경우 과세관청으로 하여금 법원의 법해석(Rechtsauffassung)을 고려하여 원고에게 새로운 결정(bescheiden)을 하도록 의무지우는 판결을 한다.』

조세소송법 제101조는 사안의 성숙성 정도에 따라 규율을 달리하고 있다. 즉 제1문은 사안이 판결하기에 이를 정도로 성숙된 경우 특정행위 의무화 청구에 대한 특정행위 의무화 판결 (Vornahmeurteil)을, 제2문은 사안이 판결하기에 이를 정도로 성숙되지 아니한 경우 법원의 법률해석을 고려하거나 준수한 나머지 과세관청으로 하여금 당초 원고가 원하는 행정행위가 아닌 새로운 행정행위를 결정하여 발령하도록 의무지우는 결정 의무화 판결(Bescheidungsurteil, 지령 판결)을 각 할 수 있음을 정하고 있다.

즉 사안의 성숙성이 인정되면 특정행위 의무화 판결을 하되 그것이 인정되지 않으면 결정 의무화 판결을 하도록 되어 있어, 사안의 성숙성을 둘러싸고 많은 문제가 제기되었다. 먼저 그 개념을 어떻게 정의하고 이해할 것인지, 다음 법원의 사안 해명을 위한 심리의무의 범위와 관련하여 특정행위 의무화 판결와 결정 의무화 판결 중 어떠한 경우 어느 것을 선택하고 그들 사이의 관계를 어떻게 설정하여야 하는지 등 견해대립이 있었다.

나. 일본

(1) 신청형과 비신청형

2004년 개정된 일본 행정사건소송법 제3조 제6항에 의하면 의무화소송을 '신청형'과 '비신청형'으로 나눈다. 즉 제1호에서 '행정청이 일정한 처분을 하여야 함에도 이를 하지 아니하는 경우(다음 호에 게기하는 것은 제외)', 제2호에서 '행정청에 대하여 일정한 처분 또는 재결을 구하는 취지의 법령에 기초한 신청 또는 심사청구가 행하여진 경우, 해당 행정청이 그 처분 또는 재결을 하여야 함에도 이를 행하지 아니하는 경우'를 들고 있다. 제1호를 '비신청형 의무 화소송', 제2호를 '신청형 의무화소송'이라고 각 부른다.

(2) 비신청형 의무화소송(행정사건소송법 제37조의2)

같은 법 제37조의2 제1항에서 "제3조 제6항 제1호의 경우 의무화소송은 소정의 처분이 행하여지지 아니함에 따라 중대한 손해가 생길 우려가 있고 나아가 그 손해를 피하기 위하여 다른 적당한 방법이 없는 경우에 한하여 이를 제기할 수 있다."고 하면서, 제2항은 "전항 소정의 중대한 손해의 발생 여부에 대한 판단을 함에 있어서는 손해 회복 곤란의 정도를 고려하는 것으로서 손해의 성질 및 정도, 처분의 내용 및 성질을 감안하는 것으로 한다."라고 정하고 있다. 비신청형 의무화소송은 손해의 중대성 및 보충성을 요건으로 함이 특징이다.

(3) 신청형 의무화소송(행정사건소송법 제37조의3)

같은 법 제37조의3 제1항에서 신청형 의무화소송의 소의 제기요건을 규정하고 있다. 나아가 이러한 의무화소송은 같은 조 제3항에서 반드시 부작위 위법확인의 소 또는 취소소송(무효확인소송)과 병합하여 제기되어야 하고, 제4항에서 이렇게 병합하여 제기된 소송은 변론 및 재판에서 분리될 수 없다고 정하고 있다. 다만 제6항에서 법원은 심리 상황 기타 사정을 고려하여 취소의 소 등만에 관하여 종국판결을 하는 것이 신속한 쟁송의 해결에 이바지하는 경우 그 소에 한하여만 종국판결을 하는 것이 가능하다고 정하고 있다.

(4) 경정청구기간의 도과와 비신청형 의무화소송의 허용 여부

확정신고를 한 후 경정청구기간(개정 전 국세통칙법 제23조 제1항의 경정청구기간이 1년인 당시를 예정)이 도과한 경우 비신청형 의무화소송을 허용할 것인지 여부가 문제되었다.

부정설은 국세통칙법에서 경정청구를 법정하고 있는 이상 그 방법에 의하지 아니하고 의무화소송을 제기하는 것은 보충성 요건을 결한다는 견해이다.[7]

긍정설[8]은 "조세법에 있어 합법성원칙이 지배하기 때문에 세무서장은 경정의 제척기간 내에 신고·경정·결정에 의한 세액이 진실한 세액을 초과한다는 것을 알아차린 경우 감액경정을 할 의무가 있다. 납세자는 경정청구기간이 지난 후라도 제척기간 내라면 의무이행소송을 제기할 수 있다."고 한다.[9]

이러한 견해대립은 그 후 통상의 경정청구기간이 원칙적으로 5년으로 개정됨으로써 사라지게 되었다.

다. 독일과 일본의 비교

독일은 의무화소송을 중심으로 하되 취소소송은 부종적이다. 반면 일본은 전제가 되는 취소소송과 의무화소송을 별개의 소송으로 취급한다.

독일에서는 단독취소소송의 제기나 분리취소판결을 각 부정하는 입장이 판례나 학설상 다수의 견해이고, 사안의 성숙성에 이르지 못할 경우 결정 의무화 판결을 할 수 있다. 그러나 일본에서는 의무화소송(신청형)을 제기함이 없이 단독으로 취소소송만을 제기할 수도 있고 의무화소송을 제기하려면 반드시 취소소송과 함께 병합하여 제기하여야 한다. 의무화소송에서 재

---

7) 일본 하급심 판결(2008. 6. 20. 광도고등법원 판결, 2007. 10. 26. 광도지방법원 판결)은 부정설을 취하였다. 위 판결에 대한 비판으로, 占部裕典, "세무소송에 있어 의무화소송의 허용성", 일본 민상법잡지(2008) 참조.

8) 金子 宏, 조세법(15판), 697면 참조.

9) 谷口勢津夫, 전게서, 34면에서, "경정청구에 있어 경정청구기간이 지난 후에도 감액경정을 할 것인지 여부는 과세관청의 재량에 속한다고 해석하는 견해는 합법성의 원칙에 반한다."고 적고 있고, 178면에서, 경정청구기간이 지난 후에도 감액경정 의무화소송을 인정하여야 한다고 적고 있다.

판을 하기에 이를 정도로 성숙되지 아니하면 분리취소판결을 할 수 있다.

4. 의무화소송의 도입을 기다리면서

가. 현행 경정거부처분 취소소송의 기능

행정처분 자체가 다양한 이상 취소소송의 기능도 다양할 수밖에 없다. 현행 조세소송 중 경정거부처분 취소소송에 국한하여 본다. 만약 처분의 위법을 이유로 하는 취소판결이 확정되면 행정소송법 제30조 제2항의 기속력에 따라 과거의 처분에 존재한 위법상태를 제거함과 동시에 이를 시정하는 조치를 해야 한다. 즉 경정거부처분이 취소되어 없어진 이상 당초 경정청구에 대한 대답을 해야 하는데 이는 감액경정처분으로 이어진다.

나. 의무화소송의 도입과 문제점

의무화소송은 도입되어야 한다. 앞서 본 바와 같이 독일과 일본의 각 법제는 여러 부분에서 상이하다. 우리는 의무화소송을 도입함에 있어 어느 법제를 따르면서 어떠한 점을 보완하여야 하는지 고민해야 한다.

의무화소송에는 거부된 행정행위의 발령을 구하는 거부처분에 대한 이행소송과 부작위에 대하여 행정행위의 발령을 구하는 소송의 두 유형이 도입될 것으로 예상된다.

나아가 취소소송과 의무화소송의 관계를 명확히 하고, 판결하기에 이를 정도의 성숙성에 이르지 못한 경우 법원은 어떠한 판결을 해야 하는지도 입법적 대비를 해야 한다. 일반 행정소송과 달리 조세소송에서는 취소소송이든 의무화소등이든 위법성 판단의 기준시점은 사실심 변론종결시로 보아야 할 것이다.

'행정작용 → 사법작용 → 행정작용'의 순환과정을 염두에 둔다면 의무화소송을 사법작용의 행정작용에 대한 간섭으로 볼 것이 아니다. 오히려 의무화소송을 통하여 법원과 행정관청의 역할분담기능을 부여할 수 있다.

다. 경정거부처분 취소소송에서 의무화소송으로

현재 통상의 경정청구를 거부당한 조세채무자는 경정거부처분 취소소송을 제기하여야 한다. 그러나 의무화소송제도가 도입되면 거부처분 취소소송 아닌 의무화소송을 제기해야 한다. 환급세액확정절차상 환급세액에 관하여 다툼이 있다면 환급세액 지급의무의 확인을 구하는 의무화소송을 제기하여 분쟁을 간이하게 해결할 수도 있다(제5장 제1절 1. 나. 참조). 물론 입법에 따라 병존적 소송이 허용될 수 있다.

주문은 "… 경정거부처분을 취소한다. 피고는 A라는 처분을 할 의무가 있다."라고 기재될 것으로 예측된다.

나아가 과세관청이 처분을 할 의무가 있음에도 이를 하지 아니하는 경우 부작위 된 처분의 발령을 구하는 소송을 의무화소송의 형식으로 구할 수 있다. 이 경우 주문의 형식은 "피고는 A라는 처분을 할 의무가 있다."라고 기재하면 될 것으로 보인다.

라. 종전 통상의 경정청구기간 3년이 지난 후 의무화소송을 제기할 수 있는지 여부

종전에 통상의 경정청구기간 3년이 지났음에도 의무화소송을 제기할 수 있는지에 관하여 일본에서와 같은 논의가 우리나라에도 제기되리라 예상되었으나, 국세기본법 제45조의2 제1항의 개정으로 경정청구기간이 5년으로 연장됨에 따라 논의의 필요성이 없게 되었다.

5. 절차적 배타성의 인정 여부

행정소송법상 취소소송중심주의에 따라 취소소송에 의하여 분쟁을 해결하도록 규정되어 있다는 이유로 모든 경우 예외없이 취소소송만 허용되어야 하고 당사자소송(조세채무부존재확인소송, 환급금청구소송, 부당이득반환청구소송)은 허용되지 않는가? 절차적 배타성이란 무엇인가?

절차적 배타성에는 취소소송의 배타성 내지 취소소송의 배타적 관할과 경정청구의 배타성이 있다.

가. 취소소송의 배타성

(1) 일본 최고재판소 1970. 12. 24. 판결요지

원천징수하는 소득세에 관한 납세고지는 자동으로 확정된 납세의무에 관하여 행하여지는 징수처분이나 확정된 세액이 얼마인가에 대한 과세관청의 의견이 최초로 공개되는 것이기 때문에 지급자로서는 과세관청과 의견을 달리하는 경우 소득세 징수를 방지하기 위하여 납세고지를 항고소송으로 다툴 수 있고, 이 경우 지급자는 납세고지의 전제가 된 납세의무의 존부나 범위를 다툴 수 있다고 하면서, 다음과 같이 판시하고 있다.

『① 원천징수하는 소득세에 관한 납세고지는 징수처분으로서 지급자의 납세의무의 존부·범위는 위 처분의 전제에 불과하므로, 지급자가 이에 대한 불복을 하지 않거나 불복을 하여 이를 배제하더라도, 수급자의 원천납세의무의 존부·범위에는 어떠한 영향을 미칠 수 없다.

② 수급자는 원천징수한 세액을 납부한 지급자로부터 그 세액 상당을 지급하여 줄 것을 청구

받은 경우, 원천납세의무를 부담하지 않는다면서 또는 의무의 범위를 다투면서 지급자의 청구의 전부 또는 일부를 거절할 수 있다.

③ 지급자는 한편 납세고지에 대한 항고소송에서 전제 문제인 납세의무의 존부 또는 범위를 다투어 패소하고 다른 한편 수급자에 대한 세액 상당의 지급청구소송에서 패소할 수도 있는바, 그 불이익을 피하기 위하여, 항고소송과 함께 또는 그것과 별개로, 납세고지를 받은 납세의무의 전부 또는 일부의 부존재확인의 소를 제기하고, 수급자에게 소송고지를 하여 수급자의 원천납세의무의 존부·범위의 확인에 관하여 수급자와 그 책임을 나눌 수 있다.』

위 판결은 취소소송의 배타성을 상대적, 한정적으로 해석하면서 항고소송으로 다툴 수 있다고 하여 그 이외의 방법이나 유형으로 '납세의무의 존부 및 범위'를 다투는 것을 배제하는 것은 아니라는 취지를 담고 있다. 이러한 사고를 철저히 하면 조세채무자는 '항고소송을 제기함이 없이' 조세채무부존재확인의 소에 의하여 구제받을 수 있다고 볼 여지가 있다.

(2) 일본 **최고재판소** 2005. 4. 14. 판결요지(등록면허세 사건)

등록면허세는 자동확정방식의 조세로서 등록면허세법 제31조 제1항 및 제2항에서 등기기관이 직권으로 지체없이 소관 세무서장에게 과오납금의 환부에 관하여 의무적으로 통지하도록 규정하는바, 그 통지거부처분에 대한 취소소송(항소소송)과 부당이득으로 인한 환급청구소송(당사자소송)의 관계가 문제된 사안이다. 판결요지는 다음과 같다.

『① 등록면허세법 제31조 제1항 및 제2항의 취지는 과오납금의 환부가 원활하게 이루어지도록 간편한 절차를 둔 것이기 때문에 같은 항에서 그 청구에 관하여 1년의 기간제한을 두고 있더라도 등기 등을 받은 자가 위 간편한 절차를 이용할 수 있는 기간을 정한 것에 불과하므로, 그 기간이 지난 후에는 환급청구권이 존재하더라도 그 청구권을 행사할 수 없고 등록면허세의 환부를 구함에 있어 전적으로 같은 항 소정의 절차에 의하지 아니하면 안 된다는 절차의 배타성을 정하고 있는 것이라고 볼 수 없다.

② 등록면허세 납세의무는 등기시에 성립하고 납부하여야 할 세액은 성립과 동시에 특별한 절차 없이 확정되기 때문에 등록면허세법 제31조 제2항 소정의 청구는 신고납세방식의 국세에 관한 국세통칙법 제23조 소정의 경정청구와는 전제가 다르다. 등록면허세법 제31조 제2항은 등록면허세의 환급을 구함에 있어 오로지 같은 항 소정의 절차에 의하지 아니하면 안 된다는 절차의 배타성을 정하고 있는 것이라고 볼 수 없기 때문에, 등기 등을 받은 자는 과대하게 등록면허세를 납부한 경우 같은 항 소정의 청구에 대한 거부통지의 취소를 구하지 않더라도 국세통칙법 제56조에 기하여 등록면허세의 과오납금의 환급을 청구할 수 있다.』

위 판결은 납세자에게 최대한 다양한 쟁송기회를 제공하겠다는 것으로서 취소소송이든 당사자소송이든 구제기능상의 메리트가 있다면 이를 선택할 수 있다는 것이다. 즉 등록면허세법

제31조 제2항의 청구에 대한 등기기관의 거부통지는 항고소송의 대상이 된다고 하면서도 같은 항의 절차에 의하지 않고 곧바로 과오납금의 환급을 청구할 수 있다는 것이다.

(3) 취소소송의 배타성은 공정력에 터잡은 것으로서 행정소송법상 인정된다 하더라도 상대적인 것으로 보아야 한다. 실효적인 권리구제를 위하여 그 이외에 당사자소송을 허용하여야 하는 경우 어떠한 요건 아래 어떠한 유형의 당사자소송을 인정할 수 있는지를 고뇌하여야 한다. 구제기능상의 메리트가 있다면 취소소송과 당사자소송의 경계를 허물어 적절한 소송 유형을 선택할 수 있도록 해야 할 것이다(항고소송과 당사자소송의 병용론). 때로는 최후의 보루로서 국가의 손해배상책임도 인정되어야 한다[제1장 제1절 2. 나. (4) 참조].

나. 경정청구의 배타성

취소소송의 배타적 관할 내지 배타성 관념에 견주어 경정절차에는 경정청구의 배타성이 있다고 설명된다. 그러나 경정청구의 배타성이라는 이름 아래 소송절차상의 절차적 배타성까지도 포함하는 것으로 볼 근거가 없다.10)

먼저 국세기본법 제45조의2 제1항의 개정으로 경정청구기간이 5년으로 연장되기 전에는 경정청구기간이 3년이었다. 당시 경정청구기간 3년은 지났으나 제척기간 5년이 지나지 않았던 사안이라면 조세채무자로서는 통상의 경정청구를 할 수 없다 하더라도 예외적인 경우 조세채무부존재확인소송이나 과대납부한 세액의 부당이득반환청구소송 등 당사자소송을 제기할 수 있는 길을 열어 놓아야 한다.11)

경정청구기간이 5년으로 개정된 이후 경정청구(경정거부처분 취소소송)와 부당이득반환청구의 관계에 관하여 살핀다(제1장 제11절 7. 참조).

(1) 신고가 무효인 경우

신고납세방식의 조세에 있어 법정신고기한 내에 신고를 한 사례를 본다.

첫째, 조세채무자의 의사에 반하여 또는 의사에 기하지 아니하고 제3자가 조세채무자의 이름으로 신고를 했으나 세금을 납부하지 아니한 경우 그 신고는 부존재하거나 당연무효이다.

---

10) 占部裕典, 전게서, 제6장(경정청구의 배타성과 그 한계), 300면에서, "경정청구의 배타성은 경정청구의 규정의 존재 자체에서 과연 자명한 것이라고 말할 수 있는가 즉 납세자는 일단 신고를 하면 감액수정에 관하여는 경정청구 이외의 시정절차가 쟁송면을 포함하여 원칙적으로 완전히 배제된다고 말할 수 있는가?"라는 질문을 던진 다음, 328면에서, "경정청구는 과세관청에게 직권에 의한 경정의 발동을 촉구하는 것이고, 그 경정청구기간이 도과하여 그 권리가 소멸하였다는 이유로 세액확정절차뿐만 아니라 쟁송절차에 있어서도 '경정청구의 배타성'이라는 이름 아래 납세자의 구제절차를 제한하는 것은 허용되지 않는다."라고 답하고 있다. 위 논문은 일본에서 경정청구기간이 1년일 때 이를 전제로 작성된 것이다.

11) 占部裕典, 전게서, 제11장(세무소송에 있어 당사자소송의 활용가능), 537면에서. "경정청구기간의 경과 후라도 제척기간 내라면 조세채무부존재 확인소송이나 과대세액의 부당이득반환청구소송을 거부할 이유는 없다. 경정청구의 배타적 관할권과 취소소송의 배타적 관할권을 동일하게 취급하는 것은 잘못이다."라고 적고 있다.

조세채무자는 실질적 당사자소송인 조세채무부존재확인소송을 제기할 수 있다. 이 경우 통상의 경정청구를 할 수 있는지가 문제되나 이를 긍정하여야 한다. 만약 세금을 납부하였다면 부존재확인소송은 확인의 이익이 없으므로 부당이득반환청구소송을 제기하여야 한다. 결과적으로 실효적인 권리구제를 보장한다는 의미에서 조세채무자는 부당이득반환청구소송과 경정거부처분 취소소송 중 하나를 선택할 수 있다 할 것이다.

둘째, 조세채무자의 의사에 기하여 신고를 하였으나 신고에 하자가 있고 그 하자가 중대하고 명백하여 당연무효인 경우로서 세금을 납부하지 아니한 경우라면 위에서 본 바와 같이 조세채무자는 조세채무부존재확인소송과 경정거부처분 취소소송 중 하나를 선택할 수 있다. 세금을 납부한 경우라면 부당이득반환청구소송과 경정거부처분 취소소송 중 하나를 선택할 수 있다.[12] 여기서 경정청구의 배타성을 받아들이면서 그 이론에 따라 오로지 경정청구만 허용되어야 한다는 주장이 있다.[13] 그러나 경정청구가 부당이득반환청구보다 더 실효적인 구제수단이라고 단정할 수 없다. 국세기본법상 인정되는 경정청구가 조세쟁송의 장면에도 영향을 미쳐 구제수단인 소송 유형까지 간섭하거나 제한할 수 없다(제1장 제10절 3. 참조).

(2) 원천징수에 대한 경정청구

원천징수의무자가 원천납세의무자로부터 원천징수대상이 아닌 소득에 대하여 원천징수세액을 징수·납부하였거나 징수하여야 할 세액을 초과하여 징수·납부하였다면 자동확정의 법리상 국가는 원천징수의무자로부터 이를 납부받는 순간 법률상 원인 없이 보유하는 부당이득이 된다. 이 경우 환급청구권은 원천납세의무자가 아닌 원천징수의무자에게 귀속되므로 원천징수의무자만이 국가를 상대로 환급금청구소송(부당이득반환청구소송)을 제기할 수 있다(대법원 2002. 11. 8. 선고 2001두8780 판결, 제4장 제6절 2. 가. 참조).

한편 국세기본법 제45조의2 제4항에 의하면 원천징수상의 오류가 있는 경우 원천징수의무자에게도 경정청구권을 인정하고 있다. 여기서 국세기본법 제45조의2 제4항에 근거하는 원천징수의무자의 경정청구와 자동확정방식에서 유래하는 부당이득반환청구 사이의 관계가 문제된다. 원천징수의무자로서는 부당이득반환청구소송이나 경정거부처분 취소소송 중 하나를 선택할 수 있다. 경정청구의 배타성 이론에 따라 오로지 경정청구만이 허용되어야 한다는 견해[14]가 있으나 원천징수의무자가 가지는 부당이득반환청구는 자동확정의 법리에서 나오는 것으로서 국세기본법상 원천징수의무자에게 경정청구권을 부여하고 있다는 이유만으로 이를 제

---

12) 소순무, 전게서, 238면에서, 경정청구의 배타성을 부인하면서 "신고나 과세관청의 결정 또는 경정결정에 당연무효의 사유가 있는 경우에는 과세관청에 대한 경정청구가 가능함은 물론 세액을 납부한 경우에는 부당이득반환으로서 과세주체에 대한 환급청구소송이 가능하다."라고 적고 있다. 신고가 당연무효인 경우 경정청구와 환급청구소송을 할 수 있다는 것으로 그 선택을 인정하는 것으로 보인다.

13) 임승순, 조세법, 20판(2020), 205면, 이창희, 전게서, 239면 이하.

14) 임승순, 전게서, 170면.

한할 수는 없다. 경정청구가 부당이득반환청구보다 더 실효적인 구제수단이라고 단정할 수 없다. 국세기본법상 인정되는 경정청구가 조세쟁송의 장면에도 영향을 미쳐 구제수단인 소송 유형까지 간섭하거나 제한할 수 없다.

(3) 상증세와 시정방법

부과과세방식인 상증세를 조세채무자가 과다신고·납부한 상태에서 과세관청이 이에 대한 부과처분도 하지 않고 과다납부한 부분을 환급하지도 아니한다면 국세기본법 제45조의2 제1항에 따라 '변형된 의미의 경정청구'인 결정청구를 할 수 있다. 다만 상증세의 신고가 조세채무자의 의사에 기하지 아니한 경우라면 조세채무자는 부당이득반환청구소송이나 채무부존재확인청구를 할 수 있다.

반면 상속세 및 증여세법 제76조 제3항 본문에 의하면 세무서장은 원칙적으로 신고를 받은 날부터 '法定決定期限(상속세 6월, 증여세 3월)' 이내에 과세표준과 세액을 결정하도록 되어 있는바, 위 법정결정기한 이내에 이러한 결정을 하지 않는 경우 조세채무자는 국세기본법 제45조의2 제1항 소정의 결정청구를 함이 없이 곧바로 부당이득반환청구를 할 수 있는지가 문제된다. 법정결정기한 이내에 이러한 결정을 하지 않았다는 이유만으로 국가가 이를 보유하는 데에 법률상 원인이 없다고 단정할 수 없다. 따라서 곧바로 부당이득반환청구소송을 제기할 수 없고 국세기본법 제45조의2 제1항 소정의 결정청구를 함이 상당하다. 물론 부과처분이 있으면 그 부과처분을 다투면 되므로 결정청구를 할 필요가 없다(제4장 제2절 2. 가. 참조).

국세기본법 제45조의2 제1항 소정의 결정청구기간 5년이다. 그 결정청구기간이 지난 후라면 조세채무자는 어떠한 구제수단을 가지는가?

경정청구의 배타성 이론에 따라 경정청구기간이 도과한 이상 조세채무자에게 구제수단이 없다는 견해[15]가 있다. 그러나 경정청구는 조세채무자를 구제하기 위한 수단의 하나이다. 국세기본법상 인정되는 경정청구가 소송 유형까지 간섭하거나 제한할 수 없다. 경정청구기간이 도과하였다는 이유로, 세액확정절차뿐만 아니라 나아가 쟁송절차에까지도 '경정청구의 배타성'이라는 이름 아래 납세자의 구제수단을 제한하는 것은 허용되지 않기 때문이다.

한편 조세채무자로서는 상속세 및 증여세법 제76조에 기하여 과세관청에게 정당한 세액을 결정하여 달라는 의미의 '부과처분 발급청구권'을 행사할 수 있고 이에 대한 거부처분에 대하여는 거부처분 취소소송을 제기하여 부과처분을 발급받은 다음 그 부과처분에 대하여 취소소송 등을 제기하여 구제받을 수 있다(제4장 제2절 2. 가. 참조).

---

15) 이창희, 전게서, 242면.

6. 기타

가. 세금 등이 납부된 경우 무효확인소송의 소의 이익

세금 등을 납부한 후 부과처분 무효확인을 구하여 올 경우 무효확인소송의 보충성과 관련하여 종래 대법원은 소의 이익이 없다고 하였으나 최근 견해를 변경하였다(대법원 2008. 3. 20. 선고 2007두6342 전원합의체 판결).

나. 부과처분 취소소송과 부당이득반환청구소송(처분취소시의 환급청구)의 병합

(1) 대법원 2009. 4. 9. 선고 2008두23153 판결

『행정소송법 제10조 제1항, 제2항은 처분의 취소를 구하는 취소소송에 당해 처분과 관련되는 부당이득반환소송을 관련 청구로서 병합할 수 있다고 규정하고 있는바, 이 조항을 둔 취지에 비추어 보면, 취소소송에 병합할 수 있는 당해 처분과 관련되는 부당이득반환소송에는 당해 처분의 취소를 선결문제로 하는 부당이득반환청구가 포함되고, 이러한 부당이득반환청구가 인용되기 위해서는 그 소송절차에서 판결에 의해 당해 처분이 취소되면 충분하고 그 처분의 취소가 확정되어야 하는 것은 아니라고 보아야 한다.』

(2) 비록 위 판결이 '건강보험료납부고지처분 취소소송'에 관한 것이라 하더라도 조세소송에 있어 부과처분 취소 및 그 취소로 인한 부당이득반환청구소송의 병합에도 적용되어야 한다. 그리고 부가가치세를 신고함에 있어 매입세액이 매출세액을 초과하여 그 차액을 환급세액으로 신고하였는데 과세관청이 매입세액의 공제가 잘못되었다면서 오히려 납부세액이 있다는 이유로 부과처분을 한 경우 환급거부처분취소소송 및 부과처분 취소소송을 병합하여 제기하여야 할 것이다(제5장 제1절 1. 나. 참조).

제4절

행정처분의 유형

1. 행정처분의 정의(대법원 2011. 3. 10. 선고 2009두23617, 23624 판결)

『행정청의 어떤 행위가 항고소송의 대상이 될 수 있는지의 문제는 추상적, 일반적으로 결정할 수 없고, 구체적인 경우 행정처분은 행정청이 공권력의 주체로서 행하는 구체적 사실에 관한 법집행으로서 국민의 권리의무에 직접적으로 영향을 미치는 행위라는 점을 염두에 두고, 관련 법령의 내용 및 취지, 그 행위의 주체·내용·형식·절차, 그 행위와 상대방 등 이해관계인이 입는 불이익과의 실질적 관련성, 그리고 법치행정의 원리와 당해 행위에 관련한 행정청 및 이해관계인의 태도 등을 참작하여 개별적으로 결정하여야 한다.』

2. 독일 조세기본법(AO, Abgabenordnung)

조세기본법 제118조(행정행위 개념)에서 "행정행위는 행정청이 공법적 영역에 있어 개별적 사안을 규율하기 위하여 내리고 아울러 외부에 대하여 직접적 법적 효과를 가지는 처분, 결정 또는 다른 고권적 조치를 말한다."라고 정의한다.

제119조에서 '행정행위의 내용적 특정 및 형식'에 관하여, 제120조에서 '행정행위의 부관'에 관하여, 제121조에서 '행정행위의 이유부기'에 관하여, 제122조에서 '행정행위의 고지'에 관하여, 제123조에서 '수송달자의 선임'에 관하여, 제124조에서 '행정행위의 효력(Wirksamkeit)'에 관하여, 제125조에서 '행정행위의 무효'에 관하여, 제126조에서 '절차상 하자 및 형식적 하자의 치유'에 관하여, 제127조에서 '절차상 하자 및 형식적 하자의 효과'에 관하여, 제128조에서 '하자있는 행정행위의 전환'에 관하여, 제129조에서 '행정행위 발령시 명백한 오류의 정정'에 관하여, 제130조에서 '위법한 행정행위의 직권취소'에 관하여, 제131조에서 '적법한 행정행위의 철회'에 관하여, 제132조에서 '권리구제절차의 진행 중 직권취소, 철회, 폐기 및 경정의 취급'에 관하여 각 규정하고 있다.

조세법 이론상 문제되는 대부분 논점들을 실정법에서 규정함으로써 행정행위를 둘러싼 문제점들을 상당한 범위 내에서 해소하고 있다.

3. 항고소송중심주의

가. 행정소송법의 입장

국세기본법 제21조 및 제22조가 조세법률관계에 있어 조세채무관계설을 실정법화한 것임은 앞서 본 바와 같다[제1장 제2절 4. 가. (3) 참조]. 그러나 국세기본법 제22조는 일정한 경우 '부과처분'[1])이라는 행정처분이 세액확정에 개재(관여)함을 허용하고 있다.

입법론상 행정처분(부과처분)이라는 도구개념을 상정하지 아니한 채 민사소송과 동일하게 조세법률관계 자체에 대한 소송(채무부존재확인소송, 이행소송) 등으로 구성할 여지도 있다. 그러나 행정소송법은 부과처분이라는 도구개념으로 세액을 확정케 한 다음 조세채무자로 하여금 그 부과처분을 공격하도록 하면서 취소소송, 무효확인소송, 부작위위법확인소송 등의 형식으로 권리구제를 받게 하는 항고소송중심주의(취소소송중심주의)를 채택하고 있다.

이러한 의미에서 비록 행정처분이라는 행정법상 개념이 세법 영역에서 사용된다 하더라도 조세채무확정절차에 있어 조세채무의 구체적 내용을 특정(수치화)하는 도구개념[2])으로 이해하여야 하고 따라서 조세채무관계설과 모순된다 할 수 없다.

나. 경정청구제도와 항고소송중심주의의 조화

항고소송중심주의를 채택하는 이상 모든 세목을 부과과세방식으로 통일하는 것이 수미일관한 태도일지도 모른다. 부과처분이 모든 세액의 확정에 관여하고 만약 세액을 둘러싼 분쟁이 있는 경우 부과처분을 공격하도록 하면 되기 때문이다. 그러나 과세관청의 제한된 인력과 자원으로 모든 세액을 부과처분으로 확정할 수 없는 까닭에 대부분 세목이 신고납세방식으로

---

1) '賦課處分'[＝세액확정절차에 관여하는 법형식, 제1장 제9절 3. 가. (1) 참조]은 국세기본법 등에서 사용하는 법률용어(국세기본법 제26조의2 제7항 등)로서, 이 책에서는 '課稅處分'(국세기본법 제66조 제1항에서 사용)이라는 말은 사용하지 아니하고 '부과처분'이라는 말을 사용한다. 국세기본법에서, '부과'가 취소된 때(국세기본법 제26조 제1호), 또는 '납부의 기초가 된 신고 또는 부과의 취소·경정'(시행령 제32조 제1호)이라고 정하고 있고 여기서 '부과'라 함은 '부과처분'을 가리킨다. 대법원 2012. 10. 18. 선고 2010두12347 판결에서, "본세의 부과처분과 가산세의 부과처분은 각 별개의 과세처분인 것처럼, 같은 세목에 관하여 여러 종류의 가산세가 부과되면 그 각 가산세 부과처분도 종류별로 각각 별개의 과세처분이라고 보아야 한다."라고 하여 부과처분과 과세처분을 구별하나 그 기준을 알 수 없다. 참고로 일본에서는 신고납세방식의 조세에 있어 과세관청이 2차적·보충적 확정권을 행사하는 경우의 처분(결정, 경정)만을 '과세처분'으로, 부과과세방식에서 있어서는 '부과결정'으로 각 법전용어화하여 구분하여 사용하고 있다.

2) 谷口勢津夫, 전게서, 14면에서, "성립한 납세의무의 확정 및 이행과정에 있어서는, 납세의무의 구체적 내용(일종의 법정 금전급부채무)을 싸고 있는 말하자면 껍질(殼) 또는 주형(鑄型)으로서, 행정법상의 개념이나 제도(특히 행정처분의 개념이나 관련제도)가 세법상 많이 사용되고 있다. 따라서 이러한 이행과정 및 납세자의 권리구제에 관한 법(조세절차법)은 행정법학과 밀접한 관계를 가지고 있고 상호 유익한 교류가 이루어지는 영역이다."라고 적고 있다.

전환된 현실에 있어, 항고소송으로는 구제할 수 없는 모순된 상황이 발생하기에 이른 것이다. 그리하여 경정청구제도가 탄생한 것이다.

헌법재판소 2004. 12. 16. 선고 2003헌바78 결정에서 "경정청구제도는 납세의무자의 권리를 사후적으로 구제하는 제도로서, 납세의무자가 경정청구를 하고 이에 대하여 과세관청이 경정청구가 이유 없다고 한 경우 이에 불복하여 납세의무자는 국세심사·심판청구를 할 수 있고, 이에 의하여 만족을 얻지 못하면 행정소송을 제기할 수 있다는 점에서 납세의무자의 권리를 보호하는 기능을 한다."라고 표현한 것도, '경정거부처분'이라는 행정처분을 만들어 이를 공격하도록 함으로써 현행 항고소송중심주의라는 소송법 구조와의 정합성을 기하기 위한 것이다.

4. 행정처분의 기능

행정처분은 법치주의의 확립과정에서 실효적 권리구제를 위하여 만들어 낸 필수불가결한 도구개념이다. 행정처분은 다음과 같은 3가지 기능을 가진다.

가. 규범구체화 기능

일반적이고 추상화된 규범일수록, 나아가 규율대상인 생활관계가 복잡할수록, 행정청으로서는 그것을 명료화, 개별화, 구체화할 필요성은 그만큼 절박하고 강렬한 것이다. 그리하여 법률이라는 일반적 추상적 규범을 개별적 사안에서 구체적 규율로 전환하기 위하여, 즉 구체적 사실에 대한 법집행을 위하여 행정처분이라는 도구개념이 필요하다.

조세법적 관점에서 볼 때 그 규범자체가 일반적이고 추상화된 경우가 많고 다단계적일 뿐더러 규율대상인 생활관계 또한 복잡한 경우가 많다. 이 경우 부과처분이라는 도구개념으로 하나의 세액을 도출함으로써 조세법률관계를 간명하게 처리할 수 있다.

나. 집행권원 기능

부과처분의 확정효에 터잡아 징수처분을 한 다음 강제집행에 나아갈 수 있는 집행권원의 기능을 담당한다.

다. 절차적 기능(권리보장적 기능)

행정처분이 고지되면 일정한 기간 내에 쟁송절차를 통하여 행정처분을 권리구제의 표제인 청구취지의 대상(절차대상)으로 삼아 이를 공격하도록 함으로써 조세채무자로 하여금 권리구제를 받을 수 있도록 한다. 여기서 행정처분을 행정우월적이거나 관료국가적인 색채를 띠는 것으로 격하할 것이 아니라 권리구제를 위한 도구개념으로 이해하는 한 행정처분성은 확대되어야 한다. 행정처분성의 확대로 권리구제의 관문이 넓어지면 국민의 권리구제는 그만큼 실효적인 것으로 된다. 독일에서는 '의심스러울 때에는 행정처분을 인정하는 쪽으로'(Im Zweifel für den VA)라는 해석원칙을 도출할 수도 있다고 주장하는 학자도 있다.

5. 행정처분성의 확대와 역작용

가. 대법원 판례의 흐름

대법원은 최근 행정처분성의 확대, 원고적격의 확대, 소의 이익의 확대 등을 통하여 권리구제를 받을 수 있는 기회를 확대하고 있다(행정소송 관문의 확대).

즉 친일반민족행위자 재산조사위원회의 재산조사개시결정(대법원 2009. 10. 15. 선고 2009두6513 판결), 방산물자의 지정취소(대법원 2009. 12. 24. 선고 2009두12853 판결), 금강수계 물관리 및 주민지원 등에 관한 법률 제8조 소정의 토지매수신청거부처분(대법원 2009. 9. 10. 선고 2007두20638 판결), 도시관리계획입안제안신청반려(대법원 2010. 7. 22. 선고 2010두5745 판결), 건축물대장 기재사항 중 건축물 용도변경기재신청반려(대법원 2009. 1. 30. 선고 2007두7277 판결), 신축건물에 대한 건축물대장 작성신청반려(대법원 2009. 2. 12. 선고 2007두17359 판결), 건축물대장상 구분소유 건물을 하나의 건축물로 합병기재한 행위(대법원 2009. 5. 28. 선고 2007두19775 판결), 건축물대장을 직권으로 말소한 행위(대법원 2010. 5. 27. 선고 2008두22655 판결) 등을 행정처분으로 보고 있다.

조세법상 소득금액변동통지(대법원 2006. 4. 20. 선고 2002두1878 전원합의체 판결), 세무조사개시결정통지(대법원 2011. 3. 10. 선고 2009두23617, 23624 판결) 등도 행정처분으로 보고 있다.

나. 역작용

행정처분성을 확대하는 경우 불복기간 경과의 효과인 불가쟁력으로 인하여 오히려 이를 다툴 수 없게 되는 불이익을 입게 된다.

조세법 이론상 행정처분성의 확대로 인한 역작용을 방지하기 위하여, 본질적으로는 처분성을 가진다 할 수 없으나 행정처분과 유사한 기능을 수행하기 때문에 예외적으로 처분성을 인정하되 제척기간 내에서 언제든지 다툴 수 있는 '의제적 행정처분'이라는 변형된 도구개념을 만들어 낼 수 없느냐는 점이다.

독일 조세기본법 제168조 및 제164조[3])는 신고납세방식의 조세에 있어 신고를 '사후심사

---

3) 박수혁, 독일행정법, 제16판, 188면에서, "세법은 이미 오래 전부터 세무조사의 유보 하에 세금사정을 하고(§164 AO) 아직 완전히 해명되지는 않았으나 납세자의 진술 등에 의하여 임시적인 세금사정을 허용하는 경

유보부 세액확정(조세결정)'으로 의제하면서 조세채무자로 하여금 신고 후 불복기간 내에 신고한 세액을 다툴 수 있음은 물론 불복기간이 경과한 후라도 제척기간 내라면 언제든지 다툴 수 있게 함으로써 실질적 존속력이 없는 변형된 행정처분을 창설하였다.

6. 의제적 행정처분

가. 확인적 부과처분

(1) 한때 논의된 확인적 부과처분 이론은 대법원 판결에 의하여 받아들여지지 아니하였다. 아래 판시이유를 음미하면서, 부과과세방식은 그렇다 하더라도, 신고납세방식의 조세에 있어 과세표준신고도 하나의 변형된 행정처분으로 볼 수 없었는지를 돌이켜 볼 필요가 있다. 당시 경정법체계가 갖추어지지 않았음을 전제할 때, 독일 조세기본법과 같이 신고를 행정처분으로 의제하되 제척기간 내라면 불복기간이 도과하였더라도 언제든지 신고세액을 다툴 수 있도록 해석할 수 없었는지에 관한 의문이 계속 남기 때문이다.

권리구제수단을 확충하기 위하여 지방세에 있어 한때 실정법 규정을 통하여 신고를 행정처분으로 의제한 적이 있었다. 법원이나 과세관청이 이를 어떻게 해석하고 운영하였는지도 되돌아 볼 필요가 있다.

확인적 부과처분 이론이나 지방세법상의 의제적 행정처분에 관한 규율이 과거의 역사적 산물에 불과할 뿐 현재의 세액확정절차를 설명함에 있어 유용한 도구개념이 될 수 없으나, 세액확정에 관여하는 법형식이 다양할 수 있고 세액확정에 관여하는 행정처분의 효력 또한 다양할 수 있음을 강조하기 위하여 창고에서 끄집어내어 설명한다.

(2) 대법원 1990. 4. 13. 선고 87누642 판결이 원심판결을 직권으로 파기하면서 신고를 확인적 부과처분으로 볼 수 없다고 본 구체적 이유는 다음과 같다(원심은 의제배당소득에 대한 방위세를 확정신고·납부한 날에 확인적 부과처분이 있었다고 보았다. 당시 소득세 및 부가세인 방위세는 부과과세방식이었다).

『① 조세채권의 확정에 관한 현행법령의 규정내용에 비추어 볼 때 허용될 수 없는 이론이다. 과세처분이란 법률에 규정된 과세요건이 충족됨으로써 객관적·추상적으로 성립한 조세채권의 내용을 구체적으로 확인하여 확정하는 절차인바, 현행 조세법령에 의하여 소득세와 같은 부과과세방식의 조세는 과세관청이 과세표준과 세액을 경정함에 따라 그 세액이 확정되고(국세기본법 제22조 제

우에는 잠정적인 세금사정을 한다(§165 AO). 재무행정은 이로써 하나의 권원(Titel)을 얻고, 세무절차는 종국적인 결정이 있을 때까지 미해결인 채로 머물러 있다."라고 적고 있다.

1항, 같은 법 시행령 제10조의2 제3호), 그 확정의 효력은 과세관청이 과세표준과 세율·세액 기타 필요한 사항을 납세고지서에 기재하여 납세의무자에게 서면으로 통지하는 방법에 의하여 과세표준과 세액을 통지한 때에 발생하며, 납부할 세액이 없는 경우에도 과세표준과 세액을 경정한 내용을 납세고지서에 기재하여 서면으로 통지하도록 규정되어 있을 뿐 아니라(국세징수법 제9조, 소득세법 제128조, 같은 법 시행령 183조), 납세고지서나 과세표준과 세액의 결정통지에 관한 위와 같은 규정들이 단순한 세무행정상의 편의를 위한 훈시규정이 아니라, 헌법과 국세기본법에 규정된 조세법률주의의 원칙에 따라 과세관청의 자의를 배제하고 신중하고도 합리적인 과세처분을 하게 함으로써 조세행정의 공정을 기함과 아울러 납세의무자에게 과세처분의 내용을 자세히 알려주어 이에 대한 불복 여부의 결정과 불복신청에 편의를 주어 납세의무자를 보호하려는 데 그 근본취지가 있으므로, 이 규정들은 강행규정으로 보아야 한다고 하는 것이 당원의 확립된 판례인바, 과세관청은 납세의무자가 확정신고자진납부를 한 조세를 수령하기만 하였을 뿐 결정된 과세표준과 세액을 납세고지서에 의하여 통지한 일이 없음에도 불구하고, 과세관청이 조세를 수령한 때에 과세처분이 있었다고 보는 확인적 부과처분의 이론은 앞서 본 현행 조세법령의 규정내용이나 당원의 확립된 판례에 정면으로 배치되는 결과가 되어 현행법상 허용될 수 없다.

② 납세의무자의 권리구제를 제약할 염려가 있다. 이 이론은 얼른 보면 과세관청이 납세의무자가 확정신고자진납부한 조세를 수령하고 아무런 조치를 취하지 않고 있는 데 대하여(별도 납부할 세액이 없는 경우 세무행정상의 관행이라고 볼 수도 있다), 과세관청이 조세를 수령한 때에 과세처분이 있었다고 보아 그 과세처분에 대하여 행정쟁송을 제기할 수 있게 하여 줌으로써 납세의무자에게 권리를 구제받을 기회를 더 주는 이론인 것으로 보인다.

그러나 실제에 있어 납세의무자는 일반적으로 납세고지서에 의하여 과세표준과 세액이 통지되지 않는 한 과세처분이 아직 되지 않고 있는 것으로 생각하고 있으므로, 전심절차를 제대로 거칠 수 없게 될 뿐만 아니라 납세고지서에 의하여 과세표준과 세율·세액 등이 통지되지 않았기 때문에 심사청구나 심판청구의 이유를 구성하는 데도 곤란을 겪게 되는 등 행정쟁송에 있어서 예측하지 못한 불이익을 받을 염려가 있다.

조세채권의 확정절차에 관한 법령의 규정을 지키지 않은 것은 과세관청인데 납세의무자가 이와 같은 불이익을 받게 되는 것은 부당하다. 또 이와 같은 결과가 납세의무자에게 납세고지서에 의하여 과세표준과 세액의 결정내용을 통지하도록 규정한 조세법령의 근본취지에도 반하는 것임은 두말할 나위조차 없다.

③ 확인적 부과처분에 취소사유밖에 되지 않는 하자가 있어 과납금이 생기는 경우에도 과세처분의 공정력 때문에 그 과세처분이 취소되기 전에는 납세의무자가 민사소송을 통하여 부당이득으로 세액의 반환을 청구할 수 없을 터인데, 납세의무자가 확정신고자진납부한 때에 과세처분이 있는 것으로 본다면 앞서 본 바와 같이 납세의무자가 과세처분이 된 것을 잘 알지 못하게 되어 행정쟁송으로 과세처분의 효력을 다툴 기회를 놓쳐 버리게 됨에 따라 민사소송을 통한 구제도 받을 수 없게 될 것이다.

④ 특히 확인적 부과처분의 이론을 인정함으로써 행정쟁송이나 민사소송에서 불이익을 받게 되는 것은 확정신고자진납부를 한 선의의 납세의무자임을 유의할 필요가 있다. 확정신고자진납부를

하지 아니한 납세의무자는 납세고지서에 의하여 과세표준과 세액의 결정내용을 통지받게 되어 권리를 구제받는 데 아무런 지장도 없는 데 반하여, 확정신고자진납부를 한 납세자는 그와 같은 통지를 받지 못하게 되기 때문이다.

⑤ 이 이론에 따르면 부과과세방식의 조세에 있어서 조세채권확정의 효력발생시기가 확정신고자진납부하는 경우(납세의무자가 확정신고자진납부한 때)와 과세관청이 납세고지서에 의하여 과세표준과 세액을 납세의무자에게 통지하는 경우(납세의무자가 납세고지서를 수령한 때)가 다르게 되어, 납세의무자는 물론 과세관청에게도 불필요한 오해와 혼란을 불러 일으켜 그렇지 않아도 복잡한 조세법률관계를 더욱 미궁 속으로 빠뜨리게 할 염려가 있다.』

나. 구 지방세법 제72조 제1항

(1) 구 지방세법 제72조 제1항(1997. 8. 30. 개정)에서 '의제적 행정처분' 제도가 도입되었다가 지방세기본법이 2010. 3. 31. 제정되어 2011. 1. 1. 시행됨으로써 폐지되었다. 무려 13년 가량 시행되었던 셈이다.

이러한 의제적 행정처분은 신고납세방식에 있어 세액의 확정신고가 행정소송법 제2조 제1항 소정의 '행정청이 행하는 구체적 사실에 관한 법집행'이 아니어서 고유한 의미의 행정처분성을 가질 수 없음에도, 납세자의 권리구제를 위하여 처분의 개념을 확대한 것이었다. 한편, 위와 같이 '확정신고'에 대하여 행정처분성을 부여함으로써 행정소송법상의 항고소송중심주의와 정합성을 기하기 위한 것으로 볼 여지도 있다. 행정소송법이 행정처분을 전제로 이를 공격하도록 하는 항고소송중심주의를 채택하는 이상 신고를 행정처분으로 의제하여 권리구제를 하여 줄 필요가 절실하였기 때문이다.

(2) 앞서 본 행정처분의 세 가지 기능을 중심으로, '본래 의미의 행정처분'과 신고와 같은 '의제적 행정처분'을 비교하여 본다.

	본래 의미의 행정처분	신고(의제적 행정처분)
행정청의 규범구체화기능	○	×
집행권원기능	○	○[4]
절차적(권리보장적) 기능	○	○

---

4) 국세기본법 시행령 제32조 제1호에 의하면, '납부의 기초가 된 신고'라는 용어를 사용하는데, 신고가 납부의 기초가 된다는 것, 즉 집행권원이 된다는 의미라 할 것이다. 대법원 1995. 2. 28. 선고 94다31419 판결 등에서 '신고납세방식의 조세로서 이러한 유형의 조세에 있어서 원칙적으로 납세의무자가 스스로 과세표준과 세액을 정하여 신고하는 행위에 의하여 납세의무가 구체적으로 확정되고, 그 납부행위는 신고에 의하여 확정된 구체적 납세의무의 이행으로 하는 것이며, 국가나 지방자치단체는 그와 같이 확정된 조세채권에 기하여 납세된 세액을 보유하는 것'이라고 판단하는 것도 동일한 의미라 할 것이다.

신고 또는 의제적 행정처분은 '행정청'이 하는 규범구체화 기능만을 가지지 않을 뿐 변형된 의미의 규범구체화 기능(세액의 확정), 집행권원 기능 및 절차적 기능을 가지는 것이어서 불완전하나마 행정처분성이 있다고 볼 여지가 있다. 다만 조세채무자 스스로 세액을 신고함으로써 규범구체화 기능을 조세채무자가 수행하고 있다는 점이 다르다.

(3) 납세자의 권리구제를 위하여 실정법에 나타난 「신고 = 의제적 행정처분」의 입법조치는 가히 혁명적이었다. 그러나 학계나 실무계에서는 이를 행정처분으로 보는 이상 신고일부터 90일 이내에 불복을 하지 아니하면 신고에 대한 불복방법이 없다는 일반 행정법 이론에만 집착한 나머지, 위 입법의 진정한 뜻을 이해하지 못한 채 '신고의 본질'및 신고의 '행정처분성'이나 '처분의 효력' 등을 궁극적으로 규명하지 못한 탓으로 이를 그만 미궁 속으로 빠뜨려 길을 잃게 하였다. 실정법에서 신고를 행정처분이라고 하였음에도 우리는 이를 당당하게 행정처분이라고 부르지도 못하고 무려 13년을 지내왔던 것이다.

(4) 납세자의 권리구제를 위하여 이러한 제도가 도입된 이상, 입법취지를 고려하여, "조세법 이론상, 행정처분의 효력은, 처분성의 강도나 규율내용에 따라, 다양할 수 있다."라는 전제 아래, 신고에 대하여 행정처분으로 의제된 날부터 불복기간 90일 이내에 신고세액을 다툴 수 있음은 물론 불복기간이 경과한 후라도 규범구체화 기능을 행정청이 아닌 조세채무자가 수행하였다는 점을 참작하여 신고에 불가쟁력이 없다고 봄으로써 언제든지 이를 다툴 수 있다고 해석할 여지가 열려 있었다.

'행정법 이론상 인정되는 행정처분의 효력' — 실정법상 이를 인정하는 규정이 없음에도 마치 선험적으로 그러한 효력이 주어진 것인 양 당연히 받아들이는 행정처분의 효력 — 을 조세법에도 그대로 도입하여 이에 집착한 나머지 납세자의 권리구제를 위한 탄력적이고 유연한 해석을 해내지 못함으로써, 납세자의 권리구제를 위하여 도입된 제도가 얄궂게도 납세자의 권리행사를 제한·억제하는 제도로 전락시키고 말았다.

다. 소득금액변동통지

(1) 관계법령
* 법인세법 제67조(소득처분)

『다음 각 호의 법인세 과세표준의 신고·결정 또는 경정이 있는 때 익금에 산입하거나 손금에 산입하지 아니한 금액은 그 귀속자 등에게 상여(賞與)·배당·기타사외유출(其他社外流出)·사내유보(社內留保) 등 대통령령으로 정하는 바에 따라 처분한다.
  1. 제60조에 따른 신고
  2. 제66조 또는 제69조에 따른 결정 또는 경정

　　　3. 국세기본법 제45조에 따른 수정신고』

* 법인세법 시행령 제106조(소득처분) 제1항

『① 법 제67조에 따라 익금에 산입한 금액은 다음 각 호의 구분에 따라 처분한다. 비영리내국법인과 비영리외국법인에 대하여도 또한 같다.

　　　1. 익금에 산입한 금액(법 제27조의2 제2항에 따라 손금에 산입하지 아니한 금액을 포함한다)이 사외에 유출된 것이 분명한 경우에는 그 귀속자에 따라 다음 각 목에 따라 배당, 이익처분에 의한 상여, 기타소득, 기타 사외유출로 할 것. 다만, 귀속이 불분명한 경우에는 대표자(소액주주 등이 아닌 주주등인 임원 및 그와 제43조 제8항에 따른 특수관계에 있는 자가 소유하는 주식 등을 합하여 해당 법인의 발행주식총수 또는 출자총액의 100분의 30 이상을 소유하고 있는 경우의 그 임원이 법인의 경영을 사실상 지배하고 있는 경우에는 그 자를 대표자로 하고, 대표자가 2명 이상인 경우에는 사실상의 대표자로 한다. 이하 이 조에서 같다)에게 귀속된 것으로 본다.

　　　가. 귀속자가 주주 등(임원 또는 사용인인 주주 등을 제외한다)인 경우에는 그 귀속자에 대한 배당

　　　나. 귀속자가 임원 또는 사용인인 경우에는 그 귀속자에 대한 상여

　　　다. 귀속자가 법인이거나 사업을 영위하는 개인인 경우에는 기타 사외유출. 다만, 그 분여된 이익이 내국법인 또는 외국법인의 국내사업장의 각 사업연도의 소득이나 거주자 또는 소득세법 제120조에 따른 비거주자의 국내사업장의 사업소득을 구성하는 경우에 한한다.

　　　라. 귀속자가 가목 내지 다목 외의 자인 경우에는 그 귀속자에 대한 기타소득

　　　2. 익금에 산입한 금액이 사외에 유출되지 아니한 경우에는 사내유보로 할 것

　　　3. 제1호에도 불구하고 다음 각 목의 금액은 기타 사외유출로 할 것

　　　가. 법 제24조에 따라 익금에 산입한 금액

　　　나. 법 제25조 및 조세특례제한법 제136조에 따라 익금에 산입한 금액

　　　다. 법 제27조의2 제3항(같은 항 제2호에 따른 금액에 한정한다) 및 제4항에 따라 익금에 산입한 금액

　　　라. 법 제28조 제1항 제1호 및 제2호의 규정에 의하여 익금에 산입한 이자·할인액 또는 차익에 대한 원천징수세액에 상당하는 금액

　　　마. 법 제28조 제1항 제4호의 규정에 의하여 익금에 산입한 금액

　　　바. 삭제(2006. 2. 9)

　　　사. 조세특례제한법 제138조의 규정에 의하여 익금에 산입한 금액

　　　아. 제1호 각 목 외의 부분 단서 및 제2항에 따라 익금에 산입한 금액이 대표자에게 귀속된 것으로 보아 처분한 경우 당해 법인이 그 처분에 따른 소득세 등을 대납하고 이를 손비로 계상하거나 그 대표자와의 특수관계가 소멸될 때까지 회수하지 아니함에 따라 익금에 산입한 금액

　　　자. 제88조 제1항 제8호·제8호의2 및 제9호(같은 호 제8호 및 제8호의2에 준하는 행위 또는 계산에 한정한다)에 따라 익금에 산입한 금액으로서 귀속자에게 상속세 및 증여세법에 의하여 증여

세가 과세되는 금액

차. 외국법인의 국내사업장의 각 사업연도의 소득에 대한 법인세의 과세표준을 신고하거나 결정 또는 경정함에 있어서 익금에 산입한 금액이 그 외국법인 등에 귀속되는 소득과 국제조세조정에 관한 법률 제4조, 제4조의2 및 제6조의2에 따른 과세조정으로 익금에 산입된 금액이 국외특수관계인으로부터 반환되지 않은 소득』

* 소득세법 시행령 제192조(소득처분에 따른 소득금액변동통지서의 통지) 제1항

『① 법인세법에 의하여 세무서장 또는 지방국세청장이 법인소득금액을 결정 또는 경정함에 있어서 처분(국제조세조정에 관한 법률 시행령 제25조 제6항에 따라 처분된 것으로 보는 경우를 포함한다)되는 배당·상여 및 기타소득은 법인소득금액을 결정 또는 경정하는 세무서장 또는 지방국세청장이 그 결정일 또는 경정일부터 15일 내에 기획재정부령이 정하는 소득금액변동통지서에 의하여 당해 법인에게 통지하여야 한다. 다만, 당해 법인의 소재지가 분명하지 아니하거나 그 통지서를 송달할 수 없는 경우에는 당해 주주 및 당해 상여나 기타소득의 처분을 받은 거주자에게 통지하여야 한다.

② ~ ③ (2010. 12. 30. 각 삭제)

④ 세무서장 또는 지방국세청장이 제1항에 따라 해당 법인에게 소득금액변동통지서를 통지한 경우 통지하였다는 사실(소득금액 변동내용은 포함하지 아니한다)을 해당 주주 및 해당 상여나 기타소득의 처분을 받은 거주자에게 알려야 한다.』

(2) 소득금액변동통지의 행정처분성 인정(= 조세행정처분)

대법원 2006. 4. 20. 선고 2002두1878 전원합의체 판결요지(다수의견)

『과세관청의 소득처분과 그에 따른 소득금액통지가 있는 경우 원천징수의무자인 법인은 소득금액변동통지서를 받은 날에 그 통지서에 기재된 소득의 귀속자에게 당해 소득금액을 지급한 것으로 의제되어 그 때 원천징수하는 소득세의 납세의무가 성립함과 동시에 확정되고, 원천징수의무자인 법인으로서는 소득금액변동통지서에 기재된 소득처분의 내용에 따라 원천징수세액을 그 다음 날 10일까지 관할 세무서장 등에게 납부하여야 할 의무를 부담하며, 만일 이를 이행하지 아니하는 경우에는 가산세의 제재를 받게 됨은 물론이고 형사처벌까지 받도록 규정되어 있는 점에 비추어 보면, 소득금액변동통지는 원천징수의무자인 법인의 납세의무에 직접 영향을 미치는 과세관청의 행위로서, 항고소송의 대상이 되는 조세행정처분이라고 봄이 상당하다.』

원천징수의무자인 법인은 소득금액변동통지서를 받은 날에 그 통지서에 기재된 소득의 귀속자에게 해당 소득금액을 지급한 것으로 의제되고, 그 때 원천징수하는 소득세의 납세의무가 성립함과 동시에 확정된다는 취지이다.

(3) 소득금액변동통지서 내용 및 통지의 법적 성질

① 소득금액변동통지의 주체 및 통지서의 내용

통지의 주체는 소득세법 시행령 제192조에 의하면 관할 세무서장 또는 지방국세청장이다. 이를 위반한 통지는 위법하다(대법원 2015. 1. 29. 선고 2013두4118 판결). 무효는 아니다(대법원 2012. 3. 29. 선고 2011두15800 판결).

'법인에 대한 통지서' 양식과 '소득의 귀속자에 대한 통지서' 양식이 있다. 통지서에는 수령자의 법인명, 주소, 대표자 성명, 소득의 종류, 사업연도, 귀속연도, 소득금액, 소득자의 성명·주소·주민등록번호 등을 기재하여야 한다.

통지는 원천징수의 대상이 되는 '소득의 종류' 및 '귀속자', '귀속연도', '소득금액' 등에 관한 사항을 법정 서식에 담아 이를 고지함으로써 효력을 발생한다. 소득의 귀속자나 소득의 귀속자별 소득금액을 특정하여 기재하지 않았다면 그 통지는 위법하다(대법원 2013. 9. 26. 선고 2011두12917 판결, 2014. 8. 20. 선고 2012두23341 판결).

통지서를 수령한 법인은 자동으로 성립·확정된 원천징수하는 소득세를 스스로 산정하여 이를 징수한 다음 통지서를 받은 날이 속하는 달의 다음 달 10일까지 지급하여야 한다.

② 부과처분인가? 징수처분인가?

소득금액변경통지는 자동으로 성립·확정된 소득세의 원천징수에 관한 과세관청의 대외적인 최초의 공적인 견해의 표명이다. 원래 원천징수하는 소득세(또는 법인세)는 소득금액을 지급하는 때에 자동으로 성립·확정된다.

'自動確定의 法理'상 부과처분이 될 수 없다. 즉 세액이 자동으로 확정됨을 전제하면서, 원천징수하는 소득세의 존부 및 범위를 정할 수 있는 기초자료만 제공될 뿐 원천징수하는 소득세의 구체적 수액이 고지되지 않는 점에 비추어 보면 구체적 세액을 확정한다는 의미의 부과처분으로 볼 수는 없다.

한편 통지서 수령일에 해당 소득금액의 지급이 의제되고 그날 원천징수의무가 성립·확정된다는 점 및 통지의 규율내용이 불완전하거나 미완결적이고 이를 보완하는 또 다른 징수처분이 예정되어 있다는 점에서, 결과적으로 임시성·중간성을 가지는 이상, 징수처분에 가깝다. 일본은 자동확정의 법리에 충실하면서 소득금액변동통지제도를 도입하고 있지 않다.

③ 소득금액변동통지와 징수처분의 관계

소득금액변동통지와 징수처분은 서로 결합하여 하나의 법적 효과를 발생시키는가? 독립하여 별개의 법적 효과를 발생시키는가? '하자의 승계 문제'와도 관련된 것이다.

만약 통지를 부과처분으로 본다면 통지와 징수처분은 별개의 법적 효과를 발생시키는 것으로 통지상의 하자는 징수처분에 승계된다고 볼 수 없다. 뒤에서 보는 대법원 2012. 1. 26. 선고 2009두14439 판결도 통지가 부과처분(?)임을 전제로 하자의 승계를 부인하고 있다.

그러나 통지와 징수처분은 원천징수의무의 원활한 이행을 촉진하기 위한 것으로, 서로 결합하여 하나의 법적 효과를 발생시킨다고 봄이 상당하다. 하자의 승계를 인정하여야 한다.

④ 소득의 귀속자에 대한 소득금액변동통지

소득세법 시행령 제192조 제1항 단서에 따른 소득의 귀속자에 대한 소득금액변동통지는 원천납세의무자인 소득의 귀속자의 법률상 지위에 직접적인 변동을 가져오는 것이 아니므로 항고소송의 대상이 되는 행정처분이라고 볼 수 없다(대법원 2011. 11. 24. 선고 2009두20274 판결, 2014. 7. 24. 선고 2011두14227 판결).

甲 회사가 부동산 양도 후 법인세를 신고하면서 양도금액 일부를 누락하자 과세관청이 법인 설립 당시의 대표이사인 乙을 실질적인 대표자로 보아 소득처분을 하고 乙에게 소득자통지용 소득금액변동통지서를 송달하였다면 과세관청이 乙에게 소득금액변동통지를 한 것을 甲 회사에 대한 소득금액변동통지로 볼 수 없고, 소득금액변동통지가 甲 회사에 대한 행정처분임을 전제로 취소를 구하는 부분은 부적법하다(대법원 2013. 9. 26. 선고 2010두24579 판결).

(4) 소득금액변동통지에 대한 불복방법

① 위 전원합의체 판결 전에는 소득금액변동통지 후 이어지는 징수처분의 취소소송에서 원천징수의무의 성립 여부 및 범위에 대하여 다툴 수 있었다. 전원합의체 판결 후에는 원천징수의무의 성립 여부 및 범위에 대하여는 소득금액변동통지의 취소소송에서만 다툴 수 있고 이후 징수처분에서는 다툴 수 없다고 판시하고 있다(대법원 2012. 1. 26. 선고 2009두14439 판결, 2011. 4. 14. 선고 2010두28908 판결).

대법원 2012. 1. 26. 선고 2009두14439 판결요지

『과세관청의 소득처분과 그에 따른 소득금액변동통지가 있는 경우 원천징수의무자인 법인은 소득금액변동통지서를 받은 날에 그 통지서에 기재된 소득의 귀속자에게 당해 소득금액을 지급한 것으로 의제되어 그때 원천징수하는 소득세의 납세의무가 성립함과 동시에 확정되므로 소득금액변동통지는 원천징수의무자인 법인의 납세의무에 직접 영향을 미치는 과세관청의 행위로서 항고소송의 대상이 된다(대법원 2006. 4. 20. 선고 2002두1878 전원합의체 판결). 그리고 원천징수의무자인 법인이 원천징수하는 소득세의 납세의무를 이행하지 아니함에 따라 과세관청이 하는 납세고지는 확정된 세액의 납부를 명하는 징수처분에 해당하므로 선행처분인 소득금액변동통지에 하자가 존재하더라도 그 하자가 당연무효 사유에 해당하지 않는 한 후행처분인 징수처분에 그대로 승계되지 아니한다. 따라서 과세관청의 소득처분과 그에 따른 소득금액변동통지가 있는 경우 원천징수하는 소득세의 납세의무에 관하여는 이를 확정하는 소득금액변동통지에 대한 항고소송에서 다투어야 하고 그 소득금액변동통지가 당연무효가 아닌 한 징수처분에 대한 항고소송에서 이를 다툴 수는 없다고 해야 할 것이다.』

소득금액변동통지는 원천징수하는 소득세의 납세의무를 확정하는 부과처분(?)으로서 후행처분인 징수처분의 선행처분의 지위에 있고, 양 처분 사이에 별개의 법적 효과를 발생시킨다는 이유로 하자승계를 부인한 다음, 통지처분을 다투지 아니하여 불가쟁력이 발생한 이상, 이후의 징수처분에서 다툴 수 없다는 것이다.

② 대법원 2011. 11. 24. 선고 2009두23587 판결

위 판결은, 소득금액변동통지를 받은 법인인 원천징수의무자가 원천징수한 세액을 납부한다음 그 원천징수에 오류가 있는 경우, 불가쟁력이 발생하였음에도, 국세기본법 제45조의2 제4항에 기한 통상의 경정청구가 가능함을 전제로, 경정청구의 기산일에 나아가 판단하고 있다. 따라서 위 대법원 2009두14439 판결과 서로 저촉하는 것으로 보인다.

다만 소득금액변동통지를 과세관청의 증액경정처분과 유사한 기능을 함을 전제로, 국세기본법 제45조의2 제4항에 의하여 준용되는 제1항 후단에서의 '과세표준 및 세액을 증가시키는 결정'에 해당하므로, 제1항 후단에 따라 소득금액변동통지를 받은 날부터 90일 이내에 경정을 청구할 수 있고 그 이후에는 경정청구를 할 수 없다는 견해가 있다. 이는 소득금액변동통지에 과도한 불가쟁력을 부여함으로써 국세기본법 제45조의2 제4항 소정의 원천징수의무자의 경정청구권을 제한하는 것으로 수긍하기 어렵다[제4장 제6절 9. 라. (3) 참조].

(5) 조세심판원의 결정

조세심판원은, 위 판결 전에도 일찍이 소득금액변동통지의 행정처분성을 인정하여 그 취소소송에서 원천징수의무의 성립 여부 및 범위에 대하여 다툴 수 있음은 물론, 소득금액변동통지에 대하여 다투지 아니하여 불복기간이 경과하였다 하더라도 그 후의 징수처분에서도 원천징수의무의 성립 여부 및 범위에 대하여 다툴 수 있다고 결정하였다.

조세심판원 2011. 11. 28. 2011서1003 결정

『(1) 본 건의 경우 심판청구일(2011. 3. 4.)이 청구법인이 소득금액변동통지서를 받은 날(2010. 7. 21.)부터는 90일이 경과하였으며 원천징수분 근로소득세 납세고지서를 받은 날(2010. 12. 8.)부터는 90일이 경과하지 아니하였는바, 먼저 본 건 심판청구가 본안심리대상인지 여부에 대하여 직권으로 살펴보기로 한다.

(가) 납세의무 확정절차를 정하고 있는 국세기본법 제22조 제1항 및 같은 법 시행령 제10조의2의 규정에 의하면 이른바 신고납세제도하의 국세에 있어서는 납세의무자의 신고(다만 정부가 과세표준과 세액을 결정하는 때에는 그 결정)에 의하여, 부과과세제도하의 국세에 있어서는 정부의 결정에 의하여 납세의무가 각각 확정되는 것을 원칙으로 하고 있으나, 관련법령을 종합하면 과세관청이 인정상여처분을 하고 그 소득금액변동통지를 하는 경우 그 통지를 받은 날에 해당 소득금액이 지급된 것으로 간주되어서 그 날에 원천징수할 근로소득세에 대한 납세의무가 성립됨과 동시에 납세의무자의 신고나 정부의 결정 등의 특별한 절차가 없이 확정되므로 과세관청의 소득금액변동통지

제
1
장

에 따라 원천징수하는 소득세에 있어서는 부과처분 등 별도의 확정절차 없이 동 통지에 의하여 납세의무가 확정되는 것임을 알 수 있다. 위와 같이 과세관청의 인정상여처분 및 이에 따른 소득금액변동통지는 외형적으로 통지의 형식을 빌었으나 그 실질은 법인에게 원천징수하는 소득세의 납세의무를 법률의 규정에 의하여 직접 확정시키는 '처분'이라 아니할 수 없고 그 법적 성격은 부과처분과 유사하다 할 것이다(국심 95서1073, 1996. 12. 26. 합동회의, 같은 뜻임). 따라서 소득금액변경통지는 원천징수의무자인 법인의 납세의무에 직접적인 영향을 미치는 과세관청의 행위로서 항고소송의 대상이 되는 조세행정처분이라 봄이 상당하다(대법원 2006. 4. 20. 선고 2002두1878 전원합의체 판결 참조).

(나) 그런데 소득금액변동통지를 불복대상인 처분으로 보는 경우, 본 건과 같이 소득금액변동통지를 받고 불복을 하지 아니하고 있다가 원천징수분 신고·납부를 불이행하여 근로소득세 납세고지서를 받고 불복하는 경우 당초 소득금액변동통지일을 기준으로 하여 적법한 불복청구기간이 경과하였다고 할 것인가 하는 문제가 남는다.

물론 소득금액변동통지를 불복대상인 처분으로 본다면 그 통지를 받은 날을 기산일로 하여 불복하여야 하고 그 후의 납세고지는 이미 확정된 조세채무의 이행을 최고하기 위한 징수처분에 불과하여 불복청구의 대상인 처분으로 볼 수 없으며(대법원 2011. 4. 14. 선고 2010두28908 판결 참조), 소득금액변동통지와 이에 따른 납세고지 모두 다툴 수 있도록 한다면 납세자에게 이중으로 불복기회를 제공하는 결과가 되어 불합리하다는 견해가 있을 수 있다.

(다) 살피건대, 국세기본법 제21조 제2항 제1호 및 제22조 제2항 제3호와 소득세법 시행령 제192조 제2항에 의하여 법인이 소득금액변동통지서를 받은 날에 당해 통지서에 기재된 인정상여금액이 귀속자에게 소득금액으로 지급한 것으로 의제되어 그 때에 원천징수하는 소득세의 납세의무가 성립함과 동시에 확정되는 것이나, 납세고지서와는 달리 소득금액변동통지서상에는 소득금액만 기재되어 있고 과세표준과 세액이 없어서 납세자는 자신이 부담하여야 할 세액을 정확하게 알 수가 없는 점, 이에 따라 원천징수분 근로소득세 납세고지에 순수한 징수처분의 성격만 있다고 보기는 어려우며 과세표준과 세액이 기재되어 있지는 아니한 소득금액변동통지를 보완하여 조세행정처분을 완성시키는 측면이 있는 점, 우리 원이 소득금액변동통지를 불복청구의 대상으로 인정(국심 95서1073, 1996. 12. 26. 합동회의 참조)하는 취지는 소득금액변동통지를 행정법상의 처분으로 보았다기보다는 처분과 유사한 효과가 생기기 때문에 납세자의 권리를 보호하기 위한 것인 점, 동일한 행정목적을 달성하기 위하여 단계적인 일련의 절차로 연속하여 행하여지는 선행처분과 후행처분이 서로가 결합하여 하나의 법률효과를 발생시키는 경우에 선행처분이 당연무효도 아니고 또한 불가쟁력이 발생한 후에도 선행처분의 하자를 이유로 하여 후행처분의 취소를 구할 수 있는 점(대법원 92누4567, 1993. 2. 9. 선고 외에 다수 같은 뜻임) 등을 감안할 때, 소득금액변동통지에 따른 원천징수분 신고·납부를 불이행함에 따라서 법인에게 통지하는 근로소득세 납세고지도 불복청구대상인 처분으로 보는 것이 타당하다고 판단된다.

다만 법인이 소득금액변동통지서를 받고 불복하든지 또는 납세고지서를 받고 불복하든지 한 번만 불복기회를 주는 것이 합리적이라 할 것이며, 이중으로 불복을 제기하며 내용이 같은 경우 일사부재리의 원칙에 따라 처리(조심 2009서84, 2009. 5. 21. 참조)하여야 할 것이다.

따라서 본 건의 경우 심판청구일이 소득금액변동통지서를 수령한 날로부터 90일이 경과하였으나, 원천징수분 근로소득세 납세고지서를 받은 날로부터는 90일이 경과하지 아니하였으며, 이중으로 불복을 제기하지도 아니하였으므로 본안심리대상으로 인정함이 타당하다 하겠다.』

(6) 조세심판원 결정의 분석

① 위 결정에 의하면, 소득금액변동통지의 법적 성격을 부과처분과 유사한 조세행정처분으로 본다 하더라도, 소득금액변동통지서상 소득의 종류 및 귀속자, 귀속연도, 소득금액 등이 기재되어 있을 뿐 구체적인 과세표준과 세액의 기재가 없어 원천징수의무자로서는 자신이 징수하여야 할 세액을 정확하게 알 수가 없기 때문에 통상의 부과처분에 비하여 그 규율내용이 불완전한 처분[5]이라는 것이다. 즉 행정처분의 본질적 기능인 규범구체화 기능을 제대로 가질 수 없다는 것이다. 물론 소득금액변동통지서에 권리구제를 위한 교시를 포함하고 있지도 않다.

소득금액변동통지 후 이어지는 원천징수분 근로소득세 납세고지는 일반 징수처분의 성격만 있는 것이 아니라 선행의 불완전한 처분인 소득금액변동통지를 보완하여 이를 완성시키는 측면을 부정할 수 없어 보완처분(= 원천징수하는 소득세의 조세채무가 자동으로 성립·확정되었음은 물론 구체적 원천징수세액을 알리는 의미의 처분)과 징수처분의 성격을 함께 가진다는 것이다.

결론적으로 소득금액변동통지에 처분성을 인정하더라도 규율내용이 불완전하여 이를 보완하는 처분이 뒤따라야 하고, 후에 이를 보완하는 징수처분이 이루어지면 비록 소득금액변동통지의 하자를 다투지 않았다 하더라도 그 통지에 불가쟁력이 발생하지 아니하거나 불가쟁력이 발생한다 하더라도 후행의 징수처분에 그 효력이 미치지 못한다고 보아, 그 징수처분에서 그 하자를 다툴 수 있는 기회를 주어야 한다는 것이다.

② 조세심판원이 1996. 12. 26. 국심 95서1073 사건에서 소득금액변동통지를 불복청구의 대상으로 인정한 취지는 소득금액변동통지를 세액을 확정하는 '처분'으로 본 것이 아니라 처분과 유사한 효과가 생기기 때문에 납세자 권리를 보호하기 위하여 '처분으로 의제'하여 이를 공격대상으로 하여 다툴 수 있게 하였다는 것이다. 원천징수하는 소득세는 자동확정방식의 조세로서 그 확정에 원천징수의무자나 과세관청의 어떤 행위가 개입할 여지가 없고 이론상 소득금

---

5) 서울행정법원, 조세소송실무(2012), 23면 이하에서, 소송물의 값 내지 인지첨부에 대하여 설명하면서, "소득금액변동통지처분 취소소송의 경우에 소장심사단계에서 납부의무를 면하게 되는 원천징수세액을 계산하여 인지액을 산정하는 것이 쉽지 않고, 소득금액변동통지가 조세부과처분이 아닌 조세행정처분이라는 점 등을 근거로 '비재산권을 목적으로 하는 소송'(규칙 제17조 제4호, 제18조의2)에 해당한다고 보아 종래 소가를 20,000,100원으로 처리하는 실무례도 있었으나, '납부를 면한 처분의 취소를 구하는 소송'(규칙 제17조 제1호)으로 보아 그 청구가 인용됨으로써 납부의무를 면하게 되는 금액인 원천징수세액을 기준으로 함이 다수의 실무례이다. … 중략 …. 다만, 소득금액변동통지서 자체에서는 원천징수세액이 표시되지 않으므로, 참여관의 인지액 심사단계에서 원고에게 원천징수세액을 확인할 수 있는 소가 계산자료의 제출을 요구하여 인지액수의 적정성을 검토하여야 할 것이다."라고 적고 있다.

액변동통지도 없어야 한다.

③ 하자승계의 이론, 즉 동일한 행정목적을 달성하기 위하여 단계적인 일련의 절차로 연속하여 행하여지는 선행처분과 후행처분이 결합하여 하나의 법률효과를 발생시키는 경우, 선행처분이 당연무효도 아니고 또한 불가쟁력이 발생한 후에도 선행처분의 하자를 이유로 하여 후행처분의 취소를 구할 수 있다는 이론에 따라 선행행위의 위법성이 후행행위에 승계됨을 그 근거로 삼고 있다.

④ 조세심판원의 결정이유는 앞으로 소득금액변동통지를 둘러싼 조세법의 이론을 전개함에 있어 많은 시사점과 연구 과제를 던지고 있다.

즉 조세심판원이 말하는 원천징수의무의 이행과 관련한 소득금액변동통지의 행정처분성 및 그 성질, 소득금액변동통지 처분의 규율내용의 불완전성(미완결성) 또는 처분의 임시성 내지 중간성, 후행처분의 선행처분 보완성, 하자승계의 법리, 소득금액변동통지의 불가쟁력 발생 여부 및 강도(불가쟁력 자체의 다양화), 불가쟁력이 후행 행정처분을 다투는 행정소송이나 경정청구에 미치는 영향 등 조세실체법상 내지 조세소송법상 많은 과제를 남긴다.

7. 결론

행정처분을 행정우월적·관료국가적 색채를 띠는 것으로 이를 격하할 것이 아니라 법치국가를 실현하기 위한 권리보장적 도구개념으로 이해하는 한 행정처분성은 확대되어야 한다.

조세법의 특성상 행정처분성의 강도는 처분의 규율내용에 따라 다양하므로 그 강도에 맞추어 그 효력도 다양하게 구성하여야 한다. 불가쟁력의 효력도 다양화 되어야 한다. 경우에 따라서는 본래 의미의 행정처분과는 달리 그 효력을 인정할 수 없는 경우도 있을 수 있다.

가. 신고의 행정처분성

부과과세방식에는 대법원 1990. 4. 13. 선고 87누642 판결 이유와 같이 확인적 부과처분을 인정할 여지가 없다. 그러나 신고납세방식에 있어 신고를 확인적 부과처분으로 볼 여지는 충분히 있었다. 이론구성에 문제점이 없는 것은 아니지만 신고를 부과처분으로 의제하면서 불가쟁력이 발생하지 않는 것으로 해석하는 것도 한 방법이다. 즉 신고를 한 조세채무자는 불복기간 내에서 신고세액을 다툴 수 있음은 물론 불복기간이 지난 후라도 불가쟁력이 없는 이상 경정청구를 통하여 이를 다툴 수 있고 그럼으로써 항고소송과의 정합성도 기할 수 있으며 나아가 실체적 진실주의도 실현할 수 있다.

독일 조세기본법 제168조, 제164조(제1장 제10절 2. 가. 참조)와 같이 입법적으로 해결하는 것이 바람직하니 입법이 없다 하더라도 그렇게 해석할 여지는 충분히 열려 있었다. 확인적 부과처분의 인정 여부에 관하여 논의의 장을 펼친 것도 나름대로 이유가 있었다.

나. 소득금액변동통지의 행정처분성 및 불가쟁력의 발생 여부

소득금액변동통지는 성질이나 규율내용의 불완전성, 미완결성, 임시성, 중간성 등에 비추어 볼 때 불가쟁력 내지 형식적 존속력은 있으나 실질적 존속력을 가지지 아니하는 그야말로 조세채무자의 권리구제를 위하여 행정처분으로 의제한 것으로 보고 싶다. 소득금액변동통지의 행정처분성은 인정하되 불가쟁력의 발생을 부정하거나 효력의 강도를 약한 것으로 이해하여야 한다. 그렇지 않다 하더라도, 소득금액변동통지라는 선행처분과 징수처분이라는 후행처분은 법인의 원천징수의무의 원활한 이행을 촉진하기 위한 것으로 서로 결합하여 하나의 법적 효과를 발생시킨다고 봄이 상당하고, 따라서 하자의 승계를 인정하여야 한다.

과연 대법원 판례와 같이 원천징수의무의 성립 여부 및 범위에 대하여 오로지 소득금액변동통지라는 조세행정처분의 취소소송에서만 다툴 수 있고 징수처분에서는 다툴 수 없다고 할 것인지 의문이다. 오히려 조세심판원의 결정과 같이 원천징수의무자에게 선택권을 주어 실체적 진실주의를 우선하는 쪽으로 해석하여야 한다(제4장 제6절 8. 다. 참조).

아울러 소득금액변동통지를 .다투지 아니한 채 원천징수의무자가 원천징수하는 소득세를 징수·납부한 후 과오가 있음을 발견한 경우, 이미 발생한 불가쟁력에 불구하고, 국세기본법 제45조의2 제4항에 기한 경정청구를 할 수 있음은 앞서 본 바와 같다.

다음과 같은 견해가 있어 이를 인용한다.[6]

『이러한 판례의 입장은 원칙적으로 수긍할 수 있는 바이기는 하지만 다음과 같은 아쉬움이 남는다. 대법원 2006. 4. 20. 선고 2002두1878 전원합의체 판결이 소득금액변동통지의 처분성을 인정한 것은 납세자의 권리구제를 폭넓게 인정하기 위한 것으로서 위 판례변경의 취지는 징수처분을 불복대상으로 삼는 것 이외에도 소득금액변동통지도 추가로 불복대상으로 삼을 수 있다는 것으로 볼 수 있으며, 소득금액변동통지와 징수처분 모두에서 그 세액의 범위와 존부를 다툴 수 있게 하더라도 조세쟁송상 별 문제가 없다. 그리고 소득금액변동통지서에는 일반적인 부과고지나 징수고지와 같이 정확한 세액이나 불복절차를 진행할 수 있는 점이 기재되어 있지도 아니하다. 원천징수의무자로서는 얼마의 세액을 납부하여야 하는지를 알 수도 없고, 소득금액변동통지가 처분이므로 불복할 수 있다고 생각하기도 쉽지 않다. 이에 반하여 징수처분은 최초로 정확한 세액이 명시되어 있고, 이로써 비로소 과세관청의 의견이 대외적으로 공식화된다고 볼 수 있으므로 이를 다툴 수 있도록 할 필요가 있다고 할 수 있다.』

---

6) 강석규, 조세법 쟁론(2020), 719면 참조.

다. 부과처분과 유사한 법형식의 행정처분

앞서 조세법상의 행정처분을 세액확정에 관여하는 부과처분과 그 이외의 일반 행정처분으로 나눌 수 있다고 설명하였다.

부과처분과 유사하나 부과처분과는 구별되는 처분의 종류로 '세액의 감면·추징절차에 관여하는 부과처분', '과다환급금확정절차에 관여하는 부과처분', '제2차 납세의무 확정절차에 관여하는 부과처분(납부통지)' 등이 있다.

첫째, 세액의 감면·추징절차에 관여하는 부과처분이다. 과세요건법의 영역을 벗어난 독특한 규율을 받는다.

둘째, 과다환급금확정절차에 관여하는 부과처분이다. 이는 국세기본법 제51조 제9항의 해석에 관한 것으로 부과처분 유사의 성질 및 징수처분의 성질을 함께 가진다.

셋째, 제2차 납세의무 확정절차에 관여하는 부과처분(납부통지)이다. 제2차 납세의무의 납부통지는 징수처분과 부과처분의 성질을 아울러 가진다.

라. 조세법상 행정처분의 유형 및 불가쟁력 강도의 다양화

① 일반 행정처분
② 의제적 부과처분
③ 조세행정처분(소득금액변동통지)
④ 제1차적 부과처분
⑤ 제1차적 부과처분과 유사한 처분
⑥ 소득세 및 법인세의 중간예납세액결정(소득세법 제65조 제1항, 법인세법 제63조 제6항)
⑦ 개인사업자에 대한 부가가치세 예정부과결정[7](일반사업자: 신 부가가치세법 제48조 제3항, 제49조 제2항, 시행령 제90조 제4항, 간이사업자: 신 부가가치세법 제66조)
⑧ 징수처분

조세법상 행정처분의 유형을 세분함으로써 처분성의 다양한 강도를 인정해야 한다. 그 처분성의 강도에 걸맞게 불가쟁력의 강도도 다양화하여야 한다. 그 강도에 관하여 보건대 구 지방세법 제72조 제1항 소정의 의제적 행정처분은 불가쟁력이 없는 것으로, 소득금액변동통지는 없거나 약한 것으로, 제1차적 부과처분은 강한 것으로 그 순서를 매길 수 있을 것이다.

---

7) 신 부가가치세법에서 도입된 것으로, 개인사업자에 대하여는 예정신고의무를 면제하되 그 대신 납세지 관할 세무서장이 각 예정신고기간마다 직전 과세기간에 대한 납부세액에 50%를 곱한 금액을 결정하여 고지·징수하고, 세무서장이 결정하여 고지한 세액을 납부한 개인사업자는 확정신고시 과세기간(6개월)을 대상으로 확정신고를 하여야 하는데, 그 확정신고시 이러한 예정고지세액을 납부세액에서 공제하도록 되어 있다.

제5절

행정처분의 효력

1. 일반적 효력

행정행위는 중대하고 명백한 하자가 없는 한(중대명백설), 원칙적으로 외부에 표시(송달·통지)함으로써 효력을 발생하고 그 효력은 다양하다.

즉 행정행위에 효력이 있다는 것은, ① 행정행위가 당사자에 대하여 내용상 구속적이라는 것(내용상의 구속력), ② 행정행위가 권한 있는 기관에 의하여 취소되기까지는 절차상 유효한 것으로 통용되어 행위의 상대방이나 이해관계자에게 구속적이라는 것(공정력), ③ 처분청의 행위가 다른 행정기관 등에 대하여 내용적으로 구속을 가한다는 것, 즉 구성요건으로서의 효력을 갖는다는 것(구성요건적 효력), ④ 행정행위는 정규의 구제절차에 의하여서만 상대방 또는 이해관계인이 다툴 수 있고(불가쟁력 = 형식적 존속력), 일정한 행정행위는 그 상대방은 물론 처분청에 의해서도 취소·철회될 수 없어 행정행위의 내용에 따른 어떤 법적 지위가 확정되어 존속한다는 것(실질적 존속력), ⑤ 행정행위가 상대방에 대하여 강제성을 갖는다는 것(강제력)을 뜻한다. 조세경정법상 중요한 것은 불가쟁력이다.

가. 내용상의 구속력

행정행위가 적법요건을 갖추면 행정청이 표시한 의사의 내용에 따라(법률행위적 행정행위) 또는 법령이 정하는 바에 따라(준법률행위적 행정행위) 일정한 법적 효과를 발생시키고 당사자를 구속하는 힘을 갖는다. 이를 내용상의 구속력이라 부른다. 이는 통상 행정행위의 성립·발효와 동시에 발생하고 취소나 철회가 있기까지 지속한다.

처분청도 그 행위를 취소하거나 철회하지 않는 한 행위의 내용에 구속된다. 행정행위의 발령은 일방적이나 내용상의 구속력은 쌍방적이다. 모든 행정행위에서 당연히 인정되는 실체법상의 효력으로 구체적인 내용은 행정행위 내용문제이다. 명령적 행위에는 의무이행이, 형성적 행위에는 권리·의무의 형성이 각 문제된다.

나. 공정력

판례에 의하면 행정행위는 그것이 당연무효가 아닌 한 권한을 가진 기관에 의해 취소될 때까지는 행위의 상대방이나 제3자가 그 효력을 부인할 수 없는 일종의 구속력을 발생시키는데 이를 공정력이라 한다. 행정소송 및 불복기간의 제도에서 유래한다. [취소소송의 배타성, 취소소송의 배타적 관할 = 공정력]으로 표현될 수 있다. 그러나 공정력 내지 취소소송의 배타성은 앞서 본 바와 같이 상대적인 것으로 이해하여야 할 것이다(제1장 제3절 5. 참조). 공정력은 행위의 상대방과 이해관계인에게만 미치고 다른 행정청과 법원에게는 미치지 않으며 다만 구성요건적 효력만이 문제된다.[1]

위법한 부과처분에 대하여 제2차적 구제수단으로 손해배상청구를 인정하는 경우 부과처분의 취소소송의 배타성 내지 공정력에 반하는 것이 아닌가 하는 문제가 제기될 수 있다. 그러나 손해배상책임을 인정하는 것과 공정력은 별개의 문제라 할 것이다[제1장 제1절 2. 나. (4) 참조].

다. 구성요건적 효력

취소할 수 있는 행위인가를 불문하고 유효한 행정행위가 존재하는 한 모든 행정기관과 법원은 그 행위와 관련이 있는 결정이나 판결을 함에 있어 그 행위의 존재와 법적 효과를 인정해야 하고 아울러 그 내용에 구속된다. 이러한 구속력이 구성요건적 효력이다.

우리나라의 '판결 등에 따른 경정'과 비교되는 독일 조세기본법 제174조 제4항의 적용에 있어 독일 판례에 의하면 선행절차(출구절차)에서의 재정법원의 판결은 후행경정에 대하여 구성요건적 효력을 가진다고 판시하고 있다(제4장 제5절 2. 라. 참조).

2. 존속력[2]

가. 형식적 존속력(불가쟁력)

(1) 취소소송중심주의, 취소소송의 배타적 관할 등이 마련된 행정소송제도 아래에서 불복기간(제소기간)의 도과로 이를 다툴 수 있는 정규의 법적 구제절차가 없게 되면 행정행위의 상대방 등으로서는 더 이상 행정행위의 효력을 다툴 수 없다. 이를 형식적 존속력 또는 不可爭力이라 한다.[3] 행정법 이론상 시정책으로 직권취소가 논하여진다. 독일에서는 불가쟁력(정확하

---

1) 독일 조세기본법 제124조 제2항에 의하면 "행정행위는 직권취소, 철회, 폐지(경정)되거나 시간의 경과 또는 다른 방법으로 종결되지 않는 한, 그 범위 내에서(solange und soweit), 유효하게 존속한다."라고 정하고 있다. 공정력을 실정법에 명문화하였다.

2) 독일에 있어 존속력(Bestandskraft)은 조세기본법상 경정의 총칙규정인 제4편 제3장 Ⅲ의 제목으로 사용된 법률상 용어이다.

3) 대법원 2002. 5. 28. 선고 2001두9653 판결(병역처분취소처분분취소)에서 '형식적 존속력'이라는 말이 사용된다. 대법원 2000. 4. 25. 선고 2000다2023 판결(손해배상)에서, "일반적으로 행정처분이나 행정심판재결이 불

게는 존속력)이 발생한 경우 권리구제를 위하여 원칙적으로 경정청구를 인정하고 있고, 그 이외에 행정절차법에 재심의 청구제도를 두고 있다.

(2) 신고납세방식에서는 1차적으로 확정신고에 의하여 세액 등이 확정되나 2차적으로는 과세관청이 세액을 확정하고, 부과과세방식에서는 과세관청이 1차적으로 세액을 확정한다. 이를 '稅額確定節次의 法的 構造'라 한다. 이러한 법적 구조 아래에서 조세채무자나 과세관청은 대등한 관계에서 실체적 진실주의를 실현하여야 한다.

세액확정절차에는 실정법상 제척기간, 불복기간, 경정청구기간 등 3개의 경직된 기간제한이 있다. 제척기간 이외에 그보다 짧은 불복기간이나 경정청구기간이라는 제한의 추가적 설정은 조세채무자에게만 준수가 강요되는 것으로 그에게만 불리한 불균형을 초래하였다. 이를 세액확정절차의 '構造的 不均衡'이라 부른다.

(3) 다만 2014. 12. 23. 국세기본법 제45조의2 제1항의 개정으로 통상의 경정청구기간을 통상의 제척기간 5년과 일치시킴으로써 이러한 불균형은 그 범위 내에서 크게 해소되었다.

2010. 12. 27. 개정된 국세기본법 제45조의2 제1항 후단은 과세표준신고가 전제된 '[신고 + 증액경정]의 사안'에서 최초신고세액분과 증액경정분으로 나누어 규율하여 경정청구의 가능범위를 확대함으로써 불균형의 해소에 크게 기여하였다.

(4) 세액확정절차에서 문제되는 조세사안은 다음과 같이 크게 두 그룹으로 나눌 수 있다. 주로 세액확정절차에서 문제되지만 결손금확정절차, 환급세액확정절차에도 적용된다(결손금에도 부과처분에 의하여 감액되는 경우 불가쟁력이 발생하므로 두 그룹으로 나눌 수 있다).

먼저 과세표준신고가 전제된 '[신고 + 증액경정]의 사안'이다. 이는 국세기본법 제45조의2 제1항 후단의 적용을 받는다. 여기에는 주로 경정거부처분 취소소송이 문제된다. 물론 위 후단의 적용을 받는 경우 납세자는 경정거부처분 취소소송과 부과처분(증액경정처분) 취소소송 중 하나를 선택할 수 있다[제4장 제2절 1. 라. (4) 참조].

다음 과세표준신고가 전제되지 아니한 제1차적 부과처분(신고납세방식이든 부과과세방식이든 과세표준신고가 없는 상태에서 과세관청이 처음으로 하는 부과처분) 및 당초부터 과세표준신고의무가 없는 종합부동산세 부과처분 등이 개입된 사안의 그룹이다. 이를 '[제1차적 부과처분 등]의 사안'이라 부른다.

복기간의 경과로 인하여 확정될 경우, 그 확정력은 그 처분으로 인하여 법률상 이익을 침해받은 자가 당해 처분이나 재결의 효력을 더 이상 다툴 수 없다는 의미일 뿐, 더 나아가 판결에 있어서와 같은 기판력이 인정되는 것은 아니어서 그 처분의 기초가 된 사실관계나 법률적 판단이 확정되고 당사자들이나 법원이 이에 기속되어 모순되는 주장이나 판단을 할 수 없게 되는 것은 아니라고 할 것인바(대법원 1993. 8. 27. 선고 93누5437 판결, 1994. 11. 8. 선고 93누21927 판결 각 참조), 이와 다른 견해에서 위와 같이 판단한 원심은 행정처분의 확정력(존속력)에 관한 법리를 오해한 위법이 있다."라고 하여 '확정력 = 존속력'으로 보고 있다. 통상 판례에서는 '존속력'은 사용되지 않고 '불가쟁력'이라는 말만 사용되고 있다.

각 그룹에는 적용되는 경정법리가 전혀 다르다. 경정청구의 가능 여부에 있어, 전자는 국세기본법 제45조의2 제1항 후단의 적용을 받아 경정청구가 가능함에 대하여, 후자는 경정청구가 불가능하다. 불가쟁력 및 기판력이 발생하는 범위의 관점에서 보면, 전자는 구체적인 경정청구사유에 한하여 발생하는 등으로 개별적임에 대하여, 후자는 해당 부과처분 전부를 다툴 수 없다는 점에서 포괄적이다.

나. '[제1차적 부과처분 등]의 사안'과 불가쟁력

(1) 조세법상 처분에는 세액확정에 관여하는 부과처분과 세액확정과 무관한 부과처분이 아닌 행정처분이 있다. 여기서는 제1차적 부과처분 및 종합부동산세 부과처분에 관하여 살핀다.

(2) 제1차적 부과처분 등은 전심절차를 거쳐 행정소송을 제기할 수 있으나 불복기간이 지나면 그 처분 전부에 대하여 포괄적으로 불가쟁력이 발생한다(不可爭力의 包括性). 실정법에서 불가쟁력의 발생 후 경정청구를 할 수 있다는 규정을 두고 있지 않는 이상 원칙적으로 이를 시정할 구제수단은 없다는 것이 통설 및 판례의 견해이다.[4] 신고납세방식이든, 부과과세방식이든 과세표준신고의 유무(제1차적 부과처분 해당 여부)가 구제수단의 태양을 정하는 결정적 요소로 작용하게 되는 것이다.

(3) 대법원 2018. 6. 15 선고 2017두73068 판결

『1. 구 국세기본법(2015. 12. 15. 법률 제13552호로 개정되기 전의 것, 이하 같다) 제45조의2 제1항 본문은 "과세표준신고서를 법정신고기한까지 제출한 자는 최초신고 및 수정신고한 국세의 과세표준 및 세액의 결정 또는 경정을 법정신고기한이 지난 후 5년 이내에 관할 세무서장에게 청구할 수 있다."라고 규정하고 있다.

한편 고액의 부동산 보유자에 대하여 종합부동산세를 부과하여 부동산보유에 대한 조세부담의 형평을 제고하고, 부동산의 가격안정을 도모함으로써 지방재정의 균형발전과 국민경제의 건전한 발

---

4) 이창희, 전게서, 243면('부과처분에 대한 경정청구')에서, "일반론으로는 경정청구는 너무 많은 세액을 신고납부한 경우이 구제수단이고 부과처분의 흠은 짧은 불복기간 안에 抗告爭訟 절차로 다투어야 한다. 종래 국세기본법에는 부과처분의 흠도 경정청구기한이 남은 이상 다툴 수 있었지만 법을 개정하여 이 가능성을 막았다. 입법론으로는 경정청구(나아가서 행정처분에 대한 불복)는 국가의 부과권과 균형을 맞추어야 한다. 국가의 증액경정이 가능한 한 납세의무자에게도 경정청구권이 있어야 한다. 절차적 제한이 어느 한 당사자에게만 유리하게 작용한다는 것은 옳지 않다. 행정처분에 불복할 수 있는 불변기한을 정해 항고소송이나 경정청구에 배타성을 주어 행정법관계를 조속히 안정시켜야 한다는 일반행정법 논리는 세법과 어긋나는 점이 있기 때문이다. 세법에서는 두 가지 다른 사정이 있다. 첫째 일반적인 행정법관계에서 행정처분의 유무효를 빨리 확정시켜야 하는 까닭은 행정처분이 많은 사람의 이해관계에 영향을 미치는 까닭이다. 그러나 과세처분은 돈 문제일 뿐이고 처분을 받은 납세의무자 이외의 다른 사람에게는 아무런 영향이 없다. 둘째 조세법률관계에서는 과세처분에 대한 불복기간이 지나더라도 어차피 법률관계가 안정되지 않는다. 국세부과의 제척기간이 지나지 않는 한 국가는 언제나 새로 세금을 매길 수 있는 까닭이다."라고 적고 있다.

전에 이바지하기 위한 목적으로 2005. 1. 5. 제정된 종합부동산세법은 당초 종합부동산세를 '납세의무자가 당해 연도 12월 1일부터 12월 15일까지 과세표준과 세액을 관할세무서장에게 신고하고 납부'하여야 하는 신고납부방식의 국세로 규정하고 있었다(위 법 제16조 제1항, 제2항).

그런데 2007. 1. 11. 개정된 종합부동산세법은 종합부동산세가 원칙적으로 관할세무서장이 납부하여야 할 종합부동산세의 세액을 결정하여 당해 연도 12월 1일부터 12월 15일까지 부과·징수(위 개정된 법 제16조 제1항)하는 부과과세방식의 국세이나, 납세의무자가 신고납부방식으로 종합부동산세를 납부하고자 하는 경우 종합부동산세의 과세표준과 세액을 당해 연도 12월 1일부터 12월 15일까지 관할세무서장에게 신고하면 종전의 부과처분은 없었던 것으로 보는 선택적 신고납부방식의 국세로 규정하였다(위 개정된 법 제16조 제3항).

이에 따라 구 종합부동산세법(2014. 1. 1. 법률 제12153호로 개정되기 전의 것, 이하 같다) 제21조는 관할세무서장의 납세의무자에 대한 종합부동산세 부과·징수를 용이하게 하기 위하여 시장·군수에게 '주택분 재산세의 부과자료는 7월 31일까지, 토지분 재산세의 부과자료는 9월 30일까지 국토교통부장관에게 제출할 의무'를(제1항), 국토교통부장관에게 '주택 및 토지에 대한 종합부동산세의 납세의무자를 조사하여 납세의무자별로 과세표준과 세액을 계산한 후, 주택분의 경우 매년 8월 31일까지, 토지분의 경우 매년 10월 15일까지 국세청장에게 통보할 의무'를(제2, 3항) 각 부과하고 있다.

또한 구 종합부동산세법은 과세관청이 납세의무자가 보유한 주택 중 종합부동산세의 과세표준 합산대상에 포함되지 않는 주택(이하 '합산배제 대상주택'이라고 한다)을 파악하여 정당한 세액의 종합부동산세를 부과할 수 있도록 합산배제 대상주택을 보유한 납세의무자에게 당해 연도 9월 16일부터 9월 30일까지 납세지 관할세무서장에게 당해 주택의 보유현황을 신고(이하 '합산배제신고'라고 한다)할 의무를 부과하고 있다(제8조 제3항).

이와 같이 납세의무자의 합산배제신고는 과세관청이 정당한 세액의 종합부동산세를 부과하기 위하여 반드시 필요한 것으로서, 그 신고서 제출이 이루어지면 과세관청은 국토교통부장관 등으로부터 이미 제공받은 과세자료 등에 그 신고의 내용을 반영하여 비로소 정당한 종합부동산세 과세표준과 세액을 산출할 수 있게 된다. 이에 따라 부과된 종합부동산세에 이의가 없는 경우 납세의무자는 이를 그대로 납부하는 것이고, 단지 그 선택에 따라 합산배제신고를 하지 않고 있다가 신고납부방식으로 종합부동산세를 납부할 수도 있는 것이다. 이렇듯 종합부동산세의 경우 납세의무자가 합산배제신고를 하게 되면, 과세관청이 특별한 사정이 없는 한 이러한 신고의 내용과 시장 등으로부터 제공받은 과세자료 등을 토대로 납부하여야 할 세액을 그대로 산정할 수 있게 된다.

이러한 종합부동산세법의 제정 및 개정 경위, 종합부동산세 관련 규정의 체계 및 내용에 비추어 보면, 과세관청이 정당한 세액을 특정할 수 있도록 구 종합부동산세법 제8조 제3항에서 정한 법정신고기한까지 합산배제신고서를 제출한 납세의무자는 합산배제신고를 하지 않고 종합부동산세가 부과된 이후 합산배제 대상주택을 반영하여 종합부동산세를 신고납부한 납세의무자와 마찬가지로 구 국세기본법 제45조의2 제1항 본문에 따른 통상의 경정청구를 할 수 있다고 봄이 타당하다.』

판결요지는 종합부동산세법의 제정 및 개정 경위, 종합부동산세 관련 규정의 체계 및 내

제
1
장

용에 비추어 보면, 과세관청이 정당한 세액을 특정할 수 있도록 구 종합부동산세법 제8조 제3
항에서 정한 법정신고기한까지 합산배제신고서를 제출한 납세의무자는 합산배제신고를 하지
않고 종합부동산세가 부과5)된 이후 합산배제 대상주택을 반영하여 종합부동산세를 신고납부한
납세의무자와 마찬가지로 구 국세기본법 제45조의2 제1항 본문에 따른 통상의 경정청구를 할
수 있다는 것이다.

위 판례는 합산배제신고를 연결고리로 삼아 통상의 경정청구를 인정했다. 불가쟁력이 발
생한 부과처분에 대하여 구제수단을 완전히 봉쇄할 것이 아니라 그 효력을 조세채무자에게 전
부 감수하게 하는 것이 현저히 부당한 경우 등 예외적인 경우 해석상 불가쟁력의 돌파를 인정
하여 경정청구를 할 수 있음을 암시한 판결로 볼 여지도 있다. 불복기간은 만고불변의 진리를
선포하는 시간의 구획선이 아니다. 불가쟁력의 강도를 다양화하여 때로는 이를 돌파할 때도
있어야 한다.

(4) 제1차적 부과처분 등의 증액경정

제1차적 부과처분 등에 대하여 불가쟁력이 발생하였다 하더라도 과세관청은 이와 무관하
게 증액경정을 반복할 수 있다. 과세관청이 증액경정을 하면 흡수소멸설에 따라 이미 발생한
불가쟁력은 소멸하게 되어 당초 부과처분의 내용도 심리판단의 대상이 된다. 다만 국세기본법
제22조의3에 따라 세액의 불복범위가 제한된다(제1장 제7절 5. 참조).

(5) 불가쟁력과 기판력

제1차적 부과처분 등에 불복하여 취소소송을 제기하였으나 패소확정되었다면 그 판결에
대하여 기판력이 발생한다. 기판력의 발생범위는 패소판결에서 구체적으로 어떠한 것이 다투
어졌는지 따질 필요없이 소송을 한 번 거친 이상 전부에 대하여 기판력이 발생한다[제1장 제6
절의2 3. 나. (2) 참조]. 한 번 패소한 이상 더 다툴 여지가 없다. 이러한 유형의 부과처분에 국
한하여 볼 때, 기판력의 발생범위와 불가쟁력의 발생범위는 평행되게 보아야 한다.

다. '[신고 + 증액경정]의 사안'과 불가쟁력

(1) 조세채무자의 과세표준신고 후 과세관청이 증액경정을 하여 불가쟁력이 발생한 경우
경정청구를 할 수 있는지 여부가 문제된다.

국세기본법 제45조의2 제1항이 2007. 12. 31. 개정되기 전에 있어, 대법원 2009. 10. 29.
선고 2007두10792 판결은 문언의 해석상 불복기간이 지나 불가쟁력이 발생하였다 하더라도

---

5) 이 사안은 과세관청이 원고가 합산배제신고를 했음에도 이를 배척하면서 종합소득세를 부과했다. 원고는 이를
   납부한 다음 그 부과처분이 있음을 안 날부터 90일이 지난 후에 경정청구를 하였는데 과세관청은 이를 이유
   로 경정청구를 각하하였다. 원심은 원고가 합산배제신고를 한 것만으로는 국세기본법 제45조의2 제1항 본문에
   서 정한 경정청구를 할 수 있는 자에 해당한다고 볼 수 없다는 이유로 부적법하다고 판단했다.

경정청구기간 내라면 경정청구를 할 수 있다고 해석하였다. 이후 불가쟁력에 충실하기 위하여 국세기본법 제45조의2 제1항이 2007. 12. 31. 개정되었다.

한편 국세기본법 제45조의2 제1항 후단이 2010. 12. 27. 재개정되어 그 규율내용이 문제된다(제4장 제2절 1. 라. 참조). 대법원 2014. 6. 26. 선고 2012두12822 판결을 참고할 필요가 있다(제4장 제2절 1. 다. 참조).

『원심은, 원고들이 2008. 9. 1.자 이 사건 당초 처분에 대하여 불복기간 안에 이의신청, 심판청구 등의 절차를 밟지 않음으로써 이 사건 당초 처분은 불가쟁력이 발생하였고, 그 이후인 2009. 4. 8. 이 사건 증액경정처분이 내려졌으므로, 이 사건 증액경정처분의 취소를 구하는 이 사건 소 중 이 사건 당초 처분 세액의 취소를 구하는 부분은 부적법하다고 판단하였다. 우선 앞서 본 것과 같이 이 사건 당초 처분에 대하여 불가쟁력이 발생하기 위해서는 그 불복기간이나 경정청구기간이 모두 경과하여야 할 것인데, 원심이 이 사건 당초 처분에 대한 불복기간이 경과하였다는 사정만으로 불가쟁력이 발생하였다고 판단한 것은 잘못이라고 하겠다.』

대법원이 불가쟁력을 어떠한 이유로 이와 같이 이해하였는지 그 고뇌를 짐작할 수 있다. 조세법에 있어 불가쟁력의 발생 여부 및 강도는 다양화되어야 한다.

(2) 부과처분의 분할과 불가쟁력의 발생범위

2010. 12. 27. 개정된 국세기본법 제45조의2 제1항 후단에 의하면, 조세채무자의 경정청구를 보장하기 위하여, 그 범위 내에서, 최초신고세액분과 증액경정분으로, 부과처분이 분할된다[제4장 제2절 1. 라. (6) 참조]. 후단의 적용 대상은 신고납세방식이든 부과과세방식이든, 과세표준신고가 전제된 '[申告 + 增額更正]의 事案'이다.

첫째, 위 사안에서 납세자가 전혀 다투지 않았다면 '증액경정' 부분에 한하여 불가쟁력이 발생하고, 발생범위는 그 증액경정의 구체적 사유에 국한된다(불가쟁력의 개별성). 그러나 최초신고세액분은 경정청구기간 5년 이내에서는 통상의 경정청구를 할 수 있고, 사유를 달리하는 이상 각 사유마다 경정청구를 반복할 수 있다.

둘째, 위 사안에서 경정청구를 하였으나 과세관청이 거부처분을 하였고 불복기간이 지났다면 그 경정거부처분에 대하여도 최초신고세액이든, 증액경정분이든 불가쟁력이 발생한다. 발생범위가 문제된다. '최초신고세액분'에 관하여 본다. 경정청구기간 5년 이내에서 통상의 경정청구를 할 수 있고 사유마다 경정청구를 반복할 수 있는 이상, 경정거부처분의 불가쟁력은, 경정청구의 대상이 된 사유에 국한하여 발생한다. 경정거부처분의 불가쟁력의 범위를 좁게 보지 아니하면 경정사유를 달리함에도 경정청구를 봉쇄할 수 있기 때문이다. 경정거부처분의 불가쟁력은 해당 경정사유에 국한하여 발생한다(불가쟁력의 개별성). '증액경정분'에 대하여 본다. 구체적 경정청구사유가 된 부분에 대하여는 경정거부처분에 대한 불가쟁력이, 경정청구의 사유로 삼지 않은 부분에 대하여는 본래의 부과처분에 대한 불가쟁력이 각 개별적으로 발생한다 (불가쟁력의 개별성).

(3) '[신고 + 증액경정]의 사안'에서의 기판력의 발생범위는 [제1장 제6절의2 4., 5.]에서 설명한다.

라. 소득금액변동통지와 불가쟁력

소득금액변동통지에 처분성을 인정하더라도 규율내용이 불완전하여 이를 보완하는 처분이 뒤따라야 하는 점 등에 비추어 불가쟁력의 발생을 부정하거나 효력의 강도를 약한 것으로 이해하여야 한다(제1장 제4절 7. 나. 참조).

마. 제1차적 부과처분과 불가쟁력의 돌파

'[제1차적 부과처분 등]의 사안'에서, 과세관청은 증액경정을 반복할 수 있는데 조세채무자만이 세액이 과다함에도 불가쟁력으로 이를 다툴 수 없도록 하는 것이야말로 정의공평의 원칙에 반한다(세액확정절차의 구조적 불균형, 비대칭적 관계). 불복기간은 만고불변의 진리를 선포하는 시간의 구획선이 아니라 평화의 선이기 때문이다.

해석론으로, 권리구제의 필요성이 절실하다면 예외적으로 제1차적 부과처분 등에 대하여 불가쟁력을 돌파시켜 부당이득반환청구를 인정하여야 한다. 해석론 내지 입법론으로 경정청구를 인정하여야 할 것이다. 그 예를 본다.

(1) 위법처분에 대하여 조세채무자가 즉시 위법함을 인식하고 시정조치를 취하는 것을 기대하기 어려운 경우

평가기관의 부동산 평가(감정)에 터잡아 상속세 부과처분을 하여 세액을 확정하였는데, 이후 평가가 잘못된 것임이 판명되었다면 확정된 세액을 어떠한 방법으로 시정함이 옳은가? 당초 부실감정임을 모르고 다투지 아니하였는데 불복기간이 지난 후 부실감정임을 알았다면 조세채무자에게 구제수단이 제공되어야 마땅하다. 당초 위법처분에 대한 시정조치를 취하지 않았다 하여 그를 비난할 수 없기 때문이다. 구제방법으로 손해배상청구라는 우회적 방법이 있다(뒤에서 보는 대법원 87다카2569 판결 참조). 실체적 진실주의를 실현하기 위하여 예외적 상황 아래에서 불가쟁력의 돌파를 인정하여야 한다.

(2) 민사소송법상의 재심사유나 이에 준하는 사유가 있는 경우

민사소송법상 재심사유로는 여럿 있다. 재심사유인 '형사상 처벌받을 행위로 인한 자백 또는 공격방어방법의 제출방해', '문서의 위조·변조, 증인 등의 허위진술' 등에 준하는 사유, 즉 불복기간의 도과 과정에 있어 과세공무원의 형사처벌을 받을 수 있는 행위가 개입된 경우나 과세자료의 수집과정에서 과세공무원이 문서의 위조·변조, 증인 등의 허위진술 등에 관여

한 경우, 실체적 진실주의를 실현하기 위하여 예외적으로 불가쟁력의 돌파를 인정하여야 한다.

(3) 불가쟁력을 조세채무자에게 전부 감수하게 하는 것이 현저히 부당한 경우

불가쟁력의 효력을 조세채무자에게 전부 감수하게 하는 것이 현저히 부당한 경우 무효와 취소의 구별기준에 관한 중대명백설을 완화하여 무효로 보자는 견해6)가 있다.

대법원 2009. 2. 12. 선고 2008두11716 판결[제1장 제10절 6. 가. ⑬ 판결, 당시 신고를 의제적 행정처분으로 보던 시기의 것이다]에 의하면, "취득세 신고행위는 납세의무자와 과세관청 사이에 이루어지는 것으로서 취득세 신고행위의 존재를 신뢰하는 제3자 보호가 특별히 문제되지 않아 그 신고행위를 당연무효로 보더라도 법적 안정성이 크게 저해하지 않는 반면, 과세요건 등에 관한 중대한 하자가 있고 그 법적 구제수단이 국세에 비하여 상대적으로 미비함에도 위법한 결과를 시정하지 않고 납세의무자에게 그 신고행위로 인한 불이익을 감수시키는 것이 과세행정의 안정과 그 원활한 요청을 참작하더라도 납세의무자의 권익구제 등의 측면에서 현저하게 부당하다고 볼 만한 특별한 사정이 있는 때에는 예외적으로 이와 같은 하자가 있는 신고행위가 당연무효라고 함이 타당하다."라고 판시하고 있다.

이와 같이 불가쟁력의 효력을 조세채무자에게 전부 감수하게 하는 것이 현저히 부당한 경우 등 예외적 상황이라면 무효와 취소의 구별기준에 관하여 중대명백설이 아닌 중대설이 타당하다 할 것이다.

한편 대법원 2009. 4. 23. 선고 2006다81257 판결[제1장 제10절 6. 가. ⑭ 판결, 당시 신고를 의제적 행정처분으로 보던 시기의 것이다]은, 취득세에 있어 간주취득과 이후 영업양수도 방식에 의한 실제 취득한 사건에 있어, 간주취득으로 인한 취득세는 부과처분에 의하여 확정되었고 영업양수도 방식에 의한 실제 취득으로 인한 취득세는 의제적 행정처분인 신고에 의하여 각 확정되었는데, 그 양 취득에 대한 취득세 부담이 이중과세에 해당된다고 하면서도, 중대명백설의 기준에서 그 하자가 명백하지 않다고 하여 당초 부과처분이 무효가 아니라고 판시하였다. 중대설의 입장에서 무효를 인정하는 것이 타당하다.

대법원 2018. 7. 19. 선고 2017다242409 전원합의체 판결은 중대명백설을 재확인하였다. 과세관청으로 하여금 '명백성'이라는 보호막 뒤에 숨을 수 있도록 하여 국가를 두텁게 보호함으로써 결과적으로 조세채무자의 구제수단을 인정하지 않았다.

설득력 있는 위 전원합의체 판결의 소수의견을 인용한다.

---

6) 소순무, 전게서, 538면에서, "다른 접근기준을 제시한다면, 처분에서의 하자가 과세요건에 관한 중요한 것이어야 하고, 과세행정의 안정과 원활한 운영의 요청을 참작하여도 여전히 불복신청기간의 도과에 의한 불가쟁력의 효과를 납세자에게 전부 감수하게 하는 것이 현저하게 부당한 것인지의 여부에 따라 판단되는 것이라고 할 것이다."라고 적고 있다.

『법령에 대한 잘못된 해석으로 인한 불이익을 납세의무자에게 전가시켜서는 안 된다.

국민의 재산권 내지는 경제생활에 직접적인 영향을 미치는 조세법률관계는 일반 행정법관계와 달리 채권채무관계로서의 실체를 지니고 있다. 그리하여 과세처분은 그 존재를 신뢰하는 제3자의 보호가 특별히 문제 되지 않고, 따라서 그 위법성의 중대함을 이유로 당연무효라고 하더라도 법적 안정성이 저해되지 않는다. 과세행정의 안정과 원활한 운영의 요청을 참작한다고 하여 잘못 부과·납부된 세금을 납세의무자에게 반환하지 아니할 정당한 근거가 될 수 없다. 그런데도 과세처분에 납세의무에 관한 법령을 잘못 해석한 중대한 하자가 있고, 그로써 납세의무 없는 세금이 부과·납부된 경우, 그 과세처분의 효력을 무효로 보지 않는 다수의견은 잘못된 법령 해석으로 인한 불이익을 과세관청이 아닌 납세의무자에게 전가시키는 결과가 되어 납득할 수 없다.

더욱이 국가는 납세의무에 관한 법령의 규정을 제정하였을 뿐 아니라, 그 법령의 해석에 관하여 납세의무자와 비교할 수 없을 정도로 우월한 전문성을 보유하고 있다. 납세의무에 관한 법령의 규정이 명확하지 않아 그 해석·적용에 다툼의 여지가 있다면, 그렇게 법령을 제정한 국가가 그로 인한 불이익을 감수하여야지, 해당 법령의 제정·적용에 관여하지 아니한 국민에게 불이익 내지 그 책임을 떠넘겨서는 안 된다. 법령의 규정에 관한 법리가 명백히 밝혀지지 않아 그 해석에 다툼의 여지가 있는 이상 그 과세법리가 적용된 하자는 명백성 요건을 결하여 당연무효로 볼 수 없다는 다수의견의 논리는 결과적으로 위와 같은 국가의 책임전가를 가능하게 하는 이론으로서, 이는 우리의 헌법이념에 반함은 물론이고 보편적 도덕관념에도 부합하지 않는다.』

『조세법상 구제절차가 납세자 구제에 충분하지 않은 경우에는 법원이 해석론으로써 납세자를 구제하여야 한다.

조세법률관계에는 그 부과나 징수에 행정작용이 개입하므로 부득이하게 사법상 법률관계와 다른 측면도 포함되어 있다. 이를 감안하여 조세법에서 별도로 마련한 쟁송절차가 있으면 이를 가급적 존중하여야 함은 물론이다. 조세법상 쟁송절차가 납세자의 권익을 보호하고 구제하는 데에 부족함이 없이 완벽하게 마련되어 있다면 다른 구제수단을 활용할 필요가 없다. 그런데 조세법상 구제절차를 통하여 구제를 받으려면 납세자는 복잡하고 난해한 법령을 짧은 기간 내에 스스로 파악해서 행정청에 불복하고, 그 결정이 있은 후 90일 이내에 행정소송을 제기하여야만 한다. 이러한 절차가 납세자를 구제하기에 충분하지 않다면 법원은 가급적 구제의 범위나 통로를 넓힐 필요가 있다.

특히 해석상 다툼의 여지가 있는 법리를 적용한 과세야말로 납세자를 구제할 필요성이 있는 경우이다. 국가는 국민으로부터 법령에 규정된 정당한 세액을 초과하는 범위의 세금을 거둘 권한은 없다. 해석상 불명확한 과세법령을 만든 주체가 국가이고 그 과세법령을 잘못 해석하고 적용하여 결과적으로 잘못된 과세를 한 주체도 국가이다. 어떻게 보아도 국가의 잘못이라 할 수 있을 뿐 납세자에게 책임이 있다고 할 수 없다. 그런데도 조세 법령에 대한 전문지식이 부족한 납세자가 짧은 불복기간 내에 쟁송을 제기하지 못하였다고 하여, 그로써 국가가 세금을 돌려줄 책임을 면한다고 하여 결과적으로 납세자에게 책임을 전가하는 것은 매우 부당하다.』

소수의견은, 국가는 납세의무에 관한 법령을 제정하였고 법령해석에 관하여 우월한 전문성을 보유하고 있으므로 납세의무에 관한 법령의 규정이 명확하지 않아 그 해석·적용에 다툼의 여지가 있다면 그렇게 법령을 제정한 국가가 그로 인한 불이익을 감수하여야지 해당 법령의 제정·적용에 관여하지 아니한 국민에게 불이익 내지 그 책임을 떠넘겨서는 안 된다는 '국가의 과세윤리'를 강조하고 있다.

짧은 90일의 불복기간만으로 납세자를 구제하기에 충분하지 않다면 법원은 해석의 방법으로 — 예외적인 상황이라면 무효와 취소의 구별기준에 관한 중대설을 취하는 것을 포함하여 — 구제의 범위를 확대하여야 한다.

불가쟁력의 효력을 조세채무자에게 전부 감수하게 하는 것이 현저히 부당한 경우에까지 납세자로 하여금 부당한 조세의 수납상태를 시정함이 없이 그대로 감수하라고 강요하는 것은 '정의공평의 원칙'에 반한다. 부과처분을 통하여 세금이 수납되었다는 한 가지 이유만으로 국가로 하여금 이를 계속 보유하게 하는 것 자체가 설득력을 잃는다.

이러한 소수의견은 아래 일본 최고재판소 판결을 참작할 때 더욱 설득력을 가진다.

(4) 일본 최고재판소 판결

① 최고재판소 1974. 3. 8. 판결요지

사정변경에 기한 경정청구가 규정되어 있지 않던 당시 소득세법상 잡소득이 사후에 회수불능된 사안에 관한 것이다.

『 … 금전채권이 후일 회수불능된 경우 회수불능의 발생과 회수불능의 수액이 특별한 인정판단을 기다릴 것 없이 객관적으로 명백하고 과세관청에 인정판단권을 유보할 합리적 필요성이 없다고 인정되는 경우에까지 과세관청 자신에 의한 시정조치가 강구되지 않는 한 납세자가 앞선 과세처분에 기한 조세의 수납을 감수하지 아니하면 안 된다고 하는 것은 현저히 부당하여 정의공평의 원칙에 반한다고 하여야 한다. 그러한 이유로 과세관청에 의한 시정조치가 없는 경우라도 과세관청 또는 국가는 납세자에 대하여 그 회수불능된 금액의 한도에서 이제는 해당 과세처분의 효력을 주장할 수 없고, 따라서 위 과세처분에 기하여 조세를 징수할 수 없음은 물론 이미 징수한 것은 법률상 원인을 상실한 이득으로서 이것을 납세자에게 반환하여야 한다고 해석함이 상당하다. … 』

위 판결은 3가지로 요약된다.

(i) 정의공평의 원칙은 조세경정법에도 실현되어야 한다.

회수불능이 객관적으로 명백함에도 과세처분에 대한 효력(= 불가쟁력)이 발생하였고 회수불능사유로 경정청구를 할 수 있는 제도를 제대로 갖추지 않았다는 이유만으로 조세법률관계의 일방 당사자인 납세자로 하여금 조세수납을 감수하도록 요구하거나 방치하는 것, 즉 국가의 세금보유를 정당화하는 것은 현저히 부당하여 정의공평의 원칙에 반한다.

(ii) 정의공평의 원칙을 실현하기 위하여, 예외적인 경우, 국가로 하여금 불가쟁력을 주장할 수 없도록 해야 한다.

정의공평의 원칙은 조세경정법에서도 활약의 장이 있다. 납세자나 국가는 이 원칙에 터잡아 상호 협력하는 자세에서 조세법률관계를 실현하여야 한다. 납세자로 하여금 조세수납을 감수하도록 요구하거나 방치함으로써 국가의 세금보유를 정당화하는 것이 현저히 부당하여 정의공평의 원칙에 반하는 경우, 부과처분에 불가쟁력이 발생하였다 하더라도, 국가로 하여금 불가쟁력을 주장할 수 없도록 해야 한다.

(iii) 경정제도가 불비되었다면 부당이득반환청구로 교정되어야 한다.

국가가 불가쟁력을 주장할 수 없는 이상, 예외적으로 불가쟁력이 돌파된 이상, 수익자인 국가로서는 그가 수납한 조세를 계속적으로 보유할 수 있는 법적 근거인 연결고리를 상실하여 세금보유를 정당화할 수 없다. 급부부당이득으로서 법률상 원인을 상실한 이상 납세자에게 이를 반환함이 정의공평의 원칙에 부합한다.

이상과 같이, 예외적 상황이라면 포괄적·실효적·물샐틈없는 권리구제를 위하여 최후의 보충적 구제수단인 부당이득반환청구를 인정하여 납세자를 구제해야 한다. 일본 최고재판소는 사정변경에 기한 경정청구를 인정하지 아니함으로써 세액확정절차의 '구조적 불균형'이 심각하였던 현실을 고려한 나머지 구제의 필요성이 절실한 경우라면, 무효와 취소의 구별기준에 관한 중대명백설을 논함이 없이, 해당 부과처분의 효력을 주장할 수 없다고 하면서, 곧바로 부당이득반환청구를 인정하였다.

② 최고재판소 1973. 4. 26. 판결요지
소득의 귀속에 관한 오류가 있는 경우 그 처분의 효력에 관한 것이다.

『첫째, 일반적으로 과세처분은 과세관청과 피과세자 사이만에 존재하는 것이고 처분의 존재를 신뢰하는 제3자의 보호를 고려할 필요가 없다는 점을 감안하면, 해당 처분에 있어 내용상의 과오가 과세요건의 근간에 관한 것으로 징세행정의 안정과 원활한 운영의 요청을 참작하더라도 역시 불복기간의 도과로 인한 불가쟁적 효과의 발생을 이유로 피과세자에게 그 처분으로 인한 불이익을 감수케 하는 것이 현저히 부당하다고 인정되는 예외적 사정이 있는 경우에는 위와 같은 과오로 인한 하자는 해당 처분을 무효로 만든다고 해석함이 상당하다.

둘째, 본건 과세처분은 양도소득이 전혀 없음에도 있다고 하여 행하여진 점에서 과세요건의 근간에 관한 중대한 과오를 저지른 하자를 가진다.

셋째, 원고들에게 하자 있는 과세처분의 불가쟁적 효과에 의한 불이익을 감수하게 하는 것은, 예를 들어 원고들이 위와 같은 각 등기의 경유과정에 있어 전혀 무관계하다고 할 수 없고 사후에 명시적 또는 묵시적으로 이를 용인하였다든지 또는 그 표현적 권리관계에 기하여 무엇인가의 특별한 이익을 향수하고 있다는 등의 특단의 사정이 없는 한, 원고들에 대하여는 현저히 가혹하다.

넷째, 사정이 이렇게 판명된 이상 진실한 양도소득 귀속자에게 과세할 여지도 있고 … , 이러한 경우 해당 처분의 표현상의 효력을 복멸시킴에 의하여 징세행정상 특별한 지장·장해를 초래하였다고 말하기 어려운 것으로 ⋯ 본건은 ⋯ 이렇다 할 책임이 없는 원고들에게 위 처분에 의한 불이익을 감수시키는 것이 현저히 부당하다고 인정되는 예외적 사정이 있는 경우에 해당하여, 위 과오로 인한 하자는 본건 과세처분을 당연무효로 만든다고 해석함이 상당하다.』

위 판결은 3가지로 요약된다.

(i) 무효와 취소의 구별기준에 있어 무효사유의 판단상 지표로 납세자 권리보호의 요청, 징세행정의 안정과 원활한 운영의 확보, 제3자 신뢰보호의 요청 등 3가지의 대립하는 가치가 있고 구체적인 사안에 따라 이익형량하여야 한다.

(ii) 부과처분에는 제3자 신뢰보호의 요청이 필요없어 이를 사정권 밖에 둔 다음 나머지 2가지 가치를 대립시키고 있다. 소득의 귀속에 관한 내용상의 과오는 과세요건의 근간에 관한 중대한 오류로서 − 징세행정의 안정과 그 원활한 운영의 요청을 참작하더라도 − 처분의 불가쟁적 효과를 그대로 유지시킨다는 것은 납세자에게 현저히 가혹하다.

(iii) 과세요건의 근간에 관한 중대한 오류가 있는 경우 등 예외적인 경우 그 처분에 의한 불이익을 납세자로 하여금 전부 감수하도록 하는 것은 현저히 부당하므로 해당 처분의 표현상의 효력을 복멸시키기 위하여 당연무효로 보아야 한다.

일본 최고재판소는 무효와 취소의 구별기준에 관하여 원칙적으로 중대명백설의 입장을 취하면서도 과세요건의 근간에 관한 중대한 오류 등이 있는 등 예외적인 사안에 있어 '표현상의 효력'인 불가쟁력을 복멸시키기 위하여 중대설(구체적 이익형량설 ?)을 취함으로써 구체적인 사안에서 납세자의 실효적인 권리보호에 앞장서고 있다고 평가하고 싶다.

(5) 입법론상 통상의 경정청구의 요건

입법론으로, 제1차적 부과처분에 있어, 예외적으로, 불가쟁력의 효력을 조세채무자에게 전부 감수하게 하는 것이 현저히 부당하여 정의공평의 원칙에 반하는 경우 불가쟁력의 돌파를 인정한 다음 조세채무자에게 경정청구권을 인정하는 제도를 도입하여야 한다. 헌법상 실체적 진실주의는 법적 안정성과 동등한 가치를 가진다. 단지 불복기간이 지났거나 놓쳤다는 한 가지 이유만으로 실체적 진실주의를 완전히 포기할 수 없다. 세액확정절차에 있어 불가쟁력을 조세채무자에게 전부 감수하게 하는 것이 현저히 부당한 경우 등 예외적 사유가 있다면 이를 돌파시켜 조세채무자에게 통상의 경정청구를 인정하는 등으로 실체적 진실에 접근할 수 있는 기회를 부여하여야 한다. 대법원 2016. 12. 29. 선고 2010두3138 판결도 이러한 정의공평의 원칙에서 경정청구를 인정한 것으로 볼 수 있다.

즉 (i) 불복기간을 둔 제도적 취지를 근본에서 몰각시키지 않는 범위 내에서 (ii) 위법 처분에 대하여 조세채무자가 즉시 이를 인식하고 시정조치를 취하는 것을 기대하기 어려운 경우, 또는 민사소송법상의 재심사유나 이에 준하는 사유가 있는 경우, 또는 불가쟁력을 조세채무자에게 전부 감수하게 하는 것이 현저히 부당한 경우 등 정의공평의 원칙에 반하는 경우로써 (iii) 이러한 사정이나 사유의 발생에 조세채무자에게 고의나 중과실이 없는 경우를 요건으로 삼아, 예외적으로, 불가쟁력을 돌파시켜, 통상의 경정청구를 인정하는 제도를 도입하여야 한다.

바. 직권취소

(1) 지방세기본법 제58조(구 지방세법 제25조의2)는 "지방자치단체의 장은 지방자치단체의 징수금의 부과·징수가 위법·부당한 것임을 확인하면 즉시 그 처분을 취소하거나 변경하여야 한다."고 정함으로써 '職權取消義務'를 명시하고 있다.

(2) 이에 대하여 다음과 같은 견해[7]가 있다. 이론상 인정되는 직권취소를 지방세기본법에서 명시적으로 규정한 점을 지적하면서 국세에서도 직권취소를 적극적으로 활용하여야 한다는 것이다.

『이러한 구제방법에는 불복청구요건, 불복기간 등의 절차상의 한계가 따르기 때문에 구제청구를 실기한 납세자는 더 이상 처분의 당부에 관하여 다툴 수 없는 불이익을 당하기 마련이다. 그렇다고 하여 과세관청이 당해 처분의 부당·위법사실을 알게 된 경우에도 이를 시정하지 아니하면 헌법상의 재산권 보장의 이념에 부합하지 아니할뿐더러 조세채무가 없는 자가 조세를 부담하게 되어 조세정의에도 어긋나는 결과가 된다. 이러한 경우 과세관청의 직권시정조치는 필수적인 것이다. … 국세의 경우에는 이러한 명문규정이 없더라도 앞에서 설명한 조세법률주의의 원칙에 따라 과세관청은 당연히 직권구제를 행할 의무가 있다고 할 것이다. 다만 부과·징수절차에서의 흠은 직접 이해관계자인 납세자 등이 가장 잘 알 수 있기 때문에 이들의 신청에 의하여 구제절차가 개시되는 것에 불과한 것이라는 제도적 인식이 필요하다. 그러므로 국세에서도 이러한 직권구제 규정을 명문화하여야 하고 그 절차도 마련하여 실효성 있게 운용하여야 한다. … 또한 처분 개개의 위법사유가 아닌 조세법령에 대한 법령심사에서 처분에 일률적으로 적용된 조항이 무효로 판단된 경우 과세관청은 소송계속 여부에 관계없이 적극적으로 나서 직권으로 처분을 취소·변경하여야 할 것이다. 직권구제를 확대하는 것이 불필요한 쟁송으로 인한 비용과 시간을 절약하고 세정의 신뢰를 구축하는 길이다. … 위 지방세기본법 제58조의 성격이 훈시규정인지 강행규정인지 문제가 된다. … 위 거부행위를 처분으로 보고 이에 대하여 다시 불복절차를 인정한다면 납세자가 제기하는 일정한 불복절차를 통하여 분쟁을 해결하려는 조세쟁송제도는 혼란스럽게 될 것이다. 그러므로 납세자가 위 조항에 해당한다는 사유로 이에 대하여 다시 통상적인 조세불복절차를 진행시킬 수 없고, 과세관청이 직무수행과정에서 스스로 그 부당·위법을 인지하거나 승인한 경우에 관한 규정으로 해석하는 것이 옳을 것이다.』

위 견해는 직권취소의 필요성은 있으나 조세채무자에게는 구제수단이 될 수 없다는 것이

---

7) 소순무, 전세서, 116면 이하 참소.

다. 지방세기본법 제58의 문언에 충실하면서 불가쟁력과의 조화로운 해석이 필요하다(제6장 제4절 5. 참조).

(3) 지방세법상의 제1차적 부과처분에 있어 구제의 필요성 또는 경정청구를 허용할 필요성이 절실한 경우라면 앞서 본 '입법론상 통상의 경정청구의 요건' 아래 지방세기본법 제58조에 터잡아 조세채무자에게 통상의 경정청구를 인정할 수 있다 할 것이다.

무효와 취소의 구별기준에 관한 중대명백설을 유지할 필요성이 있고 부과처분의 흠이 명백하지 않아 취소사유에 불과하다 하더라도, 불가쟁력을 조세채무자에게 전부 감수하게 하는 것이 현저히 부당한 경우라면 지방세기본법 제58조에 터잡아 불가쟁력의 돌파를 인정하여 조세채무자에게 부당이득반환청구를 인정하거나 통상의 경정청구를 인정하여야 한다. 그렇지 않다 하더라도 같은 요건 아래 지방세기본법 제58조의 직권취소의무는 재량행위에서 기속행위로 전환된다 할 것이다.

(4) 지방세기본법 제58조에 대하여는 적극적 의미가 부여되어야 한다. 장식품으로 취급할 것이 아니라 적어도 지방세에 있어 경정청구제도를 보완하는 기능을 수행하도록 적극적으로 해석해야 한다.

지방세기본법에도 국세기본법과 동일하게 제2차 납세의무자에 관한 규정을 두고 있다(제45조부터 제48조). 지방세에도 제2차 납세의무자의 납세의무를 경정하기 위하여 직권취소제도를 활용하여야 하는바[이원적 경정법체계, 제1장 제11절 8. 라. (3)], 근거조항이 없는 국세기본법과는 달리, 지방세기본법 제58조 소정의 직권취소 조항이 법적 근거가 된다.

사. 실질적 존속력

(1) 실질적 존속력이란?

일정한 행정행위는 불복기간이 지나면 상대방이 이를 다툴 수 없음은 물론 처분청에 의해서도 취소·철회될 수 없어 행정행위의 내용에 따른 법적 지위가 확정되어 존속한다. 이를 실질적 존속력이라 한다. 이론적으로 형식적 존속력과 실질적 존속력은 동전의 양면으로, 형식적 존속력이 발생하면 이에 짝하여 해당 내용의 법적 지위가 확정되어 존속하는 실질적 존속력이 생긴다. 이것이 진정한 의미의 실질적 존속력이다.[8] 즉 세액확정절차에 제1차적 부과처분이

---

8) 홍정선, 행정법원론(상), 2008년판, 369면 주 2)에서, "독일의 일반적 견해는 형식적 존속력이 발생하면 동시에 실질적 존속력이 발생하는 것으로 이해된다. 그리고 실질적 존속력을 '발령청과 관계자가 그 규율에 내용상 구속된다'는 의미와 '발령청을 포함하여 어떠한 행정청도 그 행정행위를 변경할 수 없고 또한 그것과 다른 새로운 결정을 할 수도 없다'는 의미로 이해하고, 아울러 '행정행위의 폐지·변경은 다만 특별한 법률 또는 특별한 원리에 따라서만 가능하다'고 새긴다."라고 적고 있다. 독일의 실질적 존속력은 실질적 기관력에 비견되는 것으로 보인다. 실질적 존속력은 인적 범위로 발령청과 관계당사자에게 미치고, 물적 범위로서 당초 행정행위를 변경하거나 그것과 다른 새로운 결정을 할 수 없으나 다만 특별한 법률 등(경정 등의 규정)에 의하여

관여하면 형식적 존속력에 의하여 세액이 확정되고 조세채무자는 물론 국가도 그 세액을 다툴 수 없어야만 진정한 의미의 실질적 존속력이라 할 수 있다.

(2) 실질적 존속력은 경정법 체계상 수용될 수 있는가?

결론적으로 없다. 왜냐하면 불가쟁력이 발생한 부과처분에 대한 경정청구는 원칙적으로 불가능하고 이러한 불가쟁력은 조세채무자만을 구속하며, 반면 과세관청은 제척기간 내라면 횟수에 관계없이 증액경정을 반복할 수 있기 때문이다. 규율내용의 비대칭으로 세액확정절차의 구조적 불균형이 잔존함은 앞서 본 바와 같다.

(3) 입법론상, 실체적 진실주의와 법적 안정성의 조화를 위하여, 조세채무자와 국가를 대칭적으로 규율하기 위하여, 독일 조세기본법 제173조 제1항과 같이 존속력이 발생하였음을 전제로, 그럼에도 국가나 조세채무자 공히 새로운 사실이나 증거가 발견된 경우에 한하여 증액경정을 하거나 감액경정을 하도록 함이 이상적이다.

독일 조세기본법 제173조

『제173조(새로운 사실 및 증거의 발견에 기초한 조세결정의 폐지 또는 변경)

(1) 다음과 같은 경우 조세결정은 폐지되거나 변경되어야 한다.

1. 세액을 증가시키는 사실이나 증거가 사후에 발견된 경우

2. 세액을 감액시키는 사실이나 증거가 사후에 발견되고, 그 사후적 발견에 조세채무자에게 중대한 책임이 없는 경우. [2]세액을 감액시키는 사실이나 증거가 제1호에 있어서의 사실이나 증거와 직접적 또는 간접적 관계에 있다면 그 책임은 고려되지 아니한다.

(2) 외부세무조사에 의하여 조세결정이 이루어진 경우라면, 제1항과는 달리, 고의에 의한 조세포탈 또는 중과실에 의한 조세감경이 존재하는 경우에 한하여, 그 조세결정은 폐지되거나 변경될 수 있다.』

제173조 제2항에 의하면 일단 외부세무조사를 거치면 원칙적으로 조세결정은 폐지되거나 변경될 수 없다는 것인바, 이를 강학상 '외부세무조사 후 증액경정의 제한'이라고 부른다. 세무조사 자체가 증액경정의 제한요소(소극적 경정요건)가 된다는 것이다. 물론 고의에 의한 조세포탈 및 중과실에 의한 조세감경의 경우에는 예외다.

중복세무조사 사유가 없음에도 중복세무조사를 한 경우 증액경정에 나아갈 수 없고 증액경정을 한다면 그 자체 위법하다는 '양도소득세 중복세무조사 사건'의 판결(대법원 2017. 12. 13. 선고 2016두55421 판결, 제1장 제13절 8. 가. 및 라. 참조)도 이와 궤를 같이 한다.

이를 변경할 수 있다는 것이다.

아. 전심절차에서의 재결과 실질적 존속력의 인정

(1) 전심절차에서의 재결은 예외이다. 재결은 준사법적행위 내지 준재판(準裁判)[9]이라고 할 수 있어, 예외적으로, 불가쟁력(형식적 존속력)이 발생하면 이와 짝하여 실질적 존속력(불가변력)이 발생한다고 보아야 한다. 따라서 재결이 확정되면 불복당사자는 물론 재결청(처분청, 관계행정청) 쌍방을 구속하는 효력이 발생한다.

재결의 형식적 존속력 및 실질적 존속력은 판결의 기판력(형식적 확정력 및 실질적 확정력)과 비견할 수 있다. 기판력에 준하여, 재결로 부과처분이 취소되었다면 재결의 실질적 존속력에 따라 과세관청은 동일처분을 반복할 수 없다. '동일처분 반복금지효'에 국한하여 볼 때, 이는 국세기본법 제80조 소정의 기속력이 아니라 실질적 존속력에서 나오는 것으로 보아야 한다(제6절의2 7. 다. 참조).

(2) 대법원 2001. 9. 14. 선고 99두3324 판결요지

『국세심판소가 소득처분에 따른 의제소득에 대한 갑종근로소득세 원천징수처분을 위헌으로 결정된 구 법인세법(1994. 12. 22. 법률 제4804호로 개정되기 전의 것) 제32조 제5항에 근거한 것이라는 이유로 취소하자 과세관청이 현실귀속 소득 등으로 보고 다시 갑종근로소득세 원천징수처분을 한 경우, 그 처분은 국세심판소의 재결의 취지에 따라 그 재결에 적시된 위법사유를 시정·보완하여 한 새로운 부과처분으로 재결의 기속력에 반하지 아니한다.』

첫째, 위 판결에서 재결의 기속력에 반하지 아니한다고 판시하나 여기서 말하는 기속력은 실질적 존속력과 동일한 것으로 보아야 한다.

둘째, 실질적 존속력의 객관적 범위는 전 재결의 '판단된 범위'에 한하여 발생하고, 따라서 다른 사유로 재처분을 하더라도 재결의 실질적 존속력에 반한다 할 수 없다.

셋째, '소득처분에 따른 의제소득'과 '현실귀속 소득'은 논리법칙상 양립할 수 없는 배타적 관계이거나 이에 준하는 경우로서 국세기본법 제26조의2 제6항 소정의 '판결 등에 따른 경정'이 적용되어야 한다. 위 판결에서 '그 처분은 국세심판소의 재결의 취지에 따라 그 재결에 적시된 위법사유를 시정·보완하여 한 새로운 부과처분'이라는 표현을 사용하나, 이는 국세기본법 제26조의2 제6항의 적용을 긍정하는 의미로 새겨야 할 것이다[제5장 제5절 3. 나. (2) 참조].

---

9) 헌법 제107조 제3항은 "재판의 전심절차로서 행정심판을 할 수 있다. 행정심판절차는 법률로 정하되, 사법절차가 준용되어야 한다."고 정하고 있다. 헌법재판소 2001. 6. 28. 선고 2000헌바30 결정 참조.

3. 실체적 진실주의의 우선과 손해배상청구

(1) 대법원 1979. 4. 10. 선고 79다262 판결에서, "물품세 과세대상이 아닌 것을 세무공무원이 직무상 과실로 과세대상으로 오인하여 과세처분을 행함으로써 손해가 발생된 경우에는 동 과세처분이 취소되지 아니하였다 하더라도 국가는 이로 인한 손해를 배상할 책임이 있다." 라고 판시하였다.

대법원 1991. 1. 25. 선고 87다카2569 판결은, 세무서장이 한국감정원의 상속재산 가액감정결과가 잘못된 것임을 알았거나 알 수 있었다면 세무서장 등 담당공무원들이 그 직무를 집행함에 당하여 고의 또는 과실로 부실감정에 기초한 상속재산 평가액에 따라 상속세 납세고지처분을 함으로써 손해를 가한 것이 되므로 정당한 감정결과를 기초로 계산되는 세금을 초과하는 차액 상당의 금액을 배상하여야 한다고 판시하였다.[10]

(2) 위 대법원 87다카2569 판결은 부과처분상의 세액과 정당한 세액과의 차액을 손해배상으로 전보받을 수 있다고 보았다.[11] 조세채무자에게 불복기간을 놓친 데 대한 잘못이 있다 하더라도 과세요건사실의 판단 및 법령의 적용에 있어 과세관청에게 본질적인 책임이 있는 등의 일정한 경우에는 손해배상청구[12]를 인정하여 실체적 진실주의를 우선하여야 한다.[13]

---

10) 소순무, 전게서, 732면에서, "세무공무원이 상속세를 부과함에 있어 공시지가를 착오로 적용하여 세액을 계산한 경우에 납세자의 국가배상청구를 인용한 사례가 있다."라고 하면서, 서울지방법원 1994. 9. 9. 선고 93가합84176 판결을 들고 있다.

11) 소순무, 전게서, 698면 이하에서, "조세부과처분이 취소되지 아니하고 또 그 처분이 부존재나 당연무효가 아닌 경우이더라도 그 부과처분이 위법임을 이유로 행정상의 손해배상청구가 가능한가 하는 것이다. 여기에는 행정행위의 공정력을 어떻게 이해하느냐 하는 것과 국가배상청구의 요건을 어떻게 파악할 것이냐와 직접적인 관련이 있다. 이 경우 수소법원의 위법성 판단이 가능하다고 보는 긍정설과 허용되지 않는다고 하는 부정설 및 절충설이 있다. … 현재의 판례의 입장은 긍정설에 입각하고 있음은 분명하다. …. 결국 긍정설의 입장에서 판단하되, 그 불법행위의 성립요건 특히 위법성 및 고의·과실의 인정에 있어 조세법의 특성을 충분히 고려하여 판단하는 것으로 족할 것이다."라고 적고 있다.

12) 소순무, 전게서, 706면 이하(성립요건) 참조.

13) 確政光明, 전게논문("조세법에 있어 실체적 진실주의 우선의 동향"), 31면 이하에서, 위법한 고정자산세 부과결정에 있어 국가의 손해배상을 적극적으로 인용한 고베지방재판소 2005. 11. 16. 판결(오사카고등재판소 2006. 3. 24. 판결, 최고재판소는 상고불수리)등을 들면서, 같은 취지의 일련의 하급심 판결을 '실체적 진실주의 우선의 동향'이라고 표현하고 있다. 고베지방재판소 판결이유를, 과세처분은 처분의 존재를 신뢰한 제3자의 보호를 고려할 필요가 없고, 과세처분을 조기에 확정시킬 필요는 전적으로 과세관청의 사정이기 때문에 제3자에게 이해관계가 있는 행정처분보다도 조기확정의 요청이 크다고 할 수 없고, 부과과세방식의 고정자산세 및 도시계획세의 위법한 과세처분에 의하여 손해를 입은 자가 즉시 또는 조기에 처분의 위법을 인식한다고 할 수 없고 오히려 어느 정도의 기간이 경과한 이후에야 비로소 이를 인식하는 경우가 적지 않기 때문에 위법한 과세처분 및 그 시정 미조치에 관하여 납세자에게 아무런 과실이 없음에도, 위법한 처분을 하고 이를 방치하여 시정을 불가능하게 한 과세관청의 행정목적만을 존중한 나머지, 납세자 구제를 부정하는 것은 극히 부당하고, 정의공평의 원칙에도 반하는 것이라는 취지로 정리하고 있다. 위 판결이유는 우리나라에 있어 경

4. 불가쟁력의 돌파를 예외적으로 인정한 판례

대법원 2012. 2. 9. 선고 2009두1044 판결

　　『원심판결 이유에 의하면 원심은, 행정재산에 대한 사용허가처분을 받은 자는 관리청에 대하여 그 사용기간의 연장(갱신)을 신청할 조리상의 권리를 가진다는 이유로 피고의 본안전 항변을 배척한 다음, 원고가 이 사건 변경인가처분 및 무상사용허가처분(이하 '이 사건 각 처분'이라 한다) 이전에 이미 존재하였던 사실관계에 기초하는 사유들, 즉 피고의 확약 위반, 공유재산 및 물품 관리법 위반, 사용기간 갱신의무 위반과 그밖에 재량권 일탈·남용 사유 중 피고의 부당한 조치로 여러 차례 행정심판을 거치는 과정에서 실질적인 무상사용기간이 4년 7개월이나 단축되었다는 점 등의 사유를 들어 이 사건 무상사용기간 연장신청에 대한 각 거부처분이 부당하다고 주장하는 것은, 실질적인 관점에서 볼 때 원고가 다투지 아니하여 불복기간이 도과함으로써 이미 불가쟁력이 생긴 이 사건 각 처분에 대하여 그 처분 이전에 이미 존재하였던 사유를 들어 그 변경(연장)을 구하는 것과 다름없어 허용될 수 없고, 이 사건 각 처분 이전에 존재하였던 사유를 제외한 나머지 원고의 주장 사유만으로는 원고의 무상사용기간 연장신청을 거부한 이 사건 각 거부처분이 재량권을 일탈·남용한 것이라고 보기는 어렵다고 판단하였다.

　　그러나 원고의 주장사유 중 이 사건 각 처분 이전에 존재하였던 사유를 배제한 채 이 사건 각 거부처분의 재량권 일탈·남용 여부를 판단한 원심의 조치는 다음과 같은 이유로 수긍할 수 없다.

　　국유재산 등의 관리청이 하는 행정재산의 사용·수익에 대한 허가는 관리청이 공권력을 가진 우월적 지위에서 행하는 행정처분으로서 특정인에게 행정재산을 사용할 수 있는 권리를 설정하여 주는 강학상 특허에 해당하고, 이러한 행정재산의 사용·수익허가처분의 성질에 비추어 국민에게는 행정재산의 사용·수익허가를 신청할 법규상 또는 조리상의 권리가 있다고 할 것이므로(대법원 1998. 2. 27. 선고 97누1105 판결, 대법원 2006. 3. 9. 선고 2004다31074 판결 등 참조), 행정재산에 대한 사용·수익 허가를 받은 자는 원심이 적절하게 판단한 바와 같이 관리청에 대하여 그 사용·수익허가기간의 연장을 신청할 조리상의 권리를 가진다고 할 것이다(한편, 2010. 2. 4. 법률 제10006호로 개정된 공유재산 및 물품 관리법 제21조 제4항 제2호, 제5항은 '해당 지방자치단체의 귀책사유로 그 재산의 사용에 제한을 받은 경우' 등에 사용·수익허가기간을 연장받으려는 자는 사용·수익허가기간이 끝나기 1개월 전에 지방자치단체의 장에게 사용·수익허가기간의 연장을 신청하여야 한다고 규정함으로써 법령상의 신청권을 명시적으로 인정하고 있다). 따라서 2000. 5. 9. 당초 인가처분 이후 2004. 12. 8. 이 사건 변경인가처분에 이르기까지 피고의 부당한 조치로 여러 차례 행정심판을 거치는 과정에서 실질적인 무상사용기간이 4년 7개월이나 단축되었다는 등의 사유를

정청구의 인정 여부나 손해배상청구의 성립요건을 해석함에 있어 많은 시사점을 던지고 있다. 즉 납세자 구제를 부정하는 것이 극히 부당하고 정의공평의 원칙에도 반하는 경우라면, 불가쟁력을 돌파시켜 부당이득반환청구를 인정하든지, 무효사유를 넓히든지, 예외적으로 경정청구(부과처분에 대한 경정청구)를 인정하든지, 손해배상청구를 적극적으로 인정함으로써, 실체적 진실주의를 우선하여야 한다.

주장하는 원고로서는, 그러한 사정을 들어 피고에 대하여 당초 인가처분시에 정한 무상사용기간의 연장을 신청할 수 있었을 뿐 아니라, 나아가 이 사건 각 처분에 불가쟁력이 생긴 후에도 이 사건 각 처분과는 별개로 조리상의 신청권에 기하여 같은 사정을 들어 이 사건 무상사용기간의 연장을 신청할 수 있다고 할 것이다.

그럼에도 불구하고 원심이 원고의 주장사유 중 이 사건 각 처분 이전에 존재하였던 사유를 배제한 채 이 사건 각 거부처분의 재량권 일탈·남용 여부를 판단한 것에는 행정처분의 불가쟁력에 관한 법리 등을 오해함으로써 필요한 심리를 다하지 아니하여 판결에 영향을 미친 위법이 있다.』

위 판결은 비록 '본래 의미의 행정처분(수익적 행정처분)에 관한 것이지만 예외적으로 불가쟁력의 돌파를 인정한 최초의 것이다.

위 사안에서, '2000. 5. 9. 당초 인가처분 이후 2004. 12. 8. 이 사건 변경인가처분에 이르기까지 피고의 부당한 조치로 여러 차례 행정심판을 거치는 과정에서 실질적인 무상사용기간이 4년 7개월이나 단축되었다는 등의 사유'는, '위법처분에 대하여 그 처분을 받은 자가 즉시 이를 인식하고 시정조치를 취하는 것을 기대하기 어려운 경우' 또는 '불가쟁력의 효력을 행정처분을 받은 자에게 전부 감수하게 하는 것이 현저히 부당한 경우'에 해당된다.

위 판결은 본래 의미의 행정처분(수익적 행정처분)에 관한 것이지만 세액확정에 관여하는 부과처분에도 적용될 수 있다 할 것이어서 부과처분에 있어 어떠한 경우에 불가쟁력의 돌파를 인정할 것인지에 관하여 시사점을 던지고 있다.

제6절

취소소송의 소송물

1. 부과처분 취소소송(경정거부처분 취소소송)의 소송물

가. 소송물이란?

행정소송법은 항고소송중심주의를 채택하고 있다. 조세법상 항고소송도 통상 처분이 존재함을 전제로 부과처분 취소소송의 형식을 띠게 된다. 여기서 부과처분 취소소송 또는 경정거부처분 취소소송의 訴訟物(Streitgegenstand)이 무엇인지 문제된다.

소송물이란 원고가 '소송으로 달성하려는 목적'(원고가 소송을 통하여 얻거나 구하려고 호소하는 권리구제의 내용, Ziel der Klage)으로 법원의 심리 및 판단의 대상(심판대상)이 되는 기본단위를 말한다. 즉 당사자 사이 공방의 초점으로 각자 주장을 이유 있게 하기 위하여 상호 제시할 수 있는 공격방어방법의 범위를 획정함과 동시에 최종적으로 법원이 심리·판단하여야 할 사항을 구획하는 소송법상의 불확정 개념이다.

원래 소송물은 소송법에서 정의한 바가 없는 기초개념이거니와 법도그마틱적 개념이다.[1] 민사소송, 가사소송, 행정소송, 조세소송 등 소송 유형에 따라 다르고, 같은 종류의 소송이라도 형태(이행의 소, 확인의 소, 형성의 소, 무효확인의 소, 취소의 소)에 따라 달리 이해하여야 한다. 모든 법영역에서 여러 소송 형태를 관통하는 통일적이고도 단일한 소송물 개념을 도출하는 것은 실무상 불가능하다.

민사소송에서 대법원은 '구소송물이론'을 채택하고 있다. 즉 소송물을 실체법상의 권리 또는 법률관계로 세분하여 파악하고 있고 드물게 경직성을 제한된 범위 내에서 완화하는 경우도 있다. 예컨대 신체상해로 인한 손해배상청구에서는 적극적 손해, 소극적 손해, 위자료 등으로 세분한 '손해 3분설'을 취하면서 경우에 따라 제한적으로 손해 3분설의 경직성을 완화하고 있

---

1) 박정훈, 행정소송의 구조와 기능(행정법 연구 2), 369면에서, 소송물은 순수한 법도그마틱적 개념으로서 이론적·실제적 유용성이 생명이라는 취지로 적고 있고, 404면에서, "소송물은 우리 실정법에 명시적인 근거가 없는, 순수한 법도그마틱적 개념으로서, 실무의 부담 경감이라는 법도그마틱의 기능을 제대로 발휘하기 위해서는 가능한 한 많은 실무상 쟁점들을 간명하고 통일적으로 해결할 수 있는 판단기준을 제공할 수 있는 것이어야 한다."라고 적고 있다.

다. 다만 실체법상의 권리 또는 법률관계를 어디까지 세분하여 별개의 소송물을 구성한다고 볼 것인지는 명확하지 않다. 아무튼 민사소송에서 구소송물이론을 채택하면서 소송물을 되도록 세분하여 좁게 보려는 대법원 판례의 흐름에 주목해야 한다. 이는 결과적으로 기판력의 범위를 좁게 보는 것과 일맥상통한다.

우선 부과처분 취소소송 또는 경정거부처분 취소소송의 본질을 확인의 소의 일종으로 볼 수 있는지 여부를 살피고, 다음 소송물 중 처분의 대상 및 범위(처분의 동일성)을 어떻게 파악하여야 하는지를 두고 총액주의와 쟁점주의가 대립하나 총액주의가 타당함을 설명한다.

나. 조세채무부존재확인소송

(1) 취소소송의 二重構造

행정소송의 취소소송에 있어 원고승소의 경우에 주문은 실무상 "피고가 … 한 행정처분을 취소한다."라는 형식을 취하고 있다. 주문의 표현상 피고가 한 행정처분은 위법하고 따라서 이를 취소한다는 이중의 형식을 취하는 것은 아니나 위법확정이 취소판결의 취소선언 뒤에 숨어 있어 보이지 않더라도 주문상의 취소선언에는 위법확정을 내포하고 있다고 봄이 옳다. 오히려 취소소송에 있어 처분의 위법성이 심판의 대상이 되고 그것이 확정되면 결과적으로 이를 전제로 한 시정조치로서의 취소가 주문에 표시된다고 볼 수 있다. 그렇다면 취소소송은 [違法判斷 + 是正措置]의 이중구조로 설계되어 있다고 새겨야 한다(제1장 제3절 2. 나. 참조).

위법판단과 시정조치는 이론상 절단됨과 동시에 연속된다고 관념할 수 있다. 행정소송법상의 사정판결에서 이를 확인할 수 있다. 실무관행상 청구인용판결에서 처분의 취소만이 주문에서 선언되는 것은 위법확정을 전제로 앞으로 위법판단의 법적 효과로서 행정청에 의한 시정조치가 이루어져야 함을 편의적으로 선언한 것이라고 보아야 한다.

그런 의미에서 취소소송의 소송물의 본질적 요소는 위법확정 또는 위법확인에 있고, 위법확정을 전제로 한 취소의 선언은 부수적이다. 왜냐하면 처분의 취소권이라는 실체법상의 권리가 존재하는지가 의문이고, 오히려 처분이 위법하면 법치주의의 원칙에 따라 그 처분은 효력을 가질 수 없음이 당연하기 때문이다. 이렇게 보면 취소소송의 소송물을 규명함에 있어 소송실무에 유용하고도 단순한 도구개념을 만들어 낼 수 있다. 아울러 뒤에서 보는 바와 같이 기판력과 기속력을 구별하는 입장에서 볼 때 '위법판단' 부분에서 기판력이, '시정조치' 부분에서 기속력이 발생한다고 볼 수 있는 이론적 근거를 제공하기도 한다.

(2) 공격과 방어의 역전 현상

입법론적으로 과세관청이 어떤 사항에 대한 규율을 하기 위하여 먼저 원고가 되어 소송을 통하여 자기의 권한을 주장하도록 하는 제도적 장치를 마련할 수도 있다.

그러나 실정법은 과세관청으로 하여금 부과처분이라는 도구개념을 통하여 선제적 공격으로 자신의 권한을 행사하도록 하고(행정청의 공격), 부과처분을 받은 상대방이 이에 불복하는 경우 원고가 되어 항고소송으로 다투도록 함으로써(처분 대상자의 방어), 취소소송은 민사소송과 달리 공격측과 방어측이 역전되어 있다[공격과 방어의 역전 현상, 제1장 제7절 9. 다. (2) 참조, Reversals of the normal process].

(3) 부과처분 등 취소소송의 소송물

부과처분의 규율내용(Regelungsinhalt)이 조세채무관계설의 입장에서 볼 때 납세의무의 실체적 내용인 '세액의 존부 및 범위'에 관한 것인 이상, 부과처분은 이를 금전의 '수치'로 표시함으로써 그 실체적 내용을 鑄型化한 도구개념에 불과하다(鑄型으로서의 賦課處分).

취소소송을 통하여 원고가 달성하려는 목적 또한 부과처분에 의하여 수치화된 세액의 객관적 존부 및 범위를 다투는 데 있는 이상, 결국 취소소송의 소송물은 일반 행정소송에 있어 '위법확정 또는 위법확인'과 동일한 내용물인 '세액의 객관적 존부 및 범위의 확인'에 있다.

여기서 취소소송은, 앞서 본 공격과 방어의 역전 현상에 비추어 볼 때, 본질적으로 租稅債務不存在確認訴訟의 성질을 가진다. 즉 부과처분에 의하여 금전으로 수치화된 세액이 객관적으로 성립한 진정한 세액의 범위 안에 있는지 아니면 초과하는지의 '總額的 適否'이다. 부과처분상의 세액이 정당한 세액을 초과하는 경우 그 초과부분은 위법하고 초과하지 아니하면 적법한 것이 된다.

대법원 판례 중에는 처분의 '위법성 일반'에서 소송물을 끌어내는 경우가 있기도 하나 조세소송의 소송물을 파악하는데 도움이 되지 않을 뿐더러 소송물의 본질을 흐릴 우려가 있어 그 용어의 사용을 자제한다. 이러한 자제는 조세소송의 일반 행정소송으로부터의 독립을 위한 조그마한 몸짓이다. 조세소송을 일반 행정소송으로부터 어떠한 점에서 분리하여 사고함이 옳은 것인지, 왜 다른 길을 가야만 하는 것인지 깊은 고뇌가 필요하다. 다른 길이 옳은 방향이다.

다만 절차적 위법사유(추계과세절차 또는 납세고지절차 상의 위법사유)[2]에 관하여는 소송물 구성을 달리 하므로 여기서 구체적으로 논하지 않는다.

(4) 소송물과 절차대상의 구별

소송물[3]과 절차대상은 구별되어야 한다. 계쟁 부과처분은 소송의 '절차대상'(Verfahrens-gegenstand)에 해당한다. 소송의 목적 자체는 아니다.

소송물을 기준으로 그 범위 내에서 기판력이 발생하므로 기판력의 객관적 발생범위 및 기판력이 발생한 후 과세관청의 재처분 가능범위 내지 조세채무자의 경정청구 가능범위가 문제되는데 이에 관하여는 이 장 제6절의2에서 설명한다.

---

2) 상세한 설명은 소순무, 전게서, 424면 이하 참조.

3) 박정훈, 전게서, 408면에서, "무릇 소송물 개념은 민사소송에서 그러하듯이 소송계속의 범위로부터 내지 심판의 대상과 판결의 효력범위까지 소송의 일련의 과정을 관통하는 기본개념이다."라고 적고 있다.

　　권리구제절차 진행 중 증액경정을 했을 때 절차대상은 무엇이고 소변경이 필요한지 여부 및 필요 없다면 청구취지의 변경이 필요한지, 과세관청이 법원에 절차대상의 자동교체를 고지할 의무가 있는지 여부 등에 관하여는 제6절의3에서 설명한다.

　(5) 처분의 동일성과 소송물의 동일성

　　처분의 동일성과 소송물의 동일성의 관계는 나누어 살펴볼 필요가 있다.

　　먼저 소송물에 관한 총액주의와 쟁점주의는 처분의 동일성을 보는 관점의 상이에서 출발한다. 총액주의는 하나의 조세채무(과세단위)를 하나의 처분이라는 주형에 담아내야 한다고 봄에 대하여, 쟁점주의는 그 중 부과처분의 근거로 삼은 사유 또는 조세채무자가 제시한 개개의 위법사유만을 소송물로 보아야 한다는 점에서 관점의 상이를 엿볼 수 있다.

　　다음 처분의 동일성을 어떻게 보느냐에 따라 처분사유의 교환·변경의 범위가 달라지는데, 이도 총액주의와 쟁점주의의 관점의 상이와 동일한 연장선상에 서 있다. 총액주의에 의하면 처분의 동일성은 과세단위로 구분된다. 따라서 총액주의에서 "소송물 ＝ 과세단위 ＝ 부과처분"이라는 정식을 도출할 수 있다. 하나의 과세단위에는 하나의 부과처분만이 있고, 하나의 부과처분에는 하나의 소송물만이 일대일 대응한다. 쟁점주의 아래에서는 이러한 정식은 성립할 여지가 없다.

　　마지막으로 동일한 규율내용을 담은 부과처분이 반복될 때 양 처분을 동일한 소송물로 볼 수 있는지 여부이다. 예를 들어 어떤 부과처분에 대하여 판결로 취소되어 확정되었음에도 과세관청이 다시 동일한 규율내용을 담은 부과처분을 반복한 경우이다. 형식적으로 처분일자를 달리하여 다른 처분으로 볼 수 있다 하더라도, 규율내용이 동일한 이상 실질적으로 동일한 소송물로 보아야 한다. 위 정식의 '부과처분'에는 처분일자가 아니라 규율내용이 중심적 개념으로 자리잡고 있다. 조세법학에 있어 '규율(Regelung)'의 개념을 중심에 놓으면서 '주형으로서의 부과처분'을 학문적 기초개념으로 받아들여야 한다.

다. 심판대상과 심판범위(총액주의와 쟁점주의)[4][5][6]

---

4) 이창희, 전게서, 266면 이하에서, '현행법상 소송물 ＝ 진정한 세액의 범위 안인가?'라는 제목 아래, "소송물을 위법성 일반으로 본다 하더라도 현실의 소송에 있어서 심리대상으로 되는 것은 당해 처분의 추상적 위법성 일반이 아니라 구체적인 개개의 위법사유이다. … 이리하여 실체법상 납세의무가 있음에도 불구하고 특정 쟁점만을 따져 과세처분을 취소할 수 있고, 그런 의미에서 실체법상 조세채무의 단위별로 소송물을 정한다는 총액주의 원칙에 대한 예외가 생기게 된다. 따라서 확정판결의 기속력은 판결의 주문 및 그 전제로 된 요건사실에만 미치고, 행정청은 판결의 취지에 따라서 새로운 과세처분을 할 수 있다. … 결국 우리 판례가 말하는 소송물은 무엇인가? '행정처분이 진정한 세액의 범위 안에 있는가'이며 진정한 세액 자체는 심리대상이 아니다."라고 적고 있다. 한편 256면 이하에서, 제5절 조세소송의 소송물이라는 제목 아래 [Ⅰ. 총액주의 v. 쟁점주의, Ⅱ. 총액주의 ≠ 한판주의, Ⅲ. 소송물의 단위와 행정처분의 단위, Ⅳ. 총액주의 → 흡수설, Ⅴ. 국세기본법 제22조의3, Ⅵ. 총액주의와 재판제도의 충돌, Ⅶ. 현행법상 소송물 ＝ 진정한 세액의 범위 안인가?]의 순으로 설명하면서 총액주의 소송물론을 끌어내고 있다.

심판대상과 범위(소송물)에 관하여도 총액주의 이론과 쟁점주의 이론7)으로 나누어 전개된다.8) 처분의 동일성을 어떻게 볼 것인지에 따른 구별이다. 총액주의는 조세채무(과세단위)의 동일성에 중점을 두는 데 반하여, 쟁점주의는 과세관청이 부과처분의 근거로 삼은 개별적 사유 또는 조세채무자가 제시한 개개의 위법사유의 동일성에 중점을 둔다.

즉 조세채무의 확정에 필요한 사실상의 기초 및 법률상 근거(처분사유)의 포착방법을 달리하는데, 총액주의는 처분시에 객관적으로 존재하는 모든 사유를 포착하나, 쟁점주의는 그중 과세관청이 부과처분의 근거로 삼은 사유 또는 조세채무자가 제시한 개개의 위법사유만을 포착한다.

(1) 총액주의(Saldierungstheorie)

총액주의라 함은 부과처분에 의하여 금전으로 수치화된 세액이 총액에 있어 객관적으로 존재하는 진정한 세액을 초과하는지 여부(총액적 적부)가 최종적으로 심판대상이 된다는 이론으로, 당초 부과처분을 함에 있어 과세관청의 인정판단에 잘못이 있다 하더라도 그 세액이 총액에 있어 당초 성립한 세액을 상회하지 않는다면 당해 부과처분은 적법하다는 것이다.

부과처분 취소소송의 심리대상을 과세요건법에 따라 객관적으로 정하여지는 세액과의 관계에 있어 부과처분에 의하여 금전으로 수치화된 세액의 총액적 적부로 파악하여, 심판 대상과 범위는 부과처분 시에 객관적으로 존재하는 일체의 사유에 미친다는 것이다.

따라서 조세채무자나 과세관청은 사실심 변론종결시까지 객관적인 과세표준과 세액을 뒷받침하는 모든 주장과 자료를 제출할 수 있고 처분사유의 추가·변경도 원칙적으로 허용된다. 사실인정의 관점에서 볼 때 조세채무의 성립시에 객관적으로 존재하는 모든 과세요건사실이

---

5) 임승순, 전게서, 347면에서, "현실적으로 법원은 과세관청의 처분사유 변경을 폭넓게 허용하면서 쟁점별로 과세처분의 위법사유가 밝혀지면 과세처분을 취소하는 한편, 그 후 과세관청이 새로운 처분사유를 내세워 재처분을 하는 것도 광범위하게 허용하고 있다. 이는 우리 법원이 쟁송절차의 효율성과 적정한 과세권 행사를 보장하기 위해 사실상 쟁점주의적으로 소송실무를 운용하고 있음을 나타낸다."라고 적고 있다.

6) 소순무, 전게서, 387면 이하에서, '심판의 대상'과 '심판의 범위'를 나눈 다음, '제1절 소송물(심판의 대상)'을 위법성 일반론(행정처분의 위법성과 같이 과세처분의 위법성을 전반적으로 판단하게 된다)으로 보고, '제2절 심판의 범위'에서 총액주의와 쟁점주의로 나누어 설명하고 있다.

7) 독일학자 Gräber, FGO Kommentar, C. H. Beck, 6판(2006), 575면에서, 소송물(Streitgegenstand)을 총액주의(Saldierungstheorie)와 쟁점주의(Individualisierungstheorie)로 나누어 설명하고 있다.

8) 이창희, 전게서, 257면 이하에서, "문제는 더 잘게 나눌 것인가이다. 가령 납세의무자가 상속세 과세표준에 들어가지 않아야 할 재산이 잘못 들어갔다는 소송을 내었고, 법원이 이를 심리하는 과정에서 납세의 주장이 옳지만 그와는 별도로 상속세 과세표준 계산에서 누락된 다른 재산이 있음이 드러났다고 하자. 이 사안에서 소송물을 정하는 방법에 두 가지 대안이 있을 수 있다. 소송물을 애초에 납세자가 문제 삼았던 그 재산이 과세표준에 들어가야 하는가라는 좁은 문제로 국한할 수도 있고, 이보다 넓혀서 납세의무자가 내어야 할 상속세의 총액이 얼마인가를 소송물로 삼을 수도 있다. 일본에서 들여온 말이기는 하지만 앞의 생각을 쟁점주의라 부르고, 뒤의 생각을 총액주의라 부른다."라고 적고 있다.

사실인정의 대상이 된다.

과세표준의 내용을 이루는 개개의 요소는 하나의 공격방어방법으로 독립적으로 소송의 대상이 될 수 없다. 따라서 과세표준의 내용물에 잘못 투입되었거나 잘못 평가된 요소가 있으면 적법한 다른 요소로 교체하거나 누락된 요소를 새로 투입하거나 적법한 평가를 다시 함으로써 상호 상계하거나 정산(saldieren)하여 새로이 세액을 총액적으로 정하는 과정을 거쳐야 한다. 그 과정에서 만약 조세채무관계를 수치적으로 표현하는 실체법상의 법적 결과물(Resultat)인 세액(이는 '하나의 확정된 금액'으로 수치적으로 표현되어야 한다)이 당초처분에 의하여 확정된 세액에 이르지 못하여 '결과적으로(im Ergebnis)' 원고의 법적 이익을 침해한 것이 되어 위법한 것으로 증명되면 원고는 소송의 목적을 달성하여 승소하게 된다. 실체적 진실주의는 총액주의 아래에서 더 잘 실현될 수 있다.[9]

부과처분은 조세채무확정절차에 있어 금전으로 수치화된 세액을 특정하는 도구개념이고, 부과처분 취소소송은 그 취소를 구하는 항고소송의 한 유형이다. 그런데 국세기본법 제21조 및 제22조에 의하여 실정법에 편입된 조세채무관계설에 의하는 경우, 실체적 내용상의 위법(실체적 위법, 실체적 오류)이 다투어지는 한 실질적으로는 민사소송에 있어 채무의 존부 및 범위를 정하는 채무부존재확인소송임은 앞서 본 바와 같다. 이러한 의미에서 총액주의는 조세채무관계설과 친화성(밀접성)을 가진다.[10] 총액주의를 철저화하면 흡수소멸설도 자연스럽게 친화성을 가질 수밖에 없다.

다만 총액주의는 부과처분 취소소송 및 경정거부처분 취소소송에 한하여 타당하고 그 이외의 소송 유형에는 타당하지 않다. 그 점에서 일반 행정소송이나 민사소송에서의 소송물 개념은 총액주의를 이해함에 있어 도움을 줄 수 없다.

(2) 쟁점주의(Individualisierungstheorie)

쟁점주의에 관한 설명은 학자마다 내용이 조금씩 다르다. 여기서는 쟁점주의를 세액 산정의 기초가 되는 전체의 사실관계 중 청구취지 및 청구원인을 통하여 제시됨으로써 구체화된 특정 '단면'(Ausschnitt)으로 개별화된 사유만이 법원의 심리 및 판단의 대상으로 된다는 것을 말한다. 바꾸어 말하면 과세표준의 내용물 중 원고에 의하여 개별화된 특정사유만 심판대상이 된다는 것이다. 이러한 개별적 사유가 결과적으로 법원의 심리과정에서 쟁점이 된다는 점에서 쟁점주의라고 칭하는 것으로 보인다.

과세관청이 처분시에 인정한 처분이유에 잘못이 있는 이상, 가령 다른 소득이 있고 이로

---

9) 谷口勢津夫, 전게서, 189면에서, "실체법의 관점에 따르면 법률에 기한 정당한 과세는 납세의무의 성립시에 객관적으로 존재하는 일체의 과세요건사실을 기초하여 행하여지는 것이기 때문에 납세자의 권리(법률에 기하여 정당한 과세를 받을 권리)는 총액주의 아래에서 실현되는 것으로 생각된다."라고 적고 있다.

10) 谷口勢津夫, 전게서, 60면 참조.

인하여 객관적인 세액이 부과처분에서 인정한 그것을 상회한다 하더라도 그 부과처분은 위법한 것으로 취소되어야 한다는 것이다.

쟁점주의는 심판의 대상 및 범위를 '과세관청의 처분사유와 관계되는 세액'의 적부로 한정하면서 처분사유의 교체·변경을 허용하지 아니하는 이론이라고 설명하는 견해도 있다.[11][12]

(3) 결론(총액주의)

부과처분의 규율내용이 세액을 금전으로 수치화하기 위한 것인 이상 과세표준의 내용물에 잘못 투입되거나 잘못 평가된 요소가 있으면 적법한 다른 요소로 교체하거나 누락된 요소를 새로이 투입함으로써 상호 상계하거나 정산하여 진정한 세액을 총액적으로 정하는 것이 허용되어야 한다. 실체적 진실주의상 총액주의가 원칙적으로 타당하다.

세액확정절차(제1장 제9절 3. 참조)에서 보는 바와 같이, 국세기본법 제22조 제1항(세액확정절차의 근본규범성), 제22조의2(수정신고의 효력), 제22조의3(경정 등의 효력), 제45조(수정신고), 제45조의2(경정 등의 청구) 및 개별세법상의 경정에 관한 각 규정 등에서 '과세표준과 세액' 또는 '과세표준 및 세액'이라는 용어를 사용하고, 증액경정을 '세법에 따라 당초 확정된 세액을 증가시키는 경정'으로, 감액경정을 '세법에 따라 당초 확정된 세액을 감소시키는 경정'으로 표현하고 있다. 이러한 조세실체법상의 규정 내용에 비추어도 총액주의가 타당하다.

조세채무관계를 수치적으로 표현한 법적 결과물이 확정된 세액이고 이를 하나의 수액으로 통일적으로 표현할 수 있도록 하는 총액주의가 조세채무관계설이나 흡수소멸설과 친화성도 가지고, 실체적 진실주의와도 합치된다.

결론적으로 조세채무관계설을 정한 국세기본법 제21조 및 제22조에 기하여 대법원 판례가 부과처분 취소소송을 일종의 '조세채무부존재확인소송'으로 이해하면서 총액주의로 일관하는 것은 정당하다. 총액주의는 대법원 판례가 채택한 법창조적 조세소송법적 규율이다. 처분의 동일성(과세단위) 및 흡수소멸설에 따라 소송물이 정해진다. 총액주의가 독일 연방재정법원(BFH)의 판례이다.[13] 일본 최고재판소도 총액주의를 채택하고 있고 재판실무도 총액주의를 채

---

11) 소순무, 전게서, 419면에서, "과세처분의 취소소송은 과세관청이 처분시에 인정한 처분사유의 적부, 즉 개개 수입이나 경비의 존부 등만을 심판의 대상으로 하고, 그 인정 이유나 근거가 다르면 별개의 처분으로서 소송물도 동일하지 않게 된다고 설명한다."라고 적고 있다.

12) 쟁점주의는 일본 金子 宏의 견해가 대표적이다. 처분을 함에 있어 처분사유를 기재하도록 요구하는 것은 처분적정화 기능 및 쟁점적정화 기능 등에 있음에 비추어 볼 때 처분사유의 교체·변경을 허용할 수 없다는 이론이다. 특히 청색경정의 이유부기와의 관계에 있어 처분 당시 이유 외의 다른 이유를 소송단계에서 주장할 수 있는지 여부(청색경정의 법리)를 둘러싸고 견해대립이 있다. 谷口勢津夫, 전게서, 159면에서, "쟁점주의라 함은 심리의 범위는 과세처분을 근거 짓는 이유의 일부(특히 처분 시의 이유)에 한정된다는 사고방법이다. 이것은 특히 처분 당시의 이유와의 관계에 있어 과세표준 등 또는 세액 등의 적부가 심리의 대상으로 된다고 하는 사고방법이다."라고 적고 있다.

13) Gräber, 전게서, 576면에서, 총액주의가 독일 연방재정법원(BFH)의 확고한 판례라고 적고 있다(GrS E

용하고 있다.[14]

다만 일본 학계에서 논하여지는 수정 · 변형된 의미의 총액주의 이론, 즉 청색경정에 있어
이유부기의 법리 내지 청색경정의 법리에 따른 변형된 총액주의 이론 또는 이러한 법리에 따
라 처분사유의 추가 · 변경이 제한되고 있는 이상 쟁점주의와 결론에 있어 거의 동일하다는 수
정된 총액주의 이론은, 청색경정을 알지 못하는 우리나라에서 이를 그대로 수입하여 논할 수
는 없다. 쟁점주의 입장에서 처분사유의 추가 · 변경을 허용함은 과세관청으로 하여금 재량을
허용하는 것이 되어 법치주의에 반한다는 견해도 있으나 이 견해도 받아들일 수 없다. 우리나
라의 총액주의는 일본의 그것과 여러 점에서 사뭇 다르다.

(4) 총액주의와 분쟁의 일회적 해결

총액주의를 취하는 이상 분쟁의 일회적 해결과 연결되어야 한다는 견해가 있을 수 있다.
그러나 논리필연적으로 총액주의가 분쟁의 일회적 해결이나 소위 한판주의와 연결되는 것은
아니다. 실체적 진실주의와 법적 안정성의 조화를 고려한다면 한판주의가 조세소송의 이상이
될 수 없다.

라. 대법원 판례

(1) 대법원 2004. 8. 16. 선고 2002두9261 판결

『감액경정청구를 받은 과세관청으로서는 과세표준신고서에 기재된 과세표준 및 세액이 세법에
의하여 신고하여야 할 객관적으로 정당한 과세표준 및 세액을 초과하는지 여부에 대하여 조사 · 확
인할 의무가 있다 할 것이므로, 통상의 과세처분 취소소송에서와 마찬가지로 감액경정청구에 대한
거부처분 취소소송 역시 그 거부처분의 실체적 · 절차적 위법 사유를 취소 원인으로 하는 것으로서
그 심판의 대상은 과세표준신고서에 기재된 과세표준 및 세액의 객관적인 존부라 할 것이고, 그 과
세표준 및 세액의 인정이 위법이라고 내세우는 개개의 위법사유는 자기의 청구가 정당하다고 주장
하는 공격방어방법에 불과한 것이므로, 감액경정청구를 함에 있어 개개의 위법 사유에 대하여 모두
주장하여야 하는 것은 아니고, 감액경정청구 당시 주장하지 아니하였던 사항도 그 거부처분 취소소

91,393 = BStBl Ⅱ 1968, 344, 346 ff; E129, 117 = BStBl Ⅱ 1980, 99, 102). 특히 BFH GrS BStBl Ⅱ
1968, 344에 의하면 특정세액의 확정 및 요구(die Festsetzung und Anforderung eines bestimmten
StBetrags)가 조세소송의 소송물을 구성한다고 보았다.

14) 일본 최고재판소 1992. 2. 18. 판결(민집 46권 2호 77면)에 의하면 "과세처분의 취소소송에 있어 실체상의
심판대상은 당해 과세처분에 의하여 확정된 세액의 적부로서, 과세처분을 함에 있어 세무서장이 소득원천의
인정 등에 잘못을 하였다 하더라도 그것에 의하여 확정된 세액이 총액에 있어 조세법규에 의하여 객관적으로
정하고 있는 세액을 상회하지 않는다면 당해 과세처분은 적법하다 할 것이다."라고 판시하고 있다. 일본 최
고재판소 1961. 12. 1. 판결(민집 57호 17면), 1967. 9. 12. 판결(민집 88호 387면), 1974. 4. 18. 판결(송
무월보 20권 11호 175면) 등에서도 총액주의를 취하고 있다. 학계에서는 松澤智 교수로 대표되는 총액주의
견해와 金子宏 교수로 대표되는 쟁점주의 견해가 대립하고 있다.

송에서 새로이 주장할 수 있다.』

(2) 대법원 판결에서 부과처분 취소소송이나 경정거부처분 취소소송 모두 소송물은 '과세표준 및 세액의 객관적 존부'라고 판시함으로써 대법원이 총액주의를 채택한 것은 명백하다. 대법원 2009. 5. 14. 선고 2006두17390 전원합의체 판결, 2013. 4. 18. 선고 2010두11733 전원합의체 판결 등은 총액주의를 더욱 분명히 하고 있다. 총액주의는 관세에도 적용된다(관세부과처분 취소소송 중 다른 품목분류를 처분사유로 추가할 수도 있다).

(3) 총액주의에 관한 대법원 판례의 종합적 정리

① 소송물

부과처분 취소소송 또는 경정거부처분 취소소송의 소송물은 과세관청이 결정하거나 과세표준신고서에 기재된 세액의 객관적 존부이다(대법원 2002. 3. 12. 선고 2000두2181 판결, 2004. 8. 16. 선고 2002두9261 판결, 2009. 5. 14. 선고 2006두17390 판결 참조).

경정청구나 부과처분에 대한 항고소송은 모두 정당한 과세표준과 세액의 존부를 정하고자 하는 동일한 목적을 가진 불복수단이다(대법원 2013. 4. 18. 선고 2010두11733 판결 참조).

② 개개의 위법사유는 공격방어방법에 불과

개개의 위법사유는 자기의 청구가 정당하다고 주장하는 공격방어방법에 불과하다. 즉 증액경정처분의 취소를 구하는 항고소송에서 증액경정처분의 위법 여부는 그 세액이 정당한 세액을 초과하는지 여부에 의하여 판단하여야 하고, 당초신고에 관한 과다신고사유나 과세관청의 증액경정사유는 증액경정처분의 위법성을 뒷받침하는 개개의 위법사유에 불과하다(대법원 2004. 8. 16. 선고 2002두9261 판결, 2009. 5. 14. 선고 2006두17390 판결, 2013. 4. 18. 선고 2010두11733 판결 참조).

③ 처분사유의 교환·변경 허용(위법성 판단의 기준시점)

과세관청으로서는 소송 도중 사실심 변론종결시까지 당해 처분에서 인정한 과세표준 또는 세액의 정당성을 뒷받침할 수 있는 새로운 자료를 제출하거나 '처분의 동일성'이 유지되는 범위 내에서 그 사유를 교환·변경할 수 있고, 반드시 처분 당시의 자료만에 의하여 처분의 적법 여부를 판단하여야 하거나 처분 당시의 처분사유만을 주장할 수 있는 것이 아니다(대법원 2002. 3. 12. 선고 2000두2181 판결, 2011. 1. 27. 선고 2009두1617 판결, 2012. 5. 24. 선고 2010두7277 판결 참조).

따라서 조세소송에서는 소송 도중 처분사유의 교환·변경을 허용하는 이상 그 '위법성 판단의 기준시점'은 원칙적으로 사실심 변론종결시로 보아야 한다. 이는 총액주의상 당연한 귀결이다. 다만 절차적 위법을 다투는 경우라면 일반 행정소송에서의 절차적 위법을 다투는 경우와 같이 그 기준시점은 처분시로 보아야 한다.

④ 납세의무자의 과다신고사유의 주장 허용

납세의무자로서는 증액경정처분 취소소송에서 당초신고에 포함된 위법사유도 함께 주장할 수 있다. 즉 경정청구나 부과처분에 대한 항고소송은 모두 정당한 과세표준과 세액의 존부를 정하고자 하는 동일한 목적을 가진 불복수단으로서 납세의무자로 하여금 과다신고사유에 대하여는 경정청구로써, 과세관청의 증액경정사유에 대하여는 항고소송으로써 각각 다투게 하는 것은 납세의무자의 권익보호나 소송경제에도 부합하지 않으므로, 납세의무자는 증액경정처분의 취소를 구하는 항고소송에서 과세관청의 증액경정사유뿐만 아니라 당초신고에서의 과다신고사유도 함께 주장하여 다툴 수 있다(대법원 2009. 5. 14. 선고 2006두17390 판결, 2012. 3. 29. 선고 2011두4855 판결, 2013. 4. 18. 선고 2010두11733 판결 참조).

⑤ 감액경정청구사유와 경정거부처분 취소소송에서의 주장사유

감액경정청구를 함에 있어 개개의 위법사유에 대하여 모두 주장하여야 하는 것은 아니고 감액경정청구 당시에 주장하지 아니하였던 사유도 그 거부처분 취소소송에서 새로이 주장할 수 있다(대법원 2004. 8. 16. 선고 2002두9261 판결 참조).

⑥ 제척기간 도과 후 처분사유의 교환·변경 가능 여부

'처분의 동일성'(과세단위의 동일성)이 유지되는 범위 내에서 처분사유를 교환·변경하는 것은 새로운 처분이라 할 수 없으므로 제척기간이 도과하였는지 여부도 당초의 처분시를 기준으로 판단하여야 하고 처분사유 교환·변경시를 기준으로 판단하여서는 안 된다(대법원 2002. 3. 12. 선고 2000두2181 판결 참조).

⑦ 적법한 전심절차 진행 중 또는 소송계속 중 증액경정된 경우

적법한 전심절차 진행 중 또는 소송계속 중 증액경정된 경우 흡수소멸설에 기하여 증액경정된 처분만이 존속하는 이상, 당초신고나 결정에 대한 불복기간의 경과 여부 등에 관계없이 오직 증액경정처분만이 절차대상이 된다(대법원 2005. 10. 14. 선고 2004두8972 판결, 2009. 5. 14. 선고 2006두17390 판결, 2012. 3. 29. 선고 2011두4855 판결, 2013. 4. 18. 선고 2010두11733 판결 참조).

당초처분과 증액경정처분 사이에 위법사유가 공통으로 존재하고 있음을 전제로 소송계속 중 증액경정된 경우라면 그 소송절차에서 청구취지의 변경을 통하여 증액경정처분의 취소를 구하면 되고, 이 경우 전심절차를 다시 밟을 필요가 없다(대법원 1982. 2. 9. 선고 80누522 판결, 2013. 2. 14. 선고 2011두25005 판결 참조). 전심절차 진행 중 증액경정된 경우라면 그 절차에서 신청취지의 변경을 통하여 증액경정처분의 취소를 구하면 된다.

(4) 종합적 결론

대법원 판례는 총액주의를 채택하고 그 내용을 명확히 확립하고 있다. 조세채무자 또는 과세관청 중 누가 제기하였든, 소송에서 제기된 모든 쟁점은 심리대상이 될 수 있고, 결과적으로 세액은 총액적으로 판단된다. '처분의 동일성'이 유지되는 범위 내에서 과세관청으로 하여

금 처분사유의 교환·변경을 허용하고, 동시에 납세의무자로 하여금 과다신고사유의 주장을 허용하는 이상 명시적으로 밝히지는 않지만 각 사유의 해당 금액은 상호 상계·정산도 허용된다. 나아가 처분사유의 교환·변경을 일반 행정소송에서 논의되는 '기본적 과세요건사실의 동일성' 범위 내로 제한하고 있지도 않다. 총액주의는 조세소송법적 규율로서 일반 행정처분에 관한 소송법적 규율내용과 다르다.

2. 소송물 특정기준(종적 기준)

가. 과세단위 및 납세의무의 단위

(1) 부과처분은 어떠한 단위로 이루어지는지, 즉 부과처분을 특정하기 위한 종적 기준(과세단위15))이 무엇인지에 관한 것이다. 종적 기준이란 처분사유의 교환·변경 또는 추가·변경이 가능한 범위 또는 처분사유의 교체·투입으로 상계·정산이 가능한 범위 등을 정하기 위한 것이다.

판례는 '과세단위' 또는 '처분의 동일성'을 소송물 인식의 잣대로 본다. 즉 부과처분 취소소송의 소송물은 과세단위의 개념을 전제로 총액주의에 따라 정하여진다.

과세단위는 각 세목이 기준이 된다. 기간과세세목의 경우 과세기간마다 조세채무가 성립하므로 매 과세기간에 따라 과세단위를 달리한다. 소득세의 경우 종합소득, 양도소득, 퇴직소득 등으로 다시 세분되어 과세단위가 형성된다. 상속세는 상속재산이, 증여세는 증여행위가 각 과세단위의 기준이 된다. 본세와 가산세는 별개의 과세단위이다. 본세 세액 등을 과세표준으로 하여 세금을 부과하는 이른바 부가세도 본세와 다른 별개의 과세단위이다.

(2) 원천징수의 경우

(ⅰ) 납세의무의 단위

해태제과식품 판결[대법원 2013. 7. 11. 선고 2011두7311 판결, 제1장 제11절 2. 다. (4) 및 제5장 제4절 1. 나. 참조]은, 부과처분에서의 과세단위와 구별한다는 의미에서, 원천징수의무자에 대한 징수처분에 있어 '납세의무의 단위'라고 표현하였다. 관련 부분을 인용한다.

『원천징수의무자에 대하여 납세의무의 단위를 달리하여 순차 이루어진 2개의 징수처분은 별개

---

15) 소순무, 전게서, 411면에서, "과세단위는 물적 요소로서 조세채무의 확정에 있어서 종목과 과세기간, 과세대상에 따라 다른 것과 구분되는 기본적 단위를 의미하기도 한다."라고 적고 있다. 과세단위는 대법원 판례가 사용하는 개념이기도 하다. 원천징수에 있어서는 '납세의무의 단위', 부가가치세의 사업장에 대하여는 '납세단위'[대법원 2009. 5. 14. 선고 2007두4896 판결, 제5장 제1절 2. 나 (1) 참조]라는 개념을 사용한다.

의 처분으로서 당초 처분과 증액경정처분에 관한 법리가 적용되지 아니하므로, 당초 처분이 후행 처분에 흡수되어 독립한 존재가치를 잃는다고 볼 수 없고, 후행 처분만이 항고소송의 대상이 되는 것도 아니다. … 이 사건 2007. 3. 6.자 징수처분과 이 사건 2008. 5. 14.자 징수처분은 그 납세고지의 대상이 된 물건, 즉 양도된 주식이 서로 다르므로 납세의무의 단위를 달리하는 별개의 처분으로서, 당초 처분과 증액경정처분에 관한 법리가 적용되지 아니한다고 봄이 타당하다. 따라서 이 사건 2007. 3. 6.자 징수처분이 이 사건 2008. 5. 14.자 징수처분에 흡수되어 독립한 존재가치를 잃는다고 볼 수 없고, 이 사건 2008. 5. 14.자 징수처분만이 항고소송의 대상이 될 수 있는 것도 아니다.』

납세의무의 단위가 동일한 이상, 원천징수의무자에 대한 징수처분에도, 당초처분과 증액경정처분 사이에 적용되는 흡수소멸설이 적용된다는 취지이다. 그러나 양도된 주식이 달라 원천징수의무라는 납세의무의 단위가 다르다면 흡수소멸설의 법리가 적용될 수 없다.

(ⅱ) 과세단위

뉴브리지 캐피탈 사건의 판결(대법원 2013. 7. 11. 선고 2010두20966 판결, 제5장 제4절 1. 나. 참조)에 의하면 " … 케이에프비 엘피는 이 사건 주식의 인수를 통하여 제일은행의 경영에 참가하여 그 기업가치를 증대시킨 다음 이 사건 주식을 양도하는 방법으로 높은 수익을 얻으려는 뚜렷한 사업목적을 가지고 설립된 영리단체로서, 오로지 조세를 회피할 목적으로 설립된 것으로 볼 수는 없으므로, 케이에프비 엘피가 이 사건 주식을 실질적으로 지배·관리할 능력이 없는 명목상의 영리단체에 불과하다고 할 수 없다. 따라서 원심으로서는 그 설립지인 케이만군도의 법령 내용과 단체의 실질에 비추어 케이에프비 엘피를 우리나라의 사법(私法)상 단체의 구성원으로부터 독립된 별개의 권리·의무의 귀속주체로 볼 수 있는지, 즉 케이에프비 엘피를 구 법인세법상 외국법인으로 볼 수 있는지를 심리하여 이 사건 양도소득에 대하여 케이에프비 엘피를 납세의무자로 하여 법인세를 과세하여야 하는지 아니면 케이에프비 엘피의 구성원들인 투자자 281명을 납세의무자로 하여 소득세를 과세하여야 하는지를 판단하였어야 했다."라는 이유로 파기환송하였다.

파기환송심인 고등법원에서 처분청은 판결취지에 따라 원천징수대상자를 법인인 케이에프비 LP로 변경했으나 같은 법원이 세목이 달라 과세단위를 달리한다는 이유로 변경을 허용하지 않으면서 제1차 징수처분을 취소하였고 대법원은 처분청의 상고를 기각하였다(대법원 2014. 9. 4. 선고 2014두3068 판결). 과세관청은 2015. 4. 17. 원천징수의무자에게 원천징수분 법인세를 징수고지(제2차 징수처분)함으로써 재판이 진행되었다.[16] 국가의 조세채권이 시효로 소멸되었고

---

16) 임승순, 전게서, 154면 이하에서, 국세기본법 시행령 제12조의3 제2항의 적용 여부(제척기간의 기산일)에 관하여 설명하면서, "이에 대해 원고가 재차 불복하여 그 소송절차에서 이 사건 2차 징수처분의 소멸시효 기산일이 양도대금 지급일이 속하는 달의 다음 달 10일 이후인 2005. 5. 11.로서 징수시효가 완성되었다고 주장

징수처분에는 판결 등에 따른 경정(특례제척기간)의 적용이 없다면서 청구인용판결을 한 원심을 대법원은 지지하였다[대법원 2020. 11. 12. 선고 2017두36908 판결, 제4장 제5절 5. 다. ③ (iii) 참조].

나. 처분의 동일성 존부에 관한 판례

(1) 처분의 동일성을 긍정한 판례

① 양도소득세

양도의 상대방이 달라도 양도자산이 동일한 경우(대법원 1995. 5. 24. 선고 92누9265 판결), 당초 처분사유로 양도 건물의 주택용도 이외 부분의 면적이 주택용도 부분의 면적보다 크다는 이유로 양도소득세가 비과세되는 1세대 1주택의 요건을 갖추지 못하였다고 주장하다가 소송 도중 양도인이 위 건물의 양도 당시 다른 주택 1채를 더 소유하고 있어 위 요건을 못 갖추었다고 주장하는 경우(대법원 2002. 10. 11. 선고 2001두1994 판결)에도 처분의 동일성이 있다.

② 증여세

증여자를 달리하는 경우(대법원 1997. 2. 11. 선고 96누3272 판결)에도 처분의 동일성이 있다. 주식취득자금의 증여추정과 주식의 명의신탁으로 인한 증여의제 사이에도 처분의 동일성이 있다(대법원 2012. 5. 24. 선고 2010두7277 판결).

③ 상속세

생전 재산처분대금에 관하여 상속세 과세가액 산입 근거규정이 달라지는 경우(대법원 2002. 1. 15. 선고 2000두956 판결)에도 처분의 동일성이 있다.

④ 법인세 등

법인이 손비로 계상한 것에 대하여 과세관청이 저가양도에 해당한다고 보아 부당행위계산부인의 규정에 따라 손금부인하여 부과처분을 하였는데, 그 부과처분 취소소송에서 저가양도가 아니라 고가매입에 해당한다고 주장을 변경한 경우(대법원 1992. 9. 22. 선고 91누13205 판결), 부동산 양도를 부당행위계산부인의 대상인 저가매매로 보고 시가에 따라 당초 처분을 하였다가 소송 도중에 실지양도가액으로 처분사유를 변경한 경우(대법원 2001. 8. 24. 선고 2000두4873 판결), 갑이 특수관계인 을로부터 비상장주식을 저가로 양수하였다고 보아 부과처분을 하였다가 소송 도중 위 주식은 갑의 아버지인 병이 을에게 명의신탁한 것이라고 하여 갑이 병으로부터 주식을 저가로 양수하였다고 처분사유를 변경한 경우(대법원 2011. 1. 27. 선고 2009두1617 판결) 등에도 처분의 동일성이 있다.

하였고, 처분청은 위 시행령 규정을 내세워 1차 징수처분에 대한 처분청(피고)의 응소로서 시효가 중단되었고 그렇지 않더라도 특례제척기간이 적용되어 대법원 확정판결일 다음 날인 2014. 9. 5. 새로이 시효가 진행된다고 주장하였다. 이 소송은 1, 2심에서 과세관청이 패소하여 현재 상고심에 계류 중이다."라고 적고 있다.

⑤ 종합소득

이자소득으로 과세되었는데, 소송 도중 이자소득이 아니라 대금업에 의한 사업소득에 해당한다고 처분사유를 변경한 경우 처분의 동일성이 있다(대법원 2002. 3. 12. 선고 2000두2181 판결).

(2) 처분의 동일성을 부정한 판례

① 증여세

수인으로부터 재산을 증여받은 경우에는 증여자별로 과세단위가 성립하므로 각 증여자별로 세율을 적용하여 각각의 증여세액을 산출하는바, 증여자를 1인으로 보고 과세처분을 하였는데 실제 증여자가 2인 또는 그 이상인 것으로 밝혀진 경우와 같이 증여자의 수에 차이가 있으면 과세단위가 달라지므로 과세의 기초사실이 달라져 당초 처분의 동일성이 유지된다고 할 수 없다(대법원 2006. 4. 27. 선고 2005두17058 판결).

② 재차증여와 증여세

구 상속세법(1996. 12. 30. 법률 제5193호 상속세 및 증여세법으로 전문 개정되기 전의 것) 제31조의3 제1, 2항에 의하면 재차증여와 관련하여, 당해 증여 전 5년 이내에 동일인으로부터 받은 증여가액의 합계액이 1천만 원 이상일 경우 그 증여의 가액을 합산하여 증여세를 부과하도록 하되, 이때에는 같은 법 제31조의2의 규정(누진세율)을 적용하여 계산한 금액에서 종전 증여의 가액에 대하여 납부한 세액을 공제한 금액을 부과한다고 규정하고 있는 바, 이와 같은 규정의 취지는 원래 증여세는 개개의 증여행위마다 별개의 과세요건을 구성하는 것이어서 그 시기를 달리 하는 복수의 증여가 있을 경우 부과처분도 따로 하여야 하나, 동일인으로부터 받은 복수의 증여에 대하여는 이를 합산과세함으로써 누진세율을 피해 수 개의 부동산을 한 번에 증여하지 아니하고 나누어 증여하는 행위를 방지하기 위한 것이다. 따라서 재차증여에 따라 종전 증여의 가액을 합산한 다음 기납부세액을 공제하여 이루어지는 형식의 증여세 부과처분은 당초처분의 과세표준이나 세율을 변경하여 세액을 증액하는 것이 아니라, 재차증여에 따른 별개의 처분으로서 단지 누진세율에 의한 합산과세를 하는 데에 불과하여 당초 결정이 이에 흡수된다고 할 수 없으므로, 위 각 처분에 대한 불복 역시 별도로 하여야 한다(대법원 2004. 12. 10. 선고 2003두9800 판결).

③ 법인세와 특별부가세

특정한 사업연도의 소득에 대한 법인세와 토지 등의 양도에 대한 특별부가세는 별개의 과세단위를 이루고 있는 것이므로, 사업연도 소득에 대한 법인세 부과처분과 토지 등 양도에 대한 특별부가세 부과처분은 별개의 처분이다(대법원 2001. 10. 30. 선고 99두4310 판결, 2002. 11. 13. 선고 2001두1543 판결).

④ 양도소득과 종합소득

부동산양도행위에 대하여 양도소득세 부과처분을 한 후에 부동산매매업자로 인정하여 부가가치세를 부과한 것은 과세단위를 달리하여 중복과세처분에 해당되지 않으며(대법원 1997. 2. 25. 선고 96누10881 판결), 분리과세되는 양소소득과 종합과세되는 사업소득 사이에는 처분의 동일성이 없으므로 처분사유의 변경이 허용되지 않는다(대법원 2001. 4. 24. 선고 99두5412 판결).

⑤ 가산세 등

가산세와 본세는 별개의 처분이므로 부과고지한 본세액이 정당세액을 초과한다면 부과고지한 본세와 가산세액의 합계액이 정당한 본세와 가산세액의 합계액을 초과하지 않더라도 본세에 과한 부과처분이 정당하다고 볼 수 없고(대법원 2008. 12. 24. 선고 2006두13497 판결), 납부불성실가산세와 신고불성실가산세의 정당한 세액을 합한 범위 내라 하더라도 과세관청의 처분액을 초과하는 납부불성실가산세를 법원이 직권으로 인정할 수 없다(대법원 2004. 10. 15. 선고 2003두7064 판결).

(3) 원천징수의무자에 대한 징수처분에 있어 처분의 동일성

원천징수하는 법인세에서 소득금액 또는 수입금액의 수령자가 누구인지는 원칙적으로 납세의무의 단위를 구분하는 본질적인 요소가 아니다(대법원 2013. 7. 11. 선고 2011두7311 판결). 반면 '세목'은 부과처분에서는 물론 징수처분에서도 '납세의무의 단위'를 구분하는 본질적인 요소라고 봄이 상당하고, 당초의 징수처분에서와 다른 세목으로 처분사유를 변경하는 것, 즉 당초의 세목인 소득세에서 법인세로 변경하는 것은 처분의 동일성이 유지되지 아니하여 허용될 수 없다(대법원 2014. 9. 4. 선고 2014두3068 판결).[17]

3. 소송물 특정기준(횡적 기준)[18]

횡적 기준이라 함은 동일한 과세단위 내에서 세액의 증감이 있는 경우 소송물을 특정하기 위한 기준을 말한다. 동일한 과세단위 내에서만 증액경정이 가능하다. 과세단위를 달리하면 별개의 처분이므로 그 사이에 증액경정의 관계를 논할 수 없다(위 대법원 2011두7311 판결 참조).

① 중과세율에 의한 취득세(등록세) 부과의 경우 원칙적으로 중과요건 완성시에 납세의무

---

17) 박규훈, 2015. 4. 6.자 법률신문, '원천징수처분 취소소송에서 처분사유의 추가·변경의 한계'에서, "대상판결은 과세관청이 원천납세의무자를 외국법인이 아닌 외국법인의 투자자로 보아 원천징수처분을 하였다는 점에서 위법사유가 동일하다. 그럼에도 불구하고 대법원이 외국법인의 투자자를 개인으로 보아 당초 소득세 원천징수처분을 한 경우에는 처분사유의 추가·변경을 불허하는 것은 원천징수처분 당시 궁극적으로 원천납세의무자도 아닌 외국법인 투자자들의 법적 성격이 무엇이었냐는 우연한 사정에 따라 원천징수처분의 위법성을 가르는 것이어서 부당하다."라고 비판하고 있다.

18) 소순무, 전게서, 423면에서, "당초 처분과 경정처분 사이의 관계가 문제되는 것은 단일한 과세대상 및 과세단위임을 전제로 한다."라고 적고 있다.

가 성립하므로[제1장 제8절 2. 다. (8) 참조], 일반적인 취득세(등록세)와 중과세율에 의한 취득세(등록세)는 성립시기를 달리한다. 따라서 동일한 과세단위가 아니므로 그 사이에 흡수소멸설이 적용될 수 없다.

　② 재차증여시 합산과세 규정에 따라 종전 증여의 가액을 합산하여 누진세율을 적용한 다음 기납부세액을 공제하여 이루어지는 형식의 증여세 부과처분도 당초처분과는 다른 별개의 처분으로 그 사이에 흡수소멸설이 적용될 수 없다.

　③ 토지의 승계취득에 대한 취득세는 건축물의 취득 또는 지목변경에 의한 간주취득에 대한 취득세와는 과세대상 및 과세단위를 달리하는 것이므로, 제2차 처분으로써 건축물의 취득 또는 지목변경에 의한 간주취득 등에 관한 취득세 과세표준 및 세액을 증액하여 추징하였다 하더라도 제1차 처분 중 토지의 승계취득에 관한 취득세 과세표준 및 세액을 증액하지 아니한 이상, 제2차 처분이 제1차 처분 중 토지의 승계취득에 대한 취득세 부과처분 부분까지 포함하여 증액하는 경정처분이라고 할 수 없다 할 것이고, 따라서 제1차 처분 중 토지의 승계취득에 대한 취득세 부과처분 부분은 제2차 처분에 흡수·소멸되는 것이 아니라 이 부분에 한해서 제2차 처분과는 별도로 독립한 처분으로 남게 된다(대법원 1999. 9. 3. 선고 97누2245 판결).

가. 당초신고 후 수정신고의 경우

　'[신고 + 수정신고]의 사안'의 경우에도 '[신고 + 증액경정]의 사안'이나 '[제1차적 부과처분 + 부과처분]의 사안'에서와 같이 흡수소멸설이 적용된다.

　그런데 국세기본법 제22조의2 제1항이 2018. 12. 31. 신설되어 흡수소멸설이 입법적으로 수용되었다. 조세소송법이 아닌 조세기본법에서 입법적으로 흡수소멸설을 명확히 하였다. 국세기본법 제22조의2 제1항은, 국세기본법 제45조의2 제1항 후단과 더불어, 우리나라 경정법체계의 뚜렷한 특징을 나타내는 입법이다.

　국세기본법 제22조의2(수정신고의 효력)

　『① 제22조 제2항 각 호에 따른 국세의 수정신고(과세표준신고서를 법정신고기한까지 제출한 자의 수정신고로 한정한다)는 당초의 신고에 따라 확정된 과세표준과 세액을 증액하여 확정하는 효력을 가진다.(개정 2019. 12. 31.)

　② 제1항에 따른 국세의 수정신고는 당초 신고에 따라 확정된 세액에 관한 이 법 또는 세법에서 규정하는 권리·의무관계에 영향을 미치지 아니한다.』

나. 증액경정처분[19]의 경우

(1) 학설의 소개

당초신고나 결정이 있은 후 증액경정처분이 있는 경우, 취소소송 대상으로서의 부과처분을 분할할 수 있는지 여부, 즉 부과처분의 분할가능성 및 당초신고나 결정의 효력의 소멸 여부를 두고 종래 흡수소멸설, 흡수설, 병존적 흡수설, 역흡수설, 역흡수병존설, 병존설(독립추가처분설) 등의 대립이 있었다. 대별하면 병존설과 흡수설로 나눌 수 있다.

일본[20]의 소멸설, 흡수설, 병존설을 본다. 소멸설이 최초의 신고의 효력이 소멸한다고 봄에 대하여, 흡수설은 당초신고의 효력이 소멸되는 것이 아니라 효력은 유지되나 내용물이 없는 '속이 텅 빈 상태'로 존속한다는 것이다. 흡수설은 기교적이긴 하나 시효의 기산점, 체납처분, 집행과의 관계 등을 잘 설명할 수 있다. 흡수설이 소멸설과 조세채무확정절차, 조세쟁송절차에서 구체적으로 어떠한 차이를 보이는지는 명확하지 않다. 흡수설은 병존설과 소멸설의 대립에서 절충적 견해로서 등장하였으나 본질적으로 소멸설에 유사한 것으로, 일본 국세통칙법 제29조를 의식한 기교적 견해로 평가된다.[21] 다만 병존설은 우리나라의 그것과 동일하다.

학계에서는 흡수소멸설 내지 흡수설, 병존설 등이 설명되고 있다. 결합설[22]을 주장하는 견해도 있다.

한편 독일 조세기본법(AO, 1977. 1. 1.부터 시행)은 제172조부터 제176조까지에서 '사항적

---

19) 부가가치세에 있어 사업자가 (−)500원의 환급세액을 신고하였는데 이후 과세관청이 (+)200원의 납부세액이 있다는 이유로 경정처분을 한 사안의 경우는 제5장 제1절 1. 나.에서 다룬다.

20) 占部裕典, 전게서, "경정청구의 배타성과 그 한계", 305면에서, "일본 최고재는 경정과 재경정 사이의 관계에 대하여 옛날에는 소멸설의 입장을 채택하였다고 말할 수 있다. 국세통칙법 시행 전은 소멸설, 시행 후는 흡수설이라고 이론적으로 구별되어야 하는 것에 유의하여야 한다."라고 적고, 이어 "최고재는 신고와 경정의 관계에 대하여는 직접적으로 판시하고 있지 않다."라고 적고 있다. 그는 일본에서의 대표적 학설로 소멸설, 흡수설, 병존설을 들어 설명하면서, 일본 하급심이나 통설은 신고와 경정의 관계에 대하여 소멸설이 아닌 흡수설을 취하고 있다는 취지로 주장하고 있다.

21) 占部裕典, 전게서, "경정청구의 배타성과 그 한계", 306면의 관련부분을 인용하였다.

22) 김창석, "과세처분에 있어서 당초처분과 경정처분의 관계", 『사법논집』 제38집, 법원행정처(2004), 208면에서 결합설을 주장한다. 즉 "증액경정처분이 행하여짐과 동시에 당초의 과세처분과 추가세액의 확정으로서의 증액경정처분이 형식상 복수로 존재하게 되는데, 이러한 각 과세처분 중 당초처분을 위 증액경정처분에 결합시킴으로써 하나의 실질적 증액경정처분의 일부로 수용한다는 것을 기본개념으로 하고, 여기에 정지설의 구조적 관점을 더함으로써 우리 과세처분의 현실을 반영한 새로운 이론구성을 다음과 같이 제시한다. 증액경정처분이 행하여지면 그 이후에는 당초처분이 증액경정처분에 결합되어 새로운 전체세액 확정으로서의 하나의 증액경정처분이 있는 것으로 간주한다. 경정처분시점 이후에는 당초의 과세처분 이외에 추가세액의 확정이라는 형식으로 행하여진 증액경정처분이 존재함으로써 두 개의 과세처분이 유효하게 존재한다는 사실을 부정하지 않고 그대로 인정하되, 그럼에도 불구하고 두 개의 과세처분을 합하여 하나의 증액경정처분으로 보아야 할 이론적, 실천적 요구를 수용하여 경정처분시점 이후에는 두 개의 과세처분이 결합되어 하나의 과세처분이 있는 것처럼 다루고자 하는 것이다."라고 적고 있다.

경정'에 관한, 제177조에서 '실체적 오류의 시정'에 관한, 제351조에서 '다른 행정행위의 구속력'에 관한, 제365조에서 이의절차에서 '절차규정의 적용'에 관한 각 규정을 두고 있다. 독일 조세소송법에서는 제42조에서 '소 적격의 물적 범위'에 관한, 제68조에서 '계쟁 행정처분의 변경'에 관한 규정 등을 두고 있다.

종전의 라이히제국 조세기본법(RAO)이 적용된 사안에서 연방재정법원 대합의부(GrS) 1972. 10. 25. 결정은, "경정처분은 당초처분을 포괄(umfassen)하며 당초처분을 그 규율내용 속에 함께 수용(mit aufnehmen)한다. 경정처분이 존속하는 한 당초처분은 효력을 발생하지 않는다. 당초처분은 그것이 경정처분 안에 수용되어 있는 범위 내에서 정지(suspendieren)되고, 이런 정지상태는 경정처분의 효력기간 동안 존재한다. 경정처분이 취소되면 당초처분은 다시 효력을 발생한다."는 요지의 결정[23]을 하였다. 당초처분이 증액처분의 발령에 따라 임시적으로 정지된다는 점에서 일본에서의 소멸설이나 흡수설과 유사한 것으로 매우 기교적이다.

(2) 우리나라의 흡수소멸설과 병존설

흡수소멸설(일본의 소멸설과 같다. 우리 학계는 흡수설이라고 하나 여기서는 흡수소멸설이라 부른다)은 부과처분의 분할이 불가능하다는 것이고, 병존설은 분할이 가능하다는 것이다.

이는 취소소송의 소송물 이론과 직결되는 것으로 청구취지와 주문의 기재내용 및 심리대상이나 심판범위, 소송계속 중 증액경정이 이루어진 경우 절차대상 등에 중대한 영향을 미치는 사항이다.

(가) 흡수소멸설

흡수소멸설에 의하면, 당초처분(신고)은 증액경정처분에 흡수되어 소멸하고 증액경정처분은 다시 결정한 과세표준 및 세액 전체에 미친다는 것이다.

증액경정처분은 당초처분(신고)을 그대로 둔 채 당초처분에서의 과세표준과 세액을 초과하는 부분만을 추가로 확정하는 처분이 아니라, 세무조사 등에 의하여 판명된 결과를 종합하여, 이를 당초처분(신고)에서의 과세표준과 세액에 포함시켜 전체로서 하나의 과세표준과 세액을

---

23) 김창석, 전게논문, 208면에서, 연방재정법원 대합의부 결정요지를 정리하면서 이를 '정지설'이라고 명명하였다. 한편 위 논문 212면에서 인용된 연방재정법원 제7부 1969. 5. 14. 결정 내용의 일부를 재인용한다. "1964. 5. 22.자 당초처분은 1965. 12. 10.자 변경처분에 의하여 변경되었고, 이로써 그 실질적 효력이 소멸되었다. 따라서 당초처분에 의하여 부과되었던 관세의 징수에 대한 근거는 오직 경정처분일 뿐이다. 1964. 5. 22.자 당초처분에 대하여 독립적인 법적 의미가 승인되어질 수 없고, 경정처분이 당초처분에 의하여 결정된 세액을 제외한 나머지 세액만을 대상으로 한다고 할 수는 없다. 왜냐하면 단일한 조세구성요건의 실현에 의하여 일정한 높이로 발생되는 조세채권의 확정은 하나의 과세처분에 의하여 행하여져야 하고, 여러 개의 행정처분으로 쪼개어질 수는 없기 때문이다. 이와 같은 결론은 아래에서 구체적으로 언급하는 조세기본법상의 절차법적 규정들로부터 생겨난다. … ." 위 견해는 우리나라의 흡수소멸설과 유사하다. 위 논문에서, 연방재정법원 대합의부에 의견을 제청한 연방재정법원 제5부의 견해는 병존설이었다고 기술한다. 1977. 1. 1. 조세기본법(AO)가 시행되기 전에 독일에서도 흡수소멸설, 소멸설, 병존설 등과 같은 견해를 둘러싸고 연방재정법원 재판부마다 견해를 달리하고 있었던 것으로 보인다.

새로이 결정하는 것이고, 따라서 증액경정이 있으면 당초처분(신고)은 증액경정처분에 흡수되어 당연히 소멸한다.

증액경정처분은 전체로서 하나의 과세표준과 세액을 새로이 결정하는 것으로 매 증액경정처분 때마다 전체펼치기가 반복된다(전체펼치기 및 반복펼치기, 제1장 제11절 2. 라. 참조). 흡수되어 소멸된 처분은 절차대상으로 삼을 수 없다(제1장 제6절의3 참조).

하나의 세액에는 하나의 부과처분만 일대일 대응하므로 부과처분의 분할가능성은 부정된다.24) 한 개의 조세채무의 발생원인인 과세요건사실은 실체적으로 불가분이므로 그것을 분할하여 부분마다 인정함으로써 납부하여야 할 세액을 쪼개어 확정할 수 없다.25)

(나) 병존설

병존설에 의하면, 당초처분과 증액경정처분은 별개 독립의 행위로서, 증액경정처분은 당초처분으로 확정된 세액에 일정액의 세액을 추가하는 것에 불과하며, 당초처분과 증액경정처분의 양자 합으로 1개의 납세의무를 확정한다는 것이다. 비록 하나의 부과처분으로 볼지라도 당초 확정된 세액부분과 추가로 고지된 세액부분으로 분할된다는 것으로 부과처분의 분할을 인정한다. 그리하여 "병존설을 취하는 경우 납세자는 당초처분(신고)을 제외한 증액경정부분만을 다투고 싶으면 그 부분만을 청구의 대상으로 삼아 다투고 양쪽을 모두 다투고 싶으면 청구를 병합하면 된다. 소송 진행 중에는 청구의 추가적 병합절차를 밟게 된다."라고 설명된다.

(다) 대법원 판례

① 2005. 6. 10. 선고 2003두12721 판결

『증액경정처분은 당초 신고하거나 결정된 과세표준과 세액을 그대로 둔 채 탈루된 부분만을 추가하는 것이 아니라 증액되는 부분을 포함시켜 전체로서 하나의 과세표준과 세액을 다시 결정하

---

24) 서울행정법원, 조세소송실무(2012), 72면에서, "동일성이 있는 1개의 행정처분에 대한 소송물은 원칙적으로 1개이다."라고 적고 있다.

25) 이창희, 전게서, 260면에서, "문제는 특정 실체법에서는 한 단위인 조세채무를 여러 개의 행정처분으로 나누어 부과하는 경우이다. 가령 처음에 과세처분이 있고 그 뒤 세액을 늘리는 증액경정처분이 있는 경우에는 행정처분이라는 단위가 실체법상 조세채무라는 단위보다는 작아질 수밖에 없다. 신고납세방식에서 자진신고한 세액과 증액경정처분 사이에서도 마찬가지 문제로, 실체법상 진정한 세액은 신고납세로 확정된 부분과 행정처분으로 증액경정된 부분의 합이 된다. 또 행정처분이 하나뿐이더라도 부과된 세액이 소송과정에서 드러난 실체법상의 진정한 세액보다 적다면 행정처분을 단위로 하는 판단은 진정한 세액이 얼마인가라는 판단에 못 미칠 수밖에 없다. 이 모순을 풀려면 둘 중 하나. 행정처분이라는 개념을 잡아늘려서 소송물이라는 개념에 맞추든가, 아니면 소송물이라는 개념을 줄여서 행정처분이라는 개념에 맞추든가. 이리하여 총액주의를 일관하려는 생각은 불가피하게 가령 '하나의 과세처분은 하나의 과세단위에 상응하는 것'이라는 식으로 과세처분의 개념을 조작하게 된다. 판례 역시 근본적으로 소송물의 동일성이 처분의 동일성과 같은 것으로 보고, 처분의 개념을 소송물에 끌어 맞추고 있다. 그러자면 세액을 기준으로 볼 때 가장 큰 처분이 다른 처분들을 흡수한다는 논리를 짤 수밖에 없고, 실제 판례가 그렇다."라고 적고 있다.

는 것이므로, 납세의무자가 당초에 한 신고나 결정은 증액경정처분에 흡수됨으로써 독립된 존재가치를 잃고 그 효력이 소멸되어 납세의무자는 증액경정처분만을 쟁송의 대상으로 삼아 당초 신고하거나 결정된 과세표준과 세액에 대하여도 함께 취소를 청구할 수 있음은(대법원 1992. 5. 26. 선고 91누9596 판결 참조) 원고의 주장과 같으나, 이 사건 종합소득세 및 주민세 부과처분은 2000 사업연도 귀속분 종합소득세 확정신고에 대한 과세관청의 세무조사 결과 원고가 소외 OOOO로부터 수취한 가공의 매입세금계산서를 이용하여 매출원가를 증가시키는 방법으로 소득을 과소 신고한 것을 발견하고 그 가공 매입금액을 필요경비에서 부인하여 그에 해당하는 종합소득세 및 소득세할 주민세를 경정한 것인데, 기록에 의하면 원고가 확정신고한 총수입금액은 원고 제출의 2000년도 매입매출장의 기재와 일치하고 있으며 가공 매입세금계산서에 의하여 부인된 부분을 포함한 필요경비에 대하여는 원고가 이를 다투지 아니하고 있음을 알 수 있으므로 피고들의 이 사건 소득세 및 이에 따른 소득세할 주민세 부과처분은 적법하다고 할 것이다.』

위 판결에서 '흡수(吸收)됨으로써 독립된 존재가치를 잃고 그 효력이 소멸(消滅)'한다는 표현 및 '증액경정처분은 당초 신고하거나 결정된 과세표준과 세액을 그대로 둔 채 탈루된 부분만을 추가하는 것이 아니라 증액되는 부분을 포함시켜 전체로서 하나의 과세표준과 세액을 다시 결정하는 것'이라는 표현 등에 비추어 볼 때, 흡수소멸설의 입장에 있음은 명백하다.

② 2009. 5. 14. 선고 2006두17390 전원합의체 판결

③ 2012. 3. 29. 선고 2011두4855 판결

④ 2013. 4. 18. 선고 2010두11733 전원합의체 판결

⑤ 2014. 6. 26. 선고 2012두12822 판결

흡수소멸설을 채택한 오래된 대법원 판결은 다음과 같다.

1986. 12. 23. 선고 86누199 판결((상속세, 부과처분 + 증액경정)

1987. 3. 10. 선고 86누911 판결(법인세, 申告 + 증액경정)

1988. 2. 9. 선고 86누617 판결(양도소득세, 부과처분 + 증액경정)

1990. 4. 10. 선고 90누219 판결(증여세, 부과처분 + 증액경정)

1991. 1. 29. 선고 90다5122, 90다카26072 판결(법인세, 부과처분 + 증액경정)

1992. 5. 26. 선고 91누9596 판결(법인세, 申告 + 증액경정)

대법원은 부과처분에 대한 증액경정뿐만 아니라 신고납세방식 조세에 있어 당초신고에 대한 증액경정에도 흡수소멸설(당초처분과 증액경정처분에 관한 법리)이 타당하다고 판시하였다. 신고 후 증액경정에 대한 추적가능한 최초의 판결은 위 대법원 86누911 판결이다.

(라) 흡수소멸설의 이론적 타당성

① 1980년대 당시 국세기본법이나 행정소송법의 규정내용에 비추어 흡수소멸설을 필연적으로 채택하여야만 하는 국세기본법 및 행정소송법상의 근거조항을 찾기는 어렵다.[26] 다만 법

인세법 제66조 제2항(소득세법 제80조 제2항) 등의 증액경정처분에서 "과세표준과 세액을 경정한다."고 규정하고 있는데, 여기서 과세표준과 세액을 경정한다는 의미는 당초처분에 포함된 과세표준까지를 포괄하여 총체적으로 하나의 과세표준을 다시 산정한 다음 이에 누진세율을 적용하여 결과적으로 하나의 전체세액을 산정하는 것을 의미함은 명백하다. 즉 증액경정처분에 있어 당초처분에 의하여 확정된 세액에 증액된 세액만을 추가한다는 의미는 아니었다.

그런데 현재 실무상의 납세고지서를 보면, 증액경정처분이 있는 경우 '세액산출근거'라는 난에 당초처분에 포함된 과세표준까지를 포괄하여 전체적으로 과세표준을 다시 산정하여 기재하고, 이에 세율을 적용하여 산출세액을 산정하여 기재한 다음, 다시 결정된 산출세액에서 당초처분에 의하여 부과된 세액을 공제하고 남는 세액을 고지세액으로 기재하는 한편, '납세고지서'라는 난에 이와 같이 확정된 추가적 고지세액을 납세고지의 내용으로 기재하고 이 추가적 고지세액에 대한 납부기한을 새로이 정하여 기재하는 방식에 의하고 있다.[27] 이러한 과세현실에 비추어 볼 때, 증액경정처분에 있어 당초처분에 의하여 확정된 세액보다 증액된 추가세액만을 납세고지서에 고지세액으로 기재하고 있으므로 그 추가세액만이 증액경정처분의 내용이 된다고 볼 여지가 전혀 없는 것은 아니다.

---

26) 김창석, 전게논문, 212면에서, 독일 연방재정법원 제7부가 한 1969. 5. 14.자 결정의 근거를 들고 있다. 이를 인용한다(우리나라 흡수소멸설과 비슷하다).
"조세기본법 제210조는 과세관청은 조사의 종결 후 과세처분에 의하여 세액을 확정하여야 한다고 규정하고 있다. 이와 같은 과세처분은 조세기본법 제211조 제1항에 따라 세액을 포함하여야 한다. 과세의 근거도 표시되어야 하나 그럼에도 불구하고 그것은 원칙적으로 독립적으로 다툴 수 없는 과세처분의 종속적인 부분을 형성한다(조세기본법 제213조 제1항). 그에 따라 과세처분에 의하여 행하여지는 조세채권관계의 고권적 규율의 내용은 납세의무의 긍정 이외에 확정된 세액만이라는 결과가 생겨난다. … 그러므로 세액의 확정은 그에 의하여 규율되는 조세채권관계를 세액으로 표현되는 법적 결과에 의하여서만 표시한다. 이와 같은 결과는 하나의 확정된 금액으로만 표시될 수 있기 때문에 개별적인 과세에 있어 생겨나는 조세는 필연적으로 통일적으로 확정되어야 한다. 이는 조세기본법이 어떤 과세처분이 나중에 부당한 것으로 밝혀질 경우에 일정한 요건 아래 그 경정을 규정하거나 허용하고 당초처분으로부터 독립된 추가적인 과세처분을 규정하거나 허용하지 않고 있는 점에도 부합한다(조세기본법 제222조 이하 참조). 그 경우에 있어 변경처분에서 행해진 고권적 규율은 조세기본법 제232조(현행 조세기본법 제351조 제1항)와 재정법원법 제42조로부터 생겨나는 것과 같이 전체에 걸친 세액확정을 포괄한다. 왜냐하면 이와 같은 규정들이 당초처분이 이미 다투어질 수 없게 된 경우 변경처분을 다투는 것을 변경된 범위로 제한하는 것은 이로써 변경처분은 원래 그 전체 범위에 걸쳐 다툴 수 있다는 것을 표시하고 있기 때문이다. 이와 같이 계속하여 다툴 수 있는 가능성은 이미 당초처분에서 확정한 부분도 변경처분의 대상이라는 것을 전제로 한다. 왜냐하면 행정처분은 언제나 그 기초를 이루는 법률관계를 구속력 있게 규율하는 범위 안에서만 다투어질 수 있기 때문이다. 그러므로 과세처분에서 확정된 세액이 증가되어야 한다면 새로운 처분에서 행하여지는 조세채권관계의 고권적 규율은 차액 부분에 제한되어서는 안 되고 종전처분을 경정하거나 대체하는 형식으로 전체에 걸친 세액확정을 포괄하여야 한다. 이와 같은 것은 1965. 12. 10.자 경정처분에 의하여 실제로도 행하여졌다. 이에 따라 이와 같은 경정처분이 그에 의하여 변경된 당초처분에서 행하여졌던 세액확정도 포괄한다면 그 경정처분에 의하여 이전의 세액확정은 효력이 없게 되고, 새로운 처분이 전체 세액의 징수에 대한 유일한 기초를 형성한다."
27) 김창석, 전게논문, 212면 참조.

② 그러나 법인세법 제66조 제2항(소득세법 제80조 제2항) 등의 증액경정처분에 관한 규정을 납세고지서에 관한 규정보다 더 중시한다면 병존설이 자리잡기는 어렵다. 소송절차의 복잡성 등에 비추어도 그러하다.

먼저 당초처분과 경정처분의 관계를 해석하는 도구로서의 자격을 논하는 견해28)를 소개한다. 즉 하나의 과세대상에 관한 부과처분은 하나이어야 한다는 원칙을 관철할 수 있고(부과처분의 단일성에 대한 요구), 경정처분에도 불구하고 당초처분의 효력은 유지되어야 한다는 요구를 충족할 수 있으며(당초처분의 효력유지에 대한 요구), 부과처분의 내용은 명확하고 확정되어 있어야 한다는 원칙이 훼손되지 않아야 하고(부과처분의 명확성과 확정성에 대한 요구), 경정처분이 최종적인 세액확정처분으로서 당초처분에 대하여 우월적 지위를 갖는다는 점이 승인되어야 한다(경정처분의 당초처분에 대한 우월적 지위)는 것이다.

③ 결론적으로, 흡수소멸설이 타당한 이유 또는 대법원이 흡수소멸설을 채택한 이유는 다음과 같다.

첫째, 대법원이 부과처분 취소소송의 소송물을 정함에 있어 과세단위의 개념을 전제로 총액주의를 취하였고, 둘째, 총액주의 아래에서 조세채무관계를 세액으로 표현한 법적 결과물인 세액의 총액 개념은 과세단위에 따라 하나의 확정된 금액으로 통일적으로 표시되어야 하며, 셋째, 세액확정의 도구개념인 부과처분은 하나의 과세단위에 상응하여야 하는바, 세액을 기준으로 할 때 가장 큰 처분이 다른 처분을 흡수한다는 논리를 짤 수밖에 없고, 넷째, 소송절차상 심리의 복잡화 및 판단저촉을 피하면서 하나의 과세단위에 해당하는 세액의 다툼은 하나의 소송절차에서 해결되어야 한다는 소송절차의 단순성을 도모할 수 있다는 점을 고려하여, 추가세액에 대한 부과처분을 전체세액에 관한 부과처분으로 의제한 다음, 이를 전제로, 흡수소멸설을 채택하였다고 본다. 소송물에 관하여 총액주의를 취하는 이상 흡수소멸설을 받아들일 수밖에 없다.

흡수소멸설은 무엇보다도 '소송절차의 단순성'이 최대의 장점이다. 이러한 장점에도 불구하고 약점이 있으므로 뒤에서 보는 바와 같이 입법이나 판례를 통하여 수정·보완하면서 가꾸어 갈 수밖에 없다.

(마) 기타

개발부담금 등 금전지급의무를 부과하는 경우에도 같은 법리가 적용된다(대법원 1993. 9. 28. 선고 93누8337 판결). 금전급부의무라는 하나의 조세채무에 대하여 하나의 행정처분이 있을 뿐이고 원칙적으로 두 개의 행정처분으로 세액을 쪼개어 처리할 수 없다.

다만 대법원 2005. 10. 14. 선고 2004두8972 판결(한국방송공사 사건, 제1장 제6절의3 6. 나.

---

28) 김창석, 전게논문, 180면 참조.

참조)29)의 경우처럼 흡수소멸설의 적용을 부인한 사례도 있다.

『예외적으로 납세자의 감액경정청구에 대한 거부처분 취소소송이 제기된 후 과세관청의 증액
경정처분이 이루어진 경우에는 당초 신고나 감액경정청구, 감액경정청구에 대한 거부처분은 그 후
에 이루어진 과세관청의 증액경정처분에는 흡수·소멸되지 아니한다 할 것이다(대법원 1987. 1.
20. 선고 83누571 판결 참조).』

(3) 흡수소멸설의 작용효과

흡수소멸설에 관한 대법원의 견해는 '법창조적 조세소송법적 규율'이다. 조세소송법적 규
율과 조세실체법적 규정은 구별되어야 한다. 조세소송법적 규율은 행정소송법에서 특별한 규
율을 하고 있지 않는 이상, 조세실체법적 규정으로 이를 함부로 제한할 수 없다. 조세실체법적
규정으로 조세소송법적 규율에 간섭을 시도하거나 제한을 가하는 입법례를 발견하곤 하나 이
러한 제한 또는 간섭은 원칙적으로 해석으로 극복되어야 한다.

그 논리적 귀결로 다음과 같은 작용효과를 받아들여야 한다.

첫째, 당초 신고하거나 결정된 세액을 증액하는 경정처분이 있는 경우 조세채무자로서는
흡수소멸설을 전제로 원칙적으로 그 증액경정처분을 쟁송의 대상으로 삼아 청구취지를 구성하
여야 한다. 예를 들어 과세관청이 2015. 1. 1. 원고에게 100만 원의 상속세 부과처분을 한 후
같은 해 6. 1. 다시 50만 원을 추가납부하라는 부과처분을 한 경우, 청구취지는 "피고가 2015.
6. 1. 원고에게 한 상속세 150만 원의 부과처분을 취소한다."로 기재되어야 한다. 판결주문도
원고의 주장이 이유있다면 같은 표현이 사용되어야 한다.

둘째, 심리대상 내지 심판범위에 관한 것이다. 당초신고나 결정을 증액하는 경정처분이
있는 경우, 비록 당초신고나 결정이 경정청구기간의 도과 또는 불복기간의 경과나 전심절차의
종결로 확정되었다 하더라도, 증액경정처분에 대한 소송절차에서 증액경정처분으로 증액된 세
액에 관한 부분뿐만 아니라 당초 신고하거나 결정된 세액에 대하여도 그 위법 여부를 다툴 수
있다. 세무조사결과 과세표준의 내용물이 교체되는 경우가 흔히 일어나는 현실에 비추어 부득
이 이렇게 해석할 수밖에 없다.

여기서 (ⅰ) 신고납세방식의 조세에 있어 당초신고에 대하여 확정효가 있으나 이후 증액

---

29) 대법원 2012. 3. 29. 선고 2011두4855 판결에 의하면, "[당초 신고한 세액이 증액경정처분에 흡수되어 증액
경정처분의 일부를 구성하고 있는 이상, 납세자가 감액경정청구 거부처분에 대한 취소소송을 제기한 후 증액
경정처분이 이루어져서 그 증액경정처분에 대하여도 취소소송을 제기한 경우에는 특별한 사정이 없는 한 별
도로 감액경정청구 거부처분 취소의 소를 유지할 이익이 없다고 할 것이므로(대법원 2005. 10. 14. 선고
2004두8972 판결 참조), 이에 배치되는 원심의 부가적 설시 또한 적절하다고 할 수 없음을 아울러 지적해
둔다."라고 판시하고 있다.

경정처분이 있으면 그 확정효는 당연히 소멸하고, (ⅱ) 당초신고에 대하여 경정청구기간이 지나면 '경정청구기간 도과의 효과'가 발생하는데 증액경정처분이 있으면 그러한 효과도 당연히 소멸하며, (ⅲ) 당초처분에 대하여 불복기간 경과로 불가쟁력이 발생하였다 하더라도 증액경정처분이 있으면 당초처분의 소멸로 그 불가쟁력도 함께 소멸한다.

대법원의 위 견해는 세액확정절차에 관여하는 당초신고의 효력 내지 경정청구 등 조세실체법적 규정이 조세소송법상의 증액경정처분에 대한 항고쟁송을 방해하거나 그 소송의 심판대상 및 범위를 구획하거나 제한할 수 없음을 전제하고 있다. 항고소송의 장에서 펼쳐지는 흡수소멸설의 작용효과는 위력적이라 할 것이다.

셋째, 부과처분 취소소송 중 증액경정처분이 있게 되면 흡수소멸설의 작용효과상 당연히 '절차대상의 자동교체'가 있다고 보아 따로 전심절차를 거칠 필요 없이 청구취지를 변경하여 증액경정처분의 취소를 구할 수 있고, 이 경우 당초의 소송이 적법한 제소기간 내에 제기된 것이라면 증액경정에 대한 청구취지변경의 제소기간 준수 여부는 따로 따질 필요가 없다.

(4) 흡수소멸설의 약점과 수정·보완

① 당초신고나 결정이 불복기간의 경과나 전심절차의 종결로 확정되었음에도 증액경정처분이 있었다는 이유만으로 징수처분마저 그 효력이 상실된다는 점에 흡수소멸설의 결정적 약점이 있었다. 흡수소멸설에 의하면 불복기간이 지나 불가쟁력이 발생하였음에도 과세관청의 증액경정을 기화로 다른 위법사유를 들어 제한없이 이를 다툴 수 있게 되었고 그리하여 일부 납세자가 고의로 적은 금액의 경정사유를 제공하여 증액경정처분을 받아 불복청구를 하는 경우까지 발생하여 과세관청에서 이 점에 대한 불만을 가졌다고 한다.

② 그럼에도 불구하고 흡수소멸설이 실체적 진실주의의 실현을 위하여 기여한 공을 부인하여서는 안 된다. 신고납세방식의 조세에 있어 과거 경정청구기간이 너무 짧아 경정청구제도 자체가 실체적 진실의 발견에 크게 기여하지 못하였음은 물론(세액확정절차의 '구조적 불균형'), 불가쟁력이 발생한 후 일정한 예외적 사유의 발생에도 불구하고 이를 전혀 다투지 못하게 함으로써 심히 불합리한 결과를 초래하고 있다는 점(제1장 제5절 2. 마. 참조) 등을 염두에 둔 나머지, 법적 안정성을 다소 희생하더라도 증액경정처분이 있는 경우 흡수소멸설의 입장에서 실체적 진실을 발견하겠다는 대법원의 고뇌에 찬 결단이었다.

경정청구제도가 제대로 완비되지 아니한 현실에 있어 대법원이 취한 흡수소멸설에 대하여 위와 같은 이유로 비난하여서는 안 된다. 실체적 진실주의와 법적 안정성은 헌법상 동등한 가치로 존중되어야 하지만 예외적인 경우 법적 안정성의 희생 아래 우선적으로 실체적 진실주의를 실현하여야 한다.

다만 흡수소멸설의 이러한 약점은 국세기본법 제22조의3(종전 제22조의2)의 해석에 의하여 수정·보완되었다(조세실체법적 기능 및 조세소송법적 기능, 제1장 제7절 6. 가. 참조).

③ 다른 한편, 최초신고세액분은 증액경정처분에 흡수되어 소멸하고 증액경정처분에 대한 불복기간이 지나면 그 전체에 대하여 불가쟁력이 발생하는바, 최초신고세액분에 대한 통상의 경정청구기간 5년(종전 3년)이 도과하기 전에 단지 증액경정처분을 불복기간 내에 다투지 않았다는 이유만으로 증액경정처분이 없었더라면 경정청구기간이 넉넉하게 남아 있어 최초신고세액분을 시정할 수 있는 기회를 가지고 있었음에도 이마저도 다툴 수 없게 하는 것이 심히 부당하여 그 약점의 하나로 부각되었다.

그러나 뒤에서 보는 바와 같이 입법자는 2010. 12. 27. 국세기본법 제45조의2 제1항을 개정함으로써 흡수소멸설을 수정·보완하였고, 한편 대법원은 2014. 6. 26. 선고 2012두12822 판결을 통하여 그 약점을 수정·보완하였다.

④ 아무튼 법적 안정성과 실체적 진실주의의 대립적 긴장관계가 나타나는 장면 중의 하나이다. 흡수소멸설의 존속·유지를 전제로, 경우에 따라서는 그 약점을 수정·보완함으로써, 대립면에서의 공존이나 긴장의 장에서의 조화를 슬기롭게 모색하여야 한다.

다. 감액경정처분의 경우

판례[30]를 정리하면 다음과 같다.

첫째, 당초처분 후 감액경정처분이 행하여진 경우 당초처분 전부를 취소한 다음 새로이 잔액에 대하여 구체적 조세채무를 확정시키는 처분이 아니다. 이는 당초처분의 일부를 취소하는 것에 불과하고 감액경정처분은 그에 의하여 감소된 세액부분에 관하여만 효과를 미치는 것으로서, 이는 당초처분과 별개 독립된 것이 아니고 실질적으로 당초처분의 변경이다(대법원 1997. 10. 24. 선고 96누10768 판결).

예컨대 2015. 1. 1. 상속세 100원의 부과처분을 하였다가 같은 해 6. 1. 이를 60원으로 감액하는 경정처분을 하였다면 청구취지는 "피고가 2015. 1. 1. 원고에게 한 상속세 60원의 부과처분을 취소한다."로 기재되어야 한다.

둘째, 당초처분이 있은 후 이를 증액하는 경정처분을 하였다가 다시 감액하는 재경정처분을 한 경우, 당초처분은 경정처분에 흡수되어 독립된 존재가치를 상실하고 재경정처분은 감액된 세액부분에 대해서만 그 효력이 미치므로 소송의 대상과 전심절차의 이행 여부는 경정처분을 대상으로 판단하게 된다(대법원 1996. 11. 15. 선고 95누8904 판결).

셋째, 불복기간의 준수 여부 및 전심절차 경료 여부 등도 당초처분을 기준으로 판단한다(대법원 1998. 5. 26. 선고 98두3211 판결). 따라서 당초처분에 대하여 전심절차를 거친 이상 다시 이를 거칠 필요가 없다.

---

30) 그 이외에 대법원 1982. 9. 14. 선고 82누55 판결, 1982. 11. 23. 선고 81누393 판결 등이 있다.

라. 부수적 문제

(1) 부과처분 취소의 취소는 불가능하다(대법원 1995. 3. 10. 선고 94누7027 판결). 경정법리의 중요한 부분이다. 취소의 취소를 할 것이 아니라 새로운 부과처분을 해야 한다. 과세관청의 감액경정으로 세액이 '0'원으로 되었다 하더라도 이는 어디까지나 감액경정이지 부과처분의 취소는 아니다.

(2) 증액경정처분 중 증액된 부분이 그 후 감액경정처분에 의하여 취소된 경우(증액경정처분의 취소), 최초신고세액은 증액경정처분에 흡수되어 증액경정처분의 일부를 이루고 있으므로 증액경정처분이 감액경정처분에 의하여 전부 취소되어 더 이상 다툴 수 있는 처분이 존재하지 아니한다고 취급해서는 안 된다(대법원 2012. 3. 29. 선고 2011두4855 판결).

예컨대 당초 소득세 1,000만 원을 신고했는데 과세관청이 100만 원을 증액하는 증액경정처분을 하였고 후에 다시 100만 원을 감액하는 감액경정처분을 하였다고 하자. 이 경우 당초 100만 원을 증액하는 증액경정처분이 취소되었다고 보아 증액경정처분을 다투는 소송에 대하여 그 처분이 존재하지 아니한다고 각하할 것이 아니다. 최초신고세액이 증액경정처분에 흡수되어 그 일부를 이루고 있는 이상(흡수소멸설을 취하는 이상 증액경정 고지 시에 1,100만 원의 부과처분이 있었다), 최초신고세액 1,000만 원의 존부에 대하여도 다툴 수 있다. 물론 국세기본법 제22조의3의 적용 아래에서 그렇다.

4. 흡수소멸설의 수정·보완

(1) 흡수소멸설의 수정이 불가피함을 판시한 대법원 2014. 6. 26. 선고 2012두12822 판결이유 중 일부를 본다.

『과세표준신고서를 법정신고기한 내에 제출한 납세의무자에게 결정이나 경정으로 인한 처분을 불복대상으로 삼아 하나의 불복절차에서 다툴 수 있도록 한 것은 소송경제나 납세자의 권익보호를 위한 것이지 납세자의 경정청구권을 제한하려는 것은 아니고, 당초의 신고 등에 관한 경정청구기간이 남아 있는 도중에 과세관청의 결정이나 경정이 있다고 하여 납세자가 당초의 신고 등에 관하여 가지는 별개의 불복수단인 경정청구권 행사가 제한된다고 보는 것도 불합리하며, 조세법률관계의 조속한 안정을 도모하고자 하는 개정 전 규정의 입법 목적은 새로이 증가된 과세표준과 세액에 관한 경정청구권의 행사만을 제한하는 것으로 충분히 달성할 수 있다.』

(2) 청구취지의 기재방식

2010. 12. 27. 국세기본법 제45조의2 제1항의 개정으로 최초신고세액분과 증액경정분으

로 분할된다. 이 경우 증액경정분만을 다룬다면 청구취지를 어떻게 기재하여야 하는가?

예컨대 2015. 5. 31. 소득세(2014년 귀속) 100만 원을 신고하였는데 과세관청이 신고한 세액에 오류가 있다고 하여 2016. 1. 1. 추가로 50만 원을 증액하는 부과처분을 한 경우에, 청구취지를 "피고가 2016. 1. 1. 원고에게 한 2014년 귀속 소득세 50만 원의 부과처분을 취소한다."라고 기재하면 잘못이다. 총액주의 및 흡수소멸설을 전제하면서 하나의 확정된 금액으로 세액을 표시하여야 하는 이상, "피고가 2016. 1. 1. 원고에게 한 2014년 귀속 소득세 150만 원의 부과처분 중 최초신고세액 100만 원을 초과하는 부분을 취소한다."로 기재함이 옳다. 그럼으로써 기판력 범위도 명백하게 된다.

5. 처분사유의 (예비적)추가·변경과 기본적 사실관계의 동일성

(1) 대법원 2012. 5. 24. 선고 2010두7277 판결

『1. 구 상속세 및 증여세법(2003. 12. 30. 법률 제7010호로 개정되기 전의 것, 이하 '구 상증세법'이라 한다) 제45조 제1항은 '직업·연령·소득 및 재산상태 등으로 보아 재산을 자력으로 취득하였다고 인정하기 어려운 경우로서 대통령령이 정하는 경우에는 당해 재산을 취득한 때에 당해 재산의 취득자가 다른 자로부터 취득자금을 증여받은 것으로 추정한다'고 규정하고, 제41조의2 제1항은 '권리의 이전이나 그 행사에 등기 등을 요하는 재산(토지와 건물을 제외한다)에 있어서 실제 소유자와 명의자가 다른 경우에는 국세기본법 제14조의 규정에도 불구하고 그 명의자로 등기 등을 한 날에 그 재산의 가액을 명의자가 실제 소유자로부터 증여받은 것으로 본다'고 규정하고 있다.

2. 원심은 그 채용 증거를 종합하여, ① 피고는 2007. 4. 6. 원고에게 증여세 672,000,000원을 부과하는 이 사건 처분을 하면서, 원고가 2002. 6. 21. 주식회사 대호크레디트(이하 '소외 회사'라 한다) 발행의 이 사건 주식을 원고 명의로 취득함에 있어 그 취득자금 16억 원의 출처를 제시하지 못하였으므로 구 상증세법 제45조 제1항에 의하여 원고가 다른 자로부터 그 취득자금을 증여받은 것으로 추정된다는 점을 그 처분사유로 삼은 사실, ② 그러나 실상은 원고가 이 사건 주식의 소유권을 취득한 것이 아니라 소외 회사의 실질적 운영자인 소외인이 이 사건 주식의 실질적 소유자로서 이를 당초 직원들 앞으로 명의신탁하여 두었다가 소외 회사에 대한 흡수합병과정에서 다시 원고 명의로 이전한 것에 불과한 사실 등을 인정한 다음, 피고가 이 사건 소에서 이 사건 처분에 관하여 소외인이 원고에게 이 사건 주식을 명의신탁함으로써 구 상증세법 제41조의2에 의하여 원고가 이 사건 주식을 증여받은 것으로 의제된다는 점을 예비적 처분사유로 추가한 데 대하여, 이 사건 처분의 당초 처분사유와 추가된 처분사유는 증여의 목적물이나 과세표준, 적용법조를 달리하는데다가 그와 같은 처분사유의 변경으로 쟁점이 달라져 그 처분사유에 대한 원고의 신뢰를 해친다는 등의 이유로, 추가된 처분사유는 당초 처분사유와 기본적 사실관계를 달리하는 것이어서 추가된 처분사유로의 변경이 허용되지 아니한다고 보아 당초 처분사유가 인정되지 아니하는 이상 이 사건 처분은

위법하다고 판단하였다.

3. 그러나 원심의 이러한 판단은 다음과 같은 이유로 수긍할 수 없다.

과세처분취소소송의 소송물은 과세관청이 결정한 세액의 객관적 존부이므로, 과세관청으로서는 소송 도중 사실심 변론종결 시까지 당해 처분에서 인정한 과세표준 또는 세액의 정당성을 뒷받침할 수 있는 새로운 자료를 제출하거나 처분의 동일성이 유지되는 범위 내에서 그 사유를 교환 · 변경할 수 있고, 반드시 처분 당시의 자료만에 의하여 처분의 적법 여부를 판단하여야 하거나 처분 당시의 처분사유만을 주장할 수 있는 것은 아니다(대법원 2002. 10. 11. 선고 2001두1994 판결, 대법원 2011. 1. 27. 선고 2009두1617 판결 등 참조).

원심판결 이유에 의하면, 이 사건 처분의 당초 처분사유와 예비적으로 추가된 처분사유는 이 사건 주식에 관하여 원고 앞으로 명의개서가 이루어진 하나의 객관적 사실관계에 관하여 과세요건의 구성과 법적 평가만을 달리할 뿐 과세원인이 되는 기초사실을 달리하는 것은 아니므로 피고가 예비적 처분사유를 추가한 것은 처분의 동일성이 유지되는 범위 내에서 이루어진 처분사유의 추가 · 변경에 해당하여 허용된다고 할 것이다(대법원 1986. 11. 25. 선고 85누677 판결 참조).

그럼에도 원심은, 피고가 예비적 처분사유를 추가한 것은 기본적 사실관계의 동일성이 인정되는 범위를 벗어나 허용될 수 없다고 단정한 나머지, 예비적 처분사유가 인정되는지 여부에 관하여 나아가 심리하지 아니한 채 이 사건 처분이 부적법하다고 판단하였으니, 이러한 원심판단에는 처분사유의 변경에 관한 법리를 오해하여 필요한 심리를 다하지 아니함으로써 판결에 영향을 미친 위법이 있다. 이 점을 지적하는 상고이유의 주장은 이유 있다.』

(2) 처분사유의 예비적 추가 · 변경의 허용성

위 판결에 의하면 '기본적 사실관계의 동일성' 여부에 관하여 판단할 필요 없이 '처분의 동일성'만 유지되면 처분사유의 예비적 추가 · 변경은 가능하고, 주식 취득자금의 증여추정과 주식 명의신탁으로 인한 증여의제 사이에도 처분의 동일성이 유지된다는 것이다. 조세소송에 있어 '기본적 사실관계의 동일성'의 범위 내에서만 처분사유의 추가 · 변경이 가능하다는 취지의 공격방어방법의 주장제한은 앞서 본 바와 같이 대법원이 수용하고 있지 않다.

다만 처분사유의 예비적 또는 선택적 추가 · 변경이 어디까지 허용되어야 하는 것인지 문제된다. 특정한 사실관계에서 당초의 처분사유와 예비적으로 추가된 처분사유가 상호 모순 · 저촉의 관계에 있는 경우 '판결 등에 따른 경정'을 통하여 이를 시정할 수 있는 이상, 과세관청으로서는 그 처분에서 가장 적정한 처분사유 하나만을 주장하여야 하고, 따라서 원칙적으로 이러한 처분사유의 예비적 또는 선택적 추가 · 변경은 허용되지 않는다고 봄이 옳다 할 것이다. 그렇지 않다 하더라도 '처분의 동일성'이 유지되는 범위 내에서 처분사유의 예비적 또는 선택적 추가 · 변경을 허용해야 할 것이다. 납세의무자의 예비적 또는 선택적 추가 · 변경이라든지, 귀속시기나 세목의 예비적 또는 선택적 추가 · 변경 등은 처분의 동일성이 유지되지 않으므로 허용되지 않는다.

제6절의2

취소소송 확정판결의 기판력의 범위

1. 기판력

총액주의 아래에서 취소소송(부과처분 취소소송, 경정거부처분 취소소송)의 소송물은 처분의 동일성(과세단위) 및 흡수소멸설에 기하여 정하여진다.

기판력의 효력(Wirkung der materiellen Rechtskraft)에 관하여 모순금지설과 반복금지설이 대립하나 판례는 모순금지설을 채택하고 있다. 대법원 2001. 1. 16. 선고 2000다41349 판결에 의하면, "기판력이라 함은 기판력 있는 전소판결의 소송물과 동일한 후소를 허용하지 않는 것임은 물론 후소의 소송물이 전소의 소송물과 동일하지 않다고 하더라도 전소의 소송물에 관한 판단이 후소의 선결문제가 되거나 모순관계에 있을 때에는 후소에서 전소판결의 판단과 다른 주장을 하는 것을 허용하지 않는 작용을 하는 것이다."라고 판시하고 있다.

모순금지설에 의하면 판결이 확정된 후 동일한 사항이 문제되었을 때 당사자가 이에 모순·저촉되는 주장을 할 수 없고 법원도 이에 모순·저촉되는 판단을 할 수 없는 효력을 말하는 것으로, 기판력은 당사자는 물론 법원도 구속한다. 나아가 전소의 기판력 있는 판단이 후소의 선결문제로 될 경우 후소법원은 그 판단과 모순·저촉되는 판단을 할 수 없다.

기판력의 효력(사정범위, 작용모습)은 기판력이 발생하는 객관적 범위와 구별된다.

2. 기판력과 기속력

가. 현행 행정소송법 규정[1]

『제30조(취소판결 등의 기속력)[2]

---

1) 1951. 8. 24. 제정되고 같은 해 9. 14. 시행된 행정소송법 제13조에서 "확정판결은 당해 사건에 관하여 관계 행정청과 그 소속기관을 구속한다.", 제14조에서 "본법에 특별한 규정이 없는 사항은 법원조직법과 민사소송법이 정하는 바에 의한다."라고 규정하였다. 이후 1984. 12. 15. 전부 개정되고 1985. 10. 1.부터 시행된 제30조가 현재 그대로 시행되고 있다. 이러한 기속력에 관한 규정은 일본 행정사건소송법에서 연유된 것으로서, 독일이나 미국에서는 실정법상 이러한 기속력에 관한 규정이 없다.

2) 행정소송법 제30조의 기속력을 통상 소극적 효력(반복금지효)과 적극적 효력(재처분의무·원상회복의무)으로

① 처분 등을 취소하는 확정판결은 그 사건에 관하여 당사자인 행정청과 그 밖의 관계행정청을 기속한다.

② 판결에 의하여 취소되는 처분이 당사자의 신청을 거부하는 것을 내용으로 하는 경우에는 그 처분을 행한 행정청은 판결의 취지에 따라 다시 이전의 신청에 대한 처분을 하여야 한다.

③ 제2항의 규정은 신청에 따른 처분이 절차의 위법을 이유로 취소되는 경우에 준용한다.』

나. 입법적 연혁

(1) 독일

독일은 조세소송법 제110조 및 행정소송법 제121조에서 취소판결의 기판력에 관한 규정만을 두고 있을 뿐 실정법상 기속력이라는 개념을 알지 못한다. 다만 조세소송법 제100조 제1항 제1문의 취소(Aufheben)의 효과를 강학상 폐지(Kassation)라고 하면서 이를 '진정폐지'(die echte Kassation)와 '비진정폐지'(die unechte Kassation)로 나누어 설명한다.

진정폐지는 계쟁처분이 대체물 없이 취소됨으로써 사건을 처분 전의 규율되지 아니한 상태로 되돌아가게 하는 것(zurückversetzt)을 말한다. 이 경우 과세관청은 처분취소로 생겨난 법상황을 그대로 놓아둘 것인지 아니면 새로운 규율을 할 것인지를 결정해야 한다. 만약 새로운 규율을 해야 한다면 과세관청은 법원의 법적 관념을 존중하면서 그 기초 위에서 판결로부터의 추론에 나아가야 한다. 반면 비진정폐지는 취소가 판결의 취지에 따라 그 자체 규율적 성격을 가지는 것으로 판결 후 과세관청은 판결이 내린 개별적 규율과 모순되는 새로운 규율을 할 수 없게 된다는 것이다.

다만 조세소송법 제100조 제1항 제1문 후단에서, "과세관청은 판결의 취소가 기초로 삼은 법적 판단에 구속되고, 판결 후 새로 알게 된 사실 및 증거가 다른 판단을 정당화 하지 않는 범위 내에서의 사실적 판단에 구속된다."라고 규정하고 있는데, 통상 이도 기판력의 한 내용으로 본다. 과세관청은 법원의 법적 판단 및 사실적 판단에 구속된다는 것으로서 기판력에 관한 규정인 제110조에 위치하였어야 한다고 지적되기도 한다.

(2) 일본

일찍이 3권 분립이 이루어지지 않았던 시대의 행정재판법 제18조에서 "행정재판소의 판결은 그 사건에 관하여 관계행정청을 구속한다."라는 규정을 두었다. 제2차 세계대전 후 3권분립원칙하의 헌법이 제정된 다음 만들어진 1948년의 행정사건소송특례법 제12조에서 "확정판결은 그 사건에 관하여 관계행정청을 구속한다."라고만 규정하였다. 1962년 행정사건소송법 제33조에서 이에 관한 상세한 규정을 두었다. 한편 취소판결의 구속력을 다룬 판례가 거의 없

나누어 설명된다.

어 그 근거, 성질, 구체적 내용에 대하여 의견대립이 심하다.

행정사건소송법 제33조(취소판결 등의 효력)

『① 처분 또는 재결을 취소하는 판결은, 그 사건에 관하여, 처분 또는 재결을 한 행정청 기타 관계행정청을 구속한다.

② 신청을 각하 또는 기각한 처분 또는 심사청구를 각하 또는 기각한 재결이 판결에 의하여 취소된 때에는, 그 처분 또는 재결을 한 행정청은, 판결의 취지에 따라, 다시 신청에 대한 처분 또는 는 심사청구에 대한 재결을 하여야 한다.

③ 전항의 규정은, 신청에 기하여 한 처분 또는 심사청구를 인용한 재결이 판결에 의하여 절차에 위법이 있다는 이유로 취소된 경우에 준용한다.

④ 제1항의 규정은 집행정지의 결정에 준용한다.』

다. 주류적 견해

(1) 동일처분의 반복금지효를 기속력의 본질적 효력이라고 하면서 청구인용판결인 취소판결이 확정되면 행정소송법 제30조 소정의 기속력에 따라 동일처분을 반복하여서는 안 된다는 견해로, 이러한 경우 기속력은 기판력과는 달리 개개의 위법사유에 대한 판단에서 발생하는 것으로 별도의 사유에 기하여 동일한 처분을 하는 것은 기속력에 반하지 않는다고 한다. 청구기각판결에는 기속력이 생기지 않는다고 한다. 한편 행정소송법 제8조 제2항에서 준용되는 민사소송법에 따라 조세소송에도 기판력을 인정하여야 하나 청구기각판결의 경우 처분의 적법성이 확정된다는 점에, 청구인용판결의 경우 처분의 위법성 일반이 확정된다는 점에, 각 기판력이 생긴다는 것이다.[3] 이 견해가 아마도 주류적 견해로 보인다.

(2) **대법원 1982. 3. 23. 선고 81도1450 판결**[특정범죄가중처벌등에관한법률위반등]

『부과처분을 취소하는 행정판결이 확정되면 당해 처분의 위법이 확정되고, 별도의 행정행위를 기다림이 없이 당해 행정처분의 효력은 처분시에 소급하여 소멸하고 처음부터 당해 처분이 행하여지지 않았던 것과 같은 상태로 되는 효과, 즉 형성력이 있고 … 취소판결은 … 당해 소송에 관여하지 아니한 행정청이라도 그 판결주문과 일체를 이루는 판결이유의 범위 내에서는 이에 저촉되는 새로운 처분을 할 수 없는 구속력이 발생하며 … 그리고 행정처분 취소판결에 이와 같은 효력이 인정되는 이유는 모순 중복되는 행정처분을 방지하는 뜻도 있지만 주로 승소한 원고의 구제를 실효성 있게 하기 위하여 취소의 행정판결에만 부여된 특수한 효력이라 할 것이므로 …』

---

3) 소순무, 전게서, 531면 이하.

오래된 판례이지만 행정소송법상의 기속력은 취소의 행정판결에만 부여된 특수한 효력으로 보고 있고, 대법원 판결은 대부분 '판결 등에 따른 경정'의 적용 여부가 문제된 사안에서 '기속력 내지 기판력'에 저촉되지 않는다는 표현 또는 '기판력'에 저촉하지 않는다는 표현을 사용하기도 한다.

(3) 주류적 견해에 의하면 기판력은 처분의 위법·적법이라는 판단에 관한 높은 단계(?)의 통용성의 문제, 기속력은 판결이유 중에 있어 구체적 위법사유의 판단에 관한 낮은 단계(?)의 통용성의 문제라고 보아 그 역할분담을 하고 있는 듯하다. 행정소송법 제30조의 기속력과 민사소송법 제216조의 기판력은 계층적으로 분화되어 각자 고유한 역할을 하는 것으로 보인다. 그러나 취소소송의 소송물을 처분의 위법성 일반이 아니라 채무부존재확인소송으로 파악함에 있어, 과연 2개의 효력을 계층적으로 분화시켜 이를 구별하여야 할 실천적 필요성이나 유용성이 있는 것인지 의문이 든다. 결정적 대목은 동일처분의 반복금지효를 어떻게 볼 것인지에 관한 것이다. 동일처분의 반복금지효를 당연히 기속력에 포함되어야 한다고 전제한다면 민사소송법 제216조 소정의 '본래의 의미의 기판력'이 설 수 있는 기반은 거의 없어진다. 기판력을 근본에서 부정하는 것과 같은 셈이다.

행정소송법 제30조를 읽어보자. 동일처분의 반복금지효를 기속력에 포함되는 것으로 당연히 전제하여 규정된 것으로 읽혀지지는 않는다. 오히려 동일처분의 반복금지효를 포함하지 않는 것으로 전제하고 읽으면 자연스럽다.

라. 동일처분의 반복금지효는 기판력인가? 기속력인가?

(1) 본래 의미의 기판력의 인정

기판력은 조세소송 특히 부과처분 취소소송 또는 경정거부처분 취소소송에 있어 기초적·중핵적 개념이다. 다른 법영역과 다를 것이 없다. 취소소송의 판결도 민사소송에서와 같은 '본래의 의미의 기판력'을 인정해야 한다. 취소소송의 기판력도 다른 소송 유형의 기판력과 동일한 평면에서 논하여야 한다. 본래의 의미의 기판력을 인정한 후 그 전제 위에서 취소소송에서의 기판력이 발생하는 객관적 범위를 먼저 확정한 다음, 행정소송법 제30조 제1항 소정의 기속력이란 어떠한 효력을 가리키는 것인지, 무엇을 위하여 존재하는 것인지, 기속력과 기판력은 어떻게 구별할 것인지 등 근본적 문제를 규명함이 논리적 순서이다.

기판력과 기속력은 구별되어야 한다. 각 담당하는 역할분담도 재조정되어야 한다. 이러한 재조정이 일반 행정소송에서 이루어질 수 없다면 우선 조세소송에서라도 이루어지도록 해야 한다. 일반 행정소송과 같은 길을 함께 가야만 하는 것은 아니다. 기판력이 미치는 범위 내라면 기판력 이론으로 해결하여야 하고, 이를 해결할 방법을 찾아야 한다. 기속력으로 기판력을 대체할 수 없다. 재처분의 기회를 넓히기 위한 방편으로, 또는 기판력의 범위를 좁히기 위한

방편으로, 기속력이라는 개념을 차용할 수 없다.[4]

(2) 동일처분의 반복금지효

'동일처분의 반복금지효'란 취소판결이 내려진 경우 과세관청은 동일한 사정 아래에서 동일한 사유(개별적 처분사유, 구체적 위법사유)로 동일한 규율내용의 처분을 반복하거나 되풀이할 수 없다는 의미이다. 반대로 말하면 과세관청은 동일한 사정 아래에서 동일한 사유가 아니라면 동일한 내용의 처분을 할 수 있다는 것이다. 주류적 견해에 의하면 기속력의 중심적 내용으로 '동일처분의 반복금지효'를 든다.

그런데 취소소송의 확정판결의 기판력으로 하여금 민사판결의 그것처럼 본래의 모습과 의미를 가지고 고유한 기능이나 역할을 수행할 수 있도록 그 내용과 범위를 명확히 함이 급선무이다. 동일처분의 반복금지효를 기판력의 한 내용으로 담을 수 있다면 이를 기판력 고유의 효력 내지 중심적 효력으로 보아야 한다. 백보를 양보하여 기판력과 기속력 사이에 중첩적인 부분(동일처분의 반복금지효)이 존재한다면 그 중첩부분은 기판력으로 이해하여야 한다. 기판력이 보다 더 본질적인 효력이기 때문이다. 기판력은 당사자 쌍방을 구속한다. 청구기각판결의 경우 원고에게 기판력이 문제되고 청구인용판결의 경우 과세관청에게 기속력이 문제된다는 견해도 수긍할 수 없다.

동일처분의 반복금지효는 기판력의 중심적 효력으로서 실체법상의 효력이 아닌 순수한 소송법상의 효력이다. 처분일자가 달라 선행처분과 후행처분이 외관상 다른 처분으로 보일지라도 '동일한 사실관계'(Identität des Lebenssachverhalts) 아래에서 각 처분의 규율내용(Regelungs-gehalt)이 동일한 이상 실질적으로 동일한 소송물로 보아 기판력에 저촉된다고 보아야 한다. 관점을 달리하여 기판력 이론상 선결력에 기하여 상호 모순된 판결을 할 수 없다고 볼 수 있는 이상 동일처분의 반복은 처분일자가 다르더라도 기판력에 저촉된다.[5]

---

4) 소순무, 전게서, 531면에서, "기속력은 기판력과는 달리 개개의 위법사유에 대한 판단에 대하여 생기는 것으로 법원이 위법하다고 판단한 동일한 이유에 기하여 동일한 처분을 하는 것을 금할 뿐 별도의 이유에 기하여 동일한 처분을 하는 것까지 금지하는 것은 아니다. 기속력이 미치는 범위는 판결 주문 및 요건사실의 인정과 효력의 판단에 관한 것이다. 이 점에서 행정소송의 소송물(심판의 대상)과 범위가 같다고 할 것이므로 결국 기판력의 객관적 범위와 다를 것이 없다고 생각된다."라고 적고 있다.

5) 박정훈, 전게서, 437면 이하에서, "통설의 입장은 발급일자를 처분의 동일성을 결정하는 요소로 봄으로써 결국 소송물을 특정처분에 국한하는 것이다. 그렇다고 하더라도 그것만으로 재처분에 대한 기판력의 작용을 부정할 있는 논거가 될 수 없다. 즉 독일의 통설은 상술한 바와 같이 소송물을 특정의 계쟁 행정행위에 한정하면서도 취소판결의 기판력이 – 정확하게 말해, 그에 의거한 선결력(Präjudizialität)이 – 동일한 내용의 후행 행정행위에 대한 취소소송에 미친다고 한다. 후행 행정행위가 별개의 소송물을 이루지만 전소의 소송물이 후소의 선결문제가 되기 때문이라는 것이다. 우리 판례도 민사소송에 관하여 소송물이 동일하지 않더라도 전소의 소송물에 관한 판단이 후소의 선결문제가 되거나 모순관계에 있을 때에는 전소 판결의 기판력이 후소에 작용하여 그에 저촉되는 주장이 허용되지 않는다고 한다. 독일의 통설과는 달리, 선결문제만이 아니라 모순관계에 있는 경우까지 포함된다. … 여하튼 재처분의 발급일자가 다르다는 것만으로 별개의 처분으로 소송물을 달

동일처분의 반복금지효는, 취소소송의 소송물이라고 할 수 있는 규율내용이 담겨 있는 부과처분을 법원이 위법이라고 본 판단부분(위법판단으로서의 조세채무의 소극적 부존재 확인)에서 발생하는 것으로서, 동일 내용의 처분의 반복을 금지하는 소극적인 효과를 가진다.

독일에서도 취소판결 후 동일한 사정 아래 동일한 처분을 반복하는 것은 금지되는바, 이러한 동일처분 반복금지효가 기판력에서 도출된다는 점에 이론이 없다.6) 뒤의 독일 행정사건 판례를 참조하기 바란다.

(3) **대법원 1989. 2. 28. 선고 88누6177 판결**7)

『행정소송법 제30조 제1항에 의하면, 어떠한 행정처분을 위법하다는 이유로 취소하는 판결이 확정된 경우에는 당사자인 행정청과 그 밖의 관계행정청은 동일한 사실관계 아래에서 동일당사자에 대하여 사실심 변론종결 이전의 사유를 내세워 다시 확정판결에 저촉되는 새로운 행정처분을 할 수 없다고 해석된다(당원 1982. 5. 11. 선고 80누104 판결 등 참조).

원심이 확정한 사실 및 기록에 의하면, 원고가 1981. 7. 22. 이 사건 부동산을 금 720,000,000원에 양도하자 피고는 위 양도로 인한 소득에 대하여 1984. 2. 1. 원고에게 법인세(토지 등 양도에 대한 특별부가세) 금 158,355,857원 및 동 방위세 금 21,223,770원의 부과처분을 하였으나, 원고가 서울고등법원 84구1040호로서 위 부과처분의 취소를 구하여 같은 법원이 1985. 8. 27. 원고의 이 사건 부동산의 양도소득이 구 법인세법(1978. 12. 5. 법률 제3099호로 개정된) 제59조의3 제1항 제12호의 규정에 의하여 비과세소득에 해당한다는 이유로 위 법인세 및 방위세의 부과처분을 모두 취소하는 판결을 선고하였고, 위 판결은 피고의 상고기간도과로 1985. 9. 22.경 확정되었음을 알 수 있는 바, 사실이 위와 같다면 위 취소판결이 확정됨으로써 원고에게는 이 사건 부동산의 양도라는 사실관계에 따른 법인세 및 방위세의 납세의무가 없음이 확정되었으므로 피고가 동일한 사실관계에 기하여 재차 원고에게 이 사건 방위세의 부과처분을 한 것은 위 확정판결에 저촉되어 허

리하는 것인가의 문제는 이에 대한 기판력의 적용 여부를 좌우하는 쟁점이 되지 못한다."고 적고 있다.

6) 박정훈, 전게서, 441면에서, "독일에는 우리나라의 기속력에 해당하는 것은 없다. 반복금지효는 앞의 비교법적 고찰에서 본 바와 같이 기판력의 작용에 의한 것으로 파악된다. 취소판결의 기판력이 반복 행정행위에 대한 취소소송에 미치기 때문에 실체판단 없이 바로 그 행정행위가 취소된다는 것이다."라고 적고 있다.

7) 박정훈, 전게서, 363면 이하에서, "판례는 1984년 행정소송법 전면개정으로 제30조의 '기속력' 규정이 도입되기 이전부터 최근까지 다수의 판결에서 거의 일관되게 ― 일반 취소소송에서나 과세처분 취소소송에서나 ― 재처분의 허용 여부를 '기판력'의 문제로 보아 왔다. 즉, 취소판결이 확정된 이후 처분청이 '사실심 변론종결 이전의 사유를 내세워' 동일한 재처분을 하는 것은 '확정판결의 기판력에 저촉되어 허용될 수 없다'고 하였다. 또한 재처분이 허용된다고 판단하는 경우에는 '기판력은 확정판결에 적시된 위법사유를 한하여만 미치므로' '그 위법사유를 보완하여 행한 새로운 처분은 종전의 처분과는 별개의 처분으로서 확정판결의 기판력에 저촉되지 않는다'라고 판시하였다. … 이와 같이 판례가 재처분의 문제를 '기판력'의 관점에서 설시하면서도 그 객관적 범위를 '판결에서 적시된 위법사유'에 한정하고 있는 점을 근거로, 판례가 말하는 '기판력'은 올바른 표현이 아니고 사실은 '기속력'에 해당하는 것이라고 하는 견해가 상당히 있었다. 기판력은 소송물인 '처분의 위법성 일반'에 관해 발생하는 것이므로 효력의 범위가 '판결에서 적시된 위법사유'에 한정하는 것은 기판력이 될 수 없다는 이유이다."라고 적고 있다.

용될 수 없다 할 것이고 이는 위 취소판결에 비과세소득에 대한 방위세부과의 법리를 오해한 허물이 있다 하여 그 결론을 달리하지 아니하며 동일 사실에 기한 방위세 부과처분 자체가 취소확정된 이상 과세소득과 비과세소득에 대한 세율이 다르다는 것만으로 이 사건 과세처분이 위 취소판결의 기판력에 저촉되지 아니한다고 할 수도 없는 것이다.』

이 사안은 당초처분을 취소하는 판결이 확정된 후 행정청이 동일한 사실관계에서 취소된 방위세 부과처분과 동일한 규율내용의 부과처분을 반복한 것이다. 즉 '동일처분의 반복금지'를 위반한 전형적 사례이다.

행정소송법 제30조 제1항 소정의 기속력에 기하여 "관계행정청은 동일한 사실관계 아래에서 동일 당사자에 대하여 사실심 변론종결 이전의 사유를 내세워 다시 확정판결에 저촉되는 새로운 행정처분을 할 수 없다."는 법리를 선언함에 있어, '동일한 사실관계'를 강조하고 있음에 유의하여야 한다. 위 판결에서 인용한 대법원 1982. 5. 11. 선고 80누104 판결은 기판력에 관한 판단(어떠한 행정처분에 위법한 하자가 있다는 이유로 그 취소를 소구한 행정소송에서 그 행정처분을 취소하는 판결이 선고되어 확정된 경우에 처분행정청이 그 행정소송의 사실심 변론종결 이전의 사유를 내세워 다시 확정판결에 저촉되는 행정처분을 하는 것은 확정판결의 기판력에 저촉되어 허용될 수 없다는 취지)을 담고 있다.

한편 "위 취소판결에 비과세소득에 대한 방위세부과의 법리를 오해한 허물이 있다 하여 그 결론을 달리하지 아니하며 동일사실에 기한 방위세 부과처분 자체가 취소확정된 이상 과세소득과 비과세소득에 대한 세율이 다르다는 것만으로 이 사건 과세처분이 위 취소판결의 기판력에 저촉되지 아니한다고 할 수도 없는 것이다."라는 판시 부분은, 방위세 부과처분이 판결에 의하여 취소되어 조세채무가 존재하지 않음이 확인되었다면 기판력에 따라 과세관청이 동일한 사실관계에 기하여 재차 동일한 방위세 부과처분을 반복할 수 없다는 점을 명확히 하고 있다.

(4) 소결론(기판력과 기속력의 구별)

기판력이 뒤에서 보는 바와 같이 소송물 중 일부인 '판단된 범위' 내에서 발생한다고 보는 이상, 기판력의 객관적 범위는 주류적 견해가 주장하는 기속력의 객관적 범위(반복금지효의 범위)와 일치한다. 대법원 88누6177 판결 이후 이어지는 판결에서 '기속력 내지 기판력'이라는 표현을 사용하고 있는데, 기속력과 기판력이 본질적으로 다를 바 없어 이를 구별할 실익이 없다는 것인지는 분명하지 않다.

그러나 행정소송법 제30조 제1항의 입법취지에 정면으로 반하지 아니하는 이상 동일처분의 반복금지효를 기판력에 편입함으로써, 실종되었던 기판력의 위상을 원상회복시켜 그 본래의 모습으로 돌아가게 하여 취소소송에서 기판력으로 하여금 고유한 기능을 적극적으로 수행할 수 있도록 해야 한다.[8]

만약 기판력과 기속력 사이에 중첩적인 부분(동일처분 반복금지)이 존재한다면 기판력이 우선한다고 보아 그 부분만이라도 기판력으로 이해하여야 한다(기판력 우선설). 기속력에 소송법적 효력과 실체법적 효력을 함께 담아 이도 저도 아닌 애매한 효력을 만들어낼 수는 없다.

여기서 현행 행정소송법 제30조 제2항으로 돌아가 본다. 앞서 본 취소소송의 이중구조 [(위법판단 + 시정조치), 제1장 제6절] 중 '시정조치'의 대표적인 것으로 적극적 처분의무를 규정한 것이다. 이 부분이야말로 실체법적 효력인 기속력에 해당한다. 기속력의 모습을 분명히 드러낼 수 있다면 조세소송에서 기판력의 본래의 모습을 제대로 파악할 수 있게 된다. 기속력은 일반 행정소송에서 판결을 받은 후 그 대상이 된 처분을 판결에 따라 이를 시정하는 등 판결 후 행정청이 사건처리를 위한 행정과정을 수행함에 있어 '판결의 취지'에 따라 행동하여야 할 적극적 의무를 부여하고 지시하는 힘이다.

그런 의미에서 조세소송법에서 문제되는 것은 기속력이 아니라 기판력이다. 기속력이 납세자의 권리구제를 실효적으로 하기 위하여 부여된 특수한 효력이라는 견해는 애매모호하고 기교적인 설명이다. 판결의 기판력에 실효성을 굳이 부여할 필요가 없다. 실효성의 의미조차도 명확하지 않다.

결론적으로 행정소송법 제30조 제1항의 기속력은 앞서 본 취소소송의 이중구조 중 '위법판단'을 제외한 나머지의, 사법과정 후 이어지는 행정과정상의 '시정조치'를 수행하는 과정에서만 발생한다. 따라서 기속력에 어떠한 내용을 담아야 할 것인지를 탐구해야 한다.

(5) 독일 행정사건 판례

독일 행정소송에 있어 '소송물' 개념의 효시로 인용되는 연방행정법원 1962. 8. 30. 판결 [BVerwGE 14, 359 (361 f.)]을 소개한다.[9]

사안개요는 다음과 같다. 피고 행정청이 1930년 행한 원고 소유의 도로부지를 공용으로 사용하게 하는 처분(공용사용처분, 전처분)은 같은 해 내려진 판결에 의하여 취소되었다. 피고는 1955년 같은 내용의 공용사용처분(재처분)을 하였다. 재처분을 다투는 본 건 소송의 쟁점은 전처분 취소판결의 기판력의 내용과 그 사정거리이다. 판시취지를 본다.

> 『… 이러한 1930년도의 판결은 소송물에 관한 결정에 관하여 사안의 일부분을 구속한다. 쟁송의 대상은 피고의 1930년도의 권리주장, 즉 계쟁지 바로 옆에 공도가 문제로 되고 그 때문에 … 원고는 도로를 공용으로 제공할 의무가 있다는 주장이었다. 이에 관하여 관구위원회는 그 권리주장

---

8) 박정훈, 전게서, 470면 참조.

9) 박정훈, 전게서, 377면에서, 이 판례를 소개하면서 "취소판결 이후 동일한 행정행위가 반복된 경우에 취소판결의 기판력이 이에 미친다는 것이 연방행정법원의 확립된 판례이다. 다만 그 근거로서 '법적 평화에 기여하고 법의 지속성에 관한 신뢰를 보호하고자 하는 기판력의 의의'를 언급하고 있을 뿐, 소송물의 동일성 여부와 선결력 등에 관련된 이론적 문제에 관해 명시적인 설시를 한 판례는 아직 없다."라고 적고 있다.

에 기하여 발령된 피고의 1930. 2. 27. 처분 및 그 처분에 대한 이의심사청구가 이유 없다고 한 1930. 3. 18. 이의심사결정을 각 취소한다는 취지의 판결을 하였다. 그 판결이유는, 취소판결을 해석하기 위하여 원용되어야만 하고, 그것에 의하면 본 판결의 실질적 내용은 다음의 점에 있다. 즉 도로는 종래부터 공도이었던 것도 아니고 법적으로 구속력있는 공공물 지정에 의하여 공도로 된 것도 아니기 때문에 피고는 계쟁 도로를 공공을 위하여 사용시킬 수 없다는 것을 확인한 점이다. 피고의 권리주장을 부정한 본 판결에는 … 원고 및 피고가 모두 구속된다. 이러한 구속의 효과는 피고의 입장에서 볼 때 동일한 사실 및 법상황에 있어서 동일한 법효과가 수반되는 새로운 행정행위를 한다는 것이 금지된다는 점에 있다. 행정법원법 제121조의 규정은 판결로서 기판력을 가지는 것으로 결정된, 확정한 구성요건에서 도출되는 법효과가 동일 당사자 사이에서 반복하여 절차의 대상이 되는 것을 방지하고 있다. 그럼에도 그러한 사태가 발생하여 새로운 행정행위가 소로써 쟁송의 대상이 된 경우에는 법원은 당사자가 구속되는 것과 동일한 범위에서 확정판결에 구속된다. 법원은 종전판결의 입장에서 중요한 구성요건 및 법효과의 관점으로부터 판결시에 존재하고 있던 것과 아무런 변화가 생기지 아니하였음을 확인하였다면 전소에 있어 일정의 구성요건에서 긍정되거나 부정된 법효과를 이 판결의 기초로 삼지 아니하면 안 된다.』

판시취지는 2가지로 요약된다.

먼저 취소판결 이후 동일한 행정처분이 반복된 경우 취소판결의 기판력이 이에 미친다는 점이다. 즉 "이러한 구속의 효과는 피고의 입장에서 볼 때 동일한 사실 및 법상황에 있어서 동일한 법효과가 수반되는 새로운 행정행위를 한다는 것이 금지된다는 점에 있다."라는 부분으로서, 동일처분 반복금지효가 기판력에 속함을 선언하였다.

다음 취소소송의 심리판단의 대상인 소송물 개념에 관한 판단 부분, 즉 쟁송의 대상은 피고 '행정청의 권리주장'이라는 부분으로, 행정행위를 행하는 자의 권리주장을 소송 출발의 기점으로 삼았다는 점이 인상적이다.

마. 기속력의 내용

동일처분의 반복금지효가 기판력의 문제라면 행정소송법 제30조 소정의 기속력에는 기판력을 뺀 나머지 효력인 행정과정상의 '시정조치'를 위한 것만이 포함된다. 즉 (i) 적극적 처분의무, (ii) 원상회복의무, (iii) 부정합처분의 취소의무 등이 포함된다. 일본에서 논의되는 '부정합처분의 취소의무' 이론은 우리나라에서 논의된 바가 없으나 조세경정법의 장에서 이를 도입하여 논의할 필요성이 있다.

(1) 적극적 처분의무

행정소송법 제30조 제2항에 의하면 거부처분 취소소송에서 거부처분이 취소된 경우 행정청은 판결의 취지에 따라 다시 이전의 신청에 대한 처분을 하도록 규정하고 있다. 이를 과세관청의 적극적 처분의무라 한다.

경정거부처분 취소소송에서 판결로 처분의 전부 또는 일부가 취소되면 판결의 취지에 따라 경정하거나 시정할 의무가 생긴다. 조세채무자는 그 확정판결을 수령한 후 국세기본법 제51조 소정의 환급청구권을 행사할 수 있다.

(2) 원상회복의무

행정행위로 인하여 그 뒤의 법률관계나 사실관계에 변동이 생긴 경우 행정행위가 취소됨으로써 현상이 위법상태로 되므로 그 원상회복의무가 문제된다. 그러나 부과처분의 취소판결에는 원칙적으로 적극적 처분의무만이 문제되고 원상회복의무는 문제되지 않는다 할 것이다. 환급청구권 행사에 따른 국가의 환급의무를 원상회복의무의 일종으로 본다면 원상회복의무와 직접적 관계가 있다.

(3) 不整合處分의 취소의무

조세법상의 법률관계는 통상 복수의 처분이 관련성을 가지고 개재될 수 있다. 이 경우 선행처분이 위법한 것으로 확정됨으로써 존재의의를 상실한 후행처분이 형식상 소송의 대상이 된 선행처분과 별개라는 이유만으로 효력을 유지하면서 존속한다는 것은 취소소송의 존재의의를 잃게 하는 것임을 부인할 수 없다.[10]

후행처분이 선행처분의 유효성을 요건으로 하는 경우, 선행처분의 소급적 실효에 의하여 후행처분이 처분요건을 후발적·소급적으로 결한 경우(위법성의 승계 포함), 선행처분이 취소되면 행정청으로서는 기속력에 기하여 후행처분을 취소할 의무가 발생한다는 것이다. 이를 부정합처분의 취소의무라고 한다. 이에 대하여 선행처분이 취소됨으로써 후행처분은 그 전제요건을 결하여 당연히 무효로 귀착되므로 기속력을 끌어들일 필요가 없다는 견해도 있다.[11]

한편 이러한 논의의 연장선 상에는 기속력과 불가쟁력의 관계(부정합처분의 취소의무와 불가쟁력의 돌파)도 필연적으로 문제된다. 행정소송법 제30조 제1항 소정의 기속력의 본질 및 사정범위, 부정합처분의 취소의무의 인정 여부 및 범위, 부과처분의 불가쟁력의 본질, 부정합처분의 취소의무와 불가쟁력과의 관계, 불가쟁력의 돌파 인정 여부, 사정변경에 기한 경정청구와의 관계 등 여러 점에 관한 논의가 필요하다. 위법성의 승계도 논의될 여지도 있다. 조세경정법에

---

10) 南 博方 편집, 조해 행정사건소송법, 제3판, 560면 이하 참조.

12) 서원우·오세탁 공역(塩野 宏 저), 일본행정법론, 415면 이하에서, "취소판결의 실효성의 확보의 견지에서의 행정청의 적극적 행위의무라고 하는 관점에서 보아 후행처분이 선행처분의 유효성을 요건으로 하고 있는 것 같은 경우(이른바 위법성의 승계가 인정되는 경우를 포함한다)에는 선행처분이 취소되면 행정청으로서는 후행처분을 취소해야 할 의무가 구속력에 의해 발생하는 것이 된다. 이것은 선행행위가 취소되는 것만으로는 후행행위는 유효하게 존재하고 있다는 것을 전제로 하는 것이라 할 수 있겠지만(다만 취소해야 하는 흠을 가지게 되었다고 볼 것인가 보지 않을 것인가는 반드시 명확하지 않다), 선행처분이 취소됨으로써 후행처분은 그 전제요건을 결하게 되어 무효가 되는 것으로 해석되므로 구속력을 끌어낼 것까지도 없다."라고 적고 있다.

남겨진 여러 과제 중 하나이다.

조세법 분야에서 문제될 수 있는 예를 본다.

① 부과처분과 징수처분

증여세 부과처분이 소송에서 취소된 경우 과세관청은 기속력에 따라 그 부과처분에 터잡은 압류처분의 취소의무를 부담하는지가 문제된다. 증여세 부과처분이 후행처분인 압류처분의 전제임이 명백한 이상, 증여세 부과처분을 취소한 확정판결의 기속력에 기하여 과세관청은 압류처분을 취소할 의무가 있다 할 것이다. 물론 위법성의 승계문제도 논의될 여지가 있다.

② 본세와 가산세

본세 부과처분이 소송에서 취소된 경우 또는 신고 후 경정청구에 기하여 세액이 줄어든 경우, 과세관청은 기속력에 기하여 가산세 부과처분의 취소의무를 부담하는지 아니면 당연히 무효가 되는지가 문제된다.

본세 부과처분과 가산세 부과처분은 별개의 요건에 기하여 과세되는 것이고 일방의 처분이 다른 처분의 효력 또는 법률요건을 당연히 전제하는 것이 아니므로, 본세 부과처분을 취소하는 확정판결의 기속력은 가산세 부과처분의 효력이나 가산세 납부의무에 영향을 미치는 것은 아니고 그 납부금을 반환할 의무를 발생시키는 것도 아니라는 견해(일본 오사카지방재판소 1976. 9. 22. 판결)도 있다. 한편 가산세는 본세의 부대세로서 부수성 또는 부종성에 따라 본세 부과처분이 취소 등에 의하여 납세의무가 해소되면 해당 가산세도 근거를 상실하여 납세의무가 소멸한다는 견해도 있다.

생각건대 가산세는 본세의 성립을 전제로 성립하는 부대세로서 본세의 신고나 납부의무의 불이행에 대한 제재이므로 적어도 본세 부과처분을 취소하는 확정판결의 기속력에 기하여 과세관청은 해당 가산세를 취소할 의무가 있다 할 것이다.[12] 그렇지 않다 하더라도, 본세 부과처분의 취소확정판결을 경정사유로 삼아 가산세 부과처분에 대하여 사정변경에 기한 경정청구를 할 수 있다 할 것이다(제4장 제3절 7. 다. 참조).

③ 법인세 증액경정처분과 소득금액변동통지 등 소득처분과 관련된 처분

법인세 증액경정처분의 취소와 소득금액변동통지 또는 원천징수하는 소득세의 징수처분과의 관계이다. 법인세 부과처분이 확정판결로 취소된 경우 과세관청으로서는 기속력에 기하여 법인에 대한 소득금액변동통지 또는 원천징수하는 소득세의 징수처분을 취소할 의무를 부담하는지 아니면 당연히 무효가 되는지가 문제된다.

생각건대 소득금액변동통지 또는 원천징수하는 소득세의 징수처분이 선행처분인 법인세

---

12) 占部裕典, 전게서, 539면에서, "본세의 확정행위와 가산세와의 관계에 대하여는 공정력이나 취소판결의 구속력, 위법성의 승계의 문제 등이 관계한다. 본세 경정처분의 취소판결 등의 구속력은 가산세 부과처분의 효력 또는 가산세 납세의무에 영향을 미치는 것으로 해석하여야 한다."라고 적고 있다.

증액경정처분의 유효를 전제요건으로 하고 있고, 선행처분이 실체적 사유로 취소되고 그 확정판결로 인한 소급적 실효에 의하여 후행처분이 처분요건을 후발적·소급적으로 결한 것이다. 따라서 후행처분은 부정합처분으로서 적어도 선행처분을 취소한 확정판결의 기속력에 기하여 과세관청은 후행처분을 취소할 의무가 있다 할 것이다. 만약 부정합처분으로 볼 수 없다면 선행처분인 법인세 증액경정처분의 취소확정판결을 경정사유로 삼아 후행처분인 소득금액변동통지처분 등에 대하여 사정변경에 기한 경정청구를 할 수 있다 할 것이다(제4장 제3절 7. 라. 참조).

3. 기판력과 소송물의 관계

가. 일반론

(1) 행정소송법 제8조 제2항에 의하여 준용되는 민사소송법 제216조 제1항에서 확정판결은 주문에 포함된 것에 한하여 기판력을 가진다고 정하고 있다. 이것이 '본래의 의미의 기판력'이라 할 것이다. 그렇다면 취소소송의 확정판결도 주문에 포함된 것에 한하여 기판력을 가진다고 보아야 한다.

여기서 '주문에 포함된 것' 및 '한하여'의 의미내용은 무엇인가? 문언 자체에서 [소송물 = 판결주문 = 기판력의 객관적 범위]라는 정식을 곧바로 이끌어낼 수는 없다. 그렇다고 의미내용이 없기 때문에 구체적 범위를 이론에 전적으로 맡겼다고 볼 수도 없다.

수치화되어 있는 세액의 존부 및 범위가 소송물인 취소소송의 기판력은, (ⅰ) 민법 및 민사소송법 등의 사법체계와는 달리 실체법상의 권리와 소송법상의 권리가 구별할 수 없을 정도로 밀접하게 관련되어 있음을 전제하고, (ⅱ) 복잡하고 전문적·기술적 성격을 갖는 조세법률관계의 특수성이나 신고납세방식의 본질, 경정(청구)에 관한 조세실체법적 규정을 우선적으로 고려하면서, (ⅲ) 권리구제를 위하여 통과하여야 하는 관문인 취소소송을 이중구조[위법판단 + 시정조치]로 이해하고, (ⅳ) 제1차적 부과처분이나 경정거부처분의 성질, 제1차적 부과처분과 경정거부처분의 각 불가쟁력 발생범위의 상이, 불가쟁력 발생범위와 기판력 발생범위와의 관계, 일반 행정소송에 대한 조세소송 소송물의 특수성(총액주의, 흡수소멸설)을 참작하며, (ⅴ) 기판력의 본질 및 정당성 근거, 기판력의 작용 및 사정거리 등을 마지막 고려요소로 투입(이를 '기판력의 범위를 결정하는 제요소'라 한다)하여 보면, 민사소송이나 일반 행정소송에서의 확정판결의 기판력과 동일한 평면에서 함께 논할 수 없다 할 것이다.

독일 연방재정법원(BFH)은 소송물과 기판력의 범위에 관하여 연방행정법원(BVerwGE)과는 다른 길을 택하고 있다. 연방행정법원은 취소소송의 소송물을 "계쟁 행정행위가 위법하고 그로 인해 자신의 권리가 침해되었다는 원고의 주장"으로 파악하면서 그 기판력의 객관적 범위를 소송물에서 찾고 있다. 그러나 연방재정법원은 소송물을 총액주의로 파악하면서 일단 소송물(Streitgegenstand)과 판단대상(Entscheidungsgegenstand)을 구별한 다음 소송물은 넓게 보되, 기판력의 범위는 그중 판단대상에서만 발생한다고 좁게 봄으로써, 소송물에 관한 총액주의라는 개념과 기판력에 관한 쟁점주의적 사고방식을 연결시키고 있음은 뒤에서 보는 바와 같다. 독일 연방재정법원이 연방행정법원과는 다른 길을 택한 이유를 새겨볼 필요가 있다.

(2) 경정청구 및 경정에 관한 조세실체법적 규정

2010. 12. 27. 개정된 국세기본법 제45조의2 제1항 후단의 '[신고 + 증액경정]의 사안'에서 최초신고세액분과 증액경정분으로 나누어 규율함으로써 경정청구의 가능범위를 확대하고 있는 점[제4장 제2절 1. 라. (4) 참조]에 유의하여야 한다. 그 밖에 2018. 12. 31. 신설된 국세기본법 제22조의2 제1항의 규율내용(수정신고의 효력), 국세기본법 제22조의3의 규율내용(종전 제22조의2, 제1장 제7절 6. 참조), 국세기본법 제26조의2 제6항(종전 제2항) 소정의 '판결 등에 따른 경정'의 허용범위(제4장 제5절 참조) 등을 체계적·통일적으로 의미있게 이해하여야 한다.

이러한 경정에 관한 조세실체법적 규정을 해석함에 있어 취소소송의 판결이 가지는 기판력의 범위를 고려하지 않을 수 없는바, 이러한 경우 기판력은 '소극적 경정요건'의 역할을 하는 셈이 된다. 다만 기판력은 조세실체법적 규정이 기능을 발휘하는데 방해요소가 되어서는 안 된다.

나. 二元的 接近論

소송물 전부에서 기판력이 발생하는가 아니면 소송물 중 일부에 한하여 발생하는가는 나라마다 다르다. 그렇다면 조세소송에서 취소소송의 소송물과 기판력의 객관적 범위가 동일한지 여부가 문제된다.

'[신고 + 증액경정]의 사안'과 '[제1차적 부과처분 등]의 사안'으로 나누어 기판력의 객관적 범위를 이원적으로 파악한다. 두 사안에 걸쳐 기판력의 범위를 통일적으로 파악하는 것 자체가 불가능하기 때문이다.

(1) 원칙적인 경우: [기판력의 객관적 범위 ≠ 소송물]

과세표준신고를 전제로 하는 '[신고 + 증액경정]의 사안', 즉 경정거부처분 취소소송에 관한 것이다. 물론 위 사안에서는 경정거부처분 취소소송과 부과처분(증액경정) 취소소송 중 쟁송형태를 선택할 수 있으므로, 부과처분 취소소송을 선택하였더라도 기판력의 범위는 경정거부처분 취소소송과 동일하다 할 것이다.

위 일반론에서 본 '기판력의 범위를 결정하는 제요소'에 의하면 기판력은 소송물 중 일부인 '判斷된 範圍'에 한하여 발생한다고 보아야 한다. 그만큼 개별사건 관련적이다. 심리대상과 심판범위는 총액주의 소송물론에 따라 넓게 보아 소송물 전체에 미치나, 기판력의 객관적 범위는 좁게 보아 소송물 중 '판단대상'(= 현실적 심판대상, Entscheidungsgegenstand)에 국한하여야 한다. [소송물은 넓게, 기판력은 좁게] 이해한다. [소송물 = 판결주문 = 기판력의 객관적 범위]라는 定式의 성립은 부정한다. 중요한 것은 법원에 의하여 무엇이 심리되어야 하는가(müssen)가 아니라 무엇이 사실적으로 심리되는가(sein)의 문제이다.

기판력의 객관적 범위도 불가쟁력이 발생하는 범위와 평행되게 보아야 하는 이상, 경정거부처분 취소소송에서 청구기각판결을 받았다 하더라도, 전 소송에서 다투어진 경정청구사유에 한하여 기판력이 발생하므로, 다른 경정청구사유를 내세워 다시 경정청구를 할 수 있다.

한편 경정거부처분 취소소송에서 처분이 취소된 경우라도, 과세관청으로서는 법률적인 관점에서는 전 소송에서 고려된 구체적 법적 판단에 구속되어야 하고, 사실적인 관점에서는 전 소송의 사실심 변론종결시까지 주장된 경정청구사유나 사실심 법원에 알려진 경정청구사유에 한하여 구속된다. 따라서 과세관청은 다른 증액사유를 들어 증액경정할 수 있다.

(2) 예외적인 경우: [기판력의 객관적 범위 = 소송물]

위 원칙에 대한 예외로, 과세표준신고가 전제되지 아니하는 '[제1차적 부과처분 등]의 사안'에 관한 것이다.

'기판력의 범위를 결정하는 제요소'에 의하면 기판력은 판단된 범위 내에서 발생하는 것이 아니라 소송물 전체에서 발생한다고 보아야 한다. 원칙적으로 [소송물 = 판결주문 = 기판력의 객관적 범위]라는 정식이 성립한다고 볼 여지가 있다. 불가쟁력 때문이다. 위 부과처분의 불가쟁력의 발생범위가 포괄적이듯이(제1장 제5절 2. 나. 참조) 이와 평행되게 기판력의 발생범위도 포괄적이다. 이러한 유형의 부과처분에 대하여 통상의 경정청구를 인정하지 않는 것과 맥락을 같이한다. 이 경우에도 과세관청이 증액경정을 할 수 있다는 점에서 예외를 인정하여야 한다.

선행소송인 부과처분 취소소송의 기판력이 후행소송인 경정거부처분 취소소송에 미치는지 여부에 관한 대법원 2020. 6. 25. 선고 2017두58991 판결을 본다. 청구기각판결의 기판력 저촉에 관한 보기 드문 판결 중의 하나이다. 사안개요를 정리하면 다음과 같다.

『원고들 5명은 2008년 중순경 또는 2009년 초순경부터 2011년경까지 소외인들에게 미술품 거래사업의 필요자금 명목으로 변제기 3월 이내, 이자 원금의 10%로 정하여 돈을 반복적으로 대여하였는데, 그중 2010년경까지 대여한 돈에 관하여는 소외인들로부터 대여원금의 10%에 해당하는 이자를 더한 원리금을 지급받았다. 과세관청은 2012. 5. 29.경부터 2012. 6. 5.경까지 원고들이 지급받은 이자와 관련하여 원고 1에게는 2009년, 2010년 귀속 종합소득세 등 부과처분을, 나머지 원고 2, 3, 4, 5에게는 각 2008년 내지 2010년 귀속 종합소득세 등 부과처분을 했다. 원고 1, 2, 4, 5는 당초처분의 취소를 구하는 소송을 제기하였고 소송계속 중 원고 1은 2013. 6. 12., 원고 2, 4, 5는 2013. 6. 18. 소외인들에게 그들의 기망을 이유로 각 이자 발생의 원인이 된 각 대여계약을 취소한다는 의사표시를 한 다음 각 해당 과세기간의 귀속 이자소득이 존재하지 않는다고 주장하였다. 각 재판부는 소외인들의 기망사실을 인정할 증거가 부족하다는 이유로 각 원고 패소판결을 하였고, 이는 2014. 12. 11.부터 2015. 7. 25.까지 그대로 확정되었다(이 사건 각 선행 확정판결이라 한다).

한편 소외인들은 2008. 초순부터 미술품 거래사업의 자금명목으로 차용한 후 다른 차용금 등으로 기존 차용금의 원리금을 지급하는 '돌려막기' 수법으로 돈을 융통하던 중 2011. 9.경부터 2011. 11.경까지 원고들을 기망하여 돈을 편취하였다는 사실로 각 특정경제범죄 가중처벌 등에 관한 법률 위반(사기) 등으로 유죄 판결을 선고받았고 그 판결은 모두 확정되었다. 이후 원고 1은 2015. 6. 1., 나머지 원고들은 2015. 5. 21. 소외인들의 기망을 이유로 각 대여계약을 취소한다는 의사표시를 하고, 2015. 6. 12. 피고들에게 당초처분에 대한 각 경정청구를 하였다. 피고들은 이 사건 각 선행 확정판결의 존재 등을 이유로 원고들의 각 경정청구를 각 거부하였다. 원고들은 2016. 3. 22. 피고들을 상대로 각 거부처분의 취소를 구하는 이 사건 소를 제기하였다.』

판시취지를 본다(원고들 실명은 원고 1. 등으로, 소외인들 실명은 소외인 등으로 표시).

『2. 피고 성동세무서장, 의정부세무서장, 북전주세무서장, 남원세무서장의 각 상고에 대한 직권판단

가. 확정판결의 기판력의 존부는 직권조사사항이므로 당사자의 주장이 없더라도 법원이 이를 직권으로 조사하여 판단할 수 있다(대법원 1990. 10. 23. 선고 89다카23329 판결, 대법원 1992. 5. 22. 선고 92다3892 판결 등 참조). 한편 통상의 과세처분 취소소송에서와 마찬가지로 감액경정청구에 대한 거부처분 취소소송 역시 그 거부처분의 실체적·절차적 위법사유를 취소 원인으로 하는 것으로서 그 심판의 대상은 과세표준신고서에 기재된 과세표준 및 세액의 객관적 존부라 할 것이므로, 그 과세표준 및 세액의 인정이 위법이라고 내세우는 개개의 위법사유는 자기의 청구가 정당하다고 주장하는 공격방어방법에 불과하다(대법원 2004. 8. 16. 선고 2002두9261 판결 참조).

나. 앞서 본 사실관계를 이러한 법리에 비추어 살펴보면, 이 사건 각 선행 확정판결의 소송물과 이 사건 소의 소송물은 모두 원고 1, 2, 4, 5의 각 해당 과세기간 귀속 각 이자소득의 과세표준과 세액의 객관적 존부로서 동일하고, 소외인 등의 기망을 이유로 한 각 대여계약의 취소는 이 사건 각 선행 확정판결의 변론종결 이전에 이미 행사하였던 공격방어방법이므로, 위 원고들이 다시 소외인 등의 기망을 이유로 각 대여계약의 취소를 주장하며 위 피고들을 상대로 이 사건 각 거부처분의 취소를 구하는 것은 이 사건 각 선행 확정판결의 기판력에 저촉되어 허용될 수 없다. 따라서 위 원고들의 청구는 이와 모순 없는 판단을 하기 위하여 기각되어야 한다.

다. 그럼에도 원심은 이 사건 각 선행 확정판결의 소송물과 이 사건 소의 소송물이 다르다는 잘못된 전제 하에 이를 배척하고, 본안에 나아가 판단한 결과, 위 원고들의 청구를 기각한 제1심판결을 취소하고 이를 인용하고 말았으니, 이러한 원심의 판단에는 경정청구 거부처분 취소소송에서의 기판력에 관한 법리를 오해하여 판결결과에 영향을 미친 위법이 있다.

3. 피고 분당세무서장의 상고에 대한 직권판단

가. 구 국세기본법(2015. 12. 15. 법률 제13552호로 개정되기 전의 것) 제45조의2 제2항 제5호 및 그 위임을 받은 구 국세기본법 시행령(2016. 2. 5. 대통령령 제26948호로 개정되기 전의 것) 제25조의2 제2호는 후발적 경정청구사유의 하나로 '최초의 신고·결정 또는 경정을 할 때 과세표준 및 세액의 계산 근거가 된 거래 또는 행위 등의 효력과 관계되는 계약이 해제권의 행사에 의하여 해제되거나 해당 계약의 성립 후 발생한 부득이한 사유로 해제되거나 취소된 경우'를 들고 있다.

그런데 과세소득은 이를 경제적인 측면에서 보아 현실로 이득을 지배·관리하면서 이를 향수하고 있어 담세력이 있는 것으로 판단되면 족하고 그 소득을 얻게 된 원인관계에 대한 법률적 평가가 반드시 적법하고 유효한 것이어야 하는 것은 아니다(대법원 1985. 5. 28. 선고 83누123 판결 등 참조).

나. 원심은 그 판시와 같은 사정을 이유로 원고 3의 소외인 등과 사이의 각 대여계약에 대한 취소권 행사에 따라 그에 따른 각 이자소득이 더 이상 존재하지 아니하므로 이와 다른 전제의 이 사건 각 거부처분 중 원고 3에 대한 부분은 위법하다고 판단하였다.

다. 그러나 위와 같은 원심은 판단은 앞서 본 법리에 비추어 수긍하기 어렵다. 원심의 판단과 같이 원고 3.이 2015. 5. 21. 소외인 등에게 그들의 기망을 이유로 각 대여계약을 적법하게 취소하였다고 하더라도, 소외인 등에게 위 각 대여계약에 따른 이자를 반환하지 아니한 채 이를 그대로 보유하고 있다면, 경제적인 측면에서 보아 위 원고의 담세력이 있는 2008 내지 2010년 귀속 각 이자소득이 여전히 존재한다고 보아야 한다. 따라서 원심으로서는 위 원고가 소외인 등으로부터 수령한 각 이자를 소외인 등에게 반환하였는지 여부를 따져 본 다음, 위 거부처분의 위법 여부를 판단하였어야 할 것이다.

그럼에도 원심은 이와 달리 그 판시와 같은 이유만으로 위 거부처분이 적법하다고 판단하였다. 이러한 원심의 판단에는 이자소득의 존재에 관한 법리를 오해하여 필요한 심리를 다하지 아니함으로써 판결에 영향을 미친 위법이 있다.』

후행소송인 경정거부처분 취소소송이 어떠한 경우 선행소송인 부과처분 취소소송의 청구기각판결의 기판력에 저촉되는지에 관한 판결이다.

선행소송인 부과처분 취소소송의 소송물과 이 사건 후행소송인 경정거부처분 취소소송이 동일하다는 점 및 선행소송에서 공격방어방법의 하나로 주장한 소외인 등의 각 대여계약의 취소와 후행소송에서 주장한 각 대여계약의 취소는 동일한 기망을 이유로 한 것으로, 후행소송은 선행소송 확정판결의 기판력에 저촉된다는 것이다. 사안을 바꾸어, 선행소송과 후행소송이 다같이 경정거부처분 취소소송으로 각 경정청구사유가 이 사안과 같이 소외인 등의 기망을 이유로 각 대여계약의 취소(취소의 의사표시 날자만 달리하는 경우)로서 선행소송에서 기망사실에 대한 증거자료가 없다는 이유로 패소하였다면, 후행소송에서 기망에 대한 유죄의 형사판결이라는 증거자료를 새로 제출하였다 하더라도, 이는 동일한 기망을 이유로 경정청구를 반복하는 것으로 선행소송 확정판결의 기판력에 저촉된다 할 것이다. 이 사건과 같이 선행소송이 제1차적 부과처분 취소소송이라면 그 취소소송의 기판력은 포괄적이어서 이후 통상의 경정청구는 불가능하고 다만 사정변경에 기한 경정청구만 가능하다는 점도 아울러 고려해야 한다.

다음 대법원 판결은, 사정변경에 기한 경정청구를 인용하기 위하여는 대여계약에 대한 취소권 행사만으로는 부족하고, 취소권 행사로 인한 담세력이 상실하였는지 여부, 즉 원고가 수령한 이자소득을 현실적으로 반환하였는지 여부를 심리하여야 한다는 것이다. 사정변경에 기한 경정청구의 당연한 법리를 확인하고 있다. 사정변경에 기한 경정청구는 사유가 발생하였음을 안 날부터 3월 이내에 행사하여야 하는바, 원상회복의무는 경정청구와 함께 그 3월 이내에 이루어져야 한다는 것은 아니고 사실심 변론종결시까지 충족하면 된다는 취지로 읽혀진다.

(3) 원칙적인 경우의 타당영역

원칙적인 경우에서 설명한 것이 타당한 영역은 경정청구가 가능한 모든 경우에 있어 확정판결의 기판력에 관한 것이다. 즉 신고납세방식이든 부과과세방식이든, 과세표준신고(기한 후 신고 포함)가 선행된 모든 사안이다. 당초 과세표준신고가 된 사안에서의 경정거부처분에 대한 취소소송, '[신고 + 수정신고]의 사안'에서의 경정거부처분에 대한 취소소송, '[신고 + 증액경정]의 사안'에서의 경정거부처분에 대한 취소소송 또는 부과처분 취소소송 등이 대표적 소송유형이고, 그 유형에서 선고된 확정판결이 여기에 해당한다. 원칙적으로 경정거부처분 취소소송의 판결에 관한 것이다.

이상 원칙적인 경우와 예외적인 경우로 나누어 설명하였으나 설명이 더 필요한 부분은 원칙적인 경우이다. 아래 4. 및 5.에서 추가로 설명한다.

4. 원칙적인 경우에 있어 기판력의 객관적 범위

(1) 경정거부처분 취소소송(선택가능한 부과처분 취소소송을 포함)의 판결만을 본다. 경정거부처분 취소소송의 소송물을 총액주의로 이해하더라도 기판력은 소송물보다 좁게 보아야 한다. [소송물 = 판결주문 = 기판력의 객관적 범위]라는 정식의 성립은 부정한다. 분쟁의 일회적 해결은 이상에 불과할 뿐 실무상 받아들일 수 없다. 이러한 정식의 수용이야 말로 경정제도를 질식시키거나 기능부전의 위험에 빠뜨리게 할 뿐이다. 경정거부처분 취소소송에서 기판력의 객관적 범위는 소송물로부터 분리독립되어야 한다.

경정거부처분 취소소송에서 기판력은 원칙적으로 조세소송의 특수성에 비추어 소송물 중 판결의 주문과 이유를 통하여 알 수 있는 사실상 '判斷된 範圍' 내에서만 생긴다. 그렇게 보는 것이 "(소송물 중) 주문에 포함된 것에 한하여 기판력을 가진다."는 문언에 충실한 해석이다.[13] 여기서 '판단된 범위'란 판결의 주문은 물론 판결이유의 해석에 의하여 정하여진다. 방론은 고려될 수 없다. 사실상 심리·판단되지 아니한 부분이나 재판의 기초가 되지 않았던 사실에는 기판력이 발생하지 않는다.

한편 과세관청은 새로운 증액사유가 발견되는 한 '판단된 범위'에 속하지 않으므로 증액경정을 거듭할 수 있다.

(2) 기판력의 범위를 좁게 보아야 한다는 설득력 있는 견해[14]를 소개한다.

(i) 『미국과 달리 우리나라에서는 총액주의가 한판주의에까지 이를 수는 없다. 우리나라에서도 한판주의 주장이 있다. … 심판하지도 않은 내용에 대하여 기판력이 미칠 수 있다는 논거는? 소송이 걸려 있는 중이라 하더라도 과세관청은 새로운 부과처분을 통하여 변론종결시까지 조세채무의 금액을 정당한 세액범위로 확장할 수 있다는 것. … 그러나 우리나라의 과세실무 및 법원실무에서 총액주의라고 부르는 것은 이런 한판주의는 아니다. 왜? 소송물의 개념은 첫째로는 행정처분 개념과 한결 나아가서는 재판제도 자체의 속성 내지 변론주의와의 갈등 관계이다.』

(ii) 『한판주의와 쟁점주의 각각의 장단점을 놓고 득실을 따지는 과학적 분석을 하지도 않은 채, '총액주의 = 한판주의'라는 선험적 동어반복적 개념체계에서 결론을 끌어낼 수는 없다. 실체법상 조세채무의 단위가 소송물이라는 말은 잠재적 심판대상에 대하여도 기판력이 미치는 논거가 되지 못한다. 역으로 개개의 쟁점이 소송물이라는 말은 반드시 실제로 심판한 범위에만 기판력을 주어야 하는 논거가 되지 못한다. 앞의 두 문장은 어느 쪽도 동어반복일 뿐이다. 무엇을 소송물로 삼을 것인가 바로 그것이 논점인 까닭이다. 소송물이란 심리범위와 판결의 효력범위를 간명하게 하기 위한 도구개념일 뿐이고, 기판력 범위를 소송물에서 끌어내는 것은 그저 동어반복. 이념형으로서 총액주의와 쟁점주의 사이의 선택은 근본적으로 민사소송법에서 소송물이론과 같은 문제이다. 숱한 논란에도 불구하고 민사소송 실무에서 소송물을 실체법설(구소송물 이론)에 따라 정하거나 소송법설 가운데에서 이원론에 따라 정함으로써 소송물을 되도록 좁게 정의하고 있다. 민사소송에서 소송물을 좁게 정하는 이유가 무엇인가, 민사소송과 조세소송 사이에서 소송물을 달리 정할 필요가 있는가, 이런 논점들을 깊이 따지는 것이 무엇을 조세소송의 소송물로 삼을 것인가에 대한 답을 구하는 바른 길.』

---

13) 이시윤, 전게서, 230면에서, 기판력의 범위에 관하여 설명하면서 "변론주의가 적용되는 소송절차에서는 판결이란 변론종결 당시에 제출된 사실자료의 한도 내에서 청구취지의 법률효과가 원고에게 귀속하느냐의 여부에 관한 답변이며, 제출치 아니한 사실까지 포함하여 원고의 청구가 이유 있느냐의 여부에 대한 답변일 수 없다. 그러므로 전에 제출한 사실관계와 무관계한 사실관계까지 기판력의 시적 한계에 의하여 차단될 수는 없다. 절차보장도 기판력의 정당화의 한 가지 근거라고 한다면, 전에 제출하였던 사실관계와 무관한 사실은 절차보장이 된 바 없으므로 당연히 구속력의 범위 밖이어야 할 것이다. 여기의 무관계한 사실관계라 함은 … 공격방어의 초점이 되었던 사항, 즉 절차보장을 받은 사항과 무관한 별개의 사실관계로 정의하여야 좋은 것이다."라고 적고 있다. 박정훈, 전게서, 468면에서, "요컨대, 기판력이 반복금지효로 작용할 때에는 소송물이 그 객관적 범위를 이루고, 재량처분과 과세처분의 경우에는 판결이유에 비추어 그 시간적 한계가 규명된다는 것이다."라고 적고 있다. 다 같이 '기판력의 시적(시간적) 한계'라는 표현을 사용하고 있지만, 사실상 '판단된 범위' 내에서만 기판력이 발생한다는 의미로 새길 여지도 있다.

14) 이창희, 전게서, 앞 부분은 259면, 두번째 부문은 266면 이하, 마지막 부분은 278면 이하 부분 각 인용.

(iii)『재판의 기초가 되지 않았던 사실에 터잡아 납세의무자가 뒤에 새로 소송을 내어 감액을 청구한다면 그에 대해서는 기판력과 기속력이 미치지 않는다고 풀이해야 한다. 재판의 기초가 되지 않았던 사실에 터잡은 새로운 과세처분을 허용하는 이상, 납세의무자도 세액의 감액을 구할 수 있어야 한다. 확정판결을 받은 뒤 애초의 신고가 잘못되어 너무 많은 세액을 내었음을 뒤늦게 알게 된 납세의무자는 경정청구를 할 수 있다고 풀이해야 하고, 경정거부처분에 대한 항고소송에는 판결의 기판력이 미치지 않는다고 풀이해야 한다.』

(3) 반대견해를 본다.[15]

『1개의 과세단위에 관하여는 1개의 과세처분이 행하여지므로 이러한 의미에서 불가분이다. 따라서 정당한 세액의 일부에 대한 과세처분이 있었다고 하더라도 그 외연은 이미 추상적으로 성립한 당해 과세단위 내의 조세채무 전액에 미친다. 나아가 과세관청은 사실심 변론종결시까지 정당한 세액의 범위 내에서는 증액경정처분을 할 수 있으므로 기판력의 범위는 현실적으로 심판의 대상이 되었던 과세처분에 의하여 인정된 세액이 아니라 1개 과세단위 내의 총세액에 미친다고 할 것이다. 소송상의 청구 = 심판의 대상 = 기판력의 관계에서 심판의 대상을 현실적인 심판의 대상인 과세처분에 의한 세액은 물론 잠재적 심판대상인 1과세단위 내의 총세액에 미친다고 보면 기판력에 의하여 탈루소득에 대한 재처분을 할 수 없게 된다. 그러나 기속력에 의하더라도 종래의 판결의 효력이 탈루부분까지 미치는 것으로 이해하는 한 그에 의하여서도 이에 저촉되는 처분은 불가하므로 마찬가지 결과가 된다. 결국 이 점은 기판력과 기속력의 객관적 범위를 동일하게 보는 이상 관점의 차이에 불과한 것이라고 생각한다.』

위 견해는, 실정법상의 '주문에 포함된 것에 한하여'의 해석을 떠나 소송물이 동일하면 기판력이 소송물 전체에 미친다(전소와 같은 소송물을 후소로 제기할 경우 전소의 기판력에 저촉된다)는 것을 당연한 것으로 받아들면서 소송물에서 기판력의 객관적 범위를 끌어내고 있다.

(4) 독일 조세소송법의 흐름

조세소송법 제110조 제1항 제1문에 의하면 "기판력 있는 판결은 소송물에 대하여 판단된 범위 내에 한하여 당사자 등을 구속한다."[16]로 되어 있고, 독일 민사소송법 제322조도 동일하다. 조세소송법에는 기속력에 관한 규정이 없다. 위 제1항 제1문이 '한하여(soweit)'라는 문언을 사용함으로써 기판력은 소송물 중 판단된 부분에 한하여 발생함을 명백히 하고 있다.

(i) 조세소송법 제110조 제2항

---

15) 소순무, 전게서, 547면.

16) (1) Rechtskräftige Urteile binden, soweit über den Streitgegenstand entschieden worden ist,
   1. die Beteiligten und ihre Rechtsnachfolger
   2. 생략
   3. 생략

『제110조 제1항 제1문의 규정에서 달리 해석되지 않는 한, 그 범위 내에서, 조세기본법 및 개별세법상의 행정행위의 직권취소, 철회, 폐지 및 경정 그리고 세액의 추징 등에 관한 규정은 기판력의 영향을 받지 않은 채 그대로 적용된다(Die Vorschriften der Abgabenordnung und anderer Steuergesetze über die Rücknahme, Widerruf, Aufhebung und Änderung von Verwaltungsakten sowie über die Nachforderung von Steuern bleiben unberührt, soweit sich aus Absatz 1 Satz 1 nichts anderes ergibt).』

(ⅱ) 조세소송법 제100조 제1항 제1문

『(1) ¹계쟁 행정행위가 위법하고 원고에게 이로 인하여 권리의 침해가 있는 경우, 법원은 그 행정행위 및 전심결정을 취소한다; 과세관청은 취소판결이 기초로 한 법적 판단에 구속되고, 취소판결의 사실적 판단에 있어서는 새로이 알게 된 사실 및 증거가 다른 판단을 정당화 하지 않는 범위 내에서 그 사실적 판단에 구속된다.』

조세소송법 제110조 제1항 및 제2항과 제100조 제1항 제1문을 종합하면, 우선 기판력을 규정함에 있어 먼저 소송물과 판단대상을 나눈 후 소송물 중 판단대상에 한하여 기판력이 발생하고, 다음 판결 주문에 있어 법률적 판단과 사실적 판단이 있음을 전제로 법률적 판단에 대하여는 전부 구속되나 사실적 판단에 있어서는 새로이 알게 된 사실 및 증거가 다른 판단을 정당화 하지 않는 범위 내에서 그 사실적 판단에 구속되며, 마지막으로 조세실체법상의 경정규정이 기판력으로 영향을 받지 않도록 기판력의 객관적 범위가 제한되어야 한다는 것이다. 조세실체법상의 경정규정은 소송법적으로 기판력을 제한하는 규정으로 보인다.

독일 연방재정법원(BFH)은 소위 [소송물 = 판결주문 = 기판력의 객관적 범위]라는 정식의 성립을 부정하면서 그 정식을 인정하는 연방행정법원과는 전혀 다른 길을 가고 있다. 즉 연방재정법원의 판례에 의하면 소송물을 총액주의로 파악하면서 소송물과 판단대상을 구별한 다음 소송물은 넓게 보면서, 기판력은 판단대상에서만 발생한다고 좁게 보는 태도를 취함으로써, 소송물에 관한 총액주의(Saldierungstheorie)라는 넓은 개념과 기판력을 좁게 보는 종전의 쟁점주의(Individualisierungsthorie)적 사고방식을 연결시키고 있다.

(5) 미국 조세법원의 판결과 기판력

조세법원에 전속관할이 생기면 미국 국세청은 세금을 매길 수 없고 소송계속 중 세액을 증감시킬 수 없다. 오납세액의 수액까지도 조세법원이 확정한다. 심리결과 추가고지세액이 0원이고 오히려 오납세액이 존재하는 경우 그 오납세액을 구체적으로 확정시킬 수 있다. 나아가 추가고지세액이 존재하더라도 오납세액이 그보다 많아 상호 상계하면 오납세액이 존재하는 것으로 판단되는 경우에도 오납세액을 확정시켜 환급시킬 수 있다. 조세법원 판결의 기판력은 소송물 전체에서 발생한다[제1장 제11절 1. 나. (1) 참조].[17] 한판주의이다. 기판력의 범위는 대륙법계보다 넓다. '기간제한의 경감규정'은 기판력의 작용으로 오류의 수정이 불가능한 경우에도 적용된다.

(6) 일본 실무계가 보는 기판력과 구속력

행정소송법 제30조와 비슷한 조문이 일본 행정사건소송법 제33조에 규정되어 있다. 조세소송도 일반 행정소송과 동일한 이론적 기반 위에 있어야 함을 전제하면서 기판력과 기속력에게 역할분담을 시키고 있는 듯하다. 일본 실무계[18]의 견해를 요약·정리하면 다음과 같다.

『旣判力은 민사소송의 원칙대로 주문에 포함된 판단에 관하여만 미친다. 그 전제가 되는 개개의 위법 원인의 판단에는 미치지 않는다. 예를 들어 처분취소 소송의 청구기각 판결은 처분이 위법하지 않다는 것을 확정한 것이므로, 원고는 다시 별개의 위법사유를 주장하여 취소소송을 제기할 수 없다. 처분이 위법하다고 주장하면서 국가배상청구를 하는 것도 기판력에 저촉된다. 다음 처분취소 소송에서 청구가 인용된 경우 처분의 위법성이 확정되어 피고는 후소에서 이와 다른 주장을 할 수 없다. 예를 들어 처분의 위법을 이유로 하는 국가배상청구 소송에서 원칙적으로 처분이 적법하다고 주장할 수 없다.

拘束力에 대하여는 특수효력설이 통설이다. 구속력의 중심적 효력은 동일과오 반복금지효에 있다. 후의 처분은 동일내용이라 하더라도 개념적으로 별개 독립의 처분이고 구속력은 전소의 판결이유 중의 판단에도 미치기 때문에 통상의 기판력과는 다른 것으로 보아야 한다.

구속력의 객관적 범위로는 판결주문 및 그 전제로 된 요건사실의 인정과 효력의 판단에 관하여 생기는 것에 한하고, 판결의 결론과 직접 관계가 없는 방론이나 간접사실의 판단에는 미치지 않는다. 즉 판결에서 처분의 취소사유로 지적된 점에 한하여 미치고 그밖의 점에는 미치지 않는다. 구속력의 중심적 효력인 동일과오 반복금지효에 관하여 보면, 구속력은 법원이 위법이라고 한 동일 이유 또는 자료에 기하여 동일인에 대하여 동일처분을 하는 것이 금지되는 것에 불과하다. 다른 이유 또는 자료에 기하여 처분하는 것을 방해하는 것이 아니다.

따라서 절차상 하자를 이유로 취소된 경우 다시 적법한 절차를 거쳐 동일내용의 처분을 하는

---

17) CAMILLA E. WATSON, 전게서, 281면에서, 미국 조세법원에 있어 소득세 과세기간이 동일하면 소송물도 동일하여 앞선 소송에서 쟁점이 되지 않았다 하더라도 다시 소송을 제기할 수 없다는 취지로 적고 있다 (Importantly, in tax cases, each taxable year generates a new and separate tax liability and cause of action. Res Judicata thus bars a taxpayer from bringing suit with respect to tax liability for a year that was the subject of a prior suit. For example, if the taxpayer litigates an income tax deficiency for 1990 in the Tax Court, he cannot later file a refund suit for the same taxable year, even if the refund suit would involve issues not raised in the Tax Court proceeding. Res Judicata would not bar the taxpayer from litigating the same issues that were raised in the Tax Court case for different tax years, however).

18) 법조회, 조세소송의 심리에 관하여(제3판), 248면 이하 참조. 일본 사법연수소가 간행한 것을 법조회가 반포한 것으로 일본 법원의 소송실무의 흐름을 읽을 수 있다.

것이 가능하다. 실체법상의 이유에 의하여 취소되었다 하더라도 다시 별개의 근거법규에 기하여 동일내용의 처분을 하는 것도 가능하다. 조세소송에서 문제되는 것은 과세처분 취소소송이 인용되어 확정된 후 탈루소득이 있음을 이유로 재경정을 할 수 있는지 여부이다. 총액주의에 의하면 처분시에 세무서장이 현실적으로 인정한 이유의 존부뿐만 아니라 처분시에 있어 객관적인 이유의 존부가 심리의 대상이 되고 피고는 처분이유를 교체하는 것이 허용되므로, 일정액 이상의 세액이 판결로 취소된 이상 그 부분에 관하여 객관적으로 처분의 이유가 없는 것으로 판단된다. 세무서장은 위 판결에 구속되어 탈루소득의 발견을 이유로 재경정을 할 수 없다고 해석된다.』

5. '판단된 범위'와 경정법체계와의 조화

경정법체계에서 경정청구나 경정의 허용 범위는 기판력과의 관계에서 상호 충돌이나 모순·저촉이 없어야 한다. 조세실체법적 규정에서 경정청구나 경정을 허용하면서 기판력으로 경정청구나 경정을 제한하는 것은 모순이기 때문이다. 그런 의미에서 기판력은 소극적 경정요건(Rechtskraft als negative Änderungsvoraussetzung)이라 할 수 있다. 경정거부처분 취소소송에서의 확정판결의 기판력은, 소송물 중 '판단된 범위' 내에서만 생기고, 판단내용에 해당 경정이나 경정청구의 구체적 규율내용이 포함되어 판단되지 아니한 이상, 이후 증액경정이나 경정청구 또는 '판결 등에 따른 경정'을 함에 있어 어떠한 영향도 미치지 않는다고 보아야 한다. 기판력의 객관적 범위를 이렇게 좁게 봄으로써 기판력과 경정법체계가 조화를 이룰 수 있게 된다.

가. 국세기본법 제45조의2 소정의 경정청구에 관한 규정

(1) 통상의 경정청구

흡수소멸설을 전제로, 2010. 12. 27. 개정된 국세기본법 [제45조의2 제1항 후단]이 흡수소멸설을 수정·보완하기 위하여, 부과처분을 최초신고세액분과 증액경정분으로 분할하여 각 부분을 달리 규율하고 있다.

여기서 최초신고세액분에 관하여 특정한 경정청구사유를 주장하여 패소확정되었으나 이후 5년의 경정청구기간 내에서 다른 경정청구사유를 들어 통상의 경정청구를 한 경우, 앞선 확정판결의 기판력은 경정청구사유를 달리하는 한 나중의 경정청구에 미치지 않는다. 이렇게 잘게 쪼개어 해석함이 부과처분의 분할을 인정한 입법취지에 부합하고, 확정판결의 기판력이 '판단된 범위' 내로서 당시 판결에서 판단된 경정청구사유에 국한하여 발생한다는 원칙에 걸맞기 때문이다. 즉 경정청구사유를 달리하는 한 거듭하여 통상의 경정청구를 할 수 있다.

조세채무자가 증액경정분만을 다투어 패소확정되었다 하더라도, 경정청구를 위하여 분할되는 이상, 최초신고세액분은 5년의 경정청구기간 내라면 통상의 경정청구를 할 수 있다. 기판력의 범위를 '판단된 범위' 내로 봄으로써 조세채무자를 두텁게 보호할 수 있는 셈이다.

한편 여기서의 증액경정분도, 제1차적 부과처분이나 종합부동산세의 부과처분과 달리, 그 증액경정사유가 특정된 이상, 기판력이나 불가쟁력은 포괄적이 아니라 개별적으로 발생한다.

(2) 사정변경에 기한 경정청구

청구기각판결이 확정된 후 사정변경에 기한 경정청구의 사유가 발생한 경우, 기판력이 그 사유에 터잡은 사정변경에 기한 경정청구에 영향을 줄 수 없음은 기판력의 법리상 당연하다.

(3) 모순된 세액확정에 기한 경정청구

통상의 경정청구에 기한 청구기각판결이 확정된 후, 전 소송에서 다투지 아니한 세목이나 과세기간에 오류가 있음이 발견되고 이로 인하여 모순된 세액확정에 기한 경정청구를 하는 경우, 확정판결의 기판력이 미치지 않음은 당연하다.

나. 탈루소득 등의 사후발견과 증액경정

(1) 당초처분에 대한 취소소송에서 취소판결 또는 청구기각판결이 확정된 경우, 이후 탈루소득이나 상속재산의 사후 발견을 이유로 증액경정처분을 할 수 있는지 여부이다.

이에 대하여 '기판력 저촉설'[19][20]과 '기판력 비저촉설'[21]의 대립이 있다. 앞서 본 바와 같이 취소소송 판결의 기판력은 소송물 중 '판단된 범위' 내에서만 생기는 이상 '기판력 비저촉설'이 타당하다.[22] 기판력의 범위를 좁게 보는 것이 조세채무자에게 유리한 장면도 있지만 탈루소득의 경우 조세채무자에게 불리하게 작용한다.

(2) 대법원 2004. 12. 9. 선고 2003두4034 판결

『당초의 과세처분에 대한 취소소송에서 청구기각판결이 확정된 경우에는 당초처분은 그 적법성이 확정되어 효력을 유지하게 되므로, 그 후 과세관청이 납세자의 탈루소득이나 재산누락을 발견하였음을 이유로 당초처분에서 인정된 과세표준과 세액을 포함하여 전체의 과세표준과 세액을 새로이 결정한 다음 당초처분의 세액을 공제한 나머지를 추가로 고지하는 내용의 재처분을 하였을 경우, 추가된 재처분 외에 다시 당초처분 부분의 취소를 구하는 것은 확정판결의 기판력에 저촉되어

---

19) 소순무, 전게서, 547면 참조.
20) 松澤智, 조세쟁송법, 395면에서, '판결 후 탈루소득이 발견된 경우'에 있어 조세소송의 소송물로서 포착되어야 한다면서 총액주의에 의하면 기판력은 당해 사업연도 전체로서의 소득이 그 정도임을 확정하였다고 본다면 확정판결 후에 탈루소득이 발견되더라도 경정할 수 없으나 쟁점주의에 의하면 경정할 수 있다고 볼 것이라면서, 납세자의 이익을 고려하는 경우 총액주의가 타당하다고 적고 있다.
21) 임승순, 전게서, 371면.
22) 이창희, 전게서, 268면에서, "판결확정 이후에 새로 드러난 사실에 터잡아 새로운 과세처분을 하는 것은 당연하다. 미국에서도 민사법원의 확정판결에는 당해 사건의 쟁점에만 기판력과 기속력이 생기고, 조세법원의 판결과 달리 사업연도의 세액 총액을 확정하는 효과는 없다."라고 적고 있다.

허용될 수 없고, 당초처분이 재처분에 흡수되어 소멸된다고 할 수도 없다고 할 것인바(대법원 2002. 8. 27. 선고 2001두5453 판결 참조), 이 사건 당초처분에 대한 취소소송에서 청구기각판결이 확정된 이 사건에서 당초처분이 이 사건 재처분에 흡수되어 소멸되었다고 볼 수도 없다.』

위 판결은 '기판력 비저촉설'을 전제하면서, 추가된 재처분 외에 다시 당초처분 부분의 취소를 구하는 것은 확정판결의 기판력에 저촉되어 허용될 수 없고, 당초처분이 재처분에 흡수되어 소멸된다고 할 수도 없다고 하여, 흡수소멸설의 적용을 부인하고 있다.

그러나 흡수소멸설의 적용을 전제로 당초처분의 세액만큼은 국세기본법 제22조의3의 적용을 받아 다툴 수 없다고 볼 여지도 있다 할 것이다.

(3) 사정변경에 기한 증액경정

국세기본법 제26조의2 제6항 제5호가 신설됨에 따라 당초처분이 확정판결에 의하여 일부 취소되었다 하더라도 위 제5호 소정의 증액경정사유가 발생하면 증액경정을 할 수 있다. 당초 확정판결의 기판력이 미칠 수 없다.

다. 판결 등에 따른 경정

(1) 국세기본법 제26조의2 제6항의 '판결 등에 따른 경정'은 제4장 제5절에서 설명한다. 판결 등에 따른 경정은 원칙적인 경우와 예외적인 경우로 나누어 보는 것이 이해하기 쉽다.

원칙적인 경우로 (ⅰ) 인적귀속의 충돌, (ⅱ) 세목의 충돌, (ⅲ) 기간귀속의 충돌 등 3가지가 있다.

예외적인 경우로 (ⅰ) 일부 하자(위법)를 이유로 부과처분 전부를 취소하는 경우(본안종국 판결의무의 경감 또는 세액계산의무의 경감), (ⅱ) 절차적 위법을 이유로 부과처분 전부를 취소하는 경우 등 2가지가 있다.

(2) 기간귀속의 충돌이 있는 사안에서 기판력 이론으로 국세기본법 제26조의2 제6항(종전 제2항)의 적용을 부인한 대법원 2012. 10. 11. 선고 2012두6636 판결을 본다[제4장 제5절 3. 나. (8) 참조].

『 … 확정된 결정이나 판결의 기판력이 미치는 범위는 그 쟁송대상이 되었던 과세단위에 제한될 뿐이고 이를 넘어서 별개의 과세단위에 관련된 판단이 이루어졌다고 하더라도 이러한 판단에 기판력이 있다고 할 수 없으며, 따라서 그러한 판단을 경정결정이나 그 밖에 필요한 처분을 할 수 있는 근거가 되는 위 규정상의 '해당 결정·판결'에 해당한다고 할 수 없는 점 등을 종합해 보면, 비록 위 규정을 오로지 납세자를 위한 것이라고 보아 납세자에게 유리한 결정이나 판결을 이행하기 위한 경우에만 적용된다고 볼 수는 없다고 하더라도, 기간과세에 있어서 확정된 결정 또는 판결에서 다투어진 과세처분과 과세기간을 달리하는 기간에 대하여 해당 결정 또는 판결의 취지에 따르다는 명목으로 한 새로운 과세처분에 대해서까지 위 규정에 따른 특례제척기간의 적용을 허용할 수 있는 것은 아니다.』

위 판결에 의하면 기판력은 과세단위 범위 내에서 발생하고 과세단위를 달리하면 기판력이 미치지 않아 국세기본법 제26조의2 제6항(종전 제2항)의 '판결 등에 따른 경정'이 불가능하다는 것이다. 즉 기판력이 미치는 범위 내에서만 '판결 등에 따른 경정'이 가능하고, 과세단위를 달리하여 기판력이 미치지 않는다면 '판결 등에 따른 경정'이 불가능하다는 것이다. 앞서 본 원칙적인 경우에는 그 적용이 없고, 오히려 예외적인 경우에만 적용이 있다는 것으로 보인다.

이는 판결 등에 따른 경정의 취지를 오해한 것이다. 판결 등에 따른 경정은 과세단위를 달리하여 기판력이 미치지 않는 경우에 절실하다. 국세기본법 제26조의2 제6항은 원칙적으로 이 경우를 예상하고 대비한 것이다. 기판력의 범위를 어떻게 구성하든, 기판력과 국세기본법 제26조의2 제6항이 적용되는 범위는 충돌이 일어나서는 안 된다. 선행소송의 기판력으로 국세기본법 제26조의2 제6항의 적용범위를 제한할 수는 없다. 판결 등에 따른 경정이 적용되어야 할 전형적인 사안이다. 위 판결에 대한 반작용으로 제26조의2 제6항 제1의2호가 신설되었다.

(3) 본안종국판결의무의 경감과 기판력의 관계

일부 하자(위법)를 이유로 부과처분 전부를 취소하는 경우로서 이는 법원의 본안종국판결의무(또는 세액계산의무)를 경감할 수 있는지 여부, 있다면 어떠한 경우에 할 수 있는지에 관한 것이다.

소가 제기되면 법원은 계속된 사건 전부를 그 심급에서 원칙적으로 본안종국판결로 끝내야 함이 원칙이다. 그러나 복잡하고 전문적·기술적 성격을 갖는 조세법률관계의 특수성에 비추어 부득이한 경우 법원의 심리 및 판단의무나 본안종국판결의무를 경감시켜 법원으로 하여금 일부 하자를 이유로 부과처분 전부를 취소하는 것을 허용해야 한다. 대법원은 일찍이 조세소송에서 이러한 의무의 경감을 인정하고 있었다. 이러한 이유로 취소판결을 받은 과세관청은 판결상의 법해석을 존중하면서 법원이 지적한 대로 사실관계를 조사한 다음 세액을 재계산하여 다시 부과처분을 할 수 있다. 그 과정에서 제척기간이 지남으로써 국가가 입게 되는 손실을 보상하기 위하여 특례제척기간이 필요하다.

어떠한 실체적 위법이 있을 때 대법원은 본안종국판결의무를 경감하고 있는지를 본다.

① 대법원 1992. 9. 25. 선고 92누794 판결

『원심이 확정한 바에 의하면, 원고가 그 어머니로부터 토지를 증여받았다는 이유로 피고가 원고에게 증여세 및 방위세의 부과처분을 하자, 원고가 이에 불복하여 위 과세처분의 취소소송을 제기하고, 이에 서울고등법원은 1990. 6. 29. 89구2073 판결로서 증여대상토지의 시가를 산정할 수

있음에도 막바로 보충적 평가인 배율방법으로 과세가액을 산정한 것은 위법하다 하여 위 부과처분을 취소하였고, 이 판결이 같은 해 12. 21. 대법원의 상고기각에 의하여 확정된 사실과 피고는 위 판결에 따라 1991. 3. 4. 위 과세처분 당시의 위 토지의 가액을 조사 확인하여 다시 세액을 산출한 다음 이 사건 과세처분에 이르렀다는 것이다.

이와 같이 앞의 소송에서 원고는 과세가액평가방법이 잘못되어 부과된 세액이 정당한 세액을 초과한 것이라고 주장하였고, 법원이 이를 받아들여 초과세액 부분만이 아닌 전체 부과처분의 취소를 명하였는바, 이는 과세관청으로서 판시취지에 따라 정당한 세액을 산정하여 다시 부과할 수 있음을 당연한 전제로 하고 있는 것이고, 따라서 피고가 동일한 과세원인에 근거하여 전의 판결에서 적시된 위법사유를 보완하여 정당한 세액을 산출한 다음 다시 부과처분을 한 것은 전의 확정판결의 기판력에 저촉되지 아니한다고 할 것이다.』

② 대법원 1999. 11. 26. 선고 98두19841 판결

『기록에 의하면, 피고는 당초 이 사건 토지의 양도를 미등기 자산의 양도에 해당한다고 보고, 실지거래가액에 의한 양도소득세를 부과하였으나, 법원에서 미등기 자산의 양도에 해당하지 아니한다는 이유로 부과처분이 취소되었음을 알 수 있는데, 원고는 이에 대하여 원심에서, 피고가 일단 실지거래가액에 의하여 양도소득세를 부과한 바 있으므로 새삼스럽게 기준시가에 의하여 양도소득세를 부과하는 것은 실질과세원칙이나 금반언의 원칙에 반하고, 1995. 12. 30. 대통령령 제14860호로 개정된 소득세법 시행령 제166조 제4항 제3호 규정의 취지에도 어긋난다는 취지의 주장을 하였는데도, 원심이 이 점에 관한 명시적인 판단을 하지 아니하였음은 상고이유에서 지적하는 바와 같다.

그러나 구 소득세법(1994. 12. 22. 법률 제4803호로 전문 개정되기 전의 것) 제127조에 의하면, 과세표준과 세액의 결정 후라도 그 누락 또는 오류가 있는 것을 발견한 때에는 정부는 즉시 그 과세표준 및 세액을 조사하여 결정 또는 경정하도록 되어 있고, 더욱이 이 사건 부과처분은 실지거래가액에 의한 당초부과처분이 법원에 의하여 취소된 후 달리 실지거래가액 적용요건에 해당되지 아니한다 하여 기준시가에 의하여 양도소득세를 부과한 것으로서 거기에 원고 주장과 같은 위법이 있다고 할 수는 없으므로, 위와 같은 원고의 주장은 받아들일 수 없는 것임이 분명하고, 따라서 그에 대한 판단을 빠뜨린 원심의 잘못은 판결 결과에 영향을 미치는 바 없다. 이 점에 관한 상고이유도 받아들일 수 없다.』

③ 대법원 2002. 5. 31. 선고 2000두4408 판결

『과세처분을 취소하는 판결이 확정된 경우, 그 확정판결의 기판력은 확정판결에 적시된 위법사유에 한하여만 미친다 할 것이므로 과세처분권자가 그 확정판결에 적시된 위법사유를 보완하여 행한 새로운 과세처분은 확정판결에 의하여 취소된 종전의 과세처분과는 별개의 처분으로서 확정판결의 기판력에 저촉된다 할 수 없다(대법원 1992. 9. 25. 선고 92누794 판결 및 1992. 11. 24. 선고

91누10275 판결 참조).

　　원심은, 원고가 1994년도 귀속분 증여세부과처분(이하 '종전처분'이라 한다)에 대하여 제기한 서울고등법원 97구5499호 부과처분취소소송에서 이 사건 토지의 양도가 특수관계자 사이의 저가양도임은 별론으로 하고 무상양도는 아니라는 이유로 부과처분 전부의 취소를 명하여 그 판결이 대법원의 상고기각으로 확정된 사실 및 그 후 위 판시 취지에 따라 피고가 이 사건 토지의 양도가 특수관계자 사이의 저가양도에 해당한다는 이유로 다시 이 사건 증여세부과처분을 한 사실을 인정한 다음, 이 사건 처분은 확정판결에 적시된 종전처분의 위법사유를 보완하여 행한 새로운 과세처분으로서 상호 처분의 동일성이 인정되지 아니하므로 확정판결의 기속력 내지 기판력에 반하지 아니한다고 판단하였다.

　　관련 법규정과 기록에 비추어 원심의 위와 같은 판단은 정당하고 거기에 상고이유에서 주장하는 바와 같은 확정판결의 기속력 내지 기판력에 관한 법리오해의 위법이 있다고 할 수 없다.』

④ 대법원 2002. 7. 23. 선고 2000두6237 판결[부동산 임대소득에서 이자소득으로, 제4장 제5절 3. 나. (2) 참조][23]

　　『과세처분을 취소하는 확정판결의 기판력은 확정판결에 나온 위법사유에 대하여만 미치므로 과세처분권자가 확정판결에 나온 위법사유를 보완하여 한 새로운 과세처분은 확정판결에 의하여 취소된 종전의 과세처분과는 별개의 처분으로서 확정판결의 기판력에 저촉되지 아니한다(대법원 1992. 9. 25. 선고 92누794 판결 및 1992. 11. 24. 선고 91누10275 판결 참조). … 종전의 과세처분이 위법하다는 이유로 이를 취소하는 판결이 선고·확정된 후 1년 이내에 과세관청이 그 잘못을 바로 잡아 다시 과세처분을 하는 경우에는 구 국세기본법(1993. 12. 31. 법률 제4672호로 개정되기 전의 것) 제26조의2 제1항이 정한 제척기간의 적용이 없다(대법원 1996. 5. 10. 선고 93누4885 판결, 2002. 1. 5. 선고 2001두9059 판결 등 참조).』

⑤ 대법원 2015. 1. 29. 선고 2012두22126 판결(근로소득에서 기타소득으로)

　　『1. 원심은 제1심판결 이유를 인용하여 판시와 같은 사실을 인정한 다음, 피고는 이 사건 종전

---

23) 소순무, 전게서, 539면에서, 위 판결에 대하여 "처분사유의 추가, 변경이 허용되므로 소송경제나 납세자의 보호의 측면에서는 당해 소송에서 처분사유를 추가, 변경하여 처분의 적법을 유지할 수 있었음에도 불구하고 이러한 조치를 하지 아니한 채 패소 후에야 처분사유를 변경하여 재처분하는 것이 허용될 것인가의 문제이다. 예컨대 과세대상 소득이 부동산 임대소득이 아니라 이자소득이라는 이유로 종합소득세 등 부과처분이 확정판결에 의하여 전부 취소된 후 과세관청이 그 소득을 이자소득으로 보고 종전처분의 부과세액을 한도로 하여 다시 종합소득세 등 부과처분을 한 경우 그 처분은 적법한 것인가? 판례는 이 경우 재처분은 종전처분에 대한 확정판결에서 나온 위법사유를 보완하여 한 새로운 과세처분으로서 종전처분과 그 과세원인을 달리하여 확정판결의 기속력 내지 기판력에 어긋나지 아니한다고 한다(대판 2002. 7. 23. 2000두6237 판결). 동의하기 어렵다."라고 적고 있다.

처분을 취소하는 판결이 확정되자 그로부터 1년이 경과하기 전임이 역수상 명백한 2009. 5. 1. 이 사건 처분을 하였는바, 위 판결은 원고가 주식회사 비즈니스플러스의 임원 또는 사용인에 해당하지 않으므로 과세관청이 원고에 대하여 구 법인세법 시행령(2001. 12. 31. 대통령령 제17033호로 개정되기 전의 것, 이하 '구 법인세법 시행령'이라 한다) 제106조 제1항 제1호 (라)목을 적용하여 기타소득으로 처분할 수 있음은 별론으로 하고 원고를 임원 또는 사용인으로 보아 원고에 대한 사외유출 소득을 상여로 인정하여 소득처분을 할 수는 없다는 점을 지적하면서 이 사건 종전처분이 위법하다는 취지로 판시한 것이고, 이에 이 사건 처분에서는 이 사건 종전처분과 달리 원고에 대한 사외유출 소득을 구 법인세법 시행령 제106조 제1항 제1호 (라)목에 따라 기타소득으로 처분하여 종합소득세를 산정하였으므로, 이 사건 처분은 확정된 위 판결의 취지에 따른 처분으로서 구 국세기본법(2010. 1. 1. 법률 제9911호로 개정되기 전의 것, 이하 '구 국세기본법'이라 한다) 제26조의2 제2항 제1호 소정의 제척기간 내의 처분에 해당한다고 판단하였다.

관련 법리에 비추어 기록을 살펴보면, 원심의 위와 같은 판단은 수긍할 수 있고, 거기에 구 국세기본법 제26조의2 제2항 소정의 특례제척기간에 관한 법리오해나 판례위반의 잘못이 없다.』

(4) 종합적 분석

대법원 판결에 의하면 기판력은 '확정판결에 적시된 위법사유' 또는 '확정판결에 나온 위법사유'에 한해서만 생긴다는 것이다. 즉 취소소송에 있어 사실상 심리·판단의 대상이 된 부분에 한하여 기판력이 생기고, 만약 사실상 심리·판단의 대상이 되지 않았다면 그 부분에는 기판력이 발생하지 아니함을 확인하고 있다.

위 5개 판결의 사안을 분석한다.

증여세 부과처분에 있어 과세가액의 평가방법에 오류가 있는 경우(보충적 평가방법에서 시가로), 양도소득세 부과처분에 있어 양도차익 산정에 오류가 있는 경우(실지거래가액에서 기준시가로), 증여세 부과처분에 있어 증여의 태양을 달리하는 경우(무상양도에서 저가양도로), 종합소득세 부과처분에 있어 소득의 태양(성질)을 달리하는 경우(부동산 임대소득에서 이자소득으로, 또는 근로소득에서 기타소득으로)이다. 즉 평가방법 선택상의 오류 또는 종합소득을 구성하는 소득항목 파악상의 오류가 있는 경우이다.

여기서 사안에 존재하는 각 그 해당 대립적인 2가지 요소인 보충적 평가방법과 시가, 실지거래가액과 기준시가, 무상양도와 저가양도, 부동산 임대소득과 이자소득, 근로소득과 기타소득 등은 상호 '논리법칙상 양립할 수 없는 배타적인 관계'에 있거나 이에 준하는 관계에 있고, 법원으로서는 당초처분에 이 같은 오류가 있음을 발견하였을 때에 오류시정을 위하여 세액을 직접 계산하는 것도 어렵다. 이 경우 법원과 과세관청 사이의 업무분담 또는 법원의 업무부담의 경감의 견지에서 기술적으로 사실관계를 조사하면서 세액계산을 하는데 보다 더 익숙한 과세관청에게 그 업무를 맡기는 것이 바람직하다.[24] 법원에 제출한 자료에 의하여도 정당한 세액의 산출에 접근할 수 없는 경우라면, 법원은 부득이 부과처분 전부를 취소할 수밖에 없다. 그 경우 법원이 직권에 의하여 적극적으로 합리적이고 타당성 있는 산정방법을 찾아내어 정당한 부과세액을 직접 계산할 의무까지 지는 것은 아니기 때문이다.[25] 다만 법원으로서는 사안규명의무 및 사안의 성숙성 도출의무, 본안종국판결의무 사이에서 조화를 이루도록 노력하여야 할 것이다.

이러한 사유가 있는 경우 – 논리법칙상 양립할 수 없는 배타적인 관계이거나 이에 준하는 관계로서 종국판결에 담을 세액계산이 어려운 경우 – 대법원은 사실심 법원의 본안종국판결의무를 경감시켜 법원으로 하여금 일부 하자를 이유로 부과처분 전부를 취소하는 것을 허용하되, 이 경우 과세관청이 정당한 세액계산을 하여 새로운 부과처분을 할 수 있다고 하면서, 그 부과처분은 기판력에 저촉하지 않는다는 표현을 사용하고 있다.

한편, 위 사안 전부가 국세기본법 제26조의2 제6항(종전 제2항)의 '판결 등에 따른 경정'이 적용되는 사안임을 간과하여서는 안 된다. 판결 중 "그 위법사유를 보완하여 행한 새로운 처분은 종전의 처분과는 별개의 처분으로서 확정판결의 기판력에 저촉하지 않는다."는 의미[26]는 오히려 '판결 등에 따른 경정'의 특례제척기간의 적용을 긍정함에 있다 할 것이다.

즉 판결 중 ①, ②, ③의 판시이유와 ④, ⑤의 그것을 비교하고, 나아가 ④와 ⑤의 그것을 비교할 필요가 있다. ④의 판결에서는 기판력을 설시함과 동시에 국세기본법 제26조의2 제1항의 제척기간의 적용배제만을 언급하면서 같은 조 제2항의 특례제척기간의 적용문제는 간접

---

24) 박정훈, 전게서, 467면에서, "위 판례들의 사안에서는 이와 같이 법원이 직접 정당한 세액을 조사하는 것이 심리범위를 벗어나기 때문에 과세처분을 전부 취소할 수밖에 없었다. 따라서 위 재량처분의 경우와 마찬가지로 그 전부 취소가 다시는 당해 과세단위에 대하여 과세처분을 하지 말라는 것이 아니라, 행정청이 재차 적법한 방법으로 정당한 세액을 산출하여 재처분할 것이 이미 그 판결이유에 예상되어 있다고 할 것이다."라고 적고 있다.

25) 서울행정법원, 조세소송실무(2016), 164면 이하에서, 세액계산이 불가능한 경우 예외적으로 전부취소를 하여야 한다면서, "법원에 제출한 모든 자료에 의하여도 정당한 세액이 산출되지 않는 경우라면, 법원은 과세관청이 아니므로 부득이 과세처분 전부를 취소할 수밖에 없고, 그 경우 법원이 직권에 의하여 적극적으로 합리적이고 타당성 있는 산정방법을 찾아내어 정당한 부과세액을 계산할 의무까지 지는 것은 아니다. 따라서 이와 같은 경우는 전부 취소 주문이 불가피하다, 예를 들자면 ① 건물 중 일부가 종합토지세 면제대상이고, 일부가 과세대상인 경우 기록에 의하여도 면제대상 건물면적이 특정되지 않는 경우, ② 과세관청이 상속재산의 가액평가를 그르쳤고, 기록에도 상속재산에 대한 적법한 가액평가의 자료가 없는 경우, ③ 납세의무자의 소득이 이자소득이라고 하여 과세된 경우에 그것이 이자소득이 아니라 과세표준이 다른 사업소득이라 하여 당해 과세처분이 위법한 것으로 판단된 경우 등은 처분 전부를 취소하여야 하는 경우로 볼 수 있다."라고 적고 있다.

26) 박정훈, 전게서, 469면에서, "우리 판례·통설이 소송물에 관한 판단은 제쳐두고 오직 판결이유에서 적시된 위법사유만을 기준으로 함으로 말미암아, 앞서 지적한 바와 같이, 어떤 위법사유이든지 이를 사후에 보완하면 재처분을 할 수 있다는 식으로 오해·남용될 위험이 크다. 뿐만 아니라 기판력과 기속력의 범위, 처분사유의 추가·변경의 범위, 소송계속의 범위가 서로 일치하지 아니하여 혼란을 초래하며 그 범위 결정이 자의적인 것이 아닌가 하는 의심까지 들게 한다."라고 적고 있다.

적으로 언급하고 있다. 그러나 ⑤의 판결에서는 기판력을 논함이 없이 국세기본법 제26조의2 제6항(종전 제2항)의 적용만을 판단하고 있다.

결론적으로, 위 사안 등에서 문제되는 것은 기판력의 범위가 아니라 '판결 등에 따른 경정'의 적용범위에 관한 것이다. 그 적용범위를 예외적인 경우까지로 확대할 것인지 여부 및 확대한다면 어느 범위까지 확대할 것인지를 명확히 하는 것이 경정법체계를 바로잡는 급선무이다. 대법원이 기판력에 저촉하지 않는다는 표현을 사용함으로써 마치 기판력의 범위 문제가 본질인 것처럼 보이게 한 점도 없지 아니하다. 그러나 판시취지의 진정한 의미는 '판결 등에 따른 경정'의 적용범위를 명백히 하면서 단지 방론으로 이 같은 표현을 한 것에 불과하다. 비록 방론에서의 표현이지만 대법원은 기판력의 범위를 '판단된 범위'로 좁게 보고 있음은 틀림없다. 대법원이 기판력의 범위를 이렇게 좁게 봄으로써, 결과적으로 기판력이 조세실체법상의 경정법체계 사이에서 충돌함이 없이 자연스럽게 조화를 이루도록 하였다는 점을 인정하여야 한다.

(5) 절차적 위법과 대법원 판결상의 기판력 범위

대법원 1992. 5. 26. 선고 91누5242 판결

『행정처분의 절차 또는 형식에 위법이 있어 행정처분을 취소하는 판결이 확정되었을 때는 그 확정판결의 기판력은 거기에 적시된 절차 및 형식의 위법사유에 한하여 미치는 것이므로 행정관청은 그 위법사유를 보완하여 다시 새로운 행정처분을 할 수 있고 그 새로운 행정처분은 확정판결에 의하여 취소된 종전의 행정처분과는 별개의 처분이라 할 것이어서 종전의 처분과 중복된 행정처분이 아니라 할 것인바(대법원 1987. 2. 10. 선고 86누91 판결; 1987. 12. 8. 선고 87누382 판결 참조), 원심이 적법하게 확정한 바와 같이 원고의 합승행위에 대한 과징금부과처분이 소정의 청문절차를 거치지 아니하였다는 이유로 취소확정되었을지라도 피고가 그 청문절차 미이행이라는 절차를 갖추어 다시 이 사건 과징금부과처분을 한 것이라면 이 사건 처분을 종전의 처분과 중복된 처분이라 할 수 없다.』

절차적 위법을 이유로 부과처분 전부가 취소된 경우 기판력은 판단된 구체적 위법사유에만 미치므로 절차적 위법을 보완하여 재처분을 할 수 있다는 것이다.

절차적 위법 내지 하자(납세고지 절차상의 하자)를 가진 부과처분이 이를 이유로 판결로 취소된 경우, 제척기간이 지났다 하더라도 국세기본법 제26조의2 제6항 제1호의 특례제척기간에 터잡아 과세관청이 판결확정일부터 1년 이내에 절차를 보완하여 새로운 부과처분을 할 수 있다[대법원 1996. 5. 10. 선고 93누4885 판결, 제4장 제5절 4. 나. (1) 참조].

라. 특수한 예와 기판력 사이의 충돌

(1) 어떤 소득이 #1, #2 중 어느 과세연도에 귀속하는 것인지에 관하여 견해대립이 있고, 논리적으로 그중 하나가 귀속시기일 수밖에 없는 사안을 본다. 선행소송에서 과세관청은 #1을 귀속시기로 삼아 부과처분을 하였으나 법원은 #2를 귀속시기로 보아야 한다는 이유로 #1을 귀속시기로 본 부과처분을 취소하였고 그 판결이 확정되었다(선행 확정판결). 과세관청은 국세기본법 제26조의2 제6항 제1의2호에 근거하여 #2를 귀속시기로 한 부과처분을 하였다. 그런데 다른 법원이 종전 판결과 견해를 달리하여 #2을 귀속시기로 볼 수 없다면서 그 부과처분을 취소하였고 그 판결이 확정되었다(후행 확정판결).

(2) 이 경우 과세관청은 후행 확정판결에 기하여 '판결 등에 따른 경정' 조항에 기하여 다시 #1을 귀속시기로 한 부과처분을 할 수 있는가?

두 판결은 서로 양립할 수 없는 내용의 것으로서 서로 대립하고 있다. 선행 확정판결은 #1이 귀속시기라 아니라는 점에서, 후행 확정판결은 #2가 귀속시기가 아니라는 점에서 서로 저촉하고 있다. 두 판결 중 하나는 잘못된 판결이다. 견해의 대립이 있을 수 있다.

(ⅰ) 국세기본법 제26조의2 제6항 제1의2호에 따라 행정청은 후행 확정판결에 따라 '판결 등에 따른 경정'을 할 수 있다는 견해이다.[27] 선행 확정판결의 기판력의 제한이 수반되나 과세관청으로 하여금 '판결 등에 따른 경정'에 기하여 과세를 할 수 있도록 함으로써 비로소 법적 평화가 이루어진다는 것이다.

(ⅱ) 국세기본법 제26조의2 제6항 제1의2호에 따라 '판결 등에 따른 경정'을 할 수 없다는 견해이다.[28] 두 판결 중 어느 하나는 잘못된 판결이라 하더라도 기판력을 모두 존중함으로써 법적 평화가 이루어진다는 것이다. 후행 확정판결에 따라 '판결 등에 따른 경정'을 할 수 없는 이상, 결과적으로 어느 귀속시기에 대하여도 부과처분을 할 수 없다는 결론에 이르게 된다.

후자의 견해가 설득력이 있다.

(3) 사안을 바꾸어 본다. 과세관청은 #1을 귀속시기로 삼아 부과처분을 하였으나 조세심판원이 #1이 아니라 #2를 귀속시기로 보아야 한다는 이유로 #1을 귀속시기로 본 부과처분을 취소하는 심판을 하여 확정되었다. 과세관청은 판결 등에 따른 경정에 따라 #2를 귀속시기로 한 부과처분을 하였다. 법원이 견해를 달리하여 #1을 귀속시기로 보아야 한다는 이유로 #2를 귀속시기로 본 부과처분을 취소하였고 그 판결은 확정되었다.

조세심판원 재결의 효력과 판결의 기판력을 대등한 것으로 취급하여야 하는지 여부가 문제된다. 뒤에서 보는 바와 같이 재결의 실질적 존속력은 기판력에 버금가는 효력으로서 대등한 효력을 가진다. 그렇다면 위 (2)에서 본 바와 같이 견해대립이 있을 수 있으나 마찬가지 이

---

27) 독일 판례(BFH Ⅴ R 23/02, BStBl Ⅱ 2004, 763)에 의하면 이 견해를 취하고 있다.
28) 독일 판례 중에는 이 견해(BFH Ⅳ R 3/11, BFH/NV 2012, 779)를 취한 것도 있다.

유로 후자의 견해를 따른다. '휴바이론 사건'에서 다시 본다.

마. 국세기본법 제22조의3의 적용과 기판력

국세기본법 제22조의3이 비독립적·소극적 경정조항임은 뒤에서 보는 바와 같다(제1장 제7절 6. 참조). 다른 경정규정과는 달리 정의공평의 원칙에 터잡은 것으로서 거듭 적용될 수 있다.

예를 든다. 특정 과세연도의 종합소득을 신고하지 않아 과세관청이 부과처분을 하였으나 다투지 않아 확정되었다. 납세자는 그 부과처분에 경비 1,000만 원이 공제되지 않았음을 발견했으나 다툴 길이 없었다. 그 후 과세관청이 700만 원 상당의 수입금이 누락되었음을 발견하고 증액경정을 하였는데 납세자는 불복쟁송에서 국세기본법 제22조의3에 기하여 경비 1,000만 원의 공제를 주장하여 승소하였다. 그런데 과세관청이 그 후 500만 원 상당의 다른 수입금이 누락되었음을 발견하고 증액재경정을 하였다.

이 경우 납세자는 증액재경정에 불복하면서 전 소송에서 공제하지 못하고 남은 경비 300만 원을 누락된 수입금 500만 원에서 공제하여 줄 것을 주장할 수 있다. 국세기본법 제22조의3의 적용을 거듭 주장하더라도 기판력에 저촉되지 않는다. 결국 증액재경정으로 인정되는 세액 부분은 누락된 수입금 중 200만 원(= 500만 원 – 300만 원)에 상응하는 부분이다.

6. 무효확인소송과 기판력

(1) 대법원 1992. 2. 25. 선고 91누6108 판결[29]

『원심은 이 사건과 같은 과세처분무효확인소송의 경우 소송물은 권리 또는 법률관계의 존부 확인을 구하는 것이며, 이는 청구취지만으로 소송물의 동일성이 특정된다고 할 것이고 따라서 당사자가 청구원인에서 무효사유로 내세운 개개의 주장은 공격방어방법에 불과하다고 볼 것이며, 한편 확정된 종국판결은 그 기판력으로서 당사자가 사실심의 변론종결시를 기준으로 그 때까지 제출하지 않은 공격방어방법은 그 뒤 다시 동일한 소송을 제기하여 이를 주장할 수 없는 것인바, 이 사건의 경우 원고는 당초 소외 극동개발주식회사로부터 이 사건 부동산을 증여받은 점은 인정하는 전제하에 그러나 이는 조세회피의 목적이 없다는 이유로 이 사건 과세처분의 무효확인을 구하는 소송을 제기하였다가 패소확정판결이 있은 후, 다시 이 사건 소를 제기하면서 이제는 원고가 위 부동산을 취득할 때 위 회사는 아직 설립되지 아니하여 존재하지도 아니하였으므로 따라서 위 회사가 원고에게 위 부동산을 증여할 수는 없는 것이므로 원고가 위 회사로부터 위 부동산을 증여받지 아니하였다고 주장하면서 위 과세처분의 무효확인을 구하고 있으나, 위의 양 소송은 본질적으로 과세처분이 위법하여 무효확인을 구한다는 점에서는 동일하고 다만 그 무효를 주장하는 개개의 공격방어방법에

---

29) 이시윤, 전게서, 230면에서, 이 판결이 '청구취지 일분지설'을 정면으로 받아들였다고 한다.

차이가 있을 뿐이라고 할 것이므로, 따라서 위 확정판결 이후 다시 동일한 당사자를 상대로 제기한 원고의 이 사건 소는 위 확정판결의 기판력에 저촉될 뿐만 아니라, 설립중의 회사도 권리능력 없는 사단으로서 증여 등의 법률행위를 할 수 있는 것이므로 법인설립등기가 되기 전의 증여를 인정하였다고 하여 중대하고 명백한 하자가 있다고 볼 수도 없어, 원고의 주장은 어느 모로 보나 이유가 없는 것이라고 판단하였다. 관계 법령의 규정내용에 비추어 볼 때, 원심의 위와 같은 판단에 소론과 같이 과세처분 무효확인소송에 있어서의 기판력에 관한 법리를 오해한 위법이 있다고 볼 수 없으므로(당원 1988. 6. 28. 선고 87누1009 판결 참조), 논지는 이유가 없다.』

(2) 위 판시취지처럼 취소소송에서의 기판력의 범위와 무효확인소송에서의 기판력의 범위가 다르다. 부과처분 취소소송에서 청구기각된 판결의 기판력은 그 부과처분의 무효확인을 구하는 후소에 미친다(대법원 1996. 6. 25. 선고 95누1880 판결).

7. 전심기관 결정의 효력과 경정(청구)과의 관계

가. 전심기관 결정의 효력

(1) 불가쟁력(형식적 존속력)

전심기관인 재결청의 결정인 재결에 대하여, 다음 심급에의 불복청구를 불복기간 내에 하지 않거나 제소기간 내에 소송을 제기하지 않으면 그 결정은 형식적으로 확정된다. 결정이 확정되면 당연무효가 아닌 한 조세채무자는 그 효력을 다툴 수 없다. 이러한 형식적 효력도 부과처분과 마찬가지로 불가쟁력(형식적 존속력)이라 부를 수 있다.

(2) 실질적 존속력(불가변력)

재결이 형식적으로 확정되면 실질적 존속력(제1장 제5절 2. 아. 참조)이 발생한다. 불가변력30)이라고도 한다. 여기서는 실질적 존속력이라고 부른다. 재결이 확정되면 원칙적으로 전심기관에 의하여도 취소되거나 철회될 수 없고 재결의 규율내용에 따라 당사자의 법적 지위가 확정되어 그대로 존속한다. 과세관청이나 납세자 모두 그 규율내용에 구속된다. 부과처분과 본질적으로 다르다.

나. 실질적 존속력과 기판력

(1) 재결은 판결이 아니므로 기판력을 가질 수 없다. 준사법적 판단이라 할 수 있는 재결

---

30) 소순무, 전게서, 198면 이하에서, "재결은 행정처분이기는 하지만 본질상 쟁송절차를 통한 준재판(準裁判)이라 할 수 있으므로 재결은 일반 행정처분과는 달리 재심 기타 특별한 규정에 없는 한 설사 하자가 있다고 하더라도 재결청이 스스로 취소·변경할 수 없게 된다. 이를 불가변력 또는 내용적 확정력이라고 한다."라고 적고 있다.

이 형식적으로 확정되었을 때 발생하는 실질적 존속력은 판결의 기판력과 사실상 동일한 효력을 가진 것으로 보아야 한다.

대법원 1972. 2. 29. 선고 71누110 판결

『원판결 이유에 의하면 원심은 원고의 청구를 인용하는 이유로서 재결행정청인 광주지방국세청장이 한 원판시 취소결정은 당해 행정청 및 처분청인 피고를 기속하는 것이고 그 결정에 따라 피고가 한 원판시 증여세 부과처분의 취소는 확정적으로 그 효력이 당사자에게 미치게 되어 원판시 ㅇㅇㅇ은 원판시와 같은 원인으로는 다시 납세의무를 부담하지 아니하게 되었으며 이후 재결행정청인 광주지방국세청이나 피고는 그에 어긋나는 어떤 결정이나 처분을 할 수 없고 피고가 감사원의 지시에 따라 ㅇㅇㅇ에게 다시 증여세 부과처분을 하였다 하더라도 이는 무효라 할 것이고 상속세법 제31조 제3항에 의하여 증여를 받은 자는 증여세를 납부할 의무를 지되 다만 증여자는 증여를 받은 자의 납부할 증여세에 대하여 연대납부의 책임을 진다고 규정하고 있음으로 원고가 증여자라고 하더라도 이는 증여를 받은 자의 납세의무가 확정된 뒤에 이를 연대하여 납부할 책임이 있다는 것에 지나지 아니하는 것이고 주된 납세의무자인 증여를 받은 자에게 납세의무가 부과되어 있지 않거나 부과된 납세의무가 확정적으로 취소되어 버렸다면 증여자도 이에 따라서 이를 납부할 아무런 책임이 없다 할 것이니 앞서 설명한 바와 같이 증여를 받은 자라는 ㅇㅇㅇ에 대한 증여세 부과처분이 심사청구에 대한 결정으로 취소되고 이에 따라 피고가 그 부과처분을 취소해버린 이상 그 후의 일련의 사정에 의하여 피고가 위 결정에 어긋나게 다시 부과처분을 한 것은 무효임이 앞서 설명한바와 같음으로 원고에게도 확정적으로 그 납세책임이 소멸된다고 할 것으로서 피고의 원고에 대한 이 사건 증여세 부과처분 역시 무효의 것이라고 볼 수밖에 없다고 정당하게 판단하고 있음으로 이를 근거 없이 논란하는 상고논지는 채용할 수 없다.』

비록 '기속력'에 관한 설시부분을 담고 있으나 주요 부분은 "그 결정에 따라 피고가 한 원판시 증여세 부과처분의 취소는 확정적으로 그 효력이 당사자에게 미치게 되어 원판시 ㅇㅇㅇ은 원판시와 같은 원인으로는 다시 납세의무를 부담하지 아니하게 되었으며"라는 부분이다. 이는 재결이 확정되면 '납세의무를 부담하지 아니한다'(= 조세채무가 존재하지 않는다)는 법적 지위가 확정되어 존속한다는 의미의 '실질적 존속력'으로 이해되어야 한다. 실질적 존속력은 조세채무자 및 과세관청 쌍방 모두를 구속한다.

(2) 재결의 실질적 존속력은 기판력에 버금가는 것으로 동일한 효력을 가진다(제1장 제5절 2. 사. 참조). 기판력에 관한 앞서 본 모든 설명은 재결의 실질적 존속력에도 원칙적으로 타당하다. 다만 기판력과 실질적 존속력을 어떻게 구별하고 어떤 점에서 다른 취급을 할 것인지는 앞으로 연구가 더 필요하다.

(3) 재결에서 심판청구가 기각된 후 세액의 탈루가 있다는 이유로 과세관청이 증액경정을 한 사안에 대한 대법원 1992. 7. 14. 선고 92누893 판결을 본다.

『국세심판소장이 과세처분에 불복하는 심판청구를 기각하였다고 하여도 그 후에도 위 심판결정이유에서 판단된 내용에 의하여 또는 그 밖의 사유로 과세표준과 세액에 탈루 또는 오류가 있는 것이 발견된 때에는 과세권이 소멸시효에 걸리지 않는 한 과세관청은 언제든지 이를 경정결정할 수 있다 할 것이며 이 경정결정된 과세처분에 의한 과세액이 국세심판소장의 심판청구기각결정에 의하여 유지된 당초의 과세처분의 과세액보다 많다 하여 이를 가리켜 국세기본법 제80조에서 규정한 국세심판결정이 가지는 관계행정청을 기속하는 효력에 어긋나는 처분이라고 할 수 없다.』

심판청구가 기각된 후, 위 심판 결정이유에서 판단된 내용에 의하여, 또는 그 밖의 사유로 과세표준과 세액에 탈루 또는 오류가 있는 것이 발견된 경우, 제척기간이 지나지 아니한 이상 언제든지 증액경정을 할 수 있다는 취지이다. 위 청구기각결정 후 탈루소득 등에 대한 증액경정의 가능 여부는 앞서 본 '기판력 비저촉설'과 동일한 평면에서 이해되어야 한다.

다. 재결의 기속력

(1) 국세기본법 제80조(결정의 효력)

『① 제81조에서 준용하는 제65조에 따른 결정은 관계 행정청을 기속한다.
② 심판청구에 대한 결정이 있으면 해당 행정청은 결정의 취지에 따라 즉시 필요한 처분을 하여야 한다.』

(2) 재결에서의 기속력과 실질적 존속력

뒤에서 보는 대법원 2016. 10. 27. 선고 2016두42999 판결(휴바이론 사건)과 같이, 대법원은 국세기본법 제80조 등에 터잡아 "과세처분에 관한 불복절차에서 그 불복사유가 옳다고 인정하고 이에 따라 필요한 처분을 하였을 경우에는 불복제도와 이에 따른 시정방법을 인정하고 있는 위 법 규정의 취지에 비추어 동일 사항에 관하여 특별한 사유 없이 이를 번복하고 다시 종전의 처분을 되풀이할 수는 없다."는 법리를 기속력에서 이끌어내고 있다.

그러나 앞서 본 바와 같이 확정판결의 '동일처분의 반복금지효'를 기판력으로 이해하여야 하듯이, 확정된 재결의 '동일처분의 반복금지효'도 기속력이 아닌 실질적 존속력으로 이해함이 수미일관한 태도이다.

실질적 존속력이라는 개념을 받아들여야 하는 이상 실질적 존속력이 그 기능을 발휘할 수 있도록 운용하여야 한다. 기속력으로 실질적 존속력을 대체할 수 없다. 실질적 존속력이 기속력보다 본질적인 효력이기 때문이다. 대법원 1972. 2. 29. 선고 71누110 판결에서의 기속력도 실질적 존속력으로 이해되어야 함은 앞서 본 바와 같다.

그렇다면 기판력과 기속력의 구별에서 본 바와 같이, 이와 평행되게, 국세기본법 제80조상의 기속력에는 실질적 존속력을 제외한 나머지 효력만을 가르킨다. 이는 적극적 처분의무(심판청구에 대한 결정이 있으면 해당 행정청은 결정의 취지에 따라 즉시 필요한 처분을 할 의무), 원상회복의무, 부정합처분의 취소의무 등으로 구성된다. 심판결정의 취지에 따라 즉시 필요한 처분을 할 의무라 함은 경정결정에 따를 의무와 재조사결정에 따를 의무로 나누어진다.

(3) 실질적 존속력과 동일처분의 반복금지효

대법원 2019. 1. 31. 선고 2017두75873 판결

『1. 구 국세기본법(2016. 12. 20. 법률 제14382호로 개정되기 전의 것)은 제81조에서 심판청구에 관하여는 심사청구에 관한 제65조를 준용한다고 규정하고, 제80조 제1항, 제2항에서 심판청구에 대한 결정의 효력에 관하여 제81조에서 준용하는 제65조에 따른 결정은 관계 행정청을 기속하고, 심판청구에 대한 결정이 있으면 해당 행정청은 결정의 취지에 따라 즉시 필요한 처분을 하여야 한다고 규정하고 있으며, 제65조 제1항 제3호에서 심사청구가 이유 있다고 인정될 때에는 그 청구의 대상이 된 처분의 취소·경정 결정을 하거나 필요한 처분의 결정을 한다고 규정하고 있다. 과세처분에 관한 불복절차에서 그 불복사유가 옳다고 인정하고 이에 따라 필요한 처분을 하였을 경우에는 불복제도와 이에 따른 시정방법을 인정하고 있는 위 법 규정의 취지에 비추어 동일 사항에 관하여 특별한 사유 없이 이를 번복하고 다시 종전의 처분을 되풀이할 수는 없다(대법원 2016. 10. 27. 선고 2016두42999 판결 등 참조).

2. 원심판결 이유와 기록에 의하면 다음과 같은 사실을 알 수 있다.

가. 원고는 2009. 10. 19. 벤처기업육성에 관한 특별조치법 제25조에 의하여 기술보증기금으로부터 벤처기업임을 최초로 확인받은 후(유효기간: 2009. 10. 19. ~ 2010. 10. 18.), 2010. 10. 18.(유효기간: 2009. 10. 19. ~ 2011. 10. 18.), 2011. 10. 17.(유효기간: 2011. 10. 19. ~ 2013. 10. 18.), 2012. 6. 19.(유효기간: 2012. 6. 19. ~ 2014. 6. 18.), 2014. 6. 19.(유효기간: 2014. 6. 19. ~ 2016. 6. 18.) 추가로 확인을 받았다.

나. 원고는 2014. 3. 31. 창업중소기업 등에 대한 세액감면을 규정하고 있는 구 조세특례제한법(2014. 1. 1. 법률 제12173호로 개정되기 전의 것) 제6조 제2항(이하 '이 사건 조항'이라 한다)에 따른 '창업벤처중소기업'에 해당한다는 이유로 2013 사업연도 귀속 법인세 2,164,284,254원의 감면신청을 피고에게 하면서, 이를 공제한 나머지 법인세 2,410,056,416원을 신고·납부하였다.

다. 피고는 2014. 7. 15. 원고가 2013 사업연도에 창업벤처중소기업이 아니라는 이유로 원고에게 법인세 2,233,108,490원(납부불성실가산세 68,824,239원 포함)을 경정·고지하는 이 사건 종전 처분을 하였다.

라. 이에 불복하여 원고는 이 사건 조항에 따른 세액감면대상에 해당한다면서 2014. 10. 7. 조세심판원에 심판청구를 하였다. 조세심판원은 2015. 2. 25. 원고가 2013 사업연도에 창업벤처중소기업에 해당하여 이 사건 조항에 따른 세액감면이 적용되어야 한다는 이유로 원고의 심판청구를 받아들여 이 사건 종전 처분을 취소하는 결정을 하였다.

마. 그 후 피고는, 원고의 경우 창업중소기업 등에 대한 세액감면기한이 2012 사업연도까지이

므로 2013 사업연도 귀속 법인세는 이 사건 조항에 따른 세액감면대상이 될 수 없다는 서울지방국세청의 감사지적에 따라, 2016. 5. 4. 원고에 대하여 2013 사업연도 법인세 2,660,987,490원(납부불성실가산세 496,703,236원 포함)을 경정·고지하는 이 사건 재처분을 하였다.

　바. 이에 대하여 원고가 제기한 심판청구에서 조세심판원이 2016. 12. 28. '이 사건 재처분에서 납부불성실가산세 427,879,000원을 제외하는 것으로 하여 그 세액을 경정하고 나머지 심판청구는 기각한다'라고 결정하자(이하 이 사건 재처분 중 납부불성실가산세 427,879,000원을 제외한 나머지 세액을 '이 사건 처분'이라 한다), 원고는 이 사건 처분의 취소를 구하는 이 사건 소를 제기하였다.

　3. 가. 이러한 사실관계를 통하여 다음과 같은 사정을 알 수 있다. 즉, ① 원고는 이 사건 조항에 따라 세액감면 대상에 해당함을 이유로 세액감면을 신청하였으나 이 사건 종전 처분이 이루어짐에 따라 조세심판원에 동일한 사유를 들어 심판청구를 제기하였다. ② 조세심판원은 이 사건 종전 처분에 대한 원고의 심판청구 사유가 이유 있어 원고가 창업벤처중소기업에 해당하므로, 이 사건 조항에 따른 세액감면이 적용되어야 한다는 이유로 이 사건 종전 처분을 취소하였다. ③ 그런데도 피고는 세액감면의 원인이 되는 이 사건 조항의 적용 여부에 관하여 기초가 되는 사정에 아무런 변경이 없음에도, 서울지방국세청의 감사지적만을 내세워 원고에게 이 사건 조항을 적용하여 세액감면을 할 수 없다는 이유를 들어 이 사건 처분을 하였다. 위와 같은 사정을 앞서 본 법리에 비추어 살펴보면, 이 사건 처분은 이 사건 종전 처분에 대한 조세심판절차에서 원고의 심판청구 사유가 옳다고 인정하여 이 사건 종전 처분을 취소하였음에도, 동일 사항에 관하여 특별한 사유 없이 이를 번복하고 종전의 처분을 되풀이한 것에 불과하므로 위법하다.

　나. 따라서 원심이 그 판시와 같은 이유만으로, 이 사건 처분이 이 사건 종전 처분에 관한 재결의 기속력에 반하지 않는다는 등의 잘못된 전제 아래 이 사건 처분이 적법하다고 판단하고 말았으니, 이러한 원심의 판단에는 심판청구에 대한 결정의 효력에 관한 법리 등을 오해하여 판결에 영향을 미친 잘못이 있다. 이를 지적하는 상고이유 주장은 이유 있다.』

위 판결에 의하면 재결의 기속력에서 동일처분 반복금지효가 나온다는 취지이다. 그러나 판결에 있어 기판력과 기속력을 구별하여야 하고 동일처분의 반복금지효를 기속력이 아닌 기판력으로 보아야 하는 이상, 재결에 있어서도 판결의 효력과 동일하게 실질적 존속력과 기속력을 구별하여야 하고 동일처분의 반복금지효도 실질적 존속력에서 발생한다고 보아야 함은 앞서 본 바와 같다.

면제대상인지 여부가 쟁점이 되어 심리결과 면제대상임을 인정하여 조세채무가 존재하지 아니함을 확인한 것과 면제대상에 해당하나 쟁점 과세기간에는 그 감면기간이 종료하여 조세채무가 면제되지 않고 존재한다고 주장하는 것은 동일한 사정에 기한 것으로서 후자는 전자에 관한 재결의 실질적 존속력의 사정거리에 든다는 것이다. 두 처분사유가 완전히 동일한 것은 아니더라도 조세채무의 면제 여부를 둘러싸고 상호 밀접한 견련관계가 존재하는 이상 동일사정으로 못 볼 바 아니라는 취지로도 읽혀진다.

다만 기판력과 동일한 평면에서, 재결에도 실질적 존속력의 객관적 범위를 '판단된 범위' 내로 좁게 새긴다면 대법원의 결론에 의문이 없는 것도 아니나 조세채무가 부존재한다는 것에 관한 밀접한 견련관계가 존재한다는 점에서 동일한 사실관계에서 동일처분을 반복한 것으로 봄이 타당하다 할 것이다.

라. 재결의 실질적 존속력과 경정규정과의 관계

(1) 판결의 기판력에 관하여 설명한 내용은 재결의 실질적 존속력에 대하여도 원칙적으로 타당한 것임은 앞서 본 바와 같다. 한편으로 조세실체법적 규정에서 경정청구나 경정을 허용하면서 다른 한편으로 기판력으로 이러한 경정청구나 경정을 제한하는 것이 모순이듯이, 조세실체법적 규정에서 경정청구나 경정을 허용하는 이상 재결의 실질적 존속력으로 경정청구나 경정을 제한할 수 없다.

특히 국세기본법 제26조의2 제6항 제1호(1의2호 포함) 소정의 '판결 등에 따른 경정' 중 전심기관의 재결에 따른 경정에는 다음의 점에 유의하여야 한다. 전심기관의 재결 가운데에는 경정결정과 재조사결정이 있고, '판결 등에 따른 경정'의 실정법상의 의무를 이행하는 과정에서 후행경정절차를 가능케 하는 것이다.

(2) 대법원 2001. 9. 14. 선고 99두3324 판결

국세심판소가 소득처분에 따른 의제소득(갑종근로소득)에 대한 원천징수처분을 취소하자 과세관청이 현실귀속소득으로 보고 이에 대한 원천징수처분을 다시 한 경우 그 처분은 국세심판소의 재결의 취지에 따라 그 재결에 적시된 위법사유를 시정·보완하여 한 새로운 부과처분으로서 재결의 기속력에 반하지 않는다는 취지로 판시하고 있다.

위 판결을 다음과 같이 이해하고자 한다.

(ⅰ) 위 판결에서 말하는 기속력은 실질적 존속력을 말한다.

(ⅱ) 기판력과 평행되게 실질적 존속력의 객관적 범위도 재결의 주문 중 '판단된 범위' 내에서만 발생하므로 다른 사유로 재처분을 하더라도 재결의 실질적 존속력에 반하지 않는다.

(ⅲ) '소득처분에 따른 의제소득'과 '현실귀속의 소득'은 논리법칙상 양립할 수 없는 배타적 관계이거나 이에 준하는 경우로 국세기본법 제26조의2 제6항 제1호에서 규정하고 있는 '판결 등에 따른 경정'이 허용되어야 한다.

(3) 대법원 2016. 10. 27. 선고 2016두42999 판결(휴바이론 사건)

『1. 구 국세기본법(2013. 1. 1. 법률 제11604호로 개정되기 전의 것)은 제81조에서 심판청구에 관하여는 심사청구에 관한 제65조를 준용한다고 규정하고, 제80조 제1항, 제2항에서 심판청구에

대한 결정의 효력에 관하여 제81조에서 준용하는 제65조에 따른 결정은 관계 행정청을 기속하고, 심판청구에 대한 결정이 있으면 해당 행정청은 결정의 취지에 따라 즉시 필요한 처분을 하여야 한다고 규정하고 있으며, 제65조 제1항 제3호에서 심사청구가 이유 있다고 인정될 때에는 그 청구의 대상이 된 처분의 취소·경정 결정을 하거나 필요한 처분의 결정을 한다고 규정하고 있다.

과세처분에 관한 불복절차에서 그 불복사유가 옳다고 인정하고 이에 따라 필요한 처분을 하였을 경우에는 불복제도와 이에 따른 시정방법을 인정하고 있는 위 법 규정의 취지에 비추어 동일 사항에 관하여 특별한 사유 없이 이를 번복하고 다시 종전의 처분을 되풀이할 수는 없다(대법원 1983. 7. 26. 선고 82누63 판결, 대법원 2014. 7. 24. 선고 2011두14227 판결 등 참조).

2. 원심판결 이유와 기록에 의하면 다음의 사실을 알 수 있다.

가. 코스닥 상장법인인 주식회사 휴바이론(이하 '휴바이론'이라 한다)은 2005. 12. 5. 비상장법인인 주식회사 바이코시스(이하 '바이코시스'라 한다)의 주식을 전부 인수하면서 바이코시스의 주주들에게 휴바이론의 신주를 발행해 주는 주식의 포괄적 교환계약(이하 '이 사건 교환계약'이라 한다)을 체결하였다. 이 사건 교환계약에 따라 바이코시스의 주주들인 원고 1은 바이코시스 163,556주의 교환대가로 휴바이론 2,904,904주를, 원고 2는 바이코시스 11,520주의 교환대가로 휴바이론 204,605주를 각 취득하였다.

나. 피고는 구 상속세 및 증여세법(2010. 1. 1. 법률 제9916호로 개정되기 전의 것, 이하 '상증세법'이라 한다) 제42조 제1항 제3호(이하 '이 사건 조항'이라 한다)에 근거하여 이 사건 교환계약으로 원고들이 얻은 이익을 증여재산가액으로 보고 원고들에게 증여세를 결정·고지하는 종전 처분을 하였다.

다. 이에 대하여 원고들이 제기한 심판청구에서 조세심판원은 2012. 12. 27. '이 사건 교환계약과 같은 주식의 포괄적 교환에 대하여 상증세법 제35조가 정한 저가·고가 양도에 따른 이익의 증여 등 규정을 적용하여 과세하는 것은 별론으로 하고, 상증세법 제42조를 적용하여 증여세를 부과한 종전 처분은 부당하다'는 이유로 이를 취소하는 결정을 하였다.

라. 이에 따라 피고는 2013. 10. 1. 상증세법 제35조에 근거하여 원고들에게 증여세를 부과하는 이 사건 처분을 하였다. 이에 대하여 원고들은 조세심판원에 심판청구를 하였다가 기각결정이 내려지자 이 사건 소를 제기하였다.

마. 그런데 대법원은 2014. 4. 24. '상법상 주식의 포괄적 교환에 의하여 완전자회사가 되는 회사의 주주가 얻은 이익에 대하여는 상증세법 제35조가 아닌 상증세법 제42조 제1항 제3호를 적용하여 과세하여야 한다'는 판결을 선고하였다(대법원 2014. 4. 24. 선고 2011두23047 판결).

바. 그 후 피고는 이 사건 소에 이르러 처분의 근거 규정으로 이 사건 조항을 추가하였다.

3. 원심은 다음과 같이 판단하였다. 먼저 위 대법원 2011두23047 판결에 따라 상증세법 제35조를 근거로 하여 원고들에게 증여세를 부과할 수 없다. 다음으로, 증여세 과세의 기초가 되는 사정에 아무런 변경이 없는데도 이 사건 조항을 처분사유로 하는 것은 불복과정에서 취소된 종전 처분을 번복하여 이를 되풀이하는 것일 뿐만 아니라 이 사건 조항에 근거한 종전 처분을 취소한 조세심판결정의 기속력에 저촉되고, 주식의 포괄적 교환에 상증세법의 어느 조문을 적용하여야 하는지에 관하여 견해가 갈리다가 대법원 판결에 의하여 명확하게 선언되었다고 하더라도 재결의 기속력

을 배제하거나 처분의 반복을 허용할 수는 없으므로, 이 사건 소에서 처분의 근거 규정으로 이 사건 조항을 추가할 수 없다.

　　원심의 판단은 정당하고 상고이유 주장과 같이 과세처분 취소 후 재처분의 제한, 처분사유의 추가·변경이나 재결의 기속력 등에 관한 법리를 오해한 잘못이 없다.』

휴바이론 사건에서 파생되어 나오는 문제점을 2가지 측면으로 나누어 본다.

① 먼저 실체법적 관점에서, 판시취지는 상증세법 제35조를 근거로 원고들에게 증여세를 부과할 수 없다는 것이다. 여기서 피고가 이 사건 소송에서 처분의 근거규정으로 상증세법 제42조 제1항 제3호를 추가하지 않았다고 가정하면, 같은 법 제35조를 처분근거로 삼을 수 없다는 이유로 단순히 원고들 승소로 판결되었을 것이다.

그 가정을 전제로, 원고들 승소판결이 선고되었다면 어떻게 처리하여야 하는가?

재결의 기속력과 원고들 승소판결의 기판력이 – 상증세법 제42의 적용도 위법하고 같은 법 제35조의 적용도 위법하다는 점에서 – 서로 양립할 수 없는 방법으로 충돌하는 장면이 된다. 재결에서의 기속력은 실질적 존속력으로 이해한다. 피고가 재결 후 이 사건 처분을 하기에 이른 것은 국세기본법 제26조의2 제2항(현행 제6항) 제1호 소정의 '판결 등에 따른 경정'(제4장 제5절 참조)이다. 자본거래인가 손익거래인가의 판단은 양립할 수 없는 법률관계 내지 이에 준하는 법률관계의 조세적 취급에 관한 것이기 때문이다. 즉 조세심판원이 과세관청과 견해를 달리하여 자본거래가 아닌 손익거래에 해당하는 이유로 당초 증여세 부과처분을 취소하였고, 그리하여 과세관청은 국세기본법 제26조의2 제2항(현행 제6항) 제1호에 따라 해당 재결이 확정된 날부터 1년이 지나기 전까지 후행절차를 개시하여 손익거래임을 전제로 새로운 증여세 부과처분을 하였다.

여기서 재결의 실질적 존속력과 판결의 기판력이 그 효력에 있어 대등함을 전제로, 재결과 판결 사이에 충돌이 일어난 경우 이 절 5. 라.에서 본 바와 같이 견해대립이 있을 수 있다.

먼저 판결 등에 따른 경정의 거듭적용 긍정설(판결 등에 따른 경정 규정의 우선 적용설)에 의하면 이 경우에도 판결 등에 따른 경정이 거듭 이루어질 수 있다는 것이다. 선행 확정재결에서 발생하는 선행재결의 실질적 존속력의 제한이 필연적으로 수반되나 판결 등에 따른 경정 규정이 우선하여 적용됨으로써 법적 평화가 이루어진다는 것이다. 과세관청은 다시 과세권 행사의 기회를 가진다.

판결 등에 따른 경정의 거듭적용 부정설(선행재결의 실질적 존속력의 우선 적용설)에 의하면 이 경우 더 이상 판결 등에 따른 경정을 할 수 없다는 것이다. 재결의 실질적 존속력과 판결의 기판력이 그 효력에 있어 대등하고 재결이나 판결 중 어느 하나가 잘못되었다는 의미의 상호 저촉이 발생하고 있는 이상, 먼저 낸 재결의 존속력을 존중하면서 판결 등에 따른 경정의 순환고리를 끊어 냄으로써 법적 평화를 확보하여야 한다는 것이다. 과세관청은 더 이상 부과처분을 할 수 없게 된다.

② 다음 절차법적 관점에서, 이 사건 소송절차에서 상증세법 제42조 제1항 제3호를 추가하는 것이 가능한지 여부이다.

판시취지는 이 사건 조항을 추가하여 처분의 근거로 삼는 것은 동일처분의 반복금지효에 반할 뿐더러 기속력에 저촉된다는 것이다. 확정판결 후의 동일처분 반복금지효가 판결의 기판력에 의한 것이라면, 확정재결 후의 동일처분 반복금지효는 재결의 실질적 존속력에 기한 것이다. 이 사건 조항을 처분이유로 삼는다면 이는 실질적 존속력에 반한다.

위에서 본 '판결 등에 따른 경정'을 허용하는 입법취지에 의하더라도, 이 사건 조항은 처분의 동일성이 없어 소송계속 중 추가될 수 없다고 보아야 한다. 과세관청에게 광범위한 선택권을 주어 조세채무자의 방어권 행사에 심대한 지장을 주기 때문이다[제1장 제6절 5. (2) 참조].

8. 직권취소 후 재처분 제한의 원칙

가. 판례가 확립한 경정법 원칙

(1) 직권취소 후 재처분 제한의 원칙

쟁송절차 특히 전심절차의 진행 중 재결이 있기 전에 과세관청이 조세채무자의 불복사유를 옳다고 인정하여 부과처분을 직권취소한 경우[31] 이후 동일한 사유로 재처분할 수 있는가? 대법원은 일찍이 쟁송절차의 진행 중 과세관청이 이러한 사유로 부과처분을 직권취소하였다면 이후 과세관청은 원칙적으로 재처분을 할 수 없다는 '직권취소 후 재처분 제한'의 원칙 내지 법리를 확립하였다. 판례를 통하여 경정법 원칙 중의 하나가 탄생하기에 이르렀다.

(2) 부과처분 취소의 취소 불가능 원칙

당초 부과처분을 취소한 다음 그 취소처분을 취소함으로써 당초 부과처분을 살려낼 수 있는가? 독일에서는 이를 인정한다. 그러나 대법원은 부과처분 취소의 취소는 불가능하다는 것이다(대법원 1995. 3. 10. 선고 94누7027 판결). 취소의 취소를 할 것이 아니라 이를 갈음하여 새로운 부과처분을 할 수밖에 없다(제1장 제6절 3. 라. 참조). 이도 경정법 원칙 중의 하나이다.

나. 대법원 판결

① 대법원 2010. 6. 24. 선고 2007두18161 판결

---

31) 통상 전심절차에서 조세채무자의 불복사유를 전부 이유있다고 받아들이는 경우 과세관청은 직권으로 그 부과처분을 취소하고 이어 재결청은 이를 이유로 재결신청을 각하하는 것이 관행인 것으로 보인다.

『구 국세기본법(2003. 12. 30. 법률 제7008호로 개정되기 전의 것) 제55조는 불복이라는 제목으로 제1항, 제3항에서 위 법 또는 세법에 의한 처분으로서 위법 또는 부당한 처분을 받거나 필요한 처분을 받지 못함으로써 권리 또는 이익의 침해를 당한 자는 심사청구 또는 심판청구를 하여 그 처분의 취소 등을 청구할 수 있고, 위 처분이 국세청장이 조사·결정 또는 처리하거나 하였어야 할 것인 경우를 제외하고는 심사청구 또는 심판청구에 앞서 이의신청을 할 수 있다고 규정하고 있고, 같은 법 제66조 제1항, 제4항은 이의신청은 대통령령이 정하는 바에 의하여 불복의 사유를 갖추어 당해 처분을 하거나 하였어야 할 세무서장에게 하거나 당해 세무서장을 거쳐 소관 지방국세청장에게 하여야 하고, 이의신청을 받은 세무서장과 지방국세청장은 이의신청심의위원회의 심의를 거쳐 이를 결정하여야 한다고 규정하고 있으며, 같은 조 제6항은 위와 같은 결정을 함에 있어 심사청구에 대한 결정절차(제64조 제1항 단서, 제2항) 및 결정(제65조)의 규정을 준용하도록 규정하고 있다.

과세처분에 관한 불복절차과정에서 그 불복사유가 옳다고 인정하고 이에 따라 필요한 처분을 하였을 경우에는 불복제도와 이에 따른 시정방법을 인정하고 있는 법 취지에 비추어 동일 사항에 관하여 특별한 사유 없이 이를 번복하고 다시 종전의 처분을 되풀이 할 수는 없다(대법원 1978. 1. 31. 선고 77누266 판결, 대법원 1990. 10. 23. 선고 89누6426 판결 등 참조).

원심은 그 채용 증거를 종합하여, 원고는 수원지방법원 99타경118532호로 진행된 경매절차에서 주식회사 나산유통(이하 '나산유통'이라 한다) 소유의 토지 및 건물 등을 경락받아 2002. 10. 15. 경락대금 325억 원을 완납한 사실, 나산유통은 2002. 10. 15. 원고에게 위 경락대금 중 부가가치세 과세대상인 건물 등의 경락대금 172억 2,500만 원(이하 '이 사건 경락대금'이라 한다)의 110분의 10에 상당하는 1,565,909,091원이 부가가치세액(이하 '이 사건 매입세액'이라 한다)으로 기재된 세금계산서(이하 '이 사건 세금계산서'라 한다)를 교부한 사실, 원고는 2002. 11. 25. 피고에게 이 사건 세금계산서에 기하여 부가가치세 조기환급신고를 하여, 2002. 12. 9. 피고로부터 이 사건 매입세액 1,565,909,091원을 환급받은 사실, 한편 피고는 이 사건 경락대금에는 이 사건 매입세액에 해당하는 부가가치세가 포함되어 있지 않다는 이유로, 2002. 12. 14. 원고에 대하여 이 사건 매입세액에 상당하는 부가가치세를 부과하는 이 사건 경정처분을 한 사실, 이에 원고는 2003. 3. 10. 피고에게 이 사건 경정처분에 대하여 이 사건 경락대금에는 이 사건 매입세액에 해당하는 부가가치세가 포함되어 있어 이 사건 매입세액은 매입세액 공제대상이 된다는 사유로 이의신청을 한 사실, 피고는 2003. 3. 12. 이 사건 경정처분을 직권으로 취소한 다음, 2003. 3. 21. 위 이의신청에 대하여 처분청인 피고가 당해 처분에 대한 원고의 주장이 이유 있다고 판단하여 직권시정하였고, 그로 인하여 당해 처분이 없다는 이유로 각하결정을 한 사실, 그 후 피고는 이 사건 매입세액은 매입세액 공제대상이 아니라는 서울지방국세청의 감사지적에 따라, 2005. 2. 22. 원고에 대하여 다시 종전 처분인 이 사건 경정처분과 동일한 내용의 이 사건 재경정처분을 한 사실을 인정한 다음, 원고의 이의신청에 대한 피고의 2003. 3. 21.자 각하결정은 국세기본법상 이의신청에 대한 결정에 대하여 기속력을 인정하는 명문의 규정이 없을 뿐만 아니라 인용결정이 아니어서 관계행정청을 기속하는 효력이 없다는 이유로, 이 사건 재경정처분은 적법하다고 판단하였다.

그러나 앞서 본 법리에 비추어 살펴보면, 피고가 이 사건 경정처분에 대한 이의신청절차에서 원고의 이의신청 사유가 옳다고 인정하여 이 사건 경정처분을 직권으로 취소하였음에도, 특별한 사유 없이 이를 번복하고 종전 처분인 이 사건 경정처분을 되풀이하여 한 이 사건 재경정처분은 위법하다.

그럼에도 원심은, 이와 달리 이 사건 재경정처분이 적법하다 판단하고 말았으니, 이러한 원심판결에는 재처분 제한에 관한 법리를 오해한 위법이 있고, 이 점을 지적하는 상고이유의 주장은 이유 있다.』

② 대법원 2010. 9. 30. 선고 2009두1030 판결

『1. 구 국세기본법(2007. 12. 31. 법률 제8830호로 개정되기 전의 것) 제55조는 불복이라는 제목으로 제1항, 제3항에서 위 법 또는 세법에 의한 처분으로서 위법 또는 부당한 처분을 받거나 필요한 처분을 받지 못함으로써 권리 또는 이익의 침해를 당한 자는 심사청구 또는 심판청구를 하여 그 처분의 취소 또는 변경이나 필요한 처분을 청구할 수 있고, 위 처분이 국세청장이 조사·결정 또는 처리하거나 하였어야 할 것인 경우를 제외하고는 심사청구 또는 심판청구에 앞서 이의신청을 할 수 있다고 규정하고 있으며, 같은 법 제66조 제1항, 제4항은 이의신청은 대통령령이 정하는 바에 의하여 불복의 사유를 갖추어 당해 처분을 하거나 하였어야 할 세무서장에게 하거나 당해 세무서장을 거쳐 소관 지방국세청장에게 하여야 하고, 이의신청을 받은 세무서장과 지방국세청장은 이의신청심의위원회의 심의를 거쳐 이를 결정하여야 한다고 규정하고 있으며, 같은 조 제6항은 위와 같은 결정을 함에 있어 심사청구에 대한 결정절차(제64조 제1항 단서, 제2항) 및 결정(제65조)의 규정을 준용하도록 규정하고 있다.

과세처분에 관한 불복절차과정에서 과세관청이 그 불복사유가 옳다고 인정하고 이에 따라 필요한 처분을 하였을 경우에는, 불복제도와 이에 따른 시정방법을 인정하고 있는 위와 같은 법 규정들의 취지에 비추어 동일 사항에 관하여 특별한 사유 없이 이를 번복하고 다시 종전의 처분을 되풀이할 수는 없는 것이므로, 과세처분에 관한 이의신청 절차에서 과세관청이 이의신청 사유가 옳다고 인정하여 과세처분을 직권으로 취소한 이상 그 후 특별한 사유 없이 이를 번복하고 종전 처분을 되풀이하는 것은 허용되지 아니한다(대법원 1978. 1. 31. 선고 77누266 판결, 대법원 2010. 6. 24. 선고 2007두18161 판결 등 참조).

2. 원심은 제1심판결을 인용하여, ① 원고의 남편인 소외 1은 1983. 9. 10. 인천 서구 마전동 644-2 답 1,460㎡를 취득하였고, 원고는 1999. 4. 18. 소외 1로부터 위 토지를 상속받았는데, 위 토지에 관하여 토지구획정리사업이 시행되어 위 토지가 인천 서구 검단2지구 59B-5L 837.3㎡(이하 '이 사건 토지'라 한다)로 환지된 사실, ② 원고는 2003. 1. 30. 이 사건 토지를 소외 2에게 양도한 다음 2003. 2. 19. 양도소득세 예정신고를 하였다가 2003. 4. 17. 이 사건 토지가 8년 이상 자경한 농지임을 이유로 피고에게 구 조세특례제한법(2003. 12. 30. 법률 제7003호로 개정되기 전의 것) 제69조 제1항에 의하여 이 사건 토지에 관한 양도소득세의 감면을 신청한 사실, ③ 이에 피고는 2003. 10. 1. 이 사건 토지는 원고가 소외 1로부터 상속받은 것인데, 소외 1이 1991년경부터 부동산임대업에 종사하였을 뿐 재촌자경(在村自耕)하였다는 사실에 관한 증빙이 부족하다는 이유로 원고의 위 감면신청을 받아들이지 아니하고, 원고에게 2003년 귀속 양도소득세 106,341,950원을

부과하는 처분(이하 '이 사건 종전 처분'이라 한다)을 한 사실, ④ 원고가 2003. 12. 16. 이에 불복하여 소외 1이 8년 이상 재촌자경한 사실이 있다고 다투며 이의신청을 하자, 피고는 소외 1이 부동산임대업을 영위하였다고 하여 재촌자경하지 않았다고 단정할 수 없고, 1975년경부터 농지소재지 인근에서 25년을 거주하였다는 사실을 근거로 이 사건 토지를 8년 이상 자경한 것으로 인정하여 2004. 1. 12. 이 사건 종전 처분을 직권으로 취소하였고, 이에 원고는 2004. 1. 13. 이의신청을 취하한 사실, ⑤ 그런데 국세심판원은 2004. 11. 16. 종전의 입장을 변경하여, 이 사건 토지가 속해 있는 검단지구는 6개의 지구로 구분되고, 각 개별지구는 100만㎡에 못 미처 구 조세특례제한법 시행령(2003. 12. 30. 대통령령 제18207호로 개정되기 전의 것) 제66조 제3항 제1호, 구 조세특례제한법 시행규칙(2003. 3. 24. 재정경제부령 제306호로 개정되기 전의 것) 제27조에서 정한 대규모 개발사업지역에 해당하지 않으므로 개별지구에 속해 있는 토지의 소유자들이 그 토지를 8년 이상 자경하였다고 하더라도 주거지역에 편입된 날로부터 3년이 지나서 양도한 경우 양도소득세 감면대상이 아니라는 내용의 새로운 심판을 한 사실, ⑥ 원고와 같이 위 개별지구에 속해 있는 토지의 소유자들인 소외 3 등이 북인천세무서장을 상대로 하여 제기한 양도소득세부과처분 취소소송(인천지방법원 2004구합4233)에서도, "대규모 개발사업지역과 관련된 예외적 감면대상이 되는 농지는 대규모 개발사업지역 안에 소재하여야 하는데 위 6개의 지구는 사업지구별로 별개의 사업시행지역이라 할 것이고, 위 개별지구들은 사업시행면적이 재정경제부령이 정하는 규모인 100만㎡에 못 미치므로 소외 3 등의 토지는 대규모 개발사업지역 안에 소재하지 않아 양도소득세 감면대상이 되는 농지에 해당하지 않는다"는 이유로 패소판결이 선고되었고, 위 판결은 항소심을 거쳐 2006. 10. 26. 대법원에서 그대로 확정된 사실, ⑦ 그러자 피고는 2007. 10. 4. 이 사건 토지가 주거지역에 편입된 날로부터 3년이 지나 양도되었고 구 조세특례제한법 제69조, 구 조세특례제한법 시행령 제66조에서 규정하고 있는 양도소득세 감면 대상 토지에 해당하지 않는다는 이유로 원고에 대하여 다시 이 사건 종전 처분과 동일한 내용의 이 사건 처분을 한 사실을 인정한 다음, 이 사건 종전 처분은 소외 1의 재촌자경 사실을 인정할 증거가 부족하다는 이유에서 내려진 것이었는데, 이에 대해 원고가 소외 1이 8년 이상 재촌자경한 사실이 있다고 다투며 이의신청을 하자, 피고는 원고의 위 이의 사유가 옳다고 인정하여 이 사건 종전 처분을 직권으로 취소하였는바, 그 후 피고가 한 이 사건 처분은 이 사건 토지가 대규모 개발사업지역과 관련한 예외적 감면 대상 농지가 아니라는 이유에서 내려진 것으로서, 원고의 이의신청에 의해 시정된 이 사건 종전 처분의 사유와는 별개의 다른 사유에 기한 처분이므로, 이와 같이 납세자의 불복에 의하여 시정된 종전 과세처분의 사유와 별개의 다른 사유에 기하여 종전과 동일한 내용의 과세처분을 하는 것은 종전 처분 반복 금지의 원칙에 위배되지 않는다는 취지의 이유로, 이 사건 처분은 적법하다고 판단하였다.

3. 그러나 원심의 위와 같은 판단은 이를 수긍하기 어렵다.

기록에 의하면, 피고가 제1심에서 진술한 답변서(2008. 4. 24.자)와 원심에서 진술한 답변서(2008. 9. 19.자)의 각 기재에 의하더라도, 원고의 이의신청을 검토할 당시 재촌자경 요건과 함께 이 사건 토지가 구 조세특례제한법 시행령 및 시행규칙이 정한 대규모 개발사업지역에 속하는지 여부에 관하여도 검토한 결과 양도소득세 감면 대상 농지에 해당하는 것으로 판단하였기 때문에 이의신청에 대한 결정 없이 직권으로 이 사건 종전 치분을 취소하였다는 것이다(기록 제70−71면, 제

131면).

그렇다면, 원심이 이 사건 처분의 새로운 처분 사유라고 판단한 이 사건 토지가 대규모 개발사업지역에 속하는지 여부에 관한 사항은 이미 이 사건 종전 처분을 직권으로 취소할 당시 판단의 대상이 되었던 사유라 할 것이므로, 앞서 본 법리에 비추어 피고가 이 사건 종전 처분에 관한 이의신청 절차에서 원고의 이의신청 사유가 옳다고 인정하여 이 사건 종전 처분을 직권으로 취소하였음에도, 특별한 새로운 사유 없이 이를 번복하고 종전 처분을 되풀이하여 한 이 사건 처분은 위법하다고 봄이 상당하다.

그럼에도 원심은, 이와 달리 이 사건 처분이 적법하다고 판단하고 말았으니, 이러한 원심판결에는 과세처분의 직권취소에 있어서의 재처분 제한에 관한 법리를 오해한 잘못이 있다.』

③ 대법원 2014. 7. 24. 선고 2011두14227 판결

④ 대법원 2017. 3. 9. 선고 2016두56790 판결

다. '직권취소 후 재처분 제한의 원칙'의 근거

대법원은 "과세처분에 관한 불복절차과정에서 과세관청이 그 불복사유(실체적 사유)가 옳다고 인정하고 이에 따라 필요한 처분을 하였을 경우에는, 불복제도와 이에 따른 시정방법을 인정하고 있는 위와 같은 법 규정들의 취지에 비추어 동일 사항에 관하여 특별한 사유 없이 이를 번복하고 다시 종전의 처분을 되풀이할 수는 없는 것"이라고 하여 그 원칙의 근거를 제시하고 있다.

앞서 본 기판력의 '동일처분의 반복금지효', 즉 '취소판결이 내려진 경우 과세관청은 동일한 사정 아래에서 동일한 이유로 동일한 내용의 처분을 할 수 없다는 것'과 유사하다. '취소판결'을 '직권취소'로 치환하면서 동일처분의 반복금지효의 '취소판결이 내려진 경우'를 '불복절차과정에서 과세관청이 그 불복사유가 옳다고 인정하고 직권취소하였을 경우'로 바꾸어 읽으면 내용이 동일함을 알 수 있다. 즉 불복사유가 옳다고 인정하고 과세관청이 직권취소한 경우와 재결청이 취소재결을 하고 그 재결이 확정된 경우는 본질적으로 효력이 동일하다고 볼 수 있다.

라. 재처분을 할 수 있는 예외적 상황

'직권취소 후 재처분 제한의 원칙'이 인정된다 하더라도 일정한 상황에서는 예외를 인정하여야 한다. 예외적 상황은 다음과 같다.

① 과세관청이 쟁송절차에서 조세채무자의 불복신청이 정당하다는 이유로 이를 받아들인다는 의미에서 직권취소를 한 후 이후 경정을 정당화 할 수 있는 '새로운 사실이나 증거자료가 발견'되는 등으로 상황이 변동된 경우이다.

② 과세관청이 당초 부과처분을 직권취소함에 있어 조세채무자에 의한 부정한 수단(위조

나 변조된 문서를 제출하거나 중요한 서류를 은닉하거나 적극적으로 허위의 진술을 하는 등으로 과세관청 등을 기망하거나 협박 또는 뇌물의 교부 등 사회상규상 허용되지 않는 부정한 수단)이 개입된 경우이다. 부정한 수단이 개입된 이상 직권취소가 이루어질 수 있는 다른 사정이 있다고 하더라도 동일하다. 물론 직권취소와 부정한 수단 사이에 인과관계가 존재하여야 한다.

대법원 1983. 7. 26. 82누63 판결

『1. 과세처분에 관한 불복방법 과정에서 그 불복사유가 옳다고 인정하고 그에 따라 필요한 처분을 하였을 경우에는 불복제도와 이에 따른 시정방법을 인정하고 있는 법취지에 비추어 동일사항에 관하여 특별한 사유없이 이를 번복하고 다시 종전의 처분을 되풀이 할 수 없다고 보는 것이 상당하다 함이 당원의 판례(당원 1978. 1. 31 선고 77누266 판결, 1980. 3. 11 선고 79누122 판결)임은 소론과 같다.

2. 기록과 원심판결의 이유에 의하면, 원고가 1977. 8. 5경 그 소유이던 이 사건 토지를 소외 김문평 외 5인에게 평당 90,000원에 매도하였다하여 과세표준신고를 하였던바, 피고는 위 신고된 매도가격이 주변토지의 싯가보다 현저히 저렴하다하여 주변토지의 거래가액과 같이 평당 205,000원씩으로 계산하여 이에 따른 법인세와 방위세를 부과하자 원고가 이에 불복 국세심판소에 심판청구를 한 결과 국세심판소장은 1979. 7. 18 원고 제출의 매매계약서와 공인감정사와 소개인의 입증서 등에 의하여 원고 신고의 평당 90,000원이 적정가격으로 인정될 뿐 저가양도로 보이지 아니한다는 이유로 취소결정을 하였는데 그 뒤 소외 고성일에 대한 세무사찰 중 원고가 이 사건 토지를 평당 173,000원에 매도한 확증이 발견되었으므로 피고는 이에 터잡아 이 사건 법인세 및 방위세의 부과처분을 하기에 이르게 된 사실을 인정할 수 있다.

3. 사실관계가 이와 같다면 원고는 이 사건 토지를 평당 173,000원에 매도하고서 평당 90,000원에 매도하였다고 국세심판소에 허위의 매매계약서와 공인감정사 및 소개인의 싯가입증서 등을 첨부 항쟁하는 등 사술을 써서 신고가격이 적정한 것이라 하여 취소결정을 받은 것으로서 이는 당원 판례 적시의 특별한 사유 있는 경우에 해당한다고 봄이 상당하다 할 것이므로 피고의 이 사건 부과처분은 적법하다고 할 것이니 이와 같은 취지의 원심판결은 정당하고 거기에 소론과 같은 당원의 판례위반이나 이유 불비의 위법이 있다 할 수 없으므로 논지는 채용할 수 없다.』

③ 과세관청이 과세권 행사의 관할이 없는 등 절차에 위배하여 부과처분을 한 경우이다.
④ 민사소송법상의 재심사유에 해당하는 경우이다.

제6절의3

권리구제절차 진행 중 증액경정과 절차대상의 자동교체

1. 권리구제절차의 진행 중 과세관청의 경정의무

가. 전심절차

전심절차는 원칙적 단심급제(심사 또는 심판), 선택적 2심급제(이의신청과 심사청구, 이의신청과 심판청구)로 구성된다. 이를 표시하면 다음과 같다.

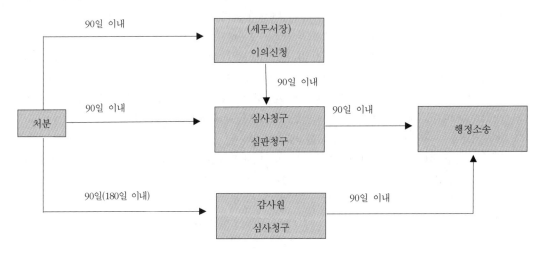

나. 필요적 전치주의

(1) 위법한 부과처분 등에 대한 행정소송은 국세기본법 제7장 소정의 이의신청, 심사청구 또는 심판청구와 그에 대한 결정을 거치지 아니하면 행정소송을 제기할 수 없다(필요적 전치주의).

(2) 처분청 또는 재결청은 이의신청에 대하여는 30일 이내에, 심사청구와 심판청구에 대하여는 90일 이내에 각 청구에 대한 결정의 통지를 하여야 한다. 결정기간 내에 결정의 통지를 받지 못한 경우 결정의 통지를 받기 전이라도 결정기간이 지난 날부터, 이의신청에 대하여는 심사청구 또는 심판청구를 제기할 수 있고, 심사청구 또는 심판청구에 대하여는 행정소송

을 제기할 수 있다.

(3) 감사원법에 따라 심사청구를 한 처분이나 그 심사청구에 대한 처분에 대하여는 국세기본법 제7장의 규정이 아닌 감사원법의 적용을 받는다.

다만 지방세에 대하여는 2021년 개정된 지방세기본법에서 종전의 임의적 전치주의에서 필요적 전치주의로 전환하는 한편 시·군·구세에 대한 심사청구제도를 폐지하여 지방세 불복절차를 단순화하였다(지방세기본법 제89조).

다. 권리구제절차와 과세관청의 경정의무

(1) 세액확정절차에서 과세관청이 가지는 세액의 확정권은 경정의무로 이어진다. 이러한 경정의무의 이행은 기속행위이다. 권리구제절차인 전심절차 및 소송절차의 진행 중 증액경정사유나 감액경정사유가 있으면 과세관청은 실체적 진실주의 실현을 위하여 경정의무를 이행해야 한다.

(2) 세액확정의 법형식인 신고나 부과처분은, 복잡하고 전문적·기술적 성격을 갖는 조세법률관계의 특수성 내지 세액확정절차를 정하고 있는 국세기본법 및 개별세법의 정함에 따라, 과세관청의 증액경정이나 감액경정에 노출되어 있다. 그런 의미에서 세액확정절차는 본래 경정에 친숙한 성질을 가진다(Änderungsanfälligkeit, 경정에의 친숙성)고 말할 수 있다.

독일 조세기본법 제132조 제1문은 행정처분의 경정에 관한 조세법상의 규정은 권리구제절차가 진행 중일 때에도 적용된다고 정하고 있다. 국세기본법에 이러한 규정이 없다 하더라도 권리구제절차의 진행 중 증액경정이나 감액경정을 할 수 있음은 당연하다.

라. 경정의무와 불이익변경금지의 원칙의 충돌

(1) 이러한 경정의무는 권리구제절차의 본질적 기능에서 유래하는 불이익변경금지의 원칙과의 관계에서 문제된다. 불이익변경금지의 원칙을 규정하고 있는 국세기본법 제79조 제2항을 보면[1], "조세심판관회의 또는 조세심판관합동회의는 제81조에서 준용하는 제65조에 따른 결정을 할 때 심판청구를 한 처분보다 청구인에게 불리한 결정을 하지 못한다."라고 되어 있다.

(2) 필요적 전심절차로서 처분청에 대한 이의신청(Einspruch)만을 인정하는 독일 조세기본법 제367조 제2항 제2문에서는 부과처분은 이의절차에서 신청자에게 불리하게 경정될 수 있고, 그 경우 처분청이 신청자에게 불리한 경정을 할 수 있는 가능성 및 그 이유를 미리 고지함과 아울러 신청자로 하여금 이에 대한 입장표시를 할 수 있는 기회를 주도록 규정하고 있

---

1) 판례는 불이익변경금지의 원칙이 명문의 정함이 없는 이의신청, 심사청구에도 적용된다고 본다(대법원 2007. 11. 16. 선고 2005두10675 판결 참조). 그 후 2018. 12. 31. 국세기본법이 신설 또는 개정(심사청구에 대하여는 제65조의3의 신설, 이의신청에 대하여는 제66조 제6항의 개정)되어 위 원칙을 도입하였다.

다. 이의신청을 '연장된 행정절차'로 보아 불이익변경금지의 원칙(Verbot der reformatio in peius, Verböserungsverbot)을 수용하지 않고 있다. 미국 조세법원에서도 이러한 원칙이 적용되지 않는다.

(3) 과세관청의 경정권은 중복세무조사 금지의 원칙(제1장 제13절 8. 참조) 및 심판절차에서의 불이익변경금지의 원칙에 의하여 제한받는다.

심사청구나 심판청구에서 경정결정이나 재조사결정이 이루어지고 그 주문에 따라 과세관청이 후행처분을 함에 있어 당초처분의 수액을 초과하는 경우 적용되는 불이익변경금지의 원칙과 과세관청의 적극적인 증액경정의무 사이에 충돌이 일어난다.

권리구제의 측면에서 보면 불복한 청구인에게 청구취지보다 불리한 결정을 하는 것은 권리구제의 본질에 반한다. 뒤에서 보는 경정결정이나 재조사결정 자체가 인용결정의 한 유형인 바 그 결정의 결과가 청구취지보다 불리하다면 자체 모순이다. 그러나 실체적 진실주의의 관점에서 본다면 과세관청은 앞서 본 바와 같이 불복과정에서 알게 된 새로운 과세자료에 터잡아 증액경정을 하여 실체적 진실을 규명할 의무가 있다.

(4) 위 양 원칙의 충돌을 어떻게 조화롭게 해석하여야 하는가?

대법원 2007. 11. 16. 선고 2005두10675 판결(금호렌트카 사건)

『불이익변경금지는 심사결정의 주문 내용이 심사청구 대상인 과세처분보다 청구인에게 불이익한 경우에 적용되고, 과세관청이 심사결정의 이유에서 밝혀진 내용에 근거하여 탈루 또는 오류가 있는 과세표준이나 세액을 경정결정하는 경우에는 적용되지 아니한다 할 것이다.』

위 판결에 의하면 불이익변경금지의 원칙은 결정의 주문 내용에 따라 판단되어야 한다는 것인데, 결정 주문의 내용 중 '경정결정'이나 '재조사결정'이 비록 인용결정 중의 하나이나 주문 내용 자체로 청구인에게 불이익한 것인지 여부를 구분할 수가 없다. 경정결정이나 재조사결정 후에 이루어진 후행처분의 내용을 보고서야 비로소 청구인에게 불이익한 것인지 여부를 판단할 수 있다.

여기서 '경정결정'이나 '재조사결정'이 있고 그 후행처분이 청구인에게 불이익한 경우 불이익변경금지의 원칙이 적용되어 그 중 불이익한 부분만큼 무효라고 보아야 하는가? 두 견해가 있다.

① 형식적 기준설

불이익변경금지의 원칙은 단지 결정의 주문 내용에 따라 형식적으로 판단되어야 하는 것으로, 비록 경정결정이나 재조사결정이 인용결정 중의 하나이지만 주문 내용이 청구인에게 불이익한 것인지 여부를 알 수가 없는 중립적인 것인 이상 불이익변경금지의 원칙은 적용될 수

없다는 견해

② 실질적 기준설

불이익변경금지의 원칙을 명문으로 두고 있고 경정결정이나 재조사결정이 인용결정 중의 하나인 이상, 실효적인 권리구제를 위하여 경정결정이나 재조사결정 후 이루어진 후행처분을 기준으로 그 후행처분이 당초처분보다 청구인에게 불이익하다면 불이익변경금지의 원칙이 적용되는바 후행처분 중 불이익한 부분은 무효라는 견해

③ 사견

실질적 기준설이 타당하다 할 것이다. 법률의 규정에 의하여 적극적으로 인정되고 있는 불이익변경금지의 원칙2)과 실체적 진실주의가 충돌하는 경우 전심 내지 재판제도의 속성상 불이익변경금지의 원칙이 우위에 놓일 수밖에 없기 때문이다.

한편 재조사결정 후 과세관청이 재조사과정에서 심판단계에서 쟁점이 된 것과는 다른 새로운 매출누락이 발견된 경우 실체적 진실주의를 우선시하여 과세관청에게 같은 전심절차 내에서 증액경정할 기회를 주는 것도 수긍되어야 할 것이다. 그렇지 않다면 과세관청은 전심절차 밖에서 부과처분을 할 수밖에 없는데 이 경우 과세관청이나 납세자 모두에게 번거로운 절차가 될 수 있기 때문이다. 그러나 여기에서 간과해서는 안 되는 중요한 증액경정의 장해요소로 엄격한 중복세무조사 금지의 원칙이 존재하고 있다는 점이다. 일단 중복세무조사에 해당하면 원칙적으로 증액경정에 나아갈 수 없다. 과세관청은 재조사결정을 받은 후 세무조사에 나아가서 제한없이 조사를 할 수 있는 것이 아니다. 재조사결정에 따른 조사도 금지의 대상이 되는 세무조사에 해당하나 예외적으로 허용되는 것으로서 '결정서 주문에 기재된 범위' 내의 조사에 한하여 허용된다는 점(국세기본법 제81조의4 제2항 제4호)에 비추어 볼 때, 그 조사과정에서 새로운 매출누락의 발견 등 다른 과세요건사실이 발견되더라도, 그것이 재결기관의 결정서 주문이나 그 전제가 된 기초요건사실에 해당되지 아니한 이상, 이를 반영할 여지가 없는 셈이 된다.

결론적으로, 현행 실정법에서 규정하고 있는 불이익변경금지의 원칙과 중복세무조사 금지의 원칙을 아울러 고려하고, 재조사결정이 인용결정이라는 점을 참작하면, 실질적 기준설을 따

---

2) 이창희, 전제서, 233면에서 "불이익변경금지원칙이라는 것은 실제로는 별 실익이 없다. 심사나 심판 단계에서 여태 몰랐던 과세요건사실을 행정청이 새로 알게 된다면 그에 터잡아 새로운 과세처분을 할 수 있는 까닭이다. 그렇다면 불이익변경금지라는 제도는 득보다는 실이 더 크다. 심판 과정에서 새로 나온 사실에 터잡아 뒤에 행정청이 다시 과세처분을 하는 번거로움을 겪으니 심판단계에서 한꺼번에 해결하는 쪽이 더 낫다. 불이익변경금지의 취지를 살리자면 새로운 사실에 터잡은 재처분도 금지해야 하겠지만, 그렇게 한다면 탈루소득이 있는 자는 누구나 심사청구나 심판청구를 통해 세금을 벗어나려 할 것이고 심사나 심판은 탈세의 수단이 되고 말 것이다. 이런 뜻에서 보면 불이익변경 재결에 따라 과세처분이 당연무효라는 대법원 판결은 글쎄…"라고 적고 있다.

르지 않을 수 없다. 재조사결정이 아닌 경정결정에 대하여는 이러한 제한이 없다 하더라도 경정결정과 재조사결정을 분리하여 불이익변경금지의 원칙의 적용 여부를 달리 할 수는 없다. 나아가 재조사결정 및 경정결정에서 불이익변경금지의 원칙의 예외를 인정할 필요성은 있으나 어떠한 경우 예외를 인정할 것인지 객관적이고 일의적인 기준을 설정하는 것 자체가 어려운 작업이다.

다만 과세관청으로서는 결과적으로 부득이 새로운 과세요건사실을 알게 되었다면 전심절차 밖에서 증액경정처분을 할 수밖에 없는바, 만약 제1차 세무조사를 마쳤다면 중복세무조사 금지의 원칙의 예외적 사유, 즉 '조세탈루의 혐의를 인정할 만한 명백한 자료가 있는 경우' 등의 사유가 있는 경우에 한하여 다시 세무조사에 나아가 새로운 매출누락 등을 적출하여 증액경정처분을 할 수밖에 없는 것으로 보인다.

대법원 2016두39382 판결을 본다. 추계조사방법으로 세액을 정하라는 조세심판원의 결정에 따라 과세관청이 추계조사를 거쳐 2012년 귀속 종합소득세를 20,739,862원에서 9,436,211원을 추가로 부과하는 증액경정처분을 하였는데, 대법원은 추가부분만큼 당초처분보다 불이익하므로 그 부분 위법하다고 판단하였다. 예외를 인정함에 있어 어떠한 기준을 설정하여야 하는지에 관한 대법원의 고뇌가 충분히 엿보이는 부분이다. 만약 위 사안에서 예외를 인정한다면 장차 예외의 인정범위가 광범위하게 될 소지도 있다. 여기서 과세관청이 당시 전심절차 내에서 증액경정처분을 할 것이 아니라 전심절차 밖에서 하나의 처분을 쪼개어 9,436,211원의 추가처분을 따로 할 수 있는지 여부가 문제된다. 하나의 처분에 대하여 세액을 쪼개어 위법성 여부를 나누어 판단하는 것 자체가 조세소송법상 불가능한 것으로 보이기 때문이다. 만약 추가처분이 가능하다는 결론에 이른다면 불이익변경금지의 원칙은 전혀 실익이 없는 것이 되고 말 것이다.

다만 입법론상 불이익변경금지의 원칙에 대한 근본적인 재검토가 필요하다.

2. 전심기관(재결청)의 결정 유형

가. 국세기본법 제65조(결정)[3]

『① 심사청구에 대한 결정은 다음 각 호의 규정에 따라 하여야 한다.(改正 2016. 12. 20.)
1. 심사청구가 다음 각 목의 어느 하나에 해당하는 경우에는 그 청구를 각하하는 결정을 한다.
가. 심판청구를 제기한 후 심사청구를 제기(같은 날 제기한 경우도 포함한다)한 경우
나. 제61조에서 규정한 청구기간이 지난 후에 청구된 경우

---

3) 이는 국세기본법 제66조 제6항 및 제81조에 의하여 이의신청 및 심판청구에 준용된다.

다. 심사청구 후 제63조 제1항에 규정된 보정기간에 필요한 보정을 하지 아니한 경우

라. 심사청구가 적법하지 아니한 경우

마. 가목부터 라목까지의 규정에 따른 경우와 유사한 경우로서 대통령령으로 정하는 경우

2. 심사청구가 이유 없다고 인정될 때에는 그 청구를 기각하는 결정을 한다.

3. 심사청구가 이유 있다고 인정될 때에는 그 청구의 대상이 된 처분의 취소·경정 결정을 하거나 필요한 처분의 결정을 한다. 다만, 취소·경정 또는 필요한 처분을 하기 위하여 사실관계 확인 등 추가적으로 조사가 필요한 경우에는 처분청으로 하여금 이를 재조사하여 그 결과에 따라 취소·경정하거나 필요한 처분을 하도록 하는 재조사 결정을 할 수 있다.

② 제1항의 결정은 심사청구를 받은 날부터 90일 이내에 하여야 한다.

③ 제1항의 결정을 하였을 때에는 제2항의 결정기간 내에 그 이유를 기재한 결정서로 심사청구인에게 통지하여야 한다.

④ 제63조 제1항에 규정된 보정기간은 제2항의 결정기간에 산입하지 아니한다.

⑤ 제1항 제3호 단서에 따른 재조사 결정이 있는 경우 처분청은 재조사 결정일로부터 60일 이내에 결정서 주문에 기재된 범위에 한정하여 조사하고, 그 결과에 따라 취소·경정하거나 필요한 처분을 하여야 한다. 이 경우 처분청은 제81조의7 및 제81조의8에 따라 조사를 연기하거나 조사기간을 연장하거나 조사를 중지할 수 있다.(新設 2016. 12. 20.)

⑥ 제1항 제3호 단서 및 제5항에서 규정한 사항 외에 재조사 결정에 필요한 사항은 대통령령으로 정한다.(新設 2016. 12. 20.)』

나. 결정 유형

(1) 재결청의 결정 유형으로는 각하결정, 기각결정, 인용결정이 있다.

認容決定에는 처분의 취소결정, 경정결정, 재조사결정, 필요한 처분의 결정 등 4종류가 있다.

'취소결정'에는 전부 취소결정과 일부 취소결정이 있다.

'경정결정'은 심사청구가 일부 이유 있는 경우 일부 취소를 하지 않고 과세표준이나 세액의 산정기준을 제시하면서 처분청으로 하여금 그 기준에 따라 당초처분을 변경하도록 명령하는 결정이다. 이는 재결청의 과세표준이나 세액 산정의무를 경감하기 위한 것이다.

'재조사결정'은 취소·경정 또는 필요한 처분을 하기 위하여 사실관계의 확인 등 추가적으로 조사가 필요한 경우 처분청으로 하여금 이를 재조사하여 그 결과에 따라 취소·경정하거나 필요한 처분을 하도록 하는 결정을 말한다.

'필요한 처분의 결정'은 처분청의 거부처분이 있는 경우 실효적 권리구제를 위하여 처분청으로 하여금 필요한 처분을 하도록 결정하는 것 등을 말한다.

(2) 경정결정과 재조사결정의 구별기준

재조사결정이 2016. 12. 20. 국세기본법 개정으로 실정법에 편입되었다. 경정결정과 재조사결정의 구별이 문제된다. 경정기준의 제시되어 있으면 경정결정으로, 제시되어 있지 않다면 재조사결정으로 일응 구별할 수 있다(대법원 2016. 9. 28. 선고 2016두39382 판결 참조). 구별의 어려움에도 불구하고 구별의 필요성이 있다. 재조사결정에 따른 후행처분은 다시 심사 또는 심판의 청구가 가능하기 때문이다.

경정결정의 주문 유형은 다음과 같다.

* 추계조사결정방법이 아닌 실지조사결정방법으로 경정한다(종합소득세).
* 이자소득금액에서 5,000,000원을 차감하여 그 과세표준과 세액을 경정한다(종합소득세).
* 양도시기를 2006. 10. 22.로 하여 그 과세표준과 세액을 경정한다(양도소득세).
* 취득가액을 475,000,000원으로 하여 이를 경정한다(양도소득세).
* 기준시가 아닌 실지거래가액에 따라 양도차익을 경정한다(양도소득세).

위 예 중 일부에 대하여 재조사결정으로 보아야 한다는 견해도 있을 수 있다. 조세심판원의 결정에서 실지조사방법이 잘못되었다는 이유로 '부과처분은 추계조사방법으로 과세표준 및 세액을 경정한다.'라는 결정은 재조사결정으로 보아야 한다(위 2016두39382 판결).

(3) 경정결정과 불이익변경금지의 원칙

① 대법원 2004. 12. 9. 선고 2003두278 판결(삼성카드 사건)

『원심은, 제1심판결 이유를 인용하여, 원고가 피고의 1999. 3. 18.자 1993 사업연도분 법인세 366,785,690원의 부과처분(이하 '당초처분'이라 한다)이 부당하다고 주장하면서 국세심판원에 그 취소를 구하는 심판을 청구한 결과, 국세심판원은 원고가 1990 사업연도부터 1992 사업연도까지 사채를 할인발행하면서 사채의 표시이자율과 시장이자율의 차이에 상당하는 금액을 인수수수료라는 명목으로 사채를 인수하는 증권회사에 지급한 금액(이하 '사채인수수수료'라 한다)은 사채할인발행차금에 해당하는데도 사채발행비로 계상하여 상각한 것은 잘못된 것이므로 1993. 1. 1. 이전에 발생한 사채인수수수료에서 사채할인발행차금으로 월할 상각한 총금액 중 1992 사업연도 이전에 배분된 금액을 제외한 나머지 금액을 1993 사업연도 이후로 안분하여 그 금액을 손금산입하고 이를 지급이자로 보아 타법인 주식 등에 관련한 지급이자를 재계산하여 과세표준과 세액을 경정하라는 취지의 결정을 하였고, 이에 피고는 2000. 12. 15. 국세심판원의 결정에 따라 당초처분보다 손금산입액을 감소시켜서 1993 사업연도 법인세를 1,871,976,611원 증액하는 처분(원고가 신고한 금액을 기준으로 한 것으로서 당초처분을 기준으로 하면 1,505,190,920원이 증액된 것임, 이하 '이 사건 처분'이라 한다)을 한 사실을 인정한 다음, 국세심판원의 결정에 의하면, 1993 사업연도 법인세부과처분에 있어서 손금산입할 금액이 감소되어 결과적으로 과세표준이 증가하게 되므로 위 결정은 청구인인 원고에게 불이익이 되는 결정이라 할 것이어서 국세심판원의 결정 중 1993 사업연도 법인세부과처분에 대한 부분은 국세기본법 제79조 제2항의 불이익변경금지원칙에 위배된 당연 무효의 결정이고, 피고가 당연 무효인 국세심판원의 결정에 따라 당초처분액수보다 증액하여 한 이 사건 처분 중 당초처분액수를 초과하는 부분은 당연 무효라고 판단하였다.

관계 법령의 규정과 기록 및 기간과세로서 사업연도가 달라지면 과세단위도 달라지는 법인세의 경우, 수개의 사업연도에 대한 심판청구가 있었다 하여도 그 불이익 여부는 수개의 사업연도에 대한 법인세 전체세액을 기준으로 따질 것이 아니라 각 사업연도의 부과처분액을 기준으로 판단하여야 하는 점, 과세연도별 법인세율의 차이가 있다고 해도 달리 볼 수 없으며, 이 사건 처분 중 가산세액에 대한 부분은 본세인 법인세부과처분과 별개의 부과처분이지만 가산세액 또한 법인세의 과세표준이 증가하면서 증액된 것이므로 당초처분액수보다 증액된 부분은 마찬가지로 무효인 점 등의 법리를 고려할 때, 원심의 위와 같은 인정과 판단은 옳은 것으로 수긍이 가고, 거기에 상고이유에서 드는 바와 같은 불이익변경금지의 원칙에 대한 법리오해의 위법이 없다.』

판시취지에 의하면, 불이익변경금지의 원칙에 반하여 경정결정 후에 당초처분보다 불리한 증액경정을 하였다면 그 증액경정 중 당초처분액을 초과하는 부분은 당연무효라는 것이다.

② 대법원 2007. 11. 16. 선고 2005두10675 판결(금호렌트카 사건[4])

『3. 국세기본법상 불이익변경금지 규정 위반 여부에 관하여

국세기본법 제79조 제2항은 과세처분에 불복하는 심판청구에 대한 결정을 함에 있어서 심판청구를 한 처분보다 청구인에게 불이익이 되는 결정을 하지 못한다고 규정하고 있고, 위 조항은 국세기본법상 심사청구에 대한 결정에도 준용된다 할 것인바, 이러한 불이익변경금지는 심사결정의 주문 내용이 심사청구 대상인 과세처분보다 청구인에게 불이익한 경우에 적용되고, 과세관청이 심사결정의 이유에서 밝혀진 내용에 근거하여 탈루 또는 오류가 있는 과세표준이나 세액을 경정결정하는 경우에는 적용되지 아니한다 할 것이다.

원심이 같은 취지에서 판시와 같은 사실을 인정한 다음, 과세관청은 국세심사 결정의 이유에서 드러난 사유로 인하여 과세표준과 세액에 관련된 탈루 또는 오류가 발견된 때에는 과세권이 시효로 소멸하지 아니하는 한 이를 경정할 수 있다고 판단한 것은 정당하고, 거기에 국세기본법상의 불이익변경금지 원칙에 관한 법리오해의 위법이 없다.』

판시취지에 의하면 불이익변경금지의 원칙은, (ⅰ) 심사결정의 주문 내용이 심사청구 대상인 과세처분보다 청구인에게 불이익한 경우에 적용되고, (ⅱ) 과세관청은 심사결정의 이유에서 드러난 사유로 인하여 과세표준과 세액에 관련된 탈루 또는 오류가 발견된 때에는 이를

---

4) 피고가 원고의 19필지가 비업무용부동산에 해당한다고 보아 지급이자를 손금불산입하여 2000년 법인세 부과처분을 하였고, 이에 대하여 국세청장은 원고의 심사청구를 기각하면서 이유에서 "1996년 당시 위 19필지를 포함 원고의 25필지 전체가 비업무용부동산에 해당한다."고 설시하였다. 이후 피고는 25필지를 비업무용부동산으로 보아 1996년 법인세 부과처분을 하였고, 원고는 불이익변경금지원칙을 주장한 사안이다.

경정할 수 있고 이 경우 불이익변경금지의 원칙이 적용되지 않는다는 것이다.

③ 불이익변경금지의 원칙이 적용되는 기준설정이 필요하다. 경정결정은 물론 뒤에서 볼 재조사결정에도 마찬가지다. 다음과 같은 견해가 있어 이를 소개해본다. 결국은 앞서 본 형식적 기준설과 실질적 기준설의 대립으로 돌아간다.

（ⅰ） 첫째 견해5)

행정처분청의 입장에서 불복과정에서 알게 된 새로운 정보에 의하여 과세요건사실의 존재를 확인하게 되었다면 제척기간이나 소멸시효가 경과하지 아니한 범위 내에서는 법률에서 정한 부과절차를 취함으로써 새로운 부과처분을 행할 수는 있을 것이다. … 다만 재결 후 처분청이 재처분을 하면서 당초처분액수보다 증가하였다고 하더라도 그 증액경정사유가 탈루소득 발견 등 처분사유와 다른 것이라면 불이익변경금지의 원칙 위반의 문제는 아니다(대판 1992. 7. 14. 92누893 참조).

（ⅱ） 둘째 견해6)

2015년 특정한 거래(A)의 매출누락이 확인되어 1억 원의 종합소득세 부과처분이 이루어지고 조세심판원이 '매출누락금액에 대하여 재조사하여 경정한다'는 재조사결정을 한 뒤, ① 당초 과세한 A 거래의 매출누락 금액이 과소한 것으로 확인되어 1억 1,000만 원으로 증액경정된 경우, ② 2015년 중 A 거래 말고 B 거래도 매출누락되었다는 새로운 사실이 확인되어 1억 1,000만 원으로 증액경정된 경우를 예로 상정한 다음, 재조사결정에 따른 쟁점과 관련하여 증액경정이 이루어진 ①의 경우에는 불이익변경금지의 원칙에 반하고, 한편 새로운 사유에 따라 증액경정이 이루어진 ②의 경우 이론적으로는 불이익변경금지의 원칙에 반한다 할 것이나 어차피 제척기간 중에는 새로운 사유에 기한 증액경정처분이 가능하고 피고가 패소확정판결을 받은 후에 새로운 처분사유를 들어 증액경정을 하더라도 기속력에 저촉하지 않는다고 보는 것과 균형상 재조사결정 후 후속처분에서 이를 반영하여 증액경정처분을 하는 것이 위법하다고 보기는 어렵다.

（ⅲ） 국세기본법 기본통칙 79 - 0 … 1

소득금액 추계조사결정에 불복한데 대하여 이를 인용하는 재결에 따라 당초처분을 취소하고 실지조사한 경우 다시 결정한 과세표준이 추계결정 과세표준보다 많다고 하더라도 이는 불이익변경금지의 원칙에 위배되지 않는다.

(4) 경정결정과 불복기간(제소기간)

경정결정에 대한 불복기간(제소기간)은 그 수령일부터 기산되는가? 아니면 후속 처분, 즉 경정결정에 따른 처분의 통지를 받은 날부터 기산되는가?

---

5) 소순무, 전게서, 194면 참조.
6) 정재희, "재조사결정과 불이익변경금지의 원칙의 적용문제", 대법원 판례해설 제110호(2017), 256면 참조.

전자의 견해를 취한 대법원 1996. 7. 30. 선고 95누6328 판결을 본다.

『3. 또, 상고이유로 주장하는 바는 피고가 국세심판소로부터 결정문을 수령한 1993. 3. 23. 국세기본법 제80조 제2항, 같은 법 시행규칙 제32조에 따라 즉시 필요한 처분을 하였더라면 원고로서는 심판결정에 대한 제소기간을 넘기지 아니하고 행정소송을 제기할 수 있었을 터인데 제소기간 도과 후에야 결정을 하였고, 그것도 국세심판소의 심판결정에 따르지 아니하여 원고로서는 이를 새로운 부과처분으로 인식할 수밖에 없었기 때문에 행정심판전치주의의 목적에 비추어 이 사건 감액경정처분에 대한 불복을 인정하여야 한다는 것이다.

행정심판전치주의는 행정행위의 특수성, 전문성 등에 비추어 행정청으로 하여금 그 스스로의 재고, 시정의 기회를 부여함에 그 뜻이 있는 만큼 법률에 특별한 규정이 없는 이상 그 필요를 넘어 국민에게 지나치게 엄격한 절차를 요구할 것은 아니고 비록 그것이 조세행정소송이라고 하더라도 다를 바 없는 것이다(대법원 1986. 9. 9. 선고 86누254 판결, 1995. 3. 28. 선고 94누4868 판결 참조).

그러나, 이 사건에서 원고가 심판청구 사유로서 주장한 배율 적용방법의 위법이 심판결정에서 받아들여지지 아니하였으므로 원고로서는 그에 대하여 불복이 있는 경우에는 마땅히 그 결정을 송달받은 때로부터 적법한 제소기간 내에 행정소송을 제기하였어야 할 것이다. 원고가 위 심판결정이 위 주장도 받아들인 것이라고 보아 행정소송을 제기하지 아니하였다면 이는 원고의 귀책사유에 기한 것이라고 할 수밖에 없다.

국세기본법 제80조 제2항 및 같은 법 시행규칙 제32조는 심판청구에 대한 결정이 있은 때에는 당해 행정청이 결정의 취지에 따라 즉시 필요한 처분을 하고 그 결과를 국세심판소장에게 보고하도록 규정하고 있으나, 위 처분 및 보고 기한에 관한 사항은 훈시규정에 불과하다고 할 것이고, 이 사건에서, 위에서 본 바와 같이, 원고에게 심판결정에 대한 불복의 기회가 주어진 이상, 위 행정심판전치주의의 적용원리를 충분히 고려한다고 하더라도, 피고가 그 제소기간 도과 후에 뒤늦게 한 감액경정결정을 새로운 부과처분이라고 보거나 혹은 제소기간 도과 이전에 결정한 경우와 비교하여 볼 때 심판결정에 대한 불복기회를 박탈하는 결과가 된다고 하여 이에 대하여 불복할 수 있는 기회를 주어야 한다고 할 수는 없는 것이다. 이 점에 관한 주장도 이유 없다.』

그러나 이러한 경정결정도 처분청의 후속 처분에 의하여 내용이 보완됨으로써 새로운 결정으로서의 효력이 발생한다고 할 여지도 있다. 따라서 경정결정에 대한 불복기간(제소기간)은 경정결정 후 후속 처분의 통지를 받은 날부터 기산된다고 봄이 상당하다. 판례변경이 필요하다.

다. 재조사결정

(1) 재조사결정이란?

취소·경정 또는 필요한 처분을 하기 위하여 사실관계의 확인 등 추가적으로 조사할 필요가 있는 경우, 처분청으로 하여금 이를 재조사하여 그 결과에 따라 취소·경정하거나 필요한 처분을 하도록 하는 '인용결정'의 한 종류이다(국세기본법 제65조 제1항 제3호 단서). 재조사결정은 2016. 12. 20. 도입되었다. 재결청의 종국결정의무를 경감하기 위한 중간적 결정이다. 종전 재결청은 근거가 없음에도 이를 관행적으로 하여 왔다.

대법원은 법적 근거가 없다는 이유로 의미를 부여하지 않았다. 아래 판결로 이를 인정했다. 대법원 2010. 6. 25. 선고 2007두12514 전원합의체 판결의 요지를 본다.

『[다수의견] 이의신청 등에 대한 결정의 한 유형으로 실무상 행해지고 있는 재조사결정은 처분청으로 하여금 하나의 과세단위의 전부 또는 일부에 관하여 당해 결정에서 지적된 사항을 재조사하여 그 결과에 따라 과세표준과 세액을 경정하거나 당초처분을 유지하는 등의 후속 처분을 하도록 하는 형식을 취하고 있다. 이에 따라 재조사결정을 통지받은 이의신청인 등은 그에 따른 후속 처분의 통지를 받은 후에야 비로소 다음 단계의 쟁송절차에서 불복할 대상과 범위를 구체적으로 특정할 수 있게 된다. 이와 같은 재조사결정의 형식과 취지, 그리고 행정심판제도의 자율적 행정통제기능 및 복잡하고 전문적·기술적 성격을 갖는 조세법률관계의 특수성 등을 감안하면, 재조사결정은 당해 결정에서 지적된 사항에 관해서는 처분청의 재조사결과를 기다려 그에 따른 후속 처분의 내용을 이의신청 등에 대한 결정의 일부분으로 삼겠다는 의사가 내포된 변형결정에 해당한다고 볼 수밖에 없다. 그렇다면 재조사결정은 처분청의 후속 처분에 의하여 그 내용이 보완됨으로써 이의신청 등에 대한 결정으로서의 효력이 발생한다고 할 것이므로, 재조사결정에 따른 심사청구기간이나 심판청구기간 또는 행정소송의 제소기간은 이의신청인 등이 후속 처분의 통지를 받은 날부터 기산된다고 봄이 타당하다.

[대법관 김영란, 대법관 양승태, 대법관 안대희의 별개의견] 재조사결정은 단지 효율적인 사건의 심리를 위하여 처분청에 재조사를 지시하는 사실상의 내부적 명령에 불과하다고 보아야 할 것이므로 그로써 이의신청 등에 대한 결정이 있었다고 할 수 없고, 후속 처분에 의하여 그 효력이 발생한다고 의제할 수도 없다. 따라서 이의신청인 등에게 재조사결정이나 후속 처분이 통지되었다고 하더라도 그 후 다시 재결청이 국세기본법에 규정된 유형의 결정을 하여 이의신청인 등에게 이를 통지할 때까지는 심사청구기간 등이 진행하지 않는다고 보아야 한다.』

(2) 재조사결정 후의 과세관청의 조치

재조사결정이 있는 경우 처분청은 재조사결정일부터 60일 이내에 결정서 주문에 기재된 범위에 한정하여 조사하고 그 결과에 따라 취소·경정하거나 필요한 처분을 하여야 한다.

이 경우 처분청은 제81조의7(세무조사의 사전통지와 연기신청) 및 제81조의8(세무조사의 기간)에 따라 조사를 연기하거나 조사기간을 연장하거나 조사를 중지할 수 있다. 재조사결정에 필요한 사항은 대통령령으로 정한다. 조사는 '결정서 주문에 기재된 범위'에 한정하여야 한다. 재조사결정이 인용결정인 이상 조사범위는 그 취지에 따라 제한된다.

다만 재조사란 국세기본법 제81조의4 이하에서의 중복세무조사가 금지되는 의미의 '포괄적 세무조사'에 해당하는지 여부이다. 국세기본법 제81조의4 제2항 제4호의 문언에 의하면 재조사결정을 중복세무조사의 예외의 하나로 규정하고 있어 세무조사에 해당하는 것으로 보인다.

(3) 재조사결정에 따른 처분청의 처분에 대하여는 해당 재조사결정을 한 재결청에 대하여 심사청구 또는 심판청구를 제기할 수 있다(국세기본법 제55조 제5항 단서). 다만 재조사결정에 따른 처분청의 처분에 대하여 이의신청을 할 수 없다(제55조 제6항).

(4) 재조사결정과 불이익변경금지의 원칙 적용 여부

대법원 2016. 9. 28. 선고 2016두39382 판결(적용 긍정)

『2. 상고이유 제2점에 대하여

가. 국세기본법(이하 '법'이라 한다) 제65조 제1항, 제81조는 심판청구에 대한 결정의 유형으로 각하결정, 기각결정, 처분의 취소·경정 또는 필요한 처분의 결정을 각 규정하고 있고, 법 제79조 제2항은 "조세심판관회의 또는 조세심판관합동회의는 제81조에서 준용하는 제65조에 따른 결정을 할 때 심판청구를 한 처분보다 청구인에게 불리한 결정을 하지 못한다."라고 규정하고 있다.

심판청구에 대한 결정의 한 유형으로 실무상 행해지고 있는 재조사결정은 재결청의 결정에서 지적된 사항에 관해서 처분청의 재조사결과를 기다려 그에 따른 후속 처분의 내용을 심판청구 등에 대한 결정의 일부분으로 삼겠다는 의사가 내포된 변형결정에 해당하고, 처분청의 후속 처분에 따라 그 내용이 보완됨으로써 결정으로서 효력이 발생하므로(대법원 2010. 6. 25. 선고 2007두12514 전원합의체 판결 참조), 재조사결정의 취지에 따른 후속 처분이 심판청구를 한 당초 처분보다 청구인에게 불리하면 법 제79조 제2항의 불이익변경금지원칙에 위배되어 후속 처분 중 당초 처분의 세액을 초과하는 부분은 위법하게 된다.

나. 원심이 인용한 제1심판결 이유와 기록에 의하면, ① 피고 북인천세무서장은 원고의 종합소득세 신고내역에서 매출누락된 수입금액을 추가하여 2008년 내지 2012년 귀속 종합소득세 부과처분을 한 사실, ② 원고는 위 처분에 불복하여 조세심판원에 심판청구를 하였고, 조세심판원은 원고의 주장을 일부 받아들여 2015. 2. 6. '소득금액을 추계하여 과세표준 및 세액을 경정하라'는 결정을 한 사실, ③ 이에 피고 북인천세무서장은 소득금액을 추계하여 2008년 내지 2011년 종합소득세는 2015. 2. 12. 감액경정처분을 하였으나, 2012년 귀속 종합소득세는 2015. 2. 13. 당초 경정·고지한 세액 20,730,862원에서 9,436,211원을 추가로 부과하는 증액경정처분을 한 사실, ④ 원고는 위 증액경정처분에 대하여 재차 조세심판원에 심판청구를 제기하였으나, 조세심판원은 2015. 2. 6.자 심판결정은 재조사결정에 해당하므로 그에 따른 후속 처분은 심판청구의 대상이 되지 않는다는 이유로 원고의 심판청구를 각하한 사실 등을 알 수 있다.

다. 이와 같은 사실관계를 앞서 본 법리에 비추어 살펴보면, 조세심판원의 2015. 2. 6.자 심판결정은 과세표준과 세액을 산정하기 위한 구체적인 경정기준을 제시하지 아니한 채 소득금액을 추계조사하여 과세표준과 세액을 경정할 것을 명하고 있으므로 재조사결정에 해당하는데, 그에 따른 후속 처분 중 2012년 귀속 종합소득세 부분은 당초 처분보다 불이익하므로, 2012년 귀속 종합소득세 부과처분 중 위와 같이 증액된 부분은 위법하다고 할 것이다.

　라. 그런데도 원심은 이와 달리 피고 북인천세무서장의 추가 과세가 원고에게 불이익한 경우에 해당하지 않는다는 이유로 이 부분 처분이 적법하다고 판단하였으니, 이러한 원심의 판단에는 불이익변경금지원칙에 관한 법리를 오해하여 판결에 영향을 미친 위법이 있다. 이 점을 지적하는 상고이유 주장은 이유 있다.』

3. 전심절차 진행 중 증액경정과 절차대상의 자동교체

가. 흡수소멸설과 절차대상의 자동교체

(1) 흡수소멸설의 작용

적법한 전심절차 진행 중 증액경정처분이 있는 경우 당초처분은 증액경정처분에 흡수되어 소멸한다. 당초처분은 흔적을 남김이 없이 종국적으로 소멸하여 더 이상 존재하지 아니하는 처분 (ein nicht mehr existenter VA)으로 된다. 이 경우를 대비하여 전심절차가 중단 또는 정지된다는 규정도 없다.

(2) 절차대상의 자동교체 여부

쟁송의 대상이 되는 부과처분을 절차대상(청구의 대상, Verfahrensgegenstand)이라 한다. 절차대상은 소송물을 특정하기 위하여 청구취지에 기재되어야 한다. 전심절차 진행 중 증액경정이 있는 경우 절차대상은 자동교체되는가?

당초처분이 소멸되어 절차속행을 할 여지가 없으니 증액경정처분을 대상으로 다시 신청서를 제출하도록 하여 새로운 전심절차를 진행시켜야 한다는 견해도 있을 수 있다.

그러나 흡수소멸설에 관한 대법원의 견해가 총액주의 소송물을 전제로 한 '법창조적 조세소송법적 규율'인 이상, 소송경제 및 포괄적인 권리구제나 절차의 간명성을 위하여 전심절차의 절차대상은 당초처분에서 증액경정처분으로 자동교체된다고 봄이 옳다.7) 절차대상의 자동교체 (automatische Auswechslung)는 흡수소멸설의 작용효과에 기한 것이지 과세관청이나 조세채무자의 의사(소송행위, Prozesshandlung)에 의한 것은 아니다. 따라서 조세채무자는 새로운 전심절차를 밟을 필요가 없다. 새로운 전심절차의 제기는 오히려 부적법하다고 보아야 한다.

(3) 대법원 2013. 2. 14. 선고 2011두25005 판결

---

7) 독일 조세기본법 제365조 제3항 제1문에서 "이의절차에서 계쟁처분이 변경되거나 대체되면(geändert oder ersetzt) 새로운 행정처분이 이의절차의 대상이 된다."고 정하고 있다.

『 … 당초의 과세처분을 다투는 적법한 전심절차 진행 중에 증액경정처분이 이루어지면 당초의 과세처분은 증액경정처분에 흡수되어 독립적인 존재가치를 상실하므로, 납세자는 특별한 사정이 없는 한 증액경정처분에 맞추어 청구의 취지나 이유를 변경한 다음, 그에 대한 결정의 통지를 받은 날부터 90일 이내에 증액경정처분의 취소를 구하는 행정소송을 제기하여야 한다. … 』

절차대상의 자동교체를 수용한 중요한 판결이다. 전심기관이나 과세관청은 이 판결이 가지는 의미를 숙지하여야 한다. 전심절차 진행 중 증액경정이 이루어지는 경우가 흔히 있기 때문이다.

판시취지의 의미내용을 음미하면 다음과 같다.

(i) 당초처분이 소멸하여 더 이상 존재하지 아니함을 강조하고 있다(흡수소멸설). 이는 증액경정처분이 그 자리에 들어가 자동적으로 절차대상이 되었다는 의미이다(절차대상의 자동교체).

(ii) 절차대상의 자동교체가 아니라 신청인이 행정소송법의 절차에 따라 정규의 청구취지의 변경절차를 밟아야 하고 그 변경으로 말미암아 비로소 절차대상이 당초처분에서 증액경정처분으로 교체된다고 본다면 신청인에게 증액경정처분에 대한 새로운 절차진행을 할 수 있는 선택권이 주어지는 셈인데, 이에 관한 구체적 언급을 함이 없이 곧바로 '증액경정처분에 맞추어 청구의 취지나 이유를 변경'하여야 한다면서 선택권을 배제하고 있다.

(iii) '증액경정처분에 맞추어 청구의 취지나 이유를 변경'하여야 한다는 것은, 청구의 취지나 이유를 변경함으로써 비로소 절차대상이 변경되는 것이 아니라, 절차대상이 자동교체되었음을 전제로, 절차대상이 아닌 심판대상인 소송물을 특정하여 재구성하여야 한다는 의미이다.

(iv) 결론적으로, 대법원이 흡수소멸설을 취하면서 절차대상의 자동교체를 받아들인 것은 소송법 이론상 수미일관한 태도이다. 포괄적인 권리구제에 이바지한다는 점에서도 정당하다. 조세쟁송에 관여하는 모든 실무자, 소송대리인 및 과세관청, 조세심판원, 법원 등은 '절차대상의 자동교체'를 숙지하고 이를 전제로 절차상의 협력의무 등을 다하여야 한다. 그렇지 않으면 어려운 절차상의 문제에 봉착하기 때문이다.

나. 절차대상의 자동교체와 전심절차의 속행

(1) 전심절차를 담당하는 재결청 특히 조세심판원은 증액경정으로 인하여 절차대상이 자동교체되었음에도 처분청으로부터 증액경정사실을 통지받지 않는 한 이를 알 길이 없다. 이를 방치하면 잘못된 절차대상에 대하여 심리판단하는 셈이 된다.

이 경우 누가 주도권을 행사하여 절차대상의 자동교체를 재결청에 알리면서 전심절차를 속행할 의무가 있는가? 조세채무자가 증액경정처분을 절차대상으로 삼아 청구취지 및 원인을 변경하게 하여야 한다. 한편 과세관청도 증액경정사실을 알려 재결청으로 하여금 절차대상이 자동교체되었음을 알 수 있도록 조치함이 상당하다.

입법론상, 절차대상의 자동교체를 정하면서 전심절차 진행 중 증액경정을 하는 경우 과세관청으로 하여금 재결청에게 이를 알리도록 함은 물론, 신청인에게 증액경정으로 인하여 절차대상이 자동으로 교체되었으니 새로운 부과처분을 절차대상으로 삼아 청구취지를 변경하도록 권리구제의 교시의무를 명문화할 필요가 있다.

(2) 절차대상의 자동교체의 간과

전심절차에서 신청인이 신청취지를 변경하지 아니함으로써 재결청이 절차대상의 자동교체를 간과한 채 당초처분에 대하여 결정하였고, 이에 대하여 행정소송이 제기된 경우 어떻게 처리되어야 하는지가 문제된다.

당초처분에 대한 결정의 효력이 문제되나 전심절차의 기능이나 행정소송제도의 취지를 고려하면서 흡수소멸설의 약점을 보완하는 의미에서 이러한 결정의 효력을 인정한 다음, 자동교체된 증액경정처분이 장차 제기될 행정소송의 절차대상이 될 수 있다고 보아, 다음 단계의 행정소송으로 진행하는 것을 허용하고, 나아가 행정소송에서 그 절차대상으로 삼는 등으로 이를 시정할 수 있다고 해석함이 상당하다.

위 대법원 2011두25005 판결 중 일부를 본다.

『 … 다만 당초의 과세처분에 존재하고 있다고 주장되는 위법사유가 증액경정처분에도 마찬가지로 존재하고 있어 당초의 과세처분이 위법하다고 판단되면 증액경정처분도 위법하다고 하지 않을 수 없는 경우라면, 당초의 과세처분에 대한 전심절차의 진행 중에 증액경정처분이 이루어졌음에도 불구하고 그대로 전심절차를 진행한 납세자의 행위 속에는 달리 특별한 사정이 없는 한 당초의 과세처분에 대한 심사청구 또는 심판청구를 통하여 당초의 과세처분을 흡수하고 있는 증액경정처분의 취소를 구하는 의사가 묵시적으로 포함되어 있다고 봄이 타당하다.

따라서 이러한 경우에는 설령 납세자가 당초의 과세처분에 대한 전심절차에서 청구의 취지나 이유를 변경하지 아니하였다고 하더라도 증액경정처분에 대한 별도의 전심절차를 거칠 필요 없이 당초 제기한 심사청구 또는 심판청구에 대한 결정의 통지를 받은 날부터 90일 이내에 증액경정처분의 취소를 구하는 행정소송을 제기할 수 있다고 할 것이다.

그리고 납세자가 이와 같은 과정을 거쳐 행정소송을 제기하면서 당초의 과세처분의 취소를 구하는 것으로 청구취지를 기재하였다 하더라도, 이는 잘못된 판단에 따라 소송의 대상에 관한 청구취지를 잘못 기재한 것이라 할 것이고, 그 제소에 이른 경위나 증액경정처분의 성질 등에 비추어 납세자의 진정한 의사는 증액경정처분에 흡수됨으로써 이미 독립된 존재가치를 상실한 당초의 과세처분이 아니라 증액경정처분 자체의 취소를 구하는 데에 있다고 보아야 할 것이다. 따라서 납세자는 그 소송계속 중에 청구취지를 변경하는 형식으로 증액경정처분의 취소를 구하는 것으로 청구취지를 바로잡을 수 있는 것이고, 이때 제소기간의 준수 여부는 형식적인 청구취지의 변경 시가 아니라 증액경정처분에 대한 불복의 의사가 담긴 당초의 소 제기 시를 기준으로 판단하여야 한다. … 』

판시취지의 의미내용을 음미하면 다음과 같다.

(i) 판시이유 중 '전심절차에서 신청인이 신청취지를 변경하지 아니함으로써 재결청이 절차대상의 자동교체를 간과한 채 당초처분에 대하여 결정을 하였고, 이에 대하여 조세채무자가 제소기간 내에 행정소송을 제기한 경우' 그 행정소송의 유효성을 인정하면서, '다만 당초의 과세처분에 존재하고 있다고 주장되는 위법사유가 증액경정처분에도 마찬가지로 존재하고 있어 당초의 과세처분이 위법하다고 판단되면 증액경정처분도 위법하다고 하지 않을 수 없는 경우'를 전제요건으로 삼고 있는 부분이다. 이러한 전제요건이 필요한지는 의문이다. 당초처분과 증액경정처분 사이에 위법성 공통이 일반적으로 존재하므로 이러한 전제요건은 불필요하다고 새겨야 한다.

(ii) 판시이유 중 '당초의 과세처분에 대한 전심절차의 진행 중에 증액경정처분이 이루어졌음에도 불구하고 그대로 전심절차를 진행한 납세자의 행위 속에는 달리 특별한 사정이 없는 한 당초의 과세처분에 대한 심사청구 또는 심판청구를 통하여 당초의 과세처분을 흡수하고 있는 증액경정처분의 취소를 구하는 의사가 묵시적으로 포함되어 있다고 봄이 타당하다.'라는 부분이다. 당초처분에 대한 심사청구 또는 심판청구에 증액경정처분의 취소를 구하는 의사가 묵시적으로 포함되어 있다고 하기 보다는 절차의 간명성을 도모한다는 견지에서 이를 의제함이 옳다. 명시적이든 묵시적이든 청구인의 의사에 따라 결론을 달리한다는 것 자체가 부당하기 때문이다.

(iii) 판시이유 중 '납세자가 이와 같은 과정을 거쳐 행정소송을 제기하면서 당초의 과세처분의 취소를 구하는 것으로 청구취지를 기재하였다 하더라도, 이는 잘못된 판단에 따라 소송의 대상에 관한 청구취지를 잘못 기재한 것이라 할 것'이라는 부분이다. 이 판시부분도 절차대상의 자동교체를 전제한 것이다. '잘못된 판단'이나 '잘못 기재' 부분에서 보듯이, 이러한 전제에 서지 않는다면 '잘못'이라는 표현은 나올 수 없다.

(iv) 판시이유 중 '이때 제소기간의 준수 여부는 형식적인 청구취지의 변경 시가 아니라 증액경정처분에 대한 불복의 의사가 담긴 당초의 소 제기 시를 기준으로 판단하여야 한다.'라는 부분이다. 당초처분에 대한 절차가 적법한 이상 이후 이루어지는 청구취지의 변경은 행정소송법 제22조 소정의 기간제한을 받지 않는다는 취지이다.

(3) 전심절차에서 절차대상의 자동교체를 간과한 채 당초처분에 대하여 결정을 하였고 그 결정이 확정되었다면 어떠한가? 기각결정 또는 인용결정, 일부 인용결정을 불문한다.

절차대상의 자동교체로 증액경정처분만이 전심절차의 심판대상임에도 간과한 채 당초처분에 대하여 결정함으로써 진정한 절차대상인 증액경정처분에 대한 판단을 하지 아니한 상태이다. 당초처분에 대한 결정의 효력에 문제가 없는 것은 아니나 민사소송법 제212조 제1항(법원이 청구의 일부에 대하여 재판을 누락한 경우에 그 청구부분에 대하여는 그 법원이 계속하여 재판한다)

을 유추하여, 전심기관은 당사자의 신청 또는 직권에 의하여 심리를 재개하여 '추가결정'을 할 수 있다고 보아야 한다. 여기서 추가결정이라 함은 어떤 의미에서는 새로운 결정이라 할 것이나 기존 결정된 부분의 판단내용에 그대로 구속된다고 보아야 한다. 앞으로 연구되어야 할 과제이다.

4. 소송절차 계속 중 증액경정과 절차대상의 자동교체

가. 절차대상의 자동교체

(1) 과세관청이 하여야 하는 경정의무의 이행은 기속행위이다. 소송절차가 계속 중이더라도 증액경정사유나 감액경정사유가 있으면 경정의무를 이행하여야 함은 앞서 본 바와 같다.

적법한 소송절차 계속 중 증액경정처분이 있는 경우 당초처분은 증액경정처분에 흡수되어 소멸하여 더 이상 존재하지 아니하는 것인바, 소송절차의 절차대상은 당초처분에서 증액경정처분으로 자동교체[8])됨도 앞서 본 바와 같다.

(2) 절차대상의 자동교체는 흡수소멸설의 작용효과에 의한 것이고 과세관청이나 조세채무자의 소송행위에 의한 것은 아니다. 법원은 절차대상의 자동교체를 알 수 없으므로, 원고는 증액경정처분의 사본을 법원에 제시하여 알리면서, 이를 절차대상으로 삼아 청구취지 및 원인을 변경해야 한다. 과세관청도 법원에 증액경정처분의 사본을 제시하는 등으로 증액경정처분 사실을 알려 법원으로 하여금 절차대상의 자동교체를 간과하지 않도록 함이 상당하다.

다만 경정거부처분 취소소송이 제기된 후 증액경정이 이루어진 경우 당초 경정거부처분이 증액경정처분에 흡수되어 소멸하는 것은 아니다. 이 경우에 절차대상의 자동교체가 성립할 여지가 없다(뒤에서 보는 '한국방송공사 사건' 참조).

(3) 자동교체된 증액경정처분에 대하여 새로운 전심절차를 거칠 필요도 없고 전심절차를

---

8) 독일 조세소송법 제68조(2001. 1. 1.부터 시행)에 의하면, "계쟁 행정처분이 이의신청에 대한 결정이 고지된 후 변경되거나 대체되면 새로운 행정처분이 절차대상이 된다. 새로운 행정처분에 대한 이의신청은 그 한도 내에서 배제된다. 과세관청은 소송계속 중인 법원에 새로운 행정처분의 사본을 송부하여야 한다. … "라고 정하고 있다. 그러나 1992. 12. 31.까지는 이 같은 경우 청구취지의 변경신청(auf Antrag)에 의하여 절차대상이 될 수 있었고(신청이 강제되지는 않았다) 그 변경신청에 기간제한은 없었다. 1993. 1. 1.부터는 청구취지의 변경신청에 의하여 절차대상이 됨은 동일하나 새로운 행정처분이 발령된 후 1월 이내에 신청하도록 기간제한을 하였다(fristgebunden). 당초처분과 증액경정처분 사이를 어떻게 규율할 것인가에 대한 소송법적 문제로 수차례 개정을 거듭하던 중 2001. 1. 1. 포괄적인 권리구제를 위하여 제68조를 이 같이 개정하였다. 즉 2001. 1. 1. 개정 전에는 청구취지의 변경신청이 있어야 새로운 행정처분이 절차대상이 되었으나 개정 후에는 청구취지의 변경신청이 없더라도 새로운 행정처분이 당연히 절차대상이 된다(근거는 제68조의 규정에 의한 것이라고 한다). 개정 전후를 불문하고 청구취지의 변경신청이 필요하나 변경신청의 의미나 역할이 다르다.

밟아서도 안 된다. 당초 소송이 적법한 제소기간 내에 제기되었다면 증액경정처분에 대한 제
소기간의 준수 여부를 다시 따질 필요도 없다.9)10)

대법원 1982. 2. 9. 선고 80누522 판결

『당초처분에 존재하고 있다고 주장되는 취소사유(실체상 위법성)가 경정결정 또는 재경정 결정
에도 마찬가지로 존재하고 있어 당초처분이 위법하다고 판단되면 경정, 재경정 또한 위법하다고 하
지 않을 수 없는 경우라면 원고는 경정결정 또는 재경절 결정에 대하여 따로 전심절차를 거칠 필요
없이 청구취지를 변경하여 경정 또는 재경정 결정의 취소를 구할 정당한 사유가 있다 할 것이고 이
러한 경우 당초 소송이 적법한 제소기간 내에 제기된 것이라면 경정 또는 재경정에 대한 청구취지
의 변경의 제소기간 준수 여부는 따로 따질 필요가 없다.』

나. 절차대상의 자동교체의 간과 등

(1) 적법한 소송절차 계속 중 증액경정처분이 있는 경우로서 절차대상의 자동교체를 간과
한 채 조세채무자가 증액경정처분에 대하여 전심절차를 다시 거친 경우를 본다.

이러한 경우 자동교체를 전혀 알지 못한 곳은 법원이다. 원고나 피고는 자동교체를 알고
있음에도 법원에 알리기는커녕 아무런 행동을 하지 않았다. 모름지기 소송상태를 장악하고 소
송지휘를 하여야 하는 법원이 절차대상을 모른 채 심리를 진행하고 존재하지도 아니한 절차대
상에 대하여 종국판결을 하기에 이른 것이다. 절차대상의 자동교체가 소송법적 규율이라면 변
호사는 물론 과세관청 등 실무계는 그 의미내용을 숙지하여야 한다. 법원도 입법적 불비만을
탓할 것이 아니라 소송절차상의 대책을 세워야 한다.

대법원 2012. 11. 29. 선고 2010두7796 판결11)

---

9) 박정훈, 전게서, 428면에서, "과세처분 취소소송의 소송물은 '당초처분 및 그와 과세단위가 동일한 처분에 의
한 세액의 정당성 여부'이므로 당초처분에 대한 취소소송이 제기된 때 이미 장래의 (동일한 과세단위에 대한)
모든 경정처분에 대해서도, 동일한 소송물이기 때문에 잠재적 심판범위로서 소송계속이 성립하였다. 소송법적
으로 일단 소송계속이 성립한 후에는 당초처분이 실체법적으로 증액경정처분에 흡수되어 소멸하더라도 소송계
속은 소멸하지 않는다. 그렇기 때문에 기존의 소송계속에 의거하여, 따라서 새로운 제소에 따른 제소기간의
제한을 받지 않고, 원고는 청구취지의 변경(확장)을 통해 증액경정처분의 취소를 구할 수 있는 것이다. 다시
말해, 잠재적 심판범위에 속하여 있던 그 증액경정처분이 현실적 심판대상으로 변경된 것에 불과하다. … 이
미 경정처분이 내려진 후 이를 간과하고 당초처분에 대하여 – 그에 대한 제소기간 내에 – 취소소송을 제기한
경우에도 마찬가지로 보아야 할 것이다."라고 적고 있다.

10) 소순무, 전게서, 474면에서, "흡수설의 입장에서 증액경정처분의 경우 청구취지만을 변경하면 되므로 경정처
분에 대하여 따로 전심절차를 거치거나 청구취지 변경에 제소기간의 제약을 받지 아니한다."라고 적고 있다.

11) 사안은 다음과 같다. ① 2005. 10. 14. 부과처분(당초처분), 2006. 1. 13. 심판청구, 2007. 9. 21. 심판청구
기각, 2007. 12. 20. 소 제기, 2009. 1. 9. 원고청구 인용, 피고 항소, 항소심 계속 중인 2009. 3. 6. 청구취
지변경(주위적으로 증액경정처분의 취소를, 예비적으로 당초처분과 증액된 부분의 취소를 각 구함) ② 한편
당초처분이 제1심에 계속 중일 때인 2008. 2. 3. 증액경정처분, 2008. 5. 6. 심판청구, 2008. 12. 31. 심판청

『가. 당초의 조세부과처분에 대하여 적법한 취소소송이 계속 중에 동일한 과세목적물에 대하여 당초처분을 증액 변경하는 경정결정 또는 재경정결정이 있는 경우에 당초처분에 존재하고 있다고 주장되는 취소사유(실체상의 위법성)가 경정결정 또는 재경정결정에도 마찬가지로 존재하고 있어 당초처분이 위법하다고 판단되면 경정결정 또는 재경정결정도 위법하다고 하지 않을 수 없는 경우 원고는 경정결정 또는 재경정결정에 대하여 따로 전심절차를 거칠 필요 없이 청구취지를 변경하여 경정결정 또는 재경정결정의 취소를 구할 수 있고, 이러한 경우 당초의 소송이 적법한 제소기간 내에 제기된 것이라면 경정결정 또는 재경정결정에 대한 청구취지변경의 제소기간 준수 여부는 따로 따질 필요가 없다(대법원 1982. 2. 9. 선고 80누522 판결 등 참조).

한편 당사자 및 소송물이 동일한 소가 시간을 달리하여 제기된 경우 시간적으로 나중에 제기된 소는 중복제소금지의 원칙에 위배되어 부적법하다. 그리고 이 경우 전소와 후소의 판별기준은 소송계속의 발생시기, 즉 소장이나 소변경신청서 등이 피고에게 송달된 때의 선후에 의할 것이다(대법원 1994. 11. 25. 선고 94다12517, 12524 판결 등 참조).

나. 기록에 의하면, ① 원고들은 이 사건 각 당초처분에 대하여 적법한 전심절차를 거쳐 이 사건 소를 제기하였는데, 제1심 소송계속 중이던 2008. 2. 3. 이 사건 각 증액경정처분이 있었고, 원고들이 그에 대하여 다시 전심절차를 거쳐 원심 소송계속 중이던 2009. 3. 6. 주위적으로는 이 사건 각 증액경정처분의 취소를, 예비적으로는 이 사건 각 당초처분과 이 사건 각 증액경정처분 중 당초 세액보다 증액된 부분의 취소를 각 구하는 것으로 청구취지를 교환적으로 변경하는 내용의 청구취지변경신청서를 제출하여 2009. 3. 11. 피고에게 송달된 사실, ② 이 사건 각 당초처분과 이 사건 각 증액경정처분은 소외인 컨설팅 용역비를 손금불산입한 처분사유가 공통되는데, 원고들은 위 청구취지변경신청서 제출 전에는 물론 그 후에도 이 부분의 위법사유를 계속 주장하고 있는 사실, ③ 한편 원고들은 2009. 4. 3. 서울행정법원 2009구합13276호로 위 청구취지변경신청과 동일한 내용의 소를 별도로 제기하였으나, 같은 법원은 2010. 5. 20. 중복제소를 이유로 원고들의 위 부분 소를 각하한 사실을 알 수 있다.

다. 위와 같은 사실관계를 앞서 본 법리에 비추어 살펴보면, 원고들의 위 청구취지변경신청이 적법함을 전제로 본안에 관하여 판단한 원심의 조치는 정당하고, 거기에 행정소송에 있어 청구취지 변경에 따른 제소기간이나 소의 이익 등에 관한 법리를 오해한 잘못이 없다.』

당초처분에 대한 취소소송이 제1심 계속 중 증액경정처분이 이루어진 이상 제1심 판결의 절차대상이 증액경정처분으로 인하여 자동교체되었음은 앞서 본 바와 같다. 그런데 제1심 판결은 이를 간과한 채 당초처분에 대하여 청구인용판결을 하였다. 항소심에 이르러 원고는 증액경정처분의 취소를 구하는 청구취지변경신청을 하였다. 항소심 법원은 그 신청을 적법한 것으로 보아 본안판단에 나아갔고, 대법원은 원심의 조치를 적법하다고 보았다.

(2) 위 판결 및 대법원 2011두25005 판결을 종합하여 4가지 요점을 도출할 수 있다.

구 기각, 2009. 4. 3. 소제기, 2010. 5. 20. 중복제소를 이유로 각하.

（ⅰ）흡수소멸설에 기하여 전심절차나 소송절차의 계속 중 증액경정처분이 있다면 절차대상은 자동적으로 교체된다.

（ⅱ）절차대상의 자동교체를 간과하였다 하더라도 전심기관의 재결이나 제1심 판결의 효력은 유지된다.

（ⅲ）소 제기 또는 항소로 인하여, 재결 또는 제1심 판결(당초처분에 대한 판단부분)은, 재결이라면 제1심으로 적법하게 소송계속된 것으로 취급되고, 제1심 판결이라면 항소심으로 적법하게 이심된다.

（ⅳ）제1심 또는 항소심에서 원고는 청구취지변경신청을 할 수 있고, 법원도 그 신청에 따라 자동교체된 증액경정처분을 대상으로 심리·판단한다.

4가지 요점은 조세소송의 입법을 보완하기 위한 해석이다. 당초처분에 대하여 전부 청구인용판결을 받았다 하더라도 원고는 청구취지의 변경신청을 위하여 항소할 수 있다.

(3) 증액경정처분에 대하여 새로운 전심절차를 거쳐 소송을 제기할 수 있는가?

절차대상이 자동교체되는 한 두 개의 절차가 병존할 수는 없다. 증액경정처분에 대한 불복을 받은 새로운 전심기관으로서는 절차대상이 없으므로 각하하여야 한다. 간과하여 결정을 하였다 하더라도 그 판단은 절차대상이 될 수 없는 처분에 대한 것이다.

소송의 이중 계속은 허용될 수 없으므로 이를 간과한 채 소송이 제기되었다 하더라도 이론상 새로운 소송계속을 받아들일 수 없다. 위 대법원 2010두7796 판결(제1심 소송계속 중 증액경정처분이 이루어진 사안)은 앞서 본 2011두25005 판결(전심절차 진행 중 증액경정처분이 이루어진 사안)과 비교할 때 상호 배치된다.

(4) 대법원 2010두7796 판결의 사안을 바꾸어, 당초처분에 대한 제1심의 2009. 1. 9.자 청구인용판결이 피고의 항소없이 확정되었다면 어떻게 시정되어야 하는가?

위 4가지 요점 중 "절차대상의 자동교체를 간과하였다 하더라도 전심기관의 재결이나 제1심 판결의 효력은 유지된다."을 고려하면, 당초처분을 절차대상으로 한 판결은 유효하게 확정되었다 할 것이다. 그 판결이 확정된 이상 당초처분의 판단부분에 한하여 기판력이 발생하고 증액경정처분 중 증액된 세액부분은 민사소송법 제212조 제1항을 유추하여 원고의 신청 또는 직권에 의하여 '추가판결(追加判決)'을 할 수 있다고 새겨야 할 것으로 보인다.

여기서 추가판결이라 함은 엄밀한 의미의 것이 아니라 증액된 세액부분에 한하여 추가로 심리한 다음 하나의 세액을 산출하여 하나의 주문을 도출하는 의미의 판결이다. 다만 기존 판결의 판단내용은 존중되어야 하므로 그 부분 판단내용에 구속된다. 앞으로 연구되어야 할 과제이다.

(5) 이상의 설명은 전심기관의 결정 후로서 소 제기 전에 증액경정처분이 있는 경우에도 그대로 타당하다. 조세채무자로서는 당초결정에 대하여 행정소송을 제기한 다음 증액경정처분

에 대하여 청구취지변경신청을 거쳐야 할 것이다.

다. 대법원 계속 중 증액경정과 파기환송

당초처분에 대한 취소소송이 대법원에 계속 중 증액경정처분이 이루어진 경우 그 취급에 관한 문제이다. 제척기간의 도과가 임박한 경우 과세관청은 부득이 증액경정처분을 할 수밖에 없다. 대법원에서 청구취지변경은 불가능하므로, 이를 이유로 증액경정처분을 할 수 없다고 해석할 수는 없다. 절차대상이 자동교체되는 이상, 원심판결의 절차대상은 이미 존재하지 아니하고 청구취지의 변경도 불가능하므로, 대법원은 과세관청으로부터 이러한 사실을 전해받은 즉시 해당 사건을 파기환송하여 원심법원으로 하여금 새로운 절차대상이 된 증액경정처분의 당부를 심리·판단하도록 조치해야 할 것이다.[12) 과세관청인 피고만이 상고한 경우에도 같다.

5. 청구취지의 변경

(1) 행정소송법 및 민사소송법의 각 해당 규정이 상이하다.
행정소송법 제21조(소의 변경)

『① 법원은 취소소송을 당해 처분 등에 관계되는 사무가 귀속하는 국가 또는 공공단체에 대한 당사자소송 또는 취소소송 외의 항고소송으로 변경하는 것이 상당하다고 인정할 때에는 청구의 기초에 변경이 없는 한 사실심의 변론종결시까지 원고의 신청에 의하여 결정으로써 소의 변경을 허가할 수 있다.

② 제1항의 규정에 의한 허가를 하는 경우 피고를 달리하게 될 때에는 법원은 새로이 피고로 될 자의 의견을 들어야 한다.

③ 제1항의 규정에 의한 허가결정에 대하여는 즉시항고할 수 있다.

④ 제1항의 규정에 의한 허가결정에 대하여는 제14조 제2항·제4항 및 제5항의 규정을 준용한다.』

행정소송법 제22조(처분변경으로 인한 소의 변경)

---

12) 독일 조세소송법 127조에서, "상고심 계속 중 새로운 처분이나 변경된 처분이 절차대상이 된 경우(제68조 등), 연방재정법원은 계쟁 판결을 취소하면서 그 사건을 다시 심리판단하도록 하기 위하여 재정법원에 환송할 수 있다[Ist während des Revisionsverfahrens ein neuer oder geänderter Verwaltungsakt Gegenstand des Verfahrens geworden(§§ 68, 123 Satz 2), so kann der Bundesfinanzhof das angefochtene Urteil aufheben und die Sache zur anderweitigen Vorhandlung und Entscheidung an das Finanzgericht zurückverweisen]고 규정하고 있다. 이 규정은 앞서 본 조세소송법 제68조 개정 전·후를 불문하고 그대로 존속 중에 있다.

『① 법원은 행정청이 소송의 대상인 처분을 소가 제기된 후 변경한 때에는 원고의 신청에 의하여 결정으로써 청구의 취지 또는 원인의 변경을 허가할 수 있다.

② 제1항의 규정에 의한 신청은 처분의 변경이 있음을 안 날로부터 60일 이내에 하여야 한다.

③ 제1항의 규정에 의하여 변경되는 청구는 제18조 제1항 단서의 규정에 의한 요건을 갖춘 것으로 본다.』

민사소송법 제262조(청구의 변경)

『① 원고는 청구의 기초가 바뀌지 아니하는 한도 안에서 변론을 종결할 때(변론 없이 한 판결의 경우에는 판결을 선고할 때)까지 청구의 취지 또는 원인을 바꿀 수 있다. 다만, 소송절차를 현저히 지연시키는 경우에는 그러하지 아니하다.

② 청구취지의 변경은 서면으로 신청하여야 한다.

③ 제2항의 서면은 상대방에게 송달하여야 한다.』

민사소송법 제265조(소제기에 따른 시효중단의 시기)

『시효의 중단 또는 법률상 기간을 지킴에 필요한 재판상 청구는 소를 제기한 때 또는 제260조 제2항·제262조 제2항 또는 제264조 제2항의 규정에 따라 서면을 법원에 제출한 때에 그 효력이 생긴다.』

	유형	청구기초 변경제한 유무	형식 (서면)	신청시기 (사실심 변론 종결시까지)	법원허가 (결정) 요부	제소기간 준수의 소급효	전치요건 필요여부
행소법 §21	취소소송 →당사자소송 또는 취소소송 외의 항고소송	○	△	○	○	○	△
행소법 §22	소송계속 중 처분변경	△	△	× 처분변경이 있음을 안날로부터 60일 (행소법 §22②)	○	△	× (§22③: 요건 갖춘 것으로 간주)

민소법 §262	청구취지 또는 원인변경	○	○	○	△ (절차지연의 경우 배제)	× (청구취지 변경시) (민소법§265)	해당 없음
절차대상의 자동교체와 판례	청구취지 또는 원인변경	△	△	○ (행소법 §22② 적용 없음)	×	○	× (위법 공통시: 요건 갖춘 것으로 간주)

* △의 표시는 해당 규정이 없거나 판례에서 판시부분이 없음을 뜻함

(2) 절차대상의 자동교체를 전제하는 경우 청구취지변경을 위하여 행정소송법 및 민사소송법 중 어느 규정이 적용되는가?

앞서 본 판례에 의하면 민사소송법 제265조의 적용이 배제된다는 의미에서 민사소송법에 기한 청구취지의 변경이라 할 수 없다. 행정소송법 제22조 제1항(법원의 허가) 및 제2항(60일의 기간 제한)의 적용이 배제된다는 의미에서 행정소송법에 기한 청구취지의 변경이라 할 수도 없다.13) 즉 절차대상의 자동교체를 전제로 심판대상만을 특정하기 위한 청구취지 및 이유의 변경은 행정소송법 제22조 소정의 '처분변경으로 인한 소변경'에 해당된다고 할 수 없다.14) 그 어디에도 해당되지 않는 독특한 청구취지변경의 한 유형이라고 할 것이다.

6. 소송절차 계속 중 절차대상의 임의교체

가. 절차대상의 임의교체(행정소송법 제22조)

---

13) 소순무, 전게서, 474면에서, "행정소송법 제22조에 의하면 이 경우 법원은 원고의 신청에 의하여 결정으로 청구의 취지 또는 변경을 허가하여야 하고, 그 신청은 처분의 변경이 있음을 안날로부터 60일 이내에 하여야 할 것이지만, 조세행정소송에서 증액경정처분이 당초처분을 흡수한다는 견해를 유지하는 경우에는 그 조항을 그대로 적용하기 어렵다. 법원의 소변경 허가 없이 당연히 변경된 증액경정처분만이 소송대상이 될 것이고, 변경신청기간은 60일에 한정할 이유가 없다. 그렇지만 병존설의 입장이라면 행정소송법상의 소변경의 절차가 필요하게 될 것이다."라고 적고 있다. 소송계속 중 증액경정이 있으면 흡수설에 따라 당연히 증액경정처분만이 소송대상이 되므로, 행정소송법 제22조 소정의 소변경에 해당되지 않고, 따라서 법원의 허가도 필요 없으며 신청기간의 제한도 받지 않는다는 취지로 읽혀진다.

14) 박정훈, 전게서, 430면에서, "사건에 의하면, 처분이 '형식적으로' 변경된다는 점에서 행정소송법 제22조 제1항 소정의 '처분변경으로 인한 소변경'에 해당하는데 처분의 '실질적인' 동일성에 의거하여 동조 제2항의 기간제한은 적용되지 않는, 행정소송법상의 특수한 형태의 청구변경(청구취지변경)으로 보는 것이 타당하다."고 적고 있다.

(1) 과세관청이 소송절차 계속 중 당초처분을 취소하고 다른 부과처분을 하는 경우를, 절차대상의 자동교체와 구별하는 의미에서, 절차대상의 임의교체라 한다.

절차대상의 자동교체가 흡수소멸설의 작용효과에 기한 것이라면, 절차대상의 임의교체는 당초처분이 교체됨에 있어 과세관청의 의사가 작용하고 교체된 처분에 맞추어 원고가 청구취지를 변경하여야 한다는 점에서 구별된다. 임의교체의 경우 행정소송법 제22조(처분변경으로 인한 소의 변경)[15)]에 따라 법원의 허가를 받아 원고는 청구취지를 변경을 할 수 있고 그 신청은 처분변경이 있음을 안 날부터 60일 이내에 하여야 한다.

(2) 임의교체의 예로 귀속시기의 변경과 세목의 변경이 있다. 원고는 행정소송법 제22조 제1항에 따라 청구취지를 변경하거나, 새로운 처분에 대하여 전심절차를 원칙적으로 따로 거침이 없이 제소기간 내에 행정소송을 제기할 수도 있다.

대법원 1997. 4. 8. 선고 96누2200 판결[16)]

『과세처분의 불복절차 진행 중에 과세관청이 그대상인 처분을 변경하였는데 그 위법사유가 공통되는 경우 선행처분에 대하여 적법한 전심절차를 거친 때 등과 같이 국세청장 및 국세심판소로 하여금 기본적 사실관계와 법률문제에 대하여 다시 판단할 수 있는 기회가 부여되었을 뿐더러 납세의무자로 하여금 굳이 또 전심절차를 거치게 하는 것이 가혹하다고 보이는 등의 사유가 있는 때에는 납세의무자는 전심절차를 거치지 아니하고도 과세처분의 취소를 구하는 행정소송을 제기할 수 있다고 할 것인바(당원 1989. 11. 10. 선고 88누7996 판결, 1990. 10. 12. 선고 90누2383 판결, 1991. 5. 24. 선고 91누247 판결 등 참조), 기록에 의하면 원고는 원심에서 방위세 부과처분에 관하여도 종합소득세 부과처분과 동일한 위법사유를 들어 다투고 있을 뿐만 아니라, 원심이 확정한 바와 같이 피고가 원심에서 1991년을 그 귀속연도로 하는 당초의 종합소득세 부과처분 취소소송 계속 중에 위 처분을 취소하고 동일한 과세표준에 대하여 귀속연도를 1990년도로 변경하여 종합소득세 및 방위세를 부과함에 따라 소가 변경된 점과 종합소득세에 관한 과세근거 사실에 대한 국세청장과 국세심판소로 하여금 판단할 수 있는 기회가 이미 부여된 바 있었다는 사정을 모두 보면, 원고로 하여금 방위세 부과처분에 대하여 다시 전심절차를 거치게 하는 것은 가혹하다 할 것이므로, 전심절차를 거치지 아니하고도 그 취소를 구할 수 있다고 보아야 할 것이다.』

---

15) 소순무, 전게서, 390면에서, "처분의 변경에 의한 소의 변경은 청구의 교환적 변경이므로 종전의 소는 취하되고 신소를 제기하는 것과 동일하다."라고 적고 있다.

16) 사안의 개요를 본다. 1993. 4. 16. 1991년 귀속 종합소득세 부과처분, 원고는 전심절차를 거쳐 취소소송 제기, 피고는 1995. 8.. 16. 귀속시기가 잘못되었다는 이유로 위 부과처분을 취소하고 동일한 과세표준에 대하여 1990년 귀속 종합소득세와 방위세를 부과, 원고는 청구취지 및 원인을 변경하여 1990년 귀속 종합소득세와 방위세 부과처분의 취소를 구하면서 이에 대한 전치절차를 거치지 아니함, 원심은 행정소송법 제22조 제3항에 따라 종합소득세 부과처분에 대하여는 전심절차를 거쳤다고 볼 것이나 방위세에 대하여는 전심절차를 거치지 아니하였으므로 각하하였으나.

(3) 절차대상의 임의교체 여부가 문제되는 사안을 다음에서 본다.

나. 경정거부처분 취소소송의 계속 중 증액경정처분이 이루어진 경우와 청구취지의 변경 가부

대법원 2005. 10. 14. 선고 2004두8972 판결(한국방송공사 사건)

『납세의무 있는 내국법인의 각 사업연도 과세표준과 세액은 구 법인세법(1998. 12. 28. 법률 제5581호로 전문 개정되기 전의 것, 이하 '구 법인세법'이라 한다) 제26조의 규정에 의한 법인의 신고에 의하여 확정되는 것이지만 납세의무자가 과세표준과 세액을 신고하여 조세채무가 확정된 이후에도 과세관청이 그 신고내용에 오류 또는 탈루 등이 있다고 인정하여 구 법인세법 제32조 제2항의 규정에 따라 과세표준과 세액을 증액하는 경정처분을 하는 경우, 그 증액경정처분은 납세자의 신고에 의하여 확정된 과세표준과 세액을 그대로 둔 채 증액되는 부분만을 추가로 결정하는 것이 아니라 당초 신고확정된 과세표준과 세액에 증액부분을 포함하여 전체로서의 과세표준과 세액을 다시 결정하는 것이므로 증액경정처분이 되면 신고확정의 효력은 소멸되어 납세자는 증액경정처분만을 쟁송의 대상으로 삼을 수 있는 것이라 할 것이지만(대법원 1992. 5. 26. 선고 91누9596 판결, 1999. 5. 11. 선고 97누13139 판결 등 참조), 예외적으로 납세자의 감액경정청구에 대한 거부처분 취소소송이 제기된 후 과세관청의 증액경정처분이 이루어진 경우에는 당초신고나 감액경정청구, 감액경정청구에 대한 거부처분은 그 후에 이루어진 과세관청의 증액경정처분에 흡수·소멸되지 아니한다고 할 것이다(대법원 1987. 1. 20. 선고 83누571 판결 참조). 그런데 납세자가 감액경정청구 거부처분에 대한 취소소송을 제기한 후 증액경정처분이 이루어져서 그 증액경정처분에 대하여도 취소소송을 제기한 경우에는 특별한 사정이 없는 한 동일한 납세의무의 확정에 관한 심리의 중복과 판단의 저촉을 피하기 위하여 감액경정청구 거부처분의 취소를 구하는 소는 그 취소를 구할 이익이나 필요가 없어 부적법하다고 할 것이다.
　원심이 적법하게 확정한 사실에 의하면, 원고는 1997. 3. 31.에 1996 사업연도의 소득에 대한 법인세의 과세표준과 세액을 신고하면서 … 산출세액(부담세액)을 16,417,537,019원으로 신고한 사실, 그 후 원고는 1998. 3. 31. 피고에게 … 기납부세액 16,128,498,620원 중 15,813,723,283원을 환급하여 달라는 경정청구를 하였으나 피고로부터 거부처분을 받아 이 사건 소를 제기하기에 이른 사실, 한편 피고는 2001년경 원고에 대한 세무조사를 실시하여 2001. 9. 1. … 원고의 1996 사업연도 법인세를 16,261,962,218원 증액하는 경정처분을 한 사실, 원고는 이 사건 소와는 별도로 서울행정법원(2002구합36966호)에 증액경정처분의 취소소송을 제기하여 이 사건 감액경정청구분 15,813,723,283원과 증액경정처분에서의 차감고지세액 16,261,962,218원을 합한 세액의 취소를 구하고 있는 사실을 알 수 있는바, 사정이 그러하다면 이 사건 거부처분에 대한 취소소송이 제기된 후 이 사건 증액경정처분이 이루어져 이 사건 거부처분이 증액경정처분에 흡수되어 소멸되었다고 보기는 어려우나 원고가 납부하여야 할 전체 세액에 관계되는 증액경정처분에 대하여 취소소송을 제기하고 있는 이상 동일한 납세의무의 확정에 관한 심리의 중복이나 판단의 저촉을 피하기 위하여 전체 세액 중 신고세액의 감소에만 관계되는 이 사건 소는 그 취소를 구할 이익이나 필요가 없어 부적법하다고 할 것이다. …

원심 판시는 이유 설시에 있어서 이 사건 당초신고와 감액경정청구가 증액경정처분에 흡수되었다고 판단한 것은 잘못이나 이 사건 거부처분의 취소를 구할 이익이 없어 부적법하다는 이유로 이 사건 소를 각하한 결론에 있어서는 정당하고, 거기에 상고이유에서 드는 바와 같은 당초처분과 증액경정처분과의 관계, 조세부과처분취소소송의 소의 이익에 관한 법리를 오해하거나 판단유탈로 판결 결과에 영향을 미친 위법 등이 없다.』

판시취지는 2가지로 요약된다. 첫째, 경정거부처분 취소소송이 제기된 후 증액경정처분이 이루어진 경우 당초신고나 감액경정청구, 경정거부처분은 그 후에 이루어진 증액경정처분에 흡수·소멸되지 아니한다(흡수소멸설의 예외). 둘째, 경정거부처분 취소소송이 제기된 후 증액경정처분이 이루어져 증액경정처분에 대하여도 취소소송을 제기한 경우, 동일한 납세의무의 확정에 관한 심리의 중복과 판단의 저촉을 피하기 위하여, 경정거부처분 취소소송은 소의 이익이 없다.

여기서 경정거부처분 취소소송을 제기한 후 증액경정처분이 이루어진 경우, 증액경정처분 취소소송을 제기하지 아니하고 경정거부처분 취소소송에서 증액경정처분 취소소송으로 소의 변경을 할 수 있는지 여부이다. 양 소송의 소송물이 세액의 객관적 존부이고 모두 정당한 세액의 존부를 정하는 동일한 목적을 가진 불복수단인 이상, 별소의 제기없이 행정소송법 제22조에 따라 소의 변경을 할 수 있다 할 것이다.

다. (토지초과이득세) 예정부과처분 취소소송과 정기과세처분 취소소송의 관계

대법원 1998. 6. 9. 선고 96누17998 판결요지

『[1] 토지초과이득세 예정과세처분과 정기과세처분 등(토지초과이득세법 시행령 제40조가 정하는 납부할 세액이 없는 때에 총리령이 정하는 결정통지서에 의하여 통지하는 경우를 포함한다)은 각기 독립한 부과처분이므로 그 전심절차의 경유 여부도 원칙적으로 각 처분별로 판단하여야 하나, 예정과세처분에 대한 소송 중에 정기과세처분 등이 행하여지고 그 주장하는 위법 사유가 공통된 경우에는 당초의 예정과세처분에 대하여 적법한 전심절차를 거쳤다면 전심기관으로 하여금 기본적 사실관계와 법률문제에 대하여 다시 검토할 수 있는 기회를 부여하였다고 볼 수 있을 뿐만 아니라, 납세의무자에게 굳이 같은 사유로 정기과세처분 등에 대하여 별도의 전심절차를 거치게 하는 것은 가혹하므로, 납세의무자는 정기과세처분 등에 대하여 다시 전심절차를 거치지 아니하고도 그 취소를 구하는 행정소송을 제기할 수 있다.

[2] '나지' 소유자에 대한 토지초과이득세 예정과세처분의 취소를 구하는 소송이 제기된 후, 과

세관청이 그 소송 계속 중 정기과세처분의 부과고지를 하자, 위 나지 소유자들이 종전의 청구에 갈음하여 위 정기과세처분의 취소를 구하는 것으로 청구를 변경한 것은 행정소송법 제22조 소정의 처분의 변경으로 인한 소의 변경에 해당하지 않고, 민사소송법 제235조 소정의 청구의 변경으로서 적법한 것으로 인정한 사례.

　　[3] 토지초과이득세 정기과세처분이 있는 경우에도 예정과세처분에 대한 취소소송은 소의 이익이 있는지 여부(적극)』

라. (양도소득세) 예정결정 취소소송과 확정결정 취소소송의 관계

① 대법원 2001. 12. 27. 선고 2000두10083 판결

『과세처분이 있은 후 증액경정처분이 있는 경우, 그 증액경정처분은 당초의 처분을 그대로 둔 채 당초처분에서의 과세표준 및 세액을 초과하는 부분만을 추가로 확정하는 것이 아니라 당초의 처분에서의 과세표준 및 세액을 포함시켜 전체로서의 하나의 과세표준과 세액을 다시 결정하는 것이므로, 당초처분은 증액경정처분에 흡수되어 당연히 소멸하고 그 증액경정처분만이 쟁송의 대상이 된다 할 것이고(대법원 2000. 9. 8. 선고 98두16149 판결 등 참조), 동일 과세연도에 2개 이상의 자산이 양도되거나 2회 이상의 자산의 양도가 있는 경우에 있어서 그 양도소득세는 각 양도자산이나 양도횟수별로 계산하여 부과되는 것이 아니라 모든 자산에 대하여 하나의 양도소득세액을 산출하여 부과하여야 한다는 법리에 비추어 볼 때 양도차익예정결정을 한 후 양도차익예정결정의 과세대상을 포함한 동일 과세연도의 과세대상 전체에 대하여 양도소득세 부과처분을 하는 경우에는 이를 증액경정으로 보아야 할 것이다(대법원 1988. 2. 9. 선고 86누617 판결, 1998. 9. 22. 선고 98두8827 판결 등 참조).

　　기록에 의하면, 원고가 1996. 4. 4. 부산 강서구 신호동 29의 9 제방 331㎡ 등 10필지 토지(이하 '이 사건 토지'라 한다)를 부산광역시에 양도한 것에 대하여 피고는 1996. 12. 16. 이 사건 양도차익예정결정을 한 사실, 원고가 1996. 7. 5. 부산 강서구 신호동 29의 8 전 40㎡ 등 13필지의 토지를 부산광역시에 양도한 후 양도소득세 과세표준 확정신고를 하자, 밀양세무서장은 1998. 1. 4. 위 토지 모두에 대한 양도소득세의 과세표준 및 세액을 산출하여 1996년 귀속 양도소득세를 증액결정하여 부과·고지한 사실을 알 수 있으므로, 원고의 이 사건 소 중 양도차익예정결정의 취소를 구하는 부분은 위 1998. 1. 4.자 증액경정처분에 흡수되어 소멸된 처분을 쟁송의 대상으로 삼은 것으로 부적법하다고 할 것이다.

　　그럼에도 불구하고, 원심은 이 사건 양도차익예정결정을 항고소송의 대상이 되는 처분으로 보고, 본안에 들어가 판단하여 원고의 청구를 기각하였으니, 이 부분에 관한 원심판결은 항고소송의 대상이 되는 처분에 관한 법리오해의 위법이 있어 파기를 면할 수 없다. 다만, 이 부분은 당원이 파기 자판하기에 충분하므로, 원심판결 중 양도차익예정결정에 관한 부분을 파기하고, 이 부분에 대한 소를 각하한다.』

양도소득세가 부과과세방식이었을 때의 사안이다. 양도차익예정결정과 확정결정과의 사이에 흡수소멸설의 적용이 있음을 전제로, 양도차익예정결정은 절차대상이 될 수 없다고 파기자판 하면서 그 부분에 관한 소를 각하하였다. 대법원 2008. 5. 29. 선고 2006두1609 판결도 같은 취지이다[흡수소멸설의 적용 긍정, 제1장 제9절 나. (1) 판결 참조].

이에 대하여 다음과 같은 의문이 제기된다.

첫째, 개정된 현행법을 고려하여야 한다. 즉 확정신고납부를 하는 경우 예정신고산출세액이나 예정결정세액 등을 공제하여 납부하도록 정하고 있고(소득세법 제111조 제3항), 예정신고산출세액이나 예정결정세액에 대하여는 국세기본법에서 무신고가산세 및 과소신고·초과환급신고가산세 또는 납부지연가산세를 부과하도록 정하고 있는 점(제1장 제9절 가. [각종 예정신고 비교] 참조), 본세인 예정신고산출세액이나 예정결정세액에 증감변동이 있는 경우 가산세도 이에 따라 증감변동이 되고, 예정신고와 관련하여 부과되는 가산세 부분에 대하여는 확정신고와 관련한 가산세를 부과하지 아니하는 점(예정신고 관련 가산세와 확정신고 가산세를 명백히 구별하고 있는 점) 등이다.

이러한 법상황에 비추어 볼 때 현행법 아래에서도 대법원 판결처럼 흡수소멸설이 그대로 적용될 수 있는지 여부이다. 예정결정 후 확정결정이 이루어지면 예정결정이 가진 세액확정의 의미는 상실되고 확정결정만이 최종적인 세액확정의 의미를 가지되 다만 예정결정액은 확정결정액에서 공제되는 형식으로 정산과정을 거친다는 것인바, 대체소멸되는 것인가 아니면 흡수소멸되는 것인가의 차이가 있을 뿐 본질적인 구조상의 차이는 없는 것으로 보인다. 현행법 아래에서도 흡수소멸설(대체소멸설)이 타당한 것으로 보인다.

둘째, 흡수소멸설이 타당하다면 절차대상이 자동교체되는 것으로 보아야 할 것이다. 예정결정에 대한 취소소송의 계속 중 확정결정이 이루어지면 절차대상이 자동교체된 것으로 보아 예정결정 취소소송은 당연히 확정결정 취소소송으로 청구취지만을 변경하면 된다. 흡수소멸설에 충실하면 예정결정 취소소송에 대한 부적법 각하판결이 필요없는 것으로 보인다. 각하판결이 필요한지는 의문이다.

셋째, 양도소득세가 신고납세제도로 바뀐 현행법 아래에서 예정신고와 확정신고와의 관계에서도 흡수소멸설이 적용되는지 여부이다. 위 2006두1609 판결[제1장 제9절 6. 나. (1) 참조]에 의하면 이를 긍정하고 있다. 다만 예정신고에 기하여 이루어진 징수처분은 효력을 상실한다고 하였는데 이러한 판시취지가 맞는지 의문이다. 국세기본법 제22조의3이 적용되는 사안이라면 징수처분의 효력은 유지된다고 하여야 할 것으로 보인다.

넷째, 예정신고에 대한 경정거부처분 취소소송의 계속 중 과세관청의 확정결정이 있는 경우 흡수소멸설에 따라 절차대상이 자동교체되어 확정결정 취소소송으로 청구취지만을 변경하면 되는지 여부이다. 대법원 2005. 10. 14. 선고 2004두8972 판결(한국방송공사 사건)에 따라 흡수소멸설의 적용이 없다 할 것이다. 이 경우 확정결정에 대한 취소소송을 제기하고 경정거부처분 취소소송을 취하하면 될 것이다.

② 대법원 2011. 9. 29. 선고 2009두22850 판결[제1장 제9절 6. 나 (2) 참조]에 의하면 양도소득세 납세의무자가 예정신고를 한 후 동일한 내용의 확정신고를 한 경우 예정신고에 의하여 잠정적으로 확정된 과세표준과 세액은 확정신고에 의하여 종국적으로 확정된 과세표준과 세액에 흡수되어 소멸하는 것이 아니라 그대로 유지되고, 따라서 예정신고를 기초로 한 징수처분 역시 효력이 소멸하지 않는다는 것이다.

마. 청구취지의 확장

대법원 1999. 11. 26. 선고 99두9407 판결(택지초과소유부담금 부과처분 취소)

『행정소송이 전심절차를 거쳤는지 여부를 판단함에 있어서 전심절차에서의 주장과 행정소송에서의 주장이 전혀 별개의 것이 아닌 한 그 주장이 반드시 일치하여야 하는 것은 아니고, 당사자는 전심절차에서 미처 주장하지 아니한 사유를 공격방어방법으로 제출할 수 있는 것이며(대법원 1984. 6. 12. 선고 84누211 판결, 1988. 2. 9. 선고 87누903 판결 참조), 행정소송법 제21조와 제22조가 정하는 소의 변경은 그 법조에 의하여 특별히 인정되는 것으로서 민사소송법상의 소의 변경을 배척하는 것이 아니므로, 행정소송의 원고는 행정소송법 제8조 제2항에 의하여 준용되는 민사소송법 제235조에 따라 청구의 기초에 변경이 없는 한도에서 청구의 취지 또는 원인을 변경할 수 있는 것인바, 원고가 하나의 행정처분인 이 사건 택지초과소유부담금 부과처분 중 일부의 액수에 대하여만 불복하여 전심절차를 거치고 그 후 다시 이 사건 소송에서 위 액수에 관하여만 부과처분의 취소를 구하였다가 택지소유상한에관한법률이 헌법에 위반된다는 헌법재판소의 결정에 따라 그 청구취지를 부과처분 전부의 취소를 구하는 것으로 확장하였다고 하더라도, 이는 동일한 처분의 범위 내에서 청구의 기초에 변경이 없이 이루어진 소의 변경에 해당하여 적법하다 할 것이므로, 이와 같은 취지에서 위 확장 부분의 소가 부적법 각하되어야 한다는 피고의 주장을 배척한 원심의 조치는 옳고, 거기에 상고이유의 주장과 같은 법리오해의 위법이 있다고 할 수 없다.』

제7절

국세기본법 제22조의3

1. 2002. 12. 18. 제22조의2 신설 및 2018. 12. 31. 개정으로 제22조의3으로 이동

(1) 2002. 12. 18. 신설된 국세기본법 제22조의2(경정 등의 효력)는, 2018. 12. 31. '수정신고의 효력'을 제22조의2에서 신설하여 규정함으로써, 부득이 제22조의3으로 위치이동을 하였다.

신설된 제22조의2 제1항은 대법원 판례가 취한 흡수소멸설을 명확히 한 것이다. 제22조의2 제2항의 "제1항에 따른 국세의 수정신고는 당초 신고에 따라 확정된 세액에 관한 이 법 또는 세법에서 규정하는 권리·의무관계에 영향을 미치지 아니한다."라는 규정은 제22조의3과 규율을 같이한다.

(2) 국세기본법 제22조의3(경정 등의 효력)

> 『① 세법에 따라 당초 확정된 세액을 증가시키는 경정은 당초 확정된 세액에 관한 이 법 또는 세법에서 규정하는 권리·의무관계에 영향을 미치지 아니한다.
>   ② 세법에 따라 당초 확정된 세액을 감소시키는 경정은 그 경정으로 감소되는 세액 외의 세액에 관한 이 법 또는 세법에서 규정하는 권리·의무관계에 영향을 미치지 아니한다.』

2. 국세기본법 제22조의3에 대한 학설

감액경정처분의 경우 다수설인 일부취소설의 입장에서 이해하면 문제가 없다. 그러나 증액경정처분에 관련된 학설을 보면 다음과 같다.

① 병존설의 입장에서, 당초처분과 증액경정처분은 모두 소송의 대상이 될 수 있고, 제소기간 준수여부는 각 처분을 기준으로 별개로 판단하여야 하되, 심판의 범위는 총액주의에 의하여 당초처분과 경정처분 중 어느 처분에 불복이 있든지 간에 실체적 사유를 모두 심사할 수 있다는 견해

② 기존 판례의 입장을 유지하면서, 기본적으로 흡수설을 취하여 경정처분을 쟁송의 대상

으로 삼되, 양 처분을 전체적으로 보아 과세표준과 세액을 다시 심리, 결정하더라도 종전에 확정된 세액은 변경할 수 없고, 당초처분이 신고 또는 부과처분 등으로 확정된 경우 당해 세액에 관하여는 체납처분 등의 효력을 유지하는 쪽으로 해석하는 견해

③ 증액경정처분은 내부적으로나 외부적으로나 과세단위에 대한 주된 과세처분으로서 당초처분을 포함하는 것으로서 당초처분은 증액경정처분에 흡수되어 소멸되는 것인데(다만 징수처분 측면에서는 당초처분과 증액경정처분이 병존), 흡수설을 일관하는 경우 이미 확정된 당초처분에 근거하여 이루어진 과세관청의 납부고지나 체납처분의 효력에 있어 불합리한 결과를 방지하기 위하여 당초처분과 증액경정처분을 분리하여 법률효과를 결정할 필요가 있다는 점을 고려하여 병존적 흡수설을 취하고 있다고 보는 견해

④ 위 조항의 신설로 당초의 신고나 처분에 기초를 둔 징수처분 등의 효력에 관하여서는 입법적으로 해결이 이루어졌다고 보고, 쟁송절차에서 경정처분과 당초처분과의 관계에 관하여서는 쟁송 도중 혹은 불복기간 경과 전에 증액경정처분이 이루어진 경우 당초처분의 심리절차에서 통일적으로 심리함이 타당하지만 법적 안정성, 납세자에 의한 악용가능성, 입법취지와 문언에 비추어 이미 형식적 확정력이 발생한 당초처분은 경정처분에 대한 쟁송절차에서 재차 다툴 수 없다고 보는 병존설 입장을 취하는 견해

⑤ 증액경정처분은 그 유형에 불구하고 그 증차액에 대하여서만 효력이 발생하고 당초신고·당초결정·경정결정의 효력은 그에 대한 증액확정에도 불구하고 그 효력을 계속 유지하는 병존설에 입각한 것이나, 쟁송에서 당초확정 및 증감확정을 한 일련의 처분을 통일적, 체계적으로 심리하여야 하므로 쟁송관계에서는 흡수설의 입장이 지속될 수밖에 없으며 당초 확정처분에 대하여 쟁송이 계속되고 있는 중에 후행 증감확정처분에 대해서도 쟁송이 제기된 경우에는 병합심리하여야 한다고 보는 견해

⑥ 개정조항은, 소송물을 총액주의로 정하는 이상 흡수설은 필연적인 것이므로 흡수설의 입장을 유지하면서 당초처분에 대하여 불복을 제기하지 아니한 이상 다툴 수 없게 하고 가산세나 가산금의 효력을 그대로 유지하기 위하여 예외를 인정한 창설적 규정으로 보고, 이는 법문상의 "경정은 당초 확정된 세액에 관한 … 권리·의무관계에 영향을 미치지 아니한다"는 의미도 애초 권리의무의 단위가 소송물이므로 당초처분 부분에 관한 권리의무라는 것과 증액경정 부분에 관한 권리의무라는 것이 따로 성립할 여지가 없다고 볼 수 있는 까닭에 종래의 흡수설을 유지한 것으로 볼 수 있다는 견해

3. 국세심판원 결정(2006. 9. 8. 국심 2005서2275)

가. 사안개요

(1) 청구법인은 2000 사업연도에 지급한 종업원 급여 6.4억 원을 손비로 계상하지 않고 종업원 대여금인 자산으로 계상하는 등 사실과 다른 회계처리를 하여 법인세를 신고하였다.

(2) 과세관청은 세무조사를 하여 수입 누락금 263,616,617원, 업무무관 가지급금 인정이 자 48,735,039원, 소모품비 과다계상금 10,100,000원을 각 적출한 다음, 수입 누락금과 업무 무관 가지급금 인정이자를 익금 산입하고 소모품비 과다계상금을 손금 불산입하여, 2005. 2. 2. 청구법인에게 2000 사업연도 귀속 법인세로 170,758,490원을 경정고지하였다.

나. 청구법인과 과세관청의 각 주장

(1) 청구법인은, 국세기본법 제22조의2[1]에서 당초 확정된 세액에는 영향을 미치지 못하 도록 제한하고 있으므로 경정고지된 세액의 범위 내에서 증액경정처분의 원인이 된 사유 이외 의 다른 사유에 따른 불복청구가 가능하고, 2000 사업연도 중에 발생한 인건비를 비용으로 처 리할 경우 당기순손실이 예상되어 입찰경쟁에서 불리하여 사실과 다른 회계처리를 하였음을 과세관청이 확인하였음에도 확인된 종업원 급여 6.4억 원을 손비로 인정하지 아니한 것은 부 당하다고 주장했다.

(2) 처분청은, 청구법인이 부과처분의 해당 처분사유는 다투지 아니하고 관련이 없는 인건 비 과소계상만을 주장하나 이는 국세기본법 제22조의2에 따라 불복대상이 될 수 없다고 주장 했다.

다. 결정이유 및 주문

(1) 결정이유

"국세기본법 제22조의2 제1항에서 '당초 확정된 세액을 증가시키는 경정은 당초 확정된 세액에 관한 … '이라 하여, 경정의 효력이 미치는 범위를 세액을 기준으로 하여 증액경정이 있는 경우에도 당초에 확정된 세액에 그 효력이 미치지 못하도록 국한하고 있으므로, 불복청 구를 함에 있어서도 당초의 확정된 세액을 초과하는 범위의 세액만이 다툼의 대상이 된다고 하여야 함이 세액을 기준으로 경정의 효력을 정한 위 규정에 비추어 보아 타당성이 인정된다 하겠는바, 청구법인이 당초 법인세를 신고납부하여 확정된 세액에 대하여도, 그 경정처분으로 증액된 세액의 범위 내에서는 이를 다툴 수 있다고 판단된다."

(2) 주문

"세무서장이 2005. 2. 2. 청구법인에게 한 2000 사업연도 귀속 법인세 170,758,490원의 부과처분은, 청구법인이 2000 사업연도 결산시 과소계상한 직원급여액 640백만 원을 손금산입

---

1) 이하 종래의 판례 등을 인용하거나 설명하는 경우 국세기본법 제22조의3이 아닌 제22조의2라고 하는 경우가 있다. 해당 문맥에서 어떠한 조문을 의미하는지 구별할 필요가 있다.

하여 그 과세표준과 세액을 경정하되, 세액 000,000,000원을 한도로 감액한다."

4. 대법원 2009. 5. 14. 선고 2006두17390 판결

국세기본법 제22조의3(종전 22조의2)에 대한 최초의 판결로 많은 것을 시사하고 있다.

가. 사안개요

* 원고는 2001. 5.에 2000 사업연도 귀속 종합소득세 29,971,822원을 신고납부하였다.

* 과세관청은 가산세를 포함한 16,095,578원을 추가로 부과처분(합계 43,967,400원의 부과처분; 판결 이유상은 부과처분이 있었는지 수정신고납부 하였는지 알 수 없다. 별지 세액계산표에 의하면 부과처분이 있었던 것으로 추정된다.)을 하였고, 원고는 이를 납부하였다.

* 이후 과세관청은 가공매입세금계산서(가공경비) 기재 253,145,080원이 비용처리된 것을 발견하고 2003. 10. 10. 원고에게 증액경정처분을 하였다.

* 원고는 심판과정에서 첫째, 당초 신고과정에서 누락한 인건비 312,531,484원을 비용으로 추가공제하여야 하고, 둘째, 과세관청에서 가공경비로 본 253,145,080원 중 9,090,909원은 실지거래를 한 것이라고 주장하였다.

* 누락한 인건비에 대한 경정청구기간은 당시 2년으로, 따라서 2001. 5. 31.부터 2년 후인 2003. 5. 31.까지였다.

* 국세심판원은 2004. 11. 25. 원고의 인건비 주장은 판단하지 아니한 채 9,090,909원만을 실지거래를 한 것으로 인정하면서 이를 필요경비에 산입하도록 결정하였다. 따라서 가공경비는 244,054,171원(253,145,080원 − 9,090,909원)인 셈이다.

* 과세관청은 심판결정에 따라 가공경비를 공제부인하여 종합소득금액을 349,724,398원으로 산정하고 총결정세액을 185,422,150원으로 확정한 다음 기납부세금 43,967,400원을 공제한 잔액 141,454,750원을 납부할 것을 고지(이 사건 부과처분)하였다.

나. 제1심에서 인정된 사실과 쟁점(항소심 판결은 제1심 판결을 인용)

(1) 제1심의 인정사실과 쟁점

* 제1심은 원고주장의 인건비 312,531,484원 중 202,474,813원이 누락된 것으로 인정하였다.

* 피고는, 국세기본법 제45조의2에 기하여 당초 신고한 세액에 대하여 경정청구를 할 수 있고 국세기본법 제22조의2에 의하면 당초 확정된 세액에 대하여는 그 후의 증액경정이 영향

을 미치지 아니하는 바, 원고가 경정청구기간 내에 경정청구를 하지 않다가 이 사건 부과처분을 하자 비로소 이미 확정된 인건비 부분의 필요경비가 과소공제되었다면서 그 취소를 구하는 것은 허용될 수 없다는 취지로 다투었다.

(2) 제1심 판결

『과세처분이 있은 후에 증액경정처분이 있는 경우, 그 증액경정처분은 당초 처분을 그대로 둔 채 당초 처분에서의 과세표준과 세액을 초과하는 부분만을 추가로 확정하는 것이 아니라 당초 처분에서의 과세표준과 세액을 포함시켜 전체로서 하나의 과세표준과 세액을 다시 결정하는 것이므로, 당초 처분은 증액경정처분에 흡수되어 당연히 소멸하고 그 증액경정처분만이 쟁송의 대상이 된다(대법원 2000. 9. 8. 선고 98두16149 판결 등). 그런데 신고납세방식의 조세의 경우에도 과세대상에 관한 세액 확정을 그 내용으로 하여 과세처분과 마찬가지의 실질을 가지는 신고납부를 '당초 처분'으로, 그 후의 경정결정은 증액경정처분으로 보아 증액경정처분을 쟁송대상으로 삼을 수 있으므로, 과세방식에 따라 위와 같은 법리를 달리 풀이할 것은 아니고, 또한 신고납세방식에 관하여 감액경정청구제도가 마련되어 있다 하여 위와 같은 증액경정처분에 대한 쟁송을 방해하는 것도 아니다. 또한 국세기본법 제22조의2 규정은 증액경정처분이 당초 처분으로 확정된 세액에만 영향을 미치지 않는다고 규정하고 있을 뿐 당초 처분의 전제가 된 사실관계나 법률상의 근거의 존부에 관하여도 이를 다툴 수 없도록 규정하고 있는 것은 아니다(다만 납세자의 주장이 받아들여진다 하더라도 취소되는 세액의 범위는 증액경정된 범위에 한정될 뿐이다). 따라서 원고가 감액경정청구를 하지 아니하였거나 혹은 이 사건 부과처분의 증액경정사유와 무관한 '당초 처분'에 존재한 사유를 주장한다고 하여, 이 사건 부과처분의 취소를 구하는 것이 허용될 수 없다는 취지의 피고 주장은 이유 없다. … 이 사건 부과처분의 기초가 된 종합소득금액 349,724,398원에서 위 인정 인건비 합계 202,474,813원을 공제한 147,249,585원(349,724,398원 − 202,474,813원)이 정당한 종합소득금액이 된다.』

(3) 제1심 판결의 정리

① 흡수소멸설에 터잡아 이 사건 처분의 기초가 된 종합소득금액 349,724,398원에 포함된 가공경비 244,054,171원의 존부뿐만 아니라 원고주장의 인건비 312,531,484원의 누락 여부도 심리판단의 대상이 된다.

② 신고납세방식에 관하여 경정청구제도가 마련되어 있다 하여 증액경정처분에 대한 쟁송을 방해하는 것도 아니다. 즉 경정청구제도가 있다 하여 흡수소멸설에 터잡은 증액경정처분 취소소송의 심리범위를 제한할 수 없다(대법원 2002. 9. 27. 선고 2001두5989 판결).

③ 납세자의 주장이 받아들여진다 하더라도 국세기본법 제22조의2에 따라 취소되는 세액의 범위는 증액경정된 범위에 한정될 뿐이다.

다. 대법원 판결

『당초 신고하거나 결정된 세액을 증액하는 경정처분이 있는 경우 종래 대법원은, 납세의무자는 원칙적으로 그 증액경정처분만을 쟁송의 대상으로 삼아 취소를 청구할 수 있고, 이 경우 당초 신고나 결정이 불복기간의 경과나 전심절차의 종결로 확정되었다 하여도 증액경정처분에 대한 소송절차에서 증액경정처분으로 증액된 세액에 관한 부분만이 아니라 당초 신고하거나 결정된 세액에 대하여도 그 위법 여부를 다툴 수 있다고 판시하여 왔다(대법원 1992. 5. 26. 선고 91누9596 판결, 대법원 1999. 5. 28. 선고 97누16329 판결, 대법원 2001. 12. 27. 선고 2000두10083 판결 등 참조).

2002. 12. 18. 법률 제6782호로 개정된 국세기본법에서 신설된 제22조의2는 '경정 등의 효력'이라는 제목으로 그 제1항에서 "세법의 규정에 의하여 당초 확정된 세액을 증가시키는 경정은 당초 확정된 세액에 관한 이 법 또는 세법에서 규정하는 권리·의무관계에 영향을 미치지 아니한다"고 규정하고 있는 바, 증액경정처분은 당초 신고하거나 결정된 세액을 그대로 둔 채 탈루된 부분만을 추가하는 것이 아니라 증액되는 부분을 포함시켜 전체로서 하나의 세액을 다시 결정하는 것인 점(대법원 1992. 5. 26. 선고 91누9596 판결, 대법원 2005. 6. 10. 선고 2003두12721 판결 등 참조), 부과처분 취소소송 또는 경정거부처분 취소소송의 소송물은 과세관청이 결정하거나 과세표준신고서에 기재된 세액의 객관적 존부로서 청구취지만으로 그 동일성이 특정되므로 개개의 위법사유는 자기의 청구가 정당하다고 주장하는 공격방어방법에 불과한 점(대법원 1992. 2. 25. 선고 91누6108 판결, 대법원 1997. 5. 16. 선고 96누8796 판결, 대법원 2004. 8. 16. 선고 2002두9261 판결 등 참조)과 국세기본법 제22조의2 제1항의 주된 입법 취지는 증액경정처분이 있더라도 불복기간의 경과 등으로 확정된 당초 신고 또는 결정에서의 세액만큼은 그 불복을 제한하려는 데 있는 점 등을 종합하여 볼 때, 국세기본법 제22조의2의 시행 이후에도 증액경정처분이 있는 경우 당초 신고나 결정은 증액경정처분에 흡수됨으로써 독립된 존재가치를 잃게 된다고 보아야 할 것이므로, 원칙적으로는 당초 신고나 결정에 대한 불복기간의 경과 여부 등에 관계없이 증액경정처분만이 항고소송의 심판대상이 되고, 납세의무자는 그 항고소송에서 당초 신고나 결정에 대한 위법사유도 함께 주장할 수 있다고 해석함이 타당하다.

같은 취지에서 원심은 판시와 같은 사실을 인정한 다음, 원고가 당초 신고한 세액에 대하여 감액경정청구를 하지 아니한 채 그 세액을 증액한 피고의 이 사건 부과처분의 취소를 구하는 소송에서 당초 신고 세액에 대한 위법사유도 함께 주장할 수 있다고 판단한 것은 정당하고, 거기에 상고이유의 주장과 같은 국세기본법 제22조의2 소정의 경정 등의 효력이나 소송요건에 관한 법리오해 등의 위법이 없다.』

5. 대법원 판결이 확정한 법리

종래 대법원이 "당초 신고나 결정이 불복기간의 경과나 전심절차의 종결로 확정되었다 하여도 증액경정처분에 대한 소송절차에서 증액경정처분으로 증액된 세액부분만이 아니라 당초

신고하거나 결정된 세액에 대하여도 그 위법 여부를 다툴 수 있다."고 판시하였음에 대하여, 그 반작용으로 국세기본법 제22조의3이 입법되었음은 앞서 본 바와 같다.

가. 흡수소멸설의 유지

국세기본법 제22조의3(종전 제22조의2)이 신설되었다 하여 대법원이 일관되게 취하고 있는 흡수소멸설을 내치고 병존설을 취할 수 없다는 것이다.

즉 부과처분 후 증액경정처분이 있는 경우 그 증액경정처분은 당초처분을 그대로 둔 채 당초처분에서의 과세표준과 세액을 초과하는 부분만을 추가로 확정하는 것이 아니라 당초처분에서의 과세표준과 세액을 포함시켜 전체로서 하나의 과세표준과 세액을 다시 결정하는 것이므로, 당초처분은 증액경정처분에 吸收되어 당연히 消滅하고 그 증액경정처분만이 쟁송의 대상이 된다는 것이다.

나. 불복범위의 제한('세액만큼'의 수치적 제한)

위 판결은 국세기본법 제22조의3의 입법취지를, "증액경정처분이 있더라도 불복기간의 경과 등으로 확정된 당초 신고 또는 결정에서의 세액만큼은 그 불복을 제한하려는 데 있다."고 확인하고 있다. 형식적으로 보면 흡수소멸설의 유지에 중점을 두면서 그 근거로 국세기본법 제22조의3을 들고 있으나, 실질적으로는 국세기본법 제22조의3의 입법취지나 기능을 명확히 한 데에 의미가 있다.

다. 사견

(1) 앞서 흡수소멸설의 작용효과에서 본 바와 같이[제1장 제6절 3. 나. (3) 참조], 흡수소멸설은 대법원이 채택한 법창조적 조세소송법적 규율이다. 행정소송법에 특별한 규정이 없는 한 원칙적으로 조세실체법적 규정으로 조세소송법적 규율을 제한·개입·간섭하여서는 안 된다. 조세소송법적 규율과 조세실체법적 규율은 상호 독립적이다.

(2) 예외적으로, 국세기본법 제22조의3은 조세실체법적 규정의 하나인 비독립적·소극적 경정조항 내지 경정제한조항임과 동시에 조세소송법상의 불복범위를 정한 특수한 조항으로, 이중적 기능을 수행하고 있다. 다만 국세기본법 제22조의3과 거의 동일한 내용의 일본 국세통칙법 제29조(이 절 9. 가. 참조)에 관하여, 일본 실무계는, 대법원 판례와 같은 소송법적 기능을 부여하지 않고, 오히려 경정청구의 배타성 이론으로 불복범위의 제한의 법리("신고액을 초과하지 아니하는 부분의 취소는 인정되지 아니한다."는 원칙)를 만들어 내고 있다.

6. 국세기본법 제22조의3의 기능 및 적용범위

가. 기능

(1) 국세기본법 제22조의3 제1항과 제22조의2 제2항

국세기본법 제22조의3 제1항과 국세기본법 제22조의2 제2항은 규율내용이 동일하다. 모두 증액경정의 경우를 예상한 것이다. 다만 제22조의2 제2항이 신고납세방식의 조세에 있어 신고 후 수정신고(과세표준신고를 법정신고기한 내에 제출한 자의 수정신고로 한정한다. 이 부분은 2019. 12. 31. 신설되었다.)가 있는 경우만을 규율하는 것인 반면, 제22조의3 제1항은 그 외의 증액경정(당초신고 후 증액경정, 부과처분 후 증액경정 등)을 규율하기 위한 것이다. 유의할 점은 다음과 같다.

먼저 기한후과세표준신고(기한 후 신고)는 자체 세액의 확정효가 없으므로 이에 대한 수정신고가 가능하게 되었다 하더라도 제22조의2 제2항을 적용할 수 없다. 제22조의2 제2항은 위에서 본 바와 같이 2019. 12. 31. 개정으로 명시적으로 이를 확인하고 있다.

다음 문언상 사용되는 '이 법 또는 세법에서 규정하는 권리 · 의무관계'의 해석에 관한 것이다. 의문이 없는 바는 아니지만 조세실체법적 법률관계(권리 · 의무관계)와 조세소송법적 법률관계(권리 · 의무관계)로 나누어 이해되어야 할 것이다.

국세기본법 제22조의3 제1항(당초신고 후 증액경정, 부과처분 후 증액경정의 경우)과 제22조의2 제2항(당초 신고 후 수정신고)의 규율내용이 동일하므로 이하에서는 단지 국세기본법 22조의3에 관하여만 설명한다.

(2) 조세실체법적 기능

국세기본법 제22조의3은 '후행 증액경정처분은 그 이전에 확정된 선행처분으로 인한 권리관계에 영향을 미치는 것이 아니므로 당초신고나 당초처분에 기초를 둔 납부 · 징수유예 · 체납처분 등의 징수관련처분의 효력, 결정고지에 의한 시효중단, 징수 등의 효력 등을 그대로 유지시키기 위한 것'이라고 일반적으로 설명된다. 국세기본법 제22조의3이 어떠한 조세실체법적 기능을 수행하는지는 구체적 사안에 따라 개별적으로 판단되어야 할 것이다.

나아가 국세우선을 정하는 법정기일도 조세실체법적 문제의 하나이다. 신고납세방식에 있어 신고 후 증액경정이 이루어진 경우 당초신고한 세액의 법정기일은 당초신고일로 보아야 한다. 이 경우 흡수소멸설이 적용되어 증액경정처분만이 항고소송의 심판대상이 된다고 하여 달리 볼 수 없다(대법원 2018. 6. 28. 선고 2017다236978 판결 참조).

(3) 조세소송법적 기능

국세기본법 제22조의3의 중심적 기능은 불복범위의 제한, 즉 증액경정처분이 있더라도 불복기간의 경과 등으로 확정된 당초신고 또는 당초결정에서의 세액만큼은 그 불복을 제한하려는 데 있다.

(4) 소극적 경정규정

경정제도의 중심적 규정으로 경정청구에 관한 국세기본법 제45조의2와 '판결 등에 따른 경정'에 관한 국세기본법 제26조의2 제6항을 들 수 있고 두 규정을 적극적 경정규정이라고 한다면, 국세기본법 제22조의3은 소극적·비독립적 경정규정(경정제한규정, 상계허용규정)에 해당된다. 위 3개 조문이 경정에 있어 중핵적 역할을 수행한다.

나. 적용범위

위 판결의 '불복기간의 경과 등으로 확정된 당초 신고 또는 결정에서의 세액'이라는 표현에서 '불복기간의 경과 등'은 어떠한 경우를 가리키는가? '확정된 세액'의 '확정' 및 '세액'은 무엇을 의미하는가?

(1) 불복기간의 경과 등

① 제1차적 부과처분에 대한 불복기간의 경과로 불가쟁력이 발생한 경우를 포함함은 명백하다. 예를 들어 소득세를 신고하지 아니한 납세자에게 제1차적 부과처분을 하였는데 불복기간의 경과로 불가쟁력이 발생한 단계에서 과세관청이 다시 탈루소득이 있다면서 증액경정을 하였다면 이 경우 국세기본법 제22조의3이 적용된다.

② 국세기본법 제45조의2 제1항 후단이 '[신고 + 증액경정]의 사안'에서 최초신고세액분과 증액경정분으로 나누어 규율함으로써 부과처분의 분할을 인정하고 있다. 여기서 분할된 증액경정분에 불가쟁력이 발생한 경우 그 범위 내에서 국세기본법 제22조의3이 적용된다.

③ 사안을 바꾸어 당초신고에 대한 경정거부처분이 있었으나 불복하지 아니하여 경정거부처분에 대하여 불가쟁력이 발생했는데, 이후 증액경정처분이 있는 경우 국세기본법 제22조의3에 따라 당초신고한 세액 이하로는 다툴 수 없는지가 문제된다.[2)]

그러나 경정청구기간 5년 이내에 통상의 경정청구를 할 수 있고 동일한 사유가 아닌 한 사유마다 경정청구를 반복할 수 있는 이상, 경정거부처분의 불가쟁력의 범위는 1차적 부과처분과는 달리 경정청구의 대상이 된 구체적 사유에 국한하여 발생하는 것으로 보아야 한다. 따라서 불가쟁력이 포괄적으로 발생한다고 볼 수 없고 단지 해당 구체적 경정사유에 한하여 발생한다고 본다(불가쟁력의 개별성). 이러한 이유로 국세기본법 제22조의 3은 적용될 수 없다고 본다[제1장 제5절 2. 다. (2) 참조].

불가쟁력의 발생범위와 관련하여, 제1차적 부과처분의 불가쟁력(포괄성)과 경정거부처분의

---

2) 일본 요코하마지방재판소 1991. 6. 10. 판결에 의하면 "증액경정처분에 관하여만 불복신청을 하고 통지처분(경정거부처분)에 대하여 불복신청을 하지 않아 불가쟁력의 상태에 있는 이상, 증액경정처분에 관하여도 확정신고액 미만 부분에까지 취소를 청구하는 것은 원칙적으로 불가능하다."라고 판시하고 있다.

불가쟁력(개별성)을 구별하는 것은 세액확정절차의 '구조적 불균형'을 완화하기 위한 것이다.

④ 부과과세방식인 상속세나 증여세에 관하여 본다. 예를 들어 세액 1,000만 원의 신고 후 500만 원이 증액되어 세액 1,500만 원의 부과처분이 고지되면, 그 1,500만 원의 부과처분은 국세기본법 제45조의2 제1항 후단에 기하여 [신고 1,000만 원 + 결정으로 증가된 세액 500만 원]으로 분해된다. 납세의무자가 위 부과처분을 다투지 않고 불복기간이 지났다 하더라도, 위 부과처분 수액 1,500만 원 전부를 다툴 수 없는 것이 아니라 결정으로 증가된 세액분만 다툴 수 없고, 당초신고한 세액 1,000만 원 부분은 경정청구를 통하여 다툴 수 있다. 그 범위 내에서 국세기본법 제22조의3은 그 적용이 없거나 제한된다(대법원 2014. 6. 26. 선고 2012두 12822 판결, 제4장 제2절 2. 참조). 이는 '기한 후 신고'의 결정청구에도 그대로 타당하다.

⑤ 경정청구기간의 도과도 여기에 해당된다(대법원 2011. 6. 30. 선고 2010두20843 판결). 대법원 2012. 3. 29. 선고 2011두4855 판결[3]

『위 규정의 문언 및 위 규정의 입법 취지가 증액경정처분이 있더라도 불복기간이나 경정청구 기간의 경과 등으로 더 이상 다툴 수 없게 된 당초 신고나 결정에서의 세액에 대한 불복을 제한하려는 데에 있음에 비추어 보면, 증액경정처분이 있는 경우 당초 신고나 결정은 증액경정처분에 흡수됨으로써 독립한 존재가치를 잃게 되어 원칙적으로는 증액경정처분만이 항고소송의 심판대상이 되고 납세자는 그 항고소송에서 당초 신고나 결정에 대한 위법사유도 함께 주장할 수 있으나, 불복기간이나 경정청구기간의 도과로 더 이상 다툴 수 없게 된 세액에 관하여는 그 취소를 구할 수 없고 증액경정처분에 의하여 증액된 세액의 범위 내에서만 취소를 구할 수 있다고 할 것이다(대법원 2009. 5. 14. 선고 2006두17390 판결, 대법원 2011. 4. 14. 선고 2008두22280 판결, 대법원 2011. 4. 14. 선고 2010두9808 판결 등 참조).』

⑥ 판결이 확정되어 기판력이 발생한 경우도 포함된다. 판결확정 후 탈루소득에 대하여 과세할 수 있는 이상 조세채무자와 과세관청의 공평한 취급을 위하여 적용이 있다고 본다[제1장 제6절 5. 나. (2) 참조].

(2) 확정

확정이라 함은 불복기간이 경과하여 불가쟁력이 발생한 경우, 통상의 경정청구에 있어 경정청구기간이 도과한 경우, 판결의 확정으로 기판력이 발생한 경우 등을 의미한다. 국세기본법 제22조의3 적용에 있어서는 불가쟁력과 기판력을 동일한 평면에서 놓고 대등하게 취급하여야 할 것이다.

통상의 경정청구기간이 3년에서 5년으로 개정됨으로써 경정청구기간이 도과한 경우 적용례가 거의 없게 되었다. 다만 통상의 제척기간 10년이 적용되는 사안에서 통상의 경정청구기

---

3) 대법원 2013. 7. 11. 선고 2011두16971 판결도 동일한 취지이다.

간 5년이 지난 경우, 즉 제척기간과 경정청구기간 사이에 기간 불일치가 발생하는 경우 국세기본법 제22조의3이 적용될 여지가 있다.

(3) 세액

세액이라 함은 통상 (+)의 세액을 말한다. 부가가치세의 환급세액(신 부가가치세법 제37조 제1항, 제49조 제1항, 제57조 제1항)에도 국세기본법 제22조의3이 적용되는가? 다른 요건을 구비하는 한 국세기본법 제22조의3이 적용된다 할 것이다.

(4) 지방세에의 준용 여부

대법원 2011. 4. 14. 선고 2008두22280 판결(원고는 2004. 7. 31. 취득세 등을 신고납부하였고 당시는 구 지방세법 제72조 제1항에 따라 신고가 행정처분으로 의제되어 판결문상 신고일인 2004. 7. 31.을 '당초처분일'로 표시하고 있다. 이후 피고 군수는 2005. 6. 10. 증액경정처분을 하였다.) 중 관련부분을 본다.

『구 국세기본법(2010. 1. 1. 법률 제9911호로 개정되기 전의 것, 이하 같다) 제22조의2 제1항은 "세법의 규정에 의하여 당초 확정된 세액을 증가시키는 경정은 당초 확정된 세액에 관한 이 법 또는 세법에서 규정하는 권리·의무관계에 영향을 미치지 아니한다."고 규정하고 있다.

위 규정의 문언 내용 및 그 주된 입법 취지가 증액경정처분이 있더라도 불복기간의 경과 등으로 확정된 당초 신고나 결정에서의 세액에 대한 불복은 제한하려는 데 있는 점을 종합하면, 증액경정처분이 있는 경우 당초 신고나 결정은 증액경정처분에 흡수됨으로써 독립한 존재가치를 잃게 되어 원칙적으로는 당초 신고나 결정에 대한 불복기간의 경과 여부 등에 관계없이 증액경정처분만이 항고소송의 심판대상이 되고, 납세자는 그 항고소송에서 당초 신고나 결정에 대한 위법사유도 함께 주장할 수 있으나(대법원 2009. 5. 14. 선고 2006두17390 판결 참조), 확정된 당초 신고나 결정에서의 세액에 관하여는 취소를 구할 수 없고 증액경정처분에 의하여 증액된 세액을 한도로 취소를 구할 수 있다 할 것이다.

한편, 구 지방세법(2010. 3. 31. 법률 제10221호로 전부 개정되기 전의 것, 이하 같다) 제82조는 "지방세의 부과와 징수에 관하여 이 법 및 다른 법령에서 규정한 것을 제외하고는 국세기본법과 국세징수법을 준용한다."고 규정하고 있는 바, 여기서 말하는 '지방세의 부과'는 그 납세의무의 확정 여부와 관련이 있으므로 경정처분과의 관계에서 당초 처분의 확정 여부를 규율하는 구 국세기본법 제22조의2 제1항은 이에 관한 규정에 해당한다고 할 것이고, 구 지방세법에는 이러한 구 국세기본법 제22조의2 제1항에 상응하는 별도의 규정을 두고 있지 않으므로 구 국세기본법 제22조의2 제1항은 구 지방세법 제82조에 의하여 지방세의 경우에도 준용된다고 봄이 상당하다.

원심판결 이유에 의하면, 원심은 원고가 당초처분일인 2004. 7. 31.부터 90일 이내에 소송을 제기하거나 또는 지방세법상 이의신청, 심사청구 등의 절차를 거치지 않음으로써 당초처분에 불가쟁력이 발생하였고, 그 이후인 2005. 6. 10. 피고의 증액경정처분이 있었음은 기록상 명백하므로, 증액경정처분의 취소를 구하는 이 사건 소 중 당초처분세액의 취소를 구하는 부분은 부적법하다고 판단하였다.

앞서 본 규정과 법리 및 기록에 비추어 살펴보면 이와 같은 원심의 판단은 정당하고, 거기에 상고이유에서 주장하는 구 국세기본법 제22조의2 제1항 및 구 지방세법 제82조에 관한 법리오해 등의 위법이 없다.』

위 판결은 신고가 부과처분으로 의제되고 불복기간 경과로 불가쟁력이 발생함을 전제로, 국세기본법 제22조의3(종전 제22조의2)이 지방세에도 준용됨을 긍정했다. 이러한 경우에도 적용을 긍정하여야 하는지 의문이다.

한편으로, 신고를 행정처분으로 의제하는 입법조치로(신고를 행정처분으로 의제하는 제도가 13년 가량 존속하였음에도 대법원은 신고를 행정처분이라고 말한 적이 없고 그럼으로써 초래되는 조세채무자의 불이익을 어떻게 구제하여야 하는지에 대한 판단을 한 적도 없다. 이 사건에서 판결문상 '당초처분'이라고만 표현하였다. 제1장 제4절 6. 나. 참조), 다른 한편으로, 신고에 대하여 국세기본법상의 경정청구제도가 준용됨을 부정한 판례로 인하여, 지방세 조세채무자로 하여금 가혹한 결과를 받아들이도록 강요한 셈이 되었다. 이에 대한 반성없이 진정한 의미의 경정제도의 발전은 있을 수 없다.

다만 현재에는 지방세기본법 제36조에서 국세기본법과 동일한 규율을 하고 있다.

다. 불복범위 제한의 의미

(1) 비독립적 · 소극적 경정조항, 경정제한조항

대법원 2006두17390 판결은 비록 명시적으로 밝히고 있지는 않지만 불복기간이나 경정청구기간 등 실정법상의 기간제한으로 인하여 초래되는 경직성과 불공평, 불균형을 방지하기 위하여 일정한 요건 아래 일정한 범위 내에서 이를 조정(adjustment)할 필요성이 있다는 기본적 사상을 배경에 깔고 있다.

과세관청이 불복기간의 경과 또는 통상의 경정청구기간의 도과 또는 판결의 확정을 기다린 다음 비로소 조세채무자에게 세액을 증가시키는 등 불리한 처분을 할 우려도 없지 않은바, 이러한 경우 조세채무자는 세액의 감액요소가 존재함을 이유로 새로이 독립된 경정청구를 적극적으로 할 수는 없을 지라도, 과세관청이 한 불리한 처분에 대한 소극적 상계요소로 이를 주장할 수 있게 함이 정의와 공평에 부합한다.

이러한 기본적 사상을 담고 있는 규정이 국세기본법 제22조의3이고, 이는 비독립적 · 소극적 경정조항 내지 경정제한조항으로 보아야 한다. 뒤에서 보는 바와 같이 독일이나 미국에서도 이러한 기본적 사상에 터잡아 기간제한에도 불구하고 공평(fair and just)한 세액확정을 위하여 이를 조정하는 규정을 두고 있다.

(2) 조세채무자에 대한 소극적 의미

국세기본법 제22조의3의 주된 기능은 불복범위의 제한에 있다. 조세채무자에게 가하여지는 이러한 불복범위의 제한은 '쟁송범위 또는 취소범위의 수치적 제한'으로 연결된다. 즉 "확정된 세액을 초과하지 아니하는 부분의 취소는 허용되지 아니한다"는 원칙이 나온다.

예를 들어 당초 부과처분으로 인한 세금 100만 원에서 50만 원을 증액하여 150만 원의 증액경정처분을 하였을 경우, 다툴 수 있는 범위는 증액된 수액인 50만 원이 미치는 수치범위로 제한(100만 원보다 크고 150만 원보다 작거나 같을 때까지 미친다)되어 허용되고, 당초 확정된 세액 100만 원을 초과하지 아니하는 부분의 취소는 허용되지 않는다.

만약 원고가 확정된 세액 100만 원을 초과하지 아니하는 부분의 취소도 구하여 온다면 소각하의 판결을 하여야 한다(대법원 2011. 4. 14. 선고 2008두22280 판결, 2012. 3. 29. 선고 2011두4855 판결, 2013. 7. 11. 선고 2011두16971 판결 참조).

(3) 과세관청 등에 대한 적극적 의미

부과처분에 대한 불복기간의 경과로 불가쟁력이 발생한 경우 및 통상의 경정청구에 있어 경정청구기간이 도과한 경우, 판결의 확정으로 기판력이 발생한 경우 등에 있어, 포괄적 세무조사에 나아간 과세관청으로서는 조세채무자가 이러한 불리한 위치에 있음을 기화로 증액경정요소만 찾아내어 증액경정만을 할 수 있는 것이 아니라, 총액주의 및 흡수소멸설의 입장에서 과세표준 내용물의 교체가 가능함을 전제로 세액의 감액요소도 적극적으로 찾아내어 이를 함께 고려하여 증액경정의 범위를 정하되, 다만 증액경정을 기화로 조세채무자가 종전의 지위보다 더 좋은 위치를 점할 수는 없으므로 확정된 세액 이하로는 고려될 수 없다는 취지의, 국가의 증액경정을 제한하는 기능도 아울러 가진다는 점을 간과하여서는 안 된다(국가의 증액경정 제한).

이러한 규율내용은 조세채무자는 물론 증액경정을 하는 과세관청을 구속하며, 나아가 전심기관인 조세심판원 및 조세소송을 담당하는 법원 모두를 구속하므로, 그 범위 내에서 실체적 진실주의가 법적 안정성보다 우위에 있는 셈이 된다.

국세기본법 제22조의3이 신설되기 전에는 대법원이 흡수소멸설에 따라 전면적으로 실체적 진실주의를 추구한 반면 위 조문의 신설로 법적 안정성과의 조화 위에서 실체적 진실주의를 제한적으로 실현하고 있다.

(4) 특히 과세관청은 세무조사를 통한 증액경정을 함에 있어 국세기본법 제22조의3의 규범적 의미를 유념해야 한다. 세무조사에 있어 증액요소만 적출할 것이 아니라 조세채무자에게도 유리한 감액사유도 함께 적출하여 이를 상계하는 등으로 세액산정에 반영할 의무가 있다(제1장 제13절 6. 다. 참조).

예를 들어 세무조사과정에서 가공경비 및 누락된 인건비가 각 적출된 경우, '가공경비

1,000만 원 > 누락된 인건비 500만 원'의 관계에 있다면 상계·정산하여 차액 부분의 해당 세액만큼 증액경정을 하여야 하고, 그 이상으로 증액경정 되었다면 법원은 해당 세액을 초과 하는 부분을 취소하여야 한다. 반대로 '가공경비 500만 원 < 누락된 인건비 1,000만 원'의 관계에 있다면 과세관청으로서는 증액경정을 할 수 없으므로 이를 중지하여야 하고 만약 증액 경정처분을 하였다면 조세심판원이나 법원은 이를 취소하여야 한다.

(5) 반대의 경우(과세관청이 주장하는 경우)

통상의 제척기간이 도과한 후 조세채무자가 사정변경에 기한 경정청구를 한 경우, 과세관 청으로서는 제척기간의 도과로 새로운 부과처분을 할 수 없더라도 조세채무자의 경정청구를 제한하기 위하여 사정변경에 기한 경정청구로 감액되는 세액을 한도로, 세액의 증액요소를 주 장할 수 있다고 해석함이 정의와 공평에 부합한다.

역으로 사정변경에 기한 증액경정제도가 2017. 12. 19. 신설(국세기본법 제26조의2 제6항 제5호)됨에 따라 과세관청이 통상의 경정청구기간이 지난 후에 사정변경에 기한 증액경정을 한 경우에, 조세채무자는 경정청구기기간이 지나 경정청구를 할 수 없다 하더라도 과세관청의 증 액경정을 제한하기 위하여 사정변경에 기한 증액경정으로 증액된 세액을 한도로, 세액의 감액 요소를 주장하여 소극적으로 상계할 수 있다고 해석함이 정의와 공평에 부합한다.

(6) 대법원 2011. 4. 14. 선고 2010두9808 판결

『1. 증액경정처분이 있는 경우 당초 신고나 결정은 증액경정처분에 흡수됨으로써 독립한 존재 가치를 잃게 되어 원칙적으로 당초 신고나 결정에 대한 불복기간의 경과 여부 등에 관계없이 증액 경정처분만이 항고소송의 심판대상이 되고, 납세자는 그 항고소송에서 당초 신고나 결정에 대한 위 법사유도 함께 주장할 수 있다(대법원 2009. 5. 14. 선고 2006두17390 판결 참조).

그런데 구 국세기본법(2010. 1. 1. 법률 제9911호로 개정되기 전의 것, 이하 같다) 제22조의2 제1항은 "세법의 규정에 의하여 당초 확정된 세액을 증가시키는 경정은 당초 확정된 세액에 관한 이 법 또는 세법에서 규정하는 권리·의무관계에 영향을 미치지 아니한다"고 규정하고 있는바, 위 규정의 문언내용 및 그 주된 입법취지가 증액경정처분이 있더라도 불복기간의 경과 등으로 확정된 당초 신고나 결정에서의 세액에 대한 불복을 제한하려는데 있는 점을 고려하면, 확정된 당초 신고 나 결정에서의 세액에 관하여는 취소를 구할 수 없고 증액경정처분에 의하여 증액된 세액의 한도 내에서만 취소를 구할 수 있다 할 것이다.

나아가 과세관청이 증액경정처분 후에 당초 신고나 결정에 위법사유가 있다는 이유로 쟁송절 차와 무관하게 직권으로 일부 감액경정처분을 한 경우에는 그 실질이 증액된 세액을 다시 감액한 것이 아니라 당초 신고나 결정에서의 세액을 감액한 것인 만큼, 납세자는 이와는 상관없이 여전히 증액경정처분에 의하여 증액된 세액의 취소를 구할 수 있다.

2. (1) 원심판결 이유에 의하면, 원심은 ① 원고가 2002. 4. 1. 2001 사업연도 법인세 2,040,467,220원을 신고·납부한 사실, ② 피고는 원고가 1995년 이후부터 특수관계자에 해당하는

주식회사 oo에 건설용역을 제공한 후 지급받지 못하고 있는 미수금(이하 '이 사건 미수금'이라 한다)을 업무무관 가지급금으로 보고 그에 상응하는 차입금의 지급이자를 손금불산입하여 2007. 3. 20. 원고에게 2001 사업연도 법인세 1,080,495,074원을 증액경정한 사실(이하 '이 사건 증액경정처분'이라 한다), ③ 원고는 2007. 6. 26. '피고가 이 사건 미수금을 업무무관 가지급금으로 본 것은 부당하고, 2001 사업연도 법인세 신고 당시 손금불산입하였던 해외 현지법인 구상채권에 상응하는 차입금의 지급이자도 손금산입하여야 한다'고 주장하며 조세심판원에 심판청구를 하였는데, 피고는 위 심판청구에 관한 심리가 진행중이던 2007. 7. 23. 해외 현지법인 구상채권에 관한 원고의 주장을 받아들여 2001 사업연도 법인세 707,650,785원을 감액경정한 사실(이하 '이 사건 제1차 감액경정처분'이라 한다), ④ 조세심판원은 2008. 12. 11. 이 사건 미수금에 관한 원고의 주장을 받아들여 '이 사건 미수금과 관련하여 손금불산입한 지급이자를 손금에 산입하여 과세표준과 세액을 감액경정하되 감액경정할 세액은 이 사건 증액경정처분에 의하여 증액된 세액 1,080,495,074원을 중에서 이 사건 1차 감액경정처분에 의하여 감액된 세액 707,650,785원을 공제하고 남은 372,844,289원을 한도로 한다'는 취지의 결정을 하였고, 이에 따라 피고는 2008. 12. 23. 원고의 2001 사업연도 법인세 372,844,289원을 추가로 감액경정한 사실(이하 '이 사건 제2차 감액경정처분'이라 한다) 등을 인정한 다음, 원고가 당초 신고한 세액 2,040,467,220원은 불복기간의 경과로 더 이상 그 변경이 허용될 수 없고 이 사건 증액경정처분에 의하여 증액된 세액만이 취소의 대상이 될 수 있다고 전제하고, 원고가 조세심판원에 심판청구를 하면서 이 사건 증액경정처분에 관한 위법사유뿐만 아니라 당초 신고한 부분에 관한 위법사유까지 주장한 결과 피고가 이를 모두 받아들여 이 사건 증액경정처분에 의하여 증액된 세액을 한도로 이 사건 제1, 2차 감액경정처분을 함으로써 이 사건 증액경정처분은 모두 취소되어 더 이상 존재하지 아니함에도 이 사건 증액경정처분에 의하여 증액된 세액 1,080,495,074원 중 707,650,785원이 남았음을 전제로 그 취소를 구하는 이 사건 소는 부적법하다고 판단하였다.

(2) 그러나 앞서 본 법리에 비추어 기록을 살펴보면, 이 사건 제1차 감액경정처분의 실질은 이 사건 증액경정처분에 의하여 증액된 세액의 일부를 취소한 것이 아니라 원고의 당초 신고 부분을 일부 취소한 것에 불과하므로, 이 사건 증액경정처분에 의하여 증액된 세액 1,080,495,074원 중 이 사건 제2차 감액경정처분에 의하여 감액된 372,844,289원을 공제한 나머지 707,650,785원에 대하여는 원고가 여전히 그 취소를 구할 수 있다고 할 것이다.

그런데 원심은 이와 달리 이 사건 증액경정처분이 이 사건 제1, 2차 감액경정처분에 의하여 모두 취소됨으로써 원고가 이를 다툴 수 없다고 판단하고 말았는바, 이러한 원심의 판단에는 구 국세기본법 제22조의2 제1항에 관한 법리를 오해함으로써 판결에 영향을 미친 잘못이 있고, 이 점을 지적하는 원고의 주장은 이유 있다.』

대법원은 제1차 감액경정처분에 대하여 증액경정처분 후에 당초신고나 결정에 위법사유가 있다는 이유로 과세관청이 쟁송절차 밖에서 직권으로 일부 감액경정처분을 행한 것임을 강조하면서 그 실질이 증액된 세액을 감액한 것이 아니라 당초신고나 결정에서의 세액을 감액한 것으로 보았다. 과세관청이 쟁송절차와 무관하게 쟁송절차 밖에서 왜 이러한 조치를 하였는지 알 수 없다.

다만 원고가 주장한 해외 현지법인 구상채권에 상응하는 차입금의 지급이자 관련 수액만큼은 이유 있는 이상, 종전 국세기본법 제22조의2의 법리에 따라 상계는 가능하므로, 위 차입금의 지급이자 관련 수액만큼 이 사건 가지급금 관련 지급이자의 수액과 대등액에서 상계하여 그 해당 세액을 쟁송절차 밖에서 우선 감액한 것으로 볼 여지도 있는 것으로 생각되기도 한다.

사실인정의 문제이나 종전 국세기본법 제22조의2의 법리에 대한 흥미로운 내용이 담겨 있어 인용해 보았다.

7. 주문 표시방법

예를 들어, 당초 법인세 100만 원을 신고하였는데 과세관청이 2011. 1. 1. 50만 원을 증액하여 150만 원을 부과하였고, 원고가 150만 원의 부과처분에 대하여 취소소송을 제기하였다.

(1) 50만 원의 증액부분이 전부 위법하여 이를 취소하여야 할 때

"피고가 2011. 1. 1. 원고에게 한 법인세 150만 원의 부과처분 중 100만 원을 초과하지 아니하는 부분의 취소를 구하는 원고의 소를 각하한다.

위 부과처분 중 100만 원을 초과하는 부분을 취소한다."

(2) 50만 원의 증액부분이 전부 적법하여 원고의 청구를 기각하여야 할 때

"피고가 2011. 1. 1. 원고에게 한 법인세 150만 원의 부과처분 중 100만 원을 초과하지 아니하는 부분의 취소를 구하는 원고의 소를 각하한다.

위 부과처분 중 100만 원을 초과하는 부분을 기각한다."

(3) 50만 원의 증액부분 중 20만 원은 위법하여 이를 취소하고, 나머지는 기각하여야 할 때

"피고가 2011. 1. 1. 원고에게 한 법인세 150만 원의 부과처분 중 100만 원을 초과하지 아니하는 부분의 취소를 구하는 원고의 소를 각하한다.

위 부과처분 중 130만 원을 초과하는 부분을 취소한다.

위 부과처분 중 100만 원을 초과하나 130만 원을 초과하지 아니하는 부분을 기각한다."

8. 국세기본법 제45조의2 제1항의 개정과 국세기본법 제22조의3

다만 2010. 12. 27. 국세기본법 제45조의2 제1항이 개정됨에 따라, 통상의 경정청구가 가능한 범위라면(대법원 2006두17390 판결에서 말하는 '불복기간의 경과 등으로 확정된 당초신고 또는 결정에서의 세액'이라고 할 수 없으므로), 그 범위 내에서 비독립적·소극적 경정조항인 국세기본

법 제22조의3는 그 적용이 배제된다(제4장 제2절 1. 라. 참조, 대법원 2014. 6. 26. 선고 2012두 12822 판결 참조).

2014. 12. 23. 국세기본법 제45조의2 제1항의 개정으로 통상의 경정청구의 경정청구기간과 통상의 제척기간을 5년으로 일치시킴으로써 경정청구기간이 지난 경우 국세기본법 제22조의3이 적용될 여지가 거의 없게 되었다. 국세기본법 제22조의3의 적용범위는 그만큼 줄어들었다.

9. 입법례

가. 일본 국세통칙법 제29조

『① 제24조(경정) 또는 제26조(재경정)의 규정에 의한 경정(이하 '경정'이라 한다)으로 이미 확정되어 납부하여야 할 세액을 증가시키는 것은 이미 확정되어 납부하여야 할 세액에 관계되는 부분의 국세에 관한 납세의무에 영향을 미치지 아니한다.

② 이미 확정되어 납부하여야 할 세액을 감소시키는 경정은 그 경정에 의하여 감소된 세액에 관계되는 부분 이외의 부분의 국세에 관한 납세의무에 영향을 미치지 아니한다.

③ 경정 또는 결정을 취소하는 처분 또는 판결은 그 처분 또는 판결에 의하여 감소된 세액에 관계되는 부분 이외의 부분의 국세에 관한 납세의무에 영향을 미치지 아니한다.』

증액경정 및 감액경정이 있는 경우나 경정 또는 결정을 취소하는 처분 또는 판결이 있는 경우, 이미 확정되어 납부하여야 할 세액의 납세의무나 전에 행하여진 신고, 경정 또는 결정에 어떠한 영향을 주는지에 관하여 규율하고 있다고 설명된다.

일본 실무에서 위 규정이 '불복범위의 제한'과 같은 조세소송법상의 기능을 수행하는 것으로 보고 있지는 않음은 앞서 본 바와 같다. 국세기본법 제22조의3과 같은 조세소송법적 기능은 경정청구의 배타성 이론으로 일부 해결하는 것으로 보인다. 국세통칙법 제29조의 문언이 우리나라 국세기본법 제22조의3과 유사함에도 전혀 다른 해석을 하고 있다.

나. 독일

* 조세기본법 제177조(실체적 오류의 시정)

『(1) 조세채무자에게 불리하게 조세결정을 폐지 또는 변경하는 경우, 그 변경이 미치는 범위 내에서만, 실체적 오류가 있는 이상 그 실체적 오류가 조세결정의 폐지 또는 변경에 직접적 원인이 되지 않았다 하더라도, 그 실체적 오류는 조세채무자에게 유리하든 불리하든 시정되어야 한다.

(2) 조세채무자에게 유리하게 조세결정을 폐지 또는 변경하는 경우, 그 변경이 미치는 범위 내

에서만, 실체적 오류가 있는 이상 그 실체적 오류가 조세결정의 폐지 또는 변경에 직접적 원인이 되지 않았다 하더라도, 그 실체적 오류는 조세채무자에게 유리하든 불리하든 시정되어야 한다.

(3) 위 제1항 및 제2항의 실체적 오류라 함은, 조세확정과 관계되는 제129조의 명백한 오류를 포함하여, 법률에 의하여 성립된 세액과 일치하지 아니하는 모든 오류를 말한다.

(4) 생략.』

* 조세기본법 제351조(다른 행정행위의 구속력)[4]

『(1) 불가쟁력이 발생한 행정행위를 변경하는 행정행위는 그 변경이 미치는 범위 내에서만 다툴 수 있다. 다만 행정행위의 경정에 관한 규정에서 달리 규정하는 경우에는 그러하지 아니하다.

(2) 기초결정으로서의 결정은 오로지 해당 결정의 취소를 요구하는 것에 의하여만 다툴 수 있고, 그 기초결정에 터잡은 후행결정의 취소를 구하는 것에 의하여 다툴 수 없다.』

* 조세소송법 제42조(소 적격의 물적 범위)[5]

『조세기본법에 의하여 발령된 변경결정 및 후행결정은 전심절차에서 취소를 구할 수 있는 범위를 초과하여 다투어질 수 없다.』

독일은 조세기본법 제172조부터 제176조까지 경정규정을 두고, 감액경정이든 증액경정이든 구분함이 없이 경정조항에 해당하는 요건을 갖춘 경우에만 경정할 수 있도록 정하고 있다. 이를 '사항적 경정'이라 한다. 따라서 경정사유에 해당하더라도 전체펼치기(Gesamtaufrollung)를 할 수 없고, 해당 사유의 경정만을 위하여 이미 발생한 존속력은 그 경정범위 내에서 돌파된다. 경직된 경정제도에서 발생하는 불공평을 제한된 범위 내에서 해소하기 위하여 보충규정으로 제177조를 두고 있다. 제177조는 제한된 범위 내에서 '과세표준 내용물의 전체펼치기 및 반복펼치기(Wiederaufrollung)'를 가능케 한다.

강학상 제172조부터 제176조까지를 독립적 경정조항 또는 적극적 경정조항, 제177조를 비독립적·소극적 상계조항(passiver Saldierungstatbestand)이라고 부른다.[6] 조세기본법 제177조

---

4) 독일의 유일한 전심절차인 '이의절차'에 위치하고 있다. 경정규정인 제177조가 이의절차에서 어떻게 적용되는지를 명확히 하고 있다. 나아가 불가쟁력이 발생한 행정행위라 하더라도 경정에 관한 규정에서 달리 규정하는 경우에는 그 다툼의 범위가 달라진다고 정하고 있음에 유의하여야 한다. 불가쟁력과 경정규정과의 관계까지 염두에 두고 입법하고 있다.

5) 조세기본법 제351조와의 관계를 명확히 하기 위한 것이다. 제177조가 조세소송에서 어떻게 적용되는지를 명확히 하고 있다. 경정규정이 조세소송법상의 불복범위를 정함에 있어 적극적 역할을 할 수 있음을 나타낸다. 아울러 위 3개 조문의 관련성을 이해하여야 한다.

6) Tipke/Lang, 전게서, 제21장 447문단 참조.

는 국세기본법 제22조의3과 비슷한 기능을 담당한다.

다. 미국

(1) 형평법상 공제의 원칙(Equitable Recoupment)[7]과 상계(Setoff)의 원칙

세액확정기간(Time Limit on Assessment, S/L on Assessment)은 원칙적으로 과세표준신고서가 접수된 이후 3년이다(내국세입법 제6501조). 조세채무자의 환급청구(The Refund Claim, Claim for Refund)는 과세표준신고서를 접수한 날부터 3년과 세금을 완납한 날부터 2년 중 늦게 도래하는 기간 내에 행사되어야 한다(제6511조).[8] 위 세액확정기간 및 환급청구기간을 통칭하여 기간제한규정(The Statutes of Limitations, S/L)이라 한다(자세한 것은 제1장 제10절 2. 나 참조).

기간제한규정의 엄격성이나 경직성으로 말미암아 국가나 조세채무자 중 어느 일방이 일관되지 아니하고 전후 모순된 입장(inconsistent positions)을 취함으로 인하여 반대편 당사자에게 불공평(unfairness)이 초래될 수도 있다.

미국법원은 가능한 한 국가와 납세의무자 모두에게 공평한(fair and just) 결과를 가져오도록 해석하여 왔는데 그 해석원칙 중 하나가 '형평법상 공제의 원칙'(Equitable Recoupment)이다. 독립된 소송으로 주장될 수 없고 오로지 특정 소송에서 수동적으로 공제의 방법으로만 주장되어야 한다.[9] 나머지 하나가 '형평법상 상계의 원칙'(Equitable Setoff)이다.[10]

---

7) 초판에서 '형평법상 변상의 원칙'이라고 번역했다. Recoupment란 원고 청구금액의 일부를 공제할 것을 요구하는 것을 의미하므로 '형평법상 공제의 원칙'으로 바꾼다.

8) 행정절차상의 청구로서 the IRS Service Center에 청구하여야 한다. 청구 후 6월이 지날 때까지 세무관청이 응답을 하지 않거나 환급거부결정을 한 경우 환급청구소송(Suit for refund of overpaid tax)을 제기할 수 있다. 환급청구소송은 환급거부결정통지를 받은 후 2년 내에 제기되어야 한다.

9) W. Patrick Cantrell, Federal Tax Procedure for Attorneys, ABA(2008), 197면에서, 형평법상 공제의 원칙(Equitable Recoupment)을 다음과 같이 적고 있다. "통상 모순된 법이론(inconsistent legal theories)에 터잡은 이중과세(double taxation)에 노출된 조세채무자가 방어수단으로 주장하는 원칙이다. 전형적으로 조세채무자는 기간제한으로 청구가 불가능한 조세환급금(refund)을 추가고지된 세액(deficiency)에서 공제(상계)하기를 원한다. 4가지 요건이 요구된다. ① 쟁점과 관련된 단일한 거래 또는 과세사건이 있어야 한다. ② 이 거래는 모순된 법이론에 터잡아 이중과세에 노출되어야 한다. ③ 공제(상계) 대상으로 주장되는 사항은 기간제한에 걸려 독립적으로 환급청구를 할 수 있는 대상이 될 수 없어야 한다. ④ 잘못된 세금을 지급한 자와 이러한 공제를 구하는 자 사이에 이해관계의 일치(identity of interest)가 있어야 한다."라고 하면서 다음과 같은 예를 든다. "예: 피상속인이 #1 사망하였고, 상속재단은 #2 주식을 주당 500$로 쳐서 그 주식가액이 상속가액에 반영된 상속세 신고를 하였다. 상속재단은 #2 주식을 주당 900$에 처분하여 이를 상속인인 수익자에게 배분하였고, 수익자는 주당 차액 400$를 소득세로 신고하여 납부하였다. 과세관청은 #5 상속세 신고를 조사하여 주식가액의 평가가 잘못되었다면서 추가고지를 하였다. #7 조세법원은 과세관청의 결정을 지지하였다. 당시 #2 신고한 소득세 중 초과납부세액은 기간제한의 도과로 환급청구를 할 수 없었다. 수익자는 추가고지세액에 대하여 초과납부세액만큼 공제하여 줄 것을 요구하였다."라고 적고, 위 예라면 4가지 요건을 갖추었으므로 '형평법상 공제의 원칙'이 적용된다고 한다.

10) Setoff(상계)와 Recoupment(공제)의 구별은 다음과 같이 설명된다. Setoff(상계)는 원고가 제기한 소송 가운

아래에서 보는 Lewis v. Reynolds 판결(1932년) 및 Bull v. United States 판결(1935년), Stone v. White 판결(1937년) 등 3개의 판결은 1938년 제정된 기간제한의 경감규정(제1311조 내지 제1314조)의 탄생 배경이 된 것으로 보인다(First National Bank of Omaha v. United States, United States Court of Appeals, Eighth Circuit, 1977).

Bull 판결에서의 'immoral', 'fraud in law' 등의 표현은 많은 점을 시사하고 있고 미국 대법원은 조세사건이 아닌 일반사건에서도 이 판결을 자주 인용하였다고 한다.

우리나라의 경정법체계 특히 국세기본법 제22조의3, '모순된 세액확정에 기한 경정청구', '판결 등에 따른 경정' 등을 이해함에 있어 세 판결은 중요하다.

(2) Bull v. United States 판결(U. S. Supreme Court 1935)

형평법상 공제의 원칙을 최초로 인정한 판결이다. 파트너십의 구성원 중 한 사람이 1920. 2. 13. 사망하였다. 파트너십 계약서에 의하면 잔존 구성원은 구성원의 사망 후 1년 동안 종전과 같이 사업을 영위할 수 있고 그 이익은 사망한 구성원의 상속재단에 분배한다는 내용이 담겨 있었다. 정부는 그 약정에 터잡아 상속재단에 대하여 파트너십으로부터 수령하는 1년간의 이익을 상속세로 납부할 것을 요구하여 납세자는 1921. 6. 및 같은 해 8. 상속세를 납부하였다. 그런데 정부는 1925. 7. 동일한 이익이 소득세 과세대상에 해당한다는 이유로 소득세를 추가고지(notice of deficiency)하였다. 납세자는 1925. 9. 5. 그 추가고지에 대하여 Board of Tax Appeals(Tax Court의 전신)에 이의를 제기하였으나 BTA는 추가고지가 정당하다는 이유로 이의신청을 기각하였다. 납세자는 1928. 4. 14. 해당 세액을 전액 납부한 다음 같은 해 7. 11. 행정절차로 과세관청에 환급신청(Claim of Refund)을 했으나 1929. 5. 8. 거절되었다.

납세자는 법원(the Court of Claims)에 환급청구소송을 제기하면서 소득세와 상속세 중 어느 세목의 과세대상인지 선택적 청구에 대한 판단을 구하였다. 즉 소득세 과세대상이 아니라 상속세 과세대상이므로 소득세 추가고지는 부당하고, 만일 그 추가고지가 정당하다면 잘못 지급된 상속세 해당 세액만큼 추가고지된 소득세액에서 공제되어야 한다고 주장하였다.

하급심 법원은 소득세 징수가 정당하나 상속세 환급은 기간제한규정상의 청구기간이 지났으므로 소송의 심리대상이 될 수 없다는 취지로 판결하였다.

연방대법원은 원고 상고를 허가한 다음 원심판결을 파기하였다. 이유 중 필요한 부분만을

데 피고가 원고에 대하여 가진 반대채권을 주장하는 것으로, 반대채권은 원칙적으로 액수가 확정된 금전채권으로 원고의 청구원인과는 별개의 독립된 원인에 입각한 채권임을 필요로 한다. 상계는 피고를 위한 제도이므로 소송에서 그 행사가 강제되지 아니하고 별도 소송에서 주장해도 된다. 반면 Recoupment(공제)는 원고의 청구원인과 동일한 법률행위 또는 동일한 사건 또는 거래에 유래되는 액수 미확정의 공제요구를 말하는 것으로, 예를 들어 계약위반으로 소구당한 피고가 원고에게도 위반이 있다고 하여 배상을 요구하면서 공제를 요구하는 것이다. 피고의 방어수단이기 때문에 피고가 적극적으로 무엇을 얻을 수는 없고 피고의 공제요구 금액이 원고 청구금액을 상회하더라도 후일 다른 소송에서 차액을 청구하지 못한다.

요약하여 정리하면 다음과 같다.

① 소득세 부과가 정당하고 상속세 부과는 정당하지 않다. 동일한 돈이 상속세 및 소득세의 부과대상이 되어 각 세액의 계산에 포함된 것은 이중과세(double taxation)로 그 자체 모순·저촉(inconsistent)에 해당된다.

② 원고는 잘못 납부된 상속세에 대하여 비록 기간제한규정상의 기간 도과로 환급청구소송을 제기할 수 없다 하더라도, 정부가 해당 상속세액을 보유하는 것 자체가 불법으로 이 사건 소득세 환급청구소송에서 마땅히 구제되어야 한다. 그렇다면 어떠한 이론으로 이 사건 소송에서 정부의 불법적인 상속세액의 보유를 시정할 수 있는지 여부이다.

만약 소득세의 부족세액에 대한 정부의 청구권이 소송의 쟁점이라고 한다면(현행법의 규정과 달리 정부가 통상의 민사소송으로 납세자에게 그 청구권을 행사하도록 하고 판결에 따라 집행하게끔 정하고 있다고 가정한다면), 두 세목이 동일한 거래(transaction)에 터잡은 한, 기간제한의 규정으로 상속세액의 환급을 독립한 소송으로 주장할 수 없다 하더라도, 납세자는 정부의 청구권에 대한 항변으로 상속세 오납세액의 공제를 주장할 수 있다.

그런데 기간제한규정상의 기간 내에 납세자가 제기한 이 사건 소득세 환급청구는 본질에 있어 정부가 상속세 및 소득세의 실행(집행)을 구하기 위한 장치와 동일하다. 즉 채권의 회수를 위한 통상의 절차가 조세분야에 있어 역전되어 있다(the usual procedure for the recovery of debts is reversed in the field of taxation). 절차의 역전 현상(Reversals of the normal process)이 있다 하더라도 국가의 원상회복의무가 수행되어야 함에는 변함이 없다. 국가가 정당하지 못하게 이를 보유한다면 그 반환의 거절은 불법이다. 납세자에게 원상회복청구권이 주어져 있다. 그럼에도 그는 구제수단이 없을 수 있다.

③ 과세관청이 이와 같이 징수한 돈은 당초 부정행위의 요소 없이 실수로 취한 것이라고 할 수 있으나, 이후 이루어진 그 돈의 정당하지 못한 보유는 비도덕적이고 납세자의 환급청구권 등 권리에 대한 부정한 침해로 된다(the unjust retention is immoral and amounts in law to a fraud on the taxpayer's rights).

④ 따라서 납세자는 독립한 소송으로 상속세 환급청구권을 행사할 수는 없다 하더라도, 이 사건 소득세 환급청구소송에서 '형평법상 공제의 원칙'을 적용받아 이를 세액공제(credit, recoupment)받을 수 있는 권리가 있다.

(3) Lewis v. Reynolds 판결(U. S. Supreme Court 1932)[11]

형평법상 공제의 원칙을 인정한 판결이다. 상속재단 관리인인 원고는 1921. 2. 18. 변호사비용 20,750달러 및 주상속세 16,870달러를 공제항목으로 하여 소득세를 신고납부 하였다.

---

11) Camilla E. Watson, Tax Procedure and Tax Fraud, THOMSON WEST(제3판), 135면에서, 'Statutory Offset'를 설명하면서 이 판례를 소개하고 있다.

과세관청이 세무조사를 거쳐 변호사 비용을 제외한 나머지 공제항목이 부당하다면서 1925. 11. 24. 부족세액 7,297.16달러를 추가고지(N/D) 하였다. 원고는 1926. 3. 21. 이를 납부한 후 같은 해 7. 27. 그 반환을 구하는 환급청구를 하면서 추가고지를 위한 기간(당시는 5년)이 도과한 이상 추가고지를 할 수 없다는 주장을 하였다. 과세관청은 상속세 공제부인이 부당하다는 원고주장을 인정하되 변호사비용 공제가 부당하다면서, 비록 추가고지를 위한 기간이 도과하였으나 변호사비용이 상속세 공제액을 초과하므로 오납(overpayment)이 될 수 없다는 주장을 하였다.

판결이유는 "비록 추가고지를 위한 기간이 도과하여 추가고지를 할 수 없다 하더라도, 조세채무자는 그 해당 연도에 과납이 없다면 환급청구권을 취득할 수 없다. 상속재단이 지급한 세액이 정당하게 지급하여야 할 세액보다 적기 때문에 상속재단으로서는 환급에 대한 정당한 권리가 없다."라는 것이다. 위 판결에 의하면 변호사비용 20,750달러 상당을 추가고지 할 수 없지만 주상속세 16,870달러와 상계하여 원고의 환급청구권 발생을 저지할 수 있다는 것이다. 즉 법해석상 과세관청은 환급청구권과 상계할 수 있는 요소를 발견하였다면 비록 추가고지를 위한 기간이 도과하여 증액고지를 할 수 없다 하더라도 상계조치 내지 상계적 조정(offsetting adjustments)으로 환급청구권을 저지할 수 있다는 것이다.

이러한 법리는 우리나라 조세법 운용에도 많은 시사를 준다. 사안을 바꾸어 조세채무자에게도 이러한 상계를 허용할 수 있다. 기간제한으로 인하여 과세관청이나 조세채무자 어느 일방이 기간 도과 등으로 법이 부여한 어떤 행위를 적극적으로 할 수 없더라도 적어도 상대방의 권리행사를 상계의 방법으로 소극적으로 저지할 수는 있다고 보아야 정의공평의 원칙에 부합한다. 실정법에서 이러한 취지에 관한 규정이 없다 하더라도 당연한 것으로 받아들여야 한다는 것이다. 아래 민사사건에 관한 대법원 판례도 정의공평의 원칙에서 터잡은 것이다.

(4) Stone v. White 판결(U. S. Supreme Court 1937)

이 판결은 '관련당사자'에게도 형평법상의 원칙인 공제의 원칙 및 상계의 원칙이 적용될 수 있다고 본 것으로 신탁에 있어 수탁자(trustee)와 수익자(beneficiary) 중 누구에게 소득세를 물려야 하는 것인지 다투어졌으나 대법원의 판결로 수익자로 정리되었다. 그 판결에 따라 수탁자가 제기한 소득세 환급청구소송에서 대법원은 환급청구가 인정된다 하더라도 수익자가 부담하여야 할 세금이 존재하는 이상 비록 그것이 기간제한 규정상의 기간이 도과하였다 하더라도 인용되는 환급청구금액에서 수익자가 부담하여야 할 세금액을 공제(상계)할 수 있다고 판시하였다. 판시 이유 중 한 부분을 인용한다.

"수탁자에게 그 해당 돈의 지급을 유보·거절한다 하더라도 수탁자나 수익자에게 부정의가 행하여진다고 할 수 없다. 그 돈은 형평법상 수익자의 것으로 정부로서는 수익자가 지급하였어야 할 세금을 수령하였다고 볼 수 있기 때문이다(No injustice is done to the trustees or the beneficiary by withholding from the trustees money which in equity is the beneficiary's, and which the government received in payment of a tax which was hers to pay)."

라. 대법원 2019. 3. 14. 선고 2018다255648 판결

『민법 제495조는 "소멸시효가 완성된 채권이 그 완성 전에 상계할 수 있었던 것이면 그 채권자는 상계할 수 있다."라고 정하고 있다. 이는 당사자 쌍방의 채권이 상계적상에 있었던 경우에 당사자들은 채권·채무관계가 이미 정산되어 소멸하였거나 추후에 정산될 것이라고 생각하는 것이 일반적이라는 점을 고려하여 당사자들의 신뢰를 보호하기 위한 것이다.

매도인이나 수급인의 담보책임을 기초로 한 매수인이나 도급인의 손해배상채권의 제척기간이 지난 경우에도 민법 제495조를 유추적용해서 매수인이나 도급인이 상대방의 채권과 상계할 수 있는지 문제된다.

매도인의 담보책임을 기초로 한 매수인의 손해배상채권 또는 수급인의 담보책임을 기초로 한 도급인의 손해배상채권이 각각 상대방의 채권과 상계적상에 있는 경우에 당사자들은 채권·채무관계가 이미 정산되었거나 정산될 것으로 기대하는 것이 일반적이므로, 그 신뢰를 보호할 필요가 있다. 이러한 손해배상채권의 제척기간이 지난 경우에도 그 기간이 지나기 전에 상대방에 대한 채권·채무관계의 정산 소멸에 대한 신뢰를 보호할 필요성이 있다는 점은 소멸시효가 완성된 채권의 경우와 아무런 차이가 없다.

따라서 매도인이나 수급인의 담보책임을 기초로 한 손해배상채권의 제척기간이 지난 경우에도 제척기간이 지나기 전 상대방의 채권과 상계할 수 있었던 경우에는 매수인이나 도급인은 민법 제495조를 유추적용해서 위 손해배상채권을 자동채권으로 해서 상대방의 채권과 상계할 수 있다고 봄이 타당하다.』

제척기간이 도과하여 독립적인 소송으로 청구할 수 없다 하더라도 적어도 상대방의 권리행사를 상계의 방법으로 소극적으로 저지할 수는 있다고 보는 것이 정의공평의 원칙에 부합함을 확인한 판결이다. 유추해석이라는 표현을 사용하였지만 기본사상이 그렇다는 것이다. 이 사안에서 하자보수나 하자보수에 갈음하는 손해배상채권은 목적물을 인도받은 날부터 1년 내에 행사되어야 하고 여기서 1년은 제척기간이다. 반면 매도인이나 수급인의 매매대금채권이나 공사대금채권의 소멸시효는 3년 또는 5년이다.

민사법이든, 조세법이든 제척기간 간의 기간 불일치 또는 제척기간과 소멸시효기간의 기간 불일치가 존재하는 경우 필연적으로 발생할 수밖에 문제이다. 다만 자동채권과 수동채권 사이에 견련관계가 없는 경우에도 제척기간이 지난 채권에 민법 제495조를 유추적용할 수 있는지에 대하여는 의문이나 견련관계는 요구된다 할 것이다. 조세법에서도 단일한 거래 또는 단일한 사건에서 이와 같은 기간 불일치가 존재할 때 '형평법상 공제의 원칙'이 적용된다 할 것이다.

제8절

조세채무의 성립

제3절부터 제7절까지 조세소송법적 관점에서 실체적 진실주의와 법적 안정성의 충돌과 그 조화를 염두에 두고 경정에 관련한 부분 등을 설명하였다.

'조세소송법적 규정(규율)'이 아닌 '조세실체법적 규정'[1]은 법체계[2]상 조세실체법(조세채무의 성립·변경·소멸에 관한 법률관계를 다루는 영역)과 조세절차법으로 나눌 수 있다. 조세절차법에는 세액확정절차, 경정절차, 세무조사절차, 전심절차, 징수절차에 관한 것이 포함된다. 세액확정절차와 경정절차를 합하여 세액확정절차라 부르기도 한다.

제8절 이하에서는 조세소송법이 아닌 국세기본법 및 개별세법의 관점에서 조세채무가 어떻게 성립하고 확정되는지 및 그 경정절차, 세무조사, 제척기간, 환급청구권 등에 대하여 다룬다.

우선 제8절은 조세실체법에 관한 것이다. 조세실체법(= 조세채무법)의 중심은 조세채무의 성립 및 내용에 관한 課稅要件法이다. 과세요건법은 조세경정법(경정절차)의 기초가 되는 영역(조세채무의 성립과 세액확정절차의 관계는 조세실체법과 조세절차법의 교착영역이다.)으로 여기서는 경정절차의 이해에 도움이 되는 범위에서 총론적 부분만을 설명한다.

1. 법치주의와 조세채무관계설

가. 조세채무관계설의 실정법화

대륙법계 세법학은 제2차 세계대전 전에는 조세법률관계를 권력관계로 파악하는 조세권력관계설의 입장에 서 있었기에 행정법학의 일부에 그쳤다. 그 후 조세채무관계설을 이론적 기초로 하여 과세요건법이 체계화되고 법치주의를 철저화하는 과정에서 행정행위를 중심으로 하는 행정법학의 이론체계와는 구별되는 독립된 학문으로 발전하였다(제1장 제2절 4. 가. 참조).

여기서 조세채무관계설이라 함은 조세법률관계[3]를 공법상의 채권채무관계로서 파악함으

---

1) 이 책에서 '조세실체법적 규정'이라 함은 '조세소송법적 규정'과 대비하기 위한 것이다.
2) 법체계라 함은 통일성을 가지고 있는 다수의 법규범이다.
3) 곽윤직, 전게서, 45면에서, "법률관계는, 궁극에 있어서는 사람과 사람과의 관계로서 나타난다고 말할 수 있다. 즉, 법률관계는 「법에 의하여 구속되는(의무를 지게 되는) 자」와 「법에 의하여 두둔되고 보호되는 자」와

로써 그 중심을 이루는 납세의무를 ― 그 내용을 정하는 법률의 구성요건인 과세요건의 충족에 의하여 법률상 당연히 성립하는 ― 일종의 법정채무로 파악하는 견해를 말한다.[4]

한편, 조세채무관계설은 강학상의 것이 아니라 국세기본법에 의하여 실정법화되었다. 즉 국세기본법 제1조에서 "이 법은 … 국세에 관한 법률관계를 명확히 하고[5] …"라고 한 다음 제21조 제1항에서 "국세를 납부할 의무는 … 과세요건이 충족되면 성립한다.", 제22조 제1항에서 "국세는 이 법 및 세법에서 정하는 절차에 따라 그 세액이 확정된다."라고 정하고 있다. 법치주의와 관련하여 국세기본법 제21조 및 제22조의 규범적 의미를 재음미하여야 한다.

나. 과세관청의 재량적 판단의 배제

조세채무가 국세기본법 및 개별세법에서 정한 과세요건의 충족에 의하여 법률상 당연히 성립하는 법정채무인 이상 그 성립에 있어 조세채무자의 의사가 배제됨은 물론 과세관청의 형성적·재량적 판단여지도 배제된다.[6] 과세요건 중에 사용되는 불확정개념의 해석도 법률문제로서 전면적으로 법원의 심사에 놓이고 거기에 과세관청의 요건재량의 여지는 없다. 과세관청의 재량적 판단의 배제는 실체적 진실주의(합법성원칙)와 조세채무관계설의 결합에 의한 당연한 요청이다.

다. 추상적 조세채무와 구체적 조세채무

조세채무는 법률의 규정에 의하여 성립하는 법정금전채무(법정금전급부의무)이다. 따라서 행정처분이나 사법상 계약에 의하여 성립할 수 없다. 이론상 기간과세세목의 경우 과세기간이 종료된 때, 기타 세목의 경우 과세요건의 기초가 되는 사실이나 행위가 완성된 때 조세채무가 성립한다. 조세채무가 성립한 때 추상적 조세채무[7]가 발생하고 이후 확정되었을 때 구체적 조

의 관계로서 나타난다. 구속되는 자의 지위를 「의무」라고 하고, 두둔되는 자의 지위를 「권리」라고 한다면, 결국 법률관계는, 이를 당사자의 처지에서 본다면, 권리·의무의 관계로서 나타나는 것이 보통이다. 이러한 권리·의무관계로서의 법률관계는, 단지 하나의 관계일 수도 있고, 또는 여러 개의 관계가 합쳐서 있는 것도 있다."라고 적고 있다.

4) 谷口勢津夫, 전게서, 91면에서, "조세채무관계설에 의하면 납세의무는 세법이 정하는 법률요건이 충족됨에 의하여 법률상 당연히 성립한다(납세의무의 성립에 관한 채무관계설적 구성)."라고 적고 있다.

5) 谷口勢津夫, 전게서, 90면에서, "조세법률주의는, 세법에 관한 국민과 국가와의 관계를 조세법률에 기한 권리의무의 관계(조세법률관계)로 구성함에 의하여, 개개의 국민에 대하여 구체적인 경우에 있어 납세의무의 성립을 엄격한 법적 구속 아래 두는 것으로 하고 있다. 이것은 국가의 측에서 볼 때 납세의무에 대응하는 조세채권의 성립이 엄격한 법적 구속 아래 놓이는 것을 의미한다."라고 적고 있다.

6) 대법원 2009. 5. 14. 선고 2008다84458 판결에 의하면 "조세채무는 법률이 정하는 과세요건이 충족되는 때에 그 조세채무의 성립을 위한 과세관청이나 납세의무자의 특별한 행위가 필요 없이 당연히 성립되는 것이다(대법원 1985. 1. 22. 선고 83누279 판결 참조)."라고 판시하고 있다.

7) 독일 조세기본법 제177조 제3항에서, 실체적 오류(materielle Fehler)를, '확정된 세액이 법률에 의하여 성립

세채무로 전환된다.

라. 실체적 진실주의와 실체적 오류 시정주의

성립한 세액(=정당한 세액, 객관적 세액, 진실한 세액, 진정한 세액) 그대로 확정됨을 '실체적 진실주의'라고 한다면, 실체적 진실주의는 법치주의의 당연한 요청이고 '적법적 정의'이며 과세요건법을 지배하는 가장 중요한 원칙이다.

세액확정과정에 있어 조세채무자에게 조세법률에 기한 '올바른 과세를 받을 권리'가 있음을 전제로 성립한 세액과 확정된 세액 사이에 한 치의 불일치도 없어야 마땅하다. 그러나 조세채무확정절차에 관여하는 불완전한 인간(조세채무자와 세무공무원)의 인식의 착오 등으로 실체적 오류가 일어나기 마련이다.

실체적 오류(materielle Fehler, substantive error)라 함은 확정된 세액이 성립한 세액과 일치하지 아니할 때 그 원인이 되는 모든 요소를 통칭하는 개념이다. '성립한 세액(추상적 조세채무) ≠ 확정된 세액(구체적 조세채무)'의 관계가 성립하면 실체적 오류가 있다고 보아 조세채무자에게 불리하게 또는 유리하게 증액경정, 감액경정을 할 수 있도록 제도적 장치를 갖추어야 하는데, 이를 실체적 오류 시정주의(제2장 제1절 4. 참조)라 부른다.[8]

여기서 국세기본법 제22조 제1항은 ① 실체적 진실주의를 실현하기 위하여, 실체적 오류 시정주의를 전제로, ② 조세채무자나 과세관청으로 하여금, ③ 성립한 세액대로, ④ 국세기본법 및 각 그 해당 세법인 개별세법에서 정하는 절차에 따라 확정되고 경정되도록, ④ 국세기본법 및 개별세법에서 구체적 세액확정절차(조세채무확정절차)를 마련하도록 명령하고 있다(지시규범성, 제1장 제9절 3. 가. 참조).

2. 과세요건

가. 과세요건의 의의 및 성질

국세기본법 제21조 제1항은 "국세를 납부할 의무는 이 법 또는 세법이 정하는 과세요건이 충족되면 성립한다."라고 정하고 있었다. 위 제1항은 2018. 1. 1. 신설되었고 2020. 6. 9.

한 세액(die von der kraft Gesetzes entstandene Steuer)과 다르게 하는 모든 오류'라고 정의함으로써, '실체적 오류' 및 '성립한 세액'이라는 말을 법전용어화 하고 있다. Klein, 전게서, 1143면에서, "실체적 오류는 확정된 세액이 조세기본법 제38조에 의하여 성립한 세액보다 큰 경우 존재한다. 그 오류는 사실적 영역뿐만 아니라 법률적 영역에도 존재할 수 있다."라고 적고 있다.

8) 일본 국세통칙법 제24조에 의하면 '그 납세신고서에 기재된 과세표준 등 또는 세액 등의 계산이 국세에 관한 법률의 규정에 따르지 아니한 때, 기타 당해 과세표준 등 또는 세액 등이 그 조사한 바와 다른 때' 경정할 수 있다고 정하고 있다.

'세법이'가 '세법에서'로 자구수정되었다.

이러한 조항의 신설은 課稅要件이라는 개념을 국세기본법에 편입시킴과 동시에 실정법상 과세요건과 조세적 효과로서의 조세채무의 성립을 명확히 한 점에 그 의의가 있다. 나아가 과세요건은 개별세법뿐만 아니라 국세기본법에도 규정하고 있음을 명확히 하고 있다. 연대납세의무자, 제2차 납세의무자, 보증인에 관한 규정이나 과세요건의 수정 내지 변경 및 재구성을 가능케 하는 국세기본법 제14조 소정의 실질과세원칙 등이 여기에 포함된다.

여기서 후발적 사정변경으로 담세력의 상실가능성이 현실화되어 조세적 효과가 소급적으로 소멸한 경우라면 과세요건의 충족 여부는 소급적으로 고려하여 판단되어야 하고 이는 사정변경에 기한 경정청구(제4장 제3절)로 시정되어야 한다. 나아가 인적귀속 및 기간귀속, 세목의 충돌이 있는 경우 모순된 세액확정에 기한 경정청구(제4장 제4절)로 시정되어야 하고, 때로는 일정한 요건 아래 '판결 등에 따른 경정'(제4장 제5절)이 허용된다.

경정법체계에 있어 중심적 개념은 實體的 誤謬라 할 것이고 이는 과세요건법에 터잡은 것이다. 이를 올바르게 이해하기 위하여는 과세요건법에 관한 이해가 선행되어야 한다.

과세요건은 조세채무의 성립을 위하여 국세기본법 및 개별세법에서 정한 구성요건이다. 민법상 약정채무에 있어 의사표시에 상당한 것이라고 말할 수 있다. 다만 그것이 세수확보라는 세법의 일반적 동기에 기한 의사표시라고 하더라도 그 충족에 의하여 성립한 납세의무의 확정·이행의 과정에 있어 그 목적의 실현을 위한 법기술로 부득이 권력적 수단이 실정법상 일부 채용되어 있을 뿐이다. 그러나 과세요건에는 개개의 국민과의 관계에 있어 권력적 의미를 가지는 요소가 포함되어 있지 않고 포함되어서도 안 된다. 개개의 국민에게 충족의무를 부과하거나 충족회피를 금지하는 것을 내용으로 하는 법률요건(조세명령요건)은 아니기 때문이다.

나. 과세요건의 종류

과세요건으로 통상 납세의무자, 과세물건, 귀속, 과세표준 및 세율 등 5가지를 드나[9] 여기에 과세권자(과세주체)를 더하여 6가지를 들 수도 있다.[10]

조세채무가 성립하여 이행되기 위하여는 '특정한 사실관계'에 있어, '누가(=납세의무자)', '(자신과 연결된) 무엇에 대하여(=과세물건)', ('어느 사업연도를 귀속시기로 하여'), '얼마만큼의 세액(=과세표준과 세율)'을 납부하여야 하는지가 결정되지 아니하면 안 된다. 조세채무 확정 및 경정의 설명에 필요한 범위 내에서 살펴보기로 한다(과세요건법 총론).

(1) **납세의무자**(Das Steuersubjekt)

헌법 제38조에서, "모든 국민은 법률이 정하는 바에 의하여 납세의 의무를 진다."라고

---

9) Tipke/Lang, 전게서, 제7장 22문 이하 참조.

10) 임승순, 전게서, 91면 참조.

규정하지만, 여기서 '국민'이라 함은 국적을 가지는 법적 구성원을 말하는 것이 아니라 국내에 주소, 소득의 획득, 재산의 소유, 소비행위 등 '경제적 소속'의 징표를 가지는 자를 의미한다.[11]

　　따라서 '법률이 정하는 바에 의하여 납세의 의무를 지는' 자에는 두 가지 의미의 납세의무자 모두가 포함된다. 먼저 법률이 정하는 바에 의하여 당해 조세를 납부할 의무를 지는 지위에 있는 자(납세의무자일 수 있는 지위에 있는 자)라는 의미의 납세의무자이다. 다음 법률이 정하는 바에 의하여 특정한 사실관계에 있어 현재 해당 조세를 납부할 의무를 지는 자의 의미이다. 전자가 과세요건으로서의 납세의무자인 반면, 그 자에 관하여 나머지 과세요건(과세물건, 귀속, 과세표준 및 세율)이 구비된 경우 그 자가 후자의 납세의무자가 된다(국세기본법 제2조 제9호 소정의 납세의무자[12]).[13]

　　한편, 국세기본법 제2조 제10호에 의하면 납세의무자에 '연대납세의무자·제2차 납세의무자·보증인'을 포함시켜 이를 넓히고 있고, 나아가 이러한 납세의무자에 국세를 징수하여 납부할 의무가 있는 자(원천징수의무자)를 합하여 납세자라고 정의하고 있다.

　　과세요건으로서의 납세의무자는 과세물건의 범위에 관한 제한 유무에 따라 '무제한 납세의무자'(거주자, 내국법인)와 '제한적 납세의무자'(비거주자, 외국법인)로 분류된다. 여기서 이중거주자 문제가 발생하기도 한다.

　　외국의 법제에서 일찍이 유한파트너십(LP), 유한책임회사(LLC), 각종 신탁 등 다양한 사업조직(Business Associations)이 출현함에 따라 각 국의 투자자 내지 투자단체들은 투자수익을 극대화하기 위하여 조세회피를 목적으로 이들을 활용하여 복잡한 거래구조나 투자구조를 만들어 국제적 투자행위를 하기에 이르렀다. 이를 조세법상 어떻게 포착하여 어떠한 방법으로 과세하여야 할 것인지가 초미의 관심사였다. 우리나라에도 1997. 외환위기 이후 국내 자산취득을 위하여 각 국의 펀드들이 여러 사업조직을 활용하여 투자를 하기 시작하였고 그들은 이후 상당한 투자이익을 실현하였다. 아마도 론스타 사건에서 과세관청이 한 2005. 12. 15.자 양도소득

---

11) 谷口勢津夫, 전게서, 6면에서, 과세권에 복종하는 자(납세의무자일 수 있는 지위에 있는 자)를 설명함에 있어, "기본적으로는 조세의 특질, 즉 제공하는 공공서비스로부터의 수익에 의한 조세부담의 정당화(이익설) 내지 조세 부과징수의 실현가능성도 고려하여, 자국에의 경제적 소속(wirtschaftliche Zugehörigkeit, economic allegiance)을 기준으로 하여, 그 징표가 되는 자국과의 연결점(과세상의 연결점)을 가지는 자에 대하여 과세하는 제도를 채용하고 있다고 할 것이다. 과세권(에 복종하는 자)의 범위결정에 관한 이러한 사고방식을 '경제적 소속원칙'이라 한다."라고 적고 있다.

12) 이 책에서는 국세기본법 제2조 제9호 소정의 납세의무자를, 주로 '조세채무자'라고 부른다. 이는 '조세채무의 성립' 및 '조세채무확정절차'를 명확하게 규명한다는 데 의의가 있다. 따라서 연대납세의무자, 제2차 납세의무자, 보증인에 대하여는 조세채무자라고 부르지 아니하고 고유한 이름 그대로 부르나 그렇다고 그들이 조세채무자가 아니라는 것은 아니다.

13) 谷口勢津夫, 전게서, 92면 참조.

세 부과처분이 그 대표적 과세권 행사인 것으로 보인다[제5장 제4절 1. 나. (3) 참조].

투자구조를 보면 투자자를 모집하여 투자금을 펀딩한 다음 LP 등 最初團體(投資機構)를 만들고 이어 조세를 회피하기 위하여 중간에 단체를 끼워 넣은 후 최종의 도관회사(우리나라와 조세조약을 체결한 다른 나라의 단체, 주로 벨기에 법인이거나 라부안 법인)를 통하여 우리나라에 투자를 하는 형식을 취하였다. 외국 펀드가 우리나라에서 거둔 거대한 규모의 투자수익에 대한 과세를 둘러싸고 많은 법적 분쟁이 발생하여 2010년대 초반 내지 중반에 십 수개의 대법원 판례가 나오게 되었다.

판례는, 최종 도관회사나 중간에 낀 단체를 조세회피의 목적이 있는 한 국세기본법 제14조 제1항에 따라 실질적인 귀속자로 볼 수 없다면서 최초단체인 LP까지 단계적으로 올라간 다음 그 LP를 실질적인 귀속자 겸 우리나라 사법(私法)의 성질상 법인으로 밖에 볼 수 없고 따라서 그 LP가 법인세를 부담한다는 취지(사법상 성질 기준설)로 결론내리면서 LP에 투자한 최초단체의 투자자들은 법인의 구성원에 불과하므로 원천징수대상자 내지 실질적인 귀속자가 될 수 없다는 견해였다. 뉴브리지 캐피탈 판결(대법원 2013. 7. 11. 선고 2010두20966 판결)은 주식 양도소득에 대한 납세의무자를 LP에 대한 투자자 281명이라고 판단한 원심을 파기환송하였다.

이를 시계열적으로 나열하면 로담코 판결(대법원 2012. 1. 19. 선고 2008두8499 전원합의체 판결, 제3장 제2절 2. 가. 참조), 론스타 판결, 라살레 판결, 위니아만도 판결, DM FOOD 판결, TMW 판결 등의 순으로 선고되었다.

① LP(유한파트너십)[14], LLC(유한책임회사) 등의 과세상 취급

(ⅰ) 대법원 2012. 1. 27. 선고 2010두5950 판결요지[론스타 판결, 원고는 미국의 LP(=론스타 펀드 Ⅲ 엘.피.)]

『외국의 법인격 없는 사단·재단 기타 단체가 구 소득세법(2006. 12. 30. 법률 제8144호로 개정되기 전의 것) 제119조 제8호 내지 10호의 국내원천소득을 얻어 이를 구성원인 개인들에게 분배하는 영리단체에 해당하는 경우, 법인세법상 외국법인으로 볼 수 있다면 그 단체를 납세의무자로 하여 국내원천소득에 대하여 법인세를 과세하여야 하고, 법인세법상 외국법인으로 볼 수 없다면 거주자의 경우와 동일하게 단체의 구성원들을 납세의무자로 하여 그들 각자에게 분배되는 소득금액에 대하여 소득세를 과세하여야 한다. 그리고 여기서 그 단체를 외국법인으로 볼 수 있는지에 관하여는 법인세법상 외국법인의 구체적 요건에 관하여 본점 또는 주사무소의 소재지 외에 별다른 규정이

---

14) 기업의 설립·운영 및 해산과 관련하여 사적 자치를 폭넓게 인정하면서도 유한책임이 인정되는 기업형태가 필요하게 되었는데, 민법상의 조합은 모든 조합원이 조합채무에 대하여 무한책임을 지는 문제점이 있고 또한 합자회사는 법인성이 있으면서 유한책임사원이 회사의 경영에 참여할 수 없는 문제점이 있어, 이러한 문제점을 해결할 수 있는 기업형태로 2011. 4. 개정된 상법은 미국식 합자조합(Limited Partnership: LP)제도를 도입하였다.

없는 이상 단체가 설립된 국가의 법령 내용과 단체의 실질에 비추어 우리나라 사법(私法)상 단체의 구성원으로부터 독립된 별개의 권리·의무의 귀속주체로 볼 수 있는지에 따라 판단하여야 할 것이다.』

법인세법상의 외국법인으로 보아 원고에게 법인세를 과세하여야 하고, 가사 외국법인으로 볼 수 없다 하더라도 원고는 개인이 아닌 영리단체로서 그 구성원들에게 약정에 따라 이익을 분배하므로 원고 자체를 하나의 비거주자나 거주자로 보아 이 사건 양도소득에 대하여 소득세를 부과할 수 없다고 판시한 원심판결을 지지하였다(사법적 성질 기준설, 권리의무 귀속주체설, 차용개념의 해석에 관한 통일설).[15]

(ii) 대법원 2012. 10. 25. 선고 2010두25466 판결요지(위니아만도 판결)

『영국령 케이만군도의 유한 파트너십(limited partnership)인 甲이 케이만군도 법인 乙을, 乙은 룩셈부르크 법인 丙을, 丙은 벨지움국 법인 丁을 각 100% 출자하여 설립하고, 丁은 다른 투자자들과 합작으로 내국법인 戊를 설립하여 다른 내국법인 己의 사업 부분을 인수한 후, 戊가 丁에게 배당금을 지급하면서 丁이 벨지움국 법인이라는 이유로 '대한민국과 벨지움국 간의 소득에 관한 조세의 이중과세회피 및 탈세방지를 위한 협약'이 정한 제한세율을 적용하여 법인세를 원천징수하여 납부하자, 과세관청이 甲을 배당소득의 실질적 귀속자로 보아 국내 세법상 배당소득 원천징수세율을 적용하여 원천징수의무자 戊에게 법인세부과처분을 한 사안에서, 제반 사정에 비추어 丙, 丁 등은 명목상의 회사일 뿐 위 배당소득의 실질적 귀속자는 甲이어서 위 소득에 대하여는 위 조세조약이 적용될 수 없고, 甲은 펀드 운영의 전문성을 보유하고 펀드의 일상업무를 집행하며 무한책임을 지는 무한책임사원(general partner)과 펀드 운영에 적극적으로 관여하지 않는 소극적 투자자로서 투자한도 내에서만 책임을 지는 유한책임사원(limited partner)으로 구성되어 있고, 고유한 투자목적을 가지고 자금을 운용하면서 구성원인 사원들과는 별개의 재산을 보유하며 고유의 사업활동을 하는 영리 목적의 단체로서, 구성원의 개인성이 강하게 드러나는 인적 결합체라기보다는 구성원의 개인성과는 별개로 권리·의무의 주체가 될 수 있는 독자적 존재로서의 성격을 가지고 있다는 이유로, 甲은 구 법인세법(2005. 12. 31. 법률 제7838호로 개정되기 전의 것)상 외국법인에 해당하여 법인세 과세대상이 된다.』

갑이 영국령 케이만군도의 LP로서 무한책임사원과 유한책임사원으로 구성되어 있고, 고유한 투자목적을 가지고 자금을 운용하면서 구성원인 사원들과는 별개의 재산을 보유하며 고유의 사업활동을 하는 영리 목적의 단체로서, 구성원의 개인성이 강하게 드러나는 인적 결합체

15) 일본 최고재판소 2015. 7. 17. 판결(소득세 경정처분취소 등, 소득세 경정거부처분 취소청구사건)에서, 미국 LP에 대하여 우리나라와 같이 '권리의무 귀속주체설'을 채택한 것으로 보인다. 谷口勢津夫, 전게서, 40면에서 일본 민법상의 법인개념에 따라 해석하는 기준을 제시한 것으로 이것은 외국의 사법상 개념에 대하여 日本 私法을 기준으로 하는 통일설을 채택한 것으로 볼 수 있다고 적고 있다.

라기보다는 구성원의 개인성과는 별개로 권리·의무의 주체가 될 수 있는 독자적 존재로서의 성격을 가지고 있다는 이유로, 법인세법상 외국법인에 해당한다고 보았다.

(ⅲ) 대법원 2012. 4. 26. 선고 2010두11948 판결(라살레 판결)

뒤에서 본다.

(ⅳ) 대법원 2014. 6. 25. 선고 2012두11836 판결요지(DM FOOD 판결)

『대한민국과 미합중국 간의 소득에 관한 조세의 이중과세회피와 탈세방지 및 국제무역과 투자의 증진을 위한 협약'(이하 '한·미 조세조약'이라 한다) 제3조 제1항 (b)호 (ⅱ)목 단서는 문언과 체계상 미국의 거주자 중 조합과 같이 미국법인에 이르지 아니하는 단체 등과 관련된 규정으로 보이는 점, 위 단서는 조약의 문맥에 비추어 볼 때 미국 세법에 따라 어떠한 단체의 활동으로 얻은 소득에 관하여 단체가 아니라 구성원이 납세의무를 부담하는 이른바 투과과세 단체(Fiscally Transparent Entity)의 경우 원칙적으로 한·미 조세조약의 적용을 받을 수 있는 미국의 거주자가 될 수 없으나 구성원이 미국에서 납세의무를 지는 경우 예외적으로 단체에게 조세조약의 혜택을 부여하려는 특별규정으로 이해할 수 있는 점, 조합과 유한책임회사 등 조합의 형식을 취하지 아니한 단체가 미국 세법상 투과과세 단체로서 취급이 같은 이상 조합의 형식을 취하지 아니한 단체를 위 단서 규정의 적용대상에서 배제할 만한 뚜렷한 이유를 찾기 어려운 점, 그 밖에 한·미 조세조약의 체결목적이 소득에 대한 이중과세의 방지라는 점 등을 종합하여 보면, 위 단서가 규정한 '미국의 조세 목적상 미국에 거주하는 기타의 인' 중 '조합원으로서 행동하는 인'이란 미국 세법상 조합원 등의 구성원으로 이루어진 단체의 활동으로 얻은 소득에 대하여 구성원이 미국에서 납세의무를 부담하는 단체를 뜻한다고 보아야 하고, '그러한 인에 의하여 발생되는 소득은 거주자의 소득으로서 미국의 조세에 따라야 하는 범위에 한한다'는 의미는 그러한 단체의 소득에 대하여 구성원이 미국에서 납세의무를 부담하는 범위에서 단체를 한·미 조세조약상 미국의 거주자로 취급한다는 뜻으로 해석함이 옳다.

따라서 우리나라의 사법(私法)상 외국법인에 해당하는 미국의 어떠한 단체가 우리나라에서 소득을 얻었음에도 미국에서 납세의무를 부담하지 않는 경우 구성원이 미국에서 납세의무를 부담하는 범위에서만 한·미 조세조약상 미국의 거주자에 해당하여 조세조약을 적용받을 수 있고, 단체가 원천지국인 우리나라에서 얻은 소득 중 구성원이 미국의 거주자로 취급되지 아니하는 범위에 대하여는 한·미 조세조약을 적용할 수 없다.』

영국령 케이만군도의 유한파트너십인 CVC Capital Partners Asia Pacific LP와 미국의 유한책임회사인 Asia Investers LLC가 66.7%와 33.3%의 비율로 공동출자하여 내국법인인 디엠푸드의 발행주식 전부를 매입한 다음 이를 원고에게 매각함으로써 양도차익이 발생하였다. 피고는 주식양도소득 중 위 LP가 66.7%의, LLC의 주주인 미국의 주주 A(지분 20%), 미국의 주주 B(20%), 홍콩의 주주(지분 60%)가 33.3%의 실질적 귀속자에 해당한다고 보아 2007. 5. 1.

원고에게 우리나라와 조세조약이 체결되지 아니한 영국령 케이만군도의 LP와 홍콩의 주주에 귀속된 양도소득 부분에 한하여 2005 사업연도 법인세 원천징수분을 고지하는 처분을 한 사안이다. LLC에 관한 판시부분으로 이른바 '可分的 居住者' 이론을 도입하고 있다. 예를 들어 LLC가 따로 법인과세를 택하지 않은 이상 구성원 전부 미국 거주자라면 LLC가 받는 소득 전부에 한·미조세조약을 적용하고, 구성원 가운데 33%가 미국 거주자라면 LLC가 받는 소득 가운데 33%에만 한·미조세조약을 적용한다는 것이다.

(ⅴ) 대법원 2015. 3. 26. 선고 2013두7711 판결요지(TMW 판결)

『조세조약은 거주지국에서 주소, 거소, 본점이나 주사무소의 소재지 또는 이와 유사한 성질의 다른 기준에 의한 포괄적인 납세의무를 지는 자를 전제하고 있으므로, 거주지국에서 그러한 포괄적인 납세의무를 지는 자가 아니라면 원천지국에서 얻은 소득에 대하여 조세조약의 적용을 받을 수 없음이 원칙이고, 대한민국과 독일연방공화국 간의 소득과 자본에 대한 조세의 이중과세회피와 탈세방지를 위한 협정(이하 '한·독 조세조약'이라 한다) 제1조와 제4조 제1항 역시 거주지국에서 포괄적인 납세의무를 지는 거주자에 대하여만 조세조약이 적용됨을 밝히고 있다. 한·독 조세조약은 어떠한 단체의 활동으로 얻은 소득에 관하여 단체가 아니라 구성원이 포괄적인 납세의무를 부담하는 이른바 '투과과세 단체'(Fiscally Transparent Entity)가 '거주자'로서 조세조약의 적용대상인지에 관하여 아무런 규정을 두고 있지 않으나, 우리나라의 법인세법상 '외국법인'에 해당하는 독일의 투과과세 단체가 거주지국인 독일에서 포괄적인 납세의무를 부담하지 않는다고 하더라도 구성원이 위 단체가 얻은 소득에 관하여 독일에서 포괄적인 납세의무를 부담하는 범위에서는 조세조약상 독일의 거주자에 해당하여 한·독 조세조약의 적용을 받을 수 있고, 단체가 원천지국인 우리나라에서 얻은 소득 중 구성원이 독일에서 포괄적인 납세의무를 부담하지 아니하는 범위에서는 한·독 조세조약의 적용을 받을 수 없다고 보아야 한다. 그리고 독일의 투과과세 단체가 우리나라의 법인세법상 '외국법인'에 해당하더라도 독일 세법에 따라 법인세와 같은 포괄적인 납세의무를 부담하지 않는다면 이를 한·독 조세조약상 '법인'으로 볼 수는 없으므로, 원천지국인 우리나라에서 얻은 배당소득에 대하여는 구성원이 독일에서 포괄적인 납세의무를 부담하는 범위 안에서 한·독 조세조약 제10조 제2항 (나)목에 따른 15%의 제한세율이 적용될 수 있을 뿐이다.』

위 판결은 DM FOOD 판결에 이어 '가분적 거주자 이론'을 명백히 하였다.

② 입법상의 조치

두 갈래의 입법조치가 있었다.

(ⅰ) 입법자는 론스타 판결 후인 2013. 2. 15. 유한파트너십(LP) 등의 과세상 취급을 명확히 하기 위하여, 법인세법 제2조 제3호(외국법인의 정의) 및 시행령 제2조 제2항(2018. 12. 24. 법률 조번 개정 및 2019. 2. 12. 시행령 개정)을 개정하였다.

즉 외국법인이란 외국에 본점 또는 주사무소를 둔 단체(국내에 사업의 실질적 관리장소가 소재하지 아니하는 경우에만 해당한다)로서, ① 설립된 국가의 법에 따라 법인격이 부여된 단체 ② 구성원이 유한책임사원으로만 구성된 단체 ③ 그 밖에 해당 외국단체와 동종 또는 유사한 국내의 단체가 상법 등 국내의 법률에 따른 법인인 경우의 그 외국단체 등의 어느 하나에 해당하여야 한다. 국세청장은 위 각 호에 따른 외국법인의 유형별 목록을 고시할 수 있다.

위 각 호에 따른 외국법인 기준의 적용은 조세조약 적용대상의 판정에 영향을 미치지 아니한다(시행령 제2조 제4항). 론스타 판결과 같이 외국법인 여부의 판정은 사법적 성질 기준설, 권리의무 귀속주체설에 의하되, 조세조약에서 적용상의 다른 기준이 있는 경우에는 그 기준에 따라 판정한다는 것으로 보인다. 다만 외국법인의 유형별 목록 고시는 현재 시행되고 있지 않다.

(ii) 한편 론스타 판결의 선고 직전인 2011. 12. 31. 입법자는 소득세법 제156조의6과 법인세법 제98조의6을 신설하면서 '國外投資機構'라는 생소한 개념을 처음으로 도입하였다. 국내원천소득이 국외투자기구를 통하여 지급되는 경우 그 소득을 실질적으로 귀속받은 국외투자기구의 구성원인 비거주자나 외국법인이 '실질귀속자'라고 전제한 다음 국내원천소득에 대한 원천징수가 잘못되었을 경우 그 실질귀속자가 경정청구를 할 수 있다는 것이었다.

당시 OECD 보고서, 우리나라 과세당국의 유권해석이나 과세실무 등에 의하면 국외투자기구의 구성원을 실질귀속자로 보고 이에 대하여 과세하는 방향으로 나아가고 있었고(그 대표적인 사안이 뉴브리지 캐피탈 사건이다), 국세심판원 2008. 12. 31. 고지 2004전2581, 2582 결정도 "소득원천지국의 과세관할권이 미치지 못하는 외국의 파트너십에게 과세함에 있어 파트너별 조세조약의 적용이 가능한 투자자 현황이 있는 경우 투자자를 실질귀속자로 보아 과세함이 타당하다"라는 요지로 판단하였다. 국외투자기구의 구성원 내지 투자자의 구체적 확인에 중점을 두는 당시의 경향을 반영한 입법으로 추측된다.

국외투자기구와 구성원인 투자자 중 누구를 납세의무자로 삼아야 할 것인지를 명백히 한 입법으로 2012. 7. 1. 이후 최초로 원천징수하는 국내원천소득분부터 적용되었다. 국외투자기구라는 개념이 2018. 12. 24. 소득세법 제119조의2 및 법인세법 제93조의2가 신설됨으로써 비로소 도입되었다고 보는 것은 잘못된 것이다. 전부터 존재하던 것을 새로운 조문에서 체계적으로 정리한 것에 지나지 않는다.

그럼에도 론스타 판결 및 이어지는 대법원 판결의 흐름은 국외투자기구에 관한 위 입법조치상의 흐름과 배치된다. 론스타 판결 및 이후 대법원 판결이 이와 다른 방향으로 나아간 이유는 알 수 없다. 실질적인 귀속자 과세 원칙의 적용에 관한 로담코 판결에 따라 최초단체인 LP까지 추급하여 올라간 단계에서 국외투자기구인 LP가 법인세법상 법인으로 볼 수밖에 없다 하더라도(물론 앞서 본 국외투자기구에 대한 입법이나 과세관청의 LP에 대한 과세태도 등 국내적 법상황과 외국에서의 LP에 대한 조세법적 취급 등의 법상황 등을 아울러 고려하였다면 사법적 성질 기준설을 채택하지 않을 수도 있었다), 이러한 LP에 대한 외국법인 여부의 판정 문제와 LP에게 법인세를 과세할 것인가 아니면 구성원인 투자자에게 소득세나 법인세를 과세할 것인가의 선택 문제를 구분하여 다른 방법으로 접근하여 해답을 찾을 여지도 있었다.

당시 입법자가 장차 국외투자기구가 문제될 경우 그 구성원에 대하여 법인세나 소득세를 과세할 것을 결단한 이상, 당시 문제된 사안에 대하여 소급적으로 적용할 수 없다 하더라도, 대법원으로서는 입법취지를 참작하여 그 흐름에 따르는 것도 한 방법이었을 것이다. [제5장 제4절 1. 다.]를 참조하기 바란다.

③ 비법인사단 등의 단체에 대한 과세상 취급

먼저 법인세 과세를 본다.

국세기본법 제13조 제4항의 법인으로 보는 법인격 없는 단체(법인으로 보는 단체)를 내국법인과 외국법인을 불문하고, 당연의제법인(제13조 제1항)과 승인의제법인(제13조 제2항)으로 나눌 수 있다.

외국법인은 앞서 본 법인세법 제2조 제3호 및 시행령 제2조 제2항(2018. 12. 24. 법률 조번 개정 및 2019. 2. 12. 시행령 개정)에서 정하고 있고, 위에서 본 바와 같이 당연의제법인과 승인의제법인이 포함될 수 있다.

다음 소득세 과세를 본다.

거주자는 물론 비거주자도 국내원천소득이 있다면 소득세법에 따라 각자의 소득에 대한 소득세를 납부할 의무를 진다(소득세법 제2조 제1항).

소득세법 제2조 제3항 내지 제5항에 의하면 내외국 단체를 불문하고 단체 중 '법인으로 보는 단체'에 해당되지 아니하는 단체는 소득세 납세의무를 진다. 이 경우를 대비하고, 국외투자기구에 관한 규정의 신설에 따라 규정을 정비하였다. 2018. 12. 31. 개정된 부분은 2020. 1. 1.부터 시행된다.

『③ 국세기본법 제13조 제1항에 따른 법인 아닌 단체 중 같은 조 제4항에 따른 법인으로 보는 단체(이하 "법인으로 보는 단체"라 한다) 외의 법인 아닌 단체는 국내에 주사무소 또는 사업의 실질적 관리장소를 둔 경우에는 1거주자로, 그 밖의 경우에는 1비거주자로 보아 이 법을 적용한다. 다만, 다음 각 호의 어느 하나에 해당하는 경우에는 소득구분에 따라 해당 단체의 각 구성원별로 이 법 또는 법인세법에 따라 소득에 대한 소득세 또는 법인세[해당 구성원이 법인세법에 따른 법인(법인으로 보는 단체를 포함한다)인 경우로 한정한다. 이하 이 조에서 같다]를 납부할 의무를 진다.(개정 2010. 12. 27., 2013. 1. 1., 2018. 12. 31.)
1. 구성원 간 이익의 분배비율이 정하여져 있고 해당 구성원별로 이익의 분배비율이 확인되는 경우
2. 구성원 간 이익의 분배비율이 정하여져 있지 아니하나 사실상 구성원별로 이익이 분배되는

것으로 확인되는 경우

④ 제3항에도 불구하고 해당 단체의 전체 구성원 중 일부 구성원의 분배비율만 확인되거나 일부 구성원에게만 이익이 분배되는 것으로 확인되는 경우에는 다음 각 호의 구분에 따라 소득세 또는 법인세를 납부할 의무를 진다.(신설 2018. 12. 31.)

1. 확인되는 부분: 해당 구성원별로 소득세 또는 법인세에 대한 납세의무 부담

2. 확인되지 아니하는 부분: 해당 단체를 1거주자 또는 1비거주자로 보아 소득세에 대한 납세의무 부담

⑤ 제3항 및 제4항에도 불구하고 법인으로 보는 단체 외의 법인 아닌 단체에 해당하는 국외투자기구(투자권유를 하여 모은 금전 등을 가지고 재산적 가치가 있는 투자대상자산을 취득, 처분하거나 그 밖의 방법으로 운용하고 그 결과를 투자자에게 배분하여 귀속시키는 투자행위를 하는 기구로서 국외에서 설립된 기구를 말한다. 이하 같다)를 제119조의2 제1항 제2호에 따라 국내원천소득의 실질귀속자로 보는 경우 그 국외투자기구는 1비거주자로서 소득세를 납부할 의무를 진다.(신설 2018. 12. 31.)』

예를 들어 외국의 어떤 단체가 법인세법 제2조 제3호의 요건에 해당되지 아니하여 외국법인이 아니고, 국세기본법 제13조 제1항 및 제2항의 '법인으로 보는 단체'에도 해당되지 않는다고 가정한다. 즉 소득세법 제2조 제3항 소정의 '법인으로 보는 단체 외의 법인 아닌 단체'를 상정하고 설명한다.

(ⅰ) 원칙: 1비거주자 소득세 과세

이 단체는 국내에 주사무소 또는 사업의 실질적 관리장소가 없으므로 1비거주자에 해당하여 소득세를 부담한다. '1비거주자'라 함은 그 단체를 하나의 과세단위로서의 비거주자로 보아 그 단체가 소득세를 부담한다는 의미이다.

(ⅱ) 예외: 특별과세조치

다만 구성원 간 이익의 분배비율이 정하여져 있고 해당 구성원별로 이익의 분배비율이 확인되는 경우, 구성원 간 이익의 분배비율이 정하여져 있지 아니하나 사실상 구성원별로 이익이 분배되는 것으로 확인되는 경우라면 그 단체를 1비거주자로 보아 소득세를 과세할 것이 아니라, 단서에 따라 단체가 아닌 구성원에 대하여 특별과세조치한다.

여기서 특별과세조치의 내용을 본다.

단체의 구성원별로 구성원이 자연인이라면 소득세를, 법인(법인으로 보는 단체를 포함한다)이라면 법인세를 부담한다. 그런데 구성원 및 분배비율이 특정되어야 함에도 자료제출의 거부나 제출된 자료만으로 이를 알 수 없는 등으로 이를 확인할 수 없어 과세를 할 수 없는 경우가 생길 수 있다. 이에 대비하여 일부 구성원의 분배비율만 확인되는 경우라면 확인되는 부분은 해당 구성원별로 소득세 또는 법인세를 부담하되, 확인되지 않는 부분은 원칙으로 돌아가

해당 단체가 1비거주자로서 소득세를 부담한다.

이는 뒤에서 보는 국외투자기구의 특별취급과 유사한 면이 있다. 다만 이 경우 소득세법 제119조의2 및 법인세법 제93조의2의 각 제1항 본문처럼 '무한반복의 사슬'에 들어가지는 않는다고 할 것이다[제5장 제4절 1. 라. (6) 참조].

(iii) 국외투자기구의 특별취급

위 단체가 국외투자기구라면 다음과 같이 다시 특별취급된다. 여기서 국외투자기구라 함은 "투자권유를 하여 모은 금전 등을 가지고 재산적 가치가 있는 투자대상자산을 취득, 처분하거나 그 밖의 방법으로 운용하고 그 결과를 투자자에게 배분하여 귀속시키는 투자행위를 하는 기구로서 국외에서 설립된 기구"를 말한다. 소득세법 제119조의2 및 법인세법 제93조의2에서 '국외투자기구에 대한 실질귀속자 특례'에 관한 규정을 두어 누구를 실질귀속자 내지 원천징수대상자, 원천납세의무자로 보아야 하는지를 기술적으로 규율하고 있다.

그 규율의 연장선상에서, 국외투자기구에 대하여 '1비거주자'로서의 과세가 문제되는 부분만을 보면 다음과 같다.

국외투자기구를 소득세법 제119조의2 제1항 제2호(그 국외투자기구가 조세조약에서 실질귀속자로 인정되는 것으로 규정된 경우)에 따라 국내원천소득의 실질귀속자로 보는 경우 1비거주자로서 소득세를 부담한다(소득세법 제2조 제5항),

한편 소득세법 제119조의2 제1항 제2문(但書)에서, 소득세법 제2조 제3항에 따른 '법인으로 보는 단체 외의 법인 아닌 단체'인 국외투자기구가 제2호(그 국외투자기구가 조세조약에서 실질귀속자로 인정되는 것으로 규정된 경우) 및 제3호(제1호 또는 제2호에 해당하지 아니하는 국외투자기구가 그 국외투자기구에 투자한 투자자를 입증하지 못하는 경우에는 못하는 부분에 한하여) 중 어느 하나에 해당하는 경우, 그 국외투자기구를 국내원천소득의 실질귀속자 즉 1비거주자로 본다는 취지로 정하고 있음에 유의하여야 한다.

국외투자기구에 대하여는 [제5장 제4절 1. 다]를 참조하기 바란다.

④ 신탁

1961년 경제개발에 필요한 자금조달을 위하여 신탁법이 제정되었다. 그동안 신탁은 신탁은행 등의 신탁상품을 통한 자금조달의 역할을 하였음은 물론 부동산신탁, 증권투자신탁 등 제한된 분야에서 이용되어 왔다. 반세기가 지난 2011년 큰 개정(2012. 7. 26. 시행)을 하면서 유한책임신탁, 수익증권발행신탁, 신탁사채, 유언대용신탁, 수익자연속신탁 등의 새로운 제도가 도입되었고, 신탁대상에 '영업'을 포함함으로써 실질적으로 법인제도와 동일한 기능을 수행하는 사업신탁도 가능하게 되었다.

신탁은 크게 보아 민사신탁과 상사신탁으로 나눌 수 있고, 신탁에 유연성을 더 가미한다면 상사신탁제도는 앞으로 상사거래의 수단으로 기능하는 법인제도와의 사이에서 유연성의 관점 등 여러 면에서 경쟁하게 될 것이다(법형식의 경쟁). 자본주의 국가로서의 미국이 강대국이 된 밑바탕에는 신탁제도와 법인제도라는 두 법형식이 경쟁하면서 다양한 방면에서 유연성을 취득한 점에 있다고들 말하여진다. 우리나라도 신탁제도라는 도구개념이 사법질서를 교란하는 등의 역기능이 아닌 순기능을 발휘하면서 활성화될 수 있도록 가꾸어야 할 것이다.

입법론상 납세의무자가 신탁자, 수탁자, 수익자 사이에서 판결 등에 의하여 소득의 귀속 자가 달리 확정되는 경우 등 필요한 경우에 대비하여 '판결 등에 따른 경정'이 가능할 수 있도 록 국세기본법 제26조의2 제7항의 개정이 필요할 것으로 보인다.

(ⅰ) 소득 과세

신탁에 대한 소득과세방식으로는 수익자과세방식과 법인세과세방식이 있을 수 있다. 수익 자과세방식을 취하는 신탁을 수익자과세신탁, 법인세과세방식을 취하는 신탁을 법인과세신탁 이라고 부른다. 소득세법과 법인세법이 2020. 12. 22. 전부 개정되어 2021. 1. 1.부터 시행 중 이다.

먼저 수익자과세신탁(신탁도관이론, Pass through 과세)을 본다.

신탁재산에 귀속되는 소득은 그 신탁의 이익을 받을 수익자에게 귀속된다고 보아 소득세 법 내지 법인세법을 적용한다(소득세법 제2조의3 제1항, 법인세법 제5조 제1항). 예외적으로, 수익 자가 특별히 정하여지지 아니하거나 존재하지 아니하는 신탁 또는 위탁자가 신탁재산을 실질 적으로 통제하는 등 일정한 요건을 충족하는 신탁의 경우에는 그 신탁재산에 귀속되는 소득은 위탁자에 귀속되는 것으로 본다(소득세법 제2조의3 제2항, 법인세법 제5조 제3항). 따라서 그 귀속 이 수익자와 신탁자 사이에서 분명하지 않은 경우가 생길 수 있다.

다음 법인과세신탁을 본다.

신탁법 제3조 제1항 각 호 외의 부분 단서에 따른 목적신탁, 신탁법 제78조 제2항에 따 른 수익증권발행신탁, 신탁법 제114조 제1항에 따른 유한책임신탁으로서 수익자가 둘 이상이 고 위탁자가 신탁재산을 실질적으로 통제하지 아니하는 경우에는 신탁재산에 귀속되는 소득에 대하여 신탁계약에 따라 그 신탁의 수익자[내국법인 또는 소득세법에 따른 거주자인 경우에 한정한다]가 법인세를 납부할 수 있고, 이 경우 신탁재산별로 각각을 하나의 내국법인으로 본 다(법인세법 제5조 제2항). 이러한 법인세 과세를 위하여 법인세법 제2장의2에서 '법인과세 신탁 재산의 각 사업연도의 소득에 대한 법인세 과세특례' 규정을 신설하였다.

(ⅱ) 상증세 과세

신탁법 제59조의 유언대용신탁, 제60조의 수익자연속신탁은 상속 대상에 포함되고, 유언 대용신탁 및 수익자연속신탁에 의하여 신탁의 수익권을 취득한 자는 수유자에 해당한다.

신탁도관이론에 따라 신탁재산을 위탁자 또는 수익자의 재산으로 파악할 뿐 수탁자의 재 산으로 취급하지 않는다. 피상속인이 신탁한 재산은 상속재산으로 보되 다만 상증세법 제33조

제1항에 따라 수익자의 증여재산가액으로 하는 해당 신탁의 이익을 받을 권리의 가액은 상속재산으로 보지 아니한다(상증법 제9조 제1항). 수익자가 사망한 경우 수익자가 보유하던 신탁수익권도 상속재산에 포함된다(제2항). 수익자연속신탁의 수익자가 사망함으로써 타인이 새로 신탁의 수익권을 취득하는 경우 그 타인이 취득한 신탁의 이익을 받을 권리의 가액은 사망한 수익자의 상속재산에 포함한다(제3항). 신탁의 이익을 받을 권리를 소유하고 있는 경우의 판정 등 그 밖의 필요한 사항은 대통령령으로 정한다(제4항). 제3항 및 제4항은 2020. 12. 22. 신설된 조항이다.

(ⅲ) 부가가치세 과세

원칙적으로 위탁자가 납세의무자이다. 담보목적신탁은 신탁재산을 처분하는 경우 수탁자가 납세의무자가 된다(부가가치세법 제10조 제8항).

그러나 2020. 12. 22. 개정되어 2022. 1. 1. 부터 시행될 부가가치세법 제3조 제2항 및 제3항에서 부가가치세 납세의무자를 달리 정하고 있음에 유의하여야 한다.

(ⅳ) 기타 과세

재산세 및 종합부동산세와 같은 보유세는 물론 유통세인 취득세도 법적 실체에 따라 수탁자과세가 원칙이다. 다만 취득세의 경우 대도시내 취득세 중과세 여부(지방세법 제13조 제2항), 과점주주 간주취득세의 과점주주 여부(지방세법 제7조 제5항)에 대한 판정은 위탁자를 기준으로 한다.

⑤ 조세특례제한법상의 '同業企業에 대한 課稅特例'

같은 법 제100조의15(적용범위)에 의하면, ① 민법에 따른 조합, ② 상법에 따른 합자조합 및 익명조합, ③ 상법16)에 따른 합명회사 및 합자회사, ④ 대통령령으로 정하는, 변호사법 소정의 법무법인 및 법무조합, 특허법인, 노무법인, 법무사합동법인, 전문적인 인적용역을 제공하는 법무법인(유한), 회계법인, 세무법인, 관세법인 등, ⑤ 법인세법 제2조 제3호의 외국법인 또는 소득세법 제2조 제3항에 따른 비거주자로 보는 법인 아니 단체 중 제1호부터 제4호까지의 규정에 따른 단체와 유사한 단체로서 대통령령이 정하는 기준에 해당하는 외국단체에 대하여는, 그 해당 단체가 동업기업 과세특례의 적용을 받기 위한 신청을 한 경우, 해당 동업기업 및 그 동업자에 대하여 적용한다는 취지로 규정하고 있다.

그러나 동업기업 과세특례제도에 세제상의 인센티브가 얼마나 존재하는지 명확하지 않고, 현재 얼마나 많은 사업조직이 동업기업 과세특례를 신청하고 있는지 알 수 없다.

---

16) 2011. 4. 개정상법에서 도입한 유한책임회사는, 미국의 유한책임회사(Limited Liability Company: LLC)와 유사한 제도이다. 미국의 LLC는 1988년 미국 연방국세청이 LLC에 대하여 조합과세 결정을 내린 것을 결정적 계기로 하여 급속도로 확산되었다고 한다. 유한책임회사가 얼마나 활발하게 설립되어 활동할 것인지 여부는 주로 세제상 인센티브가 있느냐 여부에 달려 있는데, 현재 유한책임회사에 대하여는 동업기업 과세특례제도의 적용도 배제되고 있다.

한편, 과세요건으로서의 납세의무자 가운데 실정법이 명문의 규정으로 일정한 범위에 있는 자를 제외하고 있는데 이를 인적 비과세 또는 인적 과세제외라고 부른다.

(2) **과세물건**(Das Steuerobjekt = Steuergegenstand, 과세객체, 과세대상)

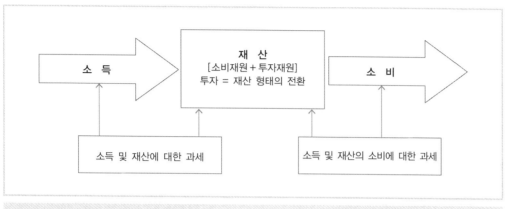

[소득, 재산, 소비에 대한 과세의 영향[17]]

과세물건[18]은 과세요건의 물적 측면을 이루는 요소로 입법자가 과세적상이라고 판단한 대상물인 소득, 수익, 재산, 행위 또는 거래 등[19]을 말한다. 조세부담 배분의 원칙적 기준인 '담세력의 지표 내지 척도'(Indikator steuerlicher Leistungsfähigkeit)로 개별세법에서 과세대상을 개별화 하고 있다. 소득(Einkommen), 재산(Vermögen), 소비(Konsum)가 대표적이다.

소득을 과세물건으로 한 조세로는 소득세 및 법인세, 지방소득세 등이, 재산을 과세물건으로 한 조세로는 상속세 및 증여세, 종합부동산세[20](지방세법상 재산세)가 각 대표적이고, 소비

---

17) Tipke/Lang, 전게서, 제3장 56문단에서 인용하였다. Tipke의 견해에 의하면, 유일한 세원인 소득에 대한 과세(정확히 재산으로서 저장·축적된 소득)만이 존재한다고 한다("Es gibt nur eine Steuerquelle: das Einkommen, genau: das als Vermögen gespeicherte Einkommen."). 한편, D. Birk의 견해에 의하면, 재산은 정의로운 부담배분의 견지에서 '실체세(Substanzsteuer)'를 정당화하는 고유의 담세력을 제공한다는 것이다.

18) 국세기본법 제2조 제14호에서 과세표준을 정의하면서 '과세대상의 수량 또는 가액'이라는 용어를 사용하고 있다. 다만 '과세물건'은 국세기본법 제45조의2 제2항 제2호에서 사용하고 있다.

19) 국세기본법 제14조 제1항 참조.

20) 헌법재판소 2008. 11. 13. 선고 2006헌바112 결정 등의 요지 중 관련부분만을 정리하면 다음과 같다. ① 종합부동산세법이 규정한 조세의 부담은 재산권의 본질적 내용인 사적 유용성과 원칙적인 처분권한을 여전히 부동산 소유자에게 남겨 놓는 한도 내에서의 재산권의 제한이고, 위 가격 대비 부담률에 비추어 보면, 매년 종합부동산세가 부과된다고 하더라도 상당히 짧은 기간 내에 사실상 부동산가액 전부를 조세 명목으로 무상으로 몰수하는 결과를 가져오게 되는 것이라고 보기 어렵다. ② 부동산 보유세를 국세로 할 것인지 지방세로 할 것인지는 입법정책의 문제에 해당되고, 입법정책상 종합부동산세법이 부동산 보유세인 종합부동산세를 국

(행위 또는 거래)는 부가가치세·지방소비세 및 개별소비세·주세 등의 과세대상이 된다.

한편, 국세기본법 제14조 제2항 및 제3항은 '실질과세원칙'을 정하고 있는데, 이는 과세요 건법 해석에 가장 중요한 원칙 중의 하나이다.

다른 한편, 과세물건 가운데 개별세법이 명문의 규정으로 일정한 대상물에 대하여는 이를 과세대상에서 제외하고 있는데, 이를 물적 비과세 또는 물적 과세제외라고 부른다. 물적 비과 세는 본래적 의미에서는 과세물건 그 자체의 물적 속성 내지 사정에 착안하여 질적 담세력, 공익성, 징세의 곤란성 등을 고려하여 일정한 대상물을 제외한 경우를 상정한 개념이나, 개별 세법상의 물적 비과세를 보면 과세물건의 가득자, 소유자, 행위자 등의 인적 사정도 고려하여 일정의 대상물을 과세대상에서 제외하는 경우도 있다.

당해세에 대한 대법원 1999. 3. 18. 선고 96다23184 전원합의체 판결을 본다.

『법 제35조 제1항 제3호는 공시를 수반하는 담보물권과 관련하여 거래의 안전을 보장하려는 사법적(私法的) 요청과 조세채권의 실현을 확보하려는 공익적 요청을 적절하게 조화시키려는 데 그 입법의 취지가 있으므로, 당해세가 담보물권에 의하여 담보되는 채권에 우선한다고 하더라도 이로 써 담보물권의 본질적 내용까지 침해되어서는 아니 되고, 따라서 위에서 말하는 "그 재산에 대하여 부과된 국세"라 함은 담보물권을 취득하는 사람이 장래 그 재산에 대하여 부과될 것을 상당한 정도 로 예측할 수 있는 것으로서 오로지 당해 재산을 소유하고 있는 것 자체에 담세력을 인정하여 부과 되는 국세만을 의미하는 것으로 보아야 한다(대법원 1989. 9. 26. 선고 87다카2515 판결 참조).』

(3) 인적귀속(Die Zurechnung)[21]

귀속은 과세물건의 인적귀속과 기간귀속[22]으로 나누어진다.

먼저 과세물건의 인적귀속은 과세요건으로서의 납세의무자와 과세물건의 연결·결합을 말 한다. 국세기본법 제14조 제1항에서, "과세의 대상이 되는 소득, 수익, 재산, 행위 또는 거래 의 귀속이 명의일 뿐이고 사실상 귀속되는 자가 따로 있을 때에는 사실상 귀속되는 자를 납세

세로 규정하였다고 하더라도 지방자치단체의 자치재정권의 본질을 훼손하는 것이라고 보기 어렵다. ③ 종합 부동산세는 재산세와 사이에서는 동일한 과세대상 부동산이라고 할지라도 지방자치단체에서 재산세로 과세되 는 부분과 국가에서 종합부동산세로 과세되는 부분이 서로 나뉘어져 재산세를 납부한 부분에 대하여는 다시 종합부동산세를 납부하는 것이 아니고, 양도소득세와 사이에서는 각각 그 과세의 목적 또는 과세물건을 달리 하는 것이므로, 이중과세의 문제는 발생하지 아니한다. ④ 종합부동산세는 본질적으로 부동산의 보유사실 그 자체에 담세력을 인정하고 그 가액을 과세표준으로 삼아 과세하는 것으로서, 일부 수익세적인 성격이 있다 하더라도 미실현이득에 대한 과세의 문제가 전면적으로 드러난다고 보기 어렵고, 그 부과로 인하여 원본인 부동산가액의 일부가 잠식되는 경우가 있다 하더라도 그러한 사유만으로 곧바로 위헌이라고 할 수 없다.

21) die Zurechnung은 원래 과세물건의 인적귀속만을 의미한다.

22) 통상 교과서 등에서 과세물건의 기간귀속을 과세요건으로 설명하지 아니하나, 경정을 논함에 있어 중요한 요 소이므로 과세요건의 하나로 설명한다.

의무자로 하여 세법을 적용한다."라고 규정하는바, 이는 소득세 및 법인세에 있어 '실질소득자
과세원칙'을, 부가가치세에 있어 '실질사업자과세원칙'을 선언한 것이다.

인적귀속은 과세요건법의 근간으로서 그 판단에 잘못이 있는 경우 과세표준신고나 부과처
분은 원칙적으로 당연무효로 귀착된다(제1장 제9절 8. 가. 참조). 당연무효의 사유를 넓힐수록
경정청구사유는 그만큼 줄어든다. 신고나 부과처분이 무효라면 경정청구를 거침이 없이 부당
이득반환의 방법으로 환급청구권을 행사할 수 있어 조세채무자로서는 훨씬 구제받기가 쉽다.

한편, 과세요건으로서 납세의무자와 과세물건의 연결·결합이라는 의미의 인적귀속 판정
은 기간귀속의 판정과 함께 완결적으로 이루어지므로 인적귀속과 기간귀속의 사이에는 밀접한
관련이 있다.

조세조약의 해석에 있어 국세기본법 제14조 제1항이 적용된다(Treaty Shopping, 조약 남용
행위의 규제)는 대법원 2012. 4. 26. 선고 2010두11948 판결[23] 요지(라살레 아시아 리커버리 인
터내셔날 I 앨피 사건, 라살데 판결) 등을 본다.

『1. 구 국세기본법(2007. 12. 31. 법률 제8830호로 개정되기 전의 것) 제14조 제1항에서 규정
하는 실질과세의 원칙은 소득이나 수익, 재산, 거래 등의 과세대상에 관하여 귀속 명의와 달리 실
질적으로 귀속되는 자가 따로 있는 경우에는 형식이나 외관을 이유로 귀속 명의자를 납세의무자로
삼을 것이 아니라 실질적으로 귀속되는 자를 납세의무자로 삼겠다는 것이므로, 재산의 귀속 명의자
는 이를 지배·관리할 능력이 없고, 명의자에 대한 지배권 등을 통하여 실질적으로 이를 지배·관리
하는 자가 따로 있으며, 그와 같은 명의와 실질의 괴리가 조세를 회피할 목적에서 비롯된 경우에는
그 재산에 관한 소득은 재산을 실질적으로 지배·관리하는 자에게 귀속된 것으로 보아 그를 납세의
무자로 삼아야 할 것이고, 이러한 원칙은 법률과 같은 효력을 가지는 조세조약의 해석과 적용에 있
어서도 이를 배제하는 특별한 규정이 없는 한 그대로 적용된다고 할 것이다.

2. 영국의 유한 파트너십(limited partnership)인 甲 등이 벨기에 법인 乙 등을 통해 국내 부
동산에 투자하여 양도소득이 발생하였는데 과세관청이 甲 등을 양도소득의 귀속자로 보아 구 법인

---

23) 강석훈, 2013. 6. 27.자 법률신문, 2012년 '분야별 중요판례해석'에서, "실질과세의 원칙을 조세조약의 해석
의 기본으로 삼을 수 있는가에 대해서는 명백한 선례가 존재하지 않았고, 이로 인해 실무상 견해의 대립이
있어 왔다. 대상판결은 국내법상 실질과세원칙이 조세조약의 해석기준이 될 수 있음을 명시적으로 판시한 첫
번째 판결이라는 점에서 큰 의미를 지닌다. 또한 대상판결을 통해 법원은 기존의 간주취득세 사건(2008두
8499 판결)이나 론스타 양도소득세 사건에서의 입장에서 한발 더 나아가 도관회사를 이용한 조약편승에 대
한 입장을 분명하게 정리하였다. 앞으로 과세관청은 외국계 자본의 거래에 대하여 명의에 관계없이 누가 실
제 소유자인지를 판단하고, 해당 거래에 적용될 조세조약 역시 당사자의 의사와 관계없이 결정할 수 있게 되
었다. 이로 인해 외국계 자본이 조세조약상 혜택을 위해 유리한 국가에 회사를 설립하여 국내에 투자하는 방
식은 실질적으로 인정받기 어려워졌다. 이렇게 부당한 조세회피시도를 차단하고자 하는 대법원의 취지에는
십분 공감한다. 다만 실질과세의 원칙만 지나치게 강조하는 경우 과세관청의 자의적인 과세가 가능하게 되어
조세법률주의를 위배할 수 있으며, 납세자의 예측가능성이 저해되어 외국계 자본의 투자가 위축되는 등의 문
제가 발생할 수 있다는 점은 주의하여야 할 것이다."라고 적고 있다.

세법(2008. 12. 26. 법률 제9267호로 개정되기 전의 것) 제93조 제7호 등에 따라 법인세 부과처분을 한 사안에서, 조세조약상 무차별원칙이란 과세를 함에 있어 국적에 근거한 차별이 금지되며 상호주의에 따라 일방 체약국 국민은 다른 국가에서 같은 상황에 처한 다른 국가의 국민보다 더 불리한 대우를 받지 않는다는 것으로서, 이 원칙이 적용되기 위해서는 일방 체약국 내에서 국민과 외국인이 동일한 상황하에 있어야 한다는 점이 충족되어야 한다고 전제한 다음, 벨기에 법인 乙 등과 같이 조세조약의 남용을 통하여 한국 내 원천소득에 관한 조세회피를 목적으로 하는 법인들과 그와 같은 조세회피의 목적 없이 소득의 귀속자로서 과세의 대상이 되는 국내의 자산유동화회사는 동일한 상황 하에 놓여 있다고 볼 수 없으므로, 벨기에 법인 乙 등을 양도소득의 귀속자로 보지 아니하고 甲 등을 실질적 귀속자로 본다고 해서 조세조약상 무차별원칙에 반한다고 할 수 없다고 본 원심 판단을 수긍한 사례.』

대법원 2019. 6. 27. 선고 2016두841 판결

『가. 한·독 조세조약은 일방체약국의 국내법 규정이 한·독 조세조약에 포함된 원칙과 부합하는 한 탈세나 조세회피 방지 규정의 적용을 배제하고 있지 않다[한·독 조세조약 제27조 제1항 (가)목]. 또한 관련 사업운영에 대한 적정한 경제적 이유 없이 주식 등 권리 등을 설정하거나 양도함으로써 제10조, 제11조, 제12조와 제21조를 이용하는 것이 관계인의 주요 목적일 경우에는 한·독 조세조약 제10조 제2항, 제11조 제2항, 제12조 제2항과 제21조에 정해진 제한이 적용되지 않는다(한·독 조세조약 제27조 제2항). 이는 관련 사업운영에 대한 적정한 경제적 이유 없이 주식 등의 권리를 설정하거나 양도하는 방법으로 한·독 조세조약 제10조, 제11조, 제12조와 제21조에 규정된 제한세율 적용 요건을 충족한 것과 같은 외관을 만들어 부당하게 조세를 감소시키는 것이 주요 목적인 조약 남용행위에 대처하기 위한 것으로, 그와 같은 조약 남용행위에 대해서는 한·독 조세조약상 혜택이라고 할 수 있는 제한세율을 적용하지 않도록 한 것이다.

한편 국세기본법 제14조 제1항은 실질과세 원칙을 정하고 있는데(2010. 1. 1. 법률 제9911호로 개정되기 전의 국세기본법, 그 후 법령의 개정이 있었으나, 이 부분은 현행 법령에서도 마찬가지이다), 소득이나 수익, 재산, 거래 등 과세대상에 관하여 그 귀속명의와 달리 실질적으로 귀속되는 사람이 따로 있는 경우에는 형식이나 외관에 따라 귀속명의자를 납세의무자로 삼지 않고 실질적으로 귀속되는 사람을 납세의무자로 삼겠다는 것이다. 재산 귀속명의자는 이를 지배·관리할 능력이 없고 명의자에 대한 지배권 등을 통하여 실질적으로 이를 지배·관리하는 사람이 따로 있으며 그와 같은 명의와 실질의 괴리가 조세 회피 목적에서 비롯된 경우에는, 그 재산에 관한 소득은 재산을 실질적으로 지배·관리하는 사람에게 귀속된 것으로 보아 그를 납세의무자로 보아 과세하여야 한다(대법원 2012. 1. 19. 선고 2008두8499 전원합의체 판결 등 참조). 이러한 원칙은 법률과 같은 효력을 가지는 조세조약의 해석과 적용에서도 이를 배제하는 특별한 규정이 없는 한 그대로 적용된다(대법원 2012. 4. 26. 선고 2010두11948 판결 등 참조).

위와 같은 관련 법령의 문언, 내용, 체계, 목적 등을 종합하면, 한·독 조세조약 제27조 제2항이 한·독 조세조약의 해석과 적용에서 실질과세 원칙을 배제하는 특별한 규정에 해당한다고 보아

서는 안 된다. 그리고 한·독 조세조약 제27조 제2항에 따라 같은 조약 제10조 제2항, 제11조 제2항, 제12조 제2항, 제21조에 정해진 제한을 적용할지는 배당·이자·사용료·기타소득의 지급에 관한 권리 등을 설정하거나 양도한 경위, 관련 사업의 목적과 활동 내역, 관계인의 사업운영에 관한 역할과 해당 소득에 대한 지배·관리 여부 등 여러 사정을 종합하여 판단해야 한다.』

한·독 조세조약 제27조 제2항이 한·독 조세조약의 해석과 적용에서 실질과세 원칙을 배제하는 특별한 규정에 해당한다고 보아서는 안 되고, 한·독 조세조약은 일방체약국의 국내법 규정이 한·독 조세조약에 포함된 원칙과 부합하는 한 탈세나 조세회피 방지규정의 적용을 배제하고 있지 않다. 국세기본법 제14조 제1항의 실질과세의 원칙에 관한 대법원 2012. 1. 19. 선고 2008두8499 전원합의체 판결(제3장 제2절 2. 가. 참조)의 판시취지는 법률과 같은 효력을 가지는 조세조약의 해석과 적용에서도 이를 배제하는 특별한 규정이 없는 한 그대로 적용된다 (대법원 2012. 4. 26. 선고 2010두11948 판결 등 참조)는 취지이다.

대법원 2018. 12. 13. 선고 2018두128 판결요지

『국세기본법 제14조 제1항은 실질과세 원칙을 정하고 있는데, 소득이나 수익, 재산, 거래 등 과세대상에 관하여 그 귀속명의와 달리 실질적으로 귀속되는 사람이 따로 있는 경우에는 형식이나 외관에 따라 귀속명의자를 납세의무자로 삼지 않고 실질적으로 귀속되는 사람을 납세의무자로 삼겠다는 것이다. 따라서 재산 귀속명의자는 이를 지배·관리할 능력이 없고 명의자에 대한 지배권 등을 통하여 실질적으로 이를 지배·관리하는 사람이 따로 있으며 그와 같은 명의와 실질의 괴리가 조세 회피 목적에서 비롯된 경우에는, 그 재산에 관한 소득은 재산을 실질적으로 지배·관리하는 사람에게 귀속된 것으로 보아 그를 납세의무자로 보아야 한다. 실질과세 원칙은 비거주자나 외국법인이 원천지국인 우리나라의 조세를 회피하기 위하여 조세조약상 혜택을 받는 나라에 명목회사를 설립하여 법인 형식만을 이용하는 국제거래뿐만 아니라, 거주자나 내국법인이 거주지국인 우리나라의 조세를 회피하기 위하여 소득세를 비과세하거나 낮은 세율로 과세하는 조세피난처에 사업활동을 수행할 능력이 없는 외형뿐인 이른바 '기지회사(base company)'를 설립하고 법인 형식만을 이용함으로써 실질적 지배·관리자에게 귀속되어야 할 소득을 부당하게 유보해 두는 국제거래에도 마찬가지로 적용된다.』

국세기본법 제14조 제1항의 실질과세원칙이 거주자나 내국법인이 거주지국인 우리나라의 조세를 회피하기 위하여 소득세를 비과세하거나 낮은 세율로 과세하는 조세피난처에 사업활동을 수행할 능력이 없는 외형뿐인 이른바 '기지회사(base company)'를 설립하고 법인 형식만을 이용함으로써 실질적 지배·관리자에게 귀속되어야 할 소득을 부당하게 유보해 두는 국제거래에도 적용된다는 것이다.

(4) 기간귀속(귀속시기)

기간과세세목에서 과세표준의 구성요소(수입금액·익금, 필요경비·손금 등)가 어느 과세기간[24]에 속하는지를 정하는 데에는 '권리(의무)확정주의 원칙'[25]이 적용된다.

대법원 2014. 1. 29. 선고 2013두18810 판결은 권리확정주의의 '기능(미필소득에 대한 조세의 전납적 성격)'과 '한계(소득이 없음에도 과세한 결과)'를 다음과 같이 설명한다.

『권리확정주의는 소득의 원인이 되는 권리의 확정시기와 소득의 실현시기와의 사이에 시간적 간격이 있는 경우에는 과세상 소득이 실현된 때가 아닌 권리가 확정적으로 발생한 때를 기준으로 하여 그때 소득이 있는 것으로 보고 당해 과세연도의 소득을 계산하는 방식으로, 실질적으로는 불확실한 소득에 대하여 장래 그것이 실현될 것을 전제로 하여 미리 과세하는 것을 허용하는 것이다. 이러한 권리확정주의는 납세자의 자의에 의하여 과세연도의 소득이 좌우되는 것을 방지함으로써 과세의 공평을 기함과 함께 징세기술상 소득을 획일적으로 파악하려는 데 그 취지가 있을 뿐 소득이 종국적으로 실현되지 아니한 경우에도 그 원인이 되는 권리가 확정적으로 발생한 적이 있기만 하면 무조건 납세의무를 지우겠다는 취지에서 도입된 것이 아니다.』

(5) 과세표준(Die Steuerbemessungsgrundlage)

국세기본법 제2조 제14호에서 과세표준이란 "세법에 따라 직접적으로 세액산출의 기초가 되는 과세대상의 수량 또는 가액을 말한다."고 정의하고 있다. 세법은 과세대상(=과세물건)을 금액(종가세) 또는 수량(종량세)으로 정하면서 복잡한 계산과정이나 평가과정을 정하는 경우가 많다(소득세, 법인세, 상속세, 증여세, 종합부동산세, 재산세 등). 대부분의 세목에는 과세표준을 형성함에 있어 복잡하고 다기한 법기술적 개념이나 회계학적 개념이 사용되고 있어[26] 자연히 과세표준 및 세액을 산출함에 있어 실체적 오류가 많이 발생하기 마련이다.

한편, 국세기본법 제14조 제2항 및 제3항 소정의 실질과세원칙이나 개별세법상의 부당행위계산부인에 관한 규정(조세회피 방지규정)의 적용 여부가 실무상 자주 문제된다. 그 적용이 긍정되면 조세채무의 범위에 관한 오류의 존재가 의제되어 과세표준은 재구성·재계산된다. 다만 그 해석의 어려움으로 과세관청과 조세채무자 사이에 과세표준 산정을 둘러싸고 견해대립이 많이 발생한다. 부정행위로 조세를 포탈하는 경우 제척기간이 연장된다(장기 제척기간).

---

24) 국세기본법 제2조 제13호에서 과세기간이란 세법에 따라 국세의 과세표준 계산의 기초가 되는 기간이라고 정의하고, 개별세법에서 그 과세기간을 정하고 있다. 한편, 법인세법 제40조 제1항은 "내국법인의 각 사업연도의 익금과 손금의 귀속 사업연도는 그 익금과 손금이 확정된 날이 속하는 사업연도로 한다."고 규정하고 있는데, 이를 '권리확정주의'라고 한다.

25) 이창희, 전게서, 793면 이하 참조.

26) 谷口勢津夫, 전게서, 96면에서, 과세표준은 "복잡한 기술적 개념이 되어 그 내용이 금일에는 세법 연구교육의 중심이 되고 있다."라고 적고 있다.

(6) 세율(Der Steuersatz)

세액산출을 위하여 과세표준에 곱하여야 할 개별세법 소정의 율을 말한다.

(7) **과세권자**(과세주체)

조세채무의 성립은 논리적으로 납세의무를 과하는 과세권자(과세주체)의 존재를 전제로 한다. 따라서 과세권자도 성립요건의 하나이다. 특히 지방세법 제3조(과세주체)는 "이 법에 따른 지방세를 부과·징수하는 지방자치단체는 지방세기본법 제8조 및 제9조의 지방자치단체의 세목 구분에 따라 해당 지방세의 과세주체가 된다."고 정하고 있다.

지방세 세목에 지방소득세가 신설되어 과세주체(납세지 오류 또는 지방자치단체별 안분세액의 오류)가 명확하지 아니한 경우도 있을 수 있다. 그만큼 과세주체를 둘러싼 실체적 오류가 많이 생길 수 있다.

(8) **세액공제**

국세기본법 제22조 제1항에서의 세액확정절차 대상인 '세액'이나 제45조의2 제1항에서의 '과세표준 및 세액' 중 경정청구 대상인 '세액'이라 함은 소위 세액공제(과세표준에 세율을 적용한 산출세액에서 일정한 금액을 공제하는 것)를 한 후의 금액을 말한다.

그러나 과세요건법상의 세액은 과세표준에 세율을 적용한 산출세액만을 가리키는 것으로 세액공제 전의 것을 말한다. 즉 과세요건법상 세액공제는 일종의 세액면제(법정면제)와 유사하다.

(9) **세액감면**(감경 및 면제)

국세기본법 제26조에서 세액감면을 조세채무의 소멸사유로 나열하지 않고 있으나 소멸사유로 보아야 한다. 세액확정 전 단계의 것으로 조세채무의 성립과 연동하는 특수한 형태의 것이다.[27] 감면은 세액확정절차를 전제로 하는 것이 아니므로 감면대상인 조세채무는 성립과 동시에 소멸된다. 다만 이러한 세액공제 및 세액감면은 세액확정절차의 일환인 과세표준신고서에 기재하여야 한다. 국세기본법 제22조 제1항에서의 '세액'이나 제45조의2 제1항에서의 세액은 모두 세액감면 후의 금액을 말한다.

그러나 여기서 말하는 세액감면은 확정된 세액을 과세관청의 처분에 의하여 감면하는 경우와 구별되어야 한다.

(10) **농어촌특별세의 특수성**

농어촌특별세에는 두 종류의 것이 있다. 그중 종합부동산세와 같이 그 세액을 과세표준으로 과세되는 경우가 있고, 나머지는 본세가 감면되는 경우 그 감면세액을 과세표준으로 하여 과세되는 경우가 있다. 즉 조세특례제한법, 관세법, 지방세법 또는 지방세특례제한법에 따라

---

27) 임승순, 전게서, 198면에서, "감면은 확정된 세액의 징수만을 면제하는 것이 아니라 세액확정의 전 단계에서 이루어지는 실체적 과정의 일부로 보아야 하므로 신고에 따라 확정되는 세액은 감면 후 납부세액으로 볼 것이다. 이에 따르면 면제의 경우 확정세액은 '0원'이 된다."라고 적고 있다.

소득세·법인세·관세·취득세 또는 등록에 대한 등록면허세가 감면(비과세·세액면제·세액감면·세액공제 또는 소득공제)되는 경우, 그 감면(비과세·세액면제·세액감면·세액공제 또는 소득공제)세액을 과세표준으로 삼아 그 20/100을 농어촌특별세로 신고납부하여야 한다. 후자의 농어촌특별세는 일반 조세의 성립과는 다른 특이한 점이 있다.

다. 과세요건의 기능적 의미

(1) 부과처분(신고)의 흠(하자)의 중대성 판단기준

부과처분에 흠이 있다면 그 흠과 관련된 과세요건의 중요성에 따라 부과처분의 무효·취소의 판단기준이 되고, 신고납세방식의 조세에 있어 과세요건은 신고에 내재한 흠의 중대성의 판단기준이 된다. 신고나 부과처분이 무효이면 '세액의 확정효'가 발생하지 아니한다.

(2) 실체적 오류의 존부 판단기준(경정청구권 발생의 전제)

과세요건의 충족에 따라 성립한 조세채무는 국세기본법 제22조 제1항에 따라 확정된다. 그러나 확정절차에 관여하는 인간의 인식의 착오 등으로 실체적 오류가 발생하기 마련이다. 이러한 의미에서 과세요건은 실체적 오류의 존부를 판단하는 출발점이 되고, 오류의 존재는 실체적 오류 시정주의상 경정청구권 발생의 전제가 된다.

(3) 조세채무의 성립과 사정변경의 고려

조세채무는 과세요건이 충족되면 그 조세효과로서 당연히 성립한다. 과세요건을 충족하였다 함은 그 요건사실을 실현하였음을 의미한다. 사실상의 생활관계 내지 사건경과 자체는 일단 실현된 후에는 원칙적으로 소급적으로 변경시킬 수 없다(불가변경성).[28]

그러나 이러한 불가변경성에는 예외를 인정하여야 하고 이는 '사정변경에 기한 경정청구'를 통하여 경정(조정)되어야 한다(제4장 제3절 1. 가. 참조).

첫째, 후발적 사정변경에 기하여 담세력이 소급적으로 상실된 경우 과세요건의 충족 여부를 판단함에 있어 이는 반드시 고려되어 조정되어야 한다.

둘째, 권리확정주의의 한계 및 그 보완을 위한 조정이 필요하다(당초 성립하였던 조세채무가 그 전제를 잃게 되었다면 사정변경에 기한 경정청구를 통하여 그 조세 부담에서 벗어날 수 있도록 조정되어야 한다).

대법원 2014. 1. 29. 선고 2013두18810 판결

『후발적 경정청구제도의 취지, 권리확정주의의 의의와 기능 및 한계 등에 비추어 보면, 소득의 원인이 되는 권리가 확정적으로 발생하여 과세요건이 충족됨으로써 일단 납세의무가 성립하였다 하

---

28) 이창희, 전게서, 121면에서, "과세요건을 충족한 이상 조세채무는 이미 생긴 것이고, 한번 벌어진 사실은 취소할 길이 없기 때문이다."라고 적고 있다.

더라도 그 후 일정한 후발적 사유의 발생으로 말미암아 소득이 실현되지 아니하는 것으로 확정됨으로써 당초 성립하였던 납세의무가 그 전제를 잃게 되었다면, 사업소득에서의 대손금과 같이 소득세법이나 관련 법령에서 특정한 후발적 사유의 발생으로 말미암아 실현되지 아니한 소득금액을 그 후발적 사유가 발생한 사업연도의 소득금액에 대한 차감사유로 별도로 규정하고 있다는 등의 특별한 사정이 없는 한 납세자는 국세기본법 제45조의2 제2항 등이 규정한 후발적 경정청구를 하여 그 납세의무의 부담에서 벗어날 수 있다고 보아야 한다.』

다만 통상 물권적 소급효 또는 법률행위의 소급적 폐지 등이 문제되는 경우 이는 국세기본법 제45조의2 제2항의 경정청구와 관련되나 개별세법에서 경정규정을 두는 경우도 있다.

(4) 세액확정에 있어 모순·저촉의 발생과 경정청구

어느 특정한 사실관계에 기한 조세채무는, 특정한 과세권자(조세채권자)와 특정한 조세채무자 사이에서, 특정한 과세기간에 한하여, 특정한 세목 아래, 하나의 세액으로, 모순 없이 통일적으로 성립·확정되어야 함은 조세채무관계설 내지 과세요건법의 요청상 당연하다.

따라서 세액확정에서 종종 발생하는 인적귀속의 모순·저촉, 기간귀속의 모순·저촉, 과세객체의 모순·저촉, 과세주체의 모순·저촉 등의 경우 이는 모두 실체적 오류에 해당되어 이론상 '모순된 세액확정에 기한 경정청구'를 통하여 시정되거나 조정되어야 할 것이다.

(5) 임시적 세액확정('先세액확정 後경정청구절차')과 선납적 과세(선납적 세액확정)

조세채무 성립의 전제가 되는 사실관계의 존부가 불명확한 경우 및 특정한 법률조항이 헌법재판소의 위헌심판의 대상이 되어 그 효력이 불명확한 경우, 그 불명확성에도 불구하고 임시적으로 세액확정을 가능하게 한 다음 이후 사실관계가 명확하게 밝혀지거나 헌법재판소의 위헌심판의 결정에 따라 그 효력이 명확하게 된 경우 경정청구를 인정하는 제도를 도입할 필요가 있다.

다만 비거주자(외국법인)에 대한 조세조약의 적용 등과 관련하여 소득세법 제156조의2, 제156조의4, 제156조의6(법인세법 제98조의4, 제98조의5, 제98조의6)에서 임시적 세액확정과 유사한 제도를 두고 있다(제5장 제4절 2. 참조).

한편, 선납적 과세(선납적 세액확정)가 있다. 부동산 무상사용수익에 대한 증여 및 금전무상대출 등에 따른 이익에 대한 증여에 대하여 선납적으로 증여세의 세액확정을 한 다음 일정한 사유가 발생하면 경정청구를 인정한다(제5장 제3절 2. 가. 참조).

(6) 감면세액의 추징절차와 추징세액의 성립시기

과세물건 가운데 개별세법이 명문으로 일정한 대상물을 과세대상에서 제외하고 있는데 이를 물적 비과세 또는 물적 과세제외라고 함은 앞서 본 바와 같다. 비과세 여부는 과세요건법의 영역에 속한다. 한편, 세액확정절차는 비록 조세절차법의 영역에 속하나 과세요건법과 밀접한 관련이 있는 것임은 앞서 본 바와 같다.

성립한 세액을 정책적인 이유에서 감면한 다음 일정한 사유가 발생하는 등 사후적 사정변경이 발생하면 그 감면세액을 추징하도록 법률에서 정하는 경우가 있다. 추징절차는 과세요건법의 영역을 벗어나는 다른 차원의 세법영역이다. 개별세법 또는 조세특례제한법, 지방세특례제한법에는 여러 감면규정이 있다. 그 중에는 당연히 감면되는 경우와 신청이 있는 경우에 한하여 감면되는 경우가 있고, 일정한 경우 감면세액을 추징하는 규정을 두고 있다.

여기서 의무불이행을 이유로 감면세액을 추징하는 경우 추징세액인 조세채무의 성립시기는 언제인가? 추징사유가 발생한 때로 보는 견해(조세채무 성립시기와 과세물건 귀속시기의 구별)[29]와 감면요건이 사후적으로 탈락한 경우 소급효를 의제하여 당초 과세물건의 귀속시기(＝당초 성립시기)에 조세채무가 성립하는 것으로 보는 견해[30]가 대립한다. 추징세액의 성립시기는 추징사유가 발생한 때로 보는 것이 타당하다 할 것이다(제1장 제11절 5. 차. 참조).

(7) 과세표준확정신고기한 경과 후 사정변경의 고려와 추가종합소득의 성립시기

소득세법 시행령 제134조 소정의 사유(소득처분, 물품가격의 인상, 기타소득지급명세서의 내용상 오류의 발견, 판결에 의한 부당해고기간의 급여지급)가 발생한 경우, 그 사유가 '사후적 사정변경'에 해당하더라도 그 소급효를 인정하여 당초 소득의 귀속시기에 조세채무가 성립하는 것으로 보아야 한다[제3장 제2절 2. 자. (2) 참조]. 다만 각 유형에 따른 제척기간의 기산일, 경정청구의 기산일 등은 개별적으로 검토되어야 할 것이다.

(8) 지방세 중과세 세액의 성립시기

중과요건 완성시에 중과세율에 의한 취득세(등록세)가 성립한다는 것이 판례의 견해이다.
대법원 1997. 10. 14. 선고 97누9253 판결요지

『대도시 내에서의 법인의 지점 설치에 따른 부동산등기에 대하여 중과하는 등록세의 과세요건은 대도시 내에서의 부동산등기 및 이후 지점설치의 2가지라 할 것이고, 따라서 대도시 내에서 부동산등기를 먼저 경료하였다 하더라도 이후 지점이 설치되었을 경우에 비로소 중과되는 등록세의

---

29) 이태로·한만수, 전게서, 80면에서, "비과세, 과세이연, 소득공제, 감면, 면제 또는 세액공제 등의 조세혜택의 수혜요건을 사후적으로 상실하여 해당 조세를 추징하는 경우에도 그 추징에 따른 납세의무는 추징의 요건사실이 발생한 때 성립하고, 그 조세의 과세물건의 귀속시기는 그 이전이다. 만약 추징대상 조세의 납세의무의 성립시기가 추징요건에 해당하는 사실의 발생시점이 아니라 추징대상 조세의 과세물건의 귀속시기(즉, 과거의 시점)라고 한다면, 이들 조세혜택 제도와 이미 성립한 납세의무의 확정을 유예하는 제도(예를 들면, '국제조세조정에 관한 법률' 제24조 제2항에서 조세조약체결 상대국과 사이에 상호합의절차가 개시된 경우 성립된 조세의 부과고지를 유예하는 제도)가 동일시되는 부당한 결과가 된다."라고 적고 있다.

30) 임승순, 전게서, 199면에서, "과세관청이 면제처분을 취소하고 세액을 추징하는 처분은 징수처분이 아니라 당초 신고에 따라 확정된 세액(0원)을 경정에 따라 증액시키는 부과처분으로 보아야 할 것이다."라고 적고 있다. 성립시기는 변함이 없고 단지 사후적 사정변경으로 추징사유가 발생하여 이를 추징하면 세액만이 0원에서 추징세액만큼 증액되는 증액경정(사정변경에 기한 증액경정)이 된다는 것이다.

과세요건이 충족되어 그 때 납세의무가 성립한다.

세금의 부과는 납세의무의 성립시에 유효한 법령의 규정에 의하여야 하고, 세법의 개정이 있을 경우에도 특별한 사정이 없는 한 개정 전후의 법령 중에서 납세의무가 성립될 당시의 법령을 적용하여야 할 것인바, 등록세 중과세의 경우에 있어 종전의 법은 부동산등기 후 지점이 설치된 경우 중과되는 등록세의 자진신고 납부의무에 관한 규정을 두고 있지 않았으나, 1994. 12. 22. 법률 제4794호로 신설 또는 개정되어 1995. 1. 1.부터 시행된 지방세법 제150조의2 제2항은 자진신고납부의무를 부과하고, 제151조는 이를 해태한 경우 가산세를 부과하도록 하고 있으므로, 등록세 중과세 대상이 된 부동산에 사업장을 설치한 일자가 1995. 1. 20.이라면 위 법이 개정·시행된 이후이므로, 사업장의 설치가 등록세의 중과세요건을 충족하는 한 중과세되는 등록세를 자진신고 납부할 의무가 있다고 할 것이어서, 이와 달리 판단한 원심은 적용할 법령을 그르친 위법이 있다.』

(9) 이중거주자에 관한 대법원 1997. 11. 14. 선고 96누2927 판결에 의하면 과세요건 확정절차(상호합의절차의 개시요건)라는 용어를 사용하고 있다. 즉 거주지국 결정절차(상호합의절차)가 선행되어야 세율이 확정되고 그런 의미에서 과세요건 확정절차라고 한 것이다. 따라서 과세요건법에도 예외적인 경우 일정한 절차가 편입되는 경우가 있을 수 있다.

3. 국세기본법[31] 및 상증세법상의 납세의무의 성립시기

가. 국세기본법상 납세의무의 성립시기

국세기본법 제21조(납세의무의 성립시기)

『① 국세를 납부할 의무는 이 법 및 세법에서 정하는 과세요건이 충족되면 성립한다.

② 제1항에 따른 국세를 납부할 의무의 성립시기는 다음 각 호의 구분에 따른다.(개정 2019. 12. 31., 2020. 12. 22., 2020. 12. 29.)

1. 소득세·법인세: 과세기간이 끝나는 때. 다만, 청산소득에 대한 법인세는 그 법인이 해산을 하는 때를 말한다.

2. 상속세: 상속이 개시되는 때

3. 증여세: 증여에 의하여 재산을 취득하는 때

4. 부가가치세: 과세기간이 끝나는 때. 다만, 수입재화의 경우에는 세관장에게 수입신고를 하

---

31) 일본 국세통칙법 제15조 제2항은 국세의 종류에 따라 성립시기를 구체적으로 나열하고 있으나, 독일 조세기본법 제38조(조세법률관계에서의 청구권의 성립)는 "조세법률관계에 기한 청구권은 법률이 그 급부의무와 관련지운 과세요건(구성요건)을 실현(충족)함과 동시에 성립한다."라고 규정하여 단지 일반원칙만 정하고 개별적 세목마다 성립시기를 구체적으로 정하고 있지 않다.

는 때를 말한다.

5. 개별소비세·주세 및 교통·에너지·환경세: 과세물품을 제조장으로부터 반출하거나 판매장에서 판매하는 때, 과세장소에 입장하거나 과세유흥장소에서 유흥음식행위를 하는 때 또는 과세영업장소에서 영업행위를 하는 때. 다만, 수입물품의 경우에는 세관장에게 수입신고를 하는 때를 말한다.

6. 인지세: 과세문서를 작성한 때

7. 증권거래세: 해당 매매거래가 확정되는 때

8. 교육세: 다음 각 목의 구분에 따른 시기

가. 국세에 부과되는 교육세: 해당 국세의 납세의무가 성립하는 때

나. 금융·보험업자의 수익금액에 부과되는 교육세: 과세기간이 끝나는 때

9. 농어촌특별세: 농어촌특별세법 제2조 제2항에 따른 본세의 납세의무가 성립하는 때

10. 종합부동산세: 과세기준일

11. 가산세: 다음 각 목의 구분에 따른 시기. 다만, 나목과 다목의 경우 제39조를 적용할 때에는 이 법 및 세법에 따른 납부기한(이하 "법정납부기한"이라 한다)이 경과하는 때로 한다.

가. 제47조의2에 따른 무신고가산세 및 제47조의3에 따른 과소신고·초과환급신고가산세: 법정신고기한이 경과하는 때

나. 제47조의4 제1항 제1호·제2호에 따른 납부지연가산세 및 제47조의5 제1항 제2호에 따른 원천징수 등 납부지연가산세: 법정납부기한 경과 후 1일마다 그 날이 경과하는 때

다. 제47조의4 제1항 제3호에 따른 납부지연가산세: 납세고지서에 따른 납부기한이 경과하는 때

라. 제47조의5 제1항 제1호에 따른 원천징수 등 납부지연가산세: 법정납부기한이 경과하는 때

마. 그 밖의 가산세: 가산할 국세의 납세의무가 성립하는 때

③ 다음 각 호의 국세를 납부할 의무의 성립시기는 제2항에도 불구하고 다음 각 호의 구분에 따른다.

1. 원천징수하는 소득세·법인세: 소득금액 또는 수입금액을 지급하는 때

2. 납세조합이 징수하는 소득세 또는 예정신고납부하는 소득세: 과세표준이 되는 금액이 발생한 달의 말일

3. 중간예납하는 소득세·법인세 또는 예정신고기간·예정부과기간에 대한 부가가치세: 중간예납기간 또는 예정신고기간·예정부과기간이 끝나는 때

4. 수시부과(隨時賦課)하여 징수하는 국세: 수시부과할 사유가 발생한 때』

나. 상증세법상 증여재산의 취득시기

상증세법 제32조

『제32조(증여재산의 취득시기)

증여재산의 취득시기는 제33조부터 제39조까지, 제39조의2, 제39조의3, 제40조, 제41조의2부

터 제41조의5까지, 제42조, 제42조의2, 제42조의3, 제44조, 제45조 및 제45조의2부터 제45조의5까지가 적용되는 경우를 제외하고는 재산을 인도한 날 또는 사실상 사용한 날 등 대통령령으로 정하는 날로 한다.』

상증세법 시행령 제24조

『제24조(증여재산의 취득시기)

① 법 제32조에서 "재산을 인도한 날 또는 사실상 사용한 날 등 대통령령으로 정하는 날"이란 다음 각 호의 구분에 따른 날을 말한다.

1. 권리의 이전이나 그 행사에 등기·등록을 요하는 재산에 대하여는 등기·등록일. 다만, 민법 제187조에 따른 등기를 요하지 아니하는 부동산의 취득에 대하여는 실제로 부동산의 소유권을 취득한 날로 한다.

2. 다음 각 목의 어느 하나에 해당하는 경우에는 그 건물의 사용승인서 교부일. 이 경우 사용승인 전에 사실상 사용하거나 임시사용승인을 얻은 경우에는 그 사실상의 사용일 또는 임시사용승인일로 하고, 건축허가를 받지 아니하거나 신고하지 아니하고 건축하는 건축물에 있어서는 그 사실상의 사용일로 한다.

  가. 건물을 신축하여 증여할 목적으로 수증자의 명의로 건축허가를 받거나 신고를 하여 해당 건물을 완성한 경우

  나. 건물을 증여할 목적으로 수증자의 명의로 해당 건물을 취득할 수 있는 권리(이하 이 호에서 "분양권"이라 한다)를 건설사업자로부터 취득하거나 분양권을 타인으로부터 전득한 경우

3. 타인의 기여에 의하여 재산가치가 증가한 경우에는 다음 각 목의 구분에 따른 날

  가. 개발사업의 시행: 개발구역으로 지정되어 고시된 날

  나. 형질변경: 해당 형질변경허가일

  다. 공유물(共有物)의 분할: 공유물 분할등기일

  라. 사업의 인가·허가 또는 지하수개발·이용의 허가 등: 해당 인가·허가일

  마. 주식등의 상장 및 비상장주식의 등록, 법인의 합병: 주식등의 상장일 또는 비상장주식의 등록일, 법인의 합병등기일

  바. 생명보험 또는 손해보험의 보험금 지급: 보험사고가 발생한 날

  사. 가목부터 바목까지의 규정 외의 경우: 재산가치증가사유가 발생한 날

4. 제1호부터 제3호까지 외의 재산에 대하여는 인도한 날 또는 사실상의 사용일

② 제1항을 적용할 때 증여받는 재산이 주식등인 경우에는 수증자가 배당금의 지급이나 주주권의 행사등에 의하여 해당 주식등을 인도받은 사실이 객관적으로 확인되는 날에 취득한 것으로 본다. 다만, 해당 주식등을 인도받은 날이 불분명하거나 해당 주식등을 인도받기 전에 상법 제337조 또는 같은 법 제557조에 따른 취득자의 주소와 성명등을 주주명부 또는 사원명부에 기재한 경우에는 그 명의개서일 또는 그 기재일로 한다.

③ 제1항을 적용함에 있어서 증여받은 재산이 무기명채권인 경우에는 해당 채권에 대한 이자지급사실등에 의하여 취득사실이 객관적으로 확인되는 날에 취득한 것으로 본다. 다만, 그 취득일이 불분명한 경우에는 해당 채권에 대하여 취득자가 이자지급을 청구한 날 또는 해당 채권의 상환을 청구한 날로 한다.』

다. 제2차 납세의무의 성립시기

국세기본법에 정함이 없지만 제2차 납세의무도 주된 납세의무의 체납 및 무자력을 요건으로 하여 성립하고, 국세징수법 제12조 소정의 양식에 기한 납부통지에 의하여 확정(대법원 1990. 4. 13. 선고 89누1414 판결)된다.[32] 개정된 국세징수법(2020. 12. 29. 개정) 제7조에 의하면 납부통지서가 아니라 납부고지서를 발급하도록 정하고 있다.

라. 예외적인 경우

국세기본법에 규정된 납세의무의 성립시기와 과세요건법상 과세요건의 충족시기(과세요건법상의 성립시기)가 반드시 일치하는 것은 아니다. 예를 들어 소득세나 법인세 과세표준에 관한 규정에 있어 조세채무자의 선택권 행사(Ausübung von Wahlrechten) 또는 신고 등이 과세요건의 요소로서 규정되어 있는 경우(재고자산 평가방법의 선택, 감가상각자산 상각방법의 선택 등)[33] 과세기간 종료일에 과세요건이 충족되지 아니함은 명백하다. 그럼에도 국세기본법이 성립시기를 정하고 있는 것은 조세법률관계의 통일적·획일적 처리를 위한 요청에 따른 것이라고 보아야 한다.[34]

---

32) 이태로·한만수, 전게서, 80면에서, '3. 납세의무의 성립시기와 과세물건의 귀속시기와의 구분'이라는 제목 아래, "제2차납세의무자나 납세보증인과 같은 종된 납세의무자가 부담하는 납세의무의 성립시기는 주된 납세의무자의 체납 등 그 요건에 해당하는 사실이 발생하는 때인 데 비해, 그 납부대상 조세의 과세물건 귀속시기는 주된 납세의무의 성립시기 이전이므로 종된 납세의무의 성립시기와 대상 조세의 성립시기는 항상 불일치한다."라고 적고 있다.

33) 谷口勢津夫, 전게서, 99면에서, '과세요건법에 편입된 절차법'이라고 부르고 있다. 나아가 "국세통칙법상의 성립시기와 과세요건법상의 성립시기의 불일치는 국세통칙법이라는 법률의 양면성에서 유래한다고 생각된다."고 하면서 '조세실체법과 조세절차법의 교착영역'이라고 부르고 있다.

34) 국세기본법이 세목별로 납세의무의 성립시기를 규정한 것은 과세권자와 납세의무자간의 채권채무관계 성립시기를 명확히 함과 동시에 각 세목의 특성에 따른 과세요건의 충족 정도에 따라 납세자를 동등하게 대우함으로써 헌법상의 평등의 원칙에 어긋남이 없도록 하기 위한 것이다(헌법재판소 2004. 7. 15. 선고 2003헌바45 결정). 위 헌재 결정에서 수시부과제도를 언급하면서, "법인세법 제69조에 의한 수시부과처분제도는 법인세 포탈의 우려가 있다고 인정되는 경우 과세기간 종료 전이든, 신고기한 도래 전이든 불구하고 납세의무자에게 부여한 과세기간 또는 신고기간이라는 기간이익을 박탈하여 미리 정부가 과세표준을 결정하는 것으로서, 일반적인 납세의무의 성립시기의 문제와 수시부과제도는 그 취지를 서로 달리하는 것이기 때문에 어떠한 경우에 이를 인정할 것인가는 조세정책과 관련하여 입법자의 입법형성의 자유영역이지 회사정리절차에 이와 같은 제도에 관한 입법을 하지 아니하였다고 하여 그것이 곧바로 평등권의 침해라고 할 수 없는 것이다."라고 판시하고 있다.

마. 양도소득세에 있어 양도시기와의 구별

소득세법 제98조 및 시행령 제162조 소정의 취득시기 및 양도시기는 양도소득의 귀속연도, 양도차익의 크기, 장기보유특별공제의 적용 여부 및 공제율의 크기, 각종 비과세 및 감면 요건의 충족 여부, 세율의 적용, 자산양도차익 예정신고기간의 판단 등의 기준이 되고 나아가 법령적용의 기준시점이 된다.

양도소득도 기간과세세목인 소득세의 과세대상으로 그 성립시기는 과세기간 종료일이다. 양도시기와 성립시기는 엄격히 구별되어야 한나.

3지간 등기명의신탁 부동산의 양도시기에 관하여 쟁점이 된 사안으로 소유권이전등기시가 아니라 대금을 청산한 날을 양도시기로 본 대법원 2018. 11. 9. 선고 2015두41630 판결요지를 본다.

『구 소득세법(2006. 12. 30. 법률 제8144호로 개정되기 전의 것) 제88조 제1항 전문은 양도소득세에서의 양도를 자산에 대한 등기 또는 등록에 관계없이 매도 등으로 인하여 자산이 유상으로 사실상 이전되는 것으로 정의하고 있다. 그리고 같은 법 제98조는 "자산의 양도차익을 계산함에 있어서 그 취득시기 및 양도시기에 관하여는 대통령령으로 정한다."라고 규정하고, 그 위임을 받은 구 소득세법 시행령(2008. 2. 29. 대통령령 제20720호로 개정되기 전의 것, 이하 같다) 제162조 제1항은 '법 제98조의 규정에 의한 취득시기 및 양도시기는 다음 각호의 경우를 제외하고는 당해 자산의 대금을 청산한 날로 한다'고 하면서 제2호에서 '대금을 청산하기 전에 소유권이전등기를 한 경우에는 등기부에 기재된 등기접수일'을 규정하고 있다.

이러한 관련 규정의 문언과 체계에 더하여 구 소득세법 시행령 제162조 제1항 제2호의 입법 취지, 3자간 등기명의신탁 약정에 따른 명의수탁자 명의 등기의 성격과 효력 등을 종합하여 보면, 3자간 등기명의신탁 약정에 따라 명의수탁자 명의로 마친 소유권이전등기는 위 조항에서 말하는 소유권이전등기에 해당하지 않는다고 보는 것이 타당하다. 따라서 매도인이 부동산을 양도하면서 3자간 등기명의신탁 약정에 따라 명의수탁자 명의로 소유권이전등기를 마쳐준 다음 매수인인 명의신탁자와 대금을 청산한 경우 해당 부동산의 양도시기는 구 소득세법 시행령 제162조 제1항 본문에 따라 대금을 청산한 날이라고 보아야 한다.』

바. 민법상 소급효와 취득시기

대법원 2004. 11. 25. 선고 2003두13342 판결은 점유취득시효가 완성된 부동산의 취득시기는 점유시효 완성시로 보고 그때 취득세 납세의무가 성립한다고 판시하였다. 민법 제247조는 점유취득시효가 완성되면 그 점유를 개시한 때에 소급하여 소유권을 취득한다고 규정하고 있음에도 대법원은 그 점유취득시효가 완성된 때에 취득한 것으로 보아 취득세 납세의무가 있다고 보았다. 이와 같이 민법상의 소급효가 세법에는 그대로 적용할 수 없는 한계가 있다는 점을 유념할 필요가 있다. 민법상 소급효를 인정하는 것은 사적 법률관계의 안정을 위한 것이지만 조세법적 시점에서 볼 때 그것을 이유로 소급과세까지 허용할 수는 없기 때문이다.[35]

요컨대, 과세요건은 민법적 질서를 존중하면서 세법 독자적 입장에서 정하여진다. 민법상의 소급효가 조세법에 어떠한 영향을 미치는지에 관하여는 구체적인 사안에 따라 개별적으로 판단되어야 한다. 이는 '사정변경에 기한 경정청구'를 어디까지 인정할 것인지와도 직접 연결된다.

4. 납세의무 성립시기의 기능적 의미

(1) 적용법령의 결정기준

조세채무의 성립시기는 구체적 조세사안에 적용될 법령을 정하는 기준이 된다. 국세기본법 제18조 제2항 소정의 소급과세 여부도 성립시기를 기준으로 판단한다. 법령의 개정으로 어느 법령을 적용할 것인지 다툼이 있는 경우 개정 부칙 등에 규정이 없는 한 조세채무가 성립한 당시의 법령이 적용된다(대법원 1997. 10. 14. 선고 97누9253 판결). 다만 양도소득세에 대하여는 양도시기가 그 기준이 됨은 앞서 본 바와 같다.

다음과 같은 견해가 있어 이를 인용한다.[36] 비과세조치 후 사후 추징을 어떻게 이해하여야 할 것인지, 나아가 지방세를 중과할 때 그 중과구조를 어떻게 이해하여야 할 것인지에 대한 법원실무의 견해이다.

『세금의 부과는 원칙적으로 납세의무 성립 시의 유효한 법령의 규정에 의하여야 하고, 납세의무는 각 세법에 정한 과세요건이 완성된 때에 성립하므로 당해 조세채권에 적용되는 법령을 정하기 위해서는 그 납세의무의 성립시기가 언제인지를 확인할 필요가 있다. … 예컨대, 같은 세목의 취득세라고 하더라도, ① 일반세율에 의한 취득세 부과의 경우에는 취득 당시, ② 비과세 등에 대한 사후 추징의 경우에는 추징요건 완성 당시, ③ 법인의 비업무용토지에 관한 중과세율에 의한 취득세 부과의 경우에는 중과요건(유예기간 경과 혹은 매각) 완성 시에 각 납세의무가 성립하고, 이때의 유효한 법령이 적용된다.』

(2) 제척기간의 기산일

조세채무가 성립한 후 법령상 일정한 법정신고기한이 정하여져 있다면 법정신고기한(과세표준신고기한)의 종료일 다음 날부터 제척기간이 진행된다(제1장 제14절 2. 가. 참조). 그러나 제

35) 강석규, 전게서, 134면 참조.
36) 서울행정법원, 조세소송실무(2016), 16면 이하 참조.

척기간의 기산일(부과할 수 있는 날)에 대하여 정함이 없으면 기산일은 원칙적으로 납세의무의 성립일로 보아야 한다.

대법원 1999. 4. 9. 선고 98두11250 판결

『그러나 개정 지방세법이 그 제30조의4 제1항 후문에서 지방세를 부과할 수 있는 날을 대통령령으로 정하도록 위임하여 1994. 12. 31. 대통령령 제14481호로 개정된 같은 법 시행령(이하 개정 전의 시행령을 '개정 전 시행령'이라고 한다) 제14조의2가 그에 관하여 규정하고 있는 데 비하여, 개정 전 지방세법은 그 제30조의2 제1항에서 지방세의 부과권에 관하여 5년의 제척기간을 규정하면서도 그 기산일인 '부과할 수 있는 날'에 관하여는 아무런 규정을 두고 있지 아니하나, 일반적으로 조세를 부과할 수 있는 날이라고 함은 특별히 당해 조세의 신고납부 기한이 규정되어 있는 경우를 제외하고는 그 납세의무의 성립시기라 할 것인데, 개정 전 지방세법 제177조 제1항의 규정은 소득세할 주민세의 징수는 보통징수의 방법에 의하는 것으로만 규정하여 그에 관하여 특별히 신고납부 기한을 규정한 바 없으므로, 결국 개정 전 지방세법상으로는 소득세할 주민세의 납세의무 성립시기가 바로 그 부과권 제척기간의 기산일이 된다고 할 것이다.

그런데 개정 전 지방세법은 소득세할 주민세의 성립시기에 관하여도 별도의 명문 규정을 두고 있지 않으므로, 그 성립시기는 그에 관한 다른 개별 조항의 해석에 의하여 정할 수밖에 없다 하겠으나, 개정 전 지방세법 제172조 제3호가 소득세할 주민세를 소득세법의 규정에 의하여 '부과된' 소득세액을 과세표준으로 하여 부과하는 주민세로 정의하고, 그 제178조가 소득세할 주민세의 과세표준은 소득세법에 의하여 '부과된' 소득세의 총액을 기초로 계산하도록 규정하는 한편, 개정 전 지방세법시행령(1994. 12. 31. 대통령령 제14481호로 개정되기 전의 것) 제130조의7 제1항이 법 제178조 소정의 소득세는 원칙적으로 소득세법에 의하여 확정결정한 소득세액을 가리키는 것으로 규정하고 있는 점에 비추어 볼 때, 소득세의 납세의무가 소득세법의 규정에 의하여 확정되어야 소득세할 주민세도 그 과세표준의 계산 등과 같은 과세요건이 충족되어 그 납세의무가 성립된다고 할 수 있다.

따라서 소득세할 주민세의 납세의무 성립시기는 소득세법상 소득세의 납세의무가 확정되는 때라 할 것인데, 원고의 이 사건 부동산 양도에 적용되는 구 소득세법(1994. 12. 22. 법률 제4803호로 전문 개정되기 전의 것)상으로는 양도소득세는 이를 부과하는 결정에 의하여 확정되므로, 원고의 이 사건 부동산 양도에 따른 양도소득세를 과세표준으로 하는 이 사건 소득세할 주민세는 결국 양도소득세의 납세의무 확정을 위한 결정이 있은 때에 비로소 그 납세의무가 성립하고(대법원 1984. 3. 27. 선고 81누99 판결 참조), 따라서 그 부과권의 제척기간도 그 때를 기산일로 한다고 할 것이다(대법원 1998. 3. 10. 선고 96누19468 판결 참조).』

(3) 원천징수하는 소득세·법인세의 확정시기

원천징수하는 소득세·법인세는 소득금액(수입금액)을 지급할 때 성립하고 자동으로 확정된다(국세기본법 제21조 제3항 제1호). 성립시기와 확정시기가 같다.

소득처분에 따른 소득세 원천징수의무 등의 성립시기에 대하여는 뒤에서 본다.

(4) 제2차 납세의무의 판정 기준시기

국세기본법 제39조의 문언(성립일 현재 무한책임사원이나 과점주주에 해당하는 자)에서 알 수 있듯이 주된 조세채무의 성립일 당시 무한책임사원이나 과점주주에 해당하여야 제2차 납세의무를 진다. 그 성립일 당시 무한책임사원이나 과점주주에 해당하지 아니한 이상 확정일에 해당되더라도 제2차 납세의무를 지지 않는다.

이와 같이 출자자에 대하여 주된 납세의무의 확정시를 기준으로 하지 않고 성립시를 기준으로 제2차 납세의무자를 정한 것은 입법자의 결단에 의한 것으로서 그 성립시의 출자자가 확정시의 출자자보다 주된 납세의무의 대상이 된 수익이나 재산에 관한 처분권을 더 잘 행사할 수 있다고 보았기 때문인 것으로 짐작된다.[37]

(5) 구 파산법(회사정리법)이나 채무자 회생 및 파산에 관한 법률 소정의 특수한 규율

첫째, 파산절차의 경우 재단채권과 파산채권으로 구별된다. 조세채권이 재단채권이 되기 위하여는 파산선고 전에 조세채권이 확정되거나 그 납기가 도래할 필요는 없지만 조세채무가 파산선고 전에 성립한 경우이어야 하고, 만약 파산선고 후 성립한 경우라면 파산재단에 의하여 생긴 경우여야 한다. 나아가 조세채권이 파산채권이 되기 위하여는 채무자에 대하여 파산선고 전의 원인으로 생긴 재산상의 청구권이어야 하므로 이에 해당되지 않으면 파산채권도 될 수 없어 부득이 파산관재인 아닌 파산회사에 대하여 채권을 행사할 수밖에 없다.

둘째, 회사정리절차나 회생절차의 경우 정리채권(회생채권)과 공익채권으로 구별된다. 회사정리절차개시(회생절차개시) 결정일을 기준으로, 개시 결정일 전에 조세채권이 성립하면 부과처분이 개시일 이후에 이루어지더라도 그 조세채권은 정리채권(회생채권)이 되고, 개시 결정일 이후에 성립하면 공익채권이 된다.

5. 특수한 경우의 개별적 문제

가. 가산세

(1) 종전 국세기본법 제21조 제1항 제11호에서 가산세는 가산할 국세의 납세의무가 성립한 때에 성립한다고 규정하고 있었다. 의제의 일종으로 조세법률관계의 통일적·획일적 요청에 기한 것이었다. 그런데 위 규정에도 불구하고 대법원 2014. 12. 24. 선고 2014두40791 판결에서, 법인세의 과소신고가산세와 신고불성실가산세는 법인세 신고납부기한의 다음 날에 성립한다고 선언함으로써 가산세의 성립시기를 종전 국세기본법 제21조 제1항 제11호와 다르게 해석

---

37) 강석규, 전게서, 135면 참조.

하였다. 위 판시는 가산세의 경우 신고기한이 따로 없어 제척기간의 기산일을 가산세 납세의무의 성립일로 보아야 한다는 전제에서 그 기산일을 정하기 위하여 가산세의 납세의무의 성립일을 위와 같이 본세의 납부기한의 다음 날이라고 선언한 것이다. 종전규정대로 가산세의 성립시기를 가산할 국세의 성립일로 본다면 제척기간도 이때부터 기산된다고 보지 않을 수 없는데, 실제로 이때에는 가산세를 부과할 수 없는 때라서 불합리하기 때문이다.

위 대법원 판결의 영향을 받아 입법자는 2019. 12. 31. 국세기본법 제21조 제2항 제11호를 신설하고 2020. 12. 22. 개정하였다. 제11호 가, 나, 다, 라목을 참조하기 바란다.

그러나 그 밖의 가산세는 종전대로 가산할 국세의 납세의무가 성립하는 때 성립한다(제11호 마목 참조). 조세법률관계의 통일적·획일적 요청을 위하여 일정한 경우 앞서 본 의제가 여전히 필요한 것임을 인정하고 있다.

(2) 국세기본법 제2조 제4호에 의하면 가산세란 이 법 및 세법에서 규정하는 의무의 성실한 이행을 확보하기 위하여 세법에 따라 산출한 세액에 가산하여 징수하는 금액을 말한다고 정의한다. 여기서 본세가 소멸할 경우 가산세의 운명이 문제된다. 본세가 소멸하면 가산세도 그 성립의 기초를 잃는다고 보아 가산세 부과결정에 대하여 취소청구를 할 필요가 있는지 여부가 문제되나 다른 곳에서 자세히 다룬다[제1장 제6절의2 2. 마. (3) 및 제4장 제3절 7. 다. (3) 참조].

(3) 개별세법에서 규정하는 가산세 중 일정한 의무를 가하고 그 의무를 이행하지 않는 경우 이를 부과하는 경우도 있다(법인세법 제75조, 제75조의2 내지 9 참조). 예를 들어 법인세법 제119조에 따라 주식등변동상황명세서를 제출하지 아니하는 경우 가산세가 부과되는데 그 성립시기는 법인세 성립시기와 동일하게 보아야 한다(제11호 마목 적용).

나. 부가세

호별	과세표준	세율
1	조세특례제한법·관세법·지방세법 및 지방세특례제한법에 따라 감면을 받는 소득세·법인세·관세·취득세 또는 등록에 대한 등록면허세의 감면세액(제2호의 경우는 제외한다)	100분의 20
2	조세특례제한법에 따라 감면받은 이자소득·배당소득에 대한 소득세의 감면세액	100분의 10
3	삭제<2010. 12. 30>	
4	개별소비세법에 따라 납부하여야 할 개별소비세액 가. 개별소비세법 제1조 제3항 제4호의 경우 나. 가목 외의 경우	100분의 30 100분의 10
5	자본시장과 금융투자업에 관한 법률에 따른 증권시장으로서 대통령령으로 정하는 증권시장에서 거래된 증권의 양도가액	1만분의 15

6	지방세법 제11조 및 제12조의 표준세율을 100분의 2로 적용하여 지방세법, 지방세특례제한법 및 조세특례제한법에 따라 산출한 취득세액	100분의 10
7	지방세법에 따라 납부하여야 할 레저세액	100분의 20
8	종합부동산세법에 따라 납부하여야 할 종합부동산세액	100분의 20

[농어촌특별세법 제5조 소정의 과세표준 및 세율]

(1) 본세의 세액 등을 과세표준으로 하여 다른 세목의 조세가 성립하는 경우 본세(本稅)에 부가되는 다른 세목의 조세를 부가세(附加稅)[38]라 한다.

(2) 농어촌특별세(유효기간이 2014. 6. 30.까지였으나 2014. 1. 1. 개정으로 2024. 6. 30.까지로 연장되었다)의 성립시기는 농어촌특별세법 제2조 제2항에 따른 본세의 납세의무 성립시라고 정하고 있다. 농어촌특별세법 제5조 제1항에서 "농어촌특별세는 다음 각 호의 과세표준에 대한 세율을 곱하여 계산한 금액을 그 세액으로 한다."고 하면서 국세는 물론 관세, 지방세에 대하여도 농어촌특별세가 성립하도록 정하고 있다.

(3) 국세에 부가되는 교육세에 대하여는 해당 국세의 납세의무 성립시에, 금융·보험업자의 수익금액에 부과되는 교육세에 대하여는 과세기간(1년을 4기로 나누고 있음) 종료시에 각 성립하도록 정하고 있다.

(4) 부가세의 과세표준이 되는 본세(수익금액) 등이 경정 등으로 변경될 때 그 변경된 범위 내에서 그 성립의 기초를 잃는다고 보아 부가세도 당연히 변경되는 것인지가 문제되나 다른 곳에서 다룬다[제4장 제3절 7. 다. (3) 및 제1장 제9절 9. 단계적 세액확정절차 참조].

(5) 지방세법상 지방소득세는 부가세였으나 2014. 1. 1. 개정 후 독립세가 되었다.

다. 중간예납하는 소득세·법인세 및 예정신고기간·예정부과기간에 대한 부가가치세

(1) 기간과세세목의 경우 중간예납을 하도록 되어 있다. 그 성립시기는 '중간예납기간 또는 예정신고기간·예정부과기간이 끝나는 때'이다.

(2) 소득세법 제65조 제1항에 의하면, 종합소득이 있는 거주자에 대하여 1월 1일부터 6월 30일까지의 기간을 중간예납기간으로 하여 직전 과세기간의 종합소득에 대한 소득세로서 납부

---

38) '부가세'라는 용어는, 소득세법 시행령 제117조(외국납부세액) 제1항 제1호에서 대통령령으로 정하는 외국소득세액을 정의하면서 '개인의 소득금액을 과세표준으로 하여 과세된 세액과 그 부가세'이라고 규정하고, 상증세법 제86조(부가세 부과금지)에서 "지방자치단체나 그 밖의 공공단체는 상속세 또는 증여세의 부가세를 부과할 수 없다."라고 정하고 있다.

하였거나 납부하여야 할 세액(중간예납기준액)의 1/2에 해당하는 금액(중간예납세액)을 납부하여야 할 세액으로 결정하여 11월 30일까지 징수하여야 하고, 같은 조 제3항에서 일정한 경우 중간예납세액을 신고할 수 있도록 정하고 있다.

(3) 법인세법 제63조 제1항 및 제2항에 의하면 내국법인은 해당 사업연도 개시로부터 6개월간을 중간예납기간으로 하여 소정의 중간예납세액을 납부하도록 정하고 있다. 중간예납하는 법인세는 성립하는 때에 그 세액이 확정된다(자동확정방식). 법인세법 제63조의2를 신설하여 중간예납세액의 계산방법을 법정하고 있다.

(4) 부가가치세법상 '예정신고기간'과 '예정부과기간'의 구별

신 부가가치세법 제48조 제1항(구 부가가치세법 제18조 제1항)에서 예정신고기간이 끝난 후 25일 이내에 각 예정신고기간에 대한 과세표준과 세액을 신고하도록 정하고 있다.

한편, 신 부가가치세법 제48조 제3항에 의하면 개인사업자 및 대통령령으로 정하는 법인사업자에 대하여는 각 예정신고기간마다 직전 과세기간에 대한 납부세액의 50%로 결정하여 해당 예정신고기간이 끝난 후 25일까지 징수한다. 이를 예정부과기간이라 한다.

라. 예정신고납부하는 소득세

예정신고납부하는 소득세의 성립시기는 '과세표준이 되는 금액이 발생한 달의 말일'이다. 예정신고에는 부동산매매업자의 토지등 매매차익예정신고와 양도소득의 예정신고가 있다.

양도소득에 대하여는 원칙적으로 그 양도일이 속하는 달의 말일부터 2월 이내에 양도소득 과세표준 및 세액을 예정신고납부하여야 하고(소득세법 제105조, 제106조), 일정한 경우 예정신고를 한 자는 확정신고를 하지 아니할 수 있다(소득세법 제110조 제4항).

마. 소득처분에 따른 소득세 원천징수의무

(1) 원천징수의무 성립시기

소득금액변동통지서를 받은 날에 원천징수의무가 성립한다(통지서를 받은 날에 지급이 의제되어 원천징수하는 소득세의 조세채무가 자동으로 성립·확정되고, 그때 원천징수의무도 성립한다).

대법원 2006. 4. 20. 선고 2002두1878 판결(전원합의체)

『과세관청의 소득처분과 그에 따른 소득금액변동통지가 있는 경우 원천징수의무자인 법인은 소득금액변동통지서를 받은 날에 그 통지서에 기재된 소득의 귀속자에게 당해 소득금액을 지급한 것으로 의제되어 그 때 원천징수하는 소득세의 납세의무가 성립함과 동시에 확정되고, 원천징수의무자인 법인으로서는 소득금액변동통지서에 기재된 소득처분의 내용에 따라 원천징수세액을 그 다음달 10일까지 관할 세무서장 등에게 납부하여야 할 의무를 부담하며, 만일 이를 이행하지 아니하

는 경우에는 가산세의 제재를 받게 됨은 물론이고 형사처벌까지 받도록 규정되어 있는 점에 비추어 보면, 소득금액변동통지는 원천징수의무자인 법인의 납세의무에 직접 영향을 미치는 과세관청의 행위로서, 항고소송의 대상이 되는 조세행정처분이라고 봄이 상당하다.』

(2) 소득귀속자의 종합소득세 조세채무의 성립시기

소득금액변동통지서를 받은 날에 성립한다는 견해39)와 해당 소득이 귀속된 과세기간이 종료하는 때에 성립한다는 견해가 대립된다.

후자의 견해에 따른 대법원 2006. 7. 27. 선고 2004두9944 판결요지를 본다.40)

『과세관청이 사외유출된 익금가산액이 임원 또는 사용인에게 귀속된 것으로 보고 상여로 소득처분을 한 경우 당해 소득금액의 지급자로서 원천징수의무자인 법인에 대하여는 소득금액변동통지서가 당해 법인에게 송달된 날에 그 원천징수의무가 성립하는 것(소득세법 제135조 제4항, 같은 법 시행령 제192조 제2항, 국세기본법 제21조 제2항 제1호)과는 달리, 그 소득의 귀속자에 대하여는 법인에 대한 소득금액변동통지가 송달되었는지 여부와 상관없이 소득처분이 있게 되면 소득세법 제20조 제1항 제1호 (다)목 소정의 '법인세법에 의하여 상여로 처분된 금액'에 해당하여 근로소득세의 과세대상이 되고, 당해 소득금액은 부과처분의 대상이 되는 당해 사업연도 중에 근로를 제공한 날이 수입시기가 되므로(소득세법 제39조 제1항, 같은 법 시행령 제49조 제1항 제3호), 소득의 귀속자의 종합소득세(근로소득세) 납세의무는 국세기본법 제21조 제1항 제1호가 정하는 바에 따라 당해 소득이 귀속된 과세기간이 종료하는 때에 성립한다.

구 소득세법 시행령(2005. 2. 19. 대통령령 제18705호로 개정되기 전의 것) 제134조 제1항이 종합소득 과세표준 확정신고기한 경과 후에 소득처분에 의하여 변동이 생긴 소득금액에 대한 과세표준 및 세액의 추가 신고·납부기한을 소득금액변동통지서를 받은 날이 속하는 달의 다음 달 말일까지 유예하여 주고 있는 취지와 납부불성실가산세는 납세의무자가 법정 납부기한까지 그 납부를 게을리한 데 대한 행정상의 제재로서 부과되는 것인 점 등에 비추어 보면, 종합소득 과세표준 확정신고기한 경과 후에 소득처분에 의하여 변동이 생긴 소득금액에 대한 세액의 추가 납부불이행에 대한 제재로서 부과되는 납부불성실가산세는 그 법정 추가 납부기한인 소득금액변동통지서를 받은 날이 속하는 달의 다음 달 말일의 다음 날부터 기산하여 산정하는 것이 타당하다.』

(3) 소득귀속자의 종합소득세 납부불성실가산세의 기산일

소득세법 시행령 제134조(1995. 6. 30. 신설, 추가신고납부) 제1항에서, 종합소득 과세표준 확정신고기한이 지난 후에 소득처분됨으로써 소득금액에 변동이 발생함에 따라 종합소득 과세

---

39) 대법원 1991. 3. 12. 선고 90누7289 판결 및 1992. 7. 14. 선고 92누4048 판결 등 참조.
40) 같은 취지의 판결로, 대법원 2007. 6. 14. 선고 2007두7659 판결, 2008. 4. 24. 선고 2006두187 판결 및 2010. 4. 29. 선고 2007두11382 판결(제척기간에 관한 것임)이 있다. 최근의 것으로 대법원 2014. 7. 24. 선고 2011두14227 판결이 있다.

표준확정신고 의무가 없었던 자, 세법에 따라 확정신고를 하지 아니하여도 되는 자 및 그 신고를 한 자가 소득세를 추가 납부하여야 하는 경우, 해당 법인이 소득금액변동통지서를 받은 날이 속하는 달의 다음다음 달[41] 말일까지 추가신고납부한 때에는 제70조 또는 제74조의 기한까지 신고납부한 것으로 본다고 규정하고 있다. 예를 들어 2012. 3. 31. 소득금액변동통지서를 수령하였다면 2012. 5. 31.까지 추가신고납부를 하여야 하고 이를 이행하지 아니하는 경우 2012. 6. 1.부터 가산세를 납부하여야 한다.

바. 공급자의 대손세액공제로 인한 공급받은 자의 부가가치세의 성립시기
(공급자의 대손확정일이 속하는 과세기간의 종료시)

(1) 조세채권이 파산절차에 있어 재단채권이 되는지 여부 및 회생절차에 있어 공익채권이 되는지 여부는, 파산선고일 또는 회생절차개시결정일을 기준으로 언제 조세채권이 성립하는지에 달려 있다. 파산절차라면 파산선고일 이전에 성립하여야 해당 조세채권은 재단채권이 되는 반면, 회생절차에서는 회생절차개시결정일 이후에 성립하여야 공익채권이 되어 회생절차에 의하지 않고 수시로 변제받을 수 있게 된다.

(2) 신 부가가치세법 제45조 및 시행령 제87조에 의하면 공급자의 대손세액 공제가 있는 경우 공급받은 사업자에 대하여 그 대손확정된 과세기간의 매입세액에서 차감할 수 있도록 정하고 있다. 여기서 매입세액 차감으로 공급받은 자에게 발생하는 부가가치세의 성립시기가 문제된다.

(3) 이에 관하여, ① 공급자의 대손확정일이 속하는 과세기간의 종료시라는 견해와 ② 공급자의 대손확정만으로는 부족하고 공급자가 대손세액을 신청하여 실제로 대손공제를 받았을 경우 그 대손공제가 이루어진 과세기간의 종료시라는 견해가 대립한다.[42]

후자의 견해에 의할 경우 법률관계의 불안정을 초래하여 성립시기를 정하는 데 부적당하다. 전자의 견해가 타당하다. 다만 공급자가 대손이 확정되었음에도 대손세액공제를 받지 않는다면 공급을 받은 자에 대한 부가가치세를 부과할 수 없으나, 만약 이후 통상의 경정청구로 대손세액공제를 신청할 수도 있고 과세관청이 이를 받아들여 대손세액공제를 허용하면 그때

---

41) 개정 전에는 '다음 달'로 되어 있었으나, 2008. 2. 22. 개정으로 '다음다음 달'로 되었다.

42) 서울중앙지방법원 2006. 7. 6. 선고 2006가합9472 판결에서, "이와 같은 구조를 볼 때, 위 경정으로 부과되는 부가가치세의 납세의무는 공급자가 일정한 서류를 구비하여 관할 세무서장에게 대손세액공제신청을 하고 그 신청이 받아들여져 실제로 대손세액을 공제받은 때에 비로소 성립한다고 할 것이다(그렇지 않고 대손확정만으로 공급받은 자에 대하여 추상적 납세의무가 성립하며 그 이후의 절차는 세액확정절차일 뿐이라고 한다면, 대손이 확정되었더라도 공급자가 대손세액공제를 신청하지 않을 경우 공급자에 대하여 대손세액공제가 되지 않고 공급받은 자에 대하여 차감 또는 결정을 할 이유가 없음에도 불구하고, 공급받은 자에 대하여 일단 납세의무부터 성립한다는 이해하기 힘든 결론이 도출된다)."라고 판시하여 이 견해를 취하였다.

비로소 공급받은 자에게 부가가치세를 부과할 수 있다 할 것이다. 이 경우 해당 부가가치세의 성립시기는 당초의 대손확정일이 속하는 과세기간의 종료일로 보아 재단채권 여부 또는 공익채권 여부를 판단하여야 할 것이다.

(4) 대법원 2006. 10. 12. 선고 2005다3687 판결(위 ①의 견해 채택)

『구 파산법(2005. 3. 31. 법률 제7428호로 폐지) 제38조 제2호 소정의 재단채권 중 하나인 '파산선고 전의 원인으로 인한 조세채권'에 해당하는지 여부는 파산선고 전에 법률에 정한 과세요건이 충족되어 그 조세채권이 성립되었는가 여부를 기준으로 하여 결정되는 것이다(대법원 2002. 9. 4. 선고 2001두7268 판결, 2005. 6. 9. 선고 2004다71904 판결 등 참조).

부가가치세법 제17조의2 제3항은 '재화 또는 용역의 공급을 받은 사업자가 대손세액의 전부 또는 일부를 제17조의 규정에 의하여 매입세액으로 공제받은 경우로서 공급자의 대손이 당해 공급을 받은 사업자의 폐업 전에 확정되는 때에는 관련 대손세액 상당액을 대손이 확정된 날이 속하는 과세기간의 매입세액에서 차감한다. 다만, 당해 사업자가 이를 차감하지 아니한 경우에는 대통령령이 정하는 바에 따라 공급을 받은 자의 관할 세무서장이 경정하여야 한다.'라고 규정하고 있으므로 공급자의 대손이 공급을 받은 사업자의 폐업 전에 확정되면 그 공급자의 대손이 확정된 때에 비로소 그 대손세액 상당의 매입세액 차감액에 대한 사업자의 납세의무가 발생하고 그에 상응하는 조세채권이 성립하는 것이다.

원심이 제1심판결을 인용하여 인정한 바와 같이 주식회사 ○○○(이하 '○○○'라 한다)는 2002. 8. 27. 서울지방법원으로부터 파산선고를 받았는데, 대망상사 등 28개 업체가 ○○○에 상품을 납품하고 교부받은 약속어음이 부도발생일로부터 6개월이 경과하도록 어음금이 지급되지 아니하자 이를 대손으로 확정하고 관련 매출세액을 대손세액으로 하여 2003년도 1기분 매출세액에서 차감·신고하였고, 파산자의 관할 세무서장인 서울 서초세무서장은 파산자가 위 관련 대손세액 상당을 매입세액에서 차감하지 아니하자 2003. 10. 27.부터 2004. 4. 1.까지 사이에 그 대손세액 상당액을 모두 2003년 1기분 부가가치세로 경정하여 부과한 것이라면, 이 사건 부가가치세는 ○○○가 파산선고를 받은 후에 비로소 납세의무가 성립된 것이어서 재단채권에 해당하지 않는다고 본 원심의 판단은 정당하고, 거기에 국세기본법 제21조, 구 파산법 제38조 제2호, 부가가치세법 제17조의2 제3항의 해석에 관한 법리오해 등의 위법이 없다.』

(5) 신 부가가치세법 제45조(구 부가가치세법 제17조의2) 제1항 소정의 대손사유는 소득세법 및 법인세법 소정의 대손사유를 말한다.

대손사유가 경합하는 경우, 예를 들어 회사가 공급자에게 발행한 약속어음이 부도(2004. 1.)로 그 소지인인 공급자가 부도발생일부터 6월이 경과(2004. 7.)하여 대손확정사유가 발생하였는데, 그 후 회사가 파산(2005. 1. 10. 파산선고)하여 그 파산을 대손사유로 삼아 대손세액공제신청을 하였고 이에 따라 파산관재인에게 부가가치세를 부과할 경우 그 부가가치세의 성립시기를 언제로 보아야 하는가? 즉 약속어음 부도발생일부터 6월이 경과한 과세기간의 종료일인 2004. 12. 31.에 성립하는지 아니면 공급자가 파산을 대손사유로 삼아 대손세액 공제신청을 한 이상 2005. 6. 30.에 성립하는지가 문제되나 법령에서 공급자에게 대손사유의 선택을 허용하고 있는 것으로 보이는 이상 후자가 타당하다고 본다.[43]

---

43) 서울고등법원 2007. 5. 16. 선고 2006나70792 판결을 본다. <사안개요 : 2005. 1. 10. 회사 파산선고. 회사는 2003년 2기 과세기간에 공급자로부터 재화를 공급받고 그 변제를 위하여 약속어음들을 발행. 그 약속어음들이 부도로 지급거절되고 그 부도발생일로부터 6월이 경과하도록 지급되지 아니하여 2004년 2기 과세기간에 대손확정. 공급자는 2005. 1. 약속어음들의 부도를 대손사유로 삼아 대손금액이 발생한 사실을 증명하는 서류를 첨부하여 대손세액 공제신고. 관할 세무서장은 2005. 3. 대손공제를 허용한 후 파산자 관할 세무서장에게 이 사실을 통보. 그 세무서장은 위 회사의 2004년 2기분 부가가치세 증액경정하여 파산관재인에게 부과처분을 하였다.> 서울고등법원은, 대손이 확정된 날이 속하는 2004년 2기의 과세기간 종료인 2004. 12. 31.이 위 부가가치세의 성립일이고, 파산선고일이 2005. 1. 10.인 이상, 위 조세채권(부가가치세)은 파산선고 전에 성립한 것으로 재단채권에 해당된다고 판시하였다. 만약 공급자가 파산을 대손사유로 주장하였다면 결론이 달라질 여지도 있다. 공급자의 대손사유 선택에 의하여 공급받은 자의 부가가치세 성립시기가 좌우되어 부당하다. 입법적 정비가 필요하다.

제9절

세액(조세채무)확정절차

국세기본법
§22①
"국세는 이 법 및 세법에서 정하는 절차에 따라 그 세액이 확정된다."

↘ (원칙)

개별세법(예시)
※ 소득세법(종합소득 등)
　신고(§70 이하), 결정(§80①), 경정(§80②), 재경정(§80④)
※ 소득세법(양도소득)
　신고(§110), 결정(§114①), 경정(§110②), 재경정(§110③)
※ 법인세법
　신고(§60 이하), 결정(§66①), 경정(§66②), 재경정(§66④)
※ 상속세 및 증여세법
　결정(§76①), 경정(§76④)
※ 신 부가가치세법: 신고(§49), 결정 또는 경정(§57①)

↗ (보완)

국세기본법
§22②(신고납세와 결정·경정)
§44(결정, 경정결정의 관할)
§45(수정신고)
§45의2(경정 등의 청구)
§22의2(수정신고의 효력)
§22의3(경정 등의 효력)
§26의2(부과제척기간)
§81의2 이하(결정·경정을 위한 세무조사)

[세액확정절차에 있어 국세기본법과 개별세법의 역할분담관계]

[세액확정절차 전론(前論)]

먼저 '세액확정절차'에 관하여 본다. 세액확정절차라는 용어는 국세기본법 제22조 제1항을 요약하여 만든 것으로 '조세채무확정절차'[1]라고 부르기도 한다. 그것만으로 조세법 체계상 예정된 모든 확정절차를 포섭할 수는 없다. 그 범위를 넓히기 위하여 '광의의 세액확정절차'라는 말을 사용한다.

廣義의 稅額確定節次에는 국세기본법 제22조 제1항, 제45조 제1항, 제45조의2 제1항 제2호, 제51조 제1항 등을 종합하면 다음과 같은 유형이 포함된다.

① 狹義의 稅額確定節次(국세기본법 제22조 제1항)

② 缺損金確定節次

③ 還給稅額確定節次

기타 확정절차로는 '제2차 납세의무 확정절차'[제1장 제11절 8. 라. (3) 참조] 및 '과다환급금확정절차'[제1장 제15절 2. 라. (3) 참조], '근로장려금확정절차' 등이 있다. 기타 확정절차는 여러 점에서 광의의 세액확정절차와 다른 특성을 가지고 있다. 그러나 원천징수의무확정절차는 인정될 수 없다.

광의의 세액확정절차에 국한하여 볼 때, 해당 각 확정절차를 씨줄로 삼아 경정절차[5대 구성요소: 신고, 수정신고, 증액경정, 경정청구, 제척기간]라는 날줄을 엮으면 경정법체계가 이루어진다. 날줄인 경정절차가 튼튼하면 경정법체계도 그만큼 튼튼해진다. 결손금 감액경정이 행정처분이라는 대법원 2020. 7. 9. 선고 2017두63788 판결은 결손금확정절차의 존재를 확인하고 있다. 결손금확정절차, 환급세액확정절차에는 제척기간의 정함이 없다는 점에서 불비한 면도 있다.

이 절에서는 협의의 세액확정절차를 주로 설명한다. 즉 국세기본법 제22조 제1항이 규율하는 협의의 세액확정절차를 설명하되, 광의의 세액확정절차 중 결손금확정절차, 환급세액확정절차도 함께 설명한다. 세액확정에 있어 모순·저촉, 부과처분의 무효 및 취소, 단계적 세액확정절차, 가산세 확정절차, 근로장려금 확정절차 등도 여기서 설명한다.

사법(私法)상의 채무는 성립하여 발생하기만 하면 원칙적으로 이행가능하다. 이를 불이행하면 채권자는 채권의 본질적 내용을 이루는 청구권에 기하여 이행을 청구할 수 있다. 그러나 조세채무는 성립만으로 이행가능한 것이 아니다. 조세채무자나 과세관청[2]이 조세채무의 성립

---

1) 占部裕典, 租稅債務確定手續, 신신사(1998), 제5장 '조세채무확정수속과 조세쟁송의 금후'에서 '조세채무확정수속'이라는 용어를 사용하고 있고 책 제목이기도 하다.

2) 국세기본법 제44조에서 '과세'의 '관할 관청' 즉 과세관청으로서, 결정 또는 경정결정은 그 처분 당시 그 국세의 납세지를 관할하는 세무서장이 하도록 정하고, 개별세법에서는 '납세지 관할 세무서장' 또는 '관할 지방국

후 과세요건 해당 사실을 추출하고 관계되는 조세법령을 적용하여 조세적 결론인 세액의 존부 및 범위를 주관적으로 인식·확인한 다음 세액을 특정화 내지 수치화하는 작업이 필요하다.

조세적 결론인 '세액'의 '주관적 인식·확인' 및 '특정화 내지 수치화'를 세액확정[3]이라 하고 그 권한을 확정권이라 한다. 조세법률관계에 있어 특유한 확정권은 징수권·자력집행권 (독촉 및 체납처분)과 구별된다.

결론적으로 협의의 세액확정절차 내지 조세채무확정절차는 '세액을 특정화, 수치화'하여 '금전채무화' 하는 절차를 말한다. 세액확정절차는 납세의무의 범위를 구체화하는 절차이고 따라서 과세요건법에 터잡은 것으로 과세요건법에 목적종속적이다.

채권을 중심으로 조세법률관계를 포착하는 경우 국가의 주된 채권이 '조세채권(조세청구권)'이라면 조세채무자의 주된 채권은 '환급채권(환급청구권)'(제1장 제15절 참조)이다.

1. 세액확정방식의 변천과정

가. 국세기본법 제정 전의 부과과세방식

국세기본법 제정(1974. 12. 21.) 전의 소득세법 제32조 제1항에서 "과세소득금액과 세액은 제28조의 신고에 따라 다음 각 호의 기한 내에 이를 결정(정기분 결정)한다.", 제2항에서 "제28조의 규정에 의한 신고가 없거나 … 신고서의 내용이 부당하다고 인정되는 경우에는 제38조 또는 제39조의 규정에 의하여 정부가 결정한다.", 법인세법 제32조에서 "정부는 내국법인의 각 사업연도의 소득에 대한 법인세의 과세표준과 세액을 제26조 내지 제28조의 규정에 의하여 결정한다."라고 정하고 있었다. 대법원은 이를 부과과세방식이라고 판시하였다(대법원 1964. 5. 21. 선고 63누161 판결).

나. 국세기본법 제정 후 확정방식의 변천과정

(1) 국세기본법 제정 당시 제22조 제1항이 "국세는 당해 세법에 의한 결정의 절차에 따라 그 세액이 확정된다."라고 함으로써 세목 전부가 부과과세방식이었다. 1976. 12. 22. "국세는 당해 세법에 의한 절차에 따라 그 세액이 확정된다."로 개정되고 이어 2010. 1. 1. 그 중 '당해 세법에 의한 절차'를, '해당 세법의 절차'로 바꾸었다.

이후 2018. 12. 31. "국세는 이 법 및 세법이 정하는 절차에 따라 그 세액이 확정된다."

세청장'으로 정하고 있다. 두 행정관청을 통칭하여 '과세관청'이라 한다.

3) 合口勢津夫, 전게서, 113면에서, "납세의무의 확정은 실정법상 납세의무의 성립에 관한 채무관계설적 구성을 전제하여 정하여지고 있다(납세의무 확정에 관한 채무관계설적 구성)."라고 적고 있다.

로 개정했다. 국세기본법이 정하는 절차에 따라 그 세액이 확정된다는 의미는, 국세기본법에 규정되어 있는 경정에 관한 규정을 염두에 둔 것으로서 국세기본법에서 정하고 있는 경정에 관한 절차도 세액확정절차의 일부로 편입됨을 명백히 하고 있다.

(2) 부가가치세법이 1977. 1. 1. 처음으로 시행되었다. 한편 1977. 8. 20. 국세기본법 시행령 제10조의2가 신설되어 "법 제22조 제1항에 규정하는 당해 세법에 의한 절차에 따라 그 세액이 확정되는 때는 다음 각 호와 같다. 1. 부가가치세·특별소비세 또는 주세에 있어서는 당해 국세의 과세표준과 세액을 정부에 신고하는 때 2. 생략"이라고 정하였다.

당시 부가가치세, 특별소비세[4]), 주세는 신고납세방식, 나머지 법인세 및 소득세 등은 부과과세방식이었다.

(3) **부과과세방식에서 신고납세방식으로 전환**

1979. 12. 31. 법인세법 개정으로 1980. 1. 1.부터 법인세가, 1994. 12. 22. 소득세법 개정으로 1995. 1. 1.부터 소득세(양도소득세 제외)가, 1999. 12. 28. 소득세법 개정으로 2000. 1. 1.부터 양도소득세가 신고납세방식으로 전환되고, 국세기본법 시행령 제10조의2도 함께 개정되었다.

2. 현행 세액확정방식

가. 신고납세방식(소득세, 법인세, 부가가치세, 개별소비세, 주세, 증권거래세, 교육세, 교통·에너지·환경세)

(1) **국세기본법 제22조 제2항의 신설**

국세기본법 제22조 제2항(2018. 12. 31. 본항 신설)에서 "다음 각 호의 국세는 납세의무자가 과세표준과 세액을 정부에 신고했을 때에 확정된다. 다만, 납세의무자가 과세표준과 세액의 신고를 하지 아니하거나 신고한 과세표준과 세액이 세법이 정하는 바와 맞지 아니한 경우에는 정부가 과세표준과 세액을 결정하거나 경정하는 때에 그 결정 또는 경정에 따라 확정된다."라고 정하고 있다.

그러면서 신고납세방식(신고납부방식)의 세목으로, 소득세, 법인세, 부가가치세, 개별소비세, 주세, 증권거래세, 교육세, 교통·에너지·환경세, 종합부동산세(납세의무자가 종합부동산세법 제16조 제3항에 따라 과세표준과 세액을 정부에 신고하는 경우에 한정한다)를 나열하고 있다. 농어촌특별세는 세목의 특성상 여기에 포함될 수 없다.

---

4) 특별소비세법은 2008. 1. 1.부터 개별소비세법으로 변경되었다.

종래 국세기본법 시행령 제10조의2에서 확정방식을 정하였으나 2018. 12. 31. 국세기본법에서 이를 신설하여 '신고납세방식'의 세목 및 그 내용을 명백히 하고 있다.

신고납세방식이라 하더라도 과세표준과 세액의 신고를 하지 않거나 세법이 정하는 바와 맞지 아니한 경우 과세관청이 과세표준과 세액을 결정(제1차적 부과처분)하거나 경정한다. 그 결정 또는 경정에 따라 과세표준과 세액이 확정된다.

(2) '세법이 정하는 바와 맞지 아니한 경우'

개별세법에서는 오류, 탈루(누락), 과부족 등의 용어를 사용하나(제2장 제1절 참조), 위 제22조 제2항에서는 이를 포괄하는 의미에서 '세법이 정하는 바와 맞지 아니한 경우'라는 새로운 용어를 사용하고 있다. 신고한 과세표준과 세액이 '세법이 정하는 바와 맞지 아니한 경우'란 과세표준 또는 세액의 계산에 있어 넓은 의미의 오류가 있음을 의미한다.

오류라는 말이 개별세법전에서 널리 수용되어 있고, 실무계에서도 일반적으로 사용되고 있으며, 학문적으로 관용적 용어의 유용적 가치를 부인할 수 없는 이상, 이 책에서는 오류, 탈루(누락), 과부족 등을 포괄하는 의미로 '오류'라는 말을 사용한다. 학문상의 용어는 유용성과 전달성 및 간명성이 생명이기 때문이다.

나. 신고납세방식과 부과과세방식의 선택(종합부동산세)

국세기본법 제22조 제2항에서 "종합부동산세(납세의무자가 종합부동산세법 제16조 제3항에 따라 과세표준과 세액을 정부에 신고하는 경우에 한정한다)"라고 규정하고 있어, 신고하지 아니하는 경우 부과과세방식으로 전환된다.

한편 종합부동산세법 제16조 제1항 및 제2항에 의하면 부과과세방식으로 과세되나, 제3항에서 "제1항 및 제2항의 규정에 불구하고 종합부동산세를 신고납부방식으로 납부하고자 하는 납세의무자는 종합부동산세의 과세표준과 세액을 해당 연도 12월 1일부터 12월 15일까지 대통령령이 정하는 바에 따라 관할 세무서장에게 신고하여야 한다. 이 경우 제1항의 규정에 따른 결정은 없었던 것으로 본다."고 정하고 있다.

다만 종합부동산세는 신고를 전제로 하지 않는 부과과세방식으로 종합부동산세의 부과처분이 이루어졌다 하더라도 만약 납세의무자가 소정의 기간 내에 부과처분과 동일한 내용의 신고를 한 경우 그 신고를 유효한 것으로 볼 것인지가 문제되나 이를 긍정하여야 할 것이다. 이를 긍정한다면 종합부동산세의 특수성을 고려한 나머지 이러한 부과처분에는 불가쟁력이 발생하지 않는다고 이론을 구성하여 부과처분 후 동일한 내용의 신고를 하지 않았다 하더라도 해석론상 이와 같은 신고를 한 것으로 의제한 다음 통상의 경정청구기간 내에서 경정청구를 할 수 있는 것으로 볼 여지도 있다 할 것이다.

불가쟁력이 발생하였음에도 경정청구를 우회적 방법으로 인정한 대법원 2018. 6. 15. 선고 2017다242409 판결보다 한 걸음 더 나아간 해석이다. 불가쟁력을 무력화한다는 점에서 비판받을 수 있다. 소득세 등과는 달리 정부가 많은 과세자료를 가지고 있고, 통상 정부의 부과처분을 믿고 신고납세방식의 신고를 하지 않는다는 점 등의 종합부동산세의 특성에 기인한 해석이다.

다. 부과과세방식

국세기본법 제22조 제3항은 "제2항 각 호 외의 국세는 해당 국세의 과세표준과 세액을 정부가 결정하는 때에 확정된다."라고 규정(2018. 12. 31. 신설)함으로써 현재 상속세 및 증여세만 부과과세방식으로 남아 있다. 입법론적으로는 신고납세방식으로 전환하여야 할 것이다. 가산세도 부과과세방식이다.

라. 부가세의 세액확정절차

(1) 農漁村特別稅[5]의 세액확정절차

① 확정방식

국세기본법 제22조 제3항에 의하면 농어촌특별세가 부과과세방식으로 보일 수도 있으나 그렇지 않다. 원칙적으로 본세의 확정방식에 따른다. 만약 종합부동산세가 부과과세방식이라면 농어촌특별세도 부과과세방식으로, 신고납세방식을 선택한다면 농어촌특별세도 신고납세방식으로 확정된다. 그외의 경우 본세가 전부 신고납세방식이므로 부가세인 농어촌특별세도 신고납세방식이 된다.

② 신고 및 납부(농어촌특별세법 제7조)

제5조 제1항 제1호에 따른 농어촌특별세는 해당 본세를 신고·납부하는 때에 그에 대한 농어촌특별세도 함께 신고·납부하여야 하며, 신고·납부할 본세가 없는 경우에는 해당 본세의 신고·납부의 예에 따라 신고·납부하여야 한다(제1항).

소득세법에 따른 원천징수의무자가 소득금액을 지급하는 때에는 소득세법의 원천징수의 예에 따라 농어촌특별세를 징수하여 신고·납부하여야 한다(제3항).

제5조 제1항 제4호부터 제8호까지의 규정에 따른 농어촌특별세는 해당 본세를 신고·납부하거나 거래징수하여 납부하는 때에 그에 대한 농어촌특별세도 함께 신고·납부하여야 한다(제4항).

---

5) 농어촌특별세는 국세이지만 그 본세가 국세, 관세, 지방세 등이어서 증액경정의 주체, 경정청구기간 및 부과처분의 상대방, 부과제척기간, 경정청구에 있어 경정청구사유, 필요적 전치 여부 등에 있어 상호간에 모순됨이 없는 통일적 규율이 필요하게 되었다. 입법자는 이러한 점에 비추어 국세, 관세, 지방세 사이에 상호 모순이나 저촉이 없도록 하여야 한다.

③ 부과 및 징수(법 제8조)

부과·징수의 주체는 본세에 따라 세무서장, 세관장, 시장·군수 및 자치구의 구청장으로 각 나누어진다. 증액경정의 경우에도 마찬가지이다.

즉 제7조에 따라 농어촌특별세의 신고·납부 및 원천징수 등을 하여야 할 자가 신고를 하지 아니하거나 신고내용에 오류 또는 누락이 있는 경우와 납부하여야 할 세액을 납부하지 아니하거나 미달하게 납부한 경우에는 다음 각 호에 따른다.

1. 제3조 제1호의 납세의무자 중 소득세 또는 법인세의 감면을 받는 자와 제3조 제3호·제4호 및 제6호의 납세의무자(같은 조 제3호의 납세의무자 중 물품을 수입하는 자는 제외한다)에 대하여는 세무서장이 해당 본세의 결정·경정 및 징수의 예에 따라 결정·경정 및 징수한다.

2. 제3조 제1호의 납세의무자 중 관세의 감면을 받는 자와 제3조 제3호의 납세의무자 중 물품을 수입하는 자에 대하여는 세관장이 관세의 부과·징수의 예에 따라 부과·징수한다.

3. 제3조 제1호의 납세의무자 중 취득세 또는 등록에 대한 등록면허세의 감면을 받는 자와 제3조 제5호에 따른 납세의무자에 대하여는 시장·군수 및 자치구의 구청장이 해당 본세의 부과·징수의 예에 따라 부과·징수한다.

④ 시장·군수 및 자치구의 구청장의 납입의무(법 제10조)

시장·군수 및 자치구의 구청장이 농어촌특별세를 징수하면 이를 국고에 납입하여야 한다.

⑤ 감액경정 및 환급금의 발생

과오납금 등(감면을 받은 세액을 추징함에 따라 발생하는 환급금을 포함한다)에 대한 환급은 본세의 환급의 예[6]에 따른다(법 제12조).

'본세의 환급의 예'라 함은 해당 본세를 규율하는 개별세법에서 환급규정을 두고 있다면 그 규정에 따르고, 그렇지 않다면 본세가 국세인지, 지방세인지에 따라 국세기본법 제6장(국세환급금과 국세환급가산금) 또는 지방세기본법 제4장 제3절(지방세환급금과 지방세환급가산금)의 규정이 적용됨을 의미한다. 환급금 중 오납금 및 과납금의 발생구조는 제1장 제15절 1. 가. (2)를 참조하기 바란다.

감액경정청구나 부과처분의 취소는 위에서 본 부과·징수의 주체가 상대방이 된다. 따라서 지방세를 본세로 하는 농어촌특별세의 부과처분 취소나 경정청구의 상대방은 관할 시장·군수 및 자치구의 구청장이 된다.

다만 경정청구의 경정사유를 정함에 있어 국세기본법 또는 지방세기본법 중 어느 법을 적용할 것인지가 문제되나, 농어촌특별세가 국세인 이상 국세기본법 제45조의2가 적용된다고 본다.

---

6) '예에 따른다.'라는 것은 '준용'과 마찬가지로 입법기술상의 한 방법이다. 법률을 간결하게 적용할 목적으로 사용되는데 기준이 되는 법률내용이 그대로 적용된다는 취지이다.

⑥ 전심절차의 필요성 여부

국세는 필요적 전치인 반면 지방세는 임의적 전치였다가 필요적 전치로 변경7)되었다. 지방세를 본세로 하는 농어촌특별세에 대한 부과처분 취소소송을 제기할 경우 국세기본법이 적용되는지 지방세기본법이 적용되는지 문제되나 입법적으로 해결하였다. 지방세를 본세로 하는 농어촌특별세에 대한 이의신청·심사청구 및 심판청구에 대해서는 지방세기본법의 예에 따른다(제11조, 2014. 1. 1. 신설).

(2) 敎育稅의 세액확정절차

국세기본법 제22조 제2항에 의하면 교육세는 신고납세방식의 조세이다. 그중(금융·보험업자의 교육세 제외) 개별소비세, 교통·에너지·환경세, 주세의 각 납세의무자는 해당 세법에 따라 해당 세액을 신고·납부하는 때 그에 대한 교육세를 신고·납부하여야 하고(교육세법 제9조 제2항, 시행령 제7조 제2항), 그 교육세는 "개별소비세, 교통·에너지·환경세, 주세의 부과·징수의 예"에 따라 부과·징수한다(법 제10조 제3항).

한편, 개별소비세액, 교통·에너지·환경세액 또는 주세액에 부과되는 교육세로서, 납부한 금액 중 잘못 납부하거나 초과하여 납부한 금액과 개별소비세법, 교통·에너지·환경세법 또는 주세법에 따라 개별소비세액, 교통·에너지·환경세액 또는 주세액을 환급하는 경우의 해당 세액에 부과된 교육세의 환급에 관하여는, 국세기본법 제51조, 제51조의2 및 제52조부터 제54조까지의 규정과 개별소비세법 제20조·제20조의2, 교통·에너지·환경세법 제17조 및 주세법 제34조·제35조를 준용한다(법 제12조 제2항).8) 여기서는 다만 교육세를 잘못 납부하거나 초과하여 납부한 경우(과오납)에 국한하여 논한다.

(3) 부가세와 단계적 세액확정절차

농어촌특별세 및 교육세와 같은 부가세의 세액확정절차에는 '본세 세액확정절차'와 '부가세 세액확정절차'라는 2개의 절차가 존재하고 이는 독립적·단계적으로 이루어진다. 이를 단계적 세액확정절차라 하고, 본세의 세액이 변경되면 부가세의 세액도 시정되어야 한다[이 절 9. 및 제4장 제3절 7. 다. (2) 참조].9)

---

7) 2019. 12. 31. 법 개정으로 지방세도 2021. 1. 1. 이후 행정소송을 제기하는 경우 행정심판을 거쳐야 한다.

8) 교육세가 국세이므로 국세기본법의 적용은 당연함에도 환급규정에서는 이를 준용하도록 정하고 있다.

9) 조세특례제한법 제106조의7에 의하면, 일반택시운송 사업자에 대하여는 부가가치세 납부세액의 90%를 경감하고, 일반택시운송사업자는 그 감경세액 전액을 부가가치세 확정신고납부기한 종료일로부터 1개월 이내에 일반택시운수 종사자에게 현금으로 지급하도록 규정되어 있다. 여기서 그 종사자에게 지급되는 현금은 임금의 성질을 가지는 것으로 원천징수의 대상이 된다. 이러한 경우 당초 부가가치세 납부세액의 경정이 있는 경우 순차 세액확정절차가 전개되는데, 여기에서도 단계적 세액확정절차가 문제될 여지가 있다.

마. 자동확정방식

(1) 국세기본법 제22조 제4항(2019. 12. 31., 2020. 12. 29. 개정)[10]

『④ 다음 각 호의 국세는 제1항부터 제3항까지의 규정에도 불구하고 납세의무가 성립하는 때에 특별한 절차 없이 그 세액이 확정된다.

1. 인지세

2. 원천징수하는 소득세 또는 법인세

3. 납세조합이 징수하는 소득세

4. 중간예납하는 법인세(세법에 따라 정부가 조사·결정하는 경우는 제외한다)

5. 제47조의4에 따른 납부지연가산세 및 제47조의5에 따른 원천징수 등 납부지연가산세(납부고지서에 따른 납부기한 후의 가산세로 한정한다)』

제5호는 2019. 12. 31. 신설된 것으로서 2020. 1. 1.부터 시행된다. 개정 부칙 제17조에 의하면 2020. 1. 1. 전에 납세의무가 성립한 분에 대해서는 법 제22조 제4항 제5호의 개정규정에도 불구하고 종전의 규정에 따르도록 정하고 있다. 다만 국세기본법 제47조의4 및 제47조의5가 2020. 12. 29. 개정되었음에 유의하여야 한다.

(2) 납세의무가 성립하는 때에 특별한 절차없이 그 세액이 확정되는 경우 강학상 자동확정방식이라고 부르고 그 세목을 자동확정방식의 조세라고 부른다.

자동확정방식의 조세에는 조세채무의 존부 및 범위를 인식·확인하는 행위로 보이는 행위가 개재하는 경우도 있다.

① 인지세: 납부하지 아니한 세액 또는 부족하게 납부한 세액을 과세관청이 '결정하거나 경정결정'을 하고(인지세법 제8조의2), 세액을 납부한 후 과세문서를 작성하지 아니한 경우 납부할 세액을 환급하거나 납부할 세액에서 공제한다(법 제8조의3).

② 원천징수하는 소득세 또는 법인세: 원천징수의무자 등이 '징수하였거나 징수하였어야 할 세액'을 그 기간에 납부하지 아니하였거나 미달하여 납부하였을 경우 소정의 가산세를 더한 것을 납부하여야 하고(소득세법 제85조 제3항, 국세기본법 제47조의5 제1항), 이를 이행하지 아니하는 경우 국세징수법 제6조에 따라 '납부고지'[11]를 한다.

원천징수하는 소득세 및 법인세는 자동확정방식의 조세이나 위 가산세는 부과과세방식으로 과세된다.

---

10) 일본 국세통칙법 제15조 제3항에서 자동확정방식의 조세로, ① 예정납세에 관계되는 소득세, ② 원천징수하는 국세, ③ 자동차 중량세, ④ 인지세, ⑤ 등록면허세, ⑥ 연체세 및 이자세 등을 정하고 있다.

11) 구 국세징수법 제9조에서 '납세고지', '납세고지서'라고 하였으나 2021. 1. 1. 전개된 국세징수법 제6조에서는 '납부고지', '납부고지서'로 변경하였다.

다만 원천징수 등 납부지연가산세 중 납부고지서에 따른 납부기한 후의 가산세는 성립과 동시에 확정된다.

③ 납세조합이 징수하는 소득세: 납세조합이 그 조합원에 대한 해당 소득세를 매월 징수하여 기한까지 납부하지 아니하였거나 미달하게 납부하였을 때에는 납세조합 관할 세무서장은 그 납부하지 아니한 매월분의 세액 또는 미달된 세액을 해당 납세조합으로부터 징수한다(소득세법 제159조 제3항). 징수를 위하여 국세징수법 제6조에 따라 '납부고지'를 한다.

④ 중간예납하는 법인세: 이를 이행하지 아니하는 경우 국세징수법 제9조 제1항에 따라 납부고지를 한다(법인세법 제63조).

⑤ 제47조의4에 따른 납부지연가산세 중 납부고지서에 따른 납부기한 후의 가산세는 성립과 동시에 확정된다.

(3) 이상의 납부고지 등 각 행위가 세액확정을 위한 행위가 아니나 법적 성질은 개별세법의 각 규정에 따라 규명되어야 한다. 위 각 행위는 원칙적으로 이행청구로서의 성질을 가지는 징수처분이고, 이는 국세징수법 제6조 제1항에 따라 납부고지라는 형식으로 이루어진다.

원천징수의무자는 원칙적으로 징수처분에 대한 항고소송을 통하여 조세채무의 존부 및 범위를 다툴 수 있다(자동확정방식에 있어 납부고지의 권리구제기능).

(4) 자동확정방식에 있어 과다납부한 경우 이는 오납금에 해당한다. 개별세법에 특별한 규정이 없는 이상 원천징수의무자는 부당이득반환청구권을 행사할 수 있다. 한편 원천징수하는 소득세 또는 법인세는 국세기본법 제45조의2 제4항에 기한 경정청구도 허용된다[제4장 제6절 6. 가. (1) 참조]). 양 청구는 병존적이다. 경정청구의 배타성을 인정하여 경정청구만이 가능하다는 견해가 있으나 이러한 절차적 배타성은 받아들일 수 없다.

(5) 자동확정방식 중 문제되는 것은 원천징수하는 소득세 또는 법인세에 관한 것이다. 원천징수와 그 법률관계'에 대하여는 제4장 제6절 첫머리의 도표를 참작하기 바란다.

도표에서 보는 바와 같이, 조세채무는 국가와 원천납세의무자 사이에 성립하지만, 조세채무자나 국가로 하여금 그 조세채무의 존부 및 범위에 대한 주관적 인식·확인을 거침이 없이, 징수의 편의를 위하여, 조세채무가 자동으로 확정됨을 전제로, 원천징수의무자가 이를 징수하여 납부할 수 있도록 한 것이 원천징수제도이다[제1장 제11절 2. 다. (1) 참조].

(6) 원천징수가 누락(과소징수)된 근로소득 등에 대한 확정권(국가와 원천납세의무자 사이의 직접적 법률관계, 직접적 오류시정, 자세한 것은 제4장 제6절 2. 다. 참조)

① 소득세법 제4조(소득의 구분), 제14조(과세표준의 계산), 제73조(과세표준확정신고의 예외) 제4항, 제80조(결정과 경정) 제2항 제2호 및 제3호 등을 종합하면 원천징수가 누락(과소징수)된 경우 원천납세의무자는 종합소득 과세표준확정신고를 하여야 한다. 이를 불이행하면 관세관청은 그에게 종합소득세를 부과한다.

② 조세의 효율적 징수를 위한 원천징수는 신고납세방식을 보완하는 장치이다. 원천징수하는 소득세 또는 법인세가 자동확정방식이라 하더라도 일정한 경우 신고 또는 부과처분에 의하여 다시 세액확정절차를 거쳐야 한다('세액확정절차의 이중성', 원천징수에 있어 직접적 오류시정 절차).

③ 자동확정방식은 신고납세방식 및 부과과세방식과 같은 차원의 것이 아니다. 신고납세방식을 보완하는 확정방식이다. 원천납세의무자에게 부여된 신고 및 수정신고와 경정청구, 과세관청에게 부여된 부과처분 및 증액경정 등의 장치가 작동함으로써 국가와의 사이에서 직접적 오류시정이 가능하게 되었다. 그만큼 국가와 원천납세의무자의 직접적 법률관계가 전면에 부각되었다.

3. 국세기본법 제22조 제1항

가. 세액확정절차의 근본규범성

국세기본법 제22조 제1항(2018. 12. 31. 개정 및 2020. 6. 9. 자구수정)은 "국세는 이 법 및 세법에서 정하는 절차에 따라 그 세액이 확정된다."고 정하고 있다. 전에는 없던 '이 법'이라는 말이 추가되었다.

다음에서 보는 국세기본법 및 개별세법상의 각 경정규정을 종합하면 제22조 제1항은 다음과 같이 바꾸어 읽을 수 있다(자동확정방식은 제외).

『국세를 납부할 의무가 성립한 경우, 그 성립한 국세는, 국세기본법 및 개별세법에서 정하는 절차에 따라, 제척기간 내에서, 그 세액이 확정되고, 경정(증액경정 및 감액경정)된다.』

따라서 국세기본법 제22조 제1항이야말로 세액확정절차의 근본규범(Grundnorm)이고, 나머지 국세기본법 및 개별세법의 각 해당 규정은 그 하위규범에 속한다.

(1) '이 법 및 세법'에서 정하는 절차

국세기본법 제22조 제1항은, 세액확정절차의 근본규범으로서, 실체적 진실주의를 실현하기 위하여, 조세채무자나 과세관청으로 하여금 성립한 세액대로, 국세기본법 및 개별세법에서 정하는 절차에 따라 확정되고 경정되도록, 국세기본법 및 개별세법에서 구체적 세액확정절차를 마련하도록 명령하고 있다.

국세기본법 및 개별세법은 이러한 명령규범에 따라 구체적으로 세액의 확정방법 및 절차와 실체적 오류가 있는 경우에 대비한 경정규정을 두고 있다. 즉 국세기본법 및 개별세법에서 이 절 첫머리 도표에서 보는 바와 같은 구체적 규정을 두고 있다.

세액확정절차에서의 역할분담 관점에서 보면 개별세법의 규정이 원칙적 규정이고 국세기본법의 규정은 이를 보완하는 보충적 규정으로 새겨야 한다.

개별세법상 세액확정절차에 관여하는 법형식12)으로 신고, 결정, 경정, 재경정이 있다. 申告는 조세채무자가 하는 확정권 행사의 법형식이다. 결정, 경정, 재경정은 과세관청이 하는 확정권 행사의 법형식으로 통칭하여 賦課處分이라 한다. 과세처분으로 불리기도 하나 이 책에서는 부과처분으로 통일한다. 경정청구에 대한 거부처분 즉 更正拒否處分도 부과처분은 아니나 세액확정에 관여하는 법형식의 하나로 부과처분에 유사한 성질을 가지고 있다.

세액확정절차에 관여하는 법형식을 기준으로 보면 부과처분, 경정거부처분으로 2분된다.

경정법체계를 이해하는데 편리하고 조세쟁송에 있어 분석적 도구개념으로도 사용하기 위하여 '租稅事案'을 다음과 같이 5가지 유형으로 나눈다.

(ⅰ) '[신고 + 증액경정]의 사안'

(ⅱ) '[제1차적 부과처분 등]의 사안'

(ⅲ) '[제1차적 부과처분 + 증액경정]의 사안'

(ⅳ) '[신고]의 사안]'

(ⅴ) '[신고 + 수정신고]의 사안'

대표적 유형으로 '[신고 + 증액경정]의 사안'과 '[제1차적 부과처분 등]의 사안'을 주로 논의의 대상으로 삼는다.

(2) '정하는 절차'에 따라 세액이 확정된다.

개별세법에 의하면 신고납세방식에서는 조세채무자가 1차적 확정권을 가지고 이는 확정의무 내지 신고의무로 이어진다. 조세채무자는 개별세법이 정하는 바에 따라 성립한 세액을 올바르게 반영한 과세표준 및 세액을 신고할 의무가 있다.

한편 개별세법은 일정한 경우 과세관청에게 세액확정절차에 관여할 수 있는 확정권(경정권)을 부여하는데 이도 마찬가지로 확정의무(경정의무)로 이어진다. 확정권을 행사함에 있어 자유재량(효과재량 내지 행위재량)은 배제되고, 확정권 행사로 하는 부과처분(제1차적 부과처분은 물론 증액경정 및 감액경정을 포함한다)은 오로지 기속행위로 귀착된다. 세액확정에 실체적 오류가 있으면 과세관청은 이를 시정할 의무가 있고 그 시정에 자유재량을 가질 수 없다. 실체적 진실주의 내지 법치주의에서 유래하는 합법성원칙의 당연한 요청이다[제1장 제2절 4. 나. (2) 참조].

(3) 세액이 '확정'된다.

확정이란 세액의 존부 및 범위에 관한 주관적 인식·확인 및 특정'을 말한다. 주관적 인식·확인이라 함은 조세채무자 또는 과세관청이 주체가 되어 추상적으로 성립한 조세채무를 구체적으로 특정화, 수치화, 금전채무화하는 작업이다.13) 즉 일정한 계산과정 또는 평가과정을

---

12) 일본 국세통칙법(신고납세방식만을 규율)은, 제24조(경정), 제25조(결정), 제26조(재경정)에서, 어떠한 경우 경정, 결정, 재경정을 하여야 하는지를 구체적으로 정하고 있다.

거쳐 객관적으로 존재하는 해당 과세물건의 수량 또는 가액인 과세표준과 세액의 정확한 크기를 찾아내어 금전으로 수치화하는 작업이다.

그 외 확정이라는 말은 다의적으로 사용된다.

(ⅰ) 신고납세방식이든 부과과세방식이든, 부과처분이 관여되고 불복기간이 지나 불가쟁력이 발생하면 부과처분이 확정되었다거나 세액이 확정되었다고 한다.

(ⅱ) 기판력에 의하여 세액이 확정되었다고도 한다.

(ⅲ) 국세기본법 제22조의3 제1항의 '당초 확정된 세액'은 여러 의미를 가진다(제1장 제7절 4. 참조).

(ⅳ) '권리확정주의'의 확정이라는 말도 있다[제1장 제8절 2. 나. (4) 참조].

(4) 확정대상으로서의 '세액': 稅額確定節次

확정대상으로서의 세액에 관하여 본다. 예를 들어 종합소득 과세표준확정신고에 관련한 관계조항을 본다. 소득세법 제70조 제1항에서 "해당 과세기간의 종합소득금액이 있는 거주자(종합소득과세표준이 없거나 결손금이 있는 거주자를 포함한다)는 그 종합소득 과세표준을 그 과세기간의 다음 연도 5월 1일부터 5월 31일까지 대통령령으로 정하는 바에 따라 납세지 관할 세무서장에게 신고하여야 한다."라고 정하고 있고, 이를 종합소득 과세표준확정신고라 한다. 결손금확정신고도 과세표준확정신고에 포함된다.

소득세법 시행령 제130조 제1항에서 "법 제70조 제1항에 따른 종합소득 과세표준확정신고는 기획재정부령으로 정하는 종합소득 과세표준확정신고 및 납부계산서에 따른다."고 정함으로써 신고서 서식을 법정하고 있다.

국세기본법 제2조 제15호에 의하면 "과세표준신고서란 국세의 과세표준과 국세의 납부 또는 환급에 필요한 사항을 적은 신고서를 말한다."고 정하고 있다.

소득세법 제76조 제1항에서 "거주자는 해당 과세기간의 과세표준에 대한 종합소득 산출세액 또는 퇴직소득 산출세액에서 감면세액과 세액공제액을 공제한 금액을 제70조, 제70조의2, 제71조 및 제74조에 따른 과세표준확정신고기한까지 대통령령으로 정하는 바에 따라 납세지 관할 세무서, 한국은행 또는 체신관서에 납부하여야 한다."라고 정하고 있고, 이를 확정신고납부라 한다.

위 관계규정을 종합하면 종합소득 과세표준확정신고의 경우 산출세액은 물론 산출세액에서 감면세액(세액공제액)을 공제한 금액을 신고하여야 한다는 것이다. 한편 세액감면 내지 세액공제는 세액확정 전 단계의 것으로 조세채무의 성립과 연동하는 특수한 형태의 것임은 앞서 본 바와 같다[제1장 제8절 2. 나. (8), (9) 참조].

---

13) 谷口勢津夫, 전게서, 117면에서, "납세의무 확정은 세법상 납세의무의 성립에 관한 채무관계설적 구성을 전제로 하여 정하고 있다(납세의무 확정에 관한 채무관계설적 구성)."라고 적고 있음은 앞서 본 바와 같다.

따라서 확정대상으로서의 '세액'이라 함은 [산출세액(= 과세표준 x 세율) - 감면세액(세액공제액)]을 말한다. 국세기본법 제45조(수정신고), 제45조의2(경정 등의 청구)에서의 '세액'의 개념도 동일하다.

(5) 확정대상으로서의 결손금: 缺損金確定節次

국세기본법 제22조 제1항에 의하면 세액이 아닌 과세표준은 직접적으로 확정대상으로 삼고 있지 않다. 즉 과세표준은 세액을 산출하기 위한 전제이므로 원칙적으로 확정대상이 될 수 없다. 그러나 국세기본법의 경정조항이나 개별세법에서 과세표준이 확정대상이 된다는 취지로 읽혀지거나 개별세법과 국세기본법을 종합하여 그렇게 읽혀지면 과세표준도 확정의 대상이 된다.

세액을 신고하는 경우 과세표준신고서를 납세지 관할 세무서장에게 제출하여야 한다(국세기본법 제43조). 과세표준신고서란 국세의 과세표준과 국세의 납부 또는 환급에 필요한 사항을 적은 신고서이다. 결손금확정신고도 과세표준확정신고에 포함(위 소득세법 제70조 제1항)됨은 앞서 본 바와 같으나 다만 국세기본법은 과세표준신고서에 어떠한 사항을 담아야 하는지 구체적 내용을 정하고 있지 않고 개별세법에서 정하고 있을 따름이다. 입법론상 일본처럼 이를 명확히 함이 옳다.[14] 그러나 뒤에서 보는 바와 같이 과세표준의 일종인 결손금도 신고대상인 이상 확정대상이 되어 그 결손금확정절차를 인정하여야 한다(이 절 10. 참조).

결손금확정절차에는 다음과 같은 설명이 더 필요하다.

법인세 등의 과세표준신고를 함에 있어 (+)의 세액을 신고하였다 하더라도 그 신고에는 결손금을 '0'원으로 한 결손금 신고도 포함된 것으로 보아야 한다. 이렇게 해석함으로써 (+)의 세액을 신고하였고 결손금 신고를 하지 않았다 하더라도 조세채무자는 결손금 당초신고요건을 갖춘 것으로 보아 결손금 증액경정청구를 하는 것이 가능하게 된다.

나아가 세액확정절차와 결손금확정절차가 병존할 수 있다. A법인이 귀속연도 #4의 법인세를 (+)세액으로 신고하였는데 결손금이 발생하였음이 판명된 경우 A법인은 이를 어떻게 시정하여야 하는가? #4의 법인세에 대한 '통상의 경정청구'와 #4의 결손금을 '0'원으로 신고한 것으로 보아 결손금 수액을 확인하는 의미의 '결손금 증액경정청구' 등 2가지 청구를 동시에 하여야 할 것이다[제4장 제2절 2. 타. (2) 참조]. 이러한 의미에서 두 절차의 병존 내지 밀접한 관련성을 확인할 수 있게 된다.

---

14) 일본은 신고납세방식에 있어 신고서를 납세신고서라고 하면서 국세통칙법 제2조 제6호에서 필요적 기재사항으로, ① 과세표준, ② 과세표준으로부터 공제되는 금액, ③ 순손실 등의 금액, ④ 납부하여야 할 세액, ⑤ 환급금액에 상당하는 세액, ⑥ 납부하여야 할 세액의 계산상 공제하는 금액 또는 환부금액 계산의 기초가 되는 세액 등을 기재토록 하고, 앞 3가지를 '과세표준 등'으로, 뒤 3가지를 '세액 등'으로 부른다(국세통칙법 제19조 본문 괄호 참조). 한편 谷口勢津夫, 전게서, 160면에서 국세통칙법 제2조 제6호에 터잡아 "경정의 대상은 납세신고서의 각 기재사항이다."라고 적고 있다.

(6) 확정대상으로서의 환급세액: 還給稅額確定節次

'환급세액'이라는 말은 국세기본법 3곳에서 나온다. 국세기본법 제51조 제1항에서 개별세법상 환급하여야 할 환급세액(세법에 따라 환급세액에서 공제하여야 할 세액이 있을 때에는 공제한 후에 남은 금액을 말한다)이 있을 때 그 환급세액을 국세환급금으로 결정하여야 한다고 정하고 있다. 제45조 제1항 제2호에서 과세표준신고서에 기재된 환급세액이 세법에 따라 신고하여야 할 환급세액을 초과할 때 수정신고를 할 수 있다고 정하고 있다. 제45조의2 제1항 제2호에서 과세표준신고서에 기재된 환급세액이 세법에 따라 신고하여야 할 환급세액을 초과할 때 통상의 경정청구를 할 수 있다고 정하고 있다. 이상을 종합하여 환급세액확정절차(제1장 제15절 2. 다. 참조)를 인정하여야 한다.

환급세액확정절차에는 다음과 같은 설명이 더 필요하다.

환급세액은 과세표준신고서에 기재되어 신고되어야 하고 신고서에 기재된 환급세액은 신고와 동시에 확정되어 '확정효'가 발생한다. 확정을 위한 별도의 행위가 개입할 여지가 없다. 국가가 지급을 거절하면 소득세법 및 법인세법상의 환급세액 지급청구는 민사상 부당이득반환소송에 의하여, 부가가치세 등의 환급세액 지급청구는 당사자소송에 의하여 구제된다. 이러한 의미에서 국세기본법 제51조 제1항은 환급세액을 국세환급금의 범주에 넣고 있다.

그러나 환급세액의 증감에는, 다른 국세환급금인 오납금 및 과납금과 달리, 확정절차가 필요하다. 환급세액의 증액을 위한 경정청구, 환급세액의 감액을 위한 수정신고, 환급세액을 감액하는 경정 등의 절차를 거쳐야 한다. 이러한 증감사유는 부당이득반환소송이나 당사자소송에서 공격방어방법으로 주장되어서는 안 된다. 요컨대 환급세액은 신고와 동시에 확정되나 환급세액의 증감을 위하여는 경정청구, 수정신고, 감액경정의 절차를 거쳐야 한다.

부가가치세 등의 과세표준신고를 함에 있어 (+)의 납부세액을 신고하였다 하더라도 그 신고에는 환급세액을 '0'원으로 한 환급세액 신고도 포함된 것으로 보아야 한다. 이렇게 해석함으로써 (+)의 납부세액을 신고하였고 환급세액 신고를 하지 않았다 하더라도 조세채무자는 환급세액 '0'원을 신고한 것으로 보아 환급세액 증액경정청구를 하는 것이 가능하게 된다.

나아가 세액확정절차와 환급세액확정절차가 병존할 수 있다. 사업자가 부가가치세 신고를 함에 있어 (−)500만 원의 환급세액을 신고했음에도 과세관청이 (+)200만 원의 부과처분을 하였다고 하자. 여기에는 환급세액을 (−)500만 원에서 '0'원으로 감액하는 환급세액의 감액경정처분 및 납부세액을 '0'원에서 (+)200만 원으로 증액하는 납부세액의 증액경정처분 등 2개의 처분(환급거부처분 내지 환급세액의 감액경정처분 및 적극적 부과처분)이 병존한다고 보아야 한다. 이와 같이 두 확정절차가 분리됨이 없이 한 덩어리가 되어 존재하나 이를 분석하면 세액확정절차와 환급세액확정절차가 병존하고 있다고 볼 수 있다. 이 경우 조세채무자는 2개의 처분 전부에 대한 취소소송을 제기하여야 한다(제5장 제1절 1. 나. 참조).

(7) 모순된 세액확정의 배제

어느 특정한 사실관계에 기한 조세채무는, 특정한 과세권자와 특정한 조세채무자 사이에서, 특정한 과세기간에 한하여, 특정한 세목 아래, 하나의 세액으로, 모순 없이 통일적으로 성립·확정되어야 함은 앞서 본 바와 같다[제1장 제8절 2. 다. (4) 참조].

모순된 세액의 확정 배제는 국세기본법 제21조 제1항 및 제22조 제1항이 당연한 것으로 전제하고 있다.

(8) 확정권 행사기간: 除斥期間

국세기본법 제22조 제1항과 제26조의2 제1항(제척기간)의 관계는 다른 곳에서 설명한다(제1장 제14절 1. 나. 참조). 제척기간은 결손금확정절차나 환급세액확정절차에서도 유추적용된다고 보아야 한다.

나. 세액(조세채무)의 확정효[15]

(1) 세액이 확정된다 함은 세액(조세채무)의 확정효가 발생함을 의미한다.[16]

세액의 확정효라 함은 납부의 기초가 되고, 이를 집행할 수 있는 권원(집행권원)이 되며, 납부한 세금을 정부가 적법하게 보유할 수 있는 권원(보유권원)이 된다는 의미이다.[17][18]

첫째, 신고납세방식의 조세는 과세표준신고에 의하여 세액의 확정효가 발생한다. 신고행위에 중대하고도 명백한 하자가 없는 이상 그 외의 하자가 있다 하더라도, 세액의 확정효에 의하여 부당이득과의 관계에서 '법률상 원인'을 가지게 되고, 원칙적으로 경정청구에 의하여

---

15) 독일 조세기본법 제155조는, 조세확정(Steuerfestsetzung)이라는 제목 아래, 제1항에서 "조세는, 달리 규정되어 있지 않는 한, 과세관청의 조세결정(Steuerbescheid)에 의하여 확정된다.", 이어 제2항에서 "특정 조세결정은 기초결정(Grundlagenbescheid)이 발령되지 않았다 하더라도 발하여질 수 있다."라고 정하고 있다. 즉 제1항은 조세가 확정되는 법형식(Rechtsform)이 조세결정임을, 제2항은 조세결정이라는 처분이 단계적으로 이루어질 수 있음을, 각 정하고 있다.

16) 대법원 판례(2007. 7. 12. 선고 2007다28147 판결 등)나 통설에 의하면 확정력이라고 부르나, 행정처분의 공정력, 불가쟁력 및 판결의 기판력(형식적 확정력 및 실질적 확정력) 등과 오인·혼동될 우려가 있다. 세액을 확정한다는 것은 '세액을 특정한다(festsetzen)'는 의미이므로 이를 확정력이라고 할 경우 본래 가져야 할 고유의 효력 이상의 의미를 가질 수 있다. 헌법재판소 2004. 12. 16. 선고 2003헌바78 결정에서는 '조세채무확정의 효과'라고 한다.

17) 국세기본법 시행령 제32조 제1호[제1장 제15절 1. 다. (1) 참조]에 의하면, 납부의 기초가 된 신고가 경정되는 경우 그 관계된 세액이 환급된다는 취지인바, 이는 신고로 인하여 세액이 확정되면 그 신고가 '납부의 기초'(집행권원이 되거나 세액을 보유할 수 있는 권원)가 되고, 그 신고로 확정된 세액이 경정되어야만 비로소 환급청구권이 발생함을 의미한다. 여기서 세액 '확정'의 고유한 의미가 실정법적으로 도출된다.

18) 대법원 2011. 12. 8. 선고 2010두3428 판결에 의하면, 국세기본법 제41조(사업양수인의 제2차 납세의무)의 적용여부에 대하여, 부가가치세 예정신고를 한 때에 그 세액에 대한 납세의무가 확정되었다고 판시하면서, '납세의무의 확정이란 추상적으로 성립된 납세의무의 내용이 징수절차에 나아갈 수 있을 정도로 구체화된 상태를 의미'한다고 판시하였다.

그 확정효가 배제되지 아니하는 한 환급청구권이 발생하지 아니한다. 물론 신고행위에 중대하고도 명백한 하자가 있다면 확정효 자체가 발생하지 않는다.

둘째, 부과과세방식의 조세는 부과처분이 조세채무자에게 적법하게 도달함으로써 세액의 확정효가 발생한다. 부과처분에 중대하고도 명백한 하자가 없는 이상 비록 취소할 수 있는 하자가 있다 하더라도, 세액의 확정효에 의하여 부당이득과의 관계에서 '법률상 원인'을 가지게 되고, 원칙적으로 직권취소 또는 쟁송취소에 의하여 그 확정효가 배제되지 아니하는 한 환급청구권이 발생하지 아니한다. 물론 부과처분에 중대하고도 명백한 하자가 있다면 확정효 자체가 발생하지 않는다.

셋째, '납부의 기초가 된 신고 또는 부과의 취소·경정'으로 세액의 확정효는 소급적으로 소멸하고 그럼으로써 환급청구권이 비로소 발생한다(제1장 제15절 1. 나. 참조).

(2) 법정기일(국세우선권 기준일)

뒤에서 보는 바와 같이 신고일 또는 부과처분 수령일이 확정일(=확정효의 발생시기)이 되고 그 확정일이 원칙적으로 담보물권과 조세채권의 우열을 정하는 법정기일[19]이 되어야 하나, 그 법정기일은 조세채권의 공시일로 기능하여야 하므로 확정일과 반드시 일치하는 것은 아니다. 국세기본법 제35조 제1항 제3호에 의하면 조세채권의 우선 범위는 신고납세방식의 조세에 있어서는 신고한 해당 세액, 부과과세방식의 조세에 있어서는 고지한 해당 세액에 국한하므로, 담보물권이 설정된 후 증액경정이 이루어지더라도 그 증액분에 대하여는 우선권이 없다.

대법원 2018. 6. 28. 선고 2017다236978 판결

『구 국세기본법(2014. 12. 23. 법률 제12848호로 개정되기 전의 것) 제35조 제1항 제3호(이하 '이 사건 조항'이라고 한다)는 국세우선원칙에 대한 예외의 하나로, 그 각 목에서 정하는 국세의 법정기일 전에 저당권 등의 설정을 등기 또는 등록한 사실이 증명되는 재산을 매각할 때 그 매각금액 중에서 국세 또는 가산금을 징수하는 경우의 그 전세권·질권 또는 저당권에 의하여 담보된 채권을 들고 있다. 이에 따라 이 사건 조항 (가)목은 '과세표준과 세액의 신고에 따라 납세의무가 확정되는 국세의 경우 신고한 해당 세액에 대해서는 그 신고일'을, (나)목은 '과세표준과 세액을 정부가 결정·경정 또는 수시부과 결정을 하는 경우, 고지한 해당 세액에 대해서는 그 납세고지서 발송일'을 각 법정기일로 정하고 있다.

이 사건 조항이 법정기일을 기준으로 저당권 등 설정등기일과의 선후에 따라 국세채권과 담보권 사이의 우선순위를 정하고 있는 것은 공시를 수반하는 담보물권과 관련하여 거래의 안전을 보장

---

19) 다만 세법상 법정기일(국세기본법 제35조 제1항 제3호)은 조세채권의 공시일로서, 신고납세방식의 조세에 있어서는 신고일이고, 부과과세방식의 조세에 있어서는 납세고지서 발송일인바, 조세채권의 확정일과 반드시 일치하는 것은 아니다. 법정기일은 담보권자가 조세채권의 존부 및 범위를 객관적으로 확인할 수 있고, 과세관청 등에 의하여 임의로 변경될 수 없는 시기를 그 기준으로 삼고 있다는 점에서 담보물권의 본질적 내용을 침해하는 위헌의 규정으로 볼 수 없다(헌법재판소 2001. 7. 19. 선고 2000헌바68 결정 참조).

하려는 사법적 요청과 조세채권의 실현을 확보하려는 공익적 요청을 적절하게 조화시키기 위한 것이다(대법원 2005. 11. 24. 선고 2005두9088 판결 등 참조).

　　이에 따라 이 사건 조항 (가)목에서는 신고납세방식의 국세의 경우 납세의무자가 '신고한 해당세액'에 대해서 그 신고일을 법정기일로 하면서, 그 (나)목에서는 정부가 세액 등을 경정하는 경우 등에는 '고지한 해당세액' 만큼만 그 납세고지서의 발송일이 법정기일이라는 점을 분명히 함으로써, 담보권자가 예측할 수 있는 범위 내에서 조세채권이 우선하도록 하고 있다.

　　이러한 이 사건 조항의 입법 취지와 관련 규정의 내용 및 체계 등에 비추어 보면, 납세의무자가 신고납세방식인 국세의 과세표준과 세액을 신고한 다음 매각재산에 저당권 등의 설정등기를 마친 경우라면, 이후에 과세관청이 당초 신고한 세액을 증액하는 경정을 하여 당초보다 증액된 세액을 고지하였더라도, 당초 신고한 세액에 대해서는 이 사건 조항 (가)목에 따라 당초의 신고일이 법정기일이 되어 저당권 등에 의하여 담보되는 채권보다 우선하여 징수할 수 있다고 보아야 한다. 이러한 경우 원칙적으로 증액경정처분만이 항고소송의 심판대상이 된다는 사정 등이 있다고 하여 달리 보기도 어렵다.』

　　판시취지는, 국세기본법 제35조 제1항 제3호 (가)목 및 제22조의3(종전 제22조의2)를 종합하여, 신고납세방식의 '[신고 + 증액경정]의 사안'에서, 최초신고세액분과 증액경정분으로 분할한 다음 최초신고세액분만의 법정기일이 당초신고일임을 확인하고 있다. 국세우선권에 관한 법정기일이 조세채권의 공시일인 이상 공시가 된 해당 최초신고세액분에 한하여 조세채권의 우위를 인정하는 것은 당연하다.

(3) 국세징수권 소멸시효의 기산일

　　조세채무의 확정시기는 과세관청이 그 확정된 조세를 징수할 수 있는 시기가 되므로 이론상 국세징수권의 소멸시효 기산일의 역할을 하게 된다. 조세채무자의 신고나 과세관청의 부과처분에 의하여 조세채무가 확정된 경우 원칙적으로 그 다음날이 국세징수권의 소멸시효의 기산일이 되어야 할 것이다.

　　그런데 국세기본법 제27조 제3항(2019. 12. 31.개정)에서 그 소멸시효의 기산일에 관하여 신고납세방식의 조세로 이미 신고한 세액에 대해서는 그 법정 신고납부기한 다음 날, 과세관청의 부과처분에 의하여 결정, 경정, 수시부과결정된 세액에 대해서는 그 고지에 따른 납부기한의 다음 날로 각 정하고 있다. 이는 신고일이나 부과처분일보다는 법정 납부기한이나 고지서상의 납부기한이 명확하게 드러나기 때문에 소멸시효 완성 여부를 따질 때 기산일로 인한 혼란을 방지하기 위한 것이다.[20]

(4) 조세범죄의 기수시기

　　조세채무의 확정시기는 조세범 처벌법에 있어 조세범의 기수시기를 정하는 기준점도 된

---

20) 강석규, 전게서, 136면 참조.

다. 조세범 처벌법 제3조 제5항 제1호에서 기수시기에 관하여 신고납세방식의 경우에는 신고납부기한이 지난 때로, 부과과세방식의 경우에는 부과처분 납부고지서 상의 납부기한이 지난 때로 정하고 있다. 따라서 조세채무가 성립만 하고 아직 확정되기 전 단계에서는 미수범을 처벌하는 규정이 없는 이상 조세범으로 처벌할 수 없다.

(5) 과세표준신고서의 하자와 확정효

과세표준신고는 요식행위이다. 과세표준신고서에 기재된 세액을 납부하였다 하더라도 과세표준신고서를 제출하지 아니하였다면 세액의 확정효가 발생하지 아니한다. 조세채무자에게 신고의사가 인정되지 않는 경우도 확정효가 없다. 신고의사가 효력발생요건이기 때문이다. 확정효가 없는 이상 세액확정절차 또는 경정절차라는 개념도 성립할 여지가 없다.

(6) 세액확정효의 물적 범위

세액의 확정효가 과세표준신고서의 기재사항 중 어떠한 사항까지 발생하는지 문제되나 앞서 본 바와 같이 확정의 대상인 세액, 환급세액, 결손금 등에 대하여 확정효가 발생한다.

다. 확정효의 발생시기

(1) 세액의 존부 및 범위에 관한 주관적 인식 · 확인이라는 확정권자의 의사표시가 상대방에게 도달한 때 확정효가 발생한다. 신고납세방식의 조세에 있어 세액의 확정효는 과세표준신고서를 납세지 관할 세무서장에게 제출한 때 발생한다(발신주의, 국세기본법 제43조 · 제5조의2).[21]

(2) 반면 신고납세방식의 조세에 있어 과세표준신고서를 제출하지 아니하였거나 이를 경정하는 경우 및 부과과세방식의 조세에 있어 개별세법에서 이를 납세고지서 등의 서면에 의하여 조세채무자에게 통지하도록 정하고 있는데, 그 통지가 조세채무자에게 도달함으로써 확정효가 발생한다.

그 通知(= 賦課處分)의 형식(내용)에 관한 규정은 다음과 같다.

즉 ① 법인세에 있어 내국법인의 각 사업연도의 소득에 대한 법인세의 과세표준과 세액을 결정 또는 경정한 경우, 관할 세무서장 등은 납세고지서에 그 과세표준과 세액의 계산명세서를 첨부하여 통지하여야 하고(법인세법 제70조, 시행령 제109조), ② 소득세에 있어 거주자의 과세표준과 세액을 결정 또는 경정한 경우, 과세표준과 세율 · 세액 기타 필요한 사항을 서면으로 통지하여야 하며(소득세법 제83조, 시행령 제149조), ③ 상속세 및 증여세에 있어 과세표준과 세액을 결정한 경우, 관할 세무서장 등은 납세고지서에 과세표준과 세액의 산출근거를 명시하여 그 결정한 과세표준과 세액을 상속인 · 수유자 또는 수증자에게 통지하여야 하고(상증세법 제77조, 시행령 제79조), ④ 부가가치세에 있어 사업장 관할 세무서장은 사업자가 예정신고 또는

---

21) 국세기본법 제43조 제2항에서 "과세표준신고서가 관할 세무서장 외의 세무서장에게 제출된 경우에도 그 신고의 효력에는 영향이 없다."라고 규정하고 있다.

확정신고를 할 때에 신고한 납부세액에 미달하게 납부한 경우에는 그 미달한 세액을, 신 부가가치세법 제57조에 따라 결정 또는 경정을 한 경우에는 추가로 납부하여야 할 세액을 국세징수법에 따라 징수한다(신 부가가치세법 제58조 제1항[22]).

이와 같이 법인세의 경우 '납세고지서', 소득세의 경우 '서면', 상속세 및 증여세의 경우에는 '납세고지서'를 통지의 양식으로 규정하고 있음에 대하여, 부가가치세의 경우 '국세징수법에 따라 징수한다.'고 함으로써 규정형식이 독특하나, 동일한 양식이 사용되어야 한다(대법원 2012. 10. 18. 선고 2010두12347 판결).

다만 부과처분 통지(납세고지서)에는 적어도 '과세표준과 세액'이 담겨 있어야 한다. 경정이 있는 경우라면 '경정 후의 과세표준과 세액'도 담겨야 한다. 왜냐하면 그 존부가 조세채무자가 소송을 통하여 달성하려는 목적인 소송물을 구성하기 때문이다[제1장 제6절 3. 가. ⑵ 참조].

(3) 개별세법상의 납세고지서와 국세징수법상의 납세고지서의 관계가 문제된다.

각 개별세법에서의 납세고지서(서면) 등이라 함은 국세기본법 등에 특별한 규정이 없는 한 해석상 국세징수법 제6조 제1항 소정의 납세고지서(10호 서식)를 가리킨다. 따라서 '10호 서식의 납세고지서'는 세액을 확정시키는 부과처분(부과고지)으로서의 성질(효력)과 그 확정된 조세채무의 이행을 청구하는 징수처분(징수고지)의 성질(효력)을 아울러 가진다(대법원 1993. 12. 21. 선고 93누10316 판결).

(4) 한편, 신고납세방식의 조세에서 조세채무자가 신고만 하고 세액을 납부하지 아니하여 과세관청이 이를 징수하고자 하는 경우 또는 성립과 동시에 확정되는 원천징수소득세의 원천징수의무자에게 납세고지를 하는 경우, 납세고지는 이미 확정된 조세의 징수만을 목적으로 하는 것으로서, 이행청구로서의 의미만을 지닌다. 그러나 단순한 이행청구에 불과하더라도, 그 징수처분에 대한 항고소송을 통하여, 납세고지의 전제가 된 조세채무의 존부 및 범위를 다툴 수 있다 할 것이다.[23]

대법원 1974. 10. 8. 선고 74다1254 판결

『이 사건에서 원고가 부담하고 있는 원천징수의무에 관한 조세채권이 논지가 말하는 바와 같이 자동확정방식에 의하여 그 납입할 세액이 자동적으로 확정된다손 치더라도 피고들이 원고에게

---

22) 신 부가가치세법 제58조 제1항은, "납세지 관할 세무서장은 사업자가 예정신고 또는 확정신고를 할 때에 신고한 납부세액을 납부하지 아니하거나 납부하여야 할 세액보다 적게 납부한 경우에는 그 세액을 국세징수법에 따라 징수하고, 제57조에 따라 결정 또는 경정을 한 경우에는 추가로 납부하여야 할 세액을 국세징수법에 따라 징수한다."라고 정하고 있다.

23) 일본 최고재판소 1970. 12. 24. 판결(민집 24권 13호 2243면)에 의하면, 납세고지는 확정한 납세의무에 관하여 행하여지는 징수처분이나, 확정된 세액이 얼마인가에 대한 세무관청의 의견이 최초로 공개되는 것이기 때문에, 지불자가 그것과 의견을 달리하는 경우, 당해 세액에 의한 소득세 징수를 방지하기 위하여, 납세고지를 항고소송으로 다툴 수 있다는 취지로 판시하였다.

위의 원천징수할 세액을 정하여 그 납입을 고지한 이상 세무관청의 의견이 이때에 비로소 대외적으로 공식화되는 터이므로 그 고지내용과 견해를 달리하는 원천징수의무자로서는 그 고지된 세액으로 인한 징수를 방지하기 위하여 전심절차와 행정소송을 함으로써 구제를 받을 수 있다 할 것이다.』

라. 신고납세방식과 부과과세방식

(1) 법형식의 상이 및 1차적 확정권(확정의무)의 귀속

확정절차에 관여하는 법형식의 여하에 따라 또는 1차적 확정권이 누구에게 있느냐에 따라, 부과과세방식과 신고납세방식으로 구별된다.

과세권자가 1차적 확정권자로서 부과처분(결정)이라는 법형식을 통하여 세액을 정하는 방식을 부과과세방식이라 한다. 조세채무자가 1차적 확정권자로서 스스로 신고에 터잡아 세액을 정하는 방식을 신고납세방식이라 한다. 이러한 조세채무자의 1차적 확정권 행사는 권한임과 동시에 의무(확정의무)이다.

신고납세방식에 있어 신고를 하지 아니하거나 신고내용에 실체적 오류 있는 경우, 직권 또는 경정청구에 의하여 과세관청이 개재하여 결정·경정이라는 법형식을 통하여 조세채무를 확정하게 되므로, 과세관청의 이러한 확정권은 2차적·보충적으로 기능하게 된다(과세관청의 확정권이 유보된 1차적 확정권).

(2) 조세채무자가 가지는 1차적 확정권과 과세관청이 가지는 2차적 확정권은 상호 협동·보완적인 것으로, 그 행사의 순서가 법정되어 있을 뿐, 실체적 진실을 찾아내기 위한 목적은 동일하다. 그런 의미에서 과세관청의 확정권(경정권) 행사는 권한임과 동시에 의무이다.[24]

따라서 2차적 확정권을 가진 과세관청으로서는, 조세채무자가 1차적 확정권을 적극적으로 행사하는 한, 그보다 먼저 확정권을 행사할 수 없다. 나아가 과세관청이 세무조사를 거친 다음 2차적 확정권을 행사하지 아니한 채, 조세채무자의 1차적 확정권을 존중한다는 의미에서, 조세채무자로 하여금 조사결과에 따른 수정신고를 하도록 권장한다는 의미의 '권장에 의한 수정신고'를 요구할 수도 있다.

(3) 구제수단

부과과세방식과 신고납세방식과의 차이는 부과처분이라는 법형식이 1차적으로 관여하느냐

---

24) 谷口勢津夫, 전게서, 145면에서, "신고납세제도에 있어서는, 납세자가 납세신고의무를 법률의 규정에 따라 이행하지 아니하는 경우(당초의 납세신고에 대하여 경정청구를 하는 경우를 포함한다), 과세관청은 확정권(과세권)을 행사하여 2차적 내지 보충적으로 납세의무를 확정한다. 과세관청이 납세의무의 확정을 위하여 하는 행위를 과세처분이라고 한다. 과세처분은, 과세관청이 직권으로, 또는 납세자에 의한 경정청구에 기하여, 이것을 행한다. 과세관청에 의한 확정권의 행사는, 과세관청의 권한(과세처분권)임과 동시에, 납세자에 의한 확정권의 행사(납세신고의무)와 동일하게, 세법상의 의무이다(과세처분의무)."라고 적고 있다.

에 있는 것으로, 조세채무자의 구제수단을 마련함에 있어 차이를 보일 수밖에 없다.

논리필연적인 결과로서, 부과과세방식이라면 세액을 확정하는 부과처분에 대하여 행정처분 효력 등 행정처분 일반이론이 적용되고, 따라서 경정제도를 입법하거나 이를 해석함에 있어 행정처분을 중심으로 전개될 수밖에 없다. 그러나 신고납세방식의 경우, 고유한 의미의 행정처분이 존재하지 아니하므로, 신고를 행정처분으로 의제하거나 거부처분이라는 행정처분을 만들어 내는 등 우회적 방법으로 경정제도를 구축하여야 한다.

4. 실체적 진실주의와의 관계

(1) 과세물건의 수량 또는 크기는 누구보다도 조세채무자가 정확히 알고 있다는 전제 아래 그에게 일차적으로 그 측정작업을 맡기는 신고납세방식이 민주적 납세방식으로 조세의 능률적 징수의 요청에도 부합한다고 설명된다.

신고납세방식에 있어 그 실효성 확보를 위해서는 조세채무자의 정확하고 완전한 신고가 필수적이다. 부과과세방식에 있어 비록 조세채무자의 신고가 과세관청의 부과처분을 위한 참고자료의 제출(협력의무의 이행)에 불과하더라도 오류 등이 객관적으로 발견되지 않는 한 그 신고를 존중하여 결정함이 원칙이므로 조세채무자의 적정한 신고가 중요하다.

(2) 신고납세방식이든 부과과세방식이든, 실체적 진실주의를 추구하는 제도로서 어느 것이 더 우월하다고 단정할 수 없다. 모두 장단점을 가지고 있으며, 실체적 진실주의를 추구하기 위한 제도적 산물로서 각 나라의 법치주의 실현을 위한 노력의 결과물이다.

즉 과세관청의 제한된 인력과 자원으로 많은 물량의 과세표준신고서를 신속하게 처리하여 세액확정을 가속화함으로써 국가재정의 안정적 확보를 도모함과 동시에 실체적 진실주의를 추구하기 위한 입법적 결단이다.

5. 입법례

(1) 행정법원을 두고 있지 않아 세금의 수액에 대한 다툼을 통상의 법원에서 다루도록 하는 미국에서는 전적으로 신고납세방식을 취하면서 일정한 경우 정부가 관여하여 탈루세액을 고지한다. 행정처분이라는 개념을 조세기본법에 두고 조세분쟁을 조세법원에서 조세소송법을 통하여 해결하는 독일에서는 대부분 세목에 있어 부과과세방식을 취하되 일부 세목에 한하여 신고납세방식을 받아들이고 있다. 그러나 행정소송법을 두고 있는 일본은 1947년 세제개혁시 미국 예에 따라 법인세, 소득세 등 주요 직접세 등에 있어 신고납세방식을 채택하였고(제1장 제11절 9. 참조), 다만 지방세에서 원칙적으로 부과과세방식을 취하고 있다.

(2) 여기서 행정처분이라는 개념을 인정하고 아울러 행정소송제도를 가지느냐 여부와 확정방식(부과과세방식, 신고납세방식)과는 상관관계가 없는 것으로 보인다. 즉 미국은 신고납세방식을 취하고 행정법원이나 행정소송법을 가지고 있지 않아 행정처분이라는 개념도 없다. 반면 독일은 조세소송법을 가지면서 행정처분이라는 개념을 상정하는바 그와 일치를 이루기 위하여 원칙적으로 부과과세방식을 취한다. 우리나라와 일본은 행정처분이라는 개념을 상정하여 그 처분을 공격하도록 하는 행정소송제도를 가지면서도 독일과는 달리 신고납세방식을 원칙적 확정방식으로 취하고 있다.

(3) 그러나 신고납세방식이라 하더라도 신고를 행정처분으로 의제하거나 거부처분을 매개로 하여 또는 의무이행소송을 인정함으로써 조세채무자의 권리구제를 충분히 도모할 수 있어 어느 방식이 더 우월하다고 단정할 수 없다. 확정방식 자체의 우월성을 논하기보다 실체적 진실주의를 구현하기 위하여 어떠한 경정제도 및 소송 유형을 가지느냐가 더 중요하다.

6. 예정신고와 확정신고의 관계

가. 일반론

(1) 기간과세세목에 있어 예정신고와 확정신고의 관계가 문제된다. 원칙적으로 확정신고가 기존의 예정신고를 대체하고 그 예정신고를 대체(흡수)하는 확정신고만이 종국적 확정효를 가지며 따라서 유일한 집행권원이라 봄이 옳다.

(2) 그러나 예정신고에 종국적 확정효는 없다 하더라도 잠정적 확정효를 부여할 수 있다. 그 잠정적 효력은 토지등 매매차익 예정신고, 양도소득과세표준 예정신고, 부가가치세 예정신고에 관한 각 개별세법상의 규율내용에 따라 다르다. 각 예정신고의 특질을 잘 살펴 구체적 사안에 따라 예정신고와 확정신고의 관계가 판단되어야 한다(제1장 제6절의3 6. 라. 참조).

[각종 예정신고 비교]

	토지등 매매차익 예정신고	양도소득과세표준 예정신고	부가가치세 예정신고
이름	토지등 매매차익 예정신고 (소득세법 제69조 제2항)	양도소득과세표준 예정신고 (납부)(소득세법 제105조)	예정신고(신 부가가치세법 제48조)
성립시기 (국세기본법 제21조)	예정신고납부하는 소득세: 과세표준이 되는 금액이 발생한 달의 말일	예정신고납부하는 소득세: 과세표준이 되는 금액이 발생한 달의 말일	예정신고기간에 대한 부가가치세: 예정신고기간이 끝나는 때(3. 31. 및 9. 30.)
법정신고기한	매매일이 속하는 달의 말일부	양도일이 속하는 달의 말일	예정신고기간이 끝난 후 25

		부터 2월이 되는 날 (주식 등의 경우 양도일이 속하는 반기의 말일부터 2월이 되는 날)	일 이내
신고내용	매매차익과 세액 (매매차손 포함)	양도소득과세표준 (양도차손 포함)	과세표준과 납부세액 또는 환급세액
납부의무 존부	법정신고기한까지 납세지 관할 세무서 등에 납부하여야 한다고 신설(2013. 1. 1)	거주자가 예정신고를 할 때에는 … 납부하여야 한다 (예정신고납부: 소득세법 제106조).	예정신고서와 함께 그 예정신고기간의 세액을 … 납부하여야 한다(신 부가가치세법 제48조 제2항).
미신고시 결정 여부	예정신고 미이행시 과세관청이 결정(소득세법 제69조 제5항이 제114조를 준용)	예정신고 미이행시 과세관청이 결정(소득세법 제114조 제1항)	예정신고 미이행시 과세관청이 결정(신 부가가치세법 제57조 제1항 제1호)
오류의 발견시 경정가능 여부	更正可能 (소득세법 제69조 제5항이 제114조 준용)	更正可能 (소득세법 제114조 제2항)	更正可能 (신 부가가치세법 제57조 제1항 제2호)
무신고가산세 및 과소신고·초과환급신고 가산세	국세기본법 제47조의2 제1항 및 제5항(단 예정신고와 관련하여 부과되는 부분에 대하여는 확정신고와 관련한 가산세를 부과하지 아니함), 제47조의3 제1항 및 제6항	左同	특칙(신 부가가치세법 시행령 제90조 제1항)
납부지연 가산세	국세기본법 제47조의4 제1항 및 제5항(단 예정신고와 관련하여 부과되는 부분에 대하여는 확정신고와 관련한 가산세를 부과하지 아니함)	左同	上同
확정신고 여부	반드시 하여야 함	예정신고를 한 자는 원칙적으로 확정신고를 할 필요가 없음. 임의로 확정신고를 할 수 있음 (소득세법 제110조 제4항 본문). 예외 있음(위 제4항 단서)	반드시 하여야 함
확정신고와 예정신고의 관계	확정신고시 예정신고분 또는 결정·경정한 세액 공제 (소득세법 제76조 제3항 제2호)	① 확정신고를 할 경우, 예정신고와 동일한 내용으로 확정신고 ② 확정신고를 하여야 하는 경우 예정신고 산출세액 공제	예정신고에서 이미 신고한 사항은 확정신고대상에서 제외(신 부가가치세법 제49조 제1항 단서)

환급조항	소득세법 제85조 제4항(징수와 환급)	소득세법 제117조 (양도소득세의 환급)	신 부가가치세법 제59조
국세기본법 제35조(국세의 우선) 소정의 법정기일에 해당되는지 여부	법조문(국세기본법 제35조 제2항 제1호) 반대해석상 해당 없음	국세기본법 제35조 제2항 제1호(신고일을 기준으로 그 신고일 후에 저당권 등이 설정된 경우, 그 저당권 등에 우선함)	국세기본법 제35조 제2항 제1호(신고일을 기준으로 그 신고일 후에 저당권 등이 설정된 경우, 그 저당권 등에 우선함)

나. 판례

(1) 대법원 2008. 5. 29. 선고 2006두1609 판결

『양도소득세는 기간과세의 원칙이 적용되어 당해 과세기간 중에 발생한 양도소득을 모두 합산하여 그 과세표준과 세액을 산출하여 총괄적으로 신고함으로써 구체적 납세의무가 확정되는 점, 예정신고를 이행한 경우에도 소득세법 제110조 제4항 단서, 소득세법 시행령 제173조 제4항 제1호 내지 제3호에 해당하는 때에는 반드시 확정신고를 하여야 하는 점, 그 밖에 예정신고납부의 예납적 성격, 예정신고 및 자진납부의 불이행에 대하여 가산세가 부과되지 않는 점 등을 종합하여 보면, 납세자가 예정신고를 한 후 그와 다른 내용으로 확정신고를 한 경우에는 그 예정신고에 의하여 잠정적으로 확정된 과세표준과 세액은 확정신고에 의하여 확정된 과세표준과 세액에 흡수되어 소멸한다고 보아야 하고, 이에 따라 예정신고를 기초로 이루어진 징수처분 역시 효력을 상실한다고 보아야 할 것이다.』

(2) 대법원 2011. 9. 29. 선고 2009두22850 판결

『1. 구 소득세법(2009. 12. 31. 법률 제9897호로 개정되기 전의 것, 이하 '법'이라 한다) 제105조 제1항, 제106조 제1항, 제116조 제1항의 문언 내용, 양도소득과세표준 예정신고(이하 '예정신고'라 한다)납부제도의 입법 취지가 소득의 발생 초기에 미리 세액을 납부하도록 함으로써 세원을 조기에 확보하고 징수의 효율성을 도모하며 조세 부담의 누적을 방지하려는 데 있는 점, 법 제114조 제1항은 예정신고를 하여야 할 자가 신고를 하지 아니한 때에는 납세지 관할 세무서장으로 하여금 양도소득과세표준 및 세액을 결정하도록 규정하고 있는 점 등을 종합하면, 납세지 관할 세무서장은 거주자가 예정신고납부세액의 전부 또는 일부를 납부기한인 예정신고기한까지 납부하지 아니한 때에는 양도소득과세표준 확정신고기한 전이라도 미납된 세액을 징수할 수 있다.

2. 구 소득세법(2009. 12. 31. 법률 제9897호로 개정되기 전의 것) 제110조 제4항 본문은 양도소득과세표준 예정신고(이하 '예정신고'라 한다)를 한 자는 원칙적으로 당해 소득에 대한 양도소득과세표준 확정신고(이하 '확정신고'라 한다)를 하지 아니할 수 있다고 규정하고 있는 점, 납세의

무자가 예정신고를 한 후 그와 같은 내용으로 확정신고를 한 경우에는 확정신고에 따른 세액 정산이 이루어지지 아니하므로 예정신고를 한 후 확정신고를 하지 않은 경우와 실질적인 차이가 없는 점, 예정신고와 같은 내용으로 한 확정신고는 예정신고 내용을 추인함으로써 예정신고에 의하여 잠정적으로 확정된 과세표준과 세액을 종국적으로 확정하는 의미밖에 없는 점 등을 종합하면, 납세의무자가 예정신고를 한 후 그와 같은 내용으로 확정신고를 한 경우 예정신고에 의하여 잠정적으로 확정된 과세표준과 세액은 확정신고에 의하여 종국적으로 확정된 과세표준과 세액에 흡수되어 소멸하는 것이 아니라 그대로 유지되고, 따라서 예정신고를 기초로 한 징수처분 역시 효력이 소멸하지 아니한다.

3. 구 소득세법(2009. 12. 31. 법률 제9897호로 개정되기 전의 것, 이하 '법'이라 한다) 제105조 제1항과 제110조 제1항이 양도소득과세표준 예정신고(이하 '예정신고'라 한다) 및 양도소득과세표준 확정신고(이하 '확정신고'라 한다)의 대상을 '양도소득과세표준'으로 규정하고 있는 점, 법 제108조 제1항에 따른 예정신고납부세액공제는 예정신고를 하고 그에 따라 실제로 세액을 자진납부한 경우에만 적용되는 것으로서, 양도소득과세표준이나 산출세액, 결정세액에는 아무런 변동도 초래하지 아니하는 점 등을 고려하면, 예정신고를 하였으나 세액을 납부하지 아니한 납세의무자가 예정신고납부세액공제를 적용받지 못하여 양도소득과세표준과 산출세액, 결정세액 등은 예정신고 내용과 동일하게 하면서 자진납부할 세액만을 다르게 하여 확정신고 및 납부를 한 경우에는 예정신고와 같은 내용으로 확정신고를 한 것으로 본다.

4. 골프회원권을 양도한 甲이 양도소득과세표준 예정신고(이하 '예정신고'라 한다)를 한 이후 예정신고한 세액을 납부하지 않자 과세관청이 甲에게 예정신고 세액에서 예정신고납부세액공제를 배제한 세액을 납부하되 납부하지 않을 경우 가산금 등을 추가하여 납부하라는 취지의 양도소득세 납세고지를 하였는데, 이후 甲이 양도소득과세표준과 산출세액은 예정신고와 동일하게 하면서 예정신고납부세액공제를 적용받지 못함에 따라 자진납부 세액만을 달리하여 양도소득과세표준 확정신고(이하 '확정신고'라 한다)를 하고 이를 납부한 사안에서, 위 예정신고와 확정신고 내용이 같은 이상 甲이 예정신고를 한 후 다시 확정신고를 하였다고 하여 이미 한 예정신고의 효력이 소멸하는 것은 아니므로, 예정신고를 기초로 한 위 납세고지 역시 효력이 소멸하는 것은 아니라고 본 원심판단을 정당하다.』

다. 사견

(1) 토지 등 매매차익 예정신고

예정결정 후 확정결정이 이루어지면 흡수소멸설(대체소멸설)이 타당하다 할 것이다(제1장 제6절의3 6. 라. 참조). 절차대상은 자동교체된다 할 것이다. 예정신고와 확정신고와의 사이에도 흡수소멸설이 타당하다. 예정신고에 대한 증액경정이 가능한 이상 경정청구도 원칙적으로 가능하다. 다만 예정신고에 대한 경정거부처분 취소소송의 계속 중 과세관청의 확정결정이 있는 경우 흡수소멸설에 따라 절차대상이 자동교체되어 확정결정 취소소송으로 청구취지만을 바꾸면 되는지 여부이다. 대법원 2005. 10. 14. 선고 2004두8972 판결(한국방송공사 사건)에 따라 흡수소멸설의 적용이 없다 할 것이다.

(2) 양도소득과세표준 예정신고

예정신고에 대한 과세관청의 증액경정이 가능한 이상 경정청구도 가능하다 할 것이다. 예정결정 후 확정결정이 이루어지면 흡수소멸설(대체소멸설)이 타당하다 할 것이다. 절차대상은 자동교체된다 할 것이다. 예정신고와 확정신고와의 사이에도 흡수소멸설이 타당하다 할 것이다(제1장 제6절의3 6. 라. 참조).

다만 소득세법 제110조 제4항 본문에 따라 확정신고를 할 필요가 없는 경우 또는 예정신고를 한 후 세액을 납부하지 아니하여 예정신고 납부세액을 공제받지 못하게 됨에 따라 단지 자진납부세액을 달리하여 확정신고를 하는 경우라면 예정신고와 동일한 내용으로 확정신고를 한 것으로 볼 수 있다. 이 경우 예정신고가 확정신고를 대체한 효력이 있다 할 것이므로 이 경우 예정신고에 대한 경정청구를 확정신고에 대한 경정청구로 취급하면 될 것이다.

7. 세액확정의 모순·저촉(Widerspruch, Widerstreit)

가. 모순된 세액확정

(1) 흔히 이중과세(중복과세) 등으로 불리기도 하나, 여기서는 '모순된 세액확정' 또는 '세액확정의 모순·저촉'이라 부른다.

조세법률관계는 대량적·주기적으로 반복하여 성립할 뿐만 아니라 사실관계의 확정도 어렵고 그 사실관계에 적용할 법령 또한 전문적·기술적이고 복잡하여 이를 정확하게 이해하려면 상당한 법적·회계학적 지식을 필요로 한다. 이러한 이유로 세액확정에 관여하는 과세관청이나 조세채무자 모두 진퇴양난에 빠지곤 한다.

그러나 어느 「특정한 사실관계」25)에 기한 조세채무는, 특정한 과세권자와 특정한 조세채무자 사이에서, 특정한 과세기간에 한하여, 특정한 세목 아래, 하나의 세액으로, 모순 없이 통일적으로 성립·확정되어야 함은 앞서 본 바와 같다. 그럼에도 현실은 그렇지 않다. 세액확정의 모순·저촉은 반드시 시정되어야 한다.

세액확정을 위하여 부과처분을 하는 경우 예비적·선택적으로 부과처분을 하거나 중첩적

---

25) '특정한 사실관계(ein bestimmte Sachverhalt)'라 함은 독일 조세법상의 용어로서 이를 차용하여 설명한다. 인적귀속의 충돌, 기간귀속의 충돌, 세목의 충돌이 일어날 수 있는 생활관계를 포섭하기 위하여 사용한다. 이러한 생활관계에서 2개 이상의 세액확정이 존재한다면 그들은 논리법칙상 양립할 수 없는 배척관계에 있는 셈이다.

부과처분을 할 수 없다.

서울중앙지방법원 2007. 7. 19. 선고 2006가합93231 판결을 본다. 부과처분의 상대방을 특정하지 아니하였다면 하자가 중대하고 명백하다고 보아 그 부과처분은 당연무효라는 취지이다.

『① … 점, ② 피고는 이 사건 변론과정에서 이 사건 부가가치세는 구 파산법 소정의 재단채권에 해당하므로 파산관재인인 원고에 대한 이 사건 부과처분은 그 납세의무를 오인한 하자가 없다고 주장하는 한편, 이 사건 부과처분은 파산회사를 상대방으로 한 것이므로 결과적으로 적법하다는 취지의 주장을 하고 있는 바, 위 주장은 결국 이 사건 부가가치세가 재단채권에 해당하는 경우에는 이 사건 부과처분의 상대방이 원고이고, 재단채권에 해당하지 아니하는 경우에는 파산회사를 상대로 한 것이므로 결과적으로 적법하다는 취지이나, 위와 같은 주장은 이 사건 부과처분이 현행법상 허용되지 아니하는 선택적·예비적 납세의무자를 상대로 한 것이라는 취지이므로 그 주장 자체로 이유 없는 점 등의 사정을 종합하면, 이 사건 부과처분은 별개의 독립된 실체인 파산회사와 원고를 구분하지 아니하고, 이에 따라 그 납세의무자를 확정하지 아니한 하자가 있다.』

(2) 모순·저촉(충돌)이 일어날 수 있는 경우[26]

① 특정한 사실관계에 기한 소득은, 실질적 조세채무자인 특정한 사람에게 귀속되는 것이지, A라는 사람 또는 B라는 사람에게 임의적 내지 선택적으로 귀속될 수는 없다(인적귀속의 충돌: 국세기본법 제14조 제1항).

② 특정한 사실관계에 기한 소득(수입·비용, 익금·손금)은, 권리확정주의 원칙에 따라, 특정한 과세기간에 귀속되는 것이지, #1라는 과세연도 또는 #2라는 과세연도에 임의적 내지 선택적으로 귀속될 수는 없다(기간과세세목에 있어 기간귀속의 충돌).

③ 특정한 사실관계에 기한 과세는, 각 세목이 배타적인 한, A라는 세목(예를 들어 양도소득세) 또는 B라는 세목(예를 들어 종합소득세 또는 증여세)으로 임의적 내지 선택적으로 이루어질 수 없다(세목의 충돌, 과세객체의 충돌).

④ 특정한 사실관계에 기한 과세는, 세액확정에 있어, 최초의 신고·결정 또는 경정의 내용과 조세조약에 따른 상호합의로 인한 것과 동일하여야 한다(상호합의에 의한 세액의 충돌).

⑤ 특정한 사실관계에 기한 개인지방소득 및 법인지방소득은, 지방소득세의 특정한 과세

---

26) Tipke/Lang, 전게서, 제21장 421문단에서, 모순된 조세결정의 적극적 유형으로 4가지를 들고 있다. 즉 동일한 사실관계가 상호 모순된 세목 등으로 거듭 과세될 때(positive Objektkollision), 동일한 사실관계에 대하여 특정한 사람에게 과세되어야 함에도 2인 또는 그 이상의 사람에게 과세될 때(positive Subjektkollision), 동일한 사실관계에 대하여 특정 과세기간에 과세되어야 함에도 복수의 과세기간에 과세될 때(positive Periodenkollision), 동일한 조세채무자에 대하여 다른 과세관청이 경합하여 조세결정을 하는 경우(positive Zuständigkeitskollision)를 들고 있다.

주체(지방세법 제3조)에 귀속되는 것이지, A지방자치단체 또는 B지방자치단체에게 임의적 내지
선택적으로 귀속될 수 없다(과세주체의 충돌, 과세관청의 충돌).

(3) 특정한 사실관계에 기한 세액확정에 있어, 상호 모순·저촉이 일어나는 경우, 그중 하
나는 실체적 오류임에 틀림없으므로, 실체적 오류 시정주의상 오류를 가진 세액확정은 경정되
어야 한다. 논리필연적인 선택관계(ein Verhälnis der zwingenden Alternativität) 내지 논리법칙
상 양립할 수 없는 배척관계(Ausschließichkeitsverhältnis)에 있다면 그중 하나는 실체적 오류에
해당된다.

나. 세액확정의 모순·저촉과 구별하여야 하는 경우

(1) 대법원 1984. 8. 21. 선고 83누583 판결

『원심판결 이유에 의하면, 원심은 그 거시증거를 종합하여, 피고는 … 1979. 3. 20.자로 원고
에게 부과처분 하였으나 원고가 이에 불복, 행정소송을 제기한 결과 1982. 3. 23. 대법원에서 위
각 납세고지서에는 세액산출근거가 누락되어 위법하다는 이유로 위 사건을 원심법원에 파기환송하
자, 피고는 위 소송은 그대로 유지한 채(위 소송은 원심변론종결일 현재 대법원에 다시 계속 중임)
같은 해 3. 27.자로 위와 같은 사업연도의 같은 세목에 대하여 세액산출근거를 기재한 같은 액수의
이 사건 납세고지서를 원고에게 다시 발부하여 송달한 사실을 인정하고 나서, 위 인정사실에 의하
면, 피고가 당초에 한 위 부과처분은 아직 취소되었다고 볼 수 없는 반면, 피고가 1982. 3. 27.자로
다시 한 이 사건 납세고지는 단순히 당초의 납세고지서에 누락된 세액산출근거를 보정하는 절차에
불과한 것으로도 볼 수 없으니 이는 결국 동일한 납세의무에 대한 중복된 부과처분으로서 위법하므
로 취소되어야 한다고 판시하였다. 기록에 비추어 원심의 사실인정과 그 판단과정을 검토하여 보니
원심의 위 조치는 정당하여 수긍이 가고 ….』

(2) 위 사안은 동일한 처분을 반복한 것으로서 후행의 부과처분은 그 자체 위법(무효)하
다. 세액확정에 있어 모순·저촉과 구별되어야 한다.

다. 구 상속세 및 증여세법 제2조 제2항의 해석에 관한 판례

(1) 구 상증세법 제2조 제2항(2015. 12. 15. 개정 후 제4조의2 제3항)은 "제1항에 규정된 증
여재산에 대하여 수증자에게 소득세법에 따른 소득세, 법인세법에 따른 법인세가 부과되는 경
우(제45조의3에 따라 증여로 의제되는 경우는 제외한다)에는 증여세를 부과하지 아니한다."고 규정
하고 있었다.

(2) 대법원 1995. 5. 23. 선고 94다15189 판결

『증여세와 양도소득세는 납세의무의 성립요건과 시기 및 납세의무자를 서로 달리 하는 것으로서 과세관청이 각 부과처분을 함에 있어서는 각각의 과세요건에 따라 실질에 맞추어 독립적으로 판단하여야 할 것이며(당원 1993. 9. 24.선고 93누517 판결 참조), 상속세법 제29조의3 제3항의 소득세법에 의하여 소득세가 부과되는 때에는 증여세를 부과하지 아니한다는 것은 소득세의 과세대상이 되는 경우에 증여세를 중복하여 부과할 수 없다는 것을 규정한 것이고, 소득세의 적법한 과세대상도 아닌데 잘못 부과된 경우에도 항상 증여세를 부과하여서는 안된다거나 그와 같이 잘못 부과된 소득세 부과처분을 취소하지 아니하고는 증여세를 부과하지 못한다는 취지의 규정이라고 할 수는 없다 할 것이다.』

판결요지는, 소득세의 적법한 과세대상도 아닌데 잘못 부과된 경우에도 항상 증여세를 부과하여서는 안 된다거나 그와 같이 잘못 부과된 소득세 부과처분을 취소하지 아니하고는 증여세를 부과하지 못한다는 취지의 규정이라고 할 수 없다는 것이다. 그러나 현재 경정청구제도가 도입되어 있고 증여세와 양도소득세가 상호 배타적 세목인 이상 이러한 실체적 오류는 경정청구로 시정되어야 한다.

라. 부당행위계산부인과 이중과세[27]

(1) 구 소득세법 제101조 제2항에 대한 헌법재판소 2003. 7. 24. 선고 2000헌바28 결정

『(3) 수증자에 대한 증여세 이중부과·징수의 위헌성

앞서 본 바와 같이 이 사건 법률조항의 적용 요건이 갖춰지면, 과세관청은 증여자가 선택한 부당한 법적 형성, 즉 증여행위를 부인함으로써 이를 과세의 기준으로 삼지 아니하고, 그 법적 형성에 의해 달성된 경제적 효과에 적합한 형성, 즉 증여자의 양수자에 대한 양도행위의 존재를 의제하여 이를 기초로 증여자에게 양도소득세를 부과할 수 있게 된다.

이를 수증자의 입장에서 보게 되면, 자신에 대한 과세근거가 된 증여자의 증여행위가 부당한 법적형성이라는 이유로 과세관청에 의하여 부인되어 조세법적으로는 소급적으로 무효화됨으로써 재산권의 무상 취득이란 애초부터 존재하지 않게 된 것에 다름 아니어서, 이에 대하여 증여세를 부과하거나 기왕의 증여세 부과를 유지한다는 것은 결국 증여받지 않는 재산에 대하여 증여세를 부과한 것이 되어, 조세법적으로 과세요건에 해당되지 아니함에도 불구하고 수증자에게 증여세를 부과·징수하는 것으로 수증자의 재산권을 침해하는 것이다.

그리고 무엇보다도 이 사건 법률조항에 의하여 조세법적으로는 부인된 증여세액 등을 환급 등을 하지 않고 과세관청이 그대로 보유될 수 있다면, '증여자, 수증자, 양수자 사이의 다단계거래'를

---

27) 부당행위계산부인의 결과로서 모순·저촉이 일어나는 경우에도 세액확정에 있어서의 모순·저촉이 일어나는 한 태양이 될 수 있다. 따라서 부당행위계산부인의 해당 조항 자체의 헌법위반 여부가 문제될 수 있으므로, 입법을 함에 있어, 과세요건상 모순·저촉이 일어나지 않도록 신중을 기하여야 한다. 헌법재판소 2000헌바28 결정은 과세요건법을 연구함에 있어 많은 시사점을 던지고 있다.

'증여자, 양수자 사이의 단일한 거래'로 의제함으로써 납세자가 어떤 내용의 거래 형식을 선택하느냐에 따라 발생할 수 있는 조세부담의 부당한 감소에 따른 불공평을 시정한다는 입법목적을 달성하는 것 이상으로, 언제나 수증자에게 부과된 증여세액 등만큼을 이중으로 징수하는 결과에 이른다.

증여자의 양도소득세 납부의무와 수증자의 증여세 납부의무는, 비록 형식적으로는 과세 대상이 되는 법률행위와 납부의무의 주체가 다르기는 하나, 본질적으로 증여자의 증여행위는 이 사건 법률조항이 과세대상으로 파악한 '증여자, 양수자 사이의 양도행위'의 일부분을 구성하는 셈이 되므로 결국 그 중복 부분은 이중과세에 해당된다고 보아야 할 것이다.

한편, 납세자의 부당한 양도소득세피회행위를 부인하는 것은 조세부담을 경감한다는 의도 내지 인식 자체에 대한 납세의무자의 행위책임을 묻는 것이 아니라 조세부담의 불공평 자체를 시정하는 데 목적이 있는데, 경우에 따라서는 수용 등 비자발적 양도의 경우 당사자가 관여할 수 없는 보상금 등 수액의 다과나 그 양도시기의 선후 등 사소한 차이만으로도 이 사건 법률조항의 적용 여하가 엇갈린다는 면에서, 이러한 초과징수행위를 징벌적 제재의 성격으로 정당화할 수는 없고, 정당화된다고 하더라도 부당행위를 한 증여자에 대한 징벌적 제재를 수증자에게로 향하게 할 수도 없다.

국세청의 과세실무는 수증자의 증여세를 증여자에 대한 양도소득세액 산출시 그 필요경비로 산입하고 있으나, 이 경우도 수증자가 납부한 증여세의 일부만이 공제되는 결과가 되므로 정도의 차이는 있을지라도 공제받지 못하는 세액만큼은 여전히 이중과세의 문제점을 갖게 되는 것이고, 수증자의 입장에서는 여전히 자신이 납부한 세액 전부를 환급받지 못한다는 점에서는 사정이 근본적으로 달라지지도 않는다.

결국 이 사건 법률조항은, 그 적용요건이 충족되는 경우 증여자의 증여행위나 수증자의 양도행위를 과세요건사실로 삼지 아니하고 오로지 '의제된 양도행위'에 따른 과세만을 함으로써도 그 입법목적을 달성할 수 있음에도 불구하고, 세수증대와 과세편의만을 도모한 나머지 '부인된 증여행위에 기초한 과세'와 '의제된 양도행위에 기초한 과세'를 서로 양립하게 함으로써 입법목적의 달성에 필요한 정도를 과도하게 넘은 이중과세를 하는 것이므로 그 내용이 재산권을 과도하게 침해하는 것이므로 헌법에 위반된다고 보지 않을 수 없다.』

(2) 현행 소득세법 제101조(양도소득의 부당행위계산)
(3) 현행 상속세 및 증여세법 제44조(배우자 등에게 양도한 재산의 증여 추정)

마. 세액확정의 모순·저촉과 대법원 판례

(1) 대법원 2002. 12. 26. 선고 2001두6227 판결

『동일한 납세의무에 대하여 양립될 수 없는 수 개의 부과처분이 중복된 경우 선행처분을 당연무효로 보아야 할 경우가 아니라면 선행처분이 취소되었다는 등의 특별한 사정이 없는 한 후행처분은 중복처분에 해당하여 위법하다 할 것이다(대법원 1984. 8. 21. 선고 83누583 판결, 1986. 11. 11. 선고 86누312 판결, 1987. 1. 20. 선고 86누447 판결, 1997. 7. 11. 선고 95누10051 판결 등 참조). 기록에 의하면, 원고 회사의 주주인 소외 ○○○이 원고에 대하여 이 사건 주식을 양도한 것과 관련하여 소외 성남세무서장은 이를 비상장주식의 양도로 보아 1998. 10. 14. ○○○에게 그로 인한 양도차익에 대한 양도소득세 부과처분을 하여 그 처분이 확정되었는데, 후에 피고가 원고에 대한 위 주식의 양도는 주식 소각방법에 의한 자본의 환급에 해당하여 ○○○에게 위 주식의 액면금액과 원고가 지급한 매매대금과의 차액에 해당하는 의제배당소득이 발생한 것임에도 원고는 이에 대한 원천징수의무를 이행하지 아니하였다는 이유로, 원고에 대하여 배당소득세 등의 이 사건 처분을 하였음을 알 수 있는바, 이 사건 처분과 ○○○에 대한 위 양도소득세 부과처분은 이 사건 주식의 양도로 인하여 발생한 하나의 소득에 대하여 중복하여 이루어진 것으로서 양립할 수 없는 처분이므로, 위의 법리에 비추어 먼저 이루어진 양도소득세 부과처분이 취소되었다는 등의 특별한 사정이 없는 한 나중에 이루어진 이 사건 처분은 중복처분에 해당하여 위법하다 할 것이다. 그럼에도 불구하고, 이와 달리 판단한 원심판결에는 이중과세에 대한 법리오해의 위법이 있다 할 것이고, 이 점에서 원고의 상고이유 주장은 그 이유가 있다.』

(2) 대법원 2001. 4. 24. 선고 99두5412 판결

『2. 이중과세처분 여부에 관하여

거주자의 부동산 양도로 인한 소득은, 그 양도가 사업의 일환으로 행하여진 것인지의 여부에 따라 소득세법상 종합소득세의 과세대상인 사업소득이나 양도소득세의 과세대상인 양도소득 중 어느 한 쪽에만 해당되는 것이고, 종합소득과 양도소득은 과세단위를 달리하는 것이므로, 부동산 양도로 인한 소득에 대하여 양도소득세와 종합소득세가 각각 부과된 경우에는 실체관계를 따져 어느 쪽의 부과처분이 위법한 것인지를 판별하여야 하는 것이지, 실체적 위법 여부에 관계없이 언제나 나중에 행하여진 부과처분이 이중과세라는 이유로 무효가 된다거나 위법하게 되는 것은 아니라고 할 것이다.

원심이 확정한 사실관계에 의하면, 원고는 1989년도에 양도한 원심 판시 제1, 2 토지(이하 '이 사건 토지'라 한다)에 관하여 소정의 양도소득세와 방위세를 자진납부하였고, 1989. 12. 16.과 1992. 12. 31.에는 각기 관할 세무서장으로부터 그 납부세액과 같은 액수의 양도소득세 및 방위세 부과처분(이하 '양도소득세 등 부과처분'이라 한다)을 고지 받았는데, 피고는 1995. 5. 16. 원고의 이 사건 토지의 양도로 인한 소득이 사업소득에 해당한다고 하여 이 사건 종합소득세 및 방위세 부과결정을 한 후 같은 해 5월 24일 그에 관한 납세고지서를 앞서 본 바와 같이 교부함으로써 위 종합소득세 및 방위세 부과처분(이하 '종합소득세 등 부과처분'이라 한다)이 이루어졌고, 같은 해 6월 30일 피고는 원고가 앞에서 본 바와 같이 이미 양도소득세 등을 납부한 사실을 발견하고 위 종합소득세액등에서 기납부 양도소득세액등을 공제하여 감액된 추가납부세액을 결정한 후, 1999. 3. 4. 그 사실을 원고에게 고지하였음을 알 수 있는바, 이 사건 토지의 양도로 인한 소득은 뒤에서 보는 바와 같이 사업소득에 해당한다고 할 것이므로, 이러한 경우에는 먼저 행하여진 양도소득세 등 부과처분이 위법한 것이지, 이 사건 종합소득세 등 부과처분이 이중과세로서 무효이거나 위법한 것은 아니라고 할 것이다.

그리고 과세관청이 부동산 양도로 인한 소득에 대하여 양도소득세 부과처분을 하였다가 다시 종합소득세 부과처분을 하면서 기납부 양도소득세액을 공제한 사실을 납세고지서에 기재하여 통지한 경우에 양도소득세 부과처분이 취소된 것으로 볼 수 있다는 법리는 위에서 본 법리와는 별개의 문제라 할 것이므로, 이 사건에서 피고가 종합소득세 등 부과처분을 하였다가 그 후 기납부 양도소득세액등을 공제하여 감액된 추가납부세액을 고지함으로써 당초의 양도소득세 등 부과처분이 취소된 것으로 볼 수 있다고 하더라도, 피고에게 위 양도소득세 등 부과처분 취소의 관할권이 있는지, 그리고 그 취소가 부과권의 제척기간 경과 후에 이루어진 것인지의 여부는 위 양도소득세 등 부과처분의 취소의 효력에 관한 문제에 불과하고, 이 사건 종합소득세 등 부과처분에는 아무런 영향이 없다고 할 것이고, 피고가 종합소득세 등 부과처분을 하였다가 기납부 양도소득세액을 공제하고 감액된 추가납부세액을 고지한 것은 종합소득세 등 부과처분 그 자체의 감액경정 처분을 한 것이 아니라, 종합소득세 등 부과처분에 의하여 구체적으로 확정된 세액 중 기납부 세액을 공제한 나머지 세액에 관하여 징수처분을 한 것에 불과한 것이다.』

(3) 위 판례들에 대한 비판

① 2001두6227 판결은 주식양도가 자산거래(양도소득)인지, 자본거래(의제배당소득)인지 여부, 99두5412 판결은 부동산 양도가 양도소득세의 과세대상인지, 종합소득세 과세대상인지가 여부가 쟁점이다. 특정한 사실관계인 주식양도, 부동산 양도를 전제로 한 처분으로, 양 처분이 논리법칙상 양립할 수 없는 배척관계에 있음은 명백하다.

즉 2001두6227 판결은, "동일한 납세의무에 대하여 양립될 수 없는 수 개의 부과처분이 중복된 경우 선행처분을 당연무효로 보아야 할 경우가 아니라면 선행처분이 취소되었다는 등의 특별한 사정이 없는 한 후행처분은 중복처분에 해당하여 위법하다 할 것이다."라고 판단하였고, 99두5412 판결은 "이 사건 토지의 양도로 인한 소득은 뒤에서 보는 바와 같이 사업소득에 해당한다고 할 것이므로, 이러한 경우에는 먼저 행하여진 양도소득세 등 부과처분이 위법한 것이지, 이 사건 종합소득세 등 부과처분이 이중과세로서 무효이거나 위법한 것은 아니라고 할 것이다."라고 판단하였다.

② 세액확정에 있어 중첩적 부과처분이 있는 경우 실체적 오류가 있는 처분 또는 세액확정만이 위법한 것으로 보아야 한다. 실체적 오류도 없는 처분 또는 세액확정이 위법하다고 할 수 없다. 실체적 오류가 없는 적법한 처분 또는 세액확정을 변경 또는 취소하는 것은 실체적 진실주의나 합법성원칙에 반하기 때문이다.

③ 2001두6227 판결에서, 동일한 납세의무에 대하여 양립할 수 없는 수 개의 부과처분이 중복된 경우 특별한 사정이 없는 한 후행처분이 중복처분에 해당하여 위법하다고 본 것은, 조세채무자에게 이중의 부담을 준다는 점을 고려한 나머지 절차법적인 관점에서 접근한 것으로 보이나 후행처분이 위법하다고 볼 조세법상의 이론적 근거는 없다(제4장 제4절 1. 가. 참조).

(4) 세목의 충돌과 조세채무자의 구제수단

조세채무자로서는 국세기본법 제45조의2 제2항 제2호 및 제4호를 유추한 모순된 세액확정에 기한 경정청구를 할 수 있다.

부동산 양도에 대하여 양도소득세를 신고납부하였는데 과세관청이 위 소득이 사업소득에 해당한다는 이유로 종합소득세 부과처분을 한 경우에도 마찬가지이다(제4장 제4절 3. 참조).

① 조세채무자가 후행처분을 정당한 것으로 받아들인다면 그 사유가 발생한 것을 안 날부터 3월 이내에 선행처분에 대하여 경정청구를 하면 된다.

② 조세채무자가 세목변경이 잘못되었다는 이유로 후행처분을 다투고자 한다면 이를 다툴 수 있는 기회를 제공하여야 하고, 소송절차에서 청구기각판결을 선고받았다면 그 판결확정일부터 3월 이내에 경정청구를 할 수 있는 것으로 해석함이 상당하다. 그렇지 않다면 조세채무자로서는 모두에 대하여 동시에 다툴 수밖에 없다. 종합소득세 부과처분의 취소를 주위적으로 구하면서, 예비적으로 양도소득세에 대한 경정청구를 할 수 있다(제4장 제4절 3. 참조).

8. 부과처분의 무효 및 취소

제1차적 부과처분을 다투지 아니한 채 불복기간이 경과하면 불가쟁력에 의하여 다툴 수 없게 된다. 그러나 부과처분에 하자가 있고 그것이 무효사유에 해당하면 유일한 구제수단인 부당이득반환청구의 방법으로 곧바로 환급청구권을 행사할 수 있다.

따라서 무효와 취소의 구별기준이 문제된다. 일반 행정처분과는 달리 이해관계를 가지는 제3자가 존재하지 않거나 처분의 존재를 신뢰하는 제3자를 보호할 필요가 없는 부과처분에 대하여는 중대설이 타당하다 할 것이다. 그러나 최근 대법원 2018. 7. 19. 선고 2017다242409 전원합의체 판결은 중대명백설을 재확인하고 있다. 그 판결의 소수의견에 주목하고자 한다. 불가쟁력의 효력을 조세채무자에게 전부 감수하게 하는 것이 현저히 부당한 경우 등 예외적 상황이라면 그 구별기준에 관하여 중대명백설이 아닌 중대설 내지 이익형량설을 받아들여야 할 것이다[제1장 제5절 2. 마. (3) (4) 참조]. 불가쟁력이 위력을 발휘하는 제1차적 부과처분에 있어 조세채무자를 보다 넓게 구제하기 위한 것이다.

인적귀속은 과세요건의 근간으로서 그 판단에 잘못이 있는 경우 헌법상의 재산권 침해에 직결되므로 이러한 오류가 있는 신고나 부과처분은 중대명백설에 의하더라도 당연 무효에 해당된다 할 것이다.

가. 납세의무자가 아닌 자에 대하여 부과처분을 한 경우

과세권이 미치지 아니하는 치외법권자에 대한 부과처분이나 법령상 혹은 공부상 납세의무

자가 아닌 자에 대한 부과처분(비과세법인에 대한 부과처분, 학교법인의 교육시설인 학교에 대한 부
과처분, 등기부상 토지의 소유자가 아닌 자에 대하여 한 종합토지세 부과처분, 대법원 2007. 7. 12. 선
고 2007다28147 판결 참조), 납세의무 자체가 없거나 납세의무자 아닌 자에 대한 체납처분, 체
납자 아닌 제3자 소유물건에 대한 압류처분은 무효라 할 것이다.

나. 자산을 유상으로 취득하였음에도 증여세를 부과한 경우(대법원 1974. 11. 26. 선고 74누76 판결)

『상고논지는 피고는 소외 ○○○이 본건 부동산을 원고에게 증여한 것이 아님을 알 수 있었음
에도 불구하고 증여사실이 있는 것으로 잘못보고 과세처분을 하였음은 중대하고도 명백한 하자 있
는 당연무효의 처분인데도 이 점을 간과한 원심판단은 행정행위의 당연무효의 법리를 오해한 위법
이 있다 함에 있으나 위와 같은 세무서장의 증여사실의 오인으로 인한 세금부과처분이 당연무효라
고 볼 수 없는 것이므로(대법원 1962. 9. 27 선고 62누29 판결 참조) 원심이 같은 취지의 원고주장
이 진실이라고 가정할지라도 그러한 과세처분이 중대하고도 명백한 하자있는 처분이라고 할 수 없
어 그 무효의 확인을 구하는 원고의 청구는 실당이라고 하였음은 정당하고 법리오해 없으므로 논지
는 이유 없다.』

다. 과세관청의 관할(납세지) 오인의 경우(대법원 2001. 6. 1. 선고 99다1260 판결)[28]

『원심이 적법하게 확정한 사실관계에 의하면, … 중략… 북부산세무서장은 아직 주민등록에
관한 전산자료를 활용하지 못하던 시기인 1990. 2. 16. 원고의 주민등록표색인부의 기재에 의하여
자신에게 관할권이 있는 것으로 보고 이 사건 양도소득세 등 부과·징수처분을 하였음을 알 수 있
는바, 북부산세무서장의 이 사건 양도소득세 등 부과·징수처분은 관할 없는 세무서장의 처분으로
서 그 하자가 중대하다고 할 것이나, 위와 같은 주민등록의 빈번한 이전 및 말소 경위, 처분에 이
르기까지의 주소확인 과정과 앞서 본 구 소득세법 규정들에 비추어 보면, 이 사건의 경우, 위와 같
은 하자는 일견하여 객관적으로 명백한 것이라고 할 수 없으므로 당연무효사유는 아니라고 보아야
할 것이다.』

9. 단계적 세액확정절차

농어촌특별세와 같은 부가세의 세액확정절차에는 본세 세액확정절차와 부가세 세액확정절
차라는 2개의 절차가 존재하고 이는 독립적·단계적으로 이루어짐은 앞서 본 바와 같다. 이러
한 단계적 세액확정절차 이론은 국내에서 처음으로 소개되는 것으로 조세경정법에 있어 논의

---

28) 국세기본법 제44조에 의하면, "국세의 과세표준과 세액의 결정 또는 경정결정은 그 처분 당시 그 국세의 납
세지를 관할하는 세무서장이 한다."라고 규정하고 있다.

가 더 필요한 부문이다. 본세 세액확정절차상의 오류가 있는 경우 이를 부가세 세액확정절차
에 어떻게 반영하여 이를 시정할 것인지 등이 문제된다. 사정변경에 기한 경정청구에서 설명
한다[제4장 제3절 7. 다. (2) 참조].

10. 결손금확정절차

국세기본법이나 개별세법의 각 해당 조항을 종합하면 실정법상의 규정인 '과세표준과 세
액'을 '과세표준 또는 세액'으로 읽을 수 있고, 결손금도 과세표준의 하나로서 신고대상인 이
상(소득세법 제70조 제1항) 확정대상이 되며, 이를 '결손금확정절차'라고 부름은 앞서 본 바와
같다.

신고납세방식에 있어 '당초신고'가 필요하듯이, 결손금확정절차에 있어서도 '당초신고요
건'으로 결손금 신고가 필요한 것인지 여부 등 여러 문제가 발생하므로, 관계법령의 변천 및
판례의 흐름을 보면서 결손금확정절차를 인정하여야 할 당위성을 설명하고자 한다.

가. 관계법령

(1) 소득세법
제19조(사업소득)

『② 사업소득금액은 해당 과세기간의 총수입금액에서 이에 사용된 필요경비를 공제한 금액으
로 하며, 필요경비가 총수입금액을 초과하는 경우 그 초과하는 금액을 "결손금"이라 한다.』

제45조(결손금 및 이월결손금의 공제)
『① 사업자가 비치·기록한 장부에 의하여 해당 과세기간의 사업소득금액을 계산할 때 발생한
결손금은 그 과세기간의 종합소득과세표준을 계산할 때 근로소득금액·연금소득금액·기타소득금액·
이자소득금액·배당소득금액에서 순서대로 공제한다.

② 제1항에도 불구하고 다음 각 호의 어느 하나에 해당하는 사업(이하 "부동산임대업"이라 한
다)에서 발생한 결손금은 종합소득 과세표준을 계산할 때 공제하지 아니한다. 다만 주거용 건물 임
대업의 경우에는 그러하지 아니하다.

1. 부동산 또는 부동산상의 권리를 대여하는 사업
2. 공장재단 또는 광업재단을 대여하는 사업
3. 채굴에 관한 권리를 대여하는 사업으로서 대통령령으로 정하는 사업

③ 부동산임대업에서 발생한 결손금과 제1항 및 제2항 단서에 따라 공제하고 남은 결손금(이
하 "이월결손금"이라 한다)은 해당 이월결손금이 발생한 과세기간의 종료일부터 15년 이내에 끝나

는 과세기간의 소득금액을 계산할 때 먼저 발생한 과세기간의 이월결손금부터 순서대로 다음 각 호의 구분에 따라 공제한다. 다만, 국세기본법 제26조의2에 따른 국세부과의 제척기간이 지난 후에 그 제척기간 이전 과세기간의 이월결손금이 확인된 경우 그 이월결손금은 공제하지 아니한다.

1. 제1항 및 제2항 단서에 따라 공제하고 남은 이월결손금은 사업소득금액, 근로소득금액, 연금소득금액, 기타소득금액, 이자소득금액 및 배당소득금액에서 순서대로 공제한다.

2. 부동산임대업에서 발생한 이월결손금은 부동산임대업의 소득금액에서 공제한다.』

(2) 법인세법[개정 2018. 12. 24.]

『제13조(과세표준)

① 내국법인의 각 사업연도의 소득에 대한 법인세의 과세표준은 각 사업연도의 소득의 범위에서 다음 각 호의 금액과 소득을 차례로 공제한 금액으로 한다. 다만, 제1호의 금액에 대한 공제는 각 사업연도 소득의 100분의 60[조세특례제한법 제5조 제1항에 따른 중소기업(이하 "중소기업"이라 한다)과 회생계획을 이행 중인 기업 등 대통령령으로 정하는 법인의 경우는 100분의 100]을 한도로 한다.

1. 제14조 제3항의 이월결손금 중 다음 각 목의 요건을 모두 갖춘 금액

가. 각 사업연도의 개시일 전 15년 이내에 개시한 사업연도에서 발생한 결손금일 것

나. 제60조에 따라 신고하거나 제66조에 따라 결정·경정되거나 국세기본법 제45조에 따라 수정신고한 과세표준에 포함된 결손금일 것(2020. 12. 22. 개정)

2. 이 법과 다른 법률에 따른 비과세소득

3. 이 법과 다른 법률에 따른 소득공제액

② 제1항의 과세표준을 계산할 때 다음 각 호의 금액은 해당 사업연도의 다음 사업연도 이후로 이월하여 공제할 수 없다.

1. 해당 사업연도의 과세표준을 계산할 때 공제되지 아니한 비과세소득 및 소득공제액

2. 조세특례제한법 제132조에 따른 최저한세의 적용으로 인하여 공제되지 아니한 소득공제액』

『제14조(각 사업연도의 소득)

① 내국법인의 각 사업연도의 소득은 그 사업연도에 속하는 익금(益金)의 총액에서 그 사업연도에 속하는 손금(損金)의 총액을 뺀 금액으로 한다.(개정 2018. 12. 24.)

② 내국법인의 각 사업연도의 결손금은 그 사업연도에 속하는 손금의 총액이 그 사업연도에 속하는 익금의 총액을 초과하는 경우에 그 초과하는 금액으로 한다.

③ 내국법인의 이월결손금은 각 사업연도의 개시일 전 발생한 각 사업연도의 결손금으로서 그 후의 각 사업연도의 과세표준을 계산할 때 공제되지 아니한 금액으로 한다.(신설 2018. 12. 24.)』

나. 법률의 개정과정

(1) 2008. 12. 26. 소득세법 및 법인세법의 개정으로 이월결손금 공제기간을 5년에서 10년으로 늘렸다. 2009. 12. 31. 개정으로 법인세법 제13조 제1호 후단인 "이 경우 결손금은 제14조 제2항의 결손금으로서 제60조에 따라 신고하거나 제66조에 따라 결정·경정되거나 국세기본법 제45조에 따라 수정신고한 과세표준에 포함된 결손금만 해당한다."라는 부분을 신설하였다. 다만 소득세의 이월결손금에는 이러한 요건이 없고 이에 대한 개정도 없었다.

(2) 2018. 12. 24. 법인세법이 개정되어 종전 제13조 제1호 후단에 있던 위 규율내용이 개정 된 후 제13조 제1항 제1호 나목에 규정되었다. 한편 2020. 12. 22. 소득세법 및 법인세법의 개정으로 이월결손금 공제기간을 10년에서 15년으로 늘렸다.

다. 결손금의 성질 및 공제이유

(1) 이하 법인세를 중심으로 설명한다.

① 법인세법 제13조 제1항

법인세 과세표준 = [각 사업연도의 소득금액 − 이월결손금 − 비과세소득 - 소득공제액], 다만 이월결손금의 공제는 원칙적으로 각 사업연도 소득의 100분의60을 한도로 한다.

② 법인세법 제14조 제1항

각 사업연도 소득금액 = [익금총액(익금산입 및 손금불산입) − 손금총액(손금산입 및 익금불산입)

다만 기부금한도초과액 및 기부금한도초과 이월액의 손금산입을 고려하여야 한다.

③ 법인세법 제14조 제1항 및 제2항

각 사업연도의 소득금 = [익금총액 − 손금총액]

각 사업연도의 결손금 = [손금총액 − 익금총액]

④ 법인세법 제14조 제3항(이월결손금의 정의)

내국법인의 이월결손금은 각 사업연도의 개시일 전 발생한 각 사업연도의 결손금으로서 그 후의 각 사업연도의 과세표준을 계산할 때 공제되지 아니한 금액으로 한다.

(2) 결손금 자체는 과세표준에 불과하다.[29] 각 사업연도의 소득금액은 사업연도마다 계산

---

29) 대법원 1996. 9. 24. 선고 95누12842 판결에 의하면, 과세관청의 손금불산입 처분으로 이월결손금의 잔액이 줄어들었고 이로 말미암아 과세관청이 그 과세표준 경정결의를 한 경우, "법인세 과세표준 결정이나 손금불산입 처분은 법인세 과세처분에 앞선 결정으로서 그로 인하여 바로 과세처분의 효력이 발생하는 것이 아니고, 또 후일에 이에 의한 법인세 과세처분이 있을 때에 그 부과처분을 다툴 수 있는 방법이 없는 것도 아니므로 위 법인세 과세표준 결정이나 손금불산입 처분은 항고소송의 대상이 되는 행정처분이라 할 수 없다."라고 하면서 과세표준 경정결정의 취소를 구하는 원고의 주위적 청구를 각하한 원심을 지지하였다.

되어야 하나 계속기업의 전체 손익은 기간을 초월하여 일체로 되어 있기 때문에 일정기간에 생긴 결손금은 다른 사업연도의 이익 등에 의하여 보충되어야만 자본유지가 가능하다.

즉 기간과세원칙에 따라 기간계산에 의하여 생긴 결손금은 소급하여 또는 이월하여 다른 사업연도의 이익에 의하여 소각되어야 한다. 자연인의 생애소득도 마찬가지로 기간과세원칙에 따라 왜곡이 있다면 시정되어야 한다.

라. 결손금확정절차[30]의 인정 여부

(1) 국세기본법 제22조 제1항, 제45조 제1항, 제45조의2 제1항 제2호

결손금확정절차란, 적법하게 신고 또는 수정신고되거나 과세관청에 의하여 결정 또는 경정(경정청구에 의하여 경정된 것을 포함)절차를 거쳐 확정된 결손금만이 결손금으로 공제될 수 있는 적격을 가지는 것임을 전제로 하는, 결손금에 관한 조세법상의 확정절차를 말한다. 결손금확정절차는 결손금의 당초신고에 확정효를 부여할 것인지 여부 및 이후 어떠한 절차로 이를 시정할 것인지 등에 관한 것으로 구조상 세액확정절차와 동일하다.

이러한 결손금확정절차를 인정할 것인가?

법인세법 제60조 제3항 및 소득세법 제70조 제1항에 의하면 결손금도 과세표준신고서에 기재되어 신고되어야 한다. 결손금은 국세기본법 제45조 제1항에 의하면 수정신고의 대상이 되고, 제45조의2 제1항 제2호에 의하면 경정청구의 대상이 된다.

그런데 법인세법 제14조 제2항에 의하면 "각 사업연도의 결손금은 그 사업연도에 속하는 손금의 총액이 그 사업연도에 속하는 익금의 총액을 초과하는 경우에 그 초과하는 금액으로 한다."라고 결손금을 정의하고 있었을 뿐이었다.

여기서 결손금 정의에 중점을 둔 나머지 결손금은 과세표준에 불과한 것으로 확정절차의 대상이 될 수 없고 단지 다른 사업연도의 과세표준 산정에 있어 공제요소로 고려하면 충분하니 결손금확정이라는 개념은 세법이 예정한 것이 아니라는 견해가 있을 수 있다.

대법원도 일찍이 세무공무원이 법인의 각 사업연도의 익금과 손금을 산정하여 소득금액을 계산하고 이에 따라 과세표준을 결정하는 것은 항고소송의 대상이 되는 행정처분이 아니다(대법원 1986. 1. 21. 선고 82누236 판결, 1996. 9. 24. 선고 95누12842 판결 각 참조)라고 판시함으로써 결손금확정절차를 부인하였다.

대법원 1993. 11. 12. 선고 93누3677 판결[31]

---

30) 독일 소득세법(EStG) 제10d 제4항에서 결손금확인결정(Verlustfeststellungsbescheide)에 관하여 규정하면서 그 제4문에서, 결손금확인결정을 조세결정(Steuerbescheide)을 위한 기초결정(Grundlagenbescheide)으로 보아, 독일 조세기본법 제175조 제1항 제1호와 유사한 내용을 담고 있다.

31) 이 판결은 국세기본법 제45조 및 제45조의2가 신설되기 이전의 사안에 관한 것이다.

『법인세법 제8조 제1항(1988.12.26. 개정 전의 것), 제9조 제1항, 제4항 및 법인세법 시행령 제9조 제1항(1990.12.31. 개정 전의 것)등의 규정에 의하면, 내국법인의 각 사업연도의 소득에 대한 법인세의 과세표준을 산정함에 있어 각 사업연도도 개시일 전 3년 이내에 개시한 사업연도에서 발생한 결손금으로서 그 후의 각 사업연도의 소득금액 또는 과세표준계산상 공제되지 아니한 금액은 이를 소득의 범위 안에서 공제하되, 그 공제할 결손금이란 각 사업연도의 손금의 총액이 익금의 총액을 초과하는 경우의 그 초과하는 금액으로서 그 후의 사업연도의 소득금액계산상 손금에 산입되거나 과세표준 계산상 공제된 바가 없는 금액을 가리키는 것으로 되어 있으므로, 어느 사업연도에 속하거나 속하게 될 익금의 총액에서 그 사업연도에 속하거나 속하게 될 손금의 총액을 초과하는 이상 그 초과하는 금액은 법인세법상의 결손금에 해당하게 되는 것이라고 보아야 하겠고, 이와 달리 반드시 법인의 과세표준등 확정신고나 정부의 조사·결정에 의해 과세표준 등 확정시에 결손금으로 조사된 금액만이 결손금에 해당한다고 해석하는 것은 법문상 근거 없는 확장해석이라고 하겠다.

원심판결 이유에 의하면, 원심은 … 위 1986사업연도의 소득금액에서 1985사업연도의 결손금 75,177,235원을 공제하면 1986사업연도의 과세소득금액이 없다고 하는 원고주장에 대하여는, 법인세법 제26조 제1항, 제4항과 제32조 제1항등의 규정에 의하면, 내국법인은 당해사업년도의 소득에 대한 법인세의 과세표준과 세액을 서면으로 신고하여야 하고 각 사업연도의 소득금액이 없거나 결손금이 있는 경우에도 신고하여야 하며, 위와 같은 신고를 하지 아니한 때에는 정부가 그 과세표준과 세액을 결정하도록 되어 있으므로 위 규정들에 의하면, 법인의 과세표준을 산정함에 있어서 공제할 수 있는 이월결손금은 당해 법인이 과세관청에 적법하게 신고하여 결정한 것이거나 정부의 결정 또는 경정에 의하여 소득금액계산상 결손금으로 확정된 것만을 의미한다고 할 것이고 단순히 법인의 기업회계상 결손금으로 된 금액을 의미한다고 할 수는 없다고 할 것인데, 원고가 1985사업연도의 소득에 대한 법인세의 과세표준과 세액을 신고하지 아니하였음은 이를 자인하고 있고 원고의 위 소득에 대하여 과세관청이 과세표준 및 세액을 결정한 사실이 없으므로 원고주장의 이월결손금을 이 사건 1986사업연도의 소득에서 공제할 수 없는 것이라고 판단하여 이를 배척하였다.

그러나 원심이 설시한 바와 같이 1985사업연도의 소득에 대한 과세표준과 세액에 대하여 원고가 이를 신고하지 아니하였다고 하더라도, 법인세법의 규정에 따른 소득금액의 계산결과 결손금이 발생하였음이 사실이라고 한다면, 이는 이 사건 1986사업연도 개시일 전 3년 이내에 개시한 사업연도에서 발생한 결손금에 해당함은 물론 그 후의 각 사업연도의 소득금액 또는 과세 표준계산상 공제되지 아니한 경우에 해당하게 될 것이다.

이와 같은 경우 원고가 그 결손금이 발생하였다는 내용으로 과세표준 등을 신고하지 아니하였다고 하더라도 과세관청으로서는 과세표준 등을 조사결정하였어야 하는 것이므로 그와 같이 조사결정하였어야 할 과세관청이 과세표준을 조사결정하지 아니함으로써 당해 연도에 결손금으로 인정된 바가 없다는 이유로 그 공제를 배제할 것은 아니라고 하겠으며, 또 법인의 신고나 과세관청의 조사결정이 있은 경우라 하더라도 과세표준과 세액의 확정신고나 결정이 없는 한 그로써 당해 사업연도의 소득금액이나 결손금을 확정하는 효력이 없고 법인으로서도 과세관청이 인정한 소득금액이나 결손금을 다투어 시정을 구할 방도는 어차피 없는 것이므로 그 신고나 결정에 의한 결손금으로 제한하여 해석할 만한 필요나 타당성도 인정되지 않는다. 이와 달리 법인이 과세관청에 적법하게 신고하여 확정된 것이거나 정부의 결정 또는 경정에 의하여 각 사업연도의 소득금액 계산상 결손금으로 확정된 금액만을 결손금으로 보아야 한다고 단정하여서 원고주장의 당부를 살펴보지도 아니한 채 이를 배척한 원심은 법규의 해석적용을 그르쳐 심리를 다하지 아니한 위법이 있고, 이 점을 지적하는 논지는 이유가 있다.』

(2) 1994. 12. 22. 국세기본법 개정과 의문점

그런데 1994. 12. 22. 국세기본법 개정으로 국세기본법 45조 제1항 제2호에서 결손금의 수정신고를, 제45조의2 제1항 제2호에서 결손금의 경정청구를, 각 인정32)하는 규정을 신설하였다. 그리하여 결손금액확정절차를 인정할 법적 근거를 어느 정도 확보하기에 이르렀으나 그것만으로는 의문이 해소되지 않았다.

① 결손금의 신고에 확정효가 있는지, 결손금의 감액수정신고의 효력은 어떠한 것인지, 그 신고의 효력이 다른 사업연도의 세액확정절차에 어떠한 영향이 미치는 것인지, 결손금의 증액은 경정청구에 의하여만 행사되어야 하는지, 결손금의 증액경정거부처분 취소소송에서 결손금액이 확정된 경우 그 결손금은 다른 사업연도의 세액확정절차에 어떠한 영향이 미치는 것인지 등에 관한 여러 의문이 생기게 되었다.

② 과세관청이 세무조사를 한 결과 결손금이 과다한 경우 그 결손금을 감액경정할 수 있는지, 있다면 감액결정에 대하여 행정처분으로서 이를 다툴 수 있는지, 감액경정의 고지방식은 어떠한지, 행정처분이라면 불가쟁력이 발생하는지, 결손금이 과소한 경우 과세관청은 직권으로 이를 증액경정할 의무가 있는지 아니면 자유재량인지 여부 등에 관하여 여러 의문이 여전히 남게 되었다.

③ 세액확정절차에서의 제척기간처럼 결손금액의 확정이나 증감변동의 시정에도 기간제한이 있는지도 의문으로 남게 되었다.

(3) 이후 대법원 판결

① 대법원 2002. 11. 26. 선고 2001두2652 판결

『세무공무원이 법인의 각 사업연도의 익금과 손금을 산정하여 소득금액을 계산하고 이에 따라 과세표준을 결정하는 것은 항고소송의 대상이 되는 행정처분이 아니므로(대법원 1986. 1. 21. 선고 82누236 판결, 1996. 9. 24. 선고 95누12842 판결 등 참조), 그 결정에 잘못이 있는 경우 그에 따라 이루어진 과세처분의 효력을 다투는 절차에서 이를 주장할 수 있고, 또 어느 사업연도에 속하거나 속하게 될 손금의 총액이 그 사업연도에 속하게 될 익금의 총액을 초과하는 금액은 모두 법인세

---

32) 국세기본법 제45조의2 제1항 제2호의 괄호에 의하면, "각 세법에 따라 결정 또는 경정이 있는 경우에는 해당 결정 또는 경정 후의 결손금액을 말한다."라고 정하고, 나아가 그 경정청구는 부칙 제5조에 따라, "제45조의2의 개정규정은 이 법 시행 후 최초로 개시되는 과세기간 분부터 적용한다."고 되어 있다.

법상 결손금에 해당하고, 법인의 과세표준 등 확정신고나 정부의 조사·결정에 따른 과세표준 등 확정시에 결손금으로 조사된 금액만이 결손금에 해당하는 것이 아니다(대법원 1993. 11. 12. 선고 93누3677 판결 참조). 따라서 이월결손금이 공제되지 아니하고 과세표준이 결정된 뒤 이를 전제로 이루어진 어느 사업연도의 법인세 부과처분이 확정되어 더 이상 그 과세표준이나 세액을 다툴 수 없게 되었다고 하더라도, 납세의무자인 법인은 확정된 과세처분과는 독립한 별개의 처분인 그 뒤 사업연도의 법인세 부과처분의 효력을 다툼에 있어서는 종전의 과세표준 결정이 잘못되었다거나 법인세법의 관계 규정에 따라 소득에서 공제될 수 있는 이월결손금이 있다는 등의 주장을 다시 할 수 있다. 그렇다면 원심이, 원고의 1995 사업연도의 소득에 대한 법인세 부과처분이 확정된 이상, 그 이전 사업연도에 발생한 결손금의 일부가 공제대상에서 제외되고 과세표준이 결정된 잘못이 있다고 하더라도, 원고의 1996·1997 사업연도의 소득에 대한 법인세 부과처분의 취소를 구하는 이 사건에서 그러한 잘못을 다시 다툴 수 없다고 판단한 것은, 이월결손금의 산정과 관련한 법인세 과세표준 경정결정의 법적 성질이나 그 불복방법 등에 관한 법리를 오해하여 판결에 영향을 미친 잘못을 저지른 것이다. 따라서 이를 지적하는 상고이유는 이유가 있다.』

② 대법원 2010. 1. 28. 선고 2008두1795 판결

『세무공무원이 법인의 각 사업연도의 익금과 손금을 산정하여 소득금액을 계산하고 이에 따라 과세표준을 결정하는 것은 항고소송의 대상이 되는 행정처분이 아니므로 그 결정에 잘못이 있는 경우 그에 따라 이루어진 과세처분의 효력을 다투는 절차에서 이를 주장할 수 있다(대법원 2002. 11. 26. 선고 2001두2652 판결 등 참조).

원심판결 이유에 의하면, … 원고는 2000 사업연도 귀속 법인세를 신고하면서 위 주식의 1주 당 가액을 291,000원으로 하여 이월결손금을 3,075,910,475,161원으로 계산하였으나, 피고는 위 주식의 1주당 가액을 70만원으로 보아 2004. 12. 13. 원고의 2000 사업연도 이월결손금을 2,878,001,919,161원으로 감액경정하는 이 사건 과세표준경정결정을 하여 원고에게 통지한 사실, 이에 원고는 이 사건 과세표준경정결정에 대하여 국세심판원에 심판청구를 하였으나 2005. 7. 28. 국세심판원으로부터 기각결정을 받는 사실, 그 후 원고는 2005. 3. 31. 2004 사업연도 귀속 법인세를 신고하면서 그 사업연도의 소득에서 이 사건 과세표준경정결정에 따라 수정된 2003. 12. 31. 현재의 이월결손금 잔액을 공제하여 과세표준 및 세액을 계산하였다가, 2006. 1. 12. 위 주식의 1주당 가액이 291,000원이라고 하면서 그에 따른 이월결손금을 반영하여 2004 사업연도 귀속 법인세의 과세표준 및 산출세액을 감액하여 달라는 경정청구를 하였으나, 피고는 2006. 3. 2. 원고의 위 경정청구를 거부하는 이 사건 처분을 한 사실을 알 수 있고, 이를 앞서 본 법리에 비추어 살펴보면, 이 사건 과세표준 경정결정은 행정처분이 아니므로, 원고로서는 이 사건 처분의 효력을 다투는 이 사건 소송에서 그 기초가 된 이 사건 과세표준 경정결정의 잘못을 주장할 수 있다 할 것이다. 같은 취지에서 원심이 이 사건 과세표준 경정결정에 관하여 행정처분으로서의 불가쟁력이 발생하였다는 취지의 피고의 주장을 배척한 것은 정당하고, 거기에 주장하는 바와 같은 행정처분 및 소의 적법요건에 관한 법리오해 등의 위법이 없다.』

(4) 두 판례의 정리

① 법인세법상 어느 사업연도에 속하는 손금의 총액이 그 사업연도에 속하게 될 익금의 총액을 초과하는 경우 그 초과금액은 결손금에 해당한다. 법인의 과세표준 등 확정신고나 과세관청의 조사·결정에 따른 과세표준 등 확정시에 결손금으로 조사된 금액만이 결손금에 해당하는 것이 아니다.

② 국세기본법상 결손금 감액수정신고 및 증액경정청구가 가능하게 되었다 하더라도 그 이유만으로 과세관청의 결손금 감액경정을 행정처분이라고 볼 수 없고 언제든지 결손금 크기를 다툴 수 있다.

③ 판례의 이론적 근거

위 판례에 의하면 경정청구의 배타성은 인정되지 않고 있다. 이를 의식하고 있지 않는 것으로 보인다. 판례에 의하면 결손금에 대한 정의 규정을 고려할 때 결손금이 신고되지 않았다 하더라도, 경정청구를 하지 않았다 하더라도, 나아가 경정청구기간이 도과하였다 하더라도, 이후 사업연도에 이루어진 부과처분에서 결손금의 존부 및 크기를 다툴 수 있다는 것이다. 결손금 정의 규정인 법인세법 제14조 제2항은 실체법적 규정인데 절차법인 국세기본법상의 수정신고나 경정청구에 관한 규정만으로 결손금 개념을 변경할 수 없다는 것이다. 결손금 감액수정신고나 증액경정청구가 가능하게 되었다 하더라도 단지 그 이유만으로 신고(수정신고)하거나 과세관청에 의하여 결정·경정되어 확정된 결손금만이 이월공제적격이 있다고 할 수 없고, 결손금 결정·경정이 행정처분이라 할 수도 없다는 것이다.

다만 우리나라 국세기본법에 관한 규정과 일본의 국세통칙법에 관한 규정을 비교하면 거의 비슷한 규정을 두고 있음에도, 일본에서는 일찍이 국세통칙법의 관련 규정에 터잡아 결손금확정절차를 인정하였다.

(5) 법인세법 제13조 제1호 후단의 신설(2009. 12. 31.) 이후

위 대법원 2008두1795 판결의 선고 직전인 2009. 12. 31. 법인세법 제13조 제1호 후단이 신설되고, 개정 부칙 제4조(과세표준에 관한 적용례) 단서에서, "다만 신고하거나 경정·결정한 과세표준에 포함되지 아니한 결손금이 공제되도록 2009년 12월 31일 이전에 과세표준을 신고하거나 경정·결정한 경우에는 종전의 규정에 의한다."는 경과규정을 두었다.

법인세법 제13조 제1호 후단이 신설됨으로써, 적법하게 신고 또는 수정신고되거나 과세관청에 의하여 결정 또는 경정(경정청구에 의하여 경정된 것을 포함)되어 확정된 결손금만이 이월결손금으로 공제될 수 있는 적격을 가지는 것임을 전제로 하는 결손금확정절차를 갖추게 되었다. 즉 결손금의 당초신고에 확정효가 있음을 전제로, 결손금 감액수정신고, 결손금 증액경정청구, 결손금 결정 또는 경정, 결손금 증액결정 또는 감액경정 등의 제도가 정비되었다. 세액확정절차와 전혀 다를 바가 없다. 나아가 과세관청이 맨 처음으로 하는 결손금 결정처분이나

그 경정처분은 독립적인 행정처분이고 만약 이를 다투지 아니하면 불가쟁력이 발생한다.

법인세법 제13조 제1호 후단이 신설된 이후 과세관청의 결손금 감액경정이 항소소송의 대상인 행정처분에 해당하는지 여부에 관하여 대법원 2020. 7. 9. 선고 2017두63788 판결에서 이를 긍정하였다. 명실공히 결손금확정절차가 대외적으로 확인되었다.

대법원 2020. 7. 9. 선고 2017두63788 판결

『1. 사안의 개요

가. 원고는 2010 내지 2014 사업연도의 각 법인세 과세표준을 신고하면서 위 각 사업연도에 모두 결손금이 발생하였다고 신고하였다.

나. 피고는 2015. 5. 28. 원고에 대하여, 원고가 특수관계인에 대한 매출채권을 정당한 사유 없이 비특수관계인인 일반거래처에 대한 매출채권의 평균회수기일보다 지연회수한 것으로 보아 그 지연회수한 매출채권의 인정이자 상당 금액을 부당행위계산으로 부인하고, 그 부인된 금액을 원고의 2010 내지 2014 사업연도의 익금으로 각 산입하여 2010 내지 2014 사업연도 각 법인세 과세표준의 결손금을 감액경정하였다(이하 '이 사건 결손금 감액경정'이라고 한다).

다. 그 이후 피고는 2015. 7. 1. 원고에게 일용직 인건비 지급 관련 적격증빙 미수취를 원인으로 하는 가산세 부과처분을 하면서 위와 같이 경정된 과세표준을 함께 통지하였다.

2. 결손금 감액경정이 항고소송의 대상이 되는 행정처분인지 여부에 관한 판단

가. 구 법인세법(2009. 12. 31. 법률 제9898호로 개정되기 전의 것) 제13조는 "내국법인의 각 사업연도의 소득에 대한 법인세의 과세표준은 각 사업연도의 소득의 범위 안에서 다음 각호의 규정에 의한 금액과 소득을 순차로 공제한 금액으로 한다."라고 규정하면서, 제1호에서 '각 사업연도의 개시일 전 10년 이내에 개시한 사업연도에서 발생한 결손금으로서 그 후 각 사업연도의 과세표준계산에 있어서 공제되지 아니한 금액'을 이월결손금으로 공제한다고 규정하고 있었다.

그런데 위 법률 제9898호로 일부 개정되어 2010. 1. 1. 시행된 법인세법(이하 '개정 법인세법'이라고 한다)은 제13조 제1호 후문으로 "이 경우 결손금은 제14조 제2항의 결손금으로서 제60조에 따라 신고하거나 제66조에 따라 결정ㆍ경정되거나, 국세기본법 제45조에 따라 수정신고한 과세표준에 포함된 결손금에 한정한다."라는 규정을 신설하였다[2010. 12. 30. 법률 제10423호로 개정된 법인세법 제13조 제1호 후문도 동일한 취지이고, 2018. 12. 24. 법률 제16008호로 개정된 현행 법인세법 제13조 제1항 제1호는 개정 법인세법 제13조 제1호 후문의 내용을 (나)목에서 규정하고 있다]. 위와 같은 개정 법인세법 제13조 제1호 후문 규정은 원칙적으로 공제가 가능한 이월결손금의 범위를 신고ㆍ경정 등으로 확정된 결손금으로 축소하여 법적 안정성을 도모하기 위한 것이다.

이와 같은 관련 규정의 개정 경위와 개정 법인세법 제13조 제1호 후문의 문언 및 입법 취지 등에 비추어 보면, 개정 법인세법이 시행된 2010. 1. 1. 이후 최초로 과세표준을 신고한 사업연도에 발생한 결손금 등에 대하여 과세관청의 결손금 감액경정이 있는 경우, 특별한 사정이 없는 한 납세의무자로서는 결손금 감액경정 통지가 이루어진 단계에서 그 적법성을 다투지 않는 이상 이후 사업연도 법인세의 이월결손금 공제와 관련하여 종전의 결손금 감액경정이 잘못되었다거나 과세관

청이 경정한 결손금 외에 공제될 수 있는 이월결손금이 있다는 주장을 할 수 없다고 보아야 할 것이므로, 이러한 과세관청의 결손금 감액경정은 이후 사업연도의 이월결손금 공제와 관련하여 법인세 납세의무자인 법인의 납세의무에 직접 영향을 미치는 과세관청의 행위로서, 항고소송의 대상이되는 행정처분이라고 봄이 상당하다.

　　나. 앞서 본 사실관계를 이러한 법리에 비추어 볼 때, 피고의 이 사건 결손금 감액경정은 개정법인세법이 시행된 2010. 1. 1. 이후 사업연도인 원고의 2010 내지 2014 사업연도에 발생하여 신고된 결손금을 과세관청이 감액하는 경정으로 항고소송의 대상이 되는 행정처분이라고 보아야 한다.

　　그럼에도 원심은 제1심판결 이유를 인용하여, 개정 법인세법이 시행되기 전의 사안인 대법원 2002. 11. 26. 선고 2001두2652 판결의 법리를 들어, 이 사건 결손금 감액경정이 원고에게 어떠한 권리나 의무를 설정하거나 그 법률상 이익에 직접적인 변동을 초래한다고 볼 수 없어 항고소송의 대상이 되는 행정처분에 해당하지 아니한다는 이유로, 이 사건 결손금 감액경정의 취소를 구하는 이 사건 소를 부적법하다고 하여 각하한 제1심판결을 그대로 유지하였다. 이러한 원심판단에는 항고소송의 대상이 되는 행정처분에 관한 법리를 오해하여 판결에 영향을 미친 잘못이 있다. 이를 지적하는 상고이유 주장은 이유 있다.

　　3. 결론

　　그러므로 나머지 상고이유에 대한 판단을 생략한 채 원심판결을 파기하고, 사건을 다시 심리·판단하게 하기 위하여 원심법원에 환송하기로 하여, 관여 대법관의 일치된 의견으로 주문과 같이 판결한다.』

(6) 소득세법과 법인세법에 있어 결손금확정절차를 달리 보아야 한다는 견해도 있을 수 있다. 그러나 해석론상 결손금확정절차는 통일되어야 할 것이다.

(7) 이월결손금의 시정에 관한 경정청구절차

　　먼저 법인이 이월결손금을 공제받을 수 있는 시기를 선택할 수 있는지가 문제된다. 법인세법 시행령 제10조 제1항에서 "먼저 발생한 사업연도의 결손금부터 순차로 공제한다."는 취지에 비추어 각 사업연도에서 공제할 수 있는 이월결손금은 소득금액이 있는 사업연도에서 반드시 공제하고 그 나머지만 다시 이월된다고 보아, 그 선택권을 부정하여야 할 것이다.

　　다음 확정된 결손금을 이월하는 경우 그 이월결손금의 손금산입에 관한 경정청구절차에 관하여 본다. 다음과 같은 견해가 있을 수 있다.

　　첫째, 먼저 오류가 발생한 사업연도의 결손금액을 먼저 시정하여 확정한 다음 이어 후의 사업연도의 소득금액이나 결손금액을 순차로 시정하여야 한다는 견해이다(국세기본법 제45조의2 경정청구 순차적용설).33)

―――――――――――――――――

33) 일본 도쿄고등재판소 1991. 1. 24. 판결에 의하면, 청색신고자가 어떤 사업연도에 있어 신고한 결손금액에 오류가 있어 후에 이것을 증가시키기 위하여는 오류가 있는 사업연도의 결손금액을 시정하기 위한 해당 사업연도에 관한 결손금 증액경정청구의 절차를 먼저 거쳐야 하고, 이를 거침이 없이 그 오류를 전제로 하여

둘째, 먼저 오류가 발생한 사업연도의 결손금액을 먼저 시정한 다음 이어 후의 사업연도의 소득금액이나 결손금액을 시정하여야 함은 필요하나, 반드시 순차적으로 시정하여야 할 필요는 없고, 특정 사업연도의 소득금액이나 결손금액만을 독자적으로 시정할 수 있다는 견해이다(국세기본법 제45조의2 경정청구 독자적용설).

셋째, 법인세법 제13조 적용설이다. 법인세법 제13조에서의 이월결손금은 '연동소득항목'으로서, 일단 오류가 발생한 사업연도의 결손금액을 먼저 시정한 이상, 과세요건법인 위 제13조의 규정형식이나 취지에 비추어 볼 때, 자동적으로 연동하여 파급하는 효과를 발생시킨다. 따라서 경정청구가 가능한 사업연도의 경정범위를 정함에 있어, 중간의 경정청구를 경료하지 아니한 연도에 관하여도 정당한 감액수정이 있었다고 간주하여 계산한 액에 의한 경정청구가 가능하다는 견해이다.

순차시정설인 첫째 견해가 타당하다. 오류가 발생한 사업연도의 결손금액을 먼저 시정한 다음 이어 후의 사업연도의 소득금액이나 결손금액을 순차로 시정하여야 한다. 이러한 경정청구는 사정변경에 기한 경정청구가 아닌 통상의 경정청구이다.

(8) 입법적 보완

위 규정들만으로 결손금확정절차가 완벽하게 정비되었다고 볼 수 없다. 입법적으로 다음의 점을 보완할 필요가 있다.

첫째, 결손금 증액경정이나 결손금 감액경정 등에 대하여도 제척기간의 정함이 있어야 한다.[34] 순차적용설을 받아들이는 한 발생연도의 결손금 확정을 위한 기간제한이 필요할 것인바, 국세기본법 제26조의2 제1항 소정의 '제척기간'의 규정이 유추될 수 있는지에 관하여 견해대립이 있을 수 있으나 긍정하여야 한다[제1장 제14절 1. 다. (6) 및 제4장 제2절 3. 타 참조].

둘째, 결손금 증액경정청구기간 및 제척기간을 현재의 5년이 아닌 이월공제기간인 15년과 같게 늘려 잡아야 할 것이다.[35] 이러한 제도의 정비 없이 현행의 불완전한 결손금확정절차로 조세채무자의 결손금 이월공제권한을 제한하는 데에는 무리가 따를 것이다. 만약 결손금 증액경정청구기간을 15년으로 연장한다면 조세채무자는 결손금 이월공제기간인 15년 내에서 결손

후의 사업연도에 관하여 경정청구를 한다거나 경정처분의 취소를 구하는 것은 허용되지 아니한다는 취지로 판시하였다.

34) 통상의 기간제한(부과제척기간)을 정하고 있는 일본 국세통칙법 제70조 제2항에 의하면 법인세에 있어 순손실 등의 금액으로서 당해 과세기간에 있어 발생한 것을 증가시키거나 또는 감소시키는 경정 또는 당해 금액이 존재한다는 경정은, 제1항의 규정에 불구하고, 법정신고기한으로부터 10년이 경과하기까지 경정을 할 수 있다는 취지로 제척기간을 10년으로 정하고 있다. 그리하여 법인세의 순손실 등의 금액(결손금)에 관하여 이월공제기간, 경정청구기간, 제척기간 공히 10년으로 정하고 있다.

35) 일본 법인세법(2011. 12. 2. 개정) 제57조 제1항 소정의 이월공제기간은 종전 7년에서 9년으로, 동시에 국세통칙법 제23조 제1항 소정의 결손금 증액경정청구기간은 9년으로 각 개정되었다. 이후 2015년 개정으로 모두 10년으로 연장하였다.

금 증액경정청구를 할 수 있어 법인세법상 결손금확정절차를 인정한다 하더라도 큰 불이익은 없다.

11. 가산세 확정절차

가. 대법원 2012. 10. 18. 선고 2010두12347 판결요지

『[2] 가산세 부과처분에 관해서는 국세기본법이나 개별 세법 어디에도 그 납세고지의 방식 등에 관하여 따로 정한 규정이 없다. 그러나 가산세는 비록 본세의 세목으로 부과되기는 하지만(국세기본법 제47조 제2항 본문), 그 본질은 과세권의 행사와 조세채권의 실현을 용이하게 하기 위하여 세법에 규정된 의무를 정당한 이유 없이 위반한 납세의무자 등에게 부과하는 일종의 행정상 제재라는 점에서 적법절차의 원칙은 더 강하게 관철되어야 한다. 더욱이 가산세는 본세의 세목별로 그 종류가 매우 다양할 뿐 아니라 부과기준 및 산출근거도 제각각이다. 이 사건에서 문제가 된 증여세의 경우에도 신고불성실가산세[구 상속세 및 증여세법(2006. 12. 30. 법률 제8139호로 개정되기 전의 것) 제78조 제1항], 납부불성실가산세(제2항), 보고서 미제출 가산세(제3항), 주식 등의 보유기준 초과 가산세(제4항) 등 여러 종류의 가산세가 있고, 소득세법이나 법인세법 등에 규정된 가산세는 그보다 훨씬 복잡하고 종류도 많다. 따라서 납세고지서에 가산세의 산출근거 등이 기재되어 있지 않으면 납세의무자로서는 무슨 가산세가 어떤 근거로 부과되었는지 파악하기가 쉽지 않은 것이 보통일 것이다. 이와 같은 점에 비추어 보면, 납세고지에 관한 구 국세징수법(2011. 4. 4. 법률 제10527호로 개정되기 전의 것) 제9조 제1항의 규정이나 구 상속세 및 증여세법(2010. 1. 1. 법률 제9916호로 개정되기 전의 것) 제77조 등 개별 세법의 규정 취지는 가산세의 납세고지에도 그대로 관철되어야 마땅하다. 한편, 본세의 부과처분과 가산세의 부과처분은 각 별개의 과세처분인 것처럼, 같은 세목에 관하여 여러 종류의 가산세가 부과되면 그 각 가산세 부과처분도 종류별로 각각 별개의 과세처분이라고 보아야 한다. 따라서 하나의 납세고지서에 의하여 본세와 가산세를 함께 부과할 때에는 납세고지서에 본세와 가산세 각각의 세액과 산출근거 등을 구분하여 기재해야 하는 것이고, 또 여러 종류의 가산세를 함께 부과하는 경우에는 그 가산세 상호 간에도 종류별로 세액과 산출근거 등을 구분하여 기재함으로써 납세의무자가 납세고지서 자체로 각 과세처분의 내용을 알 수 있도록 하는 것이 당연한 원칙이다.』

나. 국세기본법상의 가산세의 종류

(1) 종래의 국세기본법상의 가산금에 관한 규정은 폐지되었고, 이는 국세기본법 제47조의4 소정의 납부지연가산세와 제47조의5 소정의 원천징수납부 등 불성실가산세로 바뀌었다.

현행 가산세는 국세기본법상의 가산세와 개별세법상의 가산세로 나눌 수 있고, 국세기본법상의 가산세에는 무신고가산세(제47조의2), 과소신고·초과환급신고가산세(제47조의3), 납부지연가산세(제47조의4), 원천징수납부 등 납부지연가산세(제47조의5) 등이 있다.

무신고가산세에는 부정행위 개입 여부에 따라 일반무신고가산세(세율 20%)와 무신고중가 산세(세율 40%, 역외거래 60%)로 나눌 수 있고, 과소신고·초과환급신고가산세도 부정행위 개입 여부에 따라 일반가산세는 과세신고납부세액 등의 10%, 중가산세는 과세신고납부세액 등의 40%로 과세된다.

(2) 가산세의 성립과 확정

가산세의 성립시기에 대하여는 국세기본법 제21조 제1항 제11호에 상세히 규정하고 있 고, 가산세 중 제47조의4에 따른 납부지연가산세 및 제47의5에 따른 원천징수 등 납부지연가 산세 중 납부고지서에 따른 납부기한 후의 가산세에 한정하여, 성립과 동시에 확정된다(국세기 본법 제22조 제4항 제5호).

다. 국세기본법상 중가산세의 성립요건

(1) 대법원 2013. 11. 28. 선고 2013두12362 판결

『3. 그러나 원심의 이러한 판단은 다음과 같은 이유에서 수긍하기 어렵다.

가. 구 국세기본법 제47조의3의 규정 체계, 구 국세기본법 시행령 제27조 제2항 각 호의 문언 내용, 과소신고가산세의 법적 성질 등을 종합하여 보면, 구 국세기본법 제47조의3 제2항이 부당과 소신고의 경우에 가산세를 중과하는 이유는 국세의 과세표준 또는 세액 계산의 기초가 되는 사실의 전부 또는 일부를 은폐하거나 가장하는 경우에는 조세의 부과와 징수가 불가능하거나 현저히 곤란 하므로 납세의무자로 하여금 성실하게 과세표준을 신고하도록 유도하기 위하여 '부당한 방법'에 의 하지 아니한 일반과소신고의 경우보다 훨씬 높은 세율의 가산세를 부과하는 제재를 가하려는 것으 로 이해된다. 그리고 '부당한 방법'으로 볼 수 있는 경우를 예시적으로 규정하고 있는 구 국세기본 법 시행령 제27조 제2항은 그 일반조항이라고 할 수 있는 제6호에서 '부당한 방법'에 해당하기 위 하여는 국세포탈 등의 목적이 필요하다는 취지로 규정하고 있다. 따라서 구 국세기본법 제47조의3 제2항 제1호가 규정하는 부당과소신고가산세의 요건인 '부당한 방법으로 한 과세표준의 과소신고' 란 국세에 관한 과세요건사실의 발견을 곤란하게 하거나 허위의 사실을 작출하는 등의 부정한 적극 적인 행위에 의하여 과세표준을 과소신고하는 경우로서 그 과소신고가 누진세율의 회피, 이월결손 금 규정의 적용 등과 같은 조세포탈의 목적에서 비롯된 것을 의미한다고 보아야 할 것이다.

나. 그런데 원심판결 이유와 원심이 적법하게 채택한 증거에 의하면, 원고는 2003 사업연도 내 지 2008 사업연도의 법인세에 관하여 종전의 사업연도에 이미 과다하게 익금에 산입한 금액을 공 제하는 소극적인 방법으로 그 과세표준을 과소신고하였을 뿐 새롭게 과세요건사실의 발견을 곤란하 게 하거나 허위의 사실을 작출하는 등의 행위를 한 바 없고, 원고가 작업진행률을 과다하게 조작하 여 2000 사업연도 내지 2002 사업연도의 익금을 실제보다 많이 산입한 것은 해당 사업연도의 매출

액을 늘려 수익이 실제보다 많이 발생한 것처럼 가장하려는 것으로서 그로 인하여 2003 사업연도 내지 2008 사업연도의 각 익금누락이 발생하는 외에 누진세율의 회피나 이월결손금 공제 등과 같은 조세포탈의 결과가 발생하지 아니하였음을 알 수 있다.

이러한 사정을 앞서 본 법리에 비추어 살펴보면, 원고가 2007 사업연도 및 2008 사업연도에 익금을 과소계상한 행위는 2000 사업연도 내지 2002 사업연도에 작업진행률을 조작하여 익금을 과다계상한 결과로 행해진 것으로서 새롭게 부정한 적극적인 행위가 있다고 하기 어려울 뿐 아니라 그 행위가 조세포탈의 목적에서 비롯된 것으로 단정하기도 어려워 보이므로, 이는 일반과소신고에 해당할 뿐 '부당한 방법'으로 과세표준을 과소신고한 경우에 해당한다고 할 수 없다.』

(2) 부정행위의 의의

위 대법원 판결에 의하면, '부당한 방법'(은폐 또는 가장)이란 '과세요건사실의 발견을 곤란하게 하거나 허위의 사실을 작출하는 등의 부정한 적극적인 행위'를 말하는 것으로, 구 국세기본법 시행령 제27조 제2항 소정의 제6호('그 밖에 국세를 포탈하거나 환급·공제받기 위한 사기 그 밖에 부정한 행위')가 일반조항으로서 기능한다고 선언함으로써, 해석론상 '부당한 방법(은폐 또는 가장)'을 개정 후의 '사기나 그 밖의 부정한 행위(부정행위)'와 동일한 개념으로 보고 있다. 개정 전후를 비교하면 다음과 같다.

개정전: 구 국세기본법 시행령 제27조 제2항 (부당한 방법 / 은폐 또는 가장)	개정후: 조세범 처벌법 제3조 제6항 (부정행위)
1. 이중장부의 작성 등 장부의 거짓 기장	1. 이중장부의 작성 등 장부의 거짓 기장
2. 거짓 증빙 또는 거짓 문서의 작성	2. 거짓 증빙 또는 거짓 문서의 작성 및 수취
3. 거짓 증명 등의 수취(거짓임을 알고 수취한 경우만 해당한다)	
4. 장부나 기록의 파기	3. 장부와 기록의 파기
5. 재산의 은닉이나 소득·수익·행위·거래의 조작 또는 은폐	4. 재산의 은닉, 소득·수익·행위·거래의 조작 또는 은폐
	5. 고의적으로 장부를 작성하지 아니하거나 비치하지 아니하는 행위 또는 계산서, 세금계산서 또는 계산서합계표, 세금계산서합계표의 조작
	6. 조세특례제한법 제5조의2 제1호에 따른 전사적 기업자원 관리설비의 조작 또는 전자세금계산서의 조작
6. 그 밖에 국세를 포탈하거나 환급·공제받기 위한 사기 그 밖에 부정한 행위	7. 그 밖에 위계에 의한 행위 또는 부정한 행위

'고의적으로 장부를 작성하지 아니하거나 비치하지 아니하는 행위 또는 계산서, 세금계산서 또는 계산서합계표, 세금계산서합계표의 조작(제5호)' 및 '조세특례제한법 제5조의2 제1호에 따른 전사적 기업자원 관리설비의 조작 또는 전자세금계산서의 조작(제6호)'이 추가된 것을 제외하면 개정 전과 대체로 동일하다.

다만 그중 '고의적으로 장부를 작성하지 아니하거나 비치하지 아니하는 행위'를 독립한 사유의 하나로 나열하고 있는 점이 독특하다.

개정 전후를 불문하고 일반조항인 '부정한 행위'로 귀결되는 행위 유형을 나열하면, 은폐, 가장, 거짓 기장(허위기장), 거짓 증빙(허위증빙), 거짓 문서(허위문서)의 작성 및 수취, 문서의 파기·은닉·조작, 재산의 은닉이나 소득·수익·행위·거래의 조작 또는 은폐, 사기적 행위, 위계에 의한 행위 등이 모두 포함된다. 나아가 부정행위가 되기 위하여는 조세의 부과와 징수를 불가능하게 하거나 현저히 곤란하게 하는 위계 기타 부정한 적극적인 행위를 말하고, 적극적 은닉의도가 나타나는 사정이 덧붙여져야 한다. 객관적으로 '부정한 적극적인 행위'와 주관적으로 '조세포탈의 목적 내지 의도'가 있어야 한다는 것이다.

첫째, 단순히 세법상의 신고를 하지 아니하거나 허위의 신고를 함에 그치는 것은 부정행위에 해당하지 않는다.

둘째, 과세대상 소득의 미신고나 과소신고와 아울러 매출 등을 고의로 장부에 기재하지 않는 행위 등 적극적인 은닉의도가 나타나는 사정이 덧붙여진 경우에는 부정행위에 해당한다.

셋째, 명의를 위장하여 소득을 얻더라도, 名義僞裝이 조세포탈의 목적에서 비롯되고 나아가 여기에 허위 계약서의 작성과 대금의 허위지급, 과세관청에 대한 허위의 조세 신고, 허위의 등기·등록, 허위의 회계장부 작성·비치 등과 같은 적극적인 행위까지 부가되는 등의 특별한 사정이 없는 한, 명의위장 사실만으로 부정한 행위에 해당한다고 볼 수 없다.[36]

① 대법원 2015. 9. 15. 선고 2014두2522 판결[제척기간에 관한 판결]

『구 국세기본법(2010. 12. 27. 법률 제10405호로 개정되기 전의 것, 이하 같다) 제26조의2 제1항의 입법 취지는, 조세법률관계의 신속한 확정을 위하여 원칙적으로 국세 부과권의 제척기간을 5년으로 하면서도, 국세에 관한 과세요건사실의 발견을 곤란하게 하거나 허위의 사실을 작출하는 등의 부정한 행위가 있는 경우에는 과세관청이 탈루신고임을 발견하기가 쉽지 아니하여 부과권의 행사를 기대하기 어려우므로, 당해 국세의 부과제척기간을 10년으로 연장하는 데에 있다. 따라서 같은 항 제1호의 '사기 기타 부정한 행위'라 함은 조세의 부과와 징수를 불가능하게 하거나 현저히

---

36) 명의위장과 제척기간 내지 중가산세의 부정행위에 관한 판례로서, 대법원 2013. 12. 12. 선고 2013두7667 판결, 2017. 4. 13. 선고 2015두44158 판결, 2018. 3. 29. 선고 2017두69991 판결, 2018. 12. 13. 선고 2018두128 판결 등이 있다. 그 밖에 판례는 부가가치세에 있어 실제공급자와 세금계산서상의 공급자가 다른 경우에도 '명의위장'이라고 하고 그 세금계산서를 '위장세금계산서'라고 부른다.

곤란하게 하는 위계 기타 부정한 적극적인 행위를 말하고, 다른 어떤 행위를 수반함이 없이 단순히 세법상의 신고를 하지 아니하거나 허위의 신고를 함에 그치는 것은 이에 해당하지 않지만, 과세대상의 미신고나 과소신고와 아울러 수입이나 매출 등을 고의로 장부에 기재하지 않는 행위 등 적극적 은닉의도가 나타나는 사정이 덧붙여진 경우에는 조세의 부과와 징수를 불능 또는 현저히 곤란하게 만든 것으로 볼 수 있다(대법원 2013. 12. 12. 선고 2013두7667 판결, 대법원 2014. 2. 21. 선고 2013도13829 판결 등 참조).

　　원심은, ① 원고가 2001년부터 2008년까지 대부업을 영위하는 동안 별도의 장부를 작성하지 않았다고 주장하나, 대부업을 영위하는 사업자로서 소득세법에 따라 성실하게 장부를 비치·기록할 의무가 있을 뿐 아니라, 장기간 상당한 규모의 대부업에 종사하였음에도 아무런 장부를 작성하지 않았다는 것은 그 자체로 매우 이례적인 점, ② 더욱이 원고는 2001. 7. 28.부터 같은 해 9. 2.까지 1997년 내지 2000년의 대부업 사업소득에 관하여 세무조사를 받은 적이 있었는데, 당시에도 대부업에 관한 장부를 제출하라는 세무공무원의 요구에 대해 자신은 장부를 전혀 작성하지 않았다는 태도로 일관하였던 점, ③ 원고는 이 사건 세무조사 당시 거래장부 등을 작성하지 않았다고 주장하면서 일체의 자료를 제출하지 않다가, 행정심판 단계에 이르러 거래자료의 개별확인서가 제출되자 '대손 관련 서류 및 어음 사본'을 제시하는 등 존재하지 않는다던 관련 서류를 불리한 입장이 되면 제출하였던 점, ④ 원고가 채무자들과의 거래에 딸인 소외인 명의의 계좌를 반복적으로 사용하였던 점, ⑤ 원고는 현금거래를 많이 하였고 채무자들로부터 채무상환을 받고도 영수증을 발급해 주거나 자신이 보관하고 있던 차용증을 돌려주는 등의 조치를 취하지 않았던 점 등의 사정에 비추어 보면, 원고의 위와 같은 일련의 행위는 조세포탈의 의도를 가지고 거래장부 등을 처음부터 고의로 작성하지 않거나 이를 은닉함으로써 조세의 부과징수를 불능 또는 현저하게 곤란하게 하는 적극적인 행위로서 구 국세기본법 제26조의2 제1항 제1호의 사기 기타 부정한 행위에 해당한다고 판단하였다.

　　원심판결 이유를 앞선 법리와 기록에 비추어 살펴보면 이러한 원심의 판단은 정당한 것으로 수긍할 수 있고, 거기에 상고이유 주장과 같이 구 국세기본법 제26조의2 제1항 제1호에서 정한 사기 기타 부정한 행위에 관한 법리를 오해하여 판결에 영향을 미친 위법이 없다.』

② 대법원 2018. 12. 13. 선고 2018두128 판결[제척기간에 관한 판결]

『그러나 원심이 인정한 사실과 더불어 기록에서 알 수 있는 다음과 같은 사정들을 위에서 본 법리에 비추어 살펴보면, 원고가 홍콩법인의 돈을 Golden Quarter, Virtual Capital 명의 계좌에 수수료 등 명목으로 송금한 행위와 그 과정에서 이루어진 행위들은 구 국세기본법 제26조의2 제1항 제1호에서 정한 '사기 기타 부정한 행위'에 해당한다고 보기 어렵다.

　　(가) Golden Quarter의 경우, 원고가 2001년과 2002년에 모든 주식을 자신의 실명으로 직접 소유하고 있었을 뿐 다층적 지배구조가 애초에 존재하지 않았다. Virtual Capital의 경우 원고가 실명으로 Rockwealth의 모든 주식을, Rockwealth가 Leadway의 모든 주식을, Leadway가 Virtual Capital의 모든 주식을 소유하는 방식으로 Virtual Capital을 지배하는 구조로 되어 있었는데, 이러한 구조가 통상적인 투자구조의 형태를 벗어난 것이라고 보기 어렵다.

(나) 홍콩에 있는 금융기관에 Golden Quarter, Virtual Capital 명의 계좌를 개설할 때 원고가 계좌의 실질 소유자(beneficial owner)로 자신이 아닌 다른 사람의 인적 사항을 기재한 것으로 보이지 않을 뿐만 아니라, Golden Quarter, Virtual Capital 명의 계좌의 인출서명권 역시 원고가 가지고 있었다.

(다) 홍콩법인이 홍콩 세무당국에 실제 매출액의 약 1%만을 수입으로 신고하면서 그러한 내용의 세금신고서를 작성하였고 같은 내용으로 연도 말 재무제표와 감사보고서를 작성하여 첨부하였다고 하더라도 이는 신고행위에 부수한 것에 불과하다. 이러한 사정만으로는 신고 내용에 관한 기초장부 등과 같은 근거 서류를 조작하거나 작성하였다고 평가할 수 없어 '사기 기타 부정한 행위'를 인정할 만한 적극적인 행위가 있었다고 보기 어렵고, 달리 이를 인정할 만한 증거가 없다.

(라) 홍콩법인이 Golden Quarter, Virtual Capital 명의 계좌에 송금한 돈을 계산하여 정리한 '월별결산자료'와 'Total Income List'는 홍콩법인이 누락하여 신고한 소득이 있다는 사실과 더불어 그렇게 신고누락한 소득을 수수료 등 명목으로 BVI에 설립된 법인 등 사외로 이전한다는 사실을 나타내는 것일 뿐이어서, 세무신고와 관련이 없을 뿐 아니라 소득을 은닉하기 위한 행위로 보기도 어렵다.

(마) 위 '월별결산자료'와 'Total Income List'에 위와 같이 기재한 것을 넘어, 홍콩법인이 Golden Quarter, Virtual Capital로부터 그와 같이 기재된 수수료 등 명목에 상응하는 용역을 제공받은 것처럼 적극적으로 위장하여 소득을 은닉하려는 행위를 하였다거나, 그러한 은닉 의도를 드러내는 적극적 행위를 하였다고 볼 증거도 없다.』

③ '주식의 명의신탁' 자체가 양도소득세 또는 종합부동산세의 중가산세를 부담하게 되는 부당한 방법 또는 부정행위에 해당하는지 여부와 관련한 대법원 2017. 4. 13. 선고 2015두44158 판결을 본다.

『(1) 구 국세기본법(2011. 12. 31. 법률 제11124호로 개정되기 전의 것, 이하 같다) 제47조의2 제2항 제1호는 납세자가 부당한 방법으로 무신고한 과세표준이 있는 경우에는 부당무신고가산세액을 납부할 세액에 가산하거나 환급받을 세액에서 공제하도록 규정하고 있고, 구 국세기본법 제47조의3 제2항 제1호는 납세자가 부당한 방법으로 과소 신고한 과세표준이 있는 경우에는 부당과소신고가산세액을 납부할 세액에 가산하거나 환급받을 세액에서 공제하도록 규정하고 있다.

그리고 구 국세기본법 제47조의2 제2항은 부당무신고가산세와 부당과소신고가산세에 공통되는 요건인 '부당한 방법'의 의미를 '납세자가 국세의 과세표준 또는 세액 계산의 기초가 되는 사실의 전부 또는 일부를 은폐하거나 가장한 것에 기초하여 국세의 과세표준 또는 세액의 신고의무를 위반하는 것으로서 대통령령이 정하는 방법'으로 정의하고 있고, 그 위임에 따른 구 국세기본법 시행령(2012. 2. 2. 대통령령 제23592호로 개정되기 전의 것, 이하 같다) 제27조 제2항 제6호는 '부당한 방법' 중의 하나로 '그 밖에 국세를 포탈하거나 환급·공제받기 위한 사기, 그 밖의 부정한 행위'를 들고 있다.

위 규정들의 입법 취지는 국세의 과세표준이나 세액 계산의 기초가 되는 사실의 발견을 곤란하게 하거나 허위의 사실을 작출하는 등의 부정한 행위가 있는 경우에 과세관청으로서는 과세요건 사실을 발견하고 부과권을 행사하기 어려우므로 부정한 방법으로 과세표준 또는 세액의 신고의무를 위반한 납세자를 무겁게 제재하는 데 있다. 따라서 구 국세기본법 시행령 제27조 제2항 제6호가 부당한 방법의 하나로 들고 있는 '사기, 그 밖의 부정한 행위'라고 함은 조세의 부과와 징수를 불가능하게 하거나 현저히 곤란하게 하는 위계 기타 부정한 적극적인 행위를 말하고, 적극적 은닉의도가 나타나는 사정이 덧붙여지지 않은 채 단순히 세법상의 신고를 하지 아니하거나 허위의 신고를 함에 그치는 것은 여기에 해당하지 않는다. 또한 납세자가 명의를 위장하여 소득을 얻더라도, 명의위장이 조세포탈의 목적에서 비롯되고 나아가 여기에 허위 계약서의 작성과 대금의 허위지급, 과세관청에 대한 허위의 조세 신고, 허위의 등기·등록, 허위의 회계장부 작성·비치 등과 같은 적극적인 행위까지 부가되는 등의 특별한 사정이 없는 한, 명의위장 사실만으로 구 국세기본법 시행령 제27조 제2항 제6호에서 정한 '사기, 그 밖의 부정한 행위'에 해당한다고 볼 수 없다.

(2) 원심은 그 채택 증거에 의하여 판시와 같은 사실을 인정한 다음, ① 소외 1(이하 '망인'이라 한다)은 비록 1992년경 주식회사 진로발효(이하 '진로발효'라 한다) 주식 중 일부를 소외 2 외 5인에게 명의신탁하였고 진로발효의 기업공개 후에도 명의신탁을 그대로 유지하였으나, 이러한 명의신탁이 누진세율의 회피 등과 같은 조세포탈의 목적에서 비롯되었다고 볼 만한 사정이 발견되지 않는 점, ② 망인이 명의수탁자 명의로 증권계좌를 개설한 것은 진로발효 주식의 명의신탁에 통상 뒤따르는 부수행위로 보이는 점, ③ 망인은 기존 명의신탁관계가 해소되지 않은 상태에서 일반적인 주식 양도방법에 따라 명의수탁자 명의로 된 주식을 처분하였을 뿐이고, 망인이 2007년과 2008년에 명의수탁자인 소외 2 명의의 주식에 대해 양도소득세를 신고하지 아니한 것 역시 코스닥 시장에서의 일반적인 주식 양도방법에 따라 주식이 처분된 데에 따른 결과인 점, ④ 망인이 명의수탁자 명의로 종합소득세 신고를 한 것 역시 명의신탁관계가 해소되지 않은 상황에서 진로발효가 지급하는 이자 및 배당소득이 명의수탁자에게 자동으로 입금됨에 따라 소득세가 명의수탁자 명의로 자동 공제된 데에 기인한 것인 점 등에 비추어 보면, 결과적으로 망인의 주식 명의신탁행위로 인하여 양도소득세가 과세되지 못하였고 종합소득세와 관련하여 세율 구간 차이에 따라 산출세액에서 차이가 발생하였다 하더라도, 망인의 주식 명의신탁행위와 이에 뒤따르는 부수행위를 조세포탈의 목적에서 비롯된 부정한 적극적인 행위로 볼 수 없다는 이유로, 피고 역삼세무서장이 한 이 사건 양도소득세 부당무신고가산세 부과처분 중 일반무신고가산세액을 초과하는 부분과 이 사건 종합소득세 부당과소신고가산세 부과처분 중 일반과소신고가산세액을 초과하는 부분은 위법하다고 판단하였다.

(3) 원심판결 이유를 관련 법리와 기록에 비추어 살펴보면, 원심의 이유 설시에 다소 적절하지 아니한 부분은 있으나, 조세포탈의 목적에서 비롯된 부정한 적극적인 행위로 볼 수 없다고 판단한 결론은 정당하고, 거기에 상고이유 주장과 같이 부당무신고가산세 및 부당과소신고가산세에 관한 법리를 오해하는 등의 잘못이 없다.』

이 사안은 주식의 명의신탁과 관련된 것으로서, 명의신탁에 대하여 증여가 의제되어 증여세가 부과된 사안은 아니다. 명의수탁자가 보유주식을 처분함에 따라 발생하는 명의신탁자의 양도소득세 및 명의수탁자가 주식을 보유하던 중 지급받은 배당소득 등에 대한 명의신탁자의 종합소득세 등의 부당무신고가산세와 부당과소신고가산세가 문제된 것이다. 물론 이 사안에서는 증여의제가 문제될 여지가 없다.

주식의 명의신탁에서 결과적으로 누진세율의 적용이 불가능하게 되었다 하더라도 이것도 하나의 '명의위장'에 불과하고, 이러한 명의위장에 적극적 은닉의도가 있다고 볼 수 없는 이상, '부당한 방법'에 해당하지 않는다는 것이다. 이는 제척기간의 판단에도 적용된다.

참고로 대법원 2017. 2. 21. 선고 2011두10232 판결에 의하면 최초로 증여의제 대상이 되어 과세되었거나 과세될 수 있는 명의신탁 주식의 매도대금으로 취득하여 다시 동일인 명의로 명의개서된 주식에 대하여는 증여의제 조항을 적용하여 다시 증여세를 과세할 수 없다고 보았다.

유사한 사안에서 주식 명의신탁 자체를 부당한 방법 내지 부정행위로 본다면, 증여의제 규정으로 우선 어마어마한 증여세를 부담하여야 하는 마당에, 나아가 주식의 처분에 따른 양도소득세나 주식의 보유 중 수령하는 배당소득에 대한 종합소득세도 중가산세의 세율로 부담하여야 하고, 해당 소득세의 제척기간도 10년을 적용받게 되는 등 여러 불이익을 입게되며, 이러한 불이익은 헌법상 과잉금지의 원칙에 반할 여지가 있다. 최근 선고된 대법원 2020. 12. 10. 선고 2019두58896 판결도 동일한 취지이다.

다음과 같은 견해가 있어 이를 인용한다.[37]

『과세관청은 명의신탁재산에 대한 증여세를 과세함에 있어 명의신탁행위가 재산은닉행위로서 '사기 기타 부정한 행위'에 해당한다고 보아 그 증여세의 부과제척기간이 15년이라고 보고 있는 듯하다. 그러나 '사기 기타 부정한 행위'로서의 재산은닉행위는 과세요건 사실을 은닉하기 위한 것을 말하는데, 명의신탁재산에 대한 증여세 과세에 있어서 명의신탁행위는 그 자체가 증여세의 과세요건이 되는 것이고 그 과세요건을 숨기기 위한 별도의 은닉행위가 있었다고 볼 수 없는 이상 그 부과제척기간을 15년으로 볼 수는 없다고 할 것이다. 그리고 명의신탁을 위하여 매매계약서나 증여계약서 등을 작성하는 것도 명의수탁자가 진정한 소유자인 것처럼 보이게 하기 위한 수단으로서 명의신탁행위의 범주에 들어가는 것이므로 이 부분을 별도로 분리하여 명의신탁을 은닉하기 위한 '사기 기타 부정한 행위'로 볼 수 없다. 과세관청의 논리에 의하면 명의신탁재산에 대한 증여세 과세에 대하여는 부과제척기간이 항상 15년이 된다는 불합리한 결과가 발생한다.』

(3) 고의의 필요성

부정행위에 대한 인식 및 조세를 면하려는 인식(조세포탈의 목적)이 필요하다(위 대법원 2013두12362 판결 참조). 과실 또는 중과실로는 부족하다. 부가가치세에는 아래 대법원 판결과

---

37) 강석규, 전게서, 176면 참조.

같이 그 인식(고의)의 포착에 있어 부가가치세 자체의 특수성을 고려해 넣어야 한다.

① 대법원 2014. 2. 27. 선고 2013두19516 판결

『납세자가 허위의 계약서를 작성한 다음 그에 따라 교부받은 허위의 세금계산서에 의하여 매입세액의 공제 또는 환급을 받은 경우, 그러한 행위가 구 국세기본법(2007. 12. 31. 법률 제8830호로 개정되기 전의 것) 제26조의2 제1항 제1호가 정한 '사기 기타 부정한 행위로써 국세를 포탈하거나 환급·공제받은 경우'에 해당하여 10년의 부과제척기간이 적용되기 위하여는, 납세자에게 허위의 세금계산서에 의하여 매입세액의 공제 또는 환급을 받는다는 인식 외에, 허위의 세금계산서를 발급한 자가 세금계산서상의 매출세액을 제외하고 부가가치세의 과세표준 및 납부세액을 신고·납부하거나 또는 세금계산서상의 매출세액 전부를 신고·납부한 후 경정청구를 하여 이를 환급받는 등의 방법으로 세금계산서상의 부가가치세 납부의무를 면탈함으로써 납세자가 매입세액의 공제를 받는 것이 결과적으로 국가의 조세수입 감소를 가져오게 될 것이라는 점에 대한 인식이 있어야 한다.』

② 대법원 2015. 1. 15. 선고 2014두11618 판결[38]

『구 국세기본법 제47조의3 제2항 제1호 등 관련 규정의 문언 및 체계 등에 비추어 보면, 납세자가 거짓증명을 수취하여 과세표준을 과소신고하였다고 하더라도 수취한 증명이 거짓임을 알지 못하였을 때에는 '부당한 방법으로 과세표준을 과소신고한 경우'에 해당한다고 볼 수 없고, 납세자가 중대한 과실로 거짓임을 알지 못하였다고 하여 달리 볼 것은 아니다. 그리고 납세자가 그 세금계산서상의 공급자와 실제 공급자가 다르게 적힌 '사실과 다른 세금계산서'를 교부받아 매입세액의 공제 또는 환급을 받은 경우 그러한 행위가 구 국세기본법 제47조의3 제2항 제1호가 규정한 '부당한 방법으로 과세표준을 과소신고한 경우'에 해당하기 위하여는, 납세자에게 사실과 다른 세금계산서에 의하여 매입세액의 공제 또는 환급을 받는다는 인식 외에, 사실과 다른 세금계산서를 발급한 자가 그 세금계산서상의 매출세액을 제외하고 부가가치세의 과세표준 및 납부세액을 신고·납부하거나 또는 그 세금계산서상의 매출세액 전부를 신고·납부한 후 경정청구를 하여 이를 환급받는 등의 방법으로 그 세금계산서상의 부가가치세 납부의무를 면탈함으로써 납세자가 그 매입세액의 공제를 받는 것이 결과적으로 국가의 조세수입 감소를 가져오게 될 것이라는 점에 대한 인식이 있어야 한다.

(2) 원심판결 이유와 기록을 살펴보면, 원고는 이 사건 세금계산서가 사실과 다르다는 사실을 알지 못하였다고 주장하고 있을 뿐만 아니라 이 사건 세금계산서에 의하여 공제받은 매입세액에 상당하는 금액을 주식회사 풍국에 지급하였다는 취지로도 주장하고 있으므로, 원심으로서는 원고가 이 사건 세금계산서가 사실과 다르다는 사실을 알고 있었는지 여부 및 원고에게 '주식회사 풍국이 이 사건 세금계산서상의 매출세액을 제외하고 부가가치세의 과세표준 및 납부세액을 신고·납부하

---

38) 원심판결은, "원고는 이 사건 각 세금계산서가 사실과 다른 세금계산서임을 알았거나 중대한 과실로 알지 못하였다고 봄이 상당하므로, 원고가 이 사건 각 세금계산서상 매입세액공제를 신청하는 것은 부정행위로 과소신고한 경우에 해당"한다는 취지로 판시하였다.

거나 또는 이 사건 세금계산서상의 매출세액 전부를 신고·납부한 후 경정청구를 하여 이를 환급받는 등의 방법으로 이 사건 세금계산서상의 부가가치세 납부의무를 면탈함으로써 원고가 이 사건 세금계산서에 의하여 매입세액의 공제를 받는 것이 결과적으로 국가의 조세수입 감소를 가져오게 될 것이라는 점에 관한 인식이 있었는지 여부'를 심리한 후 이 사건 부당과소신고가산세 부과처분이 적법한지를 판단하였어야 했다.』

(4) 부정행위의 주체(Täter)

부정행위가 반드시 조세채무자에 의하여 행하여져야 하는지 아니면 제3자에 의한 행위도 중가산세의 성립요건을 충족하는 것인지가 문제된다. 이는 제척기간의 연장에도 마찬가지로 문제된다.

① 일본 판례 및 학설39)

『교토지방재판소 1992. 3. 23. 판결은, "국세통칙법 제68조 제1항은 중가산세의 부과요건으로 '납세자'가 은폐 또는 가장하는 것을 정하고 있다. 이것은 납세자 자신이 은폐 가장행위를 하는 것은 물론, 납세자가 타인에게 납세신고를 일임한 경우 그 수임자가 조세를 포탈할 목적으로 고의로 기초사실을 은폐 또는 가장한 경우에도, 특단의 사정이 없는 한, 동 조항에서 말하는 '은폐하거나 또는 가장한 것'에 해당한다고 하여야 한다. 생각건대 신고납세제도하에서도 납세자의 판단과 책임으로 제3자에게 의뢰하여 납세자의 대리인 내지 보조자에게 신고를 하게 하는 것이 허용된다. 그러나 납세자가 신고를 제3자에게 위임하였다고 하여도 납세자 자신의 신고의무는 면제되지 않고, 제3자가 행한 신고의 효과·태양은 납세자의 신고로 취급된다. 즉 납세자가 납세의무자 신분이 없는 자에게 신고를 일임하고 그 자를 납세신고의 도구로 사용한 이상, 그의 신고행위는 납세자 자신이 행한 것으로 취급하여야 한다. 납세자는 성실히 수임자를 선임하고 수임자가 작성한 신고서를 점검한 후 스스로 서명날인을 하는 등으로 적법하게 신고하도록 감시·감독하여 자기의 신고의무를 성실하게 하여야 한다. 이를 게을리하여 수임자에 의하여 부정한 신고가 행하여진 경우 특단의 사정이 없는 한 납세자 자신의 부정한 신고로서 제재를 받는다."고 판시하였다.

오쓰지방재판소 1994. 8. 8. 판결은, 납세신고절차의 수임자가 은폐 등을 행한 경우라도, ㉠ 수임자의 선임·감독에 관하여 납세자에게 과실이 없든가, ㉡ 납세자가 정당한 세액을 납부할 의사로 그것에 상당하는 금원을 수임자에게 현실적으로 교부하였음에도 수임자가 이를 횡령하여 자신의 이익을 꾀하였다고 하는 등의 '특단의 사정'이 있는 경우, 납세자에게 불이익을 주는 것은 상당하지 않다고 해석할 여지도 있다고 판시하였다.

武田昌輔 교수는, "따라서 종업원이 은폐 또는 가장한 경우 그 종업원의 지위 및 그 상황에 따라 판단하여야 한다. 즉 종업원이 가족 등으로 본인을 위하여 은폐 또는 가장하여 과소신고한 경우와 같이 동일이해집단에 속하는 경우 본인이 그것을 알거나 알 수 있는 상황에 있고 나아가 은폐

---

39) 김용찬, "부당신고가산세의 부과요건", 조세실무연구 재판자료 115집, 73면 이하에 실린 내용을 재인용하면서 일부 정리하였다.

등에 의해 얻어지는 이익이 동일이해집단에 속하기 때문에 은폐 또는 가장에 의한 중가산세는 본인이 부담하여야 할 것이다. 이에 반하여, 동일이해집단에 속하지 않는 종업원(즉 완전한 타인)이 스스로의 이익을 위하여 행한 은폐 또는 가장에 의한 과소신고는 은폐·가장이 그 종업원만의 이득을 목적으로 행하여진 것이고 납세자 자신은 전혀 알지 못하는 것이어서 중가산세를 부과하여서는 안될 것이다. 말단 종업원의 매상대금 횡령 등이 이에 속한다고 보아야 한다."라고 하였고, 品川芳宣 교수는, "행위자에 관하여는, 납세자 본인의 신고행위에 중요한 관계를 갖는 부문(경리부문 등)에 소속하여 상당한 권한을 갖는 지위(과장 등 그 부문의 책임자)에 있는 자의 은폐·가장행위는 특단의 사정이 없는 한 납세자 본인(법인의 대표자)의 행위와 동일시하여야 할 것이다. 그리고 그 목적에 관하여는, 납세자의 부외재산 등을 축적하기 위하여 매상금액을 제외하여 가명예금을 마련하거나 납세자의 이익조절을 위하여 재고자산을 가장하여 부외재고자산을 작출하는 행위에 관하여는, 그다지 권한을 가지고 있지 않은 종업원의 행위에 관하여도 납세자 본인의 행위와 동일시하여야 할 사태도 일어날 수 있다. 그러나 행위자 자신의 이익을 위하여 횡령한 금원의 발각을 막기 위하여 비용을 가장하는 행위(이 경우 횡령손실이나 기장비용 모두 손비이지만, 횡령손실에 관하여는 납세자 본인에게 손해배상청구권(수익)이 발생하여, 결과적으로 과소신고가 되는 경우가 있다)에 있어서, 그다지 권한을 가지고 있지 않은 종업원의 경우에는 납세자 본인의 행위와 동일시하는 것은 가혹하다."라고 하였다.』

② 한편, 제척기간의 연장에 관한 독일 조세기본법 제169조 제2항 제2문에서 조세포탈의 확정기간은 10년, 중과실에 의한 조세감액은 7년이라고 정한 다음, 제3문 본문에서 이러한 조세포탈이나 조세감액은 조세채무자가 아닌 제3자에 의하여 이루어지거나 조세채무자가 자신의 신고의무 등 이행의무를 이행하기 위하여 사용한 이행보조자에 의하여 이루어지더라도 마찬가지로 적용된다고 하면서, 단서에서 조세채무자가 ㉠ 자신이 이행보조자 등의 이러한 행위를 통하여 아무런 재산적 이익(Vermögensvorteil)을 얻지 않았다는 점, ㉡ 이행보조자 등의 이러한 행위가 조세채무자 자신이 조세포탈 등을 방지하기 위하여 통상 필요한 예방조치를 게을리 하지 않았다는 점 등을 입증(Exkulpationsbeweis)하는 경우 예외로 한다는 취지로 정하고 있다.

③ 명문의 규정이 없는 국세기본법의 해석상, 일본의 판례 및 학설이나 독일 조세기본법 제169조의 규정 등을 참작하여, 조세채무자가 자신의 조세법상의 의무이행을 위하여 이행보조자 등을 사용하였고, 그 이행보조자 등의 행위를 통하여 조세채무자 자신의 재산적 이익을 도모한 이상, 이행보조자 등의 행위를 조세채무자의 행위와 동일시 할 수 있다고 새겨야 한다. 여기서 재산적 이익이라 함은 조세적 이익보다는 넓은 개념이다.

따라서 이행보조자 등도 부정행위의 행위주체가 될 수 있고, 그를 통하여 재산적 이익을 도모한 조세채무자로서는 이행보조자 등의 부정행위를 자신의 행위로 귀속시켜 중가산세 책임을 져야 한다. 즉 법인세의 미신고 및 과소신고가 담당자의 부정행위에 의한 것인 이상, 대표자가 그 사실을 인식하지 못하였다 하더라도, 원칙적으로 중가산세의 책임을 져야 한다. 이 경우 부정행위로 인하여 제척기간 또한 연장되어야 한다.

반대로, 경리담당자가 회사 돈을 횡령한 다음 이를 은폐하기 위하여 매출누락·가공경비의 계상 등의 경리를 한 경우, 그 돈은 회사로부터 유출되어 경리담당자의 소득이 된 이상, 회사로서는 아무런 재산적 이익을 얻지 아니하였음이 명백하므로, 그 매출누락·가공경비에 기한 신고는 부정행위에 의한 과소신고라고 할 수 없다. 이 경우 회사에게 중가산세의 책임을 지울 수 없고 제척기간도 연장될 수 없다.

다만 아래 대법원 2017두38959 판결은 뒤에서 보는 바와 같이 부정행위의 개념을 구별하고 있음에 유의하여야 한다.

④ 대법원 2015. 9. 10. 선고 2010두1385 판결[제척기간에 관한 판결]

『구 국세기본법(1999. 12. 31. 법률 제6070호로 개정되기 전의 것, 이하 '국세기본법'이라고 한다) 제26조의2 제1항은 원칙적으로 국세의 부과제척기간을 5년으로 규정하고 있으나(제3호), '납세자가 사기 기타 부정한 행위로써 국세를 포탈하거나 환급·공제받는 경우'에는 당해 국세를 부과할 수 있는 날부터 10년으로 부과제척기간을 연장하고 있다(제1호).

국세기본법 제26조의2 제1항 제1호 및 제3호의 내용과 그 입법 취지는 조세법률관계의 신속한 확정을 위하여 원칙적으로 국세 부과권의 제척기간을 5년으로 하면서도 국세에 관한 과세요건사실의 발견을 곤란하게 하거나 허위의 사실을 작출하는 등의 부정한 행위가 있는 경우에 과세관청으로서는 탈루신고임을 발견하기가 쉽지 아니하여 부과권의 행사를 기대하기가 어려우므로 당해 국세에 대한 부과제척기간을 10년으로 연장하는 데에 있다. 그렇다면 여기서 말하는 '부정한 행위'에는 납세의무자 본인의 부정한 행위뿐만 아니라, 납세의무자가 스스로 관련 업무의 처리를 위탁함으로써 그 행위영역 확장의 이익을 얻게 되는 납세의무자의 대리인이나 이행보조자 등의 부정한 행위도 다른 특별한 사정이 없는 한 포함된다(대법원 2011. 9. 29. 선고 2009두15104 판결 참조).

원심이 대리행위의 하자에 관한 민법 제116조 제1항을 들어 납세의무자가 사기 기타 부정한 행위를 하였는지 여부가 대리인을 표준으로 결정된다고 본 것은 잘못이다. 그러나 앞서 본 법리에 의하면 원고가 소외 1의 사기 기타 부정한 행위를 알지 못하였거나 직접 관여하지 아니하였다 하더라도 원고는 소외 1에게 스스로 이 사건 주식의 매매를 위탁함으로써 그로 인한 이익을 얻게 되었고 소외 1의 사기 기타 부정한 행위에 의하여 원고의 증권거래세가 포탈되었으므로, 원고가 소외 1의 부정행위를 방지하기 위해 상당한 주의와 감독을 다하였다는 등의 특별한 사정이 없는 한 원고가 납세의무를 부담하는 증권거래세의 부과제척기간은 10년으로 보아야 한다. 따라서 원심이 증권거래세의 부과제척기간을 10년으로 본 결론은 정당하고, 앞서 본 원심의 법리오해는 판결 결과에 영향이 없다.』

⑤ 대법원 2021. 2. 18. 선고 2017두38959 전원합의체 판결요지

장기 제척기간에서 말하는 부정행위와 부당과소신고가산세에서 말하는 부정행위를 다른

개념으로 파악하고 있다.

『[1] 구 국세기본법(2011. 12. 31. 법률 제11124호로 개정되기 전의 것, 이하 같다) 제26조의
2 제1항 제1호의 장기 부과제척기간에서 말하는 '부정한 행위', 제47조의3 제2항 제1호의 부당과소
신고가산세에서 말하는 '부당한 방법'(이하 통틀어 '부정한 행위' 혹은 '부정행위'라 한다)에는 납세
자 본인의 부정한 행위뿐만 아니라, 특별한 사정이 없는 한 납세자가 스스로 관련 업무의 처리를
맡김으로써 그 행위영역 확장의 이익을 얻게 되는 납세자의 대리인이나 사용인, 그 밖의 종업원(이
하 '사용인 등'이라 한다)의 부정한 행위도 포함된다.

위와 같은 법리의 적용 범위와 관련하여 납세자 본인이 사용인 등의 부정한 행위를 방지하기
위하여 상당한 주의 또는 관리·감독을 게을리하지 아니하였다면, 납세자 본인은 이러한 사용인 등
의 부정한 행위에 대하여 아무런 잘못이 없다고 볼 수 있다. 그러므로 이러한 경우에까지 이들의
부정한 행위를 장기 부과제척기간, 부당과소신고가산세에서 말하는 '부정한 행위'에 포함시켜 납세
자 본인에게 해당 국세에 관하여 부과제척기간을 연장하고, 중과세율이 적용되는 부당과소신고가산
세를 부과하는 것은 허용되지 아니한다.

[2] [다수의견] 법인의 대표자나 해당 법인을 실질적으로 경영하면서 사실상 대표하고 있는 자
가 아닌 납세자의 대리인이나 사용인, 그 밖의 종업원(이하 '사용인 등'이라 한다)의 부정한 행위가
납세자 본인의 이익이나 의사에 반하여 자기 또는 제3자의 이익을 도모할 목적으로 납세자를 피해
자로 하는 사기, 배임 등 범행의 일환으로 행하여지고, 거래 상대방이 이에 가담하는 등으로 인하
여 납세자가 이들의 부정한 행위를 쉽게 인식하거나 예상할 수 없었던 특별한 사정이 있는 경우라
면, 사용인 등의 부정한 행위로 납세자의 과세표준이 결과적으로 과소신고되었을지라도 이들의 배
임적 부정행위로 인한 과소신고를 구 국세기본법(2011. 12. 31. 법률 제11124호로 개정되기 전의
것, 이하 같다) 제47조의3 제2항 제1호의 '납세자가 부당한 방법으로 과소신고한 경우'에 포함된다
고 볼 수는 없으므로, 이때에는 납세자에게 부정한 행위를 이유로 중과세율을 적용한 부당과소신고
가산세의 제재를 가할 수 없다.

그러나 부정한 행위를 이유로 과세관청의 부과권을 연장해 주는 장기 부과제척기간의 경우에
는, 사용인 등의 부정한 행위가 납세자 본인을 피해자로 하는 사기, 배임 등 범행의 수단으로 행하
여졌더라도 사용인 등의 부정한 행위로써 포탈된 국세에 관하여 과세관청의 부과권 행사가 어렵게
된 것은 분명하므로, 특별한 사정이 없는 한 이러한 사용인 등의 배임적 부정행위는 구 국세기본법
제26조의2 제1항 제1호의 장기 부과제척기간에서 말하는 부정한 행위에 포함된다. 따라서 납세자
본인에 대한 해당 국세에 관하여는 부과제척기간이 10년으로 연장된다.

이와 같이 납세자에게 선임, 관리·감독상의 과실은 있었으나 납세자가 이를 쉽게 인식하거나
예상할 수 없었던 사용인 등 제3자가 행한 배임적 부정행위를 놓고, 부당과소신고가산세의 중과를
부정하는 한편, 장기 부과제척기간을 적용하는 해석은, 구 국세기본법 규정의 문언에 어긋나지 않
으면서도 각 제도의 취지와 구체적 타당성을 고려한 합헌적 법률해석의 결과라고 보아야 한다.

[대법관 이기택, 대법관 김재형, 대법관 박정화, 대법관 안철상, 대법관 노정희의 별개 및 반대
의견] 다수의견은, 사용인 등이 납세자 본인의 이익이나 의사에 반하여 자기 또는 제3자의 이익을

도모할 목적으로 납세자를 피해자로 하는 사기, 배임 등 범행을 저지르는 과정에서 납세자의 소득을 은닉하는 등 적극적으로 납세자 본인이 쉽게 인식하거나 예상할 수 없었던 부정한 행위를 한 경우, '납세자가 부당한 방법으로 과소신고를 하였다.'고 볼 수 없어 부당과소신고가산세를 부과할 수는 없다고 보면서도, '납세자가 부정한 행위로써 국세를 포탈하였다.'고 보아 장기 부과제척기간은 적용된다.

그러나 장기 부과제척기간과 부당과소신고가산세 모두 국세기본법에서 함께 규율하고 있는 제도로서 '납세자의 부정한 행위'라는 요건이 동일하게 규정되어 있으므로, 사용인 등의 위와 같은 배임적 부정행위를 이유로 납세자에게 부당과소신고가산세를 부과할 수 없다면 장기 부과제척기간도 적용할 수 없다고 해석하는 것이 옳다.』

(5) 미신고 또는 허위신고(과소신고)와 부정행위

위에서 본 바와 같이 '고의적으로 장부를 작성하지 아니하거나 비치하지 아니하는 행위'를 부정행위의 한 유형으로 정한 것과 관련하여, 부정행위나 은폐 또는 가장의 사실을 남기지 않기 위해, 또는 소득계산에 관하여 처음부터 기록 등을 남기지 않은 채 신고를 하지 않았거나 또는 소득의 극히 일부만을 신고하는 것이 중가산세 부과요건을 충족하는 것인지가 문제된다.

① 일본 판례 및 학설[40]

『먼저 후코오카고등재판소 1976. 6. 30. 판결의 사안에서는, 기선회사에 근무하는 한편 선박매매 및 그 중개를 업으로 하고 있는 피항소인(원고)이 해철선의 권리매매 및 권리매매의 알선에 의한 소득을 신고하지 않았는바, 그 행위가 경정결정의 제척기간을 연장하게 되는 국세통칙법 제70조 제2항 소정의 '사기 기타 부정한 행위'에 해당하는지 여부, 중가산세가 부과되게 되는 '은폐·가장'에 해당하는지 여부가 다투어졌다. 위 판결은, 피항소인이 근무처 3개소로부터 급여를 지급받고 그밖에 잡소득이 있어 당연히 확정신고의무가 있는 점, 확정신고를 함에 있어 해철선의 권리매매 등에 관련된 사업소득(1964년분 약 75만 엔, 1965년분 약 383만 엔)을 전부 숨기고 이를 신고하지 않았고 급여소득(1964년분 약 130만 엔, 1965년분 약 98만 엔)과 잡소득(1964년분 약 8만 엔)만 신고하였던 점, 피항소인은 회사의 이사, 대표이사를 맡는 등 경제인으로서 상당한 사회적 활동을 하고 있는 점, 세무조사에 비협력적이었던 점 등의 사실을 인정한 다음, 피항소인은 소득세의 신고의무내용을 충분히 알고 있음에도 소득세의 확정신고 등에 즈음하여 급여소득 및 잡소득만을 기재한 허위의 확정신고서를 제출하고 사업소득을 일부러 숨기고 이것을 신고하지 않은 것은, 단순한 소득계산의 위산에 해당하지 않고, '사기 기타 부정한 행위' 및 '은폐 또는 가장행위'에 해당한다고 판시하였다. 그 상고심인 최고재판소 1977. 1. 25. 판결도 허위내용의 확정신고서를 제출한 점(다만 본건에서는 신고서에 소득금액을 과소하게 기재한 것에 불과한 것 같으나) 외에 신고 제외액이 다액인 점, 납세자의 사회적 지위에 비추어 납세자가 신고납세의 의미와 내용을 충분히 알고 있을

---

40) 김용찬, 전게논문, 88면 이하에 실린 내용을 재인용하면서 일부 정리하였다.

것이라고 인정되는 점, 세무조사에 대하여 비협력적이었던 점 등을 종합하여, '은폐 또는 가장행위'
에 해당한다고 본 원심판결을 지지하였다.

다음 도쿄지방재판소 1990. 10. 5. 판결은, 납세자가 진실한 소득을 숨기고, 그것이 과세대상
이 되는 것을 회피하기 위하여 소득금액을 일부러 과소하게 한 허위내용의 신고서를 제출한 경우는
사실의 일부를 은폐하고 그 은폐한 것에 기하여 납세신고를 제출한 것이라고 해석하여야 한다고 전
제한 다음, 원고의 피승계인은 1971년분 내지 1975년분 소득세의 신고에 즈음하여, 매년 20명 이
상의 상대방으로부터 수입이 있다고 신고하면서도, L사로부터 매년 다액(약 5년간에 약 18억 엔)의
보수를 수령하고 있던 수입에 관하여는 1975년에 잡소득으로서 2,500만엔을 신고한 외에는 전혀
신고하지 않았고, 또 중가산세 기초소득금액이 된 잡소득 또는 주식양도에 의한 양도소득 모두 다
액임에도 불구하고 전혀 신고하지 않았던 것으로, 진실한 소득을 숨기고 그것이 과세대상이 되는
것을 회피하기 위하여 소득금액을 일부러 과소하게 한 허위내용의 신고서를 제출한 것이라고 인정
할 수 있다고 판시하면서, 중가산세 부과를 적법하다고 하였다. 위 판결은 상급심인 도쿄고등재판
소 및 최고재판소(1995. 6. 29. 판결)에 의하여 지지되었다.

마지막으로 교토지방재판소 1992. 3. 23. 판결은, 소위 '선별신고'에 관한 것으로 계획적인 의
도하에 소득금액을 과소신고하였고 최종신고와의 차이가 매우 크다는 점 등을 이유로 중가산세 부
과가 상당하다고 판시하였다. 즉 금융업을 운영하는 납세자가 확정신고 후 세무서의 임의조사를 받
음에 있어서 증거자료를 폐기하고 허위의 자료를 제출하고 회계장부를 숨기거나 제출하지 않고 허
위의 답변을 하고 계쟁 각년분에 관하여 2~3회의 수정신고를 행하였으며 그 후 국세국의 사찰조사
를 받고 계쟁 각년분에 관하여 최종 수정신고를 행한 것인데, 당초 신고소득금액은 최종 수정신고
금액의 3% 내지 4%에 불과하였던 것으로 소위 '선별신고'에 해당하는 것으로서, 중가산세액이 약
7억 3,000만엔이나 되었다. 이에 대하여 오사카고등재판소 1994. 4. 27. 판결은 반대견해를 나타내
었으나, 최고재판소 1994. 11. 22. 판결은 원심판결을 파기하면서 제1심 판결을 지지하였다.

品川芳宣 교수의 견해는 다음과 같다.

"세법이나 사실관계의 부지로부터 생기는 단순한 일부 신고누락이나 미신고 및 계산을 잘못한
경우 등에 의한 허위신고가 은폐 또는 가장행위가 아니라는 것은 국세통칙법 제68조의 입법취지나
문언해석으로 수긍할 수 있다 하더라도, 사실관계 전체로부터 그 미신고나 허위신고가 과세를 면할
것을 의도하여 작위적으로 행하여졌다고 추인할 수 있는 때에는 은폐 또는 가장행위라고 인정하여
야 할 것이다. 이 경우 작위적인 미신고, 선별신고 또는 허위신고 등인 것을 무엇으로 추인할 수
있는지에 관하여는 문제가 있으나, 부자연스러운 다액의 소득금액의 신고 제외나 선별신고, 합리적
인 이유가 없음에도 차명 등으로 거래하는 행위, 신고서에 가공의 경비항목을 더하였거나 허위의
증거자료를 첨부하는 행위, 기장능력 등이 있으면서도 증거은닉을 의도하여 장부를 기장·비치하지
않거나 원시기록을 보존하지 않고 행하는 미신고, 미신고나 허위신고 후 세무조사에 있어서의 비협
력·허위답변·허위자료의 제출 등이 복합하여 행하여지는 경우(그 행위 여부에 따라 단독으로 행
하여진 경우도 포함한다)에는, 각각의 사실관계에 따라 작위적인 미신고, 선별신고 또는 허위신고
등이라고 추인하여 은폐 또는 가장행위라고 인정할 수 있을 것이다. 국세통칙법 제68조의 문언에
의하면, 우선 최초로 과세요건사실을 은폐 또는 가장하는 행위가 있고 그것에 기하여 납세신고서를

제출하거나 그 제출·납부를 게을리하는 것이 중가산세의 부과요건으로 되어 있으나, 전술한 각종의 행위는 허위의 내용을 기재한 신고서의 제출과 결합하여 실질적으로 과세요건사실을 은폐 또는 가장하는 것이다. 나아가 장부의 기장도 비치도 하지 않고 거래의 원시기록을 보존하지도 않았을 뿐만 아니라 신고도 하지 않는 등 아무런 형태도 남기지 않는 행위가 실질적으로 가장 악질적인 은폐행위라고 할 수 있다. 이것은 기장을 하여 기록을 보존하고 있으면 중가산세가 부과되는데 어떠한 기록도 남기지 않으면 중가산세의 부과를 면한다는 항간의 비판을 고려하여도 간과할 수 없는 사실일 것이다. 특히 1984년 이후 사업 등을 운영하는 자로 소득금액 300만 엔을 초과하는 자에 관하여는 장부의 비치·기장이 의무지워진 것에 비추어 보면 더욱 그러하다. 따라서 미신고나 선별신고 또는 허위신고 등을 은폐 또는 가장행위라고 인정할 수 있는지 여부에 관하여는, 국세통칙법 제68조의 문언에만 구애되지 말고 입법취지, 소득세법상의 기장의무제도 등을 고려하여 그들 행위 전후의 사실관계를 종합하여 은폐 가장행위로 추인하여야 한다. 이 경우 위 '문언에만 구애되지 말고'라 함은 국세통칙법 제68조의 문리해석을 부정하는 것은 아니고 법정신고기한 후의 각종의 부정행위를 '은폐 가장'의 추인사항으로 파악하여 온 종래의 재판례의 견해를 이해하려는 것이다."』

② 결론적으로, '고의적으로 장부를 작성하지 아니하거나 비치하지 아니하는 행위'를 부정행위의 한 유형으로 정하고 있고, 그 문언에 충실하게 해석하는 이상, 부정행위나 은폐 또는 가장의 사실을 남기지 않기 위해 또는 소득계산에 관하여 처음부터 기록 등을 남기지 않고 신고를 하지 않았거나 또는 소득의 극히 일부만을 신고하는 경우, 구체적 사안에 따라서는 중가산세 부과요건을 충족하는 것으로 보아야 할 것이다. 앞서 본 대법원 2014두2522 판결도 같은 취지이다.

(6) 중가산세의 계산

중가산세는 산정방식이 다양하므로 납세고지서에 그 산출근거 및 세액을 구체적으로 구분하여 기재하여야 한다(위 대법원 2010두12347 판결 참조).

무신고중가산세(국세기본법 제47조의2 제2항)와 과소신고·초과환급신고중가산세(제47조의3 제2항)의 각 산정방식은 각 그 해당 조항에서 상세히 규정하고 있다.

2014. 12. 23. 개정으로, 계산기준이 기존의 산출세액(과세표준에 세율을 곱하여 산출한 금액)에서 조세채무자가 추가로 납부해야 할 세액(산출세액에서 세액공제·세액감면과 기납부세액을 차감한 금액)으로 변경되었다. 가산세를 산정할 때 세액공제·세액감면 부분이 고려되지 아니하는 불합리한 점이 있었는데 이를 고려한 것이다.

라. 일반가산세와 중가산세의 관계

(1) 같은 세목에 관하여 여러 종류의 가산세가 부과되면 그 각 가산세 부과처분도 종류별로 각 별개의 것임은 앞서 본 바와 같다(위 대법원 2010두12347 판결).

여기서 일반가산세를 부과하여야 함에도 중가산세를 부과한 경우, 일반가산세와 중가산세의 각 부과처분을 상호 양립할 수 없는 독립한 처분으로 볼 것인지 아니면 중가산세 부과처분에는 당연히 일반가산세의 부과처분이 포함되어 있다고 보아야 하는 것인지가 문제된다.

과거 일본의 판례 및 학설41)은 별이설(독립처분설)과 공통설(내포설)의 대립이 있었다.

즉 심사결정의 단계에서 중가산세 부과결정에 관하여 은폐 또는 가장 사실이 없는 것이 판명되어 중가산세를 대신한 일반가산세 상당액을 유지하는 취지의 당해 부과결정처분의 일부 취소 재결이 행하여졌고, 그 재결의 당부가 문제된 사안에서, 일본 최고재판소 1983. 10. 27. 판결은, ① 과소신고가산세와 중가산세는 모두 신고납세방식의 국세에 관하여 과소신고를 한 납세자에 대한 행정상 제재로서 부과되는 것인 점, ② 양자의 부과결정은 상호 무관계한 별개 독립의 처분이 아니고, 중가산세 부과결정에는 과소신고가산세 부과에 상당하는 부분을 그중에 포함하는 것이라고 해석되는 점, ③ 중가산세 부과결정에 대한 심사청구에서는 가산세의 가중사유(은폐 가장)에 잘못이 있는 경우 그것에 상응한 부분만을 취소하면 족한 점, ④ 중가산세 부과결정에 대한 심사청구에서 과소신고가산세 부과요건의 존부에 관한 원처분청의 판단에 대하여도 불복이 있는 때에는 그 단계에서 국세통칙법 제65조 제4항이 규정하는 '정당한 이유'를 주장할 수 있다는 점 등을 들면서, 공통설(내포설)을 채택하였다.

品川芳宣 교수는, " … 국세통칙법 해석에 따라서는 과소신고가산세 부과결정처분과 중가산세 부과결정처분은 별개의 처분이라고 해석될 여지가 없는 것은 아니고, 본건과 같이 중가산세 부과결정처분에 은폐 또는 가장 사실이 없는 경우 그 전부를 취소하는 것에 납세자의 이익을 수반하는 경우도 있을 것이다. 그러나 생각하여야 할 것은 이 경우에 있어 납세자의 이익이다. 납세자의 이익이라 함은 궁극적으로는 세무서장이 다시 하는 과소신고가산세 부과 결정처분을 제척기간의 도과에 의해 면하는 것에 있다. 이리하여 본건과 같은 경우 중가산세 전액을 취소하면 과소신고사실이 있고 게다가 은폐 또는 가장의 의심이 있는 사안에서 가산세의 부담을 면하게 하는 부당한 결과가 된다. … 위 판결이 판시하는 것처럼, 중가산세가 부과된 경우 그중에 단순한 과소신고가산세 부분도 포함되어 있는 것이라 해석하여, 심사청구의 심리단계에서 은폐 또는 가장 사실이 인정되지 않는 경우의 재결방법으로서는, 중가산세의 세액 중 과소신고가산세의 세액부분을 초과하는 부분을 취소하고 잔여부분에 관하여는 심사청구를 기각하여야 하는 것에 귀착하는 것이라고 해석하여야 할 것이다."라고 주장(공통설)한다.

(2) 생각건대 중가산세 부과처분에 부정행위라는 과세요건을 갖추지 못하였다는 이유로 독립처분설에 터잡아 전부를 취소하게 하는 것은 납세자로 하여금 제척기간 도과의 이익을 향수케 하는 것이 되어 부당하다는 위 주장은, 적어도 우리 국세기본법의 해석에 있어서는 타당

---

41) 김용찬, 전게논문, 88면 이하에 실린 내용을 재인용하면서 일부 정리하였다.

하지 않다. 일반가산세와 중가산세의 각 부과처분을 상호 양립할 수 없는 독립한 처분으로 본다면, 국세기본법 제26조의2 제6항에 따른 필요한 처분으로 과세관청으로서는 쟁송단계에서의 결정이나 판결의 내용에 따라 일반가산세를 다시 부과할 수 있으므로(제4장 제5절, 판결 등에 따른 경정 참조), 납세자가 제척기간 도과의 이익을 향수할 수 없기 때문이다.

오히려 중가산세 부과처분은 일반가산세의 세액에 제재를 더 무겁게 한다는 취지로 일정한 금액을 더한 금액의 가산세를 부과하는 처분이므로 일반가산세 부분을 항상 그중에 포함(내포)하고 있다고 봄이 논리적이고 또한 간명하다.

(3) 조세심판원 및 대법원의 견해

조세심판원 2012. 11. 26. 2012중3245 결정은 부당과소신고가산세를 적용한 처분에 잘못이 있다는 이유로 주문[42]에서, " …의 부과처분은, 일반과소신고가산세를 적용하여 그 세액을 경정하고 그 나머지 심판청구는 기각한다."라고 함으로써 공통설(내포설)을 채택하였다.

다만 위 대법원 2013두12362 판결은 원심판단에 부당과소신고가산세의 요건에 관한 법리 오해를 한 잘못이 있다면서 일반과소신고가산세뿐만 아니라 그 전부에 대하여 원심판결을 파기환송하였다.

12. 근로장려금확정절차[43]

가. 근로장려금의 신청과 결정

(1) 저소득 근로자의 근로를 장려하고 소득을 지원하기 위하여 이른바 근로장려세제(EITC)가 채택되고 있다(조세특례제한법 제100조의3부터 제100조의13까지). 근로장려금을 받으려는 거주자는 소득세법 제70조 또는 제74조에 따른 종합소득과세표준 확정신고 기간에 근로장려금을 신청하여야 한다(제100조의6 제1항). 신청자격은 법정되어 있다(제100조의3).

세무서장은 그 신청을 받은 경우 종합소득과세표준 확정신고기한 등의 경과 후 3개월 이내에 근로장려금을 결정하여야 한다(제100조의7 제1항). 위 결정(또는 거부처분)은 부과처분 유사의 것으로서 국세기본법에 따라 불복청구를 할 수 있다.

(2) 결정된 근로장려금은 '환급세액'으로 간주되어 국세기본법 제51조를 준용하여 환급된다(제100조의8 제1항). 환급세액으로 지급되는 근로장려금은 원칙적으로 국세환급가산금이 배제된다.

---

42) 정확하게 말하면 일반과소신고 세율을 적용한 일반가산세액을 초과하는 부분을 취소하고 그 나머지 청구를 기각하여야 할 것이다.

43) 조세특례제한법상 자녀장려세제(2014. 1. 1. 신설)가 도입되었는바, 자녀장려금확정절차도 근로장려금확정절차와 유사하다(조세특례제한법 제100조의27부터 제100조의31까지 참조).

국세기본법 제51조를 준용할 때, 근로장려금을 받으려는 거주자에게 국세의 체납액이 있는 경우 환급할 근로장려금의 100분의 30을 한도하여 하여 그 국세의 체납액에 충당한다. 이 경우 다른 국세에 부가되는 국세는 본세에 따른다.

(3) 신청요건에 관한 사항을 고의 또는 중대한 과실로 사실과 다르게 하여 신청한 경우, 그 사실이 확인된 날이 속하는 해부터 2년간(사기나 그 밖의 부정한 행위로써 사실과 다르게 신청한 경우에는 5년간) 근로장려금을 환급하지 아니한다(제100조의9 제1항). 이미 수급한 근로장려금은 뒤에서 보는 바와 같이 감액경정되어 추징된다.

나. 근로장려금 결정의 경정

(1) 근로장려금의 결정 후 그 결정에 탈루나 오류가 있을 때에는 근로장려금을 경정하여야 한다(제100조의10 제1항). 경정에는 근로장려금의 감액경정 및 증액경정이 있을 수 있으나, 주로 근로장려금 감액경정을 의미한다. 근로장려금의 지급결정이 행정처분(=수익적 행정처분)인 이상 그 처분에 불복을 하지 아니하면 불가쟁력이 발생하여 원칙적으로 이를 다툴 수 없기 때문이다. 조세특례제한법에서 규정된 근로장려금에도 국세기본법이 우선하여 적용되므로, 국세기본법상의 경정(청구)에 관한 설명이 원칙적으로 타당하다.

(2) 근로장려금을 부적격자가 수급한 경우 위에서 본 바와 같이 감액경정되고 국세기본법 제51조 제8항에 기하여 국세징수법에 따라 징수된다.

신청자가 신청한 근로장려금이 제100조의7에 따른 근로장려금을 초과한 경우에는 국세기본법 제47조의3을 적용하지 아니한다. 경정으로 제100조의7에 따른 근로장려금이 줄어들어 신청자가 환급받은 세액이 환급받아야 할 세액을 초과한 경우에는 소정의 계산식을 이용하여 산정한 금액을 국세기본법 제47조의4 제1항에 따른 가산세로 한다.

근로장려금 결정의 경정에도 제척기간의 적용이 있다. 원칙적으로 5년이나 부정행위가 개입된 경우 그 제척기간은 10년이다.

제10절

신고납세제도와 조세채무자를 위한 구제수단

1. 신고납세제도

가. 세액의 확정효

(1) 신고납세방식의 조세에 있어 과세표준신고서를 관할 세무서장에게 제출하는 등으로 '課稅標準申告'를 하면 세액이 확정되고 동시에 '확정효'가 발생한다.

'세액의 확정효'는 납부의 기초가 되고, 이를 집행할 수 있는 권원이 되며, 납부한 세금을 정부가 적법하게 보유할 수 있는 권원이 된다 함은 앞서 보았다.

따라서 신고에 중대하고도 명백한 하자가 없는 이상, 그 외의 하자가 있다 하더라도 확정효에 의하여 부당이득과의 관계에서 법률상 원인을 가지게 되어, 원칙적으로 경정청구에 의하여 확정효가 배제되지 않는 한, 납부한 세금을 돌러받을 수 있는 환급청구권이 발생하지 아니함은 앞서 본 바와 같다(제1장 제9절 3. 나. 참조).

(2) 한편, 신고납세제도 아래에서 신고내용에 실체적 오류가 있는 경우, 즉 착오 등으로 납부할 의무가 없거나 신고할 세액이 없음에도 이를 잘못 신고납부하였거나 과다납부한 경우, 이를 '자기부과에 의한 권리침해'[1]로 볼 수 있다. 이 경우 조세채무자에게 어떠한 구제수단을 부여하여 이를 환급받도록 하여야 할 것인지에 관하여는 비교법상 다양하다. 물론 실정법상 구제수단 내지 환급수단을 존치시켜야 함은 법치주의 원칙상 당연하다.

나. 세액확정의 가속화

신고납세제도는 과세관청의 제한된 인력과 자원으로 모든 과세표준신고서를 일일이 조사하여 부과처분의 형식으로 세액을 결정할 수 없는 탓에 조세채무자를 성실한 인간으로 전제한 다음(성실한 인간상, 성실신고의 추정, 국세기본법 제81조의3), 조세채무자가 신고한 그대로 일단 세액을 확정하고 이를 징수함으로써 세액확정을 가속화시켜 국가재정의 안정적 확보를 도모하는 데 그 목적이 있다.[2]

---

1) 谷口勢津夫, 전게서, 134면에서, 경정청구의 권리구제기능을 설명하면서 '자기부과에 의한 권리침해'라는 표현을 사용하고 있다.

다. 신고납세제도 본질론과 경정청구기간의 제한가능성

신고납세제도 본질론과 관련하여 조세채권자인 국가와는 달리 조세채무자가 실체적 오류를 시정하는 데 시간적 제약(제한)을 가하여야 하는가? 경정청구기간이 필요한가? 그 이유는 무엇인가? 제척기간 내라면 언제든지 다툴 수 있도록 하여야 하는 것이 아닌가? 경정청구기간이 5년으로 연장된 지금에서야 너무나 당연한 것으로 받아들일지 모르지만 과거 경정청구기간이 1년이었던 당시로 잠깐 돌아가 생각해 보자는 것이다.

(1) 우선 "모든 조세채무자는 성실하게 신고하라. 만약 그 신고과정에서 법률상 또는 사실상의 오류로 잘못 신고하였거나 과다납부하였다면 국가는 언제든지 잘못 낸 세금을 돌려준다."라는 확신을 조세채무자에게 심어주어야 한다.

이러한 확신이 전제되어야만 세액확정을 가속화시켜 국가재정의 안정적 확보를 도모한다는 신고납세제도의 본래의 취지가 달성되기 때문이다.

만약 이러한 확신이 전제되지 아니하면 신고 자체에 있을지도 모르는 법률상 또는 사실상의 실체적 오류를 염려하여 신고 자체를 지연시킬 수 있고, 이 경우 이를 비난하여 가산세 등을 가하는 이유를 충분히 설명하기 어렵다.

가산세 등을 염려하여 일단 국가에 유리하면서 조세채무자에게 불리한 신고를 한 조세채무자에게, 법률상 오류 내지 사실상 오류가 사후에 발견된 경우, 그 오류를 시정할 수 있는 기회를 반드시 제공하여야 한다.[3] 신고에 따르는 적지 않은 비용을 스스로 부담하는 마당에 그 신고에 내재된 실체적 오류로 인한 위험부담까지 혼자 짊어지고 가라고 방치할 수는 없다. 세액확정의 가속화로 인한 재정적 안정을 확보하는 이점을 가지는 국가도 위험을 함께 인수함이 마땅하다.

따라서 신고로 세액이 확정된다 하더라도, '자기부과에 의한 권리침해'가 있다고 보아, 제척기간 내라면 언제든지 조세채무자로 하여금 조세사건을 다툴 수 있도록, 조세사건 자체를 항상 열어 놓아야 한다.[4]

(2) 나아가 과세표준신고서를 제출하기까지는 상당한 시간적 여유가 있으니 오류가 없도

---

2) 谷口勢津夫, 전게서, 120면에서, '신고납세제도는 그 도입경위에 비추어 세무행정의 부담경감 내지 조세의 효율적 징수를 그 취지로 하고 있는 것'이라고 적고 있다.

3) 고은경, 전게논문, 2면에서, "특히 과소신고 했을 경우 부과되는 가산세의 부담이 점점 커지고 있는 상황에서 납세자는 일단 보수적인 관점에서 과세표준 및 세액을 계산하여 신고·납부 한 후 그것이 과다신고임이 확실해진 경우 이를 돌려받고자 하는 유인이 존재하게 된다."라고 적고 있다.

4) Klein, 전게서, 950면 이하에서, 신고(= 사후심사유보부 세액확정)에 있어, '조세사건은 미확정(der Steuerfall wird offen gehalten)'이고, 그 세액확정은 '항상 포괄적으로 임시적(stets umfassend vorläufig)'이라고 적고 있다. 즉 신고로 인하여 확정된 세액은 임시적이라서 제척기간 내에서 항상 국가에 의하여 변경되거나 조세채무자의 경정청구에 의하여 변경될 수 있다는 것이다.

록 만전을 기하여 신고를 하되 일단 신고를 하면 오류를 시정할 구제수단이 없다고 하거나, 제척기간보다 짧은 기간만을 허용한 채 그 기간만으로 당초 제출한 확정신고서를 검토할 수 있는 충분한 시간이 된다는 이유로, 혹은 경정청구기간의 연장이 실질적으로 법정신고기한의 연장이 된다는 이유로, 그 기간 내에 경정청구를 하지 아니하면 오류를 시정할 수 없다고 해서도 안 될 것이다.

조세법률관계는 대량적·주기적으로 반복하여 성립할 뿐 아니라 사실관계의 확정도 어렵고 그 사실관계에 적용할 법령 또한 전문적·기술적이고 복잡하여 이를 정확히 이해하려면 상당한 법적·회계학적 지식을 필요로 하기 때문이다(대법원 1997. 7. 22. 선고 96누8321 판결 참조).

(3) 한편, 실체적 오류를 시정하는 데 시간적 제약을 가하여야 하는 이유를 굳이 찾는다면 헌법재판소 2004. 12. 16. 선고 2003헌바78 결정에서 판시한 바와 같이 '조세행정의 원활한 운영'과 '조세법률관계의 조속한 안정' 즉 '국가재정의 안정적 확보'라 할 것이다.

그러나 국가재정의 안정적 확보는 조세국가에 있어 조세의 궁극적 목적 또는 조세입법의 일반적 동기에 불과한 것으로서 신고납세제도에 있어 오류시정절차에 시간적 제약을 가할 이유가 될 수 없다. 대법원 2014. 6. 26. 선고 2012두12822 판결에서도 "조세법률관계의 조속한 안정을 도모하고자 하는 개정 전 규정의 입법 목적은 새로이 증가된 과세표준과 세액에 관한 경정청구권의 행사만을 제한하는 것으로 충분히 달성할 수 있다."라고 판시하여 당초 신고된 부분에 대하여 경정청구권의 제한을 통하여 조세법률관계의 조속한 안정을 도모하여서는 안 됨을 강조하고 있다.

(4) 더구나 신고납세제도 아래에서 국가의 확정권은 유보되어 있고 제척기간 내라면 언제든지 세무조사 등의 방법으로 유보된 확정권을 행사할 수 있는 상황이므로 조세법률관계의 조속한 안정은 도모될 수도 없다. 아울러 국가나 조세채무자는 대등한 당사자로서 조세채무확정절차에서 공평하게(fair and just)하게 취급되어야 한다. 조세채무자에게만 일방적으로 절차적 제한을 가하여 차별적으로 취급할 수는 없다.

(5) 결론적으로 신고납세방식의 조세에 있어 신고내용에 실체적 오류가 있는 경우, 실체적 진실주의를 실현하기 위하여 과세관청이 제척기간 내에서라면 언제든지 실체적 오류를 시정할 권한과 의무가 있어 횟수에 관계없이 거듭하여 증액경정을 반복할 수 있듯이, 조세채무자에게도 자기부과에 의한 권리침해가 있는 것으로 보아 제척기간 내에서는 언제든지 실체적 오류를 시정할 수 있는 기회를 주는 것이 신고납세제도 본질에 부합한다. 신고납세제도에 있어 제척기간보다 짧은 경정청구기간을 설정하는 것 자체가 사물의 본성에 부합하지 않는 것이다.

2. 각 국의 입법례 및 국세기본법의 개정

가. 독일

(1) 조세기본법 제168조(조세신고의 효력)

『¹조세신고는 사후심사유보부 세액확정과 동일하다. ²종래 납부하여야 하는 세액을 감액시키거나 환급을 가져오게 하는 수정신고는 과세관청이 동의를 하는 경우에만 제1문과 같다. ³그 동의에는 어떤 형식이 필요하지 아니하다.』

(2) 조세기본법 제164조(사후심사유보부 세액확정)[5]

『(1) ¹조세사건이 완결적으로 심사되지 아니하는 한, 특정한 이유가 없더라도, 세액은 전체적으로 또는 부분적으로 사후심사유보부로 확정될 수 있다. ²예납세액의 확정은 항상 사후심사유보부 세액확정이다.

(2) ¹사후심사유보가 유효하게 존속하는 한, 그 세액의 확정은 폐지되거나 변경될 수 있다. ²조세채무자는 언제든지 그 세액의 확정의 폐지나 변경을 신청할 수 있다. ³이에 대한 결정은 상당한 시간 내에서 이루어지는 완결적 심사가 종료될 때까지 연기될 수 있다.

(3) ¹사후심사유보는 언제든지 폐지될 수 있다. ²그 폐지가 이루어지면 사후심사유보가 없는 세액확정과 동일하다; 제157조 제1항 제1문 및 제3문이 준용된다. ³외부세무조사가 이루어진 후, 사후심사유보부 세액확정에 대한 변경이 이루어지지 않는다면, 사후심사유보는 폐지되어야 한다.

(4) ¹사후심사유보는 제척기간이 도과하면 탈락한다. ²제169조 제2항 제2문 및 제171조 제7항, 8항 및 10항은 그 적용이 없다.』

나. 미국

(1) 내국세입법에는 두 종류의 기간제한(S/L)을 두고 있다.

제6501조의 세액확정에 관한 기간제한(Time Limit on assessment, Limitation on assess-ment, S/L on assessment), 제6511조의 환급청구(The Refund Claim, Claim for Refund)에 관한 기간제한(Limitation on refund, Time Limit on filing Claim for Refund)이 있다. 중요부분을 설명하면 다음과 같다.

(2) 제6501조 (a)에 의하면 세액확정기간은 원칙적으로 과세표준신고서가 접수된 후 3년이다. 물론 많은 예외가 있다. 제6501조 (c)(3)에 의하면 신고서를 제출하지 아니한 경우 기간

---

5) Klein, 전게서, 950면에서, 독일 조세기본법 제164조는 미국의 신고납세방식에 입법적 기초를 두고 있다고 적고 있다.

제한이 없다. 제6501조 (c)(1)에 의하면 사기적 신고에도 기간제한이 없다. 제6501조 (e)(1)에 의하면 소득세에 있어 총소득의 중요부분을 누락한 경우(25%) 그 부분에 대하여 6년의 기간이 적용된다. 제6501조 (c)에 의하면 서면합의로 세액확정기간을 연장할 수 있다.

(3) 제6511조 (a)에 의하면 환급청구권(Claim for Refund)은 과세표준신고서를 접수한 날부터 3년(3년 룰), 세금을 완납한 날부터 2년(2년 룰) 중 늦게 도래하는 기간 내에 행사되어야 한다. 제6511조 (d)(1)에 의하면 환급청구가 대손 등(bad debts or worthless securities)에 관련된 경우 과세표준신고서를 접수한 날부터 7년 내에 행사되어야 한다.

(4) 환급청구의 요건은 세금의 과다납부(overpayment)이다. 과다납부라 함은 법적으로 부담하여야 할 세금을 초과하여 납부한 것을 말한다.

과다납부는 여러 경우에 발생한다. 첫째 임금에 대한 원천징수가 과다할 때, 둘째 세액계산에 있어 오류가 있는 경우, 셋째 다른 과세연도의 결손금의 소급공제가 있는 경우, 넷째 세액확정기간 경과 후에 세금이 납부된 경우, 다섯째 사법적 판결에 의한 경우 등이다.

(5) 제6511조 (c)(1)에 의하면 서면합의로 세액확정기간을 연장한 경우, 환급청구권 행사기간도 추가적으로 6월의 기간이 부여된다. 제6511조의 적용을 위한 과세표준신고라 함은 법률에서 정한 기간 내에 신고된 것을 말한다. 위 기간을 놓치면 3년 룰은 적용될 수 없고 항상 2년 룰이 적용된다.

다. 일본

2011. 12. 2. 국세통칙법 제23조 제1항6) 소정의 통상의 경정청구기간을 종전 1년에서 5년으로 개정하였다. 조세채무자에 의한 수정신고기간, 경정청구기간 및 과세관청에 의한 증액경정과 감액경정의 기간(제척기간)이 원칙적으로 각 5년으로 통일되었다(제1장 제2절 8. 참조).

라. 우리나라

독일처럼 신고에 대하여는 제척기간 내에서 언제든지 경정청구를 할 수 있게 하여7) 조세채무자로 하여금 실체적 진실에 접근할 수 있도록 하거나, 일본처럼 현행 경정청구기간을 통상의 제척기간인 5년으로 늘리는 방향으로 국세기본법을 개정하는 것이 시급하였다.

입법자는 2014. 12. 23. 국세기본법을 개정하여 통상의 제척기간과 통상의 경정청구기간을 5년으로 일치시킴으로써 우리나라 조세경정법을 선진국 수준으로 끌어올렸다. 이 날은 1974. 12. 21.(국세기본법의 제정), 1994. 12. 22.(국세기본법 제45조의2의 신설)과 더불어 조세경정법 역사상 기념비적인 날로 기록될 것이다.

---

6) 일본 지방세법 제20조의9의3(경정청구)도 동일하다.

7) 독일 조세기본법 제164조 제2항 참조.

3. 대법원 판례상의 구제수단

신고납세방식이든 부과과세방식이든 현재 국세기본법상 경정청구제도가 구비되어 있으므로 과세표준신고에 실체적 오류가 있는 경우 조세채무자의 권리구제수단에 관하여 특별히 논의할 필요가 없다. 그런데 경정청구제도가 구비되기 전에는 과세표준신고가 잘못된 경우 대법원이 '신고하자의 중대명백성 이론'을 적용하여 권리구제를 하여왔던바 그럼으로써 일단의 판례군이 형성되었음은 주지의 사실이다.

여기서 신고하자의 중대명백성 이론에 기한 권리구제와 경정청구에 기한 권리구제와의 관계가 문제되나 경합을 인정한다. 자세한 것은 절차적 배타성(제1장 제3절 5. 나.) 및 경정청구의 배타성(제1장 제11절 7.)에서 따로 다루기로 한다.

실정법상의 경정청구제도가 마련되어 있지만, 권리구제수단 내지 소송 유형의 다양화를 위하여, 판례가 만들어 놓은 '신고하자의 중대명백성 이론'을 정교하게 가꾸어 나갈 필요가 있어 그 이론의 탄생배경과 판례의 내용을 살펴보기로 한다.

4. 신고의 법적 성질에 관한 고찰

가. 해석론상 경정청구의 허용가능성

독일 조세기본법 제168조 및 제164조처럼 신고납세방식의 조세에 있어 제척기간 내에 언제든지 경정청구를 할 수 있다고 한다면 문제가 없으나 이러한 경정청구제도를 존치시키지 않았던 우리로서는 어떠한 구제수단을 강구하여야 하는지가 문제되었다(과거 구 지방세법상 경정청구제도 자체가 없었다).8) 비록 실정법상 경정청구제도가 없었다 하더라도 신고납세제도의 본질에 비추어 다소 무리한 해석일지 모르나 제척기간 내에서는 언제든지 경정청구를 할 수 있다고 해석할 여지가 없었다고 볼 수는 없다.9)

---

8) 우리나라가 신고납세방식을 도입함에 있어 미국 및 독일 등의 신고납세방식에 대한 조세채무자의 구제방법에 대하여 비교법적 검토를 하였는지는 알 길이 없다. 다만 일본 최고재판소 1964. 10. 22. 판결(제1장 제11절 8. 참조)이 우리나라 판결 및 실무관행에 영향을 미친 것으로 보인다.

9) 헌법재판소 2000. 2. 24. 선고 97헌마13, 245(병합) 결정 참조(제1장 제2절 7. 가.). 미국 및 독일 등의 신고납세방식에 대한 조세채무자의 구제방법에 대하여 비교법적 검토를 하였더라면 하는 아쉬움이 남는 부분이다. 행정법과 행정소송법을 두고 있는 대륙법계를 따르고 있던 이상, 적어도 부과과세방식에서 신고납세제도로 전환하는 과정에서, 조세채무자의 구제방법에 관한 독일 조세기본법 제164조와 같은 조항이나 미국의 신고납세제도를 입법적으로 검토하였더라면, 신고행위의 법적 성질을 논할 필요가 없었다.

나. 법원실무의 입장

법원실무는 신고납세방식의 조세에 있어 실정법상 경정청구제도를 두고 있지 않은 이상 경정청구를 통한 구제수단을 인정할 수 없다는 전제에서 구제의 필요성이 있는 경우 어떠한 방법으로 구제할 것인지 그 구제수단을 모색하였다.

그리하여 행정법 이론을 빌려 신고의 법적 성질을 규명하면서 민법상 착오에 관한 규정 등 의사표시의 하자에 관한 규정이 신고납세방식의 신고행위에 적용되거나 유추될 수 있는지 여부에 관한 논의를 일찍이 시작하였다.

한편, 행정법상 신고의 법적 성질이 사인의 공법행위에 해당하나 의사표시이냐 아니면 단순한 통지행위이냐를 둘러싸고 의사표시설, 통지행위설 및 복합행위설 등이 논의되었고, 이러한 논의들이 세법의 장에도 그대로 옮겨 전개되었다.

결국 신고(행위)를 '공법상의 준법률행위(통지행위)'[10]로 보면서, 민법상 착오에 관한 규정 등은 (유추)적용될 수 없고, 신고행위 자체에 중대하고도 명백한 하자[11]가 있는 경우에 한하여 신고의 무효를 인정하여, 부당이득반환청구를 긍정하였던 것이다.

5. 판례(중대명백성 이론)

가. 서울고등법원 1984. 12. 24. 선고 84나2211 판결

『 … 원고는 위 방위세액의 과다신고는 위 세무서 산하 공무원의 행정지도에 의한 착오에 기하여 세율을 과다적용한 데에 그 원인이 있으므로 그 신고행위를 취소한다고 주장하나 위 신고행위는 위의 조세채권채무관계를 성립시키는 전형적인 공법상의 준법률행위이어서 그 표시된 외관에 따라 그 효력을 정하여야 한다고 할 것이고, 따라서 그 신고에, 부과과세에 있어서의 부과처분을 당연무효화 시키는 것과 같은, 명백하고도 중대한 하자가 있는 경우는 별론으로 하고, 그에 관하여 민법상의 착오법리를 따라 이를 일방적으로 취소할 수 없다고 할 것이다.』

즉 신고는 공법상의 준법률행위로 표시된 외관에 따라 효력을 정하여야 하므로 민법상의 착오규정은 적용될 수 없고, 다만 부과처분의 당연무효사유에 관한 하자의 중대명백성 이론을

---

10) 뒤에서 보는 서울고등법원 1984. 12. 24. 선고 84나2211 판결에 의하면, 신고행위를 '공법상의 준법률행위'로 보면서 민법상의 착오법리가 적용될 수 없다고 판시하고 있다.

11) 신고행위 자체에 중대하고 객관적으로 명백한 하자가 존재하는지 여부에 따라 부당이득반환청구권 유무의 기준으로 삼은 것은 일본 최고재판소 1964. 10. 22. 판결('착오가 객관적으로 명백하고 중대한 것')이고, 그리하여 일본에서 위 판결로 종래 신고의 법적 성질 및 민법상의 착오규정 적용 여부에 관한 논쟁은 그 범위 내에서 정리되었다. 뒤에서 위 일본 판결에 관한 자세한 설명을 한다(제1장 제11절 8. 참조).

차용하여 신고상의 착오 등 하자가 중대하고도 명백한 경우라면 그 신고를 당연무효라고 보아 곧바로 국가를 상대로 부당이득반환청구를 할 수 있다는 것이다.

위 판결은 신고의 하자로 인한 무효 여부를 판단함에 있어 행정처분의 무효사유인 하자의 중대명백성 이론을 차용한 것이 그 특징이다.

나. 대법원 1995. 2. 28. 선고 94다31419 판결

> 『(취득세·등록세는 신고납세방식의 조세로서) 이러한 유형의 조세에 있어서는 원칙적으로 납세의무자가 스스로 과세표준과 세액을 정하여 신고하는 행위에 의하여 납세의무가 구체적으로 확정되고(과세관청은 납세의무자로부터 신고가 없는 경우에 한하여 비로소 부과처분에 의하여 이를 확정하게 되는 것이다), 그 납부행위는 신고에 의하여 확정된 구체적 납세의무의 이행으로 하는 것이며 국가나 지방자치단체는 그와 같이 확정된 조세채권에 기하여 납세된 세액을 보유하는 것이므로 납세의무자의 신고행위가 중대하고 명백한 하자로 인하여 당연무효로 되지 아니하는 한 그것이 바로 부당이득에 해당한다고 할 수 없고, 여기에서 신고행위의 하자가 중대하고 명백하여 당연무효에 해당하는지의 여부에 대하여는 신고행위의 근거가 되는 법규의 목적, 의미, 기능 및 하자 있는 신고행위에 대한 법적 구제수단 등을 목적론적으로 고찰함과 동시에 신고행위에 이르게 된 구체적 사정을 개별적으로 파악하여 합리적으로 판단하여야 한다.』[12]

위 판결은 대법원 1995. 1. 24. 선고 94다47797 판결의 부과처분 당연무효에 관한 중대명백성이론(중대명백설)을 신고의 하자로 인한 당연무효 여부를 판단함에 있어 차용하였다는 점에서 위 고등법원 판결과 궤를 같이 한다.

6. 판례의 흐름

가. 지방세에 관한 판례

구 지방세법은 1997. 8. 30. 납세자의 권리보호를 위하여 큰 개정작업이 이루어졌다. 구체적 내용은 지방세에 관한 부분에서 설명되나 신고를 행정처분으로 의제한 점이 특이하다(제1장 제4절 6. 나.). 다음 ②, ④, ⑨, ⑬ 판결에 주목하여야 한다.[13]

---

12) 지방세에 관한 판례에 있어 '위 판시부분'은 이후 계속하여 반복하여 판시되고 있으므로, 이하 판례를 인용함에 있어 편의상 '··· 중략 ···'으로 표시하고자 한다. 따라서 '6. 판례의 흐름'에서 인용되는 지방세 관련 판례에서, '··· 중략 ···'으로 표시된 부분은, '위 판시부분'이 생략된 것임에 유의하여야 한다.

13) 지방세기본법상 통상의 경정청구기간을 3년으로 정하고 있었던 이상, 경정청구기간 도과 후에 있어서는 신고하자의 중대명백성 이론에 따라 구제될 수밖에 없었다. 이를 위하여 판례의 사안개요 및 판시취지를 정리하였다. 중대명백성이 아닌 중대성 입장에 선 ⑬ 판결에 유의하여야 한다. 다만 지방세기본법 제51조 제1항이

① 대법원 1884. 6. 26. 선고 83다카1659 판결(부당이득, 인용)

　　사안개요 : 원고가 그 소유의 토지위에 그 명의로 건축허가를 받아 공정이 30% 진행된 상황에서 원고가 대표이사로 있던 법인에게 토지 및 건축기성고를 양도하였고 법인이 공사를 완성하여 건물을 원시취득하였다. 이후 원고는 그 명의로 건축허가가 되었음을 기화로 자신 명의로 보존등기를 하고 취득세를 자진신고납부 하였는데, 이후 소송에서 패소하여 원고명의의 소유권보존등기가 말소되었다.

　　판시취지 : 납세의무 없는 자가 스스로 납세의무자라고 믿고 취득세를 자진신고납부하였고 시가 이를 수령하였다면 위와 같은 소위로 인하여 법률상 원인 없이 이익을 얻음으로써 동액상당의 손해를 입힌 것이고, 또 시의 위 수령행위는 부과처분이라고 볼 수 없으므로 이를 반환할 의무가 있다.

위 판결은 납세의무자가 아니면서 납세의무자라고 오인한 나머지 자신신고납부한 경우, 하자의 경중을 따지지 아니하고 곧바로 부당이득반환을 인정한 것인지 아니면 신고행위의 하자가 중대·명백하여 부당이득반환을 인정한 것인지는 명백하지 않다.

② 대법원 1995. 2. 28. 선고 94다31419 판결(부당이득, 인용)

　　사안개요 : 쟁점 건물은 서울시 조례에 의하여 취득세 및 등록세 면제대상이었다. 원고는 조례에 기하여 면제대상임을 주장하면서 면제신청을 하였으나, 피고 서울시는 대법원의 거듭된 견해에 반하여 면제를 거부하였다. 원고는 자진신고납부 해태에 따른 부가세(가산세를 지칭)의 부담회피와 신속한 소유권보존등기의 필요성에 의하여 부득이 먼저 자진신고납부를 한 다음 부당이득반환청구를 하였다.

　　판시취지 : 이 사건에서 이러한 특별한 사정으로 인하여 위 신고행위에 조세채무의 확정력을 인정할 여지가 없는 중대하고 명백한 하자가 있어 당연무효에 해당한다고 할 것이고, 따라서 피고는 납부된 세액을 보유할 아무런 법률상 원인이 없는 것이어서, 결국 피고에 대하여 부당이득을 인정한 원심판단은 결론에 있어 정당하다.

③ 대법원 1995. 9. 29. 선고 94다40420 판결(부당이득, 기각)

　　사안개요 : 원고들은, 연립주택조합의 조합원들로서 위 조합이 취득하여 그들 공동명의로 등기되어 있던 조합주택 건설용지 4필지의 각 18,011분의 39.66지분에 관하여 각 지분권이전등기를 경료함에 있어, 1992. 6. 19. 각자 취득가액의 1000분의 30에 해당하는 금 587,850원씩의 등록세를 자진납부하고 같은 해 6. 26. 등기를 마쳤으며, 위 등기신청을 함에 있어서 원고들은 등기신청서에 등기원인과 연월일을 1992. 4. 30., 공유지분일부매매, 취득가액을 금 19,595,125원으로 각 기재하

개정되어 통상의 경정청구기간이 5년으로 된 이상 논의의 실익이 적다.

고 검인 부동산매매계약서 등 부속서류를 제출하였다. 원고들은 청구원인으로, 이 사건 토지는 자신들이 취득하여 위 조합명의로 소유권이전등기를 마쳤던 것으로서 그 취득에 아무런 대가를 지불하지 아니하였으므로, 위 등기는 지방세법 제131조 제1항 제2호 소정의 무상으로 인한 소유권취득에 해당하여 그 세율이 1000분의 15임에도 불구하고, 법의 무지로 이를 지방세법 제131조 제1항 제3호 (2)목에 해당하여 세율이 1000분의 30인 것으로 오인하여 자진신고납부하였으니, 피고로서는 그 납부세액의 차액에 대하여 부당이득으로 반환할 의무가 있다고 주장하였다.

　　판시취지 : 등록세는 신고납세방식의 조세로서, 이러한 유형의 조세에 있어서는 원칙적으로 납세의무자 스스로 과세표준과 세액을 정하여 신고하는 행위에 의하여 납세의무가 구체적으로 확정되고, 그 납부행위는 신고에 의하여 확정된 구체적 납세의무의 이행으로 하는 것이며, 국가나 지방자치단체는 그와 같이 확정된 조세채권에 기하여 납부된 세액을 보유하는 것이므로, 납세의무자의 신고행위가 중대하고 명백한 하자로 인하여 당연무효로 되지 아니하는 한 그것이 바로 부당이득에 해당한다고 할 수 없는 것이다. 이 사건에서 원고들의 지분권이전등기가 지방세법 제131조 제1항 제2호 소정의 무상으로 인한 소유권취득의 등기라고 하더라도, 그 등기신청절차에 있어 원고들 스스로 등기원인을 위와 같이 매매로 인한 유상취득으로 기재하고 그 부속서류인 검인 부동산매매계약서까지 제출하였다면, 그러한 오인이 있다 하여 바로 등록세 자진신고 행위에 있어 그 신고세율 1000분의 30 중 무상취득과의 차이인 1000분의 15에 해당하는 부분에 대하여는 그 하자가 중대하고 명백한 것으로 당연무효라고 볼 수 없을 것이다.

④ 대법원 1995. 11. 28. 선고 95다18185 판결(부당이득, 기각)

　　사안개요 : 원고들 66인은 서울시 조례에 터잡은 행정지도에 따라 스스로 납세의무자로 믿고 취득세를 자진신고납부하였다. 그런데 위 조례는 상위법인 지방세법의 조항에 의하여 비과세대상의 기준이 되는 소유자의 범위를 부당하게 제한한 것으로서 무효였고, 원고들은 무효인 조례에 터잡은 행정지도에 따라 납부한 각 취득세 상당액은 법률상 원인 없는 부당이득에 해당한다고 하여 그 반환을 청구하였다.

　　판시취지 : 취득세는 신고납세방식의 조세로서, … 중략 … 이 사건에 있어, 원심이 인정한 바와 같이, 무효인 위 조례규정에 터잡은 행정지도에 따라 원고들이 스스로 납세의무자로 믿고 자진신고 납부하였다 하더라도, 위에서 본 법리, 특히 신고행위가 없어 부과처분에 의해 조세채무가 확정된 경우에 취득세를 납부한 자와의 균형을 고려하건대, 만일 원고들이 자진신고하지 아니하여 부과처분에 의해 조세채무가 확정되었다 하더라도 원고들이 그러한 부과처분에 불복하였으리라고 볼 사정이 엿보이지 아니하고, 또 부과처분의 근거가 된 조례규정이 무효라 하여 그에 터잡은 부과처분이 당연무효가 되는 것이 아니므로(당원 1995. 7. 11. 선고 94누4615 전원합의체 판결 참조), 원심이 인정한 사정만으로는 원고들의 신고행위의 하자가 중대하고 명백한 것이라고 단정할 수 없음은 분명하다.

위 판결은 첫째 과세관청의 행정지도[14]가 있었음에도 조례의 무효 여부는 명백하지 아니하여 당연무효라 할 수 없고, 둘째 신고행위가 없어 부과처분에 의하여 조세채무가 확정된 경우 조례가 무효라고 하여 그 부과처분도 당연무효라고 할 수 없는데, 원고들이 자진신고를 하지 아니하여 부과처분을 당하였다면 이에 대한 불복을 하였으리라고 볼 사정이 엿보이지 아니하므로, 이 사정도 아울러 고려하여 중대명백성을 판단하여야 한다는 것이다.

⑤ 대법원 1996. 4. 12. 선고 96다3807 판결(부당이득, 기각)

사안개요 : 원고 지역주택조합이 건축한 아파트는 조합원들이 원시취득한 것으로서, 원고조합 명의로 1992. 2. 17. 가사용승인을 받은 다음, 원고조합명의로 1992. 3. 18. 취득세를 신고납부하였다. 그런데 원고조합은 가사용승인을 받은 후 관할구청으로부터 원고조합을 납부의무자로 한 자납분 취득세고지서와 조합원 개개인을 납부의무자로 한 자납분 취득세고지서를 교부받았는데, 조합과 조합원 개개인이 이중으로 취득세를 납부할 수 없다고 하여, 조합 내에서도 논란이 있었다. 그러나 취득일로부터 30일 이내에 자진신고납부하지 아니할 경우 세액의 100분의 20에 해당하는 가산세를 물어야 하고, 원고조합이 취득세의 이중납부에 대한 의문을 가지고 있었다 하더라도 조합사무가 종결된 뒤에는 개별조합원으로부터 다시 조합이 납부할 취득세를 징수하는 것이 쉽지 아니하고, 조합원 앞으로 보존등기를 경료하기 위하여도 취득세를 납부할 필요가 있기 때문에, 원고조합은 우선 이를 납부하고 추후에 이를 시정하기로 하여, 부득이 위 취득세를 자신신고납부하였다. 한편, 조합원 개개인도 따로 취득세를 납부하여 결과적으로 취득세를 이중으로 부담하게 되었다.

판시취지 : 취득세는 신고납세방식의 조세로서 … 중략 … 그런데 관계 증거와 기록에 의하면, 원고조합이 납세의무가 없음을 인식하면서 부득이 이 사건 취득세를 자진신고납부한 것이라고 인정하기 어렵고, 오히려 원심이 판시한 바와 같이 원고조합은 그 납세의무가 없음에도 불구하고 그 의무가 있는 것으로 오인하고 이 사건 취득세를 자신신고납부한 것에 불과하다고 인정되고, 또 원고조합을 납세의무자라고 오인할 만한 객관적 사정도 인정되는바, 사실관계가 이와 같다면 위 신고행위의 하자가 중대하다 하더라도 명백한 것이라고 단정할 수 없다 할 것이다.

⑥ 대법원 1996. 8. 23. 선고 95다44917 판결(부당이득, 인용)

사안개요 : 쟁점 건물은 서울시 조례에 의하여 등록세 면제대상이었다. 원고는 자진신고납부에 앞서 조례에 기하여 면제대상임을 주장하면서 면제신청을 하였으나, 피고 서울특별시가 대법원의 거듭된 판결에도 불구하고 납부를 종용함에 따라, 원고는 자진신고납부 해태에 따른 부가세의 부담 회피와 신속한 소유권보존등기의 필요성에 의하여 우선 자진신고납부한 다음, 이를 환급받는 방법

---

14) 谷口勢津夫, 전게서, 124면에서, "세무공무원의 행정지도 잘못에 기인한 납세신고에 대하여 착오무효를 긍정한 예로 도쿄지방재판소 판결(1981. 4. 27.) 등이 있다."라고 적고 있다.

을 택하기로 방침을 정하고 자진신고납부를 한 다음 부당이득반환청구를 하였다.

판시취지 : 이러한 사정에 비추어 보면 위 신고행위에 조세채무의 확정력을 인정할 여지가 없는 중대하고 명백한 하자가 있어 당연무효에 해당한다.

⑦ 대법원 1997. 11. 11. 선고 97다8427 판결(부당이득, 인용)

사안개요 : 원고는 1991. 3. 6. 국토이용관리법상 토지거래허가구역 내에 있는 토지를 매수하여 같은 해 6. 29. 그 매매대금을 지급한 다음 같은 해 7. 25. 서산시장에게 취득세를 자진신고납부하였다. 그런데 1994. 5. 6. 서산시장으로부터 토지거래허가 불허가처분을 받았다.

판시취지 : 토지거래허가구역 안에 있는 토지에 관한 매매계약 등 거래계약은 관할관청의 허가를 받아야만 효력이 발생하며 허가를 받기 전에는 물권적 효력은 물론 채권적 효력도 발생하지 아니하여 무효라 할 것이며, 토지에 대한 거래허가를 받지 아니하여 무효의 상태에 있다면 매수인이 매매대금을 전액 지급하였다 하더라도 매수인이 토지를 취득하였다고 할 수는 없다고 할 것이므로, 원고가 토지거래허가구역 안에 있는 이 사건 토지에 관한 매매계약을 체결하고 매도인에게 매매대금을 모두 지급하였다고 하더라도, 이 사건 취득세 신고 당시에는 관할관청으로부터 토지거래허가를 받지 못하여 이 사건 토지를 취득하였다고 할 수 없다. 나아가 기록에 의하면 원고는 자진신고납부 해태에 따른 부가세의 부담 등을 염려하여 이 사건 취득세의 자진신고납부를 하였고, 서산시장으로부터 이 사건 토지의 위 거래에 관한 토지거래허가신청에 대하여 불허가처분을 받자 이 사건 토지의 매도인들인 위 소외인들과 매매관계를 청산한 다음 당시의 지방세법상 납세의무자에 대한 과오납금환부신청권 등 구제수단이 마련되어 있지 않아 부득이 이 사건 민사소송에 의하여 위 취득세액의 반환을 청구하기에 이른 사정을 알 수 있고, 달리 기록상 원고가 이 사건 토지에 관하여 납세자라고 오인될만한 객관적 사정을 찾아볼 수 없다. 사실관계가 이러하다면, 원고의 이 사건 취득세 신고행위는 위와 같은 특별한 사정으로 말미암아 조세채무의 확정력을 인정할 여지가 없는 중대하고 명백한 하자가 있는 것으로 당연무효라고 할 것이다.

⑧ 대법원 1997. 12. 12. 선고 97다20373 판결(부당이득, 인용)

사안개요 : 원고 한국토지공사는 도시재개발법에 따른 재개발사업으로서 제3자에게 공급할 목적으로 이 사건 건물을 신축하였다. 서울 중구청 담당직원은 1994. 6. 17. 원고측 법무사에게 이 사건 건물을 직접 보유할 목적이 아니라 제3자에게 공급할 목적으로 신축한 것이므로 면제대상이 되지 않으니 조속한 시일 내에 취득세 및 등록세를 자진신고납부하라고 하였고, 같은 해 7. 초순경 이 사건 건물을 직접 방문하여 원고 직원에게 취득세 및 등록세의 세액 산출을 위한 총사업비 내역서 및 공사계약서 사본을 조속히 제출하라면서 향후 제출한 자료를 실사하여 허위사실이 발견되면 가산금이 부과된다고 말하는 등 행정지도를 하였다. 그리하여 원고는 취득세 및 등록세의 자진신고납부 해태에 따른 가산금 부과를 회피하고 신속히 소유권보존등기를 마치기 위하여 부득이 취득세

및 등록세를 납부하였다.

판시취지 : 한국토지공사가 도시재개발법에 따른 재개발사업으로서 제3자에게 공급할 목적으로 건축물을 신축하여 일시 취득하였다는 사실관계는 오인의 여지없이 명백한 데다, 이러한 경우 지방세법 및 한국토지개발공사법의 관련 규정에 의하면 취득세 및 등록세 면제 대상이 됨은 달리 해석될 여지없이 법령상 명백함에도 불구하고, 구청 세무과 담당 직원들의 잘못된 자신신고의 유도와 면세대상이 아니라는 그릇된 확인으로 말미암아 자진신고납부 해태에 따른 가산금 부과회피 및 신속한 소유권보존등기를 마치기 위해 부득이 위 세금을 자진신고납부 한 경우, 위 신고행위에는 조세채무의 확정력을 인정할 여지가 없는 중대하고 명백한 하자가 있어 당연무효에 해당한다.

⑨ 대법원 1999. 7. 23. 선고 98두9608 판결(등록세등부과처분취소)

사안개요 : 원고 교회는 1997. 3. 22. 소외인으로부터 부동산을 매수하기로 하는 매매계약을 체결한 후 같은 해 7. 9. 그 소유권이전청구권가등기를 경료하기에 앞서 같은 달 5. 피고에게 등록세를 납부하였다. 한편, 원고는 1997. 6. 피고 종로구청장에게 위 가등기를 위한 등록세 비과세신청을 하였으나 피고가 반려하였고, 위 가등기는 종교단체인 원고 교회가 종교목적에 사용하기 위한 부동산등기로서 비과세대상이었다. 나아가 원고는 1998. 2. 19. 구 지방세법 제82조 및 국세기본법 제45조의2에 터잡아 경정청구를 하였으나 피고는 등록세 부과대상임을 이유로 같은 달 23. 위 경정청구를 거부하였다.

원고는 주위적으로, 등록세를 자진신고납부한 1997. 7. 5. 부과처분이 있었음을 전제(신고를 부과처분으로 의제)하여 그 부과처분의 취소를 구하였고, 예비적으로 경정거부처분 취소를 구하였다.

서울고등법원 판시취지 : 주위적 청구에 대하여 그 취소를 구할 부과처분이 없다는 이유로 주위적 청구를 각하하고, 구 지방세법 제82조에 따라 국세기본법 제45조의2 제1항이 준용됨을 전제로 경정거부처분이 위법하다는 이유로 예비적 청구를 인용하였다.

대법원 판시취지 : 지방세법 제82조는 "지방세의 부과와 징수에 관하여 이 법 또는 다른 법령에서 규정한 것을 제외하고는 국세기본법과 국세징수법을 준용한다."고 규정하고 있고, 국세기본법 제45조의2는 과세표준신고서를 법정신고기한 내에 제출한 자에게 최초에 신고한 국세의 과세표준 및 세액의 결정 또는 경정을 청구할 권리를 인정하는 이른바 경정청구제도를 두고 있으나, 수정신고와 이의신청에 관한 지방세법 제71조, 제72조 및 개정 전후를 통하여 지방세법상 법인세할 주민세의 수정신고납부에 관한 제177조의3의 각 규정 내용과 취지에 비추어 경정청구에 관한 국세기본법 제45조의2의 규정이 개정된 지방세법에 의한 등록세의 부과에 준용될 수 없고, 이와 같은 사정은 개정 전 지방세법에서도 마찬가지이며, 달리 조리에 의한 경정청구권이 인정된다고 볼 여지도 없다.

⑩ 대법원 2001. 4. 27. 선고 99다11618 판결(부당이득, 인용)

『취득세는 신고납세방식의 조세로서 … 중략 … 원심은, 원고는 이 사건 제2토지에 관한 취득세가 면제대상이라고 생각하고 자진신고납부에 앞서 과세관청에 취득세 면제신청을 하였다가 면제대상이 아니라는 회신을 받게 되자, 자진신고납부 해태에 따른 부가세의 부담회피와 체납처분에 따른 문제점 등의 이유로 부득이 자신신고납부한 다음 이의신청 및 심사청구와 행정소송을 거쳐 이 사건 민사소송에 이른 사실을 인정하고 나서, 이러한 사정에 비추어 보면 위 신고행위에 조세채무의 확정력을 인정할 여지가 없는 중대하고 명백한 하자가 있어 당연무효에 해당한다고 판단하였는바, 이는 위 법리에 비추어 정당하고 거기에 신고행위의 당연무효에 관한 법리오해의 위법이 있다고 할 수 없다.』

⑪ 대법원 2005. 5. 12. 선고 2003다43346 판결(부당이득, 기각)

『취득세 및 등록세는 신고납세방식의 조세로서 … 중략 … 원심은 이 사건 토지를 취득한 다음 그에 따른 취득세 및 등록세를 자진신고납부 함에 있어서 관할관청에 공공용지 부분에 대하여 비과세신청을 하였다든지 또는 가산세 등의 제재를 피하기 위하여 불가피하게 신고납부하였다는 등의 사정이 없이 스스로 자진하여 신고납부한 것으로 인정되므로, 사정이 이러하다면, 설사 이 사건 공공용지가 비과세대상에 해당한다고 하더라도 원고의 이 사건 취득세 및 등록세의 자진신고납부행위는 법해석상 다툼이 있다거나 논란의 여지가 많은 부분에 대하여 납세의무가 있는 것으로 오인하여 납부한 것에 불과하여 그 하자가 명백하다고 할 수 없으므로 당연무효라 할 수 없다고 판단하였다. 앞서 본 법리와 관계 법령 및 기록에 비추어 살펴보면, 위와 같은 원심의 사실인정과 판단도 옳은 것으로 수긍이 가고 거기에 취득세 및 등록세의 자진신고납부행위에 대한 하자에 관한 법리를 오해한 위법 등이 있다고 할 수 없다.』

⑫ 대법원 2006. 1. 13. 선고 2004다64340 판결(부당이득, 인용)

『취득세 및 등록세는 신고납세방식의 조세로서 … 중략 … 취득세와 등록세의 신고납부에 있어 무상취득에 의한 세액만을 신고납부하면 되는데도 이를 초과하여 유상취득임을 전제로 계산된 세액을 신고납부 한 경우 그 초과부분에 해당하는 신고납부행위에는 조세채무의 확정력을 인정하기 어려운 중대하고 명백한 하자가 있어 당연무효에 해당한다.』

⑬ 대법원 2009. 2. 12. 선고 2008두11716 판결(취득세부과처분무효확인)

사안개요 : 원고는 1999. 12. 16. 부동산 취득에 따른 취득세 등을 자진신고(＝ 의제적 행정처분)하였으나 납부를 하지 아니하였다. 부평구청장은 2000. 5. 16. 및 2003. 4. 1. 원고에게 취득세 등의 납부를 고지하였음에도 원고는 이 사건 소를 제기하기까지 과세관청 등에 이 사건 신고행위의 하자를 이유로 한 불복청구를 하지 아니하다가 이 사건 취득세 부과처분 무효확인청구를 하였다.
판시취지 : 취득세는 신고납세방식의 조세로서 … 중략 … 그러나 취득세 신고행위는 납세의

무자와 과세관청 사이에 이루어지는 것으로서 취득세 신고행위의 존재를 신뢰하는 제3자의 보호가 특별히 문제되지 않아 그 신고행위를 당연무효로 보더라도 법적 안정성이 크게 저해하지 않는 반면, 과세요건 등에 관한 중대한 하자가 있고 그 법적 구제수단이 국세에 비하여 상대적으로 미비함에도 위법한 결과를 시정하지 않고 납세의무자에게 그 신고행위로 인한 불이익을 감수시키는 것이 과세행정의 안정과 그 원활한 요청을 참작하더라도 납세의무자의 권익구제 등의 측면에서 현저히 부당하다고 볼 만한 특별한 사정이 있는 때에는 예외적으로 이와 같은 하자가 있는 신고행위가 당연무효라고 함이 타당하다.

위 판결은 대법원 판결이 유지하여 왔던 중대명백설을 포기하고 중대설을 취하였다. 조세채무의 존부에 대하여는 제3자 보호문제가 발생하지 아니한다는 점을 강조하면서 나아가 지방세의 구제수단이 국세에 비하여 상대적으로 미비함을 인정한 다음, 국가나 지방자치단체 스스로 위법한 결과를 시정하지 않은 채 납세의무자에게 그 신고행위로 인한 불이익을 감수시키는 것이 권익구제의 측면에서 현저히 부당한 경우에는 중대설에 기하여 신고행위의 무효 여부를 판단하여야 한다는 것이다.

⑭ 대법원 2009. 4. 23. 선고 2006다81257 판결(부당이득, 기각)

사안개요 : 원고법인은 2000. 9. 18. 소외회사의 총발행주식 중 56.79%를 취득함으로써 소외회사의 자산을 취득한 것으로 보아 간주취득세를 부과고지 당하여 2001. 7. 30. 이를 납부하였다. 이후 원고는 그 지분을 그대로 보유한 채로 2003. 9. 소외회사로부터 그 자산 전부를 영업양수도 방식으로 취득하고 2003. 11. 27. 피고에게 취득세를 신고(＝ 의제적 행정처분)하고 납부하였다. 원고는 이후 이중과세에 해당한다는 이유로 부당이득을 원인으로 이중납부된 세액의 반환을 구하였다.

대전고등법원 판시취지 : 원고가 동일 물건의 취득에 대하여 이중으로 취득세를 부담하는 것은 그 하자가 중대하고, 이와 같은 이중과세의 부당한 결과를 시정할 필요성이 크다고 보이는 반면 이를 시정하더라도 제3자에게 어떠한 영향을 미치거나 공공의 신뢰를 해한다고 보이지 않으므로, 원고의 이 사건 취득세 신고행위 중 이중과세에 해당하는 부분에는 조세채무의 확정력을 인정하기 어려운 중대하고 명백한 하자가 있다고 보아, 피고는 그 이중납부된 세액을 부당이득으로 반환할 의무가 있다고 판단하였다.

대법원 판시취지 : ① 법인의 주식을 취득함으로써 과점주주가 된 자에 대한 간주취득세는 실제 법인의 자산을 취득하지는 않았지만 임의처분하거나 관리운용할 수 있는 지위를 취득한 것으로 보아 그 자산 자체를 취득한 것으로 의제하여 취득세를 부과한 것이므로, 그 후 그 과점주주가 영업양수도 방식으로 법인의 자산 전부를 실제로 취득하고 취득세를 납부하였다면, 그중 과점주주가 이미 납부한 간주취득세 부분은 동일한 물건의 취득에 대한 이중과세에 해당한다. ② 원고가 이 사건 취득세를 신고납부하는 과정에서 과세관청이 관여하거나 개입한 적이 없고, 가산세 등의 제재를

피하기 위하여 불가피하게 신고납부하였다는 등의 사정이 없이 스스로 자진하여 신고납부하였다는 것이고, 나아가 이 사건 취득세 중 이미 납부한 간주취득세 상당액이 동일 물건의 취득에 대한 이중과세에 해당하는지 여부는 법해석상 논란의 여지가 있을 뿐 아니라 그 사실관계를 정확히 조사하여야 밝혀지는 데다가 원고도 이의신청 등 불복청구를 하고 있지 않다가 제소기간을 1년 이상 경과한 후에야 비로소 그 신고납부행위가 당연무효라고 주장하고 있는 점 등까지 함께 고려하여 보면, 이 사건 취득세 자진신고납부행위는 법해석상 논란이 있는 부분에 대하여 원고가 납세의무가 있는 것으로 오인하여 납부한 것에 불과하여 그 하자가 객관적으로 명백하다고 볼 수 없으므로 당연무효라고 할 수 없다.

⑮ 대법원 2009. 4. 23. 선고 2009다5001 판결(부당이득, 인용)

대법원은, 지방세법 제29조 제1항 제1호가 '취득세는 취득세 과세물건을 취득하는 때에 그 납세의무가 성립한다.'고 규정하고, 지방세법 제105조 제2항은 '부동산의 취득에 관하여 민법 등 관계법령의 규정에 의한 등기 등을 이행하지 아니한 경우라도 사실상 취득한 때에는 취득한 것으로 본다.'고 규정하고 있으며, 여기에서 사실상의 취득이란 일반적으로 등기와 같은 소유권 취득의 형식적 요건을 갖추지 못하였으나 대금의 지급과 같은 소유권 취득의 실질적 요건을 갖춘 경우를 말하므로, 유상승계취득의 경우 대금의 지급과 같은 소유권 취득의 실질적 요건 또는 소유권 이전의 형식도 갖추지 아니한 이상 지방세법 시행령 제73조 제1항 소정의 잔금지급일이 도래하였다고 하여도 취득세 납세의무가 성립하였다고 할 수 없다고 판시한 바 있고, 또 취득세는 신고납세방식의 조세로서 … 중략 … 원심판결이유에 의하면, 원심은 원고가 2006. 6. 19. 이 사건 부동산에 대한 취득세 등을 자진신고하였는데, 원고가 이 사건 부동산은 사실상 취득하였는지 및 그 취득시점이 불분명하므로 지방세법 시행령 제73조 제1항 제2호의 규정에 따라 이 사건 매매계약상의 잔금지급일에 원고가 이 사건 부동산을 유상승계취득하였다고 보아야 하고, 가사 원고가 그 주장과 같이 잔금을 완납하지 아니한 채 계약을 합의해제하여 이 사건 부동산을 사실상 취득하지 않았음에도 용인시 처인구청 담당공무원의 자진신고 유도에 따라 가산금을 피하기 위하여 취득세 등을 자진하여 신고하였다고 하더라도, 위와 같이 원고에게 취득세 등을 자진신고 할 객관적 사정이 있었고, 원고가 잔금을 완납하지 아니한 채 계약을 합의해제 하였는지 여부는 사실관계를 조사하여야만 파악가능하였을 것으로 보이는 점 등을 종합하여 볼 때, 원고의 취득세 등 신고행위는 그 하자가 중대한 경우라도 외관상 명백하다고 볼 수 없어 이를 당연무효라고 할 수 없다고 판단하였는바, 앞서 본 판례에 비추어 보면, 이러한 원심판결은 지방세법 시행령 제73조 제1항 제2호의 해석을 그르친 위법이 있다.

⑯ 판례의 흐름의 개관

첫째, 구 지방세법 제82조가 있다 하더라도 구 지방세법 제71조 및 제72조 등에 비추어 볼 때 국세기본법 제45조의2 제1항이 준용될 수 없다.

둘째, 구 지방세법 제82조, 제71조, 제72조가 각 신설되기 전이라도 마찬가지로 국세기본법 제45조의2는 준용될 수 없다.

셋째, 조리에 의한 경정청구권도 인정될 수 없다.

즉 구 지방세법상 국세기본법과 같은 경정청구제도가 없는 이상 중대명백설에 기한 부당이득반환청구권의 행사만이 가능하고, 다만 구 지방세법 제71조 등이 신설된 이후에는 구 지방세법 제71조에 기한 수정신고도 가능하다.

나. 국세에 관한 판례

① 대법원 1995. 12. 5. 선고 94다60363 판결(부가가치세, 부당이득, 기각)

『신고납세방식의 조세에 있어서는 원칙적으로 납세의무자가 스스로 과세표준과 세액을 정하여 신고하는 행위에 의하여 납세의무가 구체적으로 확정되고, 그 납부행위는 신고에 의하여 확정된 구체적 납세의무의 이행으로 하는 것이며 지방자치단체는 그와 같이 확정된 조세채권에 기하여 납세된 세액을 보유하는 것이므로, 납세의무자의 신고행위가 중대하고 명백한 하자로 인하여 당연무효로 되지 아니하는 한 그것이 바로 부당이득이 된다고 할 수 없고, 여기에서 신고행위의 하자가 중대하고 명백하여 당연무효에 해당하는지의 여부에 대하여는 신고행위의 근거가 되는 법규의 목적, 의미, 기능 및 하자 있는 신고행위에 대한 법적 구제수단 등을 목적론적으로 고찰함과 동시에 신고행위에 이르게 된 구체적 사정을 개별적으로 파악하여 합리적으로 판단하여야 할 것이다. 이 사건에서 원심의 판단과 같이 원고가 부가가치세 면제대상인 이 사건 다가구용 단독주택을 과세대상으로 오해하여 위 부가가치세를 자진신고 납부하여 피고가 이를 수령하였다는 사정만으로는 원고의 신고행위의 하자가 중대하고 명백한 것이라고 단정할 수 없다.』

② 대법원 2002. 11. 22. 선고 2002다46102 판결(양도소득세, 부당이득, 기각)

『신고납세 방식의 조세에 있어서는 원칙적으로 납세의무자가 스스로 과세표준과 세액을 정하여 신고하는 행위에 의하여 납세의무가 구체적으로 확정되고(과세관청은 납세의무자로부터 신고가 없는 경우에 한하여 비로소 부과처분에 의하여 이를 확정하게 되는 것이다.), 그 납부행위는 신고에 의하여 확정된 구체적 납세의무의 이행으로 하는 것이며 국가나 지방자치단체는 그와 같이 확정된 조세채권에 기하여 납부된 세액을 보유하는 것이므로, 납세의무자의 신고행위가 중대하고 명백한 하자로 인하여 당연무효로 되지 아니하는 한 그것이 바로 부당이득에 해당한다고 할 수 없고, 여기에서 신고행위의 하자가 중대하고 명백하여 당연무효에 해당하는지의 여부에 대하여는 신고행위의 근거가 되는 법규의 목적, 의미, 기능 및 하자 있는 신고행위에 대한 법적 구제수단 등을 목적론적으로 고찰함과 동시에 신고행위에 이르게 된 구체적 사정을 개별적으로 파악하여 합리적으로 판단하여야 한다(대법원 1995. 2. 28. 선고 94다31419 판결, 2001. 4. 27. 선고 99다11618 판결 등 참조).

원심은, 실질적으로는 이 사건 공매처분 및 이를 원인으로 한 피고 ○○○ 앞으로 경료된 소유권이전등기가 무효라는 사정이 있다고 하더라도 피고 대한민국 산하 강동세무서장이 그러한 사정을 알고서도 원고들의 피상속인 망 ○○○에게 양도소득세를 자진 신고·납부하게 하였다는 등의 특별한 사정이 없는 이상 위 소유권이전등기를 양도소득세 부과대상인 자산양도로 보고 그에 따라 망인이 양도소득세를 자진신고·납부한 행위에 있어 중대하고도 명백한 하자가 있다고 볼 수는 없다고 할 것이고, 강동세무서장이 공매처분 및 이를 원인으로 하여 피고 ○○○ 앞으로 경료된 소유권이전등기가 무효라는 사정을 알았다는 점에 관하여는 갑 제9호증의 기재만으로는 이를 인정하기에 부족하고 달리 이를 인정할 증거가 없으며, 나아가 양도소득세 납부의무는 망인의 자진신고에 의하여 구체적으로 확정되었다고 할 것인데 망인의 양도소득세 자진신고·납부행위에 중대하고도 명백한 하자가 있다고 볼 수 없는 이상 원고들과 피고 ○○○ 사이에 소유권이전등기가 무효임이 밝혀져 말소하라는 판결이 확정된다고 하더라도 양도소득세 자진신고·납부행위에 중대하고도 명백한 하자가 생겨 그 행위가 무효가 되는 것은 아니라고 할 것이니 피고 대한민국의 양도소득세 수령이 원고들에 대한 관계에서 법률상 원인 없는 부당이득이 될 수 없다고 판단하여 원고들의 피고 대한민국에 대한 주위적 및 예비적 주장을 모두 배척하였다.

앞서 본 법리와 기록에 비추어 살펴보면, 원심의 위와 같은 인정 및 판단은 정당하고, 거기에 채증법칙 위배로 인한 사실오인이나 양도소득세 자진납부의 효력 및 부당이득에 관한 법리오해 등의 위법이 없다.』

③ 대법원 2007. 7. 12. 선고 2007다28147 판결(부가가치세 및 법인세, 부당이득, 기각)[15]

『(1) 부가가치세와 법인세는 신고납세방식의 조세로서 이러한 유형의 조세에 있어서는 원칙적으로 납세의무자가 스스로 과세표준과 세액을 정하여 신고하는 행위에 의하여 납세의무가 구체적으로 확정되고, 그 납부행위는 신고에 의하여 확정된 구체적 조세채무의 이행으로 하는 것이며, 국가나 지방자치단체는 그와 같이 확정된 조세채권에 기하여 납부된 세액을 보유하는 것이므로, 납세의무자의 신고행위가 중대하고 명백한 하자로 인하여 당연무효가 되지 않는 한 그것이 바로 부당이득에 해당한다고 할 수 없다. 여기에서 신고행위의 하자가 중대하고 명백하여 당연무효에 해당하는지의 여부에 대하여는 신고행위의 근거가 되는 법규의 목적, 의미, 기능 및 하자 있는 신고행위에 대한 법적 구제수단 등을 목적론적으로 고찰함과 동시에 신고행위에 이르게 된 구체적 사정을 개별적으로 파악하여 합리적으로 판단하여야 한다(대법원 2006. 1. 13. 선고 2004다64340 판결).

우선, 앞서 본 바와 같이 원고의 이 사건 세금의 신고·납부행위는 실물거래 없이 가공의 세금계산서에 기한 것이므로 그 하자가 중대하다고는 할 것이다. 그런데 그 하자가 외관상 명백하여 원

---

15) 심리불속행된 판결로, 원심인 서울고등법원 2007. 4. 13. 선고 2006나50170 판결을 인용한다. 자료상으로서 가공매입 및 가공매출에 의한 부가세 및 법인세를 자진신고납부한 후, 과세관청의 세무조사로 가공세금계산에 기한 가공매입 및 가공매출임이 밝혀진 다음, 그 신고한 부가세 및 법인세의 반환을 민사소송으로 구한 사안이다. '가공세금계산서'에 관한 판결로 많은 것을 시사한다(가공세금계산서에 대하여는 제5장 제1절 5. 참조).

고의 이 사건 세금의 신고·납부행위가 당연무효에 이를 정도인지에 관하여 본다. 일반적으로 과세대상이 되는 법률관계나 소득 또는 행위 등의 사실관계가 전혀 없는 사람에게 한 과세처분은 그 하자가 중대하고도 명백하다고 할 것이지만 과세대상이 되지 아니하는 어떤 법률관계나 사실관계에 대하여 이를 과세대상이 되는 것으로 오인할 만한 객관적인 사정이 있는 경우에 그것이 과세대상이 되는지의 여부가 그 사실관계를 정확히 조사하여야 비로소 밝혀질 수 있는 경우라면 그 하자가 중대한 경우라도 외관상 명백하다고 할 수 없어 그와 같이 과세요건사실을 오인한 위법의 과세처분을 당연무효라고 볼 수 없다(대법원 2002. 9. 4. 선고 2001두7268 판결).

이 사건의 경우, 원고가 스스로 가공의 매출세금계산서 및 매입세금계산서를 제출하면서 이 사건 세금을 신고 및 납부하였으며, 강남세무서가 약 2개월 20일 가량 조사한 결과 원고가 제출한 위의 각 세금계산서가 실물거래 없이 가공으로 발행·수취된 것이라는 점을 밝혀낸 사실은 앞서 인정한 바와 같다. 그렇다면, 원고의 이 사건 세금의 신고·납부행위는 위와 같이 과세대상이 되는 것으로 오인할 만한 객관적인 사정이 있고 이는 과세기간 동안의 원고의 거래관계를 정확히 조사하여야 밝혀질 수 있는 경우라 할 것이므로, 이러한 점과 하자 있는 부가가치세 및 법인세의 신고행위에 대하여는 경정청구나 취소청구 등을 통하여 구제받을 수 있는 점 등의 제반사정에 비추어 보면, 원고의 위 신고행위에 존재하는 하자가 외관상 명백하다고 볼 수 없어 당연무효에 해당한다고 할 수 없다. 따라서 당연무효임을 전제로 한 원고의 위 주장은 이유 없다.

(2) 확정력의 발생

신고납세방식의 조세에 있어서는 납세의무자의 과세표준 신고가 있는 때, 부과과세방식의 조세에 있어서는 과세관청의 부과처분이 있는 때 구체적으로 조세채무가 확정되어 그 확정력이 발생한다. 그 후에 세무조사가 있다고 하여 확정력의 시기를 달리 볼 것은 아니다. 이와 같이 구체적 조세채무로서 확정력이 발생하면 납세의무자는 그 신고납부행위나 부과처분에 중대·명백한 하자가 있는 등 당연무효의 사유가 없는 한, 부당이득반환청구를 할 수 없음은 앞서 본 바와 같고, 신고납부행위에 취소사유에 불과한 위법사유가 있는 경우에는 항고소송으로 그 확정력을 깨뜨리지 않는 한 부당이득반환청구권이 성립할 수 없다고 보아야 할 것이다. 원고의 위 주장도 이유 없다(앞서 본 바와 같이, 국세심판원이 원고가 이 사건 세금을 납부한 것을 실물거래 없이 자료상으로서의 거래를 중개하는 과정에서 국세의 형식으로 납부하였으나, 그 실질에 있어서는 국세에 해당된다고 볼 수 없다는 이유로 각하결정을 하였다고 하더라도, 이에 대한 다툼은 항고소송의 대상이 되어야 할 것이다).』

제11절

조세법상 경정 및 경정청구(경정법체계)

1. 각 국의 경정제도

실체적 진실주의와 법적 안정성의 가치충돌을 어떻게 조화시켜 경정제도를 가질 것인지는 나라마다 상이하다. 경정제도에 관한 각 국의 입법례를 살핀다.

독 일(AO)[1]	미 국(IRC)	일 본(국세통칙법 등)
○ 조세결정 및 이와 동시할 수 있는 결정 : §172 및 §§173~177, §164Ⅱ, §165Ⅱ ○ 기타 결정(행정행위) : §§130, 131 ○ 모든 결정 : §§129, 132	(실정법) ○ 기간제한(S/L)에 관한 규정 : §§6501, 6511 ○ 대손 등(bad debts, worthless securities) : §6511(d)(1) ○ 기간제한(S/L)의 경감규정 : §§1311~1314 ○ §1341 (판례법) ○ 권리주장의 원칙과 §1341 ○ Statutory Offset ○ Equitable Recoupment[2] ○ Equitable Tolling	○ 국세통칙법 §23 ○ 소득세법 §152 　시행령 §274 ○ 소득세법 §153 ○ 소득세법 §63 ○ 소득세법 §64 ○ 법인세법 §80의2 ○ 법인세법 §82 ○ 소비세법 §56 ○ 상증세법 §32 ○ 상증세법 §55

[독일, 미국 및 일본의 경정제도 비교]

---

1) Tipke/Lang, 전게서, 제21장 381문단 이하에서, 조세기본법상의 행정행위로, ① 조세결정 및 이와 동시할 수 있는 결정으로 Steuerbescheid, Steuervergütungsbescheid, Steueranmeldung, Feststellungsbescheid 등을, ② 기타 결정으로 Ab－ bzw Anrechnungsverfügung zu Steuerbescheiden, Abrechnungsbescheid, Haftungs－ u Dulungsbescheid, Stundung, Erlaß, Aussetzung der Vollziehung 등을 열거한 다음, 관련 경정에 관한 조항으로, ①의 조세결정 및 이와 동시할 수 있는 결정에 대하여는 경정에 관한 근본규범인 §172 및 §§173~177, §164 Ⅱ, §165 Ⅱ 등이, ②의 기타 결정에 대하여는 직권취소·철회에 관한 규정인 §§130, 131 등이 각 적용되고, 다만 §§129, 132 등은 모든 결정(①+②)에 적용된다고 설명한다(경정법체계의 이원적 구조, Korrekturdualismus).

2) 이 책 제1장 제7절 9. 다. (1) 참조.

가. 독일

(1) 조세기본법은 행정행위[3]를 중심으로 규율하면서 이를 경정대상으로 본다. 조세행정행위를 '조세결정 및 이와 동시할 수 있는 결정', '기타 결정'으로 나눈 다음 그 구분에 따라 경정에 적용될 규정을 달리한다. 조세기본법상의 '기타 결정'(책임결정 포함)에 대하여 실체적 진실의 발견 및 적법성 실현을 위한 경정규정으로 조세기본법 제130조(직권취소) 및 제131조(직권철회)가 적용되도록 하였다. 이를 二元的 更正法體系(Korrekturdualismus, Zweigleistigkeit des Korrektursystems, 경정법체계의 이원성)라고 부른다.[4]

여기서는 '조세결정 및 이와 동시할 수 있는 결정'에 관하여 주로 설명한다.

경정규정은 조세채무자에게 불리하게(또는 과세관청에 유리하게) 증액경정할 때에도, 조세채무자에게 유리하게(또는 과세관청에게 불리하게) 감액경정할 때에도 적용된다.

규정 형식상 " … 경우 조세결정은 (신청에 기하여) 폐지되거나 변경되어야 한다.", "언제든지 폐지나 변경을 신청할 수 있다.", " … 정당한 조세적 추론을 도출할 수 있다."라고 되어 있다. 즉 같은 조문에서 증액경정 및 감액경정에 관한 사항을 동시에 규정하고 있어 그 조문이 증액경정 및 감액경정 모두의 근거가 된다. 다만 증액경정이나 감액경정이라는 말은 사용되지 않고 '폐지(Aufhebung)' 또는 '변경(Änderung)'이 법전용어로 사용되고 있다. 변경의 경우 조세채무자에게 유리하게 또는 조세채무자에게 불리하게 등의 표현을 사용한다. 경정규정에서 과세관청에게 경정권한과 경정의무가 발생하고 경정의무에서 조세채무자의 경정청구권이 발생한다.[5]

(2) 조세결정은 사항적 경정(punktuelle Korrektur)만을 허용하므로, 경정조항의 적용으로 경정이 가능하게 되었더라도 원칙적으로 전체펼치기(Gesamtaufrollung)를 할 수 없고 해당 조항이 경정을 허용하는 범위 내에서 부분적인 펼치기만 가능할 뿐이다. 조세결정에는 존속력(Bestandskraft)이 발생한다. 해당 경정이 가능하기 위하여는 조세결정의 존속력이 그 범위 내에서 부분적으로 돌파(durchbrechen)된다.

(3) 사항적 경정의 경직성에서 발생하는 '불공평 내지 불공정'을 제한된 범위 내에서 해소하기 위하여(그 범위 내에서 실체적 진실주의를 부분적으로 실현하기 위하여), 예외적으로 반복펼치기(Wiederaufrollung)를 가능케 하는 비독립적·소극적 경정조항인 제177조(실체적 오류의 시정)가 마련되어 있다. 사항적 경정과 대비되는 실체적 오류의 시정이다.

(4) 경정조항 및 내용[6]은 다음과 같다.

---

3) 독일 조세기본법 제118조는 행정행위의 개념을 정의하고 있다(제1장 제4절 2. 참조).

4) Tipke/Lang, 전게서, 제21장 381문단 이하 참조.

5) Tipke/Lang, 전게서, 제21장 382문단에서, "조세행정행위에 불가쟁력이 발생한 경우 관계인은 과세관청에게 결정의 경정을 촉구(anregen)하거나 신청(beantragen)할 기회만 가진다."라고 적고 있다.

존속력과 관계가 있는 부과과세방식, 존속력과 관계가 없는 신고납세방식으로 나누어 규율된다. 존속력과 관계가 있는 경우와 존속력과 관계가 없는 경우로 나누어 본다.

① 存續力과 관계가 있는 경우

* 제172조(조세결정의 폐지7) 및 변경)

『(1) ¹조세결정은, 그것이 임시적이거나 사후심사유보부로 행하여지지 않는 범위 내에서, 다음의 경우에 한하여, 폐지되거나 변경될 수 있다.

1. 그것이 소비세와 관련된 경우

2. 그것이, 관세법상의 일정한 관세나 소비세가 아닌 다른 세목과 관련된 경우로, 다음에 해당하는 경우

a) 조세채무자가 동의하거나 경정신청이 객관적으로 보아 옳다고 받아들여지는 경우; 다만 조세채무자가 이의신청기간이 지나기 전에 동의하거나 경정신청을 한 범위 내에서 또는 과세관청이 이의절차나 소송절차를 종료시키려고 하는 범위 내에서만, 조세채무자에게 유리하게 적용된다.

b) 그것이 물적 관할이 없는 관청에 의하여 발령된 경우

c) 그것이 악의적인 기망, 협박, 수뢰 등 부정한 수단에 의하여 야기되어 발령된 경우

d) 이것(폐지 및 변경)이 법률적으로 허용되는 경우; 제130조 및 제131조는 적용되지 않는다. ²이러한 규율은 조세결정이 이의절차에서 확정되거나 변경된 경우에도 그대로 적용된다. ³2문의 경우, 1문의 2a)는 조세채무자가 제소기간이 지나기 전에 동의하거나 경정신청을 한 경우에도 적용된다; 제364b조 제2항에 따라 이의결정에서 고려되지 아니한 주장 및 증거자료는 여기에도 마찬가지로 고려되어서는 안 된다.

(2) 제1항은, 조세결정의 발령, 폐지 또는 변경의 신청이 전부 또는 부분적으로 거부됨으로써 생기는 거부처분에 대하여도 적용된다.

(3) 생략』

제172조는 경정에 관한 근본규범(Grundnorm)으로 조세결정이 임시적이거나 사후심사유보부로 행하여지지 않은 범위 내에서 적용된다. 조세결정이 임시적이거나 사후심사유보부로 행하여지면 그 범위 내에서 존속력이 발생하지 않으므로 존속력 돌파에 관한 규율인 경정에 관한 규정은 그 적용이 없다. 실정법상 개념인 존속력이 경정의 중심에 위치한다.

즉 소득세나 법인세 등에 있어 존속력이 발생한 후라면 제172조 제1항 1문 2a, 2b, 2c, 2d호 4가지 중 하나에 해당하는 경우에만 경정(폐지 또는 변경)이 가능하다.

---

6) 각 해당 조항은 번역상의 오류가 있을 수 있으므로 원문을 참작하기 바란다.

7) 조세기본법상의 'aufheben(Aufhebung)'은 '폐기하다(폐기)'로 번역될 수 있으나 '폐지하다(폐지)'로 번역한다. 우리나라의 '취소'에 가깝다. Tipke/Lang, 전게서, 제21장 386문에서, Aufhebung(폐지), Rücknahme(직권취소), Widerruf(철회), Änderung(변경) 등은 상위개념인 Korrektur(경정)로 요약되고, 그중 Änderung(변경)은 Geld−VA(금전 행정행위)에 대한 특수개념이라고 적고 있다.

특히 제1항 1문 2a호는 조세채무자에게 유리하게 또는 불리하게 경정하기 위하여, 이의신청절차의 대안으로 간이경정(소위 'schlichte Änderung')의 절차를 두고 있다.

2a호에서 조세채무자의 동의(Zustimmung)나 경정신청(Antrag)[8]의 공통요소로 조세채무자의 합의(Einverständis)라는 '공적인 의사표시'를 추출할 수 있다. 다만 조세채무자에게 유리하게 경정하기 위하여는 이의신청기간 내에 이러한 동의나 경정신청이 이루어져야 한다. 그러나 과세관청이 이의절차 또는 소송절차를 종료시키려고 하는 범위 내에서는 예외가 인정된다.

마지막으로 가장 중요한 것은, 제1항 1문의 2 d 호의 정함에 따라, 소비세 및 관세를 제외한 소득세나 법인세, 부가가치세 등의 경우, 제173조부터 제177조까지의 규정 및 개별세법상의 경정에 관한 규정이 각 적용된다.

* 제173조(새로운 사실 및 증거의 발견[9])에 기초한 조세결정의 폐지 및 변경): 조세결정에 있어 통상의 경정(증액경정 및 감액경정)

"조세결정은 … 폐지 또는 변경되어야 한다."[제1장 제5절 2. 사. (3)]

* 제174조(모순된 세액확정)[10]

제1항, 제2항, 제3항(세액확정이 모순·저촉된 경우에 있어 부과결정의 폐지 및 변경):

"하자 있는 조세결정은 … 경정청구에 의하여 폐지 또는 변경되어야 한다."[제4장 제4절 1. 나. (1)]

제4항(판결 등에 따른 후행경정):

"… 조세채무자에게 유리하게 폐지되거나 변경되면 사후적으로 새로운 조세결정을 발령하거나 조세결정을 변경하는 방법으로 특정한 사실관계로부터 정당한 조세적 추론을 도출할 수 있다(können)."[제4장 제5절 2. 가.]

* 제175조(기타의 경우 조세결정의 폐지 및 변경)[11]: 사정변경에 기한 경정(조세결정의 발령, 폐지 및 변경)

"조세결정은 … 폐지 또는 변경되어야 한다."[제4장 제3절]

* 제175 a 조(조세조약에 따른 상호협의의 편입)

* 제176조(조세결정의 폐지 및 변경과 신뢰보호) [제4장 제3절 1. 나. (7)]

* 제177조(실체적 오류의 시정)

" … 경우, 실체적 오류는 … 시정되어야 한다."[제1장 제7절 9. 가.]

---

8) '경정신청이 객관적으로 보아 옳다고 받아들여지는 경우'의 원문은 'soweit seinem Antrag der Sache nach entsprochen wird'이다.

9) '발견'으로 번역하였지만 원문은 'nachträglich bekannt werden'으로 '사후적으로 알게됨'이다.

10) 원문은 'Widerstreitende Steuerfestsetzung'이다.

11) 제1항 1문 2호에 '(rückwirkendes Ereignis)'라는 용어를 사용하고 있다.

② *存續力*과 관계가 없는 경우(신고납세방식의 경우)

　* 제164조(사후심사유보부 세액확정)

　"조세채무자는 언제든지 세액의 확정의 폐지나 변경을 신청할 수 있다." [제1장 제10절 2. 가. (2)]

　* 제168조(조세신고의 효력)

　"조세신고는 사후심사유보부 세액확정과 같다." [제1장 제10절 2. 가. (1)]

나. 미국

(1) 미국 경정법의 특징

미국에서는 제도상 행정행위가 없으므로 우리나라와 같이 취소소송을 전제로 한 통상의 경정청구나 사정변경에 기한 경정청구 등 경정청구제도를 가질 수 없다.

우선 신고·납부한 세액이 오납(overpayment)에 해당하면 조세채무자는 오납금을 반환받기 위하여 과세관청에 대하여 환급청구(claims for refund)를 할 수 있다. 제소 전 절차로서 우리의 경정청구서와 비슷한 수정신고서(an amended tax return)를 제출하고 과세관청이 환급을 거부(disallow)하면 법원(미국지방법원, 미국연방청구법원)에 환급청구소송(refund litigation)을 제기할 수 있다. 환급청구는 세액신고일부터 3년 또는 세금납부일부터 2년 중 나중에 도래하는 날까지 하도록 기간제한(S/L)을 하고 있다(내국세입법 제6511조). 이러한 기간은 우리나라 통상의 경정청구의 경정청구기간과 유사하다. 환급을 구하는 오납금이 대손금(회수불능채권, bad debts)이나 무가치주식(worthless securities)과 관련하여 발생한 경우 그 기간은 3년에서 7년으로 연장된다[법 제6511조 (d)(1)].

한편 오납세액과 대비되는 탈루상황을 전제로 하는 추가고지(notice of deficiency, N/D)[12]를 통한 세액확정(assessment)에 대한 기간제한은 과세표준신고일부터 3년[법 제6501조 (a)]이다. 추가고지세액을 다투기 위한 절차로, 세액전액을 납부하지 않는 경우에 한하여 전속관할을 가지는 조세법원에 소제기(petition)를 하여야 한다. 세액 전액을 납부하면 지방법원에서 다툴 수 있다. 조세법원에 전속관할이 생기면 국세청은 소송계속 중 세액을 증액할 수 없고 조세법원의 판결에 의하여야만 가능하다. 부정행위 등이 있는 경우 예외다. 세금 16,000달러가 너무

---

12) 미국 내국세입법상 'deficiency'의 개념은 [정당한 세액 〉신고세액]의 관계로 신고세액이 정당한 세액에 이르지 못한 탈루상황을 말한다. 해당 금액을 신고에서 탈루된 세액이라고 할 수 있다. 탈루된 세액을 고지하는 것(noticies of deficiency)을 '추가고지'로 번역한다. 추가고지세액의 존재가 조세법원 관할의 전제가 된다. 조세법원은 추가고지세액의 범위에 대하여 전속적으로 판단하고, 심리결과 추가고지세액을 증액하거나 감액할 수도 있다. 불이익변경금지의 원칙의 적용이 없다. 추가고지세액의 존부를 심리한 결과 추가고지세액이 존재하지 않고 오히려 오납이 존재하는 것으로 판단되면 오납세액의 범위를 확정할 수도 있다[내국세입법 제6512조 (b)].

많다고 다투었던 납세의무자에게 소송과정에서 드러난 새로운 사실에 터잡아 백만 달러가 넘는 세액을 추징하는 판결이 선고된 적도 있었다. 조세법원에 전속관할이 생기면 오납세액(환급세액)의 수액도 조세법원의 판결로 정해진다. 조세법원의 확정판결은 소송의 쟁점뿐만 아니라 조세채무의 금액 전체, 즉 소득세의 경우라면 그 해의 소득세가 전부 얼마인가에 대한 기판력을 가지게 된다.[13] 조세법원의 이러한 권한은 행정심판기구에서 법원으로 전환되는 과정에서 얻어진 역사적 결과물이다.

조세법원의 판결에 기판력이 발생하면 납세의무자든 과세관청이든 원칙적으로 그 사안을 다시 열어 심리할 수 있도록 요청할 수 없다. 조세법원의 총액주의는 한판주의인 셈이다. 조세법원의 기판력은 대륙법계와 달리 광범위하다.

요약컨대, 오납(overpayment)과 탈루(deficiency)라는 양립할 수 없는 두 가지 기본개념을 설정한 다음 지방법원과 조세법원 사이에 관할의 경합이 발생하는 경우 납세의무자에게 선택권을 주고 있다. 환급청구소송이 지방법원에 계속되어 있더라도 추가고지가 이루어지면 그 소송은 중단되고, 이후 납세의무자의 선택권 행사에 따라 추가고지에 대하여 90일 이내에 조세법원에 소제기를 하면 전속관할이 생겨 지방법원의 관할은 자동적으로 소멸한다. 만약 추가고지에 대하여 세액을 납부하고 지방법원에 환급청구소송을 할 수도 있다.

통상의 기간제한 규정인 제6501조 및 제6511조에 대한 특례규정이 경감규정이다. 다음에서 설명한다.

(2) 내국세입법 제1311조 내지 제1314조

내국세입법은 제6501조 및 제6511조에서 기간제한의 규정을 둔 다음(제1장 제10절 2. 나. 참조), 그 경감(mitigation)규정으로 1938년 제1311조 내지 제1314조[14]를 두었고 이는 1954년

---

13) Raskob v. Commissioner (B.T.A. 1938).

14) 내국세입법 해당 각 조문의 골격만을 나열한다.

§1311 - **Correction of error**

(a) General rule

(b) Conditions necessary for adjustment

    (1) Maintenance of an inconsistent position

    (2) Correction not barred at time of erroneous action

    (3) Existence of relationship

§1312 - **Circumstances of adjustment**

    (1) Double inclusion of an item of gross income

    (2) Double allowance of a deduction or credit

    (3) Double exclusion of an item of gross income

    (4) Double disallowance of a deduction or credit

    (5) Correlative deductions and inclusions for trusts or estates and legates, beneficiaries or heirs

    (6) Correlative deductions and credits for certain related corporations

개정되었다.

경감규정은 기간제한의 경직성을 완화하여 기간제한에서 초래되는 불공평을 배제하기 위한 경정(correction of error, 제1311조의 제목이기도 하다) 조항이다. 비록 애매하고 이해하기 어려운 규정이나 공평(fairness and balance)을 도모하기 위한 것이다. 미 재무성은 입법 배경의 설명에서 "소득이나 비용 등 공제는 오로지 한 번(once and only once) 신고되거나 고려되어야 한다."는 점을 강조하였다.

경감규정의 입법목적은 '과세관청이나 조세채무자 중 어느 일방이 전후 모순된 입장을 취하면서 기간제한의 보호를 받는 것을 방지하기 위한 것(to prevent either the IRS or the taxpayer from assuming an inconsistent position and then finding cover behind the statute of limitations)에 있다고 설명된다.15) 수미일관(consistency)한 태도를 취하지 않고 입장 바꾸기를 한 자에게는 납세의무자든 과세관청이든 기간제한이라는 보호장치가 제공되어서는 안 된다는 말이다.

경감규정은 세액확정에 모순·저촉이 있는 경우 그 오류시정을 위한 구체적 요건을 정한 다음 오류시정의 결과로서 소득을 재구성하고 세액을 재계산하여 차액을 소정의 방법으로 조정(adjustment)한다는 것으로 구성되어 있으나 그 요건을 이해하기 어렵다.

제1312조(circumstances of adjustment, 7가지 유형의 경정환경)에서 들고 있는 경정사유는 모두 모순·저촉이 일어나는 경우이다. 이를 '모순·저촉의 7가지 유형'이라 한다. 경정환경 중 어느 하나가 갖추어지면 다른 요건을 충족하는 한 세액이 경정 내지 조정된다.

그 유형을 나열한다.

(i) 소득을 구성하는 항목의 2중 산입

(ii) 소득을 구성하는 항목의 2중 불산입

(iii) 공제 내지 세액공제의 2중 허용

(iv) 공제 내지 세액공제의 2중 불허용

(v) [신탁 또는 상속재단] 및 [수유자(유증을 받은 사람), 수익자 또는 상속인] 등에 있어

---

(7) Basis of property after erroneous treatment of a prior transaction

§ 1313 - **Definitions**

    (a) Determination

    (b) Taxpayer

    (c) Related taxpayer

§ 1314 - **Amount and method of adjustment**

    (a) Ascertainment of amount of adjustment

    (b) Method of adjustment

    (c) Adjustment unaffected by other items

    (d) Periods for which adjustments may be made

15) W. Patrick, Cantrell, 전게서, 190면 이하 참조.

상호관계적 2중 공제 및 2중 산입

 (ⅵ) 관계회사에 있어 상호관계적 2중 공제 및 2중 세액공제

 (ⅶ) 앞선 거래상의 잘못된 취급 후 새로 정해진 자산의 기준시가

 여기서 2중 산입이란 한 번만 산입되어야 함에도 이중으로 산입되는 적극적 모순·저촉을, 2중 불산입이란 한 번은 반드시 고려되어야 함에도 어디에도 고려되지 아니하는 소극적 모순·저촉을 말한다. 상호관계적이라 함은 특수관계인 사이에서 모두에게 2중 공제나 2중 산입이 일어나서는 아니되는 관계적 상황을 가리킨다.

 제1313조 (c)(정의) 상의 공권적 판단(determination)에는 법원의 확정판결(final decision), 제7121조의 종국적 합의(closing agreement), 환급청구에 대한 국세청의 종국적 처분(final dis-position), 세액 불명확시 쌍방 서명의 합의서(agreement) 등 4가지가 포함된다.

 제1313조 (c)(정의) 상의 경정이 이루어질 수 있는 '관련당사자(related taxpayer)'에는 부부(husband and wife) 간, 양도인(신탁자)과 수탁자(grantor and fiduciary) 간, 양도인(신탁자)과 수익자(grantor and beneficiary) 간, 수탁자와 수익자(fiduciary and beneficiary) 간, 피상속인과 상속재단(decedent and his or her estate) 간, 파트너십의 파트너(partners) 간, 관계회사(an af-filiated group of corporations) 간 등이 법정되어 있다.

 이러한 요건을 모두 충족하면 경정은 제1314조에 따라 선행 공권적 판단일부터 1년 이내에 이루어진다.

 이상으로, 7가지 유형 및 기타 요건에 비추어 볼 때, 우리나라에 도입된 '모순된 세액 확정에 기한 경정청구'와 '판결 등에 따른 경정'이라는 양 제도와는 달리, 미국에서는 경감규정이라는 이름 아래 '통일된 하나의 경정체계'의 모습을 이루고 있다. 실정법상 유일한 경정 유형으로 [경정조항 ＝ 경감규정]이라는 등식이 성립한다. 경감규정은 형평법상의 관련된 원칙보다 우선하여 적용된다는 점에 유의하여야 한다. 미국의 경감규정이 이해하기 어렵듯이 우리나라의 위 양 제도도 마찬가지로 이해하기 어렵다.

 (3) 내국세입법 제1341조

 권리가 확정되어야 소득이 생긴다는 원칙의 중요한 예외인 '권리주장의 원칙(claim of right)'은 1932년 'North American Oil Consolidated v. Burnet' 판결에서 비롯한다.

 즉[16] 이 사건 납세의무자는 어떤 토지의 소유자로 행세하고 있었으나 1916년 국가가 소유권을 주장하며 토지명도소송을 제기하였다. 소송이 진행되는 사이에는 법원이 임명한 관리인이 토지임대료를 받아 관리하였다. 1917년 국가가 1심 판결에 패소하자 관리인은 1916년분을 포함한 임대료를 납세의무자에게 지급하였다. 그 뒤 1920년에는 항소법원이, 1922년에는

---

16) 이창희, 전게서, 797면에서 인용하였다.

대법원이 국가 패소판결을 내려 납세의무자의 권리는 확정되었다. 쟁점은 1916년분 임대료의 과세시기이다. 가능한 과세시기로는 임대료 청구의 기초가 된 1916년, 실제로 돈을 받은 1917년, 돈 받을 권리가 확정된 1922년 세 가지가 있다. North American Oil 판결은 우선 1916년은 과세시기가 못 된다고 판시하였다. 앞서 본 권리확정이라는 기준에 맞지 않는 까닭이다. 권리확정 기준만으로만 따진다면 1922년이 과세시기가 되겠지만, 법원은 돈을 실제로 받은 1917년을 과세시기로 정하면서 권리주장의 원칙을 다음과 같이 정리하고 있다.

『납세의무자가 수익을 받으면서 그에 대한 권리 있음을 주장하고 또 그의 처분에 아무런 제한이 없다면, 아직 돈을 받을 권리가 확정되지 않았고 원상회복의무를 지게 될 가능성이 있더라도, 그가 받은 소득은 신고대상이 된다. 만일 1922년 국가가 승소하여 납세의무자가 1917년에 받은 이익을 내놓게 된다면, 납세의무자는 이를 1922년의 소득에서 공제할 수 있을 뿐 그 앞의 사업연도의 소득에서 공제할 수 없다.』

위와 같은 논리를 전제한다면 미국에서는 우리나라에서 인정되는 사정변경에 기한 경정청구를 허용할 여지가 없게 된다. 독일과는 달리 미국에서 이러한 경정청구가 문제되지 않고 있는 소이가 여기에 있다.

다음 1951년 'U.S. v. Lewis' 판결을 본다.

납세의무자 겸 근로자 A는 1944년 22,000달러의 보너스를 고용주로부터 받고 이를 1944년 귀속소득으로 신고하면서 세금을 냈다. 이후 보너스 수액에 관하여 다툼이 생겨 제기된 민사소송에서 법원이 보너스 산정이 잘못되었다며 11,000달러를 반환하라는 판결에 따라, 1946년 A는 이를 반환했다. A는 사실오인으로 초과 보너스를 받게 된 것이니 소급하여 초과분을 공제하는 방법으로 1944년 귀속소득을 재산정해야 한다고 주장했다. 대법원은 1951년 North American Oil 판결의 '권리주장의 원칙'에 터잡아 반환된 11,000달러를 공제함이 없이 22,000달러 전부가 1944년에 귀속되었고, 권리주장의 원칙은 세법체계에 뿌리내린 종국적 원칙으로 납세의무자가 그 권리의 유효성에 대한 오해가 있었다는 이유만으로 예외를 인정할 수 없다고 판시하면서 A의 주장을 배척하였다. 1944년 당시 어떤 분쟁도 없었기 때문에 22,000달러 전부를 1944년 귀속소득으로 신고함에 있어 어떠한 의문이 있을 수 없었다. 세율은 1944년도가 1946년도보다 높았다. 따라서 1946년도에 반환금을 공제하더라도 세액에서의 고려금액은 1944년도에 반환금을 공제하는 경우의 그것보다 적었다. A는 이를 고려하여 줄 것을 주장했으나 대법원은 입법상 결여를 이유로 받아들이지 않았다.

이후 1954년 위 'U.S. v. Lewis' 판결을 보완하기 위하여 제1341조가 신설되었다. 제1341조는 후발적 사정이 발생하면 당초의 세액을 바로잡든지 후발적 사정이 생긴 사업연도의 세액계산에 반영하든지 그중 하나를 납세의무자가 선택할 수 있도록 정하고 있다(조문 내용은 제4장 제3절 14. 나. 참조). 다만 제1341조의 적용이 없는 한 '권리주장의 원칙'은 그대로 유지된다.

미국의 권리주장의 원칙 및 제1341조는 소득의 '歸屬時期'라는 실체법적 관점에서 규율하고 있다는 점이 특징이다. 이를 두고 절차법적인 경정규정이라고 할 수는 없다. 우리나라의 '사정변경에 기한 경정청구'와 대비된다.

(4) 판례법 이론

판례가 축적되어 있는 부분은 경감규정에 관한 것이 많다. 비교적 상세한 조문임에도 애매하고 이해하기 어렵다고 한다. 실정법 등이 불공평한 결과를 배제하지 못하는 경우 법원은 정의공평의 원칙에서 판례법 이론을 발달시켜 왔음을 엿볼 수 있다.

다. 일본

국세통칙법에서 경정청구에 관한 일반적 규정을 두고 있으나 개별세법에서 경정청구의 특칙을 상세히 정하고 있다. 특히 사정변경에 기한 경정청구의 특칙이 많다. 소득세법 제152조, 제153조, 제63조, 제64조 등의 특칙(제4장 제3절 14. 가. 참조)이 있다. 법인세법 제80조의2, 제82조, 상속세법 제32조, 시행령 제8조도 마찬가지다.

과거 경정제도를 보는 기본적 시각에 있어 조세채무의 조속한 확정을 통한 국가재정상의 요청 내지 조세법률관계의 조속한 안정이 특히 강조되었다. 그러나 국세통칙법 제23조 제1항 등이 개정(제1장 제2절 8. 참조)됨으로써 '국가재정상의 요청'에서 '실체적 진실주의의 우선'으로 방향전환되었다.

라. 경정법체계가 나아가야 할 방향

(1) '모순된 세액확정에 기한 경정청구'와 '판결 등에 따른 경정'은 입법연혁적으로 미국의 '기간제한의 경감규정'에서 유래한다.

독일 조세기본법 제174조(모순된 세액확정)도 제1항, 제2항, 제3항이 세액확정의 모순·저촉에 있어 조세결정의 폐지 및 변경에 관하여, 제4항 및 제5항은 판결 등에 따른 후행경정에 관하여 규율하고 있다. 같은 조문에 위치하고 있음에도 양 규율은 상호 독립된 경정으로 보고 있다(제4장 제5절 참조). 조세기본법 제174조도 미국의 경감규정에서 유래한 것으로 보인다.

'모순된 세액확정에 기한 경정청구'와 '판결 등에 따른 경정'을 올바르게 이해하기 위하여 미국의 경감규정 및 독일 조세기본법 제174조를 음미할 필요가 있다.

(2) 경정제도의 현주소에 관하여는 제1장 제2절 6.에서 언급하였다. '모순된 세액확정에 기한 경정청구'나 '판결 등에 따른 경정'은 미국의 경감규정이나 독일 조세기본법 제174조와

비교할 때 미비점이 많아 견해대립이 심하다. 정의와 공평에 터잡은 제도임을 전제로 다른 입법례를 참작하여 입법적 정비를 할 필요가 있다. 이와 짝하는 제척기간도 마찬가지다.

(3) 경정법체계가 나아가야 할 방향

① 제1차적 부과처분은 불복기간이 지나면 불가쟁력에 의하여 조세채무자는 원칙적으로 더 이상 다툴 수 없다. 통상의 경정청구를 할 여지도 없다. 반면 국가는 증액경정을 반복할 수 있다. 세액확정절차의 '구조적 불균형'의 정도가 결코 작다고 말할 수 없다.

독일 조세기본법 제173조와 같이 존속력이 발생하였다 하더라도 국가나 조세채무자 모두 존속력의 발생 후 새로운 사실이나 증거가 발견된 경우에 한하여 증액경정을 하거나 감액경정을 하도록 조치하는 것도 입법론적으로 고려해 봄직하다(제1장 제5절 2. 사. 참조).

② 경정법체계에서는 실체적 진실주의와 법적 안정성이라는 두 법이념만이 강조되어야 한다. 통상의 경정청구기간을 통상의 제척기간 5년과 일치시킴으로써 세액확정절차의 구조적 불균형은 그 범위 내에서 크게 해소되었다. 개정 전 상황에 있어 제척기간을 두고 있음에도 신고납세방식에 있어 그보다 짧은 1년, 2년, 3년(순차 개정)의 경정청구기간을 두고 마치 조세채무자에게 혜택을 베푸는 것처럼 경정제도를 운영하여 온 점을 반성해야 한다.

세액확정절차에서는 제척기간, 불복기간(제소기간), 경정청구기간 등 3개의 경직된 기간제한이 있다. 극단적으로 법적 안정성만을 중시하는 견해라면, 불복기간이나 불가쟁력을 강조하면서, 경정청구기간을 불복기간의 연장이라고 보고, 5년이라는 장기간의 경정청구기간은 90일의 불복기간 사이에 균형을 깨뜨리는 것이라고 곡해하거나 역공할 여지도 있다. 이러한 취지에서 현행법상의 경정청구제도는 제한적으로 해석하여야 한다고 주장할 여지도 있다.

그러나 이러한 견해는 수용할 수 없다. 법적 안정성은 실체적 진실주의와 조화 위에서 추구되어야 한다. 법적 안정성은 제척기간의 설정으로 만족해야 한다. 90일이라는 짧은 불복기간은 '항고소송중심주의'상 부득이한 면도 있지만 조세소송에서는 세액확정절차의 구조적 불균형을 완화하는 방향으로 해석하여야 한다. 경정청구제도를 국가의 재정적 안정을 위한다는 이유로 조세채무자에게 불리하게 제한해석하는 방향으로 나아가서도 안 된다.

'조세법률관계의 조속한 안정'은 결코 법이념이 아니다. 경정제도를 해석하거나 운영함에 있어 기준이 되는 잣대도 될 수 없다. 조세법률관계의 조속한 안정이라는 굴레에서 벗어나야 한다. 미국이나 독일은 이러한 개념을 알지 못하고 조세법률관계에서 양 당사자의 균형이나 대등성을 중시한다. 제2차 세계대전에서 패전한 후 일본이 만들어낸 이러한 개념의 관행적 사용은 자제되어야 한다(제1장 제2절 3. 라. 참조).

2. 조세법상 경정[17])의 정의 및 유형

가. 경정의 정의

(1) 국세기본법 제22조 제1항은, "국세를 납부할 의무가 성립한 경우, 그 성립한 국세는, 국세기본법 및 개별세법에서 정하는 절차에 따라, 제척기간 내에서, 그 세액이 확정되고, 경정 (증액경정 및 감액경정)된다."로 바꾸어 읽을 수 있음은 앞서 본 바와 같다(제1장 제9절 3. 가. 참조).

(2) 更正이란 무엇인가?

경정의 사전적 의미는 '잘못된 내용을 바르게 고침'이다. 민사소송법 및 민사집행법 등에서 판결 경정, 배당표 경정 등의 말이 사용되나 조세법에서 많이 사용되는 말이다. 조세법에 있어 실체적 오류(오류, 탈루의 개념에 대하여 제2장 제1절 참조)를 是正한다는 의미도 경정이라 할 수 있으나, 그 실체적 오류를 시정한 결과로서 과세표준 및 세액이 '재구성 및 재계산'된다는 의미의 '세액의 경정'이 고유한 의미의 경정이다. 물론 결손금확정절차에서의 '결손금의 경정'이나 환급세액확정절차에서의 '환급세액의 경정'도 같다.

세액을 수치화(금전채권화)하기 위한 절차를 세액확정절차라고 할 때 세액의 경정은 확정절차의 중심적 개념 중의 하나이다.

국세기본법 제22조의3을 설명함에 있어 실정법상의 기간제한으로 초래되는 경직성과 불공평을 방지하기 위하여 조정(調整, adjustment)한다는 말을 사용하기도 하고[제1장 제7절 6. 다. ⑴ 참조], 사정변경에 기한 경정청구에 있어 사정변경 등을 소급적으로 고려하여 변동된 상황에 적합하게 세액을 변경하여야 할 때 세액을 조정한다는 말을 사용하기도 한다(제4장 제3절 1. 가. 참조).

(3) 조세법상 처분에는 '세액확정에 관여하는 부과처분'과 세액확정과 관계가 없는 '부과처분이 아닌 행정처분'이 존재한다. 세액확정과 관계가 없는 일반 행정처분에 관하여는 그 시정절차를 규율하는 규정이 없어 원칙적으로 행정법 이론(직권취소 등)에 따라 시정(경정)되어야 하므로 논의의 대상에서 제외하고, 여기서는 세액확정절차에 관여하는 부과처분 및 신고납세방식에 있어서의 신고 등의 경정에 대하여만 논의한다.

---

17) Tipke/Lang, 전게서, 제21장 386문에서, 독일 조세기본법상 Aufhebung(폐기), Rücknahme(직권취소), Widerruf(철회), Änderung(변경) 등의 용어가 사용되나, 모두 그 상위개념인 'Korrektur(경정)'로 요약된다고 한다. 그중 Änderung(변경)은 Geld-VA(금전 행정행위)에 대한 특수한 개념이라고 한다.

```
┌─────────────────────────────────────────────────────────────────┐
│       조세법상 행정처분 = 부과처분 + 부과처분이 아닌 일반 행정처분         │
│                    ↓                    ↓                        │
│                   경정            직권취소(행정법 이론)               │
└─────────────────────────────────────────────────────────────────┘
```

(4) 일단 부과처분이 관여되어 이를 시정할 경우 '부과처분의 경정 또는 시정 또는 변경'이라고 할 수 있으나, 국세기본법 제45조(수정신고) 및 제45조의2(경정 등의 청구) 등에서 부과처분의 수정 또는 경정이라는 용어 대신에 단지 '과세표준수정신고' 또는 '세액을 결정 또는 경정'이라고 표현하고 있다.

(5) 한편, 소득세법 시행령 제208조 제5항 제2호(복식부기의무자와 간편장부대상자의 구분)에서, '직전 과세기간의 수입금액(결정 또는 경정으로 증가된 수입금액을 포함한다)의 합계액이 다음 각 목의 금액에 미달하는 사업자'라는 표현을 함으로써 '수입금액의 경정'을 인정하고 있다. 즉 과세기간 도과 후 수입금액을 경정하면 간편장부대상자에서 복식부기의무자로 변경되고, 만약 추계신고를 하였다면 그에 맞추어 추계신고도 경정되어야 할 것이다.

(6) 결손금의 경정은 다른 곳(제1장 제9절 10. 참조)에서 설명하였고, 다만 제2차 납세의무자의 채무내용의 변경·시정(경정)에 대하여는 이 절 마지막에서 설명한다.

나. 경정의 유형

(1) 세액확정방식과 경정

신고납세방식의 조세에 있어 당초 신고내용에 실체적 오류가 있다 하여 경정하는 경우와 부과과세방식의 조세에 있어 당초 결정한 세액에 실체적 오류가 있다 하여 경정하는 것으로 나눌 수 있다. 자동확정방식의 경우(원천징수)는 차원을 달리하므로 다른 취급을 하여야 한다. 즉 원천징수에 있어 징수처분의 증액경정이 가능한지 여부(흡수소멸설의 적용 여부) 및 소득금액변동통지의 증액경정이 가능한지 여부(흡수소멸설의 적용 여부) 등이 문제된다.

(2) 통상의 경정

당초 확정된 세액을 조세채무자에게 불리하게 증가시키는 것인지 아니면 유리하게 감액시키는 것인지에 따라 증액경정과 감액경정으로 나눌 수 있다.

증액경정은 조세채무자가 스스로 경정하는 것(수정신고에 의한 자기증액경정)과 과세관청의 직권에 의한 증액경정으로 나눌 수 있다. 수정신고는 국세기본법 제45조에서, 증액경정은 '개별세법상의 각 경정규정'에서 각 규율하고 있다. 헌법재판소 2004. 12. 16. 선고 2003헌바78 결정은, 법인세법 제66조와 소득세법 제80조를 제척기간 내에 과세권자가 할 수 있는 과세표준과 세액의 결정 및 경정에 관한 규정이라고 설시하고 있다.

감액경정은 국세기본법 제45조의2 소정의 경정청구에 따른 것과 과세관청의 직권감액경정으로 나눌 수 있다. 통설·판례에 의하면 '개별세법상의 각 경정규정'에 의한 '감액경정의무'를 부인하면서, 국세기본법 제45조의2에 기하여만 국가의 감액경정의무가 발생한다고 한다(대법원 1987. 9. 8. 선고 85누565 판결 등 참조).

(3) 사정변경에 기한 경정

통상의 경정에 대비되는 개념으로, 사정변경에 기한 경정이 있다. 사정변경에 기한 경정에도 사정변경에 기한 증액경정과 사정변경에 기한 감액경정이 있다. 신설된 국세기본법 제26조의2 제6항 제5호는 사정변경에 기한 증액경정에 관한 것이다[제3장 제2절 2. 자 (1) 참조].

(4) 상증세에 있어 변형된 의미의 경정청구

국세기본법 제45조의2 제1항에서 예외적으로 부과과세방식의 조세인 상속세나 증여세에 있어 세액이 확정되지 아니하였음에도 과세표준신고가 있는 이상 통상의 경정청구인 '결정청구'를 인정하고 있다. 이를 '변형된 의미의 경정청구'라 한다.

(5) 판결 등에 따른 경정

위에서 본 증액경정 및 감액경정과 구별되는 다른 성질의 '특례경정'이 있다. 즉 국세기본법 제26조의2 제6항 제1호, 제1의2호, 제3호 중 일부, 제4호 중 일부 등에서 규정하는 경정(판결 등에 따른 경정)은 오류의 성질이나 유형이 특수한 것으로, 동일한 과세단위 내에서는 물론 과세단위를 달리하는 경우에도 적용된다. 선행절차와 후행경정절차라는 2개의 절차가 연속하여 진행된다. 정의와 공평의 견지에서 인정되는 경정으로 오류의 성질상 흡수소멸설이 논의될 여지가 없다.

'모순된 세액확정에 기한 경정청구'도 선행절차와 후행경정절차가 연속하여 진행될 수 있다는 점에서 '판결 등에 따른 경정'과 유사하다.

(6) 착오납부 및 이중납부

국세기본법 제51조 제1항 후단의 '착오납부 및 이중납부'에 대한 특칙도 경정의 한 종류로 볼 수 있다.

다. 원천징수와 경정

원천징수에 대한 경정을 필요한 범위 내에서 총론적으로 설명한다.

(1) 원천징수의 본질

원천징수라 함은 소득금액 또는 수입금액을 지급하는 자(원천징수의무자, 지급자)가 법이 정하는 바에 따라 이를 지급할 때 그 지급을 받는 자(원천납세의무자, 원천징수대상자, 수급자)로부터 장차 그가 부담할 세액을 미리 징수하여 국가에 납부하는 것을 말한다.

원천징수의무는 (ⅰ) 소득금액 또는 수입금액을 지급할 때 원천에서 그 부담할 세액에 해당하는 분의 지급을 보류하는 의미에서 이를 공제할 의무(원천징수의무)와, (ⅱ) 그 공제액을 국가에 지급하기로 하는 책임을 인수하였으므로 법률이 정하는 기간 내에 그 책임을 이행하기 위하여 보유하고 있던 세액을 국가에 납부할 의무(납부의무)로 나눌 수 있다.

이러한 '원천징수의무'(지급보류의무, 공제의무, 보관의무) 및 '납부의무'(지급책임인수의무, 지급의무)라는 두 본질적 의무는 공법상의 의무로서 원천징수의무자와 원천납세의무자 사이에 합의가 있다 하더라도 이행의무에서 벗어날 수 없다. 징수하여 보관하고 있던 세액 중 전부 또는 일부를 원천징수의무자가 이를 납부하지 않았다 하더라도 국가는 원천납세의무자로부터 이를 징수할 수 없다. 원천징수의무자가 지급책임을 인수하였기 때문이다.

원천징수하는 소득세나 법인세는 자동확정방식의 조세이므로 원천징수의무자는 징수의무 자체의 과세표준 및 원천징수세액 자체를 신고할 의무는 없다. 현행법상 이를 신고한다는 등 확정절차에 관한 규정도 없다. 원천징수의무자가 원천징수한 소득세 등을 납부할 때 함께 제출하는 지급명세서, 납부서 및 원천징수이행상황신고서(소득세법 시행령 제185조) 등은 과세표준 신고서가 아니다. 원천징수의무자가 이를 이행하지 아니하는 경우 징수처분을 할 수 있음에 그친다. 그런데 국세기본법 제45조의2 제5항(종전 제4항)은 원천징수의무의 존부 및 범위에 대하여 원천징수의무자와 원천징수대상자(원천납세의무자)에게 경정청구권을 부여함에 따라 해석이 어렵게 되었다.

(2) 의문점

통상의 세액확정절차와 같이 원천징수에도 源泉徵收義務確定節次라는 개념이 있을 수 있는지 여부이다. 광의의 세액확정절차에는 협의의 세액확정절차, 결손금확정절차, 환급세액확정절차 등 3가지가 있다. 이러한 확정절차를 씨줄로 삼아 경정절차[신고, 수정신고, 증액경정, 경정청구, 제척기간]라는 날줄을 엮으면 경정법체계가 이루어진다.

그렇다면 원천징수의무확정절차에도 이러한 경정절차의 날줄을 엮을 수 있는가? 이를 긍정한다면 세액확정절차에 관한 경정법체계와 전혀 다른 원천징수의무확정에 관한 경정법체계를 인정할 여지가 생긴다.

(3) 입법례

① 독일

조세기본법 제167조 제1항 제1문을 본다. "(1) ¹어떤 조세가 법적 의무로서 신고할 의무가 있는 경우(제150조 제1항 제3문)로서, 당초의 확정세액이 다른 세액으로 밝혀지거나 조세채무자 또는 책임의무자가 조세신고를 하지 아니한 경우, 제155조에 기한 세액확정이 필요하다. … "로 되어 있다. 한편 조세기본법 제155조(세액확정)에서 세액확정은 조세결정이라는 법형식에 의하여 이루어지도록 정하고 있다. 세액확정절차에 있어 자동확정방식이라는 제도는 없다.

원천징수하는 근로소득세 및 자본수익세 등 중 근로소득세만을 본다. 소득세법 제41a조 제1문에서 고용주는 원천징수한 근로소득세의 신고기한인 매월이 지난 10일 내에 세무서에 그 기간 동안 원천징수한 근로소득세 합계를 기재한 신고서(Steuererklärung)를 제출하는 등으로 신고(LohnsteuerAnmeldung)하고 원천징수한 근로소득세액을 납부해야 한다고 정하고 있다.

　여기서 본래의 조세채무자(근로소득세의 조세채무자는 근로자이다)가 아니더라도 원천징수의무자가 소득세법 제41a조에 따라 하는 원천징수분 근로소득세의 신고도 조세기본법 제150조 제1항 제3문(조세채무자는 법률에 규정되어 있는 한 신고서에 그 세액을 스스로 산정하여야 한다)의 조세신고(Steueranmeldung)로 보는 것이 통설·판례이다. 그 신고에 따라 원천징수의무자의 세액이 확정된다(申告納稅方式).

　따라서 원천징수의무자인 고용주가 징수하여야 할 근로소득세액을 징수하지 아니하는 등 그 의무를 이행하지 않거나 미달하여 징수·납부하였을 경우 국가는 조세기본법 제155조에 따라 원천징수의무자에 대하여 책임결정 아닌 租稅決定(Steuerbescheid)을 한다. 반대로 원천징수의무자가 원천납세의무자로부터 원천징수대상이 아닌 소득에 대하여 세액을 징수·납부·신고하였거나 징수하여야 할 세액을 초과하여 징수·납부·신고하였을 경우, 조세기본법 제168조에 따라 그 조세신고는 '사후심사 유보부 세액확정'과 동일하므로 제164조 제2항 제2문에 기하여 원천징수의무자는 제척기간 내에서 언제든지 경정청구를 할 수 있다.

　② 일본

　원천징수하는 국세 등에 대하여는 조세채무가 성립함과 동시에 특별한 절차를 요함이 없이 법규가 정하는 바에 따라 당연히 성립한다(국세통칙법 제15조 제3항, 自動確定方式). 자동확정 방식의 조세에는 세액확정을 위하여 행정처분을 할 필요도 없다. 국세통칙법 제36조의 납세고지는 세액을 확정하는 의미의 부과처분이 아니다. 납부하여야 할 세액을 초과하여 납부하였다면 그 초과납부한 세액에 대하여 원천징수의무자는 오납금으로서 납부한 시점부터 시효가 완성할 때까지 환급(부당이득반환)을 신청할 수 있다. 세액확정을 위하여 행정처분이 필요한 것도 아니고 신고행위도 필요하지 아니한 이상, 초과납부한 세액은 당연히 '오납금'으로 볼 수밖에 없다. 원천징수에 있어 경정청구제도가 없다.

　원천징수의 법률관계를 보면 원천납세의무자와 국가 사이에는 원칙적으로 직접적인 관계가 절단되고 양자는 원천징수의무자를 통하여 간접적으로 관계하는 것에 불과하다. 따라서 원천징수에 있어 국가와 원천징수의무자 간의 법률관계(공법상의 법률관계, 채무관계)와 원천징수의무자와 원천납세의무자 간의 법률관계(사법상의 법률관계, 채무관계)가 동시에 존재하게 된다.

　원천징수의무자가 징수하여야 할 세액을 징수하지 아니하는 등 그 의무를 이행하지 않거나 또는 미달하여 징수·납부하였을 경우 국가는 징수처분(징수고지)을 하게 된다.

　원천징수의무자가 원천납세의무자로부터 원천징수대상이 아닌 소득에 대하여 세액을 징수·납부하였거나 징수하여야 할 세액을 초과하여 징수·납부하였을 경우, 원천납세의무자는 원칙적으로 직접 국가에 대하여 환급청구를 할 수 없고 원천징수의무자만 국가에 대하여 환급청구를 할 수 있다.

③ 우리나라

원천징수하는 소득세 및 법인세는 自動確定方式의 조세로서 종래 '국가와 원천징수의무자 사이의 법률관계'를 중심으로 해석하여 왔다(대법원 2002. 11. 8. 선고 2001두8780 판결).

그러나 대법원 2001. 12. 27. 선고 2000두10649 판결 등 및 개정된 관계 법령 내용 등을 종합하면 '국가와 원천징수의무자 사이의 법률관계'보다 '국가와 원천납세의무자 사이의 법률관계'가 전면에 나타나고, 여기에 국세기본법 제45조의2 제5항에서 원천납세의무자에게 경정청구권을 부여함으로써 이러한 직접적 법률관계가 더욱 부각되었다(제4장 제6절 2. 마 참조).

(4) 원천징수의무확정절차의 부인

원천징수의무에서는 경정절차[신고, 수정신고, 증액경정, 경정청구, 제척기간]의 날줄로 엮을 수 없다. 이러한 확정절차를 인정한다는 것은 자동확정의 법리와 정면으로 충돌한다. 원천징수의무는 이를 신고할 수 있도록 설계되어 있지 않다. 원칙적으로 수정신고도 할 수 없다. 불이행의 경우 징수처분을 할 수 있고 이를 증액할 수 있으나 이는 확정절차의 인정 여부와 직접적 관련이 없다. 원천징수의무를 과다하게 이행한 경우 부당이득의 법리가 적용되는데, 이에 더하여 경정청구권을 추가로 인정하였다. 그렇다고 부당이득반환청구권이 배제되는 것으로 볼 수도 없다.

원천징수를 둘러싼 경정에 관한 법리를 정리하면 다음과 같다.

① 국가와 원천징수의무자 사이의 법률관계

(ⅰ) 자동확정의 법리는 유지된다. 원천징수의무자의 지급명세서 등의 제출행위를 원천징수의무자의 과세표준 및 세액의 신고로 의제할 수 없다. 원천징수의무자에게 경정청구권을 부여하였다고 하여 자동확정의 법리가 변경된다고 할 수 없다. 만약 자동확정의 법리에 변경이 일어난다면 그 변경가능의 범위를 확정하는 것이 불가능하다.

(ⅱ) 자동확정의 법리를 유지한다면 원천징수의무자가 징수하여야 할 세액을 징수하지 아니하거나 또는 미달하여 징수·납부하였을 경우 과세관청이 하는 징수고지를 부과처분으로 볼 수 없다. 부과처분 아닌 징수처분으로 보는 종전 판례는 유지되어야 한다.

부과처분이 아닌 이상 징수처분에는 제척기간이 적용되지 않는다. 국세기본법 시행령 제12조의3 제2항 제1호에 의하면 원천징수의무자에 대하여 부과하는 국세에도 제척기간의 적용이 있음을 전제로, 해당 원천징수세액의 법정 납부기한의 다음 날부터 제척기간이 기산된다는 취지로 정하고 있다. 자동확정의 법리 및 제척기간에 관한 입법상의 기본설계에 들어맞지 아니하는 입법적 오류로 보인다. 대법원 1996. 3. 12. 선고 95누4056 판결에서 법인세법에 의한 인정상여처분에 기하여 원천징수하는 소득세의 납세의무는 과세관청의 부과권 행사에 의하지 아니하고 법률의 규정에 의하여 자동확정되는 것으로서 제척기간이 적용될 여지가 없다고 판시하였다.

(ⅲ) 원천징수의무자가 원천납세의무자로부터 원천징수대상이 아닌 소득에 대하여 세액을 징수·납부하거나 징수하여야 할 세액을 초과하여 징수·납부하였을 경우, 원천납세의무자는 원칙적으로 직접 국가에 대하여 환급청구를 할 수 없고 다만 원천징수의무자만이 국가를 상대로 환급청구소송(부당이득반환청구소송)을 제기할 수 있다는 종전 판례(대법원 2001. 12. 27. 선고 2000두10649 판결)도 원칙적으로 유지된다.

(ⅳ) 국세기본법 제45조의2 제4항에서 원천징수의무자에게 경정청구권을 인정한 이유에 관한 것이다. 자동확정방식을 전제로 민사소송을 통해서 환급청구권의 권리행사가 가능함에도 과세관청에게 경정청구의 형식으로 환급신청을 한 다음 환급이 거부될 때 이를 거부처분으로 보아 항고쟁송의 형식으로 다툴 수 있게 함으로써 권리구제수단을 다양하게 부여하겠다는 입법자의 결단으로 보인다.

이는 쟁송형태의 다양화를 의미한다. 원천징수의무자에게 부여된 경정청구권은 '변형된 의미의 경정청구권'으로서 전형적 형태의 경정청구권과 구별된다. 원천징수의무자는 민사소송(부당이득반환소송)과 항고소송(경정거부처분 취소소송) 중 하나를 선택할 수 있다.

② 국가와 원천납세의무자(원천징수대상자) 사이의 법률관계

원천납세의무자는 원천징수에 오류가 있다 하더라도 국가를 상대로 직접 부당이득반환청구를 할 수 없다. 그러나 원천납세의무자도 과세관청을 상대로 경정청구권을 행사할 수 있는 법률관계가 형성되기에 이르렀다.

③ 징수처분에도 '당초 처분과 증액경정처분에 관한 법리' 즉 흡수소멸설의 적용 여부가 문제된다. 이를 긍정한 대법원 2013. 7. 11. 선고 2011두7311 판결(해태제과식품 판결)을 본다.

『1. 직권 판단

가. 기록에 의하면, 원고는 이 사건 2007. 3. 6.자 징수처분과 이 사건 2008. 5. 14.자 징수처분이 당초 처분과 증액경정처분의 관계에 있다고 전제한 다음, 이 사건 2007. 3. 6.자 징수처분은 이 사건 2008. 5. 14.자 징수처분에 흡수되어 독립한 존재가치를 잃게 됨으로써 이 사건 2008. 5. 14.자 징수처분만이 항고소송의 대상이 된다고 보고, 당초에는 이 사건 2007. 3. 6.자 징수처분의 취소를 구하고 있던 제1심 소송계속 중에 피고가 이 사건 2008. 5. 14.자 징수처분을 하자, 2009. 4. 14. 청구취지변경신청서를 제출하여 이 사건 2007. 3. 6.자 징수처분과 이 사건 2008. 5. 14.자 징수처분의 각 취소를 구하는 것으로 청구취지를 변경하였다가, 2009. 6. 22. 다시 청구취지변경신청서를 제출하여 최종적으로 이 사건 2007. 3. 6.자 징수처분의 세액이 포함된 이 사건 2008. 5. 14.자 징수처분의 취소를 구하는 것으로 청구취지를 변경하였고, 원심은 이에 대하여 아무런 석명을 구하지 아니한 채 이 사건 2008. 5. 14.자 징수처분의 취소 여부에 대하여만 판단하였다.

　나. 그러나 이러한 원심의 조치는 다음과 같은 이유로 그대로 수긍하기 어렵다.

　(1) 원천징수의무자에 대하여 납세의무의 단위를 달리하여 순차 이루어진 2개의 징수처분은 별개의 처분으로서 당초 처분과 증액경정처분에 관한 법리가 적용되지 아니하므로, 당초 처분이 후행 처분에 흡수되어 독립한 존재가치를 잃는다고 볼 수 없고, 후행 처분만이 항고소송의 대상이 되는 것도 아니다.

　(2) 생략

　(3) 위와 같은 사실관계를 앞서 본 법리에 비추어 살펴보면, 이 사건 2007. 3. 6.자 징수처분과 이 사건 2008. 5. 14.자 징수처분은 그 납세고지의 대상이 된 물건, 즉 양도된 주식이 서로 다르므로 납세의무의 단위를 달리하는 별개의 처분으로서, 당초 처분과 증액경정처분에 관한 법리가 적용되지 아니한다고 봄이 타당하다. 따라서 이 사건 2007. 3. 6.자 징수처분이 이 사건 2008. 5. 14.자 징수처분에 흡수되어 독립한 존재가치를 잃는다고 볼 수 없고, 이 사건 2008. 5. 14.자 징수처분만이 항고소송의 대상이 될 수 있는 것도 아니다.

　(4) 그렇다면 원고가 최종적으로 이 사건 2007. 3. 6.자 징수처분의 세액이 포함된 이 사건 2008. 5. 14.자 징수처분의 취소를 구하는 것으로 청구취지를 변경한 것은 착오로 인한 것으로 볼 여지가 많으므로, 원심으로서는 적절히 석명권을 행사하여 원고로 하여금 청구취지를 변경 또는 정정하게 하거나, 원고가 이 사건에서 위 각 징수처분의 취소를 구하는 것으로 보고 제소요건의 구비 여부 등을 개별적으로 살펴본 다음, 본안에 나아가 판단하였어야 했다.

　다. 그런데도 이와 달리 원심은, 이 사건 2007. 3. 6.자 징수처분이 이 사건 2008. 5. 14.자 징수처분에 흡수되어 독립한 존재가치를 잃게 됨으로써 이 사건 2008. 5. 14.자 징수처분만이 항고소송의 대상이 된다는 전제에서 이 사건 2007. 3. 6.자 징수처분 그 자체의 위법 여부를 별도로 판단하지 아니하였을 뿐만 아니라, 이 사건 소 중 그 처분일부터 11개월여가 지난 후에 취소를 구하는 이 사건 2008. 5. 14.자 징수처분 부분의 제소요건 구비 여부 등을 살피지 아니한 채 그 본안에 관하여 판단하였으니, 이러한 원심의 조치에는 징수처분의 납세의무단위 등에 관한 법리를 오해하여 판결에 영향을 미친 위법이 있다.』

　2007. 3. 6.자 징수처분과 2008. 5. 14.자 징수처분은 납세고지의 대상이 된 물건, 즉 양도된 주식이 달라 납세의무의 단위를 달리하는 별개의 처분이므로, 흡수소멸설, 즉 '당초처분과 증액경정처분에 관한 법리'가 적용되지 않는다는 것이다. 납세의무의 단위가 동일하다면 '당초 처분과 증액경정처분에 관한 법리'가 적용된다는 것으로, 징수처분에도 흡수소멸설이 적용됨을 긍정하고 있다.

라. 전체펼치기(반복펼치기)

　실체적 오류를 시정한 결과로서 확정된 세액을 경정한다는 것이 실정법상 고유한 의미의 경정이라 함은 앞서 본 바와 같다.

　총액주의(흡수소멸설) 아래에서 오류를 시정한다는 것은 당초부터 오류가 없었던 것처럼 재구성하고 이에 터잡아 세액을 재계산하는 것으로(再構成 및 再計算), 실체적 오류가 발견될 때마다 과세표준을 이루는 내용물 전체를 계속 반복적으로 펼쳐(Gesamtaufrollung, Wiederaufrollung, 전체펼치기 및 반복펼치기) 상계적 요소가 있으면 상계를 거친 다음 과세표준과 세액을 새로이 결정하는 것을 말한다[제1장 제6절 3. 나. (2), 제2장 제1절 4. 참조].

증액경정의 경우 판례에서 종종 "당초 처분에서의 과세표준과 세액을 포함시켜 전체로서 하나의 과세표준과 세액을 다시 결정한다."고 판시하곤 하는데 이도 그러한 의미이다.

다만 흡수소멸설은 국세기본법 제45조의2 제1항 후단 등에 의하여 수정·보완된다(제4장 제2절 1. 라. 참조).

3. 국세기본법 제45조의2가 신설되기 전의 경정청구제도

가. 법인세법상의 경정규정에 대한 변천과정

(1) 1973년 당시 구 법인세법 제35조(부과과세방식)

『정부는 제32조와 제33조의 규정에 의하여 내국법인의 각 사업연도의 소득에 대한 법인세의 과세표준과 세액을 결정한 후에 그 과세표준에 탈루 또는 오류가 있는 것을 발견한 때에는 즉시 그 법인의 과세표준과 세액을 조사하여 경정결정을 하여야 한다.』

(2) 국세기본법 제정(1974. 12. 21.) 당시에도 위 조문은 그대로 유지되었다.

(3) 1979. 12. 28. 전문개정된 구 법인세법 제32조(신고납세방식)[18]

『제32조(결정과 경정)

① 정부는 내국법인이 제26조의 규정에 의한 신고를 하지 아니한 때에는 당해 법인의 각 사업연도의 소득에 대한 법인세의 과세표준과 세액을 결정한다.

② 정부는 제26조의 규정에 의한 신고를 한 내국법인이 다음 각 호의 1에 해당하는 경우에는 당해 법인의 각 사업연도의 소득에 대한 법인세의 과세표준과 세액을 경정한다.

1. 신고내용에 오류 또는 탈루가 있는 때

2. 제63조의 규정에 의한 지급조서 또는 제66조의 규정에 의한 계산서의 전부 또는 일부를 제출하지 아니한 때

③ 정부는 제1항 및 제2항의 규정에 의하여 각 사업연도의 소득에 대한 법인세의 과세표준과

---

18) 법인세법이 1979. 12. 28. 개정되어 1980. 1. 1.부터 신고납세방식으로 변경되면서, 구 법인세법 제35조에서 제32조로 옮김과 동시에 종전보다 상세히 규정하고 있다.

세액을 결정 또는 경정하는 경우에는 장부 기타 증빙서류를 근거로 하여야 한다. 다만, 대통령령이 정하는 사유로 장부 기타 증빙서류에 의하여 소득금액을 계산할 수 없는 경우에는 대통령령이 정하는 바에 의하여 추계할 수 있다.

④ 정부는 법인세의 과세표준과 세액을 결정 또는 경정한 후 그 결정 또는 경정에 오류 또는 탈루가 있는 것이 발견된 때에는 즉시 이를 다시 경정한다.

⑤ 제1항 내지 제4항의 규정에 의하여 법인세의 과세표준을 결정 또는 경정함에 있어서 익금에 산입한 금액의 처분은 대통령령이 정하는 바에 의한다.』

나. 구 국세기본법 제45조의 신설 및 개정과정[19]

(1) 국세기본법 제정(1974. 12. 21.) 당시 구 국세기본법 제45조

『납세의무자가 과세표준신고서를 제출한 후 그 기재사항에 누락·오류가 있는 것을 발견한 때에는 당해 국세의 법정신고기한 경과 후 30일(제2조 제1호 (아) 내지 (거)에 게기하는 국세의 경우에는 10일)내에 대통령령이 정하는 바에 의하여 과세표준 수정신고서를 제출할 수 있다.』

(2) 1978. 12. 5. 개정된 구 국세기본법 제45조

『납세의무자가 과세표준신고서를 제출한 후 그 기재사항에 누락·오류가 있는 것을 발견한 때에는 당해 국세의 법정신고기한 경과 후 30일(제2조 제1호 (바) 내지 (자) 및 (카)에 게기하는 국세의 경우에는 10일)내에 대통령령이 정하는 바에 의하여 과세표준 수정신고서를 제출할 수 있다.』

(3) 1979. 12. 28. 전문개정(1980. 1. 1.부터 시행)된 구 국세기본법 제45조

『제45조(과세표준수정신고)
① 과세표준신고서를 법정신고기한 내에 제출한 자는 그 기재사항에 누락·오류가 있는 때에는 다음 각 호에 게기하는 기한 내에 당초의 신고사항을 수정하는 신고서(이하 과세표준수정신고서라 한다)를 제출할 수 있다.
1. 법인세 및 부가가치세의 경우에는 법정신고기한 경과 후 6월(예정신고의 경우에는 예정신고기한 경과 후 3월)내
2. 제1호 이외의 국세의 경우에는 법정신고기한 경과 후 1월 내
② 과세표준수정신고서의 기재사항 중 대통령령이 정하는 국세에 관하여 당초에 신고한 과세

---

19) 위 구 국세기본법 제45조의 신설 및 개정과정은 뒤에서 설명(제1장 제11절 8. 참조)하는 일본의 1962. 국세통칙법 제정 전·후의 상황과 비교할 필요가 있다.

표준 또는 납부세액을 감소시키거나 환급세액을 증가시키는 사항이 있는 경우에는 정부는 이를 조사하여 그 결과를 당해 수정신고서를 받은 날부터 60일 이내에 신고인에게 통지하는 동시에 경정할 사항을 경정하여야 한다.

③ 과세표준 수정신고서의 기재사항 및 신고절차에 관하여는 대통령령으로 정한다.』

(4) 한편, 국세기본법 시행령 제25조 제2항에서 "법 제45조 제2항에서 '대통령령이 정하는 국세'라 함은 제10조의2 제1호에 게기하는 국세를 말한다."라고 정하면서, 같은 법 시행령 제10조의2 제1호(1979. 12. 31. 개정)에서 '법인세, 부가가치세, 특별소비세, 주세 또는 증권거래세'를 신고납세방식의 조세로 열거하였다.

위 국세기본법 제45조에 의하면 조세채무자는 당초 신고한 세액이 과다하여 그 세액을 감소시키기 위하여는, 법인세 및 부가가치세는 법정신고기한 경과 후 6월 이내에, 특별소비세, 주세 또는 증권거래세는 법정신고기한 경과 후 1월 이내에 과세표준수정신고서를 제출할 수 있고, 그 경우 정부는 이를 조사하여 60일 이내에 그 가부를 통지하여야 한다는 것이었다.

(5) 1980. 1. 1. 현재 신고납세방식인 법인세에 관한 경정을 예를 들어 고찰하면, 관련된 규정으로서, ① 국세기본법 제22조 제1항, ② 국세기본법 제45조, ③ 법인세법 제32조 등 3개의 조문이 정립(鼎立)함에 따라, 그 통일적 해석을 어렵게 하였다.

다. 경정청구권의 인정

대표적 판례인 대법원 1988. 11. 8. 선고 87누479 판결을 본다.

『국세기본법 제45조 제1항, 제2항, 같은 법 시행령 제25조 제2항, 제10조의2 제1호에 의하면 납세자가 법정신고기한 내에 부가가치세 등의 과세표준과 세액을 신고한 다음 그 신고사항에 누락, 오류가 있음을 발견한 경우 이를 시정할 기회를 주고, 당초에 신고한 과세표준 또는 납부세액을 감소시키거나 환급세액을 증가시키는 사항이 있는 경우에는 정부는 이를 조사하여 그 결과를 60일 이내에 그 신고인에게 통지하는 동시에 경정할 사항은 경정할 의무가 있음을 밝히고 있으므로, 만약 정부가 위 수정신고에 대한 조사, 결정을 하여 위 법정기한 내에 그 결과를 통지하지 아니하는 경우에는 납세자는 위 법조항에 따라 경정청구를 거부한 것으로 보아 그 거부처분의 취소를 구하는 항고소송(또는 부작위위법확인소송)을 제기할 수 있다.』

위 판결에 의하면, 구 국세기본법 제45조 제1항·제2항에 기하여, 신고납세방식의 조세인 법인세 및 부가가치세의 경우 경정청구기간 6월의, 특별소비세 및 주세, 증권거래세의 경우 경정청구기간 1월의 기간 내에 경정청구를 할 수 있다는 것이었다.

그러나 구 법인세법 제32조에서 경정청구권이 발생하는지 여부는 당시 쟁점이 되지 아니하여 그에 관한 판단이 없다.

라. 수정신고기간 경과 후의 경정청구권 인정 여부

구 국세기본법 제45조의 해석과 관련하여, 당시 신고납세방식의 조세에 있어, 법 소정의 수정신고기간(6월, 1월)이 경과한 이후에도 당초 신고한 내용을 자기에게 유리하게 시정하는 방법으로 경정청구 등의 구제수단을 인정할 것인지가 문제되었다.

(1) 서울고등법원 1984. 12. 24. 선고 84나2211 판결(부당이득금반환청구사건, 확정)

원고법인은 '1980년도 법인세 및 법인세분 방위세'20)를 1981. 3. 30. 신고납부한 후 같은 해 9. 29. 당초 신고한 방위세율 25%를 37.5%로 정정하여 수정신고하면서 추가납부를 하였는데, 이후 방위세율이 25%임이 객관적으로 확인되어 원고는 국가를 상대로 1983. 부당이득반환청구소송을 제기하였다. 위 법원은 다음과 같은 이유로 원고의 청구를 기각하였다(소송을 제기할 당시 이미 법인세 수정신고기간 즉 경정청구기간 6월이 경과된 이후였다).

『 … 위 신고행위는 위의 조세채권채무관계를 성립시키는 전형적인 공법상의 준법률행위이어서 그 표시된 외관에 따라 그 효력을 정하여야 한다고 할 것이고, 따라서 그 신고에, 부과과세에 있어서의 부과처분을 당연무효화 시키는 것과 같은, 명백하고도 중대한 하자가 있는 경우는 별론으로 하고 그에 관하여 민법상의 착오법리에 따라 이를 일방적으로 취소할 수 없다고 할 것인 한편, 그 신고에 의하여 일단 확정된 조세채무액의 변경은 세법에 규정된 절차와 방법에 따라서 하여야 한다고 할 것인즉 위 주장과 같은 경우에는 국세기본법, 법인세법, 방위세법 및 그 각 법 시행령의 제규정 취지상 위 신고자에 의하여 착오로 과다신고 된 그 법인세분 방위세에 관한 조세채무액의 감액에 관하여 그 신고자에 있어서 그 신고를 받은 관할세무서에 대하여 그 감액경정처분의 신청권이 있고, 그 세무서는 그 조세부과권의 존속기간 내에서는 그 신청이 정당하다고 인정되는 경우에는 그 신청에 응할 의무가 있다 할 것이어서 그 신청권에 기하여 그 경정처분을 하여야 하되 그 세무서에 있어서 그 신청에 대하여 거부처분을 할 경우에는 행정쟁송의 방법에 의하여 그 거부처분의 취소를 구함에 의하여 그 감액을 받아야 한다고 할 것이므로, 원고의 위 취소주장은 더 나아가 판단할 필요 없이 이를 받아들이지 아니한다.』

판결요지는 다음과 같다.

첫째, 수정신고기간(경정청구기간) 6월이 경과한 이후라도 과세관청으로서는 개별세법인 법

---

20) ① 당시의 구 국세기본법 제22조 제1항("국세는 당해 세법에 의한 절차에 따라 그 세액이 확정된다." 이 책 제9절 1. 나. 참조), ② 1980. 1. 1.부터 시행된 앞서 본 구 국세기본법 제45조(과세표준수정신고), ③ 1980. 1. 1.부터 시행된 앞서 본 구 법인세법 제32조(결정과 경정) 등 3개의 조문을 어떻게 조화롭게 해석하여야 할 것인지에 대한 최초의 판단이다.

인세법 및 방위세법의 각 규정상 직권으로 감액경정결정을 할 수 있는 권한과 의무가 있고, 그에 대응하여 과다신고한 조세채무자는 감액경정의 신청권이 있다. 여기서 법인세법이라 함은 당시 시행되던 구 법인세법 제32조(결정과 경정)를 가리킨다.

둘째, 과세관청으로서는 위 신청이 정당하면 제척기간 내에서 이에 응할 의무가 있고, 그 의무는 기속적이다.

셋째, 만약 거부처분을 하는 경우 행정쟁송의 방법으로 취소를 구할 수 있다.

(2) 대법원 1987. 9. 8. 선고 85누565 판결(주세환급거부처분취소)[21]

『 … 한편 국세기본법 제45조 제1,2항에 의하면 과세표준신고서를 법정신고기간 내에 제출한 자는 그 기재사항에 누락·오류가 있는 때에는 그 각 호에 게기하는 기한 내에 과세표준수정신고서를 제출할 수 있고 그 신고서의 기재사항 중 대통령령이 정하는 국세에 관하여 당초에 신고한 과세표준 또는 납부세액을 감소시키거나 환급세액을 증가시키는 사항이 있는 경우에는 정부는 이를 조사하여 그 결과를 당해 수정신고서를 받은 날로부터 60일 이내에 신고인에게 통지하는 동시에 경정할 사항을 경정하여야 한다고 되어 있어 신고납부방식의 조세에 있어서도 납세의무자는 위 규정에 의한 수정신고를 통하여 과세관청에 신고내용의 시정신청을 할 수 있는 제도가 마련되어 있으므로 수정신고기간 경과 후에도 유독 신고납부방식 조세의 납세의무자에게만 명문의 규정이 없더라도 조리상 실질과 부합되게 신고내용을 시정할 수 있는 감액경정청구권을 인정하여야 한다는 것은 모든 납세의무자에게 수정신고기간이나 조세쟁송에 관한 불복기간을 제한하여 조세채무를 조속하게 확정하고자 하는 취지에 반하여 조세채무의 존부와 범위를 장기간 불확정한 상태에 두게 되고, 또 국세기본법이나 개별세법에서 국가가 조세부과권의 존속기간 내에 직권으로 당초의 신고내용을 경정결정을 할 수 있는 규정을 두고 있다 하여도 이로 인하여 당초의 신고내용보다 불리한 처분을 받은 납세의무자는 그 처분에 대하여 불복을 할 수 있기 때문에 국가의 직권경정결정에 대응하여 납세의무자에게 조리상의 감액경정청구권을 별도로 인정하여야 할 것도 아니어서 과세관청이 개별세법에서 규정하고 있지 아니하는 납세의무자의 감액경정청구나 그에 따른 환급신청을 거절하였다 하더라도 이를 두고 항고소송의 대상이 되는 거부처분이라 할 수 없다 할 것이다.』

판결요지는 다음과 같다.

첫째, 신고납세방식의 조세에 있어 수정신고기간(6월 또는 1월) 내에서만 감액경정청구를 할 수 있고, 수정신고기간이 경과하면 감액경정청구를 할 수 없다.

둘째, 납세의무자에게 수정신고기간을 둔 취지는, 조세쟁송에 관한 불복기간을 둔 취지와 동일하게, 조세채무를 조속하게 확정하는 데 있다.

---

21) 위 판결에 의하면, 신고납세방식에 있어 신고와 경정청구기간의 관계를 부과처분과 불복기간의 관계와 유사한 것으로 보는 셈이 된다.

셋째, 개별세법에는 감액경정청구가 규정되어 있지 않다.

넷째, 국가가 제척기간 내에서 언제든지 증액경정을 할 수 있다 하더라도, 이에 대하여 조세채무자가 불복을 할 수 있는 이상, 조세채무자에게 조리상의 감액청구권을 인정할 수도 없다.

(3) 위 두 판결은, ① 국세기본법 제22조 제1항, ② 국세기본법 제45조 제2항, ③ 법인세법 제32조 등 3개 조문의 통일적 해석을 둘러싸고 견해대립을 보이고 있다.

마. 일본 최고재판소 1964. 10. 22. 판결[22)]

(1) 신고납세방식의 조세에 있어 신고내용을 자기에게 유리하게 시정하는 방법으로 오로지 경정청구에 의하여야만 하는지가 문제된 사안이다.

즉 산림매각에 의한 소득을 전부 자신의 소득으로 하여 소득세를 법정신고기한 내에 신고한 원고가 경정청구기간 도과 후(당시 일본 소득세법에 따르면 경정청구기간은 1월이었다) 위 산림은 상속인 5인의 공유에 속하는바, 원고가 전부 가독상속한 것으로 오인한 나머지 그 매각으로 인한 소득을 자신의 소득으로 신고하였기 때문에, 위 확정신고는 착오에 기한 것으로 무효라는 이유로, 국가에게 소득세 납부금에 대하여 부당이득반환청구를 하였다.

(2) 판결을 인용한다.

『무릇 소득세법이 … 신고납세제도를 채용하면서 확정신고서 기재상의 과오의 시정방법에 관하여 특별규정을 둔 취지는, 소득세의 과세표준 등의 결정에 관하여 그 사정을 가장 잘 아는 납세의무자 자신의 신고에 기초한 것으로서 그 과오 시정은 법률이 특별히 인정한 경우에 한한다고 함으로써 조세채무를 가급적 조속히 확정시켜야 한다는 국가재정상의 요청에 터잡은 것이고, 납세의무자에 대하여도 지나친 불이익을 강요할 우려도 없다고 인정되기 때문이다. 따라서 확정신고서 기재내용의 착오시정에 관하여는 그 착오가 객관적으로 명백하고 중대한 것으로서 소득세법이 정하고 있는 방법 이외에 시정을 허용하지 아니하면 납세의무자의 이익을 현저하게 해한다고 인정되는 특별한 사정이 없다면 소론과 같은 법정의 방법에 따르지 아니한 채 기재내용의 착오를 주장하는 것은 허용되지 아니한다.』

(3) 판결요지는 다음과 같다.

첫째, 신고납세방식의 조세에 있어 신고내용을 자기에게 유리하게 시정하는 방법으로서 오로지 경정청구에 의하여야만 한다.

둘째, 이는 조세채무를 조속히 확정하여야 한다는 국가재정상의 요청에 기한 것이다.

셋째, 신고내용에 관한 착오가 객관적으로 명백하고 중대한 것으로서 경정청구 이외의 방

---

22) 일본 판결과 우리나라 대법원 85누565 판결을 비교하여 고찰할 필요가 있어 이를 소개한다.

법으로 이의 시정을 허용하지 아니한다면 납세의무자의 이익을 현저히 해한다는 특별한 사정이 있는 경우 경정청구의 방법이 아닌 부당이득반환의 방법으로 구제받을 수 있다.

(4) 위 판결에서의 '특별한 사정'에 대해서 다음과 같은 일본 판결들이 있다.

① 세무서 직원이 납세자의 설명을 잘못 판단한 나머지 수정신고의 지도를 하였고, 그 세무지도에 따라 한 수정신고가 과대신고 되었을 때, 그 과대신고 된 부분만을 무효로 본 사례(도쿄지방재판소 1981. 4. 27. 판결)와 ② 수정신고서에 표시된 의사와 납세자의 내심의 의사 사이에 불일치가 있고, 신고가 착오에 기한 것이며, 그 착오가 객관적으로 보아 중대하고 명백한 것으로서 소득세법의 규정 이외에 그 시정을 허용하지 않는다면 납세자의 이익을 현저히 해할 것으로 인정되는 특단의 사정이 있다고 본 사례(삿뽀로지방재판소 1989. 12. 8. 판결)가 있다.

4. 국세기본법 제45조의2가 신설된 후의 경정청구제도

1994. 12. 22. 국세기본법 제45조의2가 신설되어 종래의 경정청구기간(6월, 1월)이 1년으로 연장되고 후발적 사유에 기한 경정청구가 도입됨으로써 경정제도가 상당히 보완되었다.

그러자 우리나라 학자들은 위 일본 판결 후 일본 학자들이 명명한 '경정청구의 배타성'이라는 용어를 받아들이면서, 신고납세제도 아래에서, 신고내용에 객관적으로 중대하고 명백한 하자가 있어 그 신고행위 자체가 당연무효가 아닌 이상, 과다신고된 세액의 시정은 오로지 국세기본법 제45조의2 소정의 경정청구에 의하여야만 하고, 그 경정청구기간이 도과한 이후에는 경정청구권을 행사할 수 없다고 해석하였다.

한편, 위 대법원 1987. 9. 8. 선고 85누565 판결 이래 "국세기본법에 규정한 경정청구기간이 도과한 후에는 경정청구권을 행사할 수 없다."라는 것이 대법원의 확고한 견해이다(대법원 2006. 5. 11. 선고 2004두7993 판결 참조).

5. 경정법체계의 개관(이원적 경정법체계)

가. 일반론

(1) 직권취소 이론

납세의무을 주된 납세의무와 제2차 납세의무(보증인의 납세의무)로 나눌 때, 제2차 납세의무에 대한 경정법체계는 주된 납세의무에 대한 경정법체계와는 차원을 달리한다. 뒤에서 보는 바와 같이 제2차 납세의무의 경정에 대하여는 職權取消 이론이 적용된다.

이원적 경정법체계를 명시적으로 규정하고 있는 독일과는 달리 우리나라는 행정법상의 직권취소 이론에 기하여 二元的 更正法體系를 확립하고자 한다. 이 절 8. 라. (3)에서 설명한다.

직권취소 이론은 국세기본법 제51조 제9항 소정의 과다환급금확정절차에서도 적용된다. 역환급청구권을 실현하기 위하여 과세관청이 고지처분을 할 수 있는데, 그 고지처분에 실체적 오류가 있음에도 불구하고 불복기간을 놓침으로서 다툴 수 없게 되었다 하더라도 실체적 진실주의를 실현하기 위하여 그 고지처분도 직권취소의 방법으로 시정되어야 한다.

(2) 국세기본법상 부과처분에는 2가지 종류가 있음을 간과하여서는 안 된다. 세액확정절차에 관여하는 '제1차적 부과처분'에 있어서는 불복기간이 지나면 원칙적으로 이를 시정할 수 있는 경정수단이 없다(제1장 제5절 2. 마. 참조). 그러나 제2차 납세의무의 확정에 관여하는 고지처분이나 역환급청구권의 실현을 위한 고지처분은 모두 부과처분의 성질을 겸유하나 그 부과처분이 불복기간의 도과로 확정되었다 하더라도 예외적인 경우에 한하여 직권취소의 방법으로 시정되어야 한다.

(3) 일반 행정처분의 경정

조세법상 부과처분이 아닌 일반 행정처분에 대하여도 경정이 필요한 경우 직권취소(직권철회) 이론이 적용된다고 본다. 예를 들어 징수유예 거부처분에 대하여 납세의무자가 다투지 아니하여 확정되었다 하더라도 부득이한 사정이 있는 경우 직권취소의 방법으로 시정되거나 구제될 여지도 있다. 그러나 위에서 본 2가지 종류의 부과처분의 경우와는 달리 과세관청에게 보다 많은 재량이 주어져 있다 할 것이다. 여기에도 실체적 진실주의와 법적 안정성에 대한 공공의 이익을 형량하여야 할 것이다. 그렇다고 하여 불복기간 도과의 본질적 효력을 몰각할 수는 없다.23) 행정처분이 침익적 행정처분인지, 수익적 행정처분인지 등 그 성질에 따라 직권취소의 범위도 달리한다. 직권취소의 가능 여부 및 범위는 궁극적으로 대법원 판결에 달려 있다. 이를 논하는 것은 일반 행정처분에도 이론상 제한된 범위 내에서 예외적으로 경정의 여지가 있음을 설명하기 위한 것이다.

(4) 주된 납세의무에 대한 경정법체계의 개관

이하 주된 납세의무를 중심으로 국세기본법상의 경정법체계를 세액확정절차의 관점에서 개관하여 본다. 경정은 세액확정절차의 중심적 개념이다. 세액확정절차의 근본규범은 국세기본법 제22조 제1항이다(제1장 제9절 3. 참조). 경정의 중심적 규정으로 경정청구에 관한 국세기본법 제45조의2와 특례경정을 정하고 있는 제26조의2 제6항(종전 제2항, 판결 등에 따른 경정)을 들 수 있다. 두 규정을 적극적 경정규정이라 한다면 비독립적·소극적 경정규정으로 제22조의3(종전 제22조의2)을 들 수 있다. 국세기본법 제26조의2 제6항이 제척기간에 관한 규정에 위치하고 있다 하더라도 '특례경정'에 관한 규정임을 받아들여야 하고, 제22조의3이 소극적 경정규

---

23) Tipke/Lang, Steuerrecht, 제21장 457문 참조.

정에 해당한다 하더라도 조세소송법상 불복범위를 정하는 역할도 하고 있음을 인정하여야 한다. 세액확정절차상의 경정법체계에 있어 중심적 역할은 3개 조문(제45조의2, 제26조의2 제6항, 제22조의3)이 수행하고 있다.

경정은 증액경정이든 감액경정이든 원칙적으로 통상의 제척기간 내에서 행사되어야 하나 예외적으로 경정의 태양에 따라 특례제척기간이 적용된다. 통상의 경정(청구)에는 통상의 제척기간이, 특례경정에는 특례제척기간이 원칙적으로 각 대응한다.

세액확정절차상의 경정법체계는 이 장 총론 도표를 참조하기 바란다.

나. 증액경정

(1) 수정신고

수정신고는 '자기증액경정'이다(제3장 제1절 참조). 수정신고에 의하여 세액이 증액된다.

다만 원천징수의무자의 원천징수의무는 수정신고의 대상이 될 수 없다.

(2) 증액경정

① 증액경정에는 '통상의 증액경정'과 '사정변경에 기한 증액경정'으로 나눌 수 있다. 이러한 증액경정의 근거는 개별세법상의 각 그 해당 경정조항이다.

② '통상의 증액경정'은 '통상의 경정청구'에 대비되는 개념으로 흔히 말하는 증액경정은 통상의 증액경정을 의미한다. 이러한 증액경정은 과세관청의 직권에 의하여 이루어진다.

원천징수에서도 당초 징수처분상의 수액을 증액하는 의미의 증액경정이 있을 수 있다(징수처분상의 증액경정).

③ '사정변경에 기한 증액경정'은 '사정변경에 기한 경정청구'에 대비된다. 다음과 같이 분류된다.

（ⅰ） 국세기본법 제26조의2 제6항 제5호

제척기간 경과 후 사정변경이 생기는 경우 과세권을 확보한다는 의미에서, 2017. 12. 17. 국세기본법 제26조의2 제6항에서 제5호를 신설하여 "최초의 신고·결정 또는 경정에서 과세표준 및 세액의 계산근거가 된 거래 또는 행위 등이 그 거래·행위 등과 관련된 소송에 대한 판결(판결과 같은 효력을 가지는 화해나 그 밖의 행위를 포함한다. 이하 이 호에서 같다)에 의하여 다른 것으로 확정된 경우"에는 "판결이 확정된 날부터 1년 이내에 경정결정이나 필요한 처분을 할 수 있다."고 정하고 있다.

위 경정사유는 사정변경에 기한 경정청구사유의 하나인 국세기본법 제45조의2 제2항 제1호와 그 내용에 있어 동일하다.

（ⅱ） 소득세법 시행령 제134조 제4항

소득세법 시행령 제134조에 따라 과세표준확정신고기한 경과 후 사정변경 등을 고려한 경우에도 증액경정이 있을 수 있다.

즉 소득세법 시행령 제134조 제4항에 의하면, "종합소득 과세표준 확정신고를 한 자가 그 신고기한이 지난 후에 법원의 판결·화해 등에 의하여 부당해고기간의 급여를 일시에 지급받음으로써 소득금액에 변동이 발생함에 따라 소득세를 추가로 납부하여야 하는 경우로서, 법원의 판결 등에 따른 근로소득원천징수영수증을 교부받은 날이 속하는 달의 다음다음 달 말일까지 추가신고납부한 때에는 법 제70조 또는 제74조의 기한까지 납부한 것으로 본다."고 규정되어 있는바, 종합소득 납세의무자가 판결에 의하여 부당해고기간의 급여를 일시에 지급받았음에도 이를 신고하지 아니하였다면, 과세관청으로서는 위 판결이 확정될 당시 제척기간이 도과하였다 하더라도 신설된 국세기본법 제26조의2 제6항 제5호에 따라 종합소득 납세의무자에게 위 판결 등이 확정된 날부터 1년이 지나기 전까지 증액경정을 할 수 있다.

(3) 확정판결 후 탈루소득에 대한 증액경정

탈루소득에 대한 증액경정 가능 여부, 즉 판결확정 후 탈루소득이나 상속재산이 사후 발견되었음을 이유로 과세관청이 증액경정을 할 수 있는지 여부가 문제된다. 기판력은 판단된 범위 내에서 발생한다고 그 발생범위를 좁게 보는 이상 '기판력 비저촉설'이 타당하다[제1장 제6절의2 5. 나. (2) 참조].

다. 감액경정(경정청구)

(1) 통상의 경정청구(제4장 제2절 참조)

국세기본법 제45조의2 제1항의 경정청구에는 '협의의 통상의 경정청구'와 '결정청구'로 나누어진다. 부과과세방식의 조세인 상속세나 증여세의 경우, 신고 후 세액을 확정한다는 의미의 부과처분이 있기 전에 그 신고내용이 과다함을 알았을 경우 신고한 과세표준 및 세액보다 적은 정당한 세액을 결정하여 줄 것을 청구한다는 의미에서 '결정청구'(변형된 의미의 경정청구)라 부른다.

(2) 사정변경에 기한 경정청구(제4장 제3절 참조)

국세기본법 제45조의2 제2항의 '후발적 경정청구'(= 후발적 사유에 기한 경정청구)에는 '사정변경에 기한 경정청구'와 '모순된 세액확정에 기한 경정청구'로 나눌 수 있다.

통상의 경정청구에 대하여는 특례규정이 있을 수 없으나, 사정변경에 기한 경정청구에 대하여는 개별세법에서 특례규정을 두기도 한다.

통상의 경정청구와 사정변경에 기한 경정청구는 원칙적으로 상호 각 독립적이다.

(3) 모순된 세액확정에 기한 경정청구(제4장 제4절 참조)

국세기본법 제45조의2 제2항에서 함께 규정되어 있다 하더라도, 모순된 세액확정에 기한 경정청구는 '사정변경에 기한 경정청구'와 성질을 달리하므로, 이를 구별하여 논함이 옳다.

(4) 원천징수에 대한 경정청구(제4장 제6절 참조)

2003. 12. 30. 신설된 것으로 원천징수하는 소득세 등이 자동확정방식의 조세임에도 불구하고 원천납세의무자는 물론 원천징수의무자에게도 경정청구권을 인정하고 있다.

원천징수하는 소득세에 대하여 자동확정방식을 채택하고 있는 일본에서는 우리나라와 같은 경정청구권을 인정하지 않고 있다.

(5) 과세형평(정의공평의 원칙)에 기한 경정청구

조세채무자에게 불가쟁력을 전부 감수하게 하는 것이 현저히 부당하여 정의공평의 원칙에 반하는 경우 이를 돌파하여 경정청구를 예외적으로 인정하여야 한다[제1장 제5절 2. 마. (5) 참조]. 신고나 부과처분으로 확정된 세액이 과세형평에 반하고, 특정인 또는 특정그룹의 조세채무자만으로 하여금 이러한 과세형평에 반하는 세액확정을 전부 감수하게 하는 것이 현저히 부당하여 정의공평의 원칙에 반하는 경우 과세형평에 기한 경정청구를 예외적으로 인정하여야 한다. 때로는 형식적 과세요건의 충족에 의한 세금의 징수가 정의공평의 원칙에 반하는 경우 곧바로 부당이득반환청구권을 인정하여야 한다[일본 최고재판소 1974. 3. 8. 판결, 제1장 제5절 2. 마. (4) 참조].

대법원 2016. 12. 29. 선고 2010두3138 판결[24]

『위 각 규정의 내용과 체계 및 ① 종합부동산세는 과세기준일을 지방세법에 규정된 재산세의 과세기준일로, 납세의무자를 과세기준일 현재 주택분 재산세 및 토지분 재산세의 납세의무자로 각기 정하고 있는 등 그 과세요건에서 지방세인 재산세와 공통되는 측면이 있으나, 국세로서 국세기본법이 우선하여 적용되는 이상 종합부동산세의 과세표준과 세율 및 감면 여부를 적용함에 있어서는 그 납세의무자들 사이에 과세의 형평이 이루어져야 하는 점, ② 이와 같은 취지에서 종합부동산세법 제6조 제4항, 구 종합부동산세법 시행령(2008. 2. 29. 대통령령 제20720호로 개정되기 전의 것) 제2조는 시·군의 감면조례에 의한 재산세의 감면규정이 전국적인 과세형평을 저해하는 것으로

---

24) 법률신문 2020. 2. 24.자, 곽태훈, "형평에 반하는 과세처분의 취소가능성" 참조. 사안개요, 즉 "원고는 부산시 강서구 소재 문화재로 지정된 토지(이하 '이 사건 토지')의 소유자다. 이 사건 토지는 2005·2006년 현재 상업용 부동산으로 이용되고 있었다. 행정자치부장관은 전국 모든 지방자치단체장에게 문화재로 지정된 상업용 부동산도 재산세와 종합토지세 감면대상에 포함시킬 것을 내용으로 하는 '지방세 감면조례표준안'을 시달했다. 이에 전국 지방자치단체들은 위 표준안에 따라 조례를 개정했으나 부산시 강서구는 그렇게 하지 않았다. 원고는 이 사건 토지에 대한 2005·2006년분 종합부동산세를 신고·납부했다가 위 신고·납부가 조세평등주의에 반한다는 이유로 피고(서부산세무서장)에게 경정청구를 하였고, 피고는 이에 대하여 거부처분을 하였다(이하 '이 사건 처분'). 참고로, 2005년 1월 5일 지방세법이 개정되면서 기존의 종합토지세가 폐지되었고, 동시에 종부세법이 제정되었다. 이에 따라 부동산 보유세는 1단계로 지방세인 재산세, 2단계로 국세인 종부세라는 이원적 과세체계를 갖추게 되었다."는 사안에 대한 대법원 판결의 의의에 대하여, "대상판결은 이 사건 처분이 과세의 형평에 반하여 위법하다고 판단하면서, 그 위법성 판단의 근거로 국세기본법 제18조 제1항을 정면으로 언급했다. 국세기본법 제18조 제1항의 직접적인 재판규범성을 최초로 인정한 것이다."라고 적고 있다.

인정되는 경우에는 종합부동산세를 부과할 때 재산세감면조례를 준용하지 아니한다고 규정하고 있는 점, ③ 행정자치부장관이 2003. 10. 16. 시달한 지방세감면조례 표준안에 의하면 문화재로 지정된 모든 부동산에 대하여 재산세 등을 면제하도록 규정되어 있고, 이에 따라 관할구역 내에 문화재로 지정된 토지가 있는 전국의 지방자치단체들은 부산광역시 강서구를 제외하고는 모두 위 표준안과 같은 내용의 조례 규정을 두고 있었던 점, ④ 부산광역시 강서구 또한 2010. 10. 31. 부산광역시 강서구세 감면조례를 개정하여 문화재로 지정된 토지에 대하여 재산세를 면제하는 규정을 신설하였는데, 이는 종전의 감면조례에서 문화재로 지정된 토지에 대하여 재산세를 면제하지 아니한 것은 잘못이라는 반성적 고려에서 이루어진 것인 점 등을 종합하여 보면, 이 사건 처분은 국세기본법 제18조 제1항에 위반하여 종합부동산세의 과세대상인 부동산의 소재지에 따라 그 감면 여부를 달리 한 경우에 해당하여 위법한 처분이라고 보아야 할 것이다.

그런데도 원심은 이와 달리 이 사건 토지에 대하여도 2005년 및 2006년분 종합부동산세 등이 과세되어야 한다고 보아 이 사건 처분이 적법하다고 판단하였으니, 이러한 원심 판단에는 종합부동산세의 감면 여부에 관한 법리를 오해하여 판결 결과에 영향을 미친 잘못이 있다.』

(6) 고충민원의 방식에 의한 경정청구

입법자는 2020. 12. 22. 신설한 국세기본법 제52조 제3항에서 정규의 권리구제절차를 위한 기간(불복기간 및 경정청구기간)이 지났음에도, 고충민원에 의한 경정청구가 가능함을 전제로, 고충민원을 수용하여 세액을 환급하는 경우 환급가산금은 지급하지 않는다고 정하고 있다.

라. 비독립적·소극적 경정조항

국세기본법 제22조의3은 비독립적·소극적 경정조항이다(제1장 제7절 참조). 실체법적으로 증액경정과 감액경정을 제한하고, 동시에 소송법적으로 불복범위를 제한하고 있다. 독일 조세기본법 제177조나 미국에서 판례를 통하여 형성된 '형평법상 공제의 원칙(Equitable Recoupment)'과 비슷한 기능을 수행한다. 조세채무자가 경정청구를 하거나 과세관청이 증액경정을 하는 경우 항상 이 조항의 적용 여부를 고려하여야 한다.

마. 판결 등에 따른 경정

국세기본법 제26조의2 제6항 중 제1호, 제1의2호, 제3호 중 일부, 제4호 중 일부를 통틀어 '판결 등에 따른 경정'이라 부른다. 입법자는 제1의2호를 2016. 12. 20., 제4호를 2017. 12. 19. 각 신설하여 정비함으로써 그 본래의 모습이 점차 드러나고 있다(제4장 제5절).

바. 쟁송절차에서 직권취소 후 재처분제한의 법리

대법원은 쟁송절차 진행 중 과세관청이 직권취소를 하였다면 그 후 과세관청으로서는 원칙적으로 재처분을 할 수 없다는 법리(직권취소 후 재처분제한의 법리)를 확립하고 있다. 다만 재처분을 할 수 있는 예외적 상황이 있음에 유의하여야 한다(제1장 제6절의2 8. 참조).

경정이라는 개념이 직권취소의 상위개념이라면 직권취소 후 재처분제한의 법리는 독일 조세기본법 제172조 제1항 1문의 2a)에서 규율하는 바와 같은 내용의 것으로 판례를 통하여 경정법 원칙의 하나를 창조하였다고 봄이 옳다.

휴바이론 사건에 대한 판결(대법원 2016두42999 판결, 제1장 제6절의2 7. 라. 참조)에서 재결의 기속력에 의하여 동일한 처분을 반복할 수 없다고 판단하였듯이, 비록 재결에 이르지는 않았더라도 쟁송과정에서 과세관청이 불복신청인의 신청을 정당하다고 받아들이는 의미에서 직권취소를 한 이상, 특별한 사정이 없는 한, 동일한 처분을 반복할 수 없다는 법리가 생긴다.

사. 중복조사금지의 원칙에 의한 증액경정의 제한

세무조사는 원칙적으로 1회로 족하고 세무조사로 종결된 조세사건은 중복조사를 통하여 다시 펼쳐서 조사할 수 없다. 중복조사금지(재조사금지)의 원칙에 위배되면 증액경정으로 나아갈 수 없고 증액경정에 나아간다면 위법한 부과처분이 된다(제1장 제13절 8. 라. 참조). 다만 중복조사를 허용하는 예외적 환경이 법정되어 있다.

아. 신의성실의 원칙에 기한 증액경정 또는 경정청구의 제한

신의성실의 원칙이 적용됨에 따라 증액경정 또는 감액경정(경정청구)이 제한될 수도 있다. 신의성실의 원칙에 터잡아 가공세금계산서 발급인의 경정청구를 제한한 하급심 판결(서울행정법원 2007. 8. 16. 선고 2007구합6816 판결)이 있다[제5장 제1절 5. 나. (3) 참조].

자. 경정법체계와 기판력, 불가쟁력의 관계

(1) 제1차적 부과처분에 대하여 불가쟁력이 포괄적으로 발생한다. 그러나 경정거부처분의 불가쟁력 발생범위는, 제1차적 부과처분과는 달리, 경정청구의 해당 사유에 국한하여 발생하는 것으로 보아야 한다[불가쟁력의 개별성, 제1장 제5절 2. 다. 및 제1장 제7절 6. 나. (1) 참조]. 경정거부처분의 불가쟁력의 발생범위를 좁게 보지 아니하면 경정사유를 달리함에도 불구하고 경정청구를 반복할 수 없기 때문이다.

(2) 확정판결의 기판력은 소송물 중 판단된 범위 내에서만 생기고, 그 판단내용에 해당 경정의 구체적 규율내용이 포함되어 있지 아니한 이상, 종전 확정판결의 기판력은 이후 증액경정이나 감액경정 또는 '판결 등에 따른 경정'에 어떠한 영향도 미칠 수 없다. 실정법상 한편에서 증액경정이나 경정청구를 허용하면서 다른 한편에서 기판력 등으로 이를 제한할 수 없기 때문이다(제1장 제6절의2 5. 참조).

차. 감면세액의 추징절차

(1) 조세채무의 성립시기

① 의무불이행을 이유로 감면된 세액을 추징하는 경우 해당 추징세액에 대한 조세채무의 성립시기를 추징사유가 발생한 때로 보는 견해(조세채무 성립시기와 과세물건 귀속시기의 구별), ② 감면요건이 사후적으로 탈락한 경우 소급효를 의제하여 당초 과세물건의 귀속시기에 조세채무가 성립하는 것으로 보는 견해(당초 성립시기)[25]가 대립할 수 있다.

(2) 감면규정인 조세특례제한법상의 규정

제33조의2(사업전환 중소기업 및 무역조정지원기업에 대한 세액감면) 제3항과 제4항

『③ 제1항을 적용받은 내국인이 사업전환을 하지 아니하거나 사업전환일부터 3년 이내에 해당 사업을 폐업하거나 해산한 경우에는 그 사유가 발생한 날이 속하는 과세연도의 소득금액을 계산할 때 감면받은 세액을 소득세 또는 법인세로 납부하여야 한다.

④ 제1항에 따라 감면받은 소득세액 또는 법인세액을 제3항에 따라 납부하는 경우에는 대통령령으로 정하는 바에 따라 계산한 이자 상당 가산액[26]을 소득세 또는 법인세에 가산하여 납부하여야 하며 해당 세액은 소득세법 제76조 또는 법인세법 제64조에 따라 납부하여야 할 세액으로 본다.』

제63조(수도권과밀억제권역 밖으로 이전하는 중소기업에 대한 세액감면) 제2항과 제3항

『② 제1항에 따라 감면을 적용받은 중소기업이 다음 각 호의 어느 하나에 해당하는 경우에는 그 사유가 발생한 과세연도의 과세표준신고를 할 때 대통령령으로 정하는 바에 따라 계산한 세액을 소득세 또는 법인세로 납부하여야 한다.

1. 공장을 이전하여 사업을 개시한 날부터 3년 이내에 그 사업을 폐업하거나 법인이 해산한 경우. 다만, 합병·분할 또는 분할합병으로 인한 경우에는 그러하지 아니하다.

2. 대통령령으로 정하는 바에 따라 공장을 수도권과밀억제권역 밖으로 이전하여 사업을 개시한

---

25) 독일 조세기본법 제175조 제2항 제1문에 의하면, 감면요건이 사후적으로 탈락하면 '소급효 있는 사건'으로 의제하여 제1항에 따라 당초의 세액을 변경(증액경정)할 수 있다는 취지로 규정하고 있다(Als rück-wirkendes Ereignis gilt auch der Wegfall einer Voraussetzung für eine Steuervergünstigung, wenn gesetzlich bestimmt ist, dass diese Voraussetzung für eine bestimmte Zeit gegeben sein muss, oder …). 제1항 2문에 의하면 제척기간은 그 사유의 발생일부터 다시 기산된다.

26) 조세특례제한법 시행령 제30조의2 제6항에 의하면 그 산식은 다음과 같다. "이자 상당 가산액 = 납부하여야 할 세액(감면세액) x 이자 계산기간(감면을 받은 과세연도의 종료일 다음 날부터 법 제33조의2 제3항에 해당하는 사유가 발생한 과세연도의 종료일까지의 기간) x 1일 3/10,000". 다만 '이자 상당 가산액'의 법적 성질 및 그 성립시기 등에 대하여도 여러 문제점이 발생한다.

경우에 해당하지 아니하는 경우

　　3. 제1항에 따라 감면을 받는 기간에 수도권과밀억제권역에 제1항에 따라 이전한 공장에서 생산하는 제품과 같은 제품을 생산하는 공장을 설치하거나 본사를 설치한 경우

　　③ 제1항에 따라 감면받은 소득세액 또는 법인세액을 제2항에 따라 납부하는 경우에는 제33조의2 제4항의 이자 상당 가산액에 관한 규정을 준용한다.』

(3) 추징세액에 대하여 두 견해 모두 성립할 여지가 있다.

전자의 견해에 서서 본다.

규정형식상 '그 사유가 발생한 날이 속하는 과세연도의 소득금액을 계산할 때 감면받은 세액을 소득세 또는 법인세로 납부하여야 한다.' 또는 '그 사유가 발생한 과세연도의 과세표준신고를 할 때 대통령령으로 정하는 바에 따라 계산한 세액을 소득세 또는 법인세로 납부하여야 한다.'로 되어 있다. '그 사유가 발생한 날이 속하는 과세연도의 과세표준신고를 할 때 감면받은 세액을 포함시켜 신고하고 이를 납부하여야 한다.'로 읽을 수 있는 이상, 그 사유가 발생한 때에 감면 등에 대한 추징세액이 성립하고, 이를 신고한 때에 그 추징세액이 확정된다고 볼 수 있다. 따라서 이를 자신신고납부하지 아니한 이상 과세관청이 이를 추징할 수 있고, 이에 대한 국세기본법 소정의 가산세가 부과된다. 다만 이론상 '이자 상당 가산액'을 가산하여 납부하여야 한다는 점을 설명하기가 어렵다.

후자의 견해에 서서 본다.

위 규정 자체에 의하더라도 추징세액 및 이자 상당 가산액을 납부하여야 한다는 것이지 이를 '신고하여 납부하여야 한다'는 형식을 취하고 있지 않다. 여기서 감면요건이 사후적으로 탈락한 경우 소급효를 의제하여 당초 과세물건의 귀속시기에 추징세액 상당의 조세채무가 성립하는 것으로 전제한 다음, 당초 면제된 추징세액에다 조세특례제한법 소정의 '이자 상당 가산액'을 가산하여 납부하여야 한다고 볼 여지가 있다.

(4) 사견

① 국세기본법 시행령 제12조의3 제2항 제3호에서 일정한 기간 동안 특정한 의무의 이행을 조건으로(당초의 감면요건이 존속하는 것을 조건으로) 공제, 면제, 비과세 또는 낮은 세율의 적용 등에 따른 세액을 확정하였는데, 이후 중도에 의무의 불이행이라는 사정변경을 이유로 해당 공제세액 등을 추징하는 경우, 그 추징의 사유가 발생한 날을 제척기간의 기산일로 삼고 있는 점, ② 추징의 사유가 발생하여 감면세액을 자진신고·납부한 후 그 신고에 오류가 있으면 경정청구를 할 수 있는데, 그 경정청구기간의 기산일을 간명하게 처리할 수 있는 점, ③ 감면된 세액은 조세채무의 성립과 동시에 소멸한 것으로 보아야 하는데, 이후 감면요건의 사후탈락으로 확정절차를 거침이 없이 소멸된 채무가 당연히 부활한다고 할 수 없는 점 등을 함께

고려하여, 전자의 견해를 따르고자 한다[제1장 제8절 2. 다. (6) 참조].

다만 조세채무의 성립시기를 당초 과세물건의 귀속시기로 보아야 한다는 후자의 견해를 취한다면 사정변경을 이유로 감면세액을 추징하는 경우 '사정변경에 기한 증액경정'에 해당하여 증액경정에 관한 법리가 적용된다.

(5) 추징세액의 확정과 2개의 채무

전자의 견해에 의하면 감면요건의 사후탈락으로 감면세액을 자진신고납부하거나 과세관청이 이를 추징하는 경우 감면되지 않고 확정된 당초 세액과 이후 확정된 나머지 추징세액은 비록 동일한 과세단위 내로서 귀속시기가 같더라도 별개의 독립된 2개의 채무로 분리된다. 증액경정이 아니라서 흡수소멸설의 적용도 없다.

참고로 지방세법 제20조 제3항을 본다.[27)]

『③ 이 법 또는 다른 법령에 따라 취득세를 비과세, 과세면제 또는 경감받은 후에 해당 과세물건이 취득세 부과대상 또는 추징 대상이 되었을 때에는 제1항에도 불구하고 그 사유 발생일부터 30일 이내에 해당 과세표준에 제11조부터 제15조까지의 세율을 적용하여 산출한 세액[경감받은 경우에는 이미 납부한 세액(가산세는 제외한다)을 공제한 세액을 말한다]을 대통령령으로 정하는 바에 따라 신고하고 납부하여야 한다.』

6. 경정청구의 개념과 기능

가. 개념

통설·판례에 의하면 국세기본법 제45조의2에 기하여 세액의 감액경정을 청구하는 것만이 경정청구라는 것이다.

사견에 의하면, 조세법상 경정청구는 국세기본법 제45조의2에 기하여 발생하지만 '개별세법상의 각 경정규정'에 기하여도 발생한다고 본다(제2장 제1절 참조). 따라서 경정청구라 함은 "조세채무자가, 이미 확정된 세액에 실체적 오류가 있음을 이유로, 잘못 많이 낸(또는 과다납부한) 세금을 돌려받기 위하여, 개별세법상의 각 경정규정 또는 국세기본법상의 경정규정에 기하여, 경정권한과 의무가 있는 과세관청에게, 그 확정된 세액을 감액하여 줄 것을 요구하는 행위"를 말한다. 여기에서 '요구하는 행위'라 함은 '청구하는 행위' 또는 '촉구하는 행위'를 가르킨다.

나. 기능[28)]

27) 지방세법 제30조 제3항(등록에 대한 등록면허세)도 같은 취지로 규정하고 있다.
28) 谷口勢津夫, 전게서, 134면에서, 경정청구의 기능을 적법성 보장기능과 권리구제기능으로 나누고 있다. 즉

(1) 권리구제기능[29]

잘못된 것은 바르게 고쳐져야 한다. 잘못 확정된 세금은 경정되어야 하고 잘못 낸 세금은 지체없이 되돌려주어야 한다. 항고소송중심주의를 취하는 이상 조세채무자의 권리구제를 위한 전제로 행정처분을 만들어 내어 이를 공격하도록 하는 제도를 만들 수밖에 없다. 즉 조세채무자에게 경정청구권을 주고 그 거부처분을 공격대상으로 삼아 정규의 법적 구제절차인 항고소송절차에 접속할 수 있도록 연결고리를 제공함으로써 조세채무자의 권리구제를 도모할 수 있다.

경정청구는 신고납세방식에 있어 '자기부과에 의한 권리침해'에 대한 유효적절한 권리구제수단으로 이를 통하여 최종의 목표인 환급청구권을 확보할 수 있다.

(2) 적법성 보장기능

경정청구는 당초신고에 실체적 오류가 있는 경우 그 오류를 시정함으로써 실체적 진실을 실현하기 위한 것이다. 과세관청에게 의무지워진 오류시정절차에 조세채무자가 적극적으로 참여하기 위한 도구로서 합법성원칙을 구현하기 위한 수단이 되기도 한다. 이러한 기능에 비추어 경정청구가 조세채무자의 권리를 제한하는 수단으로 사용될 수는 없다.

(3) 헌법재판소 2004. 12. 16. 선고 2003헌바78 결정

"과세표준신고란 객관적으로 존재하는 납세의무의 크기를 납세의무자가 스스로 확인·산정하여 과세관청에게 알리는 행위이므로 납세의무자가 착오 등으로 인하여 객관적으로 존재하고 있는 진실한 세액보다 과다하게 신고한 경우에는 진실한 세액으로 바로잡을 수 있는 절차가 마련되어 있지 않으면 안 된다."고 하여, 신고납세제도 아래에서도 실체적 진실주의를 위하여 경정제도가 반드시 필요함을 전제한 다음, 그 방법론으로 "경정청구제도는 납세의무자의 권리를 사후적으로 구제하는 제도로서, 납세의무자가 경정청구를 하고 이에 대하여 과세관청이 경정청구가 이유 없다고 한 경우 이에 불복하여 납세의무자는 국세심사·심판청구를 할 수 있고, 이에 의하여 만족을 얻지 못하면 행정소송을 제기할 수 있다는 점에서 납세의무자의 권리를 보호하는 기능을 한다."고 판시하고 있다.

다. 변형된 의미의 경정청구

(1) 확정된 세액을 감액하여 줄 것을 요구하는 행위가 경정청구임은 앞서 본 바와 같다.

"경정청구는 과세관청에 의한 과세권(확정권) 행사를 청구하는 절차로서, 납세의무 확정절차 중 확정의 과오시정절차로 위치지워야 하고(적법성 보장기능), 동시에 신고납세제도에 있어 납세자의 '자기부과에 의한 권리침해'에 대한 권리구제수단으로서의 의미도 가진다(권리구제기능). 후자의 기능에 관하여는 경정청구는 국세통칙법이 과세관청에 의한 '경정하여야 할 이유가 없다는 취지'의 통지를 '국세에 관한 법률에 기한 처분'인 거부처분으로 보아 취소쟁송의 대상으로 삼음으로써 정식의 권리구제절차에 접속하는 것이 예정되어 있다."라고 적고 있다.

29) 대법원 2014. 1. 29. 선고 2013두18810 판결, 2011. 7. 28. 선고 2009두22379 판결 등 참조.

그러나 국세기본법 제45조의2 제1항에 의하면 부과과세방식인 상속세 및 증여세에 있어 세액이 확정되지 않았음에도 경정청구의 한 형식으로 '결정청구'를 허용하고 있다. 이러한 '결정청구'는 본래의 의미의 것이 아니므로 '변형된 의미의 경정청구'라 부른다.

한편, 이와 같은 결정청구를 하지 아니한 채 당초신고에 내재된 하자가 중대·명백하여 무효에 해당한다는 이유로 납부한 세금의 반환을 구할 수는 없다 할 것이다(제4장 제2절 2. 가. 참조).

나아가 '결정청구'에는 결정청구기간 5년이 지났다 하더라도 국세기본법 제22조의3이 적용될 수 없다. 결정청구기간 5년 이내에 세액확정을 위한 처분이 이루어지지 않는 이상 세액확정을 전제로 하는 국세기본법 제22조의3이 적용될 수 없기 때문이다.

(2) 원천징수의무자의 경정청구

원천징수의무자에게 경정청구권을 부여한 것은, 자동확정의 법리를 전제로 민사상의 환급청구권을 행사할 수 있음을 전제로, 경정거부처분에 대한 항고쟁송의 형식으로 다툴 수 있게 함으로써, 권리구제수단을 다양화하겠다는 취지이다.

7. 경정청구의 배타성

가. 개념

경정청구의 배타성[30]이란 신고납세방식에 있어 신고에 실체적 오류가 있는 경우 그 시정의 방법으로 오로지 국세기본법 제45조의2의 경정청구에 의하여야만 하고 그 이외의 구제수단 등은 원칙적으로 허용하지 아니한다는 것으로, 통설의 견해이다. 예외를 일부 허용한다는 점에서 경정청구의 원칙적 배타성이라 부르기도 한다.

이 이론은 일본에서 수입된 것으로 연원은 앞서 본 일본 최고재판소 1964. 10. 22. 판결이다. 즉 "(소득세)법이 정하고 있는 방법 이외에 시정을 허용하지 아니하면 납세의무자의 이익을 현저하게 해한다고 인정되는 특별한 사정이 없다면 소론과 같은 법정의 방법에 따르지 아니한 채 기재내용의 착오를 주장하는 것은 허용되지 아니한다."라는 부분으로, 그 근거로 '국가재정상의 요청'을 들고 있다.[31]

---

30) 金子 宏, 전게서, 946면에서, "법이 굳이 경정청구절차를 둔 취지에 비추어 볼 때, 신고가 과대한 경우 원칙적으로 다른 구제수단은 인정되지 않고 경정청구절차에 의하여야 한다. 항고소송의 배타성 관념에 견주어 이를 경정청구의 원칙적 배타성이라고 부른다. 따라서 요소의 착오에 의하여 과대신고를 한 경우라도 원칙적으로 경정청구절차에 따라 그 시정을 도모하여야 하고, 신고의 과대를 이유로 하여 감액경정을 구하는 소송은 허용되지 않는다."라고 적고 있다.

31) 占部裕典, 전게서, 제6장(경정청구의 배타성과 그 한계), 304면에서, "재판례는 조세채무를 가급적 조속히 확정하여야 한다는 국가재정상의 이유와 자기의 소득에 관하여 그 간의 사정을 최고로 잘 알고 있는 납세의

제
1
장

나. 경정청구의 배타성 인정 여부

국세기본법은 신고에 실체적 오류가 있는 경우 조세채무자가 자신에게 유리하게 시정하는 방법으로 경정청구를 하도록 정하고 있을 따름이다. 국세기본법 제45조의2의 문언에 의하더라도 과다신고의 경우 반드시 경정청구에 의하여야만 하고 그 외의 구제수단은 허용되지 않는다는 취지로는 읽혀지지 않는다.

아래에서 세액확정절차의 법적 구조 및 조세쟁송법의 특질을 염두에 두고 일정한 범위 내에서 경정청구의 배타성을 인정할 수 없음을 설명하고자 한다.[32]

(1) 세액확정절차의 법적 구조 및 그 구조적 불균형

신고납세방식의 조세에 있어 1차적으로는 조세채무자의 확정신고에 의하여 세액 등이 확정되나 2차적으로는 부과처분이라는 법형식으로 세액을 확정하는 '세액확정절차의 법적 구조'에 비추어 볼 때 납세의무자나 과세관청은 상호 대등한 관계에서 협동하여 실체적 진실을 실현하여야 한다. 나아가 세액시정을 위하여 각자가 가지는 권한 내지 권리나 그 행사기간 등은 대칭적 균형을 취하고 있어야 한다.

과거 통상의 제척기간 5년보다 짧은 경정청구기간을 설정함으로써 조세채무자에게만 일방적으로 불리한 세액확정절차의 '구조적 불균형'이 초래되었다. 이러한 '구조적 불균형'은 국가재정의 안정적 확보 내지 조세법률관계의 조속한 안정을 도모한다는 이유로 통상의 제척기간보다 짧은 경정청구기간을 설정하고 경정청구의 배타성을 인정함에 따라 더욱 심화되었다.

즉 과거 경정청구기간이 1년, 2년 또는 3년이었을 때 그 기간의 도과로 경정청구는 봉쇄되더라도 다른 구제수단(의무이행소송이나 조세채무부존재확인청구)은 허용된다고 볼 여지도 있었으나 배타성 이론을 철저화한다면 다른 구제수단은 존재할 여지가 없게 된다.

무자 자신의 신고를 존중하여야 한다는 원칙 아래에서 신고내용의 시정에 관하여 그 과오가 객관적으로 명백하고 중대하는 등 특단의 사정이 없는 한 수정신고 및 경정청구라는 절차 이외의 방법으로 이를 주장하는 것은 허용되지 않는다는 취지로서, 특히 감액시정에 관하여는 경정청구를 거침이 없이 신고액을 초과하지 아니하는 부분에 관하여 취소를 구하는 것은 허용되지 않는다고 판시한다(최고재판소 1964. 10. 22. 판결, 고베지방재판소 1979. 11. 9. 판결 등 참조)."라고 적고, 302면에서, 「신고액을 초과하지 아니하는 부분의 취소는 허용되지 않는다는 원칙」은 과세관청이 증액경정처분을 한 경우 당해 경정처분의 취소소송에 있어서 신고액을 초과하는 분의 취소를 구하는 것은 당연히 허용되나 신고액 그 자체에 오류가 있다 하더라도 신고액을 초과하지 아니하는 부분을 다투는 것은 허용될 수 없다고 일반적으로 설명된다."라고 적고 있다. 즉 "신고액을 초과하지 아니하는 부분의 취소는 허용되지 않는다."는 원칙이 경정청구의 배타성에서 도출된다고 보는 것이 일본의 통설 및 판례라는 취지이다.

32) 谷口勢津夫, 전게서, 134면에서, "여기서 말하는 배타성은 절차법적 배타성으로 취소소송의 배타성과 다르고, 납세의무 확정절차 레벨의 배타성(확정절차법적 배타성)에 그치며, 쟁송절차 레벨의 배타성은 아니다."라는 취지로, 135면에서, "정식의 권리구제수단의 배제까지도 그 사정권 내에 이를 편입할 수 없고, 따라서 정식의 권리구제수단의 허용성은 소송법상 요건해석의 문제라는 점에 유의하여야 한다."라고 적고 있다.

국가재정의 안정적 확보를 이유로 제척기간보다 짧은 경정청구기간을 설정한 것 자체가 부당하였다. 국세기본법의 개정으로 제척기간과 통상의 경정청구기간이 5년으로 일치됨으로써 이러한 '구조적 불균형'은 그 범위 내에서 크게 해소되었다.

(2) 경정청구(경정거부처분 취소소송)와 부당이득반환청구 등 소송 유형의 선택

구체적으로 문제되는 경우로, (ⅰ) 신고납세방식에 있어 신고가 무효인 경우 경정청구(경정거부처분 취소소송)와 부당이득반환청구의 관계, (ⅱ) 원천징수에 있어 국세기본법 제45조의2 제5항에 기한 원천징수의무자의 경정청구와 자동확정방식에서 유래하는 부당이득반환청구의 관계, (ⅲ) 부과과세방식인 상증세에 있어 세액의 시정방법 등이 있을 수 있다.

위 경우에도 배타성 이론에 따라 경정청구만 허용되어야 한다는 견해가 있다. 그러나 실효적인 권리구제를 위하여 '당사자소송의 활용론'이 강조되는 현실에 있어 소송 유형까지 간섭하고 제한하는 경정청구의 배타성 이론은 받아들일 수 없다. 항고소송만이 실효적이라는 실증적 근거도 부족하다. 소송 유형을 다양화하여 조세채무자에게 구제수단을 선택할 수 있도록 함이 옳은 방향이다. 경정거부처분 취소소송만을 강요하는 배타성 이론은 실정법상 근거가 없다(제1장 제3절 5. 나. 참조).

(3) 조세쟁송법상의 쟁송범위(불복범위)

① 일본

일본에서는 경정청구의 배타성을 항고소송의 배타성과 동렬의 것임을 전제로 경정청구가 쟁송절차로 나아가면 '취소소송의 쟁송범위'가 경정청구의 배타성에 의하여 제한되는 것으로 본다.

일본 쓰지방재판소 1991. 9. 25. 판결[33]을 본다. "납세의무자가 확정신고서를 제출하면 원칙적으로 그에 의해 납세의무가 확정되는 것으로, 납세자가 확정신고서 기재의 착오·무효를 주장할 수 있는 특단의 사정이 있는 경우는 별론으로 하고, 납세자가 자기의 신고에 관한 소득금액이 과대하다고 해서 그 시정을 구하고자 할 때에는 소정기간 내에 경정청구를 하는 것이 요구되는 것이어서, 그 절차를 경유하지 않은 경우에는 세무서장에 의한 증액경정 가운데 신고액을 초과하지 않는 부분은 납세자에게 있어서 불이익한 처분이라고 할 수 없으므로, 그 취소를 구하는 소송은 소의 이익을 흠결한 부적법한 것이라고 할 것이다."

당초신고 후 증액경정, 즉 '[申告 + 增額更正]의 사안'에서, 경정청구의 배타성 이론에 따라 '신고액을 초과하지 아니하는 부분'은 취소소송에서 다툴 수 없게 되어 위 이론이 취소소송의 쟁송범위까지 제한하고 있음을 알 수 있다. 즉 증액경정처분 취소소송에서 신고액을 초과하는 부분의 취소를 구하는 것은 당연하나 신고액 자체에 오류가 있다 하여 경정청구를 하지 아니한 채 취소소송에서 곧바로 신고액을 초과하지 아니하는 부분을 다툴 수 없다는 것이

---

33) 심경, 전게논문, 75면의 주 7)에서 인용한 판결을 재인용한다.

다. 일본에서 논의되는 경정청구의 배타성 이론은 규율내용의 사정범위가 광범위하다.

② 우리나라

위 '[申告 + 增額更正]의 사안'을 위주로 본다. 국세기본법 제45조의2 제1항에서 최초
신고세액분과 증액경정분으로 나누어 규율함으로써 부과처분의 분할을 인정하고 있다. 조세채
무자의 경정청구권을 보다 더 보장하기 위한 것이다. 위 사안에서 제기할 수 있는 소송 유형
즉 경정거부처분 취소소송과 증액경정 취소소송은 소송물이 동일하므로 조세채무자는 그중 하
나를 임의로 선택할 수 있다. 따라서 최초신고세액분은 경정청구 내지 경정거부처분 취소소송
으로, 증액경정분은 취소소송으로 나누어 다투게 할 수는 없다. 나아가 증액경정 취소소송을
선택한 경우라도 그 소송에서 당초 신고내용의 오류도 함께 주장할 수 있다.

이상에서 보는 바와 같이, 일본에서의 경정청구의 배타성 이론과 같이 경정청구가 취소소
송의 쟁송 유형이나 쟁송범위까지 제한한다고 할 수 없다. 이러한 의미의 경정청구의 배타성
이론은 부정되어야 옳다. 대법원 2013. 4. 18. 선고 2010두11733 판결에서 역할분담론 즉 최
초신고세액분은 경정거부처분 취소소송으로, 증액경정분은 취소소송으로 나누어 다투어야 한
다는 논리는 부정되었다. 일본에서 받아들여지는 경정청구의 배타성 이론의 의미나 적용범위
내지 적용장면은 명확하게 규명되지도 않았다.

8. 제2차 납세의무자 등의 채무내용의 변경(경정)

가. 제2차 납세의무자의 의의

(1) 국세기본법 제2조 제11호에 의하면 '제2차 납세의무자'란 "납세자가 납세의무를 이행
할 수 없는 경우 납세자에 갈음하여 납세의무를 지는 자를 말한다."고 정의하고 있다.

나아가 제9호 및 제10호에 의하면, '납세의무자'라 함은 세법에 따라 국세를 납부할 의무
가 있는 자로서 본래의 납세의무자와 연대납세의무자·제2차 납세의무자·보증인을 포함하고,
세법에 따라 국세를 징수하여 납부할 의무가 있는 자를 제외한다고 정하고 있다. 따라서 제2
차 납세의무자도 국세기본법상 납세의무자에 속한다. 제2차 납세의무자의 과세요건은 국세징
수법이 아닌 국세기본법에 규정하고 있으나[34][35] 주된 납세의무와 달리 국세기본법상 그 성립

---

34) 일본에서는 국세통칙법이 아닌 국세징수법에서 규정하고 있고, 그 책임 유형으로서, 무한책임사원의 제2차
   납세의무, 청산인 등의 제2차 납세의무, 신탁법 소정의 청산수탁자 등의 제2차 납세의무, 동족회사의 제2차
   납세의무, 수익이 법률상 귀속된 자·자산의 대부가 법률상 행하여진 자·부인된 행위의 수익자의 2차 납세
   의무, 공동사업자의 2차 납세의무, 사업양수인의 제2차 납세의무, 무상양수인 등의 제2차 납세의무, 법인격
   없는 사단 등에 있어 제2차 납세의무 등이 있다. 우리나라보다 책임 유형이 다양하다. 특히 많이 문제되는
   것은, 우리 국세기본법에 없는 '무상양수인 등의 2차 납세의무'에 관한 것으로, 체납자의 조세에 관하여 체납

시기 및 확정절차에 관한 명문의 규정을 두고 있지 않다.

(2) 일반적으로 체납자의 재산에 대하여 체납처분을 집행하여도 그 징수할 세액에 부족이 있는 경우, 그 체납자인 주된 납세의무자와 일정한 관계에 있는 자에게 2차적·보충적으로 그 체납자의 납세의무를 부담시켜 징수확보를 도모하기 위한 의무를 제2차 납세의무라고 하고, 그 의무를 지는 자를 제2차 납세의무자라 한다. '일정한 관계가 있는 자'의 '관계 정도'는 각 책임 유형에 따라 상이하고, 때로는 제2차 납세의무자가 납부통지서(납부고지서)를 수령하고서야 비로소 자신이 이러한 관계에 있었음을 알게 되는 경우도 있을 수 있다.

나. 제2차 납세의무자 유형

제2차 납세의무의 유형을 정하고 있는 국세기본법 제38조부터 제41조까지 4개 조문은 2018. 12. 31. 개정되었고, 그 중 제38조 및 제40조는 2019. 12. 31. 다시 개정되었으며, 2020. 12. 22. 4개 조문 전부 개정되었다.

처분을 집행하여도 징수하여야 할 세액에 부족이 있는 경우, 그 부족분이 당해 조세의 법정신고기한 1년 전 이후에 체납자가 한 무상 또는 현저히 낮은 대가에 의한 재산의 양도, 채무의 면제, 기타 제3자에게 이익을 분여하는 처분에 기인한 때에는, 그 처분에 의하여 권리를 취득하거나 의무를 면제받은 자는, 그 처분으로 받은 이익이 현존하는 한도(이러한 자가 그 처분의 시기에 체납자와 친족 기타 특수관계에 있는 경우에는 그 처분에 의하여 받은 이익을 한도)로, 체납된 조세의 제2차 납세의무를 진다고 정하고 있다. 이러한 제2차 납세의무는 사해행위취소와는 별개의 제도라고 설명되고 있다.

35) 독일 조세기본법은 제2편 제4장 책임(Haftung)에서, Haftung der Vertreter(§69, 법률상 대리인 또는 대표자, 재산관리인 ─미성년자의 법정대리인, 후견인, 청산인 등─ 등의 고의·중과실에 의한 책임, 일종의 손해배상책임), Haftung des Vertretenen(§70, 법률상 대리인 또는 대표자, 재산관리인 등이 조세포탈 등을 한 경우 본인의 책임), Haftung des Steuerhinterziehers und des Steuerhehlers(§71, 조세포탈을 한 자 등 또는 이에 가담한 자의 책임), Haftung bei Verletzung der Pflicht zur Kontenwahrheit(§72, 차명계좌 또는 가명계좌의 개설시 세무관서의 동의하에 예금 등이 반환되어야 하는데, 고의 또는 중대한 과실로 이에 위반한 경우의 책임), Haftung bei Organschaft(§73, 자회사의 모회사 조세에 대한 책임), Haftung des Eigentümers von Gegenständen(§74, 물건 소유자의 책임), Haftung des Betriebsübernehmers(§75, 사업양수인의 책임), Sachhaftung(§76, 소비세 등에 있어 물적 책임), Duldungspflicht(§77, 수인의무) 등을 각 규정하고 있다. '채무'의 관점이 아닌 '책임'의 관점에서 규정하고 있음이 특징이다. 과세관청에 의한 책임결정(Haftungsbescheid)으로 책임범위를 정한다(§191). 책임의 경정에 관하여는 조세결정에 대한 경정규정이 아닌 직권취소(§130)가 적용된다. 조세채무자(Steuerschuldner)와 책임채무자(Haftungsschuldner)는 연대채무관계에 있다(§44).

제 1 장

유형		요건 및 책임범위
청산인 등 (제38조)	요건	법인이 해산하여 청산하는 경우에 그 법인에 부과되거나 그 법인이 납부할 국세 및 강제징수비를 납부하지 아니하고 해산에 의한 잔여재산을 분배하거나 인도하였을 때에 그 법인에 대하여 강제징수를 집행하여도 징수할 금액에 미치지 못하는 경우, 청산인 또는 잔여재산을 분배받거나 인도받은 자는 그 부족한 금액에 대하여 제2차 납세의무를 진다.
	책임 범위	청산인: 분배하거나 인도한 재산의 가액 잔여재산을 분배받거나 인도받은 자: 각자가 받은 재산의 가액
출자자 (제39조)	요건	법인의 재산으로 그 법인에 부과되거나 그 법인이 납부할 국세 및 강제징수비에 충당하여도 부족한 경우에는 그 국세의 납세의무 성립일 현재 다음 각 호의 어느 하나에 해당하는 자는 그 부족한 금액에 대하여 제2차 납세의무를 진다. 　1. 무한책임사원(합명회사의 사원, 합자회사의 무한책임사원) 　2. 주주 또는 합자회사의 유한책임사원, 유한책임회사의 사원, 유한회사의 사원 1명과 그의 특수관계인 중 대통령령으로 정하는 자로서 그들의 소유주식 합계 또는 출자액 합계가 해당 법인의 발행주식 총수 또는 출자총액의 100분의 50을 초과하면서 그 법인의 경영에 대하여 지배적인 영향력을 행사하는 자들(이하 '과점주주'라 한다) * 2014. 12. 23. 개정 전에는 비상장법인에 한정되었으나 개정 후에는 상장법인도 포함
	책임 범위	무한책임사원: 상법의 규정에 따른 책임으로서 그 제한이 없다. 과점주주: 그 부족한 금액을 그 법인의 발행주식 총수(의결권 없는 주식은 제외한다) 또는 출자총액으로 나눈 금액에 해당 과점주주가 실질적으로 권리를 행사하는 주식 수(의결권 없는 주식은 제외한다) 또는 출자액을 곱하여 산출한 금액을 한도로 한다.
법인 (제40조)	요건	국세(둘 이상의 국세의 경우에는 납부기한이 뒤에 오는 국세)의 납부기간 만료일 현재 법인의 무한책임사원 또는 과점주주(이하 '출자자'라 한다)의 재산(그 법인의 발행주식 또는 출자지분은 제외한다)으로　그 출자자가 납부할 국세 및 강제징수비에 충당하여도 부족한 경우에는 그 법인은 다음 각 호의 어느 하나에 해당하는 경우에만 그 부족한 금액에 대하여 제2차 납세의무를 진다. 　1. 정부가 출자자의 소유주식 또는 출자지분을 재공매하거나 수의계약으로 매각하려 하여도 매수희망자가 없는 경우 　2. 법률 또는 그 법인의 정관에 의하여 출자자의 소유주식 또는 출자지분의 양도가 제한된 경우(국세징수법 제66조 제4항에 따라 공매할 수 없는 경우는 제외한다)
	책임 범위	그 출자자의 소유주식 또는 출자지분의 가액을 한도로 한다. 한도액 = (A - B) x C/D A: 법인의 자산총액, B: 법인의 부채총액, C: 출자자의 소유주식 금액 또는 출자액, D: 발행주식 총액 또는 출자총액
사업 양수인 (제41조)	요건	사업이 양도·양수된 경우에는 양도일 이전에 양도인의 납세의무가 확정된 그 사업에 관한 국세 및 강제징수비를 양도인의 재산으로 충당하여도 부족할 때에는 대통령령으로 정하는 사업의 양수인은 그 부족한 금액에 대하여 제2차 납세의무를 진다. 여기서 '대통령령으로 정하는 사업의 양수인'이란 사업장별로 그 사업에 관한 모든 권리(미수금에 관한 것은 제외한다)와 모든 의무(미지급금에 관한 것은 제외한다)를 포괄적으로 승계한 자로서 다음 각호의 어느 하나에 해당하는 자를 말한다. 　1. 양도인과 특수관계인인 자 　2. 양도인의 조세회피를 목적으로 사업을 양수한 자
	책임 범위	대통령령으로 정하는 사업의 양수인은, 그 사업에 관한 국세 등에 관하여, 양수한 재산의 가액을 한도로 한다. 이는 시행령 제23에서 규정하고 있다.

다. 제2차 납세의무 확정절차

(1) 제2차 납세의무의 성립과 확정

제2차 납세의무는 주된 납세의무의 체납 및 무자력을 요건으로 하여 성립하므로 그 성립 시기는 적어도 '주된 납세의 납부기한'이 경과한 이후이다(대법원 2005. 4. 15. 선고 2003두13083 판결). 즉 주된 납세의무의 성립 및 확정을 전제한다.

제2차 납세의무는 구 국세징수법 제12조 소정의 양식에 기한 납부통지(전부개정된 후의 납부고지)36)에 의하여 확정된다(대법원 1990. 4. 13. 선고 89누1414 판결).37)

여기서 체납 및 무자력이라 함은 주된 납세의무자의 재산에 대한 체납처분을 하여도 징수할 금액이 부족한 것을 말한다. 징수할 금액의 부족액은 주된 납세의무자의 재산에 대하여 현실적으로 체납처분을 한 결과 발생한 징수부족액에 국한되는 것은 아니다. 주된 납세의무자의 재산에 대하여 체납처분을 하더라도 객관적으로 징수부족액이 생길 것이라고 인정되기만 하면 된다(대법원 1996. 2. 23. 선고 95누14756 판결 참조). 제2차 납세의무의 보충성을 어떻게 이해하여야 할 것인가에 대한 설명으로, 제2차 납세의무의 구체적 유형에 따라 실정법상의 '부족'이라는 개념을 이해하여야 할 것이다.

(2) 제2차 납세의무의 독립성과 부종성

주된 납세의무와 제2차 납세의무는 모두 국세기본법상의 조세채무로 각 독립한 채무이다. 주된 납세의무를 갈음한다고 할 때 그 갈음의 의미를 어떻게 보아야 하는지가 문제된다. 제2차 납세의무가 담보적 의미를 가진다고 보아 민법상의 보증채무와 가장 유사한 구조를 가진다는 점에서 그 부종성을 부인할 수 없다. 반면 주된 납세의무의 성립·확정과 평행되게, 제2차 납세의무에도 성립·확정이라는 개념을 독립적으로 인정하여야 한다. 다만 그 독립성과 부종성은 조화를 이루어야 하는바 바로 그 지점에서 제2차 납세의무의 경정법체계를 구축하는데 어려움이 발생한다.

(3) 납부고지(종전의 납부통지)의 법적 성질 및 제2차 납세의무의 확정

제2차 납세의무의 납부고지를 주된 납세의무의 순수한 징수절차상의 처분이라고만 단정할 수 없다. 오히려 납부고지는 징수처분적 성격뿐만 아니라 조세채무의 범위를 정하는 부과처분적 성격도 아울러 가진다고 보아야 한다(대법원 1998. 10. 27. 선고 98두4535 판결 참조). 제2차

---

36) 구 국세징수법 제12조(2021. 1. 1. 전부개정 전)에 의하면 세무서장은 체납자의 국세 등을 제2차 납세의무자(납세보증인을 포함한다)로부터 징수하고 할 때에는 … 납부통지서에 의하여 고지하여야 한다는 취지로 정하고 있었다. 전개된 국세징수법(2021. 1. 1. 시행) 제7조 제1항에 의하면 "관할 세무서장은 … 납부고지서를 제2차 납세의무자 등에게 발급하여야 한다."라고 되어 있다. 종전의 납부통지가 납부고지로 변경되었고, 체납처분은 강제징수로, 체납처분비는 강제징수비로 변경되었다.

37) 谷口勢津夫, 전게서, 172면에서, "납부통지서에 의한 고지에 의하여 제2차 납세의무가 성립하고 또한 확정된다."라고 적고 있다.

납세의무의 납부고지를 부과처분으로 볼 수 있다면 이는 신고의무가 전제되지 않는 독특한 방식의 '부과과세방식'의 조세라고도 할 수 있다. 이렇게 제2차 납세의무의 성립과 확정을 구성해 냄으로써 제2차 납세의무에 대한 확정절차 이론을 구축할 수 있게 된다.

(4) 제2차 납세의무와 제척기간

제2차 납세의무자에 대한 납부고지가 독립한 부과처분인 이상 주채무와 달리 제2차 납세의무의 확정에 관한 제척기간이 존재한다고 보아야 한다. 제척기간에 관한 국세기본법 소정의 규정이 유추적용된다.[38)]

대법원 2008. 10. 23. 선고 2006두11750 판결

『구 국세기본법 제26조의2는 '국세부과의 제척기간'이라는 제목으로 그 제1항에서 상속세 및 증여세를 제외한 국세의 부과제척기간은 원칙적으로 국세를 부과할 수 있는 날로부터 5년간으로 규정하고 있다.

제2차 납세의무자에 대한 납부고지는 주된 납세의무자에 대한 부과처분과는 독립된 부과처분의 성격을 가지는 점(대법원 1998. 10. 27. 선고 98두4535 판결 참조), 제2차 납세의무가 성립하기 위하여는 주된 납세의무자의 체납 등 그 요건에 해당되는 사실이 발생하여야 하므로 그 성립시기는 적어도 '주된 납세의무의 납부기한'이 경과한 이후라 할 것인 점(대법원 2005. 4. 15. 선고 2003두13083 판결 참조), 구 국세기본법 제26조의2 제4항의 위임에 따른 구 국세기본법 시행령(2007. 2. 28. 대통령령 제19893호로 개정되기 전의 것) 제12조의3은 제2차 납세의무에 대해서는 그 기산일인 '부과할 수 있는 날'에 관하여 아무런 규정을 두고 있지 아니하나, 일반적으로 국세를 부과할 수 있는 날이라고 함은 당해 국세의 과세표준과 세액에 대한 신고기한이 규정되어 있는 경우를 제외하고는 원칙적으로 그 납세의무의 성립시기라고 할 것인 점(대법원 1999. 4. 9. 선고 98두11250 판결 참조) 등을 종합하여 볼 때, 제2차 납세의무에 대해서도 주된 납세의무와는 별도로 그 부과의 제척기간이 진행한다고 할 것이고, 그 부과제척기간은 특별한 사정이 없는 한 이를 부과할 수 있는 날인 제2차 납세의무가 성립한 날로부터 5년간으로 봄이 상당하다.

원심이 적법하게 확정한 사실에 의하면, 과점주주로서 제2차 납세의무자인 원고에 대한 이 사건 부과처분은 이 사건 제2차 납세의무가 성립한 날로부터 5년이 경과하기 전에 이루어진 사실을 알 수 있는바, 원심이 제2차 납세의무에 대해서는 원칙적으로 부과제척기간에 관한 규정이 적용되지 않고, 설령 적용된다고 하더라도 제2차 납세의무에 대한 부과제척기간이 주된 납세의무에 대한 그것과 같은 시기에 진행한다고 볼 수 없다는 이유로, 이 사건 부과처분은 그 부과제척기간이 경과

---

38) 부과제척기간의 적용(유추적용)이 없다는 견해로, 金子 宏, 전게서, 169면에서 "본래의 납세의무의 법정납기한으로부터 5년이 경과하였으나 그것이 시효의 정지 내지 중단에 의하여 존속하고 있는 경우 제2차 납세의무자에 대한 납부고지처분을 할 수 있다는 것은 말할 필요가 없다. 그 의미에서 제2차 납세의무자에 대한 납부고지에는 경정·결정 등의 제척기간의 규정은 유추적용되지 않는다고 해석하여야 한다(일본 최고재 1994. 12. 6. 판결). 한편 독일 조세기본법 제191조 제3항 제1문에 의하면 제척기간에 관한 규정(제169조부터 제171조까지)은 책임결정을 발령함에 있어서도 준용된다는 취지로 정하고 있다.

한 후 이루어진 것이라는 원고의 주장을 배척한 것은 그 이유 설시에 다소 적절하지 아니한 점은 있지만 결론에 있어서는 정당하고, 거기에 구 국세기본법 제26조의2 제1항 소정의 부과제척기간에 관한 법리오해 등의 위법이 없다.』

라. 제2차 납세의무의 경정법체계

(1) 경정규정의 결여와 유추해석 가능 여부

주된 납세의무와 제2차 납세의무를 비교할 때, 주된 납세의무에 대하여는 비교적 완벽한 경정법체계가 갖추어져 있다. 주된 납세의무의 경정법체계에 대하여는 이 절 앞 부분에서 설명하였다.

제2차 납세의무도 하나의 납세의무이므로 마땅히 이에 관한 경정규정을 두어야 한다. 그런데 이에 관한 규정이 전혀 없다. 따라서 제2차 납세의무에 대하여도 주된 납세의무의 경정청구 및 경정에 관한 규정이 유추적용될 수 있는지 여부가 문제된다.

그러나 주된 납세의무와 제2차 납세의무는 상호 독립적이다. 제2차 납세의무는 주된 납세의무와는 별개로 성립·확정되고 그 확정에는 부과처분이 관여한다. 그렇다면 주된 납세의무의 경정청구 및 경정에 관한 국세기본법의 규정이나 개별세법의 규정은 규정형식이나 체계에 비추어 볼 때 원칙적으로 제2차 납세의무의 경정에 유추적용될 수 없다. 즉 주된 납세의무자에게 인정되는 통상의 경정청구는 제2차 납세의무를 확정지우는 부과처분에 대한 불가쟁력이 발생한 후라면 인정될 수 없는 터이라서 상상하기 어렵다. 국세기본법상의 '사정변경에 기한 경정청구'의 유추적용도 부정되어야 한다.

제2차 납세의무에 대하여도, 실체적 진실주의와 법적 안정성의 조화 위에서, 경정법체계를 만들어 내어야 한다. 입법자가 이를 예상하지 않고 있다면 법해석을 통하여 제2차 납세의무의 경정법체계를 구축할 필요가 있다. 이 경우 제2차 납세의무의 경정법체계를 주된 납세의무의 경정법체계보다 엄중하고 까다롭게 만들어 제2차 납세의무자의 구제를 더 어렵게 만들 수는 없다.

(2) 두 방향의 해석

먼저 부종성 이론[39]에 충실한 나머지 주된 납세의무를 확정하는 행위가 무효이거나 취소되면 제2차 납세의무를 확정하는 부과처분도 당연히 무효가 되고, 주된 납세의무의 내용 및 범위에 대하여 변경이 생긴다면 제2차 납세의무의 내용 및 범위도 변경되고, 주된 납세의무가 소멸하면 제2차 납세의무도 당연히 소멸한다고 하는 견해도 입론의 여지가 있다.

그러나 이는 민법상 보증채무의 부종성에만 충실한 견해이다. 제2차 납세의무를 확정하는

---

39) 대법원 2009. 1. 15. 선고 2006두14926 판결은 제2차 납세의무의 부종성을 인정하고 있다.

데에 항상 부과처분이라는 행정처분이 관여하고 그 부과처분에 대하여 구제수단이 부여되어
있으며 불복기간이 지나면 일반 행정행위와 같이 불가쟁력이 발생하는 이상, 주된 납세의무의
확정에 관여한 부과처분이 취소되거나 또는 경정청구로 감액경정되는 경우 자동적으로 제2차
납세의무를 확정하는 부과처분도 당연히 취소되거나 감액된다고 할 수는 없다.

대법원 2012. 1. 27. 선고 2011두22099 판결

『제2차 납세의무는 주된 납세의무와는 별개로 성립하여 확정되는 것이나 주된 납세의무의 존
재를 전제로 하는 것이므로, 주된 납세의무에 대하여 발생한 사유는 원칙적으로 제2차 납세의무에
도 영향을 미치게 되는 이른바 부종성을 가진다(대법원 2009. 1. 15. 선고 2006두14926 판결 등
참조). 그러나 제2차 납세의무자에 대한 납부고지는 주된 납세의무자에 대한 부과처분과는 독립된
부과처분의 성격을 가지는 것이므로(대법원 2008. 10. 23. 선고 2006두11750 판결 등 참조), 주된
납세의무자에 대한 부과처분이 취소되었다고 하여 제2차 납세의무자에 대한 부과처분도 당연히 취
소되었다고 볼 수는 없다.

그럼에도 원심은 피고가 2008. 7. 2. 소외 회사에 대한 2003년 제1기분 및 제2기분 부가가치
세의 각 납부불성실가산세 부과처분을 직권 취소함으로써 제2차 납세의무자인 원고에 대한 이 사건
2003년 제1기분 및 제2기분 부가가치세의 각 납부불성실가산세 부과처분도 당연히 취소되었다고
보아 이 부분에 대한 소는 효력이 이미 소멸하고 없는 처분에 대한 것이어서 소의 이익이 없어 부
적법하다고 판단하였다. 이러한 원심의 판단에는 주된 납세의무자에 대한 부과처분이 직권 취소된
경우 제2차 납세의무자에 대한 부과처분의 효력에 관한 법리를 오해하여 판결 결과에 영향을 미친
위법이 있다.』

위 판결에 의하면 제2차 납세의무자에 대한 납부고지는 주된 납세의무자에 대한 부과처분
과는 '독립된 부과처분'으로 주된 납세의무자에 대한 부과처분이 취소되었다고 하여 제2차 납
세의무자에 대한 부과처분도 당연히 취소된다고 볼 수 없다는 것이다. 문언 자체에 의하면 위
사안에서 제2차 납세의무자는 구제수단이 없다는 취지로 읽혀진다. 그러나 판시취지를 어떠한
경우에도 구제될 수 없다는 취지로 읽어서는 안 된다. 예를 들어 주된 납세의무자에 대한 소
득세 등의 납세의무가 사후에 사정변경에 기한 경정청구로 감액된 경우 또는 과세관청이 이를
받아들여 직권취소한 경우 이때에도 제2차 납세의무자에 대한 부과처분의 효력인 불가쟁력에
기하여 구제될 수 없다고 볼 수는 없기 때문이다. 이러한 경우라면 행정법상 직권취소 이론에
의하여 제2차 납세의무자는 구제되어야 한다.

다만 직권취소의 요건이 문제될 뿐이다. 불복기간을 둔 제도적 취지를 근본에서 몰각시키
지 아니하는 범위 내에서 예외적으로 상당한 경우 직권취소를 인정하여야 할 것이다[제1장 제5
절 2. 마. (5) 참조]. 요건을 갖추었는지 여부는 구체적 사안에서 개별적으로 판단되어야 한다.

지방세기본법 제58조는 직권취소를 제도적으로 인정하고 있다[제1장 제5절 2. 바. (1)]. 국세기본법에 그러한 규정이 없다 하더라도 이러한 해석은 가능하다.

결국 제2차 납세의무의 시정방법에는 직권취소 이론 및 부종성 이론이 있고 이를 시정방법으로 모두 받아들임으로써 나름의 경정법체계를 갖추게 된 셈이다.

(3) 二元的 更正法體系

직권취소 이론에 의하면 직권취소를 할 것인지 여부는 과세관청이 원칙적으로 재량을 가지지만, 제2차 납세의무자에 대한 부과처분은 통상의 부과처분과 동일하게 이해관계가 있는 제3자가 존재할 수 없고 실체적 진실주의와 법적 안정성의 조화가 필요한 점에 비추어, 과세관청으로서는 하자있는 부과처분을 소급적으로 소멸시키는 취소를 할 것인지 여부 및 범위를 판단함에 있어 그 재량이 '0'으로 수축(eine Reduzierung des Rücknahmeermessens auf Null)되어 기속적인 것으로 변함으로써 직권취소의무가 발생한다고 본다. 제2차 납세의무자는 이러한 의무를 지고 있는 과세관청에게 직권취소청구권(Ein Anspruch auf Rücknahme)을 행사할 수 있다 할 것이다.

한편 주된 납세의무를 확정지우는 부과처분이 무효라면 제2차 납세의무의 부과처분도 무효라고 보아 제2차 납세의무자는 무효확인을 구할 수도 있으나 이 경우에도 취소소송을 통하여 직권취소청구권을 행사할 수 있다.

이러한 해석을 통하여 직권취소 이론의 구축이 가능하다면 우리 조세법은 결과적으로 명문의 규정을 가진 독일처럼 이원적 경정법체계를 가지는 셈이 된다. 주된 납세의무는 국세기본법 또는 개별세법 소정의 정규의 경정법 규정에 따라, 제2차 납세의무는 직권취소 이론에 따라 경정된다.

(4) 독일의 입법례

조세기본법 제130조 제1항에 "위법한 행정행위는 불가쟁력이 발생한 후에도 전부 또는 일부에 한하여 장래를 향하여 또는 과거로 소급하여 직권취소될 수 있다."고 정하고 있다. 이는 침익적 행정행위에 한하여 적용된다. 수익적 행정행위에 대하여는 제130조 제2항에서 규정하고 있다. 제131조 제1항은 합법적인 침익적 행정행위의 직권철회에 관하여 규정하고 있다.

조세기본법 제172조부터 제177조까지의 규정이 조세결정에 대한 정규의 경정규정이고, 조세기본법 제130조(직권취소) 및 제131조(직권철회)는 조세결정 및 이와 동시할 수 있는 결정이 아닌 기타 행정행위에 대한 경정규정이다. 양 그룹의 경정규정은 상호 배타적이다. 따라서 조세결정이 아닌 책임결정의 경정에 관하여는 제130조 및 제131조만이 적용된다.

제
1
장

마. 부종성에 기한 제2차 납세의무의 시정(직권취소에 의한 경우와 부종성에 의한 경우의 구별)

(1) 주된 납세의무의 성립과 부종성

· 주된 납세의무가 성립 또는 확정되지 않았음에도 제2차 납세의무를 확정시키는 납부고지를 한다면 그 납부고지는 위법하나 일정한 경우 이러한 하자 있는 행정행위는 치유될 수 있다. 대법원 1998. 10. 27. 선고 98두4535 판결

『제2차 납세의무자에 대한 납부고지는 형식적으로는 독립된 과세처분이지만, 실질적으로는 과세처분 등에 의하여 확정된 주된 납세의무에 대한 징수절차상의 처분으로서의 성격을 가지는 것이므로, 제2차 납세의무자에 대하여 납부고지를 하려면 먼저 주된 납세의무자에 대하여 과세처분 등을 하여 그의 구체적인 납세의무를 확정하는 절차를 거쳐야 하고, 그러한 절차를 거침이 없이 바로 제2차 납세의무자에 대하여 납부고지를 하는 것은 위법하고(이 법원 1988. 6. 14. 선고 87누375 판결 참조), 이 사건 사실관계가 원심이 인정한 바와 같다면, 피고가 제2차 납세의무자인 원고에 대하여 납부고지를 할 당시 주된 납세의무자인 극동호텔에 대한 과세처분은 아직 그 효력이 발생하지 아니하여 극동호텔의 구체적인 납세의무는 확정되지 않은 상태에 있었으므로 원고에 대한 이 사건 납부고지처분의 절차에 하자가 있음은 상고이유의 주장과 같다.

그러나 하자 있는 행정행위에 있어서 하자의 치유는 행정행위의 성질이나 법치주의의 관점에서 볼 때, 원칙적으로 허용될 수 없으나 행정행위의 무용한 반복을 피하고 당사자의 법적 안정성을 보호하기 위하여 국민의 권리와 이익을 침해하지 아니하는 범위 내에서 구체적인 사정에 따라 예외적으로 허용될 수 있다.』

(2) 주된 납세의무의 소멸

주된 납세의무가 납부·면제 등으로 소멸하면 제2차 납세의무도 당연히 소멸한다. 주된 납세의무에 대한 제척기간이 도과되면 제2차 납세의무자에게 납부고지를 할 수 없다.

주된 납세의무가 시효로 소멸하면 제2차 납세의무도 소멸하는지 여부이다. 제2차 납세의무는 부과처분에 의하여 확정되는 것으로, 그 행정처분에 불가쟁력이 발생하였음에도, 주된 납세의무의 시효소멸로 인하여, 불가쟁력이 발생한 행정처분이 그 효력을 상실한다고 할 수 없고, 이러한 경우까지 부종성을 가진다고 할 수 없다. 따라서 주된 납세의무가 시효로 소멸하였다고 하여 제2차 납세의무도 소멸한다고 할 수 없다 할 것이다. 반대견해가 있을 수 있다.

(3) 주된 납세의무의 증감과 부종성

주된 납세의무에 대하여 증액경정이 있고 그로 인하여 제2차 납세의무도 증액된다면 이에 대하여 증액경정의 납부고지서를 발급하여야 한다.

주된 납세의무에 대하여 감액경정(직권에 의한 것이든, 경정청구에 의한 것이든)이 있으면, 납

부고지로 확정된 제2차 납세의무가 당연히 감액된다 할 수 없고, 과세관청이 감액분에 상당하는 부분만큼 직권으로 일부취소한다는 결정을 해야 한다. 그렇지 않는 경우라면 과세관청에 대하여 일부 취소를 구하는 의미의 직권취소청구권을 행사할 수 있다.

주된 납세의무자의 신고 또는 주된 납세의무자에 대한 부과처분이 무효인 경우 이에 기초한 제2차 납세의무의 납부고지 또한 무효이다. 따라서 제2차 납세의무자로서는 이러한 무효사유를 납부고지 무효확인소송을 통하여 이를 주장할 수 있다. 다만 이 경우에도 직권취소청구권을 행사할 수 있음은 앞서 본 바와 같다.

(4) 기타 문제

① 제2차 납세의무자는 자신에 대한 제2차 납세의무 부과처분(납부고지) 취소소송에서 주된 납세의무자에 대한 부과처분의 취소사유를 주장할 수 있다(대법원 2009. 15. 선고 2006두14926 판결 등).

② 주된 납세의무자에 대하여 부과처분 또는 증액경정처분이 있는 경우, 제2차 납세의무자가 그 취소소송을 제기할 수 있는 원고적격이 있는지가 문제된다. 국세기본법 제55조 제2항40)의 해석상 긍정하여야 할 것이다.

③ 주된 납세의무의 기초가 된 신고에 실체적 오류가 있는 경우, 제2차 납세의무자가 국세기본법 제45조의2 소정의 경정청구를 할 수 있는지에 관하여 견해대립이 있을 수 있다. 국세기본법 제55조 제2항에서 이해관계인으로서 취소소송의 원고적격을 인정하고 있는 점에 비추어 적극적으로 해석하여야 할 것이다.

바. 기타

(1) 제2차 납세의무의 존부 및 범위(요건 및 책임범위) 자체에 실체적 오류가 있는 경우, 그 시정방법이 문제된다. 제2차 납세의무는 납부고지라는 부과처분에 의하여 확정되는 것으로, 먼저 그 부과처분을 공격하면서 그 고유의 위법을 주장하여 이를 시정하여야 한다.

(2) 주된 납세의무자가 제기한 전소의 기판력은 제2차 납세의무자가 제기한 후소에 미치지 아니한다. 다만 제2차 납세의무자가 본래의 납세의무자에 대한 부과처분에 대하여 제소하여 패소확정된 후 자신에 대한 제2차 납세의무의 지급을 명하는 납부고지의 효력을 다투면서 다시 본래의 납세의무의 위법을 다투는 것은 기판력에 배치되어 허용되지 않는다.41)

(3) 제2차 납세의무자가 납부고지된 세액을 납부한 경우, 민법상의 변제자대위 규정이 적

---

40) 제3자의 원고적격(이해관계인)으로서, 국세기본법 제55조 제2항에서, 제2차 납세의무자로서 납부고지서를 받은 자, 국세기본법 제42조의 규정의 따라 물적 납세의무를 지는 자로서 납부고지서를 받은 자, 보증인, 그 밖에 대통령령이 정하는 자를 규정하고 있다.

41) 서울행정법원, 조세소송실무(2012), 144정 참조.

용된다. 그러나 이전되는 채권은 공법성을 상실하고 순수한 민법상의 채권으로 바뀐다. 한편 세액을 납부한 제2차 납세의무자에 대하여 환급사유가 발생한 경우, 그 환급청구권은 제2차 납세의무자에게 귀속된다(제1장 제15절 3. 라. 참조).

사. 보증인의 납세의무와 경정법체계

(1) 국세기본법 제2조 제10호에서 납세의무자에는 연대납세의무자, 제2차 납세의무자, 보증인이 포함된다고 정하고 있다. 제12호에 의하면 보증인이란 "납세자의 국세 또는 강제징수비의 납부를 보증한 자를 말한다."는 것이다.

2020. 12. 22. 삭제되기 전 국세기본법 제29조에는 담보의 종류를 정하면서 '세법에 따라 제공하는 담보'라고 하여 개별세법에서 담보를 요구할 때[42] 한하여 담보가 제공된다는 취지로 정하고, 제5호에서 '은행법에 따른 은행 등 대통령령이 정하는 자의 납세보증서'를 들고, 시행령 제13조 2항에서 대통령령으로 정하는 자를 나열하면서 제3호에서 '보증채무를 이행할 수 있는 자금능력이 충분하다고 세무서장이 인정하는 자'를 들고 있다. 제31조 제2항에서 납세보증서를 납세담보로 제공하려는 자는 보증서를 세무서장에게 제출하여야 한다고 하고, 시행규칙 제9조 제2항에 의하면 "법 제31조 제2항의 납세보증서는 별지 제11호 서식에 따른다."고 정하고 있다. 제32조 제2항에 의하면 보증인의 자력감소 등으로 국세 및 강제징수비의 납부를 담보할 수 없다고 인정할 때에는 담보를 제공한 자에게 보증인의 변경을 요구할 수 있도록 정하고 있고, 시행령 제16조 제2항 제3호에서 납세보증서의 경우 국세징수법에서 정하는 보증인으로부터의 징수절차에 따라 징수하도록 정하고 있다. 2020. 12. 22. 국세기본법 제29조부터 제34조까지가 삭제되고 그 조문들이 국세징수법 제18조부터 제23조까지로 옮겨져 규정되어 있다.

한편 국세징수법 제7조 제1항에 세무서장은 보증인으로부터 징수할 금액 및 그 산출근거와 그 밖에 필요한 사항을 적은 납부고지서를 발급하도록 규정하고 있다.

(2) 대법원 1990. 12. 26. 선고 90누5399 판결

『조세채권은 국가재정수입을 확보하기 위하여 국세징수법에 의하여 우선변제권 및 자력집행권이 인정되는 권리로서 사법상의 채권과는 그 성질을 달리하므로 조세채권의 성립과 행사는 오직 법률에 의해서만 가능한 것이고, 조세에 관한 법률에 의하지 아니한 사법상의 계약에 의하여 조세채무를 부담하게 하거나 이를 보증하게 하여 이들로부터 조세채권의 종국적 만족을 실현하는 것은 허

---

[42] 납세의무자가 납세보증을 포함한 납세담보를 제공할 수 있는 경우로는, ① 징수유예(국세징수법 제18조), ② 체납처분 유예(국세징수법 제85조의2), ③ 상속세 등의 연부연납(상증세법 제71조), ④ 세액확정 전의 압류의 해제요구(국세징수법 제24조 제5항 제1호), ⑤ 수입면허 전 보세구역에서의 과세물품 반출(개별소비세법 제10조 제4항), ⑥ 유흥주점 등 과세유흥장소 경영자에 대한 납세보전(같은 법 제10조 제5항) 등이 있다.

용될 수 없는 것이다(당원 1976. 3. 23. 선고 76다284 판결, 1981. 10. 27. 선고 81다692 판결, 1986. 12. 23. 선고 83누715 판결, 1987. 12. 22. 선고 87다카500 판결, 1988. 6. 14. 선고 87다카2939 판결 등 참조).

원심이 적법하게 확정한 사실에 의하면 원고는 소외 정정수로부터 그가 캐나다로 이민가면서 세무서에 제출할 납세보증서가 필요하다는 부탁을 받고 같은 달 21. 이후 위 소외인에게 부과되는 모든 국세에 대하여 납부할 것을 보증한다는 내용의 납세보증서를 작성하여 1987. 7. 21. 피고에게 제출하였는데 위 정정수가 1987. 10. 2. 그 소유의 인천 동구 송림동 11의 47 대 771㎡ 및 그 지상건물을 양도한데 대하여 피고는 1988. 1. 16. 위 소외인에게 양도소득세 금 11,279,350원, 방위세 금 2,293,320원의 부과처분을 하였으나 위 소외인이 이를 납부하지 아니한 채 이민을 가버리자 1988. 5. 15. 원고에게 제2차 납세의무자에 준하여 위 소외인이 체납한 위 양도소득세 및 방위세에 대하여 국세징수법 제12조 소정의 절차에 따른 납부통지서를 발부하여 이를 부과고지하였다는 것이다.

사실관계가 이와 같다면 원고의 위와 같은 납세보증행위는 조세법상의 규정에 의한 납세담보의 제공이 아니라 사법상의 보증계약에 의한 납세의 보증에 불과하여 무효라고 할 것이고 그러한 납세보증계약에 기하여 한 피고의 이 사건 과세처분은 그 하자가 중대하고 명백하여 당연 무효라고 할 것인바, 이러한 취지에서 원심이 한 판단은 정당하고 거기에 소론과 같은 법리를 오해한 위법이 없으므로 논지는 이유없다.

소론과 같이 국세기본법 제29조 제5호에서 담보의 종류로 세무서장이 확실하다고 인정하는 보증인의 납세보증서를 들고 있고 원고가 제출한 납세보증서가 같은 법 제31조 제2항, 같은법 시행규칙 제9조 제2항에서 규정한 담보제공방법으로서의 보증서에 부합하는 서식에 따라 작성 제출된 것이라고 하더라도 납세담보는 세법이 그 제공을 요구하도록 규정된 경우에 한하여 과세관청이 요구할 수 있고 따라서 세법에 근거없이 제공한 납세보증은 공법상 효력이 없다고 할 것 이므로 논지는 모두 이유없다.』

위 판례를 정리하면 다음과 같다.

첫째, 보증인에 대한 구 국세징수법 제12조 소정의 납부통지서에 의한 고지는 순수한 징수처분이 아니라 부과처분이라는 것이다. 그 성질에 있어 제2차 납세의무자에 대한 납부통지와 동일하게 그 통지처분으로 보증채무의 세액이 확정된다는 것이다. 여기서 보증채무는 언제 성립한 것으로 본 것인지가 문제되나 판시에는 담겨져 있지 않다. 다른 유효요건을 충족함을 전제로 보증계약에 의하여 보증채무가 성립한다고 할 것이다.

둘째, 조세채권은 조세법률에 의하여 발생하는 것이지 사법상의 계약에 의하여 조세채무를 부담하게 하거나 이를 보증하게 할 수 없고 이러한 보증계약을 체결하였다면 무효라는 것이다. 명확하지는 않으나 조세법에서 정하고 있는 엄격한 보증요건, 즉 '세법에서 보증을 요구하는 경우'에 '은행 등 일정한 자'에 국한하여 세법 소정의 서식을 갖추어야 한다는 것(요식행위)으로서, 이러한 요건을 갖추지 아니한 보증계약을 무효로 본다는 취지로 읽혀질 뿐이다. 따라서 "조세채권은 조세법률에 의하여 발생하는 것이지 사법상의 계약에 의하여 조세채무를 부담하게 하거나 이를 보증하게 할 수 없고"라는 설시부분은 다소 성급한 일반화의 오류로 보인다.

셋째, 무효의 보증계약에 기하여 과세관청이 부과처분을 하였다면 그 하자가 중대하고 명백하여 그 부과처분은 당연무효라는 것이다. 보증계약이 무효라면 보증채무가 성립할 여지가 없고 보증채무가 성립되지 않았음에도 이를 확정하는 부과처분을 하였다면 그 하자가 중대하고 명백하다고 본 것은 옳다 할 것이다.

넷째, 납세담보는 세법이 그 제공을 요구하도록 규정된 경우에 한하여 과세관청이 요구할 수 있는데 세법에 근거없이 제공된 납세보증은 공법상 효력이 없다는 것이다. 명확하지 않으나 납세보증계약을 공법상 계약으로 본 듯하다.

(3) 제2차 납세의무의 경정법체계와의 비교

보증인과 국가 사이의 이러한 납세보증계약은 공법상 계약으로, 그 계약의 성립에 관하여 원칙적으로 사법상의 계약 등 법률행위에 관한 규정이나 이론이 적용된다. 그 책임의 존부 및 범위에 관하여 다툼이 있다면 당사자소송으로 해결하여야 한다.

그러나 납세보증계약이 공법상 계약임에도, 그 계약에서 발생하는 조세청구권을 집행하기 위한 수단으로, 혹은 그 책임의 존부 및 범위에 관한 분쟁을 해결하기 위한 수단으로, 부과처분이라는 행정처분을 개입시켜 그 부과처분을 공격하도록 조치하는 것, 즉 '당사자소송의 항고소송화'가 가능한 것인지에 관한 의문이 있을 수 있으나 가능하다고 할 것이다.

국세기본법 제51조 제9항 소정의 '과다환급금 확정절차'도 그렇다. 사법상의 청구권을 집행하기 위하여는 반드시 사법상의 집행권원에 의하여야만 하고 법률의 정함에 의하여 부과처분이라는 행정처분으로 집행권원을 만들어낼 수 없다는 법리가 선험적으로 존재한다고 할 수 없기 때문이다.

그렇다면 보증인에 대한 국세징수법 소정의 납부고지는 부과처분과 징수처분의 성질을 아울러 가진다 할 것이다. 따라서 보증인의 납세의무에 대한 경정법체계와 제2차 납세의무에 대한 경정법체계는 본질적으로 같다 할 것이다. 납부고지는 납세보증계약에 의하여 성립한 납세의무의 범위를 확정지우는 부과처분으로서 이를 다투지 아니하면 보증책임의 존재 및 범위에 대하여 불가쟁력이 발생한다. 이 국면에서는 부종성이 아니라 독립성이 강조된다.

보증인의 납세의무에 대한 경정법체계에는 제2차 납세의무에 대한 경정법체계에서 설명한 내용이 그대로 타당하다. 주된 납세의무를 확정한 부과처분이 취소되거나 주된 납세의무에 대하여 감액경정이 있다 하여 납부고지로 확정되고 불가쟁력이 발생한 보증인의 납세의무가 당연히 취소되거나 감액된다 할 수 없다. 과세관청이 직권으로 이를 취소한다는 결정을 하든가 감액분에 상응하는 부분만큼 감액경정을 하여야 한다. 과세관청이 이러한 결정이나 경정을 하지 않는 경우 보증인은 과세관청에 대하여 자신이 가지는 직권취소청구권을 행정소송을 통하여 소구할 수 있다. 그밖에 앞에서 제2차 납세의무에 관하여 설명한 내용은 보증인의 납세의무에도 원칙적으로 그대로 타당하다 할 것이다.

　　(4) 참고로, 독일 조세기본법 제192조의 계약책임(Vertragliche Haftung) 조항에 관하여 본다. 제192조에서 "다른 사람의 세금을 대신 납부하기로 계약에 터잡아 의무를 지는 사람은 오로지 민법상의 보증규정만에 의하여 청구될 수 있다."고 정하고 있다. 과세관청이 가지는 이러한 계약상의 책임청구권은 독일 민법 제765조 이하의 보증, 제780조의 채무약속, 기타 보장계약 또는 중첩적 채무인수에 기한 것이다. 보증채무자와 과세관청의 관계는 사법상의 법률관계이다. 과세관청이 이 청구권의 실행을 위하여 보증책임자를 상대로 민사소송을 제기하여야 한다. 조세기본법상의 책임결정(Haftungsbescheid)을 통하여 조세기본법 제249조 이하의 강제집행절차인 징수절차를 밟는 것은 허용되지 않는다. 다만 과세관청이 제192조에도 불구하고 보증인 등에게 위법하게 책임결정은 하였다 하더라도 그 책임청구권은 민사적으로 실행되어야 하므로 그 책임결정은 당연무효라고 할 수 없다. 보증채무자는 책임결정이 위법하다는 점을 조세기본법상의 이의절차(Einspruch)를 통하여 주장하여야 하고, 이를 게을리하면 책임결정에 대하여 존속력이 발생할 여지가 있다. 보증채무자가 과다납부한 경우 그 환급청구권은 독일 민법 제812조 소정의 부당이득반환청구에 기하여 행사되어야 한다.

9. 참고(일본 최고재판소 1964. 10. 22. 판결)[43]

가. 국세통칙법 제정 전

　　제2차 세계대전 전의 일본 세제는 부과과세방식이었으나 패전 후 국세 대부분이 신고납세방식으로 전환하였다. 재정위기를 타개하기 위하여 각종 임시세를 채택하였는데 전시보상특별세 및 재산세에 대하여 먼저 신고납세방식을 채택하였다. 1946. 11. 12. 제정된 재산세법 제48조는 신고서를 제출한 자는 과세가격이 과대한 것을 발견한 때에는 신고기한 경과 후 1월 내에 과세가격의 경정을 청구할 수 있고, 제49조는 정부는 경정을 구하는 청구가 이유 없다고 인정되면 청구를 한 자에게 이를 통지하여야 한다고 규정하였다. 이것이 경정청구제도의 기원으로 기본적 체계는 오늘도 유지되고 있다.

　　이후 1947. 3. 31. 제정된 소득세법 및 상속세법이 신고납세방식으로 전환되면서 경정청구제도를 채택하였다. 같은 날 제정된 법인세법은 신고납세방식으로 전환되면서도 경정청구제

---

43) 일본 학자 確政光明이 쓴 논문「경정청구에 관한 약간의 고찰」(1978. 11. 1. 쥬리스트)의 주요부분을 번역한 것이다. 국세기본법 제45조의2를 신설함에 있어 일본 국세통칙법 제23조를 참작하였는데, 국세통칙법 제23조의 제정경위를 이해하는 것이 우리 국세기본법 제45조의2를 해석함에 있어 도움이 될 것이다.

도를 두지 않았다. 법인에는 결산절차가 확립되어 있고 경리능력 등에 비추어 볼 때 과대신고 사례가 적고 과대신고가 행하여진 경우 과세관청이 자발적으로 감액경정처분을 행하기 때문이라고 설명되었다. 그리하여 자발적 감액경정을 촉구하기 위하여 탄원서 내지 진정서라고 불리는 서면이 이용되었다.

한편, 상속세법 제32조 제1항은 통상의 경정청구기간을 1월로 정하였다. 그러나 통달에 의하여 1월의 경정청구기간이 경과하였음에도 감액경정을 하여 주었고, 같은 조 제2항에서 후발적 사정에 기한 경정청구의 기간을 4월로 정하였음에도 통달에는 '6월'로 바꾸어 적용할 수 있도록 하였다. 과세관청의 이러한 자세를 직권에 의한 감액경정으로 이해한다면 특히 문제될 것이 없다. 다른 한편 신고내용의 과오시정은 오로지 경정청구에 의하여만 한다는 경정청구의 배타성이 전혀 의식되고 있지 아니한 점에도 주목하여야 할 것이다.

이후 1959년 법인세법에도 경정청구제도가 도입되었다. 주된 취지는 납세자의 권리보호와 세무행정의 원활한 운영의 2가지 점에 있었다고 한다. 결론적으로 국세 중 직접세는 전부 신고납세방식이었고 납세자의 권리보호와 세무행정의 원활한 운영을 위하여 경정청구제도가 도입되었다.

나. 국세통칙법 제정 후

(1) 1961. 7. 세제조사회의「국세통칙법 제정에 대한 답신」

위 답신에 의하면 '신고내용의 변경'이라는 표제 아래 첫째, 경정청구기간을 법정신고기한 경과 후 1월 이내로 한 경정청구를 신고납세방식의 조세 전부에 인정할 것, 둘째, 일단 확정된 국세의 과세표준의 기초가 된 행위가 취소되거나 무효로 확인된 경우 그 날부터 3월 이내에 경정청구를 할 수 있고, 신고액 등의 감소의 경우에는 경정청구의 방식으로 하되 반대로 증가시키는 경우에는 수정신고의 방식으로 할 것 등을 제안하였다.

첫째 점에 대하여 위 조사회는, "조세법이 신고의 준비에 필요한 기간을 고려하여 일정한 신고기한을 설정하고 그 기한 내에 적정한 확정신고서를 제출할 것을 의무지우는바, 납세자가 그 기간 내에 충분한 검토를 한 후 신고를 한다는 점을 고려하면 특히 경정청구제도를 둘 필요가 없다는 의견도 있을 수 있으나, 납세자의 기한 내 신고에 오류가 없다고 확신할 수 없고 현실적으로 경정청구제도를 이용하는 자가 없다고 할 수 없는 사정 등에 비추어 볼 때, 이 제도를 유지하는 것이 적당하다고 사료된다."고 적고 있었다.

위 답신을 받아 1962년 제정된 국세통칙법 제23조는 종전 개별세법 중에 산재되어 있던 경정청구를 통일적으로 규정하면서 경정청구기간을 신고기한 경과 후 1월로 정하였다. 다만 후발적 사정변경에 기한 경정청구는 위 답신에는 포함되어 있었음에도 이를 채택하지 않았다. 1970년 개정에서 종전 통상의 경정청구기간 1월을 1년으로 연장함과 아울러 후발적 사정변경에 기한 경정청구제도를 입법화하였다.

(2) 위 1964. 10. 22. 판결 후

위 판결은 이후 확립된 판결이 되어 현재에도 위력을 발휘하고 있다. 주된 근거는 '조세채무의 조속한 확정을 통한 국가재정상의 요청'이다. 국가재정의 안정을 위하여 신고납부된 조세는 신고기한 경과 후 1월(1970년 개정 후 1년)이 도과하면 오류가 있다 하더라도 반환될 수 없다고 선언하고 있다. 결과적으로 위 판결에 의하면 과세표준신고와 경정청구기간의 관계를 부과처분(행정처분)과 불복기간(제소기간)의 관계와 유사한 것으로 보는 셈이 된다. 판결이유에는 없지만 이러한 점을 배경에 깔고 있었는지 모른다. 위 판결로 당초 납세의무자의 권리보호를 위하여 도입된 경정청구제도가 얄궂게도 경정청구기간의 제한을 통하여 납세의무자의 권리행사를 제한·억제하는 제도로 전락하고 말았다.

(3) 위 판결의 배경이 된 행정법 이론

신고납세방식을 도입함에 있어 미국 및 독일 등의 신고납세방식에 대한 납세자의 구제제도에 대한 비교법적 연구를 하였는지는 알 길이 없다. 신고납세제도는 미군사령부의 지도 아래 도입되었음에도 미국 연방세제에 대한 구제방법을 따르지 않았다. 아마 행정법과 행정소송법을 두고 있는 대륙법제를 따르고 있었기 때문이었을 것이다.

그러자 신고납세제도에 있어 '신고의 법적 성질'에 관한 논의가 전개되었다. 당시 행정법학자들의 이론을 빌려 신고를 '사인의 공법행위'로 본 다음 세액의 과다신고에 대하여 민법상의 착오에 관한 규정을 적용할 것인가를 문제삼았다. 그러나 위 판결로 종래 신고의 법적 성질 및 민법상 착오규정의 적용 여부에 관한 논쟁은 그 범위 내에서 정리되었다.

제12절

경정청구와 조세법의 해석

1. 문제제기

(1) 법치주의 원칙상 실체적 진실주의는 법적 안정성과의 조화 위에서 실현되어야 하나, 신고납세방식의 조세에 있어서는 원칙적으로 실체적 진실주의가 우선하여 실현되어야 한다. 따라서 당초신고에 오류가 있는 경우 경정청구기간을 제척기간보다 짧게 정하는 등으로 조세채무자에게 시간적 제약을 가하는 것은 신고납세제도의 본질에 부합하지 아니함은 앞서 본 바와 같다(제1장 제10절 1. 다. 참조).

한편, 입법자는 개별세법을 통한 경정제도를 구축함에 있어 실체적 오류가 있다면 일단 세액확정절차에서 그 오류를 시정하여 이를 반영하는 방법으로 실체적 진실주의를 실현하겠다는 결단을 나타내고 있다(실체적 오류 시정주의, 제2장 제1절 4. 참조).

(2) 국세기본법상 경정청구를 해석함에 있어, 법규정상의 경정청구요건에는 해당하지 아니하나 실체적 오류 시정주의에 기초하여 경정할 필요성이 절실한 경우 그 요건을 유추하여 경정청구를 허용할 수 있는지 여부가 문제된다.

(3) 특히 국세기본법 제45조의2 제2항 소정의 '후발적 사유에 기한 경정청구'에서 가끔 문제된다. 국세기본법 제45조의2 제2항이 후발적 사유가 발생한 모든 경우에 경정청구가 가능하다는 취지의 포괄적 규정형식을 취하고 있는 것이 아니라, 개개의 사유를 나열하면서 그 사유와 유사한 사유만을 포함하고 있어, 현실적으로 그 사유에 포섭되지 않거나 문언적으로 완전히 들어맞지 않는 경우가 있을 수 있기 때문이다.[1][2]

---

1) 谷口勢津夫, 전게서, 144면에서, "특별 경정청구의 취지를, 부득이한 후발적 이유에 의하여 과오요건이 충족되거나 또는 과오요건의 충족이 확인된 경우에 있어, 권리구제수단으로 이해한다면, 조세법률주의에 포함되는 절차보장원칙 하에서, 후발적 이유를 정하는 방식은, 반드시 한정적 열거라고 해할 필요는 없다고 사료된다. 판례 가운데, 청색신고승인 취소처분이 취소된 경우에, 청색신고를 백색신고로 보아 행하여진 경정처분에 대하여, 국세통칙법 제23조 제2항 각 호의 어느 이유에 해당되는가를 명시함이 없이, 경정청구가 허용된다는 취지를 판시한 것(일본 최고재판소 1982. 2. 23. 민집 36권 2호 215면)도 있다."라고 적고 있다.

2) 조윤희, "피상속인의 연대보증채무를 상속한 상속인에 대하여 그 연대보증채무의 이행을 명한 판결이 확정된 것이 후발적 경정청구사유에 해당되는지 여부," 대법원판례해설 제85호(2010년 하), 901면 이하에서, "구체적인 후발적 경정청구사유의 의미는 문언에 집착하지 말고 다소 유연하게 해석할 필요가 있다.", "후발적 경정청구사유의 의미를 엄격하게 해석하는 것은 그 입법취지에 부합하지 않는다고 할 것이다."라고 적고 있다. 나

2. 국세기본법 제45조의2 제2항의 해석

가. 조세법상 해석의 방법론

법의 전통적 해석방법으로는 19세기 독일 사비니가 개발한 네 가지 법률해석방법론, 즉 문법적 해석(어학적 해석), 체계적 해석, 역사적 해석, 목적적 해석 등이 있다.

이러한 방법은 흔히 생각하는 것과는 달리 법률텍스트의 의미면적을 연역적·논리적으로 도출하는 자동기계장치가 아니라 법관 자신이 이미 행한 '법 발견'(법률해석)의 결론을 사후적으로 정당화하는데 사용되는 논증도구에 불과하다고 주장되기도 한다. 비유적으로 표현하여, "전통적인 네 가지 법률해석방법이란 실질적인 힘과 근거에 의해 이미 이루어진 법률해석의 결과를 사후적으로 다른 사람에게 전달하는데 사용하는 '언어의 수레(sprachliches Vehikel)'에 불과한 것이라고 말할 수 있다는 것이다. 즉 해석방법이란 법관의 법률해석을 조정하는 것이 아니라 이미 결정된 법률해석을 논증적으로 표현하는데 사용하는 틀에 불과하다."라고 주장되기도 한다.[3]

세법에서의 해석방법을 보면 다음과 같다.

(1) 문리해석

조세법의 해석은 원칙적으로 '가능한 문언의 의미(möglicher Wortsinn)'를 찾는 것이고, 그 한계도 가능한 문언의 의미를 찾는 데에서 끝난다.

조세조약에 관한 것이지만 엄격해석에 관한 다음과 같은 견해를 소개한다.[4]

『세법이라고 해서 언제나 엄격해석만이 가능하다는 생각은 이론적 근거가 없고, 그렇다면 세금에 관한 규범이라는 이유로 조세조약의 엄격해석을 주장할 수 없다. 우선 "세법은 원래 엄격해석하는 것이다"라는 명제가 자명한 선험적 진리는 아니다. 법관의 권력은 국민의 대표라는 자격에서 나오는 것이 아니므로 법관은 언제나 자기가 내세우는 명제를 논증할 수 있어야 한다. 세법은 엄격해

아가 904면에서, 일본 최고재판소 1982. 2. 23. 판결에 대한 일본 학자들의 견해를 소개하면서, "위와 같은 청색신고승인취소처분의 취소는 국세통칙법 제23조 제2항이나 그 위임을 받은 국세통칙법 시행령 제6조 제1항에서 규정하고 있는 후발적 경정청구사유 중 어느 하나에 문언적으로 완전히 들어맞는다고 볼 수는 없지만, 후발적 경정청구제도의 취지 등에 비추어 후발적 경정청구를 인정한 것으로 평가되고 있는 것이다. 학자들은, 위 판결에 따르면 '청색신고승인취소처분'이 '취소'된 경우에는 법문의 의미를 넓게 해석하거나 유추적용하여, ① '판결에 의한 취소'의 경우에는 국세통칙법 제23조 제2항 제1호의 사유(과세표준 또는 세액 계산의 기초로 된 사실에 관한 소송에 대한 판결에 의하여 그 사실이 당해 계산의 기초로 한 것과 다른 것으로 확정된 때)에, ② '직권취소'의 경우에는 국세통칙법 시행령 제6조 제1항 제1호의 사유(과세표준 또는 세액 계산의 기초로 된 사실에 포함되어 있던 행위의 효력에 관한 관공서의 허가 그 밖의 처분이 취소된 때)에 해당할 수 있다고 보고 있다."라고 적고 있다.

3) 이상돈, 법이론(1997), 65면 참조.
4) 이창희, 국세조세법(2판), 117면 참조.

석해야 한다는 명제를 우리 헌법이나 법률에서 끌어낼 수 있는가? 그렇지 않다. 이는 세법의 해석 방법을 형법과 견주어보면 자명하다. 형법의 해석에서는, 피고인에게 불리한 확대해석이더라도 법 규의 의미내용의 한계 안에서는 정당한 해석방법이라는 데에 이론이 없다.』

대법원 2007. 6. 14. 2007도2162 판결

『형벌법규는 문언에 따라 엄격하게 해석·적용하여야 하고 피고인에게 불리한 방향으로 지나치 게 확장해석하거나 유추해석하여서는 아니 되나, 형벌법규의 해석에 있어서도 가능한 문언의 의미 내에서 당해 규정의 입법취지와 목적 등을 고려한 법률체계적 연관성에 따라 그 문언의 논리적 의 미를 분명히 밝히는 체계적·논리적 해석방법은 그 규정의 본질적 내용에 가장 근접한 해석을 위한 것으로서 죄형법정주의의 원칙에 부합한다.』

비록 형사판결에 관한 것이지만 조세법의 해석에도 적용된다. 판례는 과세요건이나 비과 세 또는 감면요건의 해석을 함에 있어 엄격해석을 강조하나 이는 '가능한 문언의 의미'[5] 내에 서 문리해석을 하여야 함을 표현한 것에 불과하다.

(2) 목적론적 해석(teleologische Auslegung)

법률의 객관적인 목적에 따라 법률의 내용을 이해하는 방법이다. 과세요건이나 비과세 또 는 감면요건을 해석함에 있어 문리해석을 보완하는 의미에서 목적론적 해석이 가능하다. 다만 국가재정의 안정적 확보는 조세법령의 입법적 목적이 될 수 없다.

대법원 2008. 1. 17. 선고 2007두11139 판결[6]

『조세법률주의의 원칙상 조세법규의 해석은 특별한 사정이 없는 한 법문대로 해석하여야 하고 합리적 이유 없이 확장해석하거나 유추해석하는 것은 허용되지 않지만, 법규 상호간의 해석을 통하 여 그 의미를 명백히 할 필요가 있는 경우에는 조세법률주의가 지향하는 법적 안정성 및 예측가능 성을 해치지 않는 범위 내에서 입법 취지 및 목적 등을 고려한 합목적적 해석을 하는 것은 불가피 하다.』[7]

---

5) 대법원 1994. 12. 20. 선고 94모32 전원합의체 판결에서 처음으로 '법규정의 가능한 의미'를 해석의 잣대로 사용하였다. 이상돈, 전게서, 121면(법률해석의 한계) 이하 참조.
6) 대법원 2011. 7. 21. 선고 2008두150 전원합의체 판결, 2009. 7. 9. 선고 2007두1781 판결[제4장 제2절 3. 하. (5)참조], 2008. 2. 15. 선고 2007두4438 판결 등 참조.
7) 이창희, 전게서, 73면 이하에서, "우리 대법원도 종래 조세법률주의를 근거로 삼아 유추해석이나 확대해석은 허용될 수 없고 과세요건은 물론 비과세요건이나 감면, 면세 요건을 막론하고 법문대로 엄격하게 해석하여야 한다고 말해 왔다. … 그러나 2008년에 들면서는 입장을 바꾼 판결이 거듭 나오고 있다. … 대법원의 입장 변화는 현실세계에는 세법에서 목적론적 유추나 확대해석은 허용될 수 없다는 입장을 실제로 인관할 길이 없

위 판결에 의하면 과세요건법(과세요건, 비과세요건, 감면요건, 가중요건 등)에 한하여 유추해석을 금지한다는 것이다. 조세경정절차에 관한 것까지 유추가 금지된다고 할 수는 없다.

(3) 민사법과 동일한 해석

대법원 2013. 3. 14. 선고 2011두24842 판결

『구 지방세법 제105조 제6항 본문은 '법인의 주식 또는 지분을 취득함으로써 과점주주가 된 때에는 그 과점주주는 당해 법인의 부동산 등을 취득한 것으로 본다'고 규정하고 있는데, 제22조 제2호는 과점주주를 '주주 또는 유한책임사원 1인과 그와 대통령령이 정하는 친족 기타 특수관계에 있는 자들의 소유주식의 합계 또는 출자액의 합계가 당해 법인의 발행주식총수 또는 출자총액의 100분의 51 이상인 자들'로 정의하고 있다.

이들 규정의 문언 내용과 아울러, 구 지방세법 제22조 제2호에서 말하는 '주주'나 '소유'의 개념에 대하여 구 지방세법이 별도의 정의 규정을 두고 있지 않은 이상 민사법과 동일하게 해석하는 것이 법적 안정성이나 조세법률주의가 요구하는 엄격해석의 원칙에 부합하는 점, 주식은 취득세의 과세대상물건이 아닐 뿐만 아니라, 구 지방세법 제22조 제2호는 출자자의 제2차 납세의무에 관하여 규정하면서 그 이하의 조항에서 말하는 과점주주의 개념을 일률적으로 정의하고 있어서 위 규정에서 말하는 '주주'가 되는 시기나 주식의 '소유' 여부를 결정할 때도 취득세에서의 취득시기에 관한 규정이 그대로 적용된다고 보기는 어려운 점 등을 종합하면, 이들 규정에서 말하는 '주주'나 '과점주주'가 되는 시기는 특별한 사정이 없는 한 사법상 주식 취득의 효력이 발생한 날을 의미한다고 할 것이다.』

(4) 합헌적 해석

헌법 제103조에서, "법관은 헌법과 법률에 의하여 그 양심에 따라 독립하여 심판한다."고 규정함으로써 재판권 행사는 합헌적으로 또한 독립적으로 이루어져야 한다는 합헌적 법률해석의 원칙과 사법권 독립의 원칙을 선언하고 있다(대법원 2013. 3. 28. 선고 2012재두299 판결). 모든 법령은 헌법이념 및 가치에 부합되도록 합헌적으로 해석하여야 한다.

나. 유추의 가능 여부

(1) 실체적 진실주의와 법적 안정성이 충돌하는 장면에 있어 어떠한 경우에는 실체적 진실주의를 우위에 두어야 하고 어떠한 경우에는 실체적 진실주의를 양보하면서 법적 안정성을 도모하여야 하는 것인지 항상 고민하면서 조화로운 해석을 하여야 한다.

조세경정법의 영역에서 특히 그러하다. 절차보장의 원칙(제1장 제2절 2. 나. 참조)을 실현함에 있어 조세채무자와 과세관청 사이의 절차법상 관계를 대칭적인 권리의무관계로 구성하여

기 때문이다."라고 적고 있다.

양 당사자가 가지는 절차법상의 권리의무를 상호 대등하고 공평하게 취급하여야 한다.

나아가 조세경정법의 영역에서는 '정의공평의 원칙'에 기초한 법의 발견 내지 창조의 길이 열려있다고 보아야 한다.[8] 대법원 2016. 12. 29. 선고 2010두3138 판결에서 국세기본법 제18조 제1항을 근거로 경정청구를 허용하고 있으나, '정의공평의 원칙'도 경정청구의 최후의 보충적 근거가 될 수 있음을 인정하여야 한다.

(2) 국세기본법 제45조의2 제2항을 입법함에 있어, 실체적 오류가 사후적으로 발생한 경우 그중 일정한 사유에만 경정청구를 인정하고 나머지는 이를 인정하지 않겠다는 입법의도나 입법계획 아래 경정사유를 나열하였다고 볼 수 없다. 오히려 실체적 오류가 사후에 발생한 이상, 이를 경정사유로 삼아 경정청구권을 부여할 입법계획 아래 의문을 남기지 않기 위하여 사유를 구체적으로 나열하였는데 당초 의도와는 달리 흠결이 발생하였다고 봄이 옳다.[9]

(3) 순수한 절차법적 규정에 불과한 후발적 경정청구의 사유를 해석함에 있어 과세요건이나 비과세 또는 감면요건의 해석과는 구별되어야 한다. 과세요건 등은 유추를 허용하지 아니함이 타당하나 조세경정법의 영역에서는 달리 보아야 한다. 조세경정법이라는 제도적 장치는 논리적으로 완결성을 가져야 한다. 그런데 완결성을 갖추지 않았다면 법치국가의 실현을 사명으로 하는 법관은 직업윤리상 그 흠결을 메워야 한다.

(4) 소결론

후발적 경정사유를 해석함에 있어, 시정되어야 할 실체적 오류에 해당됨에도 나열된 구체적 경정사유에 해당되지 아니한 경우, 성질이나 유형에 비추어 나열된 사유와 유사하고, 경정의 필요성이 절실하다면, 유추(analoge Anwendung)를 허용하여야 한다.[10][11][12] 그렇지 않다

---

8) 確政光明, 전게논문 "조세법에 있어 실체적 진실주의 우선의 동향", 30면에서, "경정청구는 조세절차법의 영역에 속하는 것으로, 과세요건법에서는 엄격한 조세법률주의가 타당함에 대하여, 조세절차법에서는 '납세자와 조세채권자 사이에 형평이나 정의에 기초한 법의 발견 내지 창조가 허용되고 또 필요하다.'고 하는 필자의 종래 사고에 터잡아 유연한 대응을 하더라도 좋다."라고 적고 있다.

9) 이창희, 전게서, 87면에서, "결국 확대 · 축소해석이나 유추적용은 피할 수 없는 현실. 합목적적 해석이 필요한 것은 법이란 자의적 규정의 뭉텅이가 아니라, 옳은가 그른가를 논리로 따져야 할 대상인 까닭이다. 문제는 목적론적 해석의 방법론을 바로 세우는 것이다. 구체적 결론에 이른 전제를 숨겨버린 채 때로는 아무 말 없이 유추나 확대해석을 하고, 때로는 느닷없이 유추나 확대해석의 금지를 내세우는, 이런 모습이야말로 자의. 바른 임무는 실정법 개념을 넓게 또는 좁게 해석할 때에는 왜 그래야 옳은가에 대한 방법론을 세우는 것이다."라고 적고 있다. 이창희 교수는 조세경정법은 물론 과세요건법의 해석에 있어서도 유추의 여지를 인정하고 있다.

10) 이창희, 전게서, 245면에서, 국세기본법 시행령 제25조의2 제4호에서 '제1호 내지 제4호까지와 유사한 사유'란 넓게 해석하여야 마땅하다면서, 아직 판례를 쌓고 있는 중이라고 설명한다.

11) 칼 라렌츠 저(양창수 역), 전게서, 31면에서, "법률의 흠결을 보충하기 위한 방법상 절차로서 유추해석의 기본적인 허용성도 동일한 기준을 적용하여야 한다는 요구에 근거하고 있다. 그것은 (기본적으로) 동류인 사안을 동일하게 판단할 것을 요구한다."라고 적고 있다.

12) Pahlke/Koenig, 전게서, 5면에서, "조세경정법의 영역에서 있을 수 있는 법률흠결은 유추를 통하여 이를 보충하는 것이 가능하다(Auch etwaige Gesetzeslücken im Bereich der Korrekturvorschriften sind einer

하더라도 '목적론적 해석'의 확장으로 허용할 수도 있다. 오히려 이러한 해석을 받아들이면서 그 한계를 어디에서 발견하여야 하는지에 관하여 활발한 논의를 하여야 한다.

사정변경에 기한 경정청구는 물론 모순된 세액확정에 기한 경정청구에도 흠결의 정도가 심하여 유추의 필요성은 그만큼 절실하다. '세목의 충돌'은 인적귀속의 충돌이나 기간귀속의 충돌과 성질에 있어 같다고 할 수 있음에도 이를 규율하는 규정이 없다(제4장 제4절 참조).

대법원 2002. 12. 26. 선고 2001두6227 판결에서 양립할 수 없는 부과처분이 중복된 경우(세목의 충돌) 후행처분 위법의 원칙을 선언하고 있으나 유추로 흠결을 보충함이 타당하다.

실효적, 포괄적, 물샐틈없는 권리구제를 위하여 그 경정청구 사유를 한정적 열거로 보아서는 안 된다.[13]

(5) 제척기간의 유추적용

제척기간도 유추적용이 허용되어야 한다. 후발적 경정청구사유에 대하여 유추가 허용된다면 그 유추가 허용되는 경정청구에 대한 제척기간도 유추가 허용되어야 한다.

신설된 국세기본법 제26조의2 제6항 제5호는 '사정변경에 기한 증액경정'을 허용하고 있다. 최초의 신고·결정 또는 경정에서 과세표준 및 세액의 계산 근거가 된 거래 또는 행위 등이 그 거래·행위 등과 관련된 소송에 대한 판결에 의하여 다른 것으로 확정된 경우, 그 판결이 확정된 날부터 1년이 지나기 전까지 증액경정이나 결정 기타 필요한 처분을 할 수 있다고 정하고 있다. 위 제5호의 규정을 유추하여 통상의 제척기간이 지난 후 사정변경에 기한 경정청구를 받은 과세관청은 경정청구일부터 1년 이내에 경정을 할 수 있다고 본다[제4장 제3절 마. (2) 참조].

3. 판례상 사정변경에 기한 경정청구 사유의 확대해석

가. 대법원 2003. 6. 27. 선고 2001두10639 판결

『지방세법 제71조 제1항에 의하면, "이 법에 의한 신고납부기한 내에 지방세를 신고납부한 자가 다음 각 호의 1에 해당하는 사유가 발생한 경우에는 대통령령이 정하는 날부터 60일 이내에 수정신고할 수 있다."고 하면서, 그 제1호로 "신고납부한 후에 과세표준액 및 세액계산의 근거가 되

Lückenschließung durch Analogie zugänglich)."라고 적고 있다.

13) 구욱서, 전게서, 894면에서, "조세채권과 같은 공익채권은 그 의무자의 자발적이고 성실한 이행이야말로 민주국가에서의 가장 바람직한 모습일뿐더러 납세자의 권리보호를 선언한 국세기본법의 정신(기본법 제7장의2 참조)에 비추어, 납세의무의 성실한 이행을 보장하기 위해서라도 경정청구권을 실질적으로 보장하고, 나아가 경정청구에 관한 법령을 해석할 때에는 그 청구사유를 확장해석 함으로써 부과결정권과의 불균형을 좁힐 필요가 있다."고 적고 있다.

는 면적·가액 등이 공사비의 정산, 건설자금의 이자계산, 확정판결 등에 의하여 변경되거나 확정된 경우"를, 제2호로 "신고납부 당시에 있어서 증빙서류의 압수 또는 법인의 청산 기타 부득이한 사유로 인하여 과세표준액 및 세액을 정확하게 계산할 수 없었으나 그 후 당해 사유가 소멸한 경우"를 각 들고 있는 바, 이와 같은 지방세법상 수정신고제도는 국세기본법상의 경정청구제도와 같이 납세자의 권리를 보호한다는 취지에서 신고납부 후의 후발적 사유를 원인으로 한 수정신고를 인정한다는 것이므로 위의 규정에 의한 수정신고 사유를 해석함에 있어서는 납세자의 권리보호 측면에서 과세요건 성립 후의 특별한 사정변경으로 신고납부사항을 변경할 수밖에 없는 사유가 있는 경우를 널리 포함함이 상당하다고 할 것이며, 한편, 이와 같은 수정신고 중 감액수정신고의 경우 그 경정청구에 의하여 곧바로 당초의 신고로 인한 납세의무에 변동을 가져오는 것은 아니고, 과세관청이 이를 받아들여 과세표준 또는 납부세액을 감액결정하여야만 그로 인한 납세의무 확정의 효력이 생기게 되는 것이어서, 만약 과세관청이 그 법정기한 내에 조사, 결정이나 통지를 하지 아니하는 경우에는 납세자로서는 이를 과세관청이 경정청구를 거부한 처분으로 보아 이에 대한 항고소송을 제기하여 그 거부처분을 취소받음으로써 비로소 납세의무를 확정지을 수 있게 되는 것이다(대법원 1995. 1. 12. 선고 94누8471 판결 참조). 따라서 이 사건에서와 같이 원고가 부동산을 취득할 당시의 감면조례에 따라 등록세, 취득세 등을 신고납부한 후에 감면조례가 납세자에게 유리하게 개정되고 그 부칙에 의하여 감면조례가 소급 적용되어 결과적으로 등록세 등이 면제되는 경우도 위와 같이 신고납부 후의 특별한 사정변경으로 인하여 그 신고납부사항을 변경할 수밖에 없는 사유에 해당한다고 볼 수 있어 원고로서는 지방세법 제71조 제1항 소정의 감액수정신고를 할 수 있다고 보아야 할 것이고, 원고의 이 사건 신청은 그와 같은 감액수정신고로 볼 수 있음에도 그 신고에 따른 세액의 감면을 거부한 피고의 행위는 위법한 처분으로서 취소되어야 할 것이다.』

수정신고 사유를 해석함에 있어서는 납세자의 권리보호 측면에서 과세요건 성립 후의 특별한 사정변경으로 신고납부사항을 변경할 수밖에 없는 사유가 있는 경우를 널리 포함함이 상당하다고 판시함으로써, 사정변경에 기한 경정청구에 있어 그 요건을 넓게 해석하고 있다.

나. 대법원 2014. 1. 29. 선고 2013두18810 판결

『납세의무의 성립 후 소득의 원인이 된 채권이 채무자의 도산 등으로 인하여 회수불능이 되어 장래 그 소득이 실현될 가능성이 전혀 없게 된 것이 객관적으로 명백하게 되었다면, 이는 국세기본법 시행령 제25조의2 제2호에 준하는 사유로서 특별한 사정이 없는 한 국세기본법 시행령 제25조의2 제4호가 규정한 후발적 경정청구사유에 해당한다고 봄이 타당하다.』

납세의무의 성립 후 소득의 원인이 된 채권이 채무자의 도산 등으로 인하여 회수불능이 된 경우 국세기본법 시행령 제25조의2 제2호에 준하는 사유로 볼 수 없음에도 이에 준하는 사유로 보고 있다. 담세력의 소급적 상실의 관점에서 유추를 허용하여 사정변경에 기한 경정청구를 인정함이 더 설득력이 있다(제4장 제3절 9. 참조).

다. 대법원 2015. 7. 16. 선고 2014두5514 판결

　　『위법소득의 지배·관리라는 과세요건이 충족됨으로써 일단 납세의무가 성립하였다고 하더라도 그 후 몰수나 추징과 같은 위법소득에 내재되어 있던 경제적 이익의 상실가능성이 현실화되는 후발적 사유가 발생하여 소득이 실현되지 아니하는 것으로 확정됨으로써 당초 성립하였던 납세의무가 그 전제를 잃게 되었다면, 특별한 사정이 없는 한 납세자는 국세기본법 제45조의2 제2항 등이 규정한 후발적 경정청구를 하여 그 납세의무의 부담에서 벗어날 수 있다고 보아야 한다.』

　　소득에 내재되어 있던 경제적 이익의 상실가능성이 현실화되는 후발적 사유가 발생하여 소득이 실현되지 아니하는 것으로 확정됨으로써 당초 성립하였던 납세의무가 그 전제를 잃게 되었다면 납세자는 사정변경에 기한 경정청구를 할 수 있다는 것이다. 경정사유를 구체적으로 밝히지 않은 채 담세력이 소급적으로 상실하면 사정변경에 기한 경정청구를 할 수 있다는 취지로, 경정사유를 포괄적으로 인정한 최초의 판결이다. 확대해석 내지 유추적용을 긍정하였다.

4. 통상의 경정청구에 있어 목적론적 확대해석

　　종합부동산세에 있어 합산배제신고만 하였을 뿐이어서 부과처분의 형식으로 세액이 확정되었다 하더라도, 합산배제신고를 한 납세의무자로서는, 종합부동산세를 신고납부한 납세의무자와 마찬가지로 통상의 경정청구를 할 수 있다고 한 대법원 2018. 6. 15. 선고 2017두73068 판결을 본다.

　　『이와 같이 납세의무자의 합산배제신고는 과세관청이 정당한 세액의 종합부동산세를 부과하기 위하여 반드시 필요한 것으로서, 그 신고서 제출이 이루어지면 과세관청은 국토교통부장관 등으로부터 이미 제공받은 과세자료 등에 그 신고의 내용을 반영하여 비로소 정당한 종합부동산세 과세표준과 세액을 산출할 수 있게 된다. 이에 따라 부과된 종합부동산세에 이의가 없는 경우 납세의무자는 이를 그대로 납부하는 것이고, 단지 그 선택에 따라 합산배제신고를 하지 않고 있다가 신고납부 방식으로 종합부동산세를 납부할 수도 있는 것이다. 이렇듯 종합부동산세의 경우 납세의무자가 합산배제신고를 하게 되면, 과세관청이 특별한 사정이 없는 한 이러한 신고의 내용과 시장 등으로부터 제공받은 과세자료 등을 토대로 납부하여야 할 세액을 그대로 산정할 수 있게 된다.
　　이러한 종합부동산세법의 제정 및 개정 경위, 종합부동산세 관련 규정의 체계 및 내용에 비추어 보면, 과세관청이 정당한 세액을 특정할 수 있도록 구 종합부동산세법 제8조 제3항에서 정한 법정신고기한까지 합산배제신고서를 제출한 납세의무자는 합산배제신고를 하지 않고 종합부동산세가 부과된 이후 합산배제 대상주택을 반영하여 종합부동산세를 신고납부한 납세의무자와 마찬가지로 구 국세기본법 제45조의2 제1항 본문에 따른 통상의 경정청구를 할 수 있다고 봄이 타당하다.』

5. 통상의 경정청구에 관한 규정의 제한해석

'납세자의 절차적 권익'을 보장하기 위하여 유추를 허용하듯이, 예외적인 경우 제한해석도 허용되어야 한다. 즉 절차법적인 영역에 있어 정의와 형평에 기초한 법의 발견 내지 법창조의 차원에서 유추해석이 허용되듯이, 같은 정신에서 제한해석도 허용되어야 한다.

통상의 경정청구에 관한 규정을 제한해석한 대법원 2014. 6. 26. 선고 2012두12822 판결 [제4장 제2절 1. 다. (4) 참조]을 본다.

『한편 2007. 12. 31. 법률 제8830호로 개정되고 2010. 12. 27. 법률 제10405호로 개정되기 전의 구 국세기본법 제45조의2 제1항(이하 '개정 전 규정'이라 한다)은 "과세표준신고서를 법정신고기한내에 제출한 자는 다음 각 호의 1에 해당하는 때에는 최초신고 및 수정신고한 국세의 과세표준 및 세액(각 세법에 따른 결정 또는 경정이 있는 경우에는 당해 결정 또는 경정 후의 과세표준 및 세액을 말한다)의 결정 또는 경정을 법정신고기한 경과 후 3년(각 세법에 따른 결정 또는 경정이 있는 경우에는 이의신청·심사청구 또는 심판청구 기간을 말한다) 이내에 관할 세무서장에게 청구할 수 있다."라고 규정하고 있다.

그런데 2007. 12. 31. 법률 제8830호로 개정되기 전의 구 국세기본법 제45조의2 제1항은 과세관청의 결정 또는 경정이 있었는지 여부와 상관없이 경정청구기간을 3년으로 규정하고 있었고, 2010. 12. 27. 법률 제10405호로 개정된 국세기본법 제45조의2 제1항도 과세관청의 결정 또는 경정이 있는 경우에 그로 인하여 증가된 과세표준 및 세액에 대하여는 90일 내에 경정청구를 하여야 하지만 당초 신고한 과세표준 및 세액에 대하여는 3년의 경정청구기간을 허용하고 있다. 이와 같이 국세기본법이 여러 차례 개정되면서도 당초 신고한 과세표준 및 세액에 대한 3년의 경정청구기간을 유지하고 있는 것은 납세자의 절차적 권익을 보장하려는 것이다. 개정 전 규정이 당초 신고한 과세표준 및 세액에 대하여 3년간 경정청구할 수 있음을 원칙으로 하고 예외적인 경우에 이의신청·심사청구 또는 심판청구 기간(이하 '이의신청 등 기간'이라 한다)으로 경정청구기간이 제한되는 입법형식을 취한 것도 마찬가지의 취지로 이해될 수 있다. 따라서 개정 전 규정에 의하여 경정청구기간이 이의신청 등 기간으로 제한되는 '세법에 따른 결정 또는 경정이 있는 경우'는 위와 같은 경정청구제도의 취지에 적합한 예외적인 경우로 제한하여 해석함이 타당하다.』

제13절

세무조사

1. 세무조사란 무엇인가?

(1) 세무조사의 정의

국세기본법상 '세무조사'란 ① 국세의 과세표준과 세액을 결정 또는 경정하기 위하여 ② 질문을 하거나 해당 장부·서류 또는 그 밖의 물건을 검사·조사하거나 그 제출을 명하는 것으로 ③ 조세범 처벌법에 따른 조세범칙조사를 포함한다(국세기본법 제81조의2 제2항 제1호)라고 정의하였다(2011. 12. 31. 신설).

2018. 12. 31. 제81조의2 제2항 제1호를 개정하면서, 제2조 제21호를 신설하여, "세무조사란 국세의 과세표준과 세액을 결정 또는 경정하기 위하여 질문을 하거나 해당 장부·서류 또는 그 밖의 물건(이하 '장부 등'이라 한다)을 검사·조사하거나 그 제출을 명하는 활동을 말한다."라고 정하고 있다. 따라서 세무조사는 세액확정절차의 일환이라고 말할 수 있다.

세무조사가 무엇이고 어떠한 경우 세무조사사전통지를 하여야 하는지, 어떠한 것이 중복세무조사에 해당하는지 등 그 기준을 명확히 하기 위하여 개념정의가 무엇보다 중요하다. 중복세무조사 해당 여부에 대한 분쟁이 많이 예상된다. 위 정의만으로 충분하지 않다. 중복세무조사의 범위를 확정하기 위한 세무조사의 개념은 더욱 정교하게 다듬어야 한다. '외부세무조사'만을 세무조사로 보면서 '질문조사의 포괄성' 등을 개념내용에 함께 담아야 한다. 대법원이 중복세무조사를 정의하면서 '재조사가 금지되는 세무조사'라는 용어를 사용한다. '세무조사'이면 세무조사이지 왜 '재조사가 금지되는'라는 수식어를 붙여 여러 종류의 세무조사가 존재할 수 있음을 암시하면서 혼동을 일으키도록 하는지, 입법자는 이를 반성해야 한다.

2010년대에 이르러 대법원은 중요한 판결을 잇달아 선고함으로써 세무조사의 개념 및 성격, 중복세무조사의 금지, 이러한 금지를 위반한 경우 부과처분의 효력 등에 관하여 재음미할 수 있는 계기를 제공했다. 개정작업도 거의 매년 이루어지고 있다.

대법원 2014. 6. 26. 선고 2012두911 판결 [부부조사 사건]	(1) 국세기본법 제81조의5가 마련된 이후에는 개별세법이 정한 질문·조사권은 국세기본법 81조의5가 정한 요건과 한계 내에서만 허용된다. (2) 선정사유가 없음에도 세무조사대상으로 선정하여 과세자료를 수집하고 그에 기하여 한 과세처분은 적법절차 등을 어긴 것으로 원칙적으로 위법하다.

제
1
장

대법원 2015. 2. 26. 선고 2014두12062 판결 [세라젬 사건]	(1) 어느 세목의 특정과세기간에 대하여 모든 항목에 걸쳐 세무조사를 한 경우는 물론 그 과세기간의 특정 항목에 대하여만 세무조사를 한 경우에도 다시 그 세목의 같은 과세기간에 대하여 세무조사를 하는 것도 중복세무조사에 해당한다(세무조사의 포괄성). (2) 당초 세무조사 당시 모든 항목에 걸쳐 세무조사를 하는 것이 무리였다는 등의 특별한 사정이 있는 경우에는 그렇지 않다(부분조사 허용) → 2017. 12. 19. 국세기본법 제81조의11 제3항을 신설하여 일정한 경우 부분조사를 허용(2018. 12. 31. 일부 개정)
대법원 2015. 5. 28. 선고 2014두43257 판결 [업무종합감사 사건]	국세기본법 시행령 제63조의2 제2호 전단에 정한 '각종 과세자료의 처리를 위한 재조사'에서의 '각종 과세자료'란 세무조사권을 남용하거나 자의적으로 행사할 우려가 없는 과세관청 외의 기관이 그 직무상 목적을 위하여 작성하거나 취득하여 과세관청에 제공한 자료로서 국세의 부과·징수와 납세의 관리에 필요한 자료를 의미하고, 과세관청이 종전 세무조사에서 작성하거나 취득한 과세자료는 포함되지 아니한다.
대법원 2016. 12. 15. 선고 2016두47659 판결 [부정한 목적의 세무조사 사건]	(1) 국세기본법 제81조의4 제1항에서 "세무공무원은 적정하고 공평한 과세를 실현하기 위하여 필요한 최소한 범위에서 세무조사를 실시하여야 하며, 다른 목적 등을 위하여 조사권을 남용해서는 아니된다."라고 규정하고 있는데, 이는 법치국가원리를 조세절차법의 영역에서도 관철하기 위한 것으로서 구체적인 법규적 효력을 가진다. (2) 세무조사가 과세자료의 수집 또는 신고내용의 정확성 검증이라는 본연의 목적이 아니라 부정한 목적을 위하여 행하여진 것이라면 이는 세무조사에 중대한 위법사유가 있는 경우에 해당하고 이러한 세무조사에 의하여 수집된 과세자료를 기초로 한 과세처분은 위법하다.
대법원 2017. 3. 16. 선고 2014두8360 판결 [현지확인 사건]	(1) 재조사가 금지되는 세무조사의 정의: 조사행위가 실질적으로 과세표준과 세액을 결정 또는 경정하기 위한 것으로서 납세자 등의 사무실에서 납세자 등을 직접 접촉하여 상당한 시일에 걸쳐 질문하거나 일정한 기간 동안의 장부 등을 검사·조사하는 것은 재조사가 금지되는 세무조사에 해당한다. (2) 세무공무원의 조사행위가 재조사가 금지되는 세무조사에 해당하는지 여부는 조사의 목적과 실시경위, 질문조사의 대상과 방법 및 내용, 조사를 통하여 획득한 자료, 조사행위의 규모와 기간 등을 종합적으로 고려하여 구체적 사안에서 개별적으로 판단할 수밖에 없다. (3) 부가가치세의 조사를 위한 소위 '현지확인'도 위 (1)의 요건을 갖추는 한 재조사가 금지되는 세무조사에 해당한다. (4) 재조사가 금지되는 세무조사에 기초한 처분은 위법하다.
대법원 2017. 12. 13. 선고 2016두55421 판결 [양도소득세 중복세무조사 사건]	(1) 재조사는 원칙적으로 금지되고, 이러한 재조사금지의 원칙을 위반한 때에는 과세처분의 효력을 부정하는 방법으로 통제할 수밖에 없는 중대한 절차적 하자가 존재한다. (2) 국세기본법 제81조의4 제2항에 따라 금지되는 재조사에 기하여 과세처분을 하는 것은 단순히 당초 과세처분의 오류를 경정하는 경우에 불과하다는 등의 특별한 사정이 없는 한 그 자체로 위법하다. (3) 이는 과세관청이 그러한 재조사로 얻은 과세자료를 과세처분의 근거로 삼지 않았다거나 이를 배제하고서도 동일한 과세처분이 가능한 경우라고 하여 달리 볼 것은 아니다.
대법원 2018. 6. 19. 선고 2016두1240 판결 [증여세 중복세무조사 사건]	(1) 세무조사의 성질과 효과, 중복세무조사를 원칙적으로 금지하는 취지, 증여세 과세대상 등을 고려하면, 증여세에 대한 후속 세무조사가 조사의 목적과 실시경위, 질문조사의 대상과 방법 및 내용, 조사를 통하여 획득한 자료 등에 비추어 종전 세무조사와 실질적으로 같은 과세요건사실에 대한 것에 불과한 경우에는 금지되는 재조사에 해당하는 것으로 보아야 한다. (2) 국세기본법 시행령 제63조의2 제2호 전단에 정한 '각종 과세자료의 처리를 위한

	'재조사'에서의 '각종 과세자료'란 세무조사권을 남용하거나 자의적으로 행사할 우려가 없는 과세관청 외의 기관이 그 직무상 목적을 위하여 작성하거나 취득하여 과세관청에 제공한 자료로서 국세의 부과·징수와 납세의 관리에 필요한 자료를 의미하고, 이러한 자료에는 과세관청이 종전 세무조사에서 작성하거나 취득한 과세자료는 포함되지 아니한다고 해석함이 타당하다.

(2) 대법원 2017. 3. 16. 선고 2014두8360 판결('현지확인 사건': 세무조사의 개념과 세무조사의 포괄성 등을 정리한 중요한 판결이다).

『1. 구 국세기본법(2010. 1. 1. 법률 제9911호로 개정되기 전의 것, 이하 같다) 제81조의4 제2항은 "세무공무원은 다음 각 호의 어느 하나에 해당하는 경우가 아니면 같은 세목 및 같은 과세기간에 대하여 재조사를 할 수 없다."고 규정하면서, 그 각 호에서 예외적으로 재조사가 허용되는 사유로서 '조세탈루의 혐의를 인정할 만한 명백한 자료가 있는 경우'(제1호), '거래상대방에 대한 조사가 필요한 경우'(제2호), '2 이상의 사업연도와 관련하여 잘못이 있는 경우'(제3호) 등을 들고 있다.
　　한편 구 국세기본법 제81조의4 제2항에 위반하여 같은 세목 및 과세기간에 대하여 중복하여 실시한 세무조사에 기초하여 이루어진 과세처분은 위법하다고 보아야 한다(대법원 2006. 6. 2. 선고 2004두12070 판결 등 참조).
　　2. 원심은, ① 원고가 2005. 4. 16.부터 춘천시 (주소 생략)에서 '○○○유통'이라는 상호로 옥제품 도매업체를 운영하면서 고객들에게 옥제품을 판매한 사실, ② 피고 소속 세무공무원은 원고가 현금매출을 누락하는 등의 수법으로 세금을 탈루한다는 제보를 받고는 '2008. 12. 18.부터 2008. 12. 26.까지 탈세제보에 관한 현지확인을 하되 그 결과 탈세사실이 확인되면 그 즉시 세무조사로 전환하기로 한다'는 내용의 현지확인 계획을 세워 피고로부터 결재를 받은 사실, ③ 이에 피고 소속 세무공무원 5명은 2008. 12. 18. '총 매출금액 누락 여부 확인'이라는 확인 목적이 기재된 '현지확인출장증'을 소지하고 원고의 사업장을 방문하여 원고의 직원들로부터 컴퓨터 하드디스크를 임의로 제출받고 노트와 메모를 점검하여 차명계좌로 의심되는 계좌에 관한 정보 등을 얻거나 2008. 12. 26. 원고로부터 일별판매전표 및 지로판매에 의한 2005년 제1기부터 2008년 제1기까지의 매출금액에 관한 확인서를 작성 받는 등의 현장조사(이하 '이 사건 1차 조사'라 한다)를 한 사실, ④ 그 결과 피고는 원고가 타인 명의의 계좌로 옥제품 판매대금을 송금받는 방법으로 부가가치세에 관한 매출을 누락하였다고 보아, '조세대상세목: 부가가치세, 조사대상기간: 2005. 4. 16.~2008. 6. 30., 조사기간: 2009. 2. 2.~2009. 2. 13.'로 한 세무조사(이하 '이 사건 2차 조사'라 한다)에 착수하였다가 금융거래확인을 위하여 조사기간을 연장하고 조사유형을 조세범칙조사로 전환한 후, 2009. 6. 1. 원고에게 2005년 제1기부터 2008년 제1기까지의 부가가치세를 부과하는 이 사건 처분을 한 사실 등을 인정하였다.
　　나아가 원심은, 국세청 훈령인 구 조사사무처리규정(2010. 3. 30. 국세청 훈령 제1838호로 개정되기 전의 것, 이하 같다) 제2조가 '현지확인'을 '자료상혐의자료, 위장가공자료, 범칙조사 파생자료 중 세무조사에 의하지 아니하고 단순사실 확인만으로 처리할 수 있는 업무, 민원처리 등을 위한 현장출장·확인이나 탈세제보자료, 과세자료 등의 처리를 위한 일회성 확인 업무, 사업자에 대한 사업장현황 확인이나 기장확인 업무 등을 처리하기 위하여 납세자 등을 상대로 현장확인 계획에 따라 현장출장하여 사실관계를 확인하는 행위'로 정하고, '세무조사'를 '각 세법에 규정하는 질문조사권 또는 질문검사권 및 조세범처벌법, 조세범처벌절차법에 의하여 조사공무원이 납세자 또는 그 납세자와 거래가 있다고 인정되는 자 등을 상대로 질문하고 장부·서류·물건 등을 검사·조사하는 행위로서 조사계획에 의하여 실시하는 일반세무조사와 조세범칙조사'로 정하고 있는데, 이 사건 1차 조사의 경위나 내용 및 범위 등에 비추어 볼 때 이 사건 1차 조사는 과세자료 등의 처리를 위한 일회성 확인업무 또는 사업자에 대한 사업장현황 확인업무 등을 처리하기 위하여 납세자를 상대로 현장확인 계획에 따라 현장출장하여 사실관계를 확인하는 행위인 '현지확인'에 해당할 뿐이고, 이 사건 2차 조사는 이러한 현지확인 결과를 토대로 한 최초의 세무조사로 보아야 한다는 이유로, 이 사건 1차 조사가 '세무조사'에 해당하여 이 사건 2차 조사를 구 국세기본법 제81조의4 제2항에 따라 금지되는 재조사에 해당하는 것으로 보아야 한다는 원고의 주장을 배척하였다.

3. 그러나 원심의 이러한 판단은 다음과 같은 이유에서 수긍하기 어렵다.

가. 세무조사는 국가의 과세권을 실현하기 위한 행정조사의 일종으로서 국세의 과세표준과 세액을 결정 또는 경정하기 위하여 질문을 하고 장부·서류 그 밖의 물건을 검사·조사하거나 그 제출을 명하는 일체의 행위를 말하며, 부과처분을 위한 과세관청의 질문조사권이 행하여지는 세무조사의 경우 납세자 또는 그 납세자와 거래가 있다고 인정되는 자 등(이하 '납세자 등'이라 한다)은 세무공무원의 과세자료 수집을 위한 질문에 대답하고 검사를 수인하여야 할 법적 의무를 부담한다. 한편 같은 세목 및 과세기간에 대한 거듭된 세무조사는 납세자의 영업의 자유나 법적 안정성 등을 심각하게 침해할 뿐만 아니라 세무조사권의 남용으로 이어질 우려가 있으므로 조세공평의 원칙에 현저히 반하는 예외적인 경우를 제외하고는 금지될 필요가 있다.

이러한 세무조사의 성질과 효과, 중복세무조사를 금지하는 취지 등에 비추어 볼 때, 세무공무원의 조사행위가 실질적으로 납세자 등으로 하여금 질문에 대답하고 검사를 수인하도록 함으로써 납세자의 영업의 자유 등에 영향을 미치는 경우에는 국세청 훈령인 구 조사사무처리규정에서 정한 '현지확인'의 절차에 따른 것이라고 하더라도 그것은 재조사가 금지되는 '세무조사'에 해당한다고 보아야 한다. 그러나 과세자료의 수집 또는 신고내용의 정확성 검증 등을 위한 과세관청의 모든 조사행위가 재조사가 금지되는 세무조사에 해당한다고 볼 경우에는 과세관청으로서는 단순한 사실관계의 확인만으로 충분한 사안에서 언제나 정식의 세무조사에 착수할 수밖에 없고 납세자 등으로서도 불필요하게 정식의 세무조사에 응하여야 하므로, 납세자 등이 대답하거나 수인할 의무가 없고 납세자의 영업의 자유 등을 침해하거나 세무조사권이 남용될 염려가 없는 조사행위까지 재조사가 금지되는 '세무조사'에 해당한다고 볼 것은 아니다.

그리고 세무공무원의 조사행위가 재조사가 금지되는 '세무조사'에 해당하는지 여부는 조사의 목적과 실시경위, 질문조사의 대상과 방법 및 내용, 조사를 통하여 획득한 자료, 조사행위의 규모와 기간 등을 종합적으로 고려하여 구체적 사안에서 개별적으로 판단할 수밖에 없을 것인데, 세무공무원의 조사행위가 사업장의 현황 확인, 기장 여부의 단순 확인, 특정한 매출사실의 확인, 행정민원서류의 발급을 통한 확인, 납세자 등이 자발적으로 제출한 자료의 수령 등과 같이 단순한 사실관계의 확인이나 통상적으로 이에 수반되는 간단한 질문조사에 그치는 것이어서 납세자 등으로서도 손쉽게 응답할 수 있을 것으로 기대되거나 납세자의 영업의 자유 등에도 큰 영향이 없는 경우에는 원칙적으로 재조사가 금지되는 '세무조사'로 보기 어렵지만, 그 조사행위가 실질적으로 과세표준과 세액을 결정 또는 경정하기 위한 것으로서 납세자 등의 사무실·사업장·공장 또는 주소지 등에서 납세자 등을 직접 접촉하여 상당한 시일에 걸쳐 질문하거나 일정한 기간 동안의 장부·서류·물건 등을 검사·조사하는 경우에는 특별한 사정이 없는 한 재조사가 금지되는 '세무조사'로 보아야 할 것이다.

나. 앞서 본 사실관계를 이러한 법리에 비추어 살펴보면, 피고 소속 세무공무원이 국세청 훈령인 구 조사사무처리규정에서 정한 '현지확인'의 절차에 따라 이 사건 1차 조사를 하였다고 하더라도, 그것은 실질적으로 원고의 총 매출누락 금액을 확인하기 위하여 원고의 사업장에서 원고나 그 직원들을 직접 접촉하여 9일간에 걸쳐 2005년 제1기부터 2008년 제1기까지의 매출사실에 대하여 포괄적으로 질문조사권을 행사하고 과세자료를 획득하는 것이어서, 재조사가 금지되는 '세무조사'로 보아야 한다. 따라서 이 사건 2차 조사는 구 국세기본법 제81조의4 제2항에 따라 금지되는 재조사에 해당하므로 그에 기초하여 이루어진 이 사건 처분은 위법하다고 할 것이다.

그런데도 원심은 이와 달리 이 사건 1차 조사는 '현지확인'에 해당할 뿐이고 이 사건 2차 조사는 이러한 현지확인 결과를 토대로 한 최초의 세무조사로 보아야 한다는 이유로 이 사건 처분이 적법하다고 판단하였으니, 이러한 원심의 판단에는 재조사가 금지되는 '세무조사'의 범위나 그 해당 여부의 판단 방법 등에 관한 법리를 오해한 위법이 있다. 이 점을 지적하는 상고이유의 주장은 이유 있다.』

판결요지는 다음과 같다.

① 과세자료의 수집 또는 신고내용의 정확성 검증 등을 위한 모든 조사행위가 재조사가 금지되는 세무조사에 해당한다고 볼 수 없다. 그렇지 않다면 과세관청으로서는 단순한 사실관계의 확인만으로 충분한 사안에서 언제나 정식의 세무조사에 착수할 수밖에 없고 납세자 등으로서도 불필요하게 정식의 세무조사에 응하여야 하기 때문이다.

② 세무조사의 성질과 효과, 중복세무조사를 금지하는 취지 등에 비추어 볼 때, 조사행위가 실질적으로 납세자 등으로 하여금 질문에 대답하고 검사를 수인하도록 함으로써 납세자의 헌법상 권리인 영업의 자유 등에 영향을 미치는 경우 조사사무처리규정상의 현지확인의 절차에 따른 것이라고 하더라도 그것은 재조사가 금지되는 '세무조사'에 해당한다.

그러나 단순한 사실관계의 확인만으로 충분한 사안으로서 납세자 등이 대답하거나 수인할 의무가 없고 납세자의 영업의 자유 등을 침해하거나 세무조사권이 남용될 염려가 없는 조사행위는 재조사가 금지되는 '세무조사'에 해당하지 않는다.

③ 재조사가 금지되는 '세무조사'에 해당하는지 여부는 조사의 목적과 실시경위, 질문조사의 대상과 방법 및 내용, 조사를 통하여 획득한 자료, 조사행위의 규모와 기간 등을 종합적으로 고려하여 구체적 사안에서 개별적으로 판단하여야 한다.

조사행위가 과세표준과 세액을 결정 또는 경정하기 위한 것으로서 납세자 등의 사무실·사업장·공장 또는 주소지 등에서(외부세무조사) 납세자 등을 직접 접촉하면서 상당한 시일에 걸쳐 질문하거나 일정한 기간 동안의 장부·서류·물건 등을 검사·조사하는 경우(질문조사의 포괄성)라면 특별한 사정이 없는 한 재조사가 금지되는 '세무조사'로 보아야 한다.

즉 '외부세무조사'와 '질문조사의 포괄성' 등 2가지를 세무조사의 주된 인식 표지자로 본다는 것이다.

따라서 조사행위가 사업장의 현황 확인, 기장 여부의 단순 확인, 특정한 매출사실의 확인, 행정민원서류의 발급을 통한 확인, 납세자 등이 자발적으로 제출한 자료의 수령 등과 같이 단순한 사실관계의 확인이나 통상적으로 이에 수반되는 간단한 질문조사에 그치는 것이어서(질문조사의 개별성) 납세자 등으로서도 손쉽게 응답할 수 있을 것으로 기대되거나 납세자의 영업의 자유 등에도 큰 영향이 없는 경우 원칙적으로 재조사가 금지되는 세무조사로 볼 수 없다.

④ 이 사안에 있어 부가가치세의 '현지확인'의 절차에 따라 제1차 조사를 하였다고 하더라도, 그것은 실질적으로 매출누락 금액을 확인하기 위하여 원고의 사업장에서 원고나 그 직원들을 직접 접촉하면서 9일간에 걸쳐 2005년 제1기부터 2008년 제1기까지의 매출사실에 대하여 포괄적으로 질문조사권을 행사하고(질문조사의 포괄성) 과세자료를 획득하는 것이어서 재조사가 금지되는 세무조사에 해당한다.

⑤ 따라서 제2차 조사는 구 국세기본법 제81조의4 제2항에 따라 금지되는 재조사에 해당하므로 그에 기초하여 이루어진 이 사건 처분은 위법하다.

(3) 대법원 판결상 세무조사의 분류 및 구별기준

위 판결에 의하면 세무조사는 '재조사가 금지되는 세무조사'와 그렇지 않은 경우로 나누고 있을 뿐 '재조사가 금지되지 아니하는 세무조사'라는 표현은 사용하고 있지 않다. '재조사가 금지되는 세무조사'가 아닌 경우에도 '개별적 조사'가 포함될 여지가 있다. 혼란을 피하기 위하여 독일 입법례와 같이 세무조사(재조사가 금지되는 세무조사, 포괄적 세무조사, 외부세무조사)와 개별적 조사로 구별한다.

여기서 '개별적 조사'란 단순한 사실관계의 확인이나 통상적으로 이에 수반되는 간단한 질문조사에 그치는 것이어서 납세자 등도 손쉽게 응답할 수 있을 것으로 기대되거나 납세자의 영업의 자유 등에도 큰 영향이 없는 조사행위를 가리킨다. 포괄적 세무조사와 개별적 조사가 병존할 여지도 있다. 즉 A세목에 대한 세무조사가 이루어지는 도중 B세목에 대한 개별적 조사가 이루어질 수 있다. 이 경우 조사공무원은 질문검사를 함에 있어 어떠한 것에 관한 것인지 명확히 구분하여 행할 필요가 있다. 왜냐하면 세무조사가 개시된 이상 모든 질문조사는 A세목에 대한 포괄적 세무조사에 포함되는 것으로 추정되기 때문이다.

개별적 조사에는 개시라는 개념이 있을 수 없어 세무조사사전통지가 필요 없다. 납세자의 협력의무도 발생하지 않아 이를 요청할 수 없다. 종결이라는 개념도 있을 수 없어 세무조사결과통지도 필요없다.

관세법상 중복세무조사의 금지가 문제된 사안에서, 포괄적 세무조사(질문조사의 포괄성)와 개별적 조사(질문조사의 개별성) 사이의 경계에서 구별기준을 제시한 대법원 2020. 2. 12. 선고 2015두745 판결을 본다.

『1. 상고이유 제7점에 관하여

가. 구 관세법(2011. 12. 31. 법률 제11121호로 개정되기 전의 것, 이하 같다) 제111조에 의하면, 세관공무원은 예외적인 경우를 제외하고는 해당 사안에 대하여 이미 조사를 받은 자에 대하여 재조사를 할 수 없다. 나아가 금지되는 재조사에 기하여 과세처분을 하는 것은 단순히 당초 과세처분의 오류를 경정하는 경우에 불과하다는 등의 특별한 사정이 없는 한 그 자체로 위법하고, 이는 과세관청이 그러한 재조사로 얻은 과세자료를 과세처분의 근거로 삼지 않았다거나 이를 배제하고서도 동일한 과세처분이 가능한 경우라고 하여 달리 볼 것은 아니다.

이때 세관공무원의 조사행위가 구 관세법 제111조가 적용되는 '조사'에 해당하는지 여부는 조사의 목적과 실시 경위, 질문조사의 대상과 방법 및 내용, 조사를 통하여 획득한 자료, 조사행위의 규모와 기간 등을 종합적으로 고려하여 구체적 사안에서 개별적으로 판단하며, 납세자 등을 접촉하여 상당한 시일에 걸쳐 질문검사권을 행사하여 과세요건사실을 조사·확인하고 일정한 기간 과세에 필요한 직간접의 자료를 검사·조사하고 수집하는 일련의 행위를 한 경우에는 특별한 사정이 없는 한 재조사가 금지되는 '조사'로 보아야 한다.

한편 세관공무원이 어느 수입물품의 과세가격에 대하여 조사한 경우에 다시 동일한 수입물품의 과세가격에 대하여 조사를 하는 것은 특별한 사정이 없는 한 구 관세법 제111조에서 금지하는 재조사에 해당하고, 세관공무원이 동일한 사안에 대하여 당초 조사한 과세가격 결정방법이 아닌 다른 과세가격 결정방법을 조사하였다고 하여 달리 볼 것은 아니다.

나. 원심판결 이유와 원심이 적법하게 채택한 증거에 의하면, 다음과 같은 사실을 알 수 있다. …

다. 위와 같은 사실관계와 더불어 기록에 의하여 알 수 있는 다음과 같은 사정들을 앞에서 본 법리에 비추어 살펴보면, 피고 소속 세관공무원이 2009. 8.경부터 2011. 3.경까지 한 일련의 조사행위는 구 관세법 제111조에 의하여 금지되는 재조사에 해당한다고 봄이 타당하다.

1) 다음과 같은 점들을 종합하면, 피고가 2009. 8.경부터 2011. 3.경까지 한 일련의 조사행위는 구 관세법 제111조가 적용되는 '조사'(이하 '제2차 조사'라고 한다)에 해당한다.

가) 피고는 2007년경 제1차 조사를 하고 2008. 3.경 그 결과를 통지하였을 뿐 아니라, 원고는 그 결과에 따라 누락되었다는 각초의 가산금액에 관하여 수정신고까지 하였는데, 피고는 위 조사결과 통지가 이루어진 때로부터 약 1년 4개월 이상이 지난 2009. 8.경 다시 자료제출요청을 시작한 이래, 2011. 3.경까지 1년 6개월이 넘는 기간 동안 수차례 자료제출을 요청하면서 각초의 과세가격과 관련한 여러 사항들에 대해 질문하고 답변을 요구하였다.

나) 피고는 각초의 과세가격과 관련한 여러 사항에 대해 구체적·개별적으로 질문하면서 그에 관한 상세한 자료를 제출하도록 요구하였는데, 그러한 질문에 대한 답변과 피고가 요구한 자료에는 원고나 원고의 모회사 등 관계 회사들의 영업비밀과 밀접하게 관련된 것들이 포함되어 있었고, 원고가 답변하고 자료를 준비하여 제출하는 과정에 상당한 노력이 필요했던 것으로 보인다. 또한 피고는 원고의 답변을 종전의 답변과 대조하면서 그 답변이 상반된다고 지적하고 그 이유를 추궁하기도 하였고, 기한을 정하여 자료제출을 요구하면서 정해진 기한까지 자료를 제출하지 않으면 조사자료로 사용되지 않을 수 있다고 독촉하기도 하였다.

다) 한편 피고는 서면으로 자료를 제출하도록 요구하거나 질문을 하면서, 원고가 지급한 권리사용료와 관련하여 각초의 과세가격에 관하여 조사 중이라는 취지를 스스로 밝혔다.

라) 피고 소속 세관공무원은 두 차례에 걸쳐 원고의 사업장과 공장을 방문하였는데, 피고 소속 세관공무원은 2010. 9. 3. 원고의 사업장을 방문한 시점을 전후하여 원고에게 수차례 서면으로 질문하고 자료제출을 요구하여 원고로부터 그에 대한 답변과 자료를 제출받은 점, 2010. 9. 28.에는 원고가 위 방문 당시 피고 소속 세관공무원이 밝힌 입장에 대한 답변서를 제출한 점, 피고 소속 세관공무원의 조사행위는 2011. 3. 7.경까지 이어지다가 2011. 3. 16. 피고 소속 세관공무원이 포함된 심사처분 심의위원단이 원고의 담배 제조공장을 방문하여 제조공정을 확인한 점, 이러한 일련의 행위에 기하여 2011. 3. 29.경부터 2011. 11. 1.경까지 이 사건 처분이 이루어진 점 등을 고려하면, 피고 소속 세관공무원의 각 방문행위도 전체적으로 위와 같은 일련의 행위와 함께 재조사금지 규정에서 말하는 '조사'를 구성하는 것으로 볼 수 있다.

2) 피고가 2007년경 실시한 제1차 조사의 대상은 2003. 1. 1.부터 2007. 12. 31.까지 수입된 각초의 과세가격이었고, 피고가 2009년부터 2011년까지 실시한 제2차 조사의 대상은 2006. 1. 1.부터 2007. 12. 31.까지 수입된 각초의 과세가격이었다. 이처럼 제2차 조사의 대상은 제1차 조사에서 이미 조사의 대상으로 삼았던 것이었고, 2006. 4. 6.부터 2007. 12. 28.까지 수입된 각초에 대하여 이루어진 이 사건 처분은 이러한 제2차 조사에 기하여 이루어졌다. 구 관세법은 수입물품의 과세가격 결정에 관하여 제30조 내지 제35조에서 여섯 가지 결정방법을 규정하면서, 원칙적으로 제30조에 따라 구매자가 실제로 지급하였거나 지급하여야 할 가격을 기초로 과세가격을 결정하고 제30조의 규정에 의한 방법으로 결정할 수 없는 때에 한하여 제31조 내지 제35조를 순차적으로 적용하여 결정하도록 하고 있는데, 피고가 과세가격을 결정하면서 제1차 조사결과 구 관세법 제30조가 아닌 제35조를 적용하였다가 제2차 조사결과 구 관세법 제30조를 적용하였더라도, 위 각 조사는 모두 동일한 각초의 과세가격 결정에 관한 것으로서, 그 대상이 동일하다고 보아야 한다.

3) 제1차 조사결과를 기재한 2008. 3. 13.자 기업심사결과통지서가 첨부된 공문에 '상표권 사용료 및 상표권 사용료와 이전가격의 관계에 대하여 추가자료 요청 등이 있을 수 있다'고 기재되어 있더라도, 이러한 기재를 하였다는 이유만으로 원칙적으로 금지되는 재조사가 아무런 제한 없이 허용된다고 할 수 없다.

라. 결국 피고 소속 세관공무원의 제2차 조사는 구 관세법 제111조에 의하여 금지되는 재조사에 해당하고, 이러한 제2차 조사에 기하여 이루어진 이 사건 처분은 특별한 사정이 없는 한 그 자체로 위법하다. 그럼에도 원심은, 제1차 조사의 대상에는 각초의 실제지급가격에 권리사용료를 가산할

것인지 여부가 포함되어 있지 않았는데 제2차 조사의 대상은 위 사항에 국한되었으므로 두 조사는 그 대상이 실질적으로 다르고, 피고가 제1차 조사결과를 통지하면서 권리사용료에 관한 조사를 추가로 진행할 예정이라고 밝혔다는 등의 이유를 들어, 이 사건 처분이 재조사의 결과를 토대로 이루어진 것이라고 볼 수 없다고 판단하고, 이 사건 처분이 재조사금지의 원칙에 반하여 위법하다는 원고의 주장을 배척하였다. 이러한 원심의 판단에는 구 관세법 제111조에서 정한 재조사금지 원칙에 대한 법리를 오해하여 판결에 영향을 미친 위법이 있다. 이를 지적하는 상고이유 주장은 이유 있다.』

(4) 부과처분을 위한 실지조사

세무조사는 부과처분을 위한 실지조사[1](대외적 조사, 외부세무조사[2])를 말한다. 부과처분을 위한 실지조사란, ① 특정한 과세단위(세목 및 과세연도)의 과세표준과 세액을 결정 또는 경정하기 위한 것으로(목적) ② 공간적으로는 납세자 등이 근무하는 사무실 · 사업장 · 공장 또는 거주하는 주소지 등에서(조사장소) ③ 납세자 등을 직접 접촉하면서(직접 접촉성) ④ 시간적으로는 연속성을 가지는 일정한 시일에 걸쳐(조사기간) ⑤ 조사대상에 대하여 포괄적으로 질문조사권을 행사하거나 장부 · 서류 · 물건 등을 검사 · 조사하는 활동(포괄적 조사)이다.

세무조사에서 증액경정까지의 과정은 ① 세무조사개시(Opening) 및 세무조사사전통지 ② 질문 · 검사 ③ 과세자료[3]의 수집 및 처리 ④ 세무조사종결(Closing) 및 세무조사결과통지 ⑤ 과세전 적부심사(또는 조기결정신청) ⑥ 부과처분(결정 또는 경정)의 절차를 거친다.

세무조사절차는 뒤에서 보는 바와 같이, 국세기본법 제81조의12에서 말하는 사실상의 조사행위를 마친 경우까지를 '협의의 세무조사절차', 이후 출구절차로서의 세무조사결과통지, 과세전 적부심사, 부과처분까지를 포함한 것을 '광의의 세무조사절차'라고 말할 수 있다.

(5) 세무조사 협력의무(수인의무에서 협력의무로)

실체적 진실주의를 구현하기 위한 방법으로 조세채무자가 조세법령을 자발적으로 준수하

---

1) '실지(實地)'의 사전적 의미는 '현장'(現場, 사물이 현재 있는 곳, 사무실 · 사업장 · 공장 또는 주소지 등)을 말한다. 따라서 '실지조사'라 함은 '현장조사(field audit, 대외적 조사)'를 의미한다.

2) 독일 조세기본법 제193조는 '외부세무조사(Außenprüfung)의 허용성'이라는 제목 아래 외부세무조사를 할 수 경우를 제한적으로 열거하고 있다. 외부세무조사는 우리나라의 부과처분을 위한 실지조사, 미국의 'Field Audit'와 동일한 것으로 보인다. 미국의 세무조사(Audits) 유형으로는 correspondence examination(서면조사), office audit(사무실조사), field audit(실지조사)가 있다. 그 중 field audit가 포괄적 세무조사에 해당하고(revenue agents가 조사에 임하고 조사대상자의 사무실 등에서 장부 및 서류까지 조사할 수 있다), 이 경우 IRM(Internal Revenue Manual)이 정하는 조사기준(Audit Standards)을 준수하여야 한다. 한편 일본은 2011년 11월 국세통칙법의 개정으로 실지조사에 대하여 납세의무자에게 조사의 사전통지를 하도록 정하고(제74조의9), 실지조사 종료 때의 절차에 관하여 정하고 있다(제74조의11).

3) 과세자료라 함은 과세를 위한 증거자료(Beweismittel)를 말한다. 여기에는 관계자 등 및 다른 사람으로부터 얻은 정보(질문을 함으로써 얻은 정보를 포함한다), 검증 및 감정으로부터 얻은 자료, 장부 및 부속서류나 기타 문서에서 얻은 자료 등을 모두 포함한다.

었는지 여부(신고의 적정성 및 성실성 여부)를 검증하기 위하여, 조세채무자에게 수인의무[4]가 있음을 전제로, 과세관청에게 포괄적 조사(간접강제를 수반한 임의조사)권한을 부여하고 있다. 과세관청은 그 조사권한에 기하여 과세자료를 수집하여 세액을 결정 또는 경정하게 된다. 비성실신고자가 성실한 신고자보다 유리한 위치를 점할 수 없도록 함으로써 과세공평을 기하고, 엄청난 물량의 과세표준신고서의 적정성을 심사할 과세관청의 인력에는 한계(집행력의 한계)[5]가 있어 이를 보충하기 위한 것이다.

그런데 입법자는 2014. 1. 1. 국세기본법 제81조의17(납세자의 협력의무)을 신설하여 "납세자는 세무공무원의 적법한 질문·조사, 제출명령에 대하여 성실하게 협력하여야 한다."라는 내용을 담았다. 독일 조세기본법 제200조와 같이 협력의무의 내용을 하나하나 구체화하여야 할 것이다.[6] 종전의 소극적인 수인의무는 내용면에 있어 적극적인 협력의무로 그만큼 변경·고양되었다.[7] 수인의무에서 협력의무로 변경한 의미는 무엇인가?

세무조사에서 납세자 등은 조사행위에 대하여 소극적인 수인의무를 지는 것은 물론 높은 단계의 적극적인 협력의무를 진다는 것이다. 뒤에서 보는 세무조사의 특성인 포괄성과 종국성(세무조사는 '한 번으로')에 비추어, 세무조사를 거치기만 하면 중복세무조사가 원칙적으로 금지되므로, 이에 상응하여, 납세자 등에게 한층 더 고양된 높은 단계의 적극적인 의무를 지우기 위한 것이다. 법적 협력의무를 충실하게 이행하지 않으면 중복세무조사 금지의 원칙은 결실을 맺을 수 없다.

---

4) 세무조사 내지 질문·검사(질문·조사)는 실력으로 강제할 수 없고 이에 대한 행정상의 강제수단은 없으나 정당한 사유 없는 질문·검사의 거부는 조세범 처벌법 제17조 제5호에 따라 처벌을 받게 된다는 점에서 순수한 의미의 임의조사라고 할 수 없고 그 범위 내에서 '간접 강제조사'의 의미를 가진다. 따라서 세무조사의 대상자인 조세채무자는 이를 수인할 의무가 있고(대법원 2011. 3. 10. 선고 2009두23617 판결 참조), 나아가 협력의무까지 있다. 한편 조세범 처벌법 제17조 제5호에 의하면 소득세법·법인세법 등 세법의 질문·조사권 규정에 따른 세무공무원의 질문에 대하여 거짓으로 진술하거나 그 직무집행을 거부 또는 기피한 자에 대하여는 2,000만원 이하의 과태료를 부과하게끔 규정하고 있다.

5) 한정된 수의 세무공무원, 납세의무자의 증가, 탈세수단의 교묘화 등 세무환경에서 오는 집행력의 한계를 말한다. 제한된 인력 하에서 세무조사율을 높이면서 누락된 소득을 완전히 파악하는 것 자체가 양립불가능하다. 세무조사의 강도를 낮게 하여 세무조사율을 높이려고 하면 조사기간이 단축되어 탈루소득의 완전한 파악은 어렵고, 반대로 강도 높은 세무조사를 하면 조사대상자의 소득은 완전히 파악되나 세무조사율은 낮게 된다.

6) 독일 조세기본법 제200조(외부세무조사에 있어 조세채무자의 협력의무) 제1항은 다음과 같다. "조세채무자는 과세에 있어 중요한 사실관계를 확인하는 데 협력하여야 한다. 그는 특히 정보를 제공하여야 하고(질문에 대답하여야 하고), 장부, 부속서류, 영업서류 및 기타 서류를 제시하여야 하며, 부속서류의 이해를 위하여 필요한 설명을 하여야 하고, 세무공무원으로 하여금 제147조 제6항에 기한 전자적 기록장치에의 접근권을 행사할 수 있도록 도움을 주어야 한다. 조세채무자나 그의 위임을 받은 자가 이러한 정보를 줄 위치에 있지 않거나 사안의 규명에 필요한 정보를 충분히 줄 수 없거나 아무런 도움이 될 수 없는 경우 세무공무원은 다른 종업원에게 정보제공을 요청할 수 있다."

7) 독일 조세기본법 제200조 소정의 협력의무는 협력요구행위(Mitwirkungsverlangen))라는 행정행위에 의하여 구체화되고 이러한 행정행위는 취소소송의 대상이 된다고 한다.

따라서 협력의무의 이행 정도에 반비례하여, 협력의무를 게을리하면 할수록, 중복세무조사에 노출될 위험성은 그만큼 높아진다. 중복세무조사가 허용되는 '조세탈루의 혐의를 인정할 만한 명백한 자료가 있는 경우' 등을 판단함에 있어 협력의무의 이행 여부, 정도 및 불이행 태양을 고려하여야 한다. 협력의무의 성실한 이행자만이 중복세무조사 금지의 원칙을 원용할 자격이 있다. 협력의무는 추상적인 것으로 남겨둘 것이 아니라 구체적 내용 및 범위, 정도를 정하여 입법에 반영하여야 한다.

(6) 세무조사의 주체(세무조사의 관할 및 조정)

세무조사의 목적은 '과세표준과 세액'을 '결정 또는 경정'하기 위한 것이다. 세무조사는 납세지 관할 세무서장 또는 지방국세청장이 수행한다(국세기본법 제81조의6 제1항 본문). 확인적 규정이다.[8] 다만 납세자의 주된 사업장 등이 납세지와 관할을 달리하거나 납세지 관할 세무서장 또는 지방국세청장이 세무조사를 수행하는 것이 부적절한 경우 등 대통령령이 정하는 사유에 해당하는 경우, 국세청장(같은 지방국세청 소관 세무서 관할 조정의 경우에는 지방국세청장)이 그 관할을 조정할 수 있다(위 제81조의6 제1항 단서, 교차세무조사).

(7) 세무조사의 대상자(조사대상자)

'세무조사의 대상자'는 앞으로 이루어질 부과처분상의 조세채무를 부담할 것이 예상되는 조세채무자를 말한다. 납세자가 제82조에 따라 납세관리인을 정하여 관할 세무서장에게 신고한 경우 납세관리인에게 세무조사의 사전통지를 하여야 한다.

소득세법 제170조 등에서 말하는 '질문·검사의 상대방'과 구별되어야 한다. '질문·검사의 상대방'에는 조사대상자인 조세채무자는 물론 조세채무자와 거래가 있다고 인정되는 자(조세채무자의 거래처 또는 거래선) 등을 포함하기 때문이다. '조세채무자의 거래처 또는 거래선'을 두고 세무조사의 조사대상자라고 할 수 없다.

2. 세무조사의 성질

(1) 세무조사의 단위, 포괄성 및 종국성

세무조사의 '포괄성' 개념은 국세기본법 어디에도 규정되어 있지 않다. 국세기본법의 관련 규정(제81조의 2, 4, 7, 8, 9, 11, 12) 등을 종합하면 세무조사의 '포괄성'을 도출할 수 있다. 세무조사를 '한 번으로' 종국적으로(abschließend) 끝내기 위하여는, 물적 범위로서 '세무조사의 단위'가 필요하고 그 단위의 원칙적 기준이 과세단위임을 전제로 하여, 그 과세단위 안에서 과

---

8) 국세기본법 제44조에 의하면 세액의 결정 또는 경정은 그 처분 당시 국세의 납세지를 관할하는 세무서장이 행한다는 취지로 규정되어 있는 반면, 개별세법에서는 세무서장 또는 지방국세청장이 경정을 하도록 규정되어 있다. 법률상 조사주체는 관할 세무서장 또는 지방국세청장이라고 봄이 상당하다.

세표준과 세액의 성립의 기초가 되는 사실관계를 포괄적으로(umfassend) 조사 · 규명하기 위하여 실시되어야 한다(질문조사의 포괄성, 포괄적 질문조사권의 행사, '현지확인 사건'에서 대법원이 처음으로 '포괄'이라는 개념을 사용하였다).

세무조사를 한 번으로 끝내기 위하여는 세무공무원은 세무조사의 물적 범위에 포함된 이상 조사대상인 특정 세목 및 과세기간의 세액확정에 필요한 중요한 사실관계를 포괄적으로 전부 조사하여 조세사안을 규명할 권한과 의무가 있다. 그런 의미에서 세무조사의 포괄성 및 종국성은 상호 밀접한 관련이 있다. 세무조사의 단위를 부분적으로 분할하여 거듭 세무조사에 나아갈 수는 없다. 포괄적 사안규명 또는 포괄적 조세사안의 처리 또는 포괄적 질문조사 등을 세무조사의 '포괄성'이라고 할 수 있다.

(2) 예외적인 부분조사의 허용

부분조사(특정 항목이나 특정한 사실관계에 대한 조사, 분할조사)는 원칙적으로 허용되지 않는다. 세무조사의 원칙적 포괄성 및 원칙적 종국성에 비추어, 특정 세목의 특정 과세기간에 대하여 모든 항목에 걸쳐 세무조사를 한 경우는 물론 그 과세기간의 특정 항목에 대하여만 세무조사를 한 경우에도 다시 그 세목의 같은 과세기간에 대하여 세무조사를 하는 것은 국세기본법 제81조의4 제2항에서 금지하는 재조사에 해당한다. 세무공무원이 당초 세무조사를 한 특정 항목(사실관계)을 제외한 다른 항목(사실관계)에 대하여만 다시 세무조사를 함으로써 세무조사의 내용이 중첩되지 아니하였다고 하여 달리 볼 수 없다('세라젬 사건' 참조).

예외적으로, 당초의 세무조사가 다른 세목이나 다른 과세기간에 대한 세무조사 도중에 해당 세목이나 과세기간에도 동일한 잘못이나 세금탈루 혐의가 있다고 인정되어 관련 항목에 대하여 세무조사 범위가 확대됨에 따라 부분적으로만 이루어진 경우와 같이 당초 세무조사 당시 모든 항목에 걸쳐 세무조사를 하는 것이 무리였다는 등의 특별한 사정이 있는 경우, 당초 세무조사를 한 항목을 제외한 나머지 항목에 대하여 향후 다시 세무조사를 하는 것은 금지되는 재조사에 해당하지 않는다('세라젬 사건' 및 뒤에서 보는 '벽산건설 사건' 참조).

입법자는, 대법원 판례의 견해를 수용하여, 2017. 12. 19. 국세기본법 제81조의11 제3항 및 제4항을 신설하였고, 2018. 12. 31. 개정하여 예외적으로 부분조사를 할 수 있는 경우를 열거하고 있다. 부분조사는 같은 세목 및 같은 과세기간에 대하여 2회를 초과할 수 없다.

부분조사에 관한 국세기본법 제81조의11 제3항 및 제4항을 본다.

『③ 제1항 및 제2항에도 불구하고 다음 각 호의 어느 하나에 해당하는 경우에는 해당 호의 사항에 대한 확인을 위하여 필요한 부분에 한정한 조사(이하 "부분조사"라 한다)를 실시할 수 있다. (신설 2017. 12. 19., 개정 2018. 12. 31.)

1. 제45조의2 제3항, 소득세법 제156조의2 제5항 및 제156조의6 제5항, 법인세법 제98조의4

제5항 및 제98조의6 제5항에 따른 경정 등의 청구에 대한 처리 또는 제51조 제1항에 따른 국세환급금의 결정을 위하여 확인이 필요한 경우

2. 제65조 제1항 제3호 단서(제66조 제6항 및 제81조에서 준용하는 경우를 포함한다) 또는 제81조의15 제5항 제2호 단서에 따른 재조사 결정에 따라 사실관계의 확인 등이 필요한 경우

3. 거래상대방에 대한 세무조사 중에 거래 일부의 확인이 필요한 경우

4. 납세자에 대한 구체적인 탈세 제보가 있는 경우로서 해당 탈세 혐의에 대한 확인이 필요한 경우

5. 명의위장, 차명계좌의 이용을 통하여 세금을 탈루한 혐의에 대한 확인이 필요한 경우

6. 그 밖에 세무조사의 효율성 및 납세자의 편의 등을 고려하여 특정 사업장, 특정 항목 또는 특정 거래에 대한 확인이 필요한 경우로서 대통령령으로 정하는 경우

④ 제3항 제3호부터 제6호까지에 해당하는 사유로 인한 부분조사는 같은 세목 및 같은 과세기간에 대하여 2회를 초과하여 실시할 수 없다.』

(3) 세무조사와 개별적 조사와의 구별

세무조사와 개별적 조사는 구별되어야 한다. 단순한 사실관계의 확인(개별적 사실이 의심스러워 그 해명을 위하여 하는 확인 등)이나 통상적으로 이에 수반되는 간단한 질문조사에 그치는 개별적 조사는 세무조사에 해당되지 않는다.

세무조사 해당 여부는 조사의 목적과 실시경위, 질문조사의 대상과 방법 및 내용, 조사를 통하여 획득한 자료, 조사행위의 규모와 기간 등을 종합적으로 고려하여 구체적 사안에 따라 개별적으로 판단되어야 한다. 다만 그 구별에 있어 조사공무원의 입장에서가 아니라 조사대상자인 납세자 등을 기준으로 그가 조사행위에 대하여 어떠한 느낌을 받았고 어떤 인식을 하였는지를 중요한 요소로 삼아 판단되어야 한다. 세무공무원이 조사대상자를 직접 접촉하여 어떠한 질문을 하였는지, 조사장소가 조세채무자의 사무실 등이었는지, 장부 등의 제시요구 또는 제출요구가 있었는지, 조사행위의 규모와 기간 및 계획성 등을 두루 참작하여 종합적으로 판단하여야 한다.

법인세법 제122조, 소득세법 제170조, 신 부가가치세법 제74조 등에서 직무수행상 필요한 경우 질문조사를 할 수 있도록 정하고 있는데, 이는 개별적 조사와 세무조사 모두의 근거규정이라 할 것이다.[9]

(4) 신고된 환급세액 및 결손금액의 존부에 대한 세무조사

신고된 환급세액 및 결손금액의 존부나 크기가 의심스러울 때 세무조사를 할 수 있는지가

---

9) 대법원 2014. 6. 26. 선고 2012두911 판결에서, "세무조사대상의 기준과 선정방식에 관한 구 국세기본법 제81조의5가 도입된 배경과 취지, 구 국세기본법 제81조의5가 포함된 제7장의2에 관한 구 국세기본법과 개별 세법의 관계 등을 종합하여 보면, 구 국세기본법 제81조의5가 마련된 이후에는 개별세법이 정한 질문·조사권은 구 국세기본법 제81조의5가 정한 요건과 한계 내에서만 허용된다고 보아야 한다."라고 판시하였다.

문제된다. 환급세액 및 결손금액에 관하여 결정 또는 경정이 허용되고 그 크기가 경우에 따라 세액에 영향을 줄 수 있는 이상 원칙적으로 세무조사가 허용된다(국세환급금의 결정을 위한 확인조사는 중복세무조사 예외사유 중의 하나이다).

(5) 기타의 목적

개별세법상의 질문·검사는 소송절차 또는 위법한 부과처분을 원인으로 한 손해배상소송에서 과세관청이 그 입증책임을 위하여 직무수행상 필요한 범위 내에서 행사될 수 있으나 이는 세무조사가 아니라는 견해가 있다.[10] 물론 세무조사가 될 수 없다. 그러나 손해배상소송이라면 민사소송법의 규율을 받아야 하고 과세관청이 자신의 입증책임을 다하기 위하여 상대편에게 질문·검사를 할 수는 없다.

과세관청의 조사결정에 의하여 과세표준과 세액이 확정되는 세목의 경우 과세표준과 세액을 결정하기 위하여 세무조사를 할 수도 있고(국세기본법 제81조의6 제4항), 신고납세방식의 조세에 있어 과세표준과 세액을 결정 또는 경정하기 위하여 세무조사를 할 수 있다.

경정청구를 받은 과세관청은 과세표준신고서에 기재된 과세표준 및 세액이 세법에 의하여 신고하여야 할 정당한 과세표준 및 세액을 초과하는지 여부를 조사·확인할 의무가 있으므로(대법원 2004. 8. 16. 선고 2002두9261 판결 참조), 세무조사에 나아갈 수 있다.

(6) 원칙적 종국성(일회성, 세무조사는 '한 번으로')

세무조사는 세무조사의 단위인 '특정한 조세사건(특정 세목, 과세기간)' 또는 '특정한 사실관계'의 완결적·종국적 조사(eine abschließende Überprüfung)를 목적으로 한다.

따라서 세무조사의 물적 범위, 즉 조사대상이 된 특정 세목 및 과세기간 또는 특정한 사실관계에 대한 조사 및 규명이 포괄적으로 이루어져야 할 뿐더러 동시에 완결적·종국적으로 이루어져야 한다. 조사 후 새로운 사실이 발견되더라도 원칙적으로 종결된 조세사건을 다시 열어 증액경정에 나아갈 수 없다('양도소득세 중복세무조사 사건' 참조).

과세관청은 조세채무자의 신고내용에 오류·탈루가 있는 경우 제척기간 내에서 횟수에 관

---

10) 오윤, 세법원론(2013), 360면에서, "질문조사는 세무조사와 구별된다. 세무조사는 피조사자의 특정한 세목의 조세채무액을 적정하게 산정하기 위한 조사인 데 반하여, 질문조사는 피조사자의 조세채무액과는 일응 관련이 없다 하더라도 조사하는 공무원의 세법상 업무수행에 필요한 범위 안에서 인정되는 것이다. 세무조사에 있어서는 중복세무조사가 금지되는데 질문조사에 대하여는 중복세무조사 금지의 원칙이 적용되지 않는다. 질문조사에 관한 소득세법의 규정(소득세법 제170조)은 그 권한행사의 요건으로서 '소득세에 관한 … 직무수행상 필요한 때'라고만 규정하고 있으며 조사의 종류, 목적, 시기 등에 대해 어떠한 제한도 두고 있지 않다. 이것과 더불어 위 질문조사는 신고납세제도에서 소득세를 적정하고 공평하게 부과·징수하는 것을 목적으로 하여 인정되고 있는 것이라는 점에 비추어 본다면 질문조사권의 행사가 가능한 조사는 원처분청이 행한 과세처분의 전제로서의 조사를 중핵으로 하는 것은 말할 필요가 없다. 더 나아가 위 조항의 문언상 과세처분에 대한 행정상의 불복제기 혹은 과세처분의 취소소송뿐 아니라 과세처분의 위법을 이유로 하여 제기되는 국가배상청구소송 등의 수행 등에 관해 필요한 조사도 질문조사권을 행사할 수 있는 소득세에 관한 조사의 범위에 포함되는 것으로 해석하는 것이 타당하다."라고 적고 있다.

계없이 거듭하여 경정할 수 있으나 세무조사의 종국성으로 말미암아 중복세무조사가 제한됨으로써 세액확정절차의 '구조적 불균형'은 그만큼 완화된 셈이다.

(7) '현장확인'과의 구별

과거 조사사무처리규정에서 '현장확인'을 세무조사로 보지 않았다. 그러나 현장확인(현장확인계획에 따라 현장출장하여 사실관계를 확인하는 행위)은 대부분 포괄적으로 이루어졌다. 현장출장이라 함은 현장에 이르러 조세채무자의 영업장이나 사업장으로 들어가는 것을 말하고, 사실관계를 확인하는 행위라 함은 조세채무자의 정보제공이 필요한 경우가 대부분이다. 현장확인의 구체적 태양을 따져 개별적 조사인지 아니면 포괄적 세무조사인지 여부를 판단하여야 한다('현지확인 사건' 참조).

현장확인은 부가가치세에서 주로 문제된다. 부가가치세가 조세포탈에 노출되기 쉬운 세제로서 여러 방법으로 조세포탈이 이루어지고 있는 점에 비추어 세무조사사전통지를 하는 경우 그 목적을 달성하기 어렵다. 이 경우 원칙적으로 세무조사사전통지 없이 세무조사에 나아갈 수 있다.[11]

(8) 국세환급금의 결정을 위한 확인조사

중복세무조사의 예외로 '국세환급금의 결정을 위한 확인조사'가 허용된다. 국세환급금 결정을 위한 확인조사라 함은 주로 부가가치세의 환급세액 결정을 위하여 현장에 나가 사업장의 존부 및 거래실적, 세금계산서 등 증빙서류를 확인하는 것으로, 그것이 제1차 세무조사[12]에 해당하는지 여부는 구체적 사안에서 개별적으로 판단되어야 한다.

---

11) 독일 부가가치세법 제27b조는 부가가치세의 조세포탈(국가의 조세수입 감소)을 방지하기 위하여 '부가가치세 현장확인(Umsatzsteuer−Nachschau)'이라는 제목 아래, 세무공무원은 부가가치세의 공평한 확정 및 징수를 위하여 과세에 중요한 사실의 확인이 필요한 경우 사전 고지함이 없이('세무조사 밖에서': 세무조사가 아니라는 의미) 영업시간 내에 한하여 영업소 등을 출입할 수 있고, 그 확인을 위하여 필요하면 관계인에게 장부, 문서 등의 제출을 요구하거나 정보제공을 요청할 수 있으며, 경우에 따라서는 세무조사개시결정 없이 외부세무조사로 유형전환을 할 수 있다는 취지로 규정하고 있다. 현장확인제도는 자료상이나 가공거래 등의 혐의가 있는 경우 영업소 현장을 예고없이 들어가 영업형태를 확인하고 혐의가 의심되면 관련서류 등의 제출을 명하여 이를 확인한 다음 '정식의 세무조사'로 나아갈 수 있게 한다는 점에서 부가가치세의 조세포탈에 효과적으로 대비하고 있다.

12) 중복세무조사에 대한 대응개념으로 '제1차 세무조사'라 부른다.

제
1
장

3. 세무조사권의 남용금지

(1) 세무공무원은 원칙적으로 납세자는 성실하며 납세자가 제출한 신고서 등이 진실한 것으로 추정하여야 한다(납세자의 성실성 추정, 국세기본법 제81조의3).

헌법 제27조 제4항에 의하면 "형사피고인은 유죄의 판결이 확정될 때까지는 무죄로 추정된다."고 규정하고 있음에 비추어 볼 때, 납세자의 성실성 추정은 무죄추정의 원칙처럼 헌법상의 원칙이라고 할 수 없지만 세무조사에서 가지는 상징적 의미는 가볍다고 할 수 없다.

(2) 세무조사에 있어 실체적 진실주의는 실현되어야 한다. 조세법령에 기한 올바른 과세란 '적정한 과세'를 의미한다. 그러나 '공평한 과세'와의 사이에서 조화를 이루어야 한다.

조세채권을 확보하기 위한 행정능력 내지 인적자원은 제한되어 있어 세무조사를 통하여 모든 조세사건을 규명하여 빠짐없이 세액을 확정하거나 징수한다는 것은 불가능할 뿐더러, 세무조사로 인하여 조세채무자가 향유하는 자유권적 기본권의 제한도 고려하여야 하므로, 세무조사는 성실한 신고를 유도하기 위하여 필요한 최소한의 범위 안에서 실시함으로써 비례성이 확보되어야 한다(국세기본법 제81조의4 제1항).

(3) 대법원 2016. 12. 15. 선고 2016두47659 판결('부정한 목적의 세무조사 사건').

『국세기본법은 제81조의4 제1항에서 "세무공무원은 적정하고 공평한 과세를 실현하기 위하여 필요한 최소한의 범위에서 세무조사를 하여야 하며, 다른 목적 등을 위하여 조사권을 남용해서는 아니 된다."라고 규정하고 있다(이하 '이 사건 조항'이라고 한다). 이 사건 조항은 세무조사의 적법 요건으로 객관적 필요성, 최소성, 권한 남용의 금지 등을 규정하고 있는데, 이는 법치국가원리를 조세절차법의 영역에서도 관철하기 위한 것으로서 그 자체로서 구체적인 법규적 효력을 가진다. 따라서 세무조사가 과세자료의 수집 또는 신고내용의 정확성 검증이라는 그 본연의 목적이 아니라 부정한 목적을 위하여 행하여진 것이라면 이는 세무조사에 중대한 위법사유가 있는 경우에 해당하고 이러한 세무조사에 의하여 수집된 과세자료를 기초로 한 과세처분 역시 위법하다고 보아야 한다. 세무조사가 국가의 과세권을 실현하기 위한 행정조사의 일종으로서 과세자료의 수집 또는 신고내용의 정확성 검증 등을 위하여 필요불가결하며, 종국적으로는 조세의 탈루를 막고 납세자의 성실한 신고를 담보하는 중요한 기능을 수행한다 하더라도 만약 그 남용이나 오용을 막지 못한다면 납세자의 영업활동 및 사생활의 평온이나 재산권을 침해하고 나아가 과세권의 중립성과 공공성 및 윤리성을 의심받는 결과가 발생할 것이기 때문이다.』

위 판결에 의하면 법치국가원리를 조세절차법의 영역에서도 관철하기 위하여는 세무조사가 남용되어서는 안 되고, 만약 그 남용이 있게 되면 과세권의 윤리성을 의심받게 되어 결국에는 아무도 제대로 된 납세를 하지 않게 된다는 취지이다. 나아가 세무조사의 남용이나 오용을 막지 못한다면 납세자의 헌법상의 자유권적 기본권, 즉 납세자의 영업활동 및 사생활의 평온이나 재산권을 침해하게 된다는 것이다.

　　국가로서는 실체적 진실주의의 실현도 중요하지만 무엇보다도 과세윤리나 도덕성도 엄격히 준수하여야 하고 세무조사권은 남용되어서는 안 된다. 과세자료의 수집 또는 신고내용의 적정성 검증이라는 본래의 목적이 아닌 다른 정치적·경제적·사회적 목적을 달성하기 위하여 또는 관할 세무서의 실적 제고를 위하여 또는 조사공무원의 개인적 목적 등 부정한 목적을 달성하기 위하여 편법적으로 세무조사가 이용되어서는 안 된다. 편법적 세무조사는 원칙적으로 납세자는 성실하며 납세자가 제출한 신고서 등이 진실한 것으로 추정하여야 한다는 국세기본법 제81조의3에도 정면으로 위배된다.

　　이러한 조사권 남용의 세무조사에 대하여 납세자에게만 일방적으로 협력의무의 이행을 요구할 수 없다. 세무조사 본래의 목적이 아닌 다른 목적임이 분명하게 드러나는 경우라면 세무조사 결정 자체가 무효이고 이후 이루어진 세무조사에 기한 부과처분 자체도 무효로 될 여지도 있다.

　　세무조사는 '법률적합성·과세공평성·자유권적 기본권의 존중'이라는 3각점이 상호 균형과 조화를 이루는 '적정·공평한 과세'의 실현을 그 기본원칙으로 삼아야 한다.

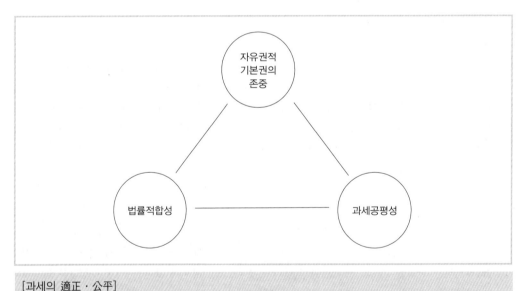

[과세의 適正·公平]

　　(4) 조사권 행사에는 '적법절차의 원칙'이 준수되어야 한다[제1장 제2절 2. 나. (2) 참조].

　　세무조사를 개시(Opening)할 때에는 납세자권리헌장의 내용이 담긴 문서를 납세자에게 내주어야 한다(국세기본법 제81조의2 제2항). 조사원증을 납세자 또는 관련인에게 제시한 후 납세자권리헌장을 교부하고 그 요지를 직접 낭독해 주어야 하며, 조사사유, 조사기간, 권리구제절차 등을 설명하여야 한다(제3항). 권리구제절차를 설명하여야 하는 것에 더욱 유의하여야 한다. 어떠한 처분이 행정처분인지를 알리면서 그 구제절차를 구체적으로 교시하여야 함을 말한다. 세무조사를 개시하는 경우 사전에 세무조사사전통지를 하여야 한다(국세기본법 제81조의7 제1항).

세무조사(조세범 처벌절차법에 따른 조세범칙조사를 포함한다)를 받는 경우에 변호사, 공인회계사, 세무사로 하여금 참여하게 하거나 의견을 진술하게 할 수 있다(국세기본법 제81조의5, 변호사 등의 조력을 받을 권리, 변호사 등의 참여권). 변호사 등은 문서로 된 대리인 선임계를 제출하여야 할 것이다.

조세범칙조사를 하기 위하여 필요한 경우에는 조세범칙행위 혐의자 또는 참고인을 심문하거나 압수 또는 수색할 수 있고(조세범 처벌절차법 제8조), 압수 또는 수색을 하는 경우 변호사, 공인회계사, 세무사를 그 혐의자의 대리인으로 참여하게 하여야 한다(조세범 처벌절차법 시행령 제7조 제3호). 세무공무원은 심문하거나 압수 또는 수색을 하였을 때에는 조서에 그 경위를 기록하여 심문을 받은 사람 또는 참여자에게 확인하게 한 후 그와 함께 서명날인을 하여야 한다(조세범 처벌절차법 제11조).

세무조사를 종결(Closing)할 때에는 조사결과를 서면으로 조사대상자에게 통지하여야 한다(세무조사결과통지, 국세기본법 제81조의12).

4. 세무조사의 실질적 개시요건

가. 정기선정조사와 수시조사

국세기본법 제81조의6 제2항(정기선정조사) 및 제3항(수시조사)

『② 세무공무원은 다음 각 호의 어느 하나에 해당하는 경우에 정기적으로 신고의 적정성을 검증하기 위하여 대상을 선정(이하 "정기선정"이라 한다)하여 세무조사를 할 수 있다. 이 경우 세무공무원은 객관적 기준에 따라 공정하게 그 대상을 선정하여야 한다.

1. 국세청장이 납세자의 신고 내용에 대하여 과세자료, 세무정보 및 주식회사의 외부감사에 관한 법률에 따른 감사의견, 외부감사 실시내용 등 회계성실도 자료 등을 고려하여 정기적으로 성실도를 분석한 결과 불성실 혐의가 있다고 인정하는 경우

2. 최근 4과세기간 이상 같은 세목의 세무조사를 받지 아니한 납세자에 대하여 업종, 규모, 경제력 집중 등을 고려하여 대통령령으로 정하는 바에 따라 신고 내용이 적정한지를 검증할 필요가 있는 경우

3. 무작위추출방식으로 표본조사를 하려는 경우

③ 세무공무원은 제2항에 따른 정기선정에 의한 조사 외에 다음 각 호의 어느 하나에 해당하는 경우에는 세무조사를 할 수 있다.

1. 납세자가 세법에서 정하는 신고, 성실신고확인서의 제출, 세금계산서 또는 계산서의 작성·교부·제출, 지급명세서의 작성·제출 등의 납세협력의무를 이행하지 아니한 경우

2. 무자료거래, 위장·가공거래 등 거래 내용이 사실과 다른 혐의가 있는 경우

3. 납세자에 대한 구체적인 탈세 제보가 있는 경우

4. 신고 내용에 탈루나 오류의 혐의를 인정할 만한 명백한 자료가 있는 경우

5. 납세자가 세무공무원에게 직무와 관련하여 금품을 제공하거나 금품제공을 알선한 경우』

나. 세무조사 개시사유의 유무

(1) 부부조사사건

대법원 2014. 6. 26. 선고 2012두911 판결

『1. 상고이유 제1점에 대하여

가. 구 국세기본법(2006. 12. 30. 법률 제8139호로 개정되기 전의 것, 이하 같다) 제81조의5 제2항은 "세무공무원은 다음 각 호의 1에 해당하는 경우에 우선적으로 세무조사대상으로 선정하여 납세자가 제출한 신고서 등의 내용에 관하여 세무조사를 할 수 있다."고 규정하면서, '납세자가 세법이 정하는 신고, 세금계산서 또는 계산서의 작성·교부·제출, 지급조서의 작성·제출 등의 납세협력의무를 이행하지 아니한 경우'(제1호), '무자료거래, 위장·가공거래 등 거래내용이 사실과 다른 혐의가 있는 경우'(제2호), '납세자에 대한 구체적인 탈세제보가 있는 경우'(제3호), '신고내용에 탈루나 오류의 혐의를 인정할 만한 명백한 자료가 있는 경우'(제4호), '국세청장이 납세자의 신고내용에 대한 성실도 분석결과 불성실혐의가 있다고 인정하는 경우'(제5호)를 우선적인 세무조사대상 선정사유로 들고 있다.

한편 구 소득세법(2006. 12. 30. 법률 제8144호로 개정되기 전의 것, 이하 같다) 제170조는 "소득세에 관한 사무에 종사하는 공무원은 그 직무수행상 필요한 때에는 다음 각 호의 1에 해당하는 자에 대하여 질문하거나 당해 장부·서류 기타 물건을 조사하거나 그 제출을 명할 수 있다."고 규정하면서 각 호로 '납세의무자 또는 납세의무가 있다고 인정되는 자'(제1호) 등을 들고 있고, 구 부가가치세법(2010. 1. 1. 법률 제9915호로 개정되기 전의 것, 이하 같다) 제35조 제1항은 "부가가치세에 관한 사무에 종사하는 공무원은 부가가치세에 관한 업무를 위하여 필요한 때에는 납세의무자, 납세의무자와 거래가 있는 자, 납세의무자가 가입한 동업조합 또는 이에 준하는 단체에 대하여 부가가치세와 관계되는 사항을 질문하거나 그 장부·서류 기타의 물건을 조사할 수 있다."고 규정하고 있다.

나. 헌법 제12조 제1항에서 규정하고 있는 적법절차의 원칙은 형사소송절차에 국한되지 아니하고 모든 국가작용 전반에 대하여 적용된다(헌법재판소 1992. 12. 24. 선고 92헌가8 전원재판부

결정, 헌법재판소 1998. 5. 28. 선고 96헌바4 전원재판부 결정 등 참조). 세무조사는 국가의 과세권을 실현하기 위한 행정조사의 일종으로서 과세자료의 수집 또는 신고내용의 정확성 검증 등을 위하여 필요불가결하며, 종국적으로는 조세의 탈루를 막고 납세자의 성실한 신고를 담보하는 중요한 기능을 수행한다. 이러한 세무공무원의 세무조사권의 행사에서도 적법절차의 원칙은 마땅히 준수되어야 한다.

그런데 개별 세법상 질문·조사권이 규정되어 있는 이외에 국세기본법은 세무조사와 관련한 별다른 규정을 두지 아니하였다가, 1996. 12. 30. 법률 제5189호로 개정되면서 납세자의 권익 향상과 세정의 선진화를 위하여 '납세자의 권리'에 관한 제7장의2를 신설하여 중복세무조사의 금지 규정(제81조의3)과 납세자의 성실성 추정 등 규정(제81조의5)을 처음으로 도입하였다. 나아가 2002. 12. 18. 법률 제6782호로 개정된 국세기본법은 세무조사의 공정성과 객관성을 확보하고, 세무조사가 과세목적 이외에 다른 목적으로 이용되거나 자의적인 세무조사권 발동으로 오·남용된다는 시비를 차단하고자 제81조의3 제1항에서 "세무공무원은 적정하고 공평한 과세의 실현을 위하여 필요한 최소한의 범위 안에서 세무조사를 행하여야 하며, 다른 목적 등을 위하여 조사권을 남용하여서는 아니 된다."는 규정을 신설하는 한편, (1) 제81조의5 제2항에서 앞서 본 각 호 사유가 있는 경우에 우선적으로 세무조사대상으로 선정할 수 있도록 함과 아울러, (2) 제81조의5 제3항에서 납세자가 일정한 과세기간 이상 세무조사를 받지 아니한 경우(제1호)나 무작위추출방식에 의하여 표본조사대상으로 선정된 경우(제2호)에 신고내용의 정확성 검증 등을 위하여 필요한 최소한의 범위 안에서 세무조사를 할 수 있도록 하되, (3) 제81조의5 제4항에서 과세관청의 조사결정에 의하여 과세표준과 세액이 확정되는 세목의 경우에는 과세표준과 세액을 결정하기 위한 세무조사를 할 수 있도록 하는 규정을 마련하였다. 한편 구 국세기본법 제3조 제1항은 "이 법은 세법에 우선하여 적용한다. 다만 세법이 이 법 제2장 제1절, 제3장 제2절·제3절 및 제5절, 제4장 제2절(조세특례제한법 제104조의7 제4항에 의한 제2차 납세의무에 한한다), 제5장 제1절·제2절 제45조의2·제6장 제51조와 제8장에 대한 특례규정을 두고 있는 경우에는 그 세법이 정하는 바에 의한다."고 규정하고 있으나, 제81조의2 내지 제81조의10이 속한 제7장의2에 관하여는 개별 세법에 특례규정을 두는 것을 예정하고 있지 아니하다.

이와 같이 세무조사대상의 기준과 선정방식에 관한 구 국세기본법 제81조의5가 도입된 배경과 취지, 구 국세기본법 제81조의5가 포함된 제7장의2에 관한 구 국세기본법과 개별 세법의 관계 등을 종합하여 보면, 구 국세기본법 제81조의5가 마련된 이후에는 개별 세법이 정한 질문·조사권은 구 국세기본법 제81조의5가 정한 요건과 한계 내에서만 허용된다고 보아야 한다. 또한 구 국세기본법 제81조의5가 정한 세무조사대상 선정사유가 없음에도 세무조사대상으로 선정하여 과세자료를 수집하고 그에 기하여 과세처분을 하는 것은 적법절차의 원칙을 어기고 구 국세기본법 제81조의5와 제81조의3 제1항을 위반한 것으로서 특별한 사정이 없는 한 그 과세처분은 위법하다고 할 것이다.

다. 같은 취지에서 구 국세기본법에서 정한 세무조사대상 선정사유에 해당하지 아니함에도 세무조사대상으로 선정하여 과세자료를 수집하고 그에 기하여 과세처분을 한 경우에 그 과세처분이 위법함을 전제로 한 원심의 판단은 정당하고, 거기에 상고이유의 주장과 같은 구 국세기본법 제81조의5가 정한 세무조사대상 선정사유와 구 소득세법 제170조, 구 부가가치세법 제35조가 정한 질문·조사권의 관계, 구 국세기본법 제81조의5를 위반한 과세처분의 효력 등에 관한 법리오해로 판결에 영향을 미친 위법이 없다.

2. 상고이유 제2점 내지 제5점에 대하여

가. 원심은 그 채택 증거를 종합하여, ① 원고의 처 소외인이 2004. 6. 10. 이 사건 부동산을 2,867,000,000원에 매수하여 취득하자, 서울지방국세청장은 소외인이 원고로부터 증여를 받아 이를 취득함으로써 증여세를 탈루하고 원고도 종합소득세와 부가가치세 등을 탈루하였을 가능성이 높다고 보아 소외인과 원고를 세무조사대상자로 선정한 다음, 2006. 9. 6. 원고에게 조사대상세목란에 '개인제세 통합조사(종합소득세, 부가가치세, 원천세 등 관련 세목 통합 조사)', 조사사유란에 '국세기본법 제81조의5 제2항'으로 기재한 세무조사사전통지서를 발송한 사실, ② 서울지방국세청 소속 세무공무원이 원고와 소외인에 대한 세무조사결과를 기초로 하여 원고의 수입금액 신고누락 부분을 수입금액에 산입하고 업무무관비용 부분을 필요경비에서 제외하는 등의 조사적출보고서를 작성한 후 이를 피고들에게 과세자료로 통보하자, 피고 반포세무서장은 2007. 8. 22. 원고에게 2002년 제1기부터 2006년 제1기까지의 부가가치세를 증액하여 경정·고지하고, 피고 강남세무서장은 2007. 8. 17. 원고에게 2002년부터 2005년 귀속분 종합소득세를 증액하여 경정·고지하였다가, 조세심판원의 결정에 따라 일정액을 감액하는 이 사건 각 처분을 한 사실 등을 인정하였다.

나아가 원심은, 이 사건 세무조사 결과 원고가 한 신고내용이 일부 사실과 다르다는 점이 밝혀진 것일 뿐 원고가 세법이 정하는 신고 등 각종 납세협력의무를 이행하지 아니하였다고 인정할 아무런 증거가 없고, 서울지방국세청장은 소외인과 관련한 세무신고자료나 전산자료에 나타난 소외인의 재산현황에 비추어 이 사건 부동산의 취득자금 출처가 불분명하다고 보았을 뿐 원고의 신고내용 자체에 탈루나 오류의 혐의를 인정할 만한 명백한 자료를 갖고 있지 아니하였으며, 피고들은 원고의 신고내용에 대한 성실도 분석을 한 결과자료를 제출하지 아니하여 원고의 신고내용에 대한 성실도 분석결과 불성실혐의가 있다고 볼 수도 없고, 원고에 대한 조사대상 세목은 종합소득세, 부가가치세 등으로서 과세관청의 조사결정에 의하여 과세표준과 세액이 확정되는 세목이 아니라는 등의 이유로, 이 사건 각 처분은 구 국세기본법에 정한 세무조사대상 선정사유가 없음에도 위법하게 개시된 세무조사를 기초로 한 것이어서 위법하다고 판단하면서, 구 국세기본법 제81조의5 제2항 제1호, 제4호, 제5호 또는 제4항에 따른 세무조사대상 선정사유가 있다는 피고들의 주장을 배척하였다.

나. 앞서 본 규정과 관련 법리 및 기록에 비추어 살펴보면 원심의 이러한 판단은 정당하고, 거기에 상고이유의 주장과 같은 채증법칙위반으로 인한 사실오인, 구 국세기본법 제81조의5 제4항에 관한 법리오해 등으로 판결에 영향을 미친 위법이 없다.』

(2) 판시내용

조사대상 세목은 종합소득세, 부가가치세 등이었다. 세무조사를 개시한 실질적 이유는 원고 처인 소외인의 재산현황에 비추어 부동산의 취득자금 출처가 불분명하다는 점에 있었을 뿐, 법 소정의 '수시조사사유'의 하나인 부가가치세 및 종합소득세의 신고내용에 탈루나 오류의 혐의를 인정할 만한 명백한 자료가 있다고 볼 증거도 없고 '정기선정조사사유'의 하나인 신고내용의 불성실 혐의에 대한 입증자료가 없다는 점을 전제로, 세무조사 개시요건을 갖추지 못하였다고 보았다.

나아가 조사대상 선정사유에 해당하지 아니함에도 조사대상으로 선정하여 과세자료를 수집하여 부과처분을 한 경우 그 처분이 위법하다고 판단하였다.

명백한 판시는 없지만 세무조사대상 선정사유에 해당하지 않음을 이유로 세무조사결정처분의 취소를 구할 수도 있는데, 그 취소를 구함이 없이, 곧바로 부과처분의 취소소송에서 이를 주장할 수 있음을 전제하고 있다.

5. 세무조사의 종류

(1) 실지조사와 사무실조사(서면조사)

2011. 12. 31. 개정 전 국세기본법 제81조의5, 12 등에서 '부과처분을 위한 실지조사'라는 용어를 사용하다가 개정 후 삭제하였다. 그러나 세무조사란 '부과처분을 위한 실지조사'를 의미함은 앞서 본 바와 같다. 그 용어가 삭제되었다 하더라도 '부과처분을 위한 실지조사'를 의미하므로, 조사장소는 원칙적으로 조사대상자의 사무실·사업장·공장 또는 주소지 등으로 한정하여야 한다. 조사장소를 조사관청의 사무실로 정하는 것은 허용되지 않는다.

(2) 정기선정조사와 수시조사

국세기본법 제81조의6 제2항(정기선정조사) 및 제3항(수시조사)에서 정하고 있는 개시사유에 따른 분류이다.

(3) 조세범칙조사

세무조사 과정에서 조세범 처벌절차법상의 조세범칙조사로 유형 전환될 수 있다. 그 조세범칙조사도 세무조사에 포함된다(국세기본법 제81조의2 제2항 제1호).

6. 세무조사절차, 조사방법 및 조사범위

가. 세무조사사전통지 및 세무조사절차

(1) 세무조사사전통지

세무조사를 개시하는 경우 납세자 또는 납세관리인에게 조사를 시작하기 15일 전에 세무조사사전통지[국세기본법 제81조의7 제1항, Prüfüngsanordnung(조사명령)]를 하여야 한다. 종전의 '세무조사결정통지'를 '세무조사사전통지'로 용어를 변경하였다.

세무조사절차의 투명성을 확보하고 납세자에게 예측가능성을 제공하기 위한 것이다. 2018. 12. 31. 개정으로 종전 10일에서 15일로 늘렸다. 문서로 해야 한다고 되어 있지 않으나 제81조의7 제4항의 문맥상 문서로 해야 한다. 제81조의2 제3항 소정의 권리구제절차에 대한 교시도 문서로 해야 한다.[13] 다만 사전통지를 하면 증거인멸 등으로 조사 목적을 달성할 수 없다고 인정되는 경우에는 그렇지 않다. 적어도 개시 당시에는 통지서가 교부되어야 한다(국세기본법 제81조의7 제4항, 2017. 12. 19. 신설).

소득세법 제170조 등에서 말하는 질문·검사의 상대방 중 조세채무자의 '거래처 또는 거래선'에 대하여는 세무조사사전통지를 할 수 없고 이러한 통지를 하여서도 안 된다.

(2) 세무조사사전통지의 행정처분성(세무조사결정처분)

대법원 2011. 3. 10. 선고 2009두23617 판결

『이와 같이 부과처분을 위한 과세관청의 질문조사권이 행해지는 세무조사결정이 있는 경우 납세의무자는 세무공무원의 과세자료 수집을 위한 질문에 대답하고 검사를 수인하여야 할 법적 의무를 부담하게 되는 점, 세무조사는 기본적으로 적정하고 공평한 과세의 실현을 위하여 필요한 최소한의 범위 안에서 행하여져야 하고, 더욱이 동일한 세목 및 과세기간에 대한 재조사는 납세자의 영업의 자유 등 권익을 심각하게 침해할 뿐만 아니라 과세관청에 의한 자의적인 세무조사의 위험마저 있으므로 조세공평의 원칙에 현저히 반하는 예외적인 경우를 제외하고는 금지될 필요가 있는 점(대법원 2010. 12. 23. 선고 2008두10461 판결 등 참조), 납세의무자로 하여금 개개의 과태료 처분에 대하여 불복하거나 조사 종료 후의 과세처분에 대하여만 다툴 수 있도록 하는 것보다는 그에 앞서 세무조사결정에 대하여 다툼으로써 분쟁을 조기에 근본적으로 해결할 수 있는 점 등을 종합하면, 세무조사결정은 납세의무자의 권리·의무에 직접 영향을 미치는 공권력의 행사에 따른 행정작용으로서 항고소송의 대상이 된다고 할 것이다.』

다음과 같은 견해가 있어 이를 인용한다.[14]

『세무조사와 관련하여 행정처분성을 거론할 수 있는 최초의 행위가 바로 세무조사결정통지라고 할 수 있다. 그 다음으로 세무조사기간 동안에 질문·조사권 등을 행사하게 되는데 이에 대하여는 국세기본법에 직접적인 규정을 두지 않고 제81조의17에서는 납세자는 세무공무원의 적법한 질문·조사, 제출명령에 대하여 성실하게 협력하여야 한다라고만 규정하고 있으며, 개별세법에서 그에 관한 직접적 규정을 두고 있다. 마지막으로 국세기본법 제81조의12에 의하여 세무조사를 마쳤을 때 그 조사결과를 서면으로 납세자에게 통지하여야 한다.

---

13) 국세기본법 제81조의8 제7항에 의하면 세무조사기간을 연장하거나 세무조사를 중지 또는 재개하는 경우에는 문서로 통지하여야 한다고 규정되어 있다.

14) 강석규, 전게서, 456면 이하(앞부분) 및 458면 이하(뒷부분)를 각 인용하였다.

위와 같은 일련의 세무조사 과정에서 항고소송의 대상으로 추출될 수 있는 것은 과세관청의 의사표시인 세무조사결정통지와 세무조사결과통지 그리고 질문조사권을 행사하는 과정에서의 권력적 사실행위 등을 들 수 있다. 세무조사결과통지에 대하여는 곧바로 이어질 부과처분에 대한 취소소송이나 과세전적부심사 청구 등을 통하여 권리구제를 받을 수 있으므로 세무조사결과통지를 항고소송의 대상으로 볼 실익은 크지는 않다. 그리고 질문검사권 행사 과정에서의 권력적 사실행위가 지속될 경우 이를 항고소송의 대상으로 포착할 여지는 있지만 현실적으로 쉽지는 않아 보인다. 그와 같은 사실행위는 종료되어 버리면 소의 이익이 없어지기 때문이다. 그래서 결국 항고소송의 대상적격으로 삼기에 가장 적합한 것이 세무조사결정통지라고 하겠다. 세무조사결정통지를 항고소송의 대상으로 볼 수 있다면 그 취소를 구하는 조세소송을 제기하면서 집행정지나 효력정지결정을 받아낼 경우 그 후속조치가 모두 중지되기 때문이다.』

『 … 행정처분성을 긍정하게 되면, 세무조사 자체를 다투는 사건이 많이 증가할 수 있어 법원에 상당한 부담이 될 수 있으며, 세금납부의 지연 등을 위해 소송을 남발할 가능성이 있다는 지적도 있을 수 있다. 그러나 처음에는 소송이 증가할 것이나 최초 세무조사결정의 경우 대체로 과세관청의 세무조사 필요성에 관한 판단이 긍정적으로 받아들여져 그 집행정지를 받을 가능성이 별로 없어 그 실효성이 없을 가능성이 많으므로 중복세무조사와 관련하여서만 실효성이 있다는 점으로 실무가 정착되어 간다면 소송은 안정되어 갈 수 있을 것이다. 실제 조세쟁송실무에서 세무조사결정 자체를 소송물로 하여 다투는 사건은 적은 편이다.

한편, 세무조사결정을 조세행정처분으로 본다면, 위 결정에 대하여도 필요적 전치주의가 적용되어 전심절차를 거쳐야 할 것인데 심사청구나 심판청구 절차에서는 국세기본법 제57조 본문에 의하여 원칙적으로 집행정지를 인정하지 않고 있어 위 결정에 대한 행정쟁송이 제기되더라도 세무조사는 속행되며 그 결과 쟁송에 대한 결정 이전에 종결되어 부과처분 등이 이루어질 수 있다. 이러한 경우에는 부과처분을 다투면 되므로 소의 이익이 없어져 항고소송의 대상이 되는 처분으로 인정할 실익은 없다고 할 수도 있다. 그러나 이러한 문제는 전심의 재결청에서 전심의 이익을 유지하기 위하여 국세기본법 제57조 단서에 따라 직권으로 그 집행정지나 효력정지결정을 함으로써 해소될 수 있을 것으로 보인다.』

(3) 세무조사사전통지서의 형식

세무조사사전통지서로 조사대상자에게 수인의무 및 협력의무가 발생하고, 세무조사결과통지로 각 의무는 종료된다.

세무조사사전통지서에는, ① 납세자 또는 납세관리인의 주소 또는 거소 ② 조사기간 ③ 조사대상 세목 및 조사이유 ④ 그 밖의 필요한 사항을 기재하여야 한다.[15]

조사대상 세목에 있어서는 세목 및 과세기간을 구체적으로 특정하여야 한다. 2021. 2.

---

15) 독일 조세기본법 제196조는 세무조사통지서(Prüfüngsanordnung)에는 조사의 대상범위를 특정하여야 할뿐더러 권리구제에 관한 교시(Rechtsbehelfsbelehrung, §356)까지 하도록 정하고 있다.

17. 개정된 시행령 제63조의6 제1항 제3호에서 조사대상의 '과세기간'도 기재하도록 하였으나 이는 확인적 규정이다.

조사이유는 정기선정조사사유나 수시조사사유 중 어느 항목에 해당하는 것인지 구체적으로 특정하여야 한다. 정기선정조사사유와 수시조사사유를 동시에 기재할 수는 없다.

일정한 사유가 있는 경우(국세기본법 81조의7 제2항, 시행령 제63조의7) 세무조사의 연기를 신청할 수 있다.

(4) 세무조사기간의 연장과 세무조사의 중지

조사대상 과세기간 중 연간 수입금액 또는 양도가액이 가장 큰 과세기간의 연간 수입금액 또는 양도가액이 100억 원 미만인 납세자에 대한 세무조사기간은 20일 이내로 한다.

세무조사 중 일정한 경우 세무조사기간을 연장할 수 있다. 연장사유로는 '납세자가 장부·서류 등을 은닉하거나 제출을 지연하거나 거부하는 등 조사를 기피하는 행위가 명백한 경우' 등 6개 사유가 있다(국세기본법 제81조의8 제1항 단서). 일정한 사유가 있는 경우 세무조사의 기간제한이나 세무조사 연장기간의 제한을 받지 아니한다(제3항 단서).

세무공무원은 납세자가 자료의 제출을 지연하는 등 대통령령으로 정하는 사유로 세무조사를 진행하기 어려운 경우에는 세무조사를 중지할 수 있다. 중지기간은 세무조사기간 및 세무조사 연장기간에 산입하지 않는다(제4항).

(5) 세무조사 범위의 확대

세무공무원은 구체적인 세금탈루 혐의가 여러 과세기간 또는 다른 세목까지 관련되는 것으로 확인되는 경우 등 대통령령으로 정하는 경우를 제외하고는 조사진행 중 세무조사의 범위를 확대할 수 없다(국세기본법 제81조의9 제1항).

(6) 통합조사

세무조사는 납세자의 사업과 관련하여 세법에 따라 신고·납부의무가 있는 세목을 통합하여 실시하는 것을 원칙으로 한다(국세기본법 제81조의11 제1항). 통합조사 세목은 '사업관련성'이 그 중요한 척도가 된다. 통합조사 여부는 앞서 본 세무조사의 원칙적 포괄성과는 개념을 달리하므로 관련이 없다. 세무조사의 포괄성은 세무조사의 단위를 전제로 하는 개념으로 그 의미하는 방향이 다르기 때문이다.

다만 통합조사의 예외로, ① 세목의 특성, 납세자의 신고 유형, 사업규모, 세금탈루 혐의 등을 고려하여 특정 세목만을 조사할 필요가 있는 경우 ② 조세채권의 확보 등을 위하여 특정 세목만을 조사할 필요가 있는 경우 ③ 그 밖에 세무조사의 효율성, 납세자의 편의 등을 고려하여 특정 세목만을 조사할 필요가 있는 경우로서 대통령령으로 정하는 경우에는 특정한 세목만을 조사할 수 있다.

나. 질문·검사의 상대방 및 조사방법

(1) 질문 및 장부의 검사·제출

과세를 위한 증거자료 중 가장 중요한 것은 장부 등 '문서'로부터 얻는 정보와 조세채무자 등 '사람'의 진술로부터 얻는 정보라 할 것이다. 즉 세무공무원으로서는 조사대상자에게 질문을 하거나 해당 장부·서류 또는 그 밖의 물건의 제시를 요구하여 이를 검사·조사하거나 그 제출을 명하는 등으로 과세자료를 획득한다.

이 경우 납세자는 세무공무원의 적법한 질문·조사, 물건의 제시요구, 제출명령에 대하여 성실하게 협력하여야 한다. 협력의무자의 관점에서 보면 질문에 대답하는 등으로 정보를 제공할 의무, 장부나 서류 및 그 밖의 물건의 제시 및 제출을 할 의무, 장부나 서류의 내용에 대하여 필요한 경우 이를 설명할 의무 등으로 나눌 수 있다.

협력행위의 요구(질문, 제시요구 및 제출명령)는 세무조사 목적상 필요하고 기대가능하며 수행가능하고 비례적이어야 한다.

(2) 세무조사의 인적 범위에 관한 실정법 규정

질문·검사 내지 질문·조사의 상대방, 즉 세무조사의 인적 범위는 개별세법에 법정되어 있다. 입법론적으로, 개별세법에 규정되어 있는 세무조사에 있는 규정을 국세기본법으로 옮겨 함께 규율함이 옳다. 소득세법 제170조를 본다.

『제170조(질문·조사)

① 소득세에 관한 사무에 종사하는 공무원은 그 직무 수행상 필요한 경우에는 다음 각 호의 어느 하나에 해당하는 자에 대하여 질문을 하거나 해당 장부·서류 또는 그 밖의 물건을 조사하거나 그 제출을 명할 수 있다. 다만, 제21조 제1항 제26호에 따른 종교인소득(제21조 제3항에 해당하는 경우를 포함한다)에 대해서는 종교단체의 장부·서류 또는 그 밖의 물건 중에서 종교인소득과 관련된 부분에 한하여 조사하거나 그 제출을 명할 수 있다.

1. 납세의무자 또는 납세의무가 있다고 인정되는 자
2. 원천징수의무자
3. 납세조합
4. 지급명세서 제출의무자
5. 제156조 및 제156조의3부터 제156조의6까지의 규정에 따른 원천징수의무자
6. 국세기본법 제82조에 따른 납세관리인
7. 제1호에서 규정하는 자와 거래가 있다고 인정되는 자
8. 납세의무자가 조직한 동업조합과 이에 준하는 단체
9. 기부금영수증을 발급하는 자

② 제1항을 적용하는 경우 소득세에 관한 사무에 종사하는 공무원은 직무상 필요한 범위 외에

다른 목적 등을 위하여 그 권한을 남용해서는 아니 된다.(신설 2018. 12. 31.)』

여기서 '납세의무자'라 함은 확정신고서를 제출하여 납세의무가 확정된 자 또는 추상적으로 그 조세채무가 성립된 자를 말하고, '납세의무가 있다고 인정되는 자'란 추상적 납세의무가 성립하였을 것으로 객관적 관점에서 합리적으로 추정되는 자를 뜻한다.

납세의무자 또는 납세의무가 있다고 인정되는 자와 거래가 있다고 인정되는 자란 거래처 또는 거래선(과세대상의 크기 또는 과세표준의 형성에 영향을 미치는 법률관계를 맺은 상대방인 사람)을 말한다. 이러한 거래선 등 제3자도 세무조사의 인적 범위에 포함되고(반면조사라 부르기도 한다) 장부 등의 제시의무는 물론 제출의무까지 있다는 점에 유의하여야 한다. 그러나 이러한 제3자에 대하여는 세무조사사전통지는 필요없다 할 것이다. 거래선이 금융기관인 경우는 뒤에서 본다. 이러한 제3자에 대한 질문·검사는 납세의무자에 대한 질문·검사만으로 부족한 경우 보충적으로 행사되어야 한다(제3자에 대한 질문·검사의 보충성).

나아가 구체적으로 질문에 응하거나 문서의 제시 또는 제출명령을 받는 사람은 조세채무자나 그로부터 위임을 받아 조사에 임하는 직원 또는 종업원 등이다.

(3) 구체적으로 협력행위를 요구하는 행위는 공권력의 행사를 내용으로 하는 사실행위라는 견해도 있으나 조세채무자로 하여금 어떤 행위를 요구하는 행정행위라고 볼 여지도 있다. 처분성 인정 여부는 구제수단과 직결된다.

(4) 질문

질문이라 함은 조사대상자를 직접 접촉하면서 그와 면담(interview)을 하고 궁금한 점이나 의문이 드는 사항에 대하여 문답의 형식으로 물어보아 그로부터 대답을 받아냄으로써 과세정보를 획득하는 활동이다. 질문 및 대답을 통하여 장부가 말하지 아니하는 영역에서의 조세탈루의 단서를 발견할 수 있고, 이를 정보화하여 과세자료로 삼기 위한 것이다. 질문이나 면담이야말로 조사공무원에게 주어진 최상의 조사기법 중의 하나이다.

한편 조사대상자는 조사공무원의 질문에 성실히 대답함으로써 세무공무원에게 정보를 제공할 의무가 있음은 앞서 본 바와 같다(협력의무). 그 면담과정에서 대리인(변호사, 공인회계사, 세무사)의 도움을 받을 수 있다. 대리인은 위임장을 작성하여 조사공무원에게 제시하여야 하고 세무공무원은 조사대상자가 대리인의 도움을 받는 것을 보장하여야 한다(변호사 등의 조력을 받을 권리).

대리인은 조사에 참여하거나 의견을 진술할 수 있을 뿐이므로 조사대상자의 출석없이 그를 대신하여 질문이나 면담에 응할 수 없다. 대리인이 있다 하더라도 면담과정에 조사대상자가 참여하는 것은 필수적이다. 조사공무원은 대리인이 선임되어 있는 이상 대리인이 자신의 권한을 행사할 수 있는 기회를 반드시 보장하여야 한다. 대리인은 경우에 따라서는 조사대상

제
1
장

자를 대신하여 장부 및 그 부속서류에 관한 설명을 할 수 있다.

면담과정에서 얻어진 자료를 증거자료화하고 세무조사의 투명성을 확보하기 위하여 그 과정을 녹취하는 등의 방법(Audio Recordings)으로 이를 기록하는 것이 바람직하다.[16] 질문이나 면담내용을 객관적으로 입증할 자료로 만드는 것이 중요하다. 입법론상 녹취 등은 상대방에게 고지하고 그 동의를 얻는 경우 허용되어야 하고, 녹취물 등 증거자료는 요청이 있는 경우 그 사본을 상대방에게 교부하여야 한다.[17]

(5) 제시요구 및 제출명령

장부, 서류 그 밖의 물건의 검사·조사(examine)라 함은 이를 제시받아 그 존재 및 내용을 육안으로 인식하여 그 신뢰성을 검증하는 작업이다. 세무조사는 특히 '장부조사'라고 하여도 과언이 아니다. 따라서 조사대상자는 그 제시요구를 받으면 즉시 장부(books), 장부의 부속서류(recordings) 그 밖의 물건 등(papers 등)을 세무공무원에게 제시하여 그 신뢰성을 검증할 수 있는 기회를 제공하여야 한다(협력의무).

금융거래정보를 담고 있는 예금통장 등은 여기서 말하는 제시나 제출의 대상이 되는 서류 그 밖의 물건에 해당되지 않는다. 면담결과 및 장부 등의 내용을 종합할 때 그 신뢰성이 확보되면 과세표준의 조사와 결정은 그 장부와 이에 관계되는 증거자료에 의하여야 한다(국세기본법 제16조 제1항).

컴퓨터 등에 저장된 전자적 기록물(장부 등을 대신하여 작성보관되고 있는 전자적 기록물)도 검사·조사의 대상이 되므로 조사대상자는 세무공무원으로 하여금 이러한 기록물에 접근할 수 있도록 해야 한다. 입법론적으로 전자적 기록물에 대한 제시요구나 제출요구의 범위 및 정도, 이에 응하여 제시나 제출하는 경우 그 구체적 방법, 유치 및 반환의무의 내용에 대한 상세한 규정이 필요하다.

한편 제출명령이라 함은 장부, 서류 그 밖의 물건의 점유를 조사주체에게로 옮기는 것(유치)을 전제하는 것이다. 조사주체가 이를 유치함에는 국세기본법 제81조의10의 제한(일시보관의무, 사본보관의무)이 있다.

세무공무원은 세무조사를 하기 위하여 필요한 최소한의 범위에서 장부 등의 제출을 요구

---

16) 이태로·한만수, 전게서, 179면에서, "세무공무원이 질문조사권의 행사를 위해 납세자를 직접 접촉할 필요성이 크면 클수록 이는 세무행정의 병인이 있음을 반영하는 것이다."라고 적고 있다. 그렇다고 세무조사의 본질적 방법인 질문(면담)과정을 경시할 수 없으므로 이와 같은 병인이 발생하지 않도록 예방하는 것이 급선무이고 따라서 녹취제도가 그 한 방법이라 할 것이다.

17) 조선일보 2013. 4. 26. 기사에서, "세무비리가 끊이지 않는 것은 세무조사 때 추징세액을 산출하는 과정에서 세무공무원들에게 지나치게 많은 권한이 주어지기 때문이라는 지적이 있다. 한 사정기관 관계자는 '경찰 수사는 조서 등 관련 기록을 남겨 객관적인 혐의를 입증하는 반면, 세무조사는 탈세한 금액을 산출하는 과정이 근거로 남지 않은 채 기업체의 사인이 담긴 확인서 한 장으로 추징 세액을 결정한다'며 '세무공무원의 임의 재량권이 그만큼 많이 작용할 가능성이 있다'고 말했다."고 보도하고 있다.

하여야 하며 조사대상 세목 및 과세기간의 과세표준과 세액의 계산과 관련 없는 장부 등의 제출을 요구해서는 안 된다(국세기본법 제81조의4 제3항, 2017. 12. 19. 신설). 장부 등의 제출에 한하여 규정하고 있으나 장부 등의 제시에도 그 적용이 있다 할 것이다.

(6) 질문 등 및 장부의 조사 거부

질문 등 및 장부의 조사 거부 등에 대한 처벌 규정은 없다.[18] 다만 이러한 처벌규정이 있다 하더라도 이는 헌법상의 묵비권에 관한 규정에 위배되는 것으로 볼 수 없다.[19]

조사대상자 등의 협조를 받을 수 없는 경우 부득이 제3자가 보관하고 있는 자료를 참고하거나 참고인의 진술을 확보할 필요가 있다. 어떠한 절차로 이러한 자료를 수집할 수 있는지, 이에 대한 사법적 통제를 어떻게 할 것인지, 불응한 경우 어떠한 절차를 밟을 것인지, 어떠한 경우 그 거부권이 있는지 등에 대한 구체적 규정이 없다. 이를 정비하는 것이 급선무다.[20]

(7) 비밀유지의무

세무공무원은 납세자가 세법에서 정한 납세의무를 이행하기 위하여 제출한 자료나 국세의 부과·징수를 위하여 업무상 취득한 자료 등(과세정보)을 타인에게 제공 또는 누설하거나 목적 외의 용도로 사용해서는 안 되나, 다만 일정한 경우 그 사용목적에 맞는 범위내에서 납세자의 과세정보를 제공할 수 있다(국세기본법 제81조의13).

(8) 납세의무자(또는 납세의무가 있다고 인정되는 자)의 거래선이 금융기관인 경우
과세자료의 제출 및 관리에 관한 법률 제6조

『① 국세청장(지방국세청장을 포함한다. 이하 이 조에서 같다)은 명백한 조세탈루(租稅脫漏) 혐의를 확인하기 위하여 필요한 경우로서 금융거래 관련 정보나 자료(이하 "금융거래정보"라 한다)에 의하지 아니하고는 조세탈루 사실을 확인할 수 없다고 인정되면 다른 법률의 규정에도 불구하고 금융실명거래 및 비밀보장에 관한 법률 제2조 제1호에 따른 금융회사 등의 장에게 조세탈루의 혐의가 있다고 인정되는 자(법인을 포함한다)의 금융거래정보의 제출을 요구할 수 있다. 이 경우 그 목

---

18) 일본 국세통칙법 제127조 2호 및 제3호에 의하면 당해 직원의 질문에 대하여 답변하지 않거나 허위의 답변을 하거나 또는 검사를 거부하고 방해하거나 기피한 자 및 물건의 제시 또는 제출의 요구에 대하여 정당한 이유없이 응하지 않거나 허위 기재 또는 허위 기록된 것을 제시하거나 제출한 자에 대하여는 조사방해범으로 형벌을 가할 수 있음을 정하고 있다.

19) 이태로·한만수, 전게서, 183면 참조.

20) 미국에는 여러 형태의 행정소환장(Administrative Summons) 제도가 있고 이는 법정에서의 증인소환장과 비슷한 것으로 보인다. 즉 ① Taxpayer summons, ② Third-party summoms, ③ Third-party record keeper summoms, ④ John Doe summons, ⑤ Designated summons, ⑥ Church summons 등이 있고 이에 대한 사법적 통제수단이 규정되어 있다.; 오윤, 전게서, 264면에서 "UBS 사건에서 미국 정부는 미국 법원의 John Doe 소환장이 실질적으로 작동하게 하기 위해 스위스 정부와 정보제공에 관한 합의를 이루고 다시 UBS 은행과 합의를 함으로써 역외은행에 비밀계좌를 가지고 있는 미국인은 더 이상 해당 자산이나 소득을 은폐할 수 없게 되는 좋은 사례를 만들게 되었다."라고 적고 있다.

적에 필요한 최소한의 범위에서 금융거래정보의 제출을 요구하여야 한다.

　② 제1항에 따라 금융거래정보의 제출을 요구받은 금융회사 등의 장은 지체 없이 그 요구받은 자료를 국세청장에게 제출하여야 한다.

　③ 국세청장이 제1항에 따라 금융거래정보의 제출을 요구할 때에는 다음 각 호의 사항을 적은 문서에 의하여야 한다.

　1. 거래자의 인적사항

　2. 사용목적

　3. 요구하는 금융거래정보의 내용』

금융거래정보는 원칙적으로 세무조사에 이용될 수 없다. 금융기관과 그 거래선(고객)의 상호 신뢰관계를 보호하기 위한 것이다. 다만 명백한 조세탈루 혐의를 확인하기 위하여 필요한 경우로서 금융거래정보에 의하지 아니하고는 조세탈루 사실을 확인할 수 없다고 인정될 경우 예외적으로 이를 이용할 수 있다.

다만 세무서장 등은 금융실명거래 및 비밀보장에 관한 법률 제4조 제4항에 불구하고 소득세법 제164조 및 법인세법 제120조에 따라 제출받은 이자소득 또는 배당소득에 대한 '지급명세서'를 상속·증여 재산의 확인, 조세탈루의 혐의를 인정할 만한 명백한 자료의 확인, 조세특례제한법 제100조의3에 따른 근로장려금 신청자격의 확인 등을 위하여 이용할 수 있다(국세기본법 제85조의2).

여기서 금융실명법 제4조 제1항 제2호에 따라 소관 관서의 장이 하는 금융거래정보 제공 요구가 국세기본법 등에 의한 세무조사에 해당한다고 할 수 없다는 대법원 2017. 10. 26. 선고 2017두42255 판결을 본다.

『1. 상고이유 제2점에 대하여

가. (1) 국세기본법은 제7장의2에서 '납세자의 권리'라는 제목 아래 세무공무원의 세무조사 권한 행사에 관한 방법, 절차, 한계 등을 규정하고 있는데, 제81조의2 제2항 제1호는 '세무조사'의 개념에 관하여 '국세의 과세표준과 세액을 결정 또는 경정하기 위하여 질문을 하거나 해당 장부·서류 또는 그 밖의 물건을 검사·조사하거나 그 제출을 명하는 경우(조세범 처벌절차법에 따른 조세범칙조사를 포함)'로 규정하고 있고, 구 소득세법(2015. 12. 15. 법률 제13558호로 개정되기 전의 것) 제170조에서도 같은 취지의 질문·조사 권한을 담당 공무원에게 부여하고 있다.

위와 같은 세무조사는 국가의 과세권을 실현하기 위한 행정조사의 일종으로서 국세의 과세표준과 세액을 결정 또는 경정하기 위하여 질문을 하고 장부·서류 그 밖의 물건을 검사·조사하거나 그 제출을 명하는 일체의 행위를 말하며, 부과처분을 위한 과세관청의 질문조사권이 행하여지는 세무조사의 경우 납세자 또는 그 납세자와 거래가 있다고 인정되는 자 등(이하 '납세자 등'이라 한다)은 세무공무원의 과세자료 수집을 위한 질문에 대답하고 검사를 수인하여야 할 법적 의무를 부담한다. 그렇지만 납세자 등이 대답하거나 수인할 의무가 없고 납세자의 영업의 자유 등을 침해하거나 세무조사권이 남용될 염려가 없는 조사행위는 원칙적으로 국세기본법 제7장의2 내의 각 규정이 적용되는 '세무조사'에 해당한다고 볼 것은 아니다. 결국 세무공무원의 조사행위가 이러한 '세무조사'에 해당하는지의 여부는 조사의 목적과 실시경위, 질문조사의 대상과 방법 및 내용, 조사를 통하여 획득한 자료, 조사행위의 규모와 기간 등을 종합적으로 고려하여 구체적 사안에서 개별적으로 판단할 수밖에 없다(대법원 2017. 3. 16. 선고 2014두8360 판결 참조).

(2) 한편 금융실명거래 및 비밀보장에 관한 법률(이하 '금융실명법'이라 한다) 제4조 제1항 제2호는 소관 관서의 장이 금융회사 등에 조세탈루의 혐의를 인정할 만한 명백한 자료의 확인 등의 사유로 조세에 관한 법률에 따른 질문·조사를 위하여 필요로 하는 거래정보 등의 제공을 요구할 수 있도록 규정하고 있다.

나. 원심은 제1심판결을 인용하는 등의 판시와 같은 이유를 들어 다음과 같은 취지로 판단하였다.

(1) 원고는 2013. 9. 27. 원심 판시 부동산(이하 '이 사건 부동산'이라 한다)을 양도한 다음, 2013. 11. 20. 이 사건 부동산이 주택임을 전제로 1세대 1주택에 따른 비과세 및 장기보유특별공제율을 적용하여 산출한 양도소득세를 신고·납부하였다.

(2) 피고는 2014. 9. 25. 원고에게 위 부동산의 양도와 관련한 세무조사를 실시하겠다고 사전통지를 하는 한편, 2014. 9. 30.부터 2014. 10. 15.까지 3회에 걸쳐 국민은행을 비롯한 은행들의 개별 지점 등을 각 수신처로 하여 금융거래정보 제공요구(이하 '이 사건 금융거래정보 제공요구'라 한다)를 하였는데, 각 금융거래정보 제공요구서에 요구의 법적 근거로 '금융실명법 제4조 제1항 제2호' 등을, 사용목적으로 '상속세 조사'를 기재하였다. 그에 따라 피고는 위 은행 등으로부터 개별 지점의 금융계좌와 관련된 원고의 거래내역 등 금융정보를 제공받았다.

(3) 피고는 2014. 10. 10.부터 원고의 양도소득세에 관한 세무조사를 개시하였고, 원고의 요청에 따라 중지 기간을 거쳐 2014. 12. 15. 세무조사를 완료하였다.

(4) 피고는 2015. 1. 2. 이 사건 부동산이 주택이 아니라 상가에 해당한다는 이유로, 이 사건 부동산의 양도가액 중 9억 원 부분에 대한 양도차익을 과세표준에 포함시키고 장기보유특별공제율을 달리 적용하여 2013년 귀속 양도소득세(부당과소신고가산세 포함)를 부과하는 이 사건 처분을 하였다.

(5) 국세기본법 등에 의한 '세무조사'는 질문·조사권의 행사로서 상대방이 '납세의무자나 관계인'인 반면, 금융실명법에 따른 '금융거래정보 제공요구'는 그 상대방이 납세의무자나 관계인이 아니라 '금융회사 등'이다. 금융회사 등에 대한 금융거래정보 제공요구는 납세의무자나 그 관계인에게 질문을 하거나 그 보유 장부 등을 검사·조사 또는 그 제출을 명하는 것에 해당하지 아니하고, 납세의무자에게 수인의무를 부과하거나 납세의무자의 영업의 자유 등을 침해하는 것도 아니어서, 그 실질을 납세의무자 등에 대한 자료 제출 요구와 동일하게 볼 수 없다. 이러한 사정 등에 의하면, 금융실명법 제4조 제1항 제2호에 따라 소관 관서의 장이 하는 금융거래정보 제공요구가 국세기본법 등에 의한 세무조사에 해당한다고 할 수 없다.

(6) 결국 피고의 이 사건 금융거래정보 제공요구가 국세기본법 제81조의7 제1항(세무조사의 사전통지), 제81조의8(세무조사 기간), 제81조의9(세무조사 범위 확대의 제한)의 각 규정이 적용되

는 세무조사에 해당한다는 취지의 원고 주장은 이유 없다.

　　다. 원심판결 이유를 적법하게 채택된 증거들에 비추어 살펴보면, 위와 같은 원심의 판단은 앞에서 본 규정과 법리에 기초한 것으로 보이고, 거기에 상고이유 주장과 같이 국세기본법 제81조의7 등이 적용되는 세무조사의 범위 및 그 해당 여부의 판단에 관한 법리를 오해하는 등의 위법이 없다.』

판례요지는 다음과 같다.

첫째, 금융기관은 질문·조사권의 행사 상대방인 '납세의무자나 관계인'에 해당하지 않는다는 것이다. 즉 국세기본법 등에 의한 '세무조사'는 질문·조사권의 행사로서 그 상대방이 '납세의무자나 관계인'인 반면, 금융실명법에 따른 '금융거래정보 제공요구'는 그 상대방이 납세의무자나 관계인이 아니라 '금융회사 등'이라는 것이다.

둘째, 금융회사 등에 대한 금융거래정보 제공요구는 실질에 있어 납세의무자 등에 대한 자료 제출 요구와 동일하게 볼 수 없다는 것이다. 즉 납세의무자나 그 관계인에게 질문을 하거나 그 보유 장부 등을 검사·조사 또는 그 제출을 명하는 것에 해당하지 아니하고, 납세의무자에게 수인의무를 부과하거나 납세의무자의 영업의 자유 등을 침해하는 것도 아니어서, 그 실질을 납세의무자 등에 대한 자료 제출 요구와 동일하게 볼 수 없다. 이러한 사정 등에 의하면, 금융실명법에 따라 소관 관서의 장이 하는 금융거래정보 제공요구가 국세기본법 등에 의한 포괄적 세무조사에 해당한다고 할 수 없다.

결론적으로, 금융실명법 제4조 제1항 제2호에 따라 소관 관서의 장이 하는 금융거래정보 제공요구가 국세기본법 등에 의한 포괄적 세무조사에 해당한다고 할 수 없으나 개별적 조사에는 해당한다 할 것이다.

다. 조사범위

(1) 세무조사가 국세의 과세표준과 세액을 결정하거나 경정하기 위한 것인 이상 세무공무원은 어디까지 조사를 하여 어떠한 결론을 내려야 하는지 문제된다.

즉 세무조사과정에서 감액항목과 증액항목 등을 동시에 적출하였거나 증액항목만을 적출하였는데 조세채무자가 감액요소를 주장하면서 그 상응한 자료를 제시할 때, ① 세무공무원은 증액항목과 감액항목을 모두 조사한 다음 이를 고려하여 세액을 결정하거나 경정하여야 하는지 여부, ② 감액항목은 통상의 경정청구를 통하여 구제받아야 한다면서 그 반영을 거부할 수 있는지 여부, ③ 이를 조사할지 또는 고려할지 여부는 조사공무원의 자유재량인지가 문제된다.

(2) 조사공무원은 조세채무자에게 불리하든 유리하든 과세표준 및 세액의 산정에 필요한 모든 사정을 조사할 의무가 있다. 통상의 경정청구기간이 5년으로 연장된 이상 원칙적으로 제

척기간도 동일하므로 조세채무자에게 유리한 감액항목도 조사하여야 한다. 조세채무자에게 유리한 자료가 현출되었음에도 그로 하여금 국세기본법 제45조의2 제1항의 통상의 경정청구를 통하여 구제받으라고 하면서 그 조사를 거부하거나 이를 방치하여서는 안 된다.[21]

이 경우 조사대상자나 대리인(변호사, 공인회계사, 세무사 등)은 조사공무원에게 조사대상자에게 유리한 법률적·사실적 쟁점에 관한 자료를 제출하면서 이를 적극적으로 주장하여 조사결과에 반영될 수 있도록 하여야 한다.[22]

나아가 매출누락을 적출하여 증액경정하는 경우 그 매출누락과 직접적 대응관계에 있는 매출원가도 조사하여 고려하여야 할 것이다.

(3) 여기서 조사공무원으로서는 국세기본법 제22조의3이 "과세관청으로서는 증액항목만 찾아내어 증액경정만을 할 수 있는 것이 아니라 감액항목도 찾아내어 이를 고려하여 증액경정의 범위를 정할 수 있도록 하되, 다만 증액경정을 기회 삼아 조세채무자가 종전의 지위보다 더 좋은 위치를 점할 수는 없으므로 확정된 세액 이하로는 고려될 수 없다는 취지의, 국가의 증액경정을 제한하는 기능도 아울러 가진다."는 점에 유의하여야 한다[제1장 제7절 6. 다. (3) 참조]. 조사공무원은 적어도 국세기본법 제22조의3의 기능을 숙지하여야 한다.

7. 세무조사의 종결

가. 세무조사결과통지

(1) 세무조사결과통지

세무조사를 마친 경우[23] '조사를 마친 날'부터 원칙적으로 20일 이내에 조사결과를 설명하고 서면으로 조사대상자에게 통지하여야 한다(국세기본법 제81조의12 제1항). 이는 '조사결과 설명의무' 및 '세무조사결과통지'로 구성된다. 다만 납세관리인을 정하지 아니하고 국내에 주

---

21) 대법원 2009. 5. 14. 선고 2006두17390 판결의 제1심에서 과세관청이 비슷한 취지의 주장을 하였다.

22) 독일 조세기본법 제199조(조사원칙) 제1항에서, "조사자는 조세채무 및 과세표준의 산정에 기초가 되는 사실적, 법률적 사정에 대하여, 조세채무자에게 불리한 사정은 물론 유리한 사정도 조사하여야 한다.", 제2항에서, "조세채무자에게, 조사기간 동안 확인된 사실 및 그 조세적 효과 등에 대하여, 조사목적 등이 침해되지 아니하는 한, 고지되어야 한다."라고 각 정하고 있다.

23) 독일 조세기본법 제201조는 세무조사 결과물에 대하여 협의하는 청문절차(Schlussbesprechung)를 거치도록 정하고 있다. 나아가 제202조에서 청문절차에 터잡아 사실적 및 법률적 관점에서 보아 조세적으로 중요한 확인사항이 결과보고서(Prüfungsbericht)에 담겨야 하고, 결과보고서는 신청이 있으면 조세채무자에게 송부되어야 한다고 정하고 있다. 미국 Treas. Reg. §601.105(b)(4)는 세무조사가 종결된 경우 조사관은 조세채무자 또는 그 대리인에게 그 조사결과에 대한 동의 여부를 답할 수 있는 기회, 즉 종결협의(소위 exit conference)를 하도록 정하고 있다.

소 또는 거소를 두지 아니한 경우 등 대통령령으로 정하는 경우에는 그러하지 아니하다.

제81조의12 제1항에서 '세무조사를 마쳤을 때'라고 규정하고 있으나 여기서 말하는 세무조사는 협의의 그것을 말한다. 광의의 세무조사절차는 협의의 세무조사절차에다 뒤에서 보는 세무조사의 출구절차를 포함한 것으로 이해하여야 한다. 즉 세무조사결과통지는 광의의 세무조사절차에 포함된다(광의의 세무조사절차 = 협의의 세무조사절차 + 출구절차). 광의의 세무조사절차가 종료되면 그때 '조세사건 종결의 효력'으로 중복세무조사 금지의 원칙이 적용된다.

세무조사결과통지의 특칙인 제81조의12 제2항 및 제3항(2019. 12. 31. 신설)

『② 제1항에도 불구하고 세무공무원은 다음 각 호의 어느 하나에 해당하는 사유로 제1항에 따른 기간 이내에 조사결과를 통지할 수 없는 부분이 있는 경우에는 납세자가 동의하는 경우에 한정하여 조사결과를 통지할 수 없는 부분을 제외한 조사결과를 납세자에게 설명하고, 이를 서면으로 통지할 수 있다.

1. 국제조세조정에 관한 법률 및 조세조약에 따른 국외자료의 수집·제출 또는 상호합의절차 개시에 따라 외국 과세기관과의 협의가 진행 중인 경우

2. 해당 세무조사와 관련하여 세법의 해석 또는 사실관계 확정을 위하여 기획재정부장관 또는 국세청장에 대한 질의 절차가 진행 중인 경우

③ 상호합의절차 종료, 세법의 해석 또는 사실관계 확정을 위한 질의에 대한 회신 등 제2항 각 호에 해당하는 사유가 해소된 때에는 그 사유가 해소된 날부터 20일(제11조 제1항 각 호의 어느 하나에 해당하는 경우에는 40일) 이내에 제2항에 따라 통지한 부분 외에 대한 조사결과를 납세자에게 설명하고, 이를 서면으로 통지하여야 한다.』

상호합의절차의 진행, 세법의 해석 또는 사실관계 확정을 위한 질의 절차가 진행 중일 경우로서 20일 이내에 세무조사결과통지를 할 수 없는 경우, 납세자가 동의하는 경우에 한정하여 조사결과를 통지할 수 없는 부분을 제외한 조사결과를 통지할 수 있고, 이후 상호합의절차 종료, 질의에 대한 회신 등으로 사유가 해소되면 그 해소한 날부터 20일 이내에 다시 추가로 결과통지를 할 수 있도록 정하고 있다. 일정한 경우 결과통지를 분할하여 할 수 있도록 조치한 것이다.

(2) 세무조사결과통지서의 기재사항

세무조사결과통지서에는 '세무조사의 내용, 결정 또는 경정할 과세표준, 세액 및 산출근거, 그 밖에 대통령령으로 정하는 사항' 등을 담아야 한다.

시행령 제63조의13 제1항에서 정하는 사항(2018. 2. 13. 신설)은 다음과 같았다.

세무조사 대상 세목 및 과세기간(제1호), 과세표준 및 세액을 결정 또는 경정하는 경우 그 사유(제2호), 관할 세무서장이 해당 국세의 과세표준과 세액을 결정 또는 경정하여 통지하기

전까지 법 제45조에 따른 수정신고가 가능하다는 사실(제3호), 법 제81조의15에 따른 과세전 적부심사를 청구할 수 있다는 사실(제4호) 등이었다.

그런데 2021. 2. 17. 위 시행령 규정이 개정 또는 신설(시행일: 2021. 4. 1.)되었다. 즉 "과세표준 및 세액을 결정 또는 경정하는 경우 그 사유(근거 법령 및 조항, 과세표준 및 세액 계산의 기초가 되는 구체적 사실관계 등을 포함한다. 제2호)"로 개정되고, '가산세의 종류, 금액 및 그 산출근거(제2의2호)'가 신설되었다.

(3) 세무조사의 출구절차

세무조사결과통지는 세무조사 종결 이후에 이루어지는 별개의 독립절차가 아니라 광의의 세무조사절차의 일환으로 이루어지는 출구절차이다.

이러한 출구절차(협의절차)는 3개의 절차, 즉 세무조사결과통지 및 과세전 적부심사(청문절차)를 거쳐 최종적으로 부과처분이 단계적으로 이루어진다.

세무조사결과통지는 과세관청으로 하여금 조사결과 및 내용을 서면에 담아 통지하도록 함으로써 조사결과에 대한 설명책임을 강화하고 그리하여 납세자의 알 권리 및 방어권을 보장함과 동시에, 세무조사 및 이에 수반하는 부과처분에 대한 납세자의 신뢰를 확보하여 주기 위한 당사자 간의 의사소통을 위한 협의절차이다.

조사과정에서 나타난 법적 내지 사실관계의 각 쟁점에 관한 과세관청의 공적인 견해(세법의 해석 또는 사실관계 확정에 관하여 의문이 있는 경우 기획재정부장관 또는 국세청장에 대한 질의 절차를 밟아 이를 명확히 한 다음 이를 공적인 견해로서 표명하여야 한다)를 담아 명시적으로 밝힘으로써, 조사대상자가 이후의 과세기간에 대한 과세표준신고를 함에 있어 그 견해를 따르도록 하는 등 과세자료 처리지침을 제공하는 나침반이 되도록 하여야 한다.

따라서 세무조사결과통지는 그 중요성에 비추어 통지에 담아야 하는 내용 등을 엄격히 준수하여야 한다. 조사결과 결정 또는 경정하여야 할 과세표준 및 세액이 전혀 없더라도 그러한 취지를 담은 결과통지를 하여야 한다. 광의의 세무조사절차를 종료시켜 조세사건 종결의 효력(중복세무조사 금지)이 발생하도록 하여야 하기 때문이다. 과세표준 및 세액이 전혀 없다는 이유로 결과통지를 하지 않거나 그 내용이 불충분할 경우 과세관청으로서는 장래 신의칙에 기한 불이익을 받을 여지가 있다.

세액을 경정하는 경우 경정사유 및 산출근거를 기재하여야 하는바 증액경정사유와 감액경정사유가 혼재하여 상계를 하여야 하는 경우라 하더라도 각 사유를 기재하여야 하고 단지 상계한 후의 결과만을 기재하여서는 안 된다. 조사공무원의 명의가 아닌 세무서장 등 과세관청의 명의로 통지되어야 한다.

2021. 2. 17. 개정된 시행령 제63조의13 제1항 제2호에 의하면 과세표준 및 세액을 결정 또는 경정하는 경우 그 사유, 즉 근거 법령 및 조항, 과세표준 및 세액 계산의 기초가 되는 구

체적 사실관계 등이 결과통지서에 포함되어야 한다고 규정되어 있는바, 조사공무원으로서는 경정사유는 물론 사실적 및 법률적 관점에서 보아 조세적으로 중요한 확인사항(쟁점이 된 사항)도 일종의 경정사유로 보아 구체적으로 이를 담아 설명하고 통지함으로써 납세자를 설득하여야 한다. 쟁점사항에 관한 판단이 이후의 과세기간에도 계속 적용될 것이라면 과세관청은 조세채무자에게 공적인 견해의 표시나 확약을 할 의무도 있다.

세무조사결과통지에 기재된 사항은 공적인 견해의 표시로서 이후 이와 다른 결정이나 경정이 이루어진다면 신의칙 위반 문제가 발생한다.

세무조사결과통지는 조사대상자로 하여금 조사결과의 적법성에 대하여 과세전 적부심사를 할 것인지 여부를 판단하게 하고, 장차 있게 될 부과처분에 대비할 수 있도록 하며, 중복세무조사 해당 여부를 판단하는 자료로 활용된다. 그런 의미에서 세무조사결과통지에 담아야 할 구체적 내용을 대통령령(2018. 2. 13. 신설)으로 정하게 하고 있다. 세무조사결과통지서 기재내용의 충실이야말로 세무조사의 남용을 방지하고 절차의 정당성을 담보할 수 있는 지름길이다.

(4) 출구절차와 수정신고의 권장

세무조사결과통지서에는 '관할세무서장이 해당 국세의 과세표준과 세액을 결정 또는 경정하여 통지하기 전까지 제45조에 따른 수정신고가 가능하다는 사실'도 담도록 되어 있다. 본래 수정신고는 언제든지 가능하다. 그런데 이 규정을 세무조사결과통지와 관련하여 둔 취지는 무엇인가?

과거 세무조사의 관행상 세무조사를 마쳤을 경우 조사공무원에 의하여 수정신고가 권장되거나 종용되기도 하였다(제3장 제1절 6. 참조). 이러한 권장 또는 종용에는 병리적 현상(강요, 강박, 착오 등의 수반)이 따를 여지가 있었다. 세무조사의 결과 결정 또는 경정할 과세표준 및 세액이 인정될 경우 과세관청은 원칙적으로 부과처분으로서 세무조사를 종결하여야 하고, 수정신고를 하는 것이 납세자의 이익이 된다는 특별한 사정이 없는 한, 안이하게 수정신고를 권장하거나 종용할 수는 없다.

따라서 위 규정은 조사공무원이 납세자에게 수정신고를 권장할 수 있다 하더라도 납세자의 진정한 의사를 존중한다는 의미에서 세무조사결과통지를 수령한 다음 정확한 상황판단을 거쳐 신중하게 수정신고를 하도록 권장하여야 함을 정한 데 있다. 과세관청으로서는 납세자로 하여금 수정신고를 하도록 유도한 다음 세무조사결과통지를 생략할 수는 없다.

납세자로서도 수정신고의 필요성을 느낀다고 하더라도 조사를 마친 날부터 20일 이내에 도달할 결과통지를 수령한 다음 통지서에 기재된 세무조사의 내용 및 구체적 사실관계를 이해한 후 수정신고를 할 것인지 여부를 결정하여야 한다. 세무조사결과통지에 대하여는 과세전 적부심사라는 청문절차가 진행될 수 있기 때문이다.

세무공무원의 권유에 따라 세무조사결과통지서의 기재대로 수정신고를 한 조세채무자도

'조세사건 종결의 효력'(중복세무조사 금지의 원칙)을 적용받을 수 있는지가 문제된다. 세무조사의 출구절차의 일환으로서 이루어지는 이상 긍정되어야 한다. 수정신고를 하였다는 이유로 이러한 효력을 배제할 법적 근거가 없다. 결정 또는 경정하여야 할 과세표준 및 세액이 전혀 없는 경우로서 그 취지를 담은 세무조사결과통지서를 받은 조세채무자도 '조세사건 종결의 효력'을 적용받을 수 있다.

나. 통지내용에 대한 적법성 심사(과세전 적부심사)

(1) 세무조사결과통지를 받은 자는 통지를 받은 날부터 30일 이내에 통지를 한 세무서장이나 지방국세청장에게 통지내용의 적법성에 대한 심사(과세전 적부심사)를 청구할 수 있다(국세기본법 제81조의15 제2항).

과세전 적부심사는 세무조사의 종결에 대한 일종의 청문절차(의견진술절차)이다. 통지내용의 적법성은 물론 조사절차상의 법위반 여부에 대한 주장도 심사의 대상이 된다 할 것이다. 다만 세무조사결과통지를 하는 날부터 제척기간의 만료일까지의 기간이 3개월 이하인 경우 등 일정한 경우에는 과세전 적부심사를 청구할 수 없다(제3항). 과세전 적부심사는 그 이외의 '과세예고통지'에 대하여도 청구할 수 있다(제1항).

(2) 과세전 적부심사청구 없이 통지받은 내용의 전부 또는 일부에 대하여 과세표준 및 세액을 조기에 결정하거나 경정결정해 줄 것을 신청(조기결정신청)할 수 있고, 이러한 신청이 있으면 즉시 결정이나 경정결정을 하여야 한다. 다만 법령과 관련하여 국세청장의 유권해석을 변경하여야 하거나 새로운 해석이 필요한 경우 등 대통령령으로 정하는 사항에 대해서는 국세청장에게 과세전 적부심사를 청구할 수 있다(국세기본법 제81조의15 제2항 단서).

(3) 과세전 적부심사에 대한 결정에는 '채택하지 아니하는 결정', '채택하는 결정'(일부 채택하는 결정 또는 재조사결정), '심사하지 아니하는 결정' 등이 있다.

국세기본법 제81조의15 제6항에 의하여 준용되는 제65조 제6항에서 '재조사결정'이 있는 경우 처분청은 재조사결정일부터 60일 이내에 '결정서 주문에 기재된 범위'에 한정하여 조사하고 그 결과에 따라 채택하는 결정을 하여야 한다.

위 결정들은 행정처분성을 가지지 아니한다. 그 결정은 청구를 받은 날부터 30일 이내에 청구인에게 통지하여야 한다. 결정통지가 지연됨으로써 해당 기간에 부과되는 가산세에 대하여는 해당 가산세액의 100분의 50이 감면된다(국세기본법 제48조 제2항 제3호 가목).

(4) 과세전 적부심사의 청구가 있으면 과세관청 등은 과세표준 및 세액의 결정 또는 경정결정을 중지하여야 하고, 국세심사위원회의 심사를 거쳐 결정을 한 다음 그 결과를 청구를 받은 날부터 30일 이내에 청구인에게 통지하여야 한다.

8. 중복세무조사 금지(No Reopening of Tax Case)의 원칙

가. 중복세무조사 금지 원칙의 의의

(1) 세무조사권의 남용금지

국세기본법 제81조의4(세무조사권 남용금지) 제2항에 의하면 " … 같은 세목 및 같은 과세기간에 대하여는 재조사를 할 수 없다."고 정하고 있다(1996. 12. 30. 신설). 이를 중복세무조사 금지의 원칙이라고 한다. 국세기본법은 '세무조사권의 남용금지'라는 관점에서 이를 규율하고 있다. 같은 세목 및 같은 과세기간에 대한 중복세무조사는 원칙적으로 금지되고, 다만 예외적으로 허용하더라도 제한적으로 해석되어야 한다.

미국 내국세입법 제7605조 (b)는 '장부의 중복검사금지(one inspection rule)'에 관한 규정을 두고 있다. 조세채무자는 불필요한 세무조사의 대상이 되지 않으며 회계장부의 열람조사는 원칙적으로 매 과세기간마다 한 번에 한하여 할 수 있다고 정하고 있다.

독일 조세기본법 제173조 제2항[제1장 제5절 2. 사. (3) 참조]에 의하면 "외부세무조사에 의하여 조세결정이 이루어지는 경우라면, 제1항과는 달리, 고의에 의한 조세포탈 또는 중과실에 의한 조세감경이 존재하는 경우에 한하여, 그 조세결정은 폐지되거나 변경될 수 있다."라고 정하고 있다. 중복세무조사를 금지하는 직접적 규정은 없다. 한 번 세무조사를 거치면 조세결정이 갖는 존속력이 훨씬 고양되어 함부로 증액경정을 할 수 없다는 취지이다. 이를 '외부세무조사 후 경정의 제한'(Änderungssperre nach einer Ap)이라 한다. 조세채무자에게 고의에 의한 조세포탈 또는 중과실에 의한 조세감경이 있는 경우에 한하여 증액경정에 나아갈 수 있다는 것으로, 우리나라에서 중복세무조사가 허용되는 예외적 환경을 해석하는데 그 입법정신을 참작할 필요가 있다. 제1차 세무조사로 부과처분이 이루어진 후 제2차 세무조사에 나아갔고 그것이 중복세무조사에 해당하는 한 원칙적으로 증액경정에 나아갈 수 없다는 것이 대법원의 견해('양도소득세 중복세무조사 사건' 참조)인바, 이는 조세기본법 제173조 제2항의 입법취지와 일맥상통한다.

(2) 세무조사는 '한 번으로'

조사공무원이 세무조사를 개시한 이상 조사대상인 특정 세목 및 특정 과세기간의 세액확정에 중요한 모든 사실관계를 포괄적으로 조사하여야 할 권한과 의무가 있고, 사실관계의 규명이 더 필요한 경우 등 법 소정의 사유가 있는 경우에는 조사기간을 연장할 수 있다.

포괄적 조사권한을 가진 조사공무원으로서, 충분한 조사기간을 가지고 특정 세목 및 특정 과세기간의 세액확정에 필요한 사실을 포괄적으로 조사할 기회를 가진 이상, 세무조사를 한 번 거치면 세액확정에 필요하고도 중요한 사실을 알고 있다고 추정해야 한다.[24] 이것이 진정

---

24) Klein, 전게서, 1083면에서, 위 제173조 제2항(외부세무조사 후 경정의 제한, Änderungssperre nach einer

한 의미의 중복세무조사 금지의 원칙의 입법취지라고 할 것이다.

이러한 추정의 전제 위에서, 앞서 본 과세원칙(세무조사원칙)으로서 '법률적합성·과세공평성·자유권적 기본권의 존중'이라는 3각점이 조화를 이루어 적정·공평한 과세를 실현하여야 한다는 점을 아울러 고려하면, 세무조사는 원칙적으로 '한 번으로(only one inspection)' 족하고, 조세사건이 종결(Closing of Tax Case)되면 중복조사(Second Audit, Reopening)를 통하여 다시 사건을 펼쳐서 증액경정에 나아갈 수 없다고 새겨야 한다.

(3) 조세사건의 종결

광의의 세무조사절차가 종결됨과 동시에 조세사건도 종결된다(세무조사의 원칙적 종국성). 그 '종결의 효력'으로, 세무조사를 거쳐서 세액을 결정·경정한 이상, 중복세무조사의 예외적 환경이 없는 한, 중복세무조사를 할 수 없음은 물론 증액경정도 할 수 없다.

'종결의 효력'은 세무조사의 물적 범위 즉 같은 세목 및 같은 과세기간에 한하여 미친다. 중복세무조사 해당 여부는 '세무조사사전통지서' 및 '세무조사결과통지서'의 기재내용을 기준으로 판단되어야 한다.

나. 금지되는 중복세무조사의 의미

금지되는 중복세무조사는 제1차 세무조사와 마찬가지로 '부과처분을 위한 실지조사'이어야 한다. 중복세무조사에 해당하는 실지조사에 관하여 다음과 같은 요건이 필요하다는 견해[25]가 있다.

"① 부과처분을 목적으로 하여야 하고, ② 납세자나 그 납세자와 거래가 있다고 인정되는 자 등(이하 '납세자 등'이라고 한다)을 직접 접촉하여야 하며, ③ 그 장소가 납세자 등의 사무실, 사업장, 공장 또는 주소지 등이어야 하고, ④ 납세자 등을 상대로 직접 질문하고, 장부·서류·물건 등을 검사·조사하여야 하며, ⑤ 그 질문이나 장부 등이 과세표준과 세액을 결정 또는 경정함에 있이 관련성이 있거나 관련성이 있다고 의심되어야 한다.", "나아가 납세자에 대한 조사없이 거래상대방에 대한 조사만으로도 납세자에 대한 세무조사로 볼 수 있는지 살펴보면, 납세자 본인에 대한 과세를 위하여 실시되는 거래상대방에 대한 조사도 납세자 본인에 대한 세무조사로 보아야 할 것이다."

다. 대법원 판결 등

(1) 대법원 2006. 5. 25. 선고 2004두11718 판결

Ap)을 설명하면서, "기본적 사상은 세무조사 후에 있어 과세관청은 세액확정에 필요하고도 중요한 사실을 모두 알고 있다는 점에서 출발된다. 과세관청은 세무조사를 통하여 포괄적 조사를 실행할 기회를 가졌다."라고 적고 있다.

25) 심규찬, "감사과정에서의 질문 조사와 중복세무조사 금지 원칙", 대법원 판례해설 104호(2015년 상), 68면 참조.

『원심은 그 채택 증거에 의하여, 원고의 사업장 소재지를 관할하는 남인천세무서장이 1998. 11.경 실시한 세무조사는 부가가치세 경정조사로서 그 조사목적과 조사의 대상이 부가가치세액의 탈루 여부에 한정되어 있었고, 그 세무조사결과에 따라 부가가치세의 증액경정처분만이 이루어졌던 사실, 반면에 원고의 주소지를 관할하는 서울지방국세청장이 1999. 11.경 실시한 세무조사는 종합소득세의 탈루 여부 등 원고의 개인제세 전반에 관한 특별세무조사였고 그 조사결과에 따라 이 사건 종합소득세의 증액경정처분 등이 이루어진 사실 등을 인정한 다음, 남인천세무서장이 한 세무조사는 부가가치세와 관련된 세무조사에 한정된 것인 반면, 서울지방국세청장이 한 이 사건 세무조사는 종합소득세 등 개인제세 전반에 관련된 세무조사이므로, 이 사건 종합소득세부과처분에 관한 한 위 각 세무조사가 같은 세목 및 같은 과세기간에 대한 중복조사에 해당하는 것으로 볼 수는 없다고 판단하였다.

원심판결 이유를 관계 법령의 규정 및 기록에 비추어 살펴보면, 원심의 위와 같은 사실인정과 판단은 정당한 것으로 수긍이 가고, 거기에 상고이유에서 주장하는 바와 같은 채증법칙 위배로 인한 사실오인 또는 중복조사에 관한 법리를 오해한 위법 등이 있다 할 수 없다.』

(2) 대법원 2006. 6. 2. 선고 2004두12070 판결

『원심은 그 채용 증거에 의하여, 피고는 1998. 11.경 원고의 부동산 임대사업과 관련한 부가가치세의 탈루 여부에 대하여 세무조사를 벌인 결과, 임대수입을 일부 누락한 사실 등을 밝혀내고 그 세무조사 결과에 따라 같은 해 12.경 부가가치세 증액경정처분을 한 사실, 그런데 서울지방국세청장은 1999. 11.경 원고의 개인제세 전반에 관하여 특별세무조사를 한다는 명목으로 이미 부가가치세 경정조사가 이루어진 과세기간에 대하여 다시 임대수입의 누락 여부, 매입세액의 부당공제 여부 등에 관하여 조사를 하였고, 피고는 그 세무조사 결과에 따라 부가가치세액을 증액하는 이 사건 재경정처분을 한 사실 등을 인정한 다음, 이 사건 부가가치세 부과처분은 이미 피고가 1998. 11.경에 한 세무조사(부가가치세 경정조사)와 같은 세목 및 같은 과세기간에 대하여 중복하여 실시한 서울지방국세청장의 위법한 중복조사에 기초하여 이루어진 것이므로 위법하다고 판단하였다. 원심판결 이유를 기록과 관계 법령에 비추어 살펴보면, 원심의 이러한 인정과 판단은 정당한 것으로 수긍이 되고, 거기에 상고이유에서 주장하는 바와 같은 사실오인 또는 중복조사에 관한 법리 등을 오해한 위법이 없다.』

(3) 대법원 2015. 2. 26. 선고 2014두12062 판결('세라젬 사건')26)27)

---

26) 사안은 2012. 3. 21. 세무조사결정처분이 있었고 같은 해 5. 4. 그 처분에 대한 심판청구를 하였으나 같은 해 11. 28. 각하된 다음 행정소송으로 나아간 것으로, 세무조사결정처분의 취소소송에 관한 것이다. 다만 법인세는 같은 해 10. 2. 증액경정고지되었으나 이에 대하여 취소소송이 제기되었는지는 알 수 없다.

27) 김성환, "부분조사의 중복세무조사 해당 여부 및 세무조사 완료 후 세무조사결정처분의 취소를 구할 소의 이익 유무", 대법원 판례해설 104호(2015년 상), 34면 이하 참조. 즉 위 판결에 대하여 '부분조사'라도 원칙적으로 중복세무조사 금지 규정과 관련해서는 '전부조사'와 마찬가지로 보아 이후에 동일 세목과 동일 과세기간에 관하여 이루어진 나머지 항목의 세무조사는 특별한 사정이 없는 한 중복세무조사에 해당한다는 점을 명시적으로 밝힌 첫 번째 판례라는 점에 의의가 있고, 명시적으로 밝히고 있지는 않지만 세무조사결정처분의

『1. 2010 사업연도 법인세 세무조사결정처분에 대하여

가. 구 국세기본법(2013. 1. 1. 법률 제11604호로 개정되기 전의 것, 이하 같다) 제81조의4 제2항은 "세무공무원은 다음 각 호의 어느 하나에 해당하는 경우가 아니면 같은 세목 및 같은 과세기간에 대하여 재조사를 할 수 없다."고 규정하여 세목과 과세기간을 기준으로 재조사에 해당하는지를 판단하도록 하고 있다. 또한 구 국세기본법 제81조의7 제1항은 세무조사를 시작하기 전에 통지하여야 할 사항의 하나로 '조사대상 세목'을 들고 있으며, 제81조의9 제1항은 "세무공무원은 구체적인 세금탈루 혐의가 여러 과세기간 또는 다른 세목까지 관련되는 것으로 확인되는 경우 등 대통령령이 정하는 경우를 제외하고는 조사진행 중에 세무조사의 범위를 확대할 수 없다."고 규정하여 세무조사의 단위를 구분하는 원칙적인 기준이 과세기간과 세목임을 밝히고 있다. 나아가 구 국세기본법 제81조의11은 "세무조사는 특정한 세목만을 조사할 필요가 있는 등 대통령령으로 정하는 경우를 제외하고는 납세자의 사업과 관련하여 세법에 따라 신고·납부의무가 있는 세목을 통합하여 실시하는 것을 원칙으로 한다."고 규정하고 있다.

이러한 관련 규정의 문언과 체계, 같은 세목 및 과세기간에 대한 거듭된 세무조사는 납세자의 영업의 자유나 법적 안정성 등을 심각하게 침해할 뿐만 아니라 세무조사권의 남용으로 이어질 우려가 있으므로 조세공평의 원칙에 현저히 반하는 예외적인 경우를 제외하고는 금지될 필요가 있는 점, 재조사를 금지하는 입법취지에는 세무조사기술의 선진화도 포함되어 있는 점 등을 종합하여 보면, 세무공무원이 어느 세목의 특정 과세기간에 대하여 모든 항목에 걸쳐 세무조사를 한 경우는 물론 그 과세기간의 특정 항목에 대하여만 세무조사를 한 경우에도 다시 그 세목의 같은 과세기간에 대하여 세무조사를 하는 것은 구 국세기본법 제81조의4 제2항에서 금지하는 재조사에 해당하고, 세무공무원이 당초 세무조사를 한 특정 항목을 제외한 다른 항목에 대하여만 다시 세무조사를 함으로써 세무조사의 내용이 중첩되지 아니하였다고 하여 달리 볼 것은 아니다. 다만 당초의 세무조사가 다른 세목이나 다른 과세기간에 대한 세무조사 도중에 해당 세목이나 과세기간에도 동일한 잘못이나 세금탈루 혐의가 있다고 인정되어 관련 항목에 대하여 세무조사 범위가 확대됨에 따라 부분적으로만 이루어진 경우와 같이 당초 세무조사 당시 모든 항목에 걸쳐 세무조사를 하는 것이 무리였다는 등의 특별한 사정이 있는 경우에는 당초 세무조사를 한 항목을 제외한 나머지 항목에 대하여 향후 다시 세무조사를 하는 것은 구 국세기본법 제81조의4 제2항에서 금지하는 재조사에 해당하지 아니한다고 볼 것이다.

나. 원심이 적법하게 채택한 증거에 의하면, ① 피고가 2011. 7. 6. 원고에게 조사대상 세목을 '법인세 부분조사'로, 조사대상기간을 '2006. 1. 1.부터 2010. 12. 31.까지'로, 조사범위를 '본사 지방이전에 따른 임시특별세액 감면과 관련된 사항'으로 한 세무조사결정처분을 하고, 이에 따라 세무조사를 실시한 사실, ② 피고는 2012. 3. 21. 다시 원고에게 조사대상 세목을 '법인제세 통합조사'로, 조사대상기간을 '2009. 1. 1.부터 2010. 12. 31.까지'로 하는 이 사건 세무조사결정처분을 한 사실 등을 알 수 있다.

취소를 구하는 소송은 그 처분에 기한 세무조사가 완료된 이후에도 부과제척기간 도과 전까지는 원칙적으로 그 소의 이익이 인정된다는 전제에 선 것이고 이에 관하여도 선례로서의 의미가 있다는 취지로 적고 있다.

　　이러한 사실관계를 앞서 본 법리에 비추어 살펴보면, 이 사건 세무조사결정처분 중 2010 사업연도 법인세 부분은 특별한 사정이 없는 한 구 국세기본법 제81조의4 제2항에서 금지하는 재조사에 해당하고(2009 사업연도 법인세 부분에 대하여는 원심에서 그 취소를 구하는 원고의 청구가 인용되었고, 이에 대하여 피고가 상고하지 아니하였다), 그에 앞서 이루어진 세무조사의 대상이 본사 지방이전에 따른 임시특별세액 감면과 관련한 부분에 한정되었고 이 사건 세무조사결정처분의 조사대상에서는 그 부분이 제외되었다고 하여 달리 볼 수는 없다.』

　　이 사건에서 법인세 세무조사결정처분이 위법하다는 이유로 취소되면 이에 터잡은 법인세 증액경정처분도 제소기간의 도과와 관계없이 당연히 취소되는가? 뒤에서 본다.

(4) 대법원 2015. 3. 26. 선고 2012두14224 판결('벽산건설 사건')

　　『나. 상고이유 제2점에 관하여

　　　　(1) 구 국세기본법(2007. 12. 31. 법률 제8830호로 개정되기 전의 것, 이하 같다) 제81조의4 제2항은 "세무공무원은 조세탈루의 혐의를 인정할 만한 명백한 자료가 있는 경우, 거래상대방에 대한 조사가 필요한 경우, 2 이상의 사업연도와 관련하여 잘못이 있는 경우 기타 이와 유사한 경우로서 대통령령이 정하는 경우를 제외하고는 같은 세목 및 같은 과세기간에 대하여 재조사를 할 수 없다."고 규정하고, 제81조의7 제1항은 세무조사를 시작하기 전에 통지하여야 할 사항의 하나로 '조사대상 세목'을 규정함으로써 세무조사의 단위를 구분하는 원칙적인 기준이 과세기간과 세목임을 밝히고 있다.

　　　　　　이러한 관련 규정의 문언과 체계, 같은 세목 및 과세기간에 대한 거듭된 세무조사는 납세자의 영업의 자유나 법적 안정성 등을 심각하게 침해할 뿐만 아니라 세무조사권의 남용으로 이어질 우려가 있으므로 조세공평의 원칙에 현저히 반하는 예외적인 경우를 제외하고는 금지할 필요가 있는 점, 재조사를 금지하는 입법취지에는 세무조사기술의 선진화도 포함되어 있는 점 등을 종합하여 보면, 세무공무원이 어느 세목의 특정 과세기간에 대하여 모든 항목에 걸쳐 세무조사를 한 경우는 물론 그 과세기간의 특정 항목에 대하여만 세무조사를 한 경우에도 다시 그 세목의 같은 과세기간에 대하여 세무조사를 하는 것은 구 국세기본법 제81조의4 제2항에서 금지하는 재조사에 해당하고, 세무공무원이 당초 세무조사를 한 특정 항목을 제외한 다른 항목에 대하여만 다시 세무조사를 함으로써 세무조사의 내용이 중첩되지 아니하였다고 하여 달리 볼 것은 아니다. 다만 당초의 세무조사가 다른 세목이나 다른 과세기간에 대한 세무조사 도중에 해당 세목이나 과세기간에도 동일한 잘못이나 세금탈루 혐의가 있다고 인정되어 관련 항목에 대하여 세무조사 범위가 확대됨에 따라 부분적으로만 이루어진 경우와 같이 당초 세무조사 당시 모든 항목에 걸쳐 세무조사를 하는 것이 무리였다는 등의 특별한 사정이 있는 경우에는 당초 세무조사를 한 항목을 제외한 나머지 항목에 대하여 향후 다시 세무조사를 하는 것은 구 국세기본법 제81조의4 제2항에서 금지하는 재조사에 해당하지 아니한다고 볼 것이다(대법원 2015. 2. 26. 선고 2014두12062 판결 참조).

　　　　(2) 원심판결 이유에 의하면, ① 서울지방국세청장은 2003. 10. 21.부터 2003. 12. 15.까

지 원고의 2000 및 2001 각 사업연도에 대한 정기 법인제세 일반 세무조사(이하 '제1차 세무조사'라 한다)를 실시하여, 원고가 해외 현지 자회사인 벽산헝가리와 벽산아메리카(이하 '소외 회사들'이라 한다)에 대한 대여금채권, 보증채무 변제로 인한 구상금채권 및 관계회사에 대한 공사미수금채권의 회수를 지연하였음을 발견한 사실, ② 이에 서울지방국세청장은 소외 회사들에 대한 구상금채권 등의 회수지연이 이와 연접한 사업연도에도 계속되었는지와 그 폐업·청산시기를 확인할 필요가 있다고 보고 원고로부터 소외 회사들의 폐업·청산에 관한 자료 등을 제출받아 구상금채권 등의 회수지연이 계속되었는지와 관련된 내용을 위주로 조사한 다음, 1998 내지 2002 각 사업연도 인정이자를 익금산입하고 1998 내지 2000, 2002 각 사업연도 차입금 지급이자를 손금불산입하는 내용의 세무조사결과를 피고에게 통보한 사실, ③ 한편 서울지방국세청장은 2006. 11. 15.부터 2007. 4. 23.까지 원고의 2002 내지 2005 사업연도에 대한 법인제세 통합조사(이하 '제2차 세무조사'라 한다)를 실시하여, 원고가 2002 사업연도에 손금산입한 이 사건 대손금을 손금불산입하고 이를 업무무관 가지급금으로 보아 2003 내지 2005 사업연도 인정이자를 익금산입하는 내용의 세무조사결과를 피고에게 통보하였고, 피고는 앞서 본 바와 같이 2008. 1. 1. 원고에게 이 사건 대손금을 손금불산입하여 2002 사업연도 법인세를 부과하는 처분을 한 사실 등을 알 수 있다.

업무무관 가지급금 등 채권의 회수지연이 있을 경우 그것은 해당 사업연도 인정이자 익금산입 대상 및 차입금 지급이자 손금불산입 대상이 되고 그러한 잘못은 채권의 회수지연이 계속되는 한 다른 사업연도에도 영향을 미치므로 이를 시정하는 기회에 다른 사업연도의 잘못도 함께 시정할 필요가 있는 점, 각 사업연도마다 같은 종류의 잘못이 반복되는 경우에는 그 조사대상이 한정될 뿐만 아니라 조사내용도 단순명료한 경우가 대부분이어서 조사에 따른 납세자의 부담은 크지 아니한 반면 이러한 사유가 있다고 하여 과세관청에 대하여 다른 사업연도 전반에 관한 조사로 확대하기를 기대하기는 어려운 점 등에 비추어 보면, 서울지방국세청장이 제1차 세무조사 당시 원고의 소외 회사들에 대한 구상금채권 등의 회수지연이 업무무관 가지급금에 해당한다고 보아 그에 국한하여 2002 사업연도에 관한 조사를 하였다가 제1차 세무조사 당시 조사한 항목을 제외한 나머지 항목에 대하여 제2차 세무조사를 하는 것은, 당초 세무조사 당시 다른 과세기간의 모든 항목에 걸쳐 세무조사를 하는 것이 무리였다는 등의 특별한 사정이 있는 경우에 해당하여 구 국세기본법 제81조의4 제2항에서 금지하는 재조사에 해당하지 아니한다고 할 것이다.

(3) 비록 원심의 이유 설시에 다소 부적절한 점은 있으나, 원심이 제2차 세무조사가 구 국세기본법 제81조의4 제2항이 금지하고 있는 재조사에 해당하지 않는다고 본 것은 결론에 있어 정당하고, 거기에 상고이유로 주장하는 바와 같이 구 국세기본법 제81조의4 제2항이 금지하고 있는 재조사의 범위에 관한 법리를 오해하여 판결에 영향을 미친 잘못이 없다.』

(5) 대법원 2015. 9. 10. 선고 2013두6206 판결('현대중공업 사건')

『구 국세기본법(2006. 12. 30. 법률 제8139호로 개정되기 전의 것, 이하 같다) 제81조의3 제2항은 "세무공무원은 조세탈루의 혐의를 인정할 만한 명백한 자료가 있는 경우, 거래상대방에 대한 조사가 필요한 경우, 2 이상의 사업연도와 관련하여 잘못이 있는 경우, 기타 이와 유사한 경우로서

대통령령이 정하는 경우를 제외하고는 같은 세목 및 같은 과세기간에 대하여 재조사를 할 수 없
다."고 규정하고 있다.

　　세무공무원이 어느 세목의 특정 과세기간에 대하여 모든 항목에 걸쳐 세무조사를 한 경우는
물론 그 과세기간의 특정 항목에 대하여만 세무조사를 한 경우에도 다시 그 세목의 같은 과세기간
에 대하여 세무조사를 하는 것은 구 국세기본법 제81조의3 제2항에서 금지하는 재조사에 해당하고,
세무공무원이 당초 세무조사를 한 특정 항목을 제외한 다른 항목에 대하여만 다시 세무조사를 함으
로써 세무조사의 내용이 중첩되지 아니하였다고 하여 달리 볼 것은 아니다. 다만 당초의 세무조사
가 다른 세목이나 다른 과세기간에 대한 세무조사 도중에 해당 세목이나 과세기간에도 동일한 잘못
이나 세금탈루 혐의가 있다고 인정되어 관련 항목에 대하여 세무조사 범위가 확대됨에 따라 부분적
으로만 이루어진 경우와 같이 당초 세무조사 당시 모든 항목에 걸쳐 세무조사를 하는 것이 무리였
다는 등의 특별한 사정이 있는 경우에는 당초 세무조사를 한 항목을 제외한 나머지 항목에 대하여
향후 다시 세무조사를 하는 것은 구 국세기본법 제81조의3 제2항에서 금지하는 재조사에 해당하지
아니한다고 볼 것이다(대법원 2015. 2. 26. 선고 2014두12062 판결 참조).

　　원심이 적법하게 채택한 증거에 의하면, ① 피고가 2001. 2. 20.부터 2001. 6. 29.까지 원고에
대하여 조사대상 세목을 '법인세 외'로, 조사대상기간을 '1996년부터 1998년까지'로, 과세대상기간
을 '1996년부터 2000년까지'로 하는 정기 세무조사를 실시한 후 2000 사업연도의 임대료 수입누
락, 계열사 선급금 과다지급 등의 사유로 2000 사업연도 법인세 약 122억 4천3백만 원을 부과할
예정임을 고지한 사실, ② 피고는 2005. 12. 7.부터 2006. 1. 5.까지 다시 원고에 대하여 조사대상
세목을 '법인세 등'으로, 조사대상기간을 '2000 사업연도'로, 조사사유를 '현대우주항공 주식변동내
용 확인'으로 하는 이 사건 세무조사를 실시한 후 그 결과에 기초하여 이 사건 법인세 부과처분을
한 사실 등을 알 수 있다.

　　이러한 사실관계를 앞서 본 법리에 비추어 살펴보면, 이 사건 세무조사는 원고의 2000 사업연
도 법인세에 대한 거듭된 세무조사로서 특별한 사정이 없는 한 구 국세기본법 제81조의3 제2항에
서 금지하는 재조사에 해당하고, 그에 앞서 이루어진 세무조사의 대상에 '현대우주항공 주식변동내
역'에 관한 부분이 제외되어 있었다고 하여 달리 볼 수는 없으므로, 이 사건 법인세 부과처분은 위
법한 재조사에 기초하여 이루어진 것으로서 더 나아가 살펴볼 필요 없이 위법하다고 할 것이다.

　　그런데도 원심은 이와 달리, 같은 세목 및 과세기간에 대하여 다시 세무조사를 하더라도 그 조
사대상이 중복되지 아니한 경우에는 구 국세기본법 제81조의3 제2항에서 금지하는 재조사에 해당
하지 아니한다는 이유로, 이 사건 세무조사가 위법한 재조사에 해당한다는 원고의 주장을 배척하였
으니, 이러한 원심의 판단에는 구 국세기본법 제81조의3 제2항에서 금지하는 재조사의 범위 등에
관한 법리를 오해하여 판결에 영향을 미친 잘못이 있다. 이 점을 지적하는 상고이유의 주장은 이유
있다.』

(6) 서울행정법원 2011. 5. 26. 선고 2010구합32532 판결[28]

『(3) 재조사(중복조사) 금지규정 위반에 대하여

구 조사사무처리규정(2010. 3. 30. 국세청훈령 제1838호로 개정되기 전의 것, 이하 '구 조사사무처리규정'이라 한다) 제2조 제1호 및 제2호, 제13조 제1항 단서의 규정에 의하면, 재조사(중복조사) 금지규정 위반이 문제되는 '세무조사'라 함은 각 세법에 규정하는 질문조사권 또는 질문검사권 및 조세범처벌법, 조세범처벌절차법에 의하여 조사공무원이 납세자 또는 그 납세자와 거래가 있다고 인정되는 자 등을 상대로 질문하고, 장부ㆍ서류ㆍ물건 등을 검사ㆍ조사하는 행위로서 조사계획에 의해 실시하는 것을 의미하고, 세원관리, 단순 과세자료 처리 또는 세무조사 증거자료 수집 등을 처리하기 위하여 납세자 또는 그 납세자와 거래가 있다고 인정되는 자 등을 상대로 현지확인 계획에 의하여 현지출장하여 사실관계를 확인하는 행위, 즉 '현지확인'은 여기서 제외된다. 그리고 구 조사사무처리규정 제2조 제2호의 마.에 의하면 '사업자에 대한 사업장 현황 확인이나 기장확인'은 '현지확인'에 포함되므로 재조사(중복조사) 금지규정이 적용된다고 보기는 어렵다.

그런데 앞서 본 바와 같이 피고가 2009. 3. 23.부터 2009. 4. 27.까지 '서울지방국세청장의 기장확인 시달자료'에 의거 2007년 귀속 종합소득세 간편장부 신고의 적정 여부를 심사하기 위하여 원고로부터 소득금액, 비용 등에 관한 장부나 증빙서류를 제출받아 기장확인을 한 다음, 2009. 6. 8. 원고에 대하여 소득금액을 추계결정의 방법으로 산정하여 2007년 귀속 종합소득세 24,576,000원을 결정ㆍ고지하였는데, 여기서 피고가 행한 '기장확인'은 납세자에게 기장확인 장부 및 증빙서류 제출 안내문을 발송하여 납세자로부터 관련 장부를 제시받아 사업장의 총수입금액 및 필요경비 명세서상 계정과목 등을 분석하여 인건비 및 기타비용 과다계상 등 부당 기장이 확인되는 경우 즉시 경정고지하는 등 필요한 조치를 취하는 것에 해당할 뿐, 재조사(중복조사) 금지규정이 적용되는 '세무조사', 즉 질문조사권 또는 질문검사권을 수반하는 구 조사사무처리규정 제2조 제1호의 '세무조사'에 해당된다고 볼 수는 없다.

따라서 피고가 2009. 8. 31.부터 2009. 9. 22.까지 원고에 대하여 행한 종합소득세 세무조사가 구 국세기본법 제81조의4 제2항에서 규정하고 있는 재조사(중복조사) 금지 규정에 위반된다고 볼 수 없어 원고의 이 부분 주장은 이유 없다(설령, 이와 견해를 달리하여 위 종합소득세 세무조사가 위 조항에서 정하는 '재조사'에 해당한다고 하더라도 앞서 본 바와 같이 위 세무조사는 원고에 대한 탈세정보를 근거로 이루어졌고 또한 2005년, 2007년, 2008년 3개 사업연도를 대상으로 한 것인데, 이는 구 국세기본법 제81조의4 제2항 제1호 및 제3호에서 정한 '조세탈루의 혐의를 인정할 만한 명백한 자료가 있는 경우' 또는 '2 이상의 사업연도와 관련하여 잘못이 있는 경우'에 해당되어

---

28) 이 판결은, "세원관리, 단순 과세자료 처리 또는 세무조사 증거자료 수집 등을 처리하기 위하여 납세자 또는 그 납세자와 거래가 있다고 인정되는 자 등을 상대로 현지확인 계획에 의하여 현지출장하여 사실관계를 확인하는 행위, 즉 '현지확인'은 여기서 제외된다. 그리고 구 조사사무처리규정 제2조 제2호의 마.에 의하면 '사업장에 대한 사업장 현장 확인이나 기장확인'은 '현지확인'에 포함되므로 재조사(중복조사) 금지규정이 적용된다고 보기는 어렵다."고 판시하여, 조사사무처리규정의 자기구속력을 인정하면서 '현지확인'의 '세무조사성'을 부인하고 있다.

‘재조사’가 허용되는 예외적인 경우에 해당한다고 볼 수 있다).』

라. 위반의 효과

광의의 세무조사절차가 종료되면 해당 조세사건은 종결(Closing of Tax Case)된다.

‘종결의 효력’으로 세무조사를 거쳐서 세액을 결정·경정한 이상 중복세무조사의 예외적 환경이 없는 한 원칙적으로 중복세무조사(Second Audit, Reopening)를 할 수 없음은 물론 증액경정에도 나아갈 수 없음은 앞서 본 바와 같다. 이러한 증액경정의 제한은 세액확정절차의 ‘구조적 불균형’을 완화하는 역할을 일부 담당하고 있다.

중복세무조사 금지의 원칙에 어긋나면, 원칙적으로, 해당 세무조사결정처분 자체가 위법하고, 결과적으로 결정·경정에 나아갈 수 없으며, 만약 결정이나 증액경정에 나아갔다면 그 부과처분은 위법하여 취소되어야 한다.

대법원 2017. 12. 13. 선고 2016두55421 판결(‘양도소득세 중복세무조사 사건’)

『1. 구 국세기본법(2014. 12. 23. 법률 제12848호로 개정되기 전의 것, 이하 같다) 제81조의4는 제1항에서 “세무공무원은 적정하고 공평한 과세를 실현하기 위하여 필요한 최소한의 범위에서 세무조사를 하여야 하며, 다른 목적 등을 위하여 조사권을 남용해서는 아니 된다.”라고 규정하고 있다. 이어 제2항에서 “세무공무원은 다음 각호의 어느 하나에 해당하는 경우가 아니면 같은 세목 및 같은 과세기간에 대하여 재조사를 할 수 없다.”라고 규정하면서, 그 각호에서 재조사가 허용되는 경우로 ‘조세탈루의 혐의를 인정할 만한 명백한 자료가 있는 경우’(제1호), ‘거래상대방에 대한 조사가 필요한 경우’(제2호), ‘2개 이상의 과세기간과 관련하여 잘못이 있는 경우’(제3호), ‘이의신청이나 심사청구 또는 심판청구가 이유 있다고 인정되어 필요한 처분의 결정을 하여 그 결정에 따라 조사를 하는 경우’(제4호), ‘그 밖에 제1호부터 제4호까지와 유사한 경우로서 대통령령으로 정하는 경우’(제5호)를 들고 있다.

세무조사는 기본적으로 적정하고 공평한 과세의 실현을 위하여 필요한 최소한의 범위 안에서만 행하여져야 하고, 더욱이 같은 세목 및 같은 과세기간에 대한 재조사는 납세자의 영업의 자유나 법적 안정성을 심각하게 침해할 뿐만 아니라 세무조사권의 남용으로 이어질 우려가 있으므로 조세공평의 원칙에 현저히 반하는 예외적인 경우를 제외하고는 금지할 필요가 있다.

같은 취지에서 국세기본법은 재조사가 예외적으로 허용되는 경우를 엄격히 제한하고 있는바, 그와 같이 한정적으로 열거된 요건을 갖추지 못한 경우 같은 세목 및 같은 과세기간에 대한 재조사는 원칙적으로 금지되고, 나아가 이러한 중복세무조사금지의 원칙을 위반한 때에는 과세처분의 효력을 부정하는 방법으로 통제할 수밖에 없는 중대한 절차적 하자가 존재한다고 보아야 한다.

이러한 관련 규정들의 문언과 체계, 재조사를 엄격하게 제한하는 입법 취지, 그 위반의 효과 등을 종합하여 보면, 구 국세기본법 제81조의4 제2항에 따라 금지되는 재조사에 기하여 과세처분을 하는 것은 단순히 당초 과세처분의 오류를 경정하는 경우에 불과하다는 등의 특별한 사정이 없는 한 그 자체로 위법하고, 이는 과세관청이 그러한 재조사로 얻은 과세자료를 과세처분의 근거로 삼지 않았다거나 이를 배제하고서도 동일한 과세처분이 가능한 경우라고 하여 달리 볼 것은 아니다.

2. 원심판결 이유와 원심이 적법하게 채택한 증거에 의하면, 다음과 같은 사실을 알 수 있다.

가. 원고는 2004. 10. 12. 이 사건 부동산을 경매로 취득한 후, 2012. 2. 26. ㅇㅇ중공업 주식회사(이하 '이 사건 양수회사'라고 한다)에 양도하였다.

나. 원고는 2012. 4. 27. 양도소득세를 신고하면서, 2004. 11. 1.부터 2005. 6. 1.까지 사이에 이 사건 부동산 중 건물에 대한 리모델링 공사(이하 '이 사건 공사'라고 한다)를 하여 시공업체에 공사비 285,000,000원을 지급하였고, 그 외에 전기승압공사비 26,500,000원을 지급하였음을 이유로 위 비용들을 필요경비로 신고하였다.

다. 강동세무서장은 2012. 10. 4.부터 2012. 10. 23.까지 원고에 대하여 세무조사를 하였고, 원고가 이 사건 공사에 대한 공사계약서 및 공사내역서, 금융거래내역서, 이 사건 양수회사가 2006. 12. 19. 이 사건 부동산을 임차할 당시 리모델링 공사가 되어 있었다는 취지의 이 사건 양수회사 대표자 소외 1의 확인서를 제출하자 이 사건 공사비에 한하여 필요경비로 인정하는 것으로 세무조사를 종결하였다.

라. 그 후 국세청은 강동세무서에 대한 업무감사를 실시하여, 시공업체가 공사비에 대한 세금계산서를 발급하지 않았고 원고가 제시한 공사비 지급내역도 수취자 미확인 등으로 신빙성이 없다는 이유로, 이 사건 공사가 실제 진행되었는지를 검토하여 원고에 대한 양도소득세를 재경정하도록 시정지시를 하였다.

마. 이에 강동세무서의 조사담당 공무원은 2014. 7. 23.부터 2014. 7. 25.까지 이 사건 공사여부를 확인하기 위해 이 사건 부동산을 현장 방문하여, 이 사건 양수회사의 대표자 소외 1과 직원 소외 2를 만나서 소외 1 명의의 확인서가 위조되었고 실제는 이 사건 공사가 이루어지지 않았다는 취지의 진술서와 관련 장부를 제출받은 후, 이 사건 공사가 실제로 이루어지지 않았다고 보아 이 사건 공사비를 부인하였다(이하 '이 사건 재조사'라고 한다). 원고의 주소지를 관할하는 피고는 2014. 10. 1. 원고에 대하여 2012년 귀속 양도소득세 161,811,470원(가산세 포함)을 부과하는 이 사건 처분을 하였다.

3. 위와 같은 사실관계를 앞서 본 법리에 비추어 살펴보면, 이 사건 재조사는 구 국세기본법 제81조의4 제2항 각호에서 정한 재조사가 예외적으로 허용되는 경우에 해당한다고 볼 수 없어 같은 항에 따라 금지되는 것이었으므로, 이 사건 재조사에 기한 이 사건 처분은 이 사건 재조사로 얻은 과세자료를 근거로 삼았는지 또는 이를 배제하고서도 가능한지를 따질 것도 없이 위법하다.

4. 그럼에도 원심은 이와 달리 피고가 이 사건 재조사로 얻은 과세자료를 판단의 근거로 삼지 않았고, 그 과세자료를 제외하더라도 이 사건 처분이 가능하였다는 이유로 이 사건 처분이 적법하다고 판단하였다. 이러한 원심의 판단에는 중복세무조사금지의 원칙에 관한 법리를 오해하여 판결에 영향을 미친 잘못이 있다. 이를 지적하는 상고이유 주장은 이유 있다.』

판시취지를 정리하면 다음과 같다.

(ⅰ) 중복세무조사금지의 원칙을 위반하는 것은 중대한 절차적 하자에 해당하고 이러한 하자가 존재하는 경우 부과처분의 효력을 부정하는 방법으로 통제되어야 한다. 세무조사절차상 하자에는 '중대한 절차적 하자'와 '그렇지 아니한 하자'가 있음을 엿볼 수 있다.

(ⅱ) 관련 규정들의 문언과 체계, 중복세무조사를 엄격하게 제한하는 입법 취지, 그 위반의 효과 등을 종합하면, 중복세무조사에 기한 부과처분은 당초 부과처분의 오류를 경정하는 경우에 불과하다는 등의 특별한 사정이 없는 한 그 자체로 위법하다.

(ⅲ) 중복세무조사가 위법한 이상, 과세관청이 그러한 재조사로 얻은 과세자료를 부과처분의 근거로 삼지 않았다거나 이를 배제하고서도 동일한 부과처분이 가능한 경우라도 달리 볼 수 없다.29)

다만 국세기본법 시행령 제63조의2 제2호에서 '과세관청 외의 기관이 직무상 목적을 위해 작성하거나 취득해 과세관청에 제공한 자료의 처리를 위해 조사하는 경우'를 금지의 예외로 열거하고 있다. 과세관청이 직무상 작성하여 다른 과세관청에 제공한 과세자료는 이러한 예외가 될 수 없다. 물론 위법한 부과처분으로 귀착되는 것은 중복세무조사와 관계되는 부분에 한하는 것으로, 위법한 중복세무조사와 관련이 없는 부분은 제척기간 내에서 과세관청은 언제든지 증액경정을 할 수 있음은 당연하다.

중복세무조사 금지의 원칙에 반하여 세무조사에 나아갔음에도 이의를 제기하지 않았다 하더라도 과세관청이 신의성실의 원칙(금반언의 원칙)을 원용할 수 없다.30)

---

29) 강석규, 전게서, 450면에서, "세무조사절차가 법에서 규정하고 있는 요건을 갖추지 못한 경우에는 그 결과 수집한 과세자료가 과세권행사를 위한 확실한 근거자료가 된다고 하더라도 그 자료에 기초한 과세권행사를 허용할 수 없는 것이다. 하지만 위법한 세무조사에서 취득한 과세자료를 근거로 하는 과세처분만 위법하게 되는 것이며, 위법한 세무조사에서 취득한 자료를 근거로 하지 않는 과세처분을 하였다면 단지 그 전에 위법한 세무조사가 있었다는 이유만으로 그 과세처분이 위법하다고 할 수 없다. 왜냐하면 위법한 세무조사에 의하여 취득한 자료는 독수독과의 원칙에 의하여 과세처분의 근거자료로 삼을 수 없다는 것이므로 결국 그것을 토대로 한 과세처분만이 적법한 근거자료가 없는 과세처분이 되어 위법하게 되는 것이기 때문이다. 그런데 최근의 대법원 2017. 12. 13. 선고 2016두55431 판결은 위법한 세무조사에 관하여 매우 엄격한 태도를 취하였다. … 중복세무조사금지의 원칙을 위반한 때에는 과세처분의 효력을 부정하는 방법으로 통제할 수밖에 없는 중대한 절차적 하자가 존재한다고 보아야 한다는 것이 그 논지이다. 이러한 대법원의 입장은 법 논리적으로는 다소 무리가 따르지만 과세행정의 절차적 정당성을 확보하겠다는 강한 의지를 피력한 것으로 볼 수 있으므로 납세자들로서는 환영할 만한 일이다. 따라서 위 대법원 판결의 법리에 의하면 위법한 세무조사가 있으면 이를 계기로 그에 후속하여 이루어지는 과세처분은 특별한 사정이 없는 한 위법하다고 볼 것이다."라고 적고 있다.

30) 이태로·한만수, 전게서, 189면에서, "미국 연방대법원의 Reineman v. United States 판결의 다음과 같은 취지의 판시도 이러한 이치를 잘 설명하고 있다. 「연방 내국세입법 §7605(b)는 ' … 어떠한 납세자도 불필요한 검사 또는 질문을 받지 않는다. 납세자의 회계장부에 대한 검사는 1과세연도마다 1회에 한하며, 다만 납세자가 스스로 요청하거나 또는 재무부장관 또는 그 대리인이 제1회 검사의 결과 다시 추가검사가 필요하다는 뜻을 납세자에게 미리 서면으로 통지하였을 경우에는 예외이다'라고 규정하고 있다. 이 규정에 위배하여 연방 국세청은 본인의 요청에 의하지도 않고 또한 재무부장관의 추가검사의 서면통지도 없이 추가검사를 하

중복세무조사에 해당되는 경우 조세채무자나 대리인은 적극적으로 이를 주장하여야 하고, 세무조사결정통지에 대한 항고소송을 제기함과 동시에 효력정지가처분을 신청하여 세무조사의 개시를 저지할 수 있다. 물론 납세자보호관의 개입을 요청할 수도 있다.

9. 중복세무조사가 허용되는 예외적 환경(Circumtances for Reopening)[31]

가. 법령의 규정

(1) 국세기본법 제81조의4(세무조사권 남용 금지) 제2항

『② 세무공무원은 다음 각 호의 어느 하나에 해당하는 경우가 아니면 같은 세목 및 같은 과세기간에 대하여 재조사를 할 수 없다.(2018. 12. 31. 개정)

  1. 조세탈루의 혐의를 인정할 만한 명백한 자료가 있는 경우
  2. 거래상대방에 대한 조사가 필요한 경우
  3. 2개 이상의 과세기간과 관련하여 잘못이 있는 경우
  4. 제65조 제1항 제3호 단서(제66조 제6항과 제81조에서 준용하는 경우를 포함한다) 또는 제81조의15 제5항 제2호 단서에 따른 재조사 결정에 따라 조사를 하는 경우(결정서 주문에 기재된 범위의 조사에 한정한다)
  5. 납세자가 세무공무원에게 직무와 관련하여 금품을 제공하거나 금품제공을 알선한 경우
  6. 제81조의11 제3항에 따른 부분조사를 실시한 후 해당 조사에 포함되지 아니한 부분에 대하여 조사하는 경우

였다. 원고는 세무공무원이 장부검사 중 과년도의 것을 조사해 갔다는 것을 사후에 발견했다. 원고는 위법한 추가검사에 기한 추가부과는 무효라고 주장한다. 이에 대하여 피고인 국가는 위법한 조사의 구제로는 자조 즉 검사거부의 방법이 존재하는 것이며 거부를 하지 않은 이상 위법성이 조각되는 것이라고 항변한다. 그러나 이 사안에 있어 납세자가 과년도의 조사를 받고 있음을 인식하지 못하였기 때문에 자조의 기회가 주어지지 않았다. 결론적으로 유일한 사후구제의 방법은 과세처분을 취소하는 것뿐이다.」라고 적고 있다. Harrington v. Commissioner, 48 T.C. 939, at 953(1967)에서 회계장부에 대한 재조사에 대하여 그것이 재조사임을 알면서 이를 거부하지 아니한 경우 조세법원에서 재조사라는 이유로 이를 문제 삼는 것은 금반언의 원칙(Doctrine of Estoppel)에 반한다고 판결하였다.

31) 미국 내국세입법 §7605(b)에 의하면 1과세연도마다 1회에 한하여 회계장부를 검사함이 원칙이다. 예외로 1. fraud, concealment, or the like, 2. a serious administrative omission, or 3. a clearly defined sub-stantial error 등의 사유가 있으면 조세사건은 다시 조사를 받게 된다(A tax case may be reopened)고 한다. 한편, 미국 내국세입법 §7605(a)에서 광범위하게 세액에 대한 종국적 합의(Closing Agreements)를 허용하고, §7605(b)에서 종국적 합의가 이루어지면 조세사건은 합의된 점에 관하여는 과세관청이나 조세채무자에 의하여 다시 열려질 수 없다는 취지로 정하고 있다. 다만 그 예외로 1. fraud, 2. malfeasance, or 3. misrepresentation of a material fact 등의 사유를 들고 있다. 중복세무조사 금지에 대한 예외사유보다 종국적 합의에 대한 예외사유가 더 엄격하다.

7. 그 밖에 제1호부터 제6호까지와 유사한 경우로서 대통령령으로 정하는 경우』

(2) 국세기본법 시행령 제63조의2(2019. 2. 12. 개정)

『시행령 제63조의2(세무조사를 다시 할 수 있는 경우)

법 제81조의4 제2항 제7호에서 "대통령령으로 정하는 경우"란 다음 각 호의 어느 하나에 해당하는 경우를 말한다.

1. 부동산투기, 매점매석, 무자료거래 등 경제질서 교란 등을 통한 세금탈루 혐의가 있는 자에 대하여 일제조사를 하는 경우

2. 과세관청 외의 기관이 직무상 목적을 위해 작성하거나 취득해 과세관청에 제공한 자료의 처리를 위해 조사하는 경우

3. 국세환급금의 결정을 위한 확인조사를 하는 경우

4. 조세범 처벌절차법 제2조 제1호에 따른 조세범칙행위의 혐의를 인정할 만한 명백한 자료가 있는 경우. 다만, 해당 자료에 대하여 조세범 처벌절차법 제5조 제1항 제1호에 따라 조세범칙조사심의위원회가 조세범칙조사의 실시에 관한 심의를 한 결과 조세범칙행위의 혐의가 없다고 의결한 경우에는 조세범칙행위의 혐의를 인정할 만한 명백한 자료로 인정하지 아니한다.』

(3) 예외적 환경은 법률에서 6가지, 시행령에서 4가지, 합하여 10가지이다. 열거적 사항이다. 조세탈루의 혐의나 조세범칙행위의 혐의를 인정할 만한 명백한 자료가 있는 경우가 대표적이다. 세무조사의 협력의무를 게을리하면 게을리할수록 그 혐의는 짙어진다.

'법률적합성·과세공평성·자유권적 기본권의 존중'이라는 3각점이 상호 조화를 이루면서 적정·공평한 과세를 실현하는 범위 내에서 제한적으로 해석하여야 한다.

포괄적 조사권한을 가진 조사공무원으로서, 충분한 조사기간을 가지고 특정 세목 및 특정 과세기간의 세액확정에 필요한 사실을 포괄적으로 조사할 기회를 가진 이상, 세무조사를 한 번 거치면 세액확정에 필요하고도 중요한 사실을 알고 있다고 추정해야 하는 것도 중복세무조사 금지의 원칙의 입법취지의 하나임은 앞서 본 바와 같다. 다만 이러한 입법취지를 고려하면 현행 실정법상 예외적 환경으로 규정된 사유들이 너무 광범위하여 입법론적으로 재검토가 필요하다 할 것이다.

이하 대법원 판결에 기초로 하면서 예외적 환경을 개별적으로 살핀다.

나. 조세탈루의 혐의를 인정할 만한 명백한 자료가 있는 경우

조세탈루는 조세포탈과 구별되어야 한다. 조세탈루란 [정당한 세액 〉 신고세액]의 관계로 신고세액이 정당한 세액에 이르지 못한 탈루상황을 말하는 것이다. 이는 미국의 'deficiency'

개념에 들어 맞는다. 조세포탈이라 함은 납부하여야 할 세금을 사기 기타 부정한 방법으로 적게 납부하거나 전혀 납부하지 아니하는 것을 말한다.

조세탈루의 '혐의(嫌疑)'란, 조세포탈의 혐의와는 달리, 단지 중복조사를 허용하여 조사가 개시되는 전제조건, 즉 조세의 탈루사실이 확인될 상당한 정도의 개연성이 객관성과 합리성이 인정되는 명백한 객관적 자료에 의하여 뒷받침 되는 정도를 말한다.[32] 그 혐의의 정도는 아래 판결에서 설명되고 있다.

대법원 2010. 12. 23. 선고 2008두10461 판결

『세무조사는 기본적으로 적정하고 공평한 과세의 실현을 위하여 필요한 최소한의 범위 안에서 행하여져야 하고, 더욱이 동일한 세목 및 과세기간에 대한 재조사는 납세자의 영업의 자유 등 권익을 심각하게 침해할 뿐만 아니라 과세관청에 의한 자의적인 세무조사의 위험마저 있으므로 조세공평의 원칙에 현저히 반하는 예외적인 경우를 제외하고는 금지될 필요가 있는 점, 또한 납세자의 성실성 추정이 배제되어 우선적 세무조사의 대상이 되는 경우로서 구 국세기본법 시행령(1998. 12. 31. 대통령령 제15968호로 개정되기 전의 것) 제63조의4 제1항에서 규정하고 있는 '납세자에 대한 구체적인 탈세제보가 있는 경우', '신고내용에 탈루나 오류의 혐의를 인정할 만한 명백한 자료가 있는 경우' 등 보다는 재조사가 예외적으로 허용되는 경우를 엄격히 제한하여 해석하는 것이 규정체계상 합리적인 점, 재조사를 금지하는 입법 취지에는 납세자의 실질적인 권익보호뿐만 아니라 세무조사 기술의 선진화도 포함되어 있는 점 등을 종합하여 보면, 구 국세기본법(2002. 12. 18. 법률 제6782호로 개정되기 전의 것) 제81조의3에서 재조사가 예외적으로 허용되는 경우의 하나로 규정하고 있는 '조세탈루의 혐의를 인정할 만한 명백한 자료가 있는 경우'라 함은 조세의 탈루사실이 확인될 상당한 정도의 개연성이 객관성과 합리성이 뒷받침되는 자료에 의하여 인정되는 경우로 엄격히 제한되어야 한다. 따라서 객관성과 합리성이 뒷받침되지 않는 한 탈세제보가 구체적이라는 사정만으로는 여기에 해당한다고 보기 어렵다. …(중략)

앞서 본 법리와 기록에 의하여 인정되는 다음과 같은 사정, 즉 이 사건 탈세제보자인 소외 2는 원심 피고 송파세무서장의 보조참가인 소외 3의 동생으로서 원고 회사가 탈세를 하였다고 하는 기간 중인 1997. 1. 3.부터 1997. 2. 4.까지 원고 회사의 법인등기부상 대표이사로 등재되어 있던 자인 점, 탈세제보에 허위 세금계산서를 수취한 방법과 여기에 사용된 통장사본 및 계좌번호가 구체적으로 적시되어 있고 관련 서류도 첨부되어 있는 점, 실제 위 탈세제보에 의하여 이 사건 부과처분의 과세자료가 된 세금계산서가 허위임이 적발되었고, 조사 결과 상당 부분 제보내용이 사실로 확인된 점 등에 비추어 보면, 원심의 이와 같은 사실인정과 판단은 정당하고, 거기에 상고이유에서

---

32) 강석규, 전게서, 465면에서, "우리나라가 OECD에 가입하는 것을 계기로 그 요구조건에 부응하여 중복세무조사를 금지하는 규정이 신설되었다. 그 취지에 관하여 국회입법자료에서는 '납세자의 권익을 증진하고 세무행정의 선진화를 위하여 조세탈루의 혐의를 인정할 만한 명백한 자료가 있는 경우 등을 제외하고는 같은 세목이나 같은 과세기간에 대하여 재경정이나 재조사를 할 수 없게 하도록 함에 있다'고 밝히고 있다."라고 적고 있다.

주장하는 재조사금지의 원칙에 관한 법리오해 및 채증법칙 위반 등의 위법이 없다.』

판례를 정리하면서 다음과 같은 설명을 추가한다.

(ⅰ) 중복세무조사 금지 원칙의 예외로 '조세탈루의 혐의를 인정할 만한 명백한 자료가 있는 경우'로 되어 있는 이상, 이러한 조세탈루 혐의는 세무조사 실질적 개시요건의 하나인 '신고 내용에 탈루나 오류의 혐의를 인정할 만한 명백한 자료가 있는 경우'보다 한 단계 더 엄격히 해석되어야 한다. 앞서 본 독일 조세기본법 제173조 제2항 소정의 증액경정의 제한 조항처럼 조세채무자에게 고의에 의한 조세포탈이나 중과실에 의한 조세감경이 존재하는 경우로 한정하는 등으로 엄격히 해석할 필요는 없다 하더라도, 그 입법정신을 참작하여 볼 때 여기서 탈루의 혐의는 상당히 높은 정도의 탈루사실이 확인될 개연성을 요구한다. 어떻게 보면 조세채무자에게 조세탈루의 발생에 대하여 고의 또는 중과실의 책임이 있는 경우에 국한하여야 하는 것이 아닌가 한다.

(ⅱ) 따라서 재조사에 나아가기 위하여는 '조세의 탈루사실이 확인될 상당한 정도의 개연성'이 '객관성과 합리성이 인정되는 명백한 자료'에 의하여 뒷받침되어야 한다는 것이다. '탈세제보'는 제보 자체만으로 탈루사실이 인정될 정도의 명백성을 가져야 한다는 것이다.

다음과 같은 견해가 있어 인용한다.33)

『여기서 말하는 상당한 정도의 개연성이 있다고 하기 위하여는 통상 십중팔구의 가능성, 즉 80% 내지 90%의 가능성을 의미하는 고도의 개연성에는 미치지 못하더라도 최소한 그에 근접하는 정도의 가능성이 있어야 할 것이다. 이는 민사소송에서 장래에 발생할 이익의 정도에 관하여 요구하고 있는 증명의 정도와 유사하다 할 수 있다. 대법원 2006. 3. 10. 선고 2005다31361 판결 등은 타인의 불법행위로 인한 손해배상의 청구와 관련하여 장래에 얻을 수 있었을 이익을 입증함에 있어서는 그 증명도를 과거사실에 대한 입증에 있어서의 증명도보다 경감하여 피해자가 현실적으로 얻을 수 있을 구체적이고 확실한 이익의 증명이 아니라 합리성과 객관성을 잃지 않는 범위 내에서의 상당한 개연성이 있는 이익의 증명으로 족하다고 판시한바 있다. 따라서 조세의 탈루사실에 대하여 구체적이고 확실한 증명이 아니라 합리성과 객관성을 유지하는 범위 내에서 상당한 개연성이 있음을 증명하면 될 것이다. 여기에 해당하는 경우의 대표적인 예로, 형사판결에서 납세자가 수령한 세금계산서가 가공의 세금계산서임이 밝혀진 경우나 납세자의 거래상대방이 이른바 자료상이라는 사실이 밝혀진 경우 등을 들 수 있다.』

---

33) 강석규, 전게서, 469면 참조. 이어 '나) 구체적 사례 분석'이라는 제목 아래 대법원 2011. 5. 26. 선고 2008두1146 판결, 대법원 2012. 11. 15. 선고 2010두8263 판결, 대법원 2012. 11. 29. 선고 2010두19294 판결 등 3개를 들면서 '조세탈루혐의를 인정할 명백한 자료가 있는 경우'에 해당하는지 여부에 관하여 상세하게 판례를 분석하고 있다.

한편 여기서 제1차 세무조사에서 납세자 등이 협력의무를 제대로 이행하지 않았다면 그 불이행 정도에 반비례하여 조세탈루의 혐의가 짙어져 그만큼 중복세무조사에 노출될 위험성이 크게 된다 함은 앞서 본 바와 같다. 대법원 2018. 2. 28. 선고 2017두52337 판결에서, 중복세무조사의 계기가 된 탈세제보는 그 내용이 구체적일 뿐만 아니라 내용증명과 입금증 및 영수증, 사건 수임내역, 차명계좌의 입금내역 등 관련 자료들이 함께 제출되었고, 이러한 관련 자료들이 선행조사에서 이미 제출·조사된 자료들이라고 볼 수도 없는 점 등을 종합하면 조세탈루의 개연성을 확인할 수 있는 상당한 정도의 객관성과 합리성이 뒷받침되는 자료에 근거하여 중복세무조사를 한 것으로 볼 수 있다고 판시하였다.

나아가 '객관성과 합리성이 인정되는 명백한 자료'에 제1차 세무조사 당시에 얻은 과세자료도 포함되는지 문제된다. 그러나 여기서 말하는 '자료'에는 이렇게 하여 얻은 자료는 포함되지 않는다. 제1차 세무조사에서 획득한 자료도 포함된다고 할 경우 과세관청이 제1차 세무조사에서 포괄적으로 조사할 기회를 가지고 있어 추가 조사를 할 수 있었음에도 하지 않았다가 언제든지 중복세무조사에 나아갈 수 있게 되어 중복세무조사를 금지하는 입법취지에 반한다 할 것이다. 여기서 제1차 세무조사에서 획득한 자료라 함은 세무조사결통지서를 발송할 때인지 아니면 부과처분을 할 때인지 그 기준시가 문제되나 부과처분서를 발송할 때까지로 제한하여야 할 것이다.

다음과 같은 견해가 있어 이를 인용한다.[34]

『조세쟁송에서는 과세관청이 최초 세무조사시에 입수하였던 자료와의 견련성에 비추어 볼 때 실제로 획득한 자료는 아니지만 쉽게 획득할 수 있었던 자료인 경우도 실제로 획득한 자료와 마찬가지로 취급할 것인지가 다투어지고 있는데 중복세무조사금지의 취지가 세무조사권의 남용을 막는 데 있는 만큼 당초 세무조사에서 쉽사리 획득할 수 있었음에도 이를 간과한 것은 세무공무원의 부주의나 게으름으로 평가될 수 있으므로 그에 대한 제재를 가하는 의미에서 이러한 경우에도 실제로 획득한 자료와 마찬가지 취급하는 것이 옳다.』

다. 거래상대방에 대한 조사가 필요한 경우

A에 대한 세무조사를 종결한 후 그 거래상대방인 B에 대하여 세무조사를 함에 있어, B에 대한 과세표준 및 세액의 결정이나 경정에 필요한 범위 내에서 A에 대한 질문·검사를 할 수 있다는 취지로 읽혀진다.

이에 대하여는 다음과 같은 반대견해가 있다.[35]

---

34) 강석규, 전게서, 472면 참조.
35) 강석규, 전게서, 473면부터 474면까지 참조.

『국세기본법』 제81조의4 제2항 제2호는 중복세무조사가 허용하는 경우의 하나로 '거래 상대방에 대한 조사가 필요한 경우'를 규정하고 있다. 문언의 의미를 정확하게 파악하기는 어려우나 납세자를 상대로 한 최초의 세무조사에서는 납세자의 거래상대방에 대한 조사를 하지 않은 상태에서 종결하였다가 나중에 그 거래상대방에 대한 조사를 할 필요가 있는 경우에는 그 거래상대방에 대하여 조사를 할 수 있다는 취지로 읽힌다. 비록 조사의 직접적인 상대방이 납세자가 아닌 거래상대방이긴 하지만 그 조사의 목적이 납세자에 대한 과세라면 납세자에 대한 세무조사로 볼 수 있으므로 결국 중복세무조사에 해당한다고 볼 수 있다. 이러한 경우는 직접적으로 납세자에 대하여는 중복하여 질문·조사권 등을 행사하는 것이 아니므로 허용하더라도 납세자의 피해가 크지 않을 것이라는 인식이 바탕에 깔려 있는 것 같다.

그러나 납세자에 대한 세무조사의 통상적인 범위에는 그 거래상대방에 대한 조사도 포함된다고 볼 수 있으므로 납세자에 대한 최초의 세무조사에서 납세자의 거래상대방에 대한 조사를 함께할 수 있었음에도 이를 하지 않고 최초의 세무조사를 종결한 후에 다시 납세자의 거래상대방을 조사하기 위한 세무조사를 허용하는 것은 과세관청의 게으름을 용인하는 것이어서 중복세무조사를 금지하는 입법취지에 맞지 않다. 그리고 비록 거래상대방에 대한 조사라고 하더라도 그 목적이 납세자에 대한 과세에 있는 만큼 그로 인하여 납세자가 겪게 되는 고통은 작지 않으며 법적 안정성을 저해하기는 납세자에 대한 중복조사와 별 다를 바 없으므로 이를 함부로 용인할 것은 아니다. 그래서 최초의 세무조사 당시에는 거래상대방에 대한 조사를 함께 하는 것이 무리였다거나 이를 기대하기 어려운 특별한 사정이 있는 경우에 한하여만 위 규정의 적용대상이 된다고 해석하는 것이 타당하다.

이에 반하여 거래상대방에게 과세를 하기 위하여 본인에 대한 세무조사를 하는 경우를 예외로 인정하기 위한 규정으로 보아야 한다는 하급심 판결의 입장이 있다. 그러나 중복세무조사를 금지하는 것은 중복세무조사 자체가 본인에게 주는 고통을 면하게 하자는 데에도 목적이 있지만 보다 근본적으로는 그것이 본인에 대한 새로운 과세처분의 전제가 됨으로써 본인이 손해를 본다는 데 있다고 보는 것이 입법취지에 부합한다. 본인에 대한 새로운 과세처분의 전제가 되지 않고 단지 거래상대방에 대한 과세처분을 위한 세무조사라면 그것이 본인에 대하여 다시 질문조사의 형식으로 이루어진다고 해서 이것마저 원칙적으로 위법하다고 보는 것은 무리라고 하겠다. 왜냐하면 거래상대방에 대한 국가의 과세권 행사가 중복조사가 아니어서 적법하고 그것이 필요하다면 이를 위하여 하는 본인에 대한 세무조사 정도는 막아서는 아니되고 그로 인한 본인의 피해가 있다면 이는 따로 국가를 상대로 한 손해배상청구를 통하여 해결하도록 하는 것이 합리적이기 때문이다. 따라서 이러한 경우의 세무조사는 국세기본법 제81조의4 제2항 제2호가 아니더라도 당연히 허용되는 것으로 보는 것이 타당하므로 위 규정이 이러한 경우를 염두에 둔 것으로 보는 어렵다.

당초 세무조사가 형식상으로는 거래상대방이나 제3자에 대한 조사인 듯하지만 실질적으로는 납세자 본인에 대한 조사가 이루어진 경우 그 후 다시 본인에 대하여 세무조사가 이루어졌다면 중복세무조사의 예외에 해당할 수 없다.

이에 관한 사례로 대법원 2017. 12. 13. 선고 2015두3805 판결이 있다. 과세관청은 2001년 7월경 N법인의 주식변동에 대한 세무조사를 하여 A의 원고에 대한 명의신탁 사실을 확인하였으나 원고로부터 그 주식을 이전받은 B 등에 대해서만 증여 또는 명의신탁에 따른 증여세가 과세되었고, 원고에게는 과세처분이 이루어지지 아니하였다. 그 후 과세관청은 2010년 10월경 다시 원고에 대하여 명의신탁에 따른 증여세 조사를 하여 A의 원고에 대한 주식 명의신탁을 이유로 원고에 대하여 증여세를 부과하였다. 이에 대하여 원심은 2001년 7월경의 주식변동에 대한 세무조사는 조사대상이 N법인으로서 법인의 주식이동 전반에 관한 조사이지만, 2010년 10월경의 증여세 조사는 조사대상이 원고 개인이고 A와 원고 사이의 주식명의신탁에 관한 조사로서 그 조사대상이 다르다는 이유로 금지되는 재조사에 해당하지 않는다고 판시하였다. 그러나 대법원은, 2001년 7월경의 세무조사 당시 원고와 원고로부터 주식을 이전받은 B 등을 상대로 거래의 목적과 경위 등에 관한 문답서를 작성하거나 주식매매계약서, 주식거래대금의 출처 등에 관한 자료를 수집하였으므로 원고의 증여세에 대하여 세무조사가 이루어졌다고 볼 수 있고, 그로부터 9년이 지나 다시 이루어진 증여세 조사도 위와 같은 세무조사에 해당한다면 이는 금지되는 재조사에 해당한다고 판시하였다. 이와 같이 당초 세무조사의 형식적인 대상은 거래상대방이나 제3자일지라도 실질적으로 납세자 본인에 대하여도 세무조사가 이루어진 경우 그 후 다시 본인을 상대로 같은 사유에 관하여 세무조사가 이루어졌다면 위법한 중복세무조사에 해당할 수 있는 것이다.』

라. 2개 이상의 과세기간과 관련하여 잘못이 있는 경우

대법원 2017. 4. 27. 선고 2014두6562 판결[36]

『1. 구 국세기본법(2013. 1. 1. 법률 제11604호로 개정되기 전의 것, 이하 같다) 제81조의4 제1항은 "세무공무원은 적정하고 공평한 과세를 실현하기 위하여 필요한 최소한의 범위에서 세무조사를 하여야 하며, 다른 목적 등을 위하여 조사권을 남용해서는 아니 된다."라고 규정하고, 제2항은 "세무공무원은 다음 각 호의 어느 하나에 해당하는 경우가 아니면 같은 세목 및 같은 과세기간에 대하여 재조사를 할 수 없다."라고 규정하면서, 제3호에서 재조사가 예외적으로 허용되는 경우 중 하나로 '2개 이상의 사업연도와 관련하여 잘못이 있는 경우'를 들고 있다.

구 국세기본법 제81조의4 제1항은 세무조사는 기본적으로 적정하고 공평한 과세의 실현을 위

---

36) 강석규, 전게서, 475면 이하에서, 광의설, 협의설, 절충설을 설명하면서 이 판결은 절충설을 취하였고, 절충설이 타당하다면서 이를 다음과 같이 설명하고 있다. "절충설의 입장은 어떠한 잘못이 하나의 원인행위에서 비롯되어 2 이상의 사업연도에 계속되는 경우도 그 범위에 포함된다고 보는 견해이다. 이 견해는 2 이상의 사업연도와 관련된 것의 의미를 일률적으로 설명하는 것이 아니라 구체적인 사안별로 그 범위에 포섭될 수 있는지를 따져보아야 한다는 전제에서 출발하고 있는데, 광의설은 그 범위가 지나치게 넓은 반면, 협의설은 그 범위가 지나치게 좁으므로, 중복조사 금지의 취지 등에 비추어 사안별로 그 허용범위를 정할 필요가 있다는 것이다. 따라서 '2 이상의 사업연도와 관련하여 잘못이 있는 경우'라 함은 법문 그대로 어떠한 잘못이 2개 이상의 사업연도와 모두 관련되어 있는 경우로 해석하되, 단일한 원인행위를 기준으로 매년 같은 종류의 잘못이 발생하여 2 이상 사업연도와 연결되는 경우로 한정하여야 한다는 것이다. 그 예로는 하나의 금전소비대차계약에 의한 자금의 대여가 자금의 저율대여로서 부당행위계산부인 대상에 해당하는지 여부와 같이 적어도 어떠한 잘못이 하나의 원인행위인 금전소비대차계약에서 비롯되어 2 이상의 사업연도에 계속되는 경우를 들 수 있다."

하여 필요한 최소한의 범위 안에서만 행하여져야 함을 규정한 것이고, 제2항은 같은 세목 및 과세기간에 대한 거듭된 세무조사는 납세자의 영업의 자유나 법적 안정성 등을 심각하게 침해할 뿐만 아니라 세무조사권의 남용으로 이어질 우려가 있으므로 재조사를 원칙적으로 금지하는 한편, 조세공평의 원칙에 현저히 반하는 등의 예외적인 경우에는 재조사를 할 수 있도록 규정한 것이다. 이러한 관련 규정들의 문언과 체계 및 입법 취지 등에 비추어 보면, 구 국세기본법 제81조의4 제2항 제3호에서 정한 재조사의 예외적인 허용사유인 '2개 이상의 사업연도와 관련하여 잘못이 있는 경우'란 하나의 원인으로 인하여 2개 이상의 사업연도에 걸쳐 과세표준 및 세액의 산정에 관한 오류 또는 누락이 발생한 경우를 의미한다고 해석함이 타당하다. 따라서 다른 사업연도에 발견된 것과 같은 종류의 잘못이 해당 사업연도에도 단순히 되풀이되는 때에는 이러한 재조사의 예외적인 허용사유에 해당한다고 볼 수 없다. 그런데 완결적인 하나의 행위가 원인이 되어 같은 잘못이 2개 이상의 사업연도에 걸쳐 자동적으로 반복되는 경우는 물론, 하나의 행위가 그 자체로 완결적이지는 아니하더라도 그로 인해 과세표준 및 세액의 산정에 관한 오류 또는 누락의 원인이 되는 원칙이 결정되고, 이후에 2개 이상의 사업연도에 걸쳐 그 내용이 구체화되는 후속조치가 이루어질 때에는, 이러한 후속조치는 그 행위 당시부터 예정된 것이므로 마찬가지로 하나의 행위가 원인이 된 것으로서 이에 해당한다고 볼 수 있다. 그리고 위법한 세무조사를 금지하고 세무조사권의 남용을 방지하고자 하는 구 국세기본법 제81조의4의 규정 취지에 비추어 보면, 재조사의 예외적인 허용사유는 재조사 개시 당시에 구비되어야 할 것이므로, 과세관청이 하나의 원인으로 인하여 2개 이상의 사업연도에 걸쳐 과세표준 및 세액의 산정에 관한 오류 또는 누락이 발생한 경우임을 뒷받침할 만한 구체적인 자료에 의하여 재조사를 개시한 경우에 비로소 구 국세기본법 제81조의4 제2항 제3호에 따른 적법한 재조사에 해당한다고 할 것이다.

2. 가. 원심판결 이유에 의하면, 원심은 그 채택 증거를 종합하여 다음과 같은 사실을 인정하였다.

(1) 원고는 2006 사업연도부터 2010 사업연도까지 원고의 등기이사 겸 이사회의장이자 원고의 주식 38.10%를 보유한 소외인에게 성과상여금 명목으로 각 9억 원, 15억 원, 18억 원, 19억 원, 19억 원(이하 이를 통틀어 '이 사건 성과상여금'이라 한다)을 각 지급하였다.

(2) 서울지방국세청장은 2008. 7. 14.부터 2008. 8. 8.까지 원고에 대한 2005 사업연도 법인사업자통합조사(이하 '제1차 세무조사'라 한다)를 하였는데, 당시 원고가 작성한 '세무조사반 요청서류'에 의하면 임원보수와 관련하여 2005 사업연도부터 2008 사업연도까지의 이사회회의록, 임원성과급규정 등이 제출된 것으로 기재되어 있다.

(3) 이후 서울지방국세청장은 2008. 8. 4. 원고에게 2003 내지 2007 사업연도 법인세 항목이 적출된 제1차 세무조사 결과를 통지하였으나, 소외인에게 지급된 성과상여금에 대해서는 별다른 조치를 취하지 아니하였다.

(4) 서울지방국세청장은 2011. 11. 8. 원고에 대한 2007 내지 2010 사업연도 법인제세 통합조사를 개시한 다음, 2012. 2. 14. 원고에게 그 조사범위에 2006 사업연도 중 일부를 포함하는 내용의 조사범위확대통지를 하고 2006 사업연도 법인제세 부분조사를 개시하였다(이하 위와 같이 이루어진 세무조사 가운데 2006, 2007 각 사업연도에 대한 세무조사 중 소외인에게 지급된 성과상여금

에 관한 조사 부분을 '제2차 세무조사'라 한다).

(5) 서울지방국세청장은 2012. 3. 14. 원고에게, 이 사건 각 성과상여금은 지급기준 없이 지급된 잉여금 처분이므로 손금에 산입될 수 없다는 내용이 포함된 조사결과를 통지하였고, 이에 피고는 이 사건 성과상여금을 손금에 불산입하는 등 그 조사결과에 따른 내용을 반영하여 원고의 2006 내지 2010 사업연도의 법인세를 각 증액경정하였다.

나. 그런 다음 원심은, ① 제1차 세무조사에서 2003 사업연도 이후의 주주명부 등이 이미 제출된 바 있고, 원고가 제출한 '세무조사반 요청서류'에 따르면 임원보수와 관련하여 2005 사업연도부터 2008 사업연도까지의 이사회의사록, 임원성과급규정이 제출된 것으로 기재되어 있는 점, ② 제1차 세무조사에서 원고의 2006, 2007 사업연도 법인세 항목이 적출된 바 있는데, 제2차 세무조사에서 다시 2006 사업연도 부분조사 및 2007 사업연도 전부조사가 실시된 점 등을 고려하면, 제2차 세무조사는 재조사에 해당한다고 판단하였다.

이어 원심은, 구 국세기본법 제81조의4 제2항 제3호에서 정한 '2개 이상의 사업연도와 관련하여 잘못이 있는 경우'란 어떠한 잘못이 2개 이상의 사업연도와 모두 관련되어 있으면서 그와 같은 잘못이 하나의 원인행위에서 비롯하여 2개 이상의 사업연도에 계속되는 경우를 의미한다고 전제한 다음, ① 비록 원고의 이사회가 2005. 11. 8. '당기순이익이 발생하는 경우 소외인에게 매년 백화점 및 호텔 임대수입의 10% 이내에서 성과상여금을 지급하되, 그 지급시기 및 금액 등은 매년 이사회에서 정한다'고 결의하기는 하였으나, 위 결의만으로는 소외인에게 매년 지급될 성과상여금의 구체적인 액수 및 그 지급 여부에 관한 의사결정이 이루어졌다고 보기 어려운 점, ② 원고가 2006, 2007 각 사업연도에 소외인에게 지급한 각 성과상여금은 각 해당 연도에 개최된 주주총회 및 이사회에서 그 지급 여부와 구체적인 지급액수가 정하여진 점 등에 비추어 보면, 이 사건 성과상여금을 손금에 산입한 것은 '2개 이상의 사업연도와 관련하여 잘못이 있는 경우'에 해당하지 아니한다는 이유로, 제2차 세무조사에 재조사의 예외적 허용사유가 있다는 피고의 주장을 배척하였다.

3. 가. 이러한 원심의 판단 중 제2차 세무조사가 재조사에 해당하지 아니한다는 취지의 피고의 상고이유 주장은, 결국 사실심인 원심의 전권사항에 속하는 증거의 취사선택이나 사실인정을 탓하는 것에 불과하여 적법한 상고이유가 될 수 없고, 나아가 원심의 판단을 기록에 비추어 살펴보더라도 거기에 상고이유 주장과 같이 논리와 경험의 법칙을 위반하여 자유심증주의의 한계를 벗어나는 등의 위법이 없다.

나. 그러나 제2차 세무조사가 예외적으로 허용되는 재조사에 해당하지 아니하여 위법하다는 원심의 판단은 다음과 같은 이유로 수긍하기 어렵다.

원심판결 이유 및 원심이 적법하게 채택한 증거들에 의하면, ① 원고는 부동산임대업 등을 영위하는 법인으로 원고 발행 주식 대부분을 원래는 소외인이 보유하고 있었지만, 원고의 자금사정 악화로 인하여 그 주식 일부가 매각되어 2006년 무렵부터 2010년 무렵까지 통일교 관련 단체인 Meteor Limited, Winova JV Ltd, Great River Technology Ltd, Intersian Digital Technology Ltd 등 4개 법인이 원고 발행 주식의 60.02%를, 소외인이 38.10%를 각 보유하고 있었던 사실, ② 원고는 2003 사업연도까지 순손실이 발생하였으나 신세계백화점과 메리어트호텔 등을 임차인으로 유치하는 등 그 영업이 정상화됨에 따라 2005 사업연도의 당기순이익이 260억 9,200만 원으로 급

제
1
장

중한 사실, ③ 2005. 11. 8. 개최된 원고의 이사회에서 '소외인이 창업주로서 건물을 분양하지 않고 임대시설로 유지하여 지속적인 수익가능모델을 만드는 데 일익하였고, 대형 임차인의 유치와 수수료율 인상 등 수익구조 개선에 크게 기여하였으며, 이사회의장으로서 조달자금의 금리인하와 절세방안을 제시하는 등 경영상 업적이 지대한 점을 감안하여, 향후 당기순이익이 발생하는 경우에 한하여 매년 임대수입의 10% 이내에서 성과상여금을 지급한다. 지급시기 및 금액 등은 원고의 여건, 자금사정 등을 고려하여 매년 이사회에서 정한다'는 내용의 이사회결의가 이루어진 사실, ④ 2006 내지 2010 각 사업연도에 원고의 당기순이익으로 각 243억 5,600만 원, 213억 200만 원, 243억 5,700만 원, 282억 8,600만 원, 373억 2,100만 원이 발생하자, 원고는 해당 사업연도에 소외인에게 백화점 및 호텔의 임대수입의 10% 이내의 범위에서 각 9억 원, 15억 원, 18억 원, 19억 원, 19억 원의 이 사건 성과상여금을 지급하는 한편, 다른 대주주인 통일교 관련 단체에는 각 해당 사업연도 기간 동안 그 관련 단체에 기부금 및 광고선전비 명목으로 17억 3,300만 원, 28억 원, 30억 원, 36억 원, 38억 2,900만 원을 각 지급한 사실, ⑤ 이러한 성과상여금과 기부금 등은 당시 원고의 지분율에 따라 배분된 것으로, 원고는 임원 상여금의 지급기준과 산정근거에 관한 규정을 별도로 두고 있지 않아 대표이사가 임의로 판단하여 상여금을 책정하였으며, 소외인에게는 다른 임원들과도 차등을 두어 성과상여금을 지급한 사실 등을 알 수 있다.

이러한 사실관계를 앞서 본 법리에 비추어 살펴보면, 원고가 2006 내지 2010 각 사업연도에 이 사건 성과상여금을 지급한 것은 원고의 창업주이자 이사회의장의 지위에 있었던 소외인에게 매년 임대수입의 10% 이내에서 상여금을 지급하기로 한 2005. 11. 8.자 이사회결의에 기초한 것이고, 이러한 이사회결의는 그 내용 및 전후 경과에 비추어 보면 별다른 지급기준도 없이 실질적으로 잉여금 처분을 위한 분배금을 매년 소외인에게 지급하면서도 명목상으로만 손금산입대상이 되는 상여금의 형식을 갖추기로 한 것으로 볼 수 있으며, 비록 소외인에게 지급될 구체적인 성과상여금의 액수 등은 해당 사업연도별로 개최되었던 주주총회와 이사회 등에서 확정되었다고 하더라도 이는 소외인과 통일교 관련 단체가 원고 지분의 98% 이상을 차지하고 있는 상황 등을 감안할 때 앞서 2005. 11. 8.자 이사회결의에서 성과상여금을 지급하기로 결정한 후 그 당시 예정한 바대로 각 사업연도별로 후속절차로서 이루어진 것으로서 그와 함께 이 사건 성과상여금의 지급원인이 되었다고 봄이 상당하므로, 이러한 사정에 근거하여 이루어진 재조사는 구 국세기본법 제81조의4 제2항 제3호에서 예외적으로 허용하고 있는 재조사에 해당한다고 볼 여지가 있다.

다. 그렇다면 원심으로서는 서울지방국세청장이 위와 같은 사정을 뒷받침할 만한 구체적 자료에 의하여 제2차 세무조사를 개시한 것인지 또는 그와 무관하게 아무런 예외적인 허용사유 없이 재조사를 개시한 것은 아닌지 등에 관하여 나아가 심리한 후 제2차 세무조사가 위법한지 여부를 판단하였어야 했다. 그런데도 원심은 그 판시와 같은 사정만을 들어 제2차 세무조사가 예외적으로 허용되는 재조사에 해당하지 아니한다고 단정하고 그에 따른 과세처분이 위법하다고 판단하였으니, 이러한 원심의 판단에는 구 국세기본법 제81조의4 제2항 제3호에 정한 '2 이상의 사업연도와 관련하여 잘못이 있는 경우'의 해석 등에 관한 법리를 오해한 나머지 필요한 심리를 다하지 아니하여 판결에 영향을 미친 잘못이 있다. 이 점을 지적하는 피고의 상고이유 주장은 이유 있다.

4. 그러므로 원심판결 중 피고 패소 부분을 파기하고, 이 부분 사건을 다시 심리 · 판단하도록

원심법원에 환송하기로 하여, 관여 대법관의 일치된 의견으로 주문과 같이 판결한다.』

마. 재조사결정 등에 따라 조사를 하는 경우

제65조 제1항 제3호 단서(제66조 제6항과 제81조에서 준용하는 경우를 포함한다)에 기한 전심 기관의 재조사결정 또는 제81조의15 제4항 제2호 단서에 따른 과세전적부심사상의 재조사결 정에 따라 조사를 하는 경우에는 '결정서 주문에 기재된 범위의 조사'에 한하여 중복세무조사 가 허용된다.

바. 납세자가 세무공무원에게 직무와 관련하여 금품을 제공하거나 금품제 공을 알선한 경우

사. 기타의 경우

(1) 경제질서 교란 등을 통한 탈세혐의가 있는 자에 대하여 일제조사를 하는 경우

경제질서 교란의 태양으로 부동산투기, 매점매석, 무자료거래 등을 들고 있다. 앞서 본 바 와 같이 세무조사는 다른 정치적·경제적·사회적 목적을 달성하기 위하여 편법적으로 세무조 사가 이용되어서는 안 되므로 신중을 기하여야 할 것이다.

(2) 과세관청 외의 기관이 만들어 과세관청에 제공한 과세자료의 처리를 위한 재조사를 하는 경우

종전 시행령 제63조의2 제2호에서는 '각종 과세자료의 처리를 위한 재조사를 하는 경우' 가 예외사유의 하나로 열거되었다. 이 조항을 근거로 과세관청은 각종 과세자료를 처리하기 위한 이유로 재조사에 나아가곤 하였다.

그러나 아래와 같은 '업무종합감사 사건'에 대한 대법원 판결이 나온 후 2019. 2. 12. 이 를 개정하여 '과세관청 외의 기관이 직무상 목적을 위해 작성하거나 취득해 과세관청에 제공 한 자료의 처리를 위해 조사하는 경우'로 그 범위로 한정하였다.

대법원 2015. 5. 28. 선고 2014두43257 판결('업무종합감사 사건')[37]

『2. 상고이유 제2점에 대하여

가. 구 국세기본법(2013. 1. 1. 법률 제11604호로 개정되기 전의 것. 이하 같다) 제81조의4는 제1항에서 "세무공무원은 적정하고 공평한 과세를 실현하기 위하여 필요한 최소한의 범위에서 세무 조사를 하여야 하며, 다른 목적 등을 위하여 조사권을 남용해서는 아니 된다."고 규정하는 한편, 제

---

37) 심규찬, "감사과정에서의 질문 조사와 중복조사금지 원칙", 대법원 판례해설 104호(2015년 상), 53면 이하 참조. 대법원 2018. 6. 19. 선고 2016두1240 판결도 같은 취지이다.

2항에서 "세무공무원은 다음 각 호의 어느 하나에 해당하는 경우가 아니면 같은 세목 및 같은 과세기간에 대하여 재조사를 할 수 없다."고 규정하면서, 그 각 호에서 재조사가 허용되는 경우로 '조세탈루의 혐의를 인정할 만한 명백한 자료가 있는 경우'(제1호), '거래상대방에 대한 조사가 필요한 경우'(제2호), '2개 이상의 사업연도와 관련하여 잘못이 있는 경우'(제3호), 이의신청이나 심사청구 또는 심판청구가 이유 있다고 인정되어 필요한 처분의 결정을 하여 그 결정에 따라 조사를 하는 경우(제4호), '그 밖에 제1호부터 제4호까지와 유사한 경우로서 대통령령으로 정하는 경우'(제5호)를 들고 있고, 그 위임에 따른 구 국세기본법 시행령(2014. 2. 21. 대통령령 제25201호로 개정되기 전의 것. 이하 같다) 제63조의2 제2호 전단은 예외적으로 허용되는 재조사의 하나로 '각종 과세자료의 처리를 위한 재조사'를 규정하고 있다.

이러한 규정들의 문언과 체계를 바탕으로, 같은 세목 및 과세기간에 대한 거듭된 세무조사는 납세자의 영업의 자유나 법적 안정성을 심각하게 침해할 뿐만 아니라 세무조사권의 남용으로 이어질 우려가 있으므로 조세공평의 원칙에 현저히 반하는 예외적인 경우를 제외하고는 금지할 필요가 있는 점, 구 국세기본법 시행령 제63조의2의 규정에 따라 재조사가 허용되는 경우는 구 국세기본법 제81조의4 제2항 제1호 내지 제4호에서 규정한 재조사가 예외적으로 허용되는 경우와 유사한 경우로 한정되므로 그 허용 사유 및 범위를 엄격하게 해석함이 타당한 점 등을 종합하여 보면, 구 국세기본법 시행령 제63조의2 제2호 전단에 정한 '각종 과세자료의 처리를 위한 재조사'에서의 '각종 과세자료'란 세무조사권을 남용하거나 자의적으로 행사할 우려가 없는 과세관청 외의 기관이 그 직무상 목적을 위하여 작성하거나 취득하여 과세관청에 제공한 자료로서 국세의 부과·징수와 납세의 관리에 필요한 자료를 의미하고, 이러한 자료에는 과세관청이 종전 세무조사에서 작성하거나 취득한 과세자료는 포함되지 아니한다고 해석함이 타당하다.

나. 원심이 적법하게 채택한 증거에 의하면, ① 피고는 2009. 8. 24.부터 2009. 9. 1.까지 원고에 대하여 이 사건 각 부동산에 관한 자금출처 등을 파악하기 위한 세무조사를 실시하여, 원고가 소외 2로부터 이 사건 제1부동산을 2억 600만 원에, 소외 3으로부터 이 사건 제2부동산을 7억 원에, 소외 4로부터 이 사건 제3부동산을 9억 2,600만 원에 각 취득하였고, 이 사건 제4부동산의 취득가액이 2억 2,000만 원임을 확인하였으나, 원고가 1995. 2. 10.부터 ○○상사라는 상호로 화섬·직물 도매업을 하여 이 사건 각 부동산을 취득할 능력이 있었던 것으로 보인다는 이유로 원고의 1995년부터 2005년까지의 추정소득금액을 이 사건 각 부동산의 취득자금에 대한 출처로 인정하여 증여세를 부과하지 아니하였던 사실, ② 그런데 광주지방국세청은 2011. 8. 22.부터 2011. 9. 8.까지 동대문세무서에 대한 정기 업무종합감사를 실시하면서, 피고가 원고에게 이 사건 각 부동산의 취득자금에 관한 증여세를 부과하지 아니한 데 오류와 비위가 있다고 판단한 다음, 이 사건 제2부동산의 양도인인 소외 3에게 질문하여 그 매매대금이 7억 원이고 원고가 아닌 다른 사람과 거래하였다는 답변을 받았고, 이 사건 제3부동산의 양도인인 소외 4에게 질문하여 매매대금이 8억 1,496만 원이고 원고 및 원고의 아버지와 매매계약을 체결하였다는 취지의 답변을 받는 한편, 이 사건 제4부동산 공사대금을 확인하기 위하여 세금계산서를 제출받거나 그 내역을 확인하였던 사실, ③ 이에 광주지방국세청은 감사를 종결하면서, 피고에 대하여 이 사건 각 부동산 취득가액에서 원고의 소득금액과 대출금을 공제한 나머지 금액을 재력이 있는 아버지로부터 증여받은 것으로 추정하여

원고에게 증여세를 부과하도록 요구한 사실 등을 알 수 있다.

이러한 사실관계를 앞서 본 법리에 비추어 보면, 피고가 종전 세무조사에서 작성 또는 취득한 과세자료는 구 국세기본법 시행령 제63조의2 제2호 전단에 정한 '각종 과세자료의 처리를 위한 재조사'에서의 '과세자료'에 해당하지 아니하므로, 이와 같은 과세자료에 기초하여 광주지방국세청이 감사 과정에서 실시한 재조사는 '각종 과세자료의 처리를 위한 재조사'에 해당한다고 할 수 없다.

다. 그럼에도 원심은 광주지방국세청의 재조사가 '각종 과세자료의 처리를 위한 재조사'에 해당하여 허용된다고 판단하였으니, 원심의 판단에는 국세기본법령이 정한 재조사의 예외적 허용 사유인 '각종 과세자료의 처리를 위한 재조사'에 관한 법리를 오해하여 판결에 영향을 미친 위법이 있다. 이 점을 지적하는 상고이유의 주장은 이유 있다.』

위 판결에 의하면 구 국세기본법 시행령 제63조의2 제2호 전단에 정한 '각종 과세자료의 처리를 위한 재조사'에서의 '각종 과세자료'란 세무조사권을 남용하거나 자의적으로 행사할 우려가 없는 과세관청 외의 기관이 그 직무상 목적을 위하여 작성하거나 취득하여 과세관청에 제공한 자료로서 국세의 부과·징수와 납세의 관리에 필요한 자료를 의미하고, 이러한 자료에는 과세관청이 종전 세무조사에서 작성하거나 취득한 과세자료는 포함되지 아니한다는 것이다.

여기서 과세관청 외의 기관이 그 직무상 목적을 위하여 작성하거나 취득하여 관세관청에 제공한 자료에는 과세자료의 제출 및 관리에 관한 법률 제4조 소정의 과세자료 제출기관이 작성한 것으로 제5조 소정의 과세자료에 해당되어 제7조에 따라 세무관서 등에 제출된 것이 포함된다.

(3) 국세환급금의 결정을 위한 확인조사를 하는 경우

(4) 조세범 처벌절차법 제2조 제1호에 따른 조세범칙행위의 혐의를 인정할 만한 명백한 자료가 있는 경우

10. 조사절차상의 법위반의 태양 및 권리구제절차

가. 판례의 개관

(1) 대법원 1985. 11. 12. 선고 84누250 판결

『1. 원심판결 이유에 의하면, 원심은 … 부과처분을 한 사실을 인정한 다음, 위 인정과 같이 피고가 위 4개 회사의 익금에 산입한 금액을 처분함에 있어서 주주와 임원에게 배당 및 상여로 처분될 것이 명백한 금원을 제외하고는 그 귀속이 불분명함에도 불구하고 명확한 자료없이 주주 또는 임원에게 배당 및 상여로 귀속된 것으로 보아 이 사건 부과처분을 한 것은 과세소득을 오인한 하자

가 있어 위법하기는 하나 종합소득세의 과세표준 중 소득 없는 부분에 대한 부과처분만을 따로 떼어 그 하자가 중대하고 명백하다고 할 수 없으므로 원고의 이 사건 무효확인청구는 이유 없다고 배척하였다.

2. 행정처분에 내재된 하자가 중대할 뿐 아니라 객관적으로도 명백한 경우에 한하여 그 처분은 당연무효라고 보게 되는 것이므로, 과세소득이 없는데도 과세관청이 잘못된 과세자료를 근거로 과세소득이 있는 것으로 사실관계를 오인하여 과세처분을 한 경우에는 일반적으로 이와 같은 잘못된 과세자료에 의한 사실관계의 오인은 객관적으로 명백하지 아니한 경우가 허다하여 당연무효라고 보기 어려운 경우가 많은 것이 사실이다.

그러나 사실관계 오인의 근거가 된 과세자료가 외형상 상태성을 결여하거나 또는 객관적으로 그 성립이나 내용의 진정을 인정할 수 없는 것임이 명백한 경우에는 이러한 과세자료만을 근거로 과세소득을 인정하여 행한 과세처분은 그 하자가 중대할 뿐아니라 객관적으로도 명백하여 무효라고 보아야 한다(당원 1984. 9. 25. 선고 84누286 판결 참조).

기록에 의하여 원심이 채용한 증거를 살펴보면 원심인정과 같이 국세청이 소외 한국중등교과서주식회사 등 4개 회사에 대한 연합조사반을 편성하여 세무조사를 실시할 무렵 위 4개 회사의 관련장부가 수사기관에 의하여 압수되고 그 대표와 임직원등 30여명이 수사기관에 연금되거나 구속되는 등 긴장된 상황이었던 사실, 위 연합조사반은 조사 확인한 매출누락액 8,711,942,531원을 위 4개 회사의 각 사업년도 익금으로 가산처리한 후 별다른 합리적이고 타당한 근거도 없이 그 금액전액이 각 주주들에게 상여 또는 배당으로 귀속되었다고 단정하여 이에 따라 각 연도별, 주주별 소득액과 원천징수세액을 산출한 일람표를 작성한 후, 1977. 4.경 원고를 비롯한 전주주를 국세청회의실에 집합시켜 위 일람표내용을 제시하고 그 내용대로 소득금액 자진신고를 할 것을 강력히 요구하고 이에 불응하면 중과세 내지 구속하여 형사입건할 것임을 시사하였으며 아울러 위 각 회사에 대하여는 주주들로부터 각자의 원천징수불이행세액을 확인하고 이를 회사에 상환할 것과 이에 대한 담보를 제공하겠다는 내용의 각서를 작성 제출받도록 지시하였으므로, 원고는 그 의사에 반하여 위 연합조사반이 작성한 일람표에 따라 소득액 및 원천징수불이행세액에 대한 각서를 작성제출함과 동시에 이 사건 과세년도의 종합소득세에 관한 소득금액신고 및 자진납부계산서를 피고에게 작성제출한 사실이 인정된다.

위 인정과 같이 이 사건 부과처분의 근거가 된 원고의 종합소득세신고서나 각서가 과세관청 내지 그 상급관청의 일방적이고 억압적인 강요로 말미암아 원고의 자유로운 의사에 반하여 별다른 합리적이고 타당한 근거도 없이 작성제출된 것이라면, 이러한 신고서나 각서는 그 작성경위에 비추어 성립과 내용이 진정한 과세자료라고 볼 수 없으므로, 이러한 과세자료에 터잡은 이 사건 부과처분의 하자는 중대한 하자임은 물론이거니와 위와 같은 과세자료의 성립과정에 직접 관여하여 그 경위를 잘 아는 과세관청에 대한 관계에 있어서 객관적으로 명백한 하자라고 보지 않을 수 없다.

3. 한편 종합소득세의 부과처분에 있어서도 과세관청이 인정한 과세소득중 그 일부는 명백히 인정되나 그 나머지 소득은 인정할만한 적법한 과세자료가 없는 경우에 이와 같이 허무의 과세소득을 오인한 하자가 객관적으로 명백하다면 종합소득세부과처분 중 허무의 과세소득에 관한 부분은 당연무효라고 보아야 할 것이며 이러한 부과처분의 일부 무효확인청구를 배제할 이유가 없다고 할 것이다.

이 사건에서 주주들이 자유의사에 반하여 작성제출한 소득금액신고서 및 자진납부계산서등에 의하여 소외 4개 회사의 매출누락액 8,711,942,531원 전액이 원고 등 주주에게 상여 또는 배당소득으로 귀속되었다고 보고 행한 피고의 이 사건 부과처분은 그 과세소득의 사실관계를 오인한 하자가 중대하고도 명백함은 위에서 설시한 바와 같으나, 다만 적법한 과세자료에 의하여 위 매출액 중 일부 금액이 실지로 주주에게 상여 또는 배당소득으로 귀속된 사실이 만일 밝혀진다면 이 금액을 초과한 부과처분 부분에 한하여 무효라고 볼 것임은 물론이다.』

판시취지는 다음과 같다. 단순한 조사절차상의 법위반이 아니라 부과처분의 근거가 된 납세의무자의 종합소득세신고서나 각서가 과세관청의 일방적이고 억압적인 강요로 자유로운 의사에 반하여 합리적이고 타당한 근거도 없이 작성제출된 것이라면, 헌법상 보호되어야 하는 인권적 영역을 침해한 것이 되어, 단순한 조사절차상의 법위반이 아니라 실체법적 위반에 해당되어 그 부과처분은 당연무효이다.

(2) 대법원 2009. 4. 23. 선고 2009두2580 판결(심리불속행)의 원심판결인 서울고등법원 2008. 12. 19. 선고 2007누34707 판결 이유 중 관련부분을 본다.

『가) 사전통지절차 위반 여부

구 국세기본법(2007. 12. 31. 법률 제8830호로 개정되기 전의 것, 이하 '구 국세기본법'이라 한다) 제81조의7 제1항, 구 국세기본법 시행령(2007. 12. 31 대통령령 제20516호로 개정되기 전의 것, 이하 '동법 시행령'이라 한다) 제63조의6 각 규정을 종합하면, 세무공무원은 국세에 관한 조사를 위하여 당해 장부·서류 기타 물건 등을 조사하는 경우에는 조사를 받을 납세자에게 조사개시 10일 전에 조사대상 세목, 조사기간 및 조사사유 등을 서면으로 통지하여야 하고, 다만, 범칙사건에 대한 조사 또는 사전통지의 경우 증거인멸 등으로 조사목적을 달성할 수 없다고 인정되는 경우에는 사전통지의무가 면제되는바, 앞서 본 바와 같이 원고에 대한 이 사건 세무조사가 탈세혐의 제보로 개시되었고, 원고가 장기간에 걸쳐 차명계좌를 이용하여 임대수입을 축소, 은폐하여 온 사정 등에 비추어 이 사건은 원고에게 사전통지를 하는 경우 증거인멸 등으로 조사목적을 달성할 수 없는 경우에 해당한다 할 것이므로 피고가 원고에 대한 세무조사에 착수하거나 조사범위를 확대하면서 사전통지를 하지 아니한 것에 위법이 있다고 할 수 없다.

나) 세무조사권의 남용 여부

구 국세기본법 제81조의4 제2항에 의하면, 세무공무원은 같은 세목 및 같은 과세기간에 대하여 재조사를 할 수 없으나 조세탈루의 혐의를 인정할 만한 명백한 자료가 있는 경우 등에는 예외적으로 재조사를 실시할 수 있는데, 이 사건에 있어서 피고가 탈세제보에 따라 원고에 대하여 세무조사를 진행하던 중 조사대상기간인 2004. 1. 1.부터 2005. 6. 30. 사이에 이 사건 상가의 임대료가 원고가 아닌 ㅇㅇㅇ 명의의 이 사건 계좌로 송금된 사실 및 원고가 위 과세기간 이전에도 위 계좌를 이용하여 지속적으로 임대료 등을 받아 온 사실을 확인하였는바, 이는 조세탈루의 혐의를 인정할 만한 명백한 자료가 있는 경우에 해당하여 피고가 종전에 세무조사를 한 기간까지 포함시켜 다시 세무조사를 하였다고 하더라도 세무조사권을 남용한 것이라고 볼 수 없다.

다) 납세자권리헌장 교부절차 위반 여부

피고가 이 사건 세무조사를 함에 있어 원고에게 납세자권리헌장이 수록된 문서를 교부한 사실을 인정할 자료는 없으나, 구 국세기본법 제81조의2 제2항에 의하면, 세무공무원은 조세범처벌절차법의 규정에 의한 범칙사건에 대한 조사를 하는 경우(제1호), 법인세의 결정 또는 경정을 위한 조사 등 부과처분을 위한 실지조사를 하는 경우(제2호), 사업자등록증을 교부하는 경우(제3호), 기타 대통령령이 정하는 경우(제4호)에는 납세자에게 납세자권리헌장의 내용이 수록된 문서를 교부하여야 하는 것으로 규정되어 있는바, 이 사건 세무조사는 위 각 호 규정에 해당하지 않으므로 피고가 원고에게 이 사건 세무조사를 함에 있어 납세자권리헌장이 수록된 문서를 교부하지 아니하였다고 하더라도 이를 국세기본법 위반이라고 볼 수 없을 뿐 아니라(또한 원고가 주장하는 세무조사사무처리규정에 납세자권리헌장 교부의무가 규정되어 있다고 하더라도, 다음에 보는 바와 같은 사유로 위 규정에 정한 절차에 위반한 세무조사라고 하여 바로 위법한 세무조사라고 볼 수 없다), 과세처분은 과세표준의 존재를 근거로 하여 되는 것이기 때문에 그 적부는 원칙적으로 객관적인 과세요건의 존부에 의해 결정되어야 하는 것이고, 세무조사절차에 어떠한 위법이 있다고 하더라도 그것이 전혀 조사를 결한 경우나 사기나 강박 등의 방법으로 과세처분의 기준이 되는 자료를 수집하는 등 중대한 것이 아닌 한, 과세처분의 취소사유로는 되지 않는다고 할 것이므로 피고가 원고에게 납세자권리헌장을 교부하지 아니하였다는 사유만으로 이 사건 처분이 위법하다고 볼 수도 없다.

라) 기타 절차 위반 여부

원고가 주장하는 세무조사사무처리규정은 국세청 훈령으로서 행정기관 내부의 사무처리준칙에 불과할 뿐 대외적인 구속력이 있는 법규명령으로 보기 어려우므로 피고가 이 사건 세무조사를 함에 있어 위 규정에 정한 세무조사 기간의 제한, 세무조사기간 연장절차, 납세자권리헌장 교부절차, 사전통지 생략의 안내절차 등에 위반하였다고 하더라도 그러한 사유만으로 이 사건 처분을 위법하다고 볼 수 없다.』

위 판결에 의하면 납세자권리헌장을 교부하지 않은 채 세무조사가 이루어졌다 하더라도 이에 기초한 부과처분은 위법하지 않다는 것이다. 즉 사기나 강박 등의 방법으로 부과처분의 기초가 되는 자료를 수집하는 등으로 그 위법이 중대하여 처분에 영향을 미칠 정도의 경우가 아닌 한 부과처분의 취소사유로는 되지 않는다는 것이다.

(3) 한편, 앞서 본 '부부조사 사건'의 판결은 세무조사대상 선정사유가 없음에도 세무조사가 개시된 이상 그 세무조사에 터잡은 부과처분은 위법하고, 비록 세무조사사전통지(세무조사결정처분)에 대한 취소소송을 거치지 않았다 하더라도, 곧바로 부과처분 취소소송에서 그 위법을 주장할 수 있다는 취지이다.

앞서 본 '세라젬 사건'의 판결은 세무조사결정처분이 중복세무조사 금지의 원칙에 위반되면 위법하여 취소되어야 한다는 것으로, 세무조사결정처분의 당부에 관하여만 판시하였다. 따라서 세무조사결정처분이 위법하여 취소되면 그 세무조사에 기한 부과처분의 운명이 어떻게 될 것인지에 관하여는 판단할 여지가 없었다. 뒤에서 보는 바와 같이 세무조사결정처분이 위법하여 취소되면 그 판결이나 재결의 기속력에 기한 '부정합처분의 취소의무'에 따라 이에 터 잡은 부과처분도 취소되어야 할 것이다.

나. 조사절차상의 법위반의 태양, 효과 및 권리구제절차

(1) 실체법적 법위반(헌법위반)과 조사절차상의 법위반

조사절차상의 법위반의 태양은 다양하다. 법위반의 태양에 따라 효과도 다양하게 구성되어야 한다. 법익의 침해 정도에 따라 구조적 분석을 하면, 우선 세무조사절차상 수반될 수 있는 것으로 순수한 '조사절차상의 법위반'이 문제되는 경우와 헌법적으로 보호되어야 하는 조세채무자의 인권적 영역에 중대한 침해가 수반되는 — '조사절차상의 법위반'을 뛰어 넘는 — '실체법적 법위반'으로 나눌 수 있다.

실체법적 법위반이라 함은 헌법상 자유권적 기본권에 중대한 침해가 일어나는 경우 단순히 절차법상의 법위반으로 끝나는 것이 아니라 실체법인 헌법위반으로 그 성질이 바뀐다는 것을 의미한다.

(2) 실체법적 법위반이 있는 경우

과세표준신고서를 제출하거나 수정신고를 하는 과정에서 또는 세무조사절차상 확인서나 각서 등을 제출받는 과정에서, 과세관청의 일방적이고 억압적인 강요 등 형사적으로 처벌을 받을 수 있는 행위가 개입됨으로 말미암아 납세자의 자유로운 의사가 배제되거나 의사형성에 하자가 있게 된 경우라면, 이는 헌법상의 인권적 영역의 중대한 침해에 해당한다.

세무조사에서 실체법적 위반이 수반된 경우라면 그 세무조사에 터잡은 부과처분이나 수정신고는 원칙적으로 당연무효로 귀착된다(앞서 본 84누250 판결 참조). 헌법상의 자유권적 기본권의 중대한 침해가 있는지 여부는 구체적 사안에서 개별적으로 판단되어야 한다.

다. 조사절차상의 법위반이 중대한 절차적 하자에 해당하는 경우

(1) 조사절차상의 법위반에는, 조사절차상의 법위반이 중대하여 부과처분의 효과에 영향을 미치는 경우와 그렇지 않은 경우로 나눌 수 있다. 대법원은 '양도소득세 중복세무조사 사건'에서 '중대한 절차적 하자'라는 용어를 사용하고 있다.

(2) 중대한 절차적 하자

세무조사대상 선정사유가 없음에도 세무조사가 개시된 경우(부부조사 사건), 중복세무조사 금지의 원칙에 위반한 경우(세라젬 사건, 양도소득세 중복세무조사 사건), 세무조사가 본래의 목적이 아닌 부정한 목적으로 시행된 경우(부정한 목적의 세무조사 사건) 등은 중대한 절차적 하자에 해당하고 이에 기한 부과처분은 위법하다 할 것이다.

(3) 구제절차

중대한 절차적 하자에 해당하는 경우 세무조사사전통지처분의 취소소송을 제기할 수 있고, 부과처분 취소소송에서 이를 다툴 수도 있다. 두 소송은 선택적이다.[38] 다만 사전통지처분의 취소소송에서 패소확정되면 동일한 사유로 부과처분 취소소송에서 다시 다툴 수 없다 할 것이다.

'세라젬 사건'과 같이 사전통지처분(세무조사결정처분)의 취소판결이 확정되었는데, 소송 도중 이루어진 부과처분을 다투지 않았다면 그 부과처분의 효력은 어떠한가? 선행처분이 위법한 것으로 확정됨으로써 존재의미를 상실한 후행처분이 형식상 선행처분과 별개라는 이유로 그대로 존속한다는 것은 취소소송의 의의를 잃게 한다. 선행처분이 취소되면 행정청으로서는 기속력에 기한 부정합처분의 취소의무에 따라 후행처분을 취소할 의무가 있다 할 것이다. 선행처분이 취소됨으로써 후행처분인 부과처분은 전제요건을 결하여 무효로 귀착된다는 견해도 있을 수 있다[제1장 제6절의2 2. 마. (3) 참조].

라. 조사절차상의 법위반이 중대한 절차적 하자에 해당하지 않는 경우

(1) 중대한 절차적 하자에 해당하지 않는 예를 본다.

(ⅰ) 세무조사사전통지처분을 고지하지 아니한 경우

(ⅱ) 세무조사를 개시하는 경우 문서로서 조사를 시작하기 15일 전에 사전통지를 하여야 하는데 이를 어긴 경우

(ⅲ) 사전통지를 구두로 알리는 경우

(ⅳ) 사전통지서에 필요적 기재사항이 누락되었거나 권리구제의 교시절차가 기재되어 있지 아니한 경우

(ⅴ) 세무조사를 개시할 때 납세자권리헌장의 내용이 담긴 문서를 교부하지 아니한 경우

(ⅵ) 조사원증을 제시하지 아니한 경우

(ⅶ) 납세자권리헌장을 교부함에 있어 그 요지를 직접 낭독하지 아니하거나 조사사유, 조사기간을 설명하지 아니한 경우

(ⅷ) 세무조사 중 세무사 등에게 참여 내지 의견진술의 기회를 주지 아니한 경우

(ⅸ) 질문이나 장부의 제시 및 제출명령 등에 법령위반이 있는 경우

(2) 하자의 분류

위 하자가 사전통지처분의 하자에 직결되는 경우[(ⅰ) 내지 (ⅳ)], 사전통지처분의 하자

---

38) 임승순, 전게서, 103면 참조.

에 직결되지 않으나 부수된 하자로 볼 수 있는 경우[(ⅴ) 내지 (ⅶ)], 사전통지처분 이후의 절차적 하자에 속하는 경우[(ⅷ), (ⅸ)] 등으로 분류할 수 있다.

① 세무조사사전통지처분의 하자에 직결되는 경우

사전통지처분의 하자에 직결되는 경우라 함은 그 처분 자체에 하자가 있는 경우를 말한다. 실체적 진실주의라는 적법적 정의와 세무조사절차에서의 절차적 정의가 충돌하는 국면으로서 조화를 위하여 다음과 같이 해석한다.

사전통지처분의 하자를 치유할 수 있는지 여부가 문제되나 치유가 가능한 사항이라면 원칙적으로 세무조사기간이 지나기 전까지 치유할 수 있다고 보아야 한다. 세무조사가 종료된 이후에도 하자의 치유를 인정한다는 것은 절차적 정의를 본질적으로 무시하는 것이기 때문이다. 하자가 치유되면 본래의 실체법적 효력을 가지는바 이미 시작된 세무조사는 계속 진행된다 할 것이다.

다음 사전통지처분이 전혀 발령되지 않았거나 무효인 경우 또는 법원의 판결이나 과세관청에 의하여 취소된 경우 세무조사의 결과로 얻은 인식자료나 증거자료는 원칙적으로 부과처분의 기초자료로 사용할 수 없고 이에 기한 부과처분은 위법하다 할 것이다. 선행처분인 사전통지처분이 법원의 판결에 따라 취소되면 행정청으로서는 기속력에 기하여 후행처분인 부과처분을 취소할 의무가 있다 할 것이다(부정합처분의 취소의무).

다만 사전통지처분의 하자를 다투지 않았다면, 그 처분이 전혀 발령되지 않았거나 무효가 아닌 이상, 이로 인하여 발생한 불가쟁력에 기하여 세무조사의 결과로 얻은 인식자료나 증거자료는 부과처분의 기초자료로 사용할 수 있다.

② 세무조사사전통지처분의 하자에 직결되는 것은 아니나 이에 부수된 하자로 볼 수 있는 경우 하자의 치유를 인정할 수 있거나[39] 치유되지 않았다 하더라도 세무조사 결과로 얻은 인식자료 내지 증거자료를 부과처분의 기초자료로 사용하는 데에는 지장이 없다 할 것이다.

③ 사전통지처분 이후 이루어진 절차적 하자를 가진 조치로서 행정처분성을 가져 이를 독립적으로 다툴 수 있는 것이라면 조사대상자는 소송을 통하여 위법의 시정을 구하여야 하고, 그 소송에서 승소한 경우에 절차위반으로 얻은 증거자료는 부과처분의 기초자료로 사용할 수 없다 할 것이다. 행정소송으로 다투지 않았다면 그 절차적 하자의 존재에도 불구하고 절차위반으로 얻은 증거자료를 부과처분의 기초자료로 사용하는 데에는 지장이 없다고 새겨야 한다. 다만 어떠한 것이 절차적 하자를 가진 조치로서 행정처분성을 가져 독립적으로 다툴 수 있는 것인지는 구체적 사안에서 개별적으로 판단되어야 한다.

---

39) 판례에 의하면 하자의 추완은 행정심판 제기 이전에만 가능하다고 한다(대법원 1984. 4. 10. 선고 83누393 판결 참조).

제14절

부과제척기간

1. 의의, 본질 및 적용범위

가. 의의

국세를 부과할 수 있는 기간에 국세가 부과되지 아니하고 그 기간이 끝난 때 국세를 '납부할 의무가 소멸'한다(국세기본법 제26조 제2호). 여기서 '국세를 부과할 수 있는 기간'을 부과제척기간이라 한다. 그동안 여러 용어가 혼용되었으나 2019. 12. 31. 국세기본법 개정으로 '부과제척기간'을 법전용어화하였다.

국세기본법 제26조 제2호가 제척기간의 도과로 조세채무가 소멸한다는 취지의 소멸사유를 정한 것[1]이라면, 제26조의2는 과세관청이 그 確定權(賦課權)을 행사하여야 하는 기간을 정한 것이다. 각 그 고유의 규율 내용이 다르다. 제척기간은 그 기간 내에 확정권의 행사가 있으면 권리가 보전된다.[2] 민사법에서는 제척기간 내에 재판 밖에서 권리의 행사가 있어도 권리가 보전된다고 함이 대법원의 견해이다(대법원 1993. 7. 27. 선고 92다52795 판결[3] 참조).

확정권의 행사로 생긴 구체적 조세채무는 다시 소멸시효의 규율을 받는다.

---

1) 반사적 효과로서 신고납세방식의 조세에 있어 조세채무자가 신고(수정신고)를 통하여 세액을 확정하는 확정권(확정의무)의 행사기간으로도 볼 수 있다.

2) 곽윤직, 전게서, 319면 이하에서, "권리의 제척기간은, 일정한 권리에 관하여 법률이 예정하는 존속기간이다. 따라서 권리의 존속기간인 제척기간이 차서 끝나게 되면, 그 권리는 당연히 소멸한다. 이러한 제척기간을 두는 이유는, 그 권리를 중심으로 하는 법률관계를 속히 확정하려는 데에 있다. 그리고 이러한 제척기간을 둘 필요성은, 특히 형성권에 있어서 강하다."라면서, 제척기간이 정하여져 있는 권리는, 그 제척기간 내에 어떠한 행위가 있을 때에 보전되는 것인지 여부에 관하여, ① 제척기간 내에 어떠한 권리행사가 있었느냐 또는 없었느냐를 묻지 않고서, 기간의 경과로 언제나 권리는 소멸한다고 새기는 견해, ② 제척기간 내에 재판 밖에서의 행사가 있으면 권리가 보전된다고 하는 견해(대법원 1993. 7. 27. 선고 92다52795 판결), ③ 그 기간 내에 재판상의 행사(소의 제기)가 있어야 한다는 견해를 들면서, ③의 견해를 지지하고 있다.

3) 민사판결 일부를 인용한다. "성년자 또는 친족회가 민법 제950조 제2항에 따라 제1항의 규정에 위반한 법률행위를 취소할 수 있는 권리는 형성권으로서 민법 제146조에 규정된 취소권의 존속기간은 제척기간이라고 보아야 할 것이지만(당원 1988.11.8. 선고 87다카991 판결 참조), 그 제척기간 내에 소를 제기하는 방법으로 권리를 재판상 행사하여야만 되는 것은 아니고, 재판 외에서 의사표시를 하는 방법으로도 권리를 행사할 수 있다고 보아야 할 것이다."

나. 본질

(1) 통상의 제척기간(법적 안정성)

제척기간의 본질은 '통상의 제척기간'과 '특례제척기간'으로 나누어 이해하여야 한다. 본질을 전혀 달리하므로 이를 통합하여 이해하는 것은 불가능하다.

통상의 제척기간은 법적 안정성을 확보하기 위한 제도로서 단순성이 생명이다. 법적 안정성을 위하여 그 범위 내에서 실체적 진실주의는 포기된다. 실체적 진실주의와 법적 안정성의 긴장관계가 나타나는 대표적 영역 중의 하나이다. 2019. 12. 31. 개정된 국세기본법 제26조의2 제1항부터 제5항까지에서 규정하고 있는 다양한 제척기간이 여기에 속한다. '단기 제척기간'과 부정행위가 개입된 경우의 '장기 제척기간'으로 나눌 수 있다.

한편 2014. 12. 23. 국세기본법의 개정으로 통상의 제척기간과 통상의 경정청구기간을 5년으로 일치시켰다(다만 상속세 및 증여세 제외).

(2) 특례제척기간(정의와 공평을 위한 특례경정)

특례제척기간은 직접적으로 법적 안정성의 보장을 위한 것이 아니다. 통상의 제척기간의 경직성(harshness)이나 '양 당사자 중 일방의 모순·저촉된 입장 취하기(assuming an inconsistent position)'로 말미암아 정의와 공평을 달성하기 어려운 경우, 그 경직성을 완화하고 모순된 입장 취하기로 인하여 향수하는 이익을 배제하기 위하여, '판결 등에 따른 경정'의 형식으로 다른 의미의 기간제한을 설계한 것이 특례제척기간이다.

한편으로 모순·저촉된 입장 취하기를 하면서 다른 한편으로 통상의 제척기간의 보호를 받음으로써 얻는 이익이 있다면 그 이익을 향수할 수 없도록 조치하여야 한다. 다른 일방의 손실 아래 어느 일방이 이익을 얻는 것을 방치할 수 없다. 정의와 공평의 입장에서 통상의 제척기간이 가지는 경직성을 완화할 필요가 있어 고안된 경정제도이다. 이러한 관점에서 접근하면 특례제척기간의 내용이 손에 닿을 듯이 선명하게 다가올 것이다.

그러나 적용요건을 입법하기도 어렵고 실정법 소정의 요건을 이해하기도 어려우며 문제점도 많다. 입법자는 정의와 공평을 달성하기 위한 것임을 염두에 두고 경정법체계를 확립하고 이를 담아낼 수 있는 특례제척기간을 정비하여야 한다.

(3) 제척기간의 정지제도

제척기간은 소멸시효와 달리 중단이나 정지제도가 있을 수 없다고 설명된다.[4] 그러나 현

---

4) 곽윤직, 전게서, 320면 이하에서, "시효의 정지에 관한 규정은 제척기간에도 준용되는가? 학설은 일치하지 않는다. 현재는 부정설이 소수설이다. 다수설은, 시효의 정지에 관한 규정 가운데서, 제182조만은 제척기간에도 준용하는 것이 좋다고 한다. 그 이유로서는 제182조의 경우 즉 천재 기타 피할 수 없는 사변으로 권리를 행사할 수 없었을 경우에도 유예기간을 인정하지 않는 것은 너무 가혹하다는 것, 동조의 준용을 인정하더라도 제척기간의 취지에 크게 어긋나지 않는다는 것을 든다. 일리 있는 이론이다. 그러나 분명한 규정을 두고 있으

행법상 제척기간에도 소멸시효의 정지와 유사한 기능을 하는 규정이 있다. 특례제척기간이나 변칙상속에 관한 국세기본법 제26조의2 제5항 등이 그러하다.[5] 뒤에서 보는 '제척기간의 완성유예'도 마찬가지이다. 입법론 및 해석론상 제척기간에 대하여도 '정지'를 인정하는 등으로 기본적 시각을 바꾸어야 할 때가 왔다.

(4) 소결

통상의 제척기간과 특례제척기간은 본질을 달리한다. 이를 구별하여 해석하고 적용하여야 한다. 제척기간에 관한 규정은 개정이 빈번할 수밖에 없다. 2019. 12. 31. 개정으로 제척기간의 규정체계를 크게 정비하였다.

다. 적용범위

국세기본법 제26조의2 제1항부터 제5항까지의 통상의 제척기간에 대하여 본다.

(1) 세액확정절차와 통상의 제척기간과의 관계

국세기본법 제22조 제1항의 세액확정절차에 의하면 과세관청은 부과과세방식에서는 1차적 확정권자로서, 신고납세방식에서는 2차적 확정권자로서 확정권을 행사할 수 있다. 그 확정권(경정권) 행사는 확정의무(경정의무)로 이어진다[제1장 제9절 3. 가. (2) 참조].

통상의 제척기간은 법적 안정성을 위하여 과세관청의 확정권 행사기간을 제한하고 있다고 보아야 한다. 제척기간은 確定權 行使期間 또는 賦課權 行使期間[6]이라고 할 수 있다. 양 조문을 결합하면 다음과 같이 바꾸어 표현할 수 있다.

『국세를 납부할 의무가 성립한 경우, 그 성립한 국세는, 통상의 제척기간 내에서, 국세기본법 및 개별세법에서 정하는 절차에 따라, 그 세액이 확정되고 경정된다.』

면 몰라도(독일 민법 제124조 참조), 그러한 규정이 없는 현행법의 해석상 제182조의 준용을 인정할 필요는 없다. 제척기간은 본래 권리의 존속 그 자체를 제한하고, 권리를 박탈하는 것이 목적이기 때문이다. 부정설에 찬동한다."라고 적고 있다. 참고로 민법 제182조(천재 기타 사변과 시효정지)에서, "천재 기타 사변으로 인하여 소멸시효를 중단할 수 없을 때에는 그 사유가 종료한 때로부터 1월 내에는 시효가 완성하지 아니한다."라고 규정되어 있다.

5) 이창희, 전게서, 164면에서, "국세기본법 제26조의2 제2항은 일정한 사유가 있는 경우 원래의 제척기간을 무시하고 그런 사유가 생긴 뒤 일정기간을 새로운 제척기간으로 삼고 있다. 본디 제척기간에는 중단이나 정지라는 개념이 없고 기간이 일단 지나면 끝이지만, 현행법의 제척기간은 소멸시효의 변종인 까닭에 실질적으로 소멸시효의 중단이나 정지와 비슷한 기능을 하는 셈이다."라고 적고 있다.

6) 일본 국세통칙법 제70조 제1항은 '국세의 경정, 결정 등의 기간제한'이라는 제목 아래, "다음 각 호에 게기하는 경정결정 등은 당해 각 호에서 정하는 기한 또는 날부터 5년을 경과한 날 후에는 할 수 없다."라고 정하고 있고, 학자들은 이를 제척기간이라 한다(金子 宏은 '확정권의 제척기간'이라 한다). 독일 조세기본법 제169조 내지 제171조에서 확정권 소멸시효(Festsetzungsverjährung)를 규정하면서 제169조 제1항에서 "세액확정 및 그 폐기 또는 변경은 확정기간(Festsetzungsfrist)이 지나면 할 수 없다."라고 정하고 있다.

여기서 국세기본법 제45조 제1항의 " … 관할 세무서장이 각 세법에 따라 해당 국세의 과세표준과 세액을 결정 또는 경정하여 통지하기 전으로서 제26조의2 제1항부터 제4항까지의 규정에 따른 기간이 끝나기 전까지 과세표준수정신고서를 제출할 수 있다."라는 규정을 고려하면 다음과 같은 결론을 도출할 수 있다.

『제척기간이 도과하면 부과처분, 신고 등 확정행위를 할 수 없다. 과세관청이나 조세채무자 모두 마찬가지이다. 물론 세액을 증액하거나 감액할 수 없다. 통상의 경정청구도 할 수 없다(후발적 경정청구 등은 제외). 직권취소도 할 수 없다. 제척기간이 도과하면 원칙적으로 세액확정절차가 종료된다. 제척기간 도과 후의 세액확정은 무효이다. 제척기간 도과 여부는 법원의 직권조사사항이다.』[7]

(2) 세액확정절차에 있어 확정권이 조세법 특유의 것이라면 제척기간도 마찬가지이다. 조세법상의 제척기간은 민사법에서의 제척기간과 성질을 달리한다.

전심기관의 청구인용재결 및 법원의 청구인용판결에 기한 과세관청의 취소·경정은 판결 등의 형성력 등에 기한 것이지 과세관청의 확정권 행사에 기한 것이 아니다. 따라서 제척기간의 적용이 없다.

(3) 구제절차 진행 도중 제척기간의 도과와 경정의 가부

제척기간 5년의 종료 직전에 증액경정처분이 있고 그 처분에 대한 구제절차가 개시된 경우 또는 제척기간 5년의 종료 직전에 통상의 경정청구가 있고 그 거부처분에 대하여 구제절차가 개시된 경우, 구제절차가 진행 중임에도 제척기간이 종료되는지가 문제된다.

대법원 2002. 9. 24. 선고 2000두6657 판결[8]

『구 국세기본법 제26조의2 제1항은 국세부과의 제척기간을 규정하면서 법인세의 경우 원칙적으로 이를 5년으로 정하고 있는 바, 같은 조 제2항에서 위 제1항 소정의 제척기간이 만료된 경우에도 과세처분에 대한 행정심판청구 또는 행정소송 등의 판결 또는 결정이 확정된 날로부터 1년이 경과하기 전까지는 당해 판결 또는 결정에 따른 경정결정 기타 필요한 처분을 할 수 있다고 규정하고

---

7) 반대견해, 이창희, 전게서, 163면에서, "대법원 판결 가운데에는 '제척기간이 만료되면 과세권자로서는 새로운 결정이나 증액경정결정은 물론 감액경정결정 등 어떠한 처분도 할 수 없음이 원칙'이라고 한 것이 있었지만 그 뒤 사실상 폐기된 것이나 진배없다. 애초 법령의 글귀로 보나 이론으로 보나 어디에도 그런 '원칙'은 없다. 글귀로 보자면 제척기간은 국세'부과'의 제척기간으로 조세 '납부의무 소멸'에 관한 개념일 뿐이다. 행정법의 일반이론으로 돌아가자면 제소기간 등을 지나쳐 불가쟁력이 생긴 행정행위도 직권취소할 수 있다. 국세부과의 제척기간은 납세의무자의 환급금채권과는 무관하다."라고 적고 있다.

8) 사안은 과세관청이 당초처분의 취소를 구하는 소송계속 중 법인세 면제세액의 계산에 관한 납세의무자의 신고 내용에 오류를 시정하여 정당한 면제세액을 다시 계산하여 당초의 결정세액을 일부 감액하는 감액경정처분을 한 것이다.

있음에 비추어, 위 과세제척기간이 만료되면 과세권자로서는 새로운 결정이나 증액경정결정은 물론 감액경정결정 등 어떠한 처분도 할 수 없음이 원칙이라고 할 것이나(대법원 1994. 8. 26. 선고 94다3667 판결, 1996. 9. 24. 선고 96누68 판결 참조), 납세자가 항고소송 등 불복절차를 통하여 당초의 과세처분을 다투고 있는 경우에 과세관청이 납세자의 불복내용의 전부 또는 일부를 받아들여 당초의 과세처분을 감액경정하거나 취소하는 것은 그 불복절차의 계속 중 언제든지 가능하다고 보아야 하며, 과세제척기간이 만료되었다는 이유 때문에 그러한 처분이 불가능하거나 위법하다고 해석할 것은 아니다.』

위 판결에 의하면 조세채무자가 항고소송 등 구제절차를 통하여 당초 부과처분을 다투고 있던 중 제척기간이 도과하였다 하더라도, 국세기본법 제26조의2 제2항 제1호의 입법취지에 비추어, 과세관청이 그 불복내용의 전부 또는 일부를 받아들여 당초 부과처분을 감액경정하거나 취소하는 것은 가능하다는 것이다.

결론에는 동의한다. 그러나 감액경정의 근거를 국세기본법 제26조의2 제2항 제1호(2019. 12. 31. 개정 전의 것)에서 구할 것이 아니다. 위 판결은 특례경정의 입법취지를 오해한 것으로 혼란을 초래할 여지가 있다. 오히려 뒤에서 보는 '제척기간의 완성유예' 또는 민사법상 제척기간 내에 재판 밖에서 의사표시를 하는 등으로 행사가 있으면 권리가 보전된다고 하는 견해(대법원 1993. 7. 27. 선고 92다52795 판결)에서 찾아야 한다.9)

(4) 수정신고

국세기본법 제45조 제1항 본문에서 " … 제26조의2 제1항부터 제4항까지의 기간이 끝나기 전까지 과세표준수정신고서를 제출할 수 있다."로 정하고 있는데, 이러한 수정신고도 제척기간 내에서만 할 수 있다.

(5) 중간예납이나 예정신고납부

중간예납이나 예정신고납부에 대하여 따로 제척기간이 진행하는 것은 아니다. 나중에 확정된 본세에서 중간예납이나 예정신고납부한 세금만큼을 공제하기 때문이다.

(6) 결손금확정절차와 제척기간의 유추적용

법인세법 제13조 제1호 후단의 신설(2009. 12. 31.) 후 결손금확정절차를 인정하여야 하는 이상 제척기간이 유추적용된다고 본다[제1장 제9절 10. 라. (8) 참조].10)

---

9) 이창희, 전게서, 163면에서, "제척기간이란 본래 그 안에 다툼을 법원에 제기하여야 하는 기간(출소기간)이므로 조세채권에 관한 다툼이 법원이나 행정청에 걸려 있는 동안에는 시간이 흘렀다 하여 부과권이 소멸하지 않는다."라고 적고 있다.

10) 일본 국세통칙법 제70조 제2항은, "법인세에 관계되는 순손실 등의 금액으로서 당해 과세기간에 있어 생긴 것을 증가 또는 감소시키는 경정 또는 당해 금액이 존재한다는 경정은, 전항에 불구하고, 전항 제1호에 정하는 기한부터 10년을 경과하는 날까지 할 수 있다."고 정하고 있다. 나아가 국세통칙법 제70조 제4항은, 사기 기타 부정한 행위로 순손실 등의 금액을 과다신고 한 경우 그 제척기간을 7년으로 정하고 있다.

(7) 제2차 납세의무(보증인의 납세의무)와 제척기간

제2차 납세의무자(보증인)에 대한 납부고지에도 주된 납세의무자와는 달리 독립한 제척기간이 진행되므로 유추적용을 긍정하여야 한다[제1장 제11절 8. 다. (4) 참조, 대법원 2012. 5. 9. 선고 2010두13234 판결 참조].

2. 제척기간의 기산일 및 종료일

가. 기산일

(1) 국세기본법 시행령 제12조의3

『① 법 제26조의2 제9항에 따른 국세를 부과할 수 있는 날은 다음 각 호의 날로 한다.

1. 과세표준과 세액을 신고하는 국세(종합부동산세법 제16조 제3항에 따라 신고하는 종합부동산세는 제외한다)의 경우 해당 국세의 과세표준과 세액에 대한 신고기한 또는 신고서 제출기한(이하 "과세표준신고기한"이라 한다)의 다음 날. 이 경우 중간예납·예정신고기한과 수정신고기한은 과세표준신고기한에 포함되지 아니한다.

2. 종합부동산세 및 인지세의 경우 해당 국세의 납세의무가 성립한 날

② 다음 각 호의 날은 제1항에도 불구하고 국세를 부과할 수 있는 날로 한다.

1. 원천징수의무자 또는 납세조합에 대하여 부과하는 국세의 경우 해당 원천징수세액 또는 납세조합징수세액의 법정 납부기한의 다음 날

2. 과세표준신고기한 또는 제1호에 따른 법정 납부기한이 연장되는 경우 그 연장된 기한의 다음 날

3. 공제, 면제, 비과세 또는 낮은 세율의 적용 등에 따른 세액(소득공제를 받은 경우에는 공제받은 소득금액에 상당하는 세액을 말하고, 낮은 세율을 적용받은 경우에는 일반세율과의 차이에 상당하는 세액을 말한다. 이하 이 호에서 "공제세액 등"이라 한다)을 의무불이행 등의 사유로 징수하는 경우 해당 공제세액 등을 징수할 수 있는 사유가 발생한 날』

(2) 열거적 규정

위 시행령은 열거적 규정이다. 기산일(부과할 수 있는 날, 납부기한)에 대한 정함이 따로 없다면, 기산일은 원칙적으로 납세의무의 성립일로 보아야 한다[대법원 1999. 4. 9. 선고 98두11250 판결, 제1장 제8절 4. (2) 참조].

대법원 2012. 5. 9. 선고 2010두13234 판결

『법인의 과점주주 등이 부담하는 제2차 납세의무에 대해서는 주된 납세의무와 별도로 부과제

척기간이 진행하고 그 부과제척기간은 특별한 사정이 없는 한 이를 부과할 수 있는 날인 제2차 납세의무가 성립한 날로부터 5년간으로 봄이 상당하다(대법원 2008. 10. 23. 선고 2006두11750 판결 참조).』

다만 시행령에서 '원천징수의무자에 대하여 부과하는 국세'에 대하여 제척기간을 정하고 있어 그 해석이 어렵다. 자동확정법리상 입법상의 과오로 보인다.

대법원 1996. 3. 12. 선고 95누4056 판결은 법인세법에 의한 인정상여처분에 따라 원천징수하는 소득세의 납세의무는 과세관청의 부과권의 행사에 의하지 아니하고 법률의 규정에 의하여 자동확정되는 것으로서 제척기간이 적용될 여지가 없다고 판시하였다.

(3) 기산일이 문제되는 경우

① 감면 후 추징사유가 발생하여 감면세액을 추징하는 경우 시행령 제12조의3 제2항 제3호에 따라 추징사유가 발생한 날의 다음 날이 기산일이 된다.

대법원 2010. 6. 24. 선고 2010두4094 판결요지[11]

『[1] 구 대구광역시세 감면조례(2000. 12. 30. 조례 제3454호로 전부 개정되기 전의 것)가 임대주택 건설용 토지를 취득한 날부터 2년 이내에 공동주택을 착공하지 아니한 경우를 추징대상으로 규정하였다가 구 대구광역시세 감면조례(2005. 9. 30. 조례 제3728호로 개정되기 전의 것)에서 위와 같은 경우를 감면대상 자체로부터 제외하는 내용으로 개정된 점 등에 비추어 보면, 구 대구광역시세 감면조례(2005. 9. 30. 조례 제3728호로 개정되기 전의 것)의 감면규정 중 임대주택 건설용 토지에 관한 괄호 안의 부분은 당해 토지에 대하여 먼저 취득세와 등록세를 감면하였다가 2년 이내에 공동주택을 착공하지 않은 경우, 이를 추징하던 종전의 방식에서 당해 토지를 취득한 날부터 2년 이내에 공동주택을 착공할 경우에 비로소 지방세를 감면하고 그 기간 동안 착공하지 아니할 경우에는 처음부터 감면대상에서 제외하여 원칙대로 과세하는 방식으로 변경하는 취지에서 마련되었다. 따라서 임대사업자가 임대주택을 건설할 목적으로 취득한 토지에 대하여 그 취득일부터 2년 이내에 착공을 하지 않으면 당해 토지는 위 감면규정에 의하여 처음부터 지방세감면대상에서 배제되는 것으로서, 이 경우에 과세관청이 하는 지방세 부과처분은 추징처분이 아닌 본래의 부과처분이라고 할 것이다.

[2] 임대주택용 토지에 대한 지방세의 사후감면요건을 충족하지 못하여 과세대상이 된 경우 부

---

11) 원고는 2001. 9. 28. 소외인으로부터 이 사건 토지를 18억 원에 매수한 후 잔금지급일인 2002. 12. 9. 이 사건 토지가 임대주택 건설용 토지라는 이유로 취득세 및 등록세 전액에 대하여 지방세감면신청을 하였으나 그 취득일인 2002. 12. 9.부터 2년 이내에 이 사건 토지에 공동주택을 착공하지 아니하였다. 피고는 2008. 1. 11. 이 사건 감면규정을 근거로 이 사건 토지에 대하여 취득세 등의 부과처분을 하였다. 이 사건 토지의 취득일은 2002. 12. 9.이고 그 취득으로부터 2년이 경과한 날은 2004. 12. 9.인바, 그 날로부터 신고납부기한 30일이 경과한 다음 날인 2005. 1. 11.(신고납부기한의 종기인 같은 해 1. 9.이 일요일이므로 신고납부기한은 같은 해 1. 10.까지이다)부터 이 사건 토지에 대한 지방세 제척기간이 진행된다고 판단하였다.

과제척기간의 기산점은, '비과세 또는 감면받은 세액 등에 대한 추징사유가 발생하여 추징하는 경우에는 그 신고납부기한의 다음날'을 지방세를 부과할 수 있는 날로 정하는 구 지방세법 시행령 (2005. 1. 5. 대통령령 제18669호로 개정되기 전의 것) 제14조의2 제2항에 따라, 당해 토지의 취득일로부터 2년이 경과한 날에서 신고납부기한인 30일이 경과한 다음 날이라고 할 것이다.』

② 가산세 성립시기는 본세가 성립하는 때이다. 제척기간의 기산일은 본세 납부기한의 다음 날이다(대법원 2014. 12. 24. 선고 2014두40791 판결 참조). 현재 법개정으로 가산세 성립시기는 다양하다.

③ 소득처분에 있어 소득귀속자의 종합소득세 조세채무의 성립시기 및 제척기간의 기산일에 관하여 본다.

그 조세채무의 성립시기에 대하여 소득금액변동통지서를 받은 날에 성립하는 견해와 소득이 귀속된 과세기간이 종료하는 때에 성립한다는 견해가 대립한다. 후자가 대법원의 견해이다 [제1장 제8절 5. 마. (2) 참조]. 이러한 종합소득세의 제척기간 기산일은 해당 소득이 실제로 귀속된 과세기간의 다음 연도의 6. 1.이다.

법인이 소득금액변동통지를 받을 당시 원천납세의무자가 지는 종합소득세의 납세의무가 제척기간의 도과로 소멸하였다면 법인의 원천징수의무도 성립할 수 없다. 소득금액변동통지에 따라 원천납세의무자가 소득세법 시행령 제134조 제1항에 따라 추가신고·자진납부를 하였고 거기에 오류가 있다면 통상의 경정청구를 할 수 있고 그 기산일은 추가신고·자진납부 기한 다음날이다(제1장 제11절 2. 바., 제4장 제2절 2. 다. (4) 및 제4장 제6절 9. 나. 참조).

대법원 2010. 4. 29. 선고 2007두11382 판결

『법인세법의 규정에 따라 법인의 대표자에 대한 인정상여로 소득처분되는 금액은 당해 법인이 소득금액변동통지서를 받은 날에 그 소득금액을 지급한 것으로 보게 되나 이는 그 소득금액을 현실적으로 대표자에게 지급하는 것을 의미하는 것이 아니라 법으로 의제하는 것에 불과하므로, 위와 같은 소득금액변동통지서를 받은 법인의 원천징수의무가 성립하려면 그 성립시기인 위 소득금액변동통지서를 받은 때에 소득금액을 지급받은 것으로 보아야 할 원천납세의무자의 소득세 납세의무가 성립되어 있어야 하며, 원천납세의무자의 소득세 납세의무가 그 소득세에 대한 부과제척기간의 도과 등으로 이미 소멸하였다면 법인의 원천징수의무도 성립할 수 없으므로, 그 후에 이루어진 소득금액변동통지는 위법하다고 할 것이다(대법원 1989. 3. 14. 선고 85누451 판결, 대법원 2010. 1. 28. 선고 2007두20959 판결 등 참조).』

④ 부가가치세에 있어 공급가액의 사후적 변경이 있는 경우 기산일이 문제된다. 즉 원고가 2000. 2. 14. 기업체로부터 세금계산서를 교부받아 2000년 제1기 부가가치세 신고시 매입세액을 공제받았는데, 이후 공급가액이 감액됨으로써 2006. 7. 18. 수정세금계산서를 교부받은

다음 매입세액을 감액시키기 위하여 부가가치세를 추가하는 수정신고를 하여야 함에도 이를 하지 아니한 경우, 그 증가분 부가가치세의 제척기간 기산일이 문제되었다.

대법원은 증가분 부가가치세는 수정세금계산서 교부일이 속하는 2006. 2기에 귀속되고, 따라서 제척기간은 과세표준신고기한 다음 날인 2007. 1. 26.부터 진행된다고 판단하였다[대법원 2011. 7. 28. 선고 2009두19984 판결, 제5장 제1절 6. 아. (2) 참조].

⑤ 토지거래허가구역 내 토지를 허가를 받기 전에 양도하고 대금청산을 한 경우 그 확정신고기한은 거래허가일이 속하는 과세기간의 다음 연도 5. 1.부터 5. 31.까지이므로(소득세법 제110조 제1항 괄호 부분) 그 다음 날인 6. 1.이 기산일이 된다.

나. 종료일

(1) 세액확정절차에서 국가나 조세채무자는 대등한 당사자로서 공평(fair and just)하게 대칭적으로 취급되어야 한다. 제척기간의 종료일을 해석함에 있어서도 같다. 경정청구에 있어 발신주의(제4장 제1절 2. 다. (1) 참조)가 적용되듯이, 제척기간의 종료일의 준수 여부도 해석상 부과처분의 발신일을 기준으로 삼아야 한다. 명문의 규정이 필요하다.

(2) 유형적 분류

규정형식 및 역할에 비추어 3가지 유형으로 구별된다. 두 번째 유형과 세 번째 유형은 규정형식이 비슷하나 역할이 상이하다.

① 기산일부터 일정기간이 경과한 날을 종료일로 삼아 그 후에는 부과할 수 없도록 한 입법방식이다. 통상의 제척기간에 관한 규정이 여기에 해당한다.

② 국세기본법 제26조의2 제5항의 규정형식이다. 상증세의 통상의 제척기간은 10년 또는 15년이다. 그러나 특수한 조세포탈의 경우 "제4항에도 불구하고 해당 재산의 상속 또는 증여가 있음을 안 날부터 1년 이내에 상속세 및 증여세를 부과할 수 있다."고 정하고 있다. "… 안 날부터 1년 이내에는 제척기간이 완성되지 않는다."는 취지로 읽혀진다.[12]

③ 국세기본법 제26조의2 제6항의 특례제척기간에 관한 규정형식이다. '국세를 부과할 수 있는 날'로부터 일정기간이 지난 날을 종료일로 예정하는 것이 아니라 일정한 사실인 판결 등이 있으면 그 날부터 일정기간 내에 후행절차로서 필요한 처분을 할 수 있도록 정하고 있다.

다. 권리구제절차와 제척기간 완성유예[13]

---

12) 이창희, 전게서, 167면에서 '후발적 제척기간'이라는 용어를 사용하면서, 특례제척기간도 '후발적 제척기간'으로 본다.

13) 양창수, 독일민법전, 박영사(2005년판), 86면에서, 독일 민법 제203조 이하의 'Hemmung'을 '시효정지'(소멸시효가 정지하는 동안의 기간은 소멸시효기간에 산입하지 아니한다)로, 제210조 이하의 'Ablaufhemmung'을 '완성유예'로, 제212조의 'Neubeginn der Verjährung'을 '시효의 갱신'으로 번역하고 있다.

(1) 입법례의 개관

독일의 입법례를 본다. 조세기본법 제171조(제척기간의 완성유예, Ablaufhemmung)는 17가지의 유예사유를 열거하고 있다. 대표적인 것으로 제171조 제3항(확정청구 내지 경정청구), 제3a항(권리구제절차), 제4항(외부세무조사)을 들 수 있다. 제3항은 "권리구제절차 밖에서 부과결정의 확정청구 내지 경정청구 또는 제129조에 기한 시정청구가 제척기간 내에 신청되면 제척기간은 신청범위 내에서 그 신청에 관하여 더 이상 다툴 수 없을 때까지 제척기간은 완성되지 않는다."로 되어 있고, 제3a항은 "어떤 부과결정이 권리구제절차에서 다투어지고 있는 이상 그 권리구제절차에서 더 이상 다툴 수 없을 때까지(bevor über den Rechtsbehelf unanfechtbar entschieden ist) 제척기간은 완성되지 않는다. … "로 되어 있다.

미국의 입법례를 본다. 내국세입법 제6503조 (a)(1)에서 추가고지서가 조세채무자에게 송달되면 3년간의 확정기간(the three-year assessment period)은 90일 및 추가 60일까지 연기 내지 정지(suspended)되고, 조세채무자가 추가고지에 대하여 조세법원에 소송(petition)을 제기하면 확정기간은 같은 법원의 판결선고일 및 추가 60일까지 연기 내지 정지된다고 정하고 있다.

(2) 대법원 2002. 9. 24. 선고 2000두6657 판결의 취지

위 판결은 제척기간의 완성유예를 법창조적으로 선언하였다고 보아야 한다. 독일 및 미국의 입법례에 비추어 볼 때 그러하다. 제척기간에는 정지 또는 완성유예가 있을 수 없다는 관념을 바꿔야 함은 앞서 본 바와 같다. 입법론적으로 독일의 입법례를 참작하여 제척기간의 완성유예가 필요한 개별적인 사유 하나하나에 대비하여야 한다.

권리구제절차(경정청구, 경정거부처분 취소심판 및 취소소송, 부과처분 취소심판 및 취소소송 등)가 진행 중임에도 제척기간이 지났다는 이유로 중도에 절차를 종료시킬 수 없다. 그러한 사유로 중도에 기계적으로 종료된다는 것은 구제절차의 본질에 반한다.[14] 당초 경정청구의 당부를 심사하는 동안 또는 구제절차가 적법하게 개시되어 진행 중인 동안, 그 절차에서 경정청구의 당부나 다툼의 타당성 여부를 심리할 수 있도록 시간적 여유를 주는 것은 당연하다. 그 절차가 종료되기 전까지는 제척기간이 완성되어서는 안 된다. 물론 구제절차가 제척기간이 도과하기 전에 유효하게 개시되어야 하고 만약 부적법하면 적용이 없다.[15]

(3) 완성유예 이론의 적용범위

통상의 제척기간에만 완성유예 이론이 적용된다. 부과처분의 일부 하자를 이유로 전부를 취소하는 판결을 한 경우 등 '판결 등에 따른 경정'에는 완성유예 이론이 적용될 여지가 없다.

---

14) 이창희, 전게서, 165면에서, "쟁송이 걸려 있는 동안은 제척기간을 지난다는 일이 애초 없다."라고 적고 있다.
15) 金子 宏, 전게서, 784면에서, "경정·결정 등의 취소를 구하는 소가 계속되어 있는 경우, 세무서장은 제척기간 경과 후라도 납세자가 취소를 구하고 있는 세액의 범위 내에서 이를 취소할 수 있다."라고 적고 있다.

(4) 제척기간의 완성은 언제까지 유예되는가?

구제절차의 결과물인 재결이나 판결이 더 이상 다툴 수 없게 되었을 때, 즉 분쟁이 종국적으로 해결되었을 때 제척기간은 종료된다. 조세채무자가 이를 취하하면 그 효력이 발생하는 때 제척기간은 종료된다. 완성유예는 종료일이 연기되는 것으로 시효중단과는 성질을 달리한다.

조세심판원의 재조사결정은 변형결정으로 후속처분에 의하여 보완됨으로써 비로소 결정으로서의 효력이 발생하고, 그 불복기간은 후속처분의 통지를 받은 날부터 기산되므로(대법원 2010. 6. 25. 선고 2007두12514 전원합의체 판결), 재조사결정에 따른 후속처분이 더 이상 다툴 수 없게 되었을 때 종료된다.

(5) 제척기간의 완성이 유예되는 경우 과세관청은 이를 기화로 증액경정을 할 수 있는지가 문제된다.[16] 조세채무자의 이익을 위한 구제절차의 법리 및 구제절차에서만 제척기간의 완성유예가 적용되어야 한다는 기본법리 등에 비추어 볼 때 증액경정은 할 수 없고 감액경정(취소)만 허용되어야 한다. 다만 과세관청으로서는 당초처분상의 세액을 유지하기 위하여 처분사유의 추가·변경을 할 수 있다(대법원 2002. 3. 12. 선고 2000두2181 판결 참조). 물론 증액경정을 할 수 없다 하더라도 증액경정사유로서 소극적으로 감액경정에 대한 상계를 주장할 수 있고 그것이 허용되어야 함은 정의공평의 원칙상 당연하다.

3. 통상의 제척기간

조세채무자의 과세표준신고의무 위반 여부 및 위반 정도(부정행위의 존부), 부과처분을 위한 세무조사의 난이도 및 세목, 역외거래 여부 등에 따라 달리 정하고 있다.[17]

2018. 12. 31. '역외거래'에 대한 제척기간을 신설하였다. 2019. 12. 31. 제척기간 규정 전반에 대한 규정체제를 재정비했다[18].

域外去來란 '국제조세조정에 관한 법률 제2조 제1항 제1호에 따른 국제거래 및 거래 당사자 양쪽이 거주자(내국법인과 외국법인의 국내사업장을 포함한다)인 거래로서 국외에 있는 자산의 매매·임대차, 국외에서 제공하는 용역과 관련된 거래'를 말한다. 국제거래란 '거래 당사자

---

16) 미국 조세법원은 소송이 제기되면 조세채무자에게 불리하게 추가고지서에 기재된 수액보다 많은 세액을 추가로 선고할 수도 있다는 점에 유의하여야 한다.

17) 일본에 있어 경정, 결정 등의 기간제한은 통상 5년이나 사기 기타 부정한 행위로 전부 또는 일부의 세액을 면하는 등의 경우에는 7년이다. 독일은 소비세 등의 경우 1년, 기타의 경우 4년이나 조세포탈이 있는 경우 10년(중과실에 의한 조세포탈의 경우 5년)이다.

18) 본래 2014. 12. 23. 신설되었는바, 국제조세조정에 관한 법률 제2조 제1항 제1호에 따른 국제거래에서 발생한 부정행위로 국세를 포탈하거나 환급·공제받는 경우에는 제척기간을 15년으로 정하였다.

의 어느 한 쪽이나 양쪽이 비거주자 또는 외국법인(비거주자 또는 외국법인의 국내사업장을 제외한다)인 거래로서 유형자산 또는 무형자산의 매매·임대차, 용역의 제공, 금전의 대출·차용, 그밖에 거래자의 손익 및 자산과 관련된 모든 거래'를 말한다. 역외거래에 대하여는 제척기간을 장기로 늘리고 있다.

상증세의 경우에도 장기로 늘리고 있다. 신고 실적이 저조하여 과세관청이 호적부나 등기부 등을 조사하여 과세하는 상황에서 사망신고를 게을리하거나 상속등기를 하지 않은 채 제척기간이 도과하는 것을 방지하는데 있다.

가. (상증세를 제외한) 국세(5년 - 7년 - 10년, 域外去來 7년 - 10년 - 15년)

(1) 법률 규정

일반적인 경우 기산일부터 5년(역외거래 7년)이다.

법정신고기한까지 과세표준신고서를 제출하지 아니한 경우 7년(역외거래 10년)이다.

부정행위로 국세를 포탈하거나 환급·공제받은 경우 10년(역외거래 15년)이다.

하나의 과세단위 내에서 역외거래와 비역외거래가 혼합되어 있는 경우 그 구별이 가능한 한 분할하여 제척기간 도과 여부를 정한다.

(2) 부정행위(= 사기나 그 밖의 부정한 행위)

2011. 12. 31. 개정에서 부정행위를 '대통령령으로 정하는 사기나 그 밖의 부정한 행위'로 변경하였고, 시행령 제12조의2 제1항에서 '조세범 처벌법 제3조 제6항 각 호의 어느 하나에 해당하는 행위'로 정하고 있다. 입법자는 '제척기간 연장요건'의 부정행위와 '중가산세 과세요건'의 부정행위를 개념적으로 동일시 하면서 통일시키고 있음은 앞서 본 바와 같다. 따라서 부정행위 유형, 고의의 필요성 여부, 행위의 주체, 미신고 또는 허위신고의 부정행위 해당성 등은 원칙적으로 '중가산세 과세요건'과 동일하게 해석하여야 한다.

그러나 대법원 2021. 2. 18. 선고 2017두38959 전원합의체 판결[제1장 제9절 11. 다. (4) ⑤]은 특정사안에서 이를 구분하였다. 즉 대표자나 사실상의 대표자가 아닌 사용인 등이 법인에 대하여 사기, 배임 등 범행을 저지르는 과정에서 법인소득을 은닉하는 등 적극적으로 부정한 행위를 한 경우, 법인이 사용인 등의 부정한 행위를 방지하기 위하여 상당한 주의 또는 관리·감독을 게을리 하지 않았다면 법인에게 이러한 사용인 등의 부정한 행위에 대하여 아무런 잘못이 없어 부당과소신고가산세를 부과할 수 없다고 보면서, 사용인 등의 부정한 행위가 법인을 피해자로 하는 사기, 배임 등 범행의 수단으로 행하여졌다 하더라도 사용인 등의 부정한 행위로써 포탈된 국세에 관하여 과세관청의 부과권의 행사가 어렵게 된 것은 분명하므로 특별한 사정이 없는 한 이러한 사용인의 배임적 부정행위는 장기 제척기간에서 말하는 부정한 행위에 해당하여 제척기간이 10년으로 연장되는 것으로 보았다. 그 외 자세한 것은 제1장 제9절

11. 다. (2)에서 설명하였다.

최근의 판례를 인용한다.

① 대법원 2013. 10. 11. 선고 2013두10519 판결

『구 국세기본법(2003. 12. 30. 법률 제7008호로 개정되기 전의 것, 이하 같다) 제26조의2 제1항 제1호의 입법 취지는 국세에 관한 과세요건사실의 발견을 곤란하게 하거나 허위의 사실을 작출하는 등의 부정한 행위가 있는 경우에 단순미신고와 달리 과세관청으로서는 탈루신고임을 발견하기가 더욱 어려워 부과권의 행사를 기대하기가 매우 곤란하므로 당해 국세에 대한 부과제척기간을 10년으로 연장하는 데에 있다. 따라서 부동산을 매수하여 전매한 자가 미등기전매로 인한 이익을 얻고자 매도인과 최종 매수인 사이에 직접 매매계약을 체결한 것처럼 매매계약서를 작성하는 데에 가담하고, 나아가 소유권이전등기도 매도인으로부터 최종 매수인 앞으로 직접 마치도록 하는 한편 자신의 명의로는 양도소득세 예정신고나 확정신고를 하지 아니한 채 그 신고기한을 도과시키는 등의 행위를 하는 것은 조세의 부과징수를 불능 또는 현저히 곤란하게 하는 위계 기타 부정한 적극적인 행위로서 구 국세기본법 제26조의2 제1항 제1호에서 정한 '사기 기타 부정한 행위'에 해당한다.』

② 대법원 2013. 12. 12. 선고 2013두7667 판결

『1. 구 국세기본법(2007. 12. 31. 법률 제8830호로 개정되기 전의 것, 이하 같다) 제26조의2 제1항은 원칙적으로 국세의 부과제척기간을 5년으로 규정하고 있으나(제3호), '납세자가 사기 기타 부정한 행위로써 국세를 포탈하거나 환급·공제받는 경우'에는 그 부과제척기간을 당해 국세를 부과할 수 있는 날부터 10년으로 연장하고 있다(제1호).

위 조항의 입법 취지는 조세법률관계의 신속한 확정을 위하여 원칙적으로 국세 부과권의 제척기간을 5년으로 하면서도 국세에 관한 과세요건사실의 발견을 곤란하게 하거나 허위의 사실을 작출하는 등의 부정한 행위가 있는 경우에 과세관청으로서는 탈루신고임을 발견하기가 쉽지 아니하여 부과권의 행사를 기대하기가 어려우므로 당해 국세에 대한 부과제척기간을 10년으로 연장하는 데에 있다. 따라서 구 국세기본법 제26조의2 제1항 제1호 소정의 '사기 기타 부정한 행위'라 함은 조세의 부과와 징수를 불가능하게 하거나 현저히 곤란하게 하는 위계 기타 부정한 적극적인 행위를 말하고, 다른 어떤 행위를 수반함이 없이 단순히 세법상의 신고를 하지 아니하거나 허위의 신고를 함에 그치는 것은 여기에 해당하지 않는다고 할 것이다.

2. 원심은, ① 원고가 2001. 6. 27. 주식회사 디엔피(이하 '디엔피'라 한다)의 발행주식 합계 9,550주(이하 '이 사건 주식'이라 한다)를 주주인 소외 1, 2, 3, 4(이하 '소외 1 등'이라 한다)로부터 1주당 액면가격 10,000원에 취득하면서 소외 5, 6, 7, 8(이하 '소외 5 등'이라 한다)에게 명의신탁하여 두었다가, 2004. 12. 31. 다시 주식회사 이수유화(이하 '이수유화'라 한다)에 1주당 액면가격 10,000원에 양도한 사실, ② 피고는 소외 5 등은 명의수탁자에 불과하고 원고가 이 사건 주식을 실제로 취득하고 양도한 자로서 저가매입에 따른 소득금액과 저가양도에 따른 소득금액을 탈루하였

다고 보아 구 법인세법(2008. 12. 26. 법률 제9267호로 개정되기 전의 것, 이하 같다) 제15조 제2항 제1호 및 제52조 제1항 등을 적용하여 2010. 4. 8. 원고에게 2001 사업연도 법인세 3,585,798,310원 및 2004 사업연도 법인세 420,154,080원을 부과하는 이 사건 처분을 한 사실 등을 인정하였다.

나아가 원심은, 법인세법상 부당행위계산 부인으로 인한 세무조정금액은 특별한 사정이 없는 한 세무회계와 기업회계와의 차이로 인하여 생긴 금액에 불과하여 사기 기타 부정한 행위로 얻은 소득금액으로 볼 수 없는데, 원고가 이 사건 주식의 저가매입과 저가양도로 얻은 소득금액은 세무회계와 기업회계와의 차이로 인하여 생긴 금액에 해당하는 점, 원고가 소외 5 등의 명의를 빌려 이 사건 주식을 취득하고 양도한 것은 지배목적으로 다른 국내회사의 주식을 소유하는 것을 금지하는 구 독점규제 및 공정거래에 관한 법률(2004. 12. 31. 법률 제7315호로 개정되기 전의 것) 제8조의2 제2항 등의 법률상 규제를 피하기 위한 것일 뿐인 점, 위와 같은 명의신탁 행위만으로는 조세포탈에 해당한다고 볼 정도의 적극적인 부정한 행위가 있었다고 보기는 어려운 점 등에 비추어, 원고가 소외 5 등에게 이 사건 주식을 명의신탁한 행위는 구 국세기본법 제26조의2 제1항 제1호 소정의 '사기 기타 부정한 행위로써 국세를 포탈한 경우'에 해당하지 아니하여 그 부과제척기간을 5년으로 보아야 한다는 이유로, 그 부과제척기간이 경과한 후에 이루어진 이 사건 처분은 위법하다고 판단하였다.

3. 그러나 원심의 이러한 판단은 다음과 같은 이유로 수긍하기 어렵다.

가. 명의를 위장하여 소득을 얻더라도 그것이 조세포탈과 관련이 없는 행위인 때에는 명의위장 사실만으로 구 국세기본법 제26조의2 제1항 제1호 소정의 '사기 기타 부정한 행위'에 해당한다고 할 수 없으나, 그것이 누진세율 회피, 수입의 분산, 감면특례의 적용, 세금 납부를 하지 아니할 무자력자의 명의사용 등과 같이 명의위장이 조세회피의 목적에서 비롯되고 나아가 여기에 허위 매매계약서의 작성과 대금의 허위지급, 허위의 양도소득세 신고, 허위의 등기·등록, 허위의 회계장부 작성·비치 등과 같은 적극적인 행위까지 부가된다면 이는 조세의 부과와 징수를 불가능하게 하거나 현저히 곤란하게 하는 '사기 기타 부정한 행위'에 해당한다고 할 것이다.

그리고 법인세법상 부당행위계산 부인으로 인한 세무조정금액 등 세무회계와 기업회계의 차이로 생긴 금액은 특별한 사정이 없는 한 구 국세기본법 제26조의2 제1항 제1호 소정의 사기 기타 부정한 행위로 얻은 소득금액으로 볼 수 없으나, 법인세법상 부당행위계산에 해당하는 거래임을 은폐하여 세무조정금액이 발생하지 않게 하기 위하여 부당행위계산의 대상이 되지 않는 자의 명의로 거래를 하고 나아가 그 사실이 발각되지 않도록 허위 매매계약서의 작성과 대금의 허위지급 등과 같이 적극적으로 서류를 조작하고 장부상 허위기재를 하는 경우에는 그것이 세무회계와 기업회계의 차이로 생긴 금액이라 하더라도 이는 사기 기타 부정한 행위로써 국세를 포탈한 경우에 해당하여 그에 관한 법인세의 부과제척기간은 10년이 된다.

나. 원심판결이 인용한 제1심판결 이유와 원심이 적법하게 채택한 증거에 의하면, ① 디엔피, 이수유화 및 원고는 이수그룹의 계열사이고, 소외 1 등은 이수그룹의 명예회장인 소외 9의 자녀 또는 손자인 사실, ② 2001년경 이수그룹이 계열사인 원고를 중심으로 한 그룹의 구조조정을 위하여 계열사를 정리하는 작업을 추진하면서 디엔피의 주식을 보유하고 있던 소외 1 등에게 그룹의 구조

조정에 협력해 달라고 요청하였으며, 원고는 소외 1 등과 원고 직원들의 배우자들인 소외 5 등의 승낙 아래 소외 5 등을 매수인으로 한 매매계약서를 작성하고 이 사건 주식을 액면가격으로 취득하였던 사실, ③ 그 과정에서 소외 5 등은 원고로부터 지급받은 이 사건 주식의 매수대금을 마치 그들이 지급하는 것처럼 소외 1 등의 계좌에 입금하였던 사실, ④ 이 사건 주식을 매입할 당시 원고는 소외 1 등과 구 법인세법 제15조 제2항 제1호 소정의 특수관계자에 해당하지만, 소외 5 등은 소외 1 등과 위 특수관계자에 해당하지 않았던 사실, ⑤ 그 후 원고는 소외 5 등의 명의로 된 이 사건 주식 전부를 이수유화에 액면가격으로 양도하면서 소외 5 등을 매도인으로 한 매매계약서를 작성하였고, 그 매수대금도 마치 소외 5 등이 지급받는 형식을 취하였으며, 증권거래세와 양도소득세도 소외 5 등의 명의로 신고하였던 사실, ⑥ 원고는 이수유화와 구 법인세법 제52조 제1항 소정의 특수관계자에 해당하지만, 소외 5 등은 이수유화와 위 특수관계자에 해당하지 않았던 사실 등을 알 수 있다.

이와 같은 사정들을 앞서 본 법리에 비추어 살펴보면, 원고가 소외 5 등의 명의로 이 사건 주식을 취득하고 양도한 행위는 다른 법률상 규제를 피하기 위한 목적 외에도 법인세법상 부당행위계산에 해당하는 거래임을 은폐하기 위한 목적에서 이루어진 것이고 나아가 그 사실이 발각되지 않도록 허위 매매계약서의 작성과 대금의 허위지급 등과 같은 적극적인 행위를 한 것으로서 구 국세기본법 제26조의2 제1항 제1호 소정의 '사기 기타 부정한 행위'에 해당하며, 나중에 원고가 이 사건 주식의 실제 취득자 및 양도자로 밝혀져 법인세법상 부당행위계산 부인으로 인한 세무조정금액이 발생하였다고 하더라도 이는 원고가 위와 같은 사기 기타 부정한 행위로 얻은 소득금액으로 보아야 하므로, 그에 관한 법인세의 부과제척기간은 10년이 된다.

그런데도 원심은 이와 달리 원고가 이 사건 주식을 소외 5 등에게 명의신탁한 행위는 '사기 기타 부정한 행위로써 국세를 포탈한 경우'에 해당한다고 볼 수 없다는 이유로 그 부과제척기간을 5년으로 보아야 한다고 판단하였으니, 이러한 원심판단에는 구 국세기본법 제26조의2 제1항 제1호 소정의 '사기 기타 부정한 행위로써 국세를 포탈하는 경우의 부과제척기간'에 관한 법리를 오해하여 판결에 영향을 미친 위법이 있다. 이 점을 지적하는 상고이유의 주장은 이유 있다.』

첫째, 입법취지는 조세법률관계의 신속한 확정을 위하여 원칙적으로 제척기간을 5년으로 하면서도 과세요건사실의 발견을 곤란하게 하거나 허위의 사실을 작출하는 등의 부정한 행위가 있는 경우 과세관청으로서는 탈루신고임을 발견하기가 쉽지 아니하여 부과권의 행사를 기대하기가 어려우므로 제척기간을 10년으로 연장하는 데에 있다는 것이다.

둘째, 명의를 위장하여 소득을 얻더라도 그것이 조세포탈과 관련이 없는 행위인 때에는 명의위장 사실만으로 부정행위에 해당한다고 할 수 없으나, 그것이 누진세율 회피, 수입의 분산, 감면특례의 적용, 세금 납부를 하지 아니할 무자력자의 명의사용 등과 같이 명의위장이 조세회피의 목적에서 비롯되고 나아가 여기에 허위 매매계약서의 작성과 대금의 허위지급, 허위의 양도소득세 신고, 허위의 등기·등록, 허위의 회계장부 작성·비치 등과 같은 적극적인 행위까지 부가된다면 이는 조세의 부과와 징수를 불가능하게 하거나 현저히 곤란하게 하는 '사기 기타 부정한 행위'에 해당한다는 것이다.

③ 대법원 2015. 9. 15. 선고 2014두2522 판결[제1장 제9절 11. 라. (2) 참조]

(3) 부정행위와 제척기간의 분할 여부

과세표준 중 부정행위가 개입된 경우 부정행위가 개입된 부분과 그렇지 아니한 부분으로 분할하여 개입되지 아니한 부분은 5년, 개입된 부분은 10년의 제척기간이 적용되는지가 문제된다. '제척기간의 분할' 여부이다.[19] 법문상 명백하지 않으나 부정행위가 개입된 부분과 그렇지 아니한 부분으로 구분하는 것이 가능하다면 제척기간의 분할을 인정하여야 할 것이다. 현실적으로 구분이 불가능하다면 전부에 대하여 10년의 제척기간이 적용된다.

중가산세 중 무신고중가산세의 가산세율을 정하고 있는 국세기본법 제47조의2 제1항 제1호에서, "부정행위로 법정신고기한까지 세법에 따른 국세의 과세표준 신고를 하지 아니한 경우: 100분의 40(역외거래에서 발생한 부정행위인 경우에는 100분의 60)"라고 규정하고 있는바, 무신고중가산세는 분할이 불가능하다.

그러나 중가산세 중 과소신고중가산세(초과환급신고중가산세)의 가산세율을 정하고 있는 국세기본법 제47조의3 제1항 제1호에서, 부정행위로 과소신고하거나 초과신고한 경우에는 '부정행위로 인한 과소신고납부세액 등의 100분의 40(역외거래에서 발생한 부정행위로 인한 경우에는 100분의 60)에 상당하는 금액'과 '과소신고납부세액 등에서 부정행위로 인한 과소신고납부세액 등을 뺀 금액의 100분의 10에 상당하는 금액'을 합한 금액으로 규정하고 있는바, 부정행위가 관여된 부분과 그렇지 않는 부분을 분할하여 규율하고 있다.[20]

결손금액의 경정에 대하여 앞서 본 바와 같이 제척기간의 유추적용을 긍정한다면, 부정행위로 당해 과세기간에서 생긴 결손금액을 과대하게 존재하는 것처럼 신고한 경우, 그 신고상의 결손금액 경정에 관한 제척기간이 문제된다. 부정행위가 관여된 경우라면 10년의 제척기간이 유추적용된다고 보아야 할 것이다.

상속으로 승계한 조세채무의 경정에 있어 상속인이 피상속인이 한 부정행위의 존재를 알지 못하였다 하더라도 피상속인이 부정행위를 한 이상 10년의 제척기간이 적용된다.

(4) 횡령금에 대한 소득처분

---

19) 독일 조세기본법 제169조 제2항 제2문에서 "Die Festsetzungsfrist beträgt zehn Jahre, soweit eine Steuer hinterzogen, und fünf Jahre, soweit sie leichtfertig verkürzt worden ist."라고 규정함으로써, '제척기간의 분할(Teilverjährung)'을 인정하고 있다.

20) 임승순, 전게서, 146면에서, "과세단위의 일부에 사기 기타 부정한 행위가 있는 경우 장기제척기간의 적용범위를 어디까지로 볼 것인지가 문제된다. 예컨대, 1년 중의 일부 기간만 차명계좌를 이용한 경우 그 해당기간의 세액만을 대상으로 장기제척기간을 적용할 것인지, 아니면 과세단위인 1년을 기준으로 할 것인지가 문제된다. 견해의 대립이 있으나 세액산정의 어려움과 증액경정처분에 관하여 판례가 취하고 있는 흡수설과의 관계 등을 고려할 때, 무한정설이 타당하다고 볼 것이다."라고 적고 있다.

대법원 2010. 1. 28. 선고 2007두20959 판결

『소외 1이 소외 2 회사로부터 이 사건 횡령금을 빼돌리는 과정에서 소외 2 회사의 회계장부를 조작하는 등의 행위를 한 것은, 그 전후의 경위에 비추어 단지 이 사건 횡령금을 빼돌린 사실을 은폐하기 위한 것일 뿐, 이 사건 횡령금에 대하여 향후 피고의 소득처분이 이루어질 것까지 예상하여 그로 인해 자신에게 귀속될 상여에 대한 소득세를 포탈하기 위한 것으로 보기는 어려우므로 국세기본법 제26조의2 제1항 제1호 소정의 '납세자가 사기 기타 부정한 행위로써 국세를 포탈한 경우'에 해당하지 않는다고 봄이 상당하고, 또한 적어도 소외 1이 이 사건 소득처분에 의하여 이 사건 횡령금이 자신의 소득으로 귀속된 1998 과세연도의 종합소득세 과세표준신고서를 법정신고기한 내에 제출하였다면, 비록 그 과세표준신고서상의 종합소득금액에 이 사건 횡령금이 포함되어 있지 않다고 하더라도 같은 항 제2호 소정의 '납세자가 법정신고기간 내에 과세표준신고서를 제출하지 아니한 경우'에 해당한다고 볼 수도 없다 할 것이다. 그럼에도 원심은, 소외 1이 이 사건 횡령금에 관하여 소외 2 회사의 회계장부를 조작한 행위 등이 이 사건 횡령금에 대한 소득세를 포탈하기 위한 행위라고 단정한 나머지 그 소득세에 대한 부과제척기간이 10년이 된다거나 소외 1이 이 사건 횡령금에 대한 과세표준신고서를 제출하지 아니한 것으로 보인다는 막연한 사정만으로 그 소득세에 대한 부과제척기간이 7년이 된다고 보아 이 사건 소득금액변동통지가 원천납세의무자인 소외 1의 소득세에 대한 부과제척기간이 도과하기 전에 이루어진 것으로서 그에 따른 이 사건 징수처분이 적법하다고 판단하고 말았으니, 이러한 원심판결에는 국세의 부과제척기간에 관한 법리를 오해하여 판결에 영향을 미친 위법이 있다고 할 것이므로 이 점을 지적하는 상고이유의 주장은 이유 있다.』

회사의 돈을 횡령하는 과정에서 회계장부를 조작하는 등의 행위를 한 것은 횡령금을 빼돌린 사실을 은폐하기 위한 것일 뿐 그 횡령금에 대하여 향후 과세관청의 소득처분이 이루어질 것까지 예상하여 그로 인해 자신에게 귀속될 상여에 대한 소득세를 포탈하기 위한 것으로 보기는 어렵다는 것이다.

위 판결에 대한 입법적 대처로 2011. 12. 31. 신설된 국세기본법 제26조의2 제1항 제1호 후단에서 "부정행위로 포탈하거나 환급·공제받은 국세가 법인세이면 이와 관련하여 법인세법 제67조에 따라 처분된 금액에 대한 소득세 또는 법인세에 대해서도 그 소득세 또는 법인세를 부과할 수 있는 날부터 10년간으로 한다."라고 규정하였다. 부칙 제2조에서 위 개정규정은 2012. 1. 1. 이후 최초로 법인세법 제67조에 따라 처분하는 금액부터 적용한다고 규정하고 있었다.

앞서 본 바와 같이 소득금액변동통지가 있는 경우 소득귀속자의 종합소득에 대한 제척기간의 기산일은 소득이 귀속된 과세기간이 종료된 다음 연도의 6. 1.인바, 부칙 규정을 적용할 때 2012. 1. 1. 현재 통상의 제척기간 5년이 이미 도과한 경우라면 위 개정규정은 적용될 수 없다. 다만 2012. 1. 1. 제척기간 5년이 도과하지 않았다면 개정규정이 적용되어 제척기간이

10년으로 연장된다. 한편 2019. 12. 31. 개정으로 제26조의2 제2항 제2호 후단으로 옮겨졌다.

　(5) 부정행위와 중가산세의 제척기간

　　본세가 부정행위로 조세포탈 등이 일어난 경우 중가산세(무신고중가산세, 과세신고·초과환급신고중가산세)도 본세와 같이 제척기간이 10년이라고 할 것이다.

나. 상속세 및 증여세(10년 - 15년 - 완성유예 1년)

　(1) 통상 기산일부터 10년이다(국세기본법 제26조의2 제4항).

　(2) 부정행위와 제척기간의 분할

　　부정행위로 상속세·증여세를 포탈하거나 환급·공제받은 경우(제1호), 상속세 및 증여세법 제67조 및 제68조에 따른 신고서를 제출하지 아니한 경우(제2호), 그 신고서를 제출한 자가 거짓신고 또는 누락신고를 한 경우(그 거짓신고 또는 누락신고를 한 부분만 해당한다. 제3호)에는 15년이다(국세기본법 제26조의2 제4항). 제3호의 경우 '제척기간의 분할'을 명시적으로 인정한다.

　　'거짓신고 또는 누락신고'의 유형은 다음과 같다(국세기본법 시행령 제12조의2 제2항).

　　① 상속재산가액 또는 증여재산가액에서 가공의 채무를 빼고 신고한 경우

　　② 권리의 이전이나 그 행사에 등기·등록·명의개서 등이 필요한 재산을 상속인 또는 수증자의 명의로 등기 등을 하지 아니한 경우로서 그 재산을 상속·증여재산의 신고에서 누락한 경우

　　③ 예금, 주식, 채권, 보험금, 그 밖의 금융자산을 상속재산 또는 증여재산의 신고에서 누락한 경우

　(3) 다만 부담부 증여에 따라 증여세와 함께 소득세법 제88조 제1항 후단에 따른 소득세가 과세되는 경우 그 소득세는 증여세에 대하여 적용되는 제척기간에 따른다(국세기본법 제26조의2 제4항).

　(4) 제척기간의 완성유예

　　과세포착이 어려운 재산에 대하여 상속인, 증여자 또는 수증자가 생존하고 있는 한 언제든지 부과할 수 있도록 함으로써 부정한 부의 세습(변칙상속)을 방지하기 위하여 제척기간의 완성이 유예된다. 즉 부정행위로 상속세·증여세를 포탈하는 경우로서, 다음에 해당되는 경우 해당 재산의 상속 또는 증여가 있음을 안 날부터 1년 이내에 상속세 및 증여세를 부과할 수 있다(특수 유형의 부정행위, 국세기본법 제26조의2 제5항).

　　① 제3자의 명의로 되어 있는 피상속인 또는 증여자의 재산을 상속인이나 수증자가 취득한 경우

② 계약에 따라 피상속인이 취득할 재산이 계약이행기간에 상속이 개시됨으로써 등기·등록 또는 명의개서가 이루어지지 아니하고 상속인이 취득한 경우

③ 국외에 있는 상속재산이나 증여재산을 상속인이나 수증자가 취득한 경우

④ 등기·등록 또는 명의개서가 필요하지 아니한 유가증권, 서화, 골동품 등 상속재산 또는 증여재산을 상속이나 수증자가 취득한 경우

⑤ 수증자의 명의로 되어 있는 증여자의 금융실명거래 및 비밀보장에 관한 법률 제2조 제2호에 따른 금융자산을 수증자가 보유하고 있거나 사용·수익한 경우(2013. 1. 1. 신설)

⑥ 상속세 및 증여세법 제3조 제2호에 따른 비거주자인 피상속인의 국내재산을 상속인이 취득한 경우(2016. 12. 20. 신설)

⑦ 상속세 및 증여세법 제45조의2에 따른 명의신탁재산의 증여의제에 해당하는 경우(2019. 12. 31. 신설)

다만 상속인이나 증여자 및 수증자가 사망한 경우와 포탈세액 산출의 기준이 되는 재산가액(각 호의 어느 하나에 해당하는 재산의 가액을 합친 것을 말한다)이 50억 원 이하인 경우에는 그렇지 않다.

(5) 대법원 판결

① 대법원 2004. 9. 24. 선고 2002두12137 판결

『구 국세기본법(1993. 12. 31. 법률 제4672호로 개정되기 전의 것, 이하 '국세기본법'이라 한다) 제26조의2 제1항 제1호 단서 (나)목에 의하면, 상속세는 이를 부과할 수 있는 날부터 5년간의 제척기간이 만료된 날 후에는 부과할 수 없는 것으로 하고, 다만, 구 상속세법(1994. 12. 22. 법률 제4805호로 개정되기 전의 것) 제20조의 규정에 의하여 신고서를 제출한 자가 대통령령이 정하는 허위신고 또는 신고누락을 한 경우에는 그 제척기간이 10년으로 연장된다고 규정하고 있고, 그 위임에 따른 구 국세기본법 시행령(1993. 12. 31. 대통령령 제14076호로 개정되기 전의 것) 제12조의2 제2호에 의하면 '대통령령이 정하는 허위신고 또는 신고누락을 한 경우' 중의 하나로 권리이전이나 그 행사에 등기 등을 요하는 재산에 관하여 상속인 명의로 등기 등을 하지 아니한 경우로서 그 재산을 상속재산의 신고에서 누락한 경우를 규정하고 있는 바, 여기서 '상속인 명의로 등기 등을 하지 아니한 경우'라 함은 상속개시 후 상속재산에 대하여 당해 상속을 원인으로 하는 이전등기 등을 하지 아니한 경우를 의미하고, 따라서 상속개시 이전에 상속 아닌 다른 사유를 원인으로 하여 미리 상속인 명의의 이전등기가 이루어져 있었던 경우는 위에서 말하는 '상속인 명의로 등기 등을 하지 아니한 경우'에 포함된다고 해석함이 상당하다. 왜냐하면, 국세기본법 제26조의2 제1항에서 10년이라는 장기간의 제척기간을 규정한 것은 상속세 및 증여세의 신고 실적이 매우 저조하여 과세관청이 호적부나 등기부 등을 통한 사망사실 확인 및 이전등기사실 등의 확인에 터 잡아 실지조사를 하여 상속세 및 증여세를 부과하는 현실에서 그 신고를 해태하거나 등기 등을 하지 않은 채 제척기간이 도과되는 것을 방지하고자 함에 그 취지가 있는 것이고(대법원 2002. 3. 29. 선고 2001두

9431 판결 참조), 나아가 과세관청이 상속세와 증여세의 탈세사실을 발견하여도 종전의 단기간의 제척기간 경과로 과세하지 못하는 문제를 해결하기 위하여 이 사건 상속개시 이후이기는 하지만 1993. 12. 31. 상속세법 개정시 그 제척기간이 일률적으로 10년으로 연장되었고, 1994. 12. 22. 상속세법 개정시 단순 신고누락분은 10년으로, 적극적 신고누락분은 15년으로 기간이 다시 연장되었으며, 1999. 12. 31. 상속세및증여세법 개정시에는 사기 기타 부정한 행위로 상속세·증여세를 포탈한 경우 당해 재산의 상속 또는 증여가 있음을 안 날로부터 1년 이내에 부과할 수 있도록 하는 규정까지 신설됨으로써 상속세에 관한 과세관청의 입지가 강화되어 왔으며, 원래 상속세에 있어서 상속인이 피상속인의 사망신고를 해태하여 장기간 방치하거나 상속재산에 대하여 상속등기를 하지 아니하는 경우에는 사실상 그 세원포착이 어려운 점 등에 비추어 위와 같이 해석함이 옳다고 여겨지기 때문이다.』

② 대법원 2006. 2. 9. 선고 2005두1688 판결

『구 국세기본법(1993. 12. 31. 법률 제4672호로 개정되기 전의 것, 이하 '구 국세기본법'이라 한다) 제26조의2 제1항 제1호 (나)목은 상속세 신고서를 제출한 자가 대통령령이 정하는 허위신고 또는 신고누락한 경우에는 그 허위신고 또는 신고누락한 부분에 한하여 상속세의 부과제척기간을 10년으로 연장하도록 규정하고, 그 위임에 따른 구 국세기본법 시행령(1993. 12. 31. 대통령령 제14076호로 개정되기 전의 것, 이하 '시행령'이라 한다) 제12조의2는 그 각 호에서 부과제척기간의 연장사유가 되는 허위신고 또는 신고누락의 유형을 구체적으로 열거하여 규정하고 있는 바, 위 각 규정의 취지와 그 문언에 비추어 보면, 시행령 제12조의2 각 호가 규정한 허위신고 또는 신고누락한 경우에 해당하지 않으면 상속세의 부과제척기간이 연장된다고 할 수 없고, 나아가 부과제척기간이 연장되는 부분도 당해 허위신고 또는 신고누락한 부분에 한정된다고 할 것이다.

같은 취지에서 원심이, 적법한 상속인이 아닌 자를 상속인에 포함하여 신고를 하였다는 사정은 시행령 제12조의2가 규정하고 있는 '허위신고 또는 신고누락'의 유형에 해당하지 아니하고, 또 증여받은 재산을 일부 신고누락하였다는 사정은 이 사건 5차 및 6차 처분과 직접 관련된 증액경정사유가 아니므로, 위와 같은 사정들은 모두 상속세 부과제척기간의 연장사유가 될 수 없다고 판단한 것은 정당한 것으로 수긍이 되고, 거기에 상고이유에서 주장하는 바와 같은 상속세의 부과제척기간에 관한 법리 등을 오해한 위법이 있다고 할 수 없다.』

다. 개별세법상의 특정 가산세의 제척기간(10년)

납세의무자가 소득세법 제81조의10 제1항 제4호, 법인세법 제75조의8 제1항 제4호, 신부가가치세법 제60조 제2항 제2호, 제3항 및 제4항 소정의 계산서, 세금계산서 발급상의 부정행위를 한 경우, 해당 가산세의 제척기간은 기산일부터 10년이다.

제
1
장

(1) 소득세법 제81조의10 제1항 제4호

『다음 각 목의 어느 하나에 해당하는 경우: 공급가액의 100분의 2(가목을 적용할 때 제163조 제1항에 따라 전자계산서를 발급하여야 하는 자가 전자계산서 외의 계산서를 발급한 경우와 같은 조 제7항에 따른 계산서의 발급시기가 지난 후 해당 재화 또는 용역의 공급시기가 속하는 과세기간의 다음 연도 1월 25일까지 같은 조 제1항 또는 제2항에 따른 계산서를 발급한 경우에는 100분의 1로 한다)

가. 제163조 제1항 또는 제2항에 따른 계산서를 같은 조 제7항에 따른 발급시기에 발급하지 아니한 경우

나. 재화 또는 용역을 공급하지 아니하고 제163조 제1항 또는 제2항에 따른 계산서, 제160조의2 제2항 제3호에 따른 신용카드매출전표 또는 같은 항 제4호에 따른 현금영수증(이하 이 호에서 "계산서등"이라 한다)을 발급한 경우

다. 재화 또는 용역을 공급받지 아니하고 계산서 등을 발급받은 경우

라. 재화 또는 용역을 공급하고 실제로 재화 또는 용역을 공급하는 자가 아닌 자의 명의로 계산서 등을 발급한 경우

마. 재화 또는 용역을 공급받고 실제로 재화 또는 용역을 공급하는 자가 아닌 자의 명의로 계산서 등을 발급받은 경우』

(2) 법인세법 제75조의8 제1항 제4호: 소득세법의 내용과 동일하다.

(3) 신 부가가치세법 제60조 제2항 제2호, 제3항 및 제4항

제60조 제2항 제2호

『2. 제34조에 따른 세금계산서의 발급시기가 지난 후 해당 재화 또는 용역의 공급시기가 속하는 과세기간에 대한 확정신고 기한까지 세금계산서를 발급하지 아니한 경우 그 공급가액의 2퍼센트. 다만, 다음 각 목의 어느 하나에 해당하는 경우에는 그 공급가액의 1퍼센트로 한다.

가. 제32조 제2항에 따라 전자세금계산서를 발급하여야 할 의무가 있는 자가 전자세금계산서를 발급하지 아니하고 제34조에 따른 세금계산서의 발급시기에 전자세금계산서 외의 세금계산서를 발급한 경우

나. 둘 이상의 사업장을 가진 사업자가 재화 또는 용역을 공급한 사업장 명의로 세금계산서를 발급하지 아니하고 제34조에 따른 세금계산서의 발급시기에 자신의 다른 사업장 명의로 세금계산서를 발급한 경우』

제60조 제3항 및 제4항

『③ 사업자가 다음 각 호의 어느 하나에 해당하는 경우에는 해당 각 호에 따른 금액을 납부세액에 더하거나 환급세액에서 뺀다.(개정 2016. 12. 20., 2017. 12. 19., 2019. 12. 31.)

1. 재화 또는 용역을 공급하지 아니하고 세금계산서 또는 제46조 제3항에 따른 신용카드매출전표등(이하 "세금계산서등"이라 한다)을 발급한 경우: 그 세금계산서 등에 적힌 공급가액의 3퍼센트

2. 재화 또는 용역을 공급받지 아니하고 세금계산서등을 발급받은 경우: 그 세금계산서 등에 적힌 공급가액의 3퍼센트

3. 재화 또는 용역을 공급하고 실제로 재화 또는 용역을 공급하는 자가 아닌 자 또는 실제로 재화 또는 용역을 공급받는 자가 아닌 자의 명의로 세금계산서 등을 발급한 경우: 그 공급가액의 2퍼센트

4. 재화 또는 용역을 공급받고 실제로 재화 또는 용역을 공급하는 자가 아닌 자의 명의로 세금계산서등을 발급받은 경우: 그 공급가액의 2퍼센트

5. 재화 또는 용역을 공급하고 세금계산서 등의 공급가액을 과다하게 기재한 경우: 실제보다 과다하게 기재한 부분에 대한 공급가액의 2퍼센트

6. 재화 또는 용역을 공급받고 제5호가 적용되는 세금계산서 등을 발급받은 경우: 실제보다 과다하게 기재된 부분에 대한 공급가액의 2퍼센트

④ 사업자가 아닌 자가 재화 또는 용역을 공급하지 아니하고 세금계산서를 발급하거나 재화 또는 용역을 공급받지 아니하고 세금계산서를 발급받으면 사업자로 보고 그 세금계산서에 적힌 공급가액의 3퍼센트를 그 세금계산서를 발급하거나 발급받은 자에게 사업자등록증을 발급한 세무서장이 가산세로 징수한다. 이 경우 제37조 제2항에 따른 납부세액은 0으로 본다.(개정 2016. 12. 20., 2017. 12. 19.)』

라. 상호합의절차의 진행의 경우

조세의 이중과세를 방지하기 위하여 체결한 조세조약에 따라 상호합의가 진행 중인 경우 국조법 제25조에서 정하는 바에 따라 제척기간이 정하여진다(국세기본법 제26조의2 제8항).

마. 역외거래에 있어 조세정보를 요청한 경우

역외거래와 관련하여 통상의 제척기간이 지나기 전에 국조법 제36조 제1항에 따라 조세의 부과와 징수에 필요한 조세정보를 외국의 권한있는 당국에 요청하여 조세정보를 요청한 날부터 2년이 지나기 전까지 조세정보를 받은 경우 조세정보를 받은 날부터 1년으로 연장된다. 앞서 본 바와 같이 역외거래에 있어 통상의 제척기간은 [7년 - 10년 - 15년]이다. 여기서 그 제척기간이 도래하기 전에 과세관청이 조세정보를 요청하였고 그 조세정보가 제척기간 종료 직전에 수령한 경우라면 그 제척기간은 수령일부터 1년이 연장된다(국세기본법 제26조의2 제6항 제6호).

바. 이월결손금 공제시 '결손금이 발생한 과세기간'의 법인세 또는 소득세의 경정(국세기본법 제26조의2 제3항)

(1) 국세기본법 제26조의2 제3항에 의하면, 제1항 및 제2항 제1호의 기간이 끝난 날이 속하는 과세기간 이후의 과세기간에 개별세법(소득세법 제45조 제3항, 법인세법 제13조 제1항 제1호, 제76조의13 제1항 제1호 또는 제91조 제1항 제1호)에 따라 이월결손금(제1장 제9절 10. 참조)을 공제하는 경우 그 결손금이 발생한 과세기간의 소득세 또는 법인세의 제척기간은 이월결손금을 공제한 과세기간의 법정신고기한으로부터 1년으로 한다는 취지로 정하고 있다.

즉 제척기간의 도과 후의 과세기간에 이월결손금을 공제하는 경우 그 결손금이 발생한 과세기간의 법인세 등은 그 공제한 과세기간의 법정신고기한으로부터 1년까지 제척기간의 완성이 유예된다(2008. 12. 26. 신설, 2019. 12. 31. 개정으로 제3항으로 이동)는 취지이다. 이월결손금 공제기간이 5년에서 10년으로 연장(2008. 12. 26. 개정)됨에 따라 동시에 신설되었다.

(2) 예를 들어 #1 사업연도에 발생한 결손금(신고확정된 결손금)이 #9 사업연도에 이월결손금으로서 공제되었다. #1 사업연도의 결손금이 과다계산되었거나 오히려 부과될 세금이 존재하였다면 #1 사업연도의 과세표준 및 세액은 경정될 수 있는지 여부이다.

#1 사업연도의 결손금은 존재하지 않았고 오히려 흑자였음이 판명되었다면 #9 사업연도의 이월결손금의 공제는 잘못된 것이다. 비록 #1 사업연도 결손금의 시정을 위한 통상의 제척기간 5년이 지났다 하더라도 당초 신고확정된 결손금은 시정되어야 하고, 이를 위하여 제척기간의 연장이 필요하다.

(3) 입법론적으로, 소득세법 및 법인세법상 이월결손금 공제기간이 15년으로 연장된 이상 이에 맞추어 제척기간도 15년으로 늘려잡아야 한다. 그 15년 이내에서 조세채무자도 결손금 증액을 위한 경정청구를 할 수 있는 기회를 부여함이 공평하다. 국세기본법 제26조의2 제3항에 의하면 조세채무자에게는 이런 기회가 부여되지 않고 있다. 조세채무자를 위하여도 제척기간의 연장이 필요하다.

4. 특례제척기간

분류	사유	필요한 처분의 시기 및 종기
제1호	제7장에 따른 이의신청, 심사청구, 심판청구에 기한 결정에 따른 경정, 또는 감사원법에 따른 심사청구에 기한 결정에 따른 경정(1984. 8. 7. 신설)	각 해당 결정이 확정된 날부터 1년이 지나기 전까지
	행정소송판결에 따른 경정(1984. 8. 7. 신설)	판결이 확정된 날부터 1년이 지나기 전까지

제1의2호	제1호의 결정이나 판결이 확정됨에 따라 그 결정 또는 판결의 대상이 된 과세표준 또는 세액과 연동된 다른 과세기간의 과세표준 또는 세액의 조정이 필요한 경우(2016. 12. 20. 신설)	제1호의 결정 또는 판결이 확정된 날부터 1년이 지나기 전까지
제2호	조세조약에 부합하지 아니하는 과세의 원인이 되는 조치가 있는 경우 그 조치가 있음을 안 날부터 3년 이내(조세조약에 따로 규정하는 경우에는 그에 따른다)에 그 조세조약의 규정에 따른 상호합의가 신청된 것으로, 그에 대하여 상호합의가 이루어진 경우, 상호합의에 기한 경정(1993. 12. 31. 신설)	상호합의절차의 종료일부터 1년이 지나기 전까지
제3호	국세기본법 제45조의2 제2항에 기한 경정청구에 따른 경정(2007. 12. 31. 신설) → 제45조의2 제1항, 제2항에 기한 경정청구에 따른 경정 (2016. 12. 20. 개정)	경정청구일부터 2월이 지나기 전까지
	국조법 제19조 제1항(2011. 12. 31. 신설, 2020. 12. 22. 개정) 및 제33조 제2항(2008. 12. 26. 신설, 2020. 12. 22. 개정)에 기한 각 경정청구에 따른 경정	
	국조법 제20조 제2항에 기한 조정권고에 따른 경정(2011. 12. 31. 신설, 2020. 2. 22. 전개)	조정권고일부터 2월이 지나기 전까지
제4호	제3호에 따른 경정청구가 있는 경우 그 경정청구의 대상이 된 과세표준 또는 세액과 연동된 다른 과세기간의 과세표준 또는 세액의 조정이 필요한 경우(2017. 12. 19. 신설)	경정청구일부터 2월이 지나기 전까지
제5호	최초의 신고·결정 또는 경정에서 과세표준 및 세액의 계산 근거가 된 거래 또는 행위 등이 그 거래·행위 등과 관련된 소송에 관한 판결(판결과 같은 효력을 가지는 화해나 행위를 포함한다)에 의하여 다른 것으로 확정된 경우(2017. 12. 19. 신설)	판결이 확정된 날부터 1년이 지나기 전까지
제6호	역외거래와 관련하여 제1항에 따른 기간이 지나기 전에 국조법 제36조 제1항에 따라 조세의 부과와 징수에 필요한 조세정보를 외국의 권한있는 당국에 요청하여 조세정보를 요청한 날부터 2년이 지나기 전까지 조세정보를 받은 경우(2018. 12. 31. 신설, 2020. 12. 22. 개정)	조세정보를 받은 날부터 1년이 지나기 전까지

[국세기본법 제26조의2 제6항 소정의 특례제척기간]

가. 입법의 변천

(1) 국세기본법 제26조의2 제6항을 정리하면 위 표와 같다. 종래 제26조의2 제2항에서 정하고 있었으나 규정체계를 정리한다는 의미에서 2019. 12. 31. 제26조의2를 전부 개정함으로써 제2항에서 제6항으로 옮겨졌다. 위 표에서 각 호 해당 사유의 신설일 및 개정일에 유의하여야 한다. 개정이 많은 규정 중의 하나이다.

조세기본법 제26조의2 제6항처럼 혼란스러운 규정도 없다. 같은 조문이 아니라 적어도 같은 항에서는 같은 성질의 것을 통일적으로 규율하여야 하는데 그렇지 않다. 한 번 읽어서는 무엇을 규율하고 있는지 알아볼 수도 없다. 개정될 때마다 성질이 다른 것이 추가되어 더욱 그러하다. 심지어 같은 '호'에 넣을 수 없음에도 같은 호에 위치하고 있는 경우도 있다. 각 호의 규정만이라도 그 본질에 비추어 각 유형마다 통일적 질서를 부여하여야 한다.

시계열적으로 파악하기 위하여 위 표에서 개정시기를 나열하였다. 그 추가과정을 읽을 수 있다. 당초 뒤에서 보는 제1유형만을 규정하다가 이후 거듭된 개정을 통하여 다양한 유형이 한 조문 속에 담겨지기에 이르렀다.

(2) 4가지 유형의 분류

① 제1유형

제1호, 제1의2호, 제3호 중 일부(국세기본법 제45조의2 제1항, 제2항에 기한 경정청구에 따른 경정), 제4호 중 일부 등으로, '판결 등에 따른 경정'의 규율에 속한다. 진정한 의미의 특례제척기간이다.

② 제2유형

제5호는 '사정변경에 기한 증액경정'을 규율하고 있다. 제척기간의 도과 후 세액을 증액할 수 있는 사정변경이 발생함에 따라 과세관청에 유리한 결정 또는 경정을 할 수 있도록 한 유형이다. 국세기본법 제45조의2 제2항의 사정변경에 기한 경정청구와 평행된 규정이다[제3장 제2절 2. 자. (2) 참조]. 독일 조세기본법 제175조는 사정변경에 기한 증액경정과 경정청구를 함께 규정하고 있다.

③ 제3유형

제2호 및 제6호는 제척기간의 연장에 관한 규정이다. 상호합의의 종결 등, 역외거래 등에 있어 조세정보의 수령 등 과세관청이나 조세채무자 어느 당사자도 책임질 수 없는 사유로 통상의 제척기간의 준수가 어려운 경우를 대비하여 설계된 제척기간의 연장을 위한 규정이다. 상호합의절차의 종료일부터, 조세정보를 받은 날부터 각 1년이 지나기 전까지 경정에 필요한 처분을 할 수 있다는 것이다.

④ 제4유형

제3호 중 국조법에 기한 각 경정청구나 조정권고가 있는 경우 이에 대한 경정 등 필요한 처분을 할 수 있는 기간을 정한 것이다. 이 경우 경정청구일, 조정권고일 또는 결정통지일로부터 2월 이내에 필요한 처분을 할 수 있다는 것이다. 그 2월이 경과하면 제척기간이 종료되어 과세관청으로서는 아무런 처분을 할 수 없다는 것인지는 의문이다. 제척기간으로 읽는다면 많은 문제점이 발생할 여지가 있다. '제3호 중 일부'는 앞서 본 바와 같이 제1유형에 속하는 것임에도 제3호에 배치시킴으로써 그 의미를 해석하는 데에 많은 어려움이 있다.

나. 판결 등에 따른 경정

4가지 유형 중 제1유형만을 '판결 등에 따른 경정'으로 부르면서 제4장 제5절에서 설명한다.

5. 통상의 제척기간 도과의 효과

(1) 통상의 제척기간이 도과하면 세액확정절차가 종료된다. 원칙적으로 과세관청에 의한 증액경정은 물론 감액경정도 할 수 없다. 제척기간의 도과 후에 한 신고(수정신고)나 부과처분은 당연무효이다. 이를 원용하지 않더라도 당연히 권리소멸의 효과가 발생하므로 법원은 직권으로 도과 여부를 조사하여야 한다. 제척기간의 도과 후 증액경정처분이 있는 경우 당초처분이 제척기간의 도과 전에 이루어졌다면 증액경정처분 전부가 무효로 되는 것이 아니라 증액부분만 무효가 된다.

(2) 제척기간이 도과했더라도 조세채무자는 '사정변경에 기한 경정청구'를 할 수 있다. '모순된 세액확정에 기한 경정청구'도 같다.

6. 처분사유의 추가·변경과 제척기간

대법원 2002. 3. 12. 선고 2000두2181 판결

『과세처분취소소송에서의 소송물은 과세관청의 처분에 의하여 인정된 과세표준 및 세액의 객관적 존부이고, 과세관청으로서는 소송 도중이라도 사실심 변론종결시까지 그 처분에서 인정한 과세표준 또는 세액의 정당성을 뒷받침하기 위하여 처분의 동일성이 유지되는 범위 내에서 처분사유를 교환·변경할 수 있으며, 과세관청이 종합소득세부과처분의 정당성을 뒷받침하기 위하여 합산과세되는 종합소득의 범위 안에서 그 소득의 원천만을 달리 주장하는 것은 처분의 동일성이 유지되는 범위 내의 처분사유 변경에 해당하여 허용된다. 그리고 처분의 동일성이 유지되는 범위 내에서 처

분사유를 변경하는 것은 새로운 처분이라고 할 수 없으므로 국세부과의 제척기간이 경과되었는지 여부도 당초의 처분시를 기준으로 판단하여야 하고 처분사유 변경시를 기준으로 판단하여서는 아니 된다(대법원 1999. 9. 17. 선고 97누9666 판결, 2000. 3. 28. 선고 98두16682 판결 등 참조).

　　같은 취지에서 원심이, 피고가 제1심에서 소송수행자를 통하여 이 사건 원고 등의 소득이 이자소득이 아니라 대금업에 의한 사업소득에 해당한다고 처분사유를 변경한 것은 처분의 동일성이 유지되는 범위 내에서의 처분사유 변경에 해당하여 허용되며, 또 그 처분사유의 변경이 국세부과의 제척기간이 경과한 후에 이루어졌는지 여부에 관계없이 국세부과의 제척기간이 경과되었는지 여부는 당초의 처분시를 기준으로 판단하여야 한다고 본 것은 옳고, 거기에 상고이유의 주장과 같은 처분사유 변경의 한계, 제척기간 등에 관한 법리오해의 잘못이 없다. 따라서 이 부분 상고이유는 받아들일 수 없다.』

판시취지는 다음과 같다.

(i) 과세관청은 소송 도중이라도 사실심 변론종결시까지 부과처분에서 인정한 과세표준 또는 세액의 정당성을 뒷받침하기 위하여 처분의 동일성이 유지되는 범위 내에서 처분사유를 교환·변경할 수 있다. 종합소득세 부과처분의 정당성를 뒷받침하기 위하여 합산과세되는 종합소득의 범위 안에서 소득의 원천만을 달리 주장하는 것은 처분의 동일성이 유지되는 범위 내의 처분사유 변경에 해당하여 허용된다.

(ii) 처분사유의 변경이 제척기간이 지난 후에 이루어졌는지 여부에 관계없이 제척기간의 도과 여부는 당초의 처분시를 기준으로 판단하여야 하고 처분사유의 변경시를 기준으로 판단하여서는 아니 된다.

7. 확정권과 징수권의 관계 등

가. 징수권의 소멸시효

(1) 조세법률관계에서 발생하는 본질적 권리·의무로는 국가의 조세채권과 납세의무자의 조세채무이다. 사법상 법률관계의 관점에서 구성하면 다음과 같다. 즉 조세채권이 성립하여 확정되면 그 채권의 본질적 내용인 청구권이 발생하고, 조세채무를 이행하지 아니하는 경우 과세관청은 청구권을 행사하여 이행을 요구하되 임의로 이행하면 이를 수령하여 적법하게 보유할 수 있는 권원을 가지게 되나, 이행하지 아니하면 징수절차에 나아가게 된다.

(2) 국세기본법 제27조 제1항(국세징수권의 소멸시효)

　　『① 국세의 징수를 목적으로 하는 국가의 권리는 이를 행사할 수 있는 때부터 다음 각 호의 구분에 따른 기간 동안 행사하지 아니하면 소멸시효가 완성된다.(개정 2013. 1. 1.)

  1. 5억 원 이상의 국세: 10년

  2. 제1호 외의 국세: 5년』

위 규정에 의하면 조세채권의 소멸시효를 정면에서 규율하고 있지 않다. '국세의 징수를 목적으로 하는 국가의 권리'를 징수권이라고 하면서, '이를 행사할 수 있는 때'부터 5년 또는 10년 동안 행사하지 아니하면 소멸시효가 완성된다고 하여, 징수권 소멸시효의 형식으로 규정하고 있다. 여기서 징수권은 실질적으로 성립한 조세채무의 이행을 청구하고 납부세액을 수령할 수 있는 권리를 의미하므로, 기본적으로 조세채권과 동일하다. 따라서 조세채권의 소멸시효를 규정한 것이다.

(3) 징수권에 관하여는 4가지 점에 주의할 필요가 있다.

첫째, 조세채무의 존부 및 범위를 인식·확인하는 것을 내용으로 하는 확정권과 구별된다. 징수권은 조세채무에 대응하는 국가가 가지는 조세채권 그 자체이다.

둘째, 징수권은 성질상 사법상의 금전채권과 동일하게 조세채무의 이행청구권(조세채권)임에는 변함이 없으나, 단순한 이행청구권이 아니라 이행청구절차가 강행규정인 국세징수법에 법정되어 있고 나아가 징수권에는 조세의 효율적 징수를 위하여 자력집행권(독촉 및 강제징수) 및 우선징수권이 부여되어 있다.

셋째, 자동확정방식인 원천징수에 있어 징수권은 국가가 원천징수의무자에 대하여 행사한다.

넷째, 국세기본법에서 징수권의 소멸시효 및 국세의 우선권을, 국세징수법에서 자력집행을 위한 징수절차를, 각 규정함으로써 국세기본법과 국세징수법이 각 그 해당 고유의 역할을 분담하고 있다.

(4) 기산일[21]에 관한 국세기본법 시행령 제12조의4(국세징수권 소멸시효의 기산일)를 본다.

『① 법 제27조제3항에서 "국세의 징수를 목적으로 하는 국가의 권리를 행사할 수 있는 때"란

---

21) 우리나라는 민법에서와 같이 '권리를 행사할 수 있는 때'를 조세채권 소멸시효의 기산일로 삼음으로써 소멸시효가 진행되기 위하여는 조세채권이 확정되어야 함을 전제하고 있다. 그러나 일본 국세통칙법 제72조 제1항은 조세채권의 확정 여부를 불문하고 일률적으로 '법정납기한'으로부터 5년간 행사하지 아니하면 소멸한다는 취지로 규정함으로써, 권리불행사라는 사실상태을 근거로 하는 시효이론보다도 조세법률관계의 통일적·획일적 처리를 우선하고 있다. 국세통칙법 제73조 제3항에 의하면 사기 기타 부정한 행위가 있는 경우 제척기간이 7년인 점에 비추어 제척기간 7년과 소멸시효기간 5년을 일치시키기 위하여 '법정납기한'부터 2년간은 시효가 진행되지 아니한다고 규정함으로써 시효완성을 연기하고 있다. 독일도 조세기본법 제228조에서 지급소멸시효(Zahlungsverjährung)의 기간을 5년으로 정한 다음, 제229조 제1항 제1문에서 '최초의 법정납기한'이 속한 역년(Kalenderjahr)이 경과함으로써 시효가 진행된다고 하면서, 제2문에서 청구권이 발생하는 세액확정, 그 폐지, 변경 등이 유효하게 되기 전까지는 진행되지 아니한다고 규정함으로써 소멸시효 개시를 유예하고 있다. 이와 같이 우리나라와 일본 및 독일은 소멸시효를 보는 시각에서 근본적으로 상이하다.

다음 각 호의 날을 말한다.

 1. 과세표준과 세액의 신고에 의하여 납세의무가 확정되는 국세의 경우 신고한 세액에 대해서는 그 법정 신고납부기한의 다음 날

 2. 과세표준과 세액을 정부가 결정, 경정 또는 수시부과결정하는 경우 납세고지한 세액에 대해서는 그 고지에 따른 납부기한의 다음 날

 ② 다음 각 호의 날은 제1항에도 불구하고 국세의 징수를 목적으로 하는 국가의 권리를 행사할 수 있는 때로 한다.

 1. 원천징수의무자 또는 납세조합으로부터 징수하는 국세의 경우 납세고지한 원천징수세액 또는 납세조합징수세액에 대해서는 그 고지에 따른 납부기한의 다음 날

 2. 인지세의 경우 납세고지한 인지세액에 대해서는 그 고지에 따른 납부기한의 다음 날

 3. 제1항 제1호의 법정 신고납부기한이 연장되는 경우 그 연장된 기한의 다음 날』

 여기서 증액경정이 있는 경우, 국세기본법 제22조의3에 따라 당초처분과 증액경정처분에 따른 증차액에 관한 징수권의 소멸시효는 각 그 납부기한 다음날부터 별도로 진행된다.

 (5) 시효의 중단사유[22])로는 ① 납세고지, ② 독촉, ③ 교부청구, ④ 압류 등이 있다. 세법에 특별히 규정된 것을 제외하고 민법규정이 준용되므로(국세기본법 제27조 제2항), 시효의 중단에 관하여도 성질에 반하지 않는 한 민법규정이 준용된다.[23][24]

 여기서 '납세고지'란 확정된 조세채무에 관하여 그 이행을 최고하는 징수고지를 가리킨다. 구체적으로 신고납세방식의 조세에 있어 조세채무자가 신고 후 세액을 납부하지 않아 과세관청이 법정 신고기한 다음 날 이후에 미납세액을 고지하는 경우이다.

나. 제척기간과 소멸시효의 관계

대법원 2006. 8. 24. 선고 2004두3625 판결

『원심은 그 판결에서 채용하고 있는 증거들을 종합하여, 피고가 상속세 부과권 제척기간 내인 2002. 3. 11. 원고에게 제4차 경정처분을 한 사실을 인정한 다음, 부과권의 제척기간이 도과하기 전에는 징수권의 소멸시효 완성 여부와 상관없이 경정처분이 가능하므로 위 제4차 경정처분은 적법

---

22) 일본 국세통칙법 제73조 제1항에 의하면 경정·결정, 가산세부과결정, 납세고지, 독촉 및 교부요구 등을 중단 사유로 정하면서, '그 처분에 관계되는 부분'에 한하여 중단의 효력이 있다는 취지로 정하고 있다.

23) 수원지방법원 2016. 10. 12. 선고 2015구합65019 판결은 납부고지와 독촉을 거쳤으나 강제집행의 실시가 현실적으로 어려운 경우 소멸시효의 중단을 위하여 조세채권 존재확인의 소를 제기할 이익이 있다고 판시하였다(대법원 2020. 3. 2. 선고 2017두41771 판결 참조).

24) 임승순, 전게서, 159면에서, 승인을 중단사유의 하나로 보면서 "징수유예의 신청, 세금의 일부납부, 물납 또는 분할납부의 신청, 기한 후의 과세표준신고나 수정신고, 납세연기신청서나 납세서약서의 제출 등이 승인에 해당된다."고 적고 있다.

하다고 판단하였는바, 위와 같은 원심의 사실인정과 판단은 정당한 것으로 수긍이 가고, 거기에 상고 이유에서 주장하는 바와 같은 소멸시효 및 제척기간에 관한 법리오해 등의 위법이 없다.』[25]

제척기간이 도과하기 전에는 징수권의 소멸시효 완성 여부와 상관없이 경정처분이 가능하므로, 종전 증액경정 전의 조세채무가 소멸시효로 소멸하였는지 여부에 관계없이, 증액경정처분의 법리에 따라 조세채무는 증액되어 새로이 확정된다는 것이다.[26]

예를 든다.

상속인인 2010. 1. 1. 법정 신고기한 내에 상속세 1억 원을 신고하면서 그 세액을 납부하지 않았다. 과세관청은 2011. 1. 1. 신고한 대로 상속세 1억 원의 부과처분(징수처분)을 하였다(이러한 납세고지에 대하여는 그 납부기한 다음 날부터 시효가 진행된다). 그런데 과세관청은 2012. 1. 1. 2억 원으로 증액경정처분(제1차)을 한 다음 2016. 7. 1. 4억 원으로 다시 증액경정처분(제2차)을 하였다.

2012. 1. 1. 상속세 2억 원으로 증액경정처분을 하였다 하더라도 당초 확정된 세액 1억 원에 대하여는 시효중단의 효력이 생기지 않으므로, 2011. 1. 1. 확정(납부기한을 2011. 1. 1.로 의제한다)된 상속세 1억 원의 조세채무는 2016. 1. 1. 시효로 소멸한다. 따라서 2016. 7. 1. 부과된 상속세 4억 원 중 1억 원을 공제한 잔액 3억 원에 한하여 징수처분을 할 수 있다.

---

25) 원심판결의 해당 판시부분은 다음과 같다. "원고는, 원고에 대한 이사건 부과처분과 관련하여, 제3차 경정처분시 원고에 대하여는 상속세액이 0원으로 고지되어 결과적으로 부과처분 전부가 취소되었고, 그 후인 2002. 3. 11. 제4차 경정처분으로 다시 1,561,059,866원이 부과(후에 최종적으로 1,159,793,219원으로 감액)되기에 이르렀는바, 위 경정처분 시에는 이미 5년의 소멸시효가 완성된 상태이므로 이 사건 부과처분은 무효라고 주장한다. 그러나 소멸시효는 부과처분에 의하여 이미 구체적으로 확정된 납부의무를 소멸시키는 것으로서 징수권의 소멸사유가 될 수 있을 뿐이고 부과권이 소멸사유는 될 수 없는 것이므로(국세기본법 제26조, 제27조, 별지 관계법령 5. 참조), 징수처분의 적부와 관계가 있을 뿐 부과처분의 적부와는 관계가 없는 것이고, 다만 상속세의 부과권은 부과할 수 있는 때로부터 10년간의 제척기간 내에 행사되어야 하는 것이므로 부과권의 제척기간 도과 후의 부과처분은 무효일 터이지만, 원고에 대한 이 사건 부과처분은 위에서 본 바와 같이 상속이 개시된 때인 1993. 11. 13.로부터 10년 이내인 2002. 3. 11. 고지되었으므로, 제척기간이 도과되었다고 볼 수도 없다. 따라서 이 부분 원고의 주장은 이유 없다."

26) 이창희, 전게서, 171면에서, "징수권이 시효소멸한 뒤에도 부과제척기간이 남아 있다면 새로운 부과처분이 가능하다."라고 적고 있다.

제15절

환급청구권(국세환급금)

국세기본법 제51조(국세환급금의 충당과 환급)

『① 세무서장은 납세의무자가 국세 및 강제징수비로서 납부한 금액 중 잘못 납부하거나 초과하여 납부한 금액이 있거나 세법에 따라 환급하여야 할 환급세액(세법에 따라 환급세액에서 공제하여야 할 세액이 있을 때에는 공제한 후에 남은 금액을 말한다)이 있을 때에는 즉시 그 잘못 납부한 금액, 초과하여 납부한 금액 또는 환급세액을 국세환급금으로 결정하여야 한다. 이 경우 착오납부·이중납부로 인한 환급청구는 대통령령으로 정하는 바에 따른다.(개정 2020. 12. 22.)

② 세무서장은 국세환급금으로 결정한 금액을 대통령령으로 정하는 바에 따라 다음 각 호의 국세 및 강제징수비에 충당하여야 한다. 다만, 제1호(국세징수법 제14조에 따른 납기전 징수 사유에 해당하는 경우는 제외한다) 및 제3호의 국세에의 충당은 납세자가 그 충당에 동의하는 경우에만 한다.(개정 2018. 12. 31., 2020. 12. 22.)

1. 납세고지에 의하여 납부하는 국세
2. 체납된 국세 및 체납처분비(다른 세무서에 체납된 국세 및 체납처분비를 포함한다)
3. 세법에 따라 자진납부하는 국세

③ 제2항 제2호에의 충당이 있는 경우 체납된 국세 및 강제징수비와 국세환급금은 체납된 국세의 법정납부기한과 대통령령으로 정하는 국세환급금 발생일 중 늦은 때로 소급하여 대등액에 관하여 소멸한 것으로 본다.(신설 2010. 12. 27., 2018. 12. 31., 2020. 12. 22.)

④ 납세자가 세법에 따라 환급받을 환급세액이 있는 경우에는 그 환급세액을 제2항 제1호 및 제3호의 국세에 충당할 것을 청구할 수 있다. 이 경우 충당된 세액의 충당청구를 한 날에 해당 국세를 납부한 것으로 본다.

⑤ 원천징수의무자가 원천징수하여 납부한 세액에서 환급받을 환급세액이 있는 경우 그 환급액은 그 원천징수의무자가 원천징수하여 납부하여야 할 세액에 충당(다른 세목의 원천징수세액에의 충당은 소득세법에 따른 원천징수이행상황신고서에 그 충당·조정명세를 적어 신고한 경우에만 할 수 있다)하고 남은 금액을 환급한다. 다만, 그 원천징수의무자가 그 환급액을 즉시 환급해 줄 것을 요구하는 경우나 원천징수하여 납부하여야 할 세액이 없는 경우에는 즉시 환급한다.

⑥ 국세환급금 중 제2항에 따라 충당한 후 남은 금액은 국세환급금의 결정을 한 날부터 30일 내에 대통령령으로 정하는 바에 따라 납세자에게 지급하여야 한다.

⑦ 제6항에 따라 국세환급금을 환급할 때에는 대통령령으로 정하는 바에 따라 한국은행이 세

무서장의 소관 수입금 중에서 지급한다.

　⑧ 제6항에도 불구하고 국세환급금 중 제2항에 따라 충당한 후 남은 금액이 10만원 이하이고, 지급결정을 한 날부터 1년 이내에 환급이 이루어지지 아니하는 경우에는 대통령령으로 정하는 바에 따라 제2항 제1호의 국세에 충당할 수 있다. 이 경우 제2항 단서의 동의가 있는 것으로 본다.(신설 2017. 12. 19.)

　⑨ 세무서장이 국세환급금의 결정이 취소됨에 따라 이미 충당되거나 지급된 금액의 반환을 청구하는 경우에는 국세징수법의 고지·독촉 및 강제징수의 규정을 준용한다.(개정 2017. 12. 19., 2020. 12. 22.)

　⑩ 제1항에도 불구하고 제47조의4 제6항 본문에 해당하는 경우에는 제1항을 적용하지 아니한다.(신설 2011. 12. 31., 2016. 12. 20., 2017. 12. 19.)

　⑪ 과세의 대상이 되는 소득, 수익, 재산, 행위 또는 거래의 귀속이 명의일 뿐이고 사실상 귀속되는 자(이하 이 항에서 "실질귀속자"라 한다)가 따로 있어 명의대여자에 대한 과세를 취소하고 실질귀속자를 납세의무자로 하여 과세하는 경우 명의대여자 대신 실질귀속자가 납부한 것으로 확인된 금액은 실질귀속자의 기납부세액으로 먼저 공제하고 남은 금액이 있는 경우에는 실질귀속자에게 환급한다.(신설 2019. 12. 31.)』

1. 환급청구권

가. 환급청구권의 발생

(1) 조세청구권에 대비되는 환급청구권

세액이 확정된 후 감액경정(경정청구에 의한 감액경정, 경정거부처분 취소소송에서의 판결에 기한 감액경정, 직권에 의한 감액경정 등)된 경우, 부과처분이 취소(직권취소 및 쟁송취소)된 경우 등 조세채무자가 세금을 잘못 냈음이 확인되면, 국가는 그 잘못 낸 세금을 납부한 자에게 되돌려 주어야 한다. 이때 되돌려주거나 받는 돈이 국세환급금이다.

여기서 조세채무자가 환급금을 청구할 수 있는 권리(국세환급금에 관한 권리)가 還給請求權[1]이다. 조세법률관계(조세채권채무관계)에서 발생하는 租稅請求權에 상응하는 조세채무자가 가지는 본질적 청구권[2]이다. 국세환급금은 환급청구권의 대상목적물에 불과하나 국세기본법 제51조는 환급청구권이 아닌 국세환급금이라는 용어만 사용한다.

---

1) 국세기본법 제53조는 '국세환급금에 관한 권리', 제54조는 '국세환급가산금에 관한 권리'라고 하는데, 조세법률관계를 명확히 한다는 의미에서 각 '환급청구권', '환급가산금청구권'이라고 부른다. 환급청구권은 대법원 판례가 사용하는 용어이기도 하나 '국세환급금반환채권'이라고 하기도 한다.

2) 조세채권에서 조세청구권이, 환급채권에서 환급청구권이 각 발생한다고 봄이 정확하다. 여기서는 환급채권과 환급청구권을 구별하지 아니하고 '환급청구권'이라 부른다.

제
1
장

(2) 국세환급금의 발생구조

먼저 과납금(초과하여 납부한 금액)의 발생구조를 본다. 당초신고나 부과처분에 기하여 확정된 조세채무 내지 조세법률관계는 역동적인 전개과정을 거친다. 수정신고, 증액경정, 경정청구로 인한 감액경정, 취소소송(부과처분 취소소송, 경정거부처분 취소소송), 직권취소 등의 과정을 거쳐 확정된 조세채무는 수시로 증감변경된다. 당초 법률상 원인을 가졌던 세금의 수납이 경정청구나 취소소송 또는 직권취소 등으로 사후에 법률상 원인을 결하게 됨에 따라 국가로서는 해당 세액을 반환하여야 한다. 그 반환하여야 할 금액을 과납금이라 한다. 만약 취소소송을 거친다면 취소소송을 [위법판단 + 시정조치]의 2중구조로 이해하는 한 환급금은 조세법률관계의 마지막 정리단계인 '시정조치'의 영역(판결의 기속력의 작용 영역)에서 과세관청의 시정조치의 결과로 발생한다.

다음 오납금(잘못 납부한 금액)의 발생구조를 본다. 당초신고나 부과처분, 경정 등이 처음부터 무효라면 이에 터잡아 수납된 세금 또한 원인을 결여한 것이므로 과납금의 경우처럼 경정청구나 취소소송 등의 절차를 거치지 않더라도 국가는 해당 세액을 반환하여야 한다. 이를 오납금이라 한다. 자동확정방식의 경우에도 오납금이 발생한다. 다만 오납금 해당 여부에 관하여 다툼이 있는 경우 그 반환을 위한 구제절차로 부당이득반환청구 외에 조세법상의 경정청구도 허용될 수 있다(경정청구의 배타성 부인).

마지막으로 '개별세법에 따른 환급세액'의 발생구조를 본다. 개별세법의 정함에 따라 환급세액을 신고하여야 하는데 그 신고에 따라 확정된 (-)세액을 개별세법에 따른 환급세액이라 한다. 신고함으로써 발생한 환급세액은 이후 환급세액확정절차에 따라 증감변경된다. 이러한 '환급세액확정절차'는 세액확정절차와 동일한 구조를 가지면서 밀접한 관계를 가진다.

(3) 환급청구권의 분류

민법상 부당이득반환청구의 성질을 가지는 것과 부당이득반환청구의 성질을 가지지 않는 '부가가치세 환급세액 지급청구권'(대법원 2013. 3. 21. 선고 2011다95564 판결)으로 분류된다.

(4) 환급세액확정절차

과납금 및 오납금에서 발생하는 환급청구권은 부당이득반환의 성질을 가지므로 환급금액의 수치절차화, 금전채권화라는 '환급금확정절차'라는 관념이 존재할 여지가 없다.

한편 '個別稅法에 따른 還給稅額'은 부가가치세법 등 개별세법의 정함에 의하여 과세표준신고로 당연히 확정되고 이를 지급하지 아니하는 경우 환급청구권이 발생한다. 뒤에서 보는 대법원 2011다95564 판결은 환급청구권의 양도에 있어 채권양도의 유효 여부에 대한 견해대립이 있는 경우 당사자소송으로 환급세액 지급청구권을 행사할 수 있다고 판시했다. 나아가 환급세액의 존부 및 수액에 관하여 다툼이 생긴 경우 당사자소송으로 그 지급을 구할 것이 아니라 조세법상의 경정절차인 '還給稅額確定節次'를 거쳐야 한다. 환급세액은 과납금 및 오납금과는 차원을 달리하는 개념이다.

나. 조세법률관계와 환급청구권

(1) 본래적 법률관계와 파생적 법률관계

세법상 법률관계는 조세채권채무관계가 본래적이다. 조세채무가 존재함을 전제로 하여 세금을 납부하였는데, 조세채무가 '부존재'하거나 '납부의 기초가 된 신고 또는 부과의 취소·경정'(확정효의 소급적 소멸)으로 인하여, 납부한 세금을 보유할 '권원의 상실'(법률상 원인의 결여) 즉 부존재인 원시적 결여와 권원의 상실인 후발적 결여로 말미암아, 파생적으로 환급에 관한 법률관계가 발생한다(제1장 제9절 3. 나. 참조).

여기서 조세채권채무관계를 '본래적 법률관계', 환급에 관한 법률관계를 '파생적 법률관계'라고 할 수 있다.3) 양자 모두 조세법률관계에 속하는 것으로 동전의 양면과도 같다.4)

(2) 국세기본법 제51조 제1항의 '국세환급금으로 결정'은 행정처분이 아니라는 것이 대법원의 견해이다.5)

대법원 1989. 6. 15. 선고 88누6436 판결요지

『(다수의견) 국세기본법 제51조 및 제52조 국세환급금 및 국세가산금결정에 관한 규정은 이미 납세의무자의 환급청구권이 확정된 국세환급금 및 가산금에 대하여 내부적 사무처리절차로서 과세

---

3) 谷口勢津夫, 전게서, 115면 참조.
4) 독일 조세기본법 제37조는 조세채무관계에서의 청구권(Ansprüche aus dem Steuerschuldverhältnis)이라는 제목으로, 제1항에서, 조세채무관계에서 발생하는 청구권에는 조세청구권(Steueranspruch), 환급세액청구권(Steuervergütungsanspruch), 책임청구권(Haftungsanspruch), 조세적 부수급부청구권 등과 '제2항 및 개별 세법에 기한 환급청구권(Erstattungsanspruch)'이 있다는 취지로, 제2항에서 환급청구권을 규정하면서 세액, 환급세액, 책임수액 등이 법적 근거 없이 납부되거나 반환된 경우 자신의 계산으로 납부한 자는 급부수령자에게 지급하였거나 반환한 수액의 환급청구권을 가진다는 취지로 규정하고 있다.
　즉 위 제37조 제2항은, 조세채무자의 환급청구권뿐만 아니라, 과세관청이 법적 근거 없이 과다환급을 한 경우 그 상대방에 대하여 가지는 환급청구권도 함께 규정하고 있다. 과세관청이 상대방에게 가지는 환급청구권을 강학상 역환급청구권(Rückforderungsanspruch)이라고 하면서 이를 조세채무자의 환급청구권의 역관계(Umkehrung)로 이해한다. 한편, 환급세액청구권(Steuervergütungsanspruch)은 전가가 예상되는 소비세 등에서 발생하고 특히 부가가치세에 있어 매입세액공제(Vorsteuerabzug)가 여기에 속한다고 설명된다. 환급청구권과 부가가치세 등 소비세에 있어 환급세액청구권을 구별하고 있다.
5) 독일 조세기본법 제218조 제1항은 조세채무관계에서 발생하는 청구권(제37조)의 실현을 위한 기초상황(Grundlage für die Verwirklichung)은 조세결정, 환급결정, 책임결정, 조세적 부수급부를 정하는 행정행위 등을 말한다는 취지로, 제2항은 조세채무관계에서 발생하는 청구권의 실현(징수)에 관한 의견대립이 있는 경우, 이에 대하여 과세관청은 행정처분으로 결정하고, 그 견해대립이 환급청구권에 관계되는 경우에도 동일하다는 취지로 정하고 있다. 견해대립이 있는 경우 과세관청이 하는 결정을 'Abrechnungsbescheid'라고 부른다. 견해대립에는 예납세액의 존부 및 크기, 공제세액의 크기, 제3자 변제의 유효성, 채권양도의 경우 양수인과 국가의 견해대립 등이 있을 수 있다.

관청의 환급절차를 규정한 것에 지나지 않고 그 규정에 의한 국세환급금(가산금 포함)결정에 의하여 비로소 환급청구권이 확정되는 것은 아니므로, 국세환급금결정이나 이 결정을 구하는 신청에 대한 환급거부결정 등은 납세의무자가 갖는 환급청구권의 존부나 범위에 구체적이고 직접적인 영향을 미치는 처분이 아니어서 항고소송의 대상이 되는 처분이라고 볼 수 없다.

　(소수의견) 납세자의 신청에 대한 세무서장의 환급거부결정이 직접 환급청구권을 발생하게 하는 형성적 효과가 있는 것이 아니고 확인적 의미밖에 없다고 하더라도 국세기본법 제51조의 규정을 위반하여 납세자에게 환급할 돈을 환급하지 아니하므로 손해를 끼치고 있는 것이라면 납세자가 행정소송으로 그 결정이 부당하다는 것을 다툴 수 있다.』

경정거부처분 취소소송에서 그 처분이 취소된 경우 행정소송법 제30조 제2항의 기속력에 따라 다시 이전의 신청에 대한 처분을 할 의무가 있으므로, 이러한 적극적 처분의무(제1장 제6절의2 2. 마. 참조)에 기한 '처분'과 '국세환급금으로 결정'과는 구별되어야 한다.

(3) 조세법률관계를 도표화하면 다음과 같다.

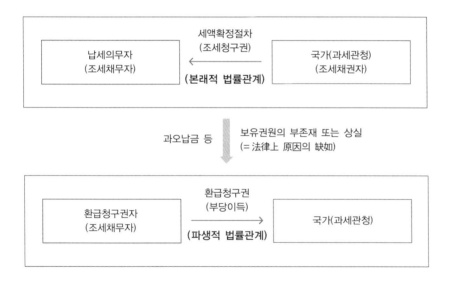

다. 국세환급금 발생일6)

(1) 국세기본법 시행령 제32조(2010. 12. 30. 신설)

『법 제51조 제3항에서 "대통령령으로 정하는 국세환급금 발생일"이란 다음 각 호의 구분에 따른 날을 말한다.

1. 착오납부, 이중납부 또는 납부의 기초가 된 신고 또는 부과의 취소·경정에 따라 환급하는 경우: 그 국세 납부일(세법에 따른 중간예납액 또는 원천징수에 따른 납부액인 경우에는 그 세목의 법정신고기한의 만료일). … 중략…

2. 적법하게 납부된 국세의 감면으로 환급하는 경우: 그 감면 결정일

3. 적법하게 납부된 후 법률이 개정되어 환급하는 경우: 그 개정된 법률의 시행일

4. 소득세법, 법인세법, 부가가치세법, 개별소비세법 또는 주세법에 따른 환급세액의 신고 또는 신고한 환급세액의 경정으로 인하여 환급하는 경우: 그 신고일. 다만, 환급세액을 신고하지 아니하여 결정에 따라 환급하는 경우에는 해당 결정일로 한다.

5. 원천징수의무자가 연말정산 또는 원천징수하여 납부한 세액을 법 제45조의2 제4항에 따른 경정청구에 의하여 환급하는 경우: 연말정산세액 또는 원천징수세액 납부기한의 만료일

6. 조세특례제한법 제100조의8에 따라 근로장려금을 환급하는 경우: 근로장려금의 결정일』

(2) 충당에 관한 소급효의 기준일

시행령 제32조는 충당에 관한 소급효의 기준일을 정한 것이다. 그런데 제1호에 의하면 "착오납부, 이중납부 또는 납부의 기초가 된 신고 또는 부과의 취소·경정에 따라 환급하는 경우: 그 국세 납부일"이라고 정하면서, 오납금의 환급에 관하여는 정하고 있지 않다. 그러나 오납금의 환급금 발생일도 '국세 납부일'이라 할 것이다.

여기서 과납금의 환급의 경우, '납부의 기초가 된 신고 또는 부과의 취소·경정'이 선행되어야 하므로, '취소·경정일'과 위 환급금 발생일인 '국세 납부일'의 관계가 문제된다.

생각건대 시행령 제32조 제1호가 신설된 이상, 실체적으로 성립한 세액 이상으로 납부하였다면 법적 근거 없이 납부된 것이므로, '납부의 기초가 된 신고 또는 부과의 취소·경정'이 이루어지지 않았다 하더라도 납부와 동시에 환급청구권은 잠재적으로 발생하되, 다만 이후에 '납부의 기초가 된 신고 또는 부과의 취소·경정'이 이루어지면 그 '취소·경정'에 의하여 세액의 확정효가 소급적으로 소멸하고 그럼으로써 환급청구권이 그 납부일로 소급하여 확정적으로 발생한다고 이론구성함이 타당하다.7)

---

6) 종래 국세기본법 제52조(국세환급가산금)에 규정되어 있던 것을 시행령 제32조로 옮기면서 조문 제목을 '국세환급금 발생일'이라고 하였다.

7) Klein, AO Kommentar, 10.Auflage, 198면의 설명을 정리하면 다음과 같다. 독일 조세기본법 제37조 제2항

(3) 환급청구권의 행사

과오납금에 있어 과세관청과의 견해대립으로 즉시 반환되지 아니하는 경우, 부당이득반환청구소송을 제기하여야 한다. 물론 피고는 국가이다.

대법원 2005. 8. 25. 선고 2004다58277 판결[8]

『구 교육세법(1999. 12. 28. 법률 제6050호로 개정되기 전의 것)에 의하여 지방세인 담배소비세액에 부과되는 교육세는 국세이기는 하나, 시장·군수 또는 그 위임을 받은 공무원이 부과·징수하되(제10조 제4항), 이와 같이 징수한 교육세는 국고에 납입하도록 되어 있으므로(제10조 제5항), 담배소비세액에 부과하여 납부된 교육세에 대한 부당이득의 반환청구는 그 이득의 주체가 되는 국고에 대하여 하여야 한다.』

환급청구권이 비록 공법성을 가진다 하더라도, 부당이득반환에 관한 일반법리가 기본적으로 타당하고, 조세법에 별도의 정함이 있거나 다른 해석을 하여야 할 합리적인 이유가 없는 한, 부당이득에 관한 민법규정이나 일반법리가 적용된다. 다만 민법 제748조 및 제749조의 적용은 배제된다[뒤 6. 다. (1)에서 보는 대법원 2009. 9. 10. 선고 2009다11808 판결 참조].[9]

다만 부가가치세 환급세액 지급청구권의 행사는 당사자소송의 형식을 취하여야 한다.

물론 부과처분 취소소송과 처분취소시 발생하는 환급청구를 병합하여 제기할 수 있다(제1장 제3절 6. 참조). 환급청구권 내지 환급채권은 소멸시효의 규율을 받는다.

2. 국세환급금(환급청구권)의 종류 및 법적 성질

국세기본법 제51조 제1항[10]은, 국세환급금의 종류로 ① '잘못 납부한 금액(오납금)', ②

에 의하면, 조세가 법적 근거 없이(ohne rechtlichen Grund) 납부되거나 반환된 경우, 자신의 계산으로 납부한 자는, 급부수령자에게 환급청구권을 가진다는 취지로 규정하고 있는바, 그 '법적 근거'의 해석에 관하여, ① 실체법 규정에 따라 조세를 납부할 의무가 없는 이상, 조세결정의 취소 또는 변경을 기다릴 필요 없이 환급청구권이 성립한다는 실체적 법적근거설(sog materielle Rechtsgrundtheorie)과 ② 부과처분이 형식적으로 존재하고 있는 이상, 그 부과처분이 취소 또는 변경되지 아니하면 그 부과처분이 법적인 근거가 된다는 형식적 법적근거설(sog formelle Rechtsgrundtheorie)의 대립이 있고, BFH 판결(BFH BStBl 03, 43)은 형식적 법적근거설을 따랐다. 그런데 조세기본법 제46조 제6항에서, 환급청구권의 압류 및 추심명령 등의 경우 그 청구권이 성립하지 아니하면 이러한 명령을 발할 수 없고 만약 이를 위반하면 그 명령은 무효로 한다고 규정하고 있는데, 그 '성립'에 관하여 BFH 판결(BFH BStBl 90, 523)은 실체적 법적근거설을 따랐다. 이러한 모순을 해결하기 위하여, 실체적 채무 없이 지급하였거나 실체적 채무를 초과하여 지급함과 동시에 추상적(잠재적) 환급청구권이 성립하고, 부과결정의 취소 또는 변경이 있는 경우 비로소 소급하여 환급청구권이 구체화된다고 해석(BFH BStBl 97, 796; 03, 43; 04, 203)한다.

8) 개발부담금에 관하여 대법원 1995. 12. 22. 선고 94다51253 판결 참조.

9) 독일 판례(BFH BStBL 74, 369; 04, 1620)도 독일 민법 제818조 제3항의 적용을 부인하고 있다.

'초과하여 납부한 금액(초과납부금 또는 과납금)', ③ '세법에 따라 환급하여야 할 환급세액(개별
세법에 따른 환급세액)' 등 3가지를 들고 있다.11)

가. 대법원 판결

(1) 대법원 2013. 3. 21. 선고 2011다95564 전원합의체 판결12)

『부가가치세법 제17조 제1항은 "사업자가 납부하여야 할 부가가치세액은 자기가 공급한 재화
또는 용역에 대한 세액(이하 '매출세액'이라 한다)에서 다음 각 호의 세액(이하 '매입세액'이라 한
다)을 공제한 금액으로 한다. 다만, 매출세액을 초과하는 매입세액은 환급받을 세액(이하 '환급세
액'이라 한다)으로 한다."고 규정하면서, 제1호에서 '자기의 사업을 위하여 사용되었거나 사용될 재
화 또는 용역의 공급에 대한 세액'을, 제2호에서 '자기의 사업을 위하여 사용되었거나 사용될 재화
의 수입에 대한 세액'을 들고 있고, 제24조 제1항은 "사업장 관할 세무서장은 각 과세기간별로 그
과세기간에 대한 환급세액을 대통령령으로 정하는 바에 따라 사업자에게 환급하여야 한다."고 규정
하고 있다. 한편, 이러한 위임에 따른 부가가치세법 시행령 제72조 제1항은 "법 제24조 제1항에 규
정하는 환급세액은 각 과세기간별로 그 확정신고기한 경과 후 30일 내에 사업자에게 환급하여야 한
다."고 규정하고 있고, 제4항은 "법 제24조에 따라 환급되어야 할 세액은 법 제18조·제19조 또는
이 영 제73조 제4항에 따라 제출한 신고서 및 이에 첨부된 증빙서류와 법 제20조에 따라 제출한
매입처별세금계산서합계표, 신용카드매출전표 등 수령명세서에 의하여 확인되는 금액에 한정한다."
고 규정하고 있다.

이와 같이 부가가치세법령이 환급세액의 정의 규정, 그 지급시기와 산출방법에 관한 구체적인
규정과 함께 부가가치세 납세의무를 부담하는 사업자(이하 '납세의무자'라 한다)에 대한 국가의 환
급세액 지급의무를 규정한 이유는, 입법자가 과세 및 징수의 편의를 도모하고 중복과세를 방지하는

---

10) 국세기본법은 국어순화 차원에서 '誤納金', '過納金', '個別稅法에 따른 還給稅額'이라는 용어를 사용하지
않고 있다. 법전용어로서 '잘못 납부한 금액'과 '초과하여 납부한 금액'은 통상 두 가지 의미를 모두 가지는
일상용어인 '잘못 낸 세금'과 구별이 어려워 학술적 용어로는 적당하지 않다.

11) 일본 국세통칙법은 과오납금, 환부금을 합하여 '환부금등'이라고 부르고, 여기서 '환부금'이라 함은 개별세법
상 세액계산과정에서 잘못이 있어 반환되어야 할 경우 그 '반환되어야 할 세액에 상당하는 금액'을 말한다는
취지로 규정하고 있다.

12) 구태여 부가가치세 환급세액 지급청구에 관해서만 판례를 변경하면서까지 이를 당사자소송의 대상으로 보는
것은 국민의 권리구제수단 선택이나 소송실무상 혼란만 일으킬 우려가 있다는 측면에서 바람직하지 않다는
취지의 대법관 박보영의 반대의견이 있다. 반대의견이 지적하는 바와 같이, 위 판결의 적용범위는 지극히 좁
다. 백현민, 법률신문(2013. 5. 6.자), 판례평석(확정된 부가가치세 환급액 지급청구는 당사자 소송으로, 대법
원 2013. 3. 21. 선고 2011다95564 전원합의체 판결)의 "4. 대상 판결의 판례변경이 적용되는 영역"에서,
"부가가치세 환급세액에 관하여는 진정 다툼이 없어서 과세관청의 경정이나 거부처분도 없는 경우로 한정된
다. 따라서 대상 판결을 납세자가 부가가치세 환급세액의 존부나 범위 자체에 대하여 당사자 사이에 다툼이
있어 과세관청의 거부처분이나 경정처분이 있는 경우에도 당사자소송을 제기할 수 있다는 의미로 확대해석
하여서는 아니된다."라고 적고 있다.

등의 조세 정책적 목적을 달성하기 위한 입법적 결단을 통하여, 최종 소비자에 이르기 전의 각 거래단계에서 재화 또는 용역을 공급하는 사업자가 그 공급을 받은 사업자로부터 매출세액을 징수하여 국가에 납부하고, 그 세액을 징수당한 사업자는 이를 국가로부터 매입세액을 공제·환급받는 과정을 통하여 그 세액의 부담을 다음 단계의 사업자에게 차례로 전가하여 궁극적으로 최종 소비자에게 이를 부담시키는 것을 근간으로 하는 전단계세액공제 제도를 채택한 결과, 어느 과세기간에 거래징수된 세액이 거래징수를 한 세액보다 많은 경우에는 그 납세의무자가 창출한 부가가치세에 상응하는 세액보다 많은 세액이 거래징수되게 되므로 이를 조정하기 위한 과세기술상, 조세 정책적인 요청에 따라 특별히 인정한 것이라고 할 수 있다(대법원 1992. 11. 27. 선고 92다20002 판결, 대법원 2011. 1. 20. 선고 2009두13474 전원합의체 판결 등 참조).

따라서 이와 같은 부가가치세법령의 내용, 형식 및 입법취지 등에 비추어 보면, 납세의무자에 대한 국가의 부가가치세 환급세액 지급의무는 그 납세의무자로부터 어느 과세기간에 과다하게 거래징수된 세액 상당을 국가가 실제로 납부받았는지 여부와 상관없이 부가가치세법령의 규정에 의하여 직접 발생하는 것으로서, 그 법적 성질은 정의와 공평의 관념에서 수익자와 손실자 사이에 재산상태 조정을 위해 인정되는 부당이득반환의무가 아니라 부가가치세법령에 의하여 그 존부나 범위가 구체적으로 확정되고 조세 정책적 관점에서 특별히 인정되는 공법상 의무라고 봄이 타당하다.

그렇다면 납세의무자에 대한 국가의 부가가치세 환급세액 지급의무에 대응하는 국가에 대한 납세의무자의 부가가치세 환급세액 지급청구는 민사소송이 아니라 행정소송법 제3조 제2호에 규정된 당사자소송의 절차에 따라야 한다.

그럼에도 이와 달리 부가가치세 환급세액의 지급청구가 행정소송이 아닌 민사소송의 대상이라 한 대법원 1996. 4. 12. 선고 94다34005 판결, 대법원 1996. 9. 6. 선고 95다4063 판결, 대법원 1997. 10. 10. 선고 97다26432 판결, 대법원 2001. 10. 26. 선고 2000두7520 판결 등과 국세환급금의 환급에 관한 국세기본법 제51조 제1항의 해석과 관련하여 개별세법에서 정한 환급세액의 반환도 일률적으로 부당이득반환이라고 함으로써 결과적으로 부가가치세 환급세액의 반환도 부당이득반환이라고 본 대법원 1987. 9. 8. 선고 85누565 판결, 대법원 1988. 11. 8. 선고 87누479 판결 등을 비롯한 같은 취지의 판결들은 이 판결의 견해에 배치되는 범위 내에서 이를 모두 변경하기로 한다.』[13]

(2) 대법원 1997. 10. 10. 선고 97다26432 판결[14]

『국세기본법 제51조 제1항의 규정에 의하면, 세무서장은 납세의무자가 국세·가산금 또는 체

---

13) 사안내용은 다음과 같다. 원고(신탁회사)는 건설업을 영위하는 소외 회사로부터 공동주택 신축분양사업과 관련하여 발생하는 부가가치세 환급세액 반환채권을 미리 양도받았다. 원고는 소외 회사를 대리하여 위 사업장 관할 세무서장인 파주세무서장에게 채권양도통지를 하였다. 그러나 파주세무서장은 채권양도계약상 양도채권이 특정되지 않았다는 등의 이유로, 소외 회사의 확정신고 또는 경정결정에 의하여 확정된 부가가치세 환급세액을 양수인인 원고가 아닌 소외 회사에게 지급하였다. 원고는 대한민국을 상대로 양수금 지급청구소송(민사소송)을 서울중앙지방법원에 제기하였고, 제1심 법원은 원고청구를 인용하였다. 그러나 항소심은 당사자소송으로 보아야 한다면서, 제1심 판결을 취소하고 의정부지방법원으로 이송하였다.
14) 위 2011다95564 전원합의체 판결에 의하여 그 견해에 배치되는 범위 내에서 폐기되었다.

납처분비로서 납부한 금액 중 오납액, 초과납부액 또는 환급세액이 있는 때에는 즉시 이를 국세환급금으로 결정하여야 한다고 되어 있는 바, 여기서 오납액이라 함은 납부 또는 징수의 기초가 된 신고(신고납세의 경우) 또는 부과처분(부과과세의 경우)이 부존재하거나 당연무효임에도 불구하고 납부 또는 징수된 세액을 말하고, 초과납부액은 신고 또는 부과처분이 당연무효는 아니나 그 후 취소 또는 경정됨으로써 그 전부 또는 일부가 감소된 세액을 말하며, 환급세액은 적법히 납부 또는 징수되었으나 그 후 국가가 보유할 정당한 이유가 없게 되어 각 개별 세법에서 환부하기로 정한 세액을 말하므로, 위 오납액과 초과납부액 및 환급세액은 모두 조세채무가 처음부터 존재하지 않거나 그 후 소멸되었음에도 불구하고 국가가 법률상 원인 없이 수령하거나 보유하고 있는 부당이득에 해당한다. 그러므로 이러한 부당이득의 반환을 구하는 납세의무자의 국세환급청구권은 오납액의 경우에는 처음부터 법률상 원인이 없으므로 납부 또는 징수시에 이미 확정되어 있고, 초과납부액의 경우에는 신고 또는 부과처분의 취소 또는 경정에 의하여 조세채무의 전부 또는 일부가 소멸한 때에 확정되며, 환급세액의 경우에는 각 개별 세법에서 규정한 환급 요건에 따라 확정되는 것이다(대법원 1989. 6. 15. 선고 88누6436 전원합의체 판결 참조).

따라서 국세환급금에 관한 국세기본법 제51조 제1항, 부가가치세 환급에 관한 부가가치세법 제24조, 같은 법 시행령 제72조의 각 규정은 위와 같이 정부가 이미 부당이득으로서 그 존재와 범위가 확정되어 있는 과오납부액이나 환급세액이 있는 때에는 납세자의 환급 신청을 기다릴 것 없이 이를 즉시 반환하는 것이 정의와 공평에 합당하다는 법리를 선언하고 있는 것이므로, 이미 그 존재와 범위가 확정되어 있는 과오납부액이나 환급세액은 납세자가 부당이득의 반환을 구하는 민사소송으로 그 환급을 청구할 수 있다고 할 것이다(대법원 1988. 11. 8. 선고 87누479 판결, 1989. 6. 15. 선고 88누6436 전원합의체 판결, 1991. 7. 9. 선고 91다13342 판결, 1996. 4. 12. 선고 94다34005 판결 등 참조).

그리하여 신고납세방식을 취하고 있는 부가가치세에 있어서는 부가가치세법(1995. 12. 29. 법률 제5032호로 개정되기 전의 것) 제19조에 의한 확정신고 또는 같은 법 제21조에 의한 경정결정에 의하여 그 과세표준 또는 납부세액이나 환급세액의 존재 및 범위가 확정되므로, 이러한 경우에는 납세자가 위에서 본 부당이득 반환의 법리에 따라 위 확정신고 또는 경정결정에 의하여 이미 그 존재와 범위가 확정되어 있는 과오납부액이나 환급세액을 국가에 대하여 법률상 원인 없이 수령한 과오납금이나 환급세액이라고 주장하여 민사소송으로 그 환급을 청구할 수 있다 할 것이다.

그러나 납세자가 당초에 신고한 과세표준 또는 납부세액이나 환급세액에 누락 · 오류가 있음을 발견하여 구 국세기본법(1994. 12. 22. 법률 제4810호로 개정되기 전의 것) 제45조 제1항, 제2항, 같은법 시행령 제25조 제2항(1994. 12. 31. 대통령령 제14475호로 삭제되기 전의 것)에 의하여 법정신고기한 경과 후 6월 내에 과세표준 또는 납부세액이나 환급세액의 감액 수정신고를 한 경우에는 그 수정신고만에 의하여 곧바로 당초의 신고로 인한 과세표준 또는 납부세액이나 환급세액의 존재 및 범위가 확정되는 것은 아니고, 과세관청이 그 수정신고의 내용을 받아들여 환급세액 등을 결정하여야만 그로 인한 납세의무 확정의 효력이 생기게 되는 것이며, 만일 과세권자가 이러한 수정신고에 따른 경정을 거부하는 경우에는 납세자로서는 행정쟁송의 절차에 따라 그 거부처분을 취소받음으로써 비로소 수정신고에 따른 납세의무를 확정지울 수 있게 되는 것이므로 납세자가 수정신고를 하였는데도 과세권자가 이를 수리하여 환급세액을 증액하여 주기를 거부한 경우에는, 가사 당초의 위 신고가 잘못된 것이고 그 수정신고에 따른 경정을 거부하는 것이 위법한 것이라 하더라도 그 경정 거부행위는 사실의 통지가 아니라 행정처분에 해당한다고 볼 것이고, 과세권자의 위 거부처분이 행정쟁송에 의하여 이미 적법하게 취소되었다거나 당연무효가 아닌 한 가사 당초의 신고가 잘못된 것이고 정부가 그 수정신고에 따른 경정을 거부하는 것이 위법하다고 하더라도, 납세자가 수정신고를 하였다는 사정만으로는 당초의 신고분과 수정신고분과의 차액에 해당하는 기납부세액이나 환급세액을 국가에 대하여 법률상 원인 없이 수령한 과오납금이나 환급세액이라고 주장하여 부당이득 반환의 법리에 따라 민사소송으로 그 환급을 청구할 수는 없다고 함이 대법원의 확립된 견해(대법원 1987. 4. 14. 선고 83누112 판결, 1994. 5. 13. 선고 93다54767 판결, 1996. 4. 12. 선고 94다34005 판결, 1997. 3. 28. 선고 96다42222 판결 등 참조)이다. ….』

위 판례에 의하면 "오납액이라 함은 납부 또는 징수의 기초가 된 신고(신고납세의 경우) 또는 부과처분(부과과세의 경우)이 부존재하거나 당연무효임에도 불구하고 납부 또는 징수된 세액을 말하고, 초과납부액은 신고 또는 부과처분이 당연무효는 아니나 그 후 취소 또는 경정됨으로써 그 전부 또는 일부가 감소된 세액을 말하며, 환급세액은 적법히 납부 또는 징수되었으나 그 후 국가가 보유할 정당한 이유가 없게 되어 각 개별세법에서 환부하기로 정한 세액"을 말한다는 것이다. 오납금, 초과납세액, 환급세액의 개념을 분명히 한 판결이다.

나. 과오납금

(1) 誤納金(= 잘못 납부한 금액)

① 무효(부존재)인 신고[15]에 기초하여 납부·징수된 조세, ② 무효인 부과처분(결정·경정) 등에 기초하여 납부·징수된 조세, ③ 세액의 확정 전에 납부·징수된 조세, ④ 확정된 세액을 초과하여 납부·징수된 조세 등과 같이, 납부 또는 징수의 시점부터 국가가 이를 보유할 권원이 없는 금액이다.

국세기본법 제51조 제1항 소정의 착오납부, 이중납부[16]를 포함한다.

자동확정방식의 조세에 있어 과다납부되었거나 납부·징수가 법률상 원인이 없으면 오납

---

15) 이 책 제1장 제10절 5. 참조. 신고납세방식의 조세에 있어 그 신고에 중대명백한 하자가 있는 경우를 말한다. 따라서 부과과세방식의 조세에 있어 그 협력의무의 이행으로 하는 신고납부에 대하여는 그 부과처분을 기다려야 하는 것이지, 그 신고에 중대명백한 하자가 있다 하여 부과처분을 기다리지 않고 곧바로 오납금으로 그 반환을 구할 수는 없다 할 것이다. 물론 경정청구는 가능하다.

16) 국세기본법 시행령 제33조 제3항에서 착오납부 및 이중납부에 있어 환급청구를 하려는 자는 기획재정부령으로 정하는 환급신청서를 관할 세무서장에게 제출하여야 한다고 정하고 있다. 그 환급절차가 다를 뿐이다. 만약 이에 대하여 의견대립이 있는 경우 조세채무자는 국가를 상대로 부당이득반환청구를 하여야 하나, 만약 착오납부 또는 이중납부가 아니라는 이유로 기각되면 다시 경정청구의 절차를 거쳐야 하므로 조세채무자로서는 혼란스러울 수 있다.

금에 해당된다.

(2) **過納金**(=초과하여 납부한 금액)

신고·경정·결정 등 세액확정에 관여된 행위가 무효는 아니지만 직권취소 또는 쟁송취소나 직권감액경정 또는 경정청구에 의한 감액경정 등에 의해 조세채무가 감액되었을 때 그 '감액분'을 말한다.

실체적으로 볼 때, 납부·징수 시기에는 납부한 세금을 보유할 권원(법률상 원인, 신고·경정·결정)이 있었으나 후에 납부의 기초가 된 신고 또는 부과의 취소·경정(=확정효의 소급적 상실)으로 말미암아 국가가 보유할 권원을 상실한 금액이다.

(3) **오납금과 과납금의 차이**

오납금은 당초부터 법률상 원인이 없기 때문에 곧바로 부당이득반환청구로 환급을 구할 수 있다. 그러나 과납금은 유효한 신고나 부과처분에 기초하여 납부·징수된 것이기 때문에 당초 신고된 세액이 감액경정절차를 거쳐 감액경정되거나 납부의 기초가 된 부과처분이 취소(쟁송취소 또는 직권취소)되지 않는 한 부당이득반환청구로 환급을 구할 수 없다. 환급의 전제절차로, 「납부의 기초가 된 신고 또는 부과의 취소·경정」이 선행되어야 하는지 여부가 결정적 차이이다.17)

(4) 근로소득 등 원천징수 및 그 법률관계에서 발생하는 과오납금에 대하여는 제4장 제6절 첫머리 도표를 참조하기 바란다. 일반적 과오납금과 다르다.

그 도표에서 보는 바와 같이, ① 원천징수의무자는 국가에 대하여 부당이득반환으로 환급청구권을 행사하거나, 경정청구를 한 다음 그 경정결과에 따른 환급청구권을 행사할 수 있고, ② 원천납세의무자(원천징수대상자)는 국가를 상대로 경정청구를 한 다음 그 경정결과에 따른 환급청구권을 행사할 수 있다.

(5) **국세기본법 제51조 제10항**(국세기본법 제51조 제1항의 적용배제)

국세기본법 제51조 제10항에 의하면 국세기본법 제47조의4 제6항 본문에 해당하는 경우 국세기본법 제51조 제1항을 적용하지 아니한다라고 규정하고 있다. 이는 2011. 12. 31. 신설된 것으로 경정청구 및 환급에 많은 영향을 미친다.

국세기본법 제47조의4(납부지연가산세) 제6항

『⑥ 국세(소득세, 법인세 및 부가가치세만 해당한다)를 과세기간을 잘못 적용하여 신고납부한

---

17) 독일 조세기본법 제37조 제2항에서 오납금과 과납금을 구별하여 규정하고 있지 않으나, 강학상이나 판례상 ① '순수한 환급청구권'(reine Erstattungsansprüche)과 ② '확정(청구권) 및 환급청구권'(Festsetzungs-und Erstattungsansprüche: 세액확정의 변경이 선행될 때 비로소 발생하는 환급청구권)으로 구별하고 있다. 전자가 우리나라의 오납금에, 후자가 과납금에 해당되는 것으로 보인다.

경우에는 제1항을 적용할 때 실제 신고납부한 날에 실제 신고납부한 금액의 범위에서 당초 신고납부하였어야 할 과세기간에 대한 국세를 자진납부한 것으로 본다. 다만, 해당 국세의 신고가 제47조의2에 따른 신고 중 부정행위로 무신고한 경우 또는 제47조의3에 따른 신고 중 부정행위로 과소신고·초과신고 한 경우에는 그러하지 아니하다.』

즉 소득세, 법인세, 부가가치세에 있어 과세기간을 잘못 적용하여 신고납부한 경우, 실제 신고납부한 날에 실제 신고납부한 금액의 범위에서 당초 신고납부하였어야 할 과세기간에 대한 국세를 자진납부한 것으로 본다는 것이다.

여기서 '기간귀속의 오류'에 있어 국세기본법 제51조 제1항의 적용배제의 요건 및 그 범위에 관하여 본다.

첫째, 기간과세세목인 소득세, 법인세, 부가가치세에 있어 조세채무자가 과세기간을 잘못 적용하여 신고·납부한 경우이어야 한다.

둘째, 실제 신고납부한 날에 실제 신고납부한 금액의 범위에서 당초 신고납부하였어야 할 과세기간에 대한 국세를 자진납부한 것으로 간주한다는 것이다.

예를 들어, 2013년에 귀속된 것으로서 2014. 5. 31.에 신고·납부하여도 될 소득세를 과세기간을 잘못 적용하여 2012년에 귀속된 것으로 보아 2013. 5. 31.에 자진납부하였다면, 2013. 5. 31.에 2014. 5. 31. 지급하여도 될 2013년 귀속 소득세를 미리 자진납부한 것으로 간주하고, 따라서 국세기본법 제51조 제1항 소정의 환급에 관한 규정을 적용하지 않겠다는 것이다. 그 역도 마찬가지로 보아 국세기본법 제47조의4 소정의 납부지연가산세를 부과하지 않겠다는 것이다(단 부정행위가 개입된 경우 제외).

셋째, 기간귀속의 충돌이 있는 경우 '모순된 세액확정에 기한 경정청구권'이 발생하는데, 국세기본법 제51조 제10항이 적용되는 범위 내에서, 이러한 경정청구권을 인정할 실익이 크지 않다. 다만 경정청구권을 배제하는 것은 아니다[제4장 제4절 4. ⑷ 참조].

다. 개별세법에 따른 환급세액

⑴ 환급세액과 환급세액확정절차

국세기본법 제51조 제1항에서 '세법에 따라 환급하여야 할 환급세액(세법에 따라 환급세액에서 공제하여야 할 세액이 있을 때에는 공제한 후에 남은 금액을 말한다.)', 제45조 제1항 제2호, 제45조의2 제1항 제2호에서 각 '과세표준신고서에 기재된 환급세액'이라고 정하고 있다. 여기서 '환급세액'이란 무엇인가? 환급금이라면서 세액이라니 무슨 말인가?

'세법에 따라 환급하여야 할 환급세액'에서의 '세법'이란 국세기본법 제2조 제2호 소정의 개별세법을 말한다. 국세기본법 시행령 제32조 제4호는 '국세환급금 발생일'을 정하면서, "소득세법, 법인세법, 부가가치세법, 개별소비세법 또는 주세법에 따른 환급세액의 신고 또는 신고한 환급세액의 경정으로 인하여 환급하는 경우: 그 신고일. 다만, 환급세액을 신고하지 아니하여 결정에 따라 환급하는 경우에는 해당 결정일로 한다."라고 정하고 있다.

여기서 환급세액이 발생하는 개별세법상의 각 규정(뒤에서 보는 4가지 그룹) 및 국세기본법 제45조 제1항 제2호, 제45조의2 제1항 제2호, 제51조 제1항과 시행령 제32조 제4호를 종합하면 아래와 같이 3가지 점을 도출할 수 있다.

(ⅰ) 還給稅額이란 소득세법, 법인세법, 부가가치세법, 개별소비세법 또는 주세법 등 각 개별세법에 따라 과세표준을 신고함에 있어 공제세액 등이 많아 과세표준신고서에 (−)세액으로 표시된 환급에 상응하는 세액이다.[18]

(ⅱ) 환급세액은 개별세법의 정함에 의하여 課稅標準申告로 確定되고, 이를 지급하지 아니하는 경우 발생하는 환급세액 지급청구권은 당사자소송을 통하여 행사할 수 있다(다만 결손금 소급공제의 경우는 예외). 지급청구권의 귀속에 관한 의견대립이 있는 경우에도 여기에 해당한다.

(ⅲ) 환급세액의 존부 및 수액에 관한 다툼이 생긴 경우 조세법상의 경정절차인 '還給稅額確定節次'를 거쳐야 한다. 즉 국세기본법 제45조 제1항 제2호, 제45조의2 제1항 제2호에서의 수정신고, 경정청구에 관한 각 규정내용이나 시행령 제32조 제4호에서의 '신고한 환급세액의 경정으로 인하여 환급하는 경우'라는 정함 등에 비추어 볼 때, 신고한 환급세액의 존부 및 수액의 크기에 다툼이 있는 경우 경정절차를 거쳐야 함을 전제하고 있다. 물론 이러한 사유는 당사자소송에서 공격방어방법으로 주장할 수 없다.

(2) 환급세액이 발생하는 4가지 그룹

① 소득세법 및 법인세법상의 환급세액

② 결손금 소급공제에 의한 환급세액

③ 부가가치세, 개별소비세, 주세의 환급세액

④ 법률규정에 따라 환급세액으로 간주되는 근로장려금

(3) 소득세 및 법인세법상의 환급세액

① [기간과세소득인 양도소득세 예정신고납부세액과 확정신고납부세액, 당해 양도소득세로서 미납부한 부분에 관하여 징수하는 세액, 수시부과세액, 소득세법 제156조 제1항 제5호(국내원천 부동산 등 양도소득)에 따라 원천징수한 세액]의 합계액이 총결정세액을 초과하는 경우(소득세법 제117조)

---

18) 이창희, 전게서, 127면에서, "실체법 자체가, 납세의무자가 국가에서 돈을 환급받도록 짜여 있을 때 이를 환급세액이라 부른다. 가령 부가가치세법에서는 매입세액이 매출세액보다 크면서 환급세액이 있다고 신고하거나, 법인이나 소득세 종합과세대상자가 그동안 원천징수당한 세액이 결정세액보다 더 크다고 신고하면 환급세액이 생긴다."라고 적고 있다.

② 소득세법상 중간예납, 토지 등 매매차익 예정신고납부, 수시부과 및 원천징수한 세액이 종합소득 총결정세액과 퇴직소득 총결정세액의 합계액을 각각 초과하는 경우(소득세법 제85조 제4항), 법인세법상 중간예납, 수시부과 또는 원천징수한 법인세액이 각 사업연도의 소득에 대한 법인세액(가산세를 포함한다)을 초과하는 경우(법인세법 제71조 제4항)

③ 근로소득금액의 연말정산에 있어 원천징수한 세액, 외국납부세액공제 및 근로소득세액공제, 자녀세액공제, 연금계좌세액공제 및 특별세액공제에 따른 공제세액의 합계액이 종합소득산출세액을 초과하는 경우(소득세법 제137조 제2항).

(4) 결손금 소급공제

결손금 소급공제에 따른 환급의 경우, 법정된 신고기한까지 환급신청서를 제출하여 환급을 신청하여야 하고, 관할 세무서장이 실체적 요건 및 절차적 요건의 충족 여부를 판단하여 환급세액을 결정함으로써 확정된다. 만약 이를 거부하는 경우 환급거부처분 취소소송을 제기하여야 한다(제4장 제2절 3. 파. 참조).

(5) 부가가치세 등 환급세액 및 환급세액확정절차

여기서는 부가가치세의 환급세액 및 환급세액확정절차[제5장 제1절 1. 가. (2) 참조]에 한하여 설명한다.

① 과세표준은 공급가액의 합계액(공급가액)이다. 납부세액은 매출세액에서 매입세액을 공제한 금액이고, 매출세액을 초과하는 부분의 매입세액은 환급세액이다.

② 사업자는 과세기간에 대한 과세표준과 납부세액 또는 환급세액을 신고함으로써 환급세액은 확정된다. 즉 확정신고 또는 경정결정에 의하여 납부세액이나 환급세액의 존재 및 범위가 확정된다. 결정 또는 경정의 대상은 과세표준과 납부세액 또는 환급세액이다.

③ 과세기간에 대한 환급세액은 확정신고기한 경과 후 30일 내에 환급하여야 한다. 결정·경정에 의하여 추가로 발생한 환급세액은 지체 없이 사업자에게 환급되어야 한다.

④ 확정신고를 한 후 신고한 납부세액이나 환급세액에 오류가 있다면 국세기본법 제45조의2 제1항에 따라 통상의 경정청구를 하거나 제45조 제1항에 따라 수정신고를 할 수 있다.

⑤ 납부세액을 과소신고하거나 환급세액을 초과신고한 경우, 과소신고분 납부세액과 초과신고분 환급세액을 합한 금액의 100분의 10에 상당하는 금액을 '과소신고·초과환급신고가산세'로 부과한다(국세기본법 제47조의3 제1항 제2호).

⑥ 납부기한까지 부가가치세를 납부하지 아니하거나 납부하여야 할 세액보다 적게 납부(과소납부)한 경우 및 환급받아야 할 세액보다 많이 환급받음으로써 이후 환급세액에 대하여 감액경정이 된 경우 각 국세징수법에 따라 징수한다.

⑦ 부가가치세가 조세포탈에 노출되기 쉬운 세제로서 매입세액 공제·환급제도를 악용하여 세법질서를 근본에서 흔드는 경우 매입세액 공제를 거부하여야 한다(대법원 2011. 1. 20. 선

고 2009두13474 판결, 제3장 제2절 2. 나. 참조).

개별소비세, 주세의 환급 등도 부가가치세와 동일한 환급구조를 가지는 것으로 본다.

라. 과세관청의 과다환급(역환급청구권, 과다환급금확정절차)

(1) 국세기본법 제51조 제9항의 규율대상

해당 규정의 신설(1996. 12. 30.) 당시에는 국세기본법 제51조 제7항이었다. 2010. 12. 27. 개정되어 제8항으로, 2017. 12. 29. 개정되어 제9항으로 옮겨졌다.

국가가 조세채무자 등에게 법률상 원인 없이 실체적 오류로 과다환급을 한 경우, 국가는 환급금 수령자에게 반환청구권을 행사하여 이를 되돌려 받아야 하는데, 그 반환청구권을 역환급청구권(逆還給請求權)이라 부른다. 그 사유로는 ① 오환급, 착오환급, 이중환급, ② 과다환급(=초과환급), ③ 권한없는 자에게로의 환급 등이 있다.

'권한없는 자에게의 환급'이라 함은, 앞서 본 대법원 2011다95564 판결의 사안에서 원고가 대한민국을 상대로 한 소송에서 승소하였다면 이는 권한없는 자에게 한 환급세액의 환급으로 되고, 국가는 이를 되돌려 받기 위하여 수령한 소외회사를 상대로 역환급청구권을 행사할 수 있다.

(2) 역환급청구권의 행사방법

조세채권채무관계를 본래적 법률관계, 환급에 관한 법률관계를 파생적 법률관계라고 부를 수 있고, 모두 조세법률관계에 속하는 것으로 동전의 양면과 같음은 앞서 본 바와 같다. 국세기본법 제51조 제9항은 환급에 관한 법률관계에서 과다환급 등 실체적 오류가 사후에 발견되어 역환급청구권이 발생한 경우 과세관청은 행정처분이라는 법형식으로 과다환급된 수액을 확정하여 이를 반환받을 수 있다는 취지로 읽혀진다. 즉 '국세환급금의 결정이 취소'된다는 표현을 사용하나 제51조 제1항의 '국세환급금으로 결정'이 행정처분이 아니라면 그 결정의 취소 또한 행정처분이 아니므로, 결국 '법률상 원인 없이' 과다환급되었음을 뜻한다.

이와 같이 법률상 원인 없이 과다환급된 경우 국가는 수령자를 상대로 부당이득반환청구를 할 것이 아니라 국세징수법의 고지·독촉 및 강제징수의 규정을 준용하여 과다환급된 수액을 반환받을 수 있다.

(3) 過多還給金確定節次

여기서 준용되는 '국세징수법의 고지'가 징수고지만을 의미하는 것인지 아니면 부과처분 및 징수처분의 성질을 아울러 가지는 것인지 문제된다.

법률상 원인 없이 과다환급되어 역환급청구권이 발생한 경우, 그 과다환급된 수액에 대하여 특정화·수치화하는 절차가 필요하고 이를 '과다환급금확정절차'라 부를 수 있다. 과다환급금확정절차가 필요한 이상 위 고지처분은 부과처분 유사의 성질(효력)[19] 및 징수처분의 성질

(효력)을 아울러 가진다고 볼 수밖에 없다.[20]

　　환급청구권이 양도, 질권설정, 압류 및 전부명령(추심명령 포함) 등으로 이전되어 그 양수인, 질권자, 압류채권자 등에게 환급금을 지급하였으나 이후 수령자가 권한이 없는 자이거나 과다환급임이 밝혀진 경우, 국가는 누구를 상대로 부과처분을 해야 하는지 문제된다. 견해대립이 있을 수 있으나 수령자인 양수인, 질권자, 압류채권자에 대하여도 부과처분을 할 수 있다 할 것이다.[21] 위 처분의 내용 즉 역환급청구권의 존부 및 범위에 대하여 다툼이 있는 경우 처분의 상대방은 그 처분의 취소소송을 제기할 수 있다.

　　(4) 고지처분(부과처분)의 시정방법

　　위 고지처분은 부과처분의 성질을 가지는바, 그 부과처분이 불복기간의 도과로 인하여 확정된 후 실체적 오류가 있음이 발견된 경우 어떠한 방법으로 이를 시정할 수 있는지가 문제된다. 세액확정절차에 관여하는 '제1차적 부과처분'은 불복기간이 도과하면 원칙적으로 구제수단이 없다. 그렇다면 위 고지처분도 '제1차적 부과처분'처럼 불복기간이 도과하면 구제수단이 없다고 보아야 하는가?

　　그러나 본래의 법률관계와 파생적 법률관계는 이론상 무한반복이 예정되는 법률관계이다. 과세관청이 과다환급하였다면 이를 고지처분의 방식으로 이를 시정하여야 하듯이 그 고지처분이 잘못되었다면 그 처분에 불가쟁력이 발생하였더라도 이는 시정되어야 한다. 위와 같이 법률관계가 반복되어 전개된다면 동시에 그 시정도 반복되어야 한다.

　　따라서 직권취소라는 행정법 이론상의 법리를 빌려 '불가쟁력을 가진 고지처분'의 경정을 허용하여야 한다. 제1차적 부과처분에 대한 경정법체계와 과다환급금확정절차에 있어 고지처분의 경정법체계는 전혀 다르다.

　　직권취소 이론에 의하면 직권취소 여부는 과세관청이 원칙적으로 재량을 가진다. 그러나 실체적 진실주의와 법적 안정성의 조화가 필요한 점에 비추어 볼 때, 하자있는 고지처분을 소급적으로 소멸시키는 취소를 할 것인지 여부 및 그 범위를 판단함에 있어 과세관청이 가지는

---

19) 대법원 2014. 3. 13. 선고 2012두10611 판결[제4장 제3절 4. 가. (5) 판결]의 사안은 당초 원고의 경정청구를 받아들여 법인세를 환급을 하였다가 그 환급이 잘못되었다는 이유로 다시 법인세를 부과한 처분의 위법성 여부도 함께 문제되었다.

20) 대법원 2014. 1. 16. 선고 2013두17305 판결에서 국세환급금의 환수처분에 관한 납세고지서의 기재 방식 및 납세의무자가 개별 세법에 근거한 부과처분이나 그 세액의 징수에 관한 징수처분과 구별되는 초과환급금의 환수처분이라는 점과 환수를 요하는 구체적인 사유 등을 알 수 있을 정도인 경우, 초과환급금의 반환을 구하는 납세고지서에 국세기본법 제51조 제7항과 같은 근거규정을 적시하지 아니하였다거나 초과환급금 액수의 구체적 계산내역을 기재하지 아니하였다는 사정만으로 그에 관한 환수처분을 위법하다고 볼 수 없다는 취지로 판시하고 있다.

21) 독일 조세기본법 제37조 제2항 3문(1996년 개정으로 신설, 종래 BFH 판례를 수용한 것임)에서 "Im Fall der Abtretung, Verfändung oder Pfändung richtet sich der Anspruch auch gegen den Abtretenden, Verpfänder oder Pfändungsschulder."라고 정하고 있다.

재량은 '0'으로 수축되어 기속적인 것으로 변한다 할 것이다. 따라서 과세관청은 이를 직권으로 취소할 의무가 발생한다. 납세자는 이러한 의무를 지고 있는 과세관청에게 직권취소청구권을 행사할 수 있다(제1장 제11절. 8. 라. 참조).

(5) 제척기간

국세기본법 제26조의2 제1항 제1호에서 부정행위로 국세를 환급·공제받은 경우 그 제척기간을 국세를 부과할 수 있는 날부터 10년이라고 규정하고 있다. 그 규정에 비추어 해석론상 과다환급되어 역환급청구권이 발생한 날부터 5년 이내에 행사되어야 하나 만약 부정행위로 과다환급된 경우라면 제척기간은 10년이라 할 것이다.[22]

(6) 역환급청구권의 발생구조를 도표화하면 다음과 같다.

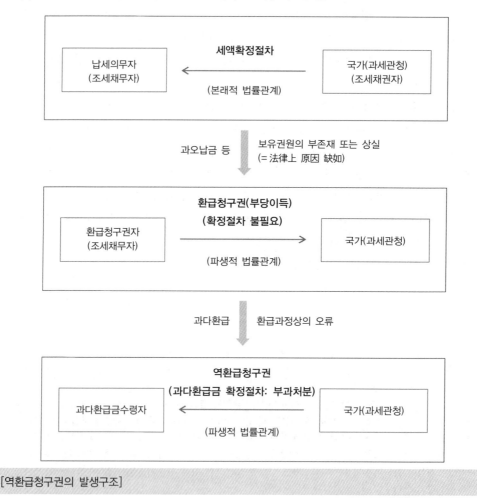

[역환급청구권의 발생구조]

---

22) 미국 내국세입법 제6532조 (b)에 의하면 그 반환을 구하는 소송은 과다환급 후 2년 이내에 제기되어야 한다는 취지로 정하고 있다.

(7) 역환급청구권이 발생하여 이를 부과처분의 형식으로 과다환급된 수액을 반환받는 경우(국가가 이를 환수하는 경우), 이에 대한 가산금 지급 여부(역환급가산금청구권 존부)가 문제된다.

그 법률관계에 있어서도 부당이득반환에 관한 법리가 기본적으로 타당한 이상 환급가산금 규정(기산일 및 이율)을 유추하여 산정한 가산금을 부과처분의 내용에 포함시켜 부과함이 공평하다 할 것이다.

(8) 역환급청구권이 발생하여 국가가 이를 환수하였는데 다시 그 환수금에 과납금이 발생하여 재환급하여야 하는 경우 환급가산금이 가산되어야 하는지 여부가 문제된다. 긍정하여야 한다. 대법원 2013. 10. 31. 선고 2012다200769 판결

『구 국세기본법(2006. 12. 30. 법률 제8139호로 개정되기 전의 것, 이하 '구 국세기본법'이라 한다)은 제51조 제1 내지 5항, 제52조에서, 세무서장은 납세의무자가 국세·가산금 또는 체납처분비로서 납부한 금액 중 과오납부한 금액, 세법에 의하여 환급하여야 할 세액 등이 있는 때에는 즉시 그 오납액, 초과납부액 또는 환급세액을 국세환급금으로 결정하여 이를 다른 국세 등에 충당하거나 납세자에게 지급하여야 하고, 국세환급금을 충당 또는 지급하는 때에는 국세환급가산금을 국세환급금에 가산하여야 한다고 규정하면서, 제51조 제7항에서는, 위와 같이 충당 또는 지급된 국세환급금 중 착오환급 내지 과다환급 등의 사유가 있어 그에 해당하는 국세환급금의 결정이 취소되어 세무서장이 그 금원의 반환을 청구하는 경우에는 국세징수법의 고지·독촉 및 체납처분의 규정을 준용하도록 규정하고 있다.

나아가 구 국세기본법은, 세무서장이 충당 또는 지급된 국세환급금에 착오환급 내지 과다환급 등의 이유로 제51조 제7항에 따라 국세환급금을 반환받아 이를 환수하였으나 거기에 다시 과오납부 등의 사정이 있어 그 환수금을 재환급하여야 할 경우에 관하여는 아무런 규정을 두고 있지 않으나, 국세환급금의 환수제도가 국세의 징수에 부수하는 절차로서 국세채권의 만족을 위한 것이며, 국세의 징수에 관한 규정이 그대로 준용되는 이상, 그 환수금을 재환급하는 경우에도 국세환급금에 대한 환급가산금에 관한 규정을 유추적용하여 환급가산금을 가산하는 것이 타당하다. 그리고 이러한 법리는 환급가산금의 환수에 따른 재환급의 경우에도 마찬가지로 적용된다고 할 것이다.

원심이 확정한 사실관계에 나타난 이 사건 징수처분의 경위 등에 비추어 보면, 이 사건 징수금은 역삼세무서장이 구 국세기본법 제51조 제7항에 의하여 원고로부터 반환받은 환수금이라 할 것이므로, 원심이 이 사건 징수금의 반환에 대하여 국세기본법상의 국세환급가산금에 관한 규정을 유추적용하여야 한다고 판단한 것은 위에서 본 법리에 기초한 것으로서, 거기에 상고이유의 주장과 같이 조세법규에 대한 엄격해석의 원칙 등에 관한 법리를 오해하여 판결에 영향을 미친 위법이 없다[피고는 이 사건 징수금의 환수에 관하여는 법률에 규정이 없어 이 사건 징수금 납부지체에 대하여 가산금을 더하여 받을 수 없는 것과 비교하여 볼 때 이 사건 징수금의 환급에 환급가산금을 지급하지 않는 것이 오히려 형평에 부합한다는 취지로 주장하고 있다. 그러나 앞서 보듯이 이 사건 징수금의 환수는 구 국세기본법 제51조 제7항에 의한 것으로 법적 근거가 없다고 할 수 없을 뿐만 아니라, 구 국세기본법 제51조 제7항에 의하면 국세환급금의 환수에 국세징수법의 고지·독촉 및 체납처분 규정이 준용되므로 그 이하의 가산금 규정 역시 준용된다고 보이고, 또한 갑 제1호증(납

세고지서)에 의하면 이 사건에서도 역삼세무서장은 2006. 5. 19. 원고에게 이 사건 징수금 납부에 관한 고지를 하며 납부기한 경과시 경과한 기간별로 부과될 가산금과 중가산금의 수액을 고지하고 있으므로, 피고의 위 주장은 이유 없다].』

(9) 다만 다음과 같은 점에 유의하여야 한다.

① 부가가치세법상 환급세액에 대하여, 사업자가 신고한 그대로 환급한 후 과세관청이 과다환급(=초과환급)한 것임을 발견한 경우 국세기본법 제51조 제9항의 확정절차에 따라 반환받아야 하는지, 아니면 신 부가가치세법 제57조의 확정절차에 따라 확정신고한 내용에 오류가 있다는 이유로 환급세액을 감액경정하여야 하는지가 문제된다.

부가가치세 환급세액의 특질 및 환급세액 발생구조에 비추어 국세기본법 제51조 제9항의 적용은 배제되어야 할 것이다.

개별소비세, 교통·에너지·환경세, 주세 등의 경우에도 원칙적으로 국세기본법 제51조 제9항이 적용될 여지는 없고 개별세법의 정함에 따라야 할 것이다.

② 부가가치세법에 따른 사업자가 아닌 자가 부가가치세액을 환급받은 경우이다. 사업자가 아닌 자에게 환급을 하였고 그로부터 환급금을 반환받아야 한다면 그 법적 근거가 문제된다.

신 부가가치세법 제57조는 사업자를 전제로 한 것이다. 따라서 국세기본법 제51조 제9항이 그 근거가 되어야 한다(권한 없는 자에게의 환급).

「사업자가 아닌 자」가 재화 또는 용역을 공급하지 아니하고 세금계산서를 발급하거나 재화 또는 용역을 공급받지 아니하고 세금계산서를 발급받은 경우, 사업자로 보고 그 세금계산서에 적힌 공급가액의 100분의 2에 해당하는 금액을 그 세금계산서를 발급하거나 발급받은 장소를 관할하는 세무서장이 가산세로 징수하되, 이 경우 부가가치세법 제17조 제1항에 따른 납부세액은 '0'으로 본다(신 부가가치세법 제60조 제4항).

마. 물납재산의 환급

(1) 납세자가 상속세 및 증여세법 제73조에 따라 상속세를 물납한 후 그 부과의 전부 또는 일부를 취소하거나 감액하는 경정결정에 따라 환급하는 경우에는 해당 물납재산으로 환급하여야 한다(국세기본법 제51조의2 제1항). 이러한 경우에는 국세환급가산금을 지급하지 아니한다.

(2) 그러나 그 물납재산이 매각되었거나 해당 물납재산의 성질상 분할하여 환급하는 것이 곤란한 경우, 해당 물납재산이 임대 중이거나 다른 행정용도로 사용되고 있는 경우, 사용계획이 수립되어 해당 물납재산으로 환급하는 것이 곤란하다고 인정되는 경우 등 국세청장이 정하는 경우에는 금전으로 환급함과 동시에 환급가산금도 지급하여야 한다(제2항).

(3) 대법원 2009. 11. 26. 선고 2007두4018 판결

『직권으로 살펴본다. 구 국세기본법(2006. 12. 30. 법률 제8139호로 개정되기 전의 것, 이하 '법'이라 한다) 제51조 제1항은 세무서장은 납세의무자가 국세·가산금 또는 체납처분비로서 납부한 금액 중 오납액, 초과납부액 또는 환급세액이 있는 때에는 즉시 이를 국세환급금으로 결정하여야 한다고 규정하고 있고, 제51조의2 제1항은 납세자가 상속세 및 증여세법 제73조 등의 규정에 의하여 상속·증여세 등을 물납한 후 그 부과의 전부 또는 일부를 취소하거나 감액하는 경정결정에 의하여 환급하는 경우에는 당해 물납재산으로 환급하여야 한다고 규정하고 있다.

법 제51조의 오납액과 초과납부액은 조세채무가 처음부터 존재하지 않거나 그 후 소멸되었음에도 불구하고 국가가 법률상 원인 없이 수령하거나 보유하고 있는 부당이득에 해당하고, 그 국세환급금결정에 관한 규정은 이미 납세의무자의 환급청구권이 확정된 국세환급금에 대하여 내부적 사무처리절차로서 과세관청의 환급절차를 규정한 것에 지나지 않고 위 규정에 의한 국세환급금결정에 의하여 비로소 환급청구권이 확정되는 것은 아니므로, 위 국세환급금결정이나 이 결정을 구하는 신청에 대한 환급거부결정은 납세의무자가 갖는 환급청구권의 존부나 범위에 구체적이고 직접적인 영향을 미치는 처분이 아니어서 항고소송의 대상이 되는 처분이라고 볼 수 없다(대법원 1989. 6. 15. 선고 88누6436 전원합의체 판결 참조).

그런데 법 제51조의2 규정에 의한 물납재산의 환급 역시 국가가 과오납부한 세금을 환급한다는 점, 즉 국가가 법률상 원인 없이 보유하거나 수령하여 부당이득한 물납재산을 환급한다는 점에서 법 제51조 규정에 의한 환급과 그 성격이 동일한 것으로서 그 물납재산에 대한 환급청구권은 과세처분의 전부 또는 일부가 취소되거나 감액경정된 때에 확정되는 것이고, 과세관청의 환급결정에 의하여 비로소 확정되는 것은 아니므로, 특별한 사정이 없는 한 법 제51조의2 규정과 관련된 과세관청의 물납재산에 대한 환급결정이나 그 환급결정을 구하는 신청에 대한 환급거부결정도 법 제51조 소정의 환급결정이나 환급거부결정과 마찬가지로 납세의무자가 갖는 환급청구권의 존부 등에 구체적이고 직접적인 영향을 미치는 처분이 아니어서 항고소송의 대상이 되는 처분이라고 볼 수 없다.

그럼에도 불구하고, 원심은 당초 증여세부과처분의 감액경정에 따른 원고들의 물납재산환급신청을 일부 거부한 피고들의 이 사건 환급거부결정이 항고소송의 대상이 되는 처분에 해당한다는 전제하에 본안에 관하여 판단하여 원고들의 청구를 기각하고 말았으니 이는 법 제51조의2 소정의 물납재산의 환급에 관한 법리를 오해하여 판결에 영향을 미쳤다고 할 것이고, 따라서 원심판결은 상고이유에 대한 판단을 할 필요 없이 파기를 면할 수 없다(다만, 물납 이후 물납신청의 철회는 인정될 수 없으며, 상속세 및 증여세법 시행령 제75조에서 말하는 물납에 충당할 부동산 및 유가증권의 수납가액이라 함은 과세표준계산의 기초가 된 당해 물납재산의 가액 즉, 과세가액을 의미하는 것이므로, 그 과세가액이 과세관청의 경정에 의하여 변경됨으로써 증액이나 감액경정처분이 이루어진 때에는 특별한 사정이 없는 한 수납가액도 변경된 과세가액에 따라 변경되는 것으로 보아야 한다. 따라서 이와 다른 전제에 선 원고들의 상고이유 주장은 모두 이유 없음을 아울러 밝혀둔다).』

3. 환급청구권자

가. 전제적 문제

(1) 세금의 납부가 조세채무 소멸사유의 하나로 조세법적인 효과를 가지나 본질적으로는 민법상 변제에 해당된다. 조세채권의 특질에 반하지 않는 한 민법 규정이 적용된다. 반대로 세금의 환급 또한 조세법에 근거한 것으로 조세법적인 효과를 가지나 원칙적으로 부당이득반환의 성질을 가진다. 따라서 부당이득반환채무의 변제로서 원칙적으로 민법상 변제에 해당되어 민법 규정에 따라 판단되어야 한다.

(2) 제3자가 조세채무를 납부할 수 있는지를 본다. 제2차 납세의무자나 보증인, 물적 납세담보를 제공한 물상보증인 등이 조세채무를 납부할 수 있음은 명백하다. 일반적으로 제3자가 조세채무를 대신 납부할 수 있는지는 실정법에서 규정하지 않고 있다.[23] 민법에 의하면 이해관계 없는 제3자는 채무자 의사에 반하여 조세채무를 변제할 수 없다. 조세법상 조세채무자의 의사에 반하지 않는 한 제3자는 조세채무를 변제할 수 있는가? 이를 금지할 이유가 없다 할 것이다.

(3) 제2차 납세의무자, 보증인, 물상보증인 등이 조세채무를 납부한 경우 조세채권의 특질에 반하지 않는 한 민법상 변제자대위 규정이 적용된다.[24] 다만 변제자대위를 인정하더라도 이전되는 채권은 공법성(조세채권의 특질, 특히 조세채권의 우선성)을 상실하고 순수한 민법상 채권으로 바뀐다. 다만 채무자 회생 및 파산에 관한 법률 제179조 소정의 공익채권성은 조세채권의 우선성과는 관계가 없다. 당초 해당 조세채권이 공익채권이라면 이전되는 채권도 동일성이 인정되어 공익채권이 된다.

나. 일반적 환급청구권자

(1) 환급청구권자는 원칙적으로 세금을 납부한 자이다. 세금을 납부한 자란 원칙적으로

---

23) 독일 조세기본법 제48조에서 조세법률관계에 기한 급부는 제3자에 의하여도 할 수 있고, 계약에 의하여 그 급부를 변제하도록 의무지울 수도 있다는 취지로 규정하고 있다.; 이 경우 제3자가 조세채무를 변제한 경우, 그 조세채권은 소멸되지 않고 그 제3자에게 이전되고, 그 이전시 조세채권의 공법성은 상실된다고 설명된다. Klein, 전게서, 326정 참조.

24) 대법원 2009. 2. 26. 선고 2005다32418 판결은 납세보증보험회사 보험계약자의 세금을 납부한 경우, 보험회사가 과세관청의 조세채무자에 대한 조세채권을 대위행사할 수 있다고 판단하였다. 즉 "납세보증보험은 보험금액의 한도 안에서 보험계약자가 보증대상 납세의무를 납기 내에 이행하지 아니함으로써 피보험자가 입게 되는 손해를 담보하는 보증보험으로서 보증에 갈음하는 기능을 가지고 있어, 보험자의 보상책임을 보증책임과 동일하게 볼 수 있으므로, 납세보증보험의 보험자가 그 보증성에 터잡아 보험금을 지급한 경우에는 변제자대위에 관한 민법 제481조를 유추적용하여 피보험자인 세무서가 보험계약자인 납세의무자에 대하여 가지는 채권을 대위행사할 수 있다."라고 판시하고 있다.

제
1
장

자신의 명의로 자신의 계산으로 세금을 납부한 자이다. 누구에 의하여 지급되는지가 문제되는 것이 아니다. 지급당시를 기준으로 과세관청에 의하여 인식가능한 것으로서 지급자의 의사가 누구의 조세채무를 변제하는 것인지 여부가 중요하나 과세관청의 인식가능성 여부가 결정적이라 할 것이다. 통상 부과처분의 상대방 내지 신고한 명의자를 납부한 자로 보아야 할 것이다. 제3자가 세금을 납부하는 경우 과세관청으로 하여금 조세채무자와 제3자의 내적인 관계 등을 심사하도록 요구하거나 기대할 수 없기 때문이다.

(2) 명의대여가 확인되어 당초 신고한 명의자의 소득세 또는 부가가치세 부과처분을 취소함에 따라 환급금이 발생하는 경우, 실제로 사업을 경영한 자가 그 해당 세액을 납부한 것으로 사실상 추정하여 그에게 환급하거나 기납부세액으로 공제하는 것이 과세관청의 실무관행이었다. 그러나 대법원은 이를 부정했다.

대법원 2015. 8. 27. 선고 2013다212639 판결

『2. 상고이유 제2점에 대하여

가. 과세의 대상이 되는 소득·수익·재산·행위 또는 거래의 귀속이 명의일 뿐이고 사실상 귀속되는 사람이 따로 있는 때에는 사실상 귀속되는 사람을 납세의무자로 하여 세법을 적용하므로(국세기본법 제14조 제1항), 과세관청과 실제사업자 사이에서는 실질과세의 원칙에 따라 실질적으로 당해 과세대상을 지배·관리하는 실제사업자가 종국적으로 납세의무를 부담하는 법률관계가 존재한다(대법원 2014. 5. 16. 선고 2011두9935 판결 등 참조).

그런데 실제사업자가 따로 있음에도 과세관청이 사업명의자에게 과세처분을 한 경우에는, 사업명의자와 과세관청 사이에 과세처분에 따라 세액을 납부하는 법률관계가 성립된다. 이는 실제사업자와 과세관청 사이의 법률관계와는 별도의 법률관계로서, 사업명의자에 대한 과세처분에 대하여 실제사업자가 사업명의자 명의로 직접 납부행위를 하였거나 그 납부자금을 부담하였다고 하더라도 납부의 법률효과는 과세처분의 상대방인 사업명의자에게 귀속될 뿐이며, 실제사업자와 과세관청의 법률관계에서 실제사업자가 세액을 납부한 효과가 발생된다고 할 수 없다. 따라서 사업명의자에게 과세처분이 이루어져 사업명의자 명의로 세액이 납부되었으나 그 과세처분이 무효이거나 취소되어 과오납부액이 발생한 경우에, 사업명의자 명의로 납부된 세액의 환급청구권자는 사업명의자와 과세관청 사이의 법률관계에 관한 직접 당사자로서 세액 납부의 법률효과가 귀속되는 사업명의자로 보아야 한다.

나. 그럼에도 원심은 이와 달리 위와 같은 경우에도 과오납부액의 환급청구권자는 실질과세의 원칙에 따른 납세의무자로서 그 세액을 실제로 납부한 실제사업자로 보아야 한다는 그릇된 전제에서, 피고가 이 사건 ○○오피스텔의 분양 및 임대사업과 관련하여 사업자로 등록된 원고를 상대로 이 사건 종합소득세 및 부가가치세를 부과하였다가 취소함에 따라 환급하여야 하는 과오납의 환급청구권자를 위 과세처분의 상대방인 원고가 아니라 위 사업의 실제사업자로서 위 과오납부액을 실제로 납부한 소외인이라고 잘못 판단하고 말았다.

따라서 이러한 원심의 판단에는 국세기본법 제51조 제1항에서 정한 과오납부액의 환급청구권자에 관한 법리를 오해한 위법이 있다. 이를 지적하는 상고이유의 주장은 이유 있다.』

(3) 원천징수에 있어 경정청구권 및 환급청구권의 귀속에 대하여는 [제4장 제6절 6. 나.]를 참조하기 바란다.

(4) 위 대법원 2013다212639 판결선고 후 입법자는 이에 대한 반동으로 국세기본법 제51조 제11항을 2019. 12. 31. 신설하였다. 즉 과세의 대상이 되는 소득, 수익, 재산, 행위 또는 거래의 귀속이 명의일 뿐이고 사실상 귀속되는 자(실질귀속자)가 따로 있어 명의대여자에 대한 과세를 취소하고 실질귀속자를 납세의무자로 하여 과세하는 경우 명의대여자 대신 실질귀속자가 납부한 것으로 확인된 금액은 실질귀속자의 기납부세액으로 먼저 공제하고 남은 금액이 있는 경우에는 실질귀속자에게 환급한다.

다. 납세담보(보증)에 있어서의 환급청구권

(1) 납세담보(보증)에 있어, 보증인이 자신의 조세채무를 이행하는 것이 아니라, 제3자로서 담보(보증)계약에 따라 타인의 조세채무임을 알고 납부한 이상, 그 납부 후 환급청구권이 발생한 경우, 그 환급청구권은 본래의 조세채무자에게 귀속됨이 상당하다 할 것이다. 왜냐하면 그 납부는 보증계약을 원인으로 한 것으로, 그 납부로 인하여 과세관청과 제3자 사이에 직접적 조세법률관계가 생기지 않기 때문이다. 다만 그 제3자는 변제자대위 규정에 의하여 보호받는 경우가 있을 수 있다.

(2) 대법원 2002. 5. 17. 선고 2001다61661 판결

『납세의무자가 구 토지초과이득세법(1998. 12. 28. 법률 제5586호로 폐지)에 의한 분납허가를 받고, 구 국세기본법(1996. 12. 30. 법률 제5189호로 개정되기 전의 것) 제29조 및 제31조 제2항에 따라 보증보험사업자가 발행한 납세보증보험증권을 세무서장에게 제출한 후 보증보험사업자는 위 국세기본법 제33조, 같은 법 시행령(1996. 12. 31. 대통령령 15189호로 개정되기 전의 것) 제16조 제2항 제2호의 규정에 따른 세무서장의 징수처분에 의하여 보험금을 세무서장에게 지급하였는데, 세무서장이 그 토지초과이득세부과처분에 관한 오류가 있다 하여 세액감액결정을 한 경우, 세무서장이 보증보험사업자로부터 지급받은 금원은 납세의무자가 제공한 납세담보의 징수절차에 따라 납부받은 것이라 할 것이고 그 납부세액 중 초과납부한 금액이 있음이 판명된 경우에는 위 국세기본법 제51조에 따라 납세의무자에게 국세환급금으로서 환급하여야 한다.』[25]

---

25) W. Patrick Cantrell, 전게서, 130면에서, 미국「United States v. Williams 사건(S.Ct 1995)」판결을 인용하면서, "자신의 재산에 설정된 조세 우선권(tax lien)을 제거하기 위하여 세금을 납부한 자는, 비록 그 사람이

(3) 위 대법원 판결의 제1심 판결(서울지방법원 2001. 3. 7. 선고 2000가합35844)

『국세환급금에 관한 위 국세기본법 및 동법 시행령의 규정을 살펴보면 환급청구권자를 '납세자'라고만 하고 있을 뿐 원고와 같은 납세보증보험자가 여기에 해당되는지에 관하여는 명시적인 규정이 없다. 그러나 위 규정 및 '납세자'에 관한 정의규정인 위 국세기본법 제2조 제10호에 의하더라도 조세부과처분의 상대방인 납세보증보험계약자(소외 회사)를 환급청구권자로 보지 않을 수 없고, 이에 더하여 만일 납세보증보험자(원고)에게도 환급청구권을 인정하게 되면 이미 성립한 보험자와 보험계약자 사이의 구상관계에 혼선이 생길 뿐만 아니라 국세기본법 제53조에 따라 환급청구권에 대한 양도가 가능한 만큼 보험계약자에게만 환급청구권을 인정하여도 당사자 사이에서 충분히 해결할 수 있다는 점에 비추어 납세보증보험자를 위 규정에 의한 적법한 환급청구권자로 보기는 어렵다{국세기본법통칙은 국세환급금의 환급방법에 관하여 각각의 경우를 나누어 상세히 규정하면서 6 − 0 − 04⋯51에서는 '세법에 의한 보증인이 납부한 국세 등에 대하여 국세환급금이 발생한 때에는 피보증인인 납세자에게 충당 또는 환급한다'라고 규정하고 있는데 위 국세기본법통칙이 비록 법규적 효력은 없다고 하나 보증인과 본인 사이의 위와 같은 구상관계의 혼선, 보증의 부종성 등에 비추어 위 국세기본법의 규정에 관한 합리적인 해석기준이라고 보여지고, 한편, 보증보험은 채무자의 채무불이행으로 인하여 채권자가 입게 될 손해의 전보를 보험자가 인수하는 것을 내용으로 하는 손해보험으로서 형식적으로는 채무자의 채무불이행을 보험사고로 하는 보험계약이나 실질적으로는 보증의 성격을 가지고 있는 것이므로(대법원 2000. 12. 8. 선고 99다53483 판결 등 참조), 납세보증보험의 경우에도 납세보증에 관한 위와 같은 해석기준을 준용할 수 있을 것이다}.』

(4) 대법원 2005. 8. 25. 선고 2004다58277 판결

『[2] 조세채권은 국세징수법에 의하여 우선권 및 자력집행권이 인정되는 권리로서 사법상의 채권과는 그 성질을 달리하므로 조세채권의 성립과 행사는 법률에 의해서만 가능한 것이고, 세법에 의하지 아니한 사법상의 계약에 의하여 조세채무를 부담하게 하거나 이를 보증하게 하여 이들로부터 조세채권의 종국적 만족을 실현하는 것은 허용될 수 없는 것이므로, 납세담보도 세법이 그 제공을 요구하도록 규정된 경우에 한하여 과세관청이 요구할 수 있고, 따라서 세법에 근거 없이 제공한 납세보증은 공법상 효력이 없다고 할 것이나, 한편 납세담보를 제공할 수 있는 세법상 근거가 없다고 할지라도 납세의무자와 납세보증보험사업자 사이에 이를 납세보증보험의 대상으로 하는 납세보증보험계약을 체결하는 것까지 막을 수는 없고, 다만 이러한 경우 그 납세보증보험계약은 과세관청에 대하여 효력이 없을 뿐이다.

[3] 보증보험이란 피보험자와 어떠한 법률관계를 가진 보험계약자의 채무불이행으로 인하여 피

세액확정의 당사자는 아니라 하더라도, 환급청구를 할 자격이 있다."라는 취지로 판결하였다고 한다. 이창희, 전게서, 177면 주 120)에서, "정확히는, 세액을 산정(assess, 즉 행정청의 장부에 기재)하면 바로 우선권(lien)이 생기지만, 담보권자 등 특별한 채권자와의 관계에서는 우선권을 등록하여야 우선할 수 있다."라고 적고 있다.

보험자가 입게 될 손해의 전보를 보험자가 인수하는 것을 내용으로 하는 손해보험으로 형식적으로는 채무자의 채무불이행을 보험사고로 하는 보험계약이나 실질적으로는 보증의 성격을 가지고 보증계약과 같은 효과를 목적으로 하는 것이다.

[4] 납세보증보험사업자가 무효인 납세보증보험에 기한 피보험자의 보험금지급청구에 기하여 보험금 명목의 급부를 이행한 경우 그 급부의 귀속자는 법률상 원인 없이 이득을 얻고 그로 인하여 납세보증보험사업자에게 손해를 가하였다 할 것이어서, 납세보증사업자는 직접 그 급부의 귀속자를 상대로 이미 이행한 급부를 부당이득으로 반환을 청구할 수 있다.』

라. 제2차 납세의무자 등의 환급청구권

제2차 납세의무자는 본래의 조세채무자의 자력을 보충한다는 의미에서 직접적 조세법률관계에 기하여 책임을 이행하였으므로, 그 환급청구권은 제2차 납세의무자에게 귀속된다 할 것이다. 다만 제2차 납세의무자는 변제자 대위로 인한 구상권도 취득하므로, 환급금의 귀속과의 정산문제는 본래의 조세채무자와의 사이에서 조정되어야 할 것이다.

물론 상속·법인합병 등 포괄승계가 있는 경우 상속인 또는 합병 후의 존속법인·신설법인에게 환급청구권이 귀속된다.

마. 신탁법상의 신탁과 부가가치세 환급세액 지급청구권

(1) 대법원 2008. 12. 24. 선고 2006두8372 판결

『일반적으로 부가가치세는 사업상 독립적으로 재화 또는 용역을 공급하는 자, 즉 사업자가 이를 납부할 의무를 진다. 한편, 신탁법상 신탁재산을 관리·처분함에 있어 재화 또는 용역을 공급하거나 공급받게 되는 경우 수탁자 자신이 계약당사자가 되어 신탁업무를 처리하게 되는 것이나, 그 신탁재산의 관리·처분 등으로 발생한 이익과 비용은 최종적으로 위탁자에게 귀속하게 되어 실질적으로는 위탁자의 계산에 의한 것이므로, 신탁법에 의한 신탁은 부가가치세법 제6조 제5항 소정의 위탁매매와 같이 '자기(수탁자) 명의로 타인(위탁자)의 계산에 의하여' 재화 또는 용역을 공급하거나 또는 공급받는 등의 신탁업무를 처리하고 그 보수를 받는 것이어서, 신탁재산의 관리·처분 등 신탁업무에 있어 사업자 및 이에 따른 부가가치세 납세의무자는 원칙적으로 위탁자라고 보아야 하고, 다만 신탁계약에서 위탁자 이외의 수익자가 지정되어 신탁의 수익이 우선적으로 수익자에게 귀속하게 되어 있는 타익신탁의 경우에는, 그 우선수익권이 미치는 범위 내에서는 신탁재산의 관리·처분 등으로 발생한 이익과 비용도 최종적으로 수익자에게 귀속되어 실질적으로는 수익자의 계산에 의한 것으로 되므로, 이 경우 사업자 및 이에 따른 부가가치세 납세의무자는 위탁자가 아닌 수익자로 봄이 상당하다(대법원 2003. 4. 25. 선고 99다59290 판결 등 참조).』

(2) 따라서 신탁법상의 신탁에 있어 위탁자가 사업자 내지 부가가치세 납세자인 이상 그

위탁자에게 부가가치세 환급세액 지급청구권이 귀속된다. 따라서 부가가치세 환급세액 지급청구권은 신탁법 제19조 소정의 신탁재산에 해당되지 않는다.

대법원 2003. 4. 25. 선고 2000다33034 판결

『신탁법 제19조는 "신탁재산의 관리·처분·멸실·훼손 기타의 사유로 수탁자가 얻은 재산은 신탁재산에 속한다."고 규정하고 있는바, 앞서 본 바와 같이 부가가치세 환급청구권은 일정한 과세기간 동안에 매입세액이 매출세액을 초과하는 경우 사업자에게 그 차액에 상당하는 세액의 환급청구가 인정되는 권리로서, 신탁법상의 신탁에 있어서 신탁재산의 개발·관리·처분 등의 거래에 대한 부가가치세 납부의무자 및 환급청구권의 귀속권자는 사업자인 위탁자이고, 비록 공급하는 자에게 지급한 매입세액 상당액을 수탁자가 신탁재산에 속한 자금으로 지급하였다고 하더라도 그와 같은 이유만으로 부가가치세 환급청구권이 바로 신탁재산의 개발·관리·처분 등으로 수탁자가 얻은 재산이라고 할 수는 없으므로, 이와 같은 경우에 국가에 대하여 가지는 부가가치세 환급청구권은 위 법조 소정의 신탁재산에 속한다고 할 수 없다.

다만, 위탁자와 수탁자 사이에서 위탁자가 가지는 부가가치세 환급청구권을 수탁자에게 양도하여 신탁재산에 포함시키기로 하는 약정이 있었다면, 수탁자가 위탁자에 대하여 가지는 환급청구권 이전채권을 신탁재산으로 볼 여지는 있을 것이나, 이 경우에도 국가에 대한 환급청구권 자체는 수탁자가 이를 위탁자에게 이전하기까지는 신탁재산에 해당한다고 볼 수 없다.』

(3) 위 두 대법원 판결은 부가가치세 납세의무자는 타익신탁의 경우 위탁자 아닌 수익자이고, 자익신탁의 경우에는 위탁자라고 판시했다. 그러나 아래 전원합의체 판결은 타익신탁이든 자익신탁이든, 처분신탁이든 담보신탁이든, 부가가치세 납세의무자는 위탁자나 수익자도 아닌 受託者라고 변경하면서 위 두 판결을 폐기하였다.

대법원 2017. 5. 18. 선고 2012두22485 판결(전원합의체)

『1. 상고이유 제1점에 대하여

가. 구 부가가치세법(2010. 1. 1. 법률 제9915호로 개정되기 전의 것) 제1조 제1항 제1호는 '재화 또는 용역의 공급'이라는 거래를 부가가치세 과세대상으로 규정하고 있고, 제2조 제1항 제1호는 '영리목적의 유무에 관계없이 사업상 독립적으로 재화 또는 용역을 공급하는 자'인 사업자를 부가가치세 납세의무자로 정하고 있으며, 제6조 제1항은 재화의 공급을 '계약상 또는 법률상의 모든 원인에 의하여 재화를 인도 또는 양도하는 것'으로 정하고 있다.

부가가치세는 재화나 용역이 생산·제공되거나 유통되는 모든 단계에서 창출된 부가가치를 과세표준으로 하고 소비행위에 담세력을 인정하여 과세하는 소비세로서의 성격을 가지고 있지만, 앞서 본 바와 같이 부가가치세법은 부가가치 창출을 위한 '재화 또는 용역의 공급'이라는 거래 그 자체를 과세대상으로 하고 있을 뿐 그 거래에서 얻은 소득이나 부가가치를 직접적인 과세대상으로 삼

고 있지 않다. 이와 같이 우리나라의 부가가치세는 실질적인 소득이 아닌 거래의 외형에 대하여 부과하는 거래세의 형태를 띠고 있으므로, 부가가치세법상 납세의무자에 해당하는지 여부 역시 원칙적으로 그 거래에서 발생한 이익이나 비용의 귀속이 아니라 재화 또는 용역의 공급이라는 거래행위를 기준으로 판단하여야 한다. 그리고 부가가치세의 과세원인이 되는 재화의 공급으로서의 인도 또는 양도는 재화를 사용·소비할 수 있도록 소유권을 이전하는 행위를 전제로 하므로, 재화를 공급하는 자는 위탁매매나 대리와 같이 부가가치세법에서 별도의 규정을 두고 있지 않는 한 계약상 또는 법률상의 원인에 의하여 그 재화를 사용·소비할 수 있는 권한을 이전하는 행위를 한 자를 의미한다고 보아야 한다.

　　그런데 구 신탁법(2011. 7. 25. 법률 제10924호로 전부 개정되기 전의 것) 제1조 제2항은 '신탁이라 함은 위탁자와 수탁자가 특별한 신임관계에 기하여 위탁자가 특정의 재산권을 수탁자에게 이전하거나 기타의 처분을 하고 수탁자로 하여금 수익자의 이익을 위하여 또는 특정의 목적을 위하여 그 재산권을 관리, 처분하게 하는 법률관계를 말한다'고 규정하고 있다. 이와 같이 신탁법상의 신탁은 위탁자가 수탁자에게 특정한 재산권을 이전하거나 기타의 처분을 하여 수탁자로 하여금 신탁 목적을 위하여 그 재산권을 관리·처분하게 하는 것이다. 이는 위탁자가 금전채권을 담보하기 위하여 금전채권자를 우선수익자로, 위탁자를 수익자로 하여 위탁자 소유의 부동산을 신탁법에 따라 수탁자에게 이전하면서 채무불이행 시에는 신탁부동산을 처분하여 우선수익자의 채권 변제 등에 충당하고 나머지를 위탁자에게 반환하기로 하는 내용의 담보신탁을 체결한 경우에도 마찬가지이다.

　　따라서 수탁자가 위탁자로부터 이전받은 신탁재산을 관리·처분하면서 재화를 공급하는 경우 수탁자 자신이 신탁재산에 대한 권리와 의무의 귀속주체로서 계약당사자가 되어 신탁업무를 처리한 것이므로, 이때의 부가가치세 납세의무자는 재화의 공급이라는 거래행위를 통하여 그 재화를 사용·소비할 수 있는 권한을 거래상대방에게 이전한 수탁자로 보아야 하고, 그 신탁재산의 관리·처분 등으로 발생한 이익과 비용이 거래상대방과 직접적인 법률관계를 형성한 바 없는 위탁자나 수익자에게 최종적으로 귀속된다는 사정만으로 달리 볼 것은 아니다. 그리고 세금계산서 발급·교부 등을 필수적으로 수반하는 다단계 거래세인 부가가치세의 특성을 고려할 때, 위와 같이 신탁재산 처분에 따른 공급의 주체 및 납세의무자를 수탁자로 보아야 신탁과 관련한 부가가치세법상 거래당사자를 쉽게 인식할 수 있고, 과세의 계기나 공급가액의 산정 등에서도 혼란을 방지할 수 있다.

　　이와 달리 신탁재산의 공급에 따른 부가가치세의 납세의무자는 그 처분 등으로 발생한 이익과 비용이 최종적으로 귀속되는 신탁계약의 위탁자 또는 수익자가 되어야 한다는 취지로 판시한 대법원 2003. 4. 22. 선고 2000다57733, 57740 판결, 대법원 2003. 4. 25. 선고 99다59290 판결, 대법원 2003. 4. 25. 선고 2000다33034 판결, 대법원 2006. 1. 13. 선고 2005두2254 판결, 대법원 2008. 12. 24. 선고 2006두8372 판결 등은 이 판결의 견해에 저촉되는 범위에서 이를 변경한다.』

(4) 부가가치세법 제10조 제8항(2017. 12. 19. 신설, 2019. 12. 31. 개정)은 위 전원합의체 판결을 부분적으로 수정하였다. 부가가치세 납세의무자는 처분신탁의 경우에는 위탁자이고, 다만 담보신탁의 경우 및 도주법 등에서 정하는 지정개발자가 신탁재산을 처분하는 경우에는 수

탁자가 된다고 정하고 있다.

『⑧ 신탁재산을 수탁자의 명의로 매매할 때에는 신탁법 제2조에 따른 위탁자(이하 "위탁자"라 한다)가 직접 재화를 공급하는 것으로 본다. 다만, 다음 각 호의 어느 하나에 해당하는 경우에는 수탁자가 재화를 공급하는 것으로 본다.

1. 수탁자가 위탁자의 채무이행을 담보할 목적으로 대통령령으로 정하는 신탁계약을 체결한 경우로서 그 채무이행을 위하여 신탁재산을 처분하는 경우

2. 수탁자가 도시 및 주거환경정비법 제27조 제1항 또는 빈집 및 소규모주택 정비에 관한 특례법 제19조 제1항에 따라 지정개발자로서 재개발사업·재건축사업 또는 가로주택정비사업·소규모재건축사업을 시행하는 과정에서 신탁재산을 처분하는 경우』

(5) 그런데 2020. 12. 22. 부가가치세법 제3조 제2항, 제3항, 제4항, 제5항이 신설되어 2022. 1. 1.부터 시행되는바, 원칙적으로 수탁자, 예외적으로 신탁자가 부가가치세를 부담하는 것으로 정하고 있다.

4. 국세환급금의 상계충당

가. 국세기본법 제51조 제2항

(1) 국세기본법 제51조 제2항에서, "세무서장은 국세환급금으로 결정한 금액을 대통령령이 정하는 바에 따라 체납된 국세 및 강제징수비에 충당하여야 한다."고 정하고 있다.

충당은 하나의 형성권 행사에 불과한 것으로 행정처분이 아니라고 봄이 상당하다. 환급청구권이 부당이득반환의 방법으로 행사되는 이상 그 부당이득반환청구소송에서 충당의 유효 여부를 판단하면 충분하므로 처분성을 인정할 필요성도 없다.[26]

(2) 가산세는 납부할 세액에 가산하거나 환급받을 세액에서 공제한다(국세기본법 제47조 제3항).

(3) 대법원 1994. 12. 2. 선고 92누14250 판결

『국세기본법 제51조 제1항, 제2항, 제52조 및 같은 법 시행령 제30조, 제31조의 규정에 의하면, 세무서장은 납세의무자가 국세·가산금 또는 체납처분비로서 납부한 금액 중 오납액·초과납부액 또는 환급세액이 있는 때에는 즉시 이를 국세환급금으로 결정함과 아울러 그에 대한 국세환급가

---

26) 독일 조세기본법 제226조는 충당이라는 표현을 사용하지 아니하고 상계(Aufrechnung)라는 제목으로 규정하면서, 그 제1항에서 민법의 상계규정을 준용하도록 정하고 있다. Klein, 전게서, 1386면에서, 상계의 법적 성질을 설명하면서 상계는 행정처분이 아니고, BFH도 행정처분성을 인정하지 않고 있다고 한다(BFH BStBl 87, 536).

산금을 결정하여, 법 제51조 제2항 각 호 소정의 경우에는 위 금액을 당해 국세, 가산금 또는 체납처분비로 충당하고, 그 뜻을 당해 납세자에게 통지하여야 하며 잔여금이 있는 때에는 이를 지급명령관에게 통보하여 납세자에게 환급하게 하도록 되어 있다.

위 규정에 따른 세무서장의 국세환급금(국세환급가산금 포함, 이하 같다)에 대한 결정은 이미 납세의무자의 환급청구권이 확정된 국세환급금에 대하여 내부적인 사무처리절차로서 과세관청의 환급절차를 규정한 것에 지나지 않고 그 규정에 의한 국세환급금의 결정에 의하여 비로소 환급청구권이 확정되는 것이 아니므로, 국세환급금결정이나 그 결정을 구하는 신청에 대한 환급거부결정 등은 항고소송의 대상이 되는 처분이라고 볼 수 없다는 것이 당원의 견해(당원 1989. 6. 15. 선고 88누6436 전원합의체 판결)이다.

한편, 국세환급금의 충당은 위와 같이 세법에 그 요건이나 절차, 방법이 따로 정하여져 있고 그 효과로 납세의무의 소멸을 규정(국세기본법 제26조 제1호)하고 있으나, 위 충당이 납세의무자가 갖는 환급청구권의 존부나 범위 또는 소멸에 구체적이고 직접적인 영향을 미치는 처분이라기보다는 국가의 환급금 채무와 조세채권이 대등액에서 소멸되는 점에서 오히려 민법상의 상계와 비슷하고, 소멸대상인 조세채권이 존재하지 아니하거나 당연무효 또는 취소되는 경우에는 그 충당의 효력이 없는 것으로서 이러한 사유가 있는 경우에 납세의무자로서는 충당의 효력이 없음을 주장하여 언제든지 민사소송에 의하여 이미 결정된 국세환급금의 반환을 청구할 수 있다고 할 것이므로, 이는 국세환급결정이나 그 국세환급신청에 대한 거부결정과 마찬가지로 항고소송의 대상이 되는 처분이라고 할 수 없다고 할 것이다.』

나. 충당의 소급효

(1) 2010. 12. 27. 신설된 국세기본법 제51조 제3항에서, "충당이 있는 경우 체납된 국세 및 강제징수비와 국세환급금은 체납된 국세의 법정납부기한과 대통령령으로 정하는 국세환급금 발생일 중 늦은 때로 소급하여 대등액에 관하여 소멸한 것으로 본다."고 규정함으로써, 충당의 소급효를 인정하고 있다.

소급효를 인정하고 있는 이상, 충당은 실질에 있어 민법상의 상계(Aufrechnung)와 동일하므로, 민법의 상계에 관한 규정이 그 성질에 반하지 않는 한 적용된다.

(2) 위 규정이 신설되기 전에, 민법상 상계와 마찬가지로 충당적상이 된 시기에 소급하여 양 채권이 소멸하는지에 관하여 견해대립이 있었다. 긍정설은 환급청구권과 조세채권이 대립하게 되는 경우 '환급청구권이 존재하게 된 때'와 국세의 '법정납부기한' 가운데 어느 것이든 나중에 도래하는 때 충당적상에 이르게 된다고 보았다.

그러나 소급효를 부인한 대법원 2008. 7. 24. 선고 2008다19843 판결을 본다.

『국세기본법 제51조 제2항에 의한 국세환급금의 충당이 있으면 환급금채무와 조세채권이 대등액에서 소멸되는 점에서 민법상 상계와 비슷하나, 충당의 요건이나 절차, 방법 및 효력은 세법이

정하는 바에 따라 결정되는바, 상계의 소급효에 관한 민법 제493조 제2항과 같은 규정을 두고 있지
않는 이상 일반원칙으로 돌아가 충당의 효력은 그 행위가 있은 날로부터 장래에 향하여서만 발생하
므로, 국세환급금에 의한 충당이 있은 경우 충당된 국세의 납기에 소급하여 환급금의 반환채무가
소멸한다고 볼 수 없다(대법원 1989. 5. 23. 선고 87다카3223 판결, 대법원 2007. 6. 28. 선고
2007다2695, 2007다2701 판결 참조).

한편, 국세환급금채권에 대한 압류 및 전부명령은 국세환급금채권이 납세의무자 이외의 자에게
이전된다는 점에서 국세환급금채권의 양도와 유사하기는 하나, 납세의무자의 채권자에 의하여 이루
어지는 채권집행으로서 납세의무자의 의사와 무관하게 이루어진다는 점에서 상이하여 이를 국세환
급금채권의 양도와 동일하다고 볼 수는 없으므로, 달리 근거 규정이 없는 이상 국세환급금채권의
양도에 있어서 과세관청의 선충당권을 규정한 국세기본법 시행령 제42조 등이 국세환급금채권에 대
한 압류 및 전부명령에 대하여 적용 또는 유추적용된다고 볼 수 없다.

위 법리에 의하여 살펴보면, 피고가 이 사건 환급금에 의하여 충당한 ○○○○에 대한 관세채
권이 원고의 이 사건 압류 및 전부명령의 송달 이전에 발생한 것이라 하더라도, 그 충당이 이 사건
압류 및 전부명령의 송달 이후에 행하여진 이상 피고로서는 전부채권자인 원고에게 그 충당으로 대
항할 수 없다고 봄이 상당하다.』

다. 원천징수세액에의 충당

원천징수의무자가 원천징수하여 납부한 세액에서 환급받을 환급세액이 있는 경우, 그 환
급액은 그 원천징수의무자가 원천징수하여 납부하여야 할 세액에 충당(다른 세목의 원천징수세액
에의 충당은 소득세법에 따른 원천징수이행상황신고서에 그 충당·조정명세를 적어 신고한 경우에만 할
수 있다)하고 남은 금액을 환급한다. 다만 원천징수의무자가 그 환급액을 즉시 환급해줄 것을
요구하는 경우나 원천징수하여 납부하여야 할 세액이 없는 경우에는 즉시 환급한다(국세기본법
제51조 제5항).

라. 상계충당의 누락

(1) 대법원 1998. 11. 24. 선고 98다25344 판결

『당사자 쌍방의 채무가 서로 상계적상에 있다 하더라도 그 자체만으로 상계로 인한 채무소멸
의 효력이 생기는 것은 아니고, 상계의 의사표시를 기다려 비로소 상계로 인한 채무소멸의 효력이
생기는 것이므로, 채무자가 채무명의인 확정판결의 변론종결 전에 상대방에 대하여 상계적상에 있
는 채권을 가지고 있었다 하더라도 채무명의인 확정판결의 변론종결 후에 이르러 비로소 상계의 의
사표시를 한 때에는 민사소송법 제505조 제2항이 규정하는 '이의원인이 변론종결 후에 생긴 때'에
해당하는 것으로서, 당사자가 채무명의인 확정판결의 변론종결 전에 자동채권의 존재를 알았는가 몰
랐는가에 관계없이 적법한 청구이의 사유로 된다(대법원 1966. 6. 28. 선고 66다780 판결 참조).』

(2) 국가를 상대로 부당이득반환청구소송 내지 당사자소송을 제기하여 조세채무자가 승소하였다 하더라도, 그 변론종결 후에 이르러 상계충당할 체납국세를 발견한 경우라면 국가로서는 청구이의의 소를 제기할 수 있다 할 것이다.

5. 환급청구권의 양도, 입질, 압류[27]

가. 환급청구권의 양도 및 입질

(1) 환급청구권은 양도할 수 있고, 그 양도를 위하여는 세무서장이 국세환급통지서를 발급하기 전에 '양도인의 주소와 성명, 양수인의 주소와 성명, 양도하려는 권리의 내용'을 적은 문서로 관할 세무서장에게 양도를 요구하여야 한다.

이러한 양도 요구가 있는 경우, 세무서장은 양도인 또는 양수인이 납부할 다른 국세 및 강제징수비가 있으면 그 국세 및 강제징수비에 충당하고, 남은 금액에 대해서는 양도의 요구에 지체 없이 따라야 한다(국세기본법 제53조 제2항).

위와 같이 문서로 양도를 요구하는 것을 '양도통지신고'라고 부를 수 있다(시행규칙 제19조 소정의 서식이다). 환급청구권의 양도에 관한 규정은 입질(질권설정)에도 동일하게 적용된다.

(2) 위 시행규칙 소정의 서식은, 시행령 제43조의4 제1항이 요구하는 사항을 명확히 표시하기 위해 행정편의 차원에서 양도통지를 할 때 사용할 수 있는 정형화된 양식에 불과하므로, 환급받을 조세채무자가 위 시행규칙 소정의 서식을 사용하지 않고 일반 채권양도절차에 따라 환급금채권을 양도하고 양도통지를 하였다고 하더라도 그 양도통지가 국세기본법 시행령에서 정한 내용을 포함한 문서로 되어 있는 이상 그 양도통지는 국세기본법에 따른 적법한 것이라고 볼 것이다.[28]

---

27) 독일 조세기본법 제46조는 환급청구권 등의 양도(Abtretung), 입질(Verpfändung), 압류(Pfändung)에 관하여 각 규정하고 있다. 즉 (1) 환급청구권 등은 양도, 입질, 압류할 수 있다. (2) 양도는 환급채권자가 환급청구권 성립 이후에 아래 제3항에서 정하는 양식에 따라 관할 세무서장에 신고하여야 유효하다. (3) 환급청구권 등의 양도는 양도인, 양수인, 양도되는 환급청구권의 종류 및 금액, 양도이유 등이 기재된 세무서 비치 양식의 신고서를 관할 세무서장에 제출하는 방식으로 신고되어야 한다. 신고서에는 양도인과 양수인이 모두 서명하여야 한다. (4) 추심 또는 기타 환가를 목적으로 영업적으로 환급청구권 등을 취득하는 것은 허용되지 않는다. 그러나 담보목적으로 취득하는 경우에는 그러하지 아니하다. 담보목적으로 취득된 환급청구권 등의 영업적인 취득 및 추심은 금융업이 허용된 사업에 한하여 허용된다. (5) 과세관청에게 양도가 신고되면, 비록 양도가 일어나지 않거나 유효하지 않다거나 제4항에 위배되어 무효라고 하더라도, 양도인과 양수인은 관할 세무서장에 대하여 그 양도를 유효한 것으로 받아들여야 한다. (6) 압류 및 전부명령, 압류 및 추심명령은 환급청구권이 성립하기 전에는 발령될 수 없다. 이에 위반한 명령은 무효이다. 위 제2항 내지 제5항은 환급청구권 등의 입질에도 준용된다. (7) 환급청구권 등의 압류에 있어, 환급청구권을 결정하는 관할 세무서장은 민사소송법 제829조, 제845조에서의 제3채무자에 해당한다.

(3) 환급청구권은 양도시 확정되어야 하는 것이 아니고 민법의 일반원칙과 마찬가지로 장래 확정할 수 있으면 가능하다. 즉 채권양도 당시 발생하지 아니한 장래의 채권이라고 할지라도 권리특정이 가능하고 가까운 장래에 발생할 것이 상당한 정도로 기대되는 경우 양도의 대상이 될 수 있고, 아울러 채권양도에 있어 사회통념상 양도 목적 채권을 다른 채권과 구별하여 그 동일성을 인식할 수 있을 정도이면 그 채권은 특정된 것으로 보아야 할 것이고, 채권양도 당시 양도 목적 채권의 채권액이 확정되어 있지 아니하였다 하더라도 채무의 이행기까지 이를 확정할 수 있는 기준이 설정되어 있다면 그 채권의 양도는 유효한 것으로 보아야 할 것이다(대법원 1997. 7. 25. 선고 95다21624 판결).

(4) 따라서 국세기본법 시행령 제32조에서 국세환급금의 발생일을 정하고 있다 하더라도 그 발생일 전에 위와 같은 요건을 갖춘 것이라면 그 양도가 가능하다 할 것이다. 부동산신탁에 있어 부가가치세 환급세액 지급청구권의 양도가 실무상 많이 문제되었다.29)

나. 환급청구권의 압류

(1) 국세기본법상 그 규정이 없다 하더라도 환급청구권이 재산권인 이상 압류의 대상이 되고, 따라서 전부명령 및 추심명령을 발할 수 있다. 과세관청이나 국민연금관리공단 등도 압류할 수 있다. 민사집행법상 압류의 대상인 채권이 압류 당시 이미 변제기가 도래하였어야 하는 것은 아니며 아직 변제기 도래전의 것이라도 압류할 수 있고, 반드시 압류 당시 현실적으로 발생되어 있을 것을 요하지 아니하고 정지조건부나 시기부인 채권으로서 조건이나 기한이 도래하지 않은 장래의 채권도 압류의 대상이 되며, 적어도 그 기초가 되는 법률관계는 압류 당시 존재하여 채권의 발생근거나 제3채무자를 특정할 수 있고 또 가까운 장래에 발생할 가능성이 상당한 정도로 확실하여야 한다.30)

(2) 위 시행령 제32조에서 '국세환급금 발생일'을 정하고 있다 하더라도 그 발생일 전에

---

28) 대법원 2006. 8. 24. 선고 2006다33494 판결 참조.

29) 위 대법원 2006. 8. 24. 선고 2006다33494 판결은 A가 부동산신탁회사와 사이에 A소유 토지상에 건물을 건축하여 분양하는 신탁사업을 위탁하면서, 그 신탁사업과 관련한 분기별 환급금채권을 신탁회사에 양도하기로 하는 특약을 하였고, 그리하여 2004. 3. 7. 2004년 2분기 환급금채권을 양도한다는 취지의 확정일자부 양도통지를 세무서에 통지한 다음, 2005. 1. 17. B에게 다시 위 환급금채권을 양도함으로써 2중 양도를 한 사안에서, 이 사건 환급금채권은 2004년 2분기의 거래에 관한 것으로 채권양도일인 2004. 3. 17.부터 불과 수개월 후의 거래에 의하여 그 채권이 발생하였으므로, 위 채권양도 당시 이 사건 환급금채권은 가까운 장래에 발생할 것임을 상당 정도 예상할 수 있었고, 양도 당시 장차 과세기간까지의 매출세액과 매입세액을 구체적으로 특정할 수 없는 관계로 부가가치세 환급세액이 확정되어 있지는 아니하였으나, 부가가치세 환급세액은 매출세액에서 매입세액을 공제한 금액으로 결정되므로 환급액을 확정할 수 있는 일응의 기준이 이미 설정되어 있다고 할 것이어서 권리특정도 가능하여 채권양도의 대상이 된다는 취지로 판시하여, 위 신탁회사에의 양도가 유효하고 B에의 양도에 우선한다고 판시하였다.

30) 대법원 2002. 11. 8. 선고 2002다7527 판결 참조; 법원실무제요, 민사집행[Ⅲ], 2003년판, 294면 참조.

위와 같은 요건을 갖춘 것이라면 압류가 가능하다 할 것이다.

6. 국세환급가산금

가. 국세환급가산금

『국세기본법 제52조(국세환급가산금)

① 세무서장은 국세환급금을 제51조에 따라 충당하거나 지급할 때에는 대통령령으로 정하는 국세환급가산금 기산일부터 충당하는 날 또는 지급결정을 하는 날까지의 기간과 금융회사 등의 예금이자율 등을 고려하여 대통령령으로 정하는 이자율에 따라 계산한 금액(이하 "국세환급가산금"이라 한다)을 국세환급금에 가산하여야 한다.(개정 2017. 12. 19.)

② 제51조 제8항에 따라 국세에 충당하는 경우 국세환급가산금은 지급결정을 한 날까지 가산한다.(신설 2017. 12. 19.)

③ 제1항 및 제2항에도 불구하고 다음 각 호의 어느 하나에 해당하는 사유 없이 대통령령으로 정하는 고충민원의 처리에 따라 국세환급금을 충당하거나 지급하는 경우에는 국세환급가산금을 가산하지 아니한다.(신설 2020. 12. 22.)

1. 제45조의2에 따른 경정 등의 청구

2. 제7장에 따른 이의신청, 심사청구, 심판청구, 감사원법에 따른 심사청구 또는 행정소송법에 따른 소송에 대한 결정이나 판결』

여기서 '지급결정을 하는 날'이라 함은 지급하는 날을 의미한다. 환급가산금청구권은 환급청구권에서 파생하는 청구권이다. 제3항의 '고충민원'이라 함은 경정청구기간 내에 경정청구를 하지 아니하였거나 불복기간 내에 심판청구나 조세소송을 하지 아니하여 정규의 구제절차를 위한 기간을 놓쳤음에도 과세관청에게 직권으로 국세기본법 또는 세법에 따른 처분의 취소, 변경이나 그 밖의 필요한 처분을 해 줄 것을 요청하는 민원을 가르킨다. [고충민원의 방식에 의한 경정청구]를 인정하는 셈이다. 고충민원에 기하여 과세관청이 직권으로 세액을 경정함으로써 환급청구권이 발생하는 경우 환급가산금을 지급하지 않는다는 것이다[제1장 제2절 3. 나. (4) 참조].

나. 기산일

종래 국세기본법에서 규정하고 있던 기산일을 개정하여 시행령 제43조의3 제1항(2012. 2. 2. 신설)에서 규정하고 있다. 시행령 제43조의3 제1항은 2015. 2. 3. 개정되었는데 그 요지는 국세기본법 제45조의2 소정의 경정청구에 따른 기산일을 경정청구의 다음날로 정하는 데 있었고, 2020. 2. 11. 제2항 후단이 신설되었다.

2021. 2. 17. 경정청구에 따른 기산일을 경정청구일이 아니라 종전처럼 국세 납부일부터 기산하도록 시행령을 개정하고(제5호 삭제), 아울러 제3항을 신설하였다.

『국세기본법 시행령 제43조의3(국세환급가산금)

① 법 제52조 제1항에서 "대통령령으로 정하는 국세환급가산금 기산일"이란 다음 각 호의 구분에 따른 날의 다음 날로 한다.(개정 2015. 2. 3., 2020. 2. 11., 2020. 6. 2., 2021. 2. 17.)

1. 착오납부, 이중납부 또는 납부 후 그 납부의 기초가 된 신고 또는 부과를 경정하거나 취소함에 따라 발생한 국세환급금: 국세 납부일. 다만, 그 국세가 2회 이상 분할납부된 것인 경우에는 그 마지막 납부일로 하되, 국세환급금이 마지막에 납부된 금액을 초과하는 경우에는 그 금액이 될 때까지 납부일의 순서로 소급하여 계산한 국세의 각 납부일로 하며, 세법에 따른 중간예납액 또는 원천징수에 의한 납부액은 해당 세목의 법정신고기한 만료일에 납부된 것으로 본다.

2. 적법하게 납부된 국세의 감면으로 발생한 국세환급금: 감면 결정일

3. 적법하게 납부된 후 법률이 개정되어 발생한 국세환급금: 개정된 법률의 시행일

4. 소득세법·법인세법·부가가치세법·개별소비세법·주세법, 교통·에너지·환경세법 또는 조세특례제한법에 따른 환급세액의 신고, 환급신청, 경정 또는 결정으로 인하여 환급하는 경우: 신고를 한 날(신고한 날이 법정신고기일 전인 경우에는 해당 법정신고기일) 또는 신청을 한 날부터 30일이 지난 날(세법에서 환급기한을 정하고 있는 경우에는 그 환급기한의 다음 날). 다만, 환급세액을 법정신고기한까지 신고하지 않음에 따른 결정으로 인하여 발생한 환급세액을 환급할 때에는 해당 결정일부터 30일이 지난 날로 한다.

5. 삭제(2021. 2. 17.)

② 법 제52조 제1항에서 "대통령령으로 정하는 이자율"이란 시중은행의 1년 만기 정기예금 평균 수신금리를 고려하여 기획재정부령으로 정하는 이자율(이하 이 항에서 "기본이자율"이라 한다)을 말한다. 다만, 납세자가 법 제7장에 따른 이의신청, 심사청구, 심판청구, 감사원법에 따른 심사청구 또는 행정소송법에 따른 소송을 제기하여 그 결정 또는 판결에 따라 세무서장이 국세환급금을 지급하는 경우로서 그 결정 또는 판결이 확정된 날부터 40일 이후에 납세자에게 국세환급금을 지급하는 경우에는 기본이자율의 1.5배에 해당하는 이자율을 적용한다.(개정 2020. 2. 11.)

③ 법 제52조 제3항 각 호 외의 부분에서 "대통령령으로 정하는 고충민원"이란 국세와 관련하여 납세자가 법 제52조 제3항 각 호의 어느 하나에 해당하는 불복청구 등을 그 기한까지 제기하지 않은 사항에 대해 과세관청에 직권으로 이 법 또는 세법에 따른 처분의 취소, 변경이나 그 밖의 필요한 처분을 해 줄 것을 요청하는 민원을 말한다.(신설 2021. 2. 17.)』

대법원 2020. 3. 12. 선고 2018다264161 판결요지

『[1] 구 국세기본법(2017. 12. 19. 법률 제15220호로 개정되기 전의 것) 제52조, 같은 법 시

행령 제43조의3 제1항 제1호 본문 및 단서 규정의 내용과 체계 및 국세환급가산금은 국세환급금에 대한 법정이자로서의 성질을 가진 지급금이라는 점 등을 고려하면, 납부 후 그 납부의 기초가 된 신고 또는 부과를 취소함에 따라 발생한 국세환급금의 경우 국세환급가산금의 기산일은 국세기본법 시행령 제43조의3 제1항 제1호 단서에 따라 '그 국세가 2회 이상 분할납부된 경우' 등이 아닌 이상 같은 호 본문에 따라 '국세 납부일의 다음 날'로 봄이 타당하다. 따라서 동일한 과세기간 및 세목의 국세에 대하여 당초 신고 또는 부과에 따른 납부 이후에 증액경정처분 및 그에 따른 납부가 이루어진 경우 국세환급가산금의 기산일은 국세기본법 시행령 제43조의3 제1항 제1호 본문에 따라 각각의 국세환급금이 발생한 국세 납부일의 다음 날로 보아야 한다.

　　　[2] 갑은 과세관청의 2009년 귀속 종합부동산세 등 부과처분에 따른 금액을 납부하였고, 2010년 귀속 종합부동산세 등을 신고·납부하였으며, 이후 과세물건의 추가 등을 이유로 한 과세관청의 제1, 2차 증액경정처분에 따라 증가된 2009년 및 2010년 귀속 종합부동산세 등을 각 추가로 납부하였는데, 그 후 갑 등이 관할 세무서장 등을 상대로 제기한 종합부동산세 부과처분 등 취소청구의 소의 판결이 확정됨에 따라 과세관청이 종합부동산세 세액계산 시 공제할 재산세액이 과소 산정되었음을 이유로 갑이 초과납부한 2009년 및 2010년 귀속 종합부동산세 등의 금액을 환급금으로 결정하고 그 금액 및 환급가산금을 지급하면서, 환급가산금을 국세기본법 시행령 제43조의3 제1항 제1호 단서에 따라 2009년 및 2010년 귀속 종합부동산세의 각 마지막 납부일 다음 날부터 순차적으로 기산하여 산정한 사안에서, 갑은 2009년 및 2010년 귀속 종합부동산세 등을 최초의 신고 또는 부과처분과 제1, 2차 증액경정처분에 따라 각각 납부한 것일 뿐 각 증액경정처분에 따른 세액을 '분할납부'하였다고 볼 수 없으므로, 환급금의 환급가산금 기산일은 국세기본법 시행령 제43조의3 제1항 제1호 본문에 따라 각 국세 납부일의 다음 날로 보아야 하고, 또한 환급금은 최초 부과처분 및 신고, 제1, 2차 증액경정처분에 따른 각 납부분 중 각 재산세액 과소공제분만큼 발생한 것이므로, 그 각각의 금액을 납부한 다음 날이 환급가산금의 기산일이 되어야 함에도, 이와 달리 본 원심 판단에 법리오해의 잘못이 있다고 한 사례』

다. 환급가산금의 산정

(1) 대법원 2009. 9. 10. 선고 2009다11808 판결

　　『조세환급금은 조세채무가 처음부터 존재하지 않거나 그 후 소멸하였음에도 불구하고 국가가 법률상 원인 없이 수령하거나 보유하고 있는 부당이득에 해당하고, 환급가산금은 그 부당이득에 대한 법정이자로서의 성질을 가진다(대법원 2008. 1. 10. 선고 2007다79534 판결 참조). 이 때 환급가산금의 내용에 대한 세법상의 규정은 부당이득의 반환범위에 관한 민법 제748조에 대하여 그 특칙으로서의 성질을 가진다고 할 것이므로, 환급가산금은 수익자인 국가의 선의·악의를 불문하고 그 가산금에 관한 각 규정에서 정한 기산일과 비율에 의하여 확정된다. 한편, 부당이득반환의무는 일반적으로 기한의 정함이 없는 채무로서, 수익자는 이행청구를 받은 다음 날부터 이행지체로 인한 지연손해금을 배상할 책임이 있다.

그러므로 납세자가 조세환급금에 대하여 이행청구를 한 이후에는 법정이자의 성질을 가지는 환급가산금청구권 및 이행지체로 인한 지연손해금청구권이 경합적으로 발생하고, 납세자는 자신의 선택에 좇아 그중 하나의 청구권을 행사할 수 있다.

관련 법령 및 기록에 의하면, 원고는 2004. 9. 1. 이 사건 환급대상인 국세 및 관세를 납부하고(원심이 일부 금액의 납부일을 2004. 8. 31.로 판단한 것은 잘못으로 보인다. 을 제11호증 참조) 2005. 10. 27. 그 환급신청을 한 사실, 국세 및 관세의 환급가산금 기산일은 각 납부일 다음 날이며, 위 환급신청일까지의 가산금율은 관세의 경우 2004. 9. 2.부터 위 2005. 10. 27.까지(이하 '이 사건 법정이자 기간'이라 한다)의 기간에 관하여는 1일 0.012%이고, 국세의 경우 2004. 9. 2.부터 2004. 10. 14.까지는 1일 0.012%, 2004. 10. 15.부터 2005. 10. 27.까지는 1일 0.01%인 사실을 알 수 있다.

따라서 피고는 이 사건 환급금에 대하여 이 사건 법정이자 기간 동안에 대하여는 위 각 가산금율을 적용한 가산금을, 그 다음 날부터는 원고의 선택에 따라 가산금 또는 지연손해금을 각 지급할 의무가 있다 할 것이다.

한편, 원고는 법적 성격을 명시하지 아니한 채 이 사건 환급금에 대한 부대청구로 2004. 8. 31.부터 소장부본 송달일까지 연 5%, 그 다음 날부터 다 갚는 날까지 연 20%의 비율에 의한 금전의 지급을 구하고 있다. 그런데 이 사건 법정이자 기간에 대하여 구하는 위 5%의 비율은 위에서 인정된 그 기간 동안의 가산금율(1일 0.012%＝연 약 4.38%, 1일 0.01%＝연 약 3.65%)을 초과함이 계산상 명백한바, 그렇다면 원고의 위 부대청구는 이 사건 법정이자 기간에 대하여는 세법상의 환급가산금을 구하는 취지를 포함하고 있다고 할 것이고, 또한 그 다음 날부터는 지연손해금을 구하는 취지라고 해석함이 상당하다.

결국 원심이 이 사건 법정이자 기산일 전인 2004. 8. 31. 또는 2004. 9. 1.부터 이 사건 법정이자 기간 만료일인 2005. 10. 27.까지 연 5%의 금전 지급을 명한 제1심을 유지한 것은 환급가산금 또는 지연손해금에 관한 법리를 오해하여 판결결과에 영향을 미친 위법이 있다 할 것이다. 이 점을 지적하는 취지가 포함된 상고이유의 주장은 이유 있다.」

(2) 국세환급가산금은 '국세환급가산금 기산일'부터 '충당하는 날 또는 지급결정을 하는 날'까지의 기간과 '대통령령으로 정하는 이자율'에 따라 복리 아닌 단리로 계산된다.

(3) 환급가산금은 환급금에 대한 법정이자의 성질을 가지고, 환급가산금에 관한 세법상 규정은 부당이득 반환범위에 관한 민법 제748조의 특칙이므로 환급가산금은 수익자인 국가의 선의·악의를 불문하고 지급되어야 한다.

(4) 위 부당이득반환의무는 기한의 정함이 없는 채무로서, 수익자는 이행청구를 받은 다음 날부터 이행지체로 인한 지연손해금을 배상할 책임이 있다. 그러므로 환급청구권을 행사(이행청구) 한 이후에는 법정이자의 성질을 가지는 환급가산금청구권 및 이행지체로 인한 지연손해금청구권이 경합적으로 발생하고, 환급청구권자는 자신의 선택에 좇아 그중 하나의 청구권

을 행사할 수 있다. 이행지체로 인한 지연손해금청구권을 행사하는 이상, 환급금 청구소송에 있어, 소장송달 다음 날부터는 소송촉진 등에 관한 특례법 소정의 연 12%의 비율에 의한 지연손해금을 청구할 수 있다.

(5) 국세환급가산금 이자율 변동상황

2021. 3. 16. -	: 연 1,000분의12 (연 1.2%)
2020. 3. 13. - 2021. 3. 15.	: 연 1,000분의21 (연 1.8%)
2019. 3. 20. - 2020. 3. 12.	: 연 1,000분의21 (연 2.1%)
2018. 3. 19. - 2019. 3. 19.	: 연 1,000분의18 (연 1.8%)
2017. 3. 15. - 2018. 3. 18.	: 연 1,000분의16 (연 1.6%)
2016. 3. 7. - 2017. 3. 14.	: 연 1,000분의18 (연 1.8%)
2015. 3. 6. - 2016. 3. 6.	: 연 1,000분의25 (연 2.5%)
2014. 3. 14. - 2015. 3. 5.	: 연 1,000분의29 (연 2.9%)
2013. 3. 1. - 2014. 3. 13.	: 연 1,000분의 34 (연 3.4%)
2012. 3. 1. - 2013. 2. 28.	: 연 1,000분의 40 (연 4%)
2011. 4. 11. - 2012. 2. 28.	: 연 1,000분의 37 (연 3.7%)
2010. 4. 1. - 2011. 4. 10.	: 1일 100,000분의 11.8 (연 4.307%)

7. 환급청구권의 소멸

(1) 환급청구권 및 환급가산금청구권은 환급금의 지급 또는 충당에 의하여 소멸한다. 환급청구권과 환급가산금청구권에 관한 권리는 행사할 수 있는 때부터 5년간 행사하지 아니하면 소멸시효가 완성된다. 환급청구권 등은 국세징수권과 동일하게 시효원용 및 시효이익의 향수에 관한 조세채무자의 의사에 불구하고 절대적으로 소멸한다고 봄이 상당하다(환급청구권 소멸시효의 절대적 효력). 소멸시효에 관하여는 국세기본법 및 세법에 특별한 규정이 있는 것을 제외하고는 민법에 따른다(국세기본법 제54조).

(2) 조세채무자가 과오납금에 대한 부당이득반환소송을 제기하기에 앞서, 그 권리의 기본적 법률관계인 부과처분에 대한 취소소송이나 무효확인소송을 제기한 경우, 그 소송제기가 부당이득반환청구권에 대한 소멸시효의 중단사유인 재판상의 청구에 해당된다(대법원 1992. 3. 31. 선고 91다32053 판결 참조). 입법자는 2014. 12. 23. 이를 명확히 하기 위하여 국세기본법 제54조 제2항 후단을 신설하였다.

8. 소득세 및 법인세의 환급이 지방소득세의 환급에 미치는 영향

가. 2014. 1. 1. 개정 전

(1) 지방세법 제94조

『② 소득세법과 법인세법에 따라 신고한 소득세와 법인세의 결정·경정 또는 소득세법 제85조 의2와 법인세법 제72조에 따른 환급으로 인하여 세액이 달라진 경우에는 그 결정·결정 또는 환급 세액에 따라 소득분의 세액을 환급하거나 추징한다.』

(2) 지방세법 제97조

『② 세무서장은 국세기본법 또는 법인세법에 따라 법인세분의 과세표준이 된 법인세를 환급한 경우에는 그 다음 달 15일까지 행정안전부령이 정하는 서식에 따라 그 법인세의 납세지를 관할하는 지방자치단체의 장에게 그 내용을 통보하여야 한다. 이 경우 지방자치단체의 장은 해당 법인세분을 환급하여야 한다.

④ 세무서장은 국세기본법 또는 소득세법에 따라 소득세분의 과세표준이 된 소득세를 환급하 는 경우에는 그 다음 달 15일까지 행정안전부령이 정하는 서식에 따라 그 소득세의 납세지를 관할 하는 지방자치단체의 장에게 그 내용을 통보하여야 한다. 이 경우 지방자치단체의 장은 해당 소득 세분을 환급하여야 한다.』

(3) 위 규정들을 종합하면, 소득세 및 법인세가 직권에 의하여 또는 경정청구에 의하여 감액경정되거나 전부 취소되는 경우 지방소득세 소득분도 자동적으로 감액경정되거나 전부 취 소되고, 따라서 세무서장으로부터 이러한 사실을 통보받은 지방자치단체의 장은 해당 지방소 득세 소득분을 환급하여야 한다고 해석함이 상당하다. 만약 환급을 거부하면 조세채무자는 민 사소송으로 부당이득반환청구를 하여야 할 것이다.

나. 2014. 1. 1. 개정 후

지방세법 제103조의59(지방소득세 관련 세액의 통보)의 해석에 관한 것으로서, 국세기본법 소정의 경정청구를 거쳐서 국세를 환급받을 수 있는 지위를 확보하면, 해당 국세와 동일한 과 세표준에 근거하는 한, 개인지방소득세도 지방세기본법 소정의 경정청구절차를 거침이 없이 당연히 환급받을 수 있는가?

(1) 지방세법 제103조의59(지방소득세 관련 세액 등의 통보)

『① 세무서장 또는 지방국세청장(이하 이 조에서 "세무서장 등"이라 한다)은 소득세의 부과·징수 등에 관한 자료를 행정안전부령으로 정하는 바에 따라 다음 각 호의 구분에 따른 기한 내에 대통령령으로 정하는 지방자치단체의 장에게 통보하여야 한다.(개정 2014. 11. 19., 2015. 12. 29., 2017. 7. 26., 2019. 12. 31.)

1. 국세기본법 또는 소득세법에 따라 소득세 과세표준과 세액을 신고(기한 후 신고는 제외한다) 받은 경우: 신고를 받은 날이 속하는 달의 다음 달 15일. 다만, 다음 각 목의 어느 하나에 해당하는 경우에는 해당 목에서 정하는 기한 내로 한다.

가. 소득세법 제14조 제2항에 따른 종합소득과세표준, 같은 조 제6항에 따른 퇴직소득과세표준, 같은 법 제69조에 따른 토지등의 매매차익 또는 같은 법 제92조에 따른 양도소득과세표준을 국세기본법 제2조 제19호에 따른 전자신고 방식으로 신고 받은 경우: 신고를 받은 즉시

나. 소득세법 제70조, 제71조, 제74조 및 제110조에 따른 과세표준 확정신고와 같은 법 제69조에 따른 토지등 매매차익예정신고 및 같은 법 제105조에 따른 양도소득과세표준 예정신고의 경우: 신고를 받은 날이 속하는 달의 다음 달 1일부터 2개월이 되는 날

다. 국세기본법 제45조에 따른 수정신고를 받은 경우: 신고를 받은 날이 속하는 달의 다음달 1일부터 3개월이 되는 날

2. 국세기본법 또는 소득세법에 따라 소득세 과세표준과 세액을 결정 또는 경정(감액경정은 제외한다)한 경우: 결정 또는 경정한 날이 속하는 달의 다음 달 15일

3. 소득세법에 따라 원천징수한 소득세를 납부받은 경우: 납부한 날이 속하는 달의 다음 달 15일. 다만, 제4호에 따른 납세고지에 따라 납부받은 원천징수세액에 관하여는 그 통보를 생략할 수 있다.

4. 소득세법에 따른 원천징수의무자가 원천징수하였거나 원천징수하여야 할 소득세를 그 기한까지 납부하지 아니하였거나 미달하여 납부한 경우로서 세무서장등이 원천징수의무자로부터 그 금액을 징수하기 위하여 납세고지를 한 경우: 고지한 날이 속하는 달의 다음 달 15일

5. 국세기본법 또는 소득세법에 따라 소득세를 환급한 경우: 환급한 날이 속하는 달의 다음 달 15일. 다만 소득세법 제70조, 제71조, 제74조 및 제110조에 따른 과세표준 확정신고에 따라 소득세를 환급하는 경우에는 신고를 받은 날이 속하는 달의 다음 달 1일부터 2개월

② 세무서장 등은 법인세의 부과·징수 등에 관한 자료를 행정안전부령으로 정하는 바에 따라 다음 각 호의 구분에 따른 기한 내에 대통령령으로 정하는 지방자치단체의 장에게 통보하여야 한다.(개정 2014. 11. 19., 2016. 12. 27., 2017. 7. 26.)

1. 국세기본법 또는 법인세법에 따라 법인세 과세표준과 세액을 신고 또는 수정신고 받은 경우: 신고를 받은 날이 속하는 달의 다음 달 1일부터 2개월

2. 국세기본법 또는 법인세법에 따라 법인세 과세표준과 세액을 결정 또는 경정(감액경정은 제외한다)한 경우: 결정 또는 경정한 날이 속하는 달의 다음 달 15일

3. 법인세법에 따라 원천징수한 법인세를 납부받은 경우: 납부한 날이 속하는 달의 다음 달 15일. 다만, 제4호에 따른 납세고지에 따라 납부받은 원천징수세액에 관하여는 그 통보를 생략할 수 있다.

4. 법인세법에 따른 원천징수의무자가 원천징수하였거나 원천징수하여야 할 법인세를 그 기한까지 납부하지 아니하였거나 미달하여 납부한 경우로서 세무서장등이 원천징수의무자로부터 그 금액을 징수하기 위하여 납세고지를 한 경우: 고지한 날이 속하는 달의 다음 달 15일

5. 국세기본법 또는 법인세법에 따라 법인세를 환급한 경우: 환급한 날이 속하는 달의 다음 달 15일

6. 조세특례제한법 제100조의23에 따라 동업기업 소득의 계산 및 배분명세 신고를 받은 경우: 신고를 받은 날이 속하는 달의 다음 달 15일

③ 지방자치단체의 장은 제1항 제5호에 따른 통지를 받은 경우 해당 소득세와 동일한 과세표준에 근거하여 산출한 지방소득세를 다시 계산하여 환급세액이 발생하는 경우 이를 환급하여야 한다.(개정 2017. 12. 26.)』

(2) 2017. 12. 26. 위 제3항이 개정됨으로써 소득세가 감액되어 환급된 경우 제1항 제5호에 따라 통지를 받은 지방자치단체의 장은 해당 소득세와 동일한 과세표준에 근거하여 산출한 지방소득세를 다시 계산하여 환급세액이 발생하는 경우 이를 환급하도록 규정하고 있다.

이 경우 지방자치단체의 장은 지방세기본법상의 경정청구를 거침이 없이 직권으로 개인지방소득세를 시정하여 환급할 의무가 있는가?

그렇게 볼 여지가 있었다. 그러나 2019. 12. 31. 지방세법 제96조 제1항(제103조의9 제1항)이 개정되어 개인지방소득세 확정신고를 한 거주자가 국세인 소득세에 대하여 국세기본법 제45조의2에 기하여 경정청구를 한 경우 납세지 관할 지방자치단체의 장에게 지방세기본법 제50조에 기하여 개인지방소득세의 경정청구를 하여야 한다는 취지로 규정하고 있다. 이러한 개정으로 지방세법 제103조의59 제3항의 적용범위 내지 해석을 둘러싼 여러 의문은 어느 정도 해소되었다. 그러나 완전히 해소되었다고는 말할 수 없다. 입법자로서는 이러한 법상태를 그대로 두어서는 안 된다. 경정청구를 하여야 하는 것으로 통일하는 것이 바람직하다(제4장 제1절 10. 참조).

(3) 다만 2014. 1. 1. 지방세법의 개정으로 지방소득세가 독립세로 된 점에다 위 제3항의 반대해석 등을 종합하여 보면 법인지방소득세는 곧바로 환급될 수 없다. 지방세기본법상의 경정청구를 반드시 거쳐야 한다.

제2장

개별세법상의 각 경정규정에 기한 경정청구권

각 개별세법에는 경정에 관한 규정을 두고 있다. 이를 '개별세법상의 각 경정규정'이라고 한다. 주요한 것을 나열하면 다음과 같다.

1. 소득세법 제80조, 제114조(양도소득세)
2. 법인세법 제66조
3. 상속세 및 증여세법 제76조
4. 신 부가가치세법 제57조
5. 개별소비세법 제11조
6. 주세법 제24조
7. 종합부동산세법 제16조 등

'개별세법상의 각 경정규정'이 경정에 대한 근본규범임과 동시에 그 각 경정규정에 의하여도 경정청구권이 발생함을 설명한다. 나아가 국세기본법 제45조의2 제1항의 경정청구와 '개별세법상의 각 경정규정'에 기한 경정청구의 관계에 대하여도 본다.

'개별세법상의 각 경정규정'에 기하여 경정청구권이 발생한다는 견해는 서울고등법원 1984. 12. 24. 선고 84나2211 판결[제1장 제11절 라. (1) 참조]에서 최초로 제시되었으나, 이와 반대되는 대법원 1987. 9. 8. 선고 85누565 판결이 나옴으로써 빛을 보지 못하였다.

저자는 서울고등법원 판결을 지지한다.

사견에 의할 경우 국세기본법 제45조의2 제1항의 개정 없이 통상의 제척기간 내에서 언제든지 경정청구권을 행사할 수 있으므로 법해석만으로 국세기본법상 통상의 경정청구기간을 5년으로 연장하는 셈이 된다. 다만 2014. 12. 23. 국세기본법 제45조의2 제1항을 개정하여 통상의 경정청구기간을 5년으로 연장함으로써 그 논의의 실익은 적게 되었다.

그럼에도 이러한 견해를 펼치는 이유는 국세기본법 제22조 제1항 및 개별세법상의 각 경정규정의 문언해석 자체에서 국세기본법상의 경정청구권이 아닌 또 하나의 개별세법상의 경정청구권이 발생한다고 보지 않을 수 없기 때문이다.

잠시 2000년대 초반 경정청구에 관한 법상황으로 돌아가서 헌법재판소 2004. 12. 16. 선고 2003헌바78 결정과 대법원 2005. 2. 25. 선고 2004두12469 판결의 각 내용을 살펴본다.

헌법재판소는 위 결정에서 경정청구기간을 법정신고기한 경과 후 1년 이내로 제한한 것은 조세행정의 원활한 운영과 조세법률관계의 조속한 안정을 도모하기 위한 것이라면서, "위 법률조항은 입법부에 주어진 재량의 범위 내의 것으로서 납세의무자의 재판청구권을 침해하는 것이라고 볼 수 없다."라고 판시했다. 제척기간 5년과 경정청구기간 1년의 기간 불일치는 너무 심한 것으로서 저자로서는 이를 쉽게 받아들이기 어려웠다(제1장 제2절 7. 다 참조). 대법원은 위 판결에서 개별세법상의 각 경정규정은 과세관청의 내부적 사무처리절차를 정한 것이고 국세기본법에서 경정청구권을 규정하고 있는 이상 그 외 개별세법상의 각 경정규정에 기한 경정청구권은 존재하지 않는다는 취지로 판시하였다(제2장 제1절 2. 다. 참조). 위 판결은 수긍하기도 어려웠거니와 하나의 충격이었다. 2000. 12. 29. 경정청구기간이 2년으로 개정되었고 2005. 7. 13. 2년에서 3년으로 개정되었으나 기간 불일치는 여전히 심한 편이었다.

이러한 상황에서 경정청구기간을 5년으로 해석함으로써 납세의무자로 하여금 여유롭게 통상의 경정청구에 접근케 하는 길은 개별세법상의 각 경정조항에서 경정청구권이 발생함을 논증하는 길밖에 없었다. 경정제도를 천착해 온 저자로서는 고민 끝에 2012. 가을 저술을 통하여 이 점에 대해서 법원과 학계를 설득하려고 하였으나 저술작업 도중인 2014. 12. 23. 해당 법 조항의 개정으로 경정청구기간이 5년으로 연장되었다. 그날은 우리 경정법 역사상 실로 기념비적인 날로 기억될 것이다. 다만 이 책의 중심부가 되어야 할 제2장이 주변부가 되어버렸다.

제1절

개별세법상의 각 경정규정에 기한 경정청구권

국세기본법
  §22①
"국세는 이 법 및 세법
에서 정하는 절차에 따
라 그 세액이 확정된다."

＼ (원칙)

개별세법(예시)
※ 소득세법(종합소득 등)
    신고(§70 이하), 결정(§80①), 경정(§80②), 재경정(§80④)
※ 소득세법(양도소득)
    신고(§110), 결정(§114①), 경정(§110②), 재경정(§110③)
※ 법인세법
    신고(§60 이하), 결정(§66①), 경정(§66②), 재경정(§66④)
※ 상속세 및 증여세법
    결정(§76①), 경정(§76④)
※ 신 부가가치세법: 신고(§49), 결정 또는 경정(§57①)

↗(보완)

국세기본법
§22②(신고납세와 결정·경정)
§44(결정, 경정결정의 관할)
§45(수정신고)
§45의2(경정 등의 청구)
§22의2(수정신고의 효력)
§22의3(경정 등의 효력)
§26의2(부과제척기간)
§81의2 이하(결정·경정을 위한 세무조사)

[세액확정절차에 있어 국세기본법과 개별세법의 역할분담관계]

1. 논의의 범위

세액확정절차에 경정절차가 포함됨은 앞서 본 바와 같다. 다만 신고납세방식의 조세이든, 부과과세방식의 조세이든 제1차적 부과처분이 일단 관여하게 되면 그 부과처분을 대상으로 하여 이를 공격함으로써 구제를 받을 수 있고, 그 불복기간이 지나면 불가쟁력에 의하여 원칙적으로 이를 다툴 수 없다.

따라서 「① 신고납세방식의 조세에 있어, ② 신고 후 부과처분이 관여하지 아니한 경우, ③ '개별세법상의 각 경정규정'에 터잡아 경정청구권이 발생하는지 여부」에 관하여 살핀다.

우선 종전 대법원 판례 등을 보고, 이어 세액확정절차를 정하고 있는 현행 개별세법상의 각 경정에 관한 규정을 살핀 다음, '개별세법상의 각 경정규정'에 의하여도 경정청구권이 발생함을 논증하고자 한다.

2. 관련 판례 등

가. 서울고등법원 1984. 12. 24. 선고 84나2211 판결 및 대법원 1987. 9. 8. 선고 85누565 판결

위 서울고등법원의 판결과 위 대법원의 판결은 '개별세법상의 각 경정규정'에서 경정청구권이 발생하느냐에 관하여 상반된 견해를 표명하고 있다. 비록 1980년대 판결들이지만 상당히 대조적이다(제1장 제11절 3. 라. 참조).

나. 헌법재판소 결정

경정제도를 바라보는 시각 내지 경정청구권의 발생에 대한 근본적 시각의 차이를 알아보기 위하여, 헌법재판소 2000. 2. 24. 선고 97헌마13, 245(병합) 결정과 2004. 12. 16. 선고 2003헌바78 결정을 비교하여 볼 필요가 있다(제1장 제2절 7. 참조). 상당히 대조적이다.

특히 2003헌바78 결정(결정문 '4. 나. ⑴ 이 사건 쟁점' 부분 참조)에서, "법정신고기한 내 과세표준 및 세액 등이 과다신고되었는데 납세의무자가 기한 내에 경정청구를 하지 아니한 경우 과세관청이 직권에 의하여 그 과다신고내용을 시정·감액경정하는 것은 가능하지만 납세의무자는 다른 권리구제수단에 의해 그 감액을 주장하는 것이 허용되지 아니한다. 이와 같이 경정청구제도는 납세의무자가 과다신고된 과세표준 및 세액의 감액을 주장할 수 있는 유일한 구제수단이다."라는 취지로 판시한 점이다.

다. 대법원 2005. 2. 25. 선고 2004두12469 판결

『국민의 적극적 신청행위에 대하여 행정청이 그 신청에 따른 행위를 하지 않겠다고 거부한 행위가 항고소송의 대상이 되는 행정처분에 해당하는 것이라고 하려면, 그 신청한 행위가 공권력의 행사 또는 이에 준하는 행정작용이어야 하고, 그 거부행위가 신청인의 법률관계에 어떤 변동을 일으키는 것이어야 하며, 그 국민에게 그 행위발동을 요구할 법규상 또는 조리상의 신청권이 있어야만 한다(대법원 2003. 9. 23. 선고 2001두10936 판결). 원심은, 법인세법 제66조 제1항 제1호 및 제4항, 소득세법 제80조 제2항 제1호 및 제4항이 과세관청으로 하여금 과세표준 및 세액의 신고내용에 오류 또는 탈루가 있는 때에는 이를 경정하도록 규정하고 있다고 하더라도, 이는 과세관청의 내부적 사무처리절차를 규정한 것에 지나지 않을 뿐만 아니라, 구 국세기본법(2000. 12. 29. 법률 제6303호 개정되기 전의 것, 이하 법이라 한다) 제45조의2에서 납세의무자의 경정청구권을 명시적으로 규정하면서 그 행사기간 및 방법·절차 등을 정하고 있는 이상, 원고들에게 법 소정의 경정청구권 이외에 법인세법이나 소득세법의 규정에 기한 법규상 또는 조리상 경정청구권이 있다고 볼 수 없으므로, 법인세법이나 소득세법에 기한 원고들의 판시 각 경정청구에 대하여 법 제45조의2 제1항에서 정하고 있는 경정청구기한이 이미 경과하였다는 이유로 이를 각하한다는 피고들의 이 사건 각 통지는 항고소송의 대상이 되는 처분이라고 볼 수 없어 그 취소를 구하는 이 사건 소는 모두 부적법하다고 판단하였다. 앞서 본 법리와 기록에 의하여 살펴보면, 원심의 이러한 판단은 정당한 것으로 수긍이 가고, 거기에 상고이유의 주장과 같은 법리오해의 위법이 없다.』

판결요지는 다음과 같다.
① '개별세법상의 각 경정규정'은 '과세관청의 내부적 사무처리절차'를 정한 것에 불과하다.
② 국세기본법에서 경정청구권을 규정하고 있는 이상, 그 이외에 '개별세법상의 각 경정규정'에 기한 법규상 경정청구권은 존재하지 아니한다.
③ 물론 조리상의 경정청구권도 존재하지 아니한다.

3. 개별세법상의 각 경정규정

앞에서 논의의 범위를 한정하였으므로 신고납세방식의 조세에 있어 신고에 오류가 있는 경우에 관련된 규정만을 살펴보아야 하나, '개별세법상의 각 경정규정'이 경정(증액경정 및 감액경정)의 근본규범임을 확인하기 위하여 각 규정 전부를 두루 살펴보기로 한다.

가. 개별세법상의 각 경정(재경정)에 관한 규정

① 소득세법 제80조 : '신고내용에 탈루 또는 오류가 있는 경우', '결정 또는 경정에 탈루 또는 오류가 있는 것이 발견된 경우'

② 소득세법 제114조 : '신고내용에 탈루 또는 오류가 있는 경우', '결정 또는 경정에 탈루 또는 오류가 있는 것이 발견된 경우'

③ 법인세법 제66조[1]) : '신고내용에 오류 또는 누락이 있는 경우', '결정 또는 경정에 오류나 누락이 있는 것을 발견한 경우'

④ 상속세 및 증여세법 제76조 : '신고한 과세표준이나 세액에 탈루 또는 오류가 있는 경우', '결정 후 그 과세표준이나 세액에 탈루 또는 오류가 있는 것을 발견한 경우'

⑤ 구 부가가치세법 제21조 : '확정신고한 내용에 오류 또는 탈루가 있는 경우', '결정 또는 경정한 과세표준과 납부세액 또는 환급세액에 오류 또는 탈루가 있는 것이 발견된 경우'(신 부가가치세법 제57조에서 '내용에 오류가 있거나 내용이 누락된 경우', '내용에 오류가 있거나 누락된 내용이 발견되면'의 표현을 사용함)

⑥ 개별소비세법 제11조 : '신고한 내용에 오류 또는 탈루가 있는 경우'

⑦ 주세법 제24조 : '제출된 내용에 오류 또는 누락이 있는 경우', '결정 또는 경정에 오류 또는 누락이 있는 것이 발견된 경우'

⑧ 종합부동산세법 제16조 : '신고내용에 탈루 또는 오류가 있는 때', '결정 또는 경정에 탈루 또는 오류가 있는 경우'

나. '경정한다', '발견', '과세표준과 세액'의 각 의미

위 각 규정에 의하면 경정사유가 있는 경우 '경정한다.', '다시 경정한다.' 등의 문언을 사용하는바, 이는 '(직권으로, 스스로) 경정하여야 한다.'로 읽어야 한다.

'발견'은 사후에 오류가 있음을 알게 된 경우로서 그 주체는 과세관청이다. 발견은 국가 스스로 또는 조세채무자의 경정청구권 행사에 의하여 오류를 알게 되는 경우를 포함한다.

다음 '신고내용' 또는 '과세표준과 세액'의 개념이다. '신고내용'이라 함은 국세기본법 제45조의2에서의 '과세표준과 세액' 개념과 동일한 것으로 보아야 한다. 과세표준신고서에는 적어도 '과세표준, 결손금, 세액, 환급세액' 등을 담아야 하는 것으로서, 그중 어떠한 것이 경정의 대상이 되는 것인지에 대하여 이미 설명한 바와 같다[제1장 제9절 3. 가. 참조].

다. 오류 및 탈루(누락), 과부족 등의 의미

개별세법이 경정(재경정)사유로 들고 있는 '오류, 탈루(누락), 과부족' 등의 용어는 경정제도를 구축함에 있어 본질적인 개념이다. 사전적 의미로 '오류(Fehler, error)'란 '그릇되어 이치

---

1) 법인세법 제76조의20에서 각 연결사업연도의 소득에 대한 법인세의 결정·경정에 관하여는 법인세법 제66조 (제3항 단서는 제외한다)의 규정을, 법인세법 제97조에서 일정한 외국법인의 각 사업연도의 소득에 대한 법인세의 결정·경정에 대하여는 법인세법 제66조의 규정을, 각 준용한다고 정하고 있다.

에 어긋남, 생각이나 지식 등의 그릇된 일'을, '탈루(누락, omission)'란 '빠지고 샘, 있어야 할 것이 빠짐'을 각 뜻한다. 이를 해석하면, 탈루(누락)는 일단 확정된 세액이 성립한 세액보다 적다는 것으로서 증액경정이 필요함을 의미하고, 오류는 일단 확정된 세액이 성립한 세액과 불일치할 때, 즉 확정된 세액이 성립한 세액을 초과하거나 성립한 세액에 미달할 때를 모두 포함하는 개념(성립한 세액 ≠ 확정된 세액)이다.[2]

따라서 탈루나 누락 모두 오류라는 용어에 포섭되고, 경정사유로서 모든 세목에 있어서 오류요건이 필요함을 알 수 있다.

한편, 국세기본법 제45조의2 제1항 제1호 및 제2호에서 비록 오류라는 용어를 사용하고 있지 않지만, 그 각 호에서 열거하고 있는 사유도 '확정된 세액이 성립한 세액을 초과하거나 결손금액 또는 환급세액이 진실한 그것보다 미치지 못한 경우'를 가리키는 것으로서, 확정된 세액(결손금액 또는 환급세액)에 실체적 오류가 있음을 뜻함에는 변함이 없다.

즉 개별세법상의 각 경정규정에서 말하는 '오류'와 국세기본법 제45조의2에서 전제하는 오류는 본질적으로 동일한 것으로서 표현만 달리한 것이다.

여기서 오류라 함은 '실체적 오류'(materielle Fehler, substantive error, 제1장 제8절 1. 라. 참조)로서 법률상의 오류 및 사실상의 오류를 모두 포함한다. 사실상의 오류라 함은 구성요건적 사실에 대한 인식의 오류이고, 법률상의 오류라 함은 법률적용상의 오류 내지 법해석 등에 관한 오류라 할 것이다. 즉 사실상 및 법률상의 관점에서 발생하는 모든 실체적 오류라 할 것이다. 법률적용상의 오류에는 법률이 헌법에 위반되거나 시행령이 모법에 위반되는 경우를 포함한다 할 것이다. '절차적 오류'(절차적 하자 및 형식적 하자)는 포함되지 아니한다. 절차적 오류는 경정절차가 아닌 하자의 치유 문제로 다루어져야 한다.

이하 '개별세법상의 각 경정규정'이 어떠한 의미를 가지는지에 관하여 '실체적 오류 시정주의'와 '직권경정주의'로 나누어 살핀다.

라. 관세법과의 비교

관세법 제38조의3 제2항에서 통상의 경정청구를, 제3항에서 사정변경에 기한 경정청구를 규정하는 한편, 제6항에서 "세관장은 납세의무자가 신고납부한 세액, 납세신고한 세액 또는 제2항 및 제3항에 따라 경정청구한 세액을 심사한 결과 과부족하다는 것을 알게 되었을 때에는 대통령령으로 정하는 바에 따라 그 세액을 경정하여야 한다."고 규정하고 있다.[3]

---

2) Klein, AO Kommentar, 10.Auflage, 1143면(제177조 주석)에서, "Der Fehlerbegriff umfasst jede ob-jektive Unrichtigkeit des StBescheids. Ein materieller Fehler liegt vor, wenn die festgesetze Steuer höher ist als die nach §38 entstandene Steuer."라고 설명한다.

3) 2013. 8. 13. 개정되기 전 관세법의 경정체계는 '경정청구기간 = 부과제척기간 = 2년'이었다. 여기에 관세법

관세법 제38조의3 제6항에서 세액의 과부족이 발견되는 경우 세관장의 직권경정의무를 규정하고 있는데, 그 경정의무에서 경정청구권이 발생하는지 여부가 마찬가지로 문제된다.

4. 실체적 오류 시정주의

입법자는, 위에서 본 바와 같이, 개별세법을 통한 경정제도를 구축함에 있어, 확정된 세액(또는 신고내용)에 실체적 오류가 있음이 발견되면, 이를 세액확정절차에 빠짐없이 반영하여 그 오류를 시정하고, 그 시정의 결과로 확정된 세액을 경정(납세자와 과세관청의 상호 체크 구조)함으로써, 실체적 진실주의를 실현하겠다는 결단을 나타내고 있다.

즉 "실체적 오류를 시정하고 그 결과로 확정된 세액을 경정한다"는 것으로, 이를 實體的誤謬是正主義라 부른다(제1장 제8절 1. 라. 참조).

여기서 오류를 시정한다는 것은, 당초부터 오류가 없었던 것처럼 재구성하고 이에 터잡아 세액을 재계산하는 것으로(재구성 및 재계산), 이 경우 실체적 오류가 발견될 때마다 과세표준을 이루는 내용물 전부를 반복적으로 펼쳐(Gesamtaufrollung, Wiederaufrollung, 전체펼치기, 반복펼치기), 과세표준과 세액을 새로이 결정하는 과정을 거쳐야 하므로(제1장 제11절 2. 라. 참조), 총액주의 및 흡수소멸설과 결합하기 쉽다.

그리하여 세액확정절차 내지 경정절차에서, 조세실체법적 측면에서 실체적 오류 시정주의가, 조세소송법적 측면에서 총액주의 및 흡수소멸설이, 각 독립하여 상호작용을 하면서 실체적 진실주의가 실현된다.

5. 직권경정주의

(1) 위에서 본 바와 같이 '개별세법상의 각 경정규정'의 '경정한다.', '다시 경정한다.'등의 문언은 이를 '(직권으로, 스스로) 경정하여야 한다.'로 바꾸어 읽어야 한다.

따라서 '개별세법상의 각 경정규정'에 기하여 과세관청의 직권경정의무가 발생한다 할 것이다. 그 경정의무가 발생하는 시기는 실체적 오류를 발견한 즉시라고 할 것이다.

실체적 오류가 있는 이상 과세관청으로서는 조세채무자에게 불리하게 증액경정을 하여야 할 때도 있고 조세채무자에게 유리하게 감액경정을 하여야 할 때도 있다.

'개별세법상의 각 경정규정'의 문언상 그 각 경정규정이 조세채무자에게 불리하게 증액경

제38조의3 제4항을 종합하면 합법성원칙이나 절차보장의 원칙의 관점에서 볼 때 완벽한 경정체계를 갖추고 있었다. 그러나 2013. 8. 13. 개정으로 경정청구기간 3년, 부과제척기간 5년으로 불일치시킴으로써 국세기본법에서와 같은 문제점이 발생하게 되었다.

정하는 경우에만 적용되고 조세채무자에게 유리하게 감액경정하는 경우에는 적용이 없다고 읽힐 여지는 없다.

(2) 앞서 본 관세법 제38조의3 제6항에 의하면 경정청구가 있는 경우는 물론 경정청구가 없더라도 세관장은 직권으로(스스로) 과부족한 세금을 경정하여야 함을 생생하게 표현하고 있다. 여기서 과부족이라는 말도 오류라는 용어에 포섭되는 것으로, '개별세법상의 각 경정규정'과 관세법상의 경정규정을 구별하여 달리 해석할 이유도 없다.

6. 경정청구권 발생

가. 발생근거

신고납세방식의 조세에 있어, 부과처분이 관여하지 아니한 이상, '개별세법상의 각 경정규정'에서 조세채무자의 경정청구권이 발생한다고 보아야 할 근거는 다음과 같다.

(1) 세액확정절차의 근본규범인 국세기본법 제22조 제1항

국세기본법 제22조 제1항은, "국세를 납부할 의무가 성립한 경우, 그 성립한 국세는, 국세기본법 및 개별세법에서 정하는 절차에 따라, 제척기간 내에서, 그 세액이 확정되고, 경정(증액경정 및 감액경정)된다"라고 바꾸어 읽을 수 있음은 앞서 본 바와 같다(제1장 제9절 3. 가. 참조). 국세기본법 제22조 제1항은 2018. 12. 31. 개정되어 '이 법'이 추가되고 2020. 6. 9. 자구수정되었다. '이 법'인 국세기본법이 추가되었다고 하여 규정내용이 변한 것은 없다. 국세기본법은 여전히 보완적 역할만 수행할 뿐이고 중추적 역할은 개별세법상의 각 경정규정이 수행하고 있기 때문이다. 국세기본법이 중추적 역할을 맡기 위하여는 같은 법에 결정 및 경정에 관한 모든 사항을 포괄적이고도 완결적으로 갖추고 있을 때에만 가능하다.

그렇다면 실체적 진실주의를 실현하기 위하여, 조세채무자나 과세관청으로 하여금 성립한 세액 그대로, 해당 세법인 각 개별세법이 정하는 절차에 따라, 확정되도록, 개별세법에서 구체적 세액확정절차를 마련하도록 명령하고 있는 셈이다. 적어도 세액확정절차에 관한 한 개별세법 우선원칙을 취하고 있다.

따라서 세액확정절차의 일부인 경정절차 또한 개별세법의 규정에 따라야 한다. 비록 국세기본법에 경정청구에 관한 조항이 있다 하더라도, 이는 개별세법의 경정조항을 보완하는 의미를 가질 수밖에 없고, 국세기본법 소정의 경정조항이 역으로 개별세법상의 각 경정조항을 제한할 수는 없다.

(2) 경정의 근본규범인 '개별세법상의 각 경정규정'

국세기본법 제22조 제1항에 기초한 '개별세법의 각 경정규정'에 의하면, 일정한 경우 과세관청으로 하여금 세액확정절차에 개재(관여)할 수 있게 하는 확정권(경정권)을 부여하고 있는데, 이는 확정의무(경정의무)로 이어진다.

즉 과세관청이 직권으로 확정권(경정권)을 행사함에 있어서는 자유재량(효과재량 내지 행위재량)은 배제되고, 과세관청이 확정권 행사로 하는 부과처분(당초의 부과처분은 물론 직권에 의한 증액경정 및 감액경정을 포함하며, 경정청구에 기한 감액경정도 포함한다)은 오로지 기속행위로 귀착되어야 한다. 세액확정에 실체적 오류가 있으면 과세관청은 오류를 시정할 의무가 있고, 오류의 시정에 어떠한 자유재량을 가질 수 없다. 이는 실체적 진실주의 실현 내지 합법성원칙의 당연한 요청이다[실체적 진실주의와 조세채무관계설의 결합, 제1장 제2절 4. 나. (2), 제1장 제9절 3. 가. 참조].

앞서 본 헌법재판소 2003헌바78 결정에서, "법정신고기한 내 과세표준 및 세액 등이 과다신고되었는데 납세의무자가 기한 내에 경정청구를 하지 아니한 경우 과세관청이 직권에 의하여 그 과다신고내용을 시정·감액경정하는 것은 가능하지만 납세의무자는 다른 권리구제수단에 의해 그 감액을 주장하는 것이 허용되지 아니한다."라는 판시부분은, 경정청구기간이 도과한 이후에 있어서도 과세관청에게 직권에 의한 감액경정을 할 권한이 있고, 결과적으로 과세관청이 감액경정 여부에 대한 재량을 가지는 것으로 읽혀지기도 하나, 이 점은 위에서 본 이유로 수긍할 수 없다.

세액의 확정에 있어 실체적 오류가 발견되면 '개별세법상의 각 경정규정'에 따라 과세관청으로서는 감액경정을 할 의무가 있다[제1장 제9절 3. 가. (2) 참조]. 그 감액경정의무에 기하여 곧바로 경정청구권이 발생한다.

실정법상 경정청구권이 먼저 규정되어야만 그 규정에 의하여 경정청구권이 발생하고 그 경정청구권에서 경정의무가 발생한다고 해석할 것이 아니라, 오히려 경정의무를 근거 짓는 규정이 있다면 그 규정에 기하여 경정청구권이 발생한다고 보는 것이 훨씬 논리적이고 설득력이 있다.

(3) 신고납세제도를 도입한 취지

신고납세제도를 도입한 취지(세액확정의 가속화) 및 그 본질에 비추어 볼 때, 조세채무자로 하여금 실체적 오류를 시정하는데 어떤 시간적 제약을 가할 이유가 없고 제척기간 내라면 언제든지 다툴 수 있게 함이 바람직하다(제1장 제10절 1. 다. 참조).

조세채무자가 그 실체적 오류를 시정하는 데 시간적 제약을 가하여야 하는 이유를 굳이 찾는다면, 조세채무의 조속한 확정 또는 조세법률관계의 조기안정을 통한 국가재정의 안정적 확보에 있다. 그러나 국가재정의 안정적 확보는 법치주의 원칙상 실체적 진실주의를 포기할 정도의 헌법적 가치를 가진다고 할 수 없다[제1장 제2절 3. 라. (1) 참조].

(4) 절차보장의 원칙

절차보장의 원칙을 실현함에 있어, 조세채무자와 과세관청 사이의 절차법상의 관계를 합리성과 정당성을 확보하여야 한다는 의미의 대칭적 권리의무관계(법률관계)로 구성하여야 함은 앞서 본 바와 같다[제1장 제2절 2. 나. (6) 참조]. 따라서 세액확정절차에서 국가나 조세채무자 모두를 대등하고 공평하게 취급하여야 한다.

2014. 12. 23. 국세기본법 개정 전 통상의 경정청구의 경정청구기간이 3년일 당시에는 이러한 해석이 절실하였다. 즉 국가는 제척기간 내에서 실체적 진실주의 아래 세액의 탈루가 있는 이상 아무런 제약 없이 탈루세액을 찾아내어 횟수에 관계없이 거듭 경정할 수 있는데, 조세채무자는 제척기간보다 짧은 경정청구기간 3년 내에 경정청구를 하여야 하고 그 경정청구기간이 도과하면 구제수단이 없다고 하는 것이야말로 국가와 조세채무자를 대등한 당사자로서 공평하게 취급하는 것이라고 볼 수 없었기 때문이다.

(5) 대법원 1987. 9. 8. 선고 85누565 판결에 대하여

위 판결에 의하면 국세기본법에 규정된 경정청구권만이 국가의 감액경정의무의 근거가 된다는 취지이나, 어떠한 이유로 국세기본법에 규정된 경정청구권에 기하여만 경정의무가 발생한다는 것인지 논리적으로 설득력도 없고 납득할 수도 없다. 굳이 국세기본법에 규정된 경정청구권에 기하여만 경정의무가 발생한다고 전제하려면, 적어도 '개별세법상의 각 경정규정'에 기하여는 경정의무가 발생하지 않는다고 적극적으로 부정하든지, 비록 경정의무는 발생한다 하더라도 경정청구권만은 발생하지 않는다고 하면서 그 구체적 이유를 합리적으로 설명하였어야 마땅한데, 아무런 설명없이 침묵하였다.

혹여 '개별세법상의 각 경정규정'에서 발생하는 경정의무는 국가가 조세채무자에게 불리하게 증액경정하는 경우에만 그 적용이 있다고 설명될 수 있다. 나아가 국세기본법에 규정된 경정청구권에 기한 감액경정의무는 기속행위이나 '개별세법상의 각 경정규정'에 기한 감액경정의무는 자유재량행위라고 설명될 수도 있다.

그러나 '개별세법상의 각 경정규정'이 (직권)경정의무를 규정한 이상, 증액경정이든 감액경정이든 다 같이 그 규정에서 경정의무가 발생한다고 보는 것이 올바른 해석이지, 오로지 증액경정의 경우에만 위 규정이 (편면적으로) 적용된다고 해석할 수 없다. '개별세법상의 각 경정규정'에 기한 감액경정의무를 자유재량행위로 보는 것은 합법성원칙에도 반한다.

나아가 위 대법원 85누565 판결은 '부과처분 및 이에 대한 불복기간'과 신고납세방식의 조세에 있어서의 '신고와 경정청구기간'의 각 관계를 유사한 관계로 보는 듯하나, 제도적 취지를 달리하는 것으로, 이를 유사하거나 동일한 관계로 보는 것은 잘못이다.

(6) 대법원 2005. 2. 25. 선고 2004두12469 판결에 대하여

위 판결에서 '개별세법상의 각 경정규정'은 '과세관청의 내부적 사무처리절차'를 규정한

것이라고 판시하고 있다. '개별세법상의 각 경정규정'에 규범적 의미를 전혀 부여할 수 없음을 밝히면서 그 이유를 들고 있으나, 이는 실정법 해석을 넘어선 것으로 그렇게 해석할 아무런 논증 도구도 없고 설득력도 없다.

'개별세법상의 각 경정규정'이 과세관청의 내부적 사무처리절차에 불과하다면 국가는 어떠한 근거에서 증액경정할 수 있는지를 설명할 수 없다. 증액경정의 경우에는 근거규정이 되면서 감액경정에는 근거가 될 수 없는 '과세관청의 내부적 사무처리절차'라는 해석은 입법자의 의사에 반한다.

(7) 절차적 보완

다만 국세기본법의 규정이 개별세법상의 각 경정청구권의 보완규정인 이상, 경정청구권의 행사방법 및 절차 등에 관한 규정이 없다 하더라도, 각 경정청구권의 성질이 동일하므로, 국세기본법 제45조의2 소정의 경정청구와 같은 방법 및 절차로 경정청구권을 행사할 수 있다고 해석하면 된다. 그 행사방법 및 절차에 관한 규정이 없다는 이유로 경정청구권의 발생을 부정할 수는 없다.

(8) 소결론(반성적 접근)

국세기본법 제22조 제1항에 대하여 그동안 우리는 어떠한 규범적 의미를 부여하였는지 반성하여야 한다. 그 문언적 의미를 무시하였거나 간과하였다고 봄이 오히려 더 솔직한 표현일지도 모른다. 마찬가지로 납세자와 과세관청의 상호 체크 구조를 전제로 하는 '개별세법상의 각 경정규정'의 문언적 의미나 규범적 의미도 이를 무시하였거나 간과하여 왔다.

위 각 조항의 문언적 의미나 규범적 의미를 되살려내는 재해석 작업을 통하여, 각 해당 조항이 담당하여야 하는 고유의 역할을 제대로 수행할 수 있도록 그 의미를 적극적으로 부여하고 양 조문의 관계를 복원하는 등의 반성적 접근을 하여야 한다. 그렇게 함으로써만이 법치주의의 내용인 합법성원칙 및 절차보장의 원칙을 구현해 낼 수 있다.

나. 경정청구권의 작용효과

'개별세법상의 각 경정규정'에 기하여 경정청구권이 발생한다고 할 경우 그 경정청구기간은 통상의 제척기간과 동일하게 5년으로 볼 수밖에 없으므로, 적어도 2014. 12. 23. 국세기본법 제45조의2 제1항 소정의 경정청구기간이 5년으로 연장되기 전에 있어서도 국세기본법상의 통상의 경정청구기간 3년을 5년으로 연장하는 것과 결과적으로 동일하다.

제2절

경정에 관한 근본규범성과 국세기본법 소정의 경정청구와의 관계

1. 경정에 관한 근본규범성(Grundnorm)

본디 세액확정절차의 하나인 경정절차에 관한 근본규범을 입법함에 있어, 신고납세제도와 부과과세제도를 병용하는 경우라면 복잡한 입법체계를 갖출 수밖에 없을 것이다. 나아가 신고 납세방식의 조세에 있어서도 일정한 경우 국가가 2차적 확정권을 행사하여야 할 경우가 있고, 이에 행정소송제도를 두고 있는 경우라면 부과처분이라는 행정처분이 필연적으로 관여하므로, 행정처분의 불가쟁력까지 염두에 둔 복잡한 입법체계를 갖추어야 한다.

비록 우리 조세실체법적 규정이 이에 대비한 통일적인 법체계를 갖추지 않았다 하더라도, 당초 개별세법에서 각 경정에 관한 규정을 두고 이를 가꾸어 온 이상, '개별세법상의 각 경정 규정'을 경정에 관한 근본규범이라고 보지 않을 수 없다.

먼저 '개별세법상의 각 경정규정'이 증액경정의 근거가 됨은 명백하다. 실체적 오류 시정 주의를 채택하고 있는 이상 제척기간 내에서 과세관청은 증액경정사유가 발생할 때마다 횟수 에 관계없이 증액경정을 반복할 수 있을 것이다.

반대로 '개별세법상의 각 경정규정'이 감액경정의 근거도 되어야 한다. 과세관청은, 신고 납세방식의 조세에 있어, 부과처분이 관여하지 아니한 이상, 제척기간 내에서, 실체적 오류가 발견되면 감액경정을 하여야 하고, 여기에서 조세채무자의 경정청구권이 발생한다.

다만 입법론으로는 '개별세법상의 각 경정규정'을 국세기본법의 경정청구 조항에 통합하 여 세액의 확정 및 경정에 관한 통일적 규정을 국세기본법에 두는 것이 바람직하다.

이를 위하여 미국, 독일, 일본 등의 각 경정제도를 비교연구하는 것이 필요하다.

2. 국세기본법 소정의 경정청구와의 관계

가. 통상의 경정청구와의 관계

위와 같이 신고납세방식의 조세에 있어, 부과처분이 관여하지 아니한 경우에 한하여, '개 별세법상의 각 경정규정'에 터잡아 경정청구권이 발생한다고 하는 경우, 그 경정청구와 국세기본법 소정의 통상의 경정청구의 관계가 문제된다. '개별세법상의 각 경정규정'에 기한 경정청구권과 국세기본법상의 경정청구권은 병존하고 따라서 조세채무자는 자신에게 유리한 청구권을 선택적으로 행사할 수 있다 할 것이다.

나. 후발적 사유에 기한 경정청구와의 관계

다만 국세기본법 제45조의2 제2항 소정의 후발적 사유에 기한 경정청구권은 제척기간 도과 후에도 행사할 수 있다는 점에 비추어 볼 때, 제척기간 도과 후라면 부득이 국세기본법 제45조의2 제2항에 기한 경정청구권만을 행사할 수밖에 없을 것이다.

제3장

조세채무자에게 불리한 증액경정

조세채무자가 조세법령을 자발적으로 준수하였는지 여부를 검증하기 위하여 세무조사가 이루어지고, 세무조사를 마치면 과세관청은 조세채무자에게 불리하게 증액경정을 하기도 한다. 나아가 수정신고를 권장하기로 한다. 여기서는 수정신고와 과세관청의 직권에 의한 증액경정으로 나누어 설명한다.

(1) 修正申告

광의의 세액확정절차에는 협의의 세액확정절차, 결손금확정절차, 환급세액확정절차 등 3가지가 있다. 경정절차의 하나인 수정신고도 이러한 확정절차에 관여하여 고유의 역할을 수행한다. 수정신고는 확정효를 가진다. 세액이 증액되기도 하고 확정된 결손금이나 환급세액이 감액되기도 한다. 종전 과세표준신고서를 법정신고기한까지 제출한 자만이 수정신고를 할 수 있었으나 2019. 12. 31. 개정으로 '기한 후 신고'를 한 자도 수정신고를 할 수 있다.

수정신고는 '세액확정을 위한 수정신고'와 '가산세 감면혜택을 받기 위한 수정신고'로 나눌 수 있고, '순수자주형', '경정예지형', '종용형(권장형)' 수정신고 등으로 나눌 수 있다. 수정신고도 세액확정절차 등에 관여하는 한 제척기간의 적용이 있다. 2011. 12. 31. 개정으로 제척기간의 종료일까지 수정신고를 할 수 있도록 명문화하였다.

'[신고 + 수정신고]의 사안'에서 2018. 12. 31. 신설된 국세기본법 제22조의2 제1항은 흡수소멸설이 적용됨을 확인하고 있다. 다만 2019. 12. 31. 개정으로 과세표준신고서를 법정신고기한까지 제출한 자의 수정신고에 한하여 그 적용을 긍정함으로써, 기한 후 신고에 대하여 흡수소멸설의 적용이 없음을 명백히 하였다.

부과처분으로 확정된 세액에 대하여도 수정신고를 할 수 있다. '[신고 + 증액경정]의 사안'도 흡수소멸설의 적용 아래 수정신고를 할 수 있다. 법인세법 시행령 제106조 제4항 소정의 '사외유출금액 회수 후 수정신고'에 대하여도 실무상 문제된다.

　　국세기본법 제45조 제1항 제3호에 의하면 '제1호 및 제2호 외에 원천징수의무자의 정산과정에서의 누락'이 수정신고의 사유로 규정되어 있다. 여기서 원천징수의무자와 원천징수대상자 중 누가 수정신고를 할 수 있는 것인지 문언상 명확하지 않다. 두 사람 모두 수정신고의 전제인 과세표준신고서를 제출하지 않았다는 점에서는 같다. 원천징수대상자는 원천징수의무자의 원천징수가 누락된 경우 법적으로 과세표준신고를 할 의무[과세표준신고의무, 제4장 제6절 2. 다. (1) 참조]를 지지만, 원천징수의무자는 원천징수세액의 납부의무만 지는 것이지 자동확정의 법리상 세액확정을 위하여 이를 신고할 의무가 없다.

　　그렇다면 원천징수의 정산과정에서 소득세법 제73조 제1호부터 제7호까지의 어느 하나에 해당하는 자의 소득이 누락되었을 경우, 누락된 소득의 귀속주체인 원천징수대상자만이 수정신고를 할 수 있다고 새겨야 할 것이다. 이때 원천징수대상자는 당초 과세표준신고를 하지 않았지만 원천징수 정산과정을 거친 이상 신고를 한 것으로 의제(신고의제)하여 수정신고를 허용하는 것으로 이론구성을 하여야 할 것이다.

　　한편 원천징수의무자도 신고의무는 없지만 신고를 의제[원천징수에 있어 신고의제는 제4장 제6절 7. (3) 참조, 경정청구를 인정하는 범위 내에서 신고의제를 한 것임]하여 원천징수의무의 수정신고를 허용할 여지도 없는 것은 아니다. 그러나 이러한 수정신고는 가산세 감면혜택의 적용대상이 아니라서 이를 활성화할 동기 부여도 되지 않을 뿐더러 무엇보다도 원천징수제도의 자동확정의 법리와 맞지 않는다. 따라서 원천징수의무자는 수정신고를 할 수 없다고 봄이 타당하다(원천징수의무확정절차의 부인).

　　세무조사결과통지서에는 '관할세무서장이 해당 국세의 과세표준과 세액을 결정 또는 경정하여 통지하기 전까지 제45조에 따른 수정신고가 가능하다는 사실'도 담도록 되어 있다. 이는 수정신고의 권장시기를 명문화한 것으로, 납세자는 결과통지를 수령한 다음 통지서에 기재된 세무조사의 내용을 숙지한 후 수정신고 여부를 결정하여야 한다.

(2) 과세관청의 增額更正

　　세액확정절차에는 실정법상 제소기간, 경정청구기간, 제척기간 등 3개의 경직된 기간제한이 있다. 제척기간 외에 그보다 짧은 제소기간(불복기간)이나 경정청구기간이라는 추가적 설정은 조세채무자에게만 준수를 강요함으로써 그에게 일방적으로 불리한 불균형을 초래하였다. 과세관청은 조세채무자의 신고내용에 오류·탈루가 있는 경우 제척기간 내에서 횟수에 관계없이 거듭하여 증액경정을 할 수 있음을 상기하면 특히 그렇다. 이를 세액확정절차의 '구조적 불균형'이라 부른다. 이러한 불균형의 존재를 인식하고 이를 완화하기 위한 부단한 노력을 계속하여야 한다.

경정절차의 하나인 '증액경정'도 협의의 세액확정절차, 결손금확정절차, 환급세액확정절차에 관여하여 고유의 역할을 수행한다. 증액경정으로 세액이 증액되기도 하고, 확정된 결손금이나 환급세액은 과세관청에 의하여 그 수액이 감액되기도 한다.

증액경정은 통상의 증액경정 및 사정변경에 기한 경정 등 두 유형으로 나눌 수 있다. 통상의 경정청구 및 사정변경에 기한 경정청구에 대비되는 유형이다. 통상의 증액경정이란 개별세법상 규정되어 있는 각 규정에 따라 실체적 오류가 있는 경우 세액 등을 증액하는 것을 말한다. 물론 확정된 세액을 증액시키거나 신고로 확정된 결손금이나 환급세액을 감액시키는 처분을 할 수 있다. 사정변경에 기한 증액경정에는 2가지 경우가 있다. 먼저 세액의 계산근거 등이 판결 등에 의하여 변동된 경우(국세기본법 제26조의2 제6항 제5호)이다. 다음 소득금액변동통지 후 추가신고·자진납부 등 4가지 사유에 기한 신고(소득세법 시행령 제134조 제1항 내지 제4항)를 이행한 경우 당초 신고납부기한까지 신고납부한 것으로 의제하는 제도이다. 한편 확정판결 후 탈루소득에 대한 증액경정이 있을 수 있고 이에 대하여는 기판력 비저촉설이 타당하다. 자동확정방식인 원천징수에 있어 추가징수가 있는 경우 징수절차에 있어 증액경정이 있을 수 있고 흡수소멸설이 적용된다.

2010. 12. 27. 개정된 국세기본법 제45조의2 제1항 후단은 '[신고 + 증액경정]의 사안'에서 최초신고세액분과 증액경정분으로 나누어 규율함으로써 부과처분의 분할을 인정하고 있다. 경정청구권을 보장하기 위한 것으로 그 범위 내에서 분할된다. 위 사안에서 경정거부처분 취소소송과 증액경정 취소소송 중 하나를 임의로 선택할 수 있다. 최초신고세액분은 경정거부처분 취소소송으로, 증액경정분은 취소소송으로 나누어 다투게 할 수는 없다. 증액경정 취소소송을 선택한 경우 그 소송에서 당초 신고내용의 오류도 함께 주장할 수 있다. 이상에서 설명된 내용을 '[신고 + 증액경정]의 법리'라고 한다면 이는 부과과세방식인 상속세 및 증여세에도 적용된다.

증액경정을 할 수 있는 대표적 오류의 유형을 본다.

① 세법의 해석: 국세기본법상의 실질과세원칙

② 부가가치세법상 매입세액 공제·환급제도 악용

③ 부당행위계산부인

④ 과세표준 계산상의 오류

⑤ 상속세 및 증여세에 있어 평가상 오류 등

⑥ 원천징수상의 오류

⑦ 결손금액 계산상의 오류와 감액경정의 행정처분성

⑧ 과세표준확정신고기한 경과후 사정변경 등의 고려

제3장

제1절

수정신고

1. 의의

가. 국세기본법 제45조(수정신고)

『① 과세표준신고서를 법정신고기한까지 제출한 자(소득세법 제73조 제1항 제1호부터 제7호까지의 어느 하나에 해당하는 자를 포함한다) 및 제45조의3 제1항에 따른 기한후과세표준신고서를 제출한 자는 다음 각 호의 어느 하나에 해당할 때에는 관할 세무서장이 각 세법에 따라 해당 국세의 과세표준과 세액을 결정 또는 경정하여 통지하기 전으로서 제26조의2 제1항부터 제4항까지의 규정에 따른 기간이 끝나기 전까지 과세표준수정신고서를 제출할 수 있다.(개정 2010. 1. 1., 2011. 12. 31., 2019. 12. 31.)

　1. 과세표준신고서 또는 기한후과세표준신고서에 기재된 과세표준 및 세액이 세법에 따라 신고하여야 할 과세표준 및 세액에 미치지 못할 때

　2. 과세표준신고서 또는 기한후과세표준신고서에 기재된 결손금액 또는 환급세액이 세법에 따라 신고하여야 할 결손금액이나 환급세액을 초과할 때

　3. 제1호 및 제2호 외에 원천징수의무자의 정산 과정에서의 누락, 세무조정 과정에서의 누락 등 대통령령으로 정하는 사유로 불완전한 신고를 하였을 때(제45조의2에 따라 경정 등의 청구를 할 수 있는 경우는 제외한다)

　② 삭제

　③ 과세표준수정신고서의 기재사항 및 신고 절차에 관한 사항은 대통령령으로 정한다.』

나. 국세기본법 제45조의3(기한 후 신고)

『① 법정신고기한까지 과세표준신고서를 제출하지 아니한 자는 관할 세무서장이 세법에 따라 해당 국세의 과세표준과 세액(이 법 및 세법에 따른 가산세를 포함한다. 이하 이 조에서 같다)을 결정하여 통지하기 전까지 기한후과세표준신고서를 제출할 수 있다.

　② 제1항에 따라 기한후과세표준신고서를 제출한 자로서 세법에 따라 납부하여야 할 세액이 있는 자는 그 세액을 납부하여야 한다.

③ 제1항에 따라 기한후과세표준신고서를 제출하거나 제45조 제1항에 따라 기한후과세표준신고서를 제출한 자가 과세표준수정신고서를 제출한 경우 관할 세무서장은 세법에 따라 신고일부터 3개월 이내에 해당 국세의 과세표준과 세액을 결정 또는 경정하여 신고인에게 통지하여야 한다. 다만, 그 과세표준과 세액을 조사할 때 조사 등에 장기간이 걸리는 등 부득이한 사유로 신고일부터 3개월 이내에 결정 또는 경정할 수 없는 경우에는 그 사유를 신고인에게 통지하여야 한다.(개정 2014. 12. 23., 2018. 12. 31., 2019. 12. 31.)

④ 기한후과세표준신고서의 기재사항 및 신고 절차 등에 관하여 필요한 사항은 대통령령으로 정한다.』

다. 국세기본법 제45조 제1항 본문의 일부개정

종전 "결정 또는 경정하여 통지하기 전까지 과세표준수정신고서를 제출할 수 있다."라는 규정이 개정되어, "결정 또는 경정하여 통지하기 전으로서 제26조의2 제1항부터 제4항까지의 규정에 따른 기간이 끝나기 전까지 과세표준수정신고서를 제출할 수 있다."로 변경되었다. 수정신고에 대하여 제척기간의 적용이 있음을 명확히 하고 있다.

라. 세액확정 등을 위한 수정신고

(1) 광의의 세액확정절차에는 협의의 세액확정절차, 결손금확정절차, 환급세액확정절차 등 3가지가 있고 수정신고도 그 확정절차에 관여하여 고유의 역할을 수행한다.

수정신고란, 조세채무자가 법정신고기한 내에 과세표준신고를 한 후 신고내용에 오류(과세표준 및 세액이 과소한 경우 또는 결손금액 또는 환급세액이 과다한 경우)가 있는 경우, 자신에게 불리하게 과세표준 및 세액을 증액하거나 또는 결손금액이나 환급세액을 감액하는 신고를 말한다. 세액확정 등을 위한 수정신고는 '자기증액경정'이고, 결손금액이나 환급세액의 수정신고는 '자기감액경정'이다. 수정신고를 한 때 확정된 세액이 증액되기도 하고 확정된 결손금이나 환급세액이 감액되기도 하는 확정효를 가진다.

과세표준신고서를 법정신고기한까지 제출한 자만이 수정신고를 할 수 있었으나 2019. 12. 31. 개정으로 기한 후 신고를 한 자도 수정신고를 할 수 있게 되었다.

(2) 국세기본법 제45조의 해석상, '세액확정 등을 위한 수정신고'와 '가산세 감면혜택을 받기 위한 수정신고'로 나누어 살펴보기로 한다.

마. 가산세 감면혜택을 받기 위한 수정신고

가산세 감면혜택을 받기 위한 수정신고란, 조세채무자가 법정신고기한 내에 과세표준신고를 한 후 그 신고내용에 오류가 있는 경우 과세관청의 결정 또는 경정이 있기 전에 자신에게 불리하게 과세표준 및 세액의 증액을 구하거나 또는 환급세액의 감액을 구하는 절차이다.

조세채무자로 하여금 가산세 감면혜택 아래 성실한 수정신고를 자발적으로 하도록 유도(조세채무자의 자주성 존중)하여 세무행정의 비용과 노고를 절감(징세사무의 효율적 운영)하는데 입법취지가 있다. 가산세 감면혜택이라는 경제적 유인 아래 실체적 진실주의에 접근하기 위한 경정절차 중의 하나이다.

바. 기한 후 신고와 수정신고

(1) 기한 후 신고에 대한 수정신고의 허용

2019. 12. 31. 개정된 제45조의3 제1항에서 기한 후 신고에 대하여도 수정신고를 할 수 있도록 정하고 있다. 이어 제3항에서 기한 후 신고를 하거나 제45조 제1항에 따라 기한 후 신고를 한 자가 수정신고서를 제출한 경우 관할 세무서장은 신고일부터 3개월 이내에 해당 국세의 과세표준과 세액을 결정 또는 경정하여 신고인에게 통지하여야 하되, 부득이한 사유로 신고일부터 3개월 이내에 결정 또는 경정할 수 없는 경우 그 사유를 신고인에게 통지하여야 한다고 정하고 있다.

기한 후 신고에 대하여는 확정효가 없으나 수정신고를 할 수 있고, 이러한 수정신고에 대하여 과세관청으로 하여금 원칙적으로 그 신고일부터 3월 이내에 결정·경정하여 응답하도록 의무지우고 있다. 이러한 결정의무는 상증세의 결정의무와 유사하다.

기한 후 신고에 대하여 확정효가 없음에도 수정신고를 할 수 있게 함으로써 기존 경정법 체계를 혼란스럽게 하고 있다. 입법론으로 기한 후 신고에 대하여도 세액의 확정효를 부여하여야 할 것이다.

(2) ‘[신고 + 수정신고]의 사안’에서 2018. 12. 31. 신설된 국세기본법 제22조의2 제1항은 흡수소멸설이 적용됨을 확인하고 있는데, 2019. 12. 31. 개정으로, 과세표준신고서를 법정신고기한까지 제출한 자의 수정신고에 한하여 그 적용을 긍정함으로써, ‘[기한 후 신고 + 수정신고]의 사안’에 대하여 흡수소멸설의 적용이 없음을 명백히 하였다. 기한 후 신고는 세액의 확정효가 없으므로 이를 수정신고한다 하여 세액을 증액하여 확정하는 효력이 없는바, 이는 확인적 규정이다.

2. ‘세액확정 등을 위한 수정신고’의 요건 및 절차

(1) 요건

(i) 과세표준신고서를 법정신고기한까지 제출한 자 또는 소득세법 제73조 제1항 제1호부터 제7호까지의 원천징수대상자일 것

(ⅱ) 신고내용에 실체적 오류가 있을 것(과세표준신고서에 기재된 과세표준 및 세액이 세법에 의하여 신고하여야 할 과세표준 및 세액에 미치지 못할 때 또는 과세표준신고서에 기재된 결손금액 또는 환급세액이 세법에 의하여 신고하여야 할 결손금액이나 환급세액을 초과할 때)

(ⅲ) 원천징수의무자의 정산과정에서의 누락, 세무조정 과정에서의 누락 등 대통령령이 정하는 사유로 불완전한 신고를 하였을 것(제45조의2에 따라 경정 등의 청구를 할 수 있는 경우는 제외한다).

(2) 과세표준신고서를 법정신고기한 내에 제출한 다음 그 법정신고기한 내에서 다시 이를 수정하여 제출하는 것은 당초 신고서의 보완이지 수정신고라 할 수 없다. 세액의 감액이나 결손금액 또는 환급세액의 증가를 구하는 것은 국세기본법 제45조의2 소정의 경정청구에 의하여야 한다.

(3) 원천징수대상자의 수정신고

소득세법상 과세표준확정신고를 할 필요가 없는 원천징수대상자 중 소득세법 제73조 제1항 제1호부터 제7호까지의 어느 하나에 해당하는 자도 수정신고를 할 수 있다.

예를 들어 근로소득세의 연말정산을 거친 후 소득금액에 오류가 있는 경우 근로소득만 있는 자는 과세표준신고를 법정신고기한까지 제출하지 않았다 하더라도 법정신고기한 내에 과세표준신고를 제출한 것으로 의제하여 수정신고를 할 수 있다는 것이다(신고의제). 원천징수대상자로 하여금 수정신고를 할 수 있도록 하여 가산세 감면 등의 혜택을 부여하기 위해서이다. 국세기본법 제45조 제1항 제3호의 해석에 대하여는 뒤에서 본다.

(4) 원천징수의무자가 제출하는 원천징수이행상황신고서(소득세법 시행령 제185조)는 원천징수이행상황에 대한 집계표로서 법 소정의 과세표준신고서라고 할 수 없다. 이를 수정하는 신고를 가리켜 국세기본법 제45조 소정의 수정신고로 볼 수 없다.

(5) 수정신고절차

과세표준수정신고서에 당초 신고한 과세표준과 세액, 수정신고하는 과세표준과 세액, 그 밖에 필요한 사항을 적어 이를 제출하여야 한다(시행령 제25조).

과세표준수정신고서를 제출함에 있어 이미 납부한 세액이 과세표준수정신고액에 상당하는 세액에 미치지 못할 때에는 그 부족한 금액과 소정의 가산세(국세기본법상의 가산세 및 개별세법상의 가산세)를 추가하여 납부하여야 한다(국세기본법 제46조 제1항, 추가자진납부). 이 경우 세법에서 정하는 추가납부계산서에 당초의 납부계산서의 기재 내용을 함께 기록하여 작성한 추가자진납부계산서를 제출하여야 한다(시행령 제26조).

3. 확정방식과 수정신고

(1) 부과과세방식이든, 신고납세방식이든 수정신고를 할 수 있다. 물론 신고납세방식에 주

로 적용될 것이다. 부과과세방식에서도 비록 신고가 과세관청의 부과처분을 위한 참고자료에 불과하여 세액의 확정효는 없지만, 법 소정의 오류가 과세관청에 의하여 발견되지 않을 수도 있으므로, 가산세 감면혜택을 위하여 그 적용이 있다.

(2) 자동확정방식과 원천징수의무자의 수정신고

자동확정방식인 원천징수에 있어 원천징수의무자는 과세표준신고의무가 없다. 따라서 원천징수에 오류가 있다 하더라도 원천징수하는 세액의 증액을 위한 수정신고를 할 수 없다. 국세기본법 제45조 제1항의 해석 및 자동확정의 법리에 의하더라도 원천징수의무의 수정신고를 허용할 수 없다.

4. 수정신고기간과 수정신고기한

'세액확정 등을 위한 수정신고'에 있어, 조세채무자로서는 통상의 제척기간 내라면 언제든지 수정신고를 하여 세액 등을 증가시킬 수 있다. 거듭 수정신고도 가능하다. 그러나 법정신고기한으로부터 2년 이내에 수정신고를 하여야만 가산세 감면혜택을 받을 수 있다. 나아가 그 기간 내라도 세액의 결정 또는 경정 전까지 수정신고를 하여야 감면혜택을 받을 수 있다.

통상의 제척기간 내라면 언제든지 '세액확정 등을 위한 수정신고'를 할 수 있는 이상, '수정신고기간'은 통상의 제척기간과 동일하다. 다만 이와 구별하기 위하여 '가산세 감면혜택을 위한 수정신고'에서는 '수정신고기한'이라고 부른다.

5. '세액확정 등을 위한 수정신고'의 효과

가. 세액의 증액 또는 환급세액의 감액

신고납세방식의 조세인 경우 수정신고서의 제출과 동시에 세액 등은 수정되어 확정된다. 부과과세방식의 조세에는 해당이 없다. 법정신고기한으로부터 2년이 지나 가산세 감면혜택을 받지 못하더라도 세액확정의 효력은 있다. 환급세액확정절차에 따라 환급세액도 감액된다.

나. 결손금액의 감액

원래 수정신고는 세액의 증액을 위한 것이다. 그런데 국세기본법 제45조 소정의 결손금확정절차에 따라 결손금도 감액되어 확정된다(제1장 제9절 10. 참조). 결손금에 대하여는 가산세가 문제되지 않으므로 가산세 감면혜택을 위한 수정신고는 있을 수 없다.

다. 흡수소멸설 적용

신고납세방식의 조세에 있어 종전 신고로 확정된 세액(조세채무)은 수정신고에 의하여 흡수소멸된다. 2018. 12. 31. 신설된 국세기본법 제22조의2 제1항은 '[신고 + 수정신고]의 사안'에서 흡수소멸설을 확인하고 있다.

라. 가산세 감면

(1) 수정신고서를 '법정신고기한이 지난 후 2년 이내'에 제출하면 국세기본법 제47조의3에 따른 가산세('과소신고·초과환급신고가산세')의 감면혜택을 받을 수 있다(국세기본법 제48조 제2항 제1호).

즉 ① 소득세, 법인세, 상속세·증여세, 증권거래세, 종합부동산세의 과세표준을 과소신고한 경우 소정의 산식에 기한 금액의, ② 부가가치세, 개별소비세, 교통·에너지·환경세 및 주세의 납부세액을 과소신고하거나 환급세액을 초과신고한 경우에는 '과소신고분 납부세액과 초과신고분 환급세액을 합한 금액'의, 각 100분의 10에 상당하는 금액 등을 가산세로 부과하도록 정하고 있고, 그 가산세만이 감면대상이 된다. 부정행위가 개입되는 경우 가산세 비율은 높아지는데(국세기본법 제47조의3 제1항 및 제2항의 가산세), 이는 감면대상이 아니다.

감면비율은 다음과 같다(국세기본법 제48조 제2항).

* 법정신고기한이 지난 후 1개월 이내에 수정신고한 경우: 해당 가산세액의 100분의 90에 상당하는 금액

* 법정신고기한이 지난 후 1개월 초과 3개월 이내에 수정신고한 경우: 해당 가산세액의 100분의 75에 상당하는 금액

* 법정신고기한이 지난 후 3개월 초과 6개월 이내에 수정신고한 경우: 해당 가산세액의 100분의 50에 상당하는 금액

* 법정신고기한이 지난 후 6개월 초과 1년 이내에 수정신고한 경우: 해당 가산세액의 100분의 30에 상당하는 금액

* 법정신고기한이 지난 후 1년 초과 1년 6개월 이내에 수정신고한 경우: 해당 가산세액의 100분의 20에 상당하는 금액

* 법정신고기한이 지난 후 1년 6개월 초과 2년 이내에 수정신고한 경우: 해당 가산세액의 100분의 10에 상당하는 금액

(2) 감면대상은 제47조의3에 따른 가산세만 해당하고 과세표준과 세액을 경정할 것을 미리 알고 과세표준수정신고서를 제출한 경우에는 제외한다.

(3) 종전에는 수정신고와 동시에 그 미달세액과 세법이 정하는 가산세를 과세표준수정신고서

제출과 동시에 추가자진납부하지 아니하는 경우 감면혜택을 받을 수 없었다(구 국세기본법 제46조 제2항). 2014. 12. 23. 개정으로 위 조항이 삭제됨으로써 세액납부 없이 수정신고를 한 경우에도 가산세가 감면된다. 수정신고와 기한 후 신고를 활성화하여 성실신고의 문화를 조성하기 위한 것이다.

마. 수정신고와 통상의 경정청구의 가능 여부

(1) 경정청구기간 3년의 경과 후 통상의 경정청구 가능 여부

2003. 12. 30. 국세기본법 제45조의2 제1항의 개정으로 수정신고가 통상의 경정청구의 대상으로 되었다. 2014. 12. 23. 경정청구기간이 5년으로 연장되기 전에 있어 경정청구기간 3년 이내에 수정신고가 이루어지고 그 기간 내에 경정청구를 하면 문제가 없다. 경정청구기간 내에 수정신고를 하였으나 그 기간 경과 후 경정청구를 하는 경우 또는 그 기간 이후에 수정신고를 하고 경정청구를 하는 경우에 경정청구가 가능한 것인지가 문제된다. 판례·통설에 의하면 불가능하였다.

'개별세법상의 각 경정규정'에 기한 경정청구권과 국세기본법 제45조의2 제1항의 경정청구권은 병존적이고, 조세채무자는 자신에게 유리한 경정청구권을 선택할 수 있다는 사견에 의하면 '개별세법상의 각 경정규정'에 기한 경정청구권을 행사할 수 있다고 해석한다.

(2) 귀속시기의 오류에 있어 수정신고와 통상의 경정청구와의 관계

귀속시기의 오류가 있는 경우 #1 사업연도에 대하여는 수정신고를, #2 사업연도에 대하여 통상의 경정청구를 한다. 이 경우 통상의 경정청구기간 3년이 지난 경우 통상의 경정청구는 불가능하게 된다. 수정신고의 제척기간은 5년임에 반하여 경정청구기간이 3년이라서 현실적으로 세액확정절차의 구조적 불균형이 나타난다. 이 경우 '모순된 세액확정에 기한 경정청구'를 통하여 제척기간과 경정청구기간의 기간불일치에서 파생하는 구조적 불균형을 극복할 수 있었다[제4장 제4절 5. (3) 참조].

6. 세액확정 등을 위한 수정신고의 종류

가. 순수자주형, 경정예지형, 종용형

순수자주형 수정신고란 신고내용에 오류가 있음을 발견하고 과세관청이 세액을 경정하리라는 낌새가 없음에도 자발적으로 하는 수정신고를 말한다. 조세법상 특별한 문제가 없다.

경정예지형 수정신고란 세무조사 등 과세관청이 세액을 경정하리라는 낌새를 알아차리고 하는 수정신고를 말한다.

종용형 수정신고란 세무조사과정에서 과세관청의 종용(권장, 종용, 강박 등 다양하다)에 따라 하는 수정신고를 말한다.

나. 경정예지형 수정신고

(1) 국세기본법 제48조 제2항 제1호에 의하면 과세표준과 세액을 경정할 것을 미리 알고 수정신고서를 제출한 경우 '과소신고·초과환급신고가산세'의 감면 혜택을 배제하고 있다. '경정할 것을 미리 알고 제출한 경우'라 함은 해당 국세에 관하여 세무공무원이 조사에 착수한 것을 알고 수정신고서를 제출한 경우를 말한다(시행령 제29조). 법인세법 시행령 제106조 제4항 단서보다 요건이 완화되어 가산세 감면혜택이 폭넓게 부여될 수 있다.

(2) 위 사유의 존재와 경정 사이에 인과관계가 요구되는지, 요구된다면 어느 정도의 인과관계가 있어야 하는지, 세무대리인이 수정신고서의 작성에 관여한 경우 그 인식주체는 누구를 대상으로 삼아야 하는지 등 여러 문제가 발생한다.

가령 과세관청이 B사항을 조사하고 있었음에도 조세채무자가 A사항을 조사하는 줄 잘못 알고 A사항을 수정신고 하였고 실제 B사항에 대하여는 증액요소가 없을 경우, 가산세 감면 혜택을 박탈하여야 하는지 여부이다. 세무공무원의 조사와 수정신고 사이에 인과관계가 없다고 보아 가산세 감면혜택을 부여하여야 할 것으로 보인다.

다. 종용형(권장형) 수정신고

(1) 세무조사 후 과세관청이 부과처분에 갈음하여 조세채무자에게 수정신고를 권장하거나 종용할 수 있고, 그 과정에서 수정신고에 실체적 오류가 있는 경우 문제가 발생한다. 권장형 수정신고를 법률에 위반되는 것이라고 말할 수 없다. 세무조사 과정에서 사실관계가 복잡하여 그 실체를 밝혀내는 것이 어렵거나 어려운 법률문제에 봉착하는 경우 과세관청이 조세채무자에게 수정신고를 권장하고 조세채무자도 납득할만한 수준에서 이에 따를 수 있기 때문이다. 이 경우 쌍방간에 공법상 계약의 일종인 사실상의 합의(제3장 제2절 3. 다. 참조)가 이루어질 가능성도 있다.[1]

(2) 국세기본법 제81조의12 및 시행령 제63조의13 제1항이 세무조사과정에서 이루어지는 수정신고를 규율하기 시작하였다. 세무조사결과통지서에는 세무조사의 내용, 결정 또는 경정할 과세표준, 세액 및 산출근거는 물론 '관할 세무서장이 해당 국세의 과세표준과 세액을 결정 또는 경정하여 통지하기 전까지 제45조에 따른 수정신고가 가능하다는 사실'이 담긴 조사결과를

---

1) Klein, 전게서, 483면에서, 독일에서는 세무조사의 과정에서 사실관계의 규명이 어려운 경우 '사실상의 합의(tatsächliche Verständigung)'가 허용되고 또한 구속력을 가진다고 하면서, 법적 성질에 관하여 다수설이 공법상의 계약(Öffentlichrechtlicher Vertrag)으로 본다는 취지로, BFH의 3부(Ⅲ. Senat)는 BStBL 91, 45 판결에서 공법상의 계약에 기초하고 있으나 다른 재판부는 신의성실의 원칙에서 구속력을 도출하고 있다는 취지로 적고 있다.

설명하고 서면으로 통지하도록 규정하고 있다.

이 규정을 둔 취지는 무엇인가?

세무조사를 마쳤을 경우 종래 조사공무원에 의하여 수정신고가 권장되거나 종용되기도 하였다. 이러한 권장 또는 종용에는 강요, 강박, 착오 등의 병리적 현상이 따를 여지가 있다. 세무조사의 결과 결정 또는 경정할 과세표준 및 세액이 인정될 경우 과세관청은 원칙적으로 부과처분으로 세무조사를 종결하여야 한다. 수정신고를 하는 것이 납세자의 이익이 된다는 사정이 없는 한, 안이하게 수정신고를 권장하거나 종용할 수는 없다.

위 규정은 조사공무원이 납세자에게 수정신고를 권장할 수 있다 하더라도 납세자의 진정한 의사를 존중한다는 의미에서 세무조사결과통지를 수령한 다음 정확한 상황판단을 거쳐 신중한 수정신고를 하도록 권장하여야 함을 정한 것이다.

납세자도 수정신고의 필요성이 있다 하더라도 조사결과의 설명을 듣고, 조사를 마친 날부터 20일 이내에 도달할 세무조사결과통지를 수령한 후, 통지서에 기재된 세무조사의 내용을 이해한 다음, 수정신고 여부를 결정하여야 한다. 세무조사결과통지에 대하여는 과세전 적부심사라는 청문절차가 진행될 수 있기 때문이다[제1장 제13절 7. 가. (4) 참조].

7. 특수한 유형의 수정신고

가. 불완전한 신고 후의 수정신고

(1) 국세기본법 제45조 제1항 제3호에서, '원천징수의무자의 정산과정에서의 누락, 세무조정과정에서 누락 등 대통령령으로 정하는 사유로 불완전한 신고를 하였을 때(제45조의2에 따라 경정 등의 청구를 할 수 있는 경우는 제외한다)'를 수정신고사유의 하나로 정하고 있다.

(2) 그런데 개정 전 같은 법 시행령 제25조 제2항에서, "법 제45조 제1항 제3호에서 '원천징수의무자의 정산과정에서의 누락, 세무조정과정에서 누락 등 대통령령으로 정하는 사유'란 세무조정과정에서 법인세법 제36조 제1항에 따른 국고보조금 등 및 같은 법 제37조 제1항 각 호 외의 부분에 따른 공사부담금에 상당하는 금액을 익금과 손금에 동시에 산입하지 아니한 경우를 말한다."고 정하고 있었다.

첫째, 원천징수의무자의 정산과정에서의 누락이 법률에 정함이 있음에도 위 시행령에는 슬며시 사라지고 없었다. 그럼에도 원천징수대상자는 수정신고를 할 수 있다고 해석해야 한다.

둘째, 위 국고보조금 및 공사부담금은 익금산입과 동시에 일시상각충당금 또는 압축기장충당금으로 손금계상하여야 하는데, 이러한 동시계상항목을 누락한 경우 수정신고의 기회가 주어지지 아니하면 과세관청은 익금만 가산하므로 납세자가 불이익을 받는바 이러한 불합리를 시정하기 위한 것이라고 설명된다[제4장 제2절 3. 하. (5) ② 참조].

(3) 그러나 위 시행령 제25조 제2항은 2014. 2. 21. 다음과 같이 개정되었다.

『② 법 제45조 제1항 제3호에서 "원천징수의무자의 정산 과정에서의 누락, 세무조정 과정에서의 누락 등 대통령령으로 정하는 사유"란 다음 각 호의 어느 하나에 해당하는 것을 말한다.

1. 원천징수의무자가 정산 과정에서 소득세법 제73조 제1항 제1호부터 제7호까지의 어느 하나에 해당하는 자의 소득을 누락한 것

2. 세무조정 과정에서 법인세법 제36조 제1항에 따른 국고보조금 등과 같은 법 제37조 제1항에 따른 공사부담금에 상당하는 금액을 익금(益金)과 손금(損金)에 동시에 산입(算入)하지 아니한 것

3. 제2호와 유사한 사유로서 기획재정부령으로 정하는 것』

국세기본법 시행규칙 제12조 제1항은 다음과 같다.

『① 영 제25조 제2항 제3호에서 "기획재정부령으로 정하는 것"이란 법인세법 제44조, 제46조, 제47조 및 제47조의2에 따라 합병, 분할, 물적분할 및 현물출자에 따른 양도차익[법인세법(법률 제9898호 법인세법 일부 개정법률로 개정되기 전의 것을 말한다) 제44조 및 제46조에 따른 합병평가차익 또는 분할평가차익을 포함한다. 이하 이 항에서 같다]에 대하여 과세를 이연(移延)받는 경우로서 세무조정 과정에서 양도차익의 전부 또는 일부에 상당하는 금액을 익금과 손금에 동시에 산입하지 아니한 것을 말한다. 다만, 다음 각 호의 모두에 해당하는 경우는 제외한다.

1. 정당한 사유 없이 법인세법 시행령 제80조, 제82조, 제83조의2, 제84조 및 제84조의2에 따라 과세특례를 신청하지 아니한 경우[법인세법 시행령(대통령령 제22184호 법인세법 시행령 일부 개정령으로 개정되기 전의 것을 말한다) 제80조, 제82조, 제83조 및 제83조의2에 따라 과세특례를 적용받기 위한 관련 명세서를 제출하지 아니한 경우를 포함한다]

2. 영 제29조 각 호의 어느 하나에 해당하는 경우』

나. 사외유출금액 회수 후 수정신고

(1) 법인세법 시행령 제106조 제4항

『내국법인이 국세기본법 제45조의 수정신고기한 내에 매출누락, 가공경비 등 부당하게 사외유출된 금액을 회수하고 세무조정으로 익금에 산입하여 신고하는 경우의 소득처분은 사내유보로 한다. 다만 다음 각 호의 어느 하나에 해당하는 경우로서 경정이 있을 것을 미리 알고 사외유출된 금액을 익금산입하는 경우에는 그러하지 아니하다.

1. 세무조사의 통지를 받은 경우

　　2. 세무조사가 착수된 것을 알게 된 경우

　　3. 세무공무원이 과세자료의 수집 또는 민원 등을 처리하기 위하여 현장출장이나 확인업무에 착수한 경우

　　4. 납세지 관할 세무서장으로부터 과세자료 해명 통지를 받은 경우

　　5. 수사기관의 수사 또는 재판과정에서 사외유출이 확인된 경우

　　6. 그 밖에 제1호부터 제5호까지의 규정에 따른 사항과 유사한 경우로서 경정이 있을 것을 미리 안 것으로 인정되는 경우』

(2) 신설 및 폐지(삭제), 폐지(삭제) 후 신설

위 조항은 2000. 12. 29. 신설되었다가 2001. 12. 31. 한 차례 개정된 후 2003. 12. 30. 폐지(2004. 1. 1. 이후 개시하는 사업연도부터 시행)된 다음, 2005. 2. 19.(같은 날 이후 수정신고하는 분부터 적용) 다시 신설되었다.

삭제한 이유로 "수정신고기한 내에 부당하게 사외유출된 금액을 회수하고 세무조정으로 익금산입하여 수정신고하는 경우 사내유보로 하던 것을 소득처분의 기본원칙에 따라 처분하도록 함으로써 수정신고를 이용한 조세회피를 방지하기 위하여 삭제하였다."고 설명된다. 여기서 말하는 '소득처분의 기본원칙'의 의미를 정확히 알 수 없으나, 대법원 1999. 12. 24. 선고 98두7350 판결의 "사외유출된 이상 사후에 그 귀속자가 소득금액을 법인에게 환원시켰다 하더라도 이러한 환원사실은 성립한 소득세 납세의무에 아무런 영향이 없다."는 것을 의미하는 것으로 보인다.

다시 신설한 이유에 대하여 "수정신고기한 내에 부당하게 사외유출된 금액을 회수하고 세무조정으로 익금산입하여 수정신고 하는 경우, 소득처분을 사내유보로 처리하도록 함으로써 자기시정의 기회를 부여하기 위하여 이를 신설하였다."고 설명된다.

(3) 소득처분이 '사내유보'로 처리되기 위한 요건으로, ① 국세기본법 제45조의 수정신고기한 내에 사외유출된 금액을 회수하고, ② 세무조정으로 익금에 산입하여야 한다.

여기서 국세기본법 제45조 소정의 수정신고기한이라 함은, 앞서 본 '가산세 감면혜택을 받기 위한 수정신고'에 있어 수정신고기한을 가리킨다. 사외유출된 금액을 회수하여야 하므로 단지 손해배상청구권을 행사하는 것만으로는 부족하다.

다만 경정예지형 수정신고의 경우에는 예외이다. 예외사유가 앞서 본 국세기본법상의 경정예지형 수정신고보다 광범위하므로 보다 엄격하게 해석하여야 할 것이다.

(4) 소득처분에 대한 대법원 판례

㈎ 대법원 1999. 12. 24. 선고 98두7350 판결

『법인의 대표이사 등이 법인 명의로 금원을 차입하고도 이를 장부에 기장하지 않고 비밀장부

를 만들어 부외부채로 관리하면서 이를 유용하였다면 그 부외부채의 상대계정인 현금은 일단 법인에 들어온 수익으로 보아야 하며, 그 현금이 법인의 장부에 기장되지 아니한 이상 특별한 사정이 없는 한 사외로 유출된 것이라고 할 것이고(대법원 1991. 12. 10. 선고 91누5303 판결 참조), 법인의 대표이사 등이 법인의 자금을 유용하는 행위는 애당초 회수를 전제로 하여 이루어진 것이 아니어서 그 금액에 대한 지출 자체로서 이미 사외유출에 해당하고, 그 사외유출금 중 대표이사 등에게 귀속된 부분에 관하여 일단 소득세 납세의무가 성립하면 사후에 그 귀속자가 소득금액을 법인에게 환원시켰다고 하더라도 이미 발생한 납세의무에 영향을 미칠 수 없는 것이며(대법원 1990. 10. 10. 선고 89누2233 판결, 1995. 10. 12. 선고 95누9365 판결 등 참조), 법인의 대표이사 등이 그의 지위를 이용하여 법인의 수익을 사외로 유출시켜 자신에게 귀속시킨 금원 중 법인의 사업을 위하여 사용된 것임이 분명하지 아니한 금원은 특별한 사정이 없는 한 상여 내지 임시적 급여로서 근로소득에 해당한다고 볼 수 있다(대법원 1997. 12. 26. 선고 97누4456 판결 등 참조).』[2]

　　사외유출된 금액 중 대표이사 등에게 귀속된 부분에 대하여 일단 소득세 납세의무가 성립하면 사후에 귀속자가 소득금액을 법인에게 환원시켰다 하더라도 이미 발생한 납세의무에 영향을 미칠 수 없다고 본 판례의 취지는, '사정변경에 기한 경정청구'의 법리(제4장 제3절 1. 참조)에 배치된다. 다만 위 판결은 법인세법 시행령 제106조 제4항이 신설되기 전의 것임에 유의하여야 할 것이다.

⑴ 소득처분의 제한적 해석

① 대법원 2004. 4. 9. 선고 2002두9254 판결

　　『법인의 피용자의 지위에 있는 자가 법인의 업무와는 무관하게 개인적 이익을 위해 법인의 자금을 횡령하는 등 불법행위를 함으로써 법인이 그 자에 대하여 그로 인한 손해배상채권 등을 취득하는 경우에는 그 금원 상당액이 곧바로 사외유출된 것으로 볼 수 없고, 해당 법인이나 그 실질적 경영자 등의 사전 또는 사후의 묵인, 채권회수포기 등 법인이 그에 대한 손해배상채권을 회수하지 않겠다는 의사를 객관적으로 나타낸 것으로 볼 수 있는 등의 사정이 있는 경우에만 사외유출로 보아 이를 그 자에 대한 상여로서 소득처분할 수 있으며, 대표이사의 직위에 있는 자라 하더라도 그 실질상 피용자의 지위에 있는 경우에는 마찬가지로 보아야 할 것이다.』

② 대법원 2010. 1. 28. 선고 2007두20959 판결

---

2) 이창희, 전게서, 845면에서, "불법으로 돈을 가져간 사람은 회사에 돈을 물어낼 의무를 지고 그런 뜻에서 본다면 소득이 확정되지는 않았지만, 이미 보았듯이 불법소득은 권리 여부를 묻지 않고 과세하는 것이 확립된 판례이다. 돈을 가져간 자가 나중에 돈을 실제 물어낸다면, 그 때에 가서 후발적 경정청구를 통해 세금을 돌려받으면 된다."라고 적고 있다. 하급심 판결 등에서 위 판결에 영향을 받은 것인지는 몰라도 일단 소득세 납세의무가 성립하면 사후에 소득금액 등을 반환하는 등으로 담세력을 상실하였다 하더라도 이미 발생한 납세의무에 영향을 미칠 수 없다는 판시가 가끔 보이나 이는 잘못된 것이다.

『법인의 실질적 경영자인 대표이사 등이 법인의 자금을 유용하는 행위는 특별한 사정이 없는 한 처음부터 회수를 전제로 하여 이루어진 것이 아니어서 그 금액에 대한 지출 자체로서 이미 사외유출에 해당한다. 여기서 그 유용 당시부터 회수를 전제하지 않은 것으로 볼 수 없는 특별한 사정에 관하여는 횡령의 주체인 대표이사 등의 법인 내에서의 실질적인 지위 및 법인에 대한 지배정도, 횡령행위에 이르게 된 경위 및 횡령 이후의 법인의 조치 등을 통하여 그 대표이사 등의 의사를 법인의 의사와 동일시하거나 대표이사 등과 법인의 경제적 이해관계가 사실상 일치하는 것으로 보기 어려운 경우인지 여부 등 제반사정을 종합하여 개별적·구체적으로 판단하여야 하며, 이러한 특별사정은 이를 주장하는 법인이 입증하여야 한다.』

(대) 법인세법 시행령 제106조 제4항과 대법원 판례의 종합적 이해

첫째, 법인의 실질적 경영자인 대표이사 등이 법인의 자금을 유용하는 행위는, 그 유용 당시부터 회수를 전제하지 않은 이상 그 금액에 대한 지출 자체로 이미 사외유출에 해당되고, 따라서 사외유출된 금액 중 대표이사 등에게 귀속된 부분에 대하여 일단 소득세의 납세의무가 성립한다.

둘째, 위 대표이사 등이 수정신고기한 내에 자발적으로 이를 법인에게 반환하고 아울러 법인이 이를 회수한 후 세무조정으로 익금에 산입하여 신고하는 이상, 법인세법 시행령 제106조 제4항 본문에 따라 사내유보로 처리되고, 일단 성립한 소득세는 성립의 전제를 잃게 된다. 따라서 대법원 98두7350 판결의 판시취지인 "사외유출금 중 대표이사 등에게 귀속된 부분에 대하여 일단 소득세 납세의무가 성립하면 사후에 그 귀속자가 소득금액을 법인에게 환원시켰다 하더라도 이미 발생한 납세의무에 영향을 미칠 수 없는 것이다."라는 부분은 위 시행령이 적용되는 범위 내에서는 그 적용이 없다.

셋째, 다만 법인세법 시행령 제106조 제4항 단서에 따라 경정이 있을 것을 미리 알고 사외유출된 금액을 익금산입하는 경우 사내유보로 처리될 수 없고 (예외적으로) 성립한 소득세에 대하여 세액을 확정하여 부과할 수 있다.

다. 기타 수정신고 등

(1) 부가가치세법상의 수정신고

부가가치세법 제16조 제1항(신 부가가치세법 제32조 제7항)에 의하면 세금계산서를 발급한 후 그 기재사항에 관하여 착오나 정정 등 대통령령이 정하는 사유가 발생한 경우에는 대통령령이 정하는 바에 따라 세금계산서를 수정하여 발급할 수 있다고 정하면서 시행령 제59조 제1항(신 부가가치세법 시행령 제70조)에서는 그 사유를 열거하고 있다(제5장 제1절 참조).

(2) 추계신고의 수정신고

소득세법 제45조 제4항에서 추계신고를 '소득세법 제160조 및 제161조에 따라 비치·기

록한 장부와 증명서류에 의하지 아니한 신고'라고 정의하고 있는데 이에 대하여도 수정신고를 허용하여야 할 것이다.

(3) 예정신고의 수정신고

예정신고에 대하여는 수정신고를 할 수 없다는 견해도 있으나 허용하여야 할 것이다.

(4) 수정신고의 부수적 효과

수정신고로 인한 수입금액의 증가로 간편장부대상자에서 복식부기의무자로 전환되는 시기에 대하여 본다. 소득세법 시행령 제147조의5 제1항에서, 소득세법 제70조 제4항 후단 및 제160조의5 제3항을 적용할 때 수정신고한 날이 속하는 과세기간까지는 간편장부대상자로 보되, 다만 수정신고하는 날이 속하는 과세기간 이전에 복식부기의무자로 전환된 경우에는 복식부기의무자로 전환된 과세기간의 직전 과세기간까지는 간편장부대상자로 본다고 정하고 있다.

8. 지방소득세와 수정신고

2014. 1. 1. 개정된 지방세법에 의하면 개인지방소득세 확정신고를 한 거주자는 국세기본법 제45조에 따라 수정신고를 할 때에는 납세지를 관할하는 지방자치단체의 장에게 지방세기본법 제49조에 따른 수정신고를 하여야 한다(지방세법 제96조 제1항). 양도소득에 대한 개인지방소득세에 대하여도 같다(지방세법 제103조의9 제1항).

법인지방소득세의 확정신고를 한 법인이 국세기본법 제45조에 따라 수정신고를 할 때에는 납세지를 관할하는 지방자치단체의 장에게 지방세기본법 제49조에 따른 수정신고를 하여야 한다(지방세법 제103조의24).

제3장

제2절

과세관청의 직권에 의한 증액경정

1. 총론

가. 근거규정

(1) 광의의 세액확정절차에는 협의의 세액확정절차, 결손금확정절차, 환급세액확정절차 등 3가지가 있다. 이러한 확정절차를 씨줄로 삼아 경정절차[5 요소: 신고, 수정신고, 증액경정, 경정청구, 제척기간]라는 날줄을 엮으면 경정법체계가 이루어지게 됨은 앞서 본 바와 같다(제1장 제9절, 전론 참조). 여기서는 경정법체계 중 증액경정에 관하여 설명한다. 세액의 증액경정을 중심으로 설명하되, 경우에 따라 결손금이나 환급세액의 감액경정도 같은 설명이 가능하다는 점에 유의하여야 한다.

(2) 근거규정

국세기본법 제22조 제1항에 의하면 국세는 국세기본법과 개별세법에서 정하는 절차에 따라 그 세액이 확정된다. '개별세법상의 각 경정규정'이 경정에 관한 근본규범으로서 과세관청이 세액확정절차에 관여할 수 있는 확정권(경정권)을 부여하고 있는데 이는 확정의무(경정의무)로 이어진다. 확정권 행사로 하는 부과처분은 기속행위로 귀착되고 거기에 자유재량행위가 개입될 여지는 없다[제1장 제9절 3. 가. (2) 참조].

(3) 증액경정의 유형

증액경정은 통상의 증액경정과 사정변경에 기한 증액경정 등 두 유형으로 나눌 수 있다.

통상의 증액경정이란 개별세법상 규정되어 있는 각 규정에 따라 실체적 오류가 있는 경우 세액 등을 증액하는 것을 말한다. 물론 확정된 세액을 증액시키거나 신고로 확정된 결손금이나 환급세액을 감액시키는 처분을 할 수 있다.

사정변경에 기한 증액경정에는 2가지 경우가 있다. 먼저 세액의 계산근거 등이 판결 등에 의하여 변동된 경우(국세기본법 제26조의2 제6항 제5호)이다. 다음 소득금액변동통지 후 추가신고 · 자진납부 등 4가지 사유에 기한 신고(소득세법 시행령 제134조 제1항 내지 제4항)를 이행한 경우 당초 신고납부기한까지 신고납부한 것으로 의제하는 제도이다. 엄격히 말하면 후자는 사정변경에 기한 증액경정으로 보기 어렵다.

나. 요건

(1) 신고납세방식의 조세이든, 부과과세방식의 조세이든 그 적용이 있다.

과세표준신고서를 법정신고기한까지 제출하지 아니하여 과세관청이 과세표준 및 세액을 결정하였더라도 이후 그 결정에 실체적 오류가 있는 경우 증액경정하여야 한다. 신고납세방식의 조세에 있어 당초 신고한 과세표준 및 세액에 실체적 오류가 있으면 증액경정하여야 한다.

(2) 경정 후 실체적 오류가 있음이 발견되면 증액재경정하여야 한다.

상속세 및 증여세법 제76조 제4항에 의하면 "결정 후 그 과세표준과 세액에 탈루 또는 오류가 있는 것을 발견할 경우에는 즉시 그 과세표준과 세액을 조사하여 … 경정한다."라고 되어 있다. 이러한 규정이 없더라도 경정에 오류가 있음이 발견되면 재경정할 수 있다. 위 법 제76조 제5항에 의하면 상속재산의 가액이 30억원 이상인 경우로서 상속개시일로부터 5년이 되는 조사기준일까지 상속인이 보유한 주요재산의 가액이 상속개시 당시에 비하여 크게 증가한 경우 대통령령이 정하는 바에 따라 그 결정한 과세표준과 세액에 오류가 있는지를 조사하도록 의무적 규정을 두고 있다. 이는 국세기본법상의 세무조사에는 해당되지 않는다.

(3) 물론 증액경정은 제척기간 내에서 이루어져야 한다. 제척기간 내에서는 실체적 오류를 발견할 때마다 횟수에 관계없이 증액경정을 반복할 수 있다.

다. 효과

(1) 신고와 증액경정, 결정과 증액경정, 증액경정과 증액재경정의 사이에는 흡수소멸설이 적용된다. 흡수소멸설은 한편으로 국세기본법 제22조의3에 의하여(제1장 제7절 참조), 다른 한편으로 국세기본법 제45조의2 제1항 후단(부과처분의 분할)에 의하여 약점이 각 수정·보완된다(제4장 제2절 1. 라. 참조).

(2) 법 소정의 가산세가 부과된다. 가산세는 납부할 세액에 가산하거나 환급할 세액에서 공제한다(국세기본법 제47조 제3항). 국세기본법상 가산세에는 무신고가산세, 과소신고·초과환급신고가산세, 납부지연가산세, 원천징수 등 납부지연가산세 등이 있다.

(3) 과소신고·초과환급신고가산세에도, 무신고가산세와 같이, 부정행위로 과소신고하는 경우 법 소정의 산식에 의한 40%의 중가산세를 부담하게 된다(국세기본법 제47조3 제2항). 다만 상속세·증여세 등에 있어 일정한 사유가 있는 경우 그 적용이 배제된다(제47조의3 제4항).

(4) 법인세에 있어 각 사업연도의 소득에 대한 법인세 과세표준을 신고하거나 법인세 과세표준을 결정 또는 경정할 때 익금에 산입된 금액은, 그 귀속자에 따라 상여·배당·기타 사외유출·사내유보 등으로 소득처분된다(법인세법 제67조).

제3장

2. 실체적 오류의 유형

가. 국세기본법상의 실질과세원칙

(1) 국세기본법 제14조

『① 과세의 대상이 되는 소득, 수익, 재산, 행위 또는 거래의 귀속이 명의일 뿐이고 사실상 귀속되는 자가 따로 있을 때에는 사실상 귀속되는 자를 납세의무자로 하여 세법을 적용한다.

② 세법 중 과세표준의 계산에 관한 규정은 소득, 수익, 재산, 행위 또는 거래의 명칭이나 형식과 관계없이 그 실질 내용에 따라 적용한다.

③ 제3자를 통한 간접적인 방법이나 둘 이상의 행위 또는 거래를 거치는 방법으로 이 법 또는 세법의 혜택을 부당하게 받기 위한 것으로 인정되는 경우에는 그 경제적 실질 내용에 따라 당사자가 직접 거래를 한 것으로 보거나 연속된 하나의 행위 또는 거래를 한 것으로 보아 이 법 또는 세법을 적용한다.』

(2) 제3항의 신설 전 대법원 판례의 2가지 큰 흐름
① 대법원 1991. 5. 14. 선고 90누3027 판결

『기록에 의하여 살펴보면 원심이 원고와 위 망인이 서로의 토지를 교환하고 각자 교환취득한 토지를 다시 위 은행에 양도한 것이 과중한 양도소득세의 부담을 회피하기 위한 행위로 본 것은 수긍할 수 있다. 그러나 위와 같은 토지 교환행위는 가장행위에 해당한다는 등 특별한 사정이 없는 이상 유효하다고 보아야 할 것이므로 이를 부인하기 위하여는 권력의 자의로부터 납세자를 보호하기 위한 조세법률주의의 법적 안정성 또는 예측 가능성의 요청에 비추어 법률상 구체적인 근거가 필요하다 할 것이다.

원심이 위 토지교환행위가 형식적인 것에 불과하고 그 일련의 과정이 실질적으로는 원고가 교환 전 소유하던 제1토지를 위 은행에 양도한 것이라고 본 조처에는 위 토지 교환행위를 부인한다는 취지가 포함되어 있다고 보아야 할 것이므로 원심으로서는 이를 부인하게 된 구체적인 법률상의 근거를 밝혔어야 할 것임에도 불구하고 원심이 그 구체적인 법률상 근거를 심리도 하지 아니한 채 원고와 위 망인이 서로의 토지를 교환하고 각자 교환취득한 토지를 다시 위 은행에 양도한 일련의 과정을 실질적으로는 원고가 교환 전의 소유 토지를 위 은행에 양도한 것으로 본 것은 조세법률주의 내지 실질과세의 원칙에 관한 법리를 오해하였거나 심리를 다하지 아니하여 판결에 영향을 미친 위법이 있다 할 것이므로 상고논지는 이점에서 이유있다.』

② 대법원 1991. 12. 13. 선고 91누7170 판결

『원심판결 이유에 의하면, 원심은 그 채택증거를 종합하여 소외 대주건설주식회사는 광주직할시 진월동에 아파트를 건설할 목적으로 현지 구매조사를 하는 과정에서 소외 회사 직원이 아파트건축사실을 누설함으로 인하여 토지시세가 폭등하게 되자 소외 회사의 대표이사인 소외 1은 부동산중개업을 하는 소외 2에게 관련 토지의 매입을 위임하면서 1988.7. 경 착수금조로 금 500,000,000원 내지 금 700,000,000원을 맡기고 계약이 체결되어 계약서를 보내주면 소외 회사가 그 매입자금을 위 소외 2에게 송금하는 형식으로 관련 토지를 매입하였던 사실, 원고를 포함한 관련 토지소유자들은 소외 회사가 아파트건축을 위하여 토지를 매수한다는 사실을 알면서도 법인인 소외 회사 앞으로 양도하게 되면 실지거래가액에 따른 양도소득세를 부담하게 된다는 이유로 이를 꺼려하고 위 소외 1 등 개인 명의로의 양도를 고집하여 1988.8.30. 위 소외 1이 원고로부터 이 사건 부동산을 매수한 것으로 하는 내용의 계약서를 작성하고, 그 해 9.12. 위 소외 1 앞으로 소유권이전등기를 경료하였다가 1989.2.14.에 소외 회사 앞으로 소유권이전등기를 경료한 사실 등을 인정하고 이에 배치되는 증거들을 배척하였는바, 원심이 취사한 증거를 기록에 비추어 살펴보면 원심의 위와 같은 사실인정은 정당하게 수긍되고 거기에 채증법칙위반이나 심리미진으로 인한 사실오인의 위법은 없으며, 사실관계가 위와 같은 이상 원고와 위 소외 1 간에 체결된 계약과 그로 인한 소유권이전등기는 소외 회사가 이 사건 부동산을 실질적으로 매수함에 있어 원고가 양도소득세의 중과를 피할 목적에서 위 소외 1명의를 중간에 개입시킨 가장매매행위라 할 것이므로, 원심이 같은 취지에서 원고가 법인에게 이 사건 부동산을 양도한 것으로 판단한 조치에 소론과 같은 법리오해의 위법이 있다고도 할 수 없다. 논지는 이유 없다.』

(3) 2007. 12. 31. 신설된 제3항의 입법취지

제3항의 입법취지로, "국제거래를 이용한 공격적 조세회피, 신종 변칙상속증여, 파생금융상품, 혼성회사 활용 등 최근 조세회피행위가 점차 고도화·복잡화 되어가고 있는바 이에 대비함과 아울러, 국제조세조정에관한법률에 있는 조세회피방지규정을 국세기본법에도 규정함으로써 국제거래뿐만 아니라 국내거래까지 적용됨을 명확히 하여 과세 투명성을 제고함에 있다."고 설명된다.

2007. 12. 31. 당시 시대적 상황에 비추어 조세회피행위가 점차 고도화·복잡화(론스타에 대한 양도소득세 부과처분일은 2005. 12. 15. 임) 되어가고 있었던바, 입법자는 이에 대한 적극적 대비책으로서 '經濟的 實質'이라는 말이 담긴 제3항을 신설함으로써 적어도 위 대법원 90누3027 판결의 판시취지(소위 법적 실질설)와는 다른 방향으로 법질서를 형성·유도하겠다는 의도(나아가 법적 실질이라는 개념을 동원하여 법의 글귀를 무력화할 수 없게 하려는 의도)를 명확하게 하였다.

다만 '경제적 실질'이라는 말이 이러한 의도를 넘어서서 어떠한 방향으로, 어느 범위까지 포섭하는 것을 허용하고 그 사정범위를 포착할 것인지는 대법원의 구체적 규범통제에 맡겨져야 할 것이다. 대법원은 이러한 시대적 사명에 맞추어 합법성원칙 및 문리해석을 보완하는 목적론적 해석을 통하여 과세의 남용가능성에 유의하면서 합리적이고 시의적절한 규범을 창조하여야 할 것이다.

(4) 제1, 2항과 제3항과의 관계

제3항의 전단에서 말하는 '제3자를 통한 간접적인 방법'이라는 부분은 제1항에서 예정하고 있는 전형적인 모습이라 하겠고, 후단에서 말하는 '둘 이상의 행위 또는 거래를 거치는 방법'이란 제2항에서 예정하고 있는 전형적인 모습이라 할 수 있다. 이러한 관점에서 보면 제3항은 독자적인 영역에 관한 규정이라기보다는 제1항과 제2항에 대한 보충적인 규정이라 할 것이다. 따라서 그 독자적 존재의의를 찾기가 어렵게 되었다. 제1항과 제2항에 이미 제3항의 규율내용이 내포되어 있다고 볼 수 있기 때문이다.[1]

대법원 2017. 12. 22. 선고 2017두57516 판결은 다음과 같이 신중한 입장을 취하고 있다.

> 『국세기본법에서 이와 같이 제14조 제3항을 둔 취지는 과세대상이 되는 행위 또는 거래를 우회하거나 변형하여 여러 단계의 거래를 거침으로써 부당하게 조세를 감소시키는 조세회피행위에 대처하기 위하여 그와 같은 여러 단계의 거래 형식을 부인하고 실질에 따라 과세대상인 하나의 행위 또는 거래로 보아 과세할 수 있도록 한 것으로서, 실질과세의 원칙의 적용 태양 중 하나를 규정하여 조세공평을 도모하고자 한 것이다. 그렇지만 한편 납세의무자는 경제활동을 할 때에 동일한 경제적 목적을 달성하기 위하여 여러 가지의 법률관계 중의 하나를 선택할 수 있고 과세관청으로서는 특별한 사정이 없는 한 당사자들이 선택한 법률관계를 존중하여야 하며(대법원 2001. 8. 21. 선고 2000두963 판결 등 참조), 또한 여러 단계의 거래를 거친 후의 결과에는 손실 등의 위험 부담에 대한 보상뿐 아니라 외부적인 요인이나 행위 등이 개입되어 있을 수 있으므로, 그 여러 단계의 거래를 거친 후의 결과만을 가지고 그 실질이 하나의 행위 또는 거래라고 쉽게 단정하여 과세대상으로 삼아서는 아니 된다.』

(5) 2012년에 이르러 제3항이 신설되기 전의 제1항 및 제2항이 적용되는 사안에서, 아래의 전원합의체 판결의 다수의견은, 비록 제3항을 적용할 수 없지만 제3항의 입법취지를 의식하면서 새로운 기준의 획기적인 판결을 탄생시켰다. 전원합의체 판결은 이후 제3항이 적용되는 사안에도 원용된다고 보아도 무방하다.

대법원 2012. 1. 19. 선고 2008두8499 전원합의체 판결(로담코 판결)

사안은, 모회사가 내국법인의 주식을 취득함에 있어 직접 취득하지 않고 2개의 자회사를 경유하여 간접적으로 분산취득하는 경우 그 거래내용의 실질은 모회사가 직접 취득한 것으로 보아 그 주식의 '실질적인 귀속자'를 자회사가 아니라 모회사로 보았는데, 여기서 간접적인 다단계 거래를 직접적인 1단계 거래로 재구성한 것은 제2항의 적용결과라고 할 수 있고 그에 따

---

1) 강석규, 전게서, 92면.

라 실질적인 귀속자를 모회사로 본 것은 제1항의 적용결과라고 할 수 있기 때문이다.

판결요지는 다음과 같다.

『[다수의견]

(가) 구 국세기본법(2007. 12. 31. 법률 제8830호로 개정되기 전의 것, 이하 같다) 제14조 제1항, 제2항이 천명하고 있는 실질과세의 원칙은 헌법상의 기본이념인 평등의 원칙을 조세법률관계에 구현하기 위한 실천적 원리로서, 조세의 부담을 회피할 목적으로 과세요건사실에 관하여 실질과 괴리되는 비합리적인 형식이나 외관을 취하는 경우에 그 형식이나 외관에 불구하고 실질에 따라 담세력이 있는 곳에 과세함으로써 부당한 조세회피행위를 규제하고 과세의 형평을 제고하여 조세정의를 실현하고자 하는 데 주된 목적이 있다. 이는 조세법의 기본원리인 조세법률주의와 대립관계에 있는 것이 아니라 조세법규를 다양하게 변화하는 경제생활관계에 적용함에 있어 예측가능성과 법적 안정성이 훼손되지 않는 범위 내에서 합목적적이고 탄력적으로 해석함으로써 조세법률주의의 형해화를 막고 실효성을 확보한다는 점에서 조세법률주의와 상호보완적이고 불가분적인 관계에 있다 할 것이다.

(나) 실질과세의 원칙 중 구 국세기본법 제14조 제1항이 규정하고 있는 실질귀속자 과세의 원칙은 소득이나 수익, 재산, 거래 등의 과세대상에 관하여 귀속 명의와 달리 실질적으로 귀속되는 자가 따로 있는 경우에는 형식이나 외관을 이유로 귀속 명의자를 납세의무자로 삼을 것이 아니라 실질적으로 귀속되는 자를 납세의무자로 삼겠다는 것이고, 이러한 원칙은 구 지방세법(2005. 12. 31. 법률 제7843호로 개정되기 전의 것, 이하 같다) 제82조에 의하여 지방세에 관한 법률관계에도 준용된다. 따라서 구 지방세법 제105조 제6항을 적용함에 있어서도, 당해 주식이나 지분의 귀속 명의자는 이를 지배·관리할 능력이 없고 명의자에 대한 지배권 등을 통하여 실질적으로 이를 지배·관리하는 자가 따로 있으며, 그와 같은 명의와 실질의 괴리가 위 규정의 적용을 회피할 목적에서 비롯된 경우에는, 당해 주식이나 지분은 실질적으로 이를 지배·관리하는 자에게 귀속된 것으로 보아 그를 납세의무자로 삼아야 할 것이다. 그리고 그 경우에 해당하는지는 당해 주식이나 지분의 취득경위와 목적, 취득자금의 출처, 그 관리와 처분과정, 귀속명의자의 능력과 그에 대한 지배관계 등 제반 사정을 종합적으로 고려하여 판단하여야 한다.

[대법관 전수안, 대법관 이상훈의 반대의견]

(가) 실질과세의 원칙은 조세공평의 원칙을 실현하기 위한 조세법의 기본원리로서 과세권의 행사가 실질적인 사실관계에 반하여 이루어지는 경우 이를 배제함으로써 납세자의 권리를 보호하는 긍정적인 측면이 있지만, 반대로 과세권의 남용을 정당화하는 도구가 되어 납세자의 재산권을 침해함으로써 과세요건 법정주의와 명확주의를 핵심으로 하는 조세법률주의와 충돌할 염려가 있다.

(나) 납세의무자로서는 조세법률주의의 토대 위에서 조세의 부담을 제거하거나 완화하는 거래방법을 선택할 수 있으며, 그것이 가장행위나 위법한 거래로 평가되지 않는 한 납세의무자의 권리로서 존중되어야 한다. 그럼에도 본질적으로 불확정개념인 실질과세의 원칙을 내세워 납세의무자가 선택한 거래형식을 함부로 부인하고 법 문언에 표현된 과세요건의 일반적 의미를 일탈하여 그 적용범위를 넓히게 되면 조세법률주의가 형해화되어 이를 통해 실현하고자 하는 법적 안정성과 예측가

능성이 무너지게 된다. 나아가 조세포탈죄 등의 구성요건 해당성이 과세관청의 자의에 의하여 좌우될 수 있어 죄형법정주의의 근간이 흔들릴 수도 있다. 이러한 견지에서 대법원은 부동산 취득세에 관하여, 부동산 소유권의 이전이라는 외형 자체를 포착하여 거기에 담세력을 인정하고 부과하는 유통세일 뿐 부동산의 취득자가 이를 사용·수익·처분함으로써 얻는 이익을 포착하여 부과하는 것이 아닌 점을 고려하여, 부동산 취득자가 실질적으로 완전한 내용의 소유권을 취득하는지와 관계없이 소유권 이전의 형식에 의한 부동산 취득의 경우를 과세대상으로 삼는 것으로 해석함으로써 소유권 이전의 형식을 중시하여 왔으므로, 이러한 부동산 취득세에 의제적 성격까지 보태어 납세의무자의 범위를 넓힌 구 지방세법 제105조 제6항의 부동산 등 간주취득세에 관하여는 더욱 당사자가 선택하여 취한 거래형식을 존중하여야 하며, 실질과세의 원칙을 이유로 함부로 납세의무자의 범위를 확장하거나 그 거래형식을 부인할 일이 아니다.』

(6) 위 대법원 판결에는 제14조 제3항의 적용에 관한 부분이 포함되어 있어 이와 관련한 [반대의견] 및 [다수의견에 대한 보충의견]을 정리하면 다음과 같다.

『[반대의견]
원고가 이 사건 주식 등을 직접 취득하지 아니하고 이 사건 자회사들이 이를 분산하여 취득한 동기가 구 지방세법 제105조 제6항의 부동산 등 간주취득세 납세의무를 회피하고자 하는 데 있었음이 의심되거나 나아가 인정된다고 하더라도 그와 같은 거래가 사법(私法)상 효과를 인정받을 수 없는 가장행위 등에 해당한다고 평가할 수 없는 한 원고와 이 사건 자회사들이 선택한 법적 형식을 부인하는 것은 옳지 않다. 다수의견이 원고에게 이 사건 주식 등이 귀속되었다고 보는 것은 결과적으로 이 사건 자회사들의 법인으로서의 존재를 부인하고 그 법인이 이 사건 주식 등을 취득한 거래형식을 부인하는 것과 마찬가지인데, 그와 같이 보려면 이 사건 주식 등의 취득에 따르는 경제적 효과가 원고에게 귀속된다는 점만으로는 부족하고, 이 사건 주식 등의 취득 거래에 관한 법률상의 효과까지 이 사건 자회사들이 아닌 원고에게 귀속시킬 의사가 있었다고 볼 수 있어야 할 것이다. 하지만 원심이 적절히 밝힌 바와 같이 이 사건 주식 등의 취득거래에 있어 원고 및 이 사건 자회사들의 진의가 그 법률상의 효과까지도 원고에게 귀속시키는 것이었다고 볼 수 없음은 분명하다.
그리고 이러한 다수의견의 견해는 2007. 12. 31. 신설된 국세기본법 제14조 제3항, 즉 '제3자를 통한 간접적인 방법이나 2 이상의 행위 또는 거래를 거치는 방법으로 이 법 또는 세법의 혜택을 부당하게 받기 위한 것으로 인정되는 경우에는 그 경제적 실질내용에 따라 당사자가 직접 거래한 것으로 보거나 연속된 하나의 행위 또는 거래를 한 것으로 보아 이 법 또는 세법을 적용한다'라는 규정을 이 사건에 적용한 것과 같은 결과인데, 위 규정은 문언상 납세의무의 주체까지 바꿀 수 있다는 취지의 규정으로 보기도 어려울 뿐만 아니라 그 시행일이 2008. 1. 1.로서 그보다 훨씬 전에 이루어진 이 사건 주식 등의 취득에 관하여 곧바로 적용될 수는 없는 것이므로, 다수의견에 대하여는 위 규정을 입법 취지에 반하여 소급적용함으로써 조세법률주의를 위반하였다는 비판을 가할 수도 있겠다.

[다수의견에 대한 보충의견]

　한편 대법원은 그동안 당사자가 선택한 법률관계에 대하여 그것이 가장행위에 해당하지 않는 한 개별적이고 구체적인 부인 규정 없이 실질과세의 원칙에 의하여 조세회피행위에 해당한다는 이유로 그 효력을 부인할 수 없다는 입장을 여러 사건에서 밝힌 바가 있다. 그러나 거기에서 언급하고 있는 가장행위를 민법 제108조 등에서 그 효력을 인정하지 않는 가장행위와 동일한 개념으로 이해할 필요는 없다. 당사자들 사이에 내심의 의사가 결여된 민법상의 통정허위표시는 그 사법상의 효력도 없으므로 굳이 실질과세의 원칙을 적용할 필요도 없이 그 과세요건 해당성은 가장행위의 배후에 은닉된 실제거래행위를 기준으로 판단하면 된다. 정작 실질과세의 원칙을 적용할 필요가 있는 영역은 그와 같은 민법상 가장행위의 정도에는 이르지 못하지만 외관과 실질이 괴리되어 있고 그 실질을 외면하는 것이 심히 부당하다고 볼 수 있는 경우이다. 실제로 대법원 판례에는 그 외관이 민법상 가장행위에 해당한다고 보기 어려운 경우에도 실질과세의 원칙을 적용하여 과세요건사실을 그 외관과 다르게 파악하여 인정한 사례가 많고, 이 경우에는 명시적으로 가장행위에 해당한다는 것을 전제하고 있지는 않다(대법원 2002. 4. 9. 선고 99도2165 판결, 대법원 2010. 10. 28. 선고 2008두19628 판결, 대법원 2010. 11. 25. 선고 2009두19564 판결 등). 따라서 판례가 실질과세원칙의 적용과 관련하여 가장행위가 아닌 한 행위의 효력을 부인하여서는 안 된다고 한 것을 역으로 민법상 가장행위에 해당하는 경우에만 실질과세원칙을 적용할 수 있다고 이해할 것은 아니라고 할 것이다. 이 사건에서도 설사 이 사건 자회사들이 이 사건 주식 등의 취득에 의한 법률적 효과까지 원고에게 귀속시키고자 하는 내심의 의사가 있었던 것은 아니어서 이 사건 주식 등의 취득이 민법상 가장행위에 해당한다고는 할 수 없다고 하더라도 그것만으로 실질과세의 원칙에 의하여 원고에게 납세의무를 인정하는 것이 종전 판례 법리에 어긋난다고 할 것은 아니라고 하겠다.

　또한 이 사건 주식 등의 취득으로 인한 조세법상의 효과를 원고에게 귀속시킨다고 하기 위해서 굳이 이 사건 자회사들의 법인격을 부인하는 것이 전제조건이 된다고 할 것도 아니다. 실질과세의 원칙은 문제가 되는 거래 명의자의 배후에 있는 실질 귀속자가 누구인지를 따지는 것일 뿐, 명의자의 회사법상 법인격까지 부인하는 법리적 토대 위에 서 있는 것이 아니다. 실질과세의 원칙이 정작 존재의의를 가지는 것은 오히려 거래 명의자의 법인격까지 부인할 정도에는 이르지 않지만 그 실질적 귀속주체가 따로 있다고 볼 수 있는 경우에 그 실질 주체를 납세의무자로 인정하는 근거를 제공해 주는 데 있다 할 것이다.

　그리고 다수의견이 2007. 12. 31. 신설된 국세기본법 제14조 제3항을 조세법률주의에 반하여 소급적용한 것에 해당한다는 비판도 수긍하기 어렵다. 다수의견은 이 사건 과세처분을 할 당시 시행되던 구 국세기본법 제14조 제1항의 취지에 따라 이 사건 주식 등의 취득으로 인한 간주취득세의 납세의무자가 그 명의인인 이 사건 자회사들이 아니라 실질적 귀속주체인 원고라고 한 것일 뿐이다. 설사 반대의견처럼 이 사건 처분 이후 신설된 국세기본법 제14조 제3항을 적용하면 다수의견과 같은 결과에 이른다고 하더라도, 다수의견은 그 규정을 근거로 한 것은 아니므로 위와 같은 지적은 적절하지 아니하다. 더구나 위 국세기본법 제14조 제3항은 자본의 국제적 이동 과정에서 명목회사를 이용한 조세회피행위를 규제하고자 하는 국제사회의 논의 결과를 바탕으로 우리나라에서도 국제조세조정에 관한 법률 제2조의2가 신설되고 같은 취지의 규정이 국세기본법에도 도입된 것으로서, 기존의 실질과세원칙이 적용되는 국면을 좀 더 구체화하려 한 것일 뿐 전혀 새로운 과세근거를 창설한 것이라고 볼 것만도 아니다. 그런 점에서 국세기본법 제14조 제3항이 신설되기 전에 이루어진 이 사건 주식 등 거래에 대해서는 실질귀속자에게 납세의무를 인정하는 것이 곤란하다는 비판을 수긍할 수는 없다.』

위 대법원 전원합의체 판결(로담코 사건, 스타타워 취득세 사건)은 대법원 2012. 1. 27. 선고 2010두5950 판결(론스타 사건), 2012. 4. 26. 선고 2010두11948 판결(라살레 사건), 2012. 10. 25. 선고 2020두25466 판결(위니아만도 사건)과 더불어 2012년도에 선고된 일군의 획기적 판결 중 하나이다(제5장 제4절 1. 나. 참조).

나. 부가가치세법상 매입세액 공제·환급제도의 악용(남용)

(1) 대법원 2011. 1. 20. 선고 2009두13474 판결의 다수의견

『구 부가가치세법(2010. 1. 1. 법률 제9915호로 개정되기 전의 것) 제15조, 제17조 제1항에서 채택하고 있는 이른바 전단계세액공제 제도의 구조에서는 각 거래단계에서 징수되는 매출세액이 그에 대응하는 매입세액의 공제·환급을 위한 재원이 되므로, 그 매출세액이 제대로 국가에 납부되지 않으면 부가가치세의 체제를 유지하는 것이 불가능하게 된다. 따라서 만일 연속되는 일련의 거래에서 어느 한 단계의 악의적 사업자가 당초부터 부가가치세를 포탈하려고 마음먹고, 오로지 부가가치세를 포탈하는 방법에 의해서만 이익이 창출되고 이를 포탈하지 않으면 오히려 손해만 보는 비정상적인 거래(부정거래)를 시도하여 그가 징수한 부가가치세를 납부하지 않는 경우, 그 후에 이어지는 거래단계에 수출업자와 같이 영세율 적용으로 매출세액의 부담 없이 매입세액을 공제·환급받을 수 있는 사업자가 있다면 국가는 부득이 다른 조세수입을 재원으로 삼아 그 환급 등을 실시할 수밖에 없는바, 이러한 결과는 소극적인 조세수입의 공백을 넘어 적극적인 국고의 유출에 해당되는 것이어서 부가가치세 제도 자체의 훼손을 넘어 그 부담이 일반 국민에게 전가됨으로써 전반적인 조세체계에까지 심각한 폐해가 미치게 된다. 수출업자가 그 전단계에 부정거래가 있었음을 알면서도 아랑곳 없이 그 기회를 틈타 자신의 이익을 도모하고자 거래에 나섰고, 또한 그의 거래 이익도 결국 앞서의 부정거래로부터 연유하는 것이며 나아가 그의 거래 참여가 부정거래의 판로를 확보해 줌으로써 궁극적으로 부정거래를 가능하게 한 결정적인 요인이 되었다면, 이는 그 전제가 되는 매입세액 공제·환급제도를 악용하여 부당한 이득을 추구하는 행위이므로, 그러한 수출업자에게까지 다른 조세수입을 재원으로 삼아 매입세액을 공제·환급해 주는 것은 부정거래로부터 연유하는 이익을 국고에 의하여 보장해 주는 격이 됨은 물론 위에서 본 바와 같은 전반적인 조세체계에 미치는 심각한 폐해를 막을 수도 없다. 따라서 이러한 경우의 수출업자가 매입세액의 공제·환급을 구하는 것은 보편적인 정의관과 윤리관에 비추어 도저히 용납될 수 없으므로, 이는 구 국세기본법(2010. 1. 1. 법률 제9911호로 개정되기 전의 것) 제15조에서 정한 신의성실의 원칙에 반하는 것으로서 허용될 수 없다. 이러한 법리는 공평의 관점과 결과의 중대성 및 보편적 정의감에 비추어 수출업자가 중대한 과실로 인하여 그와 같은 부정거래가 있었음을 알지 못한 경우, 곧 악의적 사업자와의 관계로 보아 수출업자가 조금만 주의를 기울였다면 이를 충분히 알 수 있었음에도, 거의 고의에 가까운 정도로 주의의무를 현저히 위반하여 이를 알지 못한 경우에도 마찬가지로 적용된다고 보아야 하고, 그 수출업자와 부정거래를 한 악의적 사업자 사이에 구체적인 공모 또는 공범관계가 있는 경우로 한정할 것은 아니다.』

(2) 부가가치세 자체가 조세포탈에 노출되기 쉬운 세제로서 매입세액 공제·환급제도를 악용하여 부가가치세제 질서를 근본에서 흔드는 경우 그 매입세액 공제를 거부하여야 함을 선언한 획기적 판결이다.[2][3]

(3) 일련의 연속하는 거래사슬에 관여한 사업자로서, 그 전단계 또는 전전단계(중간단계)에 매출세액을 징수하여 국가에 납부하지 아니하고 이를 횡령하거나 횡령하려고 하는 악의적 사업자(missing trader)가 존재함을 알거나 알 수 있었던 경우(고의 또는 중과실이 있는 경우)에는, 매입세액의 공제를 구할 수 없다는 것이다. 그러나 선의의 당사자(고의 또는 중과실이 없는 사업자)는 보호되어야 할 것이다.

(4) 부가가치세 세율이 높은 유럽에서는 이와 유사한 회전거래(Karussellgeschäfte)가 다수 일어났고 현재에도 일어나 국가재정에 막대한 손해[4]를 입히고 있는 실정인데, EU법원[5]도 매

---

2) 매입세액의 공제권한을 부인하는 해석 내지 법리로서 신의성실의 원칙, 매입세액을 공제하는 법규의 취지·목적에 따라 공제권한을 일부 제한하는 목적론적 해석, 그 취지·목적에 위반하는 행위로서 당해 매입세액 공제제도를 남용한 것으로 보는 공제제도 남용의 법리 등이 있을 수 있다. 대법원은 부가가치세법상의 매입세액 공제조항 자체의 목적론적 해석 등을 통한 「해석(제한적 해석)적 방법」이 아니라, 적극적으로 매입세액 공제·환급제도의 악용으로 인한 부당한 이익추구, 조세체계에 미치는 심각한 폐해, 보편적인 정의관과 윤리관 등을 이유로, 신의성실의 원칙에 기대어 법리를 전개한 점이 무엇보다도 특이하다. 대법원이 국세기본법 제15조를 원용하나 조세법에서 일반적으로 논하여지는 신의성실의 원칙과는 차원을 달리한다.

3) 일본에서도 외국세액공제제도의 취지·목적이 국제적 이중과세의 배제에 있다는 이유로, 직접적으로 그 취지·목적에 반하는 외국세액공제 위반행위에 대하여, 이를 당해 감면제도 남용이라고 보아, 외국세액공제를 부인하는 판결이 선고되었다(일본 최고재판소, 2005. 12. 19. 판결, 민집 59권 10호 2964면, 2006. 2. 23. 판결, 송무월보 53권 8호, 2447면 참조). 목적론적 해석 등 해석적 방법이 아니라 과세감면제도의 남용의 법리를 전개한 점이 독특하다. 谷口勢津夫, 전게서, 43면에서, 위 최고재판소 판결에 대하여, "과세감면제도 남용의 법리는, 조세법률주의 하에서는 허용되지 않는다 할 것이다. 조세감면제도의 취지·목적을 탐지하면 당해 제도의 이용이 당해 제도의 남용(목적외 이용)에 해당되는지 여부를 판단하는 것은 가능하나, 그렇다고 바로 당해 제도의 남용을 허용하지 않는다는 가치판단을 도출할 수는 없다. 이를 위한 매개이론으로 과세감면제도에 말하자면 「불문의 남용규제요건」이 내재한다는 생각을 원용하는 것은 조세법률주의의 자기부정이다."라고 적고 있다.

4) Bunjes/Geist, 전게서, 1288면에서, 독일은 회전거래로 매년 국고손해 100억 유로가 발생한다고 적고 있다.

5) Bunjes/Geist, 전게서, 1288면에서, EU법원(EuGH)의 판결에 의하면 "거래사슬에 관여한 사업자(Glied einer Lieferkette)로서 다른 사업자가 그 해당 매출세액을 지급하지 않을 것을 알거나 알 수 있었을 경우, 그 해당 사업자의 매입세액 공제권한(VorsteuerAbzugsberechtigung)을 부인하였다(EuGH v 12. 1. 06. verb Rs C-354/03, 355/03 u 484/03-Optigen Ltd ua-, DStR 06, 133)."라고 적고 있다.

입세액의 공제를 부인하고 있다.[6]

(5) 입법론으로, 지능적·밀행적으로 이루어지는 이러한 거래구조에 대비하기 위하여, 과세관청에게 이러한 거래를 사전에 신속하게 파악함과 동시에 선의의 당사자를 밝혀내어 이를 보호할 수 있는 정보접근권을 확보해 주어야 할 것이다.

다. 부당행위계산부인과 실체적 오류

(1) 부당행위계산부인으로 과세표준 및 세액이 증액되는 경우에 관하여 각 개별세법에서 구체적으로 구성요건을 정하고 있다. 그 구성요건에 해당되면 과세표준 및 세액이 '재구성 및 재계산'된다는 의미에서 실체적 오류가 있다고 봄이 상당하고, 따라서 이를 근거로 세액을 증액하는 경우 이 또한 증액경정이 된다. 즉 소득세법 제41조, 제101조, 법인세법 제52조, 상속세 및 증여세법 제35조, 신 부가가치세법 제29조 제4항 등 부당행위계산부인에 관한 개별규정에 기하여도 증액경정이 이루어진다.

(2) 법인세법상 부당행위계산부인의 유형(시행령 제88조 제1항)

1호 : 자산의 고가매입·현물출자 및 자산의 과대상각

2호 : 무수익자산의 매입·현물출자 및 비용부담

3호 : 자산의 무상양도 및 저가양도·현물출자

3호의2 : 불공정한 비율로 합병·분할

4호 : 불량자산의 차환 및 불량채권의 양수

5호 : 출연금의 대신부담

6호 : 금전 그 밖의 자산 또는 용역의 무상 또는 저율대부·제공

7호 : 금전 그 밖의 자산 또는 용역의 고율차용 등

7호의2 : 파생상품을 이용한 이익분여

8호 : 자본거래로 인한 이익분여

8호의2 : 그 밖의 자본거래로 인한 이익분여

9호 : 그 밖의 이익분여

---

6) 독일 부가가치세법 제25d조(Haftung für die schuldhaft nicht abgeführte Steuer, 2004. 3. 29. 시행)는, 회전거래의 금압(Bekämpfung der Karussellgeschäfte)을 위하여, "(1) 사업자는, 그 전단계 또는 전전단계의 사업자가 부가가치세법 제14조에 의하여 세금계산서를 발행하였음에도, 그 계산서에 기재된 매출세액을 고의로 지급하지 아니할 의도가 있었거나 또는 이를 지급하지 못할 상태를 고의로 작출한 경우로서, 그 전단계의 사업자와 계약체결시에 이러한 사실을 알았거나(davon Kenntnis hatte), 통상 상인이 가지는 주의의무(nach der Sorgfalt eines ordentlichen Kaufmanns)로써 알 수 있었을 경우(davon Kenntnis hätte haben müssen), 그 매출세액에 대하여 책임이 있다. (2) 사업자의 매입가격이 그 매입시점에 있어 시장가격 이하라면 이러한 사실을 알았거나 알 수 있었다고 본다. …"라고 규정함으로써, 매입세액 공제를 부인하는 것이 아니라 조세법상 책임의 관점에서 접근하고 있다.

(3) 고가인수의 경우 익금의 귀속시기에 관한 대법원 2008. 9. 25. 선고 2006두3711 판결을 본다.

『법인세법 제40조 제2항의 위임을 받은 구 법인세법 시행령 제68조 제1항 제3호 본문은 "상품 등 외의 자산의 양도로 인한 익금 및 손금의 귀속사업연도는 그 대금을 청산한 날로 한다"고 규정하고 있다. 그리고 세무회계상 타인 발행의 주식인수는 투자자산의 매입에 해당하고, 이러한 투자자산의 손익의 귀속시기는 그 자산을 양도하고 대금을 청산한 날이 속하는 사업연도이다(대법원 1989. 12. 22. 선고 88누7255 판결 등 참조). 따라서 법인세법 제52조, 구 법인세법 시행령 제88조 제1항 제8호 ㈏목 소정의 실권주 고가인수의 경우에도 취득가액 중 부인대상인 시가초과액은 그 주식을 인수한 날이 속하는 사업연도의 법인의 과세표준에는 아무런 영향을 미치지 못하고, 다만 그 주식을 양도하고 대금을 청산한 날이 속하는 사업연도에 귀속되어 동액 상당의 과세표준을 증액시키게 된다고 봄이 상당하다.

그럼에도 불구하고, 원심은 원고가 이 사건 실권주를 고가로 인수한 날이 속하는 사업연도에 이 사건 실권주에 대한 시가초과액이 전부 귀속됨을 전제로 이 사건 부과처분이 적법하다고 판단하였으니, 원심판결에는 법인세법 제40조 제2항, 구 법인세법 시행령 제68조 제1항 제3호 본문 소정의 자산의 손익 귀속사업연도 등에 관한 법리를 오해한 위법이 있고, 이러한 위법은 판결에 영향을 미쳤음이 분명하다.』

라. 과세표준 계산상의 오류

(1) 과세표준은 복잡하고도 다기한 법기술적 개념으로 이를 숫자적으로 산정함에 있어 법 소정의 일정한 계산과정 및 평가과정을 거치는 경우가 많다. 따라서 대부분의 실체적 오류는 과세표준 산정과정에서 일어나고, 특히 소득세법이나 법인세법에서 총수입금액 내지 익금의 누락(매출누락), 필요경비 내지 손금의 과다계상(가공경비 계상)등이 대표적이다.

(2) 개별세법상의 각 경정규정에서 나열하는 경정사유

① 소득세법 제80조 제2항 제4호: 같은 법 제163조 제5항에 따른 매출·매입처별 계산서 합계표 또는 제164조·제164조의2에 따른 지급명세서의 전부 또는 일부를 제출하지 아니한 경우.

같은 법 제80조 제2항 제5호: 사업용 계좌를 신고하거나 이용하여야 할 사업자가 이를 이행하지 아니한 경우, 정당한 사유 없이 신용카드가맹점으로 가입하지 아니한 경우, 신용카드가맹점이 정당한 사유 없이 신용카드에 의한 거래를 거부하거나 신용카드매출전표를 사실과 다르게 발급한 경우, 정당한 사유 없이 현금영수증가맹점으로 가입하지 아니한 경우, 현금영수증가맹점이 정당한 사유 없이 현금영수증을 발급하지 아니하거나 사실과 다르게 발급한 경우로서, 시설규모나 영업상황으로 보아 신고내용이 불성실하다고 판단되는 경우.

② 소득세법 제114조 제4항에 의하면 양도소득 과세표준과 세액을 경정하는 경우에는 같은 법 제96조(양도가액), 제97조(양도소득의 필요경비 계산) 및 제97조의2(양도소득의 필요경비 계산특례)에 따른 가액에 따라야 하도록 정하고 있고, 제114조 제6항에서 신고된 실지거래가액이 사실과 다르게 확인되는 경우 그 확인된 가액을 양도가액 또는 취득가액으로 하여 양도소득 과세표준과 세액을 경정하며, 제114조 제7항에서 대통령령으로 정하는 사유로 장부나 그 밖의 증명서류에 의하여 실지거래가액을 인정 또는 확인할 수 없는 경우 대통령령으로 정하는 바에 따라 양도가액 또는 취득가액을 매매사례가액, 감정가액, 환산취득가액 또는 기준시가 등에 따라 추계조사하여 경정할 수 있다는 취지로 정하고 있다.

③ 법인세법 제66조 제2항 제2호: 같은 법 제120조 또는 제120조의2에 따른 지급명세서, 제121조에 따른 매출·매입처별 계산서합계표의 전부 또는 일부를 제출하지 아니한 경우.

같은 법 제66조 제2항 제3호: 정당한 사유 없이 신용카드가맹점으로 가입하지 아니한 경우, 신용카드가맹점이 정당한 사유 없이 신용카드에 의한 거래를 거부하거나 신용카드매출전표를 사실과 다르게 발급한 경우, 정당한 사유 없이 현금영수증가맹점으로 가입하지 아니한 경우, 현금영수증가맹점이 정당한 사유 없이 현금영수증을 발급하지 아니하거나 사실과 다르게 발급한 경우로서, 시설규모나 영업현황으로 보아 신고내용이 불성실하다고 판단되는 경우.

④ 신 부가가치세법 제57조 제1항 제3호에 의하면 확정신고를 할 때 매출처별 세금계산서합계표 또는 매입처별 세금계산서합계표를 제출하지 아니하거나 제출한 매출처별 세금계산서합계표 또는 매입처별 세금계산서합계표의 기재사항의 전부 또는 일부가 적혀 있지 아니하거나 사실과 다르게 적혀 있는 경우를 경정사유를 들고 있고, 제4호에 의하면 대통령령으로 정하는 사유로 부가가치세를 포탈할 우려가 있는 경우를 경정사유로 들고 있다.

(3) '개별세법상의 각 경정규정'에서 나열하고 있는 이러한 경정사유는 오류가 발생할 가능성이 있는 사유를 일부 열거한 것에 불과하다.

(4) 기타 소득세법 및 법인세법상의 필요비용(손금)의 제한에 관한 규정 등에 따르지 아니한 경우, 손익의 귀속시기에 오류가 있는 경우, 부가가치세법에 있어 매출누락 여부 및 매입세액의 공제 여부(가공거래 내지 위장거래 여부) 등이 많이 문제될 수 있다.

마. 상속세 및 증여세에 있어 평가상의 오류

상속세 및 증여세에 있어 대상자산의 누락 여부 및 평가가 문제된다. 즉 상속세 및 증여세법 제60조(평가의 원칙 등)에 의하면 시가주의 원칙에 의하여야 하는데 같은 법 시행령 제49조의 적용 여부 및 적용범위를 둘러싸고 많은 분쟁이 발생하고 있다. 평가원칙에 반할 경우 오류가 발생한다.

바. 원천징수상의 오류시정절차(직접적 오류시정절차)

(1) 문제제기

원천징수하는 소득세에 있어 그 원천징수를 성질에 따라 완납적 원천징수와 예납적 원천징수로 나눌 수 있다. 여기서 종합소득세 신고의무가 없는(정확히는 해당 소득에 대하여 과세표준확정신고를 하지 아니할 수 있는) '연말정산대상자' 등에 대하여 원천징수한 내용에 오류가 있는 경우, 오류시정을 위하여 원천징수대상자(원천납세의무자)에게 직접 증액경정을 할 수 있는지 여부가 문제된다. 즉 "국가와 원천징수의무자의 법률관계"와 "국가와 원천납세의무자의 법률관계"를 어떻게 조화할 것인지가 문제된다(상세한 것은 제4장 제6절 2. 참조).

(2) 법령의 규정

소득세법 제80조 제2항 제2호에서 '제137조, 제137조의2, 제138조, 제143조의4, 제144조의2, 제145조의3 또는 146조에 따라 소득세를 원천징수한 내용에 탈루 또는 오류가 있는 경우로서 원천징수의무자의 폐업·행방불명 등으로 원천징수의무자로부터 징수하기 어렵거나 근로소득자의 퇴사로 원천징수의무자의 원천징수의무 이행이 어렵다고 인정되는 경우', 같은 항 제3호에서 '제140조에 따른 근로소득자 소득·세액 공제신고서를 제출한 자가 사실과 다르게 기재된 영수증을 받는 등 대통령령으로 정하는 부당한 방법으로 종합소득공제 및 세액공제를 받은 경우로서 원천징수의무자가 부당공제 여부를 확인하기 어렵다고 인정되는 경우'를 들면서, 이 경우 원천징수대상자(원천납세의무자)에게 해당세액을 경정하여야 한다는 취지로 정하고 있다. 위 제2호는 2006. 개정시, 제3호는 2007. 개정시 각 신설되었고, 규정 형식상 이러한 예외적인 경우에만 허용되는 창설적 규정처럼 보인다.

(3) 원천징수대상자의 과세표준확정신고의무

소득세법 제73조 제4항(2000. 12. 29. 신설)에 의하면 근로소득(일용근로소득은 제외), 공적연금소득, 퇴직소득, 종교인소득 등이 있는 자, 원천징수 대상이 되는 사업소득만 있는 자에 대하여, 제127조에 따른 원천징수의무를 부담하는 자가 제137조, 제137조의2, 제138조, 제143조의4, 제144조의2, 제145조의3 또는 제146조에 따라 소득세를 원천징수하지 아니한 때에는 해당 소득에 대하여 과세표준확정신고를 하도록 규정하고 있다[제4장 제6절 2. 다. (1) 참조].

(4) 소결론

소득세법 제80조 제2항 제2호 및 제3호, 제73조 제4항 및 뒤에서 보는 대법원 판결 등을 종합적으로 고찰할 때, 소득세법 제80조 제2항 제2호 및 제3호는 창설적 규정이 아닌 확인적 규정이라 할 것이다. 그만큼 종래의 자동확정방식은 다른 확정방식을 보완하는 방향으로 변화하였다. 국가와 원천납세의무자의 직접적 법률관계가 전면에 부각된 것으로 볼 수 있다.

(5) 대법원 판례

① 대법원 2001. 12. 27. 선고 2000두10649 판결(제4장 제6절 2. 나. 참조)

② 대법원 2006. 7. 13. 선고 2004두4604 판결

『근로소득만 있어 종합소득세 과세표준 확정신고의무가 면제된 거주자라 하여도 갑종근로소득세에 대한 원천징수가 누락된 이상 그에게 종합소득세로 이를 부과할 수 있는 것이다(대법원 2001. 12. 27. 선고 2000두10649 판결 참조). 기록에 의하면, 원고 2는 구 소득세법 시행령(2002. 12. 30. 대통령령 제17825호로 개정되기 전의 것) 제192조 제1항 단서 규정 및 소득세법 시행규칙 제100조 제24호가 정하는 바에 따라 '소득자통지용 소득금액변동통지서'를 적법하게 송달받고서도 거기에 기재된 추가신고·자진납부 기한 내에 과세표준 및 세액의 신고와 자진납부를 하지 않은 사실을 인정할 수 있으므로, 사정이 이러하다면, 원고 2는 그 신고·납부의무 해태에 따른 불성실가산세의 제재를 피할 수 없다고 할 것이므로, 같은 취지에서 원심이 원고 2가 과세표준 확정신고의무가 면제되는 자에 해당한다고 하더라도 원천징수가 누락된 이상 그에게 신고·납부의무 해태에 따른 불성실가산세가 포함된 종합소득세를 부과할 수 있다고 판단한 것은 정당하고, 거기에 상고이유에서 주장하는 바와 같은 종합소득세의 납세의무 및 가산세의 납부의무에 관한 법리를 오해한 위법 등이 있다고 할 수 없다.』

사. 결손금액 계산상의 오류와 감액결정(경정)의 행정처분성

과세표준신고서에 기재된 결손금액이 사후에 세무조사 등으로 과다계상된 사실이 밝혀져 과세관청이 이를 감액하는 경정을 한 경우, 그 경정이 행정처분인지 여부에 관하여 대법원 판결은 이를 부정하였다. 그런데 법인세법 제13조 제1호 단서가 신설된 이후 행정처분으로 볼 여지가 생기게 되었고, 대법원 2020. 7. 9. 선고 2017두63788 판결은 행정처분성을 인정하였다(제1장 제9절 10. 참조).

아. 전기오류수정손익과 증액경정

한국채택국제회계기준의 기업회계기준서 제1008호에서, 전기오류라 함은 과거기간 동안에 재무제표를 작성할 때 신뢰할 만한 정보를 이용하지 못했거나 잘못 이용하여 발생한 재무제표에의 누락이나 왜곡표시라고 정의하고 있고, 이러한 오류는 원칙적으로 소급재작성의 방법으로 시정하도록 정하고 있다. 따라서 조세법상 원칙적으로 오류가 발생한 사업연도에 소급하여 그 오류를 시정하여야 할 것이다(제4장 제2절 3. 아. 및 제5장 제2절 참조).

자. 과세표준확정신고기한 경과 후 사정변경의 고려

(1) 세액의 계산근거 등이 판결 등에 의하여 변동된 경우, 국세기본법 제26조의2 제6항 제5호에 기하여, 과세관청은 증액경정할 수 있다. 상속세 등에 있어 상속재산의 사후적 변경 (증가) 등이 있는 경우를 본다.

① 피상속인의 사망 후 상속인이 상속세를 신고한 다음 피상속인이 생전에 신고한 소득 세에 대하여 감액경정사유가 있음을 발견하고 경정청구를 통하여 감액경정을 받은 경우, 감액 경정으로 인한 환급청구권이 상속재산인지 여부이다.

법적 근거없이 성립한 세액 이상으로 납부하였다면 '납부의 기초가 된 신고 또는 부과의 취소·경정'이 이루어지지 않았다 하더라도 납부와 동시에 환급청구권은 잠재적으로 발생하였 다고 보되, 이후 '납부의 기초가 된 신고 또는 부과의 취소·경정'이 이루어지면 '취소·경정' 으로 세액의 확정효가 소급적으로 소멸함으로써 환급청구권이 납부시로 소급하여 확정적으로 발생한다고 봄이 상당하다. 따라서 상속재산으로 보아 증액경정을 할 수 있다.

② 피상속인이 생전에 그에게 과하여진 소득세 부과처분에 대하여 항고소송으로 다투던 중 사망하였는데, 상속인이 소송을 수계하여 다툰 결과 승소함으로써 처분이 취소된 경우, 처 분의 취소로 인한 환급청구권이 상속재산인지 여부이다.

부과처분 취소소송에서 취소판결이 선고되고 그 판결이 확정된 경우 판결의 소급효에 의 하여 당초 부과처분은 처분시에 소급하여 효력을 상실하기 때문에 그 처분에 기하여 납부한 세금은 납부의 시점부터 법률상 원인을 결하는 것이고, 소득세 등과 관련한 과납금의 환급청 구권은 납부시점에 있어 이미 발생하고 있었던 것이 된다. 이러한 경위로 발생한 환급청구권 은 피상속인의 상속재산을 구성한다. 따라서 관세관청은 이를 상속재산으로 보아 증액경정을 할 수 있다.

대법원 2006. 8. 24. 선고 2004두3625 판결

『나. 원심판결의 이유에 의하면, 원심은 원고를 포함한 상속인들이 망인에게 부과되었던 양도 소득세에 대한 부과처분이 취소됨에 따라 환급받은 국세환급금은 상속개시일인 1993. 11. 13.부터 약 2년 이후인 1995. 9. 13. 환급이 결정된 사실을 인정한 다음, 당초 위 국세환급금은 상속세 신 고시 이를 신고할 수가 없었던 부분이고, 이처럼 상속세 신고기한인 상속개시를 안 날부터 6개월이 지나서 발생이 확정된 부분은 상속세 신고 또는 수정신고의 대상이 아니어서, 이에 대한 신고 또는 수정신고를 하지 않았다고 하여 상속인들을 비난할 수도 없으므로 이 부분은 신고불성실가산세를 부과할 수 없는 정당한 사유가 있는 경우에 해당한다는 이유로 신고불성실가산세 산정에 있어 미신 고 과세표준에서 제외하는 것이 옳다고 판단하였다.

그러나 구 상속세법(1993. 12. 31. 법률 제4662호로 개정되기 전의 것) 제10조, 구 상속세법

시행령(1993. 12. 31. 대통령령 제14082호로 개정되기 전의 것) 제7조는 소송 중의 권리도 상속재산에 포함됨을 전제로 그 평가방법을 규정하고 있는데, 원심이 확정한 사실관계에 의하더라도 원고를 포함한 상속인들이 이 사건 상속세 신고 당시 위 양도소득세 부과처분 취소의 소를 제기한 상태였다는 것이므로, 사정이 그러하다면 원고를 포함한 상속인들은 위 국세환급금 청구권을 상속재산으로 신고하였어야 할 것이고, 위 국세환급금 청구권이 이 사건 상속세 신고 당시 확정되지 아니하였다는 사유만으로는 미신고에 정당한 사유가 있다고 할 수 없다.

그럼에도 원심이 이 사건 신고불성실가산세를 산정하면서 환급금 404,901,497원을 신고하여야 할 과세표준에서 제외한 것은 신고불성실가산세 산정에 관한 법리를 오해하여 판결 결과에 영향을 미친 위법이 있다. 이 점을 지적하는 피고의 이 부분 상고이유는 이유 있다.

다. 상속세 납부불성실가산세는 납세의무자로 하여금 성실하게 납부하도록 유도하고 그 납부의무의 이행을 확보함과 아울러 신고납부기한까지 미납부한 금액에 대하여는 금융혜택을 받은 것으로 보아 그 상당액을 납부하도록 함에 그 취지가 있는 것인바, 앞서 본 바와 같이 이 사건 국세환급금에 관하여 미신고에 정당한 사유가 없는 이상, 원심이 납부불성실가산세 산정을 위한 상속재산가액에 위 국세환급금을 포함한 것은 관계 법령과 위 법리에 비추어 보면 정당한 것으로 수긍이 가고, 거기에 원고의 상고이유에서 주장하는 바와 같은 납부불성실가산세에 관한 법리오해 등의 위법이 없다.』

③ 상속인들 사이에 유류분반환청구권이 행사되어 상속분의 변경이 있고, 그 중 상속분이 증가된 상속인이 어떻게 자진신고납부하여야 하는 것인지에 대한 규정이 없다. 입법론으로 해당 상속인이 자진신고납부를 할 수 있는 규정을 두어야 할 것이다.

(2) 추가신고납부(추가신고 · 자진납부)[7]

소득세법 시행령 제134조(추가신고납부)

『① 종합소득 과세표준확정신고기한이 지난 후에 법인세법에 따라 법인이 법인세 과세표준을 신고하거나 세무서장이 법인세 과세표준을 결정 또는 경정하여 익금에 산입한 금액이 배당 · 상여 또는 기타소득으로 처분됨으로써 소득금액에 변동이 발생함에 따라, 종합소득 과세표준확정신고 의무가 없었던 자, 세법에 따라 과세표준확정신고를 하지 아니하여도 되는 자 및 과세표준확정신고를 한 자가 소득세를 추가 납부하여야 하는 경우, 해당 법인(제192조 제1항 각 호 외의 부분 단서에 따라 거주자가 통지를 받은 경우에는 그 거주자를 말한다)이 제192조 제1항에 따른 소득금액변동통지서를 받은 날(법인세법에 따라 법인이 신고함으로써 소득금액이 변동된 경우에는 그 법인의 법인세 신고기일을 말한다)이 속하는 달의 다음다음 달 말일까지 추가신고납부한 때에는 법 제70조 또는 제74조의 기한까지 신고납부한 것으로 본다.[8]

---

7) 대법원 2006. 7. 27. 선고 2004두9944 판결에서, 소득처분에 의한 소득 귀속자의 종합소득세 납부불성실가산세의 기산일을, 소득세법 시행령 제134조 제1항에 규정에 터잡아, '소득금액변동통지서를 받은 날이 속하는 달의 다음 달 말일의 다음 날'이라고 보고 있다.

8) 소득세법 시행령 제192조 제1항 단서는, 법인에게 소득금액변동통지서를 송달할 수 없는 경우에 소득처분을

② 종합소득 과세표준확정신고를 한 자가 그 신고기한 내에 신고한 사항 중 정부의 허가·인가·승인 등에 의하여 물품가격이 인상됨으로써 신고기한이 지난 뒤에 당해소득의 총수입금액이 변동되어 추가로 신고한 경우에는 법 제70조 또는 법 제74조의 규정에 의하여 신고한 것으로 본다.

③ 법 제164조 제9항에 따라 국세청장이 제공한 기타소득지급명세서에 따라 종합소득 과세표준확정신고를 한 자가 그 제공받은 내용에 오류 등이 있어 소득세를 추가신고납부(제215조 제7항 후단에 따른 통지를 받고 그 받은 날이 속하는 달의 다음다음 달 말일까지 추가신고납부하는 경우를 포함한다)한 때에는 법 제70조 또는 제74조에 따른 기한까지 신고납부한 것으로 본다.

④ 종합소득 과세표준 확정신고를 한 자가 그 신고기한이 지난 후에 법원의 판결·화해 등에 의하여 부당해고기간의 급여를 일시에 지급받음으로써 소득금액에 변동이 발생함에 따라 소득세를 추가로 납부하여야 하는 경우로서, 법원의 판결 등에 따른 근로소득원천징수영수증을 교부받은 날이 속하는 달의 다음다음 달 말일까지 추가신고납부한 때에는 법 제70조 또는 제74조의 기한까지 신고납부한 것으로 본다(제4항).

⑤ 제1항부터 제4항까지의 규정에 따라 추가신고납부를 할 때 세액감면을 신청한 경우에는 법 제75조 제1항에 따라 세액감면을 신청한 것으로 본다.』

위 규정은 엄격히 말하면 사정변경에 기한 증액경정으로 보기 어렵다. 과세표준확정신고 후 사정변경이 발생하여 추가로 소득 등이 발생하여 추가납부할 사유가 생겼고, 그 사유발생일부터 일정한 기간 내에 추가신고납부한 경우 소득세법 제70조(종합소득과세표준 확정신고) 또는 제74조(과세표준확정신고의 특례)에 따른 기한까지 신고납부한 것으로 본다는 것이다. 그리고 소득처분으로 소득금액에 변동이 발생함에 따라 생긴 소득은 그 해당 소득이 실제로 귀속된 과세기간이 종료한 때 성립함을 전제로 한 것이다.

여기서 대법원 2016. 7. 14. 선고 2014두45246 판결을 본다. 즉 종합소득 확정신고기한이 경과한 후 소득처분에 의하여 소득금액에 변동이 발생하여 원천납세의무자가 종합소득 과세표준 및 세액을 추가신고하는 경우 추가신고하는 대상은 소득금액변동통지서를 받은 법인이 원천징수세액을 납부하였는지와 관계없이 소득처분에 의하여 소득금액이 변동됨에 따라 늘어나게 되는 종합소득 과세표준 및 세액 전부이고, 이때 원천납세의무자가 추가신고 대상이 된 과세표준과 세액 전부에 대하여 경정청구권을 행사할 수 있으며, 다만 원천납세의무자가 경정청구권을 행사함에 따라 환급청구권이 발생하는 경우 원천징수의무자 명의로 납부된 세액에 관한 환급청구권자는 원천징수의무자로 보아야 한다는 것이다.

받은 거주자에게 보충적으로 송달을 이행함으로써 법인에게 원천징수의무를 발생시키기 위한 규정이 아니라, 소득처분을 받은 거주자에게 소득세법 시행령 제134조 제1항에 따른 종합소득 과세표준의 추가신고 및 자진납부의 기회를 주기 위하여 마련한 특칙이다(대법원 2013. 9. 26. 선고 2010두14579 판결).

3. 실체적 오류의 시정방법

가. 실지조사결정(경정)과 추계조사결정(경정)의 의의

(1) 법률의 규정

과세관청이 과세표준 및 세액을 결정하거나 경정함에 있어, 납세의무자가 세법에 따라 장부를 갖추어 기록하고 있는 경우에는 해당 국세 과세표준의 조사와 결정은 그 장부와 이에 관계되는 증거자료에 의하여야 하고(국세기본법 제16조 제1항), 이에 따라 국세를 조사·결정할 때 장부의 기록 내용이 사실과 다르거나 장부의 기록에 누락이 있을 때에는 그 부분에 대해서만 정부가 조사한 사실에 따라 결정할 수 있다(국세기본법 제16조 제2항).

한편, 소득세법 제80조 제3항, 제114조 제7항(양도소득), 법인세법 제66조 제3항, 신 부가가치세법 제57조 제2항, 개별소비세법 제11조 제2항, 주세법 제24조 제3항 등에 의하면 '장부나 그 밖의 증명서류'를 근거로 소득금액 등을 계산하거나 과세표준 및 세액을 결정하거나 경정하도록 하면서, 장부나 그 밖의 증명서류가 없거나 이를 근거로 산정할 수 없는 경우에는 이를 추계조사결정하거나 경정할 수 있다는 취지로 정하고 있다.

(2) 용어에 관하여

통상 '장부나 그 밖의 증명자료(＝증거자료)'에 근거하여 소득금액 또는 과세표준과 세액을 결정하거나 경정하는 것을 '실지조사결정(경정)', '장부나 그 밖의 증명자료'에 의하지 아니하고 각 그 해당 법령 소정의 방법에 따라 이를 결정하거나 경정하는 것을 '추계조사결정(경정)'이라고 한다. 방법을 칭할 때는 '실지조사방법', '추계조사방법'이라고 부른다.

그러나 '실지조사'란 세무조사, 즉 '부과처분을 위한 실지조사'[제1장 제13절 1. (4) 참조]를 의미하므로, 혼동을 방지하기 위하여, '장부 등 증거자료에 기한 결정(경정)' 또는 '장부 등에 기한 결정(경정)', '장부(등)조사결정(경정)'이라고 부르고, 방법을 칭할 때는 '장부(등)조사방법'이라고 함이 적절하다.[9] 다만 여기서 '조사'라는 말은 '증거조사'를 뜻한다. 한편, 추계에 관하여는 추계조사결정(경정), '추계결정·경정'이라는 용어가 실정법상 사용된다.

나. 추계조사결정(경정)

(1) 추계(Schätzung)란 무엇인가? 세법 절차의 고유한 특성인가?

소득세법상 '수입금액' 또는 '소득금액'의 진실 여부는 사실인정의 문제이고 사실인정은 최종적으로 법원이 한다. 추계라 함은 자유심증주의 아래에서 사실을 확인하고 사안을 규명하는 하나의 방법이다. 이는 그 사실확인을 법원이 최종적으로 한다는 의미이지, 과세관청이 자

---

9) 대법원 2006. 1. 26. 선고 2005두6300 판결 등에서 '실지조사권'이라는 용어를 사용하는데, 그 의미가 불분명하나 세무조사 즉 부과처분을 위한 실지조사를 할 수 있는 권한을 의미하는 것으로 보인다.

유심증주의 아래에서 사실인정을 하는 것을 배제하는 것은 아니다.

과세관청은 직권에 의하여 모든 사실관계를 조사하여야 하고 조세채무자의 주장이나 그가 제출하는 증거에 구속될 수 없다. 조세채무자에게 유리한 사유든, 불리한 사유든 모두 조사하여 '수입금액' 또는 '소득금액'의 진실 여부를 가릴 의무가 있다. 그러나 수입금액이나 소득금액 등을 확인할 수 없는 경우라면 과세를 포기할 수 없는 이상 부득이 추계조사방법을 사용할 수밖에 없다.

추계조사방법이 법정되어 있다는 점을 제외한다면, '사실인정에 필요한 확신의 정도(증명도)'에 있어, 실지조사결정은 '고도의 개연성의 확신'(십중팔구 확실하다는 확신)이 필요하지만, 추계조사결정에 있어서는 '증명도가 경감'된다는 점에서 구별된다. 다만 소명으로는 부족하다.

한편 손해배상소송에서도 증명도의 경감을 인정하고 있다. 판례는 장래의 일실이익에 관한 증명에 있어서 그 증명도는 과거사실에 대한 증명의 경우보다 경감되어 합리성과 객관성을 잃지 않는 범위 내에서 상당한 개연성이 있는 증명이면 되고, 손해액이 불분명한 경우 구체적 증거에 의하여 인정하는 대신 평균수입액에 관한 통계적 증거로 산정하는 것도 공평성과 합리성이 보장되는 한 허용된다고 하였다.[10]

따라서 추계는 증명도(Beweismäß)의 문제로서 세법 절차의 고유한 특성이라고 할 수 없다. 다만 추계조사결정에는 증명도가 경감된다는 점에서 이를 정당화할 수 있는 객관적 추계사유(정당화 사유)가 있어야 함은 당연하다.

(2) 구별상의 경계에서 발생하는 문제점

⑺ 추계와 평가의 구별

예를 들어 분양된 아파트 단지의 한 세대의 분양대금이 밝혀졌으나 나머지 세대의 분양대금이 밝혀지지 아니한 경우, 이미 밝혀진 분양대금에 분양세대수를 곱한 금액을 총수입금액으로 결정할 수 있는지 여부 및 그 총수입금액의 결정이 실지조사결정인지 아니면 추계조사결정인지가 문제된다. 이는 추계와 평가의 구별에 관한 문제로서 어려움이 있다.

상속세 및 증여세법상 자산의 평가는 시가에 의하되 보충적 평가방법이 허용되나 이를 추계라고 하지 않는바, 추계와 자산의 평가는 구별되어야 할 것이다. 위 사례에 있어 그 밝혀진 금액이 다른 세대 분양대금보다 적은 최소한의 금액인 경우 이를 기준으로 다른 세대의 분양대금을 동일하게 평가하더라도 허용되어야 할 것이고, 이는 추계가 아닌 실지조사결정으로 보아야 할 것이다.

다만 소득세법 제114조 제7항에 의하면 자산의 양도당시 또는 취득당시의 실지거래가액을 인정 또는 확인할 수 없는 경우에는 대통령령으로 정하는 바에 따라 양도가액 또는 취득가

---

10) 독일 민사소송법 제287조 제1항은 증명곤란에 대비하여 손해의 발생 및 손해액에 대하여는 제반사정을 고려하여 자유로운 심증으로 재판할 수 있다는 취지로 정하고 있다.

액을 매매사례가액, 감정가액, 환산가액(실지거래가액·매매사례가액 또는 감정가액을 대통령령이 정하는 방법에 따라 환산한 취득가액을 말한다) 또는 기준시가 등에 따라 추계조사하여 결정 또는 경정할 수 있다고 규정하고 있다. 양도소득에 있어서는 법률의 규정에 따라 평가의 문제가 아니라 추계의 문제로 다루고 있다.

(나) 장부나 그 밖의 증명자료의 개념

소득세법 제160조에서, 사업자의 장부의 비치 및 기록의무를 정하면서 업종별 규모에 따라 복식부기의무자와 간편장부대상자(간편장부대상자는 신규사업자 또는 직전 과세기간의 수입금액이 농업 등의 경우 3억 원 미만, 제조업 등의 경우 1억5,000만 원 미만, 부동산임대업 등의 경우 7,500만 원 미만의 경우를 말한다)로 구별하고 있다. 여기서 장부(books)라 함은 '사업의 재산상태와 그 손익거래내용의 변동을 빠짐없이 이중으로 기록하여 계산하는 부기형식의 장부'를 말한다(시행령 제208조 제1항).

그렇다면 '그 밖의 증명자료'라 함은 무엇을 의미하는가? 이는 법이 예정하고 있는 장부는 아니나 실액을 산정할 수 있는 서류(records, papers)나 그 밖의 물건인 증거자료를 말하고, 이러한 증거자료가 존재한다면 실지조사방법에 의하여야 할 것이다(대법원 1995. 7. 25. 선고 95누2708 판결 참조). 여기에는 매매계약서, 임대차계약서, 영수증, 납세의무자의 금융기관계좌, 형사사건의 수사기록이나 판결문, 뒤에서 보는 확인서 등이 포함될 수 있다. 나아가 과세자료의 제출 및 관리에 관한 법률 제14조 소정의 과세자료 제출기관이 작성한 것으로 제5조 소정의 과세자료에 해당되어 제7조에 따라 세무관서 등에 제출된 것도 포함될 수 있다. 이러한 서류에 터잡아 수입금액이나 소득금액을 계산할 수 있다면 그 계산은 실지조사방법으로 봄이 상당하다.

다. 사실상의 합의

(1) 과세관청이 세무조사를 종결할 때 경정 등 부과처분에 갈음하여 조세채무자에게 수정신고를 권장(종용)하는 경우(제1장 제13절 7. 가. 및 제3장 제1절 6. 다. 참조)가 있는가 하면, 그 증명곤란을 피하기 위하여 조세채무자와 사이에 '사실상의 합의'를 한 다음 '확인서' 등을 징구하는 경우도 있다. 후자를 '협의과세'라고 부르기도 한다.11)12)

---

11) 오윤, 전게서, 154면에서, "실액과세의 근거를 찾을 수 없을 때 추계과세를 하게 된다. 추계과세를 위한 사실관계의 확정 그리고 합리적이고 타당한 추계방법의 물색은 과세관청에게도 역시 어려운 일이 된다. 과세관청과 납세자가 협상에 의해 적절하고 합리적인 수준에서 세액을 결정하게 된다면 이와 같은 어려움을 극복하는 한편, 부수적으로는 사실관계의 확정을 위한 비용 및 사실관계의 부실한 확정을 둘러싼 분쟁을 줄이는 긍정적인 점을 이해할 수도 있을 것이다. 우리나라에는 협의과세제도가 도입되어 있지 않다. 이는 비록 사전에 규정된 성문법을 적용하여야 할 뿐 그것을 벗어나는 것을 엄격히 제한하는 법전통을 가지고 있는 대륙법계 국가에 속하지만 세법 집행의 현실을 인정하여 협의과세를 허용하는 프랑스 그리고 다소 불완전한 행태이기

제3장 조세채무자에게 불리한 증액경정 등 623

(2) 이러한 '사실상의 합의'의 법적 성질을 어떻게 보아야 할 것인지(공법상 계약인지, 아니면 신의성실의 원칙에 따라 해결하여야 하는지), 그 요건을 어떻게 보아야 할 것인지(진정성립 내지 증거의 적격성, 확인서에 구속력을 부여하겠다는 의사가 있는지 여부, 증거의 신빙성), 합의의 대상은 무엇인지(사실인정의 문제뿐만 아니라 법률 문제까지 합의를 할 수 있는지), 합의에 하자가 있는 경우 어떻게 처리하여야 하는 것인지(어떠한 경우 무효로 보아야 하고, 어떠한 경우 취소사유로 보아야 하는 것인지) 등 여러 문제점이 발생할 수 있다.

우리나라에서 본격적인 논의는 없는 듯하다. 이러한 '사실상의 합의' 또는 '확인서' 문제를 음지에 놓아둘 것이 아니라 양지로 꺼내어 그 순기능과 역기능을 규명함과 동시에 이를 적극적으로 통제하여야 할 것이다.

(3) 참고로 대법원 판례를 소개한다.

첫째, 원고는 식당을 경영하던 중 1997년분 종합소득세를 확정신고하였으나 과세관청은 세무조사에 의하여 7개월분은 장부에 터잡아 수입금액을 산출하고 나머지 5개월분은 장부 기재가 없어 원재료 소비액이 매출의 일정비율을 차지한다고 보아 매출액을 추산한 다음 원고로부터 같은 취지의 확인서를 받아 이에 근거하여 과세한 사안에서, 대법원은 원고로부터 수입금액에 관한 확인서를 받아 이에 근거하여 과세표준을 산출하였다면, 확인서의 적격성이나 신빙성을 의심할 만한 특별한 사정이 없는 이상, 이 사건 처분은 추계조사가 아니라 실지조사 방법에 의한 적법한 처분이라고 인정하였다(대법원 2002. 8. 13. 선고 2001두3679 판결 참조).

둘째, 세무조사과정에서 납세의무자의 주류매출액 누락분이 밝혀지자 조사공무원이 이에 기초하여 기장된 음식물 총판매수입금액과 주류 총판매수입금액의 비율에 따라 월별로 기장 누락된 수입금액을 산출하여 제시하자, 이에 납세의무자가 확인서와 매출누락명세서로써 그 월별 수입금액을 확인해 주었으며, 관할 세무서장은 위 확인서와 매출누락명세서 등에 기재된 수입금액을 근거로 누락된 수입금액을 확정·합산하여 총수입금액 및 공급가액을 산정한 후

는 하지만 이를 허용하는 독일 및 일본의 경우에 비추어 볼 때 우리 국회의 조심스러운 입법태도를 발견할 수 있는 부분이다. 그런데 실제 우리나라에서 세법이 집행되는 현실을 보면 협의과세와 같은 방식으로 운영되는 사례를 적지 않게 발견할 수 있다. 법제와 법집행의 괴리는 납세자의 권익보호에 미진한 결과를 가져올 수 있는 한편, 법집행상 부정과 오류를 초래할 가능성도 가져오게 마련이다."라고 적고 있다.

12) 오윤, 전게서, 62면에서, "미국에서도 헌법상 성문법에 의한 조세부과징수원칙이 규정되어 있다. 이에 따라 조세입법권이 입법부에 있지만 입법부는 행정부에 위임입법권 및 협의과세권을 부여함으로써 자신의 권한이나 법원의 권한의 일부를 양허하고 있다. 연방의회가 조세입법권을 가지고 있지만 연방의회 스스로 행정부로 하여금 조세법을 집행할 때 재량껏 적용할 수 있는 길을 열어 놓고 있다. 예를 들어 미국 내국세입법 제7121조는 종결합의(closing agreement)에 대해 규정하고 있다. 행정부에 조사단계에서 납세자와 협의과세를 할 수 있는 권한을 폭넓게 인정하고 있는 것이다. 소송단계에서도 납세자와 합의가 가능하다. 법원은 금반언의 원칙에 따라 종결합의에 사기나 부정한 행위가 없다는 조건으로 이를 존중한다. 법원은 제3자의 이해관계를 감안하여 소송단계의 합의내용의 수용여부를 결정한다."라고 적고 있다.

종합소득세 및 부가가치세 부과처분을 한 경우, 관할 세무서장은 실제 그 각 부과처분을 함에 있어서 납세의무자 스스로 작성한 확인서 등에 근거하여 누락된 부분의 수입금액을 산정함으로써 구 소득세법(1993. 12. 31. 법률 제4661호로 개정되기 전의 것) 제118조 소정의 실지조사방법에 의하였다 할 것이다(대법원 2000. 12. 22. 선고 98두1581 판결 참조).

셋째, 법인의 소득금액을 결정함에 있어 익금에 산입할 수익이 있었는지의 여부나 그 수익액이 얼마인지에 대한 입증책임은 원칙적으로 과세관청에 있는 것이고(대법원 1993. 2. 23. 선고 92누15161 판결 등 참조), 또 일반적으로 납세의무자의 신고내용에 오류 또는 탈루가 있어 이를 경정함에 있어서는 장부나 증빙에 의함이 원칙이라고 하겠으나, 진정성립과 내용의 합리성이 인정되는 다른 자료에 의하여 그 신고내용에 오류 또는 탈루가 있음이 인정되고 실지조사가 가능한 때에는 그 다른 자료에 의하여서도 이를 경정할 수 있지만, 납세의무자가 제출한 매출누락사실을 자인하는 확인서에 매출사실의 구체적 내용이 들어 있지 않아 그 증거가치를 쉽게 부인할 수 없을 정도의 신빙성이 인정되지 아니한다면, 비록 납세의무자의 확인서라고 하더라도, 이는 실지조사의 근거로 될 수 있는 장부 또는 증빙서류에 갈음하는 다른 자료에 해당되지 아니한다고 할 것인데(대법원 1998. 7. 10. 선고 96누14227 판결 참조), 기록에 의하면 이 사건 과세처분의 자료가 될 만한 것으로는 원고 회사에 대한 세무조사 당시 담당 공무원의 요구에 의하여 원고 회사 직원들과 대표이사가 날인한 확인서(을제25호증)밖에 없는데, 위 확인서에는 '재고부족에 따른 매출누락 : 71,498개 pcs 488,545,126원(부가세 포함된 판매가)'이라는 결론적인 내용만이 기재되어 있을 뿐, 구체적인 거래시기나 거래금액, 거래방법 등에 관하여는 아무런 기재가 없을 뿐만 아니라 그 기재 내용을 뒷받침하는 구체적인 매출사실에 대한 증빙자료도 전혀 없으며, 오히려 원고 회사가 1년 동안 약 3,000여 종의 의류를 판매하면서 약 1,500만 개의 제품이 입·출고되는 등 그 영업형태나 거래규모 등에 비추어 보면, 도난, 폐기, 훼손 등으로 인한 정상적인 감모손실분도 당연히 있을 것이라고 추정되는데 위 확인서의 기재 내용은 재고부족분 전부가 매출된 것이라는 내용이어서 이는 거래통념에 비추어 객관적 진실에도 반하는 것이라고 할 것이므로, 위 확인서만 가지고서는 이 사건 재고부족분이 감모손실 등의 사유로 인한 것이 아니라거나 그 부족분 전부가 매출되어 피고가 익금에 가산한 금액만큼의 매출수익이 있었다고 인정하기는 어렵다(대법원 2003. 6. 24. 선고 2001두7770 판결 참조).

라. 추계의 정당화 사유(추계사유)

(1) 소득세법상 사업자는 원칙적으로 재산상태와 손익거래내용의 변동을 빠짐없이 기록하여야 할 의무가 있는데(소득세법 제160조), 여기서 '빠짐없이'라 함은 그 기록 내용이 진실에 부합함과 동시에 그 항목에 있어 누락됨이 없이 완전하여야 함을 의미한다. 나아가 사업자는 이러한 장부의 비치·기록의무뿐만 아니라 이러한 장부에 터잡은 재무상태표·손익계산서 등을

작성함과 동시에 이를 첨부하여 종합소득 과세표준확정신고를 하여야 하므로, 비록 명문의 규정이 없다 하더라도 확정신고 또한 진실에 부합된 성실한 신고(적정한 신고)임을 전제한다.

장부의 비치·기록의무나 성실신고의무를 게을리하는 등 이를 이행하지 아니한 사람이 이러한 의무를 성실히 이행한 사람보다 세액확정절차에서 더 좋은 위치를 점할 수는 없다. 이러한 의무를 게을리한 사람에 대하여 과세포기라는 특혜를 주어서도 안 된다. 따라서 이러한 경우 통계적·경험적 근거에 터잡아 증명도를 상당히 감경시킨 범위에서 소득금액 등을 추계하여 과세하는 방법을 취하게 된다.

(2) 추계사유로서, 소득세법 시행령 제143조 제1항에 의하면, 장부가 없는 경우나 증빙서류가 없는 경우, 장부나 증빙서류의 중요부분이 미비 또는 허위인 경우, 기장의 내용이 시설규모 또는 원자재 사용량 등에 비추어 허위임이 명백한 경우를 들고 있다.

① 장부가 없는 경우라 함은 당초부터 장부를 작성하지 아니하여 제출할 수 없는 경우 및 장부의 제출을 거부하는 경우와 분실 또는 멸실 등을 포함하며, 조세채무자의 귀책여부와 무관하다.

② 장부나 증빙서류의 중요부분이 미비 또는 허위인 경우란 어떠한 경우인가?

대법원은 "원고의 장부와 비치된 증빙서류에 의한 매출분이 금 623,898,624원인 데 비하여 세무조사로 적출된 매출누락분이 금 347,636,170원이라면 그 기장비율은 64.73퍼센트에 지나지 아니하니 위의 장부나 증빙서류 전체의 기재내용에 대한 정확성과 신빙성이 문제되어 이러한 경우는 장부와 증빙서류의 중요부분이 미비 또는 허위인 때에 해당한다고 할 것이다."라고 판시하고 있다(대법원 1986. 9. 9. 선고 86누24 판결 참조).

③ 납세자가 비치·기장한 장부나 증빙서류 중 일부가 허위로 기재된 부분이 있다 하더라도 그 부분을 제외한 나머지 부분은 모두 사실에 부합하는 자료임이 분명하여 이를 근거로 과세표준을 계산할 수 있는 경우라면, 실지조사방법에 의하여야지 추계조사방법은 허용되지 아니한다(대법원 1996. 1. 26. 선고 95누6809 판결 참조).

(3) 소득세법상 추계과세는 수입금액이나 과세표준의 근거가 되는 납세자의 장부나 증빙서류 등이 없거나 그 중요부분이 미비 또는 허위이어서 근거과세의 방법으로 사용할 수 없는 경우에 예외적으로 인정되는 것이므로, 과세관청으로서는 납세의무자가 제시하는 제반 서류 등이 미비하거나 그 내용이 허위라고 의심할 부분이 있으면 그 부당성을 지적하고 새로운 자료를 제시받아 실지조사를 한 연후에 그렇게 하더라도 그 과세표준과 세액을 결정할 수 없고 그 조사결과 제반 증빙서류의 내용이 명백히 허위라고 판명된 경우에 한하여 비로소 추계조사방법으로 그 수입금액이나 과세표준을 결정할 수 있는 것이다(대법원 1995. 1. 12. 선고 94누10337 판결 참조).

(4) 추계는 총수입금액과 그 필요비용 모두를 대상으로 하거나 또는 그 한쪽만에 대하여

도 가능하며, 총수입금액과 과세표준의 산정단계에서 어느 한쪽이라도 실지조사가 가능하면 그 부분은 실지조사에 의하여야 한다(대법원 2010. 10. 14. 선고 2008두7687 판결 참조). 왜냐하면 소득세법 시행령 제144조 제4항에 의하면 사업자의 수입금액을 추계결정 또는 경정함에 있어서 거주자가 비치한 장부와 기타 증빙서류에 의하여 소득금액을 계산할 수 있는 때에는 당해 과세기간의 과세표준과 세액은 실지조사에 의하여 결정 또는 경정하여야 한다는 취지로 규정하고 있기 때문이다.

(5) 소득세법이 소득세과세표준의 결정은 실지조사결정에 의하는 것을 원칙으로 하고 실지조사결정이 불가능할 경우에만 예외적으로 추계조사결정의 방법에 의하도록 하고 있음에 비추어 실지조사방법에 의하여 결정된 소득세액이 추계조사방법에 의하여 결정된 소득세액보다 많은지 적은지에 따라 그 과세표준의 결정방법의 적법 여부가 좌우되는 것은 아니다(대법원 1996. 1. 26. 선고 95누6809 판결 참조). 또한 납세자 스스로 추계의 방법에 의한 조사결정을 원하고 있다는 사유만으로 추계과세의 요건이 갖추어진 것으로 볼 수 없다.

4. 추계조사방법

가. 수입금액의 추계

(1) 소득세법 시행령 제144조(추계결정·경정시의 수입금액의 계산)

『① 사업자의 수입금액을 장부 기타 증빙서류에 의하여 계산할 수 없는 경우 그 수입금액은 다음 각 호의 1의 방법에 의하여 계산한 금액으로 한다. …
② 법 제21조 제1항 제7호에 따른 기타소득에 대한 수입금액을 장부 기타 증빙서류에 의하여 계산할 수 없는 경우 그 수입금액은 다음 각 호의 어느 하나의 금액에 의한다. …』

(2) 위 추계방법은 '사업소득 및 기타소득의 수입금액'에 관한 것으로서 제한적·열거적으로 봄이 상당하다(대법원 1999. 10. 8. 선고 98두915 판결 참조). 열거된 계산방법 등은 합리성과 객관성을 잃지 않은 범위 내에서 상당한 개연성이 인정되는 한 그 적용을 긍정하여야 할 것이다.

나. 소득금액의 추계(비용의 추계: 기준경비율 및 단순경비율)

(1) 소득세법 시행령 제143조 제3항

『③ 법 제80조 제3항 단서에 따라 소득금액의 추계결정 또는 경정을 하는 경우에는 다음 각 호의 방법에 따른다. 다만, 제1호의2는 단순경비율 적용대상자만 적용한다.(개정 2020. 2. 11.)

　　1. 수입금액에서 다음 각 목의 금액의 합계액(수입금액을 초과하는 경우에는 그 초과하는 금액은 제외한다)을 공제한 금액을 그 소득금액(이하 이 조에서 "기준소득금액"이라 한다)으로 결정 또는 경정하는 방법. 다만, 기준소득금액이 제1호의2에 따른 소득금액에 기획재정부령으로 정하는 배율을 곱하여 계산한 금액 이상인 경우 2021년 12월 31일이 속하는 과세기간의 소득금액을 결정 또는 경정할 때까지는 그 배율을 곱하여 계산한 금액을 소득금액으로 결정할 수 있다.

　　　가. 매입비용(사업용 유형자산 및 무형자산의 매입비용을 제외한다. 이하 이 조에서 같다)과 사업용 유형자산 및 무형자산에 대한 임차료로서 증빙서류에 의하여 지출하였거나 지출할 금액

　　　나. 종업원의 급여와 임금 및 퇴직급여로서 증빙서류에 의하여 지급하였거나 지급할 금액

　　　다. 수입금액에 기준경비율을 곱하여 계산한 금액. 다만, 복식부기의무자의 경우에는 수입금액에 기준경비율의 2분의 1을 곱하여 계산한 금액

　　1의2. 수입금액(고용정책 기본법 제29조에 따라 고용노동부장관이 기업의 고용유지에 필요한 비용의 일부를 지원하기 위해 지급하는 금액으로 기획재정부령으로 정하는 것은 제외한다. 이하 이 호에서 같다)에서 수입금액에 단순경비율을 곱한 금액을 공제한 금액을 그 소득금액으로 결정 또는 경정하는 방법

　　1의3. 법 제73조 제1항 제4호에 따른 사업소득(이하 "연말정산사업소득"이라 한다)에 대한 수입금액에 제201조의11 제4항에 따른 연말정산사업소득의 소득률을 곱하여 계산한 금액을 그 소득금액으로 결정 또는 경정하는 방법

　　2. 기준경비율 또는 단순경비율이 결정되지 아니하였거나 천재·지변 기타 불가항력으로 장부 기타 증빙서류가 멸실된 때에는 기장이 가장 정확하다고 인정되는 동일업종의 다른 사업자의 소득금액을 참작하여 그 소득금액을 결정 또는 경정하는 방법. 다만, 동일업종의 다른 사업자가 없는 경우로서 과세표준확정신고후에 장부등이 멸실된 때에는 법 제70조의 규정에 의한 신고서 및 그 첨부서류에 의하고 과세표준확정신고전에 장부등이 멸실된 때에는 직전과세기간의 소득률에 의하여 소득금액을 결정 또는 경정한다.

　　3. 기타 국세청장이 합리적이라고 인정하는 방법』

(2) 기준경비율제도 도입취지

2001. 1. 1. 이전 시행되었던 표준소득률제도는 무기장사업자에게 지출경비에 대한 입증책임을 면제함으로써 근거과세에 장애를 가져오고 추계요건의 적용을 둘러싼 분쟁 또한 빈번하였는바, 기준경비율제도의 시행으로 일정규모 이상의 사업자에 대하여 장부기장을 적극 유도함으로써 거래의 투명성 확보와 근거과세의 확립에 중요한 계기를 마련하게 되었다고 설명된다.

(3) 소득금액 계산방법(산식)

* 기준경비율에 의한 소득금액 계산방법

　기준소득금액 = 수입금액 − 주요경비(매입비용 + 임차료 + 인건비) − (수입금액 × 기준경비율)

* 단순경비율에 의한 소득금액 계산방법

소득금액 = 수입금액 − (수입금액 × 단순경비율)

　* 복식부기의무자의 경우 공제되는 것이 '(수입금액 × 기준경비율)'이 아니라 '(수입금액 × 기준경비율 × 1/2)'이다.

　(4) 조세채무자의 선택권

　소득세법 시행령 제143조 제3항 제1호 단서에 의하면 기준소득금액이 제1호의2에 따른 소득금액에 기획재정부령으로 정하는 배율을 곱하여 계산한 금액 이상인 경우 2021. 12. 31.이 속하는 과세기간의 소득금액의 결정 또는 경정할 때까지는 과도기적으로 그 배율을 곱하여 계산한 금액을 소득금액으로 결정할 수 있도록 되어 있다.

기준소득금액 = 수입금액 − 주요경비(매입비용 + 임차료 + 인건비) − (수입금액 × 기준경비율)
　　　　　　　……………………………………………………………………………… ①의 방법

소득금액 = [수입금액 − (수입금액 × 단순경비율)] × 배율[13] ………………………………… ②의 방법

　위 ①의 방법에 의하여 산출한 기준소득금액이 ②의 방법에 의하여 산출한 기준소득금액 이상인 경우, 2021. 12. 31.이 속하는 과세기간의 소득금액의 결정 또는 경정시까지는 조세채무자에게 유리하게 ②의 방법에 의하여 소득금액을 결정할 수 있도록 정하고 있다.

　즉 기준경비율 내지 단순경비율에 의한 추계신고를 한다면 조세채무자는 위 ①의 방법에 의하여 산출한 기준소득금액과 ②의 방법에 의하여 산출한 기준소득금액을 비교하여, 2021. 12. 31.이 속하는 과세기간의 종합소득확정신고시까지, 자신에게 유리한 적은 금액을 신고할 수 있다.

　(5) 주요경비 증빙서류

　소득세법 시행령 제143조 제5항에 따라, 매입비용 및 임차료의 범위 및 증빙서류의 종류는 국세청장의 고시에 의하도록 되어 있는데, 매입비용·임차료는 세금계산서, 계산서, 신용카드매출전표, 현금영수증 등 정규의 증빙서류에 의하여야 하나 일반영수증이나 간이세금계산서를 받은 경우에는 '주요경비지출명세서'를 제출하여야 하고, 급여와 임금 및 퇴직급여에 대하여는 원천징수영수증이나 지급명세서 또는 지급관련 증빙서류를 제출하여야 할 것이다.

　(6) 단순경비율 적용대상자(소득세법 시행령 제143조 제4항 및 제7항)

　다만 직전 과세기간의 수입금액을 산정함에 있어 사후 결정 또는 경정이 있는 경우 그 증가된 수입금액을 포함하므로, 그 증가된 수입금액의 크기에 따라서는 단순경비율 대상자가 기준경비율 대상자로 변경될 수 있다.

　(7) 충당금 및 준비금의 처리방법

　법 또는 다른 법률에 따라 총수입금액에 산입할 충당금·준비금 등이 있는 자에 대한 소

───────────────

13) 소득세법 시행규칙 제67조 참조(배율: 복식부기의무자 3.4, 간편장부대상자 2.8).

득금액을 법 제80조 제3항 단서에 따라 추계결정 또는 경정하는 때에는 소득세법 시행령 제143조 제3항에 따라 계산한 소득금액에 해당 과세기간의 총수입금액에 산입할 충당금·준비금을 가산한다(소득세법 시행령 제143조 제8항). 추계신고의 경우에도 동일하다 할 것이다.

(8) 이월결손금의 미공제

이월결손금은 해당 과세기간의 소득금액에 대하여 추계신고를 하거나 법 제80조 제3항 단서에 따라 추계조사결정하는 경우에는 공제되지 아니한다. 다만 천재지변이나 불가항력적으로 장부나 그 밖의 증명서류가 멸실되어 추계신고를 하거나 추계조사결정을 하는 경우에는 공제가능하다(소득세법 제45조 제4항).

5. 추계신고와 경정

가. 추계신고의 의의

(1) 소득세법 제70조(종합소득과세표준 확정신고) 제4항에서 사업소득금액을 '법 제160조 및 제161조에 따라 비치·기록된 장부와 증명서류에 의하여 계산한 경우'와 '법 제160조 및 제161조에 따라 비치·기록된 장부와 증명서류에 의하여 계산하지 아니한 경우'로 나눈다.

전자의 경우 '복식부기의무자'는 '기업회계기준을 준용하여 작성한 재무상태표·손익계산서와 그 부속서류, 합계잔액시산표 및 조정계산서'를, '간편장부대상자'는 '간편장부소득금액계산서'를 각 제출하도록 하고, 후자의 경우 '추계소득금액계산서'를 제출하도록 되어 있다.

(2) 한편, 소득세법 제45조 제4항은 '소득세법 제160조 및 제161조에 따라 비치·기록한 장부와 증명서류에 의하지 아니한 신고'를 '추계신고'라고 정의하고 있다.

추계신고는, 소득세법 제160조에서 사업자에게 장부의 비치·기록의무가 있음에도 적지 아니한 수의 사업자가 이러한 의무를 해태하고 있는 실정에 비추어, 그 의무를 해태하는 자에게 스스로 종합소득확정신고를 할 수 있는 길을 터주기 위한 과도기적 제도[14]라고 설명된다. 한편, 과세관청으로서도 이러한 의무를 해태한 사업자에 대하여는 추계결정을 할 수밖에 없는 터이므로 그 의무해태자로 하여금 추계결정의 기준에 따른 소득금액을 신고하도록 유도함으로써 징수비용의 절감을 도모할 수 있다.[15]

[14] 조세범 처벌법 제3조 제6항에서 '사기나 그 밖의 부정한 행위'의 한 유형으로, '고의적으로 장부를 작성하지 아니하거나 비치하지 아니하는 행위'를 나열하고 있는바, 한편으로 조세범 처벌법으로 처벌하면서 한편으로 추계신고제도를 도입하고 있는 것 자체가 이율배반적이어서 그 해석을 어렵게 하고 있다.

[15] 박태승, 소득세 추계과세제도의 개선방향, 세무와 회계저널 제7권 제4호(2006. 12.)의 초록 중 일부를 인용하면 다음과 같다. "소득세 확정신고의무자 중 46.4%에 해당하는 인원이 아직도 무기장자로서 추계신고과세방법에 의존하여 세무신고를 하고 있다(2005 국세통계연보). 추계신고과세는 근거과세와 자진신고를 기초로

나. 추계신고의 방법

추계신고의 방법에 관하여는 명문의 규정이 없다. 다만 소득세법 제80조(결정과 경정) 제3항 단서 및 시행령 제143조 제3항에 의하면 과세관청이 소득금액의 추계결정 또는 경정을 하는 경우 기준경비율 또는 단순경비율에 따르도록 규정되어 있을 뿐이다. 추계신고를 허용하고 있는 이상 위 시행령 제143조 소정의 추계결정(경정)의 기준인 기준경비율 또는 단순경비율에 따라 추계신고를 하여야 할 것이다.

다. 추계신고와 경정

(1) 소득세법 시행령 제143조 제3항 소정의 추계결정(경정) 기준인 기준경비율 또는 단순경비율에 따라 추계신고를 하여야 함에도 이에 따르지 않았다면 그 자체 오류로서 증액경정의 사유가 된다.

(2) 장부 등이 존재함에도 추계신고를 한 경우

사업자가 소득세법 제160조 및 제161조에 따라 비치·기장된 장부와 증명서류가 있음에도 추계신고를 하였고, 그 장부에 터잡아 산정한 사업소득금액이 기준경비율 등에 의한 사업소득금액보다 많을 경우, 오류가 있다고 보아 증액경정을 할 수 있는가?

부정설을 본다. 조세채무자에게 비치·기록한 장부가 있다 하더라도 추계신고가 유리하다면 추계신고를 할 수 있는 선택권이 있고, 추계신고를 선택하여 기준경비율 또는 단순경비율에 의하여 신고한 이상 그 신고수액은 정당한 세액으로서 오류가 있다 할 수 없다. 따라서 그

하고 있는 소득세의 기본원칙에서 벗어난 제도로서 조세형평 측면에서 많은 문제점이 제기되고 있다. 과세관청은 이와 같은 문제를 완화하고 기장을 유도하기 위해 2002년 귀속분 소득신고부터 표준소득률제도 대신에 기준경비율(단순경비율)제도를 도입하였다. 그러나 기준경비율제도는 무기장에 의한 추계과세제도와 증빙에 의한 근거과세를 혼합한 과도기적 제도로서 지난 40년간 적용해 온 표준소득률제도의 문제를 근본적으로 해소한 방안으로 보기 어렵다. 본 연구에서는 기준경비율에 의한 소득세 추계신고를 중심으로 이에 대한 문제점과 개선방안을 요약하였다. 첫째로, 비록 근거과세를 위한 과도기적 제도로서 기준경비율제도가 필요하다고 하나 장기적으로는 폐지되어야 한다. 기준경비율제도에서의 주요경비의 범위를 확대하여 정규증빙 수취를 강화하고, 소득상한배율을 폐지하여 단순경비율에 의한 신고 선호 유인을 방지하여야 할 것이다. 단기적 방안으로는 소득세법상의 간편장부 대상 기준금액 범위를 축소하여 기준경비율 적용대상자와 서로 일치시킨 후 그 기준금액도 부가가치세법상의 간이과세금액으로 점차 축소하여, 납세의무자의 세법상 장부기장(간편장부 포함) 이행의무를 확대하여야 한다. 둘째로, 기준경비율제도는 경비측면에서 증빙수취와 기장을 유도하는 기능에 초점을 두고 있으나 원천적인 수입누락의 경우 제도가 의도한 대로 작동할 수 없다. 따라서 선행세목인 부가가치세의 세원이 먼저 정상화될 수 있도록 수입(소득)금액 추계방법이 합리적으로 개발되어야 한다. 소득신고 누락시 추계조사방법으로 순자산증가법, 현금지출액법, 은행예금잔액법 등을 도입하여 법문화 하고, 기준경비율은 납세자의 신고기준이 아닌 국세청 내부 과세참고자료로 유지하는 것이 바람직하다. 셋째로, 기장을 확대하기 위해 최소한의 장부기장수수료에 해당하는 정액기장세액 공제제도를 도입하거나 기장세액 공제율을 인상하여야 하며, 무기장자에 대한 처벌강화 및 간편장부의 개선으로 기장에 근거한 납세풍토를 조성해야 한다."

사유만으로는 증액경정의 대상이 될 수 없다. 나아가 기준경비율제도 자체가 무기장사업자도 기장사업자와 같이 수입금액에서 필요경비를 공제하여 정상적으로 소득금액을 계산하는 제도인 이상, 그 취지에 비추어도 증액경정의 대상이 될 수 없다.

긍정설을 본다. 법규정상 사업자에게 위와 같은 선택권이 있다고 할 수 없고, 장부의 비치·기록의무는 사업자의 기본적 의무로서 만약 이러한 선택권을 준다면 의무를 해태하였음에도 어떤 특혜를 주는 제도로 전락하고 말 것이기 때문에 증액경정을 할 수 있다.[16]

생각건대 긍정설이 타당하다.

(3) 통상의 경정청구 가능 여부

조세채무자가 추계신고를 한 후 신고한 세액이 비치·기록한 장부에 기한 세액보다 과다하다는 이유로 통상의 경정청구를 할 수 있는지 문제되나, 긍정하여야 할 것이다(제4장 제2절 3. 사. 참조).

라. 추계신고의 유·불리

(1) 추계신고를 하는 경우, 소규모 사업자의 경우에는 몰라도 특히 복식부기의무자의 경우 무기장가산세(소득세법 제81조 제8항, 산출세액의 20%)가 부과된다.

(2) 소득세법 시행령 제143조 제3항 제1호 소정의 공제항목 중 주요경비 외에 공제되는 항목인 '(수입금액×기준경비율)'이 일정한 경우 '(수입금액×기준경비율×1/2)'(다만 2011년 귀속 사업연도부터 적용된다)로 변경되어 오히려 장부를 비치·기장하고 그 장부에 터잡아 신고하는 것이 유리한 경우가 많을 것으로 추측된다(그 범위 내에서 기준경비율제도의 도입목적은 달성되고 있다).

(3) 소득세법 제45조 제4항에 따라 추계신고를 하는 경우 그 이월결손금 공제가 배제된다. 한편, 조세특례제한법 제128조에 의하면 소득세법 제80조 제3항 단서에 따라 추계하는 경우 조세특례제한법상의 세액공제 내지 감면을 배제하고 있음을 유의하여야 할 것이다.

---

16) 오윤, 전게서, 152면에서, "기준경비율에 의한 소득금액 신고 이후 과세관청이 달리 파악한 수익금액에 대한 증빙을 이용하여 실지조사방식으로 소득금액을 증액 계산하게 될 경우 결과적으로 당초 신고시 조세수입의 감소행위가 있었음이 밝혀지게 되는 것이므로 이제 조세포탈범으로 처벌받아야 하는가? 납세자가 필요경비에 대한 증빙을 제시하지 못하였다 하여 수익금액을 그대로 소득금액으로 보는 상황에서 나타날 수 있는 현상이다. 세법에 납세자의 추계과세를 받을 수 있는 권리를 인정하는 명문의 규정은 없지만, 납세자가 비치기장한 장부에 의해 실제 과세대상금액을 확인할 방법이 없는 경우에는 과세관청이 수집한 과세정보만을 근거로 재판상 입증책임이 납세자에게 있는 필요경비부분의 입증을 강요하는 방식으로 실지조사 할 수는 없다고 보아야 한다."라고 적으면서, 그 주 268)에서, "이 견해에 대해서는 2010년 개정된 조세범 처벌법상 '고의적으로 장부를 작성하지 아니하거나 비치하지 아니하는 행위'의 문구가 형해화된다는 지적이 가능할 것이다."라고 적고 있다.

6. 예정신고와 증액경정

예정신고에는 소득세법 제69조에 따른 토지등 매매차익 예정신고납부와 소득세법 제106조에 따른 양도소득과세표준 예정신고납부와 부가가치세법 제18조(신 부가가치세법 제48조)에 따른 예정신고납부가 있다. 예정신고 자체에 오류가 있는 경우 증액경정이 가능하다 할 것이다(제1장 제9절 6. 참조).

7. 결정 또는 경정이 장부의 비치·기록의무에 미치는 영향 및 단순경비율 적용대상자 여부에 미치는 영향

소득세법 시행령 제147조의5 제1항 본문에 의하면 사업자가 법 제80조에 따른 결정·경정으로 인하여 수입금액이 증가함으로써 간편장부대상자에 해당되지 아니하게 되는 경우에는 법 제70조 제4항 후단 및 제160조의5 제3항을 적용할 때 그 결정·경정한 날이 속하는 과세기간까지는 간편장부대상자로 본다고 하면서, 단서에서 결정·경정이 속하는 과세기간 이전에 복식부기의무자로 전환된 경우 복식부기의무자로 전환된 과세기간 이전의 직전과세기간까지는 간편장부대상자로 본다고 정하고 있다.

같은 시행령 제147조의5 제2항은 법 제81조 제11항 제1호는 법 제80조에 따른 결정 또는 경정에 의하여 법 제162조의3 제1항에 따라 현금영수증가맹점으로 가입하여야 할 사업자에 해당하게 되는 경우에도 적용한다고 정하고 있다.

소득세법 시행령 제143조 제4항 제2호에 의하면 단순경비율 적용대상자 여부를 판별함에 있어 직전 사업연도의 수입금액이 결정 또는 경정으로 증가되었을 경우, 이를 포함한 수입금액을 기준으로 판단하여야 한다고 정하고 있다. 따라서 결정 또는 경정으로 수입금액이 증가되는 경우 다음 연도의 단순경비율 적용대상자 여부에 영향을 미치게 된다.

8. 증액경정의 제한사유

가. 신의성실의 원칙(국세기본법 제15조)

(1) 과세관청의 행위에 대한 신의성실의 원칙의 적용요건은, ① 과세관청이 조세채무자에게 공적인 견해표명을 하였을 것, ② 조세채무자가 그 공적인 견해표명이 정당하다고 신뢰함에 있어 귀책사유가 없을 것, ③ 조세채무자가 그 신뢰에 기한 어떤 행위를 하였을 것, ④ 과세관청이 위 견해표명에 반하는 처분을 하여 조세채무자의 이익이 침해되었을 것 등이다.

이러한 요건이 갖추어지면 과세관청의 증액경정이 부정될 수 있다.

(2) 조세채무자의 행위에 대한 신의성실의 원칙의 적용요건은, ① 객관적으로 모순된 행태가 존재할 것, ② 그 행태가 납세의무자의 심한 배신행위에 기인하였을 것, ③ 그에 기하여 야기된 과세관청의 신뢰가 보호받을 가치가 있을 것 등이다.

이러한 요건이 갖추어지면 부과처분 취소소송에서 조세채무자의 주장이 배척되거나 경정청구권이 부정될 수도 있다.

(3) 대법원 판결

① 대법원 2004. 5. 14. 선고 2003두3468 판결

② 대법원 2006. 1. 26. 선고 2005두6300 판결

③ 대법원 2009. 4. 23. 선고 2006두14865 판결

나. 세법해석사전답변제도

국세청 훈령은 세법해석사전답변제도를 운영하고 있다. 국세청장은 납세의무자의 적법한 사전답변신청에 대하여 서면으로 답변하여야 하고, 신청인이 답변내용을 정당하게 신뢰하고 전제 사실대로 특정한 거래 등을 이행한 경우에는 관할 지방국세청장 또는 세무서장은 해당 거래에 대하여 경정 또는 결정을 할 때에 그 답변내용에 따라야 할 의무를 진다. 신의성실의 원칙이 적용되는 특수한 예이므로 그 적용요건을 갖추어야 한다.

다. 중복세무조사 금지의 원칙

중복세무조사 금지의 원칙에 어긋나면 그 조사 자체가 위법하고 결과적으로 결정이나 경정에 나아갈 수 없다(제1장 제13절 8. 라. 참조). 증액경정을 제한하는 중요한 사유 중의 하나로 앞으로 소송에서 많이 문제될 것으로 예상된다.

제3장

제4장

국세기본법 제45조의2에 기한 경정청구

국세기본법 제45조의2에서 규정하고 있는 경정청구를 분류하면 다음과 같다.

제목이 '경정 등의 청구'로 되어 있으나 '경정청구'와 '결정청구'를 포괄하기 위한 것이다.

한편, 지방세기본법에는 국세기본법과는 달리 모순된 세액확정에 기한 경정청구에 관한 규정이 없고, 통상의 경정청구에 관한 규율내용이 상이하다.

경정청구의 유형		국세기본법
통상의 경정청구(결정청구)		§45의2①
후발적 사유에 기한 경정청구 (=후발적 경정청구)	사정변경에 기한 경정청구	§45의2② 1호 시행령 §25의2 1·2·3호
	모순된 세액확정에 기한 경정청구	§45의2② 2·3·4호
원천징수에 대한 경정청구		§45의2⑤

[국세기본법상 경정청구의 유형]

제1절

국세기본법 제45조의2의 신설과 경정청구의 유형

1. 국세기본법 제45조의2의 신설

가. 입법취지

1994. 12. 22. 국세기본법 제45조의2가 신설되기 전의 경정청구제도에 관하여는 이미 설명하였다(제1장 제11절 3. 참조). 국세기본법 제45조의2 소정의 경정청구에 관한 헌법재판소 2004. 12. 16. 선고 2003헌바78 결정 중 일부를 인용한다.

『경정청구제도란 납세의무자가 과세표준 및 세액을 과다하게 신고하여 납부한 경우 과다신고·납부한 세액의 경정을 청구하는 제도로서 1994. 12. 22. 법률 제4810호로 국세기본법 개정시 신설되었다. 그 개정 전의 국세기본법 제45조는 후발적 사유에 의한 경정청구제도 없이, 증액수정 및 감액수정을 포괄하는 수정신고제도만을 두고 있었고, 그 수정신고기한을 법인세 및 부가가치세는 법정신고기간 경과 후 6월, 기타의 국세는 법정신고기한 경과 후 1월내로 제한하였다. 그러나 수정신고기간이 너무 짧고 또 후발적 사유에 의한 수정신고제도가 인정되지 아니하여 납세의무자로부터 많은 불만이 있었고, 다른 한편 감액수정신고의 경우에는 과세표준과 세액의 확정이 신고대로 되는 것이 아니라, 정부의 조사와 결과통지 및 경정절차를 거치게 된다는 점에서 증액수정신고와는 그 효과가 서로 다르므로 이를 구분하여 규정하게 된 것이다.』

나. 통설과 사견

(1) 당초 '후발적 사유에 기한 경정청구'라는 제도가 없었으나 신설된 국세기본법 제45조의2에서 이를 규정함으로써 권리구제수단이 확충되었다. 헌법재판소 2000. 2. 24. 선고 97헌마13, 245 결정을 참고할 필요가 있다.

(2) 대법원 1988. 11. 8. 선고 87누479 판결에 의하면 개정 전 국세기본법 제45조 제1항, 제2항에 기하여 신고납세방식의 조세의 경우 경정청구권이 발생함을 확인함과 동시에 위 경정청구를 거부하는 경우 그 거부처분에 대하여 항고소송을 제기할 수 있었다. 따라서 국세기본법 제45조의2가 신설됨으로써 경정청구권 내지 경정청구제도가 비로소 생겼다고는 말할 수 없

고, 다만 위 제45조의2가 신설됨으로써 경정청구기간이 종전 6월(또는 1월)에서 1년으로 연장되었을 따름이다.

(3) 신고납세방식의 조세에 있어, 신고내용을 자기에게 유리하게 시정하는 방법으로 오로지 국세기본법 제45조의2 소정의 경정청구에 의하여야만 한다는 것이 통설·판례의 견해이다. 헌법재판소 2004. 12. 16. 선고 2003헌바78 결정도 국세기본법 제45조의2 소정의 경정청구만이 납세의무자가 과다신고된 과세표준 및 세액의 감액을 주장할 수 있는 유일한 권리구제수단이라고 보고 있다.

다. 경정법체계의 완성

광의의 세액확정절차에는 협의의 세액확정절차, 결손금확정절차, 환급세액확정절차 등 3가지가 있다. 이러한 확정절차를 씨줄로 삼아 경정절차[5대 구성요소: 신고, 수정신고, 증액경정, 경정청구, 제척기간]라는 날줄을 엮으면 경정법체계가 이루어진다. 경정절차의 중요한 구성요소의 하나인 경정청구제도가 제대로 완비되지 않으면 다른 구성요소에 관한 제도를 아무리 잘 갖추었더라도 경정법체계를 제대로 갖추었다고 말할 수 없다. 경정청구제도가 중핵적 요소이기 때문이다.

그런데 1994. 12. 22. 후발적 경정청구 등이 비로소 실정법에 편입됨으로써 경정법체계를 어느 정도 갖추게 되었다. 통상의 경정청구의 경정청구기간이 통상의 제척기간 5년에 미치지 못하여 불완전(당초 1년에서 2년, 2년에서 3년으로 순차 개정)하였으나, 2014. 12. 23. 이를 통상의 제척기간 5년과 일치시킴으로써 제대로 된 경정법체계를 갖추게 되었다.

제4장

2. 국세기본법 제45조의2 소정의 경정청구

광의의 세액확정절차에는 협의의 세액확정절차, 결손금확정절차, 환급세액확정절차 등 3가지가 있는데 그 확정절차에서 확정된 세액의 감액을 위하여, 확정된 결손금의 증액을 위하여, 확정된 환급세액의 증액을 위하여 각 경정청구를 할 수 있다.

가. 통상의 경정청구(국세기본법 제45조의2 제1항)

(1) 용어의 통일을 위하여

국세기본법 제45조의2 제1항 소정의 경정청구를 감액경정청구, 통상적 경정청구, 일반적 경정청구 등으로 다양하게 표현한다. 여기서는 '통상의 경정청구'라고 부른다.

대법원 2017. 9. 7. 선고 2017두41740 판결, 2018. 6. 15. 선고 2017두73068 판결,

2018. 9. 13. 선고 2015두57345 판결 등에서 '통상의 경정청구'라고 부르고 있다. 통상의 경정청구의 경정청구기간을 통상의 제척기간 5년과 일치시키고 있는바, 경정청구기간과 제척기간을 대응·연결시킨다는 점에서 '통상의'라는 말은 나름대로 의미가 있다.

통상의 경정청구와 비교하여 후발적 경정청구를 특례경정청구로 부를 수도 있다. 양 청구의 관계를 설정함에 있어 후발적 경정청구를 독립적인 경정청구로 이해(제4장 제3절 참조)하는 한 '통상'과 '특례'라는 대비적 개념을 사용하는 것은 오인·혼동을 초래할 염려가 있어 특례경정청구라는 말은 가능한 한 사용하지 않는다.

(2) 통상의 경정청구와 결정청구

통상의 경정청구는 '통상의 경정청구'와 '결정청구'로 나눈다. 신고납세방식의 조세에서는 '통상의 경정청구'라 하고, 부과과세방식인 상증세에서는 신고 후 부과처분이 있기 전에 신고 내용인 세액이 과다함을 알았을 경우 신고한 세액보다 적은 세액으로 결정하여 줄 것을 요구한다는 의미에서 '결정청구'라 부른다.

나아가 상증세의 신고 또는 기한 후 신고에 있어 그 후 과세관청의 결정의무에 따라 그 결정이 고지되면 그 결정은 [신고 + 결정으로 증가된 세액]으로 분해되고 그 구조 위에서 경정청구의 가능범위는 확대된다.

나. 후발적 사유에 기한 경정청구(국세기본법 제45조의2 제2항)

(1) '후발적 사유에 기한 경정청구'는 줄여서 '후발적 경정청구'[1])라고도 한다. 통상의 경정청구가 과세표준신고서를 제출할 때 이미 실체적 오류가 존재한 경우를 전제한 것이라면, 후발적 사유에 기한 경정청구는 당초 실체적 오류가 존재하지 아니하였으나 신고 이후 실체적 오류가 후발적으로 발생한 경우를 전제한 경정청구이다.

후발적 경정청구는 사정변경에 기한 경정청구와 모순된 세액확정에 기한 경정청구로 분류할 수 있다. 양 청구를 독립된 청구로 보아 분리하여 체계화하는 것이 경정법체계를 확립하는 데 유용하다(제4장 제3절, 국세기본법 제45조의2 제2항 전론 참조).

[후발적 경정청구 = 사정변경에 기한 경정청구 + 모순된 세액확정에 기한 경정청구]

(2) 사정변경에 기한 경정청구

'어떤 행위나 거래 등의 조세적 효과가 소급하여 소멸하는 사건(Nachträgliches Ereignis)이 발생한 경우'에 하는 경정청구이다.

법령에 나열된 사유는 다음과 같다.

① 최초의 신고·결정 또는 경정에서 과세표준 및 세액의 계산근거가 된 거래 또는 행위

---

1) 대법원은 2014. 1. 29. 선고 2013두18810 판결 등에서 계속 '후발적 경정청구'라고 부르고 있다.

등이 그에 관한 소송에 대한 판결(판결과 동일한 효력을 가지는 화해 기타 행위를 포함한다)에 의하여 다른 것으로 확정되었을 때

② 최초의 신고·결정 또는 경정을 할 때 과세표준 및 세액의 계산근거가 된 거래 또는 행위 등의 효력에 관계되는 관청의 허가나 그 밖의 처분이 취소된 경우

③ 최초의 신고·결정 또는 경정을 할 때 과세표준 및 세액의 계산근거가 된 거래 또는 행위 등의 효력에 관계되는 계약이 해제권의 행사에 의하여 해제되거나 또는 해당 계약의 성립 후 발생한 부득이한 사유로 인하여 해제되거나 취소된 경우, 또는 이에 준하는 사유가 있는 경우

④ 최초의 신고·결정 또는 경정을 할 때 장부 및 증거서류의 압수, 그 밖의 부득이한 사유로 과세표준 및 세액을 계산할 수 없었으나 그 후 해당 사유가 소멸한 경우

⑤ 위 ②, ③, ④와 유사한 사유에 해당하는 경우

(3) 모순된 세액확정에 기한 경정청구

모순된 세액의 확정(Widerstreitende Steuerfestsetzung)이 생긴 경우 인정되는 경정청구이다. 이론상 인적귀속의 충돌, 기간귀속의 충돌, 세목의 충돌, 과세주체의 충돌, 조세조약에 기한 상호합의와의 충돌 등이 그 사유에 포함될 수 있다.

법령에 나열된 사유는 다음과 같다.

① 소득이나 그 밖의 과세물건의 귀속을 제3자에게 변경시키는 결정 또는 경정이 있을 때

② 결정 또는 경정으로 인하여 그 결정 또는 경정의 대상이 되는 과세기간 외의 과세기간에 대하여 최초에 신고한 국세의 과세표준 및 세액이 세법에 의하여 신고하여야 할 과세표준 및 세액을 초과할 때

③ 조세조약에 따른 상호합의가 최초의 신고·결정 또는 경정의 내용과 다르게 이루어졌을 때[2]

다. 원천징수에 대한 경정청구(국세기본법 제45조의2 제5항)

2003. 12. 30. 신설된 후 적용범위는 계속 확장되고 있다. 원천징수에 대한 경정청구가 신설됨으로써 원천징수를 둘러싼 법률관계는 그만큼 복잡하고 미묘하게 전개된다(제4장 제6절).

라. 경정청구절차

(1) 경정청구서 또는 결정청구서 제출

국세기본법 제45조의2 제1항·제2항 및 제5항에 따라 결정 또는 경정의 청구를 하려는 자는 ① 청구인의 성명과 주소 또는 거소, ② 결정 또는 경정 전의 과세표준 및 세액, ③ 결

---

2) 독일 조세기본법 제175a 에 의하면, "조세조약에 기한 상호합의를 조세결정에 편입시키기 위하여 특정의 조세결정이 발령, 폐지, 변경될 수 있다."라고 하여 별도 조항으로 정하고 있다.

정 또는 경정 후의 과세표준 및 세액, ④ 결정 또는 경정의 청구를 하는 이유, ⑤ 그 밖에 필요한 사항 등을 적은 결정청구서 또는 경정청구서를 제출(국세정보통신망을 활용한 제출을 포함한다)하여야 한다(시행령 제25조의3 제1항).

(2) 접수일부터 2월 이내에 조치

결정 또는 경정의 청구를 받은 세무서장은 그 청구를 받은 날부터 2개월 이내에 과세표준 및 세액을 결정 또는 경정하거나 결정 또는 경정하여야 할 이유가 없다는 뜻을 그 청구를 한 자에게 통지하여야 한다. 다만 청구를 한 자가 2개월 이내에 아무런 통지(제4항에 따른 통지를 제외한다)를 받지 못한 경우 통지를 받기 전이라도 그 2개월이 되는 날의 다음 날부터 제7장에 따른 이의신청, 심사청구, 심판청구 또는 감사원법에 따른 심사청구를 할 수 있다(국세기본법 제45조의2 제3항, 2020. 12. 22. 개정). 2개월이 지나더라도 아무런 결정을 하지 않는다면 거부처분을 한 것으로 간주되므로 단서규정은 확인적 규정이다.

세무서장은 2개월 내에 과세표준 및 세액의 결정 또는 경정이 곤란한 경우 청구를 한 자에게 관련 진행상황 및 제3항 단서에 따라 이의신청, 심사청구, 심판청구 또는 감사원법에 따른 심사청구를 할 수 있다는 사실을 통지하여야 한다(국세기본법 제45조의2 제4항. 2020. 12. 22. 신설). 통지규정이 신설되었다고 하여 그 통지일부터 불복기간이 기산되는 것은 아니다. 통지를 거부처분으로 볼 수 없기 때문이다. 세무서장으로부터 결정 또는 경정을 받은 날부터 불복기간이 기산됨에는 변함이 없다.

(3) 경정거부처분 취소소송의 제기

① 2020. 12. 22. 국세기본법 제45조의2 제3항의 개정 전

거부처분은 행정처분의 형식적 요건을 모두 갖추어야 하고, 2월 이내에 아무런 통지를 받지 못한 경우, 해석상, 거부처분을 한 것으로 보아 심판청구 등을 제기할 수 있다. 부작위로 보는 것은 부작위위법확인소송의 기능에 비추어 유효적절하고 발본적인 수단이 될 수 없으므로, 거부처분으로 보아야 한다. 거부처분에 대한 불복기간 기산일은 경정청구일부터 2월이 경과한 날부터 진행되는 것은 아니다. 만약 2월이 경과한 이후에 거부통지를 한 경우 불복기간 기산일은 거부통지서를 받은 날의 다음 날로 봄이 상당하다.

② 2020. 12. 22. 국세기본법 제45조의2 제3항의 개정 후

위 2월 이내에 아무런 통지를 받지 못한 경우 통지를 받기 전이라도 그 2월이 되는 날의 다음날부터 심판청구 등을 할 수 있다는 취지를 신설하였다. 해석상의 의문을 명확히 한 것에 불과하다. 따라서 거부처분에 대한 불복기간 기산일이 경정청구일부터 2월이 되는 날의 다음 날부터 진행되는 것은 아니다. 만약 위 2월이 경과한 이후에 거부통지를 한 경우 불복기간 기산일은 거부통지서를 받은 날의 다음 날로 봄이 상당하다.

③ 거부처분은 관할 행정청이 국민의 처분신청에 대하여 거절의 의사표시를 함으로써 성

립하고, 그 이후 동일한 내용의 새로운 신청에 대하여 다시 거절의 의사표시를 한 경우에는 새로운 거부처분이 있는 것으로 본다(대법원 2002. 3. 29. 선고 2000두6084 판결). 다만 경정청구 기간 내에 있다 하더라도 어떤 사유로 거부처분이 되어 다툼없이 확정되었다면 동일한 사유로 거듭 경정청구를 할 수는 없다 할 것이다. 경정청구기간이 도과한 후 제기된 경정청구는 과세 관청이 아무런 통지를 하지 않더라도 거부처분이 될 수 없음은 당연하다.

3. 판결 등에 따른 경정 및 경정청구(국세기본법 제26조의2 제6항)[3]

'판결 등에 따른 경정'은 주로 과세관청을 보호하기 위한 규정이다. 일정한 경우 조세채무 자를 보호하여야 할 필요가 있는데 법령에 이러한 유형의 경정청구를 규정한 바 없다. 물론 사정변경에 기한 경정청구를 할 여지도 없고, 모순된 세액확정에 기한 경정청구를 할 여지도 없어, 실정법상 경정청구를 인정할 수 있는 근거는 없다.

소위 '대교사건'(대법원 2008. 7. 24. 선고 2006두10023 판결)에서 권리구제의 필요성은 절실 한데 그럼에도 사정변경에 기한 경정청구는 대법원에 의하여 받아들여지지 않았다. 권리구제 의 필요성이 절실함에도, 사정변경에 기한 경정청구가 허용될 수 없는 이상, 정의공평의 원칙 에 터잡은 조항인 국세기본법 제26조의2 제6항에서 하나의 독립된 경정청구를 만들어 낼 수도 있다 할 것이다. 이를 '판결 등에 따른 경정청구'라 한다(제4장 제5절 7. 다. 참조).

4. 각 경정청구의 특질

경정청구	국세기본법	특질
통상의 경정청구	제45조의2 제1항	통상의 경정청구와 결정청구가 있다. '[신고 + 증액경정]의 사안'에서 최초신고세액분과 증액경정분으로 나누어 규율됨으로써 부과처분의 분할을 인정하고 있다. '상증세'에 있어 신고 후 결정이나 '기한 후 신고'에 있어 신고 후 결정을, [신고 + 결정으로 인하여 증가된 세액]으로 분해하여 경정청구의 가능범위를 확대하고 있다. 경정청구기간은 5년이다. 사정변경에 기한 경정청구나 모순된 세액확정에 기한 경정청구와 경합할 수 있으나 조세채무자에게 유리하게 해석되어야 한다. 정규의 권리구제절차를 위한 기간(불복기간 및 경정청구기간)이 지났음에도 '고충민원의 방식에 의한 경정청구'가 예외적으로 인정될 수 있다(국

---

3) '판결 등에 따른 결정·경정 및 경정청구'에 있어 '따른'의 의미는 '기초한' 또는 '터잡은'의 의미가 아니다. 판 결 등에 따라 후행절차가 진행됨을 전제로, 선행절차의 결과물인 판결 등에 '수반하여 행하는'의 의미이다. 여 기서 '따른'은 '사정변경에 기한 경정청구'의 '기한'과 구별되어야 한다.

		세기본법 제52조 제3항).
사정변경에 기한 경정청구	제45조의2 제2항	어떤 행위나 거래 등의 조세적 효과가 소급하여 소멸하는 사건이 발생한 경우 인정되는 경정청구이다. 경정청구기간은 안 날부터 3월이다. 열거된 사유는 예시적이고 예외적으로 유추해석이 허용된다. 통상의 경정청구와 성질을 달리하는 독립된 청구이다(예외 인정).
모순된 세액확정에 기한 경정청구	제45조의2 제2항	세액확정에 있어 모순·저촉이 일어나는 경우 인정되는 경정청구로 사정변경에 기한 경정청구와는 구분되어야 한다. 경정청구기간은 안 날부터 3월이다. 경정사유로는 인적귀속의 충돌, 기간귀속의 충돌, 세목의 충돌 등이 있으나 주로 기간귀속의 충돌이 문제된다. 열거된 사유는 예시적이고 예외적으로 유추해석이 허용된다. 오류를 발견한 과세관청이 주도권을 가지고 경정(선행절차)을 하면 조세채무자가 모순·저촉되는 기존의 세액확정을 배제하기 위하여 경정청구(후행경정절차)를 하는 구조이다. 예외적으로 조세채무자가 수정신고로 세액을 증액시켜 모순·저촉이 생기는 경우에도 적용이 있다. 사정변경에 기한 경정청구가 동일한 조세채무자를 전제로 동일한 세목 및 동일한 과세기간 내에서 소급적 조세적 효과의 소멸을 전제로 함에 대하여, 모순된 세액확정에 기한 경정청구는 오류의 성질이나 태양이 전혀 다르다. 통상의 경정청구와는 성질을 달리하는 독립된 청구이다(예외 인정).
판결 등에 따른 경정청구	제26조의2 제6항 제1호	'판결 등에 따른 경정'은 조세채무자가 주도권을 쥐고 경정청구를 하거나 또는 과세관청의 처분에 대하여 구제절차에 나아간 결과, 경정청구가 수용되거나 구제절차에서 일부 또는 전부 인용되는 것을 기화로, 후행절차가 개시됨을 전제로 하는 경정으로서, 주로 과세관청을 보호하기 위한 제도이다. 일정한 경우 조세채무자도 보호할 필요가 있는데 그 보호규정은 없다. 통상의 경정청구기간 또는 제척기간이 지난 후 그로 인하여 이익을 받은 과세관청이 입장바꾸기를 하는 경우 정의공평의 원칙에 기하여 조세채무자는 보호되어야 한다. 해석으로 경정청구를 인정하여야 한다(사건, 소위 대교사건). 사정변경에 기한 경정청구 및 모순된 세액확정에 기한 경정청구와 성질을 달리하는 독립된 경정청구이다.

5. 납세관리인 등

(1) 납세관리인

납세관리인은 ① 국세기본법 및 세법에 따른 신고, 신청, 청구, 그 밖의 서류의 작성 및 제출, ② 세무서장 등이 발급한 서류의 수령, ③ 국세 등의 납부 또는 국세환급금의 수령 등에 대하여 납세자를 대리한다(국세기본법 시행령 제64조의2). 따라서 납세관리인은 납세자를 위하여 경정청구를 할 수 있는 포괄적 대리권을 가진다.

국세기본법 제82조(납세관리인)

『① 납세자가 국내에 주소 또는 거소를 두지 아니하거나 국외로 주소 또는 거소를 이전할 때에는 국세에 관한 사항을 처리하기 위하여 납세관리인을 정하여야 한다.

② 납세자는 국세에 관한 사항을 처리하게 하기 위하여 변호사, 세무사 또는 세무사법 제20조의2 제1항에 따라 등록한 공인회계사를 납세관리인으로 둘 수 있다.

③ 제1항과 제2항에 따라 납세관리인을 정한 납세자는 대통령령으로 정하는 바에 따라 관할 세무서장에게 신고하여야 한다. 납세관리인을 변경하거나 해임할 때에도 또한 같다.

④ 관할 세무서장은 납세자가 제3항에 따른 신고를 하지 아니할 때에는 납세자의 재산이나 사업의 관리인을 납세관리인으로 정할 수 있다.

⑤ 세무서장이나 지방국세청장은 상속세 및 증여세법에 따라 상속세를 부과할 때에 납세관리인이 있는 경우를 제외하고 상속인이 확정되지 아니하였거나 상속인이 상속재산을 처분할 권한이 없는 경우에는 특별한 규정이 없으면 추정상속인, 유언집행자 또는 상속재산관리인에 대하여 상속세 및 증여세법 중 상속인 또는 수유자(受遺者)에 관한 규정을 적용할 수 있다.

⑥ 비거주자인 상속인이 금융회사 등에 상속재산의 지급·명의개서 또는 명의변경을 청구하려면 제1항에 따라 납세관리인을 정하여 납세지 관할 세무서장에게 신고하고, 그 사실에 관한 확인서를 발급받아 금융회사 등에 제출하여야 한다.』

국세기본법 제82조 제5항 소정의 추정상속인은 민법상 없는 제도(일본 민법상 상속이 개시되면 최선순위로 상속인이 될 자격이 있는 자를 추정상속인이라 한다.)이므로 개정되어야 한다.

(2) 상속재산관리인

상속재산관리인이 피상속인에게 부과되거나 그 피상속인이 납부할 국세 및 강제징수비를 상속으로 받은 재산의 한도에서 납부할 의무를 지는 이상(국세기본법 제24조 제1항, 제4항), 경우에 따라서는 경정청구를 할 수 있는 포괄적 대리권을 가진다 할 것이다.

6. 경정청구권과 채권자대위

경정청구권은 공법상의 권리로서 양도의 대상이 될 수 없고 따라서 채권자대위권의 행사 대상이 될 수 없다. 국세기본법 제45조의2 소정의 경정청구권은 납세의무자만 행사할 수 있고 전부채권자가 직접 그 경정청구권을 행사할 수는 없다. 경정청구권의 성질상 납세의무자에 대하여 금전채권만 가지고 있는 자는 원칙적으로 납세의무자의 경정청구권을 대위하여 행사할 수 없다 할 것이다. 다만 환급청구권은 채권자대위권 행사의 대상이 되는바, 경정청구권이 대위권 행사의 대상이 될 수 없다는 점에 대하여는 반론이 있을 수 있다.

대법원 2014. 12. 11. 선고 2012두27183 판결

『1. 가. 국세기본법 제45조의2 제1항은 '과세표준신고서를 법정기한까지 제출한 자는 과세표준신고서에 기재된 과세표준 및 세액이 세법에 따라 신고하여야 할 과세표준 및 세액을 초과할 때(제1호), 또는 과세표준신고서에 기재된 결손금액 또는 환급세액이 세법에 따라 신고하여야 할 결손금액 또는 환급세액에 미치지 못할 때(제2호)에는 최초 신고 및 수정신고한 국세의 과세표준 및 세액의 결정 또는 경정을 법정신고기한이 지난 후 3년 이내에 관할 세무서장에게 청구할 수 있다. 다만 결정 또는 경정으로 인하여 증가된 과세표준 및 세액에 대하여는 그 해당처분이 있음을 안 날부터 90일 이내에 경정을 청구할 수 있다'고 규정하고 있다.

나. 경정청구권이 인정되지 않는 경우에는 과세관청이 그 경정청구에 대하여 거부하는 회신을 하였다고 하더라도 이를 가리켜 항고소송의 대상이 되는 거부처분으로 볼 수 없다(대법원 1999. 7. 23. 선고 98두9608 판결 참조).

국세기본법 제45조의2 제1항이 '과세표준신고서를 법정신고기한까지 제출한 자'만 경정청구를 신청할 수 있다고 명시적으로 규정하고 있는 점, 국세환급금반환채권을 전부받은 전부채권자는 금전채권자로서의 지위를 승계받았을 뿐 채무자가 가지는 '과세표준신고서를 법정신고기한까지 제출한 자'의 지위까지 승계받은 것이 아닌 점, 피전부채권인 장래의 국세환급금반환채권은 과세관청의 증액경정에 의하여 소멸될 수도 있는 점 등에 비추어 보면, 국세기본법 제45조의2 제1항이 정한 경정청구권은 납세의무자만 행사할 수 있고 전부채권자가 직접 그 경정청구권을 행사할 수는 없다고 할 것이다. 그리고 경정청구권의 성질 등에 비추어 볼 때, 납세의무자에 대하여 금전채권만 가지고 있는 자는 특별한 사정이 없는 한 납세의무자의 경정청구권을 대위하여 행사할 수도 없다고 보아야 한다.』

7. 비거주자나 외국법인의 경정청구

가. 비거주자나 외국법인의 경정청구

(1) 국세기본법 제45조의2 제1항, 제2항의 경정청구(통상의 경정청구, 후발적 경정청구)

국내사업장이 있는 비거주자, 소득세법 제156조 제1항 제3호(부동산소득)의 소득이 있는 비거주자 등 종합과세 대상자로서 과세표준확정신고를 한 경우, 제156조 제1항 제8호(퇴직소득), 제8호의2(연금소득), 제9호(부동산 등 양도소득)의 소득이 있는 등 분류과세 대상자로서 과세표준확정신고를 한 경우, 비거주자는 세액확정의 오류를 시정하기 위하여 국세기본법 제45조의2 소정의 통상의 경정청구나 후발적 경정청구를 할 수 있다.

외국법인이 부동산 등 양도소득이 있어 과세표준확정신고를 한 경우(분리과세), 부동산소

득이나 국내사업장이 있어 과세표준확정신고를 한 경우(순소득기준과세), 외국법인은 세액확정의 오류를 시정하기 위하여 통상의 경정청구나 후발적 경정청구를 할 수 있다.

(2) 국세기본법 제45조의2 제4항의 경정청구(원천징수에 대한 경정청구)

비거주자나 외국법인이 그밖에 국내원천소득을 지급받는 경우 원천징수의무자가 원천징수하여 원천징수분 소득세나 법인세를 국가에 납부한다. 이 경우 비거주자나 외국법인은 원천징수대상이 된 소득에 대하여 별도의 과세표준확정신고의무를 부담하지 않는다(완납적 원천징수). 이 경우 원천징수에 오류가 있는 경우 그 원천징수에 대하여 구 국세기본법 제45조의2 제4항에 기한 경정청구를 할 수 있게 되었다. 다만 국세기본법 제45조의2 제4항이 2019. 12. 31. 개정됨에 따라 비거주자나 외국법인은 원칙적으로 제4항 소정의 경정청구권을 행사할 수 없게 되었고, 2020. 12. 22. 개정으로 위 제4항은 제5항으로 옮겨졌다(제4장 제6절 참조).

한편 도관회사인 외국법인이 경정청구권을 행사할 수 있는지 여부가 문제되었다. 지급명세서와 원천징수영수증에 기재된 소득자는 그가 해당 소득의 형식적 귀속자에 불과하더라도 국세기본법 제45조의2 제4항에 정한 원천징수대상자로서 그 과세표준 및 세액의 경정청구권을 행사할 수 있다[대법원 2017. 7. 11. 선고 2015두55134, 55141(병합) 판결, 제4장 제6절 5. 다. (4) 참조].

나. 소득세법 제119조의2, 법인세법 제93조의2(국외투자기구에 대한 실질귀속자 특례)

소득세법 제119조의2, 법인세법 제93조의2는 국외투자기구에 대한 실질귀속자 특례규정을 두고 있고 이는 2020. 1. 1.부터 시행되고 있다(제5장 제4절 참조).

론스타 판결(대법원 2012. 1. 27. 선고 2010두5950 판결)과 유사한 사안을 예로 든다. 미국 LP의 구성원(출자자)이 자연인 a, b, c 라고 가정할 때 누구에 대하여 어떤 세목의 부과처분을 하여야 하는지가 문제된다. 이는 '납세의무자' 내지 '실질귀속자'가 누구인가에 관한 문제이기도 하다.

위 판결에 의하면 과세관청이 부과처분을 하는 경우 미국 LP는 사법적 성질 기준설에 의하면 법인에 해당하고 그만이 납세의무자이므로 구성원인 자연인 a, b, c에 대하여는 소득세 부과처분을 할 수 없고 미국 LP에 대하여 법인세 부과처분을 하여야 한다는 것이다. 그러나 위 실질귀속자 특례규정의 신설 후 특례규정이 적용되는 사안이라면 자연인 a, b, c는 국외투자기구인 미국 LP를 통하여 국내원천소득을 지급받는 실질귀속자에 해당한다. 따라서 과세관청은 미국 LP에 대하여 법인세를 부과할 것이 아니라 a, b, c에 대하여 각 소득세를 부과하여야 한다.

이러한 실질귀속자 및 세목을 둘러싸고 앞으로 모순된 세액확정에 기한 경정청구, 판결 등에 따른 경정 등이 문제될 여지도 있다 할 것이다.

8. 이중거주자의 경정청구

가. 주소와 거소의 판정

소득세법 제1조의2 제1호에서 거주자란 국내에 주소를 두거나 183일 이상의 거소를 둔 개인을 말한다고 정의한다.

소득세법 시행령 제2조를 본다.

제1항에서 법 제1조의2에 따른 주소는 국내에서 생계를 같이 하는 가족 및 국내에 소재하는 자산의 유무 등 생활관계의 객관적 사실에 따라 판정하고, 제2항에서 법 제1조의2에 따른 거소는 주소지 외의 장소 중 상당기간에 걸쳐 거주하는 장소로서 주소와 같이 밀접한 일반적 생활관계가 형성되지 아니한 장소로 한다고 정하고 있다.

제3항에서 국내에 거주하는 개인이 다음 각 호의 어느 하나에 해당하는 경우에는 국내에 주소를 가진 것으로 본다면서, 계속하여 183일 이상 국내에 거주할 것을 통상 필요로 하는 직업을 가진 때, 또는 국내에 생계를 같이하는 가족이 있고, 그 직업 및 자산상태에 비추어 계속하여 183일 이상 국내에 거주할 것으로 인정되는 때를 들고 있다.

제4항에서 국외에 거주 또는 근무하는 자가 외국국적을 가졌거나 외국법령에 의하여 그 외국의 영주권을 얻은 자로서 국내에 생계를 같이하는 가족이 없고 그 직업 및 자산상태에 비추어 다시 입국하여 주로 국내에 거주하리라고 인정되지 아니하는 때에는 국내에 주소가 없는 것으로 본다고 정하고 있다.

주소와 거소의 관계에 관하여 보면 거소는 주소만큼 밀접한 일반적 생활관계가 형성되지 아니한 장소이므로 거주자성을 인정할 때 그 기간을 중시하여 국내에 183일 이상의 거소를 두었을 때만 거주자로 인정한다. 반면에 주소는 국내에 밀접한 일반적 생활관계가 형성되어 있는 장소이므로 그 기간이 183일에 미달하더라도 거주자로 인정될 수 있다. 그러나 국내에 주소를 두었다는 기간이 183일에 미달하면서 단기간에 그친 경우 생활의 근거지로서의 주소라기보다는 일시적인 거소로 볼 여지가 커진다. 왜냐하면 생활의 근거지는 상당시간의 지속을 그 본질로 하기 때문이다. 조세쟁송에서는 해외에 자주 체류하는 개인의 경우 국내 체류기간이 1과세기간 동안 183일[4]에 미달하면 과세관청은 거소의 요건을 갖추었는지를 다투기보다는 오히려

---

4) 소득세법 시행령 제4조 제3항이 2018. 2. 13. 개정되어 종전의 '2과세기간에 걸쳐 183일'이 '1과세기간 동안 183일'로 개정되었다. 즉 "국내에 거소를 둔 기간이 1과세기간 동안 183일 이상인 경우에는 국내에 183일 이상 거소를 둔 것으로 본다."로 변경되었다.

국내에 주소를 두었다고 주장하는 방향으로 쟁송을 진행하는 경우가 많다. 그래서 그 개인의 해외체류에도 불구하고, 국내에 생계를 같이 하는 가족이 있는지, 그 생계의 근간이 되는 자산과 수입원이 국내에 있는지 등을 밝히고자 한다. 결국 이러한 여러가지 사정들을 두루 종합하여 국내에 주소를 두었는지 여부를 판단하게 될 것이고 최종 판단의 몫은 법원에 있다고 할 것이다.[5]

나. 이중거주자

이중거주자에 대한 부과처분 취소소송이나 경정청구에 있어서도 참고가 될 수 있으므로 이를 인용한다.

대법원 2019. 3. 14. 선고 2018두50847 판결

『1. 사안의 개요와 원심의 판단

가. 사안의 개요

(1) 원고는 일본 NTT스포츠커뮤니티 주식회사(이하 '이 사건 회사'라고 한다)와 계약을 체결하고 2012년부터 2014년까지 이 사건 회사가 운영하는 축구구단 ○○○ ○○○○에서 프로축구선수로 활동하였다. 원고는 이 사건 회사로부터 지급받은 2014년 연봉 73,386,644엔에 대하여 2015. 6. 1. 총수입금액 614,579,841원, 소득금액 444,167,541원, 외국납부세액공제 120,839,936원으로 종합소득세 확정신고를 하면서 2014년 귀속 종합소득세 34,264,181원을 납부하였다.

(2) 피고는 2016. 12. 1. 원고에게 소득금액을 단순경비율로 추계결정하는 방법으로 총결정세액을 112,472,691원으로 증액한 후 기납부세액 34,264,181원을 공제하여 2014년 귀속 종합소득세 78,208,510원을 경정·고지하였다.

(3) 피고는 2017. 8. 24. 국세청 심사결정의 취지에 따라 총수입금액 757,813,329원, 소득금액 622,543,649원, 외국납부세액공제 152,778,486원을 각 적용하여 총결정세액 78,700,306원을 산출한 다음 기납부세액 34,264,181원을 공제하는 내용으로 감액경정하였다(당초처분에서 감액경정되고 남은 부분을 '이 사건 처분'이라고 한다).

나. 원심의 판단

원고는 소득세법상 우리나라 또는 일본 양국 모두의 거주자에 해당할 수 있는데, 일본에는 이 사건 회사로부터 계약기간 동안 제공받은 주거가 있었을 뿐이지만, 국내에는 원고 소유의 아파트를 보유하면서 그곳을 주민등록지로 하고 있었으므로, 대한민국과 일본국 간의 소득에 대한 조세의 이중과세회피와 탈세방지를 위한 협약(이하 '한·일 조세조약'이라고 한다) 제4조 제2항에 따라 항구적 주거를 두고 있는 우리나라의 거주자로 보아야 한다는 취지로 판단하였다.

2. 상고이유 제1점에 관하여

구 소득세법(2014. 12. 23. 법률 제12852호로 개정되기 전의 것, 이하 같다) 제1조의2 제1항

---

5) 강석규, 전게서, 806면 참조.

은 제1호에서 거주자를 '국내에 주소를 두거나 1년 이상 거소를 둔 개인'으로 정의하고, 제2조 제1 항 제1호는 거주자에게 소득세를 납부할 의무를 지우고 있다. 구 소득세법 제1조의2 제2항의 위임 을 받은 구 소득세법 시행령(2015. 2. 3. 대통령령 제26067호로 개정되기 전의 것, 이하 같다) 제2 조 제1항은 "소득세법 제1조의2에 따른 주소는 국내에서 생계를 같이하는 가족 및 국내에 소재하 는 자산의 유무 등 생활관계의 객관적 사실에 따라 판정한다."라고 규정하고 있다. 또한 같은 조 제3항은 "국내에 거주하는 개인이 다음 각호의 1에 해당하는 경우에는 국내에 주소를 가진 것으로 본다."라고 정하면서, 제2호에서 '국내에 생계를 같이하는 가족이 있고, 그 직업 및 자산상태에 비 추어 계속하여 1년 이상 국내에 거주할 것으로 인정되는 때'를 들고 있다.

구 소득세법 시행령 제2조 제1항이 국내에 주소를 가진 것으로 보는 요건으로 들고 있는 '국 내에 생계를 같이하는 가족'이란 우리나라에서 생활자금이나 주거장소 등을 함께하는 가까운 친족 을 의미하고, '직업 및 자산상태에 비추어 계속하여 1년 이상 국내에 거주할 것으로 인정되는 때'란 거주자를 소득세 납세의무자로 삼는 취지에 비추어 볼 때 1년 이상 우리나라에서 거주를 요할 정도 로 직장관계 또는 근무관계 등이 유지될 것으로 보이거나 1년 이상 우리나라에 머물면서 자산의 관 리·처분 등을 하여야 할 것으로 보이는 때와 같이 장소적 관련성이 우리나라와 밀접한 경우를 의미 한다(대법원 2014. 11. 27. 선고 2013두16876 판결 참조).

원심이 같은 취지에서 원고가 2014년에 구 소득세법상 거주자에 해당한다고 판단한 것은 정당 하고, 거기에 상고이유 주장과 같이 구 소득세법상 거주자 판정 기준에 관한 법리 등을 오해하여 판결 결과에 영향을 미친 잘못이 없다.

3. 상고이유 제2점에 관하여

가. (1) 어느 개인이 소득세법상의 국내 거주자인 동시에 외국의 거주자에도 해당하여 그 외국 법상 소득세 등의 납세의무자에 해당하는 경우에는 하나의 소득에 대하여 이중으로 과세될 수도 있 으므로, 이를 방지하기 위하여 각 국 간 조세조약을 체결하여 별도의 규정을 두고 있다. 납세의무 자가 이러한 이중거주자에 해당하는 사실이 인정된다면 그 중복되는 국가와 체결된 조세조약이 정 하는 바에 따라 어느 국가의 거주자로 간주될 것인지를 결정하여야 한다(대법원 2015. 2. 26. 선고 2014두13959 판결 등 참조).

(2) 이에 따라 한·일 조세조약 제4조는 제1항 본문에서 "이 협약의 목적상 '일방체약국의 거 주자'라 함은 그 체약국의 법에 따라 주소·거소·본점 또는 주사무소의 소재지 또는 이와 유사한 성질의 다른 기준에 따라 그 체약국에서 납세의무가 있는 인을 말한다."라고 정하고 있다. 또한 같 은 조 제2항은 "이 조 제1항의 규정에 의하여 어느 개인이 양 체약국의 거주자가 되는 경우, 그의 지위는 다음과 같이 결정된다."라고 정하면서, (a)호에서 "그는 그가 이용할 수 있는 항구적 주거 (permanent home)를 두고 있는 체약국의 거주자로 본다. 그가 양 체약국 안에 이용할 수 있는 항 구적 주거를 가지고 있는 경우, 그는 그의 인적 및 경제적 관계가 더 밀접한 체약국(중대한 이해관 계의 중심지, centre of vital interests)의 거주자로 본다."라고 규정하고, 나아가 (b)호, (c)호 및 (d)호에서 순차적으로 (a)호에 의하여 결정할 수 없는 경우에 한·일 조세조약상 거주자의 지위를 결정하는 기준을 마련하고 있다.

(3) 여기서의 항구적 주거란 개인이 여행 또는 출장 등과 같은 단기체류를 위하여 마련한 것이

아니라 그 이외의 목적으로 계속 머물기 위한 주거장소로서 언제든지 계속 사용할 수 있는 모든 형태의 주거를 의미하는 것이므로, 그 개인이 주거를 소유하거나 임차하는 등의 사정은 항구적 주거를 판단하는 데 고려할 사항이 아니다. 이러한 항구적 주거가 양 체약국에 모두 존재할 경우에는 한·일 조세조약상 이중거주자의 거주지국에 대한 다음 판단 기준인 중대한 이해관계의 중심지, 즉 양 체약국 중 그 개인과 인적 및 경제적으로 더욱 밀접하게 관련된 체약국이 어디인지를 살펴보아야 하고, 이는 가족관계, 사회관계, 직업, 정치·문화 활동, 사업장소, 재산의 관리장소 등을 종합적으로 고려할 때 양 체약국 중 그 개인의 관련성의 정도가 더 깊은 체약국을 의미한다.

　나. 원심판결 이유와 기록에 의하여 알 수 있는 다음과 같은 사정을 앞서 본 법리에 비추어 살펴보면, 원고는 우리나라와 일본 모두에 항구적 주거를 두고 있으나, 원고와 인적 및 경제적 관계가 더욱 밀접하게 관련된 체약국은 우리나라가 아닌 일본이므로 한·일 조세조약상 일본의 거주자로 보는 것이 옳다.

　(1) 원고는 고등학교를 졸업한 직후인 2007년부터 줄곧 일본 △△△△ △△, □□□□ □□□ 등에 소속되어 일본 프로축구리그에서 활동하다가, 이 사건 회사와는 계약기간을 2012년부터 2014년까지 3년으로 하여 계약을 체결한 다음 일본 ○○○ ○○○○ 축구구단에서 프로축구선수로 활동하였다.

　(2) 이 사건 회사는 원고와의 계약에 따라 위 3년의 기간 동안 원고와 그 가족을 위하여 가구와 세간이 갖추어진 일본에서의 주거(이하 '이 사건 일본 주거'라고 한다)와 승용차, 주차장 등 생활에 필요한 물품을 제공하였다. 원고는 2012년부터 2014년까지 일본에서 축구선수로 활동할 당시 대부분의 시간을 일본에서 보내면서 이 사건 일본 주거에서 머물렀다. 또한 이 사건 회사는 원고의 가족에게 한국과 일본 간 왕복항공권을 제공하였고, 2012년부터 2014년까지 원고의 아버지는 적게는 53일에서 많게는 112일까지, 어머니는 적게는 90일에서 많게는 129일까지 일본으로 건너가 원고와 함께 이 사건 일본 주거에서 생활하기도 하였다. 이렇듯 이 사건 일본 주거는 원고의 단기체류를 위한 곳이 아니라 원고가 이 사건 회사와의 계약기간 동안 계속 머물기 위한 주거장소로서 원고와 그 가족이 장기간 계속하여 실제 사용하기도 하였다.

　(3) 이 사건 회사와의 계약에 의하면, 원고는 구단의 경기, 훈련, 합숙 일정을 따라야 하며, 축구 국가대표경기 등을 위하여 한국을 방문할 때에는 이 사건 구단의 허가를 받아야 한다. 원고는 2012년부터 2014년까지 이 사건 회사로부터 매년 수억 원의 연봉을 지급받았고, 계약에 따라 구단이 주최하는 행사와 구단의 소재지에서 개최되는 각종 공공행사 등에 참여한 것으로 보인다. 이는 위 기간 동안 원고의 국외 체류일수가 평균 337일에 이르는 반면 국내 체류일수는 평균 28일에 지나지 않는 점을 보더라도 알 수 있다.

　(4) 원고는 2012년부터 2014년까지 국내에서 2012년에 11일, 2013년에 34일, 2014년에 39일을 체류하였는데, 이는 거의 대부분 축구국가대표로 선발되어 일시적으로 한국을 방문한 것에 불과하고, 달리 우리나라에서 사회활동이나 사업활동을 하였다고 볼 자료도 없다. 원고의 국내 재산은 그 소유 국내 아파트와 예금 등뿐이어서 예금이자 등에 불과한 국내원천소득은 원고가 일본에서도 충분히 관리할 수 있었던 것으로 보이며, 원고의 부모와 누나들이 위 아파트에서 거주하기는 하였으나, 이는 성년인 원고가 별다른 소득이 없는 가족들을 부양하기 위한 것일 뿐이다.

　　다. 그런데도 원심은 그 판시와 같은 이유만으로 원고가 한·일 조세조약에 따라 2014년에 국내 거주자로 취급되어야 하므로 이 사건 처분이 적법하다고 판단하고 말았다. 이러한 원심의 판단에는 한·일 조세조약에서 정한 거주자 판정 기준에 관한 법리를 오해하여 판결에 영향을 미친 잘못이 있다. 이 점을 지적하는 상고이유 주장은 이유 있다.』

　　대한민국과 일본국 간의 소득에 대한 조세의 이중과세회피와 탈세방지를 위한 협약 제4조 제2항의 항구적 주거의 개념, 인적 및 경제적 관계가 더 밀접한 체약국(중대한 이해관계의 중심지, centre of vital interests)의 개념의 해석에 관한 것으로, 납세의무자가 우리나라와 일본 모두에 항구적 주거를 두고 있으나 인적 및 경제적 관계가 더욱 밀접하게 관련된 체약국을 일본으로 보아 한·일 조세조약상 일본의 거주자로 보았다.

9. 수입물품에 대한 내국세와 경정청구

가. 국세기본법과 관세법의 관계 규정

국세기본법 제3조 제2항

　　『② 관세법과 수출용 원재료에 대한 관세 등 환급에 관한 특례법에서 세관장이 부과·징수하는 국세에 관하여 이 법에 대한 특례규정을 두고 있는 경우에는 관세법과 수출용 원재료에 대한 관세 등 환급에 관한 특례법에서 정하는 바에 따른다.』

관세법 제4조 제1항

　　『① 수입물품에 대하여 세관장이 부과·징수하는 부가가치세, 지방소비세, 담배소비세, 지방교육세, 개별소비세, 주세, 교육세, 교통·에너지·환경세 및 농어촌특별세(이하 "내국세 등"이라 하되, 내국세 등의 가산세 및 강제징수비를 포함한다)의 부과·징수·환급 등에 관하여 국세기본법, 국세징수법, 부가가치세법, 지방세법, 개별소비세법, 주세법, 교육세법, 교통·에너지·환경세법 및 농어촌특별세법의 규정과 이 법의 규정이 상충되는 경우에는 이 법의 규정을 우선하여 적용한다.』

나. 관세법 제4조 제1항의 입법취지 및 대상 조세

(1) 세관장이 부과·징수하는 조세에 관하여 특례를 정하고 있는 취지는 수입물품에 대한 조세는 관세와 마찬가지로 세관장으로 하여금 함께 부과·징수하도록 함으로써 과세행정의 효

율성과 납세의무자 간의 형평을 도모함에 있다. 과세행정의 효율성이라는 이유로 국세기본법보다 더 불리한 입법조치를 취한다는 것은 입법론상 문제가 있다.

(2) 세관장이 부과·징수하는 내국세의 해당 세목

부가가치세, 지방소비세, 담배소비세, 지방교육세, 개별소비세, 주세, 교육세, 교통·에너지·환경세 및 농어촌특별세 등이다.

(3) 대법원 2015. 3. 12. 선고 2014두44830 판결

『1. 가. 구 국세기본법(2010. 1. 1. 법률 제9911호로 개정되기 전의 것, 이하 같다) 제45조의2 제1항은 '과세표준신고서를 법정신고기한 내에 제출한 자는 다음 각 호의 1에 해당하는 때에는 최초신고 및 수정신고한 국세의 과세표준 및 세액의 결정 또는 경정을 법정신고기한 경과 후 3년 이내에 관할세무서장에게 청구할 수 있다.'고 규정하고 있으나, 제3조 제2항은 "관세법 및 수출용원재료에 대한 관세 등 환급에 관한 특례법에서 세관장이 부과·징수하는 국세에 관하여 이 법에 대한 특례규정을 두고 있는 경우에는 동법이 정하는 바에 의한다."고 규정하고 있다. 그리고 구 관세법(2010. 1. 1. 법률 제9924호로 개정되기 전의 것, 이하 같다) 제4조 제1항은 수입물품에 대하여 세관장이 부과·징수하는 주세 등의 부과·징수·환급·결손처분 등에 관하여 국세기본법, 주세법 등의 규정과 구 관세법의 규정이 상충하는 때에는 구 관세법의 규정을 우선하여 적용하도록 하고 있다.

한편 구 주세법(2009. 12. 31. 법률 제9899호로 개정되기 전의 것) 제23조 제3항은 주류를 수입하는 자는 수입신고하는 때에 관세법에 의한 신고서를 관할세관장에게 제출하도록 규정하고 있는데, 구 관세법 제38조의3은 제2항에서 "납세의무자는 신고납부한 세액이 과다한 것을 안 때(보정기간이 경과한 후에 한한다)에는 최초로 납세신고를 한 날부터 2년 이내에 대통령령이 정하는 바에 따라 신고한 세액의 경정을 세관장에게 청구할 수 있다. 이 경우 경정의 청구를 받은 세관장은 그 청구를 받은 날부터 2월 이내에 세액을 경정하거나 경정하여야 할 이유가 없다는 뜻을 청구한 자에게 통지하여야 한다."고 규정하고, 제3항에서 "세관장은 납세의무자가 신고납부한 세액, 납세신고한 세액 또는 제2항의 규정에 의하여 경정청구한 세액을 심사한 결과 과부족이 있는 것을 안 때에는 대통령령이 정하는 바에 따라 그 세액을 경정하여야 한다."고 규정하고 있다.

나. 위와 같이 세관장이 부과·징수하는 조세에 관하여 특례를 정하고 있는 취지는 수입물품에 대한 조세는 관세와 마찬가지로 세관장으로 하여금 함께 부과·징수하도록 함으로써 과세행정의 효율성과 납세의무자 간의 형평을 도모하고자 함에 있으므로, 그에 관한 불복절차 또한 관세와 동일하게 이루어질 필요가 있다. 따라서 수입한 주류의 주세에 대한 경정청구에 관하여는 구 관세법 제38조의3 제2항에서 정한 2년의 경정청구기간이 적용된다고 봄이 상당하다.

그리고 위 경정청구기간이 도과한 후에 제기된 경정청구는 부적법하여 과세관청이 과세표준 및 세액을 결정 또는 경정하거나 거부처분을 할 의무가 없으므로, 과세관청이 경정을 거절하였다고 하더라도 이를 항고소송의 대상이 되는 거부처분으로 볼 수 없다(대법원 2014. 12. 11. 선고 2012 두27183 판결 참조).』

수입물품에 대한 내국세의 경정청구에 있어 국세기본법과 관세법이 '충돌'(경정청구기간의 상이)하는 경우 관세법상의 경정청구에 관한 해당 규정이 우선한다. 과거 통상의 경정청구기간에 있어 충돌이 있었으나 개정 후 현재에는 경정청구기간이 각 5년으로 통일되어 충돌이 일어나는 경우란 거의 없다.

국세기본법상의 경정청구사유가 관세법 그것보다 상세하고 구체적인 바, 관세법에는 없는 사유로서 국세기본법상의 사유에 해당하여 경정청구를 허용할 수 있는 처지라면 이를 두고 국세기본법과 관세법이 충돌한다고 할 수 없다. 따라서 국세기본법에 따라 경정청구를 허용하여야 한다. 어느 경우이든 경정청구의 상대방은 세관장이 된다.

10. 국세의 경정청구와 지방소득세의 경정청구

지방세법 제103조의59 제3항이 개정됨으로써 그 해석을 둘러싸고 여러 의문이 있었다(제3장 제1절 8. 참조). 그런데 2019. 12. 31. 지방세법 제96조 제1항이 개정되었다.

『제96조(수정신고 등)
① 제95조에 따른 개인지방소득세 확정신고를 한 거주자가 국세기본법 제45조 및 제45조의2에 따라 소득세법에 따른 신고내용에 대하여 수정신고 또는 경정 등의 청구를 할 때에는 대통령령으로 정하는 바에 따라 납세지를 관할하는 지방자치단체의 장에게 지방세기본법 제49조 및 제50조에 따른 수정신고 또는 경정 등의 청구를 하여야 한다. 이 경우 거주자가 납세지를 관할하는 지방자치단체의 장 외의 지방자치단체의 장에게 지방세기본법 제49조 및 제50조에 따른 수정신고 또는 경정 등의 청구를 한 경우에도 그 신고 또는 청구의 효력에는 영향이 없다.(개정 2016. 12. 27., 2019. 12. 31.)』

그렇다면 지방세법 제103조의59 제3항에 불구하고, 지방소득세가 독립세인 이상, 법인지방소득세는 물론 개인지방소득세도 국세기본법상의 경정청구를 하는 경우에는 납세지를 관할하는 지방자치단체의 장에게 지방세기본법상의 경정청구를 반드시 하여야 할 것이다. 다만 지방세법 제103조의59와 제96조가 서로 충돌하는 것으로 보일 여지도 있으므로 조속한 입법적 정비가 필요하다 할 것이다.

다만 납세자는 지방세기본법상의 경정청구를 하지 않더라도 국세기본법상의 경정청구가 받아들여지기만 하면 개인지방소득세도 당연히 환급된다고 생각할 것이 아니라 지방세기본법상의 경정청구를 하여 두는 것이 현명한 태도일 것이다.

제2절

통상의 경정청구(감액경정청구)

국세기본법 제45조의2 제1항	지방세기본법 제50조 제1항
① 과세표준신고서를 법정신고기한까지 제출한 자 및 제45조의3 제1항에 따른 기한후과세표준신고서를 제출한 자는 다음 각 호의 어느 하나에 해당할 때에는 최초신고 및 수정신고한 국세의 과세표준 및 세액의 결정 또는 경정을 법정신고기한이 지난 후 5년 이내에 관할 세무서장에게 청구할 수 있다. 다만, 결정 또는 경정으로 인하여 증가된 과세표준 및 세액에 대하여는 해당 처분이 있음을 안 날(처분의 통지를 받은 때에는 그 받은 날)부터 90일 이내(법정신고기한이 지난 후 5년 이내로 한정한다)에 경정을 청구할 수 있다.(개정 2010. 12. 27., 2014. 12. 23., 2019. 12. 31.) 1. 과세표준신고서 또는 기한후과세표준신고서에 기재된 과세표준 및 세액(각 세법에 따라 결정 또는 경정이 있는 경우에는 해당 결정 또는 경정 후의 과세표준 및 세액을 말한다)이 세법에 따라 신고하여야 할 과세표준 및 세액을 초과할 때 2. 과세표준신고서 또는 기한후과세표준신고서에 기재된 결손금액 또는 환급세액(각 세법에 따라 결정 또는 경정이 있는 경우에는 해당 결정 또는 경정 후의 결손금액 또는 환급세액을 말한다)이 세법에 따라 신고하여야 할 결손금액 또는 환급세액에 미치지 못할 때	① 이 법 또는 지방세관계법에 따른 과세표준 신고서를 법정신고기한까지 제출한 자 및 제51조 제1항에 따른 납기 후의 과세표준 신고서를 제출한 자는 다음 각 호의 어느 하나에 해당할 때에는 법정신고기한이 지난 후 5년 이내[지방세법에 따른 결정 또는 경정이 있는 경우에는 그 결정 또는 경정이 있음을 안 날(결정 또는 경정의 통지를 받았을 때에는 통지받은 날)부터 90일 이내(법정신고기한이 지난 후 5년 이내로 한정한다)를 말한다]에 최초신고와 수정신고를 한 지방세의 과세표준 및 세액(지방세법에 따른 결정 또는 경정이 있는 경우에는 그 결정 또는 경정 후의 과세표준 및 세액 등을 말한다)의 결정 또는 경정을 지방자치단체의 장에게 청구할 수 있다. (개정 2019. 12. 31.) 1. 과세표준 신고서 또는 납기 후의 과세표준 신고서에 기재된 과세표준 및 세액(지방세법에 따른 결정 또는 경정이 있는 경우에는 그 결정 또는 경정 후의 과세표준 및 세액을 말한다)이 지방세법에 따라 신고하여야 할 과세표준 및 세액을 초과할 때 2. 과세표준 신고서 또는 납기 후의 과세표준 신고서에 기재된 환급세액(지방세법에 따른 결정 또는 경정이 있는 경우에는 그 결정 또는 경정 후의 환급세액을 말한다)이 지방세법에 따라 신고하여야 할 환급세액보다 적을 때

[국세기본법 제45조의2 제1항(지방세기본법 제50조와의 비교)]

1. 입법의 변천과정

1994. 12. 22. 국세기본법 제45조의2 신설(경정청구기간 1년)

2000. 12. 29. 경정청구기간을 2년으로 연장

2003. 12. 30. 수정신고에 대한 경정청구의 허용
2005.   7. 13. 경정청구기간을 3년으로 연장
2007. 12. 31. 불가쟁력 발생시 경정청구의 배제
2010. 12. 27. 신고 후 결정·경정이 있는 경우 경정청구기간의 명확화
　　　　 － (최초·수정신고분) 법정신고기한 경과 후 3년
　　　　 － (결정·경정으로 인한 증가분) 결정·경정처분이 있음을 안 날부터 90일
2014. 12. 23. 경정청구기간을 5년으로 연장(제척기간과 일치시킴)
　　　　 － (최초·수정신고분) 법정신고기한 경과 후 5년
　　　　 － (결정·경정으로 인한 증가분) 결정·경정처분이 있음을 안 날부터 90일
2019. 12. 31. 기한 후 신고(제45조의3 제1항)를 한 자의 경정청구 허용
　　　　 － (기한 후 신고분) 법정신고기한 경과 후 5년
　　　　 － (결정으로 인한 증가분) 결정이 있음을 안 날부터 90일
　　　　 － (부칙 제5조) 개정규정은 이 법 시행 전에 기한후과세표준신고서를 제출하고
　　　　　　 이 법 시행 이후 국세의 과세표준 및 세액의 결정 또는 경정을 청구하는
　　　　　　 경우에도 적용

가. 당초의 경정청구기간 1년 및 경정청구기간의 순차 연장

(1) 당초 국세기본법 제45조의2 제1항을 신설함에 있어 일본 국세통칙법 제23조 소정의 경정청구기간 1년을 그대로 도입하였다.

(2) 헌법재판소 2004. 12. 16. 선고 2003헌바78 결정(제1장 제2절 7. 나. 참조)에 의하면 경정청구제도는 납세의무자가 과다신고한 과세표준 및 세액의 감액을 주장할 수 있는 유일한 구제수단임을 전제하면서, 그 경정청구기간 1년이 위헌이 아니라고 하였다.

(3) 경정청구기간은 2000. 12. 29. 개정으로 1년에서 2년으로, 2005. 7. 13. 개정으로 2년에서 3년으로 각 연장되었다.

나. 2003. 12. 30. 수정신고에 대한 경정청구 허용

최초의 신고 후 과세표준 및 세액을 증액하는 수정신고를 하였을 경우 그 수정신고에 대하여 경정청구를 할 수 있는지 여부가 문제되었으나, 경정청구제도의 취지에 비추어 경정청구 대상에서 제외된다고 해석할 수 없었다. 국세기본법 제45조의2 제1항은 법률개정으로 수정신고를 경정청구의 대상으로 규율함으로써 이를 확인하고 있다.

다만 경정청구기간이 도과하기 전에 수정신고를 하였다가 경정청구기간이 도과한 경우 또는 경정청구기간이 도과한 후 수정신고를 한 경우, 통설·판례에 의하면 구제수단이 없었던 셈

이 된다(제3장 제1절 5. 마. 참조).

다. 2007. 12. 31. 법률개정

(1) 2007. 12. 31. 개정 전의 국세기본법 제45조의2 제1항 본문 괄호부분, 즉 '(각 세법의 규정에 의하여 결정 또는 경정이 있는 경우에는 당해 결정 또는 경정 후의 과세표준 및 세액을 말한다)'의 해석에 있어, 다음과 같이 2가지 점에서 문제가 제기될 수 있었다.

먼저 과세관청의 증액경정이 있는 경우 최초신고세액분에 대하여는 경정청구로, 증액경정분에 대하여는 항고소송으로 각 다투게 한다는 의미의 역할분담(소위 경정청구의 배타성)을 예정하고 있는 것인지 여부가 문제되나 부정되어야 한다.[1]

특히 대법원 2013. 4. 18. 선고 2010두11733 전원합의체 판결이 경정청구나 부과처분에 대한 항고소송은 모두 정당한 과세표준과 세액의 존부를 정하고자 하는 동일한 목적을 가진 불복수단으로서 납세의무자로 하여금 과다신고사유에 대하여는 경정청구로써, 과세관청의 증액경정사유에 대하여는 항고소송으로써 각각 다투게 하는 것은 납세의무자의 권익보호나 소송경제에도 부합하지 않는 점을 강조하고 있는 점에 주목하고자 한다.

다음 결정 또는 경정 그 자체가 행정처분이고 그 불복기간이 경과하면 불가쟁력이 발생하는데 그 불가쟁력이 발생한 후에도 경정청구권을 행사할 수 있는지가 문제되었다.

당시 대부분의 학자들은 불가쟁력이 발생한 결정 또는 경정에 대하여도 경정청구가 가능하다고 해석하였다. 즉 흡수소멸설을 전제로 불가쟁력이 발생하는 범위는 최초신고세액과 증액경정분을 합한 부분이라 할 것이나, 해당 조문의 문언상 경정청구기간 내라면 불가쟁력이 발생한 후라도 경정청구권을 행사할 수 있다는 견해였다.

---

1) 고은경, 전게논문, 182면 이하에서, "신고납세방식의 조세이든 부과과세방식의 조세이든 납세의무자가 신고를 한 후 오류·탈루를 이유로 과세관청이 증액결정·경정을 한 경우에는 경정청구와 부과처분취소청구가 경합될 수 있다. 이와 같이 납세의무자의 과다신고에 대한 경정청구와 과세관청의 위법 또는 부당한 처분에 대한 행정쟁송이 경합되는 경우에, 이른바 '경정청구의 배타성' 이론에 의하여 경정청구만 허용되는지, 또는 행정쟁송만이 허용되는지, 아니면 둘 다 허용되는지가 문제된다. 이에 대해 과세관청은 당초 신고세액에 대해서만 경정청구를 할 수 있고, 추가 과세처분에 의한 고지세액의 위법·부당성에 대하여는 불복청구를 통한 구제절차를 밟아야 한다고 해석하여 왔고, 국세심판원 결정예도 같은 입장을 취하여 왔다. 그러나 대부분의 학자들은 구 국세기본법 제45조의2 제1항(2007. 12. 31. 개정되기 전의 것) 규정의 해석상으로는 증액결정·경정처분에 대해 불복청구기간을 도과하였더라도 법정신고기한으로부터 3년 이내이면 경정청구를 제기하여 구제받을 수 있다고 주장하였다."라고 적고 있다. 나아가 184면에서, "경정청구제도의 본질을 고려할 때 납세의무자의 과다신고부분에 대한 시정은 오로지 경정청구를 통해서만 가능한 것이고(경정청구의 배타성), 과세관청의 위법 결정·경정처분에 대해서는 불복청구 등의 행정쟁송을 통하여 권리구제를 받을 수 있는 것이다."라고 적으면서, 186면에서, "따라서 2007. 12. 31. 개정된 … 내용은 '경정청구의 배타성' 원칙을 고려하지 않은 불합리한 규정이다. 그렇다고 해석에 논란의 소지가 있었던 종전의 규정을 그대로 둘 수 없으므로 입법적 개선이 있어야 한다. 종전의 규정을 두면서 괄호 안의 문언을 납세자의 신고분에 대해서는 경정청구로, 과세관청의 결정·경정처분에 대해서는 행정쟁송으로 구제받아야 함을 명시하여 개정할 필요가 있다."라고 적고 있다.

(2) 대법원 2009. 10. 29. 선고 2007두10792 판결도 같은 해석을 하였다.

> 『구 국세기본법(2005. 7. 13. 법률 제7582호로 개정되기 전의 것, 이하 같다) 제45조의2 제1 항 제1호는 '과세표준신고서를 법정신고기한 내에 제출한 자는 그 과세표준신고서에 기재된 과세표준 및 세액(각 세법의 규정에 의하여 결정 또는 경정이 있는 경우에는 당해 결정 또는 경정 후의 과세표준 및 세액을 말한다)이 세법에 의하여 신고하여야 할 과세표준 및 세액을 초과하는 때에는 법정신고기한 경과 후 2년 이내에 최초 신고 및 수정신고한 국세의 과세표준 및 세액(각 세법의 규정에 의하여 결정 또는 경정이 있는 경우에는 당해 결정 또는 경정 후의 과세표준 및 세액을 말한다)의 결정 또는 경정을 관할 세무서장에게 청구할 수 있다'고 규정하고 있는바, 위 규정의 문언내용과 감액경정청구제도의 취지 등에 비추어 보면, 과세표준신고서를 법정신고기한 내에 제출한 자는 그 후 이루어진 과세관청의 증액경정처분에 대해서도 경정 후의 과세표준 및 세액이 세법에 의하여 신고하여야 할 과세표준 또는 세액을 초과하는 경우에는 그 증액경정처분에 대한 불복청구기간이 경과하였는지 여부와 상관없이 법정신고기한 경과 후 2년 이내에는 감액경정청구를 할 수 있다고 봄이 타당하다.』

(3) 입법자는 불가쟁력 이론에 충실하기 위하여, 2007. 12. 31. '법정신고기한 경과 후 3년(각 세법에 따른 결정 또는 경정이 있는 경우에는 이의신청·심사청구 또는 심판청구 기간을 말한다) 이내'로 개정하였다.

위 개정내용의 문언에 조세소송법적 규율인 판례상의 흡수소멸설[제1장 제6절 3. 나. (2) ㈔ 및 제1장 제7절 5. 다. 참조]을 더하면, 당초신고한 과세표준 및 세액은 증액경정처분에 흡수되어 소멸되고 증액경정처분은 당초신고한 과세표준 및 세액을 포함시켜 전체로서의 과세표준과 세액을 정한 것으로서 그 증액경정처분에 대하여 불복기간이 경과하면 그 전체에 대하여 불가쟁력이 발생하게 되는 것으로 해석할 수 있었다[흡수소멸설의 약점, 제1장 제6절 3. 나. (4) 참조].[2] 그러나 위 개정에 관하여는 강력한 입법론적 비판이 제기되었다.[3]

---

2) 이창희, 전게서, 244면에서, "종래 국세기본법에는 부과처분의 흠도 경정청구기간이 남은 이상 다툴 수 있었지만 법을 개정하여 불복기간과 맞추었다."라고 적고 있다.

3) 고은경, 전게논문, 183면 이하에서, "2007. 12. 31. 법률 제8830호로 개정된 국세기본법 제45조의2 제1항 규정에 의하면, 과세관청의 결정 또는 경정이 있는 경우에는 이와 관련된 과세표준 및 세액에 대한 경정청구는 불복청구기간 이내로 제한하였다. 이는 종전의 규정이 과세관청의 결정·경정처분에 대해서 불복청구기간이 경과하여 불가쟁력이 발생한 경우에도 경정청구가 가능한 것으로 해석될 우려가 있다고 하여, 불복청구기간의 경과로 불가쟁력이 발생된 과세처분에 대하여는 경정청구가 허용되지 아니함을 명확히 하고자 하는 취지로 개정한 것이다. 그러나 납세의무자의 과다신고에 대해서는 경정청구로, 과세관청의 위법결정·경정처분에 대해서는 행정쟁송을 통하여 권리구제를 하는 것으로 명확히 하고자 하였다면, 결정·경정처분이 있는 경우에는 불복청구기간 내(90일)에서 경정청구가 가능하다고 한 개정 내용도 모순이 있다. 개정된 내용에 따른다면 과세관청의 결정·경정처분이 있는 경우에는 불복청구기간 내에서 경정청구나 불복청구를 선택할 수 있고 이 기한이 경과되고 난 후에는 법정신고기한으로부터 3년 내라고 하더라도 경정청구도, 불복청구도 할 수 없다

(4) 이러한 흡수소멸설의 약점을 해석으로 보완한 대법원 2014. 6. 26. 선고 2012두 12822 판결을 본다.4)

『가. (1) 구 국세기본법(2010. 1. 1. 법률 제9911호로 개정되기 전의 것, 이하 같다) 제22조의2 제1항은 "세법의 규정에 의하여 당초 확정된 세액을 증가시키는 경정은 당초 확정된 세액에 관한 이 법 또는 세법에서 규정하는 권리·의무관계에 영향을 미치지 아니한다."라고 규정하고 있다.

증액경정처분이 있는 경우에 당초 신고나 결정은 증액경정처분에 흡수됨으로써 독립한 존재가 치를 잃게 되므로, 원칙적으로는 증액경정처분만이 항고소송의 심판대상이 되고 납세자는 그 항고 소송에서 당초 신고나 결정에 대한 위법사유도 함께 주장할 수 있다. 그렇지만 위 규정의 문언과 아울러, 위 규정의 입법 취지가 증액경정처분이 있더라도 불복기간이나 경정청구기간의 경과 등으 로 더 이상 다툴 수 없게 된 당초 신고나 결정에서의 세액에 대하여 불복을 제한하려는 것에 있음 에 비추어 보면, 불복기간이나 경정청구기간의 도과로 더 이상 다툴 수 없게 된 세액에 관하여는 그 취소를 구할 수 없고, 증액경정처분에 의하여 증액된 세액의 범위 내에서만 취소를 구할 수 있 다고 할 것이다(대법원 2009. 5. 14. 선고 2006두17390 판결, 대법원 2011. 4. 14. 선고 2010두 9808 판결, 대법원 2012. 3. 29. 선고 2011두4855 판결 등 참조).

(2) 한편 2007. 12. 31. 법률 제8830호로 개정되고 2010. 12. 27. 법률 제10405호로 개정되기 전의 구 국세기본법 제45조의2 제1항(이하 '개정 전 규정'이라 한다)은 "과세표준신고서를 법정신 고기한내에 제출한 자는 다음 각 호의 1에 해당하는 때에는 최초신고 및 수정신고한 국세의 과세표 준 및 세액(각 세법에 따른 결정 또는 경정이 있는 경우에는 당해 결정 또는 경정 후의 과세표준 및 세액을 말한다)의 결정 또는 경정을 법정신고기한 경과 후 3년(각 세법에 따른 결정 또는 경정 이 있는 경우에는 이의신청·심사청구 또는 심판청구 기간을 말한다) 이내에 관할 세무서장에게 청

는 것이다. 예를 들어, 2008년 귀속분 법인세 과세표준 및 세액에 대해 법인이 2009. 3. 31.까지 신고하고 이 에 대해 과세관청이 2009. 6. 30. 경정처분을 하는 경우에는 2009. 6. 30.부터 90일 내인 2009. 9. 28.까지 경정청구를 제기하여야 하고 이 기한을 넘긴 경우에는 경정청구도 행정쟁송도 제기할 수 없게 된다. 만약 법 인이 2009. 3. 31.까지 신고 후 과세관청에서 별도의 경정처분이 없을 경우에는 2009. 3. 31.부터 3년 이내 인 2012. 3. 31.까지 경정청구를 제기할 수 있다. 결국 개정된 내용에 따르면 납세자의 신고 후 과세관청의 결정·경정처분이 있었느냐에 따라 납세자의 경정청구기간이 달라지고, 과세관청의 결정·경정처분이 있는 경 우에는 경정청구기간이 지나치게 제한되는 문제가 있다. 따라서 이 규정은 개정되어야 한다."라고 적고 있다.

4) 위 판결은, 경정청구에 관한 규정에 있어 납세자의 권익보호를 위한 부득이한 경우라면 제한해석을 할 수 있 다는 점, 당초의 신고에 증액경정이 있는 경우 하나의 불복절차에서 다툴 수 있도록 한 것은 납세자의 권익보 호를 위한 것이지 납세자의 경정청구권을 제한하기 위한 것이 아니라는 점, 경정청구기간이 남아 있음에도 도 중에 결정이나 경정에 대한 불복기간을 도과시켰다는 이유로 최초신고분에 대한 경정청구권 행사를 제한하는 것을 불합리하다는 점, 조세법률관계의 조속한 안정은 증가된 세액부분에 대한 경정청구권 제한만으로 충분 히 달성될 수 있다(최초신고분에 대하여 경정청구권의 제한을 통하여 그 조속한 안정을 도모할 수 없다)는 점, 불가쟁력이 발생하기 위하여는 불복기간 및 경정청구기간 모두 경과하여야 한다는 점 등을 들면서, 결론 적으로 경정청구가 가능한 범위와 국세기본법 제22조의3(종전 제22조의2)의 관계 등에 관하여 판시하고 있 다. 경정청구에 관한 법해석 및 조세소송에 있어서 흡수소멸설의 수정과 그 범위 등에 관하여 많은 시사점을 던지고 있다. 실체적 진실주의와 법적 안정성의 조화를 위한 대법원의 고뇌를 읽을 수 있다.

구할 수 있다."라고 규정하고 있다.

그런데 2007. 12. 31. 법률 제8830호로 개정되기 전의 구 국세기본법 제45조의2 제1항은 과세관청의 결정 또는 경정이 있었는지 여부와 상관없이 경정청구기간을 3년으로 규정하고 있었고, 2010. 12. 27. 법률 제10405호로 개정된 국세기본법 제45조의2 제1항도 과세관청의 결정 또는 경정이 있는 경우에 그로 인하여 증가된 과세표준 및 세액에 대하여는 90일 내에 경정청구를 하여야 하지만 당초 신고한 과세표준 및 세액에 대하여는 3년의 경정청구기간을 허용하고 있다. 이와 같이 국세기본법이 여러 차례 개정되면서도 당초 신고한 과세표준 및 세액에 대한 3년의 경정청구기간을 유지하고 있는 것은 납세자의 절차적 권익을 보장하려는 것이다. 개정 전 규정이 당초 신고한 과세표준 및 세액에 대하여 3년간 경정청구할 수 있음을 원칙으로 하고 예외적인 경우에 이의신청·심사청구 또는 심판청구 기간(이하 '이의신청 등 기간'이라 한다)으로 경정청구기간이 제한되는 입법형식을 취한 것도 마찬가지의 취지로 이해될 수 있다. 따라서 개정 전 규정에 의하여 경정청구기간이 이의신청 등 기간으로 제한되는 '세법에 따른 결정 또는 경정이 있는 경우'는 위와 같은 경정청구제도의 취지에 적합한 예외적인 경우로 제한하여 해석함이 타당하다.

감액경정처분이 있더라도 이는 당초의 신고나 결정의 일부를 취소하는 것으로서 당초의 신고 등과 독립된 것이 아니어서 감액경정처분에 대하여 이의신청 등의 불복이 허용되지 아니하므로, 이를 납세자의 경정청구기간이 제한되는 '세법에 따른 결정 또는 경정이 있는 경우'로 볼 수 없을 것이다.

한편 증액경정처분이 있는 경우에 당초의 신고 등은 증액경정처분에 흡수되는 것이지만 경정청구나 부과처분에 대한 항고소송은 모두 정당한 과세표준과 세액의 존부를 정하고자 하는 동일한 목적을 가진 불복수단이므로 납세의무자는 증액경정처분에 대하여 소정의 불복기간 내에 항고소송으로 다툴 수 있을 뿐만 아니라 경정청구기간 내에서는 경정청구로도 다툴 수 있다(대법원 2013. 4. 18. 선고 2010두11733 전원합의체 판결 참조). 그런데 과세표준신고서를 법정신고기한 내에 제출한 납세의무자에게 결정이나 경정으로 인한 처분을 불복대상으로 삼아 하나의 불복절차에서 다툴 수 있도록 한 것은 소송경제나 납세자의 권익보호를 위한 것이지 납세자의 경정청구권을 제한하려는 것은 아니고, 당초의 신고 등에 관한 경정청구기간이 남아 있는 도중에 과세관청의 결정이나 경정이 있다고 하여 납세자가 당초의 신고 등에 관하여 가지는 별개의 불복수단인 경정청구권 행사가 제한된다고 보는 것도 불합리하며, 조세법률관계의 조속한 안정을 도모하고자 하는 개정 전 규정의 입법 목적은 새로이 증가된 과세표준과 세액에 관한 경정청구권의 행사만을 제한하는 것으로 충분히 달성할 수 있다.

이러한 경정청구제도에 관한 국세기본법의 개정 경과와 경정청구제도의 취지 및 관련 법리 등에 비추어 보면, 과세표준신고서를 법정신고기한 내에 제출한 납세자가 그 후 이루어진 과세관청의 결정이나 경정으로 인한 처분에 대하여 소정의 불복기간 내에 다투지 아니하였더라도 3년의 경정청구기간 내에서는 당초 신고한 과세표준과 세액에 대한 경정청구권을 행사하는 데에는 아무런 영향이 없다고 보아야 하며, 개정 전 규정에 의하여 경정청구기간이 이의신청 등 기간으로 제한되는 '세법에 따른 결정 또는 경정이 있는 경우'란 과세관청의 결정 또는 경정으로 인하여 증가된 과세표준 및 세액 부분만을 뜻한다고 할 것이다.

나. 원심은, 원고들이 2008. 9. 1.자 이 사건 당초 처분에 대하여 불복기간 안에 이의신청, 심판청구 등의 절차를 밟지 않음으로써 이 사건 당초 처분은 불가쟁력이 발생하였고, 그 이후인 2009. 4. 8. 이 사건 증액경정처분이 내려졌으므로, 이 사건 증액경정처분의 취소를 구하는 이 사건 소 중 이 사건 당초 처분 세액의 취소를 구하는 부분은 부적법하다고 판단하였다.

우선 앞서 본 것과 같이 이 사건 당초 처분에 대하여 불가쟁력이 발생하기 위해서는 그 불복기간이나 경정청구기간이 모두 경과하여야 할 것인데, 원심이 이 사건 당초 처분에 대한 불복기간이 경과하였다는 사정만으로 불가쟁력이 발생하였다고 판단한 것은 잘못이라고 하겠다.

또한 적법하게 채택된 증거들에 의하면, 이 사건 당초 처분은 원고들을 포함한 망 소외 1의 공동상속인들이 최초 신고 및 수정신고한 과세표준 및 세액을 그대로 부과한 처분인 사실, 원고들의 상속세 법정신고기한으로부터 3년의 경정청구기간이 경과하기 전인 2009. 4. 8. 이 사건 증액경정처분이 있었던 사실을 알 수 있으므로, 원고들로서는 이 사건 증액경정처분에 의하여 증액된 세액뿐만 아니라 이 사건 당초 처분에 의하여 부과된 세액에 대해서도 그 위법을 주장하여 취소를 구할 수 있다고 할 것이다.

그럼에도 이와 달리 원심은 위와 같이 잘못된 이유를 들어 이 사건 당초 처분 세액의 취소를 구하는 청구 부분을 부적법하다고 판단하였으므로, 이러한 원심의 판단에는 구 국세기본법 제22조의2 제1항 및 개정 전 규정에 관한 법리를 오해하여 판결에 영향을 미친 위법이 있다.』

(5) 대법원 2012두12822 판결은 相續稅에 관한 것으로, 과세관청이 2008. 9. 1. 공동상속인들이 최초신고 및 수정신고한 상속세 과세표준과 세액 그대로 부과처분을 한 다음 2009. 4. 8. 증액경정처분을 한 사안이다.[5]

① 경정청구제도에 관한 국세기본법의 개정 경과, 경정청구제도의 취지 및 관련 법리 등에 비추어 보면 과세표준신고서를 법정신고기한 내에 제출한 납세자가 그 후 이루어진 과세관청의 결정이나 경정으로 인한 처분에 대하여 불복기간 내에 다투지 아니하였더라도 3년의 경정청구기간 내에서는 당초신고한 과세표준과 세액에 대한 경정청구권을 행사하는 데에는 아무런 영향이 없다.

② 구 국세기본법(2007. 12. 31. 법률 제8830호로 개정되고 2010. 12. 27. 법률 제10405호로 개정되기 전의 것) 제45조의2 제1항에 의하여 경정청구기간이 이의신청·심사청구 또는 심판청구기간으로 제한되는 '세법에 따른 결정 또는 경정이 있는 경우'란 과세관청의 결정 또는 경정으

---

5) 임승순, 전게서, 210면 이하에서, 위 판결을 다음과 같이 비판한다. "우리 법상 상속세나 증여세와 같은 부과과세방식 조세의 경우 법상 신고의무가 규정되어 있으나, 이는 협력의무에 불과할 뿐 그 신고로서 납세의무를 확정하는 효력은 발생하지 않는데, 세액의 확정효를 수반하지 않는 신고를 경정하는 것 자체가 조세채무 확정에 관한 우리 법체계와 모순된다. 현실적인 측면에서도 신고 후 부과과세방식의 조세에 관하여 납세의무자의 신고가 있다고 하여 불복기한을 국세기본법상 경정청구기간까지 연장해 줄 이유가 별로 없다. 아울러 마찬가지 이유에서, '결정 또는 경정으로 인하여 증가된 과세표준 및 세액'에 대하여 해당 처분이 있음을 안 날부터 90일 이내에 경정을 청구할 수 있도록 한 법 제45조의2 제1항 후문의 규정도 법리상 의문이 있다."

로 인하여 증가된 과세표준 및 세액 부분만을 뜻한다.

③ 이 사안처럼 최초 신고한 세액 그대로 부과처분을 한 다음 증액경정처분을 한 경우 먼저 최초신고세액분(= 당초 부과처분액)과 증액경정분으로 분할 내지 분해된다. 최초신고세액분 내지 동일한 수액의 최초 부과처분액은 [신고 + 결정으로 인하여 증가된 세액 0]이라는 구조가 됨으로써 최초신고세액분은 경정청구기간 내라면 언제든지 경정청구를 할 수 있다. 따라서 최초 신고한 세액 그대로 부과처분을 했다 하더라도 그 처분액에 대하여 불가쟁력이 발생할 여지가 없다. 그 범위 내에서 국세기본법 제22조의3(종전 제22조의2)의 적용은 배제된다.

④ 다만 판시내용 중 "이 사건 당초처분에 대하여 불가쟁력이 발생하기 위해서는 그 불복기간이나 경정청구기간이 모두 경과하여야 할 것인데, 원심이 이 사건 당초처분에 대한 불복기간이 경과하였다는 사정만으로 불가쟁력이 발생하였다고 판단한 것은 잘못이라고 하겠다."는 부분에서 불가쟁력의 강도를 어떻게 보아야 하는지 등 많은 시사점을 던진다.

라. 2010. 12. 27. 법률개정

(1) 국세기본법 제45조의2 제1항의 개정내용

『과세표준신고를 법정신고기한 내에 제출한 자는 다음 각 호의 어느 하나에 해당할 때에는 최초신고 및 수정신고한 국세의 과세표준 및 세액의 결정 또는 경정을 법정신고기한이 지난 후 3년 이내에 관할 세무서장에게 청구할 수 있다. 다만 결정 또는 경정으로 인하여 증가된 과세표준 및 세액에 대하여는 해당 처분이 있음이 안 날(처분의 통지를 받은 때에는 그 받은 날)부터 90일 이내 (법정신고기한이 지난 후 3년 이내에 한한다)에 경정을 청구할 수 있다.』

(2) 개정취지는 다음과 같다.

『① 개정내용

종전	개정
□ 경정청구기간	
◦ 법정신고기한 경과 후 3년	◦ 좌동
◦ 결정·경정이 있는 경우에는 이의 신청·심사청구·심판청구기간(90일)	◦ 결정·경정이 있는 경우의 경정청구기간의 명확화 — (최초·수정신고분) 법정신고기한 경과 후 3년 — (결정·경정에 따른 증가분) 결정·경정처분이 있음을 안 날부터 90일

② 개정이유

결정·경정이 있는 경우에도 결정 등에 따른 증가분에 한하여 90일의 경정청구기간이 적용될 뿐, 최초·수정신고분에 대한 경정청구기간은 3년임을 명확화』

(3) 문제점 제기

조세사안을 과세표준신고가 전제된 '[신고 + 증액경정]의 사안'과 '[제1차적 부과처분 등]의 사안'의 두 그룹으로 나눈 다음, 경정청구 가능 여부, 불가쟁력 및 기판력의 발생범위 등에 관한 해당 그룹의 특성을 비교하면 극히 대조적이다.

제1장 제5절 2. 나. 및 다.에서 불가쟁력의 발생범위에 관하여 비교설명하였다. 제1장 제6절의2 3. 나.에서 기판력의 발생범위에 관하여도 비교설명하였다. 각 그 해당 부분을 참고하기 바란다. 먼저 불가쟁력의 발생범위를 2분법적으로 달리 보아야 하는지에 관하여 의문을 제기하면서 근본적 해결방법을 모색하여 보았으나 실마리를 찾지 못하였다. '제1차적 부과처분'에 한하여 불가쟁력의 포괄성은 부인하기 어려우나 '[신고 + 증액경정]의 사안'에 서는 국세기본법 제45조의2 제1항 후단이라는 조세실체법의 존재로 불가쟁력의 발생범위를 개별적으로 파악할 수밖에 없었다. 다음 불가쟁력이 왜 기판력의 범위까지 좌지우지하고 그리하여 기판력의 범위에 관하여 이원적 접근론을 전개할 수밖에 없는 것이냐에 대한 의문이 있었다. 현행 행정소송제도 아래에서는 불가피하다는 결론에 도달하였으나 근거에 대한 연구가 부족함을 인정한다. 불가쟁력의 범위과 기판력의 범위는 평행되게 보아야 함은 적어도 받아들여야 할 것이다. 불가쟁력의 범위를 좁게 보아야 하는 사안이면 기판력의 범위도 좁게, 불가쟁력의 범위를 넓게 보아야 하는 사안이면 기판력도 넓게 보아야 할 것이다.

여기서는 '[申告 + 增額更正]의 事案'에 한하여 국세기본법 제45조의2 제1항 후단을 중심으로 다음과 같은 문제점을 제기한다(기한 후 신고, 부과과세방식인 상속세 및 증여세, 부가가치세에 대하여는 뒤에서 설명한다). 국세기본법 제45조의2 제1항 후단이 최초신고세액분과 증액경정분으로 나누어 규율하고 있는바 賦課處分의 分割을 인정할 것인지 여부가 문제된다. 분할을 인정한다면 흡수소멸설의 일부 수정이 불가피하므로 그 수정범위도 문제된다. 다음 위 사안에서 경정거부처분 취소소송과 부과처분(증액경정) 취소소송 중 어느 하나를 임의로 선택할 수 있는지 여부이다. 끝으로 양 취소소송에서 기판력이 발생하는 범위 및 국세기본법 제22조의3의 적용범위도 문제된다.

(4) [申告 + 增額更正]의 法理

위 대법원 2012두12822 판결은 비록 2010. 12. 27. 개정 전 국세기본법 제45조의2 제1항의 해석에 관한 것이지만 개정 후 제1항 후단의 해석에 관한 부분을 일부 담고 있다.

이를 고려하면서 다음 4가지 요점을 정리한다.

'[신고 + 증액경정]의 사안'에 적용되는, [부과처분의 분할, 쟁송형태, 기판력의 범위, 국세기본법 제22조의3의 적용범위] 등에 관한 4가지 요점 내지 규율내용을, '[신고 + 증액경정]의 법리'라고 부른다.

뒤에서 보는 바와 같이, '기한 후 신고'에 대하여 과세관청의 결정이 고지된 경우 및 상속세에 있어 과세표준신고 후 과세관청의 결정이 고지된 경우에도 위 법리가 적용된다. 부가가치세에 있어 환급세액을 신고하였는데 과세관청이 이를 부인하면서 오히려 납부세액이 있다며 부과처분을 한 경우에도 위 법리가 적용된다(제5장 제1절 1. 나. 참조).

(ⅰ) 부과처분의 분할

흡수소멸설은 원칙적으로 유지되나 다음과 같이 제한된 범위에서 수정·보완된다. 즉 최초신고세액분과 증액경정분으로 분할되어 최초신고세액분은 경정청구기간 5년 이내에서 언제든지 경정청구를 할 수 있다. 부과처분의 분할은 경정청구를 보장하기 위한 것으로 그 범위 내에서 분할된다. 반대로 경정청구 등 권리구제의 보장과 관계가 없는 국면이라면 흡수소멸설이 그대로 유지된다. 병존설을 채택하였다고 할 수 없다. 분할의 정도는 아래 미국이나 독일의 법제에 비추어 보면 아주 미미하다.

미국 내국세입법을 본다. 'deficiency'의 개념은 [정당한 세액 〉 신고세액]의 관계로 정의되는 것으로 신고세액이 정당한 세액에 이르지 못한 탈루상황을 말한다. 그 해당 금액을 신고에서 탈루된 추가세액이라고 할 수 있고, 추가세액을 고지하는 것(noticies of deficiency, N/D)을 줄여서 '추가고지'라 부를 수 있다[정당한 세액 = 신고세액 + 추가고지세액]. 우리나라의 '증액고지'와 유사하다. 만약 신고를 하지 않았다면 신고세액이 없으므로 추가고지세액 전부가 탈루된 추가세액에 해당한다. 조세법원은 추가고지세액의 범위에 대하여 전속적으로 판단할 권한을 가지고, 심리결과 추가고지세액을 증액하거나 감액할 수도 있다(redetermination). 조세법원에 이러한 사건이 계속되고 있는 한, 조세채무자는 지방법원에 환급청구나 환급소송을 제기할 수 없다[내국세입법 제6512조 (a)]. 나아가 조세법원은 탈루된 추가세액이 있는 것이 아니라 오납한 세액이 있는 것임이 판명된 경우 오납의 구체적 수액까지 결정할 수 있는 권한을 가진다[내국세입법 제6512조 (b)]. 추가고지세액은 조세법원의 관할을 결정하기 위한 전제로서 당초 신고세액과 엄격하게 분할되는바(만약 신고를 전혀 하지 않았다면 분할은 일어나지 않는다), 이 점에서 우리나라에서의 분할과는 구별된다. 다만 구조상으로 우리나라 '[신고 + 증액경정]의 사안'과 일부 유사한 점도 엿보인다(제1장 제11절 참조).

독일에서의 부과처분의 분할가능성(Teilbarkeit)에 대하여 본다. 조세기본법 제172조 이하의 경정규정에서 부과처분의 분할가능성을 전제로 하고 있다. 부과처분이 어느 범위까지 분할가능한지 여부는 해당 경정규정의 규율내용에 의하여 결정된다.

(ⅱ) 쟁송형태(쟁송구조)

조세채무자는 경정거부처분 취소쟁송과 부과처분(증액경정) 취소쟁송 중 어느 하나를 선택할 수 있다. 그중 한 쟁송형태만이 배타적으로 인정될 수는 없다. 어떠한 쟁송형태이든 심판대상은 흡수소멸설의 적용에 따라 소송물 전부에 미친다. 청구취지를 특정할 때에도 흡수소멸설의 관점에서 기술하여야 한다. 최초신고세액분은 경정거부처분 취소쟁송으로, 증액경정분은 증액경정 취소쟁송으로 쪼개어 다루게 할 수 없다[제1장 제11절 7. 나. (3) 참조].

최초신고세액으로 1,000만 원이 신고된 후 과세관청이 500만 원을 증액함으로써 총세액이 1,500만 원으로 된 예를 본다.

우선 부과처분(증액경정) 취소쟁송을 본다.

총세액 전부를 다투려고 하거나 적어도 증액경정분을 다투려고 한다면 증액경정 고지일부터 불복기간 90일 이내에 부과처분 취소쟁송을 제기하여야 한다. 증액경정분을 다투지 않더라도 흡수소멸설이 유지되는 한 최초신고세액분에 한하여 일부 취소쟁송으로 제기할 수 있다. 다만 불복기간이 지난 후라면 어느 부분이든 부과처분 취소쟁송을 제기할 수 없다. 처음에는 단지 증액경정분만을 다투기 위하여 불복기간 90일 이내에 취소쟁송을 제기하였다 하더라도 이후 쟁송과정에서 최초신고세액분에 대한 오류가 발견되어 이를 시정하려고 한다면 청구취지를 변경하면서 해당 오류를 그 취소쟁송에서 주장할 수 있다 할 것이다.

다음 경정거부처분 취소쟁송을 본다.

총세액 전부를 다투기 위하여 처음부터 경정거부처분 취소쟁송을 제기하기는 어려울 것이다. 거부처분이 존재한다고 보기는 어렵기 때문이다. 증액경정분을 다투지 않는다면 불복기간 90일의 제한을 받지 않고 경정청구기간 내에서라면 언제든지 최초신고세액분에 대하여 경정거부처분 취소쟁송을 제기할 수 있다. 만약 불복기간 90일 내에 최초신고세액분을 다투기 위하여 경정거부처분 취소쟁송을 제기한 이상, 이후 쟁송과정에서 증액경정분에 대한 오류가 발견되었고 이를 시정하려고 한다면 청구취지를 변경하면서 해당 오류를 그 쟁송에서 주장할 수 있다 할 것이다.

실효적인 권리구제의 관점에서 증액경정분을 다투고자 한다면 부과처분 취소쟁송(쟁송형태와 관련하여 부과처분 취소소송이라고 할 때 정확하게는 부과처분 취소쟁송을 가르킨다. 이 책에서 편의를 위하여 주로 '부과처분 취소소송'이라 부른다)이 더 선호될 것으로 보인다. 왜냐하면 경정거부처분 취소쟁송(경정거부처분 취소소송이라 할 때 정확하게는 경정거부처분 취소쟁송을 가르킨다. 편의를 위하여 '거부처분 취소소송'이라 부른다)을 제기하려면 먼저 경정청구를 하는 등으로 거부처분을 만들어 내는 번거로운 절차를 거쳐야 하기 때문이다. 양 쟁송형태는 이와 같이 미세한 차이만 있을 뿐 전체적으로 볼 때 큰 차이는 없다.

경정거부처분 취소소송의 형식을 취하든, 부과처분(증액경정) 취소소송의 형식을 취하든,

제4장

總額主義에 관하여 大法院 判例가 취하는 견해[제1장 제6절 1. 다. (3)에서 열거된 ①부터 ⑦까지 내용 참조. 조세채무자 또는 과세관청 중 누가 제기하였든 소송에서 제기된 모든 조세적 쟁점은 심리대상이 될 수 있고 그리하여 결과적으로 세액이 총액적으로 판단된다.]는 그대로 적용된다. 즉 소송물이론(세액의 객관적 존부), 개개의 위법사유는 공격방어방법에 불과하다는 점, 처분사유의 교환·변경이 허용된다는 점(사실심 변론종결시까지 처분의 동일성이 유지되는 범위 내에서), 납세의무자의 과다신고사유의 추가주장이 허용된다는 점(반드시 경정청구의 형식을 취할 필요가 없다), 감액경정청구사유와 경정거부처분 취소소송에서의 주장사유는 반드시 동일할 필요가 없고 추가될 수 있다는 점, 제척기간 경과 후에도 과세관청은 처분사유를 교환·변경할 수 있다는 점 및 소송계속 중 증액경정이 된 경우 쟁송대상이나 조치내용 등에 관한 대법원의 견해는 그대로 적용된다.

　　마지막으로 불복기간 90일 이내에 불복하지 아니하여 증액경정분을 다툴 수 없게 된 사안을 본다. 경정청구를 보장하기 위하여 분할된다고 보아, 최초신고세액분에 대하여 경정청구기간이 도과하지 아니한 이상, 해당 경정사유에 터잡아 경정청구를 할 수 있고, 과세관청의 거부처분에 대하여 취소소송을 제기할 수 있다.

　　(ⅲ) 기판력이 발생하는 범위

　　경정거부처분 취소소송(선택가능한 부과처분 취소소송을 포함한다)의 기판력은 소송물 중 '판단된 범위' 내에서만 발생한다고 좁게 보아야 한다(제1장 제6절의2 3., 4. 참조).

　　위 예를 본다. 증액경정분 500만 원만을 다투어 패소판결이 확정되었다면 증액경정분에 한하여 기판력이 발생한다. 즉 부과처분이 개입되어 증액경정되었고, 그 처분에 구체적 경정사유가 명시되어 심리판단된 이상, 기판력은 '판단된 범위'인 해당 구체적 경정사유에 한하여 발생한다. 증액경정분 500만 원 부분에 대하여 불복기간 내에 다투지 않았다면 구체적 경정사유에 한하여 불가쟁력이 발생한다. 아무튼 그 부분은 더 이상 다툴 수 없다.

　　그러나 증액경정분에 대하여 패소확정되었다 하더라도, 최초신고세액분에 오류가 있다면 조세채무자는 경정청구기간 내에서 최초신고세액 1,000만 원 부분에 대하여 경정청구를 할 수 있다. 그 경정거부처분 취소소송에서 패소확정되었다 하더라도, 판단된 범위 내에서 기판력이 발생하므로, 다른 경정사유를 내세워 다시 경정청구를 할 수 있다.

　　증액경정분에 대한 경정거부처분 취소소송(부과처분 취소소송 포함)과 최초신고세액분에 대한 경정거부처분 취소소송 공히 기판력은 판단된 범위에 한하여 발생한다고 말할 수 있다.

　　(ⅳ) 국세기본법 제22조의3의 적용범위

　　국세기본법 제45조의2 제1항 후단에 따라 통상의 경정청구를 할 수 있는 범위가 확대된 만큼 그 범위 내에서 비독립적·소극적 경정조항인 국세기본법 제22조의3의 적용은 배제되거나 그 적용범위가 훨씬 줄어든다(제1장 제7절 6. 나. 참조).

(5) 소결론

이상에서 본 바와 같이, 위 후단이 경정법체계에 미치는 영향은 국세기본법상의 다른 어떠한 조항보다 지대하다. 가히 혁명적이다. 입법자가 의도했든 아니든 그렇다. 후단의 정확한 이해 없이는 경정법체계를 이해하였다고 말할 수 없을 정도로 중요한 핵심조항이다. 이는 소송물 이론, 총액주의 및 흡수소멸설, 기판력의 발생범위, 불가쟁력의 발생범위 등 조세소송법 이론에 광범위하고도 복합적인 영향을 미치고 있다. 조세실체법 조항은 그 조항대로, 조세소송법 이론은 이론대로 별개로 분리하여 논해서는 안 된다. 분리하여 논한다면 그 이론은 사상누각이다. 조세실체법 조항을 떠나서는 올바른 조세소송법 이론을 확립할 수 없다. 위 후단은 세액확정절차의 구조적 불균형의 완화에도 기여하고 있다.

조세소송법에 미치고 있는 이러한 광범위한 영향은 앞으로 연구되어야 할 과제이다. 위 조항이 2010. 12. 27. 신설되었음에도 이에 관한 깊은 논의가 없었다. 위 조항의 존재를 무시한 채, 조세소송법 이론이 선험적으로 주어진 것인 양, 일반 행정소송법 이론 등에 매몰되어 조세소송법의 특질을 고려하지 아니함으로써, 이론을 위한 이론만을 전개한 것은 아닌지 반성해야 한다.

마. 2014. 12. 23. 경정청구기간을 5년으로 연장

납세자의 권익보호를 위하여 경정청구기간을 제척기간과 일치시킬 필요가 있었고, 납세자가 납부할 세액을 과다하게 신고하였을 경우 세무서장에게 당초의 신고내용을 바로잡아 줄 것을 요구하는 경정청구기간을 5년으로 연장함으로써, 납세자의 고충민원이 경감될 것으로 기대된다는 취지로 설명된다.

부칙 제7조에 의하면 제45조의2 제1항의 개정규정은 이 법 시행 이후 결정 또는 경정을 청구하는 분부터 적용하되, 이 법 시행 전에 '종전의 제45조의2 제1항에 따른 청구기간이 경과한 분'에 대해서는 제45조의2 제1항의 개정규정에도 불구하고 종전의 규정에 따르도록 정하고 있다. 따라서 2015. 1. 1. 현재 종전의 경정청구기간 3년이 경과하지 않았다면 경정청구기간이 5년으로 연장된다.

바. 2019. 12. 31. 기한 후 신고를 한 자에 대한 경정청구의 허용

(1) 기한 후 신고의 정의

과세표준신고에는 기한 내 신고와 기한 후 신고가 있다. 기한 내 신고란 세법에 따라 과세표준신고서를 제출할 법정신고기한 내에 하는 신고를 말한다. 기한 후 신고란 법정신고기한까지 과세표준신고서를 제출하지 아니한 자가 관할 세무서장이 세법에 따라 해당 국세의 과세표준과 세액(가산세를 포함한다)을 결정하여 통지하기 전까지 하는 신고를 말한다.

(2) 기한 후 신고의 도입 및 개정과정

기한 후 신고는 1999. 8. 31. 국세기본법 제45조의3에서 처음 도입되었는데 '추가납부할 세액'이 있는 경우에만 허용되었다. 이후 2006. 12. 30. 개정으로 '법정신고기한까지 과세표준신고서를 제출하지 아니한 자'로 개정함으로써 '세액을 확정하기 위한 과세표준신고'는 물론 '환급을 받기 위한 과세표준신고'에 대하여도 기한 후 신고를 허용하였다.

비영리법인이 원천징수된 이자소득세액에 대한 환급신청을 함에 있어 기한 내 신고 아닌 기한 후 신고를 한 경우 이를 환급받을 수 있는지 여부가 문제된 국세심판소 2008. 2. 26. 2007서339 결정을 본다. 즉 국세기본법 제45조의3 기한 후 신고 규정을 법정신고기한내 과세표준신고서를 제출하지 않은 자로서 납부할 세액이 있는 자로 한정하였다가 환급받을 세액이 있는 자도 법정신고기한 내 미신고에 따른 신고불성실가산세는 납부하면서 기한 후 신고제도를 이용하여 과다납부된 세액을 환급받을 수 있도록 하기 위하여 법정신고기한 내에 과세표준신고서를 제출하지 아니한 자로 규정하여 환급받을 세액이 있는 자를 포함하여 관련 법령을 개정한 사실이 확인되므로 비영리법인이 원천징수된 이자소득액에 대한 환급을 기한 후 신고에 의하여 청구한 데 대하여 기한 후 신고에 해당된다고 하였다.

(3) 기한 후 신고의 요건

국세기본법 제45조의3 제2항에 의하면 "제1항에 따라 기한후과세표준신고서를 제출한 자로서 세법에 따라 납부하여야 할 세액이 있는 자는 그 세액을 납부하여야 한다."고 되어 있기 때문에 '세액을 확정하기 위한 과세표준신고'에는 납부하여야 할 세액을 납부하여야 그 효력이 발생하는지 여부가 문제되나 부정되어야 한다.

따라서 납부하여야 할 세액을 납부하지 않았다 하더라도 신고 자체로 기한 후 신고로 보아야 한다. 제2항의 규정은 2014. 12. 23. 개정된 것으로 종전에는 "제1항에 따라 기한후과세표준신고서를 제출한 자로서 세법에 따라 납부하여야 할 세액이 있는 자는 기한후과세표준신고서 제출과 동시에 그 세액을 납부하여야 한다."로 규정하고 있었다. 뒤에서 보는 제45조의3 제3항의 규정내용 및 개정 전 내용도 고려되어야 한다.

(4) 기한 후 신고의 효과

국세기본법 제45조의3 제3항에 의하면 "제1항에 따라 기한후과세표준신고서를 제출하거나 제45조 제1항에 따라 기한후과세표준신고서를 제출한 자가 과세표준수정신고서를 제출한 경우 관할 세무서장은 세법에 따라 신고일부터 3개월 이내에 해당 국세의 과세표준과 세액을 결정 또는 경정하여 신고인에게 통지하여야 한다. 다만, 그 과세표준과 세액을 조사할 때 조사 등에 장기간이 걸리는 등 부득이한 사유로 신고일부터 3개월 이내에 결정할 수 없는 경우에는 그 사유를 신고인에게 통지하여야 한다(2014. 12. 23., 2019. 12. 31. 각 개정)."라고 규정하고 있다.

그런데 2014. 12. 23. 개정 전에는 "제1항에 따라 기한후과세표준신고서를 제출한 경우(납부할 세액이 있는 경우에는 그 세액을 납부한 경우에만 해당한다) … "되어 있었는데 그 괄호 부분이 삭제되었다. 기한 후 신고는 세액 확정효가 없다. 다만 기한 후 신고가 있으면 과세관청은 신고일부터 3월 이내에 세액을 결정할 의무가 발생한다.

(5) 기한 후 신고에 대한 결정청구 허용

기한 후 신고에 대하여 세액 확정효가 없고 단지 과세관청의 결정인 부과처분에 의하여 세액이 확정되는 것이 세액확정절차의 본래의 모습이다. 그리하여 그 부과처분을 취소소송의 형식으로 다툴 수 있게 된다. 만약 그 부과처분에 대하여 다투지 아니하면 불복기간의 도과로 인하여 발생하는 불가쟁력으로, 무효가 아닌 한, 원칙적으로 구제수단이 배제된다.

그런데 기한 후 신고에 대하여 2019. 12. 31. 국세기본법의 개정으로 결정청구를 허용했는바 이는 어떤 의미를 가지는가? 기한 후 신고에 대하여 과세관청의 결정이 고지되면, 결정이라는 하나의 부과처분임에도, [기한 후 신고 + 결정으로 인한 증가된 세액]으로 분해되고, 이러한 구조 위에서 기한 후 신고와 관계되는 과세표준 및 세액은 경정청구기간 5년 내에서 결정청구를 할 수 있고, 결정으로 인한 증가된 세액은 처분이 있음을 안 날부터 90일 이내에 취소소송을 제기할 수 있다. 앞서 본 '[신고 + 증액경정]의 법리'가 적용된다. 그 범위 내에서 위 부과처분에 대한 쟁송법리는 수정된다.

2. 경정청구요건

가. 상증세에의 적용

(1) 과세관청이 세액결정을 하지 않는 경우

국세기본법 제45조의2 제1항 본문은 문언상 부과과세방식인 상속세나 증여세에도 그 적용이 있다. 여기에서의 '결정'이 부과과세방식에 있어 부과처분을 가르키는 것으로 해석되기 때문이다. 이를 '결정청구'라 부른다.

예를 들어 상속세의 과세표준 및 세액을 법정신고기한 내에 신고납부했는데 과세관청이 세액결정을 하지 않는 경우, 과다신고하였음을 발견한 조세채무자는 결정청구의 방법으로 경정을 청구할 수 있다. 과세관청이 이를 거부하면 경정거부처분 취소소송을 제기할 수 있다.[6]

---

6) 임승순, 전게서, 209면에서, "원래 부과과세 조세에서 납세의무자의 신고유무에 불구하고 과세관청이 부과결정을 하지 않고 있는 경우 납세의무자는 법에 따른 부과결정을 해 달라고 요구할 권리가 있고, 그 쟁송수단으로 과세처분(조세채무)부존재 확인소송을 제기할 수 있다. 또한 세금을 납부하였는데 과세관청의 부과결정이 없다면, 조세채무가 부존재함을 전제로 납부한 세금의 반환을 구하는 민사상 부당이득반환청구소송도 가능하다. 국세기본법 제45조의2 제1항에서 '결정을 청구할 수 있다'고 한 것은 바로 이러한 소송형태를 명시적으로

일반적으로는 세액이 확정된 후 그 확정된 세액을 시정하기 위하여 경정청구를 하는 것이 원칙이나 세액이 확정되지 않았음에도 경정청구를 허용하고 있다. 본래의 의미가 변형되었다는 점에서 '변형된 의미의 경정청구'라 할 수 있다.

다만 이 경우 결정청구를 하지 아니한 채 신고에 내재된 하자가 중대·명백하여 무효라는 이유로 납부한 세금의 반환을 구할 수는 없다 할 것이다.[7] 경정청구의 배타성을 인정하기 때문이 아니라 부과과세방식의 본질에 반하기 때문이다.

(2) 과세관청이 세액결정을 한 경우

국세기본법 제45조의2 제1항 후단을 본다. 예를 들어 1,000만 원의 상속세 신고 후 과세관청에 의하여 500만 원이 증액되어 세액 1,500만 원의 부과처분이 고지되면, 그 결정은 위 후단에 기하여 [신고 1,000만 원 + 결정으로 증가된 세액 500만 원]으로 분해되고, 이러한 구조 위에서, [부과처분의 분할, 쟁송형태, 기판력의 범위, 국세기본법 제22조의3의 적용범위] 등에 관한 '[申告 + 增額更正]의 法理'가 적용된다.

하나의 부과처분임에도 결과적으로 최초신고세액분과 결정으로 증가된 세액분으로 분할되고, 그 분할된 범위 내에서, 기존의 부과처분에 대한 불가쟁력의 발생범위 및 기존의 부과처분에 대한 쟁송법리는 그 적용이 배제된다.

대신 경정거부처분 취소소송과 증액경정 취소소송 중 어느 하나를 임의로 선택할 수 있다. 최초신고세액분은 경정청구기간 5년 이내에서 언제든지 경정청구가 가능하다. 기판력의 발생범위인 '판단된 범위'도 위 분할에 맞추어 나누어 고찰되어야 한다. 경정청구를 할 수 있는 범위가 확대된만큼 그 범위 내에서 국세기본법 제22조의3의 적용은 배제된다.

다음 상속세액을 법정신고기한 내에 신고·납부하였고, 과세관청이 세액확정을 위하여 신고한 수액 그대로 부과처분을 한 사안에도 국세기본법 제45조의2 제1항 후단이 적용된다(앞서 본 대법원 2012두12822 판결 참조). 나아가 과세관청이 세액확정을 함에 있어 신고한 수액보다

규정한 것으로서 이는 주의적 규정에 불과한 것으로 이해된다. 과세관청이 납세자의 결정청구를 거부한 경우 납세의무자가 제기하는 결정청구거부처분 취소소송은 실질이 위와 같은 과세처분 부존재확인 청구에 다름 아니다."라고 적고 있다. 부과처분 발급청구권을 인정하는 것으로 보인다.

7) 상속세 또는 증여세의 과세표준신고는 세액의 확정효가 없고 단지 과세관청이 세액을 결정함에 있어 협력의무를 이행함에 불과하다. 과세관청이 신고를 내부적으로 확인·수리하였다 하여 확인적 부과처분이 존재한다고 할 수 없다. 이러한 취지에서 상속세 또는 증여세에 대하여 '결정청구'를 인정하고 있다. 그러나 신고납세방식의 신고에 있어 하자의 중대명백성 이론에 따라 구제될 수는 없다 할 것이다. 과세표준의 신고 후 세액확정을 위한 부과처분이 있기도 전에 신고에 착오가 있고 하자가 중대·명백하다면서 반환을 구하는 것은 부과과세방식의 본질에 반하기 때문이다. 서울중앙지방법원 2005. 9. 23. 선고 2005가합3057 판결(확정)에 의하면 원고가 증여세 납세의무가 없음에도 이를 신고·납부하였다면서(기록에 의하면 과세관청은 증여세 부과처분을 한 흔적이 없다), 신고의 하자가 중대·명백하여 당연무효임을 전제로, 그 반환을 구한 사안에서, 법원은 하자가 외관상 명백하다고 볼 수 없다면서, 원고 주장의 사유가 국세기본법상 경정청구 대상이 되는지 여부는 별론으로 하고, 신고가 당연무효임을 전제로 하는 원고의 청구가 이유 없다고 이를 기각하였다.

적게 부과처분을 했더라도 같다.

하나의 부과처분을 분해하여 경정청구를 할 수 있는 범위를 확대함으로써 세액확정절차의 구조적 불균형을 완화시키고자 하는 입법자의 결단을 읽을 수 있다. 경정법체계 내에서 부과 과세방식인 상속세나 증여세가 신고납세방식으로 전환된 것과 같은 의미를 가진다. 입법론적으로 상속세나 증여세를 신고납세방식으로 전환할 때가 되었다.

(3) 경정청구기간 5년이 지난 경우

상증세의 통상의 경정청구기간이 5년임에 반하여 통상의 제척기간은 10년이다. 상증세가 통상의 경정청구기간과 통상의 제척기간 사이에 기간 불일치가 일어나는 유일한 세목이다.

상증세에 있어 법정신고기한 내에 신고납부를 하였는데 경정청구기간 5년이 지났음에도 세액확정을 위한 부과처분이 이루어지지 아니한 상태에서 그 신고내용에 오류가 있음이 발견된 경우 조세채무자는 어떠한 구제수단을 가지는가? 경정청구기간 5년이 지났으므로 경정청구의 배타성 이론에 따라 경정청구를 할 수 없다는 견해가 있을 수 있다.

경정청구기간 5년과 통상의 제척기간 10년 사이의 기간 불일치 및 이로 인하여 필연적으로 야기되는 세액확정절차의 구조적 불균형 문제를 고려하여야 한다. 경정청구기간 5년 이내에 정당한 세액을 확정할 의무가 있음에도 이를 게을리 한 채 과세관청이 경정청구기간의 도과를 기다린 다음 그 기간이 지나자 비로소 증액하는 경우도 상정하여 볼 수 있다. 이 경우 경정청구의 배타성 이론에 따라 경정청구기간이 도과하였음을 이유로 경정청구를 할 수 없고 그 외 달리 구제수단이 없다고 하는 것은 정의공평의 원칙에 반한다.

상속세 및 증여세법 제76조 제3항 본문에서 세무서장은 원칙적으로 신고를 받은 날부터 '법정결정기한(상속세 6월, 증여세 3월)' 이내에 과세표준 및 세액을 결정하도록 정하고 있다. 경정청구기간 5년이 경과하여 '결정청구'를 할 수 없더라도, 조세채무자는 같은 법 제76조에 기하여 세액을 결정하여 달라는 의미의 '부과처분 발급청구권'을 행사할 수 있다. 거부처분이 있는 경우 거부처분 취소소송으로 부과처분을 발급받은 다음 그 부과처분에 대한 취소소송을 제기하여 구제받을 수 있다 할 것이다.

이러한 구제를 거부하는 것은 조세법상 의무를 성실히 이행한 사람을 신고를 하지 아니한 사람보다 불리한 위치에 놓게 하는 것으로서 부과과세방식의 본질에도 반한다. 나아가 결정청구제도는 조세채무자를 구제하기 위한 수단이지 과세관청의 부과처분 발급의무를 면제하기 위한 제도는 아니다.

같은 결론의 연장선 위에서 결정청구기간 5년이 지났다 하더라도 국세기본법 제22조의3이 적용될 여지도 없다. 결정청구기간 이내에 세액확정을 위한 부과처분이 이루어지지 아니한 이상 제22조의3이 적용될 수 없기 때문이다.

나. 청구권자

'과세표준신고서를 법정신고기한 내에 제출한 자' 및 '기한후과세표준신고서를 제출한 자' 이다. 기한후과세표준신고서를 제출한 자, 즉 기한 후 신고를 한 자에 대하여는 앞에서 보았 다. 여기서는 '과세표준신고서를 법정신고기한 내에 제출한 자'에 한하여 본다. 여기에는 수정 신고를 제출한 자도 포함된다.

(1) 과세표준신고서

'과세표준신고서'라 함은 국세의 과세표준과 국세의 납부 또는 환급에 필요한 사항을 적 은 신고서를 말하나, 국세기본법에서는 그 신고서에 어떠한 사항을 담아야 하는지 구체적으로 정하고 있지 않다[제1장 제9절 3. 가. (4) 참조].

다만 소득세법 제70조(종합소득과세표준 확정신고), 제110조(양도소득과세표준 확정신고), 법인 세법 제60조(과세표준 등의 신고), 신 부가가치세법 제49조(확정신고와 납부), 상속세 및 증여세 법 제67조(상속세 과세표준신고), 제68조(증여세 과세표준신고) 등에서 신고방법, 신고내용, 법정 신고기한을 각 정하고 있다.

위 각 해당규정에 의하면 소득세(종합소득, 양도소득) 및 법인세의 경우 과세표준금액(소득) 이 없거나 결손금액이 있는 경우에도 신고를 하여야 한다. 부가가치세의 경우에는 결손금액의 개념이 있을 수 없으므로 '납부세액' 또는 '환급세액'을 신고하여야 한다.

경정청구에 있어 이러한 과세표준신고서의 제출을 요구하는 것을 '당초신고요건'이라 한 다. 법인세 등의 과세표준신고를 함에 있어 (+)의 세액을 신고하였다 하더라도, 그 신고에는 결손금을 '0'원으로 한 결손금신고도 포함된 것으로 보아야 한다. 부가가치세 등의 과세표준신 고를 함에 있어 (+)의 납부세액이 있음을 신고하였다 하더라도, 그 신고에는 환급세액을 '0' 원으로 한 환급세액의 신고도 포함된 것으로 보아야 한다(제1장 제9절 3. 가. 참조).

당초신고요건을 이렇게 완화하여 해석하는 것은 조세채무자로 하여금 통상의 경정청구를 넓게 보장하기 위한 것으로 입법취지에도 부합한다. 법인세 등에 있어 세액확정절차와 결손금 확정절차 사이, 부가가치세 등에 있어 세액확정절차와 환급세액확정절차 사이에는 이와 같이 밀접한 관련성을 가지고 있다.

(2) 결정(경정)의 대상

국세기본법 제22조 제1항과는 달리 개별세법의 각 해당규정에서 '과세표준과 세액'이 결 정(경정)의 대상이 됨을 규정하고 있고, 한편, 국세기본법 제45조의2 제1항은 '과세표준신고서 에 기재된 과세표준과 세액' 또는 '과세표준신고서에 기재된 결손금액 또는 환급세액'이 결정 (경정)의 대상이 됨을 명문으로 밝히고 있다[제1장 제9절 3. 가. (4) 참조].

(3) 법정신고기한

법정신고기한이라 함은 세법에 따라 과세표준신고서를 제출하여야 할 기한을 말한다. 개별세법상 법정신고기한은 다음과 같다.

종합소득세: 과세기간의 다음연도 5. 1.부터 5. 31.까지

양도소득세: 과세기간의 다음연도 5. 1.부터 5. 31.까지(소득세법 제105조 제1항 제1호 단서에 해당하는 경우에는 토지거래허가일이 속하는 과세기간의 다음연도 5. 1.부터 5. 31.까지)

소득세법 시행령 제134조의 추가신고·자진납부기한

법인세: 각 사업연도 종료일이 속하는 달의 말일부터 3월

부가가치세: 과세기간 말일부터 25일(외국법인의 경우 50일)

상속세 및 증여세: 상속개시일이 속하는 달의 말일부터 6월, 증여받은 날이 속하는 달의 말일부터 3월

(4) 개별적인 경우

① 소득세법상 추계신고를 한 자도 '과세표준신고서'를 제출한 자에 해당한다. 따라서 법정신고기한 내에 '추계소득금액계산서'에 따라 추계신고를 한 자는 신고내용에 오류가 있는 경우 경정청구를 할 수 있다.

② 비영리법인이 임대사업용 건물의 건축허가를 받아 임대사업용 건물을 신축하면서 부가가치세 신고를 하지 않고 공사와 관련된 세금계산서를 교부받아 매기별로 '매입처별세금계산서합계표'만을 제출하였다가 건물 준공 후 부가가치세 환급청구(경정청구)를 한 경우, 이는 '과세표준신고서'의 제출에 해당될 수 없으므로 경정청구를 할 수 없다.[8]

(5) 예정신고

'매매차익 예정신고' 및 '양도소득과세표준 예정신고', '부가가치세법상의 예정신고'를 할 때 제출하는 신고서도 여기서 말하는 '과세표준신고서'에 해당하고 따라서 각 그 해당 예정신고된 과세표준 및 세액에 오류가 있는 경우 수정신고 또는 경정청구를 할 수 있는지 문제된다.

이에 대하여 "예정신고의 경우에는 그 내용에 오류·탈루가 있어도 납세의무자로서는 그 탈루된 내용을 확정신고시에 신고할 수 있고 확정신고의 내용에 오류·탈루가 있으면 수정신고할 수 있으며 과세관청으로서도 확정신고에 대하여 경정결정을 하면 되므로, 예정신고는 국세기본법상의 수정신고나 경정청구의 대상이 되지 아니하며, 과세관청으로서도 그에 대한 경정결정을 할 수 없는 것으로 해석된다."는 견해가 있다.[9]

---

8) 심경, 전게논문, 78면 참조.

9) 심경, 전게논문, 81면 참조. 다만 심경, 전게논문, 81면에서, "과세관청은 소득세법 제105조(양도소득세과세표

생각건대 소득세법 제69조에서 매매차익 예정신고를, 소득세법 제105조에서 양도소득 과세표준 예정신고를, 신 부가가치세법 제48조에서 부가가치세법상의 예정신고를 각 규정하고 있는바(제1장 제9절 6. 가.의 '각종 예정신고 비교' 참조), 각 예정신고의 특질을 잘 살펴 수정신고의 가능 여부 또는 경정청구의 가능 여부를 개별적으로 판단하여야 할 것이다. 각종 예정신고에 관한 사건은 앞서 본 바와 같다(제1장 제9절 6. 다. 참조).

대법원 2011. 12. 8. 선고 2010두3428 판결

『구 국세기본법(2010. 1. 1. 법률 제9911호로 개정되기 전의 것, 이하 '구 국세기본법'이라 한다) 제22조, 구 국세기본법 시행령(2007. 12. 31. 대통령령 제20516호로 개정되기 전의 것) 제10조의2 제1호 본문이 부가가치세 납세의무의 확정시기를 과세표준과 세액을 정부에 신고하는 때로 규정하면서 신고 범위에서 예정신고를 제외하고 있지 않은 점, 납세의무의 확정이란 추상적으로 성립된 납세의무의 내용이 징수절차로 나아갈 수 있을 정도로 구체화된 상태를 의미하는데, 예정신고를 한 과세표준과 세액은 구 부가가치세법 시행령(2008. 2. 29. 대통령령 제20720호로 개정되기 전의 것) 제65조 제1항 단서에 의하여 확정신고 대상에서 제외되므로 그 단계에서 구체화되었다고 할 수 있을 뿐만 아니라 구 부가가치세법(2007. 12. 31. 법률 제8826호로 개정되기 전의 것) 제23조 제1항에 의하여 징수절차로 나아갈 수 있는 점 등을 고려하여 볼 때, 부가가치세 과세표준과 세액의 예정신고를 한 때에 그 세액에 대한 납세의무가 확정되었다고 할 것이므로 구 국세기본법 제41조 제1항에서 말하는 '사업 양도일 이전에 양도인의 납세의무가 확정된 당해 사업에 관한 국세'에는 사업 양도일 이전에 당해 사업에 관하여 예정신고가 이루어진 부가가치세도 포함된다고 해석하는 것이 타당하다.』

(6) 대법원 2008. 12. 11. 선고 2008다38820 판결(국세환급금, 파기환송)

『양도소득세는 기간과세의 원칙이 적용되어 당해 과세기간 중에 발생한 양도소득을 모두 합산하여 그 과세표준과 세액을 산출하여 총괄적으로 신고함으로써 구체적 납세의무가 확정되는 점, 양도소득과세표준 예정신고(이하 '예정신고'라 한다)를 이행한 경우에도 소득세법 제110조 제4항 단서, 소득세법 시행령 제173조 제4항 제1호 내지 제3호에 해당되는 때에는 반드시 양도소득과세표준 확정신고(이하 '확정신고'라 한다)를 하여야 하는 점, 그 밖에 예정신고납부의 예납적 성격, 예정신고 및 자진납부의 불이행에 대하여 가산세가 부과되지 않는 점 등을 종합하여 보면, 납세자가 예정신고를 한 후 그와 다른 내용으로 확정신고를 한 경우에는 그 예정신고에 의하여 잠정적으로 확정된 과세표준과 세액은 확정신고에 의하여 확정된 과세표준과 세액에 흡수되어 소멸하게 된다(대법원 2008. 5. 29. 선고 2006두1609 판결). 원심이 적법하게 확정한 사실관계에 의하면, … 원

준예정신고)에 의한 양도소득세 과세표준에 대한 예정신고 후 확정신고기한이 도래하기 전이라도 그 신고내용에 대하여 국세기본법 제45조의2에 의한 경정 등의 청구를 할 수 있다고 한다."라고 적고 있다.

고는 2005. 12. 7. 피고 산하 서울 강남세무서장에게 이 사건 토지의 양도에 관하여 그 양도소득금액을 32억 40,375,580원으로 산정하여 예정신고를 하고 10억 96,238,440원을 납부한 사실, 그 후 원고는 2006. 5. 29. 강남세무서장에게 원고가 예정신고 후에 이 사건 토지 지상 건축물을 철거하였다는 이유로 그 건축물의 취득가액 등도 필요경비로 추가산입하여 이 사건 토지의 양도소득금액을 29억 57,410,658원으로 산정하여 확정신고를 한 사실 등을 알 수 있다. 사정이 이와 같다면, 앞서 본 법리에 비추어 볼 때, 원고가 당초에 한 예정신고는 확정신고에 흡수되어 소멸되고 원고의 양도소득세 납세의무는 확정신고에 의하여 확정되었다 할 것이다. 그럼에도 불구하고 원심은, 원고가 납부한 세액이 확정신고된 과세표준에 따라 산출된 세액을 초과한다고 주장하며 그 납부액과 확정신고에 따른 세액의 차액의 반환을 구하는 이 사건 청구에 대하여, 원고가 당초에 한 예정신고에 의하여 납세의무가 확정되었음을 이유로 이를 배척하였는바, 이러한 원심판결에는 예정신고와 확정신고와 관계 등에 관한 법리를 오해하여 심리를 다하지 않은 위법이 있다.」[10]

(7) 과세표준신고서를 제출한 자의 포괄승계인

과세표준신고서를 제출한 자의 포괄승계인, 즉 상속인이나 합병 후 존속법인은 포괄승계의 법리에 따라 경정청구권을 행사할 수 있다. 회사가 분할된 경우 상법 제530조의10에 의하여 권리와 의무를 포괄승계하는 승계회사가 분할회사의 경정청구권을 승계한다.[11] 그러나 경정청구권은 공법상의 권리로서 양도의 대상이 될 수 없고 채권자대위권의 행사 대상이 될 수 없다.

(8) 소득금액변동통지 후 소득세법 시행령 제134조 제1항에 의한 추가신고와 원천납세의무자의 경정청구권

소득세법 시행령 제134조 제1항에 따라 소득금액변동통지를 받은 후 추가신고를 한 원천납세의무자는 국세기본법 제45조의2 제1항에 기한 통상의 경정청구를 할 수 있다(뒤에서 보는 경정청구의 기산일에 대한 판단을 담은 대법원 2011. 11. 24. 선고 2009두20274 판결 참조).

다만 추가신고는 원천납세의무자가 하였으나 원천납세의무자가 그 명의로 일부만을 납부하고 나머지는 원천징수의무자가 그 명의로 납부한 경우 경정청구권이 제한되는지 여부 및 경정청구권과 환급청구권의 관계가 문제된다[제3장 제2절 2. 자. (2) 참조]. 대법원 2016. 7. 14. 선고 2014두45246 판결을 참조하기 바란다[제4장 제6절 9. 다. (1) 참조].

위 판결에 의하면 소득금액변동통지 후 원천징수가 정상적으로 이루어지면 국세기본법 제45조의2 제4항(현행 제5항)에 따라 원천납세의무자 또는 원천징수의무자는 원천징수에 대한 경

---

10) 그 하급심 판결의 판시취지는 예정신고한 과세표준 및 세액이 신고하여야 할 과세표준과 세액을 초과하는 때에는 예정신고에 대한 경정청구를 통하여 수정할 수 있을 뿐 그 신고의 오류를 이유로 다시 확정신고를 함으로써 기존의 예정신고의 납세의무 확정의 효력을 소멸시킬 수 없다는 것이었다. 그러나 이는 소득세법 제110조 제4항을 오해한 것이라 할 것이다.

11) 심경, 전게논문, 78면에서, '경정청구는 국세환급금 지급을 목적으로 하는 일종의 재산적 권리'라고 적으면서 경정청구권의 포괄적 승계를 인정하고 있다.

정청구를 할 수 있고, 한편 소득금액변동통지 후 원천납세의무자가 종합소득 전부에 대하여 추가신고를 이행하였다면 그가 실제로 얼마를 자진납부하였는지 관계없이 원천납세의무자로서는 국세기본법 제45조의2 제1항에 기하여 신고세액 전부에 대하여 통상의 경정청구를 할 수 있고, 다만 경정청구의 결과로 발생하는 환급청구권의 행사범위에 대한 제한이 있다는 것이다.

다. 경정청구기간 등

(1) 경정청구기간 5년

경정청구권자는 법정신고기한이 지난 후 5년 이내에 경정청구를 하여야 한다. 부과과세방식의 조세인 상증세에 있어 경정청구기간 5년이 큰 의미가 없음은 앞서 본 바와 같다.

(2) 국세기본법 제5조의 특례 등

『국세기본법 제5조(기한의 특례)

① 이 법 또는 세법에서 규정하는 신고, 신청, 청구, 그 밖에 서류의 제출, 통지, 납부 또는 징수에 관한 기한이 공휴일, 토요일이거나 '근로자의 날 제정에 관한 법률'에 따른 근로자의 날일 때에는 공휴일, 토요일 또는 근로자의 날의 다음날을 기한으로 한다.

② 삭제

③ 이 법 또는 세법에서 규정하는 신고기한 만료일 또는 납부기한 만료일에 국세정보통신망이 대통령령으로 정하는 장애로 가동이 정지되어 전자신고나 전자납부(이 법 또는 세법에 따라 납부할 국세를 정보통신망을 이용하여 납부하는 것을 말한다)를 할 수 없는 경우에는 그 장애가 복구되어 신고 또는 납부할 수 있게 된 날의 다음날을 기한으로 한다.』

국세기본법 제5조는 경정청구에도 적용된다.

국세기본법 제6조 제1항에 따라 천재지변이나 그 밖에 대통령령으로 정하는 사유가 있을 때에는 관할 세무서장은 직권으로 또는 신청에 의하여 그 청구기한을 연장할 수 있다[제4장 제3절 3. 가. (2) 참조].

국세기본법 제5조의2는 경정청구의 우편신고 및 전자신고에 관한 특칙을 두고 있다. 즉 우편으로 경정청구서를 제출한 경우 우편법에 따른 통신날짜도장(통신일부인)이 찍힌 날(통신날짜도장이 찍히지 아니하였거나 분명하지 아니한 경우에는 통상 걸리는 우송일수를 기준으로 발송한 날로 인정되는 날)에 신고가 된(경정청구가 된) 것으로 보도록 규정하고 있다(발신주의 특칙). 나아가 경정청구서를 국세정보통신망을 이용하여 제출하는 경우에는 국세정보통신망에 입력된 때에 경정청구가 된 것으로 본다. 국세기본법 시행규칙 제3조의2에 의하면 국세정보통신망에 의한 경정청구는 별지 제3호의2 서식의 홈택스 이용신청서에 의하도록 정하고 있다(전자신고 특칙).

(3) 경정청구기간과 국세기본법 제22조의3

국세기본법 제22조의3의 적용범위에 대하여 대법원 2009. 5. 14. 선고 2006두17390 판결은 '불복기간의 경과 등으로 확정된 당초신고 또는 결정에서의 세액'이라고 표현하고 있으나, 그 확정에는 통상의 경정청구에 있어 '경정청구기간의 도과'가 포함된다(대법원 2011. 6. 30. 선고 2010두20843 판결).

그러나 경정청구기간이 3년에서 5년으로 연장되고 국세기본법 제45조의2 제1항의 개정으로 최초신고세액분과 증액경정분으로 나누어 규율됨에 따라 국세기본법 제22조의3의 적용범위는 그만큼 줄어들게 되었다.

(4) 경정청구기간의 기산일이 문제되는 경우

경정청구기간의 기산일은 '법정신고기한'의 다음 날이다. 기산일과 관련하여 문제되는 경우를 본다.

⑺ 예정신고와 확정신고(확정신고기한을 기산일로)

앞서 본 바와 같이 일정한 경우 예정신고에 대하여 경정청구가 가능함을 전제한다. 2005. 7. 13. 국세기본법 개정으로 경정청구기간이 2년에서 3년으로 개정되었고, 그 부칙에서 법 시행일 당시 종전 규정에 의한 경정청구기간이 도과하지 아니한 경우 개정된 기간이 적용된다고 하였다. 만약 예정신고기한을 기산점으로 하면 이미 2년의 경정청구기간이 도과하였으나 확정신고기한을 기산일로 하면 아직 2년이 도과하지 아니한 경우 그 기산일을 어디에 두느냐에 따라 경정청구기간의 도과 여부가 결정된다. 나아가 경정청구기간이 3년인 사안에 있어서도, 예정신고분에 대하여는 예정신고기한이 기산일이고 확정신고분에서 예정신고분을 뺀 나머지 부분에 대하여는 확정신고기한이 기산일이 되는지 아니면 통일적으로 확정신고기한을 기산일로 삼을 수 있는지 여부가 문제된다.

확정신고에 의하여 예정신고로 확정된 세액이 정산되는 경우도 있고, 양도소득과세표준예정신고에 대하여는 일정한 경우 확정신고를 할 필요조차 없어 예정신고가 확정신고처럼 처리되기도 하고(예정신고의 확정신고화 경향), 임의로 확정신고를 한 자에 대하여는 확정신고기한으로부터 5년의 경정청구기간이 보장되는 데 반하여 확정신고를 하지 아니한 사람은 그렇지 않다는 점 등은 어떤 의미에서 확정신고를 강요하는 의미도 된다.

따라서 통일적으로 예정신고기한이 아닌 확정신고기한을 경정청구기간의 기산일로 삼음이 상당하다. 이렇게 해석함으로써 예정신고 대상 세금은 따로 제척기간이 진행되는 것이 아니라 과세기간 전체 세금의 일부로 확정신고기한의 다음 날부터 제척기간이 진행되는 것과도 균형을 이루게 된다.

⑷ 소득세법 시행령 제134조의 추가신고·자진납부[제3장 제2절 2. 자. (2) 참조]와 경정청구의 기산일

대법원 2011. 11. 24. 선고 2009두20274 판결12)

『구 소득세법 시행령 제134조 제1항의 입법취지는 종합소득 과세표준 확정신고기한이 경과한 후에 소득처분에 의하여 소득금액의 변동이 발생한 경우에는 구 소득세법 제70조 등에서 정한 원래의 종합소득 과세표준 확정신고기한 내에 그 변동된 소득금액에 대한 과세표준 및 세액을 신고·납부하는 것이 불가능하므로 그 과세표준 및 세액의 확정신고 및 납부기한을 소득금액변동통지서를 받은 날이 속하는 달의 다음달 말일까지 유예하여 주려는 데 있는 점, 따라서 위 규정에 의한 추가신고·자진납부기한도 구 국세기본법 제45조의2 제1항 제1호 소정의 '법정신고기한'의 의미에 포함된다고 볼 수 있는 점, 그리고 구 국세기본법 제45조의2 제1항 소정의 감액경정청구제도의 취지 등을 종합하여 보면, 종합소득 과세표준 확정신고기한이 경과한 후에 소득처분에 의하여 소득금액에 변동이 발생하여 구 소득세법 시행령 제134조 제1항에 따라 과세표준 및 세액을 추가신고·자진납부한 경우 그에 대한 구 국세기본법 제45조의2 제1항 제1호 소정의 경정청구기간은 구 소득세법 시행령 제134조 제1항에서 정하는 추가신고·자진납부의 기한 다음 날부터 기산된다고 볼 것이다.

그럼에도 불구하고 원심은 이와 달리 종합소득 과세표준 확정신고기한 경과 후에 소득처분에 의하여 소득금액에 변동이 발생하여 구 소득세법 시행령 제134조 제1항에 따라 과세표준 및 세액을 추가신고·자진납부한 경우에도 구 국세기본법 제45조의2 제1항 제1호 소정의 경정청구기간은 구 소득세법 제70조 등에서 정한 원래의 종합소득 과세표준 확정신고기한 다음 날부터 기산된다는 전제 아래에서, 비록 원고가 2006. 7. 21.경 피고로부터 소득의 귀속연도가 2001년도인 이 사건 상여처분에 따른 소득금액변동통지를 받고 2006. 8. 31. 변동된 소득금액에 대한 과세표준 및 세액을 추가신고·자진납부하였다 하더라도, 그 과세표준 및 세액의 경정을 구하는 이 사건 경정청구는 구 소득세법 제70조에서 정한 원래의 종합소득 확정신고기한인 2002. 5. 31.로부터 3년이 지난 2007. 8. 2. 제기되어 부적법하다고 판단하였다. 이러한 원심의 판단에는 경정청구기간의 기산일에 대한 법리를 오해하여 판결에 영향을 미친 위법이 있고, 이 점을 지적하는 상고이유의 주장은 정당하다.』

소득금액변동통지에 따른 원천납세의무자의 추가신고·자진납부의 경우, 원천납세의무자에게 통상의 경정청구(국세기본법 제45조의2 제1항 제1호)가 가능함을 전제로, 그 경정청구기간은 소득세법 시행령 제134조 제1항에서 정하는 추가신고·자진납부기한 다음 날부터 기산된다는 점을 확인한 판결이다(이후의 판결로는 대법원 2014. 7. 24. 선고 2011두14227 판결 참조).

그러나 제척기간의 관계에서 문제를 남긴다. 통상의 제척기간을 당초의 법정신고기한인

---

12) 사안개요는 다음과 같다. 2001년 귀속 소득세로서 그 확정신고기한은 2002. 5. 31.이다. 원고는 2006. 7. 21. 자신이 대표이사로 있던 법인이 소득금액변동통지를 받은 사실을 알고, 같은 해 8. 31. 소득세법 시행령 제134조 제1항에 따라 추가신고 및 자진납부를 하였다. 그런데 원고는 2007. 8. 2. 국세기본법 제45조의2 제1항에 따른 통상의 경정청구를 하였는데 그 경정청구의 기산일을 언제로 삼아야 하는지가 쟁점이다.

2002. 5. 31.부터 5년으로 본다면 2007. 5. 31. 제척기간이 종료된다 할 것인데 제척기간 종료 후 경정청구를 한 셈이 되기 때문이다. 제척기간의 기산일과 경정청구의 기산일이 상이한 특수한 사안 중의 하나이다.

(5) 경정청구기간을 둘러싼 통상의 경정청구와 사정변경에 기한 경정청구의 관계는 뒤에서 설명한다(제4장 제3절 3. 나. 참조).

(6) **경정청구기간의 종료일**

국세기본법 제45조의2 제1항에 의하면 법정신고기한이 지난 후 5년 이내에 경정청구를 할 수 있으므로 그 종료일은 '법정신고기한이 지난 후 5년'까지이다. 다만 결정 또는 경정으로 증가된 과세표준 및 세액은 해당 처분이 있음을 안 날부터 90일 이내(법정신고기한이 지난 후 5년 이내로 한정한다)로 제한된다. 여기서 그 기간 내에 경정청구를 하였다면 그 경정청구는 적격의 경정청구로 취급된다. 그 이후부터는 제척기간 5년의 적용을 받게된다는 점에 유의하여야 한다. 제척기간의 적용에 있어서는 경우에 따라 '제척기간 완성유예' 이론이 적용된다. 즉 제척기간 5년의 종료 직전에 통상의 경정청구를 한 경우 또는 과세관청이 증액경정을 한 경우 이에 대하여 경정거부처분 취소소송이나 증액경정취소소송이 제기된다면 그 구제절차가 종료될 때까지 제척기간의 완성은 유예된다고 보아야 할 것이다.

(7) **경정청구기간 도과의 효과**

경정청구기간이 도과한 후에 경정청구를 하였을 경우 과세관청은 그 경정청구에 대하여 대답할 의무가 없다. 그럼에도 과세관청이 경정청구를 거부하는 의사표시를 하더라도 이는 거부처분이라 할 수 없다. 이에 대하여 거부처분 취소소송을 제기하더라도 부적법하다. 대법원 2015. 3. 12. 선고 2014두44830 판결을 참조하기 바란다[제4장 제1절 9. 나. (3)].

3. 경정청구사유

(1) '실체적 오류 시정주의'를 채택하는 현행법에 있어 각 개별세법상의 과세요건 및 감면요건 등에 어긋나는 일체의 실체적 오류가 경정청구사유에 해당된다(제2장 제1절 4. 참조).

(2) 국세기본법 제45조의2 제1항 제1호 및 제2호에서 열거하고 있는 사유도 실체적 오류에서 기인한 결과를 말한다.

즉 '과세표준신고서에 기재된 과세표준 및 세액(각 세법에 따라 결정 또는 경정이 있는 경우에는 해당 결정 또는 경정 후의 과세표준 및 세액을 말한다)이 세법에 따라 신고하여야 할 세액을 초과할 때' 및 '과세표준신고서에 기재된 결손금액 또는 환급세액(각 세법에 따라 결정 또는 경정이 있는 경우에는 해당 결정 또는 경정 후의 결손금액 또는 환급세액을 말한다)이 세법에 따라 신고하여야 할 결손금액 또는 환급세액에 미치지 못할 때'라 함은, 실체적 오류로 인하여 확정된 세액이 성립한 세액을 초과하거나 결손금액 또는 환급세액이 진실한 그것에 미치지 못하는 경우를 말한다.[13][14][15]

(3) 여기서 '세법에 따라 신고하여야 할 세액'이라 함은 과세요건에 부합하는 '성립한 세액(=정당한 세액, 객관적 세액, 진실한 세액, 진정한 세액)'을 의미한다[제1장 제2절 3. 가. (1) 참조].

가. 착오납부 및 이중납부

국세기본법 제51조 제1항 후단 소정의 '착오납부, 이중납부'에 대한 특칙이 적용되는 경우, 경정청구를 거침이 없이 시행령 제33조 제3항에 따라 '기획재정부령이 정하는 환급신청서'를 관할 세무서장에 제출하여 환급받을 수 있다. '착오납부'란 외견상 명백한 오류(offenbare Unrichtigkeit)로 세금을 납부한 경우이다. 예를 들어 납세고지서상 납부할 세액이 500만 원임에도 잘못 알고 5,000만 원을 납부한 경우 등을 말한다. 따라서 과세표준을 산출하는 과정에 있어 산술적인 오류로 인하여 과세표준 또는 세액을 잘못 산정한 경우 또는 세율의 적용을 잘못한 경우 등은 국세기본법 제51조 제1항 후단의 착오납부에 해당하지 아니한다. 이 경우 통상의 경정청구를 하여야 한다. '이중납부'라 함은 세액을 납부하였음에도 착오로 거듭 납부한 경우를 말한다.

나. 비과세대상

과세물건이 비과세대상임에도 과세대상에 해당되는 줄 잘못 알고 과세표준과 세액을 신고한 경우 통상의 경정청구의 대상이 된다. 비과세대상 여부에 대하여 다툼이 있는 경우 일단 과세대상임을 전제로 과세표준과 세액을 신고한 다음 경정청구를 할 수 있다. 예를 들면 1세대 1주택 여부에 대한 양도소득세 경정청구가 그러하다.

다. 면제대상 및 부가가치세 면세대상

(1) 면제대상임에도 착오로 과세표준과 세액을 신고한 경우 통상의 경정청구의 대상이 된다. 자경농지 여부에 대하여 다툼이 있는 경우 일단 양도소득세를 납부한 다음 경정청구를 할

---

13) 이창희, 전게서, 238면에서, "신고한 세액이 세법에 의하여 신고할 세액을 초과하게 된 이유에는 특별한 제약이 없다."라고 적고 있다.

14) 심경, 전게논문, 89면에서, "과세표준 및 세액이 과다하게 된 사유나 결손금액 및 환급세액이 과소하게 된 사유에 관하여는 구체적인 규정을 두고 있지 않으나 세법의 규정에 어긋나는 일체의 사유를 말한다고 보아야 할 것이다."라고 적고 있다.

15) 일본 국세통칙법 제23조 제1항 제1호에 의하면 '당해 신고서에 기재된 과세표준 등 또는 세액 등의 계산이 국세에 관한 법률의 규정에 따르지 아니하였거나 또는 당해 계산에 오류가 있음에 의하여 당해 신고서의 제출에 의하여 납부하여야 할 세액이 과대한 때'라고 적고 있다.

수 있다. 특히 조세특례제한법 시행령 제66조 제13항에 의하면 "법 제69조 제1항 본문에서 '대통령령으로 정하는 방법으로 직접 경작'이란 거주자가 그 소유농지에서 농작물의 경작 또는 다년생식물의 재배에 상시 종사하거나 농작업의 2분의 1 이상을 자기의 노동력에 의하여 경작 또는 재배하는 것을 말한다."고 정하고 있어 그 해석이 어렵다. 일정한 근로소득이나 사업소득 이 있는 경우 직접 경작(자경)으로 보지 않을 수 있으나 그 근로소득이나 사업소득의 크기에 대하여는 구체적인 사안에 따라 개별적으로 판단하여야 할 것이다.

(2) 부가가치세 면세대상

부가가치세 면세대상임에도 이를 신고한 경우 통상의 경정청구의 대상이 된다. 법 소정의 재화 또는 용역의 공급에 대하여는 부가가치세를 면제하고, 나아가 면세되는 재화 또는 용역 의 공급에 필수적으로 부수되는 재화 또는 용역의 공급은 면세되는 재화 또는 용역의 공급에 포함되는 것으로 본다(신 부가가치세법 제26조).

라. 조세특례제한법상의 세액공제 및 세액감면

조세특례제한법상의 세액공제 대상 여부, 세액공제의 종류 및 세액감면 등의 중복적용 배제 등을 둘러싸고 법인세 또는 소득세의 경정청구가 많이 문제된다. 자경농지에 대한 양도소 득세 감면이 자경의 요건을 갖추지 못하여 감면대상이 될 수 없다 하더라도 공익사업용 토지 등에 대한 양도소득세 감면(조세특례제한법 제77조)의 대상이 될 수 있으므로 그 감면이 누락된 경우 경정청구를 할 수 있다.[16)]

세액면제와 비과세에 대하여 다음과 같은 견해가 있어 이를 인용한다.[17)]

『조세특례제한법상 면제사유에 해당한다는 이유로 세액을 면제받았으나 납세자가 비과세대상 임을 주장하는 경우 여기의 경정청구사유에 해당하는가? 면제의 경우 과세표준 및 산출세액과 납부 할 세액(신고세액)의 차이가 있는데서 발생하는 문제이다. 법인 경정청구대상으로 규정한 '최초신고 및 수정신고한 국세의 과세표준 및 세액'에서의 세액은 단순한 산출세액이 아닌 '납부할 세액으로 신고할 세액'의 의미라고 볼 때, 신고세액 자체는 0원으로서 감액대상이 아니나 납세자로서는 추징 등과 관련하여 비과세대상임을 확인받을 법적인 이익이 있어 이를 이유로 과세표준 및 그에 따른 산출세액을 면세 전 금액에서 0원으로 감액받을 필요가 있고, 법문상으로도 반드시 과세표준과 납 부할 세액을 동시에 감액청구하도록 요구하고 있다고 보기 어려우므로 이 경우도 경정청구사유에

---

16) 金子 宏, 전게서, 947면에서, "법인이 법인세 관계법령의 해석의 잘못 등에 의하여 세액공제금액을 과소하게 계산하여 그 결과 법인세액을 과대하게 신고한 경우에는 경정청구를 인정하여야 하고, 법인이 확정신고를 함 에 있어 외국세액공제금액을 과소하게 기재하여 그 결과 법인세액이 과대하게 된 경우에도 경정청구를 인정 하여야 한다."라고 각 적고 있다.

17) 임승순, 전게서 211면 이하 참조.

해당된다고 본다. 면제 후 과세관청이 추징사유가 있다고 과세예고통지를 하여 납세의무자가 세액을 자진신고납부한 경우(지법 20조 3항 참조)도 여기의 경정청구대상에 포함된다고 볼 것이다.』

마. 세율의 착오

세율의 착오로 과세표준과 세액을 과다신고한 경우 경정청구의 대상이 된다. 양도소득세는 양도대상 목적물에 따라 다양한 세율이 적용된다.

바. 익금의 과다계상 또는 손금의 과소계상

수입금액 내지 익금의 과다계상 또는 비용 내지 손금의 과소계상이 사후에 발견된 경우 경정청구의 대상이 된다. 기부금 공제누락이나 인건비의 누락 등도 경정청구의 대상이다.

실물거래 없이 가공세금계산서를 수수한 자료상 등이 가공매입 및 가공매출에 의한 법인세 및 부가가치세를 자진신고한 경우 비록 그 행위가 조세범 처벌법상의 범죄행위에 해당된다 하더라도 그 법인세 및 부가가치세에 대하여 경정청구를 할 수 있다 할 것이다(제5장 제1절 5. 다. 참조).[18]

사. 추계신고와 경정청구

(1) 추계신고에 있어 기준경비율 등의 착오 적용 등으로 과세표준과 세액이 과다신고된 경우 경정청구의 대상이 된다.[19] 종합소득세 신고를 할 당시 비치·기록한 장부와 증명서류에 의하여 신고를 할 수 있었음에도 추계신고를 한 다음 이후 비치·기록한 장부와 증명서류를 제시하면서 추계신고에 오류가 있음을 이유로 통상의 경정청구를 할 수 있는지 여부이다. 긍정하여야 할 것이다. 다만 일단 추계신고를 선택한 이상 선택권 행사에 오류가 있다는 이유로 통상의 경정청구를 할 수 없다는 반대의견이 있을 수 있다.

(2) 조세심판원 2012. 10. 18. 2012광684 결정

『4) 위 사실관계 및 제시증빙과 관계법령 등을 종합하여 살펴본다.

---

18) 국세심판원은 자료상으로서 실물거래 없이 거래를 중개하는 과정에서 국세의 형식으로 법인세나 부가가치세를 납부하였다 하더라도 실질에 있어 국세에 해당된다고 볼 수 없다는 이유로 경정거부처분취소심판청구를 각하하였다(서울고등법원 2007. 4. 13. 선고 2006나50170 판결, 제1장 제10절 6. 나. ③ 판결 참조).

19) 심경, 전게논문, 93면에서, 과세관청은 종합소득세 과세표준신고서를 법정신고기한 내에 제출한 자가 당초 소득금액을 계산함에 있어 표준소득률을 착오로 잘못 적용하여 세법에 의하여 신고하여야 할 과세표준과 세액을 초과하여 신고하였다면 소관세무서장에게 법정신고기한 경과 후 2년 이내에 이를 수정하면서 경정청구를 할 수 있다는 취지로 적고 있다.

⑺ 국세기본법 제45조의2 제1항 제1호에 의하면 과세표준신고서를 법정신고기한까지 제출한 자는 과세표준신고서에 기재한 과세표준 및 세액이 세법에 따라 신고하여야 할 과세표준 및 세액을 초과할 때에는 최초 신고한 국세의 과세표준 및 세액의 경정을 법정신고기한이 지난 후 3년 이내에 관할 세무서장에게 청구할 수 있다고 규정하고 있고, 소득세법 제70조 제4항 제6호에 의하여 사업소득금액을 추계신고한 경우 장부와 증명서류에 의하여 소득금액 및 세액의 경정청구를 할 수 없다는 규정은 보이지 아니한다.

⑻ 소득세법 제80조 제2항 제1호 및 제3항에서 납세자의 신고내용에 탈루 또는 오류가 있는 때에는 납세지 관할세무서장 또는 지방국세청장은 해당 연도의 과세표준과 세액을 경정하고 이 경우 경정은 장부 기타 증빙서류에 근거하여야 한다고 규정하고 있어 청구인이 추계소득금액에 의하여 신고한 때에도 해당 연도 소득금액을 계산할 수 있는 장부 기타 증빙서류를 비치·기장하고 있는 경우에는 해당 장부 기타 증빙서류에 근거하여 과세표준과 세액을 실지 조사하여 결정할 수 있다(재정경제부 재소득 46073-119, 2003. 8. 20. 참조).

⑼ 처분청은 청구인이 당초 기준경비율에 의해 2009년 및 2010년 귀속 종합소득세를 추계신고하였으므로 이후 장부와 기타 증빙서류에 의하여 경정청구를 할 수 없다는 의견이나, 납세자가 추계신고한 경우 과세관청만 장부와 기타 증빙서류에 의하여 과세표준 및 세액을 경정할 수 있도록 하고 납세자에게는 이를 허용하지 않는 것은 근거가 없는 것일 뿐만 아니라 납세자가 당초에 실지조사의 방법으로 신고하였다면 받아들여질 수 있었음에도 이를 변경할 기회를 박탈하는 것으로서 불공평한 것으로 보인다.

⑽ 이를 종합하면, 청구인은 재산세 납부액과 이자지급액 등의 필요경비에 대한 증빙자료를 제출하고 있는바, 이자지급액 등이 쟁점사업장과 관련된 필요경비인지 여부는 별론으로 하고 증빙에 의하여 확인되는 비용을 필요경비로 인정하여 과세표준 및 세액을 재계산함이 타당한 것으로 판단된다(조심 2011중3288, 2011. 11. 18., 같은 뜻임).』

아. 전기오류수정손익과 경정청구

(1) 기간과세세목에 있어 경정청구를 배제하고 과거의 오류를 전기오류수정손익으로 당기손익에 반영하여야 하는지 아니면 오류가 발생한 연도에 소급하여 시정하여야 하는지가 문제된다.

(2) '한국채택국제회계기준'의 '기업회계기준서 제1008호(회계정책, 회계추정의 변경 및 오류)'[20]에서, '전기오류'를 정의(용어의 정의: 제5문)하면서, "과거기간 동안에 재무제표를 작성할 때 신뢰할 만한 정보를 이용하지 못했거나 잘못 이용하여 발생한 재무제표에의 누락이나 왜곡

---

20) 이는 국제회계기준(IFRS) 제8호의 '회계정책, 회계추정의 변경 및 오류(Accounting Policies, Changes in Accounting Estimates and Errors)'에 대응하는 기준으로서, 한국의 법률체계와 일관성을 유지하기 위하여 형식적인 부분이 제한적으로 수정되었다. 이 기준서는 외감법에서 정하는 한국채택국제회계기준 의무적용대상 주식회사의 회계처리에 적용된다.

표시. 신뢰할 만한 정보는 다음을 모두 충족하는 정보를 말한다. (1) 해당기간의 재무제표의 발행승인일에 이용가능한 정보 (2) 당해 재무제표의 작성과 표시를 위하여 획득하여 고려할 것이라고 합리적으로 기대되는 정보. 이러한 오류에는 산술적 계산오류, 회계정책의 적용오류, 사실의 간과 또는 해석의 오류 및 추정 등의 영향을 포함한다."라고 적고 있다.

나아가 위 제1008호의 제41문 이하에서 다음과 같이 적고 있다.

"오류는 재무제표 구성요소의 인식, 측정, 표시 또는 공시와 관련하여 발생할 수 있다. 기업의 재무상태, 재무성과 또는 현금흐름을 특정한 의도대로 표시하기 위하여 중요하거나 중요하지 않은 오류를 포함하여 작성된 재무제표는 한국채택국제회계기준에 따라 작성되었다고 할 수 없다."(제41문), "중요한 전기오류가 발견된 이후 최초로 발행을 승인하는 재무제표에 다음의 방법으로 전기오류를 소급하여 수정한다. (1) 오류가 발생한 과거기간의 재무제표가 비교표시되는 경우에는 그 재무정보를 재작성한다. (2) 오류가 비교표시되는 가장 이른 과거기간 이전에 발생한 경우에는 비교표시되는 가장 이른 과거기간의 자산, 부채 및 자본의 기초금액을 재작성한다."(제42문), "전기오류는 특정기간에 미치는 오류의 영향이나 오류의 누적효과를 실무적으로 결정할 수 없는 경우를 제외하고는 소급재작성에 의하여 수정한다."(제43문), "전기오류의 수정은 오류가 발견된 기간의 당기손익으로 보고하지 않는다. 따라서 과거 재무자료의 요약을 포함한 과거기간의 정보는 실무적으로 적용할 수 있는 최대한 앞서 기간까지 소급재작성한다."(제46문).

여기서 '중요한'(제5문)이라 함은 "어떠한 항목이 개별적으로나 집합적으로 재무제표에 기초한 경제적 의사결정에 영향을 미치는 경우 그 항목의 누락이나 왜곡표시는 중요하다. 중요성은 관련 상황을 고려하여 누락이나 왜곡표시의 크기와 성격에 따라 결정된다. 그 항목의 크기나 성격 또는 두 요소의 결합이 결정요소가 될 수 있다."라고 적고, '소급재작성'(제5문)이라 함은 '전기오류가 처음부터 발생하지 않은 것처럼 재무제표 구성요소의 인식, 측정 및 공시를 수정하는 것'을 말한다고 적고 있다.

(3) 이상의 점 및 경정청구의 입법취지를 종합하면, 통상의 경정청구를 통하여 과거의 오류가 발생한 사업연도에 소급하여 시정되어야 한다고 보아야 한다(제5장 제2절 참조).[21][22][23]

---

21) 이창희, 전게서, 238면에서, "법인세나 소득세 같은 기간과세에는 경정청구제도를 배제하고 과거의 오류를 전기오류수정손익으로 당기에 반영하여야 한다는 주장이 있으나 그르다. 과거에 과소신고가 되었더라도 이미 제척기간이 지났는데 전기오류수정손익이라는 이름으로 국가가 과세하게 할 수야 없으니. 그렇다면 과대신고가 된 경우에도 감액경정은 오직 경정청구를 통해서만 가능하다."라고 적고, 780면에서, "법인세 신고 실무에서는 지나간 사업연도의 오류를 전기오류수정손익으로 당기의 손익에 반영하는 경향이 있다. 전기오류수정손익이란 기업회계 목적상 지나간 사업연도의 손익계산이 잘못된 것을 뒤에 바로잡음을 말한다. … 법인세 실무에서는, 이런 전기오류수정손익을 올해의 과세표준에 반영하여 전기오류수정손을 올해에 손금입금하고 수정익을 익금산입하는 경향이 있다. 그러나 이는 옳지 않고 오류가 있었던 과거 사업연도의 과세표준과 세액을 수정해야 한다. 소득의 조작 가능성을 크게 늘리고 법적 안정성을 해치는 까닭이다."라고 적고 있다.

즉 기간과세세목이라 하더라도 과거의 오류(당초 계산이 사실에 반하는 경우, 회계정책의 적용오류, 사실의 간과 또는 해석의 오류, 부정이나 고의 또는 의도에 기한 누락이나 사실의 왜곡 등을 불문한다. 나아가 세법규정에 반하는 것도 포함된다)는 과년도 시정이 원칙이라 할 것이다.

다만 기간과세세목에 있어 계약의 해제 또는 취소 등 후발적 사유에 기한 것은 원칙적으로 '현연도 시정'(당기수정)이 되어야 함은 뒤에서 본다(제4장 제3절 4. 가. 참조).

자. 귀속시기의 오류와 경정청구

귀속시기의 오류가 있다면 통상의 경정청구를 할 수 있다. 과세관청이 그 경정청구를 받아들인다면 다른 사업연도의 세액을 증액경정하여야 한다. '權利確定主義'에 대한 판례를 본다.[24]

(1) 대법원 2011. 9. 29. 선고 2009두11157 판결

『법인세법 제40조 제1항은 "내국법인의 각 사업연도의 익금과 손금의 귀속사업연도는 그 익금과 손금이 확정된 날이 속하는 사업연도로 한다."고 규정하고 있는바, 익금이 확정되었다고 하기 위해서는 소득의 원인이 되는 권리가 그 실현의 가능성에 있어 상당히 높은 정도로 성숙되어야 하고, 그 권리가 이런 정도에 이르지 아니하고 단지 성립한 것에 불과한 단계에서는 익금이 확정되었다고 할 수 없으며, 여기서 소득의 원인이 되는 권리가 그 실현의 가능성에 있어 상당히 높은 정도로 성숙되었는지 여부는 일률적으로 말할 수 없고 개개의 구체적인 권리의 성질과 내용 및 법률상, 사실상의 여러 사정을 종합적으로 고려하여 결정하여야 한다(대법원 2003. 12. 26. 선고 2001두7176 판결, 대법원 2004. 11. 25. 선고 2003두14802 판결 등 참조).

원심판결 이유에 의하면, 원심은 ① 원고는 보증보험업 등을 목적으로 하는 법인으로서 보험사고가 발생하여 보증보험금을 지급하고 이를 손금에 산입한 다음 보험계약자 등에 대해 취득하는 구상채권에 관하여는 이를 취득한 사업연도에 익금에 산입하지 않고 실제로 회수한 사업연도에 그 회수금액을 익금에 산입하여 법인세 신고를 해 온 사실, ② 이와 같은 방법으로 원고는 2005 사업연도에 소득금액을 691,698,116,237원, 이월결손금을 280,548,980,518원, 과세표준을 411,149,135,719원(＝소득금액 691,698,116,237원－이월결손금 280,548,980,518원)으로 하여 그에 따른 법인세 102,760,010,029원을 신고·납부한 사실, ③ 원고는 2006. 10. 12. 구상채권을 취득한 사업연도에 구상채권 중 과거의 회수율을 기초로 장차 회수될 것으로 추정한 금액을 익금에 산입하고 그 구상

---

22) 심경, 전게논문, 91면에서, "과세관청도 같은 입장에서 … 기업회계기준에 의하여 계상한 결산재무제표상 당기순이익을 과소계상한 조합법인 등이 그 다음 사업연도 결산시 당해 과소계상액을 전기오류수정손익으로 하여 이익잉여금처분계산서에 계상한 경우에는 과소계상한 사업연도의 과세표준을 수정신고 또는 경정청구하여야 할 것"이라고 적고 있다.

23) 일본에서도 2011. 4. 1. 이후 개시하는 사업연도부터 기업회계기준 24호 및 기업회계기준 적용지침 24호에 따라 과거의 오류에 대하여는 회계상 원칙으로서 '소급처리'를 하는 것으로 되었다고 한다.

24) 권리확정주의와 사정변경에 기한 경정청구에 관한 판례는 뒤에서 보는 두 판례(대법원 2013. 12. 26. 선고 2011두1245 판결 및 2012. 1. 29. 선고 2013두18810 판결)이 중요하다.

채권의 회수불능이 확정되는 사업연도에 이를 손금에 산입하는 방법으로 1999 내지 2004 사업연도의 소득금액 또는 결손금을 재산정하면 2005 사업연도의 소득금액 공제에 사용할 수 있는 이월결손금이 631,823,264,007원이 되므로 당초 신고·납부한 2005 사업연도의 과세표준 및 법인세가 감액되어야 한다는 취지의 경정청구를 하였으나, 피고가 2006. 12. 8. 이를 거부하는 이 사건 처분을 한 사실 등을 인정한 다음, 원고가 구상채권을 취득한 사업연도에는 그 권리가 실현의 가능성에 있어 상당히 높은 정도로 성숙되었다고 할 수 없으므로 이를 익금에 산입할 수 없고, 그 익금 산입을 전제로 한 원고의 경정청구를 거부한 이 사건 처분은 적법하다고 판단하였다.

앞서 본 규정과 법리 및 원고가 보증보험금을 지급하고 보험계약자 등에 대해 취득하는 구상채권은 수익행위로 인하여 취득하는 채권이 아니라 보험금비용의 지출과 동시에 그 비용의 회수를 위해 민법 제441조 등에 의해 취득하는 채권에 불과하여 그 실질적인 자산가치를 평가하기 어려우므로 이를 취득한 사업연도에는 그 실현의 가능성이 성숙되었다고 보기 어려운 점, 구상채권 중 과거의 회수율을 기초로 장차 회수될 것으로 추정한 금액 역시 추정치에 불과하여 구상채권을 취득한 사업연도에 그 금액만큼 실현의 가능성이 성숙되었다고 보기 어려운 것은 마찬가지인 점 등을 종합하여 볼 때, 원심의 위와 같은 판단은 정당하고, 거기에 상고이유로 주장하는 바와 같은 권리확정주의에 관한 법리오해 등의 위법이 없다.』

(2) 대법원 2003. 12. 26. 선고 2001두7176 판결[25]

『권리확정주의란 소득의 원인이 되는 권리의 확정시기와 소득의 실현시기와의 사이에 시간적 간격이 있는 경우에는 과세상 소득이 실현된 때가 아닌 권리가 발생한 때를 기준으로 하여 그 때 소득이 있는 것으로 보고 당해연도의 소득을 산정하는 방식으로, 실질적으로는 불확실한 소득에 대하여 장래 그것이 실현될 것을 전제로 하여 미리 과세하는 것을 허용하는 것으로 납세자의 자의에 의하여 과세연도의 소득이 좌우되는 것을 방지하고자 하는 데 그 의의가 있는 것이며, 이와 같은 과세대상 소득이 발생하였다고 하기 위하여는 소득이 현실적으로 실현되었을 것까지는 필요 없다고 하더라도 소득이 발생할 권리가 그 실현의 가능성에 있어 상당히 높은 정도로 성숙, 확정되어야 하고, 따라서 그 권리가 이런 정도에 이르지 아니하고 단지 성립한 것에 불과한 단계로서는 소득의 발생이 있다고 할 수 없으며, 여기서 소득이 발생할 권리가 성숙, 확정되었는지 여부는 일률적으로 말할 수 없고 개개의 구체적인 권리의 성질과 내용 및 법률상·사실상의 여러 사항을 종합적으로 고려하여 결정하여야 하는 것인바(대법원 1984. 3. 13. 선고 83누720 판결, 1987. 11. 24. 선고 87누828 판결, 1997. 4. 8. 선고 96누2200 판결 등 참조), 소득의 원인이 되는 채권이 발생된 때라 하더라도 그 과세대상이 되는 채권이 채무자의 도산 등으로 인하여 회수불능이 되어 장래 그 소득이 실현될 가능성이 전혀 없게 된 것이 객관적으로 명백한 때에는 그 경제적 이득을 대상으로 하는 소득세는 그 전제를 잃게 되고, 그와 같은 소득을 과세소득으로 하여 소득세를 부과할 수 없다고 할 것이나, 이 때 그 채권의 회수불능 여부는 구체적인 거래내용과 그 후의 정황 등을 따져서 채무

---

25) 대법원 2007. 12. 14. 선고 2007두19393 판결도 같은 취지이다(제4장 제3절 9. 가. 참조).

자의 자산상황, 지급능력 등을 종합하여 사회통념에 의하여 객관적으로 평가하는 방법으로 판정하여야 한다(대법원 2002. 10. 25. 선고 2001두1536 판결 참조).』

(3) 대법원 1993. 6. 22. 선고 91누8180 판결

『소득의 귀속시기를 정하는 원칙인 권리확정주의란, 소득의 원인이 되는 권리의 확정시기와 소득의 실현시기와의 사이에 시간적 간극이 있는 경우에 과세상 소득이 실현된 때가 아닌 권리가 발생한 때를 기준으로 하여 그때 소득이 있는 것으로 보고 당해년도의 소득을 산정하는 방식을 말하는 것으로 실질적으로는 불확실한 소득에 대하여 장래 그것이 실현될 것을 전제로 하여 미리 과세하는 것을 허용하는 원칙이기는 하나, 그렇다고 하여 법이 선언하고 있는 법적 기준으로서의 권리확정주의의 "확정"의 개념을 수입의 귀속시기에 대한 예외없는 일반원칙으로 단정하여서는 아니될 것이고, 구체적인 사안에 있어 소득에 대한 관리, 지배와 발생소득의 객관화 정도, 납세자금의 확보시기 등까지도 함께 고려하여 소득이 현실적으로 실현될 것까지는 필요가 없다 하더라도 그 실현의 가능성에 있어 상당히 높은 정도로 성숙 확정되었는지 여부를 기준으로 그 귀속의 시기를 합리적으로 판단함이 상당하다 할 것이다(당원 1984. 3. 13. 선고 83누720 판결; 1984. 4. 24. 선고 83누577 판결; 1987. 5. 26. 선고 86누357 판결; 1988. 9. 27. 선고 87누407 판결 등 참조). 이 사건에서 원고가 1987년도에 퇴사하였다 하더라도 그 채권의 존부 및 범위에 관하여 다툼이 있었고 그리하여 소송으로 나아가 판결로써 그 채권의 범위가 확정되었으며 기록에 나타난 분쟁의 경위 성질 등에 비추어 볼 때 사안의 성질상 원고에게 귀책시킬 수 있는 부당한 분쟁이라고도 보이지 아니한 이상 위 채권의 확정은 위 판결이 확정된 때로 봄이 상당하고 따라서 위 배당소득의 귀속년도는 판결확정일이 속하는 1989년도로 보아야 할 것이다.』

차. 환급세액[26]의 증액경정청구

증액경정청구의 대상이 되는 '환급세액'이라 함은 환급금의 일종으로서 소득세법, 법인세법, 부가가치세법, 개별소비세법 또는 주세법 등 각 개별세법에 따라 과세표준을 신고함에 있어, 공제세액 등이 많아 그 과세표준신고서에 (−)세액으로 표시된 환급에 상응하는 세액을 말한다(제1장 제15절 2. 다. 참조).

환급세액은 개별세법의 정함에 의하여 과세표준신고로 확정되고 이를 지급하지 아니하는 경우 발생하는 환급청구권은 당사자소송으로 소구할 수 있다.

환급세액도 환급세액확정절차를 거쳐야 한다. 환급세액을 과소신고한 경우 환급세액의 증

---

26) 일본 국세통칙법 제23조 제1항 제3호에 의하면 '당해 신고서에 기재한 환부금액에 상당하는 세액(당해 세액에 관하여 경정이 있었던 경우 당해 경정 후의 세액)이 과소한 때, 또는 당해 신고서(당해 신고서에 관하여 경정이 있었던 경우 경정통지서)에 환부금액에 상당하는 세액이 기재되어 있지 아니한 때'로 규정하고 있다. 일본에서의 '환부금(액)에 상당하는 세액'은 우리나라의 '환급세액'과 동일한 것으로 보인다.

액경정청구를 할 수 있다(제1장 제15절 2. 다. 참조). 결손금 소급공제와 환급세액의 발생은 뒤에서 본다.

카. 결손금 증액경정청구27)

(1) 결손금확정절차를 인정하는 이상 결손금신고에 확정효가 있다. 결손금 감액수정신고에 의하여 결손금 감액의 효력이 발생하고, 결손금을 증액시키기 위하여는 결손금 증액경정청구를 하여야 한다. 과세관청의 결손금 결정·경정은 행정처분이고 이를 다투지 아니하는 경우 불가쟁력이 발생한다[대법원 2020. 7. 9. 선고 2017두63788 판결, 제1장 제9절 10. 라. (5) 참조].

(2) 대법원 2008. 7. 9. 선고 2007두1781 판결

『구 국세기본법(2005. 7. 13. 법률 제7582호로 개정되기 전의 것) 제45조의2 제1항 제2호, 제3항의 규정에 의하면, 납세자가 법정신고기한 내에 과세표준신고서를 제출하였으나 그 과세표준신고서에 기재된 결손금액이 세법에 의하여 신고하여야 할 결손금액에 미달하는 때에는 관할 세무서장에게 결손금액의 증액을 내용으로 하는 경정청구를 할 수 있고, 이 경우 경정청구를 받은 세무서장은 그 청구를 받은 날부터 2월 이내에 결손금액을 경정하거나 경정하여야 할 이유가 없다는 뜻을 그 청구를 한 자에게 통지하여야 할 의무가 있다. 그러므로 만약 세무서장이 납세자의 결손금액증액경정청구에 대하여 그 전부나 일부를 거부한 경우에는 납세자로서는 그 거부처분의 취소를 구하는 항고소송을 제기할 수 있다.』

타. 결손금 이월공제(법인세법 제13조 제1항 제1호)

(1) 이월공제기간 10년에서 15년으로(경정청구기간은 5년)

2009년 이전 이월결손금 즉 2008년에 발생한 결손금은 2009년부터 5년인 2013년까지 이월하여 공제할 수 있으나, 법령 개정으로 2009년부터 발생한 결손금은 10년간 이월공제할 수 있다(예: 2009년 발생 결손금은 2010년부터 2019년까지 이월공제가능). 물론 추계신고나 추계결정이 있는 경우 그 해당 사업연도에 대하여는 결손금 이월공제를 할 수 없다.

구 법인세법 제13조 제1호 후단이 신설(2009. 12. 31.)된 후 결손금확정절차를 인정하는 경우(제1장 제9절 10. 참조) 제척기간의 유추적용 여부가 문제된다. 경정청구기간 5년만 규정되어 있고 결손금 확정에 관한 제척기간에 관하여는 정함이 없는 이상 제척기간의 개념은 필요 없다는 견해가 있을 수 있다. 그러나 결손금확정절차를 인정하는 이상 경정청구기간이 5년이

---

27) 일본 국세통칙법 제23조 제1항 제2호에 의하면 '해당 신고서에 기재한 순손실 등의 금액(해당 금액에 관하여 경정이 있었던 경우 해당 경정 후의 금액)이 과소한 때, 또는 해당 신고서(해당 신고서에 관하여 경정이 있었던 경우, 경정통지서)에 순손실 등의 금액이 기재되어 있지 아니한 때'로 규정하고 있다.

므로 '경정청구기간 = 제척기간'으로 보아 결손금확정의 제척기간도 5년으로 볼 수 있으므로, 이를 긍정하여야 할 것이다.

다만 2020. 12. 22. 법인세법이 개정되어 이월공제기간이 10년에서 15년으로 개정되었음에 유의하여야 할 것이다.

일본 국세통칙법 제23조 제1항 제2호에서는 법인세에 있어 결손금의 경정청구기간을 10년으로, 제70조(국세의 경정, 결정 등의 기간제한) 제2항에서는 법인세에 있어 결손금의 법정 기간제한(제척기간)을 10년으로 각 정하고 있다.

(2) 결손금확정절차와 법인세 이월결손금의 공제

[예] 2014년 귀속 법인세 1억 원을 2015. 3. 31. 신고납부하였다. 이후 2014년도 재고자산의 과다계상이 사후에 발견되었고 그 결손금의 수액이 어마어마하였다. 법인은 이후 각 사업연도의 소득금액이 미미하여 매년 0에 가까운 적은 액수의 법인세만을 매년 신고한 채 위 결손금을 신고하거나 경정청구를 하지 않았다. 2019. 9. 시행된 세무조사에서 2018년 귀속 법인세의 산정에서 매출누락이 적출되었다. 여기서 2014년 발생의 결손금을 반영하여 2018년 귀속 법인세의 수액에 반영할 방법이 있는가?

① 2014년 귀속 결손금은 신고되거나 결정이나 경정의 방법으로 확정된 적이 없다. 그럼에도 사후에 수액만 확인되면 이월공제를 할 수 있는지가 문제된다. 2009. 12. 31. 신설된 법인세법 제13조 제1호 후단은, "이 경우 결손금은 제14조 제2항의 결손금으로서 제60조에 따라 신고하거나 제66조에 따라 결정·경정되거나, 국세기본법 제44조에 따라 수정신고한 과세표준에 포함된 결손금만 해당한다."로 되어 있다. 결손금이란 당초 과세표준신고서에 신고되었거나 또는 이후 결정 또는 경정되거나 수정신고한 것에 한정된다는 것으로, 사후에 수액만 확인되면 언제든지 이월공제를 할 수 있다고 할 수 없다. 즉 결손금확정절차를 인정하여야 하는 이상(제1장 제9절 10. 참조), 경정청구의 전제로 결손금의 확정신고가 있어야 하고, 신고가 없다면 '당초신고요건'을 갖추지 아니하여 경정청구권을 행사할 수 없다.

여기서 2014년 귀속 법인세 1억 원의 확정신고도 결손금의 신고로 볼 수 있는지 여부가 문제된다. 과세표준을 (+)수액으로 신고하면서 결손금을 0원으로 신고한 것으로 보아야 함은 앞서 본 바와 같다. 그렇다면 법인은 2014년 귀속 법인세 1억 원에 대한 '통상의 경정청구'와 결손금의 수액을 확인하는 의미(결손금 0원에서 구체적 수액으로 증액된다는 의미)의 '결손금 증액 경정청구' 등 2가지 청구를 동시에 하여야 한다.

② 다음 위 2가지 경정청구에 대하여 경정청구기간을 준수하였는지가 문제된다. 법정신고기한으로부터 5년 내인 이상 법인으로서는 경정청구를 할 수 있다.

③ 마지막으로 제척기간 준수 여부이다. 2014년 귀속 법인세의 확정은 2015. 3. 31.부터 5년 후인 2020. 3. 31.이 지남으로써 제척기간이 종료된다. 마찬가지로 2014년 귀속 결손금도

2020. 3. 31.이 지남으로써 제척기간이 종료된다.

(3) 이상에서 본 바와 같이, 결손금의 존부 및 수액에 관하여 잘못이 있는 경우 먼저 결손금 발생연도의 결손금 수액을 시정하여 이를 확정한 다음, 그 후의 사업연도의 결손금액 내지 소득금액을 순차로 시정하는 절차를 밟아야 한다. 이를 국세기본법 제45조의2 제1항의 '순차적용설'이라고 한다[제1장 제9절 10. 라. (7) 참조]. 이러한 절차를 밟지 아니한 채 후의 특정한 사업연도의 소득금액을 산정함에 결손금의 수액을 반영하는 방식의 경정청구를 행사할 수 없다 할 것이다.

파. 결손금 소급공제와 환급세액의 발생

(1) 법인세법 제72조(중소기업의 결손금 소급공제에 따른 환급)[28]

『① 중소기업에 해당하는 내국법인은 각 사업연도에 결손금이 발생한 경우 대통령령으로 정하는 직전 사업연도의 법인세액(이하 이 조에서 "직전 사업연도의 법인세액"이라 한다)을 한도로 제1호의 금액에서 제2호의 금액을 차감한 금액을 환급 신청할 수 있다.(개정 2018. 12. 24.)

1. 직전 사업연도의 법인세 산출세액(제55조의2에 따른 토지 등 양도소득에 대한 법인세액은 제외한다)

2. 직전 사업연도의 과세표준에서 소급공제를 받으려는 해당 사업연도의 결손금 상당액을 차감한 금액에 직전 사업연도의 제55조 제1항에 따른 세율을 적용하여 계산한 금액

② 제1항에 따라 법인세액을 환급받으려는 내국법인은 제60조에 따른 신고기한까지 대통령령으로 정하는 바에 따라 납세지 관할 세무서장에게 신청하여야 한다.

③ 납세지 관할 세무서장은 제2항에 따른 신청을 받으면 지체 없이 환급세액을 결정하여 국세기본법 제51조 및 제52조에 따라 환급하여야 한다.

④ 제1항부터 제3항까지의 규정은 해당 내국법인이 제60조에 따른 신고기한 내에 결손금이 발생한 사업연도와 그 직전 사업연도의 소득에 대한 법인세의 과세표준 및 세액을 각각 신고한 경우에만 적용한다.

⑤ 납세지 관할 세무서장은 다음 각 호의 어느 하나에 해당되는 경우에는 환급세액(제1호 및 제2호의 경우에는 과다하게 환급한 세액 상당액)에 대통령령으로 정하는 바에 따라 계산한 이자상당액을 더한 금액을 해당 결손금이 발생한 사업연도의 법인세로서 징수한다.(개정 2013. 1. 1., 2018. 12. 24.)

1. 제3항에 따라 법인세를 환급한 후 결손금이 발생한 사업연도에 대한 법인세 과세표준과 세액을 제66조에 따라 경정함으로써 결손금이 감소된 경우

2. 결손금이 발생한 사업연도의 직전 사업연도에 대한 법인세 과세표준과 세액을 제66조에 따

---

28) 소득세법 제85조의2에서 일정한 중소기업을 경영하는 거주자에 대하여 소득세 결손금의 소급공제를 규정하고 있는데, 법인세와 대동소이하다.

라 경정함으로써 환급세액이 감소된 경우

　　3. 중소기업에 해당하지 아니하는 내국법인이 법인세를 환급받은 경우

　　⑥ 납세지 관할 세무서장은 제3항에 따른 환급세액(이하 이 항에서 "당초 환급세액"이라 한다)을 결정한 후 당초 환급세액 계산의 기초가 된 직전 사업연도의 법인세액 또는 과세표준이 달라진 경우에는 즉시 당초 환급세액을 경정하여 추가로 환급하거나 과다하게 환급한 세액 상당액을 징수하여야 한다.(신설 2018. 12. 24.)

　　⑦ 제1항부터 제6항까지의 규정을 적용할 때 결손금 소급공제에 따른 환급세액의 계산 등에 필요한 사항은 대통령령으로 정한다.(개정 2018. 12. 24.)』

(2) 요건과 효과

중소기업법인에 한하여 소급공제가 인정된다. 중소기업법인이 해당 사업연도에 결손금이 발생하여야 하고, 결손금의 소급공제와 세액의 환급은 해당 법인이 신고기한 내에 결손금이 발생한 사업연도와 그 직전 사업연도의 소득에 대한 법인세의 과세표준 및 세액을 각각 신고한 경우에만 적용한다.

소급공제되는 환급세액의 산식은 다음과 같다.

[직전 사업연도의 법인세 산출세액[29]) – (직전 사업연도의 과세표준금액 – 소급공제 결손금액[30])) x 직전 사업연도의 세율]

직전 사업연도의 소득에 부과된 법인세액을 한도로 환급된다. 법 제60조에 따른 신고기한까지 소급공제신청을 해야 한다. 신청을 하지 않으면 결손금 소급공제가 아니라 이월공제를 선택한 것으로 본다는 뜻이다.

(3) 환급거부와 환급거부처분 취소소송의 제기

결손금 소급공제신청을 받으면 관할 세무서장은 지체 없이 환급세액을 결정하여 국세기본법 제51조 및 제52조에 따라 환급하여야 한다. 환급세액 결정의 성질이 문제된다. 환급세액은 과세관청이 중소기업에 해당되는지 여부, 실체적 요건 및 절차적 요건 등의 충족 여부를 판단하여 결정함으로써 확정된다는 의미이다. 따라서 통상의 환급세액과는 달리 만약 환급을 거부하는 경우 환급거부처분에 대한 취소소송을 제기하여야 한다.[31]

대법원 2000. 10. 27. 선고 2000다25590 판결

---

29) '직전 사업연도의 법인세 산출세액'이란 양도소득에 대한 법인세를 제외한 금액 즉 직전사업연도의 각 사업연도 소득에 대한 법인세 산출세액을 말한다.

30) '소급공제 결손금액'이란 해당 사업연도의 결손금으로서 소급공제를 받고자 하는 금액을 말하며, 직전 사업연도의 과세표준을 한도로 차감한다. 이와 같이 소급공제를 받은 결손금은 법인세 과세표준을 계산할 때 이미 공제받은 금액으로 보므로, 그 금액을 해당 사업연도 이후에 이월결손금으로 다시 공제할 수 없다.

31) 이규철, "법인세법상 결손금 소급공제에 의한 환급절차에 관하여", 조세법 실무연구 재판자료 115집(2008), 571면 참조.

『조세법률주의의 원칙상 과세요건이거나 비과세요건 또는 조세감면요건을 막론하고 조세법규의 해석은 특별한 사정이 없는 한 법문대로 해석할 것이고 합리적 이유 없이 확장해석하거나 유추해석하는 것은 허용되지 아니하고(대법원 1997. 10. 24. 선고 97누4173 판결 참조), 구 법인세법(1998. 12. 28. 법률 제5581호로 개정되기 전의 것, 이하 같다) 제38조의2의 결손금소급공제는 중소기업을 대상으로 특별히 조세정책적 목적에서 인정된 제도로서 이 경우의 환급청구권은 납세자의 신청에 기하여 관할 세무서장이 이월결손금의 발생 등 그 실체적 요건 및 절차적 요건의 충족 여부를 판단하여 환급세액을 결정함으로써 비로소 확정되므로 위 환급세액의 성질은 과오납의 성질을 가지는 것이라 볼 수 없으며, 구 지방세법(1998. 12. 31. 법률 제5615호로 개정되기 전의 것, 이하 같다) 제178조 제2항에서 법인세의 결정·경정이라 함은 납세의무자가 과세표준신고를 하지 않아 과세관청이 조사하여 결정하거나 과세표준신고는 하였지만 그 신고에 오류·탈루가 있어 이를 시정하여 결정하는 것을 말하므로, 구 법인세법 제38조의2의 결손금소급공제에 의한 환급세액의 결정은 구 지방세법 제178조 제2항의 결정·경정에 해당한다고 볼 수 없고, 구 지방세법 제178조 제2항이 1998. 12. 31. 법률 제5615호로 개정되어 결손금소급공제에 의한 환급으로 인하여 세액이 달라진 경우가 법인세할 주민세의 환부 대상에 추가되었다고 하더라도 개정된 규정은 시행 후(1999. 1. 1.) 최초로 법인세를 환급 받는 분부터 적용하도록 되어 있으므로 이와 달리 볼 것도 아니다.

또한 법인세할 주민세는 비록 법인세액을 그 과세표준으로 하는 것이지만 이는 지방세로서 국세인 법인세와는 그 부과주체, 과세요건, 부과절차 등에 있어서 서로 다른 별개의 조세이므로(대법원1996. 9. 24. 선고 95누15445 판결 참조), 구 법인세법 제38조의2에 의한 환급결정이 있었다 하더라도 그에 따라 법인세할 주민세가 당연히 환부되어야 하는 것은 아니다.』

(4) 선택권 불행사 후 경정청구 불가

결손금 소급공제로 인한 환급세액은 신청에 의한 것으로 당사자에게 선택권이 주어져 있다. 해당 과세기간에 발생한 결손금에 대하여 이월공제를 선택한 후 소급공제에 의한 환급세액을 구하기 위하여 경정청구를 하는 것은 허용되지 않는다.

대법원 2003. 7. 25. 선고 2001두10721 판결

『구 법인세법(1998. 12. 28. 법률 제5581호로 전문 개정되기 전의 것, 이하 같다) 제38조의2 소정의 결손금 소급공제에 의한 환급은 중소기업을 대상으로 특별히 조세정책적 목적에서 인정된 제도이므로, 위 규정에 따라 환급을 받기 위하여는 이월결손금의 발생 등 실체적 요건과 과세표준 확정신고기한 내에 환급신청을 해야 하는 등 절차적 요건이 충족되어야 할 것이고(대법원 2000. 10. 27. 선고 2000다25590 판결 참조), 또한 국세의 과세표준 및 세액의 결정 또는 경정을 구하는 것을 내용으로 하는 구 국세기본법 제45조의2 소정의 경정 청구는 결손금이 발생한 경우 그 결손금에 대하여 직전 사업연도에 부과된 법인세액을 한도로 환급을 구할 수 있는 것을 내용으로 하는 구 법인세법 제38조의2 소정의 결손금 소급공제에 의한 환급에는 적용되지 아니한다고 할 것이다.』

(5) 과다환급세액의 추징

법인세를 환급한 후 결손금이 발생한 사업연도에 대한 법인세 과세표준과 세액을 제66조에 따라 경정함으로써 결손금이 감소한 경우, 결손금이 발생한 사업연도의 직전 사업연도에 대한 법인세 과세표준과 세액을 제66조에 따라 경정함으로써 환급세액이 감소한 경우, 중소기업에 해당하지 아니하는 내국법인이 법인세를 환급받은 경우 등 3가지의 경우, 환급세액에 이자상당액을 가산한 금액을 해당 결손금이 발생한 사업연도의 법인세로 징수한다.

징수하는 환급세액(시행령 제110조 제3항)의 산식은 다음과 같다.

[법 제72조 제3항의 규정에 의한 환급세액(결손금 소급공제로 인한 당초 환급세액)] x [(경정으로 감소된 결손금액 − 소급공제받지 아니한 결손금) ÷ 소급공제 결손금액]

이자상당액의 산식은 다음과 같다.

[이자상당액 = 환급취소금액 x 추징기간 일수 x 1일 25/100,000]

이율에 있어 납세자가 법인세액을 과다하게 환급받은데 정당한 사유가 있는 때에는 국세기본법 시행령 제43조의3 제2항 본문에 따른 이자율을 적용한다.

(6) 환급 후 결손금의 증가

환급 후 경정청구 등에 따라 결손금 자체가 증가된 경우 추가환급하여야 하는지 여부이다. 법인세법상 아무런 규정이 없다. 국세기본법 제45조의2 제1항에 의한 통상의 경정청구에 의하여 추가로 결손금 소급공제를 받을 수 있다는 견해[32]와 이를 부정하는 견해[33]가 있다.

소급공제를 부정하여야 할 법적 근거가 없는 이상, 소급공제를 가능케 하기 위하여 적극적으로 경정청구를 긍정하여야 한다. 여기서 경정청구라 함은 통상의 경정청구를 말한다.

그 전제로, 결손금 증가를 위하여 때로는 경정청구를 거쳐야 할 경우도 있고(결손금 확정절차의 인정 및 제척기간의 인정), 그 경정청구를 위하여 쟁송절차를 거치는 경우 제척기간의 완성유예 이론이 적용되어야 한다. 이렇게 하여 결손금 증가가 확정되면 그 때부터 이를 전제로 직전 사업연도의 과세표준에서 그 결손금의 소급공제가 가능하도록 해석하여야 한다. 이를 위하여 직전 사업연도에 대한 '제척기간의 완성유예' 이론이 다시 적용되어야 한다.

(7) 환급세액의 결정 후 직전 사업연도의 법인세액 또는 과세표준의 증감변동

납세지 관할 세무서장은 당초 환급세액을 결정한 후 당초 환급세액의 기초가 된 직전 사업연도의 법인세액 또는 과세표준이 달라진 경우 즉시 당초 환급세액을 경정하여 추가로 환급하거나 과다하게 환급한 세액 상당액을 징수하여야 한다. 2018. 12. 24. 법인세법 제72조 제6항을 신설하여 종래 시행령에서 규정하였던 추가환급세액이 있는 경우를 법률 규정으로 옮기고, 동시에 과다환급세액이 있는 경우 이를 추징할 수 있도록 첨가하였다.

---

32) 재법인 46012 − 189, 2000. 11. 22.[이규철, 전게논문, 577면 주 32)에서 재인용하였다].
33) 이규철, 전게논문, 578면 참조.

먼저 위 규정의 신설 전 시행령에서 규정하였던 추가환급절차와 관련하여 견해대립이 있었다. (ⅰ) 과세관청은 추가환급신청이 없다 하더라도 과세표준을 경정하는 즉시 환급세액을 계산하여 환급하여야 하고, 환급하지 않는 경우 국가에 대하여 부당이득반환청구를 할 수 있다는 견해, (ⅱ) 추가환급신청에 따라 과세관청은 즉시 환급세액을 결정하여 환급하여야 하고, 이를 거부하는 경우 환급거부처분 취소소송을 제기하여야 한다는 견해, (ⅲ) 납세의무자가 국세기본법 제45조의2의 경정청구를 하여야 하고, 이를 거부하는 경우 경정거부처분 취소소송을 제기하여야 한다는 견해 등이다. 대법원 2007. 6. 14. 선고 2005두60437 판결은 (ⅰ)의 부당이득반환청구설을 따랐다고 한다.[34]

다음 직전 사업연도의 법인세액 또는 과세표준이 달라진 경우라 함은 그 법인세액 또는 과세표준의 증감변동이 있는 경우를 가르키는 것인데, 그 직전 사업연도의 법인세액 등의 증감변동에 대하여는 해당 직전 사업연도에 대한 통상의 제척기간이 적용된다는 점에 유의하여야 한다.

마지막으로 신설된 제6항의 과다환급세액의 징수절차는 국세기본법 제51조 제9항의 '과다환급금확정절차'에 따라야 할 것이다.

하. 결산조정사항과 신고조정사항

(1) 결산조정사항

'결산조정'이란 기업회계와 세무회계의 차이 조정을 확정결산 과정에서 하는 것을 말한다. 즉 법인이 스스로 기말정리를 통하여 장부상에 수익 또는 비용을 계상하고 결산서에 반영하여야 세무처리상 익금 또는 손금으로 인정하는 세무조정절차이다. '결산조정사항'이란 특정한 손비에 대하여는 법인의 내부적 의사결정(확정결산)에 의하여 손금으로 계상하여야만 비로소 손금으로 인정되는 항목으로서, 만약 결산서에 손비로 계상하지 않은 경우 세무조정으로 손금에 산입할 수 없다.[35][36]

법인세법에서, 감가상각비·충당금·준비금과 같이 주로 외부와의 거래와는 무관한 내부적인 계산항목 또는 현금지출이 수반되지 않는 비용으로서, "계상한 경우에는 … 손금에 산입한다.", 또는 "소득금액을 계산할 때 … 이를 손금에 산입할 수 있다."라고 규정함으로써, 그 항목의 손금산입 여부를 법인으로 하여금 임의로 선택할 수 있도록 정하고 있다.

---

34) 이규철, 전게논문, 585면 참조.

35) 삼일회계법인·이창기 공저, 법인세 조정과 신고실무, 삼일회계법인(2012), 75면 이하 참조.

36) 이창희, 전게서, 838면에서, "법이 손금으로 계상할 것을 요구하고 있는 비용은 반드시 장부 및 재무제표에 그렇게 적어야 하고(결산조정), 세무조정계산서에만 적는 형식(신고조정)으로는 손금에 산입할 수 없다."라고 적고 있다.

결산조정사항은 다음과 같다.[37)]

① 감가상각비(즉시상각액 포함)(법인세법 제23조)

* 한국채택국제회계기준을 적용하는 내국법인(제23조 제2항의 경우 신고조정사항임)

② 퇴직급여충당금(제33조)

③ 구상채권상각충당금(제35조)

④ 대손충당금(제34조)

⑤ 책임준비금 등(제30조)

⑥ 고유목적사업준비금(법 제29조)

* 외부감사를 받는 비영리법인은 신고조정 가능(제61조)

⑦ 파손·부패 등의 사유로 인하여 정상가격으로 판매할 수 없는 재고자산의 평가손(제42조 제3항 제1호)

⑧ 세법상 손금으로 확정되는 회수불능 매출채권에 대한 대손금(시행령 제19조의2 제1항 제8호부터 제13호까지)

* 시행령 제19조의2 제1항 제1호부터 제6호까지(법적으로 청구권이 소멸한 것)는 신고조정사항임

⑨ 비상위험준비금(제31조)

⑩ 천재지변 등에 의한 유형자산의 파손 또는 멸실(제42조 제3항 제2호)

⑪ 특정주식 평가손(제42조 제3항 제3호)

(2) 신고조정사항

'신고조정'이란 기업회계와 세무회계의 차이를 결산 후 법인세 신고과정에서 세무조정계산서에만 계상함으로써 조정하는 것을 말한다. 즉 기업회계상의 당기순이익에 장부상 수익 또는 비용으로 계상되지 않은 세무상 익금 또는 손금을 가감조정함으로써 법인세법상의 과세소득을 산출하는 절차이다.[38)]

신고조정사항 중 중요한 것을 예시하면 다음과 같다.[39)]

① 무상으로 받은 자산의 가액과 채무의 면제 또는 소멸로 인한 부채의 감소액 중 이월결손금의 보전에 충당한 금액(법인세법 제18조 제6호)

② 퇴직보험료 등의 손금산입 및 손금불산입(시행령 제44조의2)

③ 국고보조금으로 취득한 사업용자산가액의 손금산입(제36조)

④ 공사부담금으로 취득한 사업용자산가액의 손금산입(제37조)

37) 삼일회계법인·이창기, 전게서, 75면 이하 참조.
38) 삼일회계법인·이창기, 전게서, 77면 참조.
39) 삼일회계법인·이창기, 전게서, 77면 참조.

⑤ 보험차익으로 취득한 자산가액의 손금산입(제38조)

⑥ 자산의 평가손실의 손금불산입(제22조)

⑦ 제 충당금·준비금 등 한도초과액의 손금불산입

⑧ 감가상각비 부인액의 손금불산입(제23조)

⑨ 건설자금이자의 손금불산입(과다하게 장부계상한 경우의 손금산입)(제28조 제1항 제3호)

⑩ 금융회사 등(시행령 제61조 제2항 제1호 내지 제7호)이 보유하는 '외화자산·부채 및 통화선도·통화스왑'에 대한 평가손익(시행령 제76조)

⑪ 손익의 귀속사업연도의 차이로 발생하는 익금산입·손금불산입과 손금산입·익금불산입(제40조)

⑫ 조세특례제한법에 따른 준비금(해당 사업연도의 이익처분시 당해 준비금을 적립한 경우에 한함(제61조)

(3) 결산조정사항과 신고조정사항의 비교[40]

결산조정사항과 신고조정사항의 구분은 손금산입에 대해서만 필요하다. 익금산입·손금불산입 및 익금불산입은 모두 신고조정사항이기 때문이다. 즉 익금항목은 모두 신고조정사항으로서 결산서상 과소계상된 금액은 익금산입하고 과다계상된 금액은 익금불산입 하여야 한다. 손금항목도 대부분 신고조정사항으로서 결산서상 과소계상된 금액은 손금산입하고 과다계상된 금액은 손금불산입 하여야 하나, 예외적으로 몇 가지 손금항목만은 결산조정을 강제하고 있다. 요약하면 결산조정사항 이외 사항은 신고조정사항에 해당된다고 할 것이다.

(4) 손익귀속시기와 경정청구가능 여부[41]

결산조정사항은 법인의 선택에 따라 결산서에 계상한 사업연도의 손금으로 귀속된다. 따라서 결산조정사항의 손금은 결산상 비용으로 계상한 사업연도에 귀속되므로(법인이 손금의 귀속시기를 임의로 선택할 수 있으므로), 이를 계상하여 결산서에 반영하지 아니하는 한, 세무조정을 통하여 또는 경정청구를 통하여, 손금에 산입할 수는 없다.

반면 신고조정사항은 반드시 세법이 정하는 시기가 속하는 사업연도에 귀속된다. 따라서 법인이 귀속시기를 임의로 선택할 수 없으므로, 신고 전에 이를 발견한 경우라면 세무조정을 통하여, 신고 후에 발견한 경우라면 경정청구를 통하여, 손금에 산입할 수 있다.

(5) 대법원 판례 등

① 조세특례제한법상의 자사주처분손실준비금

대법원 2009. 7. 9. 선고 2007두1781 판결

---

40) 삼일회계법인·이창기, 전게서, 78면 참조.

41) 삼일회계법인·이창기, 전게서, 79면 참조.

『구 조세특례제한법(2003. 12. 30. 법률 제7003호로 개정되기 전의 것, 이하 같다) 제104조의 3 제1항은 '증권거래법에 의한 한국증권거래소에 당해 기업의 주권을 상장한 기업 또는 한국증권업 협회에 등록한 기업이 2003년 12월 31일 이전에 종료하는 과세연도까지 주가안정을 위하여 증권거 래법 제189조의2 제1항의 규정에 의하여 취득한 자기주식을 처분함에 따른 손실을 보전할 목적으 로 자사주처분손실준비금을 손금으로 계상한 때에는 당해 과세연도에 취득한 자기주식의 취득가액 에 100분의30을 곱하여 산출한 금액의 범위 안에서 당해 과세연도의 소득금액계산에 있어서 이를 손금에 산입한다'고 규정하고, 법인세법 제61조 제1항은 '내국법인이 조세특례제한법에 의한 준비 금을 세무조정계산서에 계상한 경우로서 그 금액 상당액이 당해 사업연도의 이익처분에 있어서 당 해 준비금의 적립금으로 적립되어 있는 경우 그 금액은 손금으로 계상한 것으로 본다'고 규정하고 있다.

법인세법 제61조 제1항이 자사주처분손실준비금을 비롯한 조세특례제한법상 준비금을 세무조 정계산서에 계상하는 방법으로 손금에 산입하는 것을 허용한 취지는 이와 같은 준비금은 실제로 발 생한 비용이 아니어서 기업회계상 이를 법인의 장부에 비용으로 계상할 수 없다는 점을 고려하여 특별히 신고조정의 방법에 의하여 그 준비금의 설정에 따른 손금산입이 허용되는 것임을 밝힌 데에 있으므로, 내국법인이 당초 조세특례제한법상 준비금을 손금으로 계상하지 아니한 채 과세표준을 계산하여 그 과세표준신고서를 제출하였다고 하더라도 국세기본법 제45조의2 제1항 소정의 경정청 구기간 내에는 경정청구를 통하여 신고조정의 방법에 따라 당해 준비금을 손금에 산입할 수 있다.

한편, 조세법률주의의 원칙상 조세법규의 해석은 특별한 사정이 없는 한 법문대로 해석하여야 하고 합리적인 이유 없이 확장해석하거나 유추해석하는 것은 허용되지 않지만, 법규 상호 간의 해 석을 통하여 그 의미를 명백히 할 필요가 있는 경우에는 조세법률주의가 지향하는 법적 안정성 및 예측가능성을 해치지 않는 범위 내에서 입법 취지 및 목적 등을 고려한 합목적적 해석을 하는 것은 허용된다고 할 것인데(대법원 2008. 2. 15. 선고 2007두4438 판결 등 참조), 법인세법 제61조 제1 항이 조세특례제한법상 준비금의 손금산입요건으로 당해 사업연도의 이익처분에 있어서 그 준비금 상당액을 적립금으로 적립할 것을 요구하고 있는 취지는 손금에 산입한 준비금 상당액이 추후 익금 에 산입될 때까지 배당 등을 통하여 사외로 유출되는 것을 방지하고자 하는 데에 있으므로, 비록 법인세법 제61조 제1항이 손금으로 계상한 준비금 상당액을 '당해' 사업연도의 이익처분에 있어서 적립금으로 적립하도록 규정하고 있더라도, 당해 사업연도의 처분가능이익이 없거나 부족하여 적립 하여야 할 금액에 미달하게 적립한 때에는 그 미달액 상당액이 배당 등을 통하여 사외로 유출될 여 지가 없는 점, 조세특례제한법상 준비금의 손금산입제도는 납세자에게 조세를 영구히 면제하여 주 는 것이 아니라 추후에 그 목적용도에 사용한 경우 준비금과 상계하거나 상계 후 잔액을 익금에 산 입하여 일시적으로 과세를 이연하는 제도인 점 등에 비추어 보면, 어느 법인이 당해 사업연도의 처 분가능이익이 없거나 부족하여 손금으로 계상한 준비금 상당액 전액을 적립금으로 적립할 수 없는 때에는 당해 사업연도의 처분가능이익을 한도로 적립할 수 있으며 이 경우 그 부족액은 다음 사업 연도 이후에 추가로 적립할 것을 조건으로 손금산입을 허용하되, 만일 다음 사업연도 이후에 처분 가능이익이 발생하였음에도 이를 적립하지 않는 때에는 그 한도 내에서 손금산입을 부인하는 것으 로 해석함이 상당하고, 이는 조세특례제한법상 준비금의 하나인 구 조세특례제한법 제104조의3 소정의 자사주처분손실준비금에 대하여도 마찬가지라 할 것이다.

　　같은 취지에서 원심은, 원고가 2003. 12. 26. 주가안정을 위하여 국가로부터 자기주식인 이 사건 주식을 취득하였음에도 2003 사업연도에는 처분가능이익이 없어 이익처분에 의하여 이 사건 자사주처분손실준비금에 상당하는 금액을 적립하지 못하였으나 그 후인 2004 사업연도 중에 발생한 처분가능이익으로 이를 적립할 것을 전제로 위 준비금을 신고조정의 방법으로 손금에 산입하겠다는 내용의 경정청구를 하였음에도, 피고가 이를 거부한 것은 위법하다고 판단하였는바, 앞서 본 각 법리와 기록에 비추어 살펴보면 원심의 위와 같은 판단은 정당하고, 거기에 상고이유에서 주장하는 바와 같은 자사주처분손실준비금에 관한 법리오해 등의 위법이 없다.』

　　위 대법원 판결은 법인이 해당 사업연도의 처분가능이익이 없거나 부족하여 조세특례제한법상 준비금 상당액 전액을 적립할 수 없는 경우, 조세특례제한법상 준비금의 손금산입제도의 입법취지에 비추어, 다음 사업연도 이후에 발생할 처분가능이익을 추가로 적립하는 것을 조건으로 법인세법 제61조 제1항에 따라 그 준비금을 손금에 산입하겠다는 내용의 경정청구를 받아들인 점이 특이하다.

　　② 일시상각충당금 및 압축기장충당금

　　법인세법상 공사부담금·국고보조금·보험차익(소득세법상 국고보조금 및 보험차익)은 순자산의 증가를 초래하므로 익금항목에 해당하나 이를 일시에 익금으로 과세하면 장래에 사업용자산취득에 사용될 자금이 세금으로 빠져 나가 자산취득이 어려워지므로 세법에서는 익금에 산입한 금액 중 일정한 요건을 충족한 금액을 법인의 선택에 따라 일시에 상각하여 손금산입함으로써 당기의 세부담을 완화시키는 특별한 제도를 두고 있는데, 이러한 목적에서 설정하는 충당금이 일시상각충당금(비상각자산인 경우에는 압축기장충당금)이다. 이와 같이 당기에 손금산입한 일시상각충당금은 장래에 감가상각과정과 처분과정을 거치면서 다시 익금산입하게 되므로 일시상각충당금제도는 차기 이후의 비용을 당기에 미리 손금에 산입함으로써 법인세 부담을 일정기간 이연시키는 '과세이연제도'라 할 수 있다. 이러한 일시상각충당금의 설정을 통한 과세이연 여부는 법인이 임의로 선택할 수 있는 결산조정사항에 해당되나 기업회계에서는 일시상각충당금의 비용계상을 인정하지 않고 있는 점을 감안하여 신고조정에 의한 손금산입도 허용하고 있다(법인세법 시행령 제98조 제2항). 국세기본법 제45조 제1항 제3호 및 시행령 제25조 제2항에 의하면, 세무조정과정에서 누락 등으로 법인세법상의 국고보조금 및 공사부담금에 상당하는 금액을 익금과 손금에 동시에 산입하지 아니한 경우에는 과세표준 수정신고를 할 수 있되 국세기본법 제45조의2에 따라 경정청구를 할 수 있는 경우에는 그러하지 않다고 정하고 있다(제3장 제1절 7. 가. 참조).

조세심판원 2011. 11. 21. 2009부3431 결정

『고정자산은 원래 감가상각에 의하여 손금화 되는 것이 원칙이나, 국고보조금에 대하여 일시상각충당금의 설정 및 손금산입을 허용하는 취지가 공익사업에 해당하는 전기설비의 국고보조금을 익금에 산입하여 일시에 과세하게 되면 그 보조금 중 일부를 세금으로 납부하게 되어 보조금 지급취지인 고정자산 등의 취득에 지장이 초래되므로 국고보조금을 수령한 사업연도에 법인세가 일시에 징수되는 것을 방지함과 동시에 추후 당해 고정자산 등에 대한 감가상각비와 상계처리 함으로써 과세를 이연시키는 효과를 달성하려는데 있다할 것이라는 점, 법인세법 또는 조세특례제한법에 규정된 일시상각충당금을 세무조정계산서에 계상하고 이를 법인세 과세표준 신고시 손금에 산입한 경우에는 그 금액을 손금에 산입한 것으로 보는 것으로 규정하고 있고 이와 같이 세무조정계산서에 계상하는 방법으로 손금에 산입하는 것을 허용한 취지는 이와 같은 일시상각충당금은 실제 발생한 비용이 아니어서 기업회계상 이를 법인의 장부에 비용으로 계상할 수 없는 점을 고려하여 특별히 신고조정의 방법에 의하여 그 일시상각충당금의 설정에 따른 손금산입이 허용되는 것임을 밝힌 데에 있다는 점(대법원 2009. 7. 9. 선고 2007두1781 판결 참조), 법인세법 시행령 제98조 제2항에 의하면 국고보조금을 수령시 손금산입방법으로 결산조정방법(통상의 감가상각으로 처리방법)과 신고조정방법(일시상각충당금을 손금산입방법)이 모두 인정되고 있고 이 때 일시상각충당금을 손금으로 산입할 것인지 아니면 통상의 감가상각으로 처리할 것인지 여부는 전적으로 당해 법인의 선택에 달려있다 할 것이나 기업회계기준에서는 일시상각충당금을 단순히 조세지원의 수단으로 계상한 손금일 뿐 비용이 될 수 없다고 보아 손금계상을 인정하지 않음에 따라 청구법인과 같이 외감법 적용대상법인이 국고보조금에 대하여 결산조정방법에 의하여 세무조정을 할 수 없어 임의 신고조정에 의하여 손금산입 할 수 밖에 없고, 해당법인이 국고보조금 등을 수령하였으나 그 수령한 날이 속하는 사업연도에 일시상각충당금을 설정 및 손금으로 계상하지 아니한 채 과세표준을 계산하여 그 과세표준신고서를 제출하였다 하더라도 국고보조금 손금산입방법이 반드시 임의 신고조정사항이 아닌 결산조정사항으로 확정되는 것이 아니라는 점, 일반적으로 경정청구제도는 조세법률관계의 조기 안정을 통한 원활한 조세행정의 수행이라는 공익과 '정당한 또는 진실한' 세액의 결정 또는 경정을 구할 기회를 납세자에게 부여하고자 한 규정으로, 일시상각충당금 또는 압축기장충당금 설정대상이 되는 국고보조금 등을 수령하고 그 수령한 날이 속하는 사업연도에 이를 손금에 산입하지 아니하고 법인세 과세표준 및 세액을 신고한 경우에는 국세기본법 제45조의2의 규정에 의하여 법인세 과세표준 및 세액 신고기한 경과 후 3년 이내에 국고보조금 등에 대한 일시상각충당금을 손금산입하고 경정청구를 통하여 신고조정의 방법에 따라 당해 일시상각충당금을 손금에 산입할 수 있다고 보는 것이 입법취지에 부합한다는 점(조심 2009서3724, 2011. 5. 11., 대법원 2009. 7. 9. 선고 2007두1781 판결 참조) 등으로 볼 때 처분청이 청구법인이 국고보조금을 수령한 해당 사업연도의 과세표준과 세액을 신고함에 있어 청구법인이 일시상각충당금을 설정하는 손금산입방식으로 신고하지 않았다는 사유만으로 청구법인이 신청한 경정청구를 거부한 처분은 잘못이 있는 것으로 판단된다.』

거. 대손금

(1) 대손금의 의의

법인의 영업활동에서 발생하는 외상매출금, 미수금, 대여금 등의 채권 중 사실상 회수불가능한 채권은 그 자산성을 상실하여 법인의 장부에서 제각하게 되며 이는 법인의 순자산을 감소시키는 손비(손금)에 해당한다. 이를 대손금이라 한다.

기업회계에 있어 대손금을 비용으로 인정하고 있으나 어느 정도의 회수불가능한 상태에 이르렀을 때 대손금으로 인식할 수 있는지 여부 및 대손상각할 채권의 범위에 대하여 특별히 규정하고 있는 바 없어 법인의 판단에 맡기고 있다.

그러나 세법에서는 과세의 형평성, 이익조작의 방지 등의 목적으로 대손상각할 채권의 범위, 대손요건 및 대손시기에 관하여 엄격하게 규율하고 있다. 대손금은 이미 손금에 산입한 대손충당금이 있는 경우에는 우선적으로 이와 상계하여야 한다.[42]

(2) 대손사유 및 신고조정, 결산조정

법인세법 제19조의2 및 시행령 제19조의2 제1항에 의하면 14가지의 대손사유(제1호부터 제6호까지, 제8호부터 제13호까지. 제7호는 삭제되었음)가 있다. 즉 법에 따라 소멸시효가 완성된 채권(제1호부터 제4호까지), 법에 따라 소멸되는 채권(제5호부터 제6호까지) 및 기타(제8호부터 제13호까지)로 분류하면서, 시행령 제19조의2 제3항에서는 제1호부터 제5호까지, 제5호의2 및 제6호에 해당하는 경우에는 해당 사유가 발생한 날, 제8호부터 제13호까지의 경우에는 해당 사유가 발생하여 손비로 계상한 날을 각 대손금의 귀속시기로 정하고 있다.

즉 제1호부터 제6호까지의 사유에 해당하는 경우, 해당 사유가 발생한 날이 속하는 사업연도의 손금에 반드시 산입하여야 하므로 법인이 결산서에 대손처리를 하지 않았다 하더라도 신고조정으로 산입하여야 한다(신고조정사항). 반면 제8호부터 제13호까지의 사유에 해당하는 경우, 그 대손금을 해당 사유가 발생하여 법인이 손금으로 회계적으로 인식하여 이를 손금으로 계상한 날이 속하는 사업연도의 손금으로 처리하여야 하고, 따라서 법인이 결산서에 대손처리를 하지 아니한 경우 신고조정으로 손금산입을 할 수 없다(결산조정사항).[43]

따라서 제1호부터 제6호까지의 사유에 해당하는 경우로서 세무조정이 누락된 경우 통상의 경정청구를 할 수 있다. 반면 제8호부터 제13호까지의 사유는 결산조정사항으로서 이를 누락하였다 하더라도 경정청구를 할 수 없다.

예를 들면 소멸시효가 완성되어 회수할 수 없는 채권은 그 소멸시효가 완성된 날이 속하는 사업연도에 신고조정으로 손금에 산입할 수 있고, 소멸시효가 완성된 대손금을 당해 사업

---

42) 삼일회계법인 · 이창기, 전게서, 566면 참조.
43) 삼일회계법인 · 이창기, 전게서, 582면 참조.

연도의 소득금액 계산에 있어서 손금에 산입한지 못한 경우 통상의 경정청구가 가능하다.

(3) 대법원 2003. 12. 11. 선고 2002두7227 판결

『구 법인세법 제9조 제3항, 제17조 제1항, 구 법인세법 시행령 제12조 제2항 제8호, 제21조, 구 법인세법 시행규칙(1999. 5. 24. 재정경제부령 제86호로 전문 개정되기 전의 것) 제9조 제2항의 규정 등을 종합하면, 법인세법에서는 채무자의 무자력으로 인한 회수불능 채권은 대손금으로서 법인의 각 사업연도 소득을 계산함에 있어 익금에서 공제되는 손금에 해당함을 알 수 있는바, 이에 비추어 보면 구 법인세법 제20조, 구 법인세법 시행령 제46조 제2항 제7호, 제47조 제1항에 의하여 익금에 산입되는 인정이자도 회수불능 여부와 관계없이 먼저 익금에 산입된 다음 위 규정 소정의 대손금에 해당되는 경우에는 손금에 산입되어 익금에서 공제된다고 할 것이고, 다만 대손금의 형태가 위와 같이 회수불능을 사유로 한다면 그 채권 자체는 존재하고 있으므로 법인이 회수불능이 명백하게 되어 대손이 발생하였다고 회계상 처리를 하였을 때에 한하여 이것이 세무회계상 법인세 법령에 따른 대손의 범위에 속하는지 여부를 가려 그 대손이 확정된 사업연도의 손금으로 산입할 수 있다 할 것이며(대법원 2002. 9. 24. 선고 2001두489 판결 참조), 한편, 결산 당시에 대손이 발생하였다고 회계상 처리를 하지 아니한 이상, 그 후에 회계상의 잘못을 정정하였다는 등의 이유로 구 국세기본법(2000. 12. 29. 법률 제6303호로 개정되기 전의 것) 제45조의2 제1항 소정의 경정청구를 할 수도 없다.』

위 판결은, 결산조정사항의 손금귀속시기는 결산상 비용으로 계상한 사업연도에 귀속되고 법인이 손금의 귀속시기를 임의로 선택 가능하므로 결산서에 이를 계상하여 반영하지 아니한 상태에서 통상의 경정청구를 통하여 손금에 산입할 수는 없다는 점을 확인하고 있다.

너. 세법의 위헌결정과 경정청구

(1) 위헌결정의 소급효가 인정되는 한 이는 과세표준신고를 하는 시점에서 이미 존재하고 있었던 실체적 오류에 해당하므로 통상의 경정청구사유에 해당한다 할 것이다.[44)45)]

---

44) 박성규, "세법에 대한 위헌결정이 내려진 경우 경정청구를 통한 납세자의 권리구제", 조세법실무연구 재판자료 115집, 198면에서, "헌법재판소법 제47조 제2항의 해석을 통하여 예외적으로 인정할 수 있는 위헌결정의 소급효의 범위에 대하여 살펴보면, 우선 당해 사건, 동종사건 및 병행사건의 경우 위헌결정의 소급효를 인정하여야 할 법적 근거와 필요성에 대하여 대법원 판례가 비교적 상세하게 그 이유를 밝히고 있고, 이는 헌법 재판소법 제47조 제2항의 의미를 몰각시키지 않는 범위 내에서 이루어진 합목적적 해석으로 타당하다고 생각된다. 그러나 「일반사건」에 대하여는 헌법재판소법 제47조 제2항 문언의 가능한 해석범위 및 위 조항의 입법취지에 비추어 원칙적으로 소급효를 인정할 수 없고, 예외적으로 법적 안정성의 요청과 구체적 타당성, 정의, 형평의 요청을 비교형량하여 법적 안정성의 요청에 비하여 구체적 타당성, 정의, 형평의 요청이 우월한 경우에 한하여 소급효를 인정하는 것이 타당하지 않을까 생각한다. 결론적으로 헌법재판소 입장이 바람직하다고 생각한다."라고 적고 있다.

45) 이창희, 전게서, 238면에서, "세법의 위헌결정도 경정청구사유가 된다."고 하면서, 그 주 91)에서 헌법재판소

(2) 서울고등법원 2004. 11. 12. 선고 2003누18769 판결[46](종합소득세 경정청구거부처분취소)을 본다.

① 먼저 피고 세무서장의 "이 사건과 같이 위헌결정 이후에 법원에 제소된 사건에 대하여는 위헌결정의 소급효가 인정된다 하더라도 법적 안정성의 유지나 당사자의 신뢰보호를 위하여 불가피한 경우에는 이를 제한하여야 할 것인데 국세는 국가재정수입의 주원천으로 고도의 공익성을 갖고 있다고 할 것이어서 이 사건 위헌결정의 소급효를 제한함이 상당하다."는 주장[47]에 대하여, "㉮ 구 소득세법 제61조 제1항은 자산소득합산과세의 대상이 되는 혼인한 부부를 혼인하지 않는 부부나 독신자에 비하여 차별취급하는 것으로서 헌법 제36조 제1항에 위반되는 위헌적인 요소가 내재되어 있었던 규정으로서 이 사건 위헌결정은 이를 확인한 경우에 해당한다고 보여지는 점, ㉯ 구 국세기본법 제45조의2가 규정하고 있는 경정 등의 청구를 할 수 있는 납세자는 과세표준신고서를 법정신고기한 내에 제출한 성실한 납세자에 한정되고 그 기한 또한 정해져 있는 점 등에 비추어 볼 때, 당사자의 권리구제를 위한 구체적 타당성의 요청이 현저한 반면에 소급효를 인정하여도 법적 안정성을 크게 침해할 우려가 없다고 할 것이다."라고 판시하면서, "헌법재판소의 이 사건 위헌결정의 효력은 위헌결정 이후에 법원에 제소되었고 당해 법률 또는 법률의 조항이 재판의 전제가 되는 이 사건에도 미친다."고 판단한 다음, ② "원고가 신고납부한 과세표준과 세액은 이 사건 위헌결정으로 인하여 구 소득세법 제61조의 규정이 효력을 상실한 이상 객관적으로 정당한 과세표준과 세액을 초과한 결과가 되었다고 할 것이므로, 법정신고기한 내에 과세표준신고서를 제출한 원고는 구 국세기본법 제45조의2 제1항에 의하여 이 사건 경정청구를 할 수 있다."고 판시하였다.[48][49]

(3) 위헌결정이 내려진 사정 자체가 국세기본법 제45조의2 제2항 소정의 사정변경에 해당하고, 따라서 사정변경에 기한 경정청구를 할 수 있는지가 문제된다. 긍정하는 견해[50]와 부

2006. 7. 27. 선고 2006헌바18, 54(병합) 결정을 들고 있다.

46) 박성규, 전게논문 215면에서, 이를 인용하였다.

47) 대법원 1994. 10. 25. 선고 93다42740 판결은 "위헌결정의 효력은 그 미치는 범위가 무한정일 수 없고 법원이 위헌으로 결정된 법률 또는 법률의 조항을 적용하지는 않더라도 다른 법리에 의하여 그 소급효를 제한하는 것까지 부정되는 것은 아니라 할 것이며, 법적 안정성의 유지나 당사자의 신뢰보호를 위하여 불가피한 경우에 위헌결정의 소급효를 제한하는 것은 오히려 법치주의의 원칙상 요청되는 바라 할 것이다."라고 판시하면서, "구 국세기본법(1990. 12. 31. 법률 제4277호로 개정되기 전의 것) 제35조 제1항 제3호에 대한 위헌결정 이전에 그 위헌 부분에 근거하여 국가가 교부받은 경락대금을 부당이득으로 반환청구할 수 없다."라고 판시하였다.

48) 박성규, 전게논문, 217면에서, "위 판결은 위헌결정의 소급효가 미치는 범위에 관한 논리 전개에는 다소 문제가 있으나, 위헌결정이 내려진 사정이 통상의 경정청구에 해당한다고 판단하여 납세자의 종국적 권리구제를 가능하게 한 의미 있는 판결이라고 할 수 있다."라고 적고 있다.

49) 오윤, 전게서, 406면에서, "정당한 법의 지배를 요청하는 현대 법치국가의 원리에 입각해 볼 때, 소급효를 인정하고 경정청구를 인용할 이유는 충분히 있다."라고 적고 있다.

정하는 견해51)가 있으나, 이러한 법상태의 변경을 사정변경에 기한 경정청구에서의 사정변경에 해당한다고 볼 수 없고, 통상의 경정청구가 가능한 이상 이를 부정하는 견해가 타당하다 할 것이다[제4장 제3절 1. 나. (7) 참조].

더. 시행령의 무효와 경정청구

(1) 시행령이 헌법이나 법률에 위반되어 무효인 경우 이를 이유로 경정청구를 할 수 있다. 헌법상 명령·규칙 또는 처분이 헌법이나 법률에 위반되는 여부가 재판의 전제가 된 경우에는 대법원은 이를 최종적으로 심사할 권한을 가지고 있고(헌법 제107조 제2항), 신고를 함에 있어 적용한 시행령이 무효인 경우라면 통상의 경정청구를 한 후 그 거부처분 취소소송에서 시행령의 무효를 주장할 수 있다 할 것이다.

(2) 대법원 2004. 3. 18. 선고 2001두1949 판결

『구 법인세법(1998. 12. 28. 법률 제5581호로 전문 개정되기 전의 것, 이하 '법'이라 한다) 제9조 제3항은 "손금이라 함은 자본 또는 지분의 환급, 잉여금의 처분 및 이 법에서 규정하는 것을 제외하고 그 법인의 순자산을 감소시키는 거래로 인하여 발생하는 손비의 금액을 말한다."고 규정하고 있고, 구 법인세법 시행령(1995. 12. 30. 대통령령 제14861호로 개정되어 1997. 12. 31. 대통령령 제15564호로 전문 개정되기 전의 것, 이하 '시행령'이라 한다) 제12조 제2항은 "법 제9조 제3항에서 손비라 함은 법 및 이 영에 규정한 것을 제외하고 다음 각 호에 게기하는 것으로 한다."고 하면서 그 제10호로 "제세공과금·법과 이 영의 규정에 의하여 손금에 산입하지 아니한 것은 제외한다."고 규정하는 한편, 법 제16조는 "다음 각 호에 게기하는 손비는 내국법인의 각 사업연도의 소득금액계산상 이를 손금에 산입하지 아니한다."고 규정하고, 그 제5호에서 '대통령령이 정하는 공과금'을 들고 있는 바, 위와 같은 각 규정의 취지는, 법인세법상 공과금은 '국가 또는 공공단체에 의하여 국민 또는 공공단체의 구성원에게 강제적으로 부과되는 모든 공적부담'(대법원 1990. 3.

---

50) 오윤, 전게서, 405면에서, "국세기본법 제45조의2 제2항 제1호는 '최초의 신고… 거래 또는 행위 등이 그에 관한 소송에 관한 판결 …에 의하여 다른 것으로 확정된 때'를 열거하고 있다. 비록 세법의 위헌결정과 세법의 적용대상이 되는 행위에 대한 법원의 판결은 다르지만 신고 여부는 세법과 세법의 적용대상인 행위를 모두 고려하여 해야 할 것인데 후발적인 사법기관의 판단에 의하여 신고하지 않아야 할 것을 했다는 것을 알게 하는 데 있어서의 효과는 다를 바 없다고 보아야 할 것이다. 따라서 법률의 위헌결정은 후발적 경정사유에 해당한다고 보아야 할 것이다."라고 적고 있다.

51) 박성규, 전게논문, 227면에서, "위헌결정이 내려진 사정을 후발적 경정청구사유로 인정할 수 있는가에 대하여는, 이를 인정할 경우 초래될 여러 가지 실제적인 문제점들, 특히 조세채권채무관계를 장기간 불안정한 상태로 방치하는 문제, 환급으로 인해 국가재정에 미치는 부담 및 경정청구기간을 3년으로 규정하면서 납세자의 권리구제를 도모함과 동시에 그 기간이 경과된 경우 예외적인 후발적 사유가 있는 경우를 제외하고는 더 이상의 권리구제의 시도를 차단함으로써 조세채권채무관계를 장기간 불안정한 상태로 방치하는 것을 막고자 하는 국세기본법상의 경정청구제도의 입법취지 등을 고려할 때 이를 후발적 경정청구사유로 인정할 수 없다."라고 적고 있다.

23. 선고 89누5386 판결 참조)으로 법인의 일정한 사업이나 자산의 존재, 거래 등의 행위에 수반하여 강제적으로 부과되는 것이기 때문에 사업경비의 성격을 띠는 것이어서 손금에 산입됨이 원칙이고 예외적으로 그 성질상 비용성을 갖지 않거나 조세정책적 또는 기술적 이유에 의하여 손금에 산입함이 바람직하지 않아 법률이 정한 경우에 한하여 손금산입이 부정되는 것으로 본다는 것이다. 따라서 법 제16조 제5호는 원칙적으로 공과금이 손금에 산입됨을 전제로 하고 예외적으로 손금에 산입되지 아니하는 공과금의 범위와 종류를 대통령령에서 정하도록 위임하였다고 보아야 할 것이다.

그럼에도 불구하고, 그 위임에 따른 시행령 제25조 제1항은 "법 제16조 제5호에서 대통령령이 정하는 공과금이라 함은 다음 각 호의 것을 제외한 공과금을 말한다."고 규정하고, 이어서 손금에 산입되는 공과금의 종류를 열거하고 있는 바, 이는 결국 구체적으로 열거한 공과금만을 손금에 산입할 수 있도록 제한함으로써 공과금은 원칙적으로 손금에 산입되지 않는다고 규정한 것과 다를 바 없게 되었으므로 그 형식이나 내용으로 보아 모법의 입법 취지 및 위임범위를 벗어난 것이어서 무효라고 할 것이다.

같은 취지에서 원심이, 원고는 이 사건 법인세 신고를 함에 있어 무효인 위 시행령 규정에 터잡아 택지초과소유부담금을 손금에 산입하지 아니함으로써 당해연도 법인세 과세표준 및 세액을 과다하게 신고한 것이므로 피고는 그에 따른 감액경정청구를 받아들여야 한다고 판단한 것은 정당하고, 거기에 피고가 상고이유에서 주장하는 바와 같은 법인세법상 공과금의 손금불산입이나 국세기본법상 경정청구와 위헌결정의 소급효에 관한 법리오해, 심리미진 등의 위법이 있다고 할 수 없다.』

(3) 대법원 2005. 1. 14. 선고 2003두4324 판결

『납세의무자가 부가가치세 과세표준과 세액을 신고할 당시에는 과세근거가 된 시행령 규정이 무효임을 인식하지 못하고 그에 터잡아 과세표준과 세액을 과다하게 신고하거나 환급세액을 과소하게 신고하였다 하더라도, 그 후에 국세기본법 제45조의2 제1항이 정하는 바에 따라 시행령 규정이 법률에 위반되어 무효라고 주장하면서 최초에 신고한 과세표준과 세액의 감액경정(환급)을 청구하는 것은 허용된다고 할 것이다(대법원 2004. 3. 18. 선고 2001두1949 전원합의체 판결 참조).』

러. 조세채무자의 선택권의 변경(교체)

(1) 조세채무자가 기준경비율 등에 기하여 사업소득금액을 산정하여 추계신고를 한 다음 소득세법 제160조 및 제161조에 따라 비치·기장된 장부와 증명서류에 의한 사업소득금액이 적은 것을 뒤늦게 인지한 경우 통상의 경정청구를 할 수 있다. 반대로 소득세법 제160조 및 제161조에 따라 비치·기장된 장부와 증명서류에 의한 사업소득금액을 신고하였다가 그 신고된 금액이 기준경비율 등에 의하여 산정한 사업소득금액보다 많다는 이유로 경정청구를 할 수

는 없다.

(2) 선택권의 변경과 관련한 일본 판결을 소개한다.

의사 등 개인사업자는 사업소득을 산정함에 있어 사회보험진료보수를 수령한 경우 수령금액이 연 5,000만 엔 이하일 경우 필요경비 산입가능 금액은 특례계산한 금액으로 할 수 있고, 확정신고서에 이 규정에 의한 사업소득금액을 계산한 취지의 기재가 있는 경우에만 적용되고 그러한 기재가 없는 경우 적용되지 않는다는 취지로 조세특별조치법 제26조에서 규정하고 있었다. 법정신고기한에 이르러 결산미확정의 상태에서 위 조치법상의 사회보험진료보수의 특례를 적용하여 신고를 하였는데 그 후 결산을 한 결과 실액계산을 한 경우보다 신고세액이 많음이 확인되었다. 그리하여 경정청구를 하였으나 거부되어 소송에 이르렀다.

센다이고등재판소(1984. 11. 12. 판결)는, "조세특별조치법 제26조 제1항(사회보험진료보수의 소득계산의 특례)에 기하여 필요경비를 산입하여 확정신고를 하였는데 이것이 현실의 필요경비보다 과소하여 신고세액이 소득세법상의 원칙인 수지계산의 방법에 의하여 산출한 세액보다 과대하게 된 경우, 그러한 과세는 조치법의 제정목적에 반할 뿐더러 실질상 소득 없는 곳에 과세하는 결과가 되므로, 이러한 경우 당해 계산에 오류가 있으므로 경정청구를 허용하여야 한다."고 판단하였다.

일본 최고재판소(1987. 11. 10 판결)는, 납세자가 조치법의 규정에 따라 계산에 잘못없이 신고를 한 이상 실제 소요된 경비액이 개산공제액을 초과하더라도 그것은 '국세에 관한 법률의 규정에 따르지 아니한 것' 또는 '해당 계산에 잘못이 있는 것'의 어디에도 해당하지 아니한 것으로, 소득계산의 방법에 관하여 납세자의 선택이 인정되는 경우 그 선택의 잘못을 이유로 경정청구를 인정하는 것은, 납세자의 의사에 따라 세액확정이 좌우되는 것이 되어 타당하지 않다고 하면서, 경정청구를 받아들이지 않았다. 조세부담에 관한 예상의 빗나감이 있었다 하더라도 사후적인 선택권 변경으로 이익조작이 가능한 상황으로 돌아가는 것을 허용하지 않겠다는 취지이다. 조세부담에 관한 예상의 빗나감과 선택권 자체에 관한 납세자의 의사결정상의 착오를 어떻게 구별하여야 할 지 어려운 문제를 안겨주고 있다.

(3) 법인세법상 외국납부세액공제

내국법인의 각 사업연도의 과세표준에 국외원천소득이 포함되어 있는 경우 그 국외원천소득에 대하여 외국법인세액을 납부하였거나 납부할 것이 있는 경우 외국법인세액을 해당 사업연도의 법인세액에서 공제하는 방법과 손금산입하는 방법 중 하나를 선택하여 과세표준신고를 할 수 있다. 여기서 일단 선택을 하면 이후 수정신고나 경정청구를 통하여 사후적으로 그 선택을 교체(변경)할 수 없는지 여부이다.

법인세법 제57조 제1항에 의하면 " … 사업연도의 과세표준에 국외원천소득이 포함되어 있는 경우 … 외국법인세액을 납부하였거나 납부할 것이 있는 경우에는 … 다음 각 호의 방법 중 하나를 선택하여 적용받을 수 있다."라고 되어 있을 뿐 당초의 과세표준신고서에 어느 한 방법을 선택한 다음 이를 기초로 세액을 신고하여야 하고 이후에는 그 선택을 교체(변경)할 수 없다는 취지의 문언을 발견할 수가 없다.

예를 든다. 어떤 법인의 2017년 귀속 법인세 과세표준이 적자이었기 때문에 그 외국지점이 지급한 외국법인세액을 공제하지 아니하고 손금에 산입하는 방법을 선택하여 2018. 3. 30. 결손금이 존재하는 것으로 과세표준신고를 하였다. 그 후 2017년 귀속 법인세의 세무조사에서 상당한 크기의 매출누락이 발견되었고 이를 반영하면 법인세 과세표준은 상당한 폭의 흑자가 되었다. 세무조사를 마친 과세관청은 위 외국법인세액을 손금산입방법이 아닌 세액공제방식으로 교체하는 것으로 선택권을 변경할 수 없다고 하여 위 법인은 부득이 당초의 방법대로 손금산입방법을 반영하여 과세표준을 산정하여 수정신고를 하였다. 이 경우 위 법인은 위 수정신고에 대하여 손금산입방법이 아닌 세액공제방식으로 공제하여 줄 것을 요구하는 통상의 경정청구를 할 수 없는가?

법인세법 제57조 제1항의 규정형식에 비추어, 이 경우 국세기본법 제45조의2 제1항 소정의 "과세표준신고서에 기재된 과세표준 및 세액이 세법에 따라 신고하여야 할 과세표준 및 세액을 초과할 때"에 해당한다고 보아 통상의 경정청구를 인정하여야 한다고 본다. 법인세법 제57조 문언 자체에서 반드시 당초 과세표준신고에 한하여 선택권을 행사하도록 규정하였고 이후 수정신고나 경정청구를 통하여 선택권을 행사하거나 교체하여서는 안 된다는 취지로 읽혀지지는 않는다. 나아가 납세자에게 조세부담의 선택권을 인정하였고 그 선택에 있어 납세자가 의사결정상 착오에 빠진 것으로 보아 경정청구를 인정하여야 할 것으로 보인다.

나아가 외국세액공제에 있어 공제액의 일부는 세액공제방법, 일부는 손금산입방법으로 쪼개어 행사될 수 있는지도 문제되나 이러한 분할 부분공제는 부정되어야 한다. 법인세법 제57조 문언 자체에 의하면 반드시 두 방법 중 하나를 선택해야 한다. 세액공제액 중 일부에 대하여는 세액공제를, 나머지는 손금산입할 수는 없다.

머. 조세채무자의 고의 또는 중과실과 통상의 경정청구

오류의 발생에 있어 조세채무자에게 고의 또는 중과실이 있는 경우 경정청구가 배제되어야 하는가? 이러한 경우에도 원칙적으로 경정청구가 긍정되어야 할 것이다. 독일 조세기본법 제173조 제1항 제2호 제1문에 의하면 세액을 감액시키는 사실이나 증거가 사후에 발견되고 그 사후적 발견에 조세채무자에게 중대한 책임[52]이 없는 경우 조세결정은 폐지되거나 변경되어야 한다고 정하고 있다[제1장 제5절 2. 사. (3) 참조].

---

52) 여기서 말하는 중대한 책임(grobes Verschulden)이란 고의 또는 중과실을 포함하는 개념이다.

제3절

사정변경에 기한 경정청구

	종류	국세기본법	이와 유사한 사유의 유무
후발적 경정청구(후발적 사유에 기한 경정청구)	사정변경에 기한 경정청구	판결 등에 의한 세액 계산근거의 변경 (§45의2② 1호)	×
		거래 등의 효력과 관계되는 허가 등 관청의 처분취소 (시행령 §25의2 1호)	○
		거래 등의 효력과 관계되는 계약의 해제 또는 취소 (시행령 §25의2 2호)	○
		장부 등의 압수, 그 밖의 부득이한 사유로 세액을 계산할 수 없었으나 그 후 해당 사유가 소멸한 경우 (시행령 §25의2 3호)	○
	모순된 세액확정에 기한 경정청구	소득이나 그 밖의 과세물건의 귀속을 제3자에게로 변경시키는 결정 또는 경정이 있을 때 (§45의2② 2호)	×
		결정 또는 경정으로 인하여 그 결정 또는 경정의 대상이 되는 과세기간 외의 과세기간에 대하여 최초에 신고한 세액이 세법에 따라 신고하여야 할 세액을 초과할 때 (§45의2② 4호)	×
		조세조약에 따른 상호합의가 최초의 신고·결정 또는 경정의 내용과 다르게 이루어졌을 때 (§45의2② 3호)	×

[후발적 사유에 기한 경정청구의 분류]

제 4 장

국세기본법 제45조의2(경정 등의 청구)

『② 과세표준신고서를 법정신고기한까지 제출한 자 또는 국세의 과세표준 및 세액의 결정을 받은 자는 다음 각 호의 어느 하나에 해당하는 사유가 발생하였을 때에는 제1항에서 규정하는 기간에도 불구하고 그 사유가 발생한 것을 안 날부터 3개월 이내에 결정 또는 경정을 청구할 수 있다.

　1. 최초의 신고·결정 또는 경정에서 과세표준 및 세액의 계산 근거가 된 거래 또는 행위 등이 그에 관한 소송에 대한 판결(판결과 같은 효력을 가지는 화해나 그 밖의 행위를 포함한다)에 의하여 다른 것으로 확정되었을 때

　2. 소득이나 그 밖의 과세물건의 귀속을 제3자에게로 변경시키는 결정 또는 경정이 있을 때

　3. 조세조약에 따른 상호합의가 최초의 신고·결정 또는 경정의 내용과 다르게 이루어졌을 때

　4. 결정 또는 경정으로 인하여 그 결정 또는 경정의 대상이 되는 과세기간 외의 과세기간에 대하여 최초에 신고한 국세의 과세표준 및 세액이 세법에 따라 신고하여야 할 과세표준 및 세액을 초과할 때

　5. 제1호부터 제4호까지와 유사한 사유로서 대통령령으로 정하는 사유가 해당 국세의 법정신고기한이 지난 후에 발생하였을 때』

국세기본법 시행령 제25조의2(후발적 사유)

『법 제45조의2 제2항 제5호에서 "대통령령으로 정하는 사유"란 다음 각 호의 어느 하나에 해당하는 경우를 말한다.

　1. 최초의 신고·결정 또는 경정을 할 때 과세표준 및 세액의 계산 근거가 된 거래 또는 행위 등의 효력과 관계되는 관청의 허가나 그 밖의 처분이 취소된 경우

　2. 최초의 신고·결정 또는 경정을 할 때 과세표준 및 세액의 계산 근거가 된 거래 또는 행위 등의 효력과 관계되는 계약이 해제권의 행사에 의하여 해제되거나 해당 계약의 성립 후 발생한 부득이한 사유로 해제되거나 취소된 경우

　3. 최초의 신고·결정 또는 경정을 할 때 장부 및 증거서류의 압수, 그 밖의 부득이한 사유로 과세표준 및 세액을 계산할 수 없었으나 그 후 해당 사유가 소멸한 경우

　4. 제1호부터 제3호까지의 규정과 유사한 사유에 해당하는 경우』

	대법원 판결	경정사유 (긍정 O, 부정 X)	판시요지
1	2013. 12. 26. 선고 2011두1245 판결 법인세	[대금 사후 감액합의] (O)	법인세에서, 당초 매매대금을 감액한 경우 권리가 확정된 사업연도의 소득금액에 포함하여 과세할 수 없으므로, 후발적 경정청구를 할 수 있다. (원칙 과년도 시정, 예외 현연도 시정)
2	2014. 1. 29. 선고 2013두18810 판결 종합소득세 (배당소득)	[미수령 배당채권 회수불능] (O) 시행령 제25조의2 제4호, 제2호	납세의무 성립 후 배당채권이 채무자 도산 등으로 회수불능되어 장래 소득의 실현가능성이 전혀 없음이 객관적으로 명백하면 후발적 경정청구사유에 해당한다.
3	2015. 7. 16. 선고 2014두5514 판결 (전원합의체 판결) 종합소득세	[위법소득 몰수·추징] (O) 제45조의2 제2항	납세의무 성립 후 몰수나 추징과 같은 위법소득에 내재되어 있던 경제적 이익의 상실가능성이 현실화되는 사유가 발생하여 성립하였던 납세의무가 전제를 잃게 되었다면 후발적 경정청구를 할 수 있다.
4	2014. 11. 27. 선고 2012두28254 판결 법인세 [국민은행합병사건]	[법상태 변경] (과세관청의 견해와 판결상 견해의 상이) (x)	법령에 대한 해석이 최초의 신고·결정 또는 경정 당시와 달라졌다는 사유는 후발적 경정청구사유에 해당하지 않는다.
5	2017. 8. 23. 선고 2017두38812 판결	[법상태 변경 (판례 변경)] (x)	2012두28254 판결과 같은 취지이다.
6	2008. 7. 24. 선고 2006두10023 판결 법인세 [대교사건]	손금귀속시기를 변경한 조세판결을, 제45조의2 제2항 제1호의 '판결'로 보아, 판결 대상이 된 과세기간이 아닌 다음 과세기간을 귀속시기로 보아 시정할 수 있는지 여부 (x)	신고 당시의 사실관계를 바탕으로 과세권자의 손금귀속시기에 관한 판단이 위법하다는 이유로 어느 과세기간의 부과처분을 취소한 확정판결은, 다음 과세기간의 법인세와 관련한 후발적 경정청구사유에 해당하지 않는다.
7	2012. 8. 23. 선고 2012두8151 판결 증여세	[사해행위취소] (x)	주식명의신탁을 이유로 상증세법상의 증여의제규정에 따라 증여세 부과처분을 받은 후 그 주주명부상의 명의가 사해행위취소 판결로 원상회복된 경우, 증여의제규정의 적용이 배제되지 않고, 명의신탁의 취소사유는 제45조의2 제2항이 정한 후발적 경정청구사유에 해당하지 않는다.
8	2017. 9. 7. 선고 2017두41740 판결 양도소득세	통상의 경정청구와 사정변경에 기한 경정청구 간의 관계 [대금수액 다툼]	매매대금의 수액에 대한 다툼이 있어 수액을 확인하는 판결이 있는 경우, 통상의 경정청구를 할 수 있었다는 사정만으로 사정변경에 기한 경정청구를 배제할 수 없다.
9	2018. 6. 15. 선고 2015두36003 판결 양도소득세	통상의 경정청구와 사정변경에 기한 경정청구 간의 관계	양도소득세 신고 후 매매대금이 감액된 경우, 양도인은 감액을 이유로 통상의 경정청구를 하여 당초의 신고를 바로잡을 수 있다.

* 조문상의 '국세기본법' 표시는 생략하였음

[사정변경에 기한 경정청구에 관한 중요 대법원 판례]

제4장

[국세기본법 제45조의2 제2항의 전론(前論)]

국세기본법 제45조의2 제2항 제5호에서 제1호부터 제4호까지의 사유와 유사한 사유를 대통령령으로 정할 것을 위임하였다. 위임을 받은 시행령 제25조의2는 후발적 사유 3개를 나열하면서 '법 제45조의2 제2항 제1호'와 유사한 사유만을 열거했을 뿐, 법 제45조의2 제2항 제2호 내지 4호와 유사한 사유는 열거하지 않고 있다.

일본의 입법례를 따르면서 마찬가지로 입법미숙(일본 국세통칙법 제23조 제2항 제3호는 '시행령이 정하는 부득이한 사유'라는 표현을 사용함으로써 '부득이한' 사유의 특정에 중점을 두고 있으나 우리나라는 그렇지 않다)의 잘못을 저질렀다.

여기서 입법미숙이라 함은 먼저 후발적 경정청구에 관한 개념정의를 하여 규율대상을 명백히 함이 없이 여러 사유를 예시적으로 열거함으로써 오는 혼란을 말한다. 논리적이어야 하는 경정법체계에 비논리적 요소를 개입시켜 논리를 무너뜨렸다. 다음 사정변경에 기한 경정청구와 모순된 세액확정에 기한 경정청구를 한 조항에 억지로 구겨넣어 규율하는 데서 오는 혼란이다.

이런 마당에서 해석론적 방법으로, 열거된 후발적 경정청구사유를 하나하나 분석한 다음, 그 바탕 위에서 통일적인 하나의 개념을 추출하여 경정법체계를 구축하는 작업을 할 수밖에 없다. 그 과정에서 '개념정의'의 귀납적 도출도 큰 도움이 될 것이다. 개념정의 없이 경정법체계의 구축은 불가능하다. 조세법체계가 논리적이어야 하듯이 경정법체계는 더욱 논리적이어야 한다. 개념정의가 없는 곳에 비논리적 해석이 개입할 여지가 있다. 시행착오를 최소화하여야 한다. 일본의 판례는 해당 실정법의 내용이 우리나라와 상이한 이상 경정청구를 해석함에 있어 그대로 참작할 수 없다. 대법원 판례의 흐름은 일본의 그것과 달리하는 부분이 적지 않다.

우선 후발적 경정청구는 '사정변경에 기한 경정청구'와 '모순된 세액확정에 기한 경정청구'로 나누어 각 청구의 특성에 맞는 '개념정의'를 한 다음, 해당 청구의 특성을 존중하면서 분리하여 체계화함이 통일된 경정법질서를 확립하는데 유용하다. 경정법체계는 본래 유추해석의 여지가 없도록 완결적으로 설계되었어야 한다.

여기서 후발적 경정청구에는 2개의 경정법질서가 각 논리적 타당영역을 달리하고 독립하여 따로 존재하여야 하는 것임을 전제하면서, 이 절에서는 '사정변경에 기한 경정청구'만을 설명하고 '모순된 세액확정에 기한 경정청구'는 다음 절에서 다룬다.

한편, 이러한 구별을 하지 아니하고 후발적 경정청구의 사유를 '실체적 사정변경사유'와 '절차적 사정변경사유'로 나누어 설명하는 견해가 있다.[1] 즉 ① 실체적 사정변경사유로 '거래

---

1) 임승순, 전게서, 220면 참조. 다만 국외전출세에 관한 경정청구는 2017. 2. 7. 국세기본법 제25조의2 제4호로 신설되었다가 2019. 2. 12. 이를 개정·삭제하고 소득세법 제118조의15 제5항에서 규정하고 있다. 해당 경정

행위 등에 관한 관청의 허가 등 취소', '과세의 기초인 계약의 해제', '국외전출자에 대한 양도가액의 조정', '법 제1호 내지 제3호에 준하는 사유(위법소득의 환원 등)'를 들고, ② 절차적 사정변경사유를 '세액의 모순확정(이중과세, 납세의무자의 중복, 기간귀속의 중복, 법 제45조의2 제2항 제2호 및 제4호)'과 '그 밖의 후발적 사정'으로 나눈 다음, ③ '그 밖의 후발적 사정'으로, '과세대상행위에 관한 판결 등의 확정(법 제45조의2 제2항 제1호)', '조세조약에 따른 상호합의(법 제45조의2 제2항 제3호), 장부 및 증거서류의 사용제한 해제(법 제45조의2 제2항 제5호, 시행령 제25조의2 제3호)'를 들고 있다. 아래와 같은 이유로 선뜻 동의하기 어렵다.

(i) 분류 목적이 불분명하다. 시행령 제25조의2 제5호 소정의 '유사한 사유'를 해석함에 있어서나 통일된 경정법 질서를 만들어 냄에 있어 어떠한 점에서 유용성과 효용성을 가지는 도구개념인지 구체적이지 않다.

(ii) 세액의 모순확정(이중과세)에 대하여 특별한 위치를 부여하고 있는 이상, 오히려 '모순된 세액확정에 기한 경정청구'라는 실체를 독립적으로 인정하는 것이 간명하다. 입법미숙으로 후발적 경정청구사유로 끌어들여 나열한 이유만으로 '사정변경에 기한 경정청구'와 동일한 성질의 것으로 보아 공통점을 찾아내면서 하나의 경정청구로 체계화하려는 시도 그 자체야말로 혼란스럽다. 같은 것은 같게, 다른 것은 다르게 취급해야 한다. 입법미숙의 잘못을 인정하고 해석의 방법으로 이를 극복하여야 한다.[2] 입법자가 유사한 사유를 열거하도록 위임하였음에도 시행령에서 이를 열거하지 못하고 있다. 당초부터 불가능한 작업이었을지도 모른다.

(iii) '과세대상행위에 관한 판결 등의 확정(법 제45조의2 제2항 제1호)'을 절차적 사정변경사유의 하나로 보면서 일반적인 경정사유인 '실체적 사정변경사유'와 상이한 것으로 구별하는 것도 어떠한 실익이 있는지 알 수 없다. '사정변경에 기한 경정청구'에 국한하여 볼 때 절차적이든 실체적이든 동일한 경정청구사유에 속하고 뒤에서 보는 바와 같이 두 사유는 병렬적이기도 하지만 중첩적일 때도 있다. 상호 배척관계에 있는 것은 아니다. 여기서 말하는 '판결'이란 기판력의 작용과는 아무런 관련이 없다.

제
4
장

청구가 국세기본법 시행령에 규정되어 있을 때 분류한 것이어서 이를 그대로 인용했다.

2) 品川芳宣, 전게서, 80면에서, 국세통칙법 제23조 제2항 제2호 소정의 소득 등 과세물건의 귀속자에 대한 오류가 있음을 전제로 다른 사람에게 과세물건이 귀속하는 것으로 하여 그 다른 사람에게 국세의 경정 또는 결정이 있는 경우에 관하여 다음과 같이 설명한다. "제2항 제2호에 해당하는 것은 예를 들면 부친명의로 사업을 하고 그 사업소득을 부친명의로 신고·납부하였는데 당해 사업소득이 자식에게 귀속하는 것으로 하는 결정(부과처분)이 이루어진 경우 그 부친으로서는 경정청구를 할 수 있다. 그러나 이러한 경우 통상 (직권으로) 그 부친에 대하여 감액경정이 행하여지고 있기 때문에 위 제2호에 의한 경정청구가 행하여지는 예는 거의 없고 실무상 문제되는 것도 없는 것으로 생각된다."

1. 사정변경에 기한 경정청구의 정의

가. 서론

(1) 어떤 행위나 거래 등의 조세적 효과가 소급하여 소멸하는 사건(사람의 정신작용에 의거하지 않는 법률사실)3)4)이 발생한 경우, 그 사건에 터잡아 발생하는 경정청구를 '사정변경에 기한 경정청구'라고 정의한다. 여기서 '조세적 효과'란 '과세요건의 충족에 의하여 생기는 조세법상의 법적 효과'이다(제1장 제8절 2. 가. 참조). 민법에서 법률요건이 충족되면 법률효과가 발생하는 것과 같다.

사정변경에 기한 경정청구를 하나의 논리적 타당영역으로 받아들이면서 고유한 규율체계 안에서 질서정연한 통일된 경정법체계를 구축하기 위하여 개념정의는 반드시 필요하다.

대법원 2015. 7. 16. 선고 2014두5514 판결[위법소득 몰수·추징 사건]

> 『(위법)소득에 내재되어 있던 경제적 이익의 상실가능성이 현실화되는 후발적 사유가 발생하여 소득이 실현되지 아니하는 것으로 확정됨으로써 당초 성립하였던 납세의무가 그 전제를 잃게 되었다면, 특별한 사정이 없는 한 납세자는 국세기본법 제45조의2 제2항 등이 규정한 후발적 경정청구를 하여 그 납세의무의 부담에서 벗어날 수 있다고 보아야 한다.』

위 판결에 의하면 '조세적 효과의 소급적 소멸'을 "당초 성립하였던 납세의무가 그 전제를 잃게 되었다."는 표현을 하고 있다. 사정변경에 기한 경정청구의 구체적 사유를 개별화함이 없이, "당초 성립한 납세의무의 전제를 잃게 되었다." 또는 "경제적 이익의 상실가능성이 현실화되었다." 등으로 일반화·포괄화함으로써 위 정의를 암묵적으로 전제하고 있다.

위 판결에서 [경제적 이익(담세력)의 상실가능성의 현실화(상실) → 조세적 효과가 소급하여 소멸하는 사건 → 후발적 사유]라는 표현으로 담아낼 수 있는 이상, 위 정의와 일치한다.

대법원 2014. 1. 29. 선고 2013두18810 판결

> 『후발적 경정청구제도는 납세의무 성립 후 일정한 후발적 사유의 발생으로 말미암아 과세표준 및 세액의 산정기초에 변동이 생긴 경우 납세자로 하여금 그 사실을 증명하여 감액을 청구할 수 있

---

3) 독일 조세기본법 제175조 제1항 제2호는 '과거에 소급하여 조세적 효과를 발생시키는 사건(소급효를 가진 사건, rückwirkendes Ereignis)'이라는 용어[강학상 '사후적으로 발생한 사건(nachträgliches Ereignis)'이라고 함]를 사용하고 있다.

4) 곽윤직, 전게서, 190면에서, '법률요건을 구성하는 개개의 사실'인 '법률사실'을 '사람의 정신작용에 의거한 법률사실(＝용태)'과 '사람의 정신작용에 의거하지 않은 법률사실(＝사건)'로 나눈 다음, "사람의 출생과 사망·실종·시간의 도과·물건의 자연적인 발생과 소멸 등과 같은, 사람의 정신작용과 관계없는 사실로서, 법률에 의하여 법률상의 의미가 인정되는 것이, 사건이다."라고 적고 있다.

도록 함으로써 납세자의 권리구제를 확대하려는 데 있다.』

위 판결에 의하면, 과세표준 및 세액의 산정기초에 변동이 생긴 경우 이를 증명하여야 하고 이를 증명하기만 하면 경정청구는 '납세자의 권리구제를 확대'하기 위한 방법으로 해석되어야 한다는 취지를 담고 있다. 과세표준 및 세액의 산정기초의 변동이 있음을 증명하기만 하면 경정청구는 인정되어야 한다는 취지이다.

그러나 납세자의 권리구제를 확대한다는 이유로 권리구제의 필요성이 있기만 하면 무조건 경정청구사유에 해당한다는 의미로 확대해석하거나 유추해석할 수는 없다.

(2) 한편, 조세적 효과가 소급하여 소멸하는지 여부는 ─ 사법(私法)상의 효과에 구속됨이 없이 ─ 조세법적 관점 내지 시점에서 조세실체법인 개별세법의 규율내용에 기하여 판단하여야 한다. 과세요건은 원칙적으로 조세실체법에서 규정하고 있기 때문이다.

국세기본법 제45조의2 제2항은 성질상 절차적 규정으로 국세 일반의 경정청구를 규율하고 있을 뿐이다. 해당 조항 자체가 소급적 질서를 창설할 수 없다. 이는 국세 전반에 관계되는 경정청구의 일반절차를 정한 것에 불과하여 여기에 해당한다는 것만으로 사정변경에 기한 경정청구가 인정되는 것이 아니다. 경정청구의 가능 여부는 국세기본법상의 요건 외에 개별세법의 규율내용에 따라 판단되어야 한다.

조세실체법인 개별세법상의 과세요건에 관한 규율내용, 즉 과세대상이 사법상의 행위의 결과로 생긴 경제적 성과인지, 사법상 행위 자체인지 혹은 사법상 행위의 법적 효과인지 또는 사실행위인지 여부 등을 우선 검토하여야 한다. 아울러 사법상의 행위 등에서 생길 수 있는 병리적 현상(하자)에 대한 사법적 규율(무효, 취소, 해제, 사해행위 취소 및 그 각 소급효)을 아울러 고려하면서 조세적 효과가 소급하여 소멸하는지 여부 및 그 범위를 정해야 할 것이다.

따라서 장부 및 증거서류의 사용제한 해제(시행령 제25조의2 제3호)라는 경정사유는 동일한 경정법질서 내에서 통일적으로 담아내기에 부적당하다. 다만 종래 제4호로 규정하고 있던 '국외전출자의 양도가액 조정'은 2017. 2. 7. 국세기본법 시행령 제25조의2 제4호로 신설되었다가 2018. 12. 31. 소득세법 제118조의15 제5항으로 옮겨졌다.

(3) 사정변경에 기한 경정청구의 가능범위도 세목(稅目)에 따라 다르다.

기간과세세목인 법인세나 소득세의 사업소득에 관련되는 경우 개별세법상의 권리확정주의에 관한 규율을 우선 고려하여야 하고, 양도소득세나 증여세 및 부가가치세는 각 해당 개별세법상의 규율내용을 고려하면서 담세력의 상실을 아울러 참작하여야 한다.

지방세인 취득세는 지방세법상의 취득 개념의 특수성(예: 지방세법 시행령 제20조 제1항 및 제2항)이나 행위세 및 유통세인 취득세 본질 등에 비추어 사정변경에 기한 경정청구의 범위는 지극히 좁아진다(대법원 2018. 9. 13. 선고 2015두57345 판결 참조).

(4) 국세기본법에서 규정하고 있는 명시적 경정청구요건 외에, 특정한 요소를 임의로 부가하여, 사정변경에 기한 경정청구의 범위를 제한하는 방향으로 해석할 수 없다.

일본 실무나 판례는 이러한 요소를 부가하거나 가미하는 등으로 경정청구의 범위를 좁히는 방향으로 나가고 있다. 일본 국세통칙법 제23조 제2항의 요건이 우리나라 국세기본법 제45조의2 제2항과는 상당히 다르다. 일본 판례의 흐름처럼 나아갈 수 없다. 우리나라에서도 조세채무자의 예측가능성과 귀책성을 들면서 그 주관적 사유의 존재를 사정변경에 기한 경정청구를 제한하는 부가적 요소로 보려는 견해가 등장하고 있으나 옳지 않다.[5]

(5) 부과처분 취소소송의 계속 중 계약해제 등 사정변경에 기한 경정청구의 사유가 발생한 경우 또는 이러한 경정청구의 사유가 존재함에도 이를 간과한 채 부과처분이 이루어진 경우, 이를 원인으로 한 경정청구제도가 있다 하더라도, 조세채무자는 별도로 그 취소소송에서 경정청구사유를 주장하는 등으로 처분 자체에 관하여 다툴 수 있다(대법원 2002. 9. 27. 선고 2001두5972 판결, 2015. 2. 26. 선고 2014두44076 판결, 2015. 7. 23. 선고 2012두8885 판결, 2016. 8. 24. 선고 2015두56489 판결, 2021. 4. 8. 선고 2020두53699 판결 참조). 이 장 8. 라. (4)를 참조하기 바란다.

나. '조세적 효과가 소급하여 소멸하는 사건' 및 소급적 조정의 필요성

(1) 불가변경성의 예외

조세채무의 성립과 사정변경에 관하여는 이미 설명하였다[제1장 제8절 2. 다. (3) 참조]. 조세채무는 법률이 규정하고 있는 과세요건을 충족함으로써 당연히 성립한다. 과세요건을 충족하였다 함은 그 요건사실을 실현하여 조세적 효과가 발생하였음을 의미한다.

사실상의 생활관계 내지 사건 경과는 일단 실현된 후에는 세법상 원칙적으로 소급하여 변경할 수 없다. 이를 불가변경성(Unabänderlichkeit)이라 한다.[6] 세법상 불가변경성에는 예외를

---

5) 谷口勢津夫, 전게서, 134면에서, "통상의 경정청구에 관한 기간제한은 1970년 세제개정에 의하여 '법정신고기한으로부터 2월 이내'에서 '법정신고기한으로부터 1년 이내'로 연장되었다. 그 개정의 기초가 된 세제조사회의 '세제간소화에 관한 제3차 답신(1968. 7.)' 54면은, '이렇게 통상의 경정청구에 관한 기한을 연장하더라도 역시 기한 내에 권리주장이 불가능하였음에 대하여 정당한 사유가 있다고 인정되는 경우 납세자의 입장을 보호하기 위하여 후발적 사유에 기한 기한의 특례가 인정될 수 있는 경우를 확장하고, 신고의 기초가 된 것과 다른 판결이 있는 경우 기타 이와 유사한 경우를 추가하는 것으로 한다'라고 설명하고 있다."라고 적고 있다. 일본의 입법자(세제조사회)는 통상의 경정청구기간 내에 권리주장이 불가능하였음에 대하여 정당한 사유가 있다고 인정되는 경우에 한하여 후발적 경정청구를 인정하는 것으로 보았고, 여기에 '조세법률관계의 조기안정'이라는 요청을 더하여 일본 판례는 사정변경에 기한 경정청구의 범위를 좁게 본다. 우리나라는 규정형식이나 내용에 비추어 일본의 답신을 그대로 받아들일 수 없고 조세법률관계의 조기안정이라는 요청도 법이념으로 받아들일 수 없어 일본처럼 사정변경에 기한 경정청구의 범위를 좁게 해석할 수 없다.
6) 헌법재판소 1999. 5. 27. 선고 97헌바66 결정 참조.

인정하여야 한다.7) 불가변경성의 예외적 모습은 다음과 같이 다양하고 넓어 오히려 원칙적인 것으로 보일 여지도 있으나 거기에는 일정한 한계가 있다.

이하 '불가변경성의 예외' 또는 '조세적 효과가 소급하여 소멸하는 사건'을 논함에 있어 개별세법의 특질 등 고려하여야 할 점은 대체로 다음과 같다.

(2) 담세력의 소급적 상실 또는 담세력의 상실가능성의 현실화

소득에 내재되어 있는 경제적 이익(성과)을 담세력이라고 한다면 담세력의 상실가능성은 구체적 사정에 따라 언제든지 현실화될 수 있다. 과세대상에 따라 정도의 차이는 있다.

한편, 과세요건이 직접적으로 사실상의 생활관계 내지 사건 경과(경과적 사실)만을 규율할 때도 드물게 있지만, 통상 사법상의 법률행위(사법상의 계약 또는 사법상 혹은 공법상의 법률관계) 등과 연결 · 결합되는 경우가 압도적으로 많다.

사법상의 법률행위와 연결 · 결합된 법률관계가 법원의 판결, 관계된 행정처분의 발령이나 취소, 사법상의 이해조절장치인 취소권 · 해제권의 행사, 행위기초의 상실, 조건부 법률행위에 있어 조건의 성취 등 다양한 사유로 인하여 소멸되거나 변경될 수 있다. 이러한 사정변경이 발생하여 담세력이 상실되거나 담세력의 상실가능성이 현실화된 경우라면 그 사건 경과는 소급하여 폐지되거나 변경되어야 하고, 과세요건 충족 여부를 판단함에 있어 이를 소급하여 반영하여 확정된 세액을 조정하거나 시정하여야 한다.8)

여기서 과세요건이 직접적으로 사건 경과만을 규율하는 경우란 무엇을 의미하는가? 행위세 및 유통세인 취득세는 사건 경과만을 포착하여 규율하는 세목이므로 사후적으로 원인이 된 법률행위가 해제 또는 취소되더라도 원칙적으로 담세력의 소급적 상실가능성을 고려할 수 없다. 보유세인 종합부동산세 및 재산세도 이와 같다고 할 것이다.

(3) 권리확정주의의 보완

소득세법 및 법인세법상 소득의 각 귀속시기를 정하는 원칙인 권리확정주의는 소득의 원인이 되는 권리의 확정시기와 소득의 실현시기의 사이에 시간적 간격이 있는 경우 과세상 소득이 실현된 때가 아닌 권리가 확정적으로 발생한 때를 기준으로 하여 그때 소득이 있는 것으로 보고 해당 과세연도의 소득을 계산하는 방식이다. 실질적으로 불확실한 소득에 대하여 장래 그것이 실현될 것을 전제로 하여 미리 과세하는 것을 허용하는 것이다.

'법적 기준(legal Test)'9)으로서의 권리확정주의는 납세자의 자의에 의하여 과세연도의 소

---

7) 민사상 사정변경으로 인한 계약해제에 대한 대법원 2007. 3. 29. 선고 2004다31302 판결 참조.

8) 헌법재판소 1999. 5. 27. 선고 97헌바66 결정에서 "입법자는 위 기본원칙에 예외를 인정하여 조세채무의 기초가 된 사법상의 법률행위가 추후 소급적으로 실효될 경우에 일단 성립한 조세채무가 소멸되는 것으로 정할 수도 있다. … 각 조세별로 그러한 예외를 인정할 것인지, 인정한다면 어느 정도로 할 것인지, 과세의 각 단계별로 어떻게 규율할 것인지의 문제는 입법자의 정책적 판단에 맡겨져 있다."라고 판시하고 있다.

9) 이창희, 전게서, 794면 이하에서, "권리확정주의라는 말은 실현주의에 대립되는 어떤 원칙이 아니다. 현행법은

득이 좌우되는 것을 방지함으로써 과세의 공평을 기함과 함께 징세기술상 소득을 획일적으로 파악하려는 데 그 취지가 있을 뿐, 소득이 종국적으로 실현되지 아니한 경우에도 그 원인이 되는 권리가 확정적으로 발생한 적이 있기만 하면 무조건 납세의무를 지우겠다는 취지에서 도입된 것이 아니다(대법원 2014. 1. 29. 선고 2013두18810 판결 등 참조).

즉 권리확정주의란 불확실한 소득에 대하여 장래 그것이 실현됨을 전제로 미리 과세를 허용하는 것(미필적 소득에 대한 조세의 전납적 성격)으로, 이후 그 소득이 종국적으로 실현되지 아니하였다면 원칙적으로 이를 반영하면서 조정하여 권리확정주의를 보완함이 필요하다. 나아가 채권의 회수불능이 생기는 등 사정변경이 발생한 경우에도 권리확정주의의 한계를 보완하기 위한 조정10)이 필요하다.11)

다만 구체적으로 소급적 조정을 허용하는 과년도 시정을 할 것인지 아니면 사정변경이 발생한 사업연도의 현연도 시정을 할 것인지는 소득세법 및 법인세법상의 각 해당 규율내용을 살피면서 예외를 인정할 수 있는지 여부를 검토해야 한다.

(4) 소급적 조정

세액이 확정된 후 이러한 사정변경(담세력의 소급적 상실 또는 불확실한 소득의 종국적 미실현)이 발생하는 등으로 상황이 변경되어 조세적 효과가 소급하여 소멸하는 사건12)이 발생하면 그 변경된 상황에 적합하게 확정된 세액을 소급하여 조정할 필요성이 있다. 그 소급적 조정(re-troactive adjustment, 과년도 시정)을 위하여 조세채무자에게 부여된 권리구제수단이 사정변경에 기한 경정청구이다.13) 이에 반하여 예외적으로 사건이 발생한 사업연도에 조정하는 것을 현연도 시정이라 한다.

(5) 물권적 소급효 등

조세적 효과가 소급하여 소멸하는 경우란 원칙적으로 물권적 소급효(dingliche Rückwir-kung) 또는 법률행위의 소급적 폐지(ex tunc – Beseitung von Rechtsgeschäften), 신분의 변

그저 실현주의에서 말하는 실현의 시기를 법률적 기준으로 정한다는 뜻일 뿐이다."라고 적고 있다.

10) 일본 소득세법 제64조 제2항[이 절 14. 가. (4) 참조]에서 보증채무의 이행을 위하여 자산을 양도한 경우 그 이행에 따르는 구상권의 전부 또는 일부를 행사하는 것이 불가능하게 된 때에는 회수불능으로 보아 양도소득 금액의 계산상 소득이 없는 것으로 본다는 취지로 정하고 있다. 우리 입법이나 해석에 참고해야 한다.

11) 미국 내국세입법 제1341조 및 권리주장의 원칙은 우리나라의 '사정변경에 기한 경정청구'와 비교하여 볼 필요가 있다[제1장 제11절 1. (2) 참조].

12) 여기에는 세액확정절차가 다양화되면 될수록 그만큼 조세적 효과가 소급하여 소멸하는 경우가 많이 생긴다. 예컨대 임시적 세액확정(先세액확정 後경정청구절차)이나 선납적 세액확정(선납적 과세)을 들 수 있다[제1장 제8절 2. 다. (5) 참조].

13) Klein, 전게서, 1117면에서, "이러한 사정은 소급하여 고려함이 필요하다. 만약 그렇지 아니하면 경제적으로 이를 고려하는 것이 아무런 효과(의미)가 없거나 법기술적으로 전혀 실현될 수 없기 때문이다(vgl BFH BStBL 01, 641)."라고 적고 있다.

동 등과 관련되는 것을 말한다. 해제의 경우 법정해제든 혹은 약정해제든, 합의해제든 모두 물권적 소급효[14]를 가진다. 취소에도 소급효가 있다. 상속재산분할협의, 인지, 상속의 포기 등 친족·상속법상의 행위에도 소급효가 있다. 다만 사해행위취소의 판결에는 소급효가 없다.

소급효를 부여하여 사정변경에 기한 경정청구를 긍정할 것인지 여부는 조세적 효과가 소급적으로 소멸하는지 여부와 직결되는 것이므로, 사법상의 소급효 부여에 관한 규정을 고려하면서, 조세법적 관점에서 조세실체법인 개별세법에 기하여 판단하여야 한다. 예를 들어 사법상 거래의 안전을 위하여 소급효를 제한하는 경우(예를 들어 상법상의 합병무효의 판결)에도 조세법적 관점에서 사정변경에 기한 경정청구를 긍정할 수도 있다. 반대로 사법상 소급효가 부여되어 있더라도 조세법상 사정변경에 기한 경정청구를 부정할 때도 있다. 뒤에서 보는 바와 같이 취득시효의 소급효에 대하여는 견해를 달리할 여지도 있다.

다만 당사자가 통모·가장하여 조세회피를 도모하기 위하여 임의로 소급효를 부여하는 경우라면 이는 '임의적 소급효의 부여'로서 사정변경에 기한 경정청구는 부정되어야 한다.

다음과 같은 견해가 있어 이를 인용한다.[15]

『민법에는 각종 소급효에 관한 규정을 두고 있다. 취소의 소급효, 추인의 소급효, 소멸시효의 소급효, 취득시효의 소급효, 계약해제의 소급효 등이다. 이러한 소급효에 따라 납세의무도 소급하는 것인지에 관하여 논란이 있을 수 있다.

예를 들어 무권대리인이 수증계약을 사후에 본인이 추인하였을 경우 민법상으로는 그 수증계약시로 소급하여 효력이 인정되므로 당초 수증계약시에 증여세 납세의무가 성립된다고 볼 수 있는지가 문제된다. 그러나 당초 수증계약시에 본인은 그 사실을 알지도 못하였을 뿐더러 이를 추인한 바도 없으므로 그때 목적물을 취득하였다고 보아 증여세 납세의무가 있다고 보는 것은 무리이다. 만약 이때 증여세 납세의무가 성립된다고 보면 가산세의 부담까지 따르게 되어 매우 부당하다. 그래서 민법상의 소급효에도 불구하고 세법상 납세의무의 성립시기는 실제로 과세요건이 되는 사실관계가 완성되었을 때를 기준으로 하여 인정하는 것이 옳다. … 대법원 2004. 11. 25. 선고 2003두13342 판결은 점유취득시효가 완성된 부동산의 취득시기는 점유시효 완성시로 보고 그때 취득세 납세의무가 성립한다고 판시하였다. 민법 제247조는 점유취득시효가 완성되면 그 점유를 개시한 때에 소급하여 소유권을 취득한다고 규정하고 있음에도 대법원은 그 점유취득시효가 완성된 때에 취득한 것으로 보아 취득세 납세의무가 있다고 본 것이다.

이와 같이 민법상의 소급효가 세법에는 그대로 적용될 수 없는 한계가 있다는 점을 유념할 필요가 있다. 민법상 소급효를 인정하는 것은 사적 법률관계의 안정을 위한 것이지만 그것을 이유로

---

14) 곽윤직, 전게서, 102면에서, "해제의 물권적 소급효를 이론적 전제로 하는 물권적 효과설에 의하면, 제3자보호의 문제가 생기고, 이를 위하여 해제의 소급효를 제한한다는 법적 구성을 취할 필요가 있게 된다."라고 하면서 '물권적 소급효'를 설명하고 있다.

15) 강석규, 전게서, 133면 이하 참조.

소급과세까지 허용할 수는 없기 때문이다.』

(6) 임시적 세액확정과 경정청구

필요한 경우 임시적으로 세액확정을 한 다음에 이후 사정변경이 발생하여 세액확정을 소급적으로 소멸시켜야 하는 경우 경정청구를 인정할 수 있다. 그러나 이러한 경우에는 국세기본법이 아닌 개별세법에서 이를 규율함이 타당하다.

소득세법에서 인정하고 있는 국외전출세에 대한 경정청구가 여기에 해당한다(제5장 제1절의2). 나아가 원천징수의무자의 부담경감을 위한 조치로서 선 원천징수, 후 경정청구를 규정하고 있는 소득세법 제156조의6 내지 법인세법 제98조의6의 경우도 마찬가지이다(제5장 제4절 참조).

(7) 사실상태의 변동 및 법상태의 변경

사정변경이라 함은 넓은 의미에서는 세액산정의 기초가 되는 거래 또는 행위 등의 사실상태는 물론 이에 적용될 법상태가 변경되는 것도 포함됨을 말한다.

그러나 법령에 나열된 여러 경정사유를 종합적으로 고찰하면 '과세표준 및 세액의 계산근거가 된 행위나 거래'의 '算定基礎(또는 計算根據)의 變動'에 중점을 두어 규율체계를 갖추고 있는 이상, 여기서는 세액의 계산근거가 되는 '거래 또는 행위 등의 사실상태'가 조세채무자에게 유리하게 변동되는 것을 의미하는 좁은 의미의 '事實狀態의 變動'만을 의미한다고 새겨야 한다.

따라서 '法狀態(Rechtslage)의 變更'은 포함되지 않는다. 유추해석에도 일정한 한계가 있으므로 유추를 통하여 이를 포함시킬 수 없다. 법상태의 변경은 너무 광범위(기본통칙이나 예규 자체의 변경도 포함될 여지가 있다. 나아가 과세관청의 견해와 다른 견해를 법원이 판결로 표시한 경우에도 법상태의 변경에 해당될 여지도 있다)하여 이를 포함시킨다면 경정청구사유가 제한없이 확대된다. 이를 포함시키려면 일본의 입법례처럼 구체적 범위에 대한 입법자의 결단이 필요하다.

그 구별이 문제되나 법상태의 변경이 아니면 모두 사실상태의 변동에 해당한다. 시행령상의 '관청의 처분취소'도 사실상태의 변동에 해당한다.

법상태의 변경16)을 본다. 예규나 기본통칙은 법규성이 없어 그 변경이 있더라도 이를 법

---

16) 독일 조세기본법 제176조(부과결정의 폐지 및 변경에 있어 신뢰보호) 제1항에서 "부과결정의 폐지 및 변경에 있어 다음 사항은 조세채무자에게 불리하게 고려할 수 없다. 1. 헌법재판소가 종래 세액확정의 기초로 한 법률을 무효로 확인한 경우 2. 연방최고법원이 종래 세액확정의 기초로 한 규범을 헌법위반이라는 이유로 적용하지 아니한 경우 3. 연방최고법원이 종래 세액확정에 있어 과세관청이 적용하여 온 판례를 변경한 경우. 조세신고를 함에 있어 종래 판례를 고려하여 신고를 했으나 과세관청이 그 판례를 알지 못한 경우 과세관청이 그 판례를 알았더라면 이를 적용하였으리라고 보일 경우에 한하여 위 3호가 적용된다."라고 규정하여 세액경정에 있어 일정한 사유에 한하여 신뢰보호(Vertrauensschutz)의 원칙을 도입하고 있다.

상태의 변경이라 할 수 없다. 개정 전후의 법령 중 어느 법령을 적용하여야 하는지가 문제되면 부칙의 경과 규정에서 정함이 없는 이상 해당 조세채무의 성립 당시의 법령을 적용한다.

성립 당시의 법령에 따라 세액을 신고하거나 부과처분을 하였는데 이후 헌법재판소의 위헌결정으로 법률이 무효로 되었거나 대법원의 명령심사권에 기하여 시행령이 무효로 되었다 하더라도 이는 법상태의 변경에 해당하여 사정변경에 기한 경정청구를 할 수 없다. 다만 통상의 경정청구가 가능한지 여부는 별론으로 한다(제4장 제2절 3. 너. 및 더. 참조). 판례의 변경도 법상태의 변경이므로 사정변경에 기한 경정청구를 할 수 없다.

① 대법원 2017. 8. 23. 선고 2017두38812 판결

『1. 구 국세기본법(2015. 12. 15. 법률 제13552호로 개정되기 전의 것, 이하 같다) 제45조의2 제2항은 '국세의 과세표준 및 세액의 결정을 받은 자는 각호의 어느 하나에 해당하는 사유가 발생하였을 때에는 그 사유가 발생한 것을 안 날부터 2개월 이내에 경정을 청구할 수 있다'고 규정하고 있는바, 위 경정청구기간이 도과한 후에 제기된 경정청구는 부적법하여 과세관청이 과세표준 및 세액을 결정 또는 경정하거나 거부처분을 할 의무가 없으므로, 과세관청이 경정을 거절하였다고 하더라도 이를 항고소송의 대상이 되는 거부처분으로 볼 수 없다(대법원 2015. 3. 12. 선고 2014두44830 판결 등 참조).

이러한 후발적 경정청구는 당초의 신고나 과세처분 당시에는 존재하지 아니하였던 후발적 사유를 이유로 하는 것이므로 해당 국세의 법정신고기한이 지난 후에 과세표준 및 세액의 산정기초가 되는 거래 또는 행위의 존재 여부나 그 법률효과가 달라지는 경우 등의 사유는 구 국세기본법 제45조의2 제2항 등이 정한 후발적 사유에 포함될 수 있지만, 법령에 대한 해석이 최초의 신고·결정 또는 경정 당시와 달라졌다는 사유는 여기에 포함되지 않는다(대법원 2014. 11. 27. 선고 2012두28254 판결 참조).

이와 같이 법령에 대한 해석의 변경이 후발적 경정청구사유에 해당하지 아니하는 이상, 납세의무자가 그 해석의 변경을 이유로 하는 것이 아니라 후발적 경정청구사유의 존재를 이유로 경정청구를 하는 것이라면, 경정청구기간의 기산점은 특별한 사정이 없는 한 '해당 사유가 발생하였다는 사실을 안 날'로 보아야 하는 것이지, '해당 사유가 후발적 경정청구사유에 해당하는지에 관한 판례가 변경되었음을 안 날'로 볼 것은 아니다.

2. 원심판결 이유와 기록에 의하면 다음과 같은 사실을 알 수 있다.

가. 원고는 2014. 1. 16. 배임수재 등의 범죄사실로 추징판결을 선고받고 2014. 7. 14. 위 판결이 확정됨에 따라 2014. 8. 26. 추징금을 납부하였다.

나. 피고는, 원고가 배임수재 범행으로 수령한 금품을 원고의 기타소득으로 보아, 2015. 3. 16.경 원고에게 2007년 귀속 종합소득세를 결정·고지하는 이 사건 부과처분을 하였다.

다. 한편 대법원 2015. 7. 16. 선고 2014두5514 전원합의체 판결은 '위법소득의 지배·관리라는 과세요건이 충족됨으로써 일단 납세의무가 성립하였다고 하더라도 그 후 몰수나 추징과 같은 위법소득에 내재되어 있던 경제적 이익의 상실가능성이 현실화되는 후발적 사유가 발생하여 소득이

실현되지 아니하는 것으로 확정됨으로써 당초 성립하였던 납세의무가 그 전제를 잃게 되었다면, 특별한 사정이 없는 한 납세자는 구 국세기본법 제45조의2 제2항 등이 규정한 후발적 경정청구를 하여 그 납세의무의 부담에서 벗어날 수 있다고 보아야 한다'고 판시하면서 '범죄행위로 인한 위법소득에 대하여 형사사건에서 추징판결이 확정되어 집행된 경우에도 소득세법상 과세대상이 된다'는 취지의 기존 판결들을 변경하였다.

　　라. 이후 원고는 2015. 8. 19. 피고에게 추징금을 모두 납부하였다는 사유를 들어 이 사건 후발적 경정청구를 하였는바, 피고는 2015. 10. 19. 위 경정청구가 부적법하다는 이유로 이를 각하하는 이 사건 회신을 하였다.

　　3. 앞서 본 법리와 기록에 비추어 위 사실관계를 살펴보면, 원고가 배임수재 범죄로 얻은 소득에 대하여 추징금을 납부하였다는 사정은 구 국세기본법 제45조의2 제2항 등이 정한 후발적 경정청구사유에 해당하지만, 이 사건 후발적 경정청구는 그 사유가 발생한 것을 안 날부터 2개월의 기간이 도과한 후에 제기된 것이 명백하여 부적법하므로, 이 사건 회신은 항고소송의 대상이 되는 거부처분이라고 볼 수 없어 그 취소를 구하는 이 사건 소는 부적법하다.

　　그런데도 원심은 이와 달리 그 판시와 같은 이유로 이 사건 후발적 경정청구는 위 전원합의체 판결이 선고된 날부터 기산하였을 때 그 경정청구기간이 도과하기 전에 제기되어 적법하다고 판단하였으니, 이러한 원심의 판단에는 후발적 경정청구기간에 관한 법리를 오해하여 판결에 영향을 미친 잘못이 있다. 이 점을 지적하는 피고의 이 부분 상고이유 주장은 이유 있다.』

　　과세관청이 2015. 3. 16. 종전 판례에 근거하여 원고에게 부과처분을 하였는데 불복기간이 지남으로써 불가쟁력이 발생한 후 대법원 2015. 7. 16.자 전원합의체 판결로 판례가 변경된 이 사안에서, 판례변경은 법상태의 변경으로, 여기서 말하는 사정변경에 해당하지 않는다고 판시하였다.

　　사안개요는 [2007. 배임수재로 인한 소득의 획득 → 2014. 8. 26. 추징금 납부 → 2015. 3. 16. 종합소득세 부과처분(2007년 귀속) / 불가쟁력 발생 → 2015. 7. 16. 판례변경(경정청구사유) → 2015. 8. 19. 경정청구]이다. 추징금 납부가 비록 경정청구사유에 해당될 여지가 있다 하더라도 이는 위 종합소득세 부과처분에서 다투어야 하고, 이를 다투지 않았다면 이로 인하여 발생한 불가쟁력으로 이후 추징금 납부를 사유로 삼아 경정청구를 할 수 없다고 할 것이다. 굳이 사유를 찾는다면 판례변경뿐이다. 과연 추징금을 납부하였다는 사정이 경정청구사유에 해당하는지는 의문이라 할 것이다. 원고의 주장 자체가 무리라 할 것이다.

　　② 사안을 바꾸어 본다. 신고납세방식의 조세에 있어 조세채무자가 적법한 신고기한 내에 (당시 조세채무자에게 불리한 대법원 판결이 있었고 이에 터잡아) 과세표준신고를 하였는데 이후 그 판례가 조세채무자에게 유리하게 변경된 경우에는 어떠한가? 이 경우 사정변경에 기한 경정청구는 할 수 없으나 통상의 경정청구는 할 수 있다고 할 것이다.

　　반대로 조세채무자가 적법한 신고기한 내에 (당시 조세채무자에게 유리한 대법원 판결이 있었고 이에 터잡아) 과세표준신고를 하였는데 이후 그 판례가 조세채무자에게 불리하게 변경된 경우에는 어떠한가? 신뢰보호원칙이 적용되는 한 원칙적으로 조세채무자에게 불리하게 증액경정을 할 수 없다 할 것이다. 신뢰보호원칙의 적용요건에 관한 문제로 귀착된다.

(8) 한편, 일본에서 '해석에 관한 통달'이 납세자에게 유리하게 변경된 경우 경정청구의 가능 여부가 문제되었다.

도쿄고등재판소 1979. 6. 26. 판결에서, 차입금으로 취득한 토지를 양도한 경우 그 양도소득금액을 산정함에 있어 그 차입금 이자를 취득비로 인정하지 아니한 국세청의 통달에 반하여 해당 차입금 이자를 취득비로 인정함으로써 계쟁 부과처분을 취소하였고, 그리하여 국세청은 관련 통달을 개정하였다. 그러자 당시 차입금 이자의 취득비 산정 여부에 관련한 사안이 많았고, 그 중 일부 당사자가 위 판결 또는 위 통달변경을 사유로 삼아 사정변경에 기한 경정청구를 한 사안이 여럿 있었다.

하급심 판결 등은 납세자는 처음부터 통달의 해석에 관한 적부를 다투는 것이 가능하였고, 통달의 개정은 후발적으로 과세요건사실의 변경을 생기게 하는 것이 아니며, 통달의 개정은 일반적 성질을 가져 개별 사안의 해결을 목적으로 하는 것이 아니라는 점 등을 종합하여 소극적으로 해석하였다.[17]

이후 골프회원권의 양도시에 명의개서료가 양도소득 산정에 있어 취득비에 포함되는지 여부가 다시 문제되었다. 최고재판소 2005. 2. 1. 판결에서 이러한 명의개서료도 취득비에 포함되어야 한다면서 상고인인 납세자의 청구를 인용하였다. 그러자 국세청은 위 1979. 6. 26. 판결 때와는 달리, 비공식적 창구 대응으로, 비슷한 사안에 대하여 납세자가 신청을 하면 감액경정에 응하도록 조치하였다. 어떻게 보면 합법성의 원칙에 반한 조치였다.

그 후 2006년 국세통칙법 시행령 제6조 제1항 제5호를 신설하여 국세청장관의 법령해석(통달)이 재결이나 판결에 수반하여 변경되고, 변경 후의 해석이 국세청장관에 의하여 공표된 경우 사정변경에 기한 경정청구를 할 수 있도록 했다. 통달에 깊은 신뢰성을 부여하고 있는 일본 나름의 입법조치였다고 말할 수 있겠다.

다. 유추해석의 허용 및 한계

(1) 국세기본법 제45조의2 제2항 제1호 및 시행령 제25조의2 제1호, 제2호, 재3호, 제4호가 조세적 효과가 소급하여 소멸 · 변경하는 모든 경우를 포괄하여 규율하고 있는가?

국세기본법 제45조의2 제2항 제5호에서 '유사한 사유'를 대통령령으로 정하도록 위임하였고, 시행령(2017. 2. 7. 개정) 제25조의2는 '유사한 사유'를 열거하면서 제4호에서 "제1호부터

---

17) 金子 宏, 전게서, 700면 참조.

제3호까지의 규정과 유사한 사유에 해당하는 경우"(개정 전에는 '그 밖에 제1호, 제2호에 준하는 사유'라고 규정하였다)라고 규정함으로써 결국 '유사한 사유'(개정 전의 '준하는 사유')의 해석에 귀착된다.

예를 들어 양도소득금액 계산의 기초가 된 대금채권의 전부 또는 일부가 회수불능(回收不能)된 경우 사정변경에 기한 경정청구를 할 수 있는지 여부, 할 수 있다면 시행령 제25조의2 제1호 내지 제2호 사유 중 어느 사유와 유사한 것인지가 문제된다. 문리해석에 의하면 양도대금채권의 회수불능은 시행령 제25조의2 제1호 내지 제2호 사유 중 어느 사유와도 유사하다고 할 수 없다.[18]

(2) 따라서 국세기본법 제45조의2 제2항 제1호 및 시행령 제25조의2 제1호, 제2호, 제3호, 제4호만으로 조세적 효과가 소급하여 소멸하는 모든 경우를 포괄하여 규율하고 있다고 말할 수 없다. 열거된 사유는 제한적인 것이 아니라 예시적이다.

조세적 효과가 소급하여 소멸하는 사건이 발생한 경우로서 경정의 필요성(권리구제의 필요성)이 절실하다면 통일된 경정법체계를 구축하기 위하여 유추라는 해석도구를 통하여 사정변경에 기한 경정청구를 허용해야 한다(제1장 제12절 참조). 경정법체계가 논리적으로 완결적이어야 하듯이 사정변경에 기한 경정청구 또한 완결적이어야 하기 때문이다.

앞서 본 대법원 2015. 7. 16. 선고 2014두5514 판결[위법소득의 몰수·추징 사건]에서 사정변경에 기한 경정청구의 해당 사유를 구체적으로 특정함이 없이 '경제적 이익의 상실가능성의 현실화'라는 일반요건만을 제시한 것은 유추적용을 긍정한 예의 하나이다.

나아가 대법원 판결 등에서 경정청구는 '납세자의 권리구제를 확대'하기 위한 방법으로 넓게 해석되어야 한다는 취지를 담고 있는바 이도 유추해석을 허용한 결과와 다를 바 없다.

대법원은 2013년부터 2015년까지 유추해석을 허용하는 듯한 판결 3개(대법원 2013. 12. 26. 선고 2011두1245 판결, 2014. 1. 29. 선고 2013두18810 판결, 2015. 7. 16. 선고 2014두5514 판결)를 선고하였다.

여기에 법상태의 변경은 경정청구사유가 될 수 없다는 대법원 2014. 11. 27. 선고 2012두28254 판결을 더하면, 대법원은 2010년대 중반 위 4개의 판결 선고로 사정변경에 기한 경정청구사유를 어느 정도 구체화하면서 유추해석의 허용범위 내지 가능범위를 나름대로 정리했다고 말할 수 있다.

결론적으로, 사정변경에 기한 경정청구와 관련하여 유추해석을 허용함으로써, '조세적 효과가 소급하여 소멸하는 사건'이 발생한 경우 그 사건에 터잡아 발생하는 유형의 경정청구라는 개념정의에 도달할 수 있게 되었다.

---

18) 다만 뒤에서 보는 대법원 2014. 1. 29. 선고 2013두18810 판결은 이러한 경우 국세기본법 시행령 제25조의2 제4호에 따라 같은 조 제2호에 준하는 사유로 보고 있다.

(3) 유추해석의 한계

이러한 개념정의 자체가 유추해석이 가능함을 전제로 그 가능한 범위를 구획하기 위한 한계선을 설정하기 위한 것임을 인식하여야 한다. 즉 하나의 논리적 타당영역 내지 하나의 규율체계 안에서 산만하게 열거된 후발적 경정청구사유를 분석하고 체계화하여 통일된 경정법체계를 구축한다는 의미에서 '개념정의'가 필요함은 물론 유추해석의 허용범위 내지 가능범위를 구획하기 위하여도 필요하다.

이러한 의미에서 사정변경에 기한 경정청구는 (ⅰ) 먼저 '모순된 세액확정에 기한 경정청구'와 구별되어야 하고, (ⅱ) 나아가 '판결 등에 따른 경정 및 경정청구'(국세기본법 제26조의2 제6항 제1호 등)와도 구별되어야 한다. 각 유형이 가지는 특성을 고려하여 경계를 명확히 하면서 이를 체계화하는 것이 통일된 경정법체계를 구축하는데 유용하다.

따라서 담세력의 상실이 존재하고 나아가 권리구제의 필요성이 절실하기만 하면 그 사유가 모순된 세액확정에 기한 경정청구사유에 해당하는지 아니면 판결 등에 따른 경정청구(국세기본법 제26조의2 제6항 제1호)에 해당하는지 등을 따질 필요없이 — 사정변경에 기한 경정청구를 다른 경정청구의 보완적 경정청구로 보아 — 아무런 제한없이 사정변경에 기한 경정청구가 가능하다고 단정하여서는 안 된다. 일정한 한계선을 그어야 한다. 특히 이 절 6. 사.를 참조하기 바란다.

(4) 어느 경우든 법령에 규정되어 있지 아니함에도, 대법원이 법상태의 변경(법해석의 변경, 판례의 변경)은 경정청구사유에 해당하지 않는다(대법원 2017. 8. 23. 선고 2017두38812 판결)고 하면서, 채권의 회수불능의 경우에는 경정청구사유에 해당한다(대법원 2014. 1. 29. 선고 2013두18810 판결)고 해석하는 이유가 어디에 있는지를 되새겨 보아야 한다. 물론 '국민은행합병사건' 및 뒤에서 보는 '대교사건'의 판시취지도 음미하여야 할 것이다.

대법원 2014. 11. 27. 선고 2012두28254 판결[국민은행합병사건]

『국세기본법이 후발적 경정청구제도를 둔 취지는 납세의무 성립 후 일정한 후발적 사유의 발생으로 말미암아 과세표준 및 세액의 산정기초에 변동이 생긴 경우 납세자로 하여금 그 사실을 증명하여 감액을 청구할 수 있도록 함으로써 납세자의 권리구제를 확대하려는 데에 있다(대법원 2011. 7. 28. 선고 2009두22379 판결 등 참조). 그런데 후발적 경정청구는 당초의 신고나 과세처분 당시에는 존재하지 아니하였던 후발적 사유를 이유로 하는 것이므로 해당 국세의 법정신고기한이 지난 후에 과세표준 및 세액의 산정기초가 되는 거래 또는 행위의 존재 여부나 그 법률효과가 달라지는 경우 등의 사유는 국세기본법 제45조의2 제2항 제5호, 국세기본법 시행령 제25조의2 제4호가 정한 후발적 사유에 포함될 수 있지만, 법령에 대한 해석이 최초의 신고·결정 또는 경정 당시와 달라졌다는 사유는 여기에 포함되지 않는다.』

제4장

대법원의 판시취지는 법령에 대한 해석이 최초의 신고·결정 또는 경정 당시와 달라졌다는 사유는 과세표준 및 세액의 '算定基礎의 變動'에 해당하지 않으므로 사정변경에 기한 경정청구사유에 해당되지 않는다는 것이다.

2. 경정청구권자(청구인 적격)

과세표준신고서를 법정신고기한까지 제출한 자 또는 과세표준 및 세액의 결정을 받은 자이다. 통상의 경정청구와는 달리 과세표준신고서를 법정신고기한까지 제출하지 아니한 자에게도 경정청구를 허용하는 것은 당연하다. 신고납세방식의 조세이든 부과과세방식의 조세이든 경정청구의 대상이 된다.

기한 후 신고에 대하여 통상의 경정청구가 가능하게 되었음에도 사정변경에 기한 경정청구에는 아무런 규정이 없다. 기한 후 신고에 대하여 세액확정효가 없는 이상 경정청구를 할 수 없다는 견해가 있을 수 있으나 통상의 경정청구를 허용하면서 사정변경에 기한 경정청구를 부정할 이유가 없다.

3. 경정청구기간 및 통상의 경정청구와의 관계

가. 사유가 발생한 것을 안 날부터 3월

(1) 사정변경에 기한 경정청구는 처음에는 사유가 발생한 날부터 2월 이내에 결정청구 내지 경정청구를 할 수 있도록 했다. 2000. 12. 29. 법률개정으로 '사유가 발생한 날부터 2개월'에서 '사유가 발생한 것을 안 날부터 2개월'로 변경하였다. 2015. 12. 15. 법률개정으로 사유가 발생한 것을 안 날부터 '3개월'로 변경하였다.

3월의 법적 성질은 '경정청구권의 존속기간'을 정한 것으로 국세기본법 제5조 제1항 및 제5조의2(우편신고 및 전자신고)의 적용이 있다.

(2) 기간연장과 그 사유

천재지변이나 그 밖의 국세기본법 시행령 제2조 소정의 사유가 있는 경우 그 기간연장이 가능하다(국세기본법 제6조). 구체적으로 경정청구기간의 연장이 어떠한 경우 어떠한 방법으로 과세관청에 의하여 인정되거나 연장되는 것인지는 아래에서 보는 시행령에 의하더라도 해석상의 어려움이 있다. 입법론상 경정청구에 적용될 구체적 사유만을 따로 규정하여 해석상의 어려움을 없애야 할 것이다.

국세기본법 시행령 제2조(기한연장의 사유)

『법 제6조에서 "대통령령으로 정하는 사유"란 다음 각 호의 경우를 말한다.(2021. 2. 17. 전문개정)

1. 납세자가 화재, 전화(戰禍), 그 밖의 재해를 입거나 도난을 당한 경우

2. 납세자 또는 그 동거가족이 질병이나 중상해로 6개월 이상의 치료가 필요하거나 사망하여 상중(喪中)인 경우

3. 정전, 프로그램의 오류나 그 밖의 부득이한 사유로 한국은행(그 대리점을 포함한다) 및 체신관서의 정보통신망의 정상적인 가동이 불가능한 경우

4. 금융회사 등(한국은행 국고대리점 및 국고수납대리점인 금융회사 등만 해당한다) 또는 체신관서의 휴무나 그 밖의 부득이한 사유로 정상적인 세금납부가 곤란하다고 국세청장이 인정하는 경우

5. 권한 있는 기관에 장부나 서류가 압수 또는 영치된 경우

6. 세무사법 제2조 제3호에 따라 납세자의 장부 작성을 대행하는 세무사(같은 법 제16조의4에 따라 등록한 세무법인을 포함한다) 또는 같은 법 제20조의2에 따른 공인회계사(공인회계사법 제24조에 따라 등록한 회계법인을 포함한다)가 화재, 전화, 그 밖의 재해를 입거나 도난을 당한 경우

7. 그 밖에 제1호, 제2호 또는 제5호에 준하는 사유가 있는 경우』

나. 통상의 경정청구와 사정변경에 기한 경정청구 간의 관계

(1) 통상의 경정청구(제45조의2 제1항)와 후발적 경정청구(제45조의2 제2항) 간의 관계를 논하는 것 자체가 어렵다.[19] 후발적 경정청구에는 '사정변경에 기한 경정청구'와 '모순된 세액확정에 기한 경정청구'가 포함되고 양 경정청구는 성질을 전혀 달리하여 확연히 구분되기 때문이다. 유추해석을 허용한다고 하더라도 유추에 필요한 법원칙이나 그 한계선을 발견하기 위하

---

19) 이동식, 전게서, 343면에서, "국세기본법 제45조의2 제2항에 따른 후발적 경정청구와 제1항에 따른 통상적 경정청구와의 관계에 대해서는 두 가지 서로 다른 견해가 있다. 첫째 견해는 후발적 경정청구는 본질적으로 통상적 경정청구와 다르지 않고, 다만 그 기한에 있어서만 특례가 인정될 뿐이라고 보는 견해이다. 이 견해에 따르면 후발적 경정청구사유에 해당하는 경우에는 통상적 경정청구기간이 경과한 경우가 대부분이어서 이 경우에 경정청구를 허용하기 위해서는 청구기간의 특례가 필요하며 이를 위해 제도화된 것이 후발적 경정청구제도라는 것이다. 둘째 견해는 후발적 경정청구는 본질적으로 통상적 경정청구와 다르다고 보는 입장이다. 이러한 견해를 취하는 이들은 후발적 경정청구의 경우에는 원래 그러한 사유가 존재한다고 하여 세법이론상 당연히 경정이 허용되어야 하는 것은 아닌 것이고, 통상적 경정청구사유가 존재하는 경우에는 세법이론상 당연히 경정을 해야 하는 경우라고 양자를 구분한다. 이러한 입장에 따르면 후발적 경정청구는 원래 세법이론상 경정이 당연히 인정되는 경우가 아닌데 납세자가 법률이 정하는 일정한 절차를 거쳐 경정청구를 하는 경우 예외적으로 경정을 허용하는 특수한 제도로 이해하게 된다. 우리 법제가 이 두 입장 중 어느 입장을 취하고 있는지는 분명치 않다. 개인적으로는 우리 법제의 경우 이 두 입장을 혼합적으로 채택하고 있다고 본다."라고 적고 있다.

여도 구분의 필요성이 있다.

(2) 통상의 경정청구와 사정변경에 기한 경정청구는 규정형식이나 내용에 비추어 원칙적으로 상호 독립적인 것으로 보아야 한다.[20] 그러나 반드시 상호 배타적이라 할 수 없다. 일정한 경우 경합이 인정되고 그 경우 항상 조세채무자에게 유리하게 해석되어야 한다. 조세채무자는 자신에게 유리한 것을 선택할 수 있다.

양 청구의 관계를 종속적인 것이 아니라 독립적인 것으로 보는 이상, 국세기본법 제45조의2 제2항의 경정청구는 제45조의2 제1항의 적용을 그 전제로 하여 인정되는 것은 아니다.[21] 따라서 통상의 경정청구기간 5년 내에 권리 주장이 불가능하였음에 대하여 정당한 이유가 있는 경우에 한하여 경정청구기간이 지난 이후에 사정변경에 기한 경정청구를 할 수 있다고 제한해석할 수 없다. 조세채무자의 '예측가능성과 귀책성'(예측가능하였거나 예측하지 못하였음에 책임이 있는 것)의 부존재를 사정변경에 기한 경정청구의 부가적 요소로 보려는 견해가 있으나 실정법상 근거가 없음은 앞서 본 바와 같다.[22][23]

대법원 2017. 9. 7. 선고 2017두41740 판결[24]

---

20) 독일 조세기본법상의 사정변경에 기한 경정청구와 통상의 경정청구는 상호 완전히 독립적이면서 배타적이다. 판례(BFH Ⅳ R 85/99)도 그렇다.

21) 일본 하급심 판결에 의하면 국세통칙법 제23조 제2항은 제23조 제1항의 적용을 전제로 하여 경정청구를 인정하고 있다.

22) 조윤희, 전게논문, 897면에서, "후발적 경정청구제도는 통상적 경정청구기간이 도과한 후 당초 신고나 부과처분 시에 예측하기 어려웠던 감액사유가 발생한 경우에 납세자에게 그 시정을 요구할 수 있는 법적 권리를 보장하기 위하여 도입되었다."고 적고, 898면 이하에서, 일본 국세통칙법 제23조 제2항의 입법취지를 "납세자에게 신고 시에 예측할 수 없었던 사정이 후발적으로 발생함에 따라 과세표준 또는 세액 등의 계산의 기초에 변경이 생겨 세액을 감액하여야 할 경우에 통상적 경정청구기간이 도과하였다는 이유로 경정청구를 인정하지 않는다고 하면, 귀책사유가 없는 납세자에게 가혹한 결과가 되므로, 예외적으로 경정청구를 인정해 납세자의 보호를 확충하려는 것"이라고 설명하고 있다고 하면서, "일본의 하급심 판례는 납세자의 예측가능성과 귀책성을 후발적 경정청구를 제한하는 2가지 요소로 들고 있고, …"라고 적은 다음, "우리 국세기본법 제45조의2 제2항의 입법취지나 문언의 의미가 일본 국세통칙법 제23조 제2항의 그것과 크게 다르다고 할 수 없으므로, 위와 같은 일본의 판례는 우리 국세기본법상의 후발적 경정청구사유를 해석함에 있어 참고할 수 있을 것이다."라고 적고 있다.

23) 金子 宏, 전게서, 948면에서, "후발적 이유에 의한 경정청구는 통상의 경정청구의 기간 내에 경정청구를 하지 아니하였음에 대하여 '부득이한 사유'가 있는 경우에 한정되는 것으로 풀이하여야 하는지 여부(그렇게 해석한 예로 다카마쓰고등재판소 2011. 3. 4. 판결)에 관하여는 異論이 있을 수 있다."라고 적고 있다. 나아가 일본 최고재판소 2003. 4. 25. 판결[이 절 6. 다. (5) 관련 주 참조]에 의하면, 후발적 경정청구를 함에 있어 국세통칙법 제23조 제2항 각 호 소정의 사유와는 별도로 통상의 경정청구기간이 도과하였음에 대하여도 '부득이한 이유'를 추가로 요구하는 것으로 보인다. 그만큼 사정변경에 기한 경정청구의 범위를 좁히고 있다. 이러한 일본에서의 논의(후발적 경정청구에는 그 사유로 '부득이한 이유'를 별도로 추가로 요구함)는 우리나라에서 그대로 타당하다 할 수 없다. 이를 추가로 요구할 실정법상의 근거가 없다.

24) 이정원, "국세기본법 제45조의2 제2항 제1호에 의한 후발적 경정청구에 있어서 '판결'의 의미 및 통상적 경정청구와의 관계", 대법원 판례해설 제114호, 51면 이하 참조.

『1. 구 국세기본법(2015. 12. 15. 법률 제13552호로 개정되기 전의 것, 이하 '법'이라고 한다) 제45조의2 제2항은 '과세표준신고서를 법정신고기한까지 제출한 자 또는 국세의 과세표준 및 세액의 결정을 받은 자는 다음 각 호의 어느 하나에 해당하는 사유가 발생하였을 때에는 그 사유가 발생한 것을 안 날부터 2개월 이내에 결정 또는 경정을 청구할 수 있다.'고 규정하면서, 그 제1호에서 '최초의 신고·결정 또는 경정(이하 '최초의 신고 등'이라고 한다)에서 과세표준 및 세액의 계산 근거가 된 거래 또는 행위 등이 그에 관한 소송에 대한 판결(판결과 동일한 효력을 가지는 화해 기타 행위를 포함한다)에 의하여 다른 것으로 확정된 때'를 규정하고 있다.

이처럼 후발적 경정청구제도를 둔 취지는 납세의무 성립 후 일정한 후발적 사유의 발생으로 말미암아 과세표준 및 세액의 산정기초에 변동이 생긴 경우 납세자로 하여금 그 사실을 증명하여 감액을 청구할 수 있도록 함으로써 납세자의 권리구제를 확대하려는 데 있는바, 여기서 말하는 후발적 경정청구사유 중 법 제45조의2 제2항 제1호 소정의 '거래 또는 행위 등이 그에 관한 소송에 대한 판결에 의하여 다른 것으로 확정된 때'는 최초의 신고 등이 이루어진 후 과세표준 및 세액의 계산근거가 된 거래 또는 행위 등에 관한 분쟁이 발생하여 그에 관한 소송에서 판결에 의하여 그 거래 또는 행위 등의 존부나 그 법률효과 등이 다른 내용의 것으로 확정됨으로써 최초의 신고 등이 정당하게 유지될 수 없게 된 경우를 의미한다(대법원 2006. 1. 26. 선고 2005두7006 판결, 대법원 2011. 7. 28. 선고 2009두22379 판결 등 참조).

또한 위 규정의 문언 내용과 그 입법 취지 등에 비추어 보면, 최초의 신고 등에서 과세표준 및 세액의 계산근거가 된 거래 또는 행위 등을 다른 내용의 것으로 확정하는 판결이 있는 경우라면 특별한 사정이 없는 한 법 제45조의2 제2항 제1호에서 정한 경정청구사유에 해당한다고 할 것이고, 납세의무자가 그 판결에서 확정된 내용을 법 제45조의2 제1항 각호에서 정한 통상의 경정청구사유로 다툴 수 있었다는 사정만으로 납세의무자의 정당한 후발적 경정청구가 배제된다고 할 수 없다.

2. 원심판결 이유와 기록에 의하면 다음과 같은 사실을 알 수 있다.

가. 원고들은 2008. 11. 5. 주식회사 OO(이하 'OO'이라고 한다)에게 자신들이 각 1/2지분씩 소유한 이 사건 부동산을 양도한 뒤 전체 양도가액을 35억 원으로 하여 양도소득세를 신고·납부하였다.

나. 피고는 2012. 1. 2. 원고들에 대하여 이 사건 부동산의 양도가액이 임대차보증금 3억 3,000만 원을 포함한 38억 3,000만 원임을 전제로 세액을 다시 계산하여 원고들에 대하여 2008년 귀속 양도소득세를 추가 납부하도록 각 경정·고지하는 이 사건 부과처분을 하였다.

다. 한편 OO은 2014. 12. 1. 원고들을 상대로 이 사건 부동산에 대한 매매계약에서 양도가액을 35억 원으로 정하고 이를 모두 지급하였음에도 불구하고 원고들이 양도가액을 38억 3,000만 원이라고 주장하면서 추가로 그 지급을 구하고 있다는 이유로 서울중앙지방법원에 채무부존재확인소송을 제기하였다.

라. 위 법원은 2015. 4. 23. 위 매매계약에 따른 이 사건 부동산의 양도가액은 35억 원이고, 매수인인 OO이 매도인인 원고들에게 위 양도가액 35억 원을 모두 지급하였으므로 OO과 원고들 사이에 체결된 위 매매계약에 기한 OO의 매매대금 지급채무는 존재하지 아니한다는 내용의 이 사건 민사판결을 선고하였고, 위 판결은 2015. 5. 16. 확정되었다.

제
4
장

마. 원고들은 2015. 5. 22. 피고에 대하여 이 사건 민사판결의 확정을 이유로 2008년 귀속 양도소득세의 경정을 청구하였고, 피고는 2015. 7. 28. 원고들의 위 경정청구를 거부하였다.

3. 이러한 사실관계를 앞서 본 법리와 기록에 비추어 살펴보면, 당초 이 사건 부동산의 양도가액이 38억 3,000만 원임을 전제로 원고들의 양도소득세 신고를 경정하는 이 사건 부과처분이 이루어졌으나, 그 부과처분을 위한 과세표준 및 세액 산정의 기초가 되는 매매거래상 양도가액의 구체적 범위에 관하여 분쟁이 발생하였고, 그에 관한 소송에서 위 양도가액이 38억 3,000만 원이 아닌 35억 원에 불과하다는 내용이 이 사건 민사판결에 의하여 확정됨으로써, 이 사건 부과처분이 정당하게 유지될 수 없게 된 것이므로, 납세의무자인 원고는 위와 같이 확정된 이 사건 민사판결을 기초로 법 제45조의2 제2항 제1호의 사유를 들어 이 사건 부과처분에 대한 경정을 청구할 수 있다고 보는 것이 옳다.

4. 그런데도 원심은 이와 달리 그 판시와 같은 이유만으로 이 사건 민사판결의 확정이 위와 같은 후발적 경정청구사유에 해당하지 않는다고 판단하고 말았으니, 이러한 원심의 판단에는 법 제45조의2 제2항 제1호의 경정청구사유에 관한 법리를 오해하여 판결에 영향을 미친 잘못이 있다.』

위 판결은 2개의 판시내용을 담고 있다.

（ⅰ） 국세기본법 제45조의2 제2항 제1호 소정의 '판결'의 의미를 명확히 하고 있다. 즉 제1호의 사유라 함은, 최초의 신고 등이 이루어진 후 과세표준 및 세액의 계산근거가 된 거래 또는 행위 등에 관한 분쟁이 발생하여 그에 관한 소송에서 판결에 의하여 그 거래 또는 행위 등의 존부나 그 법률효과 등이 다른 내용의 것으로 확정됨으로써 최초의 신고 등이 정당하게 유지될 수 없게 된 경우를 의미한다는 것이다.

즉 여기서의 '판결'은 과세표준 및 세액의 계산근거가 된 거래 또는 행위 등에 관한 것에 한정된다는 것으로, 대법원 2006. 1. 26. 선고 2005두7006 판결, 2011. 7. 28. 선고 2009두22379 판결과 궤를 같이 하고 있다.

（ⅱ） 통상의 경정청구와 사정변경에 기한 경정청구 간의 관계를 명확히 하고 있다. 분쟁의 대상은 처음부터 매매대금이 38억 3,000만 원인지 아니면 35억 원인지에 대한 다툼이었다. 당초 매매대금 38억 3,000만 원에서 사후적으로 35억 원으로 감액된 것은 아니다. 대금감액이 사후에 생긴 것은 아니더라도(당초부터 존재하고 있었던 사실이라 하더라도, 원시적 사유로서 통상의 경정청구사유에 해당한다 하더라도) 처음부터 대금 수액에 관한 분쟁이 발생하였고 그 분쟁의 해결수단으로 공권적 확인의 증거자료인 민사판결이 있는 경우(처음부터 존재한 그 사실을 명확하게 하는 공권적 판결이 있는 경우)라면 그 자체로서 사정변경에 기한 경정청구를 할 수 있고, 민사판결에서 확정된 내용을 사전에 국세기본법 제45조의2 제1항 각 호에서 정한 통상의 경정청구사유로 다툴 수 있었다는 사정만으로 납세의무자가 정당하게 가지는 사정변경에 기한 경정청구를 배제할 수 없다는 법리를 확인하고 있다.

즉 통상의 경정청구와 사정변경에 기한 경정청구는 원칙적으로 상호 독립적임을 선언하면서 그 상호관계를 판시한 최초의 판결이다. 통상의 경정청구를 하지 아니한 데 대해 정당한 사유나 부득이한 사유가 있었는지 또는 귀책사유가 있었는지를 따져서도 안 된다는 것이다.

경정법이 나아갈 방향을 정함에 있어 분기점이 되는 중요한 판결 중의 하나이다.

위 분쟁에서 조세채무자들이 선택할 수 있는 방법으로 먼저 2012. 1. 2. 부과처분을 다투면서 그 취소소송에서 민사소송의 판결 결과를 반영시킬 수도 있다. 그러나 항고소송에서 이를 다투지 아니하고 확정시킨 다음 2014. 12. 1. 제기된 소송에서 얻은 민사판결(매수인인 법인이 원고들을 상대로 채무부존재확인소송을 제기하여 법인이 승소하였다)을 통하여 사정변경에 기한 경정청구를 할 수도 있다. 분쟁에 말려들어 다투어야 할 처지라면 어느 방법을 선택할 것인지는 조세채무자들에게 맡겨야 한다. 반드시 전자의 방법을 취하여야 한다고 강요할 수 없다. 먼저 전자의 방법을 선택하여야 하고, 그 방법을 선택하지 않았다면 이를 하지 않은 부득이한 사유 또는 정당한 사유가 있는 경우에 한하여서만 후자의 방법을 취할 수 있다고 논할 수도 없다.

처음부터 존재하던 원시적 사유를 이유로 한 통상의 경정청구를 인정하고 있는 마당에 후발적 경정청구를 인정하면 원시적 사유임에도 소송을 통하여 후발적 경정청구사유로 바꾸는 방법으로 통상의 경정청구의 제척기간 만료 후에도 후발적 경정청구를 할 수 있게 되어 통상의 경정청구기간과 쟁송기간을 제한한 입법취지에 반한다고 비판할 수 있으나(아래 원심판결 이유 참고할 것), 오히려 후발적 경정청구를 허용함이 입법취지에 부합한다. 전자의 방법을 취하지 않았다 하여 잘못이 있다거나 과책이 있다고 탓하면서 후자의 방법을 거부해서는 안 된다.

원심판결의 판결이유는 다음과 같다. 즉 이 사건 부과처분에서의 양도소득세 과세표준 및 세액은 처음부터 세법에 따라 신고할 과세표준 및 세액을 초과하였으므로 원고들로서는 법 제45조의2 제1항 제1호에 따라 이 사건 부과처분에 대해 통상의 경정청구를 할 수 있었던 것임에도 통상의 경정청구기간 내에 경정청구를 하지 않고 그 기한이 도과한 이후에 이 사건 민사판결이 확정되었음을 이유로 후발적 경정청구를 한 것으로 보이나, 처음부터 존재하던 사유를 이유로 한 통상의 경정청구를 인정하고 있는 경우에도 후발적 경정청구를 인정한다면 원시적 사유임에도 소송을 통하여 후발적 경정청구사유로 바꾸는 방법으로 통상의 경정청구의 제척기간 만료 후에도 후발적 경정청구를 할 수 있게 되어 통상의 경정청구기간과 쟁송기간을 제한한 입법취지에 반하고, 후발적 사유의 발생으로 말미암아 과세표준 및 세액의 산정기초에 변동이 생긴 납세의 권리구제를 확대하기 위한 후발적 경정청구제도의 입법취지에도 반하므로, 따라서 법 제45조의2 제1항 제1호의 원시적 사유가 나중에 법 제45조의2 제2항 제1호 사유에 해당하는 것처럼 보이더라도 후발적 경정청구의 사유에 해당한다고 볼 수 없다고 판시하였다.

제4장

(3) 통상의 경정청구기간과 사정변경에 기한 경정청구기간 간의 관계

이는 국세기본법 제45조의2 제2항 소정의 '제1항에서 규정하는 기간에도 불구하고'의 해석문제로 귀착된다. 입법자가 통상의 경정청구기간 5년 내에 사정변경이 발생한 경우에도 그 사유가 발생한 것을 안 날부터 3월 이내에 경정청구를 하여야 한다고 의도했다면 간단히 '제1항에도 불구하고'라는 형식을 취하여야 하는데, 그렇게 하지 않았다.

한편, 통상의 경정청구와 사정변경에 기한 경정청구는 상호 독립적이나 모두 실체적 오류를 시정한다는 의미에서 공통된다. 양 청구는 반드시 상호 배타적이라 할 수 없어 일정한 경우 경합을 인정하여야 함은 앞서 본 바와 같고, 그 경우 조세채무자에게 유리하게 통상의 경정청구로 해석되어야 한다.

대법원 2018. 6. 15. 선고 2015두36003 판결

『1. 구 소득세법(2012. 1. 1. 법률 제11146호로 개정되기 전의 것) 제95조 제1항은 "양도소득금액은 제94조에 따른 양도소득의 총수입금액(이하 '양도가액'이라 한다)에서 제97조에 따른 필요경비를 공제하고, 그 금액에서 장기보유 특별공제액을 공제한 금액으로 한다."라고 정하고 있다. 여기서 양도소득금액의 계산을 위한 양도가액은 양도재산의 객관적인 가액을 가리키는 것이 아니고, 구체적인 경우에 현실의 수입금액을 가리키는 것이다. 따라서 주식을 매매계약에 의하여 양도한 경우 당초 약정된 매매대금을 어떤 사정으로 일부 감액하기로 하였다면, 양도재산인 주식의 양도로 발생하는 양도소득의 총수입금액, 즉 양도가액은 당초의 약정대금이 아니라 감액된 대금으로 보아야 한다(대법원 2010. 10. 14. 선고 2010두7970 판결 등 참조).

그런데 구 국세기본법(2013. 1. 1. 법률 제11604호로 개정되기 전의 것) 제45조의2 제1항 제1호에 의하면, 과세표준신고서를 법정신고기한까지 제출한 자는 과세표준신고서에 기재된 과세표준 및 세액이 세법에 따라 신고하여야 할 과세표준 및 세액을 초과할 때에는 3년 내에 신고한 과세표준 및 세액의 경정 등을 청구할 수 있다.

따라서 양도인이 주식을 양도하면서 약정된 매매대금에 기초하여 양도소득세를 법정신고기한까지 신고하였더라도 사후에 매매대금이 감액되어 주식의 양도가액이 줄어들게 되면, 당초의 신고는 정당한 과세표준 및 세액을 초과한 것이므로, 특별한 사정이 없는 한 양도인은 대금감액을 이유로 구 국세기본법 제45조의2 제1항 제1호에 따른 경정청구를 하여 당초의 신고를 바로잡을 수 있다. 이러한 법리는 주권 등의 양도를 과세대상으로 하는 증권거래세의 경우에도 마찬가지로 적용된다.

2. 원심판결 이유와 기록에 의하면 다음과 같은 사실을 알 수 있다.

가. 원고는 2009. 8. 4. 소외 1에게 코스닥 상장업체인 주식회사 폴리플러스(이하 '폴리플러스'라고 한다)가 발행한 이 사건 주식 2,455,783주를 대금 12,892,860,750원에 양도하는 양도계약을 체결하고, 같은 날 계약금과 중도금으로 합계 7,193,194,750원을 지급받았으며, 잔금 5,699,666,000원은 2010. 7. 30.까지 지급받기로 하였다.

나. 원고의 어머니인 소외 2, 동생인 소외 3, 소외 3의 남편인 소외 4, 재단법인 우송장학회는 2009. 8. 13. 소외 5와 소외 6에게 폴리플러스가 발행한 주식 합계 1,150,167주를 대금 6,038,376,750원에 양도하기로 하면서, 잔금 2,318,334,000원은 2010. 7. 30.까지 지급받기로 하였다.

다. 그 무렵 원고 등 양도인들과 소외 1 등 양수인들은 위 각 주식양도계약에 부수하여, 양도인들이 양수인들로부터 주식양도계약에 따른 잔금을 지급받아, 폴리플러스로부터 화학제품을 생산·판매하는 주된 사업 부분을 80억 원에 다시 매수하기로 하는 특별약정을 체결하였다. 다만 사업 부분 매각대금은 추후 회계법인 평가금액으로 변경할 수 있고, 이 경우 각 주식양도계약에 따른 잔금 역시 자동 수정되는 것으로 하였다.

라. 원고는 2009. 11. 30. 이 사건 주식양도계약에서 약정한 당초의 매매대금 12,892,860,750원을 기초로 양도소득세와 증권거래세를 신고·납부하였다.

마. 원고 등 양도인들과 소외 1 등 양수인들은, 매매대금 등에 관한 분쟁이 발생하여 잔금지급이 제때 이루어지지 않던 중, 2010. 12. 26. 양도인들이 폴리플러스로부터 다시 매수하기로 했던 사업 부분을 줄여 사업 부분 매각대금을 51억 원으로 변경하고, 각 주식양도계약에 따른 잔금의 합계 역시 51억 원으로 변경하기로 하는 이 사건 정산합의를 하였다. 이에 따라 이 사건 주식의 매매대금은 당초의 12,892,860,750원에서 10,917,855,357원으로 감액되었다.

바. 원고는 2011. 9. 23. 피고에게 이 사건 정산합의 등에 따라 이 사건 주식의 양도가액을 10,917,855,357원으로 감액하였다며 구 국세기본법 제45조의2 제1항에 따라 경정청구를 하였으나, 피고는 이를 거부하는 이 사건 처분을 하였다.

3. 이러한 사실관계를 앞서 본 법리에 비추어 살펴보면, 원고가 이 사건 주식양도계약에서 정한 당초의 매매대금에 기초하여 양도소득세와 증권거래세를 신고하였으나, 이 사건 정산합의에 따라 당초의 매매대금이 일부 감액됨으로써 이 사건 주식양도로 인한 정당한 양도가액은 당초의 매매대금이 아닌 감액된 대금이 되는 것이므로, 원고는 이러한 사정을 들어 구 국세기본법 제45조의2 제1항 제1호에 따른 경정청구를 하여 당초의 신고를 바로잡을 수 있다.

4. 그런데도 원심은 이 사건 정산합의가 별도의 사후약정에 불과하여 구 국세기본법 제45조의2 제1항 제1호의 경정청구사유에 해당하지 않는다는 등의 잘못된 전제에서, 원고의 경정청구를 거부한 이 사건 처분이 적법하다고 판단하였다. 이러한 원심의 판단에는 구 국세기본법 제45조의2 제1항 제1호의 경정청구사유에 관한 법리를 오해하여 판결에 영향을 미친 잘못이 있다. 이를 지적하는 상고이유의 주장은 이유 있다.』

판시취지는 사정변경의 사유가 통상의 경정청구기간이 도과하기 전에 발생하였고 통상의 경정청구의 다른 요건을 구비하였다면 비록 사정변경에 기한 경정청구기간 3월이 도과하였다 하더라도 통상의 경정청구가 가능하다는 것이다. 사정변경에 기한 경정청구와 통상의 경정청구의 경합을 인정하는 이상, 사정변경으로 인하여 발생한 오류 또한 실체적 오류의 하나인 내재적 하자로 통상의 경정청구기간 내라면 사정변경에 기한 경정청구사유에 해당하더라도 통상

제4장

의 경정청구를 할 수 있음을 선언한 최초의 판결이다.[25]

이 경우 당사자가 사정변경에 기한 경정청구를 주장하고 그 경정청구기간 3월이 지난 경우라고 하더라도 통상의 경정청구기간 내라면 과세관청이나 재결청 및 법원은 당사자에게 유리하게 통상의 경정청구로 보아 경정의 여부나 당부를 판단하여야 한다.

(4) 한계적인 경우

예를 들어 통상의 경정청구기간 5년이 지나기 바로 직전, 즉 4년 10월 마지막 날에 이러한 사유를 안 경우라면 그 안 날부터 3월 이내인 5년 1월 마지막에 해당하는 날까지 경정청구를 하여야 한다. 경정청구기간 5년이 지나기 전에 경정청구를 하였다면 이는 통상의 경정청구이다. 경정청구기간 5년이 지난 후에 그 사유를 알고 경정청구를 하였다면 이는 사정변경에 기한 경정청구이다. 통상의 경정청구와 사정변경에 기한 경정청구의 구별은 그 범위 내에서 미묘하나 조세채무자를 두텁게 보호하는 방향으로 해석하여야 한다.

다. 제척기간의 도과 후 사정변경이 발생한 경우

(1) 제척기간의 도과 후 경정청구의 가부

제척기간의 도과 후 사정변경의 사유가 발생한 경우 경정청구를 할 수 있는지가 한때 문제되었다. 국세기본법 통칙 '45의2 - 0 … 1'은 "법 제45조의2에서 규정하는 사유로 인한 경정 등의 청구는 법 제26조의2에 규정하는 제척기간 내에 청구하여야 한다."라고 했다가 2007. 1. 1. 삭제했다. 제척기간이 지난 후에도 사정변경에 기한 경정청구를 할 수 있다고 함이 옳다.

대법원 2006. 1. 26. 선고 2005두7006 판결

『국세기본법 제45조의2 제2항 제1호에 의하면, 최초에 신고하거나 결정 또는 경정한 과세표준 및 세액의 계산근거가 된 거래 또는 행위 등이 그에 관한 소송에 대한 판결에 의하여 다른 것으로

---

25) 이동식, 전게서, 350면에서, 3가지 해석방법이 존재할 수 있다면서, "첫 번째 해석방법은 후발적 경정청구사유가 발생한 경우가 아직 통상적 경정청구기간 이내인 경우에는 통상적 경정청구기간에 따라 경정청구를 하고, 그 기간이 경과한 경우라고 하더라도 '그 사유가 발생한 것을 안날부터 3개월 이내'에는 후발적 경정청구를 허용하겠다는 의미로 해석하는 방안이다. 이러한 해석방법은 국세기본법 제45조의2 제2항에 따른 경정청구를 동조 제1항에 따른 경정청구의 한 형태로 이해하는 입장이다. 두 번째 해석방법은 후발적 경정청구사유가 존재하는 경우에는 국세기본법 제45조의2 제1항에 따른 경정청구기간은 적용할 수 없는 것이고 이 경우에는 오로지 제2항에서 정하는 기간, 즉 '그 사유가 발생한 것을 안 날부터 3개월 이내'에 청구한 경우에만 적법한 후발적 경정청구로 이해하여야 한다는 입장이다. 이러한 입장을 취하는 이들은 후발적 경정청구제도는 통상적 경정청구제도와 그 본질이 다른 것이라고 이해한다. 세 번째 해석방법은 이 두 해석방법의 중간적 형태로 후발적 경정청구의 사유를 두 개 유형으로 나누어 원래 통상적 경정청구사유가 되는 경우와 그렇지 않은 경우로 나누어 전자의 경우에는 첫번째 해석방법에 따라야 하고, 후자의 경우에는 두번째 해석방법을 따라야 한다고 해석하는 것이다."라고 적고 있다.

확정된 때에는 제1항에서 규정하는 기간에 불구하고 그 사유가 발생한 것을 안 날부터 2월 이내에 경정을 청구할 수 있도록 규정하고 있는 바, 최초에 신고하거나 결정 또는 경정한 과세표준 및 세액의 계산근거가 된 거래 또는 행위 등에 대하여 분쟁이 생겨 그에 관한 판결에 의하여 다른 것으로 확정된 때에는, 납세의무자는 국세부과권의 제척기간이 경과한 후라도 국세기본법 제45조의2 제2항 제1호의 규정에 따른 경정청구를 할 수 있다 할 것이다.』[26]

(2) 국세기본법 제26조의2 제6항 제3호의 규범적 의미

국세기본법 제26조의2 제6항(종전 제2항) 제3호가 2007. 12. 31. 신설(2008. 1. 1.부터 시행)되었다. 통상의 제척기간에 불구하고 국세기본법 제45조의2 '제2항'에 따른 경정청구가 있는 경우 그 경정청구일부터 2월이 지나기 전까지는 경정청구에 따라 경정결정이나 그 밖에 필요한 처분을 할 수 있도록 하였다. 무엇을 의미하는가? 그 해석에 어려움이 있었다.

그런데 2016. 12. 20. 위 제3호를 일부 개정하여 국세기본법 제45조의2 '제1항' 및 '제2항'에 따른 경정청구가 있는 경우 그 경정청구일부터 2월이 지나기 전까지는 경정청구에 따라 경정결정이나 그 밖에 필요한 처분을 할 수 있도록 하였다. '판결 등에 따른 (후행)경정절차'와 동일하게 '경정청구에 따른 (후행)경정절차'를 규정한 것[제4장 제5절(판결 등에 따른 경정 및 경정청구)의 관계 부분 참조]으로, 입법취지가 명확하게 되었다.

(3) 증액경정사유의 추가 발견, 조정방법 및 범위

제척기간의 도과 후 사정변경에 기한 경정청구를 받아들여 이미 확정된 세액을 감액하여야 하는 사안에서 과세관청이 증액경정사유를 추가로 발견하였다면 세액을 어떻게 조정하여야 하는지가 문제된다. 경정청구로 인하여 감액되는 범위 내에서 증액경정사유를 참작할 수 있다.

---

26) 위 대법원 판결은 이유를 밝히지 않고 있으나, 원심인 서울고등법원 판결(2005. 6. 2. 선고 2004누9472)은 서울지방법원 판결(2004. 4. 22. 선고 2003구합38976) 이유를 인용하면서, "과세표준의 경정사유가 납세의무자 자신의 임의적 의사와는 관계없이 판결 등 외부의 우연한 사정에 의하여 발생할 경우 과세표준을 경정함으로써 납세의무자를 보호하기 위하여 둔 특별규정이라 할 것이고, 위 제45조의2 제2항 자체에 경정청구를 과세제척기간내로 제한한다는 명문의 규정이 없으며, 납세의무자를 보호하기 위하여 둔 위에서 본 법 제26조의2 제2항 소정의 과세제척기간의 예외규정의 취지 등에 비추어 보면, 법 제45조의2 제2항 제1호 소정의 사유가 있는 경우 납세의무자는 과세제척기간의 제한을 받지 아니하고 과세제척기간 이후에도 위 규정에 따른 경정신청을 할 수 있고, 피고로서는 그 감액경정청구에 따른 적정성 여부를 판단하여 감액경정을 할 것인지 여부를 결정하여야 할 것이다."라는 부분을 추가하고 있다. 서울지방법원 판결은, "국세기본법 제26조의2 제1항은 국세의 과세표준과 세액을 확정할 수 있는 과세권자의 권한, 즉 국세부과권의 존속기간을 정한 것으로서 국세의 부과처분 또는 기존의 국세부과처분에 대한 증액경정처분 등 납세자에게 불리하게 국세를 부과할 권한의 존속기간을 정한 것에 그칠 뿐, 납세자에게 유리하게 기존의 국세부과처분의 전부 또는 일부를 실질적으로 취소하는 의미가 있는 감액경정처분의 권한까지 위 존속기간으로 제한한 취지라고는 보이지 아니한다. 따라서 과세관청이 국세기본법 제45조의2의 규정에 따른 상대방의 경정청구를 받고서 정당한 세액으로 감액경정처분을 하거나 또는 경정청구와 무관하게 스스로 잘못을 시정하여 정당한 세액으로 감액경정처분을 하는 것은 위 법 제26조의2에서 규정한 기간의 제한을 받지 아니하고 언제든지 가능하다고 보아야 할 것이다."라고 판시하였다.

당초 확정된 세액을 초과하는 범위의 증액경정은 할 수 없다[제1장 제7절 6. 다. (5) 참조].

라. 경정청구기간 3월에 대한 입법론

(1) 경정청구기간 3월(종전 2월)의 입법론적 타당성 여부이다. 3월은 부과처분에 대한 불복기간인 90일과 기간의 장단에 있어 거의 동일하므로 문제될 것이 없다는 견해가 있을 수 있다. 그러나 경정청구기간을 부과처분에 대한 불복기간 90일과 동일시하거나 단순 비교할 수 없다.

경정청구기간을 극히 단기간으로 정한 것은 일본의 입법례에 따라 국가재정의 안정적 확보(조세법률관계의 조속한 안정)를 도모하기 위한 것으로 보인다. 국가재정의 안정적 확보는 법치주의 이념의 하나인 법적 안정성과는 관계가 없다.

(2) 입법론적 비판

법적 안정성의 견지에 의하더라도 경정청구기간 3월은 너무 짧다. 실효적인 권리구제를 위하여 넉넉하게 연장되어야 한다. 종전 통상의 경정청구기간이 1년에서 5년으로 순차 개정된 것처럼 사정변경에 기한 경정청구기간도 3월에서 적어도 1년[27]으로 연장되어야 한다.[28] 물론 경정청구기간 3월은 통상의 경정청구기간 5년이 경과한 이후에만 적용됨은 앞서 본 바와 같다.

독일 조세기본법 제175조 제1항 제2문에서 "제1문 제2호(사정변경에 기한 경정)의 경우 제척기간은 사유가 발생한 역년(Kalenderjahr)이 지난 날부터 기산된다."라고 정하고 있다.[29] 예를 들어 사유가 2017. 5. 1. 발생하였다면 2018. 1. 1. 부터 제척기간이 개시되어 진행한다.

마. 제척기간에 대한 입법적 미비와 해석론

(1) 통상의 제척기간이 도과한 후 사정변경이 발생한 경우 조세채무자로부터 경정청구를 받은 과세관청으로서는 언제까지 이를 경정할 수 있는가?

통상의 제척기간이 도과한 후에도 사정변경에 기한 경정청구를 할 수 있는 이상 이에 대한 제척기간이 필요하다. 이에 관한 규정이 없다.

독일 조세기본법 제175조 제1항 제2문과 같은 규정을 두거나 일본 국세통칙법과 같은 특

---

27) 국민권익위원회는 후발적 사유에 기한 경정청구기간을 1년으로 연장할 것을 권고했다(제1장 제2절 참조).
28) 일본 세리사회 연합회는 '2011년도 세제개정에 관한 중점 요망사항'에서 그 기한을 1년으로 연장할 것을 건의하였다.
29) Klein, 전게서, 1118면에서, 특수한 소멸시효 개시유예사유(besondere Anlaufhemmung)로 보고 있다. 한편 독일 민법 제199조(일반소멸시효기간의 기산점 및 최장기간) 제1항에 의하면, "일반소멸시효기간은 청구권이 성립하고 채권자가 청구권을 발생시키는 사정 및 채무자의 신원을 알았거나 중대한 과실 없이 알았어야 했던 연도가 끝나는 때부터 진행한다."라고 정하고 있다.

례규정을 두어야 한다. 일본 국세통칙법 제71조 제1항 제2호[30], 시행령 제30조, 제24조 제4항 등에 의하면 사정변경에 기한 경정청구에는 '당해 이유가 발생한 날부터 3년간'이라는 '경정결정 등의 기간제한의 특례'(특례제척기간)을 정하고 있다. 즉 사정변경에 기한 경정청구는 사유가 발생한 날부터 2월 이내에 행사되어야 하나 과세관청이 직권으로 감액경정 등을 할 수 있는 특례제척기간은 3년이다.

우리나라에서 이에 관한 규정이 없는 이상 다음과 같이 해석한다.

(ⅰ) 사정변경에 기한 경정청구를 과세관청이 이를 받아들인다면 그 범위 내에서 기간제한을 받지 않는다. 가급적 빠르게 결정하여야 할 것이다.

(ⅱ) 사정변경에 기한 경정청구를 과세관청이 거부하였고 그 거부처분으로 권리구제절차에 나아갔다면 그 쟁송절차가 종료하기 전까지는 제척기간이 완성될 수 없다(제척기간의 완성유예 이론).

(2) 국세기본법 제26조의2 제6항 제5호의 신설

2017. 12. 19. 신설된 국세기본법 제26조의2 제6항(종전 제2항) 제5호에서, 특례제척기간의 하나로, "최초의 신고·결정 또는 경정에서 과세표준 및 세액의 계산근거가 된 거래 또는 행위 등이 그 거래·행위 등과 관련된 소송에 대한 판결(판결과 같은 효력을 가지는 화해나 그 밖의 행위를 포함한다.)에 의하여 다른 것으로 확정된 경우: 판결이 확정된 날부터 1년"이라고 규정하고 있다. 그 규율내용이 무엇인지 이해하기 어렵다.

제척기간이 도과한 후 사정변경이 발생함에 따라 과세관청에 유리한 경정(사정변경에 기한 증액경정)을 할 수 있도록 함으로써 과세기반 강화 내지 국가의 과세권 일실을 방지하기 위한 데에 있다 할 것인바, 조세채무자의 사정변경에 기한 경정청구와 평행되게, 과세관청도 판결 등에 의하여 증액경정사유가 발생한 경우 사정변경에 기한 증액경정을 할 수 있도록 하기 위한 것으로 볼 수밖에 없다.

'판결 등에 따른 경정'이나 '모순된 세액확정에 기한 경정청구'에는 처음부터 적용되지 않고, '사정변경에 기한 경정청구'에 대한 경정의 제척기간으로 해석할 여지가 있으나 옹색하다.

---

30) 일본 국세통칙법 제71조 제1항 제2호 소정의 특례제척기간에 의하면, 신고납세방식에 의한 국세에 관하여 그 과세표준의 계산의 기초가 된 사실 가운데 포함되어 있는 무효행위에 의하여 생긴 경제적 성과가 그 행위가 무효인 것에 의하여 실효되었거나 당해 사실 가운데 포함되어 있는 취소할 수 있는 행위가 취소되었을 것 기타 이에 준하는 시행령이 정하는 이유에 기하여 하는 경정 또는 당해 경정에 수반하여 당해 국세에 관한 가산세의 부과결정의 경우 당해 이유가 발생한 날로부터 3년 이내에 경정결정 등을 할수 있다는 취지로 규정하고 있다. 나아가 '이에 준하는 시행령이 정하는 사유'는 위 법 시행령 제30조 및 제24조 제4항에서, 위 법 제23조 제2항 제1호 내지 제3호, 시행령 제6조 제1항 제1호 내지 제4호(제5호는 제외) 및 위 법 이외의 국세에 관한 법률의 규정에 의하여 경정청구의 기인으로 되는 이유로서 당해 국세의 법정신고기한 이후에 생긴 것으로 한다는 취지로 정하고 있다. 결론적으로 일본 국세통칙법상의 사정변경에 기한 경정청구 및 개별세법상의 사정변경에 기한 경정청구에 기한 경정은 모두 위 특례제척기간의 적용을 받는 셈이 된다.

통상의 제척기간이 도과한 후에도 사정변경에 기한 경정청구를 할 수 있고 이에 대한 특례제척기간을 두었어야 함에도 이를 두지 아니한 이상, 신설된 위 제5호의 규정을 사정변경에 기한 경정청구에도 유추하여 조세채무자로부터 경정청구를 받은 이상 과세관청은 경정청구일부터 1년 이내에 경정을 할 수 있다고 본다.

그렇다면 위 규정은 조세채무자에게 유리하게 감액경정을 하는 경우와 과세관청에게 유리하게 증액경정을 하는 경우 모두에 대한 특례제척기간으로 볼 수 있다.

4. 세목별 적용범위

사정변경에 기한 경정청구는 모든 세목에 있어 그대로 타당한가? 특히 기간과세세목(법인세, 소득세에 있어 사업소득)[31]에서 후발적 경정청구사유가 발생한 경우, 조세적 효과가 소급하여 소멸한 것으로 보아 일률적으로 사정변경에 기한 경정청구를 허용할 것인지 여부가 문제된다. 즉 지나간 사업연도에서 시정(過年度 是正)을 할 것인지 아니면 사유가 발생한 사업연도에서 시정(現年度 是正)을 할 것인지 여부이다.

조세적 효과가 소급하여 소멸하는지 여부는, 사법상의 효과와 관계없이, 조세법적 관점에서, 조세실체법에 기하여 판단하여야 함은 앞서 본 바와 같다. 해답은 개별세법의 규율내용이나 세목의 특질에서 찾아야 한다. 개별세법의 규율내용에서 사법상의 효과를 배제한다고 해석되지 않는다면 물론 사법상의 효과도 고려되어야 한다.

가. 법인세 및 소득세(사업소득)[32][33]

(1) 일반적으로 공정·타당하다고 인정되는 기업회계기준

국세기본법 제3조 제1항 제5호에서 이 법은 세법에 우선하여 적용하나 세법에서 제45조의2에 대한 특례규정을 두고 있는 경우 그 세법에 따른다(2019. 12. 31. 개정 전)는 취지로 정하

---

31) 양도소득세도 기간과세원칙의 적용(대법원 2008. 5. 29. 선고 2006두1609 판결 참조)을 받으나 예외적 취급을 하여야 한다. 즉 사업용 고정자산의 양도는 양도소득의 과세대상이므로 후발적 사정변경이 있는 경우 원칙적으로 소급효가 있고 따라서 사정변경에 기한 경정청구는 허용된다.

32) 이창희, 전게서, 734면에서, "법인세와 소득세(사업소득의 경우)에서는, 후발적 사유가 발생하는 경우 변경 또는 소멸된 행위 등이 포함된 지나간 사업연도의 과세표준과 세액을 경정할 것이 아니라 후발적 사유가 발생한 사업연도의 과세표준에 반영해야 하는 경우가 있지만 …. 예를 들어 법인의 매출채권이나 사업자가 받는 이자소득은 약정상 지급일에 익금산입하여야 하고, 뒤에 이 소득을 실제로 받지 못하게 되는 경우에는 감액경정청구를 하는 것이 아니라 받지 못하게 된 해에 대손금으로 손금에 넣는다."라고 적고 있다.

33) 소순무, 전게서, 261면에서, "국세기본법 제45조의2 제2항의 후발적 사유에 의한 경정청구가 소득세(사업소득 및 부동산 임대소득에 대한 소득세를 말한다) 및 법인세에 있어서도 적용될 것인지에 대하여는 현행법상 이를 부정할 이유가 없다."라고 적고 있다.

고 있었다. 개정 후도 같은 취지이다. 사업소득에 관한 세법상의 특례규정은 없다.[34]

다만 소득세법 제39조(총수입금액 및 필요경비의 귀속연도 등) 제5항[35]에서, "거주자가 각 과세기간의 소득금액을 계산할 때 총수입금액 및 필요경비의 귀속연도와 자산·부채의 취득 및 평가에 대하여 일반적으로 공정·타당하다고 인정되는 기업회계의 기준을 적용하거나 관행을 계속 적용하여 온 경우에는 이 법 또는 조세특례제한법에서 달리 규정하고 있는 경우 외에는 그 기업회계의 기준 또는 관행에 따른다."라고 규정한다. 법인세법 제43조(기업회계기준과 관행의 적용)도 같다. 기업회계의 기준과 관행이 일정한 요건 아래 조세실체법에 편입될 수 있음을 의미한다.

원칙적으로 소득세법이나 법인세법 또는 조세특례제한법에서 기업회계기준과 다른 규정을 두고 있는 경우 기업회계기준의 적용은 배제되고 그 규정에 따라 사정변경에 기한 경정청구는 가능하다. 그러나 기업회계기준에 의하면 수익과 비용이 기간적으로 대응하는 경우 원칙적으로 그 사유가 발생한 사업연도에서 이를 고려하도록 되어 있다. 예를 들어 전기 또는 그 이전의 매매가 취소(해제)되어 당기에 매출환입된 경우 원칙적으로 당기의 매출액에서 이를 차감하여 과세표준을 정하게 된다.

그렇다면 이러한 사유가 발생한다 하더라도 기업회계기준에 의하여 수익과 비용이 기간적으로 대응한다면 조세적 효과가 소급하여 소멸(변경)하는 것이라고 할 수 없다. 원칙적으로 현 연도 시정이 타당하다. 사정변경에 기한 경정청구는 조세절차법적인 것으로 조세실체법에 편입된 기업회계기준(관행)을 변경할 수 없기 때문이다.

(2) 예외적인 경우[36]

---

34) 법인세법 시행령 제69조 제1항에서 도급공사 등 용역의 제공으로 인한 익금과 손금은 작업진행률에 의하여 산정하도록 규정하고, 이어 같은 조 제3항(2012. 2. 2. 신설)에서 "제1항을 적용할 때 작업진행률에 의한 익금 또는 손금이 공사계약의 해약으로 인하여 확정된 금액과 차액이 발생된 경우에는 그 차액을 해약일이 속하는 사업연도의 익금 또는 손금에 산입한다."고 규정하고 있다.

35) 이는 총수입금액 및 필요경비의 '귀속연도 등'에 관한 것으로서 국세기본법 제20조, 즉 "세무공무원이 국세의 과세표준을 조사·결정할 때에는 해당 납세의무자가 계속하여 적용하고 있는 기업회계의 기준 또는 관행으로서 일반적으로 공정·타당하다고 인정되는 것은 존중하여야 한다. 다만, 세법에 특별한 규정이 있는 것은 그러하지 아니하다."를 확인하는 규정이라 할 것이다.

36) 고은경, 전게논문, 230면 이하에서, "기간세인 소득세 및 법인세에 계약해제의 효과를 반영시키는 방법으로서 몇 가지 대안을 생각해 볼 수 있다. 첫째는 일본에서 논의되는 것처럼 자산의 종류에 따라 일부 소급하여 회계처리를 수정할 수 있도록 하는 방법이다. 예를 들어 경상적·반복적으로 행해지는 상품 또는 제품에 관계되는 매매계약의 해제는 기간대응의 관점에서 기업회계기준 및 관행에 따라 해제가 이루어진 연도에 해제의 효과를 반영하고, 상품 또는 제품 이외의 비교적 다액이나 비경상적인 유형자산의 매매계약이 해제되는 경우에는 후발적 사유에 의한 경정청구권을 인정하여 해제의 효과를 계약이 있었던 연도로 소급하여 수정하도록 하는 방법이다. 재고자산의 경우 그 거래가 계속적·반복적이어서 조작의 가능성이 적으나, 유형자산 등과 같은 경우는 그 거래가 계속적·반복적이지 않고 금액도 고액인 경우가 않아 계약해제의 시기를 조절함으로써 소득금액의 조작가능성이 높으므로 당초 계약일로 소급적인 수정을 허용하여 후발적 경정청구를 적용

특정한 과세기간에 있어 소득이 없음에도 기간과세세목이라는 이유로 예외없이 현연도 시정을 고집하면서 경정을 불허하는 것이 타당한가?[37]

'수익과 비용이 기간적으로 대응'(수익과 비용의 대응)하는 경우란 경상적·반복적으로 행하여지는 상품의 반품, 할인 또는 반복되는 영업상의 거래에 한정된다. 반대로 비경상적이거나 특수사정에 의하여 야기된 항목은 회계이론상 당기의 손실로 보지 아니하고 예외를 인정할 수 있다. 조세법은 물론 기업회계기준도 과세기간별로 적정한 과세소득의 확정을 원칙으로 한다. 반품, 매출에누리, 매출할인 및 대손금 등과 같이 경상적·반복적인 사업활동으로 발생하는 항목을 제외하고는 사업소득에도 비경상적이거나 특수사정이 있는 경우 예외적으로 사정변경에 기한 경정청구를 인정함이 옳다. 이러한 경우 예외적으로 과년도 시정을 인정하여야 한다.

① 어떠한 경우가 비경상적인가?[38][39]

하여야 할 필요가 있다고 본다. 그러나 이 방법도 부동산매매업의 경우는 부동산이 상품이기는 하지만 비교적 고액의 자산인 만큼 단순히 자산의 종류에 따라 적용방법을 달리 하는 것도 문제는 있어 보인다. 다음으로는 미국의 경우를 참조할 수 있다. 후발적 사정이 있으면 당초의 세액을 바로잡든지 아니면 후발적 사정이 생긴 해의 손익계산에 반영하든지 두 가지 중 하나를 납세자가 선택할 수 있다고 한다. 우리의 경우도 소득세 및 법인세에 있어서 당초 계약에 의해 신고·납부된 경우 나중에 계약해제 등으로 사정이 변경된 경우에 그때의 과세연도의 손익에 반영할 것이 아니라 경정청구를 통하여 당초의 세액을 바로잡도록 해야 한다. 그러나 재고자산과 같이 계속적·반복적으로 거래가 발생하는 경우도 경정청구를 통해 해제의 효과를 반영하도록 하는 것은 오히려 납세자에게 불편을 초래할 수 있다. 따라서 미국의 경우처럼 납세자의 선택에 의해 계약해제의 효과를 해제가 있었던 과세연도에 반영하거나, 후발적 경정청구를 통해 당초 계약이 있었던 과세연도에 반영하도록 허용하여야 한다."라고 적고 있다.

37) 일본 최고재판소 1988. 7. 10. 판결에 의하면 "법인소득의 계산에 관하여는 당기에 생긴 손실은 그 발생사유를 불문하고 당기에 생긴 익금에 대응시켜 당기에 경리처리를 하여야 하고, 그 발생사유가 과거 사업연도의 익금에 대응하는 것이라 하더라도 과거 사업연도로 소급하여 처리할 수 없음이 일반적 회계처리라고 말할 수 있다. 따라서 후의 사업연도에 매매계약이 해제되었음을 이유로 하는 국세통칙법 제23조 제2항에 기한 경정청구는 같은 조 제1항 소정의 세액의 과대 등의 실체적 요건을 결한다."고 하여 현연도 시정을 확인하면서 사정변경에 기한 경정청구를 거부하였다. 일본 판례에 의하면 경상적 이익과 비경상적 이익을 구별함이 없이 전부 현연도 시정을 하여야 하는 것으로 보인다.

38) Klein, 전게서, 1121면에서, "소득세와 같은 기간과세세목에 있어서 후발적 사정변경으로 인하여 실체법적으로 요구되는 조정은 소급적이 아니라 그 사정변경이 일어난 과세기간에서 이루어져야 하나, 실체법이 예외를 두고 있는 경우 그렇지 않다(BFH BStBl 99, 598).", "지배적인 견해에 의하면, 복식부기의무자에 대하여는 경상적 상거래의 조세적 취급에 있어 민법상으로 무효가 되는 등의 후발적 사정변경이 있다 하더라도 조세적으로 소급하여 고려하는 것은 원칙적으로 배제된다.", "비경상적 이익의 경우(bei außerordentlichen Gewinnen)와는 달리 경상적 이익(laufende Gewinn)의 경우 소급적 경정은 일어나지 않는다(BFH BStBl 02,420)."라고 적고 있다. 즉 독일 판례 및 지배적 견해에 의하면, 상거래 내지 이익이 경상적인지 아니면 비경상적인지에 따라 후발적 사정변경을 조세적으로 소급하여 고려할 것인지 아니면 그 사정변경이 일어난 과세기간에서 고려하면 될 것인지를 결정하는 기준으로 본다. Tipke/Lang, 전게서, 936면의 주) 573에 의하면, "조세기본법 제175조 제1항 제2호는 경상적 이익의 경정을 위한 도구가 아니다(§175 I Nr. 2 AO ist kein Mittel zu Korrektur des laufenden Gewinns)."라고 적고 있다.

39) Klein, 전게서, 1122면에서, 소위 '일회적 구성요건(Einmaltatbestände)'에 대하여, "소위 말하는 일회적 구

　　개인사업자의 고정자산 처분이익에 대하여는 양도소득세가 과세되므로 문제되지 아니하
나, 법인 소유의 부동산 등 재고자산이 아닌 고정자산 처분이익은 원칙적으로 비경상적이다.
현행법상 토지 등의 양도소득에 대한 과세특례 규정에 의한 추가납부세액(법인세법 제55조의2
제1항, '토지 등 양도소득에 대한 법인세')은 소득세법상의 양도소득과 동일하게 사정변경을 소급
적으로 고려하여 過年度 是正을 하여야 한다.[40][41]

　　② 특수사정에는 어떠한 것이 있는가?

　　먼저 사업폐지이다. 사업폐지 후 해당 사업과 관계되는 비용 또는 손실이 사후적으로 발
생하였다면 소급효를 인정하여야 한다.[42]

　　법인이 양도자산의 미수대금을 익금으로 계상하였으나 후에 대금미지급으로 계약이 해제
되어 판결을 통하여 소유권을 원상회복한 경우, 승소판결 및 소유권 회복연도에는 휴업 중이
거나 이와 거의 가까운 상태라서 대금채권의 소멸손을 해당 연도의 손금에 산입하더라도 경제
적으로 의미가 없어 구제를 받는 것이 법기술적으로 어렵다면 양도시로 소급하여 사정변경에
기한 경정청구를 허용해야 한다(대법원 2017. 9. 21. 선고 2016두60201 판결 참조).[43]

성요건 - 후발적 사정변경이 있는 경우 그 사정이 발생한 과세기간에 고려할 수 없는 구성요건 - 에 대한
과세에 있어서는 통상의 경우와는 사정이 다르다(BFH BStBL 92, 472)."라고 적고, 1124면에서, 독일 소득
세법 제16조, 제17조 소정의 양도이익 산정에 관한 조항 등을 일회적 구성요건으로 보면서, "양도이익의 크
기에 영향을 미치는 후발적 사정변경은 양도시기에 소급되어야 한다."는 취지, 즉 조세기본법 제175조 제1항
제2호의 적용대상이 된다는 취지로 적고 있다. Tipke/Lang, 전게서, 936면에서, 소득세법 제16조 및 제17조
의 양도대금의 증감 및 매매대금채권의 회수불능 등을 '일회적 구성요건'의 예로 들면서, "경상거래와는 달
리(im Gegensatz zu den laufenden Geschäftsvorfällen), 일회적 구성요건의 사후적 변경이 있는 경우 그
사정이 발생한 시점에 고려될 수 없다. 오로지 일정한 시점에서 조세적으로 포착하여야 하는 경제적 효과와
관련된다면 그 시점에 조세적 효과를 소급시켜야 한다."라고 적고 있다.

40) 헌법재판소 2011. 10. 25. 선고 2010헌바21 결정에 의하면 "법인의 부동산투기를 억제하고 아울러 개인에
대하여 부과되는 고율의 양도소득세와의 과세형평을 도모하기 위하여 종전에 법인의 부동산 양도차익에 대하
여 일반 법인세 외에 특별부가세가 15%의 단일세율로 부과된 바 있으나, 부동산 처분을 통한 기업의 상시구
조조정의 필요성이 대두되면서 2001. 12. 31. 법인세법 개정시 특별부가세 제도가 폐지되고, 부동산투기의
재발을 방지하기 위해 부동산 가격이 급등할 우려가 있는 특정지역에 소재한 토지 및 건물을 양도하는 경우
에 그 양도소득세 대하여 세율 10%(미등기 토지는 20%)의 법인세를 일반 법인세에 추가하여 납부하도록 하
는 규정을 법인세법 제55조의2로 신설하였는바, 이를 토지 등 양도소득에 대한 법인세라 한다. …"라고 판시
하면서, 법인세법 제55조의2 제6항이 청구인 법인의 재산권 및 평등권을 침해하는 것은 아니며 개인과 법인
간의 불합리한 차별로 볼 수 없다는 취지로 판시하고 있다.

41) 사업연도의 소득에 관한 법인세와 토지 등의 양도에 대한 특별부가세는 별개의 과세단위를 이루고 있는 것이
므로, 소득에 관한 법인세 부과처분과 토지 등의 양도에 대한 특별부가세 부과처분은 별개의 부과처분이다
(대법원 2001. 10. 30. 선고 99두4310 판결, 2002. 11. 13. 선고 2001두1543 판결).

42) 일본 소득세법 제152조, 제63조는 이 점을 고려하여 경정청구의 특례를 정하고 있다.

43) 金子 宏, 전게서, 950면에서, "소득 없는 곳에 과세하는 것을 피할 필요가 있고 또 그것이 공정타당한 회계
처리의 기준(법인세법 제22조 제4항)이 요청하는 것이라고 생각한다."라고 적으면서, 반대 취지의 판결로 일
본 동경고등재판소 1986. 11. 11. 판결을 들고 있다.

(3) 결론

기업회계기준에 따른다고 하더라도 예외를 인정하여야 한다. 어디까지 예외를 인정하여 사정변경에 기한 경정청구를 인정할 것인지는 대법원 판결을 통하여 구체적 사안에 따라 개별적으로 확인되어야 한다.

대법원은 납세자의 권리구제를 확대하는 데 입법취지가 있다고 하면서 기간과세세목에서 오히려 과년도 시정을 원칙으로 삼음으로써 경정청구의 범위를 넓히고 있다.

현연도 시정을 원칙으로 하면서 과년도 시정을 예외로 보는 사건과 차이가 있다. 다만 현연도 시정에 많은 예외를 인정하는 이상 현실적으로 큰 차이는 없다고 할 것이다.

(4) **대법원 2013. 12. 26. 선고 2011두1245 판결**(법인세, 부지대금 사후 감액합의 사건)

『나. 2004 사업연도 법인세 부과처분 부분

(1) 법인세법 제40조 제1항은, "내국법인의 각 사업연도의 익금과 손금의 귀속 사업연도는 그 익금과 손금이 확정된 날이 속하는 사업연도로 한다."고 규정함으로써 현실적으로 소득이 없더라도 그 원인이 되는 권리가 확정적으로 발생한 때에는 그 소득이 실현된 것으로 보고 과세소득을 계산하는 이른바 권리확정주의를 채택하고 있다. 이러한 권리확정주의란 소득의 원인이 되는 권리의 확정시기와 소득의 실현시기와의 사이에 시간적 간격이 있는 경우에는 과세상 소득이 실현된 때가 아닌 권리가 확정적으로 발생한 때를 기준으로 하여 그때 소득이 있는 것으로 보고 당해 사업연도의 소득을 산정하는 방식으로, 실질적으로는 불확실한 소득에 대하여 장래 그것이 실현될 것을 전제로 하여 미리 과세하는 것을 허용하는 것이다(대법원 2004. 11. 25. 선고 2003두14802 판결 등 참조). 따라서 소득의 원인이 되는 권리가 확정적으로 발생하여 과세요건이 충족됨으로써 일단 납세의무가 성립하였다 하더라도 일정한 후발적 사유의 발생으로 말미암아 소득이 실현되지 아니하는 것으로 확정되었다면, 당초 성립하였던 납세의무는 그 전제를 상실하여 원칙적으로 그에 따른 법인세를 부과할 수 없다고 보아야 한다. 이러한 해석은 권리확정주의의 채택에 따른 당연한 요청일 뿐 아니라 후발적 경정청구제도를 규정한 국세기본법 제45조의2 제2항의 입법 취지에도 부합한다. 다만 대손금과 같이 법인세법이나 관련 법령에서 특정한 후발적 사유의 발생으로 말미암아 실현되지 아니한 소득금액을 그 후발적 사유가 발생한 사업연도의 소득금액에 대한 차감사유 등으로 별도로 규정하고 있거나, 경상적 · 반복적으로 발생하는 매출에누리나 매출환입과 같은 후발적 사유에 대하여 납세의무자가 기업회계의 기준이나 관행에 따라 그러한 사유가 발생한 사업연도의 소득금액을 차감하는 방식으로 법인세를 신고해 왔다는 등의 특별한 사정이 있는 경우에는, 그러한 후발적 사유의 발생은 당초 성립하였던 납세의무에 영향을 미칠 수 없다고 할 것이다.

나아가 관련 규정의 문언 내용과 취지 및 체계 등에 비추어 볼 때, 여기에서 말하는 후발적 사유에는 사업상의 정당한 사유로 당초의 매매대금이나 용역대금을 감액한 경우도 포함된다고 봄이 타당하므로, 특별한 사정이 없는 한 그 감액분을 당초의 매매대금이나 용역대금에 대한 권리가 확정된 사업연도의 소득금액에 포함하여 법인세를 과세할 수는 없다고 할 것이다.

(2) 원심판결 이유 및 적법하게 채택된 증거들에 의하면, 원고와 OO은 이 사건 부지에 관한 제3차 매매계약에서 "원고가 그 책임 아래 2005. 5. 30.까지 이 사건 부지의 용도변경이 완료되도록 추진하되, 용도변경이 안 되는 것으로 최종 결정된 경우 또는 위 날짜 이후 연장한 기한까지도 용도변경이 이루어지지 않는 경우에는 OO은 매매계약을 해제하거나 환매를 요청할 수 있으며, 원고는 OO에게 발생하는 금융비용을 일부 부담한다."고 약정하였던 사실, 원고와 OO은 2005. 3. 22.경 제3차 매매계약에서 정한 기한 내에 이 사건 부지에 대한 용도변경이 이루어지는 것이 불가능하다고 보고 매매대금을 1,100억 원에서 1,030억 원으로 70억 원을 감액하기로 합의하였고, 이에 따라 원고는 2005. 3. 28. OO에게 위 감액분 70억 원을 반환한 사실 등을 알 수 있다.

(3) 위와 같은 사실관계를 위 법리에 비추어 살펴보면, 원고가 이 사건 부지의 매매대금을 감액하기로 합의한 것은 원고의 주장대로 매매계약의 해제 등으로 인한 불이익을 피하기 위한 것으로서 사업상 정당한 사유가 있었다고 볼 여지도 있으므로, 원심으로서는 이 점에 관하여 심리한 다음 이 사건 2004 사업연도 법인세 부과처분 중 피고가 위 감액분 70억 원을 익금에 산입한 부분의 위법 여부를 판단하였어야 했다.

(4) 그런데도 이와 달리 원심은 이에 나아가 심리하지 아니한 채, 위와 같은 감액 합의에 의하여 위 감액분 70억 원 상당의 소득이 소급적으로 소멸된다고 한다면 이미 과세요건이 충족되어 유효하게 성립한 조세법률관계를 당사자의 사후 약정에 의해 자의적으로 변경함으로써 법인세 과세를 면할 수 있는 조세회피행위를 용인하는 결과가 되어 부당하다는 등의 이유로, 이 사건 2004 사업연도 법인세 부과처분 중 위 감액분 70억 원을 익금에 산입한 부분이 위법하다는 원고의 주장을 배척하였다.

따라서 이러한 원심의 조치에는 권리확정주의나 익금의 차감사유인 대금 감액의 사업상 정당한 사유에 관한 법리 등을 오해하여 필요한 심리를 다하지 아니함으로써 판결 결과에 영향을 미친 위법이 있다. 이를 지적하는 상고이유의 주장은 이유 있다.』

위 판결은 법인세법상 사정변경에 기한 경정청구에 관한 중요한 판시내용을 담고 있다.

(ⅰ) 법인세에도 원칙적으로 사정변경에 기한 경정청구가 가능하다. 다만 대손금과 같이 법인세법이나 관련 법령에서 특정한 후발적 사유의 발생으로 말미암아 실현되지 아니한 소득금액을 그 후발적 사유가 발생한 사업연도의 소득금액에 대한 차감사유 등으로 별도로 규정하고 있거나 경상적·반복적으로 발생하는 매출에누리나 매출환입과 같은 후발적 사유에 대하여 납세의무자가 기업회계의 기준이나 관행에 따라 그러한 사유가 발생한 사업연도의 소득금액을 차감하는 방식으로 법인세를 신고해 왔다는 등의 특별한 사정이 있는 경우에는 그러한 후발적 사유의 발생은 당초 성립하였던 납세의무에 영향을 미칠 수 없다고 한다. 원칙적으로 과년도 시정을 하되 예외적으로 현연도 시정을 하여야 한다.

(ⅱ) 이미 과세요건이 충족되어 유효하게 성립한 조세법률관계를 당사자의 사후약정에 의해 임의적으로 또는 자의적으로 변경함으로써 법인세 과세를 면할 수 있는 조세회피행위를 용

인할 수는 없다. 그러나 이 사안에서 감액 합의는 합의해제(일부 해제)의 하나로서 당사자 사이에 분쟁이 발생하여 그 분쟁을 해결하는 수단의 하나이다. 이는 사법상의 계약에서 흔히 발생하는 것으로 부득이한 것으로 받아들여야 한다. 대법원은 이를 두고 자의적이거나 임의적인 사후 약정으로 보아 조세회피행위를 도모하였다고 보아서는 안 된다면서 원심판결을 탓하고 있다.

그러나 다음의 점은 동의하기 어렵다. 위 판결은 사후적 대금 감액합의에 대하여 '사업상 정당한 사유'를 그 요건으로 요구하고 있다(사업상 정당한 사유의 법리). 그러나 합의해제에 있어 '부득이한 사유'를 요구하는 것은 몰라도 이에 부가하여 사정변경에 기한 경정청구에 있어 '사업상 정당한 사유'라는 엄격한 요건까지 요구하여야 하는지는 의문이다. '사업상 정당한 사유'를 추가로 요구하는 것은 실정법적 근거를 결하고 나아가 너무 포괄적이다.

(5) 대법원 2014. 3. 13. 선고 2012두10611 판결[44)

『1. … 따라서 법인세에서도 구 국세기본법 시행령 제25조의2 제2호에서 정한 '해제권의 행사나 부득이한 사유로 인한 계약의 해제'는 원칙적으로 후발적 경정청구사유가 된다고 할 것이다. 다만 법인세법이나 관련 규정에서 일정한 계약의 해제에 대하여 그로 말미암아 실현되지 아니한 소득금액을 그 해제일이 속하는 사업연도의 소득금액에 대한 차감사유 등으로 별도로 규정하고 있거나 경상적·반복적으로 발생하는 상품판매계약 등의 해제에 대하여 납세의무자가 기업회계의 기준이나 관행에 따라 그 해제일이 속한 사업연도의 소득금액을 차감하는 방식으로 법인세를 신고하여 왔다는 등의 특별한 사정이 있는 경우에는 그러한 계약의 해제는 당초 성립하였던 납세의무에 영향을 미칠 수 없으므로 후발적 경정청구사유가 될 수 없다.

2. 원심은 제1심판결 이유를 인용하여, ① 원고가 2006사업연도 및 2007사업연도에 용인시 기흥구 (주소 1 생략) 소재 OO아파트(총 134세대)(이하 '이 사건 아파트'라고 한다) 및 오산시 (주소

---

44) 대법원 2011두1245 판결과 같이 원칙적으로 '過年度 是正'을 하여야 한다는 것이다. 원심인 서울고등법원 2011누33008 판결은 다음과 같다.
　　"구 국세기본법 제20조, 구 법인세법 제43조에 의하면 국세 과세표준을 조사·결정할 때 공정·타당하다고 인정되는 일반 회계기준 또는 관행에 따라야 하는데, 기업회계기준에 의하면 계약 해제에 따른 변경사항은 전진법으로 회계처리하고 있으므로, 계약 해제로 수익금액이 변경되더라도 해제일이 속하는 사업연도 손익에 반영하여야 한다."라는 피고의 주장에 대하여, "계약 해제로 인한 수익금액 변경사항을 전진법으로 회계처리 하도록 하는 기업회계기준이나 관행이 있다는 자료가 없다[기업회계기준에 의하면 회계추정의 변경이나 오류수정인 경우 전진법으로 회계처리하고 있는 사실은 인정된다(갑 제12호증). 구 법인세법 시행규칙(2011. 2. 28. 기획재정부령 0187호로 개정되기 전의 것) 제34조에 의하면 익금은 '계약금액 x 작업진행률 - 직전 사업연도 말까지 익금에 산입한 금액' 산식에 의하여 산출하고, 작업진행률은 '해당 사업연도 말까지 발생한 총공사비누적액/총공사예정비'이다. 여기서 추정치는 '총공사예정비'와 이에 의하여 산출된 '작업진행률'이고 분양금액은 추정치가 아니다. 계약 해제로 인하여 익금과 손금(당해 사업연도에 발생된 총비용)이 변경되는 경우는 작업진행률이라는 추정치가 변경되는 것이 아니라 분양금액이 변경되는 경우에 해당할 뿐이어서 회계추정 변경이 아니다. 오류도 아니다]."

2 생략) 소재 OO 상가건물(총 113호)(이하 '이 사건 상가'라고 한다)을 신축·분양한 후 작업진행
률과 분양률을 적용하여 분양수입금액 등을 계산하여 법인세를 신고·납부한 사실, ② 그 후 2008.
7. 1.부터 2009. 3. 31.까지 3차에 걸쳐 이 사건 아파트 중 29세대(분양금액 합계 24,701,924,000
원) 및 이 사건 상가 중 15개 실(분양금액 합계 7,204,900,000원)에 대한 분양계약이 수분양자의
분양계약조건 미이행 등으로 해제되어(이하 '이 사건 분양계약의 해제'라고 한다) 2009. 3. 31.경
분양률이 이 사건 아파트의 경우는 당초의 100%에서 78.09%로, 이 사건 상가의 경우에는 당초의
30.50%에서 13.65%로 감소한 사실, ③ 원고는 2008. 10. 30.과 2008. 12. 26. 관할 세무서장이던
삼성세무서장에게 1차 및 2차 계약 해제분을 반영하여 분양률을 재산정한 다음 2006사업연도 및
2007사업연도 법인세의 환급을 구하는 경정청구를 하였는데, 삼성세무서장은 이를 받아들여 원고에
게 2006사업연도 법인세 484,107,210원, 2007사업연도 법인세 754,849,510원을 환급한 사실, ④
다시 원고는 2009. 5. 8. 피고에게 3차 계약 해제분에 대하여 경정청구를 하였으나, 피고는 2009.
7. 28. '계약의 해제로 인한 분양수입과 원가는 그 해제일이 속하는 사업연도의 익금과 손금에 산
입하여야 하므로 이 사건 분양계약의 해제는 후발적 경정청구사유에 해당하지 아니한다'는 이유로
이 사건 경정거부처분을 하고, 위 ③에서와 같이 삼성세무서장이 원고의 경정청구를 받아들여 환급
한 세액에 대하여 2009. 9. 1. 같은 이유로 다시 법인세를 부과하는 이 사건 법인세 부과처분을 한
사실 등을 인정한 다음, 이 사건 분양계약의 해제는 구 국세기본법 시행령 제25조의2 제2호에서 정
한 후발적 경정청구사유에 해당한다는 이유로, 그와 다른 전제에서 한 피고의 이 사건 경정거부처
분 및 법인세 부과처분은 위법하다고 판단하였다.

　　　3. 앞서 본 법리와 기록에 비추어 살펴보면, 원심의 판단은 정당하다. 거기에 상고이유의 주장
과 같이 구 국세기본법 시행령 제25조의2 제2호의 후발적 경정청구사유나 권리의무확정주의 또는
기업회계기준에 따른 회계추정의 변경에 관한 법리를 오해하는 등의 위법이 있다고 할 수 없다.』

한편 위 소송이 계속 중인 2012. 2. 2. 법인세법 시행령 제69조 제3항을 신설하여, "제1
항을 적용할 때 작업진행률에 의한 익금 또는 손금이 공사계약의 해약으로 인하여 확정된 금
액과 차액이 발생된 경우에는 그 차액을 해약일이 속하는 사업연도의 익금 또는 손금에 산입
한다."라고 규정하였다. 위 규정이 신설됨으로써 해당 차액은 과년도 시정이 아닌 現年度 是
正으로 변경되었다.[45]

다만 위 시행령의 적용과 관련한 대법원 2017. 9. 21. 선고 2016두60201 판결의 요지는
다음과 같다. 법인세에서 원칙적으로 과년도 시정을 채택하는 이상 법인세법상 법령개정으로

45) 이동식, 전게서, 349면에서, "이러한 대법원의 입장에 대해서는 반대의견이 적지 않다. 입법자는 2012. 2. 2.
　　법인세법 시행령 제69조 제1항을 신설하여 대법원 판례 입장과 달리 해약으로 인한 차액을 해약일 속하는
　　사업연도의 익금 또는 손금으로 산입해야 한다고 규정하였다. 따라서 현재는 2012. 2. 2. 이전 건의 경우에
　　는 대법원 판례의 입장에 따라 후발적 경정청구사유로 이해하여 최초 계약일이 속하는 사업연도의 익금에 대
　　한 경정청구가 인정되고 그 이후 시점의 경우에는 이를 인정하지 않고 해약일이 속하는 연도의 익금에서 제
　　외하는 방식으로 처리를 하고 있다."라고 적고 있다.

제
4
장

현연도 시정을 취한다 하더라도 개정 부칙 등에 특별한 규정이 없는 이상 원칙으로 돌아가 과년도 시정을 해야 한다는 것이다. 즉 2012. 2. 2. 대통령령 제23589호로 개정된 법인세법 시행령 부칙(2012. 2. 2.) 제1조는 시행일에 관하여 "이 영은 공포한 날부터 시행한다."라고 규정한 다음 제2조는 일반적 적용례로 "이 영은 2012. 1. 1. 이후 최초로 개시하는 사업연도 분부터 적용한다."라고 규정하고 있을 뿐 개정 법인세법 시행령 제69조 제3항에 관한 개별적 적용례를 별도로 규정하고 있지 않다.

『[2] 권리확정주의는 실질적으로 불확실한 소득에 대하여 장래의 실현을 전제로 미리 과세하는 것을 허용하는 것으로서, 일정한 후발적 사유의 발생으로 인하여 소득이 실현되지 아니하는 것으로 확정되었다면 당초 성립하였던 납세의무는 전제를 상실하게 되므로, 구 국세기본법(2015. 12. 15. 법률 제13552호로 개정되기 전의 것) 제45조의2 제2항, 구 국세기본법 시행령(2017. 2. 7. 대통령령 제27833호로 개정되기 전의 것) 제25조의2는 당초 사업연도의 익금 산입에서 제외할 수 있도록 하는 후발적 경정청구제도를 인정하고 있다. 이처럼 후발적 경정청구는 납세의무 성립 후 납세의무의 근거가 소멸되는 등의 일정한 후발적 사유의 발생으로 당초의 과세표준 및 세액의 산정기초에 변동이 생긴 경우에, 납세자로 하여금 그 사실을 증명하여 잘못된 당초의 과세에 대한 감액을 청구할 수 있도록 함으로써 납세자의 권리구제를 확대하려는 데에 취지가 있다. 또한 후발적 사유가 발생한 사업연도에 결손금이 누적되어 있거나 사실상 휴·폐업 상태여서 차감할 익금이 없는 경우에도 후발적 사유가 발생한 사업연도의 손익으로만 반영하도록 하는 것은 납세자의 권리구제에 미흡하고 형평에도 어긋나는 결과가 된다. 따라서 후발적 경정청구를 제한하는 규정은 적용시기를 명시적으로 정하고 있는 등의 특별한 사정이 없는 한 그 규정의 시행 전에 이루어진 잘못된 당초의 과세에 대한 후발적 경정청구권에는 영향을 미치지 못한다. 그런데 2012. 2. 2. 대통령령 제23589호로 개정된 법인세법 시행령(이하 '개정 법인세법 시행령'이라 한다) 부칙(2012. 2. 2.) 제1조는 시행일에 관하여 "이 영은 공포한 날부터 시행한다."라고 규정한 다음, 제2조는 일반적 적용례로 "이 영은 2012. 1. 1. 이후 최초로 개시하는 사업연도 분부터 적용한다."라고 규정하고 있을 뿐, 개정 법인세법 시행령 제69조 제3항에 관한 개별적 적용례를 별도로 규정하고 있지 아니하다. 이는 개정 법인세법 시행령과 같은 날인 2012. 2. 2. 대통령령 제23595호로 개정된 구 부가가치세법 시행령(2013. 2. 15. 대통령령 제24359호로 개정되기 전의 것) 제59조 제1항 제2호에서 계약이 해제되어 재화 또는 용역이 공급되지 아니한 경우 계약해제일이 속한 과세기간에 부가가치세에서 차감하여 수정세금계산서를 발급할 수 있도록 규정하면서, 부칙(2012. 2. 2.) 제7조에서 2012. 7. 1. 이후 최초로 수정세금계산서 발급사유가 생기는 분부터 적용한다는 개별적 적용례를 두고 있는 것과도 대비된다.

따라서 개정 법인세법 시행령 제69조 제3항은 2012. 1. 1. 이후부터 개시하는 사업연도 분의 과세에 대한 후발적 경정청구에 적용되며, 그 전의 사업연도 분의 과세에 대하여는 비록 그 이후에 후발적 경정청구 사유가 발생하였다 하더라도 적용되지 아니한다.』

(6) 대법원 2020. 1. 30. 선고 2016두59188 판결(한국철도공사 사건)

『법인세에서도 구 국세기본법 제45조의2 제2항 제5호, 구 국세기본법 시행령 제25조의2 제2호에서 정한 '해제권의 행사나 부득이한 사유로 인한 계약의 해제'는 원칙적으로 후발적 경정청구사유가 된다. 다만, 법인세법이나 관련 규정에서 일정한 계약의 해제에 대하여 그로 말미암아 실현되지 아니한 소득금액을 그 해제일이 속하는 사업연도의 소득금액에 대한 차감사유 등으로 별도로 규정하고 있거나 경상적·반복적으로 발생하는 상품판매계약 등의 해제에 대하여 납세의무자가 기업회계의 기준이나 관행에 따라 그 해제일이 속한 사업연도의 소득금액을 차감하는 방식으로 법인세를 신고하여 왔다는 등의 특별한 사정이 있는 경우에는, 그러한 계약의 해제가 당초 성립하였던 납세의무에 영향을 미칠 수 없으므로 후발적 경정청구사유가 될 수 없다(대법원 2014. 3. 13. 선고 2012두10611 판결 등 참조).

원심은 그 판시와 같은 이유를 들어, 이 사건 각 토지 매매계약의 해제에 후발적 경정청구사유가 될 수 없는 특별한 사정이 존재하지 않는다고 판단하였다.

관련 법리와 기록에 비추어 살펴보면, 원심의 위와 같은 판단에 상고이유 주장과 같이 법인세법상 손익의 귀속시기, 기간과세원칙, 기업회계 적용, 후발적 경정청구사유 등에 관한 법리를 오해한 잘못이 없다.』

나. 부가가치세

(1) 부가가치세의 경정청구는 다른 곳에서 설명한다(제5장 제1절 참조). 부가가치세에도 원칙적으로 사정변경에 기한 경정청구가 가능하다.

다만 수정세금계산서 등의 제도에 따른 특칙이 있다. 매출세액의 증감 등 후발적 사정변경에 대하여는 특칙이 적용됨에 따라 국세기본법 제45조의2 제2항의 적용이 원칙적으로 배제된다[제5장 제1절 6. 라. 참조].[46]

(2) 대손세액공제에 관한 대법원 2008. 4. 24. 선고 2006두13855 판결

『1. 시행령 무효에 관한 상고이유에 대하여

부가가치세법 제17조의2 제1항은 "사업자가 부가가치세가 과세되는 재화 또는 용역을 공급하는 경우 공급을 받는 자의 파산·강제집행 기타 대통령령이 정하는 사유로 인하여 당해 재화 또는 용역의 공급에 대한 외상매출금 기타 매출채권(부가가치세를 포함한 것을 말한다)의 전부 또는 일부가 대손되어 회수할 수 없는 경우에는 대손금액에 10/110을 곱한 금액(이하 '대손세액'이라 한다)을 그 대손의 확정이 된 날이 속하는 과세기간의 매출세액에서 차감할 수 있다"고, 구 부가가치세법(2007. 12. 31. 법률 제8826호로 개정되기 전의 것, 이하 '구 법'이라 한다) 제17조의2 제6항

---

46) Klein, 전게서, 1038면에서, 독일 부가가치세법 제17조를 특수한 경정조항(Sondervorschrift)으로 보고 있다.

은 "제1항 내지 제3항 외에 대손세액공제의 범위 및 절차에 관하여 필요한 사항은 대통령령으로 정한다."고 각 규정하고 있고, 구 법 제17조의2 제6항의 위임에 따라 부가가치세법 시행령(이하 '시행령'이라 한다) 제63조의2 제2항은 "법 제17조의2의 규정에 의한 대손세액공제의 범위는 사업자가 부가가치세가 과세되는 재화 또는 용역을 공급한 후 그 공급일부터 5년이 도과된 날이 속하는 과세기간에 대한 확정신고기한까지 제1항 각 호의 사유로 인하여 확정되는 대손세액으로 한다."고 규정하고 있다.

그런데 부가가치세법 제2조, 제15조는 사업자가 재화 또는 용역을 공급하는 때에는 그 공급을 받는 자로부터 부가가치세를 징수·납부하여야 한다고 규정하고 있으므로, 원칙적으로는 사업자가 공급을 받는 자로부터 실제로 부가가치세 상당액의 거래징수를 하였는지의 여부에 관계없이 그 납세의무를 부담한다 할 것이나(대법원 1991. 7. 12. 선고 90누6873 판결, 대법원 2004. 2. 13. 선고 2003다49153 판결 등 참조), 부가가치세법 제17조의2는 사업자가 일정한 사유로 매출채권이 대손되어 부가가치세를 거래징수하지 못한 경우에는 세 부담을 덜어주기 위하여 그 대손세액을 매출세액에서 차감하여 주는 대손세액공제제도를 규정하는 한편, 그 대손세액공제의 구체적 범위에 관하여는 구 법 제17조의2 제6항이 이를 대통령령에 위임하고 있는 점 등 부가가치세제도 및 대손세액공제제도의 의의와 입법 취지를 비롯한 제반 사정을 종합하여 보면, 시행령 제63조의2 제2항이 모법인 구 법 제17조의2 제6항의 위임취지나 범위를 벗어난 무효의 규정이라고 보기는 어렵다고 할 것이다.

따라서 원심이 같은 취지로 판단한 것은 옳고, 거기에 상고이유의 주장과 같은 시행령 제63조의2 제2항 및 위임입법의 한계에 관한 법리오해 등의 위법이 있다고 할 수 없다.

2. 대손확정에 관한 법리오해 등의 상고이유에 대하여

부가가치세법 제17조의2 제1항, 구 부가가치세법 시행령(2002. 12. 30. 대통령령 제17827호로 개정되기 전의 것) 제63조의2 제1항 제4호에 의하면, 사업자가 재화 또는 용역을 공급받는 자의 회사정리법에 의한 회사정리계획인가의 결정으로 인하여 매출채권의 전부 또는 일부가 대손되어 회수할 수 없는 경우에는 대손세액을 그 대손의 확정이 된 날이 속하는 과세기간의 매출세액에서 차감할 수 있다고 규정하고 있다.

위 각 규정과 기록에 비추어 살펴보면, 원심이 그 이유 설시에 일부 적절하지 않은 부분은 있으나, 1997. 7. 27.자 회사정리계획인가의 결정만으로는 원고의 한보철강공업 주식회사에 대한 렌탈료 채권의 회수불능 여부를 알 수 없어 대손금액이 확정되었다고 볼 수 없고, 2004. 9. 24.자 회사정리계획인가의 결정으로써 그 대손금액이 확정되었다고 판단한 것은 옳고, 거기에 상고이유의 주장과 같은 대손확정에 관한 법리오해 등의 위법이 있다고 할 수 없다.

3. 후발적 경정청구사유에 관한 법리오해 등의 상고이유에 대하여

원심은, 회사정리계획인가의 결정 지연으로 인하여 정리채권의 대손확정 여부가 지체되었다는 사유는 구 국세기본법(2007. 12. 31. 법률 제8830호로 개정되기 전의 것) 제45조의2 제2항 소정의 후발적 경정청구 사유에 해당하지 않는다고 판단하였는바, 관계 법령에 비추어 살펴보면, 원심의 위와 같은 판단은 옳고, 거기에 상고이유의 주장과 같은 후발적 경정청구 사유에 관한 법리오해 등의 위법이 있다고 할 수 없다.』

다. 상속세 및 증여세

(1) 상속세 및 증여세법 제79조의 특례규정이 우선 적용되고, 다음 국세기본법상 사정변경에 기한 경정청구의 적용 여부가 검토되어야 한다. 특례규정에서 상속회복청구소송(제5장 제3절 1. 가. 참조)만을 규정하고 있어 대부분은 국세기본법상의 사정변경에 기한 경정청구로 구제될 것으로 짐작된다.

사정변경에 기한 경정청구는 종래 양도소득세, 종합소득세, 법인세 등에서 많이 문제되었다. 앞으로 상속세에서 상속인 또는 상속지분의 사후적 변경을 이유로 사정변경에 기한 경정청구가 많이 문제될 것이다. 현재 유류분반환청구 등 상속분을 둘러싸고 적지 아니한 분쟁이 민사법원에 계속 중이고 이에 관한 민사판결이 경정청구에 영향을 미칠 것이다.

(2) 상속세 및 증여세법 제4조 제4항과 사정변경에 기한 경정청구

상속세 및 증여세법 제4조 제4항(2015. 12. 15. 개정, 개정 전 제31조 제4항 및 제5항)은 수증자가 법정신고기한 내에 증여자에게 증여재산을 반환하는 경우 증여가 없는 것으로 보되 법정신고기한 경과 후 3월 이내에 증여자에게 반환(또는 증여)하는 경우 그 반환하거나 다시 증여하는 것에 대하여 증여세를 부과하지 아니한다는 취지로 정하고 있다.

위 제4조 제4항은 일정한 시점을 기준으로 증여세와 관련하여 증여의 합의해제를 규제하기 위한 것이다. 국세기본법상의 사정변경에 기한 경정청구를 원천적으로 배제하기 위한 특별규정은 아니다. 위 규정에 불구하고 국세기본법상 사정변경에 기한 경정청구는 그 요건을 구비하는 한 허용된다 할 것이다(제5장 제3절 2. 마. 참조).[47]

(3) 증여세를 낸 후 사해행위취소 판결에 의하여 소유권이 수익자(수증자)로부터 채무자(증여자)에게로 환원된 경우, 수익자(수증자)는 그가 낸 증여세를 환급받기 위하여 사정변경에 기한 경정청구를 할 수 있는가?

소극설은 사해행위의 취소와 일탈재산의 원상회복은 채권자와 수익자 또는 전득자에 대한 관계에 있어서만 효력이 발생할 뿐이고 채무자가 직접 권리를 취득하는 것이 아니므로(상대적 효력설), 수익자(수증자)는 사정변경에 기한 경정청구를 할 수 없다는 견해이다. 적극설을 본다. 사해행위의 취소에 있어 대법원이 상대적 효력설을 취하는 근거는 절대설을 취하면 법률관계를 필요 이상으로 청산하는 것이 되어 문제라는 데 있다. 사해행위의 취소에 있어 무효가 상

---

47) 이동식, 전게서, 353면 이하에서, "다수설은 국세기본법 조문과 개별세법 조문의 우선관계를 규정하는 국세기본법 제3조에 따를 때 상속세 및 증여세법의 해당 규정은 국세기본법 제45조의2 제2항에 대한 특례규정으로 이해한다. … 그러나 이러한 다수설의 해석에 대해서는 동의하기 힘든 면이 있다. 상속세 및 증여세법 제4조 제4항은 후발적 경정청구를 규정하고 있는 국세기본법 제45조의2 제2항이 신설되기 훨씬 이전부터 존재했던 규정이다. … 이는 납세자를 보호하고 배려하기 위한 차원의 신설규정이다. … 그래서 개인적으로 국세기본법 제45조의2 제2항을 상속세 및 증여세법 제4조 제4항에 대한 신법규정으로 이해해서 증여세에 대해서도 우선적으로 국세기본법 제45조의2 제2항에 따라 해석하는 것이 옳다고 본다."라고 적고 있다.

대적이냐 절대적이냐의 구별은 청산의 범위를 좁힐 것인가 아니면 넓힐 것인가의 사법상의 문제에 불과하다. 비록 민법상 상대적 효력설이 타당48)하더라도 취소권 행사의 대상이 된 수증자가 담세력을 사후적으로 상실하는 점에서는 절대설이나 상대설 모두 동일하다. 그 점에서 사정변경에 기한 경정청구를 인정하여야 한다는 견해이다.49)50) 적극설이 타당하다 할 것이다.

상속포기는 채권자취소권의 행사 대상이 될 수 없다. 그러나 상속재산분할협의는 취소의 대상이 되므로 경정청구의 가능 여부는 증여세와 같게 보아야 할 것이다. 양도소득세도 마찬가지이다.

(4) 대법원 2012. 8. 23. 선고 2012두8151 판결[사해행위취소 사건]

『1. 구 상속세 및 증여세법(2010. 1. 1. 법률 제9916호로 개정되기 전의 것) 제45조의2 제1항(이하 '이 사건 법률조항'이라 한다) 본문은 권리의 이전이나 그 행사에 등기 등을 요하는 재산(토지와 건물을 제외한다)의 실제 소유자와 명의자가 다른 경우에는 국세기본법 제14조의 규정에도 불구하고 그 명의자로 등기 등을 한 날에 그 재산의 가액을 명의자가 실제 소유자로부터 증여받은 것으로 본다고 규정하고, 단서 제1호는 조세회피의 목적 없이 타인의 명의로 재산의 등기 등을 하거나 소유권을 취득한 실제 소유자 명의로 명의개서를 하지 아니한 경우에는 그러하지 아니하다고 규정하고 있다.

이 사건 법률조항은 명의신탁제도를 이용한 조세회피행위를 효과적으로 방지하여 조세정의를 실현하기 위하여 실질과세원칙에 대한 예외를 인정한 것이다. 이러한 입법 취지에 더하여 조세회피를 목적으로 명의신탁에 따른 등기 등이 일단 이루어진 이상 그 후 사해행위취소 판결에 의하여 그 등기 등의 명의가 실제 소유자 앞으로 원상회복되었다고 하더라도 사해행위취소 판결에는 소급효가 없으므로 그때까지는 명의신탁에 따른 등기 등이 유지됨으로써 조세회피의 목적이 달성되는 점 등에 비추어 볼 때, 명의신탁에 따른 등기 등이 이루어지고 그에 대하여 과세관청이 이 사건 법률조항 본문에 따라 증여세 부과처분을 한 후 그 등기 등이 사해행위취소 판결로 원상회복되었다고 하

---

48) 곽윤직, 전게서, 141면에서, "법률의 근거 없이 상대적 무효를 주장하는 점이 문제이긴 하나, 판례이론보다 합리적이면서 또한 실천적인 이론이 아직 나타나 있지 않는 현재로서는, 위와 같은 판례이론은 긍정되어야 한다."라고 적고 있다.

49) 소순무, 전게서, 257면에서, "취소와 관련하여 증여 형식으로 이루어진 사해행위를 취소하고 원물반환에 갈음하여 그 목적물 가액의 배상을 명함에 있어서는 수익자에게 부과된 증여세액과 취득세액을 공제하여 가액배상액을 결정할 것이 아니라는 것이 판례의 입장인데(대판 2003. 12. 12. 2003다40286), 당초 법률행위가 증여라고 할 경우 수익자 등이 사행위취소 판결의 이행으로 소유권이 회복되고 이에 대하여 강제집행 등 채권자 구제절차가 이루어지는데 수익자는 아무런 이득이 없음에도 조세만을 부담하는 결과가 되므로, 사해행위취소에 관한 상대적 효력설에 의하면 민법상으로는 증여법률행위 자체는 영향이 없는 것이지만 조세법적 관점에서는 이를 후발적 경정청구 사유로 인정함이 옳을 것이다."라고 적고 있다.

50) 金子 宏, 전게서, 130면에서, "사해행위취소권의 행사로 매수인에 의한 부동산의 취득의 효력을 잃게 하는 점에서는 매매계약에 하자가 있어 취소된 경우와 다를 바 없기 때문에 과세요건은 충족되지 아니한 것으로 풀이하여야 할 것이다."라고 적고 있다.

여 이 사건 법률조항이 정한 증여의제규정의 적용이 배제되는 것은 아니라고 할 것이다.

따라서 위와 같은 사유는 구 국세기본법(2010. 1. 1. 법률 제9911호로 개정되기 전의 것, 이하 같다) 제45조의2 제2항이 정한 후발적 경정청구사유에 해당하지 않는다고 보아야 한다.

2. 가. 원심이 적법하게 확정한 사실관계에 의하면, 다음과 같은 사실을 알 수 있다.

(1) 원고는 2007. 4. 16. 한신골드 주식회사(이하 '한신골드'라고 한다)의 대표이사인 소외인으로부터 주식회사 반야유업의 주식 18,200주(이하 '이 사건 주식'이라고 한다)를 취득하였다.

(2) 서울지방국세청장은 2008. 4. 한신골드에 대한 세무조사를 실시하여 소외인이 이 사건 주식을 원고에게 명의신탁한 것임을 확인하고, 피고에게 명의신탁재산에 대한 증여세를 부과하도록 과세자료를 통보하였다.

(3) 피고는 위 과세자료에 따라 2008. 6. 2. 원고에게 이 사건 주식에 대하여 이 사건 법률조항 본문을 적용하여 증여세 130,969,480원을 결정·고지하였다.

(4) 한편 대한민국은 이 사건 주식을 실제 소유자이자 한신골드의 제2차 납세의무자인 소외인에게 원상회복시켜 조세채권에 충당하고자 2009. 3. 19. 원고를 상대로 서울중앙지방법원 2009가합30972호로 사해행위취소의 소를 제기하였고, 위 사건에서 2009. 5. 29. "원고와 소외인이 2007. 4. 16. 이 사건 주식에 관하여 체결한 양도계약을 취소하고, 원고는 소외인에게 위 주식양도계약의 취소를 원인으로 하는 주식명의개서절차를 이행하라"는 판결이 선고되어 확정됨에 따라, 2009. 7. 6. 이 사건 주식의 주주명부상 명의가 실제 소유자인 소외인으로 변경되었다.

(5) 원고는 2009. 7. 27. 피고에게 위 판결에 따라 이 사건 주식에 관한 양도계약이 취소되었음을 이유로 구 국세기본법 제45조의2 제2항에 근거하여 위 증여세 부과처분을 취소하여 달라는 후발적 경정청구를 하였으나, 피고는 2009. 8. 20. 이를 거부하는 이 사건 처분을 하였다.

나. 이러한 사실관계를 앞서 본 규정과 법리에 비추어 살펴보면, 이 사건 주식의 명의신탁에 대하여 이 사건 법률조항 본문에 따라 증여세 부과처분이 이루어진 후 사해행위취소 판결로 명의신탁이 취소되고 실제 소유자 앞으로 명의가 회복되었다고 하더라도 그때까지 유지된 명의신탁에 대하여 이 사건 법률조항이 정한 증여의제규정의 적용이 배제된다거나 위와 같이 명의신탁이 취소되었다는 사유가 구 국세기본법 제45조의2 제2항이 정한 후발적 경정청구사유에 해당한다고 할 수 없다.

당초의 증여세 부과처분이 아니라 후발적 경정청구에 대한 거부처분이 다툼의 대상인 이 사건에서 원심판결의 이유 설시에 다소 부적절한 점이 있으나, 원고의 경정청구를 거부한 이 사건 처분이 적법하다고 본 원심의 결론은 정당하고, 거기에 관련 법리를 오해하여 판결에 영향을 미친 잘못이 없다.』

증여의제조항은 명의신탁제도를 이용한 조세회피행위를 효과적으로 방지하여 조세정의를 실현하기 위하여 실질과세원칙에 대한 예외를 인정한 것으로, 조세회피를 목적으로 명의신탁에 따른 등기 등이 일단 이루어진 이상 그 후 사해행위취소 판결에 의하여 그 등기 등의 명의가 실제 소유자 앞으로 원상회복되었다고 하더라도 사해행위취소 판결에는 소급효가 없으므로 그때까지는 명의신탁에 따른 등기 등이 유지됨으로써 조세회피의 목적이 달성되는 점 등에 비추어 볼 때, 명의신탁에 따른 등기 등이 이루어지고 그에 대하여 과세관청이 이 사건 법률조항 본문에 따라 증여세 부과처분을 한 후 그 등기 등이 사해행위취소 판결로 원상회복되었다고 하여 이 사건 법률조항이 정한 증여의제규정의 적용이 배제되는 것은 아니라고 하면서, 사정변경에 기한 경정청구를 할 수 없다는 취지를 확인하고 있다.

증여의제는 일종의 제재로서, 증여세 부과처분 후 명의신탁이 사해행위취소 판결에 의하여 원상회복되었다 하더라도 일단 내려진 제재는 철회될 수 없다는 법리라는 것이다.[51]

(5) 대법원 2020. 11. 26. 선고 2014두46485 판결[사해행위취소]

『채권자취소권의 행사로 사해행위가 취소되고 일탈재산이 원상회복되더라도, 채무자가 일탈재산에 대한 권리를 직접 취득하는 것이 아니고 사해행위 취소의 효력이 소급하여 채무자의 책임재산으로 회복되는 것도 아니다(대법원 2000. 12. 8. 선고 98두11458 판결, 대법원 2006. 8. 24. 선고 2004다23127 판결, 대법원 2012. 8. 23. 선고 2012두8151 판결 등 참조).

따라서 재산을 증여받은 수증자가 사망하여 증여받은 재산을 상속재산으로 한 상속개시가 이루어졌다면, 이후 사해행위취소 판결에 의하여 그 증여계약이 취소되고 상속재산이 증여자의 책임재산으로 원상회복되었다고 하더라도, 수증자의 상속인은 국세기본법 제45조의2 제2항이 정한 후발적 경정청구를 통하여 상속재산에 대한 상속세 납세의무를 면할 수 없다.

원심은 그 판시와 같은 사실을 인정한 다음, 이 사건 토지를 증여받은 소외인이 사망하여 이 사건 토지를 상속재산으로 한 상속개시가 이루어진 이상, 이후에 신용보증기금이나 주식회사 신한은행의 사해행위취소 판결에 의하여 그 증여계약이 취소되고 이 사건 토지가 증여자의 책임재산으로 원상회복되어 강제집행까지 이루어졌다고 하더라도, 그러한 사유는 원고가 소외인의 상속인으로서 이 사건 토지를 상속재산에 포함하여 이루어진 상속세 부과처분에 대하여 국세기본법 제45조의2 제2항에서 정한 후발적 경정을 청구할 사유에 해당하지 아니하므로, 원고의 경정청구를 거부한 이 사건 처분이 적법하다는 취지로 판단하였다.

앞서 본 법리와 기록에 비추어 살펴보면, 원심의 위와 같은 판단에 상고이유 주장과 같이 후발적 경정청구 사유에 관한 법리 등을 오해한 잘못이 없다.』

적어도 상증세에 관한 한 사정변경에 기한 경정청구를 인정하는 것이 담세력 상실의 관점에서 볼 때 타당하다 할 것이다. 민사법적 시점이 아닌 조세법적 시점에서 조세채무자를 보호하여야 할 것이고, 나아가 세목(보유세, 유통세)에 따라 결론을 달리할 여지도 있다 할 것이다.

---

51) 소순무, 전게서, 258면에서, "이 경우는 증여의제를 일종의 제재로 보는 입장이라면 명의신탁 과세요건 완성 이후 사정은 고려대상이 아니므로 판례와 같은 결론도 가능할 것이다. 그러나 증여의제 규정은 위헌 논란이 끊이지 않고 있는 과잉입법으로서 위 판결의 타당성은 의문이다."라고 적고 있다.

라. 종합부동산세

(1) 종합부동산세(재산세)의 본질

헌법재판소 2008. 11. 13. 선고 2006헌바112 결정에 의하면 종합부동산세는 본질적으로 부동산의 보유사실 그 자체에 담세력을 인정하고 그 가액을 과세표준으로 삼아 과세하는 것으로서, 일부 수익세적 성격이 있다 하더라도 미실현이득에 대한 과세의 문제가 전면적으로 드러난다고 보기 어렵고, 그 부과로 인하여 원본인 부동산 가액의 일부가 잠식되는 경우가 있다 하더라도 그러한 사유만으로 곧바로 위헌이라고 할 수 없다고 판시하였다.

종합부동산세나 재산세는 본질적으로 부동산의 보유사실(사실상 소유) 그 자체에 담세력을 인정하는 세제(보유세)이다.

(2) 보유의 원인이 된 법률행위 등이 무효인 경우

A에게서 B에게로 소유권이전등기가 경료된 후 원인무효임이 판명되어 등기가 말소된 경우, B가 그 동안 납부한 종합부동산세(재산세)에 대하여 사정변경에 기한 경정청구를 할 수 있는가?

대법원 2012. 12. 13. 선고 2010두9105 판결

『구 종합부동산세법(2008. 12. 26. 법률 제9273호로 개정되기 전의 것, 이하 같다) 제12조 제1항은 토지에 대한 종합부동산세 납세의무자를 당해 토지에 대한 토지분 재산세 납세의무자로 규정하고 있고, 구 지방세법(2010. 3. 31. 법률 제10221호로 전부 개정되기 전의 것) 제183조 제1항은 재산세 납세의무자를 과세기준일 현재 재산을 사실상 소유하고 있는 자로 규정하고 있다. 종합부동산세법 및 지방세법의 입법 목적과 성격 등에 비추어 보면, 위 규정에서 '재산을 사실상 소유하고 있는 자'라 함은 공부상 소유자로 등재된 여부를 불문하고 당해 재산에 대한 실질적인 소유권을 가진 자를 말한다고 보아야 할 것이다.

원심판결 이유 및 원심이 적법하게 채택한 증거에 의하면, ① 이 사건 토지는 1995. 12. 4. 대한민국 명의로 소유권보존등기가 경료된 후 포천시에 의하여 도로법상 도로인 지방도로 사용되어 왔는데, 이 사건 토지를 사정받은 망 소외인의 상속인인 원고가 대한민국을 상대로 원인무효를 이유로 위 소유권보존등기의 말소등기청구소송을 제기하여 승소판결을 받았고, 2006. 4. 28. 그 판결이 확정된 사실, ② 다시 원고는 대한민국을 상대로 이 사건 토지의 점유ㆍ사용으로 인한 부당이득 반환 청구소송을 제기하여 승소 확정판결을 받고, 2007. 9. 11. 대한민국으로부터 2001. 2. 25. 이후의 차임 상당 부당이득금으로 합계 1,455,692,260원을 지급받은 사실, ③ 피고는 2008. 8. 18. 원고에게 이 사건 토지에 대한 2005년도 내지 2007년도 각 종합부동산세를 부과하는 이 사건 처분을 한 사실을 알 수 있다.

위와 같은 사실관계를 앞서 본 법리에 비추어 살펴보면, 이 사건 토지에 관하여 대한민국 명의로 원인무효인 소유권보존등기가 경료된 상태에서 대한민국이 위 토지를 사실상 사용ㆍ수익하여 왔

더라도, 원고가 대한민국을 상대로 제기한 소유권보존등기 말소등기청구소송에서 원고가 진정한 소유자임이 밝혀져 승소 확정판결을 받은 이상, 원고는 그 과세기준일 당시 이 사건 토지에 대하여 소유자로서의 권능을 실제로 행사하였는지 여부와 관계없이 위 판결 확정 전의 과세기간에 대하여도 사용·수익·처분권능을 행사할 수 있는 지위에 있는 자로서 특별한 사정이 없는 한 사실상 소유자에 해당한다고 할 것이어서 이 사건 토지에 대한 토지분 재산세 납세의무자에 해당하므로 종합부동산세를 납부할 의무가 있다고 할 것이다.

　　같은 취지의 원심판단은 정당하고, 거기에 상고이유에서 주장하는 바와 같은 종합부동산세의 납세의무자인 사실상 소유자에 관한 법리를 오해한 위법이 없다.』

위 사안에서 국가는 종합소득세 납세의무자가 될 수 없어 문제가 되지 않는다. 그러나 사인 B로서는 그 원인관계인 매매계약이 판결로 무효임이 판명되었다면 그동안 지급한 종합소득세를 환급받기 위하여 사정변경에 기한 경정청구를 할 수 있다 할 것이다.

(3) 보유의 원인이 된 법률행위 등이 해제된 경우

A에게서 B에게로 소유권이전등기가 경료된 후 등기원인인 매매계약이 A의 해제권 행사에 의하여 해제되어 등기가 말소된 경우, B가 그동안 지급한 종합부동산세(재산세)를 환급받기 위하여 사정변경에 기한 경정청구를 할 수 있는가?

그동안 B는 '토지를 사실상으로 소유하고 있는 자'로서 종합부동산세(재산세)의 납세의무자에 해당하기 때문에 경정청구를 할 수 없다 할 것이다.

대법원 2003. 11. 28. 선고 2002두6361 판결

『지방세법 제234조의9 제1항은, 종합토지세 과세기준일 현재 제234조의8의 규정에 의한 토지를 사실상 소유하고 있는 자는 종합토지세를 납부할 의무가 있다고 규정하고 있는바, 종합토지세는 과다한 토지 보유를 억제하여 지가 안정과 토지 소유의 저변 확대를 도모하기 위하여 도입된 정책세제로서, 수익세적 재산세라 할 것이므로, 이와 같은 종합토지세의 입법 목적 및 성격 등에 비추어 볼 때, 여기에서 '토지를 사실상 소유하고 있는 자'라 함은 공부상 소유자로 등재된 여부를 불문하고 당해 토지에 대한 실질적인 소유권을 가진 자를 말한다고 보아야 할 것이다(대법원 1996. 4. 18. 선고 93누1022 전원합의체 판결 참조). 그리고 토지구획정리사업시행자가 환지처분 전에 체비지 지정을 하여 이를 제3자에게 처분하는 경우 그 매수인이 토지의 인도 또는 체비지대장에의 등재 중 어느 하나의 요건을 갖추었다면 매수인은 당해 토지에 관하여 물권 유사의 사용수익권을 취득하여 당해 체비지를 배타적으로 사용·수익할 수 있음은 물론이고 다시 이를 제3자에게 처분할 수도 있는 권능을 가지며, 그 후 환지처분공고가 있으면 그 익일에 최종적으로 체비지를 점유하거나 체비지대장에 등재된 자가 그 소유권을 원시적으로 취득하게 되는 것이다(대법원 1996. 2. 23. 선고 94다31280 판결, 1998. 10. 23. 선고 98다36207 판결 등 참조).

　　원심판결 이유에 의하면, 원심은 그 채용증거들을 종합하여, 원고는 토지구획정리사업을 시공

하여 주고 그 공사대금의 대물변제로 사업시행자인 화암지구토지구획정리조합으로부터 이 사건 체비지를 취득한 다음, 1996. 11. 9. OOO 등에게 대금 88억 5,000만 원으로 정하여 매도하는 계약을 체결하고, 같은 날 체비지대장상의 소유자 명의를 원고에서 OOO 등의 명의로 변경하여 등재한 사실, OOO 등은 이 사건 체비지 위에 아파트를 신축할 목적으로 그 판시와 같은 절차를 진행하던 중, OOO 등이 매매대금으로 원고에게 교부한 약속어음 중 1매가 그 지급기일에 지급거절됨에 따라 원고는 1998. 11. 26.경 OOO 등에게 매매잔대금 미지급을 이유로 매매계약을 해제한다는 의사표시를 하였고, 이에 OOO 등이 그 해제의 효력 유무를 다투면서 이 사건 체비지의 원상회복을 거절하자 원고는 OOO 등을 상대로 소송을 제기한 결과 1999. 10. 14. 원고 전부승소판결이 선고되어 그 무렵 이 사건 체비지를 원상회복 받게 된 사실을 인정한 다음, OOO 등은 체비지대장상에 이 사건 체비지의 소유자로 등재됨으로써 그 무렵부터 이 사건 체비지를 배타적으로 사용·수익할 수 있는 권리를 취득하여 그 지상에 아파트를 신축하기 위한 일련의 절차를 진행하여 왔고, 그 후 원고로부터 계약해제의 의사표시가 있었음에도 그 해제의 효력을 다투면서 이 사건 체비지의 원상회복을 거절하는 바람에 원고가 확정판결을 통하여 비로소 이 사건 체비지에 대한 사용수익권을 회복하였다면, 체비지대장상에 OOO 등이 소유자로 등재된 날로부터 원상회복을 명하는 판결이 확정될 때까지의 기간동안에는 이 사건 체비지의 사실상의 소유자는 원고가 아닌 OOO 등으로 보아야 할 것이라고 판단하였다.

앞서 본 법리와 관계 법령 및 기록에 비추어 살펴보면, 원심의 위와 같은 사실인정과 판단은 정당한 것으로 수긍이 가고, 거기에 심리미진으로 인한 사실오인이나 판단유탈, 종합토지세의 납세의무자에 관한 법리오해 등의 위법이 있다고 할 수 없다.』

(4) 보유의 원인이 된 법률행위 등이 사해행위취소로 인하여 취소된 경우

A(채무자)에게서 B(수익자)에게로 소유권이전등기가 경료된 후 A의 채권자가 등기원인인 매매가 사해행위에 해당된다는 이유로 취소를 구하여 승소하였고 이를 이유로 등기가 말소된 경우, B는 그동안 납부한 종합부동산세(재산세)에 대하여 사정변경에 기한 경정청구를 할 수 있는가?

대법원 2000. 12. 8. 선고 98두11458 판결

『지방세법 제182조 제1항은 과세기준일 현재 재산세과세대장에 소유자로 등재되어 있는 자를 재산세 납세의무자로 하고, 다만 권리의 양도 기타 사유로 인하여 재산세과세대장에 등재된 자의 권리에 변경이 생겼거나 재산세과세대장에 등재되지 아니하였을 때에는 사실상 소유자를 납세의무자로 한다고 규정하고 있는바, 위 규정의 취지는 원칙적으로 재산세는 당해 재산의 과세대장에 소유자로 등재된 사람이 납세의무를 부담하는 것이지만 재산세과세대장에 소유자로 등재되어 있는 자로부터 재산을 매수하여 그 대금 전액을 지불한 경우와 같이 실질적인 소유권 변동이 있는 경우에는 재산세과세대장상의 소유자 명의에 불구하고 그 재산을 사실상 소유하는 사람에게 재산세 납세의무를 부담시킨다는 것이다(대법원 1994. 11. 11. 선고 93누22043 판결 참조). 한편, 민법 제406

조의 채권자취소권의 행사로 인한 사해행위의 취소와 일탈재산의 원상회복은 채권자와 수익자 또는 전득자에 대한 관계에 있어서만 그 효력이 발생할 뿐이고 채무자가 직접 권리를 취득하는 것이 아니므로 채권자가 수익자와 전득자를 상대로 사해행위취소와 일탈재산의 원상회복을 구하는 판결을 받아 그 등기 명의를 원상회복시켰다고 하더라도 재산세 납세의무자인 사실상의 소유자는 수익자라고 할 것이다.

원심이 확정한 사실관계에 의하면, 원고는 소외 박O으로부터 이 사건 토지와 건물을 매수하고서 1993. 11. 19. 원고 명의로 소유권이전등기를 경료하였는데, 위 박O의 채권자인 소외 김OO가 원고와 박용을 상대로 하여 전주지방법원 94가합3772호로 원고와 위 박O 사이의 매매계약이 사해행위임을 이유로 위 매매계약의 취소와 함께 이 사건 토지와 건물에 관한 소유권이전등기의 말소를 구하는 소송을 제기한 결과 1996. 2. 14. 위 매매계약의 취소와 동시에 이 사건 토지와 건물에 관한 소유권이전등기를 말소하라는 판결이 선고되었고, 이에 대하여 원고가 항소하였다가 1997. 4. 18. 이를 취하함으로써 위 판결이 확정되었다는 것인바(더욱이 위 김OO는 원고 명의의 소유권이전등기에 터잡은 소외 한국주택은행의 근저당권설정등기가 경료되어 있어 원고 명의의 소유권이전등기를 말소하지도 못하였다는 것이다.), 이와 같이 사해행위의 취소와 원고 명의의 소유권이전등기의 말소판결이 확정되었다고 하더라도 1997년도 재산세 과세기준일인 1997. 5. 1. 현재 이 사건 건물에 관한 사실상의 소유자는 원고라 할 것이므로, 그에 대한 지방세 납세의무자도 원고라고 할 것이다.』

채권자취소권의 행사로 인한 사해행위의 취소와 일탈재산의 원상회복은 채권자와 수익자 또는 전득자에 대한 관계에 있어서만 그 효력이 발생할 뿐이고 채무자가 직접 권리를 취득하는 것이 아니다. 따라서 채권자가 수익자와 전득자를 상대로 사해행위취소와 일탈재산의 원상회복을 구하는 판결을 받아 그 등기명의를 원상회복시켰다고 하더라도 재산세 납세의무자인 사실상의 소유자는 어디까지나 수익자이므로, B로서는 경정청구를 할 수 없다 할 것이다.

(5) 참고로 일본 최고재판소 2002. 12. 17. 판결을 본다.[52]

『특별토지보유세는 토지 또는 그 취득에 대하여 토지의 소유자 또는 취득자에게 부과되는 것인바, 토지의 취득에 대한 것은 소위 유통세로서 토지의 이전 사실 자체에 착안하여 과하여지고, 토지(보유)에 대한 것은 소위 재산세로서 토지를 소유하고 있다는 사실 자체에 착안하여 과세된다. 모두 토지의 취득자 또는 소유자가 그 토지를 사용, 수익, 처분함으로써 얻을 수 있는 이익에 대하

---

52) 사안개요는 다음과 같다. 원고법인은 소외회사로부터 토지를 매수하여 소유권이전등기를 마치고 그 토지의 취득에 대하여 특별토지보유세를 납부한 다음 이후 그 소유(보유)에 대하여 매년 특별토지보유세를 납부하여 왔다. 그런데 소외회사의 채권자는 원고법인(수익자)을 상대로 위 매매계약에 대하여 사해행위취소소송을 제기하여 승소하였다. 원고법인은 그 동안 지급한 취득분에 대한 특별토지보유세(지방세) 및 소유분에 대하여 매년 지급한 특별토지보유세(지방세)를 각 환급받기 위하여 일본 지방세법 제20조의9의3 제2항 제1호(후발적 경정청구를 인정하는 규정)에 기하여 경정청구를 하였다.

여 과세되는 것은 아니다.

　　이상에 의하면 지방세법 제585조 제1항의 토지의 취득이란 소유권 이전의 형식에 의하여 토지를 취득하는 모든 경우를 포함하고, 취득의 원인이 된 법률행위가 취소되거나 해제 등에 의하여 원상회복 되는지 여부와 관계없이 그 경과적 사실에 기하여 포착된 토지 소유권의 취득사실이라고 봄이 상당하고, 토지의 소유에 관하여도 같다.

　　본 건에 있어 토지의 취득 원인인 매매계약이 사해행위로 취소되었는바, 사해행위취소의 효과는 상대적인 것으로 취소소송 당사자 사이에만 당해 매매계약을 무효로 하는 것에 그치고 매매당사자 사이에는 당해 매매계약은 그대로 유효하게 존속하는 이상, 사해행위취소에 의하여 당해 토지의 소유권이 매수인에게 이전되어 그 매수인이 당해 토지를 취득하고 이를 소유하고 있다는 경과적 사실 자체가 전혀 없게 되는 것은 아니다. 따라서 토지의 취득 원인인 행위가 사해행위로서 취소된다고 하여 당해 토지의 취득 및 소유에 대하여 과세되는 특별토지보유세의 과세요건을 상실하게 되는 것은 아니다.』

　　위 판결은 특별토지보유세의 특질(경과적 사실에 기하여 포착된 토지 소유권의 취득사실 및 보유사실에 터잡은 과세) 및 사해행위취소의 효과(상대적 무효설) 등을 동시에 고려하여 결론을 끌어내고 있다.

5. 경정청구사유의 유형

가. 법령에 규정된 4가지 사유(국세기본법 1 + 시행령 3)

① 최초의 신고·결정 또는 경정에서 과세표준 및 세액의 계산근거가 된 거래 또는 행위 등이 그에 관한 소송에 대한 판결(판결과 같은 효력을 가지는 화해나 그 밖의 행위를 포함한다)에 의하여 다른 것으로 확정되었을 때(法 제45조의2 제2항 제1호)

② 최초의 신고·결정 또는 경정을 할 때 과세표준 및 세액의 계산근거가 된 거래 또는 행위 등의 효력과 관계되는 관청의 허가나 그 밖의 처분이 취소된 경우(令 제25조의2 제1호), 또는 이와 유사한 사유에 해당하는 경우(令 제25조의2 제4호)

③ 최초의 신고·결정 또는 경정을 할 때 과세표준 및 세액의 계산근거가 된 거래 또는 행위 등의 효력과 관계되는 계약이 해제권의 행사에 의하여 해제되거나 해당 계약의 성립 후 발생한 부득이한 사유로 해제되거나 취소된 경우(令 제25조의2 제2호), 또는 이와 유사한 사유에 해당하는 경우(令 제25조의2 제4호)

④ 최초의 신고·결정 또는 경정을 할 때 장부 및 증거서류의 압수, 그 밖의 부득이한 사유로 과세표준 및 세액을 계산할 수 없었으나 그 후 해당 사유가 소멸한 경우(令 제25조의2 제

3호), 또는 이와 유사한 사유에 해당하는 경우(令 제25조의2 제4호)

나. 3가지 사유의 상호관계

4가지 사유(각 해당 유사한 사유를 제외하면 숫자적으로 4개이다) 중 ④항의 '장부 등의 사용 제한 해제'를 제외하고, 나머지 3가지 사유만의 상호관계를 도표화하면 다음과 같다.

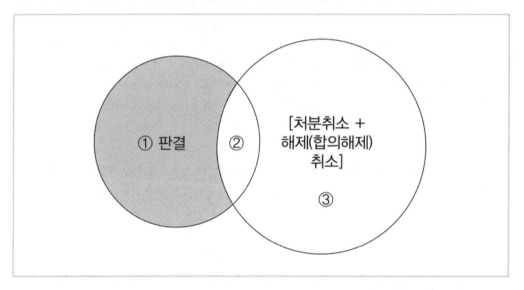

먼저 매매계약의 체결 후 매도인이 선이행으로 소유권이전등기를 넘겨주었는데 매수인의 대금채무 불이행으로 계약을 법정해제한 사안을 본다. 매도인의 해제권 행사가 정당하고 매수인이 이를 받아들인다면 해제권의 행사 자체가 경정사유가 될 수 있으나, 많은 경우 매수인이 해제권의 존부를 다투기 마련이다. 이러한 분쟁이 발생한다면 공권적인 민사판결로 분쟁을 해결할 수밖에 없다.

대법원 2020. 1. 30. 선고 2016두59188 판결

『원심은 후발적 경정청구제도를 규정한 구 국세기본법(2014. 12. 23. 법률 12848호로 개정되기 전의 것, 이하 같다) 제45조의2 제2항의 입법취지, 구 국세기본법 시행령(2015. 2. 3. 대통령령 제26066호로 개정되기 전의 것, 이하 같다) 제25조의2 제2호의 문언 등에 비추어 보면, 계약이 해제권의 행사에 의하여 해제되었음이 증명된 이상 그에 관한 소송의 판결에 의하여 해제 여부가 확정되지 않았다 하더라도 후발적 경정청구사유에 해당한다고 판단하였다. 관련 법리와 기록에 비추어 살펴보면, 원심의 위와 같은 판단에 상고이유 주장과 같이 후발적 경정청구사유 및 요건에 관한 법리를 오해한 잘못이 없다.』

'해제권 행사'와 '민사판결'은 그 사이에 필연적으로 시간적 간격이 존재하기 마련이다. 분쟁해결에 걸리는 시간만큼 간격이 생긴다. 때로는 수년을 요할 때도 있다. '해제권 행사'에 터잡아 경정청구를 먼저 하라고 강요할 수도 없다. 경정청구를 접수받은 과세관청이 해제권 행사의 정당 여부를 즉각적으로 조사하여 판단할 수도 없다. 이러한 분쟁은 분쟁해결기관인 민사법원 등에 맡겨야 한다. 이 점을 고려하여 판결이라는 공권적 판단이 있을 때까지(신뢰성 있는 증거자료를 확보할 때까지) 사정변경에 기한 경정청구의 경정청구기간을 유예한다는 것이 입법취지이다(대법원 2017. 9. 7. 선고 2017두41740 판결 참조). 그렇다면 대법원 2016두59188 판결의 취지는 해제권 행사 그 자체가 분쟁을 야기한 이상 법원의 판결을 기다려 경정청구를 할 수 있으나 해제권 행사가 신뢰성 있는 증거자료로 증명된 것인 이상 이를 기다릴 필요없이 해제권 행사를 안 날부터 3월 이내에 행사할 수 있다는 것이다. 아무튼 선택권을 가지고 있는 조세채무자에게 유리하게 해석되어야 한다.

다른 예를 본다.

앞서 본 대법원 2017두41740 판결의 사안에서 분쟁의 대상은 매매대금이 38억 3,000만 원인지 아니면 35억 원인지에 대한 다툼이다. 당초 매매대금 38억 3,000만 원에서 35억 원으로 사후적으로 감액이 이루어진 것이 아니다. 대금감액이라는 사후적인 사정변경이 아니더라도 대금 수액 자체에 관한 분쟁이 발생하였고 그 해결수단으로 – 공권적 확인으로서 신빙성이 높은 증거자료인 – 민사판결이 있는 경우라면 그 판결도 여기서 말하는 '판결'에 해당한다. 분쟁해결에 걸리는 시간만큼은 조세채무자를 위하여 배려하여야 한다는 것이다.

6. 판결 등에 의한 세액 計算根據의 變動(국세기본법 제45조의2 제2항 제1호)

가. '판결 등'이란?

(1) 위 도표에서 '① 判決(②부분 포함)'은 어떠한 판결을 의미하는가?

(i) ② 부분은 처분취소, 계약의 해제(합의해제) 및 취소 등 사유의 존부 및 범위에 관하여 분쟁이 발생하여 이에 대한 공권적 판결이 있는 경우를 말한다.

법령에서 나열된 사유 중 '판결'과 관련될 수 있는 것은 판결 등에 의한 과세표준 및 세액 계산근거의 변동(산정기초의 변동), 관청의 처분취소, 거래 등의 효력과 관계되는 계약의 해제 또는 취소 등 3가지 사유이다. 3가지 사유는 모두 '조세적 효과가 소급하여 소멸하는 사건'이 발생하였다는 점에서 공통된다. 즉 이러한 의미의 사건이 발생함으로 말미암아 세액 계산근거가 변동되었고 결과적으로 세액이 과다하게 되었다는 점에서 공통된다.

입법론으로, 3가지 사유를 병렬적으로 나열할 것이 아니라, 오히려 '조세적 효과가 소급하여 소멸하는 사건이 발생하여 세액 계산근거가 변동된 경우 사정변경에 기한 경정청구를 할 수 있다.'는 취지로 포괄적으로 규정했어야 함은 앞서 본 바와 같다.

(ⅱ) '판결 등에 의한 세액 계산근거의 변동'에 있어 '판결'이란 어떠한 성질의 판결을 의미하는가? 세액 계산근거의 변동에 반드시 이러한 공권적 판결이 있어야만 사정변경에 기한 경정청구를 할 수 있는가?

모든 분쟁이 소송이나 판결을 통하여 해결되는 것이 아니다. 법정 밖에서 사적인 합의로 해결될 수도 있다. 규정된 사유 중 '관청의 처분취소', '거래 등의 효력과 관계되는 계약의 해제 또는 취소'의 경우 '판결 등에 의한'이라는 말이 없다. 판결이 아니더라도 신빙성 있는 객관적인 증거자료에 의하여 세액 계산근거가 변동되었음이 확인되는 경우(계약의 해제 또는 취소가 객관적인 자료에 의하여 뒷받침되는 경우) 사정변경에 기한 경정청구는 허용된다.

다만 당사자간 합의로 임의적으로 소급효를 부여하는 등 객관적이고도 합리적인 근거를 결한 경우에는 그렇지 않다. 조세회피 목적으로 담합을 통하여 얻은 판결은 합리적인 근거를 결한 것으로 그 자체 경정청구와 양립할 여지가 없다. 당사자간 합의에 의한 임의적 소급효의 부여는 뒤에서 보는 '합의해제'와는 구별되어야 한다.

결론적으로, 여기서 '판결'이란 조세적 효과가 소급하여 소멸하는 사건이 발생하여 세액 계산근거가 변동되었다는 사실을 공권적으로 확인하는 것으로 신뢰할 수 있는 '증거자료' 중의 하나이기 때문에 실정법에 예시적으로 등장한 것에 불과하다. 반드시 판결을 받아야 하고 판결을 얻지 아니하면 경정청구가 불가능하다는 의미가 아니다. 기판력과도 직접적 관련이 없다. 단지 판결의 증명적 기능을 존중하는 데에 있다.

다음과 같은 견해를 소개한다.[53]

『기본적으로 기존의 실체적 법률관계 자체에 변화가 생긴 것은 아니나('α 사정'의 부존재) 과세요건 사실에 관하여 기존의 과세의 기초가 된 사실과 다른 '공권적 확인'이 뒤늦게 발생한 경우이다. 이 경우 그와 같은 공권적 확인의 법적 효력(기판력 등)에 따라 해당 법률관계에 관한 납세자의 법적 지위 및 현실적인 담세력이 변동하므로 이를 후발적 사유로 규정한 것이다. 판결의 기판력 등 절차적 효력 자체가 경정청구사유를 구성하므로 판결의 내용이 실체적 진실에 부합하는지 여부는 문제되지 않으며 판결의 편취 등 특별한 경우를 제외하고는 경정청구사유를 심리하는 법원이 그 내용의 당부를 심리할 필요가 없다. 이와 같은 공권적 확인의 가장 대표적인 경우는 법원의 판결일 것이나 법은 그 밖에도 조세조약에 따른 상호합의나 과세관청의 행정행위(결정·경정) 등도 여기에 포함하고 있다. 이들은 판결과 같은 기판력을 가지는 것은 아니나 당사자의 법률관계를 규율하는 일정한 효력을 지니므로 이를 포함시킨 것이다. 특히 행정처분인 과세관청의 결정·경정의 경우 잠정적 효력인 공정력을 지는 것에 불과하나 동일한 과세대상에 대하여 중복적인 세액의 모

순·확정이 발생하는 경우 이는 과세의 본질에 반하는 위법한 상태로서 그대로 방치할 수 없으므로 그 자체를 후발적 경정청구사유로 규정한 것이다.』

위 견해는 판결의 기판력 등이나 행정처분의 효력에 기하여 후발적 경정사유가 되는지 여부가 결정되는 것이라고 주장하는 듯하나, 법령에 규정된 경정사유나 경정의 가능 여부는 기판력 등 판결의 효력과 직접적인 관련이 있는지는 의문이다(다만 경정청구권자가 반드시 판결의 일방 당사자가 되어야 하는지 여부는 뒤에서 보는 바와 같다). 판결의 기판력 등이 경정을 함에 있어 요건 등으로 필요하기 때문이 아니라 단지 세액계산 근거의 변동을 가져온 증거자료(조세적 효과가 소급적으로 소멸하였음을 근거짓는 자료)로서 증명력이 높기 때문에 예시의 하나로 열거된 것이다. 나아가 공권적 확인의 결과물인 판결과 부과처분(결정·경정), 상호합의 등을 동일한 평면에서 함께 놓고 사정변경에 기한 경정청구와 모순된 세액확정에 기한 경정청구를 같은 성질의 경정청구로 보아 동시에 논할 수도 없다. 각 경정청구는 성질을 달리하는 것으로 각자의 영역에서 고유의 역할을 수행해야 하기 때문이다.

여기서 말하는 판결에 해당하는지 여부는 판결의 내용에 따라 조세적 효과가 소급하여 소멸하는지를 음미한 다음 구체적인 사안에서 개별적으로 판단하여야 한다. 다만 사법(민법, 상법 또는 친족·상속법)에서 판결에 의하여만 법률관계의 변경이 이루어지도록 정하고 있는 경우라면 예외적으로 판결의 존재를 전제로 한다.

(ⅲ) 여기서 말하는 '판결'은 국세기본법 제26조의2 제6항(종전 제2항) 제1호 소정의 '판결 등에 따른 경정'(제4장 제5절)에 있어 조세판결과는 그 기능에 있어 현저한 차이가 있으므로 명백히 구별하여야 한다. 여기서 말하는 판결은 '분쟁의 해결 및 증명적 기능'에, '판결 등에 따른 경정'에서의 조세판결은 후행경정절차를 가능케 하는 '추론적 기능의 부여'에 그 중점이 있다.

국세기본법 제26조의2 제6항 제1호 소정의 판결이 조세판결로 되어 있는 반면, 국세기본법 제45조의2 제2항 제1호에서는 '판결'로만 되어 있으므로, 해석상 여기서 말하는 판결에는 행정판결은 물론 조세판결도 포함될 수 있다는 견해가 있으나 이는 양 조문의 입법취지나 기능을 오해한 데서 나온 것이다. 이에 관하여는 뒤에서 본다.

나아가 '법인세 신고 당시의 사실관계를 바탕으로 그 손금귀속시기만을 달리 본(한 달씩 늦춘) 과세권자의 손금귀속방법이 위법하다는 이유로 어느 과세기간의 부과처분을 취소한 확정판결'은 그 다음 과세기간의 법인세와 관련하여 국세기본법 제45조의2 제2항 제1호 소정의 판결에 해당된다고 할 수 없다[대법원 2008. 7. 24. 선고 2006두10023 판결, 대교사건, 이 절 6. 아. (3) 참조].

'대교사건'은 위 확정판결로 조세적 효과가 소급하여 소멸하는 사건이 발생하여 세액 계산근거가 변동된 경우로 볼 수 없다. 단지 구제의 필요성이 절실하다는 이유로 사정변경에 기한 경정청구를 인정한다면 '사정변경에 기한 경정청구'의 체계가 무너질 우려가 있다. '대교사건'에서, 사정변경에 기한 경정청구는 할 수 없다 하더라도, 조세채무자는 국세기본법 제26조의2 제6항(종전 제2항) 제1호 소정의 '판결 등에 따른 경정청구'를 할 수 있는 것으로 해석하고자 한다[이 절 6. 아. (3) 및 제4장 제5절 7. 참조].

(2) 여기서의 '판결'과 관련하여 다음과 같은 견해54)가 있다.

『예컨대 토지거래허가지역의 토지의 양도로 인한 양도소득세 과세와 관련하여 과세 후에 토지거래허가가 취소되면 이는 위 조항이 규정하는 후발적 경정청구사유가 된다. ··· 한편, 납세자가 위와 같은 토지거래허가 취소처분에 대하여 행정소송을 제기하였으나 패소하여 토지거래허가 취소처분이 그대로 확정된 경우, 즉 납세자가 패소한 기각판결은 여기의 '판결'에 해당되지 않는다. 이는 민사판결의 경우에도 마찬가지이다. 법정 계약해제가 후발적 경정청구사유가 되는 것과 별도로 그와 같은 계약해제를 납세의무자가 다투었으나 계약해제가 정당하다는 이유로 기각판결을 받은 경우 그 판결은 여기에 해당되지 않는다. 토지거래허가나 면허의 취소, 계약의 해제와 같이 '+α 사정'이 후발적 경정청구를 구성하는 경우 납세의무자가 쟁송으로 효력을 다투었으나 패소하여 '+α 사정'이 법적으로 확정되었다면 그 '+α 사정'이 후발적 경정청구사유가 되는 것이지, 그 효력을 확인한 납세자 패소확정판결이 후발적 경정청구사유가 되는 것은 아니기 때문이다. 다만, 이 경우 납세자의 경정청구기산일인 '그 사유가 발생한 것을 안 날'은 납세의무자가 '+α 사정'의 법적 효력을 다투었으나 법원의 판결에 의하여 그 유효함이 확정된 때를 의미한다고 봄이 상당하다.』

계약해제를 누가 주장하든 해제권 존부에 대한 분쟁이 발생하였고, 그 분쟁을 해결하기 위하여 누가 원고가 되었던 소송절차가 진행되어 해제권의 존재가 공권적으로 확인된 판결이 선고되어 확정된 이상, 판결의 증명적 기능에 비추어 여기서 말하는 '판결'에 해당한다고 할 것이다.

(3) 판결의 당사자인 분쟁당사자만이 경정청구를 할 수 있는지 여부

① 판결로 분쟁을 해결하려고 한 직접적 분쟁당사자만이 원칙적으로 사정변경에 기한 경정청구를 할 수 있다. 제3자는 그 판결의 효력을 원용하여 사정변경에 기한 경정청구를 할 수 없다.55) 세액 계산근거의 변동 여부, 즉 조세적 효과가 소급적으로 소멸하는 사건이 발생하였는지가 핵심이므로 그만큼 개별사건 관련적이다.

---

54) 임승순, 전게서, 216면 이하 참조.
55) 심경, 전게논문, 134면 참조.

② 다만 이에 대하여는 예외를 인정하여야 할 것이다. 예를 들어 납세자의 채권자가 채권자대위소송에 의하여 소를 제기한 경우 피대위자가 경정청구권을 행사할 수 있다고 본다.

나아가 납세자에게 판결의 효력(기판력, 참가적 효력 등)이 미치지 않는 경우라도 그 판결은 법 제45조의2 제2항 제1호의 '판결'에 해당할 수 있다는 견해가 있다.[56] 예를 들어 부동산의 전전 매매에 있어 최초 양도인이 최종 등기명의인을 상대로 최초의 원인행위가 무효임을 이유로 원상회복의 방법으로 진정명의회복을 원인으로 한 소유권이전등기청구소송을 제기하여 승소한 경우 그 판결이 중간 원인행위자에 대한 관계에서 후발적 경정청구사유에 해당한다는 것이다.

③ 과세실무[57]는 (ⅰ) 법원의 판결에 의하여 거래 또는 행위 등이 다른 것으로 확정된 후발적 사유가 있는 경우에는 소송을 제기한 자에 한하여 제척기간 내에 경정 등의 청구가 가능하고, (ⅱ) 행정처분에 대한 불복청구의 인용결정의 효력은 당해 청구인에게 미치는 것이므로 심판결정이 동일한 사항이라 하여 제3자가 이를 원용하여 국세기본법 제45조의2 제1항의 경정청구기간이 경과한 후에 후발적 사유에 의한 경정청구를 할 수 없다고 보고 있다.

④ 대법원 2013. 5. 9. 선고 2012두28001 판결[58]

『구 국세기본법(2010. 1. 1. 법률 제9911호로 전부 개정되기 전의 것, 이하 국세기본법이라 한다) 제45조의2 제2항은 "과세표준신고서를 법정신고기한까지 제출한 자 또는 국세의 과세표준 및 세액의 결정을 받은 자는 다음 각 호의 어느 하나에 해당하는 사유가 발생하였을 때에는 제1항에서 규정하는 기간에도 불구하고 그 사유가 발생한 것을 안 날부터 2개월 이내에 결정 또는 경정을 청구할 수 있다."고 규정하면서, 그 제1호에서 '최초의 신고·결정 또는 경정에서 과세표준 및 세액의 계산 근거가 된 거래 또는 행위 등이 그에 관한 소송에 대한 판결(판결과 같은 효력을 가지는 화해나 그 밖의 행위를 포함한다)에 의하여 다른 것으로 확정되었을 때'를 후발적 경정청구사유의 하나로 들고 있다.

56) 손병준, "손금귀속시기의 위법을 이유로 부과처분을 취소한 확정판결이 국세기본법 제45조의2 제2항 소정의 후발적 경정청구사유에 해당하는지 여부", 판례해설 제78권, 151면 참조.
57) 심경, 전게논문, 134면 참조.
58) 차량소유자를 상대로 회원을 모집하여 가입비(부가가치세 포함) 등을 징수하고 회원의 교통위반범칙금을 대납하여 주는 내용의 영업을 한 원고는, 회원들 중 일부로부터 회원가입계약이 무효라는 이유로(원고의 영업은 실질적으로 보험사업을 영위한 것으로서 유사수신행위 규제에 관한 법률 소정의 유사수신행위에 해당한다는 이유로) 이미 납부한 가입비(부가가치세 포함)의 반환을 구하는 부당이득금반환청구 소송을 제기당하여 그 소송에서 패소판결을 받았는데, 원고가 소를 제기한 회원들에 대한 부가가치세뿐만 아니라 나머지 회원들에 대한 부가가치세에 대하여도 반환을 구한 사안이다. 원고의 주장요지는, 이 사건 쟁점판결은 직접 소를 제기한 회원들에 대한 부가가치세뿐만 아니라 나머지 회원들에 대한 부가가치세(이 사건 부가가치세)에 대하여도 그 과세표준 및 세액의 계산근거가 된 원고의 범칙금대납 용역제공행위가 그에 관한 소송에 대한 판결에 의하여 다른 것으로 확정된 때에 해당하여 국세기본법 제45조의2 제2항 제1호에서 정한 후발적 경정청구사유에 해당한다는 것이다.

　　원심은 채택 증거에 의하여 그 판시와 같은 사실을 인정한 다음, 이 사건 쟁점판결은 일부 회원들의 회원가입계약에 관한 것으로서 그 판결이 확정된 것만으로는 이 사건 쟁점판결의 소송당사자가 되지 아니한 다른 회원들의 회원가입계약에 관하여 국세기본법 제45조의2 제2항 제1호가 후발적 경정청구사유로 규정한 '최초의 신고·결정 또는 경정에서 과세표준 및 세액의 계산 근거가 된 거래 또는 행위 등이 그에 관한 소송에 대한 판결에 의하여 다른 것으로 확정되었을 때'에 해당하지 아니한다는 이유로, 원고의 후발적 경정청구를 거부한 이 사건 처분이 적법하다고 판단하였다.

　　위와 같은 규정 및 관련 법리에 비추어 기록을 살펴보면, 원심의 이러한 판단은 정당한 것으로 수긍할 수 있고, 거기에 상고이유에서 주장하는 바와 같이 국세기본법 제45조의2 제2항 제1호가 규정한 후발적 경정청구사유에 관한 법리오해 등의 위법이 없다.』

나. 대법원 판례 등

(1) 대법원 2011. 7. 28. 선고 2009두22379 판결

『1. 구 국세기본법(2010. 1. 1. 법률 제9911호로 개정되기 전의 것, 이하 '법'이라 한다) 제45조의2 제2항은 '과세표준신고서를 법정신고기한 내에 제출한 자 또는 국세의 과세표준 및 세액의 결정을 받은 자는 다음 각 호의 1에 해당하는 사유가 발생한 때에는 그 사유가 발생한 것을 안 날부터 2월 이내에 결정 또는 경정을 청구할 수 있다'고 규정하면서, 그 제1호에서 '최초의 신고·결정 또는 경정(이하 '최초의 신고 등'이라 한다)에 있어서 과세표준 및 세액의 계산근거가 된 거래 또는 행위 등이 그에 관한 소송에 대한 판결(판결과 동일한 효력을 가지는 화해 기타 행위를 포함한다)에 의하여 다른 것으로 확정된 때'를 규정하고 있다.

　　이처럼 후발적 경정청구제도를 둔 취지는 납세의무 성립 후 일정한 후발적 사유의 발생으로 말미암아 과세표준 및 세액의 산정기초에 변동이 생긴 경우 납세자로 하여금 그 사실을 증명하여 감액을 청구할 수 있도록 함으로써 납세자의 권리구제를 확대하려는 데 있는바, 여기서 말하는 후발적 경정청구사유 중 법 제45조의2 제2항 제1호 소정의 '거래 또는 행위 등이 그에 관한 소송에 대한 판결에 의하여 다른 것으로 확정된 때'는 최초의 신고 등이 이루어진 후 과세표준 및 세액의 계산근거가 된 거래 또는 행위 등에 관한 분쟁이 발생하여 그에 관한 소송에서 판결에 의하여 그 거래 또는 행위 등의 존부나 그 법률효과 등이 다른 내용의 것으로 확정됨으로써 최초의 신고 등이 정당하게 유지될 수 없게 된 경우를 의미한다 (대법원 2006. 1. 26. 선고 2005두7006 판결, 대법원 2008. 7. 24. 선고 2006두10023 판결 등 참조).

　　2. 가. 원심은 그 채용 증거를 종합하여, ① 원고는 2000. 1. 5. 유한회사 OO종합건설(이하 'OO건설'이라 한다)과 서울 성동구 성수 2가 231-1 지상 상가건물의 신축공사(이하 '이 사건 공사'라 한다) 도급계약을 체결한 후 OO건설이 2001. 6.경 그 공사를 완료하자 위 상가건물을 분양하고 2001년 제2기 부가가치세를 신고·납부하면서 OO건설이 2001. 7. 1. 발행한 공급대가 56억 원의 이 사건 세금계산서(공급가액 5,090,909,090원, 세액 509,090,910원)를 근거로 그 매입세액의

공제를 구한 사실, ② 피고는 이 사건 세금계산서가 실제 공사용역의 제공 없이 허위로 작성된 것이라는 이유로 그 매입세액의 공제 및 공급가액의 손금산입을 부인하는 내용의 2003. 2. 1.자 부가가치세 및 법인세 경정처분을 한 사실, ③ 원고는 2006. 4. 17. OO건설을 상대로 서울동부지방법원에 부당이득금 반환청구의 소를 제기하였는바, 당초에는 OO건설이 원고로부터 이 사건 세금계산서상의 세액 509,090,910원을 수령하고도 과세관청에 이를 납부하지 아니하였다는 이유로 그 반환을 구하다가, OO건설이 원고에게 이 사건 세금계산서를 포함하여 공급대가 합계 135억 원 상당의 세금계산서를 발행하였으나 원고가 OO건설에게 약 160억 원을 지급하였고 그 차액은 갈취당한 것이라는 이유로 그에 따른 손해배상을 구한 후, 변론종결일에 와서는 다시 OO건설이 공사대금을 초과하여 지급받았다는 이유로 509,090,910원의 반환을 구한 사실, ④ 위 소송에서 OO건설에 대한 공시송달로 일체의 소송서류가 송달되고 그 변론이 진행된 결과 위 법원은 2006. 11. 23. '원고와 OO건설 사이에 이 사건 공사와 관련하여 체결한 공사계약 및 추가공사계약에 기한 공사대금이 135억 원인데, 원고가 2000. 5.경부터 2002. 1.경 사이에 OO건설에 16,079,023,500원을 지급한 사실'을 인정하면서 원고가 OO건설에 지급한 위 금원 중 약정공사대금을 초과하는 부분은 부당이득이므로 OO건설은 원고에게 그 중 원고가 구하는 509,090,910원 및 이에 대한 지연손해금을 지급할 의무가 있다는 내용의 원고 승소판결을 선고하여 2006. 12. 14. 그 판결이 확정된 사실, ⑤ 원고는 2007. 2. 5. 위 민사 사건 판결의 확정에 따라 원고가 OO건설에 공사대금 56억 원을 지급한 사실이 확정되었다는 이유로 2001년 제2기 부가가치세와 2001 사업연도 법인세를 각 감액해야 한다고 주장하면서 피고에게 법 제45조의2 제2항 제1호에 따른 경정청구를 하였으나, 피고가 이를 거부하는 이 사건 처분을 한 사실 등을 인정하였다.

　나. 원심은 이러한 사실관계를 토대로 하여, 위 민사 사건에서 원고가 OO건설에게 이 사건 세금계산서상의 공급대가 56억 원을 지급하였다는 점이 당사자 사이에 투명하게 다투어지지 아니하였고 이를 입증할 만한 객관적인 자료가 제출되지 아니하였으며 그 판결의 주문이나 이유에서도 이 점이 명확히 판단되었다고 볼 수 없으므로, 위 민사 사건의 판결에서 인정된 사실만으로는 이 사건 세금계산서가 허위의 세금계산서가 아니라는 점이 확정되었다고 볼 수 없다는 이유로, 위 민사 사건의 판결 확정이 법 제45조의2 제2항 제1호의 경정청구사유에 해당하지 아니한다고 보아 피고의 이 사건 처분이 적법하다고 판단하였다.

　3. 앞서 본 법 제45조의2 제2항의 법리에 비추어 보면 이 사건 세금계산서가 허위가 아니어서 원고의 경정청구가 인정되기 위해서는 OO건설이 원고에게 이 사건 세금계산서상의 공급가액에 상당하는 건축공사 용역을 실제로 제공하였음이 위 민사 사건의 판결에서 확정되었어야 하는데, 위 민사 사건의 판결에서는 원고가 OO건설에게 이 사건 공사에 관하여 약정공사대금 135억 원을 초과하는 약 160억 원을 지급한 사실을 인정하였을 뿐, 정작 이 사건 세금계산서상의 56억 원에 관하여는 아무런 언급이 없는바, 그렇다면 위 민사 사건의 판결에서 인정한 사실만으로는 위 과세표준 및 세액의 계산근거가 된 거래 또는 행위 등의 존부나 그 법률효과 등이 다른 내용의 것으로 확정됨으로써 피고의 과세처분(2003. 2. 1.자 경정처분)이 정당하게 유지될 수 없게 되었다고 보기 어렵다 할 것이다.

　원심의 이유 설시에 다소 부적절한 점은 있으나, 위 민사 사건의 판결 확정만으로는 법 제45

조의2 제2항 제1호 소정의 경정청구사유에 해당하지 아니한다고 본 결론은 정당한 것으로 수긍할 수 있고, 거기에 상고이유로 주장하는 것과 같이 법 제45조의2 제2항 제1호의 해석이나 입증 책임에 관하여 법리를 오해한 잘못이 없다.』

(2) 위 판결에 대한 비판

위 판결의 핵심은 "후발적 경정청구사유 중 법 제45조의2 제2항 제1호 소정의 '거래 또는 행위 등이 그에 관한 소송에 대한 판결에 의하여 다른 것으로 확정된 때'는 최초의 신고 등이 이루어진 후 과세표준 및 세액의 계산근거가 된 거래 또는 행위 등에 관한 분쟁이 발생하여 그에 관한 소송에서 판결에 의하여 그 거래 또는 행위 등의 존부나 그 법률효과 등이 다른 내용의 것으로 확정됨으로써 최초의 신고 등이 정당하게 유지될 수 없게 된 경우를 의미한다."라는 부분이다.

그러나 국세기본법 제45조의2 제2항 제1호는 거래 또는 행위 등에 관한 분쟁이 발생하여 그에 관한 소송에서 판결을 한 경우 그 판결에서 기존의 거래 또는 행위 등의 존부나 그 법률효과 등이 다른 내용의 것으로 확정된 모든 판결을 가리키는 것이 아니라, 그중 기존의 거래 또는 행위의 조세적 효과가 사후에 발생한 사정변경으로 소급하여 소멸하는 경우만을 가리킨다고 제한적으로 해석하여야 한다.

위 판결은 OO건설이 원고회사에게 세금계산서상 공급가액에 상당하는 건축공사 용역을 실제로 제공하였다는 점이 판결로 확정되었다면 사정변경에 기한 경정청구를 할 수 있다는 취지이나, 비록 그 점이 판결로 확정되었다 하더라도 소급효를 가지는 것이 없어 기존의 거래 또는 행위에서 발생한 조세적 효과를 조정할 필요성이 전혀 없다(쟁점은 가공세금계산서 해당 여부이다. 원고는 2003. 2. 1.자 부가가치세 및 법인세의 경정처분을 다투었어야 한다. 이를 직접 다투지 아니하고 민사소송으로 판결을 받은 다음 그 판결에 터잡아 경정처분의 효력을 다툴 수는 없다). 따라서 위 확정판결만으로 사정변경에 기한 경정청구의 사유가 된다고 본 판시취지는 수긍하기가 어렵다.

(3) 근로자 임금의 수액에 관한 다툼

미국 'U.S. v. Lewis' 판결의 사안개요는 [제1장 제11절 1. (2) ②]에서 설명하였다. 근로자가 받은 1944년도 보너스 22,000달러 중 11,000달러가 초과지급되었음이 1946년 판결로 확정된 사안이다.

비슷한 사안이 우리나라에서 문제된다면 그 판결도 여기서 말하는 '판결'에 해당된다. 처음부터 발생한 임금의 수액에 관한 다툼으로 사후에 임금이 감액된 것은 아니다. 그러나 사후에 판결로 확정된 경우 조세적 효과가 과거에 소급하여 소멸하는 것으로 보아야 한다.

소위 사이닝 보너스(Signing bonus)가 의무근무기간 동안의 이직금지 내지 전속근무 약속에 대한 대가 및 임금 선급으로서의 성격도 함께 가지고 근로자의 귀책사유로 의무근무기간을 채우지 못하고 퇴직하는 경우 이를 반환할 의무가 발생한다. 만약 이를 반환하였다면 사정변경에 기한 경정청구를 할 수 있다.[59]

다만 채권의 존부 및 범위에 관한 다툼이 있어 판결로 채권의 범위가 확정되었다면 분쟁의 경위 및 성질에 비추어 부당한 분쟁으로 보이지 아니한 이상 채권의 확정(귀속시기)은 판결이 확정된 때로 보는 것이 판례(대법원 1993. 6. 22. 선고 91누8180 판결)이다.

다. 형성판결, 이행판결, 확인판결

(1) 먼저 과세표준 및 세액의 계산근거가 된 거래 또는 행위 등이 '판결'에 의하여 '다른 것으로 확정'되어야 한다. 과세표준 및 세액의 계산근거가 된 거래 또는 행위 등에는 과세표준 및 세액의 계산의 기초가 된 거래 또는 행위는 물론 계산의 기초가 된 사실도 포함된다.[60] 상속세에 있어 상속인의 교체·변경이나 상속지분 등이 판결로 변동되는 것도 포함된다.

(2) 어떤 행위나 거래 등에 대하여 담세력이 있다고 보아 이를 과세요건 내지 세액의 계산근거로 삼아 세액을 확정하였는데, 후에 공권적 판결(형성판결, 확인판결, 이행판결)로 거래 또는 행위 등이 다른 것으로 확정되어 조세적 효과 내지 담세력이 소급하여 소멸하는 경우, 그 조세적 효과 내지 담세력의 상실을 반영하여 세액을 조정하겠다는 취지이다.

물론 거래 또는 행위 등이 형성판결의 소급효에 의하여 다른 것으로 확정될 수도 있지만, 어떤 행위나 거래 등의 조세적 효과를 소급하여 소멸하는 사건이 확인판결이나 이행판결로 공권적으로 확인되는 경우(분쟁의 발생 당초에는 명확하지 않았으나 사후 분쟁해결을 위한 판결에 의하여 명확하게 공권적으로 확인된 경우)도 포함된다.

(3) 국세기본법 제45조의2 제2항 제1호 사유와 그 이외의 사유 사이의 상호관계는 통상

---

59) 대법원 2015. 6. 11. 선고 2012다55518 판결은 "기업이 경력 있는 전문 인력을 채용하기 위한 방법으로 근로계약 등을 체결하면서 일회성의 인센티브 명목으로 지급하는 이른바 사이닝보너스가 이직에 따른 보상이나 근로계약 등의 체결에 대한 대가로서의 성격만 가지는지, 더 나아가 의무근무기간 동안의 이직금지 내지 전속근무 약속에 대한 대가 및 임금 선급으로서의 성격도 함께 가지는지는 해당 계약이 체결된 동기 및 경위, 당사자가 계약에 의하여 달성하려고 하는 목적과 진정한 의사, 계약서에 특정 기간 동안의 전속근무를 조건으로 사이닝보너스를 지급한다거나 기간의 중간에 퇴직하거나 이직할 경우 이를 반환한다는 등의 문언이 기재되어 있는지 및 거래의 관행 등을 종합적으로 고려하여 판단하여야 한다. 만약 해당 사이닝보너스가 이직에 따른 보상이나 근로계약 등의 체결에 대한 대가로서의 성격에 그칠 뿐이라면 계약 당사자 사이에 근로계약 등이 실제로 체결된 이상 근로자 등이 약정근무기간을 준수하지 아니하였더라도 사이닝보너스가 예정하는 대가적 관계에 있는 반대급부는 이행된 것으로 볼 수 있다."라고 판시하고 있다.

60) 조윤희, 전게논문, 906면에서, "'거래 또는 행위 등'은 과세표준 및 세액의 계산근거가 된다는 점에서 '과세요건이 되는 사실관계나 권리관계'는 물론 '과세표준 및 세액의 산정에 관련이 있는 사실'도 포함된다고 할 것이다. 따라서 이 사건 조항 소정의 판결은 '과세표준 및 세액의 산정에 관련이 있는 사실관계나 권리관계 등을 당해 계산의 근거가 된 것과 다르게 확정 또는 확인하는 판결'을 의미한다고 할 것이다."라고 적고 있다.

병렬적이라고 봄이 상당하다. 그러나 계약의 해제가 판결에 의하여 확정된 경우처럼 중첩적일 때도 있을 수 있음은 앞서 본 바와 같다.

(4) 여기서 '확정'이라 함은 문언 자체에 의하면 판결의 확정을 의미하는 것이 아니라 세액의 계산근거가 된 거래 또는 행위 등이 판결에 의하여 다른 것으로 확정된다는 것으로 세법 고유의 것이다. 통상 판결의 확정을 전제하므로 구별의 실익은 없다. 판결의 기판력을 전제하는 것이 아님은 앞서 본 바와 같다.

조세적 효과를 소급하여 소멸하는 사건의 발생에 있어 조세채무자의 귀책사유는 문제되지 않는다. 귀책사유가 있다는 이유로 이를 탓하면서 경정청구를 제한할 수 없다.

(5) 채권의 수액(공사대금, 매매대금, 임금 등의 수액) 등에 대하여 다툼이 있어 판결 등으로 일부 감액되어 확정되는 때에도 조세적 효과가 소급하여 소멸하는 경우에 해당된다.

법률상 부부 여부(혼인 무효 또는 취소), 부자관계의 존부(인지청구) 등 신분관계가 과세요건과 결부된 경우 신분관계를 확인 또는 변경하는 판결도 여기서 말하는 판결에 포함된다.

라. 민사판결

(1) 원칙

어떤 사법상의 행위나 거래 등의 조세적 효과가 소급하여 소멸하는 사건이 발생하는 판결이라 함은 원칙적으로 민사판결만을 의미하고 뒤에서 보는 바와 같이 형사판결·행정판결·조세판결은 이에 포함되지 않는다.

'세액의 계산근거'가 된 거래 또는 행위의 효력 내지 채무의 존부 및 범위를 정하는 판결은 통상 민사판결을 의미하기 때문이다. 즉 계약의 해제사유, 취소사유, 무효사유 등으로 인한 계약의 효력 내지 존속 여부, 권리의 존부 및 범위 등에 관한 다툼이 있는 이상 그 분쟁은 통상 민사판결을 통하여 해결된다. 민사판결과 같은 효력을 가지는 재판상 화해, 조정(화해권고결정, 민사조정법상의 조정을 갈음하는 결정 또는 임의조정), 인낙 등도 포함된다. 자백간주에 의한 판결도 같다.

대법원 2006. 6. 9. 선고 2006두3360 판결

『후발적 경정청구사유인 '과세표준 및 세액의 계산근거가 된 거래 또는 행위 등이 그에 관한 소송에서 판결 등에 의하여 다른 것으로 확정된 때'라 함은, 과세표준 및 세액의 계산근거가 된 거래 또는 행위 등이 재판과정에서 투명하게 다투어졌고 그것이 판결의 주문이나 이유에 의하여 객관적으로 확인된 경우이거나, 그 이외에 의제자백에 의한 판결이나 임의조정, 강제조정, 재판상 화해 등과 같이 판결이나 결정 자체로는 거래 또는 행위에 대한 판단을 알 수 없더라도 그 결론에 이르게 된 경위가 조서 등에 의하여 쉽게 확정할 수 있고, 조세회피의 목적이 없다고 인정되는 경우만

을 한정한다고 해석함이 상당하다.』

(2) 화해조서 및 조정조서의 해석

화해조서나 조정조서의 해석에 관하여 본다. 예를 들어 원고가 부친 소유 부동산을 상속하였으나 법정신고기한 내에 상속세를 신고하지 아니하여 부과처분을 받고 이를 납부하였다. 그 후 부친이 생전에 위 부동산에 관하여 제3자 사이에 사인증여계약을 체결하고 공증까지 한 사실을 알게 되었고, 제3자는 원고를 상대로 사인증여계약에 기한 소유권이전등기소송을 제기하였는바, 원고와 제3자는 다음과 같이 법정에서 재판상 화해를 하였다. 즉 부친과 제3자 사이의 사인증여계약 가운데 증여부분은 무효로 하여 위 부동산을 원고(그 소송에서의 피고)에게 최종적으로 귀속시키되 다만 원고는 즉시 이를 매각하여 매각대금 1/2을 제3자에게 지급하기로 하였다. 실제 이를 매각하여 해당금액을 제3자에게 지급하였다.

위 재판상 화해에 기하여 원고는 사정변경에 기한 경정청구를 할 수 있는가?

화해내용에 의하면 위 부동산이 상속재산에 속하는 사실을 확정한 것으로서 형식적으로는 위 부동산 일부를 상속개시 당시 제3자에게 귀속시킨 사실을 확정한 것이라고 볼 수 없으므로, 상속세액의 계산기초가 된 위 부동산이 상속재산에 속한다는 사실에 국한하여 볼 때 위 화해가 이것과 다르게 확정된 것이라고 볼 수 없어 사정변경에 기한 경정청구를 할 수 없다는 견해가 있을 수 있다.

그러나 화해조서 문언을 위와 같이 형식적으로 해석하여 경정청구의 가능 여부를 논할 수는 없다. 오히려 화해조서 전취지를 고려하면 일단 부동산 소유권의 귀속만을 임시적으로 정한 것으로서 매각대금 1/2을 제3자에게 교부해야 하고 실제 이를 교부한 이상 실질적으로 보면 소유권 1/2만을 취득한 것에 불과하다. 따라서 조세적 효과 내지 담세력 상실의 관점에서 보아 사정변경에 기한 경정청구를 허용하여야 한다. 화해조서 등의 문언적 표현에만 구속될 것이 아니라 그 화해에 의하여 당사자가 기도한 진정한 법적 효과에 따라 판단되어야 하기 때문이다.

화해조서나 조정조서가 사정변경에 기한 경정청구의 근거가 되므로 조서작성에 관여하는 법관이나 조정위원은 물론 소송대리인 등은 조정조항을 작성함에 있어 이 점을 유의하여야 한다.

(3) 담합판결

판결 등이 세금을 면할 목적으로 담합 등에 의하여 생긴 경우 등 조세법적으로 보아 객관적이고도 합리적 근거를 결한 때에는 여기서 말하는 판결에 해당하지 않는다. 이미 과세요건이 충족되어 유효하게 성립한 조세법률관계를 이러한 담합판결로 자의적으로 변경함으로써 조세회피행위를 용인하는 결과가 되어 부당하기 때문이다(위 2006두3360 판결은 '조세회피의 목적'

이 없어야 함을 강조하고 있다).

어떠한 판결이 객관적이고도 합리적 근거를 결한 것인지는 구체적 사안에 따라 개별적으로 판단되어야 한다. 공시송달에 의한 판결이라 하여 그 사유만으로 개관적이고 합리적인 근거를 결한 판결이라 단정할 수는 없다(대법원 2011. 1. 28. 선고 2009두23279 판결).

(4) 취득시효에 관한 판결

상속개시 후 취득시효가 완성된 경우와 상속개시 전 취득시효가 완성된 경우로 나누어 본다.

① 상속개시 후 취득시효가 완성된 경우이다. 토지를 상속한 자가 상속세를 납부하였는데 상속개시 전부터 토지를 점유하고 있던 자가 상속개시 후 취득시효가 완성되었음을 이유로 소유권이전등기청구소송을 제기하여 상속인이 패소판결을 받고 소유권이전등기를 시효취득자 앞으로 넘겨준 경우 그 패소판결은 여기서 말하는 판결에 해당되는가?

일본 고베지방재판소 2002. 2. 21. 판결을 소개한다.[61)]

『1. 국세통칙법 제23조 제2항 제1호에서 말하는 '판결'의 의의

(1) 국세통칙법 제23조는 제1항에서 납세신고서를 제출한 자는 당해 신고에 관한 과세표준 등 또는 세액 등의 계산에 잘못이 있는 등으로 인하여 당해 신고서의 제출에 의하여 납부하여야 할 세액 등이 과대한 경우 등에는 법정신고기한으로부터 1년 이내에 한하여 경정청구를 하는 것이 가능하다는 취지로 정하고, 제2항에서 같은 항 각 호 소정의 사유가 생긴 경우 위 기간의 연장을 인정하고 있다.

이는 납세신고시에는 예상할 수 없었던 사유가 후발적으로 발생하고 이로 인하여 과세표준 등 또는 세액 등의 계산기초에 변경이 생겨 세액감액을 하여야 할 경우에도 경정청구를 인정하지 아니하면 귀책사유가 없는 납세자에게 가혹한 결과가 생기는 경우 등이 있을 수 있기 때문에 예외적으로 일정의 경우 경정청구를 인정함으로써 보호되어야 할 납세자의 구제의 길을 확충하는 데 있다.

(2) 같은 조 제2항 제1호는 신고에 관한 과세표준 등 또는 세액 등의 계산기초가 된 사실에 관한 소송에서의 판결 또는 이와 동일한 효력을 가지는 화해 기타의 행위에 의하여 그 사실이 당해 계산기초로 한 바와 다른 것으로 확정된 때에는 경정청구를 할 수 있다는 취지로 규정하나, 위 (1)의 같은 조 제2항의 취지에 의하면 여기서 말하는 판결이란 신고에 관한 과세표준 등 또는 세액 등의 계산기초가 된 사실(예를 들면 계약의 성부, 상속에 의한 재산취득의 유무, 특정의 채권채무를 발생시키는 행정처분의 효력이 유무 등)을 소송의 대상으로 한 민사사건의 판결을 말하는 것으로

---

61) 사안개요는 다음과 같다. 피상속인은 1989. 1. 토지를 원고들에게 유증한 다음 1992. 4. 3.사망하였고 원고들은 소유권이전등기를 경료한 다음 그 각 토지에 대한 상속세를 신고하였다. 1993. 8. 23. 제3자가 원고들을 상대로 1973. 10. 1.부터 20년간의 점유로 위 토지를 시효취득하였다면서 소송을 제기하였고 원고들은 패소하였다(고베지방재판소 판결에서 '별건 판결 (2)'라 함은 취득시효에 관한 판결을 말한다). 원고들은 위 토지는 시효취득자가 점유개시일부터 소유권을 소급적으로 취득한 셈이 되므로 상속재산으로부터 제외되어야 한다는 이유로 경정청구를 하였으나 거부되어 소송을 제기했다. 그 항소심인 오사카고등재판소 2002. 7. 25. 판결은 제1심 판결을 인용하는 판결을 하면서 일부 수정·보완하였다(확정).

해석함이 상당하다. …

2. 본건에의 적용

위 1을 전제로 하여 별건 판결이 '판결'에 해당하는지를 검토한다.

(1) 점유자의 시효취득에 의하여 권리자의 소유권 상실효력의 발생시기

민법은 취득시효를 10년 또는 20년 점유의 계속과 시효의 원용에 의하여 당해 자산의 소유권을 취득하는 것으로서 시효에 의한 권리취득의 효과는 당사자의 의사도 고려하도록 하고 있기 때문에, 시효에 의한 소유권취득의 효과는 시효기간의 경과와 함께 확정적으로 생기는 것이 아니라 시효가 원용된 때에 비로소 확정적으로 생기는 것으로 해석함이 상당하다. 반대로 점유자에 의하여 취득시효가 됨으로써 소유권을 상실하는 권리자의 소유권 상실시기에 관하여 보면 위 점유자의 소유권 취득의 효과가 생기는 시기와 정합적으로 생각하여야 하기 때문에 역시 점유자에 의하여 시효가 원용된 때라고 해석함이 합리적이다.

(2) 시효의 소급효의 과세상 취급

① 시효취득에 의한 권리득상의 경우 과세상 취급에 대하여는 조세법상 다음과 같다.

1) 먼저 시효에 의하여 부동산을 취득한 자에 대한 과세상의 취급에 관하여 말하면 과세실무 및 판례상 시효의 원용시에 일시소득에 관한 수입금액이 발생하는 것으로 해석하고 있다.

2) 다음 시효에 의하여 권리를 상실한 자에 대한 과세상 취급에 관하여 보면 부동산을 점유자에 의하여 시효취득 당한 자가 법인인 경우 당해 법인은 시효취득 당한 부동산을 손금으로 계상하는 것이 가능하나 과세실무상은 시효의 소급효에도 불구하고 시효가 원용된 시점을 기준으로 시효취득으로 생긴 손실을 손금산입하고 손실의 액은 그 시점에서의 장부가액으로 하는 것으로 되어 있다.

이와 같이 재판례 및 확립된 과세실무의 취급상 위 1) 2)의 경우에 사법상 시효의 소급효에도 불구하고 조세법상 시효의 원용시에 소득이 발생하거나 손실이 생기는 것으로 해석하고 있다. 따라서 본건의 경우(점유자에게 시효취득을 당함에 의하여 권리자가 소유권을 상실한 경우)에도 위 1) 2)와 정합적으로 해석하여야 한다. 그렇지 않으면 이중과세 또는 이중공제를 인정하는 등 불합리한 결과가 생길 우려가 있기 때문이다.

② 원고들은, 시효에 의한 권리의 취득자에 대한 과세시기를 원용시로 하는 것과 권리의 취득시기를 기산일로 소급하게 하는 것은 권리의 취득자에 대한 과세방법의 문제에 불과한 것이나 권리의 상실자에 대한 과세는 실체법상 기산일에 소급하여 권리를 가지지 않게 되는 자에 대한 과세로서 실질과세의 원칙을 위반하므로 단순한 과세방법의 문제는 아니라는 취지의 주장을 한다.

그러나 원고들의 위 주장은 권리의 취득자 측에서 고찰하면 모순이 생긴다. 예를 들어 토지의 점유자(이하 a라 한다.)가 시효완성 전에 사망하였으나 그 후에도 점유를 계속하여 a의 상속인(이하 b라 한다.)이 시효완성 후에 시효를 원용한 경우를 생각하면 원고들의 주장에 의할 때 b가 시효를 원용한 경우 민법 제144조에 의하여 시효의 효력이 점유개시시까지 소급하기 때문에 a는 소유권을 점유개시시에 취득한 것으로 됨에 따라 a의 상속개시 시점에 있어 상속재산을 구성하기 때문에 b에게 상속세가 과세되고 동시에 b에게는 시효원용의 결과로서 일시소득이 과세된다는 말이 되어 상속에 의하여 취득한 토지에 대하여 일시소득이 과세된다는 이론의 모순을 초래하여 이중과세

라는 불합리한 결과가 된다.

그러므로 원고들의 위 주장은 채용할 수 없다.

(3) 실질적으로 보아 원고들은 보호할 가치가 있는가?

… 본건 상속개시(갑 사망) 시에 있어 본건 각 토지에 관한 병 등의 각 시효취득은 어느 것도 시효가 원용되지 않았을 뿐만 아니라 어느 것도 시효가 완성되지 않았다. … 각 시효완성까지 사이에 원고들은 병 등(점유자)이 본건 각 토지를 점유하고 있음을 당연히 알고 있었으므로 병 등에 대하여 본건 각 토지의 명도를 청구하는 등 시효중단 조치를 취하는 것이 가능하였다. 특히 제1토지는 병으로부터 별건 소송(2)가 제기된 시점에 있어서조차 시효가 완성되지 않았고 원고들은 용이하게 반소를 제기하여 시효중단 조치를 취할 수 있었다.

이 점에서 보면 시효의 완성도 시효의 원용도 본건 상속개시(갑 사망) 후에 이루어진 본건에 있어 원고들은 현저히 부주의하여 시효중단 조치를 취하지 않았기 때문에 상속세의 경정청구가 인정되지 않더라도 그것은 원고들의 귀책사유에 의한 것으로서 위 1 (1)의 국세통칙법 제23조 제2항의 취지에 비추어 부득이하다.

(4) 원고들 주장의 검토

별건 판결 (2)가 국세통칙법 제23조 제2항 제1호에서 말하는 '판결'에 해당한다는 원고들 주장의 근거는 민법 제144조에 규정하는 시효의 소급효에 의하여 시효취득자는 점유개시시에 소급하여 본건 각 토지의 소유권을 취득한다는 것이기 때문에 본건 각 토지에 관한 갑의 유증 또는 상속이 무효로 된다는 점에 있다.

그러나 본건에서의 문제는 본건 각 토지가 상속세법 제2조 제1항의 '상속 또는 유증으로 취득한 재산'에 해당하는가 여부로서 사법의 해석 자체가 문제되는 것은 아니다. 과세는 사법이 아니라 세법에 기초하여 행하여지는 것으로서 세법에 기초하여 과세함에 있어 사법상의 법률관계가 전제되는 경우가 많은 것은 세법이 사법상의 법률관계를 과세요건 중에 포함시키고 있다고 해석하는 경우가 많기 때문으로서 세법의 해석을 떠나서 사법이 적용되는 것은 아니다. 따라서 원고들의 위 주장은 채용할 수 없다.

(5) 소결론

이상과 같이 별건 판결 (2)는 시효의 완성 및 시효의 원용이라는 본건 상속개시(갑 사망) 후에 발생한 새로운 사실, 즉 본건 상속개시(갑 사망) 후의 시간의 경과라는 사실 및 실체법상의 의사표시인 시효원용의 사실을 판단의 기초로 한 것으로, 본건 상속개시(갑 사망) 시에 이미 존재하고 있는 사실만에 의하여 과세표준 등을 변경하는 것은 아니다. 즉 별건 판결 (2)는 '이미 존재하고 있는' 사실을 명확히 한 것은 아니다. 따라서 별건 판결 (2)는 국세통칙법 제23조 제2항 제1호에서 말하는 '판결'에 해당하지 않는다고 하지 않을 수 없다.

3. 결론

이상에 의하면 별건 판결 (2)는 국세통칙법 제23조 제2항 제1호에서 말하는 '판결'에 해당하지 아니하고, 피고가 원고들에게 제2차 경정청구에 대하여 한 경정할 이유가 없다는 통지(본건 처분)는 모두 적법하다.』

우리나라는 점유기간 20년의 점유취득시효에 있어 소유권을 취득하기 위하여는 시효원용이 필요한 것이 아니라 시효기간의 도과와 소유권이전등기가 필요하고, 사정변경에 기한 경정청구에 있어서도 우리나라 국세기본법 제45조의2 제2항의 요건과 일본 국세통칙법 제23조 제2항의 요건이 상당히 다름을 인식하여야 한다.

이상의 인식 위에서 위 판결의 판시취지를 음미함과 동시에 일본의 경정청구제도와 우리나라의 그것을 비교함으로써 우리나라에서의 사정변경에 기한 경정청구가 나아갈 방향을 나름대로 정리하는 것도 의미가 있다.

(ⅰ) 위 판결에 의하면 일본 국세통칙법 제23조 제2항의 적용에 있어 반드시 같은 조 제1항의 적용을 전제하고 있다. 국세통칙법 제23조 제2항은 같은 조 제1항의 적용을 전제로 제2항 소정의 예외적인 경우 권리구제수단의 확충을 위하여 경정청구기간을 확대하고 있다면서 납세의무자에게 귀책사유가 있다면 사정변경에 기한 경정청구를 통하여 그를 보호할 수 없다는 법리를 확립하고 있다.

그러나 우리나라에서의 사정변경에 기한 경정청구는 통상의 경정청구와 상호 독립적이어서 국세기본법 제45조의2 제2항은 같은 조 제1항의 적용을 전제로 하는 것은 아니다. 납세의무자에게 귀책사유가 있다 하여 사정변경에 기한 경정청구를 배제할 수도 없다. 만약 위 사안에서 경정청구의 다른 요건을 갖추었다면 시효중단의 조치를 취하지 않았다는 이유만으로 사정변경에 기한 경정청구를 배제할 수는 없다.

(ⅱ) 상속세법상의 과세대상은 피상속인의 상속재산으로 상속개시 당시 피상속인에게 귀속되는 모든 재산을 말한다. 유산세방식을 취하고 있는 이상 상속개시 당시 '피상속인에 귀속된 재산'인지 여부가 쟁점이 될 수 있다. 유산취득세방식을 취하는 일본에서는 상속세법 제2조 제1항 소정의 '상속 또는 유증으로 인하여 취득한 재산'에 해당하는지 여부가 쟁점이 된다. '귀속'이나 '취득'의 개념은 사법상의 개념에서 출발한 것이나 조세법적 관점에서 과세상 수정되어 수용될 여지가 있으므로 세법의 해석을 떠나서 사법이 그대로 적용될 수는 없다. 대법원은 점유취득시효가 완성된 부동산의 취득시기는 점유취득시효 완성시로 보고 그때 취득세 납세의무가 성립한다고 보았다(대법원 2004. 11. 25. 선고 2003두13342 판결 참조).

여기서 민법상 취득시효의 소급효를 조세법적으로 어떻게 수용하여 경정청구를 긍정하거나 부인하여야 할 것인지가 문제된다.

소급효의 대표적인 예인 해제, 취소 등은 실체법상 물권적 소급효를 가지고 원상회복의무가 뒤따르므로 조세적 효과가 소급적으로 소멸하는 전형적인 예이다. 이 경우에도 사정변경에 기한 경정청구의 허용 여부는 세목에 따라 달리 파악하여야 함은 앞서 본 바와 같다.

해제나 취소가 원상회복의무를 지향함에 대하여, 취득시효의 소급효는 영속한 사실상태를 존중하면서 시효로 인한 권리변동으로부터 생기는 본질적이 아닌 부수적인 문제(기간 중의 과실

수취권 등의 문제 등)를 간명하게 처리하기 위한 것이다. 여기서 상속개시 후 피상속인이 상속개시 전부터 점유하여 온 부동산을 승계하여 점유하여 옴으로써 취득시효로 권리를 취득한 상속인에 대하여 점유개시시점으로 소급하여 소유권을 취득한 것으로 보아 상속세를 부과할 것인지 여부와 취득시효로 권리를 상실한 자에 대하여 점유개시시점으로 소급하여 소유권을 상실한 것으로 보아 상속세를 감액경정할 것인지 여부는 이를 정합적·통일적으로 해석하여야 할 필요성이 있다. 이를 고려하면 이론적으로는 상속세법상 상속개시 후 다른 점유자의 취득시효의 완성으로 권리를 상실한 자에 대하여 점유개시시점으로 소급하여 소유권을 상실한 것으로 볼 수 없다 할 것이다. 따라서 사정변경에 기한 경정청구를 허용할 수는 없다 할 것이다.

다만 이 사안에서 상속인의 입장에서 아무런 담세력을 취득한 바 없음에도, 오히려 담세력을 소급적으로 상실한 것과 동일함에도, 상속세를 부담하는 것이 되므로 위 정합적·통일적 해석만으로 경정청구를 거부할 이유가 되는지는 의문이 없는 것도 아니다.[62]

② 상속개시 전 취득시효가 완성된 경우이다. 상속개시 전에 타인에 의하여 점유취득시효가 완성되었는데 상속인은 이를 상속재산에 포함시켜 상속세를 납부하였다. 그런데 상속 후 점유자로부터 시효취득을 원인으로 한 소유권이전등기청구 소송을 제기당하여 패소판결을 받아 소유권이전등기를 시효취득자 앞으로 넘겨준 경우 그 패소판결도 여기서 말하는 판결에 해당하는가?[63]

이 경우에도 시효취득으로 소유권을 취득하는 자와 상실하는 자를 정합적·통일적으로 해석하여야 한다. 따라서 시효취득으로 소유권을 취득할 수 있는 지위에 있는 자는 이후 이로 인한 소유권이전등기소송에서 승소하여 소유권이전등기를 마친 때에 상속세(소유권이전등기청구권이라는 채권을 상속한 것으로 그 평가가액이 문제될 따름이다)를 수정신고하여야 하고, 한편 시효취득으로 소유권을 상실한 자는 그 패소판결을 여기서 말하는 판결로 보아 사정변경에 기한 경정청구를 할 수 있다 할 것이다.

(5) 상속재산분할협의의 무효판결

상속재산분할협의는 상속이 개시되어 공동상속인 사이에 잠정적 공유가 된 상속재산에 대

---

62) 반대 견해, 金子 宏, 전게서, 131면 이하에서, "상속인이 상속세를 신고·납부한 후 상속재산을 장기간 점유하고 있던 자가 상속개시 후에 취득시효가 완성되었다면서 시효를 원용하고 법원이 이를 인정한 경우, 그 효과는 그 기산일로 소급하므로(민법 제144조) 결과적으로 상속인은 상속개시 시에 당해 재산을 소유하고 있지 않게 되는바, 상속인은 상속세의 환부를 구할 수 있다고 풀이할 수 있을까? 이 경우 시효중단의 절차를 취할 겨를이 없는 등 상속인을 보호할 가치가 있는 경우 후발적 이유에 의한 경정청구의 절차(국세통칙법 제23조 제1항 제1호)를 통하여 환부를 구할 수 있다."라고 적고 있다.

63) 金子 宏, 전게서, 132면에서, "상속세를 신고·납부한 재산에 관하여 상속 당시에 이미 시효가 완성되었고 점유자가 상속개시 후에 소송을 제기하고 시효원용에 기하여 당해 재산의 소유권을 인정하는 판결이 있는 경우, 후발적 이유에 의한 경정청구가 인정되어야 할 것이다(불복심판소 재결 2009. 4. 17. 재결 사례집 74호 1면 참조)."라고 적고 있다.

하여 그 전부 또는 일부를 각 상속인의 단독소유로 하거나 새로운 공유관계로 이행시킴으로써 상속재산의 귀속을 확정시키는 것이다. 성질상 재산권을 목적으로 하는 법률행위(계약)로서 상속개시된 때에 소급하여 효력이 있다.[64] 상속인 일부를 제외한 분할협의는 무효이고 분할협의의 의사표시에 착오나 사기 · 강박이 있는 경우 표의자는 이를 취소할 수 있다.

상속인 전원 사이에서 장남명의로 단독상속등기를 하는 합의를 하고, 다른 상속인의 지분포기증명서가 등기신청서에 첨부되어 상속등기가 되었더라도 어떤 편의를 위하여 장남명의로 등기한 데 지나지 않고 상속인 사이에 후일 분할한다는 내용의 합의가 있다고 인정되는 경우 통정허위표시를 이유로 무효를 주장할 수도 있다. 상속세를 납부한 후 상속인 중 일부가 위와 같은 사유로 분할협의의 무효 내지 취소의 소송을 민사법원에 제기하여 승소판결을 받은 경우 여기서 말하는 판결에 해당된다.

물론 당사자가 세금을 면할 목적으로 담합에 의하여 생긴 판결로 조세법적인 관점에서 보아 객관적이고 합리적 근거를 결한 경우 여기서 말하는 판결에 해당되지 않는다.

일본 최고재판소 2003. 4. 25. 판결(사안개요 및 제1, 2심 판결의 개요도 포함)

『사안개요는 다음과 같다. 피상속인은 1985. 10. 26. 사망하고 상속인으로 유처와 자녀 4명이 있었다. 1986. 4. 21. 상속인들 사이에 상속재산분할협의를 하고 상속인 중 한 사람인 원고는 법정신고기한 내인 같은 해 4. 25. 상속세를 신고하고 같은 해 7. 3. 수정신고를 하였다. 그런데 원고를 제외한 나머지 상속인 4명은 1987. 9. 4. 위 분할협의가 통정허위표시에 기하여 무효라는 이유로 분할협의 무효확인을 구하는 소송을 제기하였다. 그 민사소송에서 항소심은 1996. 10. 24. 상속인 5명은 원고의 주도 아래 배우자에 대한 상속세액 경감규정적용으로 인한 이익을 최대한으로 받고 상속세 신고기한 내에 분할협의를 성립시키기 위하여 상호 통모하여 가장합의를 하여 분할협의를 성립시켰음을 인정한 다음 상속인 4명의 청구를 인용하는 판결을 하였고 판결은 1997. 3. 13. 확정되었다. 원고는 1997. 4. 14. 위 판결확정으로 상속재산은 미분할 상태에 있고 법정상속분에 따라 계산한 상속세를 초과하는 부분에 대하여 사정변경에 기한 경정청구를 하였는데 거부처분을 받고 취소소송을 제기했다.

제1심 구마모토지방재판소는 "확정판결에 의하여 당초의 신고와 다른 사실이 확정되고 납세자

---

64) 부동산등기법 제23조에 의하면 상속등기의 경우 등기권리자가 단독으로 신청하도록 되어 있다. 따라서 일부 상속인이 공동상속등기에 협력하지 아니하는 경우 다른 상속인이 전원의 상속등기를 신청할 수 있다(대법원 1984. 7. 4. 등기예규 제247호). 상속개시 후 상속재산에 대하여 이러한 상속등기(법정상속분에 따른 등기)가 마쳐졌다고 하여 상속재산분할협의가 있었다고 의제하거나 추정할 수 없다. 상속재산분할협의는 공동상속인 사이의 일종의 계약(대법원 1995. 4. 7. 선고 93다54736 판결 참조)으로 그 형식에는 아무런 제한이 없고 분할협의의 존부는 사실인정의 문제에 속한다. 따라서 상속세 및 증여세법 제4조 제3항의 "상속개시 후 상속재산에 대하여 등기 · 등록 · 명의 개서 등(이하 '등기 등'이라 한다)으로 각 상속인의 상속분이 확정된 후"라는 부분을 해석함에 있어서는 신중을 기할 필요가 있다(제5장 제3절 마. 참조). 위 제4조 제3항에 의하면 이러한 상속등기가 마쳐지면 마치 상속분이 확정되는 것으로 의제하고 있기 때문이다.

가 전적으로 납세를 면할 목적으로 담합으로 판결을 받아낸 사정도 없으므로 상기 판결은 국세통칙법 재23조 제2항에서 말하는 판결에 해당한다."고 하면서 원고청구를 인용했다.

그러나 제2심 후쿠오카고등재판소는 "원고는 본건 신고시 분할협의가 통모허위표시로 무효임을 알고 있었기 때문에 국세통칙법 제23조 제2항 제1호에 기한 경정청구를 할 수 없다."고 하여 원고청구를 기각하였다.

일본 최고재판소는 − 예견가능성 유무나 귀책성의 요건에 관하여 언급을 함이 없이 − 위 사실관계에 의하면 "상고인은 자신의 주도 아래 통정허위표시로 상속재산분할협의가 성립한 것처럼 외형을 작출하고 이에 기초하여 이 사건 신고를 한 후 분할협의의 무효확인판결을 이유로 경정청구를 한 것이다. 그렇다면 상고인이 국세통칙법 제 23조 제1항 소정의 기간 내에 경정청구를 하지 못하였음에 대하여 부득이한 이유가 있다고 할 수는 없으므로 같은 조 제2항 제1호에 기한 경정청구를 할 수는 없다."고 판시하였다.』

위 판결은, 국세통칙법 제23조 제2항과 제1항과의 관계에 대하여, 국세통칙법 제23조 제1항 소정의 기간 내에 경정청구를 하지 못하였음에 대하여 '부득이한 이유'가 있는 경우에 한하여 제23조 제2항 제1호에 기한 경정청구를 할 수 있음을 명확히 하였다. 그러나 2003년경 당시 일본의 하급심 판결 등에서 사정변경에 기한 경정청구의 요건으로 예견가능성의 부존재(계산의 기초로 된 사실과 다른 것을 알지 못하였다는 점) 또는 귀책성의 부존재(계산의 기초로 된 사실에 있어 이와 다른 것으로 된 사태에 대하여 납세자에게 책임을 물을 수 있는 사유가 존재하지 않는다는 점) 등을 문제삼고 있었음에도 이에 대한 명확한 견해표명을 유보하였다. 이는 예견가능성의 존재 여부가 결정적 요소인지 아니면 귀책성의 존재 여부가 주된 판단요소인지 불분명할 뿐더러 이러한 요건이 어떠한 범위까지 외연을 가지는지도 분명하지 아니하였음에 기인한 것이었다.

그러나 위 판결은 우리나라에서 그대로 통용될 수 없다. 우리나라 사정변경에 기한 경정청구는 통상의 경정청구와 상호 독립적이어서 국세기본법 제45조의2 제2항은 제1항의 적용을 전제로 하는 것이 아니다. 나아가 예견가능성의 부존재나 귀책성의 부존재도 그 요건으로 삼아서도 안 된다.

다만 스스로의 주도 아래 통정허위표시로 상속재산분할협의가 진정하게 성립한 것처럼 외형을 작출하고 이에 기하여 상속세 과세표준신고를 한 후 분할협의의 무효확인 판결을 이유로 경정청구를 하는 사안이라면 신의성실의 원칙 내지 권리남용금지의 원칙에 기한 경정청구의 제한 문제가 제기될 수 있으나 이를 이유로 쉽사리 경정청구를 거부하여서는 안 될 것이다.

(6) 합병무효판결

일본 오사카고등재판소 2002. 12. 26. 판결

『사안개요는 다음과 같다. 소외 T법인을 흡수합병한 X법인(원고, 항소인)은 합병에 따른 T법인의 청산소득을 확정신고하였고, 아울러 T법인의 사원인 A 및 B(각 원고, 항소인)는 합병에 따른 간주배당소득을 확정신고하였다. 이후 합병무효의 소가 제기되어 합병무효판결이 확정되었다. X법인 등(A 및 B 포함)은 국세통칙법 제23조 제2항 제1호에 기하여 경정청구를 하였으나 거부되어 경정거부처분 취소소송을 제기하였다.

일본 상법 제110조는 합병을 무효로 하는 판결은 존속회사 또는 신설회사, 기타 사원 및 제3자 사이에서 생긴 권리의무에 영향을 미치지 아니한다고 정하고 있다. 위 취소소송에서 상법 제110조의 합병무효판결 효력의 불소급 규정이 과세관계에도 적용되는지 여부가 쟁점이었다. 합병무효판결이 확정됨에 따라 합병이 소급하여 무효로 된다면 국세통칙법 제23조 제2항 제1호에 기한 경정청구를 할 수 있다.

오사카고등재판소 판결은, 상법 제110조에는 문언상 적용대상이 되는 권리의무를 합병 후의 거래행위에 의하여 발생한 권리의무에 한정하는 것이 아니고, 합병 자체는 민법의 일반원칙에 따라 처음부터 무효라 할 것이나 다만 합병이 유효함을 전제로 행하여진 거래행위에 관하여는 유효한 것으로 취급하여야 한다는 원고 등의 표현법리 주장은 받아들일 수 없으며, 거래행위가 존재하는지 여부를 불문하고 과세관계를 포함하여 합병을 둘러싼 다수의 법률관계 일반에 관하여 획일적으로 합병무효판결의 소급효를 부정한 것으로 해석하여야 한다고 판시하였다.』

우리나라도 합병무효판결의 효력에 관하여 상법 제530조 제2항, 제240조, 제190조에서 합병무효판결 확정 전에 생긴 회사와 사원 및 제3자 간의 권리의무에 영향을 미치지 아니한다고 규정하고 있다. 일본 상법(현재 개정되었음)의 규정과 거의 동일하다.

위 판결에 대한 비판은 다음과 같다.65) "사법규정은 원칙적으로 조세법률관계에도 적용 내지 준용된다고 해석하여야 한다. 그러나 사법규정의 적용·준용이 부정되지 않으면 안 될 경우가 있다. 그것은 사법규정의 취지·목적이 전적으로 사적 거래법의 분야(프라이비트 섹터)에서 거래의 안전을 도모하기 위한 것인 경우이다. 예를 들어 회사의 합병무효판결은 소급효를 가지지 않는다는 상법규정은 합병에 기초하여 점차 형성되어 누적하는 사법상의 효력을 유지케 하고 그럼으로써 거래의 안전을 도모하는 것을 목적으로 하기 때문에, 이 규정에 의하여 합병의 일환으로 또는 합병 그 자체에 수반하여 성립하는 납세의무, 즉 합병으로 피합병회사에 관하여 생기는 양도익에 대한 납세의무의 효력까지 유지된다고 생각하는 것은 너무 지나치다."

우리나라에서도 유사한 사안에서 경정청구를 인정할 것인지가 문제된다. 위 판례에 대한 비판과 같은 이유, 즉 조세채권은 거래의 안전이라는 이름으로 보호되어야 할 대상이 아니므로 경정청구를 긍정하여야 할 것이다.

---

65) 金子 宏, 전게서, 132면 참조.

부산지방법원 2018. 8. 30. 선고 2018구합20925 판결

『사안개요는 다음과 같다. 원고법인(유한회사)이 소외 유한회사와 사이에서 소외 유한회사를 흡수합병하기로 한 계약을 체결한 다음 승계취득하는 부동산에 관하여 취득세를 신고납부하였다. 이후 소외 유한회사의 채권자가 원고법인을 상대로 합병무효의 소를 제기한 결과 부산지방법원은 합병당사자가 합병계약에 관하여 사원총회를 거치지 않았다는 이유로 합병계약이 무효라는 판결을 선고하였고 이는 2017. 10. 13. 확정되었다. 원고법인은 2017. 12. 28. 납부한 취득세의 환급을 구하기 위한 경정청구를 하였으나 과세관청인 피고들은 '합병무효의 판결은 판결 확정 전에 생긴 존속회사와 사원 및 제3자 간의 권리의무에 영향을 미치지 아니하므로 합병무효 판결 이전에 존속회사가 합병으로 취득한 권리의무관계는 소급효가 적용되지 않아 합병으로 취득한 부동산의 취득세 신고·납부행위는 당연무효가 되지 않으며 합병무효의 판결로 부동산 소유권이전등기가 말소되었다 하여 이미 납부한 취득세 등이 환급대상이 되는 것은 아니다.'는 이유로 경정청구를 각 거부하였고, 그러자 원고법인은 그 취소소송을 제기하였다.

위 판결의 관련 판단부분은 다음과 같다.

상법 제240조는 '제186조 내지 제191조의 규정은 합병무효의 소에 준용한다.'고 규정하고 상법 제190조는 '설립무효의 판결 또는 설립취소의 판결은 제3자에 대하여도 그 효력이 있다. 그러나 판결확정 전에 생긴 회사와 사원 및 제3자 간의 권리의무에 영향을 미치지 아니한다.'고 규정하고 있다. 이는 합병이 유효함을 전제로 하여 형성된 법률관계를 파괴함으로써 발생될 법률관계의 혼란을 예방하기 위하여 합병회사와 합병 후 새로 이행관계를 맺은 사원이나 제3자 사이의 권리의무에 영향이 없도록 하여 형식상 회사 내부의 의사결정을 거친 회사의 외부적 행위를 유효한 것으로 믿고 거래한 제3자를 보호함으로써 거래안전을 도모하기 위한 것이다. 따라서 상법 제190조 단서에서 말하는 제3자는 합병 이후 합병회사와 법률행위 등으로 이해관계를 맺은 자를 말하는 것으로 해석할 수 있다. 그러나 국가나 지방자치단체의 조세채권은 합병 그 자체에 대하여 법률의 규정에 의하여 성립하는 법정채권으로 법률행위를 통해 취득한 채권이 아니므로 피고들을 소급효 제한규정의 적용을 받는 제3자라고 볼 수 없다.』

(7) 조세부담에 관한 착오와 민사판결

사법상의 거래 또는 행위 등과 관련하여 조세부담을 착각하였고 이후 관세관청의 증액경정으로 당초 예상보다 무거운 조세부담을 지게 된 사안에서, 민법상 착오 등을 주장하여 당초 계약의 취소판결을 받아낸 경우 이를 근거로 사정변경에 기한 경정청구를 할 수 있는지가 초미의 관심사이다.

먼저 민법 제109조 제1항 본문에 의하면 법률행위의 내용의 중요부분에 착오가 있는 때에는 그 의사표시는 취소할 수 있다. 조세부담이 사법상 의사결정에 있어 고려되어야 할 중요한 요소의 하나로서, 비록 동기의 착오에 해당한다 하더라도 법률행위의 중요부분의 착오에

해당할 수 있다. 이 경우 이를 취소하는 의사표시를 하고 민사소송을 통하여 취소판결을 받아
낸 다음 사정변경에 기한 경정청구를 할 수 있다고 볼 여지가 있다.[66]

　　다음 당초 예정한 것보다 무거운 조세부담을 진다는 것을 알고 상대방의 동의 아래 이를
취소(단독행위의 경우)하거나 해제(계약의 경우)하는 경우 납세의무자는 과세관청에 대하여 어떠
한 범위에서 그 효과를 주장할 수 있는지가 문제된다. 법정신고기한이 경과하기 전까지 한 취
소 또는 해제는 그 효과를 주장할 수 있다 할 것이다.[67] 그러나 법정신고기한이 지난 후 상대
방의 동의 아래 해제하는 경우 그 합의해제가 '부득이한 사유'로 이루어졌다고 보기는 어려울
것이다.

　　조세부담에 관한 착오를 이유로 한 경정청구에 관한 일본 판례를 소개한다.[68]

『① 사안개요
　　유한회사를 경영하던 부친이 백혈병으로 얼마 살지 못할 것 같아 아들 대학생 X1은 부친의 의
사에 따라 조모 X2가 가진 유한회사 지분을 매수하기로 하였다. 부친은 저가양도가 증여에 해당될
수 있음을 알고 나름대로 지분의 시가를 조사하고 세무서에 가서 상담도 한 다음 가격을 결정하고,
1997. 2. 21. X2가 그 소유 지분을 X1에게 매도하기로 하는 매매계약을 체결하여 각 쌍방의 의무
를 이행하였다. X2는 1998. 3. 12. 위 지분 양도소득을 산정하여 이를 신고하였다.
　　부친은 2000. 2. 6. 사망하였고, X1은 같은 달 9. 대표이사에 취임하였다. 한편 2001. 8. 28.
세무조사 결과 매매대금이 적정시가에 비하여 현저히 낮다(약 1/7 수준)는 이유로 상속세법에 따라
차액에 대하여 증여세를 신고할 필요가 있음이 지적되었다.
　　그러자 X1과 X2는 2001. 10. 21. 평가금액을 적정시가의 1/7로 평가하는 등의 중대한 요소의
착오가 있었으므로 매매계약의 무효를 확인하고 상호 이를 원상회복키로 하는 확인서를 작성하였
다. X1은 같은 달 23. 사원총회를 개최하여 원상회복의 일환으로 지분변경을 결의하고, X2는 같은
해 11. 1. X1에게 매매대금을 반환하였다.
　　X2는 2001. 12. 21. 위 매매계약이 착오로 인하여 무효로 되었고 원상회복이 되었다면서 국세

---

66) 金子 宏, 전게서, 131면에서, "금일의 경제사회에서 세금부담 문제는 사법상의 의사결정에 있어 고려되어야
　　할 최고의 중요한 요소의 하나이기 때문에 평균적 경제인의 입장에서 보아 그것이 합리적이라고 인정되는
　　경우에는 세금부담에 관한 착오는 의사표시의 무효원인이라고 생각될 경우가 있다고 생각된다(착오무효를 인
　　정한 사례로서 최고재판소 1989. 9. 14. 판결 참조). 단 이렇게 해석하는 경우에도 민사소송 또는 상대방과
　　의 합의에 의한 행위나 거래의 무효의 확인과 원상회복을 하지 아니하였다면 경정·결정의 무효를 주장할 수
　　없다고 해석하여야 한다."라고 적고 있다.
67) 金子 宏, 전게서, 131면에서, "사적 자치의 존중, 납세자 간의 공평의 확보, 조세법률관계 안정의 유지 등 3
　　가지 요청의 합리적 조정의 필요성을 고려할 때, 법정신고기간이 경과하기까지 한 취소·해제에 한하여, 그
　　효과를 주장할 수 있다고 풀이하여야 할 것이다."라고 적고 있다. 그 반대해석에 의하면 법정신고기한이 경
　　과한 경우에는 경정청구를 할 수 없다는 취지로 읽혀진다.
68) 일본 민법 제95조에 의하면 착오에 기한 의사표시는 무효라고 규정하고 있다. 우리나라에도 이와 유사한 사
　　례가 발생할 여지가 있고 이를 음미할 필요가 있어 인용하여 설명한다.

통칙법 제23조 제2항 제3호에 따라 1997년 귀속분 소득세에 대한 경정청구를 하였다.

과세관청은 2002. 2. 15. 경정청구를 거부하고, X1에게 증여세 부과처분을 하였다.

X1 및 X2는 적법한 전심절차를 거쳐 2003. 9. 20. 지방재판소에 각 그 해당 처분의 취소를 구하였다. 지방재판소는 매매계약에 착오가 있다 하더라도 원고 X1에게 중대한 과실이 있다면서 매매계약이 무효라고 하는 원고들의 주장을 배척하였다.

② 다까마쓰(高松)고등재판소 2006. 2. 23. 판결

다음과 같은 이유로 원고들의 청구를 모두 기각하였다.

첫째, 위 매매계약에 있어 착오가 중대한 과실에 의하여 이루어졌다고 볼 수는 없고 따라서 위 매매계약은 무효이다.

둘째, 이러한 착오무효는 과세관청에 대하여 주장될 수 없다. 즉 "우리는 신고납세방식을 채용하고 신고의무의 위반이나 탈세에 대하여 가산세 등을 가하고 있는 결과 납세의무의 발생원인이 된 법률행위의 착오무효를 쉽게 인정하여 납세의무를 면하게 하는 것은 납세자간의 공평을 해하고 조세법률관계를 불안정하게 하며 급기야는 신고납세방식의 붕괴로 이어진다. 따라서 납세의무자는 납세의무의 발생원인이 되는 사법상의 법률행위를 한 경우 그 행위 당시 예상하지 못한 납세의무가 발생하거나 예상보다 무거운 납세의무가 발생한 결과 조세부담에 대한 착오가 당해 법률행위의 요소의 착오에 해당하더라도, 당해 법률행위가 무효라는 것을 법정신고기한이 지난 시점에서는 주장할 수 없다고 풀이함이 상당하다."

"법정신고기한이 지난 후 당사자의 기대에 반하여 과세당국으로부터 당사자가 예상하지 못한 납세의무가 발생하거나 예상보다 무거운 납세의무가 발생하였음을 이유로 경정처분이 행하여진 경우, 조세부담에 관한 착오가 당해 법률행위의 요소의 착오에 해당하고 이러한 법률행위를 무효로 인정하여 일단 발생한 납세의무 부담을 면하는 것을 시인한다면, 그러한 착오주장을 생각하지 못한 일반적인 다수의 납세자 간에 현저히 공평을 해치고 조세법률관계를 불안정하게 하며 급기야는 일반 국민의 소박한 정의감에 반한다. 따라서 당해 법률행위가 착오에 의하여 무효라는 것을 법정신고기간이 지난 시점에서 주장하는 것은 허용되지 아니하고, 이미 확정한 납세의무부담을 면할 수 없음이 상당하므로, 항소인들은 본건 매매계약의 착오무효를 과세관청인 피항소인에게 주장할 수 없다."

셋째, 경정청구에 있어 국세통칙법 제23조 제2항 제3호 내지 제1호 사유에 해당하지 않는다. 즉 국세통칙법 제23조 제2항 제3호에 관하여, "같은 법 시행령 제6조 제1항 제2호에서 말하는 '신고, 경정 또는 결정에 관계되는 과세표준 등 또는 세액 등의 계산의 기초가 된 사실에 관한 계약이 해제권의 행사에 의하여 해제되거나 혹은 당해 계약의 성립 후 발생한 부득이한 사정에 의하여 해제되거나 또는 취소된 경우'에 있어, 같은 항 제1호, 제3호 및 제4호를 정합적으로 해석하여야 하고, 위 같은 항 제2호에서 말하는 '부득이한 사정'이라 함은 예를 들면 계약의 상대방이 완전한 이행을 하지 않는 등의 객관적 사유에 한정되어야 하며, 착오와 같은 표의자의 주관적 사정은 포함되지 않는다고 해석함이 상당하다."

국세통칙법 제23조 제2항 제1호에 관하여, "항소인 등은 위 매매계약의 착오무효를 과세관청인 피고에게 주장할 수 없기 때문에 본 판결에 의하여 '신고에 관계되는 세액 등의 계산의 기초로

된 사실에 변동을 생기게 한' 것이라고 할 수 없다. 여기에 본 판결은 확정된 바 없기에 본 판결에 의하여 신고에 관계되는 세액 등의 계산의 기초로 된 사실에 변동을 생기게 한 것이 '확정된 때'에 해당하지 않는다.''

③ 원고들이 상고하였으나 최고재판소는 2006. 10. 6. 상고를 기각하였다.

그 후 X1은 2006. 12. 2. X2를 상대로 매매계약의 무효확인을 구하는 소송을 제기하였다. X2는 청구기각을 구하는 답변만 하였을 뿐 원고의 청구원인을 전부 인정하였다. 법원은 2007. 5. 23. X1의 청구를 전부 인용하는 판결을 선고하였고, 그 판결은 그 시경 확정되었다.

X1은 2007. 7. 20. 국세통칙법 제23조 제2항 제1호(판결 등에 의한 세액 계산근거의 변동)에 기하여 증여세에 대하여, X2는 같은 날 소득세에 대하여 각 경정청구를 하였는데 같은 해 9. 20. 각 거부되었다. 원고들은 각 그 거부처분에 대하여 취소소송을 제기하였다.

④ 이에 대한 다까마쓰고등재판소 2011. 3. 4. 판결을 본다. 각 처분의 위법성, 즉 위 각 경정청구의 사유가 국세통칙법 제23조 제2항 제1호 사유에 해당하는지 여부에 관한 판시내용은 다음과 같다.

즉 ''이렇게 납세자가 국세통칙법 제23조 제1항 소정의 경정청구를 하지 않았다 하더라도 부득이하다고 인정되는 특별한 사정이 있는 경우에 한하여 기간경과 후라도 당해 장해가 해소된 때로부터 일정 기간은 경정청구를 인정함에 의하여 납세자의 권리구제의 길을 확충하기 위한 제도인 점을 고려할 때, 같은 조 제2항 제1호의 경우에서도 같은 조 제1항 소정의 기간 내에 경정청구를 하지 아니한 데 대하여 부득이한 이유가 있다고 인정되는 경우라는 것을 당연히 전제하고 있다고 할 것이다.''

'' … 이러한 사정에 비추어 볼 때, 본 건에 있어 제23조 제1항 소정의 기간 내에 위와 같은 과세관계로 되는 것을 이해하지 못한 데에 대해 부득이한 사정이 있었다고 할 수 없고, 가령 착오 무효라고 하더라도 그 점에 관하여 항소인들(원고들) 사이에 다툼이 있지도 않다.''

''그렇다면 상기 기간 경과 후에 판결의 취득을 목적으로 소를 제기하여 본건 매매계약의 무효확인판결을 취득하고 그 판결이 확정되었다 하더라도, 이미 본 바와 같이 항소인들이 제23조 제1항 소정의 기간 내에 경정청구를 하지 아니한 데 대한 부득이한 이유가 있었다고 인정할 수 없고, 각 청구에 관하여 경정할 이유가 없는 각 처분은 모두 적법한 것이라고 할 것이다.''』

위 각 판시취지나 이유는 우리나라에서도 그대로 타당하다고 말할 수 없다. 유사한 사안이 우리 법정에서 문제되었을 때, 예외적으로 경정청구를 허용할 수 있는지 여부, 있다면 어떠한 이유로 허용할 것인지, 아니면 경정청구를 허용할 수 없는지 등 여러 의문이 생긴다.

마. 형사판결

(1) 형사판결은 여기서 말하는 판결에 포함되지 않는다. 형사판결은 범죄사실 내지 형벌권의 존부 및 범위에 관한 판단으로, 사법상의 행위나 거래 등의 조세적 효과가 소급하여 소멸하는 사건이 형사판결에 의하여 발생한다고 볼 수 없기 때문이다.

제4장

조세포탈죄에 관한 판결이라 하더라도 그 성립의 판단 및 적정한 처벌을 전제로 하여 범칙소득금액을 확정하는 것이므로 국세기본법 제45조의2 제2항 제1호 소정의 판결과는 그 목적을 달리한다. 형사판결만으로는 '과세표준과 세액의 계산근거가 된 거래 또는 행위 등이 그에 관한 소송에 대한 판결에 의하여 다른 것으로 확정된 때', 즉 과세표준과 세액의 산정기초의 변동이나 계산근거의 변동을 초래한 경우에 해당하지 않는다.

사정변경에 기한 경정청구는 조세적 효과가 소급적으로 소멸하는 사건이 발생한 경우에 인정되고, 조세적 효과가 소급적으로 소멸하는지 여부는 개별세법에 규정이 없는 이상 원칙적으로 사법규정에 의하여야 할 것이다. 왜냐하면 조세법률관계는 사법상의 법률관계를 전제로 한 과세요건에서 발생하므로 사법상의 법률관계를 규율하는 사법규정은 원칙적으로 조세법률관계에도 적용 내지 준용되기 때문이다. 그러나 형사판결에서 판단되는 것은 형사적 구성요건에 관한 것으로서 조세법률관계 내지 사법상의 법률관계에 직접적으로 영향을 미칠 수 없고, 따라서 형사적으로 판단되는 법률관계가 이러한 조세법률관계의 이웃에 위치하고 있다 하더라도 이를 고려하여 조세적 효과가 소급적으로 소멸하는 사건이 발생한 경우로 볼 수 없다. 형사판결이 민사판결에 간접적으로 영향을 미칠 수 있지만 직접적으로 영향을 미쳐 항상 결론을 같이 할 수 없듯이, 형사판결이 조세법률관계에 직접적으로 영향을 미칠 수 없다. 그런 의미에서 형사판결은 여기서 말하는 판결에 해당될 수 없다.

대법원은 뒤에서 보는 2020. 1. 9. 선고 2018두61888 판결로 견해대립을 정리하였다.

다만 대법원 2015. 10. 29. 선고 2013도14716 판결에 의하면, "형사소송법 제420조 제5호에 정한 재심사유인 무죄 등을 인정할 '증거가 새로 발견된 때'라 함은 재심대상이 되는 확정판결의 소송절차에서 발견되지 못하였거나 또는 발견되었다 하더라도 제출할 수 없었던 증거로서 이를 새로 발견하였거나 비로소 제출할 수 있게 된 때를 말한다(대법원 2013. 4. 18.자 2010모363 결정 등 참조). 조세의 부과처분을 취소하는 행정판결이 확정된 경우 그 부과처분의 효력은 처분 시에 소급하여 효력을 잃게 되어 그에 따른 납세의무가 없으므로 확정된 행정판결은 조세포탈에 대한 무죄 내지 원심판결이 인정한 죄보다 경한 죄를 인정할 명백한 증거에 해당한다(대법원 1985. 10. 22. 선고 83도2933 판결 등 참조). 조세심판원이 재조사결정을 하고 그에 따라 과세관청이 후속처분으로 당초 부과처분을 취소하였다면 그 부과처분은 처분 시에 소급하여 효력을 잃게 되어 원칙적으로 그에 따른 납세의무도 없어지므로, 이 역시 형사소송법 제420조 제5호에 정한 재심사유에 해당한다고 보아야 할 것이다."라고 판시하였다. 조세판결이나 과세관청의 직권취소가 일정한 경우 예외적으로 형사판결의 재심사유가 될 수 있다는 것이다.

(2) 대법원 판결

① 대법원 2007. 10. 12. 선고 2007두13906 판결(심리불속행, 제1심판결 인용)

『후발적인 사유에 기한 경정청구는 과세표준의 신고 또는 과세표준 및 세액의 결정이 있은 후 납세의무자 자신의 임의적 의사와는 관계없이 과세표준 및 세액의 기초가 된 사실에 중대한 변경사유가 발생한 경우 납세자를 보호하기 위하여 예외적으로 허용한 특별규정으로서, 일반적인 경정청구와 달리 법정신고기한 내에 과세표준신고서를 제출하지 아니한 자에게도 허용되고, 일반적인 경정청구기간의 제한을 받지 않는다는 점 및 실질과세의 원칙과 기간과세의 원칙, 권리의무확정주의, 기타 세법상의 제원칙 등을 종합할 때, 법 제45조의2 제2항 제1호의 후발적인 경정사유인 '과세표준 및 세액의 계산근거가 된 거래 또는 행위 등이 그에 관한 소송에서 판결 등에 의하여 확정된 때'에 있어서 '판결 등'이라 함은 과세표준 및 세액의 계산근거가 된 거래 또는 행위 등이 재판과정에서 투명하게 다투어졌고, 그것이 판결의 주문과 이유에 의하여 객관적으로 확인되는 민사사건의 판결이나, 그 이외의 판결이나 결정문 자체로는 거래 또는 행위에 대한 판단을 할 수 없다 하더라도 거래 또는 행위 등이 재판과정에서 투명하게 다투어졌고 그 결론에 이르게 된 경위가 조서 등에 의하여 쉽게 확정할 수 있는 자백간주에 의한 판결이나 임의조정, 강제조정, 재판상 화해 등의 경우만을 한정한다고 해석하여야 할 것이다.』

② 대법원 2009. 1. 30. 선고 2008두21171 판결(심리불속행, 제1심판결 인용)

『국세기본법(2007. 12. 31. 법률 제8830호로 개정되기 전의 것) 제45조의2 제2항 제1호에 의하면, 최초의 신고·결정 또는 경정에 있어서 과세표준 및 세액의 계산근거가 된 거래 또는 행위 등이 그에 관한 소송에 대한 판결에 의하여 다른 것으로 확정된 때에는 결정 등의 경정을 청구할 수 있도록 되어 있는 바, 과세절차에 있어서 적정하고 공정한 과세를 위하여 과세소득을 확정하는 것인데 반하여, 형사사건의 판결은 비록 조세포탈죄에 관한 판결이라 하더라도 그 성립의 판단 및 적정한 처벌을 전제로 하여 소위 범칙소득금액을 확정하는 것이므로, 양자는 그 목적을 달리하고, 그 확정을 위한 절차도 별도로 정해져 있을 뿐만 아니라 형사사건의 확정판결만으로는 사법상의 거래행위가 바로 무효로 되거나 취소되지는 않기 때문에 형사사건의 판결은 위 규정상의 판결에 포함되지 않는다고 봄이 상당하다.』

③ 대법원 2020. 1. 9. 선고 2018두61888 판결

『가. 관세법 제38조의3 제3항은 "납세의무자는 최초의 신고 또는 경정에서 과세표준 및 세액의 계산근거가 된 거래 또는 행위 등이 그에 관한 소송에 대한 판결(판결과 같은 효력을 가지는 화해나 그 밖의 행위를 포함한다)에 의하여 다른 것으로 확정되는 등 대통령령으로 정하는 사유가 발생하여 납부한 세액이 과다한 것을 알게 되었을 때에는 제2항에 따른 기간에도 불구하고 2개월 이내에 대통령령으로 정하는 바에 따라 납부한 세액의 경정을 세관장에게 청구할 수 있다."라고 규정하고 있고, 그 위임에 따른 관세법 시행령 제34조 제2항 제1호는 그 사유 중 하나로 "최초의 신고

또는 경정에서 과세표준 및 세액의 계산근거가 된 거래 또는 행위 등이 그에 관한 소송에 대한 판결(판결과 같은 효력을 가지는 화해나 그 밖의 행위를 포함한다)에 의하여 다른 것으로 확정된 경우"를 규정하고 있다.

　　이처럼 후발적 경정청구제도를 둔 취지는 납세의무 성립 후 일정한 후발적 사유의 발생으로 말미암아 과세표준 및 세액의 산정기초에 변동이 생긴 경우 납세자로 하여금 그 사실을 증명하여 감액을 청구할 수 있도록 함으로써 납세자의 권리구제를 확대하려는 데 있는바, 여기서 말하는 후발적 경정청구사유 중 관세법 시행령 제34조 제2항 제1호의 '거래 또는 행위 등이 그에 관한 소송에 대한 판결에 의하여 다른 것으로 확정된 경우'는 최초의 신고 등이 이루어진 후 과세표준 및 세액의 계산의 근거가 된 거래 또는 행위 등에 관한 분쟁이 발생하여 그에 관한 소송에서 판결에 의하여 그 거래 또는 행위 등의 존부나 그 법률효과 등이 다른 내용의 것으로 확정됨으로써 최초의 신고 등이 정당하게 유지될 수 없게 된 경우를 의미한다(대법원 2017. 9. 7. 선고 2017두41740 판결 등 취지 참조).

　　나. 한편 형사사건의 재판절차에서 납세의무의 존부나 범위에 관한 판단을 기초로 판결이 확정되었다 하더라도, 이는 특별한 사정이 없는 한 관세법 제38조의3 제3항 및 관세법 시행령 제34조 제2항 제1호에서 말하는 '최초의 신고 또는 경정에서 과세표준 및 세액의 계산근거가 된 거래 또는 행위 등이 그에 관한 소송에 대한 판결에 의하여 다른 내용의 것으로 확정된 경우'에 해당한다고 볼 수 없다. 구체적인 이유는 다음과 같다.

　　1) 관세법 제38조의3 제3항 및 관세법 시행령 제34조 제2항 제1호는 후발적 경정청구의 사유를 규정하면서 소송의 유형을 특정하지 않은 채 '판결'이라고만 규정하고 있다. 그러나 형사소송은 국가 형벌권의 존부 및 적정한 처벌범위를 확정하는 것을 목적으로 하는 것으로서 과세표준 및 세액의 계산근거가 된 거래 또는 행위 등에 관해 발생한 분쟁의 해결을 목적으로 하는 소송이라고 보기 어렵고, 형사판결의 확정판결만으로는 사법상 거래 또는 행위가 무효로 되거나 취소되지도 아니한다. 따라서 형사사건의 판결은 그에 의하여 '최초의 신고 또는 경정에서 과세표준 및 세액의 계산근거가 된 거래 또는 행위 등의 존부나 그 법률효과 등이 다른 내용의 것으로 확정'되었다고 볼 수 없다.

　　2) 과세절차는 실질과세의 원칙 등에 따라 적정하고 공정한 과세를 위하여 과세표준 및 세액을 확정하는 것인데 반하여, 형사소송절차는 불고불리의 원칙에 따라 기소된 공소사실을 심판대상으로 하여 국가 형벌권의 존부 및 범위를 확정하는 것을 목적으로 하므로, 설사 조세포탈죄의 성립 여부 및 범칙소득금액을 확정하기 위한 형사소송절차라고 하더라도 과세절차와는 그 목적이 다르고 그 확정을 위한 절차도 별도로 규정되어 서로 상이하다. 형사소송절차에서는 대립 당사자 사이에서 과세표준 및 세액의 계산근거가 된 거래 또는 행위의 취소 또는 무효 여부에 관하여 항변, 재항변 등 공격방어방법의 제출을 통하여 이를 확정하는 절차가 마련되어 있지도 않다.

　　3) 더욱이 형사소송절차에는 엄격한 증거법칙 하에서 증거능력이 제한되고 무죄추정의 원칙이 적용된다. 법관으로 하여금 합리적 의심이 없을 정도로 공소사실이 진실한 것이라는 확신을 가지게 할 수 있는 정도의 증명력을 가진 증거에 의하여만 유죄의 인정을 할 수 있다. 따라서 형사소송에서의 무죄 판결은 그러한 증명이 없다는 의미일 뿐 공소사실의 부존재가 증명되었다는 의미가 아니

다(대법원 1998. 9. 8. 선고 98다25368 판결, 대법원 2006. 9. 14. 선고 2006다27055 판결 등 참조).

　다. 그런데도 원심은 이와 다른 전제에서 그 판시와 같은 이유만으로 원고에게 무죄를 선고한 관련 형사판결에 의하여 당초 부과처분의 과세표준과 세액의 계산근거가 된 거래 또는 행위, 즉 원고가 이 사건 물품을 해외 판매자로부터 수입하여 국내 소비자에게 판매하였다는 내용의 거래 또는 행위가 다른 내용의 것으로 확정되었다고 판단하였다. 원심의 이와 같은 판단에는 관세법 제38조의3 제3항의 후발적 경정청구사유로서의 판결의 의미 및 범위, 후발적 경정청구에 관한 법리를 오해하여 판결에 영향을 미친 잘못이 있다.』

바. 행정판결

(1) 행정행위의 효력을 소송의 대상으로 하는 행정판결은 원칙적으로 여기서 말하는 '판결'에 포함되지 않는다. 행정판결은 행정처분의 위법성에 대한 판단으로 사법상의 행위나 거래 등의 조세적 효과가 소급하여 소멸하는 사건이 행정판결에 의하여 발생한다고 할 수 없다. 즉 행정판결에 기하여 과세표준 및 세액의 산정기초가 변동(계산근거의 변동)된다고 볼 수 없다.

다만 과세물건이 사법상 거래행위가 아니고 행정행위처럼 공법상의 행위인 경우 행정소송의 판결도 위 판결에 포함될 수 있으나 국세의 경우 그러한 과세물건은 없다.

개별공시지가의 다툼에 대한 판결도 여기서 말하는 판결에 포함시킬 수 없다. 뒤에서 보는 '7. 관청의 처분취소'에 해당한다고 보아 그곳에서 설명한다.

(2) 행정판결이 여기서 말하는 판결에 해당한다고 본 하급심 판결을 본다.[69]

사안개요는 다음과 같다.

『원고가 그 소유 상가를 여동생 앞으로 2003. 12. 27. 같은 해 12. 1. 매매(제1 매매계약)를 원인으로 한, 여동생은 원고의 처 앞으로 2006. 5. 17. 같은 해 5. 4. 매매(제2 매매계약)를 원인으로 한 각 소유권이전등기를 넘겨 주었다. 피고 과세관청은 제1 매매계약의 실질이 원고가 여동생에게 명의신탁한 것이고, 제2 매매계약의 실질이 원고가 처에게 부담부 증여(당초 위 상가에 설정되어 있던 근저당권의 피담보채무를 수증자가 인수)를 한 것으로 보아, 2008. 12. 1. 원고에게 2006년 귀속 종합소득세를 252,726,086원 증액하는 이 사건 증액경정처분(채무인수에 상당하는 부분은 유상양도로 보아 사업소득세로 증액경정)을 하고, 2009. 1. 1. 원고의 처에게 2006년 귀속 증여세 214,920,000원의 부과처분을 하였다. 원고는 이 사건 증액경정처분을 다투지 않았다. 원고의 처는 불복기간이 지난 후 증여세 부과처분을 다투었으나 판결로 각하되었다.

그런데 관할 구청장은 2010. 9. 6. 위 명의신탁에 대하여 부동산실명법 위반을 이유로 원고에게 과징금 672,900,780원을 부과하였다. 원고는 소송을 제기하였는데 행정법원은 변론기일을 거쳐

---

69) 수원지방법원 2015. 7. 9. 선고 2014구합56728 판결 참조.

원고가 명의신탁을 하였다고 볼 수 없다는 이유로 과징금 부과처분을 취소하는 이 사건 행정판결을 하였고, 이는 2013. 5. 28. 확정되었다.

　　원고는 2013. 7. 24. 위 행정판결이 국세기본법 제45조의2 제2항 제1호 소정의 판결에 해당한다고 이유로 2006년 귀속 종합소득세에 대한 경정청구를 했으나 피고는 같은 해 11. 19. 거부처분을 했다.』

법원은 원고가 제기한 경정거부처분 취소소송에서 청구인용판결을 하였다. 판결이유의 개요를 정리하면 다음과 같다.

　　『첫째, 제척기간의 특례를 규정한 국세기본법 제26조의2 제2항에서는 '행정소송법에 따른 소송에 대한 판결'이라 하여 행정판결임을 명확히 한 반면 국세기본법 제45조의2 제2항에서는 소송유형을 특정하지 않은 채 단순히 '판결'에 의한 확정이라고만 규정한 점에 비추어 보면, 행정처분의 취소 또는 무효확인판결도 재판과정에서 당사자인 행정청과 사인 사이에 과세표준과 세액의 계산근거가 된 거래 또는 행위 등의 실체에 관하여 다투어져 실제 존재하였던 거래사실이나 행위가 무엇인지 명확하게 드러나는 이상 행정판결도 국세기본법 제45조의2 제2항 제1호 소정의 판결에 해당한다고 보아야 한다.

　　둘째, 명의신탁이 아니라는 이 사건 행정판결은 이 사건 증액경정처분의 과세표준과 세액의 계산근거가 된 거래, 즉 원고가 처에게 상가를 양도한 것인지 여부를 확정하는데 직접적인 영향을 미친다.

　　셋째, 명의신탁이 아니라는 이 사건 행정판결의 논리필연적인 결과로 이 사건 증액경정처분의 근거가 존재하지 아니하는 것으로 확정되었음에도 이를 반환하지 않는 것은 실질적 조세법률주의 및 재산권보장의 관점에서 인정한 후발적 경정청구제도의 취지에 반한다.』

(3) 위 판결에 대한 비판

국세기본법 제26조의2 제2항의 '행정소송법에 따른 소송에 대한 판결'과 제45조의2 제2항의 '판결'은 그 기능을 전혀 달리하고 이를 구별하여야 하는 것임은 앞서 본 바와 같다. 국세기본법 제45조의 2 제2항 제1호의 판결은 기능적 측면에서 보아 과세표준 및 세액의 산정기초의 변동(계산근거의 변동)을 가져오는지 여부에 따라 판단되어야 한다. 명의신탁에 해당하는지 여부 및 과징금 처분 대상인지 여부가 이 사건 증액경정처분의 대상인 사업소득의 과세표준 및 세액의 산정기초에 직접적 영향을 미치는 것으로 볼 수 없다. 즉 논리법칙상 필연적으로 결론을 같이 하여야 한다고 볼 수 없다. 판시취지에 의하면 형사판결도 여기서 말하는 판결에 해당한다는 것이 된다. 그러나 앞서 본 형사판결이 여기서 말하는 판결에 해당할 수 없다는 이유가 그대로 타당하다.

사. 조세판결

(1) 조세판결도 원칙적으로 여기서 말하는 판결에 포함되지 않는다.[70] 형사판결이나 행정판결이 포함될 수 없는 이유와 같다. 조세판결은 조세채무의 존부 및 범위에 관한 판단으로서, 사법상의 행위나 거래 등의 조세적 효과가 소급하여 소멸하는 사건이 원칙적으로 조세판결에 의하여 발생한다고 할 수 없기 때문이다.

하급심 판결 및 조세심판원 결정 등에서 일정한 유형의 관련처분을 두고 이와 다른 결론을 내리고 있어 혼란스럽다.

예를 든다(예 1).

『부가가치세 관할 세무서장이 사업자 A의 2016. 1기 부가가치세 중 1억 원이 매출누락되었음을 확인하고 2017. 1. 1. A에게 1억 원의 증액경정처분을 하였고, 이후 매출누락을 통지받은 소득세 관할 세무서장은 2017. 7. 1. A에게 종합소득세 5,000만 원의 증액경정처분을 하였다. A는 부가가치세 증액경정처분은 다투지 않았다. 종합소득세 증액경정처분에 대하여 다툰 결과 판결에서 매출누락이 없다는 이유로 증액경정처분이 취소확정되었다.』

종합소득세 증액경정처분이 취소된다고 하여 곧바로 부가가치세 증액경정처분의 과세표준 및 세액의 산정기초가 변동(산정기초의 변동, 계산근거의 변동)된다고 단정할 수 없다. 따라서 위 취소확정판결은 여기서 말하는 '판결'에 해당되지 않는다.[71] 그 반대도 마찬가지이다. 부가가치세 증액경정처분만을 다투어 법원의 판결에 의하여 취소확정되었다 하더라도 이를 기화로

---

70) 박종수, "국세기본법 제45조의2 제2항 제1호의 후발적 경정청구사유로서의 '판결'의 의미", 안암법학, 34권, 164면 이하에서, "민사소송과 형사소송 및 행정소송은 그 직접적인 1차적 목적은 각기 다르지만 조세법에서는 과세관청과 납세자간에 존재한 실질이 무엇인지를 파악하는 것이 중요하며, 각기 다른 유형의 소송절차에서 그 실질적으로 존재한 거래나 행위 등이 최초의 것과 다른 것으로 명확히 드러나는 경우에는 그에 따라 과세가 이루어지도록 하는 것이 실질적 조세법률주의에 부합한 결과가 될 것이고, 이것이 앞서 살펴본 후발적 경정청구제도를 도입한 입법취지에 부합하는 해석이 될 것이다."라고 적으면서 형사판결, 행정판결 및 조세판결도 여기서 말하는 '판결'에 해당된다는 반대견해를 제시하고 있다.

71) 여기서 말하는 '판결'에 해당한다고 본 서울행정법원 2014. 8. 22. 선고 2014구합57362 판결을 본다. 즉 원고의 직원이 실제 거래가 없음에도 원고 명의를 도용하여 소외인에 대한 세금계산서를 발행하였다는 이유로 소외인에 대한 매출세금계산서 상의 매출금액을 원고의 소득금액으로 산정할 수 없다면서 2004년 귀속 종합소득세 부과처분을 취소하는 판결이 선고되어 확정되었는데, 이에 의하면 피고의 2004년 2기분 부가가치세 부과처분의 근거가 된 거래 또는 행위인 원고의 소외인에 대한 매출은 위 판결에 의하여 존재하지 않는 것으로 확정되었으므로, 원고가 국세기본법 제45조의2 제2항 제1호에 따라 한 2004년 2기분 부가가치세 부과처분 중 소외인에 대한 매출금액에 대한 부분의 경정청구는 적법하다는 취지로 판결하였다. 즉 명의도용에 의한 세금계산서 발행사실이 인정되어 종합소득세 부과처분을 취소하는 판결이 확정된 경우 그 판결이 이미 불가쟁력이 발생한 부가가치세 부과처분을 감액경정할 수 있는 제1호 소정의 '판결'에 해당한다고 보았다.

종합소득세 증액경정처분의 불가쟁력을 돌파시킬 수는 없다.

급부수령관계에 있어 A에게는 지출비용이 되고 B에게는 수입이 되는 관계로서 대금의 수액이 일치하지 않는 경우 논리법칙상 그 거래가액은 항상 동일하여야 하고 불일치가 있는 이상 시정되어야 한다고 단정할 수 없다[제4장 제4절 2. 라. (2) 참조].

다음 조세심판원 2017. 6. 27. 2016광2300 결정을 본다.

사안개요는 다음과 같다(예 2).

『개인사업자 A는 전문건설하도급업을 영위하면서 어떤 법인에게 용역을 공급한 양 세금계산서를 수회 발급하였고 이에 따라 부가가치세 및 종합소득세를 신고납부하였다. 한편 법인은 수취한 각 세금계산서에 터잡아 부가가치세 및 법인세를 신고하였는데 과세관청은 법인에게 교부된 위 각 세금계산서가 가공의 세금계산서임을 확인하고 부가가치세의 매입세액 공제를 부인하면서 부가가치세 증액경정의, 가공경비가 계상되었다는 이유로 해당 손금산입을 부인하면서 법인세 증액경정의 각 부과처분을 하였다. 법인은 각 증액경정처분의 취소를 구하였으나 법원으로부터 가공거래임을 이유로 청구기각판결을 받았다. A는 그 청구기각판결이 여기서 말하는 판결에 해당한다는 이유로 경정청구(가공거래임을 이유로 환급을 구한다는 의미)를 하였으나 과세관청은 이를 거절하였다.』

결정이유를 본다.

『(가) 생략

(나) 다만 제3자간 판결이라 하더라도 청구인의 거래 또는 행위 등이 실질적인 관점에서 법적 사유로 당사자 사이에 투명하게 다투어져서 판결이유에서 실체적 진실을 담은 사실관계가 드러나고, 사실관계의 판단이 납세자의 과세표준과 세액의 계산근거가 되는 거래 여부를 확정하는데 직접적인 영향을 주는 사유이며, 관련된 판결의 논리필연적인 결과로 납세자에 대한 계산근거가 없는 것으로 확정될 뿐만 아니라, 사실관계의 확정에 따라 파생되는 조세부과권을 발동할 필요가 없는 경우라면, 실질적 조세법률주의 및 재산권의 보장의 관점, 후발적 경정청구제도의 취지 등에 비추어, 예외적으로 후발적 경정청구를 인정할 수 있다.

(다) 관련 형사판결과 쟁점판결에서 소송당사자인 OOO의 대표이사와 청구인 등을 비롯한 관련자들의 변론 등을 통하여 사실관계가 투명하게 다투어진 것으로 보이고, 해당 판결이유에서 변론 및 관련증거 등을 통하여 청구인의 사업자등록상 사업장은 실제 사업장이 아니고 OOO이 가공사업자인 청구인에게 건설공사를 재하도급한 것처럼 가장한 사실 등 구체적인 사실관계에 근거하여 OOO이 청구인으로부터 공급받은 이 건 건설공사용역을 허위라고 판단하였으므로 논리필연적으로 청구인과 OOO 간의 쟁점거래는 없었던 것으로 확정되었다고 보는 것이 합리적인 점, 거래상대방인 OOO이 처분청의 경정처분에 의하여 청구인으로부터 수취한 가공세금계산서와 관련한 매입세액을 불공제받았고 또한 손금이 부인되어 이에 따른 조세포탈도 발생하지 아니하게 되어 사실관계의

변동에 따른 조세부과권을 발동한 필요가 없는 것으로 보이는 점 등에 비추어, 쟁점판결은 국세기본법 제45조의2 제2항 제1호에서 말하는 판결에 해당하는 것으로 보인다.

　　(라) 따라서 처분청이 청구인의 경정청구를 거부한 처분은 잘못이 있다고 판단된다.』

'예 1'에서와 같은 이유로 위 결정에 반대한다. 법인이 부가가치세 및 법인세 각 증액경정처분의 취소를 구하였으나 가공거래임을 이유로 청구기각판결이 선고되었다고 하여 A의 부가가치세나 종합소득세의 각 과세표준 및 세액의 산정기초가 변동되었다고 단정할 수 없다. 더구나 직접적 분쟁당사자가 아닌 제3자간 판결이다.

(2) 결론적으로, 조세판결은 원칙적으로 여기서 말하는 '판결'에 포함될 수 없다.

위 '예 1' 및 '예 2'에서 각 그 해당 관련처분의 취소 여부에 관하여 가급적 같은 결론을 내리는 것이 바람직하다. 그러나 논리필연적으로 항상 같은 결론을 내려야 하는 것은 아니다. 결론을 달리 할 여지는 얼마든지 있고 이를 용인하여야 한다. 위 조세심판원 결정에서 '직접적 영향을 주는 사유'라고 설시하나 '직접적'이라는 언어 자체가 부자연스럽다. '논리필연적 결과'라는 말도 부적절하다.

양도소득에 있어 양도인의 입장에서는 양도가액이 되고 양수인의 입장에서는 취득가액이 된다. 두 가액이 항상 같아야 하고 그렇지 않는 경우 두 가액을 같게 맞추기 위하여 사정변경에 기한 경정청구가 허용될 수 없다. 논리필연적으로 같은 결론을 내려야 하는 관계로 볼 수도 없다. 따라서 '모순된 세액확정에 기한 경정청구'의 사유에도 해당될 수 없다[대법원 2013. 11. 28. 선고 2013두13730 판결, 제4장 제4절 2. 라. (2) 참조].

위 사례 등에서, 관련처분 사이에서 권리구제가 절실하고 긴급하다면, '사정변경에 기한 경정청구'가 아니라, 새로운 구제방법을 모색함이 경정법체계를 올바로 세우는 길이다. 사정변경에 기한 경정청구에 과중한 부담을 지울 수 없다. 위 사례 등에서 사정변경에 기한 경정청구를 허용하면 비슷한 다른 유형의 사안에도 허용해야 하고 그 순간 경정법체계는 무너진다. 권리구제의 필요성이 있다는 이유만으로 사정변경에 기한 경정청구를 허용할 수는 없는 것이다.

'예 1' 및 '예 2'의 각 그 해당 관련처분 사이에도 같은 결론을 내려야 함을 의도한다면, 국세기본법 제45조의2 제2항 제1호의 확장해석에 의할 것이 아니라, 입법을 통하여 관련처분을 정의한 다음 관련된 두 처분 중 하나의 처분이 법원의 판결이나 조세심판원의 결정 등에 의하여 취소되면 다른 처분도 취소·경정되어야 한다는 취지의 규정을 두는 등 새로운 유형의 독립된 경정조항을 두어야 한다. 사정변경에 기한 경정청구는 권리구제가 긴급할 때마다 등장하는 구원투수가 아니다. 유추를 허용하더라도 그 한계를 이 지점에서 발견해야 한다.

이러한 사고방식은 전치절차의 완화 여부에도 동일하게 적용되어야 한다. 관련처분 중 부가가치세 부과처분에 대하여 전치절차를 거쳤다 하여 소득세 또는 법인세의 부과처분에 대한 필요적 전치절차를 완화하여 줄 수 없다. 대법원 2007. 5. 10. 선고 2004두2837 판결은 부가가치세 부과처분과 종합소득세 부과처분은 각기 독립한 별개의 처분으로서 부가가치세 부과처분만을 대상으로 한 심사청구의 효력이 종합소득세 부과처분에까지 미칠 수 없을 뿐 아니라 특별히 중복하여 전심절차를 거칠 필요가 없는 경우에도 해당하지 않는다고 판시하였다.

(3) 위에서 본 관련처분과는 달리, 예외적으로, 논리필연적으로 같은 결론을 내려야 하는 사안, 즉 '단계적 세액확정절차', '본세와 가산세', '소득처분과 관련된 처분'의 경우, 본세 등 세액확정절차에 관여한 부과처분이 판결로 취소·변경되는 사안이라면 그 판결은 여기서 말하는 '판결'에 포함될 여지도 있다. 그러나 예외를 합리적 이유없이 만드는 것이 되어 부적절하므로, '7. 관청의 처분취소'에 해당된다고 보아 그곳에서 설명한다. '관청의 처분취소'에 법원판결은 물론 조세심판원의 재결이나 과세관청의 취소까지 포함되어야 함을 고려하여야 한다.

아. 특수한 경우의 조세판결

(1) 문제 제기

예를 들어 "원고 법인이 2005. 6.경 2001년 내지 2004년도까지 4개 사업연도에 걸쳐 세무조사를 받았는데 특정 쟁점에 관하여 상호 견해대립이 있었다. 과세관청은 2005. 12. 그 견해대로 4개 사업연도에 대하여 증액경정을 하였다. 원고는 각 증액경정처분을 소송으로 다투는 한편, 2005 사업연도에 대하여 2006. 3. 31. 과세관청의 견해에 따라 신고를 하고 이후 사업연도에도 계속 같은 방법으로 신고를 하였다. 원고는 2011. 6. 선고된 대법원 판결에서 최종 승소하였다."라고 가정한다(2014. 12. 23. 통상의 경정청구기간이 5년으로 개정되기 전에는 3년이었다).

쌍방의 다툼은 손익의 귀속시기에 관한 것일 수도, 부당행위계산부인의 대상 여부 등에 관한 것(특수관계자 사이의 거래가 계속 반복될 경우)일 수도, 특정 구성요건 요소의 해석에 관한 것일 수도 있다.

① 위 사안에서 대법원 판결 선고시 2005년도 물론 2006, 2007 각 사업연도 법인세의 경정청구기간 3년이 지나 통상의 경정청구는 일단 불가능하다. 원고는 과세관청의 견해를 따를 수밖에 없는데 이후 법원의 판결에 따라 과세관청의 견해가 잘못되었음이 판명되었다. 과세관청의 견해에 따른 원고에게, 단지 경정청구기간이 지났다는 이유만으로 법의 보호망 밖에 두는 것은 정의공평의 원칙에 반한다. 정의공평의 원칙에 따라, 통상의 경정청구기간의 도과 여부에 관계없이, 통상의 경정청구를 허용할 여지도 있다.

② 구제방법이 없다고 원고로 하여금 권리구제신청을 단념하게 할 수 없다. 원고에게 과세관청 견해대로 신고를 하고 즉시 통상의 경정청구를 하도록 강요하여 거부처분 취소소송을

거듭 제기하도록 함으로써 시간과 경비를 소비케 하고 법원으로 하여금 번거로운 사건처리에 시달리도록 해서도 안 된다.

③ 한편 원고가 당초 부과처분을 다투어 승소판결을 받으면 과세관청이 판결취지대로 다른 사업연도의 법인세도 직권으로 경정해 줄 것으로 신뢰하거나 이를 기대하는 것이 무리라고 할 수 없다. 이러한 신뢰나 기대는 보호받을 가치가 있다. 과세관청이 장차 선고될 판결에 따라 직권으로 경정해 주겠다고 묵시적으로 확약한 것으로 볼 수도 있다.

(2) 국세청 심사결정(심사 법인 2003-3001, 결정일자: 2003. 12. 22.)[72]

과세관청이 납세자의 손익 귀속시기가 잘못되었다고 지적하면서 부과처분을 한 데 대하여, 납세자가 불복하여 소송을 제기하는 한편, 과세대상 사업연도 이후부터는 과세관청이 정해준 귀속시기에 맞추어 자진 신고하여 오던 중 납세자의 회계처리가 정당하다는 이유로 국가패소판결이 확정되었다면, 납세자는 위와 같은 소송의 결과를 후발적 경정청구사유로 하여 조사대상 사업연도 이후의 사업연도에 대하여 경정청구를 할 수 있다는 취지였다.

(3) 대법원 2008. 7. 24. 선고 2006두10023 판결(대교사건)

『법 제45조의2 제2항 제1호 소정의 '거래 또는 행위 등이 그에 관한 소송에 대한 판결에 의하여 다른 것으로 확정된 때'라 함은 '거래 또는 행위 등에 대하여 분쟁이 생겨 그에 관한 판결에 의하여 다른 것으로 확정된 때'를 의미하므로, 원고의 법인세 신고 당시의 사실관계를 바탕으로 그 손금 귀속시기만을 달리 본 피고의 손금 귀속방법이 위법하다고 판단하여 부과처분을 취소한 이 사건 확정판결은 법 제45조의2 제2항 제1호 소정의 판결에 포함되지 않는다고 봄이 상당하다. 그리고 법 제45조의2 제2항 제5호 및 시행령 제25조의2 제1호 내지 제4호의 각 규정 내용에 비추어 볼 때, 위와 같이 그 손금 귀속시기만을 한 달씩 늦춘 피고의 손금 귀속방법이 위법하다고 판단하여 1992 내지 1995 사업연도의 법인세 부과처분을 취소한 이 사건 확정판결은 1996 사업연도 법인세에 대한 관계에서 법 제45조의2 제2항 제5호, 시행령 제25조의2 제1호 내지 제4호 소정의 후발적 경정청구사유에도 해당하지 않는다고 봄이 상당하다.』

원심판결인 서울고등법원 2006. 5. 8. 선고 2004누21342 판결

『이 사건 확정판결은 이 사건 지급수수료와 관련하여 국세기본법 제45조의2 제2항 제1호 또는 제5호에서 정하고 있는 후발적 경정사유에 해당하고, 원고의 이 사건 2003. 2. 13.자 경정청구 시기가 이 사건 확정판결이라는 후발적 경정사유가 발생한 날인 2003. 1. 24.로부터 국세기본법 제45조의2 제2항에서 정한 2월이 도과하지 아니하였음이 역수상 명백하므로, 피고의 이 부분 주장은 받

아들이지 않는다.』

(4) 고등법원 판결에 의하면 관세관청의 손금 귀속방법이 위법하다고 판단하여 부과처분을 취소한 확정판결을 국세기본법 제45조의2 제2항 제1호 소정의 '판결'에 해당된다고 보았다. 그러나 과세관청의 손금 귀속방법이 위법하다고 판단하여 부과처분을 취소한 확정판결을 국세기본법 제45조의2 제2항 제1호 소정의 판결에 해당된다고 보기는 어렵다. 어떤 행위나 거래 등의 조세적 효과가 소급하여 소멸하는 사건이 판결에 의하여 발생한 경우라고는 할 수 없기 때문이다. 국세기본법 제45조의2 제2항 제5호에는 '유사한 사유'라는 용어를 사용하고 있으나 시행령 제25조의2 소정의 후발적 사유에는 국세기본법 제45조의2 제2항 제1호와 유사한 사유에 관한 규정조차 없다.

(5) 권리구제의 필요성과 가능성

권리구제의 필요성은 절실하지만 가능한 문언의 의미에 의하면 부정적으로 보인다. 그러나 기간과세세목에 있어, 하나의 사실관계에 대한 과세관청의 조세적 취급은, 과세기간마다 동일한 사실관계가 반복되는 한, 이후 이어지는 각 사업연도에서도 수미일관하게 모순없이 통일적으로 이루어져야 한다. 과세기술상 기간단위로 쪼개어 과세할 따름일 뿐 전체적으로 보면 하나의 과세로서 통일적으로 취급되어야 하기 때문이다.

위 예처럼, 대법원의 공권적 판단에 따라 귀속시기가 확정되었음에도 2001년 내지 2004년의 4개 사업연도에 대한 귀속시기와 2005년, 2006년, 2007년의 그것이 다르게 확정되고 이를 시정할 방법이 없게 되는 셈이 된다. 위 예를 부당행위계산부인의 문제로 바꾸더라도 같다. 2001년 내지 2004년의 4개 사업연도의 부당행위계산부인과 2005년, 2006년, 2007년 사업연도의 그것이 다르게 확정된다. 조세채무자를 구제할 수 있는 방법은 없는가?

선행절차와 후행경정절차를 가진다는 점에서 그 구조가 비슷하고 정의공평의 원칙에 터잡은 '판결 등에 따른 경정'에서 구제방법을 모색해 볼 수 있다. 국세기본법 제26조의2 제6항(종전 제2항) 제1호가 비록 '제척기간 특례규정'에 위치하지만 경정법체계상 그 규정에 터잡아 독립한 경정청구권이 발생한다고 해석하고 싶다. '판결 등에 따른 경정청구'(제4장 제5절 7. 참조)에서 설명한다.

7. 관청의 處分取消(국세기본법 시행령 제25조의2 제1호) 및 유사한 사유(시행령 제25조의2 제4호)

가. 전형적 사유 및 유사한 사유

(1) 전형적 사유

'과세표준 및 세액의 계산근거가 된 거래 또는 행위 등의 효력과 관계되는 관청의 처분이 취소된 경우'의 전형적 예는 토지거래허가지역 내에서의 토지거래계약에 관하여 관할관청이 매매계약 등의 허가를 하였다가 후에 이를 직권취소한 경우이다. 허가가 취소되었다면 신고로 확정된 양도소득세 등은 취소를 안 날부터 3월 이내에 사정변경에 기한 경정청구를 통하여 시정되어야 한다. 쟁송취소, 즉 행정심판 또는 행정판결로 허가가 취소확정되어도 같다.

(2) 유사한 사유

'과세표준 및 세액의 계산근거가 된 거래 또는 행위 등의 효력과 관계되는 관청의 처분이 취소된 경우'에 해당하지 않더라도 '과세표준 및 세액의 직접적 계산근거가 된 과세관청의 처분이 취소된 경우'도 시행령 제25조의2 제4호 소정의 '유사한 사유'에 해당한다(개별공시지가의 변경, 단계적 세액확정절차에서 본세와 부가세의 관계, 본세와 가산세의 관계).

나아가 처분과 처분 사이에서 세액 등의 직접적 계산근거가 되는 등으로 직접적 영향을 미치지는 않더라도 그에 준할 정도로 '밀접한 관련성'이 있는 경우(소득세법 시행령 제192조 제1항은 "법인소득금액을 '결정 또는 경정함에 있어서' '처분되는 배당·상여 및 기타소득'은 … 당해 법인에게 통지되어야 한다."고 정하고 있다), 권리구제의 필요성에서 '유사한 사유'로 보아야 한다. 법인세액의 결정(경정)과 이와 관련된 소득처분 사이에는 논리필연적으로 같은 결론을 내려야 하기 때문이다. 이러한 밀접한 관련성은, 앞서 본 부가가치세 증액경정처분과 종합소득세 증액경정처분 사이처럼 가급적 같은 결론을 내는 것이 바람직한 정도의 '느슨한 관련성'과는 구분해야 한다.

관청의 처분취소에서 '관청'이라 함은 넓게 보아 법원, 조세심판원 등 재결기관, 과세관청을 모두 포함한다. 따라서 관청의 '처분취소'도 법원의 판결에 의한 처분취소, 조세심판원의 재결에 의한 처분취소, 과세관청의 직권취소를 모두 포함한다.

먼저 독일의 입법례를 본 다음 개별공시지가의 변경, 단계적 세액확정절차에 있어 본세와 부가세, 본세와 가산세, 소득처분과 관련된 처분으로 나누어 살핀다.

나. 독일의 입법례

단계적 세액확정절차를 규율하는 독일의 입법례를 본다. 조세기본법 제175조 제1항 제1

호에서 기초결정(Grundlagenbescheid)과 조세결정(Folgebescheid, 후행결정)의 관계를 규율한다. 즉 기초결정이 발령되거나 폐지 또는 변경되면 그 기초결정에 터잡아 조세결정을 발령하거나 이미 발령한 조세결정을 폐지 또는 변경하여야 한다는 취지로 규정하여 경정의무인 '직권에 의한 발령 내지 취소의무'를 정하고 있다.

과세관청에 의하여 확인되는 과세기초(Besteuerungsgrundlagen)는 세액확정을 근거지우는 요소이나 비독립적인 부분이어서 세액확정이라는 결과에 대하여 구속력을 가질 수 없다(조세기본법 제157조 제2항). 반면 기초결정은 구속력(Bindungswirkung)[73]을 가지고 조세결정(후행결정)의 과세기초를 구속하면서 이를 확정한다. 조세결정의 기초결정으로, '확인결정(Feststellungsbescheid)', '사정가액결정(Steuermessbescheid)' 등이 대표적이다. 조세결정도 다른 후행결정의 기초결정이 될 수 있고, 후행결정의 대표적 예로 '부가세에 대한 결정(Bescheide über Zuschlagsteuern)'을 들 수 있다.

(1) 확인결정(Feststellungsbescheid)

조세기본법 제179조는, 과세기초(Besteuerungsgrundlagen)가 복수의 사람에게 귀속되어야 하고 또한 분리되어 확인되어야 함과 동시에 통일적으로 확인되어야 하는 경우로서, 조세기본법 제180조 또는 개별세법에서 규정하고 있는 한, 조세기본법 제157조 제2항의 예외로, 그 과세기초도 확인결정에 의하여 정해진다는 취지로 정하고 있다. 확인결정은 후에 이루어지는 조세결정의 기초결정이 된다. 조세기본법 제180조는 분리되어 확인되는 과세기초의 여러 종류를 나열하고 있다.

먼저 자산평가법의 평가기준에 의한 과세표준가액(Einheitswerte)의 결정, 소득세 또는 법인세의 수입금액에 복수의 사람이 관여하고 또한 이들에게 귀속되는 것으로 수입금액 및 이와 관련된 다른 과세기초에 대한 확인결정 등 그 유형을 나열하고 있다. 그 외에 중요한 것으로 소득세법 제10d조 제4항 소정의 '결손금 확인결정'(gesonderte Verlustfeststellung) 등이 있다.

(2) 사정가액결정(Steuermessbescheid)

'영업세(Gewerbesteuer) 사정가액결정'과 '부동산세(Grundsteuer) 사정가액결정' 등이 있다. 그중 '영업세 사정가액결정'에 관하여만 본다. 영업세는 법인 및 일정 규모 이상의 개인사업자에게 부과되기 때문에 정부부문에서 보면 법인세보다 세수 비중이 높다. 지방세로서 유일

---

73) Tipke/Lang, 전게서, 제21장 81문단에서, "단계적 행정절차에서(in einem gestuften Verwaltungsverfahren) 어떤 결정이 후행 행정결정의 선결문제(Vorfragen)를 규율하는 경우 법적 안정성(Rechtssicherheit) 및 절차의 간이성(Verfahrensvereinfachung)에서 그 결정에 대하여 선결력(präjudizielle Wirkung)을 부여할 필요가 있다. 제1차적 행정행위(예: 기초결정)의 실체적 존속력(materielle Bestandskraft)은 그 행정행위에 의하여 규율되는 선결문제의 당부가 후행 행정행위(예: 후행결정)에 있어 더 이상 심리되거나 다시 결정될 수 없도록 작용한다. 오히려 후행결정을 함에 있어 기초결정에 의하여 내려진 규율내용은 그 합법성 여부에 관계없이 후행결정의 기초로 삼아야 한다."라고 적고 있다.

하게 지방자치단체가 징수율을 결정할 수 있는 세목이나 세수는 연방정부와 주정부에게 부분적으로 분할된다. 영업세법에서는 과세표준(Bemessungsgrundlage)을 산정하는 과정까지만 규정하고, 산출된 과세표준은 과세당국으로부터 법인세 등 결정고지서와 함께 기업에 전달되고 지방자치단체에도 통지된다. 이후 지방자치단체는 고유의 징수율을 적용하여 계산한 영업세 확정결정을 기업에게 통지한다.

여기서 영업세 과세표준을 영업세 사정가액(Steuermessbetrag)이라 한다. 이는 영업세 과세대상 소득(소득세법과 법인세법의 규정에 의하여 산정된 기업의 이윤에서 영업세 고유의 관점에서 일정한 요소 등의 가감절차 등 수정절차를 거친 금액)에서 법 소정의 기본공제를 하고 100유로 이하를 절삭한 다음 여기에 영업세 산출승수(3.5%)를 곱하여 결정된다.

영업세 사정가액의 결정을 통지받은 지방자치단체는 해당 의회가 정한 징수율(Hebesatz)을 세율로 삼아 영업세액을 정한다. 기업이 몇 개 사업장을 여러 지방자치단체에 가지고 있거나 한 사업장이 여러 지방자치단체에 걸쳐 있는 경우 해당 기업의 영업세 과세표준은 관련 지방자체단체에 분할되는데 이를 영업세 과세표준 분할경정(Zerlegungsbescheid)이라 한다.

(3) 부가세에 대한 결정(Bescheide über Zuschlagsteuern)

조세결정이 다른 부가세에 대한 결정의 기초결정이 될 수 있는데 그 부가결정의 예로 교회세(Kirchensteuer), 연대부가세(Solidaritätszuschlag) 등이 있다. 예를 들어 교회세는 소득세 등을 과세표준으로 삼아 세율 8% 또는 9%를 적용하여 소득세 등과 함께 부과징수된다.

(4) 우리 법령의 해석에 참고하기 위하여 독일의 입법례를 소개하였다. 행정법 이론상의 행정행위(부과처분)의 존속력 등이 문제된다. 우리도 독일 입법례를 참작하여 단계적 세액확정절차를 국세기본법에 도입할 필요가 있다.

다. 유사한 사유의 분류

(1) 개별공시지가의 변경

과세관청은 "당초 상속세 결정에 있어서 과세표준 및 세액의 계산근거가 된 공시지가가 관할 구청에 의하여 경정결정되어 수정된 경우, 이는 국세기본법 제45조의2 제2항 제5호 및 같은 법 시행령 제25조의2 제1호에 의거 후발적 경정청구사유에 해당하는 것이다."라고 해석하였다.[74]

개별공시지가결정이라는 선행의 행정처분이 있고 공시지가에 따라 한 상속세 또는 양도소득세 부과처분[75]이 불복기간의 경과로 확정되었는데, 이후 개별공시지가가 조세채무자에게 유

제
4
장

---

74) 심경, 전게논문, 149면에서 재인용(문서번호: 징세 46101-1604, 생산일자: 2000. 11. 15.).

75) 과세표준 산정의 기초가 되는 개별공시지가의 결정에 위법이 있는 경우 개별공시지가의 결정 그 자체를 행정처분으로 보아 항고소송으로 다툴 수 있음은 물론, 이를 기초로 과세표준을 산정한 부과처분 취소소송에서

리하게 변경된 경우 이를 기초로 한 후행처분인 부과처분도 경정되어야 한다.

(2) 본세와 부가세

(ⅰ) 본세의 세액을 과세표준으로 하여 성립하는 부가세(제1장 제9절 9. 참조)의 확정절차를 보면, 본세 세액확정절차(기초적 세액확정절차)와 부가세 세액확정절차(후행적 세액확정절차) 등 2개의 절차가 존재하고 이는 독립적·단계적으로 이루어진다.

본세의 실체적 사항을 부가세의 과세기초로 삼아야 하는 이상, 본세의 실체적 사항이 변경되면 부가세의 확정에도 이를 반영하여야 한다. 그런 의미에서 본세의 세액이 변경되면 부가세의 세액도 시정되어야 한다.

후행처분이 선행처분의 유효성을 요건으로 하는 경우 및 선행처분의 소급적 실효에 의하여 후행처분이 처분요건을 후발적·소급적으로 결한 경우, 선행처분이 판결로 취소되면 과세관청에게 판결의 기속력에 기하여 후행처분을 취소할 의무가 발생한다고 볼 여지가 있다. 이를 부정합처분의 취소의무라 한다[제1장 제6절의2. 2. 마. (3) 참조]. 이에 대하여 선행처분이 취소됨으로써 후행처분은 그 전제요건을 결하여 무효로 귀착되므로 기속력을 끌어들일 필요가 없다는 견해도 있다. 그렇지 않더라도 본세에 관한 부과처분의 취소를 경정사유로 보아 부가세에 대하여 사정변경에 기한 경정청구도 가능하다고 보아야 한다. 예를 들어 종합부동산세에 대하여 그 세액의 20%에 해당하는 농어촌특별세를 납부하였는데 이후 종합부동산세 부과처분이 취소되었다면 이를 사유로 농어촌특별세에 대하여 사정변경에 기한 경정청구를 할 수 있다 할 것이다.

(ⅱ) 본세가 신고납세방식의 조세로서 신고로 세액이 확정된 후 경정청구로 감액경정된 경우 부가세는 어떻게 시정되어야 하는지 문제된다. 위에서 설명한 것이 그대로 타당하다.

(ⅲ) 이러한 관계는 본세가 지방세인 취득세이고 부가세가 국세인 농어촌특별세의 경우에서도 발생할 수 있다. 취득세가 취소됨에 따라 농어촌특별세에 대하여 경정청구를 하는 경우 농어촌특별세가 국세인 이상 국세기본법 제45조의2 제2항이 사정변경에 기한 경정청구의 근거 규정이 된다. 취득세가 지방세기본법 소정의 경정청구에 기하여 감액경정되면 농어촌특별세에 대하여도 위와 같은 견해가 그대로 타당하다.

(ⅳ) 농어촌특별세법 제5조 제1항 제1호에 의하면 '조세특례제한법·관세법·지방세법 및 지방세특례제한법에 따라 감면을 받는 소득세·법인세·관세·취득세 또는 등록에 대한 등록면허세의 감면세액(제2호의 경우는 제외한다)'을 과세표준으로 삼아 그 20%를 농어촌특별세를 부담하도록 규정하고 있다. 그런데 해당 세목에 대한 감면처분이 취소되어 소득세·법인세·관세

그 지가결정의 당부를 다툴 수 있다(대법원 1996. 6. 25. 선고 93누17935 판결 참조). 다만 표준지공시지가의 경우 개별공시지가에 대한 것과 달리 그 결정단계에서 위법성을 다투지 않는 한 이를 기초로 한 조세소송에서 그 위법성 여부를 다툴 수 없다.

·취득세 또는 등록에 대한 등록면허세를 부담하게 되었다면 농어촌특별세에 대하여 사정변경에 기한 경정청구를 할 수 있다.

반면 과세관청이 위 해당 세목에 대한 감면을 거부하여 소송을 통하여 감면을 받게 되었다면 과세관청으로서는 농어촌특별세법 제5조 제1항 제1호, 국세기본법 제26조의2 제6항 제5호에 따라 제척기간의 도과 여부와 관계없이 해당 판결이 확정된 날부터 1년 이내에 해당 농어촌특별세 세액을 부과하거나 경정결정할 수 있다고 할 것이다.

(3) 본세와 가산세(부대세)

본세 부과처분과 가산세 부과처분은 별개의 요건에 터잡은 것이고 일방의 처분이 다른 처분의 효력 또는 법률요건을 당연히 전제하는 것이 아니므로 본세 부과처분을 취소하는 확정판결의 기속력은 가산세 부과처분의 효력이나 가산세 납부의무에 영향을 미칠 수 없다는 견해가 있을 수 있다. 수긍하기 어렵다 할 것이다.

가산세는 본세의 성립을 전제로 하는 부대세이다. 가산세의 세액확정은 본세의 세액확정이 유효함을 전제요건으로 한다. 앞서 본 단계적 세액확정절차와 다를바 없다.

가산세는 본세의 신고나 납부의무의 불이행에 대한 제재이므로 본세 부과처분이 판결이나 재결에 의하여 취소된 경우 기속력에 기하여 과세관청은 해당 가산세를 취소할 의무가 있다고 할 것이다[부정합처분의 취소의무, 제1장 제6절의2. 2. 마. (3) 참조]. 그렇지 않더라도 본세 부과처분의 취소를 경정사유로 삼아 가산세에 대하여 사정변경에 기한 경정청구를 할 수 있다 할 것이다.

라. 소득처분과 관련된 처분

(1) 관련 규정 및 각 처분의 절차구조

소득처분(법인세법 제67조, 시행령 제106조 제1항), 소득처분에 따른 소득금액변동통지서(소득세법 시행령 제192조 제1항) 등에 관하여는 이미 설명하였다(제1장 제4절 6. 다. 참조). 소득처분 및 이에 파생하는 각종 처분의 진행 메커니즘은 필연적으로 [(법인세 증액경정처분) → (소득금액변동통지처분) → (징수처분)]의 구조를 가진다. 이렇게 처분과 처분 사이에 '밀접한 관련성'이 있는 이상 '유사한 사유'로 보아야 함은 앞서 본 바와 같다.

(2) 법인세 부과처분의 취소와 소득금액변동통지

A법인이 법인세 증액경정처분 및 소득금액변동통지처분 중 법인세 증액경정처분만 다투고 소득금액변동통지처분을 다투지 않았는데, 그 소송(심판)에서 법인세 증액경정처분이 취소되었다. A법인은 위 판결에 터잡아 소득금액변동통지를 시정할 수 있는지 여부이다.

후행처분인 소득금액변동통지는 선행처분인 법인세 증액경정처분의 유효를 전제요건으로 하는 경우이다. 선행처분이 그 확정판결로 취소되었다면 후행처분은 처분요건을 후발적·소급적으로 결한다. 따라서 후행처분은 소위 '부정합처분'이고 확정판결이 가지는 기속력에 기하여

과세관청에게 후행처분을 취소할 의무가 발생한다고 볼 수 있다.[76][77]

그렇지 않더라도 선행처분의 취소를 경정사유로 보아 A법인은 후행처분에 대하여 사정변경에 기한 경정청구를 할 수 있다 할 것이다.

(3) 소득금액변동통지처분의 취소와 법인세 부과처분

A법인이 법인세 증액경정처분 및 소득금액변동통지처분 중 소득금액변동통지처분만 다투고 증액경정처분을 다투지 않았는데 그 소송(심판)에서 통지처분이 취소된 경우를 본다. A법인은 판결(재결)에 터잡아 법인세 증액경정처분에 대하여 사정변경에 기한 경정청구를 할 수 있는지 여부이다.

조세심판원 2016. 6. 23. 2016중1104 결정에 의하면, 소득금액변동통지처분이 심판(재결)에서 취소되었다면 법인은 그 심판에 터잡아 법인세 증액경정처분에 대하여 사정변경에 기한 경정청구를 할 수 있다고 하였다. 이를 본다.

① 처분개요

『처분청은 청구법인의 2009 사업연도 법인세에 대하여 세무조사를 실시하여 일정금액이 사외유출된 것으로 보아 상여로 소득처분하면서 법인세 증액경정처분을 하는 일방 2012. 12. 17. 소득금액변동통지를 하였다. 청구법인은 소득금액변동통지에 대하여 심판청구를 제기하였는데 조세심판원은 2015. 8. 31. 쟁점금액은 소외인이 청구법인에게 제공한 인적용역의 대가이므로 상여가 아닌 기타소득에 해당한다는 결정을 하였고 처분청은 이에 따라 기타소득으로 처분을 변경하였다.

청구법인은 위 결정을 이유로 2015. 10. 30. 쟁점금액을 2009 사업연도의 법인세 과세표준 계산시 손금에 산입(2010 사업연도는 이월결손금 증가로 법인세 OOO원의 환급이 발생)하여 달라는 취지의 법인세 경정청구를 하였다.

처분청은 2015. 12. 9. 이러한 사유는 사정변경에 기한 경정청구사유에 해당하지 아니한다는 이유로 이를 거부하였고 청구법인은 이에 불복하여 2016. 3. 2. 심판청구를 제기하였다.』

---

76) 강석규, 전게서, 487면에서, "위법한 중복세무조사에 기초하여 이루어진 과세처분이 법인에 대한 익금산입이나 손금불산입에 따른 법인세 부과처분일 경우, 그 익금산입이나 손금불산입에 수반하여 이루어진 소득금액변동통지나 원천징수처분, 소득세 부과처분도 위법하다고 할 수 있는지가 문제되는데, 소득금액변동통지나 원천징수처분, 소득세 부과처분의 근거가 되는 과세자료는 다름 아닌 익금산입이나 손금불산입의 근거자료이고 이들은 위법한 중복세무조사에 의하여 획득된 것이므로 이들 처분도 모두 위법한 중복세무조사에 기초하여 이루어진 것으로 볼 수 있어 위법하다고 하겠다."라고 적고 있다.

77) 일본 판례에 의하면 법인세 재경정처분과 원천징수 소득세의 가산세 부과결정이 동일사정을 원인으로 하고 있다 하더라도, 위 재경정을 취소하는 확정판결의 기판력 또는 구속력은 위 가산세 부과결정의 효력 또는 같은 가산세의 납부의무에 영향을 미치는 것이 아니라고 한다(오사카 지방재판소 76. 9. 22. 판결, 항소심인 오사카 고등재판소 77. 3. 30. 최고재판소 78. 2. 10. 판결). 다만 일본은 소득처분 내지 소득금액변동통지 제도가 없다.

② 결정이유

『이상의 사실관계 및 관련 법령 등을 종합하여 살피건대, 후발적 경정청구제도를 둔 취지는 납세의무 성립 후 일정한 후발적 사유의 발생으로 말미암아 과세표준 및 세액의 산정기초에 변동이 생긴 경우 납세자로 하여금 그 사실을 증명하여 감액을 청구할 수 있도록 함으로써 권리구제를 확대하려는 데 있고(대법원 2009두22379, 2011. 7. 28.), 심판청구에 대한 결정이 후발적 경정청구 사유에 해당하지 아니할 경우 납세자는 심판청구가 기각되고 행정소송에서 승소하여야만 권리구제가 가능하게 되어 심판청구제도를 도입한 취지에 반하는 점, 국세기본법 제45조의2 제2항은 후발적 경정청구의 사유로, 제1호에서 '최초의 신고·결정 또는 경정에서 과세표준 및 세액의 계산 근거가 된 거래 또는 행위 등이 그에 관한 소송에 대한 판결(판결과 같은 효력을 가지는 화해나 그 밖의 행위를 포함한다)에 의하여 다른 것으로 확정되었을 때', 제5호에서 '제1호부터 제4호까지와 유사한 사유로서 대통령령으로 정하는 사유가 해당 국세의 법정신고기한이 지난 후에 발생하였을 때'를 규정하고 있고, 같은 법 시행령 제25조의2는 '같은 법 제45조의2 제2항 제5호에서 대통령령으로 정하는 사유'로 제1호에서 '최초의 신고·결정 또는 경정을 할 때 과세표준 및 세액의 계산근거가 된 거래 또는 행위 등의 효력과 관계되는 관청의 허가나 그 밖의 처분이 취소된 경우', 제4호에서 '그 밖에 제1호부터 제3호까지의 규정에 준하는 사유가 있는 경우'를 규정하고 있는 점 등에 비추어, '심판청구에 대한 결정(결정의 근거가 되는 판단내용을 포함)에 의하여 과세표준 및 세액의 계산 근거가 된 거래 또는 행위 등이 다른 것으로 확정되었을 때'도 법원의 판결에 의하여 다른 것으로 확정되었을 때와 마찬가지로 후발적 경정청구 사유에 해당하는 것으로 해석함이 입법취지에 부합한다고 판단된다.

따라서 심판청구에 대한 결정(조심 2013중3659, 2015. 8. 31.)에 의하여 청구법인이 쟁점사업과 관련하여 지출한 인적용역비로 확정되었다 할 것이므로, 쟁점금액을 2009 사업연도 법인세 과세표준 계산시 손금에 산입(2010 사업연도는 이월결손금 증가로 법인세 OOO원의 환급이 발생)하여 달라는 청구법인의 경정청구를 처분청이 거부한 이 건 처분은 잘못이 있다고 판단된다.』

조세판결이 국세기본법 제45조의2 제2항 제1호 소정의 판결에 포함될 수 없음은 앞서 본 바와 같다. 조세심판원의 재결도 여기서 말하는 판결에 포함될 수 없음도 명백하다. 여기서 말하는 판결에 재결을 포함하는 것으로 확대해석할 수 없다.

오히려 법인세 증액경정처분과 소득금액변동통지처분 사이의 '밀접한 관련성'에 비추어 소득금액변동통지처분의 취소를 '관청의 처분취소'와 유사한 사유(국세기본법 시행령 제25조의2 제5호, 제1호)로 보아 사정변경에 기한 경정청구를 허용함이 옳다 할 것이다.

(4) 법인세 부과처분의 취소와 소득귀속자에 대한 종합소득세 부과처분

예를 든다. A법인은 법인세 증액경정처분 및 소득금액변동통지처분을 모두 다투면서 법인세를 납부하지 않았고 소득세도 원천징수하지 아니하여 원천징수세액을 납부하지 않았다. 한

제
4
장

편 B소득귀속자도 소득금액변동통지분에 대한 종합소득세 부과처분을 받았으나 이를 다투지 않았다.

　　이 사안에서 법인세 증액경정처분 및 소득금액변동통지처분이 판결로 각 취소된 경우, B 소득귀속자는 그 취소판결을 '유사한 사유'로 보아 사정변경에 기한 경정청구를 할 수 있는가? 긍정되어야 한다[제4장 제6절 9. 다. (2) 참조].

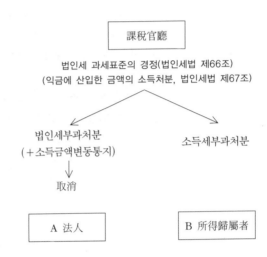

8. 계약의 해제 또는 취소(국세기본법 시행령 제25조의2 제2호) 및 유사한 사유 (시행령 제25조의2 제4호)

가. 경정청구사유의 분류

　　(1) 문언상 '최초의 신고·결정 또는 경정을 할 때 과세표준 및 세액의 계산근거가 된 거래 또는 행위 등의 효력과 관계되는 계약이 해제권의 행사에 의하여 해제되거나 해당 계약의 성립 후 발생한 부득이한 사유로 해제되거나 취소된 경우'라고 되어 있다.

　　(2) 이를 분해하여 나열하면 다음과 같다.

　　① 계약이 해제권의 행사에 의하여 해제된 경우

　　② 계약의 성립 후 발생한 부득이한 사유로 해제된 경우

　　③ 계약의 성립 후 취소된 경우[78]

---

78) 문언상 해제권의 행사에 의하여 해제되거나 부득이한 사유로 해제되거나 취소된 경우[A 또는 B 또는 C의 형식]로 되어 있어, '부득이한 사유'가 해제된 경우는 물론 취소된 경우에도 연결되는 것인지 문제된다. 일본 국세통칙법 시행령 제6조 제1항 제2호에 의하면, [A(해제권의 행사에 의한 해제) 혹은 B(부득이한 사유로 인한 해제)] 또는 [C(취소된 경우)]로 되어 있어, 부득이한 사유가 해제에만 관계되고 취소된 경우에는 연결

④ 이와 유사한 사유가 있는 경우

나. 국세기본법 제45조의2 제2항 제1호와의 구별

위 경정사유는 국세기본법 제45조의2 제2항 제1호 사유와 구별되어야 한다. 계약 해제사유나 취소사유의 존부에 대하여 당사자 사이에 다툼이 있어 판결 등으로 분쟁이 해결된 경우, 국세기본법 제45조의2 제2항 제1호 사유에 해당한다. 계약 해제사유나 취소사유의 존부에 대한 다툼이 있었으나 판결 등 이외의 방법으로 법정 외에서 이를 해결한 경우(주로 합의해제의 형식)라면 시행령 제25조의2 제2호의 사유에 해당한다.

다. 해제권의 행사로 계약이 해제된 경우

(1) 계약의 해제라 함은 유효하게 성립하여 존속하는 계약의 효력을 당사자 한쪽의 일방적 의사표시로 그 계약이 처음부터 있지 않았던 것과 같은 상태로 되돌아가게 하는 것을 말한다. 해제권에는 약정해제권(민법 제543조 제1항)[79][80]과 법정해제권이 있다. 법정해제권에는 각종의 계약에 특수한 것, 즉 민법 제556조, 제557조(증여), 제570조 내지 제578조, 제580조(매매), 제668조, 제670조(도급)에 기한 것과 채무불이행을 이유로 하는 계약 일반에 공통된 것(민법 제544조 내지 546조)이 있다.

해제조건부 계약에 있어 조건성취가 있을 수 있다. 사정변경의 원칙[81]에 의하여 해제권이

되지 않고 있다. 어느 쪽으로도 해석이 가능하나 부득이한 사유가 해제된 경우에만 관계된 것으로 본다.

79) 곽윤직, 채권각론(2005년판), 박영사, 81면에서, "약정해제권에는, 당사자가 명백히 해제권을 보류하지 않았더라도, 법률에 의하여 해제권을 보류한 것으로 다루어지는 경우가 있다. 계약금의 수수(565조 참조)가 그 예이다."라고 적고 있다. 사견으로는 이를 법정해제권의 일종으로 보는 것이 타당하다.

80) 곽윤직, 전게서, 84면에서, "당사자는, 해제권을 보류하는 계약에서, 그 해제권의 행사방법이나 효과에 관한 특약을 할 수 있고, 그러한 경우에는 당연히 그 특약에 따라야 한다. 그러한 특약이 없으면 어떻게 되는가? 민법은 해제권의 발생에 관하여 법정해제권에만 적용되는 규정(544조-546조)을 두고 있으나, 그 밖의 규정은 법정해제·약정해제의 둘 모두에 공통한 것이다. 따라서, 후에 설명하는 해제권의 행사·해제의 효과·해제권의 소멸에 관한 설명은, 대체로 약정해제에도 그대로 타당하다."라고 적고 있다. 즉 약정해제에도 특약이 없는 한 법정해제와 같이 '물권적 소급효'를 가진다는 것이다.

81) 곽윤직, 전게서, 92면에서, "이 원칙의 기초이론에는 여러 가지가 있으나, 특히 유명한 것은 독일의 「行爲基礎論」이다. 라렌츠(Larenz) 교수의 그에 관한 견해가 대표적 학설이라고 말할 수 있다. 그 이론에 의하면, 행위기초는 그것의 부존재 또는 소실이 계약의 효력에 영향을 미치는 계약의 기초에 있는 일정한 사태이며, 주관적인 것과 객관적인 것으로 나눌 수 있다. 주관적 행위기초(당사자가 품고 있는 기대와 같은 것)의 부존재나 소실은 계약의 쌍방 당사자에게 공통하는 錯誤의 문제가 되고, 객관적인 행위기초(당사자의 지·부지와는 관계없이 그 존재나 계속이 계약의 당연한 전제로 되어 있는 사태)의 상실은 等價關係의 파괴 또는 계약목적의 도달 불가능을 초래한다고 한다. 그리고 이러한 행위기초의 부존재나 소실의 효과로서는, 성실한 당사자가 사태의 발생을 알았더라면 당연히 합의하였으리라고 생각되는 효과가 생긴다고 하며, 法官은 계약의 해석을 통하여 그것을 발견하여야 한다고 한다."라고 적고 있다.

발생하는 경우도 있다(대법원 2007. 3. 29. 선고 2004다31302 판결). 계약의 주된 목적의 달성에 필수의 것이 아닌 부수적 채무의 불이행이 있는 경우에는 계약의 목적 달성에는 아무런 영향이 없기 때문에 해제는 허용되지 않는다.

(2) 대금감액

대금감액은 약정에 기하여 또는 법정사유에 의하여 발생할 수 있다. 매매의 하자담보책임으로 인한 대금감액도 법정해제권의 일종이다. 권리의 일부가 타인에게 속하는 경우 매수인이 행사하는 대금감액청구권도 성질상 '해제권의 행사에 의하여 해제된 경우'에 해당된다. 분쟁을 해결하는 과정에서 대금감액이 일어날 수 있다. 이 경우 뒤에서 보는 바와 같이 부득이한 사유로 합의해제된 경우에 해당되는지 여부가 문제될 것이다. 도급계약에서 하자보수비의 상계 등으로 인한 공사대금 감액도 여기에 해당한다.

유통세인 취득세의 경우에는 경정청구사유가 될 수 없다. 부동산 취득세는 부동산의 취득행위를 과세객체로 하는 행위세이므로 그에 대한 조세채권은 그 취득행위라는 과세요건 사실이 존재함으로써 당연히 발생하고, 일단 적법하게 취득한 이상 그 이후에 매매계약이 합의해제되거나 해제조건의 성취 또는 해제권의 행사 등에 의하여 소급적으로 실효되었다 하더라도 이는 이미 성립한 조세채권의 행사에 아무런 영향을 줄 수 없다 할 것이므로, 부동산의 취득 후 대금감액이 일어났다 하더라도 지방세기본법상의 경정청구사유가 될 수 없다(대법원 2018. 9. 13. 선고 2015두57345 판결 참조). 경정청구의 범위는 세목에 따라 다르고 특히 취득세의 경우 범위가 좁음은 앞서 본 바와 같다.

주권 등의 양도를 과세대상으로 하는 증권거래세의 경우에는 사후에 대금감액이 이루어지는 경우 양도소득세와 동일하게 사정변경에 기한 경정청구의 대상이 된다 할 것이다(앞서 본 대법원 2018. 6. 15. 선고 2015두36003 판결 참조).

다만 '해제권의 행사 등에 의하여 소급적으로 실효되었다 하더라도 이는 이미 성립한 조세채권의 행사에 아무런 영향을 줄 수 없다.'라는 표현은 대법원이 취득세에 한하여 주로 사용하고 있다. 따라서 국세 등에서 이러한 표현의 일반적 사용은 가급적 자제되어야 한다.

(3) 계약의 해제는 조세적 효과가 소급하여 소멸하는 전형적 사유이다. 해제로 인하여 계약의 효력은 소급하여 상실한다(물권적 소급효). 이미 이행된 급부는 서로 원상회복을 해야 하고 이와 관련하여 매수인에게 이전되었던 소유권은 매도인에게 당연히 복귀(물권적 소급효를 전제로 하는 물권적 효과설)하나 해제의 소급효는 제3자의 권리를 해하지 못한다.

다만 무상계약인 증여계약에서는 서면에 의하지 않는 증여의 해제, 망은행위에 의한 증여의 해제, 재산상태의 악화에 의한 증여의 해제 등 다양한 해제사유가 있고 이러한 해제의 경우에는 이미 이행한 부분에 대하여 영향을 미치지 않는다.

(4) 유상계약을 해제하였음에도 제3취득자가 있어 원상회복을 할 수 없고 나아가 원상회복의 이행불능으로 양도인이 이로 인한 손해배상청구권을 취득한다 하더라도 이를 양도대가로 볼 수는 없다. 따라서 이를 이유로 사정변경에 기한 경정청구를 할 수 있다.

(5) 계약해제권의 존부에 관하여 다툼이 있는 경우 그 판결이 확정될 때까지 계약해제가 이루어진 것으로 볼 수 없고 따라서 경정청구를 할 수 없는지 여부가 문제된다. 대상 계약에 관하여 해제권이 행사된 이상 판결에 의하여 해제 여부가 확정되지 않았다 하더라도 후발적 경정청구사유에 해당(앞서 본 대법원 2020. 1. 30. 선고 2016두59188 판결)함은 앞서 설명한 바와 같다. 이러한 2개의 경정청구사유는 조세채무자의 선택에 따라 각 그 해당 시기에 경정청구권을 행사할 수 있다.

(6) 계약해제권의 행사가 경정청구사유가 된다 하더라도 조세채무자가 부과처분 취소소송 또는 경정거부처분 취소소송에서 승소하기 위하여는 계약해제로 인한 원상회복이 현실적으로 이루어져야 한다. 원상회복의무의 이행은 경정청구권의 행사요건은 아니라 할 것이므로 해제사유를 안 날부터 3월 이내에 반드시 이루어질 필요는 없다.

다만 취소소송에서 승소하기 위하여는 조세채무자는 원상회복의무를 이행하였음을 증명하여야 한다. 법원도 원상회복의무의 이행 여부를 확인하여야 하고 불명확한 경우 석명권을 행사하여야 한다.

대법원 2020. 6. 25. 선고 2017두58991 판결

『3. 피고 분당세무서장의 상고에 대한 직권판단

가. 구 국세기본법(2015. 12. 15. 법률 제13552호로 개정되기 전의 것) 제45조의2 제2항 제5호 및 그 위임을 받은 구 국세기본법 시행령(2016. 2. 5. 대통령령 제26946호로 개정되기 전의 것) 제25조의2 제2호는 후발적 경정청구사유의 하나로 '최초의 신고·결정 또는 경정을 할 때 과세표준 및 세액의 계산 근거가 된 거래 또는 행위 등의 효력과 관계되는 계약이 해제권의 행사에 의하여 해제되거나 해당 계약의 성립 후 발생한 부득이한 사유로 해제되거나 취소된 경우'를 들고 있다.

그런데 과세소득은 이를 경제적인 측면에서 보아 현실로 이득을 지배·관리하면서 이를 향수하고 있어 담세력이 있는 것으로 판단되면 족하고 그 소득을 얻게 된 원인관계에 대한 법률적 평가가 반드시 적법하고 유효한 것이어야 하는 것은 아니다(대법원 1985. 5. 28. 선고 83누123 판결 등 참조).

나. 원심은 그 판시와 같은 사정을 이유로 원고 3의 소외인 등과 사이의 각 대여계약에 대한 취소권 행사에 따라 그에 따른 각 이자소득이 더 이상 존재하지 아니하므로 이와 다른 전제의 이 사건 각 거부처분 중 원고 3에 대한 부분은 위법하다고 판단하였다.

다. 그러나 위와 같은 원심은 판단은 앞서 본 법리에 비추어 수긍하기 어렵다. 원심의 판단과 같이 원고 OOO이 2015. 5. 21. 소외인 등에게 그들의 기망을 이유로 각 대여계약을 적법하게 취

소하였다고 하더라도, 소외인 등에게 위 각 대여계약에 따른 이자를 반환하지 아니한 채 이를 그대로 보유하고 있다면, 경제적인 측면에서 보아 위 원고의 담세력이 있는 2008 내지 2010년 귀속 각 이자소득이 여전히 존재한다고 보아야 한다. 따라서 원심으로서는 위 원고가 소외인 등으로부터 수령한 각 이자를 소외인 등에게 반환하였는지 여부를 따져 본 다음, 위 거부처분의 위법 여부를 판단하였어야 할 것이다.

그럼에도 원심은 이와 달리 그 판시와 같은 이유만으로 위 거부처분이 적법하다고 판단하였다. 이러한 원심의 판단에는 이자소득의 존재에 관한 법리를 오해하여 필요한 심리를 다하지 아니함으로써 판결에 영향을 미친 위법이 있다.』

라. 계약의 성립 후 발생한 부득이한 사유로 해제된 경우

(1) '부득이한 사유'로 해제된 경우

법정해제권 및 약정해제권의 행사에 기한 해제는 여기에 포함되지 않는다. 물권적 소급효 또는 법률행위의 소급적 폐지 등의 경우 통상 조세적 효과가 소급하여 소멸하므로 국세기본법 제45조의2 제2항의 경정청구의 대상이 된다.

따라서 '부득이한 사유로 해제된 경우'의 해제라 함은 조세적 효과가 소급하여 소멸하는 물권적 소급효를 가진 合意解除를 가르킨다.

(2) '임의적 소급효 부여'와의 구별

'물권적 소급효'가 발생할 수 없음에도 당사자 사이에서 임의적으로 소급효를 부여한 경우라면[82] '부득이한 사유'로 해제된 경우에 해당되지 않는다. 임의적 소급효 부여와 합의해제는 구별되어야 한다. 이미 과세요건이 충족되어 유효하게 성립한 조세법률관계를 당사자가 임의적인 사후 약정에 의해 자의적으로 수정하거나 변경함으로써 조세회피행위를 용인하는 결과가 되어 부당하기 때문이다.

대법원 2005. 1. 27. 선고 2004두2332 판결(공영사 사건)

『원심판결 이유에 의하면, 원심은 판시와 같은 사실을 인정한 다음, 원고와 ○○생명 및 ○○○건설은 2000. 4. 30.자 합의(이하 '이 사건 합의'라고 한다)를 통하여 이 사건 거래가 이루어진 1998.부터 2000.까지 회계장부를 소급, 수정하여 당초부터 ○○○건설이 ○○생명으로부터 금전을 차용한 것으로 3년간의 회계장부를 모두 정정하기로 하는 등 이 사건 거래를 해제하기로 약정하였

---

82) 곽윤직, 전게서, 83면에서, 약정해제권이 인정되는 계약으로서, "물권계약이나 준물권계약에 관하여서는 어떠한가? 이론상으로는, 여기서도 약정해제권을 보류할 수 있다. 원래 약정해제권은 이행이 끝난 후에 행사할 수 있는 것으로서 보류할 수도 있는 것이고, 또한 물권계약이나 준물권계약에 소급효 있는 해제조건을 붙이는 것이 가능한 이상, 같은 효과를 당사자의 일방적 의사표시로 일어나게 하는 해제도 가능하다고 하여야 하기 때문이다."라고 적고 있다.

으므로, 이 사건 거래는 이 사건 합의에 의하여 소급적으로 해제되었고, 따라서 그 대출금에 관련된 이 사건 법인세 부분은 감액경정되어야 한다는 원고의 주장에 대하여, 원고와 OO생명 및 OOO건설 사이의 이 사건 합의는 원고가 OO생명으로부터 차입한 1,750억 원을 그 경제적 실질에 부합되도록 OO생명과 OOO건설 간의 채권채무관계로 양성화하기로 하고, 이와 상충되는 대차거래에 관한 기존 약정 등을 전부 무효로 하기로 하는 것인바, 이 사건 거래가 모두 이행된 이후에 당사자 사이에 이루어진 위와 같은 합의는 부당한 이 사건 거래를 시정하도록 하는 금융감독원의 조치요구에 따라 원고를 비롯한 당사자들이 기존의 대출관계를 해소한 다음 이를 당초의 대출의도에 따라 OO생명과 OOO건설 사이의 직접적인 대차거래관계라는 새로운 거래관계로 변경하기로 하고 그에 맞추어 그 동안의 채권채무관계를 정산하는 방법으로 회계처리를 수정하기로 하는 내용의 새로운 약정을 한 것으로 볼 것이므로, 이는 당사자 사이에 장래에 향하여 그 효력이 발생함은 별론으로 하고, 위와 같은 합의의 효력이 당연히 이 사건 거래시로 소급하는 것은 아니라고 할 것이다. 나아가, 원고를 비롯한 당사자 사이에 이 사건 합의로써 그동안의 대차거래에 관한 기존 약정 등을 전부 무효로 하기로 하였다고 하더라도, 원고가 주장하는 바의 이 사건 합의시까지 이 사건 거래로 원고가 부담하였던 차입금에 대한 지급이자 및 취득하였던 대여금에 대한 수입이자 등 손익이 소급적으로 소멸된다고 한다면, 이미 과세요건이 충족되어 유효하게 성립한 조세법률관계를 당사자의 사후 약정에 의해 자의적으로 변경함으로써 법인세 과세를 면할 수 있는 조세회피행위를 용인하는 결과가 되어 부당하다고 할 것인 점에 비추어 보면(특히, 원고를 제외한 OO생명이나 OOO건설은 모두 누적결손이 매우 큰 법인으로서 이 사건 합의의 소급효를 인정할 경우 원고에게 발생한 과세권은 상실되는 한편, OO생명이나 OOO건설에 대하여는 실질적으로 위 합의에 따른 과세가 어렵다는 점을 고려하면 더욱 그러하다), 원고가 주장하는 바의 이 사건 합의는 원고가 이미 신고하여 납부한 이 사건 1999 사업연도의 법인세 납세의무에 아무런 영향을 미칠 수 없다고 판단하였다. 기록에 비추어 살펴보면, 원심의 위와 같은 인정과 판단은 정당한 것으로 수긍이 가고, 거기에 상고이유에서 드는 바와 같이 채증법칙을 위반하여 사실을 오인하거나 계약의 해제에 관한 법리를 오해한 위법 등이 없다. 그리고 위와 같은 원심의 판단에는, 이 사건 합의가 후발적 경정청구 사유 중의 하나인 '당해 계약의 성립 후 부득이한 사유로 해제된 때'에 해당한다는 원고의 주장을 배척하는 취지도 포함되어 있다고 볼 것이어서, 원심판결에 상고이유에서 지적하는 바와 같은 판단유탈의 위법도 없다.』

판결요지는 위 약정은 당사자 사이에 장래에 향하여 그 효력이 발생함은 별론으로 하고 위와 같은 합의에 소급효를 부여할 수 없고, 이미 과세요건이 충족되어 유효하게 성립한 조세 법률관계를 당사자의 사후 약정에 의해 자의적으로 변경할 수 있도록 한다면 법인세의 조세회피행위를 용인하는 결과가 된다는 것이다.

(3) 종전 판례상의 합의해제

사정변경에 기한 경정청구제도가 신설되기 전에 한때 合意解除를 둘러싸고 활발한 논의가 있었다. 대법원은 양도소득세의 과세대상인 유상양도의 경우 거래당사자는 대립적 이해관계를 가지므로 통모나 묵인에 의한 조세채권의 변경가능성이 거의 없다는 이유로,83) 해제권 또는 취소권의 존부 등에 다툼이 있었음에도 법정 외에서 분쟁을 해결하기 위하여 사적인 합의를 하여 소유권을 원상회복시킨 경우 '계약의 합의해제'가 있다고 보아 그 합의해제에 '물권적 소급효'84)를 부여하였다.

나아가 대법원은 이와 같이 소급적으로 효력을 상실하였다면 "양도소득의 과세대상인 유상의 양도가 이루어졌다고 볼 수 없다." 또는 "양도소득세의 과세요건인 자산의 양도가 있었다고 볼 수 없다."는 논리로 양도소득세 부과처분 취소소송을 인용하곤 하였다.85) 당초 성립한 양도소득세는 합의해제를 원인으로 성립의 전제를 잃었다는 것이었다. 오늘날도 조세채무자가 양도소득세 부과처분을 직접 다투는 경우 대법원은 위와 같은 법리를 원용하여 판결하고 있다(뒤에서 보는 대법원 2001두5972 판결 참조).

반면 증여세 부과처분 취소소송의 경우에 거래당사자가 대부분 특수관계자로서 통모나 묵인에 의한 조세채권의 변경가능성이 크므로 대법원은 이를 제한하는 방향으로 해석하였다(제5장 제3절 2. 참조).

대법원 판결이 사용하는 물권적 소급효를 가지는 '합의해제'는 학자들이 주장하는 조세채

---

83) 헌법재판소 1999. 5. 27. 선고 97헌바66 결정(제5장 제3절 2. 바. (1) 참조)에서, "매매와 같은 유상계약의 경우 탈세를 위한 담합성 합의해제가 있기 어렵고, 채무불이행 등 당사자간의 대립하는 이해관계를 조정하기 위하여 합의해제가 이루어진다."라고 적고 있다.

84) 곽윤직, 전게서, 80면에서, "解除契約은, 계약당사자가 전에 맺었던 계약을 체결하지 않았던 것과 같은 효과를 발생시킬 것을 내용으로 하는 계약으로서, '反對契約' 또는 '合意解除'라고도 일컫는다. 이러한 해제계약도 계약자유의 원칙상 당연히 유효하다. 그것은 하나의 계약이고, 해제와는 본질적으로 다르므로, 제543조 이하의 규정은 적용되지 않는다. 계약을 맺지 않았던 것과 같은 효과가 발생함으로써 당사자 사이에 어떠한 법률관계가 인정되느냐는, 해제계약의 내용과 부당이득에 관한 규정에 의하여 정하여진다. 즉, 계약에서 생긴 효과가 소급적으로 소멸하는 결과, 아직 이행하지 않은 채무는 소급적으로 소멸하여 이행할 필요 없게 되나, 이미 이행되어서 소멸한 채무는 되살아나고, 따라서 부당이득반환채무로서 제741조 이하의 규정이 적용된다. 주의할 것은, 해제계약의 소급효는 제3자의 권리를 해하지 못한다는 점이다. 이에 관한 규정은 없으나, 원래 계약의 효력은 제3자에게 영향을 미치지 않는 것이 원칙이기 때문이다. 판례도 마찬가지로 해석하고 있다(대판 1980. 5. 13[79 다 932], 대판 1991. 4. 12.[91 다 2601])."라고 적으면서, 합의해제의 '物權的 遡及效'를 인정하고 있다. 대법원 2005. 6. 9. 선고 2005다6341 판결에서도 합의해제의 소급효를 인정하고 있다.

85) 대법원이 합의해제를 어떻게 이해하는지에 관하여 참고가 되는 판례를 소개한다(양도소득세가 부과과세방식이었을 때 부과처분 취소소송으로 제기된 사안들이다). 대법원 1984. 2. 14. 선고 82누286 판결은 법정화해를 '합의해제'의 한 유형으로 보고 있고, 대법원 1986. 7. 8. 선고 85누709 판결도 합의해제의 의미를 넓게 보고 있다. 대법원 1987. 2. 24. 선고 86누427 판결도 당사자 사이에 분쟁이 생겨 수령한 토지대금과 손해배상금을 지급하기로 하면서 해제한 것을 합의해제로 보고 있다. 대법원 1989. 7. 11. 선고 88누8609 판결에서는 "부동산에 대한 매매계약이 합의해제 되면 매매계약의 효력은 상실되어 양도가 이루어지지 않는 것이 되므로 양도소득세의 과세요건인 자산의 양도가 있다고 볼 수 없으며, 위 부동산에 대한 제3취득자가 있어 양도인 앞으로의 원상회복이 이행불능이 됨으로써 양도인이 이로 인한 손해배상채권을 취득하였다 하더라도 이를 위 부동산의 양도로 인한 소득이라고 할 수 없다."라는 취지로 판시하였다.

무 성립 후에 당사자 사이에 임의로 해제한다는 의미의 '합의해제'와 구별하여야 한다. 이를 구별하지 않는다면 대법원 판결이 사용하는 합의해제를 오해할 우려가 있다.

(4) '부득이한 사유'와 합의해제

매매계약이 합의해제되었다면 그 효력이 소급하여 상실하므로 부과처분 취소소송에서 그 위법을 직접 다툴 수 있음은 물론이다. 부과처분의 확정으로 불가쟁력이 발생한 후라도 합의해제를 이유로 사정변경에 기한 경정청구를 할 수 있다.

대법원 2015. 2. 26. 선고 2014두44076 판결

『부동산에 대한 매매계약을 체결하고 양도대금을 모두 지급받았다고 하더라도 매매계약의 이행과 관련한 분쟁으로 인하여 매매계약이 합의해제되었다면, 위 매매계약은 그 효력이 소급하여 상실되었다고 할 것이므로 매도인에게 양도로 인한 소득이 있었음을 전제로 한 양도소득세부과처분은 위법하며, 과세관청의 부과처분이 있은 후에 계약해제 등 후발적 사유가 발생한 경우 이를 원인으로 한 경정청구제도가 있다 하더라도 이와는 별도로 그 처분 자체에 관하여 다툴 수 있다고 할 것이다(대법원 2002. 9. 27. 선고 2001두5972 판결 참조).

원심은 제1심판결 이유를 인용하여, ① 원고가 2008. 7. 7. 소외 1과 사이에 이 사건 토지 및 구 건물을 매매대금 32억 원에 매도하기로 하는 매매계약(이하 '이 사건 매매계약'이라 한다)을 체결하고 매매대금 중 5억 원을 지급받은 사실, ② 소외 1은 2008. 7. 30. 이 사건 토지 및 구 건물을 담보로 금융기관으로부터 대출을 받아 원고에게 중도금 21억 8,000만 원을 지급하고, 2008. 8. 20.까지 원고에게 나머지 대금 5억 2,000만 원을 지급한 사실, ③ 원고와 소외 1 사이에 민사소송, 형사고소, 임의경매 등 분쟁이 계속되자, 2013. 7. 3. 원고는 소외 1과 사이에 이 사건 매매계약을 합의해제하기로 약정하고 그 원상회복으로 원고의 위 대출채무의 대위변제로 인한 구상금 채권을 포기하는 한편 이 사건 구 건물을 철거하고 신 건물을 신축한 소외 2에게 3억 원을 추가로 지급하는 등 합계 3,325,539,655원을 사실상 반환하여 정산한 사실, ④ 피고는 2013. 1. 18. 원고가 잔금을 지급받은 2008. 8. 20. 양도가 이루어졌다고 보아 원고에게 양도소득세를 부과하는 이 사건 처분을 한 사실 등을 인정하였다.

나아가 원심은, 이 사건 매매계약은 그 이행과 관련한 분쟁으로 인하여 합의해제되었고, 이를 가장행위라고 볼 수도 없다는 이유로, 원고가 이 사건 토지 및 구 건물을 양도하여 양도소득을 얻었음을 전제로 양도소득세를 부과한 이 사건 처분은 위법하다고 판단하였다.

앞서 본 법리와 기록에 비추어 살펴보면, 원심의 위와 같은 사실인정과 판단은 정당하고, 거기에 상고이유 주장과 같이 양도소득세 과세대상인 자산의 양도 및 합의해제의 효력에 관한 법리를 오해하는 등의 위법이 없다.』

판결요지는 (ⅰ) 매매계약의 이행과 관련한 분쟁으로 합의해제되었다면 계약의 효력은 소급하여 상실되고, (ⅱ) 따라서 매도인에게 양도로 인한 소득이 있음을 전제로 한 양도소득세

부과처분은 위법하며, (ⅲ) 부과처분 후 계약해제 등 후발적 사유가 발생한 경우 이를 사유로 경정청구를 할 수 있다 하더라도 부과처분 자체를 다툴 수 있다.

돌이켜 '부득이한 사유'와 '합의해제'에 관하여 본다. 앞서 본 바와 같이 경정청구제도를 신설함에 있어 '부득이한 사유로 해제된 경우' 또는 '이와 유사한 사유에 해당하는 경우'를 경정청구사유로 규정함으로써 합의해제에 관한 여러 논의는 입법적으로 해결되었다.

여기서 몇 가지 점을 더하여 설명한다.

① 양도소득세(기타소득 포함)에 있어, '부득이한 사유로 해제된 경우' 또는 '이와 유사한 사유에 해당하는 경우'란 어떠한 것을 가리키는지 문제된다.

해제권의 존부 또는 취소권의 존부 등에 다툼이 있음에도 판결 등의 공권적 판단을 받지 아니하고, 법정 밖에서 그 분쟁을 해결하기 위하여 사적인 합의(민법상 화해 포함)로 소유권을 원상회복시킨 경우가 여기에 해당된다. 사적인 합의로 대금을 감액한 경우도 같다.

다만 특수관계인 사이의 거래에 있어 당초 신고 후 소득세법 제101조 제1항에 기한 양도소득의 부당행위계산부인에 근거한 증액경정처분이 있는 경우, 이후 착오 등의 사유로 합의해제를 하였다 하더라도 원칙적으로 이는 '부득이한 사유로 해제된 경우' 또는 '이와 유사한 사유에 해당하는 경우'라 할 수 없다. 부과처분 취소소송에서 이를 주장할 수도 없다. 이러한 예외적인 경우를 제외하면 부득이한 합의해제에 해당된다.

② 조세부담에 관한 착오로 당초의 계약을 취소(합의해제)하기 위하여 합의하는 경우에도 경정청구를 위하여 부득이한 사유가 필요하다. 당초의 상속재산분할협의에 착오가 있다 하여 당초의 분할협의를 취소하거나 합의해제한 다음 다시 재분할협의를 하는 경우에도 경정청구를 위하여 부득이한 사유가 필요하다.[86]

③ '해당 계약의 성립 후 부득이한 사유로 해제된 경우'로 제한한 법적 의미이다. 계약의 성립 후 소득세 등의 법정신고기한 전에도 부득이한 사유로 인한 합의해제의 경우에만 신고에

---

86) 참고로 도쿄지방재판소 2009. 2. 27. 판결을 본다(우리나라는 상속세에 있어 유산세방식이나 일본은 변형된 유산취득세방식이다). 상속재산의 하나인 주식의 평가에 있어 배당환원방식에 의한 평가를 전제로 하여 제1차 상속재산분할협의를 한 다음 상속세를 신고하였는데 이후 배당환원방식에 의한 평가의 적용을 받을 수 없고 유사업종비준방식의 적용을 받아야 함을 알아차리고 다시 제2차 상속재산분할협의를 한 다음 상속인 중 일부가 수정신고를, 일부가 경정청구를 한 사안이다. 위 판결의 판시요지는 다음과 같다. 제1차 분할협의 가운데 주식의 배분에 관계되는 부분에 요소의 착오가 있고 경정청구에 있어 과세부담의 전제사항의 착오를 이유로 하는 분할무효를 인정하더라도, 다음의 3가지 요건을 갖춘 경우, 조세법률관계를 불안정하게 하거나 납세자간의 공평을 해하는 등 폐해가 생길 염려가 없고 신고납세제도의 취지나 구조 및 조세법상의 신의칙에 반한다고 할 수 없다고 판시하였다. 3가지 요건은 다음과 같다. ① 신고자가 경정청구기간 내로서 과세관청의 조사시에 지적이나 수정신고의 권장 또는 경정처분을 받기 전에, 스스로 오신하였음을 알아차리고 경정청구를 하였을 것 ② 경정청구기간 내에 새로운 상속재산분할협의에 의하여 당초의 분할내용을 변경함으로써 당초의 분할협의의 경제적 성과를 완전히 소실시켜야 할 것 ③ 그 분할내용의 변경이 부득이한 사정에 의하여 오신의 내용을 시정하는 일회적인 것임을 인정할 수 있는 경우라고 할 수 있는 특별한 사정이 있을 것

반영될 수 있고, 부득이한 사유가 없으면 합의해제의 효력이 없다는 것인지 명확하지 않다. 그러나 국세기본법 제45조의2 제2항 제5호에서 "제1호부터 제4호까지와 유사한 사유로서 대통령령으로 정하는 사유가 해당 국세의 법정신고기한이 지난 후에 발생하였을 때"로 규정하고 있는 점에 비추어, 법정신고기한 전이라면 부득이한 사유가 없다 하더라도 합의해제의 효력을 인정해야 한다.

④ 결론적으로 합의해제의 경우에도 부득이한 사유가 있으면 경정청구를 할 수 있다. 다만 원상회복의무의 이행 여부는 취소소송에서 승소하기 위한 요건으로 보아야 할 것이다.

(5) 증여세와 부득이한 사유

증여세에서 '부득이한 사유로 해제된 경우' 또는 '이와 유사한 사유에 해당하는 경우'를 해석함에 있어, 상증세법 제4조 제4항(2015. 12. 15. 법률 제13557호에 따라 개정되기 전에는 제31조 제4항 및 제5항)을 고려해야 한다(제5장 제3절 2. 마. 바. 참조). 부득이한 사유의 인정범위는 그만큼 좁아진다.

나아가 현금증여에 대한 합의해제는 법률상 이를 허용하지 않아 부득이한 사유의 인정범위는 극도로 좁아진다. 즉 증여받은 금전은 증여와 동시에 본래 수증자가 보유하고 있던 현금자산에 혼입되어 수증자의 재산에서 이를 분리하여 특정할 수 없게 되는 특수성이 있어 현실적으로 '당초 증여받은 금전'과 '반환하는 금전'의 동일성 여부를 확인할 방법이 없고, 또한 금전은 그 증여와 반환이 용이하여 증여세의 신고기한 이내에 증여와 반환을 반복하는 방법으로 증여세를 회피하는 데 악용될 우려가 크기 때문에, 상증세법 제4조 제4항의 '(금전을 제외한다)'라는 괄호 부분은 과세행정의 능률을 높이고 증여세 회피시도를 차단하기 위하여, 증여세의 신고기한 이내에 반환한 경우 처음부터 증여가 없었던 것으로 보도록 하는 대상에서 금전을 제외하였다(대법원 2016. 2. 18. 선고 2013두7384 판결 참조).

다음 해제권유보부 증여계약을 본다. 수증자가 증여자인 부친(양부)과 동거하면서 부양하는 것을 조건으로 하면서 만약 그 동거 및 부양의무를 이행하지 아니하는 경우 증여를 언제든지 해제할 수 있다는 해제권유보부 증여계약을 체결하였는데, 이후 수증자가 위 동거 및 부양의무를 불이행함을 이유로 증여자가 위 증여계약을 해제함으로써 그 증여목적물이 증여자에게 반환된 경우, 수증자로서는 사정변경에 기한 경정청구를 할 수 있다.

(6) 부담부 증여의 특수성

대법원 1996. 1. 26. 선고 95다43358 판결에 의하면 부담부 증여에는 쌍무계약에 관한 규정이 준용되어 부담의무 있는 상대방이 자신의 의무를 이행하지 아니할 때 비록 증여계약이 이행되어 있다 하더라도 민법 제543조 내지 제545조를 준용하여 그 계약을 해제할 수 있다고 하였다. 즉 부담부 증여에 있어 부담의무 있는 상대방이 자신의 의무를 이행하지 않는다면 증여계약을 해제하여 원상회복시킬 수 있고 그러한 경우 증여세 등은 경정되어야 한다. 다만 위 판결에 의하면 민법 제556조 제1항 제2호 소정의 '부양의무'라 함은 민법 제974조에 규정되어 있는 직계혈족 및 그 배우자 또는 생계를 같이하는 친족 간의 부양의무를 가리키는 것으로, 이 사건(원고의 조카의 아들에게 증여한 사안임)과 같이 위와 같은 친족 간이 아닌 당사자 사이의 약정에 의한 부양의무는 이에 해당하지 아니하여 이 사건 부담부 증여에는 민법 제556조 제2항이나 민법 제558조가 적용되지 않고 민법 제543조 내지 제545조가 적용된다고 판시하였다.

　　예를 든다. 아버지가 장남에게 유일한 부동산을 증여하면서 아버지의 생존기간 동안 생활비로 임료 상당의 금원을 매월 지급할 것을 조건으로 장남에게 소유권이전등기를 넘겨주었다면 이는 부담부 증여이다. 이전등기를 넘겨받은 장남이 아버지에게 매월 생활비를 지급하지 않았다면 아버지는 증여계약을 해제할 수 있는가? 즉 직계혈족간 부양의무에 관한 것으로 민법 제558조에 기하여 해제가 제한되는지, 아니면 약정에 의한 부양의무인 생활비 지급의무가 통상의 직계혈족간 부양의무를 넘어서는 것이어서 민법 제558조의 적용이 없고 민법 제543조 내지 제545조에 따라 계약을 해제할 수 있는지가 문제된다. 장남이 지는 약정의무가 통상의 부양의무를 넘어서는 것인 이상 민법 제543조 내지 제545조에 따라 계약을 해제할 수 있다. 이 경우 증여계약이 해제되었다면 원상회복의무를 이행한 장남은 증여세에 대한 경정청구를 할 수 있다 할 것이다.

마. 계약의 성립 후 취소된 경우

　　(1) 민법상 법정 취소에는, 사기에 의한 취소, 강박에 의한 취소, 미성년자임을 이유로 하는 취소, 피성년후견인임을 이유로 하는 취소, 피한정후견인임을 이유로 하는 취소 등이 있다. 취소권의 존부에 대하여 다툼이 있어 법정 외에서 합의로 분쟁을 해결하는 경우 앞서 본 합의해제와 동일하게 처리하여야 한다.

　　(2) 다만 취소를 하였음에도 선의의 제3취득자가 있어 원상회복을 하지 못하였고 나아가 원상회복의 이행불능으로 양도인이 이로 인한 손해배상청구권을 취득한다 하더라도 이를 부동산의 양도로 인한 소득으로 볼 수는 없다. 따라서 양도인이 계약금만 받은 상태에서 소유권이전등기를 양수인에게 선이행하고 양도소득세를 신고납부한 후 그 양도계약을 취소한 경우, 비록 선의의 제3취득자가 있어 원상회복을 하지 못한 경우라도 사정변경에 기한 경정청구를 할 수 있다.

9. 양도대금채권, 이자채권 또는 배당금채권 등의 회수불능

　　법인소득이나 개인의 사업소득에 있어, 금전채권은 사후적으로 회수가 불능이 된 경우 법 소정의 대손요건을 갖춘다면 그 회수불능이 된 사업연도의 손금으로 계상할 수 있다(현연도 시정).

그러나 부동산이나 주식의 양도에 대하여 양도소득세를 신고납부한 후 그 대금채권의 전부 또는 일부가 회수불능된 경우, 사업소득이 아닌 종합소득세의 신고납부 후 이자채권 또는 배당금채권 등이 回收不能된 경우에 위 대손규정을 적용할 수 없으므로 그 시정방법이 문제된다. 앞서 본 바와 같이 유추적용의 전형적 적용례이다.

가. 대법원 판결의 개관

(1) 대법원 2007. 12. 14. 선고 2007두19393 판결(심리불속행, 서울고등법원 판결임)

『소득세법은 현실적으로 소득이 없더라도 그 원인이 되는 권리가 확정적으로 발생한 때에는 그 소득의 실현이 있는 것으로 보고 과세소득을 계산하는 권리확정주의를 채택하고 있고, 다만 소득의 원인이 되는 채권이 발생된 때라 하더라도 그 과세대상이 되는 채권이 채무자의 도산 등으로 인하여 회수불능이 되어 장래 그 소득이 실현될 가능성이 전혀 없게 된 것이 객관적으로 명백한 때에는 그 경제적 이득을 대상으로 하는 소득세는 그 전제를 잃게 되고, 그와 같은 소득을 과세소득으로 하여 소득세를 부과할 수 없다고 할 것이나, 납세의무자가 그와 같은 사정을 주장·입증하여 과세할 소득이 없는 경우임을 밝혀야 하는 것이고, 이때 그 채권의 회수불능 여부는 구체적인 거래내용과 그 후의 정황 등을 따져서 채무자의 자산상황, 지급능력 등을 종합하여 사회통념에 의하여 객관적으로 평가하는 방법으로 판정하여야 하고(2003. 12. 26. 선고 2001두7176 판결, 2002. 10. 25. 선고 2001두1536 판결 참조), 나아가 개인인 원고들이 이 사건 주식을 양도함에 따라 취득한 양도대금채권 또는 어음금채권 등의 소득이 회수불가능하게 된 경우 사업소득이나 부동산 임대소득 등에 있어서의 소득이 회수불가능하게 된 경우와는 달리 이를 대손금으로 처리하여 손금에 산입할 방법도 없어 보이므로 그에 대하여 과세를 하게 되면 불공평한 결과를 초래한다고 할 것이다.』

사업소득에 대하여는 대손금 등으로 회계처리하여 그 대손이 발생한 연도의 필요경비로 처리하면 되나(현연도 시정), 양도소득은 사업소득과는 달리 대손금 등으로 회계처리하여 이를 손금으로 처리할 방법이 없는 이상 그 대금채권이 회수불능된 경우 양도소득세를 부과할 수 없다는 취지이다(과년도 시정). 따라서 양도소득에 대하여 부과처분이 있다면 취소소송에서 대금채권의 회수불능이 발생하였음을 입증하여 그 취소를 구할 수 있다. 만약 양도소득세를 신고납부한 후 대금채권이 회수불능된 경우라면 당연히 사정변경에 기한 경정청구를 할 수 있다. 채권의 회수불능 여부는 위 판례에 의하면 "구체적인 거래내용과 그 후의 정황 등을 따져서 채무자의 자산상황, 지급능력 등을 종합하여 사회통념에 의하여 객관적으로 평가하는 방법으로 판정"하여야 한다는 것이다.

일본에서는 개별세법인 소득세법 제152조 및 제64조에서 세액계산의 특례를 둠과 동시에 사정변경에 기한 경정청구를 허용하고 있다.

(2) 대법원 2010. 5. 13. 선고 2009두23785 판결

『소득세법이 비록 현실적으로 소득이 없더라도 그 원인이 되는 권리가 확정적으로 발생한 때에는 그 소득의 실현이 있는 것으로 보고 과세소득을 계산하는 이른바 권리확정주의를 채택하고 있기는 하지만, 다만 소득의 원인이 되는 채권이 발생하였다 하더라도 그 과세대상이 되는 채권이 채무자의 도산으로 인하여 회수불능이 되어 장래 그 소득의 실현될 가능성이 전혀 없게 된 것이 객관적으로 명백한 때에는 그 소득을 과세소득으로 하여 소득세를 부과할 수 없는 것이다(대법원 2002. 10. 11. 선고 2002두1953 판결 등 참조). … . 위와 같은 사정을 앞서 본 법리에 비추어 보면 이 사건 양도소득의 원인이 되는 원고의 소외인들에 대한 위 채권은 양도시기를 기준으로 보더라도 회수불능이 되어 장래 그 소득이 실현될 가능성이 전혀 없게 된 것이 객관적으로 명백하게 되었다고 봄이 상당하다.』

(3) 대법원 2011. 6. 24. 선고 2008두20871 판결

『甲이 乙에게 대여한 돈 18억 원과 이자를 회수하지 못하고 있던 중 연대채무자인 丙을 상대로 대여원리금 청구소송을 제기하여 가집행선고부 승소판결을 받고, 이를 집행권원으로 하여 丙의 부동산에 대한 강제집행절차에서 대여원리금 중 461,345,781원을 배당받아 그 중 54,352,881원은 원금, 나머지 406,992,900원은 이자 변제에 각 충당한 사안에서, 구 소득세법(2009. 12. 31. 법률 제9897호로 개정되기 전의 것) 제39조 제1항, 구 소득세법 시행령(2010. 2. 18. 대통령령 제22034 호로 개정되기 전의 것) 제45조 제9의2호 등 관련 규정의 내용 및 입법 취지 그리고 소득세법상 이자소득의 귀속시기는 당해 이자소득에 대한 관리·지배와 이자소득의 객관화 정도, 납세자금의 확보시기 등을 함께 고려하여 이자소득의 실현가능성이 상당히 높은 정도로 성숙·확정되었는지 여부를 기준으로 판단하여야 하는 점, 납세자가 가집행선고부 승소판결에 의한 배당금의 수령에 관하여 이자소득세 등을 과세당한 후 상소심에서 판결이 취소되어 배당금을 반환하는 경우가 발생하더라도 국세기본법 제45조의2 제2항에 의하여 이자소득세 등에 대한 경정청구를 함으로써 구제를 받을 수 있는 점 등에 비추어 보면, 이자소득의 수입시기는 대여원리금 청구소송이 확정되어 배당금이 甲에게 확정적으로 귀속된 2005년도가 아니라 배당금을 받은 날이 속하는 2004년도라고 본 원심판단은 수긍…』

(4) 대법원 2014. 1. 29. 선고 2013두18810 판결[87]

『1. 국세기본법 제45조의2 제2항은 납세자가 후발적 경정청구를 할 수 있는 사유로 제1호부터 제4호로 '최초의 신고·결정 또는 경정에서 과세표준 및 세액의 계산 근거가 된 거래 또는 행위 등이 그에 관한 소송에 대한 판결에 의하여 다른 것으로 확정되었을 때'(제1호) 등을 규정한 다음, 제5호에서 '제1호부터 제4호까지와 유사한 사유로서 대통령령으로 정하는 사유가 해당 국세의 법정신고기한이 지난 후에 발생하였을 때'를 규정하고 있다. 그리고 그 위임에 따른 국세기본법 시행령 제25조의2는 "법 제45조의2 제2항 제5호에서 '대통령령으로 정하는 사유'란 다음 각 호의 어느 하나에 해당하는 경우를 말한다."고 규정하면서 제1호부터 제3호로 '최초의 신고·결정 또는 경정을 할 때 과세표준 및 세액의 계산 근거가 된 거래 또는 행위 등의 효력과 관계되는 계약이 해제권의 행사에 의하여 해제되거나 해당 계약의 성립 후 발생한 부득이한 사유로 해제되거나 취소된 경우'(제2호) 등을 규정하는 한편, 제4호에서 '그 밖에 제1호부터 제3호까지의 규정에 준하는 사유가 있는 경우'를 들고 있다.

이러한 후발적 경정청구제도는 납세의무 성립 후 일정한 후발적 사유의 발생으로 말미암아 과세표준 및 세액의 산정기초에 변동이 생긴 경우 납세자로 하여금 그 사실을 증명하여 감액을 청구할 수 있도록 함으로써 납세자의 권리구제를 확대하려는 데 있다(대법원 2011. 7. 28. 선고 2009두22379 판결 등 참조).

한편, 소득세법상 소득의 귀속시기를 정하는 원칙인 권리확정주의는 소득의 원인이 되는 권리의 확정시기와 소득의 실현시기와의 사이에 시간적 간격이 있는 경우에는 과세상 소득이 실현된 때가 아닌 권리가 확정적으로 발생한 때를 기준으로 하여 그때 소득이 있는 것으로 보고 당해 과세연도의 소득을 계산하는 방식으로, 실질적으로는 불확실한 소득에 대하여 장래 그것이 실현될 것을 전제로 하여 미리 과세하는 것을 허용하는 것이다. 이러한 권리확정주의는 납세자의 자의에 의하여 과세연도의 소득이 좌우되는 것을 방지함으로써 과세의 공평을 기함과 함께 징세기술상 소득을 획일적으로 파악하려는 데 그 취지가 있을 뿐 소득이 종국적으로 실현되지 아니한 경우에도 그 원인이 되는 권리가 확정적으로 발생한 적이 있기만 하면 무조건 납세의무를 지우겠다는 취지에서 도입된 것이 아니다(대법원 1984. 3. 13. 선고 83누720 판결, 대법원 2003. 12. 26. 선고 2001두7176 판결 등 참조).

위와 같은 후발적 경정청구제도의 취지, 권리확정주의의 의의와 기능 및 한계 등에 비추어 보면, 소득의 원인이 되는 권리가 확정적으로 발생하여 과세요건이 충족됨으로써 일단 납세의무가 성립하였다 하더라도 그 후 일정한 후발적 사유의 발생으로 말미암아 소득이 실현되지 아니하는 것으

---

87) 원심인 서울고등법원 판결(2012누21637)은 후발적 경정청구가 아닌 통상의 경정청구의 사유(국세기본법 제45조의2 제1항 제1호)에 해당된다고 보았다. 반면 제1심인 서울행정법원(2011구합13804)에서는 "… 쟁점 배당금은 그 권리의 실현가능성이 상당히 높은 정도로 성숙·확정되었다고 판단되므로 원고들은 이에 대한 소득세 납세의무를 부담하고, 이후 소외 회사들의 도산 및 회생절차 진행 등으로 그 채권의 추심가능성이 소멸하였다고 하더라도 이는 권리가 확정된 후의 사정에 불과하여 이를 이유로 이미 성립한 원고들의 소득세 납세의무가 소멸한다고 볼 수 없다."라는 취지로 청구기각하였다.

로 확정됨으로써 당초 성립하였던 납세의무가 그 전제를 잃게 되었다면, 사업소득에서의 대손금과 같이 소득세법이나 관련 법령에서 특정한 후발적 사유의 발생으로 말미암아 실현되지 아니한 소득금액을 그 후발적 사유가 발생한 사업연도의 소득금액에 대한 차감사유로 별도로 규정하고 있다는 등의 특별한 사정이 없는 한 납세자는 국세기본법 제45조의2 제2항 등이 규정한 후발적 경정청구를 하여 그 납세의무의 부담에서 벗어날 수 있다고 보아야 한다.

따라서 납세의무의 성립 후 소득의 원인이 된 채권이 채무자의 도산 등으로 인하여 회수불능이 되어 장래 그 소득이 실현될 가능성이 전혀 없게 된 것이 객관적으로 명백하게 되었다면, 이는 국세기본법 시행령 제25조의2 제2호에 준하는 사유로서 특별한 사정이 없는 한 국세기본법 시행령 제25조의2 제4호가 규정한 후발적 경정청구사유에 해당한다고 봄이 타당하다.

2. 원심판결 이유에 의하면 다음과 같은 사실을 알 수 있다.

① 주택건설사업의 시행사업 등을 영위하던 주식회사 ○○(이하 '○○'이라고만 한다)은 2007. 3. 19. 주주총회에서 2006 사업연도 이익잉여금 중 97억 9,200만 원을 주주인 원고 1, 2, 3 등에게 현금으로 배당하기로 결의하였고, 주택건설업 등 종합건설업 및 그와 관련된 부대사업을 영위하던 ○○에버빌 주식회사(이하 '○○에버빌'이라고만 하고, ○○과 통틀어 '소외 회사들'이라 한다)는 2007. 3. 19. 주주총회에서 2006 사업연도 이익잉여금 중 37억 2,300만 원을, 2008. 3. 25. 주주총회에서 2007 사업연도 이익잉여금 중 74억 4,600만 원을 주주인 원고들에게 현금으로 배당하기로 결의하였다(이하 위 배당 결의에 따라 원고들에게 지급될 배당금을 '이 사건 배당금'이라 한다).

② ○○은 2007. 3.경 이 사건 배당금 중 원고 1, 2, 3에 대한 배당금 전액에 관하여 배당소득세를 원천징수하여 납부하였고, 위 원고들은 2008. 5.경 그 배당금 전액을 배당소득으로 하여 2007년 귀속 종합소득세를 신고·납부하였다.

③ ○○에버빌은 2007. 3.도과 2008. 3.경 이 사건 배당금 중 원고들에 대한 배당금 전액에 관하여 배당소득세를 원천징수하여 납부하였고, 원고들은 2008. 5.도과 2009. 5.경 그 배당금 전액을 배당소득으로 하여 2007년 및 2008년 귀속 종합소득세를 신고·납부하였다.

④ 원고들은 이 사건 배당금 중 원심 판결문 [별지]의 '미수령금액'란 기재 금액(이하 '이 사건 미수령 배당금'이라 한다)을 소외 회사들로부터 지급받지 못하였는데, 소외 회사들은 2006년 이후 부동산규제 정책에 따른 건설경기 침체와 2008년 하반기부터 시작된 세계적인 금융위기의 충격에 따른 아파트 미분양 사태 등이 이어지면서 영업수지 악화와 이자 부담의 급격한 증가 등을 견디지 못하고 2009. 9.경 모두 부도처리 되었다.

⑤ ○○은 2009. 9. 16. 서울중앙지방법원에 회생절차개시신청을 하여 2009. 10. 15. 그 개시결정을 받았고, 2010. 9. 7.에는 회생계획이 인가되었는데, 위 회생계획에서는 주주인 원고 1, 3의 배당금채권을 전부 면제하는 것으로 규정하였다.

⑥ ○○에버빌도 2009. 9. 16. 서울중앙지방법원에 회생절차개시신청을 하여 2009. 10. 15. 그 개시결정을 받았으나, 2010. 1. 25. 청산가치가 계속기업가치보다 크다는 이유로 회생절차 폐지결정을 받고 2010. 2. 9. 파산선고를 받았다. ○○에버빌의 2010. 2. 8. 현재 대차대조표상 자산총액은 2,658억 원 정도였으나 환가 가능성을 고려하여 재평가한 향후 환가 가능한 총자산은 241억 원 정도에 불과하였다. 그에 비하여 파산선고 이후 신고 및 시인된 ○○에버빌의 부채는 원고들에게 미

지급된 배당금을 포함하여 6,518억 원 정도이고, 그중 근저당권 등 담보권이 설정된 채권은 50억 원 정도이며, 조세채권은 305억 원 정도였다.

　　3. 이러한 사실관계를 앞서 본 법리에 비추어 살펴보면, 이 사건 배당금에 대한 배당 결의에 따라 원고들의 이 사건 미수령 배당금에 대한 권리가 확정적으로 발생하였다고 하더라도 그 후 이 사건 미수령 배당금채권은 소외 회사들의 도산 등으로 인하여 회수불능이 되어 장래 그 소득이 실현될 가능성이 전혀 없게 된 것이 객관적으로 명백하고, 이는 국세기본법 시행령 제25조의2 제2호에 준하는 사유로서 국세기본법 시행령 제25조의2 제4호가 규정한 후발적 경정청구사유에 해당한다. 따라서 이 사건 미수령 배당금채권의 회수불능을 이유로 한 원고들의 경정청구를 거부한 피고들의 이 사건 각 처분은 위법하다.』

나. 또 다른 유추의 허용

(1) 위 2013두18810 판결은 중요한 판시내용을 담고 있다.

사업소득에서의 대손금과 같이 소득세법 등 관련 법령에서 특정한 후발적 사유의 발생으로 말미암아 실현되지 아니한 소득금액을 그 후발적 사유가 발생한 사업연도의 소득금액에 대한 차감사유로 별도로 규정하고 있지 않다면, 조세채무자는 국세기본법 제45조의2 제2항이 규정한 사정변경에 기한 경정청구를 하여 그 납세의무의 부담에서 벗어날 수 있다는 것이다. 현연도 시정이 아니라 과년도 시정을 할 수 있다는 것이다.

나아가 배당금채권이 회수불능된 경우 국세기본법 시행령 제25조의2 제2호에 준하는 사유로 특별한 사정이 없는 한 위 시행령 제25조의2 제4호가 규정한 사정변경에 기한 경정청구 사유에 해당한다는 취지로 판단하고 있으나 문언의 해석상 딱 들어맞지는 않는다. 회수불능을 경정사유로 규정하지 않고 있음에 기인한 것이다. 회수불능을 명시적으로 규정하지 않고 있는 이상, 조세적 효과가 소급적으로 소멸하는 사건이 발생한다는 관점(담세력의 소급적 상실의 관점)에서, 유추를 허용하여, 사정변경에 기한 경정청구를 인정하는 것이 옳다고 본다.

(2) 보증채무 이행을 위한 자산의 양도로 인하여 양도소득이 성립된 후 보증인의 구상권 행사가 불가능하게 된 경우 사정변경에 기한 경정청구를 할 수 있는지가 문제된다.

일본 소득세법 제64조 제2항에 의하면 보증채무 이행을 위한 자산의 양도가 있었던 경우 그 이행에 따르는 구상권의 전부 또는 일부를 행사하는 것이 불가능하게 될 때 그 행사 불가능으로 된 금액을 회수불능금액으로 보아 소득금액의 계산상 이를 없었던 것으로 본다는 '소득계산의 특례'를 두고 있다. 일본 소득세법 제152조 제1항은 이 경우 사정변경에 기한 경정청구를 통하여 과년도 시정을 허용하고 있다(이 절 15. 나. 참조).

우리나라에서는 보증채무 이행을 위하여 경매가 진행되어 경락대금 전부가 채권자들에게 전부 배당되고 이후 보증인의 구상권 전부 또는 일부가 행사 불가능하게 되었더라도 과세실무는 자산의 양도로 인하여 양도소득이 성립한 이상 보증인에게 양도소득이 있다고 보아 과세하고 있다. 뒤에서 보는 물상보증인에 대한 대법원 판결에 비추어 보면 구상권의 전부 또는 일부가 행사 불가능하게 되었더라도 사정변경에 기한 경정청구를 거부할 것으로 보인다.

이러한 과세실무에 대하여는 다음과 같은 비판이 가능하다.

(ⅰ) 민사법적 시점과 조세법적 시점 사이에 조세적 결론의 취급에 견해대립이 존재한다면 시점의 조정을 거쳐 조세법적 시점에서 문제를 해결하여야 한다. 보증인의 자산이 경매로 매각되어 그 매각대금이 보증채무의 변제에 충당된 이상 그 매각대금은 보증인의 양도소득으로 귀속되었고, 이후 구상권의 행사가 불가능하게 되었다 하더라도 이는 양도의 직접적 대가가 아니라서 양도소득의 성립에 영향을 미칠 수 없다는 것이 과세실무의 견해라면 이는 오로지 민사법적 시점에 중점을 두어 양도소득을 파악한 것에 불과하다.

무릇 소득세에 있어 과세소득이라 함은 경제적 측면에서 보아 현실로 이득을 지배관리하면서 이를 향수하고 있어서 담세력이 있는 것으로 판단되면 족하고 그 소득을 얻게 된 원인관계에 대한 법률적 평가가 반드시 적법하고 유효한 것이어야 하는 것은 아니므로 범죄행위로 인한 위법소득이라도 과세소득에 해당한다(대법원 2002. 5. 10. 선고 2002두431 판결). 뒤에서 보는 바와 같이 상속세과세가액 산정시 공제되는 채무는 피상속인이 연대보증채무자일 경우 주채무자 등에게 구상권을 행사하더라도 변제를 받을 가능성이 없다고 인정되는 때에 한한다.

위법소득에 대하여 민사법적인 시점에서 접근하여 소득을 얻게 된 원인관계를 평가한 다음 그 결과에 따라 과세 여부를 따지는 것이 아니라 경제적 관점에서 접근하여 담세력 유무에 따라 조세법적 시점에서 과세대상소득의 해당 여부를 따져야 하듯이, 보증인이 민사법상 형식적으로 경매대금을 보증채무의 변제에 충당하였다는 점에 중점을 두어 양도대금을 수취하였다고 볼 것이 아니라, 경제적 관점에서 접근하여 그가 취득하는 구상권에 담세력이 있다고 전제한 다음 구상권 행사로 확보하는 대체물을 궁극적인 양도대가로 보아 과세 여부를 판담함이 옳다 할 것이다. 경제적 측면에서 볼 때 보증인은 양도대금을 수취하여 현실로 지배관리하면서 이를 향수한 적이 없다. 만약 구상권의 행사가 불가능하여 경제적 이익을 향수하고 있다고 할 수 없는 예외적인 경우까지도 과세대상으로 삼는다면 이는 소득이 없는 곳에 과세를 하는 셈이 되어 소득세법상의 소득의 본질에도 반한다.

(ⅱ) 그렇지 않다 하더라도 보증인은 당초 보증계약을 체결함에 있어, 장래 보증채무를 이행하게 될 경우 주채무자에 대한 구상권의 행사로 실질적인 경제적 부담을 면할 수 있다는 기대 아래에서 보증계약을 체결함으로써 타인의 채무의 이행에 관한 계약상의 의무를 부담한 것이다. 이후 보증계약 체결 당시의 기대에 반하여 구상권 행사가 불가능하게 된 경우라면 경제적 측면에서 보아 담세력을 상실한 것으로 보거나, 경제적 이익의 상실가능성의 현실화라는 조세법적 시점에서 볼 때 자산의 양도대금이 회수불능된 경우와 유사한 이익상황에 놓여 있다

고 볼 수 있다.[88] 따라서 구상권의 전부 또는 일부가 행사 불가능하게 된 경우 이를 양도대금의 회수불능과 동일시하여(조세적 효과가 소급적으로 소멸하는 사건이 발생하는 것으로 보아) 사정변경에 기한 경정청구를 인정함이 옳다. 다만 보증인이 보증계약을 체결할 당시 이미 주채무자에 대한 구상권의 행사가 불가능함을 확실하게 인식한 경우 경정청구권을 인정할 것인지 여부가 문제되나 일본 삿뽀로고등재판소 1994. 1. 27. 판결에 의하면 일본 소득세법 제64조 제2항의 적용을 거부하였다.

(3) 물상보증인에 대하여도 보증인과 동일하게 구상권의 전부 또는 일부가 회수불능된 경우 이를 양도대금의 회수불능과 동일시하여 사정변경에 기한 경정청구를 인정함이 옳다.

이와 반대되는 대법원 판결을 본다.

① 대법원 1991. 4. 23. 선고 90누6101 판결

『근저당권 실행을 위한 임의경매에 있어서 경락인은 담보권의 내용을 실현하는 환가행위로 인하여 목적부동산의 소유권을 승계취득하는 것이므로 비록 임의경매의 기초가 된 근저당권설정등기가 제3자의 채무에 대한 물상보증으로 이루어졌다 하더라도 경매목적물의 양도인은 물상보증인이고 경락대금도 경매목적물의 소유자인 물상보증인의 양도소득으로 귀속되는 것이고 물상보증인의 주된 채무자에 대한 구상권은 납부된 경락대금이 주채무자가 부담하고 있는 피담보채무의 변제에 충당됨에 따라 그 대위변제의 효과로서 발생하는 것이지 경매의 대가적 성질에 따른 것은 아니기 때문에 주된 채무자의 무자력으로 인하여 구상권의 행사가 사실상 불가능하게 되었다고 하더라도 그러한 사정은 양도소득을 가리는 데는 아무런 영향이 없다.』

② 대법원 2021. 4. 8. 선고 2020두53699 판결

『상고이유를 판단한다.

1. 이 사건 쟁점은 물상보증인이 담보권 실행을 위한 경매로 담보목적물의 소유권을 상실하였

---

[88] 일본 소득세법 제64조 제2항(자산의 양도대금이 회수불능된 경우 등의 소득계산의 특례)에 대한 요코하마 지방재판소 2004. 5. 19. 판결을 본다. "본건 특례는, 보증인이 장래 보증채무를 이행하고 주채무자에 대한 구상권 행사로 실질적인 경제적 부담을 면할 수 있다는 기대 아래에서 보증계약을 체결함으로써 타인의 채무의 이행에 관한 계약상 의무를 부담한 것인바, 이러한 의무의 이행을 위해서는 부득이 자산양도를 하여야 하고 보증계약 체결 당시의 기대에 반하여 구상권 행사가 불가능하게 된 경우, 이러한 경위를 전체적으로 볼 때, 당해 자산의 가치증가익을 현실적으로 향수할 수 있는 기회를 잃은 것으로 자산의 양도대금이 회수불능으로 된 경우와 유사한 이익상황에 있기 때문에 구상권 행사가 불가능한 범위 내에서 당해 자산의 양도소득에 대한 과세를 면하게 함에 의하여 특히 과세상 구제를 도모함에 있다고 해석된다. 따라서 본건 특례가 적용되기 위하여는, 법률상 타인에게 귀속하는 채무를 이행하여야 할 법률상 의무를 부담하는 것이 필요하고 자기 고유의 채무변제를 위하여 자산을 양도하는 경우에는 적용이 없으며, 또한 보증인의 지위에 있는 경우라도 장래의 구상권 행사로 실질적인 경제적 부담을 면할 수 있다는 기대 아래에서 보증계약관계에 들어가는 것이 필요하다."

으나 채무자의 파산으로 구상권을 행사할 수 없게 된 경우 이를 후발적 경정청구 사유로 보아 양도세 부과처분을 위법하다고 볼 수 있는지 여부이다.

가. 소득세법 제88조 제1호 제1문은 양도세의 과세요건으로서 '양도'를 '자산에 대한 등기 또는 등록과 관계없이 매도, 교환, 법인에 대한 현물출자 등을 통하여 그 자산을 유상으로 사실상 이전하는 것'이라고 정의하고 있다. 근저당권 실행을 위한 경매는 담보권의 내용을 실현하는 환가행위로서 매수인은 목적부동산의 소유권을 승계취득하는 것이므로 위 규정에서 말하는 '양도'에 해당한다(대법원 1984. 2. 28. 선고 83누269 판결 참조).

경매의 기초가 된 근저당권이 제3자의 채무에 대한 물상보증을 한 것이라고 하더라도 그 양도인은 물상보증인이고 매각대금은 경매목적 부동산의 소유자인 물상보증인의 양도소득으로 귀속된다. 또한 물상보증인의 채무자에 대한 구상권은 매각대금이 채무자가 부담하고 있는 피담보채무의 변제에 충당됨으로써 대위변제의 효과로서 발생하는 것이지 경매의 대가라는 성질을 가지는 것은 아니다. 따라서 채무자의 무자력으로 물상보증인이 채무자에게 구상권을 사실상 행사할 수 없더라도 그러한 사정은 양도소득의 성립 여부에 아무런 영향이 없다(대법원 1986. 3. 25. 선고 85누968 판결, 대법원 2002. 7. 26. 선고 2002두2758 판결 참조).

나. 국세기본법 제45조의2 제2항에서 정한 후발적 경정청구는 납세의무 성립 후 일정한 후발적 사유의 발생으로 과세표준과 세액을 산정하는 근거가 된 사항에 변동이 생긴 경우에 할 수 있다(대법원 2011. 7. 28. 선고 2009두22379 판결 등 참조). 물상보증인이 담보로 제공한 부동산이 경매절차에서 매각된 다음 채무자의 파산 등으로 물상보증인의 구상권 행사가 불가능하게 되었더라도, 이는 목적부동산의 매각에 따른 물상보증인의 양도소득이 성립하는지 여부에는 아무런 영향을 미치지 않는다. 따라서 위와 같은 사정이 발생하더라도 양도소득세 과세표준과 세액을 산정하는 근거가 된 사항에 변동을 가져오지 않으므로, 국세기본법 제45조의2 제2항, 같은 법 시행령 제25조의2가 정한 후발적 경정청구사유에 해당한다고 볼 수 없다.

2. 원심판결 이유와 기록에 따르면 다음 사실을 알 수 있다.

가. 원고는 2010. 10. 29. 소외인과 이 사건 토지 등을 10억 원에 매도하는 매매계약을 체결하였다.

나. 원고는 소외인으로부터 매매대금을 전부 지급받지 못했는데도 소외인의 요청으로 2011. 8. 12. 안양원예농업협동조합에 이 사건 토지에 관하여 채권최고액 20억 8,000만 원, 채무자를 소외인이 운영하던 주식회사 마아테크놀러지로 하는 근저당권을 설정해 주었다.

다. 이 사건 토지는 위 근저당권을 실행하기 위한 경매절차에서 매각되었고, 매수인 주식회사 OOOOO는 2016. 10. 12. 경매법원에 매각대금 20억 8,555만 원을 납부하였다.

라. 피고는 원고가 2016. 10. 12. 주식회사 OOOOO에 이 사건 토지를 20억 8,555만 원에 양도하였다고 보고, 2017. 10. 31. 원고에 대하여 2016년 귀속 양도소득세 804,929,460원을 부과하는 이 사건 처분을 하였다.

마. 한편 주식회사 마아테크놀러지에 대하여 2020. 6. 30. 파산이 선고되었다.

3. 이러한 사실관계를 위에서 본 법리에 비추어 살펴보면, 물상보증인인 원고가 담보로 제공한 이 사건 토지가 경매절차에서 매각된 다음 채무자 주식회사 마아테크놀러지의 파산으로 원고의 구

상권 행사가 불가능하게 되었더라도, 이는 국세기본법 제45조의2 제2항, 국세기본법 시행령 제25조의2에서 정한 후발적 경정청구사유에 해당한다고 볼 수 없다.

4. 그런데도 원심은 다음과 같은 이유로 원고가 주식회사 마아테크놀러지의 파산 등으로 그에 대한 구상권을 행사할 수 없게 되었음이 명백하므로 이 사건 처분이 위법하다고 판단하였다. 물상보증인이 경매목적물의 양도로 매각대금을 취득하였다고 하더라도 매각대금 중 잉여금 등으로 물상보증인에게 현실적으로 귀속되는 것 이외에 채무자의 채권자들에게 배당되는 부분에 대해서는 채무자에 대한 구상권의 행사를 통하여 그 소득을 실현할 수밖에 없다. 채무자의 파산 등으로 그러한 구상권을 행사할 수 없게 되어 그 소득이 실현될 가능성이 전혀 없게 된 것이 객관적으로 명백하다면, 이는 국세기본법 시행령 제25조의2 제2호, 제4호가 정한 후발적 경정청구사유에 해당한다.

원심의 이러한 판단에는 물상보증인이 담보로 제공한 부동산이 담보권 실행을 위한 경매로 매각된 경우 양도소득세의 성립 여부에 관한 법리 등을 오해하여 판결 결과에 영향을 미친 잘못이 있다. 이를 지적하는 상고이유 주장은 정당하다.』

10. 상속세

가. 상속세와 채무의 사후확정

(1) 상속세 과세표준

상속세과세가액 = 상속재산가액 − 제14조 공과금(공과금, 장례비용, 채무) + 상속개시일 전 10년 이내에 피상속인이 상속인에게 증여한 재산가액 + 상속개시일 전 5년 이내에 피상속인이 상속인이 아닌 자에게 증여한 재산가액

상속세 과세표준 = 상속세과세가액 − 상속공제액(기초공제, 배우자 상속공제, 그 밖의 인적공제, 일괄공제, 기업상속공제, 영농상속공제, 금융재산 상속공제, 재해손실공제, 동거주택 상속공제) − 감정평가수수료

(2) 위 산식에서의 채무

상속개시 당시 피상속인이 부담하고 있는 채무는 원칙적으로 모두 상속재산의 가액에서 공제된다. 상속재산의 가액에서 공제될 피상속인의 채무는 미확정채무와 관련하여 논란의 여지가 많다. 판례는 상속개시 당시 현존하거나 확정할 수 있는 것을 말한다고 한다. 즉 상속개시 당시에 피상속인이 제3자를 위하여 연대보증채무를 부담하고 있거나 물상보증인으로서의 책임을 지고 있는 경우, 주채무자가 변제불능의 무자력의 상태에 있기 때문에 피상속인이 그 채무를 이행하지 않으면 안될 뿐 아니라 주채무자나 연대보증인 등에게 구상권을 행사하더라도 변제를 받을 가능성이 없다고 인정되는 때에 한하여, 그 채무액을 상속재산가액에서 공제하여야 한다는 것이었다.[89]

나. 대법원 2010. 12. 9. 선고 2008두10133 판결[90][91]

『구 국세기본법(2010. 1. 1. 법률 제9911호로 개정되기 전의 것) 제45조의2 제2항 규정의 취지가 일정한 후발적 사유의 발생으로 말미암아 과세표준 및 세액의 산정기초에 변동이 생긴 경우 납세자로 하여금 그 감액을 청구할 수 있도록 함으로써 납세자의 권리구제를 확대하려는 데 있는 점, 상속개시 당시 피상속인이 종국적으로 부담하여 이행하여야 할 것이 확실하지 않은 채무라 하더라도 피상속인의 이행의무가 완전히 면제되는 것은 아니어서 사후적으로 그 채무가 피상속인이 종국적으로 부담하여 이행하여야 할 것으로 확정될 수 있는 점 등에 비추어 보면, 피상속인이 제3자를 위하여 연대보증채무를 부담하고 있었지만 상속개시 당시에는 아직 변제기가 도래하지 아니하고 주채무자가 변제불능의 무자력 상태에 있지도 아니하여 피상속인이 그 채무를 종국적으로 부담하여 이행하여야 하는지가 확실하지 않다는 이유로 과세관청이 그 채무액을 상속재산의 가액에서 공제하지 아니한 채 상속세 부과처분을 하였으나, 그 후 주채무자가 변제기 도래 전에 변제불능의 무자력 상태가 됨에 따라 상속인들이 사전구상권을 행사할 수도 없는 상황에서 채권자가 상속인들을 상대로 피상속인의 연대보증채무의 이행을 구하는 민사소송을 제기하여 승소판결을 받아 그 판결이 확정되었을 뿐만 아니라 상속인들이 주채무자나 다른 연대보증인에게 실제로 구상권을 행사하더라도 변제받을 가능성이 없다고 인정되는 경우에는, 이와 같은 승소확정판결에 의하여 피상속인의 연대보증채무는 상속세 부과처분 당시와는 달리 피상속인이 종국적으로 부담하여 이행하여야 할 채무로 사실상 확정되었다고 볼 수 있고, 따라서 이러한 판결에 따른 피상속인의 연대보증채무의 확정은 구 국세기본법 제45조의2 제2항 제1호 소정의 후발적 경정청구사유에 해당한다.』

양도소득에 있어 대금채권이 회수불능된 경우 담세력의 관점에서 사정변경에 기한 경정청구를 허용하여야 하듯이, 상속세와 같이 채무가 과세표준의 고려요소로 되는 세목의 경우에 상속개시 당시에는 현존하거나 확정할 수 있는 것이 아니어서 공제가 유보되었으나, 이러한 채무(물상보증책임 포함)가 사후에 확정된 이상, 담세력 상실의 관점에서 유추를 허용하여 사정

---

89) 대법원 2000. 7. 28. 선고 2000두1287 판결, 대법원 2004. 9. 24. 선고 2003두9886 판결 등 참조.

90) 원심은, 상속재산으로서 채권 또는 채무는 상속개시 당시의 시점에서의 채권의 가격 또는 채무의 상황에 따라 평가되어야 할 것이므로 상속이 개시되어 채무가 상속인들에게 귀속된 이후에 주채무자의 경영악화 등으로 주채무자의 자력에 변경이 생겼다고 하더라도 그러한 사정변경은 상속으로 취득한 재산의 가치에 변동이 생긴 것에 불과하여 상속재산의 평가에 영향을 미칠 사정이 될 수 없고, 상속재산의 가액에서 공제하는 피상속인의 채무는 상속개시 당시 피상속인이 종국적으로 부담하여 이행하여야 할 것이 확실하다고 인정되는 채무를 뜻한다는 이유로, 이 사건 민사판결에 따른 망인의 연대보증채무의 확정은 구 국세기본법 제45조의2 제2항 제1호 소정의 후발적 경정청구사유에 해당하지 아니한다는 취지로 판단하였다.

91) 조윤희, 전게논문(이 판례의 해설을 담고 있다)에 각 국(독일, 미국, 일본)의 입법례를 들면서, "이 판결은 이와 같이 상속개시 당시에는 주채무자가 변제자력이 있었다 하더라도 그 후 변제기 도래 전에 주채무자가 변제불능의 무자력 상태가 됨에 따라 채권자가 상속인들을 상대로 상속인의 연대보증채무의 이행을 구하는 민사소송을 제기하여 승소판결을 받아 그 판결이 확정된 경우 후발적 경정청구를 허용함으로써 납세자에 대한 권리구제의 길을 넓혔다는 점에 그 의의가 있다."라고 적고 있다.

변경에 기한 경정청구를 인정하여야 할 것이다.

다. 그 밖에 사정변경에 기한 경정청구가 가능한 사유

상속세의 경우에 있어 사정변경(상속인의 변경 및 상속분의 변경)에 기한 경정청구를 허용하여야 하는 사유 중 대표적인 것은 다음과 같다. 그 이외에도 경정청구를 인정하여야 할 경우가 실무상 많이 나타날 것으로 예상된다. 일본 상속세법[92]처럼 상속세법에서 특례경정청구제도를 두는 것이 옳다.

① 인지청구의 소, 인지의 무효와 취소 기타 사유로 상속인이 교체·변경된 경우

② 유류분반환청구권 행사로 그 반환범위가 확정된 경우

③ 사후에 유증에 관한 유언서가 발견된 경우 또는 유증의 포기가 있는 경우

④ 상속, 유증 또는 증여로 취득한 재산의 권리귀속에 관한 분쟁이 있고 그 분쟁에 대한 판결이 있는 경우

⑤ 민법 제1014조에 의한 청구로 인하여 반환하여야 할 가액이 확정된 경우

⑥ 상속포기의 취소 등이 있는 경우

⑦ 민법 제1004조에 의한 상속인 결격사유가 발견된 경우

---

92) 일본 상속세법 제32조 및 시행령 제8조에서 특례경정청구사유를 나열하고, 그 사유가 발생한 것을 안 날부터 4월 이내에 경정청구를 하여야 한다는 취지로 규정하고 있다. 즉 신고 또는 결정에 관한 과세가격 및 상속세액 또는 증여세액이 다음과 같은 사유로 과대하게 된 경우로서, ① 상속세법 제55조의 규정에 의하여 상속재산분할이 되지 않은 재산에 관하여 민법의 규정에 의한 상속분 또는 포괄유증의 비율에 따라 과세가격이 계산된 경우에 있어, 그 후 당해 재산의 분할이 행하여지고 공동상속인 또는 포괄수유자가 당해 분할에 의하여 취득한 재산에 관한 과세가격이 당초의 당해 상속분 또는 포괄유증의 비율에 따라 계산된 과세가격과 다르게 되었을 경우, ② 인지 혹은 상속인의 폐제 또는 그 취소에 관한 재판의 확정, 상속회복청구에 기한 상속회복, 상속의 승인 및 포기의 철회 및 취소의 규정에 의한 상속포기의 취소, 기타 사유에 의한 상속인의 이동(異動)이 생긴 경우, ③ 유류분반환청구에 기하여 반환 또는 변상되어야 할 수액이 확정된 경우, ④ 유증에 관한 유언서가 발견되거나 유증의 포기가 있는 경우, ⑤ 상속세법 제42조 제27항의 규정에 따라 조건부 물납허가가 된 경우에 있어, 당해 조건에 관련된 물납에 충당된 재산이 토지로서, 당해 토지가 토양오염대책법 소정의 유해물질에 의하여 오염된 것이 판명된 경우, 당해 토지의 지하에 폐기물처리및청소에관한법률 소정의 폐기물 등이 존재함으로써 이를 제거하지 아니하면 당해 토지의 통상의 사용이 불가능하다는 것이 판명된 경우, ⑥ 상속 혹은 유증 또는 증여에 의하여 취득한 재산에 관하여, 권리의 귀속을 달리하는 판결이 있는 경우, ⑦ 민법 제910조(상속개시 후 인지된 자의 가액반환청구권)의 규정에 의한 청구가 있음에 따라 변제하여야 할 수액이 확정된 경우, ⑧ 조건부 유증에 있어 조건이 성취된 경우, ⑨ 상속세법 제4조(유증에 의하여 취득되는 것으로 간주되는 경우)에 규정하는 사유가 발생한 경우, ⑩ 상속세법 제19조의2 제2항 단서의 규정(분할되지 아니한 재산이 신고기한으로부터 3년 이내에 분할된 경우)에 해당함에 따라, 같은 항의 분할이 행하여진 이후에 있어 같은 조 제1항의 규정을 적용하여 계산한 상속세액이 그 이전에 있어 같은 항의 규정을 적용하여 계산한 상속세액과 다른 경우, ⑩ 증여세 과세가격 계산의 기초에 산입한 재산 중 상속세법 제21조의2 제4항 규정에 해당하는 것이 있는 경우를 들고 있다.

11. 위법소득과 담세력의 소급적 상실

가. 위법소득과 과세

(1) 위법소득에 대한 정의는 없다. 위법하거나 하자있는 원인으로부터 얻는 소득(횡령, 수 뢰 등 형사상 처벌되는 행위로 인하여 얻은 이득 및 민사상 무효 또는 취소할 수 있는 행위로부터 얻는 이득93))을 포괄적으로 말한다.

위법소득에 대한 과세의 가능 여부는 견해대립94)이 있다. 소득(경제적 성과)을 얻어 이를 현실적으로 배타적 지배관리를 하고 있고 현행 소득세법이 열거하고 있는 과세소득에 해당하는 한,95) 그 지배관리자에게 소득이 귀속된다고 보아 과세할 수 있다.

(2) 대법원 2002. 5. 10. 선고 2002두431 판결

『과세소득은 이를 경제적 측면에서 보아 현실로 이득을 지배관리하면서 이를 향수하고 있어서 담세력이 있는 것으로 판단되면 족하고 그 소득을 얻게 된 원인관계에 대한 법률적 평가가 반드시 적법하고 유효한 것이어야 하는 것은 아니므로, 범죄행위로 인한 위법소득이라도 귀속자에게 환원 조치가 취해지지 않은 한 이는 과세소득에 해당되는 바(대법원 1983. 10. 25. 선고 81누136 판결 참조). …』

위 판결에 의하면 소득개념을 경제적 관점(담세력 유무)에서 파악하고 있다. 다만 토지거래 허가구역 내 토지를 양도한 경우, '유동적 무효' 내지 '확정적 무효'에 대한 양도소득세 과세가 능 여부에 관하여는 대법원 판례 및 소득세 관계 법령을 검토하여야 한다.96)

---

93) 위 두 가지 이득은 엄밀히 따지면 구분될 수 있으나 소득세 등의 과세대상이 되는지 여부 및 이후 그 이득이 사후에 상실된 경우의 취급 등에서 동일하므로 이를 구별할 실익이 없는 것으로 보인다. 대법원 1985. 5. 28. 선고 83누123 판결에 의하면 자신이 이사로 재직 중인 재단법인에 대하여 돈을 대여하고 이자를 수령한 것이 법인과 이사 사이에 이익이 상반되어 법인에 대하여 효력이 없게 됨으로써 이사 개인에 대한 이자소득 과세가 문제된 사안에서, 그 법률적 평가가 반드시 적법·유효한 것이어야 하는 것은 아니라고 하여 과세를 긍정하고 있다.

94) 견해대립은 현행법상 범죄행위로 인한 위법소득 중 일정한 소득에 한하여 과세대상으로 삼고 있는 이상 실익이 없다. 오히려 이를 반환한 경우 조세법상 어떠한 취급을 할 것인지 여부 및 민사상 무효·취소할 수 있는 행위로부터 얻은 소득이 과세대상이 되는지 여부, 경제적 성과가 상실된 경우 조세법상 어떠한 취급을 한 것인지 등이 논의의 초점이 되어야 한다.

95) 뇌물, 알선수재 및 배임수재에 의하여 받은 금품은 소득세법상 2005. 5. 31.부터 '기타소득'으로 규정하고 있다. 다만 횡령 등의 경우 소득처분에 의한 인정상여 등이 되어 소득세법상의 과세대상이 되는 경우에 한하여야 할 것이다. 사업소득에 대하여는 소득세법 제19조 제1항에서 열거된 제1호부터 제19호까지의 규정에 따른 소득과 유사한 소득이어야 하는데, '유사한 소득'인지 여부가 그 기준이 된다. 위법소득으로 논하여 지는 소득의 범위는 그다지 넓지 않다.

96) 대법원 1997. 3. 20. 선고 95누18383 판결 및 2011. 7. 21. 선고 2010두23644(전원합의체) 판결을 고려할

(3) 위법소득에 대한 각 국의 입법례 또는 판례

① 독일 조세기본법 제41조 제1항은 "법률행위가 무효이거나 또는 이후 무효가 되었더라도, 조세채무자 등 관계자가 그럼에도 불구하고 경제적 성과를 발생시키거나 또는 존속시키는 한 이는 과세에 영향을 줄 수 없다. 다만 개별세법에서 달리 규정하는 경우 그 적용이 없다."라는 취지로 규정하고 있다.

② 일본 소득세법 제152조 및 시행령 제274조, 국세통칙법 제71조 제1항 제2호 등에 소득금액의 기초가 된 사실 가운데 포함되어 있는 무효행위로 생긴 경제적 성과가 그 행위가 무효인 것에 기인하여 실효되었거나 취소할 수 있는 행위가 취소되었을 때, 경정청구를 허용함은 물론 제척기간까지 두고 있음에 비추어 볼 때, 위법소득(사법상 무효 또는 취소할 수 있는 행위로 얻은 소득)에 대한 과세를 전제하고 있는 것이다.

③ 미국의 당초 판례는 횡령으로 인한 소득이 과세소득이 아니라고 판시(Commissioner v. Wilcox 1946)하였다. 위법소득에 관한 과세가 일반화된 것은 1961년의 James v. United States 판결이라고 한다. 이를 본다.

『어떤 납세의무자가 적법하게든 위법하게든, 명시적 또는 묵시적 합의 없이 이득을 얻었기 때문에 이를 반환할 의무가 있더라도, 그 이득을 처분하는 데 사실상의 제한이 없을 때, 비록 그 돈을 보유할 권리를 갖지 않고 있다고 주장될 수 있다 하더라도, 그리고 그가 여전히 그 상당액을 반환하라는 법원의 명령을 받을 수 있다 하더라도, 그는 반환의무가 있는 소득을 얻은 것이다. 그러한 경우 납세의무자는 과세되는 재산에 대한 실질적인 지배 즉 세금을 납부하는 근거로서의 실질적 혜택을 가지는 것이다. 이러한 기준에 비추어 볼 때, 횡령금액은 광의의 소득에 포함되나 차용금액은 이에 포함되지 않는다. 법을 준수하는 납세의무자가 실수로 어떤 사업연도에 소득을 얻었지만 다음 해에 그 소득의 수취가 잘못된 것이라고 공격을 당하여 무효로 되었을 때, 납세의무자는 그럼에도 불구하고 해당 금액을 수령한 연도에 소득으로 신고하여야 한다. 우리는 의회가 법을 파괴하는 납세의무자를 달리 취급하려고 의도한 것으로 믿지 않는다. 정직한 납세의무자가 그 잘못 수취한 소득을 반환한 연도에 그 반환금액을 소득에서 공제할 수 있듯이, 정부는 만약 횡령자가 피해자에게 횡령금액을 반환하게 되면, 그 때 그 반환된 금액 범위 내에서 이를 소득금액에서 공제할 수 있다는 데 동의하고 있다.』[97]

필요가 있다. 위 2010두23644 판결은, 허가구역 내 토지를 매도하고 대금을 수령하였음에도 토지거래허가를 배제하거나 잠탈할 목적으로 매수인 앞으로 증여를 원인으로 한 이전등기를 마친 경우, 또는 토지를 제3자에게 미등기 전매를 하여 매매대금을 수령하였음에도 최초의 매도인이 제3자에게 직접 매도한 것처럼 토지거래허가를 받아 이전등기를 마친 후 위 등기가 말소되지 않은 채 남아 있고 매도인 또는 중간 매도인이 수령한 매매대금을 그대로 보유하고 있는 경우, 예외적으로 양도소득세 과세대상이 된다고 하여, 종전 판례의 입장을 부분적으로 변경(위 95누18383 판결도 부분적으로 폐기)하였다. 위 판결은 토지거래허가를 받지 아니하는 거래에 대하여 유동적 무효인 경우와 확정적 무효인 경우를 구별하고 있는 점에 유의하여야 한다.

97) 한만수, 위법소득의 과세에 관한 연구, 조세법 연구 X－2, 세경사(2004), 15면에서 인용하였다. 인용된 판

나. 위법소득과 담세력의 소급적 상실

(1) 위법행위로 인하여 얻은 소득(경제적 성과)을 세액확정 후 반환하거나 담세력이 소급하여 상실되었다면 유추를 허용하여 사정변경에 기한 경정청구98)를 인정하여야 한다.

(2) 대법원 2002. 5. 10. 선고 2002두431 판결(폐기)

『과세소득은 이를 경제적 측면에서 보아 현실로 이득을 지배관리하면서 이를 향수하고 있어서 담세력이 있는 것으로 판단되면 족하고 그 소득을 얻게 된 원인관계에 대한 법률적 평가가 반드시 적법하고 유효한 것이어야 하는 것은 아니므로, 범죄행위로 인한 위법소득이라도 귀속자에게 환원조치가 취해지지 않은 한 이는 과세소득에 해당되는바(대법원 1983. 10. 25. 선고 81누136 판결 참조), 납세자가 범죄행위로 인하여 금원을 교부받은 후 그에 대하여 원귀속자에게 환원조치가 취하여지지 아니한 이상 그로써 소득세법상의 과세대상이 된 소득은 이미 실현된 것이고, 그 후 납세자에게 대한 형사사건에서 그에 대한 추징이 확정됨으로써 결과적으로 그 금원을 모두 국가에 추징당하게 될 것이 확정되었다 하더라도, 이는 납세자의 그 금품수수가 형사적으로 처벌대상이 되는 범죄행위가 됨에 따라 그 범죄행위에 대한 부가적인 형벌로서 추징이 가해진 결과에 불과하므로, 결국 그 추징 및 집행만을 들어 납세자가 범죄행위로 인하여 교부받은 금원 상당의 소득이 실현되지 아니하였다고 할 수는 없다.』

(3) 아래 전원합의체 판결로 위 판결을 폐기했다. 중요한 판시내용을 담고 있다.
① 대법원 2015. 7. 16. 선고 2014두5514 판결(전원합의체)

『과세소득은 경제적 측면에서 보아 현실로 이득을 지배·관리하면서 이를 향수하고 있어 담세력이 있다고 판단되면 족하고 그 소득을 얻게 된 원인관계에 대한 법률적 평가가 반드시 적법·유효하여야 하는 것은 아니다(대법원 1983. 10. 25. 선고 81누136 판결 등 참조). 이러한 점에서 구 소득세법(2008. 12. 26. 법률 제9270호로 개정되기 전의 것, 이하 같다) 제21조 제1항은 '뇌물'(제23호), '알선수재 및 배임수재에 의하여 받는 금품'(제24호)을 기타소득의 하나로 정하고 있다.

뇌물 등의 위법소득을 얻은 자가 그 소득을 종국적으로 보유할 권리를 갖지 못함에도 그가 얻은 소득을 과세대상으로 삼는 것은, 그가 사실상 소유자나 정당한 권리자처럼 경제적 측면에서 현

결에 의하면 "정부는 만약 횡령자가 피해자에게 횡령금액을 반환하게 되면 그 때(반환하는 때) 그 반환된 금액 범위 내에서 이를 소득금액에서 공제할 수 있다."는 것이다.

98) 일본에서는, 뒤에서 보는 바와 같이, 사업소득금액, 사업으로 인한 부동산소득금액 및 산림소득에 대하여는 소급수정을 허용하지 않으므로, 사정변경에 기한 경정청구가 불가능하다.; Klein, 전게서, 253면에서, 독일 조세기본법 제41조 제1항을 주석함에 있어, 경제적으로 이미 실현된 법률행위의 소급효의 효과는 개별세법 상의 규정(부가가치세법 제17조, 소득세법 제11조 등)에 따르거나 조세기본법 제175조 제1항 제2호에 따른다고 적고 있다. 개별세법의 규정에서 그 소급효를 제한하고 있다면 그 개별세법의 규정에 따르고, 그러한 제한이 없다면 조세기본법 제175조 제1항 제2호에 따라 소급효가 있다는 취지로 보인다.

실로 이득을 지배·관리하고 있음에도 불구하고 이에 대하여 과세하지 않거나 그가 얻은 위법소득이 더 이상 상실될 가능성이 없을 때에 이르러야 비로소 과세할 수 있다면 이는 위법하게 소득을 얻은 자를 적법하게 소득을 얻은 자보다 우대하는 셈이 되어 조세정의나 조세공평에 반하는 측면이 있음을 고려한 것이고, 사후에 위법소득이 정당한 절차에 의하여 환수됨으로써 그 위법소득에 내재되어 있던 경제적 이익의 상실가능성이 현실화된 경우에는 그때 소득이 종국적으로 실현되지 아니한 것으로 보아 이를 조정하면 충분하다.

그런데 형법상 뇌물, 알선수재, 배임수재 등의 범죄에서 몰수나 추징을 하는 것은 범죄행위로 인한 이득을 박탈하여 부정한 이익을 보유하지 못하게 하는 데 그 목적이 있으므로, 이러한 위법소득에 대하여 몰수나 추징이 이루어졌다면 이는 그 위법소득에 내재되어 있던 경제적 이익의 상실가능성이 현실화된 경우에 해당한다고 보아야 한다. 따라서 이러한 경우에는 그 소득이 종국적으로 실현되지 아니한 것이므로 납세의무 성립 후 후발적 사유가 발생하여 과세표준 및 세액의 산정기초에 변동이 생긴 것으로 보아 납세자로 하여금 그 사실을 증명하여 감액을 청구할 수 있도록 함이 타당하다. 즉, 위법소득의 지배·관리라는 과세요건이 충족됨으로써 일단 납세의무가 성립하였다고 하더라도 그 후 몰수나 추징과 같은 위법소득에 내재되어 있던 경제적 이익의 상실가능성이 현실화되는 후발적 사유가 발생하여 소득이 실현되지 아니하는 것으로 확정됨으로써 당초 성립하였던 납세의무가 그 전제를 잃게 되었다면, 특별한 사정이 없는 한 납세자는 국세기본법 제45조의2 제2항 등이 규정한 후발적 경정청구를 하여 그 납세의무의 부담에서 벗어날 수 있다고 보아야 한다. 그리고 이러한 후발적 경정청구사유가 존재함에도 과세관청이 당초에 위법소득에 관한 납세의무가 성립하였던 적이 있음을 이유로 과세처분을 하였다면 이러한 과세처분은 위법하므로 납세자는 항고소송을 통해 그 취소를 구할 수 있다고 할 것이다.

이와 달리 범죄행위로 인한 위법소득에 대하여 형사사건에서 추징판결이 확정되어 집행된 경우에도 소득세법상 과세대상이 된다는 취지로 판시한 대법원 1998. 2. 27. 선고 97누19816 판결, 대법원 2002. 5. 10. 선고 2002두431 판결 등은 이 판결의 견해에 저촉되는 범위에서 이를 변경하기로 한다.』

② 대법원 2015. 7. 23. 선고 2012두8885 판결(위 ① 판결과 같은 취지)
③ 대법원 2016. 8. 24. 선고 2015두56489 판결

『과세소득은 경제적 측면에서 보아 현실로 이득을 지배·관리하면서 이를 향수하고 있어 담세력이 있다고 판단되면 족하고 그 소득을 얻게 된 원인관계에 대한 법률적 평가가 반드시 적법·유효하여야 하는 것은 아니다(대법원 1983. 10. 25. 선고 81누136 판결 등 참조). 소득세의 과세대상인 사업소득은 영리를 목적으로 자기의 책임과 계산 아래 독립된 지위에서 계속적·반복적으로 행하는 사회적 활동인 사업에서 발생하는 소득을 말한다(대법원 2010. 9. 9. 선고 2010두8430 판결 참조). 따라서 도박개장 등과 같은 범죄행위라고 하더라도 영리를 목적으로 독립된 지위에서 계속·반복적으로 행하는 사회적 활동에 해당하는 경우에 그로 인하여 얻는 소득은 사업소득이 될 수 있다.

그리고 위법소득에 대하여는 이를 종국적으로 보유할 권리를 갖지 못하더라도 그 소득의 지배·관리라는 과세요건이 충족되는 이상 조세정의나 조세공평의 원칙에 비추어 과세대상에 해당한다고 볼 것이지만, 나중에 형사법상 몰수나 추징과 같은 위법소득에 내재되어 있던 경제적 이익의 상실가능성이 현실화되는 후발적 사유가 발생하여 소득이 실현되지 아니하는 것으로 확정됨으로써 당초 성립하였던 납세의무가 그 전제를 잃게 되었다면, 특별한 사정이 없는 한 납세자는 국세기본법 제45조의2 제2항 등이 규정한 후발적 경정청구를 하여 그 납세의무의 부담에서 벗어날 수 있다고 보아야 한다. 그리고 이러한 후발적 경정청구사유가 존재함에도 과세관청이 당초에 위법소득에 관한 납세의무가 성립하였던 적이 있음을 이유로 과세처분을 하였다면 이러한 과세처분은 위법하므로 납세자는 항고소송을 통해 그 취소를 구할 수 있다(대법원 2015. 7. 23. 선고 2012두8885 판결 참조).』

(4) 사외유출금액 회수 후 수정신고

법인이 대표자 등의 횡령 등으로 사외유출된 금액을 회수하고 수정신고를 하는 경우 법인세법 시행령 제106조 제4항의 적용이 있다(제3장 제1절 7. 나. 참조).

(5) 불법정치자금

위법으로 얻는 이익, 예를 들어 불법정치자금[99]도 증여세 과세대상이 된다(조세제한특례법 제76조 제3항). 이를 사후에 반환하더라도 상증세법 제4조 제4항의 규율을 받는다(제5장 제3절 참조). 불법정치자금을 금전으로 교부받았다면 상증세법 제4조 제4항 괄호규정('금전을 제외한다')에 따라 이를 반환하였더라도 증여세가 부과된다. 과세행정의 능률을 높이고 증여세 회피 시도를 차단하기 위하여 증여세 신고기한 이내에 반환한 경우 처음부터 증여가 없었던 것으로 보도록 하는 대상에서 금전을 제외했다.

대법원 2016. 2. 18. 선고 2013두7384 판결

『가. 정치자금법은 정치자금의 적정한 제공을 보장하고 정치자금과 관련한 부정을 방지함으로써 민주정치의 건전한 발전에 기여할 수 있도록 하기 위하여 정치자금을 기부하거나 받는 방법을 법정하는 한편, 제2조 제1항에서 "누구든지 이 법에 의하지 아니하고는 정치자금을 기부하거나 받을 수 없다."는 기본원칙을 천명하고, 나아가 제32조에서 "누구든지 다음 각 호의 어느 하나에 해당하는 행위와 관련하여 정치자금을 기부하거나 받을 수 없다."고 규정함으로써 특정행위와 관련한 기부를 제한하면서 '공직선거에 있어서 특정인을 후보자로 추천하는 일(제1호)'을 특정행위의 하나로 들고 있다.

그리고 구 조세특례제한법(2010. 1. 1. 법률 제9921호로 개정되기 전의 것, 이하 같다) 제76조

---

99) 조세특례제한법 제76조 제3항은 "제1항에 따른 정치자금 외의 정치자금에 대해서는 상속세및증여세법 제12조 제4호, 제46조 제3호 및 다른 세법의 규정에 불구하고 그 기부받은 자가 상속받거나 증여받은 것으로 보아 상속세 또는 증여세를 부과한다."라고 정하고 있다.

는 제1항에서 '거주자가 정치자금법에 따라 정당에 기부한 정치자금은 세액공제 또는 소득공제하거
나 손금에 산입한다'고 규정함과 아울러 제2항에서 "제1항의 규정에 의하여 기부하는 정치자금에
대하여는 상속세 또는 증여세를 부과하지 아니한다."고 규정하고 있으나, 제3항에서 "제1항의 규정
에 의한 정치자금 외의 정치자금에 대하여는 상속세 및 증여세법 제12조 제4호·제46조 제3호 및
다른 세법의 규정에 불구하고 그 기부받은 자가 상속 또는 증여받은 것으로 보아 상속세 또는 증여
세를 부과한다."고 규정하고 있다.

　　한편 구 상속세 및 증여세법(2010. 1. 1. 법률 제9916호로 개정되기 전의 것, 이하 같다) 제31
조 제4항은 "증여를 받은 후 그 증여받은 재산(금전을 제외한다)을 당사자 사이의 합의에 따라 제
68조의 규정에 의한 신고기한 이내에 반환하는 경우에는 처음부터 증여가 없었던 것으로 본다. 다
만 반환하기 전에 제76조의 규정에 의하여 과세표준과 세액의 결정을 받은 경우에는 그러하지 아니
하다."고 규정하고 있다.

　　나. 증여받은 금전은 증여와 동시에 본래 수증자가 보유하고 있던 현금자산에 혼입되어 수증자
의 재산에서 이를 분리하여 특정할 수 없게 되는 특수성이 있어 현실적으로 '당초 증여받은 금전'
과 '반환하는 금전'의 동일성 여부를 확인할 방법이 없고, 또한 금전은 그 증여와 반환이 용이하여
증여세의 신고기한 이내에 증여와 반환을 반복하는 방법으로 증여세를 회피하는 데 악용될 우려가
크기 때문에, 구 상속세 및 증여세법 제31조 제4항의 '(금전을 제외한다)' 부분(이하 '이 사건 괄호
규정'이라 한다)은 과세행정의 능률을 높이고 증여세 회피시도를 차단하기 위하여, 증여세의 신고기
한 이내에 반환한 경우 처음부터 증여가 없었던 것으로 보도록 하는 대상에서 금전을 제외하였다.

　　이러한 이 사건 괄호규정의 문언 내용 및 입법 취지와 아울러, 일단 수증자가 증여자로부터 금
전을 증여받은 이상 그 후 합의해제에 의하여 동액 상당의 금전을 반환하더라도 법률적인 측면은
물론 경제적인 측면에서도 이미 수증자의 재산은 실질적으로 증가되었다고 할 수 있고, 또한 증여
계약의 합의해제에 의한 반환은 원래의 증여와 다른 별개의 재산 처분행위에 해당하는 사정 등에
비추어 보면, 이 사건 괄호규정이 금전을 증여받은 경우에는 증여세의 신고기한 이내에 같은 금액
상당의 금전을 반환하더라도 증여가 없었던 것으로 보지 않고 증여세의 부과대상으로 삼고 있다 하
여도, 이를 재산권의 본질적인 내용을 침해하거나 과잉금지원칙 또는 평등원칙에 위배되는 위헌·무
효의 규정이라고 할 수는 없다(헌법재판소 2015. 12. 23. 선고 2013헌바117 결정 참조).

　　그리고 구 조세특례제한법 제76조 제3항에 의하여 불법정치자금의 기부를 증여로 보아 증여세
를 부과하는 경우에, 기부받은 불법정치자금을 반환하는 것을 증여받은 금전을 반환하는 것과 달리
취급할 이유가 없으므로, 이 사건 괄호규정은 기부받은 불법정치자금에 대하여 증여세가 부과되는
경우에도 적용된다고 보아야 한다.』

12. 기타 담세력의 소급적 상실

가. 비영업대금의 이익

(1) 소득세법 시행령 제51조 제7항

『⑦ 법 제16조 제1항 제11호에 따른 비영업대금의 이익의 총수입금액을 계산할 때 법 제70조에 따른 과세표준확정신고 또는 법 제80조에 따른 과세표준과 세액의 결정·경정 전에 해당 비영업대금이 법인세법 시행령 제19조의2 제1항 제8호에 따른 채권에 해당하여 채무자 또는 제3자로부터 원금 및 이자의 전부 또는 일부를 회수할 수 없는 경우에는 회수한 금액에서 원금을 먼저 차감하여 계산한다. 이 경우 회수한 금액이 원금에 미달하는 때에는 총수입금액은 이를 없는 것으로 한다.(신설 1998. 12. 31, 개정 2010. 2. 18, 2012. 2. 2)』

(2) 대법원 2013. 9. 13. 선고 2013두6718 판결

『다. 그러나 원심의 이러한 판단은 다음과 같은 이유에서 수긍할 수 없다.

(1) 구 소득세법 시행령 제45조 제9호의2, 제51조 제7항의 입법 취지는, 비영업대금의 이자를 지급받으면 그 이자소득이 확정된 것으로 보아 이를 소득세의 과세대상으로 삼는 것이 원칙이지만, 이자를 지급받았다 하더라도 대여원리금 채권이 채무자의 도산 등으로 회수불능이 되어 장래 그 이자소득이 실현될 가능성이 없게 된 것이 객관적으로 명백하다고 볼 특별한 사정이 있는 경우에는 예외적으로 이를 이자소득세의 과세대상으로 삼지 않겠다는 데 있다(대법원 2011. 9. 8. 선고 2009두13160 판결 등 참조). 이에 구 소득세법 시행령 제51조 제7항은 과세표준확정신고 또는 과세표준과 세액의 결정·경정 당시 대여원리금 채권이 제55조 제2항 제1호 또는 제2호의 규정에 의한 채권에 해당하여 대여원리금의 전부 또는 일부를 회수할 수 없는 경우에 이자소득의 총수입금액을 계산하는 방법을 따로 규정하고, 제45조 제9호의2 단서는 제51조 제7항의 규정에 의하여 총수입금액 계산에서 제외하였던 이자를 지급받는 경우 그 이자소득의 수입시기를 별도로 규정하고 있다. 따라서 비영업대금의 이자소득에 대한 과세표준확정신고 또는 과세표준과 세액의 결정·경정 전에 대여원리금 채권을 회수할 수 없는 일정한 사유가 발생하여 그때까지 회수한 금액이 원금에 미달하는 때에는 그와 같은 회수불능사유가 발생하기 전의 과세연도에 실제로 회수한 이자소득이 있다고 하더라도 이는 이자소득세의 과세대상이 될 수 없고(대법원 2012. 6. 28. 선고 2010두9433 판결 참조), 대여원리금 채권의 전부 또는 일부를 회수할 수 없는 사유가 발생하였는지는 이자를 수입한 때를 기준으로 판단할 것이 아니라 과세표준확정신고 또는 과세표준과 세액의 결정·경정이 있은 때를 기준으로 판단하여야 하며, 그 회수불능사유의 발생 여부는 구체적인 거래내용, 그 후의 정황, 채무자의 자산상황, 지급능력 등을 종합적으로 고려하여 사회통념에 따라 객관적으로 판단하여야 한다.

(2) 원심이 인정한 사실관계와 원심이 적법하게 채택한 증거에 의하면, ① 홍원인삼은 2005.

12. 12. 당좌거래가 정지되었고, 2008. 4. 22. 그 보유자산에 대한 경매가 개시되었으며, 이 사건 각 처분 직후인 2009. 3. 30. 영주세무서장에 의하여 직권으로 폐업된 사실, ② 홍원인삼이나 소외 1은 법인운영자금 부족으로 인하여 원고 이외에도 2006. 12. 12. 채권자 소외 2(채권최고액 5억 원), 2007. 4. 2. 채권자 소외 3(채권최고액 6억 500만 원), 2007. 8. 2. 채권자 주식회사 전일상호저축은행(채권최고액 21억 원)으로부터 돈을 차용하였을 뿐만 아니라, 2008. 5.부터는 원고에게 전혀 원리금을 변제하지 못하였던 사실, ③ 이 사건 각 부동산 중 홍원인삼 소유의 영주시(주소 1, 2 생략) 토지 및 그 지상건물 등 8건의 부동산에 관하여는 원고가 최선순위 근저당권자이지만 대구지방법원 안동지원 2008타경2688, 6567 임의경매절차에서 매각된 대금은 합계 831,110,000원에 불과하고, 나머지 영주시 (주소 3, 4, 5 생략) 토지 등 3건의 부동산 매각대금은 합계 371,100,000원인데 원고의 근저당권보다 선순위의 권리자가 존재하였으며, 그 결과 원고는 2009. 11. 11. 전체 매각대금에서 9억여 원밖에 배당받지 못하였던 사실, ④ 소외 1은 2011. 10. 대구교도소에 수감되어 있다가 출소한 이후 그 소재가 분명하지 아니한 사실 등을 알 수 있다.

위와 같은 사실관계를 앞서 본 법리에 비추어 볼 때, 이 사건 각 처분 당시인 2009. 3. 19.을 기준으로 보더라도 홍원인삼이나 소외 1은 원고를 비롯한 채권자들에게 다액의 채무를 변제할 만한 뚜렷한 자력이 없었던 것으로 보이므로, 원고의 대여원리금 채권은 이 사건 각 처분 당시 이미 그 전부를 회수할 수 없음이 객관적으로 명백하게 되었다고 볼 여지가 많고, 이 경우 이 사건 각 처분 당시까지 원고가 회수한 이자 합계 1,142,190,000원(= 336,000,000원 + 259,400,000원 + 221,790,000원 + 325,000,000원)이 원금 15억 원에 미달하므로 원고의 대여원리금 채권에 관한 2005년, 2006년 및 2007년 이자소득의 총수입금액은 없는 것으로 보아야 한다(원금전환 약정한 6억 원을 원고가 이자로 받았다고 보더라도 그만큼 원금이 늘어나므로 같은 결론에 이른다).

(3) 그런데도 원심은 그 판시와 같은 이유만으로 원고의 대여원리금 채권이 회수불능으로 인하여 장래 그 실현가능성이 없게 되었음이 객관적으로 명백한 경우에 해당한다고 볼 수 없고, 회수불능사유가 발생한 것으로 보더라도 이자를 수입하였을 때를 기준으로 하면 그 사유가 발생하기 이전에 이미 구체적으로 실현된 비영업대금의 이익으로 발생한 이자소득의 납세의무에는 아무런 영향을 미칠 수 없다고 판단하였는바, 이는 구 소득세법 시행령 제45조 제9호의2, 제51조 제7항이 규정하는 비영업대금의 이익과 총수입금액의 계산 등에 관한 법리를 오해하여 필요한 심리를 다하지 아니함으로써 판결에 영향을 미친 것이다. 이 점을 지적하는 원고의 주장은 이유 있다.

원심이 들고 있는 대법원 2003. 5. 27. 선고 2001두8490 판결 및 대법원 2005. 10. 28. 선고 2005두5437 판결은 구 소득세법 시행령 제51조 제7항이 제정·시행되기 전의 사안에 관한 것이어서 이 사건에 원용하기에 적절하지 않다.』

(3) 대법원 2014. 5. 29. 선고 2014두35010 판결

『2. 원고의 상고이유 및 피고의 상고이유 제1, 2점에 대하여
가. 관련 규정의 내용과 법리

구 소득세법(2009. 12. 31. 법률 제9897호로 개정되기 전의 것, 이하 같다) 제39조 제1항은 "거주자의 각 연도의 총수입금액과 필요경비의 귀속연도는 총수입금액과 필요경비가 확정된 날이 속하는 연도로 한다."고 규정하고, 구 소득세법 제39조 제4항의 위임을 받은 구 소득세법 시행령(2010. 2. 18. 대통령령 제22034호로 개정되기 전의 것, 이하 같다) 제45조 제9호의2는 비영업대금 이익의 수입시기는 원칙적으로 '약정에 의한 이자지급일'로 하되, 이자지급일의 약정이 없거나 약정에 의한 이자지급일 전에 이자를 지급받는 경우 또는 제51조 제7항의 규정에 의하여 총수입금액 계산에서 제외하였던 이자를 지급받는 경우에는 그 이자지급일로 하도록 규정하고 있다. 한편 구 소득세법 시행령 제51조 제7항은 '비영업대금의 이익의 총수입금액을 계산함에 있어서 법 제70조의 규정에 의한 과세표준확정신고 또는 법 제80조의 규정에 의한 과세표준과 세액의 결정·경정 전에 당해 비영업대금이 제55조 제2항 제1호 또는 제2호의 규정에 의한 채권에 해당하여 채무자 또는 제3자로부터 원금 및 이자의 전부 또는 일부를 회수할 수 없는 경우에는 회수한 금액에서 원금을 먼저 차감하여 계산한다. 이 경우 회수한 금액이 원금에 미달하는 때에는 총수입금액은 이를 없는 것으로 한다.'고 규정하고 있다.

구 소득세법 시행령 제51조 제7항은 법인세법과는 달리 소득세법에서는 비영업대금에 대하여 나중에 원금조차 회수하지 못하여 결손이 발생하더라도 이를 이자소득의 차감항목으로 반영할 수 있는 제도적 장치가 마련되어 있지 않아 궁극적으로 이자소득이 있다고 할 수 없음에도 이자소득세를 과세하는 부당한 결과를 방지하기 위한 규정으로 보이는 점, 위 규정은 그 문언에서 과세표준확정신고 또는 과세표준과 세액의 결정·경정 전에 일정한 회수불능사유가 발생할 때까지 회수한 전체 금액이 원금에 미달하는 경우를 그 적용대상으로 하고 있으며 특별한 예외를 두고 있지 않은 점, 소득세법상 이자소득의 발생 여부는 그 소득발생의 원천이 되는 원금채권의 회수 가능성 여부를 떠나서는 논하기 어려운 점 등을 종합하면, 비영업대금의 이자소득에 대한 과세표준확정신고 또는 과세표준과 세액의 결정·경정 전에 대여원리금 채권을 회수할 수 없는 일정한 사유가 발생하여 그때까지 회수한 금액이 원금에 미달하는 때에는 그와 같은 회수불능사유가 발생하기 전의 과세연도에 실제로 회수한 이자소득이 있다고 하더라도 이는 이자소득세의 과세대상이 될 수 없다고 할 것이다(대법원 2012. 6. 28. 선고 2010두9433 판결, 대법원 2013. 9. 13. 선고 2013두6718 판결 등 참조).

그리고 비영업대금의 이자소득이 있는지는 개개 대여금 채권별로 구 소득세법 시행령 제51조 제7항을 적용하여 판단하여야 하므로, 여러 개의 대여원리금 채권 중 과세표준확정신고 또는 과세표준과 세액의 결정·경정 당시 이미 회수되어 소멸한 대여원리금 채권이 있다면 특별한 사정이 없는 한 그 채권에 대하여는 이자소득이 있다고 보아야 하고, 이는 그 여러 개의 대여원리금 채권이 동일한 채무자에 대한 것이라고 하여도 마찬가지이다.』

나. 종합소득확정신고 후 예금(신탁)계약의 중도해지

종합소득과세표준 확정신고 후 '예금 또는 신탁계약의 중도해지'로 이미 지난 과세기간에 속하는 이자소득금액이 감액된 경우, 그 중도 해지일이 속하는 과세기간의 종합소득금액에 포함된 이자소득금액에서 그 감액된 이자소득금액을 뺄 수 있다. 다만 국세기본법 제45조의2에 따라 과세표준 및 세액의 경정을 청구한 경우에는 그러하지 아니하다(소득세법 제46조의2). 조세채무로서는 현연도 시정과 과년도 시정 중 하나를 선택할 수 있고, 만약 과년도 시정을 선택한다면 사정변경에 기한 경정청구를 할 수 있다는 취지이다.

13. 장부 등의 사용제한 해제

장부 등의 압수 그 밖의 부득이한 사유로 세액을 계산할 수 없었으나 그 후 해당 사유가 소멸한 경우를 사정변경에 기한 경정청구의 사유로 삼고 있다. 이러한 경정청구는 사정변경에 기한 경정청구와는 성질을 크게 달리한다. 여기서 '부득이한 사유'라 함은 법정신고기한내에 장부·서류 등이 압수되는 등으로 적정한 과세표준신고서의 제출이 불가능한 경우를 말한다.

과세표준확정신고시에 이러한 사유가 발생함이 필요하고 과세표준확정신고서 제출 후에 장부 등이 압수되었다고 하여 사정변경에 기한 경정청구를 할 수 있는 것은 아니다.

다만 장부·서류는 원칙적으로 세무관서가 임의로 보관할 수 없고 예외적인 경우 납세자의 동의 아래 필요한 최소한의 범위 내에서 세무조사기간 동안 일시 보관할 수 있다(국세기본법 제81조의10). 형사사건으로 장부·서류가 압수될 수 있고 그 경우에는 수사기간 동안이나 재판기간 동안 계속 압수될 여지가 있다.

14. 참고

가. 일본 국세통칙법상 후발적 경정청구에 관한 규정

(1) 국세통칙법 제23조 제2항

『납세신고서를 제출한 자 또는 제25조(결정)에 의한 결정(이하 이 항에서 결정이라 한다)을 받은 자는, 다음 각 호의 어느 하나에 해당하는 경우(납세신고서를 제출한 자에 대하여 해당 각 호에서 정하는 기간의 만료일이 제1항에서 규정하는 기간의 만료일 후에 도래하는 경우에 한한다), 제1항의 규정에 불구하고, 해당 각 호에 정하는 기간 내에서 그 해당하는 것을 이유로 하여 제1항에 의한 경정청구를 할 수 있다.

　1. 신고, 경정 또는 결정에 관계되는 과세표준 등 또는 세액 등의 계산기초가 된 사실에 관한 판결(판결과 동일한 효력을 가지는 화해 기타의 행위를 포함한다)에 의하여 그 사실이 해당 계산기

초가 된 바와 다른 것으로 확인된 때: 확정일 다음 날부터 기산하여 2월 이내

2. 신고, 경정 또는 결정에 관계되는 과세표준 등 또는 세액 등의 계산에 있어 신고를 하거나 결정을 받은 자에게 귀속하는 것으로 된 소득 기타 과세물건이 다른 자에게 귀속하는 것으로 보아 그 다른 자에게 국세의 경정 또는 결정이 있는 때: 해당 경정일 또는 결정일의 다음 날부터 기산하여 2월 이내

3. 기타 해당 국세의 법정신고기한 후에 생긴 위 1, 2호와 유사한 시행령이 정하는 부득이한 이유가 있는 때: 해당 이유가 생긴 날의 다음 날부터 기산하여 2월 이내』

(2) 국세통칙법 시행령 제6조 제1항

『법 제23조 제2항 제3호(경정청구)에 규정하는 시행령이 정하는 부득이한 이유라 함은 다음에 드는 이유로 한다.

1. 신고, 경정 또는 결정에 관계되는 과세표준 등(법 제19조 제1항에 규정하는 과세표준 등을 말한다. 이하 같다) 또는 세액 등(같은 항에 규정하는 세액 등을 말한다. 이하 같다)의 기초가 된 사실 가운데에 포함된 행위의 효력에 관계되는 관공서의 허가 기타 처분이 취소된 것

2. 신고, 경정 또는 결정에 관계되는 과세표준 등 또는 세액 등의 계산기초가 된 사실에 대한 계약이 해제권 행사에 의하여 해제되거나 혹은 해당 계약의 성립 후에 생긴 부득이한 사정에 의하여 해제되거나 또는 취소된 것

3. 장부서류의 압수 기타 부득이한 사정에 의하여 과세표준 등 또는 세액 등의 계산기초가 된 장부서류 기타 기록에 기초하여 국세의 과세표준 등 또는 세액 등을 계산하는 것이 불가능하게 된 경우에 있어, 그 후 해당 사정이 소멸한 것

4. 일본국이 체결한 소득에 대한 조세의 이중과세 회피 또는 탈세의 방지를 위한 조약에 규정하는 권한 있는 당국 간의 협의에 의하여 신고, 경정 또는 결정에 관계되는 과세표준 등 또는 세액 등에 관하여 그 내용과 다른 내용의 합의가 행하여진 것

5. 신고, 경정 또는 결정에 관계되는 과세표준 등 또는 세액 등의 계산기초가 된 사실에 대한 국세청장관이 발령한 통달에 의한 법령해석 기타 국세청장관의 법령해석이 경정 또는 결정에 관계되는 심사청구 혹은 소에 관한 재결 혹은 판결에 수반하여 변경되고, 변경 후의 해석이 국세청장관에 의하여 공표됨에 따라 해당 과세표준 등 또는 세액 등이 다른 것으로 취급을 받을 수 있음이 공지된 것』

나. 일본 소득세법상의 경정청구 특례[100]

(1) 소득세법 제152조(각종 소득금액에 異動[101]이 생긴 경우 경정청구의 특례)[102]

『확정신고서를 제출하거나 또는 결정을 받은 거주자(그 상속인을 포함한다)는, 해당 신고서 또는 결정에 관계되는 연도의 각종 소득금액에 관하여 제63조(사업을 폐지한 경우 필요경비의 특례) 또는 제64조(자산의 양도대금이 회수불능된 경우 등의 소득계산의 특례)에 규정하는 사실 기타 이에 준하는 시행령이 정하는 사실이 발생함에 의하여, 국세통칙법 제23조 제1항 각 호의 사유가 발생한 때에는, 해당 사실이 발생한 날의 다음 날부터 2월 이내에 한하여 세무서장에게 해당 신고서 또는 결정에 관계되는 제120조 제1항 제1호 또는 제3호부터 제8호까지(확정소득신고서의 기재사항) 또는 제123조 제2항 제1호, 제5호, 제7호 또는 제8호(확정손실신고서의 기재사항)에 드는 금액(해당 금액에 관하여 수정신고서의 제출 또는 경정이 있었던 경우에는 그 신고 또는 경정 후의 금액)에 대하여, 같은 법 제23조 제1항에 의한 경정청구를 할 수 있다. 이 경우 경정청구서에 같은 조 제3항에 규정하는 사항 외에 해당 사실이 발생한 날을 기재하여야 한다.』

(2) 소득세법 시행령 제274조(경정청구의 특례대상이 되는 사실)

『법 제152조에 규정하는 시행령이 정하는 사실은 다음에 드는 사실을 말한다.

1. 확정신고서를 제출하거나 또는 결정을 받은 거주자의 해당 신고서 또는 결정에 관계되는 사업연도의 각종 소득금액(사업소득금액 또는 사업으로 생긴 부동산소득금액 및 산림소득금액을 제외한다. 다음 호에도 동일하다)의 계산의 기초가 된 사실 가운데 포함되어 있는 무효행위에 의하여 생긴 경제적 성과가 그 행위가 무효인 것에 의하여 실효되었을 것

2. 전 호에 열거된 자의 해당 사업연도의 각종 소득금액의 계산의 기초가 된 사실 가운데 포함

---

100) 우리나라 경정청구를 이해하는데 참고하기 위하여 소개한다. 일본 소득세법은 소급경정을 허용하는 경우(소급시정, 과년도 시정)와 이를 허용하지 않는 경우(현연도 시정)로 나누고 있다. ① 사업폐지의 경우 소급수정을 허용하고, ② 자산의 양도대금이 회수불능된 경우(사업소득금액 제외, 보증인의 자산양도로서 양도소득을 구성하는 경우에 있어 그 구상권의 행사가 불가능한 경우 포함) 소급시정을 허용하고, ③ 각종 소득금액(사업소득금액 또는 사업으로 인한 부동산소득금액 및 산림소득금액 제외) 계산의 기초가 된 사실 가운데 포함된 무효행위에 의하여 생긴 경제적 성과가 그 행위가 무효인 것에 기인하여 실효되었을 때, 또는 위 각종 소득금액 계산의 기초가 된 사실 가운데 포함된 취소할 수 있는 행위가 취소되었을 때, 소급시정을 허용하고 있다. 자산양도대금의 회수불능, 무효·취소 등의 경우에 있어, 소급시정이 가능한 경우와 불가능한 경우를 소득세법에서 규정함으로써 국세통칙법상의 경정청구 가능 여부와 구분하고 있다.
101) 일본에서 이동(異動)이라는 말은 '사물에 있어 전의 상태와 다른 움직임이 일어나는 것'을 의미하는 것으로, 인사이동, 납세지 이동, 소득금액의 이동, 원처분의 이동, 세액 등의 이동, 상속인 이동, 상속분 이동 등으로 사용된다. 우리나라에서의 '변경(변동)'과 유사한 개념이다.
102) 일본 최고재판소 1974. 3. 8. 판결[제1장 제5절 2. 마. (4)] 참조.

되어 있는 취소할 수 있는 행위가 취소되었을 것』

(3) 소득세법 제63조(사업을 폐지한 경우 필요경비의 특례)

『거주자가 부동산소득, 사업소득 또는 산림소득을 생기게 하는 사업을 폐지한 후에 있어, 해당 사업에 관한 비용 또는 손실로서 해당 사업을 폐지하지 않았다면 그 자의 그 사업연도 이후의 각 사업연도의 부동산소득금액, 사업소득금액 또는 산림소득금액의 계산상 필요경비로 산입되어야 할 금액이 생긴 경우에는, 시행령이 정하는 바에 따라, 그 폐지일이 속하는 사업연도(그 날이 속하는 연도에 있어 이러한 소득에 속하는 총수입금액이 없는 경우에는, 해당 총수입금액이 있었던 최근의 사업연도) 또는 그 전사업연도의 부동산소득금액, 사업소득금액 또는 산림소득금액의 계산상 필요경비로 산입한다.』

(4) 소득세법 제64조(자산의 양도대금이 회수불능된 경우 등의 소득계산의 특례)

『① 그 사업연도의 각종 소득금액(사업소득금액을 제외한다. 이하 이 항에 있어서 같다)의 계산의 기초로 된 수입금액 또는 총수입금액(부동산소득 또는 산림소득을 생기게 하는 사업으로부터 생긴 것은 제외한다. 이하 이 항에 있어서 같다)의 전부 또는 일부를 회수하는 것이 불가능하게 된 경우 또는 시행령이 정하는 사유에 의하여 해당 수입금액 또는 총수입금액의 전부 또는 일부를 반환하여야 할 경우에는, 시행령이 정하는 바에 따라, 해당 각종 소득금액의 합계액 중 회수불능금액 또는 반환하여야 할 금액에 대응하는 부분의 금액은, 해당 각종 소득금액의 계산상, 없었던 것으로 본다.

② 보증채무를 이행하기 위하여 자산[제33조 제2항 제1호(양도소득에 포함되지 않는 소득)의 규정에 해당하는 것을 제외한다)]의 양도(같은 조 제1항에 규정하는 시행령에서 정하는 행위를 포함한다)가 있었던 경우, 그 이행에 따르는 구상권의 전부 또는 일부를 행사하는 것이 불가능하게 된 때에는, 그 행사 불가능하게 된 금액(부동산소득금액, 사업소득금액 또는 산림소득금액의 계산상 필요경비로 산입된 금액은 제외한다)을 전항에 규정하는 회수불능금액으로 보아, 전항의 규정을 적용한다.

③ 전항의 규정은, 확정신고서, 수정신고서 또는 경정청구서에 같은 항의 적용을 받는다는 취지의 기재가 있고, 같은 항의 양도한 자산의 종류 기타 재무성령이 정하는 사항을 기재한 서류의 첨부가 있는 경우에 한하여, 적용한다.』

(5) 소득세법 시행령 제141조(필요경비에 산입되는 손실의 발생사유)[103]

『소득세법 제51조 제2항(자산손실의 필요경비 산입)에 규정하는 시행령이 정하는 사유는, 다음에 게기하는 사유로서, 부동산소득, 사업소득 및 산림소득을 생기게 하는 사업의 수행상 발생하는 것으로 한다.

1. 판매한 상품의 반환 또는 가격감소(이것과 유사한 행위를 포함)에 의하여 수입금액이 감소하게 된 경우

2. 보증채무의 이행에 수반하는 구상권의 전부 또는 일부의 행사가 불가능하게 된 경우

3. 부동산소득금액, 사업소득금액 또는 산림소득금액의 기초가 된 사실 가운데 포함된 무효행위에 의하여 생긴 경제적 성과가 그 행위가 무효인 것에 기인하여 실효되었거나 또는 그 사실 가운데 포함된 취소가능한 행위가 취소된 경우』

다. 미국 내국세입법 제1341조: 납세의무자가 권리주장의 원칙 아래 보유하던 실체적 수액을 반환한 경우 그 세액의 계산[104]

---

103) 고은경, 전게논문, 227면 이하에서, "일본의 경우 소득세는 소득세법 제51조 및 시행령 제141조 제1호에 의하여 계약이 해제된 경우에는 해제된 날이 속하는 과세연도에 손실에 반영하게 되고, 소득세법상의 사업소득, 부동산소득, 산림소득에 있어서는 국세통칙법상의 경정청구를 배제하고 있다(일본 소득세법 제152조 및 시행령 제274조). 즉 소득세법 규정에 의해 명확하게 국세통칙법상 경정청구의 적용을 배재하고 해제된 때 그 해제의 효과를 반영하도록 규정하고 있다. 다만 소득세법에서는 사업폐지 후에 당해 사업에 관한 비용 또는 손실이 발생한 경우(소득세법 제63조), 일단 수입금액 또는 총수입금액에 산입한 채권이 회수불능이 된 경우(소득세법 제64조)에는 소급하여 과세표준 및 세액 등을 계산하기 위하여 그 사실이 발생한 날부터 2월 이내에 한하여 경정청구가 가능하다는 개별세법상의 경정청구 특례규정이 있다. 그러나 법인세법에는 소득세법과 같은 계약해제의 경우 회계처리방법 및 경정청구 적용 배제에 대한 규정이 없어 그 해석을 둘러싸고 경정청구가 불가하다는 견해와 일부에 한해 경정청구가 가능하다는 견해가 있다. 일본 소득세에서와 마찬가지로 법인세 역시 계약의 체결로 인하여 생긴 소득은 비록 사후에 해제될 가능성이 있다 하더라도 그 과세연도의 소득에 포함되어야 하고, 과세연도 도과 후 실제로 해제가 되었다고 할지라도 아무런 영향을 받지 않는다는 입장으로 해제를 이유로 한 후발적 경정청구가 불가하다는 견해가 있다. 반면 법인세에 있어서도 경상적·반복적으로 이루어지는 해제의 경우를 제외하고는 비경상적인 사정에 의한 해제로서 비교적 다액에 해당하는 것을 당기순손실로 할 수는 없으며, 조세법과 회계이론이 다르다 하더라도 과세기간의 적정한 과세소득을 확정하는 것이 가장 우선되어야 한다는 입장에서 자산의 종류별로 해제를 이유로 한 후발적 경정청구를 할 수 있다는 견해도 있다. 일본 법인세법 제22조 제4항은 일반적으로 공정타당하다고 인정되는 회계처리의 기준에 따라 각 사업연도의 소득을 계상하도록 하고 있는데, 일본에서도 역시 해제가 있었던 회계연도에 반대되는 회계처리를 하도록 되어 있다. '기업회계상 계속사업의 원칙에 따라 당기에 발생한 수익과 당기에 발생한 비용 손실을 대응시켜 손익계산을 하는 것이므로 전기 이전의 사업연도에 기왕의 사업연도에 계상되었던 양도차익에 있어 당기에 당해 계약이 해제가 되었던 경우에는 위 양도차익을 소급하여 수정하는 것이 아니라 해제가 되었던 사업연도의 익금을 감소시키는 손실로 취급하여야 한다. 법인의 소득계산에 있어서 당기의 손실을 그 발생사유를 묻지 아니하고 당기에 생긴 익금과 대응시켜 당기에 처리하여야 하는 것으로 그 발생사유가 기왕의 사업연도의 익금에 대응하는 것이라도 그 사업연도에 소급하여 손금으로서 처리할 수는 없는 것'이라고 판시하였다. 따라서 일본은 소득세의 경우는 법조문의 규정으로, 법인세의 경우에는 해석 및 판례로, 계약의 해제에 대해 해제된 과세연도에 회계처리 하도록 하고 있다."라고 적고 있다.

『(a) 일반규정(General rule)

아래 3가지 요건을 충족하면,

(1) 납세의무자가 특정 소득항목(item)에 관하여, 무제한의 권리(an unrestricted right)[105]를 가진 것으로 보인다는 이유로, (권리주장의 원칙 아래), 전 수입연도(a prior taxable year)의 총수입금액에 산입하였을 것

(2) 그 수입연도 종료 후, 납세의무자가 그 특정 소득항목(또는 일부분)에 대하여, (사정변경 등으로), 무제한의 권리를 가진 것이 아님이 확정되었음(established)을 이유로 그 해당 연도(the taxable year)에 공제(deduction)가 허용될 것(= 반환하였을 것)

(3) 공제금액이 3,000달러를 초과할 것

이 경우 그 해당 연도(= 후의 연도, the latter year)의 세액은 다음의 것 중 더 적은 것으로 정해진다(= 납세자는 이를 선택할 수 있다).

(4) 그 감액을 고려한 그 해당 연도(= 후의 연도)의 세액

(5) 아래 산식에 따른 세액

[(A) － (B)]

(A) 그 감액을 고려하지 아니한 그 해당 연도(= 후의 연도)의 세액

(B) 전 수입연도에 있어 위 항목을 총수입금액에서 배제함에 의하여 산출된 세액의 감소액(the decrease in tax)

(b) 특례규정 등(Special rules)

(1) 생략

(2) 납세의무자의 거래상 재고품(stock, 또는 전 연도의 종기시 재고품의 목록에 포함될 수가 있었던 제품 등) 또는 사업상 통상 소비자를 위하여 판매하기 위하여 보유하고 있던 부동산 등의

---

104) 미국 내국세입법 제1341조(Computation of tax where taxpayer restores substantial amount held under claim of right)는, 1951년 'U.S. v. Lewis' 판결 후 이를 보완하기 위하여 1954년에 신설되었다. 권리주장의 원칙을 유지하면서 기간과세원칙이라는 매년도 소득계산 개념(annual accounting concept)의 엄격성을 수정한 입법이다. 기간과세원칙(Each year's financial events are treated as discrete)을 엄격히 유지하면 소급적 조정이 필요한 경우 소급적 조정을 하여야 하나, 이러한 소급적 조정없이 귀속시키는 당초와 같이 그대로 두고(예 당초 사업연도: #1), 사정변경이 발생한 연도(사정변경 발생한 사업연도: #2)의 소득을 조정하면서 소급적 조정을 거치지 않더라도 납세자에게 불이익이 없도록 배려하고 있다는 점이 우리와 다르다.; 제1341조의 중요부분을 번역한 것으로 괄호부분 중 한글로 기재된 부분은, 저자가 추가로 기재한 것이다. 요지는 권리주장의 원칙에 따라 귀속시기는 소급하여 수정할 수 없으나, 2가지 세액 계산방법으로 산출된 세액 중 적은 것을 선택하여 납부할 수 있다는 취지이다.; W. Patrick, Cantrell, 전게서, 197면 이하에서, 사정변경이 사후에 발생하여 제1341조에 따라 #2 사업연도의 세액을 2가지 방법으로 재계산할 때 비록 #1 사업연도에 대한 기간제한을 도과한 경우라 하더라도 이러한 재계산이 가능하다는 취지로 적고 있다.

105) 여기서 "무제한의 권리"란, 납세의무자가 소득의 사용(use) 또는 처분(disposition)을 제한없이 마음대로 할 수 있고, 소득을 자기의 것처럼 보유하고 처리할 수 있는 권리로서 세법상의 개념이다.

상품(property)의 판매 또는 처분과 관련하여 총수입금액에 포함되었던 소득항목과 관계되는 모든 공제에 대하여는, 위 (a)항의 일반규정은 적용되지 아니한다. 이하 생략.

    (3) 내지 (5) 생략.』

라. 독일 조세기본법 제175조

    『제175조(기타의 경우 조세결정의 폐지 또는 변경)

    (1) 기초결정이 발령되거나 폐지 또는 변경되는 경우로서, 그 기초결정에게 다른 어떤 조세결정을 하도록 구속력을 주고 있는 경우, 그 기초결정에 터잡아, 조세결정을 발령하거나 이미 발령한 조세결정을 폐지 또는 변경하여야 한다(제1호).

    과거에 소급하여 조세적 효과를 발생시키는 사건(소급효를 가진 사건)이 발생한 경우, 조세결정을 발령하거나 이미 발령한 조세결정을 폐지 또는 변경하여야 한다(제2호).

    위 제1항 제2호의 경우 제척기간은 사건이 발생한 역년이 도과함으로써 진행된다.

    (2) 조세혜택이 주어졌고 그 조세혜택을 위한 전제조건이 일정한 기간 존속하도록 법률로 정하고 있거나 또는 행정처분을 통하여 조세혜택의 보장의 기초상황임을 확인하고 있는 경우, 그 조세혜택을 위한 전제조건이 탈락하는 것도, 소급효를 가진 사건으로 의제한다.

    세액공제를 위한 증명서류 또는 확인서류의 사후적 제출 등은 소급효 있는 사건으로 의제할 수 없다.』

제
4
장

제4절

모순된 세액확정에 기한 경정청구

	종류	국세기본법	이와 유사한 사유의 유무
후발적 사유에 기한 경정청구	사정변경에 기한 경정청구	판결 등에 의한 세액 계산근거의 변경 (§45의2② 1호)	×
		거래 등의 효력과 관계되는 허가 등 관청의 처분취소 (시행령 §25의2 1호)	○
		거래 등의 효력과 관계되는 계약의 해제 또는 취소 (시행령 §25의2 2호)	○
		장부 등의 압수, 그 밖의 부득이한 사유로 세액을 계산할 수 없었으나 그 후 해당 사유가 소멸한 경우 (시행령 §25의2 3호)	○
	모순된 세액확정에 기한 경정청구	소득이나 그 밖의 과세물건의 귀속을 제3자에게로 변경시키는 결정 또는 경정이 있을 때 (§45의2② 2호)	×
		결정 또는 경정으로 인하여 그 결정 또는 경정의 대상이 되는 과세기간 외의 과세기간에 대하여 최초에 신고한 세액이 세법에 따라 신고하여야 할 세액을 초과할 때 (§45의2② 4호)	×
		조세조약에 따른 상호합의가 최초의 신고·결정 또는 경정의 내용과 다르게 이루어졌을 때 (§45의2② 3호)	×

[후발적 사유에 기한 경정청구의 분류]

국세기본법 제45조의2(경정 등의 청구)

『② 과세표준신고서를 법정신고기한까지 제출한 자 또는 국세의 과세표준 및 세액의 결정을 받은 자는 다음 각 호의 어느 하나에 해당하는 사유가 발생하였을 때에는 제1항에서 규정하는 기간에도 불구하고 그 사유가 발생한 것을 안 날부터 3개월 이내에 결정 또는 경정을 청구할 수 있다.

2. 소득이나 그 밖의 과세물건의 귀속을 제3자에게로 변경시키는 결정 또는 경정이 있을 때

　　4. 결정 또는 경정으로 인하여 그 결정 또는 경정의 대상이 되는 과세기간 외의 과세기간에 대하여 최초에 신고한 국세의 과세표준 및 세액이 세법에 따라 신고하여야 할 과세표준 및 세액을 초과할 때

　　5. 제1호부터 제4호까지와 유사한 사유로서 대통령령으로 정하는 사유가 해당 국세의 법정신고기한이 지난 후에 발생하였을 때』

[모순된 세액확정에 기한 경정청구의 전론]

　　후발적 경정청구라는 한 조항에 함께 혼합되어 나열되어 있다 하더라도, 성질을 달리하므로, 이를 '사정변경에 기한 경정청구'와 '모순된 세액확정에 기한 경정청구'로 분리하여 독립시킨 다음, 각 경정청구에 맞추어 고유한 논리적 생명력을 불어넣어 통일된 경정법체계를 구축해야 한다.

　　'모순된 세액확정에 기한 경정청구'를 따로 분리해 내더라도, 국세기본법 제45조의2 제2항에서 해당 경정청구사유로 나열한 것은 제2호(인적귀속의 충돌)와 제4호(기간귀속의 충돌)뿐이다. 제5호에서 유사한 사유를 대통령령으로 정하도록 위임하였음에도 시행령에서 이를 정하지 않고 있다.

　　그렇다면 입법자의 의사를 존중하여 통일된 경정법체계를 구축하기 위하여 법원은 그 범위 내에서 유추를 통하여 법발견을 해야 한다. 유추해석을 허용한다 하더라도 어떠한 사유를 제2호, 제4호와 유사한 사유로 보아 외연을 확장할 것인지가 문제되나 법흠결의 정도에 비추어 유추의 허용범위는 사정변경에 기한 경정청구보다 넓다고 본다.

　　먼저 모순된 세액확정에 기한 경정청구와 통상의 경정청구의 관계를 본다. 사정변경에 기한 경정청구와 통상의 경정청구의 관계에서 설명한 내용(제4장 제3절 3. 참조)은 원칙적으로 여기서도 타당하다. 모순된 세액확정에 기한 경정청구와 통상의 경정청구는 독립적이나 경합할 수 있으므로 조세채무자에게 유리하게 해석되어야 한다. 따라서 통상의 경정청구기간(통상의 제척기간)인 5년 내라면 모순된 세액확정에 기한 경정청구권은 3월이 아니라 5년 내에서 행사할 수 있다.

　　다음 경정청구가 적법하게 행사된 경우 과세관청이 하는 경정의 특례제척기간에 대한 규정이 없으므로 사정변경에 기한 경정청구와 동일하게 보아야 할 것이다[제4장 제3절 3. 마. (1) 참조].

　　마지막으로 법인세의 과세표준을 구성하는 특정 소득 항목의 귀속시기를 두고 견해대립이 있다고 가정하자. 당초 #1 사업연도에 귀속하는 것으로 신고로 확정되었는데 과세관청이 #4 사업연도의 귀속으로 봄이 정당하다면서 #4의 법인세를 증액경정하였다(#1 → #4). '모순된

세액확정에 기한 경정청구'나 '판결 등에 따른 경정'을 이해함에 있어 좋은 예이다. 그런데 '판결 등에 따른 경정'에는 많은 판례가 축적되어 있는데 '모순된 세액확정에 기한 경정청구'에는 판례가 거의 없다. 아마도 과세관청이 #4의 법인세를 증액하면서 동시에 직권으로 #1의 세액을 감액경정하여 주기 때문인 것으로 추측된다. 그러나 과세관청이 귀속시기 #1의 세액을 감액경정하여 준다는 보장은 없다. 제척기간 때문이다. 만약 제척기간 도과를 이유로 과세관청이 이러한 감액경정을 거부한다면 해당 소득 항목이 귀속시기 #1과 귀속시기 #4에 이중으로 산입되는 셈이 된다. 이 경우를 대비하여 과세관청이 자신의 입장을 표명할 당시 비록 귀속시기 #1의 감액경정을 위한 제척기간이나 경정청구기간이 지났다 하더라도 정의공평의 원칙상 조세채무자에게 '모순된 세액확정에 기한 경정청구'를 인정하여 구제하여 주겠다는 것이 그 입법취지이다. 이때 과세관청은 모순된 입장을 취해서는 안 된다는 것이다. 만약 이러한 경정청구제도가 없다면 어떻게 되는가? 정부는 이중의 과세로 조세수입을 이중으로 거두어 부당하게 보유하면서 제척기간이라는 실정법이 정한 보호막 뒤에 숨는 꼴이 되는 것이다. 이는 정의공평의 원칙에 반하는 것으로 용인될 수 없는 것이다.

나아가 조세채무자가 #1에서 #4로의 세액 이동을 받아들인다면 몰라도 귀속시기 #4에 대한 법인세 증액경정을 법정에서 다툰다면 어떻게 되는가? 많은 경우 다툴 것으로 예상된다. 그러나 규정이 마련되어 있지 않다. 입법적 불비이다. 법인세 증액경정을 다툰 결과 조세채무자가 청구기각판결을 받아 확정되었다면 조세채무자로서는 곤란한 문제에 직면하게 된다. 구제수단이 문제된다. 이 경우에도 '모순된 세액확정에 기한 경정청구'를 인정하여야 할 것이다. 경정청구기간 3월이 지났다는 이유로 권리구제를 거부하여서는 안 될 것이다. 구체적 구제방법을 이 절 3.에서 모색하여 본다.

한편 조세채무자가 법정에서 다툰 결과 청구인용판결을 받아 확정되었다면 어떻게 되는가? #1의 법인세는 감액경정되었고 #4의 법인세는 판결로 취소되었다. 과세관청은 어느 사업연도에도 과세할 수 없게 되는가? 그렇지 않다. 그렇게 되어서도 안 된다. 마찬가지로 정의공평의 원칙에 반하는 것이다. 이때 등장하는 것이 '판결 등에 따른 경정'이다. 과세관청이 귀속시기 #1의 법인세를 감액경정을 하였더라도 '판결 등에 따른 경정'이라는 제도의 도움을 받아 그 판결확정일부터 1년 이내에 #1의 법인세를 증액경정할 수 있게 된다.

입법연혁적으로 '모순된 세액확정에 기한 경정청구'와 '판결 등에 따른 경정'은 모두 미국의 기간제한의 경감규정에서 유래한 것으로, 미국의 경감규정을 제대로 이해하기가 어렵듯이 우리나라의 두 제도 또한 이해하기가 어렵다. 제도의 성격 때문이기도 하지만 실정법상의 규정이 완전하지 못한 데에서도 기인한다. 두 제도의 본래의 모습이나 상관관계를 설명하기 위하여 예를 들어 설명하여 보았다. '모순된 세액확정에 기한 경정청구'와 '판결 등에 따른 경정'이 따로 떨어져 규율되어서는 안 되는 이유가 여기에 있다.

'판결 등에 따른 경정'의 적용이 문제된 '기술개발준비금 환입 사건'[(#2 → #4), 제4장 제5절 3. 나. (3)]의 대법원 판결에 대한 비판을 참조하기 바란다.

1. 세액확정의 모순 · 저촉

가. 일반론

(1) 어느 특정한 사실관계에 기한 조세채무는, 특정한 과세권자와 특정한 조세채무자 사이에서, 특정한 과세기간에 한하여, 특정한 세목 아래, 하나의 세액으로, 모순 없이 통일적으로 성립 · 확정되어야 함은 과세요건법의 요청상 당연하다[제1장 제8절 2. 다. (4) 참조].

특정한 사실관계를 구성하는 요소 중 특정 항목을 중복하여 고려(doppelte Berücksichtung)하는 등으로, 조세적 취급이 상호 모순 · 저촉될 경우 세액확정의 모순 · 저촉(widerstreitende Steuerfestsetzung)을 낳는다.

세액확정의 모순 · 저촉은 실체적 진실주의를 실현하기 위하여 조세절차법상 경정(청구)의 방법으로 시정되어야 하고, 그 범위 내에서 법적 안정성은 양보되어야 한다.

대법원 2002. 12. 26. 선고 2001두6227 판결[제1장 제9절 7. 마. (3) 참조]은, "동일한 납세의무에 대하여 양립할 수 없는 수 개의 부과처분이 중복된 경우 선행처분을 당연히 무효로 보아야 할 경우가 아니라면 선행처분이 취소되었다는 등의 특별한 사정이 없는 한 후행처분은 중복처분에 해당하여 위법하다 할 것이다."라고 판시하고 있다. '후행처분 위법의 원칙'을 선언했으나 조세법상 이론적 근거가 없다. 당시 모순된 세액확정에 기한 경정청구가 도입되어 있었던 이상, 실정법의 해석이나 유추를 통하여, 이러한 중복처분의 모순 · 저촉을 적극적으로 해결했어야 했다.

(2) 세액확정의 저촉에는 적극적 저촉과 소극적 저촉이 있다. 적극적 저촉은 특정 항목을 조세채무자에게 불리하게 중복하여 고려함으로써 발생할 수도 있고, 조세채무자에게 유리하게 중복하여 고려함으로써 발생할 수도 있다. 적극적 저촉의 유형으로 인적귀속의 충돌, 기간귀속의 충돌, 세목의 충돌 등이 있다. 소극적 저촉은 미국이나 독일과는 달리 우리나라에서는 입법상 이를 전혀 고려하지 않고 있다. 일본도 우리와 마찬가지다.

나. 각 국의 입법례

(1) 독일

조세기본법 제174조

『제174조(모순된 세액확정, Widerstreitende Steuerfestsetzungen)[1][2]

(1) [1]특정한 사실관계가, 오직 한 번만 (부과결정에) 고려되어야 함에도, 하나 또는 여러 조세채무자에게 불리하게, 복수의 부과결정에서 고려된 경우, 하자 있는 부과결정은 오로지 更正請求에 의하여 폐지되거나 변경되어야 한다. [2]이러한 세액확정에 대한 제척기간이 이미 도과한 경우라면 경정청구는 관련된 부과결정 중 최후의 것이 다툴 수 없게 된 후 1년 이내에 행사될 수 있다. [3]경정청구권이 위 기간 내에 행사되면 부과결정의 폐지 또는 변경은 그 범위 내에서 어떠한 기간제한을 받지 아니한다.

(2) [1]특정한 사실관계가 양립될 수 없는 방법으로 하나 또는 여러 조세채무자에게 유리하게 고려된 경우 제1항은 준용된다.; 경정청구는 필요하지 않다. [2]하자 있는 부과결정은, 그 사실관계의 고려가 조세채무자의 경정청구 또는 조세신고에 터잡아 이루어진 경우에만 변경될 수 있다.

(3) 특정한 사실관계가, 다른 부과결정에서 고려됨을 전제로, 어떤 부과결정에 고려되지 않았음이 명백하게 인식할 수 있었는데, 후에 그 전제가 잘못되었음이 판명된 경우, 이를 고려하여야만 함에도 이를 고려하지 아니한 세액결정은 그 범위 내에서 보충되거나 폐지 또는 변경될 수 있다. 그 보충, 폐지, 변경은 그 다른 세액확정에 적용되는 제척기간 종료시까지 허용된다.』

조세기본법 제174조 제1항 및 제2항은 적극적 저촉에 대비한 규정으로서, 제1항은 조세채무자에게 불리하게 중복하여 고려된 경우이고, 제2항은 조세채무자에게 유리하게 중복하여 고려된 경우이다. 제174조 제3항은 소극적 저촉에 관한 규정이다. 제174조 제1항 제2문은 최후의 부과처분이 다툴 수 없게 된 때부터 1년 이내에 경정청구를 할 수 있도록 정하고 있다.

(2) 일본

① 국세통칙법 제23조 제2항 제2호

『② 납세신고서를 제출한 자 또는 제25조(결정)의 규정에 의한 결정(이하 이 항에서 결정이라 한다)을 받은 자는, 다음 각 호의 어느 하나에 해당하는 경우(납세신고서를 제출한 자에 관하여는 해당 각 호에 정하는 기간만료일이 전항에 규정하는 기간만료일 후에 도래하는 경우에 한한다)에는, 제1항의 규정에 불구하고, 해당 각 호에 규정하는 기간 내에서, 그 해당하는 것을 이유로 하여, 제1항에 의한 更正請求를 할 수 있다.

2. 신고, 경정 또는 결정에 관계되는 과세표준 등 또는 세액 등의 계산에 있어 그 신고를 하거나 결정 등을 받은 자에게 귀속하는 것으로 되어 있는 소득 기타 과세물건이 다른 자에게 귀속하는 것으로 보아 해당 다른 자의 국세의 경정 또는 결정이 있을 때, 해당 경정 또는 결정이 있은 날의

---

1) 독일 조세기본법 제174조 제1항 제2문은 "Ist die Festsetzungfrist für diese Steuerfesrsetzung bereits ab-gelaufen, so kann der Antrag noch bis zum Ablauf eines Jahres gestellt werden, nachdem der lezte der betroffen Steuerbescheide unanfechtbar geworden ist."라고 되어 있다.

2) Pahlke/Koenig, 전게서, 1440면에서, 위 규정은 실체적 진실(die materielle Rictkigkeit)을 위하여 내용적으로 모순되는 세액확정을 제거하는데 목적이 있다는 취지로 적고 있다.

다음날부터 기산하여 2월 이내』

② 소득세법 제153조(전년분의 소득세액 등의 경정 등에 따른 경정청구의 특례)

『확정신고서에 기재되어야 할 제120조 제1항 제1호 또는 제3호부터 제8호까지(확정소득신고) 또는 제123조 제2항 제1호 또는 제5호부터 제8호까지(확정손실신고)에 게기하는 금액에 관하여, 수정신고서를 제출하거나 경정 또는 결정을 받은 거주자(그 상속인을 포함한다)는, 수정신고서의 제출이나 경정 또는 결정에 수반하여 다음 각 호에 게기하는 경우에 해당하는 때에는, 수정신고서를 제출한 날 또는 경정 또는 결정의 통지를 받은 날의 다음날부터 2월 이내에 한하여, 세무서장에게, 해당 각 호에 규정하는 금액에 관하여 국세통칙법 제23조 제1항(경정청구)의 규정에 의한 更正請求를 할 수 있다. 이 경우 경정청구서에는 같은 법 제23조 제3항에서 규정하는 사항 이외에 수정신고서를 제출한 날 또는 경정 또는 결정의 통지를 받은 날을 기재하여야 한다.

　　1. 수정신고서 또는 경정 또는 결정에 관계되는 年分의 翌年分 이후의 각 연분으로서 결정을 받은 연분에 관한 제120조 제1항 제3호, 제5호, 제7호에 게기하는 금액(해당 금액에 관하여 수정신고서의 제출 또는 경정이 있는 경우에는 신고 또는 경정 후의 금액)이 과대하게 된 경우

　　2. 수정신고서 또는 경정 또는 결정에 관계되는 年分의 翌年分 이후의 각 연분으로서 결정을 받은 연분에 관한 제120조 제1항 제6호 또는 제8호 또는 제123조 제2항 제7호 또는 제8호에 게기하는 금액(해당 금액에 관하여 수정신고서의 제출 또는 경정이 있는 경우에는 신고 또는 경정 후의 금액)이 과소하게 된 경우』

③ 법인세법 제80조의2(전 사업연도의 법인세액 등의 경정 등에 따른 경정청구의 특례)

『내국법인이 확정신고서에 기재되어야 할 제74조 제1항 제1호부터 제5호까지(확정신고서의 기재사항)에 게기하는 금액 또는 연결확정신고서에 기재되어야 할 제81조의22 제1항 제1호부터 제5호까지(연결확정신고서의 기재사항)에 게기하는 금액 또는 지방법인세법 제2조 제16호(정의)에 규정하는 지방법인세 확정신고서에 기재되어야 할 같은 법 제19조 제1항 제1호부터 제4호까지(확정신고)에 게기하는 금액에 관하여, 수정신고서를 제출하거나 경정 또는 결정을 받고, 수정신고서의 제출이나 경정 또는 결정에 수반하여 다음 각 호에 게기하는 경우에 해당하는 때에는, 해당 내국법인은, 수정신고서를 제출한 날 또는 경정 또는 결정의 통지를 받은 날의 다음날부터 2월 이내에 한하여, 세무서장에게, 해당 각 호에 규정하는 금액에 관하여 국세통칙법 제23조 제1항(경정청구)의 규정에 의한 更正請求를 할 수 있다. 이 경우 경정청구서에는 같은 법 제23조 제3항에서 규정하는 사항 이외에 수정신고서를 제출한 날 또는 그 경정 또는 결정의 통지를 받은 날을 기재하여야 한다.

　　1. 수정신고서 또는 경정 또는 결정에 관계되는 사업연도 또는 연결사업연도 후의 각 사업연도로서, 결정을 받은 사업연도에 관한 제74조 제1항 제2호 또는 제4호에 게기하는 금액(해당 금액에

관하여 수정신고서의 제출 또는 결정이 있는 경우에는 신고 또는 경정 후의 금액)이 과대하게 된 경우

　　2. 수정신고서 또는 경정 또는 결정에 관계되는 사업연도 또는 연결사업연도 후의 각 사업연도로서, 결정을 받은 사업연도에 관한 제74조 제1항 제5호에 게기하는 금액(해당 금액에 관하여 수정신고서의 제출 또는 결정이 있는 경우에는 신고 또는 경정 후의 금액)이 과소하게 된 경우』

(3) 미국

내국세입법 제1311조 내지 제1314조(기간제한의 경감규정)에 관하여는 제1장 11절 1. 나. (2) 및 제4장 제5절 2. 다.를 참조하기 바란다.

우리나라 입법자는 미국의 위 경감규정과 일본의 입법례를 참고한 나머지, '모순된 세액확정에 기한 경정청구'와 '판결 등에 따른 경정'으로 나눈 다음 다른 곳에서 규율하는 입법례를 채택한 것으로 추정된다. 미국의 경감규정을 의도적으로 나눈 것은 아니지만 경정법체계상 결과적으로는 그렇게 된 셈이다. 즉 '판결 등에 따른 경정'이 원칙적으로 조세채무자가 주도권을 행사한 장면에 있어 제척기간의 도과로 인한 국가의 과세권 일실을 방지하기 위한 것이라면, '모순된 세액확정에 기한 경정청구'는 국가가 주도권을 행사한 장면에 있어 제척기간의 도과로 인한 조세채무자의 구제기회 상실로 인한 손실을 방지하기 위한 것이다.

(4) 우리나라와 독일, 일본의 비교

일본 국세통칙법 제23조 제2항 제2호는 인적귀속의 충돌에 대한, 일본 소득세법 제153조 및 법인세법 제80조의2는 기간귀속의 충돌에 대한 각 시정규정이다. 독일처럼 모순·저촉이 일어날 수 있는 모든 경우를 대비하고 있지 않다는 점에서 우리나라와 같다.

경정청구기간을 보면 우리나라는 그 사유가 발생한 것을 안 날부터 3월이고, 일본은 그 사유의 발생일부터 2월이다. 독일에서는 경정청구권은 관련된 부과결정 중 최후의 것이 다툴 수 없게 된 후 1년 이내에 행사되어야 한다.

반면 경정의 특례제척기간에 관하여 보면 우리나라는 규정이 없다. 일본은 국세통칙법 제71조 제1항 제2호, 시행령 제30조, 제24조 제4항 등에서 모순된 세액확정에 기한 경정청구에는 '해당 이유가 발생한 날로부터 3년'의 '경정결정 등의 기간제한의 특례'를 정하고 있다. 독일은 경정청구권이 위 기간 내에 행사되면 부과결정의 폐지 또는 변경은 그 범위 내에서 어떠한 기간제한을 받지 않는다고 정하고 있다. 나아가 일본은 조세채무자의 수정신고에 대한 대비규정까지 두고 있으나 우리나라는 그렇지 않다.

2. 모순된 세액확정에 기한 경정청구

가. 입법취지

세액확정의 모순·저촉이 있는 경우 실체적 진실주의를 실현하기 위하여 그 중 하나는 위법하므로 위법한 세액확정은 반드시 시정되어야 한다.

납세자와 과세관청 사이에서, 과세관청이 주도권을 행사하여 모순된 세액확정을 시정하는 등으로 이익을 취한 이상, 납세자가 제척기간이라는 기간제한으로 인하여 손실을 입지 않도록 그 기간제한을 완화하는 특례제척기간을 실정법에 두어야 한다. 즉 과세관청이 자신의 목적을 달성한 다음 제척기간의 도과를 주장하는 등 입장 바꾸기를 함으로써 정의와 공평을 달성하기 어려운 경우에 대비하여 통상의 제척기간을 완화하는 특례제척기간을 두어야 한다.

국세기본법 제45조의2 제2항은 제2호 및 제4호 등의 사유가 발생한 것을 안 날부터 3월 이내에 결정 또는 경정을 청구할 수 있도록 하여 통상의 제척기간이 도과한 후라도 모순된 세액확정에 기한 경정청구를 할 수 있도록 하고 있다.

나. 세액확정의 모순·저촉(충돌)

(1) 세액확정에 있어 모순·저촉(충돌)이 일어나는 경우(제1장 제9절 7. 참조)를 다시 본다.

① 특정한 사실관계에 기한 소득은, 실질적 조세채무자인 특정한 사람에게 귀속되는 것이지, A라는 사람 또는 B라는 사람에게 임의적 내지 선택적으로 귀속될 수 없다(인적귀속의 충돌, 국세기본법 제14조 제1항).

② 특정한 사실관계에 기한 소득(수입·비용, 익금·손금)은, 권리확정주의 원칙에 따라, 특정한 과세기간에 귀속되는 것이지, #1이라는 과세연도 또는 #2라는 과세연도에 임의적 내지 선택적으로 귀속될 수 없다(기간과세세목에 있어 기간귀속의 충돌).

③ 특정한 사실관계에 기한 과세는, 각 세목이 배타적인 한, A라는 세목(예를 들어 양도소득세) 또는 B라는 세목(예를 들어 종합소득세 또는 증여세)으로 임의적 내지 선택적으로 이루어질 수 없다(세목의 충돌, 과세객체의 충돌).

④ 특정한 사실관계에 기한 과세는, 세액확정에 있어, 최초의 신고·결정 또는 경정의 내용과 조세조약에 따른 상호합의로 인한 것과 동일하여야 한다(상호합의에 의한 세액확정의 충돌).

⑤ 특정한 사실관계에 기한 개인지방소득 및 법인지방소득 또는 자동차 취득세의 과세권은, 지방소득세 또는 취득세의 특정한 과세주체(지방세법 제3조)에 귀속되는 것이지 A지방자치단체 또는 B지방자치단체에게 임의적 내지 선택적으로 귀속될 수 없다(과세주체의 충돌, 과세관청의 충돌).

(2) 모순·저촉을 시정하기 위한 경정청구로서 앞서 본 '사정변경에 기한 경정청구'와 구별하는 의미에서 '모순된 세액확정에 기한 경정청구'라고 부른다.

다. 국세기본법이 정하는 경정청구사유

(1) 국세기본법 제45조의2 제2항

① 소득이나 그 밖의 과세물건의 귀속을 제3자에게 변경시키는 결정 또는 경정이 있을 때(제2호)[3]

② 결정 또는 경정으로 인하여 당해 결정 또는 경정의 대상이 되는 과세기간 외의 과세기간에 대하여 최초에 신고한 국세의 과세표준 및 세액이 세법에 의하여 신고하여야 할 과세표준 및 세액을 초과할 때(제4호)[4]

③ 조세조약의 규정에 의한 상호합의가 최초의 신고·결정 또는 경정의 내용과 다르게 이루어졌을 때(제3호)[5]

(2) 경정청구사유의 해석

제3호의 해석에는 어려움이 없다. 상호합의절차상의 합의결과를 국내법상의 세액확정절차로 편입하기 위한 것임이 명백하기 때문이다. 따라서 '상호합의에 의한 세액확정의 충돌'이라는 제목으로 따로 설명한다.

제2호 및 제4호는 해석에 어려움이 없지 아니하나 제2호는 인적귀속의 충돌(A라는 사람 및 B라는 사람에게 중첩적으로 세액확정이 된 경우)[6]을, 제4호는 기간과세세목에 있어 기간귀속의 충돌(#1 사업연도 및 #2 사업연도에서 중첩적으로 세액확정이 된 경우)[7]을 각 규정한 것이라고 봄이 옳다. 제4호는 최초 신고한 세액만을 전제로 하나 당초 부과처분으로 확정된 세액에 대하여 기간귀속의 오류가 있다 하여 과세관청이 이를 경정하는 경우도 포함한다. 결론적으로 제2호 및 제4호는 '논리법칙상 양립할 수 없는 배척관계'에 있는 세액확정의 시정에 관한 것이다.

---

3) 이 조항은 일본 국세통칙법 제23조 제2항 제2호와 대동소이하다.

4) 이 조항은 일본 국세통칙법 제23조 제2항에는 없다. 일본 소득세법 제153조, 법인세법 제80조의2 등에서 규정하고 있다.

5) 이 조항은 일본 국세통칙법 시행령 제6조 제1항 제4호와 대동소이하다.

6) 이태로·한만수, 전게서, 86면에서, 그 예로 "예컨대 甲이 자신에게 귀속된 소득으로 신고하였는데 과세관청이 이를 乙에게 귀속되는 것으로 판명하여 乙에게 소득세를 부과하는 경우를 들 수 있다."라고 적고 있다.

7) 이태로·한만수, 전게서, 87면에서, 그 예로 "예컨대 건설업을 영위하는 법인이 장기도급계약에 의한 공사수익을 공사완성기준에 따라 공사가 완료된 A 사업연도의 매출액으로 계상하여 그 과세표준과 세액을 신고하였는데, 나중에 과세관청이 해당 장기도급계약에 의한 공사수익을 공사진행기준에 따라 산정함이 타당하다고 보아 해당법인이 A 사업연도의 매출액으로 계상하였던 금액 중의 일부를 그 전 사업연도의 매출액으로 인정하여 과세표준과 세액을 경정하는 경우를 들 수 있다."라고 적고 있다.

(3) '판결 등에 따른 경정'과의 관계

제2호 및 제4호는 과세관청이 주도권을 가지고 먼저 결정 또는 경정을 하고(선행절차), 이에 따라 조세채무자가 경정청구를 하는 절차(후행경정절차)의 구조로 되어 있다. 주로 조세채무자를 보호하기 위한 제도이다.

반면 '판결 등에 따른 경정'은 주로 조세채무자가 주도권을 가지고 과세관청에 대하여 경정청구를 하거나 또는 과세관청의 처분에 대하여 구제절차에 나아간 결과(선행절차), 위 경정청구가 수용되거나 구제절차에서 일부 또는 전부 인용되는 것을 기화로, 새로운 절차(후행경정절차)가 개시되어 경정을 하는 구조로 되어 있다. 주로 국가의 과세권을 보호하기 위한 제도이다.

'모순된 세액확정에 기한 경정청구'와 '판결 등에 따른 경정'은 '선행절차'와 '후행경정절차'가 순차적으로 진행된다는 점에서 공통된다. 누가 주도권을 가지고 있고 상대방은 어떠한 대응을 어느 기간까지 할 수 있는지에 관한 규율내용이 상이하다. 전론에서 본 바와 같이 양 제도는 이해하기가 어렵다.

라. 유추의 허용

(1) 세목의 충돌

제2호 및 제4호는 논리법칙상 양립할 수 없는 배척관계에 있는 세액확정의 모든 것을 포괄적으로 규정하고 있지 않다. 이와 유사한 사유가 시행령에 규정되어 있지 않음은 물론 세목의 충돌에 대하여는 규정조차 없다. 세목의 충돌로 우선 증여세와 소득세(법인세)가 중첩적으로 부과될 여지가 있다. 유·무상 양도 여부를 둘러싸고 양도소득세와 증여세가 충돌할 여지도 있다. 양도소득세는 양도자가, 증여세는 수증자가 각 세금을 부담하므로, 이 경우 세목의 충돌뿐만 아니라 인적귀속의 충돌도 함께 일어난다.

현재 판례상 양도소득세와 종합소득세(사업소득)의 충돌만 보인다. 이러한 충돌은 논리법칙상 양립할 수 없는 배척관계에 있는 것으로서 유추를 허용하여 모순된 세액확정에 기한 경정청구를 통하여 시정되어야 한다(제1장 제9절 7. 마. 및 제12절 참조). 제2호 및 제4호의 경우에만 경정청구를 인정하고 그 외 모순된 세액확정에 대하여 경정청구를 배제할 이유가 없다.

(2) 논리법칙상 양립할 수 없는 배척관계 해당 여부

'논리법칙상 양립할 수 없는 배척관계'에 있지 아니한 경우 그 적용이 없다.[8] 급부수령관

---

8) 다만 "상속 후 상속재산의 양도"에 있어, 상속인이 상속세를 내고 나면 상속받은 재산의 소득세법상 양도소득의 취득가는 상속개시일 당시의 시가로 다시 정해지는데(소득세법 시행령 제163조 제9항), 상속재산의 평가가액과 양도소득세의 취득가액을 달리하는 경우 논리법칙상 양립할 수 없는 배척관계에 있는지 여부에 대하여는 견해의 대립이 있을 수 있다.

계에 있어 A에게는 지출비용이 되고 B에게는 수입이 되는 관계로서 대금의 수액이 일치하지 않는 경우라면 여기서 말하는 논리법칙상 양립할 수 없는 배척관계로 볼 수 없다. 양도소득에 있어 A에게는 실지거래가액으로서의 양도가액이 되고 이를 양수한 B에게는 취득가액(필요비용)이 되는 관계로서 대금의 수액이 일치하지 아니하는 경우에도 논리법칙상 양립할 수 없는 배척관계로 볼 수 없다.

대법원 2013. 11. 28. 선고 2013두13730 판결

『원심은 우선 원고가 OOO으로부터 이 사건 사업장을 임차하여 사진관을 운영하면서 OOO과 합의하여 실제 지급한 임차료보다 적은 금액의 세금계산서를 수취하고 이를 필요경비에 산입하는 방법으로 종합소득세를 신고·납부한 사실, 그런데 피고가 OOO이 실제 임차료보다 적은 금액의 세금계산서를 발행하는 방법으로 매출을 과소신고하였다고 하여 OOO에 대하여 부가가치세 및 종합소득세를 경정·고지한 사실 등을 인정하였다. 나아가 원심은, 피고가 OOO에 대하여 부가가치세 및 종합소득세를 경정한 것은 과소신고된 OOO의 임차료 수입금액을 바로잡은 것에 불과하고 임차료 소득의 귀속을 원고로부터 OOO에게로 변경시킨 것이라고 할 수 없고 필요경비인 임차료가 과소신고됨으로써 원고의 종합소득세 과세표준이 세법에 따라 신고하여야 할 과세표준을 초과하게 된 사정은 국세기본법 제45조의2 제1항에서 정한 통상적 경정청구사유에 해당할 뿐이라는 이유로, 피고가 OOO의 부가가치세 및 종합소득세를 경정한 것이 국세기본법 제45조의2 제2항 제2호에서 정한 후발적 경정청구사유인 '소득이나 그 밖의 과세물건의 귀속을 제3자에게로 변경시키는 결정 또는 경정이 있을 때'에 해당한다고 볼 수 없다고 판단하였다.

관련 법리에 비추어 기록을 살펴보면, 원심의 위와 같은 판단은 수긍할 수 있다. 거기에 상고이유의 주장과 같이 국세기본법 제45조의2 제2항 제2호에서 정한 후발적 경정청구사유에 관한 해석을 잘못하여 이에 관한 법리를 오해하거나 실질과세의 원칙 및 이중과세금지의 원칙을 위반하고 이에 관한 판단을 누락하는 등의 위법이 있다고 할 수 없다.』

임대인의 수입을 줄여잡고 임차인의 비용도 줄여잡음으로써 결과적으로 임대인의 소득은 실제보다 적게, 임차인의 소득은 실제보다 많게 확정시킨 사안이다. 과세관청이 임대인에게 증액경정을 하여 세금을 추가징수하였다 하더라도, 이를 두고 제2호 소정의 과세물건의 귀속을 제3자에게 변경시키는 경정이라고 할 수 없다. 임차인이 통상의 경정청구를 할 수 있음은 물론이다.

(3) 거래가격(정상가격)과 과세가격 사이의 모순·충돌

국세를 관할하는 지방국세청장(세무서장)이 정하는 국제조세조정에 관한 법률 소정의 거래가격(정상가격)과 세관장이 정하는 수입물품의 과세가격이 일치하지 아니하여 거래가격과 과세가격 사이에 모순·충돌이 생기는 경우가 있다.

물론 논리법칙상 양립할 수 없는 배척관계에 있다고 말할 수 있는지는 의문이다. 오히려

없다고 함이 타당하다. 국제조세조정에 관한 법률 제19조에서 '국세의 정상가격과 관세의 과세가격 간 조정을 위한 경정청구'를 인정(제5장 제5절 1. 참조)하고, 관세법 제38조의4에서 같은 취지의 경정청구를 인정하고 있다. 사전조정제도도 신설되었다(관세법 제37조의2).

(4) 부당행위계산부인과 대응조정

법인세법상 특수관계인 사이의 거래조건이 부당하다는 이유로 납세의무자인 법인의 소득을 늘려 잡는 경우 거래상대방의 소득은 그만큼 줄여 주어야 하는가?

거주자 간의 부당행위계산부인의 경우 대응조정은 허용되지 않는다는 견해[9]와 허용하여야 하는 견해가 대립한다. 국제거래에서는 대응조정을 일정한 요건 아래 인정해주고 있다(제5장 제5절 2. 다. 참조).

대응조정을 긍정하는 견해에 찬성하면서, 이 견해를 소개한다.[10]

『현행법도 실무는 대응조정을 안 해준다. 그러나 해주어야 맞다. 법인간 배당의 익금불산입 때문이다. 앞의 예에서 모회사가 자회사에게 부동산을 15억 원에 팔았지만 과세행정청이 이 부동산의 시가가 10억 원이라고 결정하고 5억 원을 배당처분한 사례로 돌아가 보자. 모회사는 이미 양도가액을 15억 원으로 계산하여 법인세를 냈을 터. 모회사의 양도차익을 5억 원 줄여주고 그 대신 배당소득을 5억 원 늘려 잡아야 계산이 맞다. 부당행위의 상대방이 오누이 회사라면 흘러나간 소득은 모회사에게 일단 귀속된 뒤 모회사가 이를 오누이 회사에 출자한 것으로 재구성되어야 한다. 현행법의 글귀에서도 "귀속자"라는 말을 반드시 거래상대방으로 읽어야 할 이유는 없다. 사실관계를 약간 바꾸어 주주가 개인이라 생각해 보자. 주주가 양도가액을 15억 원으로 계산하여 양도소득세를 납부하였다면 배당소득을 5억원으로 늘리는 대신 5억 원 부분에 대한 양도소득세 돌려주어야 계산이 맞다. 이처럼, 부당행위의 계산부인을 통해 사실을 재구성한다면 이와 모순되는 신고납부나 과세처분을 전제로 납부한 세액은 부당이득이 된다고 보아야 한다. 다만 현행법이 경정청구제도를 두고 있는 이상 부당이득의 반환은 경정청구를 통해서만 가능하다. 그렇지만 이같이 국가가 부당이득한 세액은 후발적 경정청구의 대상이 된다고 풀이해야 한다. 부당행위인가 아닌가는 언제나 자의적 주관적 판단이기 십상이고 선량한 납세의무자를 희생시킬 가능성이 큰 까닭.』

대응조정을 긍정하는 위 견해는 법인세법 제18조의2, 제18조의3 소정의 법인간 배당의 익금불산입에 터잡은 것으로서, 소득세법 제96조 제3항도 그 근거로 삼고 있다. 역으로 저가

---

9) 임승순, 전게서, 715면에서, 법인세법상 부당행위계산부인의 효과를 설명하면서 '대응조정의 불인정'이라는 제목 아래 "거주자간의 부당행위계산부인의 경우 대응조정을 허용하지 않는다. 예컨대 법인이 특수관계인에게 시가 1,000원인 제품을 600원에 판매한 경우 법인에 대해 매출액을 1,000원으로 산정하면서 양수인에 대하여는 거래가격인 600원만을 매입가액으로 인정한다."라고 적고 있다. 거래가격의 모순·저촉을 용인하여야 한다는 것이다. 반면 대응조정을 인정한다면 시가인 1,000원이 매수인의 취득원가가 된다 할 것이다.

10) 이창희, 전게서, 1025면 참조.

양도를 부인하는 경우에도 시가가 매수인의 취득원가가 된다. 즉 양수인이 법인인 경우 매매의 형식을 차용한 일부 증여임이 드러난다면 자산수증익으로 익금산입한다. 양수인의 취득원가는 시가(= 약정 매매가격 + 수증액)가 된다.[11]

소득세법 제96조 제3항

『① 제94조 제1항 각 호에 따른 자산의 양도가액은 그 자산의 양도 당시의 양도자와 양수자 간에 실지거래가액에 따른다.(개정 2016. 12. 20.)

② 삭제(2016. 12. 20.)

③ 제1항을 적용할 때 거주자가 제94조 제1항 각 호의 자산을 양도하는 경우로서 다음 각 호의 어느 하나에 해당하는 경우에는 그 가액을 해당 자산의 양도 당시의 실지거래가액으로 본다.(개정 2012. 1. 1., 2016. 12. 20., 2018. 12. 31.)

1. 법인세법 제2조 제12호에 따른 특수관계인에 해당하는 법인(외국법인을 포함하며, 이하 이 항에서 "특수관계법인"이라 한다)에 양도한 경우로서 같은 법 제67조에 따라 해당 거주자의 상여·배당 등으로 처분된 금액이 있는 경우에는 같은 법 제52조에 따른 시가

2. 특수관계법인 외의 자에게 자산을 시가보다 높은 가격으로 양도한 경우로서 상속세 및 증여세법 제35조에 따라 해당 거주자의 증여재산가액으로 하는 금액이 있는 경우에는 그 양도가액에서 증여재산가액을 뺀 금액』

대응조정을 긍정하는 견해가 든 위 사례에서 보는 바와 같이, 부당행위계산부인의 결과 그 부동산의 거래가격인 시가를 10억 원으로 일치시켜야 한다(그 차액에 해당하는 소득은 배당소득 또는 상여소득으로 귀착된다).

그 수정과정에서 등장하는 경정청구의 성격에 관하여 보건대, 특수관계인 사이에서는 거래가격이 하나일 수밖에 없고 서로 모순·저촉될 수 없다는 의미에서 '모순된 세액확정에 기한 경정청구'에 해당한다고 할 것이다.

3. 경정청구기간 및 제척기간

(1) 경정청구기간은 그 사유가 발생한 것을 안 날부터 3월이다. 사정변경에 기한 경정청구기간 3월과 마찬가지로 그 기간이 너무 짧다. 실효적인 권리구제를 위하여 기간연장을 위한 입법론적 검토가 필요하다. 적어도 1년은 되어야 한다(제1장 제2절 참조).[12]

---

11) 이창희, 전게서, 526면 참조.

12) 일본에서는 '해당 경정 또는 결정이 있는 날의 다음날부터 기산하여 2월 이내'로 되어 있는데 반하여, 독일은 '관련된 부과결정 중 최후의 것이 다툴 수 없게 된 후 1년 이내'이고, 미국은 실정법에 정의된 결정(determination) 등이 확정된 날부터 1년 이내에 조정(adjustment)이 이루어져야 한다고 규정하고 있다.

(2) 과세관청이 귀속시기를 변경(#1 → #4)하는 경우, 조세채무자가 이를 정당한 것으로 받아들인다면 사유가 발생한 것을 안 날부터 3월 이내에 경정청구를 하면 된다.

조세채무자가 그 변경이 위법하다고 하면서 소송절차에서 다툰다면 어떠한가? 당초 세액확정이 정당하다는 이유로 납세자가 변경결정을 다투고자 한다면 그 기회는 제공되어야 한다. 소송절차에서 청구기각판결이 선고되었다면 확정일부터 일정한 기간 내에 경정청구를 할 수 있는 길도 터주어야 한다. 이 경우 경정청구의 기산일과 존속기간, 경정의 특례제척기간에 대한 해석이 난관에 봉착한다.

앞서 본 독일 조세기본법 제174조 제1항 제2문의 "이러한 세액확정에 대한 제척기간이 이미 도과한 경우라면 경정청구는 최후의 것이 다툴 수 없게 된 후 1년 이내에 행사할 수 있다."라는 규정 등을 참작하여, 위 사안에서 청구기각판결이 선고되면 확정일부터 3월 이내에 경정청구를 할 수 있고, 이러한 경정청구가 적법하게 행사된 이상, 구제절차가 종료하기 전까지는 제척기간이 완성될 수 없다고 해석해야 한다[제4장 제5절 5. 다. (5) (i) 참조].

만약 이러한 해석이 어렵다면 어떠한 구제책이 있는가? 조세채무자는 부득이 모두를 동시에 다툴 수밖에 없다. 예를 들어 #4 사업연도에 대하여 부과처분 취소를 주위적으로 구하면서 예비적으로 #1 사업연도에 대하여 경정청구를 할 수 있도록 하여야 할 것이다.

4. 인적귀속의 충돌(제2호)

(1) 인적귀속의 충돌은, 명의대여[13])에 있어 명의대여자(사업명의자)와 실제사업자 간, 신탁의 법형식에 있어 위탁자, 수탁자 및 수익자 간, 다양한 사업조직의 출현으로 인한 조직(투자기구)과 구성원(투자자) 간, 연결법인에 있어 연결모법인과 연결자법인 간 등에서 발생할 수 있다[제4장 제5절 5. 다. (2) 참조].

(2) 예를 든다. 명의대여자가 소득세 및 부가가치세를 신고한 다음 이를 납부하지 아니하자 과세관청이 명의대여사실을 밝혀 실제사업자에게 부과처분을 하는 경우, 인적귀속의 충돌이 일어난다. 나아가 명의대여자에게 부과처분을 하고 그 처분이 그대로 확정되었다 하더라도 이후 명의대여사실이 밝혀지면 과세관청은 실제사업자에게 다시 부과처분을 하게 되는데, 이 경우에도 인적귀속의 충돌이 일어난다. 세액을 신고하였거나 부과처분을 당한 명의대여자는 실제사업자에 대한 부과처분이 있음을 안 날부터 3월 이내에 모순된 세액확정에 기한 경정청구를 할 수 있다.

---

13) 심경, 전게논문, 145면에서, "예컨대, 과세관청이 명의상의 사업자인 갑에게 사업소득세 부과처분을 하여 갑이 사업소득세를 납부하였으나 후에 실질사업자가 을인 것을 발견하고 을에게 다시 사업소득세 부과처분을 한 경우, 갑에게는 위 제2호의 후발적 경정청구사유가 발생하게 된다."라고 적고 있다.

만약 명의대여자가 소득세 및 부가가치세를 신고·납부하였는데 이후 과세관청에서 명의대여사실을 알고 통상의 제척기간이 도과하기 직전에 실제사업자에게 부과처분을 하였다면, 명의대여자가 통상의 제척기간이 도과한 이후에 부과처분 사실을 알게 된 경우, 비록 제척기간이 도과하였다 하더라도 안 날부터 3월 이내에 '모순된 세액확정에 기한 경정청구'를 할 수 있다. 이 경우 경정청구권 내지 환급청구권은 출연자인 명의대여자(사업명의자)에게 귀속된다(대법원 2015. 8. 27. 선고 2013다212639 판결 참조). 다만 국세기본법 제51조 제11항이 2019. 12. 31. 신설되었음에 유의하여야 한다.

(3) 공동상속인 사이에 상속재산의 분쟁으로 인하여 당초신고한 총상속세액에는 변동이 없으나 각자가 납부하여야 할 상속세가 변동되었다면 공동상속인 사이에 인적귀속의 충돌이 발생할 수 있다. 즉 공동상속인 중 한 사람에 대하여는 감액경정처분이, 다른 사람에 대하여 증액경정처분이 동시에 일어날 수 있기 때문이다(대법원 2006. 2. 9. 선고 2005두1688 판결).

(4) 국외투자기구와 구성원 사이에 일어나는 인적귀속의 충돌을 본다. 소득세법 제119조의2, 법인세법 제93조의2는 국외투자기구에 대한 실질귀속자 특례규정을 두고 있고, 2020. 1. 1.부터 시행되고 있다(제5장 제4절 참조). 론스타 판결(대법원 2012. 1. 27. 선고 2010두5950 판결)과 유사한 사안이 현재 일어났다고 예로 든다. 미국 LP의 구성원이 자연인 a, b, c 라고 가정할 때 누구에게 어떤 세목의 부과처분을 하여야 하는지가 문제된다.

이는 '납세의무자' 내지 '실질귀속자'가 누구인가에 관한 문제로서 인적귀속의 충돌이 일어나고, 동시에 미국 LP에 대한 법인세와 자연인 a, b, c에 대한 소득세 세목의 충돌로 일어난다(제4장 제1절 7. 가. 참조). 세목의 충돌이 일어나는 경우에도 모순된 세액확정에 기한 경정청구를 허용하여야 하는 이상 세목의 충돌과 인적귀속의 충돌이 동시에 일어나는 경우에도 같은 경정청구가 허용되어야 할 것이다.

(5) 인적귀속의 충돌이 실무상 문제되지 않는 이유

인적귀속의 충돌로 인하여 세액확정이 중복된다면 해당 잘못이 내재된 신고나 부과처분은 중대명백설에 의하여 무효에 해당하는 것으로 보기 때문이다. 즉 인적귀속은 '과세요건의 근간(根幹)'으로 그 근간에 관한 판단상의 중대한 잘못이 있는 경우 이는 헌법상의 재산권 침해 문제에 직결되고 이와 같은 잘못이 내재된 신고나 부과처분은 외견상 하자가 명백하여 당연무효에 귀착된다는 대법원 판결(대법원 2007. 3. 15. 선고 2006두14582 판결, 2011. 10. 27. 선고 2009다969 판결, 2011. 11. 10. 선고 2011다6076 판결, 2018. 7. 19. 선고 2017다242409 전원합의체 판결)에 기인한 것으로 보인다. 부당이득반환청구권이 곧바로 행사될 수 있는 이상 우회적인 경정청구권보다 더 효율적이고 유용하므로, 인적귀속의 판단상 잘못으로 인한 모순된 세액확정에 기한 경정청구는 실무상 거의 문제되지 않는 것으로 보인다.

다만 당연무효의 법리에 따라 조세채무자가 가지는 부당이득반환청구와 모순된 세액확정에 기한 경정청구는 병존적이라 할 것이다.

5. 기간귀속의 충돌(제4호)

(1) 기간과세세목에 있어 과세표준의 구성요소(수입금액·익금, 필요경비·손금)인 특정 항목은 과세표준 및 세액의 계산상 권리확정주의 원칙에 따라 특정한 과세기간에 오로지 한 번 (nur einmal, once and only once) 고려되어야 한다. 그러나 권리확정주의의 속성상 귀속시기를 특정하기가 어렵다. 조세채무자나 과세관청 모두 마찬가지다.

조세채무자가 신고한 귀속시기에 오류가 있다 하여 과세관청이 다른 사업연도의 귀속으로 판단하여 경정을 하는 경우 기간귀속의 충돌이 일어난다. 물론 과세관청이 처음으로 부과처분(제1차적 부과처분)으로 정한 귀속시기에 오류가 있다 하여 다시 다른 사업연도의 귀속으로 판단하여 경정을 하는 경우에도 같다.

이 경우 조세채무자는 당초신고한 또는 당초 결정한 사업연도분에 대하여 과세관청의 경정을 안 날부터 3월 이내에 '모순된 세액확정에 기한 경정청구'를 할 수 있다.[14] 물론 당초신고한 사업연도에 대한 통상의 제척기간이 도과하였다 하더라도 마찬가지다. 예를 들어 설명한다. (ⅰ), (ⅱ)의 예는 과세관청이 주도권을 행사한 예이고, (ⅲ)의 예는 조세채무자가 주도권을 행사한 예이다.

(ⅰ) 조세채무자가 #2 사업연도의 수입금액(익금)으로 신고하여야 할 것을 #1 사업연도에 신고하였고, 과세관청이 #2 사업연도 귀속 수입금액(익금)으로 판단하여 #2 사업연도의 세액을 증액경정하였다. 당시 #1 사업연도에 대한 통상의 제척기간이 이미 도과하였다.

이 경우 제척기간이 도과하였음에도 조세채무자는 #1 사업연도의 세액을 감액하기 위하여 모순된 세액확정에 기한 경정청구를 할 수 있다.

(ⅱ) 조세채무자가 #1 사업연도의 필요경비(손금)로 신고하여야 할 것을 #2 사업연도에 신고하였고, 과세관청이 #1 사업연도 귀속 필요경비(손금)로 판단하여 #2 사업연도의 세액을 증액경정하였다. 당시 #1 사업연도에 대한 통상의 제척기간이 이미 도과하였다.

이 경우 제척기간이 도과하였음에도 조세채무자는 #1 사업연도의 세액을 감액하기 위하여 모순된 세액확정에 기한 경정청구를 할 수 있다.

(ⅲ) 조세채무자가 #1 사업연도에 신고하여야 할 수입금액(익금)을 #2 사업연도에 신고하였고, 이후 기간귀속의 오류를 발견하고 #2 사업연도에 대한 세액에 대하여 통상의 경정청

---

14) 심경, 전게논문, 148면에서, "예컨대 1999년 사업연도에 결손이 발생한 갑 법인에 대한 2000년 사업연도 법인세 경정시 손비 중 일부를 1999년 귀속분으로 결정하여 1999년 이월결손금이 증가하게 된 경우에는, 갑 법인은 1999년 사업연도에 대하여 위 제4호의 사유에 의한 후발적 경정청구를 할 수 있다."라고 적고 있다.

구를 하였다. 과세관청이 그 경정청구가 정당하다고 판단하여 #2 사업연도의 세액을 감액경정하였다. 당시 #1 사업연도에 대한 통상의 제척기간이 이미 도과하였다.

이 경우 제척기간이 도과하였음에도 과세관청은 통상의 경정청구일부터 2월이 지나기 전까지 #1 사업연도의 세액을 증액경정할 수 있다. 그 근거는 '판결 등에 따른 경정'[국세기본법 제26조의2 제6항 제3호, 제4장 5절 4. 가. (1) 참조]이다.

(2) 대법원 2013. 7. 11. 선고 2011두16971 판결

『나. 구 국세기본법 제45조의2 제2항 제4호의 후발적 경정사유에 관한 상고이유

(1) 구 국세기본법 제45조의2 제2항은 "과세표준신고서를 법정신고기한 내에 제출한 자 또는 국세의 과세표준 및 세액의 결정을 받은 자는 다음 각 호의 1에 해당하는 사유가 발생한 때에는 제1항에서 규정하는 기간에 불구하고, 그 사유가 발생한 것을 안 날부터 2월 이내에 결정 또는 경정을 청구할 수 있다"고 규정하면서 제1호 내지 제5호의 사유를 열거하고 있고, 그 중 제4호는 '결정 또는 경정으로 인하여 당해 결정 또는 경정의 대상이 되는 과세기간 외의 과세기간에 대하여 최초에 신고한 국세의 과세표준 및 세액이 세법에 의하여 신고하여야 할 과세표준 및 세액을 초과한 때'를 규정하고 있다. 구 국세기본법이 이와같이 후발적 경정청구제도를 둔 취지는 납세의무 성립 후 일정한 후발적 사유의 발생으로 말미암아 과세표준 및 세액의 산정기초에 변동이 생긴 경우에 납세자로 하여금 그 사실을 증명하여 감액을 청구할 수 있도록 함으로써 납세자의 권리구제를 확대하려는 데 있다(대법원 2011. 7. 28. 선고 2009두22379 판결 등 참조).

법인이 특정 사업연도에 고의로 수익을 과다계상하거나 손비를 과소계상하는 방법으로 사실과 다른 분식결산을 하고 법인세를 과다신고하였다가, 위와 같은 분식결산의 효과를 상쇄시키기 위하여 그 차기 사업연도 이후부터 수익을 과소계상하거나 손비를 과다계상하는 방법으로 분식결산을 하고 법인세를 과소신고한 경우에 과세관청이 그 차기 사업연도 이후 과소계상한 수익을 익금산입하거나 과다계상한 손비를 손금불산입하고 법인세를 증액경정함으로써 그 특정 사업연도에서 이루어진 분식결산의 효과를 상쇄시키지 못하게 되었다 하더라도, 그러한 사정만으로 과세관청의 조치로 인하여 그 특정 사업연도에 신고한 과세표준 및 세액의 산정기초에 후발적인 변동이 생겨 그 과세표준 및 세액이 세법에 의하여 신고하여야 할 과세표준 및 세액을 초과하게 된 때에 해당한다고 할 수 없다. 따라서 이러한 경우에는 구 국세기본법 제45조의2 제1항에 의하여 적법한 경정청구기간 내에 감액경정청구를 할 수 있음은 별론으로 하고, 구 국세기본법 제45조의2 제2항 제4호에 의하여 후발적 경정청구를 할 수는 없다.

(2) 원심은, 원고가 2000사업연도 및 2001사업연도에 가공매출액을 계상하여 분식결산을 하고 법인세를 과다신고하였다가 그 분식결산의 효과를 상쇄시키기 위하여 2002사업연도 내지 2004사업연도에 가공비용을 계상하여 분식결산을 하고 법인세를 과소신고하였으나, 피고가 2002사업연도 내지 2004사업연도의 가공비용을 손금불산입하고 과세표준 및 세액을 증액경정함으로써 그 분식결산의 효과를 상쇄시키지 못하게 되었다 하더라도, 피고의 위와 같은 조치로 인하여 2000사업연도 및 2001사업연도의 과세표준 및 세액이 후발적으로 과다하게 되었다고 볼 수 없으므로, 그러한 사정만

으로 구 국세기본법 제45조의2 제2항 제4호에서 정한 후발적 경정청구사유가 발생하였다고 볼 수 없다는 취지로 판단하였다.

앞서 본 법리와 적법하게 채택된 증거들에 비추어 살펴보면, 원심의 위와 같은 판단에 구 국세기본법 제45조의2 제2항 제4호에서 규정한 후발적 경정청구 사유에 관한 해석 및 법리를 오해하는 등의 위법이 없다.』

분식결산을 한 후 분식결산의 효과를 상쇄시키기 위하여 그 차기 사업연도 이후부터 수익을 과소계상하거나 손비를 과다계상하는 방법으로 분식결산을 하고 법인세를 과소신고한 경우, 과세관청이 그 차기 사업연도 이후 과소계상한 수익을 익금산입하거나 과다계상한 손비를 손금불산입하고 법인세를 증액경정함으로써 그 특정 사업연도에서 이루어진 분식결산의 효과를 상쇄시키지 못하게 되었다 하더라도, 이는 법인세법상의 손익귀속시기의 원칙에 따르지 아니함으로써 초래된 불이익이다.

통상의 경정청구를 통하여 이러한 불이익이나 손해를 전보받을 수 있음은 별론으로 하더라도, 법인세법상의 손익귀속시기를 따르지 아니한 분식결산의 특성 등에 비추어 기간귀속의 충돌로 볼 수 없음은 물론 달리 적극적으로 보호받을 만한 위치에 있지도 않다. 모순된 세액확정에 기한 경정청구를 통하여 이러한 불이익이나 손해를 전보받을 수는 없다.

(3) 修正申告와 모순된 세액확정에 기한 경정청구

예외적으로 조세채무자가 수정신고를 하는 경우이다. 조세채무자가 귀속시기에 오류가 있다 하여 어느 사업연도의 과세표준 및 세액을 증액하는 수정신고를 한 경우에도 기간귀속의 충돌이 일어난다. 이에 대하여 경정청구를 인정하는 규정은 없다.

수정신고의 결과로 다른 사업연도의 세액이 감액되면 유추해석으로 '모순된 세액확정에 기한 경정청구'를 인정해야 한다.15) 예를 들어 설명한다.

（ⅰ） 조세채무자가 #2 사업연도의 수입금액(익금)으로 신고하여야 할 것을 #1 사업연도에 신고하였고, 이러한 사실을 발견하고 이를 #2 사업연도 귀속 수입금액(익금)으로 보아 #2 사업연도의 세액을 증액하는 수정신고를 하였다. 당시 #1 사업연도에 대한 제척기간이 이미 도과하였다.

제척기간이 도과하였음에도, 조세채무자는 #1 사업연도의 세액을 감액하기 위하여, 수정신고와 동시에, 모순된 세액확정에 기한 경정청구를 할 수 있다.

（ⅱ） 조세채무자가 #1 사업연도의 필요경비(손금)로 신고하여야 할 것을 #2 사업연도에

---

15) 이창희, 전게서, 779면에서, "수정신고 그 자체는 다른 해의 과세표준에 관한 후발적 경정청구의 사유에 들어 있지 않다. 수정신고가 있는 경우 행정청은 으레 그에 터잡아 또 필요한 대로 사실을 더 조사하여 증액경정을 하게 마련이다. 수정신고에 뒤따르는 증액경정은 과대신고된 해의 과세표준에 관한 후발적 경정청구의 사유가 된다."라고 적고 있다.

신고하였고, 이러한 사실을 발견하고 이를 #1 사업연도 귀속 필요경비(손금)로 보아 #2 사업연도의 세액을 증액하는 수정신고를 하였다. 당시 #1 사업연도에 대한 제척기간이 이미 도과하였다.

제척기간이 도과하였음에도, 조세채무자는 #1 사업연도의 세액을 감액하기 위하여, 수정신고와 동시에, 모순된 세액확정에 기한 경정청구를 할 수 있다.

(ⅲ) 과세관청이 이러한 수정신고 및 감액경정청구를 수용할 수 없는 경우(당초의 세액확정이 정당하다고 판단되는 경우) 어떠한 조치를 취할 수 있는가?

이 경우 과세관청으로서는 경정청구를 거부하는 처분을 할 것이고, 조세채무자는 경정거부처분에 대하여 취소소송을 제기하여야 한다. 그 소송에서 청구기각판결이 선고되면 조세채무자로서는 비록 제척기간이 도과하였다 하더라도 판결확정일부터 3월 이내에 수정신고로 증액된 세액에 대한 경정청구를 할 수 있는 것으로 해석함이 상당하다(이 절 3. 참조).

만약 이러한 해석이 어렵다면 조세채무자는 부득이 모두를 동시에 다툴 수밖에 없다. 예를 들어 #1 사업연도에 대하여는 경정거부처분 취소를 주위적으로 구하면서 예비적으로 #2 사업연도에 대하여는 수정신고로 증액된 세액의 감액을 구하는 경정청구를 할 수 있도록 하여야 할 것이다.

(4) 기간귀속의 오류와 가산세 및 국세환급금의 예외(국세기본법 제51조 제10항)

기간귀속의 충돌이 있는 경우 '모순된 세액확정에 기한 경정청구권'이 발생하는데, 국세기본법 제51조 제10항(제47조의4 제6항 본문에 해당하는 경우에는 제1항을 적용하지 아니한다)이 적용되는 범위 내에서는 이러한 경정청구권을 인정할 실익이 적음은 앞서 본 바와 같다[제1장 제15절 2. 나. (5) 참조].

6. 세목의 충돌

세목의 충돌에도 유추를 통하여 '모순된 세액확정에 기한 경정청구'를 허용해야 한다[제1장 제9절 7. 마. (4) 참조]. 예를 들어 설명한다.

조세채무자가 양도소득세를 신고납부하였는데 과세관청이 양도로 인한 소득이 사업소득에 해당한다는 이유로 종합소득세 부과처분을 한 사안을 본다.

(ⅰ) 조세채무자가 종합소득세 부과처분을 정당한 것으로 받아들인다면 사유가 발생한 것을 안 날부터 3월 이내에 양도소득세에 대한 경정청구를 하면 된다.

(ⅱ) 조세채무자가 세목변경이 잘못되었다는 이유로 부과처분을 다투고자 한다면 이를 다툴 수 있는 기회는 제공되어야 한다. 소송절차에서 청구기각판결이 선고되었다면 확정일부터 3월 이내에 경정청구를 할 수 있는 것으로 해석함이 상당하다.

만약 이러한 해석이 어렵다면 조세채무자는 부득이 모두를 동시에 다툴 수밖에 없다. 종합소득세 부과처분의 취소를 주위적으로 구하면서 예비적으로 양도소득세에 대한 경정청구를 할 수 있도록 하여야 한다.

7. 과세주체의 충돌

예를 들어 자동차 취득세에 대하여 A지방자치단체에 신고납부하였는데, 이후 B지방자치단체장이 다시 동일한 자동차에 대하여 취득세를 부과한 경우를 본다. 그런데 지방세기본법 제51조 제2항은 모순된 세액확정에 기한 경정청구를 규정하고 있지 않다. 유추를 통하여 '모순된 세액확정에 기한 경정청구'를 허용하여야 한다(과세실무상 받아들이기 어렵다면 입법론상 그 도입을 검토해야 할 것이다).

만약 모순된 세액확정에 기한 경정청구를 허용하지 아니한다면, B지방자치단체장에 대한 부과처분을 다툼과 동시에, A지방자치단체장에 대하여 경정청구를 하고 그 거부처분에 대한 취소소송을 동시에 제기하여야 한다.

위 예에서 모순된 세액확정에 기한 경정청구를 어떻게 행사하여야 하는가? 우선 B지방자치단체장의 부과처분에 대하여 취소소송을 제기하여 그 소송에서 조세채무자가 승소하면 문제가 없다. 만약 청구기각판결이 선고되었다면 확정일부터 3월 이내에 A지방자체단체장에게 모순된 세액확정에 기한 경정청구를 할 수 있다고 해석함이 상당하다(사견).

8. 통상의 경정청구와의 관계

예를 들어 귀속시기에 관하여 오류가 발생한 경우를 본다.

조세채무자가 과세관청의 오류시정을 위한 부과처분이 있기 전에 먼저 오류를 시정하고자 한다면 첫째, 오류가 있다고 판단되는 사업연도에 대한 세액확정에 대하여 통상의 경정청구를 할 수 있고(제4장 제2절. 3. 자. 참조), 둘째, 하나의 사업연도에 대한 세액확정에 관하여는 수정신고를, 다른 하나의 사업연도에 대한 세액확정에 관하여는 모순된 세액확정에 기한 경정청구를 할 수 있다.

과세관청이 하나의 사업연도에 대한 오류시정을 위하여 먼저 증액경정처분을 한 경우라면 조세채무자는 다른 사업연도에 대하여는 모순된 세액확정에 기한 경정청구를 할 수 있다.

9. 상호합의에 의한 세액확정의 충돌

가. 상호합의에 기한 경정청구

조세조약의 규정에 의한 상호합의가 최초의 신고·결정 또는 경정의 내용과 다르게 이루어진 때에 경정청구를 할 수 있다. 국내법 질서에 편입된 조약에 기한 상호합의절차에 따라 도출된 상호합의결과는 세액확정절차에 반드시 편입·반영되어야 한다는 것이므로, 분류체계상 '모순된 세액확정에 기한 경정청구'나 '사정변경에 기한 경정청구'에 편입시키는 것보다 독립한 경정청구로 봄이 상당하다.

나. 상호합의절차의 의의

(1) 우리나라의 국민·거주자 또는 내국법인이나 우리나라에 사업장을 둔 비거주자나 외국법인이, 우리나라와 조세조약을 체결하고 있는 상대방 국가(체약상대국)에서 실제로 조세분쟁에 직면하거나 직면할 것으로 예견되는 경우, 사전적 또는 사후적 구제를 받기 위하여, 우리나라 정부로 하여금 그 체약상대국의 권한 있는 당국과 협의를 통하여 합의에 도달하도록 신청할 수 있는 바, 그 신청에 따라 양국 정부가 취하는 절차가 상호합의절차이다.

즉 개시신청을 하면 과세당국은 체약상대국의 권한 있는 당국에 상호합의절차 개시요청을 하고 그 당국이 수락하면 상호합의절차는 개시된다. 신청인은 개시 이후 조세조약에서 정한 기간이 지날 때까지 합의가 이루어지지 못한 경우 중재절차의 개시를 과세당국에게 요청할 수 있다. 중재결정의 효력은 조세조약에서 정하는 바에 따른다.

(2) 이러한 신청은, ① 조세조약의 해석 및 적용에 관하여 체약상대국과 협의할 필요성이 있는 경우, ② 체약상대국의 과세당국으로부터 조세조약의 규정에 부합하지 아니하는 과세처분을 받았거나 받을 우려가 있는 경우, ③ 조세조약에 따라 우리나라와 체약상대국 간에 조세 조정이 필요한 경우 등에 가능하다.

(3) 상호합의절차는 우리나라 과세당국의 요청이나 체약상대국 과세당국의 요청에 의하여 개시된다. 납세자의 신청 없이 정부가 직권으로 시작할 수도 있다. 어느 경우나 절차의 진행은 국내법상 법적 효과를 발생시킨다. 대부분의 조세조약에는 이러한 상호합의절차의 이행에 관한 규정을 두고 있는데, 국조법상의 상호합의절차에 관한 규정은 이러한 조약상의 상호합의절차를 실천하기 위한 국내법 규정이다(국제조세조정에 관한 법률 제42조 및 제43조).

(4) 상호합의절차의 개시일과 종료일

상호합의절차의 개시일과 종료일은 과세권 행사의 정지나 재진행 또는 불복절차의 진행 등에 있어 매우 중요하다. 국조법 제45조 및 제46조는 다음과 같다.

『제45조(상호합의절차의 개시일)

상호합의절차의 개시일은 다음 각 호의 어느 하나에 해당하는 날로 한다.

1. 체약상대국의 권한 있는 당국으로부터 상호합의절차 개시 요청을 받은 경우: 이를 수락하는 의사를 체약상대국의 권한 있는 당국에 통보한 날

2. 체약상대국의 권한 있는 당국에 상호합의절차 개시를 요청한 경우: 체약상대국의 권한 있는 당국으로부터 이를 수락하는 의사를 통보받은 날

제46조(상호합의절차의 종료일)

① 상호합의절차의 종료일은 우리나라와 체약상대국의 권한 있는 당국 간에 문서로 합의가 이루어진 날로 한다. 다만, 상호합의가 이루어지지 아니한 경우에는 개시일의 다음 날부터 5년이 되는 날을 상호합의절차의 종료일로 한다.

② 우리나라와 체약상대국의 권한 있는 당국 간에 상호합의절차를 계속 진행하기로 합의하는 경우에는 제1항 단서에도 불구하고 상호합의절차가 종료되지 아니한다. 이 경우 상호합의절차의 종료일은 개시일의 다음 날부터 8년을 초과할 수 없다.

③ 제1항 및 제2항에도 불구하고 다음 각 호의 어느 하나에 해당하는 경우에는 그 구분에 따른 날을 상호합의절차의 종료일로 한다. 다만, 체약상대국의 과세조정에 대한 대응조정이 필요한 경우 등 대통령령으로 정하는 경우에는 제1호를 적용하지 아니한다.

1. 상호합의절차 진행 중 법원의 확정판결이 있는 경우: 확정판결일

2. 상호합의절차 진행 중 신청인이 상호합의절차 개시 신청을 철회하는 경우: 신청 철회일

3. 제44조 제2항에 따라 기획재정부장관이나 국세청장이 상호합의절차를 직권으로 종료하는 경우: 신청인이 상호합의절차가 종료되었음을 통지받은 날』

다. 상호합의절차 개시의 법적 효과

(1) 납부기한 등의 연장 및 고지징수의 유예

관할 세무서장 등은 납부고지 전에 상호합의절차가 개시된 경우 그 절차의 종료일까지 세액의 납부고지를 유예할 수 있다. 납부고지나 독촉 후에 상호합의절차가 개시된 경우 그 절차의 종료일까지 납부기한 등의 연장 또는 압류·매각을 유예할 수 있다(국조법 제49조).

(2) 각종 불복청구기간 및 불복경정기간의 적용 특례

상호합의절차가 개시된 경우 개시일로부터 종료일까지의 기간은 조세행정불복의 청구기간이나 불복에 대한 결정기간 또는 조세소송의 출소기간에 산입하지 아니한다(국조법 제50조).

라. 상호합의결과의 법적 효과

(1) 세법상 필요한 조치

국조법 제47조 제4항에 의하면 "과세당국이나 지방자치단체의 장은 상호합의의 결과에

따라 부과처분, 경정결정 또는 그밖에 세법에 따른 필요한 조치를 하여야 한다.”라고 규정하고 있다. 여기서 ‘경정결정’이라 함은 증액경정은 물론 감액경정을 포함하는 것으로서, 과세당국 등은 상호합의의 결과 감액경정의 사유가 발생하는 한 직권으로 감액경정할 의무가 있다.

이러한 감액경정의무에 터잡아 앞서 본 ‘상호합의에 기한 경정청구권’이 발생한다. 이를 국조법 제47조 제4항에 기한 경정청구권이라고 부를 수 있다.

(2) 제척기간

상호합의절차의 종료일의 다음 날부터 1년간의 기간과 국세기본법 제26조의2 제1항부터 제4항까지의 규정에 따른 제척기간 중 나중에 도래하는 기간의 만료일이 제척기간이 된다(국조법 제51조 제1항). 지방세도 마찬가지다(국조법 제51조 제2항).

나아가 국세기본법 제26조의2 제6항 제2호에는 “조세조약에 부합하지 아니하는 과세의 원인이 되는 조치가 있는 경우 그 조치가 있음을 안 날부터 3년 이내(조세조약에 따로 규정하는 경우에는 그에 따른다)에 그 조세조약의 규정에 따른 상호합의가 신청된 것으로서 그에 대하여 상호합의가 이루어진 경우: 상호합의 절차의 종료일부터 1년”으로 규정되어 있다.

(3) 상호합의결과의 확대 적용

『제48조(상호합의 결과의 확대 적용 등)
① 신청인은 제47조 제2항에 따른 상호합의절차 종결 통보를 받은 날부터 3년 이내에 상호합의 결과를 신청인과 상호합의 대상국 외의 국가에 있는 국외특수관계인 간의 거래에 대해서도 적용하여 줄 것을 대통령령으로 정하는 바에 따라 과세당국이나 지방자치단체의 장에게 신청할 수 있다.
② 과세당국이나 지방자치단체의 장은 제1항에 따른 신청이 다음 각 호의 요건을 모두 갖춘 경우에는 그 상호합의 결과를 상호합의 대상국 외의 국가에 있는 국외특수관계인과의 거래에 대해서도 적용할 수 있다.
1. 상호합의 결과와 같은 유형의 거래일 것
2. 상호합의 결과와 같은 방식으로 과세되었을 것
3. 그 밖에 대통령령으로 정하는 요건을 갖출 것
③ 제1항 및 제2항에 따라 상호합의 결과를 상호합의 대상국 외의 국가에 있는 국외특수관계 인에게 확대 적용하는 경우에는 제47조를 준용한다.』

상호합의결과의 확대적용을 위한 위 요건을 모두 갖춘 경우라면 위 국조법 제47조 제4항에 따라 경정청구권이 발생할 수도 있다.

제5절

판결 등에 따른 경정 및 경정청구
(국세기본법 제26조의2 제6항)

분류	사유	필요한 처분의 시기 및 종기
제1호	제7장에 따른 이의신청, 심사청구, 심판청구에 기한 결정에 따른 경정, 또는 감사원법에 따른 심사청구에 기한 결정에 따른 경정(1984. 8. 7. 신설)	각 해당 결정이 확정된 날부터 1년이 지나기 전까지
	행정소송판결에 따른 경정(1984. 8. 7. 신설)	판결이 확정된 날부터 1년이 지나기 전까지
제1의2호	제1호의 결정이나 판결이 확정됨에 따라 그 결정 또는 판결의 대상이 된 과세표준 또는 세액과 연동된 다른 과세기간의 과세표준 또는 세액의 조정이 필요한 경우(2016. 12. 20. 신설)	제1호의 결정 또는 판결이 확정된 날부터 1년이 지나기 전까지
제2호	조세조약에 부합하지 아니하는 과세의 원인이 되는 조치가 있는 경우 그 조치가 있음을 안 날부터 3년 이내(조세조약에 따로 규정하는 경우에는 그에 따른다)에 그 조세조약의 규정에 따른 상호합의가 신청된 것으로, 그에 대하여 상호합의가 이루어진 경우, 상호합의에 기한 경정(1993. 12. 31. 신설)	상호합의절차의 종료일부터 1년이 지나기 전까지
제3호	국세기본법 제45조의2 제2항에 기한 경정청구에 따른 경정(2007. 12. 31. 신설) ← 제45조의2 제1항, 제2항에 기한 경정청구에 따른 경정 (2016. 12. 20. 개정)	경정청구일부터 2월이 지나기 전까지
	국조법 제19조 제1항(2011. 12. 31. 신설, 2020. 12. 22. 개정) 및 제33조 제2항(2008. 12. 26. 신설, 2020. 12. 22. 개정)에 기한 각 경정청구에 따른 경정	
	국조법 제20조 제2항에 기한 조정권고에 따른 경정(2011. 12. 31. 신설, 2020. 2. 22. 개정)	조정권고일부터 2월이 지나기 전까지
제4호	제3호에 따른 경정청구가 있는 경우 그 경정청구의 대상이 된 과세표준 또는 세액과 연동된 다른 과세기간의 과세표준 또는 세액의 조정이 필요한 경우(2017. 12. 19. 신설)	경정청구일부터 2월이 지나기 전까지

제4장

제5호	최초의 신고·결정 또는 경정에서 과세표준 및 세액의 계산 근거가 된 거래 또는 행위 등이 그 거래·행위 등과 관련된 소송에 관한 판결(판결과 같은 효력을 가지는 화해나 행위를 포함한다)에 의하여 다른 것으로 확정된 경우(2017. 12. 19. 신설)	판결이 확정된 날부터 1년이 지나기 전까지
제6호	역외거래와 관련하여 제1항에 따른 기간이 지나기 전에 국조법 제36조 제1항에 따라 조세의 부과와 징수에 필요한 조세정보를 외국의 권한 있는 당국에 요청하여 조세정보를 요청한 날부터 2년이 지나기 전까지 조세정보를 받은 경우(2018. 12. 31. 신설, 2020. 12. 22. 개정)	조세정보를 받은 날부터 1년이 지나기 전까지

[국세기본법 제26조의2 제6항 소정의 특례제척기간]

1. 경정에 관한 규정

가. 제26조의2 제6항

국세기본법 제26조의2 제6항을 정리하면 위 표와 같다. 종래 제26조의2 제2항에서 정하고 있었으나 규정체계를 정리한다는 의미에서 2019. 12. 31. 제26조의2를 전부 개정함과 동시에 제2항을 제6항으로 옮겼다(제1장 제14절 4. 참조).

제6항에는 성질을 달리하는 여러 유형의 특례제척기간이 혼재하고 있어(이형물의 집합체) 해석상 혼란을 더하고 있다. 이를 4가지 유형으로 분류한다. 이러한 유형 분류 없이는 제척기간은 물론 '판결 등에 따른 경정'의 정확한 이해에 이르기가 어렵다.

입법론으로 그 중 '판결 등에 따른 경정'만을 따로 떼내어 규정하면서 규율내용을 명확히 규정하여야 한다. 물론 미국과 독일의 입법례를 참조하여야 한다. 그들의 입법례를 살펴보면 규정내용이 상세하여 규율내용을 조문에서 읽어 낼 수는 있으나 구체적 사안에서 그 해석에 관하여 의문이 생기기도 한다. 우리나라는 조문 자체가 너무 간단하여 규율내용을 제대로 읽어 낼 수도 없거니와 다른 유형의 특례제척기간과 함께 규정되고 있어서 혼란스럽다.

(1) 유형 분류

제6항은 4가지 유형으로 나눌 수 있다. 제1장 제14절 4. 가.를 참조하기 바란다.

(2) 이 절의 기술범위

이 절에서는 제1유형, 즉 [(ⅰ) 제1호, (ⅱ) 제1의2호, (ⅲ) 제3호 중 일부, (ⅳ) 제4호 중 일부]만을 '판결 등에 따른 경정'이라고 부르면서 설명하기로 한다.

제1호는 제척기간에 관한 규정이 신설(1984. 8. 7. 법률 제3746호)될 때 함께 규정되었다. 당시 국세기본법 제26조의2 제2항은 "제7장의 규정에 의한 이의신청·심사청구·심판청구, 감사원법에 의한 심사청구 또는 행정소송법에 의한 소송의 제기가 있는 경우에는 제1항의 규정에 불구하고 그 판결 또는 결정이 확정된 날로부터 1년이 경과하기 전까지는 당해 판결 또는 결정에 따라 경정결정 기타 필요한 처분을 할 수 있다."라고 규정했다.[1] 이후 제26조의2 제2항 제1호로 옮겨졌다. 다시 2019. 12. 31. 개정으로 제26조의2 제6항 제1호로 옮겨졌다.

제1호와 관련하여 2019. 12. 31. 개정 전의 제26조의2 제3항에서 "제2항 제1호의 결정 또는 판결에서 그 명의대여사실이 확인된 경우에는 제1항에도 불구하고 그 결정 또는 판결이 확정된 날부터 1년 이내에 명의대여자에 대한 부과처분을 취소하고 실제로 사업을 경영한 자에게 경정결정이나 그 밖에 필요한 처분을 할 수 있다."고 규정(2007. 12. 31. 신설)함으로써 제1호의 적용범위를 확장하였다.

나아가 2019. 12. 31. 개정으로, 제26조의2 제7항을 신설하여, 제1호에서 명의대여사실이 확인된 경우를 옮겨 규정하고, 제2호에서 '소득세법 제119조 및 법인세법 제93조'의 국외투자기구에 있어 국내원천소득의 '실질귀속자'가 확인되는 경우를 추가하였다.

(3) 2019. 12. 31. 개정 전의 "경정결정이나 그 밖에 필요한 처분을 할 수 있다."라는 부분 중 '경정결정'은 세액확정에 관여하는 법형식 중 과세관청이 하는 '결정, 경정, 재경정'을 통칭하는 것이었다(제1장 제14절 4. 참조). 그런데 2019. 12. 31. 개정으로 "경정이나 그 밖에 필요한 처분을 할 수 있다."라고 표현을 바꾸었다.

나. 판결 등에 따른 경정

(1) 제6항에서 '경정이나 그 밖에 필요한 처분'을 할 수 있다고 되어 있는바, 문언 자체에 의하더라도 순수한 경정에 관한 규정으로 봄이 옳다. 국세기본법 제45조의2와는 성질을 달리하는 독립된 경정규정이다. 경정법체계에 관한 총칙 규정을 국세기본법에 체계적으로 두지 아니한 우리나라에서는 경정을 할 경우에 제척기간의 특례가 필요하므로 제척기간을 규율하는 곳에 두었을 뿐이다. 이를 '특례제척기간'이라고 할 수도 있으나 그보다 경정규정임을 돋보이게 한다는 의미에서 '판결 등에 따른 경정'이라고 부른다(대법원 2015. 9. 10. 선고 2013다205433 판결 참조).

'판결 등에 따른 경정'은 다른 경정과는 성질과 유형을 달리하는 '특례경정'이다. '판결 등

---

[1] 윤지현, "이른바 '특례제척기간'을 통한 과세관청의 '재처분'은 어느 범위에서 허용되는가?", 조세법연구 제15-3집(한국세법학회, 2009), 18면 이하에서, 국세기본법 제26조의2 제2항을 제1항과는 달리 창설적 규정으로 이해하면서 "통상제척기간에 관한 제26조의2 제1항의 규정이 신설되는 과정에서, 이와는 다른 내용을 담고 있는 동조 제2항의 규정이 별다른 논의를 거친 흔적 없이 슬쩍 끼어든 것은 흥미로운 일"이라고 적고 있다.

에 기한 경정'이 아닌 '판결 등에 따른 경정'이라고 부르는 점도 유의하여야 한다. 판결 등에 따른 경정은 통상의 경정과는 차원을 달리한다. 이러한 이해 위에서 경정법체계 가운데 경정의 한 태양으로 편입함으로써 '판결 등에 따른 경정'이 독립한 하나의 경정제도로서 자리매김하도록 해야 한다. 뒤에서 보는 바와 같이 적용례를 '통상의 경우'와 '예외적인 경우'로 나눈 다음 통상의 경우에는 '조정적 경정'으로, 예외적인 경우에는 '재처분'[2])으로 이해하면서 각 경우의 특성을 구분하여 논할 여지도 있다. 외국의 입법례에서는 모순된 세액확정과 관계되는 '통상의 경우'만을 적용대상으로 하고 있다.

'판결 등에 따른 경정'의 본래의 모습 내지 기능을 올바르게 규명함으로써 이에 관하여 생기는 의문이나 혼란을 불식시켜야 한다. 혼란은 계속되고 있다. 각 국의 입법례를 통하여 기본사상을 알아 본 다음 그 기본사상 위에서 법을 해석함이 바람직하다.

(2) '판결 등에 따른 경정'을 선행절차의 공권적 판단 주체에 따라 다음과 같이 나눈다.

(ⅰ) 법원: 확정판결에 따른 경정(제1호, 제1의2호)

(ⅱ) 전심기관(재결청): 확정재결에 따른 경정(제1호, 제1의2호)

(ⅲ) 과세관청: 경정청구에 따른 경정(경정청구를 과세관청이 받아들여 경정함에 따른 경정, '제3호 중 일부' 및 '제4호 중 일부')

(3) 문언 자체에 의하면 경정이나 필요한 처분을 할 과세관청의 권한을 정한 것이지만, 예외적으로 '판결 등에 따른 경정'에서 조세채무자의 경정청구권을 인정할 필요성도 있다. 여기서 발생하는 경정청구를 '판결 등에 따른 경정청구'라고 부른다.

그런 의미에서 제4장 제4절의 '모순된 세액확정에 기한 경정청구'에 이어 제5절에서 '판결 등에 따른 경정 및 경정청구'라는 제목으로 이를 설명한다.

---

2) 윤지현, 전게논문, 11면에서, "여기서의 재처분이란, 일단 어떤 선행처분에 관한 쟁송절차에서 선행처분의 취소가 '확정'된 후에 관세관청이 선행처분과 일정한 관련이 있는 과세처분을 새로이 하는 경우를 가리킨다. 이러한 재처분은, 비록 선행처분의 처분사유는 위법한 것으로 선행소송에서 확정되었지만, 선행처분의 내용과 같은 납세의무가 또 다른 처분사유에 의하여서도 존재한다고 볼 여지가 있는 경우에 이루어진다. 그러한 의미에서, 재처분은 세법이 궁극적으로 올바르게 적용되는 것, 또는 세법이 의도한 규범적 결과가 최종적으로 현실 세계에서도 실현되는 것을 보장하는 의미를 가진다고 볼 수 있다."라고 적고 있다. 통상적인 경우와 예외적인 경우를 구별함이 없이 전부 '재처분'으로 이해하면서 이러한 재처분은 실체적 진실주의(세법이 올바르게 적용되는 것)의 실현을 보장하는 의미를 가진다고 보고 있다.

2. 각 국의 입법례

가. 독일3)4)5)

조세기본법 제174조 제4항 및 제5항6)

『(4) ¹어느 특정한 사실관계에 대한 잘못된 판단에 기초하여 부과처분이 행하여지고 그 부과처분이 救濟節次나 조세채무자의 更正請求에 기하여 과세관청에 의하여 조세채무자에게 유리하게 폐지되거나 변경되면, 사후적으로 새로운 부과처분을 발령하거나 그 부과처분을 변경하는 방법으로, 그 특정한 사실관계로부터 정당한 조세적 추론을 도출할 수 있다. ²그 부과처분이 법원의 판결에 의하여 폐지되거나 변경되는 경우에도 위와 같다. ³하자있는 부과처분이 폐지되거나 변경된 날부터 1년 이내에 조세적 추론을 도출하면 제척기간의 도과 여부는 고려되지 않는다.

(5) ¹제3자가 그 하자 있는 부과처분의 폐지 또는 변경을 위한 절차에 참가한 경우, 그 제3자에 대하여도 위 제4항의 적용이 있다. ²이 절차에 제3자의 참가는 허용된다.』

독일 판례(BFH XI R 28/98, BStBl II 99, 475)에 의하면 "위 조항은 납세자의 이익을 위하여 이루어진 경정에 대한 대가로 납세자에게 그 경정과 관련된 불이익을 실현하는 기회를 줌으로써 과세관청으로 하여금 보상받도록 하는 데 있다(Die Vorschrift bezweckt den Ausgleich einer zugunsten des Stpfl. eingetretenen Änderung durch die Möglichkeit, die damit verbunde- nen Nachteile an anderer Stelle zu verwirklichen)."라고 판시하고 있다. 납세자가 자신의 이익을 위하여 경정의 목적을 달성하였다면 이에 관련한 불이익도 함께 감수토록 함으로써 과세관청으로 하여금 이를 보상받도록 해야 한다는 말이다. 조세기본법 제174조 제4항의 기본사상은, 부과처분의 변경 내지 경정을 자신의 이익을 위하여 요구한 조세채무자로 하여금, 그의 법

---

3) 독일 조세기본법 제174조(Widerstreitende Steuerfestsetzungen) 제1항 내지 제3항은 '모순된 세액확정에 관한 경정'에 관하여, 제4항 및 제5항은 '판결 등에 따른 경정'에 관하여 각 규율하고 있다. 다만 제174조 제4항을 추론적 경정(구제절차상의 판결 등에 따라 후행경정절차에서 행하여지는 경정, Folgekorrektur)이라 부른다. 규율내용이 다름에도 한 조문에 위치하고 있다. Klein, 전게서, 1282면에서, 제4항은 제1항 내지 제3항과는 독립된 경정규정(eigenständige Änderungsnorm)으로, 모순된 세액확정에만 국한하는 것이 아니라 그보다 넓다는 취지로 적고 있다. 조세기본법상의 경정체계는 제1장 제11절 참조.

4) Tipke/Lang, 전게서, 제21장 427문단에서 독일 조세기본법 제174조 제4항은 신의성실의 원칙에 터잡은 것(Ausfluß des Grundsatzes von Treu und Glauben)이라고 적고 있다.

5) 독일 조세기본법 제175a(상호합의절차의 편입)의 제1문에서 상호합의절차(중재절차)로 인한 경정에 관한 규정을 두면서, 제2문에서 상호합의결정 또는 중재결정이 유효하게 된 때부터 1년이 경과하기 전까지는 제척기간이 종료되지 아니한다는 취지로 정하고 있다.

6) 독일 조세기본법 제174조 제1항 내지 제3항은 제4장 제4절 8. 참조.

적 입장이 나중에 다른 측면에서 불리한 조세적 결론으로 귀착되더라도, 그 범위 내에서, 자신이 취한 당초의 법적 입장을 유지·고수시키는 데 있다(위 BFH BStBL, 99, 475)라고 위 판결은 설명한다. 나아가 그것이 조세적 취급상 더 불리하게 되더라도 마찬가지라는 것이다(BFH BStBl 05, 637; 90, 373). 한편 신의성실의 원칙에서 나온다는 판례도 있다(BFH BStBl 17, 15. BFH/NV 17, 481).

독일의 이러한 기본사상은 미국의 기간제한의 경감규정과 일맥상통한다. 우리나라의 입법론 내지 해석론으로 어느 법제를 따르는 것이 보다 합리적인지 연구과제로 삼아야 할 것이다.

나. 일본7)

국세통칙법 제71조(국세의 경정, 결정 등의 기간제한 특례) 제1항 및 제2항

『① 경정결정 등으로 다음 각 호에서 드는 것은, 해당 각 호에 드는 기간만료일이 제70조의 규정에 의한 경정결정 등을 할 수 있는 기간만료일 후에 도래하는 경우 제70조의 규정에 불구하고 해당 각 호에 정한 기간에 이를 할 수 있다.

1. 경정결정 등에 대한 불복신청 또는 소송에 관한 재결, 결정 또는 판결(이하 이 호에 있어 '재결 등'이라 부른다)에 의한 원처분의 異動 또는 更正請求에 기한 경정에 수반하여 과세표준 등 또는 세액 등의 異動을 생기게 하는 국세(해당 재결 등 또는 경정에 관계되는 국세 세목에 속하는 것에 한한다)로서 해당 재결 등 또는 경정을 받은 자에게 관계되는 경정결정 등

: 해당 재결 등 또는 경정이 있은 날부터 6월

2. 생략

② 전항 제1호에 규정하는 해당 재결 등 또는 경정을 받은 자에는, 그 받은 자가 분할 등에 관계되는 분할법인 등인 경우에는 그 분할 등에 관계되는 분할승계법인 등을 포함하고, 그 받은 자가 분할 등에 관계되는 분할승계법인 등인 경우에는 그 분할 등에 관계되는 분할법인을 포함하며, 그 받은 자가 연결친법인인 경우에는 그 연결친법인에 관계되는 연결자법인을 포함하고, 그 받은 자가 연결자법인인 경우에는 그 연결자법인에 관계되는 연결친법인을 포함한다.』

다. 미국(기간제한의 경감규정)

내국세입법 제1311조 내지 제1314조[제1장 제11절 1. 나. (2)의 관련 주 참조]에서 '기간제한의 경감규정'을 두고 있다. 이는 형평법에 기초한 것으로 1938년 입법되고 1954년 개정되었다. 입법목적은 과세관청이나 조세채무자 중 어느 일방이 전후 모순된 입장을 취하면서 기간

---

7) 金子 宏, 전게서, 718면에서, "이것은 판결 등으로 어떤 연도의 세액이 변동되었기 때문에 이와 관련하여 다른 연도의 동일 세목의 조세에 변동을 초래한 경우, 다른 연도의 조세에 관한 경정·결정 등을 가능하게 하는 것이다."라고 적고 있다. '기간귀속의 충돌'만이 적용대상이라는 것이다.

제한의 보호를 받는 것을 방지하기 위한 것에 있다고 한다(제1장 제11절 1. 나. 참조).

　　우리나라 입법자는 미국의 경감규정을 고려한 나머지 '모순된 세액확정에 기한 경정청구'와 '판결 등에 따른 경정'으로 나눈 다음 각기 다른 곳에서 규율하는 입법례를 채택한 것으로 추정된다. '판결 등에 따른 경정'이 주로 조세채무자가 주도권을 행사한 장면에 있어 제척기간의 도과로 인하여 국가가 입게 되는 과세손실을 방지하기 위한 것이라면, '모순된 세액확정에 기한 경정청구'는 주로 국가가 주도권을 행사한 장면에 있어 제척기간의 도과로 인하여 조세채무자가 입게 되는 시정기회 내지 구제기회의 상실로 인한 손실을 방지하는 데 있다[제4장 제4절 2. 나. (3) 참조].

　　앞서 본 독일 판례에서 납세자 자신이 취한 '당초의 법적 입장을 유지·고수'시키는 데 있다고 판시하고 있는 점에 비추어 볼 때, 독일도 미국의 입법례를 참작한 것으로 보인다. 비록 규정형식을 달리 하더라도 독일 조세기본법 제174조 제1항, 제2항, 제3항에서 세액확정이 모순·저촉된 경우에 있어 부과결정의 폐지 및 변경에 관한 것을 규율하고 있고, 반면 제4항 및 제5항에서 판결 등에 따른 후행경정에 관한 것을 규율하고 있다(제1장 제11절 1. 가. 참조).

　　이하 미국의 경감규정을 개략적으로 본다.

　　(1) 적용요건[8]

　　① 기간제한의 규정에 따른 기간이 도과한(time-barred) 특정한 과세기간에 있어 그 과세표준신고서에 실체적 오류(a substantive error)가 존재하여야 하고, 나아가 오류의 존재를 인정하는 공권적 판단(determination)이 존재하여야 한다.

　　오류는 '모순·저촉의 7가지 유형'(circumstances of adjustment, 경정의 환경) 중 어느 하나에 해당하는 것이어야 한다. 그런 의미에서 오류를 경정사유라고 말할 수 있다. 통상 기간귀속의 충돌(an interyear inconsistency)이 주로 문제되나 그렇지 않은 경우도 있다.

　　② 법률(기간제한의 규정)이나 기판력(rule of law, Res Judicata) 등으로 오류의 시정이 불가능하여야 한다. 미국에서의 기판력은 대륙법계와는 달리 광범위하므로 기판력으로부터 발생하는 불이익도 시정하기 위하여 경감규정의 적용이 있다는 취지이다.

---

8) CAMILLA E. WATSON, Tax Procedure And Tax Fraud, 137면에서, 적용요건을 다음과 같이 적고 있다[아래 2호에서의 'rule of law'는 'Res Judicata'(기판력) 등을 의미한다].
　　"There are four requirements for obtaining relief under the statutory mitigation rules:
　　1. There must be a 'determination' that an error was made concerning the proper treatment of an item. (§1313).
　　2. The operation of any law or rule of law must prevent correction of error. (§1311(a)).
　　3. The 'determination', coupled with the erroneous inconsistent treatment, must result in one of seven 'circumstances of adjustment' listed in section 1312.
　　4. The party in whose favor the 'determination' is made must have maintained an inconsistent position with respect to the 'determination' in a year that is now barred from litigation. (§1311(b))."

③ 해당 납세자는 물론 관련당사자(related taxpayer)에게도 확장되어 적용된다.

(2) 법률이 정하는 공권적 판단의 종류, 관련당사자, 경정사유인 '모순·저촉의 7가지 유형' 등은 [제1장 제11절 1. 가. (2)]를 참조하기 바란다.

이상의 경정요건을 모두 갖추면 제1314조에 따라 경정(adjustment)은 선행의 공권적 판단 일부터 1년 이내에 이루어진다.

라. 각 입법례의 기본사상

(1) '판결 등에 따른 경정'에 관한 각 입법례의 공통된 기본사상은 다음과 같다. 이는 우리나라에서의 '판결 등에 따른 경정' 중 뒤에서 보는 통상의 경우(원칙적인 경우)에 해당되는 것이다. 다른 나라와는 달리 우리나라에서만 인정되는 뒤에서 보는 '예외적인 경우'에는 그대로 들어맞지 않는다. 여기서는 원칙적인 경우만을 대상으로 고찰한다.

① 爭訟節次가 선행되어 그 결과로서 전심결정(재결) 또는 판결 등 공권적 판단이 확정되었거나 또는 조세채무자의 更正請求가 있고 과세관청이 그 경정청구를 받아들이는 공권적 판단을 하였음을 전제한다. 이와 같은 각 '公權的 判斷'이 '판결 등에 따른 경정'의 핵심개념이고 전제요건이다. 공권적 판단의 주체는 법원(판결에 따른 경정), 재결청(재결에 따른 경정), 과세관청(경정청구에 따른 경정) 등이다.

공권적 판단을 하기에 이른 단초는 쟁송을 제기하거나 경정청구를 한 조세채무자가 제공한 것이다. 그는 자신에게 유리한 지위를 확보하기 위하여 처분에 대한 불복 등 쟁송을 제기하거나 경정청구를 하였고, 결과적으로 자신이 이루고자 하는 목적의 전부나 일부를 달성하였다는 점이다. 즉 청구가 전부 기각되거나 각하된 것이 아니라 적어도 일부 인용(쟁송절차: 취소, 경정청구: 경정)되었음을 전제한다. 원처분이 무효라는 공권적 판단의 경우에는 적용될 수 없다.

② 관점을 달리하여 본다. 특정한 쟁점을 둘러싸고 과세관청과 조세채무자 사이에 견해가 대립(의식적이든, 무의식적이든)하였는데 법원이나 전심기관 또는 과세관청이 조세채무자의 견해가 옳다고 그의 손을 들어 주었다는 점이다. 오늘날 복잡한 생활관계에서 과세요건사실을 추출하기도 어려울 뿐더러 거기에 정확한 법령을 적용하여 조세적 결론인 정당한 세액을 확정하는 것은 조세채무자나 과세관청 모두에게 어려운 작업이다. 과세관청으로서는 세액을 확정함에 있어 원칙적으로 예비적 부과처분, 선택적 부과처분 또는 중첩적 부과처분을 할 수도 없다. 이러한 처분을 한다면 처분이 특정되지 않았다는 이유로 그 자체가 무효로 귀착될 수 있다.

③ 절차적 진행과정과 관련하여 본다.

先行節次(쟁송절차 또는 경정청구절차)에서 판단주체가 판단의 대상인 특정 세액확정에 오류가 있음을 이유로 조세채무자의 손을 들어주는 公權的 判斷(출구절차, Ausgangsverfahren)을 한 이상, 과세관청으로서는 이에 連動9)하여 정당한 조세적 추론을 내릴 수밖에 없다. 그 추론을 위하여 새로운 절차인 後行節次(更正節次, 調整節次, Folgeänderungsverfahren)가 반드시 뒤따라야 한다.

통상의 구제절차와는 달리 선행절차에서의 공권적 판단에 연동하여 후행경정절차가 진행된다(선행절차에서의 출구절차인 공권적 판단 → 이에 연동하는 후행경정절차의 진행). 출구절차에서 후행경정절차로 연동하여 계속 이어진다는 점이 그 특징이다.

정당한 조세적 추론을 내리는 후행경정절차에서 경정 등 필요한 처분을 할 수 있으나 그러한 처분을 함에 있어 조세채무자에게 유리하게 내려진다는 보장은 없다. 종전보다 더 불리한 지위에 놓일 수도 있다. 주도권을 행사한 조세채무자가 당초 예견하였거나 예견할 수 있었거니와 스스로 자초한 것이어서 부득이하다. 유불리를 따질 수 없고 따져서도 안 된다. 그러한 의미에서 불이익변경금지의 원칙은 적용될 수 없다.

④ 특례제척기간의 관점에서 본다.

조세채무자가 쟁송을 제기하거나 경정청구를 하는 등으로 주도권을 행사한 이상, 통상의 제척기간 도과 여부(신고납세방식의 조세에서 조세채무자가 과세표준확정신고서를 제출하지 않아 과세관청이 부과처분을 하였다면 그 제척기간은 7년이 된다. 이하 같다)를 고려함이 없이, 과세관청으로 하여금 정당한 조세적 추론에 따라 필요한 처분을 내리는 후행경정절차를 허용하여야 함은 당연하다.

통상의 제척기간 도과를 이유로 후행경정절차를 개시할 수 없게 하는 것은 과세관청에게 과세권 행사의 기회를 박탈하는 것으로, 이로 인하여 국고가 입게 되는 손실을 일방적으로 감수하라는 것이다. 이는 정의공평의 원칙에 반한다.

따라서 이러한 손실을 보상해 주기 위하여 특례제척기간이 필요하다. '당사자 중 어느 한 일방의 모순·저촉된 입장 취하기(assuming an inconsistent position)' 또는 '통상의 제척기간 도과 후 그로 인하여 이익을 얻은 당사자의 입장 바꾸기(changing positions after a tax year has closed)'로 말미암아 정의와 공평을 달성하기 어려운 경우, 통상의 제척기간에 대한 예외를 인정하여야 한다. 이는 미국의 경감규정을 설명할 때 자주 인용되는 표현이다.

정의공평의 원칙을 구현하기 위한 제도인 점에서 '모순된 세액확정에 기한 경정청구'에서의 완화된 특례제척기간과 맥락을 같이 함은 이미 본 바와 같다.

(2) 다만 각 입법례는 다음과 같은 차이점이 있어 경정의 범위도 다르다. 미국과 독일이 거의 완벽한 규정을 가지고 있으나 우리나라와 일본은 비교적 부실한 편이다.

---

9) 사전적 의미로, 연동이란 "기계나 장치 따위에서 한 부분을 움직이면 연결되어 있는 다른 부분도 잇따라 함께 움직이는 것"을 뜻한다. 국세기본법 제26조의2 제6항 제1의2호, 제4호에서 사용되는 법률용어이나 '판결 등에 따른 경정'을 설명함에 있어 사용한다. 일본에서는 '異動' 및 '隨伴'이라는 용어를 사용한다.

① 우리나라

조세채무자 아닌 제3자에게도 필요한 처분을 할 수 있는지 여부에 관하여 명확하지 않다. 그런데 국세기본법 제26조의2 제3항이 신설되었고, 이는 2019. 12. 31. 개정되어 제7항으로 옮겨졌다. 제7항의 적용이 없는 한 제3자에게는 필요한 처분을 할 수 없다. 판례도 같다.

한편, 개정전 제3호에서 '국세기본법 제45조의2 제2항에 기한 경정청구에 따른 경정'만을 규정함으로써 그 규율내용이 분명하지 않았다. 이해하기 어려운 규정이었다. 그런데 2016. 12. 20. '국세기본법 제45조의2 제1항 및 제2항에 기한 경정청구에 따른 경정'이라고 개정함으로써, 독일 및 일본과 마찬가지로, 조세채무자의 경정청구에 따른 경정의 경우에도 후행경정절차의 개시를 허용하고 있음이 명백하게 되었다.

② 독일

어느 특정한 사실관계(ein bestimmte Sachverhalt)에서 정당한 조세적 추론을 할 수 있도록 규정하고 있다. 동일한 세목이 아니더라도, 과세기간을 달리하더라도, 조세적 추론을 할 수 있음이 판례의 견해이다.[10] 조세채무자 아닌 제3자에 대한 경정과 관련하여, 그를 보호하기 위하여 전심절차나 소송절차에 참가하는 것을 조건으로 한다. 참가절차는 조세기본법 제360조(Hinzuziehung zum Verfahren) 및 조세소송법 제60조(Beiladung)에서 정하고 있다. 조세적 추론은 사후적으로 '새로운 부과처분을 발령하거나 기존의 부과처분을 변경'하는 방법으로 할 수 있다.

독일 판례에 의하면 출구절차에서의 재정법원의 판결은 후행경정에 대하여 구성요건적 효력(Tatbestandswirkung)을 가진다고 판시하였다.[11] 즉 후행경정을 함에 있어 선행절차의 공권적 판단의 존재와 법적 효과를 인정하고 그 내용에 구속되어야 한다는 것이다(제1장 제5절 1. 다. 참조).

③ 일본

'원처분의 이동(異動)', '과세표준 등 또는 세액 등의 이동(異動)'이라는 용어를 사용하면서, 동일한 조세채무자를 전제하고(국세통칙법 제71조 제2항의 예외는 제외), 해당 재결 등 또는 결정에 관계되는 동일 세목에 한정하고 있다. 결국 '기간귀속의 충돌'에만 허용되는 셈이다.

원처분의 이동 또는 경정청구에 기한 경정에 수반하여 이루어지는 '과세표준 등 또는 세액 등의 이동'의 구체적 예는 다음과 같다.[12] 사업세 등 일본 고유의 세제와 관련이 있어 우

---

10) Pahlke/Koenig, 전게서, 1454면에서, "정당한 조세적 추론(Folgerungen)은, 동일 세목인지 여부, 동일 과세기간인지 여부에 관계없이, 제174조 제5항의 경우 동일한 조세채무자인지 여부에 관계없이, 하나의 또는 복수의 다른 부과처분에서 할 수 있다."라고 적고 있다. 독일 판례도 같다(BFH BStBl 88, 404; 89, 539).

11) Pahlke/Koenig, 전게서, 1455면 참조(BFH II B 108/86, BStBl. II 1987. 267).

12) 志場喜德郎 外 3 共編, 國稅通則法精解, 831면 이하에서 5가지 예를 들고 있다.

리나라에 그대로 참작하기에 어려운 경우도 있다. (ⅳ)의 경우가 그렇다.

(ⅰ) 쟁송대상으로 된 사업연도 분의 소득금액이 이동함에 수반하여 적립금이 변동함에 따라 다음 사업연도 이후의 법인세액이 이동하는 경우

(ⅱ) 대손충당금 등의 전입액에 관하여 다툼이 있고 이것이 이동함에 수반하여 다음 사업연도의 상계액이 이동하는 경우

(ⅲ) 수선비 지출을 자본적 지출로 한 경정이 취소됨에 수반하여 다음 사업연도 이후의 감가상각비가 이동하는 경우

(ⅳ) 법인세 또는 소득세에 관한 경정결정이 쟁송에 의하여 취소되고 이에 수반하여 다음 사업연도 이후의 손금으로 되는 사업세액이 변동하고 다음 사업연도 이후의 법인세액 또는 소득세액이 이동하는 경우

(ⅴ) 쟁송대상으로 된 연분의 변동소득의 금액이 이동함에 수반하여 그 후의 연분의 변동소득의 금액이 이동하는 경우

④ 미국

관련당사자의 범위를 법정하면서 그 관련당사자에게 기간제한의 경감규정을 적용한다. '모순·저촉의 7가지 유형'에서 보는 바와 같이 그 유형을 세분화하면서 적극적 모순·저촉과 소극적 모순·저촉 등을 망라하여 규정하고 있다.

3. 입법취지 및 판례

가. 입법취지

(1) 앞서 본 입법례의 공통된 기본사상은 우리 법 해석에도 타당하다. 따라서 전심결정이나 판결을 통하여(제1호 및 제1의2호), 또는 경정청구에 따른 경정을 통하여(제3호, 제4호), 한편으로 그 지위를 확보한 조세채무자로 하여금 제척기간의 도과로 인한 이익을 향수하지 못하도록 하면서, 다른 한편으로 제척기간의 도과로 인하여 과세관청이 입을 수 있는 손실을 보상하기 위하여, 과세관청에게 오류시정을 위한 추론적 경정을 허용함과 동시에 통상의 제척기간을 완화한 특례제척기간을 부여하고 있다고 봄이 옳다.

① 2016. 12. 20. 신설된 제1의2호는 제1호를 확인하는 의미를 가질 뿐이다. 뒤에서 보는 대법원 2012. 10. 11. 선고 2012두6636 판결에 대한 반작용으로 신설되었다.

② 2016. 12. 20. 개정된 '제3호 중 일부'에 관하여 본다.

예를 들어 #1 사업연도에 신고하여야 할 것을 #2 사업연도에 신고하였고 기간귀속의 오류를 발견한 조세채무자가 #2 사업연도의 신고분에 대하여 '통상의 경정청구'를 한 경우,

이를 받아들여 #2 사업연도의 세액분을 감액경정한 과세관청으로서는 #1 사업연도에 대한 제척기간이 도과하였음에도 #1 사업연도의 세액을 증액경정할 수 있는지가 문제된다.

2016. 12. 20. 개정 전에는 '제3호 중 일부'의 규정만으로 대비할 수 없었다(물론 개정 전의 경우에도 이러한 경정을 쟁송절차에서의 재결이나 판결의 그것과 구별할 이유가 없으므로 유추를 허용해야 한다). 이를 입법적으로 보완하였다. 즉 과세관청은 #1 사업연도에 대한 제척기간이 도과하였더라도 #1 사업연도의 세액을 증액경정할 수 있다. 다만 '경정청구일부터 2월'로 규정한 것은 입법적 잘못이라 할 것이다. 다른 규정과의 균형상 '경정일부터 1년'으로 개정해야 한다.

이러한 견해에서 출발하지 아니하는 한 '판결 등에 따른 경정'의 정확한 이해에 이를 수 없고 그것이 가져야 할 본래의 모습에 제대로 접근할 수 없다.

(2) 뒤에서 보는 대법원 판결은 "특별제척기간은 같은 조 제1항 소정의 과세제척기간이 일단 만료되면 과세권자는 새로운 결정이나 증액경정결정은 물론 감액경정결정 등 어떠한 처분도 할 수 없게 되는 결과 과세처분에 대한 행정심판청구 또는 행정소송 등의 쟁송절차가 장기간 지연되어 그 판결 등이 제척기간이 지난 후에 행하여지는 경우, 판결 등에 따른 처분조차도 할 수 없게 되는 불합리한 사례가 발생하는 것을 방지하기 위하여 마련된 것"이라 판시한다. 입법취지를 일부 오해한 것으로 보인다. '당해 판결 등에 따른 경정결정이나 그에 부수되는 처분만을 할 수 있을 뿐'이라는 부분도 마찬가지다. 이렇게 해석하는 한 '판결 등에 따른 경정'의 본래의 모습에 제대로 접근할 수 없다.

(3) 기판력과의 관계

'판결 등에 따른 경정'은 '정의공평의 원칙'에 터잡은 것으로 본래 기판력(재결의 실질적 존속력)과는 목적을 달리하는 제도이다.

'판결 등에 따른 경정'은 과세단위를 같이 하는 경우에도 적용되지만 오히려 '과세단위'를 달리하는 경우에 절실하게 필요하다. 기간귀속의 충돌이 일어나는 경우가 특히 그렇다. '판결 등에 따른 경정'은 앞서 본 기본사상에 의할 때 기판력과는 상관관계가 없다고 보아야 한다. 실정법에서 명시적으로 이러한 경정을 허용하고 있는 이상 그 범위 내에서 기판력과의 충돌이 일어날 여지가 없다.[13] 기판력 이론으로 '판결 등에 따른 경정'을 제한하는 것은 주와 객이 뒤바뀐 것으로 보아야 한다.

동일한 과세단위 내에서도 부득이 '판결 등에 따른 경정'을 허용하여야 한다(본안종국판결

---

13) CAMILLA E. WATSON, 전게서, 137면에서, "기간제한의 경감규정은 본래 기간제한규정이나 기판력(Res Judicata) 이론 등으로 세액의 환급청구나 세액확정이 저지될 경우에 대비하여 이를 허용하기 위한 제도이다 (The statutory mitigation scheme basically permits refunds or assessments that would otherwise be barred by the statute of limitations or other rule of law(such as res judicata)."라고 적고 있다.

의무의 경감 또는 세액계산의무의 경감, 제1장 제6절의2 6. 다. 참조).

이러한 법리는 전심기관의 재결(실질적 존속력)에도 동일하게 적용된다.

나아가 '판결 등에 따른 경정'이 기속력의 실효성을 확보하기 위한 것이라는 헌법재판소 2002헌바27 결정의 판시부분은 그 범위 내에서 – 과세단위를 달리하는 경우 그 적용이 없다고 본 점에서 – 입법취지를 오해한 것이다(이 절 8. 참조).

결론적으로, '판결 등에 따른 경정'은 판결의 기판력이나 재결의 실질적 존속력과는 적용영역을 달리하므로 서로 충돌할 여지가 없다고 봄이 옳다.[14][15] 독일 판례에 의하면 출구절차에서의 재정법원의 판결은 후행경정에 대하여 구성요건적 효력(Tatbestandswirkung)을 가진다고 판시하였고, 미국의 경감규정이 기판력을 극복하기 위한 것임은 앞서 본 바와 같다.

나. 대법원 판례 등

(1) 대법원 1996. 5. 10. 선고 93누4885 판결

『구 지방세법 제30조의2 규정은 부과권의 제척기간에는 징수권의 소멸시효와는 달리 그 기간의 중단이나 중지가 없으므로 과세관청이 부과처분의 불복에 대한 결정 또는 판결이 있은 후 그에 따라 다시 부과처분을 하려는 시점에 이미 제척기간을 도과하였다고 하여 그 결정이나 판결의 결과에 따른 부과처분조차 할 수 없게 된다면 그 결정이나 판결은 무의미하게 되며 과세관청에게 가혹하고 또한 과세관청이 제척기간의 만료를 염려하여 재차 부과처분을 하게 되면 납세의무자에게 부담을 가중하는 것이 되므로 일정기간의 예외를 두자는 취지에서 비롯된 것이다. 그리고 위 규정은 결정이나 판결이 확정된 날부터 1년 내라 하여 당해 결정이나 판결에 따르지 아니하는 새로운 결정이나 증액경정결정까지 할 수 있다는 취지가 아님은 분명하나, 그렇다고 하여 위 규정을 오로지 납세자를 위한 것이라고 보아 납세자에게 유리한 결정이나 판결을 이행하기 위하여만 허용된다고 볼

---

14) 이동식, 전게서, 293면 이하에서, "재결이나 판결의 기속력의 범위와 특례제척기간의 적용범위를 조화시켜야 하는지가 문제될 수 있다. 왜냐하면 헌법재판소가 행정소송법 제30조에 따라 특례제척기간에 따른 규정을 기속력의 실효성을 확보하기 위한 특별규정이라고 판시한 바 있기 때문이다(헌법재판소 2002. 12. 18. 선고 2002헌바27 결정). 그러나 특례제척기간의 적용범위와 재결, 행정소송판결의 기속력 문제는 별개 문제라고 할 것이다. 특례제척기간 문제가 '결과적으로' 재결, 판결의 기속력과 연결될 수 있는 문제이긴 하지만, 특례제척기간의 적용범위를 반드시 재결 혹은 판결의 기속력과 연결시켜서 그러한 효력이 미치는 범위 이내로만 제한해야 할 이유는 없다."라고 적고 있다.

15) 윤지현, 전게논문, 41면에서, "특례제척기간을 통한 재처분의 경우에는 재처분의 가능성이 기속력이나 기판력과 같은 취소판결의 효력에 의하여서가 아니라 특례제척기간에 관한 국세기본법 규정의 적용에 의하여 제한된다. 따라서 통상제척기간에 관한 국세기본법 규정의 적용에 의하여 제한된다. 따라서 통산제척기간 내에서의 재처분 문제와는 달리 이 문제는 기본적으로 특례제척기간에 관한 국세기본법 규정이 적용될 수 있느냐 없느냐 하는 차원에서 논의되어야 한다. … 결론적으로 필자는 선행처분과 과세단위를 달리하는 재처분에 대하여 특례제척기간이 적용되는지 여부는 (과세단위보다는) 이와 같이 통상제척기간과 특례제척기간의 기본적 존재이유에 비추어 따져 보아야 한다고 생각한다."라고 적고 있다.

근거는 없으므로, 납세고지의 위법을 이유로 과세처분이 취소되자, 과세관청이 그 판결 확정일로부터 1년 내에 그 잘못을 바로잡아 다시 지방세 부과처분을 하였다면, 이는 위 구 지방세법 제30조의2 제2항이 정하는 당해 판결에 따른 처분으로 제1항이 정하는 제척기간의 적용이 없다.』

부과처분이 절차적 하자를 이유로 판결로 취소된 경우 과세관청이 그 판결에 따라 그 확정일부터 1년 이내에 그 절차를 준수하여 새로운 부과처분을 할 수 있다는 것이다.16)

(2) 대법원 2002. 7. 23. 선고 2000두6237 판결

『과세처분을 취소하는 확정판결의 기판력은 확정판결에 나온 위법사유에 대하여만 미치므로 과세처분권자가 확정판결에 나온 위법사유를 보완하여 한 새로운 과세처분은 확정판결에 의하여 취소된 종전의 과세처분과는 별개의 처분으로서 확정판결의 기판력에 저촉되지 아니한다(대법원 1992. 9. 25. 선고 92누794 판결, 1992. 11. 24. 선고 91누10275 판결 등 참조).

원심이 같은 취지에서, 원고들이 제기한 1988년도 내지 1992년도 귀속분 종합소득세 및 방위세 부과처분(아래에서는 '종전처분'이라고 한다) 취소소송에서 원고들이 안영자로부터 받은 돈이 부동산 임대소득이 아니라 이자소득이라는 이유로 종전처분을 전부 취소하는 판결이 확정되고, 그에 따라 피고들이 그 돈을 이자소득으로 보고 종전처분의 부과세액을 한도로 하여 다시 원고들에게 이 사건 종합소득세 등 부과처분을 하였으므로, 이 사건 처분은 종전처분에 대한 확정판결에서 나온 위법사유를 보완하여 한 새로운 과세처분으로서 종전처분과 그 과세원인을 달리하여 위 확정판결의 기속력 내지 기판력에 어긋나지 아니한다고 판단한 것은 옳고, 거기에 상고이유의 주장과 같은 법리오해 등의 잘못이 없다. 따라서 이 부분 상고이유는 받아들일 수 없다.

종전의 과세처분이 위법하다는 이유로 이를 취소하는 판결이 선고·확정된 후 1년 내에 과세관청이 그 잘못을 바로 잡아 다시 과세처분을 한 경우에는 구 국세기본법(1993. 12. 31. 법률 제4672호로 개정되기 전의 것) 제26조의2 제1항이 정한 제척기간의 적용이 없다(대법원 1996. 5. 10. 선고 93누4885 판결, 2002. 1. 5. 선고 2001두9059 판결 등 참조).』

임대소득으로 본 부과처분을 조세채무자가 쟁송절차에서 이자소득이라고 다투고 판결에서 이자소득이라는 이유로 부과처분이 취소된 경우, 과세관청으로서는 판결에 따라 그 확정일부터 1년 이내에 이자소득임을 전제로 새로운 종합소득세 부과처분을 할 수 있다는 것이다. 기판력에 관한 판시를 담고 있으나 '판결 등에 따른 경정'은 기판력과는 상관이 없으므로 부적절

---

16) 대법원 2006. 9. 22. 선고 2006두6437 판결도 같은 취지이다(법원공보 불게재). 상속인들이 실제 상속받은 재산이 얼마인지 확정하여 그 상속재산을 한도로 상속지분에 따라 안분한 금원을 부과하지 아니하고 망인의 종합소득세 전체를 부과한 것은 위법하다는 이유로 위 부과처분을 취소하라는 판결이 선고되어 확정되었고, 그 판결 확정 후 1년이 경과하기 전에 망인의 종합소득세세액을 상속지분별로 안분계산하여 다시 부과처분을 한 사안이었다. 또 절차적 하자가 있는 경우에는 추계과세의 합리성과 타당성에 대한 과세관청의 입증이 없는 경우 등이 포함될 수 있다.

하다 할 것이다.

(3) 대법원 2004. 1. 27. 선고 2002두11011 판결(기술개발준비금 환입 사건)

『원심은, 제1심판결 이유를 인용하여 원고가 피고를 상대로 이 사건 기술개발준비금을 1994 사업연도의 익금에 산입한 것은 부당하다고 주장하면서 국세심판소에 1994. 귀속 법인세부과처분의 취소를 구하는 심판청구를 한 결과, 국세심판소장은 1999. 3. 12. 이 사건 기술개발준비금은 1994 사업연도의 익금에 산입할 것이 아니라 1992 사업연도의 익금에 산입하여야 할 금액이라는 이유로 1994. 귀속 법인세의 과세표준과 세액을 경정하라는 심판결정을 하였고, 이에 피고는 1999. 5. 19. 이 사건 기술개발준비금을 1994 사업연도의 익금산입에서 제외함으로써 1994. 귀속 법인세를 감액 경정하여 80,147,920원을 환급결정하는 한편, 이 사건 기술개발준비금을 1992 사업연도의 익금에 다시 산입한 결과 1992. 귀속 법인세로 44,682,510원을 증액경정하는 이 사건 처분을 한 사실을 인정한 다음, 이 사건 국세심판의 대상은 1994. 귀속 법인세부과처분에 한정되고 설사 그 심판결정 에서 이 사건 기술개발준비금을 1992 사업연도의 익금에 산입하는 것이 정당하다는 취지의 심판결 정을 하였다고 하더라도 그 당시 1992. 귀속 법인세에 대한 부과권의 제척기간이 이미 경과하였다 면 이러한 경우에는 국세기본법 제26조의2 제2항 제1호 소정의 '결정이 확정된 날부터 1년이 경과 되기 전까지는 당해 결정에 따라 경정결정 기타 필요한 처분을 할 수 있는' 경우에 해당하지 않으 므로, 결국 이 사건 처분은 그 부과할 수 있는 날부터 5년의 부과제척기간이 경과한 후의 처분으로 서 당연무효라고 판단하였다. 관계 법령과 기록에 비추어 살펴보면, 이러한 원심의 사실인정과 판 단은 옳은 것으로 수긍이 가고, 거기에 상고이유의 주장과 같은 쟁송 후 특례제척기간에 관한 법리 오해의 위법이 있다고 할 수 없다.』[17]

---

17) 사안개요는 다음과 같다. ① 원고는 1992 사업연도 법인세 과세표준 신고시, 1990년도에 손금산입한 기술개 발준비금 중 일부금인 이 사건 기술개발준비금(131,419,173원)을 조기환입·익금가산하여 신고하였다. ② 피 고은 1992년부터 1996년까지 5개 사업연도에 대한 세무조사를 거쳐 이 사건 기술개발준비금을 1992 사업연 도가 아닌 1994 사업연도에 환입하여야 한다는 이유로, 1997. 6. 4. 원고에게 1992 사업연도에 대하여 감액 경정을, 1994 사업연도에 대하여 증액경정을 각 고지하였다. ③ 원고는 1994 사업연도 증액경정처분(1992. 사업연도에 대한 감액경정에 대하여는 불복하지 않았다. 물론 불복할 수도 없다)에 대하여 심사청구를 거쳐 1997. 10. 16. 심판청구를 하였다. ④ 국세심판소는 1999. 3. 12. 원고가 1990 사업연도에 손금산입한 이 사 건 기술개발준비금은 1994 사업연도의 익금산입에서 제외하고 1992 사업연도에 임의환입한 것으로 보아 익 금산입하라는 결정을 하였다. ⑤ 피고는 위 결정에 따라 1999. 5. 19. 이 사건 기술개발준비금을 1992 사업 연도에 익금산입하여 1994 사업연도 법인세에 대하여 감액경정을 하여 법인세를 환급하고, 1992 사업연도 법인세는 증액경정을 하여 법인세 44,682,510원을 부과하는 이 사건 처분을 하였다.
제1심 판결(2001. 1. 24. 선고 춘천지방법원 2001구868 판결, 원고 청구 기각)은 국세기본법 제26조의2 제2 항 제1호 소정의 '판결 등에 따른 경정'의 적용이 있다고 보아 원고의 제척기간 도과 주장을 배척하였다.
서울고등법원은 "피고의 1997. 6. 4.자 법인세 부과처분 중 1992 사업연도 법인세에 관한 부분은 원고의 당 초 신고보다 감액하고 그 차액을 환급한다는 취지이므로 원고가 국세심판소에 대하여 이 부분의 취소를 구한 것은 아니라 할 것이어서 위 1997. 6. 4. 법인세 부과처분 중 1992 사업연도에 관한 부분은 국세기본법 제26 조의2 제2항 제1호 소정의 '심판청구에 대한 결정이 있는 경우'에 해당하지 않는 것으로 봄이 상당한 점 등의 사정에 비추어 볼 때, 이 사건 처분은 국세기본법 제26조의2 제2항 소정의 제척기간의 적용을 받지 아니하는 판시취지가 국세심판소의 결정에 의하여 기술개발준비금의 환입으로 인한 익금의 귀속시기가 1994 사업연도가 아니라는 이유로(1992 사업연도라는 이유로) 당초의 부과처분이 취소된 경우 국세기본법 제26조의2 제2항 제1호의 적용이 없다고 본 것인지는 명확하지 않다. 다만 "그 심판결정에서 이 사건 기술개발준비금을 1992 사업연도의 익금에 산입하는 것이 정당하다는 취지의 심판결정을 하였다고 하더라도 그 당시 1992. 귀속 법인세에 대한 부과권의 부과제척기간이 이미 경과하였다면 이러한 경우에는 국세기본법 제26조의2 제2항 제1호 소정의 결정이 확정된 날부터 1년이 경과하기 전까지는 당해 결정에 따라 경정결정 기타 필요한 처분을 할 수 있는 경우에 해당하지 않으므로"라는 판시부분에서, 심판결정일(1999. 3. 12.) 당시 1992. 귀속 법인세에 대한 제척기간이 도과하지 않았다면 1992. 귀속 법인세에 대한 증액경정처분이 가능하다는 판시취지로 읽혀진다. 즉 심판결정에 따라 시정되어야 할 세액확정절차상의 세액에 관하여 심판결정일을 기준으로 제척기간이 도과하지 않아야 함을 강조하고 있다.[18]

그러나 '판결 등에 따른 경정'의 입법취지에 비추어 볼 때 이 사건이야말로 전형적인 적용례라고 할 것이다. 과세관청이 #2에서 #4로 귀속시기를 이동시킬 때 가사 #2의 법인세 제척기간이 도과하였더라도 #2에 대하여 조세채무자로서는 모순된 세액확정에 기한 경정청구를 할 수 있었다. 이 사안에서 과세관청이 #2에 대하여 감액경정을 동시에 하였다. 당시 제척기간도 도과하지 않았고 조세채무자는 이러한 경정청구를 할 필요가 없었다.

한편 #4의 귀속에 대하여 조세채무자가 적극적으로 다툰 결과 청구인용재결을 받았다. 조세채무자로서는 자신이 원하는 것을 모두 이룬 셈이다. 이러한 상황 아래에서 과세관청으로 하여금 #2와 #4의 사업연도 모두에 대하여 과세를 할 수 없도록 만들 수는 없다. 정의공평의 원칙에 반하기 때문이다. #4의 귀속이 위법하다고 다투어 자신의 청구가 인용되니 이제는 입장을 바꾸어 제척기간이라는 보호막 뒤에 숨어서 #2의 제척기간이 도과하였다고 주장한다면 그 주장을 용인하여서는 안 된다. 전후 모순된 입장을 취하였기 때문이다. #2의 제척기간이 도과하였다고 주장하는 것 자체가 신의성실의 원칙에 반한다. 이러한 상황에 대비하여 '판결 등에 따른 경정'이라는 제도를 마련하여 두었다. '판결 등에 따른 경정'에 기하여 과세관청은 청구인용재결의 확정일부터 1년 이내에 #1에 대하여 법인세를 부과할 수 있다고 새겨야

처분으로 보기 어렵다고 할 것이다."라고 판시하였다.

18) 이창희, 전게서, 166면에서, "소득세나 법인세 같은 기간과세에서 귀속연도에 대한 다툼이 있을 수 있다. 예를 들어, 어떤 수입금액이 2006년도의 과세소득이 아니고, 2007년도의 과세소득이라고 주장하며 다툴 수 있다. 행정쟁송이나 재판 결과 2006년도에 낼 세금이 아니고 2007년에 낼 세금이라면 2006년도의 세액은 취소가 된다. 이 경우 2007년분 세액은? 그만큼 늘어날 것이다. 그런데 다투고 있는 사이에 2007년분 세액에 대한 제척기간이 지났다면? 가령, 소송의 결과가 2013년에 나왔다면 2007년분 세액에 대한 제척기간은 이미 지나가게 된다. 종래 판례는 2007년분 세액에 대한 부과처분을 할 수 없다고 하였으나 법률로 뒤집었다."라고 적고 있다.

한다. 제4장 제4절의 [모순된 세액확정에 기한 경정청구의 전론]을 참조하기 바란다.

(4) 대법원 2004. 6. 10. 선고 2003두1752 판결[19]

『구 국세기본법(1993. 12. 31. 법률 제4672호로 개정되기 전의 것, 이하 '구법'이라 한다) 제26조의2 제1항에 의하면 소득세는 이를 부과할 수 있는 날부터 5년이 경과한 후에는 부과할 수 없다고 규정하는 한편 제2항에서 이의신청·심사청구·심판청구, 감사원법에 의한 심사청구 또는 행정소송법에 의한 소송의 제기가 있는 경우에는 제1항의 규정에 불구하고 그 판결 또는 결정이 확정된 날부터 1년이 경과하기 전까지는 당해 판결 또는 결정에 따라 경정결정 기타 필요한 처분을 할 수 있다고 규정하고 있고, 같은 법 시행령(1998. 12. 31. 대통령령 제15968호로 개정되기 전의 것) 제12조의3 제1항 제1호에서는 과세표준과 세액을 신고하는 국세의 경우 부과제척기간은 당해 국세의 과세표준과 세액에 대한 신고기한 또는 신고서 제출기한의 다음 날부터 기산한다고 규정하고 있으며, 구 소득세법(1994. 12. 22. 법률 제4803호로 개정되기 전의 것) 제100조 제1항에 의하면 당해 연도의 종합소득금액이 있는 거주자는 과세표준을 다음 연도 5월 1일부터 5월 31일까지 정부에 신고하여야 한다고 규정하고 있는 바, 이와 같은 국세부과의 제척기간이 도과한 후에 이루어진 과세처분은 무효이며(대법원 1999. 6. 22. 선고 99두3140 판결 참조), 부과제척기간에 관한 특별규정인 구법 제26조의2 제2항에 규정된 특별제척기간은 같은 조 제1항 소정의 과세제척기간이 일단 만료되면 과세권자는 새로운 결정이나 증액경정결정은 물론 감액경정결정 등 어떠한 처분도 할 수 없게 되는 결과 과세처분에 대한 행정심판청구 또는 행정소송 등의 쟁송절차가 장기간 지연되어 그 판결 등이 제척기간이 지난 후에 행하여지는 경우, 판결 등에 따른 처분조차도 할 수 없게 되는 불합리한 사례가 발생하는 것을 방지하기 위하여 마련된 것임에 비추어 볼 때, 그 문언상 과세권자로서는 당해 판결 등에 따른 경정결정이나 그에 부수되는 처분만을 할 수 있을 뿐, 판결 등이 확정된 날부터 1년 내라 하여 당해 판결 등에 따르지 아니하는 새로운 결정이나 증액경정결정까지도 할 수 있는 것은 아니라 할 것이고(대법원 1994. 8. 26. 선고 94다3667 판결, 1996. 5. 10. 선고 93누4885 판결 등 참조), 또한 납세의무가 승계되는 등의 특별한 사정이 없는 한, 당해 판결 등을 받은 자로서 그 판결 등이 취소하거나 변경하고 있는 과세처분의 효력이 미치는 납세의무자에 대하여서만 그 판결 등에 따른 경정처분 등을 할 수 있을 뿐 그 취소나 변경 대상이 되고 있는 과세처분의 효력이 미치지 아니하는 제3자에 대하여서까지 위 규정을 적용할 수 있는 것은 아니다(대법원 1996. 9. 24. 선고 96누68 판결 참조). 원심이 인정한 사실관계에 의하면, 이 사건 부동산의 양도일(부담부증여)은 1993. 11. 10.이어서 이에 대한 양도소득세 확정신고기한은 1994. 5. 31.이고 부과제척기간은 그 때부터 5년이 되는 1999. 5. 31.이므로 피고가 양도소득세 증액처분을 한 2002. 4. 19. 당

제4장

---

19) 이창희, 전게서, 165면에서, "대법원 판결 가운데에는 이 제2항 읽기를, '같은 조 제1항 소정의 과세제척기간이 일단 만료되면 과세권자는 새로운 결정이나 증액경정결정은 물론 감액경정결정 등 어떠한 처분도 할 수 없게 되는 결과 과세처분에 대한 행정심판청구 또는 행정소송 등의 쟁송절차가 장기간 지연되어 그 판결 등이 제척기간이 지난 후에 행하여지는 경우 판결 등에 따른 처분조차도 할 수 없게 되는 불합리한 사례가 발생하는 것을 방지하기 위하여 마련된 것'이라고 읽은 것도 있다. 그러나 쟁송이 걸려 있는 동안은 제척기간을 지난다는 일이 애초 없다."라고 적고 있다.

시에 이미 부과제척기간이 도과하였음은 역수상 명백하다. 따라서 증액처분이 위 국세기본법 소정의 재처분에 해당하여 특별제척기간이 적용되지 아니하는 한 무효라 할 것인데, 피고가 재처분의 근거로 들고 있는 위 국세심판원의 결정은 원고 임성규가 제기한 증여세부과처분에 대한 것으로서 이는 위 원고에 대한 증여세를 변경하는 효력을 가질 뿐, 망인이 부담할 이 사건 양도소득세에 대하여까지 효력을 미칠 수는 없는 것이어서 이 사건 증액처분을 위 심판결정에 따른 적법한 재처분이라 할 수 없으므로 결국 위 증액처분은 제척기간이 도과한 무효의 처분이라 할 것이고 따라서 당초처분이 이에 흡수·소멸되었다고 할 수 없다.』

이 사안은 세목의 충돌 및 인적귀속의 충돌이 동시에 발생한 특수한 예이다. 세목이 달라지고 동시에 조세채무자도 달라지는 경우 제3자에 대하여는 국세기본법 제26조의2 제2항 제1호를 적용할 수 없다는 취지이다.

(5) 대법원 2005. 2. 25. 선고 2004두11459 판결

『구 국세기본법(1989. 12. 30. 법률 제4177호로 개정되기 전의 것) 제26조의2 제1항에 의하면, 소득세, 방위세 등은 이를 부과할 수 있는 날부터 5년이 경과한 후에는 부과할 수 없다고 규정하는 한편, 같은 조 제2항은 행정소송법에 의한 소송의 제기 등이 있는 경우에는 제1항의 규정에 불구하고, 그 판결 등이 확정된 날부터 1년이 경과하기 전까지는 당해 판결 등에 따라 경정결정 기타 필요한 처분을 할 수 있다고 규정하고 있는 바, 위 제1항 소정의 과세제척기간이 일단 만료되면 과세권자는 새로운 결정이나 증액경정결정은 물론 감액경정결정 등 어떠한 처분도 할 수 없게 되는 결과 과세처분에 대한 행정소송 등의 쟁송절차가 장기간 지연되어 그 판결 등이 과세제척기간이 지난 후에 행하여지는 경우 그 판결 등에 따른 처분조차도 할 수 없게 되는 불합리한 사례가 발생하는 것을 방지하기 위하여 제2항이 마련된 것임에 비추어 볼 때, 그 문언상 과세권자로서는 당해 판결 등에 따른 경정결정이나 그에 부수되는 처분만을 할 수 있을 뿐, 판결 등이 확정된 날부터 1년 내라 하여 판결 등에 따르지 아니하는 새로운 결정이나 증액경정결정까지도 할 수 있는 것은 아니라고 할 것이고(대법원 1994. 8. 26. 선고 94다3667 판결, 1996. 9. 24. 선고 96누68 판결 등 참조), 또한 위 법조항 소정의 '판결'이란 그 판결에 따라 경정결정 기타 필요한 처분을 행하지 않으면 안 되는 판결, 즉 조세부과처분이나 경정거부처분에 대한 취소판결 등을 의미하는 것이고, 원고의 청구를 기각하는 판결이나 소를 각하하는 판결은 여기에 해당하지 않는다고 할 것이다.

원심판결 이유에 의하면, 원심은 판시와 같은 사실을 인정한 다음, 위 법조항 소정의 '당해 판결 등에 따라 필요한 처분'이라 함은 당해 판결 등에 의하여 대상처분이 변동되는 내용에 따라 감액경정하거나 그 처분이 단순히 절차상의 위법사유로 인하여 취소되는 경우에 그 하자를 치유하여 동일한 내용의 처분을 다시 할 수 있는 정도를 의미할 뿐이고, 쟁송과정 중에 과세표준의 증액사유를 발견하였다고 하더라도 이미 부과권의 제척기간이 만료된 이상 당해 판결 등의 내용과는 달리 새로운 처분을 하거나 증액경정처분을 할 수는 없다고 할 것인데, 이 사건 양도소득세 및 방위세 부과처분은 당초처분보다 세액이 증가된 증액경정처분이어서 위 법조항 소정의 '당해 판결 등에 따

라 필요한 처분'에 해당하지 아니하고, 따라서 국세부과의 제척기간이 도과된 후에 이루어진 위 과세처분은 무효라고 판단하였다.

위의 법리와 기록에 비추어 살펴보면, 원심의 위와 같은 사실인정과 판단은 정당하고, 거기에 상고이유에서 주장하는 바와 같은 구 국세기본법 제26조의2 제2항 소정의 쟁송시의 특례제척기간에 관한 법리오해 등의 위법이 없으며, 또한 피고는 원고가 대전세무서장을 상대로 제기한 대전고등법원 96구2680호 양도소득세등부과처분취소소송에 대한 판결이 2001. 6. 15.에 확정되었음을 이유로 그로부터 1년 내인 2001. 12. 10.에 이 사건 처분을 한 것인데, 원심판결 이유와 기록에 의하면, 위 확정판결은 원고의 청구를 기각하는 판결이어서 위 법조항 소정의 '그 판결에 따라 경정결정 기타 필요한 처분'을 행하지 않으면 안 되는 '판결'에 해당하지 아니하므로, 이 점에서도 위 과세처분이 위 법조항 소정의 재처분에 해당할 여지는 없다고 할 것이다.』

'판결 등에 따른 경정'을 위하여 부과처분 취소소송 또는 경정거부처분 취소소송에서 적어도 일부 인용이 전제되어야 하고 청구기각 또는 소각하의 판결만으로 요건이 충족되지 않는다는 것인바 '판결 등에 따른 경정'의 기본사상에 부합하는 것으로서, 판시취지는 정당하다.

그러나 문제는 과세권자로서는 당해 판결 등에 따른 경정결정이나 그에 부수되는 처분만을 할 수 있을 뿐 판결 등이 확정된 날부터 1년 내라 하여 판결 등에 따르지 아니하는 새로운 결정이나 증액경정결정까지도 할 수 있는 것은 아니라는 판시부분이다. 판결 등에 따른 경정결정이나 그에 부수되는 처분만을 할 수 있다는 판시부분은 수긍하기 어렵다. 왜냐하면 선행절차의 공권적 판단에 따라 그에 합당한 조세적 추론을 내리기 위한 후행경정절차가 진행되는바 그러한 후행경정절차에서 필요한 처분을 함에 있어 조세채무자에게 유리하게 내려진다는 보장은 없고, 종전보다 더 불리한 지위에 놓여질 수도 있으며 사안에 따라서 세액이 증액될 여지도 있기 때문이다.

(6) 대법원 2006. 2. 9. 선고 2005두1688 판결

『구 국세기본법 제26조의2 제1항, 제2항의 규정 취지에 비추어 보면, 과세권자는 판결 등이 확정된 날부터 1년 내라 하더라도 납세의무가 승계되는 등의 특별한 사정이 없는 한, 당해 판결 등을 받은 자로서 그 판결 등이 취소하거나 변경하고 있는 과세처분의 효력이 미치는 납세의무자에 대하여서만 그 판결 등에 따른 경정처분 등을 할 수 있을 뿐 그 취소나 변경의 대상이 된 과세처분의 효력이 미치지 아니하는 제3자에 대하여서까지 재처분을 할 수 있는 것은 아니라고 할 것이다 (대법원 1996. 9. 24. 선고 96누68 판결, 대법원 2005. 3. 24. 선고 2003두9473 판결 등 참조). 같은 취지에서 원심이, OOO에 대한 상속세부과처분을 취소하는 판결이 확정되었다고 하더라도 피고는 그 판결에 따라 OOO에게 부과된 상속세를 취소하는 데 필요한 처분을 할 수 있을 뿐이지 취소의 대상이 된 과세처분의 효력이 미치지 아니하는 원고들에게 추가로 상속세를 부과하는 처분을 할 수는 없다고 판단한 것은 정당한 것으로 수긍이 되고, 거기에 상고이유에서 주장하는 바와 같은 특

례제척기간에 관한 법리 등을 오해한 위법이 있다고 할 수 없다.』

조세채무자가 달라지는 경우 그 제3자에 대하여는 '판결 등에 따른 경정'을 할 수 없다는 취지이다. 그 제3자의 방어권을 보장하기 위한 것이다. 공동상속인 사이에 상속재산의 분쟁으로 인하여 당초신고한 총상속세액에는 변동이 없으나 각자가 납부하여야 할 상속세가 변동하였다면 공동상속인 사이에 인적귀속의 충돌이 발생한다. 공동상속인 중 한 사람에 대하여 감액경정처분이 일어나면 다른 사람에 대하여 증액경정처분이 일어날 수 있기 때문이다.

(7) 부산지방법원 2006. 10. 12. 선고 2006구합2054 판결

『국세기본법 제26조의2 제2항 제1호(이하 '이 사건 규정'이라 한다)는, 행정소송법에 의한 행정소송에 대한 판결 등이 있는 경우에는 같은 조 제1항의 제척기간 규정에 불구하고 그 판결 등이 확정된 날부터 1년이 경과되기 전까지는 당해 판결 등에 따라 경정결정 기타 필요한 처분을 할 수 있다는, 제척기간에 관한 특례를 규정하고 있다.

이 사건 규정은 부과제척기간이 일단 만료되면 과세권자는 아무런 처분도 할 수 없게 되는 결과, 과세처분에 대한 행정소송 등의 쟁송절차가 장기간 지연되어 그 판결 등이 제척기간이 지난 후에 행하여지는 경우 판결 등에 따른 처분조차도 할 수 없게 되는 불합리한 사례가 발생하는 것을 방지하기 위하여 마련된 것임에 비추어 볼 때, 그 문언상 과세권자로서는 당해 판결 등에 따른 경정결정이나 그에 부수되는 처분만을 할 수 있을 뿐, 판결 등이 확정된 날부터 1년 내라고 하여 당해 판결 등에 따르지 아니하는 새로운 결정 등을 할 수는 없다(대법원 1994. 8. 26. 선고 94다3667 판결 등 참조).

이러한 관계 규정의 내용 및 법리에 위 1.항에서 살핀 사실관계를 종합하여 보건대, 교육세와 지방교육세는 그 세목이나 성질 등을 달리하는 것으로서 피고가 1999년분 종합토지세에 따른 교육세를 부과하지 아니하고 지방교육세를 부과한 것은 근거규정이 존재하는지 여부에 대한 확인을 소홀히 한 데서 비롯된 것일 뿐, 이 사건 취소판결로 어떤 세목에 귀속되는지 여부가 확정되었다고 볼 수는 없는 점, 피고로서는 1999년 지방교육세처분과는 별도로 과세단위를 달리하는 교육세를 부과하는 데 어떤 장애나 근거규정에 대한 해석상 문제 등이 있었다고 보기 어려운 점 등에 비추어 보면, 이 사건 처분은 확정된 위 판결에 따른 처분이라고 볼 수 없다.』

법령 개정으로 교육세를 부과하여야 함에도 근거 없이 지방교육세를 부과하였고 따라서 과세관청에게 고의 또는 중대한 과실이 있는 경우라면 국세기본법 제26조의2 제2항 제1호의 적용이 없다 할 것이다. '판결 등에 따른 경정'을 받기 위하여 과세관청이 이러한 외관을 고의 또는 중대한 과실로 만들었음에도 특례경정을 인정하는 것은 신의성실의 원칙에 반한다.

(8) 대법원 2012. 10. 11. 선고 2012두6636 판결(변호사보수 귀속시기 오류 사건)

『구 국세기본법(2010. 1. 1. 법률 제9911호로 개정되기 전의 것) 제26조의2는 제1항에서 국세 부과권의 일반 제척기간에 관하여 규정한 다음, 제2항에서 국세의 부과에 관한 이의신청·심사청구·심판청구, 감사원법에 의한 심사청구 또는 행정소송법에 의한 소송의 제기가 있는 경우에는 제1항의 규정에도 불구하고 그 결정 또는 판결이 확정된 날부터 1년이 경과하기 전까지는 '해당 결정·판결'에 따라 경정결정이나 그 밖에 필요한 처분을 할 수 있다고 규정하고 있다. 위 규정의 당초 입법 취지는 국세에 관한 부과처분이 있은 후에 그 처분에 대한 행정심판 또는 행정소송 등의 쟁송절차가 장기간 경과되어 그 결정 또는 판결이 부과제척기간이 지난 후에 확정된 경우에 있어서 과세관청이 쟁송절차에서 유리한 결과를 이끌어 낸 납세자에 대하여 그 결정이나 판결에 따른 처분조차도 할 수 없게 되는 불합리한 사태가 발생하는 것을 방지하려는 데에 있었던 점, 조세법규의 해석은 특별한 사정이 없는 한 법문대로 해석할 것이고 그 중에서도 예외규정 내지 특례규정은 더욱 엄격한 해석이 요구되는 점, 확정된 결정이나 판결의 기판력이 미치는 범위는 그 쟁송대상이 되었던 과세단위에 제한될 뿐이고 이를 넘어서 별개의 과세단위에 관련된 판단이 이루어졌다 하더라도 이러한 판단에 기판력이 있다고 할 수 없으며 따라서 그러한 판단을 경정결정이나 그 밖에 필요한 처분을 할 수 있는 근거가 되는 위 규정상의 '해당 결정·판결'에 해당한다고 할 수 없는 점 등을 종합하여 보면, 비록 위 규정을 오로지 납세자를 위한 것이라고 보아 납세자에게 유리한 결정이나 판결을 이행하기 위한 경우에만 적용된다고 볼 수는 없다고 하더라도, 기간과세에 있어서 확정된 결정 또는 판결에서 다투어진 과세처분과 과세기간을 달리하는 기간에 대하여 해당 결정 또는 판결의 취지에 따른다는 명목으로 한 새로운 과세처분에 대해서까지 위 규정에 따른 특례제척기간의 적용을 허용할 수 있는 것은 아니다.

원심판결 이유에 의하면, 원심은 변호사인 원고가 동작세무서장을 상대로, 의뢰인으로부터 받은 이 사건 금원을 2000년에 발생한 사업소득으로 본 것은 부당하다고 주장하면서 2000년 귀속 종합소득세 부과처분의 취소를 구하는 행정소송을 제기한 사실, 서울행정법원은 2008. 11. 19. 이 사건 금원은 변호사 선임료인 착수금 명목으로 지급된 것이지만, 그에 대한 원고의 용역제공이 2002년도에 완료되었다고 보는 것은 별론으로 하더라도 적어도 2000년도에 완료되었다고 볼 수는 없다는 이유로 당초 처분을 취소하는 판결을 선고하였고 그 판결은 그 무렵 그대로 확정된 사실, 이에 피고는 이 사건 금원을 2002년에 발생한 사업소득으로 보아 2002년 귀속 종합소득세를 부과하는 이 사건 처분을 한 사실을 인정하였다. 그리고 이를 토대로, 이 사건 처분은 그 부과제척기간인 5년이 도과한 후에 이루어진 것으로서 위법하고, 이에 대하여는 구 국세기본법 제26조의2 제2항 제1호에서 정한 특례제척기간이 적용되지 않는다고 판단하였다. 원심의 이러한 판단은 앞서 본 법리에 따른 것으로서 정당하고, 거기에 상고이유의 주장과 같은 쟁송 후 특례제척기간의 적용에 관한 법리오해의 위법은 없다.』[20]

---

20) 원심인 서울고등법원 2011누20415 판결이유를 요약하면 다음과 같다. 『① 구 국세기본법 제26조의2 제2항 제1호는 과세단위를 달리할 때는 적용되지 않는다(대법원 2004. 1. 27. 선고 2002두11011 판결 참조). ②

'판결 등에 따른 경정'은 오히려 과세단위를 달리하여 기판력이 미치지 않는 경우 더욱 절실하다. 기판력 이론으로 '판결 등에 따른 경정'의 범위를 제한할 수 없다[제1장 제6절의2 5. 다. (2) 참조]. '판결 등에 따른 경정'이 실정법에서 도입된 이상 그 실정법의 해석위에서 기판력 이론이 정립되어야 한다. 기판력 범위를 '판단된 범위' 내로 좁게 보는 이상 충돌할 여지도 없다.

이 사건이야말로 전형적인 적용례이다(제4장 제4절 모순된 세액확정에 기한 경정청구 전론 참조). 이 판결에 대한 반작용으로 제1의2호가 신설되었음은 앞서 본 바와 같다. 선행절차의 확정판결에서 귀속시기에 오류가 있다고 판시한 이상, 그 판결에 연동하여 과세관청은 제척기간의 도과 여부를 따질 필요 없이 귀속시기를 바로잡는 추론적 경정을 할 수 있다. 기간귀속의 충돌은 미국 경감규정의 대표적 적용례이다. 일본과 독일도 그렇다.

(9) 대법원 2015. 9. 10. 선고 2013다205433 판결

『구 지방세법(2010. 3. 31. 법률 제10221호로 전부 개정되기 전의 것, 이하 같다) 제30조의4 는 제1항에서 지방세의 부과제척기간을 원칙적으로 5년으로 정하면서, 제2항에서 '지방세에 관한 이의신청·심사청구·심판청구, 감사원법에 의한 심사청구 또는 행정소송법에 의한 소송에 대한 결정 또는 판결이 있는 경우에는 제1항의 규정에 불구하고 그 결정 또는 판결이 확정된 날부터 1년이 경과하기 전까지는 해당 결정·판결에 따라 경정결정 기타 필요한 처분을 할 수 있다'고 규정하고 있다.

이들 규정의 문언과 취지 등에 비추어 보면, 과세권자는 해당 판결 등을 받은 자로서 그 판결 등이 취소하거나 변경하고 있는 과세처분의 효력이 미치는 납세의무자에 대하여서만 위 규정을 적용하여 그 판결 등에 따른 경정처분 등을 할 수 있을 뿐, 납세의무가 승계되는 등의 특별한 사정이 없는 한 그 취소나 변경의 대상이 된 과세처분의 효력이 미치지 아니하는 제3자에 대하여서까지 위 규정을 적용할 수 있는 것은 아니다(대법원 2004. 6. 10. 선고 2003두1752 판결 참조). 그리고 제2차 납세의무의 성립에는 주된 납세의무의 성립 외에도 주된 납세의무자의 체납 등과 같은 별도의

종전 행정소송에서 과세관청은 2000 사업연도에 쟁점 소득이 원고에게 귀속된다는 점을 증명하여야 하고, 원고는 이에 관하여 방어를 하면 되었을 뿐이다. 따라서 원고 또는 과세관청이 쟁점 금액에 따른 소득이 특정연도, 특히 2002 사업연도에 귀속되는지를 다툴 필요가 없었고, 이 부분은 종전 소송의 심리대상에도 속하지 않는다. 또한 종전 행정소송의 제1심 판결도 그 이유에서 '2002년도에 원고의 용역 제공이 완료되었다고 보는 것은 별론으로 하더라도'라는 가정적 방론을 설시하였을 뿐인데도(쟁점 금액에 따른 소득이 2002 사업연도에 귀속한다고 설시한 것도 아니다), 그 방론을 근거로 재처분을 할 수 있다면 조세법률관계를 신속하게 확정하기 위한 제척기간의 본래 취지에 반한다. ③ 종전 행정소송의 제1심 판결은 2002년 귀속 종합소득세 제척기간이 경과한 후인 2008. 11. 19. 선고되었다. ④ 당초 구 국세기본법 제26조의2 제2항 제1호에 따른 특별제척기간은 쟁송 후 판결 등에 따라 납세자에게 유리한 경정결정 기타 필요한 처분을 할 수 있도록 하기 위한 목적으로 신설되었으므로, 그 적용범위를 지나치게 확장하는 것은 입법취지에도 반한다.』 원심판결이 '판결 등에 따른 경정'을 어떠한 시각에서 바라보고 있는지를 알 수 있다. 참고로 이 사건 최초 부과처분일은 2006. 5. 15.이고, 귀속시기를 2000년으로 보더라도 당시 그 제척기간은 도과하지 않았다.

요건이 요구되는 등 제2차 납세의무자에 대한 부과처분은 주된 납세의무자에 대한 부과처분과는 독립된 부과처분에 해당하는 점, 제2차 납세의무자에 대한 판결 등이 취소하거나 변경하고 있는 과세처분의 효력은 주된 납세의무자에게 미치지 아니하는 점 등을 종합하여 보면, 제2차 납세의무자에 대한 부과처분을 주된 납세의무자에 대한 납세고지 절차의 하자 등을 이유로 취소하는 판결이 확정되었다고 하더라도, 주된 납세의무자에 대한 부과제척기간에 관하여는 구 지방세법 제30조의4 제2항에 따른 특례가 적용될 수 없다고 할 것이다.

한편 과세관청이 부과처분을 취소하면 그 부과처분으로 인한 법률효과는 일단 소멸하고, 그 후 다시 동일한 과세대상에 대하여 부과처분을 하여도 이미 소멸한 법률효과가 다시 회복되는 것은 아니며 새로운 부과처분에 근거한 법률효과가 생길 뿐이다. 따라서 새로운 부과처분이 부과제척기간의 만료일까지 적법하게 고지되지 않은 경우 그 부과처분은 당연 무효이다(대법원 1996. 9. 24. 선고 96다204 판결 참조).』

위 판결은 지방세법상 '판결 등에 따른 경정'이 문제된 드문 사례 중의 하나인데 4가지의 법리를 확인하고 있다.

(ⅰ) 주된 납세의무자에 대한 부과처분과 제2차 납세의무자에 대한 부과처분은 독립한 처분이다. (ⅱ) 제2차 납세의무자에 대한 부과처분의 위법 여부에 관한 판결에 기하여 할 수 있는 '판결 등에 따른 경정'은 제2차 납세의무자와 사이에서 제3자라고 할 수 있는 주된 납세의무자에 대하여까지 허용하는 것이 아니다(대법원 2004. 6. 10. 선고 2003두1752 판결 참조). 따라서 제2차 납세의무자에 대한 부과처분을 주된 납세의무자에 대한 납세고지 절차의 하자 등을 이유로 취소하는 판결이 확정되었다고 하더라도, 주된 납세의무자에 대한 제척기간에 관하여는 구 지방세법 제30조의4 제2항에 따른 특례가 적용될 수 없다. (ⅲ) 부과처분을 취소하면 그 부과처분으로 인한 법률효과는 일단 소멸한다. 그 후 다시 동일한 과세대상에 대하여 부과처분을 하여도 이미 소멸한 법률효과가 회복되는 것은 아니고 새로운 부과처분에 근거한 법률효과가 생길 뿐이다. (ⅳ) 새로운 부과처분이 제척기간의 만료일까지 적법하게 고지되지 않은 경우 그 부과처분은 당연무효이다.

위 판결에서 구 지방세법 제30조의4 제2항 소정의 필요한 처분 등 경정을 '판결 등에 따른 경정'으로 부르고 있다는 점에 주목하고자 한다.

(10) 대법원 2020. 8. 20. 선고 2017두30757 판결

『1. 사안의 개요

가. 원고의 지위 및 주식 양도에 따른 양도소득세 등 신고·납부 경위

1) OO무역 주식회사(이하 'OO무역'이라 한다)의 대표이사이자 OO무역의 주식 25,188주(지분율 100%, 이하 '이 사건 주식'이라 한다)를 보유하고 있던 원고는 2006. 6. 7. 소외인에게 이 사

건 주식을 105억 원에 양도하기로 하는 계약(이하 '이 사건 주식양도계약'이라 한다)을 체결하고, 같은 날 계약금 15억 원을, 2006. 8. 1. 잔금 90억 원을 각 지급받은 다음 소외인에게 이 사건 주식을 모두 이전하였다.

2) 원고는 이 사건 주식양도계약에 따른 증권거래세 52,500,000원과 양도소득세 2,216,096,110원을 신고·납부하였다.

나. 거래재구성에 따른 과세관청의 과세처분과 이에 관한 종전 소송의 경과

1) 삼성세무서장은 OO무역의 유일한 자산인 ⋯ 3필지 토지 164.6㎡와 그 지상 3층 건물(이하 '이 사건 부동산'이라 한다)이 이 사건 주식의 잔금지급일인 2006. 8. 1. OO무역으로부터 소외인에게 이전되었다는 사정 등에 기초하여 '이 사건 주식양도계약은 가장행위에 불과하고, OO무역이 소외인에게 이 사건 부동산을 105억 원에 양도한 것'으로 보고, 위 양도가액 105억 원을 OO무역의 2006 사업연도 익금에 산입하여 2010. 9. 1. OO무역에 2006 사업연도 법인세 4,005,854,370원(이하 '종전 법인세'라 한다)을 결정·고지하였다.

2) 삼성세무서장은 위 105억 원을 OO무역의 대표이사였던 원고에 대한 2006년 귀속 상여로 소득처분하여 그에 따라 2010. 9. 7. OO무역에 소득금액변동통지(법인용)를 하고, 2010. 11. 16. 원고에게 소득금액변동통지(소득자통지용)를 하였다.

3) 원고는 2010. 11. 10. 피고에게 위 소득금액변동통지에 따른 종합소득세 3,493,831,630원을 수정신고하면서 기납부한 양도소득세 2,216,096,110원과 증권거래세 52,500,000원을 제외한 나머지 1,225,235,520원을 납부하였다.

4) 한편 삼성세무서장은 OO무역이 종전 법인세를 납부하지 아니하자 구 국세기본법(2006. 12. 30. 법률 제8139호로 개정되기 전의 것, 이하 같다) 제39조 제1항 제2호에 따라 원고를 OO무역이 체납한 종전 법인세에 대한 제2차 납세의무자로 지정하고 2010. 11. 9. 원고에게 종전 법인세 4,005,854,370원을 납부하라는 통지를 하였다(이하 위 납부통지를 '종전 부과처분'이라 한다).

5) 원고는 2011. 9. 9. 삼성세무서장을 상대로 서울행정법원 2011구합30120호로 종전 부과처분의 취소 등을 구하는 소송을 제기하였는데, 위 법원은 2012. 6. 29. '이 사건 주식양도계약이 가장행위 혹은 조세회피행위에 해당한다고 볼 수 없으므로 OO무역이 2006. 7. 10. 소외인에게 이 사건 부동산을 105억 원에 매도한 것으로 볼 수 없다'는 이유로 종전 부과처분을 취소하는 내용의 판결을 선고하였고, 위 판결은 2015. 3. 26. 대법원의 상고기각으로 확정되었다(이하 '선행 확정판결'이라 한다).

다. 과세관청의 환급결정 및 원고에 대한 이 사건 부과처분 경위

1) 삼성세무서장은 2015. 4. 15. 원고에게 선행 확정판결에 따라 원고에 대한 소득금액변동통지 및 제2차 납세의무자 지정을 각 취소하였고, 피고는 2015. 6. 9. 원고에게 종합소득세 3,493,831,630원을 환급하는 결정을 하였다.

2) 피고는 원고에게 이 사건 주식양도계약과 관련하여, 2015. 5. 6. 양도소득세 2,216,096,110원을, 2015. 7. 3. 증권거래세 52,500,000원을 각 결정·고지하였다(이하 이를 통틀어 '이 사건 처분'이라 한다).

2. 상고이유 제1점, 제3점에 관하여

가. 구 국세기본법 제26조의2는 제1항에서 국세의 부과제척기간을 원칙적으로 5년으로 정하면서, 제2항에서 "국세에 관한 이의신청·심사청구·심판청구, 감사원법에 의한 심사청구 또는 행정소송법에 의한 소송에 대한 결정 또는 판결이 있는 경우에는 제1항의 규정에 불구하고 그 결정 또는 판결이 확정된 날부터 1년이 경과하기 전까지는 당해 결정·판결에 따라 경정결정 기타 필요한 처분을 할 수 있다."라고 규정하고 있다.

부과제척기간에 관한 특별규정인 구 국세기본법 제26조의2 제2항에 규정된 특례제척기간은, 같은 조 제1항 소정의 과세제척기간이 일단 만료하면 과세권자는 새로운 결정이나 증액경정결정은 물론 감액경정결정 등 어떠한 처분도 할 수 없게 되는 결과, 과세처분에 대한 행정심판청구 또는 행정소송 등의 쟁송절차가 장기간 지연되어 그 결정 또는 판결이 과세제척기간이 지난 후에 행하여지는 경우 그 결정이나 판결에 따른 처분조차도 할 수 없게 되는 불합리한 사례가 발생하는 것을 방지하기 위하여 마련된 것임에 비추어 볼 때, 그 문언상 과세권자로서는 해당 판결 또는 결정에 따른 경정결정이나 그에 부수하는 처분만을 할 수 있을 뿐, 판결 또는 결정이 확정된 날로부터 1년 내라 하여 그 판결이나 결정에 따르지 아니하는 새로운 결정이나 증액경정결정까지도 할 수 있는 것은 아니다(대법원 1994. 8. 26. 선고 94다3667 판결, 대법원 2005. 2. 25. 선고 2004두11459 판결 등 참조).

나. 앞서 본 사실관계를 이러한 법리에 비추어 살펴보면, 선행 확정판결의 대상인 종전 부과처분은 법인인 OO무역과 소외인 사이의 부동산양도거래에 따른 OO무역의 토지 등 양도소득을 과세대상으로 하고 그 세목이 '법인세'인 반면, 이 사건 처분은 개인인 원고와 소외인 사이의 주식양도거래에 따른 원고의 주식양도소득과 양도 자체를 과세대상으로 하고 그 세목이 '양도소득세'와 '증권거래세'이므로, 이 사건 처분을 선행 확정판결에 따른 경정결정이나 그에 부수하는 처분이라고 보기 어렵다. 따라서 이 사건 처분은 종전 부과처분과는 다른 새로운 결정이라고 할 것이므로, 이 사건 처분에 대하여는 선행 확정판결에 따른 특례제척기간이 적용되지 않는다고 봄이 타당하다.

다. 같은 취지에서 원심이 이 사건 처분에 대하여는 선행 확정판결에 따른 특례제척기간이 적용되지 않는다고 판단한 것은 앞서 본 규정과 법리에 따른 것으로 정당하다. 거기에 공평과세의 원칙 및 특례제척기간의 적용범위, 조세법률주의 및 엄격해석의 원칙에 관한 법리오해 등의 잘못이 없다.』

판시취지는, 선행 확정판결의 대상인 종전 부과처분은 법인과 소외인 사이의 부동산 양도거래에 따른 법인 소유 토지 등 양도소득을 과세대상으로 하고 그 세목이 '법인세'인 반면, 이 사건 처분은 개인인 원고와 소외인 사이의 주식양도거래에 따른 원고의 주식양도소득과 양도 자체를 과세대상으로 하고 그 세목이 '양도소득세'와 '증권거래세'이므로, 이 사건 처분을 선행 확정판결에 따른 경정결정이나 그에 부수하는 처분이라고 보기 어렵고, 오히려 이 사건 처분은 종전 부과처분과는 다른 새로운 결정이므로 이 사건 처분에 대하여는 선행 확정판결에 따른 특례제척기간이 적용되지 않는다는 것이다.

제4장

먼저 판결 등에 관한 경정의 적용을 받기 위하여는 '특정한 사실관계' 내에서 논리법칙상 양립할 수 없는 배타적인 관계에 놓여 있어야 한다. 법인이 그 자신의 부동산을 양도함으로써 발생하는 소득과 법인의 1인 주주가 그 법인의 주식을 양도함으로써 얻는 소득은 단일거래가 아닌 2개의 거래에서 발생하는 것으로서, '특정한 사실관계' 내에서 일어나는 배타적인 관계로 볼 수 없다. 즉 '특정한 사실관계'라 함은 '단일거래(a single transaction)'를 전제로 하는 것으로, 단일거래 내지 거래의 단일성을 벗어나 '거래의 재구성'을 통한 상이한 2개의 거래를 놓고 거래와 거래 사이에 상호 배타적인 관계에 있는지 여부를 따지면서 판결 등에 따른 경정의 적용 여부를 논할 수는 없다. 이 점에서 이 사안은 벌써 판결 등에 따른 경정의 적용요건을 갖추지 못한 셈이다. 위 판결에서 '특정한 사실관계'라는 개념에 대한 설시가 없다 하더라도, 법인의 부동산 매매와 주주의 주식매매는 각각의 거래로 단일거래가 아님을 전제로, 이러한 거래와 거래 사이까지 판결 등에 따른 경정의 적용범위를 넓힐 수 없다는 것이다. 즉 판결 등에 따른 경정의 또 하나의 요건으로 '단일거래' 내에서 배타적인 관계 여부를 따져야 함을 묵시적으로 전제하고 있다. 특히 판결이유에서 '거래의 재구성' 또는 '종전 부과처분과는 다른 새로운 결정'이라는 표현을 사용한 점에서 그렇다.

백보를 양보하여 '특정한 사실관계' 내에 있음을 전제하더라도, 법인세에서 양도소득세로 세목이 바뀌어지는 사안에서 세목만이 달라지는 것이 아니라 납세의무자도 법인에서 개인으로 달라지는 한, 판결 등에 따른 경정의 적용대상이 될 수 없다. 대법원은 이 점에 대한 판단조차 필요없다는 이유로 나아가 판단을 하지 않았다.

이상의 점에 비추어 볼 때 위 판결은 정당하다. "이 사건 처분을 선행 확정판결에 따른 경정결정이나 그에 부수하는 처분이라고 하기 어렵다."라는 표현에서 '판결에 따른 경정'이라는 용어를 사용하고 있다. 특례제척기간(특별제척기간)이라는 용어 대신에 '판결 등에 따른 경정'이라는 용어가 일반적으로 사용되었으면 하는 바람이다.

4. 판결 등에 따른 경정의 요건

선행절차(쟁송절차 또는 경정청구절차)에서 판단주체가 판단의 대상인 특정 세액확정에 오류가 있음을 이유로 조세채무자의 손을 들어주는 공권적 판단을 한 이상, 과세관청은 이에 연동하여 정당한 조세적 추론을 내릴 수밖에 없다. 선행절차에서의 재결이나 판결에서 가능한 조세적 추론을 명시하고 있지 않더라도 그 전체 취지에 비추어 통상 이를 확인할 수 있다. 이 경우 후행경정절차가 개시되어야 한다.

그렇다면 어떠한 오류가 있는 경우 선행절차에 따른 공권적 판단에 연동하는 후행경정절차가 개시되는가? '誤謬의 性質'[21]에 관한 문제이다. 오류의 성질이나 유형이 특이하다.

이를 도표화하면 다음과 같다.

공권적 판단의 주체	선행처분 취소의 법형식	통상의 경우 (후행처분; 조정)	예외적인 경우 (후행처분: 재처분)
법원	청구인용판결	(i) 인적귀속의 충돌 (x) (ii) 기간귀속의 충돌 (o) (iii) 세목의 충돌 (o)	(i) 절차적 위법 (o) (ii) 일부 하자를 이유로 부과처분 전부를 취소하는 경우 (o)
전심기관 (재결청)	청구인용재결	(i) 인적귀속의 충돌 (x) (ii) 기간귀속의 충돌 (o) (iii) 세목의 충돌 (o)	(i) 절차적 위법 (o) (ii) 일부 하자를 이유로 부과처분 전부를 취소하는 경우 (o)
과세관청	경정청구에 대한 경정결정	(i) 인적귀속의 충돌 (x) (ii) 기간귀속의 충돌 (o) (iii) 세목의 충돌 (o)	해당 없음

이하 후행절차 내지 후행처분을 통상의 경우(원칙적인 경우)와 예외적인 경우로 나누어 살핀다. 이를 구분하지 않으면 '판결 등에 따른 경정'에 대한 본래의 입법취지를 제대로 이해할 수 없기 때문이다. 앞서 본 입법례의 공통된 기본사상은 통상의 경우에 들어 맞는다. 견해대립이 존재하는 이유 중의 하나가 통상의 경우와 예외적인 경우를 구별하지 않고 이를 통일적으로 이해하려고 하는 데에 있기도 하다.

가. 통상의 경우

앞서 본 입법례의 기본사상 및 대법원 판례 중 일부 등을 종합하면 '판결 등에 따른 경정'에는 다음과 같은 요건이 필요하다. 이에 대하여 편면적용설과 양면적용설의 견해대립이 있다고 하면서 그 타당성 여부를 논하고 있으나 이는 입법취지를 오해한 데에서 출발한 것으로 잘못된 문제제기이다. 이러한 문제제기에서 출발하는 한 '판결 등에 따른 경정'이 가져야 할 본래의 모습에 제대로 접근할 수 없다.

(1) 선행절차

세액확정절차로서의 부과처분(경정거부처분 포함)이 있고 그 취소를 구하는 쟁송절차가 선행되어야 한다(제1호 및 제1의2호). 물론 조세채무자의 경정청구에 기한 경정절차도 선행절차에

---

21) 이창희, 전게서, 165면 이하에서, ① 세무서가 처음에 내보낸 납세고지서가 형식적 잘못을 저질렀다는 이유로 판결에서 부과처분을 취소한 경우, ② 어떤 과세처분 가운데 일부의 하자를 이유로 당해 처분을 전부취소하는 재결이나 판결이 있는 경우, ③ 과세물건의 인적귀속이 잘못되었다는 재결이나 판결이 있는 경우, ④ 소득세나 법인세 같은 기간과세에서 귀속연도에 다툼이 있는데 재결이나 판결에서 귀속연도에 대한 판단이 잘못되었다고 부과처분을 취소하는 경우, ⑤ 관련 문제로 새로이 부과처분을 하는 것은 아니지만 심사결정이나 심판결정 뒤에 원처분청이 재조사결정을 하는 경우 등 5가지를 들고 있다.

포함된다(제3호, 제4호). 경정청구에는 '통상의 경정청구' 및 '모순된 세액확정에 기한 경정청구'가 포함된다.

예를 들어 #1 사업연도에 신고하여야 할 것을 #2 사업연도에 신고하였고 그 기간귀속의 오류를 발견한 조세채무자가 #2 사업연도의 신고분에 대하여 통상의 경정청구를 한 경우, 이를 받아들여 #2 사업연도의 세액분을 감액경정한 과세관청으로서는 비록 #1 사업연도에 대한 제척기간이 도과하였다 하더라도 #1 사업연도의 세액을 증액경정할 수 있음은 앞서 본 바와 같다.

(2) 공권적 판단

조세채무자가 제기한 부과처분 취소소송 또는 경정거부처분 취소소송 등의 구제절차에서 적어도 일부 인용의 공권적 판단을 해야 한다. 경정청구에 대하여도 과세관청이 적어도 일부를 받아들이는 경정을 하여야 한다. 다만 과세관청이 고의 또는 중과실로 잘못된 판단을 한 경우라면 그 적용이 없다고 새겨야 한다. 종전 부과처분의 하자가 무효사유에 해당하면 그 적용이 없다.

전심결정 또는 판결이 조세채무자에게 유리하든 불리하든 불문한다. 조세채무자가 조세쟁송을 통하여 주도권을 행사한 이상 그 불리한 결과는 스스로 감수하여야 한다. 다만 재조사결정에 대하여는 뒤에서 설명한다.

(3) 후행경정절차의 개시 요건

공권적 판단에 연동하여 정당한 조세적 추론을 내리는 후행경정절차가 개시되기 위하여는 '특정한 사실관계' 내에서 상호 '모순·저촉'이 있어야 한다. 이는 앞서 본 미국 입법례의 '법률이 정한 7가지 유형의 조정적 환경'과 대비된다. 뒤에서 설명한다.

(4) 후행경정절차의 개시 시기

① 결정 또는 판결이 확정된 날부터 1년[22] 이내에 경정이나 결정 등 필요한 처분을 할 수 있다(제1호 및 제1의2호). '결정 또는 판결'은 정당한 조세적 추론을 내릴 것을 명하는 내용을 담고 있어야 한다. '확정'이라 함은 판결은 상소기간의 도과를, 결정은 불복기간의 도과를 각 의미한다.

한편, 전심결정으로서의 '재조사결정'에 대하여 본다. 전심결정(재결)은 각하결정, 기각결정 및 인용결정으로 구분되고, 인용결정에는 취소결정과 경정결정 및 '필요한 처분의 결정', 재조사결정의 네 가지가 있다(국세기본법 제65조 제1항, 재조사결정은 2016. 12. 20. 법률개정으로 실정법에 편입되었다).

위와 같이 실정법에 편입되기 전에 가끔 과세관청으로 하여금 자료를 재조사한 후 다시

---

22) 앞서 본 바와 같이 우리나라 및 독일, 미국은 1년이나 일본은 6월이다.

결정할 것을 명하는 재조사결정이 내려지곤 하였는데 그 성격이 문제되었다. 판례는 일종의 변형결정으로서 처분청의 후속처분에 의하여 그 내용이 보완됨으로써 비로소 결정으로서의 효력이 발생하고, 그 불복기간은 그와 같은 후속 처분의 통지를 받은 날부터 기산된다고 보았다 (대법원 2010. 6. 25. 선고 2007두12514 전원합의체 판결). 아무튼 재조사결정은 정당한 조세적 추론을 내릴 것을 명하는 내용을 담고 있지 않아 여기서 말하는 결정에는 포함될 수 없다.

   ② 조세채무자의 경정청구에 따른 경정의 경우에는 '경정청구일부터 2월' 이내에 경정 등 필요한 처분을 할 수 있다(제3호 가목). '경정청구일부터 2월'로 규정한 것은 입법의 잘못으로 '경정일부터 1년'으로 개정되어야 함은 앞서 본 바와 같다.

   (5) 결정 또는 판결이 확정된 날부터 '1년 이내'에 경정이나 그 밖에 필요한 처분을 함에 있어 제척기간의 도과 여부는 문제될 여지가 없다.

나. 예외적인 경우

(1) 절차적 위법을 이유로 부과처분 전부를 취소하는 경우

   종전 세액확정절차에 실체적 위법이 아닌 절차적 위법이 있는 경우 위와 같은 요건이 갖추어지지 않았더라도 '필요한 처분', 즉 절차를 보완한 새로운 부과처분을 할 수 있다[위 대법원 1996. 5. 10. 선고 93누4885 판결, 제1장 제6절의2 5. 다. (5) 참조].

   절차적 위법에 대하여 일정한 시점을 기준으로 그 이후에는 하자의 보완·치유를 제한하고 있는 이상 예외적으로 이렇게 해석할 수밖에 없다.

(2) 일부 하자를 이유로 부과처분 전부를 취소하는 경우(본안종국판결의무의 경감 또는 세액계산의무의 경감)

   부과처분 가운데 일부 하자(위법)를 이유로 예외적으로 당해 처분 전부를 취소하는 전심결정(재결)이나 판결이 있을 수 있다[본안종국판결의무의 경감, 제1장 제6절의2 5. 다. (3) 참조]. 이 경우에도 '판결 등에 따른 경정'을 허용하여야 한다.

   대법원 판결에서 '판결 등에 따른 경정'을 긍정한 사안을 중심으로 정리하면 다음과 같다. 다만 통상의 경우와 구별하는 것이 어려운 중간적 성격을 가진다는 점에 유의하여야 할 것이다.

   ① 증여세 부과처분에 있어 과세가액의 평가방법에 있어 오류가 있는 경우(보충적 평가방법에서 시가로, 대법원 1992. 9. 25. 선고 92누794 판결)

   ② 양도소득세 부과처분에 있어 양도차익의 산정에 오류가 있는 경우(실지거래가액에서 기준시가로, 대법원 1999. 11. 26. 선고 98두19841 판결)

   ③ 증여세 부과처분에 있어 증여의 태양을 달리하는 경우(무상양도에서 저가양도로, 대법원 2002. 5. 31. 선고 2000두4408 판결)

   ④ 종합소득세 부과처분에 있어 소득의 성질을 달리하는 경우(부동산 임대소득에서 이자소

득으로, 대법원 2002. 7. 23. 선고 2000두6237 판결)

⑤ 종합소득세 부과처분에 있어 소득의 성질을 달리하는 경우(근로소득에서 기타소득으로, 대법원 2015. 1. 29. 선고 2012두22126 판결)

⑥ 원천징수처분에 있어 그 대상소득의 성질을 달리하는 경우('소득처분에 따른 의제소득'에서 '현실귀속 소득'으로, 대법원 2001. 9. 14. 선고 99두3324 판결)

(3) 통상의 경우와 예외적인 경우의 구별의 상대성

위 (2)의 각 사안의 대립적인 2가지 요소는 상호 '논리법칙상 양립할 수 없는 배타적 관계'에 있거나 이에 '준하는 관계'에 있고, 이 경우 법원으로서는 당초처분에 이러한 오류가 있다 하더라도 그 오류시정을 위하여 직접 세액을 계산하는 것도 어렵다. 법원과 과세관청 사이의 업무분담(법원의 업무부담의 경감)의 견지에서 기술적으로 세액계산에 익숙한 과세관청에게 세액계산을 맡기는 것이 상당하다[제1장 제6의2절 5. 다. (4) 참조].

위 (2)의 각 사안은 통상의 경우와 구별하기 어렵고 그런 의미에서 상대적이다. 따라서 '판결 등에 따른 경정'은, 위에서 본 '준하는 관계'도 포함될 수 있는 이상, '모순된 세액확정에 기한 경정청구'보다 그 범위를 넓게 볼 여지가 있는 셈이다.

대법원 1997. 11. 14. 선고 96누8307 판결

『이자소득과 부동산 임대소득이 소득세법상 합산과세 되는 종합소득이라 하여도 과세요건과 소득금액의 산정방식 등을 달리하고 있으므로 납세의무자의 소득이 부동산 임대소득이라 하여 과세되었으나 이자소득임이 인정되는 경우에는 처분사유를 변경하고 그에 따른 정당한 세액을 주장·입증하지 아니하는 한 당해 처분 전부를 취소하여야 하고, 법원이 정당한 이자소득세를 산출하여 이를 초과하는 범위 내에서만 부과처분을 취소하여야 하는 것은 아니다.』

대법원 2006. 9. 28. 선고 2006두8334 판결

『판결주문의 내용이 모호하면 기판력의 객관적 범위가 불분명해질 뿐만 아니라 집행력·형성력 등의 내용도 불확실하게 되어 새로운 분쟁을 일으킬 위험이 있으므로 판결주문에서는 청구를 인용하고 배척하는 범위를 명확하게 특정하여야 한다(대법원 1965. 9. 21. 선고 65다1427 판결, 1983. 3. 8. 선고 82누294 판결 등 참조).

이 사건에서, 원심은, 피고의 원고에 대한 판시 종합소득세 부과처분의 취소를 구하는 원고의 이 사건 청구를 기각한 제1심판결 중 '피고의 원고에 대한 종합소득세 12,038,590원(과세표준금액 32,644,280원)의 부과처분 중 과세표준금액 12,698,219원을 초과하는 부분에 대응하는 종합소득세에 관한 부분'을 취소하고, 원고의 나머지 항소를 기각한다는 판결을 선고하였다.

그러나 앞서 본 법리에 비추어 볼 때, 원심판결의 주문은 원고에게 부과된 세금 중 얼마를 취

소하는지를 명확하게 특정한 것으로 볼 수 없고, 원심판결 이유를 살펴보아도 원심이 판시한 과세표준금액에 대하여 얼마의 세액이 산출될 것인지를 알 수 없다. 결국, 원심판결은 판결로서 갖추어야 할 명확성을 갖추지 못하여 그대로 유지될 수 없다.』

5. 특정한 사실관계 내에서의 모순·저촉

가. 기술되지 아니한 숨은 구성요건

(1) 국세기본법 제26조의2 제6항 제1호는 '종전 부과처분과 새로이 할 부과처분(결정이나 경정) 사이에 특정한 사실관계 내에서 상호 모순·저촉이 있어야 한다.'는 요건을 명시적으로 밝히고 있지 않다. 법문 자체를 읽어서는 무엇을 말하는지 그 의미내용을 좀처럼 이해하기 어렵다. 구성요건상 일부 내용이 빠진 느낌이 들 수밖에 없다.

통상 전심결정 또는 판결 등이 확정된 경우 그 대상이 된 부과처분 자체는 판결(재결)의 형성력에 의하여 당연히 효력이 발생하므로 새로운 경정 등의 필요한 처분이 요구되는 것이 아니기 때문이다.

(2) 종전 부과처분에 대한 공권적 판단이 선행되고 그 공권적 판단에 '연동하여' 후행경정절차로 새로이 부과처분 등을 하기 위해서는 적어도 "특정한 사실관계 내에서 상호 모순·저촉이 있어야 한다."고 하는 '기술되지 아니한 숨은 구성요건'이 보충되어야 함을 알 수 있다. 이러한 요건의 보충으로 비로소 연동의 의미나 규율내용이 선명하게 드러난다. '제3호 중 일부'도 마찬가지다. 제1호를 확인하는 의미에서 제1의2호를 신설함에 따라 '기술되지 아니한 숨은 구성요건'이 보충되어야 함이 보다 분명하게 드러났다.

나. 특정한 사실관계

(1) '특정한 사실관계'란 구체적으로 무엇을 의미하는가?

① 대법원 2002. 7. 23. 선고 2000두6237 판결에서, 원고들이 1988년부터 1992년부터 일정한 돈을 받은 사실이 있는데 그 소득이 임대소득인지, 이자소득인지 여부이다.

② 대법원 2004. 1. 27. 선고 2002두11011 판결에서, 원고법인이 어느 과세연도에 기술개발준비금을 계정처리 하였는데 그 환입의 귀속연도가 1994년인지, 1992년인지 여부이다.

③ 대법원 2004. 6. 10. 선고 2003두1752 판결에서, 소외인이 1993. 11. 10. 부동산을 원고에게 양도하였는데 그것이 유상양도인지 여부이다.

④ 대법원 2006. 2. 9. 선고 2005두1688 판결에서, 공동상속인 사이에 상속세가 어떻게 분배되어야 할 것인지에 관한 것이다.

⑤ 명의대여에 있어 A의 사업자등록명의로 사업을 하였는데 실질적 사업자가 누구인지에 관한 것이다.

(2) '특정한 사실관계'란 '과세를 위한 법률구성을 하기 이전의 것으로 조세적 효과와 연결되는 조세법적으로 의미있는 통일적 생활관계'를 뜻하고, 거래의 단일성을 전제한다.

다. 모순·저촉

(1) 위 대법원 판결 등의 사안을 종합하면, 오류의 성질로, 세액확정에 있어 모순·저촉(제1장 9절 7. 참조) 및 모순된 세액확정에 기한 경정청구(제4장 제4절 참조)에서 논한 인적귀속의 충돌, 기간귀속의 충돌, 세목의 충돌 등으로 유형화할 수 있다.

그러나 좁은 의미의 '논리법칙상 양립할 수 없는 배타적인 관계'에 국한할 필요는 없고 그 범위는 넓게 보아야 한다. 대법원 판례를 통하여 구체적으로 정하여지거나 밝혀질 것이다.

(2) 인적귀속의 충돌

① 인적귀속이 충돌하는 유형을 본다.

(ⅰ) 名義貸與

소득세 또는 부가가치세에 있어 명의대여의 존부 및 실질적 사업자가 누구인지에 대하여 다툼이 일어난다. 예를 들어 실질적 사업자가 A인지 아니면 B인지 불분명할 경우 과세관청은 누구에게 과세를 하여야 하는지 어려운 문제에 봉착된다. 특수관계 내지 친인척관계에 있는 경우 더욱 그러하다. 외관상 사업자 명의가 A로 되어 있어 그에게 부과처분을 하였으나 소송절차에서 A는 명의대여자라고 주장하면서 B가 실질적 사업자라고 주장할 수도 있다. 서로 상대편이 실질적 사업자라고 주장할 수도 있다.

(ⅱ) 信託의 법형식

신탁에 있어 위탁자, 수탁자 및 수익자 중 누구에게 과세를 하여야 하는지 문제된다. 이에 대하여는 대법원 2017. 5. 18. 선고 2012두22485 판결(전원합의체)에 따라 타익신탁이든 자익신탁이든, 처분신탁이든 담보신탁이든, 부가가치세 납세의무자는 위탁자나 수익자도 아닌 수탁자로 변경되었다. 그런데 2019. 12. 31. 개정된 부가가치세법 제10조 제8항은 부가가치세 납세의무자는 처분신탁의 경우에는 위탁자이고, 다만 담보신탁의 경우 및 도주법 등에서 정하는 지정개발자가 신탁재산을 처분하는 경우에는 수탁자가 된다고 정하고 있다(제1장 제15절 3. 마. 참조). 나아가 2020. 12. 22. 소득세법 제22조의3의 신설 및 법인세법 제5조 제2항, 제3항의 신설로 소득의 귀속이 신탁자, 수익자 사이에서 분명하지 않는 경우도 생길 수 있게 되었다[제1장 제8절 2. 나. (1) ④ 참조].

(ⅲ) 다양한 事業組織(buisiness associations)의 출현23)

다양한 사업조직의 출현이나 연결법인 관계 등으로 누구에게 부과처분을 하여야 하는지 어려운 문제가 생긴다. 2000년대 초 외국자본이 우리나라에 투자되는 과정에서 미국 등의 사업조직인 LP 등이 문제되기에 이르렀다. 그러자 대법원도 국세기본법 제14조 소정의 실질과세의 원칙을 새로운 관점에서 해석하고 적용하기 시작하였다. 조세조약의 해석과 적용에 있어 국세기본법 제14조 제1항이 적용됨은 확립된 대법원 판례이다. 나아가 2018. 12. 24. 소득세법 제119조의2 및 법인세법 제93조의2(국외투자기구에 대한 실질귀속자 특례)가 신설되었다.

② 명의대여, 신탁 및 다양한 사업조직 등에 있어, 과세관청은 누구에게 과세하여야 하는지 진퇴양난에 빠지는 경우가 생긴다. 세법해석상 의의(疑意)로 인하여 견해대립이 있는 경우 더욱 그러하다. 그렇다고 두 사람 모두에게 부과처분을 할 수도 없다. 한 사람에 대하여는 주위적으로, 나머지 사람에 대하여 예비적으로 부과처분을 할 수도 없다. 여러 사람에게 중첩적으로 부과처분을 할 수도 없다. 명의대여의 경우라면 수집한 과세자료에 터잡아 실질적 사업자로 보이는 사람에게 과세할 수밖에 없고, 해석상 의의로 인하여 견해대립이 있는 경우 자신의 법적 판단에 따라 한 사람을 특정하여 그에게 과세할 수밖에 없다.

여기서 소송과정에서 반대의 사실이 밝혀진 경우나 과세관청의 법적 판단이 잘못된 것으로 판단되면, 과세관청으로 하여금 제척기간 도과 여부와 관계없이 다른 사람에게 과세할 수 있는 길을 터 줄 현실적 필요성이 있다. 반면 선행되는 소송이 진행되는 것을 모르고 있었거나 알고 있었다 하더라도 소송과정에 참가할 수 없는 제3자의 방어권을 보장할 필요도 간과되어서는 안 된다.

이에 대한 독일과 미국의 입법태도는 사뭇 다르다. 독일은 제3자의 방어권 보장을 위하여 제3자의 절차적 참가를 요건으로 한다. 미국은 내국세입법에서 '관련당사자'[24]를 법정하면서 여기에 해당하면 경정 내지 조정을 긍정한다.

---

23) 임승순, 전게서, 137면에서, "론스타 펀드에 관한 대법원 2010두6950 판결에서 문제된 대로 외국단체에 대하여 외국법인이 아닌 것으로 보아 소득세를 부과하였다가 그 취소판결이 확정된 후 다시 해당 단체를 외국법인으로 보아 법인세를 부과하는 경우와 같이, 소득발생의 기초사실이 같아 종전처분과 재처분의 처분사유의 양립이 불가능함에도 세목이나 과세단위가 다르다는 이유만으로 특례제척기간을 적용하지 않아야 할 것인가?"라는 문제 제기를 하고 있다. 론스타 펀드 Ⅲ LP에 대하여 과세관청은 2004년 귀속으로 보아 소득세를 부과하였는데 이를 취소하는 대법원 2010두6950 판결이 2012. 1. 27. 선고되었고, 이후 과세관청은 법인세 제척기간인 2012. 3. 31.(법인세의 미신고로 제척기간 7년임) 직전인 2012. 2. 13. 론스타펀드 Ⅲ LP에 대하여 법인세를 부과하였다. 위 사안을 소득세인가 아니면 법인세인가의 세목의 변경에 관한 문제로 보는 견해도 있을 수 있고, 세목의 변경에 그치는 것이 아니라 소득의 인적귀속(개인 귀속인지 법인 귀속인지)에 관한 문제로 보는 견해도 있을 수 있다.

24) 이창희, 전게서, 167면 주 288)에서, "미국에서는 특수관계자라면 부과할 수 있다. 미국 재무부 규칙 1.1313(c)－1"라고 적은 다음, "대법원 2006. 2. 9. 선고 2005두1688 판결은 상속세 총액은 일정하나 상속인별 분담액에 변동이 있는 경우에도 제척기간이 지난 이상 증액경정은 불가능하다고 하나, 그렇게 된다면 상속지분이 불확실한 경우 중복과세하라는 말밖에 안 된다. 후발적 제척기간의 기능이 소멸시효의 중단·정지나 마찬가지라는 점을 생각하면 연대납세의무자 중 하나에 대한 후발적 사유는 모든 납세의무자에게 미친다고 풀이해야 옳다."라고 적고 있다.

③ 우리나라는 어떠한가?

첫째, 명의대여에 대하여 개정전 국세기본법 제26조의2 제3항(2019. 12. 31. 개정된 국세기본법 제26조의2 제7항 제1목)에서 '실제로 사업을 경영한 자'에게 경정이나 필요한 처분을 할 수 있도록 함으로써 입법적으로 해결하였다.

둘째, 2019. 12. 31. 신설(2020. 1. 1. 시행)된 국세기본법 제26조의2 제7항에서 " … 제6항 제1호의 결정 또는 판결에 의하여 다음 각 호의 어느 하나에 해당하게 된 경우에는 당초의 부과처분을 취소하고 그 결정 또는 판결이 확정된 날부터 1년 이내에 다음 각 호의 구분에 따른 자에게 경정이나 그 밖에 필요한 처분을 할 수 있다. 1. 생략　2. 소득세법 제119조 및 법인세법 제93조에 따른 국내원천소득의 실질귀속자(이하 이 항에서 국내원천소득의 실질귀속자라 한다)가 확인된 경우: 국내원천소득의 실질귀속자 또는 소득세법 제156조 및 법인세 제98조에 따른 원천징수의무자"라고 정하고 있다.

제7항 제2호가 신설되기 전의 법상황을 살펴본다.

(ⅰ) 론스타 사건(대법원 2012. 1. 27. 선고 2010두5950 판결)과 유사한 사안을 본다. 즉 과세관청이 미국 LP에게 양도소득이 실질적으로 귀속되었다고 보면서 해당 LP에 대하여 양도소득세를 부과처분하였으나 대법원 판결에서 미국 LP에 대하여 소득세가 아닌 법인세를 부과처분하여야 한다는 이유로 그 처분을 취소하였고 이후 과세관청이 판시취지에 따라 미국 LP에게 법인세를 부과처분하는 사안을 상정한다. 이 경우 세목이 양도소득세에서 법인세로 변경되었다 하더라도 납세의무자의 변경이 일어나지 아니하면서 세목만의 변경이 일어난 이상 '판결 등에 따른 경정'을 할 수 있는 것으로 보인다. 제7항 제2호가 신설되기 전이라도 가능한 일이다.

(ⅱ) 만약 과세관청이 미국 단체의 구성원에게 부동산 양도소득이 실질적으로 귀속되었다고 보면서 해당 단체의 구성원에 대하여 양도소득세를 부과처분하였으나 대법원 판결에서 미국 단체가 외국법인에 해당하고 그 단체에게 법인세를 부과하여야 한다는 이유로 그 처분을 취소한 사안이라면, 이후 판시취지에 따라 그 단체에 법인세를 부과하는 것은 세목뿐만 아니라 납세의무자의 변경도 함께 수반되므로 제7항 제2호가 신설되기 전이라면 판결 등에 따른 경정은 불가능할 것이다.

(ⅲ) 원천징수의무자에 대한 징수처분이 이루어진 대법원 2020. 11. 12. 선고 2017두36908 판결[일련의 뉴브리지 캐피탈 사건 중 최후의 판결임, 제1장 제6절 2. 가. (2) 참조]의 사안을 본다.

원고는 2005. 4. 15. 말레이시아 법인으로부터 주식을 양수하고 그 대금을 지급하면서 한 · 말 조세조약에 기하여 양도소득에 대한 법인세를 원천징수하지 않았다. 피고는 2006. 12. 18. 위 법인이 SPC에 불과하고 양도소득의 실질귀속자는 영국령 케이만군도에 설립된 유한파트너십(KFP LP)의 투자자들이라는 전제 아래 원고에게 양도소득에 대한 원천징수분 소득세를 고지하였다(제1차 징수처분). 제1차 징수처분은 2014. 9. 4. 위 LP가 법인에 해당하여 원천징수분 법인세를 부과하는 것이 타당하다는 이유로 대법원 판결에 의하여 취소 확정되었다. 피고는 제1차 징수처분에 대하여도 '판결 등에 따른 경정'이 가능하다고 보고 판결확정일부터 1년 이내인 2015. 4. 17. 원고에게 양도소득에 대한 원천징수분 법인세를 징수고지하였다(제2차 징수처분). 위 원천징수분 법인세는 2005. 4. 15. 자동확정되었고 소멸시효의 기산일은 원천징수세액의 법정납부기한인 다음 달 10일인 2005. 5. 10.의 다음 날인 같은 달 11.이므로 제2차 징수처분은 소멸시효기간 5년이 경과한 이후에 이루어졌다.

　대상판결에서는 부과권의 특례제척기간(판결 등에 따른 경정)이 자동확정방식인 원천징수하는 소득세나 법인세의 징수처분에도 준용되는지 여부가 쟁점 중의 하나였다(나머지 쟁점은 소멸시효 중단 여부에 관한 것이었다).

　대상판결은 원천징수분 법인세의 납부의무는 법률의 규정에 의하여 자동확정되고 부과권에 대한 특례제척기간이 징수권의 소멸시효에 적용될 여지가 없다면서 제2차 징수처분에 부과권의 특례제척기간이 적용되지 않는다고 한 원심판단을 정당하다고 하였다.

　판결 등에 따른 경정이 정의공평의 원칙에서 나온 제도인 점에 비추어 볼 때 준용될 여지도 있다. 그러나 판결 등에 따른 경정규정이 실정법상 제척기간을 규정하는 곳에 위치하고 원천징수하는 소득세나 법인세는 자동확정방식의 조세로서 그 원천징수의무를 불이행하는 경우에 고지하는 징수처분은 부과처분과는 본질적으로 상이한 점 등에 비추어 볼 때, 현행법상 징수처분에 대하여는 판결 등에 따른 경정이 적용될 수 없다고 봄이 옳다 할 것이다.

　(ⅳ) 제7항 제2호가 신설된 이후라면 어떠한가? 그 적용범위 내지 해석에 관한 문제이다.

　제7항 제2호의 신설 후 뉴브리지 캐피탈 사건과 유사한 사건이 생겨 과세관청이 제1차 징수처분을 한 다음 대법원 판결에 따라 제2차 징수처분을 하였다고 가정한다. 그 제2차 징수처분에도 적용이 있는가? 원천징수에 있어 원천납세의무자가 법인의 구성원에서 법인으로 또는 그 반대로 바꾸어지는 사안에서 제7항 제2호를 징수권의 소멸시효 중단의 특례규정으로 해석할 수 있는지 여부이다.

　제7항 제2호를 보면, " … 당초의 부과처분을 취소하고 소득세법 제156조 및 법인세법 제98조에 따른 원천징수의무자에게 경정이나 그 밖에 필요한 처분을 할 수 있다."라고 요약되고, 문언상 여전히 '부과처분'과 '원천징수의무자에게 … 필요한 경정처분'을 상정하고 있어 그 해석이 어렵다. 문언의 애매함에도 불구하고 '판결 등에 따른 경정'의 입법취지만을 고려한다면 이와 같은 징수처분의 경우에도 적용이 있다고 볼 여지가 없는 것은 아니다. 그러나 이러한 애매한 내용을 담은 개정만으로 입법자가 당초 기도한 목적은 달성하기 어렵다고 보인다. '가능한 문언의 의미'에 충실한다면 실질귀속자가 확인되었다 하더라도 원천징수의무자에

대한 징수처분의 경우에는 그 적용이 없다고 보는 반대견해가 오히려 설득력이 있어 보인다.

입법론상 판결 등에 따른 경정을 제척기간 규정인 국세기본법 제26조의2에 둘 것이 아니라 독립하여 경정조항을 두고, 부과권과 관련된 것이라면 제척기간의 특례를 두고, 원천징수의무자에 대한 징수권과 관련된 것이라면 소멸시효 중단의 특례를 두는 등으로 명백히 구분하여 정하여야 한다. 제척기간의 특례규정을 정하는 조문에 성질과 의미를 달리하는 징수권의 소멸시효 특례규정을 동시에 둔다는 것 자체가 모순이다.

다만 징수처분이 아닌 부과처분 등이 문제되는 경우라면 납세의무자의 변경이 일어나는 사안이라도 제7항 제2호의 신설에 따라 예외적으로 판결 등에 따른 경정이 가능하다.

2020. 1. 1.부터 시행되는 소득세법 제119조의2와 법인세법 제93조의2(국외투자기구에 대한 실질귀속자 특례)의 해석 여하에 따라서는, 외국단체의 국내법상 구분을 민사법의 성질에 따라 정한다는 위 론스타 판결이 확립한 '사법적 성질 기준설' 및 조세조약의 적용에 있어 체약상대국의 투과과세단체(혼성단체, 투시단체, 외국에서는 법인세를 안 내지만 우리나라에서는 내는 단체)인 미국 등의 LP, LLC 등의 취급에 있어 그 구성원(출자자)이 체약상대국의 거주자인 범위(출자지분을 보유한 범위) 내에서 그 투과과세단체를 거주자로 본다는 판례[DM FOOD 판결(대법원 2014. 6. 26. 선고 2012두11836 판결), TMW 판결(2015. 3. 26. 선고 2013두7711 판결)]가 확립한 '가분적 거주자' 개념도 흔들릴 여지가 있다.

실질귀속자의 개념 정립이 선결적으로 문제되는 사안이라면 소득세법 제119조의2와 법인세법 제93조의2(국외투자기구에 대한 실질귀속자 특례)에 관한 대법원 판례에 기댈 수밖에 없다. 그 해석을 둘러싸고 납세의무자의 변경이 일어날 여지가 있는바 그 경우 부과처분을 다시 할 경우 제7항 제2호가 적용될 것이다. 즉 비거주자나 외국법인의 국내원천소득 중 부동산 양도소득 등 과세관청이 부과처분을 할 수 있는 경우라면 그 적용이 있다.

셋째, 그밖에 인적귀속이 충돌하는 경우 원칙적으로 '판결 등에 따른 경정'의 적용은 없다.[25]

대법원도 인적귀속의 충돌의 경우 소송 등에 관여하지 아니한 제3자에게 '판결 등에 따른 경정'이나 특례제척기간의 적용을 부정하고 있다. 제3자의 방어권 보장을 위한 것으로 보인다. 즉 공동상속인 사이에 상속재산의 분쟁 또는 상속인이나 상속분의 변동으로 인하여 당초신고한 총상속세액에는 변동이 없으나 각자가 납부하여야 할 상속세가 변동되었다면 공동상속인 사이에 인적귀속의 충돌이 발생할 수 있는데, 이 경우 그 적용을 부인하고 있다(대법원 2006.

---

25) 이창희, 전게서, 149면에서, "귀속자가 불분명한 경우 국가로서는 양 쪽에 모두 세금을 매겨야 한다는 이상한 결과가 생기고, 이를 막기 위하여는 현행법은 후발적 제척기간을 정하여 실질귀속자에게 세금을 매길 수 있게 정하고 있다. 명의대여는 그저 한 가지 예일 뿐이므로, 달리 귀속자가 달라지는 경우에도 후발적 제척기간을 적용해야 한다."라고 적고 있다.

2. 9. 선고 2005두1688 판결 참조). 증여세 과세대상 중 일부가 부담부 채무로 인정되어 증여세 과세가액에서 공제되어야 한다는 심판결정 후 부담부 채무 부분에 대하여 다시 양도소득세를 부과한 경우 조세채무자를 달리한다는 이유로 그 적용을 부인하고 있다(대법원 2004. 6. 10. 선고 2003두1752 판결 참조).

입법론으로 독일과 같은 입법을 도입하거나 미국처럼 일정한 범위의 '관련당사자'를 법정하는 등 그 적용범위를 보다 상세하고 명확하게 하는 제도를 도입하여야 한다.[26] 독일의 입법례를 도입하는 것이 어려운 현실이므로 미국의 입법례에 따라 관련당사자를 법정하는 것이 타당한 것으로 보인다. 일본 상속세법 제35조 제3항에 의하면 세무서장은 상속세법 제32조 소정의 경정청구에 기하여 감액경정을 하는 경우 다른 상속인에게 제척기간이 지났다 하더라도 경정 또는 결정처분을 할 수 있다고 규정하고 있다.

④ 급부수령관계에 있어 A에게는 지출비용이 되고 B에게는 수익이 되는 관계로서 상호 모순·저촉이 일어나는 경우 및 양도소득에 있어 A에 있어서는 실지거래가액으로서의 양도가액이 되고 이를 양수한 B에 있어서는 취득가액(필요비용)이 되는 관계로서 그 대금 수액이 일치하지 아니하는 경우, 이를 논리법칙상 양립할 수 없는 배척관계로 볼 수는 없다. 논리법칙상 양립할 수 없는 배척관계가 아니더라도 객관적으로 보아 조세적 결론을 추론함에 있어 모순됨이 없이 통일적으로 이루어져야 함은 명백하다. 그러나 이러한 경우에도 인적귀속의 충돌과 동일하게 제3자의 방어권을 보장하기 위하여 '판결 등에 따른 경정'의 적용은 부정되어야 한다.

(3) 세목의 충돌

양도소득세 부과처분에서 종합소득세 부과처분으로 변경하는 경우이다. 그 반대도 마찬가지다. 부동산 매매라는 특정한 사실관계에서 발생하는 소득이 양도소득인지 사업소득인지 여부는 법적 판단의 문제로서 과세단위를 달리한다. 이 경우에도 적용이 있다.

납세자가 올린 소득이 양도소득이 아니라 사업소득이라고 한다면 납세자는 부가가치세법상의 사업자가 되기 때문에 부가가치세 납세의무를 부담할 가능성이 생긴다. 과세관청이 이를 기화로 부가가치세까지도 부과할 수 있는지 여부가 문제된다.[27] 양도소득과 사업소득은 논리

---

26) 윤지현, 전게논문, 47면에서, "문제된 선행처분과 재처분의 각 납세자들 간의 관계의 밀접도(密接度) 여하에 따라 법원이 그때그때 특례제척기간의 적용 여부를 다르게 판단하는 것도 곤란할 것이다. 한편 입법론으로서는 그러한 밀접도를 고려하여, 예컨대 일정한 특수관계가 존재하는 납세자들 간에 한하여 재처분이 가능하다고 정하는 것도 가능하겠지만, 이러한 규정을 두고 있지 않은 현행법의 해석으로서 이러한 결론을 도출해 내기는 역시 쉽지 않다."라고 적고 있다.

27) 윤지현, 전게 논문, 51면에서, 종합소득세와 양도소득에 대하여 특례제척기간의 적용을 긍정하면서, "아예 전혀 종류가 다른 세목이 문제되는 경우는 어떨가 하는 문제이다. 예컨대, 납세자가 올린 소득이 양도소득이 아니라 사업소득이라는 점이 전제되면 납세자는 부가가치세법상 '사업자'가 되기 때문에 부가가치세 납세의무를 부담하게 될 가능성이 생기게 된다. 과세관청이 특례제척기간 규정의 적용을 받아 사업소득에 대한 종

법칙상 양립할 수 없는 배척관계에 있으나 양도소득세와 부가가치세는 이러한 관계에 있는 것으로 볼 수 없어 '판결 등에 따른 경정'을 할 수 없다. 따라서 부가가치세는 제척기간이 지났다면 부과할 수 없다.

종합소득세 내에서 이자소득과 임대소득 사이에 모순·저촉이 일어나는 경우에도 적용이 있다(위 대법원 2002. 7. 23. 선고 2000두6237 판결 참조).

증여세에서 종합소득세로 변경되는 경우이다. 두 사람이 동업을 하고 있는 데 과세관청이 그 동업의 실체를 부인하면서 그 중 한 사람에게 증여세를 부과하였다가 조세심판원의 결정으로 동업의 실체를 인정하면서 그 증여세 부과처분을 취소한 경우, 과세관청이 그 결정에 따라 종합소득세를 부과하는 경우에도 그 적용이 있는지는 의문이라 할 것이다.

유상양도인지 무상양도인지에 따라 양도소득세와 증여세가 충돌하는 경우 인적귀속의 충돌 및 세목의 충돌이 동시에 일어난다. 제3자의 방어권 보장을 위하여 적용이 없다 할 것이다(대법원 2004. 6. 10. 선고 2003두1752 판결 참조).

국세기본법상 일반가산세와 중가산세의 관계에 대하여, 상호 양립할 수 없는 독립한 처분으로 보는 견해에 의하더라도 당초 부과된 중가산세가 과세요건을 갖추지 못하였다는 이유로 전심결정이나 판결에 의하여 취소된 경우, 과세관청은 전심결정이나 판결의 내용에 따라 제척기간의 도과 여부에 관계없이 일반가산세를 다시 부과할 수 있다(제1장 제9절 11. 마. 참조).

(4) 기간귀속의 충돌(제1의2호)

기간과세를 원칙으로 하는 소득세법상의 사업소득 및 법인세에 있어 권리확정주의의 속성상 그 귀속시기를 특정하기가 어려운 경우가 많다.

과세관청으로서는 두 과세연도를 과세대상으로 삼아 2개의 부과처분을 할 수 없다. 논리법칙상 양립할 수 없는 배타적인 것으로 둘 중 하나를 골라 잡아야 한다. 때론 하나의 귀속연도는 증액경정이, 다른 귀속연도는 감액경정이 동시에 수반되어야 한다. '판결 등에 따른 경정'의 가장 전형적인 적용례이다.

(5) 미국의 기간제한 경감규정의 적용례

미국의 경감규정은 주로 기간귀속의 충돌이 일어나는 사안에 적용되는데, 그 경감규정이 어떻게 적용되는지 예를 들어 설명한다.[28] 우리나라에서 기간귀속의 충돌이 있는 경우 적용되는 '모순된 세액확정에 기한 경정청구'와 '판결 등에 따른 경정'을 이해함에 있어 미국의 경감

합소득세를 내용으로 하는 재처분을 할 수 있다고 하더라도, 나아가 부가가치세의 부과처분까지 할 수 있다고 할 것인가? 아마도 이는 양도소득세 대신에 종합소득세를 부과할 수 있는가 하는 것(또는 그 반대 방향의 것)보다는 조금 더 대답하기 어려운 문제로 될 것이다. … 이와 같이 명백히 새로운 세목을 대상으로 하는 재처분은 납세자의 신뢰보호와 관련이 있다고 생각하지 않을 수 없고 따라서 특례제척기간을 통하여 할 수는 없다고 보는 것이 보다 타당하지 않을까 생각한다."라고 적고 있다.

28) W. PATRICK CANTRELL, 전게서, 191면 기재의 예를 인용하였다.

규정과 비교·검토하는 것도 유용하다고 생각되어 그 예를 인용한다.

(i) 국가가 모순된 입장을 취하는 경우(Example of Government Inconsistency)

납세자가 과세표준신고를 함에 있어 잘못하여 소득 항목을 사업연도 #1에 귀속하는 것으로 신고하였다. 그런데 과세관청은 사업연도 #4에 귀속하는 것으로 과세하였고 그 처분은 법원의 판결에 의하여 확정되었다. 납세자가 당초 과세표준신고에 대하여 환급을 구할 수 있는 기간은 이미 도과하였다. 이와 같이 국가가 사업연도 #1과 모순된 입장을 취한 이상 납세자는 그 기간이 도과하였다 하더라도 기간제한의 경감규정이 적용되어 구제받을 수 있다.

(ii) 납세자가 모순된 입장을 취하는 경우(Example of Taxpayer Inconsistency)

납세자가 과세표준신고를 함에 있어 잘못하여 공제 항목을 사업연도 #1에 귀속하는 것으로 신고하였다. 그런데 납세자는 사업연도 #4에 귀속하는 것으로 경정을 청구하였고 이는 법원의 판결에 의하여 확정되었다. 국가가 사업연도 #1에 대한 증액경정할 수 있는 기간은 이미 도과하였다. 이와 같이 납세자가 사업연도 #1과 모순된 입장을 취한 이상 국가로서는 그 기간이 도과하였다 하더라도 기간제한의 경감규정이 적용되어 증액경정할 수 있다.

우리나라 경정시스템으로 설명하면, (i)의 예에서는 국세기본법 제45조의2 제2항 제4호 소정의 '모순된 세액확정에 기한 경정청구'에 기하여 납세자는 구제받을 수 있고, (ii)의 예에서는 '판결 등에 따른 경정'에 기하여 과세관청은 증액경정을 할 수 있어 국가로서는 과세기회를 일실하지 않게 된다.

6. 기판력 사이의 충돌

소득의 귀속시기에 관하여 #1, #2 중 어느 연도에 속하는 것인지 견해대립이 있고, 논리적으로 두 기간 중 어느 하나가 귀속시기일 수밖에 없는 사안을 전제하여 본다. 선행소송에서 과세관청은 #1을 귀속시기로 보아 부과처분을 하였으나 법원은 #1이 아니라 #2를 귀속시기로 보아야 한다는 이유로 #1을 귀속시기로 본 부과처분을 취소하는 청구인용판결을 하여 확정되었다. 과세관청은 국세기본법 제26조의2 제6항 제1의2호에 근거하여 #2를 귀속시기로 한 부과처분을 하였는데 법원이 종전 판결과 견해를 달리하여 #2를 귀속시기로 볼 수 없다는 이유로 #2를 귀속시기로 본 부과처분을 취소하였고 그 판결은 확정되었다.

이 경우 과세관청은 후행 확정판결에 터잡아 '판결 등에 따른 경정' 조항에 따라 다시 #1을 귀속시기로 한 부과처분을 할 수 있는가가 문제된다. 선행 확정판결은 #1이 귀속시기라 아니라는 점에서, 후행 확정판결은 #2가 귀속시기가 아니라는 점에서 서로 저촉하고 있다. 두 판결 중 어느 하나는 잘못된 판결이다. 자세한 것은 제1장 제6절의2 5. 라.를 참조하기 바란다.

7. 판결 등에 따른 경정 규정과 경정청구권의 발생여부

가. 경정청구를 인정할 필요성

앞서 '판결 등에 따른 경정'이라는 제도는 주로 과세관청을 위한 것임을 설명하였다. 그런데 '판결 등에 따른 경정'이 조세채무자를 위하여도 적용될 수 있는지 여부이다.

나. 예1

(1) 상속한 부동산을 양도하는 경우이다. 상속한 부동산을 10억 원으로 평가하여 상속세 과세표준신고를 한 다음 이를 20억 원에 양도하여 양도가액 20억 원에서 위 10억 원을 취득가액으로 하여 공제한 양도차익 10억 원에 대한 양도소득세를 신고납부하였다. 그런데 과세관청이 상속한 부동산의 평가가 잘못되었다면서 이를 15억 원으로 평가하여 상속세 부과처분을 하였다. 그 부과처분을 다투었으나 평가액 15억 원이 정당하다는 이유로 청구기각판결을 받았다. 판결이 확정된 후 원고는 상속부동산의 평가액이 15억 원이라면 양도부동산의 취득가액도 15억 원이 되어 양도소득세 산정이 잘못되었다면서 경정청구를 하였다. 그런데 과세관청은 양도소득세의 경정청구기간 및 제척기간 5년이 도과하여 경정할 수 없다는 이유로 경정을 거부하였다. 원고에게는 구제수단이 없다고 할 것인가?

소득세법 제97조 제1항 가목, 시행령 제163조 제9항에 의하면, 상속 또는 증여받은 자산을 양도하는 경우 양도차익을 산정함에 있어 취득 당시의 실지거래가액은 상속개시일 또는 증여일 현재 상증세법 제60조부터 제66조까지의 규정에 따라 평가한 가액으로 본다고 규정하고 있다. 즉 현행법상 상속인이 상속세를 내면 상속재산의 소득세법상 취득원가는 피상속인의 취득원가가 그대로 넘어오는 것이 아니라 상속개시일 현재의 시가로 평가증하여 다시 정해진다. 상속세와 양도소득세가 세목을 달리한다 하더라도 두 가액은 법 체계상 논리필연적으로 동일할 수밖에 없는 것인 이상, 비록 양도소득세의 경정청구기간 및 제척기간 5년이 도과하였다 하더라도, 원고에게 양도소득세의 시정을 위한 경정청구의 기회가 부여되어야 함이 정의공평의 원칙에 부합한다. 과세관청이 제척기간의 도과를 주장하는 것은 전후 모순된 입장을 취하는 것이다.

이러한 경정청구는 '판결 등에 따른 경정'의 반대면에 존재하는 것으로, 부득이 '판결 등에 따른 경정 조항'에 터잡아, 조세채무자에게 경정청구를 인정하여야 할 것으로 보인다.

유사한 사안(Chertkof v. United States)에서 미국 기간제한의 경감규정인 내국세입법 제1312조 (7) 소정의 자산의 기준원가(Basis of Property)의 적용과 관련하여 제4 순회심판소는 1982. 4. 1. 경감규정의 적용을 긍정하여 납세자의 환급청구를 인정하는 판결을 하였다.

(2) 조세심판원 2020. 9. 3. 고지 2019전3051 결정

사안의 개요는 다음과 같다. 청구법인, 청구인, 청구외 법인 등 세 주체가 등장하고 청구외 법인의 대표이사는 청구인의 배우자이다. 청구법인은 2012. 8. 30. 특수관계인인 청구인으로부터 청구인의 청구외 법인에 대한 비상장주식을 상증세법상의 보충적 평가방법에 따라 평가한 금액으로 양도받았다. 청구법인은 2013. 3. 30. 2012 사업연도의 법인세를, 청구인은 2012. 11. 30. 양도소득세를 신고납부하였다. 그런데 지방국세청장은 청구외 법인에 대하여 세무조사를 하여 2016. 7. 1. 2011 사업연도의 법인세를 증액경정하였다. 이러한 과세자료를 통지받은 과세관청은 부당행위계산부인 규정을 적용하여 2018. 3. 22. 청구법인에게 2012. 사업연도의 법인세를, 2018. 4. 4. 청구인에게 2012년 귀속 양도소득세를 각 증액고지하였다. 청구법인이나 청구인은 이에 대하여 불복하지 않았다. 한편 청구외 법인은 2015. 7. 1. 자 처분에 대하여 2016. 9. 26. 심판청구를 하였는데 2018. 11. 19. 조세심판원에서 일부 인용되어 청구외 법인의 2011. 사업연도의 법인세는 감액경정되었다. 그러자 청구법인 및 청구인은 이러한 청구외 법인의 법인세가 감액경정된 점 및 상증세법상의 보충적 평가방법인 법 제63조(유가증권의 평가), 시행령 제55조, 시행규칙 제17조의2(순자산가액의 계산방법)에 따라 청구외 법인의 법인세액을 부채에 가산하여야 함을 사유로 삼아 후발적 경정청구를 하였다.

조세심판원은 다음과 같이 후발적 경정청구사유에 해당된다면서 청구인용재결을 하였다.

『우리 원의 조세심판 결정(조심 2016전3748, 2018. 11. 19.)에 따라 해당 법인세액이 감액되어 비로소 쟁점 법인세액이 결정된 점, 쟁점 법인세액은 쟁점 평가액의 산정에 기초가 되는 요소로 위 조세심판 결정에 의하여 다른 것으로 확정된 것으로 보이는 점, 비록 청구인들이 2018. 3. 22. 및 2018. 4. 4. 고지된 법인세 및 양도소득세에 대하여 불복청구를 한 바 없으나 그러한 사정만으로 쟁점 평가액을 적법하게 산정하려는 청구인들의 후발적 경정청구를 배제하는 것은 불합리해 보이고 그 배제규정되 없는 점 등에 비추어 이 건 경정청구는 후발적 경정청구사유에 해당하여 적법하다고 판단된다.』

청구외 법인의 2011 사업연도 법인세액이 2012년 당시 청구외 법인 발행의 비상장주식의 평가액에 영향을 미치는 이상, 이후 2011 사업연도의 법인세액이 증감변동함에 따라 그 비상장주식의 평가액도 증감변동되는 것은 당연하다. 즉 청구외 법인의 법인소득의 수액이 비상장주식의 평가가액의 기준이 되는 이상, 청구외 법인, 청구법인 및 청구인이 별개의 인격이고 세목을 달리 한다 하더라도, 그 평가가액은 '자산의 기준원가(Basis of Property)'로서 오로지 하나만이 존재하고 비상장주식의 거래로 인한 법인세 등 세액의 산정기초가 되어 그 세액에 직접적 영향을 미친다는 것은 명백하다. 그 점에서 앞서 본 (1)의 사안과도 유사하다.

청구인들이 구제되어야 하는 데는 동의한다. 구제방법이 문제된다. 사정변경에 기한 경정청구사유가 되기 위하여는 '판결 등에 의한 세액 계산근거의 변동'이 있어야 한다(제4장 제4절 6. 참조). 그 외 해당 사유가 없다. 재결을 여기서 말하는 '판결'에 해당한다고 하기가 곤란하다(제4장 제4절 6. 참조). 조세심판원은 재결도 예외적인 경우 여기서 말하는 '판결'에 해당하는 것으로 보는 것 같다. 이는 지나친 유추이다. 이렇게 유추를 허용하면 비슷한 다른 유형의 사안에도 허용해야 하고 그 순간 경정법체계는 무너지기 때문이다. '모순된 세액확정에 기한 경정청구'도 마찬가지로 곤란하다.

따라서 '판결 등에 따른 경정청구'를 허용하여 구제하는 것도 한 방법이라고 생각된다. 그러나 이도 실정법상 근거가 없다. 연구과제로 남긴다. 입법론상 이에 관한 독립한 경정청구 유형을 신설하였으면 하는 바람이다[제5장 제5절 1. 가. (1) 참조].

다. 예2

(1) 앞서 본 '사정변경에 기한 경정청구'(제4장 제3절 6. 바. 참조)에서 든 예를 다시 본다. "어떤 법인의 사업연도 2001년 내지 2004년도까지 4개 사업연도에 대하여 2005. 6. 경에 세무조사가 나와 어떤 쟁점에 대하여 법인의 견해와 과세관청의 견해가 대립되었다. 그리하여 과세관청은 2005. 12. 그 견해대로 위 4개 사업연도에 대하여 증액경정을 하였다. 법인은 위 4개 사업연도의 증액경정처분에 대하여 이를 다투는 일방, 2005 사업연도에 대하여는 2006. 3. 31. 과세관청의 견해대로 법인세 신고를 하였음은 물론, 이후 사업연도에도 계속 과세관청의 견해대로 신고를 하였다. 그런데 원고가 제기한 행정소송에서 2011. 6. 원고법인의 견해를 지지하는 대법원 판결이 선고됨에 따라 최종적으로 승소하였다."고 가정한다.

(2) 위 사안에서, 대법원 판결 선고 당시인 2011. 6. 현재 2005 사업연도 법인세는 물론 2006, 2007 각 사업연도의 법인세에 대하여도, 통상의 경정청구기간 3년의 도과로 구제받을 수 없게 되었다. 이러한 경우 조세채무자를 구제할 방법이 없는가?

(3) 위 예에서, 조세채무자가 2005 사업연도 이후부터 과세관청의 견해를 신뢰하고 이를 따른 데 대하여 어떤 잘못이 있다 할 수 없다. 이를 따르지 아니하면 세무조사를 받을 수 있고 가산세 부담까지 각오하여야 하기 때문이다. 나아가 과세관청의 견해 내지 법적 판단이 공권적 판결에 따라 잘못되었음이 확정된 이상, 그 판결을 받음에 있어 조세채무자에게 그 책임을 돌릴 수 없는 사유로 많은 시간이 경과하여 통상의 경정청구기간마저 도과한 마당이라면 조세채무자에게 경정청구의 기회를 제공함이 상당하다.

만약 과세관청의 견해에 따른 신고를 매 사업연도마다 한 다음 매년 통상의 경정청구를 하고 그 거부처분에 대하여 행정소송을 반복하여 제기토록 하여 조세채무자로 하여금 많은 시간과 경비를 소비하게 하고 법원으로 하여금 번거롭게 많은 사건처리를 하도록 하는 것이야말로 소송경제적으로 바람직하지 않다.

나아가 '판결 등에 따른 경정'이 신의성실의 원칙에 터잡은 것이라고 본다면, 조세채무자에게 아무런 구제수단을 제공하지 않는 것이야말로 신의성실의 원칙 내지 금반언의 원칙에 반한다. 조세채무자에게 물샐틈없는 권리구제를 위하여 경정청구를 인정할 필요성이 무엇보다 절실하다.

(4) 사견

예외적으로, 조세채무자를 위하여 비록 경정청구기간이 도과하였다 하더라도 '판결 등에 따른 경정'조항에서 연유하는 경정청구를 허용하여야 한다.

즉 (ⅰ) 특정한 사실관계 내에서는 아니지만 그 특정한 사실관계가 매 사업연도마다 동일한 형식으로 반복되는 예외적인 경우, (ⅱ) 그 판결 등의 기초가 된 판단이 다른 사업연도의 세액확정에도 동일하게 기초로 삼아야 할 것으로서, (ⅲ) 다른 사업연도의 세액확정의 잘못이 오로지 관세관청의 부과처분 내지 견해에 기인한 것이고, (ⅳ) 통일적이고 수미일관한 과세를 하여야 할 필요성이 있는 경우라면 경정청구를 허용하여야 한다. 나아가 '그 밖에 필요한 처분'에는 위 사안과 같이 신고한 세액의 일부 또는 전부를 감액경정하는 것도 포함된다고 볼 여지도 있다.

그렇다면 위 예에서, 비록 선행처분은 사업연도 2001년 내지 2004년도까지의 4개 사업연도에 관한 것이고, 그 판결 또한 해당 사업연도에 관한 것으로서 2005년도 이후의 사업연도에 관한 것은 아니라고 할지라도, 그 판결의 기초가 된 법적 판단은 판결의 대상이 되지 아니한 이후 사업연도에도 동일하게 유지되어야 하는 이상, 과세관청으로서는 국세기본법 제26조의2 제2항 제1호(종전 규정)에 터잡아 2005년도 이후 신고로 확정된 법인세에 대하여도 이를 경정할 의무가 있고, 따라서 조세채무자는 경정청구를 할 수 있다고 봄이 상당하다.

8. 헌법재판소 결정 및 이에 대한 비판

가. 헌법재판소 2002. 12. 18. 선고 2002헌바27 결정

『4. 본안 판단

가. 쟁 점

이 사건의 쟁점은, 제2항의 "당해 판결 또는 결정에 따라 경정결정 기타 필요한 처분"의 의미나 개념이 불명확한지의 여부로서, 만약 그 의미나 개념이 명확하지 않아 제2항에 정하여진 제척기간의 적용범위, 즉 제2항에 의하여 다시 할 수 있는 처분의 범위를 확정할 수 없다고 한다면 위 부분은 조세법률주의의 한 내용인 과세요건 명확주의에 반한다 할 것이다.

이와 관련하여, 청구인은 제2항의 위 부분이 당해 판결 또는 결정의 주문을 이행하기 위한 처분에 한정되는 것인지 또는 그 이유에서 밝힌 위법사유를 보완하는 재처분까지 포함하는 것인지에 관하여 다투고 있는바, 납세의무자의 주장을 받아들이는 주문의 내용에도 불구하고 그 이유에서 지적된 위법사항을 바로잡아 제2항의 특례 제척기간 내에 다시 처분을 할 수 있다는 것 자체가 납세의무자에게 유리하지 않은 것이기 때문에, 위 주장은 곧 제2항에 의한 처분이 납세의무자에게 유리한 재처분만 의미하는지 아니면 납세의무자에게 유리하지 않은 재처분까지 포함하는지의 여부와 직접적으로 관련되어 있는 문제라고 할 수 있다.

또한, 과세관청이 판결 또는 결정의 이유에서 지적된 납세고지절차상의 하자를 보완하여 다시 하는 처분에 대하여도 특례 제척기간을 적용하게 되는 위 제2항이 청구인의 재산권을 침해하는 것인지의 여부에 관하여도 살펴보기로 한다.

나. 국세부과의 제척기간

(1) 입법연혁

원래 1984. 8. 7. 법률 제3746호로 개정되기 이전의 국세기본법은 제27조 및 제28조에서 국세징수권의 소멸시효에 관하여 규정하고 있었을 뿐 국세부과권에 관하여는 아무 규정도 두고 있지 않다가, 위 개정으로 국세부과권의 제척기간에 관한 제26조의2 규정이 정부제출법안에 의하여 신설되는 한편 납세의무의 소멸사유에 관한 제26조에 국세부과권의 제척기간에 관한 제2호가 추가됨으로써, 국세부과권에 대하여는 제척기간이, 징수권에 대하여는 종전과 같이 소멸시효가 있게 되었다.

(2) 입법취지

국세부과의 제척기간은 조세법률관계를 신속히 확정짓기 위한 것으로, 납세인구가 늘어나고 과세대상인 경제거래가 다양해지면서 조세체계가 고도로 전문화되고 복잡해져 조세채권·채무관계를 언제까지나 불확정한 상태로 둔다면 조세법률관계가 불안정하게 되어 바람직하지 않게 되므로, 이러한 점을 고려하여 납세의무자의 법적 안정을 기하는 동시에 일정 기간의 경과로 국가가 과세권을 행사하는 데 있어서의 어려움을 해소하려는 데에 그 입법취지가 있다고 할 것이다.

제척기간의 경과 이후에는 추상적 조세채권의 단계에서 국세부과권은 소멸하게 되어 조세를 부과할 수 없게 되고 징수권은 발생하지 아니하므로, 제척기간 경과 후에 이루어진 과세처분은 당연무효로서 납세의무자가 이를 원용하지 않더라도 법원은 직권으로 그 기간의 만료 여부를 조사하여야 한다.

그런데, 신설된 위 제26조의2 규정은 제1항에서 통상의 제척기간을 5년 및 2년으로 정하는 한편 일정한 사실이 후발적으로 발생한 경우 통상의 제척기간 경과 후에도 부과할 수 있는 특례로서 1년이라는 기간을 제2항에서 정함으로써, 과세권자는 행정쟁송절차에 의한 판결 또는 결정이 확정된 날로부터 1년이 경과하기 전에는 위 판결 또는 결정에 따른 경정결정이나 그에 부수되는 처분을 할 수 있는바, 납세의무자의 청구를 인용하는 판결 또는 결정이 있으면 그 내용에 따라 새로운 과세처분이 불가피한 경우가 있는데, 당초의 부과처분에 대한 행정소송 등 쟁송절차가 장기간 지연되어 그 절차가 진행되는 도중에 제척기간이 경과하면 제척기간에는 징수권의 소멸시효와 달리 그 기간의 중단이나 정지가 없어 새로운 결정이나 증액경정결정은 물론 감액경정결정 등 그 판결이나 결정의 결과에 따른 어떠한 처분도 할 수 없게 되는 결과 위 판결이나 결정은 무의미하게 되므로, 이러한 불합리를 방지하기 위하여 제2항의 특례를 둔 것이라고 할 수 있다.

다. 조세법률주의에 위반되는지 여부

(1) 과세요건 명확주의

헌법 제38조 및 제59조에 근거를 둔 조세법률주의의 핵심적 내용은 과세요건 법정주의 및 과세요건 명확주의라고 할 것인바, 과세요건 법정주의는 납세의무를 성립시키는 납세의무자·과세물건·과세표준·과세기간·세율 등의 과세요건과 조세의 부과·징수절차를 모두 국민의 대표기관인 국회가 제정한 법률로 규정하여야 한다는 것이고, 본건에서 문제가 되고 있는 과세요건 명확주의란 과세요건을 법률로 규정하였다고 하더라도 그 규정내용이 지나치게 추상적이고 불명확하면 과세관청의 자의적인 해석과 집행을 초래할 염려가 있으므로 그 규정 내용이 명확하고 일의적(一義的)이어야 한다는 것으로서, 이러한 내용의 조세법률주의의 이념은 과세요건을 법률로 규정하여 국민의 재산권을 보장하고, 과세요건을 명확하게 규정하여 국민생활의 법적 안정성과 예측가능성을 보장하는 것을 그 기능으로 하고 있는 것으로 이해된다(헌재 1989. 7. 21. 89헌마38, 판례집 1, 131, 138－139; 헌재 1995. 11. 30. 91헌바1 등, 판례집 7－2, 562, 584; 헌재 1999. 12. 23. 99헌가2, 판례집 11－2, 686, 695 참조).

(2) 구체적 검토

(가) 문제의 제기

제2항의 구체적 입법취지와 관련하여 위 조항은 납세의무자에게 유리한 재처분만 허용하기 위한 규정이라는 입장과 반드시 그러한 처분에만 한정되는 것은 아니라는 입장이 있을 수 있는바, 대법원은 1996. 5. 10. 선고 93누4885 판결(세액산출근거를 기재하지 아니한 납세고지상의 위법을 이유로 과세처분이 취소되자 과세관청이 판결 확정일로부터 1년 내에 그 잘못을 바로잡아 다시 지방세부과처분을 한 사안)에서 이 사건 제2항과 동일한 내용의 지방세법 제30조의2(1984. 12. 24. 법률 제3757호로 개정되고 1993. 12. 27. 법률 제4611호로 개정되기 이전의 것) 제2항의 입법취지에 관하여, 과세관청이 부과처분의 불복에 대한 결정 또는 판결이 있은 후 그에 따라 다시 부과처분을 하려는 시점에 이미 제척기간을 도과하였다고 하여 그 결정이나 판결의 결과에 따른 부과처분조차 할 수 없게 된다면 그 결정이나 판결은 무의미하게 되며 과세관청에게 가혹하고 또한 과세관청이 제척기간의 만료를 염려하여 재차 부과처분을 하게 되면 납세의무자에게 부담을 가중하는 것이 되므로 일정기간의 예외를 두자는 취지에서 비롯된 것이라고 하면서, 위 규정은 결정이나 판결이 확정된 날로부터 1년 내라 하여 당해 결정이나 판결에 따르지 아니하는 새로운 결정이나 증액경정결정까지 할 수 있다는 취지가 아님은 분명하나, 그렇다고 하여 위 규정을 오로지 납세자를 위한 것이라고 보아 납세자에게 유리한 결정이나 판결을 이행하기 위하여만 허용된다고 볼 근거는 없다고 판시하였다.

이를 계기로 제2항의 적용범위와 관련하여 대법원의 견해를 비판하면서 납세의무자에게 유리한 경정 기타 필요한 처분만 할 수 있다는 편면적용설과 과세권자에게 유리한 처분도 할 수 있다는 양면적용설의 학설상 대립이 표면화되기 시작하였다.

(나) 제2항의 적용범위

1) 과세요건 명확주의는, 과세요건에 관한 법률규정의 내용이 지나치게 추상적이거나 불명확

면 이에 대한 과세관청의 자의적인 해석과 집행을 초래할 염려가 있어 과세의 요건과 절차 및 법률 효과를 규정한 법률은 그 내용이 명확하여야 한다는 것이 그 요지이나, 법률은 일반성·추상성을 가지는 것으로서 법률규정에는 항상 최종적으로 법관의 법보충작용으로서의 해석의 여지가 있으므로, 조세법규 역시 당해 조세법의 일반이론이나 그 체계 및 입법취지 등에 비추어, 그리고 법규 상호간의 해석을 통하여 그 의미가 분명해질 수 있다면 이러한 경우에도 명확성을 결여하였다고 하여 그 규정을 무효라고는 할 수 없다 할 것인바(헌재 1995. 2. 23. 93헌바24 등, 판례집 7−1, 188, 199; 헌재 1995. 11. 30. 94헌바40 등, 판례집 7−2, 616, 631; 헌재 1996. 8. 29. 95헌바41, 판례집 8−2, 107, 124), 이 사건 제2항에 있어서도 당해 판결 또는 결정에 따라 할 수 있는 처분의 의미가 합리적이고 체계적인 해석에 의하여 명확해진다면 이를 과세요건 명확주의에 위배된다고는 할 수 없을 것이다.

2) 그러므로 살피건대, 제2항에 의하여 허용되는 처분의 범위는 반드시 납세의무자에게 유리한 것에 한정된다고 볼 수 없다.

그 논거로서는, 첫째, 법률조항의 문언상 "경정결정 기타 필요한 처분"이라고만 되어 있을 뿐 그 처분에 다른 조건이나 제한적 문구가 기재되어 있지 않은 점에 비추어 위 특례 제척기간의 적용이 납세의무자에게 유리한 경우에만 가능하다거나 판결이나 결정의 주문만을 기준으로 이루어져야 한다고 볼 만한 근거가 전혀 없을 뿐 아니라 다른 관련법규에 비추어 보더라도 그러한 제한을 둘 근거가 없으며, 둘째, 제2항은 행정소송법 제30조에 규정한 기속력의 실효성을 확보하기 위한 특별 규정이라고 할 수 있는데, 위와 같은 경우 통상의 제척기간 만료를 이유로 과세처분을 못한다고 하면 결국 판결 또는 결정의 취지가 실현되지 않게 되는 것이고, 셋째, 세액산정의 불능으로 인하여 부득이 과세처분 전부를 취소하는 경우 납세의무자에게 불리한 재처분이 불가능하다고 한다면 형평의 원칙에 맞지 아니하며, 넷째, 납세의무자가 소송에서 내용상의 위법을 줄곧 다투어 오다가 여의치 못하자 제척기간 이후 갑자기 절차상의 위법(납세고지절차상의 하자, 세액산정상의 위법 등)을 다투어 그 주장이 인용되는 경우 과세관청으로서는 뒤늦은 주장에 의하여 정당한 과세처분을 하지 못하는 부당한 결과가 발생하게 되는 것이고, 다섯째, 조세행정의 측면에서 조세관련법규의 엄격한 해석 못지 않게 공평과세 또는 조세정의의 중요성이 강조되고 있음을 부인할 수 없다는 점 등을 들 수 있다.

따라서, 제2항을 포함하는 제26조의2 규정은 물론 국세기본법과 다른 조세법규를 종합적으로 해석하더라도, 실체적으로는 하자가 없으나 절차적 위법사유만 있는 경우 또는 과세원인을 잘못 평가하여 부과한 처분이지만 동일세목에 속하는 경우, 그리고 세액산정이 어려워 부과처분 전체가 취소된 경우 등에는 그 하자를 보완하거나 정확한 세액산정을 하여 재처분을 할 수 있다고 보는 것이 공평과세 및 조세정의의 측면에서 타당하다 할 것이므로, 제2항에 의한 처분이 반드시 납세의무자에게 유리한 재처분에 한정되는 것은 아니라고 본다.

이에 대하여는 하자 있는 처분을 한 과세관청에 대하여 그 하자를 바로잡을 수 있는 기회를 상실한 불이익을 귀속시킴이 당연하다는 점, 법원이 세액산정의 불능으로 적법한 부분까지 부득이 그 전부를 취소한다는 것은 법원의 심리부족을 탓할 문제이지 이를 근거로 과세관청에게 유리한 재처분까지 허용할 수는 없다는 점, 절차상의 위법도 실체상의 위법과 마찬가지로 중요하므로 절차의 위법사유를 보완할 수 없다는 것이 과세관청에 대하여 불의의 타격이 될 수 없고, 오히려 이를 보완할 수 있다고 한다면 절차상 하자가 있는 과세처분에 대하여는 결코 제척기간이 있을 수 없게 된다는 모순적이고 불합리한 결과를 초래함으로써 제척기간 본래의 취지에 반하게 된다는 점 등의 비판이 있을 수 있으나, 제2항의 입법취지 및 그 해석, 공평과세 및 조세정의, 그리고 법원에 있어서의 소송실무 등을 고려하면 위와 같은 비판을 수용하는 것에 더 큰 문제점이 있다고 할 것이다.

3) 대법원도 제2항과 관련하여 위에서 살핀 93누4885 판결 이후 당해사건인 대법원 2002. 1. 25. 선고 2001두9059 판결 이외에 2002. 7. 23. 선고 2000두6237 판결에서, 종전의 과세처분이 위법하다는 이유로 이를 취소하는 판결이 선고·확정된 후 1년 내에 과세관청이 그 잘못을 바로 잡아 다시 과세처분을 한 경우 구 국세기본법(1993. 12. 31. 법률 제4672호로 개정되기 전의 것) 제26조의2 제1항이 정한 제척기간의 적용이 없고, 과세관청이 납세자에게 유리한 재처분만 할 수 있을 뿐 납세자에게 불리한 재처분을 할 수 없다는 국세행정관행이 존재한다고 볼 수 없다고 판시함으로써 제2항에 의한 처분이 납세의무자에게 유리한 처분에 한정되지 않음을 명백히 하였다.

또한, 제2항의 구체적 적용범위에 관하여는, 객관적 범위로서, 당해 판결 또는 결정에 따른 경정결정이나 그에 부수되는 처분만을 할 수 있을 뿐 판결 또는 결정이 확정된 날로부터 1년 내라 하여 당해 판결이나 결정에 따르지 아니하는 새로운 결정이나 증액경정결정까지 할 수 있는 것은 아니고(대법원 1994. 8. 26. 선고 94다3667 판결; 대법원 1996. 9. 24. 선고 96누68 판결), 납세고지의 위법을 이유로 과세처분이 취소되고 이에 과세관청이 그 판결확정일로부터 1년 내에 잘못을 바로잡아 다시 부과처분을 하였다면 통상의 제척기간의 적용은 없는 것이며(위 대법원 93누4885 판결), 부동산 임대소득이라 하여 과세되었으나 이자소득임이 인정되어 과세처분이 취소되고 이에 과세관청이 그 판결확정일로부터 1년 이내에 당초의 부과처분 세액을 한도로 종전 판결에서 적시한 위법사유를 보완하여 이자소득으로서 다시 과세처분을 하였다면 제2항의 제척기간이 준수된 것이라고 설시하는 한편(위 대법원 2000두6237 판결), 주관적 범위로서, 납세의무가 승계되는 등의 특별한 사정이 없는 한 당해 판결 등을 받은 자로서 그 판결 등이 취소하거나 변경하고 있는 과세처분의 효력이 미치는 납세의무자에 대하여서만 그 판결 등에 따른 경정처분 등을 할 수 있을 뿐이고, 그 취소나 변경대상이 되고 있는 과세처분의 효력이 미치지 아니하는 제3자에 대하여서까지 그 규정을 적용할 수 있는 것은 아니라고 판시하고 있다(대법원 1996. 9. 24. 선고 96누68 판결 [공1996하, 3240]).

(다) 소결론

결국, 제2항의 "당해 판결 또는 결정에 따라 경정결정 기타 필요한 처분" 부분은 그 입법취지 및 문언적 의미, 조세법의 일반원칙 등을 종합하여 볼 때 해석상 구체적인 의미와 내용이 명확히 정립될 수 있어 자의적인 적용가능성은 없다고 보여지고 법원이 이를 적용함에 있어서도 법적 안정성과 예측가능성을 해한다고 볼 수 없으므로, 과세요건 명확주의의 측면에서 조세법률주의에 위반되지 아니한다고 할 것이다.』

제4장

나. 비판

(1) 헌법재판소 결정은 기존의 대법원 판례의 흐름에 주목하면서 그 기초 위에서 국세기본법 제26조의2 제2항이 과세요건명확주의에 위반하는지 여부를 논증하고 있다. 결정 논지는 앞서 본 미국, 독일의 입법례에서 볼 수 있는 '판결 등에 따른 경정'의 기본사상과는 전혀 다른 내용이다. 비교 검토가 필요하다. '판결 등에 따른 경정'은 원칙적으로 기간귀속의 충돌처럼 과세단위를 달리하는 경우에 적용되는 것이어서 기존의 경정과는 차원을 달리하는 제도이다. 위 결정은 동일한 과세단위 내에서 또는 기판력(기속력)이 미치는 범위 내에서만 가능한 것으로 경정의 가능범위를 극도로 좁히고 있다. 그럼으로써 전형적 적용례인 기간귀속의 충돌마저도 그 적용을 부인한다. '판결 등에 따른 경정'을 바라보는 관점에서 현격한 차이를 보이고 있다. 위 결정에 의하면 비록 그 후인 2016. 12. 20. 신설되었지만 제6항 제1의2호를 제대로 설명할 수 없다.

몇 가지 점에 대하여 다음과 같이 비판한다.

(2) 결정 이유 중 [제2항의 "당해 판결 또는 결정에 따라 경정결정 기타 필요한 처분"의 의미나 개념이 불명확한지의 여부로서, 만약 그 의미나 개념이 명확하지 않아 제2항에 정하여진 제척기간의 적용범위, 즉 제2항에 의하여 다시 할 수 있는 처분의 범위를 확정할 수 없다고 한다면 위 부분은 조세법률주의의 한 내용인 과세요건 명확주의에 반한다]라는 부분이다.

제2항 자체로 그 의미가 명확하지 않음은 맞다. 구성요건상 일부 내용이 빠진 느낌이 들고 그리하여 "특정한 사실관계 내에서 상호 모순·저촉이 있어야 한다."는 '기술되지 아니한 숨은 구성요건'이 보충되어야 함도 앞서 본 바와 같다. 그러나 경정요건은 과세요건과는 달리 법관의 법해석에 의하여 유추해석도 허용되어야 하고 때로는 '기술되지 아니한 숨은 구성요건'이 보충될 여지도 있다. 경정요건까지도 과세요건의 하나로 보아 '과세요건명확주의'를 요구하면서 명확하지 아니하면 무효라는 논리를 만들어 낼 수는 없다.

(3) 국세기본법 제26조의2 제2항의 적용범위와 관련하여, 납세의무자에게 유리한 경정 기타 필요한 처분만 할 수 있다는 편면적용설과 과세권자에게 유리한 처분도 할 수 있다는 양면적용설의 대립이 있다면서 양면적용설이 타당하다는 것이다

그러나 편면적용설과 양면적용설의 문제제기가 잘못되었다. '판결 등에 따른 경정'은 주로 과세관청의 이익을 도모하기 위하여 추론적 경정을 허용하는 것으로 이해하여야 한다.

(4) 국세기본법 제26조의2 제2항의 적용대상으로, ① 실체적으로는 하자가 없으나 절차적 위법사유만 있는 경우 ② 과세원인을 잘못 평가하여 부과한 처분이지만 동일 세목에 속하는 경우 ③ 세액산정이 어려워 부과처분 전체가 취소된 경우 등에 국한하면서, 그 하자를 보완하거나 정확한 세액산정을 하여 재처분을 할 수 있다고 보는 것이 공평과세 및 조세정의의 측면

에서 타당하다고 하면서 적용범위를 동일한 과세단위에 국한하고 있다.

　　그러나 적용대상을 통상의 경우와 예외적인 경우로 나누어 고찰할 필요가 있음에도 위 결정은 예외적인 경우에 국한하고 있다. 이러한 해석은 '판결 등에 따른 경정'의 입법취지를 오해한 나머지 동일한 과세단위임을 전제로 적용대상 내지 적용범위를 제한하려고 하는 데에서 기인한 것이다.

　　(5) '판결 등에 따른 경정'이 동일한 과세단위에 속함을 전제로 기속력의 실효성을 확보하기 위한 것이라는 판시부분도 입법취지를 오해한 것이다. 기판력이나 기속력은 그 자체 실효성이라는 개념이 필요없다. 대법원 판결상의 [제2항의 구체적 적용범위에 관하여는, 객관적 범위로서, 당해 판결 또는 결정에 따른 경정결정이나 그에 부수되는 처분만을 할 수 있을 뿐 판결 또는 결정이 확정된 날로부터 1년 내라 하여 당해 판결이나 결정에 따르지 아니하는 새로운 결정이나 증액경정결정까지 할 수 있는 것은 아니고]라는 부분에 착안한 것이라면 그 전제부터가 잘못된 것이다. '판결 등에 따른 경정'은 판결 등에 따른 부수적 처분만은 하는 소극적인 기능을 수행하는 것이 아니라 적극적으로 과세단위를 넘어서서 과세단위 밖에서 추론적 경정을 하는 등으로 적극적 역할을 담당하는 것이 그 본래의 모습이기 때문이다.

제6절

원천징수에 대한 경정청구

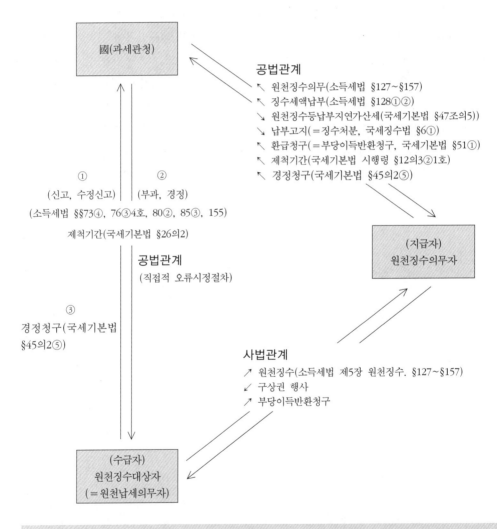

國(과세관청)

공법관계
↖ 원천징수의무(소득세법 §127~§157)
↖ 징수세액납부(소득세법 §128①②)
↘ 원천징수등납부지연가산세(국세기본법 §47조의5))
↘ 납부고지(＝징수처분, 국세징수법 §6①)
↖ 환급청구(＝부당이득반환청구, 국세기본법 §51①)
↖ 제척기간(국세기본법 시행령 §12의3②1호)
↖ 경정청구(국세기본법 §45의2⑤)

① ②
(신고, 수정신고) (부과, 경정)
(소득세법 §§73④, 76③4호, 80②, 85③, 155)

제척기간(국세기본법 §26의2)

공법관계
(직접적 오류시정절차)

③
경정청구(국세기본법
§45의2⑤)

(지급자)
원천징수의무자

사법관계
↗ 원천징수(소득세법 제5장 원천징수. §127~§157)
↙ 구상권 행사
↗ 부당이득반환청구

(수급자)
원천징수대상자
(＝원천납세의무자)

[원천징수에 있어서의 3면관계와 경정청구(國과 원천납세의무자 사이의 직접적 법률관계)]

2019. 12. 31. 개정 전	2019. 12. 31. 개정 후 (2020. 12. 22. 개정에서 ④에서 ⑤으로 이동)
④ 소득세법 제73조 제1항 제1호부터 제4호까지, 제4호의2, 제5호부터 제7호까지 및 제7호의2에 해당하는 소득이 있는 자, 소득세법 제119조 제1호·제2호, 제4호부터 제8호까지, 제8호의2 및 제10호부터 제12호까지의 규정에 해당하는 소득이 있는 자 또는 법인세법 제93조 제1호·제2호, 제4호부터 제6호까지 및 제8호부터 제10호까지의 규정에 해당하는 국내 원천소득이 있는 자(이하 이 항 및 제52조에서 "원천징수대상자"라 한다)가 다음 각 호의 어느 하나에 해당하는 경우에는 제1항부터 제3항까지의 규정을 준용한다. 이 경우 제1항 및 제2항 각 호 외의 부분 중 "과세표준신고서를 법정신고기한까지 제출한 자"는 "연말정산 또는 원천징수하여 소득세 또는 법인세를 납부하고 소득세법 제164조, 제164조의2 및 법인세법 제120조, 제120조의2에 따라 지급명세서를 제출기한까지 제출한 원천징수의무자 또는 원천징수대상자"로, 제1항 각 호 외의 부분 중 "법정신고기한이 지난 후"는 "연말정산세액 또는 원천징수세액의 납부기한이 지난 후"로, 제1항 제1호 중 "과세표준신고서에 기재된 과세표준 및 세액"은 "원천징수영수증에 기재된 과세표준 및 세액"으로, 제1항 제2호 중 "과세표준신고서에 기재된 결손금액 또는 환급세액"은 "원천징수영수증에 기재된 환급세액"으로 본다. 1. 원천징수의무자가 소득세법 제137조, 제138조, 제143조의4, 제144조의2에 따른 연말정산에 의하여 소득세를 납부하고 같은 법 제164조 또는 제164조의2에 따라 지급명세서를 제출기한까지 제출한 경우 2. 원천징수의무자가 소득세법 제146조 및 제156조에 따라 원천징수한 소득세를 납부하고 같은 법 제164조 또는 제164조의2에 따라 지급명세서를 제출기한까지 제출한 경우 3. 원천징수의무자가 법인세법 제98조에 따라 원천징수한 법인세를 납부하고 같은 법 제120조 또는 제120조의2에 따라 지급명세서를 제출기한까지 제출한 경우	⑤ 소득세법 제73조 제1항 각 호에 해당하는 소득이 있는 자, 소득세법 제119조 제1호·제2호, 제4호부터 제8호까지, 제8호의2 및 제10호부터 제12호까지의 규정에 해당하는 소득이 있는 자 또는 법인세법 제93조 제1호·제2호, 제4호부터 제6호까지 및 제8호부터 제10호까지의 규정에 해당하는 국내 원천소득이 있는 자(이하 이 항 및 제52조에서 "원천징수대상자"라 한다)의 경우에는 제1항부터 제3항까지의 규정을 준용한다. 이 경우 제1항 및 제2항 각 호 외의 부분 중 "과세표준신고서를 법정신고기한까지 제출한 자 및 제45조의3 제1항에 따른 기한후과세표준신고서를 제출한 자"는 "연말정산 또는 원천징수하여 소득세 또는 법인세를 납부하고 소득세법 제164조, 제164조의2 및 법인세법 제120조, 제120조의2에 따라 지급명세서를 제출기한까지 제출한 원천징수의무자 또는 원천징수대상자(소득세법 제1조의2 제1항 제2호에 따른 비거주자 및 법인세법 제2조 제3호에 따른 외국법인은 제외한다. 다만, 원천징수의무자의 폐업 등 대통령령으로 정하는 사유가 발생하여 원천징수의무자가 경정을 청구하기 어렵다고 인정되는 경우에는 그러하지 아니하다)"로, 제1항 각 호 외의 부분 중 "법정신고기한이 지난 후"는 "연말정산세액 또는 원천징수세액의 납부기한이 지난 후"로, 제1항 제1호 중 "과세표준신고서 또는 기한후과세표준신고서에 기재된 과세표준 및 세액"은 "원천징수영수증에 기재된 과세표준 및 세액"으로, 제1항 제2호 중 "과세표준신고서 또는 또는 기한후과세표준신고서에 기재된 결손금액 또는 환급세액"은 "원천징수영수증에 기재된 환급세액"으로 본다.

[개정 전후 국세기본법 제45조의2 제4항(개정 후 제5항)]

[원천징수에 대한 경정청구 전론]

원천징수라 함은 원천징수의무자가 소득금액 또는 수입금액을 지급할 때 원천에서 이를 지급받는 원천납세의무자로부터 장차 그가 부담할 세액을 미리 징수한다는 의미에서 이를 공제한 다음 보유하다가 법정기일까지 그 보유세액을 국가에 납부하는 제도이다.

우리나라는 당초 원천징수를 설계함에 있어 '自動確定의 法理'를 기본구조로 삼았다. 즉 원천징수의무자는 원천징수의무(지급보류의무, 보관의무) 및 납부의무(지급책임인수의무, 지급의무)를 지고 있을 뿐, 원천징수의무를 확정한다는 의미의 신고의무를 지지는 않는다(제1장 제11절 2. 다. 참조). 자동확정방식을 알지 못하는 독일은 원천징수의무자에게 신고의무와 납부의무를 지우고 있다.[1]

우리나라는 당초 원천징수의 법률관계에서 국가와 원천징수의무자 사이의 법률관계를 기본으로 삼았다. 그러나 대법원의 새로운 판결의 선고 및 관계 실정법의 계속적인 신설로 국가와 원천납세의무자(＝ 원천징수대상자) 사이의 법률관계도 그에 못지않게 중요한 위치를 점하게 되었다. 여기에 국세기본법 제45조의2 제4항의 신설(2020. 12. 22. 개정 후 제5항)로 원천납세의무자에게 경정청구권을 부여함으로써 그 중요성이 더욱 부각되었다.

다음과 같은 견해[2]를 소개한다.

---

1) ① 독일 소득세법(EStG)상 원천징수절차(Quellenabzugsverfahren)에 있어 세액공제(StAbzug)가 이루어지는 경우를 본다. 소득세법 제38조 이하(근로소득세), 제43조 이하(자본수익세), 제50a조(제한적 납세의무자에 대한 세액공제)에 있어 조세기본법 제155조에 기한 조세채무자에 대한 세액확정은 보류된다. 원천징수가 이루어지는 경우 원칙적으로 조세채무자에 대한 세액결정은 할 수 없다. 다만 소득세법 제46조(Veranlagung bei Bezug von Einkünften aus nichtselbständiger Arbeit) 등에 규정된 사유에 기할 경우 예외적으로 조세채무자에게 부과할 수 있다.

② 한편, 조세기본법 제167조 제1항 제1문은 "어떤 조세를 법적 의무에 터잡아 신고할 의무가 있는 경우(제150조 제1항 제3문), 세액확정으로 다른 세액으로 정하여지거나 또는 조세채무자(Steuerschulder)나 책임의무자(Haftungsschulder)가 신고를 하지 아니한 경우, 제155조에 기한 세액확정이 필요하다."고 정하고 있는데, 여기서 '제155조에 기한 세액확정'은 조세결정(Steuerbescheid)을, '책임의무자(Haftungsschulder)'는 원천징수의무자(StEntrichtungspflichtige) 등을 각 가리킨다.

③ 따라서 원천징수의무자의 신고도 신고납세방식에 있어 조세채무자의 신고와 동일한 효력, 즉 '사후심사유보부 세액확정'의 효력을 가지고(제168조, 제164조), 원천징수의무자가 이러한 신고를 하지 않거나 다른 세액으로 정하여지는 경우 과세관청은 책임결정이 아닌 조세결정으로 원천징수의무자의 채무범위를 확정할 수 있다(제1장 11절 2. 다. 참조).

④ 독일의 원천징수는 일본의 간접형에 가까우나 예외가 있고, 일본과 달리 원천징수의무자에게 세액의 신고의무를 지운 다음 그 신고에 오류가 있는 경우 신고납세방식의 경정청구 조항에 따라 시정하고 있는 점이 그 특징이다.

2) 최원, "원천징수의 법률관계에 있어서 국가와 원천납세의무자의 관계에 관한 고찰", 조세연구 12권 제1집(2012년), 33면(논문의 요약 부분) 및 84면(본문의 결어 부분) 참조.

『 … 일본과 미국의 입법례를 비교·검토한 바, 원천징수의 법률관계에 있어서 일본은 국가와 원천징수의무자, 원천징수의무자와 원천납세의무자의 양자관계만 있을 뿐 국가와 원천납세의무자 사이에는 아무런 법률관계가 없는 입법형식을 택하고 있고, 미국은 원칙적으로 국가와 원천징수의 무자, 국가와 원천납세의무자 사이의 법률관계를 기본으로 하고, 가급적 원천징수의무자와 원천납 세의무자 사이에 법률관계의 성립을 억제하는 입법형식을 택하고 있었다. 국가와 원천납세의무자 의 관계에 초점을 맞추어 일본의 입법형식을 '간접형'이라 하고, 미국의 입법형식을 '직접형'이라 호칭하면서, 우리나라의 입법 및 운용형식을 가늠해 본 바, 위 양자의 입법형식을 혼합한 방식이라 는 것을 확인하였다. 그에 따라 우리나라의 입법형식에 대하여는 '혼합형'이라는 명칭을 사용하여 그 차이점을 부각시켰다. 원래 우리나라는 일본의 간접형을 모델로 하여 원천징수의 법률관계를 입법하였으나, 대법원이 먼저 위 판례들을 통하여 법 해석상으로 직접형의 일부를 받아들인 이후, 2003. 12. 30. 국세기본법 제45조의2 제4항의 신설과 2006. 12. 30.과 2008. 12. 26. 같은 조항의 개정으로 비거주자 또는 외국법인의 국내원천소득에 대하여 원천납세의무자에게 경정청구권을 부 여함으로써 완전한 직접형을 도입하였다. 즉 기존의 간접형을 그대로 둔 채로 그 위에 직접형을 가미함으로써 세계에서 보기 드물게 혼합형의 법제를 가지게 된 것이다.

간접형은 국가가 원천징수의무자만을 상대함으로써 과세행정의 신속과 효율성이 제고되는 반 면 원천납세의무자가 국가를 직접 상대할 수 없어 납세자의 민주적 권리구제절차가 충실하지 못하 고, 직접형은 원천납세의무자가 국가를 상대로 그 권리를 직접 행사할 수 있어서 민주적일 뿐 아 니라 소득세제의 기본원리에 부합하는 반면 모든 납세의무자로 하여금 원칙적으로 확정신고를 하 게 함으로써 그 과세행정이 번잡할 뿐 아니라 납세협력비용이 과대하다는 단점이 있다. 이에 비하 여 혼합형은 그 권리의 행사와 의무의 이행에 있어서 타방 당사자를 선택가능하게 함으로써 위 양 자의 장점은 취하고 단점은 버릴 수 있는 우수성이 있다 할 것이다.

결론적으로, 우리나라는 예납적 원천징수이건 완납적 원천징수이건 시점에 따라 그 법률관계 의 직접성이 문제될 수는 있어도 종국적으로 국가와 원천납세의무자가 직접적으로 법률관계를 맺 을 수 있는 법제를 갖게 됨으로써 국가와 원천납세의무자가 직접 법률관계를 맺지 않는다는 입장 은 더 이상 현행 법률과 실무에 부합하지 않는다 할 것이다.』

『우리의 법제가 애초부터 혼합형을 지향하여 체계적으로 이에 이른 것이 아니라 간접형에다 가 직접형을 덧씌운 나머지 자연적으로 이에 이르게 되어, 그 과정에서 원천징수 법률관계에 있어 서 각 당사자의 의무이행의 순서를 적절하게 정하지 못하고 있는 등의 문제를 일부 노정시키고 있 기는 하나 이는 전체적인 틀에서 볼 때 사소한 문제로서 입법 또는 해석에 의하여 충분히 극복되 어질 수 있는 것이라 할 것이다. 또한 이 글을 통하여 원천징수의무자만이 양면적 지위를 가지는 것이 아니라 원천납세의무자 역시 원천징수대상자로서의 지위와 본래의 납세의무자로서의 지위를 다층적으로 갖는다는 점도 각 논지에서 보충적으로 설명하였는데, 이러한 논리적 구조는 국가와 원천납세의무자의 조세법률관계를 분석함에 있어 매우 유용한 도구가 될 수 있으리라 자평한다.』

이하 원천징수에 대한 경정청구를 논함에 있어, 원천징수에 관한 법률관계도 함께 설명함으로써, 경정청구의 기능 내지 역할을 돋보이게 하고자 한다. 한편 원천납세의무자가 가지는 경정청구에는, 자신이 스스로 과세표준 및 세액을 확정신고함으로써 가지는 국세기본법 제45조의2 제1항에 기한 통상의 경정청구가 있고, 원천징수의무자가 이행한 원천징수의무에 오류가 있는 경우 그 원천징수를 시정하기 위한 국세기본법 제45조의2 제5항에 기한 경정청구가 있다. 여기서는 후자만을 본다.

원천징수의 본질이나 원천징수의무확정절차의 인정 여부에 관하여는 이미 다른 곳에서 논하였다(제1장 제11절 2. 다. 참조). 원천징수의무확정절차를 인정할 수 없다.

즉 원천징수의무확정절차에서는 경정절차[신고, 수정신고, 증액경정, 경정청구, 제척기간]의 날줄을 엮을 수 없다. 이러한 확정절차의 인정은 자동확정의 법리에 반한다. 원천징수의무는 이를 신고할 수 없다. 수정신고도 할 수 없다. 불이행의 경우 징수처분만 할 수 있고 이를 증액할 수 있음은 확정절차의 인정 여부와 직접적 관련이 없다. 원천징수의무를 과다하게 이행한 경우 부당이득의 법리가 적용되는데 그 시정을 위하여 경정청구권을 인정하였다 하여 부당이득반환청구가 배제되는 것도 아니다. 국세기본법 시행령에서 '원천징수의무자에게 부과하는 국세'에 대하여 제척기간을 정하고 있는 것은 입법적 오류로 보인다. 원천징수의무자에 대한 납세고지를 징수처분이 아닌 부과처분으로 볼 수도 없다.

1. 국세기본법 제45조의2 제4항의 신설 및 개정

(1) 종래 근로소득, 퇴직소득, 연금소득 등 원천징수 대상소득만 있어 연말정산으로 납세의무가 종결된 근로소득자 등은 종합소득 과세표준확정신고의무가 면제되고 대신 이를 원천징수한 원천징수의무자가 연말정산을 거친 후 지급일이 속하는 연도의 다음 연도 2월 말일까지 지급명세서를 과세관청에게 제출하면 되는 시스템이었다.

반면 이와 같은 근로소득자 등의 대부분은 과세표준확정신고서를 제출하지 않아 국세기본법 제45조의2 제1항 소정의 통상의 경정청구를 할 수 없었다.

그런데 근로소득자 등은 연말정산 과정에서 소득공제에 해당하는 사항을 누락하는 일이 빈번하게 발생함을 알게 되었고, 원천징수의무자를 통하여 우회적으로 잘못의 시정을 구하는 것보다 직접 국가를 상대로 시정을 구하는 것이 효율적이라고 판단한 나머지 국가에게 직접 경정청구권을 행사하려고 하였으나 불가능함을 알고 그 불만을 토로하기에 이르렀다.

그러자 입법자는 2003. 12. 30. 국세기본법 제45조의2 제4항을 신설했다. 즉 당초 원천징수대상 소득 중 연말정산이 필요한 근로소득 등에 대하여 원천징수의무자가 연말정산에 의하여 소득세를 납부하고 지급명세서(당시 지급조서)를 제출하였거나 또는 퇴직소득에 대하여 원천징수한 소득세를 납부하고 지급명세서를 제출한 경우 경정청구를 할 수 있도록 하였다. 부칙에 의하면 이는 2003 과세연도 분부터 적용되고 여기서 과세연도 분이라 함은 원천납세의무자의 소득세 귀속연도를 말한다.

(2) 2006. 12. 30. 국세기본법 제45조의2 제4항이 개정되어 비거주자나 외국법인의 국내원천소득 중 일정한 소득의 원천징수에 대하여 경정청구를 할 수 있도록 하였고, 2008. 12. 26. 개정으로 이자소득, 배당소득, 기타소득의 원천징수에 대하여도 경정청구권을 부여함으로써 비거주자나 외국법인의 완납적 원천징수에 대하여 경정청구가 가능하게 되었다.

(3) 2007. 12. 31., 2010. 1. 1., 2011. 12. 31., 2013. 1. 1., 2018. 12. 31. 각 부분적 개정이 있었다. 최근 전산매체의 발달에 힘입어 과세관청이 과세자료를 수집하여 이를 데이터베이스화함으로써 연말정산 등에 필요한 많은 과세정보를 보관하고 있는 실정이고, 나아가 근로소득자 등도 소위 '13月의 월급'이라면서 연말정산 등에 많은 관심을 가진 나머지 국세청 홈택스의 전자신고를 통하여 또는 관할 세무서의 민원실을 통하여 경정청구를 하고 있는 실정이다. 근로소득자의 연말정산상의 오류금액이 소액에 불과하더라도 경정청구를 구하여 오는 숫자는 결코 적지 않다. 원천징수의 법제가 소위 간접형에 직접형을 덧씌운 '혼합형'이라 하지만 '직접형' 쪽으로 기운 것이 아닌가 하는 생각마저 든다.

(4) 2019. 12. 31. 개정내용

첫째, 거주자의 분리과세되는 이자·배당·연금·기타소득에 대하여도 경정청구가 가능하게 되었다. 종전에는 부당이득의 법리로 해결되었다.

둘째, 비거주자·외국법인의 경정청구를 개별세법(소득세법 및 법인세법)상의 경정청구로 일원화하면서 국세기본법 제45조의2 제4항의 경정청구권자에서 국내원천소득의 원천징수대상자인 비거주자·외국법인을 제외하고 있다. 예외로 "다만, 원천징수의무자의 폐업 등 대통령령으로 정하는 사유가 발생하여 원천징수의무자가 경정을 청구하기 어렵다고 인정되는 경우에는 그러하지 아니하다."라고 정하고 있다.

(5) 2020. 12. 22. 내용의 개정 없이 제4항에서 제5항으로 항만을 이동시키는 개정을 하였는데, 여기서는 혼동을 피하기 위하여 개정이 없었던 것처럼 개정 전의 제4항으로 언급한다. 이하 여러 곳에서 제4항을 언급하면 개정된 제5항을 가르키는 것으로 읽어 주기 바란다.

제4장

2. 국세기본법 제45조의2 제4항의 신설 전의 법상황3)

2000. 12. 29. 소득세법 제73조 제4항 신설	근로소득 등 원천징수 대상 소득이 있는 자에 대한 원천징수가 누락된 경우, 원천납세의무자는 해당 소득에 대하여 과세표준확정신고를 할 의무가 있다.
대법원 2001. 12. 27. 선고 2000두10649 판결	근로소득만 있어 그에 대한 과세표준확정신고의무가 면제된 거주자라고 하여 도, 원천징수가 누락된 이상, 과세관청은 그에게 종합소득세를 부과할 수 있다.
대법원 2002. 11. 8. 선고 2001두8780 판결	원천징수의무자가 원천납세의무자로부터 원천징수대상이 아닌 소득에 대하여 세액을 징수·납부하였거나 징수하여야 할 세액을 초과하여 징수·납부하였다 면, 국가는 이를 납부받는 순간 법률상 원인 없이 보유하는 부당이득이 된다. 이 경우 환급청구권은 원천납세의무자가 아닌 원천징수의무자에게 귀속된다.
2003. 12. 30. 국세기본법 제45조의2 제4항 신설	원천징수에 대한 경정청구 조항의 신설

가. 대법원 2002. 11. 8. 선고 2001두8780 판결

『원천징수의무자가 원천납세의무자로부터 원천징수대상이 아닌 소득에 대하여 세액을 징수·납부하였거나 징수하여야 할 세액을 초과하여 징수·납부하였다면, 국가는 원천징수의무자로부터 이를 납부 받는 순간 아무런 법률상의 원인 없이 보유하는 부당이득이 되고, 구 국세기본법(2000. 12. 29. 법률 제6303호로 개정되기 전의 것) 제51조 제1항, 제52조 등의 규정은 환급청구권이 확정된 국세환급금 및 가산금에 대한 내부적 사무처리절차로서 과세관청의 환급절차를 규정한 것일 뿐, 그 규정에 의한 국세환급금(가산금 포함) 결정에 의하여 비로소 환급청구권이 확정되는 것은 아니므로, 국세환급금 결정이나 이 결정을 구하는 신청에 대한 환급거부결정 등은 납세의무자가 갖는 환급청구권의 존부나 범위에 구체적이고 직접적인 영향을 미치는 처분이 아니어서 항고소송의 대상이 되는 처분이라고 볼 수 없으며(대법원 1989. 6. 15. 선고 88누6436 전원합의체 판결 참조), 한편, 위와 같은 환급청구권은 원천납세의무자가 아닌 원천징수의무자에게 귀속되는 것이므로(대법원 1989. 11. 14. 선고 88누6412 판결 참조), 원천납세의무자인 선정자들이 한 그들로부터 초과징수된 원천징수세액의 환급신청을 피고가 거부하였다고 하더라도, 이는 항고소송의 대상이 되는 처분에 해당하지 아니한다.』

판시취지에 의하면 원천징수의무자가 원천납세의무자로부터 원천징수대상이 아닌 소득에 대하여 세액을 징수·납부하였거나 징수하여야 할 세액을 초과하여 징수·납부하였다면 – 자동확정의 법리상 – 국가는 원천징수의무자로부터 이를 납부받는 순간 법률상 원인 없이 보유하는 부당이득이 되고, 이 경우 환급청구권(부당이득반환청구권)은 원천납세의무자가 아닌 원천징수의무자에게 귀속되므로 원천징수의무자만이 국가를 상대로 환급청구소송(부당이득반환청구소송)을 제기할 수 있다는 것이다.

나. 대법원 2001. 12. 27. 선고 2000두10649 판결[4]

『소득세를 원천징수할 갑종근로소득세에 대한 원천징수가 누락되었다면 그 소득자에 대하여 종합소득세로 이를 부과할 수 있다는 것이 당원의 확립된 입장인바(대법원 1981. 9. 22. 선고 79누347 전원합의체 판결, 대법원 1992. 3. 13. 선고 91누9527 판결 등 참조), 구 소득세법(1994. 12. 22. 법률 제4803호로 전문 개정되기 전의 것, 이하 같다) 제101조 제1항 제1호에서 근로소득만 있는 거주자는 당해 소득에 대한 과세표준확정신고를 하지 아니하여도 된다고 규정하고 있다고 하여도, 구 소득세법 제4조 제1항, 제15조에 의하면 근로소득을 종합소득에 합산하고 있고, 구 소득세법시행령(1994. 12. 31. 대통령령 제14467호로 전문 개정되기 전의 것) 제165조에서 근로소득만 있는 것으로 확인된 거주자에 대하여는 통보 또는 보고된 지급조서에 의하여 과세표준과 세액을 서면조사 결정하여야 한다고 규정하고 있는 점 및 이미 지급된 소득에 대하여 그 지급시 원천징수가 누락되었다고 하여 당해 연도 말에 성립하는 소득세 납세의무의 범위에서 제외되는 것이 부당하다는 것이 원천징수 대상인 소득에 대하여 종합소득세 등의 부과를 긍정하는 기본취지(대법원 1992. 7. 14. 선고 92누4048 판결 참조)인 점 등에 비추어 근로소득만 있어 그에 대한 과세표준확정신고의무가 면제된 거주자라 하여도 원천징수가 누락된 이상 그에게 종합소득세로 이를 부과할 수 있다 할 것이다.』

판시취지에 의하면 근로소득만 있어 과세표준확정신고의무가 면제된 거주자라고 하여도 원천징수가 누락된 이상 과세관청으로서는 그에게 종합소득세를 부과할 수 있다는 것이다. 동일한 사고의 연장선 상에서 과세표준확정신고의무가 면제된 근로소득자가 연말정산 과정에서 소득공제사항을 누락한 채 정산을 마쳤다면 근로소득자에게도 국가에 대하여 직접 이를 시정할 수 있는 기회를 제공하여야 함이 공평의 원칙상 마땅하다.

다만 비거주자나 외국법인에 대하여, 소득세법이나 법인세법에서 일정한 국내원천소득에 한하여 원천납세의무자인 비거주자나 외국법인의 과세표준신고의무를 규정하고 있지 아니하고 이를 신고하지 아니한 경우 과세관청이 이를 결정하거나 경정할 수 있는 권한이 있음을 규정

---

4) 이창희, 전게서, 215면에서, "원천징수가 누락되었다면 신고납부의무가 없는 사람(종래의 완납적 원천납세의무자)에게도 세금을 부과할 수 있다는 판결이 2001년 이후 나왔다. 이리하여 원천징수의 법률관계는 근본적으로 흔들리고 있고 완납적 원천징수라는 개념은 아예 없어지는 것이 아닌가(국가와 원천납세의무자 사이에 법률관계가 있다면 이는 쌍방관계일 수밖에 없다)라는 의문이 생기게 되었다. 다른 한편 최근의 개정 법령이 너무 많은 세금을 원천징수 당한 원천납세의무자도 신고납부나 경정청구로 세금을 돌려받을 수 있고, 또 더 낼 것이 있다면 원천납세의무자도 증액수정신고를 할 수 있다고 정하고 있다. 2016년에는 비거주자에 대한 완납적 원천징수라는 개념을 되살리는 판결이 다시 나왔다. 완납적 원천징수라는 개념의 잔존 여부는 분리과세 이자소득과 비거주자에 대한 원천징수 등 몇 가지에서만 문제된다."라고 적고 있다.

하지 않고 있다. 그렇다면 비거주자나 외국법인의 해당 국내원천소득에 대한 원천징수는 완납적 원천징수라고 보아야 한다. 원천징수의무자가 비거주자나 외국법인으로부터 해당 소득세나 법인세를 원천징수하지 않았다 하더라도 과세관청은 비거주자나 외국법인에게 이를 직접 부과할 수 없다(대법원 2016. 1. 28. 선고 2015두52050 판결 참조).

이에 대하여 2001년의 대법원 판결 이후 새로 짠 판례이론을 통째 다시 흔들어서 갈피를 못 잡게 할뿐더러 법의 글귀에 어긋나고 법인세법 제98조의4 및 제98조의6 제6항은 국가와 원천납세의무자 사이에 직접적 법률관계를 창설하고 있다고 주장하면서, 위 대법원 2015두52050 판결에 반대하는 견해가 있다.[5]

다. 소득세법 제73조 제4항 및 제80조 제2항 본문 괄호서의 신설

(1) 소득세법 제73조 제4항(과세표준확정신고의무)

2000. 12. 29. 근로소득(일용근로소득 제외), 연금소득, 퇴직소득, 원천징수 대상이 되는 사업소득이 있는 자 등에 대하여 원천징수가 누락된 때에는 해당 소득에 대하여 과세표준확정신고를 하도록 신고의무를 정하는 소득세법 제73조 제4항이 신설되었다. 대법원 2000두10649 판결과 취지를 같이 한다. 제73조는 수차례 개정되어 오늘에 이르렀다.

2015. 12. 15. 개정된 제73조(과세표준 확정신고의 예외)를 본다.

『① 다음 각 호의 어느 하나에 해당하는 거주자는 제70조 및 제71조에도 불구하고 해당 소득에 대하여 과세표준확정신고를 하지 아니할 수 있다.

1. 근로소득만 있는 자
2. 퇴직소득만 있는 자
3. 공적연금소득만 있는 자
4. 제127조에 따라 원천징수되는 사업소득으로서 대통령령으로 정하는 사업소득만 있는 자
4의2. 제127조 제1항 제6호에 따라 원천징수되는 기타소득으로서 종교인소득만 있는 자
5. 제1호 및 제2호의 소득만 있는 자
6. 제2호 및 제3호의 소득만 있는 자
7. 제2호 및 제4호의 소득만 있는 자
7의2. 제2호 및 제4호의2의 소득만 있는 자
8. 분리과세이자소득, 분리과세배당소득, 분리과세연금소득 및 분리과세기타소득(제127조에 따라 원천징수되지 아니하는 소득은 제외한다. 이하 이 항에서 같다)만 있는 자
9. 제1호부터 제4호까지, 제4호의2, 제5호부터 제7호까지 및 제7호의2에 해당하는 사람으로서 분리과세이자소득, 분리과세배당소득, 분리과세연금소득 및 분리과세기타소득이 있는 자

---

5) 이창희, 국제조세법(2판), 218면 참조.

② 2명 이상으로부터 받는 다음 각 호의 어느 하나에 해당하는 소득이 있는 자(일용근로자는 제외한다)에 대해서는 제1항을 적용하지 아니한다. 다만, 제137조의2, 제138조, 제144조의2 제5항 또는 제145조의3에 따른 연말정산 및 제148조 제1항에 따라 소득세를 납부함으로써 제76조 제2항에 따른 확정신고납부를 할 세액이 없는 자에 대하여는 그러하지 아니하다.

　　1. 근로소득

　　2. 공적연금소득

　　3. 퇴직소득

　　4. 종교인소득

　　5. 제1항 제4호에 따른 소득

③ 제127조 제1항 제4호 각 목의 근로소득 또는 같은 항 제7호 단서에 해당하는 퇴직소득이 있는 자에게는 제1항을 적용하지 아니한다. 다만, 제152조 제2항에 따라 제137조, 제137조의2 및 제138조의 예에 따른 원천징수에 의하여 소득세를 납부한 자에 대해서는 그러하지 아니하다.

④ 제2항 각 호에 해당하는 소득(근로소득 중 일용근로소득은 제외한다)이 있는 자에 대하여 제127조에 따른 원천징수의무를 부담하는 자가 제137조, 제137조의2, 제138조, 제143조의4, 제144조의2, 제145조의3 또는 제146조에 따라 소득세를 원천징수하지 아니한 때에는 제1항을 적용하지 아니한다.

⑤ 제82조에 따른 수시부과 후 추가로 발생한 소득이 없을 경우에는 과세표준확정신고를 하지 아니할 수 있다.』

위에서 본 바와 같이 소득세법 제73조 제1항에서 원천납세의무자가 과세표준확정신고를 하지 않아도 되는 소득을 열거한 다음 광범위한 예외를 인정하고 있다.

즉 원천납세의무자가 지는 과세표준확정신고의무의 태양은 다음과 같다.

（ⅰ） 제2항 및 제3항 소정의 과세표준확정신고의무

2명 이상으로부터 받는 근로소득, 공적연금소득, 퇴직소득, 종교인소득, 대통령령으로 정하는 사업소득 중 어느 하나에 해당하는 소득에 관하여(제2항), 소득세법 제127조 제1항 제4호 각 목의 근로소득 또는 같은 항 제7호 단서에 해당하는 퇴직소득에 관하여(제3항), 원천납세의무자는 원칙적으로 과세표준확정신고를 하여야 한다.

（ⅱ） 제4항 소정의 과세표준확정신고의무

제2항 각 호의 소득(근로소득, 공적연금소득, 퇴직소득, 종교인소득, 대통령령으로 정하는 사업소득)이 있는 경우 그 자에 대하여 제127조에 따른 원천징수의무를 부담하는 자가 제137조(근로소득세액의 연말정산), 제137조의2(2인 이상으로부터 근로소득을 받는 사람에 대한 근로소득세액의 연말정산), 제138조(재취직자에 대한 근로소득세액의 연말정산), 제143조의4(공적연금소득세액의 연말정산), 제144조의2(과세표준확정신고 예외 사업소득세액의 연말정산), 제145조의3(종교인소득에 대한 연말정산) 또는 제146조(퇴직소득에 대한 원천징수)에 따라 원천징수를 하여야 함에도 이를 누락

한 경우, 원천납세의무자는 과세표준확정신고를 하여야 한다.

요약컨대 소득세법 제73조 제2항, 제3항, 제4항은 원천징수의무자가 원천징수를 전부 또는 일부 누락한 경우 원천납세의무자에게 과세표준확정신고의무를 지우고 있다. 그 신고의무에 따라 확정신고를 하였다면 원천납세의무자는 오류의 시정을 위하여 국세기본법 제45조의2 제1항 소정의 통상의 경정청구에 의하여야 한다.

(2) 소득세법 제80조 제2항

소득세법 제80조 제2항 본문 괄호서에 의하면 제73조에 따라 과세표준확정신고를 할 의무가 없는 자에 대하여도 일정한 사유가 존재하는 경우 과세관청은 원천납세의무자에게 경정(부과처분)을 할 수 있도록 정하고 있다.

『제80조(결정과 경정)
② 납세지 관할 세무서장 또는 지방국세청장은 제70조, 제70조의2, 제71조 및 제74조에 따른 과세표준확정신고를 한 자(제2호 및 제3호의 경우에는 제73조에 따라 과세표준확정신고를 하지 아니한 자를 포함한다)가 다음 각 호의 어느 하나에 해당하는 경우에는 해당 과세기간의 과세표준과 세액을 경정한다.
2. 제137조, 제137조의2, 제138조, 제143조의4, 제144조의2, 제145조의3 또는 제146조에 따라 소득세를 원천징수한 내용에 탈루 또는 오류가 있는 경우로서 원천징수의무자의 폐업·행방불명 등으로 원천징수의무자로부터 징수하기 어렵거나 근로소득자의 퇴사로 원천징수의무자의 원천징수 이행이 어렵다고 인정되는 경우
3. 제140조에 따른 근로소득자 소득·세액 공제신고서를 제출한 자가 사실과 다르게 기재된 영수증을 받는 등 대통령령으로 정하는 부당한 방법으로 종합소득공제 및 세액공제를 받은 경우로서 원천징수의무자가 부당공제 여부를 확인하기 어렵다고 인정되는 경우』

라. 소득세법 제155조 및 제76조 제3항 제4호

(1) 소득세법 제155조

소득세법 제155조는 "제127조 제1항 각 호 소득으로서 발생 후 지급되지 아니함으로써 소득세가 원천징수되지 아니한 소득이 종합소득에 합산되어 종합소득에 대한 소득세가 과세된 경우에 그 소득을 지급할 때에는 소득세를 원천징수하지 아니한다."고 규정하고 있다.

원천징수가 누락된 소득에 대하여 과세관청이 원천납세의무자에게 종합소득에 대한 소득세를 부과하였고 그 세금이 납부된 경우 원천징수의무자의 징수의무가 소멸된다는 것이다. 원천징수가 누락된 경우 원천납세의무자가 종합소득 과세표준확정신고를 하면서 세금을 납부한 때에도 마찬가지로 원천징수의무자의 징수의무가 소멸한다고 해석해야 한다.

(2) 소득세법 제76조 제3항 제4호

소득세법 제76조(확정신고납부) 제3항에서 확정신고납부를 할 때에는 다음 각 호의 세액을 공제하여 납부한다면서, 제4호에서 "제127조에 따른 원천징수세액(제133조의2 제1항에 따른 채권등의 이자 등 상당액에 대한 원천징수세액은 제46조 제1항에 따른 해당 거주자의 보유기간의 이자 등 상당액에 대한 세액으로 한정한다)."이라고 규정한다. 위 제4호에서 정하는 '제127조에 따른 원천징수세액'이라 함은 '법률에 따라 원천징수하여야 할 세액'이 아니라 '실제로 원천징수된 세액'으로 봄이 옳다.

마. 소득금액변동통지와 원천납세의무자의 추가신고의무

소득세법 시행령 제134조 제1항에 따라 원천납세의무자가 추가신고하는 대상은 소득금액변동통지를 받은 법인이 원천징수세액을 납부하였는지와 관계없이 소득처분에 의하여 소득금액이 변동됨에 따라 늘어나게 되는 종합소득 과세표준 및 세액 전부이다(대법원 2016. 7. 14. 선고 2014두45246 판결).

판시취지에 의하면 소득금액변동통지가 개입된 경우 원천납세의무자는 원천징수의무자인 법인이 관련되는 원천징수세액을 전부 또는 일부를 납부하였다 하더라도 소득처분에 의하여 소득금액이 변동됨에 따라 늘어나게 되는 종합소득 과세표준 및 세액 전부를 추가신고를 하여야 하고, 이러한 신고를 한 원천납세의무자는 신고에 오류가 있는 경우 그 전부에 대하여 국세기본법 제45조의2 제1항에 기한 통상의 경정청구를 할 수 있다는 것이다.

3. 국세기본법 제45조의2 제4항 경정청구의 조세법적 의의

가. 국가와 원천납세의무자 사이의 직접적 법률관계

(1) 소위 혼합형

위에서 본 바와 같이 국가 · 원천징수의무자 · 원천납세의무자 간 3면의 법률관계는 대법원 판례의 출현과 관련 실정법의 신설 등으로 앞뒤를 맞추기 어렵게 전개되었다.

앞서 본 대법원 2000두10649 판결 및 관계 법령(소득세법 제14조, 제70조, 제73조 제1항 내지 제4항, 제76조, 제80조 제2항 본문 괄호서, 제85조 제3항, 제127조, 제128조, 제155조 및 법인세법 제71조 제3항 단서) 등을 종합하면, '국가와 원천징수의무자의 법률관계'를 기본으로 하면서도 (소위 간접형), 그 위에 '국가와 원천납세의무자의 직접적 법률관계'를 계속 추가하여 설정함으로써(소위 직접형) 어느 법률관계가 본질적인 것인지 가늠하기가 어렵게 되었다. 양 법률관계가 대등한 무게와 중요성으로 병존하는 구조를 가지게 되었다고 봄이 오히려 솔직한 표현일지도 모른다(소위 혼합형).

제
4
장

여기에 입법자가 국세기본법 제45조의2 제4항에서 원천납세의무자로 하여금 직접적 오류 시정절차에 참가할 수 있도록 조치함으로써 국가와 원천납세의무자 사이의 직접적 법률관계는 더욱 부각되었다.

(2) 혼합형의 문제점

원천징수의 대상이 되는 일정한 소득에 한하여 '국가와 원천납세의무자의 법률관계'와 '국가와 원천징수의무자의 법률관계'가 대등한 무게와 중요성으로 병존하게 되었다 하더라도, 필연적으로 존재하여야 할 당사자의 상대방에 대한 '의무이행의 순서' 내지 '권리행사의 순서'에 관한 규율이 결여됨으로써, 이를 어떻게 조화롭게 해석하여 규율할 것인지가 문제점으로 등장한다.

나. 경정청구권의 발생근거

(1) 국세기본법 제45조의2 제4항의 문언상, 원천징수에 오류가 있는 경우, 원천납세의무자나 원천징수의무자 모두 오류의 시정을 위한 경정청구권을 가진다.

(2) 원천납세의무자에게 경정청구권이 발생하는 이론적 근거

원천징수에 오류가 있는 경우 원천납세의무자에게 그 오류를 시정하기 위한 경정청구권이 발생하는 이론적 근거를 찾기가 쉽지 않다. 혹시 원천징수의무자의 국에 대한 부당이득반환청구를 보전하기 위하여 원천징수의무자의 경정청구권을 대위행사하는 것으로 볼 여지도 있으나 민법상의 대위행사요건을 갖추어야 하는지 여부와 관련하여 설득력 있는 이론이라 할 수 없다. 자동확정방식을 전제로, 법률의 규정에 의하여 발생하는, 원천납세의무자 자신을 직접적으로 보호하기 위한 법정 청구권으로 봄이 옳다.

(3) 원천징수의무자에게 경정청구권이 발생하는 이론적 근거

자동확정의 법리상 원천징수의무자에게 경정청구권이 없다 하더라도 원천징수의무자는 환급청구권을 국가에 대하여 곧바로 행사할 수 있다.

원천징수의무자가 연말정산한 세액 또는 원천징수한 세액을 납부하고 지급명세서를 제출하면 원천징수의무자가 자신의 원천징수신고의무를 이행한 것으로 의제할 여지도 있다. 법문언상 [과세표준신고서를 법정신고기한까지 제출한 자 = 연말정산 또는 원천징수하여 소득세 또는 법인세를 납부하고 소정의 지급명세서를 제출기한까지 제출한 원천징수의무자], [과세표준신고서에 기재된 과세표준 및 세액 = 원천징수영수증에 기재된 과세표준 및 세액]의 등식으로 되어 있어 신고의제로 볼 근거는 충분하다.

그러나 신고의제는 '자동확정의 법리'와 양립할 수 없다. 그 조화를 위하여 다음과 같이 설명하고자 한다. 즉 자동확정방식을 전제로, 당사자소송 또는 민사소송을 통해서 권리행사가 가능하였던 환급청구권을 과세관청에게 직접 행사하여 환급 가능 여부를 확인한 다음 환급이

거부될 때 이를 거부처분으로 보아 항고소송으로 다툴 수 있게 함으로써 권리구제수단을 다양화하겠다는 취지로 본다. '소송 유형의 다양화'를 의미한다. 경정청구의 배타성 내지 절차적 배타성을 부정하는 입장에서는(제1장 제3절 5. 참조), 원천징수의무자는 두 가지 소송 유형 중 하나를 선택할 수 있다고 본다. 즉 구제기능상 메리트가 있다면 항고소송과 당사자소송 간의 경계를 허물어 원천징수의무자로 하여금 그중 적절한 소송을 선택할 수 있도록 해야 한다(항고소송과 당사자소송의 병용론). 그 의미에서 원천징수의무자에게 부여된 경정청구권을 '변형된 의미의 경정청구권'의 하나로 볼 여지도 있다.

다. 병존적 법률관계의 발생시기 및 소멸시기

'법률관계의 병존'은 소득세법 제73조에서 보는 바와 같이 원천징수가 누락(연말정산을 거쳐야 하는 경우 연말정산과정에서의 누락을 포함한다)됨과 동시에 원천납세의무자에게 종합소득 확정신고의무가 발생함으로써 비로소 생긴다.

이후 법률관계가 병존하는 한, 국가는 원천징수의무자와 원천납세의무자에 대하여 선택적으로 또는 경합적으로 권리행사를 할 수 있다. 민법의 병존적 채무인수와 비슷한 법적 구조이다.

병존적 법률관계는 원천징수의무자가 원천징수의무를 이행함으로써 소멸한다. 또한 소득세법 제155조에 따라 과세관청이 원천납세의무자에게 부과처분을 하여 그 세금이 납부된 경우나 원천납세의무자가 종합소득 과세표준신고를 하면서 세금을 납부한 경우에도 소멸한다. 다만 그 소멸은 뒤에서 보는 바와 같이 잠정적이다.

다음과 같은 견해[6]가 있다.

『예납적 원천징수에서는 국가가 원천납세의무자와 직접 법률관계를 맺으므로, 원천납세의무자는 신고납세나 부과과세 과정에서 원천징수된 세액을 고려하여 조세채무의 단위(예를 들어 2xx1년분 소득세)별로 세액을 정산하게 된다. 따라서 원천납세의무자와 국가 사이에서 이 같은 정산이 있은 뒤에는, 원천징수의무자와 원천납세의무자 사이의 세금을 둘러싼 법률관계는 단절된다고 보아야 한다. 나아가 완납적 원천징수에서도, 모자라는 원천징수에 관련하여 원천납세의무자가 스스로 신고납세나 경정청구를 통하여(나아가 일부 판례에 따르자면 국가가 부과과세를 통하여) 국가와 세금을 정산한 뒤에는, 원천징수의무라는 공법상 의무가 소멸된다고 보아야 한다. 따라서 원천징수의무자와 원천납세의무자 사이의 법률관계는 단절되고 국가와 원천징수의무자 사이의 법률관계 역시 단절된다. 물론 원천징수납부 불성실 가산세 채무는 벗지 못한다.』

---

6) 이창희, 전게서, 218면 이하 참조.

라. 기타

(1) 원천납세의무자에 대한 제척기간의 도과

원천납세의무자에 대한 제척기간이 지났다면 원천징수의무자에 대한 징수권 소멸시효가 남아 있다 하더라도 원천징수의무자에 대한 징수처분은 불가능하다. 두 법률관계가 병존한다 하더라도 '국가와 원천징수의무자의 법률관계'는 '국가와 원천납세의무자의 법률관계'를 기초로 그 위에서 성립하기 때문이다.

(2) 오류의 시정과 병존적 법률관계의 잠정적 부활

병존적 법률관계는 원천징수의무자나 원천납세의무자가 각 그 해당 의무를 이행함으로써 소멸하나 이후 원천징수에 오류가 있음이 발견된 경우 종전의 병존적 법률관계는 되살아난다. 원천징수의무자나 원천납세의무자 모두 경정청구권을 가지는 경우 누가 주도권을 가지는지, 나아가 경정청구권의 행사로 인하여 발생하는 환급청구권은 누구에게 어떠한 범위에서 귀속되는 것인지(경정청구권과 환급청구권의 분리)도 문제된다. 뒤에서 본다.

(3) 자동확정방식의 보완성

'국가와 원천징수의무자의 법률관계'를 기본적 법률관계로 하는 순수한 '간접형'의 경우에는 세액확정에 있어 자동확정방식이 그 위력을 발휘한다. 그러나 원천징수의 대상소득 중 일정 부분이 자동확정방식(연말정산 포함)으로 종결되는 것이 아니라 신고납세방식에 의하여 최종적으로 확정되고, 여기에는 조정장치 내지 연결장치로서 '원천징수세액의 공제' 제도가 마련되어 있다. 자동확정방식은 그 역할에 비추어 독립한 세액확정방식이라기 보다는 신고납세방식을 보완하는 확정방식이라고 말할 수도 있다[자동확정방식의 보완성, 제1장 제9절 2. 마. (6) 참조].

(4) 원천징수의무자에 대한 납세고지의 부과처분성 인정 여부

자동확정방식의 조세에 있어 - 소득세 과세표준확정신고의무가 면제된 경우 - 원천징수의무자에게 경정청구권이 부여됨으로써, 이를 기화로, 자동확정의 법리에 따른 원천징수의무자에 대한 납세고지를 징수처분이 아닌 부과처분으로 볼 수 있는지 여부(제척기간 적용 여부)가 문제된다.

원천징수의무자에게 경정청구권이 부여됨으로써 납세고지의 부과처분성을 입법적으로 채택한 것이라는 견해[7]가 있다.

그러나 원천징수의무자에게 경정청구권이 부여되었다 하더라도 기존의 자동확정방식은 유지된다고 보아야 한다. 그것만으로 원천징수의무자가 제출하는 지급명세서 등의 제출을 원천

---

7) 최원, "원천징수의무자의 경정청구권에 관한 해석론", 조세법연구, 18권의 1, 54면 이하 참조.

징수의무자의 과세표준 및 세액의 신고로 의제할 수 없음은 앞서 본 바와 같다. 경정청구권의 부여로 자동확정의 법리를 변경해야 한다면 그 변경범위를 어디까지로 해야할지 가늠하기 어렵다.

　　원천징수의무자가 징수하여야 할 세액을 징수하지 아니하는 등 의무를 이행하지 않거나 미달하여 징수·납부하였을 경우 과세관청이 하는 징수고지를 부과처분 아닌 징수처분으로 보는 판례의 견해는 유지되어야 하고, 따라서 제척기간에 관한 규정이 적용될 여지가 없다.

　　(5) 대법원 1974. 10. 8. 선고 74다1254 판결

　　『이 사건에서 원고가 부담하고 있는 원천징수의무에 관한 조세채권이 논지가 말하는 바와 같이 자동확정방식에 의하여 그 납입할 세액이 자동적으로 확정된다손 치더라도 피고들이 원고에게 위의 원천징수할 세액을 정하여 그 납입을 고지한 이상 세무관청의 의견이 이때에 비로소 대외적으로 공식화되는 터이므로 그 고지내용과 견해를 달리하는 원천징수의무자로서는 그 고지된 세액으로 인한 징수를 방지하기 위하여 전심절차와 행정소송을 함으로써 구제를 받을 수 있다 할 것이다. 따라서 원천징수세액에 관하여는 행정처분이 따로 존재하지 아니하므로 그 전심절차나 행정소송을 제기할 대상이 되지 아니한다는 논지는 채용할 수 없다. 이러한 관계로 피고들의 위와 같은 납세고지처분이 당연무효가 되지 아니하는 한 원고가 피고들에게 대하여 이미 납입한 세금의 반환을 구하는 것은 민법상의 부당이득이 될 수도 없는 것이다.』

판시취지는 다음과 같다.

　　(ⅰ) 원천징수의무에 대한 징수처분에 대하여, 원천징수의무자는 항고쟁송을 통하여 원천납세의무의 존부 및 범위(원천징수의무의 존부 및 범위)에 관하여 다툴 수 있다.

　　(ⅱ) 이러한 징수처분은 당연무효가 아닌 한 원천징수의무자는 부당이득반환청구로 국가에 대하여 이미 납입한 세금의 반환을 구할 수 없다.

　　(6) 원천징수의무의 증액(원천징수의무자의 원천징수세액 납부 후 과세관청의 증액처분이 있는 경우), 흡수소멸설의 적용 여부 및 '[申告 + 增額更正]의 法理'의 적용 여부에 관하여는 뒤에서 본다.

4. 비거주자 또는 외국법인의 경정청구권

가. 원천징수의무자의 주의의무

원천징수는 본질상 편의성 및 간이성에서 출발하여야 한다.

원천징수에 대한 경정청구제도가 신설되기 전인 2003. 3. 25. 내국법인이 외국법인 등에

게 국내원천 배당소득을 지급한 사안에서 어떠한 조사확인의 범위 내에서 원천징수의무가 있는지에 관한 CJCGV 판결(대법원 2013. 4. 11. 선고 2011두3159 판결, 제5장 제4절 2. 가. 참조)에 의하면, 원천징수의무자가 비거주자나 외국법인에 대하여 원천징수를 하는 경우 국세기본법 제14조 제1항에 따라 실질적인 귀속자를 조사확인한 다음 원천징수할 의무가 있으나, 세법이 과세관청에 부여한 각종 조사권한은 가지고 있지 아니한 점 및 원천징수의 본질에 비추어 볼 때, 그 지급과정에서 성실하게 조사하여 확보한 자료를 통해서도 실질적인 귀속자를 확인할 수 없는 경우라면 실질적인 귀속자를 전제로 하는 원천징수의무가 없다는 것이다. 나아가 원천징수의무자에게 경정청구권이 인정됨으로써 그만큼 원천징수의무자의 부담은 경감된 셈이다.

나. 비거주자·외국법인의 경정청구권

(1) 비거주자나 외국법인에게도 경정청구권을 행사할 수 있게 함으로써 그들의 권리구제에 크게 기여하였고, 한편 원천징수의무자로 하여금 그 의무이행에 있어 지게 되는 여러 가지 부담(국세기본법 제14조 제1항의 실질적인 귀속자의 확인의무 내지 조세조약 남용 여부 확인의무, 국외투자기구와 관련된 또 다른 의미의 실질귀속자의 확인의무 등)을 덜어 주었다.

(2) 비거주자나 외국법인에 대하여는 조세조약의 적용이 있는 경우가 많다. 여기서 조세조약이 체결되어 있는 경우 비거주자나 외국법인에게 국내원천소득을 지급하는 원천징수의무자의 징수의무를 경감하기 위하여 소득세법 제156조의2, 4, 6 또는 법인세법 제98조의4, 5, 6의 규정을 두어 경정청구권을 보장하고 있다. 즉 '조세조약의 적용'을 둘러싸고 원천징수의무의 유무 및 범위에 대하여 애매한 경우(국외투자기구에 있어 실질귀속자를 파악할 수 없는 등 일정한 사유가 있는 경우), 우선 소득세법 제156조 제1항 또는 법인세법 제98조 제1항 각 호의 세율로 원천징수하여 세액을 확정(임시적 세액확정)하되, 이후 원천징수에 오류가 있음이 발견되는 경우 원천징수의무자(소득지급자) 또는 실질귀속자인 비거주자나 외국법인이 경정청구를 통하여 이를 시정할 수 있도록 한 것이다.

(3) 국세기본법 제45조의2 제4항의 경정청구권과 소득세법 156조의2, 4, 6 또는 법인세법 제98조의4, 5, 6 소정의 경정청구권은 2019. 12. 31. 개정전에는 병존적이었다고 봄이 상당하다.

다. 국세기본법 제45조의2 제4항의 일부 개정(국세기본법상의 경정청구에서 개별세법상의 경정청구로)

(1) 2019. 12. 31. 개정된 국세기본법 제45조의2 제4항 후단에 의하면 " … 지급명세서를 제출기한까지 제출한 원천징수의무자 또는 원천징수대상자(소득세법 제1조의2 제1항 제2호에 따른 비거주자 및 법인세법 제2조 제3호에 따른 외국법인은 제외한다. 다만, 원천징수의무

자의 폐업 등으로 대통령령으로 정하는 사유가 발생하여 원천징수의무자가 경정을 청구하기 어렵다고 인정되는 경우에는 그러하지 아니하다.)"라고 규정한다.

비거주자나 외국법인에 대하여 원칙적으로 국세기본법 소정의 경정청구권을 배제하면서 대신 개별세법인 소득세법 및 법인세법에서 동일한 의미의 경정청구권을 인정하고 있다.

개정취지로, "국내원천소득의 원천징수대상자인 비거주자·외국법인의 경정청구제도를 소득세법 및 법인세법상 경정청구로 일원화하기 위하여 국세기본법상 경정청구대상자에서 국내원천소득의 원천징수대상자인 비거주자·외국법인을 제외한다."라고 설명되고 있다.

(2) 개정상의 문제점

2019. 12. 31. 개정된 소득세법 제156조의2 제4항, 제156조의4 제2항, 제156조의6 제4항 또는 법인세법 제98조의4 제4항, 제98조의5 제3항, 제98조의6 제4항에 의하면 비거주자나 외국법인에게 통상의 경정청구 및 후발적 경정청구를 인정하고 있다.

위 각 조문의 문언 자체에 의하면 조세조약의 적용(비과세·면제·제한세율·적용배제)을 둘러싸고 발생하는 경정청구권에 국한된다. 만약 조세조약의 적용이 없는 비거주자나 외국법인의 사안이라면 개별세법상의 경정청구를 할 수 없다. 여기서 조세조약의 적용이 없는 비거주자나 외국법인의 사안이라면 경정청구를 할 수 없는 것인지 의문이 생긴다. 조세조약의 적용이 없는 사안이라 하더라도 경정청구를 인정하여야 하므로 개정취지를 고려하여 국세기본법 제45조의2 제4항에 근거한 경정청구는 허용되어야 한다.

(3) 개정된 국세기본법 제45조의2 제4항 후단 괄호 부분의 '원천징수의무자의 폐업 등 대통령령으로 정하는 사유'란 원천징수의무자의 부도·폐업 그 밖에 이에 준하는 경우 및 원천징수대상자가 정당한 사유로 원천징수의무자에게 경정을 청구하도록 요청했으나 이에 응하지 않는 경우이다(시행령 제25조의3 제2항, 2020. 2. 11. 신설). 이 경우 비거주자나 외국법인이 국세기본법에 기하여 경정청구를 하려고 하는 경우 경정청구서를 원천징수의무자의 납세지 관할 세무서장에게 제출해야 한다(시행령 제25조의3 제3항. 2020. 2. 11. 신설). 그 경정청구서에는 제2항 각 호의 어느 하나에 해당한다는 것을 입증하는 자료, 국내원천소득의 실질귀속자임을 입증할 수 있는 해당 실질귀속자 거주지국의 권한 있는 당국이 발급하는 거주자증명서를 첨부하여 제출하여야 한다.

라. 국외투자기구와 실질귀속자

(1) 국세기본법 제45조의2 제4항에서는 경정청구권자로서 원천징수대상자 또는 원천징수의무자로 규정되어 있으나, 소득세법 156조의2, 4, 6 또는 법인세법 제98조의4, 5, 6 등 개별세법상에서는 실질귀속자 또는 소득지급자(원천징수의무자)라고 규정되어 있다.

(2) 여기서 실질귀속자의 개념이 문제된다. 통상 국세기본법 제14조 제1항 소정의 실질적

인 귀속자로서 납세의무자를 가르키나 소득세법 156조의2, 4, 6 또는 법인세법 제98조의4, 5, 6 등 개별세법상의 국내원천소득의 실질귀속자라는 말은 국외투자기구와 함께 사용되고 있어 그 의미의 규명이 필요하다. 국외투자기구라는 신개념은 2011. 12. 31. 처음 도입된 것으로서 실질귀속자와 더불어 아주 기술적인 개념이다. 제5장 제4절 1. 다.를 참조하기 바란다.

5. 경정청구요건

가. 경정청구권자

(1) 국세기본법 제45조의2 제4항은 " … 원천징수대상자가 다음 각 호의 어느 하나에 해당하는 경우에는 제1항부터 제3항까지의 규정을 준용한다."라는 앞부분(제1문)과 "이 경우 … 본다."라는 뒷부분(제2문)으로 나눌 수 있다.

앞부분(제1문)은 경정청구의 대상이 되는 원천징수 대상소득을 특정(입법형식에 있어 소득세법 제73조와 유사한 구조를 가진다.)함과 아울러 원천징수에 있어 경정청구의 특수요건(징수납부와 지급명세서의 제출)을 명시하여 나열한 것으로 본다. 그렇지 않고 앞부분에서 경정청구권자를 원천납세의무자로 한정한 것으로 읽는다면 뒷부분과 충돌이 일어난다.

뒷부분(제2문)은 준용을 위한 요건 즉 국세기본법 제45조의2 제1항의 통상의 경정청구요건과 제2항의 후발적 경정청구요건을 각 대응시키기 위한 것으로, 구체적으로 경정청구권자를 우선 나열하고 이어 경정청구기간의 기산일 및 경정청구사유 등을 정하고 있다.

(2) 조문상의 구체적 대응관계를 본다.

(i) 과세표준신고서를 법정신고기한까지 제출한 자 및 제45조의3 제1항에 따른 기한후과세표준신고서를 제출한 자 = 연말정산 또는 원천징수하여 소득세 또는 법인세를 납부하고 소정의 지급명세서를 제출기한까지 제출한 원천징수의무자 또는 원천징수대상자

(ii) 제1항 각 호 외의 부분 중 "법정신고기한이 지난 후" = 연말정산세액 또는 원천징수세액의 납부기한이 지난 후

(iii) 제1항 제1호 중 "과세표준신고서 또는 기한후과세표준신고서에 기재된 과세표준 및 세액" = 원천징수영수증에 기재된 과세표준 및 세액

(iv) 제1항 제2호 중 "과세표준신고서 또는 기한후과세표준신고서에 기재된 결손금액 또는 환급세액" = 원천징수영수증에 기재된 환급세액

(3) 그렇다면 뒷부분(제2문)에 따라 원천납세의무자는 물론 원천징수의무자도 경정청구권을 가진다고 보아야 한다. 대법원 2011. 11. 24. 선고 2009두23587 판결, 2017. 7. 11. 선고 2015두55134, 55141(병합) 판결, 2018. 5. 15. 선고 2018두30471 판결도 원천징수의무자에게

경정청구권을 인정하고 있다.

나. 특정한 원천징수대상 소득에 한할 것

(1) 소득세 확정신고의무가 면제되는 특정 소득

소득세법 제73조(과세표준확정신고의 예외) 제1항에서 과세표준 확정신고가 면제되는 소득을 열거하고 있음은 앞서 본 바와 같다. 그러나 법문상 '하지 아니할 수 있다.'로 되어 있으므로 임의로 확정신고를 할 수는 있다.

원래 예납적 원천징수의 경우 원천납세의무자의 종합소득 과세표준 확정신고를 통해 최종적으로 조세채무가 확정되는데, 위와 같이 나열된 특정소득으로서 다른 소득이 없는 경우 지급조서의 제출 등에 따라 신고의무가 면제되므로, 원천납세의무자에게 경정청구권을 부여함으로써 그로 하여금 국가를 상대로 직접 세액시정을 요구할 수 있도록 한 것이다.

① 소득세법 제73조 제1항 각 호에 해당하는 소득

신고의무가 면제되지 아니하여 종합소득 과세표준확정신고를 한 자는 그 신고에 오류가 있음이 발견되면 국세기본법 제45조의2 제4항이 아닌 제45조의2 제1항 소정의 통상의 경정청구를 할 수 있다.

소득세법 제73조 제8호(분리과세이자소득, 분리과세배당소득, 분리과세연금소득 및 분리과세기타소득만 있는 자) 및 제9호(제1호부터 제4호까지, 제4호의2, 제5호부터 제7호까지 및 제7호의2에 해당하는 사람으로서 분리과세이자소득, 분리과세배당소득, 분리과세연금소득 및 분리과세기타소득이 있는 자)의 경우에는 원천징수세액에 오류가 있다 하더라도 종래 국세기본법 제45조의2 제4항의 경정청구권을 인정하지 않았으나 2019. 12. 31. 개정으로 경정청구권을 인정하기에 이르렀다.

② 종합소득으로 신고하여야 하는 배당소득에 관하여 원천납세의무자가 한 경정청구의 사례

갑 회사의 주주인 A는 아버지가 대표이사로 있는 갑 회사로부터 현물배당(부동산 시가 1억원 상당)을 받았는데 이에 대하여 갑 회사는 A로부터 법 소정의 원천징수를 하여 이를 국가에 납부하였다. 그 후 갑 회사는 파산절차가 개시되어 파산관재인이 선임되었는데 그 파산관재인은 채무자 회생 및 파산에 관한 법률 제391조 제1호 소정의 부인권(채무자가 파산채권자를 해하는 것을 알고 한 행위의 부인)을 행사하여 A를 상대로 그 부동산의 소유권이전등기 말소소송을 제기하였다. 한편 A는 소송계속 중 위 배당소득이 분리과세 배당소득에 해당하지 아니하므로 종합소득 과세표준확정신고를 하면서 법 소정의 세액에서 위 원천징수세액을 공제한 잔액을 납부하였다. 그 후 A는 위 소송절차에서 파산관재인과의 사이에서 법정화해를 한 다음 위 부동산에 관한 소유권이전등기를 말소하였다.

위 사안은 확정신고된 배당소득이 법정화해라는 사정변경에 기하여 취소되어 반환된 것으

로, A로서는 배당소득이 원천징수의 대상에 해당한다 하더라도 이에 대하여는 국세기본법 제 45조의2 제4항 소정의 경정청구 대상이 될 수 없다. 같은 조 제2항 소정의 사정변경에 기한 경정청구권을 행사할 수 있다. 경정청구의 범위는 '실제로 원천징수된 세액'을 포함한 세액 전액이다.

(2) 비거주자의 국내원천소득 또는 외국법인의 국내원천소득

소득세법 제119조 제1호·제2호, 제4호부터 제8호까지, 제8호의2 및 제10호부터 제12호까지의 규정에 해당하는 소득(비거주자의 국내원천소득) 또는 법인세법 제93조 제1호·제2호, 제4호부터 제6호까지 및 제8호부터 제10호까지의 규정에 해당하는 국내 원천소득(외국법인의 국내원천소득)이 있는 자이다[대법원 2017. 7. 11. 선고 2015두55134, 55141(병합) 판결 참조].

다. 원천징수의무자가 연말정산세액 또는 원천징수한 세액(소득세, 법인세)을 납부하고 지급명세서를 제출기한까지 제출할 것

(1) 경정청구사유

① 제1호(연말정산)

원천징수의무자가 다음과 같은 소득세법 소정의 연말정산에 의하여 소득세를 납부하고, 같은 법 제164조 또는 제164조의2에 따라 지급명세서를 제출기한까지 제출한 경우

* 제137조(근로소득세액의 연말정산)

* 제138조(재취직자에 대한 근로소득금액의 연말정산)

* 제143조의4(공적연금소득세액의 연말정산)

* 제144조의2(과세표준 확정신고 예외 사업소득세액의 연말정산)

② 제2호(비거주자의 국내원천소득 등)

원천징수의무자가 소득세법 제146조(퇴직소득에 대한 원천징수) 또는 제156조(비거주자의 국내원천소득에 대한 원천징수의 특례)에 따라 원천징수한 소득세를 납부하고, 같은 법 제164조 또는 제164조의2에 따라 지급명세서를 제출기한까지 제출한 경우

③ 제3호(외국법인의 국내원천소득)

원천징수의무자가 법인세법 제98조(외국법인에 대한 원천징수 또는 징수의 특례)에 따라 원천징수한 법인세를 납부하고, 같은 법 제120조 또는 제120조의2에 따라 지급명세서를 제출기한까지 제출한 경우[대법원 2017. 7. 11. 선고 2015두55134, 55141(병합) 판결 참조].

(2) 참고로 소득세법 제156조 제1항은 다음과 같다.

『제156조(비거주자의 국내원천소득에 대한 원천징수의 특례)
① 제119조 제1호·제2호·제4호부터 제6호까지 및 제9호부터 제12호까지의 규정에 따른 국내

원천소득으로서 국내사업장과 실질적으로 관련되지 아니하거나 그 국내사업장에 귀속되지 아니한 소득의 금액(국내사업장이 없는 비거주자에게 지급하는 금액을 포함한다)을 비거주자에게 지급하는 자(제119조 제9호에 따른 국내원천 부동산 등 양도소득을 지급하는 거주자 및 비거주자는 제외한다)는 제127조에도 불구하고 그 소득을 지급할 때에 다음 각 호의 금액을 그 비거주자의 국내원천소득에 대한 소득세로서 원천징수하여 그 원천징수한 날이 속하는 달의 다음 달 10일까지 대통령령으로 정하는 바에 따라 원천징수 관할 세무서, 한국은행 또는 체신관서에 납부하여야 한다.(개정 2013. 1. 1., 2016. 12. 20., 2018. 12. 31., 2019. 12. 31.)

  1. 제119조 제1호에 따른 국내원천 이자소득: 다음 각 목의 구분에 따른 금액

    가. 국가·지방자치단체 및 내국법인이 발행하는 채권에서 발생하는 이자소득: 지급금액의 100분의 14

    나. 가목 외의 이자소득: 지급금액의 100분의 20

  2. 제119조 제2호에 따른 국내원천 배당소득: 지급금액의 100분의 20

  3. 제119조 제4호에 따른 국내원천 선박 등 임대소득 및 같은 조 제5호(조세조약에 따라 국내원천 사업소득으로 과세할 수 있는 소득은 제외한다)에 따른 국내원천 사업소득: 지급금액의 100분의 2

  4. 제119조 제6호에 따른 국내원천 인적용역소득: 지급금액의 100분의 20. 다만, 국외에서 제공하는 인적용역 중 대통령령으로 정하는 용역을 제공함으로써 발생하는 소득이 조세조약에 따라 국내에서 발생하는 것으로 보는 소득에 대해서는 그 지급금액의 100분의 3으로 한다.

  5. 제119조 제9호에 따른 국내원천 부동산등양도소득: 지급금액의 100분의 10. 다만, 양도한 자산의 취득가액 및 양도비용이 확인되는 경우에는 그 지급금액의 100분의 10에 해당하는 금액과 그 자산의 양도차익의 100분의 20에 해당하는 금액 중 적은 금액으로 한다.

  6. 제119조 제10호에 따른 국내원천 사용료소득: 지급금액의 100분의 20

  7. 제119조 제11호에 따른 국내원천 유가증권양도소득: 지급금액(제126조 제6항에 해당하는 경우에는 같은 항의 정상가격을 말한다. 이하 이 호에서 같다)의 100분의 10. 다만, 제126조 제1항 제1호에 따라 해당 유가증권의 취득가액 및 양도비용이 확인되는 경우에는 그 지급금액의 100분의 10에 해당하는 금액과 같은 호에 따라 계산한 금액의 100분의 20에 해당하는 금액 중 적은 금액으로 한다.

  8. 제119조 제12호에 따른 국내원천 기타소득: 지급금액(제126조 제1항 제2호에 따른 상금·부상 등에 대해서는 같은 호에 따라 계산한 금액으로 한다)의 100분의 20. 다만, 같은 호 카목의 소득에 대해서는 그 지급금액의 100분의 15로 한다.』

(3) 소득세법상 비거주자에 대한 과세방법 및 분리과세 원천징수의 경우 국세기본법 제45조의2 제4항의 경정청구 가부 등에 관하여 본다.

국내원천소득 소득세법 §119	국내사업장이 있는 경우	국내사업장이 없는 경우(있 다 하더라도 실질적 무관련 또는 무귀속의 경우)	分離課稅의 경우 원천징수세율(%) (§156①)	경정청구 (§45의2④) 가부
1호(이자소득)	綜合課稅 (종합소득 과세표준 확정신고)	分離課稅 (완납적원천징수, 부동산 임대소득 제외)	20(채권:14)	o
2호(배당소득)			20	o
3호(부동산임대 소득)			–	x
4호(선박등임대 소득)			2	o
5호(사업소득)			2	o
10호(사용료소득)			20(예외 15)	o
11호(유가증권양도 소득)			Min(양도가액×10, 양도차익×20)	o
12호(기타소득)			20	o
7호(근로소득)			거주자와 동일	x
6호(인적용역소득)		分離課稅(종합소득과세표준 확정신고 선택가능)	20(예외 3)	o
8호(퇴직소득)	거주자와 동일(分類課稅)		–	x
8호의2(연금소득)				
9호(부동산등 양도소득)	거주자와 동일 (分類課稅)	거주자와 동일 (分類課稅)	Min(양도가액×10, 양도차익×20)	x

* 경정청구의 가부는 2020. 1. 1. 이후 경정청구하는 경우 적용되지 않음

① 비거주자에 대한 과세방법으로는 종합과세, 분류과세, 분리과세 등 3가지가 있다(소득세법 제121조 제1항).

(i) 소득세법 제156조 제1항(국내사업장이 없는 비거주자의 소득 또는 국내사업장이 있다 하더라도 국내사업장과 실질적으로 관련되지 아니하거나 그 국내사업장에 귀속되지 아니한 소득) 및 제156조의3부터 156조의6까지의 규정에 따라 원천징수되는 소득은 소득별로 分離課稅 원천징수된다. 원천징수세율은 표와 같다.

(ii) 제8호(퇴직소득), 제8의2호(연금소득) 및 제9호(부동산등 양도소득)는 거주자와 동일하

게 分類課稅된다. 비거주자의 부동산 등 양도소득과 관련하여 양수인에게 원천징수의무를 지움과 동시에 비거주자인 양도자의 신고납세의무도 정하고 있다. 명문규정이 없으나 원천징수세액은 당연히 기납부세액으로 공제받는다 할 것이다. 다만 양수인이 법인이 아닌 개인(거주자나 비거주자)인 경우 원천징수의무가 없다.

(ⅲ) 국내사업장이 있는 비거주자나 부동산소득(제3호)이 있는 비거주자는 綜合課稅된다. 즉 국내에 사업장이 있다든가 달리 거주자와 마찬가지로 볼 만한 사정이 있다면 세금도 거주자와 동일하게 신고하고 매기고 거두겠다는 것이다. 종합과세되는 비거주자라 하더라도 다만 일용근로소득자의 급여, 분리과세이자소득, 분리과세배당소득, 분리과세기타소득 등은 거주자와 마찬가지로 분리과세되어 원천징수된다.

제6호(인적용역소득)의 소득이 있는 비거주자는 분리과세(완납적 원천징수)와 종합소득과세표준 확정신고를 선택할 수 있다(제121조 제5항).

② 종합과세나 분류과세되는 경우 그 과세표준과 세액의 계산은 거주자에 관한 규정을 준용하고(제122조), 신고와 납부(중간예납을 포함한다)는 거주자의 신고와 납부에 관한 규정을 준용한다(제124조). 과세표준과 세액의 결정 및 경정과 징수 및 환급에 관하여는 거주자에 대한 소득세의 결정 및 경정과 징수 및 환급에 관한 규정을 준용한다(제125조).

따라서 비거주자에 대하여 종합과세되거나 분류과세되는 경우 세액확정에 오류가 있다면 비거주자는 거주자와 동일하게 국세기본법 제45조의2 제1항(통상의 경정청구) 및 제2항(후발적 경정청구)에 따라 경정청구를 할 수 있다고 해석하여야 한다.

③ 분리과세 원천징수되는 소득에 대하여 위 표에서와 같이 비거주자는 국세기본법 제45조의2 제4항에 따라 경정청구를 할 수 있었다. 다만 이러한 경정청구는 2019. 12. 31. 개정(2020. 1. 1. 시행)된 국세기본법 제45조의2 제4항에 의하여 개별세법상의 경정청구로 이동되었다.

(4) 법인세법상 외국법인에 대한 과세방법 및 분리과세 원천징수의 경우 국세기본법 제45조의2 제4항의 경정청구 가부 등에 관하여 본다.

국내원천소득 법인세법 §93	국내사업장이 있는 경우	국내사업장이 없는 경우(있다 하더라도 실질적 무관련 또는 무귀속의 경우)	분리과세의 경우 원천징수 세율(%) (법인세법 §98)	경정청구(§45의2④)가부
1호(이자소득)	순소득기준과세(=종합과세)	분리과세 원천징수(완납적원천징수, 부동산소득 제외)	20(채권: 14)	○
2호(배당소득)			20	○
3호(不動産			–	×

所得)				
4호(선박등 임대소득)			2	○
5호(사업소득)			2	○
6호(인적용역 소득)			20	○
8호(사용료소득)			20	○
9호(유가증권 양도소득)			Min(양도가액×10, 양도차익×20)	○
10호(기타소득)			20	○
7호(不動産等 讓渡所得)	분리과세 신고납부	분리과세 신고납부	Min(양도가액×10, 양도차익×20)	x

* 경정청구의 가부는 2020. 1. 1. 이후 경정청구하는 경우 적용되지 않음

① 법인세법 제98조 제1항(국내사업장이 없는 외국법인의 소득 또는 국내사업장이 있다 하더라도 국내사업장과 실질적으로 관련되지 아니하거나 그 국내사업장에 귀속되지 아니한 소득), 제98조의3, 제98조의5 또는 제98조의6에 따라 원천징수되는 소득은 소득별로 分離課稅 원천징수된다. 원천징수세율은 표와 같다. 법인세법 제98조 제1항에 의하면, 제3호 소득(부동산소득)을 제외한 것은 분리과세 원천징수의 대상이 된다.

② 국내사업장이 있거나 부동산소득이 있다면 국내원천소득만을 따로 뽑아서 그 부분에 관하여는 내국법인과 동일하게 순소득을 계산하여 세금을 매긴다(제91조 제1항, 純所得基準課稅).

③ 국내사업장이 없거나 부동산소득이 없는 외국법인이라면, 법인세법 제93조 각 호의 구분에 따른 각 국내원천소득의 금액을 그 법인의 각 사업연도의 소득에 대한 법인세의 과세표준으로 한다(제91조 제2항, 分離課稅). 이는 원천징수의 대상이므로 법인세법 제98조의 원천징수세율에 따라 세금이 정하여진다. 국내사업장이 있다 하더라도 국내사업장과 실질적으로 관련되지 아니하거나 그 국내사업장에 귀속되지 아니한 소득은 분리과세 원천징수된다.

④ 외국법인의 부동산 등 양도소득(제93조 제7호)과 관련하여 양수인에게 원천징수의무를 지움과 동시에 외국법인인 양도자의 신고납부의무도 정하고 있다. 명문규정이 없으나 원천징수세액은 당연히 기납부세액으로 공제받는다 할 것이다. 다만 양수인이 법인이 아닌 개인(거주자나 비거주자)인 경우에는 원천징수의무가 없다.

⑤ 법인세법 제91조 제1항에 해당하는 외국법인, 또는 제91조 제2항 및 제3항에 해당하

는 외국법인으로서 부동산 등 양도소득(제93조 제7호)이 있는 외국법인의 각 사업연도의 소득에 대한 법인세의 신고·납부·결정·경정 및 징수에 대하여는 내국법인의 각 그 해당 규정이 준용된다(제97조 제1항).

⑥ 따라서 외국법인이 부동산 등 양도소득을 신고한 경우(분리과세), 부동산소득이나 국내사업장이 있어 이를 신고한 경우(순소득기준과세), 세액확정의 오류를 시정하기 위하여, 외국법인은 국세기본법 제45조의2 제1항(통상의 경정청구) 및 제2항(후발적 경정청구)에 따라 경정청구를 할 수 있다.

6. 경정청구권의 경합

가. 경정청구권의 병존 및 경합

(1) 원천징수의무자가 가지는 경정청구권과 대법원 2001두8780 판결상 원천징수의무자의 환급청구권과의 관계가 문제되나 양 청구는 병존적이다. 따라서 원천징수의무자는 그 선택에 따라 경정청구를 하거나 환급청구권을 행사할 수 있다[제1장 제9절 2. 마. (4) 참조].

(2) 원천징수의무자의 경정청구권과 원천납세의무자의 경정청구권은 경합을 인정하여야 한다. 각자가 가지는 경정청구권은 상호 독립적이다.

다만 원천징수의무자가 하는 경정청구권의 행사는 원천납세의무자에 대한 관계에 있어서는 의무적이나 원천납세의무자가 스스로 경정청구권을 행사하는 이상 원칙적으로 원천납세의무자의 경정청구권이 우선한다. 초과징수된 세액은 출연자인 원천납세의무자에게 궁극적으로 귀속되어야 하고, 원천납세의무자에게 경정청구를 통하여 국가와의 사이에서 원천징수의 오류를 직접 시정할 수 있는 주도권을 주어야 하기 때문이다.

원천징수세액에 관하여 원천납세의무자가 경정청구를 하였다가 거부처분을 받았다 하더라도 동일한 사유로 원천징수의무자가 다시 경정청구를 할 수 있다. 반대의 경우도 같다.

나. 경정청구권과 환급청구권의 분리

원천징수의무자가 원천징수세액의 전부 또는 일부를 스스로 출연·부담하여 국가에 납부한 경우에도 원천납세의무자는 자신이 가지는 경정청구권을 행사할 수 있다.

그러나 경정청구권을 행사한 결과 환급청구권이 발생하는 경우 당초 세액이 원천징수의무자의 명의로 납부된 이상 그 환급청구권은 원천징수의무자에게 일단 귀속된다고 보아야 한다. 원천납세의무자에게 오류시정의 주도권이 있다 하더라도 원천징수의무자의 명의로 납부된 이상 부득이하다. 과세관청은 원천징수의무자와 원천납세의무자 사이의 구체적 징수내용이나 법

제4장

률관계(원천징수의무자가 원천납세의무자로부터 원천징수하여 납부했는지 아니면 원천징수세액의 전부 또는 일부를 스스로 부담하여 납부했는지 여부)를 알 수 없기 때문이다.

대법원 2015. 8. 27. 선고 2013다212639 판결에서 실제 사업자가 따로 있음에도 과세관청이 사업명의자에게 부과처분을 하여 그 명의로 세금이 납부된 경우, 그 부과처분이 무효이거나 취소되어 과오납이 발생하면 그 환급청구권은 납부의 형식적 명의자인 사업명의자로 보아야 한다는 판시취지도 같다.

다만 원천징수의무자가 원천징수세액의 전부 또는 일부를 출연·부담하지 않았음을 자인하면 과세관청은 경정청구권을 행사한 원천납세의무자에게 그 부분 출연금을 환급할 수 있다.

다. 비거주자 또는 외국법인의 경정청구

(1) 비거주자 또는 외국법인인 원천납세의무자는 경정청구를 함에 있어 원칙적으로 원천징수 대상 소득의 '실질적인 귀속자'임을 스스로 입증하여야 한다. 대상 소득의 지급과정에서 성실하게 조사하여 확보한 자료 등을 통해서도 조세조약의 적용 여부 및 실질적인 귀속자가 불분명한 경우, 원천징수의무자는 소득세법 제156조 제1항 각 호의 금액을 원천징수할 수밖에 없고, 실질적인 귀속자는 경정청구를 통하여 실체적 진실에 접근할 수밖에 없다.

여기서 실질적인 귀속자 아닌 '형식적인 귀속자'도 경정청구권을 행사할 수 있는가?

소득의 실질적인 귀속 여부는 실체적 심리를 거쳐서 비로소 판명되는 것이므로, 지급명세서와 원천징수영수증에 기재된 소득자가 해당 소득의 실질적인 귀속자임을 전제로 경정청구를 하여 오는 이상 그 청구를 허용할 필요가 있다. 따라서 지급명세서와 원천징수영수증에 기재된 소득자는 그가 해당 소득의 '형식적인 귀속자'에 불과하더라도 구 국세기본법 제45조의2 제4항에 정한 원천납세의무자(원천징수대상자)로서 경정청구권을 행사할 수 있다 할 것이다.

(2) 대법원 2017. 7. 11. 선고 2015두55134, 55141(병합) 판결요지

『[1] 구 국세기본법(2013. 1. 1. 법률 제11604호로 개정되기 전의 것) 제14조 제1항에서 규정하는 실질과세의 원칙은 소득이나 수익, 재산, 거래 등의 과세대상에 관하여 귀속 명의와 달리 실질적으로 귀속되는 자가 따로 있는 경우에는 형식이나 외관을 이유로 귀속명의자를 납세의무자로 삼을 것이 아니라 실질적으로 귀속되는 자를 납세의무자로 삼겠다는 것이므로, 재산의 귀속명의자는 이를 지배·관리할 능력이 없고, 명의자에 대한 지배권 등을 통하여 실질적으로 이를 지배·관리하는 자가 따로 있으며, 명의와 실질의 괴리가 조세를 회피할 목적에서 비롯된 경우에는, 재산에 관한 소득은 그 재산을 실질적으로 지배·관리하는 자에게 귀속된 것으로 보아 그를 납세의무자로 삼아야 한다. 이러한 원칙은 법률과 같은 효력을 가지는 조세조약의 해석과 적용에서도 이를 배제하는 특별한 규정이 없는 한 그대로 적용된다.

[2] 외국의 법인격 없는 사단·재단 기타 단체가 구 소득세법(2013. 1. 1. 법률 제11611호로

개정되기 전의 것) 제119조 또는 구 법인세법(2013. 1. 1. 법률 제11607호로 개정되기 전의 것, 이하 같다) 제93조에 정한 국내원천소득을 얻어 이를 구성원들에게 분배하는 영리단체에 해당하는 경우, 구 법인세법상 외국법인으로 볼 수 있다면 단체를 납세의무자로 하여 국내원천소득에 대하여 법인세를 과세하여야 하고, 구 법인세법상 외국법인으로 볼 수 없다면 단체의 구성원들을 납세의무자로 하여 그들 각자에게 분배되는 소득금액에 대하여 그 구성원들의 지위에 따라 소득세나 법인세를 과세하여야 한다. 여기서 단체를 외국법인으로 볼 수 있는지에 관하여는 구 법인세법상 외국법인의 구체적 요건에 관하여 본점 또는 주사무소의 소재지 외에 별다른 규정이 없는 이상 단체가 설립된 국가의 법령 내용과 단체의 실질에 비추어 우리나라의 사법(私法)상 단체의 구성원으로부터 독립된 별개의 권리·의무의 귀속주체로 볼 수 있는지에 따라 판단하여야 한다.

　　[3] 구 국세기본법(2013. 1. 1. 법률 제11604호로 개정되기 전의 것, 이하 같다) 제45조의2 제1항 제1호 및 제4항 제3호에 의하면 원천징수의무자가 구 법인세법(2013. 1. 1. 법률 제11607호로 개정되기 전의 것, 이하 같다) 제93조 제1호, 제2호, 제4호부터 제6호까지 및 제8호부터 제10호까지의 규정에 해당하는 국내원천소득이 있는 원천징수대상자에 관하여 구 법인세법 제98조에 따라 원천징수한 법인세를 납부하고 구 법인세법 제120조의2에 따라 지급명세서를 제출기한까지 제출한 경우, 그 원천징수의무자 또는 원천징수대상자 등은 원천징수영수증에 기재된 과세표준 및 세액이 세법에 의하여 납부하여야 할 과세표준 및 세액을 초과하는 때에는 원천징수세액의 납부기한이 지난 후 3년 이내에 원천징수영수증에 기재된 과세표준 및 세액의 결정 또는 경정을 관할 세무서장에게 청구할 수 있다고 규정하고 있다.

　　구 법인세법은 원천징수의무자로 하여금 해당 국내원천소득을 지급받는 자에게 원천징수영수증을 발급하고, 납세지 관할 세무서장에게는 그 소득을 지급받는 자를 소득자로 기재한 지급명세서를 제출하도록 그 의무를 지우고 있다(제98조 제13항, 제120조의2). 그리고 소득의 실질적인 귀속 여부는 실체적 심리를 거쳐서 비로소 판명되는 것이므로, 지급명세서와 원천징수영수증에 기재된 소득자가 해당 소득의 실질귀속자임을 전제로 경정청구를 하는 이상 그 청구를 허용할 필요가 있다. 따라서 지급명세서와 원천징수영수증에 기재된 소득자는 그가 해당 소득의 형식적 귀속자에 불과하더라도 구 국세기본법 제45조의2 제4항에 정한 원천징수대상자로서 과세표준 및 세액의 경정청구권을 행사할 수 있다고 봄이 타당하다.

　　[4] 미국 델라웨어(Delaware)주 법률에 의하여 설립되어 미국의 투자자들이 유한책임사원으로 투자한 유한 파트너쉽인 갑 법인 등을 투자자로 하는 파트너쉽 형태의 사모펀드가 벨지움국(이하 '벨기에'라 한다) 법률에 따라 설립된 을 법인을 매수인으로 하여 병 은행 주식을 인수하였고, 그 후 을 법인이 정 주식회사에 병 은행 주식 중 일부를 양도하여 정 회사가 양도소득의 10%를 원천징수하여 납부하고 나머지 잔액을 을 법인에게 지급하였는데, 을 법인이 '대한민국과 벨기에 간의 소득에 대한 조세의 이중과세회피 및 탈세방지를 위한 협약' 제4조 및 제13조에 따라 양도소득이 비과세되어야 한다는 이유로 원천징수세액 전부의 환급을 구하는 경정청구를 한 사안에서, 지급명세서상 소득자로 기재된 을 법인이 양도소득에 대한 과세를 회피하기 위하여 벨기에 거주자 자격을 취득하고자 설립된 도관회사라고 하더라도 구 국세기본법(2013. 1. 1. 법률 제11604호로 개정되기 전의 것) 제45조의2 제4항에 정한 원천징수대상자로서 경정청구권을 행사할 수 있다고 본 원심판

단을 수긍한 사례.

　　　[5] '대한민국과 미합중국 간의 소득에 관한 조세의 이중과세회피와 탈세방지 및 국제무역과 투자의 증진을 위한 협약'(이하 '한·미 조세조약'이라 한다) 제16조 제1항은 일방 체약국의 거주자가 얻은 주식의 양도소득은 원천지국에 의한 과세로부터 면제되도록 규정하고 있다. 그리고 제3조 제1항 (b)호는 "'미국의 거주자'라 함은 다음의 것을 의미한다."라고 규정하면서, (i)목에서 '미국법인'을 들고 있고, (ii)목에서 "미국의 조세 목적상 미국에 거주하는 기타의 인(법인 또는 미국의 법에 따라 법인으로 취급되는 단체를 제외함), 다만 조합원 또는 수탁자로서 행동하는 인의 경우에, 그러한 인에 의하여 발생되는 소득은 거주자의 소득으로서 미국의 조세에 따라야 하는 범위에 한한다."라고 규정하고 있다.

　　　한·미 조세조약 제3조 제1항 (b)호 (ii)목 단서의 문언과 체계 등에 비추어 보면, 여기서 규정한 '조합원으로서 행동하는 인'이란 미국 세법상 조합원 등의 구성원으로 이루어진 단체의 활동으로 얻은 소득에 대하여 구성원이 미국에서 납세의무를 부담하는 단체를 뜻한다고 보아야 하고, '그러한 인에 의하여 발생되는 소득은 거주자의 소득으로서 미국의 조세에 따라야 하는 범위에 한한다'는 의미는 그러한 단체의 소득에 대하여 구성원이 미국에서 납세의무를 부담하는 범위에서 단체를 한·미 조세조약상 미국의 거주자로 취급한다는 뜻으로 해석하여야 하며, 이때 구성원들이 미국에서 납세의무를 부담하는지는 현실적으로 과세되는지가 아니라 추상적·포괄적 납세의무가 성립하는지에 따라 판단하여야 한다.』

(3) 원천납세의무자가 종합소득 과세표준확정신고를 한 경우

원천납세의무자가 소득세법 제73조 제4항, 제70조에 따라 종합소득 과세표준확정신고를 하였다면 국세기본법 제45조의2 제4항이 아니라 제45조의2 제1항에 기하여 경정청구를 하여야 한다. 소득세법 제73조 제1항 소정의 신고의무가 면제된 자에 해당한다 하더라도 종합소득 과세표준확정신고를 할 수 있고, 그 확정신고를 한 이상 마찬가지로 국세기본법 제45조의2 제1항 소정의 경정청구를 할 수 있음은 앞서 본 바와 같다.

나아가 종합소득 과세표준확정신고를 할 때 산출세액에서 초과납부된 세액을 포함한 원천징수세액을 공제하여 납부세액 또는 환급세액을 산정하므로, 연말정산 후에 오류를 발견한 원천납세의무자로서는 과세표준확정신고를 통하여 경정청구에 의하여 바로잡으려고 하는 목적을 달성할 수 있다.

7. 경정청구사유

(1) 국세기본법 제45조의2 제4항에, "제1항부터 제3항까지의 규정을 준용한다."라고 되어 있으므로, 통상의 경정청구(제1항)와 후발적 경정청구(제2항)의 각 해당 사유가 원천징수에 있어 경정청구사유가 된다.

제4장 제1절부터 제4절(제5절 제외)까지의 내용은 원칙적으로 '원천징수에 대한 경정청구'에도 그대로 타당하나 구체적인 사안에 따라 개별적으로 판단하여야 한다.

실체적 오류에 해당되는 이상 경정청구사유에 해당된다. 실체적 오류의 존부는 '원천징수영수증에 기재된 과세표준 및 세액'과 '정당한 과세표준 및 세액'의 비교에 의하여 판단된다. 즉 원천징수영수증(또는 지급명세서)에 기재된 과세표준 및 세액이 세법에 의하여 납부하여야 할 과세표준 및 세액을 초과하는 때에는 원천징수세액의 납부기한이 지난 후 5년 이내에 원천징수영수증에 기재된 과세표준 및 세액의 결정 또는 경정을 관할 세무서장에게 청구할 수 있다.

(2) 원천납세의무자인 비거주자와 원천징수의무자 사이에서 원천징수 대상소득 해당 여부(조세조약의 적용 여부 및 해석)나 원천징수시기, 소득의 실질적인 귀속자의 확정[8] 등을 둘러싸고 의견대립이 있을 수 있고, 그 경우 원천징수를 당한 비거주자 또는 외국법인은 실질적인 귀속자가 아닌 형식적인 귀속자에 불과하더라도 경정청구를 행사할 수 있음은 앞서 본 바와 같다.

(3) 국세기본법 제45조의2 제4항 소정의 경정청구도 통상의 경정청구와 후발적 경정청구로 나누어지고, 후발적 경정청구는 사정변경에 기한 경정청구와 모순된 세액확정에 기한 경정청구로 분류된다.

통상의 경정청구에 있어 '당초처분과 증액경정처분에 관한 법리'의 적용 여부가 문제된다. 원천징수의무자가 당초 법정기한 내에 원천징수한 세액 100만 원을 전액 납부하였는데 과세관청이 실체적 오류가 있다면서 추가로 100만 원의 징수처분을 한 예를 들어 본다.

대법원은 '당초처분과 증액경정처분에 관한 법리', 즉 흡수소멸설의 적용을 긍정하고 있다 [대법원 2013. 7. 11. 선고 2011두7311 판결, 제1장 제11절 2. 다. (4) ③ 참조].

당초세액 100만 원의 '임의납부'를 신고로 의제(신고의제)하고 이후 100만 원의 추가 징수처분을 증액경정처분으로 보아 흡수소멸설의 적용을 긍정하고자 한다. 이러한 의제는 임의납부 부분에 대한 통상의 경정청구를 가능케 하기 위한 것으로 부득이하다.

(4) 국세기본법 제45조의2 제1항 후단의 준용 여부가 문제되나 '[申告 + 增額更正]의 法理'[제4장 제2절 1. 라. (4)참조]가 적용된다고 할 것이다. 즉 원천징수영수증에 기재된 세액분을 최초신고세액분(100만 원)으로, 추가로 징수처분된 세액분(100만 원)을 증액경정분으로 보아 각 분할된다. 경정청구를 보장하기 위한 것으로, 그 범위 내에서 분할된다. 경정거부처분 취소

---

8) 대법원 2012. 4. 26. 선고 2010두11948 판결[라살레 판결, 제1장 제8절 2. 나. (3) 참조]에 의하면 조세조약의 해석에 있어 국세기본법 제14조 제1항이 적용될 수 있다고 판시한 바 있다. 따라서 조세조약을 남용하는 등으로 국내원천소득에 관한 조세회피를 목적으로 한 도관회사가 있는 경우 원칙적으로 그 '도관회사' 아닌 '실질적인 귀속자'가 경정청구를 할 수 있다 할 것이다.

소송과 증액경정 취소소송 중 어느 하나를 선택할 수 있다. 증액경정 취소소송을 선택한 경우에도 당초 원천징수영수증에 기재된 세액의 오류도 함께 주장할 수 있다. 원천징수영수증에 기재된 세액분(100만 원)은 경정청구기간 5년 이내에서 언제든지 경정청구가 가능하다. 기판력의 발생범위인 '판단된 범위'도 위 분할에 맞추어 나누어 고찰해야 한다. 경정청구를 할 수 있는 범위가 넓어진 만큼 그 범위 내에서 국세기본법 제22조의3의 적용은 배제된다.

(5) 사정변경에 기한 경정청구를 인정한 대법원 2018. 5. 15. 선고 2018두30471 판결을 본다.9)

『구 국세기본법(2015. 12 15 법률 제13552호로 개정되기 전의 것, 이하 같다) 제45조의2 제2항은 납세자가 후발적 경정청구를 할 수 있는 사유로 제1호부터 제4호로 '최초의 신고·결정 또는 경정에서 과세표준 및 세액의 계산근거가 된 거래 또는 행위 등이 그에 관한 소송에 대한 판결에 의하여 다른 것으로 확정되었을 때'(제1호) 등을 규정한 다음, 제5호에서 '제1호부터 제4호까지와 유사한 사유로서 대통령령으로 정하는 사유가 해당 국세의 법정신고기한이 지난 후에 발생하였을 때'를 규정하고 있다. 그리고 그 위임에 따른 구 국세기본법 시행령(2017. 2. 7. 대통령령 제27833호로 개정되기 전의 것, 이하 같다) 제25조의2는 "법 제45조의2 제2항 제5호에서 '대통령령으로 정하는 사유'란 다음 각 호의 어느 하나에 해당하는 경우를 말한다."고 규정하면서, 제1호부터 제3호로 '최초의 신고·결정 또는 경정을 할 때 과세표준 및 세액의 계산근거가 된 거래 또는 행위 등의 효력과 관계되는 계약이 해제권의 행사에 의하여 해제되거나 해당 계약의 성립 후 발생한 부득이한 사유로 해제되거나 취소된 경우'(제2호) 등을 규정하는 한편, 제4호에서 '그 밖에 제1호부터 제3호까지의 규정에 준하는 사유가 있는 경우'를 들고 있다.

이러한 관련 규정의 체계, 소득세법상 권리확정주의의 의의와 기능 및 한계 등에 비추어 볼 때 납세의무의 성립 후 소득의 원인이 된 채권이 채무자의 도산 등으로 회수불능이 되어 장래 그 소득이 실현될 가능성이 전혀 없음이 객관적으로 명백하게 되었다면, 이는 구 국세기본법 시행령 제25조의2 제2호에 준하는 사유로서 특별한 사정이 없는 한 같은 조 제4호가 규정한 후발적 경정청구 사유에 해당한다고 봄이 타당하다(대법원 2014. 1. 29. 선고 2013주18810 판결 등 참조).

그리고 구 국세기본법 제45조의2 제4항은 원천징수의무자가 소득세법 제137조에 따른 연말정산에 의하여 근로소득에 관한 소득세를 납부하거나(제1호) 소득세법 제146조에 따라 퇴직소득에 관하여 원천징수한 소득세를 납부하고(제2호) 소득세법 제164조 등에 따라 지급명세서를 제출기한까지 제출한 경우 등에 후발적 경정청구에 관한 구 국세기본법 제45조의2 제2항을 준용하도록 규정

---

9) 사안개요는 다음과 같다. 원고회사는 2013. 10. 17. 회생절차개시결정을 받고 2014. 3. 18. 회생계획이 인가되었다. 원고는 위 개시결정 후 임원 등에 대한 2013. 10.분 급여 지급을 보류하고 같은 해 10. 퇴직한 임원의 퇴직금의 지급을 각 보류하였다. 원고는 2013. 11. 10. 피고에게 미지급한 급여와 퇴직금에 대한 지급명세서를 제출하면서 이에 관한 소득세를 원천징수하여 납부하였다. 한편 그 후 인가된 회생계획에는 위 급여와 퇴직금 채무의 대부분을 면제하는 내용이 포함되어 있다. 원고는 원천징수의무자로서 국세기본법 제45조의2 제4항에 기하여 2014. 5. 16. 경정청구를 하였다.

하고 있으므로, 원천납세의무자에게 앞서 본 사유가 발생한 경우에는 위 요건을 갖춘 원천징수의무자도 후발적 경정청구를 할 수 있다고 보아야 한다. …

　　이러한 사실관계를 앞서 본 법리에 비추어 살펴보면, 이 사건 급여와 퇴직금 채권이 확정적으로 발생하였다고 하더라도 그 후 이를 면제하는 내용의 이 사건 회생계획이 인가됨으로 인하여 회수불능이 되어 장래 그 소득이 실현될 가능성이 전혀 없음이 객관적으로 명백하고, 이로써 원고의 이 사건 급여와 퇴직금에 관한 소득세 원천징수의무도 그 전제를 잃게 되었으므로 이는 구 국세기본법 제45조의2 제4항, 제2항 제5호, 구 국세기본법 제25조의2 제4호가 규정한 후발적 경정청구사유에 해당한다.

　　그런데도 원심은 그 판시와 같은 이유로 이 사건 급여와 퇴직금 채권이 회생계획을 통하여 면제되었다는 사정은 후발적 경정청구사유에 해당하지 않는다고 판단하였다. 이러한 원심의 판단에는 후발적 경정청구사유에 관한 법리를 오해하여 판결에 영향을 미친 잘못이 있다. 이 점을 지적하는 상고이유 주장은 이유 있다.』

　　대법원은 국세기본법 제45조의2 제4항의 사정변경에 기한 경정청구를 인정함에 있어 "납세의무의 성립 후 소득의 원인이 된 채권이 채무자의 도산 등으로 회수불능이 되어 장래 그 소득이 실현될 가능성이 전혀 없음이 객관적으로 명백하게 되었다면, 이는 구 국세기본법 시행령 제25조의2 제2호에 준하는 사유로서 특별한 사정이 없는 한 같은 조 제4호가 규정한 후발적 경정청구사유에 해당한다."고 판시하고 있다. 즉 채무자 회생 및 파산에 관한 법률 제251조에 의하면 회생계획의 인가결정으로 채무자는 회생계획이나 이 법의 규정에 의하여 인정된 권리를 제외한 모든 회생채권과 회생담보권에 관하여 그 책임을 면하고, 같은 법 제255조에 의하면 회생채권자표 기재의 효력은 확정판결과 같은 효력이 있다고 규정하고 있다. 이러한 점을 고려하여 이 사건 급여채권 및 퇴직금채권이 회생계획의 인가로 소멸하였음을 전제로 후발적 경정청구사유로 보고 있다. 다만 회생채권자표의 기재의 효력이 확정판결과 같은 효력이 있고, 그 효력에 관한 대법원의 견해가 회생절차내부의 불가쟁력에 불과하다는 기판력 부정설을 취하고 있다 하더라도, 이는 국세기본법 제45조의2 제2항 제1호 소정의 사유에 해당한다고 볼 여지도 있다.

　(6) 경정청구에는 청구인의 성명과 주소 또는 거소, 결정 또는 경정 전과 후의 각 과세표준 및 세액, 청구이유 등을 적은 청구서를 제출하여야 한다(국세기본법 시행령 제25조의3). 즉 원천납세의무자가 경정청구를 하는 경우 당초분 및 정정분 원천징수영수증, 당초분 및 정정분 소득공제신고서 등(원천징수의무자에게 경정청구를 인정하는 경우라면, 수정 원천징수이행상황신고서, 수정 지급명세서, 당초분 및 정정분 소득공제신고서 등)을 제출하여야 한다.

8. 경정청구기간

가. 통상의 경정청구의 기산일

통상의 경정청구는 '연말정산세액 또는 원천징수세액의 납부기한'이 지난 후 5년(2014. 12. 23. 개정 전에는 3년) 이내[10]에 행사되어야 한다.

예를 들어 근로소득세액 연말정산의 경우 해당 과세기간의 다음 해 2월분의 근로소득을 지급할 때에 원천징수(소득세법 제137조)를 하여 징수일이 속하는 달의 다음 달 10.까지 납부해야 하므로(같은 법 제128조) 납부기한은 3. 10.이고, 기산일은 그 다음 날인 3. 11.이 된다.

소득처분된 금액에 대하여 소득금액변동통지를 받은 법인이라면, 그에 따른 소득세를 원천징수할 때에 있어 납부기한은 소득금액변동통지서를 받은 날의 다음달 10.이다. 이 경우에도 근로소득세액의 연말정산을 다시 하여야 하고 나아가 지급명세서를 제출하여야 한다. 만약 '제1차 연말정산'을 거친 후 소득금액변동통지를 받아 '제2차 연말정산'을 다시 거친다면 소득금액변동통지서를 받은 날의 다음달 10.의 다음 날이 기산일이 된다.

나. 후발적 경정청구

후발적 경정청구는 사유가 발생한 것을 안 날부터 3월 이내에 할 수 있다.

9. 소득금액변동통지의 개입과 경정청구

가. 서론

(1) 소득처분(법인세법 제67조, 시행령 제106조) 및 소득금액변동통지(소득세법 시행령 제

---

10) 아시아경제(2014. 3. 16.자) 신문은 「놓친 연말정산 … 5월에 받는 방법은?」라는 제목 아래 "경정청구(과오납 세금을 돌려받을 수 있는 권리)기간 3년과 고충민원 신청기간 2년을 더해 5년 이내인 2019. 5월까지 연중 언제든 환급신청을 할 수 있다."라고 보도했다. 그 보도에 따르면 당시 연말정산 대상 소득에 한하여 고충처리를 통하여 사실상 경정청구기간을 5년으로 운영하고 있는 것으로 보이나 실무상 과거 5년분을 경정하여 환급하는지는 알 수 없다. 보도가 사실이라면 고충처리(민원이나 탄원)의 이름으로 경정청구기간을 임의로 늘려 운영한 셈이 된다. 세정신문(2014. 5. 12.자)은 "환급신청은 5월 31일까지 국세청 홈택스의 전자신고 또는 주소지 관할세무서에 직접 할 수 있으며, 한국납세자연맹의 '연말정산추가 환급 도우미 서비스'를 이용해도 무방하다. 연말정산때 놓친 소득공제는 5년(경정청구 3년, 고충 2년)간 추가환급이 가능하기 때문에 2009년도 이후 소득공제를 놓쳤다면 지금 환급이 가능하다. 2013년 귀속분에 대하여는 5월 소득세 확정신고를 통해 환급을 받는 것이 일반적으로 유리하다."라고 보도했다. 위 신문보도에 따르면 근로소득자 등은 원천징수의무자 아닌 국가에 대하여 국세청 홈택스의 전자신고를 통하여 또는 관할세무서에 가서 경정청구를 할 수 있다는 것으로 원천납세의무자의 경정청구가 오히려 일반적임을 알 수 있다.

192조)와 이에 따른 원천징수의무 등에 관하여 여러 곳에서 부분적으로 설명했다. 나열하면 다음과 같다.

　（ⅰ） 제1장 제4절 6. 다.(소득금액변동통지)

　（ⅱ） 제1장 제8절 5. 마.(소득처분에 따른 소득세 원천징수의무)

　（ⅲ） 제1장 제14절 3.(통상의 제척기간) 가. (4)(부과제척기간)

　（ⅳ） 제3장 제1절 7. 나.(사외유출금액 회수 후 수정신고)

　（ⅴ） 제4장 제3절 7. 나. (4)(사정변경에 기한 경정청구)

(2) 중요한 대법원 판결 등

대법원 2006. 4. 20. 선고 2002두1878 전원합의체 판결[제1장 제4절 6. 다. (2) 참조]에 의하여 소득금액변동통지가 행정처분으로 인정됨에 따라 소득금액변동통지가 개입되는 경우 원천징수의 법률관계에 적지 아니하는 영향을 미치게 되었고, 앞으로도 그 법률관계는 복잡하게 전개되리라 예상된다.

관련된 대법원 판결을 정리하면 다음과 같다.

대법원 2006. 4. 20. 선고 2002두1878 전원합의체 판결	소득금액변동통지는 조세행정처분이다.
대법원 2011. 11. 24. 선고 2009두23587 판결	소득금액변동통지를 받은 법인이 이를 다투지 아니하고 원천징수세액을 납부한 경우, 비록 그 통지처분에 불가쟁력이 발생하였다 하더라도, 국세기본법 제45조의2 제4항에 기하여 경정청구를 할 수 있고, 경정청구의 기산일은 소득금액변동통지에 따른 소득세의 납부기한의 다음날부터 기산된다.
대법원 2012. 1. 26. 선고 2009두14439 판결	원천징수세액의 존부 및 범위는 소득금액변동통지의 항고소송에서 다투어야 하고, 만약 이를 다투지 아니하면 그 하자가 무효가 아닌 한 이후 이어지는 징수처분에서 소득금액변동통지의 당부를 다툴 수 없다.

(3) 아래에서 불복수단(권리구제수단)을 중심으로 살핀다.

과세관청은 해당 법인에게 법인세 증액경정처분을 함에 있어, 법인세법 제67조, 시행령 제106조 제1항에 따라 소득처분을 하고, 동시에 소득세법 시행령 제192조에 따라 해당 법인에게 소득처분에 따른 소득금액변동통지를 한다.

한편 소득세법 제20조 제1항 제3호에 의하면 법인세법에 의하여 상여로 처분된 금액은 근로소득에 해당하고 그 근로소득은 원천징수의 대상이 된다. 상여로 처분된 금액에 대하여 소득금액변동통지를 받은 해당 법인은 소득세를 원천징수하여 소득금액변동통지서를 받은 날의 다음날 10.까지 납부하여야 한다.

이하 [(법인세 증액경정처분) → (소득금액변동통지) → (징수처분)]이라는 절차과정을 염두에 두고 본다.

나. 소득금액변동통지에 따른 자진납부와 경정청구 가능 여부

대법원 2011. 11. 24. 선고 2009두23587 판결[11])

『구 국세기본법 제45조의2 제4항 제1호의 문언내용 및 입법취지, 연말정산이 있은 후에 법인세법에 의하여 상여로 처분된 금액에 대하여 소득금액변동통지를 받은 법인은 그에 따른 소득세를 원천징수하여 소득금액변동통지서를 받은 날의 다음달 10일까지 납부하여야 하는데 이를 위하여는 다시 연말정산을 하여야 하고 그 지급조서도 제출하여야 하는 점, 이러한 연말정산과 지급조서의 제출도 구 소득세법 제137조 소정의 연말정산이나 제164조 소정의 지급조서 제출의 범위에 포함된다고 봄이 타당한 점 등을 종합하여 보면, 연말정산이 있은 후에 법인세법에 의하여 상여로 처분된 금액에 대하여 소득금액변동통지를 받은 법인이 납부기한 내에 다시 연말정산을 거쳐 그에 따를 소득세를 원천징수하여 납부하고 지급조서를 제출한 경우 그에 대한 구 국세기본법 제45조의2 제4항 제1호 소정의 경정청구기간은 소득금액변동통지에 따른 소득세의 납부기한(소득금액변동통지를 받은 날이 속하는 달의 다음 달 10일)의 다음 날부터 기산된다고 할 것이다. 그럼에도 원심은, 이와 달리 연말정산이 있은 후에 법인세법에 의하여 상여로 처분된 금액에 대하여 소득금액변동통지를 받은 법인이 납부기한 내에 다시 연말정산을 거쳐 그에 따른 소득세를 원천징수하여 납부하고 지급조서를 제출한 경우에도 구 국세기본법 제45조의2 제4항 제1호 소정의 경정청구기간은 구 소득세법 제128조 제1항 본문, 제137조 제1항에서 정한 당초의 연말정산세액의 납부기한(근로소득이 귀속되는 당해 연도의 다음 연도 2월 10일) 다음 날부터 기산된다는 전제 아래, 비록 피고가 2006. 3. 16.경 '이 사건 외주운송비가 2003 사업연도에 사외로 유출되었으나 그 귀속이 불분명하다'는 이유로 이 사건 외주운송비 상당액을 대표자에 대한 상여로 처분한 다음 원고에게 그 소득금액변동통지를 하였고, 원고가 납부기한 내인 2006. 4. 10. 피고에게 그에 따른 소득세를 원천징수하여 납부하고 그 지급조서를 제출하였다고 하더라도, 위 원천징수세액의 경정을 구하는 이 사건 경정청구

---

11) 과세관청은 2006. 3. 16. 이 사건 외주운송비가 2003 사업연도에 사외유출되었으나 그 귀속이 불분명하다는 이유로 대표자 상여처분을 하면서 원고법인에게 소득금액변동통지를 하였고, 원고법인은 2006. 4. 10. 그에 따른 소득세를 원천징수하여 납부한 다음 원천징수의무자로서 2007. 4. 20. 경정청구를 했다. 원심인 서울고등법원은, "구 국세기본법 제45조의2 제4항은 원천징수의무자 등이 원천징수세액 등의 과세표준 및 세액에 대한 경정청구를 할 수 있는 경우를 한정적으로 열거하고 있는데 이 사건과 같이 피고가 사후적으로 대표자 개인에 대한 상여로 소득처분하여 소득금액변동통지서를 한 경우까지 이에 포함된다고 보기는 어려운 점, 원고는 이 사건 가공경비가 사외유출된 익금에 해당한다고 보아 이를 소득처분한 피고의 소득금액변동통지에 대해 취소소송을 제기함으로써 위 금액 상당의 사외유출 여부를 다툴 수 있음에도 대표자 개인의 종합소득세 추가신고 · 자진납부의 시기를 경정청구의 기산일로 삼을 경우 사실상 경정청구기간이 연장됨으로써 조세채무의 존부와 범위를 장기간 불확정한 상태에 두는 것을 방지하여 조세법률관계를 조속히 안정시키고자 경정청구기간을 규정한 입법취지에 반하는 점 등에 비추어 보더라도 원고의 위 주장은 받아들일 수 없다."라고 판시하였다.

는 구 소득세법 제128조 제1항 본문, 제137조 제1항에서 정한 당초의 연말정산세액의 납부기한인 2004. 2. 10.부터 3년이 지난 2007. 4. 20. 제기되어 부적법하다고 판단하였으니, 이러한 원심의 판단에는 경정청구기간의 기산일에 관한 법리를 오해하여 판결에 영향을 미친 위법이 있고, 이 점을 지적하는 상고이유의 주장은 이유 있다.』

판결요지는 다음과 같다.

첫째, 연말정산이 있은 후에 법인세법에 의하여 상여로 처분된 금액에 대하여 소득금액변동통지를 받은 법인이 납부기한 내에 다시 연말정산을 거쳐 그에 따른 소득세를 원천징수하여 납부하고 지급조서를 제출한 경우, 원천징수의무자인 법인으로서는 국세기본법 제45조의2 제4항에 기한 통상의 경정청구를 할 수 있다.

둘째, 그 경정청구기간의 기산일은 소득금액변동통지에 따른 소득세의 납부기한(소득금액변동통지를 받은 날이 속하는 달의 다음달 10.)의 다음 날이다.

셋째, 판시취지에는 포함되어 있지 않지만 조세행정처분인 소득금액변동통지를 다투지 않았다 하더라도, 그 소득금액변동통지에 따른 원천징수세액의 존부 및 범위를 경정청구를 통하여 시정할 수 있음을 전제하고 있다[제1장 제4절 6. 다. (4) 참조]. 오히려 이 점이 위 판례의 숨겨진 중심적 규율내용이라 할 것이다. 즉 원천징수의무자가 소득금액변동통지를 받은 다음 이를 다투지 아니한 채 원천징수한 세액을 자진납부(임의납부)한 후 원천징수에 오류가 있음을 뒤늦게 발견한 경우, 비록 소득금액변동통지에 불가쟁력이 발생했다 하더라도, 오류시정의 기회는 보장되어야 하고, 이를 위하여 경정청구를 할 수 있다고 본 점이다. 여기서 위 대법원 2009두23587 판결과 대법원 2012. 1. 26. 선고 2009두14439 판결 사이에 판시 내용이 충돌하는 것이 아닌가 하는 의문이 생긴다[2009두14439 판결에 대한 비판은 제1장 제4절 6. 다. (4) ② 참조].

다. 원천납세의무자의 경정청구

(1) 원천납세의무자가 추가신고·자진납부를 한 경우

소득금액변동통지 후 소득세법 시행령 제134조 제1항에 따라 추가신고·자진납부를 한 원천납세의무자는 국세기본법 제45조의2 제1항의 통상의 경정청구를 할 수 있고, 그 기산일이 추가신고·자진납부의 기한 다음 날임은 이미 보았다[제4장 제2절 2. 나. (8) 참조].

대법원 2016. 7. 14. 선고 2014두45246 판결

『1. 상고이유 제1점에 대하여

가. 구 국세기본법(2014. 12. 23. 법률 제12848호로 개정되기 전의 것, 이하 같다) 제45조의2

제1항 본문 및 그 제1호는 '과세표준신고서를 법정신고기한까지 제출한 자'는 과세표준신고서에 기재된 과세표준 및 세액(각 세법에 따라 결정 또는 경정이 있는 경우에는 해당 결정 또는 경정 후의 과세표준 및 세액을 말한다)이 세법에 따라 신고하여야 할 과세표준 및 세액을 초과할 때에는 최초신고 및 수정신고한 국세의 과세표준 및 세액의 결정 또는 경정을 법정신고기한이 지난 후 3년 이내에 관할 세무서장에게 청구할 수 있다고 규정하고 있다.

한편 소득세법 시행령 제134조 제1항은 "종합소득 과세표준확정신고기한이 지난 후에 법인세법에 따라 법인이 법인세 과세표준을 신고하거나 세무서장이 법인세 과세표준을 결정 또는 경정하여 익금에 산입한 금액이 배당·상여 또는 기타소득으로 처분됨으로써 소득금액에 변동이 발생함에 따라 종합소득 과세표준확정신고 의무가 없었던 자, 세법에 따라 과세표준확정신고를 하지 아니하여도 되는 자 및 과세표준확정신고를 한 자가 소득세를 추가 납부하여야 하는 경우 해당 법인(제192조 제1항 각 호 외의 부분 단서에 따라 거주자가 통지를 받은 경우에는 그 거주자를 말한다)이 제192조 제1항에 따른 소득금액변동통지서를 받은 날(법인세법에 따라 법인이 신고함으로써 소득금액이 변동된 경우에는 그 법인의 법인세 신고기일을 말한다)이 속하는 달의 다음다음 달 말일까지 추가신고납부한 때에는 법 제70조 또는 제74조의 기한까지 신고납부한 것으로 본다."라고 규정하고 있다.

종합소득 과세표준 확정신고기한이 경과한 후에 소득처분에 의하여 소득금액에 변동이 발생하여 소득세법 시행령 제134조 제1항에 따라 과세표준 및 세액을 추가신고·자진납부한 경우 그에 대한 구 국세기본법 제45조의2 제1항 제1호의 경정청구기간은 소득세법 시행령 제134조 제1항에 정한 추가신고·자진납부의 기한 다음 날부터 기산되는 점(대법원 2011. 11. 24. 선고 2009두20274 판결 참조), 원천납세의무자가 소득세법 시행령 제134조 제1항에 따라 추가신고하는 대상은 소득금액변동통지서를 받은 법인이 원천징수세액을 납부하였는지와 관계없이 소득처분에 의하여 소득금액이 변동됨에 따라 늘어나게 되는 종합소득 과세표준 및 세액 전부라고 할 것인 점, 구 국세기본법 제45조의2 제1항은 경정청구의 요건으로 해당 세액을 납부하였을 것을 요구하지 아니하는데, 소득금액변동통지서를 받은 법인이 그에 따른 소득세를 원천징수하지 아니한 채 이미 납부하였다고 하여 원천납세의무자가 경정청구권을 행사할 수 있는 범위가 자신이 실제로 납부한 세액의 한도로 제한된다고 볼 근거가 없는 점 등을 종합하여 보면, 종합소득 과세표준 확정신고기한이 경과한 후에 소득처분에 의하여 소득금액에 변동이 발생하여 원천납세의무자가 소득세법 시행령 제134조 제1항에 따라 종합소득 과세표준 및 세액을 추가신고한 경우 원천납세의무자는 그가 실제로 납부한 세액의 한도 내에서가 아니라 추가신고의 대상이 된 과세표준과 세액 전부에 대하여 구 국세기본법 제45조의2 제1항 제1호에 따른 경정청구권을 행사할 수 있다고 보아야 할 것이다.

다만 원천징수의무자인 법인이 소득금액변동통지서를 받고 그에 따른 소득세를 납부한 경우 그 법인 명의로 납부된 세액의 환급청구권자는 소득금액변동통지로써 형성되는 과세관청과의 법률관계에 관한 직접 당사자인 원천징수의무자라고 할 것이므로, 원천납세의무자가 소득세법 시행령 제134조 제1항에 따라 종합소득 과세표준 및 세액을 추가신고한 후에 추가신고의 대상이 된 과세표준과 세액 전부에 대하여 구 국세기본법 제45조의2 제1항 제1호에 따른 경정청구권을 행사함에 따라 환급청구권이 발생하는 경우에도 원천납세의무자는 자신 명의로 납부된 세액에 관하여만 환급청구권자가 될 수 있을 뿐이고 원천징수의무자 명의로 납부된 세액에 관하여는 원천징수의무자가 그 환급청구권자가 된다고 할 것이다.

나. 원심은 그 채택 증거를 종합하여, ① 원고는 1985년 9월경 주식회사 대연식품(이후 상호가 '주식회사 마니커'로 변경되었다. 이하 '이 사건 법인'이라 한다)을 설립하고, 2011. 5. 25.까지 대표이사로 재직한 사실, ② 중부지방국세청장은 이 사건 법인에 대한 세무조사를 실시하여 이 사건 법인이 공사비를 과다계상하고 차액을 업체로부터 돌려받는 방식으로 비자금을 조성하였음을 확인하고, 2012. 5. 30. 비자금 조성과정에서 발생한 매출누락금액 등을 이 사건 법인의 익금에 산입하는 한편 총 6,431,847,396원(이하 '이 사건 소득'이라 한다)이 사외유출되어 원고에게 귀속되었다고 보아 이를 원고에 대한 상여로 소득처분한 사실, ③ 용인세무서장은 이에 따라 2012. 7. 1.과 2012. 7. 2. 이 사건 법인에게 소득금액변동통지를 하였고, 이 사건 법인은 2012. 8. 10. 용인세무서장에게 소득금액변동통지에 따른 원천징수세액 2,505,486,800원을 납부하였다가 2012년 10월경 원고에 대한 연말정산 수정신고를 하여 그중 109,639,000원을 환급받아 결국 2,395,847,800원을 납부하게 된 사실, ④ 원고는 당초 2002년 내지 2010년 귀속 종합소득세 신고서를 법정신고기한 내에 제출하였는데, 이 사건 법인이 소득금액변동통지를 받게 되자 이 사건 소득을 합산하여 2002년 내지 2010년 귀속 종합소득세를 다시 계산한 후 2012. 9. 28. 피고에게 종합소득세 추가신고를 하면서 19,035,100원을 납부한 사실, ⑤ 원고는 2012. 10. 31. 소득금액변동분 익금산입에 불복한다는 이유로 2002년 내지 2010년 귀속 종합소득세 수정신고세액 합계 4,199,883,939원을 2,024,730,882원으로 감액경정하여 줄 것을 청구하였으나 피고가 2012. 12. 26. 이를 거부하는 이 사건 처분을 한 사실 등을 인정하였다.

이어서 원심은, 이 사건 법인이 2012. 7. 1. 및 2012. 7. 2.경 소득금액변동통지를 받은 후 원고가 소득세법 시행령 제134조 제1항에 의한 추가신고기한 내인 2012. 9. 28. 2002년 내지 2010년 귀속 종합소득세 추가신고서를 제출하였으므로 구 국세기본법 제45조의2 제1항 제1호에 근거한 경정청구를 할 수 있고, 원천징수의무자가 소득금액변동통지에 대하여 다투는 것이 가능하다는 등의 이유만으로 원천납세의무자의 경정청구권이 제한되는 것은 아니라고 판단하였다.

다. 원심판결 이유를 앞서 본 법률규정과 법리 및 기록에 비추어 살펴보면 원심의 판단은 정당한 것으로 수긍이 가고, 거기에 상고이유의 주장과 같이 소득세법 시행령 제134조 제1항의 추가신고납부의 사유 및 그에 대한 경정청구권의 범위 등에 관한 법리를 오해하여 판결 결과에 영향을 미친 위법이 없다.』

판결요지는 다음과 같다.

첫째, 종합소득 과세표준 확정신고기한이 경과한 후에 소득처분에 의하여 소득금액에 변동이 발생하여 원천납세의무자가 소득세법 시행령 제134조 제1항에 따라 종합소득 과세표준 및 세액을 추가신고한 경우 원천납세의무자는 그가 실제로 납부한 세액의 한도 내에서가 아니라 추가신고의 대상이 된 과세표준과 세액 전부에 대하여 구 국세기본법 제45조의2 제1항 제1호에 따른 경정청구권을 행사할 수 있다.

둘째, 원천납세의무자가 위 경정청구권을 행사함에 따라 환급청구권이 발생하는 경우 자신 명의로 납부된 세액에 관하여만 환급청구권자가 될 수 있을 뿐이고 원천징수의무자 명의로 납부된 세액에 관하여는 원천징수의무자가 그 환급청구권자가 된다. 경정청구권과 그 경정청구권의 행사에 의하여 발생하는 환급청구권의 인적 귀속이 달라질 수 있음을 인정한 최초의 판결이다.

(2) 원천납세의무자가 원천징수를 당한 경우

소득금액변동통지를 받은 법인이 사외유출된 소득의 귀속자인 원천납세의무자로부터 원천징수하여 납부한 후 소득금액변동통지서에 기재된 소득금액의 존부 및 범위에 대하여 오류가 있음이 발견된 경우, 원천납세의무자로서는 국세기본법 제45조의2 제4항에 터잡아 통상의 경정청구를 할 수 있다. 그러나 국가를 상대로 곧바로 부당이득반환청구를 할 수는 없다.

(3) 과세관청이 소득금액변동통지서상의 소득금액에 상당하는 소득세를 내도록 원천납세의무자에게 부과처분을 했고 원천납세의무자가 이를 다투지 아니하였는데, 이후 소득금액변동통지와 관련된 법인세의 증액경정처분이 법원의 판결 등에 의하여 취소된 경우, 원천납세의무자로서는 어떠한 구제수단을 가지는가?

원천납세의무자에 대한 위 부과처분은 당초 법인세 증액경정처분의 유효를 전제로 하는 것으로서 후에 법인세 증액경정처분이 법원의 판결에 의하여 취소된 이상 원천납세의무자에 대한 위 부과처분은 소위 부정합처분으로서 위 판결의 기속력에 의하여 과세관청으로서는 원천납세의무자에 대한 위 부과처분을 취소할 의무가 있다고 본다(제1장 제6절의2 8. 마. 참조).

그렇지 않다 하더라도 경정청구를 긍정하여야 할 것이다. 즉 원천납세의무자로서는 비록 위 부과처분에 대하여 불가쟁력이 발생하였다 하더라도 국세기본법 제45조의2 제4항의 사정변경에 기한 경정청구를 할 수 있다 할 것이다[제4장 제3절 7. 라. (4) 참조].

다만 조세심판원 2012. 9. 28. 2012서1530 결정을 참고로 인용한다. 즉 법원의 조정에 따라 법인세가 감액된 경우 이것이 법인세와 관련된 소득금액변동통지에 따른 소득세의 후발적 경정청구사유가 될 수 있는지가 문제된 사안에서, "법인세 부과처분이 조정권고에 따라 감액경정된 것은 법원이 분쟁의 적정·신속한 해결을 위해 소송당사자에게 조정안을 권고하고 소송당사자가 이를 받아들인 것에 불과하므로 이를 근거로 관련 소득세에 대한 후발적 경정청구사유에 해당한다고 보기 어렵다."고 하였다. 위 결정에는 만약 법인세가 법원의 판결에 따라 감액경정되었다면 사정변경에 기한 경정청구가 허용된다는 취지를 담고 있는 것으로 보인다.

라. 원천징수의무자의 경정청구

(1) 징수처분에 대한 취소소송

대법원 2006. 4. 20. 선고 2002두1878 전원합의체 판결 이후에 원천징수의무자가 소득금액변동통지에 대하여 다투지 아니하고 징수처분에 대하여 다툴 수 있는지가 문제된다.

대법원 2012. 1. 26. 선고 2009두14439 판결에 의하면 과세관청의 소득처분과 그에 따른 소득금액변동통지가 있는 경우 원천징수하는 소득세의 납세의무에 관하여는 이를 확정하는 소득금액변동통지에 대한 항고소송에서 다투어야 하고 소득금액변동통지가 당연무효가 아닌 한 징수처분에 대한 항고소송에서 이를 다툴 수 없다고 판시하였다.

그러나 소득금액변동통지의 불완전성에 비추어 징수처분에 대한 항고소송에서도 이를 다툴 수 있다고 본다[제1장 제4절 7. 다. (4) 참조].

(2) 민사상의 부당이득반환청구

원천징수에 있어 원천징수의무자가 가지는 경정청구권과 대법원 2001두8780 판결상의 환급청구권은 병존적이어서 원천징수의무자는 그 선택에 따라 경정청구를 하거나 환급청구권을 행사할 수 있음은 이미 설명하였다.

다만 소득금액변동통지가 개입된 사안이라면 소득금액변동통지의 행정처분성이 인정되고 이를 항고소송에서 다투지 아니한 이상 부당이득반환청구권의 행사는 배제된다 할 것이다.

(3) 원천징수의무자의 경정청구

일반적으로 행정처분을 다투지 아니하는 이상 그 불가쟁력에 의하여 원칙적으로 이를 다툴 수 없다. 소득금액변동통지도 행정처분이므로 이를 다투지 아니하는 이상 그 불가쟁력에 의하여 원천징수의무자로서는 경정청구를 할 수 없다고 볼 여지도 있다.

그러나 국세기본법 제45조의2 제4항 제1호의 문언 자체에 의하면 소득금액변동통지가 선행되었다 하더라도 연말정산이 필요한 경우를 예정한 것으로서 그 예외를 두고 있지 아니하는 점 등에 비추어 볼 때, 불가쟁력에 불구하고 원천징수의무자로서는 국세기본법 제45조의2 제4항에 기한 통상의 경정청구를 할 수 있다고 해석하여야 한다. 소득금액변동통지가 개입되었는지 여부를 구별하지 않고 국세기본법 제45조의2 제4항에서 경정청구를 허용하고 있는 점에 비추어 볼 때, 소득금액통지가 개입되고 이를 다투지 않고 임의지급을 하였다 하더라도, 그 문언에 충실하게 원천징수의무자에게 경정청구를 허용하여야 할 것이다. 앞서 본 대법원 2011. 11. 24. 선고 2009두23587 판결도 같은 취지이다.

국세기본법 제45조의2 제4항 소정의 경정청구기간에 관하여 다음과 같은 견해[12]가 있다.

『위와 같은 판례의 태도가 계속 유지될 수 있을지 의문이 든다. 국세기본법 제45조의2 제4항은 제1항 본문·단서를 모두 준용하고 있는데, 2010. 10. 27. 법률 제10405호로 개정된 국세기본법 제45조의2 제1항 단서는 결정 또는 경정으로 인하여 증가된 과세표준 및 세액에 대하여는 해당 처분이 있음을 안 날부터 90일 이내에 경정을 청구할 수 있다고 규정하고 있다. 위 판례는 2003 사

---

12) 윤준석, "소득금액변동통지 불복방법에 관한 연구", 사법논집 제63집(2017년), 24면 이하 참조.

업연도에 유출된 소득에 대한 소득금액변동통지가 문제된 경우이어서 국세기본법 제45조의2 제1항 단서가 신설되기 전이었다.

하지만 소득금액변동통지는 확정에 필요한 사건, 즉 지급시기를 의제하여 그때 납세의무가 성립, 확정되도록 하고, 그에 따라 원천징수의무자는 납세의무를 이행하여야 하는 점에서 과세관청의 증액경정처분과 사실상 유사한 기능 – 증액경정처분은 그 자체로 납세의무를 확정시키는 효력을 갖는 점에서 소득금액변동통지와 차이가 있다 – 을 한다. 이러한 측면에서 볼 때, 소득금액변동통지는 납세의무자의 구체적인 권리의무에 직접적인 변동을 초래하는 처분으로서 국세기본법 제45조의2 제1항 단서에서의 과세표준 및 세액을 증가시키는 결정에 해당하므로 소득금액변동통지서를 받은 날부터 90일 이내에 경정을 청구할 수 있다고 보아야 한다.』

위 견해는 본래 가져야 하는 이상의 불가쟁력을 소득금액변동통지에게 부여하는 것으로서 국세기본법 제45조의2 제1항 후단을 둔 취지에 맞지 않는 것으로 보인다.

(4) 해당 법인이 법인세 증액경정 부과처분에 대하여만 다투면서 이와 관련된 소득금액변동통지에 대하여 다투지 아니한 채 해당 소득세를 원천징수하여 이를 납부하였는데, 이후 소득금액변동통지와 관련된 법인세 증액경정처분이 법원의 판결 등에 의하여 취소된 경우 원천징수의무자로서는 어떠한 구제수단을 가지는가? 그 구제방법에 대하여는 제4장 제3절 7. 라.를 참조하기 바란다.

10. 원천징수의무자의 원천납세의무자에 대한 구상관계

대법원 2016. 6. 9. 선고 2014다82491 판결

대표자에 대한 상여소득처분과 소득금액변동통지에 따라 원천징수의무를 이행한 법인이 원천납세의무자인 종전 대표자에게 구상권을 행사하는 경우 원천납세의무의 존부에 대한 증명책임은 원천징수의무자에게 있다는 취지이다.

『1. 생략

2. 그러나 원심의 이러한 판단은 다음과 같은 이유에서 수긍할 수 없다.

가. 원천징수제도는 원천납세의무자가 실체법적으로 부담하는 원천납세의무의 이행이 원천징수라는 절차를 통하여 간접적으로 실현되는 제도로서 원천징수세액의 납부로 인하여 원천납세의무자는 국가에 대한 관계에서 해당 납세의무를 면하게 되므로, 원천징수의무자가 원천납세의무자로부터 원천징수세액을 공제·징수하지 아니한 채 이를 국가에 납부한 경우에는 원천납세의무자에 대하여 구상권을 행사할 수 있다(대법원 2008. 9. 18. 선고 2006다49789 전원합의체 판결 참조). 원천징수의무자가 이와 같은 구상권을 행사할 때에는 국가에 원천징수세액을 납부한 사실뿐만 아니라 원천납세의무자의 납세의무가 존재한 사실까지 증명하여야 하는 것이 원칙이므로, 과세관청의 대표자

상여 소득처분 및 소득금액변동통지에 따라 원천징수세액을 납부한 법인이 구상권을 행사하고자 하는 경우에도 마찬가지로 원천징수의무자인 법인은 원천징수세액을 납부한 사실뿐만 아니라 원천납세의무자인 대표자의 해당 납세의무가 존재한 사실을 증명할 책임이 있다.

나. 원심이 적법하게 채택한 증거에 의하면, ① 원고가 1998. 9. 9. 이 사건 사채를 소외인과 그가 경영하던 케이피케이에게 매도하였고, 그들은 이 사건 사채를 다시 서울창투와 팬킴바코에게 매도하였으며, 서울창투와 팬킴바코가 1998. 10. 10.부터 1998. 10. 15.까지 이를 최종적으로 피고에게 매도하였는바, 서울지방국세청은 이 사건 채권매매 즉 이 사건 사채가 이와 같이 3차례에 걸쳐 매매된 것을 두고 실질적으로 원고로부터 직접 피고에게 이 사건 사채가 저가로 양도된 것이라고 보아 소득처분하고 원고에게 소득금액변동통지를 한 사실, ② 원고는 당시 대표이사였던 피고가 충실의무 또는 경업금지의무를 위반하거나 내부정보를 이용하여 이 사건 채권매매를 함으로써 결국 원고로 하여금 이 사건 사채로써 이익을 얻을 수 있었던 영업기회를 상실하게 하는 손해를 입혔다고 주장하면서 피고를 상대로 손해배상청구소송을 제기한 사실, ③ 위 소송의 제1심에서는 피고가 이 사건 채권매매의 전 과정을 계획 · 조정하였다고 볼 증거가 없고, 원고의 자금을 이용한 서울창투와의 거래 외에는 피고가 원고 대표이사의 직위를 이용하여 이 사건 사채를 거래한 사실도 인정할 수 없으며, 원고가 이 사건 사채를 소외인과 케이피케이에게 매도한 최초 거래가 원고에게 불리한 조건으로 이루어졌다고 볼 증거도 없다는 등의 이유로 원고의 청구가 기각되었고, 이후 원고의 항소와 상고 역시 같은 이유로 모두 기각되어 확정된 사실 등을 알 수 있다.

이러한 사실관계에 더하여, 기록상 달리 피고가 이 사건 채권매매의 전 과정을 계획 · 조정하여 실제로는 원고로부터 직접 이 사건 사채를 매수하면서도 제3자들을 형식적인 거래당사자로 개입시킨 것이라거나 그 밖에 원고가 이 사건 사채를 시가보다 낮은 가격으로 매도한 것임을 증명할 수 있는 증거가 제출되어 있지 아니한 점을 고려하여 보면, 이 사건 채권매매의 거래당사자 중 일부가 피고와 관련이 있는 것으로 보인다거나 그중 일부 거래가 피고의 요청에 따라 이루어졌다는 등의 사정만으로는 이 사건 사채가 우회적인 거래형식을 통하여 실질적으로 원고로부터 피고에게 저가로 양도된 것이라고 단정하기 어려우므로, 원천징수의무자인 원고가 원천납세의무자인 대표자의 납세의무의 존재에 관하여 증명책임을 다하였다고 볼 수 없다.』

제
4
장

제5장

개별세법상의 경정청구

부가가치세법상의 시정절차인 경정(경정청구) 및 수정신고 등에 관하여는 '수정세금계산서 제도'에 의하여 일부 특수하게 규율되고 있어서 그 경정체계 전반에 대하여 본다. 부가가치세를 이해하기 위하여는 환급세액확정절차의 이해가 선행되어야 하므로 이를 설명한다.

종전 국세기본법에 규정하였던 국외전출세에 대한 경정청구가 소득세법으로 이동되어 규정되었으므로 이를 설명한 다음, 분식회계와 법인세법상의 특례경정청구, 상속세 및 증여세법 제79조 소정의 특례경정청구 등에 대하여 설명한다. 비거주자(외국법인)에 대한 조세조약의 적용 등과 관련된 경정청구에 대하여도 설명한다. 마지막으로 국제조세조정에 관한 법률에 기한 경정청구를 설명한다.

한편, 부가가치세법은 전면 개정되어 2013. 7. 1.부터 시행되고 있는바 이를 신 부가가치세법이라고 부르고, 혼동을 방지하고 기존 대법원 판례를 설명하기 위하여 개정 전의 것을 구 부가가치세법이라고 부른다.

구분	구 부가가치세법	신 부가가치세법
세금계산서, 전자세금계산서 (수정세금계산서, 수정전자세금계산서)	§16①후단 시행령 §59	§32⑦ 시행령 §70
환급세액의 정의	§17②	§37②
환급세액의 신고(확정신고와 납부)	§19①	§49①
경정대상으로서의 환급세액	§21①	§57①
환급세액의 환급	§24① 시행령 §72①②④	§59① 시행령 §106①

[신·구 부가가치세법 중요조문의 비교]

제1절

부가가치세법상의 경정, 경정청구 및 수정신고

1. 부가가치세의 특질

가. 부가가치세 경정 및 환급세액확정절차

(1) 부가가치세법 규정과 환급세액확정절차

대법원 2013. 3. 21. 선고 2011다95564 전원합의체 판결[제1장 제15절 2. 가. (1) 참조]을 전제하면서, 국세기본법 제51조(국세환급금의 충당과 환급)와 신 부가가치세법 제37조 제1항(납부세액), 제59(환급) 및 같은 법 시행령 제106조와의 관계, 위 조문들과 신 부가가치세법 제49조(확정신고와 납부) 및 제57조(결정과 경정)와의 관계, 이상의 모든 조문들과 국세기본법 제45조의2 제1항(통상의 경정청구)과의 관계 등을 염두에 두고, 부가가치세의 환급세액확정절차를 이해하여야 한다.

(2) 부가가치세 환급세액확정절차의 이해

위 전원합의체 판결 및 그 판결과 배치되지 아니하는 범위 내에서 존속하는 기존의 대법원 판결(대법원 1996. 4. 12. 선고 94다34005 판결, 대법원 1996. 9. 6. 선고 95다4063 판결, 1997. 10. 10. 선고 97다26432 판결 등)을 정리하면 부가가치세의 환급세액확정절차는 다음과 같은데, 일반적인 환급세액확정절차와 다를 바 없다[제1장 제9절 3. 가. (6) 참조].

① 현행의 부가가치세는, 최종 소비자에 이르기 전의 각 거래단계에서 재화 또는 용역을 공급하는 사업자가 공급을 받은 사업자로부터 매출세액을 징수하여 국가에 납부하고, 세액을 징수당한 사업자는 이를 국가로부터 매입세액으로 공제·환급받는 과정을 통하여 세액의 부담을 다음 단계의 사업자에게 차례로 전가하여 궁극적으로 최종 소비자에게 이를 부담시키는 것을 근간으로 하는 전단계세액공제제도를 채택하고 있다.

② 부가가치세 환급세액은 과세표준신고서에 기재되어야 하고, 신고서에 기재된 환급세액은 신고와 동시에 확정된다. 거기에 확정을 위한 행위가 개입할 여지가 없다. 이렇게 발생하는 국가의 부가가치세 환급세액 지급의무는, 납세의무자로부터 어느 과세기간에 과다하게 거래징수된 세액 상당을 국가가 실제로 지급받았는지 여부와 관계없이 부가가치세법령의 규정에 의하여 직접 발생한다. 법적 성질은 정의와 공평의 관념에서 수익자와 손실자 사이의 재산상태

조정을 위해 인정되는 부당이득 반환의무가 아니라, 부가가치세법령에 의하여 그 존부나 범위가 구체적으로 확정되고 조세정책적 관점에서 특별히 인정되는 공법상의 의무이다.

납세의무자에 대한 국가의 부가가치세 환급세액 지급의무에 대응하는, 납세의무자의 부가가치세 환급세액 지급청구는 민사소송이 아니라 행정소송법 제3조 제2호에 규정된 당사자소송에 의하여야 한다.

③ 부가가치세 환급세액의 증감을 위하여는 다른 국세환급금인 오납금 및 과납금과 달리 환급세액확정절차가 필요하다. 환급세액의 증액을 위한 경정청구, 환급세액의 감액을 위한 수정신고, 환급세액 감액경정 등의 절차를 거쳐야 한다. 이러한 증감사유는 당사자소송에서 공격방어의 방법으로 주장할 수는 없다. 이에 불복하면 경정거부처분 취소소송 또는 부과처분 취소소송을 제기하여야 한다. 과세관청이 환급을 하지 않아 그 지급을 구하는 당사자소송을 진행하던 중 과세관청이 납부할 세액이 있다면서 부과처분을 하는 경우 이를 다투고자 한다면 다시 항고소송을 제기하여야 한다.

(3) 부가가치세 환급세액에 관한 규정

① 국세기본법

　　§51 (국세환급금의 충당과 환급)

　　시행령 §32 (국세환급금 발생일)

　　　　　1호: 신고 또는 부과의 취소·경정

　　　　　4호: 부가가치세법에 따른 신고 또는 신고한 환급세액의 경정

　　시행령 제43조의3 제4호(국세환급가산금 기산일)

　　§45①2호 (수정신고)

　　§45의2①, ②, 시행령 §25의2 (환급세액의 경정)

　　§47의3① (과소신고·초과환급신고가산세)

　　§47의4① (납부지연가산세)

② 신 부가가치세법

　　§37② (환급세액의 정의)

　　§49① (환급세액의 신고)

　　§57① (경정대상으로서의 환급세액)

　　§58① (징수)

　　§59①, 시행령 §106①, ②(환급)

　　§32⑦, 시행령 §70 (수정세금계산서)

　　§39②, 시행령 §75 (사실과 다른 세금계산서)

③ 사업자가 아닌 자가 환급세액을 신고하거나 환급받은 경우

국세기본법 §51⑧1)

국세기본법 §47의3③ (과소신고 · 초과환급신고가산세)

국세기본법 §47의4② (납부지연가산세)

④ 사업자가 아닌 자가 가공세금계산서를 수수한 경우의 가산세

신 부가가치세법 §60④

나. 환급세액의 신고와 과세관청에 의한 증액경정처분

(1) 부가가치세 자체가 조세포탈에 노출되기 쉬운 세제이다. 다양한 조세포탈 유형이 등장하였고 앞으로도 등장할 것이다. 사업자가 환급세액을 신고한 경우 과세관청은 자신에게 주어진 30일 내에서 현지확인조사를 거치는 경우가 많고, 이러한 경우 매입세액 공제 여부에 대한 다툼이 있을 수 있다. 과세관청에서 매입세액 중 일부를 부인하여 환급세액을 줄여서 환급하거나 또는 매입세액 공제를 부인한 다음 오히려 추가로 납부하여야 할 세액이 있다고 하면서 그 세액을 납부하라는 취지의 부과처분을 할 수도 있다.

(예 1)

(−)500만 원의 세액(500만 원의 환급세액)을 신고했는데 과세관청이 매입세액 중 일부의 매입세액의 공제를 부인하면서 (−)300만 원의 세액(300만원의 환급세액)만을 환급했다. 환급세액을 감액하는 증액경정의 일종이다. 국세기본법 제45조의2 제1항 후단이 적용되는 '[신고 + 증액경정]의 사안'임에는 변함이 없다. 이 사안에도 '[신고 + 증액경정]의 법리'[제4장 제2절 1. 라. (4) 참조]가 그대로 적용된다.

(예 2)

(−)500만 원의 세액(500만 원의 환급세액)을 신고했는데 과세관청이 매입세액 전부를 부인하면서 (+)200만 원의 세액(200만 원의 납부세액)을 부과하였다. 소송물을 어떻게 구성하여야 하는지, 청구취지를 어떻게 기술하여야 하는지 및 법원의 심리범위와 석명권 행사범위 등이 문제된다.

사업자가 (−)500만 원의 환급세액을 신고했는데 과세관청이 (+)200만 원의 납부세액이 있다면서 부과처분을 하였다면, 형식적으로 200만 원의 부과처분이지만 실질적으로 700만 원 상당의 증액경정처분으로도 볼 수 있다. 그러나 이를 분석하면 여기에는 환급세액을 (−)500만 원에서 '0'원으로 감액하는 환급세액 감액경정처분 및 납부세액을 '0'원에서 (+)200만 원으로 증액하는 납부세액 증액경정처분 등 2개의 처분(500만 원의 환급세액의 지급을 거부하는 환급거부처분 또는 환급세액을 500만 원에서 '0'원으로 감액하는 환급세액 감액경정처분 및 납부세액 200

---

1) 법률의 규정은 없고 해석상 그렇다는 것이다[제1장 제15절 2. 라. (8) 참조].

만 원의 적극적 부과처분)이 병존한다고 볼 수 있다. 이와 같이 두 확정절차가 분리됨이 없이 한 덩어리가 되어 존재하나 이를 분석하면 세액확정절차와 환급세액확정절차가 병존하고 있다고 도 볼 수 있다[제1장 제9절 3. 가. (6) 참조].

따라서 성격을 달리하는 2개의 처분이 존재함을 전제로, 원고는 국세기본법 제45조의2 제 1항 후단에 따라, 2개의 처분에 대한 취소소송 또는 경정거부처분 취소소송을 제기하여야 하고 청구취지도 2개의 처분에 대한 것을 모두 기술해야 할 것이다. 다만 심리범위는 마치 하나의 소송물인 것처럼 취급하여야 한다. 그 차이에 해당하는 700만 원의 부과처분 내지 경정거부처분의 당부를 가리는 소송이라고 보아 매입세액 공제 여부 등 다툼이 있는 부분 모두를 불가분적으로 심리·판단함이 타당하다. 총액주의가 (−)세액까지 미친다고 보는 것이다. 국세기본법 제45조의2 제1항 후단이 적용되는 '[신고 + 증액경정]의 사안'임에는 틀림없는 이상, '[신고 + 증액경정]의 법리'[제4장 제2절 1. 라. (4) 참고]가 그대로 적용된다.

그런데 원고가 형식적으로는 고지받은 200만 원의 부과처분만이 있음을 전제로, 양(+)의 영역에 있는 세액만의 취소를 구하여 오거나 경정거부처분 취소소송을 제기한 경우 그 취급에 관하여 문제가 생긴다. 즉 심리한 결과 환급세액이 (−)100만 원에 불과함이 판명된 경우, 주문에서 피고의 200만 원의 부과처분은 취소되나 환급세액의 존부에 대한 것은 주문에 기재되지 않음으로써 심각한 문제가 생긴다. 따라서 원고가 양의 영역에 있는 세액만을 취소하여 오더라도, 과세관청으로서는 부가가치세 신고세액 및 증액경정 경위 등 처분경위를 모두 기재한 준비서면을 제출하여야 한다. 법원도 당사자들로 하여금 소장이나 답변서 등을 통하여 신고 및 증액경정 경위 등 처분경위를 밝히도록 요구하여야 하고, 위와 같은 사정을 알게 되면 석명권을 행사하여 원고로 하여금 2개의 처분의 존재를 전제로 청구취지를 기술하도록 청구취지의 변경을 요구하여야 한다.

이에 관하여 참고할 다음과 같은 견해가 있어 인용한다.[2]

『납세의무자의 환급세액 신고에 대하여 과세관청이 오히려 正(+)의 세액을 산출하여 부과처분을 하는 경우가 문제이다. 이 경우에는 환급거부한 세액에 대하여 환급거부처분 취소소송을, 부과한 正(+)의 세액에 대하여서는 부과처분 취소소송을 병합하여야 맞을 것이다. 가산세 부과에 대해서는 별개의 처분이므로 부과처분 취소소송에 포함시켜야 한다. 그러나 실무례는 그 동안 각양각색으로 진행되어 왔다. 즉 하급심의 판결례를 보면 부과처분 및 환급거부처분을 소송물로 보아 모두 취소한 경우(서울고법 2009. 4. 28. 선고 2009누6065 판결), 증액경정처분 자체를 소송대상으로 삼아 이를 취소한 경우(서울고법 2009. 6. 9. 선고 2008누9746 판결), 증액경정결과 추가로 고지된 부과처분금액만을 취소한 경우(서울고법 2009. 4. 3. 선고 2008누30498 판결)등이 있고, 위 판결은

---

2) 소순무, 전게서, 681면 이하.

모두 대법원에서 심리불속행 기각 판결로 확정이 되었다(대판 2009. 8. 27. 2009두8113; 2009. 10. 15. 2009두10314; 2009. 7. 23. 2009두6070). 소송당사자도 위 양자를 병합시켜 소송을 제기하는 경우는 오히려 드물고, 오로지 부과처분액에 대해서만 취소소송을 제기하고, 법원도 그 당부에 대하여 판단하였다. 다만 심리과정에서는 당해 과세기간 동안의 정당한 부가가치세의 과세표준과 세액에 대하여 심리하여 환급세액의 존부와 범위 및 부과세액의 존부와 범위에 대하여 판단하였다. 판결의 주문에는 부과세액의 취소만 나타남에도 과세관청은 판결이유에서 나타난 환급세액의 판단에 따라 납세의무자에게 환급을 하여 줌으로써 소송이 종결되는 것이 대세가 되었다. 그러나 이러한 편의적인 처리는 판결확정 후에도 환급금액에 대하여 실제 환급금액을 둘러싼 분쟁이 생기는 경우도 나타나게 되었다. 예컨대 대법원 2012. 8. 30. 선고 2012다21546 판결은 선행 부가가치세 부과처분에 대한 취소소송에서 원고의 승소확정에도 불구하고, 국가가 주문에 환급세액에 대한 부분이 없다고 하여 환급을 거부하여 제기된 국세환급금 등 청구 민사소송에서 원고의 청구를 인용한 사건으로 원고는 결국 두 번의 소송 끝에 환급을 받을 수가 있었다.』

(2) 대법원 2011. 1. 20. 선고 2009두13474 전원합의체 판결

『소장의 청구취지 기재만으로는 당사자가 주장하는 소송물이 포함되어 있는지가 분명하지 아니하지만 청구원인으로 보아 그 청구가 당초부터 소송물로 주장되고 있음이 분명하다면 소장의 청구취지에 그 소송물이 포함되어 있다고 보아야 하고 나중에 당사자가 청구취지변경신청서에 의해 청구취지를 청구원인에 맞게 정리하여 그 소송물을 명확하게 특정하였다고 해서 그때 비로소 그 소송물이 추가되었다고 볼 것은 아니므로, 그 소송물에 관한 제소기간의 준수 여부는 청구취지 변경시가 아닌 소장 제출 시를 기준으로 판단하여야 한다(대법원 1989. 8. 8. 선고 88누10251 판결 등 참조).

원심판결 이유와 원심이 적법하게 채택한 증거에 의하면, ① 원고는 2004년 제2기분 부가가치세 매입세액의 환급액으로 494,652,388원을 신고하였으나, 피고는 2005. 10. 4. 원고가 신고한 환급액의 대부분이 세금계산서상의 필요적 기재사항이 사실과 다르게 기재된 경우의 매입세액에 해당하여 환급대상이 아니라고 보아 환급액을 1,282,188원으로 제한하면서 나머지 493,370,200원에 대한 환급거부처분(이하 '이 사건 환급거부처분'이라 한다)을 함과 아울러 2004년 제2기분 부가가치세 가산세 107,335,640원의 부과처분(이하 '이 사건 가산세 부과처분'이라 한다)을 하면서 원고에게 이를 고지함에 있어서는 하나의 납세고지서에 위 가산세액 107,335,640원에서 추가환급액 849,811원(환급결정액 1,282,188원에서 기환급액 432,377원을 차감한 금액)을 차감한 106,485,820원(10원 미만의 단수는 버림)을 차감고지세액으로 기재한 사실, ② 원고는 전심절차를 거쳐 제소기간 내에 이 사건 소를 제기하면서 위 납세고지서상 고지금액을 기초로 하여 청구취지를 '피고가 2005. 10. 4. 원고에 대하여 한 2004년 제2기분 부가가치세 106,485,820원의 부과처분을 취소한다'라고 기재하고, 청구원인으로 '원고가 신고한 매입세액은 사실과 다른 세금계산서상의 매입세액에 해당하지 않는다'는 취지를 기재한 사실, ③ 그 후 원고는 2009. 6. 3.자 청구취지변경신청서에 의하여 청구취지를 '2004년 제2기분 부가가치세 가산세 107,335,640원의 부과처분 및 2004년 제2기분 부가가치세 493,370,200원의 환급거부처분을 각 취소한다'라고 변경한 사실 등을 알 수 있다.

이와 같은 사실관계를 앞서 본 법리에 비추어 살펴보면, 원고에 대한 차감고지세액 106,485,820원의 고지는 이 사건 환급거부처분과 이 사건 가산세 부과처분이 혼합된 것이라 할 것이고, 원고가 소장에서 청구취지를 '2004년 제2기분 부가가치세 106,485,820원의 부과처분을 취소한다'라고 기재한 것은 이 사건 가산세 부과처분의 일부 취소만을 구한 것이 아니라 이 사건 가산세 부과처분과 이 사건 환급거부처분의 취소를 함께 구한 것이라고 봄이 상당하므로, 원고가 청구취지변경신청서에서 이 사건 환급거부처분의 취소도 구한다는 뜻을 분명히 하여 청구취지를 변경한 것을 가리켜 그때 비로소 이 사건 환급거부처분 취소청구를 새로이 추가한 것으로 볼 수 없다.

그럼에도 원심은, 당초 소장에 의한 2004년 제2기분 부가가치세 106,485,820원의 부과처분 취소청구는 이 사건 가산세 부과처분의 일부 취소만을 구하는 것으로 보아야 하고, 2009. 6. 3.자 청구취지변경은 이 사건 가산세 부과처분 취소청구의 범위를 107,335,640원으로 확장함과 동시에 그와 별개로 이 사건 환급거부처분 취소청구를 새로이 추가하는 것으로 보아야 한다는 전제하에, 이 사건 환급거부처분 취소청구 부분은 제소기간이 경과한 후인 2009. 6. 3.에야 제기되어 부적법하다는 이유로 이를 각하하고 말았으니, 이 부분 원심판결에는 청구취지변경과 제소기간에 관한 법리오해 등의 잘못이 있다. 이 점을 지적하는 상고이유의 주장은 이유 있다.』

(3) 부가가치세, 개별소비세, 교통ㆍ에너지ㆍ환경세 및 주세의 납부세액을 과소신고하거나 환급세액을 초과신고한 경우, '과소신고분 납부세액과 초과신고분 환급세액을 합한 금액'의 100분의 10에 상당하는 과소신고ㆍ초과환급신고가산세를 부과한다(국세기본법 제47조의3 제1항 제2호). 외형상 1개의 가산세로 보이지만 실질적으로 2개의 가산세로 볼 여지도 있다.

다. 매출세액과 매입세액과의 관계(부과처분의 불복범위)

(1) 폐기된 대법원 2005. 11. 10. 선고 2004두9197 판결[제4장 제7절 3. 다. (1) 참조]

(2) 대법원 2013. 4. 18. 선고 2010두11733 판결[제4장 제7절 3. 다. (2) 참조]

위 전원합의체 판결3)은 납세의무자는 증액경정처분의 취소를 구하는 항고소송에서 과세관청의 증액경정사유뿐만 아니라 당초신고에 의한 과다신고사유도 함께 주장하여 다툴 수 있

---

3) 법률신문 2013. 4. 29.자 기사에 의하면, "서울남대문시장에서 의류업을 하는 조씨는 부가가치세를 적게 내기 위해 실제 거래가 없는데도 허위의 매출ㆍ매입세금계산서를 발급받아 매출신고를 했지만, 남대문세무서는 조씨가 신고한 3억 1600여만 원의 매입세금계산서가 사실과 다른 세금계산서라는 이유로 매입세액을 부가가치세 산정에 포함하지 않은 채 2001 – 2003년에 걸쳐 5300여만 원의 부가가치세를 부과했다. 조씨는 매입세금계산서만이 아니라 매출세금계산서도 허위인데도 매입세금계산서만을 산정기준에서 제외해 버리면 부가가치세가 부당하게 많아진다며 소송을 냈다. 제1,2심은 '매출신고는 납세의무자가 스스로 매출로 신고한 이상 실제 매출이 없었다고 해도 그대로 확정되는 것이고, 신고에 의해 확정된 과세표준과 세액은 증액경정처분을 다투는 소송에서 다툴 수 없는 것'이라면 원고패소 판결했다."라고 적고 있다.

다고 하면서 2004두9197 판결의 견해를 그 저촉되는 범위 내에서 폐기하였다.

위 판례에 대하여 다음과 같은 견해가 있어 이를 인용한다.[4]

『위 판례에 따르면 납세자가 환급세액을 신고하였는데 과세관청이 이를 부인하고 오히려 과세처분을 한 경우, 납세의무자가 과세처분에 대하여 불복청구를 하면 법원은 그 절차 내에서 부과고지세액 범위의 당부만을 가리는 것이 아니라 납세자가 다투는 당초 신고세액의 정당성 여부에 대하여도 판단할 수 있으므로 일거에 당해 과세기간의 정당한 부가가치세액에 관하여 판단을 받을 수 있게 되었다. 다만 이러한 유형의 소송에 있어서 그 판결 주문에는 환급세액이 나타나지 않으므로 판결이유에서 이를 명시하여 환급세액에 대한 다툼이 생기지 않도록 하는 것이 과제로 남게 되었다. 입법례를 보면 독일은 이러한 경우 과세관청을 상대로 환급세액에 관한 의무화소송을 제기하여 해결하고 있고, 프랑스의 경우 완전심리소송에 의하여 곧바로 환급세액의 지급을 명하는 판결을 받음으로써 단일한 절차에 의하여 권리구제를 받을 수 있다. 이 점은 앞으로 조세소송의 구조를 개선함에 있어 참고하여야 할 부분이다.』

라. 부가가치세와 지방소비세와의 관계

(1) 종전에는 부가가치세의 납부세액에서 감면세액 및 공제세액을 빼고 가산세를 더한 세액(과세표준)의 100분의 95를 부가가치세로 하고 100분의 5를 지방소비세로 하였다.

지방세법 개정(2013. 12. 26.)으로 같은 과세표준에 100분의 11을 적용하여 계산한 금액을 지방소비세의 세액으로 한다(지방세법 제69조). 100분의 11 중 100분의 6에 해당하는 부분은 취득세율 인하로 인하여 감소되는 취득세, 지방교육세, 지방교부세 및 지방교육재정교부금 보전 등에 충당한다.

부가가치세와 지방소비세를 신고·납부·경정 및 환급할 경우에는 지방소비세와 부가가치세가 합쳐진 금액으로 신고·납부·경정 및 환급하여야 한다(신 부가가치세법 제72조, 지방세법 제70조 제1항). 부가가치세법에 따라 부가가치세를 신고·납부한 경우에는 지방소비세도 신고·납부한 것으로 본다(지방세법 제70조 제2항). 지방소비세의 부과·징수 및 불복절차 등에 관하여는 국세의 예를 따르고, 이 경우 지방소비세의 특별징수의무자인 세무서장 또는 세관장이 그 처분청이 된다(지방세법 제72조). 지방소비세와 관련하여 지방세법 제6장에 규정되어 있지 아니한 사항에 관하여는 부가가치세법이 준용된다(지방세법 제73조).

(2) 따라서 지방소비세의 경정(경정청구) 및 수정신고는 부가가치세법 및 국세기본법에 의하고, 지방세기본법상의 경정(경정청구) 및 수정신고에 관한 조항은 적용이 없다.

---

4) 소순무, 전게서, 683면.

마. 민사소송으로 부가가치세를 청구하는 경우의 청구권원

대법원 1999. 11. 12. 선고 99다33984 판결

『사업자가 재화 또는 용역을 공급하는 때에는 부가가치세 상당액을 그 공급을 받는 자로부터 징수하여야 한다고 규정하고 있는 부가가치세법 제15조는 사업자로부터 징수하는 부가가치세 상당액을 공급을 받는 자에게 차례로 전가시킴으로써 궁극적으로 최종소비자에게 이를 부담시키겠다는 취지를 선언한 것에 불과한 것이어서 사업자가 위 규정을 근거로 공급을 받는 자로부터 부가가치세 상당액을 직접 징수할 사법상의 권리는 없는 것이지만(대법원 1984. 3. 27. 선고 82다카500 판결, 1993. 8. 13. 선고 93다13780 판결, 1997. 4. 25. 선고 96다40677, 40684 판결 등 참조), 거래당사자 사이에 부가가치세를 부담하기로 하는 약정이 따로 있는 경우에는 사업자는 그 약정에 기하여 공급을 받는 자에게 부가가치세 상당액의 지급을 직접 청구할 수 있는 것으로(대법원 1997. 3. 28. 선고 96다48930, 48947 판결 등 참조), 부가가치세의 부담에 관한 위와 같은 약정은 반드시 재화 또는 용역의 공급 당시에 있어야 하는 것은 아니고 공급 후에 한 경우에도 유효하며, 또한 반드시 명시적이어야 하는 것은 아니고 묵시적인 형태로 이루어질 수도 있다.

원심판결 이유를 기록과 위와 같은 법리에 비추어 살펴보면, 원심이 그 판결에서 채용하고 있는 증거들을 종합하여 그 판시와 같은 사실을 인정한 후, 원·피고 사이에 피고가 부가가치세를 부담하기로 하는 묵시적인 약정이 있었다고 판단하여 원고의 이 사건 청구를 인용한 조치는 수긍이 가고, 거기에 채증법칙을 위배하였거나, 처분문서 등의 작성 경위, 소지자 및 소지의 경위 등에 관한 심리를 다하지 아니한 위법이 없으며, 부가가치세 부담자에 관한 법리오해, 이유모순의 위법도 없다.』

민법상 부가가치세의 지급을 청구하는 소송에서 원고가 그 금원을 구하는 권원이 무엇인지가 문제된다. 그 권원이 구 부가가치세법 제15조가 아니라 거래당사자 사이에 부가가치세를 부담하기로 하는 약정에 있다는 것이다. 부가가치세 부담에 관한 약정은 반드시 재화 또는 용역의 공급 당시에 있어야 하는 것은 아니고 공급 후에 한 경우에도 유효하고 반드시 명시적이어야 하는 것은 아니고 묵시적인 형태로 이루어질 수도 있다는 것이다.

다만 부가가치세 청구소송에서 피고가 원고에게 세금계산서의 발급을 동시이행항변으로 구하여 온다면 법원은 어떠한 판단을 하여야 하는지가 문제된다. 아직 이에 대한 대법원 판결을 찾지 못하였다. 이 절 '민사소송에서의 세금계산서 발급청구소송'에서 이를 다룬다.

2. 사업자 및 사업장과세제도와 경정 등

가. 사업자성의 취득·상실과 경정

사업자성(Unternehmereigenschaft)을 취득·상실케 하는 사업의 개시·폐지는 부가가치세법 상의 등록·신고 여부와 관계없이 실질에 의하여 결정된다(대법원 2008. 12. 24. 선고 2006두 8372 판결). 사업자등록이 과세관청에 의하여 직권말소되었다 하더라도 사업을 계속하거나 법 률관계의 청산사무가 잔존하고 있는 한 사업자성을 보유한다. 건설업면허를 대여한 자나 위장 사업자등록을 한 경우 사업자등록명의자는 사업자성을 가질 수 없고 조세채무자가 될 수 없 다. 부가가치세법 및 국세기본법은 사업자(개인사업자 또는 법인사업자)뿐만 아니라 '사업자가 아 닌 자'에 대하여도 규율하고 있다.

사업자성을 가지는 한, 사업자등록이 직권말소되었다 하더라도 그 말소행위는 행정처분이 라 할 수 없고, 과세관청은 매입세액 공제를 부인하여 증액경정을 할 수 있으며, 물론 조세채 무자도 경정청구를 할 수 있는 지위에 있다.

대법원 1993. 12. 10. 선고 93누17355 판결

『1. 부가가치세법 제5조 제1항, 제17조 제2항 제5호, 제22조 제1항 제1호 등의 관계규정에 의 하면, 신규로 사업을 개시하는 자는 사업개시일로부터 20일 내에 정부에 등록하여야 하고 사업개시 일 전이라도 등록할 수가 있으며 그와 같은 사업자등록을 하기 전의 매입세액은 부가가치세의 납부 세액의 결정에 있어 이를 매출세액에서 공제하지 아니할 경우의 하나로 규정하고 있고, 신규로 사 업을 개시하는 자가 사업개시일로부터 20일 내에 사업자등록을 신청하지 아니한 때에는 그 사업개 시일로부터 등록을 신청한 날이 속하는 기간까지의 공급가액에 대하여 일정비율의 금액을 납부세액 에 가산하거나 환급세액에서 공제하게 되어 있으며, 이때 사업자등록을 하기 전의 매입세액이란 사 업자가 등록신청을 하기 전의 매입세액이라고 보아야 할 것이다(당원 1983. 6. 14. 선고 81누416 판결 참조).

따라서 원심이 확정한 바와 같이 원고가 그 판시와 같이 사업자등록을 마친 후 사업을 영위해 왔고 피고가 판시와 같은 서울지방국세청장의 내부지침에 의거하여서 원고의 사업자등록을 직권으 로 말소한 후 미등록사업자로 분류하여 매입세액을 매출세액에서 공제하지 아니하고 미등록가산세 를 적용하였으나 원고는 사업을 계속하여 이 사건 과세기간중 매출세액과 매입세액이 발생하였다고 한다면 그와 같은 매입세액은 위에서 본 매출세액에서 공제하지 아니할 경우의 하나인 "사업자등록 을 하기 전의 매입세액"에 해당하는 것이라 할 수 없고, 또 위 원심확정의 사실관계 하에서라면 이 를 사업자등록신청을 하지 아니한 때에 해당한다고 하여서 가산세를 부과할 수도 없다 할 것이다.

2. 뿐만 아니라 사업자등록은 과세관청으로 하여금 납세의무자를 파악하여 과세자료를 확보케 하려는 데에 취지를 둔 사업사실의 신고제도로서 사업자가 소관세무서장에게 사업자등록신청서를 제출함으로써 성립하고, 사업자가 폐업하거나 또는 신규로 사업을 개시하고자 하여 사업개시일 전

에 등록한 후 사실상 사업을 개시하지 아니하게 되는 때에는 사업자가 등록말소를 신고하거나 정부가 직권으로 이를 말소하도록 하고 있으므로, 원고가 사업자등록을 마치고 계속해서 사업을 영위하고 있음에도 피고가 이를 말소한 것이라면, 위 등록말소행위는 정당한 조처라고는 할 수 없다.

3. 다만 소관세무서장은 사업자의 적법한 등록신청에 대하여 이를 수리할 뿐 그 사업자등록증의 교부나 검열 등은 그 등록사실을 증명하는 증서의 교부행위 내지 사업자의 신고사실을 증명하는 사실행위에 지나지 않고(당원 1988. 3. 8. 선고 87누156 판결 참조) 그 말소 또는 휴.폐업사실의 기재일 뿐 그에 의하여 사업자로서의 지위에 변동을 가져오는 것이 아니라는 점에서 과세관청의 직권말소나 사업자등록증의 회수 등 행위는 불복의 대상이 되는 행정처분으로 볼 수가 없으니, 그에 관하여 원심이 피고의 사업자등록말소가 행정처분이라고 설시한 것이라든지 나아가 이를 무효인 행정지침에 기초한 당연무효의 처분이라고 설시한 것등은 잘못이라고 하겠으나, 원심은 결국 이 사건 원고의 사업자등록을 말소할 사유가 없고 단지 사업자등록이 말소되었다고 하여서 매입세액의 공제를 부인하거나 미등록가산세를 부과한 피고의 과세처분이 모두 위법하다고 보았으므로, 원심이 위 과세처분이 위법하다고 본 결론에 있어서 옳고 위에서 본 설시상의 잘못이 결론에 영향을 미친 바 없다.

이와 반대의 견해에서, 위 사업자등록의 말소가 정당하다거나 또는 등록말소행위가 행정처분이라는 전제 아래 원고가 불복하지 아니한 이상 그 처분이 확정되었다고 하는 등의 논지는 어느 것이나 이유가 없다.』

나. 사업장과세제도와 경정

(1) 부가가치세법상 사업자는 원칙적으로 사업장마다 부가가치세를 신고·납부하여야 한다. 다만 '사업자단위과세사업자'는 사업자의 본점 또는 주사무소에서 총괄하여 신고·납부할 수 있고, 그 경우 본점 또는 주사무소가 사업장이 되고 그 곳이 납세지가 된다(신 부가가치세법 제6조 제4항, 제8조 제3항).

'사업자단위과세사업자가 아닌 사업자'는 사업자등록이나 부가가치세의 신고·납부 및 세금계산서의 발급·수취 등 다른 의무는 각 사업장별로 이행하여야 한다. 국세기본법 제45조에 기한 수정신고나 제45조의2에 기한 경정청구는 그 사유가 발생한 사업장의 관할 세무서장에게 하여야 한다.

대법원 2009. 5. 14. 선고 2007두4896 판결

『구 부가가치세법(2006. 12. 30. 법률 제8142호로 개정되기 전의 것, 이하 '법'이라 한다) 제5조 제1항은 "신규로 사업을 개시하는 자는 사업장마다 관할 세무서장에게 등록하여야 한다"고 규정하고, 제16조 제1항은 "납세의무자로 등록한 사업자가 재화 또는 용역을 공급하는 때에는 공급받는 자의 등록번호(제2호) 등을 기재한 세금계산서를 공급을 받은 자에게 교부하여야 한다"고 규정하는 한편, 제17조 제2항 제1호의2는 "교부받은 세금계산서에 제16조 제1항 제2호 등의 규정에 의한 기

재사항의 전부 또는 일부가 사실과 다르게 기재된 경우의 매입세액은 매출세액에서 공제하지 아니한다"고 규정하고 있다.

법 제5조 제1항이 사업을 개시하는 자로 하여금 사업장마다 사업자등록을 하도록 규정함으로써 사업장을 실질적인 납세단위로 삼고 있으므로 동일한 사업자에게 둘 이상의 사업장이 있는 경우 법 제16조 제1항 제2호의 '용역을 공급받는 자'라 함은 계약상 또는 법률상의 원인에 의하여 역무 등을 제공받는 사업장을 의미한다고 할 것인바, 계약상의 원인에 의하여 용역을 공급받는 사업장이 어느 사업장인가를 결정함에 있어서는 당해 용역공급의 원인이 되는 계약의 체결과 대금의 지급을 어느 사업장에서 하였으며 용역공급이 어느 사업장을 위한 것인지, 계약체결의 경위와 각 사업장간의 상호관계는 어떠한지 등의 제반 사정을 고려하여야 할 것이다(대법원 2006. 12. 22. 선고 2005두1497 판결 참조).

원심판결 이유와 기록에 의하면, 원고의 서울사무소(이하 '서울사무소'라고 한다)는 이 사건 사업장을 포함한 원고의 모든 사업장들에 대한 경영관리업무를 총괄하는 사업장으로서 이 사건 사업장의 물류창고에 대한 관리용역 등(이하 '이 사건 관리용역'이라 한다)을 공급받는 계약을 체결하고 그 대금을 지급한 후 서울사무소가 공급받는 자로 기재된 이 사건 세금계산서를 교부받았음을 알 수 있는 바, 이러한 사실관계를 앞서 본 법리에 비추어 살펴보면 이 사건 관리용역을 공급받는 자는 서울사무소라 할 것이므로 이 사건 세금계산서는 공급받는 자가 사실과 다르게 기재된 세금계산서에 해당하지 않는다고 할 것이다.』

(2) 사업자단위과세사업자가 아닌 사업자가 각 사업장별로 부가가치세를 신고·납부하여야 함에도, 착오로 어느 사업장에 대한 부가가치세를 다른 사업장에 대한 부가가치세에 더하여 신고납부한 경우, 그 처리방법이 문제된다.

이론상 다른 사업장에 대한 부가가치세를 신고하지 아니한 이상 다시 신고하여야 하고, 이에 대하여 무신고(과소신고)가산세를 납부하여야 하며, 다른 사업장에 대한 부가가치세에 해당분은 오납금으로 환급되어야 한다. 그러나 국세기본법 제47조의4 제3항 제1호에서, 부가가치세법에 따른 사업자가 같은 법에 따른 납부기한까지 어느 사업장에 대한 부가가치세를 다른 사업장에 대한 부가가치세에 더하여 신고납부한 경우 납부지연가산세를 부과하지 아니한다고 규정하고 있다.

대법원 2011. 4. 28. 선고 2010두16622 판결

『세법상 가산세는 과세권의 행사 및 조세채권의 실현을 용이하게 하기 위하여 납세자가 정당한 이유 없이 법에 규정된 신고, 납세 등 각종 의무를 위반한 경우에 개별세법이 정하는 바에 따라 부과되는 행정상의 제재로서 납세자의 고의, 과실은 고려되지 않는 반면, 이와 같은 제재는 납세의무자가 그 의무를 알지 못한 것이 무리가 아니었다고 할 수 있어서 그를 정당시할 수 있는 사정이 있거나 그 의무의 이행을 당사자에게 기대하는 것이 무리라고 하는 사정이 있을 때 등 그 의무해태

를 탓할 수 없는 정당한 사유가 있는 경우가 아닌 한 세법상 의무의 불이행에 대하여 부과되어야 한다(대법원 1998. 7. 24. 선고 96누18076 판결, 대법원 2010. 5. 13. 선고 2009두23747 판결 등 참조).

원심이 그 채용 증거에 의하여 인정한 사실에 의하면, 원고는 원고의 본점 소재지인 성남시 분당구 정자동 206을 사업장주소로 하여, 원고를 주된 사업장으로, 원고 소속 사업부서 11개를 종사업장으로 하여 사업자등록을 한 상태에서 2006년 제2기 부가가치세 신고를 함에 있어, '부가가치세는 사업장마다 신고·납부하여야 한다'는 부가가치세법 제4조 제1항의 규정에 따라 원고 소속 마케팅전략본부(이하 '전략본부'라 한다)의 매출액 1,915억 91,433,000원(이하 '이 사건 매출액'이라 한다)을 원고 소속 마케팅부문(이하 '마케팅부문'이라 한다)의 매출액으로 신고함으로써 전략본부의 과세표준 중 이 사건 매출액 상당을 과소신고하였는바, 이는 원고가 2006. 7. 13.자로 단행한 조직개편에 의하여 마케팅부문에 속해 있던 요금기획팀(요금전략담당)을 전략본부로 이전하면서 그에 따른 전산시스템 중 접속료 정산시스템을 정비하는 과정에서 원고의 IT본부에서 관리하던 접속료 정산시스템의 조직 기관코드가 그대로 부가가치세 시스템으로 이체·전환된 결과[원고 소속 직원이 기관코드의 매핑(Mapping)을 누락하였다], 2006. 7.부터 2006. 11.까지의 접속료 수입이 조직개편 이전과 동일하게 마케팅부문으로 이체되었고, 그 결과 동일한 금액에 대한 전략본부의 접속료 수입이 누락되었는데 원고가 그와 같이 누락된 전산상의 매출액에 따라 부가가치세를 신고하였기 때문인 사실을 알 수 있다.

위와 같이 원고의 부가가치세 신고에 있어 매출액의 과소신고가 원고의 전산시스템 운영상의 잘못에서 비롯된 것으로서 위와 같은 잘못은 원고가 전산시스템을 운영함에 있어 좀 더 주의를 기울였다면 충분히 예방할 수 있었다고 보이는 점, 원고는 정보통신 관련 대기업으로서 전산시스템의 운영·관리에 전문적 지식을 보유하고 있을 터이므로 그에 따른 책임은 원고 스스로 지는 것이 마땅한 점, 누락된 이 사건 매출액의 규모가 1,915억 원이 넘은 거액이었기에 원고로서는 부가가치세 신고 시에 각 사업장별 신고 매출액이 정확한 것인지 확인하였더라면 이 사건 매출액의 누락사실을 발견할 수도 있었을 것으로 보이는 점 등에 앞서 본 법리를 종합하여 보면, 원고에게 원고의 부가가치세 과소신고를 탓할 수 없는 정당한 사유가 있었다고 볼 수 없다. 이는 원고가 주사업장 총괄납부승인을 받은 사업자라고 하여 달리 볼 것이 아니다.

그럼에도 불구하고 원심은 이와 달리, 원고가 주사업장 총괄납부승인을 받은 사업자로서 결과적으로 그 과세표준에 따른 부가가치세를 모두 납부하였다거나 위와 같은 과소신고가 원고 직원의 실수로 인한 것으로서 그로 인하여 피고의 행정력이 과도하게 소모되었다고 보기도 어렵다는 등 그 판시와 같은 사정만을 이유로 원고에게 부가가치세 과소신고를 탓할 수 없는 정당한 사유가 있었다고 판단하였는바, 이러한 원심판단에는 부가가치세법상 가산세에 관한 법리를 오해하여 판결 결과에 영향을 미친 위법이 있다. 이 점을 지적하는 상고이유의 주장은 이유 있다.』

(3) 주사업장총괄납부제도(신 부가가치세법 제51조 제1항)는 납부(환급)만의 총괄이므로 사업자등록이나 부가가치세의 신고 및 세금계산서의 발급·수취 등 다른 의무는 각 사업장별로 이

행하여야 한다.

따라서 국세기본법 제45조에 기한 수정신고나 제45조의2에 기한 경정청구는 그 사유가 발생한 사업장의 관할 세무서장에게 하여야 한다. 신고에 오류 또는 탈루가 있는 경우 각 사업장 관할 세무서장이 과세표준과 납부세액 또는 환급세액을 결정하거나 경정한다.

3. 세금계산서(Rechnung, Invoice)

가. 세금계산서의 기능

부가가치세의 경정제도(경정 및 경정청구, 수정신고)는 세금계산서 및 수정세금계산서와 밀접한 관계를 가지고 있다. 세금계산서가 어떠한 기능을 수행하고 수정세금계산서는 어떠한 경우에 허용할 것인지 등은 부가가치세의 경정범위를 정하는 데에 있어 직접적 영향을 미친다. 부가가치세 경정체계는 다른 세목에 비하여 그만큼 복잡하고 이해하기 어렵다.

우선 세금계산서에 대한 이해가 선행되어야 한다. 신 부가가치세법 제32조는 세금계산서에 관하여 엄격한 규제를 하고 있다. 전단계세액공제제도를 취하는 부가가치세에 있어서, 재화 또는 용역을 공급하는 사업자는 원칙적으로 법 제15조, 제16조 소정의 거래시기(= 공급시기)에 부가가치세 등 일정한 내용이 담긴 세금계산서를 공급받는 자에게 발급하여야 한다. 세금계산서는 단순히 거래가 있었다는 거래명세서 내지 증빙서류라거나 세액을 증명하기 위한 서류에 불과한 것이 아니고, 부가가치세법상 그 이상의 법률상 의미를 가진다.

(1) 세금계산서의 소지

공급하는 사업자가 '발급하여야 한다'라고 함은 작성하여 교부해야 한다는 것이므로, 공급받는 사업자로서는 세금계산서를 교부받아 '소지(besitzen)'하여야 한다는 의미이다.

공급받는 사업자는 세금계산서의 소지를 전제로 '매입처별세금계산서 합계표'를 제출하는 방법으로 매입세액을 공제받을 수 있다. 즉 재화 또는 용역을 공급받는 자는 매입세액 공제권한이 있는 바, 공제권한을 행사하기 위하여는 매입세액이 따로 기재되어 이를 증명하는 '세금계산서'를 소지하여야 하고, 만약 이를 소지하지 않으면 매입세액을 공제할 권한이 없다. 세금계산서의 기능과 매입처별세금계산서 합계표의 기능은 구별되어야 한다. 한편, 공급자는 '매출처별세금계산서 합계표'를 제출하여야 하며 이를 불이행하면 가산세가 부과된다.

(2) 증명적 기능(Nachweisfunktion)

매출세액을 기재하여 이를 증명하는 의미로 세금계산서를 발급하는 공급자는, 세금계산서를 발급함에 의하여, 공급받는 자 및 관할 과세관청에 대하여, 그가 '해당 세액을 거래징수하여 국가에 납부할 것임을 선언하는 의사표시'를 대외적으로 선언한 것으로 볼 여지도 있다. 독일에서는 세금계산서를 매입세액의 공제를 위한 운송수단이라고 부르는 학자도 있었으나 지나친 의미의 부여이다.

세금계산서 원본은 공급받는 자로 하여금 매입세액 공제를 받을 수 있는 자격을 부여하는 하나의 증명서류이다. 이를 통하여 공급받는 자로 하여금 국가에 대하여 거래징수당한 세액을 매입세액으로 공제받을 수 있는 기회를 제공한다는 의미이다. 이를 세금계산서의 증명적 기능이라 한다. 이러한 증명적 기능은 필요적 기재사항이 전부 정확하게 기재된 것을 전제로 하는 것이 아니다. 착오(錯誤)로 잘못 기재되는 등의 경우라면 일부 완전하지 못하더라도 보완되거나 수정됨으로써 거래사실이 확인되는 경우 매입세액의 공제를 허용하는 방향으로 해석되어야 한다.

대법원 2016. 2. 18. 선고 2014두35706 판결

『구 부가가치세법(2013. 6. 7. 법률 제11873호로 전부 개정되기 전의 것, 이하 '법'이라 한다) 제17조 제1항에서 채택한 전단계세액공제 제도의 정상적인 운영을 위해서는 과세기간별로 각 거래단계에서 사업자가 공제받을 매입세액과 전단계 사업자가 거래징수할 매출세액을 대조하여 상호 검증하는 것이 필수적인 점을 고려하여, 법 제17조 제2항 제2호 본문은 필요적 기재사항이 사실과 다르게 적힌 세금계산서에 의한 매입세액의 공제를 제한함으로써 세금계산서의 정확성과 진실성을 확보하기 위한 제재장치를 마련하고 있다. 그러나 한편 같은 호 단서에서는 필요적 기재사항이 사실과 다르게 적힌 세금계산서이더라도 전단계세액공제 제도의 정상적인 운영을 저해하거나 세금계산서의 본질적 기능을 해치지 않는 것으로 볼 수 있는 경우에는 매입세액의 공제를 허용하는 것이 부가가치세제의 기본원리에 부합하는 점을 고려하여, 이에 해당하는 경우를 시행령으로 정하도록 위임하고 있고, 그 위임에 따른 구 부가가치세법 시행령(2013. 2. 15. 대통령령 제24359호로 개정되기 전의 것, 이하 '시행령'이라고만 한다) 제60조 제2항 제2호는 매입세액의 공제가 허용되는 경우의 하나로 '법 제16조에 따라 발급받은 세금계산서의 필요적 기재사항 중 일부가 착오로 적혔으나 해당 세금계산서의 그 밖의 필요적 기재사항 또는 임의적 기재사항으로 보아 거래사실이 확인되는 경우'를 규정하고 있다.

이들 규정의 문언 내용과 체계 및 취지 등에 비추어 보면, 사업자가 부가가치세를 부담하지 아니한 채 매입세액을 조기환급받을 의도로 공급시기 전에 미리 세금계산서를 발급받는 등의 특별한 사정이 없는 한, '공급시기 전에 발급된 세금계산서'이더라도 그 발급일이 속한 과세기간 내에 공급시기가 도래하고 그 세금계산서의 다른 기재사항으로 보아 거래사실도 진정한 것으로 확인되는 경우에는 시행령 제60조 제2항 제2호에 의하여 그 거래에 대한 매입세액은 공제되어야 할 것이다(대법원 2004. 11. 18. 선고 2002두5771 전원합의체 판결 참조). 한편 법 제9조 제3항, 시행령 제54조 제2항, 제3항 등은 '공급시기 전에 발급된 세금계산서'의 발급일을 공급시기로 의제하거나 법 제16조 제1항에 따라 세금계산서를 발급한 것으로 의제하는 경우에 관하여 규정하고 있는데, 이는 '필요적 기재사항이 사실과 같은 세금계산서'로 보는 경우에 관한 규정이므로, 이들 규정으로 인하

여 '필요적 기재사항이 사실과 다른 세금계산서'에 관한 법 제17조 제2항 제2호 단서 등의 적용 대상이나 범위가 당연히 제한된다고 보기 어렵다.

　　2. 원심은 그 채택 증거에 의하여 원고가 주식회사 대양산업개발에 물류센터 신축공사를 완성도기준지급조건부 내지 중간지급조건부로 도급하고, 2011. 10. 18. 위 회사로부터 공사대금 중 30억 원에 대한 이 사건 세금계산서를 발급받은 후 그 지급기일인 2011. 10. 31. 위 돈을 지급한 사실 등을 인정한 다음, 이 사건 세금계산서는 용역의 공급시기 전에 발급된 세금계산서로서 필요적 기재사항인 '작성 연월일'이 사실과 다른 세금계산서에 해당하지만, 원고가 이 사건 세금계산서를 증빙자료로 첨부하여 은행으로부터 대출을 받아 위 공사대금을 지급하기 위하여 그 지급기일 전에 위 세금계산서를 발급받은 점, 원고는 동일한 과세기간인 2011년 2기에 이 사건 세금계산서의 대금을 지급하고 그에 대한 용역을 제공받은 다음 위 세금계산서의 매입세액을 공제하여 부가가치세를 신고·납부하였을 뿐 부당하게 세액을 환급받지 아니한 점 등에 비추어, 이 사건 세금계산서에 대한 매입세액은 시행령 제60조 제2항 제2호에 의하여 전부 공제되어야 한다는 이유로, 이와 달리 이 사건 세금계산서의 일부 공급가액에 대한 매입세액의 공제가 허용되지 아니함을 전제로 한 이 사건 부가가치세 부과처분은 위법하다고 판단하였다.

　　앞서 본 규정과 법리에 비추어 살펴보면, 원심의 위와 같은 판단은 정당하고, 거기에 상고이유 주장과 같이 법 제17조 제2항, 시행령 제60조 제2항 제2호의 해석·적용에 관한 법리를 오해한 위법이 없다.

　　상고이유에서 들고 있는 대법원 2009. 5. 14.자 2009두3200 판결은 사업자가 공급시기 전에 공급대가의 일부만 지급한 채 매입세액 전액의 조기환급을 신청한 사안에 관한 것으로서 사안이 달라 이 사건에 원용하기에 적절하지 아니하다.』

　　세금계산서의 소지는 매입세액 공제권한의 성립을 위한 전제조건은 아니다. 세금계산서의 수령인은 매입세액 공제권한을 행사하기 위하여 이를 소지하여야 할 뿐이다.

　　매입세액 공제를 가능케 하는 것이 세금계산서의 본질적 기능이라고 하더라도 세금계산서는 매입세액 공제권한의 실체적 요건이라 할 수 없다. 단지 매입세액 공제권한을 행사함에 있어 갖추어야 하는 형식적 조건에 불과하다.

　　과세관청이 매입세액 공제권한의 실체적 요건인 거래사실의 존재에 관한 증거자료 등 여러 처분가능한 정보를 가지고 있고 그 자료에 의하면 거래사실이 확인되는 등 실체적 요건이 충족됨에도, 단지 세금계산서의 필요적 기재사항의 일부가 적혀 있지 않거나 사실과 다르게 적혀 있다는 이유, 즉 형식적 조건을 갖추지 않았다는 이유만으로 가볍게 매입세액 공제를 부인할 수 없다.

　　세금계산서에 관한 해석론과 입법론이 나아가야 할 방향을 논한다면 실체적 요건을 중심에 두고 형식적 조건을 고려하는 선에서 조화를 이루도록 하여 매입세액 공제의 범위를 넓혀야 한다. 현재의 법령, 대법원 판례 등의 법상황이나 실무는 세금계산서를 매입세액 공제를 위한 실체적 요건으로 보면서 매입세액 공제에 있어 너무 경직된 태도를 취하고 있다. 반성적 접근이 필요하다고 본다.

이러한 의미에서 뒤에서 보는 2002두5771 전원합의체 판결의 '별개의견'에서 보는 바와 같이, 거래사실이 확인되고 그 거래에 따른 부가가치세의 거래징수도 정상적으로 이루어졌으나 납세의무자의 탓으로 돌리기 어려운 특별한 사정으로 인하여 그 거래시기가 속하는 과세기간 내에 세금계산서를 교부받지 못한 경우 예외적으로 매입세액 공제는 적극 허용되어야 한다. 별개의견을 지지하는 입장에서, 전원합의체 판결이 변경되었으면 하는 바람이다. 권리구제의 필요성이 절실하고 매입세액 공제의 실체적 요건을 구비하였으나 부득이한 사정으로 세금계산서의 형식적 조건이 충족되지 않았을 경우 매입세액 공제를 인정하는 방향으로 나아가야 한다. 민사상의 불법행위책임 등으로 구제받으라고 미루면서, 이러한 경우까지 매입세액 공제를 부인하는 것은 물샐틈없는 권리구제의 확충이라는 법치주의의 원칙에 반한다. 뒤에서 보는 바와 같이, 위장세금계산서의 경우에 공급받는 자가 세금계산서 위장사실을 알지 못하였고 알지 못하였음에 과실이 없는 때 매입세액을 공제받을 수 있다고 해석하는 것과도 균형이 맞지 않는다.

나아가 당사자 사이의 다툼으로 세금계산서의 발급이 거부되면 분쟁해결수단으로 민사상 세금계산서 발급청구소송을 인정하여야 하고 분쟁해결기관인 법원의 판결에 따라 세금계산서가 발급되면 매입세액 공제가 인정되도록 해석하여야 한다. 이 경우 발급되는 세금계산서에 있어 공급시기와 세금계산서 발행일자의 불일치는 필연적임을 받아들여야 한다.

이러한 논의는 신 부가가치세법 제39조 제1항 제2호, 시행령 제75조의 해석과 관련하여 매입세액 공제의 범위를 더욱 넓히기 위한 것이다. 한편 시행령 제75조는 계속 이어지는 개정을 통하여 공제범위를 넓혀 나가고 있다.

(3) 매출세액과 매입세액의 상호검증기능

전단계세액공제제도를 채택하고 있는 세제 아래에서 세금계산서가 당사자 간의 거래를 노출시킴으로써 부가가치세의 매출세액과 매입세액의 상호검증을 수행하는 것도 그 기능 중의 하나이다. 매입세액 공제는 부가가치세법의 조세중립성을 확보하기 위하여 원칙적으로 보장되어야 하기 때문이다.

다만 세금계산서가 소득세와 법인세의 세원포착을 용이하게 하는 납세자 간 상호검증기능까지 가진다는 것은 선뜻 수긍하기 어렵다. 결과적으로 그런 기능을 사실상 수행하는 것으로 볼 여지는 있다. 그런 기능까지 수행할 것을 요구하는 것은 세금계산서에게 과중한 부담을 지우는 것이고 부가가치세의 조세중립성에도 반한다.

제 5 장

나. 대법원 2004. 11. 18. 선고 2002두5771 전원합의체 판결

(1) 과세기간이 지난 후인 1999. 4. 10. 작성일자를 공급시기인 1998. 제1기 및 제2기의 어느 날짜로 소급하여 작성한 경우 매입세액의 공제 가부가 문제된 사안이다. 즉 원고는 1998. 제1기 및 제2기에 세금계산서의 수수 없이 무자료거래를 하여 오다가 그 과세기간의 경과 후 피고의 세무조사 과정에서 같은 기간에 대한 매출누락이 발견되자 비로소 작성일자를 해당 공급시기로 소급한 세금계산서를 발급받았던 사안이다.

(2) 多數意見

『우선, 법 제17조 제2항 제1호의2 본문의 해석상 매입세액의 공제가 부인되는 세금계산서의 필요적 기재사항의 일부인 작성연월일이 사실과 다르게 기재된 경우라 함은 세금계산서의 실제작성일이 거래사실과 다른 경우를 의미하고, 그러한 경우에도 시행령 제60조 제2항 제2호에 의하여 그 세금계산서의 나머지 기재대로 거래사실이 확인된다면 위 거래사실에 대한 매입세액은 공제되어야 하지만, 이는 어디까지나 세금계산서의 실제작성일이 속하는 과세기간과 사실상의 거래시기가 속하는 과세기간이 동일한 경우(이러한 경우이면 세금계산서 상의 '작성연월일'이 실제작성일로 기재되든, 사실상의 거래시기 또는 어느 특정시기로 소급하여 기재되든 묻지 아니한다)에 한한다고 보아야 할 것인바(대법원 1990. 2. 27. 선고 89누7528 판결, 1991. 4. 26. 선고 90누9933 판결, 1991. 10. 8. 선고 91누6610 판결, 1993. 2. 9. 선고 92누4574 판결, 1995. 8. 11. 선고 95누634 판결 등 참조), 그 이유는, 세금계산서가 부가가치세액을 정하기 위한 증빙서류로서 그것을 거래시기에 발행·교부하게 하는 것은 그 증빙서류의 진실을 담보하기 위한 것이기도 하지만, 나아가 전단계(前段階) 세액공제법을 채택하고 있는 현행 부가가치세법 체계에서 세금계산서 제도는 당사자간의 거래를 노출시킴으로써 부가가치세뿐 아니라 소득세와 법인세의 세원포착을 용이하게 하는 납세자 간 상호검증의 기능을 갖고 있으며, 세액의 산정 및 상호검증이 과세기간별로 행하여지는 부가가치세의 특성상 위와 같은 상호검증 기능이 제대로 작동하기 위해서는 세금계산서의 작성 및 교부가 그 거래시기가 속하는 과세기간 내에 정상적으로 이루어지는 것이 필수적이기 때문이다. 따라서 과세기간이 경과한 후에 작성한 세금계산서는 작성일자를 공급시기로 소급하여 작성하였다 하더라도 부가가치세법 제17조 제2항 제1호의2 본문 소정의 '필요적 기재사항의 일부가 사실과 다르게 기재된' 세금계산서에 해당하므로 이 경우의 매입세액은 매출세액에서 공제되어서는 아니 된다 할 것이다.』

(3) 別個意見

『대법관 강신욱, 대법관 이강국, 대법관 박재윤의 별개의견은 다음과 같다.
이 사건에서 원심판결을 파기환송하여야 한다는 다수의견의 결론에는 동의하지만 다음과 같은 이유로 다수의견의 이유에는 찬성할 수 없다.

가. 다수의견은 당해 공급시기가 속하는 과세기간이 경과된 후에 작성일자를 공급시기로 소급하여 작성된 세금계산서에 의한 매입세액의 공제는 어떠한 경우에도 허용하여서는 안 된다는 입장인 반면에, 별개의견은 그러한 경우에도 다른 기재사항에 의하여 거래사실이 확인되고 그 거래에 따른 부가가치세의 거래징수도 정상적으로 이루어졌으나 납세의무자의 탓으로 돌리기 어려운 특별한 사정으로 인하여 그 거래시기가 속하는 과세기간 내에 세금계산서를 교부받지 못한 경우에는 예외적으로 매입세액의 공제는 허용되어야 한다는 입장이다.

이하에서는 다수의견의 문제점을 지적하고자 한다.

(1) 다수의견은 개별적 사건에서 구체적 타당성을 확보하여 국민의 권익을 지켜주어야 하는 법원의 책무를 다하지 못하는 결과가 될 수 있을 것이다.

납세의무자가 과세기간 내에 세금계산서를 교부받지 못하게 된 경우에는, 이 사건의 경우처럼 무자료 매입을 통한 탈세를 의도하여 매입세금계산서를 교부받지 아니한 경우도 있겠지만, 재화 또는 용역의 공급과 이에 따른 부가가치세의 거래징수는 정상적으로 이루어졌으나 납세의무자의 탓으로 돌리기 어려운 특별한 사정으로 인하여 세금계산서를 그 거래시기가 속하는 과세기간 내에 교부받지 못한 경우, 예컨대 매입자는 매출자로부터 세금계산서를 교부받기 위하여 가능한 모든 노력을 다하였으나 재화나 용역의 공급시기에 관한 다툼 등으로 인하여 매출자가 세금계산서의 교부를 거절하는 바람에 그 거래시기가 속하는 과세기간 내에 세금계산서를 교부받지 못하는 경우도 있을 수 있을 것인데, 다수의견과 같이 과세기간이 경과된 후에는 소급하여 작성된 세금계산서에 의한 매입세액의 공제는 언제나 예외 없이 허용될 수 없다고 해석하게 된다면, 세금계산서 제도의 본질적인 기능을 해하지 아니하면서도 동시에 납세의무자의 권리를 구제해 주어야 할 필요성이 특별히 큰 경우까지도 항상 매입세액의 공제가 허용될 수 없게 되어 납세의무자에게 지나치게 가혹한 결과가 될 것이다. 이러한 경우에는 세금계산서 수수질서의 유지라는 공익과 납세의무자의 피해를 비교 교량하여 납세의무자의 권리를 구제해 주어야 할 필요성이 특별히 큰 경우에는 매입세액의 공제를 허용하는 것이 보다 타당하다고 할 것이다.

(2) 종래 대법원 판례들도 부가가치세법 시행령 제60조 제2항 제3호가 1999. 12. 31. 대통령령 제16661호로 신설(따라서 이 사건에는 위 3호가 적용될 수 없다.)되기 이전부터 세금계산서의 작성일자가 실제의 공급일자와 다르다고 하더라도 일정한 경우에는 매입세액의 공제가 허용된다고 해석하여 왔고 그 근거로서 같은법 시행령 제60조 제2항 제2호를 들고 있었다. 그러나 위 규정은 '세금계산서의 필요적 기재사항 중 일부가 착오로 기재'된 경우에 관한 것이므로 '착오'로 기재된 경우가 아닌 때에는 위 규정을 적용할 수 없었음에도 대법원은 구체적 타당성을 확보하고 국민의 권익을 보호하기 위하여 위 규정의 적용 범위를 확대함으로써 세금계산서의 작성일과 실제 거래시기가 다른 경우에도 동일 과세기간 내에서든, 또는 과세기간이 다른 경우이든 매입세액의 공제를 인정하여 왔고 그러한 대법원판례가 집적되어 위에서 본 바와 같이 시행령 제60조 제2항 제3호가 신설되기에 이른 것이다. 따라서 이제 위 시행령 제60조 제2항 제3호가 신설되었다고 하여 재화 또는 용역의 실제 공급시기 이후에 교부받은 세금계산서에 의한 매입세액의 공제를 동일 과세기간 내에 교부받은 세금계산서로 한정하고 위 시행령 제60조 제2항 제2호에 의한 종래의 권리구제 수단

을 봉쇄하는 것은 적절하지 않다고 할 것이다.

(3) 조세법은 조세법률주의의 파생원칙인 엄격해석의 원칙과 아울러 또 다른 지배이념인 실질과세의 원칙, 공평과세의 원칙 등에 의하여 균형있고 조화롭게 해석·적용되어야 하는 것이다.

세금계산서는 그 본질이 부가가치세액을 정하기 위한 증빙서류이고 그것을 거래시기에 발행 교부하게 한 것도 결국은 그 증빙서류의 진실을 담보하기 위한 것이므로 부가가치세를 거래징수 당한 매입자에 대하여는 소급작성 세금계산서에 의하더라도 매입세액을 공제하여 주는 것이 실질과세의 원칙상 당연한 것인데, 법이 일정한 경우에 부가가치세를 거래징수 당한 매입자에 대하여 매입세액의 공제를 허용하지 않는 이유는 세금계산서의 또 다른 기능인 납세자 간 상호검증의 기능이 제대로 작동하도록 하기 위하여 세금계산서 수수의무 위반에 대하여 가하는 제재로서의 성격을 갖는다고 할 것이므로, 재화와 용역의 공급이나 부가가치세의 징수 등은 제대로 이루어졌으나 세금계산서만을 그 거래시기가 속하는 과세기간 내에 교부받지 못하였고 그에 대하여 매입자에게 귀책사유가 없는 경우에는 매입세액의 공제를 허용하는 것이 실질과세의 원칙, 조세공평의 원칙 등에도 부합한다고 할 것이다.

(4) 부가가치세에 있어서 과세기간이 갖는 중요성은, 그것이 소득세, 법인세 등의 선행세목으로서 이들 세목의 과세표준 및 세액결정과 직결되기 때문에 그 공급시기(세금계산서 교부시기)를 객관화하여 납세자간 상호검증의 기능을 엄정하게 운영할 필요에서 비롯된 것임은 분명하다.

그러나 부가가치세와 마찬가지로 기간과세인 소득세 및 법인세 등에 있어서도 그 과세기간이나 사업연도가 경과한 이후에 감액경정청구 등을 허용하고 있으므로 부가가치세법에서 과세기간이 갖는 의미와 기능도 상대적일 수밖에 없는 것이고 이를 기속적인 기준으로 삼을 필요까지는 없는 것이다. 더욱이 법인세, 소득세, 상속세, 증여세 등을 탈루한 경우 그 정당한 추징세액을 산출하기 위하여는 과세기간 또는 사업연도가 경과한 경우에도 손금, 필요경비, 채무 등을 모두 공제해 주고 있음에 비추어 부가가치세에 있어서 과세기간이 경과한 경우에도 특별한 경우에는 그 매입세액의 공제를 허용하는 것이 다른 세목과의 균형상으로도 타당하다.

(5) 다수의견도 실제의 공급시기 이후에 소급 작성·교부된 세금계산서에 의하여 매입세액이 공제되기 위하여는 동일 과세기간 내에 작성된 경우에 한한다고 하면서, 그 근거로써 시행령 제60조 제2항 제2호를 들고 있다. 시행령 제60조 제2항 제3호가 적용될 수 없는 이 사건에서 다수의견이 그 논리를 전개하기 위하여는 시행령 제60조 제2항 제2호에서 근거를 찾을 수밖에 없을 것이지만, 위 규정은 이미 앞에서 지적한 바와 같이 소급 작성된 세금계산서에 의한 매입세액의 공제에 관한 문제를 해결하기 위한 근거로서는 꼭 적절한 것은 아니다. 특히 여기에서 주목해야 할 점은, 위 시행령 제60조 제2항 제2호는 매입세액의 공제를 다수의견처럼 동일 과세기간으로 제한하고 있지 않다는 점이다. 다수의견이 매입세액의 공제를 인정하는, 소급 작성되었지만 동일과세기간 내에 교부된 세금계산서도 그것이 소급 작성되었다는 점에서는 법 제17조 제2항 제1호의2 본문 소정의 사실과 다르게 기재된 세금계산서임은 틀림이 없고 위 시행령 규정에 해당하는 경우에만 매입세액을 공제한다는 것인데 위 시행령 규정에는 이러한 경우 동일 과세기간 내에 발행 교부된 세금계산서에 의한 경우에만 매입세액 공제를 인정하고 있지 않으므로, 결국 다수의견은 실정법상의 근거도 없이, 부가가치세가 선행세목이고 기간과세라는 점만을 필요이상으로 내세워 실질과세의 원칙에도

반하고 국민의 권리구제도 소홀히 하는 결과를 초래하고 있는 것이다.

(6) 다른 한편, 부가가치세법 시행령 제54조는 세금계산서의 교부특례에 관하여 규정하면서, 그 제3호에서 '관계 증빙서류 등에 의하여 실제거래사실이 확인되는 경우로서 당해 거래일자를 발행일자로 하여 세금계산서를 교부하는 경우'에는 재화 또는 용역의 공급일이 속하는 달의 다음달 10일까지 세금계산서를 교부할 수 있는 특례를 규정하고 있는바, 위 특례는 과세기간이 경과한 경우에도 적용되므로(예컨대, 12월의 거래에 대하여 다음해 1월 10일까지 소급계산서를 작성·교부한 경우) 위 규정은 동일 과세기간이 경과한 후에 작성된 세금계산서라고 하여 예외 없이 매입세액의 공제를 부정하여야만 할 것은 아니라는 실정법상의 단초가 될 수 있을 것이다.

(7) 다수의견은 별개의견이 주장하는 바와 같은, 매입자에게 귀책사유가 없이 세금계산서를 교부받지 못한 경우에는 상대방의 채무불이행이나 불법행위를 이유로 손해배상을 받는 방법에 의하여 문제를 해결하여야 한다고 하나, 별개의견이 매입세액의 공제를 허용하여야 한다는 경우의 상당 부분이 민사법상의 채무불이행이나 불법행위에 의하여 구제받기가 쉽지 않은 때가 적지 않을 것이고, 더욱이 그러한 주장은 세법을 비롯하여 여러 법률이 각기 그 고유의 간편하고 실효성 있는 권리구제수단을 강구함으로써 국민의 권익보호에 더욱 충실하려고 하는 시대의 추세에도 맞지 않는 것이다. 또한 다수의견은, 별개의견과 같은 입장을 취하게 된다면 고의로 외형을 누락시켜 부가가치세뿐만 아니라 소득세, 법인세 등을 탈루할 위험이 높다고 하나, 별개의견의 입장은 매입자의 책임없는 사유로 인하여 세금계산서를 교부받지 못한 경우에만 예외적으로 매입세액의 공제를 허용하자는 것으로서, 예컨대 실물거래 없이 발행·교부된 가공세금계산서나 위장세금계산서, 무자료매입, 그리고 과세관청이 관련 사업자에 대한 조사권을 발동한 이후에 작성·교부된 세금계산서 등에 의하여는 매입세액의 공제를 부정하는 것이 당연한 것이므로 별개의견이 조세포탈 등에 이용될 수 있다는 주장 역시 기우에 불과한 것이다.

나. 따라서 과세기간이 경과한 후에 실제의 공급시기로 소급하여 작성된 세금계산서는 부가가치세법 제17조 제2항 제1호의2 본문 소정의 '필요적 기재사항의 전부 또는 일부가 사실과 다르게 기재된' 세금계산서에 해당하여 이 경우의 매입세액은 매출세액에서 공제하지 아니하는 것이 원칙이지만, 세금계산서의 기재사항에 의하여 거래사실이 확인되고 그 거래에 따른 부가가치세의 거래징수도 정상적으로 이루어졌으나 납세의무자의 탓으로 돌리기 어려운 특별한 사정으로 인하여(여기서의 특별한 사정은 앞으로 판례의 집적을 통하여 명확히 될 수 있을 것이다.), 그 거래시기가 속하는 과세기간 내에 세금계산서를 교부받지 못한 경우에는 예외적으로 매입세액의 공제가 허용되어야 할 것이다.

다. 나아가, 다수의견이 변경되어야 한다고 보는 대법원 1987. 5. 12. 선고 85누398 판결, 1988. 2. 9. 선고 87누964 판결, 2001. 8. 24. 선고 2000두581 판결, 같은 날 선고 2000두8097 판결들은 모두 재화 또는 용역의 공급과 이에 따른 부가가치세의 거래징수는 정상적으로 이루어졌으나 납세의무자의 탓으로 돌리기 어려운 특별한 사정으로 인하여 세금계산서를 그 거래시기가 속하는 과세기간 내에 교부받지 못한 사안에 관한 것으로, 그 판시가 다소 광범위하고 구체적이지 못한 점은 있어도 별개의견과 같은 입장을 내포하고 있으므로 굳이 변경하여야 할 것은 아니라고 할 것이다.

제5장

라. 이 사건에 관하여 살피건대, 원심이 인정한 사실관계 및 기록에 의하면, 원고는 1998. 제1기 및 제2기에 세금계산서의 수수 없이 석유류에 관한 거래를 하여 오다가 그 과세기간이 경과한 후에 피고의 세무조사 과정에서 같은 기간에 대한 매출액의 누락이 발견되자 비로소 작성일자를 공급시기로 소급하여 작성한 이 사건 매입세금계산서를 교부받았을 뿐, 달리 원고가 이 사건 매입세금계산서를 그 거래시기가 속하는 과세기간 내에 교부받지 못한 데에 그의 탓으로 돌리기 어려운 특별한 사정이 있다고 인정할 증거가 없으므로, 이 사건 매입세금계산서에 의한 매입세액은 공제되어서는 아니될 것인바, 이와는 상반된 판단을 한 원심판결은 파기환송 되어야 할 것이다.』

(4) 다수의견을 본다.

당해 공급시기가 속하는 과세기간이 경과한 후, 작성일자를 공급시기로 소급하여 작성된 세금계산서에 의한 매입세액의 공제는, 어떠한 경우에도 허용하여서는 안 된다는 입장이다.

세금계산서제도는 당사자간의 거래를 노출시킴으로써 부가가치세뿐 아니라 소득세와 법인세의 세원포착을 용이하게 하는 납세자간 상호검증의 기능을 갖고 있고, 세액의 산정 및 상호검증이 과세기간 별로 행하여지는 부가가치세의 특성상 상호검증기능이 작동하기 위해 세금계산서의 작성 및 교부가 거래시기가 속하는 과세기간 내에 정상적으로 이루어지는 것이 필수적임을 전제한 다음, 다만 '작성연월일 = 공급시기(거래시기, 공급일)'의 원칙을 같은 과세기간 내에서만 탄력적으로 파악할 수 있다는 취지이다.

(5) 부가가치세의 본질에 비추어 볼 때 다수의견보다 별개의견이 오히려 설득력이 있다.

별개의견은, 당해 공급시기가 속하는 과세기간이 경과한 후 작성일자를 공급시기로 소급하여 작성된 세금계산서라고 하더라도, ① 다른 기재사항에 의하여 거래사실이 확인되고, ② 그 거래에 따른 부가가치세의 거래징수도 정상적으로 이루어졌으나, ③ 납세의무자의 탓으로 돌리기 어려운 특별한 사정으로 인하여 그 거래시기가 속하는 과세기간 내에 세금계산서를 교부받지 못한 경우 예외적으로 매입세액의 공제는 허용되어야 한다는 입장이다.

재화나 용역의 공급자와 공급을 받는 자 사이에는 세금계산서의 발급을 둘러싸고 여러 다툼이 있을 수 있고 실제 일어나고 있다. 재화나 용역의 공급이 부가가치세의 과세대상이 되는지 여부에 관한 다툼, 부가가치세 납세의무자가 누구인지에 관한 다툼, 재화나 용역의 공급시기에 관한 다툼, 공급대가에 부가가치세가 포함되어 있는지 여부에 관한 다툼 등 여러 유형의 다툼이 있을 수 있다. 나아가 부가가치세를 포함한 대금을 지급하지 아니하여 세금계산서를 발급할 수 없다면서 대금의 지급과 세금계산서의 발급은 동시이행관계에 있다고 주장할 여지도 있고, 민사소송에서 실제 이런 주장을 하고 있다. 뒤에서 보는 바와 같이 세금계산서 발급청구소송을 인정하여야 하는 견해에 의한다면 이러한 분쟁은 소송과정에서 여러 유형으로 나타날 수 있다.

이러한 분쟁의 유형을 상정할 때, 공급받는자가 공급자로부터 세금계산서를 교부받기 위하여 가능한 모든 노력을 다하였으나 위에서 본 바와 같은 다툼의 존재로 공급자가 공급시기에 세금계산서의 발급 및 교부를 거절하는 바람에 그 거래시기가 속하는 과세기간 내에 세금계산서를 교부받지 못한 경우 이를 탓하거나 매입세액 공제를 부인하는 등 제재의 대상으로 삼을 수 없다. 만약 그것이 제재수단의 하나라면 비례의 원칙에도 반하는 것이다.

이러한 다툼이 생기면 세금계산서의 발급을 강제할 수 있는 사법적 구제수단이 마련되어야 하고, 이러한 구제절차를 밟는 과정에서 세금계산서의 발급이 지연되었다 하더라도 공급받는 자로 하여금 사후에 발급받은 세금계산서에 기하여 매입세액 공제를 받을 수 있도록 보장해 주는 것이 법치국가의 법원이 해야 하는 역할이다.

부가가치세제는 전단계세액공제제도로서 세액을 징수당한 사업자는 이를 국가로부터 매입세액으로 공제받는 과정을 통하여 세액의 부담을 다음 단계의 사업자에게 차례로 전가하여 궁극적으로 최종 소비자에게 이를 부담시키는 것으로서, 세금계산서를 통한 매입세액의 공제가 세제의 근간이다. 세금계산서의 발급 등으로 공급자로부터 매출에 대한 세금을 받은 다음 공급받는 자의 매입세액의 공제를 이러한 이유로 거절할 수 있다면 국가는 부가가치세 세제 밖에서 뜻하지 않게 이득을 보유할 여지가 생길 수 있다. 이러한 매입세액 공제의 보장을 부가가치세의 중립성[5]이라 한다.

별개의견은, "세금계산서는 그 본질이 부가가치세액을 정하기 위한 증빙서류이고 그것을 거래시기에 발행 교부하게 한 것도 결국은 그 증빙서류의 진실을 담보하기 위한 것이므로 부가가치세를 거래징수 당한 매입자에 대하여는 소급작성된 세금계산서에 의하더라도 매입세액을 공제하여 주는 것이 실질과세의 원칙상 당연한 것"이라고 적고 있는바, 여기서 '실질과세의 원칙'이라 함은 '부가가치세의 중립성'을 가리키는 것으로 보인다. 공급자와 공급받는 자 사이에 다툼이 있어 세금계산서의 발급 여부를 둘러싼 분쟁을 최종적으로 민사법정이나 행정법정에서 가려야 할 처지에 있고, 그러한 법적 절차를 통하여 뒤늦게 발급받은 세금계산서에 근거하여 통상의 경정청구를 통하여 시정할 기회를 제공하여야 함에도, 매입세액 공제를 부인하는 등으로, 통상의 경정청구 등 권리구제를 받을 수 있는 기회를 원천적으로 박탈하는 것이야말로 부가가치세제의 중립성을 부정하는 일이다.

위에서 본 여러 다툼에 대하여, 예외를 인정하여, 매입세액의 공제를 인정하고 일정한 경우에는 통상의 경정청구를 통하여 이를 시정할 수 있도록 하더라도 부가가치세의 세제질서를 해치지 않는다. 뒤에서 보는 매입자발행세금계산서 제도에 의하면 '관할 세무서장이 확인한 거

---

5) Bunjes, 전게서, 16면 이하 참조. EU법원의 판결에 의하면 모든 역내국가의 법적 규정을 통하여 사업자에 있어 매입세액의 완전한 공제를 보장하여야 하고, 나아가 그 목적이나 결과에 관계없이 모든 경제적 활동은 완전히 중립적인 방법으로 조세적인 부담을 진다는 것을, 부가가치세의 중립성이라고 한다고 적고 있다.

래일자'를 기재한 세금계산서가 소급하여 발급되면 통상의 경정청구를 통하여 이를 시정하도록 규정하고 있는 점에 비추어도 그렇다.

매입자가 귀책사유 없이 세금계산서를 교부받지 못한 경우 상대방의 채무불이행이나 불법행위를 이유로 손해배상을 받는 방법에 의하여 문제를 해결하여야 한다는 견해는 부가가치세제의 내적인 문제를 민사법정에서 손해배상의 방법으로 해결하라는 것으로서 부가가치세제의 기본질서와 맞지 않는 것으로 보인다. 나아가 이러한 분쟁이 발생한 경우 공급받는 자는 공급자를 상대로 세금계산서의 발급청구소송을 민사소송이나 행정소송으로 제기할 수 있고 이를 통하여 매입세액 공제가 가능토록 해석하여야 함에도 다수의견은 이러한 길을 원천에서 봉쇄하였다.

다수의견의 '작성연월일 = 공급시기'의 원칙은 너무 엄격하다. 세금계산서의 기능에 비추어 볼 때 그러하다. 입법자는 이를 완화하기 위하여 뒤에서 보는 바와 같이 2006. 12. 30. 매입자발행세금계산서 제도를 도입했으나 문제점이 많다.

뒤에서 보는 EU법원의 판결과 같이, 매입세액 공제를 위하여는 공급시기가 도래하였을 뿐만 아니라 공급을 받는 자가 세금계산서를 소지하여야 하고, 실제 발급시기에 매입세액을 공제받을 수 있도록 하는 등으로, 이를 완화하는 입법을 하루빨리 하여야 한다.

다. 세금계산서 발급 거부와 매입자발행세금계산서

(1) [작성연월일 = 공급시기(거래시기)]의 원칙

부가가치세법상 '작성연월일 = 공급시기(거래시기)'의 원칙은 현실적으로 기대하기 어려운 경우가 있다. 재화나 용역의 공급자와 공급을 받는 자 사이에는 세금계산서의 발급을 둘러싸고 여러 유형의 다툼이 있을 수 있음은 앞서 본 바와 같다. 나아가 대금의 지급을 청구하는 민사법정에서 세금계산서를 발급하지 않아 부가가치세를 포함한 대금을 지급할 수 없다면서 대금의 지급과 세금계산서의 발급은 동시이행관계에 있다고 주장하기도 한다.

이러한 다툼으로 세금계산서의 발급이 거부되어 공급받은 사업자로 하여금 매입세액 공제를 전혀 받을 수 없도록 하는 것이야말로 부가가치세의 조세중립성을 해치는 것이므로 조세중립성의 원칙이 작동될 수 있도록 세금계산서에 관한 예외적 장치를 마련하거나 해석의 방법으로 매입세액이 공제되도록 조치해야 한다.

(2) 매입자발행세금계산서

앞서 본 대법원 2002두5771 전원합의체 판결이 선고된 후 입법자는 2006. 12. 30. 조세특례제한법 제126조의4에서 '매입자발행세금계산서'라는 제도를 도입하였다. 2016. 12. 20. 신 부가가치세법 제34조의2에서 조세특례제한법상의 규정내용을 옮겨 규정하기에 이르렀다.

『제34조의2(매입자발행세금계산서에 따른 매입세액 공제 특례)

① 제32조에도 불구하고 납세의무자로 등록한 사업자로서 대통령령으로 정하는 사업자(이하 이 항에서 "사업자"라 한다)가 재화 또는 용역을 공급하고 제34조에 따른 세금계산서 발급 시기에 세금계산서를 발급하지 아니한 경우(사업자의 부도·폐업 등으로 사업자가 수정세금계산서 또는 수정전자세금계산서를 발급하지 아니한 경우를 포함한다) 그 재화 또는 용역을 공급받은 자는 대통령령으로 정하는 바에 따라 관할 세무서장의 확인을 받아 세금계산서를 발행할 수 있다.(개정 2017. 12. 19.)

② 제1항에 따른 세금계산서(이하 "매입자발행세금계산서"라 한다)에 기재된 부가가치세액은 대통령령으로 정하는 바에 따라 제37조, 제38조 및 제63조 제3항에 따른 공제를 받을 수 있는 매입세액으로 본다.

③ 제1항 및 제2항에서 정한 사항 외에 매입자발행세금계산서의 발급 대상 및 방법, 그 밖에 필요한 사항은 대통령령으로 정한다.』

시행령 제71조의2

『제71조의2(매입자발행세금계산서의 발행대상 사업자 및 매입세액 공제 절차 등)

① 법 제34조의2 제1항에서 "대통령령으로 정하는 사업자"란 법 제32조에 따른 세금계산서 교부의무가 있는 사업자(법 제61조 제1항에 따른 간이과세자를 제외하며, 제73조 제3항 및 제4항에 따라 세금계산서 교부의무가 있는 사업자를 포함한다)를 말한다.

② 법 제34조의2 제2항에 따른 매입자발행세금계산서를 발행하려는 자(이하 이 조에서 "신청인"이라 한다)는 해당 재화 또는 용역의 공급시기가 속하는 과세기간의 종료일부터 6개월 이내에 기획재정부령으로 정하는 거래사실확인신청서에 거래사실을 객관적으로 입증할 수 있는 서류를 첨부하여 신청인 관할 세무서장에게 거래사실의 확인을 신청하여야 한다.(개정 2019. 2. 12.)

③ 제2항에 따른 거래사실의 확인신청 대상이 되는 거래는 거래 건당 공급대가가 10만 원 이상인 경우로 한다.

④ 제2항에 따른 신청을 받은 관할 세무서장은 신청서에 재화 또는 용역을 공급한 자(이하 이 조에서 "공급자"라 한다)의 인적사항이 부정확하거나 신청서 기재방식에 흠이 있는 경우에는 신청일부터 7일 이내에 일정한 기간을 정하여 보정요구를 할 수 있다.

⑤ 신청인이 제4항의 기간 이내에 보정요구에 응하지 아니하거나 다음 각 호의 어느 하나에 해당하는 경우에는 신청인 관할 세무서장은 거래사실의 확인을 거부하는 결정을 하여야 한다.

1. 제2항의 신청기간을 넘긴 것이 명백한 경우

2. 신청서의 내용으로 보아 거래 당시 미등록사업자 또는 휴·폐업자와 거래한 것이 명백한 경우

⑥ 신청인 관할 세무서장은 제5항에 따른 확인을 거부하는 결정을 하지 아니한 신청에 대해서는 거래사실확인신청서가 제출된 날(제4항에 따라 보정을 요구하였을 때에는 보정이 된 날)부터 7

일 이내에 신청서와 제출된 증빙서류를 공급자 관할 세무서장에게 송부하여야 한다.

⑦ 제6항에 따라 신청서를 송부받은 공급자 관할 세무서장은 신청인의 신청내용, 제출된 증빙자료를 검토하여 거래사실여부를 확인하여야 한다. 이 경우 거래사실의 존재 및 그 내용에 대한 입증책임은 신청인에게 있다.

⑧ 공급자 관할 세무서장은 신청일의 다음 달 말일까지 거래사실여부를 확인한 후 다음 각 호의 구분에 따른 통지를 공급자와 신청인 관할 세무서장에게 하여야 한다. 다만, 공급자의 부도, 일시 부재 등 기획재정부령으로 정하는 불가피한 사유가 있는 경우에는 거래사실 확인기간을 20일 이내의 범위에서 연장할 수 있다.

1. 거래사실이 확인되는 경우: 공급자 및 공급받는 자의 사업자등록번호, 작성연월일, 공급가액 및 부가가치세액 등을 포함한 거래사실 확인 통지

2. 거래사실이 확인되지 아니하는 경우: 거래사실 확인불가 통지

⑨ 신청인 관할 세무서장은 공급자 관할 세무서장으로부터 제8항의 통지를 받은 후 즉시 신청인에게 그 확인결과를 통지하여야 한다.

⑩ 제9항에 따라 신청인 관할 세무서장으로부터 제8항 제1호에 따른 거래사실 확인 통지를 받은 신청인은 공급자 관할 세무서장이 확인한 거래일자를 작성일자로 하여 매입자발행세금계산서를 발행하여 공급자에게 교부하여야 한다.

⑪ 제10항에도 불구하고 신청인 및 공급자가 관할 세무서장으로부터 제8항 제1호의 통지를 받은 때에는 신청인이 매입자발행세금계산서를 공급자에게 교부한 것으로 본다.

⑫ 제10항 또는 제11항에 따라 매입자발행세금계산서를 공급자에게 교부하였거나 교부한 것으로 보는 경우 신청인은 법 제48조에 따른 예정신고, 법 제49조에 따른 확정신고 또는 국세기본법 제45조의2 제1항에 따른 경정청구를 할 때 기획재정부령으로 정하는 매입자발행세금계산서합계표를 제출한 경우에는 매입자발행세금계산서에 기재된 매입세액을 법 제37조, 제38조 및 제63조 제3항에 따라 해당 재화 또는 용역의 공급시기에 해당하는 과세기간의 매출세액 또는 납부세액에서 매입세액으로 공제받을 수 있다.』

세금계산서 발급의무가 있는 사업자가 재화 또는 용역을 공급하고 그 공급시기에 세금계산서를 발급하지 아니하는 경우, 그 재화 또는 용역을 공급받는 자는 관할 세무서장의 확인을 받아 매입자발행세금계산서(공급자 관할 세무서장이 확인한 거래일자를 작성일자로 하여야 한다)를 발행할 수 있다. 매입자발행세금계산서에 기재된 부가가치세액은 예정신고 및 확정신고 또는 경정청구시에 '매입자발행세금계산서합계표'를 제출한 경우 매입자발행세금계산서에 기재된 매입세액을 해당 재화 또는 용역의 공급시기에 해당하는 과세기간의 매출세액 또는 납부세액에서 공제받을 수 있다[6] 이를 매입자발행세금계산서 제도라 부른다.

매입자발행세금계산서를 발행할 당시 이미 공급시기가 속하는 과세기간이 지났다면 공급

---

6) 독일 부가가치세법 제14조에서 쌍방 간에 사전합의가 있으면 공급을 받는 자도 세금계산서(Gutschrift)를 발급할 수 있되 공급자가 이의를 하면 즉시 효력을 잃는다고 규정하고 있다.

받는 사업자로서는 '관할 세무서장이 확인한 거래일자'가 속하는 과세기간에 대하여 국세기본법 제45조의2 제1항에 따라 통상의 경정청구를 할 수 있다. 이 경우 공급자는 수정신고를 해야 하고 그렇지 않는 경우 관할 세무서장은 공급시기가 속하는 과세기간에 대하여 공급자에게 증액경정처분을 하여야 한다.

다만 시행령에 의하면 세금계산서 공급시기가 속하는 과세기간의 종료일부터 6개월 이내에 한하여 기획재정부령으로 정하는 거래사실확인신청서에 거래사실을 객관적으로 입증할 수 있는 서류를 첨부하여 신청인 관할 세무서장에게 거래사실확인을 신청해야 한다고 정하고 있다. 그 기간을 넘긴 경우 또는 신청서의 내용으로 보아 거래당시 미등록사업자 및 휴·폐업자와 거래한 것이 명백한 경우 '거래사실 확인 거부결정'을 하여야 한다. 이러한 거부결정은 행정처분으로 항고소송의 대상이 된다. 만약 세금계산서 발급청구소송을 인정한다면 이를 행정처분으로 보지 않을 수 있다.

신청인 관할 세무서장은 이러한 거부결정을 하지 아니하는 신청에 대하여는 확인신청서가 제출된 날부터 7일 이내에 공급자 관할 세무서장에게 송부하여야 한다. 공급자 관할 세무서장은 거래사실 여부를 확인한 다음 거래사실 확인통지, 거래사실 확인불가 통지를 공급자와 신청인 관할 세무서장에게 한다. 이러한 통지처분도 행정처분으로 항고소송의 대상이 된다. 신청인 관할 세무서장은 공급자 관할 세무서장으로부터 위 통지를 받은 후 즉시 신청인에게 그 확인결과를 통지하여야 한다. 이러한 통지를 받은 신청인은 공급자 관할 세무서장이 확인한 거래일자를 작성일자로 하여 매입자발행세금계산서를 발행하여 공급자에게 교부하여야 한다. 그럼에도 불구하고 신청인 및 공급자가 관할 세무서장으로부터 제8항 제1호의 통지를 받은 때에는 신청인이 매입자발행세금계산서를 공급자에게 교부한 것으로 본다.

매입자발행세금계산서를 공급자에게 교부하였거나 교부한 것으로 보는 경우 신청인은 법 제48조에 따른 예정신고, 법 제49조에 따른 확정신고 또는 국세기본법 제45조의2 제1항에 따른 경정청구를 할 때 기획재정부령으로 정하는 매입자발행세금계산서합계표를 제출한 경우에는 매입자발행세금계산서에 기재된 매입세액을 법 제37조, 제38조 및 제63조 제3항에 따라 해당 재화 또는 용역의 공급시기에 해당하는 과세기간의 매출세액 또는 납부세액에서 매입세액으로 공제받을 수 있다. 즉 매입자발행세금계산서를 공급자에게 교부하였거나 교부한 것으로 보는 경우 신청인은 통상의 경정청구를 할 수 있고, 이 경우 기획재정부령으로 정하는 매입자발행세금계산서합계표를 제출해야 한다.

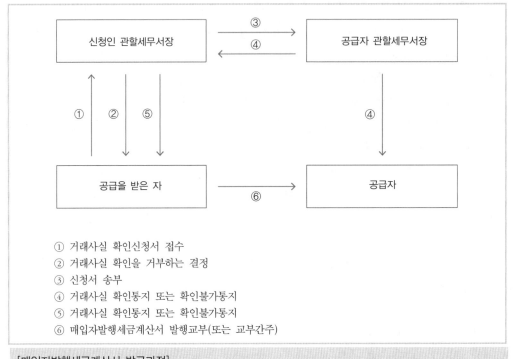

① 거래사실 확인신청서 접수
② 거래사실 확인을 거부하는 결정
③ 신청서 송부
④ 거래사실 확인통지 또는 확인불가통지
⑤ 거래사실 확인통지 또는 확인불가통지
⑥ 매입자발행세금계산서 발행교부(또는 교부간주)

[매입자발행세금계산서 발급과정]

(3) 매입자발행세금계산서 제도의 문제점

'거래사실 확인'이라 함은 거래사실의 존부에 관한 것으로서, 공급받는 자의 관할 세무서장은 공급자 관할 세무서장의 확인을 통하여 그 거래일자는 확인할 수 있다.

첫째, 거래가액을 정하면서 그 금액에 부가가치세가 포함되어 있는지 여부에 대하여 다툼이 있어 공급시기가 도래하였음에도 세금계산서의 발급이 거부된 경우 공급자 관할 세무서장은 무엇을 확인해야 하는지가 문제된다. 이는 거래사실 유무를 확인하는 문제가 아니다. 이러한 다툼은 민사재판으로 가려야 한다. 관할 세무서장의 독자적 판단으로 공급가액을 정할 수 없다. 관할 세무서장의 주관적 판단에 따라 가액이 확인된다 하더라도 이는 법원의 공권적 판단사항이므로 민사법원의 판결로 해결되어야 할 사항이다.

둘째, 재화나 용역의 공급이 부가가치세의 과세대상이 되는지 여부에 관한 다툼, 부가가치세 납세의무자가 누구인지에 관한 다툼, 재화나 용역의 공급시기에 관한 다툼 등이 있는 경우 관할 세무서장이 이를 판단할 여지도 있다. 그러나 이도 행정소송의 대상이다. 관할 세무서장이 이러한 다툼을 종국적·공권적으로 판단할 수 없다. 관할 세무서장이 거래대상임을 확인하거나 거부하더라도 행정소송을 통하여 공권적 판결로 해결되어야 한다. 민사법원이 이를 판단한다면 판결의 효력은 과세관청을 구속하지 않는다. 민사법원과 행정법원의 관할이 문제된다.

셋째, 공급시기가 속하는 '과세기간의 종료일부터 6개월' 이내에 거래사실 확인의 신청을 하여야 하고, 그 기한을 넘긴 경우 거래사실 확인 거부결정을 하도록 되어 있으며, 나아가 거래사실이 확인되지 아니한 경우 거래사실 확인불가 통지를 하여야 한다는 시행령 규정 자체가 모법의 위임범위를 벗어난 것이 아닌가 하는 의문이다. 종전에는 세금계산서 교부시기로부터 3개월 이내로 규정되어 있었는데 이를 6개월로 연장한 것이다.

거래사실확인신청제도를 둔 취지가 세금계산서 발급을 통한 매입세액 공제를 보장하기 위한 것이고, 이러한 거래사실의 확인을 전제로 통상의 경정청구가 가능하도록 제도적 장치가 설정되어 있다면 그 기간은 모법의 위임취지에 맞추어 넉넉하게 주어져야 한다. 공급시기가 속하는 '과세기간의 종료일부터 6개월'이라는 신청기한은 지나치게 짧다. 시행령의 개정으로 충분히 늘려 잡아야 한다. 세금계산서 발급 여부를 둘러싼 분쟁이 다수 존재하고 통상의 경정청구기간이 5년인 점에 비추어, 신청기한도 경정청구기간 5년과 균형을 맞추도록 개정되어야 한다. 극히 짧은 기한만을 부여한 것은 제도의 취지를 근본에서 훼손하는 것으로 매입세액 공제 자체를 사실상 부인하는 것이다.

이러한 제도가 마련되어 있다 하여도 뒤에서 보는 세금계산서 발급청구소송을 부인할 수는 없을 것이다.

라. 세금계산서 발급청구소송

(1) 사법상 거래의 부수적 의무(Nebenpflichten)

재화 또는 용역을 공급받은 자가 공급자로부터 세금계산서 발행을 거부당하고, 나아가 위와 같은 사유로 매입자발행세금계산서도 발행할 수 없는 경우, 공급받은 자는 매입세액의 공제를 위하여 공급자를 상대로 세금계산서 발급청구소송을 제기할 수 있는지가 문제된다.

매입자발행세금계산서 제도에 터잡아, 시행령에 따라 공급시기가 속하는 '과세기간의 종료일부터 6개월' 이내에 거래사실 확인신청을 하여야 하고, 이를 하지 않는 경우 매입세액 공제를 받을 수 없게 봉쇄하는 것이야말로 부가가치세의 조세중립성에 반하기 때문이다. 나아가 세금계산서 발급을 둘러싼 분쟁이 발생하면 이를 해결하는 사법적 구제수단을 마련해 두어야 함은 법치주의 원칙상 당연하다.

민사소송이나 민사조정절차에서 세금계산서 발급 여부를 둘러싸고 많은 분쟁이 일어나고 있는 실정이다. 즉 공급시기가 속하는 '과세기간의 종료일부터 6개월'이 지난 후 비로소 제기된 민사소송 과정에서, 세금계산서를 발급하지 아니하여 물품대금을 지급할 수 없다고 동시이행항변을 주장하거나 세금계산서를 발급하지 않아 매입세액 공제를 받지 못하였다고 하면서

매입세액 상당의 상계를 주장하기도 한다.[7)]

　　공급자의 세금계산서 발급의무는 사법상의 거래에 수반되는 부수적 의무이다. 그 의무를
이행하지 않는 경우 공급받은 사업자는 공급자를 상대로 세금계산서 발급청구소송을 민사법원
에 제기할 수 있다. 나아가 발급청구소송을 인정하는 한 대금지급의무(부가가치세 지급의무)와
세금계산서 발급의무는 원칙적으로 동시이행관계에 있다고 할 것이다[서울고등법원 2005. 9. 28.
선고 2004나38749(본소), 38756(반소)]. 독일에서는 이러한 소송을 인정하고 있고 발급청구소송
을 둘러싸고 활발한 논의가 전개되고 있다.

　(2) 세금계산서 발급청구소송의 관할

　　발급청구소송의 관할은 원칙적으로 민사법원이다. 약정가액에 부가가치세가 포함되어 있
는지 여부, 포괄적 사업양도 여부가 다투어지는 등 어떤 거래가 과세대상인지 여부, 누가 공급
자인지 여부 등에 대하여 다툼이 있어 세금계산서의 발급이 거절된 경우 먼저 민사법원에 제
소를 하여야 한다. 발급청구권도 채권적 청구권으로서 민법상 소멸시효의 적용을 받는다.

　　여기서 행정소송으로 판단되어야 할 사항이 포함되어 있다면 민사법원으로서는 어떠한 심
리와 판단을 하여야 할 것인지가 문제된다. 민사법원은 행정소송의 판단대상이 되는 사항을
판단할 수 없기 때문이다. 특정거래가 부가가치세의 과세대상이 되는지 여부, 세금계산서 발급
대상인지 여부, 납세의무자가 누구인지 여부 등은 행정소송법 제11조 소정의 선결문제에 해당
되지 않으므로 원고는 공급자 관할 세무서장을 피고로 삼아 이에 대한 확인소송 등 당사자소
송을 행정법원에 제기할 수밖에 없다. 민사법원은 이러한 행정판결에 터잡아 최종적으로 발급
청구의 당부를 판단할 수밖에 없다.

　(3) 세금계산서의 사후 발급과 통상의 경정청구

　　이러한 절차로 민사소송에서 청구인용판결을 받아 세금계산서를 발급받으면 국세기본법
제45조의2 제1항에 따라 통상의 경정청구를 할 수 있다. 세금계산서의 사후적 발급에는 소급
적 효력이 부여되어 마치 처음부터 세금계산서가 적법한 시기에 발행된 것으로 취급되는 셈이
되고, 이러한 전제 위에서 통상의 경정청구를 할 수 있는 기초가 마련된다. 소급적 효력이 있
다 하여 사정변경에 기한 경정청구를 할 수 있는 것은 아니다. 소송을 거치는 과정에서 국세
기본법 제45조의2 제1항 소정의 경정청구기간 및 제척기간 5년이 지났다 하더라도 이러한 발
급청구소송이 계속되는 한 각 그 기간완성은 유예된다고 보아 통상의 경정청구를 인정하여야

---

7) 대법원 1996. 12. 6. 선고 95다49738 판결에 의하면, 공사도급계약을 체결하면서 부가가치세를 별도로 지급하
　기로 약정하였음에도 불구하고 도급인이 수급인에게 공사대금 일부를 지급하면서 부가가치세 상당액을 지급하
　지 아니한 경우, 수급인이 이와 같이 부가가치세를 지급받지 못하여 세금계산서를 작성 교부하지 않았고 이로
　인하여 도급인이 매입세액 공제를 받지 못하게 되었다 하더라도 이는 약정금 상당액을 지급하지 아니한 도급
　인의 잘못에 기인하였다고 보아야 하므로, 수급인의 공사대금 청구금액과 도급인의 부가가치세 매입세액 공제
　를 받지 못한 손해를 대등액에서 상계할 수 없다는 취지로 판시하고 있다.

한다. 실효적이고 물샐틈없는 권리구제를 위하여 부득이하다.

마. 매입세액 공제요건의 완화

(1) 매입세액 공제요건의 완화를 위한 시행령 제75조

뒤에서 보는 바와 같이, 신 부가가치세법 시행령 제75조 제3호 및 제5호는 2016. 2. 17. 개정된 것으로 공급시기가 속하는 과세기간에 대한 확정신고기한까지 세금계산서를 발급받은 경우 매입세액 공제가 가능하게 하였다. 나아가 시행령 제75조 제7호는 2019. 2. 12. 신설된 것으로 매입세액의 공제요건을 더욱 완화·확대하고 있다.

이러한 완화조치만으로는 부족하다. 본질적인 개선을 할 시기가 도래한 것으로 보인다. 부가가치세 도입시기에는 그 정착을 위하여 비교적 엄격하게 해석할 필요가 있었으나 도입 후 거의 45년이 경과한 오늘날 입법론 및 해석론상 적어도 '작성연월일 ＝ 공급시기'의 원칙을 과감하게 수정하여야 할 것이다.

(2) 참고 외국 판례

EU 법원이 2004. 4. 29. 선고한 Terra Baubedarfs Handels GmbH 사건의 판결이다. 1999. 말 공급이 완료되었는데 2000. 1. 세금계산서를 발급받은 경우, 매입세액 공제 여부 자체가 문제된 것이 아니라, 어느 과세기간에서 매입세액을 공제받아야 하는지가 문제된 사안이다. 그 사안에서 매입세액 공제를 위하여는 공급시기가 도래하였을 뿐만 아니라 공급을 받는 자가 세금계산서를 소지하여야 한다고 판결하였다. 즉 세금계산서 발급의 소급효를 인정하지 않고 실제 세금계산서 발급시기인 2000년의 과세기간에 매입세액을 공제받을 수 있다는 것으로서 공급시기의 도래 및 세금계산서의 소지의 두 가지 요건을 모두 갖춘 과세기간에서 매입세액을 공제할 수 있다는 취지이다.

EU 국가에서는 거래시기(＝공급시기)와 세금계산서 작성일자가 동일 과세연도에 속하여야 매입세액의 공제가 가능하다는 원칙이나 규정은 없다. 독일 부가가치세법 제14조 제4항 제3호에도 세금계산서에 작성일자를 기재하도록 되어 있으나 세금계산서의 실제 작성일자를 기재하는 것으로 우리와 같은 '작성연월일 ＝ 공급시기'의 원칙은 없다.

위 판례는 그 타당성을 떠나서 그동안 우리나라 부가가치세제의 경직적인 운영에 대하여 한 번 되돌아보게 한다.

4. 부가가치세법상의 시정절차

가. 증액경정, 수정신고, 통상의 경정청구

부가가치세법상 [납부세액(납부하여야 할 부가가치세액) 또는 환급세액 = 매출세액(거래징수
하여야 할 세액) − 매입세액(거래징수당한 세액 중 법령이 공제를 허용하는 세액)]의 산식구조를 가
지고 있다.8) 위 산식에서 보는 바와 같이 예정신고 또는 확정신고의 내용인 매출세액이나 매
입세액의 산정에 오류가 있는 경우라면 일반론으로 경정, 수정신고, 통상의 경정청구를 통하여
시정된다.

부가가치세가 세금계산서 및 이와 연결된 매입세액의 공제라는 제도를 전제하고 있어서,
매입세액 공제를 둘러싼 실체적 오류나 세금계산서에 관한 형식적 조건의 충족 여부 등 다양
한 태양의 오류가 내재적으로 발생하기 마련이다. 그만큼 실체적 오류나 세금계산서의 형식적
조건의 충족 여부 등을 둘러싼 오류의 태양이나 모습, 그 시정방법(경정, 수정신고, 통상의 경정
청구)이 다른 기간과세세목인 소득세 및 법인세 등에 비추어 특이하고 복잡하다.

첫째, 세금계산서의 발급과 관련하여 오류가 생긴다. 세금계산서에는 필요적 기재사항(법
제39조 제1항 제2호에 의하면 제32조 제1항 제1호부터 제4호까지의 기재사항을 말한다) 등 엄격한 요
건을 정하고, 이러한 요건을 갖추지 아니한 경우 매입세액 공제를 부인하는데 이를 둘러싼 오
류의 존부가 문제된다. 필요적 기재사항을 너무 엄격히 해석하여 매입세액 공제를 부인하는
것 자체가 부가가치세의 중립성에 반할 수 있다. 앞서 본 바와 같은 '작성연월일 = 공급시기'
의 원칙과 관련하여 그동안 납세자로부터 많은 민원과 불만이 있었다. 착오로 인하여 사실과
다르게 기재된 경우 더욱 그러하였다. 시행령 제75조는 매입세액 공제의 요건을 완화하는 다
양한 규정을 두면서 경정, 수정신고 및 경정청구를 직접 연결시키고 있어 해석상 어려움이 생
긴다.

둘째, 매입처별 세금계산서합계표와 관련하여 오류가 생기기도 한다. 매입처별 세금계산
서합계표를 제출하지 아니한 경우의 매입세액 또는 매입처별 세금계산서합계표의 기재사항 중
거래처별 등록번호 또는 공급가액의 전부 또는 일부가 적히지 아니하였거나 사실과 다르게 적
힌 경우 그 기재사항이 적히지 아니한 부분 또는 사실과 다르게 적힌 부분의 매입세액은 원칙
적으로 공제가 부인된다. 매입처별 세금계산서합계표 제출의무는 과세관청에 대한 협력의무의

---

8) 신 부가가치세법 제29조(과세표준) 제1항에 의하면, "재화 또는 용역의 공급에 대한 부가가치세의 과세표준은
해당 과세기간에 공급한 재화 또는 용역의 공급가액을 합한 금액으로 한다."라고, 제31조(거래징수)에서, "사
업자가 재화 또는 용역을 공급하는 경우에는 제29조 제1항에 따른 공급가액에 제30조에 따른 세율을 적용하
여 계산한 부가가치세를 재화 또는 용역을 공급받는 자로부터 징수하여야 한다."라고 각 정하고 있다.

하나로 보아야 하기 때문에 세금계산서 문제와 본질적으로 달리 보아야 한다. 그 불이행에 대하여 매입세액 공제 부인이라는 제재를 엄격히 가하는 것은 부당하므로 사후에 수정신고서나 경정청구서 등과 함께 매입처별 세금계산서합계표를 사후에 제출하는 경우 또는 과세관청이 직권으로 경정할 때 과세관청에게 매입처별 세금계산서합계표를 제출하는 경우 매입세액 공제가 허용되어야 한다. 시행령 제74조는 이를 완화하는 다양한 규정을 두면서 경정, 수정신고 및 경정청구와 직접 연결시키고 있어서 해석상 어려움이 생긴다.

셋째, 세금계산서는 앞서 본 바와 같이 매입세액 공제권한의 실체적 요건이라 할 수 없고 단지 매입세액 공제권한을 행사함에 있어 필요한 형식적 조건이라 할 수 있는데, 일정한 경우 세금계산서의 수정을 인정하여야 하고 그 수정의 소급효 여부에 따라 경정청구에 영향을 미치게 된다. 시행령 제70조 제1항 제5호 등에서 필요적 기재사항이 착오로 잘못 적힌 경우 수정 세금계산서의 발급을 인정하고 있다.

나. 후발적 사정변경의 고려

후발적 사정변경으로 매출세액에 관계되는 공급가액이 사후적으로 증감변동될 수 있다. 매입세액을 공제받은 후 공급받은 재화를 공제받을 수 없는 다른 용도로 사용하는 경우도 있을 수 있다. 사정변경으로 인한 '매출세액의 시정'과 '사적 용도에 사용되는 경우 등'은 구별되어야 한다.

(1) 공급가액의 사후적 증감변동과 시정

재화나 용역의 공급이 계약의 해제·해지 또는 계약의 무효·취소 등으로 변동된 경우, 과세표준의 기초가 되는 공급가액이 사후적으로 증감변동이 있는 경우, 공급가액에 해당하는 외상매출채권이 회수불능된 경우, 당초 공급한 재화가 환입된 경우 등에 있어 공급자에게 이를 시정할 권한과 의무가 발생함은 당연하다.

부가가치세법 세제가 매출세액과 매입세액이 내재적으로 동일한 금액으로 상호 조건지우고 있는 이상, 공급받는 사업자도 매입세액을 시정할 의무가 있다. 다만 쌍방의 시정의무는 상호 종속적이 아니라 독립적이다.

여기서 당초 공급시기에 소급하여 시정되어야 하는지(過年度 是正), 그 사유가 발생한 과세연도에 고려하여야 하는지(現年度 是正)가 문제된다. 이는 매출과 관련하여 재화 또는 용역을 공급받는 사업자의 매입세액의 시정 여부와도 직결된다.

만약 당초 공급시기로 소급해야 한다면 그 매출과 관련하여 재화 또는 용역을 공급받는 사업자의 매입세액의 시정시기도 그때로 소급되어야 하고, 소급하지 않고 그 사유가 발생한 과세연도에 고려해야 한다면 그 매출과 관련하여 공급받는 사업자의 매입세액도 동일한 과세연도에 고려하면 된다.

시행령 제70조 제1항 제1호, 제2호, 제3호는 이를 수정세금계산서 문제로 규율하면서 현연도 시정으로 통일하였다. 결론적으로 부가가치세법상 사정변경에 기한 경정청구는 원칙적으로 배제되고 통상의 경정청구만이 문제된다. 입법론으로 시행령에서 수정세금계산서 문제로 다룰 것이 아니라 부가가치세법 자체에 독립적 경정조항을 두면서 경정의 방법으로 수정세금계산서를 활용하도록 하여야 한다고 본다.9)

(2) 사적용도에 사용되는 등의 경우

사업자가 과세사업과 관련하여 취득한 재화에 대하여 매입세액을 공제받은 다음, 과세사업 아닌 면세사업이나 다른 용도로 사용하거나 개인적 용도로 사용하는 경우, 그 공제된 매입세액은 시정 또는 조정(adjustment)되어야 한다.

신 부가가치세법 제10조(재화 공급의 특례)는 매입세액의 시정 또는 조정의 문제로 접근하는 것이 아니라 재화의 간주공급 등으로 보고 있다. 제10조의 규율은 매입세액의 시정 또는 조정과 동일시할 수 있는 것인 이상 어떤 의미에서 경정에 관한 규정이라고 볼 여지도 있다.

대법원 2016. 7. 7. 선고 2014두1956 판결요지

『사업자가 영업용 소형승용자동차(이하 '소형승용차'라 한다)를 상당한 기간 비영업용으로 사용하여 가치가 상당한 수준으로 하락한 경우에는 비영업용으로 전용한 것으로 봄이 타당하고, 이를 일시적·잠정적인 사용행위로 볼 수 없다.

또한 구 부가가치세법(2007. 12. 31. 법률 제8826호로 개정되기 전의 것 및 2010. 1. 1. 법률 제9915호로 개정되기 전의 것) 제17조 제2항 제3호, 구 부가가치세법(2011. 12. 31. 법률 제11129호로 개정되기 전의 것) 제6조 제2항, 제17조 제2항 제4호, 구 부가가치세법 시행령(2010. 2. 18. 대통령령 제22043호로 개정되기 전의 것 및 2012. 2. 2. 대통령령 제23595호로 개정되기 전의 것) 제15조 제1항 제2호의 문언 내용과 체계에, 사업자가 부가가치세 매입세액을 공제받은 재화를 비영업용 소형승용차나 그 유지를 위한 용도로 사용하는 경우에 이를 재화의 공급으로 의제하는 취지는 사업자가 이러한 재화를 비영업용으로 취득하여 부가가치세 매입세액을 공제받지 못한 경우와 과세의 형평을 유지하기 위한 데 있는 점 등을 더하여 보면, 사업자가 자기의 사업과 관련하여 비영업용 소형승용차나 그 유지를 위한 재화를 생산·취득한 경우에는 그에 대한 매입세액이 공제되지 아니할 뿐 재화의 공급으로 의제되지는 않지만, 영업용 소형승용차나 그 유지를 위한 재화 또는 용도가 특정되지 않은 재화를 생산·취득한 경우에는 그에 대한 매입세액은 공제되고 그 이후에 이를 비영업용으로 사용하는 때에 비로소 재화의 공급으로 의제된다. 그리고 이와 같이 재화의 공급으로 의제되어 과세된 경우라도 사업자가 계약상 또는 법률상의 원인에 의하여 그 재화를 다시 인도 또는 양도하는 경우에는 특별히 면세되거나 비과세한다는 별도의 규정이 없는 한 부가가치세 과세대

---

9) 독일 부가가치세법 제17조(Änderung der Bemessungsgrundlage, 과세기초의 경정) 제2항에서 재화 또는 용역의 공급대가가 회수불능된 경우(uneinbringlich geworden ist) 또는 소급적으로 효력을 상실한 경우 등에도 이를 준용하도록 정하고 있다. 현연도 시정이 원칙이다.

상 거래에 해당한다.』

자산을 사업용 목적으로 취득하면 그 시점에서 매입세액 공제가 허용되고, 그럼에도 추후에 사업 외의 다른 목적에 사용되면 공급으로 의제되어 매출세액으로 과세된다. 이론적으로 보면 과거의 매입세액 공제를 부인할 수도 있겠지만 현재 시점에 매출세액으로 과세하는 방법을 택한 것이다.[10]

다. 설명의 순서

먼저 세금계산서와 관련된 매입세액 공제의 부인과 경정, 수정신고 및 경정청구를 설명한다. 다음 매입처별 세금계산서합계표와 관련된 매입세액 공제의 부인과 경정, 수정신고 및 경정청구를 설명한다. 이어 후발적 사정변경 등과 관련된 수정세금계산서 문제를 설명한다. 마지막으로 대손세액공제를 본다.

5. 매입세액 공제의 부인 및 예외적인 허용과 경정, 경정청구

가. 매입세액 공제의 부인

매입세액의 공제를 부인하는 신 부가가치세법 제39조

『제39조(공제하지 아니하는 매입세액)
① 제38조에도 불구하고 다음 각 호의 매입세액은 매출세액에서 공제하지 아니한다.(개정 2017. 12. 19., 2019. 12. 31.)
1. 제54조 제1항 및 제3항에 따라 매입처별 세금계산서합계표를 제출하지 아니한 경우의 매입세액 또는 제출한 매입처별 세금계산서합계표의 기재사항 중 거래처별 등록번호 또는 공급가액의 전부 또는 일부가 적히지 아니하였거나 사실과 다르게 적힌 경우 그 기재사항이 적히지 아니한 부분 또는 사실과 다르게 적힌 부분의 매입세액. 다만, 대통령령으로 정하는 경우의 매입세액은 제외한다.
2. 세금계산서 또는 수입세금계산서를 발급받지 아니한 경우 또는 발급받은 세금계산서 또는 수입세금계산서에 제32조 제1항 제1호부터 제4호까지의 규정에 따른 기재사항(이하 "필요적 기재사항"이라 한다)의 전부 또는 일부가 적히지 아니하였거나 사실과 다르게 적힌 경우의 매입세액(공급가액이 사실과 다르게 적힌 경우에는 실제 공급가액과 사실과 다르게 적힌 금액의 차액에 해당하

---

10) 엘레오노르 크리스코페르손과 페르닐라 랜달 공저(윤지현 등 15인 역), 유럽부가가치세법, 박영사(2021), 265면 참조.

는 세액을 말한다). 다만, 대통령령으로 정하는 경우의 매입세액은 제외한다.

　　3. 삭제(2014. 1. 1.)

　　4. 사업과 직접 관련이 없는 지출로서 대통령령으로 정하는 것에 대한 매입세액

　　5. 개별소비세법 제1조 제2항 제3호에 따른 자동차(운수업, 자동차판매업 등 대통령령으로 정하는 업종에 직접 영업으로 사용되는 것은 제외한다)의 구입과 임차 및 유지에 관한 매입세액

　　6. 접대비 및 이와 유사한 비용으로서 대통령령으로 정하는 비용의 지출에 관련된 매입세액

　　7. 면세사업 등에 관련된 매입세액(면세사업등을 위한 투자에 관련된 매입세액을 포함한다)과 대통령령으로 정하는 토지에 관련된 매입세액

　　8. 제8조에 따른 사업자등록을 신청하기 전의 매입세액. 다만, 공급시기가 속하는 과세기간이 끝난 후 20일 이내에 등록을 신청한 경우 등록신청일부터 공급시기가 속하는 과세기간 기산일(제5조 제1항에 따른 과세기간의 기산일을 말한다)까지 역산한 기간 내의 것은 제외한다.

　　② 제1항에 따라 공제되지 아니하는 매입세액의 범위에 관하여 필요한 사항은 대통령령으로 정한다.』

　　제1항 제2호에 의하면 세금계산서 또는 수입세금계산서를 발급받지 아니한 경우 매입세액을 공제할 수 없다. 발급받은 세금계산서 또는 수입세금계산서에 제32조 제1항 제1호부터 제4호까지의 규정에 따른 필요적 기재사항의 전부 또는 일부가 적혀 있지 아니한 경우 매입세액은 공제되지 않는다. 필요적 기재사항이 적혀 있다 하더라도 사실과 다르게 적힌 경우의 매입세액(공급가액이 사실과 다르게 적힌 경우에는 실제 공급가액과 사실과 다르게 적힌 금액의 차액에 해당하는 세액을 말한다)은 공제가 부인된다.

　　사실과 다른 세금계산서에 대하여 매입세액의 공제가 부인된다는 대법원 1996. 12. 10. 선고 96누617 판결을 본다.

　　『부가가치세법 제17조 제2항 제1호는 세금계산서의 기재내용이 사실과 다른 경우의 매입세액은 매출세액에서 공제하지 아니한다고 규정하고 있는바, 이 경우에 사실과 다르다는 의미는 과세의 대상이 되는 소득·수익·계산·행위 또는 거래의 귀속이 명의일 뿐 사실상 귀속되는 자가 따로 있는 때에는 사실상 귀속되는 자를 납세의무자로 하여 세법을 적용한다고 규정한 국세기본법 제14조 제1항의 취지에 비추어, 세금계산서의 필요적 기재사항의 내용이 재화 또는 용역에 관한 당사자 사이에 작성된 거래계약서 등의 형식적인 기재내용에 불구하고 그 재화 또는 용역을 실제로 공급하거나 공급받는 주체와 가액 및 시기 등과 서로 일치하지 아니하는 경우를 가리킨다고 할 것이다. 그리고 명의상의 거래 상대방이 실제로 재화 또는 용역을 공급하는 자가 아니라는 사실을 알지 못한 때에는 알지 못하였음에 과실이 없는 경우에 한하여 매입세액을 공제할 수 있는 것이므로, 공급받는 자가 그와 같은 사정을 잘 알고 있으면서 사실과 다르게 기재된 세금계산서를 교부받은 경우에는 이를 근거로 공급받는 자의 매출세액에서 그 매입세액을 공제할 수는 없다고 할 것이다(당원

1990. 4. 27. 선고 90누73 판결 참조).』

위장거래에 있어서, 명의상의 거래 상대방이 실제로 재화 또는 용역을 공급하는 자가 아니라는 사실을 알지 못한 때에는 알지 못하였음에 과실이 없는 경우에 한하여 매입세액을 공제할 수 있다고 판시하고 있는데, 명문의 규정이 없음에도 신뢰보호의 원칙에 따라 위장거래임을 알지 못하였음에 과실이 없는 경우에 한하여 매입세액의 공제를 인정한 판례의 태도는 타당하다 할 것이다.

한편 납세의무자가 매입세액 공제의 근거로 제출한 세금계산서가 실물거래 없이 허위로 작성되었거나 세금계산서의 기재내용이 사실과 다르다는 점이 과세관청에 의해 상당한 정도로 증명된 경우, 세금계산서에 기재된 공급자와 거래를 실제로 하였다는 점에 관하여 장부와 증빙 등 자료를 제시하기가 용이한 납세의무자가 이를 증명할 필요가 있다(대법원 2009. 8. 20. 선고 2007두1439 판결 참조).

나. 세금계산서 관련 매입세액 공제의 부인

조세포탈의 전형적 유형이며 사실과 다른 세금계산서로서 매입세액 공제가 부인되는 대표적 유형으로, 위장세금계산서(위장거래)와 가공세금계산서(가공거래)의 문제에 관하여 본다. 법전용어가 아니나 판례나 실무에서 자주 사용하고 있다. 또 조세포탈의 대표적 유형으로 무자료거래가 있다.

(1) 僞裝稅金計算書

재화 또는 용역의 공급은 실질적으로 이루어졌으나 실제공급자와 세금계산서상의 공급자가 다르거나 실제 공급을 받는 자와 세금계산서상의 공급을 받는 자가 다른 세금계산서를 위장세금계산서라 한다. 신 부가가치세법 제60조 제3항 제3호에서의 "재화 또는 용역을 공급하고 실제로 재화 또는 용역을 공급하는 자가 아닌 자 또는 실제로 재화 또는 용역을 공급받는 자가 아닌 자의 명의로 세금계산서등을 발급한 경우", 제4호에서의 "재화 또는 용역을 공급받고 실제로 재화 또는 용역을 공급하는 자가 아닌 자의 명의로 세금계산서등을 발급받은 경우"가 여기에 해당한다.

위장세금계산서 여부는 공급계약서상의 거래당사자, 거래대금의 수령인, 공급된 재화의 소유 형태 등을 종합적으로 검토하여 구체적 사안에 따라 개별적으로 판단하여야 한다.

위장세금계산서는 공급받는 자가 세금계산서 위장사실을 알지 못하였고 알지 못하였음에 과실에 없다는 특별한 사정이 없는 한, 그 매입세액을 공제받을 수 없다. 공급받는 자가 명의위장 사실을 알지 못한 데에 과실이 없다는 점은 매입세액의 공제를 주장하는 자가 입증하여야 한다(대법원 2009. 6. 11. 선고 2009두1808 판결, 2002. 6. 28. 선고 2002두2277 판결 등 참조).

공급받는 자와 명의위장사업자와의 거래 양상에 비추어 공급받는 자가 거래상대방이 명의위장 사업자가 아닌지에 관하여 의심을 가질 만한 충분한 사정이 있었다면 그 사실을 알지 못한 데에 과실이 없었다고 보기 어렵다. 위장세금계산서를 교부받은 자는 매입세액을 공제받을 수 없을 뿐이고 소득세나 법인세에는 영향이 없다.

대표적인 대법원 판결 3개를 본다.

① 대법원 2016. 10. 13. 선고 2016두43077 판결

『대법원 구 부가가치세법(2013. 6. 7. 법률 제11873호로 전부 개정되기 전의 것, 이하 '법'이라 한다) 제16조 제1항 제1호는 세금계산서의 필요적 기재사항 중 하나로 '공급하는 사업자의 등록번호와 성명 또는 명칭'을 규정하고 있고, 제17조 제2항 제2호는 발급받은 세금계산서에 법령의 규정에 따른 필요적 기재사항의 전부 또는 일부가 사실과 다르게 적힌 경우의 매입세액은 매출세액에서 공제하지 아니한다고 규정하면서, 다만 대통령령으로 정하는 경우의 매입세액은 공제할 수 있도록 하고 있고, 그 위임에 따라 구 부가가치세법 시행령(2013. 6. 28. 대통령령 제24638호로 전부 개정되기 전의 것, 이하 '시행령'이라 한다) 제60조 제2항 제2호는 '세금계산서의 필요적 기재사항 중 일부가 착오로 적혔으나 해당 세금계산서의 그 밖의 필요적 기재사항 또는 임의적 기재사항으로 보아 거래사실이 확인되는 경우'를 공제가 허용되는 사유로 들고 있다.

원심은 그 채택 증거에 의하여, ① 원고들의 대표이사인 원고 1이 원고 2 등 친인척들로부터 명의를 차용하여 사업자등록을 마친 후 이 사건 인테리어 업체들을 실제 운영한 사실, ② 원고들은 2008년 2기부터 2012년 2기까지 사이에 이 사건 인테리어 업체들로부터 이 사건 세금계산서를 교부받았는데, 그 세금계산서의 '상호'란에는 이 사건 인테리어 업체들의 상호가, '성명'란에는 원고 1 대신 명의대여자들의 성명이 각각 기재된 사실 등을 인정한 다음, 이 사건 세금계산서는 필요적 기재사항인 '공급하는 사업자의 성명'이 사실과 다르게 적힌 세금계산서에 해당하고, 나아가 시행령 제60조 제2항 제2호에서 정한 경우로 볼 수 없다는 전제하에 이 사건 세금계산서의 매입세액은 매출세액에서 공제될 수 없다고 판단하였다.

앞서 본 규정과 관련 법리에 비추어 살펴보면, 원심의 위와 같은 판단은 정당하고, 거기에 상고이유 주장과 같이 법 제16조 제1항, 제17조 제2항, 시행령 제60조 제2항 제2호의 해석·적용에 관한 법리를 오해한 위법이 없다.』

타인의 명의를 차용하여 도급계약을 체결하고 공사를 시공함에 있어 세금계산서의 수수가 있는 경우 명의대여자가 발행한 세금계산서를 수령한 상대방은 그 세금계산서로 매입세액을 공제받을 수 없다는 취지이다.

② 대법원 2019. 8. 30. 선고 2016두62726 판결요지[11]

---

11) 윤지현, 법률신문 2020. 11. 30. 자 "명의를 빌린 공급 상대방에 발급한 세금계산서와 매입세액의 공제" – 대법원 2019. .8. 30. 선고 2016두62726 판결 – 의 평석에서, '비례의 원칙'이라는 제목 아래에서 "필요적

『구 부가가치세법(2013. 6. 7. 법률 제11873호로 전부 개정되기 전의 것, 이하 같다) 제17조 제2항 제2호 본문은 발급받은 세금계산서에 제16조 제1항 제1호부터 제4호까지의 규정에 따른 기재사항의 전부 또는 일부가 사실과 다르게 적힌 경우의 매입세액은 매출세액에서 공제하지 아니한다고 규정하고 있고, 그와 같은 기재사항을 '필요적 기재사항'으로 약칭하고 있다. 매입세액 공제 여부 판단의 기준이 되는 필요적 기재사항은 '공급하는 사업자'와 관련하여서는 '등록번호와 성명 또는 명칭'(구 부가가치세법 제16조 제1항 제1호)인 반면, '공급받는 자'와 관련하여서는 '등록번호'에 한정된다(같은 항 제2호). 한편 '공급받는 자'의 '상호·성명' 등은 구 부가가치세법 시행령(2013. 6. 28. 대통령령 제24638호로 전부 개정되기 전의 것) 제53조 제1항 제2호에서 세금계산서 기재사항으로 규정되어 있으나, 이는 구 부가가치세법 제16조 제1항 제5호의 위임에 따른 것으로서 구 부가가치세법 제16조 제1항 제1호부터 제4호까지의 규정에 따른 매입세액 공제의 필요적 기재사항에 해당하지 아니한다. 그리고 구 부가가치세법 제17조 제2항 제2호 본문에서 필요적 기재사항이 사실과 다르게 적힌 세금계산서에 의한 매입세액 공제를 제한하는 취지는 같은 조 제1항에서 채택한 전단계세액공제 제도의 정상적인 운영을 위해서는 과세기간별로 각 거래 단계에서 사업자가 공제받을 매입세액과 전단계 사업자가 거래 징수할 매출세액을 대조하여 상호 검증하는 것이 필수적인 점을 고려하여 세금계산서의 정확성과 진실성을 확보하기 위한 것이다.

위와 같은 관련 규정의 문언과 체계, 같은 조항에서 '공급받는 자'의 경우 '성명 또는 명칭'까지 기재하도록 규정한 '공급하는 자'와는 달리 '등록번호'만을 기재하도록 정한 취지 등의 사정에 비추어 보면, 세금계산서에 기재된 '공급받는 자의 등록번호'를 실제 공급받는 자의 등록번호로 볼 수 있다면 '공급받는 자의 성명 또는 명칭'이 실제 사업자의 것과 다르다는 사정만으로 이를 매입세액 공제가 인정되지 않는 사실과 다른 세금계산서라고 단정할 수는 없다. 따라서 자기의 계산과 책임으로 사업을 영위하지 아니하는 타인의 명의를 빌린 사업자가 어느 사업장에 대하여 타인의 명

기재사항 중 하나라도 사실과 다르면 기재된 매입세액을 전혀 공제할 수 없다 함이 과세실무의 기본태도이다. 그러나 필요적 기재사항도 다양하므로 사실과 다른 내용이 적혔다 해도 세금계산서의 기능을 해치고 과세행정에 어려움을 야기하는 정도는 같지 않다. 기재된 작성일이 실재와 다르더라도 일정한 경우 매입세액을 공제하는 시행령 규정(제75조 제3호)은 이를 감안한 사례이다. 또 공급하는 사업자가 '사실과 다르게' 적혔다는 사실에 상대방이 선의·무과실이면 공제가 가능하다는 오래 판례(대법원 83누281 판결)는 당사자들의 관여 정도를 감안한다. 즉 '사실과 다르다'고 늘 공제를 일절 불허하지는 않는다. 이 때의 매입세액 불공제가 담세력과 무관한 일종의 제재이므로 '비례 원칙'의 고려가 필요하기 때문이다. 그렇다면 '사실과 다른 세금계산서'가 '상호검증'이나 '세원포착'에 얼마나 영향을 미치는지 개별적 검토의 필요가 있다. 또 그러한 정도에 따라 판단을 달리하는 입법이나 해석에 타당성이 있음도 물론이다."라고 적은 다음, 이어 '맺음말'에서 "'사실과 다른 세금계산서' 문제에서 현재의 법이나 실무가 너무 경직되어 있다는 비판은 흔하다. 부가가치세 도입 초라면 몰라도 모든 면에서 그때와 비교할 수 없는 현재에도 그러한 태도가 계속되고 있음은 의문이다. 게다가 가산세와 형사처벌까지 있어서 종종 가혹한 결과가 생기고 탄력적 운용도 쉽지 않다. 공제의 범위를 넓힌 대상판결은 이 점에서 긍정적인 면이 있다. 나아가 비례 원칙을 현실에서 더 잘 구현할 수 있는 일반론의 성립이 필요하다. 특히 더 넓은 시각에서 관련된 정황에 따라 결론을 달리할 수 있는 입법·해석론을 마련해 나갈 필요가 있다. 사실 그러한 논의의 가능성을 처음부터 닫아 버린다는 점에서도 현재의 경직된 법 상황은 분명 문제가 있다. 대상판결이 그러한 이론 정립을 향한 작은 발걸음이라 평가한다면 그 의미와 영향은 앞으로도 계속 논의할 가치가 있다."라고 적고 있다.

의로 사업자등록을 하되 온전히 자신의 계산과 책임으로 사업을 영위하며 부가가치세를 신고·납부하는 경우와 같이 명칭이나 상호에도 불구하고 해당 사업장이 온전히 실제 사업자의 사업장으로 특정될 수 있는 경우 명의인의 등록번호는 곧 실제 사업자의 등록번호로 기능하는 것이므로, 그와 같은 등록번호가 '공급받는 자'의 등록번호로 기재된 세금계산서는 사실과 다른 세금계산서라고 할 수 없다.』

공급자가 사실과 다르게 기재된 것과는 달리 공급받는 자가 사실과 다르게 기재된 경우에는 부실기재의 엄격한 요건을 완화하고 있다. 즉 회사가 직원 명의로 가맹점 사업자등록을 했더라도 본사가 사실상 직접 운영하며 가맹점 수입과 관련한 세금을 신고했다면 가맹점이 받은 세금계산서에 기재된 '공급받는 자'의 등록번호는 본사의 등록번호로 보아야 하므로 사실과 다른 세금계산서에 해당하지 않는다고 본 사안이다. 종전 대법원 2002. 1. 8. 선고 2000두79 판결도 동일한 취지이다.

③ 대법원 2010. 10. 28. 선고 2009두10635 판결

『이 사건과 같이 공급받는 자의 등록번호를 원고 산하 ○○대학교의 고유번호로 잘못 기재한 경우에는 수정세금계산서를 교부받아 매입세액을 공제받도록 하더라도 거래질서를 어지럽힐 우려가 없고, 부가가치세 체계에 혼란을 초래한다거나 악용의 소지가 없는 점 등을 종합하여 보면, 수정 전 세금계산서상 '공급받는 자'란에 ○○대학교라는 명칭과 그 고유번호가 기재된 것은 기재사항에 관하여 착오가 발생한 경우에 해당하여 수정세금계산서의 발행사유가 된다는 이유로, 원고의 경정청구를 거부한 이 사건 처분 중 원고가 수정세금계산서를 교부받아 매입세액 공제를 구하는 부분은 위법하다고 판단하였다.
앞서 본 각 규정과 기록에 비추어 살펴보면, 원심의 위와 같은 판단은 정당한 것으로 수긍할 수 있다.』

세금계산서의 필요적 기재사항 중 일부가 착오로 사실과 다르게 적혔으나 그 세금계산서에 적힌 나머지 필요적 기재사항 또는 임의적 기재사항으로 보아 거래사실이 확인되는 경우에는 매입세액 공제를 인정할 수 있다는 것이다. 뒤에서 보는 바와 같이 시행령 제75조 제2호의 해석과 관련한 예시 사안 중의 하나에 해당한다.

(2) 架空稅金計算書
가공세금계산서(Scheinrechnungen)는 실질적인 공급거래가 없음에도 세금계산서가 발급되어 수수된 경우를 말한다. 전형적인 예로 속칭 자료상으로부터 수수료를 주고 매입한 세금계산서 등이다. 가공거래로 세금계산서를 수취한 사업자는 매입거래에 대한 금융자료 자체가 없거나 이를 가장하기 위하여 현금으로 거래액을 상대방의 금융계좌에 송금하고 즉시 그 금액을 인

출하여 되돌려 받는 형식을 취한다. 이러한 가공세금계산서로는 매입세액을 공제받을 수 없다.

신 부가가치세법 제60조 제3항 제1호에서의 "재화 또는 용역을 공급하지 아니하고 세금계산서를 발급한 경우", 제2호에서의 "재화 또는 용역을 공급받지 아니하고 세금계산서등을 발급받은 경우"가 여기에 해당한다. 가공거래는 부가가치세 자체의 부정환급을 위한 경우, 원가의 과대계상을 위한 경우, 무자료 매입분의 양성화를 위한 경우 등 여러 이유에서 발생한다. 실무상 가공세금계산서 해당 여부에 대한 판단은 가공거래의 판단과 함께 어려운 문제 중 하나이다.

한계적인 경우로서, 통상 거래실적을 부풀리기 위하여(국가로부터의 입찰자격을 취득하기 위하여, 또는 주식의 상장을 위하여, 또는 금융기관으로부터 대출을 받기 위하여 등 이유는 다양하다), 재화나 용역의 제공이 없었음에도 현실적으로 약속어음의 수수가 있고 당사자 또한 이해가 상호 일치되어 아무런 이의를 제기하지 아니한 채 약속어음 등을 결재하였을 경우, 이것이 가공거래에 해당하는지 여부가 문제된다. 가공거래 해당 여부는 구체적 사안에 따라 신중한 접근이 필요하고 엄격하게 해석하여야 한다. 민사거래에 있어 상대방과 통정한 허위표시를 가볍게 인정할 수 없듯이, 조세법에 있어서도 함부로 가공거래를 인정해서는 안 된다. 2자 사이의 거래는 물론 3자 사이의 순환거래가 있는 경우 그 판단은 간단하지 않다.

대법원 2009. 3. 12. 선고 2009두119 판결

『부가가치세법 제1조 제1항 제1호는 부가가치세 과세대상으로서 재화의 공급'을 규정하고 있고, 제6조 제1항은 재화의 공급은 계약상 또는 법률상의 모든 원인에 의하여 재화를 인도 또는 양도하는 것으로 한다'고 규정하고 있는 바, 부가가치세가 다단계 거래세로서의 특성이 있는 점에 비추어 볼 때, 부가가치세법 제6조 제1항에 정한 인도 또는 양도'는 실질적으로 얻은 이익의 유무에 불구하고 재화를 사용·소비할 수 있는 권한을 이전하는 일체의 원인행위를 모두 포함한다고 할 것이고(대법원 1985. 9. 24. 선고 85누286 판결, 대법원 2001. 3. 13. 선고 99두9247 판결 등 참조), 이 경우 어느 일련의 거래과정 가운데 특정거래가 부가가치세법에 정한 재화의 공급에 해당하는지 여부는 각 거래별로 거래당사자의 거래의 목적과 경위 및 태양, 이익의 귀속주체, 대가의 지급관계 등 여러 사정을 종합하여 개별적·구체적으로 판단하여야 하며, 그 특정거래가 실질적인 재화의 인도 또는 양도가 없는 명목상의 거래라는 이유로 그 거래과정에서 수취한 세금계산서가 매입세액의 공제가 부인되는 부가가치세법 제17조 제1항 제1호의2가 규정하고 있는 사실과 다른 세금계산서'에 해당한다는 점에 관한 입증책임은 과세관청에게 있다(대법원 1992. 9. 22. 선고 92누2431 판결, 2006. 4. 14. 선고 2005두16406 판결 등 참조).』

(3) 가공세금계산서에 있어 공급자의 매출세액의 시정

독일 부가가치세법 제14c(Unrichtiger oder unberechtigter Steuerausweis) 제2항(2004. 1. 1.

개정 시행)에 의하면, "세금계산서를 발급할 권한이 전혀 없음에도 세금계산서를 발급한 자는 그 매출세액을 국가에 납부할 의무가 있다. 사업자가 아님에도 또는 재화·용역을 전혀 공급하지 않았음에도 세금계산서를 발급한 경우에도 동일하다. 이러한 의무는 국가의 재정적 위험이 제거되었을 때에 한하여 시정할 수 있다. 공급받는 자가 매입세액을 공제받지 않았거나 공제받은 후 이를 국가에 반환하였을 때 비로소 국가의 재정적 위험은 제거된다. 시정방법은 관할 세무서에 문서로 신청하여야 하고, 관할 세무서의 동의가 있을 경우 부가가치세법 제17조 제1항을 준용하여 위 재정적 위험이 제거된 과세기간에 시정된다."라고 정하고 있다. 즉 매출세액의 시정에 관한 명문의 규정을 두고 있다.

개정 전 법에서는 세금계산서를 발급할 권한이 전혀 없음에도 가공세금계산서를 발급한 경우 그 매출세액을 국가에 납부할 의무가 있고, 이러한 납부의무를 이행한 후에도 이를 시정할 수 있는 방법을 배제하도록 규정하고 있었다. 공급받는 자가 매입세액을 전혀 공제받지 않았거나 공제받은 매입세액을 국가에 반환했다 하더라도 마찬가지였다. 사실상 제재적 규정으로 해석하였다. 그런데 EU법원은 2000. 9. 19. 선고한 판결(EuGH C-454/98-Schmeink & Cofreth und Manfred Strobel)에서 "세금계산서 발급자가 조세수입의 위험을 시의적절하고 완전하게 제거하면 부가가치세의 조세중립성 원칙(der Grundsatz der Neutralität der Mehrwertsteuer)에 따라 이러한 세금계산서를 발급함으로써 부담한 부가가치세는 시정되어야 한다."라는 취지로 판결하였고, 그 판결에 따라 위와 같이 개정되었다.[12]

예를 들어 갑 법인이 을 법인에게 부가가치세 100만 원의 가공세금계산서를 발급한 경우 두 가지 점에서 문제가 발생한다.

① 갑 법인이 세금계산서를 발급한 이상, 그것이 가공의 것이라 하더라도, 세금계산서의 본질상 본디 을 법인으로부터 거래징수한 부가가치세액 100만 원을 국가에 납부할 의무가 있는 것이 아닌가? 가공의 세금계산서를 발급하였으니 처음부터 부가가치세액 100만 원을 국가에 납부할 의무가 없는 것이 아닌가?

② 갑 법인이 가공세금계산서상의 부가가치세를 시정하려면 어떻게 하여야 하는가? 여기서 갑 법인에게 그가 국가에 납부한 매출세액을 반환받도록 허용하면, 을 법인이 매출세액에 상응하는 수액을 매입세액으로 공제받은 상태를 교정하지 않는 이상, 국가는 동액만큼 재정적 손실을 입게 된다. 앞서 본 독일의 입법례와 같이 국가의 재정적 손실의 위험이 없는 상태에서만 갑 법인에게 가공세금계산서의 시정을 허용하여야 하는 것이 아닌가?

부가가치세법에는 세금계산서 자체를 정의하는 규정도 없을 뿐더러 가공세금계산서 등을 직접적으로 규율하는 명문의 규정도 없다. 그러나 부가가치세법상의 관련 법 조항을 종합할

---

12) Bunjes/Geist, 전게서, 899면 이하 참조.

때, 가공세금계산서 등을 발급한 자는 이를 발급하여 공급받는 자로 하여금 매입세액을 공제받을 수 있는 기회를 제공한 이상 그 세금계산서 기재의 매출세액을 일단 거래징수하여 국가에 납부할 의무가 있다 할 것이다.

그러나 가공세금계산서를 발급한 자는 이를 시정할 권한이 있고 국세기본법 제45조의2 제1항 소정의 통상의 경정청구[13]를 통하여 시정할 수 있으나, 위 예에서, 을 법인이 가공세금계산서에 기하여 매입세액을 공제받았다면 이러한 매입세액을 공제받은 상태를 교정하지 아니하는 이상, 국가로서는 그만큼 재정적 손실을 입게 되므로, 이를 제한함이 상당하다.

가공세금계산서 발급인의 경정청구를 신의성실의 원칙에 터잡아 제한하여야 한다는 서울행정법원 2007. 8. 16. 선고 2007구합6816 판결을 본다. 원고가 2004년 1기에 가공세금계산서(부가가치세 1,800만 원)를 발급하였고 이를 이유로 통상의 경정청구를 하였는데, 피고가 2006. 1. 13. 이를 거부함으로써 그 취소를 구한 사안이다.

『원고는 이 사건 세금계산서를 허위로 발행하고(원고는 소외 1 주식회사와 정상적으로 계약을 체결하고 선급금으로 위 돈을 지급받고 이 사건 세금계산서를 발행하였으나 소외 1 주식회사가 회사 내부결정 과정에서 문제가 있었다면서 위 돈을 회수해가고 계약이행을 보류시킨 것이라고 주장하나, 위 인정 사실에 의하면 원고가 이 사건 세금계산서를 허위로 발행한 것이 명백하다) 실제 거래에 의한 것이라 하여 이에 대한 부가가치세를 신고·납부하였고, 피고는 이에 따라 원고가 이 사건 세금계산서를 실제 거래에 의한 것이라 하여 부가가치세를 신고·납부한 것을 진정한 것이라고 믿고서 이 사건 세금계산서를 교부받은 거래상대방인 소외 1 주식회사의 부가가치세 매입세액 공제를 인정하였으며, 그 후 이 사건 세금계산서가 허위의 세금계산서로 밝혀졌음에도 소외 1 주식회사는 당초 이 사건 세금계산서와 관련하여 공제받은 매입세액을 납부하지 아니함으로써 국고에 손실이 발생하였는바, 사정이 이와 같다면 원고가 발행한 이 사건 세금계산서를 실제 거래에 의한 것이라 하여 부가가치세를 신고·납부한 것을 진정한 것이라고 믿고서 거래상대방에게 매입세액을 공제하여 준 피고의 신뢰는 합법성의 원칙을 희생시켜서라도 보호받아야 할 필요성이 인정된다고 할 것이므로 신의성실의 원칙상 원고의 주장은 받아들일 수 없다고 할 것이다.』

소외 회사의 매입세액 공제액이 국고에 반환되지 않는 한 국가재정의 손실이 명확하므로, 신의성실의 원칙을 적용하여 과세관청이 경정청구를 거부한 것은 정당하다는 취지이다.

사견으로, 원고가 가공세금계산서를 발급하여 교부받은 자로 하여금 매입세액을 공제받을 수 있는 기회를 제공하였고 실제 매입세액을 공제받은 이상, 원고의 경정청구권은 공급받은

제5장

---

13) 가공매입 및 가공매출에 따른 가공세금계산서가 수수되었다 하더라도, 이에 터잡은 부가가치세 신고 자체가 당연무효라 할 수 없고 따라서 통상의 경정청구의 절차에 기하여 그 세액을 시정하여야 한다(대법원 2007. 7. 12. 선고 2007다28147 판결 참조).

자가 공제받은 매입세액을 국가에 수정신고·납부하는 등으로 국가조세수입의 위험이 완전히 제거되었을 때 발생한다고 본다. 만약 소외 회사가 교부받은 세금계산서에 기하여 매입세액을 공제받은 사실이 없어 국가재정의 손실이 없음이 명백하면 원고의 경정청구는 허용되어야 한다.14)

한편, 가공세금계산서에 대하여 국세심판원이 "원고가 이 사건 세금을 납부한 것을 실물거래 없이 자료상으로서의 거래를 중개하는 과정에서 국세의 형식으로 납부하였으나, 그 실질에 있어서는 국세에 해당된다고 볼 수 없다"는 이유로 각하결정을 한 예도 있었으나, 그 다툼도 항고소송의 대상이 된다 할 것이다[제1장 제10절 5. 다. (2) ③ 참조].

참고로 조세포탈죄와 관련한 대법원 2001. 2. 9. 선고 99도2358 판결을 인용한다.15)

『과대계상된 허위의 세금계산서를 교부받아 부가가치세의 과세표준 및 세액을 신고·납부함에 있어서 그 허위의 세금계산서를 제출하여 그 허위기재대로 매입세액을 공제받은 경우에 피고인에게 조세포탈의 고의가 있다고 하려면, 과대계상된 세금계산서에 의하여 매입세액을 공제받는다는 인식 이외에 거래상대방인 세금계산서를 발행한 자가 과대계상된 분에 대한 매출세액을 제외하고 부가가치세의 과세표준 및 세액을 신고·납부하거나 또는 세금계산서에 기재된 매출세액 전부를 신고·납부한 후 과대계상된 분에 대한 매출세액을 환급받는 등으로 과대계상된 분에 대한 부가가치세의 납세의무를 면탈함으로써 결과적으로 자기가 과대계상분에 대한 매입세액의 공제를 받는 것이 국가의 조세수입의 감소를 가져오게 될 것이라는 인식이 있어야 할 것이다.』

과세관청으로서도 세무조사를 통하여 가공세금계산서를 적발한 경우, 매입세액 공제를 받은 사업자가 공제받은 매입세액을 수정신고 등의 방법으로 이를 납부하지 않는 한, 세금계산서 발행자에게 직권으로 부가가치세 감액경정을 할 수 없음은 당연하다.

(4) 문제되는 거래 전부를 위장세금계산서 또는 가공세금계산서의 문제로 보아 해결될 수는 없다. 한계적인 경우로 문제되는 사안을 본다.

(ⅰ) 면세 등 발급대상이 아닌 거래 등에 대하여 또는 부가가치세 과세대상이 아님에도 착오로 세금계산서가 발급된 경우, (ⅱ) 세율을 잘못 적용하여 발급한 경우(영세율 적용 여부가 문제된 경우), (ⅲ) 포괄적 사업양도에 해당되는지 여부에 관한 착오가 있는 경우 등에 대하여, 어떠한 방법으로 시정되어야 하는지가 문제된다.

착오로 발급하였음이 명백한 이상, 위에서 본 가공세금계산서의 시정방법을 취하여야 한다고 볼 수는 없다. 예를 들어 영세율의 적용을 받는 거래임에도 불구하고 착오로 일반세율의

---

14) 서울행정법원 2007. 7. 24. 선고 2007구합4247 판결 참조.

15) 국세기본법 제26조의2 제1항 제1호 소정의 사기 기타 부정한 행위에 대한 10년의 제척기간에 대하여는, 대법원 2014. 2. 27. 선고 2013두19516 판결 참조[제1장 제9절 11. 라. (3) 참조].

과세대상인 것으로 잘못 알고 공급자가 세금계산서를 발급하여 거래상대방인 공급을 받는 자에게 교부한 경우이다. 그 공급시기가 속하는 확정신고기한 전에 영세율의 거래임을 알게 되었다면 수정세금계산서를 발급하여 쌍방 모두 확정신고에서 이를 각 반영할 수 있다. 만약 확정신고기한의 경과 후에 비로소 영세율의 거래임을 알았다면 공급자는 확정신고에 포함된 매출세액 상응분에 대하여 통상의 경정청구를 할 수 있고, 매입세액 공제를 받은 거래상대방은 매입세액 공제분 상당액을 수정신고 · 납부하여야 한다. 당시 수정세금계산서가 발급되었다면 이를 증거로 제출할 수 있다. 수정세금계산서가 발급되지 않았다면 다른 증거방법을 제출할 수 있다. 수정세금계산서만을 유일한 증거라 할 수 없다.

다. 매입세액 공제의 예외적 허용과 경정, 수정신고 및 경정청구

(1) 신 부가가치세법 시행령 제75조

『제75조(세금계산서 등의 필요적 기재사항이 사실과 다르게 적힌 경우 등에 대한 매입세액 공제)

법 제39조 제1항 제2호 단서에서 "대통령령으로 정하는 경우"란 다음 각 호의 어느 하나에 해당하는 경우를 말한다.(개정 2016. 2. 17., 2019. 2. 12.)

1. 제11조 제1항 또는 제2항에 따라 사업자등록을 신청한 사업자가 제11조 제5항에 따른 사업자등록증 발급일까지의 거래에 대하여 해당 사업자 또는 대표자의 주민등록번호를 적어 발급받은 경우

2. 법 제32조에 따라 발급받은 세금계산서의 필요적 기재사항 중 일부가 착오로 사실과 다르게 적혔으나 그 세금계산서에 적힌 나머지 필요적 기재사항 또는 임의적 기재사항으로 보아 거래사실이 확인되는 경우

3. 재화 또는 용역의 공급시기 이후에 발급받은 세금계산서로서 해당 공급시기가 속하는 과세기간에 대한 확정신고기한까지 발급받은 경우

4. 법 제32조 제2항에 따라 발급받은 전자세금계산서로서 국세청장에게 전송되지 아니하였으나 발급한 사실이 확인되는 경우

5. 법 제32조 제2항에 따른 전자세금계산서 외의 세금계산서로서 재화 또는 용역의 공급시기가 속하는 과세기간에 대한 확정신고기한까지 발급받았고, 그 거래사실도 확인되는 경우

6. 실제로 재화 또는 용역을 공급하거나 공급받은 사업장이 아닌 사업장을 적은 세금계산서를 발급받았더라도 그 사업장이 법 제51조 제1항에 따라 총괄하여 납부하거나 사업자 단위 과세 사업자에 해당하는 사업장인 경우로서 그 재화 또는 용역을 실제로 공급한 사업자가 법 제48조 및 제49조에 따라 납세지 관할 세무서장에게 해당 과세기간에 대한 납부세액을 신고하고 납부한 경우

7. 재화 또는 용역의 공급시기가 속하는 과세기간에 대한 확정신고기한이 지난 후 세금계산서를 발급받았더라도 그 세금계산서의 발급일이 확정신고기한 다음 날부터 6개월 이내이고 다음 각

목의 어느 하나에 해당하는 경우

        가. 국세기본법 시행령 제25조 제1항에 따른 과세표준수정신고서와 같은 영 제25조의3에 따른 경정 청구서를 세금계산서와 함께 제출하는 경우

        나. 해당 거래사실이 확인되어 법 제57조에 따라 납세지 관할 세무서장, 납세지 관할 지방국세청장 또는 국세청장(이하 이 조에서 "납세지 관할 세무서장등"이라 한다)이 결정 또는 경정하는 경우

      8. 재화 또는 용역의 공급시기 전에 세금계산서를 발급받았더라도 재화 또는 용역의 공급시기가 그 세금계산서의 발급일부터 30일 이내에 도래하고 해당 거래사실이 확인되어 법 제57조에 따라 납세지 관할 세무서장등이 결정 또는 경정하는 경우

      9. 거래의 실질이 위탁매매 또는 대리인에 의한 매매에 해당함에도 불구하고 거래 당사자 간 계약에 따라 위탁매매 또는 대리인에 의한 매매가 아닌 거래로 하여 세금계산서를 발급받은 경우로서 그 거래사실이 확인되고 거래 당사자가 법 제48조 및 제49조에 따라 납세지 관할 세무서장에게 해당 납부세액을 신고하고 납부한 경우

      10. 거래의 실질이 위탁매매 또는 대리인에 의한 매매에 해당하지 않음에도 불구하고 거래 당사자 간 계약에 따라 위탁매매 또는 대리인에 의한 매매로 하여 세금계산서를 발급받은 경우로서 그 거래사실이 확인되고 거래 당사자가 법 제48조 및 제49조에 따라 납세지 관할 세무서장에게 해당 납부세액을 신고하고 납부한 경우』

(2) 종래 세금계산서 등의 필요적 기재사항이 사실과 다르게 적힌 사안에 있어 이를 너무 엄격하게 해석함으로써 한계적인 경우 대부분 매입세액의 공제를 부인했다. 그런데 시행령의 거듭된 개정으로 매입세액의 공제범위를 점차 확대하고 있다. 시행령이 모법의 위임범위를 벗어난 것은 아닌가 하는 의문이 있을 수 있으나 납세자의 이익을 위한 것인 이상 문제되지 않는다 할 것이다.

시행령의 규정에도 불구하고 해석상 애매한 경우 과세관청이 매입세액의 공제를 부인하여 부가가치세법 제57조에 따라 증액경정을 하는 경우 납세자는 부과처분 취소소송을 제기하여 매입세액 공제 여부를 판단받을 수 있다. 시행령 제75조 각 호에서 매입세액의 공제를 허용한다는 것은 과세표준신고시 매입세액의 공제를 하지 않았더라도 이후 매입세액의 공제를 위하여 통상의 경정청구를 할 수 있음을 의미한다.

(3) 위 각 호를 구체적으로 살핀다.

① 제1호를 본다. 사업자등록증 발급일까지의 거래에 대하여 해당 사업자 또는 대표자의 주민등록번호를 적어 세금계산서를 발급받은 경우 매입세액 공제를 받을 수 있다. 확정신고기한까지 이를 신고하지 않아 매입세액 공제를 받지 않았다면 이후 통상의 경정청구를 할 수 있다.

② 제2호를 본다. 가장 중요한 조항이다. 세금계산서의 필요적 기재사항이 착오로 잘못 적힌 경우 해석상 어려움이 있다. 한계적인 경우 고의적인 조세포탈이 아닌 경우라면 여기에

포함될 수 있도록 그 외연을 가급적 확장하여야 한다.

매입세액의 공제를 폭넓게 인정할 수 있게 하는 一般條項이다. 즉 매입세액의 공제 여부에 관하여 다툼이 있는 경우 다른 호가 특별조항이라면 제2호는 일반조항인 셈이다. 거래사실이 객관적으로 확인되고 있는 이상 매입세액의 공제를 가급적 허용하는 방향으로 해석해야 한다. 그 경우 확정신고기한까지 이를 신고하지 않아 매입세액 공제를 받지 않았다면 이후 통상의 경정청구를 하여 매입세액 공제를 받을 수 있다.

시행령의 문언에 의하면 '그 세금계산서에 적힌 나머지 필요적 기재사항 또는 임의적 기재사항으로 보아 거래사실이 확인되는 경우'로 한정하고 있으나 이렇게 좁게 볼 것만은 아니다. 세금계산서가 매입세액 공제를 위한 실체적 요건이 아닌 이상, 납세자가 제시한 다른 증거나 과세관청이 처분할 수 있는 다른 정보자료에 의하여 거래사실이 객관적으로 확인되는 경우라면 매입세액의 공제는 허용되어야 할 것이다.

필요적 기재사항이 착오로 잘못 적힌 경우 시행령 제70조 제1항 제5호에 따른 수정세금계산서 발급사유도 됨에 유의하여야 한다. 앞서 본 대법원 2009두10635 판결상의 사유도 제2호가 적용되는 전형적 사유가 된다. 신 부가가치세법 시행령 제70조 제1항 제5호상의 필요적 기재사항 등이 착오로 잘못 적힌 경우 수정세금계산서의 발급대상이 되기도 하나 매입세액의 공제에 있어 수정세금계산서의 발급을 반드시 전제하는 것은 아니다. 수정세금계산서의 수수가 없더라도 거래사실이 입증되면 매입세액 공제를 할 수 있다.

대법원 2016. 2. 18. 선고 2014두35706 판결

『1. 구 부가가치세법(2013. 6. 7. 법률 제11873호로 전부 개정되기 전의 것, 이하 '법'이라 한다) 제17조 제1항에서 채택한 전단계세액공제 제도의 정상적인 운영을 위해서는 과세기간별로 각 거래 단계에서 사업자가 공제받을 매입세액과 전단계 사업자가 거래징수할 매출세액을 대조하여 상호 검증하는 것이 필수적인 점을 고려하여, 법 제17조 제2항 제2호 본문은 필요적 기재사항이 사실과 다르게 적힌 세금계산서에 의한 매입세액의 공제를 제한함으로써 세금계산서의 정확성과 진실성을 확보하기 위한 제재장치를 마련하고 있다. 그러나 한편 같은 호 단서에서는 필요적 기재사항이 사실과 다르게 적힌 세금계산서이더라도 전단계세액공제 제도의 정상적인 운영을 저해하거나 세금계산서의 본질적 기능을 해치지 않는 것으로 볼 수 있는 경우에는 매입세액의 공제를 허용하는 것이 부가가치세제의 기본원리에 부합하는 점을 고려하여, 이에 해당하는 경우를 시행령으로 정하도록 위임하고 있고, 그 위임에 따른 구 부가가치세법 시행령(2013. 2. 15. 대통령령 제24359호로 개정되기 전의 것, 이하 '시행령'이라고만 한다) 제60조 제2항 제2호는 매입세액의 공제가 허용되는 경우의 하나로 '법 제16조에 따라 발급받은 세금계산서의 필요적 기재사항 중 일부가 착오로 적혔으나 해당 세금계산서의 그 밖의 필요적 기재사항 또는 임의적 기재사항으로 보아 거래사실이 확인되는 경우'를 규정하고 있다.

이들 규정의 문언 내용과 체계 및 취지 등에 비추어 보면, 사업자가 부가가치세를 부담하지 아니한 채 매입세액을 조기환급받을 의도로 공급시기 전에 미리 세금계산서를 발급받는 등의 특별한 사정이 없는 한, '공급시기 전에 발급된 세금계산서'이더라도 그 발급일이 속한 과세기간 내에 공급시기가 도래하고 그 세금계산서의 다른 기재사항으로 보아 거래사실도 진정한 것으로 확인되는 경우에는 시행령 제60조 제2항 제2호에 의하여 그 거래에 대한 매입세액은 공제되어야 할 것이다(대법원 2004. 11. 18. 선고 2002두5771 전원합의체 판결 참조). 한편 법 제9조 제3항, 시행령 제54조 제2항, 제3항 등은 '공급시기 전에 발급된 세금계산서'의 발급일을 공급시기로 의제하거나 법 제16조 제1항에 따라 세금계산서를 발급한 것으로 의제하는 경우에 관하여 규정하고 있는데, 이는 '필요적 기재사항이 사실과 같은 세금계산서'로 보는 경우에 관한 규정이므로, 이들 규정으로 인하여 '필요적 기재사항이 사실과 다른 세금계산서'에 관한 법 제17조 제2항 제2호 단서 등의 적용 대상이나 범위가 당연히 제한된다고 보기 어렵다.

2. 원심은 그 채택 증거에 의하여 원고가 주식회사 대양산업개발에 물류센터 신축공사를 완성도기준지급조건부 내지 중간지급조건부로 도급하고, 2011. 10. 18. 위 회사로부터 공사대금 중 30억 원에 대한 이 사건 세금계산서를 발급받은 후 그 지급기일인 2011. 10. 31. 위 돈을 지급한 사실 등을 인정한 다음, 이 사건 세금계산서는 용역의 공급시기 전에 발급된 세금계산서로서 필요적 기재사항인 '작성 연월일'이 사실과 다른 세금계산서에 해당하지만, 원고가 이 사건 세금계산서를 증빙자료로 첨부하여 은행으로부터 대출을 받아 위 공사대금을 지급하기 위하여 그 지급기일 전에 위 세금계산서를 발급받은 점, 원고는 동일한 과세기간인 2011년 2기에 이 사건 세금계산서의 대금을 지급하고 그에 대한 용역을 제공받은 다음 위 세금계산서의 매입세액을 공제하여 부가가치세를 신고·납부하였을 뿐 부당하게 세액을 환급받지 아니한 점 등에 비추어, 이 사건 세금계산서에 대한 매입세액은 시행령 제60조 제2항 제2호에 의하여 전부 공제되어야 한다는 이유로, 이와 달리 이 사건 세금계산서의 일부 공급가액에 대한 매입세액의 공제가 허용되지 아니함을 전제로 한 이 사건 부가가치세 부과처분은 위법하다고 판단하였다.

앞서 본 규정과 법리에 비추어 살펴보면, 원심의 위와 같은 판단은 정당하고, 거기에 상고이유 주장과 같이 법 제17조 제2항, 시행령 제60조 제2항 제2호의 해석·적용에 관한 법리를 오해한 위법이 없다.』

③ 제3호 및 제5호를 본다. 종전에는 공급시기가 속하는 과세기간에 세금계산서를 발급받은 경우에만 매입세액을 공제하였으나 2016. 2. 17. 시행령 개정으로 공급시기 이후에 발급받은 세금계산서로서 해당 공급시기가 속하는 과세기간에 대한 확정신고기한까지 발급받았고 거래사실이 확인되는 경우 매입세액 공제가 가능하도록 완화하였다. 통상 이러한 세금계산서를 발급받은 다음 확정신고를 통하여 매입세액 공제를 신청한다면 이를 허용하겠다는 취지이다. 이러한 세금계산서가 발급되었음에도 매입세액 공제를 하지 않았다면 통상의 경정청구를 할 수 있다.

대법원 2010. 8. 19. 선고 2008두5520 판결

『구 부가가치세법 (2006. 12. 30. 법률 제8142호로 개정되기 전의 것, 이하 '법'이라 한다) 제16조 제1항은 납세의무자로 등록한 사업자가 재화를 공급하는 때에는 공급시기에 공급받는 자의 등록번호, 공급가액과 부가가치세액, 작성연월일 등 필요적 기재사항을 기재한 세금계산서를 공급을 받은 자에게 교부하여야 하되, 다만 대통령령이 정하는 경우에는 그 교부시기를 달리할 수 있다고 규정하고 있고, 이에 따라 구 부가가치세법 시행령(2007. 2. 28. 대통령령 제19892호로 개정되기 전의 것, 이하 '시행령'이라 한다) 제54조 제3호(이하 '이 사건 교부특례 조항'이라 한다)는 관계 증빙서류 등에 의하여 실제거래사실이 확인되는 경우에는 사업자가 재화의 공급일이 속하는 달의 다음달 10일까지 당해 거래일자를 발행일자로 하여 세금계산서를 교부할 수 있다고 규정하고 있다.

한편 법 제17조 제1항은 사업자가 납부하여야 할 부가가치세액은 매출세액에서 매입세액을 공제한 금액으로 한다고 규정하고 있는데, 법 제17조 제2항은 '다음 각 호의 매입세액은 매출세액에서 공제하지 아니한다'고 규정하면서 제1호의2에서 '제16조 제1항 및 제3항의 규정에 의하여 교부받은 세금계산서에 필요적 기재사항의 전부 또는 일부가 사실과 다르게 기재된 경우(이하 '사실과 다른 세금계산서'라 한다)의 매입세액. 다만, 대통령령이 정하는 경우는 제외한다'고 규정하고 있고, 시행령 제60조 제2항 제3호는 법 제17조 제2항 제1호의2 단서에서 규정하는 경우의 하나로 '재화의 공급시기 이후에 교부받은 세금계산서로서 당해 공급시기가 속하는 과세기간 내에 교부받은 경우의 매입세액'을 규정하고 있다.

이 사건 교부특례 조항은 사업자가 재화를 공급하는 때에는 그 공급시기에 세금계산서를 교부하여야 하나, 재화의 공급시기에 바로 세금계산서를 교부할 수 없는 납세현실 등을 감안하고, 과세기간을 단위로 과세되는 부가가치세법 체제 아래에서 부득이 과세기간을 지키지 못하여 당해 재화를 공급받는 자가 공급자에게 거래징수당한 매입세액을 공제받지 못하게 되는 문제점 등을 완화하는 데 그 취지가 있는 점, 이 사건 교부특례 조항에서 과세기간에 따라 그 적용 범위를 제한하고 있지 아니한 점 등에 비추어 보면, 비록 당해 재화의 공급시기가 속하는 과세기간이 경과한 후에 발행일자를 공급시기가 속하는 과세기간 내로 소급하여 작성·교부한 세금계산서라 하더라도 이 사건 교부특례 조항에 따라 작성·교부한 경우에는 법 제17조 제2항 제1호의2 본문에서 규정하고 있는 '사실과 다른 세금계산서'에 해당하지 아니한다 할 것이다.

원심판결 이유에 의하면, 원심은 그 채용 증거를 종합하여, 원고가 2005. 6. 21. 창원시 중앙동 99-1 소재 상가 건물의 일부인 이 사건 부동산에 관하여 2005. 6. 9.자 매매를 원인으로 한 소유권이전등기를 마친 사실, 원고는 2005. 7. 9. 이 사건 부동산을 사업장으로 하여 부동산임대업 사업자등록을 마치고, 같은 날 소외 주식회사로부터 이 사건 부동산 공급에 대하여 발행일자가 2005. 6. 21.과 2005. 6. 30.로 소급하여 작성된 이 사건 세금계산서를 교부받은 사실 등을 인정한 다음, 이 사건 부동산의 공급시기는 그 소유권이전등기가 이루어진 2005. 6. 21.인데, 원고는 그 공급시기가 속하는 과세기간이 경과한 후인 2005. 7. 9. 발행일자가 소급하여 작성된 이 사건 세금계산서를 교부받았으므로, 원고가 이 사건 세금계산서를 이 사건 교부특례 조항에 따라 교부받았다

하더라도 이 사건 세금계산서는 법 제17조 제2항 제1호의2 본문에서 규정하고 있는 '사실과 다른 세금계산서'에 해당하여 그 매입세액은 매출세액에서 공제되지 아니한다고 판단하였다.

그러나 앞서 본 각 규정 및 법리와 기록에 비추어 살펴보면, 이 사건 세금계산서는 이 사건 교부특례 조항에 따라 이 사건 부동산의 공급시기인 2005. 6. 21.이 속하는 달의 다음달 10일 이내인 2005. 7. 9. 작성·교부되었으므로, 법 제17조 제2항 제1호의2 본문에서 규정하고 있는 '사실과 다른 세금계산서'에 해당하지 아니한다.

그럼에도 원심은, 이와 달리 이 사건 세금계산서가 그 공급시기가 속한 과세기간이 경과한 후에 발행일자가 소급하여 작성·교부된 것이라는 사정만으로 법 제17조 제2항 제1호의2 본문에서 규정하고 있는 '사실과 다른 세금계산서'에 해당한다고 판단하였으니, 이러한 원심판결에는 '사실과 다른 세금계산서' 및 이 사건 교부특례 조항의 해석 등에 관한 법리를 오해하여 판결에 영향을 미친 잘못이 있다.

이 점을 지적하는 취지의 상고이유 주장은 이유 있다.』

위 판례는 세금계산서 발급시기에 관한 특례규정인 신 부가가치세법 제34조(세금계산서 발급시기) 제3항 제3호의 적용에 관한 것임에 유의하여야 한다. 위 판례 및 앞서 본 대법원 2002 두5771 전원합의체 판결의 판시취지와 신 부가가치세법 시행령 제75조 제3호 및 제5호의 적용범위를 함께 비교하면서 음미할 필요가 있다.

④ 제4호를 본다. 전자세금계산서를 국세청장에게 전송하지 않았다 하더라도 발급사실이 확인되면 매입세액 공제를 받을 수 있다는 취지이다. 그럼에도 매입세액 공제가 되지 않았다면 통상의 경정청구를 할 수 있다.

⑤ 제6호를 본다. '주사업장총괄납부 사업자'나 '사업자 단위 과세사업자'로서 그와 같은 잘못된 세금계산서를 발급받았더라도 공급자가 해당 과세기간에 대한 납부세액을 신고·납부한 경우 매입세액 공제를 받을 수 있다는 취지이다. 그럼에도 매입세액 공제가 되지 않았다면 통상의 경정청구를 할 수 있다.

⑥ 제7호를 본다. 이는 제8호, 제9호, 제10호와 함께 2019. 2. 12. 신설된 것이다.

제7호가 어떠한 경우에 적용되는지 이해하기 어렵다. 가목과 나목을 함께 음미하면 특정한 거래사실 및 특정한 세금계산서를 전제로 하여 한편으로는 수정신고가, 다른 한편으로는 경정청구가 한꺼번에 이루어질 수 있는 거래를 상정한 것으로 보인다. 그렇다면 무자료거래 및 거래단계의 누락 등이 대표적 적용대상으로 보인다.

먼저 '무자료거래'를 본다. 재화의 공급이 이루어졌음에도 세금계산서의 수수가 없는 거래를 일반적으로 무자료거래라 한다. 공급자 쪽에서는 매출누락이, 공급받는 자 쪽에서는 매입누락이 이루어진다. 세금계산서의 수수가 없는 거래가 발생하면 그 무자료 실물을 매입한 사업자는 물건을 판매하는 경우에도 역시 세금계산서의 수수없이 실물을 공급할 수밖에 없어 재화의 유통단계에서 무자료거래로 인한 매입누락 및 매출누락이 연쇄적으로 발생한다.

다음 '거래단계의 누락'을 본다. 중간도매업자의 중간거래가 누락된 경우를 말한다. 세금계산서는 거래단계별로 모두 발급되어야 하는데 중간도매상이 자신의 매입과 매출을 모두 누락시키고 사업자가 중간도매상의 거래를 숨긴 채 직접 소비자에게 매출이 되는 것처럼 위장하는 것이다. 일종의 위장세금계산서가 발행되는 셈이다.

무자료거래나 거래단계의 누락을 상정하면서, 7호 가목과 나목의 구체적 적용에 관하여 본다. 가목은 조세채무자가 스스로 세액의 시정에 나아가는 것이고, 나목은 과세관청이 세무조사 내지 현지확인의 과정에서 무자료거래 등을 적발하고 그 세액을 직권으로 결정 또는 경정하는 경우이다.

첫째, 가목을 본다. 공급시기가 속하는 과세기간에 대한 확정신고기한이 지난 후 세금계산서를 발급받았더라도 그 세금계산서 발급일이 확정신고기한 다음 날부터 6개월 이내이고 과세표준수정신고서와 경정청구서를 세금계산서와 함께 제출하는 경우 매입세액 공제를 받을 수 있다는 취지이다. 무자료거래를 한 후 확정신고기한까지 이를 신고하지 않았으나 확정신고기한 다음 날부터 6개월 이내에 새로이 세금계산서를 발급받은 경우가 전형적 예이다.

이러한 세금계산서의 발급에 대하여는 소급적 효력이 부여되는 것으로서, 매입자발행세금계산서의 경우 통상의 경정청구를 허용하는 경우와 같다. 법문상 '국세기본법 시행령 제25조의3에 따른 경정청구'라고 되어 있으나 여기서의 경정청구는 통상의 경정청구만을 가리킨다. 따라서 사정변경에 기한 경정청구가 적용될 여지는 없다.

둘째, 나목을 본다. 공급시기가 속하는 과세기간에 대한 확정신고기한이 지난 후 세금계산서를 발급받았더라도 그 세금계산서 발급일이 확정신고기한 다음 날부터 6개월 이내이고 해당 거래사실이 확인되어 납세지 관할 세무서장 등이 결정 또는 경정을 하는 경우 매입세액을 공제받을 수 있다는 것이다. 즉 과세관청이 세무조사나 현지확인의 과정에서 무자료거래를 발견하였다면 부가가치세를 결정하거나 경정하여야 하는데 세금계산서 발급일이 확정신고기한 다음 날부터 6개월 이내라면 그 세금계산서에 기하여 매입세액 공제를 할 수 있다 할 것이다. 만약 세금계산서 발급일이 확정신고기한 다음 날부터 6개월이 경과한 이후라면 부가가치세를 결정 또는 증액경정을 받았다 하더라도 세금계산서에 기한 매입세액은 공제받을 수 없다.

⑦ 제8호를 본다. 세금계산서의 사전발급에 관한 것이다. 공급시기 전에 세금계산서를 발급받았더라도 공급시기가 세금계산서의 발급일부터 30일 이내에 도래하고 해당 거래사실이 확인되어 납세지 관할 세무서장 등이 결정 또는 경정하는 경우 매입세액 공제를 받을 수 있다는 취지이다. 그럼에도 매입세액 공제가 되지 않았다면 통상의 경정청구를 할 수 있다.

⑧ 제9호 및 제10호를 본다. 거래의 실질이 위탁매매 또는 대리인에 의한 매매에 해당함에도 불구하고 거래당사자 간 계약에 따라 위탁매매 또는 대리인에 의한 매매가 아닌 거래로

하여 세금계산서를 발급받은 경우(제9호) 또는 그 반대의 경우(제10호), 거래사실이 확인되고 거래당사자가 납세지 관할 세무서장 등에게 해당 납부세액을 신고하고 납부한 경우 매입세액을 공제받을 수 있다는 취지이다. 그럼에도 매입세액 공제가 되지 않았다면 통상의 경정청구를 할 수 있다.

6. 매입처별 세금계산서합계표의 사후제출 등의 허용과 경정, 수정신고 및 경정청구

(1) 신 부가가치세법 시행령 제74조

『제74조(매입처별 세금계산서합계표를 제출하지 아니한 경우 등에 대한 매입세액 공제) 법 제39조 제1항 제1호 단서에서 "대통령령으로 정하는 경우"란 다음 각 호의 어느 하나에 해당하는 경우를 말한다.

1. 법 제32조에 따라 발급받은 세금계산서에 대한 매입처별 세금계산서합계표 또는 법 제46조 제1항에 따른 신용카드매출전표등의 수령명세서(정보처리시스템으로 처리된 전산매체를 포함하며, 이하 "신용카드매출전표등 수령명세서"라 한다)를 국세기본법 시행령 제25조 제1항에 따라 과세표준수정신고서와 함께 제출하는 경우

2. 법 제32조에 따라 발급받은 세금계산서에 대한 매입처별 세금계산서합계표 또는 신용카드매출전표등 수령명세서를 국세기본법 시행령 제25조의3에 따라 경정청구서와 함께 제출하여 제102조에 따른 경정기관이 경정하는 경우

3. 법 제32조에 따라 발급받은 세금계산서에 대한 매입처별 세금계산서합계표 또는 신용카드매출전표등 수령명세서를 국세기본법 시행령 제25조의4에 따른 기한후과세표준신고서와 함께 제출하여 관할 세무서장이 결정하는 경우

4. 법 제32조에 따라 발급받은 세금계산서에 대한 매입처별 세금계산서합계표의 거래처별 등록번호 또는 공급가액이 착오로 사실과 다르게 적힌 경우로서 발급받은 세금계산서에 의하여 거래사실이 확인되는 경우

5. 법 제57조에 따른 경정을 하는 경우 사업자가 법 제32조에 따라 발급받은 세금계산서 또는 법 제46조 제3항에 따라 발급받은 신용카드매출전표등을 제102조에 따른 경정기관의 확인을 거쳐 해당 경정기관에 제출하는 경우』

(2) 매입처별 세금계산서합계표의 제출의무는 과세관청에 대한 협력의무의 하나로 보아야 하기 때문에 세금계산서 문제와 본질적으로 달리 보아야 함은 앞서 본 바와 같다. 따라서 예외적인 경우 사후적인 제출이나 착오로 인한 내용상의 오류에 대하여는 매입세액 공제를 허용하여야 할 것이다.

7. 수정세금계산서(수정전자세금계산서)

가. 법률의 규정

(1) 구 부가가치세법 제16조 제1항 후단에서 "이 경우 세금계산서를 발급한 후 그 기재사항에 착오나 정정 등 대통령령으로 정하는 사유가 발생한 경우에는 대통령령으로 정하는 바에 따라 세금계산서를 수정하여 발급할 수 있다."라고 정하고, 이어 시행령 제59조 제1항에서 그 유형별로 수정세금계산서를 발급하는 구체적 방법을 정하고 있었다.

(2) 신 부가가치세법 제32조 제7항에서 "세금계산서 또는 전자세금계산서의 기재사항을 착오로 잘못 적거나 세금계산서 또는 전자세금계산서를 발급한 후 그 기재사항에 관하여 대통령령으로 정하는 사유가 발생하면 대통령령으로 정하는 바에 따라 수정한 세금계산서(이하 "수정세금계산서"라 한다) 또는 수정한 전자세금계산서(이하 "수정전자세금계산서"라 한다)를 발급할 수 있다."라고 정하고, 이어 시행령 제70조 제1항에서 유형별로 수정(전자)세금계산서를 발급하는 구체적 방법을 정하고 있다.

나. 구 부가가치세법 시행령 제59조(수정세금계산서) 제1항의 변천과정

(1) 2007. 2. 28. 전문 개정 전

수정세금계산서에 관한 시행령 규정은 2007. 2. 28. 개정 전후에 큰 차이가 있다. 개정 전 제59조는 "법 제16조 제1항의 규정에 의하여 세금계산서를 교부한 후 그 기재사항에 관하여 착오 또는 정정사유가 발생한 경우에는 법 제21조의 규정에 의하여 부가가치세의 과세표준과 납부세액 또는 환급세액을 경정하여 통지하기 전까지 국세청장이 정하는 바에 따라 세금계산서를 수정하여 교부할 수 있다. 다만, 당초의 공급가액에 추가되는 금액 또는 차감되는 금액이 발생한 경우에는 그 발생한 때에 세금계산서를 수정하여 교부할 수 있다."라고 규정하였다. '교부할 수 있다'라고 되어 있어 효력규정인지 여부에 관하여 해석상 어려움이 있었다.[16] 현재도 마찬가지이다.

---

16) 고은경, 전게논문, 233면에서, "이 법령 개정 전에는 수정세금계산서의 교부규정이 임의규정인지 강행규정인지 분명하지 않았고, 이에 대해 국세청 및 재경부의 유권해석으로는 계약의 해제사유가 발생한 때에는 그 해제된 날을 작성일자로 하여 수정세금계산서를 교부하도록 해석하였다. 따라서 계약의 해제가 있었다고 하더라도 소급하여 수정하지 않고 계약 해제일이 속하는 과세기간의 부가가치세 신고시 반영하면 되었다. 그러나 대법원 및 국세심판원이 계약 해제가 있는 경우에는 계약 해제의 소급효로 인하여 처음부터 재화의 공급이 없던 것으로 보아 당초 신고한 매출액을 차감하여야 한다고 판결 및 결정을 하였고, 이에 과세관청에서 개정 건의하여 계약 해제의 소급효에 따라 당초 계약 작성일로 소급하여 수정세금계산서를 교부하도록 개정 법령에 반영한 것이다."라고 적고 있다.

(2) 공급가액의 '事後的 變更'에 관한 시행령[→ 2007. 2. 28. → 2012. 2. 2. →]

2007. 2. 28. 전문 개정 전에는 "공급가액에 추가되는 금액 또는 차감되는 금액이 발생한 경우에는 그 발생한 때에 세금계산서를 수정하여 교부할 수 있다."라고 규정하고 있었다. 공급가액의 증감변동이 있는 경우 그 사유가 발생한 때에 세금계산서를 수정하도록 함으로서 현연도 시정임을 분명히 하였다. 공급가액의 사후적 증감변경과 계약해제의 구별이 문제되었다.

2007. 2. 28. 전문 개정 후에는 당초 공급한 재화가 환입된 경우 재화가 환입된 날을, 공급가액에 추가 또는 차감되는 금액이 발생한 경우 증감사유가 발생한 날을 각 작성일자로 기재하여야 하나 계약해제의 경우 해제일이 아닌 당초 세금계산서 작성일를 기재하여야 한다는 것이었다. 즉 재화의 환입 및 공급가액의 증감과 계약해제를 구별하여 정하면서, 계약해제의 경우 과년도 시정을, 나머지 경우 현연도 시정을 각 채택하였다. 계약해제의 경우 사정변경에 기한 경정청구로 통하여 오류를 시정하여야 했다. 그러나 2012. 2. 2. 개정 후에는 계약해제의 경우 현연도 시정을 채택함으로써 사정변경에 기한 경정청구는 배제되었다.

(3) 2007. 2. 28. 개정 전 시행령 제59조가 문제된 사안에서 대법원은 해제와 공급가액의 사후적 증감변경을 구별하였다.

① 대법원 2002. 9. 27. 선고 2001두5989 판결

『원심은 이 사건 건물에 대한 매매계약이 매수인의 채무불이행으로 인하여 해제된 사실을 인정한 다음, 해제 전에 이 사건 부과처분이 이루어졌다 하더라도 해제의 소급효로 인하여 이 사건 매매계약의 효력이 소급하여 상실되는 이상 부가가치세의 부과대상이 되는 이 사건 건물의 공급은 처음부터 없었던 셈이 되므로, 이 사건 처분은 위법하다 할 것이며, 납세자가 과세표준신고를 하지 아니하여 과세관청이 부과처분을 한 경우 그 후에 발생한 계약의 해제 등 후발적 사유를 원인으로 한 경정청구제도가 있다 하여 그 처분 자체에 대한 쟁송의 제기를 방해하는 것은 아니므로 경정청구와 별도로 이 사건 처분을 다툴 수 있다고 판단하였다.
원심판결 이유를 관련 법규정과 기록에 비추어 살펴보면, 위와 같은 원심의 판단은 옳고, 거기에 상고이유에서 주장하는 바와 같은 과세처분의 위법성 여부에 대한 판단의 기준시기와 계약해제의 소급효 및 국세기본법상 경정청구권에 대한 법리오해 등의 위법이 있다고 할 수 없다.』

2007. 2. 28. 전문 개정 전 공급계약의 해제에 관한 사안이다. 시행령 규정상 현연도 시정과 과년도 시정 중 어느 쪽을 선택하였는지 분명하지 않았다. 판례에 의하면 분명하지 않다면 원칙으로 돌아가 국세기본법 제45조의2 제2항의 사정변경에 기한 경정청구 조항에 따라 과년도 시정을 함이 옳다는 것이다. 과년도 시정을 전제로, 부과처분이 해제 전에 이루어졌다 하더라도, 해제의 소급효로 매매계약의 효력이 소급하여 상실된 이상, 부과대상이 된 건물공급은 처음부터 없었던 셈이 되어 처분은 위법하게 된다.

② 대법원 2013. 4. 11. 선고 2011두8178 판결

『가. 구 부가가치세법(2006. 12. 30. 법률 제8142호로 개정되기 전의 것, 이하 '법'이라 한다) 제13조 제2항은 "다음 각 호의 금액은 과세표준에 포함하지 아니한다."고 규정하면서 제1호에서 '에누리액'을 들고 있다. 그리고 구 부가가치세법 시행령(2007. 2. 28. 대통령령 제19892호로 개정되기 전의 것, 이하 '시행령'이라 한다) 제52조 제2항은 "법 제13조 제2항 제1호에 규정하는 에누리액은 재화 또는 용역의 공급에 있어서 그 품질·수량 및 인도·공급대가의 결제 기타 공급조건에 따라 그 재화 또는 용역의 공급 당시의 통상의 공급가액에서 일정액을 직접 공제하는 금액으로 한다."고 규정하고 있다.

이들 규정의 문언 내용과 아울러, 재화 또는 용역의 품질·수량이나 인도 등에 관한 공급조건이 원인이 되어 공급가액에서 공제 또는 차감되는 금액은 거래상대방으로부터 실제로 받은 금액이 아니므로 이를 부가가치세의 과세표준에서 제외하려는 입법 취지 등에 비추어 보면, 이들 규정에서 말하는 에누리액에는 공급하는 재화 또는 용역의 품질·수량이나 인도 등에 관한 공급조건과 결부된 명시적 또는 묵시적 약정에 따라 그 공급 당시의 통상의 공급가액에서 공제되는 금액뿐만 아니라, 공급계약 등에서 정한 품질·수량이나 인도 등에 관한 공급조건에 따라 공급이 이루어지지 아니하였음을 이유로 재화 또는 용역의 공급 후에 당초의 공급가액에서 차감되는 금액도 포함된다고 봄이 타당하다.

한편, 법 제16조 제1항 단서의 위임을 받은 시행령 제59조 단서는 당초의 공급가액에 추가되는 금액 또는 차감되는 금액이 발생한 경우에는 그 발생한 때에 수정세금계산서를 작성하여 교부하도록 규정하고 있는데, 그 취지는 당초 세금계산서상의 공급가액이 후발적 사유로 증가하거나 감소한 경우 과세관청과 납세자의 편의를 도모하기 위하여 그 사유가 발생한 날을 작성일자로 하여 그에 관한 수정세금계산서를 교부할 수 있게 함으로써 그 공급가액의 증감액을 그 사유가 발생한 날이 속하는 과세기간의 과세표준에 반영하도록 하는 데에 있다(대법원 2011. 7. 28. 선고 2009두19984 판결 참조). 따라서 재화 또는 용역의 공급 후에 에누리액이 발생한 경우에는 특별한 사정이 없는 한 그 사유가 발생한 날이 속하는 과세기간의 총공급가액에서 에누리액을 차감하여 해당 과세기간의 과세표준을 산정하여야 한다.

나. 생략

다. 이와 같은 사실관계를 앞서 본 법리에 비추어 살펴보면, 이 사건 차임은 원고 등이 이 사건 임차인들에게 부동산임대차계약에서 정한 부동산 임대용역을 제대로 공급하지 못하였음을 이유로 그 공급 후에 면제된 것으로서, 법 제13조 제2항 제1호, 시행령 제52조 제2항의 규정에 따라 부가가치세의 과세표준에서 제외되는 에누리액에 포함된다고 봄이 타당하므로, 이 사건 차임 중 소외 3, 4에 대한 면제 차임 합계 20,100,000원(= 13,350,000원 + 6,750,000원)은 그 면제합의일인 2005. 11. 30.과 2005. 12. 1.이 속하는 과세기간인 2005년 제2기의 총공급가액에서, 아로마에 대한 면제 차임 195,100,000원은 그 면제합의일인 2006. 12. 20.이 속하는 과세기간인 2006년 제2기의 총공급가액에서 각각 차감되어야 한다. 따라서 이 사건 제1처분 중 소외 3, 4에 대한 면제 차임 합계 20,100,000원을 차감하지 아니한 채 과세표준을 산정한 부분(이하 '소외 3, 4 부분'이라 한다)

은 위법하다.

　　라. 그럼에도 원심은, 재화 또는 용역의 납세의무 성립시기 후에 공급가액에 대한 일부 면제 합의가 있었다고 해서 이미 성립한 납세의무의 효력이 좌우될 수 없다는 등의 이유로 이 사건 제1처분이 전부 적법하다고 판단하고 말았으니, 이 사건 제1처분에 대한 원심판단 중 소외 3, 4 부분에는 부가가치세의 과세표준에서 제외되는 에누리액의 범위 등에 관한 법리를 오해하여 판결에 영향을 미친 위법이 있다. 원고의 상고이유 주장은 이 점을 지적하는 범위 내에서 이유 있고, 나머지는 이유 없다.』

　이 경우도 2007. 2. 28. 전문 개정 전 시행령 제59조 단서가 적용된 사안이다. 차임면제액이 부가가치세법 시행령 제52조 제2항 소정의 부가가치세 과세표준에서 제외되는 에누리액에 해당된다고 판단한 다음, 당초의 공급가액에 추가되는 금액 또는 차감되는 금액이 발생한 경우에는 그 발생한 때에 수정세금계산서를 작성하여 교부하도록 규정하고 있으므로, 현연도 시정을 함이 옳다는 것이다. 대법원 2001두5989 판결은 과년도 시정을, 이 사건 판결은 현연도 시정을 각 하여야 한다는 것이다.

　여기서 원심판단의 " … 납세의무 성립시기 후에 … 면제 합의가 있었다고 해서 이미 성립한 납세의무의 효력이 좌우될 수 없으므로 처분이 적법하다."는 문구는 가끔 하급심 판결에서 나오는 표현인데, 신중을 기하여야 하는 표현으로 될 수 있는 한 그 사용을 자제하여야 한다.

　(4) 2007. 2. 28. 전문 개정

　『시행령 제59조(수정세금계산서 교부사유 및 교부절차) 법 제16조 제1항 후단에 따른 수정세금계산서는 다음 각 호의 사유 및 절차에 따라 교부할 수 있다.

　1. 당초 공급한 재화가 환입된 경우: 재화가 환입된 날을 작성일자로 기재하고 비고란에 당초 세금계산서 작성일자를 부기한 후 붉은색 글씨로 쓰거나 부(負)의 표시를 하여 교부한다.

　2. 계약의 해제로 인하여 재화 또는 용역이 공급되지 아니한 경우: 계약이 해제된 때에 그 작성일자는 당초 세금계산서 작성일자를 기재하고 비고란에 계약해제일을 부기한 후 붉은색 글씨로 쓰거나 부(負)의 표시를 하여 교부한다.

　3. 공급가액에 추가 또는 차감되는 금액이 발생한 경우: 증감사유가 발생한 날을 작성일자로 기재하고 추가되는 금액은 검은색 글씨로 쓰고, 차감되는 금액은 붉은색 글씨로 쓰거나 부(負)의 표시를 하여 교부한다.

　4. 재화 또는 용역을 공급한 후 공급시기가 속하는 과세기간 종료 후 20일 이내에 내국신용장이 개설되었거나 구매확인서가 발급된 경우: 내국신용장 등이 개설된 때에 그 작성일자는 당초 세금계산서 작성일자를 기재하고 비고란에 내국신용장 개설일 등을 부기하여 영세율 적용분은 검은색 글씨로 세금계산서를 작성하여 교부하고, 추가하여 당초에 교부한 세금계산서의 내용대로 세금계산서를 붉은색 글씨로 또는 부(負)의 표시를 하여 작성하고 교부한다.

5. 필요적 기재사항 등이 착오로 잘못 기재된 경우: 세무서장이 경정하여 통지하기 전까지 세금계산서를 작성하되, 당초에 교부한 세금계산서의 내용대로 세금계산서를 붉은색 글씨로 작성하여 교부하고, 수정하여 교부하는 세금계산서는 검은색 글씨로 작성하여 교부한다.』

(5) 2010. 2. 18., 2010, 12. 30., 2011. 5. 30. 및 2012. 2. 2. 순차 개정

시행령의 빈번한 개정은 수정세금계산서의 규율내용이 그만큼 불완전하였음을 의미한다. 수정세금계산서의 발급이 필요한 범위 및 방법을 9개 유형으로 나누어 정하고 있다. 필요적 기재사항이 '착오 외의 사유'로 잘못 기재된 경우가 추가되었다는 점이 특이하다.

다. 2012. 2. 2. 개정 후 시행령 제70조 제1항 소정의 수정세금계산서 발급 유형

(1) 신 부가가치세법 시행령 제70조 제1항

『제70조(수정세금계산서 또는 수정전자세금계산서의 발급사유 및 발급절차)
① 법 제32조 제7항에 따른 수정세금계산서 또는 수정전자세금계산서는 다음 각 호의 구분에 따른 사유 및 절차에 따라 발급할 수 있다.(개정 2014. 2. 21., 2015. 2. 3., 2016. 2. 17.)
1. 처음 공급한 재화가 환입(還入)된 경우: 재화가 환입된 날을 작성일로 적고 비고란에 처음 세금계산서 작성일을 덧붙여 적은 후 붉은색 글씨로 쓰거나 음(陰)의 표시를 하여 발급
2. 계약의 해제로 재화 또는 용역이 공급되지 아니한 경우: 계약이 해제된 때에 그 작성일은 계약해제일로 적고 비고란에 처음 세금계산서 작성일을 덧붙여 적은 후 붉은색 글씨로 쓰거나 음(陰)의 표시를 하여 발급
3. 계약의 해지 등에 따라 공급가액에 추가되거나 차감되는 금액이 발생한 경우: 증감 사유가 발생한 날을 작성일로 적고 추가되는 금액은 검은색 글씨로 쓰고, 차감되는 금액은 붉은색 글씨로 쓰거나 음(陰)의 표시를 하여 발급
4. 재화 또는 용역을 공급한 후 공급시기가 속하는 과세기간 종료 후 25일(과세기간 종료 후 25일이 되는 날이 공휴일 또는 토요일인 경우에는 바로 다음 영업일을 말한다) 이내에 내국신용장이 개설되었거나 구매확인서가 발급된 경우: 내국신용장 등이 개설된 때에 그 작성일은 처음 세금계산서 작성일을 적고 비고란에 내국신용장 개설일 등을 덧붙여 적어 영세율 적용분은 검은색 글씨로 세금계산서를 작성하여 발급하고, 추가하여 처음에 발급한 세금계산서의 내용대로 세금계산서를 붉은색 글씨로 또는 음(陰)의 표시를 하여 작성하고 발급
5. 필요적 기재사항 등이 착오로 잘못 적힌 경우(다음 각 목의 어느 하나에 해당하는 경우로서 과세표준 또는 세액을 경정할 것을 미리 알고 있는 경우는 제외한다): 처음에 발급한 세금계산서의 내용대로 세금계산서를 붉은색 글씨로 쓰거나 음(陰)의 표시를 하여 발급하고, 수정하여 발급하는 세금계산서는 검은색 글씨로 작성하여 발급

　　　가. 세무조사의 통지를 받은 경우

　　　나. 세무공무원이 과세자료의 수집 또는 민원 등을 처리하기 위하여 현지출장이나 확인업무에 착수한 경우

　　　다. 세무서장으로부터 과세자료 해명안내 통지를 받은 경우

　　　라. 그 밖에 가목부터 다목까지의 규정에 따른 사항과 유사한 경우

　　6. 필요적 기재사항 등이 착오 외의 사유로 잘못 적힌 경우(제5호 각 목의 어느 하나에 해당하는 경우로서 과세표준 또는 세액을 경정할 것을 미리 알고 있는 경우는 제외한다): 재화나 용역의 공급일이 속하는 과세기간에 대한 확정신고기한까지 세금계산서를 작성하되, 처음에 발급한 세금계산서의 내용대로 세금계산서를 붉은색 글씨로 쓰거나 음(陰)의 표시를 하여 발급하고, 수정하여 발급하는 세금계산서는 검은색 글씨로 작성하여 발급

　　7. 착오로 전자세금계산서를 이중으로 발급한 경우: 처음에 발급한 세금계산서의 내용대로 음(陰)의 표시를 하여 발급

　　8. 면세 등 발급대상이 아닌 거래 등에 대하여 발급한 경우: 처음에 발급한 세금계산서의 내용대로 붉은색 글씨로 쓰거나 음(陰)의 표시를 하여 발급

　　9. 세율을 잘못 적용하여 발급한 경우(제5호 각 목의 어느 하나에 해당하는 경우로서 과세표준 또는 세액을 경정할 것을 미리 알고 있는 경우는 제외한다): 처음에 발급한 세금계산서의 내용대로 세금계산서를 붉은색 글씨로 쓰거나 음(陰)의 표시를 하여 발급하고, 수정하여 발급하는 세금계산서는 검은색 글씨로 작성하여 발급』

(2) 수정세금계산서 발급 유형의 분석

* 후발적 사유에 기한 공급가액 등의 증감변동이 있는 경우

－ 재화의 환입(제1호)

－ 계약의 해제(제2호)

－ 공급가액의 증감변경(제3호)

* 내국신용장의 사후개설(제4호)이 있는 경우

* 필요적 기재사항 등이 착오(錯誤)로 잘못 적힌 경우

－ 필요적 기재사항이 착오로 잘못 적힌 경우(제5호)

－ 면세 등 발급대상이 아닌 거래 등에 대하여 발급한 경우(제8호)

－ 세율을 잘못 적용하여 발급한 경우(제9호)

* 필요적 기재사항이 착오 외의 사유로 잘못 적힌 경우(제6호)

* 착오로 전자세금계산서를 이중으로 발급한 경우(제7호)

　이를 크게 나누면 후발적 사유에 기한 공급가액 등의 증감변동이 있는 경우, 필요적 기재사항 등이 착오(錯誤)로 잘못 적힌 경우, 필요적 기재사항이 착오 외의 사유로 잘못 적힌 경우 등 3가지로 나눌 수 있다.

라. 후발적 사유에 기한 공급가액 등의 증감변경이 있는 경우(제1호, 제2호, 제3호)

(1) 신 부가가치세법 제29조(과세표준)의 규율내용

기간과세의 원칙을 취하고 있는 부가가치세법에서 후발적 사유에 기한 공급가액의 증감변 동도 과세표준을 정하고 있는 제29조가 규율하고 있는지 여부이다.

구 부가가치세법 제13조 제2항에서 "다음 각 호의 금액은 과세표준에 포함되지 아니한 다."라고 규정하면서 제1호에서 '에누리액'을, 제2호에서 '환입된 재화의 가액'을 들고 있었는 바, 뒤에서 보는 대법원 2013. 4. 14. 선고 2011두8178 판결에서는 '에누리액'을 정의하고 있 던 당시 시행령 제52조 제2항의 해석을 함에 있어 재화 또는 용역의 공급 후 당초의 공급가액 에서 차감되는 금액도 포함된다고 함으로써, 구 부가가치세법 제13조 제2항에서 공급가액의 사후적 변경도 함께 규율하고 있는 것으로 보았다. 신 부가가치세법 제29조 제5항 제1호에서 종전 에누리액의 정의와는 다르게(종전 '재화 또는 용역의 공급에 있어서'로 되어 있던 것을 '재화나 용역을 공급할 때'로 변경되었고, 에누리액이라는 용어가 '통상의 대가에서 일정액을 직접 깎아주는 금 액'으로 변경되었다.) 규정되어 있다 하더라도, 이를 에누리액으로 명명할 수 있는지는 불문하 고, 당초 부가가치세가 성립한 후에 공급가액이 감액될 여지가 충분히 존재함을 전제하고 있 다. 제2호의 '환입된 재화의 가액'은 개정됨이 없이 그대로이므로 부가가치세의 성립 후 환입 된 것을 포함함은 명백하다.

따라서 신 부가가치세법 제29조는 공급가액의 사후적 변경을 포함하여 과세표준의 산정 기초 모두를 함께 포괄적으로 규율하고 있다고 보아야 한다.

즉 제29조 제3항은 공급가액을 유상적 대가임을 전제로 하면서 우선 유상적 대가(금전적 가치가 있는 모든 것)가 무엇인지를 구체적으로 정하고 있다. 공급가액이라 함은 유상적 대가로 서 우선 기간과세원칙상 과세표준에 포함되어 일단 과세될 수 있지만, 이후 해제나 무효, 취 소, 공급가액이 변동되어 거래상대방으로부터 받은 금액이 줄어드는 경우 '실제로 받은 금액' 만이 종국적으로 부가가치세의 과세대상이 된다는 원칙 – 모든 사업자는 자신에게 사실상 유 입되어 귀속된 유상적 대가에 대해서만 부가가치세를 부담한다는 원칙 – 을 선언하고 있다. 제5항 제1호 및 제2호는 공급시기가 속한 과세기간의 도과 전후를 불문하고 적용될 수 있다. 다만 제6항에서 '제45조 제1항에 따른 대손금액'은 과세표준에서 공제하지 아니한다고 규정하 고 있다.

이상과 같이, 신 부가가치세법 제29조가 과세표준에 관한 규정이지만 후발적 사유에 기한 공급가액의 증감변동도 규율대상으로 삼고 있음을 전제하면서, 여기에 신 부가가치세법 제29 조를 제32조 제7항 및 시행령 제70조 제1항 제1호, 제2호, 제3호 소정의 수정세금계산서에 관

제 5 장

한 규정을 결합·연결하면 공급가액의 사후적 증감변경이 있는 경우 과년도 시정이 아닌 현연도 시정을 하여야 함을 선언하고 있다고 결론내릴 수 있다.

현연도 시정에 관한 위 규정은 순수한 절차법적인 것이 아니라 실체법적 성질도 아울러 가지는 부가가치세법상의 독특한 시정규정이다. 위 시행령 제70조 제1호, 제2호, 제3호는 예시적 열거규정이다.

독일 부가가치세법 제17조는 산정기초(제10조, Bemessungsgrundlage)의 사후적 변경이 있는 경우 현연도 시정을 하여야 함을 정하고 있다. 즉 제1항 제1문은 제1조 제1항 제1호의 과세대상인 판매에 대한 산정기초가 변경되면 공급자는 그 판매에 관계되는 매출세액을 시정해야 하고, 제2문은 공급받는 사업자도 마찬가지로 매입세액을 시정해야 한다고 정하고 있다. 제7문에서 제1문 및 제2문에서 정하는 시정은 산정기초의 변경이 일어난 과세기간에서 행하여지도록 정하고 있다(현연도 시정). 제2항 제1호에서 외상매출채권의 회수가 불가능하게 된 경우, 제2호에서 공급대금이 선급되었음에도 이후 재화나 용역이 공급이 이루어지지 않은 경우, 제3호에서 재화나 용역의 공급에 대하여 소급적으로 무효가 된 경우 등에도 제1항이 적용된다고 규정하고 있다.

일본 소비세법 제38조 제1항도 반품 또는 가격할인(에누리) 등으로 대가액의 전부 또는 일부의 반환 또는 채권액의 전부 또는 일부의 감액을 한 경우 그 사유가 발생한 과세기간의 과세표준액에 대한 소비세액에서 일정액을 공제하도록 정하고 있다(현연도 시정).

(2) 수정세금계산서의 기능 및 발급의무 유무

신 부가가치세법 제32조 제7항은 ' … 수정한 세금계산서 또는 수정한 전자세금계산서를 발급할 수 있다.'라고 되어 있다. 문언 자체에서 발급의무를 규정한 의무규정으로 볼 수 없다. 단지 가능규정으로 보아야 한다. 한편 제1호, 제2호, 제3호의 사유에서 수정의 대상이 되는 당초의 세금계산서는 정상적으로 발급된 것이어서 이후 발생한 공급가액의 증감변동을 반영하기 위하여 발급되는 수정세금계산서는, 다른 호의 수정세금계산서와는 달리, 새로운 세금계산서로 볼 여지도 있다.

다만 이러한 수정세금계산서를 새로운 세금계산서로 보기 위하여는 새로운 규율이 더 필요한데 그렇지 않다. 문언 자체에 의하더라도 발급의무를 전제로 하고 있지 않다. 발급의무가 있다 하더라도 이러한 수정세금계산서의 발급기한이 언제인지도 문제된다. 신 부가가치세법 제34조 제3항에 따라 사유가 발생한 날이 속하는 달의 다음달 10.까지로 해석할 여지도 있으나 이렇게 해석할 근거가 부족하다. 발급의무를 불이행하였을 때 가산세를 부과할 수 있는지도 문제되나 법적 근거가 부족하다.

이에 대하여 "만약에 수정세금계산서를 발급할 사유가 있음에도 이를 발급하지 아니한 경우 당초의 세금계산서가 사실과 다른 세금계산서가 되어 세금계산서 불성실가산세나 세금계산서 합계표 불성실가산세의 제재가 따르게 된다. 같은 취지에서 부가가치세법 기본통칙(60 - 108 - 2)은 사업자가 세금계산서를 발급한 후 당초의 공급가액에 더하거나 빼는 금액이 발생한 경우 수정세금계산서를 발급하지 아니하거나 발급한 분에 대한 매출처별세금계산서합계표를 제출하지 아니한 때에는 부가가치세법 제20조 제2항 및 제6항에 따른 세금계산서와 그 합계표 부실기재가산세를 적용한다고 하고 있다. 이와 반대로 수정세금계산서를 발급하면 당초 세금계산서가 사실과 다르다고 하더라도 수정세금계산서 제도의 취지에 비추어 세금계산서 불성실가산세나 세금계산서합계표 불성실가산세 등의 제재는 따르지 않는다고 보아야 한다."라는 견해[17]가 있다.

다만 수정세금계산서가 발급되면 발급자와 거래상대방 사이에서 상호 체크가 가능하여 한쪽에서는 수정신고가, 다른 한쪽에서는 경정청구가 동시에 이루어지는 것이 바람직스러운 국면에서 과세관청이 그 시정과정을 검증할 수 있는 기회를 가지게 된다는 점에서, 수정세금계산서가 가지는 이점을 무시할 수 없다.

수정세금계산서는 통상 세금계산서가 가지는 기능(매입세액 공제의 기능)을 가진다고는 볼 수 없으나 세금계산서 원본을 보완하여 과세관청과 납세자에게 편의를 제공하는 증명서의 기능은 가진다(수정세금계산서의 편의제공기능).

(3) 공급가액이 사후적으로 증감변동되면 공급자가 부담하는 매출세액도 증감변동되도록 시정되어야 한다. 마찬가지로 공급받는 자가 공제받은 매입세액 또한 시정되어야 한다. "모든 사업자는 자신에게 사실상 유입되어 귀속된 유상적 대가에 대해서만 부가가치세를 부담한다는 원칙"상 사정변경은 당연히 고려되어야 하다.

재화의 환입, 계약의 해제, 공급가액의 증감변동을 사유로 수정세금계산서가 발급되어 수수되었다면 현연도 시정에 따라 사유가 발생한 날이 속하는 과세기간의 예정신고나 확정신고 기한까지 이를 반영하여 예정신고나 확정신고를 하는 것으로 충분하다.

만약 확정신고기한을 놓쳤다면 어떠한가? 한쪽 당사자는 수정신고를, 다른 한쪽 당사자는 통상의 경정청구를 하여 이를 시정하여야 한다. 해당 당사자가 수정신고를 하지 않는다면 수정세금계산서에 터잡아 증액경정으로 나아간다. 수정세금계산서의 발급이 거부되었더라도 마찬가지이다.

(4) 수정세금계산서의 규정에 관하여 일정한 범위 내에서 규범성을 인정한 대법원 판례 2개를 비교한다.

① 대법원 2011. 7. 28. 선고 2009두19984 판결

원고가 2000. 2. 14. 현대산업으로부터 세금계산서를 교부받아 2000년 제1기 부가가치세

17) 강석규, 전게서, 1186면 참조.

신고시 매입세액을 공제받았는데, 이후 공급가액이 조정을 갈음하는 결정으로 감액됨으로써 2006. 7. 18. 수정세금계산서를 교부받았다. 원고가 매입세액 공제액의 감소로 인하여 발생한 부가가치세액의 증가분을 수정신고를 하였어야 함에도 이를 하지 아니하여 부과처분을 받은 경우, 그 부가가치세의 제척기간 기산일이 문제된 사안이다.

『1. 구 부가가치세법(2006. 12. 30. 법률 제8142호로 개정되기 전의 것, 이하 '법'이라 한다) 제16조 제1항은 납세의무자로 등록한 사업자가 재화 또는 용역을 공급하는 때에는 제9조에 규정하는 공급시기에 세금계산서를 공급을 받은 자에게 교부하여야 하되, 대통령령이 정하는 경우에는 그 교부시기를 달리할 수 있도록 규정하고 있고, 그 위임에 의한 구 부가가치세법 시행령(2007. 2. 28. 대통령령 제19892호로 개정되기 전의 것, 이하 '시행령'이라 한다) 제59조는 "법 제16조 제1항의 규정에 의하여 세금계산서를 교부한 후 그 기재사항에 관하여 착오 또는 경정사유가 발생한 경우에는 부가가치세의 과세표준과 납부세액 또는 환급세액을 경정하여 통지하기 전까지 국세청장이 정하는 바에 따라 세금계산서를 수정하여 교부할 수 있다. 다만 당초의 공급가액에 추가되는 금액 또는 차감되는 금액이 발생한 경우에는 그 발생한 때에 세금계산서를 수정하여 교부할 수 있다."고 규정하고 있다.

그리고 구 국세기본법(2007. 12. 31. 법률 제8830호로 개정되기 전의 것) 제26조의2 제4항의 위임에 의한 구 국세기본법 시행령(2007. 2. 28. 대통령령 제19893호로 개정되기 전의 것, 이하 같다) 제12조의3 제1항은, 국세부과제척기간의 기산일인 국세를 부과할 수 있는 날에 관하여 그 제1호에서 '과세표준과 세액을 신고하는 국세에 있어서는 당해 국세의 과세표준과 세액에 대한 신고기한 또는 신고서 제출기한의 다음날'로 규정하고 있다.

2. 원심판결 이유에 의하면, 원심은 그 채택 증거를 종합하여 ① 원고는 현대산업개발 주식회사(이하 '현대산업'이라 한다) 등과 공동으로 주택건설사업을 시행하기로 하면서 1999. 12. 29. 현대산업이 개설할 도로를 사용하는 대가로 도로개설비용 분담금을 현대산업에 지급하기로 약정하고, 그에 관하여 2000. 2. 14. 현대산업으로부터 공급가액 1,207,378,824원의 세금계산서를 교부받은 후 2000년 제1기 부가가치세 신고 시 그 매입세액을 매출세액에서 공제한 사실, ② 그 후 원고가 도로개설비용 분담금을 지급하지 아니하자 현대산업이 그 지급을 구하는 소송을 제기하여 그 항소심(서울고등법원 2005나80785)에서 원고가 현대산업에 2006. 7. 31.까지 250,000,000원(부가가치세 포함)을 지급하고 나머지는 현대산업이 포기하기로 하는 내용의 조정에 갈음하는 결정(이하 '이 사건 조정결정'이라 한다)이 2006. 7. 15. 확정된 사실, ③ 이에 따라 현대산업은 2006. 7. 18. 당초의 공급가액과 이 사건 조정결정에 따른 공급가액의 차액에 해당하는 980,106,096원을 당초의 공급가액에서 차감하는 내용의 수정세금계산서(이하 '이 사건 수정세금계산서'라 한다)를 원고에게 교부하고 2006년 제2기 부가가치세 신고 시 위 금액에 관한 매출세액을 전체 매출세액에서 차감하였으나 원고는 2006년 제2기 부가가치세 신고 시 그에 대응하는 같은 금액의 매입세액을 전체 매입세액 공제액에서 차감하지 아니하자, 이를 이유로 피고는 2008. 3. 3. 원고에게 2006년 제2기 부가가치세 130,814,790원을 부과하는 이 사건 처분을 한 사실 등을 인정한 다음, 당초 세금계산서가

교부된 2000. 2. 14.에 도로개설비용 분담금 약정에 따른 용역의 공급이 완료되고 그 공급가액도 확정되었으므로 그때를 그 공급시기로 보아야 하고, 사후에 이 사건 수정세금계산서의 교부에 따라 원고의 부가가치세 증가분이 발생하더라도 그에 대한 부과제척기간은 위 공급시기가 속하는 2000 년 제1기의 부가가치세 과세표준신고기한 다음날인 2000. 7. 26.부터 진행한다고 보아, 그로부터 부과제척기간 5년이 경과한 후인 2008. 3. 3.에야 이루어진 이 사건 처분은 무효라고 판단하였다.

　　3. 그러나 원심의 이러한 판단은 다음과 같은 이유로 수긍할 수 없다.

　　시행령 제59조 단서의 취지는, 당초 세금계산서상의 공급가액이 후발적 사유로 증가하거나 감소한 경우 과세관청과 납세자의 편의를 도모하기 위하여 그 사유가 발생한 날을 작성일자로 하여 그에 관한 수정세금계산서를 교부할 수 있게 함으로써 그 공급가액의 증감액을 수정세금계산서 교부일이 속하는 과세기간의 과세표준에 반영하도록 하는 데에 있으므로, 그와 같이 후발적 사유로 당초 세금계산서상의 공급가액이 감소함에 따라 수정세금계산서를 교부받은 경우 그에 대응하는 매입세액 공제액의 감소로 인하여 발생한 부가가치세액 증가분에 관하여는 구 국세기본법 시행령 제12조의3 제1항 제1호에 의하여 그 수정세금계산서 교부일이 속하는 과세기간의 과세표준신고기한 다음날부터 그 부과제척기간이 진행한다고 보아야 할 것이다.

　　원심이 인정한 바와 같이 원고가 현대산업에 지급할 도로개설비용 분담금을 감액하는 내용의 이 사건 조정결정이 확정됨에 따라 원고가 2006. 7. 18. 현대산업으로부터 이를 반영한 이 사건 수정세금계산서를 교부받았다면, 이 사건 수정세금계산서의 교부에 따른 부가가치세 130,814,790원은 그 교부일이 속하는 2006년 제2기에 귀속되고, 그에 대한 부과제척기간은 그 과세표준신고기한 다음날인 2007. 1. 26.부터 진행한다고 할 것이므로, 2008. 3. 3. 이루어진 이 사건 처분은 부과제척기간이 경과한 후의 것이라고 할 수 없다.

　　이와 달리 원심은 이 사건 처분이 부과제척기간이 경과한 후의 것으로서 무효라고 판단하고 말았으니, 이러한 원심의 판단에는 수정세금계산서의 교부에 따른 부가가치세의 부과제척기간에 관한 법리를 오해하여 위법이 있고, 이 점을 지적하는 상고이유는 이유 있다.』

첫째, 시행령 제59조 단서의 취지는 당초 세금계산서상의 공급가액이 후발적 사유로 증가하거나 감소한 경우 과세관청과 납세자의 편의를 도모하기 위하여 그 사유가 발생한 날을 작성일자로 하여 그에 관한 수정세금계산서를 교부할 수 있게 함으로써 그 공급가액의 증감액을 수정세금계산서 교부일이 속하는 과세기간의 과세표준에 반영하도록 하는 데에 있다는 것이다(현연도 시정).

둘째, 수정세금계산서의 발급이 필수적이거나 의무적인지를 명백히 하지 않은 채, 후발적 사유 발생일이 아니라 수정세금계산서 교부일이 속하는 과세기간에 반영하는 것으로 제척기간도 그 과세기간의 과세표준 신고기한 다음날부터 진행된다는 것이다.

② 대법원 2013. 4. 11. 선고 2011두8178 판결

『가. 구 부가가치세법(2006. 12. 30. 법률 제8142호로 개정되기 전의 것, 이하 '법'이라 한다) 제13조 제2항은 "다음 각 호의 금액은 과세표준에 포함하지 아니한다."고 규정하면서 제1호에서 '에누리액'을 들고 있다. 그리고 구 부가가치세법 시행령(2007. 2. 28. 대통령령 제19892호로 개정되기 전의 것, 이하 '시행령'이라 한다) 제52조 제2항은 "법 제13조 제2항 제1호에 규정하는 에누리액은 재화 또는 용역의 공급에 있어서 그 품질·수량 및 인도·공급대가의 결제 기타 공급조건에 따라 그 재화 또는 용역의 공급 당시의 통상의 공급가액에서 일정액을 직접 공제하는 금액으로 한다."고 규정하고 있다.

이들 규정의 문언 내용과 아울러, 재화 또는 용역의 품질·수량이나 인도 등에 관한 공급조건이 원인이 되어 공급가액에서 공제 또는 차감되는 금액은 거래상대방으로부터 실제로 받은 금액이 아니므로 이를 부가가치세의 과세표준에서 제외하려는 입법 취지 등에 비추어 보면, 이들 규정에서 말하는 에누리액에는 공급하는 재화 또는 용역의 품질·수량이나 인도 등에 관한 공급조건과 결부된 명시적 또는 묵시적 약정에 따라 그 공급 당시의 통상의 공급가액에서 공제되는 금액뿐만 아니라, 공급계약 등에서 정한 품질·수량이나 인도 등에 관한 공급조건에 따라 공급이 이루어지지 아니하였음을 이유로 재화 또는 용역의 공급 후에 당초의 공급가액에서 차감되는 금액도 포함된다고 봄이 타당하다.

한편, 법 제16조 제1항 단서의 위임을 받은 시행령 제59조 단서는 당초의 공급가액에 추가되는 금액 또는 차감되는 금액이 발생한 경우에는 그 발생한 때에 수정세금계산서를 작성하여 교부하도록 규정하고 있는데, 그 취지는 당초 세금계산서상의 공급가액이 후발적 사유로 증가하거나 감소한 경우 과세관청과 납세자의 편의를 도모하기 위하여 그 사유가 발생한 날을 작성일자로 하여 그에 관한 수정세금계산서를 교부할 수 있게 함으로써 그 공급가액의 증감액을 그 사유가 발생한 날이 속하는 과세기간의 과세표준에 반영하도록 하는 데에 있다(대법원 2011. 7. 28. 선고 2009두19984 판결 참조). 따라서 재화 또는 용역의 공급 후에 에누리액이 발생한 경우에는 특별한 사정이 없는 한 그 사유가 발생한 날이 속하는 과세기간의 총공급가액에서 에누리액을 차감하여 해당 과세기간의 과세표준을 산정하여야 한다.

나. 생략

다. 이와 같은 사실관계를 앞서 본 법리에 비추어 살펴보면, 이 사건 차임은 원고 등이 이 사건 임차인들에게 부동산임대차계약에서 정한 부동산 임대용역을 제대로 공급하지 못하였음을 이유로 그 공급 후에 면제된 것으로서, 법 제13조 제2항 제1호, 시행령 제52조 제2항의 규정에 따라 부가가치세의 과세표준에서 제외되는 에누리액에 포함된다고 봄이 타당하므로, 이 사건 차임 중 소외 3, 4에 대한 면제 차임 합계 20,100,000원(= 13,350,000원 + 6,750,000원)은 그 면제합의일인 2005. 11. 30.과 2005. 12. 1.이 속하는 과세기간인 2005년 제2기의 총공급가액에서, 아로마에 대한 면제 차임 195,100,000원은 그 면제합의일인 2006. 12. 20.이 속하는 과세기간인 2006년 제2기의 총공급가액에서 각각 차감되어야 한다. 따라서 이 사건 제1처분 중 소외 3, 4에 대한 면제 차임 합계 20,100,000원을 차감하지 아니한 채 과세표준을 산정한 부분(이하 '소외 3, 4 부분'이라 한다)

은 위법하다.

라. 그럼에도 원심은, 재화 또는 용역의 납세의무 성립시기 후에 공급가액에 대한 일부 면제 합의가 있었다고 해서 이미 성립한 납세의무의 효력이 좌우될 수 없다는 등의 이유로 이 사건 제1처분이 전부 적법하다고 판단하고 말았으니, 이 사건 제1처분에 대한 원심판단 중 소외 3, 4 부분에는 부가가치세의 과세표준에서 제외되는 에누리액의 범위 등에 관한 법리를 오해하여 판결에 영향을 미친 위법이 있다. 원고의 상고이유 주장은 이 점을 지적하는 범위 내에서 이유 있고, 나머지는 이유 없다.』

첫째, 구 부가가치세법 제13조 제2항 제1호 소정의 에누리액을 해석함에 있어 '거래상대방으로 받은 금액'만이 과세표준을 구성한다는 점이다. 즉 "모든 사업자는 자신에게 사실상 유입되어 귀속된 유상적 대가에 대하여만 부가가치세를 부담한다."는 원칙을 확인하고 있다. 그러면서 재화 또는 용역의 공급 후 사후적 변경으로 당초의 공급가액에서 차감되는 경우에도 위 제13조 제2항의 규율대상임을 확인하고 있다.

둘째, 차임면제액은 구 부가가치세법 시행령 제52조 제2항 소정의 부가가치세 과세표준에서 제외되는 에누리액에 해당된다고 판단한 다음, 당초의 공급가액에 추가되는 금액 또는 차감되는 금액이 발생한 경우에는 그 발생한 때에 수정세금계산서를 작성하여 교부하도록 규정하고 있으므로 현연도 시정되어야 함이 옳다는 것이다.

셋째, 대법원 2009두19984 판결과는 달리, 수정세금계산서의 발급 여부에 관하여 전혀 언급함이 없이(사안 자체에서 수정세금계산서가 발급되지 않았던 것으로 보인다), 구 부가가치세법 시행령 제59조 단서의 취지는 "당초 세금계산서상의 공급가액이 후발적 사유로 증가하거나 감소한 경우 과세관청과 납세자의 편의를 도모하기 위하여 그 사유가 발생한 날을 작성일자로 하여 그에 관한 수정세금계산서를 교부할 수 있게 함으로써 그 공급가액의 증감액을 그 사유가 발생한 날이 속하는 과세기간의 과세표준에 반영하도록 하는 데에 있다(대법원 2011. 7. 28. 선고 2009두19984 판결 참조)."라고 하면서, 따라서 재화 또는 용역의 공급 후에 에누리액이 발생한 경우에는 특별한 사정이 없는 한 그 사유가 발생한 날이 속하는 과세기간의 총공급가액에서 에누리액을 차감하여 해당 과세기간의 과세표준을 산정하여야 한다고 판시하고 있다.

(5) 국세기본법 제45조의2 제2항의 사정변경에 기한 경정청구의 배제

시행령 제70조 제1항 제1호, 제2호, 제3호 소정의 현연도 시정에 관한 규정은 순수한 절차법적 규정이 아니라 실체법적 규범의 성질도 함께 가지는 부가가치세법상의 특수한 시정규정이므로 국세기본법상의 사정변경에 기한 경정청구는 배제된다.

예를 들면 계약해제의 경우 2012. 2. 2. 시행령 개정 전에는 계약해제일이 아닌 당초 세금계산서 작성일로 한 (−)수정세금계산서를 발급하도록 규정(過年度 是正)하고 있어 이를 기초로 수정신고와 사정변경에 기한 경정청구를 하여 이를 시정하도록 하였다. 그런데 2012. 2.

2. 시행령 개정으로 계약해제일을 작성일로 한 (−)수정세금계산서를 발급하도록 규정(現年度 是正)함으로써 과년도 시정을 전제로 하는 수정신고와 사정변경에 기한 경정청구가 배제된다.

다만 공급시기의 판단 잘못 등 기간귀속에 대한 착오가 있는 경우에 한 과세기간에 대하여는 수정신고를, 다른 과세기간에 대하여는 통상의 경정청구를 하게 됨은 기간귀속과세의 원칙이 적용되는 법인세 등과 동일하다.

(6) 공급가액의 사후적 증감변경과 현연도 시정의 특수성

현연도 시정의 내용은 다음과 같다. 만약 그 확정신고기한까지 이를 확정신고하지 않고 그 확정신고기한이 경과하였다면 양 당사자 중 한쪽 당사자는 수정신고를, 다른 한쪽 당사자는 통상의 경정청구를 하여 이를 시정하여야 한다. 해당 당사자가 수정신고를 하지 않는다면 과세관청이 직권으로 증액경정에 나아간다.

이 경우 증액경정의 제척기간의 기산일 내지 통상의 경정청구의 기산일이 문제된다. 현연도 시정 규정은 순수한 절차법적 규정이 아니라 실체법적 규범의 성질도 함께 가지는 부가가치세법상의 특수한 시정 규정이다. 사정변경으로 인한 매매대금의 감액으로 매입세액의 공제가 과다하여 이를 시정함으로써 발생하는 국가의 조세채권은 그 사유가 발생한 과세기간이 경과함으로서 성립하고 소급효를 인정할 수 없다. 사정변경으로 인한 매매대금이 증액된 경우에도 마찬가지이다. 따라서 제척기간의 기산일이나 경정청구의 기산일은 사후적 변경사유가 발생한 날이 속하는 과세기간의 확정신고기한의 다음날이다.

마. 내국신용장의 사후개설(제4호)

재화 또는 용역을 공급한 후 공급시기가 속하는 과세기간 종료 후 25일(과세기간 종료 후 25일이 되는 날이 공휴일 또는 토요일인 경우에는 바로 다음 영업일을 말한다) 이내에 내국신용장이 개설되었거나 구매확인서가 발급된 경우, 영세율 적용을 가능케 하기 위하여 영세율 세금계산서의 발급에 관한 규정을 정하고 있다. 이러한 경우 공급시기가 속하는 과세기간에 대한 확정신고를 하면서 이를 반영하면 되므로 수정신고나 경정청구가 필요없다. 확정신고를 하면서 이를 반영하지 않았다면 이후 수정신고나 경정청구를 통하여 시정되어야 할 것이다.

바. 필요적 기재사항이 착오로 잘못 적힌 경우(제5호, 제8호, 제9호)[18]

(1) 수정세금계산서 발행사유

---

18) 독일 부가가치세법 제14c에 의하면, 사실과 다른 세액증명을 부실한 세액증명(unrichtiger Steuerausweis)과 권한 없는 자의 세액증명(unberechtigter Steuerausweis)으로 나눈 다음, 제1항(2004. 1.1. 개정 시행)에서 부실한 세액증명에 대하여는 법률상 부담하는 세액을 초과하는 세액도 납부할 의무를 부담하나 이를 시정하는 경우 제17조 제1항이 준용되어 소급효가 없다는 취지로 정하고 있다.

제5호 소정의 필요적 기재사항 등이 착오(錯誤)로 잘못 적힌 경우로서 당초 세금계산서 발급부터 잘못이 있는 경우라는 점에서 당초 세금계산서 발급에 있어 잘못이 전혀 없는 제1호, 제2호, 제3호의 발급사유와 전혀 다르다.

제8호 소정의 면세 등 발급대상이 아닌 거래 등에 대하여 발급된 경우, 제9호 소정의 세율을 잘못 적용하여 발급한 경우(영세율 적용여부가 문제된 경우로는 대법원 2013. 10. 17. 선고 2010두12972 판결 참조)도 여기에 포함된다.

공급받는 자가 A사업자인지, B사업자인지 판단이 어려워 착오로 잘못 기재한 경우나 공급가액을 착오로 사실과 다르게 기재한 경우도 있을 수 있다(매매대금에 부가가치세가 포함되어 있는지 여부에 대하여 착오가 있는 경우).

제5호에는 과세표준 또는 세액을 경정할 것을 미리 알고 있는 경우 등의 예외가 있음에 유의하여야 한다.

(2) 수정세금계산서 제도의 취지

당초 공급자와 공급받는 자가 세금계산서를 통하여 부가가치세의 전가를 예상한 이상, 공급자의 입장에서 볼 때 전가범위를 명백히 하고 공급받는 자로 하여금 수정세금계산서를 통하여 매입세액을 시정할 수 있는 기회를 편의롭게 제공하기 위한 것이다. 당초 세금계산서의 수정방법으로 수정세금계산서가 발행됨으로써 상호 검증도 가능하게 되어 거래당사자는 물론 과세관청도 편의롭게 검증의 기회를 가질 수 있다. 그렇다고 하여 수정세금계산서 발급을 의무 지우는 의무규정으로 볼 수는 없다.

이러한 수정세금계산서를 이해함에 있어서, 시행령 제75조 제2호에서 '법 제32조에 따라 발급받은 세금계산서의 필요적 기재사항 중 일부가 착오로 사실과 다르게 적혔으나 그 세금계산서에 적힌 나머지 필요적 기재사항 또는 임의적 기재사항으로 보아 거래사실이 확인되는 경우' 매입세액 공제를 허용하고 있다는 점을 항상 염두에 두어야 한다.

(3) 당초 세금계산서 수정의 법적 효과와 통상의 경정청구

수정세금계산서가 발급되면 착오로 발행된 당초의 세금계산서는 수정되나 그 효과가 소급하는지 여부에 관하여 명시적인 정함이 없다. 제5호에서 '처음에 발급한 세금계산서의 내용대로' 기재하라는 것이므로 당초 세금계산서의 발행일자로 소급한다고 보아야 한다. 수정세금계산서는 당초 세금계산서를 수정·보완하는 것이어서 위 2개의 세금계산서를 합쳐야 비로소 완전한 세금계산서가 된다.

당초의 과세표준 확정신고 전에 이러한 착오를 발견했다면 수정세금계산서에 터잡아 이를 반영한 과세표준 확정신고를 하면 되므로 수정신고나 통상의 경정청구를 할 여지가 없다. 만약 과세표준 확정신고기한이 도과한 후에 이러한 착오를 발견했다면 수정세금계산서를 발급받아 수정신고나 통상의 경정청구를 하여야 한다.

　　수정세금계산서의 발급이 거부되더라도 확정신고기한이 도과한 이후라면 통상의 경정청구를 할 수 있다. 시행령 제75조 제2호에서 수정세금계산서의 발급을 전제로 하고 있지 않을 뿐더러 수정세금계산서 규정을 의무규정으로 해석할 수도 없기 때문이다.

　　(4) 대법원 2010. 10. 28. 선고 2009두10635 판결

　　학교법인인 원고가 신축공사를 함에 있어 2004. 3. 30.부터 2006. 1. 27.까지 산하 대학교 명의로 매입세금계산서를 발급받았다가 2006. 12. 공급받는 자를 학교법인으로 한 수정세금계산서를 발급받은 다음 그 매입세액 공제를 받기 위하여 경정청구를 하였으나 거부되어 거부처분 취소소송을 제기한 사안이다.

　　『원고는 2004. 3. 30.부터 2006. 1. 27.까지 사이에 소외 1 주식회사와 소외 2 주식회사로부터 위 주차장 및 종합복지관 신축공사(이하 2건의 공사를 합하여 이 사건 공사'라고 한다)에 대하여 공급받는 자를 ○○대학교'로, 등록번호를 그 고유번호인 (상세번호 생략)'으로 하는 매입세금계산서 31장(이하 수정 전 세금계산서'라고 한다)을 교부받은 사실, 그 후 원고는 이 사건 공사에 관련된 각종 계약서의 건축주 또는 도급인 명의를 ○○대학교에서 원고로 변경하는 한편 소외 1 주식회사와 소외 2 주식회사에 요청하여 수정 전 세금계산서에 관하여 2006년 12월경 거래처 착오분 정정 발행을 이유로 한 수정세금계산서를 교부받은 사실, 이 사건 공사가 이루어진 ○○대학교 내 부지와 이 사건 공사로 신축된 건축물의 소유자는 원고이고, 공사와 관련된 각종 인·허가도 원고 명의로 받은 사실 등을 인정한 다음, ① 이 사건 공사를 위한 건축설계 및 공사감리계약과 신축공사계약의 당사자는 원고로 보아야 할 것이고 당초 ○○대학교명의로 작성된 계약서는 착오로 인하여 도급인을 잘못 기재한 것으로 보아야 하는 점, ② 부가가치세의 신고·납부는 사업장별로 이루어지지만, 이 사건 공사를 위한 건축설계 및 공사감리계약과 신축공사계약의 내용은 주로 과세사업에 관련된 것이고, 이 사건 공사의 목적인 수익사업은 부가가치세 과세사업자로 사업자등록을 한 원고의 사업이며, 위 과세사업과 관련된 사항의 세금계산서의 수령 주체 역시 원고가 되어야 하는 점, ③ 공급받는 자인 원고가 착오로 당초 ○○대학교명의로 소외 1 주식회사나 소외 2 주식회사와 건축설계 및 공사감리계약과 신축공사계약을 체결하는 바람에 공급하는 자인 소외 1 주식회사나 소외 2 주식회사도 착오로 세금계산서의 공급받는 자를 원고가 아닌 ○○대학교로 기재한 것이라고 볼 수 있는 점, ④ 이 사건과 같이 공급받는 자의 등록번호를 원고 산하 ○○대학교의 고유번호로 잘못 기재한 경우에는 수정세금계산서를 교부받아 매입세액을 공제받도록 하더라도 거래질서를 어지럽힐 우려가 없고, 부가가치세 체계에 혼란을 초래한다거나 악용의 소지가 없는 점 등을 종합하여 보면, 수정 전 세금계산서상 공급받는 자'란에 ○○대학교라는 명칭과 그 고유번호가 기재된 것은 기재사항에 관하여 착오가 발생한 경우에 해당하여 수정세금계산서의 발행사유가 된다는 이유로, 원고의 경정청구를 거부한 이 사건 처분 중 원고가 수정세금계산서를 교부받아 매입세액 공제를 구하는 부분은 위법하다고 판단하였다. 앞서 본 각 규정과 기록에 비추어 살펴보면, 원심의 위와 같은 판단은 정당한 것으로 수긍할 수 있다.』

위 판결은 수정세금계산서가 발급되어야만 경정청구를 할 수 있다는 취지로도 읽혀질 여지도 있다. 그러나 수정세금계산서의 발행이 거부되었다 하더라도 원고는 통상의 경정청구를 할 수 있다고 보아야 한다.

사. 필요적 기재사항이 착오 외의 사유로 잘못 적힌 경우(제6호)

(1) 착오 외의 사유

제6호는 2012. 2. 2. 전자세금계산서 제도의 시행으로 공급받는 자의 확인 등이 어려워 잘못 기재된 세금계산서가 다량 발급되고 있는 상황 등을 고려하여 착오 여부와 관계없이 확정신고기한까지는 수정세금계산서의 발급을 허용하도록 하기 위하여 신설되었다고 한다.[19)]

제6호의 전형적인 예로 가공세금계산서 및 위장세금계산서가 여기에 해당된다. 착오 외의 사유가 여기에 해당하므로 고의를 포함한다. 따라서 고의보다 넓다. 면세나 부가가치세의 과세대상이 아님을 알면서 세금계산서를 고의로 발급한 경우, 포괄적 사업양도에 해당됨에도 고의로 세금계산서를 발급한 경우도 여기에 해당된다. 이 경우 당초의 세금계산서를 수정할 여지가 없도록 하여야 하나 전자세금계산서 제도의 시행으로 구체적 사안에 따라서는 이를 판단하기 어려운 때도 있으므로 발급시한을 당초 과세기간에 대한 확정신고기한까지로 한 수정세금계산서의 발급을 허용한 것이다.

(2) 제6호 소정의 수정세금계산서의 의미

제6호에 의하면 재화 또는 용역의 공급일이 속하는 과세기간에 대한 확정신고기한까지 수정세금계산서를 작성할 수 있다는 것이므로, 당초 고의로 잘못된 세금계산서를 발급하여 부가가치세 질서를 교란하였다 하더라도 일단 확정신고기한까지는 이를 수정할 수 있는 길을 열어주겠다는 취지로 보인다. 확정신고기한이 지난 이후에는 수정세금계산서를 이용할 수는 없다.

아. 착오로 전자세금계산서를 이중으로 발급한 경우(제7호)

(1) 착오로 전자세금계산서를 이중으로 발급한 경우에는 처음에 발급한 세금계산서의 내용대로 음(陰)의 표시를 하여 발급한다. 필요적 기재사항이 착오로 잘못 적힌 경우 (−)세금계산서 발급 및 새로이 발행하는 세금계산서 등 2매가 발급되나, 전자세금계산서의 이중 발급의 경우에는 (−)세금계산서 1매만이 발급된다.

(2) 대법원 2004. 5. 27. 선고 2002두1717 판결

『원심판결 이유에 의하면 원심은, 판시와 같은 사실을 인정한 다음, 이 사건 2차 세금계산서는 1차 세금계산서의 수정세금계산서로 보아야 하는데 수정세금계산서는 과세표준과 세액이 과세관청

제
5
장

에 의하여 경정·통지되기 전까지 교부되어야 함에도 2차 세금계산서는 당초 신고에 대한 피고의 경정결정 후에 작성·교부된 것이어서 적법한 요건을 갖추지 못한 것이므로 이를 근거로 매입세액의 환급을 구하는 이 사건 경정청구는 위법하다는 피고의 주장에 대하여, 수정세금계산서는 과세기간이 동일한 것을 전제로 당초의 세금계산서 기재 내용에 착오가 있어 과세표준과 세액의 경정 등을 필요로 하는 경우에 작성·교부되는 것인데 이 사건 2차 세금계산서는 1차 세금계산서와는 그 과세기간을 달리 하는 것이어서 수정세금계산서에 해당한다고 할 수 없으므로 양자를 별개로 보아야 하며, 나아가 2차 세금계산서는 이 사건 물품의 공급시기나 과세기간이 경과한 다음에 그 작성일자를 소급하여 작성·교부된 것이기는 하나, 작성연월일을 제외한 나머지 기재사항이 모두 진실로서 그 기재 내용대로 거래사실이 확인되므로 당해 매입세액은 공제되어야 하는 것임에도 그와 같은 내용의 경정을 거부한 피고의 조치는 위법하다고 판단하였다.

그러나 부가가치세법 제16조 제1항에 의하면 사업자가 재화 또는 용역을 공급하는 때에는 법 제9조에서 정하는 공급시기에 세금계산서를 교부하여야 한다고 규정하는 한편, 부가가치세법시행령 제59조에서는 법 제16조 제1항에 의한 세금계산서를 교부한 후 그 기재사항에 관하여 착오 또는 경정사유가 발생한 경우에는 국세청장이 정하는 바에 따라 세금계산서를 수정하여 교부할 수 있도록 하되 그 교부기한을 과세관청이 과세표준과 세액을 경정·통지하기 전까지로 제한하고 있는 점으로 보아, 부가가치세법은 동일한 거래에 대하여는 하나의 세금계산서가 교부되어야 함을 전제로 하고 있고, 다만 당초의 공급시기에 세금계산서가 교부되었으나 착오 등에 의하여 당해 과세기간에 대한 과세표준과 세액의 경정 등이 필요한 경우에 예외적으로 수정세금계산서의 발행이 허용된다고 보아야 한다.

따라서 어떤 재화나 용역의 공급에 대하여 세금계산서가 발행·교부된 후에 당해 거래에 대하여 다시 세금계산서가 발행·교부되었다면 그것이 수정세금계산서로서의 요건을 갖추지 아니하는 한 이는 단지 이중으로 발행된 부적법한 세금계산서에 불과하여 효력이 없으므로 그 기재 내용에 따른 매입세액 공제 여부 등을 별도로 따질 것은 아니라고 할 것인바, 원심이 확정한 사실관계에 의하면 이 사건 2차 세금계산서는 1차 세금계산서에 의한 매입세액이 불공제 처분된 후에 그 기재 내용을 취소하거나 수정하지 아니하고 이를 그대로 둔 채 동일한 거래에 대하여 당초와는 과세기간을 달리하여 다시 발행·교부된 것으로서 적법한 수정세금계산서로서의 요건을 갖추지 못하였다고 할 것이며, 따라서 이는 동일한 거래에 대하여 이중으로 발행된 부적법한 세금계산서에 해당한다고 보아야 한다.

그럼에도 불구하고, 이와 다른 전제에서, 2차 세금계산서가 수정세금계산서에 해당하지 아니한다고 하면서도 이를 1차 세금계산서와는 별개의 유효한 세금계산서로 보아 그 기재내용에 따른 매입세액을 공제하여야 한다고 판단한 원심판결에는 세금계산서에 관한 법리를 오해하여 판결 결과에 영향을 미친 위법이 있다 할 것이므로 이 점을 지적하는 피고의 상고이유는 그 이유가 있다.』

8. 과세유형의 전환

가. 일반과세자에서 간이과세자로 유형전환

(1) 일반과세자에서 간이과세자로 과세유형전환을 한 후 후발적 사정으로 공급가액 등의 증감변동이 일어나는 경우의 처리문제에 관한 것이다.

시행령 제70조 제2항

『일반과세자에서 간이과세자로 과세유형이 전환된 후 과세유형전환 전에 공급한 재화 또는 용역에 제1항 각 호의 사유가 발생한 경우에는 제1항 각 호의 절차에도 불구하고 처음에 발급한 세금계산서 작성일을 수정세금계산서 또는 수정전자세금계산서의 작성일로 적고, 비고란에 사유 발생일을 덧붙여 적은 후 추가되는 금액은 검은색 글씨로 쓰고 차감되는 금액은 붉은색 글씨로 쓰거나 음의 표시를 하여 수정세금계산서 또는 수정전자세금계산서를 발급할 수 있다.』

제2항은 제1항에 대한 특칙으로, 제1항 각 호의 사유(재화의 환입, 계약의 해제, 공급가액의 증감변동)가 발생한 경우에는 제1항 각 호의 절차에 따를 것이 아니라 당초 발급한 세금계산서 작성일을 수정세금계산서의 작성일로 적도록 규정하고 있다.

예를 든다. 일반과세자였던 개인사업자(법인사업자는 해당이 없다)의 직전 연도인 2011년의 공급대가(부가가치세 포함)가 4800만 원에 미달하면 2012. 7. 1.부터 2013. 6. 30.까지 간이과세자로 전환된다. 과세전환 후인 2012. 12. 31.에 이르러 2011년 제2기에 공급하였던 재화에 대하여 계약해제사유가 발생하거나 대금증감사유가 발생하였다면, 당초 세금계산서 작성일자를 수정세금계산서의 작성일자로 적고, 비고란에 사유발생일을 부기한 후 추가되는 금액은 검은 색 글씨를 쓰고 차감되는 금액을 붉은 색 글씨를 쓰거나 (−)표시를 하여 수정세금계산서를 발급할 수 있다는 것이다.

(2) 국세기본법 제45조의2 제2항에 기한 경정청구

이 경우 공급자는 2011년 제2기의 과세연도에 대하여 국세기본법 제45조의2 제2항에 의한 사정변경에 기한 경정청구를 하거나 제45조에 기한 수정신고를 해야 한다.

공급받는 사업자도 마찬가지로 해제사유가 발생하거나 공급가액 변동사유가 발생한 경우 당초 세금계산서를 수정한 세금계산서에 따라 당초 공급일의 과세기간에 맞추어, 매입세액의 시정을 위하여 사정변경에 기한 경정청구를 하거나 수정신고를 해야 한다.

나. 간이과세자에서 일반과세자로 유형전환

대법원 2012. 7. 26. 선고 2010두2845 판결

『1. 구 부가가치세법(2010. 1. 1. 법률 제9915호로 개정되기 전의 것, 이하 '법'이라 한다) 제17조의3 제1항은 "제25조의 규정에 의한 간이과세자가 일반과세자로 변경되는 경우에는 당해 변경 당시의 재고품 및 감가상각자산에 대하여 대통령령이 정하는 바에 따라 계산한 금액을 매입세액으로서 공제할 수 있다."고 규정하고, 제2항은 "제1항의 재고매입세액의 공제에 관하여 재고품의 범위, 그 적용시기 기타 필요한 사항은 대통령령으로 정한다."고 규정하고 있다. 그리고 그 위임에 따른 구 부가가치세법 시행령(2010. 12. 30. 대통령령 제22578호로 개정되기 전의 것, 이하 '시행령'이라 한다) 제63조의3 제1항은 "간이과세자가 일반과세자로 변경되는 경우에는 그 변경되는 날 현재의 그 각 호에 규정된 재고품 및 감가상각자산(법 제17조의 규정에 의한 매입세액 공제대상인 것에 한한다)을 변경되는 날의 직전 과세기간에 대한 확정신고와 함께 일반과세 전환시의 재고품 및 감가상각자산신고서에 의하여 각 사업장 관할세무서장에게 신고하여야 한다."고 규정하고, 제3항은 "제1항의 규정에 의하여 신고한 자에 대하여는 그 각 호의 방법에 의하여 계산한 금액을 매입세액 (이하 '재고매입세액'이라 한다)으로 공제한다."고 규정하며, 제6항은 "제1항의 규정에 의한 신고를 받은 관할세무서장은 재고매입세액으로서 공제할 수 있는 재고금액을 조사·승인하고 제1항에 규정하는 기한 경과 후 1월 이내에 당해 사업자에게 공제될 재고매입세액을 통지하여야 한다. 이 경우 그 기한 내에 통지하지 아니하는 때에는 당해 사업자가 신고한 재고금액을 승인한 것으로 본다."고 규정하고, 제7항은 "제6항의 규정에 의하여 결정된 재고매입세액은 그 승인을 얻은 날이 속하는 예정신고기간 또는 과세기간의 매출세액에서 공제한다."고 규정하며, 제8항은 "제6항의 규정에 의하여 승인하거나 승인한 것으로 보는 재고매입세액의 내용에 오류 또는 탈루가 있는 경우에는 법 제21조의 규정에 의하여 재고매입세액을 조사하여 경정한다."고 규정하고 있다.

이러한 규정들의 문언 내용과 형식, 그리고 재고매입세액 공제제도의 취지 등을 종합하여 보면, 간이과세자에서 일반과세자로 변경되는 사업자가 시행령 제63조의3 제1항이 규정하는 기한 내에 일반과세 전환시의 재고품 및 감가상각자산을 신고하지 아니하였다고 하여 재고매입세액의 공제가 배제된다고 할 수는 없고, 그 사업자가 시행령 제63조의3 제1항에서 규정하는 기한 경과 후에 일반과세 전환시의 재고품 및 감가상각자산을 신고하는 경우에도 일반과세 전환시의 재고품 및 감가상각자산에 대해서는 시행령 제63조의3 제3항에 따라 계산한 재고매입세액을 그 신고한 날이 속하는 예정신고기간 또는 과세기간의 매출세액에서 공제할 수 있다고 봄이 상당하다.

2. 그럼에도 이 사건에서 원심은, 법 제17조의3의 규정에 의한 재고매입세액의 공제를 받기 위해서는 반드시 시행령 제63조의3 제1항이 규정하는 기한 내에 일반과세 전환시의 재고품 및 감가상각자산을 신고하여야 한다고 전제한 다음, 원고가 일반과세자로 변경되기 직전 과세기간에 대한 확정신고기한인 2008. 1. 25.까지 재고매입세액 공제신고를 하지 아니하다가 2008. 4. 23.에서야 이를 신고하였으므로, 원고는 법 제17조의3의 규정에 의한 재고매입세액의 공제를 받을 수 없다는

이유로, 원고가 시행령 제63조의3 제3항에 따라 재고매입세액으로 공제받을 수 있는 금액이 있는지 여부를 심리하지 아니한 채 피고가 원고의 재고매입세액 공제를 부인한 이 사건 처분이 적법하다고 판단하였는바, 이러한 원심의 판단에는 재고매입세액 공제에 관한 법리를 오해하여 필요한 심리를 다하지 아니함으로써 판결에 영향을 미친 잘못이 있다. 이를 지적하는 취지의 원고의 주장은 이유 있다.』

재고매입세액의 공제를 받기 위한 절차를 게을리하였다는 이유로 세액확정절차의 하나인 재고매입세액의 공제를 받을 수 없다고 할 수 없다. 이후 재고매입세액을 확정하는 절차를 거쳐 통상의 경정청구를 통하여 시정될 수 있다 할 것이다.

9. 대손세액공제

가. 의의 및 입법취지

(1) 대손세액공제제도

재화나 용역을 외상매출한 경우 공급자는 공급시기가 속하는 과세기간에 매출세액을 납부하고 공급받은 자는 해당 매입세액을 공제받게 된다. 이후 대손사유의 발생으로 매출채권이 회수불능된 경우, 공급자는 거래징수하지 못한 부가가치세를 부담한 셈이 되나 공급받은 자는 자신이 부담하지도 아니한 부가가치세를 공제받게 된다.

이러한 모순을 해소하기 위하여, 대손사유가 발생하면, 공급자는 납부한 부가가치세를 대손이 확정된 날이 속하는 과세기간의 예정신고나 확정신고를 함에 있어 매출세액에서 공제하는 방법으로 이를 반영하고, 공급받은 자는 이미 공제받은 매입세액을 대손이 확정된 날이 속하는 과세기간의 확정신고를 함에 있어, 이미 공제받은 매입세액의 회수방법으로, 매입세액에서 공제하는 형식으로 추가로 신고납부하도록 하는 제도를 두고 있다. 이것이 대손세액공제제도이다(신 부가가치세법 제45조, 시행령 제87조).

부가가치세 신고 후 또는 부과처분이 확정된 후 대손사유가 생기는 것이 통상이므로 기간과세원칙과의 사이에서 문제된다. 입법자는 대손사유가 발생한 과세기간의 확정신고를 함에 있어 대손사유를 고려하도록 하는 현연도 시정을 인정하고 있다. 그 점에서 앞서 본 재화의 환입, 계약의 해제, 공급가액의 증감변동과 동일하다. 다만 수정세금계산서 제도가 없다는 점에서 다르다.

(2) 대손세액공제의 입법취지

대손세액공제는 부가가치세법 제정 당시에는 없었던 제도이다. 1993. 12. 31. 신설되었다. 입법취지로 외상매출채권의 대손시 거래징수하지 못한 부가가치세를 매출세액에서 차감할 수 있도록 하여 기업의 자금부담을 완화하기 위한 것으로 설명되고 있다.

현행 신 부가가치세법 제29조 제6항에서는 "사업자가 재화 또는 용역을 공급받는 자에게 지급하는 장려금이나 이와 유사한 금액 및 제45조 제1항에 따른 대손금액은 과세표준에서 공제하지 아니한다."라고 규정되어 있다. 1977. 7. 1 법 제정 당시 구 부가가치세법 제13조 제3항에서는 "재화 또는 용역을 공급한 후의 그 공급가액에 대한 할인액 · 대손금 · 장려금과 이와 유사한 금액은 과세표준에서 공제하지 아니한다."고 규정하고 있었다.

한편 법 제정 당시 대손세액공제제도를 두지 아니한 이유는 아마도 대손세액공제로 인하여 입게 될 국고손실 때문이었을 것이다. 공급을 받은 사업자에게 이미 매입세액 공제를 받은 단계에서 공급을 한 사업자에게 대손세액공제를 인정한다면 국가는 매입세액 공제를 받은 사업자에게서 이를 반환받을 수밖에 없는데 당시는 상당한 시간이 지난 시점으로 매입세액 공제를 받은 사업자의 자력악화로 외상매출채권을 변제할 수 없는 상태라면 매입세액의 반환도 불가능에 가까울 것이기 때문이다.

그럼에도 1993. 12. 31. 대손세액공제제도가 신설된 이유가 무엇인지가 문제된다. 당시 입법자는 금융실명제의 실시에 따라 과세자료의 양성화 등에 힘입어 국고손실을 어느 정도 감수하더라도 부가가치세제를 제대로 작동시키기 위하여 필요하였던 대손세액공제제도를 도입하여야 할 적기로 판단하였던 것으로 보인다. 부가가치세법은 "모든 사업자는 자신에게 사실상 유입되어 귀속된 유상적 대가에 대하여만 부가가치세를 부담한다."라는 원칙을 전제하고 있다고 보아야 한다. 따라서 오늘날 우리나라의 재정상황에 비추어 볼 때, 대손세액공제는, 매입세액의 공제와 마찬가지로, 부가가치세법상 내재적으로 존재하여야 하는 필수적 작동장치로 보아야 한다. 국가가 납세자에게 임의로 베푸는 은혜적 · 시혜적 조세경감조치도 아니고 기업의 자금부담을 완화하기 위한 제도라고 할 수도 없다. 이러한 의미에서 앞으로 대손세액공제를 적극적으로 보다 폭넓게 인정하는 방향으로 나아가야 한다.

(3) 헌법재판소 2011. 12. 29. 선고 2011헌바33 결정

『부가가치세 납세의무자는 재화 등을 공급받는 자가 아니라 공급자이고, 재화 등의 공급자는 실제 대가를 지급받는 시점이 아닌 재화 등의 공급시기가 속한 과세기간에 부가가치세를 신고 · 납부를 하여야 하므로, 사업자가 재화 등을 외상으로 공급한 후 거래상대방의 부도 또는 파산 등의 사유로 대가를 지급받지 못한 경우 사업자는 재화 등의 공급가액뿐만 아니라 국가에 납부한 부가가치세액까지 경제적 손실을 입게 된다. 부가가치세법 제17조의2에서는 이러한 경우 사업자의 자금부담을 완화하고자 하는 목적에서, 사업자가 상대방으로부터 지급받지 못한 부가가치세액 상당액, 즉 대손세액을 추후 납부해야 할 매출세액에서 차감하는 주는 대손세액공제 제도를 규정하고 있는바 (대법원 2008. 4. 24. 선고 2006두13855 판결 참조), 이는 실질적 소득이 아닌 형식적 거래의 외형

에 대하여 세금을 부담한다는 부가가치세의 원칙에 대한 예외로서 조세경감 혜택을 인정한 것으로 볼 수 있다. … . 이 사건 법률조항은 사업자의 자금부담을 완화하기 위하여 사업자의 매출세액에서 대손세액을 차감하는 내용의 규정으로서 일정의 조세경감의 혜택을 부여하는 규정이다.』

위 결정에 의하면 대손세액공제제도가 사업자에게 자금부담의 완화 내지 조세경감의 혜택을 부여하기 위한 것이라고 본다. 대법원 2008. 4. 24. 선고 2006두13855 판결도 대손세액공제제도의 입법취지를 '세 부담을 덜어주기 위하여'라고 판시하고 있다.

나. 대손세액공제의 요건

(1) 대손사유의 충족

신 부가가치세법 제45조 제1항에 의하면 매출채권의 전부 또는 일부가 공급을 받은 자의 파산·강제집행이나 그 밖에 대통령령으로 정하는 사유로 대손되어 회수할 수 없는 경우를 대손사유로 정하고 있다.

시행령 제87조 제1항 제1호에서 소득세법 시행령 제55조 제2항 및 법인세법 시행령 제19조의2 제1항에 따라 대손금(貸損金)으로 인정되는 경우를, 제2호에서 채무자 회생 및 파산에 관한 법률에 따른 법원의 회생계획인가결정에 따라 채무를 출자전환하는 경우(이 경우 대손되어 회수할 수 없는 금액은 출자전환하는 시점의 출자전환된 매출채권 장부가액과 출자전환으로 취득한 주식 또는 출자지분의 시가와의 차액으로 한다)를 각 정하고 있다. 제2호는 2019. 2. 12. 추가된 것이다.

제2호의 입법 계기가 된 회생계획인가결정에 따라 출자전환된 후 감자된 대상채권에 대한 대손세액공제 여부가 문제된 판례를 본다.

대법원 2018. 6. 28. 선고 2017두68295 판결

『1. 부가가치세법 제45조 제1항 본문은 '사업자는 부가가치세가 과세되는 재화 또는 용역을 공급하고 외상매출금이나 그 밖의 매출채권(부가가치세를 포함한 것을 말한다)의 전부 또는 일부가 공급을 받은 자의 파산·강제집행이나 그 밖에 대통령령으로 정하는 사유로 대손되어 회수할 수 없는 경우'에는 대손되어 회수할 수 없는 금액의 10/110(이하 '대손세액'이라 한다)을 그 대손이 확정된 날이 속하는 과세기간의 매출세액에서 뺄 수 있다고 규정하고, 제3항 본문은 "제1항 및 제2항을 적용할 때 재화 또는 용역을 공급받은 사업자가 대손세액에 해당하는 금액의 전부 또는 일부를 제38조에 따라 매입세액으로 공제받은 경우로서 그 사업자가 폐업하기 전에 재화 또는 용역을 공급하는 자가 제1항에 따른 대손세액공제를 받은 경우에는 그 재화 또는 용역을 공급받은 사업자는 관련 대손세액에 해당하는 금액을 대손이 확정된 날이 속하는 과세기간에 자신의 매입세액에서 뺀다."라고 규정하고 있다.

그리고 부가가치세법 시행령 제87조 제1항은 '법 제45조 제1항 본문에서 파산·강제집행이나 그 밖에 대통령령으로 정하는 사유' 중 하나로 '법인세법 시행령 제19조의2 제1항에 따라 대손금으로 인정되는 사유'를 들고 있고, 법인세법 시행령 제19조의2 제1항 제5호는 '채무자 회생 및 파산에 관한 법률(이하 '채무자회생법'이라 한다)에 따른 회생계획인가의 결정 또는 법원의 면책결정에 따라 회수불능으로 확정된 채권'을 대손금으로 규정하고 있다.

한편 회생계획인가의 결정이 있는 때에는 회생채권자·회생담보권자·주주·지분권자의 권리는 회생계획에 따라 변경되며(채무자회생법 제252조 제1항), 법원은 신주의 발행으로 감소하게 되는 부채액 등의 사항을 회생계획에 정하여 주식회사인 채무자가 회생채권자·회생담보권자 또는 주주에 대하여 새로 납입 또는 현물출자를 하게 하지 아니하고 신주를 발행하게 할 수 있다(채무자회생법 제206조 제1항). 법원은 감소할 자본의 액과 자본감소의 방법을 회생계획에 정한 때에는 회생계획에 의하여 주식회사인 채무자의 자본을 감소할 수 있고, 이 경우 상법 제343조(주식의 소각) 제2항, 제439조(자본감소의 방법, 절차) 제2항·제3항, 제440조(주식병합의 절차), 제441조(주식병합의 절차), 제445조(감자무효의 소) 및 제446조(준용규정)의 규정은 적용되지 아니한다(채무자회생법 제205조 제1항, 제264조 제1항 및 제2항).

결국 회생계획에서 별도의 납입 등을 요구하지 아니하고 신주발행 방식의 출자전환으로 기존 회생채권 등의 변제에 갈음하기로 하면서도 그 출자전환에 의하여 발행된 주식은 무상으로 소각하기로 정하였다면 그 인가된 회생계획의 효력에 따라 새로 발행된 주식은 그에 대한 주주로서의 권리를 행사할 여지가 없고 다른 대가 없이 그대로 소각될 것이 확실하게 된다. 그렇다면 위와 같은 출자전환의 전제가 된 회생채권 등은 회생계획인가의 결정에 따라 회수불능으로 확정되었다고 봄이 상당하다.

2. 원심은, ① 원고가 2012. 7. 10. 의정부지방법원 2012회합16호로 회생절차개시신청을 한 사실, ② 위 법원은 2014. 2. 18. 주식회사 포스코아이씨티의 원고에 대한 회생채권 중 현금변제하기로 한 부분을 제외한 나머지 상거래채무를 출자전환하기로 하면서, '출자전환은 회사가 신규로 발행하는 주식의 효력발생일에 당해 회생채권의 변제에 갈음하고, 출자전환에 따라 발행된 주식 전부에 대하여 무상감자한다'는 내용의 이 사건 회생계획인가결정을 한 사실, ③ 이에 따라 원고는 2014. 2. 20. 주식회사 포스코아이씨티가 위와 같이 채무의 출자전환으로 받은 주식을 모두 무상감자를 통하여 소각한 사실 등을 인정하였다.

이러한 사실관계를 토대로 원심은, 이 사건 회생계획안은 통상의 출자전환과 달리 미리 출자전환에 의하여 발행된 주식은 무상감자하여 소각한다고 정하고 있는 등 그 판시와 같은 사정에 비추어 보면, 이 사건 회생계획인가결정으로 출자전환된 주식회사 포스코아이씨티의 원고에 대한 매출채권은 법인세법 시행령 제19조의2 제1항 제5호에서 정한 '회생계획인가의 결정에 따라 회수불능으로 확정된 채권'에 해당하므로, 그에 상응하는 금액을 원고의 2014년 제1기 부가가치세 매입세액에서 공제해서 한 이 사건 처분이 적법하다고 판단하였다.

3. 앞서 본 규정과 법리에 비추어 살펴보면, 원심의 위와 같은 판단에 상고이유 주장과 같이 법인세법 시행령 제19조의2 제1항 제5호의 해석 및 부가가치세법상 대손세액 공제 등에 관한 법리를 오해한 잘못이 없다.』

(2) 대손확정

재화나 용역을 공급한 후 그 공급일부터 10년이 경과한 날이 속하는 과세기간에 대한 확정신고기한까지 대손이 확정되어야 한다. 대손이 확정된다 함은 '대손금액'이 확정됨을 전제로 한다. [대손세액 = 대손금액 x 110분의 10]의 산식에서, 대손금액이 확정되지 않으면 대손세액도 확정될 수 없고, 대손세액이 확정되지 않는 이상, 대손이 확정된 날이 속하는 과세기간의 매출세액에서 대손세액을 공제하여 이를 신고할 방법이 없기 때문이다.

(3) 5년에서 10년으로의 개정 경위

'공급일로부터 10년이 경과한 날이 속하는 과세기간에 대한 확정신고기한까지 대손이 확정'되어야 한다는 요건은 2020. 2. 11. 개정되었다. 전에는 공급일부터 5년으로 정하고 있었다.

여기서 종전 5년의 정함이 모법의 위반이 아닌가 하는 점이다.

법인세법 시행령 제19조의2 소정의 대손사유 중, 제5호는 채무자 회생 및 파산에 관한 법률에 따른 회생계획인가결정 또는 법원의 면책결정에 따라 회수불능으로 확정된 채권을, 제8호는 채무자의 파산 등으로 회수할 수 없는 채권을 각 규정하고 있다. 다른 대손사유에 비하여 엄격하다. 파산선고만으로 회수불능이 되는 것이 아니라 파산관재인이 최후 배당액을 결정하여 통지함으로써 배당확정될 때 대손금액 내지 대손세액이 확정된다. 회생절차에 있어 회생계획인가만으로 대손금액 내지 대손세액이 확정되지 않는 경우도 있을 수 있다.

파산절차나 회생절차에 있어, 대손금액 내지 대손세액의 최종확정까지 '공급일로부터 5년이 경과한 날이 속하는 과세기간에 대한 확정신고기한까지' 대손금액이 확정되지 않은 채 기간이 경과한 경우, 공급자는 대손세액공제를 할 수 없는지가 문제된다.

대손세액공제를 국가가 베푸는 은혜적·시혜적 조세경감조치로 본다면 위 시행령 규정이 모법에 위반되었다고 볼 수는 없다. 그러나 대손세액공제가 부가가치세법상 내재적으로 존재하여야 하는 필수적 작동장치로 본다면 정리계획인가 지연 등에 귀책사유가 없음에도 5년이 경과하였다는 이유만으로 대손세액 공제권한을 박탈하는 것은 모법의 위반으로 볼 여지가 있다.[20]

(4) 공급자의 확정신고시에 반영

공급자로서는 대손세액공제를 따로 신청하는 것이 아니라 대손이 확정된 날이 속하는 과세기간의 확정신고를 함에 있어 이를 공제한다(신 부가가치세법 제37조 제2항). 그 확정신고서와 함께 대손세액공제신고서 및 이를 증명하는 서류를 관할 세무서장에게 제출하여야 한다.

관할 세무서장의 허가사항이 아니다. 대손사유가 확정된 사실이 객관적으로 명확한 이상

---

20) 대법원 2008. 4. 24. 선고 2006두13855 판결[제4장 제3절 4. 나. (1) 참조, 산업횡하렌탈 사건]은, 시행령 제63조의2 제2항이 모법인 부가가치세법 제17조의2 제6항의 위임취지나 범위를 벗어난 무효의 규정이라고 보기는 어렵다고 판단하고 있다.

신고에 반영하면 충분하다. 대손사유 존부에 대하여 다툼이 있다면 과세관청은 증액경정을 하고 공급자는 증액경정처분에 대한 취소소송을 제기하여 대손사유를 주장할 수 있다.

(5) 공급받은 사업자의 처리방법 및 관할 세무서장의 증액경정

공급받은 사업자는 대손세액을 매입세액으로 공제받은 이상 대손이 폐업 전에 확정되는 때에는 그 확정된 과세기간의 매입세액에서 대손세액을 공제하여야 하고, 만약 이를 공제하지 아니하거나 신고하지 아니한 경우 공급받은 사업자의 관할 세무서장은 직권으로 공제하여야 할 매입세액을 결정 또는 경정하여야 한다(신 부가가치세법 제45조 제3항 단서).

경정으로 인한 부가가치세의 성립시기는, 공급자의 대손확정일이 속하는 과세기간이 종료하는 때이다(대법원 2006. 10. 12. 선고 2005다3687 판결. 제1장 제8절 5. 바. 참조). 제척기간은 그 과세표준 신고기한 다음날부터 진행된다.

(6) 다만 세무서장이 경정을 하는 경우 국세기본법상의 무신고가산세(국세기본법 제47조의2 제4항), 과소신고 · 초과환급신고가산세(제47조의3 제4항 제2호), 납부지연가산세(제47조의4 제3항)를 부과하지 아니한다.

공급자와 공급받은 자 사이에 대손사유의 발생 및 대손세액공제 권한 행사에 관하여 정보교환을 할 수 있는 제도적 장치가 없고 각 관할 세무서장 사이에서만 정보교환이 이루어지기 때문이다. 공급자가 신고를 통하여 대손세액을 매출세액에서 공제한 경우, 그 관할 세무서장은 이러한 사실을 공급받은 자의 관할 세무서장에게 통지하여야 한다. 해제 등의 사정변경의 경우에는 수정세금계산서 발행으로 상호 검증할 수 있으나, 대손의 경우에는 수정세금계산서 발행이 아니라 위 통지절차를 통하여 관할 세무서장 사이에 정보교환(Kontrollmitteilung)이 가능하므로 이 점을 고려한 것이다. 공급자의 매출세액 공제권한과 공급받은 자의 매입세액 공제의무는 상호 독립적이고 종속적인 것은 아니다.

(7) 대손금의 회수 또는 변제시 처리방법

대손처리 후 대손금을 회수 또는 변제한 경우 회수(변제)한 날이 속하는 과세기간의 매출세액 및 매입세액에 이를 고려하여야 한다. 세액의 성립일자는 변제나 회수한 날이 속하는 과세기간의 종료일이다. 공급자가 이를 회수하였음에도 회수한 과세기간의 확정신고시에 이를 반영하지 않으면 국가는 증액경정을 하여야 한다.

다. 대손세액공제와 국세기본법상 경정청구의 관계

(1) 국세기본법 제45조의2 제2항(사정변경에 기한 경정청구)의 배제

과세기간이 지난 후 재화의 환입, 계약해제, 대금의 증감 등의 사유가 발생한 경우 수정시기 및 수정방법을 정하고 있는 부가가치세법 시행령 제70조 제1항 제1호 내지 제4호가 부가가치세법상의 특수한 시정규정이고, 따라서 국세기본법 제45조의2 제2항(사정변경에 기한 경정

청구)은 그 범위 내에서 적용이 배제됨은 앞서 본 바와 같다.

대손세액의 공제도, 부가가치세법상의 특수한 시정규정으로, 원칙적으로 국세기본법 제45조의2 제2항(사정변경에 기한 경정청구)은 그 범위 내에서 적용이 배제된다.[21] 신 부가가치세법 제45조는 순수한 의미의 절차법적 규정이 아니라 실체법적 규범의 성질도 함께 가지는 부가가치세법상의 특수한 시정규정이기 때문이다.

(2) 국세기본법 제45조의2 제1항(통상의 경정청구)과의 관계

서울행정법원 2002. 9. 18. 선고 2002구합11998 판결

『(1) 원고의 쟁점매출액 채권에 대하여 2000. 3. 31.부터 같은 해 8. 31.까지 사이에 상법상의 소멸시효가 완성되어 대손이 확정된 사실, 원고가 그와 같이 대손이 확정된 날이 속하는 과세기간인 2000년도 1기분 및 2000년도 2기분에 대한 부가가치세 확정신고시(2000. 7. 25. 및 2001. 1. 25.)에 대손세액공제신고서 및 대손사실을 증명하는 서류를 제출하지 아니한 사실은 당사자 사이에 다툼이 없는바, 그와 같이 대손이 확정된 날이 속하는 과세기간에 대한 부가가치세 확정신고시에 대손세액공제신고를 하지 않은 경우에, 국세기본법 제45조의2의 규정에 의하여 경정청구가 가능한지가 이 사건의 쟁점이다.

(2) 살피건대, 부가가치세법 제17조의2에 규정된 대손세액공제제도는 사업자가 재화 또는 용역을 공급받는 자의 파산·강제집행 기타 대통령이 정하는 사유로 인하여 부가가치세가 포함된 외상매출금 기타 매출채권이 대손되어 회수할 수 없는 경우 그 부가가치세를 당해 사업자의 매출세액에서 공제하여 줌으로써 기업의 자금부담을 완화시켜 주는 것으로서, 대손세액공제는 부가가치세법 제17조의2 제2항, 같은 법 시행령 제63조의2 제3항에 따라 부가가치세확정신고와 함께 대손세액공제신고서 및 대손사실을 증명하는 서류를 제출하는 경우에 한하여 인정되는 것이고, 그와 같은 요건을 갖추지 못한 경우에는 대손세액공제를 받을 수 없으며, 한편 대손세액공제가 위와 같이 거래 이후에 발생한 파산 등 일정한 사유로 대손이 발생한 경우 일정한 기한(부가가치세 확정신고기한) 내에 소정의 요건을 갖추어 신고한 경우에 한하여만 인정되는 점에 비추어, 일단 위 부가가치세 확정신고기한이 지나면 국세기본법 제45조의2의 규정에 따라 통상적인 경정청구(제1항) 또는 후발적 사유에 의한 경정청구(제2항)로서 대손세액공제를 청구할 수 없다 할 것이다. 이에 반하여 부가가치세 확정신고기한이 지난 후에도 대손세액공제가 국세기본법 제45조의2의 규정에 따른 경정청구의 대상이 될 수 있음을 전제로 한 원고의 주장은 모두 이유 없다.』

(3) 위 사안처럼 대손세액공제요건을 전부 갖추었음에도 이를 간과한 채 대손이 확정되는 과세기간에 대한 확정신고시에 매출세액에서 이를 공제하지 않고 그 기간을 도과시킨 경우에

---

21) 대법원 2008. 4. 24. 선고 2006두13855 판결은, 회사정리계획인가 결정이 지연되어 정리채권의 대손확정 여부가 지체되었다는 사유는 구 국세기본법 제45조의2 제2항의 후발적 경정청구 사유에 해당되지 않는다는 취지로 판시하고 있다.

는 국세기본법 제45조의2 제1항의 통상의 경정청구를 할 수 있다 할 것이다. 대손세액은 공제되어야 함을 전제로, 대손사유가 발생한 과세기간에 대한 확정신고시에 이를 반영(現年度 是正)하라는 것이 대손세액공제제도이기 때문이다. 공급자가 이를 공제하지 아니하였다 하여 절차법적 규정인 국세기본법상의 통상의 경정청구까지 배제하겠다는 취지는 아니다.

라. 공급받은 사업자의 파산과 매입세액의 시정

(1) 공급받은 사업자가 매입세액을 공제받은 후 법 소정의 대손이 일어난 경우, 공급받은 사업자로서는 대손이 확정된 날이 속하는 과세기간의 매입세액에서 이를 공제하여야 한다. 이를 하지 않는 경우 과세관청은 증액경정을 하여야 한다.

(2) 공급받은 사업자가 파산하여 그 파산선고일 이후에 대손사유가 발생하였음을 이유로 과세관청이 이러한 증액경정을 하는 경우 파산회사와 파산관재인 중 누구에게 경정처분을 하여야 하는지가 문제된다.

파산관재인은 파산회사와는 독립한 지위에서 파산재단의 관리처분권을 전속적으로 행사한다.[22] 한편, 채무자 회생 및 파산에 관한 법률에 의하면 조세 등은 파산선고 이전의 원인으로 인한 것 전부와 파산선고 후의 원인으로 인한 것 중 파산재단에 관하여 생긴 청구권은 재단채권에 해당하여 파산절차에 의하지 아니하고 다른 파산채권에 우선하여 수시로 변제받을 수 있다는 취지로 정하고 있다. 여기서 파산선고 이전의 원인으로 인한 조세채권이란 파산선고 전에 성립한 조세채권을 가리키는 것으로 해석된다. 파산선고 전의 원인으로 생긴 재산상의 청구권은 파산채권에 해당되지도 않는다.

따라서 관할 세무서장이 부과할 부가가치세 상당의 조세채권은 파산선고 전에 성립한 조세채권도 아니고 파산재단에 관하여 생긴 조세채권도 아닌 이상(파산채권도 아니고 재단채권도 아닌 이상), 파산관재인에게는 경정처분을 할 수 없다. 파산관재인에 대한 경정처분은 무효이다(대법원 2006. 10. 12. 선고 2005다3687 판결 참조).

마. 대손사유의 경합

대법원 2004. 10. 28. 선고 2003두9695 판결

『구 부가가치세법(1999. 12. 28. 법률 제6049호로 개정되기 전의 것, 이하 '법'이라 한다) 제17조의2, 구 부가가치세법시행령(1998. 12. 31. 대통령령 제15973호로 개정되기 전의 것, 이하 '시행령'이라 한다) 제63조의2 등의 규정에 의하면, 사업자가 부가가치세가 과세되는 재화 또는 용역

---

22) 현행 국세청 전산시스템상 파산관재인이 선임시 종래의 사업자의 사업자등록번호를 사용하게 하면서 법인인 경우 그 대표이사 란에 파산관재인의 이름을 기재하여 전산관리하는 것은 시정되어야 한다.

을 공급하고 그 대가로 공급받는 자로부터 배서·양도받은 어음이 부도가 나 그 부도발생일로부터 6월이 경과할 때까지 어음이 결제되지 않아 매출채권을 회수할 수 없는 경우에는 그 대손세액(대손금액의 110분의 10에 상당하는 금액)을 대손이 확정된 날이 속하는 과세기간의 매출세액에서 차감할 수 있도록 하되, 나중에 당해 사업자가 대손금액의 전부 또는 일부를 회수한 경우에는 회수한 대손금액에 관련된 대손세액을 회수한 날이 속하는 과세기간의 매출세액에 가산하고, 반면에 재화 또는 용역의 공급을 받은 사업자가 대손세액을 매입세액으로 이미 공제받은 경우로서 공급자의 대손이 당해 공급을 받은 사업자의 폐업 전에 확정되는 때에는 관련 대손세액 상당액을 대손이 확정된 날이 속하는 과세기간의 매입세액에서 차감하되, 나중에 당해 사업자가 대손금액의 전부 또는 일부를 변제한 경우에는 변제한 대손금액에 관련된 대손세액을 변제한 날이 속하는 과세기간의 매입세액에 가산하여 매입세액 공제를 받을 수 있도록 규정하고 있다.

원심판결 이유에 의하면, 원심은, 주식회사 한보(이하 '한보'라 한다)는 한보철강공업 주식회사(이하 '한보철강'이라 한다)가 시행하는 당진제철소 신축공사를 일괄 도급받아 이를 다시 하청업체에 하도급을 준 다음 그 공사대금은 한보철강이 발행한 약속어음을 교부받았다가 이를 다시 하청업체에 배서·양도하는 방식으로 결제한 사실, 그런데 한보와 한보철강이 1997. 1. 23.경 부도가 나자 하청업체들은 그 배서·양도받은 어음의 부도발생일로부터 6월이 경과한 날이 속하는 1997. 제2기분 매출세액에서 이 사건 대손세액을 차감한 사실, 이에 피고는 2000. 7. 10. 한보가 1997. 제2기분 부가가치세를 신고하면서 위 대손세액 상당액을 매입세액에서 차감하지 아니한 채 매입세액 공제를 받았다는 이유로 그 대손세액 상당액을 매입세액에서 차감한 다음 이 사건 부가가치세부과처분을 한 사실, 한편 한보는 1997. 10. 7. 회사정리절차가 개시되어 1998. 11. 19. 정리계획인가결정이 있었고, 한보철강 역시 1997. 8. 27. 회사정리절차가 개시되어 1999. 7. 27. 정리계획인가결정이 있었던 사실 등을 인정한 다음, 한보가 배서·양도한 한보철강 발행의 어음이 그 부도발생일로부터 6월이 경과하도록 결제되지 아니함으로써 1997. 제2기분 부가가치세 신고시에는 그 대손이 확정되어 법 제17조의2 제1항 및 시행령 제63조의2 제1항 제6호 소정의 대손세액공제의 요건이 갖추어졌다고 할 것이고, 이러한 경우 한보는 대손세액 상당액을 매입세액에서 차감하여야 하는데도 이를 차감하지 아니한 채 1997. 제2기분 부가가치세를 신고하였으므로, 피고가 위 대손세액 상당액을 매입세액에서 차감하고 이 사건 처분을 한 것은 적법하고, 설사 이 사건 어음소지인(하청업체)들이 한보에 대하여 소구권을 행사하지 않았다거나 이 사건 어음금채권을 한보에 대한 정리채권으로 신고하지 않았다고 하더라도 1997. 제2기분 부가가치세 신고 당시 그 어음금채권을 포기하였다고 볼 수는 없고, 그 후 1999. 7. 27자 한보철강에 대한 회사정리계획인가결정에서 이 사건 어음소지인들이 그 어음금채권을 분할·변제받기로 정하여졌다고 하더라도 이 사건 대손세액공제는 '회사정리계획인가결정'이 있었음을 사유로 하는 것이 아니라 '어음 부도발생일로부터 6월이 경과'하였음을 사유로 하는 것이어서 회사정리계획인가결정이 이 사건 처분에 어떠한 영향을 미칠 수는 없으며, 나아가 삼성세무서장이 한보철강에 대한 위 정리계획인가결정에 의하여 한보가 이 사건 어음소지인들을 포함한 하청업체에 대한 채무를 한보철강에 대한 채권과 상계함으로써 모두 변제한 것으로 보고, 2002. 6.경 그 변제한 대손금액에 관련된 대손세액을 1999. 제2기분 매입세액에 가산하여 부가가치세를 감액경정하는 결정을 하였다고 하더라도, 변제한 대손금액에 관련된 대손세액을 변제한 날이 속하는 과세기간의 매입세액에 가산할 것인지의 여부는 대손세액 상당액을 매입세액에서 차감한 이후에 관련 대손금액이 변제되었는지 여부에 따라 결정될 문제에 불과하므로, 그러한 사정만으로 대손세액 상당액을 1997. 제2기분 매입세액에서 차감한 이 사건 처분이 위법하거나 부당하다고 할 수는 없다고 판단하였다.

　　앞서 본 법령과 기록에 비추어 살펴보면, 원심의 위와 같은 인정과 판단은 정당한 것으로 수긍이 가고, 거기에 상고이유에서 주장하는 바와 같은 채권포기, 조세형평의 원칙, 신뢰보호의 원칙 등에 관한 법리를 오해한 위법이 있다고 할 수 없다.』

10. 기타 관련문제

(1) 사업자가 아닌 자(Nichtunternehmer)가 재화 또는 용역을 공급하지 아니하고 세금계산서를 발급하거나 재화 또는 용역을 공급받지 아니하고 세금계산서를 발급받으면, 사업자로 보고 그 세금계산서에 적힌 공급가액의 3퍼센트를 그 세금계산서를 발급하거나 발급받은 자에게 사업자등록증을 발급한 세무서장이 가산세로 징수한다. 이 경우 제37조 제1항에 따른 납부세액은 0으로 본다(신 부가가치세법 제60조 제4항).

(2) 사업자가 대통령령으로 정하는 타인의 명의로 제8조에 따른 사업자등록을 하거나 그 타인 명의의 제8조에 따른 사업자등록을 이용하여 사업을 하는 것으로 확인되는 경우에 그 타인 명의의 사업개시일부터 실제 사업을 하는 것으로 확인되는 날의 직전일까지의 공급가액 합계액의 1퍼센트에 따른 금액을 납부세액에 더하거나 환급세액에서 뺀다(신 부가가치세법 제60조 제1항 제2호).

(3) 대법원 2019. 7. 24. 선고 2018도16168 판결(조세범처벌법위반)

『1. 공소사실의 요지

피고인은 공소외 주식회사의 대표자로서 2013. 7. 4.경 부산항 5부두에서 해상용 연료유 판매상과 통정하여 공급가액 20,685,400원 상당의 벙커A 32,000ℓ 를 공급받으면서 세금계산서를 발급받지 아니한 것을 비롯하여 그때부터 2015. 12. 24.까지 사이에 총 1,037회에 걸쳐 해상용 연료유 판매상들로부터 합계 6,285,028,035원 상당의 해상용 연료유(이하 '이 사건 물품'이라고 한다)를 공급받았음에도 세금계산서를 발급받지 아니하였다.

2. 원심의 판단

원심은 다음과 같은 사정들을 내세워 '등록사업자로서 실제로 재화나 용역을 공급한 사람'만이 부가가치세법상 세금계산서 발급의무를 부담한다고 전제한 다음, 피고인과 거래한 판매상들이 등록한 사업자인지 여부를 인정할 아무런 증거가 없다는 이유로 피고인을 유죄로 인정한 제1심판결을 파기하고 무죄를 선고하였다.

가. '등록하지 않은 사업자'는 부가가치세법 제32조에 의하여 세금계산서를 발급하여 교부할

수 있는 방법이 없고, 그 외 부가가치세법에도 등록하지 않은 사업자의 세금계산서 발급 절차나 방법이 규정되어 있지 않다.

나. 재화 또는 용역을 공급하는 자가 미등록사업자인 관계로 세금계산서를 발급할 수 없는 경우 재화 또는 용역을 공급받는 자가 공급자에게 세금계산서 발행을 위하여 사업자로 등록할 것을 요구할 수 있는 법적인 권리도 없다.

다. 입법의 불비로 등록하지 않은 사업자에게 세금계산서 발급의무를 인정할 수 없는 이상 죄형법정주의의 원칙을 벗어나 처벌법규를 적용할 수는 없고, 비록 등록하지 않은 사업자가 세금계산서를 발급하지 않는 경우에 처벌의 필요성이 인정된다 하더라도 이와 같은 처벌의 공백은 입법을 통하여 해결하여야 할 문제이다.

3. 대법원의 판단

가. 구 조세범 처벌법(2018. 12. 31. 법률 제16108호로 개정되기 전의 것, 이하 같다)은 '부가가치세법에 따라 세금계산서를 작성하여 발급하여야 할 자'가 세금계산서를 발급하지 아니한 행위(제10조 제1항 제1호)와 '부가가치세법에 따라 세금계산서를 발급받아야 할 자'가 공급자와 통정하여 세금계산서를 발급받지 아니한 행위(제10조 제2항 제1호)를 각 처벌하도록 정하고 있다. 이는 세금계산서 발급을 강제하여 거래를 양성화하고, 세금계산서를 발급하지 않거나 발급받지 않아 조세의 부과와 징수를 불가능하게 하거나 현저히 곤란하게 하는 것을 막고자 하는 취지이다(대법원 1995. 7. 14. 선고 95도569 판결 참조).

한편 '세금계산서를 발급하여야 할 자'에 관하여, 구 부가가치세법(2013. 6. 7. 법률 제11873호로 전부 개정되기 전의 것)에서는 '납세의무자로 등록한 사업자'가 재화 또는 용역을 공급하는 경우에는 세금계산서를 발급하여야 한다고 규정하고 있다가(제16조 제1항), 위 법률 제11873호로 전부 개정되어 2013. 7. 1. 시행된 부가가치세법에서는 '납세의무자로 등록한 사업자'가 '사업자'로 개정되었다(제32조 제1항). 여기서 '사업자'란 부가가치세법상 사업자등록 여부를 불문하고 사업 목적이 영리이든 비영리이든 관계없이 사업상 독립적으로 재화 또는 용역을 공급하는 자를 말한다(개정된 부가가치세법 제2조 제3호).

이와 같은 관련 규정의 체계와 입법 취지 및 개정된 부가가치세법의 문언 내용 등에 비추어 보면, 개정된 부가가치세법이 시행된 2013. 7. 1. 이후에 재화 또는 용역을 공급한 '사업자'는 부가가치세법에 따른 사업자등록을 하였는지와 상관없이 구 조세범 처벌법 제10조 제1항 제1호의 '부가가치세법에 따라 세금계산서를 작성하여 발급하여야 할 자'에 해당한다고 봄이 타당하다.

나. 앞서 본 법리와 기록에 비추어 살펴보면, 피고인이 거래한 판매상들이 부가가치세법에 따른 사업자등록을 하지 않았다고 하더라도, 피고인에게 이 사건 물품을 공급한 사업자인 이상, 구 조세범 처벌법 제10조 제1항 제1호의 '부가가치세법에 따라 세금계산서를 작성하여 발급하여야 할 자'에 해당한다고 봄이 타당하다. 그렇다면 피고인이 판매상들로부터 이 사건 물품을 공급받았음에도 판매상들과 통정하여 세금계산서를 발급받지 않았을 경우 위와 같은 행위는 구 조세범 처벌법 제10조 제2항 제1호에 해당한다.

다. 따라서 원심으로서는 피고인이 판매상들로부터 이 사건 물품을 공급받았을 당시 판매상들과 통정하여 세금계산서를 발급받지 않았는지 여부 등을 심리하여 이 사건 공소사실이 구 조세범 처벌법 제10조 제2항 제1호 위반죄를 구성하는지에 관하여 판단하였어야 한다.

그럼에도 원심은 그 판시와 같은 이유만으로 이 사건 공소사실을 무죄로 판단하였다. 이러한 원심의 판단에는 구 조세범 처벌법 제10조 제1항 제1호의 '부가가치세법에 따라 세금계산서를 작성하여 발급하여야 할 자'에 관한 법리를 오해하여 판결에 영향을 미친 잘못이 있다. 이를 지적하는 검사의 상고이유 주장은 이유 있다.』

제1절의2

국외전출세와 소득세법상 경정청구

1. 국외전출세의 신설 및 개정

(1) 국외전출세의 신설

2016. 12. 20. 소득세법 개정시 '거주자의 출국 시 국내주식 등에 대한 과세특례'(소위 국외전출세, 2018. 1. 1. 이후 거주자가 출국하는 경우부터 적용된다)를 신설하였다.

즉 출국일 10년 전부터 출국일까지의 기간 중 국내에 주소나 거소를 둔 기간의 합계가 5년 이상이고 출국일이 속하는 연도의 직전 연도 종료일 현재 소유하고 있는 주식 등의 비율·시가총액 등을 고려하여 대통령령으로 정하는 대주주에 해당하는 거주자(국외전출자)는 출국 당시 소유한 소득세법 제94조 제1항 제3호에 해당하는 주식 등(국외전출자 국내주식 등)의 평가이익에 대하여 소득세를 납부할 의무가 있다.

주식 등을 양도하지 않았음에도 양도한 것으로 간주함으로써 양도소득의 발생을 의제한 다음, 신고의무를 부과하여 세액을 확정하고 있다. 이를 '국외전출세'라고 부른다. 국제적 조세회피(조세조약의 남용)를 막고 자국의 과세권 확보를 위한 것이다. 소득이 실현되지 않았음에도 양도소득의 발생을 의제하여 소득세를 과하는 것으로 임시적 세액확정이다. 따라서 사후 사정변경 등으로 인한 세액의 시정 내지 조정이 필요하다.

(2) 2018. 12. 31. 개정으로, 과세대상으로 부동산 등의 자산 비율이 50% 이상인 법인의 주식 등을 추가하고, 세율을 올리며, 국내주식 보유현황 작성 기준일을 출국일이 속하는 연도의 직전 연도 종료일에서 보유현황 신고일 전날로 변경하고, 보유현황을 누락하여 신고하거나 미신고하는 경우 액면금액의 2%를 가산세로 부과하는 등으로 과세강화조치를 취하였다.

(3) 주식 등으로 발생하는 소득이 금융투자소득으로 구분됨에 따라 2023. 1. 1.부터는 기존 조문은 폐지되고 [소득세법 제126조의3부터 제126조의12까지]가 신설되어 그 조문들에 의하여 규율된다.

2. 국외전출세의 신고 및 납부

(1) 국외전출세의 신고 및 납부(소득세법 제118조의15 제1항, 제2항, 제3항)

국외전출자는 '국외전출자 국내주식 등'의 양도소득에 대한 납세관리인과 국외전출자 국내주식 등의 보유현황을 출국일 전날까지 납세지 관할 세무서장에게 신고하여야 한다. 이 경우 국외전출자 국내주식 등의 보유현황은 신고일의 전날을 기준으로 작성한다.

국외전출자는 양도소득 과세표준(제118조의10 제4항)을 출국일이 속하는 달의 말일부터 3개월 이내(제1항에 따라 납세관리인을 신고한 경우 제110조 제1항에 따른 양도소득 과세표준 확정신고 기간 내)에 납세지 관할 세무서장에게 신고하고, 산출세액에서 세법상의 감면세액과 세액공제액을 공제한 금액을 납부하여야 한다.

(2) 보유현황 미신고 등에 대한 가산세 부과(제118조의15 제4항)

국외전출자가 출국일 전날까지 국외전출자 국내주식등의 보유현황을 신고하지 아니하거나 누락하여 신고한 경우에는 소정의 액면 금액의 100분의 2에 상당하는 금액을 산출세액에 더하여 납부하여야 한다.

(3) 납세담보 등과 납부유예(제118조의16)

국외전출자는 납세담보를 제공하거나 납세관리인을 두는 등 요건을 충족하는 경우 출국일부터 국외전출자 국내주식 등을 실제로 양도할 때까지 납세지 관할 세무서장에게 양도소득세 납부의 유예를 신청하여 납부를 유예받을 수 있다.

납부유예를 받은 국외전출자는 출국일부터 5년(국외전출자의 국외유학 등의 경우에는 10년) 이내에 국외전출자 국내주식 등을 양도하지 아니한 경우 출국일부터 5년이 되는 날이 속하는 달의 말일부터 3개월 이내에 양도소득세를 납부하여야 한다.

납부유예를 받은 국외전출자는 국외전출자 국내주식 등을 실제 양도한 경우 양도일이 속하는 달의 말일부터 3개월 이내에 양도소득세를 납부하여야 한다.

납부유예받를 받은 국외전출자는 위와 같이 양도소득세를 납부할 때 납부유예를 받은 기간에 대한 이자상당액을 가산하여 납부하여야 한다.

3. 임시적 세액확정과 사정변경의 고려

가. 사정변경의 고려

국외전출세는 임시적 세액확정으로 이후 발생하는 사정변경은 반드시 반영되어야 한다. 국외전출자가 출국한 후 국외진출자 국내주식 등을 실제 양도하였는데 실제 양도가액이 출국 당시의 양도가액에 비하여 낮게 되어 손해가 발생한 경우와 국외전출자가 입국(재전입)함으로써 거주자가 되는 사유가 있는 경우 등으로 나누어 본다.

물론 임시적 세액확정절차 자체에 실체적 오류가 있는 경우 국세기본법 제45조의2 제1항에 기한 통상의 경정청구를 할 수 있다.

나. 사정변경에 기한 경정청구

종래에는 국세기본법 시행령 제25조의2 제4호를 통하여 사정변경에 기한 경정청구를 할 수 있도록 하였다가 2018. 12. 31. 소득세법 제118조의15 제5항을 신설함과 동시에 국세기본법 시행령 제25조의2 제4호를 삭제하였다.

소득세법 제118조의15 제5항

『⑤ 제118조의12 제1항에 따른 조정공제, 제118조의13 제1항에 따른 외국납부세액공제 및 제118조의14 제1항에 따른 비거주자의 국내원천소득 세액공제를 적용받으려는 자는 국외전출자 국내주식 등을 실제 양도한 날부터 2년 이내에 대통령령으로 정하는 바에 따라 납세지 관할 세무서장에게 경정을 청구할 수 있다.』

(1) 제118조의12 소정의 조정공제 및 조정공제액

국외전출자가 출국한 후 국외전출자 국내주식 등을 실제 양도한 경우로서 실제 양도가액이 과세표준신고 시의 양도가액보다 낮은 때에는 다음의 계산식에 따라 계산한 조정공제액을 산출세액에서 공제한다.

[제118조의10 제1항에 따른 양도가액 − 실제 양도가액] × 제118조의11에 따른 세율

(2) 제118조의13 소정의 외국납부세액공제

국외전출자가 출국한 후 국외전출자 국내주식 등을 실제로 양도하여 해당 자산의 양도소득에 대하여 외국정부(지방자치단체를 포함)에 세액을 납부하였거나 납부할 것이 있는 때에는 산출세액에서 위 조정공제액을 공제한 금액을 한도로 다음의 계산식에 따라 계산한 외국납부세액을 산출세액에서 공제한다.

해당 자산의 양도소득에 대하여 외국정부에 납부한 세액 × [제118조의10 제1항에 따른 양도가액(제118조의12 제1항에 해당하는 경우에는 실제 양도가액) − 제118조의10 제2항에 따른 필요경비] ÷ (실제 양도가액 − 제118조의10 제2항에 따른 필요경비)

다만 외국정부가 산출세액에 대하여 외국납부세액공제를 허용하거나 국내주식 등의 취득가액을 이미 과세된 양도가액으로 조정하여 주는 경우에는 아중과세의 위험이 없으므로 외국납부세액을 공제하지 않는다.

(3) 제118조의14 소정의 비거주자의 국내원천소득 세액공제

국외전출자가 출국한 후 국외전출자 국내주식 등을 실제로 양도하여 소득세법 제119조 제11호에 따른 비거주자의 국내원천소득으로 국내에서 과세되는 경우에는 산출세액에서 조정 공제액을 공제한 금액을 한도로 제156조 제1항 제7호에 따른 금액을 산출세액에서 공제한다. 다만 이 경우에는 제118조의13 제1항에 따른 외국납부세액의 공제를 적용하지 아니한다.

다. 국외전출자의 재입국(재전입)과 세액환급

국외전출자(제3호의 경우 상속인을 말한다)는 다음 각 호의 어느 하나에 해당하는 사유가 발생한 경우 그 사유가 발생한 날부터 1년 이내에 납세지 관할 세무서장에게 납부한 세액의 환급을 신청하거나 납부유예 중인 세액의 취소를 신청하여야 한다(제118조의17 제1항).

1. 국외전출자가 출국일부터 5년 이내에 국외전출자 국내주식 등을 양도하지 아니하고 국내에 다시 입국하여 거주자가 되는 경우
2. 국외전출자가 출국일부터 5년 이내에 국외전출자 국내주식 등을 거주자에게 증여한 경우
3. 국외전출자의 상속인이 국외전출자의 출국일부터 5년 이내에 국외전출자 국내주식 등을 상속받은 경우

세무서장은 이러한 신청을 받은 경우 지체 없이 국외전출자가 납부한 세액을 환급하거나 납부유예 중인 세액을 취소하여야 한다(제2항). 위 제2호 또는 제3호에 해당하여 국외전출자가 납부한 세액을 환급하는 경우에는 국세기본법 제52조에도 불구하고 국세환급금에 국세환급가산금을 가산하지 아니한다(제3항).

세액을 납부한 경우라면 사정변경에 기한 경정청구를 함이 없이 곧바로 국세기본법 제51조에 따라 환급신청을 할 수 있다. 환급 여부 및 수액에 관한 다툼이 생긴다면 조세채무자는 민사소송으로 국가에게 부당이득반환청구를 할 수 있다.

제2절

분식회계와 법인세법상의 경정청구

1. 분식결산의 종류

(1) 법인의 분식결산 또는 분식회계에는 3가지 종류로 나눌 수 있다. 우선 법인이 일반투자자나 채권자를 속여 자본금이나 차입금을 끌어들일 목적으로 법인의 이익과 자산을 과다계상하는 경우이다. 다음 형태는 법인의 임직원이나 주주가 회사재산을 횡령하면서 이를 숨기고 장부와 재무제표를 분식하는 것이다. 횡령에 따른 분식결산에는, 첫째 법인의 임직원이나 주주가 회사재산을 가져가면서 이를 가공경비 속에 숨겨 놓거나 매출액을 누락시키는 경우이고, 둘째 법인의 재무상태표에 나오는 재산이 실제 없거나 그 금액이 실제 취득가액을 넘거나 재무상태표에 나와 있지 않은 부외부채가 있는 경우이다. 마지막 형태는 가장행위이다.

(2) 여기서는 법인이 일반투자자나 채권자를 속여 자본금이나 차입금을 끌어들일 목적으로 법인의 이익과 자산을 과다계상하는 경우만을 본다. 이러한 분식결산은 기업회계상이나 회사법상 허용되지 아니한다. 이는 법인이 작성한 결산서류에 기초한 결산상태를 신용하여 거래를 하는 금융기관이나 거래상대방을 기망하는 것으로 형사처벌의 대상이 될 수도 있다. 그 점에서 분식결산은 엄격한 규제대상이 되어야 한다.

실체적 진실주의의 원칙상 과다신고된 소득금액이나 세액은 바르게 고쳐야 한다. 여기서 분식결산이라는 반사회적 행위를 하였음에도 그 시정을 위한 경정청구를 허용하여야 하는지가 문제된다.

2. 분식결산과 신의성실의 원칙

(1) 2000년대 초반 분식결산이 사회적으로 크게 문제되었다. 과세관청이 세무조사를 통하여 부외부채 등이 있음을 발견하고 익금산입에서 누락된 항목만을 적출하여 법인세 증액경정처분을 한 사안이 여럿 있었다. 당시는 법인세법 제58조의3이 신설되기 전이다. 조세채무자가 부과처분 취소소송을 제기하면서, 자신이 한 당초신고는 분식결산에 따라 소득이 과다하게 신고·납부한 것이니 이를 고려하여 법인세액을 재산정하여야 한다고 주장함에 대하여, 과세관청

은 당초 신고한 내용을 기초로 익금이 누락된 항목만을 적출하여 증액경정하면서 당초신고가 분식결산에 따라 소득이 과다하게 조작된 것이라고 주장하는 것은 신의성실의 원칙에 반하는 것이라고 주장하였다. 즉 분식결산을 한 법인이 과세관청의 증액경정을 기화로 분식결산을 주장하는 것이 신의성실의 원칙상 허용되는지가 초미의 관심사가 되었다. 법인세법 제58조의3이 신설되기 전의 사안으로 대법원은 분식결산의 주장이 신의성실의 원칙에 반하는 것이 아니라고 판단했다.

(2) 대법원 판례

① 대법원 2006. 1. 26. 선고 2005두6300 판결(대우전자 사건, 제3장 제2절 8. 가. 참조).

『납세의무자에게 신의성실의 원칙을 적용하기 위해서는 객관적으로 모순되는 행태가 존재하고, 그 행태가 납세의무자의 심한 배신행위에 기인하였으며, 그에 기하여 야기된 과세관청의 신뢰가 보호받을 가치가 있는 것이어야 할 것인바(대법원 1999. 11. 26. 선고 98두17968 판결 참조), 조세법률주의에 의하여 합법성이 강하게 작용하는 조세 실체법에 대한 신의성실의 원칙 적용은 합법성을 희생하여서라도 구체적 신뢰보호의 필요성이 인정되는 경우에 한하여 허용된다고 할 것이고, 과세관청은 실지조사권을 가지고 있을 뿐만 아니라 경우에 따라서 그 실질을 조사하여 과세하여야 할 의무가 있으며, 과세처분의 적법성에 대한 입증책임도 부담하고 있는 점 등에 비추어 보면, 납세의무자가 자산을 과대계상하거나 부채를 과소계상하는 등의 방법으로 분식결산을 하고 이에 따라 과다하게 법인세를 신고, 납부하였다가 그 과다납부한 세액에 대하여 취소소송을 제기하여 다툰다는 사정만으로 신의성실의 원칙에 위반될 정도로 심한 배신행위를 하였다고 볼 수는 없는 것이고, 과세관청이 분식결산에 따른 법인세 신고를 그대로 믿고 과세하였다고 하더라도 이를 보호받을 가치가 있는 신뢰라고 할 수도 없다.

같은 취지에서 원심이, 원고의 이 사건 청구가 신의성실의 원칙에 위반될 정도로 심한 배신행위에 기인하였다고 보기 어렵다는 이유로 신의성실의 원칙에 위반된다는 피고의 주장을 배척한 조치는 수긍이 가고, 거기에 상고이유에서 주장하는 바와 같은 신의성실의 원칙에 관한 법리오해 등의 위법이 없다.』

법인이 자산을 과대계상하거나 부채를 과소계상하는 등의 방법으로 분식결산을 하고 이에 따라 과다하게 법인세를 신고·납부한 경우, 국가를 제외한 제3자, 즉 일반투자자나 법인과 거래를 한 채권자 등은 분식결산을 신뢰하고 법률행위를 하여 손해를 입을 여지가 많지만, 단지 조세채권만을 주장하는 국가는 분식결산으로 인하여 직접적 피해를 본 당사자라고 보기는 어렵다. 분식결산을 행한 법인의 전후 모순된 행태나 언동은 국가에 대하여 심한 배신행위를 하였다고 할 수 없고, 이에 대한 국가의 신뢰가 보호받을 가치가 있는 것이라고 할 수도 없다.

따라서 분식결산을 한 법인이 분식결산으로 과다하게 법인세를 신고·납부하였다면 실체적 진실주의의 원칙상 국세기본법 제45조의2 제1항 소정의 통상의 경정청구를 할 수 있다고 보았다.

② 대법원 2006. 4. 14. 선고 2005두10170 판결(코오롱티엔에스 사건)

『실질과세원칙 및 신의성실원칙 등에 관한 법리오해 주장에 대하여

가. 실질과세의 원칙에 비추어 법인세의 과세소득을 계산함에 있어서 구체적인 세법 적용의 기준이 되는 과세사실의 판단은 당해 법인의 기장 내용, 계정과목, 거래명의에 불구하고 그 거래의 실질내용을 기준으로 하여야 하는 것이다(대법원 1993. 7. 27. 선고 90누10384 판결 참조).

같은 취지에서 원심이 원고의 장부상 누락된 비용과 가공매출을 기초로 한 이 사건 부과처분은, 모두 손금산입되거나 익금불산입되어야 할 부분을 제대로 반영하지 아니한 채 산정된 소득을 기준으로 한 것이므로 결국, 위법을 면치 못한다고 판단한 것은 수긍할 수 있고, 거기에 상고이유 주장과 같은 실질과세의 원칙에 관한 법리오해 등의 위법이 없다.

나. 법인이 분식결산에 터잡아 법인세를 과다하게 신고·납부한 행위를 민법 제746조가 규정하고 있는 '불법의 원인으로 인하여 재산을 급여한 때'에 해당한다고 보기 어려우므로, 원고가 분식결산에 따라 과다하게 법인세를 납부한 행위는 민법 제746조 소정의 불법원인급여에 해당하므로 그 반환이 거부되어야 한다는 상고이유 주장은 이유 없다.

다. 납세의무자에게 신의성실의 원칙을 적용하기 위해서는 객관적으로 모순되는 행태가 존재하고, 그 행태가 납세의무자의 심한 배신행위에 기인하였으며, 그에 기하여 야기된 과세관청의 신뢰가 보호받을 가치가 있는 것이어야 할 것인바(대법원 1999. 11. 26. 선고 98두17968 판결 참조), 조세법률주의에 의하여 합법성이 강하게 작용하는 조세실체법에 대한 신의성실의 원칙 적용은 합법성을 희생하여서라도 구체적 신뢰보호의 필요성이 인정되는 경우에 한하여 허용된다고 할 것이고, 과세관청은 실지조사권을 가지고 있을 뿐만 아니라 경우에 따라서 그 실질을 조사하여 과세하여야 할 의무가 있으며, 과세처분의 적법성에 대한 입증책임도 부담하고 있는 점 등에 비추어 보면 납세의무자가 자산을 과대계상하거나 부채를 과소계상하는 등의 방법으로 분식결산을 하고 이에 따라 과다하게 법인세를 신고, 납부하였다가 그 과다납부한 세액에 대하여 취소소송을 제기하여 다툰다는 것만으로 신의성실의 원칙에 위반될 정도로 심한 배신행위를 하였다고 할 수 없고, 과세관청이 분식결산에 따른 법인세 신고만을 보고 이를 그대로 믿었다고 하더라도 이를 보호받을 가치가 있는 신뢰라고 할 수도 없다.

같은 취지에서 원심이, 원고의 이 사건 청구가 신의성실의 원칙에 위반될 정도로 심한 배신행위에 기인하였다고 보기 어렵다는 이유로 신의성실의 원칙에 위반된다는 피고의 주장을 배척한 조치는 정당한 것으로 수긍이 가고, 거기에 상고이유에서 주장하는 바와 같은 신의성실의 원칙에 관한 법리오해 등의 위법이 없다.』

법인이 분식결산에 터잡아 법인세를 과다하게 신고·납부한 행위를 민법 제746조가 규정하고 있는 불법원인급여로 볼 수 없고, 조세법률주의에 의하여 합법성이 강하게 작용하는 조세실체법에 대한 신의성실의 원칙 적용은 합법성을 희생하여서라도 구체적 신뢰보호의 필요성

이 인정되는 경우에 한하여 허용된다고 할 것이고, 과세관청은 실지조사권을 가지고 있을 뿐만 아니라 경우에 따라서 그 실질을 조사하여 과세하여야 할 의무가 있으며, 과세처분의 적법성에 대한 입증책임도 부담하고 있는 점 등을 근거로 분식결산의 시정에 대하여 신의성실의 원칙이 적용될 수 없다고 보았다.

3. 분식회계와 특례경정청구

가. 경정청구의 신설과 요건

(1) 2003. 12. 30. 개정된 법인세법에서 제66조 제2항 제4호, 제58조의3, 제72조의2가 신설되어 '사실과 다른 회계처리'에 대하여 '경정청구'를 할 수 있도록 하였다. 시행일은 2004. 1. 1.부터이고, 사실과 다른 회계처리를 하여 경고 또는 주의 등의 조치를 받은 분부터 적용한다.

2016. 12. 20. 경정청구의 요건 및 경정절차에 관하여 법인세법 제58조의3에서 전부 규정하면서 종전 제66조 제2항 제4호 및 제72조의2를 삭제했다. 법인세법 제58조의3의 조문 제목은 '사실과 다른 회계처리로 인한 경정에 따른 세액공제'로 되어 있다.

(2) 특례경정청구 요건

첫째, 내국법인이 과세표준 및 세액을 과다하게 계상하여 신고하였어야 한다.

둘째, 내국법인이 자본시장과 금융투자업에 관한 법률 제159조에 따른 사업보고서 및 주식회사 등의 외부감사에 관한 법률 제23조에 따른 감사보고서를 제출할 때 수익 또는 자산을 과다계상하거나 손비 또는 부채를 과소계상하여야 한다.

셋째, 내국법인, 감사인 또는 그에 소속된 공인회계사가 대통령령으로 정하는 경고·주의 등의 조치를 받아야 한다.

대통령령으로 정하는 조치는 다음과 같다(시행령 제95조의3).

『1. 자본시장과 금융투자업에 관한 법률 시행령 제175조 각 호에 따른 임원해임권고 등 조치

2. 자본시장과 금융투자업에 관한 법률 제429조 제3항에 따른 과징금의 부과

3. 자본시장과 금융투자업에 관한 법률 제444조 제13호 또는 제446조 제28호에 따른 징역 또는 벌금형의 선고

4. 주식회사 등의 외부감사에 관한 법률 제29조 제3항 및 제4항에 따른 감사인 또는 그에 소속된 공인회계사의 등록취소, 업무·직무의 정지건의 또는 특정 회사에 대한 감사업무의 제한

5. 주식회사 등의 외부감사에 관한 법률 제29조 제1항에 따른 주주총회에 대한 임원의 해임권고 또는 유가증권의 발행제한

6. 주식회사 등의 외부감사에 관한 법률 제39조부터 제44조까지의 규정에 따른 징역 또는 벌

금형의 선고』

넷째, 국세기본법 제45조의2에 따라 경정청구를 하여야 한다. 성질상 통상의 경정청구를 말한다. 경정청구기간 5년 이내에 경정청구를 하여야 한다.

(3) 입법취지와 요건의 해석

분식결산을 하여 과다하게 법인세를 신고·납부한 경우라면 국세기본법 제45조의2 제1항 소정의 통상의 경정청구를 할 수 있음은 대법원 판례에서 본 바와 같다. 그러나 법인세법 제58조의3 제1항의 입법취지는 법인의 분식결산을 제재하기 위한 수단으로 경정청구로 발생하는 환급액을 일시에 전부 환급하지 않고 일정 기간에 걸쳐 여러 번으로 나누어 세액공제의 형식으로 환급하겠다는 점에 있다.

조문형식은 마치 일정한 요건을 갖춘 법인에게만 법 소정의 특례경정청구를 허용하고, 이러한 요건을 갖추지 아니하면 특례경정청구 등은 물론 국세기본법상 통상의 경정청구 등 일체의 경정청구를 허용하지 않겠다는 것으로도 읽혀질 여지가 있다. 그러나 그와 같이 해석할 수 없다. 법인세법 제58조의3이 신설되기 전의 분식결산에 대하여도 대법원 판례에서 통상의 경정청구를 허용하고 있었던바, 소규모의 법인에 대하여도 국세기본법상 통상의 경정청구를 허용하여야 한다.

입법론적으로, 분식결산을 한 법인이라면 규모의 대소를 불문하고 또는 내국법인, 감사인 또는 그에 소속된 공인회계사가 대통령령으로 정하는 경고·주의 등의 조치를 받았는지를 불문하고, 모두에게 제재를 가하여야 함이 옳다. 분식결산을 한 이상 위와 같은 요건을 갖춘 법인과 그렇지 않은 법인을 구별할 필요가 없다.

일본에서는 우리와 같은 구별은 없다. 일본 법인세법 제129조 제1항에 의하면 경정청구를 하기 위하여는 먼저 '수정경리'를 하여야 하고 수정경리를 한 사업연도의 확정신고서의 제출을 요구하고 있다. 수정경리를 요구하는 취지는 과년도의 가장경리를 수정한 사실을 명확하게 표시할 것을 의무지움으로써 진실한 경리 및 정보의 공개를 확보함에 있다고 한다.

나. 경정으로 인한 세액공제절차

(1) 사실과 다른 회계처리를 하여 과세표준 및 세액을 과다하게 신고·납부함으로써 국세기본법상의 통상의 경정청구를 하여 경정을 받은 경우, 과다납부한 세액을 환급하지 아니하고 그 경정일이 속하는 사업연도부터 각 사업연도의 법인세액에서 과다납부한 세액을 공제한다. 이 경우 각 사업연도별로 공제하는 금액은 과다납부한 세액의 100분의 20을 한도로 하고, 공제 후 남아 있는 과다납부한 세액은 이후 사업연도에 이월하여 공제한다.

(2) 내국법인이 해당 사실과 다른 회계처리와 관련하여 그 경정일이 속하는 사업연도 이

전의 사업연도에 국세기본법 제45조에 따른 수정신고를 하여 납부할 세액이 있는 경우에는 그 납부할 세액에서 과다납부한 세액을 과다납부한 세액의 100분의 20을 한도로 먼저 공제하여야 한다.

(3) 과다납부한 세액을 공제받은 내국법인으로서 과다납부한 세액이 남아있는 내국법인이 해산하는 경우에는 다음과 같이 처리한다(제58조의3 제3항).

즉 합병 또는 분할에 따라 해산하는 경우 합병법인 또는 분할신설법인(분할합병의 상대방 법인을 포함한다)이 남아 있는 과다납부한 세액을 승계하여 위와 같은 방법으로 세액공제를 한다. 그 외의 방법에 따라 해산하는 경우 납세지 관할 세무서장 또는 관할 지방국세청장은 남아 있는 과다납부한 세액에서 제77조에 따른 청산소득에 대한 법인세 납부세액을 빼고 남은 금액을 즉시 환급하여야 한다.

(4) 위 세액공제절차를 적용함에 있어 동일한 사업연도에 분식결산으로 인한 경정청구의 사유 외에 다른 경정청구의 사유가 있는 경우, 다음의 산식에 따라 계산한 금액을 그 공제세액으로 한다(시행령 제95조의3 제2항).

[과다납부한 세액 × (법 제58조의3 제1항에 따른 사실과 다른 회계처리로 인하여 과다계상한 과세표준 ÷ 과다계상한 과세표준의 합계액)]

제3절

상속세 및 증여세법 제79조 소정의 특례경정청구

상속세 및 증여세법(이하 이 절에서 '상증세법'이라 한다) 제79조 소정의 경정청구는 국세기본법 소정의 경정청구보다 우선하여 적용된다(대법원 2007. 11. 29. 선고 2005두10743 판결 참조). 법적 성질은 사정변경에 기한 경정청구이다.

1. 상속세 특례경정청구

가. 공통요건

(1) 특례경정청구에는 상속회복청구소송 등의 확정판결로 상속재산가액이 변동된 경우 및 상속재산의 가액이 크게 하락한 경우 등 2가지가 있다.

공통요건으로, 상속세 과세표준 및 세액을 신고한 자 또는 상속세 과세표준 및 세액의 결정 또는 경정을 받은 자이어야 한다.

국세기본법 제45조의2 제2항에서, "과세표준신고서를 법정신고기한까지 제출한 자 또는 국세의 과세표준 및 세액의 결정을 받은 자는 다음 각 호의 어느 하나에 해당하는 사유가 발생하였을 때에는 제1항에서 규정하는 기간에도 불구하고 그 사유가 발생한 것을 안 날부터 3개월 이내에 결정 또는 경정을 청구할 수 있다."로 되어 있고, 한편 국세기본법 제45조의2 제1항에서, "과세표준신고서를 법정신고기한까지 제출한 자 및 제45조의3 제1항에 따른 기한후 과세표준신고서를 제출한 자는 다음 각 호의 어느 하나에 해당할 때에는 최초신고 및 수정신고한 국세의 과세표준 및 세액의 결정 또는 경정을 법정신고기한이 지난 후 5년 이내에 관할 세무서장에게 청구할 수 있다."로 되어 있다. 국세기본법 제45조의3 제1항에 따른 기한 후 신고를 한 자에 대하여 통상의 경정청구는 가능한 데 사정변경에 기한 경정청구를 할 수 없다고 해석할 수 없다. 기한 후 신고에 대하여도 사정변경에 기한 경정청구가 가능하다고 할 것이다. 그렇다면 상증세법 제79조 제1항의 '상속세 과세표준 및 세액을 신고한 자'에는 기한 후 신고를 한 자도 포함된다.

(2) 경정청구사유가 발생한 날부터 6월 이내에 경정청구를 하여야 한다(상증세법 제79조 제1항). 경정청구를 하고자 하는 자는 시행령 제81조 제1항이 정하는 사항을 기재한 결정청구서

또는 경정청구서를 제출하여야 한다.

나. 상속회복청구소송 및 유류분반환청구소송

상속재산에 대한 상속회복청구소송 등 대통령령이 정하는 사유로 상속개시일 현재 상속인 간에 상속재산가액이 변동된 경우이다. 시행령에 의하면, '피상속인 또는 상속인과 그 외의 제 3자와의 분쟁으로 인한 상속회복청구소송 또는 유류분반환청구소송의 확정판결이 있는 경우' 로 한정하고 있다.

만약 계쟁 상속회복청구소송이 여기에 해당되지 아니하면 국세기본법 제45조의2 제2항 소정의 '사정변경에 기한 경정청구'를 할 수 있다(제4장 제3절 10. 다. 참조).

유류분반환청구소송의 확정판결로 상속인의 변동이나 상속재산의 비율의 변동이 있는 경 우 상증세법상의 경정청구를 인정하여야 한다.

다. 상속재산의 가액이 크게 하락한 경우

(1) 수용보상가액, 경매가액, 공매가액이 과세가액보다 하락한 경우(시행령 제81조 제3항 제1호)

우선 상속세 과세표준 신고기한은 상속개시일이 속하는 달의 말일부터 6월(법정신고기한) 이고, 결정기한은 그 과세표준 신고기한으로부터 6월(법정결정기한)이다. 법정신고기한과 법정 결정기간을 합하면 1년이 된다. 제1호에 의하면 상속세 법정신고기한 후 개시되는 '법정결정 기한' 중 상속재산이 수용·경매(민사집행법에 의한 경매를 말한다) 또는 공매된 경우로서 그 보 상가액·경매가액 또는 공매가액이 상속세과세가액보다 하락한 경우로 정하고 있다. 이러한 가 격하락은 원래 국세기본법 제45조의2 제2항의 사정변경에 기한 경정청구의 사유가 될 수 없 다. 현실적으로 가격의 하락이 있는 경우 상속세의 세율에 비추어 너무 가혹한 경우가 있을 수 있어 이를 고려한 것이다.

그렇다면 '상속개시 후 1년'이라는 모법상의 규정은 시행령 규정과 모순저촉이 있으나 조 세채무자에게 유리하게 시행령 규정에 맞추어 해석함이 상당하다. 모법에서는 상속재산의 가 액이 '크게 하락한 경우'라고 정하고 있음에도, 시행령에서는 수용가액 또는 경매가액, 공매가 액이 과세가액보다 하락한 경우라고 하여 그 범위를 완화하고 있다. '크게 하락한 경우'의 하 락폭은 구체적 사안에 있어 판결로 가려질 수밖에 없다.

부동산 여러 필지가 상속된 후 전부 수용되었는데, 그 중 어떤 부동산은 수용가액이 상속 세과세가액보다 많고 다른 부동산은 상속세과세가액보다 적을 때 이를 통산하여 하락 여부를 판단하여야 할 것이다.

(2) 주식의 할증평가 후 일괄매각한 경우(시행령 제81조 제3항 제2호)

상증세법 제63조 제3항에 따라 주식 등을 할증평가하였으나 상속개시 후 1년이 되는 날까지 일괄하여 매각(피상속인 및 상속인과 제2조의2 제1항 제1호의 관계에 있는 자에게 일괄하여 매각한 경우를 제외한다)함으로써 최대주주 등의 주식 등에 해당되지 아니하는 경우를 정하고 있다.

상증세법 제63조 제3항(유가증권 등의 평가)에 의하면 일정한 경우 대통령령으로 정하는 최대주주 또는 최대출자자 및 그와 특수관계에 있는 주주 또는 출자자의 주식 등에 대하여는 평가가액 또는 시가로 인정되는 가액에 일정한 비율을 가산하도록 정하고 있다. 일정한 비율을 가산하기 전의 가액을 '할증평가전 가액', 일정한 비율을 가산한 가액을 '할증평가된 가액'이라고 부른다. 이러한 사유로 결정청구 또는 경정청구를 하는 때에는 '할증평가된 가액'에 대하여 하여야 한다.

라. 상증세법 제4조 제3항의 제한적 해석

(1) 상증세법 제4조 제3항

『③ 상속개시 후 상속재산에 대하여 등기·등록·명의개서 등(이하 "등기 등"이라 한다)으로 각 상속인의 상속분이 확정된 후, 그 상속재산에 대하여 공동상속인이 협의하여 분할한 결과 특정 상속인이 당초 상속분을 초과하여 취득하게 되는 재산은 그 분할에 의하여 상속분이 감소한 상속인으로부터 증여받은 것으로 보아 증여세를 부과한다. 다만, 제67조에 따른 상속세 과세표준 신고기한까지 분할에 의하여 당초 상속분을 초과하여 취득한 경우와 당초 상속재산의 분할에 대하여 무효 또는 취소 등 대통령령으로 정하는 정당한 사유가 있는 경우에는 증여세를 부과하지 아니한다.』

(2) 시행령 제3조의2(증여세 과세대상)

『② 법 제4조 제3항 단서에서 "무효 또는 취소 등 대통령령으로 정하는 정당한 사유"란 다음 각 호의 어느 하나에 해당하는 경우를 말한다.
1. 상속회복청구의 소에 의한 법원의 확정판결에 의하여 상속인 및 상속재산에 변동이 있는 경우
2. 민법 제404조에 따른 채권자대위권의 행사에 의하여 공동상속인들의 법정상속분대로 등기 등이 된 상속재산을 상속인사이의 협의분할에 의하여 재분할하는 경우
3. 법 제67조에 따른 상속세과세표준 신고기한(이하 "상속세과세표준 신고기한"이라 한다) 내에 상속세를 물납하기 위하여 민법 제1009조에 따른 법정상속분으로 등기·등록 및 명의개서 등을 하여 물납을 신청하였다가 제71조에 따른 물납허가를 받지 못하거나 물납재산의 변경명령을 받아 당초의 물납재산을 상속인 사이의 협의분할에 의하여 재분할하는 경우』

(3) 위 입법에 대한 비판

상증세법 제4조 3항 소정의 '상속개시 후 상속재산에 대하여 등기·등록·명의개서 등(이하 "등기 등"이라 한다)으로 각 상속인의 상속분이 확정된 후'의 해석에 관하여 본다.

위 문언의 해석에 있어, 적법한 분할협의의 시기를 원칙적으로 상속재산에 대한 등기 등의 시기로 제한하였음을 전제로, "일단 상속인들에 의해 상속등기가 이루어진 경우 그에 상응한 분할협의가 있었던 것으로 보는 것이 경험칙상 타당하고, 설사 등기내용이 사실과 다르더라도 상속인들 스스로 내용을 공시한 이상 그 후 다른 내용을 주장하는 것은 금반언 원칙에 반한다는 점과 우리 상증세법이 유산세제를 취하고 있어 상속인들 사이에 상속분 변동이 전체 과세가액에 미치는 영향이 적다는 점 등을 감안할 때, 위 규정은 타당성과 합리성이 인정된다."라는 견해가 있다.[1]

위 견해는 상증세법 제4조 제3항에 의하면 상속재산에 대하여 상속등기를 하면 상속분이 확정된다고 주장하는 것으로 읽혀지는바, 이는 민법의 규율내용을 정면에서 부정하는 것이다. 현행 민법이나 부동산등기법 등의 사법체계에 비추어 상속등기는 일단 과도기적 공유관계의 형성 및 공시에 있다. 따라서 원칙적으로 이후의 분할협의를 예정하고 있다. 그런데 상속등기를 하였다는 이유로 과도기적 공유관계를 해소하고 법적상속분에 따라 분할협의를 하였다고 의제하는 것은 사법질서와 충돌하는 것임은 명백하다. 상속인도 과도기적인 상속등기를 한 것으로 알면서 이후 분할협의를 예정하고 있다. 상속등기로 상속인 스스로 분할협의를 공시하였다는 것은 논리비약이다. 결론적으로 상속등기를 한 이상 상속인 사이에 분할협의를 한 것이 되고 이후 이루어지는 분할은 일정한 범위 내에서 새로운 증여를 구성한다는 입법은 근본적으로 많은 문제점을 안고 있다.

비록 상증세법 제4조 제3항이 증여재산 범위를 규율하는 것이지만 이는 상속세에도 영향을 미쳐 결과적으로 상속세 경정청구의 범위를 광범위하게 제한한다. 위 규정은 제한적으로 해석되어야 한다.

(4) 입법론으로, 일본 상속세법 제55조와 같이, 상속세 신고시에 분할협의를 하였는지 여부를 신고(분할협의를 하지 않았다면 일단 법정상속분에 따라 신고)하게 하고, 후에 상속재산 분할협의 또는 분할심판의 결과에 따라 이를 경정할 수 있도록 하는 명문의 규정을 두어야 할 것이다.

마. 참고(일본의 입법례)

(1) 일본 상속세법 제55조

---

[1] 임승순, 전게서, 868면 참조.

『상속 또는 포괄유증에 의하여 취득한 재산에 관한 상속세에 관하여 신고서를 제출하는 경우 또는 당해 재산에 관한 상속세에 관하여 경정 또는 결정을 하는 경우에 있어, 해당 상속 또는 포괄유증에 의하여 취득한 재산의 전부 또는 일부가 공동상속인 또는 포괄수유자에 의하여 아직 분할되지 아니한 때에는, 그 분할되지 아니한 재산에 대하여는 각 공동상속인 또는 포괄수유자가 민법의 규정에 의한 상속분 또는 포괄유증의 비율에 따라 해당 재산을 취득한 것으로 하여, 그 과세과액을 산정하는 것으로 한다.

다만 그 후 해당 재산의 분할이 있고, 해당 공동상속인 또는 포괄수유자가 해당 분할에 의하여 취득한 재산에 관한 과세가액이 해당 상속분 또는 포괄유증의 비율에 따라 계산된 과세가액과 다르게 된 경우, 해당 분할에 의하여 취득한 재산에 관한 과세가액을 기초로 하여, 납세의무자는 신고서를 제출하거나 또는 제32조 제1항에 규정하는 경정청구를 하고, 또는 세무서장이 경정 또는 결정을 하는 것을 방해하지 아니한다.』

(2) 상속세법 제32조 제1항 제1호는, 유산분할을 하지 아니한 채로 상속세 신고가 행하여진 후 유산분할이 이루어지는 경우, 유산분할에 맞추어 경정청구를 할 수 있도록 정하고 있다.

2. 증여세 특례경정청구

상증세법 제79조 제2항

『② 다음 각 호의 어느 하나에 해당하는 경우에는 그 사유가 발생한 날부터 3개월 이내에 대통령령으로 정하는 바에 따라 결정 또는 경정을 청구할 수 있다.

1. 제37조에 따른 증여세를 결정 또는 경정받은 자가 대통령령으로 정하는 부동산무상사용기간 중 부동산소유자로부터 해당 부동산을 상속 또는 증여받거나 대통령령으로 정하는 사유로 해당 부동산을 무상으로 사용하지 아니하게 되는 경우

2. 제41조의4에 따른 증여세를 결정 또는 경정받은 자가 같은 조 제2항의 대출기간 중에 대부자로부터 해당 금전을 상속 또는 증여받거나 대통령령으로 정하는 사유로 해당 금전을 무상으로 또는 적정이자율보다 낮은 이자율로 대출받지 아니하게 되는 경우

3. 타인의 재산을 무상으로 담보로 제공하고 금전 등을 차입(借入)함에 따라 제42조에 따른 증여세를 결정 또는 경정받은 자가 같은 조 제2항에 따른 재산의 사용기간 중에 재산 제공자로부터 해당 재산을 상속 또는 증여받거나 대통령령으로 정하는 사유로 무상으로 또는 적정이자율보다 낮은 이자율로 차입하지 아니하게 되는 경우』

가. 입법취지

(1) 부동산 무상사용이익에 대한 증여(상증세법 제37조)

증여이익 발생 전에 미래의 증여이익을 예상하여 과세(선납적 과세, 선납적 세액확정)하므로, 사용기간 5년이 경과하기 전에 더 이상 무상사용을 하지 아니하는 일정한 사유가 발생한 경우, 잔존사용기간에 대한 증여이익을 돌려주기 위한 것이다.

(2) 금전무상대출 등에 따른 이익에 대한 증여(상증세법 제41조의4)

대출기간을 1년으로 정하여 증여이익 발생 전에 미래의 증여이익을 예상하여 과세(선납적 과세, 선납적 세액확정)하므로, 대출기간 1년이 경과하기 전에 더 이상 금전무상대출 등에 따른 이익이 소멸한 경우, 그 잔존기간에 대한 증여이익을 돌려주기 위한 것이다.

(3) 재산사용에 따른 이익의 증여(상증세법 제42조)

타인의 재산을 무상으로 담보로 제공하고 금전 등을 차입(借入)함에 따라 증여세를 결정 또는 경정받은 자가 그 기간 1년이 경과하기 전에 더 이상 금전무상대출 등에 따른 이익이 소멸한 경우, 그 잔존기간에 대한 증여이익을 돌려주기 위한 것이다.

나. 경정청구요건

(1) 부동산 무상사용이익에 대한 증여

상증세법 제37조에 따른 증여세를 결정 또는 경정 받은 자가 5년의 부동산 무상사용기간 중 부동산 소유자로부터 해당 부동산을 상속 또는 증여받거나 부동산 소유자가 당해 토지를 양도한 경우 또는 부동산 소유자가 사망한 경우, 이와 유사한 경우로서, 부동산 무상사용자가 해당 부동산을 무상으로 사용하지 아니하게 된 경우이다.

(2) 금전무상대출 등에 따른 이익에 대한 증여

상증세법 제41조의4에 따른 증여세를 결정 또는 경정 받은 자가 같은 조 제1항 각 호 외의 부분 후단의 대부기간 중에 대부자로부터 해당 금전을 상속 또는 증여받거나 해당 금전에 대한 채권자의 지위가 이전된 경우, 금전대출자가 사망한 경우, 이와 유사한 경우로서 금전을 무상으로 또는 적정이자율보다 낮은 이자율로 대출받은 자가 해당 금전을 무상으로 또는 적정이자율보다 낮은 이자율로 대출받지 아니하게 된 경우이다.

(3) 재산사용에 따른 이익의 증여

타인의 재산을 무상으로 담보로 제공하고 금전 등을 차입하는 재산의 사용에 있어, 재산의 사용기간이 1년 이상이라는 이유로 1년이 되는 날의 다음 날에 매년 새로 재산을 사용한 것으로 보아 상증세법 제42조에 따른 증여세를 결정 또는 경정 받은 자가 그 재산의 사용기간 중에 재산 제공자로부터 해당 재산을 상속 또는 증여받거나 담보제공자가 사망한 경우, 또는 이와 유사한 경우로서 해당 재산을 담보로 사용하지 아니하게 되는 경우로서, 무상으로 또는 적정이자율보다 낮은 이자율로 차입하지 아니하게 되는 경우이다.

다. 경정청구기간 및 경정절차

위 사유가 발생한 날부터 3월 이내에 경정청구를 하여야 한다. 경정청구를 하는 경우 시행령 제81조 제1항이 정하는 사항을 기재한 결정 또는 경정청구서를 제출하여야 한다.

라. 경정청구 대상금액의 산출 산식

(1) 부동산 무상사용이익에 대한 증여

경정청구금액 = ① × ②

① 증여세산출세액(직계비속에 대한 할증과세 포함)

② 위 경정청구사유 발생일부터 무상사용기간(5년)의 종료일까지의 월수가 무상사용기간(5년)의 월수(60개월)에서 차지하는 비율

(2) 금전무상대출 등에 따른 이익에 대한 증여

경정청구금액 = ① × ②

① 증여세산출세액(직계비속에 대한 할증과세 포함)

② 위 경정청구사유 발생일부터 금전무상대출기간(1년) 종료일까지의 월수가 금전무상대출기간(1년)의 월수(12월)에서 차지하는 비율

(3) 재산사용에 따른 이익의 증여

경정청구금액 = ① × ②

① 증여세산출세액(직계비속에 대한 할증과세 포함)

② 위 경정청구사유 발생일부터 법 제42조에 따른 담보를 제공받은 기간의 종료일까지의 월수가 법 제42조에 따른 담보를 제공받은 기간의 월수(12월)에서 차지하는 비율

마. 증여세와 합의해제의 규율

(1) 상증세법 제4조 제4항(2015. 12. 15. 개정)

『④ 수증자가 증여재산(금전은 제외한다)을 당사자 간의 합의에 따라 제68조에 따른 증여세 과세표준 신고기한 이내에 증여자에게 반환하는 경우(반환하기 전에 제76조에 따라 과세표준과 세액을 결정받은 경우는 제외한다)에는 처음부터 증여가 없었던 것으로 보며, 제68조에 따른 증여세 과세표준 신고기한이 지난 후 3개월 이내에 증여자에게 반환하거나 증여자에게 다시 증여하는 경우에는 그 반환하거나 다시 증여하는 것에 대해서는 증여세를 부과하지 아니한다.』

제
5
장

(2) 종래 증여세에 있어 합의해제에 관한 논의가 활발한 가운데, 같은 취지의 것으로, 상증세법 제31조 제4항 및 제5항이 신설되었다(특히 제4항은 1993. 12. 31. 신설되었다). 그 후 1994. 12. 22. 후발적 사유에 기한 경정청구제도가 신설되었다. 이후 2015. 12. 15. 위 제31조 제4항 및 제5항은 통합되어 제4조 제4항으로 옮겨져 규정되어 있다.

증여계약의 합의해제에 관하여 증여세 과세표준 신고기한 내에서만 인정하되, 그 기간이 지나면 이러한 합의해제를 원칙적으로 인정하지 않겠다는 입법자의 결단이다. 따라서 그 신고기한이 지난 후라면 합의해제를 하여 원상회복을 했다 하더라도 원칙적으로 증여세 과세대상이 된다. 여기서 납세의무가 성립하면 당사자 합의로 효력을 좌우할 수 없다고 주장되기도 하나 증여세에 있어서도 그러한 원칙은 없다. 부득이한 사유가 있다면 이러한 합의해제에 대하여도 그 예외를 인정해야 한다.

위 규정은 증여의제에도 적용되고, 이는 명의신탁재산을 명의신탁자의 지시에 따라 제3자 명의로 반환한 경우에도 같다. 다만 수탁재산을 처분하여 그 대금을 명의신탁자에게 반환하는 것은 수증재산의 반환으로 볼 수 없다(대법원 2007. 2. 8. 선고 2005두10200 판결 참조).

(3) 증여계약의 무효와 담합소송에 관하여 본다. 일반적인 유상계약에 있어서도 판결 등이 세금을 면할 목적으로 담합에 의하여 생긴 경우 등으로서 객관적이고도 합리적인 근거를 결한 때에는 국세기본법 제45조의 2 제2항 소정의 판결에 해당될 수 없다[제4장 제3절 6. 다. (3) 참조]. 증여계약에 있어 담합소송은 훨씬 엄격하게 해석되어야 한다. 증여계약을 하여 소유권이전등기를 마친 후 그 등기가 원인무효라는 이유로 말소를 명하는 판결이 확정된 경우, 그 판결이 당사자 사이의 담합에 의하여 이루어진 것이라는 점에 관한 입증책임은 과세관청에 있다. 그러나 부동산소유권이전등기등에관한특별조치법에 의하여 경료된 소유권이전등기의 말소를 명하는 판결이 모자 사이의 의제자백에 의하여 이루어진 경우 그 판결을 담합에 의하여 이루어진 것으로 인정할 수 있다(대법원 1998. 4. 24. 선고 98두2164 판결 참조). 납세자는 합리적이고 설득력 있는 이유나 부득이한 사유를 주장하여야 한다.

(4) 증여계약의 합의해제의 경우 부득이한 사유가 있다면 예외적으로 국세기본법상의 '사정변경에 기한 경정청구'에 의하여 구제될 수도 있다. 조세회피의 목적이 없고 원래의 증여관계를 유지하는 것이 객관적으로 부당한 경우 부득이한 사유에 해당한다[부담부 증여에 대하여는 제4장 제3절 8. 라. (6) 참조]. 그 범위는 극히 제한적이다.

헌법재판소 1999. 5. 27. 선고 97헌바11, 18 결정 및 2002. 1. 31. 선고 2000헌바33 결정을 참고하기 바란다.

제4절

비거주자·외국법인에 대한 조세조약의 적용과 경정청구

1. 일반론

가. 국세기본법 제45조의2 제4항의 개정

(1) 비거주자·외국법인의 원천징수에 대한 경정청구권을 규정하고 있던 국세기본법 제45조의2 제4항이 2019. 12. 31. 개정되었다. 즉 "(소득세법 제1조의2 제1항 제2호에 따른 비거주자 및 법인세법 제2조 제3호에 따른 외국법인은 제외한다. 다만, 원천징수의무자의 폐업 등 대통령령으로 정하는 사유가 발생하여 원천징수의무자가 경정을 청구하기 어렵다고 인정되는 경우에는 그러하지 아니하다)"라는 괄호부분이 추가됨으로써 비거주자나 외국법인에 한하여 국세기본법 제45조의2 제4항의 경정청구를 배제하고 있다.

소득세법 제156조의2, 제156조의6 또는 법인세법 제98조의4, 제98조의6의 각 해당 조항에서 비거주자나 외국법인에 대하여 조세조약상 비과세 또는 면제, 제한세율의 적용을 위한 경정청구권을 규정하고 있기 때문이다.

(2) 국세기본법 제45조의2 제4항이 위와 같이 개정되기 전 국세기본법상의 경정청구와 개별세법(소득세법, 법인세법)상의 경정청구의 관계가 문제된다. 병존을 인정하여야 할 것이다. 한편 대법원 2017. 7. 11. 선고 2015두55134, 55141 판결(론스타펀드 Ⅳ LP)에서, 지급명세서와 원천징수영수증에 기재된 소득자가 해당 소득의 실질적인 귀속자임을 전제로 경정청구를 하는 이상 그 청구를 허용할 필요가 있고, 그가 해당 소득의 형식적인 귀속자에 불과하더라도 국세기본법 제45조의2 제4항에 정한 원천징수대상자로서 그 과세표준과 세액의 경정청구권을 행사할 수 있다고 판시하였다.

(3) 각 경정청구권의 비교

국세기본법상의 경정청구는 원천징수한 소득세 또는 법인세를 납부하고 지급명세서를 제출기한까지 제출한 원천징수의무자 또는 원천징수대상자가 할 수 있다. 개별세법상의 경정청구는 '실질귀속자 또는 소득지급자(원천징수의무자)'가 할 수 있다. 여기서 개별세법상의 경정청구권자인 '실질귀속자'가 무엇을 의미하는지가 문제되나 뒤에서 논한다.

경정청구기간의 기산일을 달리한다. 국세기본법상의 경정청구는 '원천징수세액의 납부기한이 지난 후'부터 5년으로 되어 있음에 대하여, 개별세법상의 경정청구는 '세액이 원천징수된 날이 속하는 달의 말일'부터 5년으로 되어 있다. 원천징수세액의 납부기한은 원천징수한 날이 속하는 달의 다음 달 10.까지이다.

(4) 비록 국세기본법이 개정되었다 하더라도 비거주자나 외국법인에 대하여 우리나라와 조세조약을 체결한 바 없어서 조약을 적용할 수 없는 경우라면 예외적으로 일반조항인 국세기본법 제45조의2 제4항 소정의 경정청구 조항이 적용된다고 본다(제4장 제6절 4. 다. 참조).

나. 실질적인 귀속자 과세원칙(실정법상 국외투자기구가 등장하기 전의 법상황)

(1) 로담코 판결

조세조약의 적용과 관련한 국제조세에 있어 중요한 판결은 로담코 판결(대법원 2012. 1. 19. 선고 2008두8499 판결)이다[제3장 제2절 2. 가. (5) 참조].

즉 국세기본법 제14조 제1항 및 제2항은 조세의 부담을 회피할 목적으로 과세요건사실에 관하여 실질과 괴리되는 비합리적인 형식이나 외관을 취하는 경우에 그 형식이나 외관에 불구하고 실질에 따라 담세력이 있는 곳에 과세함으로써 부당한 조세회피행위를 규제하고 과세의 형평을 제고하여 조세정의를 실현하고자 하는 데 주된 목적이 있고, 그 중 국세기본법 제14조 제1항은 소득이나 수익, 재산, 거래 등의 과세대상에 관하여 그 귀속 명의와 달리 실질적으로 귀속되는 자가 따로 있는 경우에는 형식이나 외관을 이유로 그 귀속 명의자를 납세의무자로 삼을 것이 아니라 실질적으로 귀속되는 자를 납세의무자는 삼겠다는 것이다.

로담코 판결상 '소득이 실질적으로 귀속되는 자'를 실질적인 귀속자라고 할 수 있는데, 여기서 말하는 '실질적인 귀속자'는 뒤에서 보는 바와 같이 국외투자기구라는 개념이 등장한 이후 국외투자기구로부터 소득을 지급받은 투자자로서의 '실질귀속자'와 엄격하게 구별하여야 한다.

(2) 론스타 판결(외국법인 여부의 판정에 있어 '사법상 성질 기준설' 채택), 위니아만도 판결, 라살레 판결(조세조약의 해석 및 적용에 국세기본법 제14조 제1항의 적용긍정), DM FOOD 판결, TMW 판결(가분적 거주자 이론) 등의 판결요지는 이미 설명하였다[제1장 제8절 2. 나. (1) 참조].

(3) 대법원 판례의 개관

대법원 판결	투자자	최초단체 (외국법인)	도관회사 등	원천소득종류	원천징수유무	부과처분 징수처분	대법원 판결요지
론스타 (Ⅲ LP) 2012.1.27. 선고 2010두5950	유	원고(미국 LP, 60%) + 버뮤다 LP(38%) + 버뮤다 Ltd(2%)	벨기에법인 →(주)스타 타워(건물)	부동산 (주식) 양도소득	X	2005.12.15. 양도소득세 賦課處分 (원고 LP의 사원들을 납세의무자로 하여야 한다는 피고 주장은 원심에서 배척)	외국법인 여부는 사법상 성질 기준설에 따라 결정됨: 외국법인으로 보아 법인세를 과세하여야 함
라살레 2012.4.26. 선고 2010두11948	유	원고(영국 LP)	룩셈법인→ 벨기에법인 →유동화전문(유)(건물)	부동산 (주식) 양도소득	한벨 조약 X	2006. 12. 18. 법인세 賦課處分	조세조약의 해석과 적용에도 실질적인 귀속자 과세 원칙이 적용됨
위니아만도 2012.10.25. 선고 2010두25466	유	LP (케이만군도, CVC아시아)	케이만군도 LP→룩셈법인→벨기에법인→만도기계 특정 사업부문 인수 원고 설립	배당소득, 주식양도소득	한벨 조약 배당: 제한세율, 주식 : X	2007.7.12. 징수처분	사법상 성질 기준설, 실질적인 귀속자 과세 원칙(투자자들을 납세의무자로 하여 소득세를 과세해야 한다는 상고 이유를 배척)
CJCGV 2013.4.11. 선고 2011두3159	유	LP (케이만 CVC 아시아) 등	룩셈부르크 법인→네델란드법인	배당소득	한네 조약 제한 세율	2008.3.19. 징수처분	① 실질적인 귀속자 과세 원칙, ② CVC 아시아 LP가 외국법인임 전제로, 케이만에서 법인세를 납부하지 않았다는 사정만으로 법인격을 부인하고 투자자들을 실질적인 귀속자로 볼 수 없음 ③ 원천징수의무자의 실질적인 귀속자 확인의무

AIG 2013.7.11. 선고 2011두 4411	유	LP (버뮤다 AIG 모펀드)	케이만군도 LP(자펀드) →말레이지 아 라부안 법인	주식양도 소득	한말 조약 X	2005.8.4. 징수처분 (실질적인 귀속자 는 모펀드 출자 자들임을 전제로 처분)	모펀드 LP는 외 국법인이고, 조세 회피 목적으로 설 립한 단체가 아니 므로 출자자들을 실질적인 귀속자 로 볼 수 없음
해태제과식 품 2013.7.11. 선고 2011두 7311	유	① UBS Capital BV(네)+ KC(룩셈) + AOF룩 셈부르크, ② KC = 미국 LLC + 케이만 CVC 아시 아 LP ③ 케이만 AOF Haitai Ltd→AOF 룩셈부르크	벨기에 법인 (KCH)	주식양도 소득	한벨 조약 X	① 2007.3.6. 징 수처분: 투자자 들이 실질적인 귀속자이므로 케 이만 CVC 아시 아 LP에 귀속된 부분(21.32%), 케이만 AOF Haitai Ltd의 투 자자들 중 조약 체결이 없는 등 국내세법이 적용되는 케이만 군도, 싱가포르 등의 거주자들에 귀속된 부분 (5.24%)에 대한 원천징수분 법인세 ② 2008.5.14. 징수처분: 미국 LLC 투자자들 중 홍콩법인이 포함되어 있어 그 귀속분 6.38%에 대한 원천징수분 법인세	① 해당 양도된 주식이 다르므로 납세의무의 단위 를 달리하는 별 개의 징수처분. 흡수소멸설이 적 용되지 않음. 두 번째 징수처분은 처분일로부터 11 개월가량 지난 후 취소를 구하고 있음 ② 국세기본법 제14조 제1항의 법리 적용됨, 실 질적인 귀속자 과 세의 원칙이 조약 에도 적용됨, 외국법인 여부는 사법상 성질 기 준설에 따라 결정 됨 ③ 원천징수하는 법인세에서 소득 금액의 수령자가 누구인지는 납세 의무의 단위를 구 분하는 본질적인 요소가 아님. 수 령자를 변경하더 라도 처분의 동일 성이 유지됨 (케이만 AOF Haitai Ltd를 최 종 수령자로 정 정함에 대하여)

뉴브리지 캐피탈 (제일은행) 2013.7.11. 선고 2010두 20966	281 명	LP (케이만 KFB)	케이만 KFB Co →라부안 KFB Ltd	주식양도 소득	한말 조약 X	2006.12.18. 징 수처분: 실질적인 귀속자는 KFB LP에 대한 투자 자 281명. 그들 중 한국과 조세조약을 체결 하지 아니한 8개 국 40명의 투자 자들만이 얻은 양도소득에 대하 여 원천징수분 소득세	① 양도소득에 대한 납세의무자 를 KFB LP에 대 한 투자자 281명 이라고 판단한 부분은 수긍할 수 없음(사법상 성질 기준설) ② KFB LP는 사업목적을 가진 영리단체임. 법인세를 과세해 야 하는지, 투자자 281명을 납세의무자로 보 아 소득세를 과 세해야 하는지 심리판단해야 함
이랜드월드 2013.10.24. 선고 2011두 22747	유	미국 LP (WPEP) + 미국 LP (WPVI)	말레이지아 라부안 (England Holdings Limited)	배당 소득	한말 조약 X	징수처분	① 로담코 판결, 론스타 판결의 판시취지에 따름 ② 원천징수의무 자가 실질적인 귀속자의 확인의 무를 지는지 여부 (CJCGV 판결 인 용) ③ 배당소득의 수취인인 WPEP 등이 외국법인으 로서 법인세 납 세의무자가 된다 하더라도 한미조 약 제12조 제2항 (b)가 규정한 법 인(corporation) 으로 볼 수 없어 제한세율 10%을 적용할 수 없음
DM FOOD 2014.6.26. 선고 2012두	유	케이만 CVC Asia LP + 미국 AI	룩셈법인 → 벨기에 법인	주식양도 소득	한벨 조약 X	2007.5.1. 케이만 CVC 아시아 지 분 전부 및 미국 LLC 지분 중 출	① 원심: AI LLC는 한미조약 상 미국의 거주 자에 해당하여

1183		LLC				자자 홍콩법인 지분(60%) 원천징수분 법인세	AI에 귀속된 양도소득 전부에 대하여 조약이 적용되어야 함 ② 대법원: (가분적 거주자 이론) 외국법인인 미국 단체가 우리나라에서 소득을 얻었음에도 미국에서 납세의무를 지지 않는 경우 구성원이 미국에서 납세의무를 부담하는 범위에서만 조약상 미국 거주자에 해당하여 조세조약을 적용 받을 수 있음
TMW 2015.3.26. 선고 2013두7711	3국인	독일 TMW유한합자회사 (인적회사, GmbH & Co. KG)	독일 TMW유한회사→원고 타이거유동화전문(유)	배당소득	한독조약 제한세율 5%	2011.3.2. 25% 세율적용 차액 원고에게 납세고지(실질적인 귀속자를 최종투자자로 본 것인지를 알 수 없음)	① 실질적인 귀속자는 TMW 유한합자회사임 ② (가분적 거주자 이론) 독일의 합자회사는 포괄적인 납세의무를 지지 않아 조약상의 거주자로 볼 수 없으나 구성원이 독일에서 포괄적인 납세의무를 지는 범위 내에서 구성원의 지분만큼 합자회사를 조약상 독일 거주자로 봄
론스타 IV LP 경정청구 등 2017.7.11. 선고 2015두55134,55141	다수	론스타 US LP + 허드코 Ltd(버뮤다) + 6개의 LP(버뮤다)	론스타글로벌홀딩스 Ltd(버뮤다)→케이비홀딩스 LP(버뮤다)→룩셈 법인	주식양도소득	한벨조약 X	① 2012. 3. 5. 원고 하나금융은 원천징수(10%) ② 2012. 5. 9. 원고 에스씨에이는 비과세되어야 한다는 이유로	① 로담코 판결, 론스타 판결, 라살레 판결의 판시취지에 따름 ② 지급명세서와 원천징수영수증에 기재된 소득

		론스타 US LP에는 38명의 최종 투자자들 (미국 거주자들, LP도 있음)	→ 원고 벨기에 법인			국세기본법 제45조의2 제4항의 경정청구	자는 형식적 귀속자에 불과하더라도 국세기본법 제45조의2 제4항 소정의 경정청구를 할 수 있음 ③ 위 "DM FOOD"의 판시 취지(단체의 소득에 대하여 구성원이 미국에서 납세의무를 부담하는 범위에서 그 단체를 한미조약상 미국의 거주자로 취급한다)에 따름(가분적 거주자 이론)

　판례에 나타난 바와 같이 외국계 펀드는 투자금을 펀딩하여 단체를 만들어 조세를 회피하는 거래구조를 만든 다음 우리나라에 자본투자를 하였다. 이를 정리하면 대체로 [최초 투자자들(=판례상 최종 투자자들) → 最初團體(投資機構, 주로 LP임, LLC도 있음) → 중간에 낀 단체 → 도관회사(우리나라와 조세조약을 체결한 다른 나라의 단체, 주로 벨기에 법인 또는 라부안 법인)]으로 되어 있다.

　판례는 최종 도관회사나 중간에 낀 단체를 조세회피목적이 있는 한 국세기본법 제14조 제1항에 따라 실질적인 귀속자로 볼 수 없다면서 최초단체인 LP까지 단계적으로 올라간 다음 그 LP를 실질적인 귀속자로서 우리나라 사법(私法)의 성질상 법인으로 밖에 볼 수 없으므로 그 LP가 법인세를 부담한다는 취지이다. 반면 LP에 투자한 투자자들은 법인의 구성원에 불과하므로 원천징수대상자 내지 실질적인 귀속자가 될 수 없다고 보았다. AIG 판결(대법원 2013. 7. 11. 선고 2011두4411 판결)에서 모펀드의 출자자들을 실질적인 귀속자로 볼 수 없고 모펀드인 LP를 실질적인 귀속자로 보아야 한다면서 원심판결을 파기하기도 했다. 나아가 DM FOOD 판결, TMW 판결을 통하여 가분적 거주자 이론을 창설하여 LP 자체가 소재지국에서 포괄적 납세의무를 부담하지 않아 체약상대국의 거주자가 될수 없음에도 구성원이 소재지국에서 포괄적인 납세의무를 부담하는 범위 내에서 가분적으로 체약상대국의 거주자가 될 수 있다면서 그 범위 내에서 조세조약을 적용받을 수 있다고 하였다.

　대법원 판례에 대한 비판적 견해1)를 본다.

---

　1) 이창희, 국제조세법(제2판), 198면 이하 참조.

『우리나라의 인적회사에 견줄 만한 단체에는 법인세를 물리지 않는 나라가 대부분이라는 사실을 무시하고, 민사법의 성질로 따질 때 우리 법의 법인(당연히 인적회사를 포함한다)에 해당할 만한 외국단체는 영미법계의 파트너십이나 대륙법계의 인적회사를 포함해서 모두 우리 세법에서도 법인으로 보고 세법을 적용한다는, 일응 옳아 보이는 법해석론을 첫 단추로 삼고 이것을 일관하다보니 국제적 대세에서 멀리 떠나고 말았다. 이 해석론이 끝없는 혼란을 가져와서 결국은 가분적 거주자 개념처럼 아무 근거가 없는 개념을 발명해내고 최종 결과도 다른 나라 대부분의 조약해석론과 전혀 다르다는 문제점을 낳았다.』

다. 실정법상 국외투자기구의 등장과 실질귀속자 개념

(1) 2011. 12. 31. 국외투자기구에 관한 규정의 신설

판례의 개관에서 본 사안의 부과처분이나 원천징수분 고지처분 또는 원천징수는 늦어도 2012. 3. 5. 이전에 모두 일어났다. 론스타 판결의 선고일은 2012. 1. 27.이고, 라살레 판결의 선고일은 2012. 4. 26.이다.

론스타 판결이 선고되기 직전인 2011. 12. 31. 입법자는 소득세법 제156조의6와 법인세법 제98조의6(비거주자 또는 외국법인에 대한 조세조약상 제한세율 적용을 위한 원천징수절차 특례)을 신설하였다. 즉 '국외투자기구'라는 생소한 개념을 도입하면서 국내원천소득이 국외투자기구를 통하여 지급되는 경우 그 소득을 실질적으로 귀속받는 비거주자나 외국법인을 '실질귀속자'로 본다는 규정을 신설하였다. 이는 2012. 7. 1. 이후 최초로 원천징수하는 국내원천소득분부터 적용되었다. 일종의 발상의 전환을 요구하는 과감한 입법조치였다.

입법취지로 "그 간 외국계 펀드가 제3국 거주자의 조세조약 남용이나 우리나라 거주자의 역외탈세자금 우회투자수단으로 악용될 우려가 있었다. 이러한 제도의 시행으로 외국계 펀드를 통한 투자시 실질귀속자를 확인할 수 있게 되어 조세조약의 남용과 역외탈세 가능성을 차단하는 효과가 있다."라고 설명되었다. 즉 단체 뒤에 숨어 있는 실질귀속자의 확인 및 실질귀속자에 대한 과세에 그 중점이 있었다.

다만 '원천징수'의 특례규정이어서 징수처분 아닌 부과처분에는 적용될 수 없었다.

(2) 국외투자기구에 관한 해당 法律 및 施行令 규정의 요약

첫째, 국외투자기구를, 투자권유를 하여 모은 금전 등을 재산적 가치가 있는 투자대상자산을 취득, 처분 또는 그 밖의 방법으로 운용하고 그 결과를 투자자에게 배분하여 귀속시키는 투자행위를 하는 기구로서 국외에서 설립된 것이라고 정의한 다음, 국외투자기구를 통하여 소득을 지급받는 경우 그 소득을 실질적으로 귀속받는 비거주자나 외국법인이 실질귀속자가 된다는 취지로 규정하고 있었다. a, b, c를 최종투자자로 한 미국의 유한파트너십(LP)을 예로 든다. 미국의 LP를 국외투자기구라고 한다면 투자자 a, b, c 각자가 LP를 통하여 소득을 지급받는 실질귀속자가 되고, 미국의 LP는 실질귀속자가 될 수 없다. 론스타 판결의 흐름과 배치된다.

둘째, 이 경우 실질귀속자인 투자자의 확인 문제가 중요하다. 그 확인은 실질귀속자인 투자자 자신이 적극적으로 협력하여야 함은 물론 국외투자기구도 적극적으로 협력하여야만 이루어진다. 그리하여 실질귀속자는 '제한세율 적용신청서'를 작성하여 제출하여야 하고, 국외투자기구는 그 적용신청서를 제출받은 후 그 명세를 포함한 '국외투자기구 신고서'를 원천징수의무자에게 제출함으로써 실질귀속자의 실체를 명확하게 드러내야 한다. 그 확인이 전제되어야만 비로소 원천징수의무자는 실질귀속자인 투자자가 조세조약의 적용을 위한 체약상대국의 포괄적 납세의무자인지 여부, 즉 거주자 여부를 판단할 수 있기 때문이다. 1차 국외투자기구에 다른 2차 국외투자기구가 투자하는 경우라도 1차 국외투자기구는 2차 국외투자기구로부터 실질귀속자 명세를 제출받아야 한다. 투자기구가 중첩적·단계적으로 반복되는 경우에도 또한 같다.

셋째, 원천징수의무자의 부담경감 문제이다. 원천징수의무자는 실질귀속자 또는 국외투자기구로부터 제한세율 적용신청서 또는 국외투자기구 신고서를 제출받지 못하거나 제출된 서류를 통해서는 실질귀속자를 파악할 수 없는 등의 사유가 있는 경우 제한세율을 적용하지 아니하고 표준세율을 적용하여 원천징수하도록 함으로써 원천징수의무자의 부담을 경감시키되, 이후 실질귀속자가 제한세율을 적용받으려면 경정청구를 통하여 시정할 수 있도록 하였다.

넷째, 예외적으로 국외투자기구 자체가 실질귀속자가 될 수 있다. 즉 국민연금법, 공무원연금법, 군인연금법, 사립학교교직원 연금법 및 근로자퇴직급여 보장법 등에 준하는 체약상대국의 법률에 따라 외국에서 설립된 연금, 체약상대국의 법률에 따라 외국에서 설립된 비영리단체로서 수익을 구성원에게 분배하지 아니하는 기금, 조세조약에서 실질귀속자로 인정되는 것으로 규정된 국외투자기구 그 자체가 실질귀속자가 된다.

(3) 2014. 1. 1. 입법자는 소득세법 제156조의2와 법인세법 제98조의4(비거주자 또는 외국법인에 대한 조세조약상 비과세 또는 면제 적용 신청)를 전면개정[2]하면서 국외투자기구라는 개념을 도입하는 등 소득세법 제156조의6, 법인세법 제98조의6과 같은 취지의 입법적 조치를 취하였다.

(4) 위와 같이 2011. 12. 31. 소득세법 제156조의6, 법인세법 제98조의6이 신설되어 국외투자기구가 개입된 경우 원칙적으로 국외투자기구가 아닌 투자자를 실질귀속자로 보도록 입법하였음에도 대법원은 실정법의 흐름과는 다른 방향으로 2012. 1. 27. 론스타 판결을 선고하였다. 이후 위니아만도 판결을 거쳐 2013. 7. 11. 선고된 3개 판결, 즉 AIG 판결, 해태제과식품 판결, 뉴브리지 캐피탈 판결을 거침으로써 론스타 판결의 판시취지는 굳어지게 되었다.

---

2) 2001. 12. 31. 신설되었으나 조약의 적용으로 비과세 또는 면제를 받으려는 외국법인이나 비거주자는 이를 신청하여야 한다는 취지의 간단한 조문이었다.

제5장

한편 당시 과세관청의 과세관행을 위 3개 판결의 사안을 통하여 살펴보면 대체로 과세관청은 당초 투자자를 모집한 최초단체인 LP가 아닌 최종 투자자를 실질귀속자로 보아 조세조약 적용 여부를 판단한 다음 징수처분을 하였으나 이러한 과세관행은 대법원의 판결에 의하여 받아들여지지 않았음을 알 수 있다.

라. 국외투자기구에 대한 실질귀속자 특례 규정의 신설

(1) 소득세법 제119조의2와 법인세법 제93조의2의 신설

위와 같이 국외투자기구에 관한 법률이 시행되고 있음에도, 입법자는 2018. 12. 24. '비거주자에 대한 세액계산 통칙' 내지 '외국법인의 과세에 관한 통칙' 내에 '국외투자기구에 대한 실질귀속자 특례'라는 제목 아래 소득세법 제119조의2 내지 법인세법 제93의2를 신설하여 2020. 1. 1.부터 이를 시행하고 있다. 종전과는 달리 원천징수의 경우는 물론 부과처분의 경우에도 적용됨을 명확히 한다는 의미에서 조문 위치를 변경하였다.

국외투자기구가 개입된 경우 국외투자기구 또는 투자자들 중 누구를 실질귀속자로 보아야 하는 것인지에 관하여, 본문과 단서로 나누어 그 기준을 보다 체계적으로 정하고 있다. 앞서 본 종전의 국외투자기구에 대한 규율과 본질적으로 다른 점은 없고 종전의 규율을 세련되고 명확하게 정리한 것으로 볼 수 있다. 단서(2문) 제1호의 두 요건, 즉 가목의 "국외투자기구의 거주지국에서 그 국외투자기구가 납세의무를 부담할 것", 나목의 "국내원천소득에 대한 소득세 및 법인세를 부당하게 감소시킬 목적으로 그 국외투자기구를 설립한 것이 아닐 것"이 추가되었다. 종전에는 없던 중요한 내용이 추가되었다.

(2) 실질귀속자 개념의 필요성

첫째, 이러한 '실질귀속자'라는 개념은 뒤에서 보는 바와 같이 상당히 기술적이면서 경우에 따라서는 여러 단계를 거쳐 올라가는 동안 실질귀속자에서 순차 탈락하는 과정을 거쳐 최종적인 것을 가려내는 절차를 거쳐야 하는바, 조세조약을 적용하기 위한 전제로서 조약상 체약상대국의 거주자에 해당하는지를 판별하는데 중요하다.

둘째, 비거주자나 외국법인이 국내원천소득인 부동산 등 양도소득을 신고납부하여야 하는 경우(소득세법 제124조, 법인세법 제97조) 누가 납세의무자로서 이를 신고하여야 하는지를 확정함에 있어 필요하다. 이를 신고하지 아니하여 과세관청이 부과처분을 하는 경우 그 부과처분의 상대방인 납세의무자를 확정하는데 필요하다.

셋째, 원천징수의무를 이행하지 않았다고 하여 과세관청이 원천징수의무자에게 징수처분을 하는 경우에도 필요하다. 원천징수대상자 내지 원천납세의무자가 누구이고 그 납세의무자가 조약상 제한세율 적용대상인지 여부의 판정을 용이하게 함으로써 원천징수의무자의 부담을 경감시킨다.

넷째, 원천징수의무의 존부 및 범위 내지 원천납세의무의 범위에 있어 오류가 발견되는 경우 그 경정청구권자를 확정하는데 필요하다.

앞으로 조세조약의 적용과 관련하여 '실질귀속자'라는 용어가 사용되면 이는 국세기본법 제14조 제1항 소정의 실질적인 귀속자를 의미하는 것이 아니라 소득세법 제119조의2, 법인세법 제93조의2 소정의 실질귀속자임을 의미한다.

(3) 소득세법 제119조의2와 법인세법 제93조의2를 묶어서 정리하면 다음과 같다.[3]

『① 비거주나 외국법인이 국외투자기구(투자권유를 하여 모은 금전 등을 재산적 가치가 있는 투자대상자산의 취득, 처분 또는 그 밖의 방법으로 운용하고 그 결과를 투자자에게 배분하여 귀속시키는 투자행위를 하는 기구로서 국외에서 설립된 기구를 말한다. 이하 같다)를 통하여 제93조에 따른 국내원천소득을 지급받는 경우에는 그 외국법인을 국내원천소득의 실질귀속자(그 국내원천소득과 관련하여 법적 또는 경제적 위험을 부담하고 그 소득을 처분할 수 있는 권리를 가지는 등 그 소득에 대한 소유권을 실질적으로 보유하고 있는 자를 말한다. 이하 같다)로 본다. 다만, 국외투자기구가 다음 각 호의 어느 하나에 해당하는 경우(소득세법 제2조 제3항에 따른 법인으로 보는 단체 외의 법인 아닌 단체인 국외투자기구는 이 항 제2호 및 제3호에 해당하는 경우로 한정한다)에는 그 국외투자기구를 국내원천소득의 실질귀속자로 본다.

1. 다음 각 목의 요건을 모두 충족하는 경우

가. 국외투자기구의 거주지국에서 그 국외투자기구가 납세의무를 부담할 것

나. 국내원천소득에 대한 소득세 또는 법인세를 부당하게 감소시킬 목적으로 그 국외투자기구를 설립한 것이 아닐 것

2. 그 국외투자기구가 조세조약에서 실질귀속자로 인정되는 것으로 규정된 경우

3. 제1호 및 제2호에 해당하지 아니하는 국외투자기구가 그 국외투자기구에 투자한 투자자를 입증하지 못하는 경우(투자자가 둘 이상인 경우로서 투자자 중 일부만 입증하는 경우에는 입증하지 못하는 부분으로 한정한다)

② 제1항 제3호에 해당하여 국외투자기구를 국내원천소득의 실질귀속자로 보는 경우에는 그 국외투자기구에 대하여 조세조약에 따른 비과세·면제 및 제한세율(조세조약에 따라 체약상대국의 거주자 또는 법인에 대하여 과세할 수 있는 최고세율을 말한다. 이하 같다.)의 규정을 적용하지 아니한다.』

이러한 입법조치는 국외투자기구에 대한 개념이 도입되었음에도 대법원 판결이 다른 방향으로 나아감으로써 혼란이 초래되었다고 보아 다소 애매하였던 실정법상의 국외투자기구와 실

---

3) 이창희, 국제조세법(2판), 197면 이하에서 국외투자기구 및 실질귀속자에 관하여 매우 기술적인 법해석론이라면서 상세하고 설득력 있게 설명하고 있으므로 이를 참조하기 바란다. 이하 그 설명을 요약하면서 필요시 전부를 인용한다.

질귀속자 개념을 분명히 하여 이를 정착시키겠다는 입법자의 결단으로 읽혀진다.

이하 소득세법 제119조의2와 법인세법 제93조의2의 해석에 관하여 본다.

(4) 국외투자기구

국외투자기구의 법적 형태 면에서는 영리단체를 넘어 신탁과 같은 계약관계도 영리목적인 이상 이를 포함한다. 거주지 본국법에서 법인세를 내는 단체든(미국의 Corporation, 독일의 AG, 미국의 사업신탁), 안 내는 단체든(미국의 LP나 독일의 인적회사) 다 포함한다. 공모 사모도 가리지 않는다. 우리 민사법의 법인에 해당하든 안 하든, 돈을 벌어서 배분하는 영리단체인 한 다 포함한다. 자본시장법의 자본투자기구에 국한하지 않는다.

(5) 본문과 단서의 선후관계(단서 ≥ 본문)

첫째, 국외투자기구가 단서 각 호의 요건을 만족해서 실질귀속자가 되려면 거주지국에서 법인세를 내는 단체라야 한다. 실질귀속자가 되는 이상 그와 동시에 조약상 체약상대국의 거주자도 된다. 단서에 따라서 국외투자기구를 실질귀속자로 보는 이상 그 윗단계의 비거주자나 외국법인은 실질귀속자가 될 수 없다. 즉 본문에 따라서 비거주자나 외국법인을 실질귀속자로 볼 수 있는 경우란 가운데 낀 국외투자기구가 단서에 따른 실질귀속자가 아닌 경우이다. 둘째, 어느 단계든 위와 같이 실질귀속자가 판정되는 순간 그 아래 단계에 있는 자는 실질귀속자에서 탈락한다.[4]

(6) 본문=무한반복 사슬, 단서=탈출 문고리

본문과 단서의 선후관계를 위와 같이 정리하면 위 법조의 논리적 구조를 다음과 같이 맞출 수 있다.[5]

『외국법인이 국외투자기구를 통하여 소득을 지급받는 경우, 그 국외투자기구는 실질귀속자가 아니므로 무시하고 그 외국법인을 실질귀속자로 본다. 그런데 이 외국법인 역시 국외투자기구이므로 다시 그 윗단계의 외국법인의 입장에서 본다면 국외투자기구를 통하여 소득을 지급받는 경우에 해당하여 그 자를 실질귀속자로 보는 이상 그 아랫단계의 국외투자기구는 실질귀속자에서 탈락한다. 본문은 단계를 올라가면서 무한반복하는 사슬이라는 말이다.

이 사슬에서 벗어나는 탈출구는 더 이상은 실질귀속자가 아니라면서 무시할 수 없고 조약에 따라 투시할 수도 없는 자가 드러나는 것이다.

ⅰ) 첫째 국외투자기구에 해당하지 않는 자가 제1항 본문의 비거주자로 드러나면 반복사슬을 멈춘다. 자연인 비거주자나 투자기구의 성격이 없는 비영리단체가 드러나면 그들은 국외투자기구가 아니므로 본문의 사슬은 더 윗단계로 올라가지 못한 채 끝나고, 그런 비거주자나 비영리단체는 실질귀속자이다. 일단 실질귀속자인 이상 조약으로 넘어가고 상대방체약국 거주자에 해당해서 조약을

---

4) 이창희, 국제조세법(2판), 202면 이하 참조.
5) 이창희, 국제조세법(2판), 204면 이하 해당 부분을 그대로 인용한다.

적용받는다.

　　ⅱ) 국외투자기구가 단서의 요건을 만족하는 실질귀속자인 경우에도 이 사슬은 끝난다. 단서의 요건을 만족하자면 거주지국 본국에서 법인세를 내는 기구라야 하고, 따라서 단서에서 실질귀속자가 된 국외투자기구는 조약으로 넘어가 조약상 상대방체약국 거주자(외국법인)로서 조약의 해당규정을 적용받는다. 그 윗단계의 비거주자나 외국법인은 실질귀속자이든 아니든 우리나라가 상관할 바 아니고, 어차피 실질귀속자인 외국법인(＝국외투자기구)에서 소득을 지급받기에 우리나라의 과세권 밖이다.

　　ⅲ) 비영리단체를 제외한다면 제1항 본문 첫머리의 외국법인을 실질귀속자로 본다는 규정은 실제 적용되는 경우를 생각하기 어렵다. 영리법인은 다 국외투자기구에 해당하여 본문의 사슬에 들어가기 때문이다. 국외투자기구가 상대방체약국에서 법인세를 낸다면 그 기구는 거의 언제나 외국법인에 해당할 것이고, 그런 기구 내지 외국법인이 단서에 따라 실질귀속자가 되면 본문을 적용하여 그 윗단계에 누가 있는가를 더 이상 물을 이유가 없다.』

　　체약상대국 국내법에서 법인세를 내지 않는 영리단체, 가령 일본의 조합, 독일의 인적회사, 법인과세를 택하지 않은 미국의 LP 따위 투시단체는 위 법조에서 실질귀속자로 보지 않는 국외투자기구이다. 따라서 제1항 본문의 사슬에 따라서 위 단계로 올라가서 실질귀속자가 있는지 찾아야 한다. 이렇게 풀이하면 외국단체의 국내법상 구분을 민사법적 성질에 따라 정한다면서 미국 LP를 외국법인으로 구분했던 론스타 판결은 적어도 조약의 해석적용에서는 무의미해지고 제1항의 사슬이 시작된다.[6]

(7) 수익적 소유자에 대하여(실질귀속자라면 수익적 소유자)

　　소득세법 제119조의2와 법인세법 제93조의2에서 실질귀속자란 "그 국내원천소득과 관련하여 법적 또는 경제적 위험을 부담하고 그 소득을 처분할 수 있는 권리를 가지는 등 그 소득에 대한 소유권을 실질적으로 보유하고 있는 자를 말한다"는 글귀이다. 이는 조약의 명문규정인 '수익적 소유자'라는 말을 실질귀속자와 혼용해서 쓰던 종래의 판례(대법원 2016. 7. 14. 선고 2015두2451 판결) 내지 실무의 잔재이고, 대법원 2018. 11. 15. 선고 2017두33008 판결 이후에는 불필요한 개념이다. 이 글귀에 정한 요건을 만족하는 자는 이미 실질귀속자로 판정된 것이고, 그 결과 "그 소득에 대한 소유권을 실질적으로 보유하고 있는 자"도 된다고 읽어야 한다. 실질귀속자라면 수익적 소유자라는 말이다. 그 역은 성립하지 않는다. 소득의 수익적 소유자에 해당하더라도 국세기본법상 실질과세의 원칙에 따라 조약 남용으로 인정되는 경우 조세조약 적용을 부인할 수 있다.[7]

---

6) 이창희, 국제조세법(2판), 208면 이하 참조.

7) 이창희, 국제조세법(2판), 206면 참조.

(8) 국외투자기구가 투자자를 입증하지 못하는 경우

위 법조 단서 제3호에 의하면, 제1호 및 제2호에 해당하지 아니하는 국외투자기구가 그 국외투자기구에 투자한 투자자를 입증하지 못하는 경우(투자자가 둘 이상인 경우로서 투자자 중 일부만 입증하는 경우에는 입증하지 못하는 부분으로 한정한다)에는 국외투자기구가 국내원천소득의 실질귀속자로 보도록 규정하고 있다.

단서 제3호에 해당하여 국외투자기구를 국내원천소득의 실질귀속자로 보는 경우 그 국외투자기구에 대하여 조세조약에 따른 비과세·면제 및 제한세율(조세조약에 따라 체약상대국의 거주자 또는 법인에 대하여 과세할 수 있는 최고세율을 말한다. 이하 같다)의 규정을 적용하지 아니한다(제2항).

(9) 소득세법 제2조 제3항의 개정 및 제4항, 제5항의 신설

소득세법상의 법인이 아닌 단체 중 법인으로 보는 단체 외의 법인 아닌 단체는 1거주자 또는 1비거주로 보되, 예외적으로 시행령에서 규정하던 것을 제2조 제3항의 단서로 옮기고, 다시 이러한 단체에 대하여 위 국외투자기구에 대한 것과 동일한 규율을 하겠다는 의미로 제4항과 제5항을 신설하였다(2018. 12. 31.).

2. 원천징수의무자의 부담경감을 위한 조치(임시적 원천징수세액확정 = 先원천징수 後경정청구)

가. 2011. 12. 31. 소득세법 제156조의6 내지 법인세법 제98조의6이 신설되기 전

CJCGV 판결(대법원 2013. 4. 11. 선고 2011두3159 판결)

『가. 구 법인세법 제98조 제1항 제3호는 외국법인에 대하여 제93조 제2호의 소득, 즉 구 소득세법 제17조 제1항에 규정하는 배당소득으로서 국내사업장과 실질적으로 관련되지 아니하거나 그 국내사업장에 귀속되지 아니하는 소득의 금액(이하 '국내원천배당소득'이라 한다)을 지급하는 자는 제97조의 규정에 불구하고 그 지급하는 때에 지급액의 100분의 25를 당해 법인의 각 사업연도의 소득에 대한 법인세로서 원천징수하여야 한다고 규정하고 있다. 따라서 외국법인에 대하여 국내원천배당소득을 지급하는 자는 우리나라가 그 외국법인이 거주자로 되어 있는 나라와 체결한 조세조약 등에서 구 법인세법 제98조 제1항 제3호에서 정한 세율보다 낮은 제한세율을 적용하여 과세하거나 비과세하도록 규정하고 있지 아니한 한 위 규정에 따른 세율을 적용하여 그 소득에 대한 법인세를 원천징수할 의무가 있다.

그리고 구 국세기본법 제14조 제1항이 규정하는 실질과세의 원칙은 구 법인세법 제98조 제1항 제3호가 규정하는 국내원천배당소득에 대한 원천징수에도 그대로 적용되므로, 국내원천배당소득을 지급하는 자는 특별한 사정이 없는 한 그 소득에 관하여 귀속 명의와 달리 실질적으로 귀속되는 자가 따로 있는지를 조사하여 실질적인 귀속자를 기준으로 그 소득에 대한 법인세를 원천징수할 의무가 있다. 다만 국내원천배당소득을 지급하는 자는 조세수입의 조기확보와 조세징수의 효율성 도모 등의 공익적 요청에 따라 원천징수의무를 부담하는 반면, 질문검사권 등 세법이 과세관청에 부여한 각종 조사권한은 가지고 있지 아니한 점 등을 고려하면, 국내원천배당소득을 지급하는 자가 거래 또는 소득금액의 지급과정에서 성실하게 조사하여 확보한 자료 등을 통해서도 그 소득의 실질적인 귀속자가 따로 있다는 사실을 알 수 없었던 경우까지 실질적인 귀속자를 기준으로 그 소득에 대한 법인세를 원천징수할 의무가 있다고 볼 수는 없다.

　　나. 원심은, 원고가 2002년경 이 사건 외국법인의 이 사건 주식 매입과 관련하여 기업평가를 위한 실사를 받을 당시 그 실사 주체는 CVC 아시아의 투자자문사인 CVC AP였고, 이 사건 주식 매매계약서의 서명자도 CVC AP 소속 직원인 소외 1이었던 점, 원고의 직원과 CVC 아시아 직원 사이에 오고 간 이메일에도 원고에 대한 투자주체가 CVC 아시아 등으로 되어 있었던 점, 이 사건 배당소득에 대한 배당결의에 참가한 소외 1,2 등은 CVC AP 내지 3i Group의 직원이었고, 이 사건 외국법인의 이사들은 거기에 참여하지 아니한 점 등에 비추어 보면, 원고는 이 사건 배당소득의 실질적인 귀속자가 CVC 아시아 등임을 알고 있었다고 보이므로, 원고에게 이 사건 배당소득에 대한 원천징수의무를 부여하는 것이 비례의 원칙 등에 위반된다고 볼 수 없다는 취지로 판단하였다.

　　앞서 본 법리와 기록에 비추어 살펴보면, 원심의 이러한 판단은 정당하고, 거기에 상고이유에서 주장하는 바와 같은 원천징수의무의 한계에 관한 법리오해 등의 위법이 없다.』

판례에 의하면 '국세기본법 제14조 제1항'에 따라 판명된 '실질적인 귀속자'를 기준으로 원천징수하되, 국내원천배당소득을 지급하는 자는 조세수입의 조기확보와 조세징수의 효율성 도모 등의 공익적 요청에 따라 원천징수의무를 부담하는 반면 질문검사권 등 세법이 과세관청에 부여한 각종 조사권한은 가지고 있지 아니한 점 등을 고려하면, 거래 또는 소득금액의 지급과정에서 성실하게 조사하여 확보한 자료 등을 통해서도 그 소득의 실질귀속자가 따로 있다는 사실을 알 수 없었던 경우까지 실질귀속자(CVC 아시아 LP)를 기준으로 그 소득에 대한 법인세를 원천징수할 의무가 있다고 볼 수는 없다고 판시하고 있다. 당시 원천징수에 오류가 있는 경우 국세기본법 제45조의2 제4항에 기한 경정청구가 가능한 점을 고려하더라도 원천징수의무자의 부담은 결코 가볍다고 할 수 없었다.

나. 2011. 12. 31. 소득세법 제156조의6 내지 법인세법 제98조의6이 신설된 후

(1) 앞에서 보았듯이 실질적인 귀속자의 개념에서 큰 변화가 왔다. 따라서 원천징수의무자로서는 이러한 개념의 변화를 인지하면서 그 실질귀속자인 최종 투자자의 확인 문제가 무엇

보다 중요하다. 이를 위하여 관련 법률 및 그 시행령을 숙지하여야 한다.

2018. 12. 24. 신설된 소득세법 제119조의2 내지 법인세법 제93조의2의 내용을 숙지하고, 소득세법의 ① 제156조의2(비거주자에 대한 조세조약상 비과세 또는 면제 적용신청), 시행령 제207조의2, ② 제156조의4(특정지역 비거주자에 대한 원천징수 절차특례), 시행령 제207조의4, 제207조의5, ③ 제156조의6(비거주자에 대한 조세조약상 제한세율 적용을 위한 원천징수 절차특례), 시행령 제207조의8, 제207조의9 등의 규정을, 법인세법의 ① 제98조의4(외국법인에 대한 조세조약상 비과세 또는 면제 적용신청), 시행령 제138조의4, ② 제98조의5(특정지역 외국법인에 대한 원천징수 절차특례), 시행령 제138조의5, 제138조의6, ③ 제98조의6(외국법인에 대한 조세조약상 제한세율 적용을 위한 원천징수 절차특례), 시행령 제138조의7, 제138조의8 등의 규정을 숙지하여야 한다.

(2) 앞서 본 바와 같은 의미의 실질귀속자를 확인하기 위하여는 실질귀속자 자신이 적극적으로 협력하여야 함은 물론 국외투자기구도 협력하여야 한다. 실질귀속자는 제한세율 적용신청서를 작성하여 제출하여야 하고, 국외투자기구는 그 적용신청서를 제출받은 후 그 명세를 포함한 국외투자기구 신고서를 원천징수의무자에게 제출함으로써 실질귀속자의 실체를 드러내어야 한다. 이러한 확인이 전제되어야만 비로소 실질귀속자인 투자자가 조세조약의 적용을 위한 체약상대국의 포괄적 납세의무자인지 여부 즉 거주자인지 여부를 판단할 수 있기 때문이다.

이 경우 원천징수의무자로서는 이러한 제한세율 적용신청서 및 국외투자신고서를 제출받는다 할지라도 실질귀속자가 누구인지 및 조세회피목적를 가지고 있는지 여부에 관한 판단을 정확히 하기는 쉽지 않다. 소득세법 제119조의2 내지 법인세법 제93조의2의 규정상의 본문과 단서를 이해하기도 어려워 실질귀속자의 판정을 둘러싸고 원천징수의무자의 부담은 더 가중되었다고 볼 여지도 있다. 이러한 부담의 과중은 원천징수의 본질인 편의성과 간이성에 부합하지 않는다.

(3) 과중부담의 경감조치(임시적 원천징수세액확정 = 先원천징수 後경정청구)

이러한 점을 고려하여, 법인세법 및 소득세법은 실질귀속자 또는 국외투자기구가 일정한 서류(비과세·면제신청서, 제한세율 적용신청서 및 국외투자기구 신고서)를 제출하지 않거나 제출하더라도 실질귀속자를 파악할 수 없는 경우 법인세법 제98조 제1항, 소득세법 제156조 제1항 각 호에 따른 표준세율을 우선 적용하여 원천징수하되, 원천징수에 오류가 있는 경우 실질귀속자 또는 원천징수의무자가 경정청구를 할 수 있도록 정하고 있다. 그럼으로써 원천징수의무자의 부담은 상당히 경감되었다.

다만 기획재정부장관이 고시하는 국가 또는 지역에 소재하는 비거주자나 외국법인의 국내원천소득 중 이자소득, 배당소득, 사용료소득 및 유가증권양도소득 등에 대하여 소득세, 법인세로 원천징수하는 경우 조세조약에도 불구하고 법인세법 제98조 제1항, 소득세법 제156조 제1항 각 호에 따른 세율에 따라 원천징수하여야 한다.

(4) 이하 법인세를 중심으로 조세조약의 적용(비과세·면제·제한세율)을 받기 위한 절차 및 경정청구에 관하여 본다.

3. 법인세법 제98조의4

『제98조의4(외국법인에 대한 조세조약상 비과세 또는 면제 적용 신청)

① 제93조에 따른 국내원천소득(같은 조 제5호에 따른 국내원천 사업소득 및 같은 조 제6호에 따른 국내원천 인적용역소득은 제외한다)의 실질귀속자인 외국법인이 조세조약에 따라 비과세 또는 면제를 적용받으려는 경우에는 대통령령으로 정하는 바에 따라 비과세·면제신청서를 국내원천소득을 지급하는 자(이하 이 조에서 "소득지급자"라 한다)에게 제출하고 해당 소득지급자는 그 신청서를 납세지 관할 세무서장에게 제출하여야 한다. 이 경우 제93조의2 제1항 제1호에 해당하여 국외투자기구를 국내원천소득의 실질귀속자로 보는 경우에는 그 국외투자기구에 투자한 투자자의 국가별 현황 등이 포함된 국외투자기구 신고서를 함께 제출하여야 한다.(개정 2018. 12. 24.)

② 제1항을 적용할 때 해당 국내원천소득이 국외투자기구를 통하여 지급되는 경우에는 그 국외투자기구가 대통령령으로 정하는 바에 따라 실질귀속자로부터 비과세·면제신청서를 제출받아 그 명세가 포함된 국외투자기구 신고서와 제출받은 비과세·면제신청서를 소득지급자에게 제출하고 해당 소득지급자는 그 신고서와 신청서를 납세지 관할 세무서장에게 제출하여야 한다.(개정 2018. 12. 24.)

③ 소득지급자는 실질귀속자 또는 국외투자기구로부터 비과세·면제신청서 또는 국외투자기구 신고서를 제출받지 못하거나 제출된 서류를 통해서는 실질귀속자를 파악할 수 없는 등 대통령령으로 정하는 사유에 해당하는 경우에는 비과세 또는 면제를 적용하지 아니하고 제98조 제1항 각 호의 금액을 원천징수하여야 한다.

④ 제3항에 따라 비과세 또는 면제를 적용받지 못한 실질귀속자가 비과세 또는 면제를 적용받으려는 경우에는 실질귀속자 또는 소득지급자가 제3항에 따라 세액이 원천징수된 날이 속하는 달의 말일부터 5년 이내에 대통령령으로 정하는 바에 따라 소득지급자의 납세지 관할 세무서장에게 경정을 청구할 수 있다. 다만, 국세기본법 제45조의2 제2항 각 호의 어느 하나에 해당하는 사유가 발생하였을 때에는 본문에도 불구하고 그 사유가 발생한 것을 안 날부터 3개월 이내에 경정을 청구할 수 있다.(개정 2016. 12. 20., 2019. 12. 31.)

⑤ 제4항에 따라 경정을 청구받은 세무서장은 청구를 받은 날부터 6개월 이내에 과세표준과 세액을 경정하거나 경정하여야 할 이유가 없다는 뜻을 청구인에게 알려야 한다.

⑥ 제1항부터 제5항까지에서 규정된 사항 외에 비과세·면제신청서 및 국외투자기구 신고서 등 관련 서류의 제출 방법·절차, 제출된 서류의 보관의무, 경정청구의 방법·절차 등 비과세 또는 면제의 적용에 필요한 사항은 대통령령으로 정한다.』

가. 실질귀속자의 비과세·면제신청서 제출

국내원천소득(국내원천 사업소득 및 국내원천 인적용역제공소득은 제외)의 실질귀속자인 외국법인이 조세조약에 따라 비과세 또는 면제를 적용받으려는 경우 비과세·면제신청서를 소득지급자에게 제출하고 해당 소득지급자는 이를 납세지 관할 세무서장에게 제출하여야 한다.

제93조의2 제1항 단서 제1호에 해당하여 국외투자기구를 국내원천소득의 실질귀속자로 보는 경우에는 그 국외투자기구에 투자한 투자자의 국가별 현황 등이 포함된 국외투자기구 신고서를 함께 제출하여야 한다.

나. 국외투자기구와 비과세·면제신청서의 제출

(1) 국내원천소득이 국외투자기구를 통하여 지급되는 경우 해당 국외투자기구가 실질귀속자로부터 비과세·면제신청서를 제출받아 실질귀속자 명세를 포함하여 작성한 기획재정부령으로 정하는 국외투자기구 신고서와 제출받은 비과세·면제신청서를 소득지급자에게 제출하고 해당 소득지급자는 소득을 지급하는 날이 속하는 달의 다음 달 9일까지 소득지급자의 납세지 관할 세무서장에게 제출해야 한다.

(2) 국외투자기구("1차 국외투자기구"라 한다)에 다른 국외투자기구("2차 국외투자기구"라 한다)가 투자하고 있는 경우 1차 국외투자기구는 2차 국외투자기구로부터 실질귀속자별 비과세·면제신청서를 제출받아 그 명세(해당 2차 국외투자기구가 국외공모집합투자기구인 경우에는 이를 확인할 수 있는 서류와 해당 국외투자기구의 국가별 실질귀속자의 수 및 총투자금액 명세를 말한다)가 포함된 국외투자기구 신고서와 제출받은 비과세·면제신청서를 제출하여야 한다. 이 경우 다수의 국외투자기구가 연속적으로 투자관계에 있는 경우 투자를 받는 직전 국외투자기구를 1차 국외투자기구로, 투자하는 국외투자기구를 2차 국외투자기구로 본다.

다. 원천징수의무와 경정청구

(1) 소득지급자의 법인세법 제98조 제1항에 의한 원천징수

소득지급자는 실질귀속자 또는 국외투자기구로부터 비과세·면제신청서 또는 국외투자기구 신고서를 제출받지 못하거나 제출된 서류를 통해서는 실질귀속자를 파악할 수 없는 등 일정한 사유에 해당하는 경우, 비과세 또는 면제를 적용하지 아니하고 법인세법 제98조 제1항 각 호의 금액을 원천징수하여야 한다. 원천징수의무자(소득지급자)의 주의의무는 될 수 있는 한 경감되도록 해석되어야 한다.

(2) 실질귀속자 또는 원천징수의무자(소득지급자)의 경정청구

위와 같은 사유로 비과세 또는 면제를 적용받지 못한 실질귀속자가 비과세 또는 면제를

적용받으려는 경우 실질귀속자 또는 소득지급자는 세액이 원천징수된 날이 속하는 달의 말일부터 5년 이내에 대통령령으로 정하는 바에 따라 소득지급자의 납세지 관할 세무서장에게 경정을 청구할 수 있다(통상의 경정청구).

다만 국세기본법 제45조의2 제2항 각 호의 어느 하나에 해당하는 사유가 발생하였을 때에는 본문에도 불구하고 그 사유가 발생한 것을 안 날부터 3개월 이내에 경정을 청구할 수 있다(후발적 경정청구). 이러한 통상의 경정청구 및 후발적 경정청구는, 외국법인의 경정청구제도를 개별세법인 소득세법 및 법인세법상 경정청구로 일원화하기 위한 것으로, 국세기본법 제45조의2 제4항의 경정청구의 대상에서 배제됨은 앞서 본 바와 같다.

(3) 경정청구권자는 실질귀속자 또는 원천징수의무자(소득지급자)이다. 이 경우 국내원천소득의 실질귀속자임을 입증할 수 있는 비과세·면제신청서 및 해당 실질귀속자 거주지국의 권한 있는 당국이 발급하는 거주자증명서를 첨부하여야 한다.

지급명세서와 원천징수영수증에 기재된 소득자는 그가 해당 소득의 형식적인 귀속자에 불과하더라도 경정청구를 할 수 있다고 함이 판례의 견해임은 앞서 본 바와 같다.

(4) 경정청구절차

경정청구권자는 소득지급자의 납세지 관할 세무서장에게 기획재정부령으로 정하는 비과세·면제 적용을 위한 경정청구서에 국내원천소득의 실질귀속자임을 입증할 수 있는 서류를 첨부하여 경정을 청구해야 한다. 이 경우 증명서류는 한글번역본과 함께 제출하여야 하되, 국세청장이 인정하는 경우에는 영문으로 작성된 서류만을 제출할 수 있다.

첨부서류는 비과세·면제신청서, 해당 실질귀속자 거주지국의 권한 있는 당국이 발급하는 거주자증명서, 실질귀속자 특례 국외투자기구 신고서(실질귀속자 특례 국외투자기구 신고서를 제출해야 하는 경우에 한정한다) 또는 국외투자기구 신고서(국외투자기구 신고서를 제출해야 하는 경우에 한정한다) 등이다.

(5) 경정청구를 받은 세무서장은 청구를 받은 날부터 6월 이내에 과세표준과 세액을 경정하거나 경정하여야 할 이유가 없다는 뜻을 청구인에게 알려야 한다. 경정청구를 한 국내원천소득을 수취한 자가 당해 국내원천소득의 실질귀속자에 해당하는 경우 경정하여야 한다.

4. 법인세법 제98조의5

『제98조의5(특정지역 외국법인에 대한 원천징수절차 특례)

① 제98조, 제98조의2부터 제98조의4까지 및 제98조의6에 따른 원천징수의무자는 기획재정부장관이 고시하는 국가나 지역에 있는 외국법인의 국내원천소득 중 제93조 제1호, 제2호, 같은 조 제7호 나목, 같은 조 제8호 또는 제9호에 따른 소득에 대하여 각 사업연도의 소득에 대한 법인세로

서 원천징수하는 경우에는 제98조의4 및 조세조약에 따른 비과세·면제 또는 제한세율 규정에도 불구하고 제98조 제1항 각 호에서 규정하는 세율을 우선 적용하여 원천징수하여야 한다. 다만, 대통령령으로 정하는 바에 따라 조세조약에 따른 비과세·면제 또는 제한세율을 적용받을 수 있음을 국세청장이 미리 승인한 경우에는 그러하지 아니하다.(개정 2011. 12. 31.)

　② 제1항에 따른 국내원천소득을 실질적으로 귀속받는 법인(그 대리인 또는 국세기본법 제82조에 따른 납세관리인을 포함한다)이 그 소득에 대하여 조세조약에 따른 비과세·면제 또는 제한세율의 적용을 받으려는 경우에는 제1항에 따라 세액이 원천징수된 날이 속하는 달의 말일부터 5년 이내에 대통령령으로 정하는 바에 따라 원천징수의무자의 납세지 관할 세무서장에게 경정을 청구할 수 있다. 다만, 국세기본법 제45조의2 제2항 각 호의 어느 하나에 해당하는 사유가 발생하였을 때에는 본문에도 불구하고 그 사유가 발생한 것을 안 날부터 3개월 이내에 경정을 청구할 수 있다.(개정 2016. 12. 20., 2019. 12. 31.)

　③ 제2항에 따라 경정을 청구받은 세무서장은 그 청구를 받은 날부터 6개월 이내에 과세표준과 세액을 경정하거나 경정하여야 할 이유가 없다는 뜻을 그 청구를 한 자에게 알려야 한다.』

가. 조세조약의 남용과 조세회피지역(Tax Haven)에 소재하는 외국법인에 대한 조세조약의 적용배제

기획재정부장관이 고시하는 국가나 지역은 말레이시아의 라부안을 말한다(구 재정경제부고시 제2006-21호, 2006. 6. 30.). 이러한 지역에 설립된 외국법인에 대하여는 조세조약의 남용이 있다고 추정하여 조세조약의 적용을 배제한다는 취지이다.

국내원천소득 중 제93조 제1호(이자소득), 제2호(배당소득), 제7호 나목(비상장 국내주식 양도소득), 제8호(사용료소득) 또는 제9호(유가증권 양도소득)에 따른 소득에 대하여 각 사업연도의 소득에 대한 법인세로서 원천징수하는 경우에만 해당된다.

조세조약상의 비과세·면제 또는 제한세율 적용을 위한 사전승인절차에 관하여는 시행령 제138조의5에 규정되어 있다.

나. '실질적으로 귀속받는 법인'의 경정청구

(1) 국내원천소득을 실질적으로 귀속받는 법인(그 대리인 또는 국세기본법 제82조에 따른 납세관리인을 포함한다)이 그 소득에 대하여 조세조약에 따른 비과세·면제 또는 제한세율의 적용을 받으려는 경우, 세액이 원천징수된 날이 속하는 달의 말일부터 5년 이내에 대통령령으로 정하는 바에 따라 원천징수의무자의 납세지 관할 세무서장에게 경정을 청구할 수 있다(통상의 경정청구). 다만 국세기본법 제45조의2 제2항 각 호의 어느 하나에 해당하는 사유가 발생하였을 때에는 본문에도 불구하고 그 사유가 발생한 것을 안 날부터 3개월 이내에 경정을 청구할 수 있다(후발적 경정청구). 실질적으로 귀속받는 법인만이 경정청구를 할 수 있는바, 원천징수의

무자는 경정청구를 할 수 없다.

이러한 통상의 경정청구 및 후발적 경정청구는, 외국법인의 경정청구제도를 개별세법인 소득세법 및 법인세법상 경정청구로 일원화하기 위한 것으로, 국세기본법 제45조의2 제4항의 경정청구의 대상에서 배제된다. 후발적 경정청구는 2019. 12. 31. 신설되어 2020. 1. 1.부터 시행되고 있다.

경정청구절차는 시행령 제138조의6에 규정되어 있다.

(2) 경정청구를 받은 세무서장은 그 청구를 받은 날부터 6개월 이내에 과세표준과 세액을 경정하거나 경정하여야 할 이유가 없다는 뜻을 그 청구를 한 자에게 알려야 한다.

5. 법인세법 제98조의6

『제98조의6(외국법인에 대한 조세조약상 제한세율 적용을 위한 원천징수 절차 특례)

① 제93조에 따른 국내원천소득의 실질귀속자인 외국법인이 제한세율을 적용받으려는 경우에는 대통령령으로 정하는 바에 따라 제한세율 적용신청서를 제98조 제1항에 따른 원천징수의무자(이하 이 조에서 "원천징수의무자"라 한다)에게 제출하여야 한다. 이 경우 제93조의2 제1항 제1호에 해당하여 국외투자기구를 국내원천소득의 실질귀속자로 보는 경우에는 그 국외투자기구에 투자한 투자자의 국가별 현황 등이 포함된 국외투자기구 신고서를 함께 제출하여야 한다.(개정 2018. 12. 24. 2020. 12. 22.)

② 제1항을 적용할 때 해당 국내원천소득이 국외투자기구를 통하여 지급되는 경우에는 그 국외투자기구가 대통령령으로 정하는 바에 따라 실질귀속자로부터 제한세율 적용신청서를 제출받아 그 명세가 포함된 국외투자기구 신고서를 원천징수의무자에게 제출하여야 한다.(개정 2018. 12. 24.)

③ 원천징수의무자는 실질귀속자 또는 국외투자기구로부터 제한세율 적용신청서 또는 국외투자기구 신고서를 제출받지 못하거나 제출된 서류를 통해서는 실질귀속자를 파악할 수 없는 등 대통령령으로 정하는 사유에 해당하는 경우에는 제한세율을 적용하지 아니하고 제98조 제1항 각 호의 금액을 원천징수하여야 한다.

④ 제1항 및 제2항에 따라 적용받은 제한세율에 오류가 있거나 제3항에 따라 제한세율을 적용받지 못한 실질귀속자가 제한세율을 적용받으려는 경우에는 실질귀속자 또는 원천징수의무자가 제3항에 따라 세액이 원천징수된 날이 속하는 달의 말일부터 5년 이내에 대통령령으로 정하는 바에 따라 원천징수의무자의 납세지 관할 세무서장에게 경정을 청구할 수 있다. 다만, 국세기본법 제45조의2 제2항 각 호의 어느 하나에 해당하는 사유가 발생하였을 때에는 본문에도 불구하고 그 사유가 발생한 것을 안 날부터 3개월 이내에 경정을 청구할 수 있다.(개정 2014. 1. 1., 2016. 12. 20., 2019. 12. 31.)

⑤ 제4항에 따라 경정을 청구받은 세무서장은 청구를 받은 날부터 6개월 이내에 과세표준과

세액을 경정하거나 경정하여야 할 이유가 없다는 뜻을 청구인에게 알려야 한다.

⑥ 제1항부터 제5항까지에서 규정된 사항 외에 제한세율 적용신청서 및 국외투자기구 신고서 등 관련 서류의 제출 방법·절차, 제출된 서류의 보관의무, 경정청구 방법·절차 등 제한세율 적용에 필요한 사항은 대통령령으로 정한다.』

가. 제한세율 적용신청서 제출 및 예외

(1) 제한세율을 적용받으려는 국내원천소득의 실질귀속자는 기획재정부령으로 정하는 국내원천소득 '제한세율 적용신청서'를 해당 국내원천소득을 지급받기 전까지 원천징수의무자에게 제출하여야 한다. 이 경우 법 제98조의6 제1항 후단에 해당하는 국외투자기구(제93조의2 제1항 제1호에 해당하여 국외투자기구를 실질귀속자로 보는 경우)의 경우에는 '실질귀속자 특례 국외투자기구 신고서'를 함께 제출해야 한다. 자본시장과 금융투자업에 관한 법률 제296조 제5호에 따른 외국예탁결제기관이 같은 법 제294조에 따른 한국예탁결제원에 개설한 계좌를 통하여 지급받는 국내원천소득의 경우에는 제한세율 적용신청서를 제출하지 않을 수 있다(시행령 제138조의7 제1항).

(2) 이를 적용함에 있어 국내원천소득이 국외투자기구를 통하여 지급되는 경우 해당 국외투자기구가 실질귀속자로부터 제한세율 적용신청서를 제출받아 '국외투자기구 신고서'에 실질귀속자 명세를 첨부하여 국내원천소득을 지급받기 전까지 원천징수의무자에게 제출해야 한다.

다만 다음 각 호의 요건을 모두 갖춘 국외투자기구(국외공모집합투자기구)로서 각 호의 사항을 확인할 수 있는 서류와 해당 국외투자기구의 국가별 실질귀속자의 수 및 총투자금액 명세를 국외투자기구 신고서에 첨부하여 제출한 경우 그렇지 않다(시행령 제138조의7 제3항).

1. 자본시장과 금융투자업에 관한 법률에 따른 집합투자기구와 유사한 국외투자기구로서, 체약상대국의 법률에 따라 등록하거나 승인을 받은 국외투자기구

2. 증권을 사모로 발행하지 아니하고 직전 회계기간 종료일(신규로 설립된 국외투자기구인 경우에는 국외투자기구 신고서 제출일을 말한다) 현재 투자자가 100명(투자자가 다른 국외투자기구인 경우에는 그 국외투자기구를 1명으로 본다) 이상일 것

3. 조세조약에서 조약상 혜택의 적용을 배제하도록 규정된 국외투자기구에 해당되지 아니할 것

(3) 국외투자기구(1차 국외투자기구)에 다른 국외투자기구(2차 국외투자기구)가 투자하고 있는 경우, 1차 국외투자기구는 2차 국외투자기구로부터 실질귀속자 명세(해당 2차 국외투자기구가 국외공모집합투자기구인 경우에는 이를 확인할 수 있는 서류와 해당 국외투자기구의 국가별 실질귀속자의 수 및 총투자금액 명세를 말한다)를 첨부한 국외투자기구 신고서를 제출받아 이를 함께 제출하여야 한다.

이 경우 다수의 국외투자기구가 연속적으로 투자관계에 있는 경우 투자를 받는 직전 국외투자기구를 1차 국외투자기구로, 투자하는 국외투자기구를 2차 국외투자기구로 본다(시행령 제138조의7 제4항).

나. 위 규정의 특례

(1) 다음 각 호의 어느 하나에 해당하는 경우 이를 실질귀속자로 본다(시행령 제138조의7 제5항).

1. 국민연금법, 공무원연금법, 군인연금법, 사립학교교직원 연금법 및 근로자퇴직급여 보장법 등에 준하는 체약상대국의 법률에 따라 외국에서 설립된 연금

2. 체약상대국의 법률에 따라 외국에서 설립된 비영리단체로서 수익을 구성원에게 분배하지 아니하는 기금

(2) 이미 제출된 제한세율 적용신청서, 실질귀속자 특례 국외투자기구 신고서 또는 국외투자기구 신고서는 제출된 날부터 3년 이내에는 다시 제출하지 않을 수 있다. 다만 그 내용에 변동이 있는 경우에는 변동사유가 발생한 날 이후 최초로 국내원천소득을 지급받기 전까지 그 변동 내용을 제1항 또는 제3항에 따라 제출해야 한다(시행령 제138조의7 제6항).

다. 제한세율의 배제

법 제98조의6 제3항에서의 '대통령령으로 정하는 사유' 즉 제한세율을 배제하고 법 제98조 제1항 각 호의 금액을 원천징수하여야 하는 사유란 다음 각 호의 어느 하나의 사유를 말한다. 이 경우 제2호 또는 제3호는 그 사유가 발생한 부분으로 한정하고 국외공모집합투자기구에 대해서는 제3호의 사유는 제외한다(시행령 제138조의7 제7항).

1. 제한세율 적용신청서, 실질귀속자 특례 국외투자기구 신고서 또는 국외투자기구 신고서를 제출받지 못한 경우

2. 제출된 제한세율 적용신청서, 실질귀속자 특례 국외투자기구 신고서 또는 국외투자기구 신고서에 기재된 내용의 보완 요구에 따르지 않은 경우

3. 제출된 제한세율 적용신청서, 실질귀속자 특례 국외투자기구 신고서 또는 국외투자기구 신고서를 통해서는 실질귀속자를 파악할 수 없는 경우

라. 원천징수의무와 경정청구

(1) 적용받은 제한세율에 오류가 있거나 제3항에 따라 제한세율을 적용받지 못한 실질귀속자가 제한세율을 적용받으려는 경우에는 실질귀속자 또는 원천징수의무자가 세액이 원천징수된 날이 속하는 달의 말일부터 5년 이내에 원천징수의무자의 납세지 관할 세무서장에게 경정을 청구할 수 있다(통상의 경정청구). 다만 국세기본법 제45조의2 제2항 각 호의 어느 하나에

제5장

해당하는 사유가 발생하였을 때에는 본문에도 불구하고 그 사유가 발생한 것을 안 날부터 3개월 이내에 경정을 청구할 수 있다(후발적 경정청구).

　(2) 경정청구자는 원천징수의무자의 납세지 관할세무서장에게 제한세율 적용을 위한 경정청구서에 국내원천소득의 실질귀속자임을 입증할 수 있는 다음 각 호의 서류를 첨부하여 경정을 청구해야 한다. 이 경우 증명서류는 한글번역본과 함께 제출해야 하되 국세청장이 인정하는 경우에는 영문으로 작성된 서류만을 제출할 수 있다(시행령 제138조의8).

　1. 제138조의7 제1항에 따른 제한세율 적용신청서

　2. 해당 실질귀속자 거주지국의 권한 있는 당국이 발급하는 거주자증명서

　3. 실질귀속자 특례 국외투자기구 신고서(제138조의7 제1항 후단에 따라 실질귀속자 특례 국외투자기구 신고서를 제출해야 하는 경우에 한정한다) 또는 국외투자기구 신고서(같은 조 제3항에 따라 국외투자기구 신고서를 제출해야 하는 경우에 한정한다)

　(3) 경정청구절차에 관하여는 시행령 제138조의6 제2항부터 제4항까지의 규정을 준용한다.

제5절

국제조세조정에 관한 법률상의 경정청구

1. 국세의 정상가격과 관세의 과세가격 간 조정을 위한 경정청구(종전 국조법 제10조의2에서 2020. 12. 22. 개정으로 제19조로 옮김)

『제19조(관세의 경정처분에 따른 국세의 경정청구)

① 국외특수관계인으로부터 물품을 수입하는 거래와 관련하여 납세의무자가 과세당국에 소득세 또는 법인세의 과세표준신고서를 제출한 후 관세법 제38조의3 제6항에 따른 세관장의 경정처분으로 인하여 신고한 소득세 또는 법인세의 과세표준 및 세액의 산정기준이 된 거래가격과 관세의 과세가격 간에 차이가 발생한 경우 납세의무자는 대통령령으로 정하는 바에 따라 과세당국에 소득세 또는 법인세의 과세표준 및 세액의 경정을 청구할 수 있다. 이 경우 납세의무자는 세관장의 경정처분이 있음을 안 날(처분의 통지를 받은 때에는 그 받은 날)부터 3개월 이내에 경정을 청구하여야 한다.

② 제1항에 따른 경정청구를 받은 과세당국은 해당 거래와 관련한 소득세 또는 법인세의 과세표준 및 세액의 산정기준이 된 해당 수입물품의 거래가격 산출방법과 계산근거 등이 제8조에 적합하다고 인정되는 경우에는 세액을 경정할 수 있다.

③ 과세당국은 제1항에 따른 경정청구를 받은 날부터 2개월 이내에 과세표준 및 세액을 경정하거나, 경정하여야 할 이유가 없다는 뜻을 그 청구를 한 자에게 통지하여야 한다.』

관세법상의 '수입물품의 과세가격 조정에 따른 경정청구'와 동일한 평면에서, 국외특수관계인으로부터 물품을 수입하는 거래와 관련하여 거래가액(정상가격)과 관세의 과세가액에 차이 내지 상이(모순·충돌)가 발생할 수 있다. 이러한 차이는 필연적으로 내국세를 관할하는 지방국세청장(세무서장)과 관세를 관할하는 세관장 사이의 권한충돌로 이어진다. 그 해소를 위하여 인정된 경정청구로서 세관장이 인정한 과세가격 결정방법을 내국세 당국이 정상가격 산출방법으로 수용하기 위한 요건을 마련하면서 그 경정청구절차를 정하고 있다.

가. 경정청구권의 발생

(1) 경정청구의 유형

이 경정청구는 국세기본법상의 경정청구 중 사정변경에 기한 경정청구보다 우선하여 적용되는 특례적 경정청구이다. 유형적으로 말하면 '사정변경에 기한 경정청구'에 가깝다.

국외특수관계인으로부터 물품을 수입하는 거래와 관련하여 납세의무자가 과세당국에 소득세 또는 법인세의 과세표준을 신고하였는데 이후 세관장의 경정처분으로 관세의 과세가격이 증액되는 사정이 발생하였고 증가된 관세의 과세가격을 정상가격으로 인정할 수 있다면 당초 세액 산정의 기초가 된 신고가격이 그 만큼 증가되는 사정변경이 사후에 발생하였다고 볼 여지가 있기 때문이다.

그러나 사정변경에 기한 경정청구사유를 찾는다면 '판결 등에 의한 세액 계산근거의 변동'이 있는 경우에 해당될 것이다. 그 외 해당 사유가 없다. 세관장의 경정처분으로 관세의 과세가격이 증액되었다 하더라도 그 처분을 여기서 말하는 '판결'에 해당된다고 해석하기가 곤란하다(제4장 제4절 6. 참조). 국조법에서 인정한 독립한 유형의 경정청구로 보고 싶다. 어떤 면에서는 '모순된 세액확정에 기한 경정청구'로 볼 여지도 있다.

(2) 경정청구권자

국외특수관계인으로부터 물품을 수입하는 특정거래와 관련하여 과세당국에 법인세 또는 소득세의 과세표준신고서를 제출한 납세의무자이다. 과세표준 및 세액을 신고한 자만이 경정청구권을 가진다.

(3) 경정사유 내지 경정요건

첫째, 관세법 제38조의3 제6항에 따른 세관장의 경정처분으로 인하여 관세의 과세가격과 신고한 법인세 등의 과세표준 및 세액의 산정기준이 된 거래가격 간에 차이가 발생하여야 한다(제19조 제1항). 둘째, 해당 거래와 관련한 법인세 등의 과세표준 및 세액의 산정기준이 된 해당 수입물품의 거래가격 산출방법과 계산근거 등이 국조법 제8조(정상가격의 산출방법)의 규정에 적합하여야 한다. 이것도 경정요건에 해당한다(제19조 제2항).

두 가지 요건을 모두 갖추어야 비로소 경정사유를 구비한 것이 된다.

그런데 위 둘째 요건의 "해당 거래와 관련한 법인세 등의 과세표준 및 세액의 산정기준이 된 해당 수입물품의 거래가격 산출방법과 계산근거 등이 제8조의 규정에 적합하다고 인정되는 경우"라고 표현한 것은 입법오류로 보인다는 취지의 견해를 인용한다.[1]

---

[1] 이창희·이재호, "국제조세조정에 관한 법률상 경정청구에 대한 고찰", 홍익법학 제16권 제3호(홍익대학교 법학연구소), 11면 이하를 인용하였다.

『증액된 관세의 과세가격을 제8조의 정상가격 산출방법에 따른 정상가격으로 적합하다고 인정할 수 있는 경우 해당 과세가격을 기준으로 해당 수입물품의 매입가격을 사후적으로 조정하는 것이 국조법상 경정청구제도의 기본취지이다. 따라서 제8조의 규정에 적합한지 여부의 판단대상은, 법인세의 산정기준이 된 거래가격이 아니라 세관장의 경정처분으로 인하여 증가된 관세의 과세가격이다. 한편, 관세법상의 경정청구 규정은 위 취지를 반영하고 있다. 즉 관세법 제38조의4 제2항은 해당 수입물품의 거래가역 조정방법과 계산근거 등이 제30조부터 제35조까지의 규정에 적합하다고 인정하는 경우라고 규정하고 있어, 판단기준의 적용대상은 관세의 과세가격이 아니라 해당 수입물품의 거래가격이라는 점을 명확히 하고 있다. 그러므로 국조법상 경정청구의 경우 내국세 당국의 세액경정에 있어서 요건의 형식으로 규정되어 있는 경정사유 중 판단기준의 적용대상은 그 문언에 관계없이 '해당 수입물품에 관하여 경정된 관세의 산정기준이 된 과세가격의 결정방법과 계산근거 등'을 뜻한다고 보아야 한다.』

(4) 추가적인 요건

위 두 가지 요건을 갖추면 과세당국은 납세의무자의 경정청구에 따라 해당 과세표준과 세액을 경정하여야 하는지 여부가 문제된다. 즉 국조법에서 정한 경정요건을 충족하면 과세관청의 경정의무가 생기는지 여부이다.

경정청구인 이상 과세표준신고로 확정된 세액이 성립한 세액(세법에 따라 신고하여야 할 세액) 내지 적법한 세액을 초과하는 등의 오류가 존재하여야 한다. 따라서 국조법에서 정한 경정요건을 충족한다는 사실만으로 과세관청의 경정의무가 바로 생기지 않고 신고세액이 적법세액을 초과해야 한다는 별도의 요건을 충족하여야 한다. 즉 매수인이 매도인에게 관세 과세가격의 증액부분을 매입대금으로 추가 지급함으로써 소득금액이 줄어들어야만 위 요건을 충족한다 할 것이고, 이러한 추가지급 없이는 경정청구를 할 수 없다 할 것이다. 다음과 같은 견해를 인용한다.[2]

『경정사유로 어떤 형식의 경정청구에서나 요구되는 공통된 요건은 신고세액이 적법세액을 초과해야 한다는 것이다. 수입물품을 수입한 연도에 모두 판매한다고 가정한다면, 물품의 매입가격을 부인하고 증액된 관세의 과세가격을 정상가격으로 인정할 수 있는 경우 소득금액이 줄어들어야 위 요건을 만족한다. 소득금액이 줄어드는지는 관세 과세가격의 증액부분이 자산의 취득가액을 구성하는지, 그 상대계정의 성질은 무엇인지의 측면에서 법인세법상 해석이 필요하다. 이러한 분석틀에 따를 때 매수인이 매도인에게 관세 과세가격의 증액부분을 매입대금으로 추가 지급해야 소득금액이 줄어들어 위 요건을 충족한다. 추가지급이 없다면 관세 과세가격의 증액부분만큼 자산수증익이 생겨 소득금액이 줄어들지 않아 위 요건을 충족하지 않는 것이 원칙이다. 예외적으로 추가지급이 없으면서도 위 요건을 충족하기 위해서는 소득금액이 줄어들면서 동시에 관세 과세가격의 증액부분에

---

2) 이창희 · 이재호, 전게논문 2면(초록) 및 26면 참조.

대하여 소득과세가 이루어져야 한다. 거래상대국에서 증액된 과세의 과세가격을 정상가격으로 인정하고 매수인이 매도인의 자회사 관계에 있어야 그런 예외적인 경우에 해당한다.』

『요컨대, 세관장이 경정처분으로 관세의 과세가격이 수입물품의 매입가격보다 높아지고, 그 과세가격을 정상가격으로 인정할 수 있더라도, 매수인이 매도인에게 관세 과세가격의 증액부분을 매입대금으로 추가 지급하지 않거나 거래상대국에서 증액된 관세의 과세가격에 대하여 소득과세가 이루어지지 않았다면 국조법 제10조의2에 따른 경정청구는 부적법하다.』

(5) 경정청구기간 및 경정청구절차

관세법 제38조의3 제4항에 따른 세관장의 경정처분이 있음을 안 날(처분의 통지를 받은 때에는 그 받은 날)부터 3월이다.

경정청구를 하려는 자는, ① 청구인의 성명과 주소 또는 거소, ② 경정 전의 법인세 또는 소득세의 과세표준 및 세액, ③ 경정 후의 법인세 또는 소득세의 과세표준 및 세액, ④ 경정청구를 하는 이유, ⑤ 그 밖에 필요한 사항을 적은 경정청구서에 관련 증명자료를 첨부하여 제출(국세정보통신망을 활용한 제출을 포함한다)하여야 한다.

나. 세액의 경정 또는 경정의 거부

(1) 과세당국은 경정청구를 받은 날부터 2월 내에 과세표준과 세액을 경정하거나 경정하여야 할 이유가 없다는 뜻을 청구인에게 통지하여야 한다(거부처분의 통지). 거부처분에 대하여는 취소소송을 제기할 수 있다.

(2) 기획재정부장관에 대한 조정신청

과세당국의 경정거부통지에 대하여 이의가 있는 청구인은 그 통지를 받은 날(2월 내에 통지를 받지 못한 경우에는 2월이 경과한 날)부터 30일 내에 기획재정부장관에게 국세의 정상가격과 관세의 과세가격 간의 조정을 신청할 수 있다. 거부처분 취소소송을 제기하는데 있어 필요적 전치절차는 아니다.

이 경우 기획재정부장관은 과세당국 또는 세관장에게 거래가격에 대한 과세의 조정을 권고할 수 있고, 그 조정권고에 대한 과세당국 또는 세관장의 이행계획(불이행시 그 이유를 포함한다)을 받아 납세의무자에게 그 조정의 신청을 받은 날부터 90일 내에 통지하여야 한다.

(3) 조정신청과 각종 기간의 연장

조정을 신청한 날부터 통지를 받은 날까지의 기간은 국세기본법 제61조(심사청구기간), 제66조(이의신청), 제68조(심판청구기간)의 청구기간 또는 신청기간에 산입되지 아니한다.

(4) 제척기간의 특례

경정청구가 있는 경우나 조정권고가 있는 경우 경정청구일 또는 조정권고일부터 2월이 지나기 전까지 경정이나 그 밖에 필요한 처분을 할 수 있다(국세기본법 제26조의2 제6항 제3호, 제4호).

2. 이전가격세제와 경정청구

가. 정상가격에 의한 과세조정과 경정청구

(1) 과세관청의 정상가격에 의한 세액의 직권경정(국조법 제7조)

이전가격세제의 경우에 있어 이전가격 자체는 과학적 평가가 아니라 경험적 평가로서 항상 과세당국과 조세채무자의 판단이 개입되기 마련이다.

과세당국은 그 거래가액이 정상가격보다 낮거나 높은 경우 정상가격을 기준으로 과세표준과 세액을 결정하거나 경정할 수 있다(국조법 제7조 제1항). 다만 제8조 소정의 정상가격 산출방법 중 같은 정상가격 산출방법을 적용하여 둘 이상의 과세연도에 대하여 정상가격을 산출하고 그 정상가격을 기준으로 일부 과세연도에 대한 과세표준과 세액을 결정하거나 경정하는 경우 나머지 과세연도에 대하여도 그 정상가격을 기준으로 과세표준과 세액을 결정하거나 경정하여야 한다(국조법 제7조 제2항).

위에서 본 바와 같이 과세관청에 의한 직권 경정이 허용되는 이상 조세채무자의 통상의 경정청구도 허용되어야 함은 당연하다 할 것이다.

(2) 수정신고 또는 경정청구

거주자는 실제 거래가격이 정상가격 산출방법을 적용하여 산출한 정상가격과 다른 경우에는 정상가격을 거래가격으로 보아 조정한 과세표준 및 세액을, ① 소득세법 제70조, 제70조의2, 제71조, 제73조, 제74조 또는 법인세법 제60조 제1항, 제76조의17 제1항에 따른 신고기한, ② 국세기본법 제45조에 따른 수정신고기한, ③ 국세기본법 제45조의2 제1항에 따른 경정청구기한 중 어느 하나에 해당하는 기한까지, 거래가격 조정신고서를 첨부하여 신고, 수정신고하거나 경정청구를 할 수 있다(국조법 제6조).

만약 정상가격 산출방법 중 같은 정상가격 산출방법을 적용하여 둘 이상의 과세연도에 대하여 정상가격을 산출하고 그 정상가격을 기준으로 일부 과세연도에 대한 과세표준과 세액을 수정신고하는 경우 나머지 과세연도에 대하여도 그 정상가격을 기준으로 통상의 경정청구를 할 수 있다 할 것이다.

제5장

나. 정상가격 산출방법 상호승인 등의 '소급적용승인'에 기한 경정청구

(1) 쌍방적 상호승인

거주자는 일정기간의 과세연도에 대하여 일정한 정상가격 산출방법을 적용하려는 경우 그 산출방법을 적용하려는 일정기간의 과세연도 중 최초의 과세연도 개시일 전날까지 국세청장에 사전승인을 신청할 수 있다.

국세청장은 거주자가 정상가격 산출방법에 대한 승인을 신청하는 경우 체약상대국의 권한 있는 당국과 상호합의절차를 거쳐 상호합의를 하였을 때에는 정상가격 산출방법을 승인할 수 있다. 국세청장은 상호합의절차에서 체약상대국과 합의가 이루어진 경우에는 신청인의 동의를 받아 이를 사전승인한다(국조법 제14조 제2항, 쌍방적 사전승인).

(2) 소급적용승인

국세청장은 거주자가 승인신청 대상기간 전의 과세연도에 대하여 정상가격 산출방법을 소급하여 적용해 줄 것을 신청하는 경우 국세기본법 제26조의2 제1항 단서에 따른 제척기간이 지나지 아니한 범위에서 소급하여 적용하도록 승인할 수 있다(국조법 제14조 제3항).

(3) 신고, 수정신고 또는 경정청구(국조법 제15조 제2항)

거주자는 정상가격 산출방법이 승인된 경우 매년 소득세법 제70조, 제70조의2, 제71조, 제73조, 제74조 또는 법인세법 제60조 제1항, 제76조의17 제1항에 따른 신고기한까지 승인된 방법에 따른 과세표준 및 세액을 신고하여야 한다. 과세표준 및 세액을 조정받으려는 신청인은 국세청장이 발급한 사전승인 통지서를 첨부하여 통지서를 받은 날부터 3개월 이내에 납세지 관할 세무서장에게 수정신고 또는 경정청구를 해야 하고, 경정청구를 받은 세무서장은 경정청구를 받은 날부터 2개월 이내에 과세표준 및 세액을 경정할 수 있다. 경정해야 할 이유가 없을 때에는 그 사실을 경정청구를 한 자에게 통지해야 한다.

다. 체약상대국의 정상가격 조정 및 이에 대한 상호합의절차가 종결된 경우의 대응조정과 경정청구(국조법 제12조에 기한 경정청구)

(1) 예를 들어 설명한다. 국내법인 갑 회사는 2017. 1. 이웃국가인 A국에 100% 출자한 자회사인 B사를 설립하였다. B사는 갑 회사의 노우하우를 이용하여 영업을 하는 터라 갑 회사는 B사부터 판매액의 5% 상당액을 로열티로 매년 수령하기로 약정하였다. 그런데 2018. 11. A국 과세관청은 모회사인 갑 회사에게 지불한 2017년분의 로열티의 비율이 합리적인 방법에 의하여 결정된 것이 아니라고 하면서 독립기업간 가격으로 3%가 적정하다는 이전가격세제에 터잡아 가격을 시정하면서 당해 과세기간의 법인세를 증액경정하여 B사에 추징하였다. 이를 다투고자 하는 경우 모회사인 갑 회사는 어떠한 조치를 취하여야 하는가?

　(2) 어느 한 나라가 특수관계자 거래에서 자국 거주자의 소득을 증액경정한다면 상대방 국가에서는 어떻게 해야 하는가, 즉 증액경정한 국가에서는 자국 거주자와 거래상대방의 관계를 어떻게 정리해야 하는가의 문제이다. 이러한 증액경정이 있는 경우 그 거래당사자를 포함한 그룹 전체를 볼 때 경제적 이중과세가 일어나고 이전가격세제에 의한 세액은 일반적으로 고액이어서 법인의 현금흐름에 중대한 영향을 미치기도 한다.

　이러한 불균형을 시정하기 위하여는, 어느 납세의무자와 다른 나라에 속하는 거래상대방 사이의 거래조건이 정상가격이 아니라고 보고 어느 한 나라의 납세의무자의 소득을 늘려 잡는다면 다른 나라는 그에 대응하여 거래상대방의 소득을 줄여 잡아야 한다. 이것을 對應調整이라고 한다. 그러나 정상가격이 얼마인가에 대한 분명한 정답이 없는 이상 다른 나라의 과세조정에 따라서 무조건 대응조정을 할 이유가 없고 이중과세가 벌어질 수 있다. 이러한 대응조정을 위하여는 통상 조세조약에서 규정하는 상호합의절차가 전제된다. 우리 법도 다른 나라가 먼저 세금을 매기는 경우라면 우리나라가 인정하는 부분 즉 상호합의를 한 부분에 한해서만 대응조정을 하도록 정하고 있다.

　(3) 대응조정의 관련 규정

　법인세법 제53조(소득세법 제42조도 같다).

　　『제53조(외국법인 등과의 거래에 대한 소득금액 계산의 특례)
　　① 납세지 관할 세무서장 또는 관할 지방국세청장은 우리나라가 조세의 이중과세 방지를 위하여 체결한 조약(이하 "조세조약"이라 한다)의 상대국과 그 조세조약의 상호합의 규정에 따라 내국법인이 국외에 있는 지점·비거주자 또는 외국법인과 한 거래의 거래금액에 대하여 권한이 있는 당국 간에 합의를 하는 경우에는 그 합의에 따라 그 법인의 각 사업연도의 소득금액을 조정하여 계산할 수 있다.
　　② 제1항을 적용할 때 내국법인의 소득금액 조정의 신청 및 그 절차 등 조정에 관하여 필요한 사항은 대통령령으로 정한다.』

　한편 소득세법 제42조 제2항, 법인세법 제53조 제2항은 국조법 시행령 제17조의 규정을 각 준용하고 있다.

　국조법 제12조

　　『제17조(소득금액 계산의 특례) ① 체약상대국이 거주자와 국외특수관계인의 거래가격을 정상가격으로 조정하고, 이에 대한 상호합의절차가 종결된 경우에는 과세당국은 그 합의에 따라 거주자의 각 과세연도 소득금액 및 결정세액을 조정하여 계산할 수 있다.
　　② 제1항에 따라 각 과세연도 과세표준 및 세액의 조정을 받으려는 거주자는 대통령령으로 정

하는 바에 따라 수정신고 또는 경정청구를 하여야 한다.』

국조법 시행령 제17조에 의하면, 대응조정의 신청절차로서, 과세표준 및 세액을 조정받으려는 거주자는 상호합의절차 종결 통보를 받은 날부터 3개월 이내에 소득금액 계산특례 신청서에 국세청장이 발급한 상호합의 종결 통보서를 첨부하여 납세지 관할 세무서장에게 수정신고 또는 경정청구를 해야 한다. 경정청구를 받은 세무서장은 경정청구를 받은 날부터 2개월 이내에 과세표준 및 세액을 경정할 수 있고, 경정해야 할 이유가 없을 때에는 그 사실을 경정청구를 한 자에게 통지하여야 한다.

(4) 경정청구와 법적 성질

이 사안에서 우리나라 국세청과 A국 과세당국 사이에 A국과의 조세조약에 기한 협의를 거쳐 상호합의절차가 종결되었다면 그 합의에 따라 법인세법 제53조 및 국조법 제12조에 기하여 갑회사는 종결 통보일부터 3개월 이내에 경정청구를 할 수 있다.

권한 있는 당국간의 협의는 본질적으로 흥정으로서 납세의무자는 원칙적으로 그 과정에서 배제된다. 한편 납세의무자는 권한당국간의 협의와 별도로 법원에 소송을 제기할 수 있다. 즉 상호합의절차3)와 소송절차는 따로 진행될 수 있기 때문에 권한당국의 합의사항은 납세의무자가 이를 받아들이고 소송을 취하한다는 조건 하에서 합의할 수밖에 없다.

위 사안에서 갑 회사는 대응조정의 요건절차로서의 경정청구를 하여야 한다. 이러한 경정청구는 약정 로열티 수액은 국제거래의 특수관계인 사이에서 하나로 통일되어야 하고 두 가지의 정상가격을 상정할 수 없는 이상 그 성질은 국제거래에 있어 상호합의절차에서의 합의를 전제로 한 '모순된 세액확정에 기한 경정청구'로 볼 여지도 있고, 나아가 국세기본법 제45조의2 제2항 제3호의 조세조약상의 '상호합의에 기한 경정청구'의 하나로 볼 수도 있다. 아무튼 그 성질은 독특하다.

3. 특정외국법인의 유보소득에 대한 합산과세와 경정청구

(1) 국조법은 '특정외국법인세제'를 도입하고 있다. 즉 법인의 실제부담세액이 실제발생소득의 15퍼센트 이하인 국가 또는 지역에 본점 또는 주사무소를 둔 외국법인에 대하여 내국인이 출자한 경우에는 그 외국법인 중 내국인과 특수관계가 있는 특정외국법인의 각 사업연도

---

3) 이창희, 국제조세법(2판), 286면에 의하면, "적어도 조약의 글귀로는 권한당국간 협의는 증액경정처분을 받은 자가 제 거주지국에 신청하는 것이 맞다. 한편 외국법인 고정사업장의 과세소득을 증액경정하는 경우라면 외국법인이 제 거주지국 권한당국간 협의를 신청해야 한다. 이런 시비를 피하기 위해 실무에서는 권한당국간 협의는 거래당사자 양쪽이 동시에 각자 거주지국에 신청하는 것이 보통이다."라고 적고 있다.

말 현재 배당 가능한 유보소득 중 내국인에게 귀속될 금액은 내국인이 배당받은 것으로 본다(국조법 제27조 제1항).

배당간주금액은 특정외국법인의 해당 사업연도 종료일의 다음 날부터 60일이 되는 날이 속하는 내국인의 과세연도의 익금 또는 배당소득으로 산입하여야 한다(국조법 제31조). 배당간주금액이 내국인의 익금 등으로 산입된 후 해당 특정외국법인이 그 유보소득을 실제로 배당한 경우에는 법인세법 제18조 제2호에 따라 익금에 산입하지 아니하는 소득으로 보거나 소득세법 제17조 제1항에 따른 배당소득에 해당하지 아니하는 것으로 본다(국조법 제32조 제1항).

(2) 특정외국법인이 내국인에게 실제로 배당할 때에 외국에 납부한 세액이 있는 경우, 위 익금귀속시기에 따라 익금 등에 산입한 과세연도의 간주배당금액은 국외원천소득으로 보고, 실제 배당 시 외국에 납부한 세액은 위 익금귀속시기에 따라 익금 등에 산입한 과세연도에 외국에 납부한 세액으로 보아 소득세법 제57조 제1항·제2항 또는 법인세법 제57조 제1항·제2항을 적용한다(국조법 제33조 제1항).

이를 적용받으려는 자는 실제로 배당을 받은 과세연도의 소득세 또는 법인세 신고기한으로부터 1년 이내에 경정청구를 하여야 한다.

색 인

참고문헌

(國內)

강석규, 조세법 쟁론, 삼일인포마인(2020)

구욱서, 사법과 세법, 유로(2010)

김동희, 행정법Ⅰ, 박영사(2007)

김두형·유호림, 부가가치세법론, 정독(2020)

박정훈, 행정소송의 구조와 기능, 박영사(2006)

서울행정법원·사법발전재단, 조세소송실무(2016)

서원우, 전환기의 행정법이론, 박영사(1997)

소순무, 조세소송, 영화조세통람(2018)

오윤, 세법원론, 한국학술정보(2013)

이동식, 일반조세법, 준커뮤니케이션즈(2017)

이상돈, 법이론, 박영사(1997)

이시윤, 민사소송법, 박영사(2007)

이창희, 국제조세법, 박영사(2020)

이창희, 세법강의, 박영사(2021)

이창희·송옥렬 공편, 조세법강의, 법문사(2005)

이태로·한만수, 조세법강의, 박영사(2013)

임승순, 조세법, 박영사(2020)

정종섭, 헌법학원론, 박영사(2013)

홍정선, 행정법원론(상), 박영사(2008)

塩野 宏 著(서원우·오세탁 공역), 일본행정법론, 법문사(1996)

칼 라렌츠 저(양창수 역), 정당한 법의 원리, 박영사(1986)

새라 워딩턴 저(임동진 역), 형평법, 소화(2010)

하르트무트 마우러 저(박수혁 역), 독일행정법, 사법발전재단(2010)

엘레오노르 크리스토레르손과 페리닐라 랜달 공저(윤지현 외 15인 역), 유럽부가가치세법, 박영

사(2021)

논문:

고은경, 『조세법상 경정청구제도에 관한 연구』, 중앙대학교 대학원 박사학위 논문(2008)

김용찬, 『부당신고가산세의 부과요건』, 조세실무연구 재판자료 115집

김창석, 『과세처분에 있어서 당초처분과 경정처분의 관계』, 사법논집(제38집), 법원행정처
    (2004)

김태건, 『국세기본법상 후발적 사유에 기한 경정청구제도』, 행정소송의 이론과 실무, 사법연구
    지원재단(2008)

박성규, 『세법에 대한 위헌결정이 내려진 경우 경정청구를 통한 납세자의 권리구제』, 조세법실
    무연구 재판자료 115집

심경, 『경정청구사유에 관한 고찰』, 사법논집(제40집), 법원행정처(2005)

윤준석, 『소득금액변동통지 불복방법에 관한 연구』, 사법논집(63집), 법원행정처(2017)

윤지현, 『이른바 '특례제척기간'을 통한 과세관청의 '재처분'은 어느 범위에서 허용되는가?』,
    조세법연구 제15-3집, 사단법인 한국세법학회(2009)

윤지현, 『혼성단체에 대한 조세조약 적용과 '가분적 거주자 이론'』, 조세학술논집 제32-3집,
    한국국제조세협회(2016)

이규철, 『법인세법상 결손금 소급공제에 의한 환급절차에 관하여』, 재판자료 제115집, 법원도
    서관(2008)

이창희·이재호, 『국제조세조정에 관한 법률상 경정청구에 대한 고찰』, 홍익법학 제16권 제3
    호(홍익대학교 법학연구소)

최원, 『원천징수의 법률관계에 있어서의 국가와 원천납세의무자의 관계에 관한 고찰』, 조세연
    구 12권 제1집(2012)

(獨逸)

Tipke/Lang, Steuerrecht, ottoschmidt(2018, 23판)

Dieter Birk, Steuerrecht, C.F.Müller(2006. 9판)

Pahlke/Koenig, Abgabenordnung, C.H.BECK(2009, 2판)

AO(Abgabenordnung) Kommentar, C.H.BECK(2018, 14판)

EStG(Einkommensteuergesetz) Kommentar, C.H.BECK(2009, 28판)

UStG(Umsatzsteuergesetz) Kommentar, C.H.BECK(2019, 18판)

FGO(Finanzgerichtsordnung) Kommentar, C.H.BECK(2006, 6판)

FGO(Finanzgerichtsordnung) Kommentar, C.H.BECK(2019, 9판)

(美國)

Marvin A. Chirelstein, Federal Income Taxation, THOMSON west(2005. 10판)

Camilla E. Watson · Brookes D. Billman, JR. FEDERAL TAX PRACTICE AND
　　　PROCEDURE, THOMSON west(2004)

Camilla E. Watson, Tax Procedure And Tax Fraud, THOMSON west(3판)

W. PATRICK CANTELL, FEDERAL TAX PROCEDURES for ATTORNEYS, ABA

Joseph Shade, Buisiness Associations, THOMSON west(3판)

(日本)

松澤智, 租稅爭訟法, 中央經濟社(1991)

金子 宏, 租稅法, 弘文堂(2019, 23版)

北野弘久, 稅法學原論, 勁草書房(2016, 7판)

谷口勢津夫, 稅法基本講義, 弘文堂(2018, 6版)

品川芳宣, 國稅通則法の理論と實務

志場喜德郎 外 3 共編, 國稅通則法精解, 大藏財務協會(2017)

占部裕典, 租稅債務確定節次, 信山社(1998)

占部裕典, 租稅法と行政法の交錯, 滋學社(2015)

法曹會, 租稅訴訟の審理について(2019, 3版)

金子 宏 外 3, ケースブック租稅法, 弘文堂(2017. 5版)

石島 弘 外 3 編著, 納稅者保護と法の支配(山田二郎先生喜壽記念), 信山社(2007)

小林磨壽美, 後發的事由の稅務(申告後の事情變更への對應策), 中央經濟社(2014)

小林磨壽美, 修正申告·更正の請求, 中央經濟社(2012)

渡邊 定義 外 2 編, 相續稅 更正の請求, 新日本法規(2020)

和田倉門法律事務所, 後發的事由をめぐる稅務, 淸文社(2018)

中里 實 外 3 編, 租稅判例百選, 有斐閣(2016, 6版)

條解 行政事件訴訟法, 弘文堂(2007. 3版)

塩野 宏, 行政法 Ⅱ(行政救濟法), 有斐閣(2019. 6版)

岡田正則 外 6, 行政手續と行政救濟(現代行政法講座 Ⅱ), 日本評論社(2015)

興津 征雄, 違法是正と判決效(行政法硏究雙書 26), 弘文堂(2011)

橫田 明美, 義務付け訴訟の機能(行政法硏究雙書 32), 弘文堂(2017)

高木 光, 法治行政論(行政法硏究雙書 37), 弘文堂(2018)

溝口史子, EU 附加價値稅法, 中央經濟社(2017)

論文:

確正光明, 『경정청구에 관한 약간의 고찰』(1978. 11. 1. 쥬리스트 잡지)

確正光明, 『조세법에 있어 실체적 진실주의 우선의 동향』[납세자보호와 법의 지배(산전이랑 선생 희수기념, 2007)]

저자 약력

윤 병 각

서울대학교 법과대학 졸업(1976)
제19회 사법시험 합격(1977)
수원지방법원 인천지원 판사(1982)
대법원 재판연구관(조세전담, 1991)
서울중앙지방법원 부장판사(1998)
변호사 개업(1999)
경희대학교 법과대학 부교수(2006. 3. ~ 2007. 8.)
조세심판원 심판관(비상임, 2009. 7. ~ 2012. 7.)
서울남부지방법원 조정센터 상임조정위원(2013. 4. ~ 2017. 4.)
현재 변호사

개정판
조세법상 경정청구

초판발행   2015년 11월 30일
개정판발행   2021년 11월 30일

지은이   윤병각
펴낸이   안종만 · 안상준

편 집   장유나
기획/마케팅   조성호
표지디자인   이수빈
제 작   고철민 · 조영환

펴낸곳   (주) **박영사**
                 서울특별시 금천구 가산디지털2로 53, 210호(가산동, 한라시그마밸리)
                 등록 1959. 3. 11. 제300-1959-1호(倫)
전 화   02)733-6771
f a x   02)736-4818
e-mail   pys@pybook.co.kr
homepage   www.pybook.co.kr
ISBN   979-11-303-4004-3 93360

정 가   69,000원